THEOLOGISCHES WÖRTERBUCH ZUM ALTEN TESTAMENT

Theologisches Wörterbuch zum Alten Testament

In Verbindung mit
George W. Anderson, Henri Cazelles, David N. Freedman, Shemarjahu Talmon und Gerhard Wallis

herausgegeben von
G. Johannes Botterweck †
Helmer Ringgren
Heinz-Josef Fabry

Band IV
מר – כ

Verlag W. Kohlhammer Stuttgart Berlin Köln Mainz

CIP-Kurztitelaufnahme der Deutschen Bibliothek

Theologisches Wörterbuch zum Alten Testament
/ in Verbindung mit George W. Anderson ... hrsg.
von G. Johannes Botterweck u. Helmer Ringgren.
– Stuttgart; Berlin; Köln; Mainz: Kohlhammer
NE: Botterweck, Gerhard Johannes [Hrsg.]

Bd. 4. k^e – mor. – 1984.
ISBN 3-17-008600-6

Verlagsort: Stuttgart
Gesamtherstellung W. Kohlhammer
Druckerei GmbH + Co. Stuttgart
Printed in Germany

Vorwort zu Band IV

Die ursprüngliche Planung des ThWAT im Jahre 1969 sah für das Erscheinen dieses mehrbändigen Werkes einen Zeitraum von ungefähr einem Jahrzehnt vor. Schon bald erwies sich eine solch schnelle Realisierung als utopisch. Der reiche Zustrom neuer Erkenntnisse in der Exegese (vgl. paradigmatisch die aktuellen Auseinandersetzungen um den Pentateuch, um das DtrGW, um die Prophetenbücher u. v. a.), der Lexikologie und der Semantik, der vergleichenden Sprachwissenschaft und der Orientalistik, nicht zuletzt gerade der Archäologie mit der Entdeckung neuer Kulturen (vgl. paradigmatisch Tell Mardikh-Ebla) zwang immer wieder den zügigen Fluß der Arbeit am Wörterbuch zum Stillstand. Manches schon fertig Verfaßte bedurfte einer neuen Bearbeitung. Viele Mitarbeiter und Subskribenten äußerten mit Recht ihren Unmut.

In dieser Phase des zähen Ringens wurde unser Unternehmen von einem schweren Schlag getroffen: am 15. April 1981 starb Herr Professor Gerhard Johannes Botterweck. Seine tiefe Kenntnis im Alten Testament und in seiner Umwelt, seine große Erfahrung in allen mit Buchproduktionen verbundenen praktischen Dingen, sein organisatorisches Geschick, vor allem aber sein theologischer Weitblick sind dem Unternehmen von unschätzbarem Wert gewesen. All dies wird in Zukunft fehlen. Alle Mitarbeiter wissen in Dankbarkeit seine Leistungen zu würdigen. R. I. P.

Professor Dr. H.-J. Fabry, Schüler von Professor Botterweck und Mitarbeiter im Redaktionsteam seit 1971, ist als neuer Mitherausgeber eingetreten. Dadurch soll eine Kontinuität in der redaktionellen Arbeit unter den bewährten Grundsätzen gewährleistet werden.

Prinzipielle Erwägungen sind daher nicht notwendig. Hauptziel des Werkes ist es auch weiterhin (vgl. das Vorwort zu Band I), die Wörter semantisch zu analysieren. Die Erschließung des jeweiligen Begriffsinhaltes, die dabei sichtbar werdenden Traditionszusammenhänge und Begriffsverschiebungen stehen im Mittelpunkt der analytischen Arbeit, um so letztlich die Bausteine einer alttestamentlichen Theologie zusammenzutragen.

Juni 1984

Helmer Ringgren *Heinz-Josef Fabry*

Die Autoren der Artikel von Band IV

Herausgeber

Botterweck, G. J., Professor Dr. Dr. †

Ringgren, H., Professor Dr.,
Teologiska Institutionen, Box 1604,
75146 Uppsala, Schweden

Fabry, H.-J., Professor Dr.,
Turmfalkenweg 15, 5300 Bonn

Mitarbeiter

Alonso-Schökel, L., Professor,
Pontificio Istituto Biblico,
Via della Pilotta 25, 00187 Rom, Italien
André, G., Dr.,
Cellovägen 22, 75250 Uppsala, Schweden
Barth, Ch., Professor Dr.,
Unterer Batterieweg 168, 4059 Basel, Schweiz
Baumann, A., Pastor,
Diakonisches Werk Wolfsburg,
Postfach 170, 3180 Wolfsburg
Beauchamp, P.,
35, rue de Sèvres, 75006 Paris, Frankreich
Bergman, J., Professor Dr.,
Pumpgatan 2, 58252 Linköping, Schweden
Beyse, K.-M., Dr.,
Wielandstr. 9, 402 Halle/Saale, DDR
Clements, R. E., Reverend,
Fitzwilliam College, Cambridge,
CB3 7PT, England
Conrad, J., Dr.,
Menckestr. 26, 7022 Leipzig, DDR
Dohmen, Ch.,
Burbacher Str. 53, 5300 Bonn 1
Dommershausen, W., Professor Dr.,
Sanatorium Albula, 7260 Davos-Dorf, Schweiz
Eising, H., Professor Dr. (†),
Besselweg 12, 4400 Münster
Freedman, D. N., Professor Dr.,
1520 Broadway, Ann Arbor,
Mich. 48104, USA
Gamberoni, J., Professor Dr.,
Kamp 6, 4790 Paderborn
Görg, M., Professor Dr. Dr.,
Schönbornstr. 10, 8600 Bamberg
Groß, H., Professor Dr.,
Agnesstr. 13, 8400 Regensburg
Haag, H., Professor Dr.,
Guggistr. 12a, 6005 Luzern, Schweiz
Hasel, G. F., Professor Dr.,
Andrews University, Berrien Springs,
Mich. 49104, USA
Hausmann, J.,
Finkenstr. 6a, 8806 Neuendettelsau
Helfmeyer, F. J., Dr.
Venloer Str. 601–603, A 1604,
5000 Köln 30
Illman, K.-J., Professor,
Sirkkagalagatan 6 C 42,
20520 Åbo 52, Finnland
Kapelrud, A. S., Professor Dr.,
Rektorhaugen 15, Oslo 8, Norwegen
Kedar-Kopfstein, B., Professor Dr.,
Oren Street 23/81, Haifa (Romema), Israel
Kellermann, D., Dr.,
Melanchthonstr. 33, 7400 Tübingen
Koch, K., Professor Dr.,
Diekbarg 13a, 2000 Hamburg 66
Lang, B., Professor Dr.,
Alte Mainzer Str. 117, 6500 Mainz 42
Levine, B., Professor Dr.,
110 Bleecker St., New York, N.Y. 10012, USA
Lipiński, E., Professor Dr.,
Departement Oriëntalistiek,
Blijde Inkomststraat 21,
3000 Leuven, Belgien
Lohfink SJ, N., Professor Dr.,
Offenbacher Landstr. 224,
6000 Frankfurt/Main 70
Maiberger, P., Priv.-Dozent Dr. Dr.,
Borngasse 1, 6500 Mainz 21
Mayer, G., Professor Dr.,
Ruländerstr. 10, 6501 Zornheim
Meyers, C., Assistant Professor Dr.,
Department of Religion,
Box 4735 Duke Station, Duke University,
Durham, N.C. 27706, USA

Milgrom, J., Professor Dr.,
1042 Sierra St., Berkeley, Cal. 94707, USA
Mosis, R., Professor Dr.,
Heidingfelderweg 42, 8078 Eichstätt
Müller, H.-P., Professor Dr.,
Hagentwiete 35, 2083 Halstenbek
Mulder, M. J., Professor Dr.,
Ampèrestraat 48,
1178 BV Badhoevedorp, Holland
North SJ, R., Professor Dr.,
Pontificio Istituto Biblico,
Via della Pilotta 25, 00187 Rom, Italien
O'Connor, P.,
Program on Studies in Religion,
University of Michigan, Ann Arbor,
Mich. 48104, USA
Oikonomou, E. B., Professor Dr.,
Leoph. Agias Philotheis 23,
Philothei, Athen, Griechenland
Preuß, H. D., Professor Dr.,
Finkenstr. 3, 8806 Neuendettelsau
Reindl, J., Professor Dr.,
An der Thüringenhalle 2,
5080 Erfurt, DDR
Schmid, R.,
Adligenswilerstr. 15, 6006 Luzern, Schweiz
Schüpphaus, J., Dr.,
Freie Bitze 3, 5330 Königswinter 51
Schunck, K.-D., Professor Dr.,
Kösterbecker Weg 5, 25 Rostock, DDR
Seebass, H., Professor Dr.,
Am Hasenkamp 16, 4544 Ladbergen
Seybold, K., Professor Dr.,
Bruderholzrain 62,
4102 Binningen-Basel, Schweiz
Simian-Yofre, H., Professor,
Pontificio Istituto Biblico,
Via della Pilotta 25, 00187 Rom,
Italien
Snijders, L. A., Dr.,
Paalsteen 3, 6852 GV Huissen (Gld.),
Holland
Stenmans, P.,
Erthalstr. 33, 8700 Würzburg
Stiglmair, A., Professor Dr.,
Hartwiggasse 8, 39042 Brixen, Italien
Talmon, S., Professor,
Hebrew University, Jerusalem, Israel
Wagner, S., Professor Dr.,
Meusdorfer Str. 5, 703 Leipzig, DDR
Warmuth, G., Akad. Rat Dr.,
Olshausenstr. 1, 2300 Kiel
Weinfeld, M., Professor,
Hebrew University, Jerusalem, Israel
Willoughby B. E.,
Program on Studies in Religion,
University of Michigan, Ann Arbor,
Mich. 48104, USA
Wright, D. P.,
Department of Near Eastern Studies,
University of California, Berkeley,
Cal. 94720, USA
Zobel, H.-J., Professor Dr.,
W.-Pieck-Allee 95, 22 Greifswald, DDR

Inhalt von Band IV

Spalte

כְּ k^e

כְּמוֹ k^e*mô*, כַּאֲשֶׁר *ka'*^{a}*šær*

I. Herleitung und Funktion – II. Gebrauchsweisen – III. Theol. Verwendung – 1. feste Kontexte – 2. Einzelstellen.

Lit.: *K. Aartun*, Einige besondere Wortstrukturen im Jüdisch-Aramäischen (ZDMG 130, 1980, 1–14). – *E. Jenni*, דמה *dmh* gleichen (THAT I 451–456, bes. 453). – *G. Johannes*, Unvergleichlichkeitsformulierungen im AT, Diss. Mainz 1966. – *E. König*, Historisch-kritisches Lehrgebäude der hebräischen Sprache II.1, Leipzig 1895, bes. 279–287. – *C.J. Labuschagne*, The Incomparability of Yahweh in the OT, Pretoria Oriental Series 5, Leiden 1966. – *C. H. Scheele*, Commentatio grammatica-exegetica de hebr. particula כ, Diss. Halle 1832. – *E. Schwabe*, כְּ nach seinem Wesen und Gebrauche im Alttestamentlichen Kanon gewürdigt, Diss. Halle 1883, 1–44. → דמה *dāmāh*.

I. Die proklitische Partikel k^e ist wahrscheinlich aus dem gemeinsemitischen Morphem *ka* entstanden (KBL). Man sieht darin gemeinhin eine ursprüngliche Sprachgeste, einen „elementaren Demonstrativlaut" und ein „primäres Sprachgebilde" (König, Schwabe) im Sinne einer „Deuteinterjektion" (Brokkelmann, Synt. § 109a). Nicht wahrscheinlich ist die Ableitung von einem ursprünglichen Nomen mit der Bedeutung 'Betrag, Größe, Gleichheit' u.ä. (vgl. GesB). Mehr für sich hat Königs Auffassung, daß k^e als „ursprünglicher Ausdruck der Anregung zur Parallelisirung" „im Sprachleben" erst allmählich festere Beziehungen als Adverb, Präposition und Konjunktion angenommen hat (vgl. die Suffixbildungen, dazu k^e*mô* [< *kamā*] und *ka'*^{a}*šær*).

Als Funktionspartikel repräsentiert k^e jede Art von Parallelität. Sie stellt gleichsam einen „Seitenblick" (König) auf Gleiches, Ähnliches, Vergleichbares dar, und zwar sowohl im Zusammenhang der Rede von Personen, Größen, Erscheinungen (vor Nomina) wie auch von Handlungen und Ereignissen (vor Verben; häufig als Ausdruck der Gleichzeitigkeit, k^e mit Inf. oder *ka'*^{a}*šær*). k^e verbindet insofern ein demonstratives Moment (Hinzeigen auf Vergleichbares) mit einem assoziativen Moment (Verknüpfen vergleichbarer Größen) und vermittelt dabei den elementaren Denkvorgang des Vergleichens von der Veranschaulichung durch Bildvergleich bis hin zur Feststellung von Übereinstimmung und Analogie im begrifflichen Urteil. Dieser Vorgang wird verbalisiert mit und ohne k^e vor allem durch hebr. → דמה *dāmāh*, 'ähnlich sein, gleichen', → משל I *māšal niph*, 'gleich werden', עמם *'āmam*, 'gleichkommen', → ערך *'āraḵ*, 'gleichstellen', → שוה *šāwāh*, 'gleich, ähnlich sein' (Jenni, Preuß).

Die syntaktische Funktion der Parallelisierung bestimmt alle Ausprägungen von k^e als Präposition, Adverb und Konjunktion.

II. Zur Statistik der etwas mehr als 3000 (ca. 3030) Belege im AT vgl. Jenni 452ff. Die Fülle der Belege läßt sich nach syntaktischen und kontextuellen Gesichtspunkten aufgliedern, wobei die typischen Gebrauchsweisen zutage treten.

1. Die Setzung des doppelten k^e – k^e (auch *ken*) mit der Bedeutung 'wie – so' in der Anrede („wie der Pharao, so bist du", Gen 44, 18 – hebr. in umgekehrter Wortfolge) läßt noch etwas von der deiktischen Kraft und dem gestischen Charakter (Zunicken, Seitenblick) spüren, die der Partikel von Haus aus zu eigen sind (vgl. 1 Kön 22, 14).

2. Die erweiterte Form k^e*mô* (ca. 120mal belegt) begegnet mit Ausnahme einiger Suffixbildungen nur in poetischen Texten (Ps, Hi), offenbar, weil sie urtümlicher erschien und in der Dichtung der intendierten Deixis auch rhythmisch besser gerecht wurde (z. B. Hi 19, 22: „Warum verfolgt ihr mich gleichwie Gott?" – k^e*mô-'el*).

3. Häufig ist die Verbindung mit Infinitiven (ca. 250mal), meist zur Bezeichnung der Gleichzeitigkeit von Handlungen und Vorgängen. Hier kommt die Parallelisierungsfunktion der Partikel voll zum Tragen. „Und es geschah, als Abram nach Ägypten kam, sahen die Ägypter ..." (Gen 12, 14). An einem in der Handlung erreichten Punkt setzt eine neue Handlung ein. Parallelität zwischen Sätzen stellt je nach Aussagegehalt *ka'*^{a}*šær* her, z. B. in Gen 7, 5: „Und Noah tat ganz, wie es JHWH ihm befohlen hatte (k^e*ḵol '*^{a}*šær ṣiwwāhû*)" (s. III.1.f), während Parallelität von Handlungsweisen, behauptete oder geforderte, adverbiales k^e ausdrückt: „Darf er tun an unserer Schwester wie an einer Hure (k^e*zônāh*)?" (Gen 34, 31, vgl. Ri 9, 16).

4. Am häufigsten ist die Verbindung mit Nomina, wobei der Stellenwert des Nomens für die Bedeutung entscheidend ist. Hier können Übereinstimmung, Ähnlichkeit, Entsprechung, überhaupt jede Form von Parallelität zum Ausdruck kommen, und zwar meistens so, daß dem zum Vergleich herangezogenen bekannten Phänomen normative Kraft zugeschrieben wird (Schwabe). Von der Art und Position des Nomens ist es abhängig, ob die Korrelation hinreichend deutlich wird. Am größten ist das Gewicht der Vergleichung naturgemäß im Nominalsatz, z. B.: „Das erste (Kind) kam heraus, rötlich, ganz und gar wie ein behaarter Mantel" (Gen 25, 25); „wie das Kind auf mir(, so) ist meine Seele" (Ps 131, 2). Die Grenze zur metaphorischen Aussage (ohne k^e) ist fließend. Die Erscheinung des sog. k^e veritatis der älteren Grammatiker zeigt den Übergang an: „Er war k^e*'îš '*^{æ}*maṯ* (= so etwas wie ... oder: wie ein ... nur sein kann) – ein Mann der Treue" (Neh 7, 2); „es ist nur ein Schritt (k^e*pæša'* = etwas wie ein Schritt) zwischen mir und dem Tode" (1 Sam 20, 3). Zu vergleichen ist etwa die Reihe der Bildvergleiche mit k^e in HL 4, 1ff., die durch einen metaphorischen Nominalsatz eröffnet wird: „Deine Augen sind Tauben" (MT); „dein Haar ist wie eine Herde von Ziegen ..., deine Zähne wie eine Herde von frischgeschorenen (Schafen) ...; wie ein purpurnes Band sind deine Lippen ..." (vgl. 7, 2f.).

5. Jenni hat festgestellt, daß die Verbindung mit Substantiven mit allgemeiner und abstrakter Bedeutung häufiger vorkommt als die mit konkreten Substantiven. Das würde bedeuten, daß die Setzung von *kᵉ* öfter der rationalen Absicht der Zuordnung und Integration der Einzelerscheinung zu dienen hat als dem veranschaulichenden Vergleich.

6. Die allgemeine Parallelbeziehung, die *kᵉ* einleitet, trägt von Natur aus eine gewisse Unschärfe in sich, weil sie bestenfalls annähernde Identität, meist jedoch nur partielle Übereinstimmung aussagen kann, was zudem vom subjektiven Urteil des Sprechers abhängig ist. Niederschlag pauschaler und vager Parallelisierung ist die Art und Weise, wie bei Setzung von *kᵉ* entsprechende Präpositionen impliziert werden, z. B.: *kaḥᵃlôm* „wie (im) Traum" (Jes 29, 7). Vergleichende Einschätzung mit Blick auf die Skala vorgegebener Größen, Mengen und Maße liegt auch den vielen pauschalen und ungefähren Angaben zugrunde: *kᵉdæræk jôm* „ungefähr eine Tagereise" (Num 11, 31); *kᵉʿæśær šānîm* „etwa 10 Jahre" (Ruth 1, 4); *kᵉʾêpāh* „etwa ein Epha" (Ruth 2, 17).

7. Feste Gebrauchsweisen und Gewohnheiten auf dem Wege zu Redewendung und Formel zeigen öfter vorkommende Verbindungen wie etwa der im AT 8mal belegte, wohl sprichwörtliche Vergleich den „Frevler" betreffend: *kᵉmoṣ* „wie Spreu", oder der 3mal im Blick auf die *ṣāraʿaṯ* (sog. Aussatz) belegte Topos: „(flockig) wie Schnee", auch der 4mal vorkommende Wachsvergleich (Mi 1, 4; Ps 22, 15; 68, 3; 97, 5), der relativ häufige Tiervergleich (z. B. Ps 11, 1; 42, 1; 59, 7. 15; 102, 8; 124, 7 s. u. II. 8) und der Vergleich mit Personen („wie David, wie Daniel") und Ortsnamen („wie der Libanon" u. a.; Jenni 453, zu Verbindungen mit dem Gottesnamen s. u. III. 1).

8. Unter den at.lichen Redeformen ist *kᵉ* in besonderer Weise mit der individuellen Gebetsklage verbunden, vor allem in den Partien, die der sog. Elendsschilderung dienen. Sie haben die durch die Partikel noch unterstrichene Funktion der Selbstdarstellung und Rollenidentifikation (vgl. Ps 38, 14f.; 88, 6; 102, 4ff.; Num 12, 9. 12; Hi 6, 15; 10, 19. 22; 19, 22; 30, 19; auch Jes 53, 3. 7). Der Sprecher sucht durch den Vergleich (Ps 11, 1 z. B.) eine grundsätzliche Orientierung, oft auch die Übereinstimmung mit dem jeweiligen Verhaltensparadigma. Einen besonderen Fall von fast magischem Rollen- bzw. Image-Zwang stellt die Analogie-Verfluchung in Ps 58 dar (5mal *kᵉmô*, vgl. K. Seybold, Psalm LVIII. Ein Lösungsversuch, VT 30, 1980, 53–66; zu entsprechenden Formulierungen in den sog. Gebetsbeschwörungen, die dem Analogiezauber nahestehen, vgl. W. Mayer, Untersuchungen zur Formensprache der babylonischen „Gebetsbeschwörungen", Studia Pohl: Series maior 5, XVI, Rom 1976, 362–373).

9. Ein weiterer Bereich gehäuften Vorkommens ist die weisheitliche Rede, sei es die Sentenz (z. B. Ps 32, 9; 90, 9; Spr 23, 7), sei es der weisheitliche Lehrpsalm (z. B. Ps 1, 3. 4; 49, 13. 21; 133, 2f.) oder seien es andere weisheitliche Literaturformen (Hi 28, 5; 38, 14; 40, 17ff.; 41, 16). Der Lehrer sucht die Veranschaulichung und die didaktische Zuordnung des neu Erkannten zu dem bereits Bekannten. Als Mittel der Anknüpfung dient ihm dabei *kᵉ* auf vielfache Weise (vgl. Jes 55, 10f.).

10. Fester Bestandteil ist *kᵉ* besonders des sog. Beschreibungsliedes, einer lyrischen Gattung (arab. *waṣf*), die in HL 4, 1–7; 5, 10–16; 7, 2–10 bezeugt ist (G. Gerleman, BK XVIII/2, 58ff.). Hier dient der meist mit *kᵉ* eingeführte bildliche Vergleich zur Gleichsetzung der Gestalt der (des) Geliebten mit dem Schönheitsideal der bildenden Kunst, vornehmlich ägyptischer Herkunft. Der nominale Identitätssatz wie der Nominalsatz mit dem durch *kᵉ* bestimmten Vergleichsprädikat sind bevorzugte Stilmittel dieser Dichtkunst (vgl. 5, 10ff. mit 4, 1ff.).

III. 1. In der religiösen Aussage spielt das auf Parallelen verweisende *kᵉ* keine andere Rolle. Doch markiert es je nach Kontext und speziell in direkter Verbindung mit Gottesbezeichnungen einen besonderen theologischen Akzent. Die durch *kᵉ* eingeleitete, kontrapunktisch vergleichende, auf die Parallellinie übersteigende und ihr zeitweise folgende Redeweise tritt in den Umkreis des theologischen Grundproblems der Vergleichbarkeit bzw. Unvergleichbarkeit der Gottheit.

a) Feste Formulierungen der Unvergleichbarkeit JHWHs bilden die auf einen Fragesatz („wer ist wie JHWH, El, Gott?") zurückzuführenden Personennamen vom Typ *Mîḵājāhû* oder *Mîḵāʾel.* Die eine negative Antwort implizierende Frage setzt eine individuelle Erfahrung voraus, die darin besteht, daß der sonst immer und überall mögliche „Seitenblick" auf Vergleichbares hier unmöglich wird. Als Bekenntnis, das Einverständnis sucht, wurzelt diese Aussage wohl weniger in der religiösen Polemik (Labuschagne 21f. 126–128; vgl. Johannes 92ff.) als in einer – mit der Geburt des Kindes zusammenhängenden – überwältigenden Gotteserfahrung.

b) Diesem Befund entspricht das Vorkommen der expliziten Unvergleichlichkeitsformulierungen, sowohl der Stilisierung als Frage *mî ḵᵉ* wie der Behauptung in der Form von *ʾên kᵉ*. Die Mehrzahl der Belege steht in hymnisch-doxologischen Kontexten (z. B. Ex 15, 11; Ps 89, 7ff.; 35, 10; 71, 19; 77, 14; 113, 5; Mi 7, 18; bzw. Deut 33, 26; 1 Sam 2, 2; Ps 86, 8). Die jeweils beigegebenen Begründungen bringen zum Ausdruck, daß die Unvergleichbarkeitsaussage in bestimmten Heilserfahrungen gründet, die der Bekennende gemacht hat oder zu machen hofft. So in dem Lied der Hanna: „Mein Herz jubelt über JHWH . . ., ja, ich freue mich deiner Hilfe. Niemand ist heilig wie JHWH(, denn außer dir ist keiner), und es ist kein Fels wie unser Gott" (1 Sam 2, 2). Eine späte Variation begegnet noch in den Elihureden: „Sieh, Gott erreicht Großes mit seiner Macht (ausgeführt in dem Schöpfungshymnus 36, 23ff.)! Wer ist ein Meister (*môræh*) wie er?" (Hi 36, 22) (vgl. dazu

Labuschagne 22. 112f., Jenni 455). Die Wendung ist auch als fester Topos in das Repertoire der offiziellen Liturgiesprache eingegangen (vgl. 2 Sam 7, 22; Ps 89, 7ff.; 1 Kön 8, 23).

c) Nur 4mal ist *kᵉ* direkt mit dem JHWH-Namen verbunden (Ex 8, 6; Deut 4, 7; 1 Sam 2, 2; Ps 113, 5) – ein Zeichen dafür, daß man das Unvergleichbarkeitsbekenntnis ernst genommen hat. Auch bezieht sich der als unmöglich erkannte Vergleich an diesen Stellen auf Gottheiten im Lebensumkreis Israels (vgl. Deut 4, 32ff.). Auf andere Weise als unmöglich erweist sich aber auch, wenn nicht der theoretische Vergleich (Ps 8, 6), so doch der Seinsanspruch des Menschen nach der Formulierung der Schlange in Gen 3, 5: „zu sein wie Gott (*ke'lohîm*), wissend Gutes und Böses"; nach der damit in Zusammenhang stehenden Formulierung Ez 28, 2. 6: „... du sagtest: ein Gott (*'el*) bin ich ... und setztest dein Herz dem Herzen eines Gottes gleich (*'ᵆlohîm*)". Der Versuch scheitert an dem göttlichen Nein. Seinsangleichung oder Seinsanspruch im Sinne der Identifikation (*kᵉ*) stößt an das anthropologische Axiom: „Staub bist du ..." (Gen 3, 19) bzw. „Mensch bist du und kein Gott (*'el*)" (Ez 28, 2. 6); vgl. aber auch die theologische Umkehrung: „(den toten Götterbildern) werden gleich, die sie machen" (Ps 135, 18). Die Vergleichspartikel gerät ins Zentrum theologischer Auseinandersetzung mit dem mythisch-religiösen Menschenbild (vgl. den Nachklang Hi 40, 9). Interessant ist in diesem Zusammenhang auch die Gleichung *kᵉ'ādām* – „wie Menschen sollt ihr sterben" in der Gerichtsrede an die Götter (Ps 82, 7, vgl. Hos 6, 7; Hi 31, 33).

d) Obligatorisch ist die Verwendung der Partikel naturgemäß im Rahmen der Vergleichsterminologie in Visionstexten, wird doch die adäquate Wiedergabe und Beschreibung des Geschauten am einfachsten durch vergleichende Rede erreicht. Diese wird eingeblendet durch das Vorschaltzeichen *kᵉ*. So gewinnt der Seherspruch Num 24, 3ff. durch Überblendung eine theologische Dimension: „Wie schön sind deine Zelte, Jakob, deine Wohnplätze Israel! Wie Täler, ausgedehnt, wie Gärten am Strom, wie Eichen, die JHWH gepflanzt, wie Zedern am Wasser ...!" Ganz ähnlich 1 Kön 22, 17: „Ich (Micha) sah ganz Israel zerstreut auf den Bergen wie die Schafe, die keinen Hirten haben." Stark geprägt dann in Joels Vision der Heuschreckenplage am Tage JHWHs Jo 2, 1–11 (11mal *kᵉ*, vgl. auch Sach 4, 1; 5, 9 u.a.). Konstitutives Stilmerkmal wird die Partikel schließlich in den Visionsdarstellungen bei Ez und Dan, etwa in der Menschensohnvision Dan 7, 4ff.; s.u. 2).

Eine parallele Linie zeigt sich in den Theophanieschilderungen, in denen JHWHs Erscheinung vergleichend dargestellt und – d. h. in diesem Fall – als unanschaulich und unvergleichlich vorgestellt werden soll. Der locus classicus dafür stammt aus der Sinaitradition: „Und sie schauten den Gott Israels, und unter seinen Füßen war (so etwas) wie das Gebilde (*kᵉma'ᵃśeh*) eines *sappîr*-Ziegels und wie der Himmel selbst (*kᵉ'æṣæm haššāmajim*) an Klarheit" (Ex 24, 10). Die elliptische Ausdrucksweise – es fehlt ein explizites Subjekt – zeigt an, daß bereits fester Stil vorliegt. Vgl. weiter etwa Jes 30, 27ff.; Ps 29, 6; 18, 43, auch Ez 1ff.; 8ff.; 40ff., sodann den dreifach vorkommenden Topos „wie Wachs" (Mi 1, 4; Ps 68, 3; 97, 5).

e) Auffällig ist die relativ häufige Verwendung in Prophetenworten, die heilsgeschichtliche Analogien aufzeigen wollen. *kᵉ* erweist sich da als knappster und direktester Ausdruck der Entsprechung, hier meist der Entsprechung göttlicher Heilstaten der Zukunft zu vergangenen Ereignissen der Heilsgeschichte Israels. Zum Beispiel Jes 28, 21: „Ja, wie am Berg Perazim erhebt sich JHWH, wie im Tal bei Gibeon tobt er"; Hos 12, 10: „Ich bin JHWH, dein Gott, vom Lande Ägypten her; ich lasse dich wieder in Zelten wohnen wie in den Tagen der Vorzeit"; weiter Jes 1, 9. 26; 9, 3; 23, 5; Am 9, 11; Hos 2, 5. 17; Ob 16; Jer 31, 4; Hag 2, 3 u.a. Auffallend ist der häufige Gebrauch von *kᵉ* in Hos 14, 5ff. JHWH vergleicht sich im Ich-Stil der Gottesrede mit dem „Tau" (v. 6) und der „immergrünen Zypresse" (v. 9), und Israel vergleicht er mit verschiedenen Bäumen, Blumen und Naturgegebenheiten, so daß die schöne und heile Welt der Natur zum Abbild und Gleichnis des zukünftigen Heils wird.

f) Als Ausdruck normativer Entsprechung spielt *kᵉ* eine Rolle in der theologischen Phraseologie, sei es, daß auf die Übereinstimmung einer Handlungsweise mit vorgegebenen Autoritäten oder Instanzen verwiesen wird: auf die göttliche Autorität (Ex 7, 20; 29, 35), auf das Gesetz (Deut 4, 8; vgl. 2 Kön 17, 13; Num 9, 3. 12), auf die gesetzliche Vorschrift (2 Chr 30, 18), oder daß die Faktoren genannt werden, an denen JHWH selbst sein Handeln ausrichten soll: seine große Gnade (Ps 106, 45; 109, 26), seine Gerechtigkeit (Ps 35, 24), sein Zorn (Ez 25, 14), seine Weisheit (Esr 7, 25). Dieser normative Gebrauch benennt das „Maßgebende einer Handlung" (Schwabe 33) und wird so zu einem ethischen Theologumenon (s.o. II. 8).

2. Einzelne Stellen, an denen *kᵉ* zur spezifisch theologischen Begriffsbildung beiträgt, bedürfen besonderer Hervorhebung. – Im zweiten Begriff der Imago-Dei-Stelle Gen 1, 26 (P) geht *kᵉ* mit dem Abstractum *dᵉmûṯ* (→ דמה) eine Verbindung ein, um den umfassenderen ersten Begriff *bᵉṣalmenû* (→ צלם) näher zu explizieren: „Laßt uns Menschen machen als unser Bild, gleich wie wir". Dabei betont das adverbiale *kiḏᵉmûṯenû* präzisierend den in der Bildvorstellung bereits implizierten Aspekt der Gleichheit zwischen Mensch und Gott als Leitidee des Schaffens (1, 27) und wehrt ein uneigentliches Verständnis des Bildbegriffs ab. Vielmehr spricht es explizit von einer geplanten, gewollten Analogie in Gestalt und Funktion (1, 26b), eben von Gleichheit, wobei der Partikel *kᵉ* sozusagen die Aufgabe zufällt, in Unterstützung der beiden Bildbegriffe (Abbild, Gleichheit) das Hin- und-Her des vergleichenden Blicks auszudrücken.

Gen 5, 3 – falls der MT so zu korrigieren ist – besagt, daß Adam einen Sohn zeugte „gleichwie ein Bild von sich (*k^e^ṣalmô*)“, so daß wieder *k^e^* den Gleichheitsbegriffen mit der ihm eigenen Verweiskraft zu Hilfe kommt (vgl. T. N. D. Mettinger, Abbild oder Urbild?, ZAW 86, 1974, 403–424). – Auch Gen 2, 18. 20 (J), die Entschließung des Schöpfers JHWH Elohim, dem Menschen eine Hilfe zu schaffen, damit er nicht allein sei, umschreibt das Projekt näherhin mit dem vergleichenden *k^e^*: „eine Hilfe, (doch) gleichwie sein Gegenüber (*k^e^nægdô* → נגד)“. *k^e^* weist einmal mehr auf das Modell und Vorbild des Schaffens hin, hier im Sinne einer Leitidee und Rahmenvorstellung, die in einer gewissen Spannung zu dem Abstraktbegriff „Hilfe“ hinzutritt und ihn personal, dazuhin im Sinne der Vergleichbarkeit und Partnerschaft (Gegenüber) konturiert. Der durch *k^e^* eingeführte Vergleich setzt somit Maß und Norm für das geplante Schöpfungswerk.

Das Liebesgebot aus dem Heiligkeitsgesetz Lev 19, 18: „und du sollst lieben deinen Nächsten wie dich selbst“ (→ אהב *'āhab̲*) formuliert eine Parallelität zwischen Nächstenliebe und Eigenliebe (wie 1 Sam 18, 1 entsprechend zwischen Freundesliebe und Eigenliebe *'hb k^e^napšô*) und postuliert ein Gleichgewicht. Die faktisch vorhandene Selbstliebe wird als Maß genommen und zugleich als Gegengewicht aufgefaßt, das des ständigen Ausbalancierens durch die Liebe zum Nächsten im Sinne des Heiligkeitsgesetzes bedarf. Wieder setzt *k^e^* Maß und Norm (III. 1. f).

In der Reihe der *k^e^*-Vergleiche in der Visionsschilderung von Ez 1 bildet v. 26 f. den Höhepunkt insofern, als der Blick sich nunmehr zur Gottheit selbst erhebt: eine Kristallplatte (1, 22), darüber „was aussah wie *sappîr*-Stein – etwas wie ein Thron; und auf dem, was aussah wie ein Thron, *d^e^mûṯ k^e^mar'eh 'āḏām* – etwas, was wie ein Mensch aussah“ (1, 26). Das sprachliche Material gleicht dem von Gen 1, 26 und Ex 24, 10. Die Beschreibung ist an dieser Stelle bei aller Kühnheit im Thematischen äußerst zurückhaltend. Eine doppelte Brechung nimmt der Darstellung alles direkt Anschauliche. Das an sich vage *d^e^mûṯ* wird durch das vorsichtige *k^e^mar'eh* zusätzlich relativiert: „es sah so aus wie“. Die Inadäquatheit der Schilderung wird dadurch stark betont. – Die häufige Verwendung bei Dan zeigt, daß *k^e^* in seiner vergleichenden und deutenden Funktion zum Stilmerkmal visionärer Schilderung geworden ist, welche das Geschaute zugleich erklären wie verdecken will. *k^e^* zwingt so den Hörer und Leser ständig in die uneigentliche Bilderwelt apokalyptischer Schau. Höhepunkt der Vision von Dan 7 ist der Vergleich: „Mit den Wolken des Himmels kam einer(, der aussah) wie ein Mensch“ (*k^e^ḇar 'ænāš* – in der Bedeutung: ein einzelner Mensch), der im Blick auf die zuvor geschilderten phantastischen Tiere (vgl. 7, 4 *kæ'ænāš*) eine visionäre wie thematische Kontrastfigur darstellt.

Seybold

כאב *k'b*

כְּאֵב *k^e^'eb̲*, מַכְאֹב *mak̲'ob̲*

I. Allgemein – 1. Verwandte Sprachen – 2. Statistik – 3. Grundbedeutung – II. Der biblische Befund – 1. Das Verb – a) *qal* – b) *hiph* – 2. Die Substantive – a) *k^e^'eb̲* – b) *mak̲'ob̲* – III. Theologische Verwendung – 1. Leiden als Erziehung – 2. Leiden und Sünde – 3. Unerklärtes Leiden – 4. Der „Mann der Schmerzen“ – IV. LXX.

Lit.: *J. Scharbert*, Der Schmerz im AT (BBB 8, 1955, 41–47. 55–58). – *K. Seybold*, Das Gebet des Kranken im AT (BWANT 99, 1973, 24 f.). – Weitere Lit. → חלה *ḥlh*.

I. 1. Die Wurzel *k'b/kjb* begegnet außer im Hebr. noch im Arab. (WKAS I 11 f.), im Aram. der Eleph. Pap. (vgl. DISO 118), im Jüd.-Aram. (vgl. Levi, WTM s. v. *k'b* und *k'b'*), im Syr. und im Mand. (vgl. MdD s. v. *kib* und *kiba*). Der Targum gibt mit aram. *k'b* vielfach hebr. *ḥlh* wieder, so z. B. 1 Sam 22, 8; Ez 34, 4; Am 6, 6 b u. ö. Die Wurzel ist bisher nicht belegt im Ugar. und fehlt im Akk. (vgl. AHw und CAD; anders Scharbert 42). *k'b/kjb* ist also auf westsemit. Sprachen beschränkt. Wie im Hebr. findet sich die Wurzel auch in den verwandten Sprachen sowohl als Verb als auch in verschiedenen nominalen Bildungen.

2. Im AT begegnet die Wurzel *k'b* in subst. Bildungen und als Verb. Adj. Bildungen fehlen. – Das Verb ist in MT 8mal belegt, außerdem 2mal in Sir (4, 3; 13, 5). Dazu konjiziert man, sehr wahrscheinlich zu Recht, in Ez 13, 22aα ein zu *hak̲'ôṯ* verschriebenes *hak̲'îb̲* (so z. B. Zimmerli, BK XIII, 285; vgl. Ez 28, 24), und in Spr 3, 12 ein zu *k^e^'āb̲* verschriebenes *(w^e^)jak̲'îb̲* (vgl. LXX = Hebr 12, 6; anders V). Dagegen ist MT in Ps 41, 4 wohl zu belassen (vgl. z. B. Kraus, BK XV/1^5^, 465; anders KBL s. v. *mak̲'ob̲*). Von den insgesamt 12 Belegen entfallen 5 auf *qal* (mit Sir 13, 5), 7 auf *hiph* (mit Sir 4, 3; cj. Ez 13, 22aα; cj. Spr 3, 12). *Pi*, *pu*, *hoph* und *hitp* fehlen, s. u. 3. – Das Subst. *k^e^'eb̲* ist in MT 6mal belegt, außerdem 4mal in Sir (4, 6; 30, 17a. b; 34, 29, in KBL nicht angeführt), und zwar immer im Sing. – Das Subst. *mak̲'ob̲* begegnet in MT 16mal, dazu 3mal in Sir (3, 27; 34, 20; 38, 7; KBL nennt nur 3, 27), davon 6mal (mit Sir 3, 27) im Pl., meist auf *-îm*, nur 1mal auf *-ôṯ* (Jes 53, 3; *'îš mak̲'ob̲ôṯ*). – Auffällig ist die Häufung der verbalen und substantivischen Belege in der Weisheitsliteratur (Spr; Hi; Sir) und im Kontext der Klage (Pss, Kl; Jer), s. u. III.

3. Die Lexika geben *k'b* im allgemeinen mit 'leiden', 'Schmerz empfinden' bzw. mit 'Leid', 'Schmerz' o. ä. wieder (vgl. z. B. GesB; KBL s. v.). Die Diskussion um die Grundbedeutung der Wurzel ist weithin von der alternativ gestellten Frage bestimmt, ob mit *k'b* primär bzw. ausschließlich die objektive Minderung und Schädigung oder die subjektive Schmerzempfindung gemeint sei (vgl. Scharbert, passim). Diese alternative Scheidung von objektiver Gegebenheit und subjektivem Erleben ist hier jedoch offensichtlich

verfehlt. Auch wenn bald die objektive, bald die subjektive Komponente des „Leidens" im Vordergrund stehen kann, bezeichnet *k'b* immer ungeschieden und unscheidbar die Schädigung, die objektiv und tatsächlich gegeben ist, und die zugleich als solche erlitten und empfunden wird. Denn in allen Sprachen und Wortformen wird die Wurzel fast ausschließlich auf Menschen angewandt, hat also hier ihren ursprünglichen Anwendungsbereich. Dies verbietet die Annahme, *k'b* bezeichne von sich aus nur den objektiven Schaden, und das Moment des subjektiv empfundenen Leidens sei lediglich sekundär dort zugewachsen, wo *k'b* von einem empfindungsfähigen Wesen ausgesagt würde. Die seltene Anwendung von *k'b* auf leblose und darum auch empfindungslose Dinge (z. B. auf Ackerland 2 Kön 3, 19) ist eine metaphorische Übertragung der Vorstellung aus dem menschlichen auf den außermenschlichen Bereich, die bei ähnlichen Begriffen häufig beobachtet werden kann (vgl. E. König, Stilistik, Rhetorik, Poetik ..., 1900, 105–107).
Die Tatsache, daß das Verb *k'b* im AT nur als *qal* und *hiph* vorkommt, zeigt, daß die Wurzel im verbalen Gebrauch nie einen statisch gedachten und isolierten, zeitlos fixierten Zustand beschreibt, sondern immer einen Vorgang oder eine Handlung in der Zeit schildert (vgl. E. Jenni, Das hebräische Piʿel, Zürich 1968, 59. 87f. u.ö.). Auf seiten des nominalen Gebrauchs der Wurzel entspricht dem, daß adjektivische Bildungen, die einen als statisch vorhanden gedachten Zustand benennen würden, fehlen. *k'b* meint also eine Schädigung und Minderung der Lebenskraft, die ein empfindungsfähiges Wesen objektiv treffen und an der dieses zugleich subjektiv leidet.

II. 1. a) Gen 34, 25 meint *k'b* Ptz. *qal* eine schmerzliche Schwächung, die drei Tage nach der Beschneidung über die Sichemiten kam und sie unfähig machte, sich gegen Simeon und Levi zu verteidigen. Ps 69, 30 steht *k'b* Ptz. *qal* neben *ʿonî* (→ עני) (vgl. Ex 3, 7) und bezeichnet das wehr- und schutzlose Dasein, das der Beter klagend vor Gott offenlegt. Nach Spr 14, 13 kann auch beim Lachen und Scherzen das Herz sich grämen und leiden (*k'b qal*; parallel zu *tûḡāh* 'Kummer' → יגה *jgh*).
Während an den bisher genannten Stellen *k'b qal* absolut gebraucht wird, ist Hi 14, 22 angegeben, worüber jemand Schmerz empfindet (*ʿal* mit reflexiv gebrauchtem Personalsuffix; *k'b qal* mit *ʿal* nur hier). Demnach kann der Mensch, dessen Antlitz Gott entstellt und den er „weggeschickt" hat, nicht einmal mehr am guten oder bösen Schicksal seiner eigenen Kinder Anteil nehmen, weil er schon dem Tod zugedacht ist und darum sein „Fleisch" und seine „Seele", d. h. er selbst in seinem leibhaftigen Lebensvollzug (→ בשר *bāśār*; → נפש *næpæš*) schon zu Lebzeiten ganz und ausschließlich (*'aḵ*) ausgefüllt ist mit dem Leiden um sich selbst (*ʿālājw jiḵ'aḇ*, parallel zu *'bl ʿālājw*. Ähnlich Fohrer, KAT XVI/1, 260f.; anders Scharbert, 55–58; wieder anders Horst, BK XVI/1, 179. 213f.; Weiser, ATD 13, 89. 109 u.a.). *k'b qal* ist hier die Empfindung des Schmerzes über den eigenen, nahen und gewissen Untergang, neben der im Menschen für keine andere Regung mehr Platz ist. In Sir 13, 5 ist *k'b qal* unpersönlich gebraucht (*k'b le* nur hier) und hat den abgeflachten Sinn: ein Verhalten, durch das man einem anderen Schaden zugefügt hat, „tut einem leid".
An allen fünf Stellen bezeichnet also *k'b qal* das Leiden, das die Lebenskraft eines Menschen mindert oder hemmt und ihm Schmerz bereitet.
b) In Ez 13, 22aα.β (text. emend.) steht *k'b hiph* im Gegensatz zu „die Hände stärken" (→ חזק *ḥzq*; → יד *jāḏ*) und bezeichnet die Tätigkeit der falschen Prophetinnen. Ihnen wird vorgeworfen, daß sie den Frevler in seinem Tun bestärken und so seine Umkehr verhindern, dagegen das Herz des Gerechten mit Trug (→ שקר *šæqær*) verunsichern und verletzen (*k'b hiph*), indem sie die gültigen Maßstäbe JHWHs in ihr Gegenteil verkehren (vgl. Kl 2, 14; Jes 5, 20). In Sir 4, 3 mahnt der Weise, besonders dem Geringen mit Güte zu begegnen und das „Innere" des Bedrückten (*ʿānî*) nicht zu verletzen (*k'b hiph*). In der Metapher Ez 28, 24 werden die feindlichen Nachbarn des Hauses Israel als bösartiger Stachel (*sillôn mam'îr*) und als verwundender, schmerzender Dorn (*qôṣ maḵ'iḇ*) bezeichnet. 2 Kön 3, 19 bezeichnet *k'b hiph* metaphorisch die Verwüstung der guten Ackerparzellen (*ḥælqāh ṭôḇāh*) eines eroberten Landes mit Steinen (vgl. v. 25).
Schließlich gehört es nach Hi 5, 17f. zur Erziehung durch Gott (→ יכח *jkḥ*) und zur Zurechtweisung durch den Allmächtigen (*mûsar šaddaj*, → יסר *jsr*), daß er einerseits verwundet (*k'b hiph*) und zerschlägt (→ מחץ *mḥṣ*), andererseits aber auch verbindet (→ חבש *ḥbš*) und heilt (→ רפא *rp'*). Und gerade den, an dem Gott wie an einem Sohn sein besonderes Gefallen hat (→ רצה *rṣh*, parallel zu *'hb*), bereitet er nach Spr 3, 12 (text. emend.) Schmerzen (*k'b hiph*, parallel zu *jkḥ*), s.u. III. 1.
2. a) Nach Ps 39, 3 bleibt das schmerzvolle Leiden des Beters *ke'eḇ* dem Frevler, der vor ihm steht (vgl. v. 2), unzugänglich und „tabu" (*ʿkr niph*, vgl. KBL s.v.; anders GesB s.v.; KBL s.v. *ke'eḇ*; Gunkel, Psalmen, GHK, 166 und die meisten Übersetzungen und Kommentare), solange er von dem Schlag Gottes (*næḡaʿ* → נגע), der ihn getroffen hat (vgl. v. 11), schweigt. Hi 16, 6 bezeichnet *ke'eḇ* das Leiden des Hiob, welches nicht einmal dadurch, daß er es ausspricht, gelindert werden kann. Nach Hi 2, 13 erweist sich sein Unglück (*ke'eḇ*) als so groß (*gdl qal*), daß seine Freunde angesichts dieses Unglücks zunächst keine Worte finden. Jes 65, 14 ist parallel zu „Zerbrechen (*šæḇær*) des Geistes" und im Gegensatz zu „Gut (*ṭûḇ*) des Herzens" (→ III 327f.) vom Leiden des Herzens *ke'eḇ leḇ* die Rede, ähnlich Sir 4, 6 neben der „Bitterkeit des Geistes" (*mar rûaḥ*; vgl. auch 1 QH 8, 28: *ke'eḇ* neben *merôrîm*) vom schmerzvollen Leiden der Seele (*ke'eḇ næpæš* [→ נפש]). Nach Jer 15, 18 ist das Leiden des klagenden Prophe-

ten ein Leiden, dessen Ende nicht abzusehen ist (*keʾeḇ næṣaḥ* parallel zu unheilbarer Schlag *makkāh ʾanûšāh*). Auch Jes 17, 11 wird das schmerzvolle Leiden unheilbar genannt *keʾeḇ ʾānûš* (*keʾeḇ ʾānûš* auch 1 QH 5, 28; 8, 28; vgl. Jer 30, 15: *ʾānûš makʾoḇeḵ*, s.u. b). Nach Sir 30, 17a.b kann Leiden so „unabänderlich" (*næʾæmān* → אמן *ʾmn*) und so „beständig" (*ʿômeḏ*) sein, daß das Leben zu einem nichtigen Übel wird, dem der Tod vorzuziehen ist. – Auch Sir 34, 29 dürfte *keʾeḇ roʾš* neben *qālôn* Verachtung und gegensätzlich parallel zu *śimḥaṯ leḇ* Freude des Herzens v. 28 ein tieferes Leiden meinen als lediglich das Kopfweh, das auf unmäßiges Weintrinken folgt.
keʾeḇ ist also fast immer (Sir 34, 29?) ein Leiden, das das innerste Zentrum des Lebens befallen hat, das darum den Leidenden dem endgültigen Untergang nahebringt und zugleich seine Verbundenheit mit der Gemeinschaft der Lebenden schwer stört oder ganz aufhebt.
b) Jer 45, 3 ist der angehäufte Schmerz (*maḵʾoḇ* neben *jāḡôn*) der Grund für einen „Angstruf" (*ʾôj-nāʾ lî*; → הוי *hôj*): „Schmerz" trifft den Vertrauten des Propheten in solchem Maß, daß ihm Leben in Zukunft nicht mehr möglich erscheint (vgl. v. 5b). Im Klagelied Ps 38, 18 meint *maḵʾoḇ* offensichtlich eine Krankheit (vgl. vv. 4. 6. 8f.), die den Beter dem Tod nahebringt und ihn seinen nächsten Freunden entfremdet (vgl. v. 12). Auch im Klagelied Ps 69, 27 kennzeichnet Leiden (*maḵʾoḇ*) einen Menschen, der dem Tod verfallen und von seiner Umgebung isoliert ist. Eine ähnlich umfassende und tiefreichende Zerstörung des Lebens meint *maḵʾoḇ* (neben *ḥolî*) Jes 53, 3f.
Hi 33, 19 ist *maḵʾoḇ* ein von JHWH geschicktes Leiden, das den Menschen aufs Krankenlager wirft, also eine körperliche Krankheit. 2 Chr 6, 29 steht *maḵʾoḇ* in einer Reihe mit → רעב *rāʿāḇ* 'Hungersnot', → דבר *dæḇær* 'Pest', *maḥalāh* (→ חלה *ḥlh*) u.a. und bezeichnet eine Schädigung des Menschen in seiner leiblichen Existenz. Sir 34, 20 meint *maḵʾoḇ* körperliches Leiden, das aus unmäßigem Essen und Trinken entsteht, Sir 38, 7 eine Krankheit, für die der Arzt zuständig ist.
An einigen Stellen wird „schmerzvolles Leiden" (*maḵʾoḇ*), das zunächst nur Individuen treffen kann, metaphorisch auf das Volk als ganzes und auf zerstörte Städte übertragen. Nach Jer 51, 8 findet sich kein Balsam, der die Krankheit (*maḵʾoḇ*), mit der Babel geschlagen wurde, heilen könnte. Nach Kl 1, 12. 18 ist das Leiden der Stadt Jerusalem, das JHWH über sie kommen ließ, unvergleichlich schwer, nach Jer 30, 15 ist es unheilbar (*ʾānûš* neben *šæḇær*). Ex 3, 7 werden mit *maḵʾoḇ* die Leiden des Volkes JHWHs in Ägypten bezeichnet.
Nach der weisheitlichen Sentenz Ps 32, 10 sind die Leiden (*maḵʾoḇ*) des Frevlers zahlreich, während JHWH den, der auf ihn vertraut, mit Huld umgibt. Ähnlich meint *maḵʾoḇ* Sir 3, 27 die Leiden, die ein „trotziges Herz" sich selbst verschafft. Dagegen tritt nach Pred 1, 18; 2, 23 Leiden (*maḵʾoḇ*) nicht erst unter besonderen Umständen auf, sondern gehört grundsätzlich und unabwendbar zum menschlichen Dasein, es ist der „Anteil" (*ʿinjān*) des Menschen, und auch Weisheit ist nicht imstande, solche Schädigung zu heilen.
maḵʾoḇ bezeichnet also eine meist schwere Schädigung des Lebens, die einen Menschen bzw. eine Stadt oder ein ganzes Volk der Sphäre des Todes zuweist oder doch nahebringt, bisweilen auch jene Schädigung, die von Haus aus und unausweichlich jedes menschliche Dasein kennzeichnet.

III. 1. Das mit *kʾb* bezeichnete Leiden ist schlechthin bedrohlich, und der Mensch, der solches Leiden an sich erfährt oder an anderen erkennt, kann in ihm zunächst keinen positiven Sinn entdecken. Aber gerade als Schmerz und Krankheit kann es nach der Anschauung der „älteren Weisheit" Israels zum Mittel werden, mit dem Gott den Menschen erzieht und somit fördert und heilt. Es ist sogar eine ausgezeichnete Weise der Zuneigung und Fürsorge Gottes: „Gerade den, den JHWH liebt" (Inversion!) und der für ihn wie ein Sohn ist, an dem er Gefallen hat, weist er dadurch zurecht, daß er ihm Leiden zuteilt (Spr 3, 12). Dies gilt insbesondere dann, wenn der Defekt, der durch Leiden geheilt werden soll, in der sündhaften Verirrung und Verfehlung des Menschen beruht. Der Mensch, den Gott zurechtweist, wird seliggepriesen, weil die Krankheit und das Leiden, das Gott ihm sendet, zur Heilung führt und Gott die Wunden, die er schlägt, auch verbindet (Hi 5, 17f.; vgl. 1 Sam 2, 6f.; Deut 32, 39). Gott bringt den Menschen durch Krankheit dem Tod nahe, um ihn vom Unrecht abzubringen, damit er ihn so vor der „Grube bewahre" und ihm das volle Leben wieder gewähre (Hi 33, 19 [-30]). Vgl. hierzu G. von Rad, Weisheit in Israel, 258–261.
2. Öfter wird in Krankheit und Schmerz bzw. in der Zerstörung und Lebensminderung eine Folge der Sünde oder eine Strafe Gottes erkannt. Leiden ist das Los des Frevlers (Ps 32, 10). Der Tag, an dem Damaskus und das Nordreich Israel gerichtet werden, wird für sie ein Tag des Siechtums und der unheilbaren Krankheit sein (Jes 17, 11, vgl. Jer 51, 8, wo ähnliches von Babel gesagt wird). Auch Israels bzw. Jerusalems Sünde bringt Krankheit und Schmerz (Kl 1, 12. 18; Jer 30, 15; vgl. auch Ez 28, 24). Das Leiden, das der Beter vor Gott offenlegt, ist im Gebet der Grund für die Bitte um Hilfe, es ist jedoch zuvor Folge der eigenen Verfehlung (Ps 38, 18; 39, 3; 69, 30).
3. In verschiedenen Zusammenhängen wird Leid und Krankheit lediglich festgestellt, ohne daß der Versuch gemacht wird, es aus irgendwelchen Vorgegebenheiten abzuleiten oder es einem angestrebten Ziel zuzuordnen. Schmerz bleibt als hartes, ungedeutetes Faktum bestehen. Das gilt von der Schädigung, an der nach der Erkenntnis des Weisen jeder Mensch zu tragen hat (Spr 14, 13; Pred 1, 18; 2, 23; Sir 30, 17a. b). Dies gilt aber auch von Schmerz und

Krankheit, die einzelnen Menschen darüber hinaus zuteil wird. Daß das Leiden des Hiob, wie Eliphaz und Elihu wollen, ein göttliches Mittel der Zurechtweisung sei (s.o. III.1), wird nicht akzeptiert. Sein Schmerz und seine Krankheit bleibt unerklärbar, obwohl, oder besser: gerade weil unbestritten ist, daß es von Gott verursacht ist (Hi 2,13; 14,22; 16,6). Unerklärbar erscheint vor allem jenes Leiden, das den von JHWH mit einer besonderen Aufgabe Betrauten betrifft (Jer 15,18; 45,3).

4. Die verschiedenen Bedeutungselemente, die der Wurzel *k'b* anhaften und die verschiedenen Traditionszusammenhänge, in denen sie beheimatet ist, finden sich in Jes 52,13–53,12 vereinigt. Die Leiden, die den „Mann der Schmerzen" treffen, sind Todesleiden, sie treffen ihn tödlich (v. 8). Sie sondern ihn von jeder menschlichen Gemeinschaft ab (vv. 3. 12), sogar noch nach seinem Tod (vv. 8f. 12). Zugleich ist er in einem tieferen Sinn gerade durch das Leiden mit den vielen verbunden: Es ist nicht „seine" Krankheit, an der er leidet und zu Tode kommt, sondern die der anderen (vv. 4. 10–12). Die von ihm getragene Todeskrankheit der anderen ist Folge ihrer Sünde (v. 5), und sie hat ihrerseits die Überwindung und Beseitigung der Sünde und des Todes zur Folge (v. 5). – → דכא *dk'* III.3.f (Lit.); → חלה *ḥlh* III.3 (Lit.).

IV. Die LXX übersetzt *k'b* mit ἀλγεῖν (3mal), ἀχρειοῦν und διαστρέψειν, sowie mit πόνος (3mal) und λύπη (1mal). *ke'eḇ* und *maḵ'oḇ* werden durch ἄλγος, ἄλγημα, μαλακία, πόνος und πληγή wiedergegeben.

Mosis

כָּבֵד *kāḇeḏ*

כָּבֵד I/II *kāḇeḏ*, כֹּבֶד *koḇæḏ*, כְּבוּדָּה *keḇûddāh*, כְּבֵדֻת *keḇeḏuṯ*

I. 1. Etymologie – 2. Außerbibl. Bedeutungen – 3. PN – 4. At.liche Belege und Bedeutungen – 5. LXX – II. 1. *kbd* zur Bezeichnung von a) physischem Druck – b) Größe, Fülle und Vielzahl – c) Lästigem und Schwierigem – d) Kampfesgeschehen – e) körperl. und geistigem Unvermögen – 2. *kbd* als Ausdruck der Anerkennung von a) soziologischen und politischen Ordnungen – b) Menschen – 3. Theol. Aspekte: a) Antworthaltung des Menschen gegenüber JHWH – b) Zuwendung JHWHs – c) Mächtigkeitserweis JHWHs – d) Verstockungsaussagen – 4. *kbd* in der Weisheitsliteratur – III. *kāḇeḏ* II – IV. *koḇæḏ*, *keḇûddāh*, *keḇeḏuṯ* – V. Qumran.

Lit.: *W. Caspari*, Studien zur Lehre von der Herrlichkeit Gottes im AT. Diss. Leipzig 1907. – *M. Dahood*, Hebrew-Ugaritic Lexicography III (Bibl 46, 1965, 326). – *E. Dhorme*, L'emploi métaphorique des noms de parties du corps en hébreu et en akkadien, Paris 1963, 128–133. – *F. Hesse*, Das Verstockungsproblem im AT (BZAW 74, 1955). – *E. Jenni*, Das hebräische Pi'el, Zürich 1968. – *J. S. Kselman*, *RB||KBD*: A New Hebrew-Akkadian Formulaic Pair (VT 29, 1979, 110–114). – *M. Liverani*, *kbd* nei testi administrativi ugaritici (UF 2, 1970, 89–108). – *L. Rost*, Der Leberlappen (ZAW 79, 1967, 35–41). – *C. Westermann*, כבד *kbd* schwer sein (THAT I, 794–812).

I. 1. Die Wurzel *kbd* (westsemit.) bzw. *kbt* (ostsemit.; zur Assimilation *d/t* vgl. Brockelmann, VG 1, 152; GAG Ergänzungsheft 8**) ist im gesamten semit. Sprachraum belegt und umfaßt hier das Bedeutungsfeld 'gewichtig/schwer sein' und übertragen 'bedeutsam sein': akk. *kabātu* (AHw I 416f.; CAD K 14–18), amor. *kbd* (I. J. Gelb, CAA 1980, 22), ugar. *kbd* I/III (WUS Nr. 1274), arab. *kabada* (Lane 2584; WKAS I 18), äth. *kabda* (Dillmann, LexLingÄth 849), asarab. *kbd* (Conti-Rossini 166), tigr. *käbdä* (Littmann-Höfner, WbTigrē 411f.), amhar. *käbbädä* (Leslau, Concise Amharic Dictionary 1976, 161), phön., pun. *kbd* (DISO 114). Im Aram. begegnet anstelle von *kbd* vorwiegend → יקר (*jāqār*) 'schwer, kostbar sein' (DISO 110), das vielleicht als aram. Lehnwort (vgl. Wagner, Aramaismen 62f.) ins Hebr. gelangt ist.

Daneben ist mit demselben Konsonantengerippe auch ein Nomen mit der Bedeutung 'Leber, Inneres, Gemüt etc.' gemeinsemit. belegt (vgl. P. Fronzaroli, AANLR VIII/19, 1964, 257f. 272. 279, sowie W. Leslau, LexSoq 410; ders., Contributions 25).

Ob zwischen beiden Wurzeln eine etymolog. Verbindung besteht, entweder in der Weise, daß die Leber als „schwerstes bzw. bedeutsamstes (Extispizin-)Organ" (GesB, KBL³, Westermann, THAT) angesehen wird, oder daß die verschiedenen Bedeutungen der *kbd*-Derivate von der Bedeutung 'Leber' herzuleiten sind (Vollers, ARW 9, 1906, 176–184), ist nicht mit Sicherheit zu entscheiden. Wenn ein Zusammenhang besteht, ist *kāḇeḏ* 'Leber' aus *kbd* 'schwer sein' abzuleiten, da *kbd* ein Zustandsverbum, kein Denominativum ist.

Umstritten bleibt die Zurückführung der Wurzel *kbd* mit ihren verschiedenen verbalen und nominalen Ableitungen auf eine protosemit. zweiradikalige Basis *kb mit dem Wortfeld 'niedermachen, drücken, lasten, schwer sein' (vgl. arab. *kabba* und *kabā* und vielleicht auch akk. *kâpu* oder *kepû*). Doch gibt es bei Zustandsverben keine zweiradikalige Basis.

2. Semantisch ist die semit. Wurzel *kbd/t* nicht einheitlich zu fassen, da es in einigen Fällen zu Bedeutungsüberschneidungen mit gemeinsemit. *kbr* kommt: so steht z.B. semasiologisch arab. *kabura* 'groß sein/werden' (WKAS I 21; Lane 2585) den übrigen semit. Belegen von *kbd/t* teilweise näher als arab. *kabada*; oder die Bedeutung von hebr. *kbh* 'löschen, erlöschen' (KBL³ 435f.) findet sich im Akk. im G- und D-Stamm von *kabātu* (AHw I 416; CAD K 18) wieder. In fast allen Sprachen erscheint jedoch als durchgängiger Bedeutungsaspekt 'schwer sein', resp. davon abgeleitet 'ehren'.

Der – bes. im Akk. und Hebr. – weite Anwendungsbereich, der die verschiedenen Bedeutungen der Wurzel bestimmt, findet sich in gleicher Weise im Äg., wo *wdn* (WbÄS I 390; vgl. arab. *wadana*) und das daraus entstandene *dnś* (WbÄS V 468, vgl. Edel, AnOr 34, § 444) 'schwer sein, lasten' nicht nur von Gewicht und Druck ausgesagt werden können, sondern übertragen auch von Körperteilen im Sinne eines krankhaften Zustandes, von der lastenden Macht des Königs, als Bezeichnung von guten und schlechten Eigenschaften und auch in der Bedeutung 'gewichtig' von Namen und Ansehen. Auch die homonyme Wurzel *wdn* 'opfern' (WbÄS I 391) könnte mit *wdn* 'schwer sein' im Sinne von 'schwer machen, für gewichtig halten, (mit Gaben) ehren, verehren' in Verbindung zu bringen sein, wie dies auch bei semit. *kbd/t* (vgl. AHw I 416f.; Dahood, Bibl 46, 1965, 326) belegt ist.

Dieses doppelte Moment der Schwere als das Lastende bzw. als das 'Gewichtige' findet sich allerdings nicht in allen semit. Sprachen bei *kbd/t*: so bleibt arab. *kabada* auf den negativen Bereich beschränkt 'bedrängen', III 'erdulden, aushalten' (WKAS I 18); demgegenüber kennt das Ugar. *kbd* I nur im D-Stamm 'ehren' und im N-Stamm 'schwerwiegend sein, geehrt' (WUS Nr. 1274; UT Nr. 1187).

In administrativen Texten aus Ugarit steht das Adj. *kbd* III (WUS Nr. 1274) als appositionelle Näherbestimmung des Schekelgewichtes bei Metallen, Wolle und Textilien (*ṯql*), der Hohlmaße *dd* und *kd* u.a. (vgl. bes. M. Liverani, UF 2, 1970, 89–108) und bezeichnet das schwere Gewicht im Gegensatz zum leichteren, normalen, was auf den gleichzeitigen Gebrauch verschiedener Maß- und Gewichtssysteme hindeutet (vgl. Dietrich-Loretz, WO 3, 3, 1966, 219–223).

Das Subst. aus den Radikalen *kbd/t* (s. I.1) umfaßt im Semit. ebenfalls ein großes Bedeutungsfeld. Einerseits bezeichnet es die Leber als Organ; von ihrer Bedeutung im Bereich der Eingeweideschau geben die archäologischen Funde von Lebermodellen (vgl. A. Jeremias, Hb der altorientalischen Geisteskultur, ²1929, 259f.) aus Mesopotamien (ANEP 594. 595) und dem syr.-palästin. Raum (zu den Besonderheiten der beschrifteten Lebermodelle aus Ugarit vgl. Dietrich-Loretz, Ugaritica 6, 1969, 172–179) und zahlreiche Texte Zeugnis (vgl. Jastrow, Die Religion Babyloniens und Assyriens II/1, 213–415; Meissner, BuA II 267–275); andererseits bezeichnet es das Innere des Leibes (→ קרב *qæræḇ*) und steht in diesem Sinne neben dem Herzen (→ לב *leḇ*; zum Verhältnis von Herz und Leber im Opferbereich vgl. F. Blome, Die Opfermaterie in Babylonien und Israel, Rom 1934, Nr. 174–180) und den übrigen inneren Organen, die grundlegende Bedeutung für die semit. Psychologie besitzen (vgl. Dhorme 109), da hier der Sitz des voluntativen und emotionalen Bereiches des Menschen angenommen wurde (zum Ganzen Dhorme 109–137). In Parallele zu *libbu* bezeichnet *kabattu* im Akk. den Bereich der „émotions violentes“ und der „passions aveugles“ gegenüber jenem Bereich der „sentiments“ und der „manifestations de la vie morale et intellectuelle“ (vgl. Labat, RLA IV 1972–1975, 367). Auch im Ugar. meint *kbd* – oft in Parallele zu *lb* – den Sitz des Gemütes und der Gefühle: 'Ihre Leber' schwillt an mit Lachen, ihr Herz ist erfüllt mit Freude, Anats 'Leber' mit Sieg (KTU 1.3, II, 25ff.; zum Text vgl. Dahood, UF 1, 1969, 23). Die Bedeutungsentwicklung führte noch weiter zum Inneren schlechthin, zur Mitte (von Erde oder Himmel usw., bes. im Arab.).

3. In zahlreichen semit. Sprachen taucht die Wurzel *kbd/t* als Bestandteil von Eigennamen auf. In der konkreten Bedeutung von 'schwer' in Namen, die körperliche Eigenschaften bezeichnen: *kabittu*, *kabbutum*, *kubbutum* 'Der (die) Schwere' (AN 267), sodann in 'okkasionellen' (AN 237) Namen, wie *Is-sú-ka-bi-it* 'seine Kraft ist gewichtig' (AN 17f.), der der Klage an einen Gott Ausdruck verleiht. Im Sinne von 'ehren, anerkennen' sind Namen zu finden, die auf das menschliche Miteinander hinweisen: *kab-ta-at a-na-ḫa-wi-ri-ša* 'sie ist bei ihrem Gatten angesehen'. Parallel dazu erscheint die Wurzel bes. häufig als Götterepitheton: *ka-bit arallî* 'Fürst der Unterwelt', *kab-tu kat-tu* 'mächtig an Wuchs' u.ä. (vgl. Tallqvist, Akkadische Götterepitheta 107).

Mit *kbd* als Bildungselement finden sich entsprechende Namen in Ugarit (vgl. PNU 148), im kanaan. Raum (Benz, PNPPI 330), im Südsemit. (RNP 1, 112).

Auch im AT begegnet 1 Sam 4, 21 *'î-kāḇôḏ* (wörtl.: ehrlos) mit volksetymolog. Deutung (vgl. Stamm, Festschr. Landsberger 1965, 416); Ex 6, 20; Num 26, 59 in der umstrittenen Form *jôḵæḇæḏ* (vgl. Stamm, Festschr. Baumgartner 1967, 315; M. Noth, IPN 111).

4. Im AT umfaßt die Wurzel *kbd* ein großes Feld von Bedeutungen, die sich primär auf die Grundbedeutung 'schwer sein' zurückführen lassen. Dabei ist das Schwere in seiner Funktion als das Lastende aufzufassen (vgl. Westermann 795), so daß es günstig erscheint, *kbd* oftmals im Deutschen mit entsprechenden Transitiva wie 'belasten, bedrücken, erschweren etc.' wiederzugeben. Eine weitere Anzahl von *kbd*-Bedeutungen läßt sich sodann auf eine Grundbedeutung im Sinne eines komparativischen 'schwerer' verstehen (vgl. Caspari 14) und bezeichnet, ohne einen Vergleichspunkt zu nennen, ein Mehr, ein Übermaß (Bild der Waage?), was im Deutschen dann oft mit 'zu/sehr schwer u.ä.' wiederzugeben ist; diese Bedeutung von *kbd* tritt bes. bei Aussagesätzen zutage. Bei den insgesamt 114 (+ Sir 26mal) AT-Belegen des Verbs sind außer *hoph* alle Stammesmodifikationen belegt. Das *qal* begegnet 23mal und steht der genannten Grundbedeutung am nächsten. Ist auch ein 'Schwer-sein' an Gewicht im konkreten physischen Sinn nicht belegt, so sind die Bedeutungen 'erschweren, schwer lasten, niederdrücken, bedrängen, lästig/beschwerlich sein' jedoch alle von daher zu verstehen. 2mal (Ex 9, 7; Jes 59, 1) ist *qal* auch in Verstokkungsaussagen von Herz und Ohr belegt (s. III. 3. d). Vorwiegend in kausativer Bedeutung zu *qal* ist *hiph*

(17mal + 2mal Sir) ausgesagt, so daß sich die Bedeutungen auch eng an die des *qal* anschließen: ʿjmd. etwas schwer machen, etwas auf jmd. schwer lasten lassen etc.ʾ und bei den Verstockungsaussagen ʿjmd. Herz/Ohr schwer machenʾ. Mit der Bedeutung ʿehrenʾ ist *hiph* rein kausativ ʿin Ehren sein lassenʾ Jes 8, 23; Jer 30, 19 (vgl. Jenni 105) belegt. *Pi* (38mal + 6mal Sir) hat bei der Mehrzahl der Belege deklarativ-ästimative Bedeutung (Jenni 40ff.) ʿehren, anerkennenʾ. Die von der Grundbedeutung ʿschwer seinʾ hergeleitete Bedeutung umfaßt im Hebr. ein weiteres Bedeutungsfeld als das abstrakte deutsche ʿehrenʾ: es geht vom einfachen ʿanerkennen, respektierenʾ über ʿachten, für bedeutsam/kompetent (in einer Sache) haltenʾ bis hin zu ʿehren, hochachtenʾ und meint im Sinne von ʿverehrenʾ gegenüber JHWH eine konkrete religiöse Haltung (oft in Parallele zu → ירא [*jāre*ʾ]). Mit der Bedeutung ʿverstockenʾ charakterisiert *pi* (gegenüber *hiph*) eine akzidentielle Handlung (Jenni 105). *Niph* (30mal + 11mal Sir) tritt bes. häufig als Passiv des *Pi* auf: ʿanerkannt/geehrt sein/werden (von Menschen)ʾ; mit JHWH als Subj. hingegen erhält es reflexive Bedeutung ʿsich gewichtig zeigenʾ (vgl. GKa § 51c; zur möglichen tolerativen Bedeutung von *kbd niph* vgl. J. H. Eaton, Some Misunderstood Hebrew Words for God's Self-Revelation, Bib Trans 25, 1974, 337f.). *Pu* (3mal) bezeichnet (wie *niph*) das Passiv zu *pi*: ʿgeehrt werdenʾ bzw. von der *pi*-Bedeutung ʿbelohnen, bereichernʾ, dann ʿreich werdenʾ (vgl. Gevirtz, VT 11, 1961, 141f.). *Hitp* (3mal + 3mal Sir) schließt sich als Reflexivum bzw. Passivum (BLe 291j) des *pi* bedeutungsmäßig an.
Das Adj. (40mal + 5mal Sir) entspricht in seinen Bedeutungen denen des *qal*: ʿschwer, lastend, niederdrückend, schwerfällig, verstocktʾ und auch ʿzahlreich, vielʾ.
5. Die große Bedeutungsbreite des Verbs *kbd* zeigt sich auch in den 23 Äquivalenten der LXX. *Qal* wird mit βαρύνειν (11), βαρύς (5), καταβαρύνειν (2) und βαρυωπεῖν, δοξάζειν, κατισχύειν, μέγας, πολύς (je 1mal) wiedergegeben, *niph* mit ἔνδοξος (13), δοξάζειν (7), ἐνδοξάζεσθαι (6), ἔντιμος (2), *pi* mit δοξάζειν (21), τιμᾶν (10), εὐλογεῖν (2), βαρύνειν, ἐντίμως, δόξα (je 1mal), *pu* je 1mal mit βαρύνειν, δοξάζειν und τιμᾶν, *hiph* mit βαρύνειν (13), βαρύς, ἀκούειν βαρέως, πλεονάζειν, σκληρύνειν (je 1mal) und *hitp* je 1mal mit βαρύνειν und περιτιθέναι.
Das Adj. *kāḇeḏ* gibt die LXX vorwiegend mit βαρύς (16), πολύς (5) und εὐισχύειν wieder. Für das Subst. *kāḇeḏ* bietet die LXX 9mal ἧπαρ, 3mal σκληρός und je 1mal ἡπατοσκοπεῖσθαι und πλῆθος.

Dohmen

II. 1. a) Der Grundbedeutung des ʿSchwer-seinsʾ kommen die Belege am nächsten, bei denen mit *kbd* bezeichnet wird, was in übertragenem Sinn auf dem Menschen lastet, was ihn bedrückt; die hierbei häufig verwendete Präp. *ʿal* macht die konkrete Vorstellung der zu tragenden Last bes. deutlich. Eine große Zahl von Belegen aus diesem Bereich entfällt auf die Redewendung vom schweren Joch (→ על [*ʿol*] 1 Kön 12, 11 = 2 Chr 10, 11; 1 Kön 12, 4 = 2 Chr 10, 4; Sir 40, 1 u.a.), das Herrscher auf den Völkern schwer machen (*kbd hiph* 1 Kön 12, 10 = 2 Chr 10, 10; 1 Kön 12, 14 = 2 Chr 10, 14; Jes 47, 6; Neh 5, 15 ist entweder mit BHS ein durch Haplographie ausgefallenes *ʿol* zu ergänzen oder statt *ʿal* hier *ʿol* zu lesen). In gleicher Weise kann auch der Frondienst als schwer lastend empfunden werden (Ex 5, 9; Neh 5, 18 *qal*), und extrem harte Haftbedingungen können durch die schwer gemachten (*hiph*) Fesseln charakterisiert werden (Kl 3, 7). Neben diese Stellen, bei denen das Lastende auch körperlich erfahrbar ist, treten solche, wo der Mensch psychisch bedrängt wird, z. B. durch die Manipulation der Rede (Hi 33, 7), oder wo als *kbd* bezeichnet wird, was den Menschen in seiner Existenz bedrückt: so sind es bes. oft Schuld und Sünde, Unglück und Ärger, die auf dem Menschen schwer lasten und ihn niederdrücken können (Ps 38, 5; Hi 6, 3; Gen 18, 20; Jes 24, 20; Spr 27, 3). Wenn in theol. Redeweise von der Hand (→ יד [*jāḏ*]) JHWHs gesprochen wird, die auf dem Menschen lastet (Hi 23, 2; Ps 32, 4; 1 Sam 5, 6. 11), so zeigt sich darin Not und Klage des Bedrängten.
b) Das Ineinander von Größe, Fülle und Schwere zeigt sich besonders, wenn *kbd* vom Hunger (*rāʿāḇ*) ausgesagt wird; die häufig auftretende Wendung *kî-kāḇeḏ hārāʿāḇ bāʾāræṣ* charakterisiert die Größe der Hungersnot, die auf dem Land schwer lastet (Gen 12, 10; 47, 4. 13 u.ö.). Die Vielzahl als Last wird bes. deutlich, wenn innerhalb der Exodustradition die verschiedenen Plagen wie Stechfliegen (Ex 8, 20), Heuschrecken (Ex 10, 14), Hagel (Ex 9, 18. 24) und Pest (Ex 9, 3) als *kbd* bezeichnet werden, oder auch bei einer Aufgabe, die eine Überforderung darstellt (Ex 18, 18; Num 11, 14). Vielzahl und Stärke verbinden sich in den Aussagen, in denen mit *kbd* Kriegsheere bezeichnet werden (Gen 50, 9; Num 20, 20; 2 Kön 6, 14; 18, 17; Jes 36, 2; 2 Chr 9, 1). Daß *ḥajil kāḇeḏ* aber nicht nur ein gewaltiges Heer, sondern auch einen pompösen Hofstaat bezeichnen kann, zeigt sich bei der Ankunft der Königin von Saba in Jerusalem (1 Kön 10, 2). Daneben kann *kbd* auch Vielzahl – synonym zu *raḇ* – im wörtlichen Sinn bedeuten wie z. B. in Spr 8, 24 (zum Text vgl. G. M. Landes, BASOR 144, 32f.), Sir 16, 17 oder Nah 3, 15, wo es sogar in direkter Parallele zu → רב (*raḇ*) steht (vgl. Kselman, passim). Der Aspekt des Reichtums zeichnet sich nicht nur an den Stellen ab, an denen *kbd pi* die Bedeutung ʿbereichern, belohnenʾ hat (Num 22, 17. 37; 24, 11), sondern auch in Hab 2, 6, wo sich der Habgierige mit Pfand bereichert (*kbd hiph*).
c) Was schwer ist, kann für den Menschen auch lästig, beschwerlich und schwierig sein: so wurde Absalom das Gewicht seines Haares (200 Schekel) zu lästig, so daß er es sich schneiden ließ (2 Sam 14, 26); ebenso kann eine große Anzahl von Gästen dem Gastgeber zur Last fallen (2 Sam 13, 25). Wenn es

von Mose heißt, daß ihm die Hände schwer wurden (Ex 17, 12), dann ist die aufgrund der Gebetshaltung eingetretene Erschöpfung gemeint, die die Hände als bleiern empfinden läßt. Die Bedeutung von 'schwierig, kompliziert' steht hinter 1 Kön 3, 9; hier tritt die Auffassung von Israel als dem erwählten und zugleich schwierigen Volk (Deut 9, 6. 13) zutage (vgl. Würthwein, ATD 11/1, 35): „denn wer vermag dieses dein schwieriges Volk zu richten?"

d) Ein bes. interessanter Aspekt der *kbd*-Aussagen zeigt sich an 4 Stellen, an denen eine Kampfeshandlung mit *kbd qal* bezeichnet wird. Wenn ein Kampf (*milḥāmāh* in Ri 1, 35 entspr. *jaḏ bêṯ-jôsep̄*) als schwer/lastend beschrieben wird, so deutet dies die bevorstehende Entscheidung (in Ri 20, 34 von den Benjaminiten noch gar nicht bemerkt) an, den Untergang dessen, auf dem der Kampf lastet (1 Sam 31, 3 *'æl-šā'ûl* = 1 Chr 10, 3 *'al-šā'ûl*; vgl. auch *koḇæḏ milḥāmāh* in Jer 21, 15).

e) Wird ein Körperorgan als *kbd* bezeichnet, soll damit das Unvermögen zur Ausübung seiner normalen Funktion ausgedrückt werden. So kann Sir 3, 26. 27 der Unvernünftige durch *leḇ kāḇeḏ* und Moses fehlende Redegewandtheit mit *keḇaḏ-pæh ûḵeḇaḏ-lāšôn* (Ex 4, 10; vgl. J. H. Tigay, BASOR 231, 1978, 57–64) umschrieben werden. Von hierher dürfte mit Zimmerli die Glosse in Ez 3, 5. 6 bestimmt sein (vgl. BK XIII/1, 11 f.). Von den Verstockungsaussagen (s. II. 3. d) hebt sich Gen 48, 10 dadurch ab, daß der Grund (*mizzoqæn*) für die Sehschwäche Israels angegeben wird. Wie der krankhafte Zustand einiger Organe als *kbd* bezeichnet werden kann, so kann dies auch insgesamt auf die Schwerfälligkeit eines alten kranken (*'ênājw qāmû* 1 Sam 4, 15) Menschen übertragen werden (1 Sam 4, 18).

2. a) In einer Reihe von Stellen meint *kbd pi* 'jmd. schwer machen, jmd. für bedeutsam halten' im Sinne von Annahme, Respekt oder Anerkennung bestimmter soziologischer oder politischer Größen. Im familiären Bereich kann *kbd pi* die Anerkennung der elterlichen Autorität ausdrücken (Ex 20, 12 = Deut 5, 16; Mal 1, 6); im diplomatischen Bereich kann die Anerkennung einer Dynastiefolge durch Souveränitätsbekundungen (2 Sam 10, 3 = 1 Chr 19, 3) in dieser Weise umschrieben werden. Vgl. auch Sauls Aufforderung an Samuel, ihn als König vor dem Volk zu bestätigen (1 Sam 15, 30). In Umkehrung dieser Grundverhaltensweise zollt Eli seinen Söhnen größere Anerkennung als JHWH (1 Sam 2, 29).

b) Sodann wird durch *kbd niph* eine Person aufgrund bes. Fähigkeiten anerkannt, die sie gegenüber anderen aufzuweisen hat. Die Vorrangstellung ist begründet durch die unter Beweis gestellte Befähigung. So sind Benaja bzw. Abisai anerkannt, weil sie sich – wie der Kontext deutlich macht – als stärker und mutiger erwiesen haben als andere (2 Sam 23, 19. 23 = 1 Chr 11, 21. 25). David ist nicht nur wegen seiner Treue angesehen (1 Sam 22, 14). Die Anerkennung, die Sichem genießt (Gen 14, 19), zeigt sich in der Annahme seiner weitreichenden Entscheidung. Der Gottesmann Eli schließlich wurde anerkannt, weil sich seine Rede schon oft bewahrheitet hatte (1 Sam 9, 6). Dem gegenüber steht das Verhalten Amazjas, der nach errungenem Erfolg nach noch größerer Anerkennung strebt (2 Kön 14, 10 = 2 Chr 25, 19 cj. *lehikkāḇeḏ*). Das subjektive Moment der Anerkennung zeigt sich bes. klar in 2 Sam 6, 20. 22, wo zwei verschiedene Ansichten zusammentreffen: Die Anerkennung, die David genießt und sucht, hält Micha für verwerflich. Das nominal verwendete Ptz. *niph* charakterisiert entsprechend dieser Verwendung die von anderen Menschen anerkannten bzw. für bedeutsam gehaltenen Personen; ihre Zusammenstellung mit Königen (*mælæḵ*) und Fürsten (*śar*) usw. zeigt an, daß hierbei an die Oberschicht im Volk zu denken ist (Jes 23, 8; Ps 149, 8; Num 22, 15; Nah 3, 10).

3. a) Als Ausdruck religiöser Anerkennung erscheint *kbd pi*. Gegenüber dem rein profanen Bereich ist diese Anerkennung hier jedoch viel weiter gefaßt und stellt die umfassende Antworthaltung des Menschen auf JHWHs Zuwendung dar. Diese Haltung erstreckt sich vom persönlich religiösen Bereich des Gebetes (Ps 86, 9; Jer 25, 3) über die Beobachtung der Gesetze und Gebote (Deut 28, 58; Jes 58, 13) bis hin zum Kult mit seinen Opfern (Ps 50, 23; Spr 3, 9). Diese sich so im konkreten Leben und Handeln verwirklichende Haltung des Menschen hat ihren Ursprung in den *ḥæsæḏ*-Erweisen JHWHs (→ חסד *ḥæsæḏ*); diese enge Verbindung zeigt Ps 50, 15: „Dann rufe zu mir am Tag der Bedrängnis, ich werde dich retten, und du wirst mich anerkennen." Die Anerkennung göttlicher Zuwendung zeigt sich nicht allein in einem reinen Lippenbekenntnis (Jes 29, 13; 43, 23), sondern konkretisiert sich im innerweltlichen Miteinander: Wer den Gottlosen verachtet, aber achtet die, die JHWH fürchten (Ps 15, 4), und wer sich der Armen erbarmt (Spr 14, 31), der ehrt JHWH. Mensch (Ps 22, 24; 86, 12) und Tier (Jes 43, 20), ja sogar der ganze Erdkreis (Ps 86, 9; Jes 24, 15) soll und will (Ps 86, 12) JHWH das geschuldete Verhalten entgegenbringen.

Nur Dan 11, 38 ist *kbd* im Kontext allgemeiner Gottesverehrung gebraucht. Diese späte Stelle – nicht JHWH, sondern Götter sind Objekte zu *kbd* – ist wohl auf dem Hintergrund und dem Einfluß hellenistischen Denkens zu verstehen (vgl. Plöger, KAT XVIII, z. St.).

b) Wenn es in 1 Sam 2, 30 heißt: „Wer mich (JHWH) anerkennt (*meḵabbeḏaj*), den mache ich bedeutsam (*'aḵabbeḏ*)", dann wird hier wieder die Verbindung von menschlicher Haltung und göttlichem Tun – wie sie auch schon II. 2. a in umgekehrter Richtung betrachtet wurde – formuliert, und die Konträrbegriffe wie → בזה (*bāzāh* 'gering schätzen') und → קלל (*qālal* 'klein, verächtlich sein') aus dem zweiten Glied des vorliegenden antithetischen Parallelismus weisen darauf hin, wie konkret und umfassend wiederum dieses Handeln JHWHs zu verstehen ist. JHWH tritt für den Menschen ein (Jes 43, 4). In der

Not befreit er den Menschen und macht ihn bedeutsam (Ps 91, 15); aus dem Kontext wird ersichtlich, daß der Aspekt des Schutzes und der Befähigung mitschwingt. Wenn JHWH die Menschen 'bedeutsam und wichtig macht' (*kbd hiph*), dann kann damit de facto – wie die Parallele *rbh*||*kbd* zeigt (vgl. Kselman, passim) – gemeint sein, daß er sie zahlreich und reich (Jer 30, 19), d. h. glücklich macht. Wenn der Knecht Gottes in den Augen JHWHs angesehen (*'ækkāḇeḏ*) ist, dann ist JHWH seine Stärke (Jes 49, 5). Seine Zuwendung äußert sich daneben, indem er sein Land (Jes 8, 23 *niph*) bzw. die Stätte seiner Füße (*meqôm raḡlaj*, → II 354), den Tempel (Jes 60, 13), bedeutsam macht.

c) Semantisch nehmen die *niph*-Belege, die JHWH zum Subjekt haben, eine Sonderstellung ein. JHWH zeigt sich in seiner Gewichtigkeit, indem er sich als (geschichts-)mächtig erweist. Wenn JHWH am (*be*) Pharao und seinem Gefolge (Ex 14, 4. 18), an denen, die ihm nahen (Lev 10, 3) oder an Sidon (Ez 28, 22) handelt, dann steht die Tat JHWHs im Vordergrund (vgl. Zimmerli, BK XIII/2, 692), die das Ziel hat, Gotteserkenntnis zu bewirken. Die in diesem Zusammenhang genannte Erkenntnisaussage: *jd' kî 'anî JHWH* und die mit ihr gemeinsame Wurzel in den Exodus- (Ex 14, 4. 17. 18 P) und JHWH-Krieg-Traditionen (Ez 39, 13; Jes 36, 15; → III 501) weisen vielleicht eher darauf hin, daß es sich bei *kbd niph* um einen „Mächtigkeitserweis" JHWHs, einen Selbsterweis der Macht handelt, und nicht so sehr darum, „daß Gott selbst sich die ihm gebührende Ehre schafft" (Westermann 801). Wenn JHWH seine Mächtigkeit erweist, dann wird dies zur Freude für die JHWH-Treuen (Jes 66, 5 cj.).

d) In der Anlehnung an den Sprachgebrauch von *kbd*, der körperliches und geistiges Unvermögen kennzeichnet (s. II. 1. e), werden in der theologischen Redeweise auch Herz und Ohr als 'schwer', d. h. unempfindlich beschrieben, wobei dies einen „Vorgang in der religiösen Sphäre schildert" (Hesse 7). *kbd* ist jedoch nur einer der Termini, die den Vorgang bzw. den Zustand der Verstockung (zum Ganzen vgl. Hesse, passim) bezeichnet. Während E und P diesen Vorgang mit → חזק (*ḥāzaq*) umschreiben, bevorzugt J *kbd* (Ex 7, 14; 8, 11. 28; 9, 7. 34) mit *leḇ* als Obj. Während das Verbaladj. Ex 7, 14 und *kbd qal* (Ex 9, 7) den Zustand der Verstockung beschreiben, gibt *kbd hiph* (Ex 8, 11. 28; 9, 34) der Selbstverstockung des Pharao Ausdruck. Ex 10, 1 hingegen ist es JHWH, der das Herz des Pharao verstockt hat, und in Jes 6, 10 (vgl. Chung Hsin Chi, The Concept of 'Hardening the Heart' in the OT with Special Reference to Is 6, Diss. South East Asia Graduate School of Theology, Singapore 1974; R. Kilian, Festschr. Botterweck 1977, 209–225) erhält der Prophet den Befehl zur Verstockung (LXX läßt das Volk sich selbst verstocken, vgl. Wildberger, BK X/1, ²1980, z. St.). 1 Sam 6, 6 (2mal) zeigt die Besonderheit, daß hier die Verstockung (*kibbeḏ*) der Philister in der Frage der Israeliten als Möglichkeit betrachtet wird; *kbd pi* weist hier (nach Jenni 105) auf den akzidentellen Charakter der Handlung hin.

4. In weisheitlich geprägten Texten begegnet *kbd* vornehmlich in der Bedeutung 'ehren, achten, anerkennen' (*pi*, *niph*, *hitp*). Hier wird in Opposition zu Begriffen aus dem Wortfeld des Geringen (→ קלל [*qālal*], vgl. THAT II 641–647) im Zusammenhang von Tun und Ergehen (Spr 4, 8; 13, 18; 27, 18; Sir 3, 6. 8 u. a.) die Ehre und Anerkennung hervorgehoben, die dem Tun des Gerechten und Frommen folgen, aber die Geehrten (bes. oft im Part. *niph nikḇāḏîm*) werden in ihrer Nichtigkeit dargestellt (Sir 10, 26. 27; 11, 6; 48, 6; Spr 12, 9; zur Konnotation von *kbd* 'feiern, durch ein Bankett ehren' vgl. Dahood, Bibl 46, 1965, 326) und den Gottesfürchtigen gegenübergestellt (Sir 10, 19. 20. 24).

III. Gegenüber der großen Bedeutung, die der Leber in Israels Umwelt bei der Leberschau (s. I. 2) zukam, nimmt das AT mit seiner seltenen Erwähnung des Nomens *kāḇeḏ* (14mal) eine Sonderstellung ein. 13mal wird die Leber eines Tieres erwähnt: des Rindes (Ex 29, 13; Lev 3, 4; 4, 9; 8, 16; 9, 10. 19), des Schafes (Ex 29, 22; Lev 3, 10; 8, 25; 9, 19), der Ziege (Lev 3, 15), des Hirsches (Spr 7, 23) und allgemein (Lev 7, 4; Ez 21, 26). Allein 11mal erscheint *kāḇeḏ* in Verbindung mit *joṯæræṯ* (Leberlappen) als Opferteil, wobei die verschiedenen syntaktischen Verbindungen darauf hinweisen, daß es sich um einen Teil handelt, welcher in enger Beziehung zur Leber steht: *joṯæræṯ hakkāḇeḏ* (Ex 29, 22; Lev 8, 16. 25; 9, 19), *joṯæræṯ 'al-hakkāḇeḏ* (Ex 29, 13; Lev 3, 4. 10. 15; 4, 9; 7, 4), *joṯæræṯ min-hakkāḇeḏ* (Lev 9, 10) (vgl. Rost, ZAW 79, 1967, passim; → יתר [*jāṯar*]). 2mal (Kl 2, 11; Spr 7, 23) wird *kāḇeḏ* als Inneres des Körpers (= Leben) aufgefaßt. In diesem Zusammenhang findet sich auch der einzige Beleg, der von der Leber des Menschen spricht (Kl 2, 11). Ez 21, 26 wendet sich expressis verbis gegen die von den Babyloniern geübte Leberschau, wie sie wohl auch in Deut 18, 9–12 mit gemeint und untersagt ist. Vielleicht ist in der Distanzierung von derartigen Praktiken auch der Grund für die seltene Erwähnung der Leber im AT zu suchen. An 6 Stellen (Gen 49, 6; Ps 7, 6; 16, 9; 30, 13; 57, 9; 108, 2) ist *kāḇôḏ* nicht mit 'Seele' zu übersetzen, sondern in *kāḇeḏ* zu emendieren und wie im Akk. als 'Gemüt' zu verstehen (vgl. Nötscher, VT 2, 1957, 358–362; → כבוד *kāḇôḏ* I. 1).

IV. Keine große Bedeutung kommt den drei seltenen Nominalbildungen *koḇæḏ* (4mal); *keḇûddāh* (3mal) und *keḇeḏuṯ* (1mal) zu.

Unsicher ist der Text in Jes 30, 27, wo mit Wildberger (BK X/3, z. St.), Kaiser (ATD 18, z. St.) u. a. statt *koḇæḏ* besser das Adj. *kāḇeḏ* zu lesen ist. Auch bei *keḇûddāh* Ez 23, 41 nimmt Zimmerli (BK XIII/1, 535) eine Verschreibung von *r* und *k* an und übersetzt deshalb 'ein bereitetes Lager' (vgl. Spr 7, 16).

Während *keḇûddāh* (Ps 45, 14; Ri 18, 21) ähnlich wie auch → כבוד (*kāḇôḏ*) die Bedeutung 'Reichtum,

Wertvolles' hat, steht *koḇæḏ* der Grundbedeutung näher und bezeichnet z. B. die Last des Steines (Spr 27, 3) oder des Krieges (Jes 21, 15) und in Parallele zu *roḇ* eine Menge (vgl. Kselman, passim). Hinter dem hap. leg. *kᵉḇeḏuṯ* (Ex 14, 25), von Rädern des Streitwagens ausgesagt, steht der Gedanke der Schwerfälligkeit.

V. Der Sprachgebrauch von *kbd* in den Schriften von Qumran schließt sich dem bibl. eng an, wobei von den 30 Belegen der größte Teil (13) auf das Part. *niph* 'die Geehrten, Vornehmen' und ein weiterer Teil auf das Bedeutungsfeld 'ehren, anerkennen etc.' (10) entfällt; in TR 49, 11 jedoch ist für *kbd* die erst in nachbibl. Zeit belegte (Levy, WTM 2, 284f.) Bedeutung 'ausfegen, säubern' zu finden.

Stenmans

כָּבוֹד *kāḇôḏ*

I. 1. Etymologie und Bedeutung – 2. Verteilung im AT – 3. LXX – II. 1. *kāḇôḏ* als Substanz, Menge, Macht, Kraft – 2. als Ehre und Würde – III. 1. *kāḇôḏ* als Herrlichkeit und Glorie – 2. Synonyma – IV. Mit Glanz umgebene Gegenstände – V. Göttliche Herrlichkeit vor dem altorientalischen Hintergrund – VI. *kᵉḇôḏ JHWH* bei P und Ez – VII. Erscheinen der *kᵉḇôḏ JHWH* zur Offenbarung einer Botschaft – VIII. Zukünftige Offenbarung der *kᵉḇôḏ JHWH* – der eschatologische Aspekt – IX. *kᵉḇôḏ JHWH* und Name JHWHs – X. Qumran.

Lit.: *G. J. Botterweck*, Klage und Zuversicht der Bedrängten (BiLe 3, 1962, 184–193, bes. 187). – *W. Caspari*, Die Bedeutung der Wortsippe *kbd* im Hebräischen, 1908. – *E. Cassin*, La splendeur divine, Paris 1968. – *H. Frankfort*, Kingship and the Gods, Chicago 1948. – *A. von Gall*, Die Herrlichkeit Gottes, 1900. – *H. L. Ginsberg*, The Arm of YHWH in Isaiah 51–63 and the Text of Isa 53, 10–11 (JBL 77, 1958, 152–156). – *Ders.*, Gleanings in First Isaiah (M. Kaplan Jubilee Volume, New York 1953, 245–260). – *M. Haran*, The Nature of the „'ohel mo'edh" in Pentateuchal Sources (JSS 5, 1960, 50–65). – *H. Hegermann*, δόξα (EWNT I, 1980, 832–841). – *H. Kittel*, Die Herrlichkeit Gottes (BZNW 16, 1934). – *H. Kittel / G. v. Rad*, δοκέω (ThWNT II, 235–258). – *S. E. Loewenstamm*, הערות לתולדות המליצה המקראית (Festschr. M. H. Segal, Jerusalem 1964, 182–183) (hebr.). – *T. A. Meyer*, The Notion for Divine Glory in the Hebrew Bible (Diss. Louvain 1965). – *F. Nötscher*, Heisst KĀBŌD auch „Seele"? (VT 2, 1952, 358–362) (vgl. J. van der Ploeg, VT 3, 1953, 192). – *A. L. Oppenheim*, 'Akkadian pul(u)ḫ(t)u and melammu' (JAOS 63, 1943, 31–34). – *Ders.*, The Golden Garments of the Gods (JNES 8, 1949, 172–193). – *W. H. Ph. Römer*, Beiträge zum Lexikon des Sumerischen (BibOr 32, 1975, 145–162. 296–308). – *B. Stein*, Der Begriff Kᵉbod Jahweh und seine Bedeutung für die alttestamentliche Gotteserkenntnis, 1939. – *M. Weinfeld*, 'Presence, Divine' (EJ 13, Jerusalem 1971, 1015–1020). – *Ders.*, Deuteronomy and the Deuteronomic School, Oxford 1972, 191–209. – *Ders.*, EI 14, 1978, 23–30. – *C. Westermann*, 'Die Herrlichkeit Gottes in der Priesterschrift' (Festschr. Eichrodt, Zürich 1970, 227–249). – *Ders.*, כבד *kbd*, schwer sein (THAT I 794–812). – *W. Zimmerli*, Ezechiel, BK XIII/1, ^{2}1979, 57f.; XIII/2, ^{2}1979, 1077f.

I. 1. *kāḇôḏ* ist abgeleitet von *kbd*, das „Gewichtigkeit" im physikalischen Sinn einerseits, „Wichtigkeit" und „Bedeutung" im geistigen Sinn, d. h. „geehrt" und „respektiert" andererseits bezeichnet. *qll* als Opposition zu *kbd* meint in gleicher Weise „Leichtigkeit" in physikalischer und „Geringfügigkeit" im figurativen Sinn, d. h. „nicht verehrt". Zum Gegensatz *kbd–qll* vgl. 1 Sam 2, 30; 2 Sam 6, 22; Jes 23, 9; vgl. auch die Antinomie *kāḇôḏ-qālôn* in Jes 22, 18; Hos 4, 7; Hab 2, 16 und Spr 3, 35. *jᵉqār* (→ יקר), das aram. Wort für *kāḇôḏ*, hat die gleiche doppelte Konnotation: „schwer" und „respektiert". Daher bedeutet *millᵉṯāh jaqqîrāh* (Dan 2, 11) „schwere Angelegenheit", d. h. schwer zu handhaben wie *dāḇār kāḇeḏ* (Ex 18, 18), während *jᵉqār malkûṯ* (Dan 4, 33) wie hebr. *kᵉḇôḏ malkûṯ* „Würde des Königtums" (vgl. akk. *melam šarrūtija* w. u.) bedeutet.

Ebenfalls von der Wurzel *kbd* „Schwere" (physikalisch wie spirituell) abgeleitet ist → כבד *kāḇeḏ* „Leber". Die Leber wurde wie das Herz (→ לב *leḇ*) als das wichtigste Körperorgan verstanden; vgl. die Austauschbarkeit von *libbu* (Herz) und *kabattu* (Leber) im Akk., Ugar. und vielleicht im Hebr. In dieser Hinsicht sind akk. und ugar. Wendungen wie „Freude des Herzens und Erheiterung der Leber (= Sinn)" besonders instruktiv. Vgl. akk. *ḫud libbi, nummur kabatti* (Borger, Asarhaddon 64, VI, 55), ugar. *tġdd kbdh bṣḥq, jmlỉ lbh bšmḫt* (KTU 1.3, II, 25ff.; vgl. KTU 1.12, I, 12f.).

Auf der Grundlage der angeführten akk. und ugar. Belege schlug man die Lesung *kāḇeḏ* statt *kāḇôḏ* in Ps 16, 9 vor: *śāmaḥ libbî wajjāḡæl kᵉḇeḏî* „mein Herz erfreute sich, meine Leber (= Sinn) frohlockte" (vgl. F. Nötscher, VT 2, 1952, 358f., S. E. Loewenstamm 182f.; M. Dahood, AB z. St.). Doch Vorsicht ist geboten. *kāḇôḏ* selbst hat die Bedeutung 'Substanz', 'Wesen', und da *bāśār* 'Körper' als Parallelwort in Ps 16, 9 *'ap bᵉśārî jiškon lāḇæṭaḥ* „mein Leib ruht in Sicherheit" vorliegt, erscheint die Deutung von *kāḇôḏ* hier als Substanz oder „whole being" (vgl. JPS, Psalms, 1972) sehr plausibel, so daß die Korrektur des MT unterbleiben kann. Eine ähnliche Parallele *kāḇôḏ-bāśār* (und *næpæš*) liegt Jes 10, 8 (vgl. w. u.) vor. Außerdem bedeutet akk. *kabattu* 'Inneres' des Körpers: Denken, Emotionen und Geist, und die Übersetzung „Leber" ist von daher nicht immer korrekt (vgl. CAD s. v. *kabattu*).

Die anderen Beispiele für die Lesung von *kāḇeḏ* für *kāḇôḏ* sind Gen 49, 6; Ps 108, 2, vgl. 57, 8f. und 7, 6. In Gen 49, 6 steht *kᵉḇoḏî* defektiv und LXX übersetzt „meine Leber" (τὰ ἥπατά μου), während Ps 108, 2 *kᵉḇôḏî* parallel zu *libbî* steht, vgl. Ps 16, 9. Hier meint *kᵉḇôḏî* Körper oder Verstand. Gen 49, 6 stehen *næpæš* und *kāḇôḏ* parallel und beide könnten das „innere Wesen" bezeichnen. Ganz unsicher ist *kāḇeḏ* in Ps 7, 6; hier steht *kᵉḇôḏî* par. zu *ḥajjîm* 'Leben', ein Parallelismus, der auch sonst belegt ist; vgl. Spr 21, 21; 22, 4. – Vgl. J. Pedersen, Israel, its Life and Culture I–II, Kopenhagen 1926 (1954) 239.

Ohne Zweifel gibt es eine Verbindung von *kāḇeḏ* und *kāḇôḏ*, denn beide meinen „Gewicht" und „Bedeutung", was wohl die Verwirrung zwischen beiden verursacht haben könnte. Trotzdem aber ist in allen genannten Belegen der MT beizubehalten.

2. *kāḇôḏ* begegnet im AT 199mal (Westermann 200mal), im Pentateuch 24mal (P 13mal), im DtrG 7mal, im ChrGW 18mal, bes. häufig bei den Propheten Jes (38mal) und Ez (19mal), vereinzelt bei Jer und im Dodekapropheton. 51 Belege in Pss und 16 in Spr zeigen eine deutliche Vorliebe dieser Bücher für diesen Begriff, doch ist bei den Pss primär die *keḇôḏ JHWH*, in den Spr mehr die *kāḇôḏ* des Menschen angesprochen.

3. Die Wiedergabe der LXX ist eindeutig: es begegnen δόξα (177mal), mit den Wurzelverwandten ἔνδοξος (3mal), δοξάζειν (2mal) und δόξις (1mal). Daneben begegnet τιμή (7mal); konkret-inhaltlich orientierte Wiedergaben liegen vor in πλοῦτος (2mal), καλός und δύναμις (je 1mal). Wahrscheinlich ist auch γλῶσσα (Ps 16, 9) entsprechend zu werten. H. Hegermann 834 hat herausgestellt, daß die ganze at.liche Bedeutungsbreite von *kāḇôḏ* in das griech. Äquivalent δόξα übergegangen ist. Die außerbibl. Bedeutung von δόξα 'Ansicht, Meinung' fehlt sowohl im AT wie im NT.

II. 1. *kāḇôḏ* begegnet häufig in der Bedeutung von 'Körper', 'Substanz', 'Masse' (vgl. H. L. Ginsberg 246f.), dann auch 'Macht'. Daher steht Jes 5, 13 *keḇôḏô* par. zu *hamônô* 'Masse' und bedeutet 'Vielzahl' (vgl. JPS, 1978); vgl. Jes 16, 14. Eine ähnliche Konnotation impliziert Jes 8, 7, wo der *kāḇôḏ* Assyriens, der über seine Ufer schwappt, im Kontext der mächtigen Wasser des Euphrat genannt wird und nun tatsächlich „Macht" impliziert. In Jes 10, 16; 17, 4 ist *kāḇôḏ* synonym mit „Fettheit" und in Jes 10, 18 steht ähnlich der *kāḇôḏ* des Waldes, der zerstört werden wird, par. zu Seele und Leib (*minnæpæš weʿaḏ bāśār*). Hos 9, 11 „Ephraim, sein *kāḇôḏ* wird wegfliegen wie ein Vogel" begegnet in Verbindung mit der Menge der Kinder, der die Eltern beraubt worden sind. Von fast gleicher Bedeutung ist *keḇûddāh* Ri 18, 21, das dort mit *ṭap* 'Kinder' und *miqnæh* 'Vieh' verbunden ist (zur Metapher des „Wegfliegens" im Zusammenhang mit dem Schwinden der Macht, vgl. Spr 23, 5); weitere Aspekte vgl. C. Westermann, THAT I 798f.

Wie schon angedeutet, umfaßt „Menge" auch „Kraft" und „Macht" und tatsächlich wird *kāḇôḏ* in Ps 145, 11f. und in Qumran (1 QH 5, 20; 10, 11) zusammen mit *geḇûrāh* 'Kraft' genannt. *kāḇôḏ* in der Bedeutung 'Kraft' ist bezeugt Hi 29, 20 „mein *kāḇôḏ* ist neu in mir, mein Bogen ist beständig in meiner Hand" und Ps 3, 4: „du bist ... ein Schild über mir, mein *kāḇôḏ*, der mein Haupt hoch hält", Bogen und Schild bezeichnen Kraft und Macht. *kāḇôḏ* als 'Kraft' wird verbunden mit Bogen und Kriegern in Jes 21, 16: „Noch ein Jahr, (bestimmt) wie das Jahr der Mietarbeiter, und der ganze *kāḇôḏ* von Kedar wird verschwinden; nur wenige Bogen der Krieger Kedars werden übrigbleiben" (vgl. Ehrlich, Randglossen, z.St.: „כבוד heißt hier nicht Herrlichkeit, sondern Menge, starke Kriegsmacht"); vgl. auch Jes 16, 14: „In drei Jahren, (bestimmt) wie die Jahre der Mietarbeiter, wird Moabs *kāḇôḏ* (= Macht) mit all seiner großen Menge (*hāmôn*) schrumpfen. Nur ein Rest bleibt übrig."

Es wurde vorgeschlagen (R. Weiss, משוט במקרא, 1976, 299), *kāḇôḏ* im Sinne von 'Macht' (*geḇûrāh*) auch hinter den parallelen Epitheta Gottes in Ps 24, 8 vorzufinden: *mælæḵ hakkāḇôḏ* „King of glory" einerseits und *ʿizzûz weḡibbôr* „mächtig und tapfer" andererseits (zu *ʿoz* und *kāḇôḏ* als Synonyme vgl. w. u.).

kāḇôḏ bedeutet auch 'Besitz' und 'Reichtum', z. B. Gen 31, 1: „und von dem, was unseres Vaters war, errichtete er seinen ganzen *kāḇôḏ* (= Reichtum)"; ähnlich bezieht sich Jes 10, 3 „wo wollt ihr euren *kāḇôḏ* verstecken?" auf die Beute, die sich die Oberschicht durch Plünderung aufgehäuft hat, während Jes 22, 24 „jeder *kāḇôḏ* seines Vaterhauses" sich auf „Vieh, Geschirr und Krüge" bezieht. In Nah 2, 10 umfaßt *kāḇôḏ* Vorräte und Schätze, die von den Assyrern in Niniveh erbeutet werden sollen: „Raubet Silber, raubet Gold, Schätze ohne Ende, *kāḇôḏ* (ein Schatz) von allen kostbaren Gegenständen" (vgl. THAT I 798f.).

kāḇôḏ begegnet oft in Verbindung und Parallelismus mit 'Reichtum' (*ʿošær*), vgl. 1 Kön 3, 13; Spr 3, 16; 8, 18; 22, 4 u. ö.; vgl. bes. Ps 49, 17: „Laß dich nicht beirren, wenn ein Mann reich wird und der *kāḇôḏ* seines Hauses (d. h. seine Haushaltsgüter) anwächst." In Jes 61, 6 steht *kāḇôḏ* par. zu *ḥajil* 'Reichtum' und in Jes 66, 12 begegnet *keḇôḏ gôjim* in der Bedeutung „Reichtum der Völker".

2. *kāḇôḏ* 'Ehre' geziemt sich für Gott, König und Personen von hoher Autorität und Status. Der Höchstgeehrte ist Gott. Er ist der „Gott des *kāḇôḏ*" (*'el hakkāḇôḏ*, Ps 29, 3), „König des *kāḇôḏ*" (*mælæḵ hakkāḇôḏ*, Ps 24, 7. 9. 10). (Zu *mælæḵ hakkāḇôḏ* als Hinweis auf den Jerusalemer Tempelkult vgl. J. Maier, Das altisraelitische Ladeheiligtum, BZAW 93, 1965, 77; zum möglichen kanaanäischen Hintergrund Westermann, THAT I 804f.) Sein Reich ist ein Reich von *kāḇôḏ* und *hāḏār* 'Glanz' (*keḇôḏ malkûṯ*/*keḇôḏ hadar malkûṯ*, Ps 145, 11f.; vgl. akk. *melam šarrūti* „Glanz des Königtums", vgl. w.u.), das von niemandes *kāḇôḏ* übertroffen wird: „Ich überlasse niemandem meinen *kāḇôḏ*, noch meinen Ruhm (*tehillāṯî*) den Götzen!" (Jes 42, 8, vgl. 48, 11). Von daher ist die Anklage Jeremias zu verstehen: „Hat je ein Volk seine Götter gewechselt, ..., aber mein Volk hat seinen *kāḇôḏ* vertauscht" (2, 11; vgl. Ps 106, 20); vgl. Mal 1, 6: „Wenn ich ein Vater bin, wo ist der *kāḇôḏ*, der mir gebührt?" Gott gebührt am meisten Respekt, der ihm in Liedern und Lobgesän-

gen entgegengebracht wird: man muß ihm den *kāḇôḏ* geben. Auch göttliche Wesen bringen ihm *kāḇôḏ* entgegen (Ps 29, 1 f.). In Ps 96, 7 f. (vgl. 1 Chr 16, 28 f.) sind es die „Geschlechter der Völker", die ihm *kāḇôḏ* bringen. Nach Ps 66, 1 f. soll die ganze Erde den *kāḇôḏ* seines Namens singen und ihn preisen durch Entbietung von *kāḇôḏ* (*śîm kāḇôḏ*); vgl. ähnlich Jes 42, 12: „Sie (die Einwohner der ganzen Erde) sollen *kāḇôḏ* entbieten, sie sollen erzählen seine Herrlichkeit in den Küstenländern!"

„*kāḇôḏ* geben" hat häufig Bekenntnis-Charakter. Deshalb sagt Josua zu Achan, als dieser der Verletzung der *ḥeræm*-Bestimmung überführt und zum Sündenbekenntnis angehalten wurde: „Mein Sohn, gib JHWH, dem Gott Israels, *kāḇôḏ* und bekenne es ihm!" (Jos 7, 19). Als die Philister daran gingen, die Bundeslade zurückzugeben, sollten sie Entschädigung an den Gott Israels zahlen. Dieser Akt der Entschädigung wird bezeichnet als „*kāḇôḏ* geben" (1 Sam 6, 5). Diese Ehrung durch Bekenntnis ist auch in Jer 13, 16 impliziert: „Gib *kāḇôḏ* JHWH, deinem Gott, bevor er Dunkelheit bringt, bevor deine Füße stolpern!" (vgl. Ehrlich, Mikra Ki-Pheshuto z. St.).

In den biblischen Gebeten finden wir oft die Bitte an Gott um die Rettung Israels um des *kāḇôḏ* Gottes willen, d. h. um seines Ansehens unter den Nationen willen: „Hilf uns, Gott, unser Retter, um des *kāḇôḏ* deines Namens willen ... Warum sollen die Nationen sagen: Wo ist ihr Gott?" (Ps 79, 9 f.) – „Nicht uns, o JHWH, nicht uns, sondern deinen Namen gib *kāḇôḏ* ... Warum sollen die Nationen sagen: Wo ist ihr Gott?" (Ps 115, 1 f.). Die Vorstellung von der Ehrung Gottes unter den Nationen ist bezeugt in positiver Formulierung Jes 66, 19 f.: „Sie (die Nationen) werden kommen und meinen *kāḇôḏ* sehen. Ich werde unter ihnen ein Zeichen setzen und sie senden ... und sie sollen meinen *kāḇôḏ* unter den Nationen verkünden."

kāḇôḏ geziemt auch den Königen (Jes 14, 18; Ps 21, 6; Spr 25, 2), Priestern (Ex 28, 2. 40) und den Weisen (Spr 3, 35), niemals jedoch den Toren (Spr 26, 1. 8).

Auch den Eltern gebührt *kāḇôḏ* gleichwie dem Herrn der Sklaven, vgl. Mal 1, 6: „Ein Sohn soll seinen Vater ehren und ein Sklave seinen Herrn. Nun bin ich der Vater, wo ist die Ehre, die mir gebührt (*keḇôḏî*)? Und wenn ich nun Herr bin, wo ist die Furcht vor mir (*môrā'î*)?" (Zum Parallelismus *kāḇôḏ* und *môrā'* vgl. w. u.).

kāḇôḏ wird auch bezogen auf die eigene Würde. Diese kann man erlangen durch ein maßvolles Verhalten, Anstand, Großmut und Demut: „Beiseite zu bleiben beim Streit gereicht dem Manne zum *kāḇôḏ*, doch ein Tor platzt los!" (Spr 20, 3); „eine anmutige Frau gewinnt *kāḇôḏ*" (Spr 11, 16); „wer dem Armen freigebig gibt ..., sein Horn wird erhöht in *kāḇôḏ*" (Ps 112, 9); „Demut geht dem *kāḇôḏ* voran!" (Spr 15, 33).

III. 1. *kāḇôḏ* im Sinne von 'Herrlichkeit', 'Glanz' findet sich hauptsächlich mit Bezug auf Gott, sein Heiligtum, seine Stadt und andere göttliche Paraphernalien (Zubehör) (vgl. unten IV.). Sie begegnet bei P in Verbindung mit Gottes Erscheinung im Zelt (Ex 29, 43; 40, 34 f.; Lev 9, 6. 23; Num 14, 10; 16, 19; 17, 7; 20, 6). Der *kāḇôḏ* begegnet hier als verzehrendes Feuer, das von einer Wolke (Ex 24, 16 ff.; vgl. auch 16, 10; Num 17, 7) umgeben ist. Nur Mose, dem es möglich war, mit Gott von Angesicht zu Angesicht zu verkehren (Ex 33, 11; Num 12, 8; Deut 34, 10), kann in diese Wolke eindringen (Ex 24, 18). Der Kontakt mit dem Strahlen der Gottheit verlieh seinem Antlitz Glanz, und deshalb griff er auf eine Maske zurück, die sein Gesicht verstecken und das Volk daran hindern sollte, ihm zu nahe zu kommen (Ex 34, 29 f.). Vgl. dazu J. Morgenstern, Moses with the Shining Face, HUCA 2, 1925, 1–27; A. Jirku, Die Gesichtsmaske des Mose, ZDPV 67, 1944/45, 43 ff.; F. Dumermuth, Moses strahlendes Gesicht, ThZ 17, 1961, 241–248, → קרן (*qāran*).

Wie w. u. zu sehen sein wird, wurde die göttliche Herrlichkeit im Alten Orient in der Krone der Gottheit oder des Heroen verkörpert und das gleiche gilt auch für hebr. *kāḇôḏ*. In Hi 19, 9 lesen wir: „Er hat mich entkleidet meines *kāḇôḏ*, er hat die Krone von meinem Haupt genommen", vgl. ähnlich Ps 8, 5 „Du hast ihn um ein weniges geringer gemacht als das Göttliche, du hast ihn gekrönt mit *kāḇôḏ* und Herrlichkeit". In der jüd. Liturgie (Amidah am Sabbatmorgen) werden die Strahlen des Moses tatsächlich als eine Glorienkrone beschrieben (*kelîl tip'æræṯ*), die ihm von Gott überreicht wurde (S. Singer, SPB 1943, 200).

Ezechiel – in seiner Bildersprache eng verwandt mit P – überträgt sein Konzept von *kāḇôḏ* auf den Tempel von Jerusalem. Der *kāḇôḏ* wird hier beschrieben als ein glänzender und scheinender Komplex (10, 4; 43, 2), der sich bewegt, aufsteigt und sich nähert (9, 3; 10, 18; 11, 23; 43, 4). Wie P beschreibt Ez den *kāḇôḏ* als ein loderndes Feuer, umgeben von Strahlen und einer großen Wolke (1, 4; 8, 2).

Dt- und TrJes beschreiben die Rückkehr Gottes zum Zion als Offenbarung (*gālāh*) seines *kāḇôḏ* (40, 5; vgl. Ps 97, 6; 102, 17) und dessen Hervorglänzen über Jerusalem (Jes 60, 1; vgl. w. u.).

2. *kāḇôḏ* in der Bedeutung 'Herrlichkeit, Glorie, Schönheit' etc. steht zusammen mit einer ganzen Serie von Ausdrücken wie *'oz* (Ps 29, 1; 63, 3), das wie *kāḇôḏ* die Bedeutung 'Macht' haben kann; *hāḏār*, *hôḏ* 'Herrlichkeit, Majestät' (Ps 8, 6; 25, 6 u. ö.), *tip'æræṯ* 'Schmuck' (Ex 28, 2. 40); *ṣeḇî* 'Schönheit' und *ge'ûṯ*/*gā'ôn* 'Hoheit' (Jes 4, 2). Wie das akk. *melammu* und seine Verwandten (vgl. w. u.) können alle diese Begriffe als Krone (s. o.) oder prächtiges Gewand verstanden werden, bes. wenn sie auf Gott oder den König appliziert werden. Daher lesen wir Ps 104, 1 f., daß „Gott in Herrlichkeit und Pracht (*hôḏ wehāḏār*) gekleidet, gehüllt in ein Gewand von Licht ist". Über den König wird gesagt: „Sein *kāḇôḏ* ist groß ..., du umgibst ihn mit Herrlichkeit und Pracht (*hôḏ wehāḏār*)" (Ps 21, 6). Nach Ps 8, wo der

Mensch als ein wenig geringer als das Göttliche betrachtet wird, ist der Mensch gekrönt mit *kāḇôḏ* und *hāḏār* (v. 6). Die Ausdrücke *gā'ôn*, *ṣᵉḇî* und *tip'æræṯ*, die Jes 4, 2 im Zusammenhang mit *kāḇôḏ* begegnen, werden Jes 28, 1–5 mit einer Krone des Ruhmes verbunden: „Wehe der Krone des Ruhmes (*ge'ûṯ*) der Trunkenen Ephraims, der welken Blume (*ṣîṣ*) seiner prächtigen Zier (*ṣᵉḇî tip'artô*) ... An jenem Tag wird JHWH Zebaot selbst eine Krone der Schönheit (*ṣᵉḇî*) und ein Stirnreif der Pracht/Zierde (*tip'æræṯ*) für den Rest seines Volkes sein." Ähnlich werden *ge'ûṯ*, *'oz* und *hāḏār*, *hôḏ* als Gewänder verstanden, vgl. z. B. Ps 93, 1: „Der Herr ist König, er ist gekleidet in Hoheit (*ge'ûṯ*) ... Er ist gegürtet in Macht (*'oz*)"; Jes 52, 1: „O Zion, kleide dich selbst in Macht (*'oz*), zieh an dein Gewand von Pracht (*tip'æræṯ*)"; Hi 40, 10: „Umhülle dich selbst mit Hoheit und Pracht (*gā'ôn wᵉḡoḇah*) und kleide dich mit *hôḏ wᵉhāḏār*."

Akk. *melammu* 'Schreckensglanz' hat eine ähnliche Fülle von Synonyma: *namrirru* 'Glanz', *šalummatu* 'Lichtfülle', *šarūru* 'Strahlenglanz', *baštu/baltu* 'Würde' usw. (vgl. E. Cassin; L. Oppenheim, JAOS 63, 31f.; Römer 145ff.). Wie in der Bibel bekleidet, gürtet und bekrönt man sich mit ihnen, vgl. z. B. die Inschrift des Asarhaddon: „Diese Krone kleidete in Schreckensglanz (*melammu*), umgab mit Würde (*baltu*), umgab mit Lichtfülle (*šalummatu*), hüllte ein in Glanz (*namrirru*)" (Borger, Asarhaddon 83, 34). Könige und Götter sind gekleidet und gegürtet in *melammu*, *namrirru*, *šalummatu* usw. (vgl. Cassin, Römer 307; dort auch Belege).

IV. Nicht nur die Gottheit, auch alle Arten von herausgehobenen und göttlichen Objekten gelten als mit *kāḇôḏ* eingehüllt, wie z. B. Thron (→ כסא *kisse'*, 1 Sam 2, 8; Jes 22, 23; Jer 14, 21; 17, 12), Tempel (Hag 2, 9; vgl. Ps 29, 7), göttliche Kleidung (Ex 28, 2. 40) und bes. die Krone (Hi 19, 9; Ps 8, 6). Das gleiche ist zu beobachten beim mesopotam. *melammu* und seinen Synonymen. *melammu* umgibt die Tempel (vgl. CAD s.v. *melammu* 1 d), Kronen, heilige Waffen und Kleidung (L. Oppenheim, JNES 8, 1949, 172ff.). Ferner wird hier die Erhabenheit der Stadt und des Tempels in gleicher Weise beschrieben wie im AT. So lesen wir in der Nebukadnezar-Inschrift über den Palast in Babylon: „Dieser Palast ... ich füllte ihn mit Fülle (*lulû*), so daß ihn das ganze Volk sehen konnte, seine Seiten wurden umgeben mit Würde (*baltu*) ... mit der ehrfurchtgebietenden Majestät (*puluḫti melammi*, vgl. w.u.) meines Königtums. Weder böse noch ungerechte Personen dürfen ihn betreten" (S. Langdon, Die neubabylonischen Königsinschriften, VAB IV, 1912, 118, 52f.; 138, 29f.). In ähnlicher Weise wird das neuerbaute Jerusalem beschrieben: „Wache auf, wache auf, Zion! Kleide dich in Macht (*'oz*), ziehe an die Gewänder der Majestät (*tip'æræṯ*), Jerusalem, heilige Stadt, denn die Unbeschnittenen und die Unreinen werden dich niemals betreten" (Jes 52, 1).

Der Glanz breitet sich aus und bedeckt oder erfüllt ganze Regionen. So hören wir, daß Gottes *kāḇôḏ* die ganze Erde erfüllt (Num 14, 21; Jes 6, 3; Ps 72, 19), sein Glanz hüllt den Himmel ein und füllt die Erde (Hab 3, 3). Auch in Mesopotamien bedeckt (*katāmu*, *saḫāpu*) der *melammu* 'Glanz' der Götter und Könige Himmel und Erde oder erfüllt (*malû*) die ganze Erde (Belege CAD M II/10f.). Diese Vorstellung ist bes. verbreitet in den Erzählungen von der Einweihung von Zelt und Tempel. Der Einzug des Herrn in sein göttliches Domizil wird dadurch angezeigt, daß sein *kāḇôḏ* das Zelt (Ex 40, 34f.) oder den Tempel erfüllt (*māle'*, 1 Kön 8, 11; Ez 10, 4; 43, 5; 44, 4). Der göttliche Glanz (*kāḇôḏ*) erreicht den Himmel: „sein *kāḇôḏ* ist hoch (*rām*) über den Himmeln" (Ps 113, 4); vgl. Ps 57, 6. 12 (= 108, 6): „Erhebe dich (*rûmāh*) über die Himmel, o Gott, über die ganze Erde dein *kāḇôḏ*". Ähnlich wird in der mesopotam. Literatur geschildert, daß Ehrfurcht und Glanz (*ni-melam*) der Götter den Himmel erreichten (vgl. Römer 149, Nr. 16).

Der Glanz bedeckt auch die Wälder des Libanon und des Karmel: „Sie wird blühen in Fülle ... sie soll den *kāḇôḏ* des Libanon erlangen, die Schönheit (*hāḏār*) von Karmel und Saron" (vgl. Jes 35, 2; 60, 13). Die Bäume des Gottesgartens Eden waren in gleicher Weise in Herrlichkeit gekleidet: „Wer ist vergleichbar mit dir in *kāḇôḏ* und Größe?" (Ez 31, 18; vgl. vv. 8f.). Auch in Mesopotamien werden Zedern und Zedernwälder als heilig und angefüllt mit Herrlichkeit betrachtet (vgl. Cassin 62ff.).

V. Im alten Orient werden Götter und Könige als umgeben mit Glanz beschrieben, und es ist bes. ihre Kopfzier oder Krone, die geschmückt ist mit Glanz und Majestät. Die äg. Krone war beladen mit Macht und stellte so etwas wie ein feurig-glänzendes Diadem dar (*nsr.t* [vgl. hebr. *nezær*], *ꜣḫt*). Sie wurde als Göttin verstanden (vgl. Frankfort 107f.) und als Quelle von Ehrfurcht und Terror betrachtet, der die Feinde unterwirft (vgl. w.u.).

Ähnlich ist assyr. 'Furcht, Schreckensglanz' (*pulḫu melammu* [sum. *ni.melam*]) an die Tiara gebunden (vgl. EnEl 1, 68; Oppenheim, JAOS 63, 31ff.; Cassin, 9ff.; Römer, 308f.). Wie oben gesagt (s.o. IV.), werden auch hebr. *kāḇôḏ* und *hôḏ wᵉhāḏār* mit der Krone verbunden.

Die göttliche Strahlung wird auch im griech. Epos mit dem Haupt des Gottes verbunden. So lesen wir Ilias 18, 20, daß Athene das Haupt des Achill mit einer Wolke von feurig glänzender Kraft krönte, was die Trojaner erschreckte. Zeus selbst war eingehüllt in einer Wolke von Weihrauch (Il. 15, 153), die an den Gott Israels erinnert, der auch in einer Räucherwolke (*'ᵃnan haqqᵉṭoræṯ*) über der Bundeslade gesehen wird (Lev 16, 2. 13). Auch der *kᵉḇôḏ JHWH* wird in den Sinai-Erzählungen als Wolke dargestellt (Ex 16, 10; Num 17, 7).

Die majestätische Herrlichkeit ruft Verehrung einerseits und Furcht andererseits hervor. Das zeigt sich bes. deutlich in der akk. Terminologie: *pulḫu melammu* (sum. *ni-melam*). Dieses Wortpaar ist ein Hendiadys, das wörtl. „Furcht, Herrlichkeit", tatsächlich aber „Majestät" bezeichnet. Der Ausdruck bezieht sich auf Gottheiten, Könige und andere verehrte, heilige Objekte (vgl. L. Oppenheim, JAOS 63, 61ff.; Cassin). *pulḫu melammu* ist gleichzeitig Gegenstand von Verehrung und Furcht. *pulḫu* (Furcht) und *melammu* (Glorie) des assyr. Gottes oder Königs überwältigen (*pulḫi melamme* [von Gott oder König] *isḫupšunūti*) die Feinde in der Schlacht (Belege CAD s.v. *melammu*). Auch das feurige Diadem (*ꜣḫt*, *nsr.t*) der äg. Götter und Könige (s.o.) verbreitet Furcht (*nrw*) und Terror (*šnḏ*), die die Feinde im Krieg unterwerfen (vgl. Weinfeld, EI 14, 1978, 25). In dieser Hinsicht ist der furchterregende Aspekt der göttlichen Erscheinung der Göttin Inanna in der mesopotam. Literatur höchst eindrucksvoll. Vgl. den sum. Hymnus der Enḫeduanna (Tochter Sargons I.) an Inanna (vgl. W. W. Hallo – J. J. A. van Dijk, The Exaltation of Inanna, New Haven 1968, 18. 34f.): „Oh Herrin, die Anunna, die großen Götter, sie flattern wie Fledermäuse, fliegen vor dir davon zu den Felsklüften, sie wagen nicht zu wandeln (?) in deinem furchtbaren Glanz (*igi-ḫuš*), sich deinem furchterregenden Antlitz (*sag-ki-ḫuš*) zu nähern" (vgl. ANET³ 579ff.). Das „furchterregende Antlitz" hier meint das Antlitz der Göttin, das Strahlen und Glanz verbreitet wie das des Gottes Nanna, „dessen Antlitz strahlen-erfüllt ist" (*sag-ki-bi me-lám-gál-la-gim*, vgl. S. N. Kramer, Enmerkar and the Lord of Aratta, Philadelphia 1952, 22. 273), vergleichbar mit dem feuerumglänzten Haupt des Achill (s.o.) und dem glänzenden Antlitz des Moses (Ex 34, 29f.).

Die furchterregende Herrlichkeit der Inanna, vor der die Anunna-Götter fliehen wie die Fledermäuse in den Felsklüften, erinnert an die Prophetie des Jes über „Schrecken und Glanz" (*paḥaḏ wᵉhāḏār*) des Herrn, vor denen die Völker fliehen wie Fledermäuse in den Felsklüften: „An jenem Tag wirft der Mensch seine Götzenbilder von Silber weg ... zu den Fledermäusen, um zu entkommen in den Felshöhlen und den Kliffklüften vor dem Schrecken (*paḥaḏ*) JHWHs und vor dem Glanz seiner Majestät (*hᵃḏar gᵉʾônô*), wenn er sich erhebt, um die Erde zu verwüsten" (Jes 2, 20f.).

Das Sich-Verbergen in den Felsen vor dem *kāḇôḏ* JHWHs begegnet in Ex 34, 21f. (vgl. 1 Kön 19, 11ff.). Hi 40, 10ff. wird der Mensch aufgefordert, sich selbst zu bedecken mit Herrlichkeit und Majestät, Glorie und Glanz (*hôḏ wᵉhāḏār*) wie Gott – er ist natürlich dazu nicht in der Lage – und die Bösen zu bedrängen, daß sie sich selbst im Staub verbergen.

Der furchterregende Aspekt des *kāḇôḏ* JHWHs zeigt sich bes. in der Offenbarung am Sinai. Das Volk wird gewarnt, den *kāḇôḏ* des Herrn anzuschauen (Deut 5, 21; vgl. Ex 20, 18), und sie fürchten, von dem großen Feuer verzehrt zu werden, das vom *kāḇôḏ* her entgegenlodert (Deut 5, 22). Nach der Parallele Ex 20, 18 wich das Volk zurück, das bei der Theophanie anwesend war, und blieb in der Ferne stehen.

Das Feuer, das dem *kāḇôḏ* entströmt, ist auch bezeugt im Zusammenhang mit der Einweihung des Hl. Zeltes (Lev 9, 23f.) und bei der Einweihung des salomonischen Tempels (2 Chr 7, 1ff.), bei der das Volk die Herabkunft des Feuers und des *kāḇôḏ* JHWHs auf den Tempel beobachtete. Das Feuer, das die Opfergaben verzehrte, galt als Zeugnis für Gottes Annahme der Weihung und das Volk feierte dies mit Gehorsam und Lobpreis (Lev 8, 24; 2 Chr 7, 3). Das gleiche Phänomen wird 1 Kön 18 berichtet bei der Altarweihe durch Elia auf dem Karmel. Als das Feuer JHWHs niederfiel und die Opfergaben verzehrte, fiel das Volk auf das Angesicht und rief: „JHWH allein ist Gott ..." (v. 38).

Das Feuer des *kāḇôḏ* kann auch gefährlich sein. Es verzehrt nicht nur die Opfergaben, sondern auch Nadab und Abihu, die Söhne Aarons, die fremdes Feuer darbrachten und Gottes Gebot übertraten (Lev 10, 1f.).

Die göttlichen Feuerstrahlen treffen die Feinde, so daß „das Feuer vor dem Herrn die Feinde verbrennt auf jeder Seite" und alle sehen seinen *kāḇôḏ* (Ps 97, 3f.).

Der gefährliche Aspekt des *kāḇôḏ* JHWHs wird bes. deutlich in den Erzählungen vom Wüstenzug. Hier begegnet der *kāḇôḏ* JHWHs, um die Israeliten zu bedrohen, wenn sie gegen JHWH murren (Ex 16, 7. 10; Num 14, 10; 16, 19; 17, 7; 20, 6). Einmal entbrennt das „Feuer JHWHs" – als Teil der Manifestation des *kāḇôḏ* verstanden – gegen die Israeliten und ihre Revolte (Num 11, 1).

Die Manifestation des *kāḇôḏ* JHWHs wurde von Ehrfurchtsbezeugungen wie Proskynese, Lobpreis und Akklamation begleitet. Nach Lev 9, 24 sahen „alle Völker (den *kāḇôḏ* und das Feuer), schrien und fielen auf ihr Angesicht". Auch Ez sah den *kāḇôḏ* und fiel auf sein Angesicht (1, 28; 3, 23); vgl. auch die Zeremonie der Tempelweihe 2 Chr 7: „Alle Israeliten sahen das Feuer, das vom *kāḇôḏ* JHWHs auf den Tempel herniederfiel und sie neigten sich auf ihr Angesicht ... und dankten ..." (v. 3; vgl. auch 1 Kön 18, 38).

Die Polarität von Furcht und Ehrfurcht wird ausgedrückt (neben *paḥaḏ wᵉhāḏār* in Jes 2, 10. 19. 21) durch die Doppelwendungen *goḇah wᵉjirʾāh* „Hoheit und Furcht" (Ez 1, 18, vgl. oben zu *goḇah* und *gāʾôn*), *nôrāʾ tᵉhillôṯ* „schrecklich in Ruhm (Ex 15, 11) und *nôrāʾ hôḏ* „schrecklicher Glanz" (Hi 37, 22), vgl. auch *môrāʾ* || *kāḇôḏ* in Verbindung mit der Ehrfurcht gegenüber Vater und Herr (Mal 1, 6).

VI. In P und bei Ez wird der *kāḇôḏ* JHWHs als ein loderndes Feuer verstanden, das von einer Wolke umhüllt wird (Ex 24, 16f.; vgl. 16, 10; 40, 34f.; Num 17, 7; Ez 1, 4; 10, 4). Die Wolke gehört hier zum unverzichtbaren Bestand der Theophanie. Sie dient als Hülle, die den lebensgefährlichen Anblick der Gottheit abschirmt. Nur Mose, der Gott von Angesicht zu Angesicht sehen kann (vgl. Num 12, 8; Deut 34, 10), darf in diese Wolke eindringen (Ex 24, 18). Den Israeliten dagegen offenbart sich Gott nur von Wolken verhüllt. Anders als Mose sehen sie nur

Flammen, die in der Wolke lodern (Ex 24, 17). Nur einmal offenbart sich Gott Israel ohne Schutzschirm bei der Einweihung des Heiligen Zeltes (Lev 9, 23), ein Ereignis, dessen Bedeutung parallel zur Sinai-Offenbarung in den anderen Pentateuchquellen gesehen wird.

Wenn sich der *kāḇôḏ* in das Zelt begibt, umhüllt die Wolke das Allerheiligste und Mose kann während der Anwesenheit des *kāḇôḏ* JHWHs das Zelt nicht betreten (Ex 40, 34f.; zur literarischen Differenzierung der einzelnen Erscheinungselemente um den *keḇôḏ JHWH* vgl. M. Görg, Das Zelt der Begegnung, BBB 27, 1967, 59–66). In ähnlicher Weise füllt der *kāḇôḏ* JHWHs den Jerusalemer Tempel, so daß die Priester ihren Dienst nicht verrichten können (1 Kön 8, 10f.). Zur Präsenz JHWHs im Tempel und den sie anzeigenden Zeichen vgl. bes. R. E. Clements, God and Temple. The Idea of the Divine Presence in Ancient Israel, Oxford 1965, passim. Nach Ez verläßt der *kāḇôḏ* im Exil den Tempel: „Der *kāḇôḏ* JHWHs schwebte von den Keruben ... der Tempel füllte sich mit einer Wolke und der Vorhof wurde angefüllt mit den Strahlen (*noḡah*) des *kāḇôḏ* JHWHs" (Ez 10, 4). Auch Jes sieht in seiner Vision vom *kāḇôḏ* JHWHs (6, 3) den Tempel mit Rauch angefüllt (v. 4). Obwohl die Gottheit in Nebel und Dunkelheit des Allerheiligsten weilt (1 Kön 8, 12), reicht dies nicht aus, sie vor dem Anstarren der Menschen zu verbergen. Wenn der Hohepriester Aaron einmal im Jahr das Allerheiligste betritt, so muß er vorher das Innere mit einer Weihrauchwolke ausfüllen (Lev 16, 13), „denn ich werde erscheinen in einer Wolke über der *kapporæṯ*" (Lev 16, 2). Diese Weihrauchwolke Aarons ist also nicht identisch mit der, in der der *kāḇôḏ* sich offenbart. Wenn eine Wolke ununterbrochen den Sitz der Gottheit zwischen den Keruben abschirmte, so brauchte Aaron keine künstliche zu erzeugen. Die Wendung „damit er nicht sterben muß" (vv. 2. 13) zeigt an, daß der Inzens-Rauch das Gottesbild verbergen soll, um so den Hohenpriester vor dem drohenden Tod zu schützen, falls er die Gottheit erblikken sollte.

Diese Vorstellung des mit Zelt und Tempel verbundenen *kāḇôḏ* wurde offensichtlich von der Jerusalemer Priesterschaft entwickelt. Die anderen Pentateuchquellen sehen die Offenbarung der Gottheit unter einem anderen Aspekt: Hier gelten Wolke und Feuer nicht als ständige Manifestation göttlicher Präsenz, sondern sie zählen zu den wirksamen Begleitern Gottes (Ps 97, 2f.; vgl. Ex 19, 16ff.; Deut 4, 11; 5, 19) und zu den Instrumenten seines Schutzes und seiner Macht. Wolke und Feuer dienen als Führer (Ex 13, 21; Num 10, 24; Deut 1, 31), als Schutz für das Volk (Ex 14, 19ff.; vgl. Ps 105, 39), als göttliche Dienstboten zur Vernichtung des Feindes (Ex 14, 24; Ps 97, 2f.; Hab 3, 5) oder als Gefährt, mit dem Gott zur Erde niederfährt (Ex 34, 5; Num 11, 25; 12, 5; Deut 31, 15). Bei P dagegen steigt Gott nicht in der Wolke herab (*jāraḏ*); sein *kāḇôḏ* weilt beständig im Zelt der Begegnung und wird den Israeliten angezeigt durch die Wolke, die das Zelt bedeckt (Num 17, 7). Obwohl der *kāḇôḏ* JHWHs bei P sein eigenes Darstellungsmuster hat, so ist doch die Vorstellung vom *kāḇôḏ* der Gottheit sehr alt und mit der Vorstellung vom Aufenthaltsort Gottes verbunden. (Zu den Unterschieden in den Theophanievorstellungen und -darstellungen vgl. im einzelnen J. Jeremias, Theophanie. Die Geschichte einer at.lichen Gattung, WMANT 10, ^{2}1977, 100–112.) Daher erreicht Ps 29, der sich um den Gott zugeschriebenen *kāḇôḏ* dreht (vv. 1–3), seinen Höhepunkt in der Proklamation: „In seinem Tempel rufen alle: *kāḇôḏ!*" (v. 9). Auch in anderen Pss wird der Tempel explizit genannt: „der Wohnort deines *kāḇôḏ*" (Ps 26, 8).

In der späteren jüd. Literatur wird *kāḇôḏ* durch die *šeḵînāh* (→ שכן *škn* 'wohnen') ersetzt. Im Anschluß an die Visionen des Ez gelangte die Vorstellung vom Thronwagen (*mærkāḇāh*) zu einer ähnlichen Bedeutung. Dazu vgl. J. Maier, Vom Kultus zur Gnosis. Bundeslade, Gottesthron und Märkābāh, Kairos 1, Salzburg 1964, bes. 119f. 144ff.; J. Neusner, JStJ 2, 1971, 149–160; ders., EJ 11, 1971, 1386f.; jetzt J. Marböck, BZ 25, 1981, 103–111.

kāḇôḏ als die „den Menschen erkennbare Seite des Wirkens Jahwes, in dem er selbst in seiner Macht offenbar wird" (R. Rendtorff, KuD Beih. 1, ^{3}1965, 31) repräsentiert die göttliche Majestät im weiten Sinne und ist oft austauschbar mit Gottes Antlitz (*pānîm*), Güte (*ṭûḇ*), Kraft (*ʿoz*), Schönheit (*noʿam*), Gnade (*ḥæsæḏ*), Rettung (*ješaʿ*) usw. Dies wird bes. deutlich Ex 33, 18ff. Auf die Bitte des Moses an Gott, ihn seinen *kāḇôḏ* schauen zu lassen, antwortete Gott: „Ich will meine ganze Güte an dir vorüberziehen lassen" (v. 19; vgl. auch v. 22). Die folgenden Verse berichten nun von der Offenbarung der *pānîm* 'Antlitz' Gottes. Nach G. v. Rad (Festschr. A. Bertholet, 1950, 239) liegt dieser Stelle eine Kultätiologie zugrunde, von der Spuren auch in den Pss anzutreffen sind, wo das Wohnen in Gottes Haus auf die Theophanieerfahrung hinausläuft.

Der Psalmist hält oft sehnsüchtig nach dem Bereich Gottes in seinem Tempel Ausschau: „Gott ... ich suche dich, meine Seele dürstet nach dir ... Ich halte Ausschau nach dir im Heiligtum, um deine Macht (*ʿoz*) und Herrlichkeit (*kāḇôḏ*) zu sehen, denn deine Huld (*ḥæsæḏ*) ist besser als Leben" (Ps 63, 2ff.). Einen ähnlichen Enthusiasmus finden wir Ps 65, 5 vor, wo der Psalmist sich sehnt nach der Güte des Hauses Gottes (*ṭûḇ bêṯeḵā*); vgl. auch noch Ps 73, 16ff., wo der *kāḇôḏ* Gottes Majestät im zukünftigen Leben impliziert; hier begegnet die Wendung „hinter den *kāḇôḏ* aufnehmen", d. h. die Seele zu Gott bringen im Sinne einer assumptio; vgl. Gen 5, 24; 2 Kön 2, 3. 5. 9 (vgl. noch Ps 49, 16 „Doch Gott wird mich wegnehmen, wird mich loskaufen aus der *šeʾôl*").

Die Deutungsversuche über *weʾaḥar kāḇôḏ tiqqāḥenî* (Ps 73, 24b) differieren stark voneinander: Die Mehrzahl der Exegeten ist sich darin einig, daß v. 24b auf ein jenseitiges Leben Bezug nimmt (Rowley, Maag, Nötscher,

Weiser u. a.). Andere sehen das Gemeinte spezifiziert in Parallele zur Entrückung des Henoch (Buber, Kraus, v. Rad u. a.). Den Jenseitsbezug halten wiederum andere für nicht gegeben und sie sehen hier eine Verheißung an die Frommen auf Glück und Erfolg in diesem Leben (Kissane, Mowinckel, Gunkel, Tournay u. a.). Jellicoe sieht hier die Aufnahme des Menschen zu JHWH als Folge einer Theophanie angesprochen (ExpT 67, 1955/56, 210), C. B. Hansen denkt an ein ekstatisches Erlebnis (DTT 13, 1950, 84f.), während H. Ringgren hier ein Geschehen vermutet, das „irgendwie mit der kultischen Erscheinung des כבוד im Neujahrsfest" in Verbindung steht (VT 3, 1953, 270f.). Schließlich schlägt A. Schmitt (Entrückung – Aufnahme – Himmelfahrt. Untersuchungen zu einem Vorstellungsbereich im AT, FzB 10, 1973, 302) vor, wieder wie bei Elia und Henoch an eine Entrückung zu denken, die den Beter nach dem Tod zu Gott nimmt und ihn nicht der *še'ôl* verfallen läßt.

Die Vereinigung mit dem *kāḇôḏ* meint also, in Gottes Eigentum einzutreten im Leben nach dem Tode, in der Befreiung aus der *še'ôl* und in der Gewährung der Freude des Antlitzes (Gottes) (vgl. Ps 16, 10f.; 17, 15). *kāḇôḏ* in Parallele zu „Heil" (*ješaʿ*) und *ʿoz* findet sich Ps 62, 7f.: „Er ist mein Fels und mein Heil ... ich vertraue auf Gott, mein Heil (*ješaʿ*) und mein *kāḇôḏ*, Fels meiner Kraft (*ʿoz*)."

VII. Während der Wüstenwanderung wird der *kāḇôḏ* offenbart, um Gottes Willen den Israeliten mitzuteilen (vgl. C. Westermann, Festschr. W. Eichrodt 227ff.), meistens unmittelbar im Gefolge eines Aufbegehrens oder einer Rebellion der Israeliten gegen ihre Führer (Ex 16, 10; Num 14, 10; 16, 19; 17, 7; 20, 6; vgl. oben). Gott interveniert durch die Manifestation seines *kāḇôḏ*, worauf eine göttliche Botschaft an Mose im Zelt der Begegnung (*'ohæl môʿeḏ*) erfolgt. Das Zelt der Begegnung (*'ohæl môʿeḏ*) wird hier verstanden als das Zentralheiligtum, aus dem Gott zu Mose spricht (vgl. Ex 40, 34 – Lev 1, 1). Nach der Weihe des Zeltes wird es vom *kāḇôḏ* JHWHs erfüllt und von der Wolke bedeckt. Gott ruft Mose aus dem „Zelt der Begegnung" heraus und übergibt ihm die Opfergesetze. Für P ist das durch Gottes *kāḇôḏ* geheiligte Zelt (Ex 29, 4) der Ort, wo Gott Mose trifft, um zu ihm zu sprechen und ihm das Gesetz für die Israeliten zu übergeben (Ex 25, 22; 29, 42–45; Num 7, 89).

Das Zelt der Begegnung als der Ort, an dem Gott seine Entscheidungen bekannt gibt, ist nicht eine Erfindung des priesterlichen Autors. In der alten Quelle von Ex 33, 7–11 finden wir auch das Zelt als Orakelstätte, in die Mose hineingeht, um Gott zu treffen, der in der Wolkensäule herabsteigt und am Eingang zum Zelt steht. Ohne Zweifel besteht ein großer Unterschied zwischen der Vorstellung vom Zelt der Begegnung dieser alten Tradition (JE) und der der priesterlichen Quelle. In den Traditionen von JE befindet sich das Zelt der Begegnung außerhalb des Lagers (Ex 33, 7; Num 11, 26; 12, 5) und Gott steht außerhalb des Zeltes und nicht in ihm (vgl. M. Haran 50ff.), wohingegen nach P das Zelt der Begegnung in der Mitte des Lagers steht und Gott aus ihm heraus spricht. Zudem steigt Gott nach P nicht in einer Wolke herab, um am Eingang des Zeltes zu Mose zu sprechen, wie es JE vorsehen. Das Zelt ist nach P sein ständiger Aufenthaltsort (Ex 25, 8; 29, 45), aus dem heraus er seinen Willen mitteilt. So dient das Zelt tatsächlich als das Zentralheiligtum in der Mitte des Lagers.

Geht man jedoch von der prophetischen Funktion des Zeltes aus, so haben beide Traditionen eine gemeinsame Basis. Wie in P begegnet auch in den alten laikalen Quellen (JE) Gott im Zelt, um zu ermahnen und zu Mose zu sprechen. Nach Num 12, 5f. kam Gott aufgrund der Verleumdung von Aaron und Mirjam in der Wolke hernieder, um sie zu rügen. Nach Num 11, 25 stieg Gott in der Wolke nieder, um zu Mose zu sprechen in bezug auf die Bestellung der Ältesten, und nach Deut 31, 15 (= E) offenbart sich Gott in der Wolkensäule am Begegnungszelt, um Josua in sein neues Amt einzuweisen.

Nach P wie auch nach JE wird die Offenbarung der Gegenwart Gottes markiert durch Zeichen der Achtung und des Respektes (Ex 33, 10). Die Erscheinung des *kāḇôḏ* JHWHs wird auch bei Ez begleitet von der Übermittlung einer Botschaft: In Ez 1, 28; 3, 12. 23 initiiert sie die Mission des Propheten, während die Belege von *kāḇôḏ* in 8, 2f.; 10, 4. 18; 11, 23 sich mit dem Tadel an Jerusalem befassen, dessentwegen der *kāḇôḏ* nun die Stadt verläßt.

VIII. Das zukünftige Heil des Volkes in Zion wird in der prophetischen und Pss-Literatur dargestellt als eine erneute Offenbarung des *kāḇôḏ*. In der Zukunft wird der Herr seine Herrlichkeit wieder offenbaren wie in den alten Tagen, als er Israel aus Ägypten herausführte. Nach Jes 4, 5 wird der Herr über Zion „eine Wolke am Tag und Rauch mit einem wabernden Feuer in der Nacht" ausbreiten und „über dem *kāḇôḏ* soll ein Schutzdach sein", Anspielungen auf die Wolken- und Feuersäule der Ex-Erzählung.

Jes 24, 23 spricht über das zukünftige Reich Gottes auf dem Zion, in dem „der *kāḇôḏ* (offenbart werden wird) vor den Ältesten". Dies ist zu verstehen vor dem Hintergrund von Ex 24, 9f., wo Gott sich den „Ältesten Israels offenbarte". Wie Gott der König sich am Sinai den Ältesten des Volkes offenbarte, so wird er sich wieder den Ältesten offenbaren, wenn er seine Königsherrschaft auf dem Zion antritt. Jes 25, 6ff. (vgl. H. Wildberger, BK X/2, 1978, 899f. 960) beschreibt das Festmahl auf dem Zion als direkte Fortsetzung der Offenbarung des *kāḇôḏ* an die Ältesten. Auch die Verbindung von Offenbarung und Festmahl erinnert wieder an Ex 24, 11.

In der nachexil. Literatur erhält die Offenbarung des *kāḇôḏ* in der Zukunft universale Dimensionen. Nicht nur die Israeliten werden Herrlichkeit und Glanz Gottes sehen, die ganze Welt wird sie schauen: „Der *kāḇôḏ* JHWHs wird offenbar (*weniḡlāh*) und alles Fleisch wird ihn zugleich sehen!" (Jes 40, 5). Die LXX liest im 2. Teil des Verses: „und alles Fleisch wird das Heil Gottes sehen!"; vgl. dazu Jes 52, 10, wo alle Enden der Welt das durch den Arm JHWHs gewirkte Heil (*j^ešû'āh*) sehen werden. Nach H. L. Ginsberg (JBL 77, 152–156) dient der Terminus *z^erôa'* 'Arm' bei DtJes als Metapher für Offenbarung und Heil (vgl. 51, 5; 52, 10; 53, 1), was die Vorstellung vom „Arm seiner Herrlichkeit" (*z^erôa' tip̱'artô*, Jes 63, 12) erklären könnte. Es ist interessant, daß DtJes in gleicher Weise von der Offenbarung des *kāḇôḏ* JHWHs (40, 5) und des Armes JHWHs (53, 1) spricht. Tatsächlich werden in Jes 40–66 und in der Pss-Literatur *kāḇôḏ*, Gottes Gerechtigkeit und Heil als Synonyme angesehen (vgl. Jes 58, 8; 62, 1 f.). *kāḇôḏ*, Gerechtigkeit (*ṣædæq*) und Heil (*j^ešû'āh*) überlagern einander (Jes 62, 1 f.: „Um Zions willen, will ich nicht schweigen ... bis wie Lichtglanz (*no-ḡah*) ihre Gerechtigkeit aufleuchtet und ihr Heil (*j^ešû'āh*) wie eine flammende Fackel. Völker sollen deine Gerechtigkeit (*ṣæḏæq*) sehen und alle Könige deinen *kāḇôḏ*"). Dieser *kāḇôḏ* Jerusalems ist nichts anderes als der *kāḇôḏ* JHWHs, der auf der Stadt liegt (vgl. Jes 60, 1–3) und die Erscheinung dieses *kāḇôḏ* JHWHs (*k^eḇôḏô jerā'æh*) geschieht mit seinem Licht (*'ôr*), seinem Kommen (*bā'*), Lichtschein (*zāraḥ*) und seinem Strahlen (*noḡah*). Es handelt sich hier um die Wiederaufnahme konventioneller Theophanieterminologie der altisraelit. Literatur (vgl. Deut 33, 2 [*bā'*, *zāraḥ*, *hôp̄îa'*]; vgl. auch Hab 3, 3 f. [*jāḇo'*, *hôḏô*, *noḡah*, *kā'ôr*, *'oz*]). Das Klischee *nir'āh kāḇôḏ* (Jes 60, 1) findet sich ebenfalls bereits in der Ex-Erzählung (vgl. oben). Es existiert jedoch ein bedeutsamer Unterschied zwischen der Funktion des *kāḇôḏ* in der Beschreibung der Theophanie nach Deut und Hab und der in Jes 40–66. Nach Deut 33, 2 und Hab 3, 3–4 konstituiert die „Herrlichkeit" die Glorie des Gottes Israels, der seinem Volk erscheint, um ihm das Gesetz zu übergeben (v. 4), oder um es von seinen Feinden zu erretten (Hab 3, 6 f.). Nach Jes 40–66 ist der *kāḇôḏ* JHWHs jedoch an das Volk und an Jerusalem delegiert und sein Zweck ist es, andere Völker anzuziehen und sie im Dunkeln zu führen. In nachexil. Pss hat der *kāḇôḏ* eine ähnlich universale Funktion. Die Wiederherstellung des Zion und die Wiedererrichtung des *kāḇôḏ* JHWHs auf ihm motivieren Völker und ihre Könige, dem Gott Israels ihre Reverenz zu erweisen: „Die Völker werden den Namen JHWHs fürchten, alle Könige der Erde deinen *kāḇôḏ*, denn der Herr hat errichtet den Zion, ist erschienen in seinem *kāḇôḏ* (*nir'āh biḵḇôḏô*)" (Ps 102, 16 f.; vgl. 97, 6 f.). Diese Vorstellung findet sich auch Jes 2, wo die Götzendiener ihre Idole wegwerfen und sich selbst in Höhlen verbergen vor dem Schrecken der göttlichen Majestät (2, 10. 18. 20 f., vgl. oben).

Diese universale Ausdehnung des *kāḇôḏ* JHWHs ist auch impliziert in der Vorstellung, daß der *kāḇôḏ* „die ganze Erde erfüllt" (Jes 6, 3; Num 14, 21; Hab 2, 14; Ps 72, 19). Dahinter steht die Vorstellung von der Unterwerfung der gesamten Menschheit unter die Herrschaft Gottes, die sich schon hinter der Prophetie des Jes vom Tag JHWHs zeigt (Jes 2). Hier unterwirft sich die gesamte Menschheit JHWH, indem sie seinem Glanz und seiner Herrlichkeit folgt (vgl. oben), die sich im gesamten Universum ausbreiten. Die eschatologische Funktion vom „Füllen der Erde mit JHWHs Herrlichkeit" ist aus dem Vergleich von Jes 11, 9 mit Hab 2, 14 zu erschließen. Jes' Vorstellung von der Erkenntnis JHWHs, die die Erde erfüllt (11, 9), ist in Hab 2, 14 verbunden mit der Vorstellung, daß JHWHs *kāḇôḏ* die Erde erfüllt: „Denn die Erde wird erfüllt werden mit der Erkenntnis des *kāḇôḏ* JHWHs, wie das Wasser das Meer bedeckt." *kāḇôḏ* erfüllt die Erde als universales Heil (vgl. Num 14, 21; Ps 72, 19). Die letztere Stelle bildet eine Doxologie, die das zweite Ps-Buch abschließt. Das Erfüllen der Erde mit *kāḇôḏ* hat hier eine eschatologische Funktion wie die Verse über die Einsammlung der Exilierten am Ende des vierten Buches (Ps 106, 47).

Die eschatologische Funktion des *kāḇôḏ* JHWHs zeigt sich bes. deutlich im Amidah-Gebet der jüd. Neujahrsliturgie: „Unser Gott und Gott unserer Väter herrsche über das ganze Universum in deinem *kāḇôḏ* und erhebe dich über die ganze Erde in deiner Herrlichkeit (*j^eqār*) und erscheine im Glanz deiner majestätischen Größe (*bah^aḏar g^e'ôn 'uzz^eḵā*) über alle Bewohner von Welt und Land, so daß jedes Geschöpf erkennt, daß du es gemacht hast ... und daß jeder, der Atem in seiner Nase hat, sagen wird: ‚Der Herr, Gott Israels, ist König und sein Reich herrscht über alles.'"

IX. Der *kāḇôḏ* JHWHs hat also eine konkrete Bedeutung: ein feuriges Phänomen, aus dem Strahlen und Glanz hervorgehen, und eine abstrakte Bedeutung: Ehre, Würde und Majestät. In der letzteren Bedeutung erinnert *kāḇôḏ* an *šem* (→ שם), das ähnliche Konnotationen aufweist. *šem* steht parallel zu *t^ehillāh* und *tip'æræṯ* (Deut 26, 19; Jer 13, 11; Jes 63, 14; 1 Chr 29, 13), die mit *kāḇôḏ* synonym sind (vgl. oben). *šem* steht auch parallel zu *kāḇôḏ* (vgl. Jes 59, 19; Ps 102, 16; vgl. auch Jes 42, 8; 43, 7; Jer 14, 21; Ps 113, 3 f.); für die Parallele *šem* || *t^ehillāh* vgl. Jes 58, 9; Ps 102, 22; 106, 47; 145, 21. Und wie *kāḇôḏ* wurde auch *šem* mit dem Aufenthaltsort JHWHs verbunden (vgl. oben). Bes. Deut und die dtr Literatur benutzen *šem*, um die göttliche Präsenz im Tempel auszudrücken: „der Ort, den JHWH sich erwählt hat, um seinen Namen hier wohnen zu lassen (*liškon* / *lāśûm š^emô*)" (Deut 12, 5. 11 u. ö.; vgl. dazu bes. A. S. van der Woude, שם *šem* Name, THAT II 935–963, bes. 955). Danach also wurde der Tempel errichtet für den Namen JHWHs (2 Sam 7, 13; 1 Kön 5, 19; 8, 18 usw.) oder er wurde ihm geweiht (*qdš hiph*; 1 Kön 9, 7). Die priesterliche und die dtr Schule benutzen also eine unterschiedliche Terminologie, um die göttliche Präsenz im Tempel auszudrücken. P benutzt *kāḇôḏ*, Deut/Dtr dagegen *šem*. Aber die Differenz in der Terminologie zeigt auch eine unterschiedliche Konzeption. P verstand Gott in einem mehr körperlichen Sinne: Gott wohnt im Zelt, es ist sein *miškān* (Ex 25, 8; 29, 45; 40, 30 f.; Lev 26, 11 f.). Deut dagegen versteht Gott mehr abstrakt: Gott selbst wohnt im Himmel (Deut 4, 36), nur sein

Name ist über dem Heiligtum ausgerufen. Der deut Schreiber ist sehr gewissenhaft in dieser Beziehung. Im Gegensatz zu den alten Quellen, die noch von der Errichtung eines Hauses für JHWHs Wohnung sprechen (*l^e^šiḇtô*, 2 Sam 7, 5. 7) oder für Gott selbst (1 Kön 6, 1 f.; 8, 13), spricht Dtr äußerst konsequent vom Wohnen des Namens Gottes oder vom Bau eines Hauses für seinen Namen (vgl. M. Weinfeld, Deuteronomy, 191–209).
Man muß jedoch zugeben, daß *šem* wie *kāḇôḏ* semantisch die *majestas* göttlicher oder souveräner Macht ausdrücken. Die „Errichtung des Namens" meint Glorie und Ansehen (Gen 11, 4; 2 Sam 7, 9. 23; 8, 13; Jes 63, 12) und die Verkündigung des Namens Gottes in der Welt (Ex 9, 16) ist identisch mit der Verkündigung von Gottes *kāḇôḏ* unter den Völkern (Jes 66, 19). In Ps 102, 22 finden wir die Verkündigung vom Namen Gottes am Zion parallel zur Verkündigung seines Lobpreises (*t^e^hillāh*) in Jerusalem. *šem* und *kāḇôḏ* begegnen im parallelismus membrorum wie auch *šem* und *hôḏ* 'Herrlichkeit' (vgl. Ps 8, 2; 148, 13). Das könnte auch die Cstr.-Verbindung *k^e^ḇôḏ š^e^mô* erklären (vgl. Ps 29, 2; 66, 2; 79, 9; 96, 9; Wortpaare werden im AT häufig in Cstr.-Verbindungen zusammengestellt; vgl. Avishur, סמיכויות הנרדפים במליצה המקראית, תשל"ז, 49). Die umgekehrte Verbindung *šem k^e^ḇôḏô* begegnet in späten Texten (Ps 72, 19; Neh 9, 5) und könnte eine liturgische Verwendung in der Periode des zweiten Tempels widerspiegeln (vgl. Mishnah Joma 6, 2 *bārûḵ šem k^e^ḇôḏ malkûṯô l^e^ʿôlām wāʿæḏ*).

X. *kāḇôḏ* begegnet in Qumran nach Kuhn (Konkordanz 96 f., Nachträge 200) 112mal (+ 2mal *kjbwd*). Fast die Hälfte der Belege (51mal) begegnet in 1 QH, es folgen 1 QM (16mal), 1 QS (10mal; 1 QSa, 1 QSb [je 4mal]; CD [3mal]). Von bes. Bedeutung sind die 6 Belege in 4 Q*Særæḵ šîrôṯ ʿôlaṯ haššabbaṯ*, denn hier wird das ez. Verständnis des *kāḇôḏ* JHWHs weiter ausgeführt (vgl. A. Dupont-Sommer, Die essenischen Schriften vom Toten Meer, 1959, 361 ff.). Die Regelliteratur verwendet *kāḇôḏ* nur selten in disziplinarischen Stücken (vgl. 1 QSa 2, 14–21: die Sitzordnung richtet sich nach dem *kāḇôḏ* des einzelnen), meistens dagegen in hymnischen Teilen, in denen Gott als die Höhe des *kāḇôḏ* (1 QS 10, 12; vgl. CD 3, 20; 20, 26) gepriesen wird. Dieser *k^e^ḇôḏ ʾel* wird in Fülle erst in der Endzeit offenbar (1 QM 1, 9; 12, 7). Die Bedeutungsfülle von *kāḇôḏ* in den at.lichen Psalmen wird in den Hodajot weitergeführt. Die von M. Mansoor, The Thanksgiving Hymns and the Masoretic Text II, RQu 3, 1961, 387–394, bes. 387 ff. postulierten semantischen Ausprägungen „victory", „strength" und „army" sind allerdings fraglich, da sie aus der auch at.lich belegten Parallelität mit *ḥajil* und *g^e^ḇûrāh* erschlossen wurden. Gott ist der *mælæḵ kāḇôḏ* (1 QM 12, 8; 19, 1), der *ʾîš kāḇôḏ* (1 QM 12, 10; 19, 3), sein ist die *ʾ^æ^mæṯ kāḇôḏ* (1 QH 3, 34 f.), sein *kāḇôḏ* ist maßlos (5, 20; 9, 17) und seinen Getreuen in Qumran übergeben (6, 12 f. u.ö.). Ihre Gemeinde ist *l^e^kāḇôḏ* Gottes errichtet (8, 5. 20), wie auch der Sinn jeglicher Existenz im *l^e^kāḇôḏ* Gottes besteht (1 QH 1, 10; 10, 11 f.).

Weinfeld

כָּבָה *kāḇāh*

I. Bedeutung, Belege – II. Ursprüngliche Verwendung – III. Übertragene, prophetische Verwendung – 1. Verlöschen der Lebenskraft – 2. Gerichtsankündigung – 3. Ewiges Feuer.

Lit.: *F. Lang*, σβέννυμι (ThWNT VII, 1964, 165–168).

I. Die Wurzel *kbh* begegnet nur im unmittelbaren Umkreis des Hebr.: Im Mittelhebr., Jüd.-Aram. (und Äg.-Aram.?) hat sie die gleiche Bedeutung. Sonst kann noch arab. *kabā* 'glimmen' bzw. 'Feuer unter der Asche verbergen' herangezogen werden.
Als Grundbedeutung ergibt sich eindeutig das Auslöschen bzw. Verlöschen von Flammen. Dafür sprechen die Nomina im Wortfeld, wie → אש [*ʾeš*] (Lev 6, 5. 6; Jes 66, 24; Jer 4, 4; 17, 27; 21, 12; Ez 21, 3; Am 5, 6; Spr 26, 20; HL 8, 6 f.), → נר [*ner*] (1 Sam 3, 3; Spr 31, 18; 2 Chr 29, 7), *gaḥælæṯ* (2 Sam 14, 7), *zæpæṯ* (Jes 34, 9 f.), *lahæḇæṯ šalhæḇæṯ* (Ez 21, 3; vgl. HL 8, 6 f.), aber auch → חמה [*ḥemāh*] (2 Kön 22, 17; Jer 4, 4; 7, 20; 21, 12; 2 Chr 34, 25). Entsprechend kommen im Wortfeld neben dem Synonym *dʿk* (Jes 43, 17) vor allem Verben vor, die das Anzünden von Feuer – *bʿr* (Jes 1, 31; 34, 9 f.; Jer 4, 4; 7, 20; Ez 21, 4), *jṣt* (2 Kön 22, 17; Jer 17, 27; Ez 21, 3), *jqd* (Lev 6, 5. 6), *jṣh* (Jer 4, 4; 21, 12) – bzw. das Verbrennen durch Feuer – *ṣrb* (Ez 21, 3), → אכל [*ʾāḵal*] (Jer 17, 27; Ez 21, 3; Am 5, 6) bezeichnen. Dabei scheint nicht so sehr an aktives Löschen gedacht zu sein. Nur HL 8, 7 ist – in einem offenbar übertreibenden Bild – von einem Löschen mit Hilfe von Wasser die Rede. Darin wird man eine Folge der klimatischen Verhältnisse zu sehen haben, in denen in der Regel mit Löschwasser nicht zu rechnen ist. So handelt es sich um ein 'Verlöschen, Ausgehen' eines Feuers aus Brennstoffmangel (vgl. Spr 26, 20: Wenn kein Holz mehr da ist, verlöscht das Feuer) oder um das 'Verlöschen' der Flamme einer Lampe aus Ölmangel (vgl. Mt 25, 8).
Die Wurzel begegnet im AT 24mal, davon 14mal im *qal*, 10mal im *pi* (Ez 32, 7 ist aber wohl als *qal*-Form zu lesen). Allerdings ist der Bedeutungsunterschied nicht groß: *qal* 'ver- bzw. erlöschen', *pi* 'auslöschen, verlöschen lassen'. Von den Belegen sind 2 Kön 22, 17 || 2 Chr 34, 25 und Jer 4, 4 || 21, 12 Dubletten. Die Wurzel begegnet nur als Verb und nur in Lev, 1 Sam, 2 Sam, 2 Kön, 2 Chr, Jes, Jer, Ez, Am, Spr und HL, dagegen nicht in Ps und Hi (wo statt dessen

die synonyme Wurzel *d'k* verwendet wird). Eine Nähe zum dtr und prophetischen Sprachgebrauch ist unverkennbar.
LXX gibt *kbh* 22mal mit σβέννυμι und Derivaten wieder, nur an 2 Stellen mit anderen Vokabeln.

II. Ursprüngliche Verwendung gibt es im AT eigentlich nicht. Zwar wird im Zusammenhang des Lobes der fleißigen Hausfrau Spr 31, 18 hervorgehoben, daß ihre Lampe die ganze Nacht hindurch nicht erlischt, d. h. am Brennen gehalten wird. In Lev 6, 5f. handelt es sich um das Feuer auf dem Brandopferaltar vor dem Tempel, in 1 Sam 3, 3; 2 Chr 29, 7 um den Leuchter im Tempel. In Jer 17, 27; Ez 21, 3f. ist von Feuersbrünsten die Rede. An allen diesen Stellen hat jedoch das Verlöschen bzw. Nicht-Verlöschen des Feuers sinnbildliche Bedeutung. In Spr 26, 20 dient das 'Ausgehen' des Feuers aus Brennholzmangel der Veranschaulichung der Erfahrung, daß die Abwesenheit des Verleumders den Streit zum Erliegen bringt.

III. 1. Von seiner Grundbedeutung her eignet sich *kbh* besonders für die Beschreibung des Aufhörens der Lebenskraft, also des Sterbens. Der 'glimmende Docht' (Jes 42, 3; 43, 17) einer Lampe, die kein Öl mehr hat und ohne Nachfüllen vollends verlöscht, beschreibt eine Situation an der äußersten Grenze zum Tode. Ebenso bezeichnet das Verlöschen der Kohlenglut (2 Sam 14, 7) die äußerste Gefährdung des Fortbestandes einer Familie. Das Erlöschen von Himmelslicht und Gestirnen (Ez 32, 7) ist Ausdruck der aufs Äußerste reduzierten Lebenskraft des Pharao bzw. Ägyptens. Andererseits ist das Feuer auf dem Altar (Lev 6, 5f.) bzw. David als 'Leuchte Israels' (2 Sam 21, 17) – solange sie nicht verlöschen – Zeichen der Lebenskraft und Beständigkeit, wie umgekehrt das Verlöschen der Leuchter im Tempel (1 Sam 3, 3; 2 Chr 29, 7) Zeichen des Niedergangs. Die unbändige Kraft der Liebe ist daran zu erkennen, daß sie auch durch Wasserfluten nicht auszulöschen ist (HL 8, 7).
2. Im Zuge prophetischer Gerichtsankündigung gegen das eigene Volk und gegen andere Völker findet sich wiederholt die Aussage, daß ein Feuer (Jes 1, 31; 34, 10; Jer 17, 27; Ez 21, 3f.; Am 5, 6) bzw. der feurige Zorn Gottes (2 Kön 22, 17; Jer 4, 4; 7, 20; 21, 12; 2 Chr 34, 25) entzündet wird, ohne daß jemand löscht. Diese Aussage begegnet sowohl im *qal* (*lo' tiḵbæh*) wie im *pi* (*'ên meḵabbæh*). Hierbei steht nicht der Gedanke an aktive Löschversuche im Vordergrund, sondern der an die unauslöschliche Gewalt und Dauer des Gerichts. Die *qal*-Form kündigt dieses als unausweichlich kommend an, während im *pi* vor demselben gewarnt wird (Konstruktion mit *pæn* in Jer 4, 4; 21, 12; Am 5, 6; ohne *pæn* in Jes 1, 31).
3. Im letzten Vers des Jesajabuches (Jes 66, 24) aus spätnachexilischer Zeit wird der Gedanke der unauslöschbaren Gewalt und Dauer des Gerichts auf das Geschick der einzelnen Abtrünnigen bzw. ihrer Gebeine angewendet. Dies wurde zu einem Ausgangspunkt für die Vorstellung vom Höllenfeuer. Welchen Eindruck diese Stelle machte, zeigen Sir 7, 17; Jud 6. 7; Mk 9, 44.

Baumann

כָּבַס *kāḇas*

I. Etymologie, Wortfeld, Vorkommen – II. Waschung von Kleidern – 1. Konkret zur Reinigung von Unreinheit – 2. Übertragen – III. Das Walkerfeld – IV. LXX – V. Qumran.

Lit.: *G. Brunet*, Le terrain aux foulons (RB 71, 1964, 230–239). – *M. Burrows*, The Conduit of the Upper Pool (ZAW 70, 1958, 221–227). – *G. Dalman*, AuS V 145–159.

I. Die Wurzel *kbs*, 'walken', 'waschen' findet sich mit gleicher Bedeutung im Ugar.: *kbs/śm*, 'Gilde der Walker' (WUS Nr. 1281), und mit ähnlicher Bedeutung in akk. *kabāsu*, 'treten', 'festtreten' (AHw I 415f.) und arab. *kabasa*, 'pressen, drücken' (WKAS I 28f.). Zum Wortfeld gehören → רחץ *rāḥaṣ*, 'sich waschen', → טהר *ṭhr* 'rein sein', → טמא *ṭm'* 'unrein sein', → קדשׁ *qdš pi* 'heiligen'.
kbs qal findet sich 3mal im AT, *pi* 44mal (1mal Gen, 2mal Ex, 27mal Lev, 8mal Num, 1mal 2 Sam, 2mal Jer, 1mal Mal, 2mal Ps), *pu* 2mal (Lev) und *hotp* 2mal (Lev).

II. 1. Im AT ist mit *kbs pi* in den meisten Fällen eine konkrete Waschung von Kleidern, nämlich um Unreinheit zu entfernen, gemeint. Im übertragenen Sinn bezieht sich das Wort auf die Reinigung von Sünde (Jer 2, 22; 4, 14; Ps 51, 4. 9) und auf die Waschung von Kleidern in metaphorischen Ausdrücken (Gen 49, 11; Mal 3, 2).
Die Waschung der Kleider soll Unreinheit verschiedener Art entfernen: a) primäre Unreinheit: Blutspritzer vom Sündopfer auf den Kleidern (Lev 6, 20), eine aussätzige Stelle an einem Kleid (Lev 13, 54–56. 58), jedes Kleid und jedes Fell, das mit Samen befleckt worden ist (Lev 15, 17); b) sekundäre Unreinheit: die Kleider dessen, der irgendwie mit einem unreinen Tier oder mit der roten Kuh (Lev 11, 25. 28. 40 [2mal]; 16, 26. 28; 17, 15. 16; Num 19, 7f. 10. 21), mit Aussatz (Lev 14, 8f. 47 [2mal]; auch beim vermuteten Aussatz Lev 13, 6. 34), mit männlichem Ausfluß oder weiblichem Blutfluß (Lev 15, 5–8. 10f. 13. 21f. 27), mit einem Toten (Num 19, 19), im Krieg (Num 31, 24; vgl. 1 QM 14, 2) in Berührung gekommen ist. Bei der Einweihungsreinigung der Leviten (Num 8, 7) wird die Unreinheit nicht spezifiziert.

Der Ausdruck *jekabbes* (bzw. *wekibbæs*) *begādājw weṭāme' (jiṭmā') 'ad-hā'āræb* (Lev 11, 25. 28. 40 [2mal]; Num 19, 10. 21) weist darauf hin, daß *kbs* einen längeren Reinigungsprozeß einleitet. Die Kleider werden mit Wasser gewaschen (Lev 15, 17; Num 19, 8; für Lev 14, 47 vgl. v. 46). Außerdem soll der Unreine seinen Körper waschen, was *rāḥaṣ* heißt (Lev 15, 5–8. 10f. 21f. 27; 17, 15; *beśārô* Num 19, 8). Nach sieben Tagen soll er noch einmal seine Kleider waschen, um rein zu werden (*wekibbæs begādājw weṭāher*, Lev 13, 6. 34. 58; Num 8, 7; 31, 24). Auch diesmal soll er sich selbst mit Wasser abwaschen (*rāḥaṣ* Lev 14, 8f.; 15, 13; Num 19, 19). Außerdem soll jeder, der von Aussatz gereinigt wird, seine Haare abscheren (Lev 14, 8f. → גלח *gillaḥ*). Die Worte *ṭhr* und *ṭm'* werden nicht immer ausdrücklich erwähnt (Lev 6, 20; 16, 26. 28; 17, 16; Num 8, 21; 19, 7). Wer seine Kleider nicht wäscht und sich nicht abwäscht, trägt seine Schuld (*nāśā' 'āwon*, Lev 17, 16).

Das Außerachtlassen des Kleiderwaschens wird 2 Sam 19, 25 zusammen mit anderen Beispielen vernachlässigter Körperpflege als Zeichen der Trauer erwähnt.

Die Waschung findet außerhalb des Lagers statt (Lev 14, 8f.; 16, 26. 28; Num 19, 7; 31, 24), an heiliger Stätte (Lev 6, 20), an einem Platz, wo es frisches Wasser (*majim ḥajjîm*) gibt (Lev 15, 13). Bei der Vorbereitung auf die Theophanie auf dem Sinai heiligte (*qdš pi*) Mose das Volk zwei Tage lang, die Leute wuschen ihre Kleider und wurden aufgefordert, sich für den dritten Tag bereit (*nākôn*) zu halten (Ex 19, 10. 14).

Die poetische Aussage von Juda in Gen 49, 11, daß er sein Kleid in Wein und seinen Mantel in Traubenblut wäscht, wird gewöhnlich als ein Hinweis auf paradiesischen Überfluß und verschwenderische Sitten in der kommenden messianischen Zeit verstanden, aber im Hinblick auf v. 12, wo von Farben die Rede ist, wäre es möglich, daß die rote Farbe des Weines irgendwie symbolische Bedeutung hätte.

2. Übertragen wird *kbs pi* mit Personobjekt gebraucht. Jerusalem soll ihr Herz von Bosheit waschen, um errettet zu werden (Jer 4, 14), aber Jeremia sagt auch, daß die konkrete Waschung mit Lauge und Seife die Unreinheit der Schuld vor Gott nicht wegnimmt (2, 22). Andererseits kann gesagt werden, daß JHWHs Erscheinen zur Läuterung und Reinigung der Leviten mit dem Feuer eines Schmelzers und mit der Lauge der Wäscher (*mekabbes*) verglichen werden kann (Mal 3, 2). Der Psalmist bittet JHWH, ihn von seiner Schuld gründlich zu waschen und ihn von seiner Sünde zu reinigen (*ṭhr pi* Ps 51, 4). Ebenso bittet er JHWH, ihn mit Ysop zu entsündigen (*ḥṭ' pi*), damit er rein werde, und ihn zu waschen, damit er weißer als Schnee werde (v. 9). Hier liegt also eine Spiritualisierung des urspr. kultischen Reinheitsbegriffes vor: Sünde ist Unreinheit und Sündenvergebung Reinigung (→ טמא *ṭāme'*, → טהר *ṭāhar*). Wahrscheinlich liegt hier eine Anspielung auf die Reinigungszeremonien vor (H. Ringgren, Die Psalmen, Urban Tb. 120, 1971, 81).

III. Die drei Belege für *kbs qal* kommen alle in der festen Kombination *te'ālat habberekāh hā'æljônāh be/'æl mesillat śedeh kôbes* vor (2 Kön 18, 17; Jes 7, 3; 36, 2). Der Ausdruck wird meistens mit „die Wasserleitung des Oberen Teiches, der an der Straße beim Walkerfeld liegt" übersetzt.

„Walken" heißt im Deutschen das Verfahren, wobei man fertigen, gewebten wollenen Stoff warm mit Seifenwasser knetet, um ihn durch Verfilzung zu Tuch zu machen. Dalman berichtet aber, daß er solches Walken im Orient nie beobachtet hat. Dagegen wird Seiden- und Halbseidenstoff mit Schlichte behandelt und poliert und danach gepreßt (arab. *kabas*) in einer hölzernen Schraubenpresse (*makbas*), deren mit einer Kurbel gedrehte Schraube das obere Brett auf den über dem unteren liegende Stoff niederdrückt (Dalman 145f.). Demnach wäre das Walkerfeld ein Feld, auf dem gewalkte Tücher zum Trocknen und Bleichen ausgespannt wurden (F. Nötscher, Bibl. Altertumskunde, 1940, 213; V. Maag, Kulturgeschichte des Alten Orients, hsg. H. Schmökel, 1961, 692). Dagegen vermutet Eißfeldt (JSS 5, 1960, 37 = KlSchr II 405), daß *śedeh kôbes* ein der Walkerkorporation gehörendes Feld war.

In diesem Zusammenhang ist es wichtig, den Unterschied zwischen *kbs qal* und *kbs pi* zu erfassen. Nach Jenni (Das hebr. Pi'el, Zürich 1968, 163) ist bei *kôbes* 'Walker' die regelmäßige Tätigkeit des Stampfens und Knetens gemeint, während bei *mekabbes* 'Wäscher' an das gereinigte Produkt der Arbeit gedacht ist, wie auch sonst *kbs pi* 'waschen' das Ergebnis beim Objekt („gewaschen machen") aussagt. Alternativ könnte *kôbes* mit *mekabbes* mehr oder weniger gleichbedeutend sein, und das „Wäscherfeld" wäre dann ein Platz für die rituelle Kleiderwaschung, also der heilige Platz außerhalb des Lagers (s.o.), wo Wasser aus der Wasserleitung des Oberen Teiches kommt und die abgewaschene Unreinheit wegführt.

Die Lage des Oberen Teiches und des Walkerfeldes ist umstritten. Dalman (152) und Kosmala (BHHW 826f.) suchen sie westlich von der Nordwestecke der heutigen Altstadt (etwa Mamillateich) am Anfang der Talsenke, die sich im Hinnomtal fortsetzt, Simons (Jerusalem in the Old Testament, Leiden 1952, 334ff.) vermutet das Walkerfeld im Norden Jerusalems und Burrows denkt an das untere Kidrontal, wo es genug Wasser für die Walker gibt und wo auch die „Walkerquelle" (*'ên rogel*) lag.

IV. LXX übersetzt *kbs* meistens mit πλύνειν, das auch *dwḥ hiph* (Ez 40, 38) und einigemal *rāḥaṣ* (Ex 29, 17; Lev 1, 9. 13; 8, 19 [21]; 9, 14; 2 Chr 4, 6) wiedergibt. Im übertragenen Sinn Jer 2, 22; 4, 14 wird *kbs* mit ἀποπλύνειν übersetzt. *śedeh kôbes* heißt ὁ ἄγρος τοῦ γναφέως.

V. In den Qumranschriften ist *kbs* 3mal belegt. Bevor die Kämpfer nach dem Streit ins Lager zurückkehren, sollen sie am Morgen ihre Kleider reinigen und vom Blut der schuldbelasteten Leichen waschen (1 QM 14, 2; vgl. Num 31, 24: am siebenten Tage). Am Sabbat darf niemand schmutzige (*ṣô'îm*) oder in der Kammer aufbewahrte Kleider tragen, ohne daß sie mit Wasser gewaschen (*kbs pu*) oder mit Weihrauch abgerieben worden sind (CD 11, 4). Niemand im Zustand der Unreinheit, die eine Waschung erfordert (*ṭeme' kibbûs*), darf in ein Bethaus hineingehen (CD 11, 22).

André

כֶּבֶשׂ *kæḇæś*

כֶּשֶׂב *kæśæḇ*, כִּבְשָׂה *kiḇśāh*, כִּשְׂבָּה *kiśbāh*, שֶׂה *śæh*

I. Etymologie und Bedeutung – 1. *kæḇæś* – 2. *śæh* – 3. PN – II. Außerbiblisch – 1. Haus- und Nutztier – 2. Kult und Opfer – 3. Mythologie – III. AT-Belege – 1. Verteilung – 2. Verbindungen – 3. LXX – IV. AT – 1. Haus- und Nutztier – 2. Rechtlicher Bereich – 3. Metaphorische Wendungen – 4. Opfer – V. Qumran.

Lit.: *F. Blome*, Die Opfermaterie in Babylonien und Israel, Rom 1934. – *F. S. Bodenheimer*, Animal Life in Palestine, Jerusalem 1935. – *E. D. van Buren*, The Fauna of Ancient Mesopotamia (AnOr 18, Rom 1939). – *G. Dalman*, AuS VI, 1939, 180–287. – *H. Kees*, Der Götterglaube im Alten Ägypten, [3]1977. – *W. Nagel*, Frühe Tierwelt in Südwestasien (ZA [NF] 21, 1962, 169–222). – *R. Rendtorff*, Studien zur Geschichte des Opfers im Alten Israel, (WMANT 24, 1967). – *I. Seibert*, Hirt – Herde – König. Zur Herausbildung des Königtums in Mesopotamien, 1969. – *E. Werth*, Die afrikanischen Schafrassen und die Herkunft des Ammonkultes (Zeitschr. f. Ethnologie 73, 1944, 307–321).

I. 1. Zum hebr. *kæḇæś* ist das durch Konsonantenmetathese (GKa § 19n) nur lexikalisch unterschiedene *kæśæḇ* hinzuzunehmen (vgl. die Varianten der BHS in Ex 12, 5; Lev 3, 7; 4, 32; Num 15, 11). Bei den entsprechenden fem. Formen findet sich neben *kiḇśāh* und dem hap. leg. *kiśbāh* (Lev 5, 6) in Lev 14, 10 und Num 6, 14 die ältere Form *kaḇśāh* (BLe § 75g). *kbs/š* mit der Bedeutung 'Schaf, Lamm' ist in ost- und südwestsemit. Sprachen wie akk. *kabsu* 'Jungwidder' (AHw I 418; CAD K 23); amor. *kabś(ān)um*; *kaśb(ān)um* (I. J. Gelb, CAA, 1980, 22); arab. *kabš* (WKAS I 30) belegt. Innerhalb des Nordwestsemit. nimmt das Hebr. eine Sonderstellung ein, da *kabs/š* mit der Bedeutung 'Schaf' in den übrigen Sprachen nicht belegt ist, dafür findet sich das von akk. *immeru* (AHw I 378) abgeleitete *'immer* II (vgl. KBL[3] s. v.), das, außer in aram. Teilen (Esr 6, 9. 17; 7, 17), im AT nur in Eigennamen (Jer 20, 1; Neh 3, 29; 7, 40; 11, 13; 1 Chr 9, 12; 24, 14; Esr 2, 59; Neh 7, 61) belegt ist. Zusätzlich findet sich später vereinzelt syr. *keḇšā'* (LexSyr 317); soq. *kobš* (Leslau 214). Das hebr. *kæḇæś* hängt zusammen mit dem gemeinsemit. Verb *kbš* 'unterwerfen' resp. *kbs* 'walzen', was von akk. *kabāsu* 'treten, niedertreten' (AHw I 415 f.) herzuleiten ist. Vielleicht erklärt sich *kabsu* aus der frühen Nutzung der Schafe als Saateintreter oder zum Austreten des Getreides auf der Tenne (s. II. 1); für diese Ableitung spricht die äg. Parallele *sḥ* und *sḥ.t* (WbÄS III 464). Neben hebr. *kæḇæś*, wie im Akk. ursprünglich Speziesbezeichnung für 'Jungwidder', findet sich im AT *kæḇæś* auch als Bezeichnung der Gattung (ovis) (Deut 14, 4 u. ö.).

2. Zum hebr. *śæh* finden sich in den meisten semit. Sprachen Äquivalente:

Akk. *šūm* III, *šu'u* I, ass. *śūbu* (AHw III 1255); arab. *šāt* (Wehr 409, Lane I/4, 204 f.); ugar. *š* (WUS Nr. 2561); aram. *š'h* II (DISO 286); die Verbindung zu kopt. *esou* (W. Spiegelberg, Kopt. Hw 1921, 29) und zu äg. *sȝ* 'Sohn' (KBL[2], GesB s. v.) ist abzulehnen. Schulthess (ZS 1, 1922, 15) hat erfolglos versucht, *śæh* aufgrund der Verbindung zu *t't'* (vgl. DISO 286 s. v. *s'h* II, und auch H. Y. Priebatsch, UF 7, 1975, 389–394) von einem Tierruf abzuleiten. Hebr. *śæh* wird von einem Grundstamm **śai* (Joüon § 98e, BLe § 61u), von einer Grundform **si'ja* oder auch von **wisaj* (vgl. GKa § 96) abgeleitet.

In der Verbindung *š'h wšwrh* findet sich *š'h* im Aram., wie im AT (s. u. III. 2), als Sammelbegriff zur Bezeichnung des Kleinviehbestandes (vgl. R. A. Brauner, A Comparative Lexicon of Old Aramaic, Philadelphia 1974, 562). Zum Gattungsbegriff *ṣo'n* (→ צאן) tritt *śæh* als nomen unitatis hinzu und meint ungeachtet von Geschlecht und Alter das einzelne Tier aus der Kleinviehherde (Joüon § 135b4), sowohl Schaf als auch Ziege; von jenen zählen der Widder (*'ajil*), das Mutterschaf (*rāḥel*, Gen 31, 38; 32, 15; Jes 53, 7; HL 6, 6), das neugeborene Lamm (*ṭālæh*, Jes 40, 11; 65, 25; *ṭeleh ḥālāḇ* 1 Sam 7, 9; Sir 46, 16) und das Jungtier (*kæḇæś/kiḇśāh*) und das gemästete Lamm (*kār*) dazu.

3. In PN findet sich der Tiername (*kbs/š* u. a.) im semit. Sprachraum als Spitz- und Kosename, *kabšat* (RNP 112 f.), *kabsatum* (fem.), 'Lamm' (APNM 152), *immerum* 'Schaf' (AN § 35.5); besonders als Deminutive werden sie als Zärtlichkeitsäußerungen verwendet, *immeriia* 'mein Schäfchen' (AN § 3.11), *ḫurāpum* 'Lämmchen' (AN § 35.5). Theophore PN finden sich in Parallele zu den *māru*-Namen, *immer-ilī* 'Schaf der Götter' (? „Mein Gott ist Immer"? AN § 37.2), und bezeichnen die besondere Fürsorge und den Schutz des Gottes für den Genannten. W. F. Albright (BASOR 149, 1958, 34 Anm. 13) erklärt den Namen 'Ben-Kosbah' als „Son of a Ewe Lamb".

II. 1. Das seit dem 7. Jt. durch Darstellungen, bes. in Piktographie und Glyptik, und Knochenfunde (R. Berger – R. Protsch, The Domestication of Plants and Animals in Europe and the Near East, Or 42, 1973, 214–227) nachgewiesene Hausschaf (ovis aries) gehört zusammen mit Hund und Ziege zu den ältesten domestizierten Tieren. Die im Alten Orient anzutreffenden Schafrassen stammen im wesentlichen vom Argali-Schaf (ovis ammon) und vom Mufflon (ovis musimon) ab.

Gegenüber Mesopotamien, wo Vertreter beider Rassen schon in frühsumerischer und protoelamischer Zeit nachweisbar sind (Nagel 184), findet sich in Ägypten im A.R. nur das durch seine fast waagrecht laufende Gewindehornform (auch als Hieroglyphe) charakterisierte Dinka-Schaf; das mufflonartige Schaf mit Kreisgehörn taucht erst mit der 12. Dyn. auf (Werth 317). Im Lauf der Zeit hat das, vielleicht vom Steppenschaf (ovis vignei, Bodenheimer 122) stammende Fettschwanzschaf (ovis laticaudata) eine vorherrschende Rolle übernommen (Darstellungen aus assyr. Zeit: ANEP 366. 367; van Buren, Fig. 62). Durch seinen mutativ entstandenen, je nach Geschlecht zwischen 5–10 kg schweren Fettschwanz, dem Höcker des Kamels vergleichbar, vermochte sich dieses Schaf den vorderorientalischen Klimaverhältnissen besonders gut anzupassen (Bodenheimer 123). Ob es sich bei den durch den Amon-(Chnum-) Kult seit dem M.R. in Ägypten belegten Kreishornschafen um Fettschwanzschafe handelt (Kees 80), bezweifelt Werth (311–317), der hier das aus neolithischen Felszeichnungen Nordwestafrikas bekannte Fezzanschaf wiedererkennen möchte. Die ältesten Schafdarstellungen, sowohl aus Mesopotamien (E. Strommenger – M. Hirmer, Fünf Jahrtausende Mesopotamien, 1962, Nr. 19. 23), als auch aus Ägypten (K. Lange – M. Hirmer, Ägypten, 1978, Nr. 3. 68) zeigen alle Haarschafe, was darauf hinweist, daß das dichte Wollfell ein Domestikationsmerkmal ist.

In ältester Zeit wurden die Schafe zum Eintreten der Saat (vgl. L. Störck, Aussaat, LexÄg I 576) und zum Austreten des geernteten Getreides auf der Tenne verwendet (Meissner, BuA I 196; vgl. CH §§ 268–270); vornehmlich dienten sie natürlich als Fleisch- und Milchlieferanten. Als Trag- und Pflugtier (B. Brentjes, Die Haustierwerdung im Orient, 1965, 31) dürfte das Schaf bald vom Rind abgelöst worden sein. Vom geschlachteten Schaf wurde das abgezogene Fell (Darstellung bei Meissner, BuA I Abb. 63) vielleicht zum bekannten 'Zottenrock', aber auch Sehnen und Häute weiterverarbeitet. Den Wollschafen wurde vor dem Aufkommen der Schere die Wolle abgerupft und dann gesponnen, gewebt und auch gefärbt (Meissner, BuA I 217. 254f.). Neben der Unterscheidung von Woll- und Fleischschafen kannten das Sum. und Akk. noch eine Reihe unterschiedlicher Begriffe, um Rasse, Geschlecht und Alter der Tiere anzugeben (vgl. Landsberger, AfO 10, 1935–36, 152–157). Entsprechend dem altorientalischen Miet- und Pachtwesen für Vieh, von denen die Rechtstexte Zeugnis geben (vgl. R. Haase, Die keilschriftlichen Rechtssammlungen in deutscher Fassung, ²1979), wurden auch die Schafe einem Hirten zum Weiden übergeben (CH §§ 265–267), dessen Tätigkeit durch mythologische Stoffe (Tammuz) dann auch zum Königsepitheton wurde.

2. Im gesamten Alten Orient finden sich Schafe in Götterdarstellungen resp. Göttersymbolen. Seit ababyl. Zeit ist der Widderstab das Symbol des Gottes Ea (RLA III 488f.; AOB 329), und bei den Hethitern wurde der Sonnengott mit einer Schafherde dargestellt (O. R. Gurney, Some Aspects of Hittite Religion, Oxford 1977, 13). Gegenüber diesen Göttersymbolen werden in Ägypten Götter mit Widderköpfen und Menschenleibern dargestellt. Von den vielen äg. Widderkulten (Kees 78–81) stellt der des Chnum (und des Amon vom M.R. an) in ikonographischer und kulturgeschichtlicher Hinsicht eine Besonderheit dar, da er im A.R. mit der Gewindehornform dargestellt wird, im M.R. aber mit Kreisgehörn, und im N.R. tauchen Darstellungen mit beiden Gehörntypen gleichzeitig auf, wobei die damit zugleich aus den erwähnten nordwestafrikanischen Felszeichnungen bekannte Sonnenscheibe zwischen den Hörnern auffällt (vgl. Werth 317f.). Bei allen Widderkulten steht in Ägypten das Element der Fruchtbarkeit des zeugenden Tieres (Kees 81) im Vordergrund. Der gleiche Gegensatz zwischen den beiden großen Kulturkreisen Ägypten und Mesopotamien spiegelt sich auch in ihren Opfern wider: Gehörte das Schaf in Mesopotamien zur bevorzugten Opfermaterie, fehlt es in Ägypten, von einigen Ausnahmen abgesehen, völlig, da das einen Gott darstellende Tier wohl nicht zum Opfer geeignet war. Diese Vorstellung wird dadurch bestätigt, daß in Mendes nach Aussterben des Dinka-Schafes eine Gewindehornziege verehrt und Schafopfer dargebracht wurden (Kees 80f.). In Mesopotamien wechselte die Opfermaterie für die einzelnen Opfer sehr stark, da nicht jedes Tier für jedes Opfer genommen werden durfte (vgl. Blome 151f.). Schafe und Ziegen stellten neben den selteneren Rindern die übliche Opfermaterie dar. Geschlecht, Alter, Anzahl und Beschaffenheit gaben dabei jedem Opfer seinen spezifischen Nachdruck. Den männlichen Jungtieren kommt eine Vorrangstellung zu; nach Herodot (Hist. I, 183) gab es vor dem Tempel in Babylon für ganz junge Tiere einen besonderen goldenen Altar. Der Wert der Opfertiere ist am normalen Gebrauchswert zu messen, wie auch bei einigen Opfern gerade die vom Menschen bevorzugten Teile, wie Keule und Fettschwanz, dargebracht werden (Blome 137. 161).

Bei den wirtschaftlich und kulturell gleichstehenden Nachbarvölkern finden sich die gleichen Opfer (ANET 350; Gurney 27; H. Gese, Die Religionen Altsyriens, RdM 10/2, 1970, 174f.), im gesamten Gebiet des fruchtbaren Halbmondes wird Kleinvieh dargebracht (ANEP 600. 612–618; M. Riemschneider, Die Welt der Hethiter, 1954, Taf. 79). Außer in der von anthropomorphen Gottesvorstellungen geprägten Götterspeisung liegt der Sinn des Tieropfers meist in der Verehrung und Anbetung begründet, was die aus dem eigenen Besitz genommene Opfermaterie deutlich macht. Besondere Erwähnung verdient der im Alten Orient weit verbreitete Substitutionsgedanke (vgl. Gurney 52f.), bei dem das Opfertier anstelle des Menschen stirbt; akk. Texte beschreiben dies eindringlich: „Das Haupt des Lammes soll er für sein Haupt geben, den Hals des Lammes soll er für seinen Hals geben ..." (vgl. Blome 49). Gese deutet den aus dem AT bekannten terminus *mlk* aufgrund der Darstellungen Baal Ḥammons mit einem Schaf auf pun. Votivstelen als Bezeichnung für die Substitution eines Menschenopfers durch ein Lamm (Gese 176f.). Daneben wurde das Schaf in Mesopotamien bei Tieromina (M. Jastrow, Die Religion Babyloniens und Assyriens II, 1912, 813–884) und Beschwörungsriten verwendet.

3. In sum. Kosmogonien wird die Welt vor ihrem Entstehen negativ, durch Aufzählen des Nichtvorhandenen, beschrieben (vgl. M. Lambert, Sum. Schöpfungsmythen, in: E. Klein (Hrsg.), Schöpfungsmythen, 1964, 108ff.); das dabei aufgezählte Vieh, Schafe und Ziegen, die noch keinen Namen haben und sich noch nicht vermehren, weist zusammen mit den erwähnten Ackerfrüchten in eine Frühzeit der Domestikation. Paradiesisch dagegen beschreiben Mythen wie „Enki und Ninḫursag" (ANET 37–41) den Urzustand der Welt, in der noch alle Gegensätze vereint sind, „der Wolf raubt nicht das Lamm". Das Nebeneinander von Ackerbau und Viehzucht wird auch in dem Mythos von Laḫar, dem Viehgott und seiner Schwester Ashnan, der Getreidegöttin (S. N. Kramer, Sumerian Mythology, Philadelphia 1947, 53f.) beschrieben, wie auch in vielen dieser Mythen neu errungene Kulturgüter dargestellt werden. In den Trauerzeremonien um Baals Tod bringt Anat dem toten Baal ein gewaltiges Opfer von je 70 Wildstieren, Rindern, Schafen usw. dar (KTU 1.6, I, 18ff.). Ein weitverbreitetes, mythologisches Thema ist das des sterbenden und wieder auferstehenden Fruchtbarkeitsgottes Tammuz (Dumuzi), der meist als Hirt mit Herde dargestellt wird (vgl. A. Moortgat, Tammuz, 1949). Dieses Motiv findet sich auf zahllosen Rollsiegeln und in der Literatur (W. Heimpel, Tierbilder in der sumerischen Literatur, Studia Pohl 2, 1968, 214–226) wieder und ist auch in Ägypten verbreitet (vgl. D. Müller, ZÄS 86, 1961, 126–144). In Mesopotamien hat es sich zum spezifischen Königstitel herausgebildet (vgl. I. Seibert). Neben diesen Herdendarstellungen, die Schutz und Führung symbolisieren, ist das Schaf durch Milch, Fleisch und Fell als Lebensspender seit der Ǧemdet-Nasr-Zeit neben der Ziege häufig auf Darstellungen am Lebensbaum zu sehen (vgl. H. Schmökel, Ziegen am Lebensbaum, AfO 18, 1957–58, 373–378, von dessen Darstellungen Nagel 170 einige als Schafe identifiziert hat).

III. 1. Von den insgesamt 130 Belegen des Wortes *kæḇæś* (davon 8mal *ki/aḇśāh*; 13mal *kæśæḇ*; 1mal *kiśbāh*) finden sich 112 in der Opferterminologie, dabei entfallen auf Ex 6, Lev 22, Num 70, Ez 7, 2 Chr 4 und 1 Chr, Esr, Jes je 1. Die 18 Belege aus dem Profanbereich verteilen sich auf Gen 7mal, 2 Sam 3mal, Jes 2mal, Deut, Hi, Spr, Sir, Jer, Hos je 1mal. Bei den Belegstellen von *śæh* entfallen 18 von 43 auf den Profanbereich; von den 25 aus dem kultischen Bereich sind 19 in der Opferterminologie verwendet, sie finden sich sämtlich – außer einer an P angelehnten Ez-Stelle – im Pent.

2. In ihrer Verwendung als pars pro toto werden *śæh* und *šôr* (vgl. R. Péter, VT 25, 1975, 486–496) 12mal zu einer festen Verbindung zusammengestellt, die synonym zu dem Begriffspaar *ṣo'n ûḇāqār* → I, 737) verwendet wird und die in dieser Form den gesamten Herdenviehbestand bezeichnet, der dann z. B. bei der Vollstreckung des Banns durch Kamel (*gāmāl*) oder Esel (*ḥ^amôr*) (Jos 6,21; 1 Sam 15,3; 22,19) zum Viehbesitz schlechthin ergänzt werden kann. Inhaltlich wird die Verbindung von *šôr w^eśæh* (Ex 34,19; Lev 22,23.28; Deut 17,1 u.ö.) spezifiziert, indem das zweite Glied in *kæḇæś* und *'ez* aufgespalten wird. In Lev 17,3; 22,27; Num 18,17 wird diese Verbindung zur allgemeinen Bezeichnung der opferbaren Tiere verwendet. Undifferenziert werden die vorher erwähnten Opfertiere in sek. Lev-Texten aufgegriffen, so *dê śæh* Lev 5,7 für das weibliche Sündopfertier von Schaf oder Ziege, Lev 12,8 für das männliche Brandopferlamm (vgl. Elliger, HAT I/4, z.St.). Auch Lev 22,28 (von Elliger [HAT I/4, 295] Ph^4 zugewiesen) erweist sich durch die zusammenfassenden Wendungen als Nachtrag; die Lesart *w^eśæh* (Sam, LXX) an dieser Stelle zeigt die exakte Parallele zum Nachtrag in 22,23. Neben diesen Ersatz von *śæh* durch *kæḇæś* und *'ez* treten Verbindungen, in denen *śæh* mit einem oder beiden Begriffen zusammengestellt ist, dabei sind *kæḇæś* und *'ez* entweder durch Cstr.-Verbindung (Deut 14,4) oder durch *b^e* (Gen 30,32; Num 15,11) oder *min* (Ex 12,5) als Epexegese an *śæh* angeschlossen und diese Verbindung meint „ein (Stück) Kleinvieh und zwar von den Schaflämmern oder den Ziegen". Die besprochenen Verbindungen finden sich auch bei dem Begriffspaar *ṣo'n ûḇāqār* (z. B. 2 Chr 35,7; Lev 22,19), was für den synonymen Gebrauch dieses Ausdrucks und *šôr w^eśæh* spricht. Der hauptsächlich in Lev vorzufindende Folge von *šôr*, *kæḇæś* und *'ez* resp. *śæh* steht in den Opfervorschriften in Num (bes. 7,15–88; 28,11–30) die vorherrschende Reihe *pār* (*bæn-bāqār*), *'ajil* und *kæḇæś* (*'ez*) gegenüber. In der Konstruktion mit *l^e* werden die Opfertiere bei der Nennung der Beiopfer nochmals aufgeführt. Zur Charakterisierung als Opfertier wird zu *kæḇæś* u.a. (s. IV.4) *bæn-š^enāṯô* hinzugesetzt, dabei wird durchgängig der Sing. mit Suff. gebildet *bæn-š^enāṯô* (Lev 23,12; Num 6,12.14; 7,15.21.27; Ez 46,13 u.ö.), der Plur. dagegen suffixlos *b^enê-šānāh* (Ex 29,38; Lev 9,3; 23,18; Num 7,17.23.35 u.ö.); an eine sachliche Unterscheidung ist dabei mit Blome (147f.) nicht zu denken; die einzige Ausnahme hierzu durch *bæn-šānāh* in Ex 12,5 macht den besonderen Charakter des singularisch gebrauchten, aber kollektiv gedachten Begriffs *śæh*, der nur hier mit der Forderung der Einjährigkeit verbunden ist, deutlich.

3. Die LXX gibt *kæḇæś* 82mal mit ἀμνός, 18mal mit ἀμνάς, 9mal mit ἀρνός, 4mal mit πρόβατον und 1mal mit ἀρνίον wieder; die fem. Form *ki/aḇśāh*

übersetzt sie durch ἀμνάς 6mal und durch πρόβατον 1mal. Obwohl die LXX *kæśæb* 8mal mit πρόβατον und nur 4mal mit ἀρνός und 1mal mit ἀμνός, das entsprechende fem. *kiśbāh* mit ἀμνάς wiedergibt, gegenüber der häufigen Wiedergabe von *kæbæś* durch ἀμνός läßt sich an den betreffenden Stellen kein Bedeutungsunterschied erkennen. Für *śæh* gebraucht sie 36mal πρόβατον, 3mal ἀμνός, 2mal κριός und je 1mal ποίμνιον und χίμαρος. Ebenso verwendet die LXX ἀμνός zur Wiedergabe der alten unbekannten Währungseinheit *qeśîṭāh* (nur Gen 33, 19; Jos 24, 32; Hi 42, 11).

IV. 1. Wie bei seinen Nachbarvölkern stellte das Schaf auch in Israel zu allen Zeiten das wichtigste und häufigste Haustier dar; anders als bei jenen ist es in Israel jedoch verboten, die Tiere aus Mast- oder auch anderen Gründen zu kastrieren, oder solche Tiere von anderen Völkern zu erwerben (Lev 22, 41f., Elliger, HAT I/4, 300). Viele at.lichen Erzählungen und Bilder spiegeln nicht nur die vielfache Nutzung (vgl. BRL² 351f.) des Schafes wider: so erhält die Jakob-Laban-Geschichte (Gen 30, 25–43) ihre Pointe erst durch die selbstverständlich vorausgesetzte natürliche Farbe der Tiere, wobei sich in der durch die Zweige beabsichtigten Beeinflussung des Wurfes vielleicht alte magische Vorstellungen zeigen (Westermann, BK I/2, 1981, 589), die auch auf assyr. Rollsiegeln dargestellt sind (Seibert 59). Als Geschenk bietet Abraham Abimelech sieben weibliche Schaflämmer aus seiner Herde an, durch deren Annahme Abimelech Abrahams Brunnenrechte akzeptiert (Gen 21, 27–30).

2. In profan- und sakralrechtlichen Texten taucht das Kleinvieh vornehmlich in drei Bereichen auf; in Bestimmungen zum Opfer der Erstgeburt, was sich aber nicht nur auf die eigene Erstgeburt des Kleinviehs bezieht (Ex 34, 19), sondern auch auf das Auslösen der nicht opferbaren Erstgeburt von Mensch und Esel (Ex 34, 20), dann in den Bannbestimmungen des hl. Krieges (→ חרם [*ḥāram*]) und schließlich in Gesetzen, die den Ersatz von gestohlenem (Ex 21, 37; 22, 3) oder veruntreutem (Ex 22, 8f.) Vieh regeln.

3. Metaphorische Wendungen greifen häufig das Motiv Hirt–Herde auf, wobei neben der engen Zutraulichkeit von Mensch und Tier (2 Sam 12, 3) der Mut und die Kraft des Hirten steht (ein verbreitetes Motiv orientalischer Glyptik), auf die David sich vor seinem Kampf mit Goliath berufen kann (1 Sam 17, 34). In Ez 34, 1–31 wird dieses Motiv aufgegriffen; in „alter, vorderorientalischer Redetradition" (Zimmerli, BK XIII/2, ²1979, 834) war der Hirt (*ro'æh* → רעה) ein beliebtes Götter- und Königsepitheton, dem das Volk als Herde gegenübergestellt war (vgl. Seibert 7–22). Dem Bild von JHWH, dem Hirten seines Volkes (Ps 23), der Israel gleich Lämmern weidet (Jes 40, 11), stellt Hos 4, 16 mahnend das dem Baal-Kult anhängende Israel als „störrische Kuh" gegenüber, und auch in Jer 50, 17 wird Israel mit einem Stück Kleinvieh (*śæh*) verglichen, das von Löwen verjagt ohne Hirt und Herde ist. Aber nicht nur Israel als Ganzes wird metaphorisch als Lamm bezeichnet, auch der einzelne vermag sein Schicksal mit dem eines verirrten (Ps 119, 76) oder nichtsahnend zum Schlachten geführten (Jer 11, 19) Lammes zu vergleichen. Besonders der still duldende Gottesknecht (Jes 53, 7) findet seinen Ausdruck im vor dem Scheren und Schlachten stumm bleibenden Schaf (zur nt.lichen Übertragung auf Jesus vgl. J. Jeremias, ἀμνός κτλ., ThWNT I 342–345, der neben die Aufnahme des Motivs noch den Doppelsinn des aram. *ṭaljā'* 'Lamm, Knecht' = *'æbæd* stellt; vgl. B. Gärtner, SEA 18–19, 1953/54, 98–108; G. Dautzenberg, ἀμνός κτλ., EWNT I 168–172). In seiner Gerichtsaussage droht Jes an, daß die bewohnten Plätze zur Weide der Schafe werden (7, 25; 5, 17; vgl. H. Wildberger, BK X/1, ²1980, z.St.), im zukünftigen Friedensreich hingegen weiden Lämmer und Wölfe nebeneinander (Jes 11, 6). Zur textkritischen Kontroverse (*kæbæś* am Königsthron) 2 Chr 9, 18; 1 Kön 10, 19 → כסא (*kisse'*) III. 3.

4. In Israel und Mesopotamien stellt das Schaf (bes. das männliche Lamm) die weitaus häufigste Opfermaterie dar. Neben dem Lamm (*kæbæś*) werden von den Schafen noch Widder (*'ajil*) und seltener weibliches Lamm (*kibśāh*) als Opfermaterie genannt. Die Verwendung der Opfertiere setzt gewöhnlich eine bestimmte Qualität des Tieres voraus, die durch die Attribute *zākār*, *tāmîm* und *bæn-šenāṯô* (Ex 12, 5; Lev 1, 10; 9, 3; Num 28, 3; Ez 46, 13 u.ö.) bezeichnet wird; diese Angaben können schließlich sogar fehlen, da in P-Texten *kæbæś* zum männlichen, vollkommenen, einjährigen Opferlamm schlechthin geworden ist; die allgemeine Übersetzung *kæbæś* 'Schaf' ist aufgrund der Undifferenziertheit zum ebenfalls opferbaren ausgewachsenen Schaf (*'ajil*) unzureichend. Aus dem Fehlen von *zākār* oder dem Vorhandensein eines beide genera umfassenden mask. Plur. ist nicht auf die Zulassung männlicher und weiblicher Tiere zum Opfer zu schließen (Blome 156), da das Opfer eines weiblichen Tieres immer besonders erwähnt wird, wie das Nebeneinander von männlichen und weiblichen Opfertieren in Lev 14, 10 und Num 6, 14 zeigt. Nur an vier Stellen, an denen es sich um ein besonderes Sündopfer handelt, wird explizit ein weibliches Lamm (*kiśbāh*, Lev 5, 6; 14, 10; Num 6, 14 und einmal *kæbæś neqebāh*, Lev 4, 32) gefordert. Der Grund für das spezielle Opfer eines weiblichen Tieres ist nicht erkennbar, zumal sich für Israel – gegenüber dem vorderorientalischen und äg. Pantheon – die Möglichkeit verschiedengeschlechtlicher Opfertiere für geschlechtsverschiedene Gottheiten ausschloß. Der allgemeinen Bevorzugung des männlichen Geschlechts bei den Opfertieren liegt u.a. die Vorstellung der sich besonders in der Zeugungskraft zeigenden Stärke des männlichen Tieres zugrunde. Daneben steht für alle *kæbæś*-Opfertiere die Forderung der Einjährigkeit (*bæn-šenāṯô*), womit ein terminus ad quem gemeint sein muß, da sie sonst auch bei

zweimaligem jährlichen Wurf (AuS 6, 192) für das tägliche *tāmîḏ*-Opfer (Ex 29, 38; Num 28, 4; Ez 46, 13 u. ö.) unerfüllbar bliebe (vgl. die Forderung Lev 22, 27, ein Jungtier erst vom 8. Lebenstag an zu opfern). Blomes Vermutung, daß die „geschlechtliche Integrität und Reinheit" (150) für die Auswahl der Jungtiere ausschlaggebend gewesen sei, bleibt unbefriedigend, da die Wertschätzung des ausgewachsenen Widders (*'ajil*) dagegen steht. Der Vorrang der Jungtiere ist vom normalen Gebrauchswert der Tiere bestimmt, auch wenn diese der profanen Nutzung (vgl. Deut 15, 19) entzogen waren. Da der normale Herdenbestand durch 1/10 männlicher Tiere gesichert ist (AuS 6, 192f.), stehen die männlichen Lämmer zum Genuß im Vordergrund und so stellen sie auch ein bes. geeignetes Opfer dar. Für alle Opfertiere gilt, daß sie rein (Lev 11, 1–30), d. h. opferbar und *tāmîm* sein müssen; dies wird Lev 22, 17–25 für private Opfer explizit gesagt und ist für die öffentlichen sicher vorausgesetzt. Der Gegenbegriff *'ašær-bô mûm* (22, 20) weist auf die in 22, 22–24 aufgezählten körperlichen Gebrechen hin, die das Tier vom Opfergebrauch ausschließen (vgl. Mal 1, 14). Im Gegensatz zum kanaan. Gebrauch ist in Israel das Opfer eines Hammels streng untersagt (vgl. Elliger, HAT I/4, 299f.). *tāmîm* muß das Tier nicht nur für das Opfer sein, sondern auch für die Darbringenden (Ex 12, 5; Num 28, 19. 31; vgl. Koch, THAT II 1048).

Bei den Opfern mehrerer verschiedener Opfertiere wird das Lamm meist an letzter Stelle genannt, bes. in den Opferreihen in Num 28, 11–30 (*par bæn-bāqār*, *'ajil*, *keḇāśîm*). Diese Reihen bilden primär keine Wertskala der Opfertiere, sondern durch die Hinzunahme einiger im Viehbestand zahlenmäßig weniger häufigen Tiere wird der besondere Charakter eines Opfers resp. eines Festes hervorgehoben, wobei das sonst übliche Opfertier (*kæḇæś*) in größerer Zahl (Num 29, 2. 20) auch geopfert wird.

Die Hauptbedeutung kommt dem Lamm für die *'ôlāh* (→ עולה) zu; neben dem täglichen *tāmîḏ*-Opfer mit zwei Lämmern wird das Lamm bei allen Brandopfern in der genannten Zusammenstellung mit Farren und Widdern genannt. Rendtorff versucht, daraus ein „priesterliches Schema" (115f.) zu eruieren, in dem das Lamm speziell für die *'ôlāh* des einzelnen bestimmt sei, wovon Lev 9, 3 aber abweicht, da die *'ôlāh* der Israeliten dort *'egæl* und *kæḇæś* verlangt. In von P unabhängigen Texten ist die Wahl der Opfertiere anscheinend frei; so kommen Schaf und Ziege (*śæh* Gen 22, 7. 8; Jer 43, 23) für die *'ôlāh* in Frage und Samuel opfert sogar ein „Milchlamm" (1 Sam 7, 9; Sir 46, 16), wobei die Andersartigkeit gegenüber den P-Texten zu beachten bleibt (Rendtorff 117f.). Gegenüber der seltenen Nennung des Opfertieres für das *zæḇaḥ* werden beim *zæḇaḥ-šelāmîm* die Haustiere allgemein *ṣo'n ûḇāqār* genannt, wobei *ṣo'n* aus „opfertechnischen Gründen" (Rendtorff 161) expliziert wird (*kæḇæś*, *'ez*), da von den Lämmern der Fettschwanz als JHWH gehörendes Stück gesondert behandelt wird (Lev 3, 6–11; → חלב [*ḥelæḇ*]). Bei der *ḥaṭṭā'ṯ*, bei der eine Abstufung der Opfermaterie je nach Person erkennbar ist (Rendtorff 228), kamen weibliches Lamm oder Ziege wahlweise für den einzelnen in Betracht. Als Reinigungsopfer wird für das ursprünglich selbständige *'āšām*-Ritual (→ אשם) (Rendtorff 227f.) ein männliches Lamm (*kæḇæś hā'āšām* Lev 14, 24; Num 6, 17 add?) gefordert. Zum Passahfest werden je nach Quelle Schaf- oder Ziegenlämmer (Ex 12, 5) oder auch Rinder (Deut 16, 3; 2 Chr 35, 7) geschlachtet.

Die prophetische Kultkritik (Jes 1, 11; 43, 23; 66, 3) weist dekadente Formen der Opfer entschieden zurück und setzt sie sogar unrechtmäßigen, heidnischen Opferbräuchen gleich (→ II 844f.).

V. In den Schriften von Qumran finden sich *kæḇæś* und *śæh*, außer in den Pent-Zitaten der TR, nicht.

Dohmen

כָּבַשׁ *kāḇaš*

כֶּבֶשׁ *kæḇæš*, כִּבְשָׁן *kiḇšān*

I. Zu Wurzel, Bedeutung und Vorkommen – II. Der Gebrauch im AT – III. Zusammenfassung – IV. Derivate – V. Qumran und LXX.

Lit.: *P. Gössmann*, Scabellum Pedum Tuorum (Divinitas 11, 1967, 31–53). – *L. Kopf*, Arabische Etymologien und Parallelen zum Bibelwörterbuch (VT 8, 1958, 161–215, bes. 174f.).

I. *kbš* ist eine allgemein bekannte semit. Wurzel, die in den meisten semit. Sprachen auftaucht: Akk. (*kabāsu*), Kanaan. (Texte von El Amarna), Arab., Samarit., Jüd.-Aram., Christl.-Paläst., Äg.-Aram., Syr., Mand., MHebr. Ihre Bedeutung entspricht fast durchweg der des Hebr. Im AT begegnen 14 Belege in verschiedenen Stammesmodifikationen (*qal*, *niph*, *pi* [1mal], 1 Beleg im *qal* ist nur als Q bezeugt, K setzt *hiph* voraus). Die Bedeutung kann durchgängig mit 'unterwerfen' wiedergegeben werden (vgl. KBL³). Auch die Stammesmodifikationen verändern die Bedeutung nicht. Außerdem findet man im AT eine Stelle mit dem Derivat *kæḇæš* (= Fußschemel) und vier Belege des ebenfalls als Derivat von *kāḇaš* verstandenen Nomens *kiḇšān* (vielleicht zunächst ganz allgemein 'Ofen'), wobei der Bezug zur Ausgangswurzel nicht ohne weiteres einsichtig ist. In der älteren Exegese ist in Am 8, 4 *kāḇaš* konjiziert worden (vgl. BHK³ App., in BHS wieder aufgegeben), das gleiche gilt für *kiḇšān* in Ps 68, 23 (s. BHK³ App., in BHS nicht mit aufgenommen).

II. Es ist nicht ganz einfach, im AT ältere Stellen von jüngeren abzuheben und einen bestimmten Gebrauch von *kāḇaš* als den im AT eigentlichen zu deklarieren. So lassen sich die Notizen von der Unterwerfung des Landes in Num 32 literarisch schwer einordnen (s. M. Noth, ÜPt; ATD 7 z. St.). Die ostjordanischen Stämme sollen (oder aber auch wollen; das steht in Num 32 in einer gewissen Spannung zueinander) den westjordanischen Stämmen helfen, die Wohnsitze zu erobern, um danach in ihre Siedlungsgebiete zurückzukehren (bzw. diese angewiesen zu erhalten). Num 32, 22: *w^e^nikb^e^šāh hā'āræṣ lipnê JHWH* (in v. 29 *lipnêkæm*), „ist das Land unterworfen vor JHWH (vor euch)", dann sind die Rubeniter und Gaditer zur eigenen Lebensgestaltung frei bzw. freigestellt. Vielleicht liegen in diesem überlieferungsgeschichtlich komplizierten Kapitel die ältesten Belege von *kāḇaš* vor. Die Wendungen sind zwar passivisch (*niph*) formuliert, doch ist das eigentliche logische Objekt zu *kāḇaš hā'āræṣ* (hier nun das westjordanische Kulturland) und das eigentliche logische Subjekt die um die ostjordanischen Stämme verstärkten übrigen israelitischen Stämme. Zu dem terminus *kāḇaš* + *hā'āræṣ* (oder ein anderes Objekt) scheint noch *lipnê* + Beziehungswort (oder Suffix) zu gehören. Das Land ist unterworfen 'vor jemandem' (lokal; gelegentlich wird in der Exegese auch die Übersetzung 'für jemanden' bevorzugt), so daß die Unterwerfenden es betreten und einnehmen können. Das ist gleichermaßen von JHWH wie eben auch von JHWHs Volk zu sagen möglich. Hier schlägt die Theologie der Landgabe (bzw. Landnahme) durch. Das ist auch in v. 29 deutlich zu sehen. Da in Jos 18, 1 eine ganz späte priesterliche zusammenfassende Bemerkung – unmittelbar vor den Bericht über die weitere 'Landverteilung' Josuas, vor die Grenzbeschreibung Benjamins (v. 11 ff.) geordnet – die gleiche formelhafte Wendung gebraucht, *w^e^hā'āræṣ nikb^e^šāh lipnêhæm* („und das Land war vor ihnen unterworfen"), möchte man an die Altertümlichkeit der Numeri-Stellen nicht recht glauben. Die „Formel" taucht noch einmal im chronist. Geschichtswerk auf (1 Chr 22, 18), dort innerhalb eines Nachtrags zum Bericht über Davids Bemühungen um den Tempelbau, der Davids Kriegführung theologisch interpretieren soll (vv. 17–19; vgl. K. Galling, ATD 12 z. St.; W. Rudolph, HAT I/21, 151 f.). Dort heißt es, JHWH sei es gewesen, der die Bewohner des Landes in Davids Hand gegeben hat, *w^e^nikb^e^šāh hā'āræṣ lipnê JHWH w^e^lipnê 'ammô*, „so daß das Land vor JHWH und vor seinem Volk unterworfen ist". Die theologische Interpretation der Kriege Davids erfolgt im Sinne der Landgabe- und Landnahme-Theologie (s. den Kontext!). Die Ermunterung zum Tempelbau Salomos, die nach dem chronist. Geschichtswerk von David ausgeht, wird auf diese Weise heilsgeschichtlich begründet. 'Land' ist natürlich in allen diesen Stellen nicht sächlich (etwa agrarisch) zu verstehen, sondern als Inbegriff des von Menschen bewohnten und gestalteten Territoriums, als geschichtliche Größe. Seine Unterwerfung meint in erster Linie die Besiegung und Unterwerfung der bisherigen Besitzer und Bewohner, freilich dann auch mit Einschluß der Zunutzemachung aller Potenzen und Möglichkeiten, die ökonomisch und kulturell mit dem Begriff 'Land' verbunden sind. Die größte Ausweitung erfährt der Begriff *hā'āræṣ* in Gen 1, 28 im Schöpfungsbericht von P, wo im Schöpfungssegen dem Menschen befohlen wird, *hā'āræṣ* sich zu unterwerfen, nachdem (oder indem?) *hā'āræṣ* aufgrund der menschlichen Fruchtbarkeit durch den Menschen angefüllt ist (*p^e^rû ûr^e^ḇû ûmil'û 'æṯ-hā'āræṣ w^e^kiḇšuhā*). Wenn der nachfolgende Imperativ (*r^e^ḏû* = untertretet!) *kiḇšuhā* entfalten soll, dann wäre gemeint, daß der Mensch über die Tierwelt herrschen solle (vgl. v. 26 b), aber wahrscheinlich ist alles grundsätzlicher und umfassender gemeint, *hā'āræṣ* als der territorial und geographisch nicht begrenzte Lebensraum des Menschen, seine ganze Welt (vgl. C. Westermann, BK I/1 z. St.). Dieses Verständnis würde priesterschriftlichen Gepflogenheiten zumindest nicht widersprechen. In bestimmte termini werden Grundsatzerklärungen gerafft. Wie es bei dieser Bedeutung von *hā'āræṣ* mit der Beherrschung des Menschen durch den Menschen steht, kann zunächst nur so beantwortet werden, daß Gen 1, 28 (wie überhaupt der ganze Passus vv. 26–28) eine Beherrschung des Menschen durch den Menschen nicht vorsieht. Eigentlich ist als utopisch-anthropologische Maxime vertreten, daß jeder Mensch „Weltherrscher" sei.

Daß *kāḇaš* auch direkt Menschen zum Objekt hat (und nicht nur indirekt über alle erwähnten *kāḇaš-hā'āræṣ*-Belege [Gen 1, 28 ausgenommen]), zeigt die Mehrzahl der noch verbleibenden *kāḇaš*-Stellen im AT. Immer noch summarisch gemeint ist die (wahrscheinlich vom Dtr verantwortete [vgl. M. Noth, ÜSt 65]) Notiz in 2 Sam 8, 11 über Tribute und Beute, die David aus den unterworfenen Ländern erlangt hat und dem Tempel weiht (*mikkŏl-haggôjîm 'ašær kibbeš*, die einzige *pi*-Stelle; „von allen Völkern, die er unterworfen hatte"). Hier könnten *gôj* und *'æræṣ* ausgewechselt werden. In zwei Bereichen ist der direkte Bezug auf Menschen signifikant, in der sexuellen Sphäre der Vergewaltigung und auf dem Gebiet der Sklaverei. Den Gebrauch im Sinne der Vergewaltigung einer Frau belegt Esth 7, 8, wo Hamans Bitte vor Esther, sein Leben behalten zu dürfen, als Zudringlichkeit mißverstanden wird. Haman fällt vor dem Liegepolster der Königin in bittender Haltung nieder (*nopel 'al hammiṭṭāh 'ašær 'æster 'ālæhā*; H. Bardtke möchte gern *'al* in *'æl* ändern, KAT XVII/5 z. St.). Der König, der dies bemerkt, ruft aus: *h^a^gam likboš 'æṯ-hammalkāh 'immî babbājiṯ*, „ist es auch schon so weit, daß er der Königin Gewalt antun will bei mir im Palast!?" Den gleichen Klang hat *kāḇaš* (*niph*) in Neh 5, 5. Durch Steuerlasten wirtschaftlich stark geschwächte Bürger klagen Nehemia gegenüber darüber, daß sie ihren Besitz, aber auch ihre Söhne und Töchter verpfänden müßten, wobei einigen ihrer Töchter bereits Gewalt angetan würde (*w^e^hinneh 'anaḥnû koḇ^e^šîm 'æṯ-bānênû w^e^'æṯ-b^e^noṯênû la'^a^ḇāḏîm w^e^ješ mibb^e^noṯênû nikbāšôṯ*, „und siehe, wir sind dabei, unsere Söhne und unsere Töchter zu

Sklaven zu machen, und es ist schon so, daß einige von unseren Töchtern vergewaltigt werden"; 'zu Sklaven geben' heißt eigentlich ganz wörtlich: 'wir unterwerfen sie zu Sklaven'; vgl. K. Galling, ATD 12 z. St.). Während in Esth 7, 8 schon die qal-Form diesen Sinn besitzt, hat in Neh 5, 5 nur die niph-Form diese Bedeutung, die qal-Form wird verwendet für die Beschreibung der Absicht oder des schon eingetretenen Tatbestandes, daß Menschen von anderen Menschen zu Sklaven gemacht werden sollen bzw. dazu schon gemacht worden sind. Dieser spezifische Gebrauch des qal ist auch in Jer 34, 11. 16 und 2 Chr 28, 10 bezeugt. Er ist bei Jer in der Begründung einer Unheilsankündigung zur Zeit Zedekias, während die Babylonier Jerusalem und andere judäische Städte belagern, zu finden. In dieser Notzeit war eine Freilassung der Schuldsklaven feierlich vereinbart worden, die aber im Nachhinein, als die Not nachließ, wieder rückgängig gemacht worden war. Dies mußte als Betrug vor JHWH gelten (wajjakḇîšûm [K; Q liest wajjikḇešûm]) laʿaḇāḏîm wᵉlišpāḥôt, „und sie unterwarfen sie zu Sklaven und Sklavinnen"; das gleiche in v. 16, nur in der direkten Anredeform: wattikḇešû ʾôṯām lāḵæm . . ., „ihr aber habt sie für euch zu Sklaven und Sklavinnen gemacht, unterworfen"). Der Text ist nicht einheitlich, aber echte Jer-Worte sind in ihm verarbeitet (zur Diskussion vgl. G. Fohrer, Einl. 432 f.; W. Rudolph, HAT I/12 z. St.). Ob die mit kāḇaš formulierten Passagen authentisch jeremianisch sind, läßt sich schwer sagen. Dabei braucht die direkte Anspielung auf Ex 21, 2 ff.; Deut 15, 12; Lev 25, 39 f. nicht für die Unechtheit zu sprechen. Die bei Jer gebrauchte Wendung kāḇaš + Objekt + laʿaḇāḏîm kommt in diesen Texten nicht vor. Es könnte darum sein, daß wir mit dieser Formulierung bei Jer vor den ältesten Belegen für diesen Gebrauch von kāḇaš stehen. Die gleiche Wendung findet sich freilich noch einmal 2 Chr 28, 10, in der chronist. Berichtsversion über den sog. syrisch-ephraimitischen Krieg, der hiernach für Ahas unglücklich ausging, so daß Judäer und Judäerinnen als Sklaven in die Gefangenschaft nach Samaria gehen mußten. Diesem Geschehen tritt bei Samaria ein Prophet (namens Oded, vgl. vv. 9–15) gegenüber und bedroht die Israeliten wegen der Versklavung „ihrer Brüder" (v. 11) und fordert Freiheit für die Judäer (2 Kön 15 berichtet von alledem nichts). Zur Begründung der Bedrohung durch Oded wird v. 10 aufgeführt: „Und nun, was die Judäer und Jerusalem angeht, so denkt ihr, sie euch als Sklaven und Sklavinnen untertan zu machen, aber lasten nicht auch auf euch Verschuldungen gegenüber dem Herrn, eurem Gott?" (Übers. von K. Galling, ATD 12, 150 f.; . . . ʾattæm ʾomᵉrîm likḇoš laʿaḇāḏîm wᵉlišpāḥôṯ lāḵæm . . .). Ist Jer 34, 16 ursprünglich, dann wäre diese typische Formulierung in 2 Chr 28, 10 (wie auch in Neh 5, 5) von Jer abhängig. Jer 34, 11, der Prosabericht über die Freilassungsaktion, hätte dann auch schon diese Formulierung übernommen. Man kann aber auch umgekehrt argumentieren, daß der Sprachgebrauch

aus den späten Texten in die Jer-Passage Eingang gefunden hat. Leider helfen auch die letzten beiden Belege in dieser Streitfrage nicht weiter. Mi 7, 19 gehört ganz gewiß einem späten hymnischen Stück an, das die Vergebungsbereitschaft JHWHs besingt (Abgrenzung verschieden: T. H. Robinson, HAT I/14, 151 f.: vv. 14–20, Gebet um Vergebung und Wiederherstellung; A. Weiser, ATD 24, 287. 289: vv. 18–20, Hymnus). Bemerkenswert ist die stark abstrakte Verwendung von kāḇaš: jikḇoš ʿawonôṯênû (Subj. dazu ist ʾel, v. 18): „Gott wird unsere Sünden unterwerfen" (untertreten; Robinson ändert an dieser Stelle zu Unrecht; Weiser: „er wird unsere Schuld zertreten"); d. h. Gott selbst beherrscht, unterwirft, unterdrückt die menschliche Sünde (präziser: die Sünde des auserwählten Volkes) und schafft dadurch Heil (vgl. auch den Kontext!). Das Vorkommen von kāḇaš in Sach 9, 15 wird in der Exegese abgelehnt, der Text gilt als verderbt und zudem noch (bzw. deswegen) glossiert. Man setzt statt wᵉkāḇešû das Nomen bāšār. v. 15 steht im Zusammenhang von vv. 11–17, einer Periode, die K. Elliger als „prophetische Verheißungsrede" (ATD 25, 152, s. auch 151) und aus der heraus F. Horst in den vv. 14–16 einen kleinen „eschatologischen Hymnus" über JHWHs siegreichen Kampf gegen die Feinde seines Volkes zugunsten seiner endlichen Wiederherstellung und Heilung erkennen will (HAT I/14, 248, s. auch 246). JHWH erscheint wie in einer vernichtenden Theophanie und in einem Heiligen Kriege seinem Volk zu Hilfe. Blitz und Sturmwetter sowie Steinschlag (sicherlich aufgrund eruptiver Ausbrüche) tun ihr vernichtendes Werk. In diesem Zusammenhang werden die ʾaḇnê-qælaʿ erwähnt, zu denen neben kāḇešû eine Reihe anderer Verben (ʾāḵᵉlû, šāṯû, māleʿû) als Prädikat gestellt ist. Wörtlich müßte man übersetzen: „und es werden fressen und niedertreten (unterwerfen) Schleudersteine und werden trinken (das nächste Wort ist wiederum ein Verb, hāmû von hāmāh, das aber hier wahrscheinlich falsch ist, die Exegese folgt heute der Lesung einzelner LXX-Versionen und liest statt hāmû dāmām = 'ihr Blut', s. BHS, App.) ihr Blut wie Wein . . .". Aus der Bildmaterie heraus ist noch deutlich die vernichtende Funktion der geschleuderten Steine zu erkennen, die Details sind nicht mehr ohne Konjektur durchschaubar. Sollte kāḇaš wirklich ursprünglich sein, so wäre dieser deuterosacharjanische Beleg wiederum sehr spät (s. v. 13 die Erwähnung der Griechen, vielleicht nicht zufällig) und in seinem Gebrauch nicht mehr klar verständlich.

III. kāḇaš gehört zu denjenigen hebr. Verben, die die Ausübung von Gewalt zum Ausdruck bringen wollen. Dabei kann das, was kāḇaš meint, auf verschiedene Weise zum Zuge kommen, einmal in kriegerischen Auseinandersetzungen in der Unterwerfung ganzer Landstriche und ihrer Bevölkerung, in der Besiegung etablierter Königreiche, zum anderen aber auch im individuellen Bereich durch die Unterwerfung einzelner Menschen zu Sklaven sowie auf dem sexuellen Sektor in der Zudringlichkeit und Gewaltanwendung gegenüber einer Frau oder einem Mädchen. *kāḇaš* setzt immer einen Stärkeren als Subjekt und einen Schwächeren als Objekt voraus. In wenigen Fällen löst sich die Vorstellung von der konkreten personalen Bezogenheit des Verbums, so daß als Objekt ein Abstraktum erscheint, wie z. B. in der P-Grundsatzerklärung zur Anthropologie, daß jeder Mensch 'Weltherrscher' sei, oder in der hymnischen Lobpreisung des Tatbestandes, daß Gott menschliche Sünde 'unterwerfe' (zertrete), Mi 7, 19 (anders Rudolph, KAT XIII/3 z.St., der zu *kbs pi* 'abwaschen' ändert). Jede mit *kāḇaš* umschriebene Gewaltausübung gilt letztlich als von Gott gegeben oder zumindest zugelassen, gelegentlich sogar als von Gott selbst vermittelst menschlichen Handelns ausgeübt, in bestimmten Grenzen und Regeln von Gott toleriert (Sklavenrecht), doch mit Strafe belegt, wenn diese Grenzen überschritten und die Regeln verletzt werden. Der „profane" Gebrauch scheint nur in Esth 7, 8 vorzuliegen, wahrscheinlich aber nur wegen des „profanen" Gesamtduktus von Esth. Neh 5 sieht sexuelle Vergewaltigung nicht nur als ein zwischenmenschliches Problem, sondern als ernste Frage nach dem rechten Verhalten aller Angehörigen der Gottesgemeinde zu Gott. Der größte Teil der Belege kommt in späten Texten des ATs vor, so daß die wenigen möglicherweise älteren Belege (Num und Jer) unter den Verdacht geraten, daß zumindest ihre mit *kāḇaš* formulierten Wendungen jüngeren Datums sind.

IV. Das Derivat *kæḇæš* kommt nur an einer Stelle im AT vor, in der chronist. Beschreibung des kostbaren Thronsitzes, den Salomo aus Elfenbein mit Gold überzogen angefertigt hat (2 Chr 9, 18, vgl. vv. 17–19). Dieser Thron besaß auch einen Fußschemel 'in Gold' (*weḵæḇæš bazzāhāḇ lakkisse'*; s. BHK[3], die Differenz zu 1 Kön 10, 18–20 und die entsprechenden Rekonstruktionsversuche bei W. Rudolph, HAT I/21, 224: „Sechs Stufen hatte der Thron, und einen Fußschemel hatte der Thron (beide) in Gold gefaßt"; K. Galling, ATD 12, 96: „sechs Stufen hatte der Thron, und hinten am Thron waren Stierköpfe aus Gold"). Die Bedeutung läßt sich leicht von der Grundbedeutung der Wurzel herleiten, allerdings mit der konkreten Vorstellung im Hintergrund, daß mit dem Fuß getreten wird. (→ כסא *kisse'* und vgl. F. Canciano – G. Pettinato, Salomos Thron, philologische und archäologische Erwägungen, ZDPV 81, 1965, 88–108; → כבשׁ *kæḇæš*).
Das andere Derivat *kiḇšān*, 'Ofen, Schmelzofen' (s. auch KBL[3]) ist nicht ohne weiteres von *kāḇaš* her zu verstehen, höchstens über die Hilfsvorstellung der Metallbearbeitung, bei der Metall 'unterworfen' und 'getreten' wird. Im AT ist der rauchende Ofen zweimal zum Vergleich anderer Phänomene herangezogen worden, z. B. zum Vergleich des durch JHWHs Erscheinung im Feuer rauchenden Sinai (Ex 19, 18 J) und des durch JHWHs Gericht über Sodom und Gomorrha rauchenden Landstriches, auf den Abraham zurückblickt (Gen 19, 28 J), und zweimal in der großen Erzählung über die „ägyptischen Plagen", innerhalb eines P-Abschnittes, Ex 9, 8. 10. Mose und Aaron werden von JHWH aufgefordert, die Hände voll Ofenruß zu nehmen und diesen vor den Augen Pharaos gen Himmel zu werfen, so daß er sich über das ganze Land ausbreite, sich auf Mensch wie Tier lege und Entzündungen hervorrufe (vgl. G. v. Rad, ATD 2–4; M. Noth, ATD 5 z.St.; zur Archäologie vgl. BRL[2] 240f.; G. Dalman, AuS 7, 26. 209; R. J. Forbes, Metallurgy in Antiquity, Leiden 1950; ders., Studies in Ancient Technology VI, Leiden 1958; C. Baldauf, Läutern und Prüfen im AT, Diss. Greifswald 1969, dort weitere Lit.). Erstmals sind mindestens zwei Belege eines Derivats der untersuchten Wurzel alt (J), aber eben doch nur in einer sehr spezifischen Bedeutung.

V. In Qumran begegnet *kiḇšān* nur in 1 QH 9, 5 in einer Metapher: Der klagende Beter vergleicht seine Augen mit einer Motte im Ofen und seine Tränen mit Wasserbächen.
Die LXX übersetzt *kāḇaš* völlig uneinheitlich: κατακυριεύειν, καταδυναστεύειν (3mal), κραταιοῦν und κρατεῖν, βιάζεσθαι und ἐκβιάζειν (je 1mal) u.a. Für *kæḇæš* (2 Chr 9, 18) liest LXX προτομαὶ μόσχων, lies also *kæḇæś*. *kiḇšān* wird einheitlich durch κάμινος und καμιναῖος wiedergegeben.

Wagner

כָּהָה *kāhāh*

כֵּהֶה *kehæh*, כֵּהָה *kehāh*

I. 1. Etymologie, Belege – 2. Bedeutung – II. Der at.liche Textbestand – 1. Physisches Schwachwerden – 2. Psychisches Schwachwerden – III. Der kultische und der theologische Bezug – 1. In den Reinheitsgesetzen – 2. Bei den Propheten – 3. Bei Hiob.

Lit.: *E. Jenni*, Das hebräische Pi'el, Zürich 1968. – *P. Joüon*, Racines (MUSJ 5, 1912, 432–436).

I. 1. Die Wurzel *khh* tritt im AT in zwei Grundbedeutungen auf: 'schwach werden' und 'schelten'. In der Bedeutung 'schwach werden' begegnet sie über das Hebr. hinaus auch in mhebr., jüd.-aram. und mand. Texten und hat in arab. *kahija* IV 'verzagen', äth. *hakaja* 'schlaff sein' bzw. tigrē *hakka* 'müde werden' semit. Parallelwörter. Die Verwendung in der Bedeutung 'schelten' (nur 1 Sam 3, 13) steht dagegen mit syr. *k''*, arab. *k'j* und *kwj* sowie mand. *kh'* (mit derselben Bedeutung) in Verbindung (KBL[3] 440); *khh* dürfte in dieser Bedeutung deshalb nur eine Nebenform zu *k'h* sein (H. J. Stoebe, KAT VIII/1, 122). Neben dem Gebrauch als Verbum (im *qal* und *pi*) findet die Wurzel in dem Derivat *kehæh* auch als Adjektiv (sowie vielleicht in einem weiteren Derivat *kehāh* auch als Nomen; vgl. u. I. 2) Anwendung.

2. Von der Grundbedeutung 'schwach werden' (Jes 42, 4) ausgehend, hat die Wortgruppe im AT vier übertragene Bedeutungen angenommen: 1. 'blaß werden', 'blaß' (Lev 13, 6. 21), 2. 'glimmend' (Jes 42, 3), 3. 'blind werden', 'blind' (Gen 27, 1; 1 Sam 3, 2; Sach 11, 17), 4. 'mutlos werden', 'mutlos' (Ez 21, 12; Jes 61, 3). Eine weitere, nur mit dem hap. leg. *kehāh* verbundene Bedeutung 'Linderung', 'Löschung' (W. Rudolph, KAT XIII/3, 181; GesB 335; KBL³ 440) ist unsicher, da dafür in Nah 3, 19 mit LXX wohl *gehāh* zu lesen ist.

II. Alle 15 Belegstellen der Wortgruppe zeigen – unabhängig von den Bedeutungsunterschieden – einen profanen Gebrauch. Erst durch den Kontext wird – dann allerdings in den meisten Fällen – eine Verbindung mit kultischen Vorgängen oder theologischen Aussagen hergestellt.

1. Überwiegend drückt die Wortgruppe ein physisches Schwachwerden aus. Das kann sich sowohl auf die Körperkräfte insgesamt beziehen (Jes 42, 4) als auch nur von den Augen (Gen 27, 1; Deut 34, 7; 1 Sam 3, 2; Sach 11, 17; Hi 17, 7) oder den äußeren Merkmalen einer Hauterkrankung (Lev 13, 6. 21. 26. 28. 39) ausgesagt werden. Ebenso gilt diese Auffassung aber auch für alles Materielle überhaupt, z. B. für Flecke auf Kleidern (Lev 13, 56) oder den Docht einer Lampe (Jes 42, 3).

2. Daneben bezeichnen *kāhāh* und *kehæh* auch ein psychisches Schwachwerden. Das ergibt sich aus ihrer Verbindung mit dem Nomen *rûaḥ* (Ez 21, 12; Jes 61, 3), obwohl eine analoge Verbindung mit *leḇ* bzw. *næpæš* im AT nicht belegt ist.

III. 1. Innerhalb des zu den Reinheitsgesetzen gehörenden Abschnitts über den Aussatz umschreiben *kāhāh* und *kehæh* das Verblassen bzw. das blasse Aussehen von des Aussatzes verdächtigen Flecken auf der Haut des menschlichen Körpers (Lev 13, 6. 21. 26. 28. 39) oder an Kleidungsstücken (Lev 13, 56). Das Blaßwerden oder -sein dieser Flecken ist hier ein Zeichen dafür, daß ein Aussatzbefall nicht wahrscheinlich ist (Lev 13, 21. 26) oder eindeutig nicht vorliegt und bedeutet in diesem Fall Reinheit (Lev 13, 6. 28. 39).

2. Von den Propheten gebrauchen nur DtJes, Ez und die Autoren von Sach 11 und Jes 60–62 (sowie vielleicht Nah; vgl. u. I. 2) diese Wortgruppe. Dabei ist sie in theologisch sehr unterschiedliche, z. T. sogar gegensätzliche Aussagen eingebettet. Bei DtJes dient sie zunächst in dem Bild vom glimmenden Docht, den der Knecht JHWHs nicht auslöschen wird, zur Umschreibung der Verheißung, daß seine Wirksamkeit nicht zur Vernichtung der Bedrückten, dem Untergang Nahen führen werde, und drückt danach die dem Knecht selbst geltende Zusage aus, daß dieser nicht unter der Last seines Auftrags zusammenbrechen werde (Jes 42, 3. 4). Ez hingegen benutzt das Verbum *kāhāh*, mit dem Nomen *rûaḥ* verbunden, zum Ausdruck der Mutlosigkeit, die die Menschen aufgrund der vom Propheten übermittelten Unheilsankündigung befallen wird (Ez 21, 12). Die gleiche Wortkombination (zwischen dem Adjektiv *kehæh* und *rûaḥ*) greift nach ihm der unbekannte Prophet von Jes 61 wieder auf, um damit nun aber gerade den Zustand zu bezeichnen, der durch die Verkündigung des Propheten überwunden werden soll (Jes 61, 3). Dagegen knüpft der ebenfalls unbekannte, noch vorexilische Prophet von Sach 11 (B. Otzen, Studien über Deuterosacharja, Kopenhagen 1964, 162) mit seiner Anwendung der Wortgruppe an deren bereits Gen 27, 1; Deut 34, 7; 1 Sam 3, 2 begegnende Beziehung auf die Augen zum Ausdruck des Vorgangs der Erblindung an; indem er dem schlechten Hirten (= Zedekia?; vgl. Otzen 161) die totale Erblindung seines rechten Auges androht, will er dessen Herrschaft und Existenz als dem Gericht JHWHs unterworfen darstellen (Sach 11, 17).

Sollte die Lesung *kehāh* in Nah 3, 19 ursprünglich sein, so hätte auch Nah mit der Wurzel *kāhāh* eine Gerichtsankündigung verbunden: Der dem assyr. König bevorstehende Zusammenbruch seines Reiches soll keine Abschwächung erfahren.

3. Ebenso wie Sach 11, 17 nimmt auch Hi 17, 7 die Beziehung von *kāhāh* auf *'ajin* wieder auf. Die Aussage von der Erblindung eines Auges des Hiob ist hier symbolischer Ausdruck für die Schwere der Unglücksfälle, die ihn getroffen haben.

Schunck

כֹּהֵן *kohen*

I. Umwelt – 1. Ägypten – 2. Mesopotamien – 3. Westsemiten – II. 1. Etymologie – 2. LXX – III. Aufgaben – 1. Hüter des Heiligtums – 2. Orakelerteiler – 3. Lehrtätigkeit – 4. Kultische Funktion – IV. Heiligkeit, Einsetzung und Einkünfte – V. Hoherpriester – VI. Priester in Qumran – VII. Das Verhältnis zu König und Prophet – VIII. Bedeutung und Wertung.

Lit.: *S. Amsler*, Les ministères de l'ancienne alliance: rois, prêtres et prophètes (Verbum Caro 18, 1964, 29–41). – *E. Auerbach*, Der Aufstieg der Priesterschaft zur Macht im Alten Testament (VTS 9, 1963, 236–249). – *J. W. Bailey*, The Usage in the Post Restoration Period of Terms Descriptive of the Priest and High Priest (JBL 70, 1951, 217–225). – *W. Baudissin*, Die Geschichte des alttestamentlichen Priesterthums, Leipzig 1889, Neudruck Osnabrück 1967. – *R. Beaudet*, Le Sacerdoce et les Prophètes (Laval Théologique et Philosophique 15, 1959, 127–138). – *J. Begrich*, Die priesterliche Tora (ThB 21, 1964, 232–260). – *O. Betz*, Le ministère cultuel dans la secte de Qumran et dans le christianisme primitif (Recherches Bibliques 4, 1959, 162–202). – *A. Bentzen*, Zur Geschichte der Ṣadoḳiden (ZAW 51, 1933, 173–176). – *H. Cazelles*, Sainteté et pureté du sacerdoce (Populus Dei, Studi in onore del Card. A. Ottaviani I, Communio 10, Rom 1969, 169–174). – *A. Cody*, A History of Old Testament Priesthood (AnBibl 35, Rom 1969). – *M. A. Cohen*, The Role of Shilonite Priesthood in the United Monarchy of Ancient Israel (HUCA 36, 1965, 59–98). – *J. Coppens*, Le sacerdoce vétérotestamentaire (BiblEThL 28, 1971, 5–21). – *A. Deissler u. a.*, Der priesterliche Dienst (Q Disp 46, 1970, 9–80). – *M. Delcor*, Le sacerdoce, les lieux de culte, les rites et les fêtes dans les documents de Khirbet Qumrân (RHR 144, 1953, 5–41). – *W. Eichrodt*, Theologie des Alten Testaments I, Göttingen [8]1968, 264–294). – *J. A. Emerton*, Priests and Levites in Deuteronomy (VT 12, 1962, 129–138). – *G. Fohrer*, Priester und Prophet – Amt und Charisma? (KuD 17, 1971, 15–27). – *J. de Fraine*, Peut-on parler d'un véritable sacerdoce du roi en Israël? (Sacra Pagina I, Paris–Gembloux 1959, 537–547). – *J. Gabriel*, Untersuchungen über das alttestamentliche Hohepriestertum, Wien 1933. – *A. Gelin*, Le sacerdoce de l'ancienne alliance (R. Fourrey u. a., La tradition sacerdotale, Le Puy 1959, 27–60). – *A. Gonzalez*, Profetismo y Sacerdocio. Profetas, Sacerdotes y Reyes en el antiguo Israel, Madrid 1969. – *G. B. Gray*, Sacrifice in the Old Testament – Its Theory and Practice, Oxford 1925 = New York 1971, 179–270. – *A. H. J. Gunneweg*, Leviten und Priester (FRLANT 89, 1965). – *E. Haag*, Priestertum und Altes Testament – Ezechiel als Prophet und Priester (TrThZ 80, 1971, 20–42). – *H. Haag*, Das liturgische Leben der Qumrangemeinde (AfLiturgiewissenschaft 10/1, 1967, 78–109). – *C. Hauret*, Moïse était-il prêtre? (Bibl 40, 1959, 509–521). – *Ders.*, כהן et לוי (RScR 44, 1970, 85–100). – *H. J. Katzenstein*, Some Remarks on the Lists of the Chief Priests of the Temple of Solomon (JBL 81, 1962, 377–384). – *H. J. Kraus*, Gottesdienst in Israel, Grundriß einer Geschichte des alttestamentlichen Gottesdienstes, [2]1962. – *L. Leloir*, Valeur permanente du sacerdoce lévitique (NRTh 92, 1970, 246–266). – *M. Noth*, Amt und Berufung im AT (Ges. Studien I, [2]1960, 309–333). – *J. Pedersen*, Israel, Its Life and Culture III–IV, Copenhagen 1940, 150–198. – *A. Penna*, Riflessioni sul sacerdozio dell' AT (Rivista Biblica Italiana 18, 1970, 105–129). – *O. Plöger*, Priester und Prophet (ZAW 63, 1951, 157–192). – *R. Rendtorff*, Die Gesetze in der Priesterschrift (FRLANT 62, [2]1963). – *L. Rost*, Der Status des Priesters in der Königszeit (Festschr. K. Elliger 1973, 151–156). – *L. Sabourin*, Priesthood. A Comparative Study (Numen Suppl. XXV, Leiden 1973). – *J. Salguero*, Sacerdocio levítico y sacerdocio real en el AT (La Ciencia Tomista, Salamanca, 93, 1966, 341–366). – *J. Scharbert*, Heilsmittler im AT und im Alten Orient (Q Disp. 23/24, 1964). – *O. Schilling*, „Nicht schwindet vom Priester die Weisung" (Festschr. Fr. Hengsbach, 1970, 11–38). – *W. H. Schmidt*, Prophetisches Zukunftswort und priesterliche Weisung (Kairos 12, 1970, 289–308). – *R. J. Sklba*, The Teaching Function of the Pre-exilic Israelite Priesthood, Rome 1965. – *L. A. Snijders*, Knechten en bedienden (NedThT 16, 1961/62, 344–360). – *R. de Vaux*, Das AT und seine Lebensordnungen II., Freiburg [2]1966, 177–247. – *Ders.*, Le sacerdoce en Israël (Populus Dei, Studi in onore A. Card. del Ottaviani I, Communio 10, Rom 1969, 113–168). – *P. P. Zerafa*, Il sacerdozio nell' antico Testamento (Sacra Doctrina 15, 1970, 621–658).

Zu I. 1.: *A. M. Blackman*, On the Position of Women in the Ancient Egyptian Hierarchy (JEA 7, 1921, 8–30). – *H. Gauthier*, Le personnel du dieu Min, Kairo 1931. – *H. Kees*, Das Priestertum im ägyptischen Staat vom N. R. bis zur Spätzeit (Probleme der Ägyptologie 1), Leiden 1953; Indices und Nachträge, Leiden 1958. – *G. Lefèbvre*, Histoire des grands-prêtres d'Amon de Karnak jusqu'à la XXIe dyn., Paris 1929. – *M. I. Moursi*, Die Hohenpriester des Sonnengottes von der Frühzeit Ägyptens bis zum Ende des N. R. (MÄS 26), 1972. – *S. Sauneron*, Les prêtres de l'Ancienne Égypte (Le temps qui court 6), Paris 1962.

Zu I. 2: *E. Dhorme*, Quelques prêtres assyriens d'après leur correspondance (RHR 113, 1936, 125–148; 116, 1937, 5–25). – *Ders.*, Les religions de Babylonie et d'Assyrie (Mana I/2), Paris 1945, 198–219. – *C. Frank*, Studien zur babylonischen Religion, 1911, 1–37. – *C. F. Jean*, La religion sumérienne d'après les documents sumériens antérieurs à la dynastie d'Isin, Paris 1931, 197–212. – *B. Meissner*, BuA II 52–72. – *J. Renger*, Untersuchungen zum Priestertum in der altbabylonischen Zeit (ZA 58, 1967, 110–188; 59, 1969, 104–230). – *H. W. F. Saggs*, The Greatness that was Babylon, London 1962, 345–351.

I. 1. a) Grundwort für Priester im Äg. ist *wʿb*, „der Reine" (WbÄS I 282 f.). Daneben kommt oft *ḥm-nṯr*, „Gottesdiener" (WbÄS III 88), gewöhnlich mit „Prophet" wiedergegeben, als höherer Titel vor. Als Sammelbezeichnung der Priesterschaft dient „die *wnw.t* des Gotteshauses" (WbÄS I 317), was aber auch eine Sonderinstitution, etwa die Stundenpriester bezeichnen kann. Die weiblichen Bildungen *wʿb.t* und *ḥm.t-nṯr* sind geläufig. Für die höchsten Stellen der großen Tempel gab es früh Sondertitel, später auch als Ehrentitel gebraucht, z. B. „Der Größte der Leiter der Künstler" für den Hohenpriester des Ptah in Memphis, „Der Größte der Schauenden" (urspr. wohl „Der den Großen schaut"), für den Hohepriester des Re in Heliopolis usw. Der „Vorlesepriester" (*ḫrj-ḥb*) stellt den Ritualisten dar. Besonders in der Spätzeit gab es viele, oft lokale Sondertitel, von deren exakten Bedeutung wenig bekannt ist (s. WbÄS VI 119 f. s. v. Priester).

b) Was die Organisation der lokalen Priesterschaft betrifft, waren die niedrige Priesterschaft, d. h. „die Reinen", die Vorlesepriester, allerlei Assistenten und mehrere weibliche Kulthelferinnen, in vier Priesterklassen, die sog. Priesterphylen (WbÄS VI 120) gegliedert. Jede Phyle diente in regelmäßigem Wechsel je einen Monat, und die Mitglieder wurden als „Monatsdiensttuende" (*ỉmj ỉbd.f*) bezeichnet. Diese Organisation ist hauptsächlich als eine Laieninstitution zu betrachten.

wʿb war urspr. ein Laienamt, an dem alle makelfreien, vollberechtigten Gaugenossen Anteil hatten. Im A. R. und M. R. dominiert dieser Laiendienst. Der Gauherr konnte als „Vorsteher der Propheten" gelten, und viele Priesterpfründe wurden allmählich den Mitgliedern der Königsfamilie und anderen Vornehmen vom König als Auszeichnungen geschenkt. Eine Trennung zwischen religiös-kultischen Ämtern und politischen Funktionen läßt sich somit nicht machen.

c) Theoretisch war der König der einzige legitime Priester, der mit den Göttern rituell umgehen konnte. In den Kultszenen der Tempelwände ist er allein als amtierend dargestellt. In Wirklichkeit wurden Priester vom König eingesetzt und dienten als seine Delegierten. „Der König ist es, der mich sendet, den Gott zu schauen“ (Amonritual 4, 2, 5f.). Deshalb trägt der Priester auch königliche Titel.
Priesterämter sollten nicht erblich sein – „Ämter haben keine Kinder“ sagt die Lehre des Anii. Sehr oft sind sie jedoch vom Vater auf den Sohn übergegangen, wie u.a. die geläufige Formel „ein Reiner, Sohn eines Reinen“ bezeugt. Die Tendenz zur Erblichkeit verstärkt sich mit der Zeit, und Herodot (II 37) betrachtet es als Regel, daß ein Priester seinen Sohn zum Nachfolger bestellt. Lange Ahnenlisten priesterlicher Familien bestätigen dasselbe. Prüfung der Makellosigkeit, der Abstammung und der im „Lebenshaus“ (dem Tempelarchiv) beigebrachten Ritualkenntnisse sollte der Weihe zu einer höheren Priesterstelle vorausgehen. Dazu gehörte auch die Beschneidung, die in Grabszenen seit der 4. Dyn. belegt ist. Die Terminologie der Priesterweihe entspricht teilweise derjenigen der königlichen Inthronisation. Für das Amtieren galten strenge Reinheits- und Enthaltsamkeitsvorschriften. Einen Einblick in das Leben eines Priesters gibt Merikare 33f.: „Verrichte monatlichen Priesterdienst, trage weiße Sandalen. Begib dich zum Tempel, enthülle das Geheime, betrete das Allerheiligste, und iß Brot im Gotteshause.“ Zwei lange Inschriften am Haupteingang des Edfutempels illustrieren sowohl die den Priestern gestellten Forderungen als auch die Verheißungen, die mit der richtigen Ausführung des Amtes verbunden waren (Auszüge H. Ringgren, RAO 36f.).
d) Weibliche Priester spielen in Ägypten eine hervorragende Rolle. Nicht nur „Reine“, Priesterinnen niedrigen Ranges, sondern auch „Gottesdienerinnen“ oder „Prophetinnen“ sind früh belegt, bes. im Kult von Göttinnen. Sängerinnen, Tänzerinnen und Musikantinnen wurden aus den vornehmsten Familien rekrutiert. So entstand im Tempel ein „Gottesharem“ (*ḫnr*). Die Hohepriesterin eines Tempels war „die Große des Harems“. In Theben wurde die Königin seit der 18. Dyn. als „Gottesgemahlin“ des Amun bezeichnet, was die Gottessohnschaft des Königs hervorheben sollte.
e) Im Totenkult waren besondere Priester beschäftigt. „Der den Ach sucht“ (od. „umarmt“? *sḫnw ꜣḫ*) ist der ältest belegte Titel, der früh durch Ka-Diener (*ḥm kꜣ*) ersetzt wurde. Seit dem N.R. wurden oft Tempelpriester durch Verträge als Totenpriester eingesetzt. Im N.R. trat mit den „Wasserspendern“ (*wꜣḥ mw*, griech. Choachyten) aufs neue ein berufsmäßiges Totenpriestertum als Pfleger der Mumien und der Grabstätten auf. Das Agieren der Totenpriester wurde mythologisch durch Hinweise auf den Osirismythos begründet.

Bergman

2. In den sumer. Tempeln waren Kultdiener mit verschiedenen Fachkenntnissen angestellt, aber von ihren Aufgaben wissen wir sehr wenig. Ein allgemeines Wort für Priester ist kaum nachzuweisen; wir kennen nur die Namen der verschiedenen Priesterklassen. Eine scharfe Scheidung zwischen staatlichen und priesterlichen Ämtern wurde nicht gemacht. Die Könige rühmen sich, Priester verschiedener Gottheiten zu sein. Die höchste geistliche Würde hatte ein *en* inne, während ein *sanga* die Verwaltung in den Händen hatte. Der *išib* scheint die Trankopfer und Reinigungen besorgt zu haben; der *gala* scheint Sänger und Dichter gewesen zu sein. Andere Priesterklassen hießen *guda*, *maḫ* und *nin-dingir*, aber ihre Aufgaben sind schwer festzustellen.
In Inannas Tempel gab es Eunuchen und Kultdirnen für den Kult der Liebesgöttin. Alte Bilddarstellungen zeigen, daß die Priester oft ihren Dienst nackt ausübten.
Auch im Akk. fehlt ein eigentliches Wort für Priester im allgemeinen. Am nächsten kommt *šangû*, ʻPriester, Tempelverwalterʼ (AHw 1163). Der Terminus *ērib bîti*, eig. „in den Tempel Eintretender“, bezeichnet den, der zu jeder Gelegenheit alle Teile des Tempels betreten durfte; er wird von altbabyl. Zeit an für die Verrichter niedrigerer kultischer Aufgaben gebraucht, bezeichnet aber später gelegentlich das ganze Kultpersonal (CAD E 290ff.; AHw I 240). Das aram. Lehnwort *kiništu*, das oft mit „Priesterkollegium“ übersetzt wird (so AHw), ist erst spät nachzuweisen und scheint eher eine Gruppe niedriger Kultdiener zu bezeichnen (CAD K 386).
Theoretisch gesehen war der König der Leiter des Kultes und hatte auch priesterliche Titel. In der Praxis mußte er natürlich diese Funktionen den Priestern überlassen.
Die Priester waren Spezialisten, und verschiedene Fachgruppen bildeten eine Art von Gilde oder Kollegium. Solche Gruppen führten gelegentlich ihre Herkunft auf einen mythischen Urahnen zurück, aber inwieweit die erbliche Priesterwürde Regel war, ist nicht klar. Wir wissen, daß Väter ihre priesterliche Weisheit an ihre Söhne weitergaben und daß es Familien gab, die mehrere Generationen hindurch Priester waren, aber in anderen Fällen scheinen Einsicht und Tüchtigkeit ausschlaggebend gewesen zu sein. Von den *kalû*-Priestern wissen wir, daß sie ein Geheimwissen beanspruchten, daß Uneingeweihten nicht mitgeteilt werden durfte. Die Fachgruppen bildeten kaum eine organisierte Hierarchie.
Unsere Kenntnis der verschiedenen priesterlichen Würden ist leider unvollständig (die Untersuchung von Renger gilt nur für die altbabyl. Zeit). Die höchsten Würden, *ēnu* (sum. *en*) und *šangû* (sum. *sanga*) kamen ursprünglich dem Priesterfürsten oder König zu, wurden aber in späterer Zeit auch von anderen hohen Priestern getragen. Der *ēnu* war offenbar der höchste Priester eines Tempels, während der *šangû* die höchste administrative Würde innehatte.
Die *āšipu* und die *mašmašu* besorgten Beschwörungs-

und Reinigungszeremonien. Die Divination oblag den *bārû* und den *šā'ilu* („Schauer" bzw. „Frager"); daneben gab es den *maḫḫû*, der „von der Gottheit besessen" war. Die letztere Kategorie ist besonders durch das ekstatische Prophetentum in Mari bekannt geworden (→ נביא *nāḇî'*). Ferner gab es Musikanten (*nāru*) und Sänger (*zammeru*) sowie weibliche Funktionäre: *qadištu* (vgl. hebr. *qᵉḏešāh*), *nadîtu* usw.
Die Priester haben sicher bestimmte Amtstrachten getragen. Leinenkleider verschiedener Farbe kamen zur Anwendung.
Ein Ritual für die Weihe eines Enlilpriesters gibt ein interessantes Bild von den Anforderungen, die man an den Priester stellte (R. Borger, BiOr 30, 1973, 163–176; 172):

„Wenn sein Leib so rein ist wie eine Statue aus Gold, und Gottesfurcht und Demut in seinem Leibe vorhanden sind, so darf er den Tempel des Enlil und der Ninlil betreten ... Ein Blutbefleckter, wer bei Diebstahl oder Raub? ertappt ist, ein Verurteilter, der Stockschläge oder Peitschenhiebe bekommen hat ... wer mit einem Mal? behaftet ist ... er darf den Tempel des Enlil und der Ninlil nicht betreten."

3. Die Erwähnungen von *khnm*, 'Priestern' in ugar. Texten finden sich fast ausschließlich in Listen und ähnlichen Aufzählungen. Angrenzend werden *nqdm* ('Hirten'? → נקד *noqeḏ*) und *qdšm* (Hierodulen → קדש *qdš*) sowie Kaufleute, Schmiede u.a. genannt (KTU 4.29; 4.38; 4.68, 71–75; 4.126, 5–9). Ein beschädigter Brief an einen *rb khnm* ('Oberpriester') (KTU 2.4) trägt nichts Wesentliches zum Verständnis von *khn* bei. Im Kolophon vom Text KTU 1.6 erfahren wird, daß *'tn prln*, der den Text diktiert hat, *rb nqdm* und *rb khnm* gewesen ist, aber dies trägt eher zur Diskussion über *noqeḏ* als zur Erfassung des Priestertums bei.
Die phön.-pun. und aram. Inschriften geben leider sehr spärliche Nachrichten über das Priestertum. Meistens handelt es sich um die Angabe eines Titels. So erfahren wir z. B. in einer Inschrift aus Kition (KAI 32), daß ein gewisser *Bd'* Priester des Rešef ist und in einer Inschrift aus Lapethos wird *Jtn-B'l* „Priester des Herrn der Könige", d. h. Ptolemaios I Soter, genannt (KAI 43, 5). Eine zweisprachige Inschrift (griech.-phön.) nennt einen Oberpriester (*rb khnm*) des Nergal. Oft werden Königen Priestertitel gegeben: *'z-B'l* ist Priester der Ba'alat (KAI 11), Tabnit und sein Vater waren Priester des Aštart (KAI 13, 1f.).
In den Opfertarifen werden die Anteile der Priester an verschiedenen Opfern genau bestimmt (Marseille, KAI 69, 9 Belege; KAI 74, 6 Belege; KAI 75). Daraus geht hervor, daß die Handhabe des Opfers zu den Obliegenheiten der Priester gehört und daß sie z.T. ihre Einkommen davon erhalten.
Einmal ist von einem Suffeten und Priester die Rede (KAI 93, 3f.), mehrmals werden Oberpriester (*rb khnm*) erwähnt (KAI 65, 10f.; 81, 8f.; 95, 1; 96, 8; dazu vgl. W. Huss, ZDMG 120, 1979, 217–232). Eine neupun. Inschrift aus Altiburus (KAI 159) erwähnt den *kmr* (s.u.) einer Göttin (Neith?) und einen *khn* des Ba'al Ḥammon.
Priesterinnen (*khnt*) werden mehrmals genannt, entweder nur mit Titel (KAI 93, 1; 140, 2; 145, 45) oder mit Erwähnung der Göttin (Aštart, die „Herrin", KAI 14, 15; 70, 1).
In aram. Inschriften ist der Priestertitel *kmr*, ein Wort, das meist mit der Wurzel *kmr*, 'erregt sein' zusammengestellt wird (S. Mowinckel, ZAW 36, 1916, 231f.), und in der Tat gibt es in den Maritexten Anzeichen dafür, daß *kumrum* ein Ekstatiker war. Ein *kāmiru* wird in einem Amarnabrief erwähnt (EA 1, 15. 33). Albright (Von der Steinzeit bis zum Christentum 235. 431f.) tritt für *kumru* als „Eunuch" in Nordsyrien ein.
Auch die aram. Inschriften sind wenig ergiebig. Wir hören von einem Priester des *Šhr* (KAI 225, 1; 226, 1), von Priestern in einem Tempel (228 A, 23; B 2), von Priestern der Atargatis (239, 3) und des „Großen", d. h. Ba'alšemin (246, 1), aber Näheres über ihre Tätigkeit wird nicht bekannt.
Das AT gebraucht gelegentlich das Wort *komær* für Götzenpriester. So werden 2 Kön 23, 5 solche Priester erwähnt, die auf den *bāmôṯ* opfern und dem Ba'al, der Sonne, dem Mond und den Sternbildern dienen. Hos 10, 5 werden die Priester des Königs gerügt unter Anspielung auf das Klagegeschrei über den toten Ba'al, und Zeph 1, 4 wird der Untergang der *kᵉmārîm* und der Priester (*kohᵃnîm*) angesagt, offenbar im Zusammenhang mit Ba'alsdienst.

Ringgren

II. 1. Das Nomen *kohen* findet sich 740mal im AT; es bezeichnet durchweg die Priester JHWHs, wird aber auch für die Priester fremder Götter gebraucht, für die des phönizischen Ba'al (2 Kön 10, 19; 11, 18), des philistäischen Dagon (1 Sam 5, 5), des moabitischen Kemosch (Jer 48, 7), des amonitischen Milkom (Jer 49, 3), für die Hohenpriester (1 Kön 12, 32), für den Priester der ägyptischen Stadt On (Gen 41, 45), des Volkes von Midian (Ex 3, 1) und für Melchisedek, den Priester des El Eljon (Gen 14, 18). Einige bibl. Autoren benutzen für Götzenpriester auch den Terminus *komær* (2 Kön 23, 5; Hos 10, 5; Zeph 1, 4; vgl. oben I.3), während C. Hauret (Bibl 40, 1959, 520) meint, die alten Hebräer hätten den Kultdiener mit → לוי *lewî* bezeichnet. Das denominative Verbum *kihen* bedeutet 'als Priester fungieren' (Ex 31, 10; Lev 7, 35; Num 3, 3f.; Deut 10, 6; Ez 44, 13; Hos 4, 6; 1 Chr 5, 36 u.ö.). *kᵉhunnāh* ist die Priesterschaft eines Heiligtums (1 Sam 2, 36) und überhaupt Priesteramt/stand (Ex 29, 9; Num 3, 10 u.ö.).
Die Etymologie von *kohen* ist unsicher, obwohl das Wort im Ugar., Phön., Aram. und Nabat. als Terminus für Priester bezeugt ist. Das arab. *kāhin*, 'Seher', 'Wahrsager' ist einseitige Entwicklung eines gemeinsamen Grundbegriffs und bezeichnet einen Teil der priesterlichen Aufgabe. Folgende Wurzeln werden vorgeschlagen: 1) akk. *kânu*, das in der Š-Form 'sich

verneigen, huldigen' bedeutet (Zerafa 624); 2) syr. *kahhen*, das neben 'Priester sein' noch den Sinn hat 'Überfluß bringen, glücklich machen' (vgl. *kahhinûṯā*', 'Überfluß' und *kahhina* 'glücklich'; Cody 28); 3) hebr. *kûn* 'stehen (vor Gott)', 'dienen', vgl. Deut 10, 8 oder auch transitiv 'hinstellen (Opfer)', vgl. Hi 31, 15 (B. Reicke, BHHW 1486).

2. Die LXX übersetzt *kohen* über 700mal mit ἱερεύς sowie mit Ableitungen dieses Stammes: ἱερατεύειν (22mal), ἱεράτευμα (Ex 19, 6), ἱερωσύνη und ἱερατεία. Das Verständnis einer bes. kultischen Tätigkeit signalisiert die LXX in den Übersetzungen ἀρχιερεύς (Lev 4, 3; Jos 22, 13; 1 Kön 1, 25; 1 Chr 15, 14) und αὐλάρχης (2 Sam 8, 17), die bedeutend vom ursprünglichen Verständnis des Priesters abweichen (vgl. G. Schrenk, ThWNT III 259f.); auch das λειτουργεῖν (2 Chr 11, 14) legt den Hauptaspekt auf die kultische Tätigkeit. Das περιτιθέναι Jes 61, 10 weist auf die Unsicherheit des MT.

III. 1. Die Aufgaben des Priesters lassen eine ziemlich durchsichtige Entwicklung erkennen. In der Patriarchenzeit gibt es noch kein ausgesprochenes Priestertum. Wie bei allen Nomaden oder Halbnomaden üben die Familienoberhäupter oder Stammesältesten rituelle Funktionen aus (Tieropfer, Darbringung der Erstgeburt).

Mit der Seßhaftigkeit entstehen die Heiligtümer, an denen eine bestimmte Personengruppe als „Hüter" eingesetzt wird (vgl. Num 1, 53; 3, 28. 32 *šāmar*, *mišmæræṯ*). Die ersten Priester sind also mit der Obhut über den heiligen Bereich und über das, was in ihm vorgeht, beauftragt. Die Opfer bringen die Frommen selbst dar, die Priester dürfen sich aber einen Teil der Opfergaben zu ihrem Lebensunterhalt wegnehmen. Micha richtet im Gebirge Ephraim ein Heiligtum ein und beauftragt einen Leviten mit dem priesterlichen Dienst (Ri 17); ebenso werden für das „Schnitzbild" in Dan Priester eingesetzt (Ri 18, 30). In Silo dienen Eli und seine Söhne als Priester. Die Söhne werden getadelt, weil sie die ihnen zustehenden Opferanteile vorzeitig wegnehmen (1 Sam 2, 16f.). Der Priester Ahimelech von Nob reicht David von den Schaubroten, weil er kein gewöhnliches Brot zur Verfügung hat (1 Sam 21). David ernennt Zadok, Ebjathar und einige seiner Söhne zu Priestern auf dem Zion (2 Sam 8, 17f.), und Jerobeam stellt im Tempel von Bet-El Priester an (1 Kön 12, 32).

2. In der älteren Zeit sind die Priester primär Orakelerteiler. Jedesmal wenn eine schwierige Angelegenheit zu entscheiden ist, bitten das Volk oder der einzelne Israelit den Priester als den offiziellen Mittler um eine Gottesbefragung. So wenden sich die Daniten an den Priester Michas mit den Worten: „Befrage doch Gott, ob uns der Weg glücken wird, den wir unternehmen" (Ri 18, 5). David läßt wegen seines Vorgehens gegen die Philister zweimal JHWHs Antwort einholen (1 Sam 23, 2; 30, 7f.). Die Alternativfragen werden durch die sakrale Technik des Loswerfens (→ גורל *gôrāl*) geklärt. Als Orakelinstrumente werden Urim und Tummim, das Ephod und Teraphim verwendet (z. B. Num 27, 21; Ri 17, 5; Hos 3, 4). Urim und Tummim verschwinden früh aus der priesterlichen Orakelpraxis, wahrscheinlich schon vor dem ersten Tempel. Saul und David befragen noch durch das priesterliche Ephod, während in ähnlichen Situationen die Könige Ahab und Josaphat den Bescheid des „Sehers" oder „Propheten" einholen (1 Kön 20, 13f.; 22, 6; 2 Kön 3, 11). Nach Esr 2, 63 = Neh 7, 65 war im nachexilischen Jerusalem kein Priester mehr fähig, Urim und Tummim zu handhaben, obwohl es wahrscheinlich ist, daß in Individualfällen die Priester in Gottes Namen, aber ohne Wahrsagemittel, antworten (vgl. Mal 2, 7).

3. Seit der Königszeit läßt sich eine Lehrfunktion des Priesters feststellen. In Hos 4, 4ff. tadelt der Prophet die Priester des Nordreiches – *kohen* ist hier kollektiv zu verstehen –, weil sie die Erkenntnis (*da'aṯ*) verworfen und das Gesetz (*tôrāh*) Gottes übersehen haben. Hosea kennt zudem schon geschriebene *tôrôṯ* (8, 12), so daß die Schuld der Priester in der bewußten Vernachlässigung der Überlieferungen und Lehraufgaben besteht. Diese Aufgaben nämlich haben die Priester „verschmäht" und „vergessen", d. h. sie haben sie nicht hoch genug eingeschätzt. In ähnlicher Weise rügt der Prophet Micha nach dem Fall Samarias die Korruption der gesamten Oberschicht Jerusalems (3, 11). Den Priestern hält er vor, daß sie Weisung erteilen (*hôrāh* → ירה) gegen Bezahlung. *hôrāh* ist das Verbum, zu dem *tôrāh* gehört. Wir erfahren demnach hier, daß die priesterliche Tora nicht mehr – wie ehedem – umsonst gegeben wird, sondern um Geld oder daß sich die Gründlichkeit der Belehrung nach dem Lohn richtet. Auch Jeremia klagt die Priester, „Hirten" und Propheten an (2, 8). Die Priester bezeichnet er als die Hüter der Tora, die aber von JHWH nichts wissen wollen und deshalb dem Volk nicht sagen, was JHWHs Wille ist. Priester, Weise und Propheten wollen Jeremia beseitigen, weil er den Priestern das Aufhören der Tora, dem Weisen das Fehlen des Rates und den Propheten das Ende der Offenbarung geweissagt hat (Jer 18, 18). Das Wort vom Aufhören der Tora wird Ez 7, 26 wörtlich übernommen und gilt dort für den Tag des Gerichts über Jerusalem. Wenn Jesaja (2, 3) die zum Zion Wallfahrenden sprechen läßt: JHWH möge uns seine Wege lehren (*hôrāh*) und wenn er das Gesetz (*tôrāh*) vom Zion ausgehen läßt, dann ist auch hier die priesterliche Belehrung gemeint. In der Bemerkung des Chronisten, König Josaphat (868–851) habe neben Laien auch Priester zur Belehrung des Volkes ausgesandt, darf man eine ältere Tradition sehen (2 Chr 17, 8f.). Erwähnt wird zudem noch, daß sie das Buch des Gesetzes (*tôrāh*) JHWHs bei sich tragen. Nach Mal 2, 7 ist es Aufgabe der Priester, die Erkenntnis (*da'aṯ*) zu bewahren und die Tora als Bote JHWHs Zebaot zu verkünden. Gemäß Deut 31, 9 übergibt Mose das Gesetz (*tôrāh*) den Priestern, damit sie es alle sieben Jahre am Laubhüttenfest dem Volk laut vorlesen und das Volk so lernt, alle Worte dieses

Gesetzes zu erfüllen. Die Sitte, das Gesetz bei einer kultischen Feier vorzutragen, ist sicher alt. Auch im Levi-Segen Deut 33, 10 ist von dem Gesetz (*tôrāh*) und den Satzungen (*mišpāṭîm*) die Rede, welche die Leviten das Volk lehren (*hôrāh*) sollen.

Tôrāh, *daʿaṯ* und *mišpāṭîm* sind demnach termini technici der priesterlichen Unterweisung. Was sie des näheren beinhalten, ergibt sich aus Ez 44, 23: „Sie (die Priester) sollen mein Volk unterrichten (*hôrāh*) über den Unterschied von heilig und profan und ihm den Unterschied von unrein und rein beibringen" (vgl. Ez 22, 26). Und nach 2 Kön 17, 27 läßt der assyrische König Priester in das eroberte Nordreich zurückkehren, damit sie die neu angesiedelten Völker in der dem Landesgott gebührenden Verehrung (*mišpāṭ*) unterweisen. Es gibt also ein innerpriesterliches Berufswissen (*daʿaṯ*), das den Laien mitgeteilt werden soll. Es umfaßt nicht nur ein Wissen um Gott und seine rechte Verehrung, sondern auch die Verkündigung des Gotteswillens, der den menschlichen Willen zum Handeln drängt. Das Parallelwort „Gesetz" (*tôrāh*) macht das noch deutlicher: Es sind die priesterlichen Anweisungen für ein JHWH-gemäßes Tun im konkreten Fall gemeint (vgl. W. Rudolph, Hosea, KAT XIII/1, 103). Für eine spezielle priesterliche Belehrung über heilig und unrein bietet Hag 2, 11ff. ein Beispiel. Der Prophet fragt an, ob andere Nahrungsmittel dadurch heilig werden, daß sie jemand mit Fleisch von einer Opfermahlzeit berührt oder ob alle Dinge unrein werden, die ein durch eine Leiche Verunreinigter betastet. Die Priester beantworten die erste Frage mit Nein, bejahen aber die zweite. Die Unterscheidung von „heilig" und „profan", „unrein" und „rein" bezieht sich auf den kultischen und außerkultischen Bereich. Die Heiligkeit des Kultus verlangt Klarheit darüber, welche Anforderungen an die verschiedenen Opferarten zu stellen sind (z. B. Lev 7, 12ff.; Num 6, 10). Der Priester muß die Voraussetzungen für die Zulassung zum Kultus kennen und wie man die etwa verlorenen Voraussetzungen wiedergewinnen kann (z. B. Lev 15, 28; Num 6, 9). Bei der Ablösung von Weihegaben durch entsprechende Geldzahlungen fungiert der Priester öfter als Gutachter und Taxator (Lev 27, 8. 12. 18). Das Unreine hat seinen Sitz außerhalb des Kultus und haftet z. B. an allem Toten, am Geschlechtsleben und bestimmten Krankheiten. Die Gefahren, die durch die Übertragung der Unreinheit drohen, drängen zur Aufklärung darüber, wie im täglichen Leben, bei der Nahrung (Lev 11), beim sogenannten Aussatz (Lev 13) und beim Geschlechtsverkehr (Lev 12) das Unreine vom Reinen zu unterscheiden ist.

Auch die formgeschichtliche Betrachtung vermag die priesterliche Lehrtätigkeit zu unterstreichen. Folgende Gattungen bzw. Formen sind priesterlicher Herkunft: die deklaratorischen Formeln, welche die göttliche Anrechnung bei der Opferdarbringung oder gewisse Reinheits- und Unreinheitszustände feststellen (z. B. Lev 2, 6: *minḥāh hîʾ*; Lev 13, 8: *ṣāraʿaṯ hîʾ*, vgl. Rendtorff 74ff.); das auf das Klagelied folgende Erhörungsorakel (Begrich 229); die Einzugsliturgie mit Prüfung der Rechtschaffenheit der Pilger (Ps 15; 24, 3–5); gewisse apodiktische Rechtssätze (z. B. Lev 7, 23b. 26); die Ritualien (z. B. Lev 1–5); die Kultlesung als besondere Form des Unterrichts (Deut 31, 9–13). Deut 20, 2–4 überliefert das Resümee einer Ansprache des Priesters vor einem Kampf. Die Kriegspredigt scheint in Israel eine alte Einrichtung gewesen zu sein.

Eng verwandt mit der Lehrfunktion der Priester ist ihre Rolle bei der Rechtsprechung. In strittigen Rechtsfällen (Blutvergießen, Streitsachen, Körperverletzung) sollen sie zusammen mit dem weltlichen Richter das Urteil fällen (Deut 17, 8–13; 21, 5). 2 Chr 19, 8 erwähnt ausdrücklich, daß König Josaphat in Jerusalem Leviten, Priester und Familienhäupter für die Rechtsangelegenheiten und Streitsachen bestimmt habe.

4. Während der Königszeit nimmt die kultische Funktion des Priesters konkrete Formen an. Die Könige David und Salomo bringen – vor allem bei besonderen Gelegenheiten – als Häupter des Volkes Opfer dar. Es ist anzunehmen, daß die Priester sie dabei unterstützten. Später sind dem Priester alle heiligen Handlungen vorbehalten, durch die das Opfer Gott so unmittelbar wie nur möglich angenähert wird. König Ussia (748–740) kann deswegen getadelt werden: „Es ist dir nicht erlaubt, Räucherwerk JHWH darzubringen, sondern nur den Priestern" (2 Chr 26, 18). Der tiefere Grund für diese Reservierung dürfte die größere Heiligkeit der Priester sein. „Sich Gott nähern" (Ex 19, 22; Lev 21, 17), „eintreten in Gottes Gegenwart" (Ex 28, 35), „Gott bedienen" (Ex 28, 35. 43; Num 18, 7), „den Altar besteigen" (1 Sam 2, 28) sind termini technici dieses priesterlichen Tuns. Der Dienst des Priesters ist also hauptsächlich ein Altardienst. Bei den Tieropfern schlachtet der Priester nicht selbst die zu opfernden Tiere, nur das Vogelopfer muß von ihm auf dem Altar getötet werden. Seine eigentliche Rolle beginnt erst mit der Manipulation des Blutes. Er sprengt es rings um den Brandopferaltar oder gießt es am Fuße des Altares aus (Lev 1–3). Beim Brandopfer bringt er die einzelnen Tierteile zum Verbrennen auf den Altar. Er hat dafür zu sorgen, daß das Feuer auf dem Altar nie erlischt und auch die Asche immer wieder weggeschafft wird. Beim *šelāmîm*-Opfer empfängt der Priester vom Opfernden Brust und rechte Keule des Opfertieres als seinen Anteil, während er das Fett als Anteil JHWHs in Flammen aufgehen läßt. Ebenso muß er einen Teil des Speiseopfers zusammen mit Weihrauch auf dem Altar in Rauch aufgehen lassen und den Opferwein am Fuße des Altares ausgießen oder über das Opfer sprengen und mitverbrennen (Num 15, 7). Zum Weihrauchopfer nimmt der Priester mit einer Schaufel Kohlen vom Brandopferaltar, streut auf die Kohlenglut das Räucherwerk und trägt das Ganze auf den Räucheraltar (Lev 16, 12). Manche Opferteile werden vom Priester durch „Heben" vor dem Altar und „Weben" zu diesem hin JHWH

sinnbildlich angeboten, sie fallen anschließend dem Priester zu (Lev 7, 14. 30). Es gehört zum Ritual der Erstlingsfrüchte, daß der Priester den Gläubigen empfängt, sein Glaubensbekenntnis hört und den Korb mit den Früchten als Opfergabe vor den Altar stellt (Deut 26, 1–10).

Der Aufgabenbereich der Priester am Zentralheiligtum umfaßt ferner: die Erneuerung der Schaubrote am Sabbat (Lev 24, 8), die Betreuung der Lampen im Heiligen (Ex 30, 7), die Versorgung aller Geräte des Tempels, das Blasen der Festtrompeten (Num 10, 8. 10) und das „Segnen im Namen JHWHs" (Deut 10, 8; 21, 5; 1 Chr 23, 13). Letzteres erfährt – wahrscheinlich erst nach dem Exil – eine liturgische Aufwertung dadurch, daß den Priestern in der sogenannten aaronitischen Segensformel ein besonders feierlicher Segen vorbehalten wird (Num 6, 22–27).

Die Opfer der Königszeit dürften übrigens vorwiegend Dank-, Gelübde- oder Anbetungsopfer gewesen sein. Sühnopfer werden wohl erst im zweiten Tempel üblich. Man deutet das Exil als Gericht über die Sünde des Volkes und bildet ein Ritual für „Schuld-" und „Sündopfer" aus. Wenn für einen Fürsten oder eine Privatperson ein Sündopfer dargebracht wird, fängt der Priester das Blut auf, reibt damit die Hörner des Brandopferaltares ein und vergießt den Rest am Fuß des Altares. Alles Fett wird auf dem Altar verbrannt, das Opferfleisch wird nur von den Priestern als etwas Hochheiliges gegessen, um dadurch Sühne vor JHWH zu erwirken.

Neben diesem priesterlichen Amt der Versöhnung gewinnen noch besondere Riten zur Reinigung höchste Bedeutung: das sogenannte Eifersuchtsopfer bei ehelicher Untreue der Frau (Num 5, 11–31), das Besprengen mit dem Wasser, das mit der Asche der roten Kuh zubereitet und für die Reinigung nach der Berührung eines menschlichen Leichnams benutzt wird (Num 19) und die Unschuldserklärung im Falle eines unbekannten Mörders (Deut 21, 1–9). Auch das Fürbittgebet des Priesters wird öfter erwähnt. Dabei bezieht sich – entsprechend dem allgemeinen nachexilischen Brauch – der Priester durch die Wir-Formulierung in das Volk ein (Esr 6, 10; 9, 6–15; 1 Makk 12, 11; vgl. Scharbert, Heilsmittler 276f.).

Die verschiedenen priesterlichen Aufgaben haben als gemeinsamen Grund die Mittlerfunktion: Der Priester vertritt durch Orakel und Unterweisung Gott vor den Menschen, durch das Opfer und die Fürbitte die Menschen vor Gott.

IV. Dauernde Heiligkeit und Reinheit sind nach P wichtige Voraussetzungen für die Priester (Lev 21, 6ff.). Bevor sie sich dem Altar nähern, sollen sie ihre Hände und Füße waschen (Ex 30, 17–21). Am Tage ihres Altardienstes dürfen sie keinen Wein trinken (Ez 44, 21). Nur der körperlich Fehlerfreie darf das Innere des Heiligtums betreten (Lev 21, 17–21). Die Priester dürfen sich nicht durch einen Toten verunreinigen (außer ihrer engsten Verwandtschaft) und keine Trauerzeichen tragen (Lev 21, 1–5). Mit Huren und Geschiedenen sollen sie keine Ehe eingehen (Lev 21, 7f.). Das Priestertum ist in Israel keine Berufung, es ist ein Beruf und – wie die meisten Berufe im Orient – erblich. „Heiligen" (Ex 29, 44) und „die Hand füllen" (Ri 17, 12) sind termini technici für die Übernahme der priesterlichen Tätigkeit, d. h. der Priester tritt – ohne eigentliche Weihe – in die göttliche Sphäre ein und erhält das Recht auf die Opfergaben. K. Rupprecht, DBAT Beih. 1, 1975 (Sefer Rendtorff) 73–93, ist dagegen der Meinung, daß die „Handfüllung" durchaus ein Weiheritus ist, auch wenn die agendarischen Einzelheiten aus anderen Ritualen entlehnt sind (vgl. 91). Es wird nicht berichtet, ob die von Mose an Aaron und dessen Söhnen vorgenommene feierliche Ordination (Ex 29; Lev 8) jemals wiederholt wurde (→ מלא *māle'*).

Mit dem Verständnis von „heilig" und „rein" hängt es auch zusammen, daß der Priester während der kultischen Funktionen eine sakrale Kleidung trägt. Das älteste Kleidungsstück ist anscheinend der *'epôḏ bāḏ* (1 Sam 2, 18), ein einfacher Lendenschurz, der später zu einer Kniehose ausgestaltet wird. Darüber trägt er ein lang herabhängendes Gewand aus weißem Linnen, wohl mit Ärmeln versehen und durch einen buntfarbigen Gürtel gehalten. Der Kopf ist mit einer Art Turban, ebenfalls aus weißem Linnen, bedeckt. Die Sandalen müssen im Heiligtum abgelegt werden.

Die Einkünfte der Priester bestehen ganz allgemein in Teilen von den dargebrachten Opfergaben und sonstigen Abgaben an den Tempel. Besonders erwähnt werden die Erstlingsgaben der Baum- und Feldfrüchte, die Auslösung der Erstgeburt und der Zehnte (Ex 22, 29; Deut 26; Num 18; Deut 14, 22–29). Umfang, Umwandlung und Ausdehnung dieser Abgaben wechseln zu den verschiedenen Zeiten.

V. Unter der Monarchie sind die Priester königliche Beamte. Sie besitzen ein Oberhaupt, das gewöhnlich einfach *hakkohen* heißt, z. B. Asarja (1 Kön 4, 2), Jojada (2 Kön 11, 9; 12, 8), Uria (2 Kön 16, 10f.), Hilkia (2 Kön 22, 10. 12. 14). An anderen Stellen wird dieser „Oberpriester" auch *kohen hāro'š* genannt, so Seraja in 2 Kön 25, 18, Amarja in 2 Chr 19, 11 und Asarja in 2 Chr 26, 20; 31, 10. Der Oberpriester repräsentiert die gesamte Priesterschaft und hat über sie die Aufsicht; er ist seinerseits aber dem König verantwortlich, vgl. 2 Kön 12, 8. Nach 2 Kön 11, 12 salbt der Oberpriester Jojada den jungen Joas zum König. Neben dem *kohen hāro'š* wird in 2 Kön 25, 18 Zefanja als *kohen mišnæh* angeführt. Jer 29, 26 bezeichnet denselben Priester als „Aufseher" im Hause JHWHs, sehr wahrscheinlich ist damit die Leitung der Tempelpolizei gemeint. Unter den höheren Ämtern der Priesterschaft spielen die *ziqnê hakkohᵃnîm*, die „Ältesten der Priester" eine bedeutende Rolle. Sie werden als die Oberhäupter der Priesterfamilien zu besonderen Aufgaben herangezogen: König Hiskia schickt sie mit anderen Beamten zum Propheten Jesaja, um wegen der Assyrergefahr des-

sen Rat einzuholen (2 Kön 19, 1–7), der Prophet Jeremia nimmt sie als Zeugen seiner Unheilsweissagung über Jerusalem (Jer 19, 1–15).
Das Amt des „Hohenpriesters" *hakkohen haggāḏôl* wird erst in der nachexilischen Zeit ausgestaltet. Josua, der Zeitgenosse Serubbabels trägt als erster diesen Titel (Hag 1, 1. 12. 14; 2, 2. 4; Sach 3, 1. 8; 6, 11). In der Mauerbauliste (Neh 3, 1. 20) steht der Hohepriester Eljasib an erster Stelle. In Neh 13, 28 wird einer seiner Enkel getadelt, weil er die Tochter des nichtjüdischen Statthalters von Samaria geheiratet hat. Schließlich lobt Sir 50, 1–21 in überschwenglicher Weise den Hohenpriester Simon II. (225–192). Wenn der Titel vorexilischen Priestern zugeteilt wird, handelt es sich um Rückprojizierung oder Redaktion (2 Chr 34, 9; Num 35, 25. 28. 32). Mit dem aramäischen Äquivalent *kāhnā' rabbā'* wird in einem Papyrus von Elephantine (408) der Hohepriester Johanan von Jerusalem tituliert. *kohen gāḏôl* oder *kāhnā rabbā* werden oft in Mischna und Talmud gebraucht. P und andere nachexilische Schriften weisen noch folgende synonyme Bezeichnungen für den Hohenpriester auf: *hakkohen hammāšîaḥ* = „der gesalbte Priester" (Lev 4, 3. 5. 16), „der Fürst (*nāḡîḏ*) des Gotteshauses" (1 Chr 9, 11; 2 Chr 31, 13; Neh 11, 11), „Fürst" (Dan 9, 25) und „Fürst des Bundes" (Dan 11, 22).
Befugnisse und Aufgaben eines Hohenpriesters beschreibt P in der Gestalt Aarons. Er allein darf einmal im Jahr, am großen Versöhnungstag, das Allerheiligste betreten, um Tempel und Volk durch einen Blutritus zu versöhnen (Lev 16). Auch an den Hörnern des Räucheraltars soll er einmal im Jahr die Sühnehandlung vornehmen (Ex 30, 10). Wenn er selbst oder die ganze Gemeinde sich verfehlt haben, soll er einen jungen Stier als Sündopfer darbringen. Er bzw. die Ältesten müssen bei der Schlachtung ihre Hände auf den Kopf des Tieres legen, dann betritt der Hohepriester mit dem aufgefangenen Blut das Heilige und besprengt siebenmal den Vorhang, der das Heilige vom Allerheiligsten trennt. Er bestreicht mit seinem Finger, den er vorher in das Blut getaucht hat, die Hörner des Räucheraltars und gießt den Rest des Blutes am Fuß des Brandopferaltars aus. Von dem Opferfleisch darf er nichts verzehren, es wird außerhalb des Heiligtums auf dem Aschenplatz verbrannt (Lev 4, 3–21). Der Hohepriester darf bei den gottesdienstlichen Verrichtungen – außer am großen Versöhnungstag – einen besonderen Ornat tragen, dazu gehören u.a. das Schulterkleid Ephod, der Brustschild mit den zwölf Edelsteinen und der Kopfbund mit dem goldenen Stirnblatt (Ex 28; 39; Sir 45, 6–13). Das hohepriesterliche Amt ist erblich (Num 20, 26ff.), und zwar in der Familie der Zadokiden. Der Hohepriester darf nur eine Jungfrau heiraten und soll sich an keiner Leiche verunreinigen (Lev 21, 11–16). Für Totschläger, die in die Asylstädte geflohen sind, hat der Tod des Hohenpriesters Sühnewirkung (Num 35, 25ff.). Die besondere Stellung des Hohenpriesters im Kultus kommt auch durch die Salbung zum Ausdruck, die wohl seit Ende der persischen Zeit üblich wird (R. de Vaux, Le sacerdoce 128). Seit der frühhellenistischen Zeit wird der Hohepriester immer mehr auch das politische Haupt der jüdischen Gemeinde. Unter Antiochus IV. Epiphanes wird sogar der Nichtpriester Menelaus zum Hohenpriester eingesetzt. Seit 152 übernehmen die Hasmonäer dieses Amt.

VI. Mit den zadokidischen Hohenpriestern wird auch ein Teil der Priesterschaft aus Jerusalem verdrängt, sie weichen z.T. nach Ägypten (Leontopolis) aus, z.T. wandern sie zu den Sondergruppen wie der Gemeinschaft von Qumran ab. Der Gründer dieser Gemeinde, der Lehrer der Gerechtigkeit, ist ein Priester. 1 QS 2, 19–21 nennt als Gemeindemitglieder Priester, Leviten und „das ganze Volk" (d.h. die Laien). Die Priester nehmen eine hervorragende Stellung ein. Sie stehen den Zehnergruppen vor, in welche die Gemeinde eingeteilt ist. Ihre Aufgaben sind: Sie unterrichten das Volk im Gesetz und wachen über dessen Einhaltung; bei Streitigkeiten fungieren sie als Richter; sie sind für den Dienst der Leviten und der übrigen Amtsträger zuständig; bei den Mahlzeiten sprechen sie den Tischsegen; sie leiten auch den Wortgottesdienst, vor allem bei der jährlichen Erneuerung des Bundes und der Aufnahme neuer Mitglieder (1 QS 1, 18 – 2, 23). Das Zerwürfnis mit der Jerusalemer Priesterschaft und dem Tempel trägt zur Vergeistigung des Opferbegriffes bei: Sühne geschieht nicht durch Opfer, sondern durch Gebet und Sittlichkeit (1 QS 9, 3–6). Beim eschatologischen Kampf der Söhne des Lichtes gegen Belial hält ein Priester eine Mahnrede an das Heer, und ordnet der Hauptpriester sogar die Schlachtreihe, nachdem er den Kriegern ein Gebet vorgesprochen hat. Die Priester kämpfen selbst nicht aktiv mit, blasen aber die Signaltrompeten, stärken die Männer zum Kampf und feiern nach Bannung des feindlichen Lagers den Dankgottesdienst (1 QM). In den Qumrantexten findet sich schließlich noch die Erwähnung eines priesterlichen und eines königlichen Messias, wobei der priesterliche Messias dem königlichen übergeordnet ist (1 QSa 2, 2ff.). Vgl. A. S. Kapelrud, Die aktuellen und die eschatologischen Behörden der Qumrāngemeinde (in: H. Bardtke, Qumrān-Probleme, 1963, 259–268); A. Caquot, Le messianisme qumranien (BiblEThL 46, 1978, 231–247).

VII. Im Laufe der Zeit tritt das Priestertum zu den beiden anderen geistigen Führern, zum Königtum und Prophetentum, in ein ganz bestimmtes Verhältnis. Die Interaktion zwischen Königtum und Priestertum ist einer der bedeutendsten Züge der Geschichte Israels; denn niemals wurde in Israel – im Gegensatz zu seiner Umwelt – für den König selbst das Priestertum beansprucht (Ausnahme vielleicht Ps 110, 4). Israels Priestertum ist älter als das Königtum, aber das Königtum hat erst die Möglichkeit eines ausgedehnten Priestertums geschaffen. Das

Verhältnis des Priesters zum König ist das eines Dieners. König David überführt die Lade, tanzt vor ihr und ernennt Priester (2 Sam 6, 12ff.; 8, 17f.). Salomo baut den Tempel und opfert, er segnet das Volk und übernimmt die Priester in seinen Beamtenapparat (1 Kön 4, 2; 8). Der Tempel gehört dem König, die Tempelschätze stehen ihm zur Verfügung. Zum König gehören „seine" Priester (2 Kön 10, 11). Joas befiehlt den Priestern, die Schäden am Tempel auszubessern (2 Kön 12, 5–17). Ahas beauftragt den Priester Uria, einen Altar zu bauen, und trifft kultische Anordnungen, die von den Priestern beobachtet werden (2 Kön 16, 10–18). Durch die Hilfe der Priester werden dem König Heiligkeit und psychische Macht vermittelt. Der vom Priester gesalbte König gilt nicht nur als sakrale Person, er ist auch der von JHWH bevollmächtigte Mittler. Die frommen Könige sind Segensspender für das Volk. Wahrscheinlich lehnt sich der König auch als höchster Richter an die Priester an. Durch den königlichen Versuch der Zentralisation des Kultus erstarkt aber auch das Priestertum und wird unabhängiger. Nach P und Ez 40–48 hat der König bzw. „Fürst" nicht mehr das Recht, selbst die Opfer darzubringen, sondern nur das „Privileg", im Innern des Tempelvorhofs dabei zu sein. Durch die Nähe des Königspalastes und der königlichen Gräber wird der Tempel sogar verunreinigt. Als dann das Königtum fällt, können Priester und Tempel ohne es existieren, und die Priesterhierarchie kann beginnen.

Für das Verhältnis Priester – Prophet ist zunächst zu beachten, daß das Prophetentum Israels keine so einheitliche Größe darstellt wie das Priestertum. Es gibt sicher seit der Königszeit den Berufsstand des Propheten. Außer den ungebundenen Propheten, die im Lande herumziehen, finden wir Propheten, die an den Heiligtümern und am Königshof als „Auskunftspersonen" tätig sind (Kult- und Hofpropheten). Sie arbeiten wie die Priester gegen Entlohnung und ihr Beruf ist erblich. Die Kultpropheten erteilen als Mittler zwischen Gott und Mensch Orakel und vertreten die Menschen vor Gott durch ihre Fürbitte. Sie handeln oft spontan und in ekstatischem Zustand, während die Priester sich mehr des Losorakels bedienen. Sie sind auch nicht so eng in das Personal des Heiligtums eingegliedert wie die Priester. Jeremia nennt öfter Priester und Prophet zusammen (z. B. 26, 7f. 11. 16), die Prophetengruppe am Jerusalemer Tempel aber ist einem Oberpriester unterstellt (Jer 29, 26). In nachexilischer Zeit verliert diese Kultprophetie immer mehr an Bedeutung und geht im clerus minor (Tempelsänger) auf. Bei einzelnen Gelegenheiten ist auch die Rede von Prophetinnen (2 Kön 22, 14; Neh 6, 14), während es Priesterinnen in Israel nicht gegeben hat. – Neben dieser Berufsprophetie steht die zahlenmäßig kleine, aber an Bedeutung überragende Gruppe der Einzelpropheten (Schriftpropheten). Sie üben ihre Tätigkeit aufgrund einer besonderen Berufung aus und sind weder Glieder eines Standes noch Beamte eines Heiligtums oder Königs. Sie stehen häufig im Gegensatz zu den Priestern und Berufspropheten, greifen sie gemeinsam oder getrennt an und verurteilen sie. Amos stößt mit Amasja, dem Oberpriester von Bet-El, zusammen (Am 7, 10–17). Hosea tadelt den synkretistischen Kult der Priester des Nordreichs und ihre Mißachtung des Gottesrechts (Hos 4, 4–14; 5, 1). Jesaja wirft den Priestern und Propheten Jerusalems ihre Trunkenheit bei religiösen Mählern vor (Jes 28, 7–13). Micha bezichtigt die Priester der Korruption (3, 11), Zephanja klagt sie an, daß sie „das Heilige entweihen und das Gesetz vergewaltigen" (3, 4). Bei Ezechiel (22, 26) wird diese Anklage noch erläutert: Sie machen keinen Unterschied zwischen Heilig und Profan, Unrein und Rein, sie verletzen den Sabbat. Jeremia, selbst Priestersohn, sieht in Volksgunst und Gewinnsucht die Motive dafür, daß „alle Propheten und Priester Trug üben" (6, 13). Er wird wegen seiner Unheilsweissagung gegen Stadt und Tempel von „den Priestern und Propheten" mit dem Todesurteil bedroht (26, 11). Und Maleachi nimmt die Kritik der vorexilischen Propheten für seine Zeit wieder auf; er rügt vor allem, daß die Priester blinde und lahme Tiere, die sich für die Aufzucht nicht eignen, als Opfer annehmen.

Neben Priester und Prophet ist noch der Weisheitslehrer zu nennen (vgl. Jer 18, 18). Unter Salomo entstehen aus den „Schreibern" die professionellen Weisheitslehrer, für die JHWHs Weisung zugleich fruchtbarste Quelle der Weisheit ist. In der nachexilischen Zeit werden diese Weisheitslehrer ganz allmählich von den Schriftgelehrten abgelöst. Die Priester teilen mit ihnen zunächst noch ihre Lehraufgabe, treten sie aber später zum größten Teil an diese ab.

VIII. Die Bedeutung des Priestertums für die at.liche Religion ist kaum zu überschätzen. Die Priester repräsentieren Israels Verbindung mit Gott, sie sind eine Art Bundesmittler. Der Hohepriester, mit den Namen der zwölf Stämme auf dem Brustschild, vertritt gleichsam das ganze Volk. Die Priester vergegenwärtigen JHWH durch die mannigfachen Formen ihrer Wortverkündigung. Die für den Gottesdienst geforderte Heiligkeit ist im Priestertum symbolisiert; durch es wird augenscheinlich, daß JHWH der Herr und Eigentümer des Volkes ist. Die priesterliche Theologie dokumentiert sich besonders in P. Gottes Unveränderlichkeit, seine ontische und ethische Heiligkeit, sein Wirken in Schöpfung und Geschichte, seine Bünde mit den Menschen und die dauernde Gegenwart seines Namens in Israel sind die Hauptthemen dieser schriftlich fixierten Traditionen. Auch durch die Weitergabe von Gesetzen, Ritualien und Liedern erweisen sich die Priester als treue Diener der Überlieferung. Auf diese gründet sich geradezu ihre Autorität, weniger auf die theologische Kraft und Begabung des einzelnen. Die geistige Struktur des Priestertums zeigt ausgesprochen statischen Charakter. P läßt z. B. die übrigen Quellenschriften des Pentateuch intakt und tilgt nicht die kritischen Texte der Propheten. Die priesterliche Pflege der kultischen Formen schützt und erhält den Gottesglauben, sie erzieht aber ebenso zur sittlichen Lebensführung und Gewissensschärfe. Dichtung und Geschichtsschreibung, Rechtsleben und Politik erhalten durch die Priester entscheidende Impulse. Der nachexilische Tempelstaat steht innenpolitisch unter einem Priesterregiment, und der Priester Esra sorgt für den Unterricht und hindert nicht das Aufkommen der Laien, der Schriftgelehrten. Der Hohepriester hat einmal im Jahre für das Volk eine Entsündigung zu leisten. Es darf freilich auch nicht übersehen werden, daß der priesterliche Eifer für den wahren Glauben Gefahren in sich schließt. Die von den Propheten getadelte Veräußerlichung des Kultus, die klerikalisierende Rückprojizierung der nachexilischen Kultverhältnisse in die Frühzeit des Volkes und die geringe Einbeziehung der Heidenvölker in die Heilssphäre weisen in diese Richtung. Abschließend darf man feststellen, daß die Tätigkeit der Priester dem ganzen Volk Segen und Heil bringt und daß priesterliches Versagen kaum Einfluß auf das Schicksal des Volkes gewinnt.

Dommershausen

כּוֹכָב *kôkāb*

I. 1. Etymologie – 2. Vorkommen – 3. Religionsgeschichtlicher Hintergrund – a) Mesopotamien – b) Ugarit – II. AT – 1. Astronomie – 2. Schöpfung – 3. Metaphorischer Gebrauch – 4. Ungewöhnliche Erscheinungen – 5. Unerlaubte Verehrung – 6. Besondere Beispiele – III. LXX – IV. Qumran.

Lit.: *M. A. Beek*, Stern (BHHW III 1865–1868). – *K. H. Bernhardt*, Chiun (BHHW I 300). – *Ders.*, Sikkuth (BHHW III 1792–1793). – *F. M. T. Liagre Böhl*, Babylonische und assyrische Religion (RGG³ I 812–822). – *F. Boll*, Kleine Schriften zur Sternkunde des Altertums, 1950. – *W. Brueggemann*, Arcturus (IDB I 216). – *Ders.*, Orion (IDB III 609). – *Ders.*, Pleiades (IDB III 826). – *E. Dhorme*, Les religions de Babylonie et d'Assyrie, Paris ²1949, 53–82. 282–289. – *M. J. Dresden*, Science (IDB IV, bes. 241 f.). – *G. R. Driver*, Two Astronomical Passages in the Old Testament (JThS NS 4, 1953, 208–212). – *Ders.*, Two Astronomical Passages in the Old Testament (JThS NS 7, 1956, 1–11). – *H. Gressmann*, Die hellenistische Gestirnreligion (AO Beih. 5, 1925). – *W. Gundel*, Sternglaube, Sternreligion und Sternorakel, ²1959. – *J. Henninger*, Über Sternkunde und Sternkult in Nord- und Zentralarabien (Z. f. Ethnologie 79, 1954, 82–117). – *J. J. Hess*, Die Sternbilder in Hiob 9, 9 u. 38, 31 (Festschr. Georg Jacob, Leipzig 1932, 914–999). – *F. X. Kugler*, Entwicklung der babylonischen Planetenkunde von ihren Anfängen bis auf Christus, 1907. – *Ders.*, Sternkunde und Sterndienst in Babel I, 1907; II, 1909/10; III, 1913/14. – *E. W. Maunder*, The Astronomy of the Bible, London ⁴1935. – *J. W. McKay*, Religion in Judah under the Assyrians 732–609 B.C. (SBT II/26, 1973). – *S. Mowinckel*, Die Sternennamen im AT (NoTT Beih. 29, 1928). – *O. Neugebauer*, The Exact Sciences in Antiquity, Providence ²1957. – *Ders.*, Astronomical Cuneiform Texts, 3 Bde., Princetown 1955. – *Ders.*, An Astronomical Almanac for the Year 348/9, Kopenhagen 1956. – *Ders.*, Hypsicles die Anfangszeiten der Gestirne, 1966. – *Ders.*, The Astronomical Treatise P. Ryl. 27, Kopenhagen 1949. – *Ders.*, Commentary on the Astronomical Treatise Per. gr. 2425, Brüssel 1969. – *M. P. Nilsson*, Die astrale Unsterblichkeit und die kosmische Mystik (Numen I, 1954, 106–119). – *F. Normann*, Mythen der Sterne, 1925. – *U. Oldenburg*, Above the Stars of El (ZAW 82, 1970, 187–208). – *H. D. Preuss*, Verspottung fremder Religionen im Alten Testament (BWANT 93, 1971). – *C. Ptolemaeus*, Handbuch der Astronomie, Leipzig 1963. – *O. Rühle (C.-M. Edsman)*, Astralreligion (RGG³ I 662–664). – *J. Schaumberger*, Drei planetarische Hilfstafeln (AnOr 6, 933). – *G. Schiaparelli*, Die Astronomie im Alten Testament, 1904. – *H. J. Schoeps*, Astrologie, 1950. – *J. N. Strassmaier*, Late Babylonian Astronomical and Related Texts, Providence 1955. – *F. Strunz (C.-M. Edsman)*, Astrologie (RGG³ I 664–666). – *Th. V. Scheffer*, Die Legende der Sterne im Umkreis der Antiken Welt, 1939. – *A. E. Thierens*, Astrology in Mesopotamian Cultures, Leiden 1935. – *B. L. van der Waerden*, Babylonian Astronomy II, The Thirty – Six Stars (JNES 8, 1949, 6–26). – *Ders.*, Babylonian Astronomy III, The Earliest Astronomical Computations (JNES 10, 1951, 20–34). – *E. J. Webb*, The Names of the Stars, 1952. – *E. F. Weidner*, Handbuch der babylonischen Astronomie I, 1915. – *Ders.*, Die astrologische Serie Enûma Anu Enlil (AfO 14, 1941–1944, 308–318; 17, 1954–1956, 71–89). – *Ders.*, Ein babylonisches Kompendium der Himmelskunde (AJSL 40, 1923/24, 186–208). – *E. Zinner*, Sternglaube und Sternforschung, 1953.

I. 1. Das hebr. *kôkāb* hat Verwandte in allen semit. Sprachen, die alle eine im Grunde identische Bedeutung von 'Stern, Himmelskörper (Planet)' aufweisen: Ugar. *kbkb*, einmal *kkb* (UT Nr. 1189; WUS Nr. 1277); phön. *hkkbm*, akk. *kakkabu* (AHw 421 b); amor. *kakkabum* (APNM 220); syr. *kawkebā'*, arab. *kaukab*; äth. *kokab*. Das Subst. stellt eine reduplizierte Form (vgl. BLe § 61d) des Elements *kb* dar; aus *kabkab* ist über *kawkab kôkāb* entstanden. Die präzise Bedeutung einer solchen Verbalwurzel im Proto-Semit. kann nur vermutet werden. Am wahrscheinlichsten ist eine Grundbedeutung 'hell brennen' (vgl. KBL³ 441 f.; anders BDB 456 'reisen, kreisen', vgl. arab. *kabba* 'umwenden').

2. Das Subst. *kôkāb* begegnet insgesamt 37mal im AT, davon 2mal im Sing., sonst immer im Pl.; 9mal ist das Subst. direkt mit Himmel (→ שמים *šāmajim*) verbunden. An einigen anderen Stellen werden die Sterne in Verbindung mit Sonne (→ שמש *šæmæš*) und Mond (→ ירח *jāreaḥ*) als Leuchtkörper des Himmels erwähnt. In der Mehrzahl der Fälle werden die Sterne weder als göttliche Wesen aufgefaßt, noch repräsentieren sie sie, noch besitzen sie unabhängiges psychisches Leben. Eine bedeutende Ausnahme findet sich in Hi 38, 7; hier wird von den Sternen berichtet, daß sie alle bei der Erschaffung der Welt vom

Lobe Gottes gesungen haben. Das AT bezeugt aber eine weitverbreitete populäre Verehrung der Sterne als göttliche Wesen, sowohl individuell als auch kollektivisch als „Heerscharen (→ צבא *ṣābā'*) des Himmels" (vgl. Deut 4, 14; 2 Kön 23, 5). Letztere Umschreibung ist das häufigste Synonym für die Sterne. Die „Königin (*malkāh* → מלך *mælæḵ*) des Himmels", die babyl. Göttin Ištar, nimmt eine Sonderstellung ein. Sie wird mit dem Planeten Venus, dem Morgenstern identifiziert. Die Planeten werden im AT von den Sternen nicht unterschieden, nur der Ausdruck *mazzārôṯ* in Hi 38, 32 kann als 'Sternbilder' verstanden werden (s.u. II. 1.). Auch ist nicht sicher, ob die Sternbilder des Tierkreises, insbes. die zwölf Tierkreiszeichen des Sonnentierkreises, im at.-lichen Text gesondert betrachtet werden (s.u. II. 1. zu *mazzālôṯ* in 2 Kön 23, 5). Verschiedene einzelne Sterne und Sternbilder werden im AT genannt, vgl. II. 1. Einer der deutlichsten Zeugen für die religiös-mythologische Interpretation der Sterne und Planeten findet sich in Jes 14, 12; hier wird der „Tagesstern, Sohn der Morgenröte" (*hêlel bæn-šaḥar*) in Anspielung auf ein mythologisches Fragment erwähnt, vgl. II. 6.

3. a) Die Sterne haben in der intellektuellen und religiösen Entwicklung der Menschheit einen bedeutenden Platz eingenommen, da sie das komplexe und imponierende Bild einer geordneten Schöpfung hervorrufen. Ehrfurcht und Staunen vor den Himmeln, gepaart mit der Suche nach rationalem Verstehen, ist nirgends augenfälliger als im alten Mesopotamien. So können die Ursprünge der Astronomie als mathematische Wissenschaft, der Astralreligion als Dimension religiöser Spekulation und der Astrologie als populäre Pseudowissenschaft alle bis hierher zurückverfolgt werden. Vor allen Dingen sollte die Stellung der sum. und noch eindrucksvoller die der späteren babyl. Beobachtungen und Berechnungen in der Entwicklung zu einer wahren astronomischen Wissenschaft beachtet werden. Die Bildungen der stellaren Konstellationen, die Regelmäßigkeit ihres Auf- und Untergangs am nächtlichen Himmel und die Übereinstimmung ihrer Bewegungen in Verbindung mit denen der Sonne und des Mondes lieferten eine bedeutende Grundlage für das menschliche Wissen vom physikalischen Weltall; es bildet die Grundlage der modernen Astronomie (vgl. Neugebauer 97–144).

Neben dieser wissenschaftlichen Beobachtung und Berechnung kam ein mehr volkstümliches, mythologisches Verstehen der Sterne und ihrer Bewegungen auf. Hier liegt die Grundlage für die Astrologie, welche von Babylon auf die griech.-röm. Welt übergriff, Judentum wie Christentum beeinflußte und im Mittelalter ungeheure Popularität erreichte. Die Astrologie interpretiert die Bewegungen der Sterne als Erfüllung des Willens verschiedener göttlicher Mächte, so daß der Mensch durch die Beobachtung solcher Bewegungen die Ankunft günstiger oder ungünstiger Tage vorherbestimmen konnte. Besonders konnte Orakelwissen über die Zukunft hergeleitet werden, um das Eintreffen von Siegen oder Unglück für die Menschheit vorherzusagen. Seit dem 5. Jh. v. Chr. wurde dies eng mit den zwölf Tierkreiszeichen verbunden. Diese dienten dazu, die einzelnen Monatszeiträume der Mond- und Sonnenekliptik zu bestimmen. Jede Phase wurde mit einer spezifischen symbolischen Figur wiedergegeben, deren Name sicherlich wesentlich älter ist als das gesamte Zwölf-Symbole-System. In griech.-röm. Zeit drang dieses babyl. System immer mehr in den Mittelmeerraum und auch in das Judentum ein. Die Symbole des Tierkreises dienten in mancher Hinsicht dazu, die volkstümlichen Merkmale der babyl. Astralmythologie und -religion in ein relativ einfaches System einzuordnen. Es behielt seine Popularität noch lange, als diese Religion als kultische Realität verschwunden war. Folglich erfreuten sich die „Sterndeuter" Babylons (vgl. Jes 47, 13) eines dauernden Ruhmes in der Geistesgeschichte der Menschheit, als die wissenschaftlichen Ausführungen der astronomischen Beobachtungen der Babylonier schon vergessen waren.

Die wesentliche Verbindung zwischen den zwei Aspekten des mesopotam. Interesses an den Sternen kann in der babyl. Religion mit ihren betont astralen Merkmalen gefunden werden (vgl. Dhorme 53–82). Schon in Ebla wird der Astralgott *kakkab* verehrt (vgl. O. Keel, Monotheismus im Alten Testament und seiner Umwelt, 1980, 31–48, bes. 36). Neben dem Mondgott Sin und dem Sonnengott Šamaš erfreute sich eine Anzahl von Sternen und Planeten einer so großen Bedeutung, daß einige Sterne und Planeten mit spezifischen Gottheiten identifiziert wurden. Die bedeutendste war die Göttin Ištar (sum. Inanna), deren Zeichen der Planet Venus war. Sie erscheint in der kanaan.-phön. Religion als Astarte-Aštarot und im AT als die Königin des Himmels. Sie war eine Göttin, deren vornehmste Bedeutung in der Schirmherrschaft über die Liebe und den Krieg lag. Der Stern Sirius erfreute sich als Verkörperung des Gottes Ninurta (Nimrod) – Schutzherr der Jagd – ebenfalls eines großen Ansehens. Andere Sterne und Planeten werden mit anderen Gottheiten verbunden: von ihnen soll der Planet Mars erwähnt werden, welcher mit dem Gott Nergal, dem Herrn der Unterwelt, identifiziert wurde; der Planet Saturn wurde vornehmlich mit dem Schutz von Gerechtigkeit und Recht assoziiert. Die Plejaden wurden als Siebengestirn verehrt. Die babyl. Beobachtung unterscheidet deutlich zwischen 'Fixsternen' und Planeten. Diese Unterscheidung ist im AT weniger klar durchgehalten.

b) R. E. Whitaker (343) zählt 21 Vorkommen des Subst. *kbkb* im Ugar.; außer 5 erscheinen alle im Pl., außerdem einmal *kbkbn*. Alle diese Stellen beziehen sich, soweit aus dem Kontext ein klares Verständnis möglich ist, auf die Leuchtkörper des nächtlichen Himmels. Trotzdem werden Spuren von deutlich religiöser Verbindung sichtbar. In KTU 1.5, II, 2.3 werden die Sterne als höchster Teil des Weltalls bezeichnet, im Gegensatz zum tiefsten Teil, der vom Rachen des Mot gebildet wurde. Die mythologische Verbindung, die hier deutlich wird, wird noch klarer in KTU 1.19, IV, 25.31. Hier wird ein Hinweis auf die Übergabe von Opfern an die Sterne gegeben. Dies impliziert die Anerkennung eines göttlichen Status. Zumindest werden sie offensichtlich mit speziellen Gottheiten gleichgesetzt, auch wenn keine weiteren Ausführungen dazu in den einschlägigen Texten gemacht werden. In den übrigen Fällen werden die Sterne einfach als Leuchtkörper des Nachthimmels angesehen, die wegen ihrer Helligkeit besondere Beachtung hervorrufen.

II. 1. Der Umfang der astronomischen Wissenschaft und der Erkenntnis des AT erscheint im Vergleich zu den ausgedehnten Beobachtungen, Namensgebungen und Berechnungen der Babylonier relativ begrenzt. Das at.liche Interesse richtet sich auf die unermeßliche Zahl der Sterne, ihre Helligkeit und regelmäßigen Bewegungen. Dagegen interessieren die Erscheinung einzelner Sterne und Sternbilder sowie die Eigenbewegungen der großen Planeten weniger. Es ist immer noch fraglich, inwieweit das AT mit der entwickelten Mythologie, die mit den zwölf Tierkreiszeichen verbunden ist, vertraut war. Unsere Kenntnis von der israelit. Astronomie stammt fast gänzlich aus den drei Stellen Am 5,8; Hi 9,9; 38,31f. Hier wird auf spezifische Sterne und Konstellationen hingewiesen. Am 5,8 gehört in einen doxologisch-hymnischen Abschnitt (Am 4,13; 5,8; 9,5f.), der nicht vom Propheten selbst stammt (vgl. H. W. Wolff, BK XIV/2, 282f.). Unsere Kenntnis bezieht sich auf *kîmāh* und *k^esîl*, die jeweils mit gutem Grund mit den Plejaden und Orion identifiziert werden können. Die LXX übersetzt *kîmāh* mit 'alle Dinge', dies ist aber sicher dem Übersetzer zuzuschreiben, der offensichtlich einen Hinweis auf eine himmlische Konstellation, die mit heidnischer Mythologie assoziiert wurde, vermeiden wollte. Etymologisch ist die Bedeutung 'Haufen (der Sterne)' durch das arab. *kaum* ('Herde von Kamelen') und *kauma* ('Erdhaufen') bezeugt. Dies paßt gut als Hinweis auf die Konstellation der Plejaden, die man sich von alters her aus sieben Sternen bestehend dachte. *k^esîl*, von einer Wurzel mit der Bedeutung 'dick, grob, dumm' abgeleitet, wird seit V mit dem Orion identifiziert (vgl. LXX Hi 38,31). Der Name könnte andeuten, daß der Stern mit der Figur eines Riesen verbunden wurde. In der babyl. Religion wurde er mit dem Gott Ninurta identifiziert, dem Urbild des mächtigen Jägers Nimrod. In Hi 9,9 wird der Name von LXX mit Hesperos, dem Abendstern übersetzt, während Jes 13,10 eine Pluralform erscheint, so daß hier eine umfassendere Bedeutung von „Sternbildern" vorliegt. Als Alternative wurde Sirius, der Hundestern vorgeschlagen (vgl. Dalman, AuS I 497ff. 501).

In den drei Stellen, in denen diese Namen auftauchen, gibt es keinen offensichtlichen Hinweis auf eine mythologische Interpretation. Es ist wahrscheinlicher, daß das Interesse an ihnen von ihren jahreszeitlich bedingten Bewegungen herrührt. Die Periode des frühen Aufgangs der Plejaden markierte den Beginn des Sommers. Ähnlich zeigt die Sichtbarkeit des Hundes des Orion (Sirius) an heißen Tagen die Sommerzeit an (vgl. Dalman, AuS I 501). In Am 5,8 ist der Text unvollständig (der erste Halbvers ist ausgefallen, vgl. BHS), aber das religiöse Interesse konzentriert sich auf die Erklärung, daß der Wechsel der Jahreszeiten, der von der Bewegung der Sterne angekündigt wird, die Macht Gottes über die Schöpfung offenbart. Dasselbe zeigt der Wechsel von Tag und Nacht an. G. R. Driver (JThS NS 4, 1953, 208ff.) folgt G. Hoffmann (ZAW 3, 1883, 110f.) und emendiert Am 5,9, um hier Bezüge zu Sirius, Prokyon, Kastor und Pollux (Zwillinge) zu finden, indem die Reihe dieser Konstellationen („the Navigator's Line") den hier genannten „erhobenen Arm" (vgl. Hi 38,15) bildet.

Ein vergleichbares Interesse an der Identität der einzelnen Sterne als Zeugnis von Schönheit und Form von göttlicher Macht findet sich in Hi 9,9. Hier begegnen neben den Hinweisen auf *kîmāh* und *k^esîl*, über die schon gehandelt wurde, noch *ʿāš* „der Bär" und *ḥaḏrê têmān* „die Kammern des Südens". LXX und Syr kehren hier die Reihenfolge der Sternbilder offensichtlich unter dem Einfluß von Hi 38,31f. und Am 5,8 um; die Reihenfolge im MT sollte deshalb als ursprünglich angesehen werden. *ʿāš* ist offensichtlich als Hinweis auf dasselbe Sternbild wie *ʿajiš* in Hi 38,32 anzusehen. Die Identifizierung mit dem großen Bären geht mindestens auf Saadia und Ibn Ezra zurück, jedoch wurde von Driver die Richtigkeit dieser Behauptung bestritten (JThS NS 7, 1956, 1ff.). Mit G. Schiaparelli schlägt er eine Identifikation mit Aldebaran vor. Das syr. *ʿajûṯā*' scheint zwischen Orion, Widder und Aldebaran (das „Auge des Stieres") zu zögern (vgl. Dhorme, Le livre de Job, Paris 1926, z.St.). V identifiziert es mit Arkturus, das LXX aber hier als Übersetzung für *k^esîl* benutzt. Ist *ʿāš*/*ʿajiš* der Große Bär, so wären „die Kleinen" von Hi 38,32 der Kleine Bär; G. R. Driver zieht jedoch eine Identifikation mit den Hyaden vor. „Die Kammern des Südens" sind in den alten Versionen nicht genau zu bestimmen, denn sie bevorzugten Paraphrasen; aber Dhorme und Schiaparelli setzen sie mit Argo, Kentaur und dem Kreuz des Südens gleich.

Hi 38,31 bezieht sich auf die „Bande (*maʿ^adannôṯ*) der Plejaden", wodurch nach volkstümlicher Vorstellung die getrennten Sterne zusammengehalten werden müssen, um sie zu einem Sternbild zu verbinden. Der Hinweis auf die Seile (*moš^ekôṯ*) des Orion erfordert jedoch eine andere Erklärung, möglicherweise mußte er als Riese gefesselt werden. V. 32 bezieht sich auf *mazzārôṯ*, was seit Theodotion immer wieder mit *mazzālôṯ* (2 Kön 23,5) gleichgesetzt wird. Der letzte Terminus ist ein hap.leg.; seine Bedeutung kann aber ziemlich sicher von akk. *manzaltu* 'Standort, Stellung' als „Konstellation, Standort der Sterne" abgeleitet werden. Aram. *mazzālā'* und mhebr. *mazzāl* bedeuten „Sternbild des Tierkreises". Die jüd. Tradition hat auch diese Bedeutung in 2 Kön 23, 5 gesehen, doch ist sie wohl zu eng für unsere Stelle. G. R. Driver (JThS NS 7, 1956, 7) schlug vor, entweder an die Sternbilder des Tierkreises zu denken oder an die fünf Planeten, wobei letzteres das Wahrscheinlichere ist. Von der Verbindung mit den Sternbildern des Tierkreises erhält dieser Begriff in der späthebr. und aram. Verwendung die Assoziation „Glück".

Die *mazzārôṯ* von Hi 38, 32 sind offensichtlich nicht dieselben und man sollte sie deshalb nicht verwechseln (auch nicht mit den *m^e^zārîm* 'Winde', 'Zerstreuer' von Hi 37, 9). LXX übersetzt einfach μαζουρωθ, aber es scheint eine spezifische Gruppe von Sternen gemeint zu sein. G. R. Driver (8) schlägt auch hier die Sternbilder des Tierkreises vor, während Dhorme mit Michaelis sie mit Corona Borealis identifiziert.

Der Bereich der im AT bezeugten astronomischen Benennung und Beobachtung ist im Vergleich zu den mesopotam. Ausführungen nicht sehr groß. Trotzdem reicht es für die Behauptung, daß es nur einen kleinen Teil des astronomischen Interesses mit seiner begleitenden Mythologie repräsentiert, die die alten Israeliten mit ihren mesopotam. Nachbarn teilten. Die Art, in der solche Hinweise erfolgen, deutet darauf hin, daß die Identifizierung einzelner Sterne und die Kenntnis ihrer Bewegungen in Verbindung mit den Monaten und Jahreszeiten ein allgemein bekannter Gegenstand volkstümlicher Gelehrsamkeit und Spekulation war. Wie der Mond müssen auch die Sterne dazu beigetragen haben, die Zeit und die Jahreszeiten zu berechnen, obwohl dies für das AT größtenteils hypothetisch ist.

2. Im P-Schöpfungsbericht ist die Erschaffung der Sterne mit Sonne und Mond Werk des vierten Tages (Gen 1, 16). Die beiläufige Art, in der sie eingeführt werden, deutet eine unerwartete Mißachtung ihrer Bedeutung für die wissenschaftliche Berechnung der Zeit an. Ohne Zweifel spiegelt dies das Bestreben wider, die volkstümliche religiöse und mythologische Konnotation, die den Bewegungen der Sterne weithin anhaftete, unwirksam zu machen. Dieses Bestreben drängt die Sterne aus dem unmittelbaren Bereich der Religion (vgl. Mesopotamien) heraus.

Weitere Beweise für den at.lichen Widerstand gegen jede Spekulation über den Einfluß der Sterne auf das Schicksal der Menschen s.u. II. 5. Im AT werden die Sterne meistens als Zeichen der Macht und Erhabenheit JHWHs in und über die Schöpfung angesehen. Ihre unermeßliche Zahl, ihre Helligkeit am klaren Nachthimmel und die geordnete Regelmäßigkeit ihrer Bewegungen zogen die Bewunderung der Menschen auf sich und zeigten die Weisheit und Macht ihres Schöpfers an. Außer den schon erwähnten Hinweisen auf bestimmte Sterne oder Sternbilder entwikkeln zahlreiche Belege dieses Thema. An erster Stelle stehen hier Anspielungen auf die Unzählbarkeit der Sterne. Ps 147, 4 erklärt, daß JHWH ihre Zahl festgelegt und ihnen jeweils den Namen gegeben hat. Eine solch unermeßliche Zahl überwältigt den menschlichen Verstand und deutet hin auf einen höheren Geist, welcher allein soviel begreifen und verstehen kann (vgl. Jes 40, 26; 45, 12). Der Glaube, daß JHWH ihnen ihre Namen gegeben hat, kann ein Zeichen dafür sein, daß der Psalmist den Grund für ihren fremden und vornehmlich mythologischen Charakter nicht mehr kannte, da er die Namengebung ausschließlich Gott zuschreibt. Weiterhin wird deutlich, daß die Bewunderung für die Helligkeit und Zahl der Sterne die Gelegenheit zum Lobpreis bietet: so Ps 8, 4; 149, 9, wo die Sterne mit dem Mond bzw. der Sonne verbunden werden (vgl. auch Ps 148, 3). Ein vergleichbares Interesse für die „feste Ordnung" (*ḥuqqoṯ*, 1. mit BHS *ḥoqeq*) von Mond und Sternen findet sich in Jer 31, 35, wo der unveränderliche Charakter des göttlichen Willens versichert wird. Das Erscheinen der Sterne am Abend markiert das Ende des Arbeitstages, wie der Hinweis in Neh 4, 15 verdeutlicht. Der Bezug in Hi 22, 12 auf die „höchsten Sterne" spiegelt die Annahme wider, daß der Himmel eine halbkugelförmige Gestalt habe, so daß der Polarstern und die ihm am nächsten plazierten Sterne höher als der Rest gelegen waren. Da Gott noch über ihnen war, konnte er alles sehen, was auf der Erde geschah.

Die Vorstellung von der großen Höhe der Sterne über der Erde spiegelt sich auch in Ob 4 wider; hier wird ein eigentlich übertriebenes Bild verwandt: Edom ist wie ein Adler, der sein Nest „in den Sternen" baut. Hi 38, 7 spielt auf den Beginn der Schöpfung an, wenn die „Morgensterne" (vgl. den „Stern der Morgendämmerung" in Hi 3, 9) zusammen zum Lobpreis Gottes sangen für alles, was er gemacht hatte. Der Bezug auf die „Söhne Gottes" (*b^e^nê 'ᵆlohîm*) im parallelen Halbvers zeigt an, daß es sich hier um ein Echo auf die alte Mythologie handelt, in der die Sterne als göttliche Wesen niederen Ranges angesehen werden. Der Dichter will mit dem Hinweis auf die Existenz der Sterne die Größe und Majestät ihres Schöpfers anzeigen und verstärken. Daß der Schöpfer größer ist als seine Werke, zeigt auch der Hinweis auf die Sterne Hi 25, 5. Hier wird versichert, daß aus der Sicht Gottes weder der Mond als hell, noch die Sterne als rein im Vergleich zu ihm betrachtet werden können. Um wieviel weniger kann dann der Mensch vor ihm als rein gelten.

In Dan 12, 3 liefert die Helligkeit der Sterne die Grundlage für eine literarische Figur, die Freude und Glück ausdrückt, welche die, die während der Zeit der Verfolgung der Torah treu blieben, nach dem Tode erfahren werden. Es sind vornehmlich die Juden gemeint, die im Makkabäeraufstand lieber das Martyrium erlitten, als ihren Väterglauben zu verraten. Ihr Lohn nach dem Tod wird umschrieben mit dem Bild „Scheinen wie Sterne". Hier wird deutlich, wie der Gebrauch der Sterne als Gleichnisse für Helligkeit immer komplexere metaphorische Bedeutung gewinnt, deren genaue Konnotation schwieriger zu definieren ist.

Das auffallendste Merkmal der Sterne ist ihre unermeßliche Zahl; sie hat auch die ausgedehnteste literarische Verwendung im AT hervorgerufen. Die Tatsache, daß sie für eine Zählung zu zahlreich sind, macht sie zu einem wirksamen Vergleichspunkt für eine unendliche Zahl. Schon Ps 147, 4 (vgl. Jes 40, 26) zeigt, daß Gott allein ihre Zahl festgelegt haben muß, weil er allein so viele zählen kann. Die weiteste Entwicklung dieses literarischen Mittels von der unermeßlichen Zahl der Sterne findet sich in Verbindung mit dem göttlichen Versprechen an Abraham und seine Nachkommen, daß sie ein großes Volk werden. Ihre Zahl wird so weit anwachsen, daß sie vergleichbar werden mit der Zahl der Sterne am Nachthimmel. Diese Versicherung tritt zuerst auf in JHWHs Versprechen an Abraham in Gen 15, 5 (E?). Danach werden sie ein oft gebrauchter Vergleichspunkt, um die Größe und Stärke des israelit. Volkes, wie sie in dem göttlichen Versprechen vorgesehen ist, auszudrücken (Gen 22, 17 E; 26, 4 J; Ex 32, 13 R^{D}; Deut 1, 10; 10, 22; 28, 62; 1 Chr 27, 23; Neh 9, 23).

Nah 3, 16 ist der Vergleichspunkt die große Anzahl von ninevitischen Kaufleuten, durch die der Prophet den Umfang des bevorstehenden Niedergangs der Stadt anzeigt.

3. Durch den metaphorischen Gebrauch der Helligkeit der Sterne erhebt sich eine weitere Bedeutung der Sterne für das AT. Dan 12, 3 wird „Leuchten der Sterne“ für eine Beschreibung des Lebens nach dem Tode, das rechtschaffene Juden erwartet, verwandt. Als ein sichtbares und augenfälliges Bild der geschaffenen Ordnung können die Sterne, durch Synekdoche, die ganze Schöpfung verkörpern. So in dem alten Gedicht Ri 5, 20: In einem von JHWH geführten Krieg kämpfen alle Sterne gegen Israels Feind Sisera. Der gedankliche Hintergrund des Deboraliedes ist stark beeinflußt von der Institution des Heiligen Krieges, in welchem der Sieg in der Schlacht als eine Großtat JHWHs angesehen wurde. Die Teilnahme der Sterne in diesem Kampf ist so Ausdruck der Vorstellung, daß alle Elemente des geschaffenen Universums JHWH zur Disposition stehen und von ihm eingesetzt werden können, den Sieg zu erringen. Einen völlig anderen metaphorischen Gebrauch der Sterne zeigt der Bericht von Josephs Traum in Gen 37, 9ff. (J): Sonne und Mond verkörpern Josephs Vater und Mutter, elf Sterne seine Brüder. Die verschiedene Helligkeit der Lichtkörper des Himmels machen sie geeignet, eine menschliche Familie zu repräsentieren.

Ein ähnliches, wenn auch weniger offensichtliches Bild findet sich in Bileams Orakel in Num 24, 15–19 (J): v. 17 deutet der „Stern“ aus Israel, der Moab und Edom unterwirft, mit Sicherheit auf den historischen David und die Zeit seiner Königsherrschaft über Israel hin. LXX und die alte syr. Version erklären das Bild, indem sie „Mann“ bzw. „Führer“ lesen, während T^{O} den Stern als den kommenden Messias interpretiert. Da der Stern als Symbol für einen Herrscher oder Führer angemessen war, wurde er auch in die apokalyptische Vorstellung von Dan 8, 10 aufgenommen. Hier wird von dem kleinen Horn, das mit Antiochus Epiphanes identifiziert werden muß, gesagt, daß es groß wurde, sogar bis zum Heer des Himmels hinaufreichte und einige aus dem Heer der Sterne auf die Erde warf. Dies mag auf Antiochus' militärische Siege anspielen, aber die Visionserzählung zeigt durch den mythologischen Unterton auch deutlich die große Überheblichkeit des syr. Herrschers. Im einzelnen wird deutlich, daß hier eine bewußte Anspielung auf die Sprache von Jes 14, 13ff. vorliegt (s. unter 6.).

4. Die große Helligkeit der Sterne am klaren Nachthimmel unterstützte die Überzeugung, daß eine Katastrophe für die Menschheit bevorstand, wenn die Sterne dunkel wurden oder ganz aufhörten zu scheinen. In einigen Fällen werden physikalische Vorgänge zur Sprache gebracht, so z. B. die Erfahrung der Verdunkelung der Sterne durch schwere, dunkle Sturmwolken, die in der traditionellen Sprache von einer Theophanie solcher Dunkelheit zusätzlich eine Note besonderer Feierlichkeit und Bedeutung verliehen. Die Natürlichkeit und regelmäßige Erscheinung des Sternenlichtes wurde als Teil der natürlichen Ordnung angesehen. So bedeutet sein Verschwinden den Verlust eines grundsätzlichen Merkmales von Existenz. Darum kann Hiob den Tag seiner Geburt als Tag der Finsternis verstehen: „Laß die Sterne seiner Morgendämmerung dunkel sein“ (Hi 3, 9). Die Gewalt des Schöpfergottes über seine Schöpfung zeigt sich in der Macht, die Werke zu verändern. Darunter versteht der Dichter auch die Macht Gottes, „die Sterne zu versiegeln“ (→ חתם *ḥāṯam*) (Hi 9, 7), d. h. es steht in Gottes Hand, die Sterne nicht scheinen zu lassen, wenn er es so will.

Die Verdunkelung der Sterne, die aufhören zu scheinen, bedeutet die Beseitigung einer Grundform der natürlichen Ordnung. Dies liegt in der schwierigen Allegorie über das hohe Alter in Pred 12, 2–6. Die Merkmale der Winterzeit, wolkiger Himmel sowie Verdunkelung von Sonne, Mond und Sternenlicht werden dazu gebraucht, das Bild von der „Winterzeit“ des Lebens hervorzurufen. Der Übergang von einem natürlichen zu einem metaphorischen Verständnis der Sterne ist fließend. In Ez 32, 7 wird in einem göttlichen Gericht über den Pharao von Ägypten dessen bevorstehender Tod angekündigt. Dieses Ereignis hat jedoch mehr als eine gewöhnliche Bedeutung, da es eine besondere Bestrafung Gottes anzeigen will; sie wird von einer ungewöhnlichen Verdunkelung der Sterne und der „hellen Lichter (→ אור *'ôr*) des Himmels“ begleitet (Ez 32, 7f.).

Von diesem Bild der Verdunkelung der Sterne als Begleiterscheinung eines auffallend düsteren Ereignisses auf der Erde finden wir einen Übergang zu der eschatologischen Erscheinung der Verdunkelung der

Sterne als Merkmal vom Kommen des Tages JHWHs (→ יום *jôm*). Diese Verdunkelung bezieht sich auf Sonne und Mond (Jes 13,10; Jo 2,10; 4,15) und ruft eine lebendige Darstellung von Aufruhr und Verwirrung hervor, die vorherrschen werden, wenn das Gericht JHWHs die Menschen trifft. Das Erlöschen des Sternenlichts läßt die Art erkennen, in welcher die ganze Schöpfung, deren festgelegte Ordnung ein Ausdruck göttlichen Heils und Segens ist, aufgehoben wird im Gericht, das JHWH an diesem Tag abhalten wird.

5. Der Großteil der übrigen Hinweise auf die Sterne im AT betrifft ihre Verbindung mit religiösen und mythologischen Formen, welche als feindlich und schädlich für die grundlegende Tradition des JHWH-Kultes angesehen werden. Ein deutlicher Ausdruck hierfür findet sich in Jes 47,13: Das Ansehen der babyl. Sterndeuter wird vom Propheten scharf verspottet. Alle Geschicklichkeit der babyl. Fachleute für Magie, Zauberei und Deutung der Bewegungen der Sterne wird Babylon keine Hilfe sein, um es vom kommenden Gericht JHWHs zu befreien. Ein ähnlich direkter und scharfer Ausdruck für die Feindschaft gegenüber der Verehrung der Sterne, verbunden mit Sonne und Mond, findet sich in einer Anzahl von Sprüchen der dtr Schule. Eine grundlegende Aussage in dieser Richtung liefert Deut 4,19: Sonne, Mond und Sterne, alle himmlischen Heerscharen, werden als mögliche Gegenstände abgöttischer Verehrung erwähnt. Die Zerstörung verschiedener Kultobjekte durch Josia, welche mit einer solchen Verehrung der Himmelskörper assoziiert wurden, wird in 2 Kön 23,4 berichtet, zusammen mit der Absetzung der damit verbundenen Priester (2 Kön 23,5). Hier werden die Sterne als „Heerscharen" des Himmels auch als „Sternbilder" (*mazzālôṯ*) bezeichnet. Eine spätere Tradition hat sie mit einzelnen Sternbildern des Tierkreises gleichgesetzt. Eine besondere Zielscheibe des dtr Schreibers war die Verehrung der Himmelskönigin, der babyl. Ištar. Ihr charakteristisches Zeichen war der Planet Venus, so daß ihr Kult, mit seinen kanaan. Äquivalenten, einen prominenten Ausdruck von verbotener Verehrung bildete (vgl. Jer 7,18), die mit Sternen verbunden war: die Frauen Jerusalems werden beschuldigt, Kuchen für die Himmelskönigin gebacken zu haben. In beiden Beispielen (Jer 19,13; 44,17.25) wird das Verbrennen von Weihrauch und das Ausschütten von Trankopfern zu ihrer Ehre verdammt. Ohne Zweifel ist dieser hervorstechend scharfe Angriff des Dtr gegen die Astralverehrung in Juda im 7. Jh. v.Chr. ein direktes Resultat des assyr. Einflusses auf Juda und Israel während des vorausgegangenen Jahrhunderts. Einiges davon ist in Israel eingedrungen nach der assyr. Niederlassung fremder Bevölkerungselemente im nördlichen Königreich nach 722 v.Chr. Dieser Gesichtspunkt wird von J. W. McKay bestritten, der solche astral-religiösen Elemente aus dem kanaan.-phön. Hintergrund ableiten will. Jedoch scheinen Datum und Charakter der Vorgänge unmißverständlich auf mesopotam. Einfluß in Juda hinzuweisen.

Ein dem dtr Kreis verbundener Schreiber scheint für die Verurteilung einzelner Astralgottheiten in Am 5,26 verantwortlich zu sein. Während einige Kommentatoren (Sellin, Weiser, Haag, Amsler) einen Teil des Textes dem Amos zuschreiben, betrachtet W.Rudolph (KAT XIII/2, 208) v. 26b als judäische Glosse, die der Astralreligion der gemischten Bevölkerung des nördlichen Königreiches nach 722 v.Chr. entgegengesetzt sei. Andere (W. H. Schmidt, ZAW 77, 1965, 188ff.; H. W. Wolff, BK XIV/2, 2) halten die vv. 25–26 für das Werk eines dtr Redaktors. Diese These ist am wahrscheinlichsten, da sie ermöglicht, v. 26 als Fortsetzung von v. 25 zu erkennen und als rhetorische Frage zu identifizieren (vgl. S. Erlandsson, SEÅ 33, 1968, 76ff.). Es ist eine Anklage an Israels vergangene Zuflucht zur Verehrung fremder Götter, nicht eine Drohung gegen eine zukünftige Hingabe an eine solch nutzlose Religion. Der Hinweis gilt Sakkuth und Kaiwan (akk. *kajjamānu*, AHw 420), zwei assyr.-babyl. Gottheiten, die mit dem Planeten Saturn identifiziert wurden. Die Erweiterung dieser Namen durch die Apposition „dein Sternengott" muß daher als Glosse angesehen werden (BHS), die den nichtisraelit. astralen Charakter der gemeinten Gottheiten richtig identifiziert. Insgesamt scheint die Hinzufügung aus dem 6. Jh. zu stammen, als die babyl. Religion Israel nicht mehr so vertraut war.

6. Astrale Mythologie erscheint im AT am deutlichsten im Fragment eines Mythos, den Jes 14,12ff. bewahrt. Er wurde als Anlehnung an einen ausgedehnten Mythos mit kanaan.-phön. Charakter von W. F. Albright (JPOS 14, 1934, 156) erkannt. Der Mythos erwähnt den Fall des „Tagessterns, Sohn der Morgendämmerung" (*hêlel bæn-šaḥar*). Nach dem Versuch, seine Wohnung „unter den Sternen des El" zu errichten, wird er wegen seiner Hybris verdammt und zur Verbannung in die Unterwelt der Scheol verurteilt. Dieses Fragment wird in einer Satire auf den babyl. König (Jes 14,1–21) zitiert, welche die meisten Kommentatoren nicht für authentisch jesajanisch halten (Kaiser, Schoors, Wildberger), obgleich sich einige Verteidiger für einen jesajanischen Kern des Gedichtes finden (Gottwald; Erlandsson, The Burden of Babylon, Lund 1970). Die Identität der verdammten Person in dem Mythos ist eindeutig, da es sich um einen Bezug auf den Planeten Venus handeln muß. Jedoch schließt der Text eine Verbindung mit der Göttin Ištar aus. Eine Verbindung mit dem kanaan. Gott ʿAṯtar wird angedeutet durch die Parallele in dem ugar. Baʿal-ʿAnat-Zyklus, wo von dem fehlgeschlagenen Versuch des Gottes ʿAṯtar, den Thron Baʿals zu erobern, berichtet wird (KTU 1.6, I, 48ff.; vgl. dazu: M. Dietrich – O. Loretz, Ein Spottlied auf ʿAṯtar [KTU 1.6, I, 50–52] [UF 9, 1977, 230f.]). M. H. Pope hat eine Verbindung gesehen zu einem alten Mythos über den Fall des Gottes El (El in the Ugaritic Texts, VTS 2, 1955,

27ff., vgl. dazu U. Oldenburg, 187–208, der mit Hilfe der Mythologie Südarabiens zur gleichen Erkenntnis gelangt), und F. Stolz (Strukturen und Figuren im Kult von Jerusalem, BZAW 118, 1970, 210ff.) weist einen Mythos vom Fall der Gottheit Šaḥar nach, indem er Jes 8, 19f. und Hi 38, 12 als weiteren Beweis für diesen Gott heranzieht (er sieht auch in Ps 22, 1 einen verborgenen Hinweis auf Šaḥar). Der Name Hêlel (vgl. ugar. *hll*) bedeutet einfach „der Helle" und muß von seiner Anwendung auf den Planeten Venus abgeleitet werden.

Auf der Basis eines solchen mythologischen Hintergrundes, bezeugt durch Jes 14, 12ff., wurden weitere Spuren von astraler Mythologie in Ez 28, 12b–19 gefunden. Die Berührungspunkte reichen aber kaum dazu, die Rekonstruktion einer zusammenhängenden Mythologie astralen Charakters zu ermöglichen. Es genügt jedoch zu zeigen, daß solche einst im kanaan.-phön. Raum existierten und die israelit. Religion tief beeinflußten.

III. LXX gibt *kôḵāḇ* zu gleichen Teilen mit ἀστήρ und ἄστρον wieder.

IV. In Qumran begegnet *kôḵāḇ* nur 4mal (1 QM 11, 6; CD 7, 18. 19; 1 QH 1, 12), wobei sich der Sprachgebrauch dem at.lichen anschließt.

Clements

כול *kwl*

I. 1. Etymologie, Umwelt – 2. Bedeutung, Belege – II. Konkrete Verwendung – 1. Fassen, Messen – 2. Versorgen – III. Übertragene Verwendung – 1. Fassen, Begreifen – 2. Standhalten, Ertragen – 3. Einhalten.

I. 1. Die Wurzel *kwl* begegnet in einer Reihe von semit. Sprachen, allerdings mit charakteristischen Bedeutungsunterschieden: Im westsemit. Bereich überwiegt die Bedeutung 'messen, abmessen' (jüd.-aram. [zu pehl. *kjlwn* „messen" vgl. E. Ebeling, MAOG 14/1, 1941 = 1972, 42, und sein Vergleich mit akk. *kadāru* 'abgrenzen', vgl. AHw 419; CAD K 30], mand., palmyr. [DISO 116]; syr. *'akkēl*; arab. *kjl*; vgl. asa. *kltn*, aram. *kajlā'* 'Maß'; mhebr. *kajjāl* 'Feldmesser'). Das akk. *kullu*/assyr. *ka''ulu* hingegen hat ein weites Bedeutungsspektrum um die Grundbedeutung 'halten, festhalten'. Auf die hebr. Wurzel haben anscheinend beide Bedeutungsbereiche eingewirkt, wie sich am Mhebr. und bis ins Nhebr. zeigt. Auch haben wohl ähnliche hebr. Wurzeln wie *jkl* (in der Bedeutung 'fassen, ertragen') und *kl'* (in der Bedeutung 'zurückhalten') auf die Bedeutungsentwicklung von *kwl* eingewirkt.

2. Ursprünglich wird *kwl* im Hebr. eine Tätigkeit bezeichnen, die es mit dem Messen und Umfassen eines Raumes bzw. eines Quantums zu tun hat. Diese Grundbedeutung ist an der Mehrzahl der biblischen Belege zu spüren. Die verschiedenen Bedeutungsvarianten der Wurzel sind auch im Deutschen mit verschiedenen Bedeutungen des Wortes 'fassen' wiederzugeben (vgl. auch das wohl verwandte Nomen *k^elî* 'Gefäß').

Die Wurzel *kwl* findet sich 38mal im hebr. AT, davon 1mal im *qal* (Jes 40, 12), 12mal im *hiph*, 24mal im *pilpel* und 1mal im *pulpal* (1 Kön 20, 27). Hinzu kommen evtl. durch Konjektur 1 *pilpel*-Form in Ps 68, 11, sowie 4 Belege in *pilpel* bzw. *hitpalpel* in Sir 6, 20; 12, 15; 43, 3; 49, 9 und 4 Belege in *pilpel* und *hiph* in Qumran-Texten (1 QS 3, 17; 11, 20; 1 QH 9, 34. 36). In einigen literarischen Zusammenhängen (z. B. Josefsgeschichte, Elia-Erzählungen) tritt die Wurzel gehäuft auf; überwiegend begegnet sie in späten Texten.

In LXX findet sich nur für die *pilpel*-Formen in der Bedeutung 'versorgen' eine einigermaßen konsequente Übersetzungspraxis: Am häufigsten findet sich διατρέφω (10 von 17 Belegen im AT) bzw. ἐκτρέφω, τρέφω; χωρέω (3 von 6 Belegen), χορηγέω (alle 3 Belege aus dem hebr. AT). Ansonsten wird die Wurzel in sehr unterschiedlicher Weise aus dem Zusammenhang heraus übersetzt.

II. 1. Der einzige Beleg für das *qal* in Jes 40, 12 stellt *kwl* in Parallele zu anderen Verben des Messens (*mdd*, *tkn*, *šql*), die verschiedene Möglichkeiten des Messens von Wasser, Luft, Staub und Fels in rhetorischen Fragen nebeneinanderstellen, um die Unermeßlichkeit der Schöpfung darzutun (vgl. III. 1). *kwl* dient dabei zur Bezeichnung des Messens von Staub mit Hilfe eines Hohlmaßes, des *šālîš* 'Dritteil'. Hier ist die ursprüngliche Bedeutung von *kwl* am deutlichsten zu erkennen.

An einigen Stellen bezeichnet *kwl* das Fassungsvermögen von Gefäßen: In 1 Kön 7, 26 (sek.? vgl. M. Noth, BK IX/1, 155f.) geht es um den Inhalt des ehernen Meeres am Tempel, 1 Kön 7, 38 || 2 Chr 4, 5 um das der Kessel; als Maßeinheit ist beidemale das *baṯ* benutzt. 1 Kön 8, 64 || 2 Chr 7, 7 erwähnt, daß der Bronzealtar vor dem Tempel zu klein war, um Brandopfer, Speiseopfer und die Fettstücke des *š^elāmîm*-Opfers zu fassen; daraus ist zu schließen, daß die Oberfläche dieses Altars Vertiefungen aufwies, die das Ganze einem Gefäß vergleichbar machten.

In den inschriftlichen hebr. Belegen (Kalender von Gezer KAI 182, 5; Ostrakon von Yabneh-Yam KAI 200, 5) erscheint *kwl* im Zusammenhang der Ernte, zwischen dem Schneiden (*qṣr*) und dem Aufhäufen der Vorräte (*'sm*). Dabei wird es sich nicht bloß um den Vorgang des Abmessens des Getreides in Hohlmaßen handeln (so KAI), sondern zugleich um den des Einfassens in Gefäße zum Transport in die Vorratsräume.

In allen diesen Belegen begegnet *kwl* im Zusammenhang des Messens von Flüssigkeiten und festen Stoffen mit Hilfe von Hohlmaßen. *kwl* ist jedoch nicht auf das Messen im engeren Sinn beschränkt, sondern kann auch in einem weiteren Sinn verwendet werden; dabei schimmert die Grundbedeutung 'fassen, umfassen' in den meisten Fällen durch. Das ist besonders deutlich in Jer 2, 13, wo Gott als die „lebendige", d. h. frisches Wasser führende Quelle verglichen wird mit den vom Volk selbstgemachten Zisternen, die Risse haben und daher ihr abgestandenes Wasser nicht einmal „einfassen" können, weil sie durchlässig sind. Oder in Ez 23, 32 wird von dem Becher gesprochen, der besonders viel faßt und mit dem das Südreich ebenso ihr Quantum an Strafgericht auszutrinken haben wird, wie vorher schon das Nordreich.

2. Eine besondere Bedeutungsentwicklung hat das *pilpel* (bzw. *pulpal*) von *kwl* an den zahlreichen Stellen genommen, wo es 'versorgen, verproviantieren' bedeutet. Hier geht es – entsprechend dem iterativen Charakter des *pilpel* – um eine regelmäßig wiederholte Tätigkeit, mit der ein bestimmtes Quantum Proviant bereitgestellt wird (vgl. das „Essen fassen" der Umgangssprache!). Häufig wird das Verb in dieser Bedeutung – deutlich als terminus technicus – absolut gebraucht: Gen 45, 11; 50, 21; 2 Sam 19, 33f.; 20, 3; 1 Kön 4, 7; 5, 7; Ps 55, 23 (vielleicht auch Ps 68, 11 cj.; vgl. KBL^3 442; vgl. 1 QS 3, 17; 1 QH 9, 34); Sir 25, 22; 45, 24. In 1 Kön 4, 7; 5, 7 dient das Wort zur Aufgabenbeschreibung der Vögte Salomos; an der letzteren Stelle wird näher erläutert, daß es sich um die Versorgung des „Tisches des Königs" handelt, also um Lebensmittel. In der Josefsgeschichte ist *kilkal* in Gen 47, 12 näher beschrieben als Versorgung mit Brot (→ לחם *læḥæm*). In den Elia-Erzählungen ist *kilkal* durchweg mit Erläuterungen versehen: Im Umkreis von 1 Kön 17, 4 handelt es sich um Brot, Fleisch und Wasser; im Kontext von 1 Kön 17, 9 um Wasser, Brot und Öl; in 1 Kön 18, 4. 13 um Brot und Wasser. Auch in Sach 11, 16 ist im unmittelbaren Kontext von *'kl* 'essen' die Rede. In Neh 9, 21 – einem Rückblick auf die Wüstenwanderung – sind im Kontext Kleider und Schuhe erwähnt, die demnach im weitesten Sinne auch zum Proviant gerechnet werden konnten. An der einzigen Stelle mit einer *pulpal*-Form, in 1 Kön 20, 27, steht das Wort im Zusammenhang eines Kriegszuges, als terminus technicus für die Verproviantierung des Heeresaufgebots, Sir 45, 24 für die Versorgung des Heiligtums. Ganz allgemein vom Lebensunterhalt ist die Rede, wenn Sir 25, 22 es als eine Schande bezeichnet, wenn eine Frau ihren Mann „unterhält".

Noch einen anderen Sinn hat *kilkal* in Ruth 4, 15. Hier geht es um den Lebensunterhalt im Alter, die Altersversorgung durch die übernächste Generation. Die entsprechende Handlung des alten Menschen ist es, die Aufgabe der Pflege des Kleinkindes zu übernehmen und es auf den Schoß zu nehmen. In 1 QH 9, 36 – wo sich ebenfalls *ḥêq* 'Schoß' und *'ômen* 'Pfleger' im Kontext finden – ist der gleiche Gedanke von Gott ausgesagt. Überhaupt ist eine zunehmende Tendenz festzustellen, *kilkal* im Sinne von 'versorgen' auf Gottes Wirken zurückzuführen: Das deutet sich an in der wunderbaren Verproviantierung Elias durch die Raben (1 Kön 17, 4) und die Witwe (1 Kön 17, 9); ausdrücklich ausgesagt wird es in Ps 55, 23 (vgl. Ps 68, 11 cj.), Neh 9, 21 und in den erwähnten Belegen aus Qumran.

III. 1. Eine übertragene Verwendung der Wurzel findet sich insbesondere in verschiedenen Beschreibungen der Unfaßbarkeit Gottes. In Jes 40, 12 (s. II. 1) ist dies mit Hilfe von rhetorischen Fragen ausgesagt, die die Unermeßlichkeit der Schöpfung aufzeigen. Auf der gleichen Linie liegen die Aussagen im Tempelweihgebet (1 Kön 8, 27 || 2 Chr 6, 18; vgl. 2 Chr 2, 5), in denen dieser Gedanke auf Gott selbst angewandt wird: Gott ist so groß, daß weder 'der Himmel' noch die ganze Himmelswelt (→ שמים *šāmajim*) ein hinreichend großes Gefäß darstellen, um ihn zu umfassen – er ist im wahrsten Sinne des Wortes unfaßbar, unermeßlich, unbegreifbar. Rhetorische Fragen – wie in Jes 40, 12 mit *mî* 'wer' beginnend – dienen auch sonst zur Unterstreichung der Unfaßbarkeit Gottes bzw. seines Tages (→ יום *jôm*) Jo 2, 11; Mal 3, 2 oder seiner Herrlichkeit (→ כבוד *kāḇôḏ*) 1 QS 11, 20.

2. Allerdings tendiert bei den zuletzt genannten Stellen die Bedeutung von *kwl* (unter dem Einfluß von *kl'*?) in die Richtung von 'standhalten, zurückhalten, ertragen'. Auch hier jedoch ist die räumliche Vorstellung nicht verlassen, insbesondere wenn man damit rechnet, daß das Kommen des *jôm JHWH* bzw. des *kāḇôḏ* als eine innere Erschütterung erfahren wird. So fühlt sich Jeremia nach Jer 10, 10 vom Zorn (→ זעם *z'm*) Gottes, der mit einem Erdbeben verglichen wird, bis zum Bersten erfüllt, oder aber er bemüht sich vergeblich, den Zorn (→ חמה *ḥemāh*) zurückzuhalten (Jer 6, 11). Jer 20, 9 beschreibt den Versuch des Propheten, seine prophetische Aufgabe zu vergessen und zu verdrängen: die ihm aufgetragenen Worte werden aber wie Feuer in seinem Innern, er kann sie nicht zurückhalten. Auch hier ist es ein vergebliches Bemühen (→ לאה *l'h*), die „Fassung" zu bewahren. Wenn übrigens in solchen Zusammenhängen *pilpel*-Formen begegnen, wird das Hinweis auf die wiederholte gleiche Erfahrung sein, ähnlich wie Spr 18, 14 vom wiederholten Ertragen von Krankheit spricht.

Die räumliche Grundvorstellung macht sich auch in Am 7, 10 bemerkbar: Hier ist das Land als ein großes Gefäß vorgestellt, das durch die aufrührerischen Worte des Amos in Gefahr geraten ist, zu bersten; das kann das Land nicht länger aushalten, das Maß ist voll (vgl. H. W. Wolff, BK XIV/2, ^{2}1975, 352. 357).

3. In einem ganz abgeblaßten Sinne begegnet *kwl* schließlich in Ps 112, 5. Hier scheint es um das Beschreiten und Einhalten eines geraden Weges zu gehen. Die gleiche Reduzierung der menschlichen Fassungskraft auf die Beständigkeit findet sich ähnlich auch in Sir 6, 20; 12, 15; 43, 3; 49, 9.

Der Beleg Ez 21, 33 läßt sich in das hier vorgetragene Verständnis der Grundbedeutung und der daraus abgeleiteten Bedeutungen von *kwl* nicht einordnen. Das legt es nahe, mit einer Textverderbnis zu rechnen (vgl. W. Zimmerli, BK XIII/1, ²1979, 484).

Baumann

כּוּן *kûn*

כֵּן *ken*, מָכוֹן *māḵôn*, מְכוֹנָה *meḵônāh*, תְּכוּנָה *teḵûnāh*

I. Häufigkeit und Streuung – 1. Verb – 2. Nominale Ableitungen – 3. Das Problem *ken* – a) Partikel – b) Konjunktion *lāḵen* – c) Nomen 'das Rechte' – d) Nomen 'Untersatz, institutionalisierte Position' – 4. Sonderfälle – a) Nebenform *kan* – b) Personennamen – c) *'āḵen* 'fürwahr' – d) Stern *kjwn*? – II. Semitischer Kontext – 1. Verbreitung – 2. Südsemit. – 3. Akk. – 4. Nordwestsemit. – a) Phön.-pun. – b) Ugar. – c) Aram. – III. Alltag – IV. Kulttechnisch – V. Anthropologisch – 1. Psalmen und Weisheit – 2. Qumran – VI. Schöpfung – 1. Psalter und jüngere Weisheit – 2. *meḵônôṯ* des salomonischen Tempels – VII. Thron und Königtum – 1. Davidisches Königtum – 2. Göttliches Königtum.

Lit.: *H. Brongers*, (kun) kônēn, hēkîn „aufstellen, errichten" (Persica 7, 1975–1978, 117–123). – *M. Dietrich – O. Loretz – J. Sanmartín*, KUN-Š und ŠKN im Ugaritischen (UF 6, 1974, 47–54). – *E. Gerstenberger*, כון *kūn* ni. feststehen (THAT I 812–817). – *W. Grundmann*, ἕτοιμος κτλ. (ThWNT II 702–704). – *M. J. Mulder*, Die Partikel כֵּן im A.T. (OTS 21, 1981, 201–227). – *E. Talstra*, The Use of כֵּן in Biblical Hebrew (OTS 21, 1981, 228–239). – *G. J. Thierry*, Notes on Hebrew Grammar and Etymology (OTS 9, 1951, 3–5).

I. Über 280mal ist die Wurzel *kwn* im AT belegt (die hinsichtlich der Wurzel fragliche Partikel *ken* nicht mitgezählt).

1. Auf das Verb entfallen 270 Stellen, wobei die faktitiv-kausativen Stämme im Vordergrund stehen: 110mal *hiph*, 30mal *pol* (dies Ps 37, 23 zu punktieren). Häufig steht JHWH als Subjekt, ein Zeichen, daß besonders wirkungsvolles Handeln gemeint ist. KBL³ geht für beide Formen vom gleichen Ansatz aus 'hinstellen, bereiten' bzw. 'bereitstellen'; mißt *pol* aber größeres Gewicht zu, entfaltet es als 'gründen, zeugen, Bestand geben', während *hiph* mit 'bestimmen, festmachen' und (metaphorisch) 'bedachtsein auf etwas' spezifiziert wird. Auch für THAT ist, verglichen mit dem oft „handwerklich" bestimmten *pol*, das *hiph* „weit und blaß in seiner Bedeutung". Wo jedoch in den Texten beide Konjugationsstämme nebeneinander gebraucht werden, umreißt *pol* das vorbereitende, *hiph* das endgültige Tun. So z. B. Ps 7, 13f.: „der Frevler richtet seinen Bogen zu (*jeḵônen*) ... sich selbst bereitet er (*heḵîn*) die Instrumente des Todes" (vgl. auch Ps 68, 10f.). Dementsprechend tritt göttliches Subjekt bei *hiph* häufiger als bei *pol* hervor.

Die rein passiven Stämme werden selten benutzt: einmal *polal* (Ez 28, 13), 4mal *hitpol* und 6mal *hoph* – das 66mal nachzuweisende *niph* weist nicht nur auf „feststehende" Größen wie den hohen Mittag (*neḵôn hajjôm* Spr 4, 18) oder die prallen Brüste des Mädchens (Ez 16, 7), sondern häufiger auf das Ergebnis einer Handlung, die sonst im *hiph/pol* berichtet wird, fungiert also als Passiv bei Nomina wie *zæra'* (Nachkommenschaft) Ps 102, 29, vgl. 89, 5; *kisse'* (Thron) Ps 93, 2, vgl. 103, 19; *leḇ* (Herz) Ps 57, 8, vgl. 10, 17. *niph* kann aber auch das Zurüsten für eine noch beginnende Handlung beinhalten, vor allem anläßlich kultischer Gottesbegegnung: *wehājû neḵônîm le* „macht euch bereit für" Ex 19, 11. 15; vgl. 34, 2; Jos 8, 4; *hikkôn* Am 4, 12; vgl. Ez 38, 7.

2. Nominale Ableitungen der Wurzel werden selten benutzt. *māḵôn*, 17mal, von GesB „Stelle, Stätte, Grund (Feste)", von KBL³ „Standort, Stätte, Stütze" übersetzt, beschränkt sich im Singular auf heilige Stätten, auf den Platz der Anwesenheit JHWHs (seinen Thron Ps 89, 15; 97, 2). Nur der (einmal vorkommende) Plural Ps 104, 5 meint die von Gott gegründeten dauerhaften Fundamente der (fruchtbaren) Erde. Erst Sir 41, 1; 44, 6 wird das Wort „entsakralisiert" gebraucht (Wohnsitz? Gesichertes Leben?). – Das Feminin *meḵônāh* wird 2mal für einen heiligen Platz (der personifizierten Frau Frevel Sach 5, 11 und des Altars Esr 3, 3) verwendet; 23mal bezeichnet es einen für den salomonischen Tempel wichtigen Gegenstand, den Kesselwagen. Außerdem ist *meḵônāh* Neh 11, 28 Name einer Stadt. – Die Bildungen mit *m*-Präformativ lassen das in solcher Weise Bestehende oft als Ergebnis eines *kûn*-Handelns erkennen (Sach 5, 11; Esr 3, 3), sie bezeichnen also nichts, was aus sich selbst besteht. – 3mal wird *teḵûnāh* erwähnt: für die Stätte, von der JHWH dem Menschen hilft (Hi 23, 3), für den Grundriß oder die Ausstattung des Jerusalemer Tempels (Ez 43, 11) oder die Anhäufung von Silber und Gold in Ninive (Nah 2, 10).

Eigentümlich ist die Benennung der Tempelsäule *jāḵîn*/G^MSS *jāḵûn* 1 Kön 7, 15ff. Vor dem Eingang des salomonischen Tempels standen zwei eherne, 9 Meter hohe, mit Pflanzenkapitellen geschmückte Säulen, die eine *jāḵî/ûn*, die andere *bo'az* genannt. Über Zweck und Name ist viel gerätselt worden (Übersicht W. Kornfeld, ZAW 74, 1963, 50–57; Noth, BK IX/1, 152–155). Werden hier kanaanäische Masseben oder Standarten am Eingang zweistromländischer Tempel (Th. A. Busink, Der Tempel von Jerusalem, Leiden 1970, 317) oder ägyptische Djedpfeiler (Kornfeld) nachgebildet? Der Name wird heute durchweg als stichwortartiger Anfang eines Orakels oder eines Gebetswunsches und also als Verbform (nicht als Nomen mit *j*-Präformativ) aufgefaßt. Er bezieht sich offensichtlich auf den Gott des Tempels; aber was „bereitet, zurüstet, schafft" dieser? Ist als Objekt der Tempel oder das Königshaus zu denken?

3. Das AT gebraucht die Form *ken* offensichtlich in unterschiedlicher Bedeutung. Das Verhältnis zur Wurzel *kûn* ist nicht eindeutig. – a) Umstritten ist, ob die Partikel *ken* (gelegentlich *kæn-*), deutsch meist „so" übersetzt, von *kûn* herzuleiten ist (so KBL² = KBL³ unter *ken* II) oder von einem demonstrativen *k* (vgl. GesB unter *ken* I). Die Partikel betont häufig, (anaphorisch? und/oder kataphorisch), Übereinstimmung einer Rede mit dem Sachverhalt bzw. mit der Erfüllung der Voraussage (so in 122 von 344 Fällen nach KBL) und trägt deshalb bisweilen in religiösen Texten ein Gewicht (Mulder; Talstra; zu *wajehî ken* Gen 1, 7ff. s. O. H. Steck, Der Schöpfungsbericht der Priesterschrift, FRLANT 115, ²1981, 97f.).

b) Unklar bleibt, ob die Konjunktion *lāken*, welche einen Folgesatz einleitet, oft mit *ja'an* (*'ašær/kî*) „es ist der Fall, daß" korrespondiert und bei der Gattung der at.lichen Prophezeiungen eine Schlüsselrolle für den Übergang vom Lagehinweis (Scheltwort) zur Weissagung (Drohwort) spielt (K. Koch, Was ist Formgeschichte?, ⁴1982, 260), mit jener Partikel und/oder mit der Wurzel *kûn* zusammenhängt. Vermutlich ist die Wiedergabe „deshalb" (GesB) oder „darum" (KBL) zu blaß, besser wäre „in Anbetracht dessen, auf (mein) Wort hin" (Goldbaum, JNES 23, 1964, 132ff.; s. auch V. Maag, Amos, 1951, 82. 111f.; F. Nötscher, VT 3, 1953, 375f.).

c) Sicher ist ein Nomen *ken* (I GesB = II KBL³) von der Wurzel *kûn* herzuleiten (BLe § 61c'''), nach GesB 'recht, richtig, das Rechte', nach KBL außerdem 'fest dastehend, aufrecht, gerade, wahr' bedeutend. Die Abgrenzung zur Partikel (s.o.) erscheint oft schwierig. GesB fordert das Nomen für 16 (19) Fälle, KBL² für 20 und KBL³ für 24 Fälle, wobei aber jeweils verschiedene Belege in Anschlag gebracht werden können. Belangreich wird die Unterscheidung zwischen a) und c) etwa Am 4, 5, wo der Prophet seine Kritik an der Fülle der Opfer und dem Mangel an Gemeinschaftstreue beschließt *kî ken 'ahabtæm* –meint er das ironisch „ihr liebt (angeblich), was sich gehört" (Maag), oder bloß abschließend „so liebt ihr es eben"? Ebenso unklar ist die Mahnung Am 5, 14 für moderne Leser: „Sucht Gutes und nicht Böses, damit ihr lebt *wajehî ken*"; heißt das „so entsteht das Richtige" (Maag), oder ist das letzte Syntagma mit dem folgenden Satz zu verbinden „so wird JHWH ... mit euch sein" (so meistens; zur Diskussion K. Koch, Amos, AOAT 30, I 142. 172 und II 37).

d) Eine andere Bedeutung hat ein Nomen *ken* III, das vor Suffixen *kann-* lautet und deshalb von einer Nebenform *knn* abgeleitet wird (GesB vgl. BLe § 71x). 8 (oder 9)mal (auch 1 Kön 7, 31?) bezieht es sich auf den ehernen Untersatz eines priesterlichen Waschbeckens in der Stiftshütte, das vielleicht in P den mythologisch anmutenden Kesselwagen des salomonischen Tempels (*mekōnāh*) ersetzen soll (K. Koch, Die Priesterschrift ..., FRLANT 71, 1959, 34f.). Einmal kennzeichnet *ken* den Querbalken auf dem Schiffsdeck, in dem der Mast aufgerichtet wird (Jes 33, 23). 6mal (KBL³: *ken* IV) wird damit die institutionalisierte Position des Mundschenks bei Hofe (Gen 40, 13; 41, 13) oder die des regierenden Königs (Dan 11, 7. 20f. 38) ausgedrückt.

4. *Sonderfälle.* a) Wurzel *knn* als Nebenform? Ps 80, 16 wird JHWH aufgerufen: „*wekannāh* den, den deine Rechte gepflanzt (= den Weinstock Israel)". GesB denken hier an imp. *qal* einer Wurzel „bedekken, schirmen", ebenso wohl Dahood (AB 17, 259), der aber übersetzt „take care of". Nach T faßte Hitzig *wekannāh* als Suffixform und übersetzte „sein Sprößling" (so wieder KBL³), eine Bedeutung, die allerdings für *ken* sonst nicht vorkommt. Dagegen konjizierte Wellhausen nach LXX *pol wekōnenāh*, andere folgten ihm, weitergehende Konjekturen blieben nicht aus. Doch Personennamen wie *Kenanja(hu)*, *Kenani* (oder heißt das „der im Monat *kanūnu* Geborene?" Neh 9, 4 KBL³) und *(Je) Konjahu* „JHWH läßt/lasse (ihn) bestehen(?)" lassen ebenfalls eine Grundform *knn* als *qal* vermuten (Noth, IPN 179 A. 2; 202 A. 1; KBL³ 461).

b) Andere Personennamen beweisen, daß *kûn pol* und *hiph* mit göttlichem Subjekt eine für menschliche Existenz entscheidende numinose Verursachung bedeuten: *Kônanjāhû*, *J(eh)ôjākîn*, so auch die *niph*-Bildung *Nakon*. Eigennamen mit der Wurzel *kn* und theophorem Element sind auch akk. (Stamm, AN 356b), in Mari (Huffmon, APNM 221f.), ugar. (Gröndahl, PNU 153) und phön. (Harris, Phoen. Grammar 110) gebräuchlich.

c) Das bekräftigende *'āken* 'fürwahr' möchte Thierry 4 als erstarrtes *hiph* ansehen, während gewöhnlich ein Zusammenhang mit *kûn* abgelehnt wird (zuletzt in KBL³).

d) Amos wirft 5, 26 Israel vor, „zusammen mit dem *sikkût* ihrem (ihres) König(s) den *kijjûn* ihr(es) Bild(es), den Stern ihren (ihres) Gott(es)" bei Prozessionen umherzutragen. Die beiden Nomina sind von den Masoreten nach *šiqqûṣ* schandvokalisiert. Ausweislich der alten Versionen war im ersten Kolon *sukkāh* 'Festhütte' (oder 'Bildnis', ugar. *sknt*, akk. *šukkuttu*?) gemeint, im zweiten akk. *kajjamānu* (AHw 420) in der aramaisierten Form *kêwān* „der Beständige" als Beiname des Planeten Saturn. Als himmlischer Patron der Könige hat er auf Erden für Recht und Ordnung zu sorgen. Nach dem Kontext (v. 21ff., bes. v. 24) haben die vom Propheten gerügten Volksgenossen von solcher Begehung, verbunden mit *zæbaḥ*-Opfer, die Übereignung göttlicher *ṣedāqāh* an die Kultgemeinde und damit Bestand im Land erwartet. Für Amos aber bewirkt solch abgöttischer Kult das Gegenteil (zur Diskussion: K. Koch, Amos, AOAT 30, I 182f.; II 40f.).

Eine erste Sichtung aufgrund der (notwendig vorläufigen) lexikalischen Angaben verweist also auf ein Lexem, das energisches, zweckbestimmtes Handeln umreißt, welches auf das Gestalten vom dauerhaften, nützlichen Örtern und Einrichtungen, aber auch auf nachträgliches Feststellen der Zuverlässigkeit von Aussagen zielt.

II. 1. Die zweiradikale Wurzel *kn* mit langem Zwischenvokal weist in allen semitischen Sprachen eine große Häufigkeit und ein breites Bedeutungsspektrum auf, das vom alltäglichen 'etwas gehört zu' (mit Präposition *la/li/l^e*) bis zu religiösen Grundaussagen über den Bestand des Kultus und der Schöpfung reicht, ja zum Ausdruck ontologischer Begriffe wie Natur, Werden, Sein aufsteigen kann. Der Gebrauch als Verb dominiert, doch tritt – abgesehen vom Arab. – der Grundstamm gegenüber faktitiv/kausativen Stämmen auffällig zurück. Nominale Ableitungen sind ebenfalls durchweg durch mehrere Formen zu belegen. Da semantische Untersuchungen fehlen, läßt sich eine durchgängige Bedeutungsebene nur mutmaßen. Eine „Grundbedeutung" wird als 'aufrechtstehend' von GesB, Thierry, als 'fest, geradesein' von KBL³ angesetzt; hinzuzufügen ist aber, daß das Augenmerk in den Texten zumeist nicht auf einen Zustand, sondern auf ein Werden und Machen gerichtet ist. Betont werden nicht die Festigkeit, sondern Dauer und Zweckdienlichkeit. Will man die verschiedenen Verwendungen auf einen gemeinsamen Nenner zurückführen, dann heißt er „etwas so ins Dasein rufen, daß es seine Funktion (im Einzelleben, in der Gesellschaft oder im Kosmos) eigenständig und dauerhaft erfüllt".

2. In den südsemitischen Sprachen scheint sich die Bedeutung ausgeweitet zu haben zu 'Sein, Geschehen' überhaupt, wobei arab. *kāna* gelegentlich sogar zur bloßen Kopula (mit Prädikat) werden kann (WKAS I 451–473), während äth. neben *kōna* 'geschehen, werden, dasein' noch das theologisch bedeutungsschwere, reduplizierte *k^wanana* benutzt wird, das sowohl 'richten' wie 'herrschen' beinhaltet (Dillmann, LexLingAeth 854–857. 861–865).

3. Enger dürfte der Bedeutungsradius im Akk. gewesen sein (AHw 438–440 und CAD K 159–171, wo freilich *kânu* B als westsemitisches Lehnwort gesondert geführt wird). Der Grundstamm *kânu* 'dauerhaft, zuverlässig sein oder werden' kann sich auf die Grundlagen von Gebäuden u.ä., aber auch auf Zeugnisse und Gesetze beziehen. Der Doppelungsstamm 'etwas dauerhaft machen, stabilisieren, organisieren' wird in „politischen" und kultischen Texten häufig auf Königtum, Thron, Zepter und in anderen Zusammenhängen anthropologisch auf die heilvolle Ausrichtung des Herzens (*libbu*) und der zum Gelingen führenden menschlichen Taten angewandt. Solche Verwendungen erinnern an hebr. Gebrauch (s.u.), wie auch die kulttechnische Anwendung des D-Stammes 'kultisch richtig bereiten'. Als nominale Ableitung ist *kittu(m)* 'Stetigkeit, Wahrheit, Treue' (AHw 494f.; CAD K 468–472) bemerkenswert; weithin hebr. *mišpāṭ* entsprechend, bezeichnet es den sinnvollen Bestand von lebenserhaltenden Größen, aber auch die Wahrheit von Aussagen und Vorzeichen. Als Kraft einer geordneten und sich ordnenden Wirklichkeit wird das Femininum des Adj. *kīnu(m)* 'stetig', *kittum* zusammen mit *mī/ēšaru(m)* 'Gerechtigkeit' (→ ישר *jšr* und → צדק *ṣdq*) als unsichtbare Wirkungsgröße vorgestellt, ja, geradezu vergöttlicht (H. Ringgren, Word and Wisdom, Lund 1947, 53ff.).

4. Näher noch mit dem AT berühren sich begreiflicherweise die nordwestsemit. Sprachen.

a) Als kanaanäische Glosse taucht ein Imper. *kuna* EA 147, 36 auf, bezogen auf die Bestellung eines Befehlshabers über das Heer. Im Phön.-Pun. (DISO 117) stehen neben alltäglichem Gebrauch des Verbs für 'entstehen, bestehen' und 'gehören zu' (mit *l^e*, wobei *kn* gelegentlich hebräisches *hājāh* ersetzt, das im Phön.-Pun. fehlt), spezifische Anwendungen auf Einrichtungen und „ideelle" Größen, welche für den Bestand der Gesellschaft belangvoll sind. In entsprechenden Syntagmen bedeutet *kn* das Aufkommen von „Bösem im Land", häufiger aber von Gutem, das die Götter wirken, vor allem Sättigung mit Nahrung, aber auch Nachkommenschaft oder „einen guten Namen für immer" (KAI 26 A I 9. 14 und I 5. 15; KAI 43, 15; 13, 7; 14, 8–11; 19, 10; 18, 6). Hervorzuheben ist weiter die königsideologische Verwendung für die Dauer heilvoller Herrschaft (KAI 11; 26 A I 16. 19; im Pun. auch für das Amt von Heiligtumsvorstehern und Marktmeistern KAI 80, 1; 130, 3; 137, 2). Im Blick auf das AT ist (kulttechnische?) Benutzung für die Erfüllung eines Gelübdes zu erwähnen (KAI 40, 5).

b) Auch für das Ugar. geben die Wörterbücher *kn* mit 'sein' bzw. 'to be' wieder (WUS Nr. 1335; UT Nr. 1213). Doch Durchsicht der Texte rechtfertigt kaum eine so allgemein gehaltene Übersetzung. Belegt sind nur spezifische Zusammenhänge. Dort beinhaltet *kn* das unbedingt gewünschte Entstehen und Bestehen von Nachkommenschaft (KTU 1.17, I, 25. 42; 1.14. 15; ebd. 11 mit dem Nomen *mknt*). Die Langform *knn* beschreibt entweder die Erschaffung (WUS; UT) oder die Bestallung (Driver, CML 145) der Götter Baʿal und ʿAnat durch den Hochgott El (KTU 1.3, V, 36; 1.4, IV, 48; 1.10, III, 6). Außerdem taucht ein Kausativstamm *škn* auf, der wohl 'bereitstellen, erschaffen' beinhaltet und von *škn* 'wohnen' zu trennen ist (UF 6, 1974, 47–53). Als nominale Ableitung ist *knt* belegt, das WUS wahrscheinlich zu recht als 'festgesetztes Opfer' erklärt (KTU 1.23, 54; 1.65, 17), während es O. Eißfeldt, El im ugaritischen Pantheon, 1951, 60 A. 3 beim zweiten Text als „Beständigkeit" wiedergibt.

c) Im Altaram. scheint der Gebrauch der Wurzel seltener gewesen zu sein. Im jüngeren Jüd.-Aram. werden vom Verb nur die Doppelungsstämme gebraucht, *pa* als 'gerade richten' von den Wänden eines Gebäudes u.ä., aber auch von Gedanken. Nominale Ableitungen wie *kêwān* 'Gerades, Rechtliches', *kawwān(ûṯ)ā'* 'Gedankenrichtung, Absicht' treten stärker hervor (Levy, WTM II 306f.; Jastrow I

622. 631). Verzweigt wird der Gebrauch später im Syr., wo die Ableitungen der Wurzel von 'gerecht, Gerechtigkeit' (*ke'nā, ke'nûṯā*) bis 'natürlich, Natur' (*kejānājā, kejānā*) reichen (Brockelmann, LexSyr 321f.). Den mannigfachen Gebrauch im Mand. (MdD 207f.) hat vielleicht das Akk. beeinflußt.

III. Verhältnismäßig selten taucht im AT *kûn* für den alltäglichen Umgang auf und ist dann auf spezifische Verhaltensweisen bezogen. *pol* (und das korrespondierende *hitpol*) wird gebraucht, wo eine Stadt als Wohnstätte gebaut wird (Num 21, 27; Hab 2, 12; Ps 107, 36; Spr 24, 3) oder ein Bogen zum Pfeilschuß gespannt wird (Ps 7, 13; 11, 2; 21, 13) und überhaupt von der Bereitstellung von Mitteln zur Vernichtung eines Gegners (Jes 51, 13; Ps 59, 5); weisheitlich auch von einem Tatbestand, über den Gewißheit zu erringen nötig erscheint (Hi 8, 8; vgl. M. Dahood, Bibl 46, 1965, 329). – *Hiph* (und *hoph*) bedeutet Arbeiten für eine besondere Mahlzeit oder den Lebensunterhalt allgemein (Gen 43, 16; Spr 6, 8; 24, 27; 30, 25), Rüstung zum Krieg mit Geräten, Mannschaften und Strategien (Jer 46, 14; 51, 12; Ez 7, 14; 38, 7; Nah 2, 4; Spr 21, 31, aber auch für einen Hinterhalt in privaten Auseinandersetzungen (Ps 57, 7; Hi 15, 35) und ebenso die Sicherung der Richtigkeit eines Ausspruchs (1 Sam 23, 22) wie einer Aussprache (Ri 12, 6). In nachexilischer Zeit verschwindet *pol* fast völlig, und *hiph* übernimmt anscheinend auch dessen Aspekte (Verhältnis *pol*:*hiph* bei Hi 2(1?):7, beim Chronisten 1:45!). Nun wird auch *heḵîn* verwendet mit Objekten wie Gewändern (Hi 27, 6f.), dem Sitzen auf dem Markt (Hi 29, 7), ja dem Galgen (Esth 6, 4; 7, 10). – *Niph* bewegt sich in den gleichen Worthöfen, wird verbunden mit einem soliden Haus (Ri 16, 29), Bereitschaft zum Krieg (Ez 38, 7), aber auch mit einem wahren Wort (Gen 41, 32; Deut 13, 15; 17, 4). Das Ptz. fem. *n^eḵônāh* verselbständigt sich zum Substantiv, um die Zuverlässigkeit einer Rede zu bezeichnen (Ps 5, 10; Hi 42, 7f.).
Zusammenfassend läßt sich also sagen, daß *kûn* bei solchem Gebrauch sich auf ein Wirken zur Sicherung elementarer Lebensbedürfnisse, auf Kriegsrüstung und auf Sicherung der Wahrheit von Aussagen beschränkt. Ob es angemessen ist, die letzte Anwendungsweise als „übertragen" (THAT) einzustufen, mag man bezweifeln. Vielleicht war für den Hebräer die Zuverlässigkeit bestimmter Reden und Überlieferungen von gleichem Gewicht wie der feste Bau seines Hauses oder seiner Stadt, so daß die Verwendung von *kûn* in beiden Hinsichten gleich ursprünglich wäre.

IV. Von den frühesten Belegen in den Geschichtsbüchern (Num 23, 1. 29; Jos 3, 17; 4, 3f.) bis zu den jüngsten läßt sich ein Gebrauch von *hiph* und *hoph* (nie *pol*!) für ein dem frommen Menschen angelegenes und rituell korrektes Zurüsten von Opfern, kultischen Stätten, heiligen Personen und Begehungen nachweisen (Deut 19, 3; 1 Kön 5, 32; 6, 19; Ez 40, 43). JHWH selbst kann eine Kult- oder Opferstätte *heḵîn* (Ex 23, 20; Jes 14, 21; 30, 33; Zeph 1, 7). Auch falscher Kult um ein Götzenbild wird so ausgedrückt (Jes 40, 20; Sach 5, 11). Ca. 50 von 110 *hiph*-Stellen gehören hierher, wobei freilich 30 sich in 1/2 Chr finden, massiert dort für Davids Vorbereitung und Salomos Durchführung des Tempelbaus in 1 Chr 2; 29; 2 Chr 1–3.
Niph wird in diesem Zusammenhang entweder reflexiv gebraucht und beschreibt die Vorbereitung des Menschen für eine kultische Gottesbegegnung (Ex 19, 11. 15; 34, 2; Am 4, 12) oder passiv für den von Gott als kultisches Weltzentrum bereiteten Gottesberg (Jes 2, 2; Mi 4, 1). Stärker noch herrscht der kultische Bezug bei den nominalen Ableitungen *māḵôn, m^eḵônāh, t^eḵûnāh, jāḵîn* (s. I.) vor. Auffälligerweise findet sich jedoch im Psalter (außer 141, 2 vom Gebet) von solchem Gebrauch keine Spur.
Die kultbezogene Verwendung des Lexems, die sich auch in anderen semit. Sprachen findet (s. II.), erklärt sich aus der Überzeugung, daß kultische Handlungen der Ursprung alles Lebens und Gedeihens unter den Kultgenossen sind. Insofern bedarf es eines schöpferischen, zielgerichteten Bereitens, und zwar von beiden Seiten – von Gott wie vom Menschen –, um den Erfolg der Begehung zu gewährleisten.

V. 1. *kûn hiph/pol* werden in Psalmen (häufiger) und in der Weisheit (seltener) bedeutsam für die Weise, in der ein Mensch oder eine Gruppe durch gemeinschaftstreues oder -widriges Verhalten das entsprechende eigene Ergehen gemäß der hebräischen Auffassung von schicksalwirkender Tatsphäre hervorrufen. Da zum rechten Tun richtiges Denken und Erkennen vorauszusetzen ist, wird *kûn* auch für die bewußte Ausrichtung des eigenen Erkenntnisvermögens (*leḇ*) benutzt.
Nach den Weisheitsschriften gestaltet (Spr 21, 29 *hiph*; 4, 26 *niph*) ein *ṣaddîq* mit seinem Lebenswandel zugleich seinen Lebensweg (→ דרך *dæræḵ*, II 289f.). Das kann absolut ausgedrückt werden, so daß ein Rechtschaffener „bereitet ist für immer" (Spr 12, 19), ebenso durch ihn seine Nachkommenschaft (Ps 102, 29; Hi 21, 8). Der Frevler hingegen, der seinen Bogen auf Unschuldige richtet (*pol*), gestaltet (*hiph*) die Waffe für den eigenen Tod (Ps 7, 13f.; vgl. 57, 7), bildet in seinem Schoß eine auf den Täter zurückfallende *mirmāh* (Hi 15, 35) oder durch eigene Hand seinen Tag der Finsternis (Hi 15, 23; vgl. 18, 12). Von ihm läßt sich deshalb absolut sagen, daß er nicht bestehen wird / sich keinen Bestand gewirkt hat (Ps 140, 12; *niph* passiv oder refl.?). Was er erarbeitet, bereitet er, ohne es zu wollen, für den *ṣaddîq* (Hi 27, 16). – Das für gutes Tun notwendige Zurüsten des Denk- und Willenszentrums (*leḇ*) geschieht durch Aufmerken auf weisheitlichen Rat (Spr 8, 5 [s. BHS]; 20, 18; 22, 18). Ein unbedachter „Mann der Zunge" bleibt hingegen nicht bestehen (Ps 140, 12).
Was weisheitlich als immanenter Ursache-Wirkungs-Zusammenhang gilt, wird im Psalter an die Gottes-

beziehung gebunden. Rechte Gestaltung (*hiph*) des „Herzens" erfolgt, wo die *rûaḥ* gefestigt ist (*næ'ᵉmān*) bei Gott (Ps 78, 8; vgl. 37; 112, 7; 1 Sam 7, 3; Hi 11, 13). – Auch der Chronist sieht das Gestalten des *leḇ* auf das „Suchen JHWHs" ausgerichtet (*dāraš* 2 Chr 12, 14; 19, 3; 30, 19; vgl. 20, 33; 1 Chr 29, 18; Esr 7, 10). Der eigene Lebensweg wird dementsprechend „vor JHWH" durch rechtes Tun gebildet (2 Chr 27, 6). – Umgekehrt kann es auch heißen, daß JHWH, der dann als hintergründige Ursache menschlicher Aktionen begriffen wird, den *leḇ* beständig werden läßt (Ps 10, 17; vgl. 57, 8; Spr 16, 3) und die Schritte des Menschen (Ps 37, 23; 40, 3; 119, 133), ja den *dæræḵ* (119, 5) zurüstet. Er führt dadurch das vom *leḇ* Erdachte zum Ziel (Spr 16, 9), gibt Bestand „dem Werk unsrer Hände" (Ps 90, 17). Deshalb empfiehlt es sich, auf ihn das Werk abzuwälzen (Spr 16, 3). Andererseits bereitet er den Spöttern das Gericht (Spr 19, 29). Da die göttliche Macht demnach das menschliche Tun umschließt von der gedanklichen Verursachung bis zur Vollendung im entsprechenden Ergehen, wird JHWH angerufen als der, der das Böse des Frevlers zur Reife bringt (*gmr*), wie er den *ṣaddîq* zubereitet (Ps 7, 10 *pol*).

Der anthropologische Gebrauch des Lexems bietet also ein sprechendes Beispiel für die hebräische Überzeugung vom unlöslichen Tun-Ergehen-Zusammenhang und der „panentheistischen" Umschließung menschlichen Daseins durch JHWHs Walten und Wirken.

2. In den Texten von Qumran wird diese Tendenz weitergeführt bis zur Prädestination menschlicher Taten, für die *kûn hiph* oft benutzt wird. Das Lexem wird zum Schlüsselbegriff für den Mensch-Gott-Bezug. „Nicht steht beim Menschen sein Weg, und nicht vermag er seinen Schritten Dauer zu geben" (*hiph* 1 QH 15, 13; 1 QS 11, 10). Ein irdisches Subjekt ist unfähig, von sich aus Gutes zu tun und sich dadurch ein entsprechendes Geschick zu sichern: „Wie sollte Staub seine Schritte fest gründen?" (1 QH 15, 21). Schöpferisch gestaltet Gott nicht nur die Ausrichtung des *leḇ*, sondern auch die daraus resultierenden Schritte (1 QH 7, 13); vgl. 1, 28. „Du hast meine *rûaḥ* gebildet (*jṣr*) und ihr Werk gestaltet (*kûn hiph*)" (1 QH 15, 22). Schon im Mutterleib ist der *ṣaddîq* bereitet (*hiph*) für die Zeit des Wohlgefallens (1 QH 15, 15; vgl. 1, 19; 2, 17 u.ö.); dieser wandelt auf dem Weg des göttlichen *leḇ* und bleibt deshalb gegründet (*niph*, 4, 22; vgl. 1 QS 3, 9). Auch der Frevler, der vom Bösen nicht lassen kann, ist determiniert (1 QH 15, 19). Über menschliches Dasein hinaus umgreift solches Zubereiten anscheinend alles Seiende (1 QS 3, 15; 11, 11).

VI. 1. Hymnische Partien des Psalters und die jüngere Weisheit rühmen JHWH, der schöpferisch zurüstet (meist *hiph*, selten *pol*, kaum – passivisch – *niph*). Dabei bezieht sich *heḵîn* nie auf die Schöpfung insgesamt, sondern auf herausragende Werke, denen eine ordnende und heilvolle Wirkung für andere Kreaturen zukommt, wie Himmel (Ps 89, 3; Spr 3, 19; 8, 27), Licht mit Sonne und Mond (Ps 8, 4; 74, 16), Berge (65, 7), besonders aber die Erde als ein mit Regen getränktes Fruchtland, als *teḇel* (Ps 24, 2; 68, 10; Jer 10, 12 u.ö.). Genaugenommen meint *heḵîn* nicht einen schöpferischen Akt als solchen, sondern ein Ausstatten und Zurüsten bereits erstellter Größe. So hat JHWH die Erde gemacht, um sie (*l*ᵉ + inf.) hernach heilsam zu gestalten (*hiph*) (Jer 33, 2). Dem Machen der *'æræṣ* folgt das *heḵîn* der *teḇel* (Jer 51, 15). Der Folge- und Zweckcharakter göttlichen *kûn*-Handelns wird Jes 45, 18 deutlich:

(JHWH) Bildner (*jṣr*) der Erde und ihr Macher
  (*'śh*), / er, der sie zurüstet (*kônen*).
Nicht zu *tohû* hat er sie geschaffen (*br'*),
  zum Wohnen hat er sie gebildet.

Der Zweckbestimmung „zum Wohnen gebildet" in der zweiten Zeile dürfte *kônen* in der ersten entsprechen. Der positive, auf Lebenserhaltung und -förderung ausgerichtete Aspekt von *kûn hiph*/*pol* erklärt, daß in den einschlägigen Äußerungen häufig der Urmeer-Kampf-Mythos als Gegensatz zum göttlichen *heḵîn* angeführt wird. Über den unruhigen Meeren hat Gott der Erde Bestand gegeben (Ps 24, 1f., vgl. Jer 15, 12 = 51, 15f.). Nachdem er Leviathan und verwandte Ungeheuer erschlagen hatte, rüstete JHWH Licht und Sonne als Ordnungsmächte aus (Ps 74, 12–16) oder die Berge als Stützen des Kosmos (Ps 65, 7f.), hat er die Wirkungsgrößen *ṣædæq* und *mišpāṭ* als „Bestandsgarantien" (*māḵôn*) seines Thrones entstehen lassen (Ps 89, 10–15).

Die funktionale Ausrichtung erklärt, warum beim Gebrauch von *heḵîn* urzeitliches und jetztzeitliches Schöpferhandeln, Steuern der Jahreszeiten und (seltener) Lenkung der Heilsgeschichte ineinander übergehen. Wie die fruchtbare Erde, hat JHWH Israel zuerst gemacht (*'śh*) und dann zugerüstet (*kwn hiph*) als das ihm gehörende Volk (Deut 32, 6; 2 Sam 7, 24), aber auch den Zion zur Stätte seiner kultischen Anwesenheit auf Erden (Ps 48, 9; 87, 5; hier berührt sich der Gebrauch mit dem „Kulttechnischen" s. IV.). Wie das Fruchtland am Anfang, so werden in der Gegenwart Regen (Ps 147, 8), Getreide und Nahrung (Ps 65, 10; 78, 20; Hi 38, 41) sowie Behausung (Ps 107, 36) von Gott bereitgestellt. Und jedes Menschenwesen wird von ihm im Mutterleib als Individuum gestaltet (Hi 31, 15 (l.*pol*); Ps 119, 73). Näherhin wird das schöpferische Zubereiten lebenswichtiger kosmischer und geschichtlicher Phänomene auf JHWHs Wirkungsgrößen wie seine Kraft (Ps 65, 7), seine *ṭôḇāh* (Ps 68, 11) oder *'ᵉmûnāh* (Ps 89, 3; 119, 90) zurückgeführt, in der Weisheitsliteratur dann auf die *ḥŏḵmāh* (Spr 3, 19; 8, 27; vgl. Jer 10, 12 = 51, 15; 1 QH 1, 14. 19). Andererseits können aber auch Wirkungsgrößen als Schöpfungen angesehen werden, die Gott zugerüstet hat, so die *ḥŏḵmāh* (Hi 28, 27) oder *mêšārîm* (Ps 99, 4). (Zum Stern *kêwān* als Übermittler von *ṣᵉdāqāh* s. II. 4. d.)

Der Schöpfungsbezug des Lexems, schon ugaritisch nachweisbar (s. II.), entspringt keiner genuin israelitischen Idee, sondern wird von den Kanaanäern übernommen. Auffällig bleibt, daß die Psalmen ihn mit dem göttlichen Kampf gegen das chaotische Meer verbinden, was sich in Ugarit nicht findet, wo der Kampf Ba'als mit dem Meer nicht „schöpferisch" gewertet wird, während *kn* kreative Akte des friedvollen Göttervaters El ausdrückt.

2. Ein besonderes Problem stellen die zehn *m^eḵônôṯ* des salomonischen Tempels dar, die gewöhnlich 'Fahrgestell, Kesselwagen' übersetzt werden (zuletzt KBL[3]), was aber aus der Wurzel *kûn* nicht abzuleiten ist. Es handelt sich dabei um je einen Metallkasten von $2 \times 2 \times 1$ m, der mit Löwen, Rindern und Keruben verziert ist und einen Wasserkessel mit 920 l (ATD 11/1 z.St.) oder 1575 l (BK IX/1) Inhalt trägt und auf vier Rädern läuft (1 Kön 7, 27–39). Angesichts eines Gesamtgewichtes von mindestens $2^1/_2$ t (Th. A. Busink, Der Tempel von Jerusalem, Leiden 1970, 349) ist umstritten, ob die zehn Geräte tatsächlich am Tempel bewegt worden sind oder die Räder nur Bewegung symbolisieren.

Nach 2 Kön 16, 17 schon von Ahas ihres mythologischen Beiwerkes entkleidet, erniedrigt der Chronist die Geräte zu Waschbehältern für Opfertiere (2 Chr 4, 6. 14). Durch Ausgrabungen aus Zypern (AOB 505f.) und Megiddo (ANEP 587) sind einfachere und kleinere Parallelstücke belegt; demnach haben derartige Wagen in der kanaanäischen Religion eine Rolle gespielt. Auf dem Zion befinden sich je fünf von ihnen entlang beider Längsseiten des Tempels; neben Altar und *m^enôrāh* gehören sie zu den ins Auge fallenden Gegenständen des salomonischen Tempels, müssen demnach im Kult eine entscheidende Rolle gespielt haben. Ohne Zweifel handelt es sich um irdische Abbilder hintergründiger himmlischer Wirkungsgrößen (Wolken? Gestirnskonstellationen?), die für den Regen zuständig sind („Regenbringer" BK IX/1, 162). Warum aber sind sie in solcher Vielzahl am Tempel aufgestellt? Es scheint, als ob Mowinckel (Psalmenstudien II, Kristiania 1922) bisher die einzig plausible Erklärung gefunden hat: im Jerusalemer Herbstfest wurde Schöpfung als Aktualisierung des Urmeer-Kampf-Mythos regelmäßig begangen durch symbolische dramatische Aufführungen; dazu gehören solche Regenwagen als Begleiter des einherfahrenden Gottes. Da *heḵîn* im Blick auf göttliche Schöpfung der Auseinandersetzung JHWHs mit dem Meer zugeordnet wird (s.o.), erklärt sich der Name *m^eḵônāh* wohl als *m*-Präfix mit instrumentaler Bedeutung: das, womit (Regen und Erde) bereitet wird. Der „Erntedankhymnus" Ps 65 unterstützt solche Deutung, indem er nach Hinweis auf JHWHs Beschwichtigung des Meeres dessen heilsame Heimsuchung der Erde preist:

Der Kanal Gottes ist voller Wasser.
Du bereitest (*kûn hiph*) ihr Getreide, denn als dauerhaft (oder: und so; *ken*) rüstest du sie (die Erde) zu (*t^eḵînæhā*, l. *pol*?) ...
Du krönst das Jahr deiner Güte;
deine Wagenspuren triefen von Fett (v. 10b. 12).

VII. 1. Bei Höhepunkten der David-Salomo-Geschichte verweisen die geschichtlichen Bücher darauf, daß Gott mit diesem oder jenem Ereignis das davidische Königtum eingerichtet, zugerüstet, ihm Bestand gegeben hat – wie immer man *kûn hiph*/*pol* übersetzen will. So heißt es im Herzstück der Natanweissagung 2 Sam 7, 12f.:

Wenn deine (Davids) Tage erfüllt sind,
wirst du dich zu deinen Vätern legen.
Und ich werde aufrichten (*heqîm*) deinen Samen nach dir ...
und ich werde sein Königtum zurüsten (*heḵîn*).

Er wird 'mir' ein Haus bauen,
und ich werde Bestand verleihen (*kônen*) dem Thron seines Königtums für immer.

Wie auch sonst meint *pol* eine Begleithandlung zu dem, was *hiph* als Zweck ausdrückt; indem dem Thron Dauer verliehen wird, bleibt das Königtum bestehen. Voraussetzung dafür ist Sicherung der Thronfolge, die JHWH verspricht. Das nimmt das Ende der Thronfolgeüberlieferung Davids (1 Kön 2, 12) wieder auf: „Salomo setzte sich (endgültig) auf den Thron seines Vaters David, sein Königreich wurde sehr beständig (*tikkôn m^e'oḏ*)" wie auch der (2.) Schluß 2, 46: „Die Königsherrschaft hatte Bestand (*nāḵôn*) in der Macht Salomos" (vgl. Salomos eigene Äußerung 2, 24). Schon die Aufstiegsgeschichte Davids scheint mit einem solchen heilsgeschichtlichen Fazit geendet zu haben, 2 Sam 5, 12: „David erkannte, daß JHWH ihm als König Bestand verliehen hatte (*hiph*) und daß erhaben geworden war (*niśśā'*) seine Königsherrschaft um seines (JHWHs) Volkes Israel willen". Die Erkenntnis gewinnt David bezeichnenderweise nicht anläßlich der Salbung (v.3), sondern erst durch die Eroberung Jerusalems als Residenz und durch den Bau seines Palastes (v. 6ff.)! Auch für Saul setzt 1 Sam 13, 13 (vgl. 20, 31) voraus, daß die göttliche Bereitung der *mamlāḵāh* noch nicht durch die Salbung erfolgt war, sondern in einer nachfolgenden Bekräftigung sich vollzieht.

Besitz der Stadt Jerusalem, der Dynastie und Dauer des Thrones scheinen für diese wohl aus dem Umkreis des Hofes stammenden Überlieferungen eine Einheit zu sein. Dieser Zusammenhang aber hat tiefe religiöse Bedeutung, resultiert aus JHWHs spezifischem schöpferischem Wirken und wird deshalb in den Königspsalmen Anlaß zu Rühmung und Gebet (Ps 89, 2. 38), ja, kann als eigentlicher Inhalt des Davidsbundes (89, 5) angesehen werden. – Etwas anders wenden Weisheit und Propheten den Zusammenhang. Ein gemeinschaftstreuer König, der Frevler entfernt und Arme aufrichtet, schafft dadurch selber gemäß Tun-Ergehen-Zusammenhang seinem Thron Bestand für immer (*jikkôn lā'aḏ*, Spr 29, 14; 16, 12; 25, 5; Jes 9, 6; 16, 5.

2. Dem Bestand des israelitischen Königtums durch einen gesicherten Thron auf Erden entspricht das dauerhafte göttliche Königtum im Himmel. Dort hat JHWH am Anfang seinen Thron zubereitet (*nāḵôn me'āz* „seit damals", meist inkorrekt übersetzt „von uran"!), dessen Bestand dem der fruchtbaren Erde unten korrespondiert (Ps 93, 2 = 96, 10 = 1 Chr 16, 30) und Anlaß zur Zuwendung von *ṣ^{e}ḏāqāh* an seine Verehrer auf Erden wird (Ps 9, 8; 103, 17–19). Vom göttlichen Thron heißt es geradezu, daß die Wirkungsgröße *ṣæḏæq* und *mišpāṭ* seine dauerhaften Stützen (*māḵôn*) darbieten (Ps 89, 15; 97, 2) (zur ägyptischen Herkunft der Thronkonstruktion H. Brunner, VT 8, 1958, 426–428; zu akk. Parallelen G. Ahlström, Psalm 89, Uppsala 1959, 53–55).

Das Königtum JHWHs, das er um seiner und seiner Schöpfung willen dauerhaft zurüstet, hängt sowohl mit der urzeitlichen Schöpfung wie mit dem gegenwärtigen Kult auf dem Zion (in vorexilischer Zeit) eng zusammen. Zeugnis dafür liefert der Tempelweihspruch Salomos nach 1 Kön 8, 12f. in seiner von LXX^{L} überlieferten alten Fassung:

„Die Sonne hat am Himmel ausgestattet" (*heḵîn*) JHWH.
Er hat erklärt, im Wolkendunkel zu wohnen.
(So) habe ich denn tatsächlich ein Haus der Herrschaft (*z^{e}ḇul*) für dich gebaut,
eine dauerhafte Stütze (*māḵôn*) für dein Thronen für Ewigkeiten.

Der *māḵôn* des göttlichen Throns über dem Zion ist von *ṣæḏæq* und *mišpāṭ* als entsprechenden Stützen oder Bestandsgarantien (s. o.) kaum zu trennen, zumal auch die entsprechenden Psalmen beide Größen mit der Thronfahrt Gottes zum Zion verbinden (97, 1–8; 89, 15f.). Wo vom *heḵîn* des Königs JHWHs die Rede ist, kommt also dem Zion und seinem Kult eine Vermittlerrolle und deshalb kosmische Bedeutung zu. Selbst Sonne und Wolkendunkel sind so eingerichtet, daß sie über die Begehungen des Jerusalemer Tempels hindurch der Herrschaft JHWHs dienen, von dort aus Erde und Menschheit „aufrichten". So schließt sich im Glauben an das Königtum JHWHs als einer dynamischen Mächtigkeit der Ring, der durch *heḵîn* angezeigt wird, sobald das Lexem mit göttlichem Subjekt benutzt wird.

Koch

כּוֹס *kôs*

I. Etymologie, Belege, Bedeutung – II. Der gemeinte Gegenstand – III. Gebrauch – 1. profan – 2. theologisch-religiös – 3. Herkunft des theologisch-religiösen Gebrauchs.

Lit.: *H. Bardtke*, Becher (BHHW 1, 1962, 208–209). – *A.-G. Barrois*, Manuel d'archéologie biblique 1, Paris 1939. – *Z. Ben-Ḥayyim*, The Literary and Oral Tradition of Hebrew and Aramaic Amongst the Samaritans 2, Jerusalem 1957. – *W. Beyerlin*, Die Rettung der Bedrängten in den Feindpsalmen der Einzelnen auf institutionelle Zusammenhänge untersucht (FRLANT 99, 1970). – *Y. Brand*, Ceramics in Talmudic Literature, Jerusalem 1953. – *H. A. Brongers*, Der Zornesbecher (OTS 15, 1969, 177–192). – *E. D. van Buren*, The Flowing Vase and the God with Streams of Water, 1953. – *G. Dalman*, Jesus-Jeschua, 1922. – *Ders.*, AuS IV 390–391; VII 227–229. – *J. G. Davies*, The Cup of Wrath and the Cup of Blessing (Theology 51, 1948, 178–180). – *M. Dietrich – O. Loretz*, Der Vertrag zwischen Šuppiluliuma und Niqmandu: GAL/kāsu//ks (WO 3, 1964–66, 232–239). – *S. Fraenkel*, Die aramäischen Fremdwörter im Arabischen, Leiden 1886. – *L. Goppelt*, ποτήριον (ThWNT VI 148–158). – *H. Greßmann*, Der Ursprung der israelitisch-jüdischen Eschatologie (FRLANT 6, 1905). – *Ders.*, H ΚΟΙΝΩΝΙΑ ΤΩΝ ΔΑΙΜΟΝΙΩΝ (ZNW 20, 1921, 224–230). – *Ders.*, Der Festbecher (Festschr. E. Sellin, 1927, 55–62). – *M. Haran*, The Reliefs on the Sides of the Sarcophagus of Ahiram King of Byblos (Bulletin of the Israel Exploration Society 19, 1955, 56–65). – *A. M. Honeyman*, The Pottery Vessels of the OT (PEQ 1939, 76–90). – *H. Jahnow*, Das hebräische Leichenlied (BZAW 36, 1923). – *J. L. Kelso*, The Ceramic Vocabulary of the Old Testament (BASOR, Supplementary Studies 5–6, 1948). – *Th. Klauser – S. Grün*, Becher (RAC II 37–62). – *E. W. Klimowsky*, Symbols on Ancient Jewish Coins (Numismatic Studies and Researches 2, 1958, 81–97). – *W. Lotz*, Das Sinnbild des Bechers (NKZ 28, 1917, 396–407). – *R. Otto*, Reich Gottes und Menschensohn, ^{3}1954. – *J. L. Palache*, Semantic Notes on the Hebrew Lexicon, Leiden 1959. – *L. J. Rachmani*, כּוֹס (EMiqr 4, 1962, 50–51). – *A. Reifenberg*, Ancient Jewish Coins, Jerusalem ^{4}1965. – *H. Ringgren*, Vredens kalk (SEÅ 17, 1952, 19–30). – *D. Ruiz-Baxdanelli*, Le symbolisme de la coupe dans la bible, Lic. Fribourg 1971.

I. 31mal im AT (MT) in der Bedeutung 'Becher, Kelch' belegt, ist *kôs* in den semit. Sprachen breit vertreten (ugar. *ks*, akk. *kāsu(m)*, aram. *ks* (*kās*), syr. und mand. *kāsā*, arab. *ka'su*, tigrē *kas*). Die LXX gibt das Wort durchweg mit ποτήριον wieder. Außerdem interpretiert sie die *k^{e}lê zāhāḇ* von Esth 1, 7 als ποτήρια χρυσᾶ καὶ ἀργυρᾶ. Das ποτήριον von Kl 2, 13 verdankt sich wohl einer Verlesung/Verschreibung von כים zu כוס.

II. *kôs* bezeichnet ein in der Größe wohl variierendes (Ez 23, 32) Trinkgefäß für Wein (Jer 35, 5; Spr 23, 31) und Wasser (2 Sam 12, 3), dessen sich reich (Gen 40, 11. 13. 21) und arm (2 Sam 12, 3) bedienen. Dementsprechend kennt man es sowohl in wertvoller Ausführung aus Gold (Jer 51, 7) wie auch als schlichtes Tongefäß (Ez 23, 33f.?). Als eine mögliche Form nennt 1 Kön 7, 26||2 Chr 4, 5 die Lotosblüte. Diese Angaben werden durch nichthebräische und nachbiblische Texte teils erhärtet, teils ergänzt. Wie in der Bibel sind als Materialien bezeugt Gold (Dietrich-Loretz 235; AHw 454b; vgl. Esth 1, 7 LXX; Mischna Tamid 3, 4; Meïla 5, 1. 3) und Ton (Dietrich-

Loretz 235), aber auch Silber (Dietrich-Loretz 235; KTU 3.1, 31; AHw 454b; AP 61, 4), Kupfer/Bronze (Dietrich-Loretz 235; AHw 454b; AP 51, 12; 61, 1) und Stein (Dietrich-Loretz 235; Mischna Para 3, 2). Die von Dietrich-Loretz mitgeteilten Gewichtsangaben bestätigen trotz der Existenz einer Normalgröße, daß die Größe keineswegs feststand (235f.). Obwohl die Verteilung der einzelnen Gefäßtypen auf die überlieferten Begriffe nicht restlos zu erhellen ist, fügt sich der archäologische Befund zu den schriftlichen Zeugnissen. Unter *kôs* fallen wohl der napfartige Becher und die Schale mit Standfuß (Kelso 19). Becher aus anderem Material als Ton sind in Israel/Palästina sehr selten (BRL², Reg. s.v. Becher). Die Form der Lotosblüte repräsentieren ägyptische Fayencebecher (H. Schäfer, Die ägyptischen Prunkgefäße mit aufgesetzten Randverzierungen, 1903, 13).

III. 1. Daß in der Regel der einzelne Wein oder Wasser aus der *kôs* trinkt, schließt nicht aus, daß man sie gelegentlich für andere Zwecke verwendet, etwa um Tieren Flüssigkeiten zuzuführen (2 Sam 12, 3; vgl. Dietrich-Loretz 235; Mischna Tamid 3, 4). – Eine besondere Rolle spielt der Trostbecher, den man dem Trauernden zu reichen pflegt (Jer 16, 7), wie überhaupt das Mahl einen Platz in den Kondolenzriten einnimmt (Jer 16, 7; Ez 24, 17. 22; Hos 9, 4; vgl. Jahnow 7. 31).

2. Prophetische Texte aus den Jahren vor dem Exil und aus der Exilszeit malen das Gericht, das über Juda und die Völker (Jer 25, 15–29), Nebukadnezar (Hab 2, 16), Juda (Ez 23, 31–34), Edom (Jer 49, 12; Kl 4, 21) ergehen soll oder über die Völker (Jer 51, 7) und Juda (Jes 51, 17–23) schon ergangen ist, im Bild vom Becher aus, der bis zur Neige geleert werden muß. Der Inhalt des Bechers, der aus JHWHs Hand kommt (Jer 25, 15. 17; 51, 7; Hab 2, 16; Ez 23, 31; Jes 51, 17), in der Hand des Trinkenden dessen Becher wird, schwankt zwischen Bild (Wein Jer 25, 15; 51, 7) und Deutung (Zorn Jer 25, 15; Jes 51, 17. 22). Wer ihn trinkt, ist seiner Sinne nicht mehr mächtig. Trunken, wie er ist (Jer 25, 27; Ez 23, 33; Jes 51, 21; Kl 4, 21), schwankt er (*gāʿaš* Jer 25, 16), taumelt er (*rāʿal* Hab 2, 16 [s. BHS; anders Rudolph, KAT XIII/3, 1975, 221], *tarʿelāh* Jes 51, 17. 22), führt sich auf wie ein Verrückter (*hll* Jer 25, 16; 51, 7), entblößt sich (*ʿrh* Kl 4, 21), speit, fällt hin und steht nicht mehr auf (Jer 25, 27) – ein Gebaren, das ihm öffentlich die Ehre nimmt (ausdrücklich gesagt in Hab 2, 16). Auch hier kann sich die Deutung ins Bild drängen: Der Trunk ruft Entsetzen und Verwüstung hervor (Ez 23, 33). Ohne daß das Wort *kôs* fällt, leben auch die Drohungen gegen Ninive (Nah 3, 11), Juda (Jer 13, 13) und die Völker (Ob 16) von dieser Vorstellung. Hingegen kehrt sie in aller Ausführlichkeit in der Liturgie Ps 75 wieder, wo der Kultprophet den Frevlern des Landes das Gericht verkündigt (J. Jeremias, Kultprophetie und Gerichtsverkündigung in der späten Königszeit Israels, WMANT 35, 1970, 118f.): Aus der Hand JHWHs haben sie den schäumenden Wein bis zum Bodensatz zu schlürfen (v. 9). Wohl eine solche Gerichtsankündigung ist in dem Gebetslied Ps 11 zur Vertrauensaussage umgestaltet, wobei wieder festzustellen ist, daß hinsichtlich des Becherinhalts die Deutung an die Stelle des Bilds getreten ist (v. 6). In den übrigen Stellen, Ps 16, 5; 23, 5; 116, 13, eignet dem Becher eine positive Funktion. Obwohl weitaus weniger farbenreich als die Gerichtstexte, lassen sie erkennen, daß der Psalmist aus dem Becher sein Heil trinkt. Es liegt nahe, daß es sich um denselben Becher handelt, der dem *rāšāʿ* das Gericht, dem *ṣaddîq* die Rettung bringt, zumal wir in den ersten beiden Stellen Vertrauensaussagen in Gebetsliedern vor uns haben und auch Ps 116, 13 von der Heilsgewißheit des Dankenden zeugt.

3. So sehr einerseits, wie Brongers gezeigt hat, Zurückhaltung bei der Heranziehung außerbiblischer sogenannter Parallelen zur Erklärung geboten ist, vom Gemeinplatz der Gottheit mit Becher einmal abgesehen, so wenig ist andererseits sein Pessimismus angebracht, der die Rede vom Becher nur als Metapher gelten läßt. Immerhin fällt auf, daß ihr Vorkommen zeitlich und räumlich eng begrenzt ist. Wir finden sie in Texten der spätvorexilisch-exilischen Zeit (vorbehaltlich der Schwierigkeiten in der Psalmendatierung), von denen Erwähnungen in Schriften außerhalb des AT nachweislich abhängig sind (1 QpHab 11, 14f.: Hab 2, 16; PsSal 8, 14f.: Jer 32, 15 LXX; Apk 14, 8: Jer 51, 7; 14, 10: Jer 25, 15; 16, 19: Jes 51, 17; 17, 4: Jer 51, 7; 18, 3: Jer 25, 15). Alle diese Texte haben darüber hinaus in irgendeiner Weise einen Bezug zum Kult. Die Verbindung der Pss und von Kl 4, 21 zum Gottesdienst ist evident. Jer und Ez stand als Priestern sicher das priesterliche Berufswissen zur Verfügung. Hab, Nah, Ob sind von der Forschung als Kultpropheten erkannt. DtJes nimmt die kultische Gattung der Klage auf (Jes 51, 17–23). Unter den Bechern, die der Zweite Tempel besaß (Mischna Tamid 3, 4; Mischna Meïla 5, 1; vgl. Josephus, Bell. 6, 388), muß einem eine besondere Bedeutung zugekommen sein, sonst hätte man ihn wohl kaum einer Abbildung auf dem Titusbogen gewürdigt (AOB Nr. 509). Es spricht nichts dagegen, in ihm das Vorbild des Bechers zu sehen, der auf zahlreichen Münzen aus der Zeit des ersten römisch-jüdischen Kriegs 65–70 n.Chr. den theokratischen Staat symbolisiert (Y. Meshorer, Jewish Coins of the Second Temple Period, Tel-Aviv 1967, Nr. 148. 151. 152. 154. 155. 158. 159. 163. 164; vgl. Klimowsky 87f.). Stellt man in Rechnung, daß nicht nur Ps 11; 16; 23; 75; 116 das Trinken im Tempel lokalisieren, sondern selbst Ob 16, so ist die Annahme einer Herkunft dieser Metaphorik aus der Kultsprache berechtigt. Beyerlin hat den Zusammenhang von Ps 11; 23 mit dem Gottesgericht herausgearbeitet, das der unschuldig Angefeindete anruft. Der Trunk aus dem Becher entscheidet über Unschuld und Schuld, er gewährt Rettung oder gereicht zum Verhängnis. In die-

sem Verfahren ist das konkrete Substrat zu suchen. (Vgl. noch I. Engnell, Studies in Divine Kingship in the Ancient Near East, Uppsala 1943, 210; H. Ringgren, Vredens Kalk, SEÅ 17, 1953; 19–30).

Günter Mayer

כזב *kzb*

כָּזָב *kāzāḇ*, אַכְזָב *'akzāḇ*, כִּדְבָּה *kidbāh*, כָּזְבִּי *kŏzbî*, אַכְזִיב *'akzîḇ*, כְּזִיב *keзîḇ*, כּוֹזֵבָא *kôzeḇā'*

I. Allgemein – 1. Verwandte Sprachen – 2. Personen- und Ortsnamen – 3. Statistik und Syntaktisches – 4. Grundbedeutung – 5. LXX – II. Die biblischen Belege – 1. Das Verb – a) *pi* – b) *niph* – c) *hiph* – d) *qal* – 2. Nomina – a) das Substantiv *kāzāḇ* – b) das Adjektiv *'akzāḇ* – c) das aram. Substantiv *kidbāh* – III. Theologie – 1. 'Trug' als wesentliche Eigenschaft – a) bei Gott – b) im menschlichen Bereich – 2. 'Trug' als vermeidbarer Mangel – a) im Gericht – b) 'Trug' als allgemeine Verfehlung – c) 'Trug' gegenüber Gott.

Lit.: *M. A. Klopfenstein*, Die Lüge nach dem Alten Testament, 1964, bes. 176–254. – *Ders.*, *kzb* lügen (THAT I 817–823). – *H. Conzelmann*, ψεῦδος κτλ. (ThWNT IX 590–599, bes. 593–595).

I. 1. Die Wurzel *kzb* wird von den Wörterbüchern überwiegend mit 'lügen' bzw. mit 'Lüge', 'lügnerisch', 'Lügner' wiedergegeben. Sie ist zu unterscheiden von der Wurzel *kzb* II (= *kazābu* I in AHw 467) 'füllig, üppig, prächtig sein' (noch nicht unterschieden von Gesenius, Thesaurus Linguae Hebraicae et Chaldaeae Veteris Testamenti II 674; GesB s.v.). *kzb* I ist häufig belegt im Arab. (*kaḏaba*, WKAS 90ff.). Sie findet sich im Reichsaram. (vgl. DISO 115 *kdb* II; *kdbh*; 117 *kzb*), sehr häufig im Jüd.-Aram. (vgl. Levi, WTM s.v. *keḏaḇ*; *kîḏbā'*; *kaddāḇā'*; *kazbānā'*; *kāzāḇ*) sowie im Syr. (vgl. LexSyr s.v.) und Mand. (vgl. MdD s.v. *kdb* I). Im Ugar. ist *kzb* I bisher nicht belegt. Zum ugar. PN *bn kzbn* (UT Nr. 1214) s.u. I.2. *kzb* I findet sich als kanaan. FW in EA (vgl. AHw 467 s.v. *kazābu* II; *kazbūtu*), im übrigen fehlt *kzb* I im Akk. Außerdem findet sich *kzb* I vielleicht im Hebr. des Lakisch-Ostrakon VIII (Lesung unsicher) sowie 1mal im Bibl.-Aram. (Dan 2, 9, s.u. II.2.c). – *kzb* I ist somit auf westsem. Sprachen beschränkt, findet sich hier jedoch häufig und in verschiedenen nominalen und verbalen Bildungen.

2. Num 25, 15. 18 trägt eine Midianiterin den Namen *kŏzbî* (Samaritanus *kzbjt*). Gesenius, Thesaurus 674 s.v. *kŏzbî*; GesB s.v. *kzb* leitet diesen PN noch von *kzb* I 'lügen' ab. In akk. PN begegnet jedoch häufig die homonyme Wurzel *kzb* II (= AHw *kazābu* I) 'füllig, üppig, prächtig sein' (vgl. AHw s.v. *kazbum*; AN 249). Auch der ugar. PN *(bn) kzbn* (UT Nr. 1214) leitet sich von *kzb* II ab (vgl. KBL³ s.v. *kzb* II; PNU 29.152). Der Beiname des Bar Kochba *bn kzb'* (Schreibvarianten) dürfte sich ebenfalls von *kzb* II herleiten ('der Prächtige', vgl. F. Nötscher, VT 11, 1961, 449–451) und erst nachträglich im Sinne von *kzb* I 'lügnerisch', 'Lügner' umgedeutet worden sein. Der fem. PN *kŏzbî* wird darum heute allgemein ebenfalls von *kzb* II abgeleitet (vgl. KBL³ s.v. *kŏzbî* und *kzb* II).

Anders verhält es sich mit den verschiedenen aus *kzb* gebildeten Ortsnamen, die meist als vorisraelitisch-kanaan. angesehen werden (im MT 6 Belege). In Mi 1, 14 ist die südjudäische Stadt *'akzîḇ* bezeugt, die mit *'akzîḇ* Jos 15, 44 identisch ist. Nach Jos 19, 29; Ri 1, 31 gibt es eine gleichnamige Stadt im Gebiet des Stammes Aser. Vielleicht ist das südjudäische *'akzîḇ* auch in Lakisch-Ostrakon Nr. VIII Revers Z. 1 (*'kzb*; vgl. jedoch Klopfenstein, Lüge, Anm. 770. 1208), sicher jedoch das nördliche *'akzîḇ* im Sanherib-Prisma II, 40 (ANET 287) genannt. Mit dem südjudäischen *'akzîḇ* wird der in Gen 38, 5 genannte Ort *keзîḇ* identifiziert, meist auch der in 1 Chr 4, 22 genannte Ort (*'anšê*) *kôzeḇā'*. Diese Ortsnamen werden allgemein von *kzb* I 'lügen' abgeleitet. Sie werden als '(Ort am) trügerischen (wasserlosen) Bachbett' gedeutet (vgl. z. B. M. Noth, HAT I/7, ²1953, 142) und mit dem Nomen *'akzāḇ* in enge Verbindung gebracht.

Jedoch sollte die Möglichkeit der Ableitung (eines Teils?) dieser Ortsnamen von *kzb* II 'füllig, üppig, prächtig sein' nicht völlig ausgeschlossen werden. Für die Ableitung auch der Ortsnamen von *kzb* II lassen sich eine Reihe von Gründen anführen. Selbst wenn die Voraussetzung zutreffen sollte, daß das Nomen *'akzāḇ* von Haus aus und immer einen (Lügen-)Bach bezeichnet (jedoch s. u. II. 2. b), ist die Verbindung der Ortsnamen mit *'akzāḇ* keineswegs so direkt, wie allgemein angenommen wird. Das zeigen die Namensformen *keзîḇ* Gen 38, 5 und *kôzeḇā'* 1 Chr 4, 22. Auch bietet LXX Codex B für *'akzîḇ* in Jos 15, 44 Κεζειβ und in Jos 19, 29 Εχοζοβ, scheint also an diesen beiden Stellen die Aussprache *'akzîḇ* nicht zu kennen. – Daß ein Wadi nur in der Regenzeit Wasser führt, sonst aber trocken liegt, ist in Palästina überaus häufig und findet sich bei sehr vielen Ortslagen. Es ist nun wenig wahrscheinlich, daß ein so häufiges und unauffälliges Phänomen dazu diente, um einige bestimmte Orte (wohl bei ihrer Erstgründung) zu benennen. – Schließlich ist darauf hinzuweisen, daß in der Kupferrolle aus Qumran 3 Q 15, VII 14. 15 *hkwzb'* als Name eines Ortes im Wadi el-Qelt belegt ist, der offensichtlich im Namen des heutigen Georgsklosters Χω/ουζιβα fortlebt (DJD III 231 Nr. 15c; 242 Nr. 52; 260 Nr. 20; 265 Nr. 20, Lit. – Zur wahrscheinlichen Betonung auf der ersten Silbe vgl. *swdm* für Sodoma in 1 Q Jes^a 1, 9. 10; 3, 9). Der Name steht hier in ausdrücklichem Zusammenhang mit der ständig und reichlich fließenden Quelle 'Ein el-Qelt und kann sich nicht von dem nur in der Regenzeit fließenden Wasser des Wadi ableiten. Auch sind die beiden Wasservorkommen im Wadi el-Qelt von so verschiedener Art, daß der Name *hkwzb'*, der mit der Eigenart eines Wasservorkommens zusammengebracht werden muß, unmöglich zugleich die Quelle und das nur in der Regenzeit Wasser führende Wadi bezeichnen kann (anders DJD III 231 Nr. 15c). Die arab. Legende, nach der vielleicht die Quelle 'Ein el-Qelt, vielleicht auch eine andere Quelle intermittierend sei und darum 'lügnerisch' genannt werden könne

(DJD III 242 Nr. 52), kann gegen die Realität der immer fließenden Quelle nicht zu einer Namengebung vom Stamm *kzb* I 'lügen' geführt haben. *hkwzb'* in 3 Q 15, VII 14. 15 dürfte sich also sehr wahrscheinlich von *kzb* II 'füllig, üppig sein' herleiten.
Wie die PN *kōzbî* und *ben kôzîbā'* könnten sich also auch die genannten at.lichen (kanaan.) Ortsnamen nicht von *kzb* I 'lügen', sondern von *kzb* II 'füllig, üppig, prächtig sein' herleiten. – Aber auch wenn die übliche Ableitung dieser Ortsnamen von *kzb* I im Recht sein sollte, kann aus diesen Ortsnamen für die Bedeutung und besonders für die theologische Verwendung von *kzb* I nichts geschlossen werden. Sie bleiben darum im folgenden außer acht.

3. Im AT begegnet die Wurzel *kzb* I in verschiedenen nominalen Bildungen und als Verb. Von den insgesamt 56 Belegen (mit Sir und Dan 2, 9, aber ohne Eigennamen) entfallen etwa zwei Drittel, also die große Mehrzahl auf Nomina.
a) Das Verb findet sich 17mal (einschließlich Sir 16, 21; Verszählung wie in Barthélemy-Rickenbacher, Konkordanz zum Hebräischen Sirach). Vom *qal* ist nur das Ptz. akt. *kozeḇ* bezeugt (Ps 116, 11), das hier als Prädikat eines Nominalsatzes eindeutig nominalen Charakter hat. Das *niph* findet sich 2mal (Hi 41, 1; Spr 30, 6), das *hiph* nur 1mal (Hi 24, 25). Die übrigen 13 Belege (mit Sir 16, 21) entfallen auf das *pi*. Das *pi* ist jedoch nicht am Vorgang der Handlung oder am Verlauf des Geschehens, sondern am Resultat interessiert und bezeichnet die Herbeiführung jenes Zustandes oder die Herstellung jener „Sache", die durch die Nomina derselben Wurzel bezeichnet werden (vgl. E. Jenni, Das hebr. Piʿel, Zürich 1968, passim). Mit dem Ptz. *qal* haben also 14 von insgesamt 17 Belegen des Verbs eine klare Affinität zur nominalen Verwendung der Wurzel. Dies gilt auch von den beiden *niph*-Belegen. Bei der Ermittlung der Grundbedeutung der Wurzel *kzb* I muß dies beachtet werden (s. u. I. 4).
Hi 41, 1 hat das *hiph* ein pronominales „Objekt" bei sich, das jedoch Subjekt des veranlaßten *kzb* ist. Mi 2, 11 bezeichnet *šæqær* nicht ein eigentlich transitives Objekt von *kzb pi*, sondern charakterisiert und verstärkt adverbiell das Verb. Andere „Objekte" finden sich bei *kzb* nicht. Das Verb hat also in sich selbst eine Bedeutung, die keiner Ergänzung durch den zusätzlichen Bezug auf ein „Objekt" bedarf. Auch stehen somit keine „Objekte" vom Verb *kzb* I zur Verfügung, die für die Ermittlung der Grundbedeutung oder für die Präzisierung besonderer Ausprägungen der Grundbedeutung dienen könnten. Wohl ist dies möglich von der Eigenart der verschiedenen „Subjekte" her (s. u. I. 4).
5mal ist das mit *kzb pi* gemeinte Tun durch einen präpositionalen Ausdruck (3mal *l*ᵉ Ez 13, 19; Ps 78, 36; 89, 36; 1mal *b*ᵉ 2 Kön 4, 16; 1mal *ʿal p*ᵉ*nê* Hi 6, 28, vgl. EA 62, 39 f. 43 f.; 138, 119: *ana pan*) ausdrücklich auf Personen bezogen. Dieses Tun spielt sich also im Kontext von Kommunikation für eine (oder mehrere) Person(en) ab, eine Komponente, die auch an den anderen Stellen immer mitgegeben sein dürfte (s. u. I. 4).
Auffällig ist, daß keinerlei (verneinte) Aufforderungsformen belegt sind. Auch gibt es keine negierten Aufforderungsformen anderer Verben mit dem Nomen *kāzāḇ* als Objekt. Obwohl *kzb* I sicher negativ bewertet wird, findet es sich weder in einer („apodiktischen") Weisung, die vom falschen Handeln abhalten will, noch begegnet es als Straftatbestand in einem („kasuistischen") Rechtssatz. Auch dieser auffällige Befund ist bei der Ermittlung der Grundbedeutung zu berücksichtigen (s. u. I. 4).
b) Die Nominalbildungen von *kzb* I sind ungleich häufiger belegt als das Verb. Das Subst. *kāzāḇ* findet sich 31mal im MT, außerdem 5mal in Sir (15, 8 Handschrift A; 15, 20; 31, 1; 36, 24 Text?; 51, 2). 12mal steht der Plural auf *-îm* (vgl. hierzu D. Michel, Grundlegung einer hebräischen Syntax, 1977, 40. 45. 59 u. ö.), sonst der Sing. 2mal findet sich das (substantivierte) Adj. *'aḵzāḇ* (Jer 15, 18; Mi 1, 14), 1mal das aram. Subst. (s. u. II. 2. c) *kiḏbāh* (Dan 2, 9).
Nur 1mal ist das Subst. *kāzāḇ* Pl. Subj. einer Aussage (metaphorisch für Götzen Am 2, 4). 1mal entspricht *kāzāḇ* Sing. in einem doppelten Akkusativ (abhängig von → שׂים *śîm*) dem Subj. eines Nominalsatzes (Jes 28, 15). 16mal steht *kāzāḇ* Sing. oder Pl. in Abhängigkeit von einem Nomen oder einem Ptz. im st. cstr. (Nominalrektion des Ptz.), dient also zur (attributiven) Kennzeichnung von Personen oder Sachen. Dieselbe Funktion hat *kāzāḇ* als Prädikat eines Nominalsatzes (Ps 62, 10) sowie das als Apposition zu *millāh* gesetzte aram. *kiḏbāh*. *'aḵzāḇ* bzw. *k*ᵉ*mô 'aḵzāḇ* ist an beiden Belegstellen Prädikat eines Nominalsatzes, kennzeichnet also ebenfalls eine nominal bezeichnete vorhandene Größe.
Obwohl *jāpîaḥ (k*ᵉ*zāḇîm)* kein st. cstr. ist und morphologisch eine finite Verbform sein dürfte (vgl. jedoch THAT 818, Lit.), ist in diesem 5mal belegten (Spr 6, 19; 14, 5. 25; 19, 5. 9), erstarrten Ausdruck der Objektcharakter von *k*ᵉ*zāḇîm* verlorengegangen. Dieser Pl. kennzeichnet, ähnlich wie *šæqær/š*ᵉ*qārîm* oder *'*ᵃ*mûnîm/'*ᵃ*mæṯ* in Verbindung mit *ʿeḏ* die Eigenart eines Zeugen vor Gericht, ist also als eine Art adverbieller Akkusativ aufzufassen, so daß auch hier *kāzāḇ* eine Person in ihrem habituell gewordenen Handeln und damit diese Person selbst in ihrer Eigenart charakterisiert.
An den verbleibenden 12 Belegstellen ist *kāzāḇ* Akkusativobjekt, und zwar 2mal eines Ptz. im st. abs. (Verbalrektion des Ptz., Ez 13, 9; 22, 28), 1mal eines Inf. (Ez 21, 34), 9mal eines finiten Verbs (*dbr pi*: Ri 16, 10. 13; Hos 7, 13; 12, 2; Zeph 3, 13; Dan 11, 27; *ḥzh*: Ez 13, 8; *bqš pi*: Ps 4, 3; *rṣh*: Ps 62, 5). Allerdings dienen die Ptz. und wohl auch der Inf. zur appositionellen Charakterisierung von Personen, und mehrfach muß der Verbalsatz, dessen Obj. *kāzāḇ* ist, als Prädikat(satz) eines (zusammengesetzten) Nominalsatzes aufgefaßt werden (s. u. II. 2. a), so daß *kāzāḇ* auch als Akkusativobjekt eines finiten Verbs

mehrfach eine nominal bezeichnete Person oder Sache kennzeichnet.
An der großen Mehrzahl aller Belegstellen beziehen sich also die Nomina *kāzāḇ*, *'akzāḇ*, *kiḏbāh* nicht auf den Vorgang einer Handlung oder eines Geschehens, sondern auf die Eigenart vorfindlicher Personen und Sachen in ihrem Bestand. Deutlich ist ferner, daß die durch die Nomina charakterisierte Eigenart auf wahrnehmungsfähige Personen bezogen ist. Die syntaktische Verwendung der Nomina entspricht somit weitgehend dem entsprechenden Befund beim Verb (s.o. I.3.a).
4. Als Grundbedeutung von *kzb* I wird weithin 'Wortlügen aussprechen', 'die Unwahrheit sagen' angenommen. Die Anwendung der Wurzel auf Sachen muß dann als sekundäre, metaphorische Übertragung verstanden werden, ähnlich auch die Kennzeichnung von Personen durch *kzb* I als metonyme Verlagerung und Abwandlung seiner Bedeutung vom Vorgang der Wortlüge auf den, der Wortlügen hervorbringt (vgl. Klopfenstein, Lüge, 177. 209f. 211 u.ö.; ders., THAT 818). Diese Auffassung stützt sich vor allem darauf, daß bei etwa zwei Dritteln der at.lichen Belegstellen *kzb* I im Zusammenhang mit Ausdrücken des Redens oder Hörens auftritt.
'Lügen' im Sinn von 'Wortlügen aussprechen' definiert sich im Sprachgebrauch moderner europäischer Sprachen, auch aufgrund der europäischen ethisch-philosophischen Tradition, als 'locutio contra mentem (loquentis)'. Vor allem drei Elemente bestimmen den genauen Sinn dieses 'Lügens': die überwiegende oder ausschließliche Anwendung auf sprachliche Mitteilung im Sinne einer Information, der vorrangige Bezug auf den Vorgang der Mitteilung sowie der betonte Rückbezug auf das Subjekt des 'lügnerischen' Redens. 'Lügen' in diesem Sinn hat vor allem die Diskrepanz zwischen dem Bewußtsein des redenden Subjekts und seiner sprachlichen Äußerung im Blick. Es meint die bewußte, unwahre Äußerung und gehört damit in das Gebiet der Ethik.
Eine Reihe von Beobachtungen lassen jedoch deutlich erkennen, daß die Gleichsetzung von *kzb* I mit dem 'Lügen' moderner europäischer Sprachen zumindest sehr mißverständlich, wenn nicht geradezu falsch ist, und sie machen es zugleich sehr wahrscheinlich, daß (mit J. L. Palache, Semantic Notes on the Hebrew Lexicon, Leiden 1959, 41) als Grundbedeutung von *kzb* I das (objektiv) 'Trügerische', 'Unzuverlässige', 'Sich Versagende', 'Wirkungs- und Substanzlose', 'Nichtige' anzunehmen ist. Bei dieser Auffassung tritt innerhalb der kommunikativen Vorgänge, in die *kzb* I unbestreitbar gehört, der Bezug von *kzb* I auf das Subjekt, das Unzuverlässiges hervorbringt, zurück oder ist gar nicht vorhanden, und es überwiegt der Bezug auf den, dem das mit *kzb* I Gemeinte begegnet, also auf den „Adressaten" von *kzb* I. Die Tatsache, daß *kzb* I häufig mit Reden oder Hören in Zusammenhang steht, läßt sich dabei aus der angenommenen Grundbedeutung leicht verständlich machen: Gesprochene oder geschriebene Sprache ist innerhalb kommunikativer Vorgänge jene „Sache", bei der sich für den „Adressaten" und Rezipienten die Frage nach objektiver Verläßlichkeit am häufigsten stellt.
Zunächst kann man für (objektiv) 'unzuverlässig', 'trügerisch', 'nichtig' als Grundbedeutung von *kzb* I darauf hinweisen, daß bei den geschichtlich und sprachgeschichtlich älteren Vorkommen diese Bedeutung vorherrscht. Das trifft vor allem für das Arab. zu: *kaḏaba* meint hier zuerst 'trügen', 'enttäuschen', 'versiegen' u.ä. und erst abgeleitet und zweitrangig 'lügen', 'die Unwahrheit sagen' (vgl. WKAS I 90ff.; auch Klopfenstein, Lüge, 179). – Dasselbe gilt von den wenigen reichsaram. Belegen. In einer Schenkungsurkunde aus Elephantine wird vorsorglich jede andere gegenteilige Urkunde, mit der jemand die Besitzübertragung anfechten will, als ungültig, weil unecht bezeichnet: „'Lüge' (*kdb*) ist sie, nicht ich habe sie geschrieben, nicht wird sie vom Gericht akzeptiert" (AP 8, 16). Eine ähnliche Aussage begegnet in einem anderen Rechtsdokument aus Elephantine: Sollte eine andere als die unterzeichnete Urkunde beigebracht werden, dann gilt: „'Lüge' (*kdb*) ist diese Urkunde ..., diese hier aber ist zuverlässig (*jṣb*)" (BMAP 10, 16f.). In beiden Urkunden meint *kdb* (im Gegensatz zu *jṣb*), die unechte und darum nichtige Urkunde, die ein Recht weder begründet noch dokumentiert. Die wenigen Vorkommen von *kdb* in den Sprüchen des Aḥikar (AP S. 204ff.) stehen zwar alle mit Reden und Hören in Zusammenhang, jedoch begünstigen auch sie das Verständnis von *kdb* im Sinne von 'Trug', 'Unzuverlässigkeit'. Aḥikar 132 wird gesagt, daß das gute Ansehen eines Mannes auf seiner Verläßlichkeit (*hjmtwh*, Wurzel *'mn*) beruht, seine Verhaßtheit auf der Unzuverlässigkeit/'Lüge' seiner Lippen (*kdbt śpwth*). Als Gegenbegriff zu *'mn* und als Charakterisierung des Menschen dürfte *kdb* auch hier primär die objektive Unzuverlässigkeit bedeuten. Von den auf diesen Satz folgenden drei Vergleichen ist vor allem der dritte bedeutsam: „Ein 'Lügner' (*mkdb*) ist ... wie ein Mann, der Zauberei tätigt, aber von den Göttern ging es nicht aus." Mit *kdb* ist hier also analog zum Zauberspruch, der wirkungslos ist, weil die Götter ihn nicht tragen, das Wirkungslose, Nichtige der Rede und die Unzuverlässigkeit des Redenden gemeint, nicht aber die Absicht, falsch zu informieren. – Von den vier Belegen des kanaan. FW in EA weist mindestens einer in dieselbe Richtung: Rib-Addi von Gubla schreibt an den Pharao: „Wenn du geschrieben hast: Krieger sind ausgezogen, so hast du geredet 'Lüge' (*kazbūtu*). Es sind keine Feldtruppen da!" (EA 129, 37). Es ist kaum anzunehmen, daß Rib-Addi dem Pharao die subjektive Täuschungsabsicht vorwerfen will, sondern die Inhaltlosigkeit und Unzuverlässigkeit der Mitteilung: Dem, was der Pharao geschrieben hat, entspricht keine Wirklichkeit.
Wichtiger aber ist, daß der Sprachgebrauch des AT selbst zeigt, daß '(objektiv) trügerisch', 'unzuverläs-

sig' die Grundbedeutung von *kzb* I ist. Hierfür spricht zunächst das Wortfeld, in das *kzb* I eingefügt ist. Als Gegenbegriffe begegnen Wörter und bildhafte Ausdrücke, die das (objektiv) Feste, Verläßliche bedeuten, so vor allem *'mn, kwn, jsd* (Fundament) u. ä.; als Parallelbegriffe Wörter und bildhafte Ausdrücke, die das Nichtige, Trügerische beinhalten, z. B. *šāw', šæqær, tarmîṯ, hæbæl* (Einzelnachweis hierzu s. u. II.).

Auch kann in sinnverwandten Ausdrücken *kzb* I durch andere Wörter für Nichtigkeit und Trug ersetzt werden, ohne daß sich ein erkennbar anderer Sinn ergeben würde. Dies gilt vor allem für die Bereiche der (falschen) Prophetie und der Zeugenschaft vor Gericht, also gerade für Bereiche des Redens. – Die überwiegend nominale Verwendung der Wurzel *kzb* I, sowie das fast ausschließliche Interesse am Resultat der Handlung bei verbaler Verwendung (s. o. I. 3) begünstigt ebenfalls die Auffassung von *kzb* I als '(objektiv) trügerisch, nichtig'.

Schließlich ist an etwa einem Drittel aller Belege kein Zusammenhang mit Sprache und Rede festzustellen. Dies erklärt sich weit zwangloser, wenn nicht eine metaphorische Übertragung einer Grundbedeutung 'Wortlüge' angenommen werden muß, sondern wenn umgekehrt *kzb* I von Haus aus das 'objektiv Nichtige', 'Trügerische' bezeichnet, das dann auch und vor allem in der Gestalt von Rede und Redner begegnet.

Als Grundbedeutung von *kzb* I wird man also 'Trug, Unzuverlässigkeit, Nichtigkeit' annehmen können. Was *kzb* I primär meint, gehört zunächst nicht in den Bereich des verantwortlichen Tuns und somit nicht in den Bereich der Ethik, sondern dient zur Beschreibung dessen was ist, gehört also insofern in den Bereich einer „Ontologie". Auch wenn *kzb* I auf Gesprochenes oder auf eine sprechende Person angewendet wird, ist primär nicht die (ethisch zu beurteilende) Unwahrhaftigkeit des Sprechers im Blick, sondern die objektive Unzuverlässigkeit der Rede oder des Redenden. Dabei ist Trug, Unzuverlässigkeit, Nichtigkeit für jemanden gemeint. *kzb* I meint also eine auf einen Adressaten bezogene, eine relationale Eigenart dessen, was vorgefunden wird.

5. LXX gibt *kzb* I meist mit Wortbildungen vom Stamm ψευδ- wieder. An 3 Stellen steht für *kzb* I κενός (Hos 12, 2; Mi 1, 14; Hab 2, 3), an 7 Stellen μάταιος (Ez 13, 6. 7. 8. 9. 19; Am 2, 4; Zeph 3, 13), einmal ἀδίκως (Spr 19, 5), einmal κακία (Spr 19, 9) und einmal ἐκλείπειν (Jes 58, 11 von Wasser). Bemerkenswert ist, daß Zeph 3, 13 *kāzāḇ* mit μάταια wiedergegeben wird, obwohl es von einem Verb des Sagens abhängig ist. Auffällig ist auch, daß Ez 13, 6. 7. 8. 9. 19 *kāzāḇ* mit μάταιος übersetzt wird, während das parallele *šāw'* mit ψεῦδος wiedergegeben wird. Ähnlich steht Spr 19, 5. 9 für *'eḏ šeqārîm* μάρτυς ψευδής, während das parallele *japîaḥ kezāḇîm* mit ἐγκαλῶν ἀδίκως (v. 5) und mit ἐκκαύσῃ κακίαν (v. 9) übersetzt wird. In Ez 13, 6. 7. 8 könnte man annehmen, daß der LXX-Übersetzer die Objekte der parallelen Verben vertauschte, weil er eine wortspielartige Assonanz erreichen wollte (μαντεύεσθαι μάταια v. 6; μαντεῖαι μάταιαι vv. 7. 8). Dieser Grund entfällt jedoch für Ez 13, 9. 19; Spr 19, 5. 9, so daß für LXX auch im Zusammenhang mit Reden und Hören bisweilen die Grundbedeutung von *kzb* I 'objektiv Nichtiges, Leeres' sich gegen die übliche Wiedergabe mit ψευδ- durchsetzt. – Zu Jer 15, 18 LXX; Mi 1, 14 LXX s. u. II. 2. b.

II. 1. a) Im Gegensatz zum 'Menschen' (*'îš*) und zum 'Menschenkind' (*bæn 'āḏām*) 'lügt' Gott nicht (*kzb pi* Num 23, 19). Dies wäre dann der Fall, wenn er sich dessen 'gereuen' ließe (→ נחם *nḥm niph*), was er einmal bestimmt hat, d. h. wenn dem von Gott Gesagten nicht das verheißene Tun folgen würde. – Ähnlich beteuert JHWH Ps 89, 36 mit einem Schwur, daß er für David keine 'lügnerische' Verheißung ergehen ließ (*kzb pi*), sondern daß diese einmal ergangene Verheißung von ihm unverändert (vgl. *šnh pi* v. 35) bleibe, d. h. aber, durch die Wirklichkeit eingelöst würde. – Hab 2, 3 wird von einem 'Gesicht' (*ḥāzôn*) gesagt, daß es nicht 'lüge' (*kzb pi*). *ḥāzôn* steht hier wie öfters für die ins Wort gefaßte, hier sogar für die aufgeschriebene (vgl. v. 2) prophetische Botschaft (→ חזה *ḥāzāh*). 'Nicht lügen' meint also hier, daß das (geschriebene) Prophetenwort nicht leer und nichtig ist, sondern ihm jene Wirklichkeit entspricht, die in ihm aus- und angesagt wird. – 2 Kön 4, 16 verheißt Elisa einer kinderlosen Frau, daß sie übers Jahr einen Sohn haben werde. Sie wehrt die Verheißung ab (vgl. Gen 18, 12): „Täusche nicht (*kzb pi*) deine Magd (*be*)", d. h. gib ihr keine Verheißung, der keine Erfüllung folgt. – Ez 13, 19 wird die Tätigkeit der falschen Prophetinnen, die ihre Klienten fälschlich und unbegründet entweder dem Leben oder dem Tod zuweisen, als 'lügen' (*kzb pi*) bezeichnet. *kzb pi* meint hier einen Spruch fällen, den die Wirklichkeit nicht rechtfertigt. Allerdings tun die Prophetinnen damit etwas, was das Volk, das auf 'Lüge' (*kāzāḇ*) hört (s. u. II. 2. a), erwartet. – Auch Mi 2, 11 wird *kzb pi* von falschen Propheten gesagt. Es hat hier den adverbiellen Akkusativ *šæqær* 'Trug' bei sich und steht parallel zu *hlk rûaḥ* (*rûaḥ* ist hier adverbieller Akkusativ zu *hlk*, nicht zu *kzb pi*, vgl. H.-W. Wolff, BK XIV/4, 41, Lit.). Wie in Ez 13, 19 *kzb pi* allein, so bezeichnet hier *kzb pi* mit *šæqær* die Tätigkeit der falschen Propheten (vgl. → נטף *ntp* vv. 11b. 12), die damit der Erwartung des Volkes entsprechen (v. 11b). – Nach Spr 14, 5 gehört es zum 'zuverlässigen Zeugen' *'eḏ 'æmûnîm*, daß er nicht 'lügt' *kzb pi*, während einer, der 'Lügen hervorbringt' *jāpîaḥ kezāḇîm* (s. u. II. 2. a), ein 'trügerischer Zeuge' *'eḏ šæqær* ist. *kzb pi* bedeutet hier ein objektiv nicht zutreffendes Zeugnis abgeben und kennzeichnet das Wesen des unzuverlässigen Zeugen (Prädikatsatz in einem zusammengesetzten Nominalsatz). – Auch Hi 6, 28 wird man die Auseinandersetzung vor Gericht als Vorstellungshintergrund annehmen dürfen. Hiob beteuert den Freunden gegenüber, daß er keine

'Lüge' vorgebracht habe (*kzb pi*), indem er sich als schuldlos darstellte. Seine Rede ist durch die Wirklichkeit gedeckt. – Jes 58, 11 wird das Volk in einem Heilswort mit einem wohlbewässerten Garten (*gan rāwæh*) und mit einem Wasserquell (*môṣāʾ majim*) verglichen, dessen Wasser ihm nie 'lügen', d. h. fehlen werden (*lôʾ jeḵazzeḇû mêmajw*). *kzb pi* bezeichnet hier das Versiegen einer Quelle, die insofern 'lügt' und täuscht, als sie die Erwartung nun nicht mehr erfüllt, die man in sie setzen konnte, solange sie Wasser spendete. *kzb pi* meint also hier, eine Erwartung nicht erfüllen, die man mit einigem Recht haben konnte. (Jes 58, 11 wird aufgenommen in 1 QH 8, 4f. 16f.; 1 QSb 1, 3–6.) – Ps 78, 36 steht *kzb pi* parallel zu *pth pi*. Von den früheren Generationen wird gesagt, daß sie Gott zu einem 'Toren' machten mit ihrem Mund und mit ihrer Zunge für ihn (*lô*) 'Lügen' hervorbrachten (*kzb pi*). Dies wird v. 37 damit erläutert, daß ihr Herz (→ לב *leḇ*) nicht fest (→ כון *kwn*) mit ihm war, und sie sich nicht glaubend einließen (→ אמן *ʾmn niph*) auf seine Anordnung (→ ברית *berît*). *kzb pi* meint hier: mit Worten des Gebets, etwa des Bekenntnisses oder Gelöbnisses, Gott gegenüber den Schein der Zugehörigkeit zu ihm aufrichten, ohne daß diesem Schein der Ernst des Vollzugs im Leben entspricht. – Auch Jes 57, 11 kennzeichnet *kzb pi* ein Tun Israels oder Jerusalems gegenüber Gott. Es steht hier antithetisch parallel zu (Gottes) 'gedenken', ihn gedenkend rufen (→ זכר *zāḵar*) und zu: (ihn) im Vollzug der Existenz ernst nehmen (*śîm ʿal leḇ*), meint also auch hier ein Verhalten, das den Schein der Zugehörigkeit zu Gott erzeugt, dem jedoch nichts zugrunde liegt. – Sir 16, 21 soll solches Tun möglich sein *beḵōl sætær* 'ganz im Verborgenen'. *kzb pi* steht hier parallel zu → חטא *ḥṭʾ* 'sich verfehlen, sündigen' und charakterisiert die Sünde als ein nichtiges und wesenloses Tun. Da die Meinung des Sünders, er könne 'ganz im Verborgenen' sündigen, falsch ist (vgl. vv. 17. 23), richtet sich auch hier *kzb pi* an einen wahrnehmenden Adressaten, nämlich an Gott.

Schwer zu deuten ist *kzb pi* in Hi 34, 6. Elihu zitiert hier zusammenfassend und ohne wörtlichen Bezug auf die Hiobrede die Anklage, die Hiob gegen Gott erhebt vv. 5f. Diese Anklage weist er vv. 7ff. scharf zurück. In der zitierten Anklage des Hiob versucht man das *ʾaḵazzeḇ* des MT so zu verstehen, daß Hiob hiermit klagend feststellt, er habe mit seiner Unschuldsbeteuerung 'Lüge' hervorgebracht, insofern er mit ihr der offenbaren Auskunft seines tatsächlichen Elends widersprochen habe, das nach weisheitlicher Auffassung notwendig Schuld voraussetze. Da jedoch für Hiob selbst diese Unschuldsbeteuerung wahr ist, läge bei dieser Auffassung eine Art Oxymoron vor. Man übersetzt: „Obwohl ich im Recht bin (*ʿal mišpāṭî*), stehe ich als Lügner da (*ʾaḵazzeḇ*)."

Bei diesem Verständnis der Stelle müßte man aber wie in Hi 41, 1; Spr 30, 6 eher *kzb niph* erwarten (s. u. II. 1. b). B. Duhm, Das Buch Hiob, KHC XVI, 1897, z. St., liest denn auch das *niph ʾækkāzeḇ*. Ein intransitives *kzb pi* 'als Lügner erwiesen werden, als Lügner dastehen' wäre sowohl im Hinblick auf die allgemeine Funktion des *pi* (s. o. I. 3. a) als auch im Hinblick auf die sonstige Verwendung von *kzb pi* völlig singulär. LXX bietet hier ἐψεύσατο, setzt also die dritte Person von *kzb pi* voraus. Danach ist Gott Subj. nicht nur vom Perfekt *hesîr* v. 5b, sondern auch vom Imperfekt *kzb pi* v. 6a.

Eine Reihe von Gründen spricht dafür, daß LXX den ursprünglichen Text bezeugt. Die syntaktische Fügung der drei Sätze vv. 5aβ. 5b. 6a läßt auch in v. 6a Gott als Subj. erwarten. Dem perfektischen 'ich bin gerecht' *ṣāḏaqtî* v. 5aβ wird der ebenfalls perfektische Satz v. 5b adversativ entgegengesetzt: 'aber (Inversion!) Gott hat mein Recht weggeschafft' *weʾel hesîr mišpāṭî*. Das Imperfekt von *kzb pi* v. 6a bezeichnet eine vom vorausgehenden Perfekt *hesîr* abhängige Folgehandlung (vgl. D. Michel, Tempora und Satzstellung in den Psalmen, 1960, 128ff.). Auch wird das *mišpāṭî* v. 5b Ende in v. 6a Anfang wieder aufgenommen. Zur engen syntaktischen und inhaltlichen Verbindung der beiden Sätze vv. 5b. 6a paßt gut, daß beide dasselbe Subj. haben. – Zudem setzt die Widerlegung vv. 7ff. voraus, daß die zitierte Anklage gegen Gott sehr hart ist (vgl. vor allem vv. 10. 12). Das ist dann mehr der Fall, wenn Gott Subj. nicht nur von *hesîr* (*mišpāṭî*), sondern auch von *kzb pi* ist. – Auch ist nicht verwunderlich, daß Elihu die Anklage Hiobs, gegen die er ja Stellung nimmt, verschärft wiedergibt und daß er darum Hiob Gott der 'Lüge' zeihen läßt, obwohl dieser Vorwurf in den Reden Hiobs nicht wörtlich begegnet. – Schließlich bietet LXX die bei weitem schwierigere Lesart, und es ist leicht verständlich, daß die anstößige Aussage, die Gott zum 'Lügner' macht, durch die Abänderung des Subj. beseitigt wurde. Man vergleiche hiermit die umdeutende Paraphrase des Targum sowie LXX und V (s. u. II. 2. b) zu Jer 15, 18. Mit LXX ist also in Hi 34, 6 die 3. Person *jeḵazzeḇ* zu lesen (so G. Hölscher, Das Buch Hiob, HAT I/17, ²1952, z. St.; anders z. B. Klopfenstein, Lüge, Anm. 795, und die meisten Kommentare).

Dadurch, daß Gott das Recht Hiobs 'wegtut' und ihn unberechtigterweise ins Unglück kommen läßt, obwohl Hiob gerecht ist, schafft Gott selbst einen Schein, der die Wirklichkeit des gerechten Hiob verleugnet, er bringt 'Lüge' hervor (*kzb pi*).

Somit bedeutet *kzb pi* an allen Stellen: einen nichtigen Schein erzeugen, dem keine Wirklichkeit entspricht. Dies kann durch Worte geschehen, nicht selten jedoch auch durch wortloses Tun und Verhalten. Die Täuschungsabsicht ist nicht ausgeschlossen. Sie wird an einigen Stellen sogar mitgemeint sein können. Im Blick steht aber nicht die subjektive Täuschungsabsicht dessen, von dem *kzb pi* ausgesagt wird, sondern die objektive Unzuverlässigkeit und Nichtigkeit des durch *kzb pi* erzeugten Sachverhalts. Der nichtige Schein hat dabei immer einen klar erkennbaren Bezug zu einem wahrnehmenden Adressaten, an den sich die gesprochenen Worte richten oder dem das Getane sich darbietet.

b) Der Weisheitsspruch Spr 30, 6 warnt davor, den Worten Gottes etwas hinzuzufügen. Es könnte dann sein, daß Gott den, der solches tut, 'zurechtweist' (→ יכח *jkḥ*). Durch solche Zurechtweisung (Perf. nach Imperf. bezeichnet hier wie öfter die konsekutiv-finale Folgehandlung, vgl. D. Michel, Tempora und Satzstellung in den Psalmen, 1960, 95–98) würde er als 'Lügner' erwiesen werden (*kzb niph*), d. h. als einer, der unberechtigt und trügerisch Worte, die dies nicht sind, als Worte Gottes ausgegeben hat. – Hi 41, 1 ist von der Erwartung (*tôḥælæt*) die Rede, ein Mensch könne im Kampf mit dem Krokodil Sieger bleiben. Diese Erwartung erweist sich schon beim bloßen Anblick des Tieres als 'trügerisch' (*kzb niph*). – An beiden Belegstellen meint also *kzb niph*, daß ein trügerischer Schein als solcher offenbar wird.

c) Hi 24, 25a weist Hiob in der Form einer rhetorischen Frage als unmöglich zurück, daß einer ihn als 'Lügner' überführen könne (*kzb hiph*), d. h. seine Rede als nichtig und inhaltslos erweisen würde (*jāśem le'al millāṯî* v. 25b). Seine Unschuldsbeteuerung ist zutreffend, und darum kann niemand bewirken, daß er sich als 'Lügner', der er ja nicht ist, erweise. *kzb hiph* meint hier also, das objektiv vorhandene trügerische Verhalten und Wesen zum Vorschein bringen und den Träger dieses trügerischen Verhaltens und Wesens als solchen behandeln (zu dieser Funktion des *hiph* vgl. E. Jenni, Das hebräische Pi'el, Zürich 1968, 44f.).

d) Anders als das *pi* meint das Ptz. *qal kozeḇ* Ps 116, 11 nicht die Erzeugung eines bestimmten trügerischen Wortes oder eines bestimmten trügerischen Sachverhaltes, sondern das trügerische Wesen, die gewohnheitsmäßige, eingewurzelte Eigenart, Trug und Nichtiges hervorzubringen und Erwartungen zu enttäuschen (zu dieser Bedeutung des Ptz. *qal* bei Verben, die vor allem im *pi* belegt sind, → II 103 zum Ptz. *qal* von *dbr*, Lit.). An die Stelle des Ptz. *qal* kann in der ähnlichen Aussage Ps 62, 10 das Nomen *kāzāḇ* treten (s. u. II. 2. a). Ps 116, 11 gehört darum eher zu den nominalen Belegen von *kzb* I.

2. a) Nach Jes 28, 15. 17 machen „Männer des Spottes" (v. 14) 'unzuverlässigen Trug' (*kāzāḇ*) zu ihrer Zuflucht (v. 15), die dann auch eine 'Trugzuflucht' (*maḥaseh kāzāḇ* v. 17) ist. *kāzāb* steht hier neben *še'ôl* 'Unterwelt', *māwæṯ* 'Tod' und *šæqær* 'Trug' und kontrastiert mit dem unerschütterlichen 'Fundament', das demjenigen festen Stand gewährt, der sich auf es verläßt (→ אמן *'mn*; → III 680). In Ps 40, 5 ist das 'Vertrauen' (→ בטח *bṭḥ*) auf JHWH der Gegensatz zur Hinwendung zu denen, die sich in 'Lüge' verstrikken (*śāṭê kāzāḇ*; derselbe Ausdruck noch Sir 51, 2). Die 'Adamssöhne' sind nach Ps 62, 10 eine 'unzuverlässige Hilfe' (*kāzāḇ*, parallel zu *hæḇæl* 'nichtiger Windhauch'; vgl. auch Ps 116, 11), während JHWH eine Zuflucht ist, auf die man vertrauen (*bṭḥ*) kann. Die Nutzlosigkeit und Nichtigkeit der Götzen, die in der dtr./jer. Sprache oft mit *hæḇæl* ausgedrückt wird (vgl. z. B. Jer 2, 5; 2 Kön 17, 15; 1 Sam 12, 21 u.ö.; vgl. auch → יעל *j'l* → III 706–710), wird Am 2, 4 mit *kezāḇîm* bezeichnet. *kezāḇîm* als Benennung der Götzen kennzeichnet diese in ihrem wesentlichen Unvermögen, Hilfe und Heil für den Menschen zu schaffen. Ps 4, 3 steht *bqš pi kāzāḇ* parallel zu *'hb rîq*. Statt 'Trug' zu suchen und 'Leeres' zu lieben, sollen die Angeredeten auf JHWH 'vertrauen' (*bṭḥ* v. 6b) wie der Beter selbst (vgl. v. 9b). Dann wird JHWH, der die 'Ehre' des Beters ist (*keḇôḏî* v. 3a; vgl. Jer 2, 11; Hos 4, 7; Ps 106, 20; vgl. auch Röm 1, 23; anders Klopfenstein, Lüge, 224; H.-J. Kraus, BK XV/1⁵, 166f., und die meisten Kommentare), nicht mehr zu einem 'Schimpf' (*kelimmāh*) verkehrt. Spr 19, 22 wird mit *'îš kezāḇîm* ein Mensch bezeichnet, der in geschäftlichen Dingen betrügerisch handelt. Spr 23, 3 steht *læḥæm kezāḇîm* 'Trugbrot' metaphorisch für die Mahlgemeinschaft mit dem Herrscher v. 1, insofern sie dessen zuverlässiges Wohlwollen vortäuscht, aber keineswegs garantiert. In der Glosse (vgl. z. B. H.-W. Wolff, BK XIV/1, 267) Hos 12, 2c kennzeichnet *kāzāḇ* neben *šoḏ* 'Verheerung' die trügerischen und nichtigen Taten Ephraims. „Gefallen haben an Trug" (*rṣh kāzāḇ*) ist Ps 62, 5 die heuchlerische Vortäuschung einer segnenden und wohlwollenden Verbundenheit, der jedoch die tatsächliche innere Haltung nicht entspricht (v. 5b).

Nach Hos 7, 13 redet Ephraim 'Lüge' gegen JHWH (*dbr pi kāzāḇ*). Dieser Ausdruck wird erklärt mit „nicht von Herzen zu JHWH rufen". Mit *kāzāḇ* dürften die unernsten Worte der Umkehr gemeint sein, wie sie z. B. Hos 6, 1–3 zitiert sind. *kāzāḇ* kennzeichnet also die Worte der Umkehr als leer und unernst, weil ihnen keine tatsächliche Umkehr entspricht, vgl. Ps 78, 36 (s. o. II. 1. a).

Spr 21, 28 ist der *'eḏ kezāḇîm* dem *'îš šômea'* gegenübergestellt. Im Gegensatz zu einem, der wirklich Zeuge des Geschehens war (*šômea'*) und der darum im Gericht ein verläßlicher Zeuge sein kann, ist der *'eḏ kezāḇîm* einer, der vor Gericht etwas bezeugt, was er selbst nicht gesehen und nicht gehört hat. *kezāḇîm* charakterisiert also den Zeugen und sein Zeugnis als objektiv unzuverlässig. In Spr 19, 5. 9 steht *jāpîaḥ kezāḇîm* parallel zu *'eḏ šeqārîm*, in Spr 14, 5 (chiastisch) parallel zu (*lô'*) *jekazzeḇ*. Dieser Ausdruck ist hier Prädikatsnomen zu *'eḏ šeqārîm*, das seinerseits antithetisch parallel zu *'eḏ 'æmûnîm* 'verläßlicher Zeuge' steht. Spr 14, 25 findet sich *'eḏ 'æmæṯ* als Parallelausdruck zu *jāpîaḥ kezāḇîm*, zu dem das Ptz. *merammæh* (text emend.) 'trügerisch, täuschend' als Prädikatsnomen tritt. Spr 6, 19 ist *'eḏ šæqær* verdeutlichende Apposition zu *jāpîaḥ kezāḇîm*. – Wie in Verbindung mit *'eḏ* Spr 21, 28 dürfte der Pl. *kezāḇîm* auch in der 5mal belegten Verbindung *jāpîaḥ kezāḇîm* primär die objektive Unrichtigkeit und Unzuverlässigkeit eines Zeugen meinen, der trotz seiner Unzuständigkeit im Gericht Zeugnis ablegt und insofern zum 'Lügen'-Zeugen wird.

Ez 13, 19b ist *šomea' kāzāḇ* Apposition zu 'Volk' (JHWHs: *'ammî*). Sie sind Menschen, die auf 'Trug' hören und diesem 'Trug' hörig sind (vgl. Mi 2, 11). *kāzāḇ* kennzeichnet hier das Orakel der falschen Propheten, das ohne Beauftragung durch JHWH erteilt wird und das darum ohne Anhalt in der Wirklichkeit ist. In Ez 13, 6 (text. emend., vgl. W. Zimmerli, BK

XIII/1, 283 u.a.). 9; 21, 34; 22, 28 ist *kāzāḇ* abhängig vom Verb *qsm* ʻorakelnʼ, in Ez 13, 7 vom Subst. *miqsām* ʻOrakelʼ, in Ez 13, 8 vom Verb *ḥzh* ʻeine prophetische Schauung vortragenʼ. An diesen 6 Stellen steht *kāzāḇ* parallel zu *šāwʼ* ʻNichtigesʼ und ist wie in Ez 13, 19b Bezeichnung einer falschen, weil der Wirklichkeit nicht entsprechenden prophetischen Botschaft. Bei Ezechiel hat somit *kāzāḇ* jene Funktion, die *šæqær* bei Jeremia aufweist (vgl. z. B. Jer 5, 31; 14, 14; 20, 6; 23, 26. 32; 27, 15; 29, 9. 23 u.ö.).

Spr 30, 8aα wird die Bitte ausgesprochen, Gott möge ʻNichtigkeitʼ (*šāwʼ*) und ʻTrugwortʼ (*d^e^ḇar kāzāḇ*) vom Beter fernhalten. Daß Gott nach v. 7 ʻzweiʼ Bitten gewähren soll, dürfte sich ursprünglich nur auf v. 8aβ.b bezogen haben, so daß v. 8aα ein (vielleicht durch v. 6 verursachter) Zusatz ist, der völlig isoliert zu beurteilen und zu verstehen ist. Neben *šāwʼ* (s.o. zu Ez 13) meint *d^e^ḇar kāzāḇ* die objektiv nichtige, wirklichkeitsleere Rede, die jemanden auch dann führen würde, wenn er im subjektiv guten Glauben Falsches sagt.

Ri 16, 10. 13 steht *dbr pi k^e^zāḇîm* parallel zu *tll hiph* ʻtäuschen, hintergehenʼ. Es meint hier und ebenso in Dan 11, 27 die subjektiv gewollte, bewußte Falschaussage.

Ps 5, 7 steht *doḇrê kāzāḇ* ʻLügensprecherʼ neben *ræšaʻ* ʻFrevlerʼ, *raʻ* ʻBöserʼ (v. 5), *hôl^e^lîm* ʻSpötterʼ, *poʻ^a^lê ʼāwæn* ʻÜbeltäterʼ v. 6, *ʼîš dāmîm ûmirmāh* ʻMann der Blutschuld und des Betrugsʼ v. 7b. Die *doḇ^e^rê kāzāḇ* sind Leute, in deren Mund sich nichts ʻFestes und Verläßlichesʼ *n^e^ḵônāh* findet v. 10a. In Ps 58, 4 steht *doḇrê kāzāḇ* parallel zu *r^e^šāʻîm* ʻFrevlerʼ. An beiden Stellen meint *kāzāḇ* eine Rede, die der Begründung in der Wirklichkeit entbehrt und dient zur Kennzeichnung der Feinde des Beters. Ähnlich steht Zeph 3, 13 *dbr pi kāzāḇ* parallel zu *ʼśh ʻawlāh* und wird näher erläutert durch den Ausdruck ʻZunge des Trugsʼ *l^e^šôn tarmîṯ*.

Sir 15, 8b steht *ʼanšê kāzāḇ* ʻMänner der Lügeʼ in einer Reihe mit *m^e^ṯê šāwʼ* ʻMänner der Nichtigkeitʼ v. 7a, *ʼanšê zāḏôn* ʻMänner der Vermessenheitʼ v. 7b und *leṣîm* ʻSpötterʼ v. 8a. Derselbe Ausdruck begegnet noch Sir 15, 20b neben *ḥṭʼ* ʻsündigenʼ. *kāzāḇ* nähert sich hier wie *kzb pi* in Sir 16, 21 (s.o. II. 1. a) der allgemeinen Bedeutung der Sünde, des Gottwidrigen und des vom rechten Weg und damit von der rechten Gemeinschaft Abweichenden. Hieran dürfte die Verwendung von *kāzāḇ* in Qumran anknüpfen. 1 QpHab 2, 2; 5, 11; 10, 9; 11, 1 (?); CD 1, 15; 8, 13; 19, 26; 20, 15; 1 Q 14, 10, 2 (?) spricht von einem ʻLügenmannʼ bzw. von einem ʻLügenpredigerʼ. *kāzāḇ* charakterisiert hier eine bestimmte geschichtliche Person (Determination!) als Gegner der Gemeinde (zum ʻLügenmannʼ in Qumran vgl. G. Jeremias, Der Lehrer der Gerechtigkeit, 1962, 79–126, Lit.).

b) Das nur 2mal (Jer 15, 18; Mi 1, 14) belegte *ʼaḵzāḇ* geben die Lexika mit ʻtrügerischʼ (KBL³ s.v.) oder substantiviert mit ʻetwas Trügerischesʼ, ʻtrügerische, lügnerische Sacheʼ wieder (vgl. z. B. Zorell, Lexicon s.v.). An beiden Stellen wird es als (metaphorischer) terminus technicus für einen ʻLügenbachʼ aufgefaßt, für einen Wasserlauf also, der nur in der Regenzeit Wasser führt, im Sommer jedoch ausgetrocknet ist (vgl. auch die Kommentare z.d.St.).

Man muß jedoch die Frage stellen, ob das Bedeutungselement ʻBach, Wasserlaufʼ in *ʼaḵzāḇ* tatsächlich enthalten ist. Es ist üblich, in *ʼêṯān* ʻständigʼ, ʻdauerndʼ, sodann ʻständig fließender Bachʼ den Gegenbegriff zu *ʼaḵzāḇ* zu sehen. Man kann nicht ausschließen, daß *ʼêṯān* in sich selbst das Bedeutungselement ʻfließendes Wasserʼ, ʻBachʼ o.ä. enthält (KBL³ s.v. gibt als Grundbedeutung für *ʼêṯān* ʻimmer wasserführendʼ an, die dann metaphorisch zu ʻbeständigʼ abgewandelt worden sei. Jedoch könnte auch bei *ʼêṯān* die Grundbedeutung ʻbeständigʼ erst sekundär und metaphorisch auf Bäche und Wasser übertragen worden sein). Es gibt aber keinen Text, in dem sowohl *ʼaḵzāḇ* als auch *ʼêṯān* nebeneinander vorkommen; die beiden Wörter stehen also nirgends in Opposition zueinander, so daß man von dem angenommenen Bedeutungselement ʻBachʼ in *ʼêṯān* kaum auf dasselbe Element in *ʼaḵzāḇ* schließen kann. – Zur Erklärung von *ʼaḵzāḇ* wird vielfach auf Hi 6, 15–21 verwiesen. Jedoch kommt gerade in dieser Schilderung eines versiegten Baches das Wort *ʼaḵzāḇ* (wie übrigens auch das Wort *ʼêṯān*) nicht vor. – In Jes 58, 11 wird das Verb *kzb pi* vom Wasser einer Quelle prädiziert, das Nomen *ʼaḵzāḇ* (sowie *ʼêṯān*) fehlt jedoch auch hier, so daß *kzb pi* wie anderwärts von anderen Dingen, so hier vom Wasser ausgesagt wird, ohne daß deshalb das Nomen *ʼaḵzāḇ* als terminus technicus für einen Trockenbach aufgefaßt werden muß. – Der Verweis auf die Ortsnamen *ʼaḵzîḇ* u.ä. kann zur Frage nach der Bedeutung von *ʼaḵzāḇ* nichts beitragen, da der Wortsinn dieser Ortsnamen aus dem angenommenen Wortsinn von *ʼaḵzāḇ* erschlossen wird (das trifft möglicherweise nicht zu, s.o. I. 2), so daß eine Deutung von *ʼaḵzāḇ* auf der Grundlage der Ortsnamen ein Zirkelschluß wäre.

Schließlich lassen sich die beiden Belege von *ʼaḵzāḇ* gut verstehen, ohne daß das Bedeutungselement ʻfließendes Wasser, Bachʼ in diesem Wort mit enthalten wäre und ohne daß *ʼaḵzāḇ* ein Terminus für Trockenwadi wäre. Für Mi 1, 14 liegt dies auf der Hand: das Wortspiel *ʼaḵzîḇ* – *ʼaḵzāḇ* ist gut, ja besser verständlich, wenn die Stadt *ʼaḵzîḇ* nicht als ʻLügenbachʼ, sondern einfach als ʻgroßer, tief enttäuschender Trugʼ bezeichnet wird (die seltene Adjektivbildung scheint eine Steigerung und Intensivierung der Wurzelbedeutung auszudrücken, vgl. Klopfenstein, Lüge, 243–248, Lit.).

In Jer 15, 18b ist parallel zu *ʼaḵzāḇ* vom Wasser, auf das man sich nicht verlassen kann *majim loʼ nœʼ^æ^mānû* die Rede, so daß man von diesem parallelen Ausdruck her das Bedeutungselement ʻBach, (unzuverlässiges) Wasserʼ auch in *ʼaḵzāḇ* annehmen könnte. Jedoch wird Gott an zwei weiteren Jeremiastellen metaphorisch mit Wasser in Zusammenhang gebracht (Jer 2, 13; 17, 13). Die metaphorische Gottesbezeichnung ʻWasser (auf die man sich nicht verlassen kann)ʼ könnte also von der in Jer 2, 13; 17, 13 belegten Metapher abgeleitet werden, so daß in Jer 15, 18 lediglich das Trügerische in *ʼaḵzāḇ* zu (*majim*) *loʼ nœʼ^æ^mānû* parallel stünde, nicht jedoch das Element ʻBach, Wasserʼ. V. 18bαβ wäre dann ein „synthetischer", nicht ein „synonymer" Parallelismus. *ʼaḵzāḇ* kann also auch in Jer 15, 18 ohne das Bedeutungselement ʻWasser, Bachʼ verstanden werden und wie in Mi 1, 14 'schlimmer, tief enttäuschender Trug' bedeuten. So verstanden bekommt die Anklage gegen Gott im Mund des Jeremia allerdings eine kaum mehr erträgliche Schärfe, s.u. III. 1. – Die hier vorgetragene Auffassung, nach der in *'akzāb* nur das Bedeutungselement '(besonders großer und schlimmer) Trug', nicht jedoch das Bedeutungselement 'Wasserlauf' enthalten ist, wird durch die alten Übersetzungen gestützt. LXX gibt in Mi 1, 14 *bātê 'akzîb le'akzāb lemalkê jiśrā'el* wieder mit ... οἴκους ματαίους· εἰς κενὰ ἐγένετο τοῖς βασιλεῦσιν τοῦ Ἰσραήλ; V mit domus mendacii in deceptionem regibus Israel. Weder LXX noch V macht hier eine Anspielung auf Wasserlauf o.ä. In Jer 15, 18 bietet LXX für *hājô tihjæh lî kemô 'akzāb*: γινομένη ἐγενήθη (3. Person!) μοι ὡς ὕδωρ ψευδὲς οὐκ ἔχον πίστιν. ὕδωρ gibt hier das *majim* des MT wieder, zu dem *'akzāb* als attributives Adjektiv mit ψευδές übersetzt wird (anders Klopfenstein, Lüge, 251 lit.c). Ähnlich verfährt V: facta est (3. Person!) mihi quasi mendacium aquarum infidelium. Das Anstößige, daß JHWH mit einem *'akzāb* gleichgesetzt wird, vermeiden sowohl LXX als auch V, indem sie das Wort auf die vorher genannte Wunde beziehen (anders, aber mit demselben Ziel paraphrasiert T; s.o. II.1.1 zu Hi 34, 6). – Jedoch versteht weder LXX noch V *'akzāb* in Jer 15, 18 im Sinne von 'Wasserlauf', 'Bach' o.ä.

c) In Dan 2, 9 verlangt der König von seinen Weisen, daß sie ihm nicht nur die Deutung seines Traumes, sondern den Traum selbst kundtun. Da sie dies nicht können, wirft er ihnen vor: *ûmillāh kidbāh ûšeḥîṭāh hizmintûn leme'mar qŏdāmaj*. Die syntaktische Fügung der vom Verb *me'mar* abhängigen Nomina ist schwierig. *kidbāh* wird gelegentlich als attributives Adjektiv 'lügnerisch' neben dem adjektivischen Ptz. *šeḥîṭāh* 'verdorben' aufgefaßt (so E. König, Hebräisches und aramäisches Wörterbuch zum Alten Testament, s.v. *kedab*; ferner Gesenius, Thesaurus II 660, und E. Vogt, Lexicon Linguae Aramaicae Veteris Testamenti, s.v., beide jedoch mit der alternativen Möglichkeit *kidbāh* als Subst. aufzufassen!). Nun findet sich *šeḥîṭah* Dan 6, 5 neben den beiden Subst. *'illāh* 'Schuld', 'Anklagegrund' und *šālû* 'Nachlässigkeit'. *šeḥîṭāh* ist also in Dan 6, 5 wie auch in Sir 30, 11 selbst Subst. (bzw. substantiviertes Adjektiv oder Ptz.). *šeḥîṭāh* dürfte also auch in Dan 2, 9 Subst. sein. Dasselbe muß dann aber auch von *kidbāh* angenommen werden. Außerdem ist zu aram. *kdb* ein Adjektiv *kaddāb(ā')* belegt (vgl. Dalman, Handwörterbuch; Levi, WTM s.v.), so daß daneben eine weitere Adjektivbildung unwahrscheinlich ist. Vor allem aber ist *kidbāh* Pl. in 1Q Gen. Apok. 2, 6. 7 als Subst. (*bkdbjn*) nachgewiesen (vgl. Fitzmyer, Genesis Apokryphon, 85); ebenso in Aḥikar 132. 133, in der Behistun-Inschrift 51 (vgl. AP 217. 253) sowie im Targum (z.B. Ri 16, 10; Jes 57, 11; Hos 7, 13; Ez 13, 19), so daß (mit KBL² s.v.) *kidbāh* als Subst. bestimmt werden muß. *millāh* Dan 2, 9 hat also zwei Subst. als unverbunden beigefügte, doppelte Apposition bei sich: 'Etwas, (das) Trug und Verdorbenes (ist), seid ihr übereingekommen, vor mir zu sagen'. Wie hebr. *kāzāb* charakterisiert hier *kidbāh* nicht den Vorgang des Redens, sondern dessen Produkt. Es kann darum in recto auch nicht die betrügerische Absicht des redenden Subjekts bezeichnen, sondern kennzeichnet das in der Rede Hervorgebrachte als etwas Unzuverlässiges und Brüchiges.

III. Unter der Rücksicht 'Trug', 'Nichtigkeit' scheidet das at.liche Denken scharf zwischen dem Bereich des Menschen und seiner Welt auf der einen Seite und Gott und seinem Reden und Tun auf der anderen Seite. Geradezu definitorisch wird dies Num 23, 19 ausgedrückt. Für eine sachgemäße, dem at.lichen Denken angemessene systematisch-theologische Durchdringung des at.lichen Befundes zu *kzb* I wird die radikale Scheidung der Bereiche, in denen von *kzb* I die Rede sein kann, grundlegend sein müssen.

Eine zweite Unterscheidung sachlicher Gesichtspunkte zu *kzb* I ist zwar im AT nicht in der gleichen direkten und unmittelbaren Weise faßbar, jedoch für das theologische Verständnis des mit *kzb* I gemeinten Sachverhalts nicht weniger wesentlich. Der mit *kzb* I gemeinte 'Trug' korrespondiert immer der Wahrnehmung und zugleich der Erwartung von Personen, denen der 'Trug', die 'Nichtigkeit', die 'Unwahrheit' und 'Unzuverlässigkeit' zur Gegebenheit wird (s.o. I.3.4). Die Erwartung des 'Zuverlässigen', 'Wahren', die der „Adressat" von *kzb* I zunächst in den „Träger" und „Absender" von *kzb* I setzt, kann nun entweder zu Recht bestehen oder nicht. Dementsprechend ist der mit *kzb* I gemeinte Sachverhalt des 'Truges' und 'Enttäuschung' vom Adressaten und von der Rechtmäßigkeit und Berechtigung seiner Erwartung her theologisch als unvermeidlich und notwendig (wenn die Erwartung der 'Wahrheit' und der 'Zuverlässigkeit' nicht zu Recht besteht), oder aber als vermeidbar und nicht sein sollend (wenn die Erwartung der 'Wahrheit' und der 'Zuverlässigkeit' zu Recht besteht) zu beurteilen. Daß auch diese zweite Unterscheidung für das theologische Verständnis von *kzb* I sowohl im Bereich des Menschen als auch bei Gott grundlegend ist, läßt sich aus den at.lichen Belegen für *kzb* I unschwer erkennen.

Schließlich ist ein dritter Gesichtspunkt für das theologische Verständnis des mit *kzb* I gemeinten Sachverhalts von Wichtigkeit. *kzb* I ist ein Negativbegriff, er nennt einen notwendigen oder vermeidbaren Mangel. Zugleich enthält er implizit eine tadelnde, mißbilligende Kritik. Die Kritik richtet sich jedoch nicht immer gegen den „Träger" oder „Absender" von *kzb* I. Sie kann sich vielmehr auch an den „Adressaten" des 'Trugs' wenden. Dies ist dann der Fall, wenn der „Adressat" vom „Absender" oder „Träger" zu Unrecht 'Zuverlässigkeit' und 'Wahrheit' erwartet. Nicht der 'Trügende', sondern der enttäuschte 'Betrogene' ist dann der Kritisierte und der zu Tadelnde.

1. a) Nachdem Bileam Balak aufgefordert hat, aufmerksam zu werden und damit die Bedeutung des Folgenden unterstrichen hat (Num 23, 18b), leitet er die Segensverheißung dadurch ein, daß er die untrüg-

liche und unwandelbare Zuverlässigkeit Gottes und seiner Verheißung herausstellt: „Nicht Mensch ist Gott, daß er (ent-)täuscht (*kzb pi*), nicht Adamssohn, daß er sich's leid sein ließe" (v. 19a). Gott bürgt dafür, daß er, was er sagt, auch tut, und was er redet, zum Bestehen bringt (v. 19b; vgl. Ez 17, 24; 22, 14; 36, 36: „Ich, JHWH, habe geredet und tue es"; vgl. auch Ez 5, 15. 17; 6, 10; 21, 22; 23, 24; 24, 14. 37; 26, 5. 15; 28, 10; 30, 12; 34, 24). Danach ist also Gott und sein Wort derart, daß 'Trug', 'Untreue', 'Unzuverlässigkeit' schlechterdings ausgeschlossen sind. Derselbe Sachverhalt, der hier mit verneintem *kzb pi* ausgedrückt wird, wird anderwärts dadurch bezeugt, daß Gott notwendig und wesentlich *'æmæṯ* 'Treue' und 'Zuverlässigkeit' zugeschrieben wird (→ I 337–339). – Die Unverbrüchlichkeit, die nach Num 23, 19 Gott selbst zukommt, kommt nach Hab 2, 3 auch der prophetischen Botschaft zu. Auch der prophetische Spruch kann, weil er von Gott her kommt, wesensmäßig nicht enttäuschen (verneintes *kzb pi*).

Ps 89 beginnt als Hymnus. Der Gegenstand des Lobpreises ist die Treue und Zuverlässigkeit JHWHs. 7mal findet sich das Wort *'æmûnāh* (vv. 2. 3. 6. 9. 25. 34. 50), dazu 1mal *'æmæṯ* (v. 15) und 2mal *'mn niph* (vv. 29. 38). Die 'Treue' JHWHs wird hier besungen im Hinblick auf seine Verheißungen für David (vgl. Ps 132, 11). Daß JHWH nicht (ent-)täuscht (*kzb pi*, v. 36) sagt in negativer Formulierung, was positiv durch die notwendig zu JHWH gehörende *'æmûnāh* ausgedrückt wird. Allerdings findet der Hymnus vv. 2–38 eine unerwartete Fortsetzung im Klagelied vv. 39–52. Hier wird beklagt, daß all das nicht mehr gegeben ist, was im Hymnus besungen wurde. Das Klagelied geht nicht soweit, die 'Unzuverlässigkeit' und den 'Trug' Gottes behauptend festzustellen. Jedoch fragt es nach der *'æmûnāh* JHWHs und stellt sie somit in Frage. Es taucht die Möglichkeit auf, daß Gott 'trügt'. In einer sehr verhaltenen, indirekt formulierten Bitte um die Bewährung der Treue Gottes endet der Ps (vv. 50f.). In Ps 89 wird also die Treue Gottes, die nicht trügt, bekennend gepriesen, zugleich aber wird erkannt, daß diese Treue den Erwartungen des Beters nicht ungebrochen entspricht. Das 'Vertrauen', mit dem sich der Beter in JHWH und seiner Treue sicher weiß (*bṭḥ*), hat hier die Stütze der unmittelbaren Bestätigung verloren.

In ähnlicher Weise bringt Jeremia Gott mit *kzb* in Verbindung. JHWH ist für ihn wie Wasser, auf das kein Verlaß ist *lô' næ'æmānû*: „Geworden bist du mir gleichsam wie ein großer Trug *'akzāb*" (Jer 15, 18; s.o. II. 2. b). Kaum gemildert durch das eingeschobene *kemô* 'gleichsam wie' bestreitet Jeremia für seine Person, was das allgemeine Bekenntnis JHWH zuschreibt, nämlich 'Treue' und 'Zuverlässigkeit'. JHWH ist für ihn, so meint er sagen zu müssen, ein trügerischer Boden geworden. Die Antwort JHWHs löst das Problem nicht dadurch, daß die unmittelbar erfahrbare und von Jeremia vermißte oder erwartete Bestätigung der Treue Gottes in Aussicht gestellt wird, sondern so, daß die Rede des Jeremia als unrecht getadelt wird und ihm Hilfe und Beistand verheißen wird, wenn er von diesem Unrecht 'umkehrt' (vv. 19–21; vgl. Jer 45, wo Baruch eine ähnlich zurückhaltende Antwort erhält).

Daß von Gott jeder 'Trug' (*kzb*) ausgeschlossen bleibt, wird also in Num 23, 19 bekannt und auch in Ps 89; Jer 15, 18 festgehalten. Die Erwartung desjenigen, dem die 'Treue' Gottes gilt, kann jedoch enttäuscht werden: Gottes untrügliche Treue bedeutet nicht notwendig das, was der Mensch, dem sie gilt, darunter versteht; sie bewirkt nicht notwendig das, was der Mensch von ihr erwartet.

b) Im Gegensatz zu Gott, der für den Beter 'Fels', 'Burg' und 'Zuflucht' ist, worin er sich sicher wissen kann (Ps 62, 3. 7–9), sind Adamssöhne *hæḇæl* 'bloßer Hauch' (vgl. Ps 39, 6. 12), und Menschensöhne 'Trug' (*kāzāḇ*, v. 10). Jeder Mensch (*kŏl-hā'āḏām*) ist wesentlich 'trügerisch' (*kozeḇ*, Ps 116, 11). Nach diesen beiden Ps-Stellen gehört *kzb* insofern notwendig zum Menschen, als er und alles, was menschlich ist, die Erwartung völliger Sicherheit und letzter Rettung immer enttäuschen muß, und diese Erwartung damit immer leer und grundlos ist. Was hier mit *kzb* als notwendiger Eigenschaft des Menschen gesagt wird, wird Ps 60, 13; 108, 13 mit *šāw'* ausgedrückt: „Nichtig ist Menschenhilfe" *šāw' tešû'aṯ 'āḏām*: vgl. auch Ps 146, 3 und Ps 118, 8: Bei JHWH Zuflucht zu suchen, ist gut und richtig, sich auf Menschen zu verlassen, ist dies nicht (→ בטח *bṭḥ* III. 2, → I 611–613).

Mehrfach jedoch wird im AT gesagt, daß der Mensch tatsächlich in etwas anderem als in JHWH Sicherheit finden will. Solche Zuflucht ist aber notwendigerweise 'trügerisch' (*kzb*). Das gilt von den Götzen, hinter denen man hergeht, die darum geradezu 'Trug' (*kezāḇîm*) genannt werden (Am 2, 4). Das gilt auch von der Zuflucht, die man sich neben und gegen die Zuflucht erwählt, die JHWH auf dem Zion bereitet. Eine solche Zuflucht ist notwendigerweise eine 'Lügenzuflucht' (Jes 28, 15. 17).

Von *kzb* I als notwendiger Eigenschaft des Menschen und der menschlichen Dinge wird an den genannten Stellen vor allem im Hinblick auf die Erwartung letzter Sicherheit gesprochen. Wenn sich eine solche Erwartung auf Menschen richtet, wird sie immer wieder und notwendigerweise enttäuscht.

Nicht nur vom „Adressaten", sondern auch vom „Absender" des mit *kzb* Gemeinten kann etwas, das nicht Gott ist und nicht von ihm her kommt, als göttlich und darum zuverlässig ausgegeben werden. Es ist jedoch wie alles menschliche notwendigerweise 'Trug' *kzb*. Ein Prophet, der nicht von JHWH gesandt ist und dennoch einen Prophetenspruch verkündet, verkündet 'Trug' und 'Nichtigkeit' (Ez 13, 6. 7. 8. 9. 19; 21, 34; 22, 28; Mi 2, 11). Der Schein des Zuverlässigen, den die Propheten ihrer Rede verleihen, indem sie diese als Wort JHWHs ausgeben, wird noch dadurch verstärkt, daß ihre Hörer gewillt sind, diesen Schein als Wahrheit zu nehmen. Sie hören auf

'Trug' (Ez 13, 19); solche Propheten entsprechen mit ihrer Botschaft der Erwartung des Volkes (Mi 2, 11). Ähnlich wie in 'Götzen' und 'Lügenzuflucht' begegnet im Wort der falschen Propheten nur Menschliches, dem die Propheten und das Volk den Schein des göttlichen Ursprungs und damit letzter Verläßlichkeit verleihen und das in Wahrheit 'Trug' ist.

2. a) An einigen Stellen, an denen *kzb* I im Sinn von 'Wortlüge' zu verstehen ist, vermißt man jede moralische Wertung. Daß Simson Delila 'belügt' (Ri 16, 10. 13), scheint der Text eher mit einer gewissen Genugtuung über die Schläue des Simson zu berichten. – Anders ist dies, wenn 'Lüge' und 'Trug' in einer Situation verübt werden, die aufgrund ihrer besonderen Eigenart 'Verläßlichkeit' und 'Wahrheit' erfordert, der Adressat der Rede also ein Recht auf verläßliche, zutreffende, wahre Rede hat. Dies ist der Fall beim gemeinsamen Mahl. Es ist etwas Unerhörtes und Verwerfliches, daß man am selben Tisch sitzt und dennoch unzuverlässige, unwahre Worte redet (Dan 11, 27). Andererseits hat der Untergebene kein Recht, eine Einladung des Herrschers als Bestätigung seines Wohlwollens zu verstehen; das Brot, das er bei ihm ißt, kann ein 'Trugbrot' sein, und er hätte es seiner eigenen Unklugheit zuzuschreiben, wenn er es als Versicherung des Wohlwollens nehmen würde (Spr 23, 3). Vor allem aber muß *kzb* in der Rede im Gericht ausgeschlossen sein. Hier soll in Rede und Gegenrede der Sachverhalt ans Licht kommen, der geregelt werden muß, damit der Bestand der Gemeinschaft gesichert bleibt. Im Gericht Unzuverlässiges und Unzutreffendes zu bezeugen – sei es, weil man keinen Einblick in den zur Verhandlung anstehenden Sachverhalt hat, sei es, daß man ihn falsch wiedergeben will –, ist Unrecht und wird verurteilt. Das Übel, das ein Lügenzeuge selbst darstellt und durch sein Zeugnis bewirken kann, wird vor allem in weisheitlichen Sentenzen ausgesprochen. Es wird aber auch gesagt, daß der Lügenzeuge und sein Zeugnis keinen dauernden Bestand haben werden (Spr 6, 19; 14, 5. 25; 19, 5. 9; 21, 28). Hierher gehören wohl auch die Beteuerungen des Hiob, daß er in der nach Art eines Gerichts verstandenen Auseinandersetzung nicht 'lügt' (Hi 6, 28; 24, 25). Derselbe Sachverhalt wird ohne erkennbaren Unterschied an anderen Stellen mit *šæqær* 'Trug' (vgl. Ex 20, 16 u. ö.) oder mit *šāw'* 'Nichtigkeit' (vgl. Deut 5, 20) bezeichnet.

b) In einigen Pss sowie in einigen weisheitlichen Sentenzen dient *kzb* zur Bezeichnung der Sünder. Die Feinde des Beters werden als 'Lügenredner' bezeichnet (Ps 5, 7; 58, 4), als Männer, die 'Trug' suchen (Ps 4, 3), die im Herzen fluchen, aber mit ihrem Mund segnen und insofern 'Trug' lieben (Ps 62, 5). – 'Männer des Trugs' sind ganz allgemein diejenigen, die sich 'verfehlen' (Sir 15, 20; vgl. Sir 16, 21b) und 'Spötter' genannt werden (Sir 15, 8). Wie 'gewalttätige Zerstörung' *šoḏ* ist auch 'Trug' *kāzāḇ* eine allgemeine Bezeichnung des verkehrten Verhaltens (Hos 12, 2). Der Beter möchte davor bewahrt bleiben (Spr 30, 8). In der angesagten heilvollen Zukunft wird man in Israel keinen 'Trug' *kāzāḇ* reden und 'Sprache der Irreführung' wird es nicht mehr geben (Zeph 3, 13; vgl. Jes 58, 11).

An diesen Stellen hat *kzb* die Unzuverlässigkeit und Unsicherheit im Blick, die die Sünde und insbesondere das trügerische Reden in das Gefüge des Zusammenlebens bringt, weil sie die Gemeinschaft schädigt und zerstört.

c) An 2 Stellen wird davon gesprochen, daß Israel Gott gegenüber 'trügt'. Nach Ps 78, 34–37 erinnerten sich die Israeliten unter den Schlägen des Gerichts daran, daß Gott ihr 'Fels' und ihr 'Löser' ist und suchten ihn aufs neue. Diese erneute Zuwendung zu Gott geschah jedoch nur mit Worten, nicht mit dem Herzen, so daß sie mit ihrer Zunge Gott gegenüber 'Trug' hervorbrachten (*kzb pi*). Nach Hos 7, 13f. rufen die Israeliten (Ephraim) in der Not zwar zu JHWH, aber sie tun dies nicht von Herzen und reden insofern 'Lügen' (*k*^{e}*zāḇîm*) zu JHWH.

Mosis

כֹּחַ *koaḥ*

I. 1. Etymologie – 2. Belege – II. Gebrauch im AT – 1. Bedeutung – 2. Kraft des Menschen – 3. Kraft Gottes – III. 1. LXX – 2. Qumran.

Lit.: *E. Beaucamp*, Riflessioni sull'idea di „forza" nella Bibbia (BibOr 4, 1962, 81ff.). – *P. Biard*, La Puissance de Dieu dans la Bible, Paris 1960. – *A. Caquot*, Israelite Perceptions of Wisdom and Strength in the Light of the Ras Shamra Texts (Festschr. S. Terrien, New York 1978, 25–34). – *H. Fredriksson*, Jahwe als Krieger, Lund 1945. – *W. Grundmann* (ThWNT II 286–318). – *W. Spiegelberg*, Die ägyptische Gottheit „der Gotteskraft" (ZÄS 57, 1922, 145f.). – *A. S. van der Woude*, כח *kō*^{a}*ḥ* Kraft (THAT I 823–825). → גבר *gbr*; → חיל *ḥajil*.

I. 1. Das Wort *koaḥ* ist außer im Hebr. nur im Aram. der Targume, wohl als hebr. Lehnwort, belegt; außerdem findet sich im Mand. das Wort *kahuta* 'Kraft' und ein Verbum *khw* (MdD 195b; 295a). Entferntere Verwandte hat man in arab. *wakaḥa*, 'feststampfen', *'awkaḥ*, 'harter Boden' und *kwḥ* I, II 'unterwerfen', III 'kämpfen' (WKAS I 421) gesucht (KBL^{3} 447a). Äth. *k*^{w}*ak*^{w}*eḥ* und tigriña *kauḥ*, 'Fels', gehören wohl eher mit arab. *kīḫ*, 'Felswand' (WKAS I 482a) zusammen.

2. Im AT kommt *koaḥ* 124mal vor, davon 21mal allein in Hi, 13mal im Pent, 18mal im DtrGW, 8mal bei DtJes und 11mal in Ps, sonst mit ziemlich gleicher Streuung in verschiedenen Büchern.

II. 1. *koaḥ* gehört zum Wortfeld der Kraft und Stärke. Es wird gebraucht zusammen mit oder in Parallelismus zu verschiedenen Wörtern für 'Kraft'. Zu den Parallelwörtern gehören: 1) *'ôn*, 'Kraft': Jes 40, 26 Gott ist groß (*raḇ*) an *'ônîm* und stark (*'ammîṣ*) an *koaḥ*; Gen 49, 3 Ruben ist „mein *koaḥ* und der Erstling meines *'ôn*"; Hi 40, 11 Behemoth besitzt *koaḥ* und *'ôn*; Jes 40, 29 Gott gibt den Ermüdeten *koaḥ* und dem, der ohne *'ôn* ist, Stärke (*'ŏṣmāh*); 2) *gbr*: Ps 65, 7 Gott hält die Berge fest durch seinen *koaḥ* und ist mit *g^e^ḇûrāh* umgürtet; Ps 103, 20 die Engel sind *gibborê koaḥ*; 1 Chr 29, 12; 2 Chr 20, 6 in Gottes Hand ist *koaḥ ûg^e^ḇûrāh*; 3) *ḥajil*: Sach 4, 6 der *ḥajil* und der *koaḥ* der Menschen vermögen nichts, anders der *rûaḥ* Gottes; Ps 33, 16 dem König hilft nicht sein *ḥajil*, dem Helden (*gibbôr*) nicht sein *koaḥ*; vielleicht auch 1 Chr 26, 8 *'îš ḥajil bakkoaḥ la'^a^ḇodāh*, ung. „wackere Leute mit Tüchtigkeit zum Dienst"; 4) *'mṣ* (Hi 9, 4; Jes 40, 26 *'ammîṣ koaḥ*; Spr 24, 5 *m^e^'ammeṣ koaḥ* – im letzten Fall ist aber die Textgestaltung unsicher, s.u. II.2); 5) *ḥzq* (Am 2, 14 dem Starken [*ḥāzāq*] hilft sein *koaḥ* nicht; Ex 32, 11 mit großem *koaḥ* – mit starker [*ḥāzāq*] Hand); 6) *'zz* (Hi 26, 2 *lo' koaḥ* par. zu *lo' 'oz*); 7) *'ṣm* (Jes 40, 29 s.o.; Dan 8, 17 *koḥî w^e^'oṣæm jāḏî*); 8) *jāḏ* und *z^e^rôa'* als Ausdrücke für Stärke (Ex 32, 11 s.o.; Deut 9, 29; 2 Kön 17, 36 „mit großem *koaḥ* und ausgerecktem Arm" von der Herausführung aus Ägypten; Jer 27, 5; 32, 17 derselbe Ausdruck von der Weltschöpfung). Auffallend oft wird *koaḥ* mit Weisheit zusammengestellt (Spr 24, 5; Jes 10, 13; Jer 10, 12 = 51, 15; Hi 9, 4; vgl. Hi 36, 5 *kabbîr koaḥ leḇ*).

koaḥ ist die Kraft des Menschen, z. B. die physische Stärke Simsons (Ri 16, 5. 6. 9. 15. 17. 19. 30) oder die Kraft, mit der der Mensch sich imstande wähnt, Reichtum (*ḥajil*) zu erwerben (Deut 8, 17, hier mit *'oṣæm jāḏî* zusammen; vgl. 1 Chr 29, 2 David hat nach bestem 'Vermögen' Gold beschafft). Wenn man nichts zu essen hat, verliert man *koaḥ* (1 Sam 28, 20), wenn man zu essen bekommt, kehrt die Kraft zurück (1 Sam 28, 22; vgl. 1 Kön 19, 8, wo Elia durch die 'Kraft', die ihm die Speise gibt, seine Wanderung nach dem Horeb vollziehen kann). Ähnlich klagt Kl 1, 6, daß die Fürsten Zions wie Hirsche ohne Weide 'kraft'-los vor den Verfolgern sind. David und seine Leute weinen nach 1 Sam 30, 4, bis sie keine 'Kraft' mehr haben, d. h. bis sie nicht mehr können. Hiskia klagt 2 Kön 19, 3 = Jes 37, 3, daß die Weiber nicht mehr 'Kraft' zum Gebären (*koaḥ l^e^leḏāh*) haben. 1 Chr 26, 8 und Dan 1, 4 ist *koaḥ* die Tüchtigkeit zum Dienst als Torhüter des Tempels bzw. als Page am königlichen Hof.

Die Kraft wird durch Alter geschwächt (Ps 71, 9; vgl. Spr 20, 29, wo die Kraft der Jugend mit den grauen Haaren des Alters kontrastiert wird). Die Kraft, Widerstand gegen Angriffe zu bieten, heißt auch *koaḥ* (Dan 8, 7). Im Streit zwischen einem Starken (*raḇ*) und einem Kraftlosen (*'ên koaḥ*) kann nur Gott helfen (2 Chr 14, 10).

koaḥ steht auch für die Kraft eines Volkes (Jos 17, 17 Josef war ein zahlreiches [*raḇ*] Volk und hatte große Kraft [*koaḥ gāḏôl*]) oder von Tieren (Hi 39, 11 Wildochs; 39, 21 Pferd; 40, 11 Behemoth; Spr 14, 4 Ochs; Dan 8, 7 Widder).

Als Grundbedeutung ergibt sich aus dem Gesagten etwa 'Lebenskraft'. Entsprechend werden die Toten in der Scheol Hi 3, 17 als *j^e^ḡî'ê koaḥ*, „Krafterschöpfte", bezeichnet. Die Lebenskraft manifestiert sich in der Fähigkeit zu zeugen (so wird Ruben Gen 49, 3 „mein *koaḥ*" genannt), zu gebären (2 Kön 19, 3, s.o.) und tatkräftig zu handeln. In späten Texten (Chr, Dan) wird einfach die Fähigkeit zu einem Dienst (s.o.) als *koaḥ* bezeichnet.

Die Lebenskraft kann sich aber auch anders manifestieren. Der *koaḥ* der Erde ist ihr Ertrag. So wird im Fluch über Kain Gen 4, 12 angedroht, daß die Erde trotz seiner Mühe keinen *koaḥ* mehr geben soll, und Lev 26, 20 (H) wird als Folge des Ungehorsams angegeben, daß die Erde weder *koaḥ* geben, noch werden die Bäume Frucht tragen. Hiob fragt 31, 39, ob er den *koaḥ* seiner Ackererde ohne Zahlung (*b^e^lî-kæsæp*) verzehrt habe, so daß sie gegen ihn Klage erheben (*zā'aq*) könne (v. 38). Wenn er dagegen 6, 22 die Freunde fragt, ob er gefordert habe, daß sie ihn mit ihrem *koaḥ* aus der Not loskaufen sollten, handelt es sich eher um Geld oder Besitz, wie aus den angrenzenden Versen hervorgeht (*hāḇû*, „gebt", *šiḥ^a^ḏû*, „gebt Bestechung", *pāḏāh*, 'loskaufen'). Auch im Besitz manifestiert sich also die Lebenskraft des Menschen. Dasselbe trifft für Spr 5, 10 zu: „damit Fremde (*zārîm*) sich nicht mit deinem *koaḥ* (par. *'āṣāḇ*, „das sauer Erworbene") sättigen". Hos 7, 9 heißt es: „Fremde haben seine (Ephraims) 'Kraft' verzehrt"; gemeint ist die durch Feindeseinfälle verursachte Schwäche des Landes, wobei sich *koaḥ* sowohl auf die wirtschaftlichen und militärischen Ressourcen als auch auf die Kraft des Volkes im allgemeinen beziehen kann. Esr 2, 69 wird berichtet, daß die Rückwanderer von ihrem *koaḥ* für die Aufbauarbeit spendeten; das Ergebnis wird als eine Geldsumme angegeben.

Eine entfernte Ähnlichkeit besteht zwischen dem so umschriebenen *koaḥ*-Begriff des Hebr. und dem äg. Ka (*kȝ*). Denn Ka ist einerseits die Lebenskraft des Menschen, die in Ehre, Dienst, Tun, Reichtum, Glanz, Sieg, Stärke usw. zerlegt werden kann (H. Ringgren, Word and Wisdom, Lund 1947, 38ff.), andererseits manifestiert sich der Ka in Lebensmitteln und Speisen (H. Kees, Totenglauben und Jenseitsvorstellungen der alten Ägypter, ³1977, 304; RÄR 360). Dagegen fehlen dem hebr. Begriff die anderen Nebentöne des äg. Ka, wie z. B. Seele als Doppelgänger, unzerstörbares Element des Menschen.

2. Ganz objektiv kann festgestellt werden, daß ein Mensch physische Kraft besitzt, wie z. B. im Falle Simsons (Ri 16, s.o.) oder wenn Kaleb Jos 14, 11 sagt: „Noch heute bin ich ebenso stark (*ḥāzāq*) wie an dem Tage, als mich Mose aussandte; so habe ich jetzt noch die 'Kraft' zu streiten", oder wenn es Jes 44, 12 heißt, daß der Arm des Schmiedes, der Götzenbilder macht, *koaḥ* hat, oder 1 Chr 26, 8; Dan 1, 4 (s.o.), daß jemand zu etwas 'imstande' ist. Häufiger

liegt aber der Nachdruck auf dem Fehlen der Kraft bzw. der Unzulänglichkeit physischer Stärke im Vergleich mit Gott.

Demgemäß klagt der Beter in den Klagepsalmen, daß seine Kraft dahin ist: Ps 22, 16 „meine Kraft ist vertrocknet wie Scherben" (oder ist hier *ḥikkî*, „mein Gaumen" statt *koḥî* zu lesen?); 31, 11 „ermattet (*kāšal*) ist in Elend (1. *bŏʿŏnî* statt *baʿawonî*) meine Kraft, und meine Gebeine sind zerfallen (*ʿāšᵉšû*)"; 38, 11 „meine Kraft hat mich verlassen (*ʿāzaḇ*), das Licht meiner Augen ist nicht mehr"; 71, 9 „... in den Tagen meines Alters, wenn meine Kraft schwindet (*kālāh*)"; 102, 24 „Er (Gott) hat auf dem Wege meine Kraft gebrochen (*ʿinnāh*), er hat meine Tage verkürzt". Ähnlich im Volksklagelied Kl 1, 6: „die Fürsten von Zion sind ohne ʿKraftʾ, wie Hirsche ohne Weide, ihre Herrlichkeit (*hāḏār*) ist entschwunden"; 1, 14 „meine Sünden lasten als Joch (emend. s. BHS) auf meinem Nacken, haben meine ʿKraftʾ gebrochen (*kšl hiph*)". Auf derselben Ebene liegt Jer 48, 45: die Flüchtlinge in Hebron stehen ohne Kraft (*mikkoaḥ*; Theod. und V lesen *mippaḥ*). Grundsätzlich wird die Kraftlosigkeit des Menschen zum Ausdruck gebracht, z. B. in 1 Sam 2, 9: der Mensch vermag nichts aus eigener Kraft (*lo' bᵉḵoaḥ jiḡbar 'îš*); der Kontext deutet dabei an, daß Gottes Hilfe das Entscheidende ist. Die an Serubbabel gerichteten Worte Sach 4, 6 werden gewöhnlich übersetzt: „Nicht durch Heeresmacht (*ḥajil*) und nicht durch (menschliche) Kraft (*koaḥ*), sondern durch meinen Geist (*rûaḥ*), sagt JHWH Zebaoth". Das würde besagen, daß sich Serubbabel nicht auf menschliche Hilfsmittel verlassen soll, sondern nur durch göttliche Hilfe Erfolg erwarten kann (anders B. Hartmann, OTS 14, 1965, 115–121; dagegen W. Rudolph, KAT XIII/4 z.St.). Ein ähnlicher Gedanke kommt Ps 33, 16 zum Ausdruck: „Ein König wird nicht siegreich (oder: „errettet, geholfen", *nôšāʿ*) durch große Macht (*rŏḇ-ḥajil*), ein Held wird nicht gerettet durch große Kraft (*rŏḇ-koaḥ*)" – wie vv. 18f. zeigen, ist Errettung nur durch Gottes *ḥæsæd* zu erwarten. Umgekehrt hilft die Kraft des Starken ihm nicht, wenn Gottes Gericht ihn trifft (Am 2, 14).

Ein Sonderfall ist Mi 3, 8. Der Prophet sagt hier: „Ich bin erfüllt mit ʿKraftʾ, mit dem Geist JHWHs, mit Recht und Stärke", um Israel seine Sünde vorzuhalten. Die Worte *'æt-rûaḥ JHWH* sind wahrscheinlich als Glosse zu *koaḥ* zu bewerten. Es handelt sich demnach um *koaḥ*, *mišpāṭ* und *gᵉḇûrāh* mit dem Zweck, Israel seinen *pæšaʿ* und seine *ḥaṭṭā'ṯ* vorzuhalten (*lᵉhaggîd*). *koaḥ* ist demnach ein Teil der prophetischen Ausrüstung, die sachlich richtig durch die Glosse als „Geist JHWHs" erklärt wird.

Der Mensch wähnt aber, er habe in sich selbst Kraft. Der König von Assyrien sagt voller Stolz: „Durch die ʿKraftʾ meiner Hand habe ich es getan" – in der Tat aber ist er ein Werkzeug JHWHs (Jes 10, 13). Und in Zeiten des Wohlstands wird Israel nach dem Deut-Prolog sagen: „Meine ʿKraftʾ und die Stärke (*'oṣæm*) meiner Hand haben mir diesen Reichtum

(*ḥajil*) erworben" (Deut 8, 17). In der Tat aber ist es Gott, der die Kraft gibt, Reichtum zu erwerben (v. 18). Demnach ist es schlimmste Hybris, wenn die Chaldäer „ihre ʿKraftʾ zu ihrem Gott machen", indem sie allen Widerstand verspotten (Hab 1, 11). Folgerichtig betet Josaphat nach 2 Chr 20, 12 beim Angriff der Feinde: „Willst du nicht Gericht halten über sie, denn wir sind machtlos (*'ên bānû koaḥ*) gegenüber diesem großen Haufen ... Wir wissen nicht, was wir tun sollen, sondern auf dich sind unsere Augen gerichtet". Positiv erhält Gideon den göttlichen Befehl: „Gehe hin in dieser deiner ʿKraftʾ", d. h. nach dem Kontext: in der Kraft, die ihm der göttliche Sendung schenkt; v. 16 zeigt, daß es das Mitsein Gottes ist, das ihm Kraft schenkt. DtJes betont, daß Gott imstande ist, den Ermüdeten Kraft zu geben (Jes 40, 29), und daß die auf JHWH Harrenden immer neue Kraft empfangen (*jaḥᵃlîpû koaḥ*, 40, 31; die Wiederholung dieses Satzes mit Bezug auf die Völker 41, 1 ist vielleicht Textfehler). Und wenn der Gottesknecht meint, er habe seine ʿKraftʾ umsonst verzehrt, dann hat er trotz allem seinen Lohn bei Gott (Jes 49, 4).

Spr 24, 5 ist zweifelhaft. MT besagt, daß „ein weiser Mann in Stärke (*bāʿoz*) ist, und daß ein kenntnisreicher Mann (*'îš daʿaṯ*) seine Kraft stärkt (*mᵉ'ammeṣ koaḥ*)". Durch eine leichte Textänderung erhält man die Übersetzung: „Der Weise vermag mehr als der Starke (*gāḇar ḥāḵām mᵉʿāz*), und der Einsichtige mehr als der Kraftvolle (*mᵉ'ammîṣ koaḥ*)". Weisheit und Kraft gehören auch sonst zusammen (s.o. II.1), weshalb MT gut möglich ist; andererseits paßt der emendierte Text zu den soeben angeführten Stellen.

An mehreren Stellen im Hiobbuch mißt sich menschliche Kraft mit der Kraft Gottes, so daß eine Art Wettkampf entsteht. In seinem Leiden fragt Hiob: „Was ist meine ʿKraftʾ, daß ich ausharre? ... Ist denn meine ʿKraftʾ die ʿKraftʾ von Steinen, oder ist mein Fleisch wie Erz?" (Hi 6, 11f.). Er vermag nicht mehr auszuhalten, denn er ist ja nur ein Mensch mit beschränkten Kräften. Gott greift ihn an und läßt ihn nie in Ruhe, und Hiob sagt (Hi 9, 19): „Geht es um die Kraft eines Starken – da ist er (d. h. er hat sie; 1. *hinnehû* statt *hinneh*), geht es um Recht – wer lädt ihn vor (1. *jôʿîḏænnû* statt *jôʿiḏenî* gegen BHS)?" Hiob erkennt also seine Unterlegenheit an. Wenn man den MT behält und *hinneh* als *hinnenî* auffaßt, ergibt sich stattdessen eine Herausforderung an Gott: „ich bin bereit". Für die letztere Deutung könnte Hi 23, 6 sprechen, wo sich Hiob zuversichtlich zum Rechtsstreit anbietet: „Würde er in großer Macht (*rŏḇ-koaḥ*) mit mir rechten (*rîḇ*), ach wollte er auf mich achten" (dann würde ich Recht behalten). In 24, 22 klagt Hiob Gott an: „Er erhält durch seine Kraft die Tyrannen (*'abbîrîm*)". In seiner Antwort auf Bildads dritte Rede sagt Hiob ironisch: „Wie hast du doch aufgeholfen dem Kraftlosen (*lo'-koaḥ*) und hast gestützt den Ohnmächtigen (*lo'-ʿoz*)?" (26, 2). Am Anfang seiner Schlußrede betont er die

Ohnmacht seiner menschlichen Freunde: „Auch die Stärke ihrer Hände – was sollte sie mir, da ihnen die Vollkraft (*kælaḥ*) versagt ist?" Und weiter unten sagt er: „Durch großer Kraft (*rŏḇ-koaḥ*) entstellt sich mein Gewand" – d. h. Gott ist ihm übermächtig geworden (30, 18). Elihu stellt fest, daß Hiobs Geschrei in der Not gegen Gott nicht aufkommen kann, „noch alle Anstrengungen der Kraft (*kol ma'amaṣṣê-koaḥ*)" (36, 19). Demgegenüber ist Gott „weisen Herzens und stark an Kraft" (9, 4); vor ihm kann kein Mensch Recht haben (v. 2). Er hat in der Urzeit durch seine Kraft das Meer gestillt und durch seine Einsicht (*teḇûnāh*) Rahab niedergeschlagen (26, 12) – also wieder Weisheit und Kraft zusammen. Elihu sagt, Gott ist *kabbîr koaḥ-leḇ*, „gewaltig an Herzenskraft", d. h. wohl „sehr weise" (36, 5) und wirkt Großes (*jaśgîḇ*) in seiner Macht (*koaḥ*) (36, 22), und er beendet seine Rede mit der Feststellung, daß Gott groß an Kraft (*śaggî' koaḥ*) und reich an Gerechtigkeit ist und das Recht nicht beugt (37, 23). – Dagegen fehlt *koaḥ* in der Antwort Gottes.

3. Von Gottes Kraft im allgemeinen ist öfters die Rede. Im Schilfmeerlied Ex 15 heißt es in v. 6: „Deine Rechte, o JHWH, herrlich in Kraft (*næ'dārî bakkoaḥ*) ... zerschmettert den Feind." Jes 40, 26 betont, daß infolge der großen Kraft (*raḇ 'ônîm*) und der starken Macht (*'ammîṣ koaḥ*) JHWHs keiner von den Sternen ausbleibt, wenn er sie mit Namen ruft – *'ônîm* und *koaḥ* bezeichnen also hier die Macht des Weltherrn. Jes 50, 2 geht es um seine Fähigkeit zu retten (*lehaṣṣîl*). Nah 1, 3 sagt ganz allgemein, daß JHWH langmütig und *geḏŏl-koaḥ* ist und niemand ungestraft läßt (ist statt *koaḥ ḥæsæḏ* zu lesen?). Ps 147, 5 kombiniert wieder Kraft und Weisheit: „Groß ist unser Herr und reich an Kraft (*raḇ-koaḥ*), seine Weisheit (*teḇûnāh*) ist nicht zu ermessen". V. 4 spricht vom Zählen der Sterne und v. 6 von seiner Hilfe an die Demütigen und seiner Erniedrigung der Gottlosen.

Zwei hymnische Stücke in Chr behandeln dasselbe Thema: 1 Chr 29, 12 „Du bist Herrscher über alles (*mošel bakkol*); in deiner Hand ist Kraft (*koaḥ*) und Stärke, und in deiner Hand steht es, einen jeglichen groß und stark zu machen (*legaddel ûlehazzeq*)" und 2 Chr 20, 6 „... du bist ja der Gott im Himmel, und du herrschest (*mošel*) über alle Königreiche der Völker; in deiner Hand sind Macht (*koaḥ*) und Gewalt (*geḇûrāh*) und niemand vermag dir gegenüber standzuhalten (*hiṯjaṣṣeḇ*)". Und in 2 Chr 25, 8 sagt ein Gottesmann zu Amasja: „... in Gott ist Kraft, zu helfen sowohl als zu Fall zu bringen (*la'zôr ûlehakšîl*)".

Sonst wird Gottes *koaḥ* meist mit der Schöpfung oder mit der Befreiung aus Ägypten in Verbindung gebracht. Nach Hi 26, 12 (s.o.) hat JHWH seine Kraft durch den Sieg über das Meer gezeigt. Derselbe Gedanke könnte Ps 65, 7 vorliegen, wo es nach einem Hinweis auf JHWHs *nôrā'ôṯ* in *ṣædæq*, die ihn zur Zuversicht aller Enden der Erde gemacht haben (v. 6), heißt: „der die Berge befestigt(e) in seiner 'Kraft', mit Macht (*geḇûrāh*) umgürtet". Im folgenden Vers ist dann vom Stillen des Brausens der Meere die Rede. Jer 10, 12 (spät, s. W. Rudolph, HAT I/12, ³1967, 71 f.) und 51, 15 (Jer 51, 15–19 wörtlich wie 10, 12–16) stellen einfach fest, daß JHWH die Erde durch seine Kraft gemacht (*'āśāh*) und die Welt (*teḇel*) durch seine Weisheit (*ḥŏḵmāh*) gegründet (*heḵîn*) hat. Jer 27, 5 und 32, 17 (beide echt nach Rudolph, HAT I/12³, 173 f. 211–213) beziehen die sonst im Kontext des Auszugs belegte Formel „mit großer Kraft und ausgerecktem Arm" auf die Schöpfung. Auf die Befreiung aus Ägypten wird die Formel in verschiedenen Varianten bezogen: „mit großer Kraft und ausgerecktem Arm" Deut 9, 29; 2 Kön 17, 36; „mit großer Kraft und mit starker Hand" Ex 32, 11; „mit deiner Kraft" Num 14, 13; „mit seiner großen Kraft" Deut 4, 87. Ex 9, 16 wird dem Pharao gesagt, daß Gott ihn geschont habe, um ihn seine 'Kraft' erfahren zu lassen. Gottes Handeln sowohl in der Schöpfung als auch in der Geschichte ist also ein Ausdruck seiner Kraft. So heißt es auch Ps 111, 6, daß JHWH die Macht seines Waltens kund macht dadurch, daß er seinem Volk das Land gibt.

Im Edomlied Jes 63 wird schließlich die Zorneskraft JHWHs durch *koaḥ* umschrieben: er kommt von Edom her in hochroten Kleidern und in der Fülle seiner Kraft (*berob koḥô*, v. 1).

III. 1. In der LXX wird *koaḥ* meistens mit ἰσχύς (112mal + 7mal Sir) und ἰσχύειν (3mal) oder δύναμις (8mal) übersetzt. Vereinzelt kommen andere Übersetzungen vor: ἀσθενεῖν, δυνατῶς, κατισχύειν, χείρ (je 1mal).

2. Die Qumranschriften haben zahlreiche Belege für *kôaḥ*. Es stellt sich aber heraus, daß die in den späten Schriften des AT oft belegte Bedeutung 'Fähigkeit', 'Imstandesein' nur vereinzelt nachzuweisen ist, eigentlich nur 1 QSa 1, 19, wo es heißt, daß der in die Gemeinde Eintretende entsprechend seinem *kôaḥ* seine Aufgabe erhalten soll. Dazu kommen die Stellen in der Gemeinderegel, wo verordnet wird, daß die Eintretenden all ihr Wissen (*da'aṯ*) und ihre Kraft (*kôaḥ*) und ihren Besitz (*hôn*) in die Gemeinschaft bringen sollen (1 QS 1, 11). Was hier unter „Kraft" verstanden wird, ist nicht ganz klar. Das Wort steht zwischen *da'aṯ*, das eine geistige Fähigkeit bezeichnet, und *hôn*, das ganz unzweifelhaft den irdischen Besitz bedeutet. „Kraft" könnte dann entweder die körperliche Fähigkeit oder, wie oft im AT, der Besitz sein. Die darauf folgende Zweckerklärung trägt weniges zum Verständnis des Wortes *kôaḥ* bei: die Kraft soll „eingesetzt werden nach der Vollkommenheit seiner (Gottes) Wege". Eine ähnliche Wendung findet sich CD 13, 11: man soll die sich Anschließenden „auf ihre Werke, ihre Einsicht, ihre Kraft, ihre Stärke und ihren Besitz hin prüfen". Negativ heißt es 1 QS 3, 2, daß das Wissen, die Kraft und der Besitz der Unwürdigen nicht in die Gemeinschaft gebracht werden sollen.

Einmal wird durch eine rhetorische Frage gesagt, daß der Mensch als ein Gebilde aus Lehm keine Kraft hat (*mah kôaḥ lî* 1 QH 3, 24, ähnlich 1 QH 10, 11 „Welches deiner Werke hätte die Kraft, vor deiner Herrlichkeit zu bestehen?"). Sonst ist fast immer von der Kraft Gottes oder der von ihm dem Menschen verliehenen Kraft die Rede. Gott hat durch seine Kraft die Erde geschaffen (1 QH 1, 13; parallel steht wie im AT „Weisheit"). Bei ihm ist Erkenntnis, Stärke und Herrlichkeit (1 QH 11, 8). Seine Kraft hat die Feinde zerschmettert (1 QM 11, 1). Typisch heißt es 1 QM 11, 5: „Nicht unsere Kraft (*kôaḥ*) und die Stärke (*ʿiṣṣûm*) unserer Hände haben Macht bewiesen (*ʿāśāh ḥajil*), sondern durch deine Kraft (*kôaḥ*) und die Stärke (*ʿôz*) deiner großen Macht (*ḥajil*)." „Außer dir ist niemand, und niemand ist dir vergleichbar an Kraft" (1 QH 10, 9f.; vgl. 1 QM 13, 13: „Wer ist wie du an Kraft?").
In seiner Kraft erscheint Gott dem Psalmenverfasser „zu vollkommenem Licht (?)" (1 QH 4, 23). Obwohl die Erfahrung seiner Unzulänglichkeit die Kraft des Menschen „vernichtet" (*tmm hiph*) (1 QH 5, 29. 36; 8, 31), schenkt Gott die Kraft zum Bestehen (1 QH 2, 8; vgl. 8, 35). Gottes Kraft ist mit Barmherzigkeit gepaart (1 QH 4, 32. 35). So lernt der Mensch seine Herrlichkeit und Kraft zu erkennen (1 QH 15, 20) und erkennt, daß es Hoffnung gibt in seiner Barmherzigkeit und Kraft (1 QH 9, 14). Also dankt er Gott „gemäß der Größe seiner Kraft und der Fülle seiner Wunder" (1 QH 14, 23). Solche und andere Belege stehen ganz in der at.lichen hymnisch-poetischen Tradition.
Schließlich sei bemerkt, daß die Engel mehrmals als *gibbôrê kôaḥ* bezeichnet werden. Einmal (1 QH 8, 11) verwehren sie den Außenstehenden den Zugang zu Gottes Pflanzung (vgl. Gen 3, 24); ein anderes Mal ist von Gottes Gerichte an „den Helden der Kraft" und „am Heer der Heiligen" die Rede (1 QH 10, 34f.).

Ringgren

כחד *kḥd*

I. Etymologie – II. *pi*: verhehlen – III. *hiph*: vernichten – IV. Gott allwissend und strafend – V. Gottes Wissen und Schaffen?

Lit.: *H. Conzelmann*, ψεῦδον κτλ. (ThWNT IX 590–599). – *A. Guillaume*, Hebrew and Arabic Lexicography. A Comparative Study II (Abr-Nahrain 2, 1960f., 5–35, bes. 18). – *M. A. Klopfenstein*, Die Lüge nach dem AT, 1964, 258–260. – *A. Oepke*, κρύπτω κτλ. (ThWNT III 959–979). – *G. Wehmeyer*, סתר *str hi.* verbergen (THAT II 173–181).

I. Etymologisch hat *kḥd* ein breites Bedeutungsfeld: aram. *itpa* ʻvertilgt werden'; syr. *qal* und *itpa* ʻverschämt sein, fürchten'; äth. *kĕḥda* ʻden Glauben verleugnen'; meḫri und tigrē *ǧeḥad* ʻmit Worten streiten', arab. *ǧaḥada* ʻleugnen, lügen'. Vgl. MdD 205a; Littmann-Höfner, WbTigre 393; Leslau, LexSoq 107.

II. *kḥd*, das im AT 32mal vorkommt, bedarf wegen der Bedeutungsbreite (Wbb: ʻverbergen, verhehlen, verborgen sein, vertilgen bzw. vertilgt werden') und als Ausdruck für göttliches und menschliches Handeln einer Untersuchung. Während *qal*-Formen fehlen, finden sich *pi* 15mal, das mit Jenni (Das hebr. Piʻel, Zürich 1968, 250) „resultativ" als „etwas verborgen halten" zu verstehen ist. Es wird immer verneint gebraucht als Aufforderung, etwas zu offenbaren. Somit gehört außer Gen 47, 18 immer ein Verb des Sprechens dazu, am häufigsten *ngd hiph* (Jos 7, 19; 1 Sam 3, 18; Jes 3, 9; Jer 38, 25; 50, 2; Hi 15, 18). Jer 50, 2 kommen noch *'āmar* und zweifaches *šāmaʻ hiph* hinzu, bei Jos 3, 9 sogar eine Beschwörung. *'āmar* steht auch Ps 40, 11, *spr pi* in Ps 78, 4 und *hiph* von *jāḏaʻ* in Hi 27, 11. Was man sagen und nicht verbergen soll, gehört einige Male zum menschlichen Bereich. 2 Sam 14, 18 fragt Salomo die Frau aus Tekoa, wer sie zum Eintreten für Absalom angestiftet habe. Jer 38, 24 fordert Zedekia unter Todesdrohung Jeremia auf, ihr Gespräch geheimzuhalten. Es geht also jeweils um Wichtiges, wobei Hi 15, 18 zum Religiösen überleitet, denn die Väter haben den Söhnen nicht verschwiegen, wie es den Frevlern nach Gottes Willen gehen soll. In ihrer Frechheit verbergen diese nicht einmal ihre Sünden (Jes 3, 9). Da Gottes Wort befolgt werden muß, drängt der König Jeremia, es ihm nicht zu verhehlen (Jer 38, 14). Der Weisheitslehrer belehrt über Gottes Tun und Plan gegen die Frevler (Hi 27, 11). Der Prophet weiß um den Fall Babels und muß ihn dem Volk als baldige Erlösung verkündigen (Jer 50, 2). Wer Gottes Gerechtigkeit an sich erfahren hat, darf mit dem Gotteslob nicht schweigen (Ps 40, 11), auch Gottes ruhmreiches Tun von Generation zu Generation darf nicht verborgen bleiben (Ps 78, 4).

Um einen Einschub handelt es sich wohl Hi 6, 10, wo *kḥd pi* vorkommt (Fohrer, Hiob, KAT XVI 161). Hier wird *kḥd* vielfach mit „verleugnen" übersetzt (vgl. Budde, GHK 21913, 27). Horst (Hiob, BK XVI/1, 105) macht dagegen geltend, daß *kḥd* niemals „verleugnen" bedeute. „Vielmehr bezeichnet es immer ein Verbergen, das geflissentlich verschweigen, also ʻverhehlen' will, und sein Gegensatz ist stets ein Aussprechen, Kundgeben, Mitteilen oder Lehren." Der Leidende ist also nach Hi 6, 10 nicht dadurch schuldig geworden, daß er Gottes Wirken verschwiegen hätte. Für „verleugnen" hat das Hebr. → כחש *kḥš pi.* das zum Unterschied von *kḥd* niemals mit *min* vorkommt (Klopfenstein 259), das sich bei *kḥd pi* in 10 von 15 Fällen findet.

LXX geben *kḥd pi* 11mal mit κρύπτω ʻverbergen' wieder, dem Verb, das auch einer ganzen Reihe von sinnverwandten Wörtern des AT entspricht (vgl. Oepke, ThWNT III 967). Viermal drücken LXX sich anders aus: Jes 3, 9 wird ἐμφανίζω, 'unsichtbar machen', gebraucht. Hi 6, 10; 27, 11 haben negiertes ψεύδω, 'lügen'.

Sinnändernd geben LXX *kḥd* bei Gen 47, 18 wieder, nämlich mit dem bei *niph* und *hiph* uns noch begegnenden ἐκτρίβω, 'vernichten'. Statt MT „Wir können vor unserem Herrn nicht verhehlen", sagt der griech. Text: „Wir möchten von (gr. ἀπό für hebr. *min*) unserem Herrn nicht vernichtet werden". Da dürfte *min* im Sinne von Urheberschaft als logisches Subjekt beim Passiv verstanden sein (KBL³ 566), wie ἀπό für ὑπό im späteren Griechisch durchaus möglich ist (vgl. Pape, Wb I 295; Bauer, Wb z. NT³ 147). Daß hier abgeschwächt nur „vor unserem Herrn" gemeint sei, ist unwahrscheinlich, das Gen 47, 18f. zweimal durch ἐναντίον wiedergegeben ist.

III. *kḥd hiph* kommt 6mal vor, wozu die Wbb für 5 Fälle „vernichten" angeben, aber für Hi 20, 10 „verbergen", nahestehend der *pi*-Bedeutung (vgl. κρύπτω der LXX). Was der Frevler unter seiner Zunge „verbirgt", ist das Böse. „Mit seiner Bosheit, seinen bösen Plänen und Absichten, verfährt der Frevler als der genießerische Reiche wie ein Kind mit einem Leckerbissen" (Fohrer, KAT XVI 330). Dieses Verständnis wird 20, 13 gestützt durch *ḥāmal*, 'aufbewahren', *lo' 'āzab̠*, 'nicht loslassen', *mānaʿ*, 'zurückhalten'. Der Verbkombination beim *pi* entsprechend steht Ps 83, 5 zu *kḥd hiph* verneintes *zāk̠ar*. Der vernichteten Feinde Israels möge nicht mehr gedacht werden, was LXX durch ἐξολοθρεύω, 'zerstören', ausdrücken. Sach 11, 8a, wohl späterer Einschub (Rudolph, KAT XIII/4, 206), ist viel diskutiert auch wegen des Verständnisses von *kḥd hiph*, das sowohl 'vernichten' als auch 'entfernen' bedeuten kann (Rudolph, a.a.O.). Außer inhaltlichen Gründen spricht das ἐξαίρω, 'als Beute erwerben, wegführen' der LXX für letzteres. Wie bei Sach 11, 8 hinter dem „Hirten" eigentlich Gott steht, so ist er ausdrückliches Subjekt des Vernichtens in 1 Kön 13, 34 und Ex 23, 23. Zu ersterer Stelle sind zu vergleichen das parallele *šāmad̠*, 'vertilgen' und LXX mit εἰς ἀφανισμόν ... ἐγένετο im Sinne von 'verschwinden', was ja einem 'verborgen halten' nahesteht. Dazu paßt auch, daß Gott die Völker Kanaans vor (*min*) den Israeliten verschwinden lassen will (Ex 23, 23), während 2 Chr 32, 21 der JHWH-Engel die Assyrer vernichtet. LXX haben beidemal ἐκτρίβω, 'vernichten'.

IV. Die 10 Fälle des *niph* von *kḥd* bilden das Passiv sowohl zu *pi* als auch zu *hiph*. Ersteres drückt entsprechend dem *pi*-Gebrauch das „Nichtverborgensein" aus, wozu das vollkommene Wissen Gottes noch durch *jād̠aʿ* betont wird. Wie beim *pi* steht auch 2 Sam 18, 13; Ps 69, 6; 139, 15 das *min*, wobei es einmal der König und zweimal Gott ist, vor denen nichts verborgen bleibt. LXX gebrauchen an den Ps-Stellen κρύπτω, umschreiben aber 2 Sam 18, 13 mit λανθάνω, 'verbergen'. Es geht eigentlich immer um den allwissenden Gott. Ps 69, 6 bekennt, daß dieser um die Verfehlungen des Beters weiß. Ps 139, 15 ist dieser sich dessen bewußt, daß vor Gott seine Glieder sogar in der Tiefe der Erde nicht verborgen sind. Hos 5, 3 (LXX οὐκ ἄπεστιν, „es ist nicht fern") gehört hierher mit der Zusicherung Gottes, er kenne Ephraim gut, man könne sich vor ihm nicht verstecken. Aber auch 2 Sam 18, 13 enthält eine indirekte Aussage über Gott, denn der König wird 2 Sam 14, 17 mit Gott verglichen: „Mein Herr ist wie ein Engel Gottes, der alles auf Erden weiß" (*jād̠aʿ*). Somit ergibt sich: „Mit der alles durchdringenden Allgegenwart und Allwissenheit Gottes wird im AT in einer Weise ernst gemacht, wie in keiner Religion sonst" (Oepke 968). Über v. 15 hinaus belegt der ganze Ps 139: Gott weiß um den Menschen im voraus und um sein Werden im Mutterschoß (vv. 15f.). Er kennt alle Gedanken, alles Tun und alle Wege des Beters (vv. 3f. 23), für den Gottes Eigenschaften und Wirken unermeßlich sind (vv. 6. 17f.). Nicht einmal die Finsternis verbirgt vor Gott (v. 12), daß man dahin vor ihm fliehen könnte (vv. 7–12). Wenn Ps 69, 6 und Hos 5, 3 dem hinzufügen, daß Gott auch um die Schuld des Menschen weiß, so fühlt sich der Beter von Psalm 139 doch an Gott nicht so sehr ausgeliefert als vielmehr bei ihm geborgen (vv. 5. 10. 14. 16. 18).

Anders erscheint das Gottesbild bei den 6 weiteren Stellen, wo *niph* das Passiv zum *hiph* darstellt. Da hat *kḥd* „einen stark negativen Akzent" (Wehmeyer 177). Eliphas Wort Hi 4, 7 beruht auf der Überzeugung, daß alles Menschenschicksal von Gott abhängig ist, so daß es als unmöglich erscheint, ein Redlicher könne vernichtet werden, welches Verständnis durch das parallele *'āb̠ad̠* und LXX ἀπόλλυμι 'vernichten' gestützt wird. Auch Hi 22, 20 sehen die Gerechten die Frevler vernichtet (LXX ἀφανίζω, 'unsichtbar machen, vertilgen'). Hi 15, 28 wohnen die Frevler in „unbewohnbaren Häusern", so daß unser Verb parallel dazu nur „wüste Städte" (LXX πόλεις ἐρήμους) bezeichnen kann. Im Gegensatz zur Strafe für die Frevler weiß der Fromme um Gottes Hilfe und Schutz. Die restlichen Stellen Sach 11, 9. 16 gehören zur „Hirtenvision", wobei der Prophet zuerst einen „richtigen" und dann einen „falschen" Hirten darstellen soll (Rudolph, KAT XIII/4, 204). Auch hier ist die Aussage durch *kḥd niph* beidemal strafend negativ. 11, 9 steht parallel dazu „was sterben will, mag sterben", so daß *hannik̠ḥædæt̠* hier „was sich verliert, mag sich verlieren" heißt, was LXX genau mit τὸ ἐκλεῖπον ἐκλειπέτω wiedergeben. Mit gleicher Bedeutung steht Sach 11, 16 ἐκλιμπάνω, wo vom „falschen Hirten" mit dem parallelen *nišbæræt̠*, das „Gebrochene", gesagt wird, daß er sich um „das Vermißte" nicht kümmert.

V. Da Gottes sorgende Allwissenheit auf der einen Seite steht und ihr gegenüber seine vernichtende Macht, beides durch Formen von *kḥd* ausgedrückt, sollte da vielleicht sein Wissen schaffend sein und erhaltend, sein Nichtgedenken aber vernichtend? Das würde der Vorstellung entsprechen, daß Gott durch sein Wort erschafft (Gen 1; Sir 42, 15; Ps 33, 6), durch Abwenden seines Antlitzes aber untergehen läßt (Ps 30, 8; 104, 29). Immerhin stehen Ps 1, 6 gegeneinander, daß Gott den Weg der Gerechtigkeit kennt (*jāḏaʿ*), der Weg der Frevler aber zugrundegeht (*ʾāḇaḏ*). In Ps 139 wird das Allwissen Gottes zusammen gedacht mit dem Werden des Menschen (vv. 13f. 15). Jer 1, 5 liest man ähnlich: „Noch ehe ich dich im Mutterleibe formte, habe ich dich gekannt (*jāḏaʿ*).“ Von Gott sagt Sir 23, 20: „Schon ehe es geschieht, ist ihm alles bekannt“; Gottes Wissen und Schaffen stehen also gedanklich nahe beieinander, doch daß ersteres wirkend ist, wird nicht ausgedrückt.

Man könnte unsere Frage auch an die Aussagen über Gottes Weisheit in Beziehung zum Schöpfersein stellen. Seine Werke sind mit Weisheit vollbracht (Ps 104, 24) und durch sein Wissen (*daʿaṯ*) quellen die Wasser der Tiefe (20). In allen drei Fällen wird die Präposition b^e gebraucht, die einen „begleitenden Umstand“, aber auch das „Mittel oder Werkzeug“ einbringen kann (KBL³ 101). Man muß sich wohl für ersteres entscheiden, weil an den Stellen, an denen die Weisheit personifiziert auftritt, sie etwa Spr 8, 22–31 selbst von Gott erschaffen ist (vgl. Fohrer, ThWNT VII 491, vgl. auch Weish 9, 9). Am engsten erscheint die Weisheit verbunden mit Gottes Wissen und Wirken Weish 8, 4: „Denn sie ist Eingeweihte in Gottes Wissen und Erwählerin seiner Werke“. Das heißt doch wohl, daß „das Erkennen der Weisheit dasselbe ist wie das Erkennen Gottes“ und daß „Gott und die Weisheit in demselben Akte“ erkennen und wollen (vgl. Heinisch, EHAT 24, 160).

Eising †

כָּחַשׁ *kāḥaš*

כַּחַשׁ *kaḥaš*, כֶּחָשׁ *kæḥāš*

I. 1. Belege, Etymologie – 2. Bedeutung – 3. LXX – II. Profaner Gebrauch – 1. Des Verbums – 2. Des Nomens – III. Religiös-theologische Verwendung – 1. Leugnung und Verleugnung Gottes – 2. Verschweigen im sakralrechtlichen Bereich – 3. Verstellung als Prophet – 4. Qumran.

Lit.: *J. Blau*, Über homonyme und angeblich homonyme Wurzeln II (VT 7, 1957, 98–102). – *E. Jenni*, Das hebräische Piʿel, Zürich 1968. – *J. Jeremias*, Kultprophetie und Gerichtsverkündigung in der späten Königszeit Israels (WMANT 35, 1970) 31ff. – *M. A. Klopfenstein*, Die Lüge nach dem AT, 1964. – *Ders.*, כחשׁ *kḥš pi.* leugnen (THAT I 825–828). – *J. L. Palache*, Semantic Notes on the Hebrew Lexicon, Leiden 1959. – *G. Quell*, Wahre und falsche Propheten (BFChTh 46, 1, 1952).

I. 1. Das AT unterscheidet mit großer Wahrscheinlichkeit zwei getrennte Wurzeln *kḥš* (vgl. W. J. Gerber, Die hebräischen Verba denominativa, 1896, 26f.; E. Ben Yehuda, Thesaurus totius hebraitatis, 1908–1959; Dalman, Aram.-neuhebr. Wb. 196; Zorell, Lex. Hebr. 352; Klopfenstein, THAT I 825), die die Grundbedeutungen ʿabmagernʾ bzw. ʿleugnenʾ haben. Während die Wurzel mit der Bedeutung ʿabmagernʾ nur jeweils 1mal im *qal* (Ps 109, 24) sowie in dem Nomen *kaḥaš* (Hi 16, 8; anders hier jedoch LXX, Aquila und V) belegt ist, begegnet die Wurzel mit der Grundbedeutung ʿleugnenʾ 21mal als Verbum (19mal im *pi*, 1mal im *niph* und 1mal im *hitp*) sowie 5mal in dem Nomen *kaḥaš* und 1mal in dem Adjektiv *kæḥāš*. Dazu tritt diese Wurzel noch 3mal als Verbum bzw. Nomen in Sir (7, 13; 41, 17) auf.

Beide Wurzeln sind ebenso sowohl im Mhebr. als auch im Jüd.-Aram. bekannt. Unsicher ist jedoch, ob die Wurzel mit der Bedeutung ʿabmagernʾ auch in äth. Texten begegnet (W. Leslau, Ethiopic and South Arabic Contributions to the Hebrew Lexicon, 1958, 26) und ob ein Zusammenhang mit ugar. *ṯkḥ* besteht (W. F. Albright, BASOR 83, 1941, 40 Anm. 7).

S. Rin, Ugaritic-Old Testament Affinities II (BZ 11, 1968, 174–192, bes. 182) stellt *kḥš* mit ugar. *kḥṯ* „throne, chair“ zusammen und versteht es als „to worship“, was bes. bei der Deutung von Ps 18, 45 und Deut 33, 29 von Bedeutung wäre.

2. Von der Bedeutung ʿabmagernʾ abgesehen, ist für den Sinngehalt der Wortgruppe eine ambivalente Grundbedeutung grundlegend, die sich mit der Doppelung „sagen bzw. machen, daß nicht ...“ auf der einen Seite und „nicht sagen bzw. nicht machen, daß ...“ auf der anderen Seite allgemein umschreiben läßt (Klopfenstein, Lüge, 255f.). Beide Bedeutungsrichtungen dürften von Anfang an als inversive Funktionen nebeneinander gestanden haben; aus ihnen ergeben sich die speziellen Bedeutungen: 1) ʿleugnenʾ, ʿin Abrede stellenʾ, ʿbestreitenʾ (Gen 18, 15; Lev 5, 21. 22; Jer 5, 12; Hi 8, 18; Spr 30, 9); 2) ʿverleugnenʾ, ʿim Stich lassenʾ, ʿVerleugnungʾ, ʿverleugnendʾ (Hi 31, 28; Jos 24, 27; Jes 30, 9; 59, 13; Hos 9, 2; 10, 13; 12, 1; Hab 3, 17); 3) ʿverheimlichenʾ, ʿverschweigenʾ (Lev 19, 11; Jos 7, 11; Hos 4, 2); 4) ʿetwas vortäuschenʾ, ʿsich verstellenʾ, ʿVerstellungʾ, ʿLügeʾ (1 Kön 13, 18; Sach 13, 4; Hos 7, 3; Nah 3, 1; Ps 59, 13); 5) ʿErgebung heuchelnʾ, ʿschmeichelnʾ (Deut 33, 29; 2 Sam 22, 45; Ps 18, 45; 66, 3; 81, 16).

Im Unterschied zu → כזב (*kzb*) und → שׁקר (*šqr*) steht *kḥš* für das Entstellen, Verheimlichen oder Bestreiten eines gegebenen Tatbestandes entgegen besserem Wissen und stellt so immer eine bewußte anrechenbare Handlung dar.

3. Die LXX übersetzt die Wurzel mit der Bedeutung ʿabmagernʾ mit ἀλλοιοῦσθαι (Ps 109, 24), versteht das Nomen in Hi 16, 8 jedoch als ʿLügeʾ, das deshalb mit ψεῦδος wiedergegeben wird. Ebenso findet für alle Formen, die von der Wurzel mit der Bedeutung

'leugnen' gebildet sind, eine Form der Wurzel ψευδ-Verwendung; nur in Gen 18, 15 wird genauer mit ἀρνεῖσθαι übersetzt (vgl. analog Aquila zu Jes 30, 9: ἀρνητής).

II. Alle fünf speziellen Bedeutungen der Wurzel treten in profanem Gebrauch auf, der bei 2/3 aller Belegstellen vorliegt. Dabei überwiegen die aus dem Sinnbereich „nicht sagen / machen, daß ..." abgeleiteten Bedeutungen.
1. a) Charakteristisch für die Anwendung der Wortgruppe in der Bedeutung „nicht sagen, daß ..." = 'verheimlichen', 'verschweigen' ist die Verbindung mit der Rechtssphäre. So steht das Verbum in Lev 19, 11 im Zusammenhang eines zu einem alten Dekalog gehörigen Diebstahlverbotes, während es in Hos 4, 2 innerhalb eines prophetischen Gerichtswortes einen Rechtsfall bezeichnet, der unter JHWHs Gericht steht.
b) Demgegenüber tritt die Bedeutung „nicht merken lassen, daß ..." = 'etwas vortäuschen', 'sich verstellen', auf die alltägliche Erscheinung des Verbergens der wahren Absicht bezogen, in allen menschlichen Lebensbereichen auf. Das gilt dann auch für Propheten, insofern sie einem anderen Menschen bewußt ihre Absicht durch täuschendes Reden bzw. Verhalten verbergen; so verstellt sich nach 1 Kön 13, 18 ein Nabi vor einem anderen Gottesmann, um diesen über seine wahre Absicht zu täuschen.
c) Als spezielle Weiterentwicklung der Bedeutung 'sich verstellen' dürfte die Bedeutung 'Ergebung heucheln', 'schmeicheln' zu verstehen sein. Indem das Verbum zum Ausdruck des Verhaltens von Feinden, die zur Unterwerfung gezwungen wurden, Anwendung fand, erhielt es im *pi* (3mal) sowie im *niph* und im *hitp* die besondere Nuance der Verstellung durch scheinbare Unterwürfigkeit. Objekt des heuchelnden Verhaltens der Feinde bzw. der Hasser Israels oder der Söhne der Fremde (so Ps 18, 45f. = 2 Sam 22, 45f.) sind JHWH (Ps 66, 3), Israel (Deut 33, 29; Ps 81, 16) oder der israelitische König (Ps 18, 45f.; 2 Sam 22, 45f.).
d) Eine profane Verwendung des Verbums in der Bedeutung „sagen, daß nicht ..." = 'leugnen', 'bestreiten' ergibt sich aus Gen 18, 15 und Lev 5, 21. 22 sowie Hi 8, 18. Geht es in Gen 18, 15 darum, daß Sara den Vorwurf des ungläubigen Lachens mit einer Gegenaussage bestreitet, so haben Lev 5, 21. 22 den Tatbestand zum Inhalt, daß jemand seinem Mitbürger gegenüber geraubte, erpreßte oder bei sich hinterlegte Gegenstände in Abrede stellt bzw. die Auffindung von Verlorenem leugnet. Ebenso kann aber auch – in einem Bilde gesprochen – von einem Garten gesagt werden, daß er den Frevler, der aus ihm wie eine üppig wuchernde und zäh verwurzelte Pflanze ausgerissen worden ist, nun leugne (Hi 8, 18).
e) Parallel zu dieser Bedeutung hat sich die Bedeutung „machen, daß nicht ..." = 'verleugnen', 'im Stich lassen' entwickelt. Dabei wird *kḥš* sowohl in Hos 9, 2 als auch in Hab 3, 17 in übertragenem Sinn gebraucht: Der Weinstock bzw. der Ölbaum sollen ihren Besitzer mit dem Ertrag im Stich lassen.
2. In Analogie zum Verbum weist auch das Nomen ambivalenten Sinngehalt auf. Dabei tritt in profaner Verwendung jedoch nur die Bedeutung 'Lüge', 'Verstellung' auf. So bezeichnet *kaḥaš* in Hos 7, 3 eine politische Verstellung, die von politischen Drahtziehern am Königshof in Samaria geübt wird. Ähnlich geht es in dem gegen Ninive gerichteten Scheltwort in Nah 3, 1 um politische Verstellung, deren sich die Herrschenden in der Hauptstadt des assyr. Weltreiches gegenüber den benachbarten Kleinstaaten bedienen. Aber auch in Ps 59, 13, wo ein JHWH-treuer Beter über die Entstellung des wahren Sachverhaltes durch lügnerische Ankläger klagt, liegt die alltägliche Erscheinung der menschlichen Lüge gegenüber Mitmenschen vor.

III. 1. Im religiös-theologischen Bereich dient die Wortgruppe überwiegend als Ausdruck für den Sachverhalt der Leugnung bzw. der Verleugnung JHWHs. Subjekt des Leugnens, das sich in konkreten Worten, die ein entsprechendes Verhalten einschließen, vollzieht, ist in Jer 5, 12 das Haus Israel, in Spr 30, 9 ein satt und selbstzufrieden gewordener Reicher. Dagegen liegen dem Tatbestand der Verleugnung JHWHs in erster Linie Taten zugrunde. Das gilt sowohl für die Verwendung des Verbums in Jos 24, 27; Jes 59, 13 und Hi 31, 28 als auch für die Heranziehung des Nomens in Hos 10, 13; 12, 1 und des Adjektivs in Jes 30, 9. Die Wortgruppe ist hier Ausdruck des ganzen Verhaltens einschließlich der dahinter stehenden Gesinnung; die Verleugnung JHWHs besteht praktisch im Abfall zu fremden Kulten (Jos 24, 27; Hi 31, 28; Hos 12, 1), in der Unwilligkeit, auf JHWHs Weisung zu hören (Jes 30, 9) sowie im Vergehen gegen seine Rechtsordnung, d. h. im Bruch seines Bundes (Jes 59, 13; Hos 10, 13).
2. Das Gegenstück zum Verleugnen mit Worten oder mit dem ganzen Verhalten bildet das Verschweigen von Tatbeständen. Betrifft ein solches Verschweigen in Jos 7, 11 den Tatbestand eines Diebstahls am Banngut, so bezeichnet *kḥš* hier genauer eine Verletzung des Sakralrechts, und damit wieder eine Übertretung der Bundesordnung JHWHs.
3. Ein religiöser Gebrauch der Wurzel in der Bedeutung 'etwas vortäuschen' liegt in Sach 13, 4 vor. Ebenso wie in 1 Kön 13, 18 (vgl. dazu II. 1) sind auch hier Propheten die handelnden Personen, im Unterschied zu 1 Kön 13, 18 bezieht sich *kḥš* hier jedoch nicht auf ein gewöhnliches Verbergen der wahren Absicht, sondern auf das prophetische Auftreten als solches (Klopfenstein, Lüge, 279). Die synkretistisch geprägten Propheten der Exilszeit (vgl. B. Otzen, Studien über Deuterosacharja, Kopenhagen 1964, 194–198) werden sich in der erwarteten Endzeit nicht mehr den härenen Prophetenmantel überwerfen, um dem Volk ein Wort JHWHs vorzutäuschen.
4. In Qumran begegnet *kḥš* nur 3mal. Hier dient *kḥš* zur Charakteristik des Frevelgeistes (*rûaḥ ʿawlāh*)

neben Habgier, Trägheit, Bosheit, Lüge (*šqr*), Stolz, Hochmut, Täuschung (*r^e mîjāh*), Grausamkeit und Gottlosigkeit (1 QS 4, 9). Der Gerechte soll ihm entsagen (10, 12). 4 QpNah 2, 2 identifiziert die „Blutstadt" (Ninive) von Nah 3, 1 mit der „Stadt Ephraim" (Jerusalem?), die am Ende der Tage in *kḥš* und *šqr* wandeln wird.

Schunck

כֹּל *kol*

I. Etymologie – II. Bedeutung und Verwendung im AT – III. Stilistische und theologische Gesichtspunkte – 1. Stilistisches – 2. Theologisch bedeutsame Beispiele – a) Schöpfung und Weltherrschaft Gottes – b) Schöpfungsbericht des P – c) Fluterzählung – d) Vätergeschichte – e) Exodus – f) Deut – g) Verhältnis Mensch–Gott – h) Verschiedene Psalmenbelege – i) Prophetische Texte – j) Pred – IV. LXX, Qumran.

Lit.: *P. P. Boccaccio*, I termini contrari come espressioni della totalità in Ebraico (Bibl 33, 1952, 173–190). – *J. A. Fitzmyer*, The Syntax of כל, כלא, „All" in Aramaic Texts from Egypt and in Biblical Aramaic (Bibl 38, 1957, 170–184 = *Ders.*, A Wandering Aramean, Collected Aramaic Essays, SBL Monograph Series 25, 1979, 205–217). – *H. Ringgren*, The Omitting of *kol* in Hebrew Parallelism (VT 32, 1982, 99–103). –*G. Sauer*, כל *kōl* Gesamtheit (THAT 1 828–830). – *R. R. Stieglitz*, Minoan and Biblical Totals (SMEA 14, 1971, 217f.).

I. Das Wort *kol* < **kull(u)* ist gemeinsemitisch: ugar. *kl* (WUS Nr. 1320), phön. *kl* (DISO 118ff.), aram. *kl*, *kol*, st. det. *kollā'* (syr. *kul*), arab. *kull* (WKAS I 292ff.), asarab. *kl* (Conti-Rossini 168), äth. *k^w ěll*. Im Akk. begegnet neben *kalû* (AHw 427) auch *kullatu* (AHw 501); daneben findet sich *gimru*, 'Gesamtheit' (AHw 289). Die Wurzel ist *kll*, 'ganz sein', Fakt. 'vollenden', vgl. ugar. *kll* D 'vollenden' (WUS Nr. 1320), verschiedene aram. Dial. *šaph* oder *aph* 'vollenden', akk. *šuklulu*, 'vollenden', dagegen *kullulu*, 'verhüllen', vgl. arab. *kll* V 'umgeben', asarab. *kll* 'umgeben' (Conti-Rossini 169), äth. *kallala*, 'umgeben, schützen', eine Bedeutung, die in mehreren aram. Dialekten für *p^e ʿal* bezeugt ist. Akk. *kalû* zeigt die Verwandtschaft der beiden Wurzeln *kll* und *klj* → כליל *kālîl* → כלה *kālāh*.

II. *kol* heißt wörtlich ungef. 'Gesamtheit', 'Totalität', wird aber ganz selten absolut gebraucht in der Bedeutung 'alles', 'das Ganze' (z. B. Pred 1, 2; 11, 5; Jes 29, 11; Jer 10, 16 = 51, 19; Jes 44, 24; Hi 13, 1). Meist steht es im st. cstr. (meist *kŏl-* geschrieben) und bedeutet dann u.a. 1) vor determ. Subst. im Sing. 'ganz': *kŏl-hā'āræṣ*, „die ganze Erde" (Gen 9, 19; Jes 6, 3; Ps 47, 8; 72, 19 usw.), *kŏl-ʿammî*, „mein ganzes Volk" (Gen 41, 40); 2) vor determ. Subst. im Pl. 'alle': *kŏl-haggôjim*, „alle Völker" (Jes 2, 2; 43, 9; Ps 67, 3; 118, 10; vgl. *kŏl-hāʿammîm* Ps 97, 5 u.a.), vgl. mit Koll. *kŏl-hā'āḏām*, „alle Menschen" (Gen 7, 21; Ps 64, 10 u.a.); 3) mit indeterm. Subst. im Sing. 'jeder': *kŏl-ʿam*, „jedes Volk" (Esth 3, 8), *kŏl-bajiṯ*, „jedes Haus" (Jes 24, 10), aber auch 'irgend ein': *kŏl-dāḇār*, „irgend eine Sache" (Ruth 4, 7) oder 'allerlei': *kŏl-ṭûḇ*, „allerlei Kostbarkeiten" (Gen 24, 10), *kŏl-ʿeṣ*, „allerlei Bäume" (Lev 19, 23); 4) mit Negation 'gar kein': *kŏl-m^e lā'ḵāh lo' jeʿāśæh bāhæm*, „gar kein Werk soll an [diesen Tagen] verrichtet werden" (Ex 12, 16, vgl. Ex 20, 10 *lo' taʿ^a śû kŏl-m^e lā'ḵāh*), *kŏl-ṭum'āh 'al-to'ḵal*, „iß gar nichts Unreines" (Ri 13, 14). Für Spezialverwendungen sind die Wörterbücher zu befragen (KBL³ 451f.).

III. Eine vollständige Bestandsaufnahme aller Belege hat kaum einen Zweck. Hier soll nur auf einige stilistisch oder theologisch interessante Beispiele aufmerksam gemacht werden.

1. Stilistisch ist zu beobachten, daß die at.lichen Verfasser oft auf den Gebrauch von *kol* verzichten, wenn auch ohnehin klar ist, daß eine Totalität gemeint ist: „die Völker der Erde" sind auch ohne *kol* „alle Völker". Daneben gibt es aber eine ganze Reihe von Beispielen, in denen das eine parallele Glied *kol* enthält, das andere aber nicht, obgleich beide Glieder offensichtlich dieselbe Totalitätsbedeutung haben. So steht z. B. Ps 18, 23 „*Alle* seine Rechte hatte ich vor Augen, und seine Satzungen tat ich nicht von mir"; Ps 51, 11 „Verbirg dein Angesicht vor meinen Sünden, und tilge *alle* meine Missetaten"; Ps 67, 4. 6 „Die Völker danken dir, o Gott, *alle* Völker (*'ammîm kullām*) danken dir" (hier liegt vielleicht eine Steigerung vor); Ps 77, 13 „Ich will nachsinnen (*hāgāh*) über *all* dein Tun, will reden von deinen mächtigen Taten" (vgl. ähnlich Ps 143, 5); Ps 90, 9 „*alle* unsere Tage" par. zu „unsere Jahre"; Ps 102, 16 „Die Heiden werden den Namen JHWHs fürchten, und *alle* Könige der Erde deine Hoheit"; Ps 145, 10 „Es preisen dich *all* deine Werke, und deine Frommen loben dich"; in prophetischen Texten z. B. Jes 18, 3 „Ihr *alle*, die ihr in der Welt wohnt, und die ihr haust auf der Erde"; Jes 40, 4 „*Jedes* Tal soll sich heben, und *jeder* Berg und Hügel soll sich senken, und das Höckerige soll zur Ebene werden und die Höhen zum Talgrund"; Jes 41, 11 „Siehe, zu Spott und Schanden werden *alle*, die wider dich entbrannt sind (vgl. 45, 24), es werden zunichte und gehen zugrunde die Männer, die mit dir hadern" (vgl. Ps 35, 26 mit *jaḥdāw* statt *kol*); Jes 62, 2 „Da werden die Völker dein Recht schauen und *alle* Könige deine Herrlichkeit"; Jes 63, 7 „Die Huld JHWHs will ich preisen, die Ruhmestaten JHWHs nach *allem*, was JHWH an uns getan hat"; Jer 22, 22 „Der Sturm wird *alle* deine Hirten weiden, und deine Liebsten wandern in die Verbannung"; Jer 31, 25 „Denn ich tränke die ermattete Seele, *jede* schmachtende Seele sättige ich" (vgl. Jes 40, 29 ohne *kol*).

2. Die Streuung der *kol*-Belege ist ziemlich eben, jedoch wechselt die Häufigkeit der Belege in den ver-

schiedenen Büchern. Gewisse Gattungen weisen größere Dichte von *kol*-Ausdrücken auf. Jer hat beträchtlich mehr Belege als Ez. Die Thronbesteigungspsalmen und das Buch des Pred sind von *kol*-Aussagen beherrscht. Dies ist natürlich zum großen Teil von den Themen der betreffenden Textgruppen abhängig, wie aus dem Folgenden hervorgehen dürfte.

a) Daß JHWH alles geschaffen hat, wird auffallend selten in *kol*-Aussagen bestätigt. Jer 10, 16 = 51, 19 heißt es jedoch, daß er „alles" geschaffen hat (*jôṣer hakkol hû'*). Deshalb umfaßt auch sein Königtum alles (*malkûṯô bakkol māšālāh*, Ps 103, 19). Diese beiden Belege verwenden also das absolute *hakkol*, 'alles'. „Er hat den Himmel und die Erde gemacht, das Meer und *alles*, was in ihnen ist", sagt Ps 146, 6 (aber z. B. Ps 24, 1 sagt Ähnliches ohne *kol*). So häufen sich in den Thronbesteigungspsalmen die Ausdrücke mit *kol*, um die allumfassende Herrschermacht JHWHs zu umschreiben. *Alle* Länder sollen ihn preisen (Ps 96, 1) und vor ihm beben (96, 9), unter *allen* Völkern sollen seine Wunder erzählt werden (96, 3), er ist mächtiger als *alle* Götter (96, 4; 95, 3; 97, 9). Das Feld und was darauf ist, soll jubeln, *alle* Bäume des Waldes sollen jauchzen (96, 12). Er ist der Herr der *ganzen* Erde (*'aḏôn kŏl-hā'āræṣ*, 97, 5), *alle* Völker (*kŏl-hā'ammîm*) sehen seine Herrlichkeit (*kāḇôḏ*, 97, 6). *Alle* Götzenverehrer werden zuschanden, und *alle* Götter werden ihn anbeten (97, 7). *Alle* Enden der Erde sehen seine Hilfe (*j^e šû'āh*, 98, 3). Der Segen Gottes läßt *alle* Völker (*gôjim*) sein Heil erkennen (67, 3), so daß *alle* Völker ihm danken (vv. 4. 6) und *alle* Enden der Welt ihn fürchten. In einem Kontext, der auch von JHWH als König spricht, versichert Jes 6, 3, daß JHWHs *kāḇôḏ* die *ganze* Erde erfüllt.

Ähnliche universelle Gedanken begegnen in anderen Psalmen. Ps 100, 1 ruft *alle* Länder zum Loben JHWHs auf. Die Völker und *alle* Könige der Welt werden sich vor JHWH fürchten, wenn er Zion wiederherstellt und dadurch seine Macht zeigt (Ps 102, 16). Ps 106, 6 bittet JHWH, seine Herrlichkeit der *ganzen* Erde zu zeigen; Ps 113, 4 besagt, daß er über *alle* Völker erhaben ist. JHWH ist größer als *alle* Götter, er vollbringt *alles*, was er will im Himmel und auf Erden, heißt es Ps 135, 5f. (ähnliche Wendung Jes 46, 10), eine Feststellung, die dann durch einen Hinweis auf seine Macht in der Natur und in der Geschichte begründet wird.

Deuterojesaja, der ja sonst von der Psalmensprache stark beeinflußt ist, gebraucht in seinen Schöpfungs- und Allmachtsaussagen auffallend selten Ausdrücke mit *kol* (vgl. z. B. Jes 40, 13. 15. 22f.; 41, 5; 42, 5, wo man *kol* hätte erwarten können). Als Beispiele mit *kol* seien angeführt: 44, 23 fordert den Himmel, die Tiefen der Erde, die Berge (ohne *kol*) und *alle* Bäume der Wälder zum Jubel auf. Nach 40, 5 und 49, 26 soll *alles* Fleisch, d. h. alle Menschen, die Herrlichkeit bzw. die Heilstaten JHWHs sehen und erkennen, nach 52, 10 sehen *alle* Völker (*gôjim*) und *alle* Enden der Erde das Heil JHWHs. *Jedes* Knie soll sich vor ihm beugen und *jede* Zunge ihm Treue schwören (45, 23), *alle*, die wider ihn zürnten, werden sich schämen (v. 24), und das *ganze* Geschlecht (*zæra'*) Israels wird sich über sein Heil freuen (v. 25). Eine Schöpfungsaussage findet sich 45, 12: JHWH hat die Erde mit den Menschen und den Himmel mit *all* seinem Heer gemacht. Grundsätzlich wichtig ist 45, 7: „Ich bilde das Licht und schaffe die Finsternis, ich wirke Heil und schaffe Unheil, ich, JHWH, wirke dies *alles* (*'ośæh kŏl-'ellæh*)." Hier wird also alles Geschehen, Glück und Unglück, auf JHWH zurückgeführt in einer Weise, die jeden Dualismus ausschließt (inhaltlich vgl. 1 Sam 2, 6f.). Interessanterweise begegnet *kol* in solchen Schöpfungstexten nie als kosmologischer Terminus „All, Universum" (vgl. C. R. North, The Second Isaiah, Oxford 1964, 145f. → עולם *'ôlām*).

b) Der Schöpfungsbericht des P ist verhältnismäßig zurückhaltend im Gebrauch von *kol*. In den Schöpfungsworten fehlt ganz natürlich jeder Hinweis auf *kol*; dagegen kommt das Wort gelegentlich und offenbar unsystematisch in den Ausführungsberichten vor: *alle* Vögel (Gen 1, 21), *alle* kriechende Tiere (v. 25f., vgl. 28). Dann werden *alle* Kräuter auf der *ganzen* Erde den Menschen als Nahrung zugeteilt (vv. 29f.). Dann sieht Gott, daß *alles*, was er gemacht hat, gut ist (v. 31). Abschließend wird festgestellt, daß der Himmel und die Erde „mit *all* ihrem Heer" vollendet wurden (*waj^e ḵullû*); Gott vollendete (*waj^e ḵal*) sein Werk und ruhte von *all* seiner Arbeit aus (2, 2b. 3). Im Schlußabschnitt wird also der Totalaspekt sowohl durch *kol* als auch durch das Verb *kālāh* zum Ausdruck gebracht.

c) In der Fluterzählung kommt wieder der Gesamtheitsaspekt zum Vorschein. *Alles* Dichten und Trachten der Menschen war böse (Gen 6, 5), *alles* Fleisch wandelt verderblich auf der Erde (6, 12; vgl. dazu A. R. Hulst, Kol Baśar in der priesterlichen Fluterzählung, OTS 12, 1958, 28–68). So beschließt Gott, *allem* Fleisch ein Ende zu machen (6, 13. 17), *alles*, was auf Erden gibt, soll zugrunde gehen (6, 17). Von *allen* Tieren soll aber Noah je ein Paar retten (6, 19). *Alles* geht zugrunde (7, 21–23, 6 Belege). Nach der Flut gehen *alle* wieder heraus (8, 17. 19), und Gott verspricht, nicht mehr *alles* Lebende zu töten (8, 21). Nun werden auch *alle* Tiere den Menschen als Speise freigegeben (9, 3). Der abschließende Bundesschluß des P bietet wieder 8 Belege (9, 8–17).

d) In den Patriarchenerzählungen spielt *kol* gelegentlich eine wichtige Rolle. Am Ende der Urgeschichte, in der Erzählung vom Turmbau, wird betont, daß die *ganze* Erde einmal dieselbe Sprache hatte (Gen 11, 1, vgl. v. 6), aber nach dem gescheiterten Versuch, sich Gott gleich zu machen (vgl. „*alles*, was sie planen" v. 6), werden die Menschen über die *ganze* Erde zerstreut (vv. 8f.). Damit ist die Voraussetzung geschaffen für die Erwählung Abrahams mit dem Ziel, daß „*alle* Geschlechter der Erde" in ihm gesegnet werden (bzw. sich segnen → I 829) sollen.

Von Interesse ist auch die Feststellung, daß Gott dem Josef *alles* gelingen ließ (*ṣlḥ hiph*, Gen 39, 3), was, wie Ps 1, 3 zeigt, ein Weisheitsmotiv ist. Daß Josef im Folgenden *alles* Getreide aufhob (41, 48), daß *alle* Länder (41, 54), ja, schließlich sogar *ganz* Ägypten (41, 55f.) hungerten und daß Josef aus *allen* Vorräten die Bevölkerung *aller* Länder speiste (vv. 56f.) ist mehr oder weniger selbstverständlich.

e) Das Exodusgeschehen wird ausgelöst durch Pharaos Befehl, daß *alle* hebräischen Knaben in den Nil geworfen werden sollten (Ex 1, 22). Später erhält Mose den Auftrag, *alles*, was JHWH zu ihm spricht, dem Pharao zu sagen (Ex 6, 28; 7, 2); die Plagen treffen „das *ganze* Land Ägypten" (*kŏl-'æræṣ miṣrajim*, Ex 7, 19. 21; 8, 12f. 20; 9, 9. 22. 24; 10, 14f. 22), „ganz Ägypten" (7, 24), „das ganze Gebiet" (7, 27) (aber nur „das Land Ägypten" ohne *kol* 8, 2f.; 9, 22f.; 10, 12. 21 – vgl. S. Ö. Steingrimsson, Vom Zeichen zur Geschichte, CB 14, 1979, 185. 191), *alle* Diener des Pharao (7, 29; 10, 6), *alle* Menschen und die Tiere auf dem Felde (9, 19), „*alles*, was auf dem Felde war, Menschen sowohl als Vieh, *alles* Feldgewächs und *alle* Bäume" (9, 25), schließlich *alle* Erstgeborenen (Ex 11, 5; 12, 29; vgl. Ps 105, 36). Zum Schluß wird auch festgestellt, daß das *ganze* Heer des Pharao im Meer umgekommen ist (14, 22).

f) Im Deut haben die *kol*-Aussagen oft eine theologische Funktion. Der Himmel und die Erde und *alles*, was darauf ist, gehören JHWH (10, 14), aber aus *allen* Völkern hat JHWH Israel erwählt (7, 6f. 14. 16; 10, 15; s. auch Ex 19, 5 „... so sollt ihr vor *allen* Völkern mein Eigentum sein; denn mein ist die *ganze* Erde", und vgl. Am 3, 2), und nun soll Israel ihn lieben „von *ganzem* Herzen, von *ganzer* Seele und mit *aller* seiner Kraft" (6, 5; vgl. 10, 12) und *alle* seine Gebote einhalten (11, 8. 22; 28, 15; vgl. Ez 18, 21).

g) Die beiden Seiten des Gottesverhältnisses werden oft mit *kol*-Ausdrücken beschrieben. Gott weiß alles, kennt *alle* die Wege des Menschen (Ps 139, 3), umgibt ihn auf *allen* Seiten (v. 5), *alle* seine Tage waren von ihm im voraus gebildet (v. 16). Er kann *alles* tun, was er will (Ps 115, 3 *kol 'ašær ḥāpeṣ 'āśāh*; 135, 6; Hi 42, 2 *kol tûkal*; Jes 46, 10 *kŏl-ḥæpṣî 'æ'æśæh*). „*Alle* Seelen sind mein" (Ez 18, 4). Darum warten *alle* auf ihn (Ps 104, 27; 145, 15); er sättigt *alles*, was lebt, mit *ḥæsæd* (Ps 145, 6); er ist gerecht in *allen* seinen Wegen und gnädig in *all* seinem Tun (Ps 145, 17); er ist *all* denen nahe, die ihn anrufen (v. 18) und bewahrt *alle*, die ihn lieben (v. 20); deshalb preist ihn *alles* Fleisch, d. h. alle Menschen (v. 21). *All* sein Walten (*ma'aśæh*) ist voll Treue (Ps 33, 4); *alle* seine Pfade sind Huld und Treue (Ps 25, 10).

Auf der anderen Seite nimmt Gott den ganzen Menschen in Anspruch. Der Psalmist dankt ihm von *ganzem* Herzen (Ps 86, 12; vgl. 111, 1; 138, 1). Joel mahnt: „Kehrt um *bekŏl-lebabkæm*" (2, 12), Zeph sagt: „Freue dich *bekŏl-leb*" (3, 14). Der Psalmist mahnt sein ganzes Inneres („*alles* was in mir ist", *kŏl-qerābaj*), JHWH zu loben (Ps 103, 1). Ps 119, 2 preist die Menschen glücklich, die Gott von *ganzem* Herzen suchen. Ps 18, 27 rühmt sich der Psalmist, daß er *alle* die Rechte Gottes vor Augen gehabt hat. Entsprechend behütet Gott durch seine Engel *alle* die Wege des Menschen (Ps 91, 11).

h) In Klageliedern kommt *kol* oft bei der Beschreibung des Leidens zur Verwendung: „*alle* meine Feinde" (Ps 6, 11 *'ôjebaj*; Ps 31, 12 *ṣôreraj*, vgl. noch Ps 41, 8 „*alle*, die mich hassen" *kŏl-śone'aj*), „*alle*, die mich sehen, spotten meiner" (Ps 22, 8); „*alle* meine Gebeine", d. h. mein ganzes Wesen, wird dich als einen rettenden Gott erkennen (Ps 35, 10); „errette mich von *all* meinen Sünden" (Ps 39, 9; vgl. 51, 11); „*alle* deine Wellen gehen über mich hin" (Ps 42, 8; vgl. Jon 2, 4); „*all* mein Verlangen liegt offen vor dir" (Ps 38, 10). Eine Häufung findet sich in Ps 89, 41–43: „Du hast *all* seine Mauern niedergerissen ..., es plündern ihn *alle*, die des Weges kommen ..., du hast *alle* seine Feinde erfreut". So dankt der Psalmist für Rettung aus *aller* Furcht (Ps 34, 5), aus *aller* Not (54, 9); er will *alle* Taten JHWHs verkündigen (Ps 73, 28) oder bedenken (Ps 77, 13; 143, 5); er will von *all* seinen Wundern reden (Ps 105, 2). *Alle*, die auf JHWH hoffen, können getrost sein (Ps 31, 25); *jeder* Fromme betet zu ihm in der Drangsal (Ps 32, 6; „*alle* Frommen" noch Ps 148, 14; 149, 14; 150, 9), *alle*, die ihn suchen, werden sich freuen (Ps 70, 5). „*Alle*, die JHWH fürchten" werden glücklich gepriesen (Ps 128, 1; vgl. 66, 16). Bei den „Frommen" und „Gottfürchtenden" handelt es sich wohl vor allem um die Mitglieder der Kultgemeinde, die Ps 148, 9–13 aufgefordert wird, zusammen mit der ganzen Natur JHWH zu loben (5 *kol*-Belege in vv. 9–11).

i) In den prophetischen Büchern wird *kol* in den verschiedensten Kontexten gebraucht. Mit der Ausnahme von einigen geprägten Wendungen lassen sich aber keine besonders typischen *kol*-Aussagen unterscheiden.

Die prophetische Botschaft hat allgemeine Gültigkeit: „spüren soll es das *ganze* Volk" (Jes 9, 9); „Ihr *alle*, die ihr den Erdkreis bewohnt ..., horchet auf!" (Jes 18, 3); „Höret, ihr Völker *alle*!" (Mi 1, 2); vgl. „Auf, ihr Dürstenden *alle*!" (Jes 55, 1).

Der Prophet soll die Botschaft ganz und ungekürzt vermitteln: „Zu *allen*, zu denen ich dich sende, wirst du gehen, und *alles*, was ich dir gebiete, wirst du reden" (Jer 1, 7); „Dann sprach JHWH zu mir: Verkünde *alle* diese Worte in den Städten Judas" (Jer 11, 6); vgl. von Jeremia: „Als er nun *alles* gesagt hatte, was ihn JHWH zu *allem* Volke zu reden geheißen ..." (Jer 26, 8).

Die allgemeine Sündenverderbnis, die Ps 14, 3 = 53, 4 mit den Worten „*alle* (*hakkol*) sind entartet (*sār*) und miteinander (*jaḥdāw*) verdorben" beschreibt, wird auch bei den Propheten mit verschiedenen *kol*-Ausdrücken geschildert. Dem Psalmwort am nächsten kommt Jer 6, 28: „Alle sind sie Aufrührer (*sārê sôrerîm*), gehen umher und verleumden (*holekê rākîl*), Erz und Eisen sind sie *alle*, Verbrecher sind sie"; ferner „*Alle* sind sie Ehebrecher, eine Rotte von Treulosen ... Ein jeder (*'îš*) hüte sich vor dem Freunde..., denn *jeder* (*kol*) Bruder betrügt, und *jeder* Freund (*kŏl-rea'*) verleumdet" (Jer 9, 1. 4). Weitere Beispiele: „*alle* lieben Bestechung" (Jes 1, 23); „sie *alle* (*kulloh*), vom Kleinsten bis zum Größten, sind auf Gewinn aus, und Betrug üben *alle* (*kulloh*), so Priester wie Prophet" (Jer 6, 13 = 8, 10); „Ein jeder (*kulloh*) stürmt daher in seinem Lauf..." (Jer 8, 6); „Sie haben sich *alle* wegen ihrer Götzen von mir entfremdet" (Ez 14, 5); „Wenn eure Freveltaten offenbar werden, so daß man eure Sünden in *all* euren Taten sieht" (Ez 21, 29); „Sie lauern *alle* auf Blut" (Mi 7, 2); „Sie sagen sich nicht in ihren Herzen, daß ich *all* ihrer Bosheit gedenke ... Sie sind *alle* erhitzt wie ein Backofen" (Hos 7, 2. 7). Vgl. auch „Wir wurden *alle* unrein und *all* unsere Gerechtigkeit wie ein beflecktes Gewand" (Jes 64, 5); „Wir *alle* irrten wie Schafe" (Jes 53, 6; vgl. 56, 11). Hierher gehört auch die geprägte Wendung „auf *jedem* hohen Hügel und unter *jedem* grünen Baum", eine Formel, die wohl aus Hos 4, 13 (ohne *kol*) stammt und mit kleineren Variationen zur Beschreibung des Fruchtbarkeitskultes dient (Jer 2, 20; 3, 6; Jes 30, 25; 57, 5; Ez 6, 13; vgl. Deut 12, 2; 1 Kön 14, 23; 2 Kön 17, 10; zur Geschichte der Formel W. L. Holladay, VT 11, 1961, 170–176).

Dem totalen Verderbnis entspricht eine ebenso totale Strafe. Hier können nur einige Beispiele gegeben werden. Eine Häufung von Belegen liegt in Jer 25 vor: „JHWH hat zu euch *alle* seine Diener, die Propheten gesandt, aber ihr habt nicht gehört ... (v. 4). Darum hole ich *alle* Geschlechter des Nordens und lasse sie kommen über dieses Land ... und über *alle* Völker ringsum (v. 9) ... und dieses *ganze* Land wird zur Wüste werden (v. 11) ... (dann) werde ich über jenem Lande (Babel) *alle* die Worte eintreffen lassen ... *alles*, was geschrieben ist ... gegen *alle* diese Völker" (v. 13). Dann folgt das Stück vom Zornesbecher. „Nimm diesen Becher voll schäumenden Weines aus meiner Hand, und laß daraus trinken *alle* Völker, zu denen ich dich sende (v. 15) ... Und ich nahm den Becher und gab daraus *allen* Völkern zu trinken" (v. 17); es folgen 13 weitere Belege, in denen die vom Zorn Getroffenen spezifiziert werden (vv. 20–26). Eine ähnliche Häufung findet sich in der Schilderung vom Tag JHWHs in Jes 2, 12ff.: „Ein Tag JHWHs kommt über *alles* Stolze und Erhabene und über *alles* Ragende und Hohe" usw. Hier gibt es bis v. 16 insgesamt 10 Belege. Weitere Beispiele: Jes 1, 5 „Das *ganze* Haupt ist krank, das *ganze* Herz ist siech"; 3, 1 „JHWH wird hinwegnehmen ... *jede* Stütze an Brot und *jede* Stütze an Wasser"; 13, 5 „Sie kommen ..., die *ganze* Erde zu verderben"; 13, 7 „Darum werden *alle* Hände schlaff (vgl. Ez 7, 17; 21, 7) und *jedes* Menschenherz verzagt"; 28, 22 „Vertilgung und Strafgericht habe ich vernommen ... über die *ganze* Erde"; 57, 13 „Sie *alle* wird der Wind wegtragen"; Jer 9, 25f. „Da suche ich heim *alle* Beschnittenen, die doch unbeschnitten sind. Denn *alle* Völker sind unbeschnitten, und das *ganze* Haus Israels ist unbeschnittenen Herzens" (vgl. dazu J. W. Flanagan, The Deuteronomic Meaning of the Phrase *kol yiśrā'ēl*, Studies in Religion 6, 1976f., 159–168); 12, 12 „Über *alle* Höhen der Steppe kommen Verwüster ... Friedlos ist *alles* Fleisch"; 13, 13 „Ich fülle mit Trunkenheit *alle* Bewohner dieses Landes und die Könige ... samt *allen* Bewohnern Jerusalems"; 17, 3 „*alle* deine Schätze will ich zum Raube geben"; 30, 6 „*Alle* Gesichter sind in Leichenblässe verwandelt"; Ez 21, 3f. „Ich will ein Feuer in dir anzünden, das wird *alle* grünen und *alle* dürren Bäume in dir verzehren ... *alle* Gesichter vom Südland bis in den Norden werden von ihm versengt. Und *alles* Fleisch wird sehen, daß ich, JHWH, sie entfacht habe"; 32, 23–26 „Sie *alle* sind Erschlagene, durchs Schwert gefallen" usw.; Hos 2, 11 „Ich mache ein Ende *all* ihrer Lust ... und *all* ihren Feiertagen"; Am 5, 16f. „Auf *allen* Plätzen erschallt die Totenklage, auf *allen* Gassen schreit man: Weh, weh! ... Auch in *allen* Weinbergen erschallt die Totenklage"; 8, 10 „Ich verwandle eure Feste in Trauer und *all* eure Lieder in Klagegesang, ich lege an *alle* Hüften das Trauergewand"; vgl. noch Mi 1, 7; 5, 11; Nah 3, 10. 12. Die Reaktion der Zuschauer wird in einer formelhaften Wendung beschrieben: „*alle*, die vorübergehen (o. ä.), werden entsetzt (*šmm*)" (Jer 18, 16; 19, 8; 50, 13; Ez 27, 35; 28, 19; vgl. auch Nah 3, 19).

Andererseits weisen auch die positiven Aussagen oft auf den Totalaspekt hin. Zum stehenden Ausdruck wurde der Satz „versammeln (o. ä.) aus allen Ländern (Völkern, Orten), wohin sie zerstreut waren" (Jer 16, 15; 23, 3; 29, 14; 30, 11; 46, 28; Ez 34, 12; 37, 23; 36, 24; ohne *kol* Ez 11, 17; 34, 13). Aber auch sonst begegnen *kol*-Ausdrücke in Heilsaussagen, z. B. Jes 49, 9 „An den Wegen werden sie weiden, auf *allen* kahlen Höhen ihre Weide haben ... Ich werde *alle* meine Berge zum Wege machen, und meine Straßen werden erhöht sein"; 51, 3 „JHWH hat Erbarmen mit Zion, mit *all* ihren Trümmern"; 61, 2 „*Alle* Trauernden werden getröstet"; 25, 8 „Der Herr JHWH wird abwischen die Tränen von *jedem* Gesicht und die Schmach seines Volkes von der *ganzen* Erde hinwegnehmen"; 2, 2 (= Mi 4, 1 ohne *kol*) „*Alle* Völker (*gôjim*) werden [zu dem Berge JHWHs] hinströmen" (vgl. v. 3 „viele Nationen"), ähnlich Jer 3, 17; Jer 31, 25 „*Jede* verschmachtende Seele sättige ich"; 31, 40 „Und das *ganze* Tal ... samt *allen* Feldern bis zum Bach Kidron ... wird JHWH heilig sein"; 33, 8 „Ich reinige sie von *all* ihrer Schuld ... und verzeihe ihnen *alle* Verschuldungen"; Jo 3, 1. 5 „Ich werde meinen Geist ausgießen über *alles* Fleisch ... *Jeder*, der JHWHs Namen anruft, wird gerettet".

j) Im Buch des Predigers finden sich wieder zahlreiche Belege für *kol*. Der Verfasser will offenbar eine Gesamtschau des Daseins vermitteln und darüber allgemein gültige Aussagen machen. Er hat *alles*, was unter der Sonne geschieht, erforschen und ergründen wollen (1, 13f.; 8, 9); er betrachtet *alle* Bedrückungen (4, 1), *alle* Mühen und *alles* Gelingen (4, 4); er sieht, wie *alle* Flüsse zum Meer gehen, wie *alles* sich abmüht (1, 7f.). Er findet, daß *alles* seine bestimmte Stunde hat (3, 1; vgl. 3, 11. 17), daß *alles*, was Gott tut, ewig gilt (3, 14), daß *alles* dasselbe Ziel hat, daß *alle* aus Staub geworden sind und wieder zum Staub werden (3, 20), daß der Mensch von *all* seinem Mühen und Streben keinen Gewinn hat (2, 22) und daß *alle* seine Tage Schmerz und Verdruß sind (2, 23). Kurzum, *alles* ist Nichtigkeit (→ הבל *hæbæl* 1, 2. 14; 2, 11. 17; 11, 8). *Alles*, Liebe wie Haß, kann einem Menschen zuteil werden (9, 1); *alle* trifft dasselbe Geschick, den Gerechten wie den Frevler (9, 2). Bei *allem*, was unter der Sonne geschieht, geht es *allen* gleich (9, 3). Doch, um *alles* wird Gott den Menschen vor Gericht ziehen (10, 9).

IV. Die LXX verwendet zur Wiedergabe von *kol* mehr als 30 Vokabeln; dabei erweist sich πᾶς (4701mal) als echtes Äquivalent; des weiteren begegnen ἅπας (51mal), σύμπας (26mal), ὅλος (173mal) und ὅσος (57mal).
In Qumran begegnet *kwl* (1 QpHab, 1 QS/Sa/Sb, 1 QM, 1 QH, 4 QpPs 37, 4 QSæræk *šîrôṯ ʿôlaṯ haššabbaṯ*, 4 QDibHam, TR [ca. 230mal]), defektiv *kl* (1 QH, CD) weit über 1000mal (vgl. Kuhn, Konkordanz 99f. 102f.; Nachträge 200f.). Für die zahlreichen Belege in den aram. Qumran-Texten vgl. J. A. Fitzmyer – D. J. Harrington, BietOr 34, 1978, 323. Die Verwendungsbreite entspricht durchaus der im AT.

Ringgren

כָּלָא *kālā'*

כֶּלֶא *kælæ'*, כְּלִיא *kelī'*, מִכְלָה *miklāh*

I. Vorkommen, Bedeutung – II. Direkter Gebrauch – 1. Substantiv – 2. Verbum – III. Metaphorischer Gebrauch – 1. Substantiv – 2. Verbum.

I. Die auch in anderen semit. Sprachen (vgl. KBL³ s.v.) belegte Wurzel *kl'* mit ihren Derivaten findet sich im AT sowohl als Subst. (15mal) als auch als Verbum (12mal *qal*, 1mal *pi*, 3mal *niph*). Sachlich wie sprachlich besteht eine enge Verbindung zu → כלה *kālāh* (dazu THAT I 831–833). Während *klh* mehr das zeitliche „zu Ende sein" beinhaltet, steht *kl'* für das stärker räumlich gedachte „zurückhalten". Eine ähnliche Differenzierung zeigt auch das Ugar. mit den Wurzeln *kl'* und *klj*, wo außerdem wie im AT die Wurzel *klj* überwiegt. – Zu akk. *kalû* → כלה *kālāh*. Für das Subst. ergibt sich die Bedeutung 'Gefängnis' (*kælæ'*, *kelī'* mit Q *kelû'*) bzw. 'Hürde' (*miklāh*). Für letzteres gibt es möglicherweise eine moabit. Entsprechung (vgl. KAI 181, 23).

In Qumran ist *kl'* nur als Verbum in 1 QH 5, 38 belegt, wonach die Bedrängung durch Mitmenschen als Gefängnis erlebt wird.
Eine Unterscheidung in profanen und theologischen Gebrauch ist bei *kl'* schwer möglich, da auch der zunächst profane Gebrauch in den theologischen Bereich zielt. Eine Unterscheidung in direkten und metaphorischen Gebrauch ist vorzuziehen.

II. 1. Das Nomen findet sich nur in späten erzählenden Texten. *kælæ'* steht meist in der cstr.-Verbindung *bêṯ kælæ'* für 'Gefängnis'. Die betroffenen Personen sind jeweils Einzelpersonen, so Propheten (Micha ben Jimla 1 Kön 22, 27; 2 Chr 18, 26; Jeremia Jer 37, 4. 15. 18) bzw. Könige (Hosea 2 Kön 17, 4; Jojachin 2 Kön 25, 27; Jer 52, 31). *biḡdê kil'ô* (2 Kön 25, 29; Jer 52, 33) hat wiederum Jojachin im Blick. Das Gefängnis wird in allen Belegen als Strafe interpretiert. Dieses Verständnis ist erst ab der Königszeit in Israel belegt (vgl. BHHW I 530–531; BL 527). Ein Äquivalent zu *bêṯ kælæ'* gibt es in nbabyl. Zeit mit *bît killi/kîli* oder *bît ṣibitti*, also in einer Epoche, die zeitgleich mit den Belegen des Subst. ist (vgl. RLA III 181–182). Auch nbabyl. Texte verstehen das Gefängnis als Ort der Strafe.
Einen neutralen, wenn nicht positiven Aspekt enthält hingegen *miklāh* (Ps 50, 9; 78, 70; Hab 3, 17) als die Hürde, die dem Vieh seinen (sicheren) Bereich zuweist. In Hab 3, 17 ist dies allerdings mit einem Anklang an das Thema Strafe verbunden, da die viehlose Hürde in einer Gerichtsrede als Zeichen des Gerichts aufgezeigt wird.
2. Auch das Verbum findet sich im direkten Gebrauch vorwiegend in erzählenden Texten. 4mal geht es dabei um das Verhindern eines Tuns. Ex 36, 6 hält Mose die Lagerbewohner davon zurück, weitere Abgaben für das Kultheiligtum zu bringen. Josua bittet Num 11, 28 Mose – erfolglos –, zwei Ekstatikern zu wehren. Eine Bewahrung vor bösem Tun wird 1 Sam 25, 33 angesprochen: Abigail hat David von einer Blutschuld zurückgehalten. Aus Ehrfurcht vor dem Wort JHWHs hält der Beter von Ps 119, 101 seine Füße vor jedem bösen Weg zurück. Ein bewahrender Aspekt liegt *kl'* in diesen Texten zugrunde. In 1 Sam 6, 10 bezeichnet *kl'* die Trennung junger Kälber von den sie säugenden Kühen. Diese für die Tiere negativ besetzte Handlung dient jedoch dem positiven Ziel der Ladeheimführung. In Gen 23, 6 bleibt es offen, ob hier die Wurzel *kl'* oder *klh* vorliegt. GKa § 75qq liest *jiklæh* als Imperfekt von *kl'*. Dann wäre das Verbum hier das einzige Mal in erzählenden Texten in der Negation belegt, die ihm einen positiven Sinn unterlegt: niemand wird Abraham den Kauf der Grabstätte für Sara versagen. Pred 8, 8 verdeutlicht die Ohnmacht des Menschen dem Tod gegenüber. Wie der Mensch keine Fähigkeit hat, den Wind zurückzuhalten, hat er auch keine Macht, dem Tod zu wehren. An den Gebrauch des Subst. erinnert Jer 32, 2f. Hier wird von der – noch nicht eingetretenen – Gefangenschaft Jeremias gesprochen.

III. 1. Zweimal wird das Subst. metaphorisch verstanden, und zwar beide Male bei DtJes. Jes 42, 7 nennt das Gefängnis als einen Ort, aus dem der Gottesknecht (? Kyros?) herausführen wird. Hier ist nicht mehr an den konkreten Raum zu denken, sondern *kl'* ist zu verstehen als Chiffre für die Exilssituation (ähnlich Jes 42, 22). Der metaphorische Charakter zeigt sich auch an den Subjekten, denen *kl'* zugeordnet wird. Es geht hier nicht mehr um einzelne Gefangene, sondern um eine Gruppe von Menschen. In Jes 42, 22 geht es zunächst um Israel, das anderen Völkern in die Hände gefallen ist. Die Rede vom Gefängnis ist Interpretation der Situation Israels und zeigt das Exil als eine Strafe. Daß von *kl'* innerhalb einer JHWH-Rede gesprochen wird, spricht für die Deutung des Exils als von JHWH gewollter Strafe. Jes 42, 7 weist über die Situation Gefängnis hinaus auf die Befreiung durch JHWH mittels des Gottesknechts (?). Das Exil ist als Strafe nicht Endstation. *kl'* trägt in sich den Gedanken des göttlichen Gerichts, bleibt aber offen für eine positive, durch JHWH gewirkte Zukunft, d. h. offen für Befreiung aus dem Gefängnis, d. h. für neues Heil nach dem Gericht.

2. Auch im metaphorischen Gebrauch des Verbums zeigen sich die Aspekte Gericht und Heil. Vereint sind sie Ez 31, 15 mit der Schilderung der Ankunft des Pharaos im Totenreich. Als Hinweis auf diesen Tod hält JHWH die „großen Wasser" (→ מים *majim*) zurück als ein Zeichen der Trauer der Naturmächte. Zwar steht *kl'* hier für das Gericht an Ägypten, doch für Israel symbolisiert es Heil mit dem Sturz des Bedrängers. Dem Gerichtshandeln JHWHs läßt sich Hag 1, 10 zuordnen. JHWH läßt den Himmel den Regen und die Erde ihren Ertrag zurückhalten als Strafe für die Vernachlässigung des Tempelbaus. Die Kombination von *kl'* und Wasser (dazu auch AHw 428) findet sich auch Gen 8, 2. JHWH läßt den Regen der Sintflut aufhören und beendet so seine Strafe. Jes 43, 6 spricht innerhalb eines Heilswortes die Aufforderung Gottes an die Bedränger Israels aus, sein Volk nicht länger von der Heimat zurückzuhalten. Die – nicht gesicherte – *pi*-Form in Dan 9, 24 spricht vom apokalyptischen Ende der Sünde Israels. Ps 40, 10. 12 sind Reaktion eines einzelnen auf erfahrenes Heil. V. 10 beteuert, daß der Beter seine Lippen nicht zurückhält, sie nicht verschließt, wenn es um die Verkündigung des Heils geht. V. 12 äußert Vertrauen darauf, daß JHWH sein Erbarmen auch weiterhin nicht zurückhalten wird. Ps 88, 9 vergleicht Krankheit und Gefangenschaft. Hier zeigt sich eine Nähe zu babyl. Texten, die in Klageliedern mit Hilfe der Metapher des Lösens eines Gebundenen von der Heilung eines Kranken reden (vgl. Kraus, BK XV/2[5], 775). Mehr dem negativen Bereich zuzuordnen ist die mögliche Konjektur *k^elu'āh* (für MT *kalleh*) in Ps 74, 11. Hier wird die Frage nach dem Ausbleiben der Hilfe JHWHs gestellt.

Als Fazit lassen sich zwei Grundlinien aufzeigen: *kl'* läßt sich sowohl negativ als auch positiv orientiert gebrauchen. Es wird nicht nur mit dem Strafhandeln, sondern auch mit dem Heilshandeln JHWHs in Verbindung gebracht. Das abgesehen von Gen 8, 2 erst zeitlich späte Auftreten der Wurzel ist ferner möglicherweise auf die Begegnung mit der babyl. Sprachwelt zurückzuführen, zumal auch das Zusammengehören von Gericht und Heil für Israel besonders mit der Erfahrung des Exils wichtig geworden ist.

Hausmann

כֶּלֶב *kælæḇ*

I. Etymologie und Verbreitung – II. Alter Orient – 1. Ägypten – 2. Mesopotamien – 3. Ugarit – 4. Aram. und phön. Texte – 5. *klb* in Eigennamen – III. *kælæḇ* im AT – 1. Belege – 2. Hund im Alltag – 3. Unreinheit – 4. *kælæḇ* in Beschimpfung und Selbsterniedrigung – 5. Mythisch-kultischer Hintergrund – 6. Übertragener Sprachgebrauch – IV. 1. LXX – 2. Qumran.

Lit.: *W. Beltz*, Die Kaleb-Traditionen im Alten Testament (BWANT 98, 1974), 116–134. – *F. S. Bodenheimer*, Animal Life in Palestine, Jerusalem 1935, 128f. – *Ders.*, Animal and Man in Bible Lands, Leiden 1960. – *E. D. van Buren*, The Fauna of Ancient Mesopotamia as Represented in Art (AnOr 18, 1939). – *Dies.*, Symbols of the Gods in Mesopotamian Art (AnOr 23, 1945), 144. – *G. Cansdale*, Animals of Bible Lands, Exeter 1970. – *J. Feliks*, The Animal World of the Bible, Tel Aviv 1962, 34. – *F. C. Fensham*, The Dog in Ex. XI, 7 (VT 16, 1966, 504–507). – *H. G. Fischer*, Hunde (LexÄg I, 1975, 77–81). – *A. Hantart*, Les chiens dans l'ancienne Égypte (CdÉ 9, 1933/34, 28–34). – *W. Heimpel – U. Seidl*, Hund (RLA IV, 1972–75, 494–497). – *W. Heimpel*, Tierbilder in der sumerischen Literatur (Studia Pohl 2, 1968). – *H. Kees*, Der Götterglaube im Alten Ägypten, [3]1977, 26–32. – *Ders.*, Der Gau von Kynopolis und seine Gottheit (MIO 6, 1958, 157–175). – *O. Keller*, Hunderassen im Altertum (Jahrbuch des Österreichischen Archäologischen Instituts, Wien 1905, 242–269). – *M. Landsmann*, Das Tier in der jüdischen Weisung, 1959. – *B. Meissner*, Apotropäische Hunde (OLZ 25, 1922, 201f.). – *Ders.*, Magische Hunde (ZDMG 73, 1919, 176–182). – *O. Michel*, κύων, κυνάριον (ThWNT III 1100–1104). – *P. Mouterde*, La fauna du Proche-Orient dans l'antiquité (MUSJ 45, 1969, 445–462). – *M. Noth*, „Kaleb" (RGG III 1100). – *F. Orth*, Hund (PW VIII/2, 1913 [= 1963], 2540–2582). – *S. Reinach*, Les chiens dans la culte d'Esculape et les *kelabim* des stèles peintes de Citium (RA 1884 B, 129–135). – *L. Röhrich*, Hund, Pferd, Kröte und Schlange als symbolische Leitgestalten in Volksglauben und Sage (ZRGG 3, 1951, 69–76). – *D. W. Thomas*, *Kelebh* 'Dog': its Origin and Some Usages of it in the Old Testament (VT 10, 1960, 410–427). – *F. E. Zeuner*, Dog and Cat in the Neolithic of Jericho (PEQ 90, 1958, 52–55).

I. Die Wurzel *klb* ist in nahezu allen semit. Sprachen und Dialekten nachzuweisen; ihre Etymologie ist unsicher. Nach KBL[3] 453 und H. Bauer, ZAW 48, 1930, 79f. ist hebr. *kælæḇ* als nomen agentis **kalib* von einer Verbalwurzel herzuleiten, wie sie etwa im arab. *kaliba* 'fassen, packen' (GesB 346), 'sehr gierig sein' (WKAS I 306f.) vorliegt. *kalb* ist aber wahrscheinlich ein Gegenstandsnomen ohne verbale Etymologie.

Gegen diese Ableitung spricht auch, daß dieses Verb im Akk. und Ugar. nicht belegt ist, obwohl hier *kalbu* 'Hund', *kalbatu* 'Hündin' und *kalbānu* 'Hundsstrauch' (AHw I 424f.; CAD K 67–73), sowie *klb*, *klbj* und *klbt* 'Hund etc.' (WUS Nr. 1313–1315; UT Nr. 1233) reich belegt sind. Andererseits hat man arab. *kaliba* als ein Denominativ verstanden, wie es in der Bedeutung „sich wie ein Hund benehmen" (KBL[3]; Lane) zum Ausdruck kommt (vgl. auch D. W. Thomas 410–427, bes. 412f.); zu syr. *k^eleḇ* vgl. auch R. Payne Smith, A Compendious Syriac Dictionary, Oxford 1903 (= 1976), 215 'behaved like a dog, was rabid'.

Bis ins Mittelalter zurück reichen Versuche, *klb* als Krasis zweier eigenständiger Morpheme aufzufassen: *kælæḇ* aus *k^eleḇ*, 'quasi cor, faithful' oder *kŏl-leḇ* 'totum cor' oder *k^e-laḇî* 'sicut leo' (vgl. bereits bei S. Bochart, Hierozoikon I, London 1663, 662 [= 1793, 759], der selbst die Bezeichnung *kælæḇ* von arab. *kullāb* 'eiserne Haken, Sporen, Zangen' [Lane I/7, 2627] als das „Tier mit dem Zangengebiß" ableitet.

Eine ebenfalls lange Tradition hat der Versuch von D. W. Thomas (413f.), *kælæḇ* von einer nicht mehr belegten onomatopoetischen Wurzel *kālaḇ* (vgl. schon F. J. V. D. Maurer 1838) aufzufassen und sie mit W. Gesenius (Thesaurus 684) mit dem lautmalerischen deutschen *klappen*, *kläffen* zusammenzustellen.

Neben dem Akk., Ugar., Arab., Syr. und Mand. (vgl. MdD 197) begegnet *klb* auch in aram. Inschriften aus Assur (KAI 233, 7) und Hatra (KAI 255) sowie in äg. aram. Papyri aus Elephantine (AP 30, 16 = 31, 15). In den Lachiš-Briefen begegnet *klb* bereits in einer erstarrten Wendung als Demutsbezeugung, wie sie ähnlich auch in der Briefliteratur aus El-Amarna vorliegen, s. II. 2. In der Kilamuwa-Inschrift (um 825 v. Chr.; KAI 24, 10) liegt der einzige sichere phön. Beleg vor. Die Belege in der späten phön. Verwaltungsliste aus Kition (4.–3. Jh.; KAI 37, B, 7. 10 'Tempelpäderast?') sind unklar, vielleicht aber für das in Deut 23, 19 erwähnte „Hundegeld" bedeutsam. – Im Asarab. ist *klb* offensichtlich nur als PN belegt (vgl. Conti-Rossini 168; als Stammesname RES VIII, 1968, 185; vgl. auch W. W. Müller, ZAW 75, 1963, 311). – Auch im Äth., Tigre und Tigriña begegnet *kal^eb*, *kalbī*.

II. 1. Im A. R. war *ṯsm* (WbÄS V 409) die gebräuchliche Bezeichnung für den Jagdhund. Dann begegnen in der Zeit des M. R. mehrere Bezeichnungen für 'Hund': *ỉw*, *ỉwỉw* (WbÄS I 48. 50) onomatopoetisch „Heuler"; in der späten Zeit kommen dann noch hinzu *bḥn* (vgl. *bḥn* 'bellen') (WbÄS I 468), *ỉshb*, *ỉš* (WbÄS I 132. 134), *wnš* (vgl. *wnš* 'beweinen, beklagen, heulen') und *ktkt šrj* (vgl. *ktkt* 'zittern, beben') (WbÄS V 146) 'kleiner Hund, Welpe', sowie ganz spät noch *bfn* (WbÄS I 456).

Darstellungen des (Jagd-)Hundes finden sich bereits in der 1. Dyn. in Saqqara und Naqada in einer relativ gleichförmigen Gestaltungsweise. Erst mit der 11. Dyn. (Hundestele des Antef II.) werden die Darstellungen variabler und mehrere Hundearten erkennbar, die z. T. aus Libyen und Nubien eingeführt worden waren; nichtsdestoweniger ist eine Differenzierung der Caniden auf den Darstellungen in Hund, Wolf und Schakal kaum exakt durchzuführen, was für die Deutung der Göttersymboltiere (s. w. u.) ernsthafte Probleme aufwirft (vgl. RÄR 674f.). Im Gegensatz zu Mesopotamien spielt in den äg. Darstellungen der Jagdhund die dominierende Rolle, auch scheint der Einsatz von Kriegshunden bekannt gewesen zu sein (vgl. R. Anthes, ZÄS 65, 1930, 108–114). Die bedeutende Rolle des Hundes am Palast des Pharao zeigt sich auch darin, daß es am Hof eine Anzahl von „Hundeführern" (*mnjw ṯsmw*) gab. Zahlreiche Darstellungen zeigen den Hund in häuslichen Szenen und auch literarisch ist er oft als Lieblingstier mit allerlei affektiven Benennungen bezeugt. Nicht selten sind deshalb auf kosmetischen Geräten, Hausgeräten etc. diese Hunde abgebildet (Belege bei Fischer 79). J. M. A. Janssen (Über Hundenamen im pharaonischen Ägypten, MDAIK 16, 1958, 176–182) macht auf die seltsame Sitte aufmerksam, daß die Ägypter ihren Hund nach sich selbst benannten.

Trotz dieser Hochschätzung wurde der Hund aber auch häufig wie in der mesopotam. Briefliteratur zur Metapher von „Sklave", „Diener".

Bis in die Spätzeit hinein sind Mumifizierungen und Bestattungen von Hunden bekannt, weil das Lieblingstier des Herrn diesen mit ins Grab begleitete, oder weil der Hund schon bald mit Anubis und Upuaut identifiziert wurde. Der (liegende) Wachhund (oder Schakal) war wohl den Totengöttern Chontiamenti und Anubis (vgl. H. Kees, Der Götterglaube im Alten Ägypten, bes. 28: Anubis „Hündchen") zugeordnet, weil er in den Nekropolen herumstreunte und sein Heulen mit den Seelen der Verstorbenen assoziiert wurde. Anubisfiguren wurden als Symbole der Wachsamkeit dann häufig an Sarkophagen verwendet. Dagegen symbolisierte der (stehende) Kriegshund den Kriegsgott Upuaut. Von hierher ist dann auch die Existenz von Hundekulten verständlich (vgl. bes. im oberäg. Kynopolis, vgl. Kees, MIO 6, 1958, 157–175), wie sie in Darstellungen des späteren N. R. vorkommen (RÄR 675). Im Mythos zieht der Hund das Schiff des Sonnengottes. In der äg. Astronomie schließlich gilt (wie heute) der Sirius/Sothis als Hundestern (vgl. R. Clarke, Myth and Symbol in Ancient Egypt, London 1959, 188).

2. Akk. *kalbu*, *kalbatu* (CAD K 67–72; AHw I 424f.) ist neben *mirānu* 'junger Hund, Welpe' die geläufige

Bezeichnung für ʿHund, Hündin'. Es entspricht dem sum. *UR* und *UR.GI*$_7$, das aber als übergeordneter Sammelbegriff auch „Löwe" (*UR.MAḪ*) bedeuten kann. Der Hund (canis familiaris), der wohl vom Wolf (canis lupus) abstammt (van Buren, Fauna 14), dürfte als das älteste, bereits im Mesolithicum domestizierte Tier gelten (Mouterde 447).

In der mesopotam. Glyptik begegnen Darstellungen des Windhundes bereits auf Siegeln der Periode al-ʿUbaid (Tepe Gawra), Uruk IV und Jemdet Nasr (van Buren, Fauna 14ff.). Haushunde finden sich auf Ton-Reliefs aus der Larsa-Periode und mächtige Wachhunde werden auf Zylinder-Siegeln der Kassitenzeit dargestellt. In spätbabyl. Wandbildern des Königspalastes in Niniveh begegnen schließlich auch die Jagdhunde des Assurbanipal. Vor den frei herumstreunenden Hunden wehrte man sich durch Werfen mit Erdbrocken (*kirbānu*), denn der Hundebiß galt als giftig (MSL 9, 78, 97ff.); wahrscheinlich kannte man auch schon die Tollwut (Codex Ešnunna § 56). Normalerweise wurde der Hund als Wachhund an Haus und Stall (BWL 216, 21–25) oder als Hirtenhund bei Kleinviehherden gehalten (BWL 192, 19f.; vgl. auch die Hirtenhunde in der Etana-Szene, bei van Buren, Fauna 16). Da die Jagd nur den höchsten Gesellschaftsschichten vorbehalten war, sind Jagdhunde entsprechend selten, in den Inschriften eindeutig überhaupt nicht belegt (anders in Ägypten; vgl. w.o.).

Die Hunde waren von Bedeutung für die Reinhaltung der menschlichen Siedlungen, da sie Aas, Abfall sowie unbestattete Leichen fraßen (vgl. 2 Kön 9); mit diesem grausamen Vorgang verglich man das Wüten der mordenden Inanna (Heimpel 362).

Hundefiguren bewachen Tore und Türen gegen das Eindringen von Dämonen. Solche z.T. mit magischen Farben bemalten Tonhündchen mit Namensaufschriften sind für die nassyr. und sbabyl. Zeit belegt in Kujundjik (vgl. B. Meissner, Apotropäische Hunde 202); nach van Buren (Fauna 18) geht dieser Brauch des Vergrabens von Hundefigurinen im Bereich des Tores schon zurück in die Zeit des Gudea von Lagaš. Dieser Brauch ist auch inschriftlich belegt in KAR 298 r. 17–22, wo zugleich eine Beschwörung zitiert wird.

In Omentexten wird aus dem Verhalten streunender Hunde auf das Schicksal von Menschen und Stadt geschlossen (Belege CAD K 69f.) und schon bald wurden Analogiezauber und sympathetische Riten (Verfütterung von Teigfigürchen an Hunde [PBS 1/1, 13, 21]) oder Herstellung magischer Amulette aus Hundehaaren zu Beschwörungen der Lamaštu (4 R 58, II, 11) gepflegt.

Im religiösen Bereich galt der Hund als Symboltier der beiden Heilsgöttinnen Gula von Isin und Ninkarrak aus Sippar (KAR 71, 6); ob dies einer heilenden Wirkung des Hundeleckens zuzuschreiben ist (Th. Jacobsen; vgl. W. Heimpel), ist nicht mehr auszumachen. Der Hund der Gula galt selbst als deifiziert, wer ihn berührte, galt als rein (CT 39).

Schon in ababyl. Urkunden wird er als Zeuge und Garant des Eides verstanden (vgl. BIN 7, 176, 4. 7). Auch Ninkillim und Lamaštu werden mit Hunden in Verbindung gebracht, selten auch Enlil, Ea und Damkina; die vier Hunde des Marduk sind sogar namentlich genannt. Als Votivgaben an Gula sind Hundefiguren aus Gold, Silber und Kupfer bekannt, wahrscheinlich wurden auch Hundeopfer für die Göttin dargebracht, wenn man dies aus bestatteten Hundeskeletten schließen darf (vgl. Heimpel–Seidl 497).

In der mesopotam. Literatur wird *kalbu* häufig in Redewendungen und Metaphern gebraucht: jem. wie einen Hund wegjagen, wie ein Hund betteln, auf allen Vieren kriechen, im Dreck liegen, sterben (Belege CAD K 70). In Mari begegnet *kalbu* als Schimpfname (ARM 1, 27, 28), z. B. gegen einen mißratenen Sohn (Heimpel 356). So ist *kalbu* wohl auch als Demutsformel in den Briefstil eingedrungen, bes. häufig in den Amarna-Briefen (EA 60, 6f.; 61, 2f.; 201, 15; 202, 13; 247, 15; vgl. auch 320, 22; 322, 17 und 319, 19). In diesen Bescheidenheitsadressen an den Pharao bezeichnen sich die Vasallen als *kalbu* ʿHund', *ardu* ʿSklave', *epru ša šēpēka* ʿStaub deiner Füße', *ṭīṭu ša kapāšika* ʿLehm, worauf du trittst' und *kartappu* ʿPferdeführer, Stallknecht'.

Die große Verbreitung dieser Demutsformulierung in den Amarna-Briefen läßt es nun kaum zu, *klb* in den gleichen Formulierungen in den Lachiš-Briefen (KAI 192, 4; 195, 4; 196, 3) als Eigenname zu verstehen, wie A. Jepsen (MIO 15, 1969, 1–4, bes. 4) meint. Vgl. dazu auch die Selbstdemütigung des Hasael vor Elisa (2 Kön 8, 13; vgl. H. P. Müller, Notizen zu althebräischen Inschriften I, UF 2, 1970, 229–242, bes. 234f.).

Eine weitere Steigerung solcher Selbstdemütigungen liegt in den nbabyl. Briefen vor: *kalbu mītu* ʿtoter Hund' (ABL 521, 6; 721, 5; 831, 5; 1285, 13; CAD K 72). Vgl. dazu 1 Sam 24, 15 David vor Saul; 2 Sam 9, 8 Meribbaal vor David; 2 Kön 8, 13 (lukian. Rezension ὁ κύων ὁ τεϑνηκώς [vgl. D. W. Thomas, 416]); 2 Sam 16, 9.

3. Die Wurzel *klb* (UT Nr. 1233; WUS Nr. 1313ff.) begegnet in Ugarit ca. 28mal (davon 3mal als PN *klb* und 13mal als PN *klbj*), incl. der drei höchst unsicheren Emendationen KTU 1.41, 52; 1.114, 5. 29; 4, 357, 16, sowie der nicht von Whitaker notierten Stellen KTU 1.19, I, 10. 13 (vgl. Margalit, UF 8, 1976, 170). Im Alltagsleben Ugarits spielt der Hund keine erkennbare Rolle und die wenigen Texte (KTU 1.41.52 [Opferliste!] und 4.54.4) entziehen sich einer exakten Deutung. Es handelt sich wahrscheinlich um Jagdhunde (*klb ṣpr*, anders Watson, UF 9, 1977, 279 „sheepdog"), mit deren Gebell König Keret den König Pabil zermürben will, um seine Tochter zu erhalten (KTU 1.14, III, 19. V, 11). Ansonsten spielt der Hund in der Metaphorik eine negative Rolle.

In KTU 1.16, I, 2. 15; II, 38 dient der Vergleich mit dem Hund wahrscheinlich dazu, die Sterblichkeit und Vergänglichkeit der menschlichen Existenz im Gegensatz zur Unsterblichkeit der Götter auszudrücken. Der Hund (*klb* par. *ʾnr* ʿKöter', anders J. C. de Moor, UF 1, 1969, 171: < heth. *inarrā* „on one's own account" und Sauren-Kestemont, UF 3, 1971, 209: plur. [?] von *nr* ʿFeuer'; vgl. aber zuletzt B. Margalit, UF 8, 1976, 147; L. Delekat, UF 4, 1972, 20) steht hier als Symbol für eine kurze Lebenserwartung (vgl. D. Pardee, UF 5,

1973, 229–234); zugleich wird im Umherstreunen und Heulen der Hunde die Ratlosigkeit und Trauer der Menschen dem Problem der Sterblichkeit gegenüber signalisiert (vgl. Margalit).

In KTU 1.114, 5. 12 (mit der umstrittenen rituellen Anwendung 29) wird in einem Bericht über ein Festbankett Els der betrunkene Mondgott mit einem *klb* verglichen, der auf allen Vieren unter den Tischen herumkriecht (vgl. Löwenstamm, UF 1, 1969, 73ff.; Margulis, UF 2, 1970, 132ff.; Dietrich-Loretz-Sanmartín, UF 7, 1975, 109f.; anders de Moor, UF 1, 170ff.).

M. H. Pope (A Divine Banquet at Ugarit, Festschr. W. F. Stinespring, Durham, N. C. 1972, 170–203, bes. 183–189) weist auf die Rolle des Hundes bei vorderoriental. Sexualriten und Begräbnisfeiern hin.
In KTU 1.3, III, 45 verbirgt sich hinter *klbt ʾlm*, identifiziert mit *ʾšt* 'Feuerflamme', die „Hündin der Götter", die zusammen mit anderen mythischen Drachengestalten z. B. Tannin auf der Seite Jams gegen Baʿal opponierte und nun von ʿAnat erschlagen wird. Auch in KTU 1.19, I, 10. 13 begegnet ein *klb ʾlnm*, der offensichtlich eine Wächterfunktion in der Unterwelt hat (vgl. Margalit, UF 8, 1976, 169f.). Die Funktion als Wächter und Geleiter der Toten erklärt die oft belegte Anwesenheit von Hunden auf antiken Begräbnisdarstellungen.
Eine Kombination von Hund und sexuellen Fruchtbarkeitsriten ist in Ugarit nicht nachzuweisen. So ist auch die Übersetzung des vermeintlichen Plurals *klbm* (Z. 4) in einer Namensliste einer Spezialtruppe (*mdrǵlm*, KTU 4.54, 1) mit „männl. Prostituierte" (so Aistleitner, WUS Nr. 1313 und in seinem Gefolge W. Beltz, Die Kaleb-Traditionen im Alten Testament, BWANT 98, 1974, 121) unbegründet. Vielleicht wird mit den *ṯlṯ klbm* die Ausstattung der Truppe mit 3 Hunden erwähnt, die zu Kriegszwecken abgerichtet sind, wie sie vor allem auch bei den alten Griechen bekannt waren (Belege bei F. Orth, 2566f.). Es könnte auch an Jagdhunde gedacht sein, deren Existenz in Palästina schon für den Anfang des 2. Jt. v. Chr. durch die Sinuhe-Geschichte (AOT 57) bezeugt ist.
4. In den aram. und phön. Texten sind die Belege spärlich und in ihrer Deutung umstritten. Aus einer aram. Inschrift aus Assur (7. Jh., KAI 233, 7) geht die assyr. Praxis hervor, Gefangene in Hundekäfige einzusperren. In einer sehr späten Inschrift aus Hatra (KAI 255) wird Nergal als „Hund" oder „Herr der Hunde" bezeichnet (vgl. auch Syr 32, 1955, 269 Nr. 72). In Elephantine begegnet in AP 30, 16 = 31, 15 *klbjʾ* wahrscheinlich als Schmähwort gegen den äg. Gouverneur, der die Zerstörung des JHWH-Tempels in Elephantine angeordnet hat. Als Degradierung nimmt man ihm die *kblʾ*, die Fußspangen (Fußfesseln als Zeichen der hohen Beamten?) ab; vgl. P. Grelot, Documents Araméens d'Égypte, Paris 1972, 410.
Im phön. Schrifttum sind bisher nur 2 Belege bekannt: KAI 37 B 10 (s.o.) und die Kilamuwa-Inschrift (KAI 24, 10). In letzterer wird *klb* als Vergleich gebraucht, um das zornige Knurren der Landbevölkerung (*mškbjm*) gegen die Bedrückerkönige zu charakterisieren (vgl. M. O'Connor, BASOR 226, 1977, 15–29, bes. 19; vgl. auch Ps 59, 7).
5. Schon in den amorit. PN der Maribriefe begegnet ein *Ka-al-ba-an* 'dog' (Huffmon, APNM 152. 221). Im Altakk. ist das Namenselement nur sporadisch nachzuweisen, z. B. in der Verbindung mit einem Theophoron *Kalab-Nannari* (*UR-^{d}ŠEŠ.ki*) auf den Tontafeln von Ninive (Lambert, JCS 16, 66b 14) oder *Kalbi-ukūa* (Dietrich, WO 4, 1967/68, 193) mit den Kurzformen *Kalbi* und *Kalbu* „Hund, Diener" (APN 111. 289). Nach Stamm (AN 11f.) sind die der Tierwelt entnommenen Namen weitgehend als Kosenamen aufzufassen; in dieser Bedeutung sind auch die mit theophoren Elementen zusammengesetzten PN *Kalab-^{d}Bāu* und *Mūrān-^{d}Gula* zu werten, die die der Heilgöttin Gula geweihten Hunde zur Bildung eines Zärtlichkeitsnamens verwenden. *Kalab ^{d}Šamaš* (AN 12 Anm. 2) oder *Kalab ^{d}Marduk* (AN 261) sind eine Zugehörigkeitsbezeichnung oder Widmung des Namensträgers aus Dank- oder Bitt-Motivation. Der nbabyl. Name *Kalbâ* ist ein Hypokoristicon dazu.
In Ugarit begegnen die PN *klb* (*kalbu*) 3mal und *klbj* (*kalbe/ija*) 13mal (Gröndahl, PNU 28. 150. 395). Nach KTU 4.75, III, 5 war dieser *Kalbu* der Sohn eines reichen Unternehmers und Großgrundverwalters mehrerer ug. Könige. Der Name *Kalbeja* begegnet öfters in Lohnlisten (KTU 4.69; 4.103) und in den Listen von Dienern des Königs (KTU 4.370; 4.609).
In aram. PN begegnet *klb* als *KLBʾ*, oder *KLBJ* in der Bedeutung 'Hund' (d. h. Diener), anders W. Kornfeld (Onomastica Aramaica aus Ägypten, SAW 333, 1978, 56). Die phön.-pun. Inschriften kennen die PN *KLBʾ*, *KLBʾLM*, *KLBJ*, *KLBLʾ* (vgl. Benz, PNPPI 331), in denen *klb* gleichbedeutend mit *ʿbd* ist und im Falle der theophoren Verbindung das Abhängigkeitsverhältnis des Namensträgers von der Gottheit darstellt (vgl. KAI II, 10; dazu W. F. Albright, BASOR 82, 1941, 47 Anm. 26).
Für den hebr. Kulturbereich sind *KLBʾ* und *KLBJ* gut belegt (Stark, PNPI 92) ebenso wie ihre griech. Transkriptionen χαλβᾶς, χαλβῆς, χάληβ und χελβῆς.

III. 1. *kælæḇ* begegnet im hebr. AT 32mal: 3mal im Pentateuch, 16mal im DtrGW; TrJes 3mal, Jer 1mal; Pss 15mal, Spr 2mal und Hi, Pred je 1mal.
2. Der Hund ist schon seit dem 8. Jt. v. Chr. in Palästina verbreitet und wurde bald nach seiner Domestikation als Wach- (Jes 56, 10) und Jagdhund verwendet, später auch als Schäfer- bzw. Herdenhund (vgl. Hi 30, 1).
An Hundearten nennt das AT nur die Herden- bzw. Schäferhunde *kalḇê ṣoʾn* (Hi 30, 1) eigens, an Körperteilen (z. T. als Schimpfwort gebraucht) nennt es *roʾš kælæḇ* 'Hundskopf' (2 Sam 3, 8), *l^{e}šôn k^{e}lāḇîm* 'Hundezunge' (Ps 68, 24) und die *ʾŏznê-kælæḇ* 'Hundeohren' (Spr 26, 17). Eine bes. negative Wertung liegt in der Bezeichnung *ʿorep̄ kælæḇ* 'Hundewürger' (Jes 66, 3), wie auch in der Benennung der Entlohnung der Hierodulen als *m^{e}ḥîr kælæḇ* 'Hundelohn' par. *ʾæṯnan zônāh* 'Hurenlohn' (Deut 23, 19).
Hunde bellen, heulen, knurren (*hāmāh*, Ps 59, 7. 15), laufen umher (*ʿāḇar*, Spr 26, 17), kreisen ihre Opfer ein (*sāḇaḇ*, Spr 22, 17), spitzen gierig die Zunge (*ḥāraṣ lāšôn*, Ex 11, 7), sie schleifen fort (*sāḥaḇ*, Jer 15, 3). Sie lecken (*jālaq*) Wasser (Ri 7, 5) und Blut (1 Kön 21, 19; 22, 38). Schon sprichwörtlich geworden ist die Feststellung, daß die Hunde Leichen fressen (*ʾākal*) in der Stadt (1 Kön 14, 11; 16, 4; 21, 24; vgl. 21, 23 und Ex 22, 30) und im Feld (2 Kön 9, 10.

36). Spr 26,11 hat die widerliche Gewohnheit der Hunde im Blick, daß sie zu ihrem Gespei (*qe'*) zurückkehren (*šûḇ*).
3. Weil aber der Hund Abfall, Aas und Leichen fraß, wurde er zu den unreinen und verabscheuungswürdigen Tieren gezählt, denen man unreines Fleisch zuwerfen konnte (Ex 22, 30). Er wurde deshalb auch nicht ins Haus genommen (S. Kraus, Talmudische Archäologie II, 1911 [= 1966], 120); umgekehrt findet man aber nirgends ein Verbot der Hundehaltung. Fast alle at.lichen Belege (Ausnahme: Pred 9, 4; Tob 6, 1; 11, 4. 6; vgl. F. Zimmermann, The Book of Tobit, New York 1958, 9ff.) zeigen die Abscheu, die der fromme Israelit mit dem Hund verband. Auch wußte er sich gerade des Hundes zu bedienen, um seine Abscheu anderen gegenüber zu signalisieren und zu manifestieren. So wurde die Todesstrafe der Isebel noch dadurch intensiviert, daß man ihren Leichnam den Hunden zum Fraß vorwarf (1 Kön 21, 23; 2 Kön 9, 10. 36). Nach 1 Kön 22, 38 lecken Hunde das Blut Ahabs vom Streitwagen.
4. *kælæḇ* begegnet in einer Reihe von Wortverbindungen: der *kælæḇ ḥaj* 'lebender Hund' (Pred 9, 4), der trotz seiner Minderwertigkeit einem *'arjeh meṯ* vorzuziehen ist, kontrastiert mit dem nichtsnutzigen *kælæḇ meṯ* 'toter Hund' (als Schimpfwort 1 Sam 24, 15; 2 Sam 9, 8; 16, 9). Sprichwörtlich für das Unfähige stehen die *k^e lāḇîm 'ill^e mîm* 'stumme Hunde' (Jes 56, 10); selbstsüchtige und unersättliche Staatsmänner werden als *k^e lāḇîm 'azzê-næpæš* 'gierige Hunde' (Jes 56, 11) charakterisiert.
Wenn Abisai den Simei als „toten Hund" schilt, so ist damit eine schwere Beleidigung und persönliche Abwertung ausgesprochen (2 Sam 16, 9). – Um so schmachvoller ist es für Hiob, wenn er von Leuten verlacht wird, die er wegen ihrer sozial niedrigen Herkunft (anders Fohrer, KAT XVI 416) früher nicht einmal mit seinen Schäferhunden vergleichen mochte (Hi 30, 1). – Die mit der Bezeichnung *kælæḇ* ausgesprochene Mißachtung und Demütigung erregte im Adressaten heißen Zorn (2 Sam 3, 8; vgl. 1 Sam 17, 43; 24, 15). Schon an Davids Verhalten kann der Philister die Mißachtung ablesen, die dieser ihm entgegenbringt (1 Sam 17, 43). – David fühlt sich von Saul verfolgt, wie ein gehetzter Hund (1 Sam 24, 15).
Abner schließlich möchte sich nicht wie ein „Hundskopf aus Juda" (zum Terminus vgl. D. W. Thomas 418ff., der im Anschluß an Margoliouth im *ro'š kælæḇ* den hundeköpfigen Pavian genannt sieht, der im gesamten Orient sprichwörtlich für „Schelm, Nichtsnutz" stehe) kleinlich herumreglementieren lassen (2 Sam 3, 8). Beschimpfung und Provokation der Gegner vor dem Kampfe erregten heftige Reaktionen bei den Betroffenen und gehören zur psychologischen Vorphase des Krieges.
Die im vorderoriental. Briefformular geläufige Selbstdemütigung im Stil der rhetorischen Frage des Absenders begegnet auch im Munde Meribbaals gegenüber David (2 Sam 9, 8) und bei Hasael gegenüber Elisa (2 Kön 8, 13).
Nicht unbestritten ist diese Selbstdemütigung in einem Gebet Davids zu finden, in dem er sich als *'æḇæḏ* und *kælæḇ* JHWHs bezeichnet (1 Chr 17, 19, par. 2 Sam 7, 21; *kalb^e ḵā* [Torczyner; BHS] statt *k^e libb^e ḵā*). Thomas (424) verweist auf ein babyl. Gebet, in dem der Beter sich als einen Hund bezeichnet, der hinter Marduk herläuft (J. Hahn, BAss V, 1906, 359).
Im Drohwort von der Tötung der Erstgeburt in Ägypten (Ex 11, 4–8 J) erhält Israel in einem nachträglichen Einschub eine Schonungszusage: „Kein Hund wird seine Zunge gegen sie spitzen"; zur Bundesterminologie in diesem Text vgl. F. C. Fensham, 504–507.
Jeremias Drohwort gegen das Volk Israel Jer 15, 3 bringt eine traditionelle Ausrottungsklimax: Schwert zum Töten, Hunde zum Fortschleifen, Vögel des Himmels zum Fressen und Landtiere zum Vertilgen.
Sonst findet sich *kælæḇ* nur in Drohworten der Vorschriftpropheten in fast gleichlautenden, nur aktuell modifizierten Formulierungen: 1 Kön 14, 11 (Ahia gegen Jerobeam), 1 Kön 16, 4 (Jehu gegen Baësa) und schließlich 1 Kön 21, 23. 24; 2 Kön 9, 10. 36 (Elia gegen Isebel). Die Drohung „Die Hunde sollen ... fressen" meint die schmähliche Art, in der die verworfenen Adressaten ihr Leben verlieren; das Hauptgewicht liegt aber auf der weit größeren Schmach, daß ihnen keine Bestattung gewährt ist.
In einem weiteren Drohwort Elias gegen Ahab 1 Kön 21, 19 sollen die Hunde Ahabs Blut auflecken, wie sie auch das Blut des ungerecht getöteten Nabot aufgeleckt haben (vgl. R. Bohlen, Der Fall Nabot, TrThSt 35, 1978, 74. 82).
5. Während Ägypten im Kult des Anubis und des Upuaut und Mesopotamien im Kult der Gula eine kultische Verwendung des Hundes kannten, ist bei den Hebräern der Hund dem legitimen kultischen Bereich entzogen.
In der Kultpolemik Jes 66, 3 erscheint das Hundeopfer unter vier paganen Kulthandlungen, die vier legitimen Opferhandlungen gegenüber stehen. Zur Interpretation der rechten und unrechten Opferhandlungen → חזיר *ḥ^a zîr*, „Wer ein Schaf opfert ist (zugleich) einer, der einem Hund das Genick bricht". Die Kultpolemik wendet sich nicht gegen einen ungenannten Tempel (Neubau des Jerusalemer Tempels?) und seine Heilserwartung, sondern gegen das Nebeneinander von legitimen und paganen Kulten und damit gegen jeden kultischen Synkretismus.
Das Verbot, 'Dirnenlohn' und 'Hundegeld' in den Tempel zu bringen (Deut 23, 19a), verurteilt kultische Prostitution und Hierodulie; 23, 18. 19b umrahmen und bekräftigen v. 19a.
In einem Siegeslied Ps 68 wird aufgrund eines Gottesspruches (23f.) die Gewißheit ausgesprochen, daß JHWH alle Feinde überwinden wird. „Aus Basan bringe ich zurück, bringe zurück aus den Tiefen des Meeres, damit sich bade dein Fuß im Blut, die Zunge deiner Hunde ihr Teil habe an den Feinden"; unklar

bleibt, wer in der 2. sg. angesprochen ist, Israel (Gunkel u. a.) oder Gott selbst (Dahood). Die Motivgleichheit zur im Blut watenden ugar. Göttin ʿAnat (KTU 1.3, II, 13f. 27f.) sowie die zu den Hunden des Marduk ist auffällig; in beiden Fällen handelt es sich wohl um Mythologumena zur Ausgestaltung der Theophanie (vgl. M. Dahood, AB 17, 1968, 146).
Auch der Hinweis auf KAI 37, B, 7. 10 (s. o.) ist nicht beweiskräftig, da diese höchst unsichere Stelle gewöhnlich von Deut 23, 19 her erklärt wird. Wahrscheinlich meint *meḥîr kælæḇ* den „Liebeslohn" männlicher Qedeschen, was auch durch das *ʾæṯnan zônāh* gestützt wird.

(Zur Thematik vgl. D. Arnaud, La prostitution sacrée en Mésopotamie, RHTh 183, 1973 A, 111–115; J. P. Asmussen, Bemerkungen zur sakralen Prostitution im Alten Testament, StTh 11, 1957, 167–192, bes. 176ff. und E. M. Yamauchi, Cultic Prostitution, in: Orient und Occident, Festschr. C. H. Gordon, AOAT 22, 1973, 213–222, bes. 218.)

6. Der metaphorische Gebrauch von *kælæḇ* im AT orientiert sich natürlich am phänomenologisch konstatierbaren Verhalten der Hunde. In einem bes. drastischen Bild charakterisiert die Spruchweisheit der jüngeren Königszeit den Toren: „Wie ein Hund, der zu seinem Gespei zurückkehrt, so ist der Tor, der seine Narrheit wiederholt" (Spr 26, 11). Er ist daher unbelehrbar, verantwortungslos und ohne Wertgefühl, zugleich erhält der Umgang mit ihm eine degoutante Note.
Spr 26, 17 weist auf die Gefahr hin, der man sich aussetzt, wenn man sich in fremde Angelegenheiten einmischt. Es ist, wie wenn man einen vorbeilaufenden Hund bei den Ohren packt, ohne zu bedenken, daß man gebissen werden kann. Ruhige Selbstbeherrschung und Selbstbescheidung sind die Quintessenz.
Einen recht eigenartigen Vorgang bei der Selektion einer Sondereinsatztruppe schildert Ri 7, 5ff. Nur die Soldaten, die das Wasser an der Wasserstelle wie ein Hund lecken, soll Gideon für die bevorstehende Schlacht gegen die Midianiter auswählen. Es ist kaum anzunehmen, daß sich in dieser Trinkweise eine bes. Geschicklichkeit dokumentiert, vielmehr soll die Reduzierung der Kämpfer auf 300 zeigen, daß Gott mit einem so kleinen Heer einen großen Sieg geben will.
Der metaphorische Gebrauch stellt *kælæḇ* auch in den Zusammenhang der großen Themen des Lebens. Der *ṭoḇ*-Spruch (Stilmittel: Ironie) Pred 9, 4 „ein lebender Hund ist besser als ein toter Löwe" zeigt die ganze skeptische Haltung Qohelets der menschlichen Existenz gegenüber. Trotzdem hat sie – im Gegensatz zu Pred 4, 2 – noch den Vorzug vor dem Tod, daß man sie genießen kann (v. 7ff.).
In den Psalmen stehen die *kelāḇîm* für die Feinde, die den individuellen Beter bedrängen. Sie, die Rotte der Frevler (z. T. mit dämonischem Kolorit) haben den Frommen eingekreist und nehmen ihm jede Lebensmöglichkeit (Ps 22, 17). Wie ein Rudel heulender und geifernder Hunde („ein Bild widerlicher, eigennütziger und gehässiger Betriebsamkeit", Nötscher, EB IV, 129), die die Straßen der Stadt unsicher machen, bedrängen sie in wilder Gier den Beter (Ps 59, 7. 15). Dieser jedoch sieht in Gott die einzige Hilfe (Ps 22, 21; 59, 9f.) und die feste Zuversicht läßt ihn das Dankgebet sprechen. Er treibt mit Macht die Meute auseinander und erweist sich als der Rettergott (Ps 59, 12).
TrJes, neben Jer 15, 3 der einzige Prophet, der das Wort *kælæḇ* verwendet, benutzt es im Rahmen einer prophetischen Gerichtsankündigung (Jes 56, 9–12; Stilmittel: Kontrastierung) gegen die Führer des Volkes (*ṣopîm* und *roʿîm*), die als Blinde ihr Wächteramt vernachlässigen und wie stumme Hunde drohende Gefahr nicht anzeigen (Jes 56, 10); in v. 11 wird die Metapher durch die Schuldfrage angereichert: es handelt sich um *kelāḇîm ʿazzê-næpæš* „gierige Hunde, die kein Sattwerden kennen". Nun sind kreatürliches Unvermögen und schuldhaftes Verfehlen der Lebensbestimmung als Gründe für das Gericht ausgewiesen. Zugleich verpackt TrJes in diese Formulierung eine persönliche Mißachtung der zeitgenössischen Staatsverwaltung gegenüber, indem er auf sie die Metapher des allseits verachteten unreinen Hundes, versehen mit extrem pejorativen Epitheta, anwendet.

IV. 1. Die LXX übersetzt alle 32 Belege mit κύων, dazu kommen noch Tob 5, 16; 6, 1; 11, 4; Judith 11, 19 und Sir 13, 18.
2. In den Schriften von Qumran begegnet *klb* nur 1mal im 11 QtgJob 15, 5 als aram. Übersetzung von Hi 30, 1b.

Botterweck †

כָּלָה *kālāh*

I. 1. Umwelt Israels – 2. Äquivalente in LXX – 3. Qumran – 4. *kālāh* und *kālāʾ* – II. 1. Fertig, entschieden, beschlossen sein – 2. Zugrundegehen – 3. Vernichten – 4. Vollenden – 5. Schmachten, sich verzehren, vergehen – 6. Synonyme.

Lit.: *M. Dahood*, Hebrew-Ugaritic Lexicography III (Bibl 46, 1965, 311–332, bes. 328). – *G. Gerleman*, כלה *klh* zu Ende sein (THAT I, 1971, 831–833). – *L. Kopf*, Arabische Etymologien und Parallelen zum Bibelwörterbuch (VT 9, 1959, 247–287, bes. 284).

I. 1. Ein großer Teil der für akk. *kalû* genannten Bedeutungen im Sinne vor allem von ʿzurückhaltenʾ (vgl. CAD K 95; AHw I 428f.) entspricht hebr. → כלא *kālāʾ*. Daneben bedeutet *kalû* ʿbeendenʾ, ʿzu einem Ende bringen bzw. kommenʾ, ʿaufhörenʾ, entsprechend hebr. *kālāh*. Eine Verbindung zwischen beiden Bedeutungen bezeichnet möglicherweise ein vorzeitiges Ende (vgl. die Aufforderung „beende das Leben!" AHw I 429), zumal *kalû* auch die Unterbrechung einer Handlung meint (vgl. CAD K 95). Von daher ist es fraglich, ob hebr. *kālāh* in akk. *kalû* sein Äquivalent findet; für *kālā'* scheint dies eher zuzutreffen. Demgegenüber entspricht ugar. *klj* 'zu Ende sein, ein Ende bereiten, vertilgen, vernichten, erschöpfen' (WUS Nr. 1317; vgl. L. Milano, Vicino Oriente I, 1978, 85–89; F. C. Fensham, JNWSL 7, 1979, 27–30) hebr. *kālāh*. Hier ist die Rede davon, daß Brot und Wein ausgehen, daß der Flußgott vernichtet wird. Auch in KAI 200, 6. 8 bedeutet כלה 'beenden' (die Ernte) bzw. 'vollenden' (KAI 145, 11?: wahrscheinlich eine Graphierung).

2. LXX gibt *kālāh* vor allem wieder mit ἐκλείπειν, παύειν, συντελεῖν/συντέλεια, ἐξαναλίσκειν (ἀναλίσκειν). Damit ist der Sinn von hebr. *kālāh* getroffen: zu Ende gehen, vollenden, aufzehren.

3. In den Qumrantexten ist vor allem von „vernichten"/„Vernichtung" die Rede. Gott vernichtet am Tag des Gerichtes alle, die Götzenbilder verehren (1 QpHab 13, 3), die Söhne der Finsternis (1 QM 3, 9; vgl. 1 QM 13, 16; 1, 10. 16), die Schuld (1 QM 11, 11), den gottlosen Priester (1 QpHab 12, 6; 12, 5; 9, 11), die Männer des Loses Belials (1 QS 2, 6; vgl. 2, 15; 1 QM 15, 4), den Frevler (1 QS 4, 13), jedes nichtige Volk (1 QM 4, 12; vgl. 1 QM 15, 2), das Aufgebot der Völker (1 QM 14, 5), die Feinde (1 QM 18, 12), die nicht am Bund festhalten (CD 8, 2). Diese Übersicht läßt bereits erkennen, daß die Vernichtung dem Verhalten der „Objekte" der Vernichtung entspricht (vgl. auch 1 QH 6, 19. 32). Das wird ausdrücklich gesagt in 1 QpHab 12, 5f.: Gott wird den gottlosen Priester verurteilen zur Vernichtung, wie er plante, Arme zu vernichten (*kālāh*). Daneben bedeutet *kālāh* 'aufhören' (1 QS 6, 10; 1 QM 8, 1; 4 QTest 21; vgl. 22. 1, 12) und bezeichnet die Sehnsucht der Augen nach Ruhe (1 QH 9, 5).

4. *kālāh* bezeichnet eine Handlung, die etwas zu Ende bringt, oder einen Vorgang, in dem etwas zu Ende geht. In beiden Fällen erreichen die genannten Objekte bzw. Subjekte das ihnen entsprechende bzw. zugedachte Ziel oder suchen es. Dann aber erscheint die enge Verbindung von *kālāh* und *kālā'* (so Gerleman, THAT I 831) als fragwürdig, da *kālāh* nicht so sehr ein retardierendes, als vielmehr ein progressives Moment enthält. Wenn auch beide Verben sich morphologisch kaum voneinander trennen lassen (Gerleman), so ist doch bei den entsprechenden semasiologischen Konsequenzen größte Vorsicht geboten.

Vielleicht können hier sprachphonetische Überlegungen weiterhelfen, die an dieser Stelle lediglich angedeutet werden sollen. Wenn sowohl für *kālā'* als auch für *kālāh* die Wurzel *kl* angenommen werden kann, wird mit *kālā'* und *kālāh* ausgedrückt, was mit *kol* (Gesamtheit, alles, jeder der genannten Art) geschieht. Suffigiertes א wird nicht mehr gesprochen („übersprochen"; KBL³ 1), wohl eher in der Ausdehnung nicht ausgesprochen und signalisiert so phonetisch einen Abbruch (suffigiertes א als „Knacklaut" vgl. G. Beer – R. Meyer, Hebr. Grammatik, 1952, 27; A. Bertsch, Hebr. Sprachlehre, ²1961, 25). Dann aber bleibt zu fragen, ob ה am Wortende nur Zeichen, nicht Laut ist (so KBL³ 221), oder aber so etwas wie eine Ausdehnung ausspricht (vgl. Bertsch, Sprachlehre 25 „gehauchter Stimmabsatz"). In diesem Fall meint *kālā'* den Abbruch, *kālāh* die Ausdehnung des *kālā'*; etwas wird zurückgehalten (*kālā'*) oder bis zu seinem Ende und Ziel fortgeführt (*kālāh*). Dann aber läßt sich lediglich eine morphologische Verbindung zwischen *kālāh* und *kālā'* annehmen, keine semasiologische (anders Gerleman, THAT I 831). Nicht auf dem „Abschließen" liegt bei *kālāh* der Ton, sondern eher auf dem „Zum-Ende/Ziel-Bringen/Kommen" einer Handlung bzw. eines Vorgangs.

II. 1. Gewiß läßt sich aus *killāh l^e* das Ende, der Abschluß einer Handlung ermitteln, aber *kālāh* bezeichnet nicht nur das Ende, sondern beachtet auch den Weg dorthin. Wenn z. B. von jemandem gesagt wird, daß er *killāh l^edabber* (vgl. Ex 31, 18; Num 16, 31; Ri 15, 17; 1 Sam 18, 1), ist damit ausgedrückt, daß er das ins Auge gefaßte Ziel erreicht hat (vgl. Gen 17, 22 Beendigung der Aufforderung zur Beschneidung; vv. 23ff. die Aufforderung Gottes erreicht ihr Ziel, die Beschneidung wird durchgeführt; Gen 24, 15 Beendigung des Gebetes, das sein Ziel erreicht vv. 15ff.; 1 Sam 24, 17–22 die mit der Rede beabsichtigte Reaktion Sauls). Er hat nicht nur „aufgehört" mit Reden (so Gerleman, THAT I 832), er hat vielmehr sein Reden zu Ende, d. h. zum Ziel gebracht.

Auch was fest beschlossen ist, hat einen Weg hinter sich und erscheint so als Ziel eines Weges. Das Unheil über David ist von Saul beschlossen (1 Sam 20, 7. 9. 33), über Nabal von David (1 Sam 25, 17), über Haman vom König (Esth 7, 7). In allen Fällen ist das beschlossene Unheil vorbereitet, im ersten Fall durch den Zorn und das Entsetzen Sauls wegen der Kriegserfolge Davids (1 Sam 18, 6–15; vgl. 18, 28f.), durch den erklärten Willen Sauls, David umzubringen (1 Sam 19, 1), durch seine Versuche, David in seine Hand zu bekommen (1 Sam 19, 8ff.) und an die Wand zu spießen (1 Sam 18, 10f.). Haltung und Versuche Sauls gegen David kulminieren in dem festen Beschluß, Unheil über David zu bringen. Mit diesem festen Beschluß bringt Saul Schande über David (1 Sam 20, 34, anders Hertzberg, ATD 10, ⁴1968, 137 Anm. 5), d. h. er macht David zum Fluch und will ihn so vernichten (zu *klm* vgl. Jes 41, 11 par. *k^e'ajin*, *'āḇaḏ*; Ps 35, 4f.; 44, 10: *klm* als Grund für das in vv. 11–17 beschriebene Unheil; Hi 19, 3 vgl. v. 2 „mit Worten niedertreten"). Auch das von David über Nabal beschlossene Unheil erscheint als Ziel eines Weges (vgl. 1 Sam 25, 13. 21f.); dasselbe gilt für das vom König über Haman beschlossene Unheil (zu Esth 7, 7 vgl. 6, 10. 13).

2. Wer zugrundegeht, hat es verdient: die JHWH verlassen (Jes 1, 28), der Verwüster (Jes 16, 4), der Spötter (Jes 29, 20), die Feinde des Beters (Ps 71, 13), die falschen Propheten (Ez 13, 14), die Frevler (Ps 37, 20; Hi 4, 9), die Ägypter, die nur Menschen sind

und auf die sich Israel trotzdem verläßt (Jes 31, 3). Davon ist die Rede in einer Gerichtsankündigung (Jes 1, 28, vgl. Wildberger, BK X/1[2] z. St.), in einer „Heilsschilderung" (Jes 29, 20; vgl. Kaiser, ATD 18, 222; vgl. Jes 16, 4; Kaiser 59), in einem Drohwort (Jes 31, 3; vgl. Kaiser, ATD 18, 248), in einer „Art Spruchsammlung" (Ps 37, 20; vgl. Weiser, ATD 14/15[7], 212) und in einem in der Weisheit gängigen Lehrsatz (Hi 4, 9; vgl. Horst, BK XVI/1[3], 63; ähnlich Hölscher, HAT I/17[2], 21: Spruchweisheit). Prophetische und weisheitliche Gattungen handeln vom „Ende" der Frevler. Mit diesem „Ende" erreichen sie das ihrem Tun entsprechende Ziel, ihr Ergehen entspricht ihrem Tun.

Nun klagt aber auch der Beter, daß er zugrundegeht (Ps 31, 11; 39, 11; 71, 9; 73, 26; 90, 7; 102, 4; 143, 7; vgl. Hi 33, 21), und es ist ohne weiteres nicht anzunehmen, daß auch er damit das ihm entsprechende Ziel erreicht. Zu beachten ist jedoch, daß im Kontext von Schuld die Rede ist (Ps 31, 11; 39, 12; 73, 21 f.; 90, 8; 143, 2). Daneben beteuert der Beter jedoch auch seine Unschuld (Ps 73, 13), seine Treue (Ps 31, 7; 71, 6) und sein Vertrauen auf Gott (Ps 31, 15), er bezeichnet sich als JHWHs Knecht (vgl. Ps 31, 17; 90, 13. 16) und Gerechten (Ps 31, 19), und im Kontext von Ps 71, 9 wird eine mögliche Schuld des Beters nicht erwähnt. Es kann mit ihm also auch ohne Grund zu Ende gehen, d. h. das drohende Ende entspricht nicht in jedem Fall einem vorausgegangenen negativen Verhalten.

Ein Blick auf die Feinde des Beters und auf die literarische Form kann der möglichen Antwort die Richtung weisen. Der Beter bezeichnet seine Gegner als Frevler (Ps 31, 18; 39, 2; 71, 4; 73, 3. 12), die Gottes Wissen in Frage stellen (Ps 73, 11), offenbar im Gegensatz zu denen, die JHWH fürchten, die sich bei ihm bergen (Ps 31, 24), die auf JHWH harren (Ps 31, 25). Die Feinde des Beters erscheinen demnach auch als Feinde JHWHs, Menschen, die von JHWH abfallen (Ps 73, 27). Eigentlich müßten die Feinde zugrundegehen (vgl. Ps 31, 18. 34; 73, 27), nun aber droht dem Beter der Untergang – das aber kann nicht die Absicht JHWHs sein. Deshalb klagt der Beter – außer Ps 73 gehören alle einschlägigen Texte zu den Klageliedern. Und diese Klage gleicht einer Provokation, einer Anklage Gottes, die ihn zum Einschreiten zugunsten des Beters bewegen soll. Daß in dieser Intention die Not des Beters in grellen Farben gezeichnet wird, ist verständlich. Der angstvolle Blick auf die Feinde und die Gott provozierende Haltung rechtfertigen die Klage über das „Zugrundegehen", das zwar nicht in allen Fällen dem Verhalten des Beters entspricht, wohl aber den Machenschaften der Feinde, die gegen den Beter reden (Ps 31, 19; 71, 10) und beraten (Ps 31, 14; 71, 10), die den Beter schmähen (Ps 31, 12; 73, 8) – lauter Machenschaften durch Worte, die wahrscheinlich als Fluchworte zu verstehen sind (vgl. vor allem Ps 73, 8 f.). Der Beter fürchtet, daß diese Worte ihr Ziel erreichen und er zugrundegeht. Auch hier ist also die Bedeutung von *kālāh* im Sinne von „an das entsprechende Ziel gelangen" nicht ausgeschlossen.

3. Wer etwas oder jemand vernichtet, realisiert seine Absicht und bringt seine entsprechenden Unternehmungen zu einem Ziel, das nicht in jedem Fall völlige Vernichtung sein muß (vgl. Jer 5, 3 und Kontext). In der Rede von der Vernichtung Israels durch JHWH durch Schwert, Hunger und Pest (Jer 14, 12; vgl. Jer 9, 15) und durch seinen Zorn (vgl. Ez 20, 13; 22, 31) ist die Frage nach den Motiven von Interesse: Israel ist ein störrisches Volk (Ex 33, 5), das sich ein Stierbild macht (zu Ex 32, 12 vgl. v. 8), das ungehorsam werden und JHWH verlassen kann (zu Deut 28, 21 vgl. vv. 15. 20), das möglicherweise fremden Göttern dient (Jos 24, 20), das ungehorsam ist und den Baalen nachfolgt (zu Jer 9, 15 vgl. vv. 12. 13), das zwischen den Göttern und JHWH hin- und herschwankt (Jer 14, 12; vgl. v. 10), das soziales Unrecht übt und religiös korrumpiert ist (zu Ez 22, 31 vgl. vv. 25–29). Vor allem der Abfall von JHWH durch Götterverehrung ist der Grund für die (mögliche) Vernichtung Israels. Hier ist zwar deutlich von einem Eingreifen JHWHs die Rede, aber dieses göttliche Handeln ist eine Reaktion, die dem Tun-Ergehen-Zusammenhang entspricht: „Ihre Taten sollen auf sie zurückfallen" (Ez 22, 31). Das Verhalten Israels und die entsprechende Reaktion JHWHs erreichen ihr Ziel (Ausnahme Hi 9, 22 „Unschuldig oder schuldig – er tilgt aus"). Die (mögliche) Vernichtung Israels dient der Erziehung zur Umkehr (Jer 5, 3; zu Ez 43, 8 vgl. v. 9), die zur Folge hat, „daß ich immer mitten unter ihnen wohnen kann" (Ez 43, 9). Bereits hier wird deutlich, daß weniger die völlige Vernichtung Israels zur Sprache kommt, sondern ein Handeln JHWHs, das zum Ziel kommt.

JHWH „vernichtet" nicht nur Israel – nach Ex 33, 3; Lev 26, 44; Num 25, 11 vernichtet er es nicht –, sondern auch das selbstherrliche und hochmütige Assur bzw. eine andere Weltmacht (Jes 10, 18; vgl. vv. 7. 12 f. 15; vgl. Wildberger, BK X/1[2] z. St.) und die Elamiter durch das Schwert (Jer 49, 37); auch die Frevler (Ps 59, 14) und den Feind (Ps 74, 11) soll er vernichten (Die Änderung von *kālāh* in *kālā'* in Ps 74, 11 – so Gunkel, Psalmen[5], 324; Kraus, BK XV/2[5], 677 – ist nicht notwendig, wenn die Aufforderung *kalleh* auf den Feind [v. 10] bezogen oder in Anschluß an Dahood, AB 17, 198; 204 mit v. 12 verbunden wird). Auch in diesen Fällen läßt er „ihre Taten auf sie zurückfallen" (vgl. Ez 22, 31). Was sie gegen seinen Willen und zuungunsten Israels getan haben, kommt an das entsprechende Ziel. Etwas im Handeln der Betreffenden Begonnenes kommt zum Zuge und wird vollendet, wie sich das Wort eines Propheten erfüllt, wie sich ein Fluch durchsetzt und das Haus vernichtet (Sach 5, 4). *klh pi* im Sinne von 'vernichten' bezeichnet nicht nur das Ende von etwas, sondern berücksichtigt auch den Weg dorthin und beschreibt das Ziel dieses Weges.

Von der „Vernichtung" durch JHWH ist die Rede im Drohwort (zu Jer 9, 15 vgl. Weiser, ATD 20[6], 82;

zu Ez 20, 13 vgl. Zimmerli, BK XIII/1[2] 447; zu Jes 10, 18 vgl. Wildberger, BK X/1[2], 410), das ein Geschehen in Gang setzt und das Ziel zur Sprache bringt. Auch die Klage spricht von der „Vernichtung" durch JHWH (zu Jer 14, 12 vgl. Weiser, ATD 20[6], 122; zu Ps 59, 14 vgl. Kraus, BK XV[5], 583; zu Ps 74, 11 vgl. Kraus, BK XV/2[5], 680f.) und die Klage wird im Text (Ps 59, 14; 74, 11) bzw. im Kontext (zu Jer 14, 12 vgl. vv. 19–22) als Bitte zu verstehen sein – auch hier wird ein Geschehen in Gang gesetzt.

Auch das Nomen *kālāh* (Jes 10, 22 auch *killājôn*) meint in der Redewendung *'āśāh kālāh* 'Vernichtung', 'Ende'. JHWH bereitet Israel nicht das Ende (Jer 5, 18; 30, 11; 46, 28; Ez 20, 17; Neh 9, 31), um das Volk zur Einsicht in seine Schuld zu bringen (zu Jer 5, 18 vgl. v. 19), weil Israel „sein" Volk ist und um Davids willen (Jer 30, 9; 46, 27f.), um seines Namens willen und aus Mitleid und Erbarmen (Ez 20, 14. 17; Neh 9, 31). Hier kommt JHWHs Absicht, Verhalten und Beziehung zu Israel zum Ziel; er verhält sich entsprechend und bereitet Israel nicht das Ende.

Aber auch davon ist die Rede, daß JHWH Israel bzw. dem Land ein Ende bereitet (Israel: Jes 10, 22; Ez 11, 13 als Frage; Land: Jer 4, 27), weil Israel sich auf Assur stützt (Jes 10, 20) und JHWH untreu geworden ist (Jer 4, 14. 17. 18. 22). Jer 4, 28 läßt erkennen, daß JHWHs Tun (*'āśāh kālāh*) einem Plan folgt, der nun verwirklicht wird und an sein Ziel kommt, wie denn auch Israels gottloses Verhalten entsprechend seine Konsequenz erfährt.

Das gilt auch für die „Vernichtung" der Völker (Jer 30, 11; 46, 28), der Gegner (Nah 1, 8f.) und der ganzen Erde (Jes 10, 23; Zeph 1, 18) durch JHWH; denn sie haben Israel maßlos unterdrückt (zu Jer 30, 11 vgl. v. 8; zu Jer 46, 28 vgl. v. 27), treiben Götzendienst (zu Nah 1, 8f. vgl. v. 14), sie haben sich – wie Assur – durch Hochmut gegen JHWH verfehlt (zu Jes 10, 23 vgl. vv. 12f. 15), haben gegen JHWH gesündigt (zu Zeph 1, 18 vgl. v. 17).

4. Gott und Menschen bringen etwas zu einem Ende, zu einem Ziel, das ihrer Absicht und ihrem Handeln entspricht.

Im Anschluß an Gen 2, 1 (Vollendung von Himmel und Erde) wird Gen 2, 2a gesagt, daß Gott sein Arbeiten vollendet hat; es folgt die Rede vom Ruhen Gottes (Gen 2, 2b), die ein Licht wirft auf das Verständnis der „Vollendung", zumal Gen 2, 2–3 „völlig von dem Wortfeld des Sabbatgebotes beherrscht" ist (W. H. Schmidt, Die Schöpfungsgeschichte der Priesterschrift, WMANT 17, [3]1973, 157). Vollendung der Schöpfung und Ruhe Gottes sind „nicht einfach das negative Zeichen eines Endes" (v. Rad, ATD 2–4[9], 41), sondern charakterisieren die Schöpfung als ein überbietbares, nicht begrenztes Tun, da die abschließende Formel („so wurde es Abend und wieder Morgen . . .") hier fehlt. Hier wird nicht etwas zu seinem Ende und Abschluß gebracht, sondern an sein Ziel, und zwar das Arbeiten Gottes, und als dieses Ziel erscheint das Ruhen Gottes. Gott führt sein Arbeiten zu seinem Ziel und eröffnet durch seine Ruhe ein Ziel, das in dem durch die Billigungsformel (Gen 1, 4. 10 u. ö.) vorbereiteten Sabbat besteht.

H. O. Steck, Der Schöpfungsbericht der Priesterschrift (FRLANT 115, [2]1981, 178–199, bes. 186ff.) versteht *kālāh* in Gen 2, 1 dagegen als ein „zum Abschluß bringen", nach dem keine Weiterführung der Schöpfungswerke mehr denkbar ist, denn es folgt im *šbt* (v. 2a) das ganz andersartige Schöpfungsgeschehen des Ruhens, „das als solches eben nicht mehr Schöpfungswerke erstellendes Arbeiten Gottes ist" (187).

Ex 39, 32–43 (P) bietet einige Parallelen zu Gen 1, 31 und 2, 1f., die den Schluß zulassen, daß P zwischen der Einrichtung der Kultgegenstände und der Schöpfung eine Beziehung oder gar Entsprechung aufdekken will (vgl. Schmidt, WMANT 17, 156, vor allem Anm. 3).

Menschen vollenden Bauten: Salomo den Tempel (1 Kön 7, 1; 9, 1; 2 Chr 7, 11), den Palast (1 Kön 3, 1; 9, 1; 2 Chr 7, 11) und die Stadtmauern von Jerusalem (1 Kön 3, 1; vgl. Neh 3, 34); auch die Arbeiten für den Dienst am Tempel werden zu Ende gebracht (1 Chr 28, 20), die Geräte für den Tempel fertiggestellt (1 Kön 7, 40; 2 Chr 4, 11), dasselbe gilt – analog – für die Fertigstellung des Zeltes der Begegnung (Ex 39, 32; 40, 33). Der Tempel samt seinen Geräten wurde vollendet, „wie es geplant war" (1 Kön 6, 38): die Vollendung erscheint als Realisierung eines Planes, als Ziel eines Weges; dem entspricht die Charakterisierung von 1 Kön 6 als „eine in Worte gefaßte Planung des Tempelgebäudes" (Noth, BK IX/1, 104).

Noah vollendet die Arche nach der Elle – eine für P typische genaue Beschreibung, die P auch für die Errichtung des Zeltes der Begegnung (Ex 25ff.) bietet (vgl. Gunkel, Genesis[7], 142). Der beabsichtigte Zusammenhang zwischen Vollendung der Schöpfung, des Zeltes der Begegnung, des Tempels und vielleicht auch der Arche läßt sich nicht ausschließen.

Menschen bringen auch ein Vorhaben (Ruth 3, 18), eine Arbeit (Ex 5, 13; z. B. die Landverteilung Jos 19, 49. 51); eine Messung (Ez 42, 15); eine Zählung nicht (1 Chr 27, 24), das Böse (Spr 16, 30), eine bestimmte Zeit (Ez 4, 6) und ihre Tage (Ez 43, 27; Hi 36, 11) zu einem Ende: eine beabsichtigte bzw. begonnene Handlung wird an ihr Ziel gebracht.

Gott macht seinen Zorn voll (*'ap*: Ez 5, 13; 6, 12; 13, 15; Kl 4, 11; *ḥemāh*: Ez 7, 8; 20, 8. 21). Sein Zorn kann entbrennen oder aufsteigen (Jes 5, 25; 2 Kön 22, 13. 17; Ez 38, 18), Gott entsendet ihn (Ez 7, 3) und gießt ihn aus (Ps 79, 6; Kl 2, 4). Wenn er seinen Zorn voll macht, ist etwas anderes gemeint, nicht das Aufflammen, das Aufsteigen, die Entsendung und das Ausgießen seines Zornes, sondern das Ans-Ziel-Kommen seines Zornes; sein Plan gelangt ans Ziel (vgl. Ps 106, 23). Was von Gottes Zorn grundsätzlich gilt, daß er „antwortet auf die das Wesen und die Gebote dieses Gottes verletzenden Taten des Menschen" (Gerleman, THAT I 223; vgl. W. Eichrodt, ThAT I, [8]1968, 168f.; 172), machen auch die einschlägigen Texte deutlich: Gottes Zorn ist die Reaktion auf die Schuld Israels (zu Ez 5, 13 vgl. v. 7; zu Ez 6, 12 vgl. v. 11; Ez 7, 8; 20, 8. 21; zu Kl 4, 11 vgl. vv. 6. 13). Neben diesem Motiv wird auch die Intention des göttlichen Zornes genannt, die in der „Erkenntnisformel" (→ ידע *jāḏa'*) zum Ausdruck kommt; Israel soll erkennen, daß JHWH in seinem Eifer gesprochen hat (Ez 5, 13), daß er es ist (Ez 6, 13), daß er es ist, der schlägt (Ez 7, 9) – ein deutliches Zeichen dafür, daß Israel nicht völlig vernichtet wird, wenn JHWH seinen Zorn voll macht. Gottes Zorn wirkt sich aus in einzelnen Strafakten, die „etwas Vorübergehendes" sind (Eichrodt, ThAT I 173). Dem entspricht die Form des prophetischen Erweiswortes (zu Ez 5, 13; 6, 12; 7, 8 vgl. Zimmerli, BK XIII/1², 135; 146; 168), in dem von der Vollendung des göttlichen Zornes die Rede ist.

5. Die Bedeutung von *kālāh* im Sinne von 'schmachten', 'sich verzehren', '(vor Sehnsucht) vergehen' ist anzunehmen auch für die Texte, in denen mit *kālāh* ein quälendes Hinsiechen in heftigem Begehren und Verlangen zum Ausdruck kommt (vgl. Gerleman, THAT I 832). Vor allem von den Augen wird das gesagt, vereinzelt auch von der „Seele" (Ps 84, 3; 119, 81 *næpæš*) und von den „Nieren" (Hi 19, 27 *kᵉlājôṯ*).

Die Augen sind darauf aus, etwas zu sehen; deshalb ist von ihnen die Rede auch zur Darstellung von seelischen Regungen, vor allem des Begehrens und der Sehnsucht (vgl. Jenni, THAT II 261. 264). Als Gegenstände ihrer Sehnsucht werden im Zusammenhang mit *kālāh* genannt: Gottes Wort (Ps 119, 82), Gottes Hilfe und gerechtes Wort (Ps 119, 123), Hilfe (Kl 4, 17), Söhne und Töchter, die in die Verbannung geführt wurden (Deut 28, 32). Aus anderen Texten läßt sich der Gegenstand des Verlangens erschließen: der Gott des Beters (Ps 69, 4), ein Zufluchtsort (Hi 11, 20), der (Erb-)Anteil (Hi 17, 5), die Ernte (Lev 26, 16), Nahrung (zu Hi 31, 16 vgl. v. 17; vgl. Jer 14, 6), langes Leben der Söhne (1 Sam 2, 33). *kālāh* bezeichnet in diesem Zusammenhang weniger „Gebrechen und Schädigungen der Augen" (Gerleman, THAT II 261 f.) als vielmehr eine seelische Regung (so auch Gerleman 264). Nach den genannten Gegenständen vergehen die Augen vor Sehnsucht, sie sind das Ziel des Verlangens.

Auch die *næpæš* vergeht vor Sehnsucht nach den Vorhöfen JHWHs (Ps 84, 3) und nach der göttlichen Hilfe – eine für die *næpæš* typische Stimmung (vgl. W. Schmidt, Anthropologische Begriffe im Alten Testament, EvTh 24, 1964, 380). In Hi 19, 27 sind die Nieren, auch „Organ der feinsten Empfindungen" (H. W. Wolff, Anthropologie des Alten Testaments, 1973, 106), Subjekt von *kālāh*. Die Zuversicht Hiobs, Gott mit eigenen Augen zu sehen, macht deutlich, daß *kālāh* hier nicht „schrumpfen" bedeutet (so Horst, BK XVI/1², 278), sondern das schmachtende Verlangen meint (vgl. Weiser, ATD 13⁵, 141 f.). In fast allen Fällen ist von schmachtendem Verlangen der Augen, der Seele und der Nieren die Rede in Klageliedern (vgl. Ps 69, 4; Hi 17, 5; 19, 27; Kl 4, 17). Da die Klage nicht um der Klage willen geschieht, sondern etwas erreichen will, ist sie mit der Bitte eng verwandt – ein Hinweis darauf, daß *kālāh* das Erreichen eines Zieles, wenn auch nur ein intendiertes, bezeichnet.

6. Das Ziel, das mit *kālāh* erreicht wird, charakterisieren auch die Synonyme, hier in Auswahl vorgestellt: zugrundegehen bzw. dem Untergang nahe sein (*'āḇaḏ* Ps 37, 20; Hi 4, 9), ausrotten (*kāraṯ* Jes 29, 20; zu Ps 37, 20 vgl. vv. 9. 22. 28. 38), vertilgt werden (*nišmaḏ* zu Deut 28, 21 vgl. v. 24; 2 Sam 21, 5; zu Ps 37, 20 vgl. v. 38. v. 28 text. em.), töten (*hāraḡ* Ex 32, 12; zu Ps 78, 33 vgl. v. 34), sterben (*mûṯ* Ez 5, 12), fallen (*nāpal* Jes 31, 3; Ez 5, 12), fressen (*'āḵal* Jer 10, 25), schlagen (*nkh hiph* zu Deut 28, 21 vgl. v. 22; Jer 5, 3), nicht mehr da sein (*'ênænnû*; zu Ps 37, 20 vgl. vv. 10. 36; Ps 59, 14).

Helfmeyer

כַּלָּה *kallāh*

I. 1. Verbreitung, Etymologie – 2. Zur Doppelbedeutung Braut – Schwiegertochter – II. 1. *kallāh* als Braut – 2. *kallāh* als Schwiegertochter.

Lit.: *J. Conrad*, Die junge Generation im AT (AzTh I 42, 1970). – *K. Elliger*, Das Gesetz Leviticus 18 (ZAW 67, 1955, 1–25). – *A. Goetze*, Short or Long a? (Or 16, 1947, 239–250). – *A. Hermann*, Altägyptische Liebesdichtung, 1959. – *L. Rost*, Erwägungen zu Hosea 4, 13 f. (Festschr. A. Bertholet, 1950, 451–460). – *H. Schmökel*, Heilige Hochzeit und Hoheslied (AKM XXXII/1, 1956). – *R. de Vaux*, Das AT und seine Lebensordnungen I, ²1964. – *E. Würthwein*, Zum Verständnis des Hohenliedes (ThR 32, 1967, 177–212).

I. 1. Das Nomen *kallāh* ist im AT 34mal bezeugt (nach wahrscheinlicher Konjektur außerdem in 2 Sam 17, 3, → II. 1.). Es bedeutet sowohl „Braut" als auch „Schwiegertochter". Parallele Nomina sind in den meisten semit. Sprachen bezeugt. Zu nennen sind vor allem das akk. *kallatu*, *kallutu* 'Schwiegertochter, Braut', auch 'Schwägerin' (CAD K 79–82, AHw I 426; in manchen Rechtsurkunden scheint auch eine rechtlich abhängige Frau ohne Schwiegerverhältnis gemeint zu sein, vgl. CAD K 86), das ugar. *klt* 'Braut' (WUS Nr. 1321, UT Nr. 1241, u. U. auch 'Schwiegertochter') und die jüngeren Sprachstufen des Hebr. und Aram. (vgl. WTM II 331 f., Brockelmann, LexSyr² 326 f., MdD 197). Das entsprechende Wort im Nordarab. ist *kanna(t)* 'Schwiegertochter, Schwägerin' (WKAS I 372 f.). Zum südarab. und äth. Sprachbereich s. KBL³ 455. Ein Derivat von *kallāh* ist der nur in Jer 2, 2 vorkommende Abstraktplural *kᵉlûlôṯ* 'Brautzeit, -stand' (vgl. das akk. Abstraktum

kallūtu [*kallatūtu*] 'Stellung als Schwiegertochter, Braut', CAD K 85f., AHw I 426).
Die Etymologie von *kallāh* ist unsicher. Möglich wäre – im Hinblick auf die äußere Erscheinung der Braut – die Ableitung von einer Wurzel *kll* mit der Bedeutung 'verbergen, verhüllen' (den Kopf oder das Gesicht) (KBL[3] 455, vgl. akk. *kullulu*, CAD K 518f., AHw I 503, zur Sache vgl. Gen 24, 65; nach anderer Auffassung liegt die Bedeutung 'bekränzen, bekrönen' zugrunde, BLe 454, Goetze 243f., vgl. ebenfalls akk. *kullulu* sowie das Nomen *kulūlu* bzw. *kilīlu*, CAD K 358, 527f., AHw I 476, 505 [aram. *k^elīlā*, WTM II 338f., LexSyr[2] 327; arab. *iklīl*, WKAS I 299f.]). Wahrscheinlich ist aber *kallāh* nicht deverbal.
In der LXX wird *kallāh* stets durch νύμφη wiedergegeben (vgl. ThWNT IV 1092), *k^elûlôṯ* durch τελείωσις (= Zeit der Mannbarwerdung, s. ThWNT VIII 86).
2. Das Nomen *kallāh* erscheint in zweifacher Hinsicht als doppeldeutig. Es kennzeichnet das Verhältnis der jungen Frau zu ihrem (künftigen) Ehemann (Braut) und zugleich dasjenige zu dessen Vater bzw. Mutter (Schwiegertochter). Außerdem bezeichnet es im ersteren Falle die in die Ehe eintretende, im letzteren die bereits in der Ehe befindliche Frau, u. U. sogar eine Witwe (Gen 38, 6–10; Ruth 1, 4f.). Diese zweifache Doppeldeutigkeit erklärt sich aus der Struktur der Familie in Altisrael und im alten Orient überhaupt (zur altisraelitischen Großfamilie vgl. Elliger, ZAW 67, 6–12; HAT I/4, 238f.). Mit ihrer Verheiratung tritt die Frau in der Regel in die Familie des Mannes ein, in der sein Vater als pater familias die oberste Autorität darstellt und in der dessen Frau zugleich als Hauptverantwortliche für die Hauswirtschaft tätig ist (in der überwiegenden Mehrzahl der Fälle hatte der pater familias nur eine Frau, so daß diese auch die echte Schwiegermutter der jungen Frau war, vgl. de Vaux 54f.). Ihr neuer Status wird also sowohl durch ihre Beziehung zum Ehemann als auch durch die zum Oberhaupt der Großfamilie und zu dessen Frau bestimmt (vgl. Rost 452–455). Beide Beziehungen werden daher folgerichtig mit dem gleichen Wort wiedergegeben (vgl. dieselbe Doppelbedeutung bei *ḥāṯān*, → חתן). Weiterhin ist zu bedenken, daß in diesen Verhältnissen der entscheidende Einschnitt im Leben der Frau nicht die Verheiratung, sondern die Geburt des ersten (männlichen) Kindes ist. Denn erst durch einen eigenen Sohn trägt sie zur Erhaltung der Familie bei und wird damit ihrer eigentlichen Lebensaufgabe gerecht. Nun erst wird sie zu einer vollwertigen Person (vgl. Conrad 21–23). Es ist daher kein Zufall, daß die beiden ausgeführten Erzählungen über eine *kallāh* eben mit der Geburt des ersten Kindes enden (Gen 38; Ruth, vgl. 1 Sam 4, 19f.). Im Hinblick darauf besteht zwischen der Braut und der noch kinderlosen Verheirateten oder Verwitweten kein wesentlicher Unterschied (vgl. die analoge Bedeutung von → עלמה *'almāh*).

II. 1. Mit der Bedeutung 'Braut' berührt *kallāh* vor allem den emotionalen Bereich. Im prophetischen Schrifttum dient es, meist zusammen mit *ḥāṯān* (→ חתן II. 1. a), der Versinnbildlichung und Veranschaulichung heilsgeschichtlicher Vorgänge. So erscheint es in stereotypen Wendungen als Inbegriff höchster Freude und Festlichkeit, wie sie JHWH in der Heilszeit schenken wird (Jer 33, 11), im Falle strafenden Unheils aber verweigert (Jer 7, 34; 16, 9; 25, 10). Die wiedererlangte Ehrenstellung Israels in der Heilszeit wird mit einer sich schmückenden Braut verglichen (Jes 49, 18; 61, 10). Und umgekehrt ist das vorzeitige Herausgerufenwerden von Braut und Bräutigam aus dem Hochzeitsgemach u. a. ein Anzeichen für ein besonderes Unheil von seiten JHWHs, das unverzüglich Buße erfordert (Jo 2, 16). Darüber hinaus wird das Liebesverhältnis zwischen Braut und Bräutigam zum Sinnbild für das Verhältnis zwischen JHWH und Israel, wie es ursprünglich bestand (*k^elûlôṯ* Jer 2, 2) und in der Heilszeit wieder eintreten wird (Jes 62, 5). Am Kontrastbeispiel der Braut, die ihren wichtigsten Hochzeitsschmuck nie vergessen würde, wird zugleich die Unbegreiflichkeit der in der Zwischenzeit erfolgten Entfremdung Israels von JHWH verdeutlicht (Jer 2, 32). In diesem Zusammenhang ist auch auf 2 Sam 17, 3 hinzuweisen, wo die erhoffte Gewinnung des Volkes für den Usurpator Absalom mit der Hinwendung der Braut zu ihrem künftigen Ehemann verglichen wird (zur Textkorrektur s. BHK, BHS und die Kommentare; die Annahme einer Sonderbedeutung von *kallāh* an dieser Stelle [KBL[2.3]: „Jungverheiratete"] ist unnötig).
Weitere Belege finden sich in drei Stücken des HL. Wie im gesamten HL stehen hier die intimen Liebesbeziehungen der Partner im Vordergrund. Durch die Gegenwart der Braut und den Liebesgenuß, den sie gewährt, ist der Geliebte verzaubert (4, 9–11, zu *dôḏîm* im Sinne von Liebesgenuß → דוד *dôḏ* II. 3. d). Mußte die Braut bislang unberührt bleiben, so läßt sie nun den Geliebten alle Reize intimen Liebeslebens genießen (4, 12 – 5, 1, zum Garten als Topos der Liebesdichtung → דוד *dôḏ* II. 3. d). Der Geliebte möchte mit ihr allen Gefahren und Unsicherheiten entfliehen (4, 8, zur Deutung dieses schwierigen Verses s. die Kommentare). Die Intimität der Beziehungen wird durch die zusätzliche Bezeichnung der Braut als Schwester noch besonders hervorgehoben (4, 9f. 12; 5, 1, → אח *'āḥ* II, zur Geliebten als Schwester in der ägyptischen Liebeslyrik s. Hermann 75–78). D. h., die Vereinigung mit der Braut bedeutet die uneingeschränkte Erfüllung echter und höchster Liebessehnsucht.

Es ist allerdings auffällig, daß *kallāh* innerhalb des HL nur in den drei genannten Stücken vorkommt. Sonst wird der weibliche Partner als *ra'jāh* ('Kameradin, Geliebte', → רע *rea'*) angeredet (in 5, 2 zugleich als Schwester). Dem entspricht *dôḏ* ('Geliebter') als Bezeichnung für den männlichen Partner, der seinerseits nie als Bräutigam (*ḥāṯān*) erscheint (auch in 4, 12 – 5, 1 wird er *dôḏ* genannt [v. 16]). Daher ist die Auffassung vertreten worden, daß es hier gar nicht um Braut- oder Eheleute geht, sondern um Partner, die in freier Liebe jenseits rechtlicher und familiärer Bindungen miteinander agieren, und daß *kallāh* folglich nur im weiteren Sinne als „Geliebte" verstanden werden kann (Gerleman, BK XVIII 153. 155, vgl. auch die Ausführungen zu → דוד *dôḏ* III.2.). Es ist jedoch fraglich, ob man für Israel eine solche Alternative zwischen bräutlicher bzw. ehelicher und freier Liebe aufstellen kann (s. besonders Würthwein, HAT I/18, 28f. 31–35 und passim, vorsichtiger Rudolph, KAT XVII/2, 100–109). Viel näher liegt die Annahme, daß die Macht der Liebe gemeint ist, die nicht außerhalb der rechtlichen und familiären Bindungen wirkt, sondern es beiden Partnern erlaubt, sich innerhalb dieser in Freiheit und Gleichberechtigung gegenüberzutreten. Es geht um die Grunderfahrung der Braut als der Geliebten, die unbeschadet ihrer sozial untergeordneten Stellung als Frau eine gleichgewichtige Rolle zu spielen hat und die deshalb ebensogut Kameradin (*ra'jāh*) oder Schwester genannt werden kann. Nach anderer Auffassung gehört das Hohelied in den kultisch-mythologischen Bereich (Schmökel, Ringgren, ATD 16/2, vgl. Würthwein, ThR 32, 196–201). D. h., die beiden Partner sind in Wirklichkeit Götter, deren Hochzeit bzw. Liebesverhältnis im Kult nachvollzogen wird. Die Kultteilnehmer bekämen auf diese Weise Anteil an göttlichem Liebeserleben, das ihr eigenes Liebeserleben transzendiert. Hier könnte auch die Vorstellung von Israel als JHWHs Braut ihren Ursprung haben (Ringgren 260). Auch diese Auffassung ist jedoch im einzelnen sehr problematisch (→ דוד *dôḏ* III.1.).

2. Bezeichnet *kallāh* die Schwiegertochter, dann geht es um deren Stellung und Aufgaben innerhalb der Familie des Mannes. Dabei treten rechtliche Verpflichtungen stark in den Vordergrund. In ausdrücklichen Rechtssätzen wird der sexuelle Bereich angesprochen. Hier wird vor allem der Schwiegervater als Repräsentant der Familie verpflichtet, die sexuelle Integrität der jungen Frau zu respektieren und für eine strenge Ordnung innerhalb der Familie zu sorgen (Lev 18,15; 20,12, vgl. Ez 22,11, s. Elliger, ZAW 67, 8; HAT I/4, 239). Diese Forderung erfährt bei Hosea noch eine Zuspitzung. Den Familienhäuptern werden harte Vorwürfe gemacht, weil sie bei kultischen Begehungen nach kanaanäischem Vorbild mit Prostituierten verkehren und ihren Töchtern und Schwiegertöchtern ein schlechtes Beispiel geben, so daß diese ihrerseits zu Ehebruch und Hurerei verleitet werden (Hos 4,13f.; bei den jungen Frauen ist kaum nur an sexuellen Verkehr bei kultischen Begehungen oder gar nur an einen einmaligen Initiationsritus [so Rost 455–459] gedacht, es soll vielmehr gezeigt werden, wie schädlich sich das kultische Gebahren der tonangebenden Männer auf das gesamte Familien- und Volksleben auswirkt). Als Schwiegertochter ist die junge Frau demnach in erster Linie eine abhängige und schutzbedürftige Person, für die die Familie des Mannes, insbesondere deren Oberhaupt, die Verantwortung trägt. Freilich muß sie dieses Schutzes würdig sein. D. h., sie muß sich auch ihrerseits vor Unzucht hüten. Andernfalls wird sie wie der schuldige Schwiegervater mit dem Tode bestraft (Lev 20,12, vgl. Gen 38,24; wenn in Hos 4,13f. JHWH selbst von einer Bestrafung absieht, dann soll in diesem speziellen Falle nur deutlich gemacht werden, wer die eigentlich Schuldigen sind, die geltenden Rechtsbestimmungen werden damit nicht außer Kraft gesetzt). Darüber hinaus muß sie sich überhaupt in die Familie des Mannes einfügen und auch ihre Schwiegermutter als die Frau des Familienoberhauptes (s.o. I.2.) respektieren, da sie sonst zu einer Zerrüttung des gesamten Familienlebens beiträgt (Mi 7,6, vgl. Mt 10,35; Lk 12,53).

Im Extremfall kann sogar erwartet werden, daß sie ihrerseits aktiv wird, um die Bindung an die Schwiegerfamilie zu erhalten. Das wird am Beispiel zweier Frauen veranschaulicht, die ihre Männer kinderlos überlebt haben und für die auch kaum noch Hoffnung besteht, mit Hilfe einer Leviratsehe Nachkommen für diese zu erzielen (Gen 38; Ruth, zu Witwenschaft und Leviratsehe → אלמנה *'almānāh*, יבם *jbm*, auch גאל *gā'al*). Die eine, die bereits zwei Männer überlebt hat und auf demütigende Weise in die väterliche Familie abgeschoben worden ist (Gen 38,6–11. 14b), bietet ungewöhnliche Scharfsinnigkeit und äußerste Entschlossenheit auf, um dennoch einen ehrenvollen Platz in der Schwiegerfamilie zurückzugewinnen (Gen 38,12–26; sie scheint allerdings auch während ihres Aufenthaltes in der väterlichen Familie formal noch der Schwiegerfamilie anzugehören, da deren Oberhaupt die Jurisdiktion über sie ausübt [v. 24], das mag mit dem Vorwand zusammenhängen, daß dieser sie nur zeitweilig entlassen habe [v. 11]). So wird sie geradezu zum Paradigma für eine in Schmach und Abhängigkeit überraschend selbständig und überlegen handelnde Frau. Die andere, der ein weiteres Zusammenleben mit der verwitweten Schwiegermutter statt Schutz nur wirtschaftliche Unsicherheit verheißt (Ruth 1,1–13, vgl. 2,1–18), hält dennoch in vorbildlicher Liebe und Anhänglichkeit an der einmal eingegangenen Bindung fest (Ruth 1,14–17). Das bedeutet in ihrem Falle zugleich, daß sie sich einem fremden Volk und einem fremden Gott uneingeschränkt anvertraut (Ruth 1,16; 2,11). Hier wird die Schwiegertochter zum Sinnbild für ein Höchstmaß an Treue, nämlich der Treue zu einem eigentlich fremden und wenig versprechenden, aber als nächststehend anerkannten Menschen (Ruth 3,10 als *ḥæsæḏ* → חסד bezeichnet, vgl. auch Würthwein, HAT I/18, 5f.). Und da es zugleich die Treue zu dessen Gott ist, wird sie darüber hinaus zu einem besonderen Glaubenszeugen für den Gott Israels, der ihr Verhalten nicht unbelohnt läßt, so daß sie schließlich doch eine gesicherte Existenz findet und zur Erhaltung der Schwiegerfamilie beitragen kann (Ruth 2,19 – 4,17, vgl. 2,12).

Conrad

כְּלִי *k*^{e}*lî*

I. Vorkommen und Etymologie – 1. Vorkommen – 2. Etymologie und Gebrauch – II. Bedeutung im profanen Bereich – III. Vorkommen im Kultus – 1. Kultische Geräte – 2. Musikinstrumente im Kultus.

Lit.: *K. Albrecht*, Das Geschlecht der hebräischen Hauptwörter (ZAW 16, 1896, 41–121, bes. 87f.). – *J. Barth*, Vergleichende Studien (ZDMG 41, 1887, 603–641, bes. 604). – *M. Buttenwieser*, בִּכְלֵי עֹז לַיהוָה 2 Chronicles 30, 21 (JBL 45, 1926, 156–158). – *G. R. Driver*, Babylonian and Hebrew Notes (WdO 2 [1954–1957] 1954, 19–26, bes. 24f. zu Esr 8, 27). – *S. Fraenkel*, Die aramäischen Fremdwörter im Arabischen, Leiden 1886, 204. – *M. D. Goldman*, Lexicographical Notes on Exegesis (4) (ABR 3, 1958, 44–51, bes. 48). – *H. Grimme*, Südarabische Tempelstrafgesetze (OLZ 9, 1906, 256–262), 261. – *C. Maurer*, Art. σκεῦος (ThWNT VII 359–368, bes. 359–362). – *K. Vollers*, Rez. von C. Reinhardt, Ein arabischer Dialekt, gesprochen in ʿOmān und Zanzibar (ZDMG 49, 1895, 484–515, bes. 514).

I. 1. Das Wort *k*^{e}*lî* (m.) kommt im AT ca. 320mal vor. Während die bibl.-aram. Stücke des AT das Wort nicht benutzen, verzeichnen Dalman und Levy, WTM die Verwendung im Jüd.-Aram. mit einer Bedeutungsbreite, die etwa dem Gebrauch im AT entspricht. Das Gleiche gilt von dem Mischna-Traktat Kelim, in dem Fragen der Reinheit von Geräten und Gegenständen der Hauswirtschaft und des Handwerks, die das AT mit *k*^{e}*lî* bezeichnet, behandelt werden (vgl. H. L. Strack, Einleitung in Talmud und Midrasch. Unv. Abdr. d. 5. Aufl., 1930, 59f.). Auch die Qumranschriften gebrauchen *k*^{e}*lî*, vornehmlich in der unter II. 4. angegebenen Bedeutung „Kriegswaffen".

In der Umwelt des AT (nicht in Ugarit) ist *k*^{e}*lî* durchaus geläufig, jedoch nur in einer sehr begrenzten Bedeutung, die möglicherweise die ursprüngliche ist (s. I. 2.). Akk. heißt *kallu* eine Art Schale (AHw 426), das Arab. bezeichnet in verschiedenen Dialekten mit der *k*^{e}*lî* entsprechenden Vokabel stets ein Gefäß oder Hohlmaß (Grimme, Fraenkel, Vollers). Einen ähnlichen Sinn muß *k*^{e}*lî* auch während der ersten nachchristl. Jahrhunderte im Palmyr. gehabt haben (DISO, 120; vgl. H. Ingholt – H. Seyrig – v. Starcky – A. Caquot, Recueil des Tessères de Palmyre, Paris 1955, Nr. 280. 867).

2. Gesenius hatte 1839 in seinem „Thesaurus" das Nomen *k*^{e}*lî* (urspr., aber verlorengegangene Grundform *kelæh*) abgeleitet „a rad. *kālāh*" mit der Bedeutung „Quicquid factum ... ut nostr. Zeug a Zeugen" und daher den lateinischen Wiedergaben als deutsche Entsprechung zugefügt: *vestes (Zeug)*; *navigium* (Fahr*zeug*); *instrumentum* (Werk*zeug*); *arma* (Rüst*zeug*). Im übrigen stellte er dem Verbum *klh* als verwandte Wurzeln *kl'*, *kll* zur Seite (a.a.O. 685ff.). So reizvoll diese Etymologie ist, muß doch die Entstehung der umfassenden Wortbedeutung anders gesehen werden. In GesB^{17} 348 wird für *k*^{e}*lî* auf eine Verbwurzel *klh II* verwiesen, deren Bedeutung nicht angeführt wird. KBL^3 456 nennt eine Wurzel *klh III* = *kwl* (→ כול) mit der Bedeutung *qal* ʿerfassen'; *pilpel* ʿumfassen', wozu sich dann leicht die Verwendung von *k*^{e}*lî* für Gefäße jeder Art erklärt, wie sie sich denn auch außerhalb des hebr.-aram. Sprachraums (s. I. 1.) gehalten hat, während die vielfältige Erweiterung der Bedeutungsbereiche bisher nur hier bekannt ist. Sie umfaßt Gefäße und Hausgeräte, Werkzeug und Waffen, Schmuckstücke und Musikinstrumente. Die Verwendung von *k*^{e}*lî* als Euphemismus für die Frau, wie sie sich im spätjüd. Sprachraum findet (vgl. Maurer), gibt es jedoch im AT nicht.

II. Wenn in den folgenden Abschnitten die Vielzahl der Bedeutungen von *k*^{e}*lî* als Bezeichnung von Gegenständen im nichtkultischen Bereich vorgestellt wird, so muß einschränkend bemerkt werden, daß eine vollständige Aufzählung aller Stellen nicht erstrebt und auch nicht möglich ist, weil manche Textstellen eine genaue Definierung des mit *k*^{e}*lî* Gemeinten nicht hergeben. Die Darstellung der Anwendungsbereiche geht dabei von der verbalen Grundbedeutung „erfassen, umfassen" aus (I. 2.) und behandelt dann die sich daraus ergebenden Erweiterungen.

1. a) ʿGefäß, Geschirr': Der Gegenstand, der das Tätigkeitsmerkmal des Erfassens erfüllt, ist das Gefäß in jeder Form, aus unterschiedlichem Material für unterschiedliche Zwecke bestimmt, daher zum täglichen Bedarf gehörig.

In erster Linie ist darunter der im Haushalt zum täglichen Gebrauch dienende Topf aus Ton (2 Sam 17, 28; Jes 22, 24; ähnlich Num 19, 15) zu verstehen, dessen Herstellung Jer 18, 4 beschrieben wird. Sein Inhalt kann Wasser (Lev 14, 5; 1 Kön 17, 10; Jer 14, 3; Ruth 2, 9), Öl (2 Kön 4, 3f.), Wein (Jer 48, 11f.) oder Speise (Jes 65, 4; vgl. 66, 20: das Speiseopfer) sein; er dient auch als Backform (Ez 4, 9) oder zur Aufbewahrung einer Schriftrolle (Jer 32, 14), wie wir das auch von den Textfunden in Qumran wissen. Neben dem Tontopf, dessen Zerbrechlichkeit in der at.lichen Sprache als Bild für die Bestrafung eine große Rolle spielt (Jer 19, 11; 25, 34 ist unsicher; Ps 2, 9; vgl. ebenso seine Entleerung Jer 48, 12; 51, 34), gibt es auch Gefäße aus Holz (Lev 15, 12). Im Kultus (s. III. 1.) finden auch kupferne Gefäße (Lev 6, 21; Esr 8, 27) Verwendung. Am Königshof und in den wohlhabenden Bevölkerungsschichten finden sich Trinkgefäße aus Gold (1 Kön 10, 21 || 2 Chr 9, 20; Esth 1, 7). Wenn von den auf Kriegszügen erbeuteten (2 Chr 20, 25; 32, 27) oder als Freundschaftsgeschenke übergebenen (2 Sam 8, 10; 1 Kön 10, 25) kostbaren Gegenständen aus Gold und Silber die Rede ist, so wird man darunter sicher auch Becher, Kannen und andere Gefäße verstehen, die bei der Versorgung mit Getränken benötigt werden, wie auch anderes Hausgerät (s. II. 2.), wenngleich eine sichere Bestimmung nicht immer möglich ist.

Silberne Gefäße werden als Weihegaben für den Kultus erwähnt (Num 7, 85). Gefäße spielen überhaupt in den gesetzlichen Bestimmungen des AT eine große Rolle. Während die speziell im Kultus verwendeten Gegenstände später zu behandeln sind (III. 1), so ist

schon hier zu betonen, daß Gefäße besonders strengen Reinheitsvorschriften unterliegen (vgl. Lev 6, 21; 11, 32f.; 15, 12; Num 19, 15; 31, 20).
Die Identifizierung verschiedener Gefäßbezeichnungen im AT mit archäologisch belegten Typen ist außerordentlich schwierig, da sich die knappen Textangaben nicht auf die Form, sondern meist auf die Funktion des Gefäßes beziehen (BRL[2] 183).
b) 'Behältnis' (allgemein): Die Funktion des mit *k^e lî* bezeichneten Gegenstandes ist nicht auf Gefäße beschränkt, sondern wird auf verschiedenartige Behältnisse angewandt.
Mit *k^e lî* wird der Brotbeutel bezeichnet, in dem Saul und sein Knecht ihren Proviant tragen (1 Sam 9, 7). In ähnlicher Form ist die Hirtentasche zu denken, in die der junge David die Steine legt, mit denen er den Philister Goliath tötet und in die möglicherweise auch die Schleuder paßt (1 Sam 17, 40. 49; vgl. Sach 11, 15). Auch größere Beutel werden *k^e lî* genannt: Gen 42, 25 sind es Säcke, in denen die Jakobsöhne Getreide aus Ägypten holen (ähnlich Gen 43, 11); Deut 23, 25; Jer 40, 10 ist *k^e lî* ein Behälter für die geernteten Früchte.
2. 'Gerät, Hausrat' (allgemein): Gefäße (1a), Behälter und Beutel (1b) zählen zu den Gebrauchsgegenständen im Haushalt. So ist es leicht zu verstehen, daß Hausgerät im umfassenden Sinn als *k^e lî* bezeichnet wird.
Da ist von brauchbarem (Ps 31, 13) und wertlosem (Jer 22, 28; Hos 8, 8) Hausgerät die Rede. In einigen Fällen werden Material und Funktion genannt: Lev 15, 4. 6. 22f. 26 werden Gegenstände zum Sitzen oder Liegen erwähnt, die die Unreinheit übertragen; Lev 11, 32; Num 31, 20 sprechen von Hausgeräten aus Holz, die im Falle der Verunreinigung zu säubern sind, wobei eine klare Abgrenzung zum Werkzeug (3.) nicht sicher vorgenommen werden kann. Neben den hölzernen Hausgeräten finden sich solche aus Metall (Kupfer und Eisen; vgl. Jos 6, 19. 24; Ez 27, 13). Auch Hausrat aus Edelmetall (Silber und Gold) wird erwähnt (ebenso wie Geld zur Aufbewahrung übergeben Ex 22, 6; als Freundschaftsgeschenk 2 Sam 8, 10; als Spende Esr 1, 6 MT). Im Plur. wird *k^e lî* im umfassenden Sinn von „Hausrat" gebraucht (Gen 31, 37; 45, 20; Num 19, 18; 1 Kön 10, 21 || 2 Chr 9, 20; Jer 49, 29; Neh 13, 8f.).
3. 'Werkzeug': Neben der Verwendung von *k^e lî* für einzelnes Hausgerät oder als summarische Bezeichnung von Hausrat findet sich der spezielle Bezug auf Arbeitsmittel oder Werkzeuge.
Deutlich ist dies 2 Sam 24, 22; 1 Kön 19, 21, wo von einem hölzernen Rinderjoch, oder Sach 11, 15, wo von den Gerätschaften eines Hirten die Rede ist, *k^e lî* also in den Bereich der Landwirtschaft gehört. Ebenso sicher weist *k^e lî* in 1 Kön 6, 7; Jer 22, 7 auf bestimmte Gewerke hin; es ist an Steinmetzen und Holzfäller zu denken. Wo in bildlicher Rede von JHWHs Zorn die Rede ist, dient der Begriff des Werkzeugs – meistens ist es der Hammer – als Umschreibung für die Waffen der Feinde Israels (Jes 13, 5; 54, 16f.; Jer 51, 20; Ez 9, 1f.). Fließend ist oft der Übergang vom Arbeitsmittel des Handwerkers zu dem im Haushalt gebrauchten; es werden Gegenstände erwähnt, mit denen versehentlich ein Mensch getötet wird (Num 35, 16. 18. 22), die im Fall der Verunreinigung des Hauses der Reinigung bedürfen (Lev 11, 32; Num 31, 20) oder die eine willkommene Kriegsbeute darstellen (Jos 6, 19. 24). Sehr schwebend ist der Gebrauch von *k^e lî* in Jes 32, 7, wo man am besten übersetzt „des Betrügers Mittel sind böse".
4. Waffen: Mit Ausnahme von Gen 27, 3, wo die zur Jagd benötigten Gegenstände wie Pfeil, Bogen und Köcher genannt sind, bezeichnet *k^e lî*, oft in der Wortverbindung *k^e lî milḥāmāh*, die im Kriege verwendeten Waffen (Deut 1, 41; Ri 18, 11; Jer 21, 4; 1 Chr 12, 34 u. ö.).
Sie müssen als Dienstleistung für den König angefertigt werden (1 Sam 8, 12), sie werden im Zeughaus aufbewahrt (2 Kön 20, 13), vor dem Angriff gemustert (Jes 10, 28), nach der Niederlage erbeutet (2 Kön 7, 15) und als Siegestrophäe ausgestellt (1 Sam 31, 9f.; vgl. 1 Sam 17, 54); mit ihren Waffen werden die Kriegshelden begraben und steigen in die Unterwelt (Ez 32, 27). Die Waffen finden im regulären Krieg Verwendung, in dem der Waffenträger des Feldherrn eine große Rolle spielt (Ri 9, 54; 1 Sam 14, 1; 31, 4 u. ö.), aber auch bei Aufständen (2 Kön 11, 8; 2 Chr 23, 7; vgl. 1 Sam 21, 9). Als Kriegswerkzeuge werden genannt das Schwert (1 Sam 21, 9), der Pfeil (mit Bogen und Köcher 1 Sam 20, 40) und der Kriegswagen (1 Sam 8, 12). Die Waffen der Feinde Israels, die an ihm JHWHs Gericht vollstrecken sollen, heißen in der prophetisch-bildhaften Redeweise „Werkzeuge des Zorns" (vgl. 3.). Ps 7, 14 benennt die Art der feindlichen Waffe – es ist der Brandpfeil. In einigen Fällen ist die Wiedergabe von *k^e lî* mit „Waffe" umstritten: 2 Sam 1, 27 (vgl. J. C. Matthes, ZAW 23, 1903, 120–127); 1 Sam 21, 6 (vgl. dazu H. J. Stoebe, KAT VIII/1, 393 zu v. 6); Pred 9, 18 (s. MT), doch wird man in allen Fällen an dieser Bedeutung festhalten können.
5. Kunstgegenstände, Schmuck: Die Verwendung von *k^e lî* erschöpft sich nicht in der Bezeichnung von Gebrauchsgegenständen des alltäglichen Lebens wie Hausrat, Werkzeug und Waffen, sondern geht auch auf Dinge über, die man als „Kulturwaren" bezeichnen könnte und die Schmuck, Kunsthandwerk und Musikinstrumente (zu letzteren s. unten III. 2., da die als *k^e lî* bezeichneten Musikinstrumente nur im Zusammenhang mit dem Kultus erwähnt werden) umfassen.
Eindeutig bezeichnet *k^e lî* Jes 61, 10; Ez 16, 17 u. ö. die Schmuckgegenstände von Frauen. Sie werden dann im einzelnen aufgezählt (Ex 35, 22; Num 31, 50) und erweisen sich als solche, indem sie parallel zu Kleidern (Gen 24, 53) und Perlen (Spr 20, 15) genannt werden (s. dazu im allgemeinen BRL[2] 282–289). Sonst ist die Deutung der mit *k^e lî* bezeichneten, aus Gold oder Silber gefertigten Gegenstände nicht

einfach; es kann sich hier ebenso um Schmuck wie um Kunstgewerbe handeln, aber auch um Gebrauchsgegenstände wie Becher, Kannen, Schüsseln aus Edelmetall und Bronze, die am Hofe oder im Kultus verwendet werden oder der Repräsentation dienen (Num 7, 85; 2 Kön 14, 14; Esr 8, 27; 1 Kön 10, 25 werden sie mit wohlriechenden Stoffen, 2 Chr 32, 27 mit Edelsteinen zusammen genannt). Mehr erfährt man von der Herkunft dieser kostbaren Dinge. Sie werden als Freundschaftsgeschenke (2 Sam 8, 10 || 1 Chr 18, 10; 1 Kön 10, 25 || 2 Chr 9, 24) und als Weihegaben an das JHWH-Heiligtum (1 Kön 7, 51; 15, 15; Esr 8, 25–28; 2 Chr 15, 18) erwähnt. Aus dem Königspalast oder Tempelschatz stammend sind sie im Krieg ein begehrtes Objekt für Plünderungen und Tributforderungen (2 Kön 14, 14; Hos 13, 15; Nah 2, 10; 2 Chr 36, 19; vgl. auch Dan 11, 8). Von besonderer Art ist das in 1 Sam 6, 8. 15 geschilderte, aus Edelmetall gefertigte Sühnegeschenk der Philister, denn hier handelt es sich bei den summarisch mit *k^elî* bezeichneten Dingen um kunstvoll nachgebildete Figuren von Mäusen und Geschwüren, die die Plage symbolisieren sollen, die sich die Philister durch den Raub der Lade als Strafe JHWHs zugezogen hatten. Derartige figürliche Darstellungen mögen sich auch unter den oben erwähnten Freundschafts- und Weihegeschenken befunden haben.
Aus reinem Gold hergestellte Gegenstände werden kaum dem Gebrauch gedient haben, wie die Parallele mit Glas Hi 28, 17 MT zeigen könnte. Hier wie an anderen Stellen der Weisheitsliteratur werden aus Edelmetall hergestellte Kunstgegenstände zu bildlichen Vergleichen mit der Weisheit herangezogen (Spr 20, 15; 25, 14f. MT).
6. Kleidung. Nur in gesetzlichen Abschnitten des AT findet sich *k^elî* als Bezeichnung von Kleidungsstücken, wobei diese wohl eher unter die Haushaltsgegenstände (2.) als unter die Wertsachen (5.) gezählt werden.
Deut 22, 5 verbietet den Frauen das Tragen von Männerkleidung in Parallele zu dem Verbot für den Mann, Frauengewänder zu benutzen. Lev 13, 52f. 57ff. behandelt die Probleme der Reinigung beim Aussatz, der auch die Kleidung unterliegt. Hier steht im Zusammenhang mit anderen Textilien der Ausdruck *k^elî 'ôr*, was wohl als Fell- oder Lederbekleidung zu verstehen ist; sonst müßte Hausgerät aus Leder wie z. B. Schläuche zum Aufbewahren von Wasser oder Wein gemeint sein, wie es wohl Num 31, 20 der Fall ist.
7. Gepäck, Troß, Schiffsladung: Als besondere Art eines Behältnisses (s. 2) kann das Reisegepäck verstanden werden, das verschiedenen Umfang annehmen kann.
Während nach 1 Sam 9, 7 Saul und sein Knecht die Wegzehrung in einem *k^elî* trägt (ähnlich 1 Sam 17, 22: hier hat David in seinem Gepäck auch Proviant für seine Brüder, die im Kampf gegen die Philister stehen), ist das Gepäck der Jakobsöhne auf ihrem Marsch nach Ägypten umfangreicher; sie bringen Früchte des Landes mit (Gen 43, 11). In Jer 46, 19; Ez 12, 3f. 7 handelt es sich um das Reisegepäck der ins Exil Auswandernden. Von hier aus ist es nicht weit zur Deutung von *k^elî* als Troß bei einem Kriegsheer (1 Sam 17, 22; 25, 12; 30, 25; ähnlich 10, 22). Wenn nach Jon 1, 5 die Schiffsbesatzung ihre *kelîm* ins Meer wirft, um das Schiff im Sturm zu retten, so könnte das im Sinne von „Schiffsladung" verstanden werden, schließt aber auch sicher allgemein alles Gerät (2.) ein.
8. Schiff: In einem Fall steht *k^elî* in Verbindung mit dem Material, aus dem der damit bezeichnete Gegenstand gefertigt wurde – es handelt sich um *gomæ'* 'Schilf, Binse' – für einen Papyrusnachen, mit dem die Bewohner von Kusch den Nil befahren (Jes 18, 2) (vgl. BRL² 276).

Von daher mag die Konjektur begründet erscheinen, in Jes 60, 9 die ersten Worte *kî lî* zu *k^elî* zusammenzuziehen, was zu *'^onijjāh* im zweiten Teil der Zeile passen würde.

III. Ein theologischer Gebrauch von *k^elî* liegt insofern vor, als das Wort in den Gesetzestexten und in den geschichtlichen Überlieferungen des AT häufig dort vorkommt, wo vom Kultus und den dafür verwendeten Gegenständen die Rede ist.
1. Kultische Geräte (vgl. BRL² 189–194): Die priesterschriftliche Überlieferung datiert die Anfertigung der später im Kultus des Jerusalemer Tempels verwendeten kultischen Gegenstände und Geräte in die Zeit der Sinai-Offenbarung zurück (Ex 25, 1 – 31, 11; 35–40). JHWH fordert Mose auf, alle erforderlichen Gegenstände nach dem ihm offenbarten Abbild (Ex 25, 9) durch Bezaleel und Oholiab (Ex 31, 1–11) aus dem von den Israeliten einzusammelnden Schmuckstücken (Ex 35, 4–9. 20–29) herstellen zu lassen. Darunter sind zu verstehen das „heilige Zelt" (Ex 25, 10–16), der Brandopferaltar (Ex 27, 1–8), der siebenarmige Leuchter (Ex 25, 31–39) und der Schaubrottisch (Ex 25, 23–30) unter Einschluß der für ihre Bedienung erforderlichen Geräte (Ex 25, 29; 25, 38ff.; 27, 3; Num 3, 36; 4, 32). Diese lassen sich unter die oben genannten Kategorien „Gefäße" (II. 1. 1.) und „Werkzeuge" (II. 3.) einordnen, zeigen aber auch eine gewisse Beziehung zu den unter II. 5. genannten Kunstgegenständen aufgrund ihres Herstellungsmaterials (Kupfer: Ex 27, 19; 38, 3. 30; Gold: Ex 37, 16. 24). Daß die genannten Gegenstände zum größten Teil erst zur Zeit des Tempelbaus angefertigt wurden, kann kaum einem Zweifel unterliegen. Nach 1 Kön 7, 40–45 stellt der Erzschmied Hiram aus Tyrus zur Zeit Salomos eine Vielzahl der z. T. in Ex 27, 3; 38, 3 genannten Gegenstände her, und nach 1 Chr 23, 26; 28, 13f. erläßt David genaue Anweisungen sowohl für den Tempelbau als auch für die Anfertigung der Kultgeräte. Das weitere Schicksal der Kultgeräte im Jerusalemer Tempel beschreiben die Königs- und Chronikbücher in mannigfacher Weise (vgl. dazu 2 Kön 14, 14 || 2 Chr 25, 24; 2 Chr 28, 24; 29, 18f.). Eine Vielzahl von Stellen berichtet von dem

Raub der Kultgeräte durch die Babylonier unter den letzten Königen Judäas (2 Kön 24, 13; 25, 14. 16; Dan 1, 2) sowie von der Rückgabe aufgrund des Kyros-Erlasses (Esr 1, 7. 9ff.; vgl. 6, 3–5). Von der Verwendung kultischer Geräte im neuerrichteten Tempel spricht Ez 40, 42. Schon DtJes hatte in Vorwegnahme dieser Ereignisse zum Aufbruch aus dem Exil unter Mitnahme der Tempelgeräte aufgefordert (Jes 52, 11). Als einzige Stelle erwähnt 2 Kön 23, 4 Kultgeräte des Baʿal und der Aschera, die Josia aus dem Tempel entfernt und vernichtet, unter der Bezeichnung *k^{e}lî*.

2. Musikinstrumente (vgl. BRL^{2} 234–236): Schließlich findet sich *k^{e}lî* noch in einer ganz speziellen Bedeutung. In der Verbindung *k^{e}lî šîr* „Musikinstrument" wird *k^{e}lî* nur im Zusammenhang mit der Kultmusik gebraucht: beim Gottesdienst im Tempel (1 Chr 16, 42; 2 Chr 5, 13 u. ö.), auch bei der Einweihung der durch Nehemia wiederaufgebauten Stadtmauer (Neh 12, 36). Zweimal wird die Instrumentenart näher bestimmt, wenn es heißt *k^{e}lî næḇæl / n^{e}ḇālîm* (Ps 71, 22; 1 Chr 16, 5 MT) 'Saiteninstrument'. In einem anderen Fall werden neben den *k^{e}lî šîr* noch andere Instrumente genannt (1 Chr 15, 16; 2 Chr 5, 13: Trompete, Zymbel, Harfe, Zither; 2 Chr 29, 26f. steht *k^{e}lî dāwîḏ* näher erläutert durch die in v. 25 genannten Instrumente).

Während die Verwendung von reinem *k^{e}lî* in 1 Chr 23, 5 durch die folgende Angabe des Verwendungszwecks *l^{e}hallel* eine Textänderung nicht erforderlich macht, bleibt die Bedeutung von *k^{e}lî ʿoz l^{e}JHWH* 2 Chr 30, 21 im Sinne von „Instrumente zum Lobpreis für JHWH" abhängig von der Auffassung des Wortes *ʿoz* als 'Verherrlichung, Lobpreis' (GesB 575). Die Übersetzung von *k^{e}lî šîr* Am 6, 5 mit „melody" (Buttenwieser) kann kaum überzeugen.

Beyse

כְּלָיוֹת *k^{e}lājôṯ*

I. Zur Wurzel – 1. Etymologie – 2. Belege – II. Umwelt – 1. Ägypten – 2. Mesopotamien – III. AT – 1. Tiernieren als Opferanteil – 2. Menschliches Organ – a) Erkrankungen – b) Metaphorischer Gebrauch – c) Herz und Nieren prüfen – 3. *ṭuḥôṯ* – IV. Zu den Versionen.

Lit.: *N. P. Bratsiotis*, 'Η θέσις τοῦ ἀτόμου ἐν τῇ Παλαιᾷ Διαθήκῃ (Theologia 37, 1966, 44–46). – *M. A. Canney*, „Heart and Reins". Further Notes on Hebrew Idioms (JMOS 1911, 93f.). – *E. P. Dhorme*, L'emploi métaphorique des noms de parties du corps en hébreu et en akkadien (RB 29–32, 1920–1923) = Neudruck Paris 1963, 131–133 (= RB 31, 1922, 511–513). – *Th. Durant*, The 'Kidneys', Organs of Discernment (Eternity 22, 1971, 17f.). – *J. G. Frazer*, „Heart and Reins" and Ideas of Uncultured Races (JMOS 1911, 107f.). – *H. W. Hogg*, „Heart and Reins" in the Ancient Literatures of the Near East (JMOS 1911, 49–91). – *L. W. King*, „Heart and Reins" in Relation to Babylonian Liver Divination (JMOS 1911, 95–98). – *J. Luyten*, Hart en nieren (Schrift 57, 1978, 89–93). – *H. Preisker*, νεφρός (ThWNT IV 912f.). – *G. Elliot Smith*, „Heart and Reins" in Mummification (JMOS 1911, 41–48). – *H. W. Wolff*, Anthropologie des AT, 1973, 105f.

I. 1. Die Niere, hebr. **kiljāh*, ist akk. als *kalītu* (AHw I 425; CAD K 74–76), arab. als *kulja* (WKAS I 337–339), äth. als *k^{w}elīt* (A. Dillmann, LexLingAeth 822; s. auch W. Leslau, Hebr. Cognates in Amharic, 48. 95); vgl. noch tigrē *k^{e}lʾot* (Littmann-Höfner, Wb. Tigrē 392a), amharisch *k^{we}lalit*, harari *kulāj*, ostgurage **k^{e}lajo*, aram., syr. als *kūljāʾ* (R. Payne Smith, Thesaurus Syriacus 1740, Brockelmann, LexSyr 329b), mand. als *kulai(a)* (MdD 207a), mhebr. und jüd.-aram. als *kūljāʾ* bezeugt. Der ugar. Beleg (KTU 1.82, 3) *kljth wlbh* läßt nur erkennen, daß auch im Ugar. die Nieren (*kljth* = pl. fem. c. suff.) in Parallele zum Herz stehen können. Das zugehörige Verbum ist weggebrochen, so daß sich keine weiteren Schlüsse ziehen lassen.

Das kopt. Wort für Niere *ǧloote* (W. E. Crum, A Coptic Dictionary, 813) wird gerne mit den semit. Radikalen *kl* zusammengestellt, obwohl schon A. Erman, ZDMG 46, 1892, 121, die Gleichung für unmöglich oder sehr unwahrscheinlich hielt. W. Leslau, Etymological Dictionary of Harari, 92, möchte auch die kuschitischen Wörter für Niere somali *keli*, galla *kali*, agau *^{e}nk^{we}laliti* als Entlehnungen aus den semit. Sprachen Äthiopiens ansehen. Das trifft zu für agau (aus dem Amhar.) und möglicherweise für bilin *kilʾot* (aus dem Tigrē). M. Cohen, Essai comparatif sur le vocabulaire et la phonétique du chamito-sémitique, Paris 1947, 116 (nr. 191) sieht dagegen somali *keli* und galla *kali* als ursprünglich kuschitische Wörter an, und A. B. Dolgopol'skij, Sravnitel'no-istoričeskaja fonetika kušitiskich jazykov (1973), 195f., erschließt ein kuschitisches **(ṃ)k^{w}AllA(ʾ)*, wofür etwa Formen wie beḏauye *ʾonk^{w}elʾa* sprechen.

Die Frage, von welcher Wurzel das hebr. Wort **kiljāh* herzuleiten ist, wurde sehr unterschiedlich beantwortet. P. Haupt (AJSL 22, 1905/6, 257, auch 205) nimmt eine Wurzel *kl* = 'halten' an und kommt zu der Bedeutung „capsuled, inclosed, referring to the capsules of the kidneys as well as to the fat in which the kidneys are embedded". Eine ähnliche Grundbedeutung nimmt L. Brunner, Die gemeinsamen Wurzeln des semit. und indogerm. Wortschatzes, 35 (Nr. 137) an, wenn er *kiljāh* zu indogerm. *kel(ə)* 'bergen, hüllen' stellt. GesB und BDB meinen, eine Wurzel *klh* III unbekannter Bedeutung ansetzen zu müssen, was sowenig weiterhilft wie die Bemerkung von H. Holma (Die Namen der Körperteile, Helsinki 1911, 80), daß der Stamm unsicher sei. Levy (WTM II 334) nimmt als Wurzel *klj* synonym *kll* an und kann so von der Grundbedeutung „etwas Rundes" die doppelte Bedeutung von mhebr. *kūljāh* 'Hode, Niere' erklären. Auszugehen ist bei der Frage nach der Etymologie von *kiljāh* von einer Wurzel *kl* (vgl. G. J. Botterweck, Triliterismus, BBB 3, 1952), die – ursprünglich Schallwurzel – „auch das Geräusch des Rollens sowie die Tätigkeit, die dieses Geräusch verursacht: '(Lärm machen >) rollen', dessen Ergebnis das 'Runde' ist" (Botterweck 37) bezeichnet. Zu dem gleichen Ergebnis kommt auf anderem Wege W. Eilers, Die vergleichend-semasiologische Methode in der Orientalistik, AAWLM.G 1973, Nr. 10, 8 mit Anm. 7). Bei der Benennung der Niere im Semit. ist demnach Aussehen und Form ausschlaggebend gewesen.

2. Die Nieren werden im AT 31mal erwähnt, und zwar kommt nur der Pl. *k^e^lājô̱t* vor, der zu einer nach den Regeln der Grammatik als *kiljāh* anzusetzenden Sing.-Form gehört. Als zu verbrennender Opferanteil von Tieren (Rindern, Schafen, Ziegen) werden die Nieren 16mal bei P (2mal Ex 29, sonst in den Opfergesetzen Lev 3–9) genannt, bildlich Jes 34, 6. Dazu kommt Deut 32, 14, wo im jetzigen Text vom 'Fett der Nieren des Weizens' die Rede ist. Die restlichen 13 Stellen handeln von den Nieren des Menschen. Sie verteilen sich auf 5 Pss, 4 Stellen bei Jer, 2 bei Hi, dazu Spr 23, 16 und Kl 3, 13.

Daß die Nieren im Hebr. (wie auch sonst meist im Semit.) nicht im Dual stehen, könnte daran liegen, daß die hypothetische Dual-Form leicht mit *kil'ajim* 'zweierlei, Paar' (vgl. dazu P. Lacau, Les noms des parties du corps en égyptien et en sémitique, Paris 1970, 95 § 247, der vermutet, der Dual 'Nieren' könnte zur Entstehung des Wortes für 'Paar' oder umgekehrt beigetragen haben, vgl. auch Littmann-Höfner, WB Tigrē 392a, wo das Zahlwort 'zwei' und das Subst. 'Niere' *k^e^l'ot* im gleichen Lemma aufgelistet sind) hätte verwechselt werden können und vielleicht auch daran, daß man wußte, daß es lebensfähige Tiere mit nur einer (Solitärniere), als auch mit drei Nieren (einer akzessorischen) gab (vgl. den Streit zwischen R. Joḥanan und R. Ḥija bBer 39a). Daß nur der Pl. *k^e^lājô̱t* belegt ist, könnte auch damit zusammenhängen, daß infolge der allein beim Tranchieren der Opfertiere und allenfalls noch bei Verletzungen im Kampf, vgl. 2 Sam 20, 10, gewonnenen Anatomiekenntnisse von der gelappten Rinder- bzw. Kalbsniere auf das Aussehen der menschlichen Niere fälschlich Rückschlüsse gezogen wurden, wie das z. B. bei Plinius, Naturalis historia 11, 81 (e multis renibus compositos) getan wurde.

II. 1. Bisher ist es nicht gelungen, im Äg. eindeutig ein Wort mit der Bedeutung 'Niere' nachzuweisen (Hogg 53f. 76ff.; H. Grapow, Grundriß der Medizin der Alten Ägypter I, 1954, 53). Das ist um so erstaunlicher, als wir einerseits über den hohen Stand der medizinischen Wissenschaft in Ägypten nicht nur durch das Zeugnis des Herodot II, 84, sondern auch durch die erhaltene medizinische Literatur gut informiert sind, und als sich andererseits beweisen läßt, daß die Niere den alten Ägyptern bekannt war. So berichtet Diodoros Siculus I, 91. 5, daß die Ägypter bei der Einbalsamierung „abgesehen von Nieren und Herz" alle übrigen Eingeweide entfernten. Diese Nachricht wird durch Untersuchungen an Mumien bestätigt (G. Elliot Smith, 41ff.; K. Sethe, SPAW 1934, 236). Tiernieren waren zudem als Speise geschätzt, wie ein in einem Grab erhaltenes Menu aus der 2. Dynastie lehrt (Vgl. E. Brunner-Traut, Die Alten Ägypter, 1974, 152f.) und wie noch das Verzeichnis des monatlichen Fleischbedarfs eines Kochs (2./3. Jh. n.Chr. Oxyrhynchus Papyrus 108) erkennen läßt, in dem 6mal 2 Nieren aufgeführt werden. Offenbar spielten aber die Nieren im metaphorischen Sprachgebrauch der alten Ägypter keine besondere Rolle.

2. Im Akk. ist *kalītu(m)* 'Niere' seit dem Ababyl. sowohl als Organ von Menschen wie von Tieren belegt. Einzelne Nierenerkrankungen (vgl. R. Labat, Traité akkadien de diagnostics et pronostics médicaux I, Leiden 1951, Nr. 12, 100ff.) sind bekannt, wie ein Nierenschlag (*miḫiṣ kalīti*), über den sich Genaueres nicht sagen läßt. Bei der Extispizin werden die Nieren (allerdings im Vergleich zur Leber bei der Hepatoskopie in sehr viel geringerem Maße) besonders beachtet, um aus ihrem Äußeren Vorzeichen zu gewinnen, wobei zwischen rechter und linker Niere unterschieden wird (vgl. besonders KAR 152). Man rechnet dabei nicht nur mit krankhaften, im Aussehen (rot, schwarz, mit leuchtenden Punkten gesprenkelt, weiß gestreift, eine Niere vergrößert) erkennbaren Veränderungen der Nieren des Tieres, sondern auch mit Anomalien (auf einer Niere liegen zwei weitere, die rechte Niere 'reitet' auf der linken). Daß die Nieren zusammen mit dem Fett des Opfertieres in Babylonien eine ähnliche Rolle spielten wie im at.lichen Ritual, ist keineswegs sicher (JCS 2, 1948, 31). An Spezialisierungen in der Bedeutung ist auf *kalīt ^d^Ea* 'zunehmender (nierenförmiger) Mond' hinzuweisen. Ein besonderer metaphorischer Sprachgebrauch im Zusammenhang mit den Nieren ist im Akk. ebenfalls nicht nachweisbar.

III. 1. Nur bei P werden in der nahezu gleichlautenden Aufzählung (Ex 29, 13. 22; Lev 3, 4. 10. 15; 4, 9; 7, 4; 8, 16. 25; 9, 10. 19, vgl. auch Jub 21, 8) der Teile des Opfertieres, die – außer dem Blut – JHWH gehören und beim *š^e^lāmîm*-Opfer auf dem Altar verbrannt werden müssen, neben den Fetteilen (→ חלב *ḥelæb̠*) auch die beiden Nieren *š^e^tê hakk^e^lājô̱t* genannt. Folgende Teile werden aufgeführt: 1. 'das die Eingeweide einhüllende Fett', also das Fettnetz – omentum, 2. 'alles Fett, das an den Eingeweiden sitzt', 3. 'die beiden Nieren', 4. 'das Fett, das an ihnen (= den Nieren) ist', also die Nierenkapsel, die noch näher als das 'an den Lenden' sitzende Fett charakterisiert ist, 5. 'der Leberlappen' *hajjoṯæræṯ 'al hakkāb̠eḏ*, also der lobus caudatus. Zu diesen JHWH gehörenden Stücken kommt beim Schafopfer noch der Fettschwanz hinzu. L. Rost (ZAW 79, 1967, 35–41) hat nachgewiesen, daß die Vorschrift, den Leberlappen beim Mahlopfer mitzuverbrennen, hinzugefügt wurde, als man mit der im Zweistromland gebräuchlichen Hepatoskopie in Berührung kam; man wollte die Möglichkeit, Leberschau zu treiben, von vornherein ausschließen. Ursprünglich bestand also der zu verbrennende Opferanteil am Schlachttier des Gemeinschaftsmahles (*zæb̠aḥ*) „nur aus den beiden Nieren mit dem Nierenfett und dem Netz" (Rost 40). Der Grund wird nicht so sehr darin zu sehen sein, daß die Nieren „because of their color and density" (so R. C. Dentan, IDB III 10) in einem besonderen

Sinn als Sitz des Lebens (außerisraelit. Parallelen JP 19, 1891, 46f.) galten, sondern doch wohl eher darin, daß man in den Nieren – wenn auch irrig – Fortpflanzungsorgane sah, „die man nicht antasten wollte" (so Rost 40 fragend; vgl. schon Philo, De special. legibus I, 216, wo ein Zusammenhang mit den Geschlechtsteilen und mit der Samenproduktion angenommen wird; auch die syrohexaplarische Übersetzung zu Sir 47, 19, wo 'Lenden' als Sitz der Zeugungsorgane mit *bjt kwljt'* übersetzt ist, läßt ein ähnliches Verständnis erkennen). Im dichterischen Vergleich werden die Nieren in Jes 34, 5–8 erwähnt. Das Gericht JHWHs über Edom, das mit der Vernichtung endet, wird als von JHWH veranstaltetes Opferfest geschildert. Das Schwert JHWHs, das anstelle des Messers des Opferherren genannt ist, ist voll Blut und Fett der Opfertiere, speziell vom Nierenfett der Widder (*meḥelæḇ kiljôṯ 'êlîm*). Auch im Lied des Mose Deut 32 werden die Nieren in einem Vergleich erwähnt. In dem Abschnitt 7(8)–14, der von JHWHs Heilstaten erzählt, wird nach Honig, Öl, Butterschmalz (? *ḥæm'aṯ bāqār*) und Ziegen- bzw. Schafsmilch (*ḥaleḇ ṣo'n*) das Fett von Lämmern und Widdern, Basanstieren und Böcken erwähnt und hinzugefügt 'mit dem Fett der Nieren des Weizens' (*'im ḥelæḇ kiljôṯ ḥiṭṭāh*). Diese Stelle wird schon im Targ[J] so interpretiert, daß damit hingewiesen wird auf die zukünftige Welt, in der die Weizenkörner so groß wie Ochsennieren sein werden (vgl. auch b. Ketubot 111b).

2. a) Einige Stellen, an denen von den Nieren die Rede ist, lassen auf Kenntnis gewisser Nierenkrankheiten schließen. So dürfte Ps 16, 7 auf besonders in der Nacht auftretende und in der Dunkelheit und Einsamkeit noch bohrender empfundene Nierenschmerzen (vgl. auch 4 Esr 5, 34 lat.: torquent enim me renes mei per omnem horam) hindeuten. Wenn Hi 16, 13 davon gesprochen wird, daß JHWHs Pfeile Hiob umschwirren und seine Nieren ohne Schonung gespalten werden, so verrät dieser Vers ähnlich wie Kl 3, 13 'er ließ in meine Nieren dringen die Söhne seines Köchers', daß die äußerst stechenden Schmerzen einer Nierenkolik infolge von Nierensteinen bildhaften Ausdruck fanden. Auch Ps 73, 21 spiegelt ähnliche Krankheitssymptome wider, wenn der Beter bekennt: 'als sich erbitterte mein Herz und meine Nieren sich scharf gestochen fühlten (*'æštônān*, v. 22), da war ich töricht und ohne Verstand, Vieh war ich vor dir'. Vielleicht deutet der Satz *kālû ḵiljoṯaj b^{e}ḥeqî* 'es vergehen meine Nieren in meinem Schoß' Hi 19, 27 auf Schrumpfnieren hin, deren Kenntnis z. Z. des Talmud (vgl. b. Ḥullin 55b: wenn die Niere zusammengeschrumpft ist [*šhqṭjnh*], beim Kleinvieh bis zur Größe einer Bohne, beim Großvieh bis zur Größe einer mittelmäßigen Weinbeere) vorausgesetzt werden muß.

b) Von allen inneren Organen des Menschen sind es in besonderer Weise die Nieren, die im AT mit den verschiedensten inneren Regungen in Verbindung gebracht werden. Der Bogen ist weit gespannt: Die Nieren werden als Sitz der Empfindungen von der Freude bis zum tiefsten Leid angesehen. So freut sich der Vater über den verständigen Sohn, Spr 23, 15f. „Mein Sohn, wenn dein Herz weise ist, freut sich auch mein Herz (*leḇ*), und meine Nieren frohlocken (*'lz*), wenn deine Lippen reden, was recht ist." Auf der anderen Seite bekennt der Beter Ps 73, 21, daß Kummer und Bitterkeit nicht nur bewirken, daß sich sein Herz erbittert (eigentlich: sauer wird), sondern daß sich gerade auch seine Nieren scharf gestochen (*šnn hitp*) fühlen. Die tiefste seelische Not, die das Nachsinnen über die unergründliche Verborgenheit Gottes hervorruft, sitzt in den Nieren. Das Leid, das Gott zufügt, läßt ihn als feindlichen Bogenschützen erscheinen, der seine Pfeile auf den Gegner schießt und in die Nieren tödlich trifft (Hi 16, 13 und Kl 3, 13, vgl. Spr 7, 23 die Pfeile spalten die Leber). Der Beter von Ps 139 erwähnt nur die Nieren besonders als von Gott geschaffen, wenn er seine „persönliche Schöpfungsgeschichte" (Wolff 146) v. 13f. erzählt: „Du bist es, der meine Nieren geschaffen, der mich im Leib meiner Mutter gewoben." Vielleicht wurde der Dichter dazu veranlaßt, allein die Nieren zu nennen, weil er den der Form nach einer Niere ähnlichen Embryo, den er v. 16 (**golæm*) ausdrücklich erwähnt, vor Augen hat. Hinzu kommt jedoch, daß er die Nieren nennt, weil er bei der göttlichen Prüfung an das Organ denkt, das mit den Gewissensregungen verbunden wird (vgl. Hen 68, 3: das Wort vom Gericht beunruhigt die Nieren).

Die Tatsache, daß die Nieren als Symbol des Verborgensten und Innersten des Menschen gelten, wurde in der altchristlichen Tradition auf zwei Weisen interpretiert. Zum einen sah man in den Nieren mit der Zeugung in Verbindung stehende Organe, die daher Sitz der Begierde (concupiscentia) waren (vgl. Theodoret zu Ex 29, 13, MPG 80, 287ff.: damit, daß der Priester die Nieren des Opfertieres darbringt, bringt er zugleich τὰς ὑπογαστρίους ἡδονάς dar), zum andern sah man in ihnen die geheimsten Gedanken des Menschen lokalisiert und daher die Regungen, die wir dem Gewissen zuschreiben (vgl. G. Q. A. Meershoek, Le Latin Biblique d'après Saint Jérôme, LCP 20, Nijmegen 1966, 177–181).

Das Bild von den Nieren als nächtliche Lehrmeister Ps 16, 7 ist im AT ohne Parallele. In der jüd. exeget. Tradition wurde der Vers auf Abraham gedeutet, der weder einen Vater noch einen Lehrer hatte, die ihn die Thora hätten lehren können. Deshalb gab Gott ihm zwei Nieren, die ihm nachts Weisheit und Kenntnis zuströmten (vgl. Midrasch Tehillim zu Ps 16, 7 und zu 1, 13). Nach b. Berakot 61a rät die eine (rechte) Niere zum Guten, die andere (linke) zum Bösen. Auch der vom Zorn ausgelöste Schmerz kann in die Nieren verlegt werden. So heißt es vom Makkabäer Mattatias 1 Makk 2, 24, daß er zornig wurde, und „es erbebten seine Nieren", als er sieht, wie ein abtrünniger Jude sich zum heidnischen Opfer anschickt. Nach Test Naft 2, 8 sitzt in den Nieren die List (πανουργία).

Im Gegensatz zu dieser im AT ausdrücklich bezeugten Wichtigkeit der Nieren, die als besonderer Sitz der geheimsten Regungen des Menschen angesehen werden, steht die in der Mischna Ḥullin III, 2 überlieferte Ansicht, daß ein Tier auch lebensfähig sei, wenn ihm beide Nieren entfernt (*njṭlw*) seien. Hier scheint eine ähnliche Meinung in Worte gefaßt zu sein, wie sie von den Anhängern des Arztes Asklepiades aus Bithynien (gest. ca. 30 v. Chr.) weitergegeben wurde, die Nieren seien von der Natur neben vielem anderen ohne Zweck (μάτην) geschaffen (vgl. Galen, De naturalibus facultatibus I, XIII).

c) Die im Deutschen noch lebendige Redeweise „auf Herz und Nieren prüfen" geht auf at.lichen Gebrauch zurück. Bei Jeremia wird 3mal davon gesprochen, daß JHWH „Nieren und Herz prüft" (*bḥn*) Jer 11, 20 oder bei der gerechten Prüfung diese Organe „ansieht (*r'h*)" und „die Nieren prüft (*bḥn*)" 17, 10. Möglicherweise handelt es sich bei diesem Bild um eine eigene Prägung des Jeremia. Auch Ps 7, 10 wird Gott als der bezeichnet, der Herzen und Nieren prüft (*bḥn*). Ps 26, 2 fordert der Beter JHWH auf: „Prüfe (*bḥn*) mich und versuche (*nsh*) mich, läutere (*ṣrp*) meine Nieren und mein Herz." Daß Herz und Nieren genannt werden, soll vermutlich die Gesamtheit des Menschen charakterisieren, indem je ein besonders wichtiges Organ der zwei Teile des Leibes erwähnt wird: das Herz als Körperteil im Oberbauch über dem Zwerchfell und die Nieren als Repräsentanten des unter dem Zwerchfell sich ausdehnenden Unterbauches. Außerdem werden so die innersten Regungen des Gefühlslebens, die in den Nieren lokalisiert gedacht sind, und die in der Mehrzahl der Fälle mehr der Vernunft zugeschriebenen Regungen des 'Herzens' (*leḇ*) zusammen als der ganze Mensch verstanden, der von JHWH einer Prüfung unterzogen wird. So kann Weish 1, 6 Gott als der Zeuge der Nieren und als wahrer Beobachter des Herzens und als Hörer der Zunge bezeichnet werden. Apk 2, 23 schließlich wird Jer 11, 20 dem Sinne nach zitiert.

3. Von der jüd. Tradition und von den ihr folgenden Exegeten (z. B. Franz Delitzsch) wird das nur Hi 38, 36 und Ps 51, 8 belegte *ṭuḥôṯ* als eine Bezeichnung für die Nieren neben *k^elājôṯ* verstanden, wie nicht nur die Übersetzung des Targum zu beiden Stellen verdeutlicht, sondern wie auch aus Num. rabba X, 208 hervorgeht, wo ausdrücklich vermerkt ist, daß *ṭuḥôṯ* Hi 38, 36 die Nieren (*hakk^elājôṯ*) bezeichnet, die in den Körper gedrückt (von *ṭwḥ* hergeleitet) sind. Diese Interpretation wird in jüngerer Zeit nicht mehr vertreten. Da sich keine einleuchtende Antwort finden läßt auf die Frage, weshalb ausgerechnet für die Nieren im AT zwei völlig verschiedene Ausdrücke überliefert worden seien, ist der Verdacht kaum abwegig, daß es sich bei dieser Interpretation um einen Versuch handelt, ein unbekannt gewordenes Wort aus dem Kontext heraus zu interpretieren.

Innerhalb der auf die Listenwissenschaft der Bildungsweisheit zurückgreifenden Gottesrede Hi 38, 1 – 40, 14 handeln 38, 22–38 von der Lenkung der Welt und speziell die Verse 35–38 von Gottes Macht, die auch im Gewitter zum Ausdruck kommt. Nach der Frage, ob etwa Hiob die Blitze schicke (v. 35), heißt es dann v. 36: „Wer hat *baṭṭuḥôṯ* Weisheit gelegt oder dem Hahn Einsicht gegeben?" Wenn *śækwî* den Hahn als Wetterpropheten bezeichnet (vgl. z. B. V), dann liegt es nahe, aufgrund des Parallelismus auch in *ṭuḥôṯ* die Bezeichnung eines Tieres zu sehen, dem man besondere Weisheit zuschrieb. Mit É. P. Dhorme, Le livre de Job, Paris 1926, 540f. wird daher meist *ṭuḥôṯ* als Ausdruck für den Ibis, den heiligen Vogel des ägypt. Gottes Thot *ḏḥwtj* verstanden, von dem man annahm, daß sein Erscheinen das Steigen des Nilwassers ankündigt. Der Hiobdichter würde demnach hier Hahn und Ibis nennen als Wetterpropheten, die ein nahendes Gewitter ankündigten (anders z. B. A. Weiser, ATD 13, z. St.). Es läßt sich nicht leugnen, daß diese Deutung dem Textzusammenhang gerecht zu werden scheint.

Die Richtigkeit der Deutung würde bestätigt, wenn die vorgeschlagene Übersetzung Ibis auch an der anderen Stelle des Wortes *ṭuḥôṯ* Ps 51, 8 einen guten Sinn ergäbe. Das trifft aber leider nicht zu. Ps 51, 8 lautet: „Siehe, an Wahrheit hast du Gefallen *baṭṭuḥôṯ*, und im Verborgenen lehrst du mich Weisheit." Hier steht *baṭṭuḥôṯ* in Parallele zu *b^esāṯum* 'im Verborgenen'. (Über die bisher vorgebrachten verschiedenen Deutungsversuche informiert E. R. Dalglish, Psalm Fifty-One in the Light of Ancient Near East Patternism, Leiden 1962, 67–69 und 123ff.) Für unseren Zusammenhang kann festgestellt werden, daß nicht viel dafür spricht, daß *ṭuḥôṯ* eine Bezeichnung für Nieren ist; denn die interpretatio judaica läßt sich Ps 51, 8 leicht verstehen als entstanden aus der Gedankenverbindung zu Ps 16, 7 und dessen Exegese. Es handelt sich also nicht um eine unabhängige Tradition, sondern um die Deutung eines unbekannten Wortes aufgrund einer inhaltlichen Parallele. Was immer auch *ṭuḥôṯ* Ps 51, 8 genau bezeichnet haben mag, die Nieren sind jedenfalls vom Dichter des Psalms nicht gemeint. Erst recht sind die Nieren nicht Hi 38, 36 gemeint, sondern die Übersetzung im Targum zu Hiob ist von der Targumversion Ps 51, 8 abhängig.

IV. *k^elājôṯ* wird in LXX regelmäßig mit νεφροί, in Syr und Targ mit dem entsprechenden *kūljāṯā'* wiedergegeben. In neueren Bibelübersetzungen macht sich die Tendenz bemerkbar, anstelle von Nieren mit Rücksicht auf den bildhaften Gebrauch etwa Herz, Inner(st)es oder Leib bzw. Seele z. B. Jer 12, 2; Ps 16, 7; Hi 19, 27; Spr 23, 16 einzusetzen. Der umgekehrte Vorgang läßt sich dagegen in der Vulgata beobachten, wo 'renes' neben der Wiedergabe für *k^elājôṯ* zusätzlich für 'Lenden' *ḥ^alāṣajim* 1 Kön 8, 19; Jes 5, 27; 11, 5 und Dan 5, 6 (*ḥarṣeh*) oder für 'Hüften' *mŏṯnajim* Ex 12, 11; 28, 42; 2 Kön 1, 8; Ez 9, 2; 23, 15; 29, 7; 47, 4; Neh 2, 11; Hi 12, 18; Dan 10, 5; Neh 4, 12 steht.

D. Kellermann

כָּלִיל *kālîl*

1. Etymologie und Bedeutung – 2. Umwelt – 3. Profaner Gebrauch – 4. Opfer – 5. LXX – 6. Qumran.

Lit.: *G. A. Cooke*, A Text-Book of North-Semitic Inscriptions Moabite, Hebrew, Phoenician, Aramaic, Nabataean, Jewish, Oxford 1903. – *R. Dussaud*, Les origines cananéennes du sacrifice israélite, Paris [2]1941. – *J. G. Février*, Remarques sur le grand tarif dit de Marseille (Cahiers de Byrsa 8, 1958–59, 35–43). – *G. Furlani*, Il sacrificio nella religione dei Semiti di Babilonia e Assiria, Rom 1932. – *H. Gese*, Die Religion Altsyriens (RdM 10/2), bes. 174. – *H. L. Ginsberg*, A Punic Note צועת (AJSL 47, 1930–31, 52–53). – *G. B. Gray*, Sacrifice in the Old Testament. Its Theory and Practice, Oxford 1925. – *J. Gray*, The Legacy of Canaan (VTS 5, [2]1965, 192–209). – *A. De Guglielmo*, Sacrifice in the Ugaritic Texts (CBQ 17, 1955, 76–96 [196–216]). – *A. M. Habermann*, Megilloth Midbar Yehuda, Tel Aviv 1959. – *B. Janowski*, Erwägungen zur Vorgeschichte des israelitischen *šelamîm*-Opfers (UF 12, 1980, 231–259, bes. 254ff.). – *S. Langdon*, The History and Significance of Carthaginian Sacrifice (JBL 23, 1904, 79–93). – *L. Moraldi*, Terminologia cultuale israelitica (RSO 32, 1957, 321–337). – *W. O. E. Oesterley*, Sacrifices in Ancient Israel, London 1937. – *R. Rendtorff*, Studien zur Geschichte des Opfers im Alten Israel (WMANT 24, 1967). – *L. Rost*, Erwägungen zum israelitischen Brandopfer (BZAW 77, 1958, 177–183). – *N. H. Snaith*, Sacrifices in the Old Testament (VT 7, 1957, 308–314). – *D. L. M. Urie*, Sacrifices among West Semites (PEQ 81, 1949, 67–82). – *R. de Vaux*, Studies in the Old Testament Sacrifice, Cardiff 1964. – *A. Wendel*, Das Opfer in der altisraelitischen Religion, 1927.

1. Das Wort *kālîl* ist von der Wurzel *kll* 'vollenden', abgeleitet, und da der Nominaltypus *qāṭîl* im Hebr. teils Adjektive, die eine Eigenschaft ausdrücken, teils Aktionsnomina bildet (P. Joüon, Grammaire de l'hébreu Biblique, Rom [2]1947, § 88 E b), wird die Bedeutung im ersten Fall 'völlig, vollkommen', im letzteren 'Ganzopfer', wobei an die Tat des totalen Verbrennens des Opfers gedacht ist.

2. Das Verbum *kll* und seine Ableitungen sind auch im Akk. bekannt, jedoch nicht mit der Bedeutung 'Ganzopfer'. Im Äg. findet man *ḳrr*, „Brandopfer" (WbÄS V 61; doch ist die Existenz von Brandopfern in Ägypten nur schwierig nachzuweisen, vgl. A. Eggebrecht, LexÄg I 848f.) und im Kopt. *glil*. Im Ugar. ist das Wort in der Form *kll* in der Bedeutung 'Gesamtheit, alles' belegt (WUS Nr. 1320), z. B. *'mnj kll m'd šlm*, „bei uns (mir) ist alles wohl" (KTU 2.11, 10–12; 2.13, 9f.; 2.16, 14f.; 2.34, 7; 2.39, 3f.), vorzugsweise in Briefen.

Die nächsten Parallelen finden sich in pun. Inschriften vom Ende des 3. Jh. v. Chr. Im Opfertarif von Marseille (KAI 69) – urspr. wohl aus Karthago – ist *kll* 11mal belegt, vorwiegend in der Bedeutung 'Ganzopfer', aber 5mal in der Verbindung *šlm kll*, die in KAI mit „Ersatzopfer" übersetzt wird (Cooke: „whole thank-offering"). Diese Übersetzung beruht – unter Hinweis auf hebr. *zæbaḥ šelāmîm* – auf dem Verständnis von *šlm* als *pi*. Auch sind für *šlm kll* die Übersetzungen 'Abschlußopfer' und „complete whole offering" (ANET[3] 656) vorgeschlagen worden.

Das Wort kommt in einer pun. Inschrift aus dem 3. Jh. von Karthago (KAI 74) auch im Plur. vor. Hier ist statt des eigenartigen *šlm kll* die Form *kllm* verwendet, was offenbar nach dem Zusammenhang 'Ganzopfer' bedeutet.

Nach der Inschrift von Marseille sollten die Priester für das Ganzopfer Silber und auch eine Abgabe von Fleisch erhalten; dagegen erhielt der Opfernde nichts. Die Bestimmungen sind aber unklar, da mehrere Opferarten zusammen erwähnt werden. Ein Armer, der nur einen Vogel als *šlm kll* darbringen konnte, bezahlte den Priestern 3/4 Sekel Silber und erhielt selbst das Fleisch. In der karthagischen Inschrift wird festgelegt, daß das Fell für die Priester bestimmt war und daß ein (unbekannter) Teil des Ganzopfers dem Opfernden zufallen sollte. Ein Opfernder, der arm an Vieh war, brauchte den Priestern nichts zu geben. – Die Vorschriften der Inschriften von Marseille und Karthago sind nicht identisch mit denjenigen in Lev, und man kann auch nicht mit Sicherheit sagen, daß die Bezeichnungen dieselben Opferarten meinen.

3. Im profanen Gebrauch ist der Zusammenhang des Wortes *kālîl* mit dem Verbum *kll*, 'vollenden', deutlich. In Jes 2, 18 wird von dem totalen Verschwinden der Götterbilder gesprochen, und *kālîl* meint hier 'völlig', 'total', wie auch in Sir 37, 18 (und vielleicht 45, 8). Von der – vielleicht violett-purpurnen – Farbe des Ephods ausgesagt, meint *kālîl* 'ganz und gar' (Ex 28, 31; 39, 22; Num 4, 6 – anders freilich Driver, WdO 2, 1954–59, 259: aus einem Stück gewoben). In der Verbindung *kelîl hā'ir* (Ri 20, 40) bezeichnet *kālîl* die Ganzheit der Stadt, die verbrannt wurde. Hier liegt natürlich ein Wortspiel vor, das an „Ganzopfer" denken läßt. Ezechiel gebraucht das Wort, wenn er vollkommene Schönheit schildern will. Hier steht also nicht die Gesamtheit, sondern die Vollkommenheit im Vordergrund (Ez 16, 14; 27, 3). So wird *kālîl* auch in Kl 2, 15 benutzt, um die vollkommene Schönheit Jerusalems, die Freude der ganzen Erde, zu bezeichnen (vgl. das verwandte *miḵlal* in Ps 50, 2, wo es auch um die vollkommene Schönheit des Zion geht).

Für Sir 45, 8 ist die Bedeutung 'Kranz, Krone' vorgeschlagen worden (so im aram. *kelîlā'*, vgl. akk. *kilīlu* 'Kranz', arab. *'iklīl* 'Krone'). Diese Bedeutung liegt der LXX-Übersetzung στέφανος (s. 4.5) zugrunde.

4. *kālîl* scheint ein alter Terminus für 'Ganzopfer' zu sein, der nach der Meinung einiger Forscher früh durch → עולה *'ôlāh* zurückgedrängt wurde (KBL[3] 457). Die Opfervorschriften in Lev 6, 15f. besagen aber nur, daß das vegetabilische Opfer der Priester ganz (*kālîl*) verbrannt werden soll; „es soll ein *kālîl* (Ganzopfer) sein, nichts darf gegessen werden" (s. dazu K. Elliger, HAT I/4, 98; Rendtorff 177). Sonst

ist vom *kālîl*-Opfer sehr wenig die Rede. In dem wahrscheinlich alten Gesang Deut 33, 10 gehört das Darbringen des *kālîl* auf den Altar JHWHs zu den Aufgaben Levis. Sir 45, 14 spielt auf die Vorschrift von Lev 6, 15f. an: „sein (Aarons) Speiseopfer geht als Ganzes in Rauch auf".

De Vaux (31) sieht in 1 Sam 7, 9 *kālîl* als ein Wort in Apposition zu *ʿôlāh*, während andere das Wort an dieser Stelle als Glosse betrachten (so z. B. L. Köhler, ThAT 173f.). Es handelt sich um ein in einer bedrängten Lage für Israel von Samuel dargebrachtes Opfer. Im nächsten Vers wird aber dasselbe Opfer nur als *ʿôlāh* bezeichnet.

In der vermeintlichen Abschlußglosse Ps 51, 21 sind die beiden Worte koordiniert: *ʿôlāh wekālîl*, woraus de Vaux schließt, daß die beiden Begriffe nicht ganz synonym waren. Man darf aber nicht einen solchen Schluß aus einer so speziellen Aussage wie der vorliegenden ziehen. Der Glossator hat die historische Entwicklung dieser Bezeichnungen nicht gekannt, er wollte nur eine Ehrenrettung des Kultes geben. De Vaux weist darauf hin, daß das karthagische Opfer *šlm kll* vielleicht ʿGanzopferʾ gewesen ist, während *kll* ein davon verschiedenes Opfer wäre. Diese Parallele ist jedoch in diesem Zusammenhang ganz irrelevant.

Wie vielleicht durch Ri 20, 40 angedeutet (s. o. 3.), kann *kālîl* auch in der Bedeutung ʿGanzopferʾ symbolisch gebraucht werden. In Deut 13, 17 wird angeordnet, daß eine Stadt, in der man fremden Göttern gedient hat, angegriffen und der Vernichtung geweiht (*ḥrm hiph*) werden soll: die Stadt und die dort genommene Beute sollen als ein ʿGanzopferʾ für JHWH ganz verbrannt werden, und sie soll nie wieder aufgebaut werden.

5. Die LXX deutet *kālîl* recht unterschiedlich: πᾶς, ὅλος (je 3mal), ἅπας (1mal), aber auch als Opferterminus ὁλόκαυστος, ὁλοκαύτωμα. Außerdem wird *kālîl* mit στέφανος (Ez 28, 12; Kl 2, 15) und συντέλεια, συντελεῖν (Ri 20, 40; Ez 16, 14) übersetzt.

6. In Qumran wird *kālîl* in der Bedeutung ʿvollkommenʾ benutzt, und zwar in der Kombination *kelîl kābôd*, „vollkommener Glanz, vollkommene Herrlichkeit" mit Bezug auf die göttliche Herrlichkeit, in der die Mitglieder der Gemeinde, die den guten Geist erhalten haben, wandeln (1 QS 4, 7f.). Auch in der Drangsal des täglichen Lebens konnte man eine solche vollkommene Herrlichkeit erleben (1 QH 9, 25).

Kapelrud

כלם *klm*

כְּלִמָּה *kelimmāh*, כְּלִמּוּת *kelimmûṯ*

I. Etymologie und Grundbedeutung – II. Vorkommen und Gebrauch – III. Allgemeiner (profaner) Gebrauch – IV. Theologischer Gebrauch – 1. Psalmen – 2. Propheten – a) Jeremia – b) Ezechiel – c) Deuterojesaja – d) Sonstige prophetische Texte – V. LXX.

Lit.: *R. Bultmann*, αἰσχύνω (ThWNT I 188–190). – *O. Garcia de la Fuente*, Sobre la idea de contrición en el Antiguo Testamento (Sacra Pagina 1, 1959, 559–579). – *M. Klopfenstein*, Scham und Schande nach dem AT (AThANT 62, 1972). – *L. Kopf*, Arabische Etymologien und Parallelen zum Bibelwörterbuch (VT 8, 1958, 161–215). – *F. Stolz*, בוש *bôš* zuschanden werden (THAT I 269–272). – → בוש *bôš*, → חפר II *ḥāpar*, → חרף II *ḥārap*.

I. Während die Wurzel *klm* im Ugar. bis jetzt nicht aufgetaucht ist, begegnet sie im Akk. (*kullumu*, AHw 503f.) in der Bedeutung von ʿsehen lassen, zeigenʾ. In den übrigen semit. Sprachen ähnelt die Bedeutung der des at.lichen Hebr. stärker. Im Mhebr. und Jüd.-Aram. (*aph*) wird sie für den Begriff ʿbeschämenʾ verwendet, im Nsyr. heißt sie ʿbestehlenʾ, im Arab. ʿverwundenʾ und Asarab. ʿschädigenʾ. Ob als Grundbedeutung vom Arab. her ʿverletzt werdenʾ anzunehmen ist (L. Kopf, VT 8, 1958, 179), sei dahingestellt. Klopfenstein (137f.) denkt an die ursprüngliche Beheimatung von *klm* im Prozeßterminologischen (prozessual, pönal, sakralrechtlich) und will die Formen der Wurzel übersetzen mit ʿanklagen, widerklagen, anprangern, bloßstellen, bezichtigen, denunzierenʾ, ohne freilich zu berücksichtigen, daß sich die Verwendung des Begriffes von seinem ursprünglichen Sitz im Leben entfernt zu haben scheint. Im Hebr. des ATs bewegen sich die Bedeutungen von *klm* im Wortfeld der deutschen Begriffe ʿSchandeʾ und ʿSchamʾ sowohl im aktiven als auch im passiven Sinne. Es handelt sich bei *klm* um einen Desintegrationsbegriff. Der von *klm* Betroffene wird subjektiv und objektiv in seinem Wert gemindert, ein Tatbestand, der ihn innerhalb seiner bisherigen Zusammenhänge isoliert und das eigene Wertgefühl beeinträchtigt. Er ist mit Verachtung, Hohn und Spott belegt und verliert Kommunikation(smöglichkeiten). In eine solche Situation kann jemand aktiv hineingebracht werden, so daß der Bedeutungsbereich von *klm* mit ʿschändenʾ (ʿzuschanden machen bzw. werden lassenʾ) und ʿbeschämenʾ umschrieben werden muß. Zu beachten ist, daß ʿSchandeʾ und ʿSchamʾ die bewußt gewordene oder auch unbewußt gebliebene (dann aber etwa durch prophetische Verkündigung bewußt gemachte bzw. zu machende) Konsequenz eines gemeinschaftsuntreuen Verhaltens oder Tuns des von *klm* Betroffenen oder mit *klm* Belegten ist, oder daß ʿSchandeʾ und ʿSchamʾ die Bezeichnung, die Interpretation dieses Verhaltens oder Tuns darstellt. Es kann sogar Konsequenz und Bezeichnung zugleich sein! Die Exilierung Israels ist z. B. ein Zuschandenwerdenlassen Israels durch JHWH und wird subjektiv von seiten Israels auch als Schande empfunden und bezeichnet. Israels Untreue gegenüber JHWH (falsche Koalitionspolitik, Götzendienst usw.) ist als Schande für Israel zu bezeichnen (signifikative Bedeutung von *klm*) und zugleich objektiv eine durch Israel vollzogene Schändung JHWHs (negativ-kommunikative Bedeutung von *klm*). Als Parallelbegriffe fungieren im Kontext häufig nominale und verbale Formen von den Wurzeln → בוש *bôš* (vgl. auch Stolz, THAT I 269ff.) und → חרף *ḥrp* II, in wenigen Fällen auch → חפר *ḥpr* II. Oppositionsbegriff ist → כבד *kbd* (vgl. Westermann, THAT I 794ff.).

II. Im AT begegnet *klm* in verbaler und nominaler Ausprägung. Als Verbum kommt es 38mal vor und 1mal bei Sir und noch ein weiteres Mal, wenn man in Ps 71, 13 mit BHS die Änderung von *jiklû* zu *jikkālemû* vornimmt. Die Mehrzahl der Belege steht im *niph* in der Bedeutung von 'gekränkt, beschimpft sein', 'sich schämen', 'zuschanden werden' (26mal, falls man nicht noch die Änderung des *hiph* zu *niph* in Jer 6, 15 und die obengenannte Wortauswechselung in Ps 71, 13 vornimmt), 10 Stellen haben *hiph* in der Bedeutung von 'schädigen', 'zu Schaden und in Schande bringen', 'schmähen', und 2mal begegnet das *hoph* 'beschämt sein', 'Schaden erleiden' (KBL[3] 457f.). Es gibt zwei Nominalbildungen, einmal *kelimmāh*, 'Schimpf', 'Schande' (31mal, incl. Spr 9, 13 nach LXX), zum anderen *kelimmûṯ* (1mal) in der gleichen Bedeutung (in BHK[3] wird zu Mi 2, 6 vorgeschlagen, statt des Pl. *kelimmôṯ* den Sing. *kelimmûṯ* zu lesen, diese cj. ist in BHS aufgegeben). Es fällt auf, daß die meisten Belege bei Ez, dann in den Ps, bei Jer und DtJes vorkommen. Doch kann man daraus nicht schließen, daß *klm* ein Terminus ist, der nur in der unmittelbar vorexilischen, exilischen und nachexilischen Zeit gebraucht worden wäre. Es gibt durchaus alte Zeugnisse für seine Verwendung. Abgesehen von Num 12, 14 und Jes 30, 3 kommt *klm* nicht im Pentateuch und bei Jes vor. Ebenso fehlt sein Gebrauch bei Jos, Ri, 1+2 Kön, Dan und, abgesehen von Mi 2, 6, im gesamten Dodekapropheton sowie, abgesehen von Ruth 2, 15, in den fünf Megillot. Es ist sowohl allgemeiner profaner Gebrauch zu beobachten wie theologisch-sakraler. Gott selber ist nur ganz selten Subjekt eines *klm*-Tuns. In den Klagegebeten der Pss wird Gott angegangen, die Seinen nicht zuschanden werden zu lassen.

III. In altertümlichen Erzählungen des AT und in Weisheitssentenzen begegnet die profane Verwendung von *klm*, so in der bekannten Geschichte von Nabal, Abigail und David (1 Sam 25). Die Abgesandten Davids bei Nabal machen geltend, daß David mit seinen Leuten dessen Hirten und Herden in der Steppe geschützt habe (v. 21) und nun zum Fest der Schafschur eine entsprechende Anerkennung erwarte. Dabei wird erwähnt, daß die Krieger Davids die Hirten Nabals nicht 'geschmäht' ('geschädigt') hätten (*klm hiph*), was nach dem Parallelsatz („und es fehlte bei ihnen nichts") bedeutet, daß David sie nicht beraubt, daß er den Besitzstand des Nabal weder nach Gut noch nach Leben angetastet hätte (v. 7). Dies wird von den in Rede Stehenden der Frau des Nabal, Abigail gegenüber bestätigt („wir sind nicht behelligt worden", *klm hoph*, v. 15), damit diese anstelle des abweisenden Nabal David Genugtuung erweise und drohendes Unheil abwende. – Ebenfalls in den Davidtraditionen (Aufstiegsgeschichte) wird von der Freundschaft des Saulsohnes Jonathan zu David berichtet und davon, daß Jonathan sich um David bekümmere, weil sein Vater diesen verfolge (*kî hiklîmô 'āḇîw*, 1 Sam 20, 34). Das *klm*-Tun Sauls ist eine breite Skala von konkreten Handlungen, die David als Rivalen ausschalten sollen und von der Schmähung über die Bedrohung bis zur physischen Vernichtung reichen. Sie alle erfahren durch *klm* ihre Benennung und Interpretation.
Bekannt ist auch die Schändung der Boten Davids durch die Ammoniter. Außer der persönlichen Verhöhnung – den Männern wurde zur Hälfte der Bart abgeschoren und die Bekleidung abgeschnitten – hatte dieser Akt im Sinne der Erzählung Symbolcharakter für die Schmähung Davids und seines Reiches. Die Männer waren sehr geschmäht (*hā'anāšîm niklāmîm me'oḏ*, 2 Sam 10, 5; 1 Chr 19, 5). – In der Thronnachfolgeüberlieferung wird von der bewegten Totenklage Davids um Absalom erzählt, daß diese das für David siegreiche Volk beschämt habe (2 Sam 19, 6, *bôš hoph*), so daß es sich von dem trauernden König fortgestohlen hätte wie ein Kriegsvolk, das Schande und Scham empfindet, weil es im Kampf vor dem Feinde geflohen ist (*hā'ām hanniklāmîm* ..., v. 4). Das Fliehen dokumentiert die verlorene Schlacht und stellt den Tatbestand des Sich-schämen-Müssens her. Flucht vor dem Feind schändet den Fliehenden.
Aus altertümlichen Überlieferungen des AT sind noch zwei Beispiele für ein allgemeineres und ein konkreteres Verständnis von *klm* zu nennen. Da ist einmal eine in den Traditionen zur aussätzigen Mirjam für uns heute nicht mehr ganz verständliche konkrete Schmähung bezeugt, die ein Vater seiner Tochter durch Bespeiung des Gesichtes zuteil werden läßt, woraufhin diese dann 7 Tage lang die Schande zu tragen hatte (Num 12, 14, *tikkālem*), und zwar außerhalb des Lagers. Die andere allgemeinere Notiz zum Stamme Dan und dessen Wanderbewegungen steht in den Richterbuchanhängen, wo von den Bewohnern der Stadt Lais gesagt ist, daß sie in Sicherheit nach der Art der Sidonier lebten und daß da niemand war, der sie beeinträchtigte (*we'ên maklîm dāḇār*, Ri 18, 7), d. h. der ihnen irgend Schaden zuzufügen bestrebt war. Aus dem Num-Beleg (Sekundärschicht von J oder E?; s. Noth, ATD 7, z.St.) geht nicht mehr hervor, aus welchem Anlaß diese 'Bestrafung'

vorgenommen worden ist. Sie wird hier mit den kultischen Reinheitsvorschriften zum Aussatz verwoben (Lev 13), ohne daß weder das eine noch das andere im jetzigen Zusammenhang deutlich wird. In Ri 18, 7 werden Glossen angenommen und ausgeschieden bzw. Umformulierungen vorgeschlagen (s. BHS). Der Vers wirkt in der Tat überladen. Die genannte allgemeine Bemerkung vermag aber die beabsichtigte Zustandsschilderung richtig wiederzugeben.

Um eine Beeinträchtigung handelt es sich auch, wenn den Witwen, Waisen und Fremdlingen die Nachlese bei der Ernte verwehrt wird. Trotz Lev 19, 9f.; 23, 22; Deut 24, 17ff. scheint dies wiederholt der Fall gewesen zu sein, Ruth 2, 8. 9. 15. 16. 22, und gereichte dem Sammelwilligen zur Beschämung (*klm hiph*, 2, 15). Eine solche bestand konkret inhaltlich sowohl aus Beschimpfungen (2, 16) als auch aus Tätlich- und Zudringlichkeiten (2, 9. 22), vor allem, wenn es eine Frau betraf.

Um Beschämung, Schimpf und Schande, deren Vorkommen und deren Verhinderung geht es in der Erfahrungsweisheit des salomonischen Spruchbuches. Wer eben schon antwortet, bevor er zugehört hat, setzt sich der Gefahr aus, Unrecht zu haben. Das gereicht ihm zu Torheit (*'iwwælæṯ*) und Schande (*kelimmāh*), Spr 18, 13. In die gleiche Richtung scheint eine andere Warnung zu weisen, Spr 25, 8 (der *'ašær*-Satz von v. 7 gehört noch mit dazu), eben nicht vorschnell verbal zu handeln, um durch den anderen dann am Ende nicht beschämt zu werden. Man soll nicht alles, was man wahrgenommen hat, eilends unter die Leute bringen (an sich steht da *lāriḇ* 'vor Gericht bringen'; Symmachus hat wohl *lāroḇ* gelesen, s. BHS), damit man nicht durch einen anderen den tatsächlichen Sachverhalt nachgewiesen erhält (Gemser, HAT I/16², 91, denkt im Blick auf den Kontext an höfische Verhältnisse). Die Weisung des Vaters oder des Weisheitslehrers zu beobachten, wird in der Weisheit wiederholt gerühmt und dem Sohn oder Schüler anempfohlen. Wer aber (offenbar entgegen den Empfehlungen des Vaters) mit Leichtfertigen Umgang hat, bereitet letztlich dem Vater Schande (Spr 28, 7, *klm hiph*). Nach LXX wird in Spr 9, 13 die Torheit als eine verwerfliche schamlose Frau vorgestellt (... *ûḇal-jāḏeʿāh kelimmāh* [statt *māh*]), die heimtückisch anlockt und zum Unglück führt. *kelimmāh* gelangt an dieser Stelle in den Bereich der sexuellen Sphäre, sie ist die Schamhaftigkeit, die der Torheit ermangelt. – Sir 41, 16 steht in einer längeren Sentenz über die rechte Art von Scham (41, 14 – 42, 8).

Zur Weisheitsliteratur zählt auch das Hiobbuch. Auf Formen von *klm* trifft man in zwei Zopharreden und einer Hiobrede. In 11, 3 klagt Zophar darüber, daß Hiob mit seinen vermessenen Reden spotten darf, ohne daß ihn jemand straft (zurechtweist, widerlegt), *we'ên maḵlîm* oder diese frevlerische Rede als Schande erweist. In der zweiten Zopharrede werden die Aussagen Hiobs persönlicher genommen als 'beleidigende (schändende) Zurechtweisung', *mûsar kelimmāṯî* (das Suff. als gen. obj.), 20, 3, während Hiob in seiner 5. Gegenrede (wenn man Kap. 3 als Eingangsmonolog nicht mitzählt, s. F. Hesse, Zürcher Bibelkomm. 14, z. St.) den Freunden vorwirft, daß sie ihn mit ihren Worten beschimpften, schmähten, ihm Unrecht täten (19, 3, *taḵlîmûnî*, paralleler Begriff *hkr*, hap. leg.). An allen drei Stellen ist *klm* verbal verwendet: 'zurechtweisen, beschimpfen, schmähen'. Man kann darüber im Zweifel sein, ob dies bei Hiob noch im allgemeinen Sinne gebraucht ist oder schon im theologischen. Die Grenze ist fließend. Die Gottesanklage des Hiob schmäht die Freunde. Das Nicht-Begreifen-Können des Hiob durch die Freunde schmäht diesen.

IV. 1. Besonders in den Klagen, in den Vertrauensmotiven und Bitten der individuellen Klagelieder des Psalters spielen die Bedeutungsinhalte von *klm* eine bestimmte Rolle. In Ps 4, 3 werden *klm* und *kbd* gegenübergestellt. Dabei wird eine Gruppe von Leuten apostrophiert, die des Beters Ehre offenbar zu Schande umkehrt (*liḵlimmāh*). Sie bedienen sich der Lüge (Verleumdung), doch der Psalmist ist auf Grund von guten Erfahrungen der Hilfe JHWHs gewiß. Ps 35 stellt ebenfalls ein individuelles Klagelied dar (vgl. Gunkel-Begrich, Einleitung; Kraus, BK XV/1, z. St.), auch wenn es wegen seiner Umfänglichkeit und gegenwärtigen Gestalt Schwierigkeiten zu lösen aufgibt. Der Klagende fühlt sich verfolgt (angeklagt) und betet wider seine Gegner, daß sie zuschanden werden mögen (*jikkālemû*, v. 4), wahrscheinlich vor allem in ihrem Ansinnen, nach dem Leben des Beters zu trachten (*meḇaqešê napšî*) und auf sein Unglück zu sinnen (*ḥošeḇê rāʿāṯî*). *klm* wird durch eine Fülle von parallelen Begriffen und Redefiguren mitdefiniert (z. B. *bôš*, *ḥāpar*, vgl. den Kontext). In der fast gleichen typischen Formulierung trifft man auf die Bitte gegen die Feinde des Beters in Ps 70, 3 und 40, 15. Ps 70 ist ein individuelles Klagelied, das bis auf wenige Abweichungen mit Ps 40, 14–18 identisch ist. Der gleiche Sachverhalt kann im Verlauf des weiteren Klageliedes auch nominal ausgedrückt werden: Ps 35, 26: „es sollen sich mit Scham und Schande bekleiden müssen" (*jilbešû ḇošæṯ ûḵelimmāh*), die sich dem Psalmisten gegenüber großtun. Sowohl verbale wie nominale Struktur hat Ps 71, 13 (wieder innerhalb eines individuellen Klageliedes), wobei die Redewendungen sich stark an die vorstehend genannten anlehnen (neben *kelimmāh* steht hier *ḥærpāh*). Die das Unheil des Beters Suchenden sollen selber mit Unheil zugedeckt werden (*'āṭāh*; im verbal formulierten Vordersatz wird für gewöhnlich mit nonn Mss *jiḵlû* zu *jikkālemû* geändert, vgl. BHS; *klm* steht häufig neben *bôš*). Schließlich sei noch auf Ps 109, 29 (vgl. Jer 20, 11) hingewiesen. In den Versen 1–5 + 21ff. liegt eindeutig ein individuelles Klagelied vor (zur Fluchsentenz dazwischen s. Kraus, BK XV/2, z. St.). Die Feinde werden mit Formen von *śṭn* umschrieben ('die mich Anschuldigenden'). Es ist auch hier der Wunsch des

Bedrängten, daß diese sich mit Scham und Schande bekleiden und zudecken mögen (*bošæṯ*, *kᵉlimmāh*, *ʿāṭāh*, *lāḇaš*), d. h. daß JHWH ihre Absichten nicht zum Ziele kommen lasse und darin ihr schändliches Tun offenbare (vgl. vv. 27. 28. 31).

Ein neuer Aspekt taucht in der Klage darüber auf, daß JHWH durch das Gewähren-Lassen der Feinde den Tatbestand der Schande für sein eigenes Volk heraufgeführt hat, so wie das in einem Volksklagelied beklagt wird (Ps 44, 10. 16, vgl. den Kontext). Konkret steht dahinter eine verlorene Schlacht, die Flucht vor dem Feind (v. 11, vgl. 2 Sam 19, 4), Preisgabe als 'Schlachtvieh' und Zerstreuung unter die Völker. Israel hatte daraufhin Spott, Hohn und Lästerung von den Nachbarn und den Nationen zu tragen (v. 16: alle Tage ist *kᵉlimmāṯî nægdî*). Es stehen die bekannten Parallelbegriffe *bošæṯ*, *ḥærpāh* neben anderen die Verspottung und Verachtung unterstreichenden, wie z. B. *māšāl* (zum Sprichwort geworden) und *lāʿaḡ*. Bemerkenswert ist in diesem Zusammenhang nur die ganz aktive Formulierung: *zānaḥtā wattaḵlîmenû* (v. 10 „du hast verstoßen und uns zuschanden werden lassen"). Folgerichtig schließt sich hieran die (Für-)Bitte in einem anderen Volksklagelied, den Unterdrückten (*daḵ*) nicht weiterhin beschämt sein zu lassen, Ps 74, 21 (allerdings ist die Wendung *ʾal-jāšoḇ daḵ niḵlām* nicht ganz präzise wiederzugeben; Kraus sagt: „Laß den Unterdrückten nicht beschämt abziehn", BK XV/2⁵ z. St.).

Noch zwei andere Varianten des Gebrauchs von *klm* in den Klageliedern können in Ps 69 beobachtet werden: bei der Bitte um Abhilfe aus der Notsituation spielt die Sorge des Frommen eine Rolle, daß durch seine Not andere zuschanden werden könnten (*bôš* und *klm niph*; Enttäuschung = Beschämung), die auf JHWH hoffen und nach ihm fragen (v. 7, *qāwāh* und *biqqeš*). Die Anfeindungen erfolgen – wie es scheint (vgl. v. 8–13) – aufgrund der besonderen Frömmigkeit des Beters (v. 10), weswegen er seine *kᵉlimmāh* auch als um JHWHs willen auf sich genommen empfindet (*ʿālæḵā nāśāʾṯî ḥærpāh*, „und Schande bedeckt, *kissᵉṯāh*, mein Angesicht", v. 8). Dem Text wird theologisch wohl zu viel entnommen, wenn in ihm unschuldiges und stellvertretendes Leiden angedeutet gefunden werden soll (so Kraus, BK XV/2⁵ z. St.). Die Bitte um Rettung erfährt in diesem individuellen Klagelied ihre Begründung darin, daß der Beter geltend macht, seine Not und Schande könnten JHWH schänden. Es ist eine Unterstreichung der Dringlichkeit des Erhörtwerdens. Er ist zuversichtlich, da JHWH um seine Schmach (*ḥærpāh*) weiß (v. 20; der Vers ist nicht ganz in Ordnung; meist werden *bŏštî ûḵᵉlimmāṯî* zu v. 21 gezogen: „heillos ist meine Scham und Schande", s. BHS, so daß sich in v. 20 das *nægdᵉḵā* auf *kŏl-ṣôrᵉrāj* bezieht: „dir gegenüber sind alle meine Feinde"). So wird in den Klageliedern vielfältige Not, innere wie äußere, als Schmach und Schande empfunden und mit verschiedenen Begriffen, darunter von *klm* hergeleiteten, auch als solche bezeichnet.

2. Reichlich die Hälfte aller Belege von *klm* findet sich in prophetischen Traditionen und innerhalb dieser fast ausschließlich in den Überlieferungen Jer, Ez und DtJes.

a) In der Begründung der Unheilsankündigung wird Israels Untreue gegenüber JHWH mit dem Treiben einer Hure verglichen, die sich weigert, sich zu schämen (Jer 3, 3). Priester und Propheten beschwichtigen das Volk, indem sie *šālôm* verkündigen, wo doch kein Heil ist. Sie müßten sich um ihrer Unbußfertigkeit willen schämen (*bôš*), aber sie haben das 'Sich-schämen' verlernt (6, 15: *gam-hikkālem loʾ jāḏāʿû*, im Blick auf 8, 12 – in den Formulierungen fast identisch – ist besser *niph* statt *hiph* [MT] zu lesen, s. BHS). Umkehr und Sündenbekenntnis werden erwartet, und vielleicht ist dies in 3, 19 – 4, 4 prophetisch erschaut und den Hörern durch Jer nahegelegt. Selbst wenn sich die dtr Predigt dieser Passage bemächtigt haben sollte, hätte sie eine Tendenz der jeremianischen Verkündigung erfaßt. 3, 25 gehört in das Bußbekenntnis hinein: „Hinlegen (wahrscheinlich zum Sterben) müssen wir uns in unserer Schande (*bošæṯ*), und zudecken (*kissāh*) muß uns unsere Schmach (*kᵉlimmāh*), denn wir haben gegen JHWH, unseren Gott, gesündigt!"

Innerhalb des Trostbüchleins für Ephraim sind Buße und Klage Ephraims zitiert (Jer 31, 18f.), wobei ebenfalls das 'Sich-schämen' zum Bußzeremoniell gehört (31, 19: Umkehr, Reue, Einsicht und Erkenntnis, auf die Hüften schlagen, *bošæṯ*, „und ich schäme mich (*wᵉḡam niḵlamtî*), denn ich trage die Schande (= Sünde, *ḥærpāh*) meiner Jugend" (LXX und S lesen anders, am Sinn ändert sich aber nichts).

Zwischen den Sprüchen über Jojakim und Jojachin steht eine an ein Femininum gerichtete Unheilsankündigung, die sich nur gegen Jerusalem wenden kann und die Situation zwischen 597 und 587 v. Chr. vorauszusetzen scheint (22, 20–23). In ihr wird das Gericht über die Führer des Volkes („alle deine Hirten [gen. obj.: die dich Weidenden] wird der Wind weiden") bewirken, daß sich dann Jerusalem schämen wird und wegen seiner Sünde Schande haben wird (*kî ʾāz teḇošî wᵉniḵlamt*, 22, 22), hier wohl noch nicht als erster Schritt zur Umkehr, sondern als Ausdruck des Gerichtes selber, so wie das ein später nachinterpretatorischer Unheilsspruch zu dem echten (aber wohl mißverstandenen) jeremianischen Wortspiel, 23, 33, in den folgenden Versen ausführt (23, 34–40): „und ich werde über euch geben ewige Schande und *kᵉlimmûṯ ʿôlām*, die nicht vergessen werden wird" (23, 40). In diesem Zusammenhang braucht nicht die Problematik des sekundären Textes zu interessieren, sondern nur der Tatbestand, daß Schimpf und Schande die Materie einer Unheilsankündigung darstellen können. Konkret vorgestellt ist nach dem voraufgehenden Satz die Verwerfung durch JHWH (*meʿal pānāj*). Die Periode der (sicher späten) Sprüche über Babels Sturz und das kommende Heil für Juda und Jerusalem und die Rückkehr aus dem Exil ist in 51, 51 ein Zitat der in der

(Gerichts-)Katastrophe Lebenden, in welchem wiederum die Beschämung über das Gericht, hier speziell darüber zum Ausdruck gebracht wird, daß Fremde in das Jerusalemer Heiligtum eingedrungen sind. Die üblichen Parallelbegriffe sind verwendet, das Zitat geht im Wir-Stil einher und macht den Eindruck, daß es der Klage oder vielleicht auch schon dem Bußzeremoniell entstammt („wir schämen uns, denn wir müssen Hohn hören, und Schande bedeckt unser Angesicht"). Die Nähe zu DtJes ist unverkennbar, der Akzent liegt hier wiederum auf der geprägten Rede.

In einer demgegenüber echten Passage ist Beschämung Inhalt des Gerichts, allerdings so, daß nichtvorhandenes Wasser bei der großen Dürre diejenigen zuschanden werden läßt, die vergebens in einer leeren Zisterne schöpfen wollen. Diese werden sich daraufhin schämen und von Schande betroffen sein (*klm hoph*) und ihr Haupt verhüllen (14, 3, *bošû wᵉhŏḵlᵉmû wᵉḥāpû ro'šām* wird gern zu v. 4b gezogen, es fehlt in LXX, vgl. BHS). Die Folge von Enttäuschung über nichterfüllte Erwartungen ist Empfinden von Scham. Dieser offenbar auch im allgemeinen Bereich funktionierende Zusammenhang wird von Jer zur Beschreibung des Dürre-Gerichtes verwendet.

Es unterliegt keinem Zweifel, daß Jer in seine Konfessionen geprägte Formulierungen aus Klage- und Dankliedern, aus Hymnen aufgenommen hat. In 20, 11–13 wird die Anwünschung der *kᵉlimmaṯ ʿôlām*, ewiger Schande, die nicht vergessen werden soll, den Feinden gegenüber zum Ausdruck gebracht (20, 11; vgl. Ps 109, 29 aber auch Jer 23, 40).

b) In den Traditionsbereichen des Propheten Ezechiel findet sich *klm* relativ häufig verwendet. Nicht alle Belege gehen auf den Propheten selber zurück, knüpfen aber stark an seine Verkündigung an und führen deren Gedanken weiter. Dies ist auch in Kap. 16 der Fall, jener unförmigen Bildrede (Allegorie) von der treulosen, ehebrecherischen Frau, in welcher der Prophet wie in einer Gerichtsanklage die Treulosigkeit Jerusalems (und in dieser „corporative personality" den Abfall des auserwählten Volkes) geißelt (s. Zimmerli, BK XIII/1, z.St.). An das auch schon von Kommentierungen durchsetzte Kernstück 16, 1–43 schließen sich zwei Fortführungen an (vv. 44–58 und vv. 59–63), die deutlich jünger als 587 v. Chr. sein müssen und nicht mehr von der Gerichtsankündigung sprechen, sondern von dem Eingeständnis der Schuld, der willigen Annahme des Gerichtes als Übernahme der Schmach und von der überraschenden heilvollen Wiederherstellung durch JHWH, ohne Zweifel ein Stück theologischer Bewältigung der exilischen Situation. Jerusalem wird mit Samaria und Sodom verglichen, deren Schandtaten, für die diese bestraft wurden, vor denen Jerusalems verblassen. Jerusalems hurerische Untreue verschafft diesen schuldbeladenen Städten geradezu eine groteske Rechtfertigung, d. h. läßt diese gerechter als jene sein. Jerusalem soll angesichts dieser Tatsache seine Schuld und Schande auf sich nehmen (v. 52). Zweimal ist die Wendung *nāśā' kᵉlimmāh* gebraucht, die, wie Zimmerli zurecht betont hat, der Schulddeklarationsformel nachgestaltet ist (*nāśā' ʿāwon*, 367). JHWHs Heilshandeln, in das auch die gegenüber Jerusalem gerechteren „Schwestern" Sodom und Samaria einbezogen sein werden (v. 53), dient dazu (v. 54 *lᵉmaʿan* – final!), daß Jerusalem seine *kᵉlimmāh* trägt und sich schämt (*wᵉniḵlamt*) über all das, was es getan hat (v. 54). JHWHs Güte soll zur Buße leiten. Auch der Bundesschluß, den JHWH in Anknüpfung (*zāḵar*) an seinen Erwählungsakt („mein Bund in den Tagen deiner Jugend") vornehmen wird, ein ewiger Bund, steht im Interesse des „Sich-schämens" der „Frau Jerusalem" wegen all ihrer „bösen Wege" (v. 61). Dem *zāḵar bᵉrîṯ* von seiten JHWHs wird das Gedenken (oder besser: 'Eingedenksein') des verfehlten Weges von seiten Jerusalems entsprechen (vgl. 36, 32 und den Kontext der vv. 29–32). Bund und Sühne (v. 62f.) bewirken (wieder *lᵉmaʿan* – final!, v. 63) „Gedenken", „Sich-schämen" und als Höhepunkt zuletzt, „den Mund nicht mehr aufmachen zu müssen wegen der *kᵉlimmāh*" („wenn ich dir Sühnung verschaffe [*kpr pi*] für alles, was du getan hast"). Daß dieses Thema von der Vergebung Gottes und seinem heilvollen Handeln an seinem Volk als Ermöglichungsgrund für Buße und Umkehr des Volkes nicht nur von der Ez-Schule verhandelt worden ist, sondern auch vom Propheten selber, bezeugt 36, 32 im Zusammenhang von 36, 29–32 („schämt euch und tragt Leid wegen eurer Wege, Haus Israel!", *bôš* + *klm niph*, als Folge von JHWHs gnädiger Zuwendung zu seinem Volk, vgl. auch 36, 23).

Der etwas dunkle Vers 16, 27, der zudem den Zusammenhang durchbricht und Strafankündigungen vorwegnimmt, die erst v. 35ff. genannt werden, soll wohl nur den Abscheu vor der Buhlerei unterstreichen, den selbst heidnische Philisterinnen bei dem Tun Jerusalems empfinden. Sie, nicht Jerusalem, schämen sich wegen des schändlichen Wandels (Ptz. *niph* fem. Pl.).

In den Heilsankündigungen der ez Überlieferungen, deren einige gewiß der Ez-Schule zu verdanken sind, wird angesagt, daß Israel nicht mehr die Schmähungen der Völker wird tragen müssen (34, 29; 36, 6). 34, 29 steht in einer weitausgreifenden nach-ez. Heilsankündigung (34, 25–30), die nicht nur große Fruchtbarkeit des Landes und den Tierfrieden verkündigt, sondern auch das Zerbrechen der Jochstangen, mit denen Israel geknechtet wurde (v. 27), offenbar die Konkretion der *kᵉlimmaṯ gôjim*. Wahrscheinlich gehört auch 36, 6 + 7 den Sekundärschichten des Komplexes 35, 1 – 36, 15 an, der von dem Kontrast der Unheilsansage an das Gebirge Seïr (Edom) und der Heilsankündigung an die Berge Israels lebt. Sollte es von Ez sein, so müßte es in die Spätphase der prophetischen Wirksamkeit datiert werden. Weil die Berge, Hügel, Bachtäler und übrigen Täler die „Schmach von Völkern" getragen haben, hat JHWH in seinem Zorn und Grimm (gegen sie) gesprochen (v. 6) und geschworen, daß die Völker, die ringsherum wohnen, ihre Schmach werden tragen müssen (v. 7). Berücksichtigt man den Zusammenhang, dann sollen die Nachbarn, die sich nach der Katastrophe von 587ff. v. Chr. an Juda und Jerusalem schadlos gehalten haben, was diesen letzteren zur Schmach gereichte, nunmehr ihrerseits der Strafe JHWHs zu ihrer eigenen Schande verfallen: Heil für das eigene Volk durch Unheil am Bedrückervolk (Edom, freilich stehen nur *gôjim*, v. 6, und *haggôjim 'ᵃšær lāk̲æm missāb̲îb̲*, v. 7; zum Spott der Völker vgl. v. 3). In 36, 13–15 scheint eine andere Verhöhnung erwähnt zu sein, nämlich die, daß das Land (ein Femininum ist angeredet) seine Kinder gefressen habe (eben in all den schuldhaft verursachten Katastrophen seiner Geschichte; vgl. Num 13, 32; Lev 18, 25. 28; s. Zimmerli, BK XIII/2, z. St.). Die heilvolle Zukunft wird so aussehen, daß die schmachvolle Kinderlosigkeit vom Volk des Landes genommen sein wird und das Land selber nicht mehr die Verhöhnung der Völker (*kᵉlimmāh*) wird hören und die Schmähung von Nationen (*ḥærpāh*) wird tragen müssen (v. 15). Der Bundesschluß (39, 25–29) unterstreicht noch einmal die mit der Wiederherstellung Israels durch JHWH verbundene Bußgesinnung des Volkes (v. 26, hier ist mit den Vrss und pc Mss *wᵉnāśᵉ'û 'æt̲-kᵉlimmāt̲ām* zu lesen gegen die in der Exegese beliebte Änderung zu *wᵉnāšû* „und sie sollen vergessen", s. BHS und Zimmerli z. St.). Als Parallelnomen steht *maʿal* ʿUntreueʾ.

Das Klagelied über die „Höllenfahrt" des einst pracht- und machtvollen Ägypten (32, 17–32) malt die Vorstellung aus, daß die einstigen Bedrücker des Volkes Israel selbst das schmachvolle Schicksal des Todes und damit des Hinabsteigenmüssens in die Grube ereilt, wo schon andere, die „Schrecken umher verbreiteten", ihr verachtungswürdiges Grubendasein erleiden müssen (Assur, Elam, Mesech-Tubal, Edom und im Nachtrag die Könige des Nordens). Der Passus lebt von dem Kontrast der einstigen Größe und der nunmehrigen (nicht naturhaft als biologischen Tod verstandenen) Schwäche, mit der sie in einem unehrenhaften Begräbnis (das ehrenvolle ist v. 27 genannt) bei Schwerterschlagenen und Unbeschnittenen liegen müssen. Sie müssen ihre Schande tragen (Elam, v. 24f.; v. 30 [Nachtrag] *nᵉsîk̲ê ṣāp̲ôn*). *kᵉlimmāh* ist in diesem Zusammenhang der schändliche Tod, in dessen Konsequenz das unehrenhafte Begräbnis liegt – beides als Gerichtshandeln JHWHs verstanden (*jrd hiph*).

Innerhalb des sogenannten Verfassungsentwurfes des Ez begegnet *klm* noch einmal, allerdings in einem spezifischen typischen Gebrauch. Der Tempelbau gilt als Heilsveranstaltung JHWHs. Die Verkündigung, die Proklamation des Heils soll wieder jenen Vorgang des Sich-schämens bewirken, das auch sonst im Ez-Buch schon genannt worden ist (43, 10. 11). Nicht der Gerichtsankündigung, sondern der Heilsansage ist es vorbehalten, die Buße voranzutreiben. – Die sicher nicht mehr ez. Levitenordnung geht von einem festen Geschichtsbild aus (sie benennt die Zeit als „da Israel in die Irre ging", 44, 10), nach welchem sich die Leviten von JHWH entfernt hatten und Götzen gefolgt waren. Diese sollen jetzt ihre Schuld tragen (*nāśā' ʿāwon*). Sie dürfen priesterliche Dienste verrichten, aber nicht im Allerheiligsten und unmittelbar vor JHWH (44, 13), sondern offenbar nur in den weniger wichtigen Angelegenheiten (v. 14). Sie haben darin ihre Schmach zu tragen und ihre Greueltat zu büßen (v. 13). *kᵉlimmāh* gewinnt hier den Charakter von Strafe im sakralrechtlichen Sinne. Möglicherweise liegt an dieser Stelle eine theologische Interpretation vorfindlicher Sachverhalte nach der josianischen Reform vor, die nicht weiter zu interessieren braucht, da es um die sakralrechtliche Verwendung des genannten Terminus geht (vgl. A. Gunneweg, Leviten und Priester, FRLANT 89, 1965, 192ff.).

Anhangsweise – weil mit dem Vorstehenden inhaltlich verwandt – soll angefügt werden, was im ChrGW mit *klm* umschrieben wird – wie es scheint – ein bußzeremonielles Element, das Priester und Leviten bei Schlachtung und Brandopferhandlung während des Passahfestes beobachtet haben: „sie schämten sich und heiligten sich" (2 Chr 30, 15, *nik̲lᵉmû wajjit̲qaddᵉšû*; zur inhaltlichen Problematik dieser „hiskianischen Passahfeier" sowie zu textlichen Fragen s. die Komm.; es scheint durch nichts gerechtfertigt, die copula zwischen Priester und Leviten zu streichen, wie BHS vorschlägt). – Ob in dem in Esr 9, 6ff. mitgeteilten Bußgebet die Eingangsformulierung ursprünglich ist und ein Stück des liturgischen Formulars repräsentiert, ist nicht mehr auszumachen: „Mein Gott, meine Scham und meine Schande sind zu groß, um mein Angesicht zu dir aufheben zu können, denn unsere Sünden sind viel, bis über den Kopf hinaus . . ." (o. ä., 9, 6, an sich verbal mit Formen von *bôš* und *klm*, *niph*, ausgedrückt). Mögen diese Belege spät sein, sie dokumentieren den Gebrauch von *klm* im kultischen Bußzeremoniell.

c) DtJes nimmt für seine Heilsankündigungen eine Redeform auf, die am Heiligtum auf die ausgerufene Klage hin die Heilszusage zum Inhalt hatte, das sog. priesterliche Heilsorakel (Begrich). In 41, 8–13 ist ein solches überliefert. In ihm werden Zuwendung und Hilfe JHWHs zugesagt. Darunter befinden sich Ankündigungen darüber, daß Israels Feinde vernichtet, zuschanden (v. 11), zu nichts werden sollen (Parallelbegriffe sind *'āb̲ad̲*, *bôš* und *kᵉ'ajin* = wie Nichtsein, vgl. auch die Vielzahl der Bezeichnungen für ʿGegnerʾ; s. Elliger, BK XI/1, und Westermann, ATD 19 z. St., letzterer macht auf die starken Entsprechungen zwischen der Klage und dem Heilsorakel, bis in das Formale hinein, aufmerksam). Eine kurze Sentenz in 45, 16f. stellt die Götzenbildner, die zuschanden und zunichte werden (*bôš* und *klm niph*) und in Schmach (*kᵉlimmāh*) dahingehen (müssen), Israel gegenüber, das seine beständige Hilfe in JHWH hat und deswegen niemals zuschanden und zunichte werden wird.

Leider bleibt dieser Passus ohne Zusammenhang (ein Fragment), er wird in der Exegese DtJes häufig abgesprochen. Die Worte verkünden eine zeitlose Glaubenswahrheit (zum Ganzen, auch zur Stellung zu anderen ähnlichen Sentenzen bei DtJes, bes. zu 44, 9–20, s. Westermann, ATD 19).

Das Bild der kinderlos gebliebenen Frau, die über zahlreiche Nachkommenschaft jubeln soll, bietet die Verwendung von *klm* in 54, 4. Der Vers steht in einem kunstvoll aufgebauten Loblied, dem die Zusage von Leidwende und Heil als Begründung dient (54, 1–10). Zusätzlich ist das Motiv der in der Jugend 'sitzengelassenen' jungen Frau und der Witwe aufgenommen, dreifache Schande, die JHWH selber als sich (neu) Vermählender, als Schöpfer und (Er-)Löser und als Herr wenden wird (54, 4 + 5ff.). Der v. 4 reiht die ganze Palette der bekannten Verben und Nomina auf, die im Hebr. den Begriff von Schmach und Schande umschreiben (darunter *klm niph*).

Einen gewissen Höhepunkt stellt das dritte sog. Gottesknechtslied dar (50, 4–9). In ihm wird von dem willig das Leid und damit die Schande des Leides auf sich nehmenden Propheten (Prediger) gehandelt, der sich doch der Hilfe JHWHs versieht und zuversichtlich bekennt, daß er nicht zuschanden werden wird (v. 6f.). *k^elimmôṯ* (v. 6) sind die Leiden, die in Feindschaft und Schmähung, in Geschlagen- und Bespien-Sein erfahren werden müssen. Demgegenüber meint *'al-ken lo' niḵlamtî* (v. 7) die Gewißheit, nicht zunichte zu werden, *klm* als Existenzverhinderung, als -vernichtung. Diese überraschende Spannung der Schmähungen, welche erfahrbare, zu erleidende, nicht zu neutralisierende Wirklichkeit sind und die doch nicht zu ihrem intendierten Ziel der Existenzverunmöglichung gelangen können, liegt allein in JHWHs Stellung zum Gottesknecht begründet. Beides ist zugleich erlebbar; darin wird die 'Welt' überwunden! Das sind einmalige Töne innerhalb des AT (vgl. auch Westermann, ATD 19, z. St.).

Anhangsweise sei noch auf den einen Beleg aus TrJes verwiesen, auf 61, 7, der in einer unbedingten Heilsankündigung steht, die deutliche Anklänge an DtJes aufweist. Zwiefältiges Erbe im eigenen Lande und ewige Freude werden anstelle von zwiefältiger Scham und Schande vorhanden sein (vgl. 40, 2; statt *jāronnû* ist in v. 7aβ wahrscheinlich *wāroq* zu lesen, so daß Beschämung und Bespeiung zusammen genannt sind; lies ferner in 7aα *bŏštām*, s. BHS). Diese Wendung könnte an 50, 6 erinnern. *k^elimmāh* meint die Katastrophe mit der Exilierung vom Beginn des 6. Jh.s v. Chr.

d) Aus der letzten Phase der prophetischen Tätigkeit des ProtoJes, von der man wissen kann, stammt ein Weheruf (30, 1–7), in welchem der Prophet zum wiederholten Male die verfehlte Bündnis- und Koalitionspolitik der judäischen Könige (diesmal Hiskias) angreift. Abgesehen davon, daß sie gegen JHWHs Willen gerichtet sind und Mißtrauen gegen die Zuverlässigkeit JHWHs bedeuten (v. 1 „störrische Söhne", „häufen Sünde auf Sünde"), gereicht das Sichbergen beim Pharao zur Schande und die Schutzsuche im Schatten Ägyptens zur Schmach (v. 3). Ägypten wird als „ein Volk, das nichts nützt", dargestellt (v. 5f.). Noch ist jeder, der sich auf Ägypten verließ, schmachvoll und enttäuscht verlassen geblieben (v. 5 mit den bekannten Parallelbegriffen zu *klm*). Getäuschte Erwartungen konstituieren Beschämung und Schande, vor allem wenn die Erwartungen an dem richtigen Adressaten vorbei an den falschen gerichtet wurden (vgl. Fohrer, Das Buch Jesaja, ZBK II, z. St.).

Mi 2, 6 gehört in die Auseinandersetzung des Propheten mit seinen Hörern (2, 6–11), in welcher die von Micha wegen ihrer sozialen Ungerechtigkeit mit Unheil bedrohten reichen Mitbürger (2, 1–5) dem Propheten die Sachzutrefflichkeit seiner Drohungen bestreiten. Sie tun dies unter Hinweis auf einen gütigeren Gott, den sie zu kennen meinen (v. 6 + 7). Sie fordern den Propheten und offenbar seine Gesinnungsgenossen (vielleicht andere Propheten wie Jes) dazu auf, nicht prophetisch zu weissagen (*nṭp hiph*), zumindest nicht so, denn „die *k^elimmôṯ* des Propheten erreichen (scil. uns) nicht, holen (uns) nicht ein". Es ist nicht auszumachen, ob *k^elimmāh* Gerichtsankündigung oder Gerichtsinhalt ist, wahrscheinlich beides (v. 6 ist textlich nicht ganz sicher, *jissaḡ* wird gern zu *jaśśîḡenû* geändert). Hinter dem Mi-Wort steht eine ganze Gedankenreihe: prophetische Ansage sieht Unheil (Gericht) vor, das denen zur Schande gereicht, auf die sie trifft. Diese meinen aber: „die (angekündigten) Schändlichkeiten erreichen uns nicht!".

V. Die LXX zeigt in der Wiedergabe von *klm* eine große Variationsbreite. Verbal begegnen ἐντρέπειν (13mal), ἀτιμάζειν (4mal), ἀτιμοῦν, καταισχύνειν (3mal) sowie αἰσχύνειν mit Komposita u. a. Beim *hiph* bevorzugt sie ὀνειδίζειν, καταισχύνειν und ἀτιμάζειν sowie ἀποκωλύειν (auch für *hoph*). Nominal begegnen ἀτιμία und κόλασις.

k^elimmāh wird durch ἀτιμία (9mal), ἐντροπή (7mal), βάσανος (4mal), ὀνειδός (3mal) sowie durch αἰσχύνη und ὀνειδισμός wiedergegeben. *k^elimmûṯ* übersetzt sie mit ἀτιμία.

Wagner

כֵּן *ken* → כּוּן *kûn*

כנה *knh*

Das *pi* der Wurzel *knj* bedeutet im Mhebr. 'umschreiben, verhüllt ausdrücken'; dieselbe Bedeutung hat arab. *kanā*, 'mit etw. eine Anspielung machen' (WKAS I 399f.). Arab. *kanā* bedeutet aber (in I und II) auch 'einen Ehrennamen (*kunja*) geben': der Vater benennt sich mit *abū* (Vater) + dem Namen des ältesten Sohnes (s. dazu I. Goldziher, Muhammedanische Studien I, 1889–1890, 269; ders., Gesetzliche Bestimmungen über Kunja-Namen im Islam, ZDMG 51, 1897, 256–266; A. Spitaler, Beiträge zur Kenntnis der Kunya-Namengebung, Festschr. W. Caskel, 1968, 336–350). Außerdem ist die Wurzel im Phön. (s.u.), Jüd.-Aram., Syr. ('Beinamen geben, nennen') und Mand. belegt. Akk. *kanû* (AHw 440f.) weicht in der Bedeutung ab.

Der einzige Beleg im Phön. findet sich in einer Kranzinschrift aus dem Jahr 96 v.Chr., wo es heißt, daß „die Gemeinde (*gw*) zum Bürgen über diese Stele" ernannt wird (*lknt*, offenbar Inf. D).

Im hebr. AT kommt *knh pi* 4mal vor, außerdem 4mal in Sir. Die LXX hatte mit dieser Vokabel offensichtlich Probleme, da sie mit βοᾶν, ἐντρέπειν, θαυμάξειν und αἰνεῖν (je 1mal) übersetzt.

Jes 44, 5 heißt es von denen, die sich dem JHWH-Glauben anschließen werden: „Der eine sagt: Ich gehöre JHWH, und der andere nennt sich mit Jakobs Namen; der eine schreibt in seine Hand: 'JHWH eigen', und der andere nimmt den Zunamen (Ehrennamen) (*jekannæh*) Israel." Dem Gottesvolk und seinem Gott zu gehören ist ihnen eine Ehre, und Israel ist ein Ehrentitel. Jes 45, 4 sagt von Kyros: „Darum rufe ich dich beim Namen, gebe dir Ehrennamen (*'akannekā*), der du mich nicht kennst." Kyros wird also von JHWH geehrt und mit einem Auftrag von ihm betraut, obwohl er ihn nicht kennt; letzteres wird noch einmal in v. 5b betont (C. Westermann, ATD 19, 130f.).

In den Elihu-Reden des Hiobbuches sagt Elihu am Ende seiner Einleitung: „Für keinen werde ich parteiisch sein, und keinem gebe ich Ehrennamen. Denn ich verstehe mich nicht auf Namengeben ..." (Hi 32, 21f.). „Ehrennamen geben" heißt hier soviel wie „schmeichelhaft reden". Elihu will also ohne Parteinahme und einschmeichelnde Worte reden und alles beim richtigen Namen nennen.

Die Stellen in Sir sind z.T. textkritisch unsicher. Sir 36, 12/17 heißt es in einem Gebet für das Volk Israel: „Erbarme dich des Volkes, das deinen Namen trägt, Israels, das du den Erstgeborenen nanntest (*bekôr kinnîtāh*)". Israel trägt also den Ehrennamen „Erstgeborener Gottes". 44, 23 sagt von Jakob/Israel *wjkwnnhw bbrkh*, „er befestigte ihn im Segen" (so auch LXX); S liest statt *berākāh* aber *bekorāh*, 'Erstgeburt'. KBL³ liest offenbar wie 36, 17 „er nannte ihn den Erstgeborenen". Auch 45, 2 ist unsicher. Der Text ist beschädigt, aber es handelt sich jedenfalls um Mose, den Gott 'ehrte' wie einen Gott oder mit dem Ehrennamen „Gottesmann". Schließlich sagt 47, 6 von David, daß „die Töchter ihn besangen und mit (dem Zuruf) Zehntausend ehrten (*wjknwhw brbbh*)" – hier wird offenbar auf 1 Sam 18, 6–8 angespielt.

Ringgren

כִּנּוֹר *kinnôr*

I. Herkunft der Bezeichnung – 1. Außerbiblische Belege – 2. Verwendung als Ortsname – 3. Gebrauch als Gottesname – II. Gestalt und Funktion – 1. Die sumerische Leier – 2. Die ägyptische Leier – 3. Die Leier in Palästina – III. Das Leierspiel im AT – 1. Leierspieler – 2. Apotropäische Funktion – 3. Bildsymbolik – IV. LXX – V. Qumran.

Lit.: *N. Avigad*, The King's Daughter and the Lyre (IEJ 28, 1978, 146–151). – *Ders.*, The King's Daughter and the Lyre (Qadmoniot 12, 1979, 61–62). – *B. Bayer*, The Material Relics of Music in Ancient Palestine and its Environs, Tel Aviv 1963. – *F. Ellermeier*, Beiträge zur Frühgeschichte altorientalischer Saiteninstrumente (Archäologie und Altes Testament. Festschr. K. Galling, 1970, 75–90). – *V. Fritz*, Kinneret und Ginnosar. Voruntersuchung für eine Ausgrabung auf dem *Tell el-'Orēme* am See Genezareth (ZDPV 94, 1978, 32–45). – *K. Galling*, Musik (und Musikinstrumente) (BRL 389–394). – *M. Görg*, Die Königstochter und die Leier (BN 14, 1981, 7–10). – *H. Greßmann*, Musik und Musikinstrumente im AT, 1903. – *E. Hickmann*, Leier (LexÄg III 996–999). – *H. Hickmann*, Die Rolle des Vorderen Orients in der abendländischen Musikgeschichte, 1957. – *Ders.*, Leier (Die Musik in Geschichte und Gegenwart 8, 1960, 517–528). – *Ders.*, Ägypten, Musikgeschichte in Bildern II.1, 1961. – *Ders.*, Vorderasien und Ägypten im musikalischen Austausch (ZDMG 111, 1961, 23–41). – *Ders.*, Altägyptische Musik (HO 1. ErgBd IV, 1970, 135–170). – *A. Jirku*, Gab es eine palästinisch-syrische Gottheit Kinneret? (ZAW 72, 1960, 69). – *Ders.*, Der kyprische Heros Kinyras und der syrische Gott Kinaru(m) (FF 37, 1960, 211). – *E. Kolari*, Musikinstrumente und ihre Verwendung im Alten Testament, Helsinki, 1947. – *L. Manniche*, Ancient Egyptian Musical Instruments (MÄS 34, 1975). – *R. North*, The Cain Music (JBL 83, 1964, 373–389). – *A. F. Pfeiffer*, Über die Musik der alten Hebräer, 1779. – *J. Rimmer*, Ancient Musical Instruments of Western Asia in the Department of Western Asiatic Antiquities, The British Museum, London 1969. – *H. P. Rüger*, Musikinstrumente (BRL² 234–236). – *C. Sachs*, Die Namen der altägyptischen Musikinstrumente (Zeitschrift für Musikwissenschaft 1, 1918/19, 265–268). – *Ders.*, Musik des Altertums, 1924. – *H. Sachsse*, Palästinensische Musikinstrumente (ZDPV 50, 1927, 19–66). – *O. R. Sellers*, Musical Instruments of Israel (BA 4, 1941, 33–47). – *A. Sendrey*, Musik in Alt-Israel, 1970. – *W. Stauder*, Die Harfen und Leiern der Sumerer, 1957. – *Ders.*, Die Harfen und Leiern Vorderasiens in babylonischer und assyrischer Zeit, 1961. – *Ders.*, Sumerisch-babylonische Musik (MGG 12, 1965, 1737–1752). – *Ders.*, Die Musik der Sumerer, Babylonier und Assyrier (HO 1. ErgBd IV, 1970, 171–243). – *G. Wallis*, Musik, Musikinstrumente (BHHW II 1258–1262). – *M. Wegner*, Die Musikinstrumente des alten Orients, 1950. – *D. Wohlenberg*, Kultmusik in Israel, 1967. – *S. Yeivin*, On „The King's Daughter and the Lyre" by N. Avigad (Qadmoniot 13, 1980, 56).

Zur ägyptischen Musik: *E. Hickmann*, Musik, Musiker, Musikinstrumente, Musikleben, Musik, Militär-, Musizierpraxis (LexÄg IV, 1980, 230–243).

I. 1. Der einstweilen früheste Beleg zur Bezeichnung des mit dem hebr. *kinnôr* gemeinten Musikinstruments findet sich mit der Schreibung ^{giš}*kinnarātim* als Pl.-Bildung von ^{giš}*kinnaru* in einem Brief des Mukannišum an Zimri-Lim aus dem Archiv von Mari (ARMT XIII, 20, 5. 7. 11. 16, Ellermeier 77; CAD K 387b; AHw 480b); dazu in Alalaḫ *kinnaruḫuli* (churr.), 'Leierspieler' (AHw 1568). In ugar. Texten mit der alphabetischen Schreibung *knr* (M. Dahood, Bibl 46, 1965, 329) zitiert (vgl. KTU 1.19, I, 8; 1.101, 16; 1.108, 4; 1.148, 9), begegnet der Instrumentenname als solcher auch im Altaram. (KAI 222 A 29) und Phön. (vgl. Z. S. Harris, Grammar of the Phoenician Language, New Haven 1936, 112), vgl. DISO 123. Mit Ausnahme des Äth. ist das Wort auch in den jüngeren semit. Dialekten nachweisbar (vgl. KBL^3 460f.).

Als semit. Fremdwort im Äg. erscheint die Bezeichnung mit der Graphie *knjnjwrw* (= *knwrw*) in Pap. Anastasi IV 12, 2 (vgl. M. Burchardt, Die altkanaanäischen Fremdworte und Eigennamen im Ägyptischen, 1910, Nr. 990; WbÄS V 132, 4; W. F. Albright, The Vocalization of the Egyptian Syllabic Orthography, New Haven 1934, 47, C 6; R. A. Caminos, Late Egyptian Miscellanies, Oxford 1954, 187; W. Helck, Die Beziehungen Ägyptens zu Vorderasien im 3. und 2. Jahrtausend v. Chr., ^{2}1971, 523, Nr. 253; Manniche 91). Während bei diesem Beleg lediglich das Holzdeterminativ zugefügt ist (vgl. auch Ellermeier 76f.), ist in einer späten spielerischen Schreibung der Ptolemäerzeit aus Karnak, die in WbÄS als *gn..* zitiert (V 173, 1) und von J. Osing, Die Nominalbildung des Ägyptischen, 1976, 462, wohl zutreffend *gn-jrj* gelesen wird, eindeutig das Determinativ einer Leier erkennbar. Das Fremdwort begegnet dann im Koptischen mit den sahidischen Formen *ginēra* bzw. *genēre* (vgl. dazu u.a. Albright 17 mit Anm. 72; Osing 462; W. Westendorf, Koptisches Handwörterbuch, 1965/1977, 459).

Die Bezeichnung ist ferner im heth. ^{lu}*kinirtalla* (KBo I 52 I 15f.) enthalten (vgl. J. Friedrich, Hethitisches Wörterbuch, 1952ff., 110a mit Lit.), erscheint offenbar im Sanskrit als *kinnarī* (vgl. W. Baumgartner, Zum AT und seiner Umwelt, 1959, 231f. Anm. 5; KBL^3 461) und begegnet vor allem in den griech. Bildungen κινύρα und κιννύρα (vgl. u.a. H. Lewy, Die semitischen Fremdwörter im Griechischen, 1895, 164; M. L. Mayer, Gli Imprestiti Semitici in Greco, in: Rendiconti del Istituto Lombardo di scienze e lettere Milano 94, 1960, 328; KBL^3 461), wobei eine Ableitung von Phön. **kinnūr* supponiert werden kann (vgl. Albright 47 C. 6).

Trotz der ostindogermanischen Bezeugung ist eine Rückführung des Wortes auf diesen Sprachbereich nicht überzeugend vertretbar (Ellermeier 76), so daß eher wohl eine semitische oder zumindest vorderasiatische Abkunft diskutiert werden kann (vgl. schon Pfeiffer 28; J. Barth, Die Nominalbildung in den semitischen Sprachen, ^{2}1967, 65 Anm. 2; Th. Nöldeke, Mandäische Grammatik, 1875, 122 mit Einschränkung). Vielleicht darf auch an eine Herkunft der Bezeichnung aus dem Vokabular von „invading non-Semitic peoples such as the Hurrians" (M. Ellenbogen, Foreign Words in the Old Testament, London 1962, 87) gedacht werden, doch verbietet sich hier einstweilen jede Behauptung. Daß es sich um ein sprachgeographisch nicht eingrenzbares Kulturwort handelt, dessen Ursprung vorerst nicht definiert werden kann, steht außer Zweifel (vgl. auch Friedrich 110a).

2. Im Bereich der Ortsnamenbildungen erscheint bereits im Nameninventar der Großen Palästinaliste Thutmosis III. von Karnak eine Schreibung *kn-nȝ-r'-tw* (= *knnrt*) neben der Variante *k-nȝ-tw* (= *knt*), vgl. J. Simons, Handbook for the Study of Egyptian Topographical Lists relating to Western Asia, Leiden 1937, 111, List I, 35a bzw. b und c, dazu u.a. S. Yeivin, JEA 36, 1950, 54, ferner in Pap. Petersburg 1116A eine Graphie *kn-(n)ȝ-r'tw* (= *knnrt*), dazu u.a. W. M. Müller, OLZ 17, 1914, 103f.; C. Epstein, JEA 49, 1963, 49ff., deren Identifikation mit dem in Jos 19, 35 innerhalb der Ortsnamenreihe des Stammes Naphtali genannten *Kinnæræṯ* (jetzt *Tell el-'Orēme*; vgl. dazu Fritz 32ff.) lautlich und topographisch problemlos ist. Da sowohl der See wie auch das an diesen grenzende Territorium nach dem Toponym benannt worden sind (vgl. Num 34, 11; Deut 3, 17; Jos 11, 2; 12, 31; 13, 27; 1 Kön 15, 20), kann der Name *Kinnæræṯ* nicht von der ovalen Gestalt des Sees abgeleitet werden (vgl. Fritz 42f.). Aber auch die jetzige Form des Hügels kann kaum als Anlaß für die Wahl des Toponyms angesprochen werden (gegen W. F. Albright, AASOR 6, 1924–1925, 26 mit Fritz 43). Ernsthafterer Prüfung bedarf noch die These, der Name der Ortschaft könne mit dem Namen einer kanaanäischen Gottheit in Verbindung gebracht werden (vgl. 1.3).

Im Arsenal der Ortsnamen von Ugarit ist weder ein Toponym *knr* (UT Nr. 1274) noch ein Ortsname *knrt* (E. Ullendorf, JSS 7, 1962, 342) sicher nachweisbar. Statt des angeblichen *knr* gibt KTU 4.341, 35 die korrekte Lesung *snr*, während in KTU 1.19, III, 41 nur ein fragwürdiges *k*nk*/r*t* geboten wird (zu beiden scheinbaren Belegen vgl. auch Fritz 43, Anm. 35).

3. Im ugar. Pantheon hat nach Ausweis einer Götterliste (KTU 1.47, 32) neben deren akk. Parallele (RŠ 20. 24, 31) eine Gottheit *knr* = $^{d.giš}$*kinarum* einen Platz (vgl. J. Nougayrol, Ugaritica V, 45. 59). Der Gottesname dürfte auch im Namen der kyprischen Sagengestalt Κινύρας erhalten sein (vgl. A. Jirku, FF 37, 1963, 211; vgl. auch Z. J. Kapera, Kinyras and the Son of Mygdalion, Folia Orientalia 13, 1971, 131–142). Die Diskussion um die Existenz eines weiblichen Gegenstücks *Knrt*, welche Gottheit zugleich der Ortsbezeichnung zugrundeliegen könnte (positiv: A. Jirku, ZAW 72, 1960, 69; FF 37, 1963, 211; kritisch dazu: Fritz 43 mit Anm. 35), ist noch nicht abgeschlossen. Das Hauptargument gegen die Annahme einer Gottheit *knrt* ist deren angeblich fehlende Bezeugung.

Vielleicht läßt sich bei aller gebotenen Zurückhaltung doch ein Beleg namhaft machen. Die Stele BM 646 des British Museum (T. G. H. James, Hieroglyphic Texts from Egyptian Stelae etc., 1970, Taf. XXXIX) enthält den Namen einer weiblichen Gottheit in der Schreibung *Knt*, die bisher als „offensichtliche Verschreibung" (R. Stadelmann, Syrisch-palästinensische Gottheiten in Ägypten, 1967, 119 mit Anm. 3) gedeutet und nach W. Helck, AfO 22, 1968/9, 23 nachträglich in den bekannteren Gottesnamen *Qdš* (= „Qadschu") korrigiert worden sein soll. Während zugunsten der letzteren Annahme keine Spuren erkennbar zu sein scheinen (vgl. dazu James 47, Anm. 3), ist angesichts der nahezu kanonischen Illustration der Gottheit Qadschu (vgl. dazu W. Helck, Die Beziehungen Ägyptens zu Vorderasien im 3. und 2. Jahrtausend v. Chr., [2]1971, 463ff.) kaum ein anderer Gottesname als *Qdš* zu erwarten. Dennoch ist eine Verschreibung von *Knt* zu *Qdš* kaum nachvollziehbar. Vielmehr ist damit zu rechnen, daß die Form *Knt* für *Knrt* stehen kann, wie ja auch beim Ortsnamenbeleg der Palästinaliste Thutmosis III (Simons, I 34) Schreibungen mit und ohne *r* belegt sind (I. 2). Dazu kommt, daß der Name *Qdš* auf einer vergleichbaren Stele mit den Götternamen ʿAnat und Aštart kombiniert erscheint (vgl. I. E. S. Edwards, JNES 14, 1955, 49ff. mit Taf. III), womit auch eine Darstellung einer weiteren palästinensischen Göttin in Qadschu-Typus nicht auszuschließen wäre.

II. Der Ausdruck *kinnôr* gilt samt seinen lautlichen Äquivalenten der „Westsemitenleier" (vgl. Ellermeier 75ff.), deren Gestalt indessen gewisse Varianten zuläßt.

1. Eine ältere Vorstufe der „Westsemitenleier" stellt die sumer. Leier dar, deren wechselnde Form als „große Stand- und kleinere Tragleier" mit Hilfe einschlägiger Siegelabrollungen von der Djemdet-Nasr-Periode bis zur Ur-I-Zeit und erhaltener Teile aus den Königsgräbern von Ur genetisch beschrieben werden kann (Stauder 178ff.). Ein Kennzeichen der sumerischen Leier ist die Verbindung mit dem Stier als Fruchtbarkeitssymbol, der sowohl naturalistisch wie auch stilisiert dargestellt werden kann. Die Entwicklung der Leiertypen zeigt einen Anstieg von einem viersaitigen bis zu einem elfsaitigen Instrument, wobei der sog. „goldenen" und der „silbernen" Leier aus Ur I besonderer Informationswert zukommt (vgl. dazu Stauder 181). Die sumer. Leier verschwindet anscheinend gegen Ende der 1. Dyn. von Ur. Nach Ellermeier 76 wird sie „durch die Westsemitenleier einerseits und die Bergvölkerleier andererseits ersetzt", welch letztere sich als „einfache, rechteckige, vertikalgespielte Kastenleier" von der „Westsemitenleier mit ihren gebogenen Jocharmen", für die zunehmend „Plektrumspiel und schräge Spielhaltung" charakteristisch sind, augenfällig unterscheidet (vgl. auch H. Hickmann 186ff.).

2. Der früheste Beleg für die „Westsemitenleier" als einem Importinstrument in Ägypten findet sich auf einer Grabwand in Beni-Hassan (ca. 1900 v. Chr.), wo zugleich die nomadische Herkunft des neuen Instrumententyps in Erscheinung tritt (vgl. H. Hickmann 187). Anfängliche Einfachheit der Gestaltung wird auch in Ägypten durch allmählich differenziertere Konstruktion abgelöst, wobei im Unterschied zu dem Männern vorbehaltenen Gebrauch des Instruments in Vorderasien eine bevorzugte Verwendung der Leier beim Musizieren der Frauen in Ägypten beobachtet werden kann (vgl. E. Hickmann 998). Eine Rückwirkung dieser ägyptischen Praxis auf das palästinensisch-israelitische Leierspiel kann als wahrscheinlich gelten (vgl. zu II. 3). Zu weiteren genetischen Modifikationen der Leiergestalt in Ägypten vgl. u. a. E. Hickmann, LexÄg III 997f.

3. In Palästina haben allem Anschein nach verschiedene Formen der Leier Verwendung gefunden (vgl. Ellermeier 76). Trotzdem zeigen die erhaltenen Repräsentationen eine strukturelle Kontinuität (vgl. die Folge der Abb. bei Avigad 148). Die frühesten Darstellungen scheinen hier Felszeichnungen in Megiddo und im Negev zu bieten (vgl. dazu H. P. Rüger, BRL[2] 234b). Eine Elfenbeinplakette von Megiddo aus der SB-Zeit zeigt eine Leierspielerin, womöglich äg. Einfluß verratend (vgl. die Abb. in BRL[2] 70). Philistäischer Provenienz ist die Darstellung einer Leier auf einem Kultständer von Ašdod (Avigad 148, Abb. 5), wo auch eine singuläre Tonfigur mit einer Leier gefunden wurde (Avigad 148, Abb. 6). Phön. Einfluß verrät eine Elfenbeinpyxis des 8. Jh. von Nimrud mit einer Darstellung des Leierspiels (vgl. Avigad 148, Abb. 9). Das assyr. Relief von Ninive mit der Dokumentation der Eroberung von Lakisch durch Sanherib zeigt drei leierspielende Judäer auf ihrem Weg in die Gefangenschaft (vgl. Avigad 148, Abb. 11). Eine Zeichnung auf einem der in Kuntillet ʿAjrud gefundenen Pithoi (9. Jh.) führt eine Leierspielerin vor (vgl. Z. Meshel, Kuntillet ʿAjrud. A Religious Centre from the Time of the Judaean Monarchy on the Border of Sinai, Jerusalem 1978, Abb. 12, s. auch V. Fritz, BN 9, 1979, 49f.). Im Kontext der weiteren Pithosdekorationen ließe sich hier an eine Funktion des Leierspiels denken, die zumindest auch in den Bereich apotropäischer Riten weist (vgl. dazu M. Görg, BN 14, 1981, 7ff.). In dieser Richtung dürften wohl auch Darstellungen des Leierspiels auf Siegeln (vgl. Avigad 148, Abb. 12; 13) zu interpretieren sein, darunter vor allem die Repräsentation einer Lyra auf einem Skaraboid (7. Jh.?) mit dem Vermerk: „Der *Maʿadanah* zugehörig, der Königstochter" (dazu Avigad 146ff.; N. Avigad, Qadmoniot 12, 1979, 61f.; S. Yeivin, Qadmoniot 13, 1980, 56). Das Motiv für die Darstellung dürfte dabei weniger die Qualifikation der Prinzessin als „ardent lyre-player" (Avigad 151) als das Bemühen sein, durch die Leiersymbolik eine Abwehr möglicher Gefährdung zu erzielen (dazu Görg, BN 14, 1981, 7ff.). Vielleicht können sogar noch die Bar-Kochba-Münzen mit Leier-

illustrationen (vgl. Avigad 148, Abb. 15; 16) in dieser Spur gedeutet werden. Zur Darstellung des Leierspiels innerhalb und außerhalb der Glyptik vgl. jetzt auch O. Keel, OBO Ser. Arch. 1, 1980, 279. 294 (Anm. 322–324).

III. 1. Nach Gen 4, 21 (zur literar. Spätdatierung vgl. P. Weimar, BZAW 146, 1977, 137) gilt *Jubal* (zur Paronomasie mit Jabel und Tubal vgl. J. Ebach, BWANT 108, 1979, 340ff.) als „Vater aller Leier- und Flötenspieler", dabei jedoch nicht als „Erfinder einer Fertigkeit", sondern als Stammvater „derer, die eine bestimmte Fertigkeit besitzen" (Ebach 347). In der nachexil. Literatur wird gerade auch der Musikanten im Sakraldienst, darunter der Leierspieler, teils namentlich gedacht (vgl. 1 Chr 15, 16. 21; 16, 5; 25, 1. 3. 6; 2 Chr 5, 12; 29, 25), wobei die Tätigkeit der levitischen Instrumentalisten (vor allem der Familie des Jedutun) terminologisch mit dem Nabitum in Verbindung gebracht werden kann (zu 1 Chr 25, 1–3 vgl. A. Jepsen, Nabi, 1934, 236). Ein Zusammenhang von prophetischer Ekstase und musikalischem Ausdruck muß ohnehin angenommen werden, wie u. a. die *kinnôr*-Musik als „Mittel zur Herbeiführung der prophetischen Begeisterung" (J. Jeremias, THAT II 71) dient (vgl. 1 Sam 10, 5). Nicht nur prophetische Worte, sondern auch Weisheitsgedichte scheinen zur Leier gesungen worden zu sein (zu Ps 49, 5 vgl. H. J. Kraus, BK XV/1, ⁵1978, 520). Der Begleitung des Wortes durch das Instrument wird damit offenbar eine Kraft zugemessen, die eine bewußtseins- und praxisverändernde Wirkung hat. Dies geschieht aber, weil im Spiel die Autorität des guten Geistes spürbar wird, der zugleich die Kontroverse mit dem „bösen Gottesgeist" bestehen läßt (vgl. 1 Sam 16, 16. 23). Hier wird dem Leierspiel Davids vor Saul gerade jene „apotropäische" Effizienz zugesprochen, wie sie dem Siegel mit der Lyraillustration eignet (II. 3). Das Leierspiel erweist sich damit als ein Medium göttlicher Einwirkung für eine Kette prominenter Funktionen. Kein Wunder, daß das Instrument gerade im Tempelbezirk besondere Wertschätzung erfährt (vgl. u. a. 1 Kön 10, 12 = 2 Chr 9, 11).

2. Die Leier hat ihren festen Platz bei kultischen Prozessionen (vgl. 2 Sam 6, 5 = 1 Chr 13, 8; Jes 30, 32) und vor allem nach dem Zeugnis des Hauptanteils der Belege in den Psalmen zur Verherrlichung JHWHs im Gottesdienst (Ps 33, 2; 43, 4; 57, 9; 71, 22; 81, 3; 92, 4; 98, 5; 108, 3; 147, 7; 149, 3; 150, 3), aber auch bei Festgelagen (vgl. Jes 5, 12) und weltlichen Feiern (vgl. Gen 31, 27). Ob nach dem Befund indessen eine grundsätzliche Scheidung von profaner und sakraler *kinnôr*-Musik erlaubt ist, erscheint nicht zuletzt wegen der beidseitigen Bezogenheit auf die Ebene der apotropäischen Funktion des Instruments und seiner Bedienung zweifelhaft. Innerhalb wie außerhalb der Liturgie kann das Leierspiel analog vor allem zur ägyptischen Instrumentalmusik der chaotischen Disharmonie widerstehen. Dieses Verständnis kann freilich auch problematisch werden, wo das gelungene Leierspiel der Frevler reflektiert wird (vgl. Hi 21, 12; hierzu vgl. M. Dahood, Festschr. Gruenthaner, New York 1962, 65). Die dieser existentiell-pessimistischen Wertung voraufgreifende Kritik des Propheten am selbstgefälligen Spiel (Jes 5, 12) ist so letztlich wohl auch als Kritik an einer maßlosen Herausforderung JHWHs zu verstehen.

3. Das Leierspiel kann seiner Grundstruktur wegen vor allem Ausdruck freudiger Stimmung sein (zur Diskussion dieses Sachverhalts vgl. schon Pfeiffer 28f.). Um so mehr trifft Tyrus jener Spott-Vergleich mit einer leierspielenden Dirne, die der Vergessenheit entgehen will (Jes 23, 16), und zudem die bittere Zusage, daß sein Leierspiel verklingt, d. h. seine Machtposition dahinschwindet (Ez 26, 13). Die Jes-Apokalypse nennt das Verstummen des *kinnôr*-Spiels (Jes 24, 8) ein Symptom des Endgerichtes. Das nicht mehr zum Klingen gebrachte Instrument wird selbst zum Wahrzeichen verlorener Vitalität und Zukunft (Ps 137, 2). Daß dazu die ursprünglich offenbar zur Erhebung, Aufrichtung und Sicherung des Menschen dienende Rolle der *kinnôr*-Leier in das Gegenteil verkehrt werden kann, wenn sie Trauermelodien hören läßt (Hi 30, 31), signifiziert absolute Hoffnungslosigkeit. So hat die Leier auch im Rahmen der Bildsymbolik eine kritische Funktion.

Görg

IV. Die LXX verstand *kinnôr* offensichtlich als Bezeichnung für verschiedene Musikinstrumente. Sie übersetzt mit κιθάρα (19mal, vornehmlich in Ps und Jes), κινύρα (17mal, nur DtrGW und ChrGW), ψαλτήριον (5mal) und ὄργανον (1mal).

V. Die Qumranessener benutzten das Spielen auf Musikinstrumenten, um dem *k*ᵉ*ḇôḏ 'el* und seiner Thora Reverenz zu erweisen (1 QS 10, 9; 11 QPsᵃ 28, 4). Während die Gegenwart durch das Spiel der „Klageleier" (*kinnôr qînāh*, 1 QH 11, 22) bestimmt ist, wird am Ende des Frevels die „Leier der Hilfen" (*kinnôr j*ᵉ*šûʿôṯ*, par. *neḇæl śimḥāh* „Harfe der Freude", *ḥ*ᵃ*lîl t*ᵉ*hillāh* „Flöte des Lobes") angestimmt. Im Klagelied beschreibt der Beter das zermürbende Andrängen der Verfolger: „sie lärmten auf der Leier meines Streites" (*kinnôr rîḇî*, 1 QH 5, 30).

Bo.

כנע *knʿ*

I. Vorkommen und allgemeine Bedeutung – II. Theologischer Gebrauch – 1. „Demütigen" und „gedemütigt werden" im politischen Bereich – 2. „Sich demütigen" vor Gott – 3. Sonstiges – III. LXX. – IV. Qumran.

Lit.: *O. García de la Fuente*, Sobre la idea de contrición en el Antiguo Testamento (Sacra Pagina 1, 1959, 559–579, bes. 567–571).

I. Die Wurzel *knʿ* begegnet außer im hebr. masoret. AT noch in Qumran, im Jüd.-Aram., im Samaritan. und im Arab. In älteren semit. Sprachen ist ein Beleg dieser Wurzel noch nicht aufgetaucht. Auch das Bibl.-Aram. weist kein Beispiel auf. An der Wurzel haftet die Bedeutung ʿdemütigenʾ, ʿsich demütigenʾ, ʿgedemütigt werdenʾ. Gelegentlich kann auch die Übersetzung ʿunterwerfenʾ oder ʿunterdrückenʾ mit den entsprechenden reflexiven oder passiven Varianten bevorzugt werden, wobei nicht nur äußere materielle Vorgänge, sondern durchaus auch innere, in Geist, Sinn und Empfinden verwurzelte Erlebnisinhalte umschrieben werden können. Oft sind beide Aspekte nicht voneinander zu trennen. *knʿ* meint nicht einen punktuellen Akt, sondern ein prozessuales Geschehen oder das Ergebnis eines solchen.

Im AT kommt die Wurzel 36mal vor, ausschließlich als Verbform im *niph* mit passivischer und reflexivischer Bedeutung und im *hiph* als Aktivum mit transitiver Bedeutung. Das gleiche Bild zeigt sich bis jetzt in den Qumranschriften. Es sind durchweg spätere und späte literarische Zusammenhänge des AT, in welchen Formen dieser Wurzel anzutreffen sind. Dabei scheinen formelhafte Wendungen bevorzugt zu sein. Einen ausgesprochen „profanen Gebrauch" gibt es offenbar nicht. In 2 Chr 30, 11 wird geschildert, wie einige wenige Leute aus Aser, Manasse und Sebulon der Einladung des judäischen Königs Hiskia zur Passahfeier in Jerusalem folgten. Diese Handlungsweise wurde in den genannten (Stammes-)Gebieten als ʿsie demütigten sichʾ verstanden. Diese Stelle könnte einen „profanen Gebrauch" der Wurzel repräsentieren. Der theologische Gebrauch dominiert aber.

II. 1. Die dtr Schlußbemerkungen zu einzelnen Richter-(Retter-)Erzählungen (vgl. die Forschungen von W. Richter in BBB 18 und BBB 21), die ursprünglich eine feste geprägte Form gehabt haben werden, enthalten – wenn auch nicht mehr streng formal durchgeführt, so doch gleichbleibend gedanklich-inhaltlich – eine Wendung, in welcher *knʿ* gebraucht wird. So heißt es am Schluß der Ehud-Geschichte (Ri 3, 30), daß durch die Aktionen Ehuds Moab „unter die Hand Israels gedemütigt (gebeugt) wurde" (*wattikkānaʿ*), so daß Israel daraufhin 80 Jahre Ruhe gehabt habe. In der gleichen Weise sind gewiß auch die Rettertaten Gideons in der dtr Berichterstattung einmal subsummierend abgeschlossen worden (Ri 8, 28): „So wurde Midian gedemütigt vor den Israeliten ..." (*wajjikkānaʿ Miḏjān lip̄nê benê Jiśrāʾel* ...), nur daß die Formulierung jetzt ein wenig modifiziert ist. Doch auch der Gesichtspunkt der nachfolgenden Ruhe wird im Anschluß an diese Notiz mit den gleichen Wörtern geltend gemacht. Daß dann noch weitere Mitteilungen zu Gideon selbst, zu seinem Tod und Begräbnis folgen, liegt an der komplizierten überlieferungsgeschichtlichen Situation der Gideon- und Abimelech-Traditionen. In den Jephtah-Überlieferungen wirkt diese Beschlußformel, die zu einer kurzen Bemerkung zusammengeschrumpft ist (Ri 11, 33: „so wurden die Ammoniter vor (*mippenê*) den Israeliten gedemütigt"), wie eine Zwischenbemerkung, der dann erst in 12, 7 mit der Nachricht über Tod und Begräbnis die Schlußbemerkung im jetzigen Zusammenhang folgt. Noch stärker verkürzt, nämlich nur noch *wajjikkāneʿû happelištîm*, begegnet die Formel in dem späten dtr Kapitel 1 Sam 7, 13. Doch ist der Sache nach auch das Motiv der nachfolgenden Ruhe ausgedrückt, wenn auch mit anderen Vokabeln. Die Situation ist die gleiche wie in den bisher genannten Belegen: der Philisternot wehrt eine unter entscheidender Beteiligung von Samuel durchgeführte Verteidigungsaktion der Israeliten, die erfolgreich ausgeht. Samuel ist hier deutlich als Richter-(Retter-) Gestalt vorgestellt. Expressis verbis wird die Existenz der Richter-(Retter-)Gestalt Samuel als das „Gerichtetsein der Hand JHWHs gegen die Philister" (*wattehî jaḏ-JHWH bappelištîm*) interpretiert. Die theologische Komponente steht selbstverständlich hinter allen genannten Rettungstaten. Sind doch die erwähnten *môšîʿîm* (Heilande) Ehud (Ri 3, 15), Gideon (6, 11ff., bes. v. 34) und Jephtah (11, 29) letztlich von JHWH aufgebotene Helfer in der Not. Es verwundert darum nicht, daß diese Formel auch in der aktivischen Formulierung (*knʿ hiph*) vorkommen kann und ʿGottʾ direkt als Subjekt verwendet, Ri 4, 23: „so demütigte Gott (*wajjak̠naʿ ʾælohîm* ...) an jenem Tage Jabin, den König von Kanaan, vor (*lip̄nê*) den Israeliten". Trotz unterschiedlicher Formulierweisen lassen sich die Einzelelemente der Beschlußformel gut herausstellen. Mit *waw*-cons. und einer *niph*- bzw. *hiph*-Form von *knʿ* wird das voranstehend Erzählte zusammengefaßt. Es folgt die auf *knʿ* bezügliche Bezugsperson (bei der *niph*-Form als Subjekt, bei der *hiph*-Form als Objekt). Weiterhin kann eine Zeitangabe entweder ganz allgemein als „in jener Zeit", „an jenem Tage" oder konkret als „in den Tagen des Samuel" registriert werden. Daraufhin steht die Feststellung darüber, daß Israel „Ruhe" hatte vor dem Gegner. Über dessen Unterdrücktsein können noch weitere Bemerkungen angeführt werden. Gewöhnlich ist zu *knʿ* eine präpositionale Bestimmung gefügt, „gedemütigt *vor* den Israeliten" oder „unter die Hand Israels" (*lip̄nê, mippenê, taḥaṯ jaḏ*). *knʿ* beschreibt demnach summierend den gesamten Vorgang der Bestreitung des Gegners vom Aufgebot des charismatischen Kriegsmannes und seinen Aktionen an bis hin zur Unterwerfung des Feindes Israels und seiner Niederhaltung. *knʿ* meint nicht nur den Prozeß bis hin zum Akt der Unterwerfung selbst, sondern auch den Verlust des Prestiges, die Schmach und Schande des Unterliegens, die Demütigung, die mit dem gesamten Hergang verbunden ist. Gemeint ist nicht nur der Tatbestand als solcher, sondern auch seine Interpretation, seine Wertung.

Dieser Sachverhalt kann nun auch ein menschliches Subjekt, z. B. David, haben, dessen kriegerische Erfolge gelegentlich ebenfalls summierend neben anderen Verben mit *kn'* umschrieben werden, 2 Sam 8, 1. In Parallele zu *kn'* (*hiph*) steht hier *nkh* (→ נכה) *hiph*, wobei *kn'* gegenüber *nkh* im oben geschilderten Sinne der umfassendere Terminus ist. Auch 2 Sam 8 registriert annalistisch Davids Auseinandersetzungen mit verschiedenen Völkerschaften. Wollte man darin eine profane Berichterstattung sehen, so zeigt v. 6, daß auch David nur als Werkzeug JHWHs handelt. Das ChrGW übernimmt diese Formulierung, 1 Chr 18, 1 (vgl. 1 Chr 20, 4, *wajjikkānᵉ'û* muß sich auf *pᵉlištîm* in der ersten Satzhälfte beziehen, eine Bemerkung, die in 1 Sam 21, 18 fehlt). Die gleiche Bevorzugung von *kn'* (*hiph*) durch die chron. Version im Gegensatz zur dtr ist auch in der Tradition über die Nathansweissagung an David zu beobachten, 1 Chr 17, 10 (gegenüber 2 Sam 7, 11), wo in der persönlichen Zusage für David von JHWHs Seite versprochen wird, daß er, JHWH, alle Feinde Davids 'demütigen' werde (*wᵉhiḵna'tî*). Der chron. Erzähler übernimmt weitgehend die Formulierungen der literarischen Letztgestalt von 2 Sam 7 und damit auch die überlieferungsgeschichtlich komplizierte Textform, deren Problematik in diesem Zusammenhang nicht von Belang ist. *kn'* steht hier (chron.) für „Ruhe verschaffen vor allen deinen Feinden" in (dtr) 2 Sam 7, 11. In beiden Fällen erfährt die Wendung eine Interpretation durch davor gebrauchtes *krt* (→ כרת) *hiph*, 1 Chr 17, 8; 2 Sam 7, 9 (JHWH spricht: „ich werde bzw. will alle deine Feinde vor dir her vertilgen"). – Die Demütigung seiner Feinde durch JHWH (*'aḵnîa'*, in Parallele dazu steht *'al ṣārêhæm 'āšîḇ jāḏî*), wird dem Volke Israel in einem prophetisch-liturgischen Stück, Ps 81, 15, unter *der* Bedingung zugesagt, daß Israel auf JHWHs Stimme höre und in dessen Wegen wandele (v. 14). Dieser Psalm scheint (zumindest partiell) eine liturgische Verwendung dtr Verkündigungsinhalte zu sein. – In einem chron. Geschichtsüberblick beschreibt *kn'* (*hiph*) den streng theologisch determinierten Vorgang der Landnahme, Neh 9, 24. Während des großen gottesdienstlichen Gebetes bekennt die nachexilische Gemeinde: „du demütigtest vor ihnen die Bewohner des Landes (*wattaḵna' lipnêhæm*) ... und gabst sie in ihre Hand (*bᵉjāḏām*)". Die gleiche Vorstellung begegnet einmal in der dtn (oder doch dtr?) Geschichtspredigt von Deut 9, 3 (vgl. den Kontext von v. 1 an), in welcher wieder die typische Wendung mit *kn' hiph* und Gott als Subjekt (*hû'*) sowie *lᵉpānæḵā* gebraucht ist.

Der Gedanke, daß auch das Gottesvolk wegen seines Ungehorsams, Abfalls und Frevels selber dem Zorn JHWHs ausgesetzt wird, ist weder der dtr noch der chron. Geschichtstheologie fremd, doch wird dieser selten mit *kn'* und Israel als Objekt zum Ausdruck gebracht. Ps 106, 42 ist eigentlich der einzige Beleg dafür. Dieser nach-dtr Geschichtspsalm scheut sich nicht, den Terminus *kn'* für JHWHs Zorneshandeln an Israel zu verwenden. Der prozessuale Charakter des Gesamtgeschehens ist in den davorstehenden Versen geschildert, Israels Freveltaten, JHWHs Zorn und Abscheu (v. 40) und die Dahingabe in die Hand der Völker (*wajjittᵉnem bᵉjaḏ-gôjîm*, v. 41), die Bedrückung durch die Feinde Israels und die Beschlußformel (ganz knapp): „so wurden sie gedemütigt unter ihre (scil. der Völker) Hand" (v. 42). Zwei weitere Stellen aus dem ChrGW sagen dasselbe, nur nicht so grundsätzlich geschichtstheologisch bilanzierend wie Ps 106, sondern viel stärker partiell auf eine einzelne geschichtliche Situation bezogen, z. B. 2 Chr 13, 18 auf den nach der chron. Darstellung siegreichen Kampf Judas (Abias) gegen Israel (Jerobeam). Die Schlußbemerkung darüber ist wieder die gleiche formelhafte, aber eben nun auf Israel bezügliche: „so wurden in jener Zeit die Israeliten gedemütigt", während die sonst gebräuchliche Wendung „vor NN" bzw. „unter die Hand des NN" zwar dem Sinne nach, aber anders umschrieben vorhanden ist, nämlich als Feststellung, daß die Judäer erstarkten. Sieg und theologische Begründung werden in der dtr Parallele nicht erwähnt, wie überhaupt dort über die Abia-Zeit nur kurz und keineswegs so positiv berichtet ist (1 Kön 15, 1–8). In der chron. Darstellung liegt der Sieg über Israel darin begründet, daß die Judäer sich im Gegensatz zu den vom wahren Gottesglauben abgefallenen Israeliten auf JHWH stützten. – Eine ähnlich begrenzte Situation wird vom chron. (möglicherweise sogar nach-chron.) Erzähler in der ihm eigenen Darstellung geschichtlicher und theologischer Sachverhalte für die Ahas-Zeit geschildert. Die Bedrängnisse des Ahas, vor allem die Übergriffe der Edomiter und der Philister, müssen letztlich als „Demütigungen" JHWHs verstanden werden, die um der Versündigungen des Ahas willen geschehen, 2 Chr 28, 19 (*kn' hiph*, vgl. K. Galling, ATD 12, z. St.; 2 Kön 16 differiert von dieser Version).

Zum Schluß sei auf die verinnerlichende Tendenz des gleichen Sachverhalts in der nachexilischen Dankfestliturgie von Ps 107 (v. 12) hingewiesen, in welcher dargelegt wird, wie aufgrund der Widerspenstigkeit bestimmter Gruppen zu bestimmten Zeiten gegenüber den *'imrê 'el* bzw. aufgrund der Verachtung der *'ᵃṣaṯ 'æljôn* (v. 11) dieser, nämlich Gott, der Höchste, das Herz der Übeltäter 'demütigte' (*kn' hiph*) *bæ'āmāl*, durch Mühsal, Kummer, Schmerz, so daß diese daraufhin straucheln, fallen und ohne Hilfe sein mußten (v. 12). Erst auf ihr Schreien hin wurde ihnen von Gottes Seite Hilfe zuteil (v. 13). Es spricht viel dafür, daß der LXX-Version gefolgt werden sollte, die statt *hiph niph* gelesen hat. Freilich steht *libbām* in diesem Zusammenhang als pars pro toto; aber möglicherweise ist doch gemeint, daß im Zentrum der Person, im Herzen, als dem Sitz der Empfindungen und Entscheidungen, die Demütigung besonders stark empfunden worden ist und zu Überlegungen der Umkehr und Buße veranlassen mochte.

2. In diesem Abschnitt werden alle Belege zu *kn'* (*niph*) zusammengefaßt, in denen die reflexive Be-

deutung Verwendung findet, 'sich demütigen'. Der so verstandene Terminus gehört in die Bußtheologie und -predigt hinein und bezieht sich in der überwiegenden Mehrzahl der Fälle auf Individuen. Vorangestellt sei Lev 26, 41, eine Stelle, die in dem Abschluß des sog. Heiligkeitsgesetzes und unter den üblichen Segens- und Fluchsentenzen eine bedingte Heilszusage darstellt. Leider ist die zeitliche Ansetzung schwierig vorzunehmen, so wie auch die überlieferungsgeschichtliche Frage von Lev 26 nicht einfach zu lösen ist. Nach K. Elliger (HAT I/4 z. St.) gehört der v. 41 in die Sekundärschichten. Man geht gewiß nicht fehl, wenn angenommen werden darf, daß P diese Gedankengänge mit verantwortet (terminus ad quem). Dort heißt es nun: Wenn sich das unbeschnittene Herz demütigt – und dies wird im Parallelglied präzisiert durch „und wenn sie ihren *'āwon* abzahlen (*rṣh*)" – dann wird JHWH seines Bundes gedenken (*zkr*), dann wird sich auch ihre geschichtlich bedrückende Situation wenden. Das ist der Sinn dieser bedingten Heilszusage. Es geht um die innere Grundeinstellung zu JHWH, an der sich alles entscheidet, und *kn' niph* ist dabei der Terminus, der die Wende zu JHWH hin bezeichnet.

Im Zusammenhang mit der Tempelweihe Salomos werden Gebets- und Erhörungstexte mitgeteilt. In einem solchen Erhörungstext der chron. Fassung ist ebenfalls eine bedingte Heilszusage enthalten. Das Schema ist das gleiche bekannte: die vom Volk beschrittenen bösen Wege (*dæræḵ*) veranlaßten JHWH zu besonderen Strafen (diesmal Naturkatastrophen). Aber wenn sich das Volk demütigt (*kn' niph*), zu JHWH betet, JHWH (im Heiligtum) aufsucht (d. h. nach JHWH fragt) und bereit ist, sich vom bösen Wege zu wenden (*šwb*), dann will JHWH hören, Sünde vergeben und das Land heilen (2 Chr 7, 14, vgl. v. 13). *kn'* nimmt in diesem Zusammenhang kultisch-ethische Färbung an. Der Sache nach ist diese Passage auch in 1 Kön 8, 33. 35 überliefert (wenngleich in anderer Zuordnung), doch anstelle von *kn'* steht dort *'nh hiph*, 'unterdrücken', d. h. transitiv als Strafhandeln Gottes (M. Noth, BK IX/1, 170 „Jahwe demütigt"; vgl. auch E. Würthwein, ATD 11/1 z. St.; LXX und V haben *pi* gelesen, s. BHS).

Im Anschluß an die Geschichte von Nabots Weinberg und den Bericht über die Unheilsankündigung JHWHs durch Elia wird erwähnt, daß Ahab auf die Worte Elias hin in sich gegangen sei und Buße getan habe (1 Kön 21, 27–29). Elia erfährt daraufhin in einem neuen Offenbarungswort JHWHs Entschluß, den angesagten Strafvollzug auf die nächstfolgende Generation zu verschieben. Begründet wird dies ausdrücklich durch die göttliche Feststellung, daß Ahab sich gedemütigt habe (v. 29: „hast du gesehen, *kî-niḵna' 'Aḥ'āḇ millepānāj*?"). Der Strafverschiebungssatz wird eingeleitet mit *ja'an kî-niḵna' mippānaj*, was in der LXX fehlt und deswegen als Homoioteleuton betrachtet werden kann (s. BHS). *kn'* wird durch die einzelnen Buß- und Fastengebräuche definiert, die Ahab nach v. 27 auf sich genommen hat: Zerreißen der Kleider, Anlegen des Sacks auf den bloßen Leib, Fasten, Schlafen in der Bußgewandung und die entsprechende Gemütseinstellung, nämlich gedrückt einherzugehen (*wajehallek 'aṭ*). *kn'* hat an dieser Stelle bußzeremoniellen Charakter. Ob diese Passage der urspr. Überlieferung angehört, darf bezweifelt werden. Es wird sich um ein vaticinium ex eventu handeln, dessen Inhalt dtr theologischen Aussageintentionen entspricht.

Auch in dem Spruch der Prophetin Hulda wird dem König Josia ein friedvolles Ende angesagt, weil er sich aufgrund der Gesetzesverlesung vor JHWH gedemütigt hat (2 Kön 22, 19). *kn'* erfährt auch hier seine Definition durch Hören auf JHWHs Wort, das Zu-Herzen-Nehmen (*raḵ-leḇāḇeḵā*), das Kleider-Zerreißen und Weinen vor JHWH. Die chron. Version übernimmt im wesentlichen die dtr Vorstellung und Formulierung (2 Chr 34, 27). Somit ist *kn'* auch hier ein kultisch-bußzeremonieller Terminus, der von der dtr Redaktion verantwortet wird.

Der chron. Bericht der ägyptischen Bedrängnisse, denen Rehabeam ausgesetzt gewesen ist, weiß ebenfalls (im Gegensatz zur dtr Variante von 1 Kön 14) von einem Sich-Demütigen des Königs und seiner Beamten im Gefolge eines Prophetenwortes und von der darauffolgenden Strafverschonung (bzw. -milderung) JHWHs, die durch den gleichen Propheten Semaja verkündet wird (2 Chr 12, 6. 7. 7. 12). Die Verwandtschaft zum Bericht über die Buße des Ahab ist auffällig (s. o.). Auch die weiteren Buß- und Bekehrungsgeschichten im ChrGW bringen so gut wie keinen neuen Aspekt hinzu. Bei Hiskias Buße spielte der Hochmut des Herzens eine gewisse Rolle (*gbh libbô*, 2 Chr 32, 25), um dessentwillen sich der König dann demütigte (v. 26). Daß die Darstellung hier wiederum von 2 Kön 20 abweicht, sei lediglich vermerkt. In der Bußgeschichte des Königs Manasse (2 Chr 33, 12. 19, von welcher 2 Kön 21 nichts weiß) erfährt *kn'* eine Verstärkung durch *me'oḏ*, Manasse „demütigte sich sehr". Weiterhin wird vom Gebet des Manasse gesprochen (v. 13) und davon, daß Manasse „das Angesicht seines Gottes besänftigt" habe (*ḥlh pi*), d. h. daß er sich dabei bestimmter Buß- und Gebetsübungen unterzogen habe. Manasses Sohn Amon hat sich vor JHWH nicht gedemütigt, was 2 Chr 33, 23 (2mal *kn'*) ausdrücklich feststellt, wie dies der Vater getan hatte. Die gleiche Fehlanzeige wird in bezug auf Zedekia erstattet nur mit der leichten Variante, daß Zedekia sich nicht vor Jeremia gedemütigt habe, der allerdings sofort als *hannāḇî' mippî JHWH* bezeichnet wird. Ein solcher Buß- und Bekehrungsvorgang ist offenbar auch vor einem Propheten möglich gewesen, der JHWH repräsentierte, 2 Chr 36, 12.

Von den vorgeführten 17 Belegen von *kn' niph* in der reflexiven Bedeutung finden sich allein 13 im ChrGW, so daß *kn'* beinahe als chron. Begriff erscheint. Auffällig ist der kultisch-zeremonielle Zusammenhang, in den *kn'* gespannt ist.

3. Es gilt, auf noch drei Verwendungsmöglichkeiten

von *kn'* einzugehen, die sich schlecht in die vorstehenden Abschnitte ordnen lassen.
Die zweite Gottesrede an Hiob (Hi 40, 6ff.) stellt die unvergleichliche Macht Gottes heraus, der Hiob nichts entgegenzusetzen vermag. Unter den gewaltigen Krafttaten Gottes in Natur und Geschichte ist auch die Fähigkeit genannt, Stolze zu erniedrigen, wie es scheint, mit Hilfe einer Blickfixierung (*re'eh kŏl-ge'æh hak̲nî'ehû*, 40, 12). Parallelbegriffe für *kn' hiph* sind in diesem Zusammenhang *špl hiph*, *hdk* (hap.leg.) und *ṭmn*, vgl. vv. 11. 13. *kn'* umschreibt hier offenbar ein punktuelles, nicht ein prozessuales Geschehen. Im 'Augenblick' der Erfassung des Stolzen ist es auch schon um ihn geschehen! In die gleiche Richtung weist der Gebrauch von *kn' hiph* in dem Danklied von Jes 25, 1–5, spez. v. 5, innerhalb der sog. kleinen Jes-Apokalypse, in welchem JHWHs Potenzen besungen werden, mit denen er das Lärmen der Vermessenen zu dämpfen (*kn'*) imstande ist und den (Jubel-)Gesang der Gewalttätigen zu unterdrükken vermag (*'nh*). Wahrscheinlich wird man statt *zārîm zeḏîm* und *'nh* als *niph* lesen müssen (vgl. LXX, s. BHS). Die poetische Umschreibung der heilsamen Größe JHWHs, die er zugunsten der Armen und Elenden einsetzt, meint letztlich die Unterdrückung der Bedrücker, der Stolzen und Starken.
Es muß für Angehörige der zerschlagenen Nordstämme, die in Israel nach der assyrischen Deportation noch zurückgeblieben waren, schimpflich gewesen sein, dem Aufruf des Hiskia zur Abhaltung eines Passah in Jerusalem Folge zu leisten. Von denjenigen, die aus Aser, Manasse und Sebulon doch nach Jerusalem gekommen waren, heißt es in der chron. Überlieferung, daß diese 'sich gedemütigt' hätten (*kn' niph*) und nach Jerusalem aufgebrochen seien (2 Chr 30, 11). *kn'* bezeichnet an dieser Stelle den Vorgang der Unterwerfung unter judäische (Jerusalemer) Ansprüche. Damit könnte *kn'* ein politisch-profaner Begriff sein. Indes ist nicht sicher, ob im Blick auf den Kontext (vv. 6ff.) letztlich nicht doch auch so etwas wie eine Buße Rest-Israels gemeint sein will. Dann verbliebe *kn'* auch hier im Kontext seines durchgängigen theologischen Gebrauchs.

III. Die LXX hat keine einheitliche Übersetzung von *kn'*. Am häufigsten ist ταπεινοῦν (10mal *niph*, 5mal *hiph*); daneben kommen vor: für *qal* ἐκτρίβειν, für *niph* κατανύσσεσθαι, συστέλλειν, τρέπειν und für *hiph* ἀποστρέφειν, ἐκτρίβειν, τροποῦν, ἐξαίρειν.

IV. Von den bis jetzt bekannten 10 Fundstellen für *kn'* (*niph* und *hiph*) in den Qumranhandschriften befinden sich allein 5 Belege in der Kriegsrolle (1 QM). Auch wenn dieses Literaturdokument nicht aus einem Guß ist, kann die Gedankenwelt zumindest für die Stellen, in welchen *kn'* gebraucht ist, als eine relativ einheitliche betrachtet werden. Bei der Auseinandersetzung zwischen den „Söhnen des Lichts" und den „Söhnen der Finsternis" geht es immer wieder darum, daß unter entscheidenden Gottestaten der Gottlosigkeit, dem Frevel, dem Belial 'Demütigung' und Unterwerfung zuteil werden wird, so viele Repräsentanten diese genannten Größen auch haben mögen (die Söhne Assurs, die Kittäer, 1, 6; Belial selber und die Engel seines Herrschaftsbereiches, 1, 14f.; die Schlachtreihe des Feindes, 6, 5f.; der Fürst über die Herrschaft des Frevels, 17, 5f.). Der Blick in die heilige Geschichte vergewissert das Zutrauen zu der Macht des Gottes Israels. Dieser ließ David den Gathiter Goliath besiegen und überhaupt die Philister 'demütigen' (11, 3, vgl. 1f.). Die Instrumente für dieses Obsiegen sind die „große Hand", das „Gericht" oder auch der „Name" Gottes, mit welchen die Unterwerfung gelingt. *kn'* ist in allen diesen Beispielen Terminus jenes „theologisch-politischen" Gebrauchs dieser Wurzel, wie er schon im AT begegnet (s. o. II. 1.).
nik̲nā'îm (Demütige) sind in 1 QS 10, 26 solche, denen die besondere Liebe und Huld des frommen Beters innerhalb der durch die Ordnung bestimmten Gemeinde zugewendet werden sollen. Sie stehen in Parallele zu den Verzagten, den irrenden Geistern und Unzufriedenen (11, 1; Übers. nach H. Bardtke). Diese Gebrauchsnuance von *kn'* ist neu. Demgegenüber bleibt *kn' hiph* in 1 QSa 1, 21 und 1 QSb 3, 18 im Bedeutungsbereich von 'unterwerfen', für die letztere Stelle mit Gott als Subjekt, für die erstere mit dem Frommen als Subjekt, allerdings nur unter bestimmten Voraussetzungen (wenn er nicht *'îš pôṯæh* [cj.] ist), die freilich letztlich auch nur Gott schafft. Der Erwähnung von *wtkn'* in 1 QHf 9, 6 fehlt leider der nähere Bezug. Schließlich sei noch auf 4 Q Dib Ham 6, 5 hingewiesen, auf die reflexive Verwendung von *kn' niph* im Zusammenhang mit *leḇ*, auf das 'Sich-Demütigen' des Herzens und die Sühnung von Verschuldung, denen Gottes Heil und Zuwendung zum Bußwilligen folgen werden (s. o. II. 2.; vgl. Lev 26, 41). Auch diese Stelle bleibt im Kontext des aus dem AT Bekannten.

Wagner

כְּנַעַן *kᵉna'an*

כְּנַעֲנִי *kᵉna'ᵃnî*

I. 1. Vorkommen – 2. Wiedergabe in der LXX – 3. Etymologie – 4. Bedeutung – II. Das Land Kanaan – 1. Die Ausdehnung – 2. Die Wertung des Landes – III. Die Kanaanäer – 1. Die Kultur – 2. Die Religion – 3. Die Wertung der Kanaanäer.

Lit.: *Y. Aharoni*, The Land of the Bible, London 1967, 61–70. – *W. F. Albright*, Palestine in the Earliest Historical Period (JPOS 15, 1935, 193–234). – *Ders.*, The Rôle of the Canaanites in the History of Civilization (Studies in the History of Culture, W. H. Leland-Vol., Menasha 1942, 11–50 = The Bible and the Ancient Near East,

1961 = Anchor Books, 1965). – *Ders.*, Die Religion Israels im Lichte der Altertumsforschung, 1957. – *Ders.*, Yahweh and the Gods of Canaan, London 1968. – *A. Alt*, Die Staatenbildung der Israeliten in Palästina, 1930 = KlSchr II 1–65. – *Ders.*, Völker und Staaten Syriens im frühen Altertum, 1936 = KlSchr III 20–48. – *M. C. Astour*, The Origin of the Terms 'Canaan', 'Phoenician', and 'Purple' (JNES 24, 1965, 346–350). – *F. M. Th.* [*de Liagre*] *Böhl*, Kanaanäer und Hebräer (BWAT 9, 1911). – *M. du Buit*, Géographie de la Terre Sainte, Paris 1958. – *A. Caquot*, Les songes et leur interprétation selon Canaan et Israël (Sources Orientales II, 1959, 99–124). – *G. Contenau*, La Phénicie (E. Drioton u. a., Les religions de l'Orient ancien, Paris 1957, 65–70). – *E. Cortese*, La Terra di Canaan nella storia sacerdotale del Pentateuco, Brescia 1972. – *A. D. Crown*, Some Factors Relating to Settlement and Urbanization in Ancient Canaan in the Second and First Millennia B.C. (Abr-Nahrain 11, 1971, 22–41). – *M. J. Dahood*, Ancient Semitic Deities in Syria and Palestine. Le antiche divinità semitiche, StSem I, 1958, 65–94). – *E. Dhorme*, Les pays bibliques au temps d'El-Amarna d'après la nouvelle publication des lettres (RB N.S. 5, 1908, 500–519; 6, 1909, 50–73). – *W. Dietrich*, Israel und Kanaan (SBS 94, 1979). – *H. Donner*, Einführung in die biblische Landes- und Altertumskunde, 1976, § 8. – *R. Dussaud*, Le sacrifice en Israël et chez les Phéniciens, Paris 1914. – *Ders.*, Les origines cananéennes du sacrifice israélite, Paris 1921, ^{2}1941. – *Ders.*, Phéniciens (Mana. Introduction à l'histoire des religions, I/II, Paris ^{2}1947, 355–388). – *O. Eißfeldt*, Kanaanäisch-ugaritische Religion (HO 1. Abt., VIII 1, 1, 1964, 76–91). – *Ders.*, Palestine in the Time of the Nineteenth Dynasty (a) The Exodus and Wanderings (CAH II 2, ^{3}1975, 307–330). – *Ders.*, The Hebrew Kingdom (CAH II 2, ^{3}1975, 537–605). – *Ders.*, Die israelitisch-jüdische Religion (Saeculum Weltgeschichte II, 1966, 217–260). – *G. Fohrer*, Die wiederentdeckte kanaanäische Religion (ThLZ 78, 1953, 193–200). – *Ders.*, Israels Haltung gegenüber den Kanaanäern und anderen Völkern (JSS 13, 1968, 64–75). – *Th. H. Gaster*, The Religion of the Canaanites (Forgotten Religions, ed. by V. T. A. Ferm, New York 1950, 111–143). – *J. Gray*, The God *Yw* in the Religion of Canaan (JNES 12, 1953, 278–283). – *Ders.*, The Legacy of Canaan (VTS 5, 1957, ^{2}1965). – *Ders.*, The Canaanites (Ancient Peoples and Places 38, ^{2}1965). – *E. Herzfeld*, Archäologische Parerga (OLZ 22, 1919, 212–214). – *F. Hommel*, Ethnologie und Geographie des alten Orients (HAW III 1, I, 1926). – *K. Jaroš*, Die Stellung des Elohisten zur kanaanäischen Religion (OBO 4, 1974). – *Z. Kallai*, The Boundaries of Canaan and the Land of Israel in the Bible (EI 12, 1975, 27–34 [hebr.]). – *K. M. Kenyon*, Amorites and Canaanites, London 1966. – *H. Klengel*, Geschichte Syriens im 2. Jahrtausend v. u. Z., I–III, 1965, 1969, 1970. – *S. Landersdorfer*, Sumerisches Sprachgut im AT (BWAT 21, 1916). – *J. Lewy*, Influences ḫurrites sur Israël (RES 1938, 49–75). – *F. Løkkegaard*, The Canaanite Divine Wetnurses (StTh Lund 10, 1957, 53–64). – *V. Maag*, Syrien–Palästina (H. Schmökel, Kulturgeschichte des Alten Orients, 1961, 447–604). – *B. Maisler*, Untersuchungen zur alten Geschichte und Ethnographie Syriens und Palästinas I, 1930. – *Ders.*, Canaan and the Canaanites (BASOR 102, 1946, 7–12). – *A. Malamat*, Syrien–Palästina in der zweiten Hälfte des 2. Jahrtausends (Fischer-Weltgeschichte II, 1966, 177–221). – *S. Moscati*, I predecessori d'Israele (Studi Orientali IV, 1956). – *Ders.*, Sulla storia del nome Canaan (AnBibl 12, 1959, 266–269). – *M. Noth*, Die syrisch-palästinische Bevölkerung des 2. Jahrtausends v. Chr. im Lichte neuer Quellen (ZDPV 65, 1942, 9–67). – *Ders.*, Mari und Israel (Festschr. Alt, 1953, 127–152 = ABLAK II, 1971, 213–233). – *Ders.*, Die Welt des AT, ^{4}1962. – *J. Pedersen*, Kana'anæisk Religion (Illustreret Religionshistorie, Kopenhagen 1948, 191–212). – *F. E. Peiser*, Zum ältesten Namen Kanaʿans (OLZ 22, 1919, 5–8). – *G. v. Rad*, Verheißenes Land und Jahwes Land im Hexateuch (ZDPV 66, 1943, 191–204 = ThB 8, 1958, 87–100). – *A. F. Rainey*, A Canaanite at Ugarit (IEJ 13, 1963, 43–45). – *Ders.*, Ugarit and the Canaanites Again (IEJ 14, 1964, 101). – *Ders.*, The Kingdom of Ugarit (BA 28, 1965, 102–125). – *L. Rost*, Noah der Weinbauer (Festschr. Alt, 1953, 169–178 = Das kleine Credo, 1965, 44–53). – *G. Schmitt*, Du sollst keinen Frieden schließen mit den Bewohnern des Landes (BWANT 91, 1970). – *A. van Selms*, The Canaanites in the Book of Genesis (OTS 12, 1958, 182–213). – *J. Simons*, The Geographical and Topographical Texts of the OT, Leiden 1959. – *E. A. Speiser*, The Name Phoinikes (Oriental and Biblical Studies, 1967, 324–331). – *F. Stähelin*, Der Name Kanaan (Festschr. Wackernagel, 1923, 150–153). – *R. de Vaux*, Le pays de Canaan (JAOS 88, 1968, 23–30). – *Ders.*, Histoire ancienne d'Israël, I, Paris 1971.

I. 1. Im Hebr. des AT kommt das n.pr. *k^{e}naʿan* 94mal und das davon abgeleitete Gentilicium in seinen verschiedenen Formen insgesamt 74mal vor. Außer einer Reihe weiterer Erwähnungen von Kanaan und Kanaanäern in den Apokryphen und Pseudepigraphen (z. B. Judith 5, 3. 9. 10. 16; Bar 3, 22; 1 Makk 9, 37) gibt es verhältnismäßig viele Bezeugungen in außerbiblischen Texten. Die älteste stammt aus Mari, *^{lú}Ki-na-aḫ-num^{meš}* (Dossin, Syria 50, 299 f.). Eine etwas jüngere steht in der Autobiographie Idrimis von Alalach (Z. 20 ff.: *māt kinʿāni*). Dieselbe Wendung findet sich noch 3mal in den Alalach-Texten, und in den Nuzi-Texten begegnet das Wort *kinaḫḫu* mehrfach (vgl. Speiser 328 f.). Wenig jünger sind die aus Hattusas (s. Répertoire Géographique des Textes Cunéiformes 4, 208 f. mit Lit.). Daran sind zeitlich die Amarna-Briefe mit 12 Belegen von *ki-na-aḫ-ḫi*, *ki-na-aḫ-ni*, *ki-na-aḫ-na* (s. Index bei Knudtzon, Amarna, 1577, und AOAT 8, 92) sowie die ugar. und äg. Bezeugungen anzuschließen. In einer ugar. Aufzählung von Arbeitern findet sich der Name *jʿl.knʿnj* „Jaʿal, der Kanaanäer" (311 = 120, 7), und in RŠ 20.182A(+)B steht die Wendung *mârî^{M} ^{MAT}ki-na-ḫi* „Männer des Landes Kanaan". Der früheste äg. Beleg (vgl. auch die Erwähnung von gefangenen Kanaanäern in der Inschrift Amenhoteps II., ANET 246) ist in einer Inschrift Setis I. zu finden, wo es *pꜣ knʿn* „das Kanaan" und in einer Bildbeischrift „Stadt des Kanaan" heißt (ANET 254). Die sog. Israel-Stele erwähnt ebenfalls das Land Kanaan (ANET 378), wie denn in einer Inschrift Ramses III. (Pap. Harris I, IX, 1–3) vom Bau des „Hauses des Ramses ... in dem Kanaan" berichtet wird. Während die Erwähnungen in Pap. Anastasi III und IV unklar sind (Böhl 4), trägt die

Basaltstatuette eines Ägypters aus der Zeit der 22. Dynastie die Inschrift „Envoy of the Canaan and of Palestine" (ANET 264). Unter den phön.-griech. Belegen ragt der des Philo Byblius heraus, der von Χνᾶ, dem heros eponymos der Kanaanäer, aussagt, er habe als erster noch den anderen Namen Φοίνιξ getragen (Euseb, Praep. ev., I, 10, 39). Eine Münze aus hellenistischer Zeit bezeichnet die Stadt Laodikeia (= Berytos) als „Mutter in Kanaan" (Böhl 5). Josephus gebraucht χαναναία (vgl. Ant. 1, 186) als indeklinables n. pr. für Kanaan. Und im NT findet sich Χανάαν (Apg 7, 11; 13, 19) und das Adj. χαναναία (Mt 15, 22). Schließlich benutzt der Kirchenvater Augustin Kanaan als Selbstbezeichnung der punischen Bauern (Maisler, 1930, 59).

2. In der LXX wird in der Regel das n. pr. mit Χαναav (90mal) und das Adj. mit χαναναῖος und Ableitungen (64mal) übersetzt. Daneben finden sich noch die Formen χανανὶς (Num 21, 1. 3; 33, 40; Esr 9, 1), χανανίτις (Gen 46, 10; Jes 19, 18) und χαναανίτις (1 Chr 2, 3). Merkwürdig ist es, daß in der LXX die Mutter eines Sohnes Simeons in Ex 6, 15 als Φοινίσσα „Phönizierin" bezeichnet wird (allerdings übersetzt LXX die gleiche Wendung in Gen 46, 10 mit τῆς Χανανίτιδος). Die Aussage von Ex 16, 35, daß die Israeliten das Manna aßen, „bis sie an die Grenze des Landes Kanaan kamen", wird in der LXX mit εἰς μέρος τῆς Φοινίκης wiedergegeben. Jos 5, 1 zählt neben den „Königen der Amoriter jenseits des Jordan" „alle Könige der Kanaanäer am Meer" auf, wofür die LXX οἱ βασιλεῖς τῆς Φοινίκης οἱ παρὰ τὴν θάλασσαν hat. In gewissem Bezug zu Ex 16, 35 stellt Jos 5, 12 fest, daß die Israeliten vom Tage nach dem Passa an nicht mehr Manna (v. 13), sondern „von den Früchten des Landes Kanaan" aßen, was in der LXX ἡ χώρα τῶν Φοινίκων heißt. Schließlich spricht Hiob 40, 30 von dem Φοινίκων γένη.

3. Die Etymologie des Namens Kanaan ist nicht durchsichtig. Im groben stehen sich zwei Meinungen gegenüber. Die eine versteht *kᵉnaʿan* als nichtsemitisches Fremdwort; die andere bezeichnet es als semitisch oder genauer: westsemitisch. Zur ersten Gruppe gehören folgende ältere Vorschläge, die heute nicht mehr vertreten werden können. Hommel (158; schon Geschichte und Geographie des AO, 1904, 148, Anm. 1, zitiert nach Böhl 1 Anm. 3) führte Kanaan auf babyl. *kingin* „Niederland" zurück (ebenso Peiser 5–8) und nahm an, daß die aus Babylonien nach Palästina ausgewanderten „Kanaanäer" diesen für das an Babylonien grenzende Arabien bezeugten Namen mitbrachten. Landersdorfer (23) schlug sum. *kanaga* „Land" vor, und Herzfeld (212) erklärte die Endung *-na* von *kinaḫna* als das Landes- oder Volksnamen bildende Suffix. Leicht modifiziert wurde diese Vermutung durch Stähelin (150ff.), der dieses *-na* auf das kleinasiat. -ήνη zurückführte (weitere Vermutungen bei Böhl 1; Landersdorfer 23; Maisler, 1930, 54–55). Noch Alt (1930, 37) sprach von der „offenbar nichtsemitische(n) Herkunft des Namens".

Die anderen gingen davon aus, daß der Name Kanaan semitisch ist. Auf dieser Grundlage versuchten Rosenmüller (s. Böhl 1) und vor allem Gesenius (Thesaurus II 696) eine Ableitung vom Verb *knʿ*, das in Neh 9, 24 vielleicht in volksetymologischer Anspielung auf „Kanaan" gebraucht wird, und schlugen für unseren Namen „Niederland" (im Gegensatz zu *ʾāram* „Hochland") vor, während Redslob (s. Böhl 1) Kanaan als sprechenden Namen mit der Bedeutung „Unterworfene" interpretierte. Wie Maisler (1930, 55) ausdrücklich feststellt, setzt sich das Nomen aus *knʿ* und der semit. Endung *-ān/-ōn* zusammen; das *n* gehört nach ihm also nicht zum Stamm (so mit Vorbehalt noch BLe § 61 li auf S. 504). Diese etymologische Ableitung fand bis in die jüngste Vergangenheit manche Gefolgschaft. So hält Maisler (1930, 55, Anm. 3) die Bedeutung „Niederland" für „nicht unwahrscheinlich". Desgleichen wird sie von Abel (Géographie I, 1933, 254. 318) vertreten. Auch Astour (346ff.) leitet unser Nomen von der Wurzel *knʿ* ab und gibt ihm die Bedeutung „Okzident, Land des Sonnenuntergangs, Westland", wie denn Moscati (1959) immerhin, wenn auch mit Fragezeichen, die Übersetzung „Terra bassa" aufführt.

Ein neuer Akzent kam in die etymologischen Überlegungen durch die Tatsache hinein, daß in den Nuzi-Texten *kinaḫḫu* „rote Purpurfarbe" heißt; und da diese Farbe aus Phönizien kommt, wurde das Herkunftsland „das Land der Purpurfarbe", also Kanaan genannt (Speiser, Language 12, 1936, 121 ff.; Phoinikes, 1967, 328–329; dort allerdings 327, Anm. 12 der Hinweis, daß damit die Frage von Ursprung und Etymologie von *kᵉnaʿan* nicht unbedingt gelöst sei). Dieser Deutung stimmten zu u. a. Gray (Canaanites, 15. 47–48), Noth (Welt des AT 48), Kenyon (59), Malamat (181), Aharoni (61 f.).

Albright (Rôle, 25; dort Anm. 50 die etymologische Hypothese: akk. *uknû* wurde zu kan. *ʾiqnaʾu*, das im hurrit. zu **ikna* bzw. *iknaǧǧi* oder *knaǧǧi* wurde, woraus das Nuzi-Akk. *kinaḫḫi* machte; mit der Determinativ-Endung *-ni* wurde daraus **knáǧǧini*, akk. *kinaḫni*, hebr. *kᵉnaʿan*) glaubte, daß der Name Kanaan hurritisch ist und „Belonging to (the land of) Purple" bedeutet.

Auch gegen diese Ableitungen wurden Bedenken laut. Maisler (BASOR 1946, 8) betont die Schwierigkeit, die Entstehung von *knaʿ* und *kinaḫ(ḫ)i* zu erklären. Moscati (1959) weist darauf hin, daß *kinaḫnu (kinaḫḫu)* von *knʿn* abgeleitet ist und nicht umgekehrt. Und de Vaux (1968, 24 = Histoire 124) bezeichnet wegen des ʿ und auch wegen des Vorkommens unseres Wortes in der Idrimi-Inschrift und den Alalach-Texten dieses eindeutig als ein westsemitisches Wort. Obendrein weist de Vaux noch darauf hin, daß in Westpalästina wie in Kanaan selbst für die Purpurfarbe andere Wörter gebraucht wurden. Das ließ nach einer neuen Deutung von Kanaan Ausschau halten.

Schon Maisler (1930, 55) machte darauf aufmerksam, daß Kanaan ursprünglich ein Appellativum gewesen sei, weise das Wort doch sowohl im Äg. als auch im Griech. des Philo Byblius den Artikel auf. Der weitere Umstand (Maisler, BASOR 1946, 9), daß in einer Inschrift Ramses II. zwischen den *marjana* und den „Prinzensöhnen“ noch „640 gefangene *kjnʿnw*“ = *kinʿanu* genannt werden, deute darauf hin, daß dieses Wort hier so etwas wie „noble caste“, „Händler“, speziell „phönizische Händler“ heißen müsse (vgl. die oben genannte Inschrift Amenhoteps II.), das Land also nach den Händlern, die daraus kamen, „Kanaan“ genannt worden sei (so auch Simons 16). Von derselben Grundbedeutung ausgehend, nahmen, mit Unterschieden im einzelnen, Moscati (1959) und de Vaux (JAOS 1968, 25) den umgekehrten Vorgang an, daß nämlich die „Händler“ deshalb „Kanaanäer“ hießen, weil sie aus dem Land Kanaan kamen, die Bezeichnung „Händler“ also vom Landesnamen abgeleitet ist. Diese Überlegungen scheinen nach dem gegenwärtigen Wissensstand die größte Wahrscheinlichkeit für sich zu haben, weil eben auch im AT die Bedeutung „Händler“ 8mal für *kᵉnaʿan* belegt ist. Außerdem schließt es diese Ableitung keineswegs aus, auch die Purpurfarbe als hervorstechendes Handelsprodukt um die Mitte des 2. Jt. sekundär mit dem Namen Kanaan zu verbinden und vom Land der Purpurhändler zu sprechen, wie denn die Gleichsetzung von Chna, dem Erzvater der Kanaanäer, mit Phoinix, dem Heros der Phönizier, in die gleiche Richtung weist, heißt doch φοίνιξ auch „roter Purpur“.

4. Die ersten Bezeugungen von Kanaan in Gen 9, 22. 25–27 verstehen ihn als Namen einer Einzelperson, ist doch von seinem Vater (v. 22) und von seinen Brüdern (v. 25) die Rede.

Die Wendung „und Ham, das ist der Vater Kanaans“ (Gen 9, 18) und „Ham, der Vater“ (Gen 9, 22) sind als redaktionelle Zusätze zum Zwecke der Anpassung dieser von den Sprüchen vorausgesetzten Sohnesgruppe mit der bei J in Gen 9, 18 und der Völkertafel stehenden Brüderschar zu bestimmen (so seit Wellhausen, Composition des Hexateuchs, ⁴1963, 12–13; anders schon Maisler, 1930, 63, zuletzt wieder Westermann, BK I/1, 647–648; zum ganzen vgl. Zobel, Israel und die Völker, 1967, 4–5).

Diese individualisierende Vorstellung findet sich noch in der Völkertafel des J: Kanaan ist der Vater Sidons und Hets (Gen 10, 15 = 1 Chr 1, 13; zu Gen 10, 16–18a als sekundäre Erweiterung vgl. die Komm.); in v. 19 wird das Gebiet der Kanaanäer (Gentilicium + Artikel) beschrieben. Auch P individualisiert und führt Kanaan als vierten Sohn Hams auf (Gen 10, 6 = 1 Chr 1, 8).

Hinter dieser Redeweise steht das genealogisch-abstrahierende Denken, demzufolge der heros eponymos eine gleichnamige Gruppe repräsentiert. In dem Vater Kanaan ist also das „Volk“ der Kanaanäer präsent. Das ist offensichtlich die Meinung der Noah-Sprüche Gen 9, 25–27 (so auch Rost 46). Nach Zobel (Israel und die Völker, 1967) gehören diese Worte zur Gattung der Völkersprüche (schon Maisler, 1930, 64 spricht von „politischer Poesie der frühen Königszeit“). In ihnen geht es vornehmlich um die Thematik „Vorherrschaft der einen Gruppe über die andere“. Dabei ist die Wurzel *ʿbd* und speziell der Begriff *ʿæḇæḏ* „Knecht“ term. technicus für politische Unterordnung. Gen 9, 25 will also die völlige Unterwerfung und Entmachtung der Kanaanäer zum Ausdruck bringen.

Daraus wird deutlich, daß das Wort Kanaan gleichbedeutend sein kann mit „Kanaanäer“. Allerdings sind die weiteren Belege spärlich; in Gen 28, 1. 6. 8; 36, 2 (P) begegnet die Wendung „die Töchter Kanaans“, d. h. Kanaanäerinnen; Jes 19, 18 ist von „der Sprache Kanaans“ im Hinblick auf die jüdische Diaspora in Ägypten die Rede; Hos 12, 8 rügt Kanaan dafür, daß in seiner Hand betrügerische Waage ist, womit ebenfalls die Kanaanäer oder noch allgemeiner „Händler“ (Wolff, BK XIV/1, 266ff.) gemeint sind; und schließlich kann man erwägen, ob nicht in der Wendung „die Götzen (*ʿᵃṣabbê*) Kanaans“ (Ps 106, 38) der Eigenname die jene Götzen verehrenden Kanaanäer meint.

In der Regel wird für den Ausdruck „Kanaanäer“ das n. gentilicium gebraucht (74mal). Das weist darauf hin, daß zumindest im AT das Wort *kᵉnaʿan* von Hause aus ein geographischer Begriff war und das Land Kanaan bezeichnete (so schon Böhl 6–11; dann auch Alt, KlSchr III 37–38; Noth, Welt des AT, 46; Rost 46 Anm. 10 [52], u. a.). Verbindungen wie *jošeḇ k.* (Ex 15, 15), *mælæḵ* (sg., pl.) *k.* (Ri 4, 2. 23. 24; 5, 19), *milḥᵃmôṯ k.* (Ri 3, 1) oder *mamlᵉḵôṯ k.* (Ps 135, 11) setzen dieses Verständnis voraus, und die häufige Verbindung „das Land Kanaan“ (64mal) macht es sicher. Obwohl eine Stileigentümlichkeit von P (allein im Pentateuch etwa 30mal; vgl. Noth, ATD 7, 207, und vor allem Cortese), kommt diese Bezeichnung auch bei E (Gen 42, 5. 13. 29. 32; 45, 17. 25) und bei J vor (Gen 42, 7; 44, 8; 46, 31; 47, 1. 4. 13–15; 50, 5; Ex 16, 35), dann auch wieder im Heiligkeitsgesetz (Lev 18, 3; 25, 38) und in 1 Chr 16, 18 (= Ps 105, 11), was auf ein ziemliches Alter und eine große zeitliche Breite für diese Wendung hinweist.

Das beobachtete Nebeneinander der Bedeutung von *kᵉnaʿan* als Bezeichnung für ein Gebiet und als Name der vorisraelitischen Bevölkerung Palästinas läßt sich wohl nur geschichtlich erklären. Von Hause aus eine geographische Bezeichnung, verband sich mit unserem Eigennamen „der Gedanke an die Träger und die Erscheinungen einer Kultur, die vor der Landnahme da war und sich weiter erhielt“ (Noth, Welt des AT, 46). Das führte dazu, daß Kanaan schließlich zur „Gesamtbezeichnung aller vorisraelitischen Elemente“ in Israels Wohngebiet werden konnte (Noth, a. a. O.; vgl. Rost 46 Anm. 10).

In den außeralttestamentlichen Belegen ist so viel deutlich, daß Kanaan eine geographische Bezeichnung ist. Als Landesname begegnet es in den oben genannten keilschriftlichen und ägyptischen Texten sowie dann wieder in der Legende der phönizischen Münze. Dazu paßt auch die Beobachtung, daß in der Idrimi-Inschrift Kanaan ein „großer politisch aufgesplitterter Bereich" zu sein scheint (vgl. A. Goetze, JCS 4, 1950, 230f.; I. J. Gelb, JCS 15, 1961, 42; zitiert bei Klengel, I, 187), dessen Zentrum in der Stadt Ammija gesucht werden darf (zur Lokalisierung vgl. Klengel, I, 187 Anm. 9; III, 14). Demgegenüber macht Kanaan in den Amarna-Briefen eher den Eindruck einer politischen Bezeichnung, ist es doch der Name einer ägyptischen Provinz (Klengel, II, 245–246).

II. 1. Was die Ausdehnung Kanaans aufgrund der außeralttestamentlichen Belege angeht, so sind eindeutige Aussagen nur schwer zu erzielen, weil ein eigentümliches Schwanken in der Zuordnung gewisser Gebiete zur Bezeichnung Kanaan festzustellen ist. Nach de Vaux (JAOS 1968, 25ff. = Histoire, 124ff.) umfaßte das Kanaan der Idrimi-Inschrift den phönizischen Küstenstreifen nördlich von Byblos. Eine etwas größere Ausdehnung scheint die Bezeichnung in den genannten frühen ägyptischen Inschriften zu haben und ganz Phönizien zu meinen. In den Amarna-Briefen dagegen ist Kanaan der Name einer von der Nordprovinz Amurru (Zentralsyrien) und der Provinz Upe (Hauptstadt: Kumidi) unterschiedenen dritten ägyptischen Provinz, die sich südlich anschloß, deren Hauptstadt Gaza war und die später um Upe vergrößert wurde. Ähnlich ist wohl die Ausdehnung von Kanaan in den Ugarit-Texten zu bestimmen; nur scheint Ugarit selbst nicht dazu gehört zu haben (Klengel, II, 329–330; Rainey, BA 28, 1965, 105–106). In der späthellenistischen Zeit schließlich ist Kanaan wieder mit Phönizien identisch (Böhl 5; Maisler, 1930, 58–59 u.a.).

Fragt man nach der Ausdehnung des Landes Kanaan im AT (vgl. besonders Aharoni), so ist das soeben beobachtete Schwanken in der territorialen Zuordnung abermals festzustellen. Zunächst sind einige Notizen aufschlußreich, die von verschiedenen Ortschaften sagen, daß sie „im Land Kanaan" liegen, so von Silo (Jos 21, 2; 22, 9; Ri 21, 12), Hebron (Gen 23, 2. 19), Sichem (Gen 33, 18) und Lus (Gen 35, 6; 48, 3) sowie von dem Feld Makpela (Gen 23, 19; 50, 13) und dem König von Arad, der im Negeb im Land Kanaan wohnte (Num 33, 40; vgl. Num 21, 1. 3). Weil alle Städte, grob gesagt, westlich des Jordan und des Toten Meeres liegen, ist es verständlich, wenn auch in anderen Texten der Jordan die Ostgrenze Kanaans bildet. Denn mit der Überquerung des Flusses gelangt man von Osten aus nach Kanaan (Num 33, 51; 35, 10. 14; auch Num 32, 30. 32; Jos 22, 32).

Von da her sind auch die Gelilot des Jordan geographisch zu bestimmen. Nach Jos 22, 11 befinden sie sich gegenüber dem Land Kanaan, und nach Jos 22, 10 liegen sie in diesem Land. Daraus folgt, daß jene Gelilot beiderseits des Jordan zu suchen sind (anders Noth, Josua, 134; Welt des AT, 46). – Ähnlich steht es mit der Angabe, daß Abraham im Land Kanaan blieb, Lot sich aber in den Städten des Gaues niederließ (Gen 13, 12).

Damit stimmt überein, daß die Erzväter in Kanaan leben (Gen 11, 31; 12, 5; 16, 3; 17, 8; 31, 18; 36, 5. 6; 37, 1; 42, 5 u.ö.) und daß Israel hier bestattet werden möchte (Gen 50, 5). Dazu paßt weiter, daß der Todesort Rahels im Westjordanland liegt (Gen 48, 7), wo eben auch Er und Onan starben (Gen 46, 12; Num 26, 19), daß der von Josua verteilte Besitz ausschließlich westjordanisch ist (Jos 14, 1ff.) und daß die Grenzen des Landes Kanaan nach Num 34, 3–12 das Ostjordanland nicht miterfassen, auch wenn sie nach Süden (Wüste Sin und Kades) und Norden (Berg Hor, Zugang nach Hamath) über das eigentliche Westjordanland hinausgreifen.

Damit stimmt auch der Befund des n. gentilicium überein, obwohl in den häufigen mehrgliedrigen Aufzählungen der Vorbewohner Israels (Gen 15, 21; 34, 30; Ex 3, 8. 17 u.ö.; vgl. die Zusammenstellung bei Böhl 63–67) nicht genau auszumachen ist, welches die Umgrenzung des Wohngebiets der Kanaanäer ist. Daß sich aber die Bezeichnungen Kanaan und Kanaanäer decken, ist u.a. daraus zu ersehen, daß die Wendung *b*^{e}*nôṯ k.* (Gen 28, 1. 6. 8; vgl. Gen 36, 2) gleichbedeutend ist mit der Verbindung *b*^{e}*nôṯ hakk*^{e}*na*^{ʿa}*nî* (Gen 24, 3. 37; vgl. Gen 38, 2). Desgleichen wird in Ri 1, 9. 10. 17 von Kanaanäern als Vorbewohnern von Groß-Juda gesprochen und im sog. negativen Landnahmeverzeichnis von einer Reihe von Städten gesagt, daß sie den Kanaanäern verblieben, bis Israel erstarkte und die Besitzverhältnisse zu seinen Gunsten verändern konnte (Ri 1, 27–30. 32–33; vgl. Jos 16, 10; 17, 12. 13. 16. 18). In Deut 11, 30 heißt es vom Ebal und Garizim, daß sie im Land der Kanaanäer liegen; und nach 1 Kön 9, 16 wohnten Kanaanäer in Geser.

Alle Angaben beziehen sich, so sahen wir, ausschließlich auf das Westjordanland (vgl. auch Deut 1, 7). Genau diese Situation aber hat die Komposition des Noah-Segens im Auge (Gen 9, 25–27): Kanaan wird verflucht. Er muß der Knecht Sems und Japhets sein. Daß Kanaan für die Kanaanäer steht, stellten wir schon fest; und daß Japhet die in Palästina ansässig gewordenen Philister meint, ist wahrscheinlich. Wegen des JHWH-Namens in v. 26 muß Sem mit Israel oder doch einem Teil von ihm (Groß-Juda?) identisch sein. Dann aber sind diese drei Noah-Söhne die Repräsentanten dreier Völker Palästinas, und Kanaan umfaßt genau diesen Raum, zu dem Phönizien nicht gehört (Ri 3, 3). Wellhausens klassischer Satz: „Soweit der Jordan geht, reicht Palästina" (Geschichte, 1) trifft diesen Sachverhalt.

Lediglich Gen 50, 11 könnte dahin interpretiert werden, daß die Kanaanäer als Zeugen der Trauer um Jakob deshalb Ostjordanier sein müßten, weil die alte Grabtradition dem Ostjordanland angehöre. Doch scheint das keineswegs zwingend zu sein (vgl. v. Rad, ATD 2/4, 377; Noth, Welt des AT, 46; Simons 35. 222; de Vaux, Histoire, 126).

Von dieser Vorstellung weicht eine andere ab, derzufolge die Kanaanäer nicht das gesamte Westjordanland bewohnen. Num 13, 29 verweist die Amalekiter in den Negeb, läßt die Hethiter, Jebusiter und Amoriter auf dem Gebirge, die Kanaanäer aber am Meer und an der Seite des Jordan wohnen (ähnlich Num 14, 25). In der sekundär aufgefüllten Aufzählung in Jos 11, 3 findet sich die doch „vielleicht auf

Sachkenntnis" (Noth, HAT I/7, 68) beruhende Angabe, daß Jabin von Hazor u. a. auch zu den Kanaanäern im Osten und am Meer gesandt habe. Hiernach werden die Kanaanäer „in den ebenen Gebieten am Meere und am Jordan" lokalisiert (Noth, a. a. O.), wie es auch Num 13, 29 aussagt. Ähnliches setzt Jos 5, 1 voraus. Nacheinander werden aufgezählt „die Könige der Amoriter jenseits des Jordan im Westen" und „alle Könige der Kanaanäer am Meer". Wieder finden wir die Kanaanäer in der Küstenebene am Mittelmeer, obwohl nicht ganz eindeutig ist, ob diese Ebene sich westlich an die dann nur das westjordanische Gebirge bewohnenden Amoriter anschließt (so Noth, HAT I/7, 39), oder ob die Amoriter auch den Küstenstreifen inne hatten und folglich die Kanaanäer nur den nördlich daran anschließenden Küstensaum bewohnten (so wohl LXX: „Phönizien"). Daß das Philistergebiet den Kanaanäern zugerechnet wird, äußert Jos 13, 3; auch in Zeph 2, 5 scheint „Kanaan" und „Land der Philister" identisch zu sein. Dieser Vorstellung wird eine geschichtliche Realität nicht abgesprochen werden können. Denn wenn zwischen den die Täler und Ebenen beherrschenden Bewohnern einerseits und den Leuten im Hügelland und auf dem Gebirge andererseits unterschieden wird, so ähnelt das der frühen Landnahmesituation Israels insofern, als auch hier zwischen den die Ebenen mit ihren eisernen Wagen beherrschenden Kanaanäern und den weithin im Hügelland und im Gebirge Fuß fassenden Israeliten differenziert wird (vgl. Jos 17, 16; Ri 4, 2; 5, 19).

Schließlich ist noch die Konzeption zu nennen, die Kanaan mit Phönizien gleichsetzt. Im Orakel gegen Tyrus wird die Zerstörung der „Festungen Kanaans" angedroht (Jes 23, 11). Damit sind die phönizischen Seefestungen unter Einschluß von Sidon und Tyrus gemeint. Auch 2 Sam 24, 7 scheint derartiges anzudeuten, geht doch der Weg der das Volk musternden Männer über Gilead nach Kades (so LXX) am Orontes, dann nach Dan, in die Umgebung von Sidon (v. 6) und zur Festung von Tyrus. Hieran ist angefügt: „und zu allen Städten der Hiwwiter und Kanaanäer". Erst danach führt der Weg in den Negeb Judas und nach Beerseba.

Damit steht jedoch die Vorstellung im Widerspruch, die Phönizien als Teil Kanaans betrachtet. Diese Konzeption von einem Groß-Kanaan ist in der Genealogie des J dadurch ausgedrückt, daß Sidon der Erstgeborene Kanaans ist, gefolgt von seinem Bruder Het (Gen 10, 15 = 1 Chr 1, 13), und daß die ungefähre Beschreibung der Grenzen des kanaanäischen Gebiets Sidon im Norden, Gaza im Süden und Lescha (?) im Osten angibt (v. 19). Und wenn in der LXX etwa in Ex 16, 35: „die Israeliten aßen Manna, bis sie in bewohntes Land, bis sie an die Grenze des Landes Kanaan kamen" oder in Jos 5, 12: „in jenem Jahr aßen die Israeliten von den Früchten des Landes Kanaan" dieser Eigenname durch „Phönizien" wiedergegeben wird, dann liegt dem wohl ebenfalls die Vorstellung zugrunde, Groß-Kanaan sei nichts weiter als das nach Süden verlängerte Phönizien.

Ob diese verschiedenen Vorstellungen bestimmten historischen Situationen zugeordnet werden können (vgl. besonders Kallai) oder ob eine im Verlauf der Geschichte erfolgte, vielleicht mit einer Kolonisation verbundene Ausweitung des Bereichs Kanaan angenommen werden kann (so Maisler, 1930, 66–74; BASOR 1946, 11; Noth, Welt des AT, 46–48; Gray, [2]1965, 15–48; vgl. Albright, Hist. Mundi II 356), ist umstritten (so de Vaux, Histoire, 128). Richtig ist, daß die Bezeichnung Kanaan von Israel übernommen wurde (so auch Eißfeldt, RGG III, [3]1959, 1106; de Vaux, Histoire, 128–129) und daß sie zumindest in der Völkertafel des J die gleiche weite Ausdehnung hat wie die ägyptische Provinz Kanaan nach ihrer Verschmelzung mit der Provinz Upe. Ebenso zutreffend ist es aber auch, wenn Kanaan in seiner weit häufigeren Begrenzung auf das Westjordanland der Name des Wohnlandes Israels wird, weil dieser Konzeption die Vorstellung vom gelobten Land entspricht. Und wenn eingrenzend von den Kanaanäern gewisser Ebenen gesprochen und Kanaan mit Phönizien identifiziert wird, so scheint dabei nicht so sehr der geographische oder ethnische, als vielmehr der kulturelle Aspekt im Vordergrund zu stehen (vgl. Noth, Welt des AT, 46).

2. Innerhalb des Pentateuchs hören wir die erste Beschreibung des Landes Kanaan aus dem Mund der Kundschafter: „Es fließt von Milch und Honig, und das sind seine Früchte" (Num 13, 27): eine riesige Weintraube, einige Granatäpfel und Feigen (v. 23). Mit Wort und Tat also bestätigen die Kundschafter die zum ersten Mal Ex 3, 8 stehende Charakterisierung des verheißenen Landes als „eines schönen und weiten Landes, eines Landes, das von Milch und Honig fließt". Diese Wendung vom „Land voll Milch und Honig" begegnet dann noch 18mal im AT (bei J: Ex 3, 17; 13, 5; 33, 3; Num 14, 8; 16, 13. 14; dann noch: Lev 20, 24; Deut 6, 3; 11, 9; 26, 9. 15; 27, 3; 31, 20; Jos 5, 6; Jer 11, 5; 32, 22; Ez 20, 6. 15). Sie ist, wie die beiden Wörter *ḥālāḇ* „Dickmilch" und *d^ebaš* „(wilder) Honig" ausweisen, von der (halb-)nomadischen Vorstellungswelt geprägt (anders zuletzt Caquot, → II 138–139; im Blick auf das dort zitierte ugaritische Material vgl. Zobel, ZAW 82, 1970, 210–212) und deshalb sehr alt.

Mit der Wendung vom „Land voll Milch und Honig" ist in Ex 3, 8 (J) die Aussage verbunden von „dem schönen und weiten Land", in das JHWH Israel hineinführen will. In Num 14, 7 läßt P die Kundschafter sagen, daß „das Land sehr, sehr schön" ist. Dieser Ausdruck stellt wohl eine Steigerung der schon das Deut bestimmenden Wendung von „dem schönen Land" dar (1, 25. 35; 3, 25; 4, 21. 22; 6, 18; 8, 7. 10; 9, 6; 11, 17), die außerhalb des Deut noch Jos 23, 16; 1 Chr 28, 8 steht. Was darunter zu verstehen ist, wird in Deut 8, 7–9 erläutert: „ein Land mit Bächen, Quellen, Fluten . . .; ein Land mit Weizen, Gerste, Reben, mit Feigen- und Granatapfelbäumen; ein Land mit Ölbäumen und Honig; ein Land . . ., wo es dir an nichts mangeln wird; ein

Land, dessen Steine Eisen sind und wo du Erz gräbst aus den Bergen". Die längste Beschreibung bietet Deut 11, 9–15, wo zunächst der Vergleich mit Ägypten als dem Land des Nil angestellt und Kanaans Berge und Täler genannt werden, dann aber vor allem der Regen als Besonderheit Kanaans gewürdigt wird, weil er das für alles üppige Gedeihen von Mensch und Tier notwendige Wasser liefert und Israel allzeit satt zu essen gibt.

Diese Beschreibungen stoßen hart an die Grenze der Wirklichkeit, wenn sie nicht gar schon die palästinische Realität überhöhen. Einige Lieder des AT machen jedenfalls einen solchen Eindruck. So hebt das dritte Bileam-Lied mit einem Lobpreis des Landes Israels an, ehe es die Macht seines Königtums und die Hoheit seines Gottes würdigt:

Wie schön sind deine Zelte, Jakob,
 'und' deine Wohnstätten, Israel!
Wie Täler, die 'JHWH gebreitet',
 wie Gärten am Strom,
wie Eichen, die JHWH gepflanzt,
 wie Zedern am Wasser.
Aus seinen Schöpfeimern strömt reichlich Wasser,
 und seine Saat hat Wasser die Fülle
 (Num 24, 5–7).

Auch in dem anderen Preislied auf Israel (Deut 33, 26–29) findet sich die Charakteristik des Wohnlandes Israels als eines Landes „voll Korn und Most, dessen Himmel sogar Tau träufelt" (v. 26), wie es auch der Isaak-Segen (Gen 27, 28: E) verheißt: „So gebe dir Elohim vom Tau des Himmels und vom Fett der Erde und Fülle von Korn und Most" (vgl. v. 39). Ähnlich lautet die hymnische Züge aufweisende Passage aus dem Danklied Ps 65, 10–14, die von JHWHs Segen den Überfluß des Landes, die Fülle des Wassers aus dem Gottesquell und den Regenschauern, den Reichtum an Korn, Fett und Herden herleitet (vgl. u.a. noch Deut 33, 13–16).

Diese sich vorab auf Schönheit der Natur und Fruchtbarkeit von Feld und Garten beschränkende Charakteristik Kanaans wird schon im Kundschafterbericht ergänzt durch den Hinweis auf das im Lande wohnende „mächtige Volk" und die „befestigten und sehr großen Städte" (Num 13, 28: J), was in Deut 1, 28; 9, 1–2 aufgenommen und in Deut 6, 10–11 zu der großartigen Verheißung ausgebaut wird: „große und schöne Städte, die du nicht gebaut hast, Häuser voll von allerlei Gut, die du nicht gefüllt hast, ausgehauene Zisternen, die du nicht ausgehauen hast, Weinberge und Ölgärten, die du nicht gepflanzt hast", will JHWH Israel geben.

Hinter diesen fast an paradiesische Üppigkeit grenzenden Schilderungen der Weite und Schönheit, des Reichtums und der Ausstattung Kanaans steht auch dort, wo es nicht ausdrücklich vermerkt wird, die Überzeugung Israels, das Land sei ein Gnadengeschenk seines Gottes JHWH an sein geliebtes Volk.

Schon in den Erzvätererzählungen hatte die Thematik „Verheißung von Landbesitz" einen zentralen Platz inne (vgl. v. Rad 90–91). Geber dieser Verheißungen war von Haus aus die kanaanäische Gottheit El, wie denn auch angenommen werden darf, daß diesen Verheißungen eine zeitnahe Erfüllung korrespondierte. Im jetzigen Hexateuch-Aufriß jedoch hören die Erzväter lediglich die Verheißung, ihre Erfüllung indes erleben erst ihre Nachfahren, die Israeliten, was bei P zur Bildung des Begriffs „Land der Fremdlingschaft" für Kanaan (Gen 17, 8; 28, 4; 36, 7; 37, 1; Ex 6, 4; vgl. Ez 20, 38) führte. Diese Verkoppelung von Väterverheißung und Mose-Verheißung wurde dadurch ermöglicht, daß das Thema Landverheißung auch in der JHWH-Theophanie des Sinai eine gewichtige Rolle spielte (vgl. Ex 3, 8. 17: J; 6, 8: P; 13, 5. 11: J? u.ö.; dazu auch Fohrer, JSS 13, 1968, 65).

Immerhin ist zu beachten, daß im Vergleich zu der Väterverheißung die dem Mose gegebene JHWH-Verheißung mit der Zusage der aktiven Mitwirkung JHWHs bei der Vertreibung der Kanaanäer einen neuen Zug aufweist, der der Dynamik des JHWH-Glaubens Israels entspricht. Denn nach betonter Anknüpfung an die Väterzusage oder besser: den „Väterschwur" findet sich bei J wiederholt die Beteuerung JHWHs, er bzw. sein *mal'āḵ* werde die Vorbevölkerung „vertreiben" (*grš qal, pi*) und Israel ins Land „hineinbringen" (Ex 33, 2; 34, 11; vgl. Jos 3, 10; 24, 12. 18; und Ex 23, 28–31: J+E). Dieser Vorstellung von der Vertreibung der Kanaanäer durch JHWH ist gewiß stets auch die Vorstellung von der Vertreibung der Kanaanäer durch Israel zugeordnet gewesen. Daß diese Überzeugungen sehr alt sind, vielleicht sogar zum Kern der JHWH-Theophanie gehören, ersieht man auch noch aus dem sog. negativen Besitzverzeichnis (Ri 1, 27–30. 32–33; vgl. Jos 16, 10; 17, 12. 13. 18). Stets wird festgestellt, daß der Stamm N. N. die Kanaanäer aus der Stadt N. N. nicht vertreiben konnte (*jrš hiph*). Die teilweise kümmerliche Landnahmewirklichkeit wurde an einem vorgegebenen Landnahmepostulat gemessen, demzufolge die Kanaanäer hätten samt und sonders vertrieben werden müssen, eben weil Israel das Land von seinem Gott zugesagt bekommen hatte. v. Rad nennt diese Vorstellung, weil sie sich mit der Geschichte befaßt und sie gleichsam theologisch interpretiert, die „geschichtliche Vorstellung vom Land Kanaan".

Daß die Spannung zwischen umfassender Zusage und eben nur partieller Erfüllung von Israel empfunden und zu beantworten versucht wurde, ersieht man auch aus Gen 9, 27. Der Tatbestand, daß die Philister ein Stück des eigentlich dem JHWH-Volk gehörenden gelobten Landes besaßen, wird aus der Bitte des Noah an Gott, er möge dem Ahn der Philister weiten Raum verschaffen, so daß er sogar in den Zelten Sems wohnen kann, erklärt, womit die Existenz der Philister in Kanaan letztlich auf Gott selbst zurückgeführt wird. – In andere Richtung weisen die Erläuterungen in Ri 2, 20 – 3, 5. Einerseits ist die Belassung der Philister und Kanaanäer eine Maßnahme JHWHs, um Israels Glauben auf die Probe zu stellen, anderseits sollen die Israeliten von diesen Leuten das Kriegshandwerk lernen.

Neben dieser geschichtlichen, vorab auf den Hexateuch beschränkten Vorstellung vom Land Kanaan hat v. Rad eine andere, von ihm „kultisch" genannte Vorstellung erkannt. Sie betrachtet Kanaan als „JHWHs Land", auf dem die Israeliten nur „Fremdlinge und Beisassen bei JHWH" sein können (Lev 25, 23). Dieser Vorstellung ist die Begrifflichkeit vom Land Kanaan als der *naḥ^{a}lāh* JHWHs (Deut 4, 21. 38; 12, 9; 15, 4; 19, 10; 20, 16; 21, 23; 24, 4; 25, 19; 1 Sam 26, 19; 2 Sam 14, 16; Jer 2, 7; 16, 18; 50, 11; Ps 68, 10; 79, 1; 105, 11 = 1 Chr 16, 18; 135, 11 f.) oder auch als der *'^{a}ḥuzzāh* JHWHs (Jos 22, 19; vgl. Lev 14, 34; Deut 32, 49) zugeordnet. Mit Recht weist v. Rad dieser kultischen Vorstellung vom Land Kanaan „die Gesetze über Erstlinge, Zehnten, über das Liegenlassen von Garben usw.", „die Bestimmungen gegen jegliche Verunreinigung des Landes" sowie die Ausführungen über „die große sakrale Brache" zu (92. 94). Die Frage, ob „gegenüber dem geschichtlichen als dem zweifellos urjahwistischen" der kultische Vorstellungskreis kanaanäischer Herkunft sei, verneint v. Rad zu recht (95). Zwar ist in der kanaanäischen Religiosität Baʿal der Besitzer des Landes oder genauer: der Erde. Diese Baʿals-Vorstellung aber hat universalistische Züge; jedenfalls ist sie nie völkisch umgrenzt, wie das bei der Vorstellung, das Land Kanaan sei JHWHs Eigentum, der Fall ist. Und außer diesem Gegensatz zwischen der universalistisch-kanaanäischen und der partikularistisch-israelitischen Aussage ist noch der Unterschied zu beachten, daß die sog. kultische Vorstellung die Einnahme des Landes durch JHWH voraussetzt; denn es mußte erst Eigentum JHWHs werden, ehe es als Erbe an Israel weitergegeben werden konnte.

Eine Verkoppelung beider Vorstellungsreihen liegt u. a. wohl Deut 1, 8 vor, wo JHWH das Land Israel übergibt und es somit als sein Eigentum ansieht, Israel aber zugleich auffordert, in das Land hineinzuziehen und es dem Väterschwur gemäß in Besitz zu nehmen.

Als letzte Frage ist in diesem Zusammenhang noch zu erörtern, ob diesen beiden verschiedenartigen Vorstellungen auch unterschiedlich umgrenzte gelobte Länder zugeordnet werden können. Daß P Kanaan mit dem Westjordanland gleichsetzt, sahen wir schon. Darin gleicht ihm auch Ezechiel (48). Und das Deut teilt dieselbe Auffassung, auch wenn auffällt, daß in Deut 12, 20; 19, 8 eine Erweiterung des israelitischen Landes erwartet wird. Ob diese Erwartung mit geschichtlichen Vorgängen etwa der Josia-Zeit zusammenhängt oder reines, vielleicht an älteren Vorstellungen orientiertes Postulat ist und ob in diesem oder jenem Fall das Ostjordanland einbezogen wird, bleibt fraglich. An älteren Vorstellungen wäre vor allem auf die des J zurückzugreifen. Zwar gehört nach den Jakob-Erzählungen, die in Gilead spielen, hier die Grenzfestlegung gegenüber Laban vornehmen und hier die feierliche Umnennung Jakobs zu Israel geschehen sein lassen, Gilead zu Israels Land, obwohl eine Landbesitzverheißung an Jakob/Israel nicht von Pnuel überliefert wird; selbst wenn das der Fall wäre, ist damit noch nicht entschieden, daß auch das Ostjordanland zu Kanaan zählt. Denn wenn dem Text von Jos 22 eine alte Erzählung vom Alleinvertretungsanspruch des Heiligtums von Silo auch im Ostjordanland zugrundeliegt oder eine solche, die vom Bemühen der Ostjordanier handelt, als JHWH-Verehrer anerkannt und somit vollgültig zu Israel gezählt zu werden (vgl. zu Jos 22 Steuernagel, Jahwe, der Gott Israels [BZAW 27, 1914, 329–349], 346–347; Aharoni 69; zuletzt Eißfeldt, Monopol-Ansprüche des Heiligtums von Silo [OLZ 68, 1973, 327–333]), so würde das eben doch nicht nur auf Unterschiede und Spannungen zwischen dem Ost- und Westjordanland hinweisen, die wir auch sonst kennen, sondern darauf aufmerksam machen, daß die Frage der Zugehörigkeit der ostjordanischen Gebiete zu Israel erst im Verlauf eines geschichtlichen Prozesses entschieden wurde, also ursprünglich das gelobte Land auf Westjordanien beschränkt und folglich mit Kanaan identisch war. Dann aber dürfte dieser Grundstock von Jos 22 älter als J sein. Da die sog. kultische Vorstellungsweise in Jos 22 hervortritt, wäre ihr die Gleichsetzung von Kanaan mit dem westjordanischen gelobten Land zuzuordnen, während die geschichtliche Vorstellung dann dem Geschichtsentwurf des J zuzuweisen wäre.

III. 1. Daß bei der Wertung des Landes Kanaan in den verschiedenen Schichten des AT außer der durch Regen und Quellen bedingten Fruchtbarkeit von Grund und Boden auch von Städten, Häusern, Zisternen, Befestigungsanlagen und besonderem Hausrat die Rede war, der aus dem Besitz der Kanaanäer in die Hand der Israeliten überwechselte, macht darauf aufmerksam, daß die Kulturerrungenschaften ein wesentliches Charakteristikum des Begriffs Kanaan sind (vgl. zuletzt Dietrich). Das ist um so bemerkenswerter angesichts der in diesem Bereich vorherrschenden politischen Zersplitterung in zahlreiche mehr oder minder unabhängige Stadtstaaten und der ethnischen Vielfalt der kanaanäischen Bevölkerung (so schon Böhl 97–98), die sich eben auch in den neben den Kanaanäern noch andere Völkerschaften aufzählenden Reihungen ausdrückt. Das einigende Band für diese politisch und ethnisch zersplitterte Größe war im weitesten Sinne eine gemeinsame Kultur, die als eine vorab auf Ackerbau und Handel beruhende sedentäre Stadtkultur bezeichnet werden kann. In ihrer spezifischen Ausprägung ist sie auf Westpalästina und die phönikische Küste beschränkt geblieben und hat niemals das syrische Binnenland erfaßt, so daß etwa vom Beginn des 2. Jt. v. Chr. an von einer eigenständigen kanaanäischen Kulturregion gesprochen werden kann (vgl. Alt 31. 37; Fohrer, ThLZ 1953, 196; Noth, ABLAK II, 231–232; Gray, Canaanites, 16; vor allem Kenyon 3–5. 33–35. 51–52).

Bestimmende Elemente dieser Kultur sind einerseits eine Gemeinsamkeiten auch in Syntax, Stil und Metrum aufweisende Sprache (vgl. Jes 19, 18; auch 2 Kön 18, 26. 28; Jes 36, 11. 13; Neh 13, 24; 2 Chr 32, 18), die durch die Herausbildung des Alphabets in Ugarit und dessen Ausbreitung auch nach Palästina ihre Eigenständigkeit unterstrich, und anderseits die als Feudalherrschaft zu charakterisierende politisch-soziale Struktur, zu der das Königtum mit dem Senat der Notablen als der Klasse der Herrschenden und das Volk samt Sklaven als der Schicht der Beherrschten gehört, zusammengehalten also weniger durch Blutsbande und Familienzugehörigkeit als vielmehr durch jeder Gruppierung eigene Interessen (Gray, Canaanites, 139–183; Eißfeldt, CAH II, 34, 25–28. 30; de Vaux, Histoire, 135–139). Ausdrucksform dieser Gesellschaft ist nicht zuletzt das von ihr geschaffene Recht, das anhand formaler und inhaltlicher Kriterien von Alt zutreffend als kasuistisch formuliertes Recht bezeichnet wurde.

2. Zur Eigenart der Kanaanäer zählt nicht zuletzt ihre spezifische Religion, wie sie uns in zuvor nicht geahnter Weise durch die ugaritischen Texte erschlossen wurde. Sie wird einerseits durch die im Pantheon verbundene Götterschar bestimmt, zu der vorab die bedeutendsten männlichen Gottheiten El, Baʿal, Dagon und Jam sowie die Göttinnen Aschera, Anat und Astarte gehören. Anderseits wird diese Religion durch den Kultus geprägt, wie er an den Heiligtümern mit ihren Tempeln und Kulteinrichtungen anläßlich der großen Jahresfeste und auch zu anderen geeigneten Gelegenheiten gepflegt wird und sich im religiös-kultischen Brauchtum widerspiegelt (vgl. Albright, Stone Age, 175–179; Yahweh, 104–132; Eißfeldt, Kanaanäische Religion; Gray, Canaanites, 66–89. 119–138; Fohrer, ThLZ 78, 1953; de Vaux, Histoire, 140–148). Wesentlicher Inhalt dieser polytheistischen Volksreligion ist die Erneuerung des Lebens und die Gewährleistung der Fruchtbarkeit (Fohrer, ThLZ 78, 1953, 196), auch wenn ethisch-moralische Überzeugungen ihr nicht gänzlich fremd (Gray 135–138) und vielleicht sogar Tendenzen zu einem praktischen Monotheismus wahrzunehmen sind (Eißfeldt, El im ugaritischen Pantheon, 1951, 60–70).

3. Was die Einstellung der Israeliten zu den Kanaanäern angeht, so sind zunächst einige Aussagen zu nennen, die lediglich nüchterne Feststellungen sind. So wird dem Leser von Gen 12, 6; 13, 7 historisch richtig erklärt, daß z.Z. Abrahams und auch noch danach „die Kanaanäer im Land" bzw. „die Bewohner des Landes waren" (Gen 24, 3. 37; 50, 11); Num 14, 43 stellt fest, daß die Amalekiter und Kanaanäer die Vorbesitzer Hormas sind. Nirgendwo in den Hexateuch-Erzählungen wird der Eindruck erweckt, als sei das Land Kanaan unbesiedelt gewesen. Auffällig ist vielmehr in den Erzvätererzählungen der Gen (vgl. besonders van Selms 202–212), daß die Kanaanäer von den Erzvätern als die Herren des Landes ganz selbstverständlich respektiert werden und alles vermieden oder doch zu vermeiden versucht wird, was dieses friedliche Miteinander hätte empfindlich stören können (vgl. z.B. Gen 34, 30), wie denn auch jeglicher Landbesitz allein durch Kauf erworben wurde (vgl. Gen 23, 3–20; 33, 19).

Dieses ausgewogene Verhältnis der Erzväter zu den Kanaanäern hat die Aneignung ihrer Kultur durch die Neuankömmlinge vorbereitet und befördert und somit einen Prozeß ausgelöst, der sich weit in die Geschichte Israels hinein erstreckte und niemals ganz abgeschlossen wurde, obwohl der Gegensatz zwischen Nomadentum und dem Wohnen im Land von Israel empfunden wurde, solange es in Palästina lebte. Dabei erwies sich abermals die kanaanäische Kultur derart lebenskräftig, daß sie die neuen Einflüsse zu absorbieren vermochte, wie es schon mit den Hurritern und den Hyksos geschah und wieder bei den Philistern der Fall war. Das heißt im einzelnen, daß sich die Israeliten die Ackerbau- und Stadtkultur ebenso rasch aneigneten wie die Sprache Kanaans mit ihren Ausdrucksformen, stellt doch das Hebräische des AT eine Mischung aus dem Kanaanäischen und der Sprache der Einwanderer dar. Beispiele aus dem Bereich des Rechts sind ein Teil des Bundesbuches (Ex 20, 22 – 23, 13) und die Anweisungen von Lev 19, 23–25. Aus dem künstlerischen Gebiet könnte auf die Elfenbeinarbeiten von Samaria verwiesen werden, die denen kanaanäischer Herkunft von Megiddo in vieler Hinsicht gleichen (vgl. Eißfeldt, CAH II, 34, 25. 27–28).

Mit dem Bereich des Religiös-Kultischen verhält es sich grundsätzlich nicht anders. Nach Ausweis der Gen-Erzählungen traten die Erzväter in den an den Heiligtümern des Landes bestehenden Kultus ein, wie denn Abraham dem Jerusalemer Gott des Melkisedek seine Reverenz erwies. Später übernahmen die Israeliten den Tempelkultus samt Priesterhierarchie, Tempelmusik, Opferwesen, kanaanäischem Festkalender u. dgl. (vgl. Albright, Yahweh, 169–171; Eißfeldt, CAH II, 34, 28–29; Isr.-jüd. Religion, 233–235; Fohrer, JSS 13, 1968, 65–75). Angesichts dieser breiten und weithin offenbar als selbstverständlich empfundenen Aufnahme kanaanäischer Kultur und Religion ist es um so auffälliger, daß in den Erzvätererzählungen mit großer Strenge gefordert wird, Isaak und Jakob hätten auf gar keinen Fall Kanaanäerinnen zu Frauen zu nehmen (Gen 24, 3. 37; 28, 1. 6. 8; im Gegensatz dazu Esau Gen 36, 2). Ein Kommerzium mit den Kanaanäern konnte es für die Erzväter geben, nicht aber ein Konnubium.

Eine Begründung dafür wird nicht genannt. Man könnte daran denken, daß dieses Verbot sich aus der Antithese gegenüber dem kanaanäischen Fruchtbarkeitskultus heraus versteht. Denn, so könnte man argumentieren, die Frau bedarf in besonderem Maße des Segens der den Kinderreichtum gewährenden Gottheiten. Sie stand viel stärker als der Mann in der Gefahr, in die Verehrung der diesbezüglichen Götter Kanaans abzugleiten. Daß das auch geschah, machen die bei Ausgrabungen zutage geförderten Amulette von weiblichen Gottheiten innerhalb frühisraelitischer Siedlungsschichten wahrscheinlich. Dennoch wird man bedenken müssen, daß für das spätere Israel wie auch schon für die Erzväter der soziologische Unterschied zu den Kanaanäern, bei aller Freundlichkeit ihnen gegenüber, nie völlig verwischt wurde. Im Gegensatz zu der kanaanäischen Feudalgesellschaft ist in Israel „das Bewußtsein der Verwandtschaft der Stämme untereinander und ihrer Fremdheit den Nachbarn gegenüber" (Alt, KlSchr II 7) stets, wenn auch in unterschiedlichem Grad, lebendig geblieben. Mag dieses fundamentale Bewußtsein im späteren Israel auch auf einer historischen Setzung religiöser Natur wie dem JHWH-Bund beruht haben und somit eine Ausprägung des JHWH-Glaubens darstellen, so könnte für die Erzväterzeit insofern ähnliches angenommen werden, als auch die in ihrer vorpalästinischen Phase von der mit dem El-Kultus Kanaans dann verschmolzenen Vätergottverehrung bestimmt war. Deren wesentliches Element aber war die Verbundenheit von Sippe und Gottheit. Die verwandtschaftliche Zusammengehörigkeit war mithin für den Väterglauben von größter Bedeutung. Deshalb wird man das Verbot des Konnubiums mit den Kanaanäern letztlich doch auf religiöse Überzeugungen der Erzvätergruppen zurückführen dürfen, ganz gleich ob man dabei an Baʿale und Astarten denkt oder nicht.

Der Gefahr des Abgleitens ins Kanaanäertum scheinen, zumindest in der Frühzeit und dann wohl auch nur in beschränktem Maße, sowohl Juda als auch Simeon erlegen zu sein. Die altertümliche Erzählung Gen 38 enthält in v. 2 die Mitteilung, daß Juda eine Kanaanäerin namens Sua zur Frau nahm (vgl. 1 Chr 2, 3). In Gen 46, 10; Ex 6, 15 wird einer der Söhne Simeons von einer Kanaanäerin hergeleitet (vgl. auch Num 25, 14). Damit wird immerhin von den beiden bedeutendsten, weil in das Zwölfstämmesystem aufgenommenen Gliedern von Groß-Juda eine Verbindung mit dem Kanaanäertum genealogisch ausgesagt.

Im Gegensatz zu dem zumindest partiell friedlichen Verhältnis von alter und neuer Bevölkerung zur Zeit der Erzväter und dem vielleicht noch weiterreichenden, weil auch das Konnubium nicht mehr prinzipiell ausschließenden Miteinander von Kanaanäern und frühisraelitischen Gruppen im Bereich von Groß-Juda treffen wir im Zusammenhang der JHWH-Theophanie im Rahmen des Herausführungsgeschehens auf ganz entschiedene Äußerungen, daß die Kanaanäer bekämpft, vertrieben, gebannt oder auch versklavt werden sollen und daß es für Israel keinerlei Verbindungen mit ihnen geben darf. Vom Kampf gegen die Kanaanäer spricht Ri 1, 1. 3. 5; von einem Kampf mit „den Königen Kanaans" redet Ri 5, 19 (vgl. Ps 135, 11). Auch davon hören wir, daß Angst und Beben „alle Bewohner Kanaans" (Ex 15, 15) oder „alle Könige der Kanaanäer" (Jos 5, 1) ergreift. Vom Vertreiben mit JHWH als Subjekt und dem Objekt der Kanaanäer ist in Ex 23, 28. 29–30 (*grš pi*); 33, 2 (*grš pi*); 34, 11 (*grš qal*); Deut 7, 1 (*nšl*); Jos 3, 10 (*jrš*) die Rede. Dagegen mit Israel als Subjekt steht *jrš hiph* Num 33, 52 und in der Negation mit dem gelegentlichen Hinweis späterer Fronknechtschaft in Jos 16, 10; 17, 12–13; Ri 1, 27–33 (vgl. Gen 9, 25–27; Neh 9, 24). Von der Notwendigkeit, die Kanaanäer sogar zu „bannen", ist Deut 7, 2; 20, 17 (vgl. Num 21, 2; Jos 11, 11) überzeugt. In Jos 17, 18 ist die Tatsache, daß israelitische Stämme die Kanaanäer der Städte nicht (vgl. BHS) vertreiben konnten (*jrš*), auf deren eiserne Wagen zurückgeführt; in Ex 23, 29–30 (*grš pi*) aber wird eine sich über Jahre hinziehende Vertreibung damit begründet, daß das Land nicht zur Steppe und zum Tummelplatz wilder Tiere werden solle (zu Ri 2, 22 – 3, 2 vgl. oben). Desgleichen wollen etwa Jos 2 die weitere Existenz der Sippe der Hure Rahab (Jos 6, 17) und Jos 9 das der Bewohner von Gibeon erläutern und begründen. Am eindrücklichsten äußert sich die Einstellung der Israeliten zu den Kanaanäern in dem mehrmaligen strengen Verbot, keinesfalls in eine Kultgemeinschaft mit den Kanaanäern einzutreten (dazu vgl. Jaroš). Bei J heißt es: „Du sollst nicht ihre Götter anbeten und ihnen nicht dienen und nicht tun wie sie" (Ex 23, 24). In Ex 34, 12–16 wird diese Grundanweisung entfaltet: Verboten ist ein Bundesschluß mit den Landesbewohnern, weil das offenbar mit dem Eintritt in die fremde kanaanäische Religion und mit der Übernahme kanaanäischen Kultbrauchtums, aber auch mit dem Konnubium verbunden ist und eine Anerkennung der Kanaanäer als gleichberechtigter Partner beinhaltet. Befohlen wird vielmehr die Zerstörung ihrer Kulteinrichtungen (Altar, Mazzebe, Aschera).

Bei E wird ebenfalls betont, daß Israel keinen Bund mit den Kanaanäern und ihren Gottheiten schließen darf (Ex 23, 32). In der Sprache von Deut 7, 2–5 lautet der Befehl zur Ausrottung der Kanaanäer: „Du sollst an ihnen den Bann vollstrecken." Im einzelnen bedeutet das 1) keinen Bund mit ihnen zu schließen, um sie nicht zu schonen (v. 2), 2) sich mit ihnen nicht zu verschwägern, weil damit die Anerkennung ihrer Gottheiten gegeben ist (v. 3–4), und 3) ihre Altäre, Mazzeben, Ascheren und Götzenbilder vernichten (v. 5). P schließlich weiß nur noch die Vernichtung ihrer *maśkijjôṯ*, ihrer *ṣalmê massēḵôṯ* und ihrer *bāmôṯ* anzuordnen (Num 33, 52).

Kern dieser Verbote ist der unüberbrückbare Gegensatz zwischen der israelitischen JHWH-Verehrung und dem kanaanäischen Fruchtbarkeitskultus, kurz zwischen JHWH und Baʿal. Stationen dieser Auseinandersetzung des JHWH-Glaubens Israels mit der immanenten Gottesvorstellung Kanaans sind etwa durch Num 25, 1–18, Ri 6, 25–32, 1 Kön 18 und Hosea markiert. Weite Strecken der Religionsgeschichte Israels sind davon bestimmt und auch dadurch geprägt worden. Trotz der beobachteten radikalen Ablehnung kanaanäisch-immanenter Gottesvorstellung ist mancherlei Gut in die JHWH-Vorstellung eingeflossen und hat zur Bereicherung des Glaubens Israels beigetragen (vgl. nur Eißfeldt, Jahve und Baal [KlSchr I 1–12]).

In Ps 106, 38 scheint der Satz: „Das Blut ihrer Söhne und Töchter, die sie den Götzen Kanaans opferten" wahrscheinlich eine erklärende Glosse zu v. 38a zu sein. – Der Umstand, daß in der paränetischen Einführung zu Ehe- und Keuschheitsgesetzen innerhalb des

Heiligkeitsgesetzes als verwerfliche Beispiele, nach denen sich die Israeliten keineswegs richten dürften, neben Ägypten dann besonders „das Brauchtum im Land Kanaan" genannt (Lev 18, 3) und abschließend noch einmal in umständlichen Sätzen und plerophoren Wiederholungen „die Verunreinigung der Heidenvölker", die JHWH vor Israel vertreiben will, und „alle diese Greuel", die die Einwohner des Landes verübt haben, gebrandmarkt werden (v. 24–30), mag in der Forschung dazu geführt haben, Gen 9, 20–27 in diesem Sinne zu interpretieren und in dem fluchwürdigen Vergehen des jüngsten Sohnes Kanaan dessen „Unkeuschheit" und „in der sexuellen Verderbnis der Kanaanäer", wie v. Rad schreibt (ATD 2/4, 113–114), „ätiologisch den wahren Grund für ihr Unterliegen vor den eindringenden Israeliten" zu sehen. So richtig es ist, daß der Fluch über Kanaan die politische Unterordnung der Kanaanäer unter die Israeliten im Auge hat (so etwa Maisler, 1930, 63–65; Rost 46; anders jüngst Westermann, BK I/1, 654), so falsch ist es, die erzählerische Begründung für den Fluch wortwörtlich zu verstehen (vgl. die ähnlichen Fälle Gen 34; 35, 21–22 + 49, 3–4. 5–7; auch: 38).

Das ändert allerdings nichts daran, daß auch sonst im AT die Kanaanäer negativ eingeschätzt werden. So heißt es tadelnd von Jerusalems Abstammung, es komme „aus dem Land der Kanaanäer" (Ez 16, 3), was Zimmerli erläutert: „Für das religiöse Bewußtsein Israels trägt das Kanaanäische den stark negativen Akzent des von JHWH Abgelehnten, ja gar Verfluchten" (BK XIII/1, 347 mit Hinweis auf Gen 9, 25). Darin, daß Hos 12, 8 die Kanaanäer sprichwörtlich sind für betrügerische Waage und für die Liebe von Ausbeutung, daß der Name „Land Kanaan" „Krämerland" (Ez 16, 29; 17, 4) und das Wort „Kanaanäer" „Händler" bedeuten kann (Hiob 40, 30; Spr 31, 24; Jes 23, 8; Sach 14, 21), setzt sich diese abwertende Haltung Israels den Kanaanäern gegenüber fort, auch wenn in dem ganz jungen Nachtrag Jes 19, 18 von fünf Städten in Ägypten gerühmt wird, sie seien „JHWH verschworen" und „redeten die Sprache Kanaans".

Zobel

כָּנָף *kānāp̱*

I. Etymologie – II. Flügel der Vögel und anderer Lebewesen – III. Symbolische Bedeutungen – IV. Ecke, Saum, Heeresflügel – V. Qumran – VI. LXX.

Lit.: *O. Eißfeldt*, Die Flügelsonne als künstlerisches Motiv und als religiöses Symbol (KlSchr 2, 1963, 416–419). – *F. C. Fensham*, Winged Gods and Goddesses in the Ugaritic Tablets (OrAnt 5, 1966, 157–164). – *R. Gradwohl*, Die Farben im AT (BZAW 83, 1963). – *P. Joüon*, *kānāf* „aile", employé figurément (Bibl 16, 1935, 201–204). – *R. de Vaux*, Les chérubins et l'arche d'alliance, les sphinx gardiens et les trônes divins dans l'Ancien Orient (MUSJ 37, 1960–61, 91–124 = *Ders.*, Bible et Orient, 1967, 231–259). – *P. Welten*, Mischwesen (BRL² 224–227). – *A. S. van der Woude*, כנף *kānāf*, Flügel (THAT I, 1971, 833–836).

I. Die Wurzel *knp* ist gemeinsemitisch (Fronzaroli, AANLR 8/19, 1964, 274. 279; 8/23, 283). Neben 'Flügel' finden sich die Bedeutungen 'Kleiderzipfel' (DISO 123), 'äußerster Rand' (asarab.), 'Seite, Gegend' (arab.) und jüd.-aram. auch 'Schoß'. Jes 30, 20 ist denom. Verb *niph* = 'sich verbergen', vgl. arab. *kanafa* 'umgeben, behüten'.

II. *kānāp̱* kommt im Sing., Plur. und Dual im Pentateuch, in den Propheten und den Schriften vor. Dem wörtlichen Sinn nach bedeutet es ganz allgemein 'Flügel' bzw. 'Geflügel', 'Vogel' in den Verbindungen *'ôp̱/ṣippôr/baʿal kānāp̱* (z. B. Gen 1, 21; Ps 148, 10; Spr 1, 17); besonders werden die Flügel des Adlers, Straußes, Storches, Falken und der Taube genannt (z. B. Jer 48, 40; Hi 39, 13. 26; Ps 68, 14). Der Vogel breitet seine Flügel aus, schlägt mit ihnen, oder sie werden ihm ausgerissen (Jer 49, 22; Jes 10, 14; Lev 1, 17). Als Synonyme werden *'æḇrāh* (Deut 32, 11; Ps 68, 14; 91, 4; Hi 39, 13), *'eḇær* (Ez 17, 3) und aram. *gap̱* (Dan 7, 4. 6) gebraucht. Jes 18, 1 meint mit „Flügelgeschwirr" die Insektenschwärme Äthiopiens. Mit einem großflügeligen Adler werden Nebukadnezzar oder der ägyptische Pharao verglichen (Ez 17, 3. 7), ebenso das sich ausbreitende Geschrei der vernichteten Moabiter und Edomiter (Jer 48, 40; 49, 22). Das Silber und Gold der Kriegsbeute läßt Israel wie die Flügel der Taube erglänzen (Ps 68, 14), unehrenhafter Gewinn aber macht sich Flügel und fliegt wie ein Adler davon (Spr 23, 5). Die von den Assyrern ausgeplünderten Städte haben es nicht gewagt, sich zu verteidigen, wie sich ein Vogel mit Flügelschlagen verteidigt (Jes 10, 14). JHWH wird in der Heilszeit dem davidischen Königtum wieder Wachstum und große Weite geben, es wird sein wie eine Zeder, unter der die Menschen „wie Vögel jeglichen Gefieders" Frieden und Geborgenheit finden (Ez 17, 23).

„Geflügelte" Kerube (→ כרוב *k^erûḇ*) sind im Allerheiligsten des salomonischen Tempels aufgestellt; es handelt sich dabei um zwei 10 Ellen hohe Holzfiguren, die wohl z.T. mit Blattgold überzogen sind. Sie stehen nebeneinander, blicken mit ihren Gesichtern zum Eingang und breiten ihre beiden Flügel nach den Seiten aus (1 Kön 6, 23–27; 8, 6f.; 2 Chr 3, 10–13; 5, 7f.). Da über ihr Aussehen sonst nichts mitgeteilt wird, darf man „geflügelte Sphinxe" vermuten, vielleicht zwei aufgerichtete Tierleiber (Löwen?) mit je zwei Flügeln und einem Menschenkopf (vgl. de Vaux, Pl. II 2 ab). Sie fungieren als Wächter und Schützer der unter ihren Flügeln postierten Lade (vgl. *hassôḵeḵ* als Appellativum des Kerub in Ez 28, 14. 16). Nach Ex 25, 18ff. und 37, 7ff. sind kleine vergoldete Kerube fest mit dem Deckel der Lade verbunden, sie schauen sich ein-

ander an und breiten ihre Flügel nach oben hin beschirmend über die Lade aus.
Ez 1 kennt geflügelte, menschengestaltige Lebewesen, die allerdings in Ez 10 als Kerube interpretiert werden. Es sind im ganzen vier solcher Wesen; sie tragen den Gottesthron. Jedes von ihnen hat vier Gesichter und vier Flügel. Mit zwei Flügeln verhüllen sie ihren ganzen Leib, während die anderen beiden nach oben ausgespannt sind und einander berühren (1, 11). Man hört das Rauschen der Flügel und sieht ihr Emporheben und Hinabsinken (1, 24; 10, 16). In einem Zusatz werden die vier Gesichter als Menschen-, Löwen-, Stier- und Adlergesicht bestimmt. Der Redaktor denkt also an Mischwesen. Auch daß Rücken, Hände und Flügel mit Augen übersät sind, geht auf eine noch spätere Hand zurück (10, 12).
In der Berufungsvision Jesajas schweben Seraphe über dem Gottesthron (Jes 6, 2); sie sind vom Verfasser als Hofstaat oder dienstbare Geister JHWHs gedacht. Man muß sie sich wohl als sechsflügelige Schlangenwesen mit menschlichen Gesichtern und Händen vorstellen (vgl. G. R. Driver, Festschr. W. F. Albright, Baltimore–London 1971, 87–96). Von den drei Flügelpaaren brauchen sie nur eines zum Fliegen, mit den beiden anderen verhüllen sie ehrfurchtsvoll ihr Angesicht und ihre „Füße" (= Scham). Offenbar soll dadurch der Abstand zwischen der Kreatur und dem heiligen Gott betont werden. „Fliegende Seraphe" (Jes 14, 29; 30, 6) stehen parallel zu *nāḥāš* bzw. zusammen mit Löwe, Leu und Otter. Auch das Emblem des im Jerusalemer Tempel verehrten Nehuschtan wird als Seraph bezeichnet (Num 21, 8). Der sechsflügelige Genius von Tell Ḫalaf trägt zwei Schlangen in seinen Händen, wahrscheinlich als Symbol seiner ehedem tierischen Gestalt (ANEP Nr. 655). In der Vision Sach 5, 9 wird – in Anlehnung an das oft angewandte Märchenmotiv der Luftreise – das Epha mit der Sünde und Bosheit Israels von zwei Frauen mit Storchenflügeln durch die Luft nach Babylon transportiert. Auch in Ex 19, 4 klingt dieses Motiv zusammen mit JHWHs tragender Treue an.

III. Ps 18, 8–16 ist eine gewaltige Theophanieschilderung; Erdbeben, Gewitter, Hagel und Sturm künden Gottes Erscheinen an. Dabei wird die Macht und Schnelligkeit des daherbrausenden Sturmes mit dessen „Flügeln" symbolisiert. Die „Flügel des Sturmes" stehen hier im parallelismus membrorum zum „Kerub" als einem geflügelten Wesen (18, 11; 2 Sam 22, 11; Ps 104, 3). Der „Sturm mit seinen Flügeln" wird auch das götzendienerische Ephraim packen und verheeren (Hos 4, 19). Der Allgegenwart Gottes kann niemand entrinnen, selbst wenn er mit der Eile der geflügelt gedachten Morgenröte vom äußersten Osten bis zum Westen fliegen wollte, wo die Sonne untergeht (Ps 139, 9). Die geflügelte Sonnenscheibe ist eine dem Altertum geläufige Vorstellung (Eißfeldt 416; AOB 307–311; 331–333; BRL^2 300–303): „An ihren Flügeln" (Strahlen) hängt die Heilung (Mal 3, 20). Die Lesart Dan 9, 27 („Und auf Flügeln von Greueln [kommt] einer, der verwüstet") braucht nicht korrigiert zu werden, wenn damit das plötzliche und außergewöhnlich furchtbare Auftreten des Verwüsters angedeutet werden soll. „Im Schatten der Flügel" Gottes oder „unter seine Flügel" sich bergen findet sich sowohl in individuellen Klageliedern als auch im Bekenntnis und Wunsch (Ps 17, 8; 57, 2; 61, 5; 36, 8; 63, 8; 91, 4; Ruth 2, 12). Gottes Flügel schützen Land und Volk (Jes 8, 8; Deut 32, 11). Das Bild stammt sicher vom Vogel, der seine Jungen birgt, und hat auch in der Vorstellung der geflügelten Gottheit Ausdruck gefunden (AOB 35; 197; 258; Fensham 157ff.).

IV. Der biblische Mantel ist ein rechteckiges Tuch, das auf verschiedene Art verwendet und getragen werden kann. Mit den „Flügeln des Mantels" sind die Ecken dieses Tuches gemeint. Diese Ecken (Zipfel) kann man ergreifen (1 Sam 15, 27; zur magischen Bedeutung des Gewandsaumes vgl. D. Conrad, Samuel und die Mari-„Propheten" [ZDMG Suppl. 1, 1969, 273–280] und R. A. Brauner, „to grasp the hem" and 1 Sam 15, 27 [JANES 6, 1974, 35–38]; Sach 8, 23), man kann Fleisch oder Haare in sie einbinden (Hag 2, 12; Ez 5, 3), sie mit Blut beschmutzen bei einem Mord (Jer 2, 34), man kann sie aber auch abschneiden, wie David es bei Saul tat (1 Sam 24, 5. 6. 12). Die Israeliten sollen an den vier Zipfeln ihres Obergewandes blau-weiße Quasten anbringen (Num 15, 38; Deut 22, 12; Gradwohl 71f.). Die ursprünglich apotropäische Bedeutung dieser Quasten wurde – wenn auch künstlich – jahwesiert: Beim Anblick dieser Quasten soll sich Israel an JHWHs Gebote erinnern. Die Ecke des Mantels über die erwählte Braut ausbreiten heißt, ihre Blöße bedecken, sie heiraten (Ruth 3, 9; Ez 16, 8). Eines Mannes Manteldecke aufschlagen bedeutet, sich in seine Ehe einmischen. Nach Deut 23, 1; 27, 20 darf niemand mit der Frau seines Vaters (= seiner Stiefmutter) verkehren, weil er dadurch die „Manteldecke seines Vaters aufheben", d. h. die väterliche Ehe entehren würde. Im st. cstr. mit *hā'āræṣ* meint *kānāp̱* (vier) Enden (Jes 11, 12; Ez 7, 2; Hi 37, 3; 38, 13) oder den Saum der Erde (Jes 24, 16).

V. In Qumran kennt man die *b^{e}nê/'ôp kānāp̱* ebenso wie die „Flügel des Windes" (1 QM 10, 14; 1 QH 8, 9; 1 QHf 19, 3). Neu sind die „vorrückenden Spitzen und Flügel zu beiden Seiten der Schlachtreihe" (1 QM 9, 11; vgl. lat. ala – Heeresflügel). Die Tempelrolle verwendet 5mal *knp* in völliger Übereinstimmung mit dem at.lichen Sprachgebrauch: TR 7, 11 „Flügel der Kerube" (vgl. Ex 25, 20); 48, 5 zum Genuß erlaubte Insekten mit „Flügeln" (erweiterte Form von Lev 11, 21); 66, 12f. „Gewandzipfel" (vgl. Lev 20, 21; Deut 23, 1); TR 65, 1 Text?

VI. Zur Wiedergabe bevorzugt die LXX eindeutig πτέρυξ (66mal) und πτερύγιον (11mal), des weiteren die Ableitungen πτερωτός (5mal) und μεγαλοπτέρυγος (2mal).

Dommershausen

כִּסֵּא *kisse'*

I. 1. Etymologie und Verbreitung – 2. Mesopotamien – a) Glyptik – b) Terminologie – c) Magie – d) Königsritual – e) Kult – 3. Ugarit – a) Terminologie – b) Götterthron – c) Hausrat – d) Ritual – 4. Ägypten – a) Terminologie – b) Throninsignien – c) Deifizierung des Thrones – 5. Aramäer und Phönizier – a) Archäolog. Befund – b) Epigraphik – II. Stuhl und Thron im AT – 1. Verteilung – 2. Wortfelder – a) nominale – b) verbale – c) Synonyme – 3. LXX – III. 1. Stuhl und Thron im Alltagsleben der Hebräer – 2. Thron Davids – 3. Thron Salomos – 4. Gerechtigkeit als Fundament des Thrones – 5. Throne von Königen und Fürsten – 6. Priesterthron? – 7. Thronbesteigungsritual – IV. Thron JHWHs – 1. Lade – 2. Tempel – 3. Zion, Jerusalem – 4. Himmel – 5. Thronwagen – V. *kisse'* in der Metapher – 1. Inthronisation – 2. Sturz – 3. Thronerhöhung – 4. Trauerriten – 5. Dirnenthron – VI. Qumran.

Lit.: *H. S. Baker*, Furniture in the Ancient World, London 1966. – *O. R. Blosser*, A Study of „The Throne of David" Motif in the Hebrew Bible. Diss. Madison, Wisconsin, 1975. – *H. Brunner*, Gerechtigkeit als Fundament des Thrones (VT 8, 1958, 426–428). – *F. Canciani – G. Pettinato*, Salomos Thron. Philologische und archäologische Erwägungen (ZDPV 81, 1965, 88–108). – *F. Gössmann*, „Scabellum pedum tuorum" (Divinitas 11, 1967, 31–53). – *M. Haran*, The Ark and the Cherubim (IEJ 9, 1959, 30–38. 89–94). – *A. Hug*, Thron (PW VI/A, 1935, 613–618). – *J. J. Jackson*, David's Throne: Patterns in the Succession Story (Canadian Journal of Theology 11, 1965, 183–195). – *W. Krebs*, Der sitzende Gott. Gedanken zum Kultbild und seiner Verehrung (ThZ 30, 1974, 1–10). – *K. P. Kuhlmann*, Der Thron im Alten Ägypten. Untersuchungen zu Semantik, Ikonographie und Symbolik eines Herrschaftsabzeichens (ADAI Kairo, Ägyptol. Reihe 10, 1977). – *H. Kyrieleis*, Throne und Klinen. Studien zur Formgeschichte altorientalischer und griechischer Sitz- und Liegemöbel vorhellenistischer Zeit (JDAI, Ergänzungsheft 24, 1969). – *M. Metzger*, Himmlische und irdische Wohnstatt Jahwes (UF 2, 1970, 139–158). – *Ders.*, Königsthron und Gottesthron. Thronformen und Throndarstellungen in Ägypten und im Vorderen Orient im 3. und 2. Jahrtausend v. Chr. und deren Bedeutung für das Verständnis von Aussagen über den Thron im Alten Testament (AOAT 15, noch nicht zugänglich). – *A. Salonen*, Die Möbel des Alten Mesopotamien nach sumerisch-akkadischen Quellen (STTAASF, B 127, Helsinki 1963). – *H. Schmidt*, Kerubenthron und Lade, in: Eucharisterion H. Gunkel I, 1923, 120–144. – *O. Schmitz*, θρόνος (ThWNT III, 1938, 160–167). – *A. van Selms*, A Guest-room for Ilu and its Furniture (UF 7, 1975, 469–476). – *H. Seyrig*, Trônes phéniciens flanqués de sphinx, in: Antiquités Syriennes (Syr 36, 1959, 38–89, bes. 51 f.). – *H. Weippert*, Möbel, 4. Stuhl und Thron, in: K. Galling, BRL ²1977, 228–232). – *P. Welten*, Lade – Tempel – Jerusalem. Zur Theologie der Chronikbücher, in: Textgemäß (Festschr. E. Würthwein, 1979, 169–183).

I. 1. Die Wurzel *ks'* ist in fast allen semit. Sprachen reichlich vertreten und begegnet hier in den beiden Bedeutungsgruppen „Vollmond" (vgl. M. Dahood, Bibl 46, 1965, 330; vgl. auch F. Vattioni, Augustinianum 8, 1968, 382 ff.) und „Thron". *kisse'* 'Thron' geht wie das sum. Lehnwort *GU.ZA* (Deimel, ŠL 52; M. Ellenbogen [Foreign Words 89] weist auf ein sum. Verb *GUZ* „kauern, sitzen, erniedrigt werden") 'Sessel' zurück auf altakk. *kussû* (*kussiu*) 'Stuhl, Thron', aber auch 'Sattel, Leberteil' (vgl. Gelb, MAD III 152; AHw I 5–15; CAD K 587–593 [zu u > i vgl. V. Christian, SBAW 228/2, 15]), das wiederum auf eine Wurzel **ksī* 'binden (von Schilf und Rohr)' zurückgehen könnte. Ebenso begegnet die Wurzel im Ugar. sowohl als *ksỉ*, *ksủ* und *ks'* 'Thron, Sitz, Sattel' (WUS Nr. 1351; UT Nr. 1277). Von hohem Alter sind auch die phön. Belege von *ks'* in der Sarkophag-Inschrift des Aḥiram von Byblos (um 1000 v. Chr.; KAI 1, 2), des Kilamuwa aus Zincirli (um 825 v. Chr.; KAI 24, 9) und des Azitawada aus Karatepe (um 720 v. Chr.; KAI 26, 11); auch neupun. ist *ks'h* belegt in der Inschrift 28 aus Tripolis (vgl. G. Levi Della Vida, Africa Italiana VI, 1 ff.).

Im Wege der Dissimilation wird im aram. Sprachbereich die Sibilanten-Gemination *ss* aufgebrochen zur Konsonantenfolge *rs* (vgl. H. Bauer – P. Leander, Grammatik des Biblisch-Aramäischen § 13 f.; Brockelmann, VG I, 243 ff.), die zum Morphem *krs'* führt. M. Fraenkel, HUCA 31, 1960, 78 f. lehnt die Möglichkeit, das eingeschobene *r* als Bildungskonsonant zu werten, ab und hält das *r* für einen ursprüngl. Bestandteil des Etymons. Eine Verbindung dieses Morphems mit akk. *kurṣu* 'Fessel' (AHw I 512; vgl. E. Vogt, Lexicon Linguae Aramaicae Veteris Testamenti, Rom 1971, 86) ist wegen der differierenden Spirans nicht angezeigt.
Die frühesten altaram. Belege (*krs'*) entstammen der 3. Sfire-Stele (vor 740 v. Chr.; KAI 224 III 17) und der Stele des Barrakib aus *Sam'al* (um 730 v. Chr.; KAI 216, 7).
Weitere Belege im Reichsaram., Äg. aram. (vgl. AP 6, 2; Aḥ 133), Jüd. aram. und Bibl. aram. (DISO 127; Vogt 86 f.; WTM II 412), sowie im Mhebr. *kisse'* 'Sessel, Stuhl, Thron' (WTM II 361 f.). Auch im aram.-mittelpersischen Frahang i-pahlavik ist der Terminus *g/ksj'* 'Thron' nachgewiesen und steht parallel zu *'ršj* 'Bett, Diwan' (vgl. E. Ebeling, MAOG 14/1, 1941 [1972], 10). Ob phön. *krsj* (CIS I, 22; 44, 2; 88, 3. 5. 6) zu unserer Wurzel zu ziehen ist, ist sehr umstritten.

Syr. *kûrs^{e}jā'* bedeutet 'thronus, caput regionis' und speziell 'sedes episcopi' (LexSyr 348); vgl. ähnlich auch im Christl. paläst. Im mand. *kursia*, auch in der Fehlschreibung *kurṣia*, finden wir neben 'Thron' auch die Bedeutung 'cathedra' (MdD 209). Im arab. Sprachbereich begegnet *kursî* als 'Thron, Sitz, Stuhl' des Gottes, des Herrschers, der Braut, aber auch als „Lehrstuhl", metonymisch als „Thronsitz, Residenz" (WKAS I, 1970, 126 f.).

Südsemit. begegnen Tigre *kursî* „kleines Bett, Sessel", Tigriña *kōras* (Wb. Tigre 399a), Meḫri *karsī*, Šhauri *kersí* und Soq. *korsiy* „trône" (LexSoq 226), Harari *kursi* „chair, stand on which the Koran is placed while one recites it" (Leslau, Etym. Dict. of Harari, 94).

2. In Mesopotamien sind Hocker, Stuhl und Thron zahlreich durch alle Epochen bezeugt, bes. in der Glyptik. Aufgrund des Paralleleinflusses in der EA-

Zeit sind kaum technische Unterschiede zu Äg. zu erwarten. Neben *kussû* begegnen *durgarû* 'Prachthocker' (des Königs und der Gottheit), *gišgallu* und *mūšabu* 'Sitz, Thron', *kibsu* 'Hocker', *littu* und *matqanu* 'Schemel', *dakkannu* 'Bank' (vgl. Salonen).

a) Die mesopot. Glyptik zeigt die groben Linien einer typolog. Entwicklung. In der Prähistorie saßen die Menschen unterschiedslos auf dem Boden oder auf Matten; die spätere Einführung des Thrones bewirkte eine soziologische Aufwertung des Höhersitzenden. Bereits in der Djemdet-Nasr-Zeit begegnet das Schilfbündel als urspr. Form des Hockers. Ab Ur-III begegnen die ersten würfelförmigen Holzhocker (ANEP 637). Später wurde der Hocker durch eine hochgezogene Rückenlehne typologisch zum Stuhl, dann durch Anbringung von Armlehnen zum Sessel (*kussû nēmedi*) entwickelt. Damit war der Typos durchgestaltet und in der Folgezeit sind Variationen nur in der Auswahl des Materials, der Verzierung und in der Kombination mit Bathron und Sockel zu konstatieren.

Schon seit der ababyl. Zeit werden mehr als 30 einheimische Holzarten (*eṣṣu*) zur Herstellung genannt, vor allem *ušû* „Ebenholz" und importierte Edelhölzer, später auch Rohr, Binsen und Palmenbast (ANEP 24). Zum Thron gehören Polster und Sitzkissen aus Häuten und Leder sowie Decken aus Gewebe. Neben der Bemalung war die Plattierung mit kostbaren Metallen oder die Verzierung mit Edelsteinen oder Elfenbein beliebt. Die Stuhlbeine liefen nach unten in einer „Kralle" aus, die in Mesopotamien in der Regel als Stierklaue im Gegensatz zur äg. Löwentatze gebildet war (Salonen 87). Die gelegentlich exakte theriomorphe Differenzierung zwischen Vorder- und Hinterbeinen zeigt, daß man sich den Thronenden als von einem mächtigen und kraftvollen Tier getragen denkt, das ihn als Machtperson auszeichnet und ihn vor Feinden schützt.
Die assyr. Thronbeine enden in stilisierten Pinienzapfen, die in mesopot. Segensriten von Bedeutung sind. Sum., babyl., urartäische und äg. Thronbeine sind dagegen schon früh als Tier- oder Löwenklaue gestaltet, die symbolisch die mit dem Thron bereits gegebene Erhöhung intensivieren wollen. Im 8. Jh. begegnen menschengestaltige Stützfiguren in den Armlehnen, vgl. die Personifikationen unterworfener Völker in den Registern der achämenid. Thronarchitektur.

b) Terminologisch zählt der Stuhl/Thron zum „Hausrat", sum. *nig.ga*, akk. *makkūru*, *unūtu*, neben Stuhl, Schemel, Bett, Tisch, Gefäße und Löffel (Salonen 16ff.). Nach dem König (*šarru*) haben auch die Richter, Waffenmeister und Schiffer ihnen zugeeignete Sitze. Das Recht auf einen Sessel konnte verliehen (hohen Militärs, ARM 6, 69 r. 10) oder entzogen (z. B. einem Richter, CH § 5, 24) werden. Recht würdevoll ausgestaltet war der *kussî puḫri* „Stuhl der Gerichtsversammlung" und der *kussî pitḫurti* „Stuhl der Versammlung", der bisweilen mit Gold und Decken komplettiert wurde.

c) In einigen Fällen werden Stühle und Throne mit magischen Vorstellungen assoziiert (Šurpu II, 101; CT 28, 5). Für die Geister verstorbener Familienmitglieder stellte man den *kussû eṭemmē* „Stuhl des Totengeistes" auf (Salonen 65) und die Konkubine stellte den Stuhl der kinderlosen Ehefrau in den Tempel (JNES 33, 365, 2); zum *kussû* als Eidgaranten vgl. Šurpu III, 147.

d) Die bedeutendste Rolle spielt *kussû* naturgemäß im mesopot. Königsritual. Das Jahr der Thronbesteigung wird zum Fixpunkt der Datierung (Weidner, AfO Beih. 12, 1959, 26. 30; vgl. Esth 1, 2). „Königsthron" (*kussî šarri*) oder „Thron der Königsherrschaft" (*kussî šarrūti*) gehört neben Tiara (*agû*) und Szepter (*ḫaṭṭu*) zu den Regalia des Königs (vgl. ARM 10, 10, 14; vgl. auch CAD K 591f.). Auf dem Thron sitzend nimmt der König die Akklamation seiner Untergebenen entgegen (MVAG 41, 3, II, 4); Sanherib läßt seinen Thron vor die Stadt tragen, um die Beute von Lachiš an sich vorbeiziehen zu lassen (Salonen 84). Auch Sargons Thron wird vor dem Stadttor aufgebaut, damit er von hier der Schlacht zusehen kann (EA 359 r. 10; vgl. Jer 1, 15; Rainey 77) und sein Thronen auf dem goldenen Thron wird als „wie ein Gott" charakterisiert (Z. 14). Ähnlich ließ sich der König bei militärischen Expeditionen in einer „Sänfte" (*kussû ša ḫarrāni, kussî serdê, šadittu*) auf das Schlachtfeld tragen. Thron und vor allem das Thronen waren also Machtsymbole. Während sich dies in Äg. in der Gestaltung des Fußschemels konzentrierte, blieb die Thronsymbolik in Mesopotamien kompakt; so wird der Thron des Darius von 28 Vertretern unterworfener Völker getragen (Salonen 285).

„Jemand auf den Thron setzen" (*wašābu* Š-St.) heißt „Macht geben"; „den Thron besteigen" (*elû, erēbu, ṣabātu*) „den Thron innehaben" (*kullu II*, JNES 13, 218, 36) und „auf dem Thron sitzen" (*wašābu*, ass. auch *kammu*) „Macht haben", umgekehrt „jem. vom Thron stürzen" (*ubbuku*) Beendigung der Macht (auch von Göttern). Im dynastischen Thronfolgeprinzip „setzte" der Vater den Sohn auf den Thron (*aṣābu*; YOS 2, 21, 9 u.ö.; CAD K 591), wie umgekehrt der Sohn vom Vater den Thron „übernimmt" (*ṣabātu*, AHw III 1067); doch schon in ababyl. Zeiten waren Streitigkeiten um den Thron bekannt (YOS 10, 31, I, 53). In einer Reihe sbabyl. Prophezeiungen wird ein solcher Thron-(Macht-)Wechsel dem gegenwärtigen Throninhaber angedroht (Izbu XVII, 63 u.ö.). Im Thron manifestiert sich das Königtum, so daß *kussû* gleichbedeutend wird mit „Herrschaft, Besitz". Wenn der König Blut vergossen hat, dann gilt sein Thron als befleckt (*lā taqnat*, wörtl. „nicht in Ordnung", CCT 4, 30a. 14; vgl. 2 Sam 14, 9). Der König wußte um die göttl. Abkunft seines Königtums und Sargon konnte sagen: „Er (sc. der Gott) übergab mir *ḫaṭṭu*, *kussû* und *agû*" (Iraq 37, 14, 35; s. ZA 65, 192, 142 von Ištar gesagt). Vielleicht sollte der Ritus der Deponierung der Marduk-Tiara auf dem Thron innerhalb des nassyr. Königsrituals die Transzendenz des irdischen Königtums auf die Herrschaft der Götter hin dokumentieren (MVAG 41/3, 10, II, 16). In Mari sagt der Gott Hadad: „Ich besitze den Thron, die Länder und die Stadt" (Belege bei A. Lods, in: Festschr. T. H. Robinson, Edinburgh

1950, 103–110). In zahlreichen nassyr. und nbabyl. Segensformularen werden die Götter gebeten, dem König ewige Herrschaft zu gewähren (CAD K 592) oder den Bestand des Königsthrones zu sichern (ABRT 1, 9, 7). Gegensatz: „Mögen die Götter von ihm (Sanherib) Szepter und Thron wegnehmen!" (OIP 2, 131, VI, 82).

e) Die Bezeichnungen *kussû elletu* „heiliger Stuhl", *kussû parṣi* und *kussû ša qīšti* „Kultstuhl" weisen auf eine kultische Verwendung hin, ebenso die Verbindung von *kussû* mit einem Gottesnamen (ARM 10, 52, 12). Solche Götterthrone waren im Tempel aufgestellt. Kostbare Throne aus Lapis, Gold, Silber oder Elfenbein begegnen als Weihegeschenke an die Götter (ARM 11, 57, 7). BBR 31–37, II, 20 berichtet von der rituellen Errichtung dreier Throne (für Ea, Šamaš und Marduk) und ihrer „Investitur" mit Purpur und Linnen. Die Aufstellung eines solchen göttlichen Thrones, „die Befestigung des Fundamentes des göttlichen Thrones" (Gudea E VIII, 2f.; Salonen 75) zeigt deutlich die Züge einer Kult-Institutionalisierung (vgl. Jer 49, 38). Den Götterthronen wurde geopfert, sie wurden gesalbt, mit heiligem Wasser besprengt und geweiht (Iraq 18, 62, 20).

Die Präsenz der Gottheit wurde am Thron erwartet, obwohl sie zugleich ihren Thron „am strahlenden Himmel errichtet" hatte (Perry, Sin, Nr. 5a, 2). Auf einer nbabyl. Tempelbauurkunde aus Sippar (AOB 322) ist der Thron Gottes im Tempel mit dem im Himmel auch graphisch identifiziert (vgl. Metzger, UF 2, 141f.; zur bereits altsum. ikonographischen Darstellung des Thrones als Tempel a.a.O. 149 Anm. 31).

Verschiedene Götterfigurinen stellen allem Anschein nach thronende Götter dar (ANEP 497), denn Zapfen an der Unterseite der Figurinen oder ein über die Knie der Figurine laufendes Leinenband (ANEP 826) lassen auf die Verbindung der Götterfigur mit einem Thron schließen (vgl. P. Welten, BRL [2]1977, 105. 122). Zeitlich parallel lief auch die Verehrung leerer Throne, die auf eine gewisse Abstraktionsstufe der Präsenzvorstellung hinweist (vgl. O. Keel, SBS 84/85, 37–45).

3. a) Im Ugar. begegnen neben *ks'* 'Thron, Stuhl' (UT Nr. 1277; WUS Nr. 1351) noch die Synonyma *nḫt* 'Ruhesitz, Polster' (parallel zu *ks'*, KTU 1.1, IV, 24; 1.6, V, 5 und 1.22, I, 18; vgl. S. Rin, BZ NF 7, 1963, 24f.), *kḫṯ* 'Stuhl' (neben *ks'*, KTU 1.1, IV, 24; 1.2, IV, 12. 20; 1.6, V, 5; 1.22, I, 18; vgl. dazu bes. H. Donner, ZAW 79, 1967, 349, der auf *kaḫšu* als Apposition zu *kussû* EA 120, 18 verweist) und *'lt* 'Sitzmöbel(?)' (KTU 1.6, VI, 27f.; J. C. de Moor, AOAT 16, 236; vgl. w.u.).

b) *ks'* 'Thron' begegnet im Ugar. 30mal (+ 9 Rekonstruktionen). Der Kampf der Götter Baʿal, Jam und Mot um die Herrschaft über die Götter ist ein Kampf um den *ks' mlk* „Thron des Königtums" (zur Parallele vgl. RSP II, 299) und den *kḫṯ drk* „Sitz der Herrschaft" (1.1, IV, 24; 1.3, IV, 2; 1.6, V, 5. VI, 33; 1.10, III, 13). Die Thronstätte ist das Machtzentrum des Herrschers, von hier her spricht er seine Drohungen gegen die Nebenbuhler aus (1.2, IV, 7). Diesen Thron 'einnehmen' (*jwḫd ks'*, 1.22, I, 17; Lesung nach CTA; vgl. auch J. Sanmartín, UF 5, 1973, 269), ihn 'besteigen' (*jrd*, 1.2, III, 14; vgl. G. Del Olmo Lete, UF 9, 1977, 46) und 'auf ihm sitzen' (*jṯb*, 1.6, V, 5; 1.10, III, 13) ist gleichbedeutend mit „König sein". Der Schwächere wird vom Thron 'vertrieben' (*grš*, 1.2, IV, 12 Jam; 1.1, IV, 24; 1.3, IV, 2 Baʿal), er muß vom Thron 'weichen' (*mr lks'*, 1.2, IV, 20 Jam). In dieser Götterkampf-Szenerie wird das radikale Ende eines bestimmten Götterregimes durch die Trias: 'die Türpfosten der Residenz ausbrechen' (*jsʿ 'lt ṯbt*), 'den Königsthron umstürzen' (*hpk ks' mlk*) und 'das Szepter der Regierung zerbrechen' (*jṯbr ḫṭ mṯpṭ*) beschrieben (1.2, III, 18; 1.6, VI, 28). Dieser Parallelismus ist gemeinsemit. (vgl. KAI 1, 2; J. Friedrich, AfO 10, 1935/36, 81f.; zum Akk. vgl. Y. Avishur, UF 7, 1976, 36f.). El kann in den Götterkampf eingreifen und Baʿal als den offensichtlichen Sieger gegen Mot auf den Thron setzen (1.6, VI, 33). Auch die Ausmaße des Thrones werfen Licht auf seinen Inhaber und es wird als äußerste Schmach gewertet, daß ʿAṯtar zu klein für den Thron (*kḫṯ*) Baʿals ist, da sein Kopf nicht bis zur Lehne und seine Füße nicht bis zum Schemel reichen (1.6, I, 58ff.; vgl. de Moor, 202–206). Wenn El vom Thron herabsteigt (*jrd*, 1.5, VI, 12), um sich auf den Fußschemel (*hdm*) und von dort auf den Erdboden zu setzen, so ist darin eine signifikante Trauermanifestation über den Tod Baʿals zu sehen (vgl. v. 4), zugleich eine Unterbrechung seiner Herrschaft. – Nach tödlicher Krankheit besteigt Keret den Thron (1.16, VI, 23) und nimmt die Regierungsgeschäfte wieder auf.

Im Mythos kann *ks' ṯbt* „Residenz" und Herrschaftsbereich identisch sein, so beim Schmiedegott Kothar (1.1, III, 1; vgl. Kaphtor 1.3, VI, 15; 1.4, VIII, 12), vor allem beim Unterweltgott Mot, dessen Thronsitz die Unterwelt (*hmrj*) ist (1.4, VIII, 12; 1.5, II, 15; vgl. Jes 47, 1 und RSP II, 297).

c) Das Attribut *ʾil* zeigt das grandiose Ausmaß eines Stuhles an (vgl. 1.12, I, 18; D. W. Thomas, VT 3, 1953, 209–224; anders A. van Selms, 470). Tische, Stühle (*ks't*) und Fußschemel (1.3, II, 21. 36) gehören in den normalen Haushalt; vgl. daneben KTU 1.4, I, 30–44: die Einrichtung eines Ruheraumes für El (R. Heyer, UF 10, 1978, 93–109). Zum Einweihungsfest des neuen Baʿalspalastes bringen die Götter Lämmer, Ochsen, Färsen, Thronsitze (*kḫṯ*), Stühle (*ks'*), Weinamphoren, Weinschläuche etc. (KTU 1.4, VI, 52), was an vorderoriental. Tributleistungen (vgl. Assurbanipal, Annals 67) erinnert.

d) Schließlich begegnet *ks'* noch in religiösen Texten und Opferlisten (KTU 1.50, 2; 1.53, 7; 1.57, 4). Das Ritual KTU 1.161 dediziert dem verstorbenen König einen Thron, um ihm in der Unterwelt eine bessere Position zu verschaffen (vgl. J. F. Healey, UF 10, 1978, 83–88; vgl. Gilg VIII, III, 2f.; Death of Ur-Nammu 135 [S. N. Kramer, JCS 21, 1967, 115. 119]).

4. a) Die äg. Sprache signalisiert bereits auch graphisch die soziologische Bedeutung des Thronens, da die Hieroglyphe für „Edler, Vornehmer" (*špśś*/*špś.w*) einen auf einem Thron sitzenden Mann oder einen Stuhl allein (WbÄS IV 445–453) zeigt. Die Bedeutung des Thrones zeigt sich auch schon darin, daß die äg. Sprache 18 Wörter dafür kennt: *ḫndw*, *wṯs.t*, *smꜣ(j)t* (Thron als Vereiniger von Ober- und Unterägypten), *tpj-rdww*, *sʿnḫjt mꜣʿt*, *mn bj.t*, *jśb.t*, *ḥmr*, *spꜣ*, *hdmw*, *bḥdw*, *bkr*, *bdj*, *śkꜣ*, *ś.t*, *nś.t*, *śrḫ* und das späte *pj*.
Schon in der Terminologie wird eine innere Verwandtschaft der Vorstellung vom Pharaonenthron mit Urhügel und Maat-Begriff sichtbar. Die Thron-Estrade symbolisiert den Urhügel, begegnet aber auch in der Schreibung des *mꜣʿt*-Begriffes. Es findet sich also die Wortgleichheit von „Thron-Estrade" = Fundament des Thrones und „Weltordnung, rechte Ordnung, Wahrheit, Gerechtigkeit" (vgl. K. P. Kuhlmann, 93; H. Brunner, VT 8, 1958, 426ff.). „Auf Grund der Sinnähnlichkeit, die jene geistige „Grundlage", auf die nach äg. Anschauung die Welt bei ihrer Schöpfung durch die Gottheit gestellt wurde, mit einem tragenden Fundament besitzt, könnte eine Namensübertragung erfolgt sein" (Kuhlmann im Gefolge von W. Helck). Vgl. auch KAI 26, A, I, 10. Zum Würfelthron als Repräsentant des *benben*-Steines, einer Variation der Urhügel-Vorstellung, vgl. Metzger, Königsthron, 22f.; Keel, ZDPV 93, 1977, 160).
b) Ägypten kennt die Throninsignien: Blockthron und Löwenthron:

Der Blockthron *ḥwt* (> *ḥwj* 'einschließen, umfassen') zeigt ein horizontal linienförmiges oder schuppenförmiges Federdekor (Symbol für die göttliche Sphäre) und trägt häufig das Symbol der Vereinigung beider Länder (vgl. ANEP 422. 545; Kuhlmann, Taf. I). Der *srḫ*-Blockthron zeigt einen Palastfassadendekor (vgl. Lange-Hirmer, Taf. 6). Er symbolisiert die politische Einheit, die Bindung des Reiches an die Herrscherperson, die Göttlichkeit des Pharao und seine erfolgreiche Amtsführung, zugleich die Vereinigung aller Lebenden und den maatgemäßen Zustand der ganzen Welt (Kuhlmann 82). Beim Löwenthron als Symbol für das weltlich-profane Herrschertum sind an den Lehnen Löwenköpfe angebracht; in den Armlehnen symbolisiert die Sphinx (vgl. den Keruben-Thron Israels) den Pharao, der die Feinde niedertritt. Zur Symbolik des Löwenthrones vgl. M. Pongracz, MDIK 15, 1975, 213ff. Nach Kuhlmann 87f. bildet die Assoziierung von Löwe und König ein *survival* einer totemistischen Kulturstufe, das einen gegenseitigen Schutz signalisiert und den Pharao zugleich in seinem furchterregenden Aspekt darstellt.

Die Hauptlast der äg. Thronvorstellung ist mit dem Terminus *ś.t* (< **śj* 'ruhen') verbunden. Die Verbindung *ś.t wrr.t* „hoher Thron", zugleich „hohes Gemach" dokumentiert die Parallelität vom Erscheinungsort des Pharao im Thron und der Gottheit im Göttersanktuar auch sprachlich. Der höchste Platz stand jedoch zuerst der Gottheit zu und die Erhebung des Königs kam damit einem Akt der Vergöttlichung gleich. Die treppenförmige Erhebung des Göttersanktuares (Urhügel) findet sich in der Thron-Estrade wieder: Herrscherthron und Götterthron werden identisch (Kuhlmann 40). Entsprechend nennt sich der Pharaonenthron dann „Thron des Horus", „Thron des Re", „Thron des Amun" etc., bes. aber „Thron seines Vaters Aton" (Urk. IV, 2003; vgl. bes. die Vermächtnisformel des Thrones). Das hier manifestierte Vater-Sohn-Verhältnis von Gott und Pharao weist den Herrscher als legitimen Amtsnachfolger und Thronerben aus. Dies zeigt, „daß der äg. Staatsthron als ein von Generation an Generation weitervererbtes Gut und Bindeglied zur ‚Ära der Götter' *rkj-nṯrw* galt, das im irdischen Königtum die Züge der Herrschaft aller jener Götter lebendig werden läßt, die dem Pharao auf dem Thron vorausgingen" (Kuhlmann 42). Die Komplexität dieser Throntheologie zeigt sich darin, daß der Pharao zugleich alle Götterkönige repräsentiert, auf den Thronen des Geb sitzt und das Amt des Atum wie Re ausübt (vgl. A. Mariette, Abydos I, Paris 1869, Taf. 51, Z. 31f. 40–47, nach Kuhlmann). Als Thronerbe des Sonnengottes re-aktiviert der Pharao täglich durch sein „strahlendes Erscheinen auf dem Horusthron wie Re" den Vorgang der Erschaffung der Welt und garantiert den maat-gemäßen Zustand der Welt. Nach Kuhlmann (41) zeigt der Thron hier eine echte Relevanz als Staatsinsignie, „insofern als Äg. den Fortbestand seiner von Gott gesetzten staatlichen Ordnung in Abhängigkeit davon sieht, daß die Throninsignie als Garant für die Fortsetzung der mythischen Herrschaft der Sonne auf Erden und die damit verbundene Schöpfung einer geordneten Welt aus dem Besitz des Sonnengottes und der ihm nachfolgenden Götterkönige an den jeweiligen irdischen Herrscher weitervererbt wird". Mehr als Szepter, Stab, Keule, Waffe, Krone ist der Thron Prinzip der Amtsgewalt und Sukzession, in seiner Formulierung als Dual Zeichen der Herrschaft über Ober- und Unterägypten, als Plural Zeichen der Herrschaft über alle Gaugottheiten.
c) Schon früh wurde der Thron des Pharao deifiziert (E. Otto, HO I/VIII, I/1, 19), vergleichbar dem deifizierten „Thronsessel" *ḫalmašuit* in der althethit. Periode von Boğazköy (vgl. H. Otten, HO I/VIII, I/1, 97f., und Maciej Popko, Kultobjekte in der hethitischen Religion, Diss. Warschau 1978, 59–65, vor allem aber F. Starke, ZA 69, 1979, 47–120, bes. 72f. 111). Thron und die Göttin Isis wurden durch die gleiche Hieroglyphe wiedergegeben.

Nach der sog. Identitäts-Theorie (K. Sethe, E. Otto, W. Helck, Bonnet und H. Kees) sei Isis die personifizierte Macht des Thrones, die Personifikation des Herrscherthrones. J. Osing, Isis und Osiris (MDIK 30/1, 1974, 91–113, bes. 91ff.) und Kuhlmann (96f.) schließen jedoch einen etymologischen, phonematisch-morphologischen und bedeutungsgeschichtlichen Zusammenhang zwischen *ś.t* „Thron" und *ꜣśt* „Isis" aus, da der Name der Göttin auf die Wurzel *wꜣs* (Basis **ꜣs*) zurückgehe und bedeute: „die, die herrschaftliche Macht, mächtigen

Einfluß hat". Das Thronzeichen auf dem Haupt der Isisdarstellungen stelle nur eine Lese- und Identifizierungshilfe dar, die dann allerdings aber bereits von den griech. Isis-Aretalogien in Richtung einer Thron-Isis-Identifikation gedeutet wurden (vgl. J. Bergman, Ich bin Isis. Studien zum memphitischen Hintergrund der griech. Isisaretalogien, Uppsala 1968; vgl. jetzt auch ders., Isis, LexÄg III 186–203).

d) Der Thron begegnet gelegentlich auch in kultischen Zusammenhängen: ihm wird geräuchert und er kann die Funktion des *ḥtp*-Altares übernehmen und Opfergaben tragen (Belege bei Kuhlmann 101), so daß hier ein Wurzelgrund für den „Kult vom leeren Thron" (s.o. I.2.e) vorliegen könnte.

5. a) Die ugar. Throne zeigen noch äg. Einfluß (Löwenbeine, hohe geschweifte Lehne, hohe Fußuntersätze; vgl. A. Parrot u.a., Die Phönizier, 1977, 11; ANEP 493), doch zeigt sich in den geometrisch gemusterten Throndekorationen bereits die Eigentümlichkeit phön. Thronarchitektur.

Neben dem äg. (vgl. die phön. Jehomilk-Stele aus Byblos, Parrot 56) ist in der Löwensphinx als Trägertier am Thron des Aḥiram (ANET 458) und auf zwei Elfenbeinen aus Megiddo (vgl. O. Keel, SBS 84/85, 1977, 18ff.) hethit. Einfluß (Parrot 78) wirksam. Dieser Throntypus dominiert (vgl. Parrot 100. 111. 201. 271; weitere Belege H. Seyrig 51f.). Der Thron des Barrakib (ANEP 460) weist wiederum auf mesopotam. Einfluß hin.

Bes. in Phönizien ist der „leere Thron" (vgl. R. de Vaux, Chérubins, 250ff.) vom 8. Jh. v. Chr. bis in die röm. Zeit bekannt. Keel (SBS 84/85, 40) bemerkt die eigenartige Verbreitung solcher anikonischen Kulte in den urartäischen, anatolischen, iranischen und altarab. Randkulturen des 2. und 1. Jt. v. Chr. In Phönizien wird die Gottheit nicht nur im Thron real präsent gedacht, sondern auch durch die Deponierung heiliger Steine (Baitylia) auf dem Thronsitz angezeigt (vgl. den pun. Cippus aus Karthago [ca. 6. Jh. v. Chr.] in der Form eines Thronsessels mit einem doppelten Baitylion [Parrot 271]).

b) In der phön. Epigraphik findet sich *ks'* in der Aḥiram-Inschrift (KAI 1, 2) in einem Drohwort gegen potentielle Grabräuber: „das Szepter seiner Herrschaft soll entblättert (?, zerbrochen; Friedrich, AfO 10, 1935/36, 81f.) werden, sein Thron umgestürzt" (vgl. KTU 1.6, VI, 28f.). Mit der Formel „ich setze mich auf den Thron meines Vaters" geben Kilamuwa von Zincirli (KAI 24, 9) und Azitawada (KAI 26, A, I, 11) ihren Regierungsantritt bekannt, wobei letzterer seinen Regierungsantritt als Wiederaufwertung der hohen Ideale *n'm lb* „Güte des Herzens", *ḥkmh* „Weisheit" und *ṣdq* „Gerechtigkeit" wertet, die er als „Wurzeln meiner Herrschaft" (*šrš 'dnj*, Z. 10) herausstellt (vgl. III. 4).

Das „Sitzen auf dem *krs' 'bj*" wird als dynastische Thronfolge verstanden (KAI 216, 7; 219, 5; 224, 17; *khs'*!); vgl. akk. Parallelen I. 2; zum Thronantritt als Fixpunkt für die Datierung vgl. auch AP 6, 2. In Aḥ 133 steht *krs'* metaphorisch für äußerlich sichtbaren „Bestand", für Dauer und scheinbare Sicherheit, die nach außen hin den Lügner kennzeichnen, die sich aber mit innerer Notwendigkeit letztlich gegen ihn wenden.

II. 1. *kisse'* begegnet im AT insgesamt 135mal, aram. *kŏrse'* 3mal. Am häufigsten begegnet das Wort im DtrGW (50mal, davon 20mal in 1 Kön 1 und 2), Pss (18mal), Jer (17mal) und im Chronistischen Geschichtswerk (16mal). Sonst begegnet das Wort nur sehr sporadisch (Jes 8mal, Spr 6mal, Ez 5mal, Pent 4mal, Esth 3mal, Sach und Hi je 2mal, Jon, Hag und Kl je 1mal).

2. *kisse'* begegnet in knapp 2 Drittel seiner Belege in prosaischen, sonst in poetischen Texten. 23mal begegnet *kisse'* absolut, 61mal suffigiert (46mal mit Bezug auf den König, 15mal mit Bezug auf JHWH).

a) Schon sehr früh belegt sind *kisse' dîn* (Spr 20, 8) und *kisse' l^emišpāṭ* (Ps 122, 5) „Richterstuhl" in der „Thronhalle" (*'ûlām hakkisse'*, 1 Kön 7, 7), durch die Verworfenheit seines Inhabers in einen „Thron des Verderbens" (*kisse' hawwôṯ*, Ps 94, 20) verkehrt. *kisse' kāḇôḏ* „Ehrenthron" steht als Metapher für Jerusalem (Jer 14, 21), für den unsichtbaren Thron JHWHs über der Lade (Jer 17, 12) und für den Thron Davids (Jes 22, 23).

Neben der Suffigierung wird *kisse'* in der Stellung eines nomens regens fast ausschließlich durch personale Größen näher bestimmt. Diese Wortverbindungen erstarren aber schon bald zu einer typisierenden und abstrahierenden Terminologie.

1) Die wohl älteste Formulierung *kisse' l^eḇêṯ dāwiḏ* „Thron für Davids Haus" (Ps 122, 5) – in Parallele zu *kisse' l^emišpāṭ* – könnte noch in die früheste Zeit des israelit. Königtums, als das Richteramt auf den König überging, zurückreichen. Zum Grundbestand der Thronfolgeerzählung gehört die nur in Ergebenheitsadressen Batsebas, Nathans und Benajas belegte Formulierung *kisse' 'ᵃḏonî-hammælæḵ (dāwiḏ)* „Thron meines Herrn und Königs (David)" (1 Kön 1, 20. 27. 37). Der *kisse' dāwiḏ* steht für den Regierungssitz der davidischen Dynastie in Jerusalem (2 Sam 3, 10; 1 Kön 2, 45; Jer 13, 13; 17, 25; 22, 2. 4. 30; 29, 16; 36, 30). Sonst begegnet die Wendung noch in der Messias-Weissagung Jes 9, 6.

2) Das dynastische Element betont die dtr Wendung *kisse' 'āḇîw* „Thron seines Vaters" (1 Kön 2, 12 mit Bezug auf David; 2 Kön 10, 3 mit Bezug auf Ahab), erweitert zu *kisse' dāwiḏ 'āḇî* (1 Kön 2, 24; vgl. F. Langlamet, RB 83, 1976, 321–379; 481–528).

3) Eine erste Abstraktion von personalen Bezügen zeigt die Wendung *kisse' mamlāḵāh* „Thron des Königtums", zuerst im Königsgesetz (Deut 17, 18 sek.?), in den dynastisch orientierten dtr Redaktionen in 2 Sam 7, 13 und 1 Kön 9, 5 (Chr hat *kisse' malḵûṯ*) und schließlich im Zusammenhang mit der Inthronisation des Joas (2 Chr 23, 20); gleichbedeutend *kisse' m^elûḵāh* (1 Kön 1, 46 dtr). Dagegen bezieht sich *kisse' hamm^elāḵîm* (2 Kön 25, 28; Jer 52, 32) auf eine reale Mehrzahl von Königen in Babel, kann aber auch den Jerusalemer Königsthron meinen (2 Kön 11, 19; 2 Chr 23, 20 hat *kisse' mamlāḵāh*). Der *kisse' malḵûṯ* begegnet nur in späten Texten für den Thron Salomos (1 Chr 22, 10; 2 Chr 7, 18, entspricht dtr *kisse' mamlāḵāh*) sowie für den Thron des Ahasweros in Susa (Esth 1, 2; 5, 1). *kisse' malḵôṯ* (Hag 2, 22), wegen des inneren Plurals Explikation der Machtpolitik, ist wohl mit Recht auf die persische Zentralregierung, die von vielen Völkern getragen ist (Elliger) und auf die hier stattfindenden Machtkämpfe vor allem nach Kambyses (Rudolph) zu beziehen.

4) *kisse' jiśrā'el* (Dtr.) findet sich 4mal in der Unaufhörlichkeitsformel „es soll dir nie an Nachkommen auf dem Thron Israels fehlen" (1 Kön 2, 4; 8, 25 = 2 Chr 6, 16; 1 Kön 9, 5; in der späten Stelle Jer 33, 17 steht *kisse' bêṯ-jiśrā'el*, in Jer 33, 21 *kisse'* mit Suff.); in 2 Chr 7, 18 ist *'al kisse'* ersetzt durch *môšel bejiśrā'el*). In 1 Kön 8, 20 || 2 Chr 6, 10 und 1 Kön 10, 9 hat Salomo diesen Thron inne, der in 2 Chr 9, 8 zu *kisse' JHWH* theologisiert wird. Dies weist „Israel" in dieser Wendung als theol. Bezeichnung aus (vgl. dagegen 2 Kön 10, 30; 15, 12). Eine Wendung **kisse' jehûdāh* ist nicht belegt.

5) Die explizite Formulierung *kisse' JHWH* ist frühestens dtr (mit Suff. schon früher). In 1 Chr 29, 23 ist der Thron Davids gemeint (vgl. 1 Kön 1, 46), ebenso in 1 Chr 28, 5, hier jedoch mit *kisse' malkûṯ JHWH* bezeichnet. Hier zeigt sich die Absicht des Chronisten, das irdische Königtum enger an JHWH zu binden (vgl. T. Willi, Chronik als Auslegung, 131; P. Welten, Festschr. Würthwein, 178).

Im wesentlichen scheinen diese Begriffe weitgehend synonym zu sein. Die Bedeutungsentwicklung schreitet jedoch fort vom konkreten realen Thron zur mehr generalisierten und von persönlichen Bezügen abstrahierten Auffassung von Thron als Herrschaft, vor allem in dynastischer Folge (vgl. T. Veijola, Die ewige Dynastie, AASF B 193, Helsinki 1975, 26f. 60. 75).

Die schon frühe Verfestigung der Terminologie, im wesentlichen durch Dtr. initiiert, hat weitere personale Fixierungen verhindert. So kam es trotz der Bedeutung Salomos und der umfangreichen prosalomon. Bearbeitungen der David- und Salomo-Berichte durch Dtr. (vgl. Veijola, Langlamet; anders F. Crüsemann, WMANT 49, 1978, 129 Anm. 5) nicht zur Bildung eines Terminus **kisse' šelomoh*. Auch das mehr (als bisher vermutet) ausgeprägte dynastische Prinzip im Nordreich (vgl. T. Ishida, BZAW 142, 1977, 183–186) führte nicht zur Ausbildung einer eigenständigen Nordreich-Thronterminologie.

b) Mit wenigen Ausnahmen findet sich *kisse'* in Verbalsätzen. Im Wortfeld „einen Thron errichten" begegnet *kisse'* als Objekt zu *nāṯan* (Jer 1, 15; Jes 52, 32; 2 Kön 25, 28), *heqîm* (2 Sam 3, 10; 1 Kön 9, 5; 2 Chr 7, 18), *herîm* (Jes 14, 13), *śîm* (1 Kön 2, 19; Jes 49, 38), *śîm 'æṯ* (2 Kön 4, 10; Jer 43, 10; Ps 89, 30), *hekîn* (2 Sam 7, 13. 16; Ps 103, 19). Mehr den handwerklichen Vorgang bezeichnen *'āśāh* (1 Kön 10, 18; 2 Chr 9, 17; vgl. auch *ṣāpāh*, 1 Kön 10, 18; 2 Chr 9, 17), mehr die dynastische Prolongation *bānāh* (Ps 89, 5), *sā'aḏ* (Spr 20, 28). Der Thron ist „aufgestellt" *jāšaḇ* (Ps 122, 5), er „steht fest" *kûn* (Spr 16, 5; 25, 5; 29, 14; Ps 93, 2; 1 Kön 2, 45); Oppositum: *hāpaḵ* (Hag 2, 22), *miggar* (Ps 89, 45) „umstürzen".

Das Wortfeld der Inthronisation umfaßt „jem. auf den Thron setzen" *hôšîḇ le* (Hi 36, 7), *hôšîḇ 'al* (1 Kön 2, 24; 2 Chr 23, 20), *nāṯan 'al* (1 Kön 5, 19; 10, 9; 2 Chr 9, 8), *śîm 'al* (2 Kön 10, 3) und *'āśāh le* (Ps 132, 11) (Oppositum: *heqîm mikkisse'* „vom Thron aufstehen lassen" [Jes 14, 9]; „herabgestürzt werden" *nḥt* [Dan 5, 20]) sowie „auf dem Thron sitzen" *jāšaḇ le* (Ps 9, 5; 132, 12; Esth 1, 2), *jāšaḇ 'al* (Ex 11, 5; 12, 29; 1 Kön 1; 22, 10; 2 Chr 18, 9), *hājāh* (Sach 6, 13?), *māšal* (Sach 6, 13) und *mālaḵ* (Jer 33, 21); Opposita: „vom Thron herabsteigen, fallen etc." *nāpal* (1 Sam 4, 18), *jāraḏ* (Ez 26, 16), *qûm* (Ri 3, 20; Jon 3, 6) und „sich in den Staub setzen" *'ên-kisse'* „ohne Thron" (Jes 47, 1).

Eine komparativische Aussage enthalten die Verbindungen: *raq kisse' gāḏal* „um den Thron größer sein" (der Pharao vor Joseph, Gen 41, 10), *giddel kisse' min* „den Thron größer machen" (1 Kön 1, 37. 47) und *śîm 'æṯ-kisse' me'al* „den Thron höher setzen" (Esth 3, 1; vgl. auch die assyr. Beispiele bei Rinaldi, *kisse'*, BibO 9, 1967, 207f.).

Um singuläre Wendungen – ausnahmslos in übertragenen Bedeutungen – handelt es sich bei *hinḥîl kisse'* „einen Thron erben" (1 Sam 2, 8), *nibbel kisse'* „einen Thron entehren" (Jer 14, 21), *'āḥaz penê-kisse'* „das Angesicht des Thrones zudecken" (Hi 26, 9) und *naqqeh kisse'* „den Thron für unschuldig erklären" (2 Sam 14, 9).

Der *kisse'* erhält personale Züge, wenn es heißt, daß jem. zum Thron (*lekisse'*) gehört, d. h. sein Untertan ist (Neh 3, 7), daß jem. zum Ehrenthron werden kann (*hājāh lekisse' kāḇôḏ*, Jes 22, 23), daß umgekehrt der Thron Unheil anrichten kann (*jāṣar 'āmāl*, Ps 94, 20).

c) Zum *kisse'* „Stuhl" gibt es keine echten Synonyme; *hadom* (→ הדם) und *kæḇæš* bezeichnen den Hocker und genauer den Fußschemel, während *môšāḇ* „Sitz" als übergeordneter Begriff alles bezeichnen kann, was sich zum Sitzen eignet. Soweit *kisse'* den Thron des Königs bezeichnet, ist die „Königsherrschaft" (*mamlāḵāh* u.a.) als ein geläufiges Synonym verstanden und mit ihm austauschbar (vgl. z. B. *sā'aḏ kisse'* Spr 20, 28 und *sā'aḏ mamlāḵāh* Jes 9, 6). Im theol. Gebrauch wird der *kisse'* Gottes identisch mit dem „Ort seines Thronens" (*mekôn šiḇtô*, Ps 33, 14; vgl. 1 Kön 8, 13), mit seinem „Sitz" (*môšāḇ*) auf dem Zion (Ps 132, 13f.) und mit seiner „Ruhestätte" (*menûḥāh*, Ps 132, 8).

3. LXX übersetzt *kisse'* mit ϑρόνος (130mal), variiert allerdings bei den Esth-Belegen und übersetzt (außer Esth 5, 1) verbal: ἐνϑρονίζεσϑαι, ϑρονίζειν (Esth 1, 2, Ahasveros), πρωτοβαϑρεῖν (Esth 3, 1). Die LXX beschränkt ϑρόνος auf den israelit. Königsthron. 6mal begegnet δίφρος „Stuhl" (Priestersitz des Eli 1 Sam 1, 9; 4, 13. 18; Stuhl des Elisa 2 Kön 4, 10; Thron der Frau Torheit Spr 9, 14 und im Königsgesetz für den israelit. Königsthron Deut 17, 18).

Die Umschreibung ἀνὴρ ἡγούμενος für *'îš me'al kisse'* (1 Kön 9, 5) ist durchaus sinngemäß. In Jes Sir begegnet *kisse'* 4mal; LXX: ϑρόνος (10, 14; 40, 3; 47, 11), aber ἔδαφος 'Fußboden' (11, 5).

III. 1. Da das AT von seinem genus literarium her dem Mobiliar der Israeliten kaum Aufmerksamkeit widmet, begegnen auch kaum Belege für Stuhl oder Thron im profanen Alltagsleben. Der Priester Eli saß auf seinem Stuhl am Türpfosten des JHWH-Tempels in Silo (1 Sam 1, 9), wo er die Funktion eines Ordnungshüters ausübte. Wahrscheinlich meint *kisse'* hier einen einfachen, tragbaren Klappstuhl, wie er im Vorderen Orient häufig anzutreffen ist (AuS VII 177). Auf seinem Stuhl sitzend neben dem Stadttor (Hertzberg), an der Straße (Stoebe) erwartet er den Boten vom Schlachtfeld bei Aphek (1 Sam 4, 13). In 2 Kön 4, 10 richtet die Sunamitin für Elisa ein Zimmer her, für das sie Bett, Tisch, Stuhl und Leuchter braucht.

2. Trotz eindeutiger Terminologie ist ein konkret zu verstehender „Thron Davids" im Text der Aufstiegsgeschichte (1 Sam 16, 14 – 2 Sam 5, 10) nicht recht greifbar. Der urspr. Bestand kannte *kisse'* nicht und der früheste Beleg 2 Sam 3, 10 (DtrH, Abner kündigt die Errichtung des Thrones Davids über Israel *und* Judah an) versteht den *kisse' dāwiḏ* bereits eindeutig politisch als Regalmacht Davids über beide Teilstaaten. Weder ist im Zusammenhang mit seinen Salbungen zum König über Judah (2 Sam 2, 4) und Israel (2 Sam 5, 3) von einer Inthronisation die Rede, noch ist für die gesamte vorjerusalemische Zeit der Monarchie die Throninsignie überhaupt greifbar. *kisse'* begegnet erst in der DtrH-Überarbeitung der Nathan-Weissagung 2 Sam 7, 13. 16 (vgl. T. Veijola, Die ewige Dynastie, 72. 75f.; anders L. Rost, BWANT III/6, 63, der v. 16 zum ältesten Grundbestand der Verheißung rechnet) par. zu *bajiṯ* 'Haus, Dynastie' und ist diesem unter Voranstellung des dynastischen Regalmacht-Aspektes weitestgehend synonym.

In der Thronfolgegeschichte (vgl. jetzt G. Garbini, Henoch 1, Turin 1979, 19–41) häufen sich die Belege, doch auch hier ohne konkreten Bezug auf einen realen Thron. Sie – meistens DtrH – sprechen auch vom Thron Davids im Sinne seiner Dynastie (1 Kön 1, 13. 17. 30. 35. 37. 46. 47. 48; 2, 4. 8. 24. 33; vgl. J. J. Jackson, CJTh 11, 1965, 183–195). 1 Kön 1, 20. 24. 27 aus der Vorlage (Batsebas Frage an David, wer nach ihm auf dem Thron sitzen solle; Nathans Hinweis auf die Selbstdesignation Adonias) verstehen *kisse'* auch schon im dynastischen Sinne. Vom realen Thron spricht die Vorlage erst im Zusammenhang mit Salomo (2 Kön 2, 19: bes. Ehrung der Königinmutter dadurch, daß ihr Thron zur Rechten des Königsthrones errichtet wird). Vielleicht denkt dann auch DtrH in 1 Kön 1, 35 im Inthronisationsritual nicht nur an eine Machtübernahme, sondern an eine Besteigung des konkret verstandenen Davidthrones durch Salomo (vgl. M. Noth, BK IX/1, 24f.; anders K. Homburg, ZAW 84, 1972, 243–246, der das Thronen des Königs zur Rechten JHWHs [Ps 110, 1] auf den feierlichen Bezug des südl. vom Tempel gelegenen Palastes bezieht). Wenn damit auch der reale Königsthron Davids nicht stringent greifbar ist, muß er doch als Grundlage für die übertragene Redeweise postuliert werden.

Der *kisse' dāwiḏ* ist damit der Inbegriff für die von Gott erwählte Königsherrschaft Davids und der Davididen in Jerusalem (vgl. Jer 13, 13; 17, 25; 22, 2. 4. 30; 29, 16). In ihm verwirklicht sich die Königsherrschaft JHWHs auf Erden (1 Chr 28, 5), deshalb ist ihm beständige Sukzession und Bestand auf immer verheißen (2 Sam 7, 13. 16; par. 1 Chr 17, 12. 14; Ps 132, 11). David weiß sich durch die Gewährung eines Nachfolgers auf seinem Thron von JHWH erhört und gerettet (1 Kön 1, 30. 48); er designiert seinen Sohn Salomo zum Thronfolger, König und *nāgîḏ* (v. 35). Im Thron Davids manifestieren sich Recht und Gerechtigkeit (Jes 33, 17), die Grundexistenziale Israels. Die Einhaltung des Bundes garantiert den Bestand der Dynastie (1 Kön 2, 4; 8, 25; 9, 5; 2 Kön 10, 30; 2 Chr 6, 16; 7, 18; Ps 132, 12), während das Fehlen eines Thronfolgers signifikante Manifestation des Bundesbruches (Jer 33, 21 DtrN) darstellt. Der *kisse' dāwiḏ* wird zum term. techn. der Davididendynastie. In der ständigen Prolongation der Dynastiezusage an die Davididen (Ps 132, 11; Jer 33, 17): David (2 Sam 7, 13. 16; 1 Chr 17, 12. 14), Salomo (1 Kön 9, 5; 1 Chr 22, 10) und Jehu (2 Kön 10, 30; 15, 12) dokumentiert sich Gottes Heilshandeln. Eine entspr. Liturgie (S. Mowinckel, Psalmenstudien III: Kultprophetie und prophetische Psalmen, Kristiania 1923, 34ff.) liegt wohl in Ps 89 vor, in der dem König die alte Dynastieverheißung urspr. in Zeiten der Not, dann wohl im Rahmen eines jährlichen Festes (Kraus, BK XV/2, [5]1979, 784) kultisch reaktualisiert wurde (Ps 89, 5. 30. 37). Beständiger Grundbestand dieses „Königsorakels" (Kraus 790; zur kosmischen Ausprägung vgl. G. W. Ahlström, Ps 89. Eine Liturgie aus dem Ritual des leidenden Königs, Lund 1959, 53ff. 118ff. 130) war die Ansage des ewigen Bestandes des Thrones, die weitere Motive an sich binden konnte: Zusage von Schutz und Hilfe (Ps 89, 23ff.), mächtiger Name (v. 25), Deklaration des Königs zum universalen Chaosüberwinder (v. 26) und Weltherrscher, Adoption zum Sohn Gottes (v. 27f.; vgl. 1 Chr 22, 10), ja gelegentlich fast eine „Vergöttlichung" (vgl. Ps 45, 7). In Zeiten der Bedrohung führt dies zu einer Theologisierung und Messianisierung, denn der Thron Davids wird zum Kulminationspunkt der Hoffnung, da der Davidide auf dem „Thron JHWHs" (1 Chr 28, 5; 29, 23 David; 2 Chr 9, 8 Salomo; vgl. K. H. Bernhardt, VTS 8, 1961, 86f.), dem „Thron der Königsherrschaft JHWHs über Israel" (1 Chr 28, 5) sitzt, der als solcher Ausgangspunkt göttl. Errettung und Einlösung der Verheißungen ist; er ist „König im Namen JHWHs" (2 Chr 9, 8) und damit sein unmittelbarer Mandatar. Zum Messianismus vgl. → דוד *dāwiḏ*, M. Rehm, Der königliche Messias, 1968, 256f., und bes. T. N. D. Mettinger, King and Messiah, CB OTS 8, 1976, 259–274, sowie die Traditionsgeschichte von Jes 16, 5. Die prophetische Aussage des Endes dieser Dynastie (Jer 36, 30) war damit zugleich auch der abrupte Abbruch aller Hoffnung, eine Strafe über Gegenwart und Zukunft.

3. Nach dem Bau des Tempels, des Königspalastes und des Libanonwaldhauses läßt Salomo sich einen Thron herstellen (1 Kön 10, 18–20, par. 2 Chr 9, 17–19), dessen Pracht sprichwörtlich geworden und spä-

ter in die semit. und byzantin. Sagenliteratur eingegangen ist (vgl. G. Salzberger, Salomos Tempelbau und Thron in der semitischen Sagenliteratur, 1912) und zum Symbol der Weltherrschaft wurde (vgl. F. Wormald, The Throne of Salomon and St. Edward's Chair, in: Festschr. E. Panofsky, New York 1961, 532–541). Der Thron war aus einem Edelholz gefertigt und mit Elfenbeinverzierungen und Goldplatten ausgestattet. Vom Typus her handelte es sich um einen Thronsessel mit Seiten- und Rückenlehnen, der auf einer sechsstufigen Estrade aufgerichtet war. Die komplizierte Textgeschichte von 1 Kön 10, 19b zeigt, daß schon bald der Grundtypus dieses Thrones in der Nachwelt umstritten war.

V. 19b lautet: *w^e^ro'š 'āḡol lakkisseh me'aḥ^a^rājw* (MT) „der Oberteil des Thrones war hinten rund". LXX verliest *'āḡol* zu *'eḡæl* „Jungstier" und sieht damit an der Rückseite (!) Jungstierprotome angebracht (ähnlich Fl. Josephus, Ant. VIII, 5, 2). Obwohl ein solcher Throntypus im Vorderen Orient nicht belegt ist und auch nicht mit dem altassyr. Prunkhocker-Typ mit Stierprotomen an den Sitzecken (vgl. B. Meißner, BuA I, 1920, 248) vergleichbar ist, halten viele Gelehrte die LXX-Lesung *rā'šê 'ᵃgālîm* für die ursprünglichere, aus der dann durch Umlautung jede Reminiszenz an einen Stierdienst eliminiert worden wäre (Kautzsch, De Vaux, North u.a.). Entsprechend umstritten ist der parall. Halbvers 2 Chr 9, 18b: *wᵉḵæḇæš bazzāhāḇ lakkisse' mŏ'ᵒḥāzîm* „und einen Fußschemel aus Gold hatte der Thron, die (mit ihm) zusammengeschmiedet waren". Nur Lukian hat entsprechend übersetzt. Eine Umpunktierung von *kæḇæš* 'Fußschemel' in *kæḇæś* 'Lamm' (Editio Bombergiana) zur Erklärung der Stierköpfe der Parallele ist unzulässig.

Nach MT weist der Thron mit seinem runden Rückenteil typologisch nach Phönizien und Ägypten; vgl. auch die theriomorphe Gestaltung (Löwenfiguren) der Armlehnen. Die sechsstufige Thronbasis mit je sechs Löwen bildet zusammen mit dem Fußschemel (→ הדם *hᵃdom*) einen siebenstufigen Unterbau, der wohl kaum mit den babyl. Ziqqurats und der Gotteswohnung auf ihrer obersten Stufe (Weltberg) zu vergleichen ist (mit Noth, BK IX/1, 231, gegen Würthwein, ATD 11/1, 125; vgl. weiter K. H. Bernhardt, VTS 8, 1961, 86 Anm. 5), sondern eher auf den für Ägypten typischen Thronunterbau als Symbol der Maat, der Weltordnung und Weisheit hinweist. Die Löwenfiguren daneben symbolisieren die Macht und die Erhabenheit des Königs (vgl. Canciano-Pettinato 107).

Die Thronfolgeerzählung stellt den Thron Salomos in unmittelbare Sukzession zum Thron Davids (1 Kön 1, 46; 2, 12). Salomo leitet aus dieser dynastischen Sukzession die Ansprüche zur Ausschaltung Adonias (1 Kön 2, 24) und Joabs (1 Kön 2, 33) und zum Tempelbau ab (1 Kön 5, 19; 8, 20; 2 Chr 6, 10), benutzt die Dynastiezusage an David aber auch als Erhörungsmotiv für seine Bitte um Weisheit (1 Kön 3, 6).

Die Pracht des salomon. Thrones schlägt sich auch nieder in den Huldigungen des Benaja (1 Kön 1, 37) und der Hofbeamten (1 Kön 1, 47), die Salomos Thron eine größere Erhabenheit (*gāḏal pi*) zusprechen als dem Thron Davids. Dies spiegelt die fortgeschrittene Prachtentfaltung innerhalb der konsolidierten Jerusalemer Monarchie wider.

4. Brunners religionsgeschichtliche Herleitung der Vorstellung (Z. W. Falk, VT 10, 1960, 72–74 hält sie für autochthon israelit.) von der Gerechtigkeit als Fundament des Thrones (vgl. I. 4. a) funktioniert, wenn man bereit ist, den semantischen Bereich „Weltordnung" der Maat auch in der hebr. *ṣᵉḏāqāh* (→ צדק) wiederzufinden (A. Jepsen, in: Festschr. Hertzberg, 1965, 78–89; H. H. Schmid, Gerechtigkeit als Weltordnung, BHTh 40, 1968, 46–60 u. passim), obwohl er doch ein relativ geringer Teilfaktor im umfassenden Bedeutungsspektrum beider Begriffe ist (vgl. K. Koch, THAT II 510. 516). *mišpāṭ ûṣᵉḏāqāh* als Grundlage des Thrones JHWHs (Ps 89, 15; 97, 2) und des Königs (Spr 16, 12; 20, 28; 25, 5; 29, 14) weisen auf die urspr. richtende Funktion des Monarchen in Israel hin (vgl. G. C. Macholz, ZAW 84, 1972, 157–182). Die Theologumena von Gottes Königtum und Rechtsprechung waren die priora, und schon in sehr früher Zeit (vielleicht schon zu Beginn des 1. Jt. v. Chr., Albright; vgl. Kraus, BK XV/2, ⁵1978, 784) bekannte der gläubige Israelit: „*mišpāṭ* und *ṣᵉḏāqāh* sind deines Thrones Stützen, *ḥæsæḏ* und *'ᵆmæṯ* gehen dir voran!" (Ps 89, 15). Hier spiegelt sich der mesopot. Mythos, der das Nebeneinander von *kittu* 'Wahrheit' und *mîšaru* 'Gerechtigkeit' als flankierende Gottheiten des rechtsprechenden Sonnengottes darstellt (SAHG 222. 320. 334; H. Ringgren, Word and Wisdom, Lund 1947, 53ff. 83ff.; vgl. auch H. H. Schmid 79f.). Auch im nachexil. Ps 97, 2 wird in einer bewußt archaisierenden Diktion das gleiche vorisraelit. Traditionsgut thematisiert: „Gewölk und Dunkel ist um ihn her. Seines Thrones Pfeiler sind Gerechtigkeit und Recht!". Nach Kraus (BK z. St.) darf die Auslegung nicht bei der zutiefst statischen „Weltordnung" (Schmid) als Thronfundament stehen bleiben, da *ṣᵉḏāqāh* die ganze Dynamik göttlicher Weltschöpfung und -erhaltung impliziere. Auch in Ps 9, 5 (nicht datierbar) dankt der Psalmist Gott, der sich menschlicher Rechtsbelange angenommen hat. Eine hinter *jāšaḇtā lᵉkisse'* vermutete alte Theophanieformel (Kraus 221 f.) ist nicht recht ersichtlich. Grundtenor dieses Psalms ist trotz der Ausweitung auf das endzeitliche Völkergericht (v. 7, Nötscher) Gottes Rechtshilfe dem *Einzelnen* gegenüber.

Parallel zum Bedeutungswandel von *šāpaṭ* (→ שפט) von „richten" zu „regieren, herrschen" (vgl. G. Liedke, WMANT 39, 1971, 70ff.) wird die Verpflichtung zur Thora-Observanz für den „Herrscher" mehr und mehr betont. Das deut. Königsgesetz unterwirft entsprechend den Monarchen der Thora; eine Novellierung (Deut 17, 18) verlangt sogar von ihm, beim Residieren auf seinem Thron die Thora griffbereit bei sich zu haben (vgl. K. H. Bernhardt, VTS 8, 1961, 137f.). Diese höchst richterliche Kompetenz des Königs findet sich im wahrscheinlich in die Zeit Davids zurückreichenden Ps 122 durch synonymen Parallelismus *kissô'ṯ lᵉmišpāṭ* || *kissô'ṯ lᵉbêṯ dāwiḏ* formuliert und wurde neben *šālôm* (heilvoller, gedeihlicher und guter Zustand aller Dinge) zum Charakteristikum der Stadt Jerusalem (Ps 122, 5ff.) ausgeweitet. Sie wurde von Salomo auch beim Palastbau architektonisch manifestiert, indem er dem *'ûlām hakkisse'* die Funktion eines *'ûlām hammišpāṭ* gab, *'ᵃšær jišpŏṭ-šām* „um dort zu richten" (1 Kön 7, 7).

Die altorientalische (primär mesopotam.; in Äg. oblag die Rechtsprechung dem Wesir; vgl. E. Otto, MDAI Kairo 14, 1965, 150–159, bes. 156) Königsideologie steht hinter dem vorexil. Preislied auf den König Ps 45, 7f.: „Dein Thron, Göttlicher, steht immer und ewig, dein schlichtendes Szepter ist der Stab deiner Herrschaft. Du liebst das Recht, aber haßt den Frevel." Diese thetische Formulierung stellt göttliche Erwählung und Gerechtigkeit als Voraussetzungen dauernden Thronbesitzes nebeneinander (vgl. dazu A. Neuwirth, כסאך אלהים „Dein Thron, o Gott", Diss. Graz, 1964). Nach Ps 72, 1ff. setzt Gott den König als seinen Mandatar ein, indem er ihm die *mišpāṭîm* und die *ṣᵉḏāqāh* überreicht. In ihrer übergreifenden Funktion umfassen sie die Hauptzuständigkeiten des Königs in Recht, Wahrheit, Natur, Krieg und Kult (H. H. Schmid 23) und bilden die Voraussetzung der Dynastie (1 Kön 3, 5f.; Schmid 85f.). Verfehlt er sich darin, so gibt er sein Mandat auf (vgl. die proph. Vermahnung des Königs Jer 22, 3. 13. 15–17).

Schon die alte Spruchweisheit der frühen Königszeit betonte den Zusammenhang von Gerechtigkeit des Königs und Bestand seines Thrones und stellte einen Satz wie „Ein König, der den Geringsten treulich Recht schafft, dessen Thron steht fest für immer" (Spr 29, 14) in die Mitte des Regentenspiegels (Skladny, vgl. auch Spr 20, 8. 28). Angesichts der dauernden Infiltration durch Schmeichler und Frevler (Spr 25, 5) sind Gerechtigkeit und Recht, d. h. Bestand des Thrones nur durch radikale Entfernung dieser Elemente zu erreichen (vgl. auch Spr 16, 12). Rechtsverdrehung und Gewalttat am *kisse' lᵉmišpāṭ* verwandeln diesen zum *kisse' hawwôṯ* „Thron des Verderbens, der Unheil schafft gegen das Gesetz" (Ps 94, 20; realisiert im unsozialen Verhalten gegen Witwen, Fremde und Waisen v. 6 sowie in der Verurteilung Unschuldiger v. 21).

Die Vorstellung von Recht und Gerechtigkeit als Fundament des Thrones gehört zum Grundbestand der David-Überlieferung (vgl. K. Seybold, FRLANT 107, 1972, 85ff. 104. 116–132) und deshalb auch zu der von dieser Tradition geprägten Messiaserwartung. *mišpāṭ* und *ṣᵉḏāqāh* bilden die echte Sukzession zwischen Davidthron und Messiasthron. Die Verheißung des königlichen Messias Jes 9, 1–6 (um 733 v. Chr.) erinnert an die Verleihung der Königswürde an den (noch ungeborenen) Pharaonensohn (vgl. AOT 47f.; ANET 445f.; vgl. auch J. de Savignac, VT 7, 1957, 20ff.). „Groß ist die Herrschaft und der Friede hat kein Ende über Davids Thron und über seinem Königreich, da er es festigt und stützt (die fem. Suffixe beziehen diese Verben auf *mamlāḵāh*, anders 1 QJes[a], vgl. BHK App.) mit Recht und Gerechtigkeit von nun an auf ewige Zeit" (v. 6). Der Messias erfüllt in vollgültiger Weise den Willen Gottes, denn im Messias handelt Gott selbst (*'āśāh*, v. 6b). Damit wird der Thron Davids zugleich Ort und Vehikel des Heilshandelns Gottes an seinem Volk durch den Messias.

Jes 16, 5 spricht das messianische Richteramt an. Die Amtsführung *baḥæsæḏ* und *bæ'ᵉmæṯ* wird hier primär nicht am *kisse'* (anders Jer 33, 15ff.), sondern archaisierend *be'ohæl dāwiḏ* lokalisiert. Jesaja will im messianischen Herrscher wieder das unverfälschte Königtum davidischer Prägung – nun universal ausgeweitet – realisiert sehen (→ אהל *'ohæl*). Als nachexil. idealtypischen Zug des Herrschers der Heilszeit bindet der *kisse'* nun auch das *dāraš mišpāṭ*, die Funktion der Schriftgelehrsamkeit, an sich.

5. Das signum regale „Thron" findet sich primär in der davidischen Dynastie, bei David, Salomo, Josaphat (1 Kön 22, 10; 2 Chr 18, 9), Joas (2 Kön 11, 19; 13, 13; 2 Chr 23, 20); Jojakim (Jer 36, 30), Zedekia (Jer 22, 2) und Jojachin (2 Kön 25, 28; Jer 52, 32), bei letzterem jedoch nur in metaphorischer Weise (vgl. v. 2).

Die Thronfolge im Nordreich geschah primär nicht nach dem dynastischen Prinzip, sondern basierte hier auf dem „Ideal des charismatischen Königtums" (A. Alt, KlSchr II 116ff.), regelte sich aber de facto nach dem Recht des Stärkeren (vgl. T. Ishida, BZAW 142, 1977, 171ff.): Simri usurpiert den Thron des Ela (1 Kön 16, 11) und verhindert eine Dynastiebildung analog zum judäischen Königshaus. Jehu verhindert die Inthronisation eines der Söhne Ahabs nach der Ermordung der Isebel (2 Kön 10, 3) und ergreift selbst nach einem Blutbad die Macht. Die übrigen Staatsstreiche und Usurpationen im Nordreich werden ohne Nennung des Wortes *kisse'* geschildert, ebenso die wenigen Dynastiebildungen, so daß *kisse'* im Sinne der dynastischen Thronfolge auf die davidische Dynastie beschränkt bleibt. Erst in der Übernahme des Thrones durch den „Charismatiker" Jerobeam II. (2 Kön 13, 13) begegnet *kisse'* wieder. Dies läßt die Annahme zu, daß der Terminus im DtrGW weithin mit einer moralisch-positiven Konnotation versehen ist.

Schließlich ist im AT auch von Thronen außerisraelit. Könige und Fürsten die Rede: In Äg. ist der Thron das Proprium des Pharao, denn er ist um den Thron größer als Joseph, sein Großwesir (Gen 41, 40, vgl. G. v. Rad, ATD 2–4, [9]1972, 309). Auf diesem Thron folgt – nach äg. Thronfolgerecht – jeweils der Erstgeborene des Pharao, so daß durch die Plage der Ausrottung der Erstgeburt (Ex 11, 5; 12, 29) der Lebensnerv der Dynastie getroffen war. – Weitere Inhaber von Thronen sind Eglon von Moab (Ri 3, 20), Nebukadnezar (Dan 5, 20), der König von Ninive (Jon 3, 6), die Feindkönige des Nordens (Jer 1, 15), die Meeresfürsten (Ez 26, 16), Ahasveros (Esth 1, 2; 5, 1) sowie der Fürst Haman (Esth 3, 1) und der Satrap von Ebirnari (Neh 3, 7).

Auch den nach Babylon verbannten Königen steht offensichtlich ein Thron als *regalium* zu (2 Kön 25, 28; Jer 52, 32; vgl. die Abb. eines judäischen Herrschers der ausgehenden Königszeit aus Ramat Raḥel, BA 24, 1961, 108). Auch in der Unterwelt bildet der *kisse'* das Kennzeichen der Fürsten der Erde und der Könige der Völker (Jes 14, 9).

Es gehörte zum Begleitzeremoniell militärischer Eroberungszüge, daß die Könige ihren Thron vor den Toren der belagerten Stadt errichteten: die Könige des Nordens vor Jerusalem (Jer 1, 15), Nebukadnezar vor Tachpanches (Jer 43, 10; in einer Symbolhandlung bezeichnet Jer diesen Ort mit Steinen); vgl. die altoriental. Parallelen Sanherib und Sargon (oben I. 2. d). In ähnlicher Weise sitzen auch die Könige von Israel und Juda auf ihren Thronen bei der Vorbereitung ihres Aramäerfeldzuges (1 Kön 22, 10; 2 Chr 18, 9 und vgl. auch JHWH als Kriegsherr Jer 49, 38, u. IV. 1.).

Doch trotz aller Macht und allem Glanz um König und Thron war es Gott, der die Könige einsetzte (Hi 36, 7; 2 Chr 9, 8) und ihnen von seiner Herrschermacht übertrug: Sie alle waren Herrscher von Gottes Gnaden. Widersprachen sie seinem Gebot und fühlten sich gottgleich, wurden sie ob ihres Hochmutes von Gott vom Thron gestürzt (Dan 5, 20; Jes 14, 13). Davon war erst recht der Davidide nicht ausgenommen (Ps 89, 49). Selbst über den „Thron der Königreiche" (zur Textkritik vgl. W. Rudolph, KAT XIII/4, 1976, 52 f.) im fernen Persien hat JHWH die Macht, ihn umzustürzen (Hag 2, 22; vgl. II. 2. a. 3).

6. Nur Sach 6, 13 b spricht vom Thron des Hohenpriesters, jedoch bietet diese Stelle große textkritische Probleme (vgl. die Komm.): „und er (sc. Serubbabel) wird den Tempel JHWHs bauen, und er wird Hoheit tragen und er wird sitzen und herrschen auf seinem Thron und er (prb. insert.: Josua) wird Priester sein auf seinem Thron (*w^e hājāh kohen ʿal-kis^e'ô*) und Plan des Friedens wird zwischen beiden sein".

a) Die ältere Forschung (Knabenbauer, Wellhausen) gab der LXX den Vorzug (vgl. auch G. Wallis, VTS 22, 1972, 235 ff. u. a.). Danach habe der Hohepriester im Einvernehmen mit dem regierenden Davididen „zu seiner Rechten" (*ʿal j^e mînô*) ohne Kompetenzstreitigkeiten seines Amtes gewaltet (Elliger). Eine spätere (nach LXX) Bearbeitung des hebr. Textes habe sich an den Realia ihrer Zeit orientiert, die den Hohenpriester in quasi-monarchischer Position sahen. Elliger (130 f.) vermutet eine Konzentration des zweigeteilten sacharjanischen Messiasbildes auf die Personalunion „König und Priester" (vgl. Ps 110). R. Brunner (ZBK, 89 f.) spricht dem König auf seinem Thron zugleich hohepriesterliche Vollmacht zu. Chary (114) denkt an die bereits für die Exilszeit bezeugte enge Kooperation von König und Hohepriester und sieht in der Textgeschichte den Übergang von Monarchie zur Theokratie. MT bezeuge endgültigen Vorrang der Priesterschaft (Poulssen 151).

b) Nach anderen hat MT Priorität (Rignell, Petitjean, Rudolph, Mastin, VT 26, 1976, 113 ff., u. a., z. T. mit Verweis auf den *kisse'* [Stuhl!] des Priesters Eli [1 Sam 1, 9; 4, 13. 18; vgl. BDB]). A. Petitjean sieht eine „autorité bicéphale" verwirklicht, erst die LXX habe durch Unterordnung der priesterlichen Gewalt das davidische Königtum wieder aufgewertet.

c) W. Rudolph (KAT XIII/4, 1976, 127 f.) harmonisiert: Die „Thronbesteigung" des Hohenpriesters sei de facto die Übernahme des Davididenthrones (eine Theologisierung zum „Thron JHWHs" [so E. König, Die Messianischen Weissagungen des AT, 1923, 270 f.] ist durch nichts angezeigt) in einer theokratischen Regierungsform. Diese Machtkumulation prägt von nun an die Messiaserwartung des Judentums, die sich trotz der Mehrspurigkeit im Messiasbild nur in der außerkanonischen Literatur auf einen doppelten Messias aufgliedert (vgl. K. Schubert, Judaica 12, 1956, 24–28; A. S. van der Woude, SSN 3, 1957, 226–247).

7. Auf das Inthronisationsritual in 1 Kön 1, 32–48 (Salomo) und 2 Kön 11, 12–20 (Joas) spielen auch die Pss 2; 72; 110; 132 an. Es bestand aus zwei Hauptteilen: a) Prozession zum Heiligtum, dort Überreichung der Insignien *nezær* „Diadem" und *ʿeḏûṯ* „Protokoll" (Investitur), Salbung durch den Priester (Volk) und Akklamation des Volkes; b) Prozession zum Palast, Thronbesteigung, Hommagium durch die Beamten.

Zum Ritual im einzelnen: R. de Vaux, LO I 166–174; G. v. Rad, Das judäische Königsritual (ThB 8, ⁴1971, 205–219); E. Lipiński, La Royauté de Yahwé, Brüssel 1965, 336–391; H. J. Kraus, Theologie der Psalmen, BK XV/3, 1979, 139 ff.; zur Verleihung der Gottessohnschaft an den neuen König als wichtiger theol. Aspekt der Inthronisation vgl. H. Donner, Adoption oder Legitimation (OrAnt 8, 1969, 87–119); zur Verleihung der Thronnamen vgl. K. D. Schunck, VT 23, 1973, 108 ff.; H. Wildberger, BK X/1, ²1980, 379–384; zum Thronbesteigungsfest JHWHs J. A. Soggin, THAT I 914 f. und → מלך *mlk*.

IV. Die Frage nach dem Thron JHWHs – an 22 Stellen explizit mit dem Terminus *kisse'* verbunden (vgl. jedoch bes. → ישב *jāšaḇ*, → מלך *mlk*) – ist identisch mit der Frage nach JHWHs Königtum. Dieses Königtum JHWHs ist ein Erbe Kanaans (W. H. Schmidt, BZAW 80, ³1966, 91) und wohl als Zusammenfluß ugar. El- und Baʿal-Königsprädikationen zu erklären. Die JHWH-Königsprädikation entstand kaum in vorstaatlicher, wohl jedoch in vormonarchischer Zeit (A. Alt; anders L. Rost, ThLZ 85, 1960, 721 ff.: frühmonarchisch) und ist daher nicht polemische Reaktion auf die irdische Monarchie (vgl. H. J. Kraus, BHTh 13, 1951, 94; vgl. schon H. Gressmann). Gerade in der JHWH-Thron-Vorstellung zeigt sich deutlich die Entwicklung der JHWH-Königs-Prädikation. Lit. bei J. A. Soggin, THAT I 914 f.

1. Wahrscheinlich wurde JHWH schon in früher Zeit als thronender König verehrt, denn schon in Silo wird ihm das Epitheton *JHWH ṣ^e ḇā'ôṯ jôšeḇ hakk^e ruḇîm* (1 Sam 1, 3. 11; 4, 4 u. ö.) übertragen (→ צבאות *ṣ^e ḇa'ôṯ*, → ישב *jāšaḇ*, → כרוב *k^e rûḇ*). Hier in Silo wurde die Thronvorstellung unter Fortführung der Wüstenzelttraditionen (Num 10, 35 ff.; bes. des Heiligen Zeltes, vgl. O. Eißfeldt, AOAT 18, 1973, 51–55) auf die Lade (→ ארון *'^a rôn* 397) appli-

ziert, ohne allerdings den Terminus *kisse'* explizit zu verwenden. So ist schon rein terminologisch eine Analogisierung zum vorderorientalischen „leeren Thron" nicht angeraten (so H. Gunkel, Die Lade Jahwes ein Thronsitz, ZMR 21, 1906, 33–42; E. Nielsen, VTS 7, 1960, 64ff.; vgl. noch Albright, Barrois, Bright; weitere Belege bei J. Maier, Kultus, 59 Anm. 59; ders., BZAW 93, 1965, 54ff.), eine Vorstellung, die das spätere Stadium der Lade im Salomonischen Tempel überbetont. Auch G. v. Rad, NkZ 42, 1931, 476–498 [= ThB 8, 1971, 109–129], bes. 486, vermutet, daß eine ältere Behälterfunktion der Lade durch die Thronfunktion abgelöst wurde. Gerade in diesem späteren Stadium hat die Lade mit den beiden Keruben im Debir des Tempels (nach P auf der *kapporæṯ* → כפר) zwar den Eindruck eines – im Orient gut belegten – überdimensionalen Kerubenthrones gemacht (de Vaux, MUSJ 37, 1960/61, 96f. 118; Maier, Kultus, 72f., Ladeheiligtum, 67f.), doch wurde diese Vorstellung nie Allgemeingut des AT. So sprechen gegen die Lade-Thron-Theorie einmal das notorische Fehlen der *kisse'*-Terminologie, dann die baldigen Applikationen der *h^{a}ḏom* (→ הדם)-Terminologie (zur Lade als Fußschemel Gottes vgl. bes. M. Haran, IEJ 9, 1959, 30–38. 89–94, bes. 89, und J. Schreiner, StANT 7, 1963, 24; F. Gössmann, Divinitas 11, 1967, 31–53, bes. 34, im Anschluß an H. Torczyner, H. Schmidt, F. Nötscher und Y. Congar) auf die Lade zur Betonung der Transzendenz JHWHs, dann das krasse Mißverhältnis zwischen der Lade und den Keruben (Maier, Kultus, 78f.). Diese Throntheorie könnte also höchstens Sekundärprodukt eines mit der Lade zutiefst verbundenen Theophaniemotivs sein (vgl. J. Dus, VT 19, 1969, 290–311).

Auch die *kisse'*-Belege für die Lade als den Thron JHWHs im Tempel sind umstritten (vgl. bes. Jes 6, 1; Hi 26, 9) und nur als Hinweis auf JHWHs Präsenz und Epiphanie im Tempel zu werten (vgl. W. Zimmerli, ThB 51, 1974, 247–260; H. Wildberger, BK X/1, ²1980, 246). Der Bezug des *kisse' kāḇôḏ* auf die Bundeslade in Jer 14, 21; 17, 12 (sek.) ist ganz unsicher (Fohrer, ZAW 77, 1965, 360). In dieser metaphorischen Redeweise der hymnischen Anrufung JHWHs ist die Ausdehnung des terminus auf den gesamten Tempelberg, auf Jerusalem oder ganz Israel nicht ausgeschlossen.

Die religionsgeschichtlich bekannte Vorstellung vom Altar als Thron (Ratschow, RGG I, ³1957, 251ff.) könnte hinter der textl. unsicheren Stelle Ex 17, 16 stehen. Die Ätiologie des Moses-Altar „*JHWH nissî*" in Rephidim (Ex 17, 8–16) bringt die Errichtung des Altares mit den Amalekiterkriegen in Verbindung. Der Name dieses Altares „JHWH, mein Feldzeichen" wird mit dem befremdlichen *jaḏ kes jāh* (MT, V, Sam, S, Targ) „die Hand an den Thron JHWHs", offensichtlich einem Schlachtruf, begründet. Da aber bereits LXX den Text nicht mehr verstand (√ *ksh* „verborgen"; vgl. auch Freedman → יהוה *JHWH* und A. R. Müller, BN 12, 1980, 20–23), entstand bereits im Anschluß an J. Clericus (17. Jh.) die Textkorrektur *nes-Jāh* „Banner (Feldzeichen) JHWHs" (A. Clamer, M. Noth, B. S. Childs, O. Eißfeldt, R. Gradwohl, VT 12, 1962, 491–494 [Stiftung einer Votivhand?]; F. Stolz, AThANT 60, 1972, 99 [eine Art JHWH-Lade]; M. Görg, BN 14, 1981, 11–17 [Herrschaftsemblem] → נס *nes*). Andere Textkorrekturen (Cassuto, √ *kss* „planen" [Altar als „memorial pillar" für die Pläne Gottes]; D. Nielsen, *kæsæ'* „Vollmond" [Relikt arab. Mondreligion in der Moses-Überlieferung]) sind abzulehnen. Die Beibehaltung des MT wird von Dillmann, Procksch, Beer (HAT I/3), J. de Fraine, VTS 15, 1966, 134–149, bes. 147f., H. Schmid, BZAW 110, 1968, 63f., und W. Fuss, BZAW 126, 1972, 360f., gefordert. Dabei denkt Fuss an einen festen Brauch (ein Priester legt während der Schlacht die Hand an die Massebe von Rephidim) par. zur Mosestab-Konzeption (E). Realistischer dürfte es jedoch sein, mit Beer in dem Altar einen Thron für den Kriegsherrn JHWH zu sehen; zum Thron auf dem Schlachtfeld vgl. oben I. 2. d und III. 5; auch JHWH begegnet als Kriegsherr und errichtet seinen Thron vor Elam, um Könige und Fürsten zu vernichten (Jer 49, 38).

2. Schon bald gewinnt der *kisse'* JHWHs unter Aufsprengung anthropomorph-immanenter Gottesvorstellung die Ausdehnung auf den Tempel(-berg) Jerusalems; bes. in den Thronbesteigungspsalmen (vgl. E. Lipiński, La royauté de Yahwé, Brüssel 1965, 117f.). Hier liegen deutliche Anklänge an die kanaan. Chaoskampf- und Thronbesteigungsmythen Ba'als vor, in denen der Thron Ba'als auf dem Berg Zaphon den Brennpunkt des Geschehens darstellt (vgl. Ps 93, 2; Jer 17, 12). Doch läßt die mythische Redeweise diese Festlegung nicht zwingend erscheinen (vgl. H. J. Kraus, BK XV/2, ⁵1978, 818f.). Deutlicher geht dies aus der Identifizierung von *m^{e}qôm kis^{e}'î* mit *m^{e}qôm kappôṯ raḡlaj* hervor (vgl. Ez 43, 7; Jes 60, 13 und bes. Ex 15, 17f.; Metzger 147), obwohl letzteres auch mit der Lade verbunden wird (Ps 132, 7; vgl. auch 1 Chr 28, 2; Ps 99, 5; Kl 2, 1), doch weder bei Ez noch in den Pss wird die Identifizierung explizit vollzogen.

3. Auch der Zion und Jerusalem werden als Thron JHWHs angesehen (Jer 3, 17; vgl. M. Noth, Geschichte Israels, ⁴1959, 88; R. de Vaux, MUSJ 37, 1960/61, 97; A. Weiser, ATD 20, ⁵1966, 31). Die urspr. dinghafte Vorstellung des JHWH-Thrones wird weiter entschränkt und geographisch ausgedehnt. Spätestens hier wird deutlich, daß die im Zion konzentrierte Präsenz JHWHs sich der Thronvorstellung unter bewußter polemischer Abhebung von älteren Vorstellungen (Lade = Thron, v. 16) bediente. Jer (oder sein Epigone) will so die aus der Geschichte abgeleitete Heilsgewißheit (gebunden an der Gegenwart der Lade) in Frage stellen. Hier spiegelt sich die Diskussion um die Präsenz JHWHs an der Lade (vgl. Weiser 29), vor allem aber nach ihrem Verlust wider. Auch Jer 14, 21 (s. o.) spricht wie Jer 17, 12 Jerusalem als Thron JHWHs an (Rudolph). Auf diesem Hintergrund kann das Epitheton *jošeḇ ṣijjôn* „der auf dem Zion thront" (Ps 9, 12; vgl. Jes 8, 18) entstehen. Hier finden wir Anklänge an das vorderoriental. Mythologem vom Heiligen Berg als Thronstätte des göttl. Weltenherrschers vor (vgl. Cohn, The Sacred Mountain in Ancient Israel, Diss.

Stanford University 1974, 123–203) und als Ausgangspunkt beständiger Neuschöpfung und welterhaltenden Segens gilt (vgl. Jes 8, 18; 31, 4; Jo 2, 1; Jer 8, 19; 17, 12; Ps 9; 43, 3; 48; 68, 17f.; 74,2; 132, 13f. und Maier, Kultus, 97–101); zum Berg als Thron Gottes vgl. noch Hen 18, 8; 24, 3; 25, 3.

4. Die letzte Überhöhung findet sich explizit Jes 66, 1: in einem Botenspruch nennt JHWH den Himmel seinen Thron und die Erde seinen Fußschemel. Hier greift TrJes die dtr Kritik an einer veräußerlichten Tempelvorstellung (2 Sam 7, 6f.) auf und zeichnet das Bild eines Gottes, der frei jeder irdischen Beschränkung der Verfügbarkeit durch den Menschen entzogen ist. Er thront im Himmel (Ps 2, 4; 11, 4; 123, 1), während im Tempel sein Name (→ שם *šem*) weilt (1 Kön 8, 29f. 38f. 44f.; vgl. A. S. van der Woude, THAT II 954f.). „Mit dem Thron Jahwes ragt die himmlische Welt in das Heiligtum hinein, mit dem im Heiligtum fußenden, in den Himmel aufragenden Gottesthron ist der himmlische Bereich präsent" (Metzger, UF 2, 145). Das Thronen im Himmel ist nur JHWH vorbehalten. Der hochmütige Versuch des Königs von Babel, ihm gleichzukommen und über den Sternen Els seinen Thron zu errichten, endet mit seinem Sturz (Jes 14, 13ff.). Micha ben Jimla beschreibt dieses majestätische Thronen JHWHs und legitimiert sich so vor Josaphat und Ahab (1 Kön 22, 19 par. 2 Chr 18, 18; vgl. Jes 6). JHWH ist König über die Völker und diese feiern seine Königsherrschaft. Er ist zwar schon je König, doch gewinnt diese Herrschaft in der kultischen Repräsentation neue Aktualität für Gegenwart und Zukunft (Ps 47, 8f.). Sein Thronen geschieht in Ewigkeit, für den Bedrängten Motiv zu Hoffnung und Zuversicht, da dies Gerechtigkeit auf ewig garantiert (Ps 9, 8). Seine Herrschaft bleibt unberührt vom Verlust von Tempel und Lade (Kl 5, 19), die nur auf der Basis eines vordergründigen Glaubens als Garant göttlicher Präsenz und Macht verstanden werden konnten. Nach 2 Chr 9, 8 manifestiert sich die Macht JHWHs auch im irdischen Königsthron, doch ist die Ewigkeit JHWHs ebenfalls nicht an dessen Bestand gebunden.

So zeigt sich in der Vorstellung vom Thron JHWHs eine deutliche Entwicklungslinie. In der Frühzeit weilte der mit seinem Volk ziehende JHWH in dessen Mitte und die Lade symbolisierte seine Präsenz. Mit der aufkommenden Vorstellung vom Königtum JHWHs begann die Identifizierung von Lade und Thron. Dies wird dann spätestens z.Z. der Großmonarchie auf den Tempel übertragen. Weil also die Existenz Gottes im Glauben des Volkes von der Existenz des Tempels (und nicht umgekehrt!) abhängig gemacht wurde, wurde dieser Kausalnex von Deut und Dtr aufgebrochen. Dies ging um so leichter, als bereits durch die Verbindung von Zion und Gottesbergvorstellung eine „kosmische Hintergründigkeit" (Maier, Kultus 102) erreicht war, die die Thronvorstellung vom Bestand des Tempels unabhängig machte. Der Himmel wird zum Thron JHWHs. Damit ist dann das theologische Fundament zur inneren Bewältigung der Katastrophe von 581 gelegt. Die „Austauschbarkeit von Berg, Heiligtum, Thron und Fußschemel" (Metzger 156) geht nicht allein auf ein „mythisches Raumverständnis" (Maier, Kultus 105f.) zurück, sondern spiegelt einen Offenbarungsfortschritt wider.

5. Im Zusammenhang mit der Prophetie des Ez begegnet der Thronwagen. Ez 1, 26; 10, 1 spricht von *d^{e}mûṯ kisse'* „thronähnlicher Gegenstand", der auf einem aus Keruben gebildeten Wagen steht.

An eine Verbindung dieses Wagens mit dem fahrbaren Untersatz der Lade ist aus terminolog. Gründen nicht zu denken. Alle Thronwagenbelege im Zusammenhang mit der Lade sind zudem nachezechielisch: 2 Chr 28, 18 *taḇnîṯ hammærkāḇāh*, Dan 7, 10 (aram.) Thron (*kōrse'*) mit Rädern (*galg^{e}lîn*). In 4 QS Šîrôt ʿolat haššabbat 40, 24, 3 liegt dann in *tbnjt ks' mrkbh* bereits eine komplexe Formulierung beginnender jüd. Märkabah-Mystik vor (vgl. J. Neusner, JStJ 2, 1971, 149–160).

Aussehen und Deutung des Thronwagens sind recht umstritten. Die weitgehend sek. Darstellung bei Ez ist wohl die ins Technische transponierte altisraelit. Tradition vom Erscheinen JHWHs im Sturmwind (Zimmerli 65), wobei gewisse Parallelen zum mesopot. Prozessionsheiligtum (Schrade) oder vielleicht zu den Wagen des Sonnengottes (2 Kön 23, 11) möglich sind. Maier (Kultus 120, im Anschluß an Procksch) sieht im Thronwagen eine kosmisch-mythische Abwandlung des kultischen *jošeḇ hakk^{e}ruḇîm* unter bewußter Loslösung von jeder Art Bindung an den Tempel. Zur Weiterführung der ez. Thronwagenvorstellung vgl. Dan 7, 9ff.; äth Hen 46f. (vgl. J. Marböck, BZ NF 25, 1981, 103–111) und zahlreiche Qumran-Belege. In 4 QS Šîrôt ʿolat haššabbat 40, 24 liegt ein liturgisches Formular eines *mærkāḇāh* – (d. h. nur im Allerheiligsten für das Volk nicht sichtbar zu vollziehenden) Ritus vor.

V. Der metaphorische Gebrauch von *kisse'* läßt sich auf fünf Komplexe konzentrieren:

1. „Seinen Thron aufstellen" beinhaltet immer den Aspekt der durch Übermacht erzwungenen Machtübernahme (vgl. bes. Jer 1, 15; 43, 10; vgl. Jes 14, 13), während „den Thron besteigen" meistens den dynastisch bedingten Machtantritt signalisiert (1 Kön 1; 22, 10 u. ö.). „Auf dem Thron sitzen" wird als Zeichen des unangefochtenen Ausübens der Herrschermacht gewertet (Ps 9, 5; 132, 12; Jer 33, 21; Sach 6, 13).

2. Das gewaltsame Ende des Herrschens wird initiiert durch das „vom Thron gestürzt werden" (Hag 2, 22; Ps 89, 45; Dan 5, 20) oder „vom Thron fallen" (1 Sam 4, 18; in myth. Überhöhung Jes 14, 12).

3. Die Wertschätzung einer Person zeigt sich in der Verleihung oder Erhöhung (resp. Erniedrigung) seines Thrones. Diese Vorstellung kommt erst im Exil auf: Joseph wird vom Pharao zum Wesir erhoben und ist damit nur um den Thron kleiner als er (Gen 41, 10). Beim Inthronisationsritual wünscht man dem König einen größeren Thron als seinem Vorgän-

ger (1 Kön 1, 37. 47) und sprach ihm damit eine Ausdehnung seines Herrschaftsbereiches zu. Die Erhöhung des Thrones war Zeichen einer besonderen Ehrung, ist uns allerdings nur von ausländischen Königshöfen überliefert (2 Kön 25, 28 = Jer 52, 32; Esth 3, 1) und wurde hier als Rehabilitationsakt gegenüber unterworfenen Monarchen geübt. In ihrem Hymnus greift Hanna dieses Motiv auf, wenn sie JHWH als den preist, der den Armen und Bedrückten aus dem Staub erhebt und ihm bei Fürsten seinen *môšāḇ* gibt und ihm einen *kisse' kāḇôḏ* erben läßt (1 Sam 2, 8). Die Wendung *kisse' kāḇôḏ* zeigt das unerhörte Ausmaß dieser Erhöhung durch Gott, da dieser Terminus in Jer 14, 21; 17, 12 eindeutig auf JHWHs Thron selbst, in Jes 22, 23 (sek.) als Ehrenthron des Davididen Eljakim auf den Thron Davids als Konzentrationspunkt zukünftiger Hoffnung bezogen wird.

4. Das „Herabsteigen vom Thron" zählt zu den – auch in Ugarit bekannten – Buß- und Trauerriten. Dies hat sicher seinen Grund darin, daß mit dem Herabsteigen freiwillig eine Selbstminderung auf sich genommen wird (oder zwangsweise auferlegt wird, Jes 14, 12f.); der damit freigewordene *kāḇôḏ* wird nun der Gottheit als Gabe zur Wendung des Geschickes angeboten, doch hat sich schon bald die Hauptintention dieses Ritus auf die Manifestation der Trauer und der mangelnden Lebensfreude verlagert. Eigenartigerweise sind es im AT nur ausländische Monarchen, die sich diesem Ritus unterwerfen (Jes 47, 1; Ez 26, 16; Jon 3, 6; vgl. N. Lohfink, VT 12, 1962, 269–273). Doch läßt sich dieser Ritus rudimentär auch im israelitischen Bereich erkennen (2 Sam 12, 16–19; 19, 1–3; 1 Kön 21, 27; 2 Kön 27, 29; vgl. E. Kutsch, „Trauerbräuche" und „Selbstminderungsriten" im AT, ThSt 78, 1965, 25–42; → הדם *h*ª*dom* 353).

5. Das Sitzen auf dem Thron(-sessel) vor der Tür meint auch das Sich-zur-Schau-Stellen, das lockende, buhlerische Werben der Dirnen. In Spr 9, 14 ist es die personifizierte Torheit, die auf einem Sessel vor der Tür sitzt, um die Unerfahrenen zu sich einzuladen (vgl. H. Ringgren, ATD 16, 43; Boström denkt fälschlicherweise an kultische Prostitution). Das Sitzen auf dem Stuhl vor der Tür (zur akk. Parallele vgl. BuA II 436; vgl. auch den lat. Terminus *prosedae* „die vor [dem Bordell] sitzen" [Plautus, Poenulus 266]) soll hier Eleganz, Würde und *kāḇôḏ* vortäuschen, da das Sitzen auf Stühlen nur bei vornehmen (Jes 47, 1; ANEP 537) und reichen (vgl. Jak 2, 3) Damen üblich war. Diese Täuschung sollte gerade die, die von wahren Werten keine Ahnung haben, endgültig verleiten. Doch die Thronfassade trügt, denn wie die Buhlerin dem Verführten einen wie Wermut bitteren Nachgeschmack beläßt und ihn letztlich in das Totenreich bringt (Spr 5, 4f.), so verschleiert die Torheit, daß hinter ihr „nur die Schatten wohnen, daß ihre Gäste in der Tiefe des Todes hausen" (Spr 9, 18; vgl. weiter B. Lang, Frau Weisheit, 1975, 133–139).

VI. In Qumran begegnet *ks'* nur 8mal (3mal TR, aber in keiner der großen Rollen). 3mal ist vom Thron Davids die Rede. In dem heilsgeschichtlichen Aufriß 4 QDibHam wird die Erwählung des Stammes Juda und seines Hirten David memoriert, der auf dem „Thron Israels" (*ks' jśr'l*) auf ewig sitzen soll im Angesicht Gottes (4, 7). Wie dies auf die aktuelle endzeitliche Situation der Gemeinde selbst übertragen werden kann, zeigt 4 QFlor (4 Q 174). Nach Art qumranischer Pesharim wird die auf den Bestand von Davids Dynastie und Thron gerichtete Nathan-Weissagung nun aktualisiert. Der David verheißene ewige Königsthron (*ks' mmlkwt*) geht an den Messias aus dem Geschlecht Davids über (4 QFlor 1, 10f.). Nach 4 QpJesª 8–10, 19 (Pesher zu Jes 11, 1–5) wird dieser Messias am Ende der Tage erstehen und den *ks' kbwd* (vgl. Hen 45, 3) besteigen, das „heilige Diadem" (*nzr qdwš*) und die buntgewirkte Kleidung des Herrschers (*bgdj rwqmwt*) tragen. In TR 56, 20 (Zitat von Deut 17, 18) und 59, 14. 17 (Kompilation von 1 Kön 2, 4; 8, 25: 9, 5; Jer 33, 17) wird der Thoragehorsam als Garant für den Dynastiebestand betont. 4 QS Šîrôt ʿolat haššabbat findet sich eine dem Text von Ez 1 weitgehend entsprechende Beschreibung des himmlischen Thronwagens (vgl. IV. 5. und → רכב *rkb*). Die Aussage in 11 QPsªCreat (11 QPs 26, 11) „Gerechtigkeit und Recht und Rechtschaffenheit sind die Grundlagen seines (sc. Gottes) Thrones" findet ihre Vorläufer in Ps 89, 15; 97, 2 (vgl. I. 4. a und III. 4). Die Erweiterung der at.lichen Formulierung *mišpāṭ* und *ṣæḏæq* durch *'æmæṯ* ist auf die qumranessenische Vorliebe für diesen Begriff zurückzuführen, will zugleich aber die Qumranessener zur Befolgung dieser Grundtugend motivieren. In den aram. Texten aus 4 Q wird in fast allen Fällen auf die Thronwagenvision angesprochen: 4 QEnᶜ 1, VII, 18; 1, VIII, 18 (vgl. 8 QEnᶜ 1, VIII, 27); weitere Nennungen des Gottesthrones 4 QEnᵇ 1, III, 15 und 4 Q 246, 1, I (vgl. Hen 14, 18–20). 11 Q tg Job 27, 1 bietet eine Auslegung von Hi 36, 7 und weist darauf hin, daß „Könige auf ihren Thronen" (*mlkjn jtbj kwrsjhwn*) nur dann unter Gottes Schutz stehen, wenn sie Gerechtigkeit üben (vgl. oben 11 QPsªCreat. und J. A. Fitzmyer – D. J. Harrington, BietOr 34, 1978, 35).

Fabry

כָּסָה *kāsāh*

כָּסוּי *kāsûj*, כְּסוּת *kᵉsûṯ*, מִכְסֶה *miḵsæh*, מְכַסֶּה *mᵉḵassæh*

I. 1. Etymologie – 2. Belege – 3. LXX – II. Gebrauch im AT – 1. Konkret – 2. Das Land bedecken – 3. Gesicht, Körper bedecken – 4. Kultische Verwendung – 5. Wasser bedeckt; kosmologisch – 6. Als Schutz – 7. Die Erde bedeckt – 8. Sünden bedecken – 9. Verbergen – III. Nomina.

I. 1. Die Wurzel *ksj* ist in den meisten semit. Sprachen belegt. Im Ugar. findet sich das Verbum mehrmals in der Bedeutung 'bedecken' in Verbindung mit Wörtern für Kleidung (*mʾzrt* KTU 1.5, VI, 16. 31, außerdem in beschädigtem Kontext KTU 1.10, III, 24); daneben die Ableitungen *kst* 'Oberkleid' (KTU 1.19, I, 36. 47; 1.17, VI, 15; 2.3, 12; 4.206, 5) und *mks* 'Hülle, Bekleidung' (KTU 1.4, II, 5). Im Phön. findet sich das Verbum in der Kilamuwa-Inschrift, KAI 24, 12f.: „Wer von seiner Jugend an kein Leinen gesehen hatte, in diesen meinen Tagen 'bedeckte' ihn Byssos." Ferner ist die Wurzel in den meisten aram. Dialekten, im Asarab. (*ksw*), Arab. (*kasā*[*w*] '[be-]kleiden', WKAS I 196ff.) belegt. Ob ein Zusammenhang mit akk. *kašû*, 'zudecken' besteht, ist unsicher; *kasû* bedeutet 'binden'.

2. Das Verbum *kāsāh* ist im *qal* 3mal belegt, *niph* 2mal, *pi* 129mal mit ziemlich gleichmäßiger Streuung, *pu* 7mal, *hitp* 9mal. Von den Ableitungen kommt *kāsûj*, 'Decke' 2mal vor, *k^esûṯ* 'Bedeckung, Decke' 8mal, *miḵsæh* 'Decke' 12mal und *m^eḵassæh* 'Decke' 4mal.

3. Die LXX übersetzt in der überwiegenden Mehrzahl der Fälle mit καλύπτειν oder Zusammensetzungen (ἐπικαλύπτειν, κατακαλύπτειν, συγκαλύπτειν), außerdem mit κρύπτειν, περιβάλλειν, σκεπάζειν, στέγειν u.a.

II. 1. *kāsāh* bedeutet zunächst ganz konkret 'bedecken', entweder um das Bedeckte unsichtbar zu machen oder um es zu schützen oder zu erwärmen. Jael bedeckt den fliehenden Sisera mit einer Decke (*ś^emîḵāh*), um ihn zu verbergen (Ri 4, 18f.). Michal bedeckt das *t^erāpîm*-Bild mit einem Kleid (*bæḡæḏ*), um den Verfolgern Davids vorzutäuschen, daß dieser krank im Bett liegt (1 Sam 19, 13). Man bedeckt den alternden David mit Decken (*b^eḡāḏîm*), um ihn warm zu halten (1 Kön 1, 1). Teppiche bedecken die Stiftshütte (Ex 26, 13). Wenn das Lager während der Wüstenwanderung aufbricht, sollen Aaron und seine Söhne die Lade und andere heilige Gegenstände mit Decken oder Tüchern bedecken, um sie bei dem Transport zu schützen (Num 4, 4. 8. 9. 15). Ezechiel rügt die Jerusalemer, daß sie die Götzenbilder mit bunten Gewändern bedeckt und sie angebetet haben (Ez 16, 18; zur Bedeckung von Götzenbildern s. Zimmerli, BK XIII/1, 357). In den Opfervorschriften wird öfters das Fett, „das die Eingeweide bedeckt" besonders erwähnt (Ex 29, 13. 22; Lev 3, 3. 9. 14; 4, 8; 7, 3). Wolken bedecken den Himmel oder die Sonne, so daß man sie nicht sieht (Ez 32, 7; Ps 147, 8). Die Frösche bedeckten „das Land Ägypten" und die Heuschrecken „den ganzen Boden, so daß man die Erde nicht mehr sah" (Ex 8, 26 bzw. 10, 5. 15); ähnlich heißt es von den Wachteln, daß sie „das Lager bedeckten" (Ex 16, 13). Der Acker des Faulen wird mit Nesseln bedeckt (Spr 24, 31). Der Aussatz kann den ganzen Leib bedecken (Lev 13, 12f.), der Moder bedeckt die Toten im Staub (Hi 21, 26). Bildlich heißt es Mal 2, 13: „Ihr bedeckt den Altar JHWHs mit Tränen, mit Weinen und Seufzen, so daß er sich nicht mehr zum Opfer wendet und nichts mit Wohlgefallen aus ihrer Hand annimmt."

2. Balak beschreibt dem Bileam, wie das Volk Israel aus Ägypten gekommen ist und das ganze Land bedeckt (Num 22, 5. 11; vgl. Ps 80, 11, wo in der Bildersprache des Psalmisten der Schatten des Weinstocks Israel die Berge des Landes bedeckt). Jer 46, 8 schildert den ägyptischen Angriff auf Babel wie eine Flut des Nils; Ägypten sprach: „Ich will aufsteigen, das Land bedecken, seine Bewohner verderben." Nach Ez 26, 10 wird der Staub der feindlichen Rosse Tyrus bedecken. Ez 30, 13 bedeckt ein Gewölk die Stadt Daphne in Ägypten und die Einwohner gehen in Verbannung; Ez 38, 9 bedeckt Gog mit seinen Heerscharen das Land wie eine Wolke. In Jes 60, 1–7 finden sich zwei Belege, die vielleicht absichtlich ein Wortspiel bilden: „Finsternis bedeckt die Erde und Dunkel die Völker" (v. 2); wenn aber das Licht JHWHs über Israel aufgestrahlt ist, werden Kamele und Dromedare (mit Pilgern oder mit Geschenken) das Land Israel bedecken (v. 6).

3. Die Seraphen von Jes 6, 2 bedecken mit zwei Flügeln ihre Gesichter, um sich vor dem Anblick des Heiligen zu schützen, und mit zwei ihre „Füße", d. h. ihre Scham, die vor Gott nicht entblößt werden darf (vgl. Ez 12, 6. 12 das Angesicht verhüllen, um nicht zu sehen). Die Kerube und die „Wesen" von Ez 1 bedecken mit ihren Flügeln ihre Leiber (*g^ewijjôṯ*; v. 11 bzw. 23). Vom Bedecken der Blöße (*ʿærwāh*) ist Ex 28, 42 (Hoherpriester), Gen 9, 23 (Noah durch seine Söhne), Ez 16, 8 (das personifizierte Israel durch Gott) und Hos 2, 11 (mit Flachs von Gott gegeben) die Rede. Auch von ganz gewöhnlichen Kleidern wird *ksh* gebraucht und wird dann zu einem Synonym von → לבש *lāḇeš* 'bekleiden': Deut 22, 12 (1. *hitp*) spricht vom Mantel, „mit dem du dich bekleidest"; vgl. auch 1 Kön 11, 29. Jes 58, 7 mahnt, den Nackten zu 'bekleiden' (ähnlich Ez 18, 7. 16). Nach Ez 16, 10 kleidet JHWH das Findelkind Israel in bunte Gewänder. Ähnlich wird *ksh* vom Sich-Kleiden in Trauergewänder (2 Kön 19, 1f. = Jes 37, 1f.; Jon 3, 6. 8; 1 Chr 21, 16) oder im Schleier (Gen 24, 65; 38, 14, 1. *hitp*) gebraucht.

4. Nach P Ex 24, 15f. bedeckt die Wolke vor der Mose-Theophanie den Berg Sinai sechs Tage lang; sie erscheint hier mit dem *kāḇôḏ* (→ כבוד) JHWHs verbunden. Ebenso bedeckt sie das Zeltheiligtum (*ʾohæl môʿeḏ*) und signalisiert damit, daß „der *kāḇôḏ* JHWHs die Wohnung (*miškān*) erfüllte" (Ex 40, 34; nach v. 35 „lagerte sich" [*šāḵan*] die Wolke auf das Zelt). Während der ganzen Zeit der Wüstenwanderung bedeckt die Wolke das Zelt am Tag (Num 9, 15f.), dagegen ein Feuer in der Nacht. Nach dem Untergang des Korach und seines Anhangs wird dies hervorgehoben: die Wolke bedeckt das Zelt und der *kāḇôḏ* erscheint (Num 17, 7), d. h. JHWH „erscheint in der bei P üblichen Weise" (Noth, ATD 7 z.St.). Offenbar soll die Wolke zugleich die Gegenwart des heiligen Gottes anzeigen und ihn vor den Blicken des

Volkes verhüllen. Letzteres wird jedenfalls in der poetischen Theophanieschilderung Hab 3,2ff. ausdrücklich gesagt. Dort bedeckt JHWHs Hoheit (*hôḏ*) den Himmel, während sein Ruhm (*t^ehillāh*) die Erde erfüllt (v. 3); in der Fortsetzung heißt es, daß der Glanz zur Hülle seiner Macht geworden ist. Zu vergleichen ist auch die Weihrauchwolke am Versöhnungstag: sie soll die *kapporæṯ* verhüllen, damit der Hohepriester nicht sterbe (Lev 16,13).

5. Das Schilfmeer bedeckt das Heer der Ägypter und bereitet dessen Untergang (Ex 14,28; 15,5.10; Ps 78,53; 106,11; vgl. auch den Rückverweis auf das Exodusereignis Jos 24,7).

Nach der israelitischen Kosmogonie bedeckte das Urmeer *t^ehôm* die Erde wie mit einem verhüllenden Kleid (Ps 104,6); nach Ps 104,9 aber werden die Wasser die Erde nicht mehr bedecken, da JHWH ihnen eine Grenze gesetzt hat. So bedeutet es die Rückkehr des Chaoszustands (→ מבול *mabbûl*), wenn das Wasser wieder die ganze Erde bedeckt (Gen 7,19f.). Ez 26,19 wird der *t^ehôm* mit seinem Wasser als Bild für die Vernichtung der Feinde gebraucht (vgl. Jer 51,42). Bildlich erscheint dasselbe Motiv auch in Hi 22,11: „Das Licht ward finster (s. BHS), so daß du nicht siehst, und der Schwall (*šipʿāh*) hat dich bedeckt." Finsternis und Wasser sind die allgemeinen Bilder für Tod und Unterwelt. v. 11b kehrt Hi 38,34b wörtlich wieder, aber scheint dort nicht am Platz zu sein (vgl. BHS). Eine ähnliche Anwendung des Motivs liegt Ps 44,20 vor: „daß du uns verstießest und mit Finsternis uns bedecktest".

Sonst wird das Wasser, „das das Meer bedeckt" in Vergleichen gebraucht: Hab 2,14 erfüllt die Erkenntnis des *kāḇôḏ* JHWHs die Welt wie Wasser das Meer (vgl. Jes 11,9).

6. Um Bedecken als Schutz handelt es sich offenbar 2 Chr 5,8: Die Kerube breiteten ihre Flügel über den Ort, wo die Lade stand, und bedeckten so die Lade; die Parallelstelle 1 Kön 8,7 gebraucht statt *ksh* das Verbum *skk* mit ähnlicher Bedeutung. Jes 51,16 birgt („bedeckt") JHWH Israel im Schatten seiner Hand, um es als sein Eigentumsvolk zu schützen.

7. Ganz buchstäblich bedeckt die Erde Korach und seinen Anhang (Num 16,33; Ps 106,17). Wenn das Blut eines Tieres ausgegossen worden ist, soll es mit Erde bedeckt werden, damit kein anderes Lebewesen versehentlich etwas davon genieße (Noth, ATD 7, z.St.); nach Elliger (HAT I/4 z.St.) handelt es sich um einen uralten apotropäischen Brauch. Wenn aber die Brüder Josephs das Blut ihres Bruders bedecken wollen (Gen 37,26), geht es um die Verheimlichung einer Untat. Nach Jes 26,21 soll die Erde in der Endzeit alles ausgegossene Blut aufdecken (*gillāh*) und die Erschlagenen nicht mehr verdecken (*kissāh*), d.h. alle Blutschuld wird bekannt werden. Ein ähnlicher Gedanke liegt Ez 24,7f. vor: das Blut ist auf den nackten Felsen ausgegossen worden, so daß es für die göttliche Rache offen liegt. Deshalb betet Hiob: „O Erde, decke mein Blut nicht zu, mein Schreien finde keine Ruhestatt!" (Hi 16,18).

8. Ferner wird *ksh* vom Bedecken, d.h. Vergeben der Sünden gebraucht. Man sollte dabei nicht zu viel Gewicht darauf legen, daß beim Bedecken die Sünde eigentlich noch da sein würde, obgleich verborgen, denn Ps 32,1 steht *ksh* (*qal*) parallel mit *nśh* = *nāśāʾ* ʿaufheben, wegnehmen, verbergenʾ und Ps 85,3 sagt: „Du hast deinem Volke die Schuld vergeben (*nāśāʾtā*), hast alle ihre Sünden bedeckt (*kissîṯā*)." Neh 3,37 steht *ksh pi* parallel mit *māḥāh* ʿauswischen, tilgenʾ.

Eine ganz andere Wendung liegt in den Fällen vor, wo es um Verbergen oder Verhehlen der Sünde geht. So sagt der Beter von Ps 32,5, daß er seine Schuld nicht verdeckt, sondern bekennt (*jdʿ hiph* + *jdh hiph*); die Folge ist die Vergebung Gottes (*nāśāʾ*). Hiob sagt 31,33, daß er seine Sünden nicht vor Menschen verdeckt und seine Schuld nicht in seinem Busen verborgen hält (*ṭmn*). Spr 28,13 heißt es: „Wer seine Sünden verhehlen (verdecken) will, kommt nicht zum Ziel, wer sie aber bekennt (*jdh hiph*) und von ihnen läßt (*ʿāzaḇ*), der findet Erbarmen. „Bedecken" (verhehlen) und „bekennen" sind also Gegensätze.

9. Es gibt auch andere Fälle, wo *ksh* soviel wie ʿverbergenʾ oder ʿin sich tragenʾ heißt. Nach der Spruchweisheit soll man Geheimnisse „bedecken", d.h. für sich bewahren (Spr 11,13), seinen Ärger nicht zeigen und den Schimpf „einstecken" (12,16). Der kluge Mann „bedeckt" die Erkenntnis, d.h. er hält sie zurück, während der Tor seine Torheit ausschreit (12,23). Nach Spr 10,18 „verbergen gerechte Lippen den Haß", und nach 10,12 deckt Liebe alle Vergehen zu; vgl. 17,9: „Wer Liebe sucht, deckt Fehler zu, wer eine Sache weiter erzählt, vertreibt den Freund." Gen 18,17 sagt JHWH, er wolle vor Abraham seine Pläne nicht „verdecken", d.h. geheimhalten, und Ps 40,11 sagt der Psalmist, er habe die Gerechtigkeit Gottes nicht verborgen (*ksh pi*), sondern von seiner treuen Hilfe geredet (*ʾāmar*) und seine Güte und Treue nicht verhehlt (*kḥd*). Ein wenig anders ist Spr 10,11: „Der Mund der Gottlosen birgt Gewalttat."

Eine andere übertragene Bedeutung liegt vor, wenn Gefühle o.ä. einen Menschen „bedecken", d.h. völlig beherrschen oder überwältigen. Subj. kann *k^elimmāh*, ʿSchmachʾ, sein (Jer 3,25; 51,51; Ps 69,8), *bûšāh*, *bošæṯ*, ʿSchandeʾ (Ob 10; Mi 7,10; Ps 44,16), *pallāṣûṯ*, ʿSchreckenʾ (Ez 7,18; Ps 55,6). Zu vergleichen ist auch *ʿāmāl* Ps 140,10 und *ṣalmāwæṯ* Ps 44,20.

III. Von den Ableitungen ist *k^esûṯ* die wichtigste. Es bedeutet ʿBedeckung, Kleidungʾ und kommt zunächst in eigentlicher Bedeutung vor. Gen 49,11 steht in Sam. *k^esûṯ* für MT *sûṯ*, das, wenn es richtig ist, auch so etwas wie ʿGewandʾ bedeuten muß: Juda wäscht sein Gewand in Wein. Ex 22,26 steht es vom Mantel (*śalmāh* = *śimlāh*), der nicht über Nacht als Pfand genommen werden darf (Deut 24,11ff. gebraucht nur das allgemeine Wort *ʿaḇôṭ* ʿPfandʾ).

Deut 22, 12 spricht von Quasten an den vier Zipfeln des Mantels (*kesûṯ*), „mit dem du dich bedeckst (*ksh pi*)". Ex 21, 10 wird verordnet, daß, wenn jemand eine Sklavin heiratet und eine zweite Frau nimmt, er der ersten nichts an Nahrung, Kleidung (*kesûṯ*) und ehelichem Umgang entziehen soll.
Im Hiobbuch begegnet zweimal der Parallelismus *mibbelî lebûš* – *'ên kesûṯ* (24, 7; 31, 19); es handelt sich also um Kleidung im eigentlichen Sinn. Übertragen steht *kesûṯ* Jes 50, 3: Gott macht dem Himmel ein Trauergewand (*śaq*) als Kleid, und Hi 26, 6: Scheol liegt vor Gott nackt (*ʿārôm*) und ohne Decke, d. h. alles, was dort ist, ist ihm offenbar.
Schließlich findet sich Gen 20, 16 der Ausdruck *kesûṯ ʿênajim*, „Augendecke" von den Geschenken, die Abimelech Abraham als Ehrenrettung für Sara gibt. Der Ausdruck stammt wahrscheinlich aus dem Rechtsleben und bezeichnet eine Gabe, die argwöhnische Blicke abwenden soll (vgl. G. von Rad).
miḵsæh bedeutet 'Decke' und bezeichnet das Dach der Arche Noahs (Gen 8, 13), das Dach des Zeltheiligtums (Ex 26, 14; 35, 11; 36, 19; 40, 19; Num 3, 25) und die aus Fellen gemachte Decke der Lade (Num 4, 8. 10–12, vgl. Ex 39, 34). Dieselbe Bedeutung hat *kāsûj* Num 4, 6. 14. *meḵassæh* steht einerseits allgemein für 'Decke': Jes 14, 11 bezeichnet die Würmer als Decke des Menschen in der Scheol oder Jes 23, 18 spricht von prächtigen Kleidern; andererseits meint es das Deck eines Schiffes (Ez 27, 7).

Ringgren

כסל *ksl*

כְּסִיל *kesîl*, כְּסִילוּת *kesîlûṯ*, כֶּסֶל *kæsæl*, כִּסְלָה *kislāh*

1. Etymologie, Bedeutung – 2. Der at.liche Sprachgebrauch – 3. Der theologische Zusammenhang – 4. LXX.

Lit.: *G. Boström*, Proverbiastudien. Die Weisheit und das fremde Weib in Spr 1–9 (LUÅ 30/3, 1935). – *W. Caspari*, Über den biblischen Begriff der Torheit (NKZ 39, 1928, 668–695). – *E. Dhorme*, L'emploi métaphorique des noms de parties du corps en hébreu et en akkadien, Paris 1923. – *T. Donald*, The Semantic Field of „Folly" in Prov, Job, Pss and Ecclesiastes (VT 13, 1963, 285–292). – *G. R. Driver*, Two Astronomical Passages in the Old Testament (JThS 7, 1956, 1–11). – *M. Held*, Studies in Comparative Semitic Lexicography (Festschr. B. Landsberger, Chicago 1965, 395–406). – *J. J. Hess*, Die Sternbilder in Hiob 9, 9 und 38, 31f. (Festschr. G. Jacob, 1932, 94–99). – *S. A. Mandry*, There is no God! A Study of the Fool in the OT, Particularly in Proverbs and Qoheleth (Diss. Rom 1972). – *S. Mowinckel*, Die Sternnamen im Alten Testament (NoTT, Beih. 29, 1928, 36ff.). – *G. von Rad*, Weisheit in Israel, 1970. – *H. N. Richardson*, Some Notes on לִיץ and its Derivates (VT 5, 1955, 163–179). – *W. M. W. Roth*, NBL (VT 10, 1960, 394–409). – *M. Sæbø*, כסיל *kesīl* Tor (THAT I 836ff.). – *R. B. Y. Scott*, Wise and Foolish, Righteous and Wicked (VTS 23, 1972, 146–163). – *U. Skladny*, Die ältesten Spruchsammlungen in Israel, 1962. – *U. Wilckens*, Weisheit und Torheit (BHTh 26, 1959, 160–196).

1. Die Belege von *ksl* legen trotz semasiologischer Unterschiede die Annahme *einer* Wurzel mit der Grundbedeutung 'dick, fett, schwerfällig' nahe, von der auch die at.lichen Belege abgeleitet werden können (s. die Lexika und THAT I 836). Der Grundbedeutung sehr nahe kommt im Hebr. das Nomen *kæsæl* I, das im Sinne eines körperlichen Fettseins die 'Lende' bezeichnet, eigentlich die inneren fetten Lendenmuskeln im Bereich der Nieren bzw. das Lendenfett und dann als Teil für das Ganze die Lende (ugar.: *ksl* 'Lende', auch 'Rücken'; WUS Nr. 1357; UT Nr. 1280; akk.: *kislum*, *kaslu* 'Lende' (AHw 486f.); zum Ganzen vgl. Dhorme 132f.; Held 395ff.; KBL³ 466; vgl. auch den Ortsnamen *kesālôn* (Jos 15, 10) '(auf der) Lende'; IPN 146; KBL³ 466).
**kæsæl/kislu* können aber auch Primärnomina sein, die von den anderen Wörtern der *ksl*-Gruppe zu trennen sind. (*v. Soden*).
Davon zu unterscheiden ist ein Nomen *kæsæl* II (vgl. aber Held 395ff.), das im übertragenen Sinn von 'schwerfällig, beharrlich, träge' sowohl in negativer Ausrichtung die Bedeutung 'Dummheit, Torheit', als auch in positiver Interpretation die Bedeutung 'Zuversicht, Vertrauen' aufweisen kann, die aber wiederum in negatives Licht als 'falsche Hoffnung' gerückt werden kann (vgl. KBL³ 466).
Entsprechend hat das derivate Nomen *kislāh* den positiven Sinn 'Zuversicht, Hoffnung' und das Nomen *kesîlûṯ* die negative Bedeutung 'Torheit' (s. THAT I 836; KBL³ 466).
Das im Hebr. belegte Verbum *ksl* und die Nomina *kesîl* I und *kesîl* II sind ebenfalls im übertragenen Sinn von 'fett, schwerfällig, träge sein' verwendet und durchweg negativ bestimmt (vgl. auch den Personennamen *kislôn* [Num 34, 21] im Sinn von 'schwerfällig'; IPN 227; KBL³ 466). So zeigt das Verbum *ksl* die Bedeutung 'dumm, töricht sein' (arab. *kasila* 'schwerfällig sein' [das L. Kopf, VT 8, 1958, 179f. aber mit *kšl* zusammenstellen möchte]; akk. metathetisch *saklu* 'töricht', AHw 1012; Held 406f.; KBL³ 466). Mit *kesîl* II wird offenbar in bezug auf den Bedeutungsaspekt 'dummdreist' das Sternbild des Orion gekennzeichnet (der Pl. bezeichnet die Orione bzw. die Orione und dazugehörige Sternbilder), da der Orion als „frech und gewalttätig" verstanden wurde (s. dazu Mowinckel 36ff.; Hess 97ff.; Dalman, AuS I 497ff.; BHHW 1867; Driver 1ff.; weitere Lit. bei Fohrer, KAT XVI 198). Das substantivisch, aber auch adjektivisch gebrauchte Nomen *kesîl* II weist die Bedeutung 'Tor' bzw. 'töricht' auf. Die Einschätzung von *kesîl* als Fremdwort (vgl. BLe 471) oder als Aramaismus (s. Meyer II 28) ist damit unnötig und auch wenig überzeugend (s. GKa 84a⁰; THAT I 836).

2. Es ist auffällig, daß die at.lichen Belege von *ksl* überwiegend im weisheitlichen Sprachraum, teilweise auch im kultischen und priesterlichen Bereich anzutreffen sind. So wird *kæsæl* I in der Bedeutung 'Lende' (insgesamt 7mal: Lev 3, 4. 10. 15; 4, 9; 7, 4; Ps 38, 8; Hi 15, 27; vgl. dazu Sir 47, 19 und KBL³ 466) vor allem im Zusammenhang des Schlachtopferrituals in Lev 3 verwendet, um bestimmte Fettstücke des Opfertieres im Bereich der Nieren noch näher zu lokalisieren, die mit anderen Teilen für JHWH verbrannt werden sollen (→ חלצים *ḥalāṣajim* 6).

Das Nomen *kæsæl* II begegnet im übertragenen, positiven Sinn 'Vertrauen, Zuversicht' 2mal im Hiobbuch (Hi 8, 14; 31, 24) und je 1mal in den Psalmen und Sprüchen (Ps 78, 7; Spr 3, 26; zur letzteren Stelle vgl. jedoch M. Dahood, Bibl 46, 1965, 330, der mit V hier *kæsæl* I liest). Während *kæsæl* in Ps 78 und Spr 3 als auf JHWH bezogenes Verhalten und damit als Nicht-Vergessen der Taten JHWHs, JHWH die Treue halten (→ בטח *bāṭaḥ*), einen steten Sinn haben (Ps 78, 7) oder als in der göttlichen Bewahrung begründete Furchtlosigkeit angesichts des plötzlichen Verderbens der Frevler (Spr 3, 26; vgl. hierzu anders F. Vattioni, Aug. Rom 6, 1966, 324f.) kommentiert werden kann, wird *kæsæl* in Hi 8, 14 und 31, 24 in negativem Zusammenhang einmal als Haltung des Gottentfremdeten bzw. Gottvergessenden mit dünnen, nichts haltenden Spinnfäden verglichen bzw. mit einem Sich-Stützen auf ein Haus, das nicht standhält (Hi 8, 14), zum andern in Ausrichtung auf Reichtum und Vermögen als für den Frommen unmögliches Verhalten zurückgewiesen (Hi 31, 24).

Das 3mal anzutreffende derivate Nomen *kislāh* (Hi 4, 6; Ps 85, 9; 84, 6 cj. *kislôṯ*; vielleicht auch in Ps 143, 9 cj.) erscheint in Hi 4, 6 als Parallelbegriff zur 'Hoffnung' (*tiqwāh*), deren Grundlage ein gottesfürchtiges Leben ist, in Ps 84, 6 als Parallelbegriff zu 'Zuflucht, Schutz' (*'oz*). Es kennzeichnet insofern eine Hoffnung, die gerade den bedrängten Frommen zukommt, weil JHWHs Hilfe ihnen nahe ist (Ps 85, 9) bzw. weil JHWH vor Feinden erretten kann (Ps 143, 9?).

Das nur einmal im *qal* im übertragenen, negativen Sinn 'dumm, töricht sein' begegnende Verbum *ksl* wird Jer 10, 8 zur Charakterisierung der nichtigen, machtlosen, nicht zu fürchtenden Götzen verwendet. Es erscheint ebenfalls in deutlich weisheitlichem Zusammenhang: Die Götzen sind so dumm, daß von ihnen eine Belehrung (*mûsār*) nicht zu erwarten ist.

Ähnlich kennzeichnet das 2mal negativ ausgerichtete Nomen *kæsæl* II die Dummheit derer, denen die eigene Rede gefällt, die die Vergänglichkeit des Menschen nicht beachten und ernstnehmen (Ps 49, 14), so daß es im Prediger auch parallel mit 'Unverstand' (→ סכל *skl*), 'Tollheit' und 'Unrecht' (→ רשע *rš'*) gebraucht werden kann (Pred 7, 25). Das nur 1mal (Spr 9, 13) ausgewiesene Nomen *kesîlûṯ* dient zur Personifizierung der Dummheit und Torheit als 'Frau Torheit', die im Gegensatz zur Frau Weisheit ohne jeglichen Verstand (→ ידע *jāḏa'*), aber mit Leidenschaft die Einfältigen (→ פתי *pæṯî*) vom rechten Wege abzubringen versucht (vgl. B. Lang, Frau Weisheit. Deutung einer biblischen Gestalt, 1975, 140–144).

Am häufigsten vertreten sind die in ihrer Bedeutung negativ geprägten Nomina *kesîl* I und II. *kesîl* II begegnet insgesamt nur 4mal (Am 5, 8; Jes 13, 10; Hi 9, 9; 38, 31) und trägt als Kennzeichnung des Orion bzw. auch der dazugehörigen Sternbilder wohl deshalb den bewußt negativen Akzent des 'Dummdreisten', weil die Gestirne in der Umwelt Israels als Götter verehrt wurden, die JHWHs Macht frech in Frage stellten, so daß sie in Israel immer wieder als durch JHWHs Schöpfermacht geschaffen und seiner Herrschaftsgewalt unterstellt charakterisiert und eingeordnet werden mußten → כוכב *kôkāḇ*.

kesîl I, das insgesamt 70 Belege aufweist, findet sich fast ausschließlich in Spr (49mal; davon 4mal in Spr 1–9; 30mal in der Sammlung 10, 1 – 22, 16; 11mal im sog. Torenspiegel 26, 1–12) und im Pred (18mal) und nur 3mal in den Pss (Ps 49, 11; 92, 7; 94, 8). Die Beobachtung, daß eine Entwicklung von einer adjektivischen Verwendung von *kesîl* zu einem substantivierenden Gebrauch festzustellen ist, läßt den Schluß zu, daß *kesîl* primär nur eine bestimmte Eigenschaft bzw. Verhaltensweise des Menschen herausstellen wollte und von daher dann erst nach und nach zur Bezeichnung eines bestimmten Menschentyps geworden ist (vgl. Sæbø 837). Dabei scheint der Zug des 'Schwerfälligseins' (im übertragenen Sinn) der Ausgangspunkt dieser Entwicklung gewesen zu sein.

Diese Grundbedeutung von *kesîl* ist noch in den Teilen der Spr auszumachen, in denen vor allem älteres Material verarbeitet wurde. So wird der *kesîl* in dem sog. Torenspiegel Spr 26, 1–12 als der unvernünftige, nicht zu belehrende, nur durch die züchtigende Rute in Zaum zu haltende Mensch eingestuft (26, 3; vgl. auch 19, 29), der sich dennoch für weise hält (26, 5. 12). Weisheit ist dem Munde des Toren grundsätzlich fremd bzw. er kann sie nicht anwenden (26, 7. 9), er wiederholt aufs neue nur seine Narrheit, wie ein Hund, der zu seinem Gespei zurückkehrt (26, 11). Darum ist es leichtsinnig und gefährlich, durch einen Toren Geschäfte abwickeln zu lassen (26, 6. 10). Man soll einem Toren nicht einmal antworten, es sei denn, um ihn in seiner vermeintlichen Weisheit zu beschämen (26, 4. 5).

Bei alledem scheint zunächst ein junger Mensch im Blick zu sein, bei dem alle Erziehungs- und Bildungsmaßnahmen versagen, der sich also uneinsichtig verhält, als untauglich und dumm erweist, der deswegen gezüchtigt werden muß. Er ist insofern zugleich der, der seinen Eltern viel Kummer und Ärger macht (17, 21. 25; 10, 1) bzw. Vater und Mutter verachtet (15, 20; vgl. Pred 4, 13).

Von daher konnte der *kesîl* dann leicht in jedem Menschen entdeckt werden, der keinen Verstand zeigt (Spr 8, 5; 17, 16), Klugheit verachtet (Spr 23, 9; Ps 92, 7; 94, 8) und an Einsicht keinen Gefallen hat

(Spr 18, 2). Er zeigt sich bei dem, der 'Narrheit' (→ אויל *'ᵆwîl*) auskramt (Spr 13, 16), Begehrenswertes sinnlos vergeudet (Spr 21, 20) und kein konkretes Ziel vor Augen hat (Spr 17, 24). So entwickelt sich der *kᵉsîl* zum Hauptgegentyp des 'Weisen' (*ḥāḵām* → חכם; vgl. Ps 49, 11; Spr 3, 35; 10, 1; 13, 20; 14, 16. 24; 15, 2. 7. 20; 21, 20; 26, 5; 29, 11; Pred 2, 14f. 16; 4, 13; 6, 8; 7, 4f.; 9, 17; 10, 2. 12; dazu Skladny 12. 21f. 33ff. 50f. 60f.; Donald 285ff.; als weitere, zu *kᵉsîl* antithetisch verwendete Begriffe finden sich *nāḇôn* 'einsichtig' (Spr 14, 33; 15, 14) und *meḇîn* 'verständig' (Spr 17, 10. 24 → בין *bîn*), *'ārûm* 'klug' (Spr 12, 23; 13, 16; 14, 8); als synonyme Begriffe von *kᵉsîl* begegnen *ba'ar* 'viehisch, dumm' (Jer 10, 8; Ps 49, 8. 11; 92, 7; 94, 8), *pæṯî* 'einfältiger Mensch' (Spr 1, 22. 32; 8, 5), *ljṣ* 'Spötter' (Spr 1, 22; 19, 29; vgl. dazu Richardson 163ff.), *'ᵆwîl* 'Dummkopf' (Spr 14, 3. 16; 10, 2. 8. 10. 12. 21; 17, 21. 28; → אויל) und schließlich *nāḇāl* → נבל 'Tor' (Spr 17, 21); vgl. dazu Roth 394ff. und zum Ganzen Sæbø. Im Gegensatz zum Weisen kann dem Toren keine Ehre zukommen (Spr 26, 1. 8), seine Zierde ist lediglich seine Narrheit (Spr 14, 24), ein Wohlleben ziemt ihm nicht (Spr 19, 10).

Ein solcher Tor ist gerade seiner Dummheit wegen zugleich völlig sorglos (Spr 1, 32), fühlt sich sicher (Spr 14, 16), ist durch nichts zu beeindrucken, nicht einmal durch Rügen und Schläge (Spr 17, 10). Damit hängt zusammen, daß er glaubt, sich keine Zurückhaltung auflegen zu müssen, so daß er leicht aufbraust und seinem Unmut Luft macht (Spr 14, 16; 29, 11; vgl. Pred 7, 9; 10, 14). Von daher äußert sich seine Torheit besonders darin, wie und was er redet: Er legt sein Herz bloß (Spr 18, 2), Herz und Mund sprudeln Narrheit aus (Spr 12, 23; 15, 2; auch 13, 16), sein Mund erstrebt Narrheit (Spr 15, 14). Er redet viel oder laut und ohne verständige Lippen (Spr 29, 20; Pred 5, 2; 9, 17; 10, 14).

In ausdrücklich theologischer Akzentuierung erscheint dann der Tor als der, der Erkenntnis haßt (Spr 1, 22) bzw. Weisheit unterdrückt (Spr 14, 33) oder auf eigene Erkenntnis setzt (Spr 28, 26). Sein Herz ist falsch und böse (vgl. Spr 15, 7; 19, 1), sein Herz (= Verstand) sitzt bei ihm auf der linken Seite, auf der Unglücksseite (Pred 10, 2). Der Tor wandelt im Finstern (Pred 2, 14).

So verkennt er den wirklichen Ernst des Lebens (Pred 7, 5ff.), hat Lust am Bösen (Spr 13, 19; vgl. 15, 7; Pred 4, 17) und Vergnügen an einer Schandtat (Spr 10, 23).

Seine Narrheit wird nun als Täuschung verstanden (Spr 14, 8), er selbst als einer, der verkehrte Lippen hat (Spr 19, 1), der Verleumdung im Tor verbreitet (Spr 10, 18), dessen Lippen Streit herbeiführen (Spr 18, 6) und der Versprochenes nicht hält (Pred 5, 3).

Damit häuft er nicht nur Schande auf Schande (Spr 3, 35), sondern ist sich selbst Untergang und Falle (Spr 18, 7; Pred 4, 5; 10, 12) und bringt andere ins Verderben (Spr 13, 20; 19, 13). Er bedeutet für die Mitmenschen eine so große Gefahr, daß es besser ist, einer zornigen Bärin zu begegnen als einem Toren (Spr 17, 12).

3. Da, wo die Belege von *ksl* im weisheitlich-theologischen Zusammenhang eine bestimmte Haltung bzw. ein Verhalten des Menschen zum Ausdruck bringen, das auf JHWH, auf sein Handeln, seine Hilfe und Rettung bezogen ist, wird – aufbauend auf dem Grundzug des 'Schwerfälligen, Beharrlichen' – eine langen Atem beweisende, ans Ziel führende Beharrlichkeit und Festigkeit, Zuversicht und Hoffnung, ein Akt des Vertrauens beschrieben (vgl. Ps 78, 7; 84, 6; 85, 9; 143, 9?; Spr 3, 26; Hi 4, 6). Ein solches Verhalten ist kennzeichnend für den Frommen und Gottesfürchtigen, der sich mit seinem Leben in JHWH festmacht und auch in Not und Bedrängnis fest bleibt.

Bei anderer Ausrichtung auf Nichtiges, Trügerisches, Vergängliches wird ein unbelehrbares, trotziges und störrisches Verharren in überheblicher, falscher Sicherheit und gefährlicher Dummheit charakterisiert (vgl. Ps 49, 14; Pred 7, 15; Hi 8, 14; 31, 24). Dies ist typisch für den Gottentfremdeten und insofern Gottlosen, der gerade nicht auf JHWH seine Hoffnung setzt.

Dieser Aspekt wird bei dem in seiner Bedeutung wichtigsten Personenwort *kᵉsîl* noch weiter ausgezogen, indem die Dummheit des Toren als falsches Verhalten gegenüber JHWH und seiner Lebensordnung verstanden wird. Die primär intellektuelle Schwerfälligkeit des Toren wird so theologisch als Bosheit, als absichtliches Sich-Verschließen gegenüber der göttlichen Wirklichkeit, als Vertrauen auf eigene Klugheit interpretiert (vgl. Spr 1, 22; 13, 19; 15, 7; 19, 1; 28, 26; Pred 2, 14; 4, 17) und sein daraus sich ergebendes konkretes Tun ethisch als gewolltes Fehlverhalten akzentuiert (→ דבה *dibbāh* IV. 1). Bosheit und Schandtat zeigen sich vor allem in seinem täuschenden, lügnerischen, verleumderischen, Streit bewußt herbeiführenden Reden, das letztlich darauf abzielt, dem anderen Mitmenschen Schaden zuzufügen, ihn ins Unglück zu stürzen (vgl. Spr 10, 18; 13, 20; 14, 8; 18, 6; 19, 1. 13; Pred 5, 3), das ihn aber auch selbst ins Verderben bringt (vgl. Spr 17, 12; 18, 7; Pred 4, 5). In diesem Zusammenhang erscheint der Tor darum nicht nur als Antityp zum 'Weisen' (→ חכם *ḥāḵām*), sondern auch zum 'Gerechten' und damit zugleich als Synonym zum 'Frevler' (vgl. Spr 10, 23 und 15, 7 in seinem Kontext; zum Gegensatzpaar „Gerechter/Frevler" → צדק *ṣdq* / רשע *rš'*).

Im Rahmen einer skeptischen Weisheitstheologie, wie sie dem Prediger zu eigen ist, der gegenüber einer optimistischen, alles rational durchdringenden Weisheit betont, daß die göttliche Ordnung für den Menschen letztlich nicht erfahrbar, daß JHWH jenseits jeder erfaßbaren Ordnung steht, kann der Tor aber auch in gewisser Weise dem Weisen an die Seite gestellt werden. So kann betont werden, daß der Weise vor dem Toren kaum einen Vorzug hat, weil der Weise auch nicht die Welt- und Lebensordnung in den

Griff bekommt (Pred 8, 17). Jegliches Streben und Mühen müssen letztlich erfolglos, müssen sinnlos bleiben. Den Weisen wie den Toren treffen zudem das gleiche Geschick, beide müssen sterben, beide sterben auch in der Erinnerung der Nachwelt (Pred 2, 15). Weiser und Tor rücken daher sehr nahe zusammen.

Dennoch bleibt ein wesentlicher Unterschied. Der bleibende Vorzug des Weisen vor dem Toren ist wie der Vorzug des Lichts vor der Finsternis zu bestimmen, so daß der Tor als der blind tappende, der Weise aber als der Sehende erscheint (Pred 2, 12ff.). Während der eigentlich Weise Lebensrealismus beweist, den Weg und das Ende des Menschen bedenkt, das Leben so ernst nimmt, wie es ist, und die von Gott geschenkten Augenblicksfreuden genießt, trägt der Tor dieser Lebenswirklichkeit nicht Rechnung, indem er leichtfertig und oberflächlich also wirklichkeitsfremd lebt (vgl. Pred 7, 5ff.).

Da nicht nur die Weisheit, sondern auch die Torheit als eine den Menschen beeinflussende und ihn beherrschende Macht erfahren wird, können beide als sich bekämpfende Prinzipien verstanden und als Frau Weisheit (→ חכם *ḥāḵām* V. 1) und Frau Torheit personifiziert werden (vgl. Spr 9, 13ff.; dazu 6, 20ff.). So begegnet im Gegensatz zur soteriologischen Gestalt der Weisheit Frau Torheit als eine böse und heimtückische Macht, die leidenschaftlich und verführerisch die Ahnungslosen und Unwissenden in ihren Bann zieht und anlockt und ihnen dann tödliches Gift verabreicht (vgl. Boström 15ff.; von Rad 217ff.; Lang 140–144).

4. Die LXX versteht die verschiedenen Formative ziemlich eindeutig, wenn sie *k^{e}sîl* mit ἄφρων (57mal), ἀσεβής (5mal) und ἀπαίδευτος (2mal) wiedergibt. Für *kislāh* steht ἀφροσύνη, für *k^{e}sîlûṯ* ἄφρων. In der Wiedergabe von *kæsæl* schwankt sie zwischen μηρίον 'Lende' (4mal) einerseits und ἀφροσύνη, σκάνδαλον und ἐλπίς andererseits.

Schüpphaus

כֶּסֶף *kæsæp*

I. Allgemeines – 1. Belege, Etymologie – 2. Bedeutung – 3. LXX – II. Gewinnung und Beschaffung – III. Verwendungszusammenhänge – 1. Profan – a) Wirtschaft – α. Handel – β. Lohn – γ. Zinsen, Verschuldung – δ. Steuern – b) Recht – α. Sachenrecht – aa) Mobilien – bb) Sklaven – cc) Immobilien – β. Familienrecht – c) Militärisch-politisch – d) Silber als Material – 2. Kultisch – a) Tempelschatz, Kultgeräte – b) Geregelte Einkünfte – c) Kultbilder – IV. Wertung – 1. Allgemeines – 2. Propheten – 3. Deuteronomium – 4. Weisheit – V. Übertragener Gebrauch – VI. Qumran.

Lit.: *S. Abramski*, „Slag" and „Tin" in the First Chapter of Isaiah (Eretz Israel 5, 1958, 105–107. 89*). – *M. Avi-Yonah – J. Liver*, מטבע (EMiqr 4, 816–825). – *J. Babelon*, Monnaie (DBS 5, 1346–1375). – *W. G. Barnes*, Business in the Bible, London 1924. – *A.-G. Barrois*, Manuel d'archéologie biblique, I, Paris 1939, 372f.; II, Paris 1953, 228–243. 258–273. – *H. Blümner*, Silber (PW III A 1, 13–23). – *R. Bogaert*, Geld (Geldwirtschaft) (RAC 9, 797–907). – *A. E. Crawley*, Metals and Minerals (ERE 8, 588–593). – *P. Einzig*, Primitive Money in its Ethnological, Historical and Economic Aspects, London 1949. – *R. J. Forbes*, Metallurgy in Antiquity, Leiden 1950. – *Ders.*, Extracting, Smelting, and Alloying (A History of Technology, Oxford ^{3}1956, 572–599). – *Ders.*, Studies in Ancient Technology VII, Leiden 1963, 130f.; VIII, Leiden 1964, 193–259. – *W. Frerichs*, Silber (BHHW III 1793f.). – *K. Galling*, Münze (BRL^2 233f.). – *A. Guillaume*, Metallurgy in the OT (PEQ 94, 1962, 129–132). – *P. Haupt*, The Hebrew Terms for Gold and Silver (JAOS 43, 1923, 116–127). – *E. W. Heaton*, Biblischer Alltag. Zeit des AT, 1957, 99–103. – *L. Köhler*, Alttestamentliche Wortforschung. Sīg, sīgīm = Bleiglätte (ThZ 3, 1947, 232–234). – *R. Loewe*, The Earliest Biblical Allusion to Coined Money? (PEQ 87, 1955, 141–150). – *O. Loretz*, Verworfenes Silber (Jer. 6, 27–30) (FzB 2, 1972, 231f.). – *A. Lucas*, Silver in Ancient Times (JEA 14, 1928, 313–319). – *F. W. Madden*, History of Jewish Coinage and of Money in the Old and New Testament, New York 1864 (Nachdr. 1967). – *Y. Meshorer*, Jewish Coins of the Second Temple Period, Tel-Aviv 1967. – *K. Regling*, Silberprägung und Silberwährung (PW III A 1, 23–34). – *B. Reicke*, Geld (BHHW I 540f.). – *A. Reifenberg*, Ancient Jewish Coins, Jerusalem ^{2}1947. – *C. Sauer*, Metalle (BHHW II 1206–1208). – *D. Schlumberger*, L'argent grec dans l'empire achéménide, Paris 1953. – *E. L. Sukenik*, The Oldest Coins of Judaea (JPOS 14, 1934, 178–182). – *Ders.*, More About Oldest Coins of Judaea (JPOS 15, 1935, 341–343). – *W. Schwabacher*, Geldumlauf und Münzprägung in Syrien im 6. und 5. Jahrh. v. Chr. (Opuscula Archaeologica 6, 1948, 139–149). – *E. Stern*, כסף (EMiqr 5, 668–671). – *P. Thomsen*, Silber (Reallexikon der Vorgeschichte 12, 161–164). – *F. R. Walton*, Metalle (RGG^3 IV 908). – *H. Weippert*, Geld (BRL^2 88–90). – *Dies.*, Schmuck (BRL^2 282–289). – *M. Weippert*, Metall und Metallbearbeitung (BRL^2 219–224).

I. 1. Das Nomen *kæsæp* kommt im hebr. Teil des AT ca. 400mal, im aram. 13mal vor. Außer im Hebr. und in der aram. Sprachfamilie ist es noch im Akk. (*kaspu*) belegt. Je nach der Ableitung von *ksp* I 'abbrechen' oder *ksp* II 'blaß werden' ist als Grundbedeutung „weißes Metall" oder „Gebrochenes" anzunehmen (KBL^3 467a); dagegen hält von Soden *ksp* für nicht deverbal und vermutet in ihm ein nichtsemitisches Wanderwort. Außerhalb des AT begegnet *ksp* sehr häufig in phön. (KAI 3, 2; 13, 4; 24, 12; 43, 14; 50, 3. 5; 51, Rs. 4; 60, 6), pun. (74, 7; 89, 4. 6; 191 B 1; Opfertarif von Marseille KAI 69, 3. 5. 7. 9. 11. 12), altaram. (KAI 216, 10f.), ja'ud. (KAI 215, 11), äg.-aram. (AP 1, 7; 2, 15; 5, 10. 13; 10, 7. 11. 12. 18 u. ö.; BMAP 1, 3. 7; 2, 6 u. ö.), jüd.-aram. (DISO 124 und E. Vogt, LexLing Aram VT 85), nabat. (CIS II, 200, 7. 8; 206, 7 u. ö.) und palmyr. (CIS II, 3902, 1; 3945, 4; 3951, 5 u. ö.) Inschriften. Als Währungsangabe liegt es offensichtlich auch vor auf einem ammonitischen Ostrakon (vgl. F. M. Cross, Ammonite Ostraca from Hesbon, Andrews Univ. Seminary Studies 13, 1975, 1–20). In den meisten Fällen ist kaum ein Argument zur semantischen Scheidung „Silber" oder „Geld" gegeben. Dem Charakter der vorliegenden Inschriften gemäß begegnet *ksp* als Gegenwert, Strafgeld, Zinssumme, Brautgeld u.v.a. Zur näheren Bestimmung von *ksp ṣrjp* in Elephantine vgl. B. Porten, Archives from Elephantine, Berkeley 1968, 305 ff.

2. Als Material bedeutet *kæsæp* 'Silber', als Währung '(Silber-)Geld'. Freilich handelt es sich bis in die persische Zeit hinein um eine Rohmetallwährung, deren Mengen nach den jeweiligen Erfordernissen auf der Waage abgewogen werden (Jes 46, 6; Jer 32, 10). Den Bedarf trägt man im Beutel mit sich (Spr 7, 20). Oft, so bei allgemein gehaltenen Reichtumsangaben, lassen sich beide Bedeutungen nicht scharf voneinander trennen. Die Zähleinheiten sind darum identisch mit den Gewichten. Grundeinheit ist der Scheqel (durchschnittlich 11,4 g entsprechend, H. Weippert, BRL^2 93b), so daß er nicht ausdrücklich genannt zu werden braucht (Gen 20, 16; 1 Kön 10, 29; Jes 7, 23 u.ö.). Größere Werte drückt das Talent (*kikkār* 1 Kön 20, 39; 2 Kön 5, 5; 2 Chr 36, 3 u.ö.) aus. P rechnet 3000 Scheqel auf ein Talent (Ex 38, 25), andererseits gehen auf einen Scheqel 20 Gerah (Ex 30, 13). Esr 2, 69; Neh 7, 70 berechnen das Silber nach Minen (*mānæh*). Das Verhältnis zum Scheqel wird nicht deutlich. In Ugarit entsprachen der Mine 50, in Mesopotamien in Übereinstimmung mit dem dort herrschenden Sexagesimalsystem 60 Scheqel (H. Weippert, BRL^2 93b). Vermutlich eine kleine Gewichtseinheit ist die *'agôrāh* von 1 Sam 2, 36 (die Wiedergabe der LXX durch ὀβολός ist anachronistisch). Geprägt dürfte erst der Scheqel von Neh 5, 15 bzw. der Drittelscheqel von Neh 10, 33 sein. Die erhaltenen Silbermünzen der Provinz Jehud stammen aus dem 4. Jh. (Meshorer 38). Nach Ausweis der Funde kursierten jedoch fremde Münzen schon ab dem 6. Jh. (Meshorer 35). Reifenberg hat mit seiner Deutung und Datierung der Münze 1A als älteste jüdische Münze aus dem 5. Jh. (Ancient Jewish Coins 1–8) keinen allgemeinen Beifall gefunden (Meshorer 39f.). Zur Verwendung des Wortes in Verbindung mit Gold und in Aufzählungen → II 540f. – Zur Verwendung von Silber als Währung in Ugarit vgl. UT Glossary Nr. 1284.

3. Zu allermeist gibt die LXX *kæsæp* mit ἀργύριον wieder, für die Nominalverbindungen steht ihr das Adjektiv ἀργυροῦς zur Verfügung. Wenn das bloße Metall gemeint ist, begegnet gelegentlich ἄργυρος (Jes 60, 9; Ez 22, 20; Spr 10, 20; 17, 3; 27, 21; Dan 2, 35. 45; Esr 1, 11); statt des Adjektivs finden sich auch die partizipialen Wendungen περιηργυρωμένος (Jes 30, 22; Ps 68, 14) oder π. ἀργύρῳ (Ex 27, 11) bzw. ἀργυρίῳ (Ex 38, 17. 19) und κατηργυρωμένος ἀργυρίῳ (Ex 27, 17). Für *miqnaṯ-kæsæp* steht ἀργυρώνητος (Gen 17, 12. 13. 23. 27; Ex 12, 44). Alle anderen Wiedergaben sind interpretativ. Entweder heben sie nur auf den Sinn ab (λύτρα Num 3, 51; χρήματα Hi 27, 17; τιμή Hi 31, 39; ὁρμίσκος σαρδίου Spr 25, 11) oder führen anachronistisch die Münzwährung ein (ἀργυροῖ Sach 11, 12. 13; χρυσοῖ [!] Gen 37, 28; 45, 22; δίδραχμα Gen 20, 16; σίκλοι Deut 22, 19; Jes 7, 23; τάλαντα Esth 4, 7).

II. Aus Bildreden und Vergleichen geht hervor, daß Verfahren zur Silbergewinnung den Israeliten in vorexil. Zeit bekannt waren. Die gängige Silbergewinnung des Altertums basierte auf dem silberhaltigen Bleiglanz (PbS). Nachdem man ihm in einem ersten Arbeitsgang den Schwefel entzogen hatte, wurde in einem zweiten durch Oxidation das Blei vom Silber geschieden (Köhler, Forbes). Dazu bediente man sich des Schmelzofens (*kûr* Ez 22, 18 u.ö.) und des Schmelztiegels (*maṣrep* Spr 17, 3; 27, 21; M. Weippert, BRL^2 221 f.). Unter dem Hapax legomenon *'alîl* (Ps 12, 7) versteht das Targum den Schmelzofen. Auf welche Stufen im Arbeitsprozeß sich die überlieferten Verben *ṣrp* 'läutern', *bḥn* 'prüfen', *ntk* 'schmelzen', *ṭhr* 'reinigen', *zqq* 'läutern' beziehen, ist nicht eindeutig festzustellen. Auch war man sich in gebildeten Kreisen bewußt, daß das notwendige Erz bergmännisch abgebaut werden mußte (Hi 28, 1; Forbes, Studies VII, 130f.). Die Erzarmut des Landes zwang jedoch dazu, den Bedarf durch Importe zu decken, wobei die von den Phöniziern vermittelte Einfuhr spanischen Silbers einen hohen Bekanntheitsgrad aufwies (1 Kön 10, 22; Jer 10, 9; Ez 27, 12). Der Abfall (PbO, Bleiglätte) dürfte mit den *sîḡîm* gemeint sein (Jes 1, 22. 25; Spr 25, 4; 26, 23; Köhler, Forbes), wohl auch mit dem „verworfenen Silber" (Jer 6, 30; Abramski).

III. 1. a) α. Der Handel berechnete die Preise nach Silberscheqeln. Als Waren werden genannt: Getreide (Josephserzählung; 2 Kön 7, 1. 16; Hi 31, 39f.), Wein (Jes 55, 1; HL 8, 11), Milch (Jes 55, 1), Rinder (Ex 21, 35), Sklaven (Gen 37, 28; Hos 3, 2; Jes 52, 3 und das unter III. 1. b) α. bb) Gesagte), Wagen und Pferde (1 Kön 10, 28f.; 2 Chr 1, 16f.). Die Angaben zum Wert eines Sklaven schwanken: 20 Scheqel (Gen 37, 28), 30 Scheqel (Ex 21, 32); Hosea zahlte für eine Sklavin 15 Scheqel und anderthalb Ḥomer Gerste (Hos 3, 2). Die ägyptischen Exportpreise betrugen für Pferde 150 Scheqel, für Wagen 600 Scheqel (1 Kön 10, 29). In Notzeiten erklommen die Preise für Dinge, die sonst als Nahrungsmittel nicht in Frage kamen, schwindelerregende Höhen: Im belagerten Samaria kostete ein Eselskopf 80 Scheqel (2 Kön 6, 25). Sogar Wasser und Holz mußten dann bezahlt werden (Kl 5, 4). Andererseits konnte aber auch durch das Angebot, selbst das Wasser bezahlen zu wollen, die Friedfertigkeit bekundet werden (Deut 2, 6. 28). Als Käufer und Verkäufer traten meist Privatleute auf, doch hören wir auch von professionellen Händlern (Zeph 1, 11). Der König zog einen Teil seines Einkommens aus dem Verkauf der Produkte der Krongüter und Naturalabgaben (Josephserzählung; HL 8, 11); ja, Salomo betrieb geradezu einen staatlichen Transithandel (1 Kön 10, 28f.).

β. Handwerker und Arbeiter erhielten ihren Lohn in Form von Naturalien, aber auch bar als *kæsæp* (2 Kön 12, 12f.; 22, 5–9; Esr 3, 7). Daß dem guten Hirten in Sach 11, 4–14 30 Scheqel ausgezahlt wurden, ist kein Hinweis auf den wirklichen Lohn, sondern drückt die Mißachtung seiner Arbeit aus (E. Lipiński, VT 20, 1970, 53–55). Auch der Prophet nahm ursprünglich Lohn, um seinen Lebensunterhalt zu bestreiten (1 Sam 9, 8; vgl. Am 7, 12) doch geriet ein solches Verhalten bald in den Geruch der Bestechlichkeit (Num 22, 18; 24, 13; Mi 3, 11).

γ. Nur wenn zinslose Darlehen als einzige Form des Darlehens der Vergangenheit angehören, wird das Verbot (Ex 22, 24; Lev 25, 35–37) voll verständlich, Zinsen bei Darlehen zu nehmen, die auf der Grundlage der Solidaritätsgemeinschaft gewährt wurden, das Deut 23, 20 idealtypisch ausgestaltet. Darlehen auf Zinsen, von Juden an Juden gewährt, sind aus Elephantine bekannt (zur Sache E. Neufeld, The Prohibitions against Loans at Interest in Ancient Hebrew Laws, HUCA 26, 1955, 355–412; R. de Vaux, LO I 274f.). Es wird zum Kennzeichen des Frommen, sich grundsätzlich jeder Zinsforderung zu enthalten (Ps 15, 5). Aber auch Darlehen, die lediglich gegen Sicherheit gewährt wurden, können zur Verschuldung führen. 445 setzte Nehemia einen Schuldenerlaß durch (Neh 5, 1–13).

δ. In der Königszeit hören wir von Abgaben in Gestalt von Silber und Gold nur bei außergewöhnlichen Anlässen (2 Kön 15, 19f.; 23, 33ff.; vgl. III. 1. c). Regelmäßige Steuern erhob die persische Regierung (Neh 5, 4). Allein für Brot und Wein sollen Nehemias Vorgänger täglich 40 Scheqel bezogen haben (Neh 5, 15). Zu den Steuern im Jerusalemer Tempelstaat s. III. 2. b.

b) α. aa) Das Sachenrecht des Bundesbuchs nennt *kæsæp* ausdrücklich als etwas, was in Verwahrung gegeben werden kann (Ex 22, 6).

Auch Schadenersatz wird in *kæsæp* geleistet. Fallen ein Rind oder ein Esel in eine fahrlässig offen gelassene Zisterne und kommen dabei um, so steht dem Eigentümer der volle Ausgleich zu, während das tote Tier Eigentum des Haftpflichtigen wird (Ex 21, 33f.). Stirbt dagegen ein Rind durch Einwirkung eines anderen Rinds, so erhält der Eigentümer nur den halben Ausgleich nach dem Marktwert des lebenden Tiers; offenbar haftet der Eigentümer des anderen Tiers nur aufgrund der allgemeinen Betriebsgefahr (Gefährdungshaftung) (Ex 21, 35).

bb) Trotz der Existenz eines Sklavenrechts ist der Sklave eine Sache, deren Wert in Geld ausgedrückt wird (Ex 21, 20f. 32). Sklavinnen können allerdings durch dem Eherecht nachgebildete Bestimmungen einen höheren Status erringen. Durch das Konkubinat erwirbt sich eine Sklavin das Recht auf Unterhalt und geschlechtlichen Verkehr, deren Minderung den Herrn zur kostenlosen Freilassung verpflichtet (Ex 21, 10f.). Ähnlich regelt Deut 21, 10–14 den Fall der geehelichten und verstoßenen Kriegsgefangenen. Die Verstoßung stürzt sie nicht wieder in die Unfreiheit zurück.

Die geläufige Unterscheidung zwischen von Fremden für Geld Gekauften und Hausgeborenen innerhalb des Standes der Unfreien (z. B. Gen 17, 12. 13. 23. 27) ist das Ergebnis einer sozialen und rechtlichen Entwicklung, und zeigt nicht nur, wie oft behauptet wird, die besondere Vertrauenswürdigkeit der letzteren an. Die rechtlichen Texte statuieren die Zugehörigkeit des im Sklavenhandel (s. III. 1. a. α) Erworbenen zur Familie; die Nennung der eigentlich selbstverständlichen Hausgeborenen ist systematisierende Ergänzung (vgl. Ex 12, 44 mit Lev 22, 11). Da Pred 2, 7 nahelegt, daß es sich bei den *j^elîḏê ḇajiṯ* und den *b^enê ḇajiṯ* um Synonyme handelt, läßt sich aus Gen 15, 3 entnehmen, daß der *bæn bajiṯ* höheren Rechts war (siehe noch Gen 14, 14 und F. Willesen, The Yālīd in Hebrew Society, StTh 12, 1958, 192–210).

Im Fall der Schuldknechtschaft eines Israeliten bei einem im Land ansässigen Fremden sieht H die Möglichkeit der Auslösung durch den nächsten dazu verpflichteten Verwandten oder durch den Schuldner selbst vor. Die Auslösungssumme beläuft sich auf die Differenz zwischen dem nach der Zahl der bis zum Jobeljahr möglichen Dienstjahre errechneten Verkaufspreis und den schon abgearbeiteten Jahren. Grundlage der Berechnung ist der Lohn eines freien Lohnarbeiters (Lev 25, 47–55). Das Rechtsinstitut der Schuldknechtschaft war erbarmungslos (Am 2, 6; 8, 6).

cc) Der erbliche Grundbesitz ist nach israelitischem Recht grundsätzlich nicht veräußerlich (siehe auch III. 2. b). Wenn Jeremia als Zeichen künftigen Heils den Acker Hanamels in Anatoth für 17 Scheqel kauft, handelt er zwar nach babyl. Usus (A. Jirku, Altorientalischer Kommentar zum AT, 1923, 206f.), nimmt aber lediglich die dem nächsten Verwandten gebotene Auslösung vorweg (→ I 886). Der Verkauf der „Tenne Arawnas" an David als Bauplatz für Tempel und Palast (2 Sam 24, 20–25) und des Berges Samaria an Omri (886/85–875/74; S. Herrmann, Geschichte, 252) zur Gründung seiner Hauptstadt (1 Kön 16, 24; A. Alt, KlSchr III 258–302) erfolgen nach kanaanäischem Recht. Dasselbe gilt für den Erwerb der Erbbegräbnisstätte durch Abraham, den P anhand des Formulars der neubabyl. Zwiegesprächsurkunden wiedergibt (Gen 23; R. de Vaux, Histoire ancienne d'Israël, Paris 1971, 242f.). Inwieweit die genannten Preise (2 Sam 24, 24: 50 Scheqel; 1 Kön 16, 24: zwei Talente; Gen 23, 15f.: 400 Scheqel. 1 Chr 21, 25 macht aus den 50 Scheqeln Silber zum Ruhme Davids und des Tempels 600 Scheqel Gold) den Zeitwert spiegeln oder als Liebhaberpreise anzusehen sind, muß offenbleiben. In der Erzählung von Naboths Weinberg (1 Kön 21; K. Baltzer, Naboths Weinberg (1 Kön 21). Der Konflikt zwischen israelitischem und kanaanäischem Bodenrecht, WoDie NF 8, 1965, 73–88; F. I. Andersen, The Socio-Juridical Background of the Naboth Incident, JBL 85, 1966,

46–57; P. Welten, Naboths Weinberg (1. Könige 21), EvTh 33, 1973, 18–32; H. Seebaß, Der Fall Naboth in 1 Reg. XXI, VT 24, 1974, 474–488; R. Bohlen, Der Fall Nabot. Form, Hintergrund und Werdegang einer at.lichen Erzählung (1 Kön 21), TTSt 35, 1978, bes. 320–349) stoßen grundsätzlich israelitisches und kanaanäisches Recht zusammen. Aktuell handelt es sich um die Auseinandersetzung zwischen einer der Tradition verpflichteten Auffassung und einer Rechtsentwicklung, welche Neuanlagen, besonders Weinberge (Jes 7, 23) und Obstgärten, im Anschluß an kanaanäisches Recht aus der *naḥ^alāh* ausnahm (A. Alt, KlSchr III, 1959, 351; vgl. auch S. 265 Anm. 1).

β. Schon vor-dtr ist das Gesetz Deut 22, 13–21, das zwar auch der Rechtssicherheit dient, vor allem aber den Ruf der Frau schützt (M. Weinfeld, Deuteronomy and the Deuteronomic School, Oxford 1972, 293). Die Verleumdung der Frau (fehlende Jungfräulichkeit) zieht für den Ehemann eine Leibesstrafe, die Zahlung einer Buße von 100 Scheqeln und Scheidungsverbot nach sich. Entsprechende rechtliche Vorstellungen dürfen wir auch hinter Gen 20, 16 (E) vermuten, nur daß der Erzähler die hier freiwillig gezahlte Buße auf die sagenhafte Summe von 1000 Scheqeln gesteigert hat.

Reiht das Bundesbuch (Ex 22, 15f.) die Verführung eines jungfräulichen Mädchens, das sich noch in der Gewalt des Vaters befindet, unter die Eigentumsdelikte ein, indem es dem Vater die Verfügungsgewalt beläßt, ihm jedoch eine Entschädigung für den entgangenen Brautpreis (*mohar*) in derselben Höhe zuspricht, so will Deut 22, 28f., in personalen Kategorien denkend, im nämlichen Fall die Frau schützen. Der Verführer wird zur Eheschließung gezwungen und mit Scheidungsverbot belegt; an die Stelle des *mohar*, dessen Höhe Verhandlungssache ist, bzw. der ihm entsprechenden Entschädigung, tritt eine feste Buße von 50 Scheqeln (Weinfeld, Deuteronomy, 284–287).

kæsæp in Rahels und Leas Klage (Gen 31, 15) bezieht sich auf den → *mohar*, von welchem dem Vater nur der Nießbrauch oder ein Teil des Kapitals zusteht. Um dieses Eigentum wurden sie dadurch gebracht, daß sich Laban den *mohar* in Arbeit „auszahlen" ließ (M. Burrows, The Complaint of Laban's Daughters, JAOS 57, 1937, 259–276; E. Speiser, Genesis, AB 1, 1964, 245).

In den Rahmen des Erbrechts dürfte einzuordnen sein, wenn nicht erbfolgeberechtigte Prinzen u.a. durch Silber entschädigt wurden (2 Chr 21, 3; vgl. 11, 22f.).

c) Zum ersten Mal hören wir davon, daß Silber/Geld militärisch-politischen Absichten dienstbar gemacht wurde, als Abimelech beim Versuch einer Reichsgründung in Sichem Gefolgsleute anwirbt (Ri 9, 4; Herrmann, Geschichte 163f.; A. Alt, Grundfragen der Geschichte Israels, 1970, 139. 263f.). Die Anwerbung von Truppen durch Hanun und die Ammoniter gegen David (1 Chr 19, 6f.) sowie durch Amazja für einen Feldzug gegen die Edomiter (2 Chr 25, 6) ist wohl die Übertragung persisch-hellenistischer Verhältnisse auf die Königszeit. Daß Silber/Geld begehrte Beute ist, ist seit der Landnahme eine Selbstverständlichkeit (Ri 5, 19; Num 31, 21–24; Jos 22, 8; 2 Kön 14, 14; 2 Chr 25, 24; Ez 38, 13; Nah 2, 10; Ps 68, 31; Dan 11, 43; siehe noch IV. 1). Durch umfangreiche Zahlungen bewog Asa (914/13–874/73; Herrmann, Geschichte 252f.) Benhadad von Damaskus zum Vertragsbruch (1 Kön 15, 18f.). Und führte Hiskia die Gesandten des Merodach-Baladan von Babel (reg. 722–711. 703) durch Schatzkammer und Zeughaus (2 Kön 20, 12–19; Jes 39), so tat er es, um ihren Herrn für eine Koalition gegen Sanherib zu gewinnen.

Wohl immer bestanden Tribute, mit denen die Oberhoheit eines fremden Souveräns anerkannt wurde, zu einem Teil aus Silber. Der Fürst Toi von Hamath am Orontes übersandte David „Geschenke" (2 Sam 8, 9f.); nach 2 Chr 17, 11 sollen die Philister an den judäischen König Josaphat (874/73–850/49) Zahlungen geleistet haben. Meist jedoch waren Israel/Juda den Großreichen Assyrien bzw. Ägypten tributpflichtig. 738 (Herrmann, Geschichte 303) zahlte Menahem von Israel an Phul (= Tiglatpileser III.) 1000 Talente, die er auf die zur Heeresfolge verpflichteten freien Grundbesitzer umlegte, so daß auf jeden 50 Scheqel entfielen (2 Kön 15, 19f.). 733 unterwarf sich ihm dann Ahas von Juda (2 Kön 16, 7–9). 701 sandte Hiskia Sanherib 300 Talente Silber (und 30 an Gold), die er teilweise dem Tempel entnehmen mußte (2 Kön 18, 13–16). 609 setzte der Pharao Necho Joahas von Juda ab und erpreßte von Eljakim, dem von ihm eingesetzten Nachfolger, 100 Talente Silber (und 10 an Gold), welche dieser nur durch eine nach Vermögen gestaffelte Sondersteuer beibringen konnte (2 Kön 23, 33–35). Sieht man einmal vom brutalen Vorgehen der Ägypter ab, so dienten die Zahlungen dem Zweck, die eigene Herrschaft zu stabilisieren. Beispielhaft dafür ist das Verhalten des Ahas von Juda. Wie aus 1 Kön 20, 1–9 hervorgeht, mußte ein Herrscher, der einen Kriegsgrund suchte, seine Forderungen über den üblichen Tribut an Edelmetallen hinaufschrauben, um sein Ziel zu erreichen.

d) Der Besitz aus Silber hergestellter Gerätschaften (*k^elê k̲æsæp*) dokumentierte die Zugehörigkeit zur wohlhabenden Schicht. Sie eigneten sich darum, im Verein mit anderen Kostbarkeiten, als Geschenke, um sich in der Politik der Gunst der Mächtigen zu versichern (2 Sam 8, 9f. = 1 Chr 18, 9f.; 1 Kön 10, 25 = 2 Chr 9, 24). Aus Silber getrieben (M. Weippert, BRL² 222b mit Abb. 74₃) hat man sich Josephs Becher zu denken (Gen 44, 2), wohl auch das mit *maśkīt̲* gemeinte Gefäß („Schale"?) in Spr 25, 11, während die Teile von Einrichtungsgegenständen im Gußverfahren hergestellt worden sind. Waren die Metallteile am Rahmen gewöhnlich aus Bronze (H. Weippert, BRL² 229 mit Abb. 55), so sind sie bei den Liegen (*miṭṭôt̲*) am persischen Hof aus Gold und Silber (Esth 1, 6). Auch die Ringe (*gelîlîm*; G. Gerleman, BK XXI, ²1981, 46. 58: „Stangen") an der Überspannung des Gartenhofs sind aus dem nämlichen Material (Esth 1, 6). Ob Tragsessel (so F. Rundgren, ZAW 74, 1962, 70–72 und die meisten Ausleger; Gerleman, BK XVIII, ²1981, 139–142: „Thronhalle") wie der HL 3, 9f. beschriebene tatsächlich existierten, läßt sich nicht sagen. Silberne Schnüre, d. h. Schnüre, in die Silberfäden hineingedreht waren, mag es gegeben haben, in Pred 12, 6 ist das Silber jedoch nur des Vergleichs wegen eingeführt.

In Gen 24, 53; Ex 3, 22; 11, 2; 12, 35 (vgl. Ps 105, 37) legt der Kontext für *kelê kæsæp* die Bedeutung „Schmuck" nahe. Von Schmuck aus Gold und Silber ist Ez 16, 13 die Rede. Von den archäologisch belegten Schmuckformen (Ohrringe, Nasenringe, Armringe, Fußringe, Zehenringe, Fingerringe, Diademe; H. Weippert, Art. Schmuck, BRL² 282–289) erwähnt das AT in Zusammenhang mit *kæsæp* nur „ein Gehänge aus Gold mit silbernen Perlen" (HL 1, 11), womit aller Wahrscheinlichkeit nach Ohrringe mit silbernen Anhängern (BRL² 286 Abb. 75) gemeint sind, und die Brautkrone (HL 8, 9; E. Würthwein, HAT I/18, 1969, 70).

2. a) Das Silber im Schatz des Heiligtums ergänzte sich in vorstaatlicher Zeit durch den entsprechenden Anteil an der Beute (Jos 6, 19; vgl. Jos 7, 21–24). Nach der Errichtung des Tempels mehrte sich der Tempelschatz, den man sich als Rechtsnachfolger des „Schatzes JHWHs" vorstellte (Jos 6, 24; 2 Sam 8, 11; 1 Kön 7, 51), durch königliche Stiftungen (1 Kön 15, 15; 2 Chr 15, 18: Asa). Spenden des Volkes fielen den Priestereinkünften zu, aus denen auch die Tempelreparaturen zu bestreiten gewesen wären (2 Kön 12, 5–7). In die Regierungszeit des Joas (836/35–797/96; Herrmann, Geschichte 283) fiel die Errichtung des aus allgemeinen Gaben gespeisten Tempelreparaturfonds, dem die Handwerkerlöhne entnommen wurden (2 Kön 12, 8–16; vgl. 2 Kön 22, 3–7. 9; 2 Chr 34, 8–14. 17). Zwar nahmen in der nach-exil. Zeit bis hin zu den Makkabäern die jeweiligen Oberherren die Stelle der davidischen Könige ein (Esr 6, 3–12; 7, 11–22), als Stifter traten jedoch in der Hauptsache wohlhabende Familien und Privatpersonen, wie überhaupt das ganze Volk, in Erscheinung (Neh 7, 70f.; Esr 2, 69; 7, 16; 8, 24–34; Sach 6, 9–14; 11, 13). Sogar Spenden von Nichtjuden schienen akzeptabel (Esr 7, 15f.). Der Wandel von der Königszeit zu den Verhältnissen nach dem Exil läßt sich auch aus der Chronik entnehmen. Nicht nur, daß sie schon David detaillierte Vorbereitungen für Bau und Ausstattung des Tempels treffen läßt, die auf astronomische Summen beziffert werden, weil allein der Bau alles bisher Dagewesene in den Schatten stellen soll, und so den Tempel gleichsam auf David zurückführt (1 Chr 22, 14–16; 29, 1–9), darüber hinaus beseitigt sie die Exklusivität des Königs als Stifter (1 Chr 29, 6–8), was sich besonders in der Wiedergabe von 2 Kön 12, 14 niederschlägt, wonach das überschüssige Silber für Kultgeräte verwendet wird (2 Chr 24, 14. Vgl. zum Problem der Stiftungen K. Galling, Königliche und nichtkönigliche Stifter beim Tempel von Jerusalem, ZDPV 68, 1951, 134–142). Auch nach P und ihren Zusätzen tritt das Volk als Stifter auf (Ex 25, 3; 35, 5. 24; 38, 25). Stiftungen an fremde Heiligtümer gelten selbst bei Fremden wie Antiochos IV. Epiphanes als Verrat an der überkommenen Pietas und unterliegen schärfster Kritik (Dan 11, 38).

Einen gewichtigen Teil des Tempelschatzes machten die Kultgeräte aus. Als im Sommer 586 Nebusaradan, der Sonderbeauftragte Nebukadnezars, etwa vier Wochen nach der Eroberung Jerusalems den königlichen Palast und den Tempel zerstörte (Herrmann, Geschichte 347), ließ er auch das Tempelinventar nach Babylon schaffen. Während 2 Kön 25, 15 als goldene bzw. silberne Geräte nur Pfannen (*maḥtôṯ*) und Sprengschalen (*mizrāqôṯ*) anführt, gibt sich der Parallelbericht bei Jeremia viel ausführlicher. Über die beiden genannten Typen hinaus zählt er Schalen (*sippîm*), Becken (*sîrôṯ*), Leuchter (*menorôṯ*), ein als *kap* bezeichnetes kleines Gefäß und Opferschalen (*menaqijôṯ*) auf (Jer 52, 19), die offenbar das Kultgerät aus Edelmetall traditionell umfaßte, wie sich aus der Aufreihung 2 Kön 12, 14 ergibt. Aufgrund eines von Kyros erlassenen Edikts wurden die Tempelgeräte zurückgegeben (Esr 6, 3–5; vgl. Esr 5, 13–15). Das Rückgabeprotokoll (Esr 1, 7–11) spricht in Abweichung von 2 Kön 25, 15; Jer 52, 19 im einzelnen nur von *'ağarṭālîm* und *kepôrîm*, was man herkömmlich mit „Schalen" und „Becher" übersetzt, und subsumiert alle anderen Geräte unter *kelîm*. Leider sind die Zahlen, welche die einzelnen Gold- und Silberteile bezifferten, verstümmelt und nicht mehr vollständig zu rekonstruieren. Die Gesamtsumme dürfte 5499 betragen haben (K. Galling, Das Protokoll über die Rückgabe der Tempelgeräte, Studien zur Geschichte Israels in persischer Zeit, 1964, 78–88). Nach Ausweis von 1 Chr 28, 14–17, vor allem aber der in der Mischna vorliegenden Terminologie, hat das Rückgabeprotokoll die Nomenklatur der Kultgeräte nicht beeinflußt, die 2 Kön 12, 14 noch um silberne Messer (*mezammerôṯ*) und Trompeten (*ḥaṣoṣerôṯ*), 1 Chr 28, 16 um Tische (*šulḥanôṯ*) aus Silber vermehren. Über die jeweilige Funktion sagt die Bibel kaum etwas aus. *mizrāq* findet am Altar Verwendung (Ex 27, 3), *maḥtāh* beim Räucheropfer (Num 16, 6), *kap* beim Speiseopfer (Num 7, 14), *menaqqîṯ* beim Trankopfer (Ex 25, 29), *sîr* beim Entfernen der Asche (Ex 27, 3). Nur über den Gebrauch der silbernen Trompeten, die paarweise geblasen wurden, finden sich Num 10, 1–10 nähere Angaben, in denen sich Theorie und Praxis mischen. Nach den Angaben der Mischna hatten sie ihren festen Platz bei verschiedenen gottesdienstlichen Handlungen (Tamid 7, 3; Sukkah 5, 4f.; Roš-haššanah 3, 4). Ihrem hohen Symbolwert, der wohl auch hinter den Erwähnungen in 1 Makk 3, 54; 4, 40; 5, 33; 7, 45 u.ö. steht, verdanken sie die Abbildung auf dem Titusbogen (AOB² Nr. 509) und Münzen des Simon ben Kosiba (Reifenberg Nr. 186). Die Mischna kennt auch eine *maḥtāh* und einen Tisch aus Silber. Während beim täglichen Brandopfer der mit dem jeweiligen Dienst befaßte Priester in der ersteren die Kohlen für den Räucheraltar vom Brandopferaltar holte (Tamid 1, 4), legte er auf dem letzteren bei der Zerlegung des Opfertiers die Dienstgeräte ab (Scheqalim 6, 4). Ohne Zweifel handelte es sich nicht immer um ein und dieselben Geräte; wir haben mit Ausbesserungen bzw. Umarbeitungen und Neuzugängen zu rechnen (vgl. z. B. 2 Kön 12, 14; Esr 8, 26), zumal Entnahmen durch eigene Hand (vgl. etwa 2 Kön 16, 8; 2 Makk 4, 32ff.) und Plünderungen, wie durch Antiochos IV. Epiphanes im Herbst 164 v. Chr. (1 Makk 1, 20–24; Herrmann, Geschichte 435) ihre Zahl immer wieder verminderten. Für solche Reparaturen und Neuanfertigungen standen spezielle Werkstätten zur Verfügung (2 Kön 12, 14; 2 Chr 24, 14; vgl. Ex 31, 4; 35, 32). Im Tempel aufbewahrt wurde auch ein Diadem aus Silber und Gold, mit dem man den nachexil. Hohenpriester Josua (so Herrmann, Geschichte 374 nach dem überlieferten Text; andere ändern in Zerubbabel, vgl. Galling, Studien 121–123) gekrönt hatte.

Der programmatische (K. Koch, Stiftshütte, BHHW III 1872; ders., → I 139) Plan der „Wohnung" von P (Ex 25–27) sieht Silber vor als Material für die Fußgestelle der Wandbretter (Ex 26, 19–21. 25), der vier Säulen, welche den Vorhang tragen, der das Allerheiligste abschirmt (Ex 26, 32), sowie für die Nägel und die Verbindungsstangen, an denen die Teppiche des Vorhofs befestigt werden (Ex 27, 10. 11. 17). Der sekundäre Baubericht Ex 36–38 wiederholt diese Angaben, wobei er noch die Säulen des Vorhofs oben mit Silber überziehen läßt (Ex 38, 17) und berechnet den Silberverbrauch mit Hilfe von Num 1, 46 auf 100 Talente und 1775 Scheqel, bezieht also die Materialspende auf die Tempelsteuer (Ex 38, 25–28). Dieses Interesse an „exakten" Zahlen bricht auch in Num 7 auf, wonach als Spenden der zwölf Stammesrepräsentanten zwölf silberne Schüsseln (*qeʿārôṯ*) im Gewicht von je 130 Scheqeln und ebenso viele Sprengschalen zu 70 Scheqeln, zusammen also 2400 Scheqel (Num 7, 85), dem Heiligtum übereignet werden.

Hinsichtlich der Ausstattung empfand man wohl keinen Unterschied zu fremden Tempeln. Ptolemaios III. Euergetes verschleppte Götterbilder und Kultgeräte aus Silber und Gold aus dem Herrschaftsgebiet seines Rivalen Seleukos II. nach Ägypten (Dan 11, 8).

b) Auf die Kostspieligkeit des Opferbetriebs wirft Jes 43, 24 rückschauend ein Schlaglicht. So willkommen Stiftungen und gelegentliche Spenden waren, so reichten sie dennoch zur Deckung des Bedarfs nicht aus, zumal auch der Lebensunterhalt der Priester zu bestreiten war. Es brauchte stetig fließende Geldquellen, von deren Existenz wir vor allem aus nachexil. Zeit wissen. An erster Stelle ist die Tempelsteuer in Höhe eines halben Scheqels zu nennen (Ex 30, 11–16; 2 Chr 24, 6–9), die jährlich von jedem Israeliten zu entrichten war, welcher das 20. Lebensjahr erreicht hatte. Will man nicht annehmen, daß es sich bei ihrer Festsetzung auf einen Drittelscheqel (Neh 10, 33) um eine vorübergehende Maßnahme handelte, so bleibt als Erklärungsmöglichkeit, daß Neh 10 nach einem andern Münzfuß rechnete (W. Rudolph, HAT I/20, 1949, 178). Einträglich dürfte auch die Auslösung bzw. Ablösung von Sachabgaben (Num 18, 16; Lev 27, 27f. Erstgeburt unreiner Tiere) und dinglichen Gelöbnissen durch Geld gewesen sein, die der Nachtrag zu H Lev 27 eingehend regelt. Die Ablösung eines Menschen basiert auf der Arbeitskraft und variiert darum von drei bis 50 Scheqeln; für Arme gilt eine Sonderregelung (Lev 27, 2–8). Unreine Tiere müssen als nicht opferbar abgelöst werden, während reine Tiere nur ausgelöst werden können (Lev 27, 12f.). Der Auslösungsbetrag erhöht sich gegenüber dem Schätzwert um ein Fünftel (nach rabbinischer Erklärung um ein Viertel, da sich das Fünftel auf die Auslösungssumme beziehe). Die Ablösungssumme eines Hauses wird geschätzt, die eines Ackers nach Dauer der Eigentumsübertragung und Fläche – im Jobeljahr fällt Grund und Boden in der Regel an den Eigentümer zurück – genau berechnet: 50 Scheqel pro 18376,8 m² (Dalman, AuS 2, 50f.) und Jobelperiode (Lev 27, 16–24). Aus dem Nebeneinander von Ablösung und Auslösung bei Häusern und Äckern ergibt sich, daß bei der Ablösung lediglich das Eigentumsrecht auf den Tempel übergeht, während der bisherige Eigentümer im Besitz verbleibt. Durch die Zahlung des Fünftels kann er das Eigentum zurückerlangen. Es ist gut möglich, daß diese Bestimmungen auch auf den Schutz vor Gläubigern zielen (K. Elliger, HAT I/4, 1966, 388f.). In der Richterzeit konnte ein Priester festes Gehalt beziehen (Ri 17, 10). Priesterbesoldung spiegelt sich in 1 Sam 2, 36. Es muß auch einmalige Zahlungen an die Priester gegeben haben (Num 3, 40–51). Die josianische Kultusreform mit ihrer Zentralisationsforderung bewirkte die Umwandlung des Naturalzehnten in eine Geldleistung für die Kosten eines Opfermahls in Jerusalem, von dem man als sicher annehmen kann, daß auch die Priester ihren Anteil davon erhielten (Deut 14, 22–26. Die rabbinische Überlieferung sieht in diesem Text die Thoragrundlage des sog. Zweiten Zehnten; vgl. die Traktate Maʿaśer šenî in Mischna und Tosefta). Zu den Einkünften der Priester während des Zweiten Tempels gehörten auch die Geldbußen, welche die Sünd- und Schuldopfer in bestimmten Fällen abgelöst hatten (Lev 5, 14–16; 2 Kön 12, 17; M. Noth, ATD 6, ⁴1978, 36f.).

c) Kultbilder besaßen nicht nur fremde Völker (Deut 7, 25; 29, 16; Jer 10, 4; Ps 115, 4; 135, 15; Dan 5, 4 u. ö.), sondern sie waren auch in Israel verbreitet. In der Richterzeit war Dan der Sitz eines Stammesheiligtums, dessen silbernes Kultbild aus dem Privatheiligtum eines gewissen Micha stammte (Ri 17–18; M. Noth, Der Hintergrund von Ri 17–18, ABLAK I, 1971, 133–147). Mit Hosea setzt die Kritik ein, die

bis in die exil.-nachexil. Zeit reicht (Ex 20, 23; Jes 2, 20; 30, 22; 31, 7; 40, 19; 46, 6; Ez 16, 17; Hos 8, 4; 9, 6; 13, 2; Hab 2, 19). Wie Ri 17, 4; Hos 13, 2 repräsentieren sie einesteils JHWH selbst, andernteils gruppieren sie ein Pantheon um ihn (Ex 20, 23 u. a.). Von den Heiligtümern in Dan und Bethel abgesehen (1 Kön 12, 26–30), hatten sie ihren Ort in den Privatkapellen der wohlhabenden Schichten (Jes 46, 6). Möglicherweise benutzte man sie auch als Amulette. Was sie im einzelnen abbildeten, geht nur aus Hos 13, 2 (und 8, 4) mit einiger Sicherheit hervor. Hosea denunziert die öffentlich und privat aufgestellten Stierbilder, die wir als Postamenttiere JHWHs zu denken haben, als Verstoß gegen das Bilderverbot (W. Zimmerli, Das Bildverbot in der Geschichte des alten Israel, Studien zur alttestamentlichen Theologie und Prophetie, 1974, 247–260). Unter den „Mannsbildern" (*ṣalmê zākār*) von Ez 16, 17 wollen manche Ausleger phallische Darstellungen verstehen (W. Zimmerli, BK XIII/1, ^{2}1979, 356f.). Mit der Taube von Ps 68, 14 dürfte eine Flügelsonne gemeint sein (K. Galling, BRL^2 353; vgl. ebd. Abb. 78_{29-31}; anders H. J. Kraus, BK XV/2, ^{5}1978, 634).
Kultbilder konnten aus Silber gegossen werden (so wohl Ri 17, 4). In der Regel hat man jedoch einen Kern aus Holz, vermutlich auch aus Bronze, wie es literarisch (Jes 40, 19) und archäologisch (P. Welten, BRL^2 104) für Gold belegt ist, mit Silber überzogen (Jes 30, 22; Jer 10, 4) oder das Silber lediglich zur Verzierung angebracht (Jes 40, 19). Daß erhaltene Figuren meist recht klein sind (P. Welten, BRL^2 99–111), fügt sich zu der Gewichtsangabe (200 Scheqel) von Ri 17, 4.

IV. 1. Die Attraktivität des Silbers als eines Zeichens des Reichtums (neben andern), die Möglichkeiten, die sein Einsatz bot, wenn es galt, bestimmte Ziele zu erreichen (vgl. auch III. 1. c), machten es zu einem willkommenen Geschenk (Gen 45, 22; 2 Kön 5, 5; Esr 1, 4. 6). Natürlich traten auch die Schattenseiten hervor. Es verlockte zu Unehrlichkeit (2 Kön 5, 19–27) und Diebstahl (Jos 7; Ri 17, 2f.; 2 Kön 7, 8). Indem die Philister Delila eine horrende Summe versprachen, stifteten sie sie dazu an, Simsons Geheimnis zu verraten (Ri 16, 4–21). Joab hätte Absaloms Ermordung reich belohnt (2 Sam 18, 11f.). Ein Menschenleben läßt sich in Geld aufrechnen (1 Kön 20, 39). Nach dem Verfasser des Estherbuchs glaubte Haman sogar, der persische Großkönig könne der Versuchung nicht widerstehen, ihm gegen 10 000 Talente die Juden zu überlassen (Esth 3, 8–11; 4, 7). So erwählte Gott als seine Werkzeuge die Meder (bzw. die Perser), da sie gegen die Verlockungen von Silber und Gold immun waren (Jes 13, 17). Daß neben die naive Ansicht, wie sie etwa bei J vorliegt, im Besitz von Silber (und anderem Hab und Gut) drücke sich der göttliche Segen aus (Gen 24, 35), bald kritische Stimmen traten, erstaunt daher nicht.
2. Die Propheten rügten, daß man leichten Herzens Gott als den Spender vergesse (Hos 2, 10; Ez 16, 13). Sie prangerten die aus Geldgier geborene Rücksichtslosigkeit an (Am 2, 6; 8, 6; Jo 4, 5). An Israel und an fremden Völkern entlarvten sie den Luxus als Quelle der Überheblichkeit (Jes 2, 7; Ez 28, 4). Auf Silber und Gold sei kein Verlaß (Ez 7, 19; Zeph 1, 18; Sach 9, 3), wohl aber auf JHWH (Jes 55, 1f.).
In Heilszusagen nachexil. Propheten wird die Verkehrung aufgehoben. Silber und Gold finden zu ihrem wahren Eigentümer zurück (Jes 60, 9; Hag 2, 8; Sach 14, 14; vgl. auch Jes 60, 17).
3. Das Deut beurteilt den u. a. durch Silber manifestierten Reichtum als Möglichkeit der Entfremdung zwischen JHWH und seinem Volk, vor der es allgemein zu warnen gilt (Deut 8, 13). Als besonders gefährdet wird der König angesehen, was ja auch der Erfahrung entsprochen haben wird (Deut 17, 14–20; A. Alt, KlSchr II, 1953, 264f.).
4. Die Weisheit erkennt den Wert des Silbers durchaus an. Das läßt sich etwa daran ablesen, daß sie den Wert immaterieller Güter, wie der Weisheit selbst (Spr 2, 4), der klugen Rede (Spr 10, 20), der göttlichen Weisung (Hi 22, 25; vgl. Ps 12, 7) seinem Wert gleichstellt. Qohelet kann sogar ganz neutral feststellen, daß für Geld eben alles zu haben sei (Pred 10, 19). Auch kann sie einen ähnlichen Standpunkt einnehmen wie J in Gen 24, 35. Ungleich häufiger gibt sie jedoch zu erkennen, daß Silber/Geld nicht das Kostbarste ist, was es in der Welt gibt. Beliebtheit übertrifft es (Spr 22, 1), die Thora (Ps 119, 72), besonders aber die Weisheit (Hi 28, 15; Spr 3, 14; 8, 10. 19; 16, 16). Der Sinn des Lebens liegt nicht im Geld (Pred 2, 8; 5, 9; 7, 12).

V. Der Schmelzvorgang ist ein geläufiges Bild für den Läuterungsprozeß, dem Gott sein Volk, bestimmte Gruppen oder das Individuum unterwirft (Jes 1, 25; 48, 10; Sach 13, 9; Mal 3, 3f.; Ps 66, 10; Spr 17, 3). Jeremia beschreibt seine Arbeit mit diesem Bild; das Ergebnis ist negativ: zurück blieben nur Schlacken (Jer 6, 27–30; Loretz). Auch Ezechiel greift es auf, hebt aber nur auf das Feuer als Gericht ab (Ez 22, 18–22).

VI. Der Gebrauch des Wortes in den Qumranschriften bleibt in den von der Bibel vorgezeichneten Bahnen (vgl. bes. die 10 Belege in der Tempelrolle, zumeist at.liche Zitate). Neben Gold und Edelsteinen sowie Vieh umschreibt *kæsæp* den Reichtum (vgl. Gen 13, 2), der als Geschenk Gottes gilt (1 QM 12, 11f.; 19, 5). Schild (1 QM 5, 5), Lanze (1 QM 5, 8) und Schwertgriff (1 QM 5, 14) der Söhne des Lichts sind mit Gold, Silber und Edelsteinen verziert. In Entsprechung zu Ex 30, 12 spricht 4 QOrd 2, 6. 11 von einer Abgabe. Mit Silber, Gold und Edelsteinen kommen die Völker zum Zion (4 QDibHam 4, 10; vgl. oben IV. 2). Wie das Silber wird der Arme geläutert (1 QH 5, 16; vgl. oben V.). In der Kupferrolle 3 Q 15 begegnet *ksp* mehr als 20mal. Die nach diesem Verzeichnis im Land verstreut versteckten Güter (Tempelschatz? Vermögen der Qumranessener? zur

Diskussion vgl. H. Bardtke, ThR 33, 1968, 185–204) beliefen sich auf 2286 Talente und 14 Barren Silber (vgl. J. T. Milik, DJD III, 1962, 282), dazu große Mengen Gold, Edelsteine, edle Gewürze und Bücher.

G. Mayer

כָּעַס *kāʿas*

כַּעַס *kaʿas*

I. 1. Außerhebr. Belege der Wurzel – 2. Der Gebrauch im AT – 3. Bedeutung – II. Theologische Verwendung – 1. vor-dtr – 2. dtr – 3. Späteres. – III. LXX, Qumran.

Lit.: *E. Cortese*, Lo schema deuteronomistico per i re di Giuda e d'Israele (Bibl 56, 1975, 37–52, bes. 46f.). – *W. Dietrich*, Prophetie und Geschichte (FRLANT 108, 1972, 90f.). – *J. Scharbert*, Der Schmerz im AT (BBB 8, 1955, 32–34). – *W. H. Simpson*, Divine Wrath in the Eighth Century (Diss. Boston 1968). – *F. Stolz*, כעס sich ärgern (THAT I 838–842). – *W. Thiel*, Die deuteronomistische Redaktion von Jeremia 1–25 (WMANT 41, 1973, 120). – *M. Weinfeld*, Deuteronomy and the Deuteronomic School, Oxford 1972, 323f. – *H. Weippert*, Die „deuteronomistischen" Beurteilungen der Könige von Israel und Juda und das Problem der Redaktion der Königsbücher (Bibl 53, 1972, 301–339, bes. 323–333). – *Dies.*, Die Prosareden des Jeremiabuches (BZAW 132, 1973, 222–227).

I. 1. Die Wurzel *kʿs/ś* 'sich ärgern, verstimmt sein, gram sein, gekränkt sein' ist nur nordwestsemit. belegt. Der älteste Beleg ist aram.: Aḥ. 189]*štbʿ kʿs mṅ ỉhm*[. Der pun. Beleg in der latein.-neupun. Bilingue Tripolitana 31 (KAI 124, 4) *kʿs lpʿl* ist die direkte Wiedergabe von „faciendum curavit" (so G. Levi Della Vida, RSO 39, 1964, 307f.; M. Dahood, Bibl 46, 1965, 330: unter Hinweis auf die Wiedergabe von *kaʿas* durch „in curis" in V Pred 5, 16). Der Bedeutungsabstand zum Hebr. könnte hier nicht auf innersemit. Bedeutungsentwicklung zurückgehen, sondern mit der breiteren Bedeutungsspanne von lat. „curare" zusammenhängen. Spätere aram. und mittelhebr. Belege der Wurzel sind in der Bedeutung den bibl.-hebr. analog. J. Barth, Wurzeluntersuchungen zum hebr. und aram. Lexikon, 1902, 27, vertritt etymologischen Zusammenhang von *kʿs* mit arab. *kašaʿa* 'Angst'. Sollte das zutreffen, dann könnte die Schreibung *kāʿaś*, die sich in allen Hi-Belegen findet, die ursprünglichere Aussprache anzeigen.

2. Das Nomen *kaʿas/ś* steht im AT 25mal (hinzu kommt Sir 34, 29B). Die Belege konzentrieren sich in den Weisheitsschriften (14mal) und Ps (4mal). Unter den 8 übrigen Stellen sind noch 4, wo das Nomen mit einem *pi* (1 Sam 1, 6) oder einem *hiph* (1 Kön 15, 30; 21, 22; 2 Kön 23, 26) eine etymologische Figur bildet.

Beim Verb ist das *qal* selten (6mal). Das ganz spärliche *pi* scheint nur eine stilistisch motivierte Variante zu einem benachbarten *hiph* darzustellen: Deut 32, 21a, vgl. 21b; 1 Sam 1, 6, vgl. 7 (vgl. E. Jenni, Das hebr. Piʿel, Zürich 1968, 68f.). Das *hiph* dagegen ist 46mal belegt (hinzu kommt Sir 3, 16A – anders 3, 16C). Die meisten Belege finden sich im DtrGW (24), bei Jer (11) und in anderen dtr beeinflußten Texten (wohl 9). Auf diesen Bereich konzentriert sich der theologische Gebrauch der Wurzel. Gott ist 38mal das ausdrückliche, 5 oder 6mal das unausgedrückte Objekt. Ferner ist er in Deut 32, 21a Objekt des *pi*, in Ez 16, 42 – sachlich entsprechend – Subjekt des *qal*. 2mal ist Gott das Subjekt des *hiph* (Deut 32, 21; Ez 32, 9).

Die Wurzel fehlt in Gen-Num, in Jes (Ausnahme: 65, 3), im Zwölfprophetenbuch (Ausnahme: Hos 12, 15) und in den Megillot außer Pred. Die Belege in Ez 8, 17; 20, 28 fehlten noch in der LXX-Vorlage. Sie sind also sehr späte Textwucherung, in beiden Fällen in Anlehnung an dtr Vorstellungen.

Bevor die Wurzel in die heilsgeschichtlich-theologische Sprache eintrat, war sie nicht nur in der weisheitlichen Gnomik und im Klagelied (wofür genügend Belege vorliegen), sondern (trotz geringer Belegzahl) sicher auch im alltäglichen Sprechen über persönliches Ergehen und zwischenmenschliche Reaktionen im Gebrauch: vgl. 1 Sam 1, 6f. 16; Neh 3, 33. 37; 2 Chr 16, 10.

Gab es – vielleicht aus der kultischen Sprache – einen Ausdruck „Unmut bewirken", bei dem göttlicher Unmut gemeint war, ohne daß Gott jedoch ausdrücklich genannt wurde? Vgl. 1 Kön 21, 22; 2 Kön 21, 6; 23, 19; Hos 12, 15; Ps 102, 29 und vielleicht Neh 3, 37. Da es sich stets um die *lectio difficilior* handelt, ist hier nirgends eine textkritische Normalisierung angebracht. Hos 12, 15 ist der älteste datierbare „theologische" Beleg überhaupt. Das spräche für die Annahme formelhafter Rede. Aber in Hos 12, 15 könnte das Fehlen des göttlichen Objekts auch stilistisch begründet sein. *ʾaḏonājw* steht mit starkem Ton ganz am Ende des Verses und fungiert vielleicht nicht nur als betont nachgestelltes Subjekt der zweiten und dritten, sondern auch noch als Objekt der ersten Zeile. Dann könnte es sein, daß die späteren Belege ohne Objektangabe sich nur an Hos 12, 15 anlehnen. – In Neh 3, 37 könnte das Objekt auch durch *lenæḡæd* eingeführt sein. Das würde besser zu 3, 33 passen (so Rudolph, HAT I/20 z. St.).

3. Die Wurzel bezeichnet immer „eine gereizte Stimmung, eine üble Laune" (Scharbert 32), eine „sehr intensive Gefühlsregung" (Stolz 839). Fast immer (Ausnahmen vor allem in Pred) ist aus dem Zusammenhang eine interpersonale Konstellation erkennbar: *kaʿas* wird durch andere hervorgerufen und führt zu Reaktionen gegen andere. Innerhalb dieses Rahmens kann die Wurzel jedoch verschiedene Bedeutungsakzentuierungen tragen, vor allem beim Nomen.

Aus 1 Sam 1, 7; Ps 6, 8; 31, 10; 112, 10; Hi 17, 7 geht hervor, daß das mit *kʿs* Bezeichnete in den psychosomatischen Gesamtvorgang gehört, den T. Collins die „Physiologie der Tränen" genannt hat (CBQ 33, 1971, 186f.). Am Ende des Prozesses steht das Sichzersetzen des Unterleibs, der Kehle und des Auges (vgl. Ps 6, 10; 31, 10; 112, 10). Sitz des *ka'as* ist das Herz, die Zwischenstation zwischen Unterleib und Kehle beim Entstehen der Tränen (vgl. 1 Sam 1, 8; Pred 7, 9). Im Zusammenhang mit *k's* erscheinen Wörter für schlechten Zustand des Herzens (1 Sam 1, 8), Grübeln (1 Sam 1, 16), Kummer (Ps 31, 11) und Seufzen (Ps 6, 7; 31, 11). Das Seufzen führt schon in den Bereich der Kehle, wo durch den *ka'as* bitterer Geschmack entsteht. Deshalb die Verbindung mit Wörtern für Bitterkeit (Hos 12, 15; Spr 17, 25; Sir 34, 29). Beim Pred erscheinen im Zusammenhang mit *k's* Wörter für Schmerz und Krankheit (1, 18; 2, 23; 5, 16; 11, 10), in Ez 32, 9 für Zittern. An vielen der angeführten Stellen dürfte eine Übersetzung auf der Linie von „Gram", „Kummer", „Unmut" am besten sein.

Doch in Ps 112, 10 ist im Zusammenhang mit *k's* von Zähneknirschen, dem Symbol „maßloser Wut" (Kraus, BK XV z. St.), die Rede, in Pred 5, 16 von *qæṣæp* 'Zorn'. Das führt zu einer Bedeutungsnuance, die (mit Ausnahme von Pred 7, 9) für alle Belege des *qal* typisch ist und dann im theologischen Gebrauch (also in fast allen *hiph*-Belegen) aufgenommen wurde: Wut und Zorn, die von anderen hervorgerufen wurden. Körperlich macht sich die Wut als Hitze bemerkbar (Neh 3, 33; vgl. das Bild in Deut 32, 21 f.). Verschiedene Wörter für 'Zorn' und 'Wut' erscheinen im Zusammenhang von Deut 9, 18; 32, 19(?); Ri 2, 12; 2 Kön 22, 17; 23, 19; Jer 7, 18; 32, 29–32; Ez 8, 17; 16, 42; Pred 5, 16; 2 Chr 16, 10; 34, 25 (→ אנף *'ānap*). In Ez 16, 42 erscheint als Gegensatz *šqṭ* 'ruhig, friedlich sein'. Wichtig ist auch die mehrfach im Zusammenhang stehende Wurzel → קנא *qn'*, die auf Leidenschaft und Eifersucht weist (zwischenmenschlich Hi 5, 2; von Gott Deut 4, 24 f.; 32, 16. 21; Ez 16, 42; Ps 78, 58); in Ez 16, 26 steht *znh* im Zusammenhang. Die LXX hat *k's* vor allem von dieser Bedeutung her verstanden und entsprechend wiedergegeben (Grether-Fichtner, ThWNT V 412).

In der Weisheit scheint es eine dritte Sinnspitze von *k's* gegeben zu haben: Erregtsein, Verwirrtsein, Unruhigsein. Nach Spr 12, 6; Hi 5, 2 und Pred 7, 9 (wohl als Zitat aus der traditionellen Weisheit zu verstehen) ist dies ein Kennzeichen des Toren (vgl. auch Sir 34, 29). Es könnte einfach gemeint sein, daß der Weise sich beherrschen und aufwallende Gefühle unterdrücken kann. Aber vielleicht wird auch ein Ideal innerer Ausgeglichenheit und Unerschütterlichkeit entworfen. Dann dürften im Weisen Empfindungen des *ka'as* gar nicht entstehen.

ka'as wird ausgelöst durch Sehen (Deut 32, 19; Ps 112, 10), ja schon durch das Vernehmen einer Nachricht (Ez 32, 9; Ps 78, 58 f.; Neh 3, 33). Noch nachdrücklicher wirken Spott und Hohn anderer (Deut 32, 19?; Hos 12, 15; 1 Sam 1, 6 f.; Hi 17, 6 f.; Spr 12, 16). Anlaß kann auch das eigene Unglück sein: Hiob fordert in Hi 6, 2 auf, seinen *ka'aś* (den ihm Eliphas in 5, 2 vorgeworfen hatte) gegen sein Unglück aufzuwiegen, um festzustellen, was schwerer wiegt. Vor allem aber wird *ka'as* durch Untreue von jemand, dem man eng verbunden ist, hervorgerufen. Das ist die Basis des theologischen Gebrauchs im dtr Bereich. – Das Nomen kann auch für die Aktion oder Sache verwendet werden, die den *ka'as* hervorruft: Deut 32, 19(?). 27(?); 1 Kön 15, 30; 21, 22; 2 Kön 23, 26; Ez 20, 28; Spr 17, 25; 27, 3; 21, 19.

Zu anderen Wurzeln mit ähnlichen Bedeutungen vgl. Scharbert. – Die oft gebrauchte Übersetzung 'Beleidigung/beleidigen' dürfte falsche Assoziationen an verletzte Ehre hervorrufen. Das Wortfeld der Ehre berührt sich nur am Rand mit dem von *k's*. Deshalb ist diese Übersetzung besser zu vermeiden.

II. Der theologische Gebrauch ist vor allem im dtr Textbereich verbreitet, ist jedoch auch vorgängig dazu und unabhängig davon belegt.

1. In Hos 12, 15, dem Abschluß der ursprünglichen Einheit 12, 3–7. 13–15 (R. Kümpel, Die Berufung Israels, Diss. Bonn 1973, 61–70), ist JHWH durch Israels Bluttaten Schimpf angetan worden. Deshalb ist er in bitterem *ka'as* und schreitet zur Vergeltung. Dies ist weder dtr noch kann es einfach die Basis des dtr Theologumenons vom Erzürnen JHWHs sein. Denn in diesem wird immer „die Wirkung der Verehrung fremder Götter bzw. der Ausübung heidnischer Kultpraktiken auf Jahwe" beschrieben (Weippert 1973, 222).

Theologischer Gebrauch des *hiph* bei Propheten unabhängig von dtr Tradition könnte auch an folgenden Stellen bezeugt sein: 1 Kön 14, 9. 15; 2 Kön 22, 17; Jes 65, 3; Jer 7, 18 f.; 8, 19. Doch an allen Belegen ist auch dtr Herkunft oder dtr Einfluß begründbar. Zu den Jer-Belegen vgl. Thiel und Weinfeld. Ez 32, 9 ist singulär: JHWH ist hier Subjekt, nicht Objekt des *hiph*. Wie es spontan zu einer solchen Aussage kommen kann, zeigt Deut 32, 21.

In dt Texten fehlt *k's*. Die Basis des dtr Sprachgebrauchs dürfte das Moselied Deut 32, 1–43 sein. Hier ist *k's* ein Leitmotiv und dient zur Formulierung der doppelten Wende im besungenen Geschichtsverlauf: Israel erzürnt JHWH (16. 19. 21a); JHWH erzürnt Israel, indem er andere Völker gegen Israel aufstehen läßt (21b); weil ihn aber die anderen Völker, die Werkzeuge seines Zorns, dann auch selbst erzürnen, tritt er schließlich doch wieder für Israel ein (27). Ursache der Erzürnung JHWHs durch Israel ist der Abfall von der Ausschließlichkeit seiner Verehrung (15–19). Ursache der Erzürnung JHWHs durch die anderen Völker ist, daß sie ihren Erfolg gegen Israel sich selbst zuschreiben (27–30). Der mit dem Moselied in mehrfacher Hinsicht vergleichbare Ps 78 (O. Eißfeldt, Das Lied Moses Deuteronomium 32, 1–43 und das Lehrgedicht Asaphs Psalm 78 samt einer Analyse der Umgebung des Mose-Liedes, BSAW 104, 5, 1958, 26–43) nimmt *k's hiph* zusammen mit *qn'* ebenfalls zur Interpretation der Richterzeit auf. Hier wird der Zorn JHWHs durch die *bāmôṯ* und die *pesîlîm* gereizt (v. 58).

2. *k's hiph* mit JHWH als Objekt zur Deutung der Sünde Israels wird nun in der inneren dtr Umrah-

mung des Moselieds aufgenommen (Deut 31, 29), und zwar in Verbindung mit den Formeln *ʿāśāh* + *hāraʿ* *beʿênê JHWH* und *bemaʿaśeh jādajim*. In der ebenfalls dtr und auch wohl sonst von Deut 32 beeinflußten (vgl. Israel als *naḥalāh* JHWHs in 32, 9 und 9, 26. 29, nicht dagegen in der Vorlage Ex 32, 11) Neuerzählung der Geschichte vom goldenen Kalb wird das alte Interpretament aus Ex 32, 30f. vgl. 21 (*ḥaṭāʾāh* in etymologischer Figur mit *ḥṭʾ*) nun in Deut 9, 18 durch *kʿs hiph*, das Stichwort aus Deut 32, erweitert.

Damit sind die beiden Vorlagen gegeben, von denen her sich im DtrGW und in Jer die beiden typischen Klischeekombinationen um *kʿs hiph* herum in immer neuen kleinen Variationen entfalten. Im einen Fall „tritt zu *kʿs* H die Phrase *ʿśh* + *hāraʿ* (*beʿênê JHWH*) und/oder *maʿaśeh jad*", im andern Fall ist „*kʿs* H durch das Nomen *kaʿas* zur figura etymologica erweitert und/oder mit einer figura etymologica mit der Wurzel *ḥṭʾ* verknüpft", wobei als Nomen nun stets wie in Deut 9, 18 *ḥaṭṭāʾt* bevorzugt wird (Zitate aus Weippert 1973, 223; dort auch übersichtliche Tabellen). Die etymologische Figur mit *kʿs* kann durch 1 Sam 1, 6 (oder auch 2 Kön 23, 26) aus dem dtr Quellenmaterial angeregt sein. In der 2. Gruppe von Weippert ist nur 2 Kön 23, 26 ohne *ḥṭʾ*. Alle Belege mit *ḥṭʾ* beziehen sich so oder so auf die „Sünde Jerobeams". Das zeigt, daß die Wahl der Formelkombination nach inhaltlichen Gesichtspunkten geschah und die Kombination mit *ḥṭʾ* bewußt auf (Ex 32 und) Deut 9 anspielt. Die jeremianische dtr Prosa, die der ersten Gruppe von Weippert zuzuordnen ist, handhabt die Kombination der Klischees am freiesten, ähnlich wie das vielleicht quellenhafte Huldaorakel in 2 Kön 22, 17. *kʿs hiph* ist in der Mehrzahl der Fälle als Infinitiv mit vorangestelltem *le* an die jeweils vorauslaufende Aussage angeschlossen. Diese Verbindung ist mindestens konsekutiv. Doch wird man im Licht des Basistexts Deut 32 fragen dürfen, ob sie nicht sogar final gemeint ist: Israel hat mit Absicht JHWH zum Zorn gereizt. Bei mehr als der Hälfte der Belege ist im unmittelbaren Zusammenhang entweder vom ausbrechenden Zorn JHWHs oder von seinem Strafhandeln die Rede.

In den Königsbüchern findet sich die Formelkombination vor allem in den redaktionellen Beurteilungen der Könige sowie in mehr oder weniger dtr formulierten Prophetenworten. Sie fehlt im Mittelstück zwischen Josaphat und Ahas von Juda und Joram und Hosea von Israel. Deshalb u. a. nimmt Weippert 1972 hier eine hiskianische Vorstufe des dann unter Josia auf den vollen Umfang gebrachten DtrGW an. Weipperts Analyse hat einige Schwächen und wird von Cortese bestritten. Doch auch dessen Argumentation bedürfte einer Überprüfung. Jedenfalls finden sich die theologischen *kʿs*-Belege erst in den Texten der josianischen Redaktion und exilischer Neubearbeitungen des Werks, darunter auch einer möglichen Redaktion, die gern Propheten auftreten läßt (Dietrich). Die josianische Redaktion benutzt für die Könige des Nordreichs fast immer die Formelkombination, die Deut 9, 18 folgt und auf die „Sünde Jerobeams" verweist (1 Kön 15, 30; 16, 2. 13 [Rückverweis auf die Prophetie Jehus 16, 2!]. 26; 21, 22; 22, 54; vgl. dagegen das Fehlen von *ḥṭʾ* in der von dieser Redaktion benutzten Quelle in 2 Kön 23, 19). Jene grundlegende exilische Bearbeitung des DtrGW, die das Exil vor allem durch die Sünden Manasses von Juda erklärt, benutzt dabei an den entscheidenden Schlüsselstellen auch die ihr schon vorgegebene Formel vom „Erzürnen JHWHs" (2 Kön 21, 6; 23, 26). So auch dort, wo sie die Sünden Israels und Judas (vgl. 2 Kön 17, 13) zusammenfaßt, und zwar dann, wenn die Sünden Manasses erwähnt werden: 2 Kön 17, 17.

Die Jer-Belege machen das in den Königsbüchern sehr stereotyp Gesagte lebendig-beweglicher. So erzählt 7, 18f., was man tut, um JHWH zur Wut zu bringen, und dann wird die Frage gestellt: „Bereiten sie nun mir den Gram, oder nicht sich selbst, zur eigenen Schande?" Zum Letzten vgl. in 25, 6f. „euch zu Schaden" und in 44, 8 „ihr rottet euch selbst aus!" Der Gedanke, daß im Endeffekt nicht JHWH, sondern Israel selbst den Gram hat, war schon in Deut 32, 21 formuliert. Aber die dtr Hauptlinie hatte ihn nicht aufgegriffen. – In Jer 32, 29–32 wird die Formel in breitausladender Rhetorik dreimal wiederholt. Der hier unmittelbar anschließende v. 33 könnte der Grund für die späte Einfügung der Formel in Ez 8, 17 gewesen sein. Nach Jer 32, 33 wandten die Israeliten JHWH den Rücken zu und nicht das Gesicht (vgl. 2, 27; 7, 24, aber ohne Bezug zu *kʿs*). In Ez 8, 17 bezieht sich die eingefügte Formel (gegen Stolz 841) nicht auf den *ḥāmās*, sondern auf die kultische Sonnenanbetung, bei der man sich vom JHWH-Altar weg nach Osten wandte. Das hat JHWH gekränkt.

3. Nur Ez 16, 26 und Sir 3, 16 lockern in später Zeit die strenge Bindung des dtr Klischees an die Hauptsünde der Verehrung anderer Götter. Ez 16, 26 bezieht *kʿs hiph* (gegen Stolz 841) auf die Bündnispolitik mit Ägypten, Sir 3, 16 auf die Übertretung des Elterngebots. Hier ist dann allerdings auch der JHWH-Name durch die Bezeichnung „Schöpfer" abgelöst. Die LXX faßt Sir 3, 16 etwas anders, etwa auf der Linie von Spr 17, 25; 27, 3, so daß diese Ausweitung des theologischen Gebrauchs vermieden ist.

III. Die LXX bevorzugt zur Wiedergabe von *kāʿas* παρ/ὀργίζειν (37mal), παρα/ἐκ/πικραίνειν (7mal), θυμοῦν u. a. (5mal), παροξύνειν (3mal). *kaʿas* übersetzt sie durch θυμός (8mal), ὀργή (5mal) und ἀθυμία (2mal). Bei *kaʿaś* legt sie sich fest auf ὀργή (4mal).

In der Literatur der Qumranessener begegnet nur 2mal das Subst. *kaʿas*. In 1 QpHab 11, 5 bezeichnet es in Verbindung mit *ḥemāh* den grimmigen Zorn des Frevelpriesters bei der Verfolgung des Lehrers der Gerechtigkeit. In 1 QH 5, 34 bewirkt *kaʿas*, daß die Augen des Beters ermatten (vgl. Ps 6, 8; 31, 10).

Lohfink

כַּף → יָד

כִּפֶּר *kippær*

כַּפֹּרֶת *kapporæt*, כֹּפֶר *kopær*, כִּפֻּרִים *kippurîm*

I. 1. Etymologie – 2. Sprachliches – 3. LXX – II. Grundvorstellung – 1. Nicht-priesterschriftliche Belege – 2. Priesterschrift – 3. Ansätze der Forschung – III. Zwischenmenschliche Sühne – IV. Kultische Sühne – 1. Altarweihe – 2. Sündopfer für die Gemeinde (und verwandte Gelegenheiten) – 3. Versöhnungstag (und *kapporæt*) – 4. *kippurîm* – 5. Ausweitung der Sühnefunktion – 6. Nicht-priesterliche Literatur – V. Gott sühnt – VI. *kopær* – VII. Qumran.

Lit.: *Y. Avishur*, Biblical Words and Phrases in the Light of their Akkadian Parallels (Shnaton 2, 1977, 11–19). – *J. Barr*, Expiation (Dictionary of the Bible, ed. by F. C. Grant / H. H. Rowley, Edinburgh [3]1963, 280–283). – *H. C. Brichto*, On Slaughter and Sacrifice, Blood and Atonement (HUCA 47, 1976, 19–55). – *C. H. Dodd*, ἱλάσκεσθαι, Its Cognates, Derivatives, and Synonyms (JThS 32, 1931, 352–360 = The Bible and the Greeks, London 1935, 82–95). – *K. Elliger*, Leviticus (HAT I/4, 1966). – *E. E. Evans-Pritchard*, The Nuer, Oxford 1940. – *Ders.*, Nuer Religion, Oxford 1956. – *N. Füglister*, Sühne durch Blut. Zur Bedeutung von Lev 17, 11 (Festschr. W. Kornfeld, Wien 1977, 143–164). – *P. Garnet*, Salvation and Atonement in the Qumran Scrolls (WUNT II/3, 1977). – *Ders.*, Atonement Constructions in the Old Testament and the Qumran Scrolls (Evangelical Quarterly 46, 1974, 131–163). – *T. H. Gaster*, Myth, Legend, and Custom in the Old Testament, New York 1969, Nr. 146. – *M. J. Geller*, The Šurpu Incantations and Lev. V. 1–5 (JSS 25, 1980, 181–192). – *G. Gerleman*, Studien zur atl. Theologie (1980, 11–23: 'Die Wurzel kpr im Hebräischen'). – *H. Gese*, Zur biblischen Theologie (BEvT 78, 1977, 85–106: 'Die Sühne'). – *M. Görg*, Eine neue Deutung für *kapporæt* (ZAW 89, 1977, 115–118). – *Ders.*, Die Lade als Thronsockel (BN 1, 1976, 29f.). – *Ders.*, Nachtrag zu *kapporæt* (BN 5, 1978, 12). – *K. Grayston*, ἱλάσκεσθαι and Related Words in LXX (NTS 27, 1981, 640–656). – *Y. M. Grintz*, Archaic Terms in the Priestly Code (Leshonenu 39, 1974/75, 163–167). – *R. Hanhart*, Die jahwefeindliche Stadt (Festschr. W. Zimmerli, 1977, 152–163). – *M. J. L. Hardy*, Blood Feuds and the Payment of Blood Money in the Middle East, Beirut 1963. – *B. Janowski*, Sühne als Heilsgeschehen. Studien zur Sühnetheologie der Priesterschrift und zur Wurzel KPR im Alten Orient und im Alten Testament (WMANT 55, 1982). – *Ders.*, Auslösung des verwirkten Lebens (ZThK 79, 1982, 25–59). – *Ders.* / *H. Lichtenberger*, Enderwartung und Reinheitsidee (JJSt 34, 1983; Qumran). – *K. Koch*, Sühne und Sündenvergebung um die Wende von der exilischen zur nachexilischen Zeit (EvTh 26, 1966, 217–239). – *J. Z. Lauterbach*, Rabbinic Essays, Cincinnati 1951, 354–376. – *B. A. Levine*, In the Presence of the Lord. A Study of Cult and Some Cultic Terms in Ancient Israel, Leiden 1974. – *G. Lienhardt*, Divinity and Experience, Oxford 1961. – *F. Maass*, כפר *kpr* pi. sühnen (THAT I 842–857). – *J. Milgrom*, A Prolegomenon to Lev. 17:11 (JBL 90, 1971, 149–156). – *Ders.*, Sin-Offering or Purification-Offering? (VT 21, 1971, 237–239). – *Ders.*, Two Kinds of *ḥaṭṭā'ṯ* (VT 26, 1976, 333–337). – *Ders.*, Israel's Sanctuary: The Priestly „Picture of Dorian Gray" (RB 83, 1976, 390–399). – *L. Morris*, The Use of ἱλάσκεσθαι etc. in Biblical Greek (ExpT 62, 1950/51, 227–233). – *R. R. Nicole*, C. H. Dodd and the Doctrine of Propitiation (Westminster Theological Journal 17, 1955, 117–157). – *R. Péter*, L'imposition des mains dans l'Ancien Testament (VT 27, 1977, 48–55. – *R. Rendtorff*, Studien zur Geschichte des Opfers im Alten Israel (WMANT 24, 1967). – *J. Scheftelowitz*, Alt-palästinensischer Bauernglaube in religionsvergleichender Beleuchtung, 1925, 47–51. – *A. Schenker*, Versöhnung und Sühne. Wege gewaltfreier Konfliktlösung im Alten Testament (Fribourg 1981). – *Ders.*, *kōper* et expiation (Bibl 63, 1982, 32–46). – *J. Seybold*, Das Gebet des Kranken im Alten Testament (BWANT 99, 1973). – *E. A. Speiser*, Census and Ritual Expiation in Mari and Israel (BASOR 149, 1958, 17–25 = Oriental and Biblical Studies, Philadelphia 1967, 171–186). – *J. J. Stamm*, Erlösen und Vergeben im Alten Testament, Bern 1940. – *F. Thureau-Dangin*, Rituels accadiens, Paris 1921. – *H. Thyen*, Studien zur Sündenvergebung im NT und seinen alttestamentlichen und jüdischen Voraussetzungen (FRLANT 96, 1970). – *S. Wefing*, Untersuchungen zum Entsühnungsritual am großen Versöhnungstag (Lev 16) (Diss. Bonn 1979). – *J. Weismann*, Talion und öffentliche Strafe im mosaischen Rechte (K. Koch, Hrsg., Um das Prinzip der Vergeltung in Religion und Recht des Alten Testaments, 1972, 325– 406). – *N. H. Young*, C. H. Dodd, „Hilaskesthai" and His Critics (Evangelical Quarterly 48, 1976, 67–70). – *H. Zimmern*, Akkadische Fremdwörter als Beweis für babylonischen Kultureinfluß, Leipzig [2]1917.

I. 1. Die Wörterbücher des 19. Jh. brachten hebr. *kippær* mit arab. *kafara* 'bedecken' in Verbindung und veranschaulichten sich den Sühnevorgang als Zudecken von Schuld. Seit Zimmerns Hinweis auf das babylonische *kuppuru* konkurrieren die beiden Ableitungen miteinander.

Das koranisch-arab. *kaffara* 'entsühnen' (von Gott als Subjekt ausgesagt) ist als Begriff dem Judentum entlehnt, aber in seiner Bedeutungsstruktur neu gefaßt: Sühne ist ein Akt des barmherzigen Gottes; einer Vermittlung durch Schlachtopfer bedarf es dabei nicht (Koran: Sure 5, 12; 8, 29 usw.). Die arabischen Lexikographen schließen das Wort an *kafara* 'bedecken' an, so daß *kaffara* einen Beiklang von 'sühnen (durch bedecken)' bekommen mag. Allerdings ist die Brücke zur at.lichen Sühnevorstellung von hier aus schwer zu schlagen. Die engste Berührung gibt Jer 18, 23 *'al-tᵉkapper* „vergib nicht (ihre Schuld)", das Neh 3, 37 durch *'al-tᵉkas* „vergib nicht (ihre Schuld)" aufgenommen wird, wobei *ksh pi* auch 'bedecken' heißen kann. Da *ksh pi* aber mehrfach '(Schuld) vergeben' heißt (Ps 32, 1; 85, 3), liegt Neh 3, 37 wohl kaum eine bewußt etymologisierende Variante vor (Levine 57f.). Die Wiedergabe von *kapporæt* durch aram. *kᵉsājā'* 'Deckel' (4 Q 156 = DJD VI, 87) setzt eine bestimmte Vorstellung des *kapporæt* genannten Sakralgegenstandes voraus, nicht jedoch eine etymologische Vermutung. Zuletzt von Stamm vertreten, bestehen gegen die auf das

Arab. zurückgreifende Deutung von *kippær* als 'bedecken' starke Bedenken.
In babyl. Beschwörungs- und Ritualtexten vor allem aus der ersten Hälfte des 1. Jt. begegnet der Ausdruck *kuppuru* (D-Stamm von *kapāru*, AHw I 442 f.) in der Bedeutung 'kultisch reinigen' und bezieht sich auf Handlungen, die ein Beschwörungspriester vollzieht. Ziel ist die Restitution eines Kranken, wofür etwa die Anweisung gegeben wird „mit sieben trokkenen Broten wischst du ihn siebenmal ab" (*tu-kap-pár-šu*) (CAD K 179a = ZA 45, 1939, 202 Z. II 20) oder „du sollst Mehl mit Zisternenwasser (mischen?), den Körper dieses Menschen sollst du (damit) abwischen" (*tu-kap-pár*) (Or 36, 1967, 274–277). Am babyl. Neujahrsfest werden kultische Reinigungen an Haus, Tempel, Stadt und Land durchgeführt, wofür etwa die Ritualanweisung gegeben wird: „Mit dem Kadaver eines Schafes soll der Beschwörungspriester den Tempel reinigen" (*ú-kap-par*) (CAD K 179 b = Thureau-Dangin 141, Z. 354). Im Unterschied zur Bibel kennt der mesopot. Kult weder Sühnopfer und Schuldopfer; auch haben die *kuppuru*-Riten nichts mit dem Opferkult zu tun; schließlich hat Blut weder im babyl. Opferwesen noch bei den *kuppuru*-Riten eine tragende Stellung. Trotz dieser von Janowski herausgestellten Unterschiede denken er und Levine an eine sprachhistorische Beziehung zwischen akk. *kuppuru* und hebr. *kippær*.
2. Das Verb *kippær (pi)* kann ein direktes Objekt besitzen: *j^{e}ḵapper 'āwon* 'er vergab die Schuld' (Ps 78, 38), *w^{e}ḵippær 'æṯ miqdaš haqqoḏæš* 'er soll das Allerheiligste entsühnen' (Lev 16, 33). Besonders vielfältig und der Bedeutung nach differenziert ist der Gebrauch von Präpositionen:
a) *l^{e}*: *kapper l^{e}'amm^{e}ḵā* 'entsühne dein Volk' (Deut 21, 8), *b^{e}ḵapp^{e}rî lāḵ l^{e}ḵŏl-'^{a}šær 'āśîṯ* 'wenn dir alles vergeben wird, was du getan hast' (Ez 16, 63).
b) *b^{e}*: *b^{e}zo'ṯ j^{e}ḵuppar 'āwon* 'dadurch wird die Schuld gesühnt' (Jes 27, 9); *bammāh '^{a}ḵapper* 'wodurch kann ich Sühne schaffen?' (2 Sam 21, 3); *hakkohen j^{e}ḵapper 'ālājw b^{e}'êl hā'āšām* 'der Priester entsühnt ihn mit dem *'āšām*-Widder' (Lev 5, 16).
c) *'al* und doppeltes *'al*: *w^{e}ḵippær 'ālājw hakkohen* 'der Priester entsühnt ihn' (Lev 5, 26); *'al t^{e}ḵapper 'al '^{a}wonām* 'vergib ihnen ihre Schuld nicht' (Jer 18, 23); *w^{e}ḵippær 'ālājw hakkohen 'al ḥaṭṭā'tô* 'der Priester entsühnt ihn wegen seiner Sünde' (Lev 4, 35).
d) *min*: *w^{e}ḵippær 'ālājw hakkohen lipnê JHWH mizzôḇô* 'der Priester entsühnt ihn vor JHWH wegen seines Ausflusses' (Lev 15, 15).
e) *b^{e}'aḏ*: *'^{a}ḵapp^{e}rāh b^{e}'aḏ ḥaṭṭa'ṯ^{e}ḵæm* 'ich will Vergebung erwirken für eure Sünde' (Ex 32, 30); *l^{e}ḵapper b^{e}'aḏ bêṯ jiśrā'el* 'um zu entsühnen das Haus Israel' (Ez 45, 17). Nach Garnet (Salvation 66, Anm. 1 und 101) soll der Gebrauch der Präposition *b^{e}'aḏ* den betreffenden Texten einen besonders feierlichen Klang verleihen.

In einigen Texten ist *kippær* nicht leicht wiederzugeben: Lev 17, 11 (nach Janowski): „Denn gerade das Leben des Fleisches ist im Blut. Und ich (Gott) selbst habe es euch auf/für den Altar gegeben, damit es für euch persönlich Sühne erwirkt (*l^{e}ḵapper 'al napšoṯêḵæm*); denn das Blut ist es, das durch das (in ihm enthaltene) Leben sühnt (*bannæpæš j^{e}ḵapper*)." – Deut 21, 8: Die von der Einheitsübersetzung gewählte Wiedergabe 'bedecken' empfiehlt sich wegen des Rückgriffs auf arab. *kafara* nicht. – Deut 32, 43: Avishur schlägt vor „er wischt ab (*w^{e}ḵippær*) die Tränen seines Volkes", jedoch empfiehlt sich der Rückgriff auf akk. *kapāru* 'abwischen' so wenig wie die Konjektur **'dm't* 'Tränen' für MT *'dmtw* 'sein Land'. – Jes 28, 18: „und entsühnt/vergeben (*w^{e}ḵuppar*) wird euer Bund mit dem Tod(esgott)" wird von vielen Auslegern geändert; seit langem schlägt man nach dem Targum *w^{e}ṯupar* 'und zerbrochen wird' (*prr, hoph*) vor, aber das ist wohl unnötig, vgl. etwa Jes 6, 7. Oder liegt eine Form von *kāpar* (Gen 6, 14) 'überstreichen' vor (Schenker, Versöhnung, Anm. 109)? – Jes 47, 11: „du kannst es (das Unglück) nicht durch eine Sühnehandlung abwenden (*kapp^{e}rāh*)".

3. In der LXX sind die Wörter des Stammes *kpr* durchweg mit den Derivaten von ἱλάσκομαι 'jem. versöhnen, besänftigen' wiedergegeben, so *kippær* in der Regel mit ἐξιλάσκομαι; der Versöhnungstag heißt ἡμέρα ἐξιλασμοῦ (Lev 23, 27 f.), der Sakralgegenstand *kapporæṯ* ἱλαστήριον, *kopær* ἐξίλασμα (1 Sam 12, 3; Ps 49, 8). Im einzelnen:
a) Die Konstruktion des Verbs ἐξιλάσκομαι ist der von *kippær* sorgfältig nachgebildet, wie sich besonders aus dem Gebrauch von Präpositionen ergibt: ἐξιλάσεται περὶ αὐτοῦ ὁ ἱερεὺς ἐν τῷ κριῷ (Lev 19, 22) oder ἐξιλάσεται περὶ αὐτοῦ ὁ ἱερεὺς ἀπὸ τῆς ἁμαρτίας (Lev 4, 26).
b) Der unter a) genannte Wortgebrauch ist semitisierend und entspricht nicht der gewöhnlichen griechischen Redeweise, die Gott zum Objekt und den Menschen zum handelnden Subjekt macht. ἐξιλάσασθαι τὸν κύριον (Sach 7, 2; vgl. 8, 22; Mal 1, 9) bedeutet 'den Herrn versöhnen' und entspricht der griechischen Syntax, die Platz greifen kann, wenn ἐξιλάσκομαι nicht Übersetzungswort für *kippær* ist.
c) Einige andere Wiedergaben von *kippær* – namentlich ἀποκαθαίρω (Spr 15, 27 LXX = hebr. 16, 6) und ἀπαλείφω (Dan 9, 24 – Doppelübersetzung neben ἐξιλάσκομαι?, vgl. Nicole 155 ff.) 'wegwischen' – lassen sich entgegen einer verbreiteten Meinung *nicht* für eine Grundbedeutung *kippær* = 'wegwischen' heranziehen.
d) Auffällig ist die vielfältige Wiedergabe von *kopær*. Neben ἐξίλασμα 'Versöhnungsmittel' finden sich ἄλλαγμα (Jes 43, 3; – Pl. Am 5, 12) 'Tauschmittel', δῶρα (Hi 36, 18) 'Geschenke', λύτρον (Spr 6, 35; 13, 8; – Pl. Ex 21, 30; 30, 12; Num 35, 31 f.) 'Lösegeld' u. περικάθαρμα (Spr 21, 18) 'Reinigungsmittel'.

II. Die meisten Belege des Verbs *kippær* finden sich in der Priesterschrift und ihr nahestehender Literatur – also vor allem in den Büchern Lev, Num, Ez (nach Janowski sind es 81 von 101 Belegen). Daher empfiehlt es sich, die Belege der priesterlichen Literatur von den übrigen getrennt auf ihre Grundvorstellung hin zu untersuchen.
1. Die Grundvorstellung der nicht-priesterschrift-

lichen Belege läßt sich so darstellen: Wenn ein positives oder neutrales Verhältnis zwischen zwei Gruppen oder Partnern durch Verbrechen, Fehler oder Sünde gestört wird, entsteht eine Spannung; diese muß durch einen Sühneakt neutralisiert und aufgehoben werden, so daß die gewöhnliche Ordnung wiederhergestellt ist. Während bei menschlichen Partnern das 'Gesicht beschwichtigt/versöhnt' oder der Zorn 'besänftigt' werden kann (Gen 32, 21; Spr 16, 14), kommt die Vorstellung vom zürnenden und zu beschwichtigenden Gott in den Texten nicht unmittelbar zum Ausdruck; *niemals* wird die Gottheit versöhnt oder beschwichtigt. Die zu neutralisierende Spannung zwischen menschlichen Partnern, aber auch zwischen Mensch und Gott wird weniger emotional als Unmut und Verstimmung, sondern eher rechtlich als Mißstand aufgefaßt, der durch bestimmte Handlungen zu beseitigen ist. Die Sühnehandlungen beziehen sich mehrmals auf Blutschuld (*dām*: Num 35, 33; Deut 21, 8b; 2 Sam 21, 1. 3), doch werden häufiger allgemeinere Ausdrücke gebraucht: Sünde (*ḥaṭṭā'ṯ*: Ex 32, 30; Ps 79, 9), Schuld (*'āwon*: 1 Sam 3, 14; Jes 22, 14; 27, 9; Jer 18, 23; Dan 9, 24; Ps 78, 38; Spr 16, 6).

Die sühnende Handlung kann vom Menschen ausgehen oder von Gott – im letzteren Fall heißt *kippær* 'vergeben' (falls Gott nicht ein Objekt 'entsühnt', etwa das Land, Deut 32, 43). Wenn Gott 'vergibt', läßt er von seinem Zorn ab (Ps 78, 38); 'vergibt' er nicht, dann läßt er seinem Zorn freien Lauf (Jer 18, 23).

2. Die Grundstruktur der priesterlichen Entsühnungspraxis ist Lev 19, 22 vollständig ausgedrückt: „Mit diesem Widder soll ihn der Priester vor JHWH wegen der begangenen Sünde entsühnen." Eine Sünde – im vorliegenden Fall: ein Mann schläft mit einer Sklavin, die einem andern als Konkubine zugesagt ist – ruft ein Spannungsverhältnis zwischen dem Täter und der Gottheit hervor. Wie in der nichtpriesterlichen Literatur steht auch hier der göttliche Zorn nicht im Vordergrund, sondern ist nur in Sonderfällen erwähnt (Num 17, 11; 25, 11. 13). Der Priester tritt vermittelnd ein und beseitigt die Spannung durch ein Opfer, das der Täter stiftet und der Priester darbringt. Oftmals ist auch der Ort der Sühnehandlung genannt: 'vor JHWH', d. h. im Tempel. Die Sühnehandlung vollzieht grundsätzlich der Priester, und zwar in der Regel für andere, aber auch für sich selbst und seine Familie (Lev 16, 6. 11 u. ö.). Neben Gegenständen – Altar, Heiligtum, Tempel (Lev 16, 20. 33; Ez 43, 20; 45, 20), ein Haus (Lev 14, 53), das Land (Num 35, 33) – werden vor allem Menschen entsühnt, und zwar sowohl einzelne (etwa Lev 5, 26 und das oben gegebene Beispiel Lev 19, 22) als auch Gruppen von Menschen: die Gemeinde (Num 15, 25), die Leviten (Num 8, 12), das ganze Volk (Num 17, 12; 25, 13; Neh 10, 34). Bei Altar und Tempel wird kein Grund angegeben, warum die Entsühnung stattfinden muß; das Haus wird entsühnt, wenn es nach einer Reinigung von Salpeter- und Sporenflecken wieder in Gebrauch genommen wird; das Land muß 'wegen' Blutschuld entsühnt werden. Bei der Entsühnung von Menschen wird oft mitgeteilt, was den Ritus veranlaßt: Entsühnt wird, wer sich nach geheilter Hautkrankheit 'reinigt' (Lev 14, 31), wer versehentlich gesündigt hat (Lev 5, 18; Num 15, 28), wer sich an einer Leiche verunreinigt hat (Num 6, 11). Weiter wird angegeben: Entsühnung erfolgt 'wegen' eines Ausflusses (*min*: Lev 15, 15. 30), 'wegen' Unreinheit (Lev 14, 19), vor allem aber 'wegen' Sünde (Lev 4, 26; 5, 6. 10; *'al*: 4, 35; 6, 13 u. ö.). Mehrmals wird das Sühnemittel angegeben: Die Entsühnung geschieht 'durch' einen Widder (*b^e*: Lev 5, 16; 7, 7; 19, 22; Num 5, 8; Ex 29, 33).

3. Im Zentrum der älteren Debatte um den genauen Sinn von *kippær* steht ein Aufsatz von C. H. Dodd mit der These, daß dem Israeliten die Idee einer Beschwichtigung oder Versöhnung („propitiation") fehlt; an ihre Stelle tritt die menschliche *Sühne*handlung („expiation") mit dem Ziel, von Gott Befreiung von Sündenlast zu erhalten. Demnach ist Sühne ein theozentrisches Geschehen, das die LXX in ihrer semitisierenden Verwendung von ἐξιλάσκομαι festhält. Die Kritiker haben jedoch eingewandt, daß Dodd die Vorstellung von göttlichem Zorn herunterspielt (Morris, Barr) und in Wirklichkeit der Abstand zwischen 'Beschwichtigung' und 'Sühne' geringer ist, als Dodd eingestand. Für die neuere Diskussion sind drei Autoren repräsentativ; ihre verschiedenen Ansätze sind vorzuführen: Sühne als Loskauf durch Stellvertretung oder Reinigung des Heiligtums (Milgrom), als symbolische Hingabe oder Loskauf verwirkten Lebens (Gese, Janowski), als strafnachlassender Ausgleich zwischen schadender und geschädigter Partei (Schenker).

a) Milgrom unterscheidet zwei Grundformen des Sühneverständnisses; im einen Fall bedeutet *kippær* '(rituell) reinigen', im anderen 'loskaufen'. Im letzteren Sinne ist das Ziel der *kippær*-Handlung die Abwendung von göttlichem Zorn, der Unschuldige wie Schuldige treffen würde – so im Falle des Sündenbocks (Lev 16) und des Deut 21, 1–9 beschriebenen Rituals; in beiden Fällen geschieht der 'Loskauf' dadurch, daß der Mensch durch ein Tier rituell 'ersetzt' wird. *kippær* ist in diesem Fall von *kopær* 'Lösegeld' hergeleitet, wie sich aus der Bestimmung über den 'Loskauf' durch eine Zensusgebühr (Ex 30, 16) und der Bestimmung im Mordgesetz (Num 35, 31–33) ergibt. Wo immer Gottes Zorn abgewendet werden muß, ist das Verb *kippær* von *kopær* her zu sehen: unschuldiges Leben wird dadurch geschont, daß die schuldige Partei oder deren Lösegeld bzw. Ersatzopfer als Substitut eintritt. Obwohl es keine 'Ersetzung' eines Mörders gibt, wird der Totschläger durch den natürlichen Tod des Hohenpriesters 'losgekauft'. Ähnlich kauft die Zensusgebühr jeden gezählten Soldaten los. Die Leviten 'ersetzen' die Israeliten, wenn einer von ihnen dem Heiligtum zu nahe kommt (Num 1, 53; 8, 19; 18, 22f.). – Eine kleine Anzahl von Texten (Lev 15, 31; 16, 19; Num 19, 13; 20; vgl. Jer 17, 1) ist Angelpunkt des Verständnisses der priesterlichen Sühnekonzeption, die mit dem Verb *kippær* – als 'reinigen' übersetzt – verbunden ist. Während die Texte nicht mitteilen, auf welche Weise Heiligtum und Altar von den 'Unreinigkeiten des Israeliten' affiziert werden, führt Milgrom die Hypothese ein, daß Sünde, wenn immer sie geschieht, vom Heiligtum gleichsam magnetisch angezogen wird. Dort wird sie wie ein Stoff festgehalten und akkumuliert solange, bis es die Gottheit nicht mehr duldet, den Tempel verläßt und das Volk den Folgen seiner Sünde preisgibt. Die Summe der individuellen Sünden führt unweigerlich zur 'Flucht' der Gottheit und damit zur Zerstörung der Gemeinde, die nur in Gemeinschaft mit ihrem Gott leben kann. Deshalb hat Israel die Aufgabe, durch seine Priester das Heiligtum regelmäßig von allen Unreinheiten zu 'reinigen' (*kippær*). Auf diese Weise gibt es nichts Böses, das Gottes Aufmerksamkeit entgeht, selbst wenn der einzelne Übeltäter einer unverzüglichen Strafe entkommt. Das Böse sammelt sich im Heiligtum an und verunreinigt nicht nur den äußeren Altar, sondern dringt bis ins Innere des Allerheiligsten und der Lade vor. Daher muß am Versöhnungstag der gesamte Tempelkomplex rituell gereinigt werden. – Kritisch zu fragen ist, ob hier nicht richtig erfaßte Einzelgedanken fälschlich zu einem System verallgemeinert wurden. Für die Theologie des Kults gilt H. Frankforts „multiplicity of approaches".

b) Janowski unterscheidet in seiner Analyse zwischen Belegen für *kippær* und *kopær* innerhalb von P und der von ihr beeinflußten Tradition in Ez 40–48 und im ChrGW einerseits, und Belegen, die außerhalb dieses Komplexes zu finden sind. Außerhalb des priesterlichen Komplexes beziehen sich *kippær* und *kopær* auf zwischenmenschliche Versöhnung und Wiedergutmachung (Gen 32, 21; 2 Sam 21, 3; Spr 16, 6. 14), Sühnehandeln JHWHs (Deut 21, 8a; 32, 43; 1 Sam 3, 14 u. ö.), Sühnehandeln eines interzessorischen Mittlers (Ex 32, 30; Num 17, 11 f.; 25, 13) und Auslösung des verwirkten Lebens durch die Gabe eines Lebensäquivalents (*kopær*: Ex 21, 30; 30, 12; Num 35, 31 f.; 1 Sam 12, 3; Jes 43, 3 u. ö.). In Grenzsituationen menschlichen Lebens, in denen aufgrund rechtlicher, moralischer oder religiöser Verschuldung die individuelle oder nationale Existenz verwirkt ist, wird die Errettung aus Todesverfallenheit durch ein Sühnehandeln bewirkt. Nirgends meint *kippær* ein Beschwichtigen Gottes. Auch wenn ein Mensch (Ex 32, 30; Num 17, 11 f.; 25, 13) oder ein Engel (Hi 33, 24; 36, 18) Subjekt des Sühnehandelns ist, meint *kippær* (oder die Gabe eines *kopær*: Hi 33, 24; 36, 18) das Handeln des stellvertretenden Mittlers, der Vergebung der Sünde (Ex 32, 30. 32), Rücknahme des Grimms (Num 25, 11) und Beendigung einer Plage (Num 17, 13. 15) erwirkt.

Bei den priesterschriftlichen Belegen ist – anders als sonst – grundsätzlich der Priester Subjekt des *kippær*-Handelns; die entsprechende Reaktion Gottes ist in der wiederkehrenden Formel „so schafft der Priester ihnen Sühne (*w^e^k̲ippær*) und es wird ihnen (von Gott) vergeben werden" (Lev 4, 31; s. 4, 20. 26. 35 u. ö.) ausgesprochen. Das klassische priesterliche *kippær*-Ritual ist das Sündopfer (*ḥaṭṭā'ṯ* → חטא *ḥāṭā'*); bei diesem stemmt der Opferherr eine Hand auf das Tier, dessen Blut vom Priester an den Altar gegeben oder – bei besonderen Anlässen – bis ins Allerheiligste des Tempels gebracht wird. Das Handaufstemmen (Lev 1, 4; 3. 2. 8. 13 u. ö.) bedeutet die Identifizierung des Sünders mit dem in den Tod gehenden Opfertier als Zeichen der symbolischen Lebenshingabe; die Blutapplikation (Lev 4, 25. 30. 34; 16, 14 f.; Ez 43, 20 u. ö.) vollendet diese Symbolik: indem der Priester das Blut an den Altar appliziert, vollzieht er die symbolische Lebenshingabe des Opfernden an das Heiligtum und damit die Gottheit selbst.

c) Schenker entwickelt sein Verständnis des Sühnegeschehens aus Ex 21, 28–32: Durch Zahlung einer 'Beschwichtigungsgabe' (*kopær*) an die durch einen Todesfall geschädigte Partei entgeht der Besitzer des stößigen Rindes der Todesstrafe. Das Wesen der Sühne ist demnach Reduktion einer Strafe, freiwillig gewährt von der geschädigten Partei, die nicht unbarmherzig auf ihrem Recht beharrt, sondern einem Ausgleich zustimmt. Diese Struktur läßt sich nicht nur in Gen 32, 21; Num 35, 31; 2 Sam 21, 3: Spr 16, 14 wiedererkennen, sondern auch in auf Gott bezogenen und kultischen Texten. Wenn Gott unsere Sünden 'vergibt' (*w^e^k̲apper 'al-ḥaṭṭo'ṯênû*, Ps 79, 9), dann meint das: Er beharrt nicht auf der vollen Strafe, sondern reduziert diese – im Grenzfall bis zum völligen Verzicht einer menschlichen Bußleistung. Sühnung beruht somit auf göttlicher Kompromißbereitschaft und Versöhnlichkeit. Im Sühnegeschehen spielt die Vermittlung eine Rolle: JHWH schlichtet als Schiedsrichter selbst zwischen Israel und seinen Feinden (Deut 32, 43), Mose vermittelt als Fürsprecher zwischen Gott und Volk (Ex 32, 30), JHWH verzichtet auf weitere Strafe im Blick auf den 'Eifer' des Pinehas (Num 25, 13). Im Kult gibt sich JHWH mit von ihm selbst bestimmten Gaben zufrieden, statt volle Bestrafung zu verlangen; der Kult mit Tierblut als wichtigster Gabe ist das Angebot seiner Versöhnungsbereitschaft. Zwar wird Gott durch die Gabe 'besänftigt', jedoch liegt in der göttlichen Stiftung des Kults ein theozentrisches Moment: Nicht der Mensch erkauft sich Sühne, sondern Gott macht diese durch sein vorgängiges Angebot möglich.

III. Im Zusammenhang zwischenmenschlicher Sühnehandlungen wird das Verb *kippær* verhältnismäßig selten gebraucht. Zwei Belege beziehen sich auf die Unmöglichkeit rechtlicher Sühneleistung für Blutschuld. Weil Saul Leute aus Gibea getötet hatte, belastet eine Blutschuld das Verhältnis zwischen Israel und den Gibeoniten. „Womit kann ich Sühne leisten (*'^a^k̲apper*)?" fragt David (2 Sam 21, 3). Aus der Antwort – „wir wollen weder Silber noch Gold von Saul und seinem Haus" (v. 4) – geht hervor, daß Davids Frage als Angebot einer materiellen Gabe, einer *kopær*-Zahlung zu verstehen ist. Die Gibeoniten verlangen die Auslieferung von sieben Nachkommen Sauls, die dann getötet werden. Der vorausgesetzte Grundsatz ist Num 35, 33 unmißverständlich ausgesprochen: „Man kann das Land von darin vergossenem Blut nicht entsühnen (*lo' j^e^k̲uppar*) – es sei denn, durch das Blut dessen, der es vergossen hat." In diesem Satz ist die übertragene Ausdrucksweise zu beachten: 'Entsühnung' bezeichnet eigentlich den Ausgleich durch eine materielle Gabe; wörtlich verstanden, ist die Tötung des Mörders durch Blutrache zwar eine Bereinigung, aber keine 'Entsühnung'.

Zwei weitere Texte verwenden *kippær* für das 'Beschwichtigen' eines mächtigen Menschen durch einen schwächeren Partner. Dieser versucht, die Strafe oder Rache des Mächtigen zu verhindern, und zwar durch klugen Rat (Spr 16, 14) oder mit Hilfe eines Geschenks (Gen 32, 21). Im letzteren Fall gelingt es Jakob, die drohende Rache seines betrogenen Bruders Esau abzuwenden, so daß dieselbe Grundstruktur wie in 2 Sam 21, 3 sichtbar wird: die durch Verbrechen entstandene Spannung zwischen zwei Parteien. Um sie zu beheben, greift die schwächere Partei zum Mittel der Beschwichtigung. An den Gebrauch von *kippær* im zwischenmenschlichen Bereich schließt sich das Nomen *kopær* an, s.u. VI.

IV. 1. Nach Ez 43, 18–26 darf der neuerbaute Brandopfer-Altar des Jerusalemer Tempels erst nach einem umfangreichen, sieben Tage dauernden Ritual in Gebrauch genommen werden, das aus einer Abfolge von Sündopfern (*ḥaṭṭā'ṯ*) und Brandopfern (*'ôlāh*) besteht. Die entscheidende Rolle fällt dabei dem Sündopfer zu, und bei diesem wiederum einem Blutritus, für den genaue Anweisungen gegeben werden: Das Blut des Opfertieres (am ersten Tag ein Stier, dann täglich ein Ziegenbock) wird an die vier Hörner des Altars und auf die vier Ecken der mittleren Stufe sowie ringsum auf die gemauerte Einfassung gegeben. Auf diese Weise wird der ganze Altar – ähnlich wie der ehemals Hautkranke nach Lev 14, 14 – in die Handlung einbezogen. Dadurch wird der Altar 'entsündigt' (*ḥāṭā' pi*), 'entsühnt' (*kippær*), 'rein gemacht' (*ṭhr pi*) und 'eingeweiht' (*qiddeš*); wahrscheinlich wollen die ersten drei Verben denselben Vorgang bezeichnen und sind als Synonyma aufzufassen, während das 'einweihen' wohl durch einen hinzutretenden Salbungsritus geschieht (Ex 29, 36). Nach Ez 45, 18. 20 muß diese Weihe jährlich am 1. und 7. Tag des 1. Monats in bescheidenerem Umfang wiederholt werden, wobei der Blutritus auf verschiedene Tempeltore ausgedehnt wird, die mit dem Blut benetzt werden. Analoge Bestimmungen über Altarweihe und jährliche Wiederholung der Weihe des Rauchopfer-Altars finden sich Ex 29, 36f.; 30, 10. Auch vor dem ersten Opfer eines neugeweihten Priesters und am Versöhnungstag wird die Altarweihe wiederholt (Lev 8, 15; 16, 16ff. 20. 33). Nach den Bestimmungen für den Versöhnungstag wird der Blutritus auch auf das Allerheiligste ausgedehnt. Einmal wird der Reinigungscharakter des Blutritus betont: mit Hilfe des Bluts soll der Priester den Altar „von den Unreinigkeiten der Israeliten reinigen und ihn heiligen" (Lev 16, 19, vgl. Ez 45, 20).

2. Ein Sündopfer, *ḥaṭṭā'ṯ* (→ חטא *ḥāṭā'*), wird nötig, wenn die Gemeinde unwissentlich „gesündigt und etwas von JHWH Verbotenes getan hat" (Lev 4, 13). Das Ritual läuft nach Lev 4, 14–21 in fünf Phasen ab: Die Ältesten der Gemeinde legen ihre Hände auf den Kopf des Opfertieres, einen Stier; das Tier wird geschlachtet; der Priester nimmt vom Blut und führt im Tempelhaus einen Ritus aus; der Priester gibt Blut an die Hörner des Brandopferaltars, der im Freien steht; das Fett des Tieres wird auf dem Altar verbrannt. Welchem Ritus dabei die zentrale Stellung und somit die v. 20 genannte entsühnende Funktion zukommt, wird nicht mitgeteilt, läßt sich aber erschließen. Manche Ausleger meinen, das Handauflegen übertrage die Sünde wie eine dingliche Substanz auf das Opfertier; diese Substanz werde mit dem Tier zusammen vernichtet (Rendtorff 216). Eher gibt der Opfernde durch die Handauflegung – vielleicht das Relikt seiner Beteiligung an der rituellen Schlachtung – zu erkennen, daß das Tier nun geopfert werden soll. Vielleicht ist das Handauflegen auch als symbolische Identifizierung der Opfernden mit dem Opfertier zu verstehen, was auch ethnologische Parallelen nahelegen (E. E. Evans-Pritchard, Nuer Religion, Oxford 1956, 279f.) und aus der engen 'Lebensgemeinschaft' des Viehzüchters mit seinen Tieren verständlich ist. Die Handauflegung wird in den beiden Blutriten vollendet, die als zeichenhafte Lebenshingabe an die Gottheit zu verstehen sind (Gese 95ff.; Péter), denn das Leben ist im Blut, und der Altar bzw. das Heiligtum vertritt die Gottheit. Die Sühnekraft des Blutes wird Lev 17, 11 und, noch deutlicher auf das Sündopfer bezogen, 2 Chr 29, 24 eigens hervorgehoben. Religionsgeschichtlich bedeutsam ist die Lev 4, 20 gebrauchte und noch oft belegte Formel 'er entsühnt – es wird ihnen vergeben', die das Tun des Priesters mit dem Tun der Gottheit in Beziehung setzt (Lev 4, 20. 26. 31. 35; 5, 10. 13. 16. 18. 26; 19, 22; Num 15, 25. 28). Eine analoge Formel ist 'er (der Priester) entsühnt – er/sie wird gereinigt (der Laie von der Gottheit)' (Lev 12, 7. 8; 14, 20. 53).

Sühnerituale von der Lev 4, 13–21 vorliegenden Art werden in großer Vielfalt vorgeschrieben und finden Anwendung zur Entsühnung von einzelnen oder Gruppen, die willentlich oder unabsichtlich Schuld auf sich geladen haben. Die meisten einschlägigen Bestimmungen stehen innerhalb von Lev 4, 1–5, 26. Die Lev 12, 1–15, 33 gegebenen Bestimmungen beziehen sich auf Entsühnungsriten, die etwa für die Reinigung der Wöchnerin (Lev 12, 7f.) oder die Resozialisierung eines ehemals Hautkranken (Lev 14, 18. 20. 31) in Frage kommen. Besonders auffällig ist im letztgenannten Fall, daß der opfernde Laie mit dem Opferblut und Opferöl in Berührung kommt, bevor diese dargebracht werden (Lev 14, 14–18): von Kopf bis Fuß soll er in das Opfer einbezogen werden.

3. Im Ritual des Versöhnungstags (Lev 16) sind drei verschiedene Rituale miteinander verbunden und bilden im jetzigen Textbestand eine Einheit: a) Der Hohepriester bringt für sich und seine Familie einen Stier, dann für das Volk einen Bock als Sündopfer dar, wobei er vom Blut der Tiere nimmt, es ins Allerheiligste trägt und es dort an einen *kapporæṯ* ('Sühnmal') genannten goldenen Sakralgegenstand spritzt; der Blutritus hat für Priester und Volk sühnende Wirkung (vv. 16f.). Sühnende Wirkung hat auch das sich anschließende Verbrennen der Fetteile der Opfertiere (vv. 24f.). b) Mit dem Blut wird auch der im Freien stehende Altar bespritzt und auf diese Weise 'entsühnt', d. h. 'gereinigt' und 'geheiligt' (vv. 18f.). c) Der Priester legt einem weiteren Bock die Hände auf, bekennt dabei die Sünden der Israeliten und läßt ihn dann in die Wüste treiben.

Nach Lev 16, 10 wird der „für Asasel" bestimmte Sündenbock vor JHWH hingestellt *l^{e}kapper 'ālājw*. Ist zu übersetzen „to make expiation with it" (Jewish Publication Society), „um für die Sünde zu dienen" (Einheitsübersetzung) bzw. „um Sünde auf ihn zu übertragen" (Milgrom, JBL 95, 1976, 292)? Oder „to perform rites of expiation beside it" (Levine 80)? Oder ist der Text fehlerhaft (Elliger)?

Nach der literarkritischen Analyse von K. Elliger sind hier zwei verschiedene, ursprünglich selbständige Rituale miteinander vereinigt: Eine Feier zur Entsühnung von Priesterschaft und Volk, die auch den Sündenbock-Ritus enthält, und eine Feier zur Entsühnung von Heiligtum und Altar. Elliger: „Die allgemeine Sühnefeier der vorexilischen Zeit nahm im Laufe der ersten nachexilischen Jahrhunderte eine Feier der Tempelreinigung in sich auf, mag diese nun bloße (im Exil entstandene) Forderung oder tatsächlich (sogar schon in der Königszeit) geübter Brauch gewesen sein." Etwas anders legt sich Wefing die Entwicklung zurecht: Am Anfang steht ein Sühneritual, das der Hohepriester ausschließlich für sich und seine Familie darbringt (vv. 3. 6. 11b. 14). Dieses wird mit einem Volkssündopfer verbunden, bei dem der Ritus des Sündenbocks eine Rolle spielt (vv. 5. 7–10. 15–17). Damit ist ein umfassendes Ritual geschaffen, das später noch durch die Entsühnung des Heiligtums vervollständigt werden kann (vv. 18–19). – Gese und Janowski verstehen die *kapporæṯ* nicht wie viele Ausleger als 'Deckel' der Lade; sie ist „jenseits vordergründiger Dinglichkeit der in die Form einer 'reinen Ebene' gefaßte Ort der Gegenwart Gottes in Israel. Entscheidend bei der *kapporæṯ* ist weder ihre äußere Gestalt und deren exakte bautechnische Deskription noch ihre Position 'auf der Lade', die sie als 'Deckel' zu qualifizieren scheint, sondern ihre symbolische Veranschaulichung eines theologischen Inhalts: als Grenzmarkierung zum Transzendenzbereich und deshalb als Ort der Kondeszenz Gottes" (Janowski, Sühne, 347). Im Zentrum von Lev 16 steht – wiederum nach Gese und Janowski – das Blutsprengen an die *kapporæṯ* als Begegnung zwischen dem sich offenbarenden Gott und dem sich hingebenden Menschen; dieses Geschehen läßt sich als Abbild der 'Urszene' am Sinai Ex 24, 15ff. verstehen.

Der ebenso volkstümliche wie sprichwörtliche 'Sündenbock' kann nach der Zerstörung des Jerusalemer Tempels nicht mehr dargebracht werden. Im 7. Jh. n. Chr. erfahren wir von einem wohl weit älteren und noch gegenwärtig geübten Ersatzbrauch: Am Tag vor dem Versöhnungsfest, mitunter aber auch nach der Geburt eines Knaben, schlachtet man ein Huhn, das *kappārāh*-Huhn, d. h. Sühne-Huhn, genannt wird. Archaisierende Ritualisierung durch Handauflegung und Entfernung der Eingeweide ist belegt (Scheftelowitz, Lauterbach).

Eine abweichende, nicht auf die Wurzel *kpr* zurückgreifende Deutung von *kapporæṯ* tragen Görg und Grintz vor. Görg verweist auf den äg. Ausdruck *kp (n) rdwj* „Fußsohle, Fußfläche"; durch sprachliche Kontraktion ergibt sich *kapporæṯ*, womit der Ort gemeint sei, auf dem die Füße des Gottesthrones oder die Füße der thronenden Gottheit selbst ruhend gedacht sind. Dagegen denkt Grintz an eine Ableitung aus dem äg. *k3pt* 'Dach', was zum 'Deckel' der Lade paßt. – Unter der Voraussetzung, daß *kippær* eigentlich 'streicheln, wischen, glattstreichen' bedeutet, sieht Gerleman in *kapporæṯ* einen polierten Spiegel.

Folgende Ausdrücke mit den Nomen *kippurîm* 'Entsühnung' sind belegt: *ḥaṭṭa'ṯ hakkippurîm* 'Sündopfer der Entsühnung' (Ex 30, 10; Num 29, 11); *kæsæp hakkippurîm* 'Geld der Entsühnung' (Ex 30, 16); *jôm (hak)kippurîm* 'Entsühnungstag' (Lev 23, 27f.; 25, 9); *'êl hakkippurîm* 'Widder der Entsühnung' (Num 5, 8); *par ḥaṭṭā'ṯ (...) 'al-hakkippurîm* 'Stier des Sündopfers zur Entsühnung' (Ex 29, 36). Die priesterliche Sprache qualifiziert allerlei, das einen unmittelbaren Bezug zur Entsühnung hat, mit dem Abstraktwort *kippurîm*: den Festtag, das Opfertier, die Opferart und – im Zuge der Ausweitung der Sühnevorstellung – die Kultsteuer. Bemerkenswert ist, daß der Ausdruck 'Entsühnungstag' im ausführlichen Ritual Lev 16 nicht begegnet, sondern nur im Festkalender Lev 23, außerdem in den Bestimmungen über das Jubeljahr Lev 25.

5. Die klassischen kultischen Handlungen zur Entsühnung Israels oder des einzelnen sind das Sündopfer (*ḥaṭṭā'ṯ*, → חטא *ḥāṭā'*) und das Schuldopfer (*'āšām*, → אשם *'āšam*). In den Texten der exil.-nachexil. Zeit dienen aber darüber hinaus alle Hauptarten des Opfers, d. h. das gesamte Opferwesen, der Sühne – eine Ausnahme bilden allein *zæḇaḥ* und *zæḇaḥ šᵉlāmîm* (→ זבח *zāḇaḥ*; → שלמים *šᵉlāmîm*), denen nie Sühnefunktion zugeschrieben wird. So kann auch das Brandopfer (→ עולה *'ôlāh*) sühnen: Lev 1, 4. Charakteristisch sind mehrgliedrige Opferreihen, denen dann global Sühnefunktion zuerkannt wird, so besonders:

Lev 9: *ḥaṭṭā'ṯ, 'ôlāh, minḥāh, šᵉlāmîm*;
Lev 14, 10–20: *'āšām, ḥaṭṭā'ṯ, 'ôlāh, minḥāh*;
Num 15, 24: *'ôlāh, minḥāh, nesæḵ, ḥaṭṭā'ṯ*;
Ez 45, 15: *minḥāh, 'ôlāh, šᵉlāmîm*;
Ez 45, 17: *ḥaṭṭā'ṯ, minḥāh, 'ôlāh, šᵉlāmîm*;
Sir 45, 16 hebr.: *'olāh, ḥᵃlāḇîm, 'azkārāh*;
1 QM 2, 5: *'ôlôṯ, zᵉḇāḥîm, miqṭæræṯ*.

Die priesterlichen Texte des Pentateuch deuten auch andere Überlieferungen zu Sühnehandlungen um. So wird der Gedanke der Sühne leitend für das Einsetzungsopfer der Priester (*millu'îm*, Lev 8, 34; Ex 29, 33), der bei der Musterung der Israeliten als *kopær* zu zahlende Halbschekel (Ex 30, 11–16; Num 31, 48–54), die Interzession der Leviten, Aarons und des Pinehas (Num 8, 19; 17, 11f.; 25, 13). Lev 14, 53 dient ein Vogelritus der Entsühnung eines Hauses, das von Salpeter- und Sporenflecken gereinigt wurde.

6. Außerhalb der priesterlichen Literatur werden nur vereinzelte Sühnerituale und Sühnehandlungen erwähnt. Als das goldene Stierbild in der Wüste zertrümmert ist und die Schuldigen getötet sind, ist für die Sünde der Idolatrie noch 'Sühne zu erwirken' (Ex 32, 30); Mose erlangt sie durch ein fürsprechendes Gebet, in dem er das Gewicht seiner Person bei Gott

geltend macht. Bei unaufgeklärtem Mord wird einer Kuh an einem Bach das Genick gebrochen; in einem begleitenden Gebet wird JHWH aufgefordert, das Blut zu 'sühnen' bzw. die Blutschuld zu 'vergeben': Deut 21, 8. Ähnlich wie Ex 32 die Tötung der Schuldigen dem Sühnegebet vorausgeht, so muß hier ein bestimmtes Tiertötungsritual durchgeführt werden, bevor die eigentliche Sühnehandlung erfolgt; diese besteht demnach im Gebet.

Bei seiner Berufung muß die Sünde Jesajas von Gott 'vergeben' werden; daß ein Engelwesen seine Lippen mit einer glühenden Kohle berührt (Jes 6, 7), ist ein himmlischer (und daher ungewöhnlicher) Reinigungsritus, aber keine eigentliche Sühnehandlung.

Verschuldungen gegenüber Gott, für die keine kultische Sühne vorgeschrieben ist, werden aufgrund von mitmenschlicher Solidaritätsbezeugung (Spr 16, 6) oder Wohltätigkeit (Sir 3, 30) gesühnt.

V. Während in den Texten der priesterlichen Tradition grundsätzlich ein Priester Subjekt von *kippær* als dem (kultischen) Sühnevorgang ist, gibt es Stellen, in denen die Gottheit selbst Subjekt von *kippær* ist (Deut 21, 8a; 32, 43; Jer 18, 23; Ez 16, 63; Ps 65, 4; 78, 38; 79, 9; 2 Chr 30, 18). Dazu kommen noch Wendungen, bei denen Gott logisches Subjekt von *kippær* ist; die Ausdrücke stehen dann im Infinitiv *pi* (Dan 9, 24) und im passiven *hitp* (1 Sam 3, 14) oder *pu* (Jes 6, 7; 22, 14; 27, 9; 28, 18). Der aktive Gebrauch von *kippær* mit göttlichem Subjekt ist hauptsächlich in der Gebetssprache zu Hause (Deut 21, 8a; Jer 18, 23; Ps 65, 4; 78, 38; 79, 9; 2 Chr 30, 18).

Der Wortlaut von Jes 27, 9 läßt nicht genau erkennen, wie das Verhältnis von 'Entsühnung der Schuld Jakobs' und der Zerstörung der Altäre zu bestimmen ist; läßt JHWH selbst die Altäre zertrümmern (Hanhart) oder ist die Sühne an die Zertrümmerung als menschliche Vorleistung Israels geknüpft (Schenker)? Auch Deut 32, 43 gibt Rätsel auf; vergibt JHWH das vergossene Blut von Israeliten in einem Racheakt an den Feinden und schafft so Sühne (Janowski)? Oder greift JHWH in einem Akt der Verwandtensolidarität zugunsten seines Volkes ein und schafft 'dem Volk seines Landes Erleichterung', indem er dessen Feinde vertreibt (Schenker)?

Wie dem auch sei – alle diese Texte sind „von einer gemeinsamen Grundproblematik bestimmt, die sich auf das Sein des Menschen *coram Deo* bezieht: Da es in den genannten Texten durchweg um Situationen geht, in denen – aufgrund rechtlicher, moralischer oder religiöser Verschuldung – das Leben des einzelnen / der Gemeinschaft verwirkt ist, bezieht sich das (erbetene, gewährte oder abgelehnte) Sühnehandeln Gottes jeweils auf eine exzeptionell kritische Situation, in der es nicht um einen Teilaspekt menschlichen Seins, sondern um das Sein des Menschen selbst geht" (Janowski, Sühne, 134f.). Diesen Bezug zur Situation des Menschen zwischen Leben und Tod läßt sich den einzelnen Texten entnehmen: Sofern Vergebung nicht abgelehnt wird (Jes 22, 14; 1 Sam 3, 14), ist sie Bewahrung vor dem Tod (Jes 6, 7), Wiedererlangung der Gottesnähe (Ps 65, 3ff.), Lebensrettung (Ps 78, 38; 79, 8f.), Heilung (2 Chr 30, 18ff.), Rache Gottes an den lebensbedrohenden Feinden (Deut 32, 43; Ps 79, 6–12; vgl. Jer 18, 19–23). Wie bei der kultischen Entsühnung ist das 'Stehen zwischen den Toten und den Lebendigen' (Num 17, 13) der symbolische Ort des Geschehens.

VI. *kop̱ær* ist ein Rechtsbegriff; er bezeichnet die materielle Gabe, durch die ein gütlicher Ausgleich zwischen einer geschädigten und einer Schaden verursachenden Partei zustande kommt. Am genauesten werden wir über den Fall eines Mannes unterrichtet, dessen bekanntermaßen stößiges Rind einen Menschen tötet. Der Besitzer des Rindes gibt der durch Menschenverlust geschädigten Familie oder Sippe soviel an *kop̱ær*, wie diese fordert (Ex 21, 30). Die geschädigte Familie kann auf dem Tod des Rind-Besitzers beharren, aber auch die Annahme einer *kop̱ær*-Zahlung als einvernehmliche Regelung akzeptieren – so auch im vor- und frühislamischen Recht (Hardy 22. 28). Das Einvernehmen kann im Blick auf einen 'mildernden Umstand' zustandekommen: Der Besitzer des Rindes kann als nur mittelbarer und 'fahrlässiger' und somit nicht voll schuldiger Mörder gelten. Ausgleich durch *kop̱ær* legt sich auch im Falle des nicht vorsätzlichen Totschlags nahe, wird jedoch für Totschlag und Mord gleichermaßen verboten (Num 35, 31 f.). Nach Spr 6, 35 nimmt der betrogene Ehemann vom 'Freund' seiner Frau keinen *kop̱ær* an – der Ehebrecher hat sein Leben verwirkt. In diesen Beispielen zeigen sich die verschiedenen Aspekte von *kop̱ær*: Für den Empfänger von *kop̱ær* ist er Schadenersatz, Wiedergutmachung, Abfindung (lat. compositio); aus der Sicht des Bezahlenden ist er Lösegeld für sein eigenes, verwirktes Leben (*piḏjon nap̱šô* Ex 21, 30 'Auslösung seines Lebens') und Beschwichtigungsgabe an die geschädigte, zürnende Partei.

Nach Hi 36, 18; Spr 13, 8 können Reiche der Todesstrafe (und auch anderen Strafen?) durch Zahlung eines *kop̱ær* entgehen. Während in allen bisher genannten Fällen die Gabe an die geschädigte Partei geht, gibt es auch Texte, nach denen sich Richter durch einen *kop̱ær* bestechen lassen (1 Sam 12, 3 [vgl. Sir 46, 19]; Am 5, 12). In diesen Fällen nimmt *kop̱ær* die Bedeutung 'Bestechungsgeld' an. Vielleicht beruht dieser Wortgebrauch auf dem Umstand, daß die Richter als Vermittler zwischen den Parteien bei einer rechtmäßigen *kop̱ær*-Zahlung nicht leer ausgehen und die dem Richter bezahlte Gebühr auch *kop̱ær* genannt wurde (wofür es allerdings keinen Beleg gibt). Aus der Ethnologie ist die Bezahlung des Vermittlers durch die schuldige Partei bekannt (Hardy 83. 86. 91; Evans-Pritchard, Nuer 154. 163; Lienhardt 288).

Im Sakralrecht wird die nachexil., pro Kopf in Höhe von einem Halbschekel erhobene Jerusalemer Kultsteuer als *kopær* bezeichnet (Ex 30, 12). In Ex 30, 11–16 vermischen sich zwei Gründe für diese Bezeichnung: Nach v. 16 dient das Geld für die Bezahlung des regelmäßigen Sühnekults, also für das *kippær*; nach v. 11 soll der Halbschekel die drohende Lebensgefahr abwenden, die durch Zählung und Konskription heraufbeschworen werden (vgl. 2 Sam 24, 10–17; Num 31, 50). Volkszählung als religiöses Vergehen setzt voraus, daß sie einmal ganz verboten war. Offenbar empfindet man das Zählen als Beginn des Zugriffs auf das Individuum (Ri 8, 14; 1 Sam 8, 11ff.), das zuvor in Familie, Sippe und Ortschaft geborgen war, in einer heiligen Ordnung, die menschlichem Kalkül entzogen ist. Der Zugriff macht den einzelnen dem Staat verfügbar, schaltet intermediäre Strukturen aus und zielt auf die später belegten Bürgerlisten, die ein hohes Niveau staatlicher Bürokratie und damit Verfügungsgewalt anzeigen (Jer 22, 30; Ez 13, 9; Esr 2, 62; Neh 7, 5). Die Entsühnung der Gezählten beruht auf dem sakralen Charakter der vorstaatlichen Ordnung. Der Widerwille gegen Zählung von Mensch und Vieh ist aus der Ethnologie bekannt (s. die Belege bei Gaster und die Deutung bei Lienhardt 22f.); auch in Mari ist militärische Konskription mit kultischer Reinigung verbunden (Speiser).

Die *kopær*-Zahlung spielt auch im bildhaften Sprachgebrauch der Religion eine Rolle. Durch einen an Gott gezahlten *kopær* kann sich der Mensch nicht vom Tod loskaufen, der hier als Zugriff des grausamen Gottes aufgefaßt wird (Ps 49, 8). Gott nimmt das Unglück des Bösen als *kopær* des Rechtschaffenen an und läßt letzteren seinen Zorn für kleinere Vergehen nicht spüren – so ist Spr 21, 18 wohl zu verstehen. Gott nimmt die Bußleistung eines Kranken als *kopær* an und läßt ihn gesunden (Hi 33, 24); fraglich ist dabei nur, ob als Vermittler zwischen Mensch und Gott hier ein Engelwesen oder – so Seybold 61 – ein Priester tätig wird. Nach Jes 43, 3 zahlt JHWH selbst *kopær* in Form von Ländern an den Perserkönig, damit dieser das exilierte Israel freiläßt.

VII. Die Qumrangemeinde schafft sich auf spiritueller und sittlicher Ebene Ersatz für die durch Tempelferne erzwungene Ritenarmut: „Durch den Geist des wahrhaftigen Rates Gottes werden die Wege des Menschen entsühnt (*jkwprw*)“ (1 QS 3, 6); wer in die Gemeinde eintritt, „wird Wohlgefallen finden vor Gott durch angenehme Sühneriten (*bkpwrj njḥwḥ*)“ (1 QS 3, 11), die gleichwohl nicht in ritueller Praxis bestehen. Der Mensch ist dabei passiv, denn Gott schenkt Entsühnung; daher sind Sühnemittel: Heilsmacht (*ṣdqh*) Gottes, heiliger Geist Gottes, Geist des wahrhaftigen Rates Gottes, Langmut und reiche Vergebungen (Gottes), der Reichtum seiner Güte, seine wunderbaren Geheimnisse (1 QH 4, 37; 1 QHf 2, 13; 1 QS 3, 6; 11, 14; CD 2, 4f.; 3, 18).

Daß gewisse Waschungen und Wasserriten in Qumran als Sühneriten zu verstehen sind, könnte zwar 1 QS 3, 4–12 nahelegen, ist aber nie unmittelbar ausgesprochen und scheint eher unwahrscheinlich. Materielle Sühneopfer scheinen relativiert zu werden, wenn es in einem Gebet heißt: „Du nimmst keine Ersatzleistung (*kwpr*) für die Taten des Frevels“ (1 QH 15, 24). Die Gemeinde hält den Versöhnungstag (*jwm hkpwrjm*: 1 QpHab 11, 7), der auch „Fasttag“ (CD 6, 19; 1 QpHab 11, 8) genannt wird, mit Fasten und Gemeinschaftsgebet. 1 Q 34bis 2, 6 (DJD I 153) ist die Überschrift eines nicht im Wortlaut erhaltenen „Gebets für den Versöhnungstag“ (*tplh ljwm kpwrjm*); 11 QPsa DavComp preist David als Autor von Liedern u.a. für den Versöhnungstag (DJD IV 92).

Subjekt des *kippær*-Geschehens ist (logisch oder grammatikalisch): a) in Übereinstimmung mit dem Fehlen äußerer Sühneriten meist Gott (1 QS 2, 8; 11, 14; 1 QH 4, 37; 17, 12; 1 QHf 2, 13; CD 2, 4f.; 3, 18; 4, 6f. 9f.; 20, 34). Nach 1 QS 2, 8f. soll Gott den 'Männern des Loses Belials' zürnen und ihre Vergehen nicht entsühnen; b) die Gemeinde. Durch ihr Dasein entsühnt sie ihre Mitglieder insgesamt (1 QS 5, 6?); besonders durch Bekämpfung und Verurteilung der Bösen, d. h. der Nicht-Mitglieder, entsühnt sie auch das Land – eine Erinnerung an Deut 32, 43 (1 QS 8, 6. 10; 1 QSa 1, 3). Ferner tragen Disziplinierungs-Maßnahmen innerhalb der Gemeinde zur Entsühnung des Landes bei (1 QS 9, 4); c) die Priesterschaft. In der Zeit des großen Endkrieges werden im Jerusalemer Tempel wieder Opfer mit sühnender Wirkung dargebracht (1 QM 2, 5). Auch der priesterliche Messias wird durch Opfer Sünde entsühnen (CD 14, 19). Eingehende Vorschriften für rituelle Entsühnung enthält die Tempelrolle, jedoch sind nur die Bestimmungen für den Versöhnungstag einigermaßen erhalten und lesbar (TR 25, 10–27, 10); an diesem Tag soll der Hohepriester „mit ihm (dem Sündopferstier) das ganze Volk der Gemeinde entsühnen“ (*wkpr bw ʿl kwl ʿm hqhl*: TR 26, 7).

Lang

כָּרָה *kārāh*

כֵּרָה *kerāh*, כְּרִית *kerîṯ*, מִכְרֶה *mikræh*

I. 1. Unterscheidung der Wurzeln, Vorkommen – 2. Etymologie – 3. Spezielle Bedeutungen – II. Profaner Gebrauch – 1. der Wortgruppe 'graben' – 2. der Wurzel mit der Bedeutung 'handeln' – 3. der Wortgruppe 'ein Mahl geben' – 4. der Wurzel mit der Bedeutung 'binden' – III. Verwendung in religiös-kultisch bestimmten Aussagen – 1. Die Wurzel mit der Grundbedeutung 'graben' – 2. Die Wurzel mit der Grundbedeutung 'handeln' – IV. LXX, Qumran.

Lit.: *G. Dalman*, AuS 6, 334f. – *K. Koch*, Gibt es ein Vergeltungsdogma im AT? (ZThK 52, 1955, 1–42 = Um das Prinzip der Vergeltung, WdF 125, 1972, 130–180). – *A. Schwarzenbach*, Die geographische Terminologie im Hebräischen des AT, Leiden 1954. – *A. D. Tushingham*, A Reconsideration of Hosea, Chapters 1–3 (JNES 12, 1953, 150–159, bes. 153f.).

I. 1. Im AT sind mehrere, wahrscheinlich vier getrennte Wurzeln *krh* zu unterscheiden (vgl. KBL[3] 472f.), die die Grundbedeutungen 'graben', 'handeln', 'ein Mahl geben' und 'zusammenbinden' haben. Von diesen Wurzeln ist die Wurzel mit der Bedeutung 'graben' am häufigsten im AT belegt; sie tritt außer als Verbum im *qal* (12mal unter Auslassung von Spr 16, 27, wo wahrscheinlich *kûr* zu lesen ist) und *niph* (2mal einschließlich Sir 50, 3) auch noch in den Nomina *k*ᵉ*rîṯ* (2mal) und *mikræh* (1mal) auf. Dagegen begegnet die Wurzel mit der Grundbedeutung 'handeln', die in *nkr* wahrscheinlich noch eine Nebenform hat (Hos 3, 2; vgl. dazu Tushingham 153f.; W. Rudolph, KAT XIII/1, 84f.), nur als Verbum im *qal* (5mal) und im *niph* (1mal: Neh 5, 8 l. *w*ᵉ*nikrû* mit W. Rudolph, HAT I/20, 130). Die Wurzel mit der Bedeutung 'ein Mahl geben' kommt jeweils 1mal als Verbum im *qal* und als Nomen *kerāh* vor. Die vierte Wurzel mit der Bedeutung 'zusammenbinden' ergibt sich nur aus einer Konjektur von Ps 22, 17, wo in Anlehnung an mehrere MSS Edd und Symmachus (vgl. BHS, App.) sowie in inhaltlicher Analogie zu 2 Sam 3, 34 und auch Joh 11, 44 *kārû* zu lesen ist (vgl. G. R. Driver, ExpT 57, 1946, 193; S. Mowinckel, Det Gamle Testamente, Skriftene I, Oslo 1955, 62; H.-J. Kraus, BK XV/1[5], 323; KBL[3] 473).

2. Alle vier Wurzeln sind über das Hebr. hinaus auch in weiteren semit. Sprachen belegt. So hat die Wurzel mit der Bedeutung 'graben' in mhebr. *k*ᵉ*rijjāh* 'Graben' (einer Grube), asarab. *krw* 'Höhle' (Conti Rossini 170), arab. *karā*ʷ 'graben' sowie äth. *karaja* Parallelwörter und begegnet ebenso in pun., jüd.-aram. und mand. Texten. Die Wurzel mit der Bedeutung 'handeln' entspricht mhebr. *kîrāh* 'Kauf' bzw. arab. *krj* = 'vermieten', 'mieten'. Die Wurzel mit der Bedeutung 'ein Mahl geben' hat wohl in ass. *qerītu* (Gastmahl; von *qerû* 'einladen') kein Parallelwort, aber asarab. *krwm* 'ein festliches bzw. kultisches Mahl' schließt an (s. KBL[3] 473; vgl. J. Barr, Comparative Philology and the Text of the OT, Oxford 1968, 102f.). Für die Wurzel mit der Bedeutung 'zusammenbinden' bietet dagegen arab. *kwr* 'Turban wickeln' eine etymologische Parallele.

3. Bei zwei Wurzeln läßt sich über die jeweilige Grundbedeutung hinaus noch die Ausprägung von speziellen Bedeutungen erkennen. Von der Grundbedeutung 'graben' ausgehend, sind so die spezielle Bedeutung 'aushauen' (Ex 21, 33; Ps 7, 16; 2 Chr 16, 14; Sir 50, 3) sowie die übertragene Bedeutung 'zurechtmachen' (Gen 50, 5; Ps 40, 7; vielleicht auch 2 Chr 16, 14) entwickelt worden. In gleicher Weise sind von der Grundbedeutung 'handeln' her die speziellen Bedeutungen 'einhandeln', 'kaufen' (Deut 2, 6; Jes 57, 8, wo mit B. Duhm, GHK[5], 428f., *wattikrî* zu lesen ist; Neh 5, 8, wo mit W. Rudolph, HAT I/20, 130 *w*ᵉ*nikrû* zu lesen ist) sowie 'feilschen' (Hi 6, 27; 40, 30) ausgebildet worden.

II. Alle vier Wurzeln treten im AT im Zusammenhang profaner Aussagen und Handlungen auf, die den größten Teil aller Belegstellen ausmachen.

1. Für die Verwendung des Verbums aus der die Wortgruppe 'graben' bildenden Wurzel ist eine Verbindung mit den Nomina 'Grube', 'Brunnen', 'Zisterne', 'Wassersammelbecken' und 'Grab' charakteristisch (13mal unter 14 Belegstellen). Dem entspricht es, daß das von der Wurzel abgeleitete Nomen *mikræh* (Zeph 2, 9) ebenfalls die Bedeutung 'Grube' hat (vgl. dazu W. Rudolph, KAT XIII/3, 277; anders G. Gerleman, Zephanja, Lund 1942, 37) und die Wurzel darüber hinaus auch in dem Eigennamen eines Bachtals, das in das ostjordanische Gebirgsmassiv tief eingegraben ist und zum Jordan führt, dem Wort *k*ᵉ*rîṯ* (1 Kön 17, 3. 5) = 'Graben' (vgl. Schwarzenbach 203; F. M. Abel, Géographie de la Palestine, I, Paris 1933, 484f.; J. Simons, GTTOT § 898), begegnet.

Die Grundbedeutung 'graben' liegt bei der Verbindung des Verbums mit den Nomina 'Grube' (*šûḥāh*, *šîḥāh*, *šaḥaṯ*) und 'Brunnen' (*b*ᵉ*'er*) vor; *kārāh* bezeichnet hier entweder die reale, auf das Ausgraben entsprechender Hohlräume im Erdreich gerichtete Tätigkeit (Ps 94, 13; Gen 26, 25; Num 21, 18) oder eine durch diese Tätigkeit symbolisierte Gesinnung, wobei das aus dem Jagdleben bekannte Bild von der Fallgrube im Hintergrund steht (Spr 26, 27; Ps 57, 7; 119, 85; Jer 18, 20. 22). Analog dazu bezieht sich auch die spezielle Bedeutung 'aushauen', die bei einer Bezugnahme des Verbums auf die Nomina 'Zisterne' (*bôr*), 'Wassersammelbecken' (*miqwāh*) und 'Grab' (*qæbær*) vorliegt, auf den Arbeitsvorgang des Herausschlagens eines Hohlraumes aus dem felsigen Erdboden (Ex 21, 33; Sir 50, 3; 2 Chr 16, 14); auch diese Tätigkeit kann zugleich wieder einer bildlichen Aussage zugrundegelegt werden (Ps 7, 16). Die übertragene Bedeutung 'zurechtmachen' deutet sich schon bei einer Verbindung von *kārāh* mit dem Nomen *qæbær* (Grab) an (vgl. Gen 50, 5; auch 2 Chr 16, 14); sie ergibt sich von dort her eindeutig für Ps 40, 7, wo *kārāh* auf *'ozæn* (Ohren) bezogen ist und dieser Ausdruck (vgl. LXX: καταρτίζω) dann als Umschreibung für 'Ohren öffnen', 'hören auf ...', 'gehorsam sein' steht (vgl. H.-J. Kraus, BK XV/1[5], 461).

2. Sämtliche Belegstellen der Wurzel mit der Grundbedeutung 'handeln' haben einen profanen Vorgang zum Inhalt oder legen einen solchen einer religiös bestimmten Aussage doch zugrunde. So geht es, was die spezielle Bedeutung 'einhandeln', 'kaufen' anbelangt, in Deut 2, 6 um das ganz profane Geschehen des Einhandelns von Wasser gegen Geld, während in Hos 3, 2 eine ehebrecherische Frau Gegenstand eines solchen Kaufhandels ist und nach Jes 57, 8 Buhlen (so B. Duhm, GHK[5], 429) gekauft werden bzw. Buhlerlohn (so C. Westermann, ATD 19, 257) eingehandelt wird. Aber auch die Aussage von Neh 5, 8, in der es praktisch um einen Rückkauf von verkauften jüdischen Volksgenossen geht (vgl. V sowie W. Rudolph,

HAT I/20, 130), liegt ebenso wie in Hos 3, 2 der aus dem Alltagsleben bekannte Vorgang des Kaufens von Menschen durch andere Menschen zugrunde. Analog zu diesen Stellen beziehen sich dann auch die Abschnitte, in denen *kārāh* in der weiteren speziellen Bedeutung 'feilschen' auftritt, auf rein profanes Geschehen; nach Hi 6, 27 betrifft dieses Feilschen den Freund, nach Hi 40, 30 gilt es einem Krokodil.

3. Eine ausschließlich profane Verwendung weist die die Wortgruppe 'ein Mahl geben' bildende Wurzel auf. Sowohl das im *qal* stehende Verbum als auch das entsprechende Nomen *kerāh* treten, eng aufeinander bezogen, nur in 2 Kön 6, 23 auf. Hier aber handelt es sich um die Durchführung eines zwar großen, aber doch ganz gewöhnlichen, nur aus Brot und Wasser bestehenden Mahles, das von dem israelitischen König für gefangene Syrer vor deren Entlassung in die Heimat gegeben wird. (W. von Soden, UF 19, 1981, 162 bestreitet diese Deutung und meint, mit der Bedeutung 'kaufen' auskommen zu können.)

4. Auch für das einzige Vorkommen der Wurzel *kārāh* in der Bedeutung 'zusammenbinden' (Ps 22, 17 cj.) gilt, daß es von einem ganz profanen Vorgang ausgeht. Das Binden der Hände und Füße, wie es bei einem Gefangenen geschieht (vgl. 2 Sam 3, 34) und davon abgeleitet dann auch bei einem Toten üblich ist (vgl. Joh 11, 44), bildet hier die Vorlage für ein entsprechendes reales Verhalten gegenüber einem verfolgten, totkranken Menschen (vgl. dazu H.-J. Kraus, BK XV/1⁵, 328f.).

In Ps 22, 17 liest R. Tournay (VT 23, 1973, 111f.) *kæ'ærô* und leitet *'ærô* von *'ārāh*, 'pflücken', 'sammeln' i.S.v. 'zerpflücken, zerfleischen' ab: „wie um meine Hände und Füße zu zerfleischen" (zustimmend M. Dahood, VT 24, 1974, 370f.). J. J. M. Roberts (VT 23, 1973, 247–252) liest *kārû* und stellt das Verb mit akk. *karû*, 'kurz sein' (AHw 452) im Sinne von 'schrumpfen' zusammen: „meine Hände und Füße schrumpfen".

III. Eine Verbindung mit religiösen Aussagen bzw. kultischem Geschehen liegt nur bei zwei Wurzeln vor: der Wurzel mit der Grundbedeutung 'graben' und der Wurzel mit der Grundbedeutung 'handeln'.

1. An das aus dem Jagdbereich bekannte Bild von der Fallgrube anknüpfend, hat das AT die Wurzel mit der Grundbedeutung 'graben' auf zweierlei Weise für religiös-theologische Aussagen herangezogen. Einerseits verbindet es das Graben von Gruben mit dem Wirken von Frevlern bzw. Frechen (Ps 119, 85), also den Feinden des gottesfürchtigen Israeliten bzw. den Feinden eines Propheten wie Jeremia (Jer 18, 20. 22). Das Graben einer Grube ist hier symbolischer Ausdruck für ein auf das Verderben des Frommen gerichtetes Sinnen und Handeln. Andererseits dient dieses Bild aber auch dazu, der allgemeinen Überzeugung vom unheilvollen Zurückschlagen einer bösen Tat auf den Täter Ausdruck zu geben. Wenn jemand eine Grube in der Absicht gräbt, daß sein Nächster in diese fällt, so wird er selbst in diese stürzen (Spr 26, 27). Diese generelle Aussage der Weisheitslehre beziehen Psalmdichter dann wieder speziell auf das Verhältnis des Frommen zu seinen Verfolgern und Feinden (Ps 7, 16; 57, 7).

In den Umkreis kultischen Geschehens führt die Verwendung der Wurzel in der übertragenen Bedeutung 'zurechtmachen'. Nähert sich schon das Zurechtmachen eines Grabes für die Aufnahme eines Toten (Gen 50, 5; auch 2 Chr 16, 14) diesem Bereich, so wird durch die Gegenüberstellung von durch JHWH zurechtgemachten Ohren (= Gehorsam) und verschiedenen Opferarten (Ps 40, 7) ein deutlicher Bezug zur kultischen Sphäre hergestellt.

2. Die Wurzel *kārāh* mit der Grundbedeutung 'handeln' findet nur in der speziellen Bedeutung 'einhandeln', 'kaufen' in religiös bzw. kultisch bestimmten Vorgängen Verwendung. Wenn sich der Prophet Hosea nach Hos 3, 2 auf dem Wege des üblichen Kaufgeschehens eine ehebrecherische Frau einhandelt, so dient ihm dieser Kaufhandel als Zeichenhandlung für die unverdiente Liebe, mit der JHWH sein von ihm sich abgekehrt und anderen Göttern zugewandt habendes Volk Israel wieder annehmen will. In gleicher Weise geht es in Jes 57, 8 um Israels Abfall von JHWH; das Volk übt auf den Höhen den kanaanäischen Fruchtbarkeitskult aus, der als Ehebruch und Hurerei dargestellt wird, indem sich die Buhlerin (= Israel) für Geld oder auch Naturalien Buhlen kauft (vgl. B. Duhm, GHK⁵, 428f.) bzw. Buhlerlohn einhandelt (vgl. C. Westermann, ATD 19, 257).

IV. Die LXX übersetzt *kārāh* mit ὀρύσσειν (8mal) und λατομεῖν (2mal), *kerāh* mit παράθεσις und versteht *k^erîṯ* als Ortsname Χορραθ.

In Qumran begegnet *krh* nur in CD 6, 3. 9 in der Bedeutung „ausschachten". In Parallele zu *ḥāp̱ar* beschreibt das Verb die Tätigkeit der „Brunnengräber", metaphorische Selbstbezeichnung für die Thoraforscher der Qumrangemeinde.

Schunck

כְּרוּב *k^erûḇ*

I. 1. Form – 2. Etymologie – II. At.licher Befund – 1. Selbständige Kerubengestalten – 2. Kerubenbilder – 3. In Gottestiteln – 4. Zusammenfassung – III. Außerbiblische Parallelen – IV. Abschließende Bemerkungen.

Lit.: *W. F. Albright*, What were the Cherubim? (BA 1, 1938, 1–3). – *J. P. Brown*, Literary Contexts of the Common Hebrew-Greek Vocabulary (JSS 13, 1968, 184–188). – *R. L. Cleveland*, Cherubs and the „Tree of Life" in Ancient South Arabia (BASOR 172, 1963, 55–60). – *H. Demisch*, Die Sphinx. Geschichte ihrer Darstellung von den Anfängen bis zur Gegenwart, 1977. – *É. Dhorme*, Le nom des chérubins (Recueil É. Dhorme, Paris 1951, 671–683 = RB 35, 1926, 482–495). – *H. J. van Dijk*, Ezekiel's Prophecy on Tyre (BietOr 20, 1968). – *W. Eichrodt*, Hesekiel (ATD 22, 1966). – *J. Flagge*, Untersuchungen zur Bedeutung des Greifen (Diss. Köln 1971), 1975. – *T. C. Foote*, The Cherubim and the Ark (JAOS 25, 1904, 279–286). – *H. Frankfort*, The Art and Architecture of the Ancient Orient, Harmondsworth 1970. – *Th. H. Gaster*, Ezekiel and the Mysteries (JBL 60, 1941, 289–310). – *M. Görg*, Keruben in Jerusalem (BN 4, 1977, 13–24). – *P. Grelot*, Sur une pointe de flèche à inscription Phénicienne (Or 26, 1957, 273–279). – *M. Haran*, The Ark and the Cherubim: Their Symbolic Significance in Biblical Ritual (IEJ 9, 1959, 30–38; 89–94). – *G. Jacoby*, Zur Erklärung der Cherube (ARW 22, 1923, 257–265). – *L. Kákosy*, „Mischgestalt" (LexÄg IV, 1980, 145–148). – *A. S. Kapelrud*, The Gates of Hell and the Guardian Angels of Paradise (JAOS 70, 1950, 151–156). – *O. Keel*, Jahwe-Visionen und Siegelkunst (SBS 84/85, 1977). – *Ders.*, Die Welt der altorientalischen Bildsymbolik und das AT, ^{2}1977. – *M. Kmoskó*, Kerub und Kurib (BZ 11, 1913, 225–234). – *H. Krüger*, Die Kerubim. Geschichte einer Vorstellung (Diss. Halle-Wittenberg 1968/69). – *S. Landersdorfer*, Der ΒΑΑΛ ΤΕΤΡΑΜΟΡΦΟΣ und die Kerube des Ezechiel (Studien zur Geschichte und Kultur des Altertums IX/3, 1918). – *F. Landsberger*, The Origin of the Winged Angel in Jewish Art (HUCA 20, 1947, 227–254). – *J. Maier*, Das altisraelitische Ladeheiligtum (BZAW 93, 1965). – *G. E. Mendenhall*, The Tenth Generation, Baltimore–London 1973. – *T. Mettinger*, The Dethronement of Sabaoth (CB 18, 1982). – *G. von Rad*, Zelt und Lade (ThB 8, 1971, 109–129). – *G. Rinaldi*, Nota (BibO 9, 1967, 211 f.). – *A. Rosenwasser*, Kerub and Sphinx. More on the Phoenician Paradise (Milla waMilla 12, Melbourne 1971, 28–38). – *H. Schmidt*, Kerubenthron und Lade (Eucharisterion H. Gunkel I, FRLANT 36, 1923, 120–144). – *J. Trinquet*, „Kerub, Kerubim" (DBS 5, 1957, 161–186). – *E. Tsoref*, Die Keruben in der Altertumskunde und nach Y. Kaufmann (Beth Miqra' 11, 1965/66, 59–88). – *E. Unger*, „Mischwesen" (RlV 8, 195–215). – *R. de Vaux*, Les chérubins et l'arche d'alliance. Les sphinx gardiens et les trônes divins dans l'Ancien Orient (MUSJ 37, 1961, 93–124). – *L. H. Vincent*, Les chérubins: le concept plastique (RB 35, 1926, 328–358. 481–495). – *P. Welten*, „Mischwesen" (BRL^{2} 224–227).

I. 1. Die Sing.-Form *k^{e}rûḇ* wird immer plene geschrieben; im Plur. stehen 35 Pleneschreibungen gegen 29 Defektivformen (alle 15 Belege im Pent. defektive, in den Propheten 13 defektive gegen 24 plene-Schreibungen); zur Bedeutung solcher orthographischen Beobachtungen vgl. Freedman, EI 9, 1969, 35–44.

2. a) Die Wurzel *krb* ist sonst nicht im bibl. Hebr. belegt, dagegen in akk. *karābu*, 'segnen', im Asarab. und in Ableitungen im Äth. Das allgemein westsemit. *brk*, 'segnen', wird gewöhnlich als verwandt betrachtet (Rinaldi 211; Dhorme 672); gelegentlich ist auch *rkb*, 'reiten', herangezogen worden (im Zusammenhang mit 2 Sam 18, 11; vgl. Ps 104, 3). Solche Metathesen sind jedoch abzulehnen. In den sechs möglichen Kombinationen der Konsonanten *k*, *r*, *b* ergeben sich keine überzeugende Bedeutungszusammenhänge. Am nächsten kommen sich die schon genannten *krb* und *brk*, 'segnen'.

b) Akk. *karābu* heißt 'beten, segnen, grüßen (Menschen), anbeten (Götter und Menschen), ein Opfer versprechen oder weihen'. Das Verb ist geläufig in assyr. Briefanfängen: „An den König, meinen Herrn, dein Knecht N.N. ... Mögen Nabu und Marduk den König segnen (*likrubū*)" (ABL 773 = S. Parpola, Letters from Assyrian Scholars, AOAT 5/1, 1970, Nr. 113, 1–7; andere Beispiele Seux 176. 235). Von den Derivaten sind *kāribu*, *kāribtu*, „Segner" (AHw 449) und die Diminutivform *kurību* (AHw 510) von besonderem Interesse; ersteres wird oft, letzteres immer von Kultbildern gebraucht. Da diese Wörter mit anderen Wörtern für Kultbilder, *lamassu* und *laḫmu*, verbunden werden, hat man sie als Bezeichnungen für ähnliche Kultbilder aufgefaßt und fälschlich mit sonst bezeugten Kultbildern identifiziert (de Vaux 99; Dhorme 678. 681; Cooke 112; Vincent 341 f.). Da es aber keine Kultbilder gibt, die *kāribu*, *kurību*, *lamassu* oder *laḫmu* heißen, können die Wörter nicht mit Sicherheit mit irgendwelchen Bildern zusammengebracht werden. *kāribu* ist ein Ptz. akt. und bezeichnet jede Person oder jedes Bild in einer segnenden Position (CAD K 216). *kāribtu* steht zusammen mit *lamassu* in einem Text aus Elam (E. Reiner, AfO 24, 1973, 87–102, bes. 95 f.), der für assyr. Verhältnisse durchaus nicht typisch ist und der sonst nicht bekannte Kultbilder und -gebräuche erwähnt. Das Diminutiv *kurību* steht in Aufzählungen von Kultbildern in mehreren Bauinschriften Assarhaddons, wo Löwen, *anzû*-Vögel, Löwen, *laḫmu* und *kurību* erwähnt werden (zit. CAD K 559, vgl. Seux 147; ähnliche Aufzählungen im Zusammenhang mit dem *tākultu*-Fest CAD ebd.). Die genannten Bilder sind sehr unterschiedlicher Art, was keine Schlüsse über das Aussehen der *kurību* erlaubt; ein neuassyr. Brief (ABL 1194, 13, zit. CAD ebd.) stellt sogar *kurību* mit Königsbildern zusammen. Nicht-menschliche Züge werden durch die Unterweltvision eines assyr. Kronprinzen nahegelegt; dort wird das erste von 15 erwähnten Ungeheuern als mit *kurību*-Kopf und menschlichen Händen und Füßen versehen beschrieben (W. von Soden, ZA 43, 1936, 16: 43; ANET 109); es handelt sich also um ein Mischwesen.

Die „segnenden Bilder" *lamassu* und *laḫmu* gehören nicht hierher. Die *laḫmu* werden zunächst in mythologischen Kontexten erwähnt; sie kämpfen z. B. in EnEl gegen Tiamat. Erst später werden sie als Wächter genannt; wie man sie sich vorstellte, bleibt unklar (CAD L 41 f.; Dhorme 683; Vincent 344). Die *lamassu* stellten einen Versuch dar, das Wesen und die Funktion des Menschen zu umschreiben; dargestellt werden sie als weibliche Figuren (CAD L 60–66; L. Oppenheim, Ancient Mesopotamia, 198–206; anders Vincent 344). Die Wörter *laḫmu*, *lamassu*, *kāribu* und *kurību* haben nur das gemeinsam, daß sie Kultbilder bezeichnen können.

Aufgrund dieser Fakten hat man einen Zusammenhang zwischen hebr. *k^{e}rûḇ* und einem der akk. Wörter angenommen, entweder als direkte Entlehnung (Rinaldi 212; vgl. Dhorme 682) oder als durch eine andere westsemit. Sprache vermittelt (de Vaux 98). Diese Schlüsse sind aber ohne Stütze.

Es gibt ferner Spuren einer Wurzel *krb*, 'pflügen', z. B. in *nukaribbu*, 'Gärtner' (AHw 802), die gewöhnlich aus sum. *nu.kiri* hergeleitet wird (s. S. Kaufman, Akkadian Influences on Aramaic, Yale Diss. 1970, 283f.; anders A. Salonen, ArOr 17, 1949, 921f.)
c) Im Asarab. sind das Verb *krb*, 'geloben, weihen, Opfer bringen' und die Nomina *krb*, 'Opfer, Tempelgabe' und *krbt*, 'Segen' (Conti-Rossini 170; A. Jamme, Sabaean Inscriptions from Maḥram Bilqîs, Baltimore 1962, 346 bzw. 49f. 186) belegt. Die Wurzel wird außerordentlich häufig in der asarab. Namengebung verwandt (G. Lankester Harding, An Index and Concordance of Pre-Islamic Arabian Names and Inscriptions, 1971, verzeichnet mehr als 40 Namen). Soweit stimmen die Fakten mit dem ostsemit. Material überein.
Für das südarab. Gebiet besonders charakteristisch ist dagegen der term. techn. *mkrb*, der in der Frühzeit die Herrscher von Saba, Qataban und Hadramaut bezeichnet, dann aber um die Mitte des 1. Jt. v. Chr. mehr oder weniger durch *mlk* ersetzt wird. Das Wort wird gewöhnlich als 'Opferer' im Sinne von 'Priesterkönig' verstanden. Die Texte schreiben ihm aber keine priesterliche Funktion zu (obwohl er offenbar Alleinrecht auf religiös begründete Ämter hat). Aufgrund südsemit. lexikographischer Belege für die Wurzel *krb*, 'nahe kommen', hat A. Jamme (Cahiers de Byrsa 5, 1955, 265–281, bes. 271f.) vorgeschlagen, *mkrb* als 'einer, der nahe bringt', d. h. „unificateur" aufzufassen.
Im Äth. gibt es *m*^{e}*k*^{we}*rab*, 'Tempel, Heiligtum' (Dillmann, Lex. Ling. Aeth. 836f.; Leslau, Contributions 27) und *k*^{we}*rbat*, 'Amulette' (Dillmann 837), vgl. auch *karabō*, 'Korb'.
Im klass. Arab. hat die Wurzel *krb* meist die Bedeutung 'nahe sein, sich nähern', aber auch 'pflügen, zur Saat bestellen' ist bezeugt (WKAS I 110f.); *karab*, 'Blattstrunk' ist aram. Lehnwort.
Ein südsemit. *krb*, 'segnen', ist also schlecht bezeugt. Dagegen finden sich die Bedeutungen 'pflügen' und 'nahe sein', in Ableitungen auch Spuren einer Bedeutung 'zusammendrehen'.
d) Im Ugar. ist die Wurzel nicht sicher bezeugt. Die Lesung *k.krb.b* (CTA 16, I, 2) wird von KTU 1.16, I, 2 nicht mehr bestätigt; auch KTU 1.3, I, 12 ist zweifelhaft (zu lesen ist *bk rb ʿẓm*, „ein großes und starkes Gefäß"). In PN kommt *krb* vor (PNU 151).
Ein phön. Beleg für *krb*, 'widmen' (Grelot 273ff.) ist zweifelhaft (J. Milik, BMB 16, 1961, 105f.; S. Yeivin, RB 65, 1958, 585–588). Ein leider beschädigter pun. Text aus Sainte-Monique enthält fast sicher das Wort *k*^{e}*rûḇîm* (KAI 96, 2 *w t krbm ʿl*, „und die Kerube über ...").
Aram. Belege sind zum Teil von biblischer Tradition abhängig. *krb* 'pflügen' kommt in allen späteren ostaram. Dialekten vor (Dalman 206, Dict. Talm 663f., MdD 223a); außerdem ist ein *krb*, 'flechten', im Syr. belegt (LexSyr 343), vgl. jüd.-aram. *aph*, 'binden, flechten'.

e) Es scheint also drei Wurzeln *krb* zu geben: 1. 'segnen' (akk., vielleicht südsemit.), 2. 'pflügen' (aram., südsemit.) und 3. 'näher bringen', 'flechten', 'einigen' (aram., arab., südsemit.). Von diesen wären die beiden ersten als Herleitung von *k*^{e}*rûḇ* möglich; sie könnten aber auch zusammengehören.

II. Die Kerube der Bibel erscheinen entweder als Reittiere der Gottheit oder mit heiliger Vegetation verbunden. Sie treten selten selbständig auf; in der Mehrzahl der 91 Belege handelt es sich um Darstellungen der Keruben oder sie sind Bestandteil göttlicher Titulatur. Abgesehen von den Titeln erscheinen die Kerube nur in der Urgeschichte und in technischen Beschreibungen des Gottesthrons in P, DtrGW und Ez (→ כסא *kisse'*).
1. a) In Verbindung mit Vegetation erscheinen die Kerube zweimal, beidesmal in Verbindung mit einem Gottesgarten (de Vaux 101ff., Mendenhall 88).
In der Paradieserzählung werden sie am Ende erwähnt (Gen 3, 24). Adam und Eva werden aus Eden ausgetrieben; im übrigen scheint der Text verderbt zu sein. MT lautet: „Gott ließ östlich vom Garten Eden die Kerube sich lagern und das sich wendende Flammenschwert, um den Weg zum Baum des Lebens zu bewachen." LXX setzt eine längere Textform voraus: „Gott setzte ihn (den Mann) und setzte (*ntn*) die Kerube ..." Wie immer in der Urgeschichte ist es wichtig zu sehen, auch was der Text nicht sagt. Die Kerube bewachen weder den Baum des Lebens noch die Tore des Gartens, sondern den Weg. Sie erscheinen weder paarweise noch sind sie nur zwei. Sie halten oder schwingen weder das Schwert noch führen sie die Austreibung aus; sie werden nicht als gut oder böse bezeichnet; sie handeln nicht unabhängig von Gott. Es wird auch nicht angedeutet, ob sie dem Garten ursprünglich fremd sind; wie die Schlange scheinen sie sogar zu den ursprünglichen Bewohnern des Gartens gehört zu haben. Deshalb kann man annehmen, daß sie auch der Tierwelt angehören, obgleich es nicht ausdrücklich gesagt wird. Es ist sogar möglich, daß sie – wie in der Paralleltradition das zuckende Flammenschwert – leblos sind (vgl. weiter Westermann, BK I z. St.; Görg 22ff.).
In der dunklen Aussage über den König von Tyrus, Ez 28, erscheint wieder der Kerub:

Du (l. *'attāh*), o beschützender Kerub,
ich setzte dich ein, du Gesalbter (l. *mamšûaḥ*).
Du warst das Heilige auf dem Berg Gottes.
Du wandeltest inmitten der Feuersteine.
Du warst vollendet auf deinen Wegen
vom Tage deiner Erschaffung
bis daß Unrecht in dir gefunden wurde.
Bei deinem mächtigen Handel sündigtest du,
dein Inneres war mit Gewalt gefüllt.
Ich stieß dich herab vom Gottesberg,
ich zerstörte dich, o Kerub,
o Bedeckender, von der Mitte der Feuersteine.
(vv. 14–16)

(Textverbesserungen, die die Gestalt des Königs von der des Keruben trennen und den König in eine Adamgestalt verwandeln, sind mit van Dijk [113ff.] vermieden worden.) Obwohl der Schauplatz der Gottesgarten ist, deutet nichts darauf hin, daß der König von Tyrus der erste Mensch sei. Dagegen ist er ein Geschöpf, das einmal den Garten bewohnt hat; der Text sagt nicht, daß er den Gottesberg bewachte. Der Kerub von Ez 28 wohnt in einem Garten auf einer mit Edelsteinen besetzten Anhöhe; er ist „der Bedeckende" und wird mit dem König von Tyrus identifiziert, was aber nicht unbedingt bedeutet, daß er menschliche Gestalt hatte. Ezechiels eigener Anteil an der Beschreibung ist schwer zu bestimmen, es ist aber wahrscheinlich, daß er sich eher auf die Gestalt des Königs im allgemeinen als auf einen bestimmten König bezieht und daß der Text auf der tyrischen Königsideologie aufbaut. Da der Kerub wahrscheinlich mit der Sphinxfigur auf königlichen und göttlichen Thronen zu identifizieren ist, wird der König metonymisch als ein bedeutsames Kultgerät oder als das, was es repräsentiert, dargestellt. Schließlich ist der Kerub von Tyrus eine einsame Gestalt (zum Unterschied von Gen 3 und Ez 28 s. von Rad, ThAT I^{5}, 154).

b) In zwei oder drei Fällen dienen die Kerube als Träger der Gottheit in Bewegung. J. Needham (Science and Civilisation in China, 4/II, 1965, 568–573) verteilt das mythische Fliegen auf drei Typen: a) fliegende Fahrzeuge, b) (Fahrzeuge gezogen von) geflügelte(n) Tiere(n) und c) Fliegen der Gottheit selber (zum ugar. Material s. F. C. Fensham, Winged Gods and Goddesses in the Ugaritic Tablets, OrAnt 5, 1966, 157–164). Die meisten biblischen Schilderungen gehören zur Gruppe b): Tiere (Kerube) ziehen den göttlichen Thronwagen (de Vaux 106ff.). Gruppe a) könnte vorliegen, wenn JHWH auf den Wolken dahinfährt, da die Kerube – obwohl unerwähnt – beteiligt sein können (Deut 33, 6; Jes 19, 1; Ps 68, 5. 34; 104, 3). Gruppe c) ist unsicher, da die Hinweise auf die Flügel JHWHs anders erklärt werden können (Ps 17, 8; 36, 8; 57, 2; 61, 4; 91, 4; Vergleich mit Adlerflügeln Ex 19, 4; Deut 32, 11).

Das wichtigste Beispiel für JHWH als auf geflügelten Tieren reitend ist 2 Sam 22, 11 = Ps 18, 11 „Er bestieg den Kerub und flog daher / und schwebte auf dessen Flügeln durch den Wind (*rûaḥ*)". Das Alter des Psalms beweist, daß die Kerube zu einer der ältesten Traditionsschichten gehört. JHWH besteigt direkt den Kerub; und dieser kann nicht mit den Flügeln des Windes identisch sein, denn der Text besagt, daß JHWH das Tier besteigt und dann durch die Luft dahinfährt.

In den anderen Belegen wird vorausgesetzt, daß die Kerube einem Fahrzeug vorangespannt sind. Der Thronwagen Gottes in Ez 1 und 9–11 ist eine sehr komplexe Erscheinung, die die Phantasie späterer Zeiten angeregt hat (Merkabah-Mystik usw., vgl. dazu jetzt J. Marböck, BZ 25, 1981, 103–111). Die beiden Schilderungen haben sich gegenseitig beeinflußt (Ez 10, 15. 20 bezieht sich z. B. auf die erste Vision), und es wird allgemein angenommen, daß wenig auf den Propheten selber zurückgeht (Eichrodt, ATD 22, 15. 52ff.; Zimmerli, BK XIII/1, 202ff. 237ff.). Auf jeden Fall aber soll die Beschreibung ernst genommen werden. Verschwommene Ausdrücke, Dunkelheit und diffuse Umstände sind nicht so unangebracht in einer Gottesvision, daß sie Ez abgesprochen werden sollten (vgl. Cooke, ICC xxvii).

Gottes Thron war beweglich, getragen von Tieren (Kap. 1), die in Kap. 10 (v. 15. 20) *k^{e}rûḇîm* genannt werden (die Identität von *ḥajjôṯ* und *k^{e}rûḇîm* sollte nicht bezweifelt werden, vgl. de Vaux 94f.; Eichrodt 57; Zimmerli 52) und von Rädern. Die „Tiere" werden nur als „tierähnlich" (*d^{e}mûṯ*) beschrieben.

In der Beschreibung der Wesen, die den Thron Gottes tragen, nennt Ez eine große Zahl von Einzelheiten. Die Grundzüge sind wie folgt: a) menschliche Gestalt (*d^{e}mûṯ 'āḏām*, 1, 5), was gewöhnlich als aufrecht gehender Zweifüßler gedeutet wird; b) vier Gesichter (1, 6; 10, 21), die unbeweglich sind (1, 9): ein menschliches Gesicht und ein Löwengesicht rechts, ein Ochsen- (10, 14 Keruben-) und ein Adlergesicht links (1, 10; 10, 14); c) vier Flügel (1, 6), die im gewissen Sinn unbeweglich sind (1, 9): zwei sind ausgebreitet und berühren einander, zwei sind gefaltet und bedecken den Körper (1, 11); d) aufrechte Beine mit Kalbshufen (1, 7); e) menschliche Hände (1, 8; 10, 8. 21) und f) ein Aussehen wie glühende Kohlen (1, 13) und Bewegungen wie der Blitz (1, 15). Die Kerube sind von Rädern umgeben und tragen den Thron. Es gibt hier zwei Kerubengestalten: wie Ez Feuer innerhalb von Feuer und Rad innerhalb von Rad erwähnt, bietet er einen eingesichtigen Kerub innerhalb von einem viergesichtigen. Die Gleichstellung des Kerubengesichts 10, 14 mit dem Ochsengesicht 1, 10 gibt einen Hinweis zum Verständnis der Gestalten: das Wort *k^{e}rûḇ* konnte ein Mischwesen mit Ochsengesicht und daneben ein Mischwesen mit mehreren Gesichtern beschreiben. Der große Kerub ist geflügelt, mit Kalbshufen und Menschenhänden und steht aufrecht; er hat vier Gesichter, offenbar auf einem Kopf. Wenn die beiden Listen harmonisierend gelesen werden, kann der Kopf so vorgestellt werden:

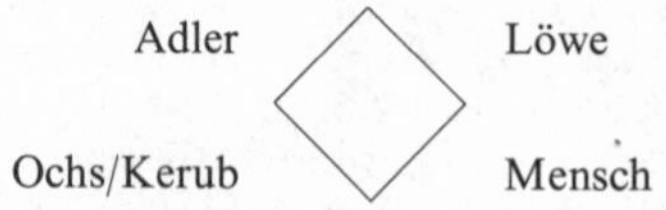

In der ersten Liste sieht der Prophet die Basis der Figur und beschreibt jede Seite, von rechts nach links, von vorn nach hinten. In der zweiten geht er dem Uhrzeigersinn entgegen um den Kopf herum. Wenn dazu die erste Angabe mit Recht als Hinweis auf einen Zweifüßler verstanden wird, wird Ezechiels Bild des großen Keruben vollständig.

2. Die Mehrzahl der at.lichen Erwähnungen von Keruben bezieht sich auf Bilder, die mit dem Zelt- oder

Tempelkult verbunden sind. Die Rundskulpturen haben es im allgemeinen mit der Transportfunktion zu tun, die Flachreliefbilder dagegen mit heiliger Vegetation.
a) Die Keruben im Allerheiligsten des P-Zeltes sind zwei kleine Figuren in gehämmerter Arbeit (*miqšāh*), die mit der *kapporæṯ* (→ כפר *kpr*) über der Lade verbunden sind (Ex 25, 18–22, 7mal; ausgeführt Ex 37, 7–9, 6mal; vielleicht ist Num 7, 89 als Ausführung von Ex 25, 22 gemeint, vgl. Noth, ATD 7, 59). Als Einzelzüge der Keruben sind nur die Flügel genannt, die ausgebreitet sind, um den Thron JHWHs zu bilden (vgl. de Vaux 91. 96), und die Gesichter, die einander zu- und gegen die *kapporæṯ* gewandt sind. Die Kerube im Allerheiligsten von Salomos Tempel sind ebenso zwei an Zahl; gemeint sind große Figuren aus Ölholz mit Gold überzogen (1 Kön 6, 23–28, 11mal, verkürzt 2 Chr 3, 10–13, 6mal, zu *ṣaʿaṣuʿîm* s. J. Myers, AB 13, 15. 18; 1 Kön 8, 6f., 2mal = 2 Chr 5, 7f.). Nur die Flügel der Keruben sind genannt; die Gesichter werden nicht erwähnt. Der Tempel von Ez hat keine Parallelen zu den Keruben.
In den letzten Verfügungen Davids an Salomo über den Tempelbau wird ein Modell (*taḇnîṯ*) des Kerubenwagens (*mærkāḇāh*) 1 Chr 28, 18 entwickelt. Es steht völlig isoliert, aber eine angebliche Abhängigkeit von Ez kann nicht bewiesen werden.
b) Die Teppiche und der Vorhang des Zeltes sind mit Keruben geschmückt (Ex 26, 1. 31, ausgeführt 36, 8. 35); Einzelheiten werden nicht geboten; eine Verbindung zur Vegetation ist nicht sichtbar. In die Wände und Türen des salomonischen Tempels sind Kerube, Palmetten und Rosetten (*peṭûrê ṣiṣṣîm*) eingeschnitzt (1 Kön 6, 29–35, 4mal, gekürzt 2 Chr 3, 7). Der Vorhang des Zeltes hat kein Gegenstück in 1 Kön, aber 2 Chr nennt einen Vorhang mit Keruben (2 Chr 3, 14); der Hinweis ist wahrscheinlich durch einen Textfehler in Kön ausgefallen. Die Kesselwagen („Gestelle") des salomonischen Tempels waren mit Flachreliefleisten mit Löwen, Ochsen und Keruben versehen (1 Kön 7, 29. 36, vgl. Montgomery, ICC, Kings 174ff.). Die Wände und Türen von Ezechiels Tempel sind mit zweigesichtigen Keruben zwischen Palmen verziert; die Rosetten des salomonischen Tempels fehlen (Ez 41, 8–25, 6mal). Die Gesichter sind menschlich und löwenartig, entsprechend der rechten Seite der Keruben von Ez 1.
3. Unter den Titeln des Gottes Israels findet sich oft *jošeḇ (hak)kerûḇîm*, „der auf den Keruben thront". Der Ausdruck ist ein aus dem kanaanäischen Kult stammender El-Titel und ist vorwiegend mit der Bundeslade verbunden (1 Sam 4, 4; 2 Sam 6, 2 ‖ 1 Chr 13, 6), kommt aber auch ohne Verbindung mit der Lade vor (2 Kön 19, 15 = Jes 36, 16; man beachte die Erwähnung eines Wagens 2 Kön 19, 23; Ps 80, 2; 99, 1). Diese Belege geben keinen Aufschluß über die Kerube; der Titel besagt nicht, ob ein Wagen vorausgesetzt ist oder nicht (→ ישב *jāšaḇ* III. 3).

4. Nach allem sind die Kerube entweder mit Vegetation oder mit der Bewegung der Gottheit verbunden. Die letztere Funktion ist leichter zu definieren, während die Bewachung heiliger Vegetation nicht so klar faßbar ist. Die beiden hängen nicht miteinander zusammen.
Was das Aussehen der Keruben betrifft, ist nur eines klar: sie sind geflügelt. Am widerspruchsvollsten sind Angaben über die Gesichter: die Keruben der Lade haben fast sicher nur ein Gesicht, ebenso der kleine Kerub in Ez 10, 14; die Kerube in Ezechiels Tempel haben zwei Gesichter, diejenigen in Ezechiels Visionen vier. Die Gesichter sind sowohl menschenals auch tiergestaltig. Was die Totalgestalt betrifft, ist kein Beleg klar. Wenn sich *demûṯ ʾāḏām* auf Zweifüßigkeit bezieht, ist Ez 1 und 10 von Zweifüßlern die Rede. Die Analogie von Ez 28, 14. 16 scheint auch auf einen Zweifüßler zu deuten. 2 Sam 22, 11 dagegen scheint ein vierfüßiges Tier oder einen Vogel vorauszusetzen. Wenn die Löwen und Ochsen der Kesselwagen ein Vorbild darstellen, wäre auf Vierfüßler zu schließen. Das alles deutet darauf hin, daß *kerûḇ* nicht ein einzelnes Wesen bezeichnet, das auf Monumenten dargestellt ist, sondern sich eher auf eine Mehrzahl von geflügelten Wesen bezieht, die mit einer heiligen Landschaft verbunden sind. In der Mehrzahl der Fälle deutet alles auf Mischwesen verschiedener Art hin, von denen keines als „typisch" angesehen werden kann.

III. Das Studium des relevanten außerbiblischen Materials setzt voraus, daß die Kerube auf den Monumenten des alten Südwestasien identifiziert werden können. Diese Voraussetzung stimmt eigentlich nicht, da die israelitische Tradition grundsätzlich bildlos ist, obwohl vereinzelte Ausnahmen archäologisch nachgewiesen werden können.
Anfangs war das Studium außerbiblischen Materials auf Mesopotamien ausgerichtet. Die Kerube wurden aufgrund ihres Mischwesencharakters mit den neuassyr. Kolossen identifiziert (Vincent 340). Diese Annahme wurde dadurch erhärtet, daß die Kolosse mit *lamassu*, *šēdu* und anderen Schutzgeistern verbunden wurden, dann auch durch die Gleichsetzung von akk. *kurību* mit hebr. *kerûḇ*, was aber (s. o.) unbegründet ist. Obwohl diese Erklärung eine lexikographische Identifizierung implizierte, konnte sie keine einheitliche sachliche Deutung bieten. Vincent behauptete zwar die mesopot. Herkunft des Terminus, konnte aber der mesopot. Vorstellung keine einheitliche Form zuschreiben und bot eine fließende Identifikation der biblischen Figur. Er meinte, daß auf beiden Seiten der Ausdruck urspr. menschliche Gestalten bezeichnete, später aber Mischwesen meinte (Vincent 344ff. 493ff.). Diese Lösung, die auf naiven evolutionistischen Voraussetzungen beruht, ist unbefriedigend.
Da oftmals die Lade, in deren Kontext die Kerube zuerst erscheinen, durch den Kult in Silo aus Kanaan hergeleitet wird (dagegen → ארון *ʾarôn* III. 3), suchen Albright und de Vaux den Ursprung der Ke-

ruben in kanaan. Vorstellungen und betrachten die geflügelte Sphinx als das nächstliegende Vorbild (Albright 93ff.; de Vaux 98). Die Möglichkeit, daß der biblische Terminus nicht auf eine einheitliche Figur hinweist, nehmen sie nicht in Betracht. Albright nimmt einen mesopot. Ursprung an unter Hinweis auf das Gemälde im Palast des Zimri-Lim, wo zwei Kerube (Sphinxe) neben einem heiligen Baum abgebildet sind, während de Vaux die Levante (einschl. Syrien mit Mari) als das Zentrum für die Ausbreitung der Sphinxfigur betrachtet und die mesopot. *kurību* auf levantinische Einflüsse zurückführt, obwohl er den Ursprung des Terminus im Akk. sucht.
Ein weiterer Zug, der die Identifizierung mit levantinischen Vierfüßlern stützt, ist die Ähnlichkeit in der Funktion der Keruben und des goldenen Kalbes, das nicht verehrt wurde, sondern als Podium des Gottes diente.
Der Nachteil dieser Identifikation ist, daß sie die Vielfalt der biblischen Tatsachen nicht erklären kann, und daß es keinen Grund gibt, die Sphinx z. B. dem Greifen oder dem Genius vorzuziehen. So wird auch die Identifikation mit der Sphinx nicht allen biblischen Tatsachen gerecht. Da aber viele biblische Belege auf konkrete Bilder hinweisen, kann der außerbiblische Befund zumindest wichtiges Vergleichsmaterial liefern.
Wir gehen davon aus, daß die Kerube Mischwesen sind, die geflügelt sein können. Es gibt im südwestasiat. Material nur vier Möglichkeiten: Zweifüßler, Vierfüßler, Vögel und Drachen. Nichts in den biblischen Beschreibungen spricht für einen Drachen. Ein Vogelmonster wurde bisher nicht in Betracht gezogen, muß aber für möglich gehalten werden. Alle drei Kategorien müssen also geprüft werden.

Vorherrschend unter den Vogelmonstern ist die geflügelte Sonnenscheibe (Mendenhall 32–68), reichlich bezeugt im nordmesopot. und levantin. Gebiet (z. B. ANEP 705. 440. 442–444. 447ff. 453. 534–536. 628. 658, bzw. ANEP 650. 493. 332. 477. 486. 630. 855. 653. 809a–c). Sie ist auch in Ägypten, im heth. Anatolien und im achämenidischen Iran bekannt. Eine andere Vogelfigur ist der löwenköpfige Adler, bekannt aus Mesopotamien im 3. Jt. v. Chr. (ANEP 695). Ein jüdisches Graffito aus Medā'in Ṣāliḥ in Ḥiǧāz scheint die Lade mit Keruben in der Gestalt großer Vögel abzubilden; da aber das Bild beschädigt ist und außerdem spät, ist es schwierig, dessen Quellenwert zu beurteilen (Vincent, Fig. 10).
Vierfüßige Mischwesen zeigen größere Mannigfaltigkeit. In Mesopotamien gibt es Mischwesen mit Löwenleib, Löwenkopf und Flügeln (ANEP 651), Menschenkopf mit oder ohne Flügeln (ANEP 966 bzw. 649), Schlangenkopf und Flügeln (ANEP 520. 671. 658. 760f.), Adler- oder Falkenkopf und Flügeln (Greiftypus: ANEP 681. 520. 860), Bockkopf und Flügeln (Mendenhall, Fig. 6), Stierkopf und Flügeln (ANEP 534). Stierkörper mit Menschenkopf gibt es mit oder ohne Flügel (ANEP 192. 647). Pferdekörper mit Flügeln erscheint mit Pferdekopf (Pegasus: Frankfort 158) und Stierkopf (Frankfort 227). Unbestimmte Vierfüßler kommen vor (Frankfort 28. 164), z. B. mindestens eine Kentaurform mit Löwenkörper und Menschenkopf (Frankfort 163).
In der Levante sind Vierfüßler mit Löwenkörper und Menschenkopf häufig, die meisten mit Flügeln (ANEP 650. 128. 332. 648f. 662. 458, vgl. de Vaux 110f.; R. L. Cleveland 55–60, ferner Frankfort 373. 274). Von besonderem Interesse ist die Felsenzeichnung in den königlichen Höhlen in Jerusalem, von de Vaux in die Zeit Salomos datiert; sein Urteil „l'image la plus authentique d'un chérubin biblique" ist übertrieben (de Vaux 117). Geflügelte Löwenkörper mit Adler- oder Falkenkopf (Greif) sind bekannt (Frankfort 301. 304. 341. 381), wie auch geflügelte Löwen mit Widderkopf (Frankfort 379) oder Stierkopf (Frankfort 296). Einige Beispiele zeigen einen geflügelten Löwen mit Menschenkopf über dem Löwenkopf (Frankfort 335, ANEP 644).
Ägyptische Kunst stellt flügellose (ANEP 765. 386. 393; vgl. de Vaux 98f.) oder geflügelte Sphinxe (ANEP 415–417) und Greife (ANEP 310) dar. Heth. Monumente zeigen geflügelte und flügellose Sphinxe (ANEP 666 bzw. Frankfort 249). Eine urartäische Figurine hat einen geflügelten Pferdekörper mit Menschenkopf (Frankfort 398). Geflügelte Sphinxe und Greife kommen auf Zypern vor (Frankfort 393. 306). Im iranischen Gebiet herrscht große Mannigfaltigkeit: Löwenkörper mit Flügeln und Löwenkopf (Frankfort 401. 411), mit Menschenkopf ohne Flügel (Frankfort 402D), geflügelt mit Adler- oder Falkenkopf (Frankfort 431. 443. 444) und mit Drachen- oder Hirschkopf (Frankfort 401. 438 bzw. 401). Stierkörper mit Menschenkopf sind bekannt (Frankfort 415. 426), wie auch geflügelte Steinböcke und Hirsche (Frankfort 402A. 445).
In der Gruppe der zweifüßigen Mischwesen ist die Geniusfigur, ein geflügelter Mensch, vorherrschend (ANEP 526. 685. 705. 614. 656. 651. 609), gelegentlich mit Adlerkopf (Frankfort 150C. 187). In frühen Perioden sind Menschen mit Stierbeinen (Stiermann: ANEP 678. 681. 696) oder Skorpionenbeinen (Skorpionenmann: ANEP 192. 519, Frankfort 228) oder mit Gefieder und Vogelbeinen (Vogelmann: ANEP 687, vgl. P. Amiet, Or 21, 1952, 149–167; E. D. van Buren, Or 22, 1953, 47–58). Die geflügelten „Dämonen" haben neben Schlangenfigur Menschen- oder Löwenköpfe (Frankfort 119. 141; ANEP 658. 857. 659, bzw. Frankfort 22f. 25C; ANEP 657. 658. 660. 665. 857). In der Levante ist der geflügelte Mensch am häufigsten (ANEP 829. 663. 652. 654. 854. 655). Der adlerköpfige Mensch ist geflügelt (ANEP 645. 855) oder ungeflügelt (Frankfort 274). Der Stiermann ist bekannt (ANEP 653) sowie der flügellose Skorpionmann (Frankfort 342). Eine Menschenfigur mit Hundekopf kommt auch vor (Frankfort 274). Die äg. Zweifüßler verkörpern Götter; wenige sind geflügelt (ANEP 266. 542. 553. 558. 565. 567. 569. 572. 573. 649. 650). Heth. geflügelte Zweifüßler gibt es mit Menschenkopf (ANEP 611) und Löwenkopf (Frankfort 263). Der geflügelte Genius ist auf Zypern und im iran. Gebiet bekannt (Frankfort 393 bzw. 401. 427), in Iran gibt es auch Menschenfiguren mit Tierkopf (Frankfort 401) und einige mit Stierbeinen (Frankfort 440).
Von Bedeutung ist, daß diese Mischwesen einer gemeinsamen ikonographischen Sphäre angehören und oft zusammen vorkommen: Vögel mit Zweifüßlern (ANEP 705. 829. 855. 653) oder Vierfüßlern (ANEP 534. 650. 332), Zweifüßler mit Vierfüßlern (ANEP 192. 651), alle drei zusammen (ANEP 658. 857). Mendenhall meint, daß das Kerubengefährt zur ersten Kombination gehört (Mendenhall 39).

Auch andere Züge der biblischen Beschreibungen der Keruben verdienen eine ikonographische Untersuchung (zum Geschlecht der Keruben s. de Vaux 116). Die Figuren an Ezechiels Tempelwänden sind zweigesichtig, die seiner Visionen viergesichtig. Wir haben oben zweiköpfige Monster bemerkt (die Löwen von Zencirli und Karkemiš), aber die biblischen Texte beziehen sich nicht auf solche Wesen mit zwei Köpfen und zwei Hälsen, da nur die Gesichter erwähnt werden. Es gibt zweigesichtige Figuren: die levantinische Menschenfigur mit zwei Hundeköpfen, wahrscheinlich heth. beeinflußt (Frankfort 274), ein heth. doppelköpfiger Adler (Frankfort 261), eine frühdynastische doppelköpfige Ziege (Frankfort 82A) und ein doppelköpfiger Mann (Janustypus) als Aufwärter Eas (ANEP 685. 687). Diese sind nur zum Teil relevant, da in jedem Fall die Köpfe identisch sind. Dasselbe gilt von den viergesichtigen Figuren: sie sind selten, und die vier Gesichter sind identisch (vgl. Eichrodt, ATD 22/1, 7 A. 1; Zimmerli, BK XIII/1, 61). Die vielgesichtigen Kerube in Ez scheinen also ohne Parallele im südwestasiatischen Raum zu sein. Die Bedeckung mit Augen in der Vision ist sonst nur beim äg. Zwerggott Bes bezeugt (Cooke, ICC, Ezechiel 116).

Es gibt unter den hier verzeichneten Bilddarstellungen mehrere, die als Kerube gelten könnten. Wenn de Vaux sagt, daß die geflügelte Sphinx „semble répondre mieux que les autres [images] à la description et aux fonctions du chérubin biblique“, übersieht er, daß eine einheitliche Identifikation der Kerubengestalt nicht bewiesen ist (de Vaux 98).

IV. Hebr. *k^e^rû\underline{b}* ist ein terminus technicus, der eine Klasse von Mischwesen bezeichnet, die mit Gott verbunden sind, entweder direkt als Zubehör seines Thronwagens oder indirekt als Bewohner der ihr gehörenden Vegetation. Er wird mit dem dunklen Terminus *ś^e^rāpîm* (Jes 6) gepaart, der offenbar eine andere Art Mischwesen bezeichnet; wenn die Etymologie zuverlässige Schlüsse ermöglicht, wären die *ś^e^rāpîm* drachen- oder schlangenähnliche Wesen (→ שׂרף *śārap*). Die beiden Wörter würden sich also so verteilen: *k^e^rû\underline{b}îm* für vogel-, zweifüßler- und vierfüßlerähnliche Wesen und *ś^e^rāpîm* für schlangenähnliche.

Wie sich diese Mischwesen zu anderen mit der Gottheit verbundenen Wesen verhalten, bleibt dunkel. Möglicherweise nehmen sie den mittleren Rang zwischen den Urzeittieren als JHWHs Feinden und den Boten (Engeln → מלאך *mal'āk*) in JHWHs Hofstaat ein. Ez, der oft die Kerube erwähnt, kennt auch die *majim rabbîm*, wo die Urzeittiere leben, sowie zwei der eigentümlichsten Engel der Bibel, den in Leinen gekleideten Mann (Ez 9) und den bronzeglänzenden Mann (Ez 40). Spätere Entwicklungen klären den Befund nicht.

Außerhalb der hebr. Bibel befaßt sich nur Sir 49, 8 (Lob von Ezechiel) mit den Keruben; in der Henochliteratur haben sie die seraphische Funktion des Lobpreises übernommen. Im NT werden sie Hebr 9, 5 erwähnt (Zitat); in Apk kommen Mischwesen vor, aber ihre spezifische Funktion ist verlorengegangen, und die großen ζῷα beschäftigen sich nur mit dem Loben Gottes (4, 6–11; 5, 6–14; 6, 1–7; 7, 11; 14, 3; 15, 7; 19, 4). Schließlich gehen die flügellosen Boten und die Mischwesen in eine einzige Klasse von Engeln auf; dies aber ist ein ebenso komplizierter Prozeß wie die Komplexität der urspr. Gestalten.

Freedman – O'Connor

כֶּרֶם *kæræm*

כֹּרֵם *korem*, כַּרְמֶל *karmæl*

I. Semantik – 1. Semitisch **karmu* – 2. Ägyptische Äquivalente – 3. Hebr. Derivate – II. Der Weinbau und seine Wertung – 1. Geschichtliches – 2. Negativwertung – 3. Positivwertung – III. 1. Arbeiten und – 2. Riten am Weinberg – IV. Metaphorischer Gebrauch von *kæræm* – 1. in der erotischen Sondersprache – 2. in deren religiöser Übertragung – V. LXX, Qumran.

Lit.: *G. Dalman*, AuS 4, 1935, 319–335. – *M. Delcor*, De l'origine de quelques termes relatifs au vin en Hébreu biblique et dans les langues voisines (ACLingSem Cham 9, 1969, ed. 1974, 223–233). – *M. Fraenkel*, Drei verkannte Flüssigkeitsbenennungen im Hebräischen. Zur Etymologie von *kerem* 'Weinberg', *zajit* 'Oelbaum' und *jiṣhar* 'frisches Oel', eine sprachwissenschaftliche Untersuchung (Sef 27, 1967, 3–11). – *J. S. Licht*, כרם (EMiqr 4, 1962, 318–322). – *J. F. Ross*, Art.: Vine, Vineyard (IDB 4, 1962, 784–786). – *L. Rost*, Noah der Weinbauer (Das kleine Credo und andere Schriften, 1965, 44–53 = Festschr. A. Alt, BHTh 16, 1953, 169–178). – *S. Yeivin*, Philological Notes VIII (Leshonenu 24, 1959/60, 40–69). – *V. Zapletal*, Der Wein in der Bibel (BSt 20/1, 1920, 23–30). → גפן (*gæpæn*); → יין (*jajin*).

I. 1. Das gemeinsemit. Primärnomen **karmu* hat im Ugar., Hebr., Aram. und Syr. die Bedeutung 'Weinberg', während sie im Arab. und Äthiop. dessen Produkte bezeichnet, nämlich arab. *karm^un^* 'Traube, Rebe', äth. *kĕrm/karm* 'Rebe'. Im Akk. haben sich beide Bedeutungszweige auf verschiedene Formen verteilt: in *karmu* II 'Ödland(-Hügel)' (AHw 449) hat die ursprüngliche Geländebezeichnung negative Wertigkeit angenommen, vielleicht weil der den Mesopotamiern aus Syrien bekannte Weinbau dort auf Trockenfeldbauland betrieben wird; *karānu(m)* 'Wein(rebe)' dagegen meint das Weinbergprodukt. Nur in Ugarit bedeutet *karānu* offenbar aufgrund kanaan. Einflusses auch 'Weinberg'; daneben findet sich hier die Verbindung *kirî* 'Garten' + *karāni* (PRU 4, 167:15; Syr 18, 251:8). – Wie weitgehend die Bedeutungen des auf den Weinbau etc. bezogenen Vokabulars in den semit. Sprachen austauschbar sind, zeigt der Umstand, daß die sonst meist für den

'Wein' vorbehaltene Nominalwurzel *wjn* im Asarab. für den 'Weinberg' gebraucht wird (W. W. Müller, ZAW 75, 1963, 310).
Eine metonymische Bedeutungsabwandlung liegt vor, wenn *kæræm* (*krm*) hebr. (und ugar.) auch allgemein die 'Pflanzung' bezeichnet: etwa in *kæræm zajiṯ* 'Olivenhain' Ri 15, 5 (vgl. UT Nr. 1306), das aber textkritisch umstritten ist, wahrscheinlicher in dem Diminutiv *karmæl* I 'Baumgarten' (s.u. 3; → כרמל).

2. Das seit den Pyramidentexten belegte äg. Nomen *k3n.w*, dem das jüngere *k3m* entspricht, meint dagegen ursprünglich den 'Garten', wobei die Bepflanzung mit Wein nur eine von vielen Möglichkeiten ist; ob – wie WbÄS V 106, und Delcor 232 vermuten – ein Zusammenhang mit semit. **karmu* besteht, mag hier offenbleiben. Für 'Weingarten' wird auch *ḥsp* gebraucht, das ebenfalls primär die allgemeine Bedeutung 'mit Pflanzen bestandenes Land, Beet' hat (WbÄS III 162).
3. Als Primärnomen ist **karmu* nicht von einer Verbalwurzel abzuleiten: zu arab. *karuma* 'edelmütig, freigebig sein' besteht ebensowenig eine Beziehung wie zu akk. *karāmu(m)* '(zurück)halten'. Umgekehrt ist gegenüber *kæræm* das Ptz. *korem* 'Weinbauer' denominativ (vgl. dazu H. Gese, VT 12, 1962, 417–438, bes. 432–436), ebenso wie das mutmaßliche Diminutiv *karmæl* I 'Baumgarten' (s.o. 1) und das mhebr. Verb *krm* 'aufhäufen, ansammeln', das offenbar metonymisch für die typische Tätigkeit am Weinberg steht.

II. 1. Obwohl für kanaan. Städte wie Sichem (Ri 9, 27) und Silo (Ri 21, 20f.) sowie für die Philister in Thimna (Ri 14, 5) Weinberge im Blick auf eine frühe Zeit erwähnt werden (vgl. Num 13, 24f.; 20, 17; 21, 22), haben die Israeliten den Weinbau offenbar nur zögernd übernommen. Wie alt die Angabe Gen 9, 20(–27) ist, die Noah zum ersten Pflanzer eines Weinbergs macht, und auf wen sie sich ursprünglich bezieht, läßt sich schwer ausmachen; vv. 21ff. beurteilen die Errungenschaft – anders als v. 20 (vgl. 5, 29) – negativ: sie ist der Grund für Kanaans Knechtschaft.
Seinen Getreuen „Äcker und Weinberge" zu geben, ist für Saul noch ein ausschließlich königliches Tun, das er dem emporgekommenen David nicht zutraut (1 Sam 22, 7; vgl. 1 Sam 8, 14f.; 1 Chr 27, 27). Auch Jes verwendet die Redensart *bā'er hakkæræm* 'den Weinberg abweiden' 3, 14 wohl nicht zufällig im Blick auf die Jerusalemer Aristokratie (vgl. Jer 12, 10). Umfangreicher und rentabler Weinbau scheint in Nord-Israel erst in der Omridenzeit aufgekommen zu sein, an deren Ende die Reaktion der Rekabiten erfolgt (2 Kön 10, 15). In den Samaria-Ostraka werden 20, 5; 53, 2; 54, 1/2; 58, 2; 61, 1 ein (?) *krm htl* 'Weinberg des (Ruinen-)Hügels (?)' und 55, 1/2; 60, 1 ein „Weinberg des *JḤW'LJ*" als Herkunftsorte von Wein genannt; danach ist 20, 3; 53, 3; 54, 2/3; 55, 3 von *šmn rḥṣ* 'raffiniertem (?) / kosmetischem (?) Öl' die Rede, das auch allein genannt wird. Welchem Zweck und Rechtstitel die Sendungen auch immer zuzuordnen sind (vgl. KAI II 183–185, A. Lemaire, Inscriptions hébraïques I: Les ostraca, Paris 1977, 73–81), in jedem Fall handelt es sich um Lieferungen an den Hof, um den sich die höhere Agrikultur immer noch konzentriert. Die Nebeneinanderstellung von Wein und Öl erinnert an die häufige Verbindung von *k^e^rāmîm* und *zêṯîm* 'Olivenbäumen' Deut 6, 11; Jos 24, 13; 1 Sam 8, 14; Neh 5, 11; 9, 25 (ferner 2 Kön 5, 26; Am 4, 9). – Unter den judäischen Königen soll Ussia den Landbau geliebt haben; ihm standen nach 2 Chr 26, 10 Landarbeiter (*'ikkārîm*) und Winzer (*kôr^e^mîm*) „auf den Bergen und *bakkarmæl*" zur Verfügung. Vorräte von Wein (vgl. die *'ôṣ^e^rôṯ hajjajin* Davids 1 Chr 27, 27), Öl (vgl. 2 Chr 11, 11) und Mehl (2 Chr 32, 28, für Ebla jetzt AfO 25, 1976, 1ff., vgl. MEE 1, 1979, Nr. 230) in Festungen setzen auch die Arad-Ostraka voraus; vgl. ferner K. Galling, BRL³ 362.

Speziell zur Erwähnung von Weinbergen in den Samaria-Ostraka ist das häufige aram. *krm'* in den auch formal und funktionell vergleichbaren Ostraka aus Nisa (Turkmenien) zu stellen (1. Jh. v. Chr.; arsakidisches Parthien); Text, Übersetzung und Kommentar M. Sznycer, Sem 5, 1955, 65–98.

Die Exilszeit und die nachexilische Periode bringen Umwälzungen in den diesbezüglichen Besitzverhältnissen. Während Nebusaradan als babyl. Kommissar „Weinberge und Äcker (?)" an die im Lande verbleibenden kleinen Leute verteilt, die damit die Stelle der alten Aristokratie einnehmen (Jer 39, 10; 52, 16; 2 Kön 25, 12), müssen in nachexilischer Zeit neuerdings verarmte Judäer u.a. Weinberge und Ölpflanzen verpfänden, um den in Geldwerten auferlegten Steuerforderungen des persischen Königs entsprechen zu können (Neh 5, 3. 5); der von Neh daraufhin durchgesetzte Schuldenerlaß (v. 10f.) kann den früheren relativen Besitzgleichstand aber offenbar nur kurzfristig wiederherstellen. Während nach Pred 2, 4 das Anpflanzen von Weinbergen ein Luxusprivileg der Reichen ist (vgl. Aḥiqar 40), verflucht Hi 24, 18 Äcker und Weinberge offenbar eben der gleichen Herrenklasse. – Das NT kennt Grundbesitzer gegenüber abgabepflichtigen Pächtern an Weinbergen (Mk 12, 1–11 par.) sowie Tagelöhnerarbeit darin (Mt 20, 1–15).
2. Weinenthaltung gab es seit der ersten Zeit nach der Landnahme bei den *Nasiräern*. Für deren Alter spricht die Verbindung des Weinverzichts mit dem archaischen Wallen-Lassen des ungeschnittenen Haupthaars (Ri 13, 7): beides vermehrt – auf magische Weise – die Kampfkraft, was man für den Haarwuchs bei Simson (Ri 15, 17f.) und wohl auch bei Absalom (2 Sam 14, 26) sieht. In die Frühzeit weist auch der Gebrauch von *n^e^zîr 'æḥājw* für den kriegerischen Stamm Joseph Gen 49, 26; Deut 33, 16; freilich können wir über das Verhältnis von Einzel- und Stammesnazirat nichts sagen. – Dagegen erklärt sich die Weinenthaltung der *Rekabiten*, die mit einem repristinativen Verzicht auf Acker- und Hausbau verbunden ist, aus späterer Zivilisationskritik (vgl. F. Stolz, VT 26, 1976, 170–186, bes. 182ff.; anders F. S. Frick, JBL 90, 1971, 279–287).
Kritisch-reaktiv sind auch die entsprechenden Äuße-

rungen der frühen Propheten. Am 4, 9 sieht bereits auf Verwüstungen von Gärten und Weinbergen als Wirkungen des Gerichts JHWHs zurück. 5, 11 wird den „Quaderhäusern" und „lieblichen Weinbergen" das Gericht angekündigt (vgl. Zeph 1, 13); bei ihnen soll danach die Totenklage stattfinden (vv. 16f., vgl. Jo 1, 11). In Mi 1, 6 scheint die Ablehnung so weit zu gehen, daß „Weinbergpflanzungen" zum Inbegriff einer Vernichtungswelt werden, die nach dem Ende Samarias zurückbleibt.

3. Andererseits gibt es in älteren prophetischen Texten durchaus auch positive Erwähnungen der Weinberge. Hos 2, 17 nennt sie in einer Heilsankündigung für die Zeit nach dem Gericht. *nṭ'* 'pflanzen' + Objekt *k^{e}rāmîm* wird später zum Topos kurzfristiger (Jes 37, 30 = 2 Kön 19, 29, vgl. das Friedensangebot Sanheribs Jes 36, 17 = 2 Kön 18, 32) oder weiter ausgreifender Heilsankündigungen (Jer 31, 5 [vgl. 32, 15]; Ez 28, 26; Jes 65, 21; Am 9, 14), wobei *b^{e}hārê šôm^{e}rôn* Jer 31, 5 – im Gegenzug zu Mi 1, 6 – an die Wiederaufnahme der von den Samaria-Ostraka bezeugten Weinproduktion rund um die alte Hauptstadt denken läßt. – Mose konnte man nach Num 16, 14a (wann?) zum Vorwurf machen, seiner Schar nicht „Feld und Weinberg" zur *naḥ^{a}lāh* gegeben zu haben.

Späte Texte wie Jes 65, 8 und Ps 107, 37 bringen Wein und Weinberge mit Segen in Verbindung, so wie Weinberge Jos 24, 13; Neh 9, 25 selbstverständlich zu den Wohltaten JHWHs zählen. Dagegen macht der Fluch Deut 29, 30. 39 über Häuser und Weinberge an Am 5, 11 erinnernde Aussagen. Nach der eschatologischen Unheilsankündigung Jes 16, 10 wird aus „Baumgarten" und „Weinbergen" die Freude verschwinden.

III. 1. Die anspruchsvollen Arbeiten an einem Weinberg werden Jes 5, 1–6 aufgezählt; vgl. die Kommentare. Eine Liste der mit der Weinkultur verbundenen Terminologie bietet A. von Selms, The Etymology of *yayin* 'Wine' (JNWSL 3, 1974, 76–84, bes. 76f.); vgl. die Tabelle zur äg., sum., akk. und hebr. Nomenklatur bei R. J. Forbes, Studies in Ancient Technology 3, Leiden 1955, 77. Während das Verb *zmr* II Lev 25, 3; Jes 5, 6 das Beschneiden der Rebenranke (*z^{e}môrāh*) mit einem Rebmesser (*mazmerāh*) im Frühjahr (*'eṯ hazzāmîr* HL 2, 12 [?]) meint (vgl. die Belege zum entsprechenden mhebr. Sprachgebrauch bei I. Löw, Die Flora der Juden 1, 1924, 71), könnte der Bauernkalender von Gezer KAI 182, 6 mit *zmr* die Weinlese bezeichnen (vgl. vielleicht *zimraṯ hā'āræṣ* 'der Ertrag des Landes' Gen 43, 11). Doch denken Dalman 330f. u.v.a. vielleicht mit größerem Recht an ein zweites Beschneiden der Reben, das nach der Stellung von *zmr* im Kalender für die Monate Juni/Juli vorgesehen wäre; speziell für die Weinlese steht sonst das Verb *bṣr* I zur Verfügung.

2. Darüber hinaus fügen eine Reihe von Riten und Verhaltensregeln den Weinbau wie alle Landwirtschaft in ein religiös-soziales Regelsystem.

Das Verbot der Vermischung von Nicht-Zusammengehörigem betrifft auch das gleichzeitige Besäen (*zr'*) eines Weinbergs mit anderem Gewächs; beachtet man es nicht, so „wird das Ganze heilig", d. h. es muß wegen seiner Gefährlichkeit dem profanen Gebrauch entzogen werden (Deut 22, 9; vgl. Lev 19, 19). Aber ein Weinberg ist auch ab origine heilig: der mit *ḥll* I (ursprünglich 'entweihen') bezeichnete Genuß der ersten geernteten Früchte (Deut 20, 6; 28, 30; Jer 31, 5) stellt eine Profanierung dar; zwischen der Bepflanzung und der Aberntung eines neuen Weinbergs befindet sich dessen Besitzer in einem Zustand erhöhter numinoser Anfälligkeit, was für ihn die Teilnahme am Krieg ausschließt und Deut 20, 6 nur mühsam mit einer sozialen Erwägung plausibel gemacht wird. Wenn vollends die Israeliten nach Jes 17, 10 schnell wachsende „Pflanzungen des lieblichen (Gottes)" bzw. „Reben eines fremden (Gottes)" anlegen, so scheint sich die Heiligkeit der Erde in einem Gott von der Art des Adonis zu verleiblichen (W. Baumgartner, Das Nachleben der Adonisgärten auf Sardinien und im übrigen Mittelmeergebiet [Zum AT und seiner Umwelt, Leiden 1959, 247–273]); auch die dionysischen Feste kennen schnell emporschießende Weinreben, wie denn entsprechende Kornähren zu den Mysterien der Demeter gehören (W. F. Otto, ErJb 9, 1939, 102). Offenbar handelt es sich auch bei dem jetzt ethisch begründeten Verbot der Nachlese Lev 19, 10; Deut 24, 21 ursprünglich um ein Opfer an die Mächte der Erde; die Armen und die „Tiere des Feldes", denen nach Ex 23, 11 die siebenjährliche Brache auch der Weinberge zugute kommt, können ebenfalls rationalisierend für numinose Gestalten eingetreten sein. Anderes wie das Ri 15, 5 erzählte Bubenstück Simsons mag mit Riten zur Vertreibung von Dämonen verglichen werden (F. Schwally, Semitische Kriegsaltertümer 1, 1901, 88, der 81ff. für den ganzen Komplex Material beiträgt).

Höhepunkt der mit dem Weinbau verbundenen Festlichkeiten sind die *hillûlîm* bei der Ernte, die die Teilnehmer bei Essen und Trinken im Tempel versammeln Ri 9, 27. Die Weinberge selbst sind Stätten des Gesangs (Jes 5, 1, vgl. *'nh* 'Wechselgesang anstimmen' 27, 5) und der Freude (16, 10; → II. 3); für Silo bezeugt Ri 21, 19f. (Alter des Stoffes?) festliche Reigentänze der Jungfrauen, wobei der Frauenraub bekanntlich in Livius, Ab urbe condita I, 9f., eine Parallele hat.

IV. 1. Einen naturreligiösen Hintergrund hat auch der Gebrauch von *kæræm* in der erotischen Sondersprache.

Auf einem Wortspiel zwischen gegenständlicher und metaphorischer Bedeutung des Wortes bauen HL 1, 6 und 8, 11f. auf: der „Weinberg" ist einerseits die zu hütende bzw. ertragreiche Pflanzung, andererseits der Leib der Frau mit seinen Reizen; zur Metapher gesellt sich die Gärtner- bzw. Königstravestie der lyrischen Akteure. In HL 2, 15 zieht die konventionelle Metapher das Motiv von den (kleinen) Füchsen als notorischen Weinbergsschädlingen nach sich – offenbar mit einer nicht entschlüsselten leichtsinnigen Anspielung. Die Lokalisierung des Geliebten bzw. des Liebesgeschehens *im* Weinberg dient HL 1, 14; 7, 13 der Konstitution einer lyrischen Atmosphäre.

Der metaphorische Gebrauch von *kæræm* für den Leib der Frau ist dabei eine Spezifikation der weit verbreiteten Identifikation der Frau mit Acker und Erde. Den Zusammenhang knüpfen zwei mutmaßliche Parallelen aus dem ugar. Mythos: nach KTU 1.24, 22f. will offenbar der Mondgott Jariḫ durch den Sexualakt „ihr (scil. der Göttin Nikkals) Feld zum Weinberg (?) / zu Weinbergen (? *krm[m]*), das Feld ihrer Liebe (*šd ddh*) zu einem Obstgarten (? *ḥrnq[m]*)" machen (andere Übersetzung freilich bei A. Caquot u.a., Textes Ougaritiques I: Mythes et légendes, Paris 1974, 393); in KTU 1.23, 13. 28 scheint umgekehrt „ein Feld der Götter" (*[wšd.] šd.ʾilm*) als „das Feld der (Doppelgöttin) *ʾaṯrt wrḥm[j]*" identifiziert zu werden (vgl. Müller, ZThK 73, 1976, 23–41, bes. 33ff.). Insofern hat die Weinberg-Metapher im Bild des „Gartens" für die Braut HL 4, 12 – 5, 1; 6, 2. 11; 7, 12 ein Seitenstück.

2. Erst auf diesem Hintergrund wird die Bezeichnung Israels als Weinberg JHWHs Jes 5, 1–7; 27, 2f.; Jer 12, 10 voll verständlich: Israel tritt in die mythische Rolle eines weiblichen Partners des Gottes ein, wie er für die Namensform Jahu durch die Elephantine-papyri (*ʿntjhw*), für Jah durch den Personennamen *ʿnttjh* 1 Chr 8, 24, für JHWH vermutlich durch Inschrift 3 (IDAM 72 169) von *ḫirbat al-qôm* (*brk.ʾrjhw. ljhwh. w ... lʾšrth* „gesegnet sei *ʾRJHW* durch JHWH und durch seine Aschera"; A. Lemaire, RB 84, 1977, 595–608, bes. 599; anders G. Garbini, Annali dell'Istituto Orientale di Napoli 38, 1978, 191–193) und sicher durch zwei Kruginschriften aus *kuntillat ʿağrûd* im *wādî quraija* (Sinai) bezeugt ist (*... brkt ʾtkm ljhwh. šmrn. wlʾšrth* „... ich segne euch durch JHWH, der uns behütet, und durch seine Aschera"; *... brktk ljhwh ... wlʾšrth* „... ich segne dich durch JHWH ... und durch seine Aschera"; Z. Meshel, Kuntillet ʿAjrud, The Israel Museum Cat. no. 175, Jerusalem 1978; vgl. F. Stolz in: O. Keel [ed.], Monotheismus im Alten Israel und seiner Umwelt, 1980, 167–174). Wenn nun JHWH Jes 5, 1 *jāḏîḏ* bzw. *dôḏ* heißt, und zwar beides „im Blick auf seinen Weinberg" (*lekarmô*), so ist damit einerseits eine erotische Nomenklatur mythisch auf JHWH übertragen, andererseits aber das Motiv der Götterliebe durch den Bezug der Suffixe in *jeḏîḏî* und *dôḏî* auf den Propheten (v. 1), der Weinbergmetapher auf Israel (v. 7) neutralisiert. Der erotische Sinn des Bildes läßt sich dagegen noch fast ungebrochen in der Bezeichnung des „Mann(es) von Juda" (par. mit „Haus Israel") als *neṭaʿ šaʿašûʿājw* „seine (JHWHs) Lustpflanzung" (v. 7) erkennen. An die Parallelität von „Weinberg" und „Acker" als Metaphern für die Frau erinnert schließlich die Substitution von *karmî* durch *ḥælqāṯî* bzw. *ḥælqaṯ ḥæmdāṯî* „Feld meiner Lust" mit seinen auf JHWH bezogenen Suffixen Jer 12, 10. Weil die metaphorisch verwendeten Begriffe *jāḏîḏ*, *dôḏ*, *kæræm*, *šaʿašûʿîm*, *ḥælqaṯ ḥæmdāṯî* schon im Bildbereich mythische Konnotationen haben, können sie im Sachbereich für das Handeln JHWHs an Israel sprechen; die von ihnen mitgeführte mythische Atmosphäre macht sie gleichnisfähig. Dabei gewinnt umgekehrt der bildspendende Bereich, der durch das um *kæræm* angeordnete Wortfeld bezeichnet wird, auch aus dem bildempfangenden Bereich eine Art von Sakralität; darf ein Stück traditionell mythisierter Natur im Gleichnis für das Handeln JHWHs sprechen, so ist es keineswegs gestattet, das Naturhafte einer banalen Säkularität preiszugeben.

V. Die LXX übersetzt *kæræm* fast ausnahmslos durch ἀμπελών (79mal) und ἄμπελος (4mal), an wenigen Stellen umschreibt sie allgemein (κτῆμα, χωρίον je 2mal). *korem* hat sein Äquivalent in ἀμπελουργός (4mal).

In Qumran begegnet *kæræm* 4mal (1 Q 25, 8; 3 Q 15, 10, 5 [Ortsname *bêt-hakkæræm*], 1 QGenApkr 12, 13 und TR 57, 21. Im Zusammenhang der Bindung des Königs an das allgemein gültige Recht wird bes. das 10. Gebot des Dekalogs auf die Hauptgefährdung des Monarchen zugeschnitten: Er soll nicht begehren Felder, Weinberge, Besitz, Häuser und Kostbarkeiten (TR 57, 21).

H.-P. Müller

כַּרְמֶל *karmæl*

I. 1. Etymologie – 2. Belege (außer dem Berg Karmel) – a) Stätte in Juda – b) 'Jungkorn' – c) 'Baumgarten' – II. Der Berg Karmel – 1. Geographisch-politische Lage – 2. Als „heiliger Berg" im allgemeinen – 3. Gott und Berg Karmel in den Elia-Elisa-Erzählungen – 4. Im übrigen AT.

Lit.: *F.-M. Abel*, Géographie de la Palestine I, Paris 1933, 350–353. – *Y. Aharoni*, Mount Carmel as Border (Archäologie und Altes Testament, Festschr. K. Galling, 1970, 1–7). – *L. Heidet*, Carmel 1–3 (DB 2, 288–302). – *A. Jepsen*, Karmel, eine vergessene Landschaft? (ZDPV 75, 1959, 74f.). – *P. Joüon*, Les deux termes d'agriculture: יער et כרמל (JAs 10:8, 1906, 371–378). – *C. Kopp*, Karmel (LThK2 5, 1365f.). – *E. Kutsch*, Karmel (Kl Pauly 3, 123). – *J. S. Licht*, Karmel 2 (EMiqr 4, 324). – *E. Lipiński*, Note de topographie historique. Baʿli-Raʾši et Raʾšu Qudšu (RB 78, 1971, 84–92). – *E. Graf von Mülinen*, Beiträge zur Kenntnis des Karmels (ZDPV 30, 1907, 117–207; 31, 1908, 1–258). – *Z. Kallai-Kleinmann*, Karmel 1 und 3 (EMiqr 4, 323f.; 324–329).

Zu II. 1–3 (Auswahl): *A. Alt*, Das Gottesurteil auf dem Karmel (Festschr. G. Beer, 1935, 1–18 = KlSchr II 135–149). – *D. R. Ap-Thomas*, Elijah on Mount Carmel (PEQ 92, 1960, 146–155). – *M. Avi-Yonah*, Mount Carmel and the God of Baalbek (IEJ 2, 1952, 118–124). – *O. Eiß-*

feldt, Der Gott Karmel (SDAW 1953 Nr. 1). – *G. Fohrer*, Elia (AThANT 53, ^{2}1968). – *E. Friedman*, The Antiquities of El-Muhraqa and 1 Kings 18, 31 (Ephemerides Carmeliticae 22, 1971, 95–104). – *K. Galling*, Der Gott Karmel und die Ächtung der fremden Götter (Geschichte und Altes Testament, Festschr. A. Alt, 1953, 105–125). – *Th. H. Gaster*, Myth, Legend, and Custom in the Old Testament, New York – Evanston 1969, 504–511. – *H. Gunkel*, Elias, Jahve und Baal, 1906. – *G. Hentschel*, Die Elijaerzählungen. Zum Verhältnis von historischem Geschehen und geschichtlicher Erfahrung (EThSt 33, 1977). – *R. Hillmann*, Wasser und Berg, Halle (Saale) 1965, 95–103. – *A. Jepsen*, Elia und das Gottesurteil (Near Eastern Studies in Honor of W. F. Albright, Baltimore – London 1971, 291–306). – *H. Junker*, Der Graben um den Altar des Elias (TrThZ 69, 1960, 65–74). – *C. Kopp*, Elias und Christentum auf dem Karmel (Collectanea Hierosolymitana III, 1929). – *E. Lipiński*, La fête de l'ensevelissement et de la résurrection de Melqart (in: Actes de la xviie Rencontre Assyriologique Internationale [Bruxelles, 30 juin – 4 juillet 1969], Ham-sur-Heure 1970, 30–58). – *M. J. Mulder*, Ba'al in het Oude Testament, 's-Gravenhage 1962, 30–44. – *Ders.*, De naam van de afwezige god op de Karmel. Onderzoek naar de naam van de Baäl van de Karmel in 1 Koningen 18, Leiden 1979. – *H. D. Preuß*, Verspottung fremder Religionen im Alten Testament (BWANT 92, 1971, 80–100). – *W. Röllig*, Baal-Karmelos (WbMyth I 272). – *E. Rößler*, Jahwe und die Götter im Pentateuch und im deuteronomistischen Geschichtswerk, 1966, 103–113. – *H. H. Rowley*, Elijah on Mount Carmel (BJRL 43, 1960/61, 190–219). – *H. Seebass*, Elia und Ahab auf dem Karmel (ZThK 70, 1973, 121–136). – *O. H. Steck*, Überlieferung und Zeitgeschichte in den Elia-Erzählungen (WMANT 26, 1968). – *N. J. Tromp*, Water and Fire on Mount Carmel (Bibl 56, 1975, 480–502). – *R. P. de Vaux*, Les prophètes de Baal sur le Mont Carmel (BMB 5, 1941, 7–20). – *Ders.*, in: Élie le prophète I (Études carmélitaines), 1956, 53–64. – *F. Vattioni*, Aspetti del culto del Signore dei cieli (II) (Augustinianum 13, 1973, 57–73). – *E. Würthwein*, Die Erzählung vom Gottesurteil auf dem Karmel (ZThK 59, 1962, 131–144).

I. 1. Neben dem Wort *karmæl* als geographischem Namen eines Vorgebirges an der palästinensischen Mittelmeerküste und einer Stätte westlich des Toten Meeres findet sich das Wort noch in zwei Bedeutungen im AT, welche vor allem in den jüngeren Wbb bald gesondert (z. B. KBL^1 und KBL^3, vgl. Jepsen 74), bald unter demselben Stichwort (GesB, BDB, König [Zorell hat versehentlich die zweite Bedeutung nicht aufgeführt]) angeführt werden: „Jungkorn“ und „Baumgarten“. Man leitet das Wort im allgemeinen von → כרם (*kæræm*) ab, dem ein *l*-Suffix zugefügt ist (Olshausen, Lehrbuch der hebr. Sprache, 1861, § 216b; GKa § 85s; BLe 503i'; EMiqr 4, 329). Die Meinungen über die Bedeutung des Suffixes jedoch sind nicht einheitlich. Bereits Gesenius (Thesaurus 713) hat den Vorschlag gemacht, das Suffix als Bezeichnung eines Diminutivs zu betrachten, und viele sind ihm gefolgt. R. Ružička (Konsonantische Dissimilation in den sem. Sprachen, 1909, 104) hat gezeigt, daß es bei *karmæl* um eine progressive Dissimilation von *n* zu *l* durch *m* geht [*karmæn* von *kæræm* 'Garten' durch die Ableitungssilbe *n* gebildet], und Koehler hat angeführt, daß es sich um zwei verschiedene Wörter, eins mit dem epenthetischen *l* ('Garten') (JSS 1, 1956, 19), das andere aber mit einer konsonantischen Dissimilation aus *mm* zu *rm* (ebd., 18), handelt (vgl. auch Koehler, OTS 8, 1950, 151 f.; M. Fraenkel, HUCA 31, 1960, 85 f.; KBL^1 s. v. כרמל IV; eine solche Dissimilation kommt aber nur im Aram. vor): **kāmmāl* wäre von **kāmal* (zu arab. *kamala* 'vollendet, fertig sein') abzuleiten. Es gäbe also ursprünglich keine gemeinsame Radix für die späteren Homonyme *karmæl*, 'Jungkorn' und 'Baumgarten'. Obgleich diese Hypothese etwas für sich hat, ist jedoch nicht zu entscheiden, ob auch der Name des Berges und der Stadt in etymologischer Hinsicht mit einer der beiden (vgl. KBL) oder mit beiden Radices zusammenhängt. Schon früh hat man über den Namen des Berges (volkstümlich?) etymologisiert. Origenes, und nach ihm z. B. Hieronymus, sagen: Κάρμηλ, ἐπίγνωσις περιτομῆς und *Carmel, cognitio circumcisionis* (MPL 23, 1231 f.; vgl. 803 f. 820), was auf eine Zusammensetzung von *krh* und *mûl* schließen läßt (vgl. weiter Heidet 291). Der Gedanke, daß der Name des Berges mit dem Wort *karmæl* 'Baumgarten' zusammenhängt, liegt jedoch nahe (vgl. auch Jepsen 74). Einmal nämlich sind beide Bedeutungen in den Texten des AT selbst nicht immer deutlich unterscheidbar, und auch aus den alten Übersetzungen ergeben sich öfters Schwankungen zwischen beiden Bedeutungen (s. u. 2. c). Sodann haben auch andere Berge und Orte ihren Namen von charakteristischen Bezeichnungen erhalten (z. B. Libanon). Die häufige Verwendung des Artikels bei dem Karmel deutet überdies auf einen Eigennamen hin (EMiqr 4, 329). Als Kultstätte ist der Berg Karmel wahrscheinlich schon früh in Israels Umwelt bekannt gewesen (s. u. II. 2). *karmæl* zur Bezeichnung von 'Jungkorn' und 'Baumgarten' ist in anderen semit. Sprachen bis jetzt nicht belegt.

2. a) Der Ortsname *karmæl* kommt in Jos 15, 55; 1 Sam 15, 12; 25, 2 (2mal). 5. 7. 40 und vielleicht 2 Chr 26, 10 (s. auch EMiqr 4, 323 f.; Jepsen 75) vor. Es handelt sich hier wohl um eine etwa 12 km s.ö. von Hebron gelegene Stadt in Juda (heute *el-kirmil*, vgl. J. Simons, GTTOT 149). Schon Eusebius (Onomastikon [ed. E. Klostermann, 1904] 92, 20; 118, 5 ff.) erwähnt sie, und Hieronymus (MPL 25, 993 comm. in Am 1, 2) meldet, daß es zwei Berge unter dem Namen Karmel gab, von denen der eine Arbeitsplatz des *Nabal Carmelius* war, der andere der Berg *iuxta Ptolemaidem*. Nach 1 Sam 15, 12 hat sich Saul nach seinem Sieg über die Amalekiter an diesem Ort ein Siegeszeichen errichtet. Vor allem bekannt wurde diese Stadt jedoch durch die Geschichte von David und Abigail. Nabal, Abigails Gatte, wohnte zwar in Maon, ging seinen Tätigkeiten jedoch in Karmel nach (1 Sam 25). Neben dem Stadtnamen findet sich öfters das männliche und weibliche Gentilicium *karm^{e}lî* (1 Sam 30, 5; 2 Sam 2, 2; 3, 3; 23, 35; 1 Chr 11, 37) und *karm^{e}lîṯ* (1 Sam 27, 3; 1 Chr 3, 1).

In der LXX kommt der Name dieser Stadt überdies in 1 Sam 25, 4 und 30, 29 vor. Im MT fehlt der Name im erstgenannten Vers, im zweiten wird *b^erāk̲āl* gelesen (vgl. Caspari, OLZ 19, 1916, 174; anders H. J. Stoebe, KAT VIII/1, 509, der MT aufrechtzuerhalten sucht).

Nicht immer hat man Karmel an den genannten Stellen mit nur einem Ort s.ö. von Hebron identifiziert. Heidet (288) meint, Karmel in Jos 12, 22 und 15, 55 zwar als Stadt im Stammesgebiet Judas lokalisieren zu können, aber nach ihm hat es im Territorium dieses Stammes auch eine Landschaft desselben Namens gegeben (290). Auch Jepsen (74f.) hat auf die Wahrscheinlichkeit dieser Annahme hingewiesen. Es handelt sich hier um ein Gebiet zwischen Maon im Westen und der Wüste im Osten, wo die Schafschur Nabals stattgefunden hätte. Nach Jepsen soll auch das 2 Chr 26, 10 genannte Karmel auf das Gebiet am Osthang des Gebirges Juda zu beziehen sein (s. auch Heidet 290; Galling, ATD 12 z. St.). Jepsen vermutet sogar, daß es in alten Zeiten nur *ein* Karmelgebiet in Juda gab, dessen Hauptort Maon Karmel war (Jos 15, 55), und daß erst in römischer Zeit eine neue Ortslage ihren Namen nach der alten Landschaft bekommen und die Erinnerung an diese verdrängt hat. Doch scheint 1 Sam 15, 21 dieser weitgehenden Annahme zu widersprechen.

b) *karmæl*, in der Bedeutung 'Jungkorn', bildet in 2 Kön 4, 42 einen Teil der Nahrungsmittel, welche ein Mann aus Baal-Schalischa dem Elisa brachte. In Lev 23, 14 gilt, daß vor dem Tage der Erstgarbe neben anderen Speisen der neuen Ernte kein *karmæl* gegessen werden darf. In Lev 2, 14 heißt es, daß man bei Darbringung des Speiseopfers der ersten Früchte die Ähren am Feuer rösten soll *gæræś karmæl*. Da auch in 2 Kön 4, 42 von *læḥæm bikkûrîm* gesprochen wird, ergibt sich, daß das Wort *kæræm* in enger Verbindung mit den Erstlingsgaben steht und frisches, ungemahlenes Korn bedeuten soll. Schon im babyl. Talmud (Menaḥoth 66b) wird *karmæl* in einem Wortspiel in die Wörter *rak̲ ûmal* („weich und zerreibbar") oder *kar māle'* („das Polster voll") zerlegt und demgemäß „erklärt". Heute wird das Wort, und mit Recht, öfters mit 'Jungkorn' übersetzt (s. z.B. Dalman, AuS I/2, 452; Elliger, HAT I/4, 47, 315; KBL[3] s.v.). Schon in der rabbinischen Literatur wurde bei *gæræś karmæl* an „Grütze aus weichreifen Weizen" (T^0 *pêrûk̲ān r^ek̲îk̲ān* [T^J und T^{JII} nur *pêrûk̲în* und $T^{Neof.}$ (versehentlich?) *prjhjn*] vgl. LXX χίδρα ἐρικτὰ „Weichkorngrütze von Weizen"; weiter Dalman, AuS 3, 266f.), oder an „zerstoßene Weizenkörner" gedacht. In 2 Kön 4, 42 hat die LXX das Wort *kæræm* mit παλάθη übertragen, anderswo üblich für *d^eb̲elāh* (1 Sam 25, 18; 30, 12; 2 Kön 20, 7; Jes 38, 21 und 1 Chr 12, 41) 'Feigenkuchen'.

c) Mitunter ist kaum festzustellen, ob *karmæl* den Berg Karmel oder einen 'Baumgarten' bezeichnet. Es gibt deshalb Fälle, in denen die modernen Wbb und Kommentatoren hinsichtlich der Übersetzung dieses Wortes nicht derselben Meinung sind. Es handelt sich um folgende Verse: 2 Kön 19, 23 (par. Jes 37, 24); Jes 10, 18; 16, 10; 29, 17 (2mal); 32, 15 (2mal). 16; Jer 2, 7; 4, 26; 48, 33 und Mi 7, 14. In all diesen Fällen übersetzt V durch den geographischen Eigennamen *Carmel(us)* oder *Chermel*, LXX hingegen anders in Jes 10, 18; 16, 10 und Jer 48, 33. In den anderen Texten hat LXX jedoch, bisweilen sehr deutlich, an den Berg Karmel gedacht, z. B. Jes 29, 17 (τὸ ὄρος τὸ Χέρμηλ [2mal]). Auch S hat immer *krml'*, T hingegen schwankt zwischen der Bezeichnung des Berges und dem metaphorischen Ausdruck *maśrîṯā'* 'Lager' (2 Kön 19, 23, par. Jes 37, 24; Jes 10, 18).

In Mi 7, 14 übersetzen die Wbb (GesB, Zorell, KBL[1] und KBL[3]) *karmæl* im allgemeinen mit „Baumgarten", „Baumpflanzung jeder Art" usw.; BDB jedoch liest hier den geographischen Namen Karmel. Diese Meinung teilen u.a. Eißfeldt (KlSchr IV 63. 66; vgl. Der Gott Karmel, 7 Anm. 3) und neuerdings A. S. van der Woude (Micha, PvOT, Nijkerk 1976, 259ff.). Letztgenannter schlägt eine Textänderung vor: *śukkænnû* (von *śkk* = *skk* 'schützen') statt *šok̲^enî*, und übersetzt etwa: „schütze das Volk sicher im Walde auf dem Karmel". Hier hat die Beziehung von *karmæl* auf das bekannte Gebirge auch deshalb viel für sich, weil im unmittelbaren Kontext Basan und Gilead genannt werden.

In einigen der anderen genannten Texte finden sich im Kontext ebenfalls Gebirgsnamen (z. B. 2 Kön 19, 23, par. Jes 37, 24 [Libanon]; Jes 29, 17 [Libanon]) oder andere geographische Hinweise (z. B. Jer 48, 33 [*'æræṣ mô'āb̲*, fehlt in Jes 16, 10] und Jer 2, 7 [*'æræṣ hakkarmæl*]), welche an sich auf *karmæl* als Eigennamen eines Berges hinweisen können. Dagegen gibt es dreimal *karmillô*, also *karmæl* mit Suffix, was auf eine andere Bedeutung als „Karmel-Gebirge" hinweist (2 Kön 19, 23, par. Jes 37, 24; Jes 10, 18).

Joüon hat dereinst in einer kurzen lexikographischen Bemerkung zu den Wörtern *karmæl* und *ja'ar* versucht, *ja'ar* in einigen Fällen als 'Obstgarten' und *karmæl* in allen Fällen, in denen es keinen geographischen Namen bezeichnen muß, als 'Ackerland' zu deuten. Er weist auf eine bestimmte Opposition *ja'ar–karmæl* in Jes 10, 18; 29, 17; 32, 15; 37, 24 (par. 2 Kön 19, 23) und Mi 7, 14 hin, muß aber hin und wieder zu Textemendationen greifen. Abgesehen von letztgenanntem Verfahren, ist dieser Vorschlag schon deshalb nicht für richtig zu halten, weil er nicht nur für → יער (*ja'ar*), sondern auch für *karmæl* etymologisch und kontextuell unbegründet ist. Diesem Vorschlag ist denn auch niemand gefolgt.

Freilich gibt es manchmal eine bestimmte Opposition zwischen *ja'ar* und *karmæl*, aber diese ist anderer Art. In Jes 37, 24 (par. 2 Kön 19, 23) zeigt die enge Verbindung zwischen beiden Wörtern gar keinen Gegensatz (→ יער *ja'ar* IV) und legt die Annahme nahe, daß es sich um die Vorstellung des „Gottesgartens" handelt. In anderen Fällen ist es möglich, an „Baumgärten" zu denken, vor allem in Jes 10, 18 (*k^eb̲ôḏ ja'^arô w^ekarmillô*); 29, 17 und 32, 15f., aber auch in Jes 16, 10 und Jer 48, 33. Zwar kann man auch hier schwanken, wie z. B. Kaiser (ATD 18, 220) zu Jes 29, 17 es tut, indem er das erste Mal *karmæl* mit „Garten" übersetzt, es das zweite Mal aber unübersetzt läßt („der Karmel [gilt] als Waldland"). Deutlich aber ist, daß man mit „Garten" usw. hier oft besser auskommt als mit dem Gebirgsnamen „Karmel". Schwieriger ist die Lage in Jer 2, 7 und 4, 26. Im ersten Fall gibt es eine st. cstr.-Verbindung (*'æræṣ hakkarmæl*), deren übliche Übersetzung „fruchtbares (Garten-)Land" ist. Obgleich der Kontext auf die Früchte und Güter des Landes Israel hinweist, und außerdem die Bedeutungsnuance „Baumgarten" gut stimmt, ist es doch nicht ganz unmöglich, daß *karmæl* als eine *pars pro toto* für ganz Israel fungiert, in der auf die Fruchtbarkeit der Berggegend besonders und des ganzen Landes im allgemeinen angespielt wird. Ähnliches liegt in 4, 26 vor, wo *hakkarmæl hammiḏbār* genannt wird, „und alle seine Städte waren zerstört vor JHWH". Obstgärten können eine Wüste werden, und dies paßt in die Vision des Chaos (A. Weiser, ATD 20, 46f.), das gleichsam ein Gegenstück der Schöpfung bildet (vv. 23ff.), aber auch jetzt kann man den Berg Karmel als Gipfelpunkt aller Fruchtbarkeit und Wonne des Landes Israel betrachten.

2 Chr 26, 10 nennt nebeneinander *haššᵉpelāh*, *hammîšôr*, *hæhārîm* und *hakkarmæl*. Öfters wird hier das Wort *karmæl* auch als „Fruchtgefilde" usw. gedeutet (vgl. die Wbb), aber man wird hier einen geographischen Namen zu sehen haben (s. o. 2. a).

II. 1. Nordwestlich vom Gebirge Samarias bis zum Mittelmeer erstreckt sich, die Küstenebene südlich von Akko unterbrechend, ein Bergrücken, der bis etwa 550 m ü. M. ansteigt (vgl. Simons, a. a. O. § 47). Dieser Bergzug fällt nach Nordosten steil ab, geht nach Südwesten hin allmählich in die Saronebene über, ragt aber aus dem Mittelmeer hoch empor (vgl. auch Jer 46, 18). Bis heute ist fraglich, ob der Name „Karmel" im AT sich auf die ganze Ausdehnung des Gebirges n.w. Samarias bezieht, oder ob er nur dem höchsten Teil des Vorgebirges s. und s.ö. des heutigen Haifa zufällt (EMiqr 4, 324f.). Allerdings soll irgendwo auf diesem letztgenannten Teil des Berges, in dem sich mehrere Höhlen und Schluchten finden, die Eliaszene zu lokalisieren sein (s. u. 3). Dem Kison (*nahr el-muqaṭṭaʿ*) ermöglichen Quellen am Fuß des Gebirges ein perennierendes Leben (Kopp 50f.), indem der Bach durch einen schmalen Durchgang hindurch seinen Weg findet und östlich von Haifa ins Meer einmündet (vgl. auch Ri 4, 7. 13; 5, 21; Ps 83, 10 und 1 Kön 18, 40). Die positiven Niederschlagsverhältnisse und die Bodenbeschaffenheit machen den Karmel zu einer vegetationsreichen (→ יער [*jaʿar*]) und für menschliche Niederlassungen nicht ungünstigen Gebirgsgegend, welche bereits in der Steinzeit menschliche Besiedlung, vor allem in den Höhlen, aufweist (vgl. D. A. E. Garrod, CAH I, 1³, 83f.; vgl. bes. Tamar Noy, Carmel Caves, in: Encyclopedia of Archaeological Excavations in the Holy Land [Hg.: M. Avi-Yonah] I, Jerusalem 1975, 290–298 [mit Lit.]).

Zur Zeit der israelitischen „Landnahme" war der Karmel von Kanaanäern oder Phöniziern besiedelt, wie auch aus einem Verzeichnis der besiegten Könige hervorgeht (Jos 12, 22 nennt den König von Jokneam am Karmel). Vielleicht ist die Karmelgegend als selbständiges Gebiet anzumerken. Bei der an anderen Stellen im Buche Josua verzeichneten Landesverteilung Kanaans bildet der Karmel gleichsam ein Grenzgebiet zwischen den Stämmen Aser, Manasse, Issachar und Sebulon (Jos 19, 11. 26; 17, 11; Josephus, Ant. V i 22 §§ 84ff.), wobei jedoch strittig ist, welchem Stamm das Gebirge selbst zugeteilt wurde (vgl. Alt, KlSchr II 140 Anm. 3: „die rein theoretische Einbegreifung des ganzen Karmels in Asser ..."; EMiqr 4, 327: Manasse; s. auch Aharoni 3f.). Deutlich ist allerdings, daß der Karmel nicht vor der Königszeit zum israelitischen Territorialgebiet gehörte, und daß auch danach die nicht-israelitische Bevölkerung die Mehrheit gebildet hat (vgl. Ri 1, 27. 31), obgleich die Israeliten sich mit der ursprünglichen Bevölkerung gemischt haben können. Nach dem Verzeichnis der Gaue des Reiches Israel für die Zeit Salomos gehört das ganze Hügelland vor Dor einem Beamten Salomos (1 Kön 4, 11, vgl. Josephus, Ant. VIII ii 3 § 37: Σαφάτης δὲ τὸ Ἰταβύριον ὄρος καὶ Καρμήλιον ...) vielleicht einschließlich des Karmelgebirges (s. aber Fohrer 66). Alt hat die Vermutung geäußert, schon unter Salomo hätte sich der Übergang des Karmels aus der israelitischen in die tyrische Botmäßigkeit ereignet, überdies zeige die Erzählung des Gottesurteils auf dem Karmel (s. u. 3), daß der Karmel spätestens unter König Ahab an das Reich Israel zurückfiel (Alt 140–146; ders., KlSchr III 258–302). Viele haben der Hypothese Alts beigepflichtet (Fohrer 66 z. B.), andere jedoch haben ihre Stimme gegen Alts Vermutung erhoben (EMiqr 4, 327; vgl. auch Würthwein 143f.; Rößler 107–110).

Zur Zeit Tiglath-Pilesers III., als der assyr. König die Gaue Gilead, Megiddo und Dor gründete, hat Israel seine Oberherrschaft über die Karmelgegend durchaus verloren. Das Gebirge wurde wahrscheinlich der Provinz Dor administrativ zugegliedert. In der alten Zeit hat jüdischer Einfluß in diesem Bezirk sich noch einmal in der Makkabäerzeit geltend gemacht: nach Josephus (Ant. XIII xv 4 § 396) hat Alexander Jannaeus den Karmel samt vielen anderen Orten in seinen Besitz gebracht (vgl. weiter: Kopp 42).

2. Wie viele andere Berge im alten Nahen Osten wurde auch der Karmel oft als „heiliger Berg" betrachtet. Seit alters hat man diesen majestätisch aus Meer und Tiefland emporragenden Berg für den Sitz bestimmter Gottheiten, welchen kultische Verehrung dargebracht werden sollte, gehalten (→ הר [*har*] V). Außerhalb des AT gibt es einige Urkunden, die mitunter auch von der „Heiligkeit" des Karmels Beweise vorbringen. Kaum ein Beweis bildet die Nennung der „Antilopen-Nase" auf einem äg. Denkmal

aus der Mitte des 3. Jt. v. Chr. (ANET 228; W. Helck, ÄgAbh 5, 1962, 18; Eißfeldt 6) oder des *rú-š(a) qad-š* („heiliges Vorgebirge") (oder *rú-ʾu-š qad-š*) in Städtelisten Thutmosis' III. (um 1490–1436) und späterer Pharaonen (Helck, ÄgAbh 5, 1962, 127, 220; s. weiter Galling 106 Anm. 7; Aharoni 2 und Anm. 8). Sollte mit dieser Nennung der „heiligen Höhe" jedoch der Karmel gemeint sein, so läßt dies jedenfalls die Frage unbeantwortet, welcher Gott hier verehrt wurde (vgl. für die Lage des „heiligen Kaps" [= Rās en-Nāqūra] in der Zeit Salmanassar III.: Lipiński, RB 78, 1971, 84ff.).

Erst in späterer Zeit findet man ein dem 5. oder 4. Jh. v. Chr. angehörendes Zeugnis des Pseudo-Skylax (Periplus 104: Müller, GGM I 79, in dem Κάρμηλος zwar ergänzt ist), das den Karmel als „heiligen Berg des Zeus" bezeichnet. Tacitus (Hist. II 78, 3) beschreibt den Gott und den Berg anläßlich dem Vespasian im Jahre 69 n. Chr. gegebener günstiger Verheißungen mit diesen Worten: est Iudaeam inter Syriamque Carmelus, ita vocant montem deumque, nec simulacrum deo aut templum – sic tradere maiores –: ara tantum et reverentia. In bezug auf denselben Vespasian teilt Suetonius mit (De vita Caesarum VIII, 6): apud Iudaeam Carmeli dei oraculum consulentem ita confirmare sortes, ut quidquid cogitaret volueretque animo quamlibet magnum, id esse proventurum pollicerentur. Tacitus und Suetonius bezeichnen demnach den Gott des Karmels als „den Gott Karmel" (= *baʿal karmæl*), wohl einen Gott mit „einer relativen Autonomie" (so Eißfeldt 10). Der Neuplatoniker Iamblichus (De vita Pythagorica liber III, 15), der um 300 n. Chr. lebte, schildert den Pythagoras, indem dieser, von ägyptischen Schiffern nach dem Berg Karmel gebracht, dort oft allein in einem Heiligtum verweilte. In diesem Zusammenhang erwähnt er auch „die höchste Spitze des Karmels, den man für den allerheiligsten und vielen unzugänglichen Berg hielt" [. . . ἀπ' ἄκρου τοῦ Καρμήλου λόφου (ἱερώτατον δὲ τῶν ἄλλων ὀρῶν ἠπίσταντο αὐτο καὶ πολλοῖς ἄβατον) . . .]. Ein heiliger Platz auf dem Karmel wird hier vermeldet, der Gott des Karmels wird jedoch nicht erwähnt (vgl. Eißfeldt 10f.). Orosius (Historia adv. paganos VII, 9) weiß vom Karmel als einer Orakelstelle zu berichten („. . . quibusdam in Carmelo monte seducti sortibus").

Wo man genau die Kultstätte des Gottes (des) Karmel – von einem Tempel ist nirgends die Rede – zu lokalisieren hat – an der Nordwestspitze des Gebirgszuges oder auf der am Südostende des Karmels gelegenen *muḥraqa*-Höhe (514 m ü. M.) – ist nicht so leicht ausfindig zu machen (s. auch Friedman). Am wahrscheinlichsten ist wohl, daß die Gottheit mehrere und im Laufe der Jahre wechselnde Stätten der Anbetung gehabt hat (Eißfeldt 14). Im Jahre 1952 hat Avi-Yonah einen in dem Elias-Kloster (auf der Nordwestseite des Karmels gelegen) aufbewahrten doppelt lebensgroßen rechten Marmorfuß beschrieben, auf dessen Plinthe folgende Inschrift zu lesen ist: ΔΙΙ ΗΛΙΟΠΟΛΕΙΤΗ ΚΑΡΜΗΛΩ / Γ. ΙΟΥΛ. ΕΥΤΥΧΑΣ / ΚΟΛ > ΚΑΙΣΑΡΕΥΣ / (Avi-Yonah 118). Diesen Marmorfuß hat man etwa 200 n. Chr. zu datieren und dies bedeutet wahrscheinlich, daß zur Zeit der Weihung dieses Fußes der n.w. Teil des Karmels als heilige Stätte des mit Zeus Heliopoleites gleichgesetzten Gottes Karmel gegolten hat (Mulder, Baʿal 42f.). Dieser Zeus Heliopoleites stellt eine enge Verbindung mit dem semit. Wetter- und Fruchtbarkeitsgott Baʿal (oder Hadad) dar (Eißfeldt 22). Aus vielen der oben angeführten Darstellungen geht überdies hervor, daß der Gott Karmel neben lokaler Bedeutung, gewiß in späterer Zeit, auch universalen Charakter besessen haben soll.

3. Die Beurteilung der Eigenständigkeit der Erzählung des „Gottesurteil am Karmel" (1 Kön 18) wirkt sich aus auf die Identifizierung der Gottheit, gegen die JHWH auf dem Karmel kämpft, und in der man bald ein lokales Numen, bald den tyrischen Melqart (Herakles), bald den Baʿal *katexochen* oder Baʿalschamêm sieht. Vor allem 1 Kön 18, 27 enthält einige Angaben über den Charakter dieses Gottes, die zu beachten sind (Gunkel 17; Preuß 82. 86ff.; Seebass 125). Diese haben viele, vor allem de Vaux, dazu geführt, den Baʿal der Karmelszene mit dem tyrischen Melqart (Herakles) zu identifizieren (de Vaux, BMB 5, 1941; Ders., Élie 61f.; Albright, From the Stone Age to Christianity, Baltimore [2]1946, 235. 333 usw.). Dies scheint desto naheliegender zu sein, weil aus dem Kontext hervorgeht, daß Ahabs Frau Isebel, eine Tochter von Ethbaal von Sidon, ihrem heimatlichen Gott fanatisch ergeben war (1 Kön 16, 31f.; 18, 4. 13. 18f.; 19, 1f.; vgl. u.a. Hillmann 96 Anm. 1), während ihr Mann, obgleich er in 18, 20–40 keine Rolle spielt (dazu Tromp 498), den politischen Frieden nicht nur zwischen den Anhängern des Baʿal und JHWH, sondern auch zwischen den Kanaanäern und Israeliten durch eine neutrale und paritätische Politik zu sichern suchte (Fohrer 77; Seebass 122ff.). Die Frage ist jedoch erhoben worden, ob die Erzählung des Gottesurteils, das an sich schwerlich ein Ordal im üblichen Sinne genannt werden kann (dazu Kutsch, RGG II 1809; Rößler 104f.), wie sie jetzt in den Eliaerzählungen vorliegt, eventuell mit den anderen Stücken dieser Erzählungen, eine höhere literarische Einheit bildet (so Eißfeldt 33; vgl. auch hierzu: Fohrer 33ff.; Gray, I and II Kings, London [2]1970, 383ff.), oder ob das Ganze mehr aus den einzelnen Stücken, welche vorher an sich bestanden haben, betrachtet werden muß. Letztgenannter Meinung waren bereits Gunkel (a.a.O. 13) und vor allem Alt, und auch viele andere Gelehrte treten für die Eigenständigkeit der Erzählung ein (vgl. u.a. Fohrer 36f.; Würthwein 130ff.; Steck 132; Jepsen 297ff.; Seebass 134f.; Tromp 490; Mulder, De naam 7ff.). Nach Alt bekämpft JHWH, dessen unter David errichteter Altar umgehauen war (v. 30), nicht primär einen tyrischen Baʿal, sondern den alten Baʿal vom Karmel. Eißfeldt hingegen verficht von seinem Standpunkt, dem engen Zusammenhang der Eliaerzählungen, aus die Meinung, der Baʿal des Karmels sei primär weder ein lokaler Gott, noch der tyrische Melqart, sondern Baʿalschamêm (so auch Hillmann 99ff.; Montgomery-Gehman, ICC 1951,

308), „der eben nicht Gott einer politischen Gemeinschaft ist, sondern des Universums und zugleich des Individuums" (KlSchr II 187). Der universale Charakter des am Karmel verehrten Baʿals wird auch von anderen Gelehrten, die dabei freilich nicht immer an Baʿalschamêm denken, bejaht (Junker 66 Anm. 3; Preuß 87f.; vgl. auch Galling 121; Ap-Thomas 150; Vattioni 72f.).

Obwohl man der Meinung sein kann, daß die Erzählung des Gottesurteils in der jetzigen Gestalt eine Heiligtums-, Kult- (vgl. Würthwein 135; auch Seebass 125; hiergegen u.a. Rowley 199; vgl. Steck 17 Anm. 2) oder Prophetenlegende oder sogar eine Mischung aller dieser Formen (Rößler 110f.) ist, die die Rechtsansprüche einer israelitischen Minderheit auf das Karmelheiligtum des JHWH, das in Davids Zeit begründet war (vgl. Gray 399f.), zu erhärten beabsichtigt, ist doch nicht die Ansicht zu bestreiten, daß in die Beschreibung des Kampfes zwischen JHWH und Baʿal, trotz aller lokalen Eigentümlichkeiten des Gottes des Karmels (Steck), universale Motive des einen Baʿals par excellence eingegangen sind (→ בעל [*baʿal*] III.2; Mulder, Baʿal 43f.; Fohrer 98 [„Regen- und Fruchtbarkeitsgott"]; Seebass 135; vgl. Gray 393 usw.). Am Karmel ging es nicht nur um eine Lokalentscheidung zwischen JHWH- und Baʿalverehrern ohne Grundsatzbedeutung für ganz Israel (vgl. die Zusätze in vv. 19f. und 31f.). Der Baʿal des Karmels hat, neben den lokalen, deutlich dem Baʿal im allgemeinen angehörige Charakteristika. Einige von De Vaux auf den Baʿal Karmel übertragenen Eigenschaften des tyrischen Melqart (Herakles) sind ebenso beim Baʿal in den ugar. Texten nachzuweisen. Ein Gott – in diesem Fall Baʿal (Dussaud, Syr 29, 1952, 385; 31, 1954, 148 denkt an Hadad) – der sogar auf seinem eigenen Gebiet, dem Karmel, unterlag, konnte grundsätzlich nicht nur auf dem Karmel, sondern auch „als Gott schlechterdings nirgendwo in Israel gelten und damit neben den Sieger Jahwe gestellt" werden (Preuß 91f.; vgl. Fohrer 65). Die Erzählung selbst ist deutlich unter literarischen Gesichtspunkten (vgl. hierzu Tromp 488–494) konstruiert, so daß für die Frage nach den tatsächlichen Ereignissen sowie nach den Einzelheiten geographischer, kultischer oder anderer Art wenig Anhaltspunkte zu liefern sind (Rößler 105; Jepsen 296ff. und s. jetzt Mulder, De naam 15–18). Möglich ist, daß eine JHWH-Erzählung zur bewußt gestalteten Antibaʿal-Erzählung wurde (vgl. Preuß 93; auch: von Rad, ThAT 2, [5]1968, 33; Steck 76). In diesem Zusammenhang bleibt es auch ungewiß, wo man die Szene des Gottesurteils am Karmel zu lokalisieren hat, sei es auf dem Kap im Bereich des Karmeliterklosters (vgl. Alt 139; Kutsch 123), sei es am südöstlichen Ende des Gebirges (*el-muḥraqa*), unweit des Kisons, wo Elia die Baʿalspropheten geschlachtet haben soll (s. Kopp 49–54; De Vaux, Élie 59; Gray 402; vgl. Friedman 95ff.; Vattioni 68f.; Seebass 125, Anm. 7; 128, Anm. 21 u.a.), und wo er nachher auf die Höhe des Karmels zum Beten stieg (Alt 135ff.; Fohrer 81ff.; 93f.; LXX erwähnt nur: ἐπὶ τὸν Κάρμηλον [v. 42]).

Im Leben des Nachfolgers Elias hat der Berg Karmel als heilige Stätte eine noch größere Rolle gespielt. Manchmal soll Elisa dort verweilt haben. In 2 Kön 2, 25 wird mitgeteilt, daß der Prophet, nachdem in Bethel 42 Kinder von zwei Bären zerrissen worden waren, nach dem Berg Karmel ging, bevor er nach Samaria zurückkehrte (falls es sich hier nicht um eine redaktionelle Notiz handelt, s. H. C. Schmitt, Elisa, 1972, 76f.). Und als die Sunamitin der Hilfe des Gottesmannes für ihren Sohn bedurfte, wußte sie genau, daß Elisa auf dem Karmel verweilte (2 Kön 4, 25). In diesem Zusammenhang ist es einleuchtend, daß der Vater dieses Knaben seine Frau fragte, warum sie gerade jetzt zu Elisa wollte, weil es weder Neumond noch Sabbat war (v. 23). Dieser Mitteilung ist zu entnehmen, daß an solchen Tagen der Berg Karmel ein frequentierter heiliger Ort des Propheten und des Volkes war. Vielleicht hat es hier auch eine Versammlung der Prophetenjünger gegeben. Überdies deutet der in 1 Kön 18, 30 erwähnte niedergerissene JHWH-Altar darauf hin, daß der Karmel schon früh eine dem Gott Israels geweihte heilige Stätte gewesen ist, sei es, daß der JHWH-Kult hier vielleicht nur zeitweise den Baʿalkult verdrängt hat (s. hierzu noch Seebass 133, Anm. 39; 135).

4. An den übrigen Stellen des AT, wo sich der Berg Karmel findet (Jes 33, 9; 35, 2; Jer 46, 18; 50, 19; Am 1, 2; 9, 3; Nah 1, 4; Mi 7, 14; HL 7, 6 [zu 2 Chr 26, 10 s.o. I.2.c]) wird nicht ausdrücklich von einer besonderen kultischen Tradition des Berges gesprochen, obwohl diese dabei möglicherweise mitschwingen kann. Besonders wäre hier an Am 9, 3 und Jer 46, 18 zu denken (so Galling 119, Anm. 3). In Am 9, 3 liegt eine Vision des Propheten vor, in der JHWH an einem Altar steht und den Leuten eine Katastrophe ankündigt. In diesem Zusammenhang wird nicht nur über ein Durchdringen zur Unterwelt oder ein Emporsteigen zum Himmel gesprochen (v. 2), sondern auch über ein Verstecken auf dem Gipfel des Karmels und ein Verbergen auf dem Grunde des Meeres, wo JHWH einer Schlange befehlen würde, sie zu beißen. Vielleicht erscheint der Karmel hier als Vertreter der Höhe, wobei seine Lage unmittelbar am Mittelmeer hereinspielt und der dichte Waldwuchs zum Versteck geeignet war (Rudolph, KAT XIII/2, 246). Die Seeschlange jedoch bildet ein mythologisches Motiv (vgl. Hi 26, 13; Ps 74, 13f.; 89, 11; Jes 27, 1; 51, 9), das auf aus den ugar. Texten bekannte Gedanken anspielt, so daß der Prophet beim Nennen des Karmels an den dort üblichen Kult des Gottes des Karmels gedacht haben kann (vgl. Wolff, BK XIV/2, 391f.). In Jer 46, 18 ist ein kultisch-mythologischer Gedanke schon viel weniger deutlich, weil sowohl der Berg Tabor als der Berg Karmel mit einer unbekannten Person verglichen werden, die „kommt"

(vgl. Rudolph, HAT I/12, 232; BHS z. St.: „Feind"). Hier liegt es doch näher, an den Karmel seiner emporragenden Lage am Meer wegen zu denken. Diese auffallende Lage des Berges wird auch in HL 7,6 betont, wo der Karmel als Bild für das stolz getragene Haupt verwendet wird (so u.a. Budde, KHC XVII, 39; Rudolph, KAT XVII/2–3, 173; anders KBL³ 474 „Karmesin"). Öfters findet sich der Karmel in Verbindung mit anderen geographischen Namen zur Bezeichnung der Trauer oder der Dürre des Landes (Jes 33,9 [mit Libanon, Saron und Basan]; Nah 1,4 [mit Basan und Libanon]) oder des Frohlockens, wobei die Herrlichkeit und die Pracht des Berges gerühmt werden (Jes 25,2 [mit Libanon und Saron]). In Jer 50,19 wird Israel versprochen, daß es auf dem Karmel und in Basan weiden und sich auf dem Berg Ephraim und in Gilead sättigen wird. Wie oben (I.2.c) gezeigt wurde, hat man in Mi 7,14 wohl das Wort *karmæl* auf das Karmelgebirge zu beziehen. Im Kontext finden sich wieder Basan und Gilead. Eißfeldt (KlSchr IV 63. 66; Der Gott Karmel, 7, Anm. 3) hat vorgeschlagen, den Halbvers folgendermaßen zu übersetzen: „(Jahwe) der du wohnst allein im Dickicht auf dem Karmel." Dieser Vorschlag wird jedoch von van der Woude abgelehnt (s.o.). An sich wäre es jedoch denkbar, daß der Prophet auf ein JHWH-Heiligtum am Karmel anspielt. Der Kontext hingegen deutet mehr auf den Berg als Bild der Fruchtbarkeit des Landes hin.

In Am 1,2a findet sich eine Metapher (*JHWH miṣṣijjôn jiš'āḡ ûmîrûšālajim jitten qôlô*), welche sich auch in Jo 4,16 und Jer 25,30 in etwas abgeänderter Form findet (vgl. M. Weiss, In the Footsteps of One Biblical Metaphor, Tarbiz 34, 1964/65, 107–128). Vielleicht handelt es sich hier um eine kultische Theophanie (C. van Leeuwen, Verkenningen in een Stroomgebied, Amsterdam 1974, 93–101), wobei sich v. 2b als Beschreibung der Folgen dieser Theophanie anschließt: die Auen der Hirten trauern und der Gipfel des Karmels verdorrt (wohl besser als *w^e jeḇôš*, Duhm u.a.). Auch hier wird man den Karmel wohl als *pars pro toto* für das sonst üppige Land und für das Waldgebiet des Berges zu betrachten haben, ohne dem Wort kultischen Wert beimessen zu müssen. Aber diese Dürre, die den Gipfel des Karmel und die Auen sterben läßt, ist „eschatologischen Formates" (Wolff, BK XIV/2, 156). Hier wird der Karmel in eine theologisch und eschatologisch geladene Gedankenwelt gerückt. Der Karmel, ein Ort des fruchtbaren, aus dem Tiefe des Meeres hervorragenden Berglandes, wird so gleichsam ein Bild von Gottes Heils- und Unheilsversprechungen.

Mulder

כָּרַע *kāraʿ*

I. Vorkommen – II. Allgemeine Aussagen – III. Gebetshaltung – IV. Inhalt der Gebärde – V. LXX – VI. Qumran.

Lit.: *D. R. Ap-Thomas*, Notes on Some Terms Relating to Prayer (VT 6, 1956, 225–241). – *E. Brunner-Traut*, Gesten (LexÄg II 573–585). – *M. Falkner*, Gebetsgebärden und Gebetsgesten (RLA III 1971, 175–177). – *A. Greiff*, Das Gebet im AT (ATA V/3, 1915). – *Fr. Heiler*, Die Körperhaltung beim Gebet (MVÄG 22, 1918, II, 168–177). – *E. Kutsch*, „Trauerbräuche" und „Selbstminderungsriten" im Alten Testament (ThSt 78, 1965, 25–42). – *S. Langdon*, Gesture in Sumerian and Babylonian Prayer (JRAS 1919, 531–556). – *Fr. Nötscher*, Biblische Altertumskunde (HSAT Erg.-Bd. III, 1940, 345–350). – *R. de Vaux*, LO II, 1960, 310f.

I. *kāraʿ* kommt im AT im *qal* (30mal) und *hiph* (5mal) vor. Es ist bezeugt ugar. (WUS Nr. 1389), jüd.-aram., sam. (Z. Ben-Ḥayyim, The Literary and Oral Tradition of Hebrew and Aramaic among Samaritans, Jerusalem 1957–61), ferner arab. *rakaʿa* 'sich niederbeugen', und targ. (vgl. St.-B. II 259–262). Das entsprechende Nomen *k^e raʿ* 'Unterschenkel', von dem das Verb nach einigen denominiert ist (Ap-Thomas 228; KBL³ 475) kommt in P-Stücken (Ex 12,9; Lev 1,9 u.ö.) und dazu Am 3,12 nur von tierischen Gliedmaßen vor, während das Verb außer Hi 39,3; Jes 46,2 immer von menschlicher Tätigkeit gebraucht wird.

II. Auch wo *kāraʿ* für sich allein steht und man seine eigentliche Bedeutung erwarten wollte, sagt es wohl ein Geschehen aus, das über das Niederknien hinausgeht. Hi 31,10 bedeutet es den Beischlaf seitens des Mannes. Durch Jehus Geschoß getroffen, sinkt König Joram nieder (2 Kön 9,24). Jes 46,1 werden sogar die Götter Bel und Nebo in die Knie gezwungen, wie Jes 46,2 die Tiere, die deren Götzenbilder tragen, wobei beidemal unser Verb durch *qāras* 'sich krümmen' ergänzt wird, „bewußt schon lautlich harte und starke Verben, die an den Versanfängen chiastisch gestellt und so ins Zentrum gerückt werden ... Dergleichen Götter können nicht retten, nicht tragen" (H. D. Preuß, Verspottung fremder Religionen im AT, BWANT 92, 1971, 219). Jes 10,4 gilt *kāraʿ* von Gefangenen, die erschlagen fallen (vgl. Wildberger, BK X/1², 1980, 200). Jes 65,12 endlich muß das Volk niederknien zur Schlachtung. Daß jemand durch Gewalt in die Knie gezwungen wird, drückt das *hiph* aus (2 Sam 22,40; Ps 17,13; 18,40). Ps 78,31 kommt solches über Israels junge Mannschaft. Die seelische Niedergeschlagenheit Jephthahs wird ebenfalls durch *kāraʿ*, verstärkt durch dessen Inf. abs., ausgesagt (Ri 11,35).

Häufiger steht *kāraʿ* in Handlungsabfolge mit anderen Verben: Gen 49,9; Num 24,9 geht der Löwe in die Knie und liegt dann da (*rāḇaṣ* bzw. *šāḵaḇ*). Sisera sinkt in die Knie (Ri 5,27), was zu *nāp̱al* (dieses auch

Jes 10, 4; Ps 20, 9) und *šāḵaḇ* führt (vgl. auch Jes 10, 4). Vergleichbar ist 1 Sam 4, 19 das Niederknien zum Gebären (vgl. Hi 39, 3). Überwiegt somit die Aussage, daß jemand Gewalt erleidet (Ri 11, 35; 2 Kön 9, 24; Jes 46, 1 f.; 65, 12; Ps 20, 9; Hi 4, 4; 31, 10), so sagt *kāra'* doch auch ein solch gewöhnliches Verhalten aus, daß Gideons Krieger zum Wasserschöpfen niederknien (Ri 7, 5 f.).

III. Wichtig ist *kāra'* als Ausdruck der Unterwürfigkeit. Der Kniefall kann Menschen gelten (2 Kön 1, 13; Esth 3, 2 [2mal]; 3, 5), aber besonders ist er eine Gebetshaltung vor Gott (1 Kön 8, 54; 19, 18; Jes 45, 23; Ps 72, 9; 95, 6; 2 Chr 7, 3; 29, 29). Bedeuten solche Stellen ein Knien bei sonst aufrechter Haltung? Dafür spricht, daß *kāra'* mehrfach mit *bæræḵ* verbunden ist (Ri 7, 3 [2mal]; 1 Kön 8, 54; 19, 18; 2 Kön 1, 13; Jes 45, 23; Hi 4, 4; Esr 9, 5), wozu noch Ps 95, 6a kommt, dem in v. 6b das Verb *bāraḵ* entspricht. Auch 1 Kön 8, 54 gehört hierher, dem allerdings 8, 22 entgegensteht, wonach Salomo beim Beten gestanden hat. Würthwein (ATD 11/1, 94. 100) nimmt hier eine spätere Korrektur an, als man Knien für die allein angemessene Haltung eines Beters angesehen habe. 2 Chr 6, 13 über dieselbe Begebenheit bringt Stehen und Knien in einem Vers. Ap-Thomas (226) bestreitet allerdings (gegen J. Herrmann, ThWNT II 786) für das AT, daß Stehen die eigentliche Gebetshaltung gewesen sei. So bedeute *'āmaḏ* 1 Kön 8, 22 nur die Anwesenheit Salomos vor dem Altar, während 8, 54 dessen Knien beim Gebet aussage. Er verweist auf Neh 9, wo man zur Schriftlesung sich erhebt (9, 3a), sich zum Schuldbekenntnis niederwirft (3 b), worauf die Leviten mit „Erhebt euch!" (9, 5) zum Lobpreis aufrufen (vgl. auch Esr 9, 3. 5; 10, 1. 4 eine ähnliche Abfolge liturgischer Haltungen). Somit soll das Nebeneinander von Stehen und Knien aus kultischen Rubriken erklärbar sein. Die eigentliche Gebetshaltung wenigstens für Buße und Bitte wäre das Knien (vgl. auch de Vaux 311).

Einige Stellen mit *kāra'* zeigen, daß Niederknien auch zur Proskynese führen konnte. Ps 72, 9 sollen die Feinde JHWHs nicht nur in die Knie sinken, sondern vor ihm Staub lecken (vgl. auch 1 Kön 19, 18). Ganz deutlich sind da die Stellen, an denen neben *kāra' hištaḥªwāh* vorkommt. Dreimal gilt dann die Huldigung Menschen (Esth 3, 2 [2mal]; 3, 5), fünfmal aber Gott (Ps 22, 30; 72, 9; 95, 6; 2 Chr 7, 3; 29, 29; zur Ikonographie vgl. BHHW I 522; O. Keel, Die Welt der altor. Bildsymbolik und das AT, Abb. 412 f., Tf. XIII f.). Wenn unter den erwähnten Stellen bei Ps 22, 30; 95, 6 die Proskynese schon vor dem Niederknien erwähnt wird, so wird wohl nur die Gesamthandlung durch deren Einleitung nachträglich ergänzt.

Durch den Gebrauch von *kāra'* als Einleitung der Proskynese ist für diese wohl zu erkennen, daß der Verehrende sich vornüber beugte. Dafür spricht auch das Staublecken Ps 72, 9 und das Küssen des Ba'al

1 Kön 19, 18, was 2 Chr 7, 3 auch ausdrücklich steht. Dazu können Stellen verwertet werden, wonach die Proskynese von der Verbeugung her erfolgt, was durch *qāḏaḏ* als vorbereitende Haltung ausgesagt wird (Num 22, 31; 1 Sam 24, 9; 1 Kön 1, 31 u.ö.). Nicht so eindeutig sind die Aussagen, wonach ein Niederfallen (*nāpal*) zur Proskynese führt (Jos 5, 14; 2 Sam 9, 6; 14, 4; Hi 1, 20; 2 Chr 20, 18). Doch kann man im AT wohl keine Stelle eindeutig dafür in Anspruch nehmen, man habe auch auf dem Rücken liegend Proskynese geübt (wie im Amarna-Brief EA 318 f. und AOB Abb. 87).

IV. Wer niederkniet, sich vielleicht sogar bis auf die Erde verneigt, der bringt demütig zum Ausdruck, daß er sich als Untergebener und von einem hohen Herrn abhängig fühlt. Der Kniefall drückt Ehrfurcht und Bitte aus (Esth 3, 2. 5; 2 Kön 1, 13). Er stellt Gott gegenüber aber auch ein Glaubensbekenntnis dar, weshalb er in Israel keinem fremden Gott erwiesen werden darf (1 Kön 19, 18; Jes 45, 23). Durch den Kniefall vor JHWH bekennt man aber auch besonders: Er ist unser Gott, wir sind sein Volk (Ps 95, 6). Weil dieses Bekenntnis zum Bund „vor JHWH" erfolgt (Ps 95, 1), muß man an kultische Feiern denken. So kniet Esra bei einer Bußfeier zur Zeit des Abendopfers nieder, breitet die Hände aus und spricht ein Bußgebet (Esr 9, 4 f.). 2 Chr 7, 3 berichtet von einer wunderbaren Entzündung des Opfers und einer kultischen Theophanie, wobei die Gemeinde niederkniet und Gott preist (vgl. auch 1 Kön 8, 54). 2 Chr 29, 29 schließt Hiskias Opfer mit einem Lobpreis Gottes, wobei der König und alle Teilnehmer am Gottesdienst niederknien und prosternieren. Auch für die nach-at.liche Zeit ist kniendes Gebet gemäß *kāra'* üblich, wenn für die nt.liche und talmudische Zeit auch eher das Stehen als die angemessene Gebetshaltung erscheint (Mt 6, 5; Mk 11, 25; Lk 18, 9–14, vgl. Ap-Thomas 226). Daß *kāra'* für Niederknien gebraucht wird, aber auch einfach 'sich verneigen' bedeuten kann, dazu vgl. Beispiele bei St.-B. II 260.

*V. Die LXX verwendet zur Wiedergabe von *kāra'* eine ganze Reihe von Verben, wodurch sie zu verstehen gibt, daß sie *kāra'* nicht als eindeutig festgelegten Terminus von Devotion und Proskynese versteht: κάμπτειν (9mal), πίπτειν (8mal), κλίνειν (6mal), προσκυνεῖν und συμποδίζειν (je 3mal).

VI. In Qumran ist das Verb *kāra'* bisher nur einmal nachgewiesen in 1 QM 11, 13, wo sich die Qumranessener als die *kôre'ê 'āpār* „die in den Staub Gebeugten" bezeichnen, denen Gott in der Endzeit die Feinde ausliefern wird. In der Tempelrolle begegnet das Substantiv *kr'jm*, Bezeichnung für die „Unterschenkel" der Opfertiere (TR 16, 12; 24, 4; 34, 11; vgl. 48, 5). (*Fa.*)

Eising †

כָּרַת *kāraṯ*

כְּרֻתוֹת *keruṯôṯ*, כְּרִיתֻת *kerîṯuṯ*

I. Umwelt – 1. Sumerisch – 2. Akkadisch – 3. Westsemitisch – II. 1. Etymologie – 2. Statistik – 3. Streuung der Belege – 4. LXX – 5. Semasiologische Verwandtschaftsbegriffe – 6. Grundbedeutung – III. Religiös-theologische Bedeutungssphären – 1. Prophetische Lit. – a) Israel und der Rest – b) Völkersprüche – 2. Psalmen- und Spruchdichtung – 3. Geschichts-Lit. – IV. Formelhafte Verbindungen – 1. Ausrottungs- und Nichtausrottungsformeln – 2. Bundesschlußformel – V. Qumran.

Lit.: *A. Ahuvya*, תיקתו ובריתו אשר כרת (BethM 132, 1968, 87–114). – *J. Barr*, Some Semantic Notes on the Covenant (Festschr. W. Zimmerli, 1977, 23–38). – *E. Bikerman*, 'Couper une Alliance' (AHDO 5, 1950/51, 133–156). – *E. Kutsch*, כרת *krt* abschneiden (THAT I 857–860). – *Ders.*, Verheißung und Gesetz (BZAW 131, 1973). – *Ders.*, *Karāt Berît* „Eine Verpflichtung festsetzen" (Festschr. K. Elliger, AOAT 18, 1973, 121–127). – *S. E. Loewenstamm*, Zur Traditionsgeschichte des Bundes zwischen den Stücken (VT 18, 1968, 500–506). – *D. J. McCarthy*, Treaty and Covenant (AnBibl 21 A, ²1978). – *M. Noth*, Das alttestamentliche Bundschließen im Lichte eines Mari-Textes (ThBü 6, 1957, 142–154). – *F. Sierksma*, Quelques remarques sur la circoncision en Israel (OTS 9, 1951, 136–169). – *J. A. Soggin*, Akkadisch TAR *BERÎTI* und Hebräisch כרת ברית (VT 18, 1968, 210–215). – *H. Yalon*, כריתות, כרת, הכרת (Leshonenu 18, 1967, 259–261). – *W. Zimmerli*, Die Eigenart der prophetischen Rede des Ezekiel (ZAW 66, 1954, 1–26).

I. 1. Die durch das sum. Logogramm TAR geschriebenen Wörter *kur₅/kud*, *sil.ḫaš* haben u.a. die Bedeutung 'trennen, scheiden, schneiden' (ŠL II, 45; ŠL III 205). TAR erscheint in neusum. Gerichtsurkunden oft mit dem Objekt *nam-erím* 'Böses > Bann' in der Wendung *nam-erím*-TAR „den Bann 'schneiden'" (A. Falkenstein, Die neusumerischen Gerichtsurkunden, 1956/57, I 64; III 144f. 165; vgl. D. O. Edzard, Sumerische Rechtsurkunden des III. Jahrtausends aus der Zeit vor der III. Dynastie von Ur, 1968, 223) i.S.v. 'einen (assertorischen) Eid leisten' (Falkenstein I 64. 67; III 144f.; Edzard 152 Nr. 96 Rs. Z 3'–4'). Im königlichen Gerichtsverfahren bedeutet TAR wörtlich 'einen Eid schneiden' bzw. 'einen Eid schwören' (vgl. A. Gamper, Gott als Richter in Mesopotamien und im AT, Innsbruck 1966, 16–21), aber im übertragenen Sinn kann es auch einen Prozeß 'entscheiden' (Falkenstein, II 226f.) bedeuten. Das Logogramm TAR wird weitgehend dem akk. Verbum *parāsu* '(ab)trennen, entscheiden' (AHw 830–832) bzw. *parā'u* 'schneiden' gleichgesetzt (ŠL III 205; R. Borger, Assyrisch-babyl. Zeichenliste, 1978, 59 Nr. 12).

2. Im Akk. ist das Verbum *karātu* (AHw 448; CAD K 215) konkret vom Schwanz 'abschneiden' (KAR 307 r. 14), Hände 'abschlagen' (Ash. § 68 III 24), Hörner 'abbrechen' (KAR 307 r. 13) u.a.m. gebraucht und zeigt eine Verwandtschaft mit den hebr. Bedeutungssphären. In Ritualtexten hat *karātu* die Bedeutung 'schneiden' (G. van Driel, The Cult of Aššur, Assen 1969, 194 Z 3, Kontext unklar) und 'schlagen' von Tonfiguren mit Eschenhölzern (Maqlû IX 159. 181; CAD K 215). Das Verbaladj. *kartu* (AHw 451; CAD K 226) ist im Zusammenhang vom 'zerschnittenen Rohr' (E. Reiner, Šurpu, AfOBeih 11, 1958, I 2; KAR 90 r. 1, vgl. E. Ebeling, Tod und Leben, 1931, 118), das verbrannt werden soll, gebraucht.

3. Das Ugar. kennt bisher die Wurzel *krt* (Bedeutung?) nur im Namen Keret, dem Helden des Keret-Epos (UT Nr. 1314; PNU 152). Die Wurzel *gzr* 'abschneiden, abtrennen, abkneifen' ist durch die ugar. Nominalbildungen *gzr* 'Abschnitt, Stück' (KTU 1.23, 63) und *'gzrt* 'der Abgeschnittene, Abgekniffene > Ebenbild' (KTU 1.13, 29f.; 1.23, 58. 61) bekannt (M. Dietrich – O. Loretz, UF 9, 1977, 51–56; vgl. UT Nr. 570; WUS Nr. 642. 643).

In der Mescha-Inschrift (Mitte des 9. Jh.) erscheint der vieldiskutierte Satz *w'nk krtj hmkrtt l* (Z. 25) weitgehend übersetzt mit 'und ich habe Balken schneiden lassen' (vgl. ANET³ 320; A. H. van Zyl, The Moabites, Leiden 1960, 192; DISO 127; LidzNE 299 u.a.). Die moabit. Perfektform *krtj* und das Subst. *mkrtt* (vgl. KBL³ 477; Noth, BK IX/1, 102) werden von der Wurzel *krt* abgeleitet (vgl. R. S. Tomback, A Comparative Semitic Lexicon of the Phoenician and Punic Languages, Diss. Ser. 32, Missoula 1978, 149, für das Verbum). Man hat auch die moabit. Formen mit dem Stamm *krh* 'graben' verbunden (S. Segert, ArOr 29, 1961, 242, gefolgt von KAI II 178, und J. C. L. Gibson, Textbook of Syrian Semitic Inscriptions I, Oxford 1971, 77. 82). Der Versuch, *krtj* mit *krt* im Sinne von Bundschließen (F. I. Anderson, Or 35, 1966, 107) zu verbinden, so daß *krt mkrtt l* im Moabit. dem hebr. *kāraṯ berîṯ le* gleich ist und 'he cut the „thing in between" in behalf of' (E. Lipiński, Or 40, 1971, 337) oder einfach 'und ich schloß für . . . einen Bund' (E. Lipiński in RTAT, 1975, 257 Z. 25), ist kaum haltbar, weil die Gleichsetzung der moabit. Wendung keine philologische und syntaktische Entsprechung im Hebr. hat und der Kontext in der Mescha-Inschrift von Bauarbeiten spricht, dem ein Bundschließen fremd ist. Man darf ziemlich sicher *krtj* und *mkrtt* zur Wurzel *krt* rechnen (gegen Kutsch, THAT I 857).

Das Phön. gebraucht in einem Beschwörungstext aus Arslan Tasch (7. Jh. v. Chr.) die Wendungen *kr[r]t ln 'lt* (KAI 27, 8f. mit Dittographie, vgl. F. M. Cross, Canaanite Myth and Hebrew Epic, Cambridge Mass. 1973, 17f.; A. Caquot, JANES 5, 1973, 48) 'einen Bund mit uns schneiden (schließen)' (vgl. W. Röllig, NESE II 21; KAI 27; J. Friedrich, Phönizisch-Punische Gram., ²1970, 131; DISO 127) und *'šr krt ln* (KAI 27, 10f.), was oft elliptisch mit 'Assur hat (den Bund) mit uns geschlossen' (Röllig, NESE II 18; Z. Zevit, IEJ 27, 1977, 112; ANET³ 658) wiedergegeben oder mit 'eine Urkunde hat er ausgefertigt für uns' (E. Lipiński, RTAT, 265) übersetzt wird. Man nimmt *krt 'lt* gewöhnlich als Parallele für *krt 'ālāh* (Deut 29, 11. 13; vgl. T. H. Gaster, Or 11, 1942, 65) und so für *krt berîṯ* (vgl. Jes 61, 8; Jer

32, 40), aber es besteht keine absolute sprachliche Parallele. Die Wendung *krt 'ālāh* ist im Hebr. nicht unabhängig belegt (KBL³ 476 ungenau, vgl. Barr 28, Anm. 5), weil sich *krt* zugleich auf *b^erît* und *'ālāh* bezieht (Deut 29, 11. 13).

Das pun. Subst. *krt* erscheint in unsicherer Lesung in dem Satz 'das Gelübde, das 'ZMLK der Steinbrecher? (*hkrt*) ablegte' (Tomback 150; DISO 127). Unsicher ist auch die Bedeutung des Verbums *krt* in einem neupun. Text '(auf) seinen Trümmern schnitt er (*hjkrt*) das Fundament' (KAR 12, 1963/64, 50; Tomback 150).

Die Hadad-Statue Panamuwas I. (Mitte des 8. Jh. v. Chr.) hat zwei restaurierte *krt* Zeilen (KAI 214, 9. 11). In einer wird berichtet 'er schnitt ([*hkr*]*t*) Schwert und Zunge vom Hause meines Vaters' (restauriert von H. D. Müller [1893] und übernommen u. a. von J. C. L. Gibson, Textbook of Syrian Semitic Inscriptions II, Oxford 1975, 71, Z. 9). Subj. ist Hadad, der die Revolutionswirren beendet hat (vgl. KAI II 218). Sicherer ist die Wiederherstellung von Z. 11 'und hat einen Vertrag geschlossen' (vgl. Gibson II 67, 11: 'and a sure covenant struck'). Die Bedeutung 'Vertrag schließen [wörtlich 'schneiden'] für *'mn kr*[*t*] (vgl. S. A. Cook, A Glossary of the Aramaic Inscriptions, Cambridge 1898, 66) ist gestützt von Neh 10, 1 *krt 'mnh* und mag als sicher gelten (vgl. J. J. Koopmans, Aramäische Chrestomathie, Leiden 1962, II, Nr. 9, 11, anders KAI 214, 11 mit Restauration *k*[*'t*]).

Im Mand. ist *kruta* mit unsicherer Bedeutung 'Abschneiden, Verstümmelung' und unsicherer Wurzel *krt* belegt (MdD 223). Im Syr. hat *krt* eine Vielfalt von Anwendungen (LexSyr 583f.).

Im Tigrē erscheint *karta* 'ein Ende nehmen' (E. Littmann – M. Höfner, Wb Tigrē), *kärtäta* 'abbeißen' (W. Leslau, Contributions, 27) und im Tigriñ. *kärätä* 'schneiden' (Leslau 27; vgl. W. Leslau, EDH, 130).

II. 1. Die hebr. Wurzel *krt* ist gemeinsemit. Ursprungs und hat ihre Entsprechungen im Akk. (s. o. I. 2) und Westsemit. (s. o. I. 3). Dabei muß auch an Parallelausdrücke im Sum. (s. o. I. 1) und im Aram. in der Form *gzr* 'schneiden > abschneiden, zerschneiden, abtrennen' und übertragen 'entschließen, beschließen, bestimmen' (vgl. Z. W. Falk, JSS 14, 1969, 43f. und für bibl. Gebrauch s. u. II. 5) erinnert werden.

Die Wurzel *krt* erscheint in fünf hebr. Stammformen (*qal*, *niph*, *pu*, *hiph*, *hoph*). Gelegentlich werden *niph*-Formen (Jos 3, 13. 16; 4, 7. 7; Hi 14, 7; Sir 44, 18) und beide *pu*-Formen (Ri 6, 28; Ez 16, 4) als Passiv des *qal* verwendet. Das *niph* ist meistens intensiv (*pi* fehlt) i. S. v. 'ausrotten' gebraucht (s. u. III. 2; IV.). Diese übertragene Bedeutung ist auch 2mal im *qal* belegt (Jer 11, 19; 50, 16 wo Emendationen, vgl. BHK/BHS, W. Rudolph, HAT I/12³, 1968, 302, kaum notwendig sind).

Das Verbalnomen *k^erutôt* (der Form entsprechend ein *qal* Ptz. pass. fem. Pl.), wörtlich 'abgeschnittene Stücke' erscheint nur in 1 Kön 6, 36; 7, 2. 12 i. S. v. behauene und kürzer geschnittene 'Balken' (KBL³ 477), vielleicht präziser 'im Unterschied zum Langholz kürzer geschnittene Stücke (von Zedernstämme)' (M. Noth, BK IX/1, 102. 135 gegen die Lesung *kotārot* 'Kapitäle' in 7, 2 der LXX). Das Verbalsubst. *k^erîtut* 'Entlassung, Scheidung' (KBL³ 473; E. Neufeld, Ancient Hebr. Marriage Laws, London 1944, 180, Anm. 2) geht auch auf die Wurzel *krt* zurück (Deut 24, 1. 3; Jes 50, 1; Jer 3, 8), was der Bedeutung von *krt* '[eine Ehe] scheiden, trennen' (M. Jastrow, DictTalm, 674; Levy, WTM II 418f.) im Mittelhebr. nahe kommt. Umstritten ist, ob der Name des Baches Kerit (1 Kön 17, 3. 5) von *krt* (KBL³ 477; BLe 471s) oder *krh* 'graben, aushöhlen' (KBL³ 473; BLe 504m; A. Schwarzenbach, Die geogr. Terminologie im Hebr. des AT, Leiden 1954, 203; Kutsch, THAT I 857) abzuleiten ist.

2. Derivate der hebr. Wurzel *krt* kommen im AT 295mal vor. Das Verb begegnet 288mal, davon ist das *qal* 134mal, *niph* 73mal (Lisowsky 702a hat Num 15, 31 nur 1mal aufgeführt und so nur 72 Belege für das *niph*), *hiph* 78mal, *pu* 2mal und *hoph* 1mal belegt. Die Nomina sind 7mal belegt, davon *k^erîtut* 4mal (s. o. II. 1) und *k^erutôt* 3mal (s. o. II. 1). Bei der Zählung ist der zweimalige Gebrauch von *k^erît* (s. o. II. 1) nicht eingeschlossen.

3. In 33 der at.lichen Bücher erscheinen Verba und Nomina von *krt* (ausgenommen sind Jon, Hab, HL, Pred, Kl, Esth). Der Pent. enthält 69 Verbalformen (*qal* 31mal, *niph* 28mal, *hiph* 10mal), die Schriftpropheten haben 100 (*qal* 33mal, davon 16mal Jer und 8mal Jes; *niph* 22mal, davon 6mal Jes und 4mal Jer; *hiph* 43mal, davon 14mal Ez, 7mal Jer, 4mal Jes; je 1mal *pu* Ez 16, 4 und *hoph* Jo 1, 6), die Geschichtsbücher haben 96 (*qal* 64mal, davon 18 in 1/2 Sam, 16mal 1/2 Kön, je 6mal Jos und Ri; *niph* 11mal, davon 5mal Jos; *hiph* 20mal, davon 8mal 1/2 Kön, 6mal 1/2 Sam; *pu* 1mal Ri 6, 28), die Psalmendichtung hat 14 (*qal* 4mal, *niph* und *hiph* je 5mal), die Weisheitsliteratur hat 7 (Pred 4mal *niph*, Hi 2mal *qal*, 1mal *niph*), dazu kommt noch je eine *niph*-Form in Dan 9, 26 und Ruth 4, 10. Die Streuung dieser Belege über das ganze AT von den frühesten Texten und deren Traditionen bis hin zu den spätesten Büchern zeugt von der weiten Verbreitung der eigentlichen und übertragenen Bedeutungssphären.

4. Die LXX übersetzt die hebr. Verbalformen mit einer überaus reichen Vielfalt griech. Termini. Das Verbum ἐξολεθρεύειν erscheint 77mal (42mal übersetzt es *hiph*, 31mal *niph*, 4mal *qal*) und 4mal das verwandte ὀλεθρεύειν (2mal *qal*, je 1mal *hiph* und *pu*; vgl. ThWNT V 168–171). Fast so häufig wird διατιθέναι gebraucht (74mal), davon 68mal in der bedeutungsvollen Verbindung διατίθεσθαι διαθήκην, was gewöhnlich *kārat b^erît* übersetzt (vgl. ThWNT II 105–137), während das verwandte τιθέναι nur 5mal vorkommt. Das Verbum κόπτειν mit Komposita erscheint 34mal (davon ἐκκόπτειν 14mal und ἀποκόπτειν 2mal; vgl. ThWNT III 851–860). Die folgenden Verba müssen noch genannt werden: ἐξαίρειν 20mal, ἀπολύειν/ἀπολύναι 14mal, ἐκλείπειν

11mal, ἀφαίρειν 9mal, ἐκτρίβειν 6mal, ἀφανίζειν und ποιεῖν je 3mal, ἀφιστᾶν und συντέλειν je 2mal. Dazu kommen noch 20 andere Verbalformen, die je 1mal gebraucht werden. Der Gebrauch dieser 36 griech. Termini und deren Streuung läßt erkennen, daß in den hebr. Verbalformen reiche Bedeutungsnuancen erhalten sind. Die LXX verrät kein konsequentes Übersetzungssystem, nicht einmal in der Verbindung διατίθεσθαι διαθήκην, die auch die Verba *heqîm* (Gen 9, 17) und *ṣiwwāh* (Jos 7, 11) mit *b^erîṯ* als Objekt wiedergibt.

5. Semasiologisch nahe zu *krt niph* 'ausrotten, vertilgen' steht das hebr. Verbum → שמד (*šmd*) *niph* 'ausrotten, vertilgen' (Jes 48, 19; Ps 37, 38) und zu *krt hiph* das *hiph* von *šmd* 'vertilgen' (Lev 26, 30; 1 Sam 24, 22; Jes 10, 7; Ez 25, 7). In der 'Ausrottungsformel' (s.u. IV. 1) kann *krt hiph* mit *šmd hiph* (Deut 4, 3; Ez 14, 8f.) und → אבד (*'āḇaḏ*) *hiph* (Lev 23, 30; vgl. K. Elliger, HAT I/4, 310. 319, Anm. 24; E. Jenni, THAT I 19) ersetzt werden. Im Parallelismus membrorum zu *krt niph* erscheint: *dmh* III 'vernichtet werden' (Zeph 1, 11; vgl. KBL³ 216). Eine mimetische und übertragene Bedeutungsverwandtschaft zu *krt* scheint in der gemeinsemit. Wurzel *ḥrṣ* (AHw 326; UT Nr. 900; DISO 96) vorzuliegen, die im Hebr. in Verbalformen im übertragenen Sinn von 'bedrohen, festsetzen, beschließen' (KBL³ 342) und Nominalformen (KBL³ 338f. *ḥārûṣ* und *ḥārîṣ* I) belegt ist. Das hebr. Verbum → גזר (*gzr*) mit der konkreten Bedeutung 'schneiden, entzweischneiden, abschneiden' und übertragen i.S.v. 'entscheiden' (KBL³ 179f.) weist eine Anzahl von identischen Bedeutungssphären zu *krt* auf. Schließlich muß noch auf das hapax legomenon *ḥtk* 'abschneiden, (übertragen) bestimmen' (Dan 9, 24; vgl. J. L. Palache, Semantic Notes on the Hebr. Lexicon, Leiden 1959, 19; J. Doukhan, AUSS 17, 1979, 6 und Anm. 11), das Entsprechungen im Akk. (AHw 335), Ugar. (UT Nr. 911: im Zusammenhang des Vater-Sohn-Verhältnisses, wo der Sohn 'Abschnitt' des Vaters ist) und Arab. (Lane I/2, 510 Kol. 3: 'abschneiden, abkratzen, abscheren, schnell mit kurzen Schritten laufen') hat, hingewiesen werden.

6. Die Grundbedeutung des Verbums *kāraṯ* kann mit relativer Sicherheit i.S.v. 'schneiden' (Jes 18, 5; vgl. GesB 364) bestimmt werden und ist durch den Gebrauch in anderen semit. Sprachen gestützt (so im Akk., Moabit., Altaram., Neupun.). Die Bedeutungen 'abhauen, abschneiden' (Kutsch, BZAW 131, 40) oder einfach 'abschneiden' (Kutsch, THAT I 858) brauchen nicht als Grundbedeutung angesehen zu werden, denn sie ergeben sich wie auch verschiedene andere Bedeutungsnuancen aus den gegebenen Objektverbindungen: 'abschneiden' von Ranken (Num 13, 23), Trauben (Num 13, 34), vom Zipfel eines Gewandes (1 Sam 24, 5. 6. 12), verschiedener Körperteile, z. B. Vorhaut (Ex 4, 25), Hoden (Lev 22, 24), Harnröhre (Deut 23, 2), 'abschneiden > abhauen, abschlagen' eines Kopfes (1 Sam 17, 51; 31, 9; 2 Sam 20, 22), Kopfes und Hände (1 Sam 5, 4), Zweiges (Ri 9, 48), Astes (Ri 9, 49); 'durchschneiden' oder 'abschneiden' eines Gewandes (2 Sam 10, 4 = 1 Chr 19, 4); 'abschneiden > umhauen' von Ascheren (Ex 34, 13; Ri 6, 25. 26. 30; 2 Kön 18, 4; 23, 14) und Schandbildern (1 Kön 15, 13 = 2 Chr 15, 16, vgl. M. Noth, BK IX/1, 324); 'schneiden > fällen' von einem Baum/Bäumen (Deut 19, 5; 20, 19. 20; 23, 2; Jer 6, 6; 10, 3; 11, 19; 1 Kön 5, 20; 2 Chr 2, 7. 9. 15), Zedern (Jes 44, 14; Ez 31, 12), Zedern und Zypressen (Jes 37, 24) und Wald (Jer 46, 23). Metaphorisch wird *krt* im Grundstamm (*qal*) i.S.v. 'ausrotten' des Propheten (Jer 11, 19) und des Sämanns und Schnitters (Jer 50, 16) verwendet. Die übertragene Bedeutung 'ausrotten' wiegt in den anderen Stammformen vor.

III. 1. a) Ein Vorzeichen des 'Tages JHWHs' ist im Joelbuch die eingetretene Naturkatastrophe mit der Vernichtung der Nahrung (Jo 1, 16 *krt niph*), wodurch sogar der Gottesdienst zum Stillstand kommt. Ein Teil des Detailbildes vom 'Tage JHWHs' ist die Drohung, daß die Geldwechsler – *pars pro toto* für Finanziere und ihre Finanzwesen – (Zeph 1, 11) und die Götzendiener (v. 4; vgl. Sach 13, 2; Ez 14, 8. 13. 17. 19. 21; 17, 17) 'ausgerottet' werden. Weil die Ausrottung der Völker nicht als Lehrbeispiel im Volk Gottes und seiner Führung ankommt (Zeph 3, 6. 7; vgl. K. Elliger, ATD 25, ⁷1975, 76f.) zeigt sich JHWH als Weltrichter, der alle Lebewesen 'ausrottet' (Zeph 1, 3; vgl. Gen 9, 11). Es wird vorausgesagt, daß Israels Kopf und Schwanz 'abgehauen' wird (Jes 9, 13) und daß das Gottesgericht der Ausrottung in voller Totalität über Juda kommt (Jer 44, 7. 8. 11). Aus dem eschatologischen Ausrottungshandeln Gottes, in dem Rosse (Mi 5, 9), Städte des Landes (v. 10), Zauberei (v. 11; vgl. Deut 18, 10f.; Lev 19, 26; Jer 27, 9), Götzenbilder und Steinmale (Mi 5, 12) und Kriegsbogen – *pars pro toto* für Waffen – (Sach 9, 10), alles was falsche Sicherheit gibt, ausgerottet/zerbrochen werden, wird ein geläuterter Rest hervorgehen (Sach 13, 9). Diesen Übrigen ist Bestand zugesagt, sie werden nicht ausgerottet werden (Sach 14, 2; vgl. Gen 9, 11). – In der Apokalyptik erscheint die Ankündigung der Ausrottung des *māšîaḥ* (Dan 9, 26), der weiterhin hauptsächlich mit Onias III. der Makkabäerzeit (vgl. u.a. L. F. Hartman – A. A. Di Lella, AB 23, 252; A. Lacocque, The Book of Daniel, Philadelphia 1979, 196) oder Christus (vgl. u.a. B. K. Waltke, BS 133, 1976, 329; J. C. Baldwin, Daniel, TOTC 1978, 175–178) identifiziert wird.

b) Der Begriff 'Ausrotten' (*krt hiph*) findet sich als Ausdruck des Gottesgerichts weitgehend in Völkersprüchen der großen (Jes 14, 22; Jer 47, 4; 48, 2; 51, 62; Ez 21, 8. 9; 25, 7. 13. 16; 29, 8; 30, 15; 35, 7) und kleinen Propheten (Am 1, 5. 8; 2, 3; Ob 14, vgl. 9. 10; Sach 9, 6). In dieser Völkerausrottung erweist sich JHWH als der Weltgeschichtsmächtige, der seinen endgültigen Überlegenheitsbeweis im Ausrotten heidnischer Götzenbilder und Götter (Nah 1, 14; 2, 1. 14; 3, 15) bringt. JHWH schließt in seinem Strafhandeln die Weltmacht Assur, die ihren Auftrag durch Ausrottung vieler Völker (Jes 10, 17) überschritt, und die Weltmacht Babel (Jes 14, 22; vgl. G. F. Hasel, The Remnant, Berrien Springs ²1974, 359–364), die totale Ausrottung von Name und Rest und Kind und Kegel erlebt, mit ein. Dieses umfassende Ausrottungshandeln Gottes in den prophetischen Völkersprüchen erweitert sich in der at.lichen Apokalyptik mit universaleren Zügen.

2. In der Psalmendichtung findet sich der Ausrottungsgedanke besonders im Zusammenhang feindlicher Mächte, die sich als Feinde dem einzelnen Gerechten (*ṣaddîq* → צדק) gegenüberstellen. In seiner akuten Notlage schreit der Gerechte mit der Bitte zu JHWH, die/den Bösen und Gottlosen, sein Gedächtnis (Ps 34, 17; 109, 15) und seine Nachkommen (37, 28; 109, 13) auszurotten. Der Gottlose (*rāšā'* → רשע) sinnt Arges gegen den Gerechten, der gemeinschaftstreu im Bundesverhältnis mit JHWH steht (Ps 37, 12), lauert ihm auf und sucht ihn zu töten (v. 32; 94, 21). Aber Gott steht dem Gerechten zur Seite, läßt ihn vor Gericht nicht zum Schuldigen werden (37, 33) und versichert, daß er die Ausrottung des Gottlosen erleben wird (37, 9. 34. 38). Die Gottesgerichtsbarkeit äußert sich im Gottesfluch, der die Ausrottung der Verfluchten mit sich bringt (37, 22), und im Gottesurteil, das alle Lügenlippen und Prahlerzungen (12, 4) ausrottet. Bemerkenswert ist auch des Jerusalemer Königs Aufgabe des Strafvollzugs der Ausrottung aller Übeltäter (vgl. 5, 6; 6, 9; 14, 14; 28, 3; → I 159; Kraus, BK XV/3, 169) in der Gottesstadt (101, 8). – Die israelit. Spruchdichtung spricht vom Ausrotten der Gottlosen aus dem Lande (Spr 2, 22; 10, 31), während die Frommen als Heilsgabe JHWHs darin wohnen bleiben (vgl. W. McKane, Proverbs, OTL 1970, 288).

3. In der Geschichtsliteratur erscheint *krt hiph* auch gewöhnlich i. S. v. 'ausrotten'. In JHWH-Kriegskontexten wird von der Ausrottung i. S. v. Vernichtung der Elamiter (Jos 11, 21) und aller Völker (23, 4) durch Josua berichtet. Aus der Richterzeit kommt die Nachricht der Vernichtung Jabins, des Königs von Kanaan (Ri 4, 24). In der Königszeit hört man von JHWHs Ausrotten der Feinde Davids (1 Sam 20, 15 = 1 Chr 17, 8; 2 Sam 7, 9), Sauls Vernichtung der Geisterbeschwörer und Zeichendeuter (1 Sam 28, 9), Joabs Ausrotten alles Männlichen in Edom (1 Kön 11, 16), Jehus Vernichtung des Hauses Jerobeams (1 Kön 11, 16; 14, 10) und Isebels Ausrottung der JHWH-Propheten (1 Kön 18, 4). – JHWH wird sich als Ausrotter der männlichen Nachfolger Ahabs zeigen (1 Kön 22, 21; 2 Kön 9, 8; vgl. 2 Chr 22, 7). Wenn Israel von JHWH abfällt, wird es ausgerottet (1 Kön 9, 7), genauso wie JHWH die Völker vor Israel ausgerottet hat (vgl. Deut 12, 29; 19, 1). – Im Freundschaftsbund zwischen David und Jonatan (1 Sam 20, 8; vgl. H. J. Stoebe, THAT I 608f.) wird vom David das Versprechen abgenommen, die Bundesgüte niemals auszurotten (1 Sam 20, 15; vgl. D. W. Thomas, VT 3, 1953, 209ff.).

IV. 1. Ein spezifisch formelhafter Gebrauch liegt in der Strafformulierung *w^enik̲r^etāh hannæpæš hahî'*, wobei die Grundbedeutung des Verbums in Verbindung mit der Grundbedeutung des Subjekts *næpæš*, wörtlich 'die Kehle soll (durch)geschnitten werden', erkennbar ist. Diese Formel ist wohl mit 'und der Betreffende soll herausgeschnitten werden' zu übersetzen (vgl. R. Meyer, Hebr. Gram. § 31. 4), und wird weitgehend als 'Ausrottungsformel' oder einer bestimmten Interpretation entsprechend als 'Bannformel' (so Zimmerli 19; gefolgt von D. Vetter, THAT II 964; A. R. Hulst, THAT II 297; G. von Rad, ThAT I⁶, 1969, 277 Anm. 87) bezeichnet. Die Formel wird 24mal mit *krt niph* gebraucht (Gen 17, 14; Ex 12, 15. 19; 30, 33. 38; 31, 14; Lev 7, 20. 21. 25. 27; 17, 4. 9. 14; 18, 29; 19, 8; 20, 17. 18; 22, 3; 23, 29; Num 9, 13; 15, 30. 31; 19, 13. 20) und 5mal mit *krt hiph* mit Gott als Subjekt (Lev 17, 10; 20, 3. 5. 6; Ez 14, 8; vgl. Lev 26, 30; Ez 14, 13. 17. 19. 21; Zimmerli, BK XIII/1, 303ff.). Gewicht wird der Formel durch Separativbezeichnungen wie *min* (13mal: Gen 17, 14; Ex 12, 15. 19; 30, 33. 38; Lev 7, 20ff.; etc.), *miqqæræb̲* 'aus der Mitte' (5mal: Ex 31, 14; Lev 18, 29; 20, 18; 23, 30; Num 15, 30; vgl. Deut 4, 3 mit *šmd*), *mittôk̲* 'mitten aus' (Num 19, 20) und 'vor den Augen' (Lev 20, 17) beigelegt, denn sie bezeugen ein Ausrotten i. S. v. Herausgeschnittenwerden von einer Mitte oder einem Kreis, in dem der Übeltäter weilt. Der Kreis, aus dem der Übeltäter entfernt wird, ist durch *'ammîm* 'Volksgenossen, Verwandte' (12mal: Gen 17, 14; Ex 30, 33. 38; 31, 14; Lev 7, 20ff.; etc., Num 9, 13), *'am* 'Volk' i. S. v. Bundesvolk (so Zimmerli, ZAW 66, 1954, 17; vgl. BK XIII/1, 305) oder auch enger i. S. v. Sippengemeinschaft (so A. R. Hulst, THAT II 297f.), 'Israel' (Ex 12, 15; Num 19, 13), 'Versammlung Israels' i. S. v. Kultgemeinschaft (Ex 12, 19) und 'Gemeinde' (Num 19, 20) näher bestimmt. Ursprünglich scheint der Kreis, aus dem der Übeltäter ausgerottet wird, der Verwandtschaftskreis gewesen zu sein, der sich dann auf die Kultgemeinde und ganz Israel als Bundesvolk erweiterte.

Die Vergehen der Betroffenen bestehen aus dem Bundbrechen durch Nichtbeschneidung (Gen 17, 14), Übertretung der Passahordnung (Ex 12, 15. 19; Num 9, 13), Nichtfasten am großen Versöhnungstag (Lev 23, 29), Übertretung des Sabbatgebotes (Ex 31, 14), Essen vom Opferfett (Lev 7, 25), Blut (7, 27), Opferfleisch durch einen Unreinen (7, 20. 21) oder am 3. Tag (19, 8), unbefugte Herstellung oder Gebrauch des Salböls und Räucherwerks (Ex 30, 33. 38), verschiedene Sexualverletzungen (Lev 20, 17. 18), Verletzungen verschiedener Reinheitsordnungen (Lev 22, 3; 19, 13. 20), Götzendienst (Lev 20, 3. 5. 6; Ez 14, 8f.; vgl. Lev 26, 30) und Verachtung der Worte und Gebote JHWHs (Num 15, 30. 31). Dies zeigt, daß die Vergehen religiöser, moralischer und sakralrechtlicher Art (Zimmerlis Begrenzung auf ausschließlich sakralrechtlichen Bereich [ZAW 66, 1954, 15] läßt sich kaum halten) sind.

Die Frage des Strafvollzugs des Ausrottungsbetroffenen wird unterschiedlich beantwortet (vgl. J. L. Saalschütz, Das Mosaische Recht, 1853 Neudruck 1974, 476ff.; K. Elliger, HAT I/4, 101; G. J. Wenham, The Book of Leviticus, NICOT, 1979, 241f.). Es steht fest, daß das Endziel der Ausrottung der vorzeitige Tod des Übeltäters ist (Ex 31, 14; Lev 20, 2–6; vgl. J. Morgenstern, HUCA 8/9, 1931/32, 46–48 und 43 Anm. 51; Zimmerli, ZAW 66, 1954, 18f.), was auch im späteren talmudischen Gesetz klar zutage kommt (M. Tsevat, HUCA 32, 1961, 197–201). Es gibt zwei Aussagen, die von der Todesstrafe durch Volksgenossen sprechen, nämlich Sabbatschändung (Ex 31, 14; vgl. Num 15, 32–36) und Kindesopfer für Moloch (Lev 20, 2), anhand deren es klar wird, daß eine institutionelle Gerichtsbarkeit das Vergehen ahndet, die Todesstrafe verhängt und zum Strafvollzug durch Ausrottung mit dem Tode führt. Im Falle des Nichtvollzugs der Todesstrafe bleibt aber JHWH selbst das Subjekt der Ausrottung bzw. des 'Herausschneidens' des Übeltäters und seiner Sippe (Lev 20, 4ff.). Die Vollziehung der Todesstrafe durch Menschen scheint deswegen nicht ausschließlich die Bedeutung der Ausrottungsformel zu sein. Das Ausrotten bzw. 'Herausschneiden' scheint in der Mehrzahl der Vergehen zum 'Bann' (so Zimmerli 19) oder zur 'Exkommunikation' (Morgenstern 33–58) aus der Kultgemeinde und dem Bundesvolk zu führen (vgl. Lev 20, 17 mit CH Nr. 154, wo auch von Verbannung die Rede ist) mit der Ausnahme von öffentlich kaum feststellbaren Vergehen (vgl. Ex 30, 38; Lev 7, 20f.; Num 15, 30f.), die man deswegen durch menschliche Gerichtsbarkeit nicht ahnden kann. Bei den Vergehen, die zum Ausschluß aus der Sippengemeinschaft (vgl. Gen 17, 4) und der Bundesvolksgemeinschaft führen sowie bei den institutionell nicht zu ahnenden Geheimsünden, bleibt das letztliche Strafziel, der vorzeitige Tod des Übeltäters, Gottes eigene Sache (vgl. *krt hiph* in Lev 17, 10; 20, 3. 5. 6; Ez 14, 8–14). Anhand dieser Tatbestände bringt die Ausrottungsformel nicht als solche schon in jedem Fall Bann oder Exkommunikation zum Ausdruck und kann deswegen nicht als 'Bannformel' bezeichnet werden. Die Ausrottungsformel beinhaltet ebenso nicht einfach den vorzeitigen Tod, den der Übeltäter durch menschlichen Strafvollzug erlebt. Sie drückt im Gegenteil aus, daß der letztliche Strafvollzug Gottes Sache ist und daß Gott nur in einigen Fällen dazu menschliche Werkzeuge bestimmt hat (Ex 31, 14; Lev 20, 2). Andererseits kann die Kult- und Sippengemeinschaft den betroffenen Übeltäter, soweit sein Vergehen erkennbar ist, aus dem Lebenskreis vor Gott durch Ausschluß 'herausschneiden'. Dieser 'Herausgeschnittene' bleibt weiterhin Gott als dem letztlichen Strafvollzieher überlassen.

Eine 'Nichtausrottungsformel' erscheint als Folgerung der Erfüllung der Konditionalaussagen über den Davidsbund (2 Sam 7) in der Wendung „ein Nachfolger/Mann soll nicht fehlen auf dem Thron Israels“ (1 Kön 2, 4; 8, 25 = 2 Chr 6, 16; 1 Kön 9, 5 = 2 Chr 7, 18). Die Davidsverheißung bezüglich der Fortdauer des Davidsgeschlechtes auf dem Thron Israels wird in diesen Aussagen im Zusammenhang verschiedener Bedingungen (vgl. Ps 132, 12) wiederholt und als durch JHWH gesichert dargestellt (Jer 33, 17). Die 'Nichtausrottungsformel' wird auch auf die levitischen Priester (Jer 33, 18) und den Sohn des Rechabiten Jonadab (Jer 35, 19) bezogen. In den jeremianischen Texten ist nichts von einer Bedingung, an die das Handeln JHWHs gebunden ist, ausgesagt. Hierher gehören auch die Aussagen über die Nichtausrottung des Namens (Jes 48, 19; 56, 5; Ruth 4, 10), womit der Bestand einer Person, Familie und Gruppe gesichert ist (vgl. Jos 7, 9; Jes 14, 22; Zeph 1, 4). Auch ist die Nichtausrottung eines Geschlechts (Num 4, 18; 1 Sam 24, 22; vgl. 1 Sam 2, 33) oder Israels (Jes 48, 9) zugesagt. JHWH sagt zu, daß Treue (Jer 7, 28) und ein Zeichen (Jes 55, 13) nicht vertilgt werden.

2. Der häufige Gebrauch der theologisch bedeutsamen Wendung *kāraṯ berîṯ* (80mal), die nicht a) 'ein Bundesopfer schlachten' (J. Fürst, Hebr. und chald. Hwb, ²1863, 634; ähnlich E. König, Hebr. und aram. Wb, ⁷1936, 189), b) 'cut off food' (L. Koehler, JSS 1, 1956, 7), c) 'ein Netz knüpfen' (M. Fränkel, Intern. Anthrop. and Ling. Review 3, 1957/58, 36–46), d) 'einen Bund durch Eidablegung schließen' i.S.v. einer „Eidablegung Gottes“ (N. Lohfink, SBS 28, 107f.) oder e) 'eine Bestimmung, Verpflichtung festsetzen' (E. Kutsch, AOAT 18, 1973, 127, dagegen McCarthy, Treaty and Covenant, 92f. Anm. 25) bedeutet, ist wörtlich mit 'einen Bund schneiden' (vgl. W. Weinfeld, → I 787) entsprechend der sum. Wendung *nam-erím*-TAR 'einen Bann schneiden' (s.o. I.1), in der TAR wörtlich 'schneiden' bedeutet, wiederzugeben. Das Verbum *kāraṯ* in der hebr. Wendung hat einen idiomatischen Sinn (Barr 28), der sich aus der konkreten Bedeutung 'schneiden' herleiten läßt. Das direkte Obj. ist in *kāraṯ berîṯ* nicht mehr erhalten. Es ergibt sich aber aus einem zum Bundesschluß gehörenden Tierritus; ein anderes Obj., das das Ziel der Handlung bezeichnet, i.e. *berîṯ*, ist an seine Stelle getreten (G. Quell, ThWNT II 108 mit Lit.). Der idiomatische Sinn von *kāraṯ* erweist sich in synonymen Wendungen mit *dāḇār* (Hag 2, 5; Ps 105, 8f. = 1 Chr 16, 15f. vgl. M. Dahood, AB 17A, 53f.), *'amānāh* (Neh 10, 1), *'ālāh* (Deut 29, 11. 13; s.o. I.3 für ähnlichen Gebrauch im Phön.) und im absoluten Gebrauch ohne Objekt, i.S.v. 'einen Bund schneiden > schließen' (Jes 57, 8; 1 Sam 20, 16; 22, 8; 1 Kön 8, 9 = 2 Chr 5, 10; 7, 18, vgl. W. Rudolph, HAT I/21, 1955, 211, s.o. I.3 für identischen Gebrauch im Phön.; in 1 Sam 11, 2 ergibt sich das Obj. des alleinstehenden *kāraṯ* von v. 1). Die Bedeutung der Formel *kāraṯ berîṯ*, deren idiomatischer Sinn mit 'einen Bund schließen' wiederzugeben ist, scheint von einem den Bund zugehörenden Ritus abgeleitet zu sein. In Jer 34, 18 wird *kāraṯ* i.S.v. 'Durchschneiden' von einem Jungstier gebraucht, durch dessen einander gegenüber gelegten Hälften die untergeord-

neten Kontrahenten schreiten (v. 19). Obwohl das Textproblem in Jer 34, 18f. kaum lösbar ist (vgl. J. G. Janzen, HSM 6, 104f. 225f.; J. Bright, AB 21, 220), scheint eine Entsprechung im Substitutionsritual des Vasallenvertrag Assurniraris V. (8. Jh. v. Chr.) vorzuliegen: „Dieses Frühjahrslamm wurde nicht von seiner Herde gebracht, um geopfert zu werden ... Es wurde gebracht, um den Vertrag zwischen Assurnirari und Mati'ilu zu sanktionieren ... Dies ist nicht der Kopf des Lammes, es ist der Kopf des Mati'ilu ... Wie dieser Kopf des Lammes abgeschlagen ist ... so möge der Kopf des Mati'ilu abgeschlagen werden" (vgl. ANET³ 532; E. F. Weidner, AfO 8, 1932/33, 18f.). Diese Symbolhandlung stellt einen Drohritus der Selbstverfluchung für das Geschick des sich vergehenden Vasallen dar (vgl. ähnliche Selbstverfluchungsriten in Sefire I A Z. 37–40; ANET³ 660a und VTE Z 551–554; ANET³ 539 Nr. 70). Anders als in Jer 34, 18f. ist der Sinn der Tierzeremonie in Gen 15, 9f. 17 (vgl. M. Weinfeld, JAOS 90, 1970, 199; D. J. McCarthy, OT Covenant, Oxford ²1972, 61; R. Kilian, BBB 24, 36–73, 295–299). In Gen 15, 10 wird das Verbum *btr* 'entzweischneiden, halbieren' für das Zertrennen von opferwürdigen Tieren (vgl. die Tradition des 3. Jt.s v. Chr. vom Töten von Tieren und Tauben im Staatsvertrag zwischen Naram-Sin und den Elamitern bei W. Hinz, ZA 58, 1967, 66–96, und zwischen Lagasch und Umma bei S. N. Kramer, The Sumerians, Chicago–London 1964, 311; CAD B 266) verwendet. In v. 18 jedoch erscheint *kāraṯ b^erîṯ* als Zusammenfassung des Vorhergehenden, in der die Tierzeremonie als Bundesschluß im Vordergrund steht. Im Gegensatz zu Jer 34, 18f. geht in Gen 15, 17 JHWH selbst durch die Tierhälften hindurch, wobei Abram als Kontrahent am Durchschreitungsritus völlig unbeteiligt ist. Dieser Ritus bedeutet nicht Einigung der Bundespartner (C. F. Keil, Gen und Ex, ³1878, 184; B. Duhm, KHC 9, 284; J. Henninger, Bibl 34, 1953, 352f.; dagegen J. J. P. Valeton, ZAW 12, 1892, 227), Mitteilung der Lebenskraft des Tieres oder Gottes (W. R. Smith, The Religion of the Semites, ³1969, 480f.; Bikerman 133–156; F. Horst, EvTh 17, 1957, 380; dagegen H. H. Rowley, Worship in Ancient Israel, London 1967, 30f.; McCarthy, Treaty and Covenant, 94–99) oder Selbstverfluchung des Hindurchschreitenden (Kutsch, THAT I 859; ders., BZAW 131, 44; Loewenstamm 503; W. Zimmerli, ZBAT I/2, 55; C. Westermann, BK I/2, 271). Die letzte Ansicht ruht auf der Annahme der Übertragung der Selbstverfluchung des untergeordneten Partners von Jer 34, 18f. auf Gott, die sich aber anhand der unterschiedlichen Kontrahenten und des verschiedenen Kontextes nicht halten läßt. Eine solche Übertragung überfordert das Gottesbild Israels. In einem Bund zwischen menschlichen Kontrahenten können göttliche Strafmaßnahmen für den Bundesbruch auferlegt werden (Jer 34, 18f.), doch ist das at.liche Gottesbild überfordert durch die Annahme von Strafmaßnahmen, die Gott selbst auferlegt werden (vgl. Rowley 30, Anm. 2). In Gen 15, 10. 17 liegt auch kein Schwurritus vor, der die Landverheißung Gottes bekräftigen soll (Lohfink, SBS 28, 117, gefolgt von Westermann, BK I/2, 271), sondern ein Bundesratifikationsritus, in dem JHWH im Hindurchschreiten durch die Tiere den Bund ratifiziert und somit seine Bundesverheißung unwiderruflich garantiert. So erweist sich die Formel *kāraṯ b^erîṯ* ihrem ursprünglichen Sinn entsprechend als Bundesschlußformel i. S. v. 'einen Bund (ab)schließen' (Gen 15, 18), wobei das direkte und eigentliche Objekt von *kāraṯ* ein Tier oder mehrere Tiere waren, die zerschnitten/zerteilt/halbiert (*krt/btr*) wurden (vgl. G. F. Hasel, JSOT 19, 1981, 61–68).

Diese Deutung des *kāraṯ* in der Formel legt sich auch durch die frühesten Parallelen der Vertragsliteratur des alten Orients nahe, die sich scharf von denen der späteren, neuassyr. Zeit unterscheiden. Der sachliche Zusammenhang zwischen *kāraṯ b^erîṯ* und der idiomatischen Wendung der Mari-Lit. (18. Jh. v. Chr.) *ḫajaram qatālum*, wörtlich 'einen Esel töten' (ARM II 37. 6–8; G. Dossin, Syr 19, 1938, 108, Z. 19; 109, Z. 23; ders., Mélanges Dussaud II, 1939, 986, Z. 12), die 'Vertrag schneiden > schließen' bedeutet (vgl. W. F. Albright, ANET³ 482, Anm. 4; Noth 146f.; J. M. Munn-Rankin, Iraq 18, 1956, 90f.; McCarthy 91), liegt auf der Hand. Hier liegt kein Schwur- oder Fluchsetzungsritus vor, sondern das Tiertöten gehört zur Ratifizierung des Vertrags (vgl. R. Frankena, OTS 14, 1965, 139). Eine zur Sache stehende Aussage findet sich im Abba-AN Vertrag (17. Jh. v. Chr.) mit Jarimlim von Alalaḫ: 'Abba-AN ist durch einen Eid an Jarimlim gebunden und außerdem hat er die Kehle eines Schafes durchgeschnitten. (Er schwor): „Ich werde nicht zurücknehmen, was ich dir gegeben habe"' (D. J. Wiseman, JCS 12, 1958, 126. 129; A. Draffkorn, JCS 13, 1959, 94–97; McCarthy 307). Zunächst ist darauf hinzuweisen, daß in diesem Vertragstext Eid und Tötungsakt unabhängig nebeneinander stehen (vgl. G. Wallis, ZAW 64, 1952, 60; McCarthy 93), weil die Konjunktion *u* hier gebraucht wird (vgl. W. von Soden, AnOr 33, 117b), so daß der Tötungsakt also keinen Eid mit einschließt und somit das Durchschneiden der Kehle eine Ratifikationszeremonie (vgl. Wiseman 124; Noth 144ff.) darstellt, die eine bleibende Bindung symbolisiert. Die so verstandene Formel *kāraṯ b^erîṯ* 'einen Bund schneiden > schließen' entstammt dementsprechend von dem konkreten *kāraṯ* 'schneiden' eines Tieres oder mehrerer Tiere, womit das Ziel der Ratifikation des Bundes mit dem Nomen *b^erîṯ* zum Ausdruck kommt. Der Weg zur idiomatischen Bedeutung von *kāraṯ b^erîṯ* beginnt mit dem konkreten 'Schneiden' im Tierritus der Ratifikationszeremonie, in dem das Bundesverhältnis und dadurch der Bund bindenden Charakter erhält.

V. In der Qumranliteratur sind verschiedene Stammformen mit Bedeutungen, die dem bibl. Hebr. ziemlich entsprechen, belegt. Der Grundstamm (*qal*) erscheint i.S.v. 'ausschachten' eines Brunnens (CD 6, 9) und sechsmal in der technischen Wendung *kāraṯ bᵉrîṯ* (1 QM 13, 7; CD 15, 8. 20 [rekonstruiert, vgl. A. M. Haberman, מגילות מדבר יהודה, Jerusalem 1959, 88]; TR 2, 4. 12; 29, 10 [an dieser Stelle wird auf einen sonst unbekannten Bundesschluß mit Jakob in Bethel angespielt]), die sich immer auf Israels vergangene Geschichte bezieht (vgl. Barr 28f.). Statt *kāraṯ bᵉrîṯ* gebraucht die Qumrangemeinde für diejenigen, die dem Bund beitreten, die Wendungen *'āḇar babbᵉrîṯ* (vgl. Deut 29, 11) 'in den Bund eintreten' (1 QS 1, 16. 18. 20. 24; 2, 10 etc.) und *bo' babbᵉrîṯ* (vgl. Jer 34, 10; Ez 16, 8; 2 Chr 15, 12) 'in den Bund eingehen' (1 QS 2, 12. 18. 25f.; CD 3, 10; 8, 1; 15, 5 etc.). Der passive Gebrauch des *niph* erscheint in der übertragenen Bedeutung 'ausrotten' von Menschen in Strafhandlungen Gottes der Vergangenheit (CD 3, 1. 6. 9) und seinem zukünftigen (eschatologischen) Gerichtshandeln (1 QS 2, 16; CD 18, 49 [in Haberman 83]; 20, 26; 4 QpPs 37, 2, 4; 3, 12; 4, 18; 1 Q 25, 13 [15], 2? in fragmentarischem Kontext. Die Karet-Strafe wird in TR 25, 12; 27, 7 über den ausgesprochen, der den Versöhnungstag mißachtet). Das *niph* erscheint auch in einem apokryphen Qumrantext, der von (messianischer) Hoffnung spricht und die Verheißung gibt, daß der Thronende (König) der davidischen Abstammung '[nicht] abgeschnitten werden soll' (4 QPB 2; vgl. J. M. Allegro, JBL 75, 1956, 174). In TR 59, 17 wird allgemein dem gehorsamen König verheißen, daß seine Nachkommen nicht vom Thron „abgeschnitten" werden (vgl. Deut 17, 20; vgl. TR 59, 15). Sonst ist bis jetzt auch noch das *hiph* von *krt* i.S.v. 'ausrotten' als Gottes Strafe im Zukunftsgericht für Männer des Trugs und Wortbrecher (1 QH 4, 20. 26) und für das Horn Belials (1 QM 1, 4) gebraucht (*krtw* in 1 QH 6, 34 hat keinen Kontext). Zweimal wird *krt* parallel zu *šmd* (1 QM 1, 4; 4 QpPs 37, 3, 12; vgl. so. II. 5) gebraucht. In jedem Fall, wo Gott das explizite oder logische Subjekt der Strafhandlungen ist, bedeutet die Ausrottung ein unabänderliches Ausgeschlossensein vom (eschatologischen) Heil.

Hasel

כָּשַׁל *kāšal*

מִכְשׁוֹל *mikšôl*, כִּשָּׁלוֹן *kiššālôn*, מַכְשֵׁלָה *makšelāh*

I. Zur Wurzel – 1. Verbreitung – 2. Bedeutung – 3. Versionen – 4. Belege im AT und in Qumran – II. Das Verb *kāšal* – 1. Wortfeld – 2. Verbalstämme – 3. Literarische Gattungen – 4. „eigentlicher" und „übertragener" Gebrauch – III. Das Nomen *mikšôl* – 1. Belege – 2. Literarische Gattungen – 3. Konstruktionen – 4. Bedeutung – 5. *mikšôl leḇ*.

Lit.: *H. A. Brongers*, Darum, wer fest zu stehen meint, der sehe zu, daß er nicht falle. 1 Kor X 12. Eine Untersuchung der Bedeutung der Verben *mûṭ*, *kāšal* und sinnverwandter Zeitwörter im Alten Testament, in: Symbolae biblicae et mesopotamicae F. M. Th. de Liagre Böhl dedicatae, Leiden 1973, 56–70. – *G. Stählin*, Art. ἀσθενής κτλ., ThWNT I 489; προσκόπτω κτλ., ThWNT VI 748–751; σκάνδαλον, σκανδαλίζω, ThWNT VII 340–343. – *W. Zimmerli*, Ezechiel, BK XIII 91f.

I. 1. Die Wurzel *kšl* ist dem bibl. Hebr. und einer Reihe von aram. Dialekten eigentümlich; sie fehlt sowohl im Akk. und Ugar. wie im Arab. Ihr Vorkommen in westaram. (sam., chr.-pal.) und ostaram. Dialekten (syr., mand., jüd.-aram.ᵇ, vgl. KBL³ und E. Y. Kutscher, VTS 16, 1967, 168) könnte sich als Entlehnung aus dem bibl. Hebr. erklären; unklar ist auch die Herkunft ihres Gebrauchs im Äth. und Tigrē (s. KBL³). Die Targume verwenden für *kšl* das bedeutungsgleiche, aber schwerlich wurzelverwandte *tql* (vgl. J. Levy, Chald. Wb. über die Targumim, 1866/1959, 551f.).

2. Die Bedeutung von *kšl* ist wegen der Vielzahl der beteiligten Vorstellungen schwer zu fassen. Zunächst scheint die Wurzel – wie das oft parallel gebrauchte → נפל *nāpal* (s.u. II. 1. d) – einfach das 'Fallen' oder 'Stürzen' eines Gehenden zu bezeichnen. Im Unterschied zu *npl* meint jedoch *kšl* oft zugleich das 'Wanken' oder 'Straucheln', das dem 'Stürzen' vorausgeht. Hinzu kommt häufig die Vorstellung, daß es ein Hindernis oder Anstoß war, durch das bzw. den der Gehende ins Straucheln geriet und zu Fall kam. Die Bedeutung der Wurzel kann demnach alternativ durch die Vorstellungen des 'Anstoßens', des 'Strauchelns' oder des 'Fallens' bestimmt sein, sie kann aber auch zwei, evtl. alle drei Vorstellungen umfassen. Allen genannten Aspekten dürfte am besten das Symbol „Scheitern auf dem Wege" gerecht werden.

3. Die Vieldeutigkeit der Wurzel entspricht ihr unterschiedliches Verständnis in den alten Versionen. Die LXX gibt das Verb *kāšal* in der Regel mit ἀσθενεῖν, seltener mit ἀδυνατεῖν, κοπιάζειν oder ἀπολλύναι wieder. Vielleicht (Stählin, ThWNT) folgt sie darin dem Vorbild der Targume, deren Übersetzung mit *tql* (s.o. 1) ebenfalls die Vorstellung des 'Wankens' bzw. des 'Schwachseins' betont. Die V bietet dem gegenüber ein stärker differenziertes Bild: in 35 von 60 verglichenen Fällen dominiert die Vorstellung des 'Stürzens' (corruere, ruere, cadere, ruina), daneben 12mal die Vorstellung des 'Schwachseins' (infirmare, debilitare, vacillare) und 11mal diejenige des „Anstoßens" (impingere, offendere). Mit dem abgeleiteten Nomen *mikšôl* ist etwa zu gleichen Teilen die Vorstellung des „Anstoßens" (σκάνδαλον, σκῶλον, πρόσκομμα, offendiculum u.a.), die des „Schwachseins" (ἀσθένεια) und die des „Stürzens" (πτῶμα, ruina) bzw. der „Strafe" (βάσανος, κόλασις) verbunden.

4. Die Statistik des Gebrauchs der Wurzel zeigt für das Verb 63, für die abgeleiteten Nomina insgesamt 16 Belege. Der Pentateuch ist nur 1mal vertreten

(Lev 26, 37); auf den Prophetenkanon kommen 50 (davon 36 Verbalformen), auf die Hagiographen 28 Belege (davon 26 Verbalformen). Daß wir es bei *kāšal* „mit einem prophetisch-chokmatischen Begriff" zu tun hätten (Brongers 65), geht daraus nicht hervor (s. u. II. 5). Allerdings begegnet die Wurzel in gewissen Prophetenbüchern besonders häufig (Hos 6mal, Jes I 8mal, Jer 12mal, Ez 11mal, Nah 2mal), aber ihre Verwendung in der Weisheitsliteratur ist relativ geringfügig (Spr 6mal, Hi 1mal), wenn man sie mit derjenigen in Ps (8mal), in Kl (2mal), in Neh und 2 Chr (5mal) sowie in Dan (6mal) vergleicht.

In der Literatur von Qumran finden sich zahlreiche Belege für den Gebrauch der Wurzel (nach der Konkordanz von Kuhn: *kāšal* 15mal, *miḵšôl* 10mal, *kiššālôn* 1mal). Das Wortfeld ist abgehandelt bei W. Grundmann, Stehen und Fallen im qumranischen und neutestamentlichen Schrifttum, in: Qumran-Probleme (Hg.: H. Bardtke; DAW Berlin, Schriften der Sektion für Altertumswissenschaft 42, Berlin-Ost 1963, 147–166).

II. 1. Bedeutung und Funktion von *kāšal* werden am besten erkennbar, wenn man den Kontext seines Gebrauchs beachtet. Bei diesem Kontext handelt es sich um Aussagen aus dem Vorstellungsbereich des „Gehens" auf einem „Wege" (*dæræḵ* → דרך).

a) Viele Belegstellen sagen direkt, daß ein Gehen (*hlk* Hos 14, 10; Jes 28, 13; Jer 31, 9; Spr 4, 12) oder Laufen (*rwṣ* Jes 40, 30f.; Spr 4, 12) auf einem Wege (*dæræḵ* Hos 14, 10; Jer 18, 15; 31, 9; Spr 4, 19) im „eigentlichen" oder „übertragenen" Sinn (s. u. a.) vorausgesetzt wird. Dies zeigt auch die Tatsache, daß im Kontext des Gebrauchs von *kāšal* und Synonymen häufig von Füßen (*raḡlajim* Deut 32, 35; Ps 38, 17; 66, 9; 121, 3; 91, 12; 94, 18) und Knien (*birkajim* Ps 109, 24; Jes 35, 3; Hi 4, 4) sowie von Schritten (*ṣaʿaḏ* Spr 4, 12; *paʿam* Ps 17, 5; 140, 5) die Rede ist.

b) Wo mit *kāšal* vorwiegend ein ʿAnstoßen' gemeint ist, kommt dies durch Angabe des Hindernisses oder durch entsprechende Parallelworte zum Ausdruck. Man „stößt an" oder „stolpert" über einen Stein (Jes 8, 15), über Leichen (Nah 3, 3), „einer über den andern" (Lev 26, 37; Jer 46, 12), ungegenständlich *baʿawôn* „über seine Schuld" Hos 5, 5; 14, 2), „über seine Gottlosigkeit" (Ez 33, 12); in allen Fällen ist mit *kāšal* *bᵉ* konstruiert. Als Parallelworte zu *kāšal* in dieser Bedeutung sind *ngp* und *dḥh* ʿanstoßen' wichtig (für *ngp* vgl. Jer 13, 16; Spr 3, 23 und den „Stein des Anstoßes" Jes 8, 14; Ps 91, 12; für *dḥh* bzw. *dæḥî*: Ps 56, 14; 116, 8; 118, 13; 140, 5).

c) Die Bedeutung ʿwanken/straucheln' ergibt sich aus der Nachbarschaft von *kāšal* mit Verben wie → מוט *mûṭ* (mit *ræḡæl* Deut 32, 35; Ps 38, 17; 66, 9; 121, 3; vgl. 1 QS 11, 12), → מוג *mûḡ* (Nah 2, 6f.; Ez 21, 20; vgl. 1 QM 14, 5f.), *pwq* (1 Sam 25, 31; Jes 28, 7; Nah 2, 11) sowie *šgh* ʿstraucheln' und *tʿh* ʿtaumeln' (Jes 28, 7; CD 2, 17). Zu *mʿd* ʿwanken' s. Brongers 61.

Mit dem „Wanken" und „Straucheln" des Ganges hängt die Vorstellung der „Müdigkeit", „Ohnmacht" und „Schwäche", die im ἀσθενεῖν der LXX zum vorherrschenden Verständnis von *kāšal* geworden ist, zusammen; sie ist im Wortfeld von *kāšal* eindrucksvoll vertreten. Das zeigen die Parallelwörter → יגע (*jgʿ*) und → יעף (*jʿp*) ʿmüde/erschöpft sein' (Jes 5, 27; 40, 30f.; 1 QH 8, 36) sowie → רפה (*rāpāh*) ʿschlaff sein' (Jes 35, 3; Hi 4, 3), außerdem die Kontrastworte → כח (*koaḥ*) ʿKraft' (Ps 31, 11; Jes 40, 29; Kl 1, 14; Neh 4, 4; Dan 11, 14; 1 QH 5, 36) und → חיל (*ḥajil*) (1 Sam 2, 4; CD 2, 17), andererseits die Wendungen mit *loʾ-jāḵol* (Jer 20, 11; Jes 59, 14; Kl 1, 14; Neh 4, 4; 1 QH 9, 27; 15, 13. 21). Zu den bezeichnenden Kontrastworten gehören in dieser Hinsicht auch die Verben des „Stärkens" und des „Festmachens" → אמץ (*ʾmṣ*), → חזק (*ḥzq*) (Jes 35, 3; Hi 4, 3; 1 QH 5, 28; 1 QM 14, 5; 1 QSa 2, 7) und → כון (*kwn*) *hiph* (Jer 10, 23; Spr 16, 9). Im gleichen Vorstellungsbereich begegnen Verfolgung (→ רדף [*rāḏap*] Jer 20, 11; Ps 31, 16; Lev 26, 36f.) und Flucht (→ נוס [*nûs*] Jer 46, 5f.; Lev 26, 36f.).

d) Der Bedeutung ʿfallen/stürzen' entspricht das im Wortfeld besonders häufig vertretene Verb *nāpal*. Die stereotype Wortfolge *kāšal wenāpal* kann im Sinn eines Nacheinanders von „Straucheln" und „Stürzen" verstanden werden (so Jes 8, 15; 28, 13; Jer 46, 6. 12. 16; 50, 32; Ps 27, 2; Dan 11, 19), aber in anderen Fällen sind die beiden Verben als Synonyme aufzufassen, ist also *kāšal* mit ʿstürzen' o. ä. zu übersetzen (so Jes 3, 8; 31, 3; Jer 6, 15; 8, 12; Lev 26, 36f.; Spr 24, 16f.). Dem Derivat *maḵšelāh* ʿTrümmerhaufen' (Jes 3, 6) liegt dieselbe Wurzelbedeutung zugrunde. Daß „Stürzen" auch sonst oft das Richtige trifft, zeigen Parallelworte wie → אבד (*ʾābaḏ*) ʿumkommen' (Jer 6, 21; Ps 9, 4), → כלה (*kālāh*) ʿhinschwinden' (Jes 31, 3; Ps 31, 11; 1 QH 5, 36) und → שבר (*šbr*) ʿzerbrechen' (Jes 8, 15; 28, 13; Jer 48, 4. 17. 25; 50, 23; 51, 8. 30; Spr 16, 18; Dan 11, 20), ebenso das Kontrastwort → קום (*qûm*) ʿaufstehen' (Lev 26, 37; Jer 50, 32; Hi 4, 4; Spr 24, 16; Kl 1, 14). Dasselbe Verständnis liegt auch da nahe, wo *kāšal* mit dem Bild des „in die Falle / ins Fangnetz-Geratens" erläutert wird (Jes 8, 14f.; 28, 13).

2. Unter den Verbalstämmen ist das *qal* am stärksten belegt (29mal, in Qumran 5mal). Es wird durchwegs im intransitiven Sinn gebraucht und bedeutet je nach Kontext ʿanstoßen', ʿstraucheln' und/oder ʿstürzen'. Das 5mal belegte Ptz. *kôšel* bezeichnet (bes. Jes 5, 27; Ps 105, 37; Hi 4, 4; 2 Chr 28, 15) den durch Erschöpfung oder Sturz marschuntüchtig Gewordenen, in Sir 42, 8; 1 QSa 2, 7 den Altersschwachen. – Für die *niph*-Formen (23mal, vgl. CD 2, 17) ist von einer passivischen Bedeutung (ʿzum Anstoßen/Straucheln/Stürzen gebracht werden') auszugehen, doch läßt sich in keinem Fall nachweisen, daß an eine das „Anstoßen" usw. herbeiführende Zweitperson gedacht wird; demnach sind *qal* und *niph* praktisch gleichbedeutend. – Demgegenüber setzt der Gebrauch des *hiph* (10mal, in Qumran 5mal) deutlich

Feindeinwirkung voraus ('zum Straucheln bringen' usw.); hinzuzufügen sind Zeph 1, 3 und Hi 18, 7 (s. BHS, Komm.). Der einwirkende „Feind" ist in Kl 1, 14; 2 Chr 25, 8 sowie Zeph 1, 3 (cj.); Jer 18, 15 (cj. Rudolph) Gott selbst. – Ein Ptz. *hoph* bietet nur Jer 18, 23 (lies *mikšôlām*?), vgl. dagegen Ez 21, 20 (l. *hammukšālîm*). – Die beiden *pi*-Formen Ez 36, 15f. entfallen, da es sich um Verlesungen (für *t^{e}šakk^{e}lî*) handeln muß. Nach E. Y. Kutscher (s. KBL[3]) tritt im Mittelhebr. das faktitive *pi* an die Stelle des kausativen *hiph*; vgl. J. Levy, WTM II 421f.

3. Die Belege für den Gebrauch von *kāšal* finden sich – von wenigen Ausnahmen abgesehen – in bestimmten literarischen Gattungen.

a) Das prophetische Drohwort ist nicht weniger als 16mal vertreten: Hos 4, 5 und 5, 5 (in den Drohworten 4, 4–6 und 5, 1–7; beide Stellen mit sekundärer Applikation auf Juda); Jes 3, 8 (in 3, 1–11); 5, 27 (in 5, 27–30); 8, 15 (in 8, 11–15); 28, 13 (in 28, 7–13); 31, 3 (in 31, 1–3); Jer 6, 15 (in 6, 10–15); 6, 21 (in 6, 16–21); 8, 12 (in 8, 10–12, Übernahme aus 6, 13–15); 18, 15 (in 18, 13–17); 46, 6. 12 (in 46, 3–12); 46, 16 (in 46, 14–26); 50, 32 (in 50, 29–32); Nah 3, 3 (in 3, 1–7); Mal 2, 8 (in 1, 6 – 2, 9). Die mit *kāšal* bezeichnete Katastrophe wird meistens für die nahe Zukunft angesagt. Auch in Jes 3, 8; Jer 46, 6. 12 nehmen die Perfektformen Kommendes prophetisch vorweg. Adressat der Drohworte sind in der Regel Israel, Juda, Jerusalem oder deren Führer, wie Priester und Propheten, in Jer 46 das äg. Heer, in Jer 50, 32 und Nah 3, 3 Babel.

b) Nicht weniger häufig begegnet *kāšal* in anderen prophetischen Gattungen. Das *kāšaltā* in Hos 14, 2, das den Hereinbruch der Katastrophe des Nordreiches schon voraussetzt, steht im Kontext des „Aufrufs zur Umkehr" 14, 2–9. – Jer 6, 15 hat die Form eines Drohwortes, steht aber im Zusammenhang eines der für Jer bezeichnenden prophetischen Selbstgespräche (6, 10–15). – Auch Jer 20, 11 ist formal Drohwort, gehört aber in die prophetische „Meditation" 20, 7–13 und markiert hier den vom Klagelied des einzelnen her bekannten Wendepunkt von der Klage zur Heilsgewißheit. – Jer 31, 9 steht im Rahmen des Heilsworts über den Heimweg der deportierten Israeliten 31, 7–9, das seinerseits der Sammlung von Heilsworten 30, 1 – 31, 40 angehört (zur Verheißung *lo' jikkāš^{e}lû* an die Heimkehrer vgl. weiter Ez 33, 12; Jes 63, 13 sowie Jes 40, 30 und Ps 105, 37). – Im Satz von den strauchelnden Jünglingen Jes 40, 30 meint man den Ton der Volksklage wieder zu erkennen (Kl 1, 14; 5, 13), doch liegt nur die negative Folie für eine Heilszusage im Rahmen des Disputationswortes 40, 27–31 vor. – Das Heilswort Ez 33, 12 ist Teil der Lehrrede 33, 12–16 im Rahmen von 33, 1–20. – Sach 12, 8 steht im Heilswort 12, 7–8, das der Sammlung eschatologischer Verheißungen 12, 1 – 13, 6 angehört. – Zum nachexilischen Schluß des Hoseabuchs (14, 10) s.u. 3.d.

c) Auch in der Psalmensprache findet *kāšal* Verwendung. Das Klagelied des einzelnen ist mit 4 Belegen vertreten (Ps 27, 2; 31, 11; 64, 9; 109, 24). Wird in Ps 31 und 109 über das eigene Straucheln geklagt, so geben Ps 27 und 64 der Heilsgewißheit vom Straucheln bzw. Sturz der Feinde (vgl. Jer 20, 11) Ausdruck. Dieselbe Gewißheit bezeugt Ps 9, 4 (im individuellen Danklied Ps 9/10). In der Dankfestliturgie Ps 107 blickt v. 12 auf die hoffnungslose Lage der Gefangenen zurück (*kāš^{e}lû w^e'ên 'ozer*), während 1 Sam 2, 4 (im Hymnus des einzelnen 2, 1–10) die Aufrichtung der wehrlos Schwachen (*w^{e}nikšālîm 'āz^{e}rû ḥājil*) besingt. Auch im Volksklagelied hat *kāšal* einen traditionellen Ort (Kl 1, 14; 5, 13; vgl. Jes 63, 13 in 63, 7 – 64, 11), und Jes 59, 10. 14; Neh 4, 4 scheinen solche Lieder zu zitieren (Jes 59, 9–11. 12–14) oder sie doch nachzuahmen. – In den Hodajot von Qumran zählt man wenigstens 5 Belege.

d) Aus dem Bereich der Weisheitsliteratur ist vor allem das für jung gehaltene Kapitel Spr 4 bedeutsam. Drei Belege für *kāšal* finden sich in der Spruchreihe 4, 10–19, die bezeichnenderweise dem Thema „Der Weg der Weisheit" gewidmet ist. Wer auf diesem Weg schreitet, wird nicht straucheln und nicht stürzen (*lo' tikkāšel* 4, 12; vgl. Hos 14, 10). Umgekehrt sagt 4, 16 von den Gottlosen, daß sie nicht ruhen, „bis sie einen zu Fall gebracht" (*jakšîlû*) – um dann ihrerseits plötzlich zu Fall zu kommen, ohne zu wissen, wodurch (*lo' jād^e'û bammæh jikkāšelû* 4, 19). Auch Spr 24, 16 betrifft dies Thema: der Gerechte fällt siebenmal und steht wieder auf, aber die Gottlosen „stürzen im Unheil" (*jikkāš^{e}lû b^{e}rā'āh*). Unter Verwendung des Derivats *kiššālôn* bietet Spr 16, 18 die bekannte Warnung „Hochmut kommt vor dem Fall". Sein eigener Ratschlag bringt den Gottlosen zu Fall (cj. *takšîlehû* Hi 18, 7). Der Weise jubelt nicht über den Sturz seines Feindes (Spr 24, 17), vielmehr weiß er, jedem Strauchelnden (*kôšel*) und Erschöpften aufzuhelfen (Hi 4, 3f.).

e) Der Gebrauch von *kāšal* in anderen Gattungen ist schnell zu überblicken. Die drei *hiph*-Formen in 2 Chr 25, 8; 28, 23 scheinen zu belegen, daß *kāšal* zu später Stunde auch in die erzählende Literatur Eingang gefunden hat, aber gerade in 2 Chr 25, 7f. liegt deutlich eine Entlehnung beim Stil des prophetischen Orakels vor (ähnlich in 28, 23); nur *kôšel* in 2 Chr 28, 15 ist umgangssprachliche Bezeichnung für den „Marschuntüchtigen" (s.o. II. 2). – Lev 26, 36f. belegt den Gebrauch von *kāšal* in der „levitischen" Gesetzespredigt, doch ist auch hier prophetischer Einfluß (Jer 46, 12) denkbar. – Die Häufung von *niph*-Formen in Dan 11, 14. 19. 33–35. 41 erweist *kāšal* als Motivwort des Apokalyptikers; das „Zu-Fall-Kommen", das neben fremden Königen gerade auch das eigene Volk und seine Weisen trifft, gilt ihm als Evidenz des endzeitlichen Läuterungsgerichts (→ צרף [*ṣrp*] und Par., 11, 35; vgl. *mṣrp* in Qumran).

4. Nach westlich-modernen Kategorien wäre zwischen einem „eigentlichen" und einem „uneigentlich-übertragenen" Gebrauch von *kāšal* zu unterscheiden. Im Sinn dieser Unterscheidung könnten dem „eigentlichen" Gebrauch nur wenige Belege, in denen von einem „wirk-

lichen" Anstoßen, Straucheln und/oder Stürzen „im Gelände" die Rede ist, zugewiesen werden, z. B. Jes 5, 27; Nah 3, 3 (das assyr. Heer), Jer 31, 9 (das heimkehrende Israel), Jer 46, 12 (das babyl. Heer), Kl 5, 13; Jes 40, 30 (verbannte Juden), Ps 105, 37 (Israel beim Auszug); die Masse der übrigen Belege müßte demnach als „uneigentlich-übertragene" Rede gelten.

Die Anwendung solcher Kategorien auf den Gebrauch von *kāšal* ist jedoch fragwürdig. Gegen den Versuch einer schematischen Trennung zwischen „wörtlichem" und „bildhaftem" Gebrauch (Brongers 65) spricht zunächst, daß dabei eine unzureichend begründete Qualifizierung (Aufwertung bzw. Abwertung) des jeweiligen Gebrauchs vorgenommen wird. „Bildlicher" Gebrauch ist dichterische Übertragung eines im Grunde sachfremden Wortes auf einen sachgemäß anders zu bezeichnenden Sachverhalt; beim „wörtlichen" Gebrauch entspricht die Grundbedeutung genau dem eigentlich Gemeinten. Es liegt auf der Hand, daß damit ein folgenschweres Urteil über den Realitätsgehalt des so oder so gearteten Wortgebrauchs gewagt wird.

Schwerste Bedenken erheben sich auch gegen das Operieren mit der „wörtlichen" Bedeutung von *kāšal*. Daß im Wortfeld oft von Wegen und Steinen, Füßen und Knien die Rede ist (s. o. II. 1. a. b), scheint deutlich genug auf „Stolpern und Fallen im Gelände" hinzuweisen. Woher weiß man aber, daß es sich dabei um die primäre und eigentliche Bedeutung und Anwendung von *kāšal* handelt? Sicherheit besteht hier doch ebensowenig wie bei der Wurzel *drk* (I. 1), wo für die Annahme, *dæræḵ* sei ursprünglich „der Weg im Gelände" und *dāraḵ* „das Gehen auf einem solchen Wege", kaum mehr als die Gewohnheit angeführt werden kann. Fehlt es an einer klaren Bestimmung der Grundbedeutung und des „eigentlichen" Gebrauchs von *kāšal*, so wird auch das Unternehmen einer Aussonderung und Abgrenzung des „uneigentlichen", „bildlichen" oder „metaphorischen" Gebrauchs fraglich. Beim gegenwärtigen Stand der Forschung ist von der gesicherten Erkenntnis auszugehen, daß es sich bei dem Wort um den Ausdruck einer Vorstellung mit drei Aspekten, um ein Symbol für „drastisches Scheitern auf dem Wege" handelt (I. 2). Bei der lexikographischen Erfassung des unterschiedlichen Gebrauchs wird es von da aus möglich, zwischen einem „engeren" („Scheitern im Gelände") und einem „weiteren" Gebrauch („Scheitern im Leben") zu unterscheiden. Der Dualismus von „eigentlicher" und „uneigentlicher" Bedeutung wird entbehrlich, sobald die verschiedenen Gebrauchsweisen als ontologisch gleichrangige Konkretionen des einen Symbols in den Blick kommen.

III. Zu den von *kāšal* abgeleiteten Nomina gehört außer *kiššālôn* (s. o. II. 3. d) und *makšelāh* (s. o. II. 1. d) das auch in Qumran und im Mittelhebr. belegte *miḵšôl*.

1. Im AT finden sich 14 Belege für *miḵšôl*, davon 1 im Pentateuch (Lev 19, 14), 12 im Prophetenkanon und 1 in den Hagiographen (Ps 119, 165). Von diesen Belegen kommt Ez 21, 20 in Wegfall, da hier mit den Versionen Ptz. *hoph* zu lesen ist; umgekehrt ist in Jer 18, 23 ein zusätzlicher Beleg anzunehmen (s. o. II. 2). Das Buch Ez weist eine bemerkenswerte Häufung des Gebrauchs auf (8 bzw. 7 Belege). Zahlreiche Belege in der Qumranliteratur.

2. Am häufigsten wird *miḵšôl* in prophetischen Gattungen verwendet. Dreimal steht das Wort im Zusammenhang von Drohworten: Jes 8, 14 (in 8, 11–15); Jer 6, 21 (in 6, 16–21) und Ez 44, 12 (im drohwortartigen Stück 44, 10–14); vgl. Ez 7, 19c (sekundär in 7, 1–27). Ez verwendet *miḵšôl* mit Vorliebe in Disputationsworten, die im Ruf zur Umkehr gipfeln: Ez 3, 20 (in 3, 16b–20); 14, 3. 4. 7 (in 14, 1–11); 18, 30 (in 18, 1–32). In Verbindung mit einer Negation hat es, wie *kāšal* (s. o. II. 3. b), auch im Heilswort seinen Ort: Jes 57, 14 (in 57, 14–21).

Für eine Verwendung in erzählerischem Zusammenhang ist als einziger Beleg 1 Sam 25, 31 zu beachten (s. u. 5). Auch das sakrale Recht und die Kultlyrik sind je 1mal vertreten: Lev 19, 14 (in der Reihe von Prohibitiven 19, 11–18) und Ps 119, 165. Die Belege aus Qumran stehen zum größeren Teil in den Hodajot.

3. Der Gebrauch von *miḵšôl* weist eine Reihe charakteristischer Formen auf. So findet sich mehrfach die Wendung *nātan miḵšôl* (Jer 6, 21; Ez 3, 20; 14, 3; Lev 19, 14); sie wird oft (z. B. Lev 19, 14) durch *lipnê* *pᵉlonî* ergänzt. Um eine typische Wendung handelt es sich auch bei *hājāh lᵉmiḵšôl* (1 Sam 15, 31; Jes 8, 14; Ez 18, 30; 44, 12; vgl. 7, 19), die sowohl formal wie inhaltlich an die dtr Wendung *hājāh lᵉmôqeš* (Ex 23, 33; 34, 12; Jos 23, 13; Ri 2, 3; 8, 27; Ps 106, 36 usw.) erinnert. Eine figura etymologica mit *kāšal* bilden Jes 8, 14f. (v. 15a wahrscheinlich sekundär, vgl. Th. Lescow, ZAW 85, 1973, 324 Anm. 46) und Jer 6, 21. An Cstr.-Verbindungen sind *ṣûr miḵšôl* (Jes 8, 14), *miḵšôl ʿāwôn* (s. u. 4) und *miḵšôl leb* (s. u. 5) bedeutsam.

4. Nach Analogie von *kāšal* könnte unter *miḵšôl* ein „Anstoß", ein „Straucheln" oder ein „Sturz" zu verstehen sein; für die meisten Belegstellen gilt jedoch die Bedeutung „Anstoß". Demnach bezeichnet das Wort normalerweise das „Hindernis" gegenständlicher oder sonstiger Art, an dem sich ein ahnungslos Gehender stößt, durch das er ins Straucheln gerät und schließlich zu Fall kommt. Das Verbot Lev 19, 14 meint zweifellos ein Hindernis „im Gelände" (s. o. II. 4). Dasselbe mag vordergründig auch für Jes 57, 14 zutreffen, doch ist hier zugleich an Hindernisse ganz verschiedener Ordnung zu denken. In Ez 7, 19 werden Gold und Silber, in Ez 14, 3. 4. 7 Götzen als „Anstöße" bezeichnet. Auch Vergehen (→ פשע [*pšʿ*]) Ez 18, 30 oder kollektiv die götzendienerischen Leviten Ez 44, 12 können zum „Anstoß" werden. Nicht genau erkennbar sind die „Anstöße", die nach Jer 6, 21 und Ez 3, 20 JHWH selber „gibt".

Die nur bei Ez begegnende Formel *miḵšôl ʿāwôn* (7, 19; 14, 3. 4. 7; 18, 30; 44, 12; vgl. 1 QS 2, 12. 17; 1 QH 4, 15) kennzeichnet Taten, Ereignisse, Gegenstände oder Personen als „Anstöße", die zur Verschuldung und zur Katastrophe führen (vgl. schon Hos 14, 2). Die Übersetzung mit „Anstoß zur Verschuldung" (W. Zimmerli 91 f. 182. 309) vermag die Unaufhaltsamkeit der durch den „Anstoß" ausgelösten Katastrophe nur unvollkommen zum Ausdruck zu bringen.

Für einzelne Belege kommt nicht die Bedeutung „Anstoß", sondern „Straucheln" oder „Sturz" in Frage. So ist *ṣûr miḵšôl* in Jes 8, 14 im Blick auf den Parallelismus am besten mit „Fels des Strauchelns" zu übersetzen. Auch Ps 119, 156 wird oft mit „kein Straucheln" übersetzt, aber das gegensätzlich parallele *šālôm* spricht eher für die Bedeutung „kein Sturz/Unfall" (ähnlich 1 QH 10, 18).

5. Einer besonderen Erörterung bedarf noch 1 Sam 25, 31. Die eigenständige Cstr.-Verbindung *miḵšôl leḇ* (parallel zu *pûqāh* 'Taumeln') wird von Zimmerli 91 mit „Gewissensanstoß", in KBL³ 551 b mit „Gewissensvorwurf" übersetzt. Diese Deutung befriedigt nicht, obschon *leḇ* die Bedeutung „Gewissen" haben kann (1 Sam 24, 6). Denn mit einem „schlechten Gewissen" ist das, was David als Folge einer etwaigen Bluttat an Nabal am Tag seiner Erhöhung erwarten müßte, doch viel zu schwach beschrieben. Ihm droht für diesen Fall weit mehr: ein „Straucheln des Herzens" (M. Buber), d. h. doch wohl ein inneres Taumeln und Stürzen, ein Zusammenbruch seiner Identität als JHWHs Gesalbter. Gerade diese Katastrophe kann David – wie Abigail richtig sieht – unter keinen Umständen wollen.

Barth

כָּשַׁף *kāšap*

כֶּשֶׁף *kæšæp*, כַּשָּׁף *kaššāp*, אַשָּׁף *'aššāp*,
יִדְּעֹנִי *jiddeʿonî*, לָחַשׁ *lāḥaš*, לַחַשׁ *laḥaš*,
נָחַשׁ *nāḥaš* I, נַחַשׁ *naḥaš*, עָנַן *'ānan* II,
שָׁחַר *šāḥar* I

I. 1. Etymologie, Wortfeld – 2. Vorkommen – 3. LXX – II. Umwelt – 1. Ägypten – 2. Mesopotamien – 3. Westsemiten – III. Israel – 1. Im negativen Sinn – 2. Außerisraelitischer Ursprung – 3. An Höfen – IV. *nḥš* im positiven Sinn – V. 1. Magie – 2. Divination – 3. Astrologie.

Lit.: *J. F. Borghouts*, Magie (LexÄg III 1137–1151). – *G. Contenau*, La Magie chez les Assyriens et les Babyloniens, Paris 1947. – *E. Dhorme*, Les religions de Babylonie et d'Assyrie, Paris 1949, 258–298. – *M. Jastrow*, Die Religion Babyloniens und Assyriens II/1+2, 1912. – *R. Largement* – *A. Massart* – *A. Lefèvre*, Magie (DBS V, 1957, 705–739). – *W. Mayer*, Untersuchungen zur Formsprache der babylonischen „Gebetsbeschwörungen", Rom 1976. – *B. Meissner*, BuA II, 1925, 198–282. – *H. Ringgren*, RAO (ATD/S 1979, 45 f.; 98 ff.; 150–160; 236 f.). – *J. Wellhausen*, Reste arabischen Heidentums, ²1897.

I. 1. Die Wurzel *kšp*, etwa 'Zauberei treiben', wird im AT vorwiegend zusammen mit anderen Termini gebraucht, die verschiedene magische und divinatori-

sche Praktiken bezeichnen, deren genauer Inhalt uns unbekannt ist und nur zum Teil und ungefähr durch etymologische Erwägungen ermittelt werden kann. Hebr. *kšp* entspricht akk. *kašāpu*, *kuššupu*, 'ver-, behexen' (AHw 461; CAD K 284 f.) mit den Nominalbildungen *kišpu*, 'Zauber, Hexerei' (AHw 491) und *kaššāpu* bzw. *kaššaptu*, 'Hexe(nmeister), Hexe' (AHw 463). Arab. *kasafa* heißt teils 'sich verfinstern', teils 'zerschneiden' (WKAS I 190 ff.); mit letzterer Bedeutung berühren sich äth. *kasaba* und tigrē *kašaba*, 'beschneiden', und vielleicht syr. *kšp etpa* 'bitten, beten' (weil man sich zerschneidet, um die Gottheit zu beschwichtigen?, so Wellhausen 126 Anm. 5 nach Robertson-Smith). Vgl. auch mand. *kšp aph* oder *pa* 'zaubern, verhexen', und ugar. *ktpm*, das in einem Text vorkommt, wo es sich um Öl für die Salbung von *ktpm* handelt (KTU 1.107, 23 s. u.). *'aššāp*, bibl. aram. *'āšap* 'Beschwörer' ist wegen des ' als akk. Lehnwort (*āšipu* [CAD A/2, 431], Wurzel *wšp*, vgl. *šiptu* 'Beschwörung) zu beurteilen.

lḥš, das gewöhnlich mit „flüsternd beschwören" übersetzt wird, entspricht ugar. *lḥšt* 'Geflüster' (dreimal in der Zusammenstellung *lḥšt ʿbn*, „Geflüster des Steins" (KTU 1.3, III, 23; IV, 14 f.; 1.7, 31) und *mlḥš* 'Schlangenbeschwörer' (s. u.), akk. *laḥāšu* 'flüstern' (AHw 528), syr. und mand. *lḥš* 'beschwören' und äth. *'alḫōsasa* 'flüstern'.

nḥš 'Wahrsagerei treiben', 'Vorzeichen suchen' wird von einigen mit *nāḥāš* 'Schlange' zusammengestellt und als 'Schlangenbeschwörung' gedeutet; es hängt aber eher mit arab. *nḥs* zusammen, das wohl ursprünglich ein Omen im allgemeinen bezeichnete, dann aber als abratendes oder schlimmes Omen verstanden wurde (Wellhausen 201 mit Anm. 1 und 2). In anderen semit. Sprachen wird das vielleicht verwandte *lḥš* (s. o.) gebraucht.

Die *polel*-Form *'ônen* ist verschieden erklärt worden (vgl. GesB s. v. *'nn* II). Das nur einmal belegte *šḥr* ist mit arab. *siḥr* 'Zauber' (Wellhausen 159) und akk. *sāḥiru* 'Hexer' (AHw 1009) verwandt, vgl. asarab. *shr* 'Zauberschutz'.

jiddeʿonî, das immer im Zusammenhang mit Totenwahrsagung vorkommt, ist von → ידע *jāḏaʿ* abgeleitet und bezeichnet den Totengeist als „wissend". Zum Wortfeld gehören ferner → אוב *'ôḇ* 'Totengeist', *dāraš* *'æl* (→ דרש) 'befragen', → חבר *ḥāḇar* II, 'beschwören', → חכם *ḥāḵam* 'weise sein', → חלם *ḥālam* 'träumen', → חרטם *ḥarṭom* 'Wahrsagepriester', *kaśdîm* 'Chaldäer' und → קסם *qsm* 'durch Lospfeile Entscheidung suchen'.

2. *'aššāp* bzw. aram. *'āšap* ist insgesamt 8mal, alle in Dan, belegt. *kšp pi* findet sich 6mal, *kæšæp* 6mal und *kaššāp* 1mal; *lḥš pi* ist nur 1mal belegt; die *hitp*-Form 2mal in der Bedeutung 'zueinander flüstern'. *nḥš pi* hat 9, das Nomen *naḥaš* 2 Belege. *'ônen* kommt 10mal vor, *šḥr* in der Bedeutung 'zaubern' sicher nur 1mal (Jes 47, 11, außerdem cj. 47, 15; dagegen heißt es wohl Hi 30, 30 'schwarz werden').

3. In der LXX wird *'aššāp* immer mit μάγος übersetzt. *jiddeʿonî* heißt γνώστης (4mal), γνωριστής

(1mal), ἐπαοιδός (4mal), ἐγγαστρίμυθος (2mal) oder τερατοσκόπος (1mal). *kšp*, *kæšæp*, *kaššāp* werden mit φαρμακεύειν, φάρμακος und φαρμακεία übersetzt. *lḥš pi* und *hitp* werden mit ψιθυρίζειν wiedergegeben (1mal ἐπαοίδειν), *laḥaš* mit ἐπαοίδειν, ἐπιλαλεῖν oder ἀκροατής. *nḥš pi* wird mit οἰωνίζεσθαι, οἰωνισμός oder φαρμακεύειν übersetzt, *naḥaš* wird οἰωνισμός oder οἴωνος, *ʿnn po* ἀποφθέγγεσθαι, βλέπειν, κληδονίζεσθαι, κληδονισμός, κληδών, οἰώνισμα oder ὀρνιθοσκοπεῖν. *b^e^nê ʿon^e^nāh* Jes 57, 3 wird mit υἱοὶ ἄνομοι wiedergegeben. *šḥr pi* (Jes 47, 11) wird von LXX anders aufgefaßt. – Die Mannigfaltigkeit der Übersetzungen zeigt, daß man nicht den genauen Sinn der Termini kannte.

II. 1. Das äg. *ḥkȝ*, das gewöhnlich mit „Magie" übersetzt wird (WbÄS III 175f.), bezeichnet eigentlich eine übernatürliche Kraft, durch die die Götter außerordentliche Taten ausführen können. Der Zweck der Beschwörungen ist, diese Kraft zu aktivieren. Deshalb werden in magischen Texten die Götter angerufen, und Göttermythen dienen als Grundlage für die Beschwörungen. Als Schutzmittel gegen Krankheit dienten u.a. Bilder von einem Horus, der triumphierend auf einem Krokodil steht, und die dazu gehörende Beschwörung drückt den Wunsch aus, daß z. B. der von einem Skorpion oder einer Schlange Gebissene ebenso geheilt werden soll, wie Horus durch die Zaubersprüche der Götter geheilt wurde (z. B. die sog. Metternichstele, G. Roeder, Urkunden zur Religion des alten Ägypten, Jena 1915, 82ff.). Ein Spruch gegen Skorpionstiche beruft sich auf die Katzengöttin Bastet, die von Re geheilt werden soll; interessanterweise antwortet Re mit einem „Heilsorakel": „Fürchte dich nicht" (Roeder 84). Gegen Krokodile beruft man sich auf Osiris, der selbst aus dem Wasser gerettet wurde. „Die Ereignisse des Mythus sollen durch den Zauberspruch wieder Wirklichkeit werden, die Heilung des Gottes vollzieht sich jetzt ('heute') noch einmal am Menschen" (Ringgren, RAO 46).

2. In akk. Texten unterscheidet man zwischen Hexerei (*kišpu*), die verboten und mit Todesstrafe belegt ist, und Magie, die offiziell von Königen und Priestern anerkannt ist. Ersteres wird mit Letzterem bekämpft.

Das Böse, das einen Menschen getroffen hat, kann durch einen Zauberer oder eine Hexe (*kaššāpu* bzw. *kaššaptu*) verursacht worden sein, z. B. *kaššāptu takšipanni*, „eine Hexe hat mich verhext" (Maqlû I 127); „jeder, der dieses Böse an mir getan hat, *lû kaššāpu lû kaššāptu*, sei es ein Zauberer, sei es eine Hexe ..." (E. Ebeling, Literarische Keilschrifttexte aus Assur, 1953, 115, 11). Die Zeremonie der Beschwörung findet in der Nacht statt. Nach der Rezitation einer langen Litanei wendet sich der Betroffene durch den Beschwörer an die Götter mit der Bitte, daß sie den Bann (*mamîtu*) lösen (*paṭāru*). Er sagt, daß er Bilder von den Zauberern gemacht hat (*ṣalmu annûti ša kaššāpia u kaššaptia* KAR 80 r. 25) und fährt fort: *qumi kaššāpī û kaššaptī*, „brenne meinen Zauberer und meine Hexe" (Maqlû II 15). Der Beschwörer ist ein *āšipu*-Priester, und er spricht eine Formel, *šiptu*, aus, z. B.: „Feuergott, Mächtiger, Erhabener unter den Göttern, der du den Bösen und Feindseligen überwältigst, überwältige sie (die Hexen), damit ich nicht vernichtet werde. Du bist mein Gott, du bist mein Herr, du bist mein Richter, du bist mein Helfer, du bist mein Rächer" (Maqlû II 85–90). *Laḫāšu*, *liḫšu* und *mulaḫḫišu* werden in Verbindung mit Beschwörungen erwähnt, aber nicht ausdrücklich mit Hexerei verbunden.

3. Aus dem westsemit. Gebiet liegen u.a. vier interessante Beschwörungstexte vor. Bei zweien handelt es sich um Beschwörungen gegen Schlangenbiß aus Ras Schamra (KTU 1.100 und 1.107; vgl. E. Lipiński, UF 6, 1974, 169–174; M. Dietrich – O. Loretz – J. Sanmartín, UF 7, 1975, 121–131). In KTU 1.100 bittet Paḥlat, die Tochter der Sonnengöttin, ihre Mutter um Hilfe für die Beschwörung. Auch andere Gottheiten werden angerufen. Von Interesse ist, daß der Beschwörer einmal *mlḫš* angeredet wird (Zl. 5. 59); in dem beschädigten Abschnitt (KTU 1.107) ist von der Salbung von *kṯpm* (= hebr. *kšp*) die Rede (Zl. 23). Außerdem kommt der Terminus *mnt* für Beschwörung vor (Zl. 4. 9).

Der ugar. Text Ras Ibn Hani 78/20 enthält eine Beschwörung gegen ein von Zauberern verursachtes Unheil. Die Zauberer werden als *kšpm* (mit *š*!), *dbbm* (Feinde?), *ḥbrm* und *dʿtm* bezeichnet, was u.a daran erinnert, daß in Deut 18, 10f. *m^e^kaššep*, *ḥoḇer ḥæḇær* und *jidd^e^ʿonî* zusammen erscheinen (Y. Avishur, The Ghost Expelling Incantation from Ugarit, UF 13, 1981, 13–25, bes. 22).

Der phön. Text aus Arslan Tasch findet sich auf einem Amulett mit Bildern (KAI 27). Hier wird eine Dämonin, die „die Fliegerin" und „die Würgerin des Lammes" genannt wird, beschworen, sich fernzuhalten, da der Besitzer mit allen Göttern verbunden ist (vgl. M. Astour, Two Ugaritic Serpent Charms, JNES 27, 1968, 32).

III. 1. Die verschiedenen Termini für Beschwörung, Wahrsagerei u.ä. erscheinen im AT meistens in Kombinationen von zwei oder mehr Wörtern.

Die ausführlichste Aufzählung findet sich in Deut 18, 10f.: „Bei dir soll sich niemand finden, der seinen Sohn und seine Tochter durch Feuer gehen läßt (*hæʿ^æ^ḇîr bāʾeš* → מלך *molæḵ*), keiner, der Wahrsagekünste treibt (→ קסם *qsm*), kein Zeichendeuter (*m^e^ʿônen*), kein Beschwörer (*m^e^naḥeš*), kein Zauberer (*m^e^ḵaššep*), keiner der Bannungen vornimmt (→ חבר *ḥbr*), keiner, der einen Totengeist (→ אוב *ʾôḇ*) oder einen Wahrsagegeist (*jidd^e^ʿônî*) befragt (*šʾl*) oder die Toten befragt." In dieser Aufzählung, die offenbar Vollständigkeit anstrebt, spiegeln sich deutlich Verhältnisse der späteren Königszeit (vgl. von Rad, ATD 8 z.St.). Wichtig ist vor allem die Begründung: alle diese Praktiken sind JHWH ein Greuel (*tôʿeḇāh*) (v. 12), denn solche Greuel sind

heidnisch (v. 9) und beeinträchtigen das richtige Gottesverhältnis (v. 13: „Du sollst ganz [*tāmîm*] sein mit JHWH, deinem Gott"). In v. 14 werden die *meʿônenîm* und die *qosemîm* noch einmal erwähnt und gegen die wahren JHWH-Propheten ausgespielt, was zeigt, daß es sich hier um divinatorische Praktiken handelt.
Eine ähnliche Aufzählung findet sich 2 Kön 21, 6, wo berichtet wird, daß Manasse „seinen Sohn durchs Feuer gehen ließ, Zeichendeuterei und Beschwörung trieb (*ʿônen weniḥeš*) (2 Chr 33, 6 fügt hier *kšp* ein) und Totengeister und Wahrsagegeister befragte (*ʿāśāh ʾôḇ wejiddeʿonîm*)", was alles JHWH mißfiel (*raʿ beʿênê*) und ihn erzürnte (*hiḵʿîs*). V. 2 beschreibt seine Handlungsweise als „die greulichen Sitten (*tôʿaḇot*) der Völker, die JHWH vor Israel vertrieben hatte", also als heidnische Greuel. Lev 20, 1–6 spricht nur von Moloch-Dienst (vv. 1–5) und *ʾoḇoṯ* und *jiddeʿonîm* (v. 6). Ex 22, 17 verordnet Todesstrafe für die *meḵaššepāh*.
Abgötterei und *kšp* sind in 2 Kön 9, 22 gleichgestellt, und Kinder der *ʿonenāh*, des Ehebrechers und der Hure werden Jes 57, 3f. als abtrünnige Kinder und ein verkehrtes Geschlecht bezeichnet.
kšp und *ʿnn* erscheinen auch in anderen Aufzählungen gottfeindlicher Phänomene, die JHWH ausrotten wird: Rosse, Wagen, Städte, Festungen, *kešāpîm* und *meʿônenîm* Götzenbilder, Masseben und Ascheren (Mi 5, 11–13). In Mal 3, 5 eröffnet *kšp* eine Zusammenstellung von Verbrechern vorwiegend sozialer Art, die Mangel an Gottesfurcht zeigen: *meḵaššepîm*, Ehebrecher, Meineidige, solche, die dem Tagelöhner, der Witwe und der Waise Gewalt antun und den Fremdling bedrücken. In Jer 27, 9 leitet „Propheten" eine Reihe von falschen Propheten ein, auf die man nicht hören soll: *neḇîʾêḵæm ḥalomoṯêḵæm* (Vrs *ḥolemêḵæm*) *ʿonenêḵæm, kaššāpêḵæm*.
2. Die verschiedenen Kategorien von Zauberern und Zeichendeutern werden oft als außerisraelitisch beschrieben. Die *ḥaḵāmîm* und *meḵaššepîm* des Pharao sind ägyptische *ḥarṭummîm* (Ex 7, 11). In Babylon gab es *ḥarṭummîm, ʾaššāpîm, meḵaššepîm, kaśdîm, ḥaḵāmîm* und *gāzerîn* (Jes 47, 9. 12; Dan 1, 20; 2, 2. 10. 27; 4, 4. 7; 5, 7. 11. 15). Ninive ist eine schöne Hure, die mit *kešāpîm* umgeht (Nah 3, 4). Isebel führte *kešāpîm* in Israel ein (2 Kön 9, 22). Die Philister und die Fremdlinge üben *ʿnn*, und die Tätigkeit wird als „östlich" (? *qædæm*; diese Lesung wird mit guten Gründen bestritten von Kaiser und Wildberger. Letzterer möchte *qosemîm miqqædæm* [BK X/1, 93] lesen) bezeichnet (Jes 2, 6).
3. Die Zauberer und Weissager treten oft an Höfen auf: bei Pharao (Gen 44, 15; Ex 7, 11), bei Nebukadnezar (Dan 2), bei Manasse (2 Kön 21, 6 = 2 Chr 33, 6) und bei Isebel (2 Kön 9, 22). Zusammen mit Helden, Kriegsleuten, Richtern, Propheten, Ältesten, Hauptleuten, Vornehmen und Ratsherren stellen sie die Oberschicht der Gesellschaft dar (Jes 3, 2f.). Saul hatte die *ʾoḇoṯ* und die *jiddeʿonîm* aus dem Lande vertrieben; als er aber in Bedrängnis war und JHWH ihn weder durch Träume noch durch Urim noch durch Propheten antwortete, suchte er eine *baʿalaṯ-ʾôḇ* in Ein-Dor auf (1 Sam 28).
Die Weissagungen beziehen sich oft auf das Schicksal ganzer Nationen: Ägypten (Ex 7), Assur (Nah 3), Juda (Jer 27), Babel (Jes 47; Dan 2), das Reich Sauls (1 Sam 28), Israel (Num 24).

IV. Der einzige Begriff, der gelegentlich positiv beurteilt wird, ist *nḥš*. Laban antwortet Jakob: „Ich spüre (*niḥaštî*), daß mich JHWH um deinetwillen segnet" (Gen 30, 27). Joseph pflegt wahrzusagen (*naḥeš, jenaḥeš*) mit dem silbernen Becher, der im Sack Benjamins gefunden wurde (Gen 44, 5. 15; Becherwahrsagung war in Mesopotamien üblich, s. J. Hunger, Becherwahrsagung bei den Babyloniern [LSS 1, 1903] und E. Ebeling, RLA I, 1932, 467, ist aber in Ägypten erst spät bezeugt, s. J. Vergote, Joseph en Egypte, Louvain 1959, 172ff. → כוס *kôs*). Die Männer Ben-Hadads verstanden Ahabs Antwort auf ihre Bitte um Gnade für ihren König als ein gutes Zeichen (*jenaḥašû*; 1 Kön 20, 33). Der zusammenfassende Ausdruck *liqraʾṯ neḥāšîm* Num 24, 1 bezieht sich darauf, daß JHWH mit Bileam sprach und zu ihm kam (22, 8–12. 19. 38), daß Bileam vernahm (*jādaʿ*), was JHWH sagte (22, 9) und daß JHWH ihm begegnete (*qārāh*) und mit ihm sprach (23, 3–5).

V. Der genaue Unterschied zwischen den verschiedenen Termini ist schwer festzustellen. Sie können aber in drei Gruppen aufgeteilt werden: Magie, Divination und Astrologie.
1. Zur Gruppe Zauberei/Magie gehören *ʾaššāp, kšp, lḥš* und *šḥr*.
ʾaššāp bzw. *ʾāšap* ist mit akk. *āšipu* ʿBeschwörungspriesterʾ identisch und vertritt damit die in Assyrien-Babylonien positiv gewertete Magie. Die *ʾaššāpîm* sind nur Dan 2 erwähnt.
Die *meḵaššepîm* und *ḥarṭummîm* des Pharao ahmen die Wunder des Mose und des Aaron nach (Ex 7, 11). Die *kešāpîm* und *ḥaḇārîm* von Jes 47, 9. 12 sind Zauberkünste, von denen man in Babylon erwartet, daß sie Unheil abwenden können; gegen das Eingreifen JHWHs sind sie aber machtlos. In Jer 27, 9 und Dan 2, 2 usw. werden sie aber schablonenartig zusammen mit verschiedenen Wahrsagern erwähnt; es handelt sich hier offenbar um traditionelle Aufzählungen.
lḥš pi erscheint nur Ps 58, 6 mit „magischer" Bedeutung, und zwar mit Bezug auf Schlangenbeschwörer, die auch *ḥôḇer ḥaḇārîm* genannt werden; die beiden Ausdrücke werden in einem Vergleich gebraucht, nach dem die Frevler wie Schlangen sind, die den Beschwörer nicht hören wollen. *lḥš* als solches wird also nicht verurteilt. Auch Pred 10, 11 wird *laḥaš* in völlig neutralem Ton erwähnt: wenn eine Schlange beißt, ehe man sie beschworen hat, hat der Beschwörer keinen Gewinn von seiner Kunst. Ebenso spricht Jer 8, 17 von Schlangen, gegen die keine Be-

schwörung hilft; die Beschwörung ist wiederum als etwas Selbstverständliches erwähnt. Jer 3, 16 handelt es sich wahrscheinlich um Amulette; Jes 26, 16 ist dunkel. *laḥaš* wird am besten mit 'flüsterndes Gebet' übersetzt (G. André, Determining the Destiny [CB 16, 1980, 134]). *šḥr* findet sich nur Jes 47, 11, wo es von dem über Babylon hereinbrechenden Unglück heißt: „Du weißt es nicht zu beschwören." Möglicherweise ist auch 47, 15 *soḥ^{a}rajiḵ* („deine Handelspartner") in *šoḥ^{a}rajiḵ*, „deine Beschwörer", zu ändern, was gut zu v. 11 und zu den Astrologen in v. 13 paßt.

2. Zur Gruppe Divination gehören *'nn, nḥš, qsm, 'ôḇ* und *jidd^e'onî*.

'nn wird durch Deut 10, 14 als mantische Praktik erwiesen (s. o.). In dieselbe Richtung weist Lev 19, 26, wo *nḥš* und *'nn* zusammen als verboten erscheinen. Ri 9, 37 erwähnt eine „Zeichendeuterterebinthe" (*'elôn m^e'ôn^{e}nîm*) bei Sichem. Wie sich diese zu der in Gen 12, 6 erwähnten „Terebinthe des Orakelgebers" (*'elôn môræh*) verhält, ist nicht klar (→ ירה *jārāh*). Die übrigen Belege sind mehrdeutig.

Von *nḥš* wurde schon oben gehandelt. *qsm* ist etymologisch verwandt mit arab. *istiqsām* 'Pfeilorakel' und bezeichnet ganz deutlich ein ähnliches Verfahren. Siehe weiter → אוב *'ôḇ* und vgl. oben zu *jidd^e'onî*.

3. Astrologen sind wahrscheinlich die *gāz^{e}rîn* in Dan 2, 27; 4, 4; 5, 7. 11 und ganz sicher die *hoḇ^{e}rê šāmajim* und *haḥozîm bakkôḵāḇîm* von Jes 47, 13. Sie sind bezeichnenderweise alle Babylonier.

André

כָּשֵׁר *kāšer*

כִּשְׁרוֹן *kišrôn*

I. 1. Etymologie – 2. Belege – II. Bedeutung und Gebrauch im AT – III. *kôšārôṯ* Ps 68, 7 – IV. *kîšôr* Spr 31, 19 – V. **kaššîr* Ez 33, 32.

Lit.: *A. van Selms*, The Root k-ṯ-r and its Derivatives in Ugaritic Literature (UF 11, 1979, 739–744).

I. 1. Wenn man hebr. *kšr* mit akk. *kašāru* (AHw I 461 f.), ugar. *kṯr* (WUS Nr. 1417) und arab. *kaṯura* (WKAS I 60–69; vgl. A. Guillaume, AbrNahrain 2, 1960/61, 19) vergleicht, dann ist man gezwungen, das *š* in der im Aram. festverankerten Wurzel *kšr* zu erklären, weil nach den Lautgesetzen *ktr* zu erwarten ist. Man muß folglich aram. *kšr* als kanaan. oder akk. Lehnwort ansetzen (so E. Y. Kutscher in KBL^3 und W. McKane, JThSt 27, 1976, 151), wobei man zusätzlich darauf verweisen könnte, daß eine aram. Wurzel *ktr* in der Bedeutung 'harrend umgeben, warten' existiert, und daß man daher zur Vermeidung der Homonymie *š* beibehalten hätte. Vergegenwärtigt man sich jedoch, daß *kšr* im Aram. weitverbreitet und reich belegt ist, vgl. jüd.-aram. (Levy, WB Targ., 1881, 392a–393a, und WTM II 424a–427a), christl.-paläst. (F. Schulthess, Lexicon Syropalaestinum, 1903, 98 b), syr. (R. Payne Smith, Thesaurus Syriacus 1, 1879, Sp. 1847–1849, und Brockelmann, LexSyr 350 b–351 a) und mand. (MdD 225a und MdH 21.36), vgl. noch samarit.-aram. (Z. Ben Ḥayyim, Literary and Oral Tradition of Hebrew and Aramaic amongst the Samaritans 2, Jerusalem 1957/61, 484a) und palmyr. (wo im Zolltarif *kšjr'* Wiedergabe für κράτιστος ist, s. DISO 127), so begegnen der oben angeführten Ableitung Zweifel. Sie werden verstärkt, stellt man fest, daß akk. *kašāru* in mehreren Bedeutungen belegt ist (CAD K 285 f., und vor allem A. K. Grayson, Assur 1/4, 1975, 3–7): 'wiederaufbauen, ausbessern, nachfolgen, vollenden, wieder zurückerstatten', ebenso wie die Bedeutung von arab. *kaṯara* '(an Zahl) übertreffen, überbieten', *kaṯura* 'viel, zahlreich sein.' (WKAS I 60–69), kaum einen semantischen Bezug zu hebr.-aram. *kšr* aufweisen. Schließlich zeigt sich auch, daß im Ugar., abgesehen vom Namen *kṯr* des Schmiedegottes und *kṯrt*, der Bezeichnung der Geburtshelfergöttinnen, die Wurzel *kṯr* nur noch an zwei Stellen KTU 1.4, II, 30 in der Form *mkṯr* und KTU 1.14, I, 16 in der Form *kṯrm* begegnet, die beide in ihrer Interpretation umstritten sind. Daher ist es naheliegend, unter Absehung von zweifelhaften akk., ugar. oder arab. Parallelen, *kšr* als aram. Wurzel zu fassen und das im Hebr. spärlich belegte *kšr* als aram. Lehnwort zu verstehen, wie das schon E. Kautzsch (Die Aramaismen im AT, 1902, 44), M. Wagner (BZAW 96, 1966, 68) und F. Rosenthal (AF, 42 f.) vorschlugen. Das bereitet um so weniger Schwierigkeiten, als *kšr* im AT nur in den späten Schriften Esth und Pred sowie Sir zu belegen ist, so daß ein Aramaismus nicht erstaunt.

Die LXX gibt *kāšer* durch εὐθής, στοιχεῖν und χρησιμεύειν, *kišrôn* durch ἀνδρεία (3mal) wieder.

2. Von einer Grundbedeutung der Wurzel *kšr* 'tauglich sein' lassen sich die vom Textzusammenhang erforderlichen Nuancen sowohl für die Verbalformen wie für das mit dem Affix *-ôn* als Abstractum gebildete Nomen *kišrôn* im Sinne von 'Tüchtigkeit, Leistung, Gewinn, Fähigkeit' leicht herleiten. *kāšer* begegnet im AT einmal als prädikatives Adjektiv (Esth 8, 5). Der parallele Aufbau der beiden mit *w* an den zweiten mit *w^e'im* eingeleiteten Bedingungssatz angeschlossenen Sätze 5aβ und γ macht deutlich, daß *kāšer* nicht 3.m.sg.pf. *qal* ist, wie die Wbb behaupten, sondern Adjektiv. Impf. *qal*-Formen sind nur Pred 11, 6 und Sir 13, 4 belegt. Eine *hiph*-Form findet sich der masoretischen Punktation gemäß Pred 10, 10. Dazu kommt die Nominalbildung *kišrôn* Pred 2, 21; 4, 4; 5, 10. Über einen Zusammenhang der Wurzel *kšr* mit *kôšārôṯ* Ps 68, 7 und *kîšôr* Spr 31, 19 sowie mit der cj. **kaššîr* für *k^{e}šîr* Ez 33, 32 vgl. unten. In den Qumrantexten läßt sich die Wurzel *kšr* bisher nicht ausfindig machen, auch nicht in der Tempelrolle, wo 'kultisch rein' noch ganz dem bibli-

schen Sprachgebrauch entsprechend mit der Wurzel → טהר *ṭhr* bezeichnet wird (vgl. dazu bes. G. W. Buchanan, The Role of Purity in the Structure of the Essene Sect, RQu 4, 1963, 397–408). Erst in der Mischna und in der sich daran anschließenden jüdischen Literatur wird *kāšer* bei der Erörterung des rituell Zulässigen in ritualgesetzlicher und zivilrechtlicher Hinsicht zum terminus technicus für alles religionsgesetzlich zur Verwendung Geeignete und zum Genuß Erlaubte. Im heutigen Sprachgebrauch begegnet 'koscher' fast ausschließlich noch in der Verbindung mit den Speisegesetzen.

II. Esth 8, 5 begegnet *kāšer* als prädikatives Adj. in der Anrede Esthers an den König. Vier Bedingungssätze mit Höflichkeitsformeln unterstreichen die Bitte der Königin, wobei die mit *w* angeschlossenen Sätze *wekāšer haddābār lipnê hammælæk* und *weṭôbāh 'anî be'ênājw* explikativ zu *we'im māṣā'tî ḥen lepānājw* sind. Gemeint ist, daß die Angelegenheit vor dem König als richtig und in seinem Sinne erscheint.
Aus Pred 2, 21 läßt sich am ehesten herauslesen, was unter *kišrôn* zu verstehen ist. *kišrôn* ist neben der *da'aṯ*, der Erkenntnis, dem Wissen (wie man es zu etwas bringt), die Fähigkeit, dieses Wissen in Erfolg umzusetzen. Beides zusammen, *da'aṯ* und *kišrôn*, wird als *ḥoḵmāh* bezeichnet. So kann Qohelet feststellen: „Da ist ein Mensch, der gearbeitet hat mit Weisheit, und zwar mit Wissen und mit Fähigkeit, und dann muß er es doch einem Menschen, der dafür nicht gearbeitet hat, als sein Erbteil überlassen." Ähnlich ist Pred 4, 4 *kišrôn* die zum Erfolg führende Fähigkeit des Arbeitens, die Leistung (wieder *'āmāl* wie 2, 21, zur Bedeutung vgl. H. Gese, Vom Sinai zum Zion, 1974, 168, Anm. 1). Auch Pred 5, 10 ist auf dem Hintergrund von 2, 21 zu sehen: „Wo sich das Gut mehrt, da vermehren sich auch die, die es fressen; und was für eine zum Erfolg führende Fähigkeit (*kišrôn*) hat sein Besitzer (dann vorzuweisen) außer dem Nachsehen." – Auch die Warnung an den Armen Sir 13, 4 läßt sich sachlich hier anschließen: „Wenn du ihm (dem Reichen) geeignet erscheinst (*tkšr*), so nützt er dich nur aus." Pred 10, 10 gehört zu den schwierigsten Versen des Buches (vgl. die Diskussion bei H. W. Hertzberg, KAT XVII/4, 191 und A. Lauha, BK XIX 188f.). Der drei- oder wahrscheinlich nur zweigliedrige Vordersatz (10aβ scheint Glosse zu sein) bringt ein Beispiel dafür, daß Nichtbeachtung der Weisheit Nachteile bringt (K. Galling, HAT I/18², 117), nämlich dann, wenn man ein Eisen (-Werkzeug) stumpf werden läßt oder ein bereits stumpf gewordenes benützt und deshalb unverhältnismäßig viel mehr Kraft bei der Arbeit aufwenden muß. Der Nachsatz 10b wird die allgemein formulierte Lehre aus dem angeführten Beispiel ziehen. Ein Versuch, den masoretischen Text zu übersetzen, lautet (mit Franz Delitzsch, Bibl. Commentar, 1875, 369): „Der Vortheil, welchen Instandsetzung, d.i. Bereitstellung der zweckdienlichen Mittel gewährt, ist Weisheit." *hakšêr* wird dann als inf. abs. *hiph* aufgefaßt. Die alten Versionen helfen wenig weiter, sondern versuchen nur jede auf ihre Art, mit dem Text zurecht zu kommen. Hertzberg und Galling konjizieren *kišrôn*, so daß zu übersetzen ist: „gibt es da einen Gewinn und Vorteil der Weisheit?". Wenn die Punktation als *hiph* im Recht ist, muß das 'Tauglichmachen' wohl im Sinne der Reparatur (nach Delitzsch 201 ist *hakšêr* „in der Mischna das gew. Wort von vorschriftsmäßiger Herrichtung") gemeint sein. Aber die banale Feststellung, daß Reparatur und Pflege von Werkzeugen insofern ein Beweis für Weisheit wäre, weil sie Nutzen bringt, dürfte doch nur das Ergebnis einer Zurechtbiegung der Textverderbnis sein (vgl. noch N. Lohfink, Kohelet, 1980, 76).
Pred 11, 6 bietet der Interpretation insofern Probleme, als je nach Standpunkt des Exegeten eine unterschiedlich nuancierte Übersetzung „eine Hoffnungsperspektive durchschimmern läßt" (Lauha 203), da „die Möglichkeit des Gelingens" noch gegeben scheint. Folgt man jedoch den überzeugenden Darlegungen F. Ellermeiers (Qohelet, 1967, 253–268), dann muß 11, 6 als Konzessivsatz verstanden werden: „Zwar magst du am Morgen deine Saat säen, und auch gegen Abend mag deine Hand nicht müßig sein, trotzdem weißt du nicht, was gelingt (*jikšar*), ob dies oder jenes, oder ob, wie eines, so beides glücklich ist." Ob die Arbeit erfolgreich genannt werden kann, das entzieht sich der Verfügungsgewalt des Menschen; keine noch so große Kraftanstrengung kann den Erfolg sichern.

III. Das nur Ps 68, 7 belegte *kôšārôṯ* wird in den hebr. Wbb mit der Wurzel *kšr* in Verbindung gebracht und seit der Entdeckung der Bezeichnung *kṯrt* für die Geburtshelfergöttinnen in den mythischen Texten von Ugarit wurde vielfach in Ps 68, 7 ein Hinweis auf diese *Kōṯarāt* als Freudenbringer gesehen (vgl. J. P. Brown, JSS 10, 1965, 215f.; E. Lipiński, Syr 42, 1965, 65ff.; AION 31, 1971, 532–537; W. Herrmann, BZAW 106, 1968, 35. 46; J. Vlaardingerbroek, Psalm 68, Diss. Amsterdam 1973, 27f. 197f. 201; B. Margolis, JANES 4, 1971f., 52–61. 113–117; M. H. Lichtenstein, JANES 4, 1971f., 97–112; vielleicht auch in Ebla, vgl. M. Dahood, VTS 29, 1977, 86). Ps 68, 7 spricht davon, daß JHWH die Verlassenen nach Hause bringt, daß er die Gefangenen herausführt *bakkôšārôṯ* und daß nur die Widerspenstigen in der Dürre bleiben. Da die Übersetzung 'Freudengesang' für *kôšārôṯ* nur auf Umwegen durch den Vergleich mit ugar. *kṯrt* gewonnen werden kann, ist der von M. Dietrich–O. Loretz, OLZ 62, 1967, 541, gemachte Vorschlag, das hebr. *kwšrwt* im Anschluß an akk. *kušartu – kušāru – kušru* (AHw I 516f.) als Metallgegenstand aufzufassen und im Sinne von Fesseln zu interpretieren, vielleicht auch deshalb nicht von der Hand zu weisen, weil so dem Kontext am ehesten Rechnung getragen wird. Zu übersetzen ist dann: „der die Gefangenen aus (*be* im Sinne von *min*) den (Eisen-)Fesseln herausführt". Ein direkter Zusammenhang mit der aram.-hebr. Wurzel *kšr* 'tauglich sein' läßt sich für *kôšārôṯ* Ps 68, 7 nicht feststellen.

IV. Spr 31, 19 wird im Lob der tugendsamen Hausfrau das Hapaxlegomenon *kîšôr* bereits von Syr (*kšjrwt'*) und im Gefolge von Targ (*kwšr'* > *kwnšr'*) mit der Wurzel *kšr* in Verbindung gebracht. Ältere Kommentare (Strack, Wildeboer) verstehen daher *kîšôr* als „Spinnrocken" und finden die Ableitung von *kšr* durch die Interpretation als „der gerade in die Höhe gehende Stock" (Strack 103). Aber die Parallele *pælæḵ* zeigt, daß W. F. Albright (RI, 242, Anm. 68) im Rückgriff auf A. Boissier (PSBA 35, 1913, 159f.) und S. Landersdorfer (Sum. Sprachgut, 1916, 45) mit der Deutung „Spinnwirtel" im Recht ist und daß *kîšôr* wohl Lehnwort ist und auf akk.-sum. *giš-sur* zurückgeht, also nichts mit der Wurzel *kšr* zu tun hat.

V. Da der Vorschlag von M. Dahood (Bibl 44, 1963, 531f.), *kešîr* bzw. cj. *kešār ʿa*ḡāḇîm 'wie ein Liebeslied' bzw. 'wie ein Liebesliedsänger' Ez 33, 32 (vgl. W. Zimmerli, BK XIII/2, 817. 823) als *kaššîr ʿûḡāḇîm* zu punktieren und zu übersetzen 'geschickt im Rohrspiel' (a skilfull flutist) bereits Eingang in KBL³ (478a) gefunden hat (vgl. auch M. Dahood, Or 45, 1976, 341), soll hier wenigstens darauf hingewiesen werden. Man wird allerdings die Vergleichspartikel *ke* ungern vermissen und deshalb mit W. Zimmerli das Bild des Bänkelsängers vorziehen und damit MT belassen.

D. Kellermann

כָּתַב *kāṯaḇ*

כְּתָב *keṯāḇ*, מִכְתָּב *miḵtāḇ*, כְּתֹבֶת *keṯoḇæṯ*

I. 1. Vorkommen – a) Westsemit. Raum – b) Hebr./aram. Bibel – c) LXX – 2. Bedeutung – II. 1. Schreibmaterial – 2. Schreibgerät – III. Verbreitung der Schrift im bibl. Raum – 1. Bibl. Daten – 2. Archäologie – IV. Gebrauch des Verbs *ktb* im AT – A. Profane Schriftstücke – 1. Briefe – 2. Verträge – 3. Geschichtl. Ereignisse – 4. Königl. Verfügungen – 5. Aktenstücke – 6. Lehren – 7. Juridische Dokumente – B. Religiöse Schriftstücke – 1. Das prophetische Wort – 2. Die durch Mose vermittelte Weisung JHWHs – a) *deḇārîm* – b) *tôrāh* – 3. Himmlische Bücher – V. Qumrantexte – 1. Schriftzitate – 2. Verzeichnisse – 3. Beschriftung von Kriegsgeräten – 4. Heilige und himmlische Schriften – VI. 1. *keṯāḇ* – 2. *miḵtāḇ* – 3. *keṯoḇæṯ* – VII. Aram. *keṯaḇ* – 2. *keṯāḇ*.

Lit.: *H. Bauer*, Der Ursprung des Alphabets, 1937. – *A. Bertholet*, Die Macht der Schrift in Glauben und Aberglauben (Abh. d. Deutschen Akad. d. Wiss. zu Berlin, 1948, Nr. 1). – *H. Brunner*, Ägyptisches Schreibmaterial (HO I/1, 1, Leiden 1959). – *M. Cohen*, La grande invention de l'écriture et son évolution, Paris 1958 (3 Bde). – *F. M. Cross*, The Development of the Jewish Scripts (Festschr. W. F. Albright, Garden City 1961, 133–202). – *D. Diringer*, L'alfabeto nella storia della civiltà, Firenze 1937. – *Ders.*, The Alphabet. A Key to the History of Mankind, London ³1968 (2 Bde). – *Ders.*, Writing, London 1962. – *G. R. Driver*, Semitic Writing from Pictograph to Alphabet, London ³1976. – *O. Eißfeldt*, Einleitung in das Alte Testament, ³1964, 909–919. – *J.-G. Février*, Histoire de l'écriture, Paris ²1959. – *J. Friedrich*, Geschichte der Schrift unter besonderer Berücksichtigung ihrer geistigen Entwicklung, 1966. – *F. Funke*, Buchkunde. Eine Übersicht über die Geschichte des Buch- und Schriftwesens, ³1969. – *K. Galling*, Tafel, Buch und Blatt (Festschr. W. F. Albright, Baltimore 1971, 207–223). – *I. J. Gelb*, A Study of Writing, London 1952 = Von der Keilschrift zum Alphabet, 1958. – *H. Haag*, Die Buchwerdung des Wortes Gottes in der Heiligen Schrift (J. Feiner / M. Löhrer, Hg., Mysterium Salutis I, 1965, 289–460). – *W. Hermann*, Das Buch des Lebens (Das Altertum 20, 1974, 3–10). – *L. Koep*, Das himmlische Buch in Antike und Christentum, 1952. – *Ders.* u.a., Buch (RAC II 664–731). – *J. Kühlewein*, סֵפֶר *sēfær* Buch (THAT II 162–173). – *B. Lang*, Schule und Unterricht im alten Israel (M. Gilbert, Hg., La Sagesse de l'Ancien Testament, Gembloux 1979, 186–201 = Wie wird man Prophet in Israel?, 1980, 104–119). – *A. Lemaire*, Abécédaires et exercices d'écolier en épigraphie nord-ouest sémitique (JA 266, 1978, 221–235). – *P. K. McCarter*, The Early Diffusion of the Alphabet (BA 37, 1974, 54–68). – *A. R. Millard*, The Practice of Writing in Ancient Israel (BA 35, 1972, 98–111). – *Ders.*, The Ugaritic and Canaanite Alphabets (UF 11, 1979, 613–616). – *L. Perlitt*, Bundestheologie im Alten Testament, 1969. – *O. Procksch*, Der hebräische Schreiber und sein Buch (Festschr. E. Kuhnert, 1928, 1–15). – *W. Röllig*, Die Alphabetschrift (Handb. d. Archäologie. Allg. Grundlagen der Archäologie, 1969, 289–302). – *H. P. Rüger*, Schreibmaterial, Buch und Schrift (BRL², 1977, 289–292). – *G. Schrenk*, βίβλος, βιβλίον (ThWNT I 613–620). – *Ders.*, γράφω κτλ. (ebd. 742–773). – *K. Sethe*, Vom Bilde zum Buchstaben. Die Entwicklungsgeschichte der Schrift, 1939. – *M. Sznycer*, L'origine de l'alphabet sémitique (L'espace et la lettre, Paris 1977, 79–123). – *S. Warner*, The Alphabet: An Innovation and its Diffusion (VT 30, 1980, 81–90). – *C. Wendel*, Die griechisch-römische Buchbeschreibung verglichen mit der des Vorderen Orients, 1949. – *E. Würthwein*, Der Text des Alten Testaments, ⁴1973.

I. 1. a) Kaum eine Wurzel ist dem gesamten westsemit. Sprachbereich so gemeinsam wie *ktb*, während sie im Bereich der semit. Keilschriftsprachen völlig fehlt. An ihre Stelle tritt hier *šaṭāru* 'schreiben' (AHw 1203, vgl. hebr. *šoṭer* 'Listenführer') und *šapāru* 'schicken, schreiben' (AHw 1170f.; vgl. hebr. *spr* s.u.). Für den westsemit. Bereich sind zu nennen: ugar. *ktb* (WUS Nr. 1400, UT Nr. 1320); Belege für das nordwestsemit. Inschriftenmaterial DISO 128f. und KAI 12. 35. (Zur weiteren Streuung s. KBL³ s.v., zur Doppelform *ktb/kdb* im Mand. s. F. Altheim – R. Stiehl, Die Araber in der alten Welt IV 172f.; MdD 225a.)
Im modernen Schriftarab. findet sich die Wurzel in vielen Wortbildungen wie *kitāb* ('Brief, Ur-

kunde'; *al-kitāb*: der Koran, die Bibel), *kitāba* ('Schrift'), *maktab* ('Büro'), *kātib* ('Schreiber, Sekretär') u.a.
Das Äg. geht seine eigenen Wege. *sš* (Etymologie unsicher) bedeutet verbal 'schreiben', aber auch 'malen, Linien ziehen', selbst 'Rekruten einschreiben'; als Nomen: 'Schrift, Malerei, Abbildung, Bild, Zeichnung, Buch' u.ä., aber auch 'Schreiber (= Beamter)' und vielfach sogar 'Schreibmaterial, Papyrus' (WbÄS III 475ff.).
b) Das Verb *ktb* kommt im hebr. AT in breiter Streuung 222mal vor (nie in Gen, nur 6mal in Ps), davon 17mal im *niph* und 2mal im *pi* (Jes 10, 1), sonst immer im *qal*. Indes findet sich das Ptz. akt. nur 3mal (Neh 10, 1; Jer 32, 12; 36, 18); der „Schreiber" als Berufsbezeichnung ist nicht der *koṯeḇ*, sondern der → *soper* (ab Esra = der Schriftgelehrte; vgl. H. H. Schaeder, Esra der Schreiber, 1930, 39–42). Für das Nomen *keṯāḇ* ('Schriftstück, Verzeichnis') gibt es 17 Belege, für *keṯoḇæṯ* ('Beschriftung, Tätowierung') einen (Lev 19, 28), für *mikṯāḇ* ('Schrift, Schriftstück') 8. Das aram. Verb *keṯaḇ* ist 8mal, das Nomen *keṯāḇ* 12mal vertreten.
c) Die LXX gibt, soweit sie dem MT entspricht, das Verb *ktb* grundsätzlich mit γράφειν wieder. Ausnahmen: ἐπιγράφειν (Num 17, 17f.; Jes 44, 5; Spr 7, 3), διαγράφειν (Jos 18, 4; Ez 43, 11), καταγράφειν (Ex 17, 14; Num 11, 26; 1 Chr 9, 1; Hos 8, 12; Hi 13, 26), ἐγγράφειν (Ps 149, 9), μερίζειν (Jos 18, 6), χωροβατεῖν (Jos 18, 8), καταχωρίζειν (Esth 2, 23), δογματίζειν (Esth 3, 9) und Umschreibungen mit γραφή (Ps 86 [87], 6; 2 Chr 30, 5. 18) bzw. συγγραφή (Hi 31, 35).
2. Die Grundbedeutung von *ktb* (wie von γράφειν) ist unbestritten 'einritzen', 'eingraben'. Das zeigen vor allem die Parallelen mit *ḥrš* 'einschneiden', 'eingravieren' (Jer 17, 1: Hörner des Altars = Stein, und Tafel des Herzens, bildlich für Stein), *ḥqq* 'einhauen', 'eingraben' (Jes 30, 8, wo merkwürdigerweise von 'schreiben' auf eine Tafel und 'einhauen' auf einen *sepær* die Rede ist; z.St. s. Wildberger, BK X/3, 1166–1169: *sepær* = Erz; Hi 19, 23: in Erz; u.a. Dhorme, Le livre de Job, Paris ²1926, 255), *ḥṣb* 'aushauen' (Hi 19, 24: mit eisernem Griffel aus dem Felsen; z.St. s. die Komm. und J. J. Stamm, ThZ 4, 1949, 331–338; ZAW 65, 1953, 302; K. Galling, WO 2, 1954/59, 3–6), *b'r* 'eingraben' (Deut 27, 8; Hab 2, 2), *ptḥ* 'eingravieren' (Ex 28, 36: in Gold, vgl. 39, 30). Auch die Schrift Gottes ist in Steintafeln „eingegraben" (*ḥrt* Ex 32, 16). Damit ist zugleich ein Hinweis auf das früheste in Syrien/Palästina gebräuchliche Schreibmaterial gegeben: Stein und Metall (Rüger 289f.). Aber auch auf Ostraka wurde die Schrift zunächst eingeritzt, so auf dem Ostrakon von *'izbet ṣarṭah* aus dem 12. Jh. v. Chr. (s.u.). – Allgemein bedeutet *ktb* 'mit Schrift versehen, beschreiben' (Ex 31, 18; 32, 15; Deut 9, 10), 'aufschreiben' (Ex 17, 14), 'schreiben' (z.B. Briefe, s.u.), 'unterschreiben' (Jer 32, 15), 'ein Verzeichnis anlegen' (Num 11, 26 u.ö.), 'zeichnen' (Ez 43, 11); im übertragenen Sinn 'vorschreiben, anordnen, auferlegen' (s.u. IV.B.2.b).
Wichtigster Kontrastbegriff zu *ktb* ist → מחה (*māḥāh*) 'auswischen', vgl. Num 5, 23.

II. 1. Weist auch die Grundbedeutung von *ktb* zunächst auf das Einritzen der Schrift in Stein und Metall hin (s.o. I. 2), so kamen für den normalen Gebrauch doch Materialien in Frage, die ein Beschriften mit geringerem Aufwand ermöglichten. Diese werden im AT *sepær*, wörtlich „Schriftstück", genannt. Dieser hebr. Terminus darf nicht einseitig als „Buch" verstanden werden, sondern meint allgemein Schriftstücke verschiedenster Art sowie die für die Beschriftung gewählte Schreibfläche (vgl. THAT II 165–167). Hierfür kommen zunächst Tontafeln in Betracht, die in ungebranntem Zustand mit einem Griffel beschrieben wurden, aber nur für eine gradlinige, eindrückbare Schrift wie die akk. und ugar. Keilschrift geeignet waren. Für die hebr. Schrift mit ihrem kursiven Duktus boten sich im Alltagsleben vor allem Tonscherben (von zerbrochenen Krügen) an, die mit Tinte beschrieben wurden (gelegentlich wurden die Buchstaben auch eingeritzt, s.o.). Für kurze Texte wurden (wie im übrigen Vorderen Orient) sicher auch Holztafeln verwendet, die mit einer Wachsschicht versehen und meist aufklappbar mit ledernen Angeln verbunden waren (vielleicht ist daran bei den „Tafeln" Jes 30, 8 und Hab 2, 2 gedacht). Aus Ägypten wurden Papyrusblätter eingeführt. Die einzelnen Blätter wurden in Kolumnen beschrieben und konnten zu einer Rolle zusammengeklebt werden, wie wohl Jer 36, 23 vorausgesetzt wird. In Palästina war vor allem Leder als Schreibmaterial vorhanden. Dieses war strapazierfähiger als Papyrus und deshalb geeigneter für Schriften, die viel benutzt werden und eine lange Lebensdauer haben sollten. Für die Thora ist Leder als Beschreibstoff vorgeschrieben (Aristeasbrief 176; Josephus, Ant. XII 89f.). In Qumran wurden vor allem Lederrollen bzw. -fragmente gefunden, die nur auf der Haarseite beschriftet sind. Die Rolle Ez 2, 9f. ist entgegen dem normalen Brauch auf beiden Seiten beschrieben; vielleicht soll damit die bedrängende Überfülle der göttlichen Botschaft angedeutet werden.
2. Als Schreibgerät diente der Griffel (Jer 17, 1; Hi 19, 23: aus Eisen; Jer 17, 1 sogar durch Diamant verstärkt), um auf harte Unterlagen Schriftzeichen aufzuritzen. In der Regel aber verwendete man ein Schreibrohr bzw. wie in Ägypten einen Binsenpinsel, um die Buchstaben mit Tinte auf Tonscherben, Papyrus oder Leder aufzutragen (Jer 36, 18).

III. 1. Schon die geringe Häufigkeit von *ktb* (ca. 220mal, s.o. I. 1. b) gegenüber *'mr* (ca. 5280mal, KBL³) und *dbr* (ca. 1100mal) läßt erkennen, daß in Israel das gesprochene Wort sowohl als Medium menschlicher Kommunikation wie göttlicher Offenbarung eine unvergleichlich wichtigere Rolle spielt als das geschriebene. Daß in der ganzen Gen von Schreiben nie die Rede ist, kann kein Zufall sein. Die erste Persönlichkeit, von der die Bibel die Tätigkeit des Schreibens bezeugt, ist Mose (Ex 17, 14; 24, 4; 34, 27f.; Num 33, 2; Deut 31, 9. 22. 24), ja in Verbindung mit Mose wird das Schreiben auf JHWH selbst projiziert (Ex 24, 12; 31, 18; 32, 15f.; 34, 1; Deut 4, 13; 5, 22; 9, 10; 10, 2. 4). Josua schreibt (Jos 8, 32; 24, 26), und das ihm gewährte Sonnenwunder steht aufgeschrieben im „Buch des Rechten" (Jos 10, 13). Ebenso können die von Josua zur Aufnahme des Landes entsandten Abgeordneten schreiben (Jos 18, 2–9). Für die „Richterzeit" wird bereits mit einer weiten Verbreitung der Schrift gerechnet (Ri 8, 14). Samuel schreibt das Königsrecht nieder (1 Sam 10, 25), und der Chronist macht neben Samuel auch Nathan und Gad zu Schriftpropheten (1 Chr 29, 29). Daß David schreibt, gilt als selbstverständlich (2 Sam 11, 14f.); in seiner Verwaltung beschäftigt er einen *mazkîr* und einen *sôper* (2 Sam 8, 16f.), Salomo zwei *sôperîm* und einen *mazkîr* (1 Kön 4, 3). Das Deut setzt voraus, daß der Hausvater fähig ist, die Worte des Gesetzes auf die Türpfosten zu schreiben (6, 9; 11, 20). Für die nachexil. Zeit steht Jes 10, 19.

In der hebr. Bibel wird in der Regel vorausgesetzt, daß man in hebr. Schrift und Sprache schreibt. Aram. schriftliche Dokumente werden Dan 2, 4 und Esr 4, 7 ausdrücklich erwähnt. Der Erlaß des Xerxes zugunsten der Juden wird diesen mitgeteilt in „Schrift und Sprache der Juden" (Esth 8, 9), zweifellos auf aram., während den übrigen Untertanen die Verfügungen des Großkönigs „in allen Schriften und Sprachen des persischen Reiches" zugestellt werden (Esth 3, 12; 8, 9).

2. Alter und Verbreitung der Schrift im kanaan. Raum sind heute optimistisch zu beurteilen. Im 2. Jt. v. Chr. waren dort fünf Schriftsysteme in Gebrauch: die äg. Hieroglyphenschrift, die akk. Keilschrift, die aus 114 Zeichen bestehende pseudo-hieroglyphische Schrift von Byblos, das Keilschrift-Alphabet von Ugarit und das lineare phön.-kanaan. Alphabet. Belege für weitere Schriften bei Rüger (291f.). Vor allem hatte das mesopot. Keilschriftwesen während der Mittel- und Spätbronzezeit in allen kanaan. Stadtstaaten seine Bildungszentren (vgl. H. Tadmor, IEJ 27, 1977, 98–102). Als Entstehungsraum des Alphabets tritt immer deutlicher das palästinische Kulturland heraus, „wo die Einflüsse von Keilschrift und Hieroglyphen zusammentrafen" (Röllig 295). Die älteste in Ugarit gefundene Tafel in alphabet. Keilschrift stammt aus ca. 1360 v. Chr. (UF 11, 1979, 613), die Schrift selber ist älter. Der früheste heute bekannte Beleg für die Übernahme des aus 22 Konsonanten bestehenden phön.-kanaan. Alphabets durch Israel ist das Ostrakon von *ʿizbet ṣarṭah* bei Aphek aus dem 12. Jh. („Richterzeit": IEJ 28, 1978, 31–35). Entsprechend früh ist auch der schulische Unterricht in Israel anzusetzen. Nach B. Lang (119) lassen vor allem die Alphabetfragmente aus Lachisch (vgl. Lemaire) schon für das 9./8. Jh. „die Annahme eines schulisch organisierten Unterrichtswesens plausibel erscheinen". Der erste größere hebr. Text außerhalb der Bibel ist aber immer noch die Siloa-Inschrift (um 700).

IV. Die Schrift diente in der Umwelt Israels für die zwischenmenschliche Kommunikation („Brief"), zur Niederschrift von Liedern (Arbeits-, Klage-, Sieges-, Liebeslieder), Verträgen (Kauf-, Miet-, Arbeits-, Ehe-, Erbschafts-, Vasallen- und zwischenstaatliche Verträge), zum Festhalten von Ereignissen für die Nachwelt (Annalen, Chroniken, Inschriften), für Gesetze und andere öffentliche Kundgebungen (Proklamationen des Souveräns), Verwaltungstexte, Lehren (einschließlich die äg. Autobiographien), Epen, Erzählungen und Märchen, wissenschaftliche Texte (Medizin, Mathematik, Astronomie, Jurisprudenz), Mythen, magische Texte, Opferrituale, Hymnen und Gebete. In der hebr. Bibel wird die Verwendung der Schrift ausdrücklich für folgende Arten von Schriftstücken bezeugt:

A. 1. Briefe schreiben David an Joab (2 Sam 11, 14f.: *sepær*), Isebel an die Ältesten und Vornehmen von Jesreel (1 Kön 21, 8f. 11: *sepārîm*), Jehu an die Aristokratie von Samaria (2 Kön 10, 1. 6: *sepārîm*), Hiskia an die Stämme von Ephraim und Manasse (2 Chr 30, 1: *'iggerôṯ*), Sanherib an Hiskia (2 Chr 32, 17: *sepārîm*), Mordechai und Esther an die Juden im persischen Reich (Esth 9, 20. 29: *sepārîm*, *'iggæræṯ*, s. u. 4), die Samarier an Xerxes (Esr 4, 6: *śiṭnāh*) und Artaxerxes (v. 7f.: *ništewān*, *'iggerāh*), Sanballat an Nehemia (Neh 6, 5: *'iggæræṯ peṯûḥāh*).

2. Geschrieben werden der Deut 24, 1. 3 bezeugte Scheidebrief (*sepær keriṯuṯ*), der von Jeremia ausgefertigte Kaufbrief für den Ackerkauf (Jer 32, 10, vgl. v. 44), wobei *ktb* auch für das Unterschreiben der Zeugen steht (v. 12), der zwischen König und Volk geschlossene Vertrag bei der Einführung der Monarchie (1 Sam 10, 25: *mišpaṭ hammelukāh*), die von Nehemia der Gemeinde auferlegte Verpflichtung (Neh 10, 1: *'amānāh*).

3. An geschichtlichen Ereignissen werden schriftlich festgehalten: die Amalekiterschlacht (Ex 17, 14: in einem *sepær*), in poetischer Form im „Buch des Rechten" die Schlachten bei Gibeon und auf dem Gebirge Gilboa (Jos 10, 13; 2 Sam 1, 18). Verwiesen wird auf folgende Schriftwerke historischen Charakters: das „Buch der Begebenheiten Salomos" (*sepær diḇrê šelomoh*: 1 Kön 11, 41), das „Buch der Chronik der Könige Israels" (*sepær diḇrê hajjāmîm lemalkê jiśrā'el* (1 Kön 14, 19; 15, 31; 16, 5. 14. 20. 27; 22, 39; 2 Kön 1, 18; 13, 8. 12; 14, 15. 28; 15, 11. 15. 21. 26. 31), das „Buch der Chronik der Könige Judas" (*sepær diḇrê hajjāmîm lemalkê jehûḏāh*: 1 Kön 14, 29; 15, 7. 23; 22, 46; 2 Kön 8, 23; 12, 20; 14, 18; 15, 6. 36; 16, 19; 20, 20; 21, 17. 25; 23, 28; 24, 5), das „Buch der Könige Israels" (*sepær malkê jiśrā'el*: 1 Chr 9, 1; 2 Chr 20, 34), das „Buch der Könige Judas und Israels" (*sepær hammelāḵîm lîhûḏāh wejiśrā'el*: 2 Chr 16, 11, bzw. *sepær malkê jehûḏāh wejiśrā'el*: 2 Chr 25, 26; 28, 26; 32, 32), das „Buch der Könige Israels und Judas" (*sepær malkê jiśrā'el wîhûḏāh*: 2 Chr 27, 7; 35, 27; 36, 8), der „Midrasch des Buches der Könige" (*midraš sepær hammelāḵîm*: 2 Chr 24, 27), die „Geschichte der Könige Israels" (*diḇrê malkê jiśrā'el*, ohne *ktb*: 2 Chr 33, 18). – Ebenfalls zu den Geschichtswerken sind zu rechnen: die Worte des Propheten Semaja und des Sehers Iddo (2 Chr 12, 15), der Midrasch des Propheten Iddo

(2 Chr 13, 22), die Worte Jehus, des Sohnes Hananis (2 Chr 20, 34), die Geschichte Ussias, die Jesaja, der Sohn des Amos, schrieb (2 Chr 26, 22), die „Schauung des Propheten Jesaja im Buch der Könige Judas und Israels" (2 Chr 32, 32), die Annalen des Xerxes (Esth 2, 23; 6, 2) bzw. der Könige von Medien und Persien (Esth 10, 2).

4. Von schriftlich ausgefertigten königlichen Verfügungen ist vor allem in Esth die Rede. Der Königsbefehl über die Absetzung Vasthis soll in die Gesetze der Meder und Perser geschrieben werden (1, 19). Geschrieben werden der Befehl des Xerxes zur Vernichtung der Juden (3, 9. 12), der Gegenerlaß zu ihrer Errettung (8, 5. 8. 10), die Purimbriefe Mordechais (9, 20–22) und Esthers (9, 29–32).

5. An schriftlichen Aktenstücken werden erwähnt das Stationenverzeichnis Num 33, 1–49, hinter dessen junger Gestalt sich ein älteres Dokument verbergen dürfte (vgl. M. Noth, PJB 36, 1940, 5–28; J. Koenig, RHPhR 43, 1963, 2–31; 44, 1964, 200–235); von einem Verzeichnis von 70 (72) Ältesten, die Mose entlasten sollten, weiß Num 11, 26 zu berichten; Ortslisten der Stämme Benjamin, Simeon, Sebulon, Issachar, Aser, Naphtali und Dan finden sich Jos 18, 11 – 19, 48 „aufgeschrieben" (vgl. 18, 4. 6. 8 [2mal]. 9); Gideon läßt sich die Namen der 77 Obersten und Ältesten von Sukkot aufschreiben (Ri 8, 14); Num 17, 16–18 werden die Namen der Stämme auf zwölf Stäbe geschrieben (Anspielung auf die oft mit dem Namen des Besitzers beschrifteten Herrschaftsstäbe in Ägypten?, vgl. Erman/Ranke, Ägypten, 1974 = 1923, 256 Anm. 5); gleicher Sachverhalt wohl Ez 37, 16. 20 (allerdings mit *'eṣ* statt *maṭṭæh*); auf eine Liste der davidischen Könige (oder eine Bürgerliste von Jerusalem, „eine Art Standesregister" [Rudolph, HAT I/12, ³1968]) spielt Jer 22, 30 an; eine Liste von Häuptern simeonitischer Geschlechter, die zur Zeit Hiskias ihren Leuten zu neuem Lebensraum verhalfen, überliefert 1 Chr 4, 34–37 (vgl. v. 41: „die mit Namen Aufgeschriebenen"); ein angeblich unter David geschriebenes (makkabäisches?) Verzeichnis der 24 Priesterklassen bietet 1 Chr 24, 6–19; in einer Liste, die Nehemia in Jerusalem findet, stehen die Namen der ersten Heimkehrer aufgeschrieben (Neh 7, 5ff.); der Chronist beruft sich auf eine im Chronikbuch aufgezeichnete Liste von Priester- und Levitenhäuptern (Neh 12, 22ff.); ein Protokoll über die Tempelspende, die Esra bringt, wird Esr 8, 34 erwähnt; aufgezeichnet wird das Datum des Beginns der Belagerung Jerusalems (Ez 24, 2), der Plan des Tempels (Ez 43, 11, vgl. Zimmerli, BK XIII 1086); von Tätowierung auf den Namen des Eigentümers spricht Jes 44, 5; das Eingravieren von *qoḏæš leJHWH* auf das Diadem des Hohenpriesters wird Ex 28, 36 mit *ptḥ*, 39, 30 mit *ktb* bezeichnet (vgl. oben I. 2).

6. Spr 22, 20 beruft sich der Weisheitslehrer darauf, er habe seinem Schüler seine Lehre schriftlich überlassen. Ebenso wird Kohelet bescheinigt, er habe geistreiche und wahre Sprüche verfaßt und niedergeschrieben (Pred 12, 10).

7. Von der Anklageschrift des Prozeßgegners spricht Hi 31, 35. Andererseits wünscht Hiob, seine Verteidigung möge unaustilgbar für die Nachwelt aufgeschrieben werden (Hi 19, 23f.).

B. Im religiösen Sinn wird *ktb* vor allem für drei Arten von Schriftstücken verwendet.

1. Jesaja und Habakuk werden von JHWH angewiesen, provokatorische Worte öffentlich lesbar aufzuschreiben (Jes 8, 1; 30, 8; Hab 2, 2). Im großen Stil ereignet sich eine vom Propheten selbst veranlaßte Niederschrift seiner Reden erstmals bei Jeremia (Jer 36; vgl. 25, 13; 30, 2; 45, 1; 51, 60). Durch die Niederschrift wird das von den Hörern verachtete Prophetenwort für die Zukunft aufbewahrt und behält seine Bedeutung über den Augenblick der mündlichen Verkündigung hinaus. Allerdings erleidet die Schriftrolle das gleiche Schicksal wie die mündlich ausgerichtete Botschaft: sie ist also identisch mit dieser. Dennoch läßt sich JHWHs Wort nicht vernichten; es entsteht aufs neue, und seine Wirkung bleibt nicht aus (Jer 36). Damit ist die Vorstellung, daß das Wort spricht, grundgelegt, die der rabbinischen Exegese (*hakkāṯûḇ 'ômer*) und dem NT (λέγει ἡ γραφή) vertraut ist (vgl. W. Bacher, Die exegetische Terminologie der jüd. Traditionsliteratur, 1965 = 1899/1905, s. v. *'mr*; J. Bonsirven, Exégèse rabbinique et exégèse paulinienne, Paris 1939, 29–32. 339–345). Auch das geschriebene Wort bleibt ein vor-gelesenes und als solches ein gesprochenes Wort. Im Sprachgebrauch des nachbibl. Judentums hat sich für die Bibel die Bezeichnung *hammiqrā'* 'die Lesung' (vgl. Neh 8, 8) gegenüber *hakkāṯûḇ* 'das Geschriebene' (s. u. 2. b) durchgesetzt (wie Qur'ān im Islam; vgl. R. Paret, Mohammed und der Koran, ⁴1976, 53–55). Ez 2, 9f. setzt schon voraus, daß das Prophetenwort Buch geworden ist. Auch der Beter von Ps 102 möchte seine Zuversicht und Erhörung als prophetische Botschaft für die Nachwelt aufschreiben (v. 19), und der Redaktor von Deut 31, 16–22 sieht im Moselied (Deut 32) ein von Mose für spätere Zeiten niedergeschriebenes Zeugnis gegen Israel, wenn es den Bund mit JHWH bricht (v. 19. 22). – Historiographische Tätigkeit wird vom Chronisten den Propheten Samuel, Nathan und Gad, Ahia von Silo und Jedo zugeschrieben (1 Chr 29, 29; 2 Chr 9, 29). Von einem Klagelied, das Jeremia auf Josia sang und das mit anderen Klageliedern in den „Klageliedern" aufgeschrieben ist, weiß 2 Chr 35, 25 zu berichten. – Obwohl der Priesterschaft sicher intensiv das Schriftwesen oblag, wird schreiberische Tätigkeit von Priestern auffallenderweise nur einmal ausgesagt (Num 5, 23 Fluchworte beim Eifersuchtsordal). Hier begegnet uns eine beinahe magische Vorstellung von der dem geschriebenen Wort innewohnenden Wirkkraft (vgl. auch Jer 51, 63f.).

2. a) *deḇārîm*. Im Sinne der deut/dtr Vorstellung einer geschriebenen Bundesurkunde schreibt Mose (oder soll er schreiben) „alle Worte JHWHs" (Ex

24, 4), „diese Worte" (Ex 34, 27), „alle Worte dieses Gesetzes in einen *sepær*" (Deut 31, 24). Ebenso soll Israel „die Worte, die ich dir heute gebiete" (Deut 6, 9), „diese meine Worte" (11, 20) auf die Türpfosten schreiben (6, 9; 11, 20) und „alle Worte dieses Gesetzes" auf zwölf Steine (Deut 27, 3. 8). Demnach stehen „die (alle) Worte des (dieses) Gesetzes" (Deut 28, 58; 2 Kön 23, 3) oder „des (dieses) Bundes" (2 Kön 23, 3; 2 Chr 34, 31) in einem (diesem) Buch geschrieben. Dabei zielt Ex 24, 4 auf den Dekalog (vgl. H. Haag, Festschr. K. H. Schelkle, 1973, 23f.), Ex 34, 27 wohl auf vv. 12–26; an den übrigen Stellen ist das deut Gesetz im engeren oder weiteren Sinn gemeint. Indes gehören zu dem „in diesem Buch" geschriebenen Wort JHWHs auch Verwünschungen (2 Chr 34, 21. 24).

Neben der Überlieferung, wonach Mose die Worte JHWHs in einen *sepær* schrieb, läuft die wohl jüngere (anders Perlitt 211) deut/dtr Vorstellung, wonach JHWH selbst mit seinem Finger (Ex 31, 18; Deut 9, 10) seine Worte auf zwei steinerne Tafeln schrieb (Ex 31, 18; 32, 15 ohne Objekt; 34, 1; Deut 10, 2 „die Worte"; 5, 22 „diese Worte" = Dekalog; 9, 10 „alle Worte, die JHWH aus dem Feuer heraus geredet hat"; 4, 13; 10, 4 „die zehn Worte"; Ex 34, 28 „die Worte des Bundes, die zehn Worte"; Ex 24, 12: *hattôrāh weḥammiṣwāh*). Im übertragenen Sinn ist von der „Tafel des Herzens" die Rede Jer 17, 1 (die Sünde Judas ist auf sie geschrieben) und Spr 3, 3; 7, 3 (Mahnung, *ḥæsæḏ* und *'æmæṯ* bzw. die *tôrāh* und die *miṣwôṯ* JHWHs darauf zu schreiben).

b) Obwohl die *tôrāh* in der dtr und chron Literatur fest mit dem Namen JHWHs und Moses verbunden erscheint, hören wir doch selten, JHWH oder Mose hätten die *tôrāh* aufgeschrieben. Von JHWH heißt es Jer 31, 33 lediglich bildhaft, er werde im neuen Bund die *tôrāh* in das Herz der Menschen schreiben. Im Hinblick auf das deut Gesetz erklärt Deut 31, 9: „Mose schrieb dieses Gesetz auf und gab es den Priestern, den Söhnen Levis, welche die Lade des Bundes JHWHs trugen, und allen Ältesten Israels." Und Jos 8, 32 ist von einer Abschrift (*mišnæh*) des Gesetzes Moses, das dieser geschrieben hatte, durch Josua die Rede. Indes wird auch von Josua gesagt, er habe den Bundestext von Sichem in das „Gesetzbuch Gottes" geschrieben (Jos 24, 26). Schließlich wird der König angewiesen, sich eine Abschrift (*mišnæh*) „dieses Gesetzes" in einen *sepær* zu schreiben (Deut 17, 18), wobei das Deut bereits als „literarische Größe" (von Rad, ATD 8, 85) verstanden wird.

In der Tat beziehen sich die meisten einschlägigen Stellen nicht auf den Vorgang der Schriftwerdung der Thora, vielmehr wird diese als „Geschriebenes" (*kāṯûḇ*), als abgeschlossene (Deut 4, 2; 13, 1) und maßgebliche Schrift betrachtet. Bestimmend ist das, was geschrieben steht im „Gesetz" (Neh 8, 14: „das JHWH durch Mose gebot"), im „Gesetzbuch" (*sepær hattôrāh*, Jos 8, 34), in „diesem Gesetzbuch" (*sepær hattôrāh hazzæh*, Deut 29, 20; Jos 1, 8; *hazzo'ṯ* Deut 28, 61), im „Gesetz JHWHs" (*tôraṯ JHWH*, 1 Chr 16, 40), im „Gesetz Moses" (*tôraṯ mošæh*, Jos 8, 32; Dan 9, 11), im „Buch Moses" (*sepær mošæh*, Neh 13, 1), im „Buch" (*hassepær*, 2 Kön 23, 24), in „diesem Buch" (*hassepær hazzæh*, Deut 29, 19. 26; 2 Kön 22, 13; 23, 3), im „Buch des Gesetzes Moses" (*sepær tôraṯ mošæh*, Jos 23, 6), im „Buch des Gesetzes Gottes" (*sepær tôraṯ 'ælohîm*, Jos 24, 26). In der rabb. Literatur wird *kāṯûḇ* zur Bezeichnung für eine einzelne Schriftstelle, *hakkāṯûḇ* für die ganze Bibel (der gegenüber sich jedoch die Bezeichnung *hammiqrā'* durchgesetzt hat, s. o. 1); der Pl. *keṯûḇîm* kann ebenfalls die ganze Heilige Schrift bedeuten, wird aber besonders für die im dritten Teil des Kanons gesammelten Schriften gebraucht.

Alles Tun, besonders die Feier der Feste und der Vollzug des Tempelkults, hat sich zu richten nach dem, „wie es geschrieben steht" (*kakkāṯûḇ;* Dan 9, 13: *ka'ašær kāṯûḇ*) „im Gesetz" (*tôrāh*, Neh 10, 35. 37), im „Gesetz JHWHs" (*tôrāṯ JHWH*, 2 Chr 31, 3; 35, 26), im „Gesetz Moses" (*tôraṯ mošæh*, 1 Kön 2, 3; Esr 3, 2; 2 Chr 23, 18; Dan 9, 13), im „Buch des Gesetzes Moses" (*sepær tôraṯ mošæh*, 2 Kön 14, 6; 2 Chr 25, 4 [text. em.]), im „Buch Moses" (*sepær mošæh*, 2 Chr 35, 12), in „diesem Bundesbuch" (*sepær habberîṯ hazzæh*, 2 Kön 23, 21). In dem absoluten *kakkāṯûḇ* „wie es geschrieben steht", „nach der Vorschrift", das das nt.liche ὡς, ὥσπερ, καθὼς, καθάπερ γέγραπται vorbereitet (vgl. ThWNT I 747–749), erscheint die Thora vollends als normative Größe (2 Chr 30, 5. 18; Esr 3, 4; Neh 8, 15). Auf diese weiß sich auch der Beter von Ps 40 verpflichtet, wenn er erklärt, in der Buchrolle (*megillaṯ sepær*) stehe für ihn geschrieben, was er zu tun habe (v. 8). Insgesamt setzen die „Gesetzespsalmen", vor allem Ps 1, voraus, daß der Beter die Thora schriftlich vor sich hat.

ktb im Sinn von „seinem Willen Ausdruck geben" kann deshalb gelegentlich die Bedeutung von „vorschreiben", „auferlegen" haben. So hat JHWH Israel *ḥuqqîm ûmišpāṭîm wetôrāh ûmiṣwāh* vorgeschrieben (2 Kön 17, 37, par. zu *ṣwh* v. 34), *tôrāṯî* (Hos 8, 12), Hiob „Bitteres" (*merorôṯ*) auferlegt (Hi 13, 26). Jesaja geißelt die Rechtswillkür der königlichen Beamten, die als „eifrige Schreiber" (*mekatteḇîm*) Plage vorschreiben (Jes 10, 1). Zu vergleichen ist arab. *kutiba* „es ist vorgeschrieben" (z. B. Koran 2, 183); *kataba ʿalā nafsihi* „er hat sich verpflichtet" (6, 12).

3. Ein dritter Komplex des geschriebenen JHWH-Wortes sind die himmlischen Bücher, in denen die Schicksale der Menschen und Völker verzeichnet sind. Ps 69, 29 bittet der Beter im Blick auf seine Widersacher: „Sie sollen getilgt werden aus dem Buch des Lebens, sie sollen nicht aufgeschrieben werden unter den Gerechten." Ähnlich fleht Mose, JHWH möge – sofern er dem sündigen Volk nicht vergeben wolle – ihn tilgen „aus dem Buch, das du geschrieben hast" (Ex 32, 32), worauf JHWH berichtigt, er tilge nur die Sünder aus seinem Buch (v. 33). Es herrscht die Vorstellung, daß die Namen aller auf

Erden Lebenden von Gott in sein Buch eingetragen sind; daraus gestrichen zu werden bedeutet für den Betreffenden den Tod. Der Fromme glaubt sogar, daß jeder seiner Tage providentiell im göttlichen Buch festgeschrieben ist (Ps 139, 16). Jes 4, 3 wird der heilige Rest auf Zion definiert als „alles, was zum Leben aufgeschrieben ist in Jerusalem"; es sind die zum Leben Erwählten und zum eschatologischen Heil Ausgesonderten (vgl. H. Wildberger, BK X/1, 157f.); die Vorstellung wird aufgegriffen in Dan 12, 1. Umgekehrt werden jene, die JHWH verlassen, „in den Staub geschrieben" (Jer 17, 13), und Ez 13, 9 bedroht die Lügenpropheten, sie würden „in das Verzeichnis des Hauses Israel nicht eingeschrieben werden und in das Land Israel nicht hineinkommen", wobei sich die Vorstellung der Stammes- und Heimkehrerlisten mit der des himmlischen Buches JHWHs berührt. Aber nicht nur die einzelnen Menschen, sondern auch die Völker sind im Buch JHWHs aufgezeichnet (Ps 87, 6). Nach E. Zenger (Ps 87, 6 und die Tafeln vom Sinai, Festschr. J. Ziegler, 1972, 2, 97–103) würde die Vorstellung himmlischer Bürger- und Lebenstafeln ursprünglich auch der Tafel-Überlieferung (s.o. IV. B. 2. a) zugrunde liegen. Eine andere Vorstellung ist die, daß die Verdienste und die bösen Taten der Menschen zur Belohnung und Bestrafung für das Gericht aufgezeichnet werden. So bittet Nehemia, seine guten Taten möchten nicht ausgelöscht werden (Neh 13, 14). Weil die bösen Taten bei Gott aufgeschrieben sind, ist sein Gericht ein „geschriebenes Gericht" (*mišpāṭ kāṯûḇ*, Ps 149, 9) und wird es, wenn auch nicht sofort, so doch sicher eintreffen (Jes 65, 6). Mal 3, 16 tröstet die Frommen damit, daß ihre Bedrängnisse in ein „Gedenkbuch" eingeschrieben werden.

V. In den Qumrantexten läßt sich das Verb *ktb* 61mal feststellen. Streuung: 1 QpHab 1, 1 QS 12, 1 QM 34, 1 QSa 1, 1 Q34 1, 4 QFlor 4, CD 16 und 4 QDibHam 2 Belege. Sie stehen fast durchweg in drei Zusammenhängen:

1. Anführung von Schriftzitaten, beschränkt auf 1 QS, CD und – wie zu erwarten – 4 QFlor. Die Einführung des Schriftwortes geschieht mit *haddāḇār 'ašær kāṯûḇ* (CD 7, 10; 19, 7), *kî ken kāṯûḇ* (1 QS 5, 15; CD 11, 18), *kî kāṯûḇ* (CD 11, 20), *'ašær kāṯûḇ* (4 QFlor 1, 15f.), *'ašær hājāh kāṯûḇ* (CD 1, 13), und vor allem – in Übereinstimmung mit den kanon. Schriften (s.o. IV. B. 2. b) – mit *ka'ašær kāṯûḇ* (1 QS 5, 17; 8, 14; 4 QFlor 1, 2. 12; CD 7, 19) oder absolutem *kāṯûḇ* (CD 5, 1. 10; 9, 5). Interessant ist CD 19, 1 die Abkürzung *kk* für *ka'ašær kāṯûḇ* oder *kakkāṯûḇ*, die zeigt, wie geläufig die Verweisformel schon war.

2. In 1 QS, 1 QSa und CD werden oder sind die Bewerber und Glieder der Gemeinde in Rangstufen, Ordnungen, Verzeichnisse, Lose eingetragen (1 QS 5, 23 u.ö.; 1 QSa 1, 21; CD 13, 12; 14, 4; 19, 35). Besondere Verwendungen: auf die Rechnung schreiben (1 QS 6, 20); Aufschreiben einer Anzeige durch den *meḇaqqer* (CD 9, 18).

3. Ausschließlich in 1 QM wird *ktb* 34mal gebraucht für die Beschriftung der Trompeten, Feldzeichen, Schilde und Wurflanzen (3, 2ff.).

4. Von dem auf Gottes Weisung hin aufgeschriebenen Prophetenwort ist 1 QpHab 7, 1 die Rede, in 1 Q34 3, 2, 7 wird Gott – unter Anspielung auf den Dekalog – angeredet: „Deine Rechte hat geschrieben". 4 QDibHam 3, 12f. beruft sich auf das, „was Mose und deine Diener, die Propheten, geschrieben haben" (vgl. Lk 16, 29; 24, 27; Apg 26, 22); 6, 14 erwähnt „alles, was geschrieben steht im Buch des Lebens", womit offenbar das mosaische Gesetz gemeint ist (M. Baillet, RB 68, 1961, 232). Wenn hingegen CD 3, 3 feststellt, Isaak und Jakob seien aufgeschrieben worden „als Freunde Gottes und als Bundesgenossen für immer", so dürfte doch auf das himmlische Buch angespielt werden; dasselbe gilt von CD 20, 19, wonach ein „Buch des Gedächtnisses" (*sepær zikkārôn*) geschrieben werden wird „für die, welche Gott fürchten und seinen Namen achten". – Merkwürdigerweise lesen wir in den Handschriften von Qumran nichts vom Schreiben dieser Handschriften!

VI. 1. Das Nomen *keṯāḇ* findet sich ausschließlich in nachexil. Schriften, vorzugsweise in Esth. 8mal (3, 14; 4, 8; 8, 8. 13; 9, 27; Dan 10, 21; 1 Chr 28, 19; Esr 4, 7) hat es die Bedeutung 'Schriftstück', wobei es sich immer um ein amtliches oder offizielles Dokument handelt, das Esth 3, 13 durch *sepārîm* bekannt gemacht wird, 4, 8 als *keṯāḇ haddāṯ* 'Gesetzesschreiben' qualifiziert wird, 9, 27 die Purimvorschrift darstellt, Esr 4, 7 die hebr. Übersetzung zu pers. *ništ ewān* 'Schriftstück, Brief' liefert. Nur zweimal hat *keṯāḇ* einen theologischen Sinn: Dan 10, 21 ist vermutlich das kanon. Buch Jer gemeint, 1 Chr 28, 19 die von JHWHs Hand stammende Beschreibung des Tempels (anders Rudolph, HAT I/21, 1955, 188). – In drei Fällen hat *keṯāḇ* die Bedeutung 'Register'; Esr 2, 62 = Neh 7, 64 handelt es sich um Register von Priestergeschlechtern; zu Ez 13, 9 s.o. IV. B. 3. Ps 87, 6 ist die Lesung *biḵtāḇ* statt *biḵtoḇ* (vgl. BHK[3] und BHS) nicht zwingend (s.o. IV. B. 3). – In vier Fällen schließlich (Esth 1, 22; 3, 12; 8, 9 [2mal]) ist *keṯāḇ* die beim Schreiben verwendete Schrift (abgehoben von *lāšôn* 'Sprache'). *biḵtāḇ* kann entweder „schriftlich" (2 Chr 2, 10) oder „nach der Vorschrift" (2 Chr 35, 4) bedeuten.

2. Das Nomen *miḵtāḇ* läßt keinen Bedeutungsunterschied zu *keṯāḇ* erkennen. Es bezeichnet das Schriftstück (Jes 38, 9, Dankgebet Hiskias; 2 Chr 21, 12, Brief Elias an Joram) bzw. die schriftliche Anweisung (2 Chr 35, 4, Salomos, par. zu *keṯāḇ*, s.o.), den geschriebenen Text (Deut 10, 4) und die beim Schreiben angewendete Schrift (Ex 32, 16; 39, 30). Zweimal (Ex 32, 16; Deut 10, 4) handelt es sich, innerhalb der Tafel-*deḇārîm*-Überlieferung (s.o. IV. B. 2. a), um JHWHs Schrift. – *bemiḵtāḇ* bedeutet (wie *biḵtāḇ*) „schriftlich" (2 Chr 36, 22 = Esr 1, 1; Gegensatz: *qôl*).

3. *k^{e}ṯoḇæṯ* (hap. leg.) wird Lev 19, 28 die zur Abwehr der Totengeister praktizierte Tätowierung genannt.

VII. 1. Das aram. Verb *k^{e}ṯaḇ* (ausschließlich im *p^{e}ʿal*) wird vorwiegend im Zusammenhang mit profanen Dokumenten gebraucht: Esr 4, 8 (Anklageschrift der samarischen Rädelsführer gegen den Mauerbau); 5, 7. 10 (Brief Tatnais an Darius); 6, 2 (Kyrosedikt); Dan 6, 26 (Proklamation des Darius). Zwei Texte haben theologische Relevanz: Dan 7, 1 schreibt Daniel seinen Traum nieder – die Schrift ist Mitteilungsmedium der Apokalyptik! –; 5, 5 schreibt Gott selbst auf die getünchte Wand des Palastes: die Gottesschrift zu deuten ist Privileg und Auszeichnung der jüdischen Weisen!

2. Das Nomen *k^{e}ṯāḇ* bezeichnet Dan 5, 7. 8. 15. 16. 17 die Schrift Gottes auf der Wand, 6, 9. 10. 11 den Erlaß des Darius. Der Dienst im Tempel wird Esr 6, 18 wieder aufgenommen „nach der Vorschrift" (*kîḵ^{e}ṯāḇ*) des Buches Mose"; „nicht vorgeschrieben" bedeutet Esr 7, 22 „beliebig viel".

H. Haag

כְּתֹּנֶת *kuttonæṯ*

I. 1. Etymologie, Verbreitung – 2. LXX – II. At.licher Gebrauch – 1. In der Paradieserzählung – 2. *k^{e}ṯonæṯ passîm* – 3. In der priesterlichen Amtstracht – 4. Andere Belege.

Lit.: *F. C. Fensham*, A Cappadocian Parallel to Hebrew *kutōnet* (VT 12, 1962, 196–198). – *E. Y. Kutscher*, Contemporary Studies in North-Western Semitic (JSS 10, 1965, 21–51). – *A. L. Oppenheim*, The Golden Garments of the Gods (JNES 8, 1949, 172–193). – *Ders.*, Essay on Overland Trade in the First Millennium B.C. (JCS 21, 1967, 236–254). – *K. R. Veenhof*, Aspects of Old Assyrian Trade and its Terminology, Leiden 1972.

I. 1. Das Wort *kuttonæṯ* ist der hebr. Niederschlag von einem der am weitesten verbreiteten Kulturwörter in der Welt.

In Mesopotamien finden sich sum. *gada* und akk. *kitû*, 'Flachs, Leinen' (AHw 495), wobei unsicher ist, ob das akk. Wort aus dem Sum. stammt (Landersdorfer; M. Ellenbogen, Foreign Words 96) oder umgekehrt (vgl. D. O. Edzard, ZA N.F. 21, 1963, 94, Anm. 15). Außerdem gibt es *kitītu*, 'Leinengewand' (AHw 493), wahrscheinlich eine Nebenform. In ugar. Warenlisten findet sich *ktn*, '(leinener) Rock' (WUS Nr. 1406); der interessanteste Beleg ist KTU 3.1, ergänzt durch den akk. Text RŠ 17.227 (zur Lesung M. Dietrich – O. Loretz, WdO 3, 1966, 227–233 und dazu B. Landsberger, JCS 21, 1967, 158, Anm. 102). Im Phön. gibt es einen einzigen Beleg (KAI 24, 12), wo es mit *bṣ*, 'Byssus', kontrastiert wird. Die meisten Belege im Reichsaram. finden sich in Elephantine; es bezeichnet sowohl einen Stoff als auch ein Gewand (DISO 129; vgl. G. R. Driver, JRAS 59, 1932, 78f.). In späteren aram. Dialekten ist die Bedeutung 'Leinenstoff' vorherrschend, in einigen Fällen aber bezeichnet es ein Gewand: jüd.-aram. *kittānā'*, 'Flachs, Leinen', *kittûnā'*, 'Hemd', mand. *kitana*, 'Leinen', *kituna*, 'Hemd', syr. *kettānā*, *kuttînā*, 'Leinen'.

Im Arab. finden sich *kattān/kittān*, 'Flachs, Leinen' (WKAS I 54f.), im Äth. *k^{e}tān*, 'Leinen'.

Im mykenischen Linear B findet sich das Wort als *ki-to*, Pl. *ki-to-ne* (M. Ventris – J. Chadwick, Documents in Mycenaean Greek, Cambridge 1959, 319f. 397; vgl. L. R. Palmer, The Interpretation of Mycenaean Greek Texts, Oxford 1956, 294f. 428f. und bes. É. Masson, Études et Commentaires 67, Paris 1967, 27ff.). Dem entspricht im Griech. χιτών (jon. κιθών), das bei Homer ein kurzes Hemd für Männer bezeichnet, erst bei Sappho ein Frauenkleid. Zum etymolog. Zusammenhang vgl. auch S. Levin, SMEA 8, 1969, 66–75. Lat. *tunica* wird ebenfalls hierher gehören (< **ktunica*). Drei weitere Wörter sind etwas unsicher. Wahrscheinlich gehört auch arab. *quṭ(u)n*, 'Baumwolle' hierher. Akk. *q/kutānu*, 'dünner, feiner Stoff' (AHw 930) könnte auch zu *qṭn*, 'klein, dünn sein' gestellt werden; es kommt vor allem in altassyr. Wirtschaftstexten vor (vgl. B. Landsberger, JCS 21, 1967, 158 Anm. 102, Oppenheim, JCS 251 Anm. 82). Ein nbabyl. Wort *kid/tinnu*, das einen Stoff bezeichnet, wird von Oppenheim, JCS 250f. mit *kitû* zusammengestellt; nach von Soden ist es unbekannter Herkunft (vgl. B. Landsberger, JCS 21, 158 Anm. 102).

Die Verschiedenheit der Formen zeigt, daß eine gerade Linie vom Sum. über das Akk., Aram. und Kanaan. nach Europa nicht gezogen werden kann. Es ist eben charakteristisch für Lehnwörter, daß sie in verschiedenen Gestalten erscheinen und sich nicht immer an die gewöhnlichen sprachlichen Muster anpassen.

2. LXX übersetzt meist mit χιτών; gelegentlich kommen andere Übersetzungen wie ἱμάτιον, στολή oder ποδήρης vor.

II. Im AT bezeichnet *kuttonæṯ* zwei verschiedene Kleidungsstücke, einerseits die archaische *k^{e}ṯonæṯ passîm*, andererseits die einfache *kuttonæṯ*, ein Leibgewand oder Hemd.

1. Ein Sonderfall findet sich in der Urgeschichte. Als die ersten Menschen ihre Nacktheit entdeckten, machten sie sich Schürzen (*ḥ^{a}gorōṯ*) aus Feigenblättern (Gen 3, 7); später, nachdem JHWH ihre Übertretung bestraft hat, ergänzt er ihre Kleidung durch *kŏṯnoṯ ʿôr*, 'Röcke von Fell' (Gen 3, 21). Es wird gewöhnlich angenommen, daß daraus hervorgeht, daß eine *kuttonæṯ* aus Fell gemacht werden konnte. Eine genauere Betrachtung des Textes zeigt aber, daß *ʿôr* hier durch eine Reihe von Wort- und Wurzelspielen bedingt ist.

	Wort	Wurzel	Bedeutung
A. 2, 25	*ʿᵃrûmmîm*	*ʿwr*	nackt
B. 3, 1	*ʿārûm*	*ʿrm*	listig
C. 3, 7	*ʿêrummîm*	*ʿwr*	nackt
3, 10	*ʿêrom*	*ʿwr*	nackt
3, 11	*ʿêrom*	*ʿwr*	nackt
D. 3, 21	*ʿôr*	*ʿwr*	Fell

Es liegt eine chiastische Struktur vor. Die List der Schlange (B) führt zur Erkenntnis der Nacktheit (C), Gottes Eingreifen (D) beendet die Nacktheit (A). Wenn dem so ist, ist die Stelle kaum brauchbar für die Rekonstruktion biblischer Realia. *ʿôr* wird nur noch einmal von Kleidern gebraucht, nämlich von Elias Ledergurt (2 Kön 1, 8; der *ʾezôr* ist gewöhnlich aus Leinen), der auch kein gewöhnliches Kleidungsstück ist. Ein Vergleich mit dem Gilgameschepos ist hier am Platz. Als Enkidu durch Geschlechtsverkehr mit einer Hure vermenschlicht wird, verteilt sie ihre beiden Kleidungsstücke so, daß jeder ein Stück erhält (ababyl. II, ii, 26–30; ANET 77). In der biblischen Geschichte aber erhalten beide Personen je zwei Stücke. Da die beiden Geschichten auch sonst gemeinsame Züge aufzeigen, wäre das Verhältnis zwischen den beiden Texten genauer zu untersuchen.

2. In der Geschichte von der Entehrung Tamars durch Amnon wird bemerkt, daß sie eine *kᵉṯonæṯ passîm* trug, „denn so kleideten sich die Königstöchter, solange sie Jungfrauen waren" (2 Sam 13, 18). Das folgende Wort *mᵉʿîlîm*, ʿObergewänderʾ, wird oft zu *meʿôlām*, „von alters her" emendiert (BHK³, KBL², nicht aber BHS), da *mᵉʿîl* und *kuttonæṯ* nach Ex 28, 4 unterschiedliche Kleider sind. Da aber die Ex-Stelle sich auf die gewöhnliche *kuttonæṯ* bezieht, ist sie kaum beweiskräftig. *mᵉʿîlîm* ist dann entweder eine erklärende Glosse oder ein adverbieller Akk. („als Gewand"). Man darf wohl annehmen, daß eine *kᵉṯonæṯ passîm* einem *mᵉʿîl* ähnlicher war als einer gewöhnlichen *kuttonæṯ*.

Der zweite Beleg für *kᵉṯonæṯ passîm* findet sich in der Josephsgeschichte (Gen 37, 3. 23. 31–33), wo Josephs *kᵉṯonæṯ passîm* den Neid der Brüder erweckt. Der genaue Charakter des Gewands bleibt unklar, da das Wort *pas* nur hier vorkommt. Es gibt drei herkömmliche Wiedergaben: Targ., LXX, V haben „vielfarbiger Rock". Andere ziehen die midraschische Übersetzung „Ärmelkleid" vor unter Hinweis auf ein angebliches Wort *pas*, ʿFläche von Hand und Fußʾ, aber diese Bedeutung ist außerhalb der aram. Dialekte schlecht bezeugt (für das Ugar. s. G. Mendenhall, The Tenth Generation, Baltimore–London 1973, 54f.). Eine dritte Übersetzung, „brokaten" stammt von Saʿadja Gaon (vgl. Dalman, AuS V 215). Köhler leitet *pas* als Körperteil von einer allgemeinen Bedeutung ʿflach, plattʾ ab unter Hinweis auf pun. *ps* ʿTafelʾ (DISO 230) und jüd.-aram. *pas* ʿGrabscheitʾ (KBL² 1113), und leitet daraus die Übersetzung „aus verschiedenen farbigen Stücken zusammengesetzter, bunter Leibrock" ab (KBL² 768). Er erwähnt auch einen Versuch, *pas* von *ʾæpæs* ʿEndeʾ, Dual ʿKnöchelʾ (Ez 47, 3) abzuleiten, was „bis zu den Knöcheln reichender Leibrock" ergibt. Diese Erklärungen sind unzulänglich.

Eine beachtenswerte Erklärung hat Speiser geliefert, indem er auf den in mesopot. Tempelurkunden vorkommenden Terminus *kitû pišannu* hinweist (E. A. Speiser, AB 1, 290). Oppenheim, JNES 177f., und von Soden lesen aber *ᵍᵃᵈᵃpišannu* mit *gada* als Determinativ, woraus folgt, daß *pišannu* irgendein Kleidungsstück ist. Nach von Soden ist es „eine Tasche o.ä. für den Kult von Göttinnen" (AHw 868). Speiser sagt: „The article so described was a ceremonial robe which could be draped about statues of goddesses, and had various gold ornaments sewed onto it". *passîm* wäre dann eine Umformung von akk. *pišannu*, „a technical term denoting appliqué ornaments on costly vests and bodices" (AB 1, 290).

Wenn von Soden Recht behält, wenn er das mit einer Göttin verbundene *pišannu* von den anderen Belegen unterscheidet, entsteht eine andere Schwierigkeit: ersteres ist nur in sbabyl. Texten bezeugt und kaum für alte israelit. Überlieferung brauchbar. Das sum. Lehnwort *pišannu*, ʿKastenʾ, ist früher belegt, aber scheint hier nicht relevant zu sein; es ist aber zu bemerken, daß ein solcher Kasten in Ugarit für Kleider gebraucht wurde.

Speisers Erklärung ist also unsicher, ist aber weit besser als die früheren.

Aus dem Kontext ergibt sich nur, daß die *kᵉṯonæṯ passîm* zur Zeit, in der 2 Sam geschrieben wurde, altmodisch war, und daß sie ein Oberkleid war, das man von weitem sehen konnte. Sie kann sehr wohl lange Ärmel gehabt haben oder vielfarbig gewesen sein, aber nichts läßt sich beweisen.

3. Nach den Vorschriften in Ex und Lev trugen der Hohepriester und die Priester Hemden, die sich durch ihre Herstellungsart unterschieden. Die *kᵉṯonæṯ tašbeṣ* in Ex 28, 4 ist wahrscheinlich gewürfelt oder geflochten mit goldenen, violetten, purpur- und karmesinfarbigen Fäden durch das feine Leinen. Die Herstellung des hohepriesterlichen Hemdes wird Ex 28, 39 erwähnt (ausgeführt 39, 27), die Herstellung der gewöhnlichen Priesterhemden dagegen nicht (vgl. 28, 40; 39, 37). Die Form des Kleides scheint nicht auffallend gewesen zu sein, das Hemd als solches muß aber zu einer gewissen Zeit eine eigene Bedeutung gehabt haben. Dies geht aus dem Weiheritual in Ex 29 hervor, wo der Hohepriester durch Einkleidung und Salbung geweiht wird (v. 5), während die gewöhnlichen Priester nur eingekleidet werden (v. 8). Über die Bedeutung der Einkleidung lohnt es sich nicht zu spekulieren; hier ist auch mit Nachwirkungen der königlichen Amtskleidung zu rechnen (vgl. Noth, ATD 5, 179f.). Wie Noth bemerkt, vertritt Ex 29, 5–8 eine ursprünglichere Tradition als die Weihe selbst, in der alle gesalbt werden (Ex 40, 14; Lev 8, 7. 13, zwei zusammengehörende Stücke, die durch Lev 1–7 getrennt worden sind; (ATD 5, 188f.).

Es ist möglich, daß Lev 8, 7 die tatsächliche Reihenfolge der Einkleidung angibt, aber abgesehen davon, daß der *m^{e}ʿîl* über die *kuttonæṯ* gelegt wird, hilft die Stelle nicht, das Aussehen und die Lage der anderen Kleidungsstücke genau zu bestimmen. – Lev 10, 5 erzählt, daß Nadab und Abihu in ihren Hemden begraben wurden, was anzudeuten scheint, daß dies ein passendes Begrabungskleid war. Noth bemerkt, daß die Hemden eigentlich bei dem Verbrennungsgericht hätten zerstört werden müssen, daß aber der Text vielleicht betonen will, daß „auch diese Amtstracht aus dem Heiligtum beseitigt wurde, um ja nicht weiter verwendet zu werden" (ATD 6, 71).
Die Erwähnung des Hemdes im Ritual des Versöhnungstags (Lev 16, 4) ist seltsam und deutet vielleicht an, „daß Aaron bei der jährlich einmaligen Opferhandlung nicht sein volles Ornat, sondern nur eine bescheidenere Tracht anlegen sollte" (Noth, ATD 6, 103). – Es ist kaum bemerkenswert, daß die nachexilischen Priester Hemden trugen; erwähnt werden die Hemden nur als Abgabe (Esr 2, 69; Neh 7, 69. 71); die Reihenfolge der Gaben ist ohne Belang.
Die Einkleidung des Aaron wird ausführlich behandelt in Ben Siras Lob berühmter Männer, wo sie 6 Verse von den 17 über Aaron füllt. Das Hemd wird 45, 8c erwähnt. Ben Siras Hervorhebung der Einkleidung Aarons kann als Vorstufe der christlichen Tradition vom saumlosen Kleid Jesu betrachtet werden.
Obwohl Jesajas Orakel gegen den überheblichen Schebna die *kuttonæṯ* des Betreffenden erwähnt (Jes 22, 21), gibt es keinen Anlaß, anzunehmen, daß sie irgendwie bemerkenswert war, abgesehen vielleicht von ihrem Luxus; es ist auch möglich, daß sie aus besonderem Stoff, wie eine priesterliche *kuttonæṯ*, gemacht war.
4. Zu den übrigen Belegen ist wenig zu sagen. In 1 Sam 15, 32 ist die *kuttonæṯ* das Kleid, das Husai in Verzweiflung über die politische Situation zerreißt. In HL 5, 3 ist es das Kleid, das die Geliebte abgelegt hat, so daß sie nicht aufstehen will, um dem Liebhaber die Tür zu öffnen. In Hi 30, 18 ist von einer *kuttonæṯ* die Rede, aber der Vers ist so schwierig, daß viele Ausleger auf eine Übersetzung verzichten (M. Pope, AB 15, ³1973, 223); diese Stelle trägt also nichts zu unserer Diskussion bei.
* In Qumran sind es die aaronidischen Priester, die nach 1 QM 7, 10 mit *ktwnt bd* „linnenen Leibröcken" bekleidet sind. Diese sind aber nach Z. 11 offensichtlich nicht zur normalen Amtstracht zu zählen, sondern sie gehören zu den *biḡdê milḥāmāh* „der Kriegskleidung". In 4 QOrd 2–4, 7 steht *ktnt* für MT *śimlaṯ ʾiššāh* (Deut 22, 5), in 11 QtgHi ersetzt es das *m^{e}ʿîl* von Hi 29, 14. Daraus läßt sich vielleicht schließen, daß *kuttonæṯ* in der zwischentestamentlichen Zeit zu einem übergeordneten Begriff für „Oberkleid" geworden war. (*Fa*)

Freedman-O'Connor

כָּתֵף *kāṯep*

I. 1. Belege – 2. Bedeutung – II. 1. Körperteil von Tier und Mensch – 2. Gebäudeteil – 3. Geräteteil – 4. Gebirgsformation – III. Religiöser Gebrauch.

Lit.: *E. Dhorme*, L'emploi métaphorique des noms de parties du corps en Hébreu et en Akkadien V (RB 31, 1922, 215–233). – *H. Donner*, Ugaritismen in der Psalmenforschung (ZAW 79, 1967, 322–350). – *Z. Kallai*, Kateph – כתף (IEJ 15, 1965, 177–179). – *Y. Komlosh*, וְעָפוֹ – מוּעָף (Bar-Ilan 4–5, 1967, 42–49. XXII–XXIII). – *A. Schwarzenbach*, Die geographische Terminologie im Hebräischen des AT, Leiden 1954. – *L. A. Snijders*, L'orientation du temple de Jérusalem (OTS 14, 1965, 214–234).

I. 1. *kāṯep* begegnet 67mal im at.lichen Hebr., 4mal im Ugar. und einmal in einer hebr. Inschrift (N. Avigad, IEJ 5, 1955, 165–166). Außerdem ist es im Jüd.-Aram., Syr., Mand., Arab., Tigr., Äth. belegt (akk. *katappātu* ist fraglich) (KBL³ 481; P. Fronzaroli, AANLR 19, 1964, 257. 271. 278).
2. Im Ugar. bedeutet *ktp* den zum Tragen von Lasten geeigneten Körperteil, die Schulter, sowie deren Vorderseite, den oberen Bereich der Brust. *špš*, die Leuchte Els, hob ʾAlijan Baʿal „auf die Schulter ʿAnats" (KTU 1.6, I, 14–15: *lktp ʿnt*). Und KTU 1.2, I, 42 erzählt, daß „der Bote das Wort seines Herrn auf die Schulter" nahm (*mlʾk bm ktpm rgm bʿlh*). Beim Kampf Baʿals gegen Jam traf dessen Keule „die Schulter des Fürsten Jam, die Brust des Flutenbeherrschers" (KTU 1.2, IV, 14–17: *ktp zbl jm/bn jdm tpṭ nhr*). Der Parallelismus von *ktp* und *bn jdm* läßt bei *ktp* nicht so sehr an den hinteren, sondern eher an den vorderen Teil der Schulter mit dem Schlüsselbein, also den oberen Bereich der Brust denken (vgl. WUS Nr. 1407).

Daß das *ktp* aus KTU 1.6, V, 2 wohl eine Waffe bedeutet, wie WUS Nr. 1408 angibt, ist erneut von Donner, 348, bekräftigt worden.

Im Syr. heißt *katpā*, im Arab. *katif/katf/kitf*, im Tigr. *maktaf*, im Äth. *matkaft* 'Schulter', und Akk. *katappātu* wird wohl das Brustteil des Tieres meinen. Die Inschrift aus dem Kidron-Tal enthält die Wendung *ḥdr bktp hṣr* „Zimmer in der Schulter des Felsens", womit der Felsabhang, die „Berghang-Lehne" (KBL³) gemeint ist. Im AT bezeichnet *ktp* außer dem entsprechenden Körperteil von Tier und Mensch sowie einer damit vergleichbaren Gebirgsstruktur noch bestimmte Gebäude- und Geräteteile. Daraus resultiert die unterschiedliche Wiedergabe unseres Wortes durch die LXX: νῶτος (17mal), ὦμος (15mal), ὠμία (12mal), ἐπωμίς (8mal), κλίτος (6mal). 9mal findet sich in der LXX kein gemäßes Äquivalent.

II. 1. Von einem Körperteil des Tieres wird *ktp* im AT zweimal gebraucht. Als beste Fleischstücke vom Kleinvieh werden in Ez 24, 4 Schenkel (*jāreḵ*) und Schulter (*kāṯep*) genannt. Und in Jes 30, 6 ist davon die Rede, daß der Transport (*nś'*) von Waren im Negeb „auf der Schulter von Eseln" (*'al kæṯæp 'ajārîm*) und „auf dem Höcker der Kamele" geschieht.

In der vom Tier her genommenen Bildsprache bezieht sich unser Wort in Ez 34, 21 auf rücksichtslose und in Sach 7, 11; Neh 9, 29 auf widerspenstige oder halsstarrige Menschen.

Was speziell mit *kāṯep* beim Menschen gemeint ist, machen Hi 31, 22; Jes 49, 22 deutlich. Hiob ruft, sich selbst verwünschend, aus: „Meine Schulter falle von ihrem Nacken" (*miššikmāh*). Die Schulter ist folglich ein Teil des Nackens, wohl das „Schulterblatt" (Dillmann, Hiob, [4]1891, 268). Und DtJes verheißt, daß Israels Töchter „auf der Schulter herbeigetragen werden" (*nś' niph*), Israels Söhne „am Busen" (*beḥoṣæn*). Der Parallelismus zwischen *kāṯep* und *ḥoṣæn* erinnert an das Nebeneinander von *ktp* und *bn jdm* im Ugar. und zeigt somit an, daß wie dort, so auch hier *kāṯep* die Körpergegend um das Schlüsselbein herum meint, etwa die Brust. Weiter heißt es, daß Simson die Stadttorflügel auf seine Schultern legt und fortträgt (Ri 16, 3: *śjm*), daß sich Ezechiel das Exulantengepäck auf seine Schultern laden muß zum Zeichen dafür, daß auch der Fürst so handeln wird (Ez 12, 6. 7. 12 [l.c. BHS *'al* pro *'æl*]: *nś'*), daß die Gottlosen ihre selbstgemachten Gottesbilder eben auch auf ihre Schulter laden (Jes 46, 7: *nś'*), daß Goliath einen *kîḏôn* aus Erz zwischen seinen Schultern trägt (1 Sam 17, 6; vgl. Caspari, KAT VII 200: „schwerlich ... 'übergeschultert'"; Stoebe, KAT VIII/1, 316: „hing zwischen seinen Schultern"; Hertzberg, ATD 10, 113 Anm. 3: „eigentlich 'zwischen den Schulterblättern'; er trug ihn also leger"), daß im Bildwort über den lasttragenden Fronarbeiter neben dem kahl geschabten Kopf die blank gescheuerte Schulter genannt wird (Ez 29, 18; vgl. Zimmerli, BK XIII/2, 719), daß die Kehatiter den Dienst am Heiligen auf der Schulter zu tragen hatten (Num 7, 9: *nś'*), daß die Leviten'söhne' die Gotteslade mittels der Tragstangen auf ihre Schulter luden (1 Chr 15, 15: *nś'*), daß sie aber seit der Unterbringung der Lade im Tempel auch nichts mehr auf der Schulter zu tragen hatten (2 Chr 35, 3: *maśśā'*).

Für *kāṯep* Ez 29, 7 „und du spaltest ihnen die ganze Schulter", was G. R. Driver, Bibl 35, 1954, 299, im Sinne von „Achselhöhle" verstehen möchte, liest schon v. Orelli, Ezechiel, [2]1896, 120, unter Hinweis auf LXX und Syr. *kap*; so zuletzt Zimmerli, BK XIII/2, 704.

2. Am häufigsten begegnet *kāṯep* als Bezeichnung eines Gebäudeteils (vgl. Snijders 220f.). Von der „rechten Seite des (Tempel-)Hauses" (*kæṯæp habbajiṯ hajjemānîṯ*) ist die Rede 1 Kön 6, 8; 7, 39; 2 Kön 11, 11; Ez 47, 1(. 2); 2 Chr 4, 10 (text. emend.); 23, 10 (vgl. 1 Kön 7, 39), von dessen linker Seite (... *haśśemā'lîṯ*) 2 Kön 11, 11; 2 Chr 23, 10 (vgl. 1 Kön 7, 39), von der „Seite der Tore" des Tempels (*kæṯæp hašše'ārîm*) Ez 40, 18 (Sing. Ez 46, 19; 40, 44 [2mal]), von den „Seitenwänden der Tür" (*kiṯpôṯ happæṯaḥ*) Ez 41, 2 und der Vorhalle (*hā'ûlām*) Ez 41, 26 sowie von der Seitenwand ganz allgemein Ez 40, 40 (2mal). Desgleichen finden sich im Stiftshüttengesetz Angaben über Vorhänge auf der einen und der anderen „Schulter" (Ex 27, 14. 15; 38, 14. 15), womit „die beiden Seitenstücke des Vorhangsystems an der Vorderseite rechts und links der Öffnung" bezeichnet werden (Noth, ATD 5, 176). In diesen Belegen also meint *kāṯep* die Seite eines Bauwerks, ähnlich dem deutschen „Flanke" (Noth, BK IX/1, 116; DISO 129).

3. Was *kāṯep* in bezug auf Geräte usw. angeht, so spricht 1 Kön 7, 30. 34 von vier „Schulterstücken" eines für den Tempel bestimmten Metallgestells (vgl. Noth, BK IX/1, 158–159), worunter Snijders (220) Konsolen versteht. Und das zur Priesterkleidung gehörende Ephod besitzt zwei verbundene „Schulterstücke" (Snijders 220: „les épaulettes"; Ex 28, 7; 39, 4), mit Steinen verziert (Ex 28, 12; 39, 7), mit Goldschnüren (Ex 28, 25; 39, 18) und Goldringen versehen (Ex 28, 27; 39, 20).

4. Schließlich bezeichnet *kāṯep* eine ganz bestimmte geographische Größe. Im Zusammenhang der Grenzbeschreibung der Gebiete von Juda und Benjamin wird die „Schulter des Jebusiters" (Jos 15, 8; 18, 16), „des Wäldergebirges" (Jos 15, 10), „Ekrons" (Jos 15, 11), „Jerichos" (Jos 18, 12), „Lus'" (Jos 18, 13), „'Beth-'Ha'arabas" (Jos 18, 18; vgl. Noth, HAT I/7, 108; Hertzberg, ATD 9, 105) und „Beth-Hoglas" (Jos 18, 19) genannt. Und in Num 34, 11 findet sich „die Schulter des Kinnereth-Meeres", in Ez 25, 9 „die Schulter Moabs" und in Jes 11, 14 (text. emend.) „die Schulter der Philister" (vgl. zum Text Komlosh 42–49).

Welche geographischen Gegebenheiten dabei ins Auge gefaßt sind, braucht hier nicht erörtert zu werden. Daß es sich um eine bestimmte Gebirgs- oder Hügelformation handelt, ist eindeutig. Unklar ist, ob *kāṯep*, weil es eigentlich Schulter bedeutet, einen Gebirgs- oder Hügelkamm meint (so Snijders 220), oder ob es sich, wie auch bei dem Bezug unseres Wortes auf Tier, Mensch und Bauwerke, auf die Seite, also den Berghang bezieht. Die genannte hebr. Inschrift von Silwan macht es wahrscheinlich, daß *kāṯep* „a sloping hillside" meint, weil sich die in der Inschrift genannte Grabkammer im Berghang gegenüber Jerusalem befindet (Aharoni 235 Anm. 151). Auch wenn das richtig ist, bleibt weiterhin strittig, ob die Grenzlinie am Fuß des namentlich genannten Stadthügels oder am Saum eines diesem gegenüberliegenden Berges verläuft (vgl. dazu speziell Kallai 177–179).

III. Ein religiöser Gebrauch unseres Wortes liegt eindeutig vor, wo *kāṯep* in Beziehung zu JHWH gesetzt wird. Dies geschieht im Stammesspruch über Benjamin (Deut 33, 12), auch wenn strittig ist, ob JHWH bzw. 'Eljon (vgl. BHS) Subj. des letzten Stichos und dieser dann zu übersetzen ist: „Der Liebling JHWHs wohnt sicher; 'Eljon beschirmt ihn allezeit, und zwischen seinen (Benjamins) Schultern wohnt er ('Eljon)", oder ob man Benjamin als Subj. annehmen und die Schultern auf JHWH/'Eljon beziehen muß.

Für das erstere u.a. Graf, Segen Mose's, 1857, 39–40; Dillmann, Numeri, Deuteronomium und Josua, [2]1886, 425; S. R. Driver, ICC 5, [3]1902, 404; Sellin, Das Zelt Jahwes, Festschr. Kittel = BWAT 13, 1913, 184–186; König, KAT III, 1917, 226; Dalman, Stammeszugehörigkeit der Stadt Jerusalem und des Tempels, Festschr. Baudissin = BZAW 33, 1918, 111; Steuernagel, HK I/3, [2]1923, 178; Welch, Deuteronomy, 1932, 122; Tournay, Le psaume et les bénédictions de Moïse, RB 65, 1958, 196; auch schon Delitzsch bei O. Eißfeldt, Franz Delitzsch und Wolf Graf Baudissin, SSAW. PH 112, 2, 1966, 12. – Anders u.a. Keil, Bibl. Comm. ü. d. Bücher Moses's, 2. Bd., 1862, 567–568; Meyer, Israeliten, 1906, 522; Budde, Segen Mose's, 1922, 34; Gaster, Deuteronomy XXXIII. 12., ExpT 46, 1934/35, 334; Sellin, Einl., [7]1935, 24; Junker, HSAT I/5, 1933, 132; Cross-Freedman, Blessing of Moses, JBL 67, 1948, 194; Anm. 40 (205); v. Rad, ATD 8, 148. – Zobel, Stammesspruch, BZAW 95, 1965, 34–35, weist zur Begründung dieses Verständnisses auf den Aufbau des Tristichons, bei dem der zweite und dritte Stichos die Aussage des ersten entfalten, und auf den auch von anderen schon geäußerten Tatbestand hin, daß das zweimalige *škn* dieses Verses nicht unterschiedlich, einmal auf Benjamin, dann auf JHWH/ʿEljon bezogen werden kann, sowie schließlich noch auf die Möglichkeit, daß *kāṯep* „Berghang" heißt. Demnach besagt der Spruch: Benjamin, der Liebling JHWHs, wohnt sicher, denn El ʿEljon, dem das AT auch Errettung aus Feindesnot zuschreibt (vgl. Gen 14, 20; Ps 18, 14; 21, 8 u.ö.), beschirmt ihn immerdar, hat sich doch der Stamm in einem von ʿEljon besonders geschützten Bergland niedergelassen (vgl. Ps 46, 5: neben Jerusalem gibt es noch weitere „Wohnungen ʿEljons").

Mit dem religiösen Bereich berührt sich die bildhafte Redeweise von der *kāṯep sorāræṯ* in Sach 7, 11; Neh 9, 29. Sacharja kritisiert in einer Predigt die Meinung der Judäer, sie hätten durch Fasten, Klagen und Opfern alles von JHWH Gebotene erfüllt (vv. 4–6), und er erinnert sie an die Worte JHWHs durch die früheren Propheten, denen schon ihre Vorfahren kein Gehör schenkten, so daß das liebliche Land zur Wüste werden mußte (vv. 1. 11–14). In diesem Zusammenhang wird die Ablehnung der Botschaft der Propheten durch die Väter mit den Wendungen geschildert: sie weigerten sich zu hören, sie machten die Schulter widerspenstig und ihre Ohren taub (v. 11), sie versteinerten ihr Herz, um nicht zu hören auf die Thora und die Worte JHWHs (v. 12).

In Neh 9 ist unsere Wendung eingebettet in ein langes Gebet, das die Güte JHWHs über sein Volk von Abraham an abschnittsweise darstellt und mit dem Versagen Israels jeweils konfrontiert. Speziell v. 29 spricht davon, daß JHWH die Israeliten, natürlich durch seine Propheten, verwarnte, um sie zu seiner Thora zurückzuführen, daß die Israeliten aber übermütig wurden, nicht gehorchten, sündigten, die Schulter widerspenstig machten, halsstarrig waren und nicht gehorchten. Dazu schrieb schon v. Orelli (Die zwölf kleinen Propheten, [2]1896, 189): „Das Bild ist vom störrigen Rinde genommen, welches sich das Joch (ein solches ist das Gesetz Gottes) nicht will auflegen lassen", und er verweist auf Hos 4, 16, wo die ursprüngliche Bedeutung von *srr* vorliegt.

„Das Geschichtsbild, das hier zutage tritt, ist die Auffassung der deuteronomischen Schule" (Rudolph, HAT I/20, 161). Und weil die Wendung in beiden Fällen ganz gleich gestaltet ist, wird man in ihr eines der Stilmittel nachexilischer Predigt sehen dürfen, wenn man nicht bei Neh 9 an eine Entlehnung der Wendung aus Sach 7 denken will.

Zum Schluß sei noch auf Ez 34, 21 verwiesen, wo in der ebenfalls vom Tier her übernommenen Bildsprache für das exilierte Israel Heil verkündet wird, denn JHWH will den mageren Tieren Recht gegen die fetten und starken Schafe verschaffen, weil sie die schwachen und kranken Schafe mit Seite und Schulter wegdrängten und mit ihren Hörnern niederstießen, bis sie unter die Völker verstreut waren.

kāṯep ist Bildwort für Kraft und Stärke. Mit der Schulter werden Lasten getragen; mit ihr wird beschützt und beschirmt. So konnte das Wort auch zum Ausdruck werden für den hartnäckigen, nachhaltigen, kraftvollen Widerstand gegen JHWH und sein Gebot sowie für den eigentlich ungleichen Kampf der Feinde gegen das schwache Gottesvolk, dem dieses erliegen müßte, würde nicht JHWH rettend eingreifen. So gewiß also der Eindruck vorherrscht, daß *kāṯep* in bildhafter, sich mit dem Religiösen berührender Redeweise die Auflehnung des Menschen gegen JHWH und den Widerstand der Völker gegen das Gottesvolk ausdrückt, so wird doch dieser Eindruck durch Jes 49, 22 insofern korrigiert, als DtJes im Heilsorakel ankündigt, daß die Fremdvölker die Exulanten „am Busen und auf der Schulter" heimtragen werden.

Zobel

כתת *ktt*

כָּתִית *kāṯîṯ*

I. 1. Etymologische Verbindungen – 2. Belege, Vorkommen und LXX – II. 1. Grundbedeutung und Gebrauch in den Stammformen – 2. Spezielle Verwendung – 3. Objekte von *ktt* und zeitliche Einordnung – 4. *kāṯîṯ*.

Lit.: *B. Halper*, The Participial Formations of the Geminate Verbs (ZAW 30, 1910, 125). – *E. Jenni*, Das hebräische Piʿel, Zürich 1968, 185f. – *J. Jeremias*, Die Deutung der Gerichtsworte Michas in der Exilszeit (ZAW 83, 1971, 330–354, bes. 336). – *W. Rudolph*, Micha – Nahum – Habakuk – Zephanja (KAT XIII/3, 1975). – *H. Wildberger*, Jesaja (BK X/1, [2]1980).

I. 1. Außerhalb des AT kommt das Verb in den Texten von Qumran in derselben Bedeutung vor (*qal* in 1 QpHab 3, 1 und *hoph* in 1 QM 18, 2), ebenso im Mittelhebr. (*pi*) und Jüd.-Aram. in der galiläischen (im *pa*) und babylonischen Ausprägung. Im Zusammenhang mit *ktt* stehen noch syr. *kettā*ʾ ʿfeinster

Staub' und mand. *kita* 'Klumpen'. Im Tigrē bedeutet das wurzelverwandte Verb 'kleine Einschnitte machen', im Tigriña 'klein schlagen', während das akk. *katātu* 'vibrieren' (? AHw 465a; CAD K 304: „to be low or short") in seiner Bedeutung schon weit abweicht (dazu arab. *ktt* 'brodeln'; vgl. anders A. Guillaume, Hebrew and Arabic Lexicography, Leiden 1965, 10).
*Aus diesem Grunde sieht man in hebr. und akk. *ktt* verschiedene Wurzeltypen, die trotz gleicher Konsonanten nicht zusammengehören (*von Soden*).
Ugar. *ktt* (UT Nr. 1327) bezeichnet vielleicht eine Form der Metallbearbeitung („geschlagenes" Kupfer), was im Blick auf Jes 2, 4 = Mi 4, 3 und Jo 4, 10 zu beachten ist.
2. Im AT ist das Verb *ktt* 17mal belegt, 5mal im *qal*, 5mal im *pi*, 1mal im *pu*, 2mal im *hiph* und 4mal im *hoph*. Als abgeleitete Wörter kommen *kāṯîṯ* 5mal und *mᵉkittāh* 1mal vor.

Die textkritischen Vorschläge, im Anschluß an LXX in Ri 20, 43 statt *kittᵉrû* eine Form von *ktt* zu lesen und in Ps 74, 6 *kittᵉṯû* einzufügen (Kraus, BK XV/2⁵, 677), sind nicht zwingend, so daß diese Stellen unberücksichtigt bleiben (allerdings fügt sich *ktt* in beiden Fällen gut in den Kontext ein). In Jes 30, 14 wird mit MT das Ptz. pass. gelesen. Die beiden *hiph*-Formen (Num 14, 45 und Deut 1, 44) haben aramaisierende Merkmale (Verdoppelung des ersten Konsonanten).

In der LXX wird *ktt* nicht einheitlich übersetzt, am häufigsten mit συνκόπτειν (κατακόπτειν) (Deut 9, 21; Ps 89, 24; 2 Chr 34, 7; Sach 11, 6; Num 14, 45; Mi 1, 7; auch in Jo 4, 10 und Jes 2, 4 = Mi 4, 3, was für die Deutung dieser Stellen im Anschluß an die übrigen Vorkommen spricht), vereinzelt kommt seine spezifische Bedeutung überhaupt nicht zum Ausdruck (2 Chr 15, 6; Hi 4, 20; Jes 24, 12).

II. 1. Vom spezifischen Gebrauch in Mi 4, 3 = Jes 2, 4 und Jo 4, 10 zunächst abgesehen, wird an allen Stellen eine Grundbedeutung '(in kleine Stücke) zerschlagen, zerschmettern, zermalmen' sichtbar. Von den *qal*-Formen (Deut 9, 21; Jes 30, 14; Ps 89, 24 und Lev 22, 24) schildern Deut 9, 21 und Jes 30, 14 das Geschehen besonders plastisch: Nach Deut 9, 21 verbrannte JHWH das Kalb und zerschlug es, was durch die beiden Inf. abs. *hêṭeḇ* und *ṭāḥôn* ('mahlen, pulverisieren') genauer beschrieben wird: bis in allerkleinste Teile. Ziel und Zweck werden zusätzlich hervorgehoben: bis daß das Kalb zu Staub gestoßen (geschlagen) ist (*dqq*).
Als ein Bild für Zerstörung dient in Jes 30, 14 das Zerbrechen (*šbr*) eines Töpfergefäßes, wobei das Ausmaß des Zerbrechens durch *kāṯûṯ lo' jaḥmol* (zerschlagen ohne Erbarmen) näher bestimmt wird. Die Folge ist: Bei dieser Zertrümmerung (hier das einzige Vorkommen des abgeleiteten Nomens *mᵉkittāh*) soll keine einzige Scherbe übrigbleiben, mit der man noch Glut vom Herde nehmen oder Wasser aus dem Tümpel schöpfen könnte.
In Ps 89, 24 bezieht sich *ktt* auf Personen („seine Feinde"). Aufgrund des Parallelismus („und die ihn hassen, schlage ich nieder", oder: „zerschlage ich", *ngp*) kann *ktt* also auch in bezug auf Menschen im Sinn der Grundbedeutung 'zerschlagen, zerschmettern' verstanden werden.
Nach Lev 22, 24 darf JHWH kein Tier mit verletzten Hoden geopfert werden. Vier Verletzungsmöglichkeiten werden erwähnt: *mā'ûḵ* (zerdrückt, zerquetscht), *kāṯûṯ* (zerschlagen), *nāṯûq* (ausgerissen) und *kārûṯ* (abgeschnitten). Das Zerschlagen der Hoden galt als mögliche Kastrationsform.
Das *pi* (2 Kön 18, 4; 2 Chr 34, 7; Sach 11, 6) wird im Bericht und im Prophetenwort gebraucht, um den Ton auf das Ergebnis des Tuns zu legen. Auf diese Weise wird in 2 Kön 18, 4 ohne nähere Beschreibung vom Zerschlagen der ehernen Schlange gesprochen. In 2 Chr 34, 7 (Zerschlagen der Ascheren und Götterbilder) wird durch den Inf. cstr. von *dqq* mit *lᵉ* (zermalmen) der Zweck angegeben. In Sach 11, 6 verlangt die Größe des Objekts eine etwas übertragene Übersetzung: Die Hirten und Könige werden die Erde verheeren (*ktt*).
Auch die einzige *pu*-Form (2 Chr 15, 6) enthält die Grundbedeutung und betont das Ergebnis (zerschlagen wurde ein Volk durch ein anderes).
Die beiden *hiph*-Formen kommen in zwei sehr ähnlichen Sätzen mit gleicher Konstruktion (Akk. und *'aḏ*) in Num 14, 45 und Deut 1, 44 vor. Feinde schlugen und verfolgten die Israeliten und zersprengten (*ktt hiph*) sie; d. h. der geschlossene Verband löst sich in einzelne fliehende Gruppen auf, die auseinanderstieben. Das Bild von *ktt* wird sichtbar. Wegen des kausativen Aspekts mag das *hiph* gewählt sein.
Die *hoph*-Formen werden als *qal* pass. zu deuten sein (GKa § 53u; BLe § 38m; zur Deutung als aramaisierendes *hoph* vgl. GKa § 67y), dem auch die Bedeutung '(in Stücke) zerschlagen werden' in Mi 1, 7 (Götterbilder), Jes 24, 12 (Stadttor) und Hi 4, 20 (Menschen) entspricht, während aber Jer 46, 5 dem *hiph* korrespondiert (ihre Helden zersprengt).
2. Im Unterschied zu den behandelten Stellen wird das Verb in Jo 4, 10 (*qal*) und Mi 4, 3 = Jes 2, 4 (*pi*) als spezifischer Terminus (jeweils mit Akk. und *lᵉ*) für die schmiedehandwerkliche Umformung eines Werkstückes in ein anderes gebraucht, weshalb es allgemein mit „(um)schmieden" übersetzt wird. Die Grundbedeutung bleibt aber unübersehbar, da der Vorgang ein völliges Zerschlagen des alten Gegenstandes beinhaltet. Das heißt, entweder wird von einem Arbeitsschritt aus der ganze Ablauf gekennzeichnet und *ktt* ist zum Terminus für ihn geworden, oder das Wort bezeichnet nur das Zerstören des alten Werkstückes, etwa das Zerschlagen (Zerhämmern) der Waffen, und erst die Präposition *lᵉ* führt über die Grundbedeutung hinaus und weist darauf hin, zu welchem Zweck das Zerschlagen erfolgt: Zerschlaget die Waffen – für Pflüge (= um Pflüge zu machen). Jedenfalls ist auch bei der Übersetzung mit „umschmieden" der Ton auf das nötige Zerschlagen zu legen. Der unterschiedliche Zweck verlangt einmal

das *qal* (Jo 4, 10: Pflugscharen zu Schwertern), einmal das *pi* (Jes 2, 4 = Mi 4, 3: Schwerter zu Pflugscharen). „Bei Joel liegt der Akzent auf der aktuellen Mobilisationsanstrengung, bei Jesaja hingegen auf dem aus der Handlung sich ergebenden Dauerzustand" (Jenni 186).

3. Am häufigsten bezeichnet *ktt* das Zerschlagen von Götzenbildern (Deut 9, 21; Mi 1, 7 [hier im Zusammenhang der Götzenpolemik; vgl. H. D. Preuß, Verspottung fremder Religionen im AT, BWANT 92, 1971, 133f.]; 2 Kön 18, 4; 2 Chr 34, 7) und Feinden (Num 14, 45; Deut 1, 44; Jer 46, 5; 2 Chr 15, 6; Ps 89, 24); einmal ist es auf Menschen allgemein bezogen und einmal auf die Erde mit den Bewohnern (Hi 4, 20; Sach 11, 6); je einmal werden ein Gefäß (Jes 30, 14), ein Tor (Jes 24, 12) und die Hoden eines Tieres (Lev 22, 24) zerschlagen.

Die schwierige Datierung der einzelnen Stellen macht den Versuch unmöglich, das Vorkommen des Verbums zeitlich zu begrenzen. Jeremias (336) sieht in *ktt* '(Götzenbilder) zerschlagen' einen hoseanisch-deuteronomischen Terminus.

4. Das von *ktt* abgeleitete *kāṯîṯ* kennzeichnet überall Öl (→ שמן *šæmæn*) von bester Qualität. Es wird gewonnen, indem die Oliven in einem Mörser zerstoßen werden. Das dabei freiwerdende und wohl vor dem anschließenden (auf jeden Fall beim ersten) Auspressen abfließende Öl wurde besonders geschätzt: Es war für den heiligen Leuchter geeignet (Ex 27, 20; Lev 24, 2), für Speiseopfer (Ex 29, 40; Num 28, 5; TR 21, 15) und als Salomos Exportgut für den Hof Hirams (1 Kön 5, 25). (AuS 4, 238ff.; BRL² 238–240 [mit Lit.]; BHHW II 1336f.; BL 1257f.).

Warmuth

לָאָה *lā'āh*

1. Etymologie – 2. Gebrauch im AT – 3. LXX.

1. Hebr. *lā'āh* entspricht etymologisch ugar. *l'j* 'ermüden' (WUS Nr. 1429), jüd.-aram. *le'āh* 'sich mühen, ermüden', syr. 'sich anstrengen'; im Arab. gibt es ein *la'ā* 'langsam, träge sein' (WKAS II 72f.), im Akk. *la'û* 'schwach sein' (AHw 540). Zu einer anderen Wurzel werden ugar. *l'j* 'stark sein' (WUS Nr. 1430) und akk. *le'û* 'tüchtig sein' (AHw 547) gestellt; sie findet sich auch in phön. Personennamen (PNPPI 336f.). Im Hebr. ist die letztere Wurzel vielleicht durch den Personennamen Lea (*le'āh*) vertreten. Es ist möglich, daß die beiden Wurzeln letztlich zusammenhängen, da es sich in beiden Fällen um Kraft bzw. Aufwand von Kraft handelt (zum Problem der gegensinnigen Wörter vgl. D. Cohen, *Aḍdād* et ambiguïté linguistique en arabe, Arabica 8, 1961, 1–29).

2. Von *lā'āh* gibt es im AT 3 Belege im *qal* (außerdem Sir 43, 30), 10 im *niph* und 5 (oder 6) im *hiph*. Allen gemeinsam ist, daß es nicht so sehr um körperliche Ermüdung, sondern eher um seelische Anstrengung geht; das Wort ist willens- oder gefühlsbetont. Sehr oft kann man es durch 'nicht ertragen können', 'es satt haben', 'nicht gern haben' oder dgl. wiedergeben. Es ist zu bemerken, daß es nie im Zusammenhang mit → יגע *jāga'* oder → יעף *jā'ep* vorkommt.

Die Gefühlsbetonung tritt im *qal* vor allem in den beiden Belegen Hi 4, 2. 5 zutage: „Du 'hast es nicht gern', daß man zu dir spricht" bzw. „Nun kommt es (das Unglück), und du 'kannst es nicht ertragen' (d. h. du wirst ungeduldig; par. du erschrickst)" (*bhl niph*). Ein wenig anders ist jedoch Gen 19, 11: Die Männer in Sodom wurden mit Blindheit geschlagen und „mühten sich (vergebens) ab", die Tür zu finden.

Dieselbe Nuance ist auch in zwei Belegen für *niph* im Jeremiabuch besonders deutlich; hier wird das Verb mit Formen der Wurzel *kwl* verbunden. In Jer 6, 11 sagt der Prophet: „Ich bin von JHWHs Zorn so erfüllt, daß ich es nicht zurückhalten kann (*nil'êṯî hākîl*)"; er muß alle den Zorn erfahren lassen. Im „Selbstbekenntnis" 20, 9 sagt er, daß er versucht hat zu schweigen, die Botschaft wurde ihm aber wie ein brennendes Feuer in seinem Innern, „ich mühte mich ab, es zu vertragen (*nil'êṯî kalkel*), aber ich konnte (*jkl*) nicht". Ähnlich sagt JHWH Jes 1, 14, daß er die Feste des Volkes haßt: „sie sind mir eine Last geworden, ich kann sie nicht ertragen (*nil'êṯî neśô'*)". Auch Jer 15, 6 gehört hierher: „Ich habe meine Hand gegen dich ausgestreckt und dich vernichtet, ich wurde der Nachsicht müde (*nil'êṯî hinnāḥem*)."

Der emotionale Aspekt tritt auch Spr 26, 15 zutage: „Der Faule steckt seine Hand in die Schüssel, und 'ist zu träge', sie wieder zum Mund zu führen", d. h. er hat keine Lust dazu; ebenso Ex 7, 18: die Ägypter „'vermochten' nicht das stinkende Wasser des Nils zu trinken, d. h. es ekelte sie.

Näher der Bedeutung des Sich-Abmühens kommt Jer 9, 4: „Sie haben ihre Zunge Lügenworte gelehrt, sie mühen sich ab, Verkehrtes zu tun (*ha'aweh nil'û*)." Zur Schwierigkeit des MT vgl. jetzt auch J. Schreiner, NEB (Jer 1–25, 14) 69, der mit folgendem *šûḇ* verbindet: „sie sind zur Umkehr zu träge". Vielleicht gehört hierher auch Jes 47, 13: „Du 'hast dich abgemüht' mit seinen vielen Ratschlägen"; wie der Kontext zeigt, geht es um das Zu-Rate-Ziehen der Astrologen. In Jes 16, 12 ist der Text vielleicht nicht in Ordnung: „Wenn Moab erscheint (*nir'āh* Dublette von *nil'āh*?), wenn es 'sich abmüht' auf der *bāmāh* und in sein Heiligtum geht, um zu beten, erreicht es doch nichts." Die vielen Klagen und Gebete sind vergebens, sie schaffen nichts. (Nach Kaiser, ATD 18, 62 ist der Vers später Zusatz.)

Eine andere Nuance liegt Ps 68, 10 vor: „Dein Erbteil (d. h. das Land), das 'erschöpft' war (durch Dürre), hast du (Gott) erquickt (durch den Regen)." Dahoods Ansicht (Bibl 47, 1966, 408), hier *lā'āh* 'die

Oberhand gewinnen' vorzufinden, ist nicht begründet.

Im *hiph* ist der emotionale Aspekt wieder deutlich in Jes 7, 13: „Ist es euch zu wenig, Menschen zu 'ermüden', daß ihr auch meinen Gott 'ermüdet'", m.a.W. Gottes Geduld ist erschöpft. In den restlichen 3 Belegen geht es mehr um Kraftlosigkeit. Jer 12, 5 „Wenn dich der Wettlauf mit Fußgängern schon 'ermüdet', wie willst du mit Rossen wettrennen?", d.h. wie auch die Parallele zeigt, „wenn du bei der leichten Aufgabe versagst, wie soll das dann erst werden, wenn die schweren kommen?" (W. Rudolph, HAT I/12, 75). Hi 16, 7 „Nun hat er mich 'erschöpft', du hast meine Gemeinde (Familie?) verwüstet" – der Text ist wohl nicht in Ordnung, aber der Sinn von *lā'āh hiph* ist klar: Hiobs Geduld ist aus, er vermag nicht mehr. In dem Vorwurf Gottes an Israel Mi 6, 3 sagt JHWH: „Mein Volk, was habe ich dir getan, womit habe ich dich 'ermüdet'?" Gott hat seinem Volk alles Gute getan, das Volk aber benimmt sich, als ob er ihm schwere Lasten aufgebürdet hätte.

Ez 24, 12 ist wohl verderbt: *te'unîm hæl'āṯ* ist wahrscheinlich Dittographie von *tittum ḥæl'āṯāh*, „ihr Rost ist alle" im vorhergehenden Vers.

3. Die LXX bietet eine große Anzahl verschiedener Übersetzungen: *qal* παραλύεσθαι, Hi 4, 2. 5 Umschreibung; *niph* ἐπέχειν, ἀσθενεῖν, δύνασθαι, κοπιᾶν, παριέναι, *hiph* ἀγών, ἐκλύειν, κατάκοπος, λυπεῖν, παρενοχλεῖν, παρέχειν, ποιεῖν.

Ringgren

לְאֹם *le'om*

I. Etymologie, Verbreitung, Wortfeld, Bedeutung – II. Gebrauch.

Lit.: → גוי *gôj*. – Dazu ferner: *C. De Jong*, De Volken bij Jeremia, Diss. Kampen 1978. – *A. R. Hulst*, גוי/עם *'am/goj* Volk, THAT II 290–325. – *R. Martin-Achard*, Israël et les nations (Cahiers Théologiques 42, Neuchâtel–Paris 1959). – *H. Schmidt*, Israel, Zion und die Völker. Diss. theol. Zürich 1966.

I. *le'om* (innerhalb des AT nur in Spr 11, 26 *le'ôm*; vgl. auch Jes 51, 4?) wird gewöhnlich als archaisch-archaistische (KBL³ 488a) Bezeichnung für „Volk" angesehen (vgl. Spr 11, 26 „Leute, man"; Gen 25, 3 Horde, Stammesleute; vgl. die übrigen Belege in Spr). Es steht selten im Sing., meist im Pl. (s.u.), und insgesamt nur in metrisch-poetischen Texten, zu denen auch Gen 25, 23; 27, 29 zu rechnen sind.

In den semit. Sprachen findet sich analoges *l'im* bzw. *l'm* ('Volk, Menge'; auch Pl.) im Ugar. (UT Nr. 1346; WUS Nr. 1433; Gibson, CML² 149) und Akk. (*līmu* 'Tausend', AHw I 553b, vgl. KAI 236, Rs. 1; siehe auch DISO 134 reichsaram.; dazu auch Barr, CPT, 133. 172. 254. 329: 'Verwalter, Beamter, Herrscher' mit Verweis auf Gen 27, 29; Jes 34, 1; 41, 1; 43, 4. 9 und 51, 4 LXX); ferner im Arab. (*lamma VIII* = '[sich] vereinigen, versammeln'). Man vgl. außerdem KAI 224, 23–26: *tl'm*-Bevölkerung (nach H. Cazelles, VT 18, 1968, 150 Anm. 3 nicht nomen loci).

Die LXX übersetzt *le'om* (bzw. Pl.) meist mit ἔθνη, dann auch mit λαοί (bzw. Sing.), aber auch mit ἄρχοντες (Gen 27, 29; Jes 34, 1; 41, 1; 43, 4. 9) oder βασιλεῖς (Jes 51, 4; vgl. Ps 148, 11; 7, 8; zu beidem: Barr, CPT) und einmal mit φυλή (Spr 14, 34; zur Sache auch ThWNT II 364; IV 32).

Im späteren Hebr. wurde *le'om* durch *'ummāh* verdrängt (so wohl auch in Jes 55, 4 zu lesen; vgl. aber Ps 117, 1).

Zum Wortfeld gehören vor allem → עם *'am* und → גוי *gôj* (vgl. Hulst 315ff. mit Lit.), wobei dann in der Forschung zwar meist diese beiden Begriffe genauer differenziert werden, eine Näherbestimmung von *le'om* jedoch nur selten versucht wird (archaisch-archaistisch: KBL³ 488a; „seltener" oder „etwas klingender": Elliger, BK XI/1, 118: wieso eigentlich?).

Hier ist zunächst darauf zu verweisen, daß sich innerhalb des AT *le'om* nur an 4 Stellen im Sing. findet (Gen 25, 23 zweimal; z.St. und zur engen Verwandtschaft mit Gen 27, 29: L. Schmidt, EvTh 37, 1977, 237: *le'om* für Israel erst seit dem und durch das Großreich Davids; dann Spr 11, 26; 14, 28; in Jes 51, 4 wohl Pl.). Hier kann stets sowohl mit „Volk" als auch mit „Nation" oder auch mit „Leute" übersetzt werden.

Die meisten (der insgesamt 34 bis 36) Belege verwenden den Pl. (Jes 17, 12. 13; 34, 1. – 41, 1; 43, 4. 9; 49, 1; 51, 4; 55, 4 (zweimal?). – 60, 2. – Jer 51, 58. – Hab 2, 13. – Ps 2, 1; 7, 8; 9, 9; 44, 3. 15; 47, 4; 57, 10; 65, 8; 67, 5 (zweimal); 105, 44; 108, 4; 148, 11; 149, 7. – Spr 14, 34; 24, 24).

Hier fällt dann auf, daß der Pl. letztlich nie (zu Jes 17, 13 vgl. v. 12) isoliert verwendet wird, sondern stets in dichterischem Parallelismus auftaucht und dabei als Stilfigur der Variation gebraucht wird. Zusammen mit *gôjîm* steht das *le'ummîm* in Gen 25, 23; Jes 34, 1; 43, 9; Ps 2, 1; 44, 3. 15; 105, 44; 149, 7; auch Ps 117, 1 cj?; zusammen mit *'ammîm* in Gen 27, 29; Jes 17, 12f.; 55, 4 (dort einmal *le'ammîm* zu lesen?); Jer 51, 58; Hab 2, 13; Ps 47, 4; 57, 10; 67, 5; 108, 4; Spr 24, 24. Ferner steht der Pl. neben *teḇel* (Ps 9, 9), neben dem „Erdkreis" in Jes 60, 2; Ps 148, 11, neben den „Inseln" bei DtJes (41, 1; 49, 1), den „Enden der Erde" (Jes 41, 5, vgl. 41, 1; auch 43, 4?), den „Königen der Erde" (Ps 148, 11; vgl. Ps 2, 1f.), dem „Meer" (Ps 65, 8; Jes 17, 12; Hab 2, 13f.; vgl. in Ugarit KTU 1.3, II, 7). Die Zusammenstellung mit *'āḏām* in Jes 43, 4 muß nicht in *'aḏāmôṯ* verändert werden (vgl. wiederum Ugarit KTU 1.3, II, 7–8). Und in Spr 14, 28 steht auch der Sing. *le'om* neben einem Sing. *'am* (vgl. Jes 51, 4?).

Sehr allgemein (als „Leute") begegnet der Sing. wie der Pl. folglich nur in wenigen Texten. Meist sind

Fremdvölker gemeint (Israel nur in Gen 25,23), Fremdnationen. Und die poetisch ausgreifende Sprache läßt je nach Kontext eine Übersetzung mit Volk oder Nation zu, ohne dabei genauere Konkretion anzubieten. Der im par. membr. zugeordnete Begriff soll nur weitergeführt, soll ausweitend-umfassender gekennzeichnet werden.

II. So wird nicht nur der Gegensatz zwischen Israel und den „Völkern" betont (Ps 44,3; 47,4; 105,44; 149,7; vgl. Jes 43,9f.), sondern vor allem (in Heilsorakeln wie in Gebeten, in Gerichtsszenen wie in Verheißungen) herausgestellt, daß JHWH Herr auch der Völker ist, daß diese Völker daher vergeblich gegen ihn, gegen seine Stadt (Zionstradition mit ihrer Völkerthematik!) oder gegen sein Volk wie Chaosmächte anbranden (vgl. die oben erwähnte Zusammenordnung der Begriffspaare!), daß sie aber letztlich nichts vermögen und als Objekte des göttlichen Gerichts dem Verderben anheimfallen werden (Jes 17,12f.; Ps 65,8; vgl. Jes 34,1; 49,1; 51,4; Ps 7,8; 9,9; Jer 51,58; Hab 2,13; Ps 2,1; 44,3; 47,4; 44,15; 105,44). JHWH gibt Völker anstelle seines Volkes (Jes 43,4). Die Völker und Fremdnationen werden damit als unter JHWHs Herrschaft und Botmäßigkeit stehend gekennzeichnet (hymnisch-poetische Ausweitung). So werden dann auch Verheißungen auf diese Völker bezogen (Jes 55,4; 60,2), und der Beter will den Völkergott (Zionstradition!) vor den Völkern loben (Ps 57,10; 108,4; vgl. noch Ps 117,1 cj; 148,11), da JHWH auch die Völker leitet (Ps 65,5).

le'om (bzw. Pl.) hat somit nicht nur seinen Ort in metrisch-poetischen Texten, sondern wird dort auch in poetisch-ausweitender Art und Absicht gebraucht, um anzuzeigen, daß JHWHs Macht über die Grenzen Israels hinausgeht, daß sein Gerichts- wie sein Heilshandeln auch andere Völker und Nationen umgreift.

Die Belege innerhalb der Qumrantexte (dort nur *le'ôm*) gehen über die im AT angelegte Bedeutungs- und Verwendungsbreite nicht hinaus (1QH 6,12; 1Q 27,1.9; unsichere Textgrundlage in 1QSb 3,18; 5,28).

Preuß

לֵב *leḇ*

לֵבָב *leḇāḇ*

I. Etymologie und Verbreitung – II. Umwelt – 1. Ägypten – 2. Mesopotamien – 3. Ugarit – 4. Aramäer – III. *leḇ/leḇāḇ* im AT – 1. Verteilung – 2. Syntaktische Verbindungen – 3. LXX – 4. Sir – IV. Die Bedeutung von *leḇ/leḇāḇ* im AT – 1. Organ-anatomisch nicht fixierbar, *leḇ* als „Brust" – 2. *leḇ* der Pflanze – 3. *leḇ* des Tieres – 4. *leḇ* „Mitte" – V. Der *leḇ* des Menschen – 1. Zum Personbegriff des AT – 2. Vegetatives Zentrum des Menschen – 3. Emotionales Zentrum des Menschen – a) Gefühlsregungen des lebendigen Daseins: Trauer, Freude und Wohlgefallen – b) Gefühlsregungen des individuellen Selbstseins: Furcht, Schrecken und Zorn – c) Transitive Gefühlsregungen: Liebe, Haß und Dankbarkeit – 4. Rational-noetisches Zentrum des Menschen – a) Erkenntnisorgan – b) Sitz der Erinnerung – c) Der Weisheit – d) Der Verwirrung und Torheit – 5. Ausgangspunkt des voluntativen Strebens – a) Treibende Kraft des Menschen – b) Subj. von Sinnen und Planen – c) Sitz von Mut und Tatendrang – 6. *leḇ* im religiös-ethischen Bereich – a) Ort des Einwirkens Gottes – b) Gewissen – c) Ethisch negativer Habitus: Bosheit, Hybris, Verstokkung und Götzendienst – d) Ethisch positiver Habitus: aufrichtige Gesinnung, Demut, Gottessuche, Gottesliebe, Thorabeobachtung, Gotteserkenntnis, Gottesfurcht und Umkehr, „Beschneidung des Herzens" – VI. *leḇ* der Götzen – VII. *leḇ* JHWHs – VIII. Qumran.

Lit.: *J. B. Bauer*, De „cordis" notione biblica et iudaica (VD 40, 1962, 27–32). – *F. Baumgärtel – J. Behm*, καρδία (ThWNT III 1938, 609–616). – *J. H. Becker*, Het begrip „hart" in het Oude Testament (GTT 50, 1950, 10–16). – *C. A. Briggs*, A Study of the Use of לב and לבב in the OT (in: Semitic Studies in Memory of A. Kohut, 1897) 94–105. – *H. Brunner*, Das hörende Herz (ThLZ 79, 1954, 697–700). – *Ders.*, Das Herz als Sitz des Lebensgeheimnisses (AfO 17, 1954/56, 140f.). – *Ders.*, Das Herz im Umkreis des Glaubens, 1965, 81–106. – *P. Dhorme*, L'emploi métaphorique des noms de parties du corps en Hébreu et en Akkadien VI (RB 31, 1922, 489–517). – *M. Dijkstra*, A Ugaritic Pendant of the Biblical Expression „Pure in Heart" (Ps 24:4; 73:1), (UF 8, 1976, 440). – *J. Doresse*, Le cœur et les Anciens Égyptiens, in: Le Cœur (Études Carmélitaines 29, 1950, 82–97). – *K. Galling*, Das Bild vom Menschen in biblischer Sicht (Mainzer Universitätsreden 3, 1947). – *B. de Gerardon*, Le cœur, la bouche, les mains. Essai sur un schème biblique (BVChr 1, 1953, 7–24). – *A. Guillaumont*, Les sens des noms du cœur dans l'Antiquité, in: Le Cœur (Études Carmélitaines 29, 1950, 41–81). – *A. Hermann*, Das steinharte Herz. Zur Geschichte einer Metapher (JAC 4, 1961, 77–107). – *F. Hintze*, Zu den Wörtern für „Herz" und „Magen" im Altägyptischen (Ägyptische Studien H. Grapow 1955, 140ff.). – *E. Jacob*, ψυχή κτλ. B.4. (ThWNT IX 623ff.). – *A. R. Johnson*, The Vitality of the Individual in the Thought of Ancient Israel, Cardiff ²1964. – *P. Joüon*, Locutions Hébraiques avec la préposition על devant לב, לבב (Bibl 5, 1924, 49–53). – *A. Kammenhuber*, Die hethitischen Vorstellungen von Seele und Leib, Herz und Leibesinneren, Kopf und Person 2 (ZA NF 23, 1965, 177–222). – *L. Koehler*, Der hebräische Mensch, 1953. – *H. Kornfeld*, Herz und Gehirn in altbiblischer Auffassung (Jahrbücher für jüdische Geschichte und Literatur 12, 1909, 81ff.). – *P. Lacau*, Les noms des parties du corps in Égyptien et en Sémitique, Paris 1970. – *F. H. van Meyenfeldt*, Het Hart (leb, lebab) in het Oude Testament, Leiden 1950. – *F. Nötscher*, Gotteswege und Menschenwege, BBB 15, 1958, s.v. Herz. – *J. Oelsner*, Benennung und Funktion der Körperteile im hebräischen Alten Testament, 1960. – *W. O. E. Oesterley*, The Book of Proverbs, London 1929, Exkurs IX: The Connotation of Lêb („Heart") in Proverbs, LXXVII–LXXX. – *J. Pedersen*, Israel. Its Life and Culture I, Kopenhagen

1926, 99–181, bes. 103f. – *A. Piankoff*, Le cœur dans les textes égyptiens depuis l'Ancien jusqu'à la fin du Nouvel Empire, Paris 1930. – *J. Pidoux*, L'homme dans l'Ancien Testament (Cahiers Théologiques 32, 1953). – *F. Popitz*, Die Symbolik des menschlichen Leibes, 1956. – *M. Z. Qaddari*, הצירופים השמניים של ״לב (לבב)״ בלשון המקרא (Bar-Ilan 4f., 1969, 352–390). – *H. W. Robinson*, Hebrew Psychology, in: A. S. Peake, The People and the Book, Essays in the Old Testament, Oxford 1925, 353–382, bes. 363ff. – *A. Rupp*, Vergehen und Bleiben. Religionsgeschichtliche Studien zum Personenverständnis in Ägypten und im Alten Testament (FARG 2, 1976). – *H. Rusche*, Das menschliche Herz nach biblischem Verständnis (BiLe 3, 1962, 201–206). – *J. Scharbert*, Fleisch, Geist und Seele im Pentateuch (SBS 19, ^{2}1967). – *Ders.*, Der Schmerz im Alten Testament (BBB 8, 1955). – *W. H. Schmidt*, Anthropologische Begriffe im AT (EvTh 24, 1964, 374–388). – *E. Schmitt*, Leben in den Weisheitsbüchern Job, Sprüche und Jesus Sirach (FThSt 66, 1954). – *J. Schreiner*, Persönliche Entscheidung vor Gott nach biblischem Zeugnis (BiLe 6, 1965, 107–121). – *F. Stolz*, לב *leb* Herz (THAT I 861–867). – *H. W. Wolff*, Anthropologie des Alten Testaments, ^{3}1977. – *Ders.*, Menschliches. Vier Reden über das Herz, den Ruhetag, die Ehe und den Tod im AT (Kaiser Traktate 5, 1980). – *W. Zimmerli*, Das Menschenbild des AT (Theologische Existenz Heute, NF 14, 1949).

I. Hebr. *leḇ/leḇāḇ* geht zurück auf eine gemeinsemit. Wurzel **libb* (vgl. P. Kahle, Der masoretische Text des AT, 1902 [= 1966], 68 *lbb*).

J. Barth, Nominalbildung 107, leitet das Nomen (urspr. *libāb*) von einem intrans. Verb ab, das nach L. Koehler (JSS 1, 1956, 3–24, bes. 15) „throb" (schlagen, hämmern) bedeutet, aber nicht belegt ist. Die Ableitung geschehe analog zu *db* „Bär" von *dbb*, so daß *leḇāḇ* von ihm als „word extension" aufgefaßt wird.
Ob diese Wurzel in akk. *labābu* „wüten" (AHw I 521), *libbatu* „Wut" (AHw I 548) vorliegt (G. R. Driver, JThSt 29, 1928, 393; 32, 1931, 366; KBL^3 zu I לבב), ist nicht sicher (vgl. die Ablehnung bei G. Rinaldi, BietOr 17, 1975, 172). Hebr. *lbb I niph* „verständig werden", *pi* „das Herz wegnehmen, verzaubern" (KBL^3 490; A. Cohen, AJSL 40, 1923, 174f.) ist dagegen von *leḇ* denominiert.

In allen semit. Sprachen begegnet die nominale (vgl. Bergsträsser, Einführung 184; P. Fronzaroli, AANLR 19, 1964, 272) Performation: akk. *libbu* 'Leib, Inneres, Herz' (AHw I 549–551; CAD L 164–176; ugar. *lb* 'Herz' (WUS Nr. 1434; UT Nr. 1348). Wahrscheinlich ist also *leḇ* ein Primärnomen.

Vgl. altaram. *lbb* 'cœur'; phön.-pun. u. aram. *lb* 'cœur, centre de l'action de la personne' (DISO 134); jüd.-aram. *leḇ/leḇāḇ* 'Herz, Gedanke, Verstand' (Levy, WTM II 463) und *libbā'/lībbā'/lib^{e}ḇā'* 'Herz, Gesinnung, Gedanken' (a.a.O. 464); syr. *lebbā'* 'cor, cordia, interiora corporis, etc.' (LexSyr 345f.; auch südsemit.: arab. *lubbun* 'Herz, Sinn, Verstand, Einsicht, Inneres, Mark, Kern', *labbatun* 'oberer Teil der Brust, Kehle' (WKAS II/2, 77–92) mit den Derivaten *labābun* 'Verstand, Einsicht, Klugheit', *labibun* 'verständig, einsichtig, klug', *labba* 'verständig sein' u.a. (zu thamud. *lb(b)* 'her zu' vgl. H. Grimme, ZDMG 95, 1941, 359–366); asarab. *lb* 'cor' (Conti-Rossini 171); äthiop. *l^{e}b* 'cor, animus, mens, ratio, intellectus' (LexLingAeth. 41f.); Tigrē, Ge'ez, amhar. *l^{e}b* 'Herz, Verstand' (Wb Tigrē 39), *l^{e}bbam* 'intelligent', *l^{e}bbona* 'Intelligenz' (Leslau, Cognates 50; lybisch *ul* (KBL^3 488; zu **lub* > **lubbu* vgl. O. Rößler, ZA 50, 1952, 134f.).
Ob äg. *ỉb* (WbÄS I 59f.) 'Herz, Verstand, Gedanke' mit semit. *lbb* etymol. zusammenhängt (P. Lacau 92f.: semit. *l* < *ỉ* aufgrund des folgenden *b* wie in *ỉbj* 'durstig sein', vgl. arab. *l'b*), bleibt unklar.

II. 1. Im Äg. werden *ỉb* (WbÄS I 59f.; vgl. E. S. Meltzer, JNES 36, 1977, 149ff.) und *ḥꜣ.tj* (WbÄS III 26f.) 'Herz' beide durch die Hieroglyphe des Tierherzens, das schon in der Frühzeit als beliebte Opfergabe bekannt war, dargestellt (P. Lacau 91). Nach WbÄS III 27 ist der Unterschied zwischen dem seit Pyr belegten *ḥꜣ.tj* und dem alten, weit häufigeren *ỉb* nicht klar. In Parallelen bezeichnen sie teils dasselbe, teils verschiedene Körperteile, wobei *ḥꜣ.tj* der größere zu sein scheint. Nach medizin. Auffassung des Äg. geht der Atem zum Herzen und von ihm gehen symmetrisch „Gefäße" durch den Körper, in denen das Herz spricht (Pulsschlag?) (vgl. LexÄg II 1159). Man sah im Herzen den Mittelpunkt des Menschen, seines Körpers, Geistes, seiner Seele und seines Willens sowie der ganzen Persönlichkeit und ihrer Verbindung zu Gott. Das Herz als Sitz des Lebens (die Ka des Menschen ist in seinem Herzen wirksam [LexÄg II 1163]) ist aber nicht mit dem Menschen identisch, sondern kann ihn verlassen, ihm als Partner Rede und Antwort stehen, aber sich ihm auch verweigern (vgl. Rupp, 160f.; A. Hermann 101–104). Hier wohnen die Charaktereigenschaften und Gefühle, Vertrauen („das Herz öffnen"), Liebe, Fürsorge, Mitleid, Gnade, Freude („Herzensweite") und Angst („Herzklopfen"). Seinem Vertrauten schenkte der Pharao ein kostbares Herzamulett (Urk IV, 1427f.; Lange-Hirmer, Ägypten, Taf. XXIIIf.). „Das Herz verschlucken" meint die Tugend der Verschwiegenheit, aber auch die üble Verstocktheit (Brunner 1160). Der selbstbeherrschte Mensch hat sein Herz fest in der Hand; es flattert, hüpft und strauchelt nicht (Pap. Anastasi IV, 2, 5) und den mutigen Kämpfer zeichnet ein „dickes Herz" (*wmt-ỉb*; vgl. A. Piankoff 37) aus. Hochmut und Stolz, aber auch Sehnsucht und Heimweh siedeln im Herzen. Geiz (*'wn-ỉb*) gilt als Krankheit und Ärger läßt das Herz stinken. Wenn der Ägypter einen Dummkopf einen „herzlosen" Mann schilt (vgl. Brunner, Altägyptische Erziehung, 1957, 110ff.), dann steht dahinter die Auffassung vom Herzen als Sitz von Verstand, Einsicht und „Gedächtnis" (CT VII 464d). Durch das Herz spricht Gott zum Menschen, in ihm kann aber auch umgekehrt der Mensch Gott erkennen und seinen Willen erfahren (vgl. S. Morenz, Ägyptische Religion, 1960, 67ff.). Gott kann sogar selbst „im Herzen des Menschen sein" (Bonnet, RÄR 297), nach Brunner (ThLZ 79, 1954, 697–700, bes. 699) eine Vorstufe zur Vorstellung vom Gewissen. Im Herz konkretisiert sich die ethische Qualifikation des

Menschen; deshalb wird es beim Totengericht („Stätte der Herzensenge") gewogen. Zwischen Herz und Zunge soll schließlich eine enge Verbindung zwecks Aufrichtigkeit bestehen. Im Alter wird das Herz müde (vgl. den Beinamen des Osiris „der Herzensmüde"), aber es gehört auch weiterhin zum Menschen; er legt – auch rituell abgesichert – großen Wert darauf, daß er als Toter sein Herz behält (vgl. bes. E. Feucht, Herzskarabäus, LexÄg II, 1977, 1168ff.). Auch bei der Gottheit ist das Herz Sitz der Aktivität, bes. der Schöpfung (Theologie von Memphis; vgl. D. Müller, Or 35, 1966, 247–274; H. Kees, StudGen 19, 1966, 124ff.), der Erforschung und Erhaltung der Welt. In einem alltäglichen Morgenritus wird dem Gottesbild im Tempel beim Wecken sein Herz dargebracht (vgl. A. Moret, Le rituel du culte divin journalier, BdE 14, 1902, 63).

2. Vom Altakk. an begegnet sehr häufig *libbu* (AHw I 549–551; CAD L 164–176), zeigt aber noch eine größere Bedeutungsbreite als hebr. *leḇ*/*leḇāḇ*.

Das erschwert die semantische Abgrenzung von den Synonymen *ṣurru* 'Inneres, Herz', *kabattu* 'Leber, Bauch, Inneres, Gemüt, Sinn' (hebr. *kāḇeḏ*) und *karšu* 'Magen, Leibesinneres, Gemüt, Sinn, Verstand' (hebr. *kāreś*, Jer 51, 34; Sir 36, 23) sowie *qerbu* (hebr. *qæræḇ*) 'Inneres, Mitte' (AHw II 914f.; Dhorme 109ff.). In ababyl. Aufzählungen steht *libbu* neben *irtu* 'Brust', *qātu* 'Hand' und *šēpu* 'Fuß' (AfO 16, 66, III, 9) und meint wahrscheinlich die ganze untere Körperhälfte (CAD „abdomen"). Der Mensch fühlt sich krank, wenn sein *libbu* 'Magen' keine Speisen aufnimmt (F. Küchler, Assyriologische Bibliothek 18, 1904, 26, III, 6); ist seine „Leber" gebrochen, spuckt er Galle (Atramḫasis 92, III, II, 47). In der Bedeutung „Mutterleib" (PBS 5, 100, I, 5) sowie „Fötus" begegnet es bes. in CH (§ 209, 29) und in den assyr. Gesetzen und steht schließlich für die „Eingeweide" insgesamt (UET 6, 410, 12). Schließlich meint *libbu* das Herz, dessen Schlagen Zeichen für Leben, dessen Stillstand Beweis des Todes ist: „Er berührte sein Herz, aber es schlug nicht mehr" (Gilg. VIII, II, 16). Ein Dolchstoß in den *libbu* beendete das Leben des Menschen (EA 254, 44). Trotzdem wurde *libbu* kaum als Sitz oder Motor des Lebens verstanden (vgl. R. Labat, RLA IV, 1972–75, 366f.). Aus den vielen Wortverbindungen mit *libbu* (z. B. *dur libbi* 'Zwerchfell', *elītu l.* 'Oberseite', *išdu l.* 'Unterteil', *kubšu l.* 'Eingeweide', *rēš l.* 'Epigastrium', *šamnu l.* 'Bauchfett' u. v. a.) geht hervor, daß *libbu* anatomisch nicht eindeutig identifiziert war. Zu den Krankheiten und Symptomen des *libbu* vgl. CAD L 167. *libbu*, schon bald übertragen, bezeichnete das „Innere" schlechthin: des Auges, die Iris(?) (Küchler, Beiträge 54, III, 4), des Ohres (RAcc 26, I, 17), der Nase. Bald wird *libbu* ausgeweitet als die „inneren Teile" von Häusern, Landschaften, Städten, Flüssen, Himmel, Gefäßen (Belege CAD L 168), von Pflanzen (z. B. *qanê* 'Rohrmark' oder *iṣṣi* 'Vegetationskegel der Palme'; vgl. AHw) oder auch von Öl.

So entsteht der Verdacht, daß *libbu* zum Begriff für den Wesenskern der Dinge wurde, der Existenz, Wert und Zweck einer Sache ausmachte.

Das Herz von Tieren spielt nur eine geringe Rolle. Es gab ein Herzopfer an die Unterweltgötter (RAcc 14, II, 16; KAR 60, 15). Bedeutender war es für die Omendeutung, vgl. „Du, Šamaš, hast dein Orakel in den *libbu* des Schafes eingeschrieben" (STT 60, 15). Der Eingeweideschauer stellt fest, ob das Herz *šalim* „in gutem Zustand", *ḫaniq* „zusammengepreßt" oder *tarik* „von dunkler Farbe" ist (ARM 4, 54, 10); vgl. F. Blome, Die Opfermaterie in Babylonien und Israel I, Rom 1934, 173ff. 182ff.

Während *kabattu* mehr als Sitz der blinden Leidenschaften verstanden wurde, ist *libbu* der Ort der mehr willentlich geprägten Gefühle (Wunsch, Liebe, Freundschaft, Erbarmen, Treue u. a.), von Bewußtsein, Einsicht und Verstand. Letzteres entspringt wohl der Erfahrung von Bewußtlosigkeit (*ramān-šu ul īde*) und der Rückkehr der Sinne (*libba-šu ēr* „sein Herz ist wach", Labat 367). Im Herzen ersinnt der Mensch Gutes und Böses (VAS 1, 57, III, 2), hier gründen Loyalität (PRT 139 r. 10), aber auch Intrige (Asb 28, III, 81); hier sitzt zwar der Respekt vor Marduk (VAB 4, 116, II, 26); trotzdem war es kaum Zentrum menschlicher Religiosität (vgl. hierzu *kabattu* und Dhorme, 128ff.).

Das riesige Wortfeld zeigt die Bedeutungsbreite: *libbu* mit den Verben „beruhigen, versöhnen", „sich freuen", „zornig, böse sein", „aufmerksam sein", „bekümmert sein" (vgl. den PN *Libbi-ilim-li-im-ra-aṣ*, AHw II 609), „fürchten" (vgl. sbabyl. *libbi paliḫ* „Herz voller Ehrfurcht [den Göttern gegenüber]", VAB 4, 262, 4), „wünschen", „ermutigen", „entmutigen", „zurückkehren", „treu sein" u. v. a. (weitere Belege AHw I 549f.; CAD L 172). *libbu* begegnet mit den Adj. „zornig, wütend", „wild, ungestüm", „weit, fern, unergründlich", „schön, gut, brauchbar", „schlecht", „rein", „dunkel, getrübt", „weise, klug", „stolz", „schwer, angesehen", „heil, gesund", „krank" und „ganz" (*ina libbi gamri* „[etwas] von ganzem Herzen [tun]" [vgl. F. Thureau-Dangin, Tablettes d'Uruk, TCL 6, 2 Rs. 18; ARM 2, 35, 27], entspr. hebr. *b^eleḇ šālem*, vgl. AHw I 279f., weitere Belege CAD L 172). Als Nominalverbindungen (*libbu* nur als nomen rectum) finden sich „Gesundheit", „Nahrung, Heilung", „Brechreiz(?)" (AHw I 242), „Schrekken" (CAD Ḫ 150f.), „Freude, Heiterkeit" (BER 4, 150, 10), „Kummer, Trauer" (AHw I 564), „Brennen" (YOS 10, 54 Rs. 13), „Verstörung" (AfO 19, 64, 90), „Verstand" (Iraq 14, 33, 22), „Verhärtung, Zorn" (YOS 10, 42 I 54 u. ö.), „Eid, Treue" (A. Falkenstein, Literarische Keilschrifttexte aus Uruk, 1931, 33 Rs. 8), „Verlangen, Begierde" (LBAT 1571 a. r. 17; vgl. bes. *nīš libbi* 'potentia coeundi' in den Beschwörungstexten für sexuelle Potenz; vgl. R. D. Biggs, TCS 2, 1967, 2; W. Heimpel, ZDMG 120, 1970, 189f.), „Bauchschmerzen, Ärger" (AHw II 676), „Liebling des Herzens" (oft im Zusammenhang mit Königsnamen, Syr 32, 16, 16) und schließlich „Herzensberuhigung" (TC 2, 15, 31f.; zur Omendeutung vgl. A. L. Oppenheim, The Interpretation of Dreams in the Ancient Near East, Philadelphia 1956, 319).

Vom *libbu* der Gottheit ist nur selten die Rede: Gemeint ist dann das, was aus diesem göttlichen *libbu* hervorgeht: Wunsch, Belieben, Plan, Ratschluß. Analog zur Formel *šumma libbi bēlija* „wie es meinem Herzen beliebt" (vgl. ARM 2, 133, 14) wurde offenbar auch das Belieben der Götter formuliert, vgl. die PN *Šumma-libbi-Aššur* oder *Šumma-li-*

ib-ilī (PNC 66f.). Der Wille der Götter (*libbi ilāni*) spielte eine bes. Rolle beim Regierungsantritt des Königs, vor allem, wenn der König „gegen den Willen der Götter" *kî la libbi ilāni* regierte (Belege CAD L 172).

3. In Ugarit begegnet *lb* „Herz" (UT Nr. 1348; WUS Nr. 1434) ca. 30mal (R. N. Whitaker 395). Zur möglichen Verwechslung mit *klb* „Hund" oder *lb'* 'Löwe' vgl. bes. KTU 1.19, I, 10. 13; 1.24, 30; 1.114, I, 12 (H. M. Barstad, AcOr 39, 1978, 23ff.). In den mytholog. Texten begegnet das Herz der Gottheit (neben den Nieren *kljt*: 1.82, 3) als Sitz der Empfindungen und Gefühle. Vor Freude schwillt die Leber (*kbd*) und das Herz füllt sich mit Lachen (1.3, II, 26; 1.7, I, 7; 1.12, I, 13; 1.17, IV, 41); Pġt weint in ihrem Herzen (1.19, I, 34). El und ʿAnat zerfurchen sich die Brust („Gegend des Herzens" *'p lb*) aus Trauer über den Tod Baʿals (1.5, VI, 21; 1.6, I, 5); vgl. ähnlich *b lb tqb* [] (KTU 1.15, V, 15). Im Herzen sind Mutterinstinkt und Sehnsucht nach dem Geliebten lokalisiert: „Wie das Herz der Kuh nach ihrem Kalb ist, wie das Herz des Mutterschafes nach seinem Lamm ist, so war das Herz der ʿAnat nach Baʿal" (1.6, II, 6–8. 28f.). Zum *lb* (par. *kbd, qrb*) ʿAnats als Ort übler Pläne vgl. 1.17, VI, 41; 1.18, I, 17; zum Vergleich mit einer Schlange (*bṯn*) vgl. 1.19, IV, 61. Textlich umstritten ist *mgr lb* „Unterwerfung des Herzens, Gehorsam" (1.114, I, 12; vgl. akk. *migir libbi*), den die niedrigen Götter El gegenüber zu erweisen haben.

In der ugar. Briefliteratur begegnet formelhaft der Wunsch, sich bestimmte Dinge „nicht zu Herzen zu nehmen" (*b lb 'l št* 2.30, 23; 2.38, 27), d. h. sich keine Sorgen zu machen (vgl. *ina libbika lâ išakin*, EA 35, 12, 15), nicht betrübt zu sein (vgl. KTU 2, 25, 3). In KTU 2.8, 4 (vielleicht auch 2.3, 5) begegnet die eigenartige Wendung *brt lb* „rein sein in bezug auf sein Herz", nach M. Dijkstra 440 eine moralische Aussage (?). In KTU 7.63, 8 liegt in *lb mlk* „Herz des Königs" eine affektive Konnotation, ein Zärtlichkeitsname (Beiname des Niqmepaʿ) vor. Auch in Opferlisten begegnet *lb* (1.39, 8; 1.41, 17; 1.87, 19).

4. Schon im Altaram. begegnet *lbb* in den Sfire-Inschriften als Bezeichnung für den Ort, in dem der Vertragspartner seine geheimen Absichten ersinnt. Sogar schon dieses „Denken im Herzen" (*ʿst blbb*, KAI 223 B 5; vgl. Sach 7, 10) bzgl. der Vertragstreue oder das „über das Herz kommen" (*jsq ʿl lbb*, KAI 224, 14. 15) eines Vertragsbruches ist im Vertragswerk eingeschlossen. Zur parallelen akk. Terminologie vgl. R. A. Brauner, A Comparative Lexicon of Old Aramaic. Diss. Dropsie University Philadelphia 1974, 299f. Im Reichsaram. und Äg. Aram. (DISO 134) steht *lb/lbb* für die Person selbst und ihr Aktionszentrum, ist Sitz der Emotionen, Reflexionen, Absichten und Wünsche (AP 40, 3; 71, 6; Hermopolis 4, 5; KAI 264, 8f.). Es fällt schwer, einen Menschen „von unter dem Herzen weg" (*mn tḥt lbb*, BMAP 2, 14) einer Person, d. h. aus ihrem Einflußbereich wegzubringen.

Die Sprüche des Aḥiqar zeigen die volle anthropologische Breite der Wortbedeutung.

Verschwiegenheit „sein Herz verhärten" (Aḥ 98; anders Ex 8, 11. 28) ziert den Menschen, der wie ein intaktes Gefäß ein Wort in seinem *lb* festhält (Aḥ 109; vgl. Sir 21, 14; 27, 19). Den „*lb* zuwenden" bedeutet „Aufmerksamkeit schenken" (Aḥ 65). Der Besonnene läßt sein Herz nicht „springen" (*jḥd*, Aḥ 106; vgl. Sir 16, 1), pervertiert seinen *lb* nicht durch Anhäufung von Reichtümern (*šg'*, Aḥ 137; vgl. Sir 8, 2b). Nahrung für den *lb* des Menschen ist das Wort des Königs (Aḥ 100, Text?), über das man nie mit zornigem Herzen diskutieren soll (Aḥ 104; zum rechten Umgang mit dem Königswort vgl. auch die Instruktionen des Ptahhotep 147ff.; ANET[3] 413a).

Ein „gutes Herz" (*lbb ṭb*) und ein „ausgezeichneter Charakter" (*špjr mddh*, Text?) sind die Charakteristika des idealen Menschen (Aḥ 159; vgl. KAI 26A, I, 13). Aber der *lb* des Menschen, Charakter und Absichten sind von außen nicht einsehbar (Aḥ 163). Wie sehr *lb* für den ganzen Menschen und für sein hingebungsvolles Wirken steht, zeigt die Klage des Weisen über einen dummen Schüler: „Meine Augen, die ich auf dich gerichtet habe und meinen *lb*, den ich dir in Weisheit gab, hast du abgewiesen und meinen Namen hast du zur Bedeutungslosigkeit gewendet" (Aḥ 169).

Bei den Abschlußklauseln von Vertrags- und Protokolltexten bildet die Verbindung von *ṭb* (→ טוב, III 322) mit *lbb* die sog. *ṭb-lbbj*-Formel, die nach Y. Muffs, Studies in the Aramaic Legal Papyri from Elephantine, Studia et Documenta ad Iura Orientis Antiqui Pertinentia 8, 1969, rechtskonstitutiven Charakter hat: Sie dokumentiert den Anspruch des Rechtspartners auf eine angemessene Entschädigung sowie den definitiven Verzicht auf weitere Ansprüche des Zufriedengestellten. Die Formel begegnet in zweifacher Form: *ṭjb lbbj* „mein Herz ist zufriedengestellt" (AP 2, 9; 14, 5; 15, 5 [*ṭb*]; 15, 15; 20, 9; 43, 7; BMAP 1, 4; 3, 6; 12, 6. 14. 26) und aktivisch *hwṭbh lbbj* „du hast mein Herz zufriedengestellt" (AP 6, 12; 20, 8). Muffs vergleicht die Formeln mit akk. *libbašu ṭāb* (63–141), dem äg. *m-ỉb-hr* „with a satisfied heart" (142–149) und dem demotischen *dj.k-mtj ḥ3tj(ỉ)* (150–172). Wahrscheinlich wurde diese Formel, die *lbb* pars pro toto der Person versteht, zuerst im „quitclaim", der ausdrücklichen Feststellung des Abschlusses eines Rechtsgeschäftes durch Bestätigung des Erhalts der damit verbundenen Leistungen verwendet (107).
lb/lbb begegnet auch 5mal in den aram. Texten von Deir ʿAllā (vgl. J. Hoftijzer – G. van der Kooij, DMOA 19, 1976, 250f.). „Im Herzen sprechen" (II, 12), „das Seufzen des Blinden im Herzen" (*nqr blbbh n'nḥ*, II, 12; vgl. Ps 13, 3; KTU 1.19, I, 34) und die rhetorische Frage, ob der *lbb* eines Blinden fest (*kwn*) sein kann (II, 14), sind gerade noch erkennbare Textzusammenhänge.

III. 1. *leḇ/leḇāḇ* begegnet im AT insgesamt 853mal, davon im hebr. AT *leḇ* 596mal (A. Even-Shoshan, Concordance 599mal), *leḇāḇ* 249mal (252mal), in den aram. Teilen *leḇ* 1mal, *leḇaḇ* 7mal.

Außer in Mi und Hab begegnen *leḇ/leḇāḇ* in allen Büchern des AT. Dabei begegnen sie am häufigsten in Ps (137mal), Spr (98mal), Jer (66mal), Deut (51mal), Ez

(47mal), Ex (45mal), 2 Chr (44mal) und Pred (41mal). Im Pentateuch zeigen nur Deut (und nach ihm DtrGW) und das Heiligkeitsgesetz eine eindeutige Präferenz für *leḇāḇ*; Deut setzt *leḇ* (zumindest in Deut 4, 11) nur als Mittel zum Bedeutungsspiel (vgl. G. Braulik, AnBibl 68, 1978, 99. 126) ein, während JEP fast ausschließlich *leḇ* verwenden, J sogar *leḇāḇ* nicht zu kennen scheint. Auch E kennt *leḇ* (Gen 31, 20; 45, 26; gegen Stolz, THAT I 861); Protojesaja zieht *leḇāḇ* vor, DtJes, TrJes, Jer und Ez dagegen *leḇ*; im Dodekapropheton verwenden Hos, Am, Ob, Sach und Mal *leḇ*, Jo, Hag und Jon *leḇāḇ*. Die weisheitlich geprägte Literatur bevorzugt einheitlich *leḇ*; Dan und ChrGW zeigen wieder ein umgekehrtes Gefälle.

Es scheint so, daß in früherer Zeit *leḇ*, in späterer Zeit mehr *leḇāḇ* verwendet wurde, bes. im Umkreis des Deut/Dtr und Chr. Ein Bedeutungsunterschied läßt sich nicht erkennen, im Gegenteil: *leḇ* und *leḇāḇ* scheinen völlig synonym und einander austauschbar, vgl. 1 Sam 6, 6a. b; 1 Chr 12, 39a. b; Gen 31, 20 par. 26; Ez 28, 2c par. 6; 2 Chr 12, 14 par. 19, 3; Ri 19, 15 par. 8 und Ri 19, 6 par. 9 (in Ri 19 ist eine literarkrit. Valenz nicht ausgeschlossen).

2. a) *leḇ* begegnet absolut 210mal (vornehmlich Spr; Ps; Ex; DtrGW), mit den Partikeln b^e (70mal), *min* (12mal) und k^e (8mal), mit fast allen (außer 2.f.pl.) Suffixen. Der Pl. *libbôṯ* begegnet 7mal. *leḇāḇ* st. abs. begegnet 32mal (vornehmlich Ps; ChrGW; Hi); st. cstr. ohne Suffix 22mal. Es wird 46mal mit b^e, 6mal mit k^e und 2mal mit l^e verbunden. Auch *leḇāḇ* verbindet sich mit fast allen (außer 2.f.pl.) Suffixen. Der Pl. *l^eḇāḇôṯ* begegnet nur 1 Chr 28, 9. Während sich aber der Gebrauch von *leḇ* auf die Verbindungen mit dem Suff. 1. P. (104mal) u. 3. P. (160mal) konzentriert (Bericht, Erzählung etc.), fällt für *leḇāḇ* die häufige Verbindung mit den Suff. 2. P. (96mal) auf (paränetische Anrede etc.).

b) Als nomen regens findet sich *leḇ* in Verbindung mit *marpeh* 'ruhig', *'æḇæn* 'aus Stein', *bāśār* 'aus Fleisch', *da'aṯ* 'Sinn für Erkenntnis', *'arjeh* 'Mut eines Löwen', *gibbôrîm* 'Mut der Helden', *'ajin* 'ohne Verstand', *'awlāh* 'Verkehrtheit', *niḏkā'îm* 'Zerschlagenheit', *nāḇāl*, *k^esîlîm* 'Herz des/der Toren', *ḥāḵām* 'des Weisen', *r^ešā'îm* 'der Übeltäter', alle eindeutig mit ethischer Konnotation; übertragen *leḇ-jam/jammîm* „inmitten des Meeres" (vgl. akk. *ina libbi tāmti*), *leḇ-haššāmajim* „bis in den Himmel hinein". Weiter steht *leḇ* in Cstr.-Verbindung mit 'Mann' *'îš*, 'Frau' *'iššāh*, 'Väter' *'āḇôṯ*, 'Söhne' *bānîm*, 'Jüngling' *na'ar* und 'junge Frau' *'almāh*, mit 'König' *mælæḵ*, *par'oh*, 'Fürsten' *śārîm*, 'Volk' *hā'ām*, 'Führer' *rā'šê* des *'am-hā'āræṣ*, 'Knechte' *'aḇāḏîm*, 'viele Völker' *'ammîm rabbîm* und 'Menschen' *b^enê 'āḏām*. Genannt werden weiterhin der *leḇ* der Israeliten, der Ägypter und Jerusalems, von Adam, Laban, Aaron, Ammon, Absalom, David, Salomo, Joas und aller Leviten. Schließlich haben auch die Feinde (und die Götzen *šiqqûṣîm*, Ez 11, 21, MT?) *leḇ*.

c) Weitaus häufiger sind die Cstr.-Verbindungen mit *leḇ* als nomen rectum. Im anthropologischen Bereich verbleiben die Wendungen mit *qæræḇ* „Grund des H.", *tôḵ* „Mitte des H.", *qîrôṯ* „Wände", *setær* „Verborgenes des H.", *ta'^alumôṯ* „verborgene Geheimnisse", *n^eṣurāh* „die geheimsten Gedanken", *ra'jôn* „Streben des H.", *kôaḥ* „Herzenskraft", *dæræḵ* „Weg des H.". Zahlreiche Verbindungen zeigen *leḇ* als Zentrum der Emotionen: „Freude" (HL 3, 11; Pred 5, 19), „Herzenslust", „Herzenswonne" (Kl 5, 15), aber auch „Wünsche" (Ps 37, 4), „Herzenskummer", „Unruhe" (Spr 15, 13) und „Herzeleid" (Jes 65, 14). „Weite" (1 Kön 5, 9), „Einfalt" (Gen 20, 5f.), „weise im H." (Ex 36, 1. 2. 8), „Sinnen" (Gen 8, 21), „Gedanke" (Ps 19, 15) und *ḥiq^eqê leḇ* „Überlegungen" (Ri 5, 15; korr. nach v. 16 zu *ḥiqrê*) verstehen *leḇ* als Zentrum noetischer Aktivität. *leḇ* wird als ethische Mitte des Menschen verstanden in Verbindungen mit „Stolz", „Hochmut" (Spr 16, 5; Ob 3), „Verstokkung" (Kl 3, 65; Hos 13, 8), „Mangel" (Spr 6, 32; 7, 7; → חסר *ḥāser*), „Herzlosigkeit" sowie das Gegenteil *š^erirûṯ-leḇ* (Deut 29, 18), die demütige „Zerknirschung des H." (vgl. anders Kopf, VT 9, 1959, 283 „verborgene Gedanken"). In den Verbindungen mit *mûsār* „Erziehungen", *q^erāḇ* „Herzenskampf" und *mikšôl* „Gewissensbisse" bedeutet *leḇ* „Gewissen". Die „Gottesverächter" sind die *ḥanpê leḇ* (Hi 36, 13). Weitere Wendungen sind *lûaḥ leḇ* „Tafel des H." (Jer 17, 1; Spr 3, 3; 7, 3; vgl. dazu A. Schenker, Die Tafel des Herzens, Vierteljahresschrift für Heilpädagogik u. ihre Nachbargebiete 48, 1979, 236–250) und *ḥ^azôn leḇ* „Gesicht des H.", letzteres wie *n^eḇî'ê millibbām* „Propheten nach eigener Berufung" – Bezeichnung für die Pseudoprophetie (Ez 13, 17).

d) Da *leḇāḇ* im Großteil seiner Belege suffigiert ist, begegnet es kaum als nomen regens; vgl. *leḇ* und *leḇāḇ ḥǒḵmāh* „weises H." (Ps 90, 12).
Als nomen rectum begegnet *leḇāḇ* (vgl. *leḇ*) zusätzlich zu *'îš* „verständige Person", *maśkîṯ* „Gebilde des H.", *paḥaḏ* „Schrecken", *ṣûr* „Trost", *jîšrāh* „Aufrichtigkeit", *goḏæl* „Übermut", *'ŏrlāh* „Vorhaut des H.", und zu *næga'* „Gewissensbiß" (Belege Even-Shoshan, Concordance 1092).

e) Folgende Adj. treten zu *leḇ*: anthropologisch: „kräftig" (Jes 46, 12), „stark" (Ez 2, 4), „verschmachtet" (Ps 61, 3), „gelassen" (Spr 14, 30), „voll" (Pred 8, 11) und „betrogen" (Jes 44, 20); emotional: „erfreut" (Spr 17, 22) und „bereitwillig" (Ex 35, 22); noetisch: „verständig" (1 Kön 3, 12), „wissend" (Spr 14, 10), „einsichtsvoll" (Spr 16, 23), „unverständig" (Spr 15, 21) und „unerforschlich" (Ps 64, 7); ethisch: „gut" (Pred 9, 7), „böse" (Spr 26, 23), „rein" (Ps 51, 12), „gerecht" (Ez 13, 22), „hörend" (1 Kön 3, 9), „redlich" (Ps 36, 11), „einmütig" (2 Chr 30, 12; Jes 38, 3), „stark" (Am 2, 16), „wach" (HL 5, 2), „hart" (Ez 3, 7), „verschroben" (Spr 12, 8), „abtrünnig und ungehorsam" (Jer 5, 23), „weiträumig, aufgeblasen" (Spr 21, 4), „schwer, verstockt" (Ex 7, 14), „gottlos" (Spr 14, 14), „unbeschnitten" (Lev 26, 41), „bestürzt" (Jes 35, 4), „zerknirscht" (Ps 34, 19), „neu" (Ez 36, 26).

f) Als Subj. regieren *leḇ/leḇāḇ* eine große Zahl von Verben (anthropologisch): „unerforschlich tief sein" (Ps 64, 7), „fertig sein" (Ps 73, 26), „weit sein" (Jes 60, 5), Verben des Feststehens (Ex 7, 13. 22 u.ö.), dann „durchbohrt sein" (Ps 109, 22), „verdorren" (Ps 102, 5), „brechen" (Ps 69, 21), „herausgehen" (Gen 42, 28), „entfernt sein" (Jes 29, 13) und schließlich „sterben" (1 Sam 25, 37); (emotional) intrans.: Verben des Zitterns, Erbebens (Hi 37, 1), der Unruhe und des Erstaunens (Ps 45, 2), der Furcht und des Entsetzens (1 Sam 28, 5), des Eiferns und Zürnens (1 Spr 15, 32), des Sich-Freuens (Ps 105, 3) und schließlich noch „warm werden" (Ps 39, 4), „sich neigen" (Ps 119, 12), „freiwillig sein" (Ex 25, 2); transitiv: „schreien" (Kl 2, 18), „sprechen" (Ps 27, 8), „jubeln" (Ps 84, 3) und „ergreifen" (Hos 4, 11); (noetisch) intrans.: „sinnen" (Spr 15, 28), „sich (mit Weisheit) beschäftigen" (Pred 2, 3), aber auch „unempfindlich sein" (Ps 119, 70) oder „vorübergehen" (Jer 4, 9); transitiv: Verben des Überlegens und Einsehens (Jes 10, 7), „sehen" (Pred 1, 16; 2, 1) und „erkennen" (Pred 8, 5); im ethischen Bereich regiert *leḇ* die intransitiven Verben von Umkehr und Vertrauen (Spr 31, 10), Verstockung und Verblendung (Ex 7, 14 u. ö.) sowie „sich überheben", „sich erheben" (Spr 18, 12), „sich abwenden" (Deut 30, 17), „abweichen" (Jer 17, 5), „untreu werden" (Spr 14, 14), „in die Irre gehen" (Jes 21, 4), „hinter den Götzen herlaufen" (Ez 20, 6; vgl. Hi 31, 7), „fallen" (1 Sam 17, 32), „falsch sein" (Hos 10, 2); transitiv: die Verben des Verschmähens und Verhöhnens (Hi 27, 6), Betrügens und „verlassen" (Ps 40, 13), „betören" (Deut 11, 16), „beherrschen" (Neh 5, 7).

g) Als Obj. begegnen *leḇ/leḇāḇ* zu folgenden Verben (existentiell-anthropologisch): „schaffen, machen, bereiten" (Pred 1, 13. 17 u. ö.), „krank-, gesund-, reinmachen" (Spr 13, 12), „aufleben lassen" (Jes 57, 15), „sehen, prüfen" (Jer 12, 3 u. ö.) und „verbergen" (Hi 17, 4); (emotional): „furchtsam/mutig sein/machen" (Hi 2, 19 u. ö.), „zufrieden machen" (Ri 19, 22), „erfreuen" (Spr 15, 30), „erregen" (Dan 11, 25), „jubeln lassen" (Hi 29, 13), „suchen" (1 Chr 28, 9), „ergreifen" (Hos 4, 11); (noetisch): „ans Herz legen" (1 Sam 13, 33), „zuneigen" (2 Sam 19, 15), „zuwenden/abwenden" (Mal 3, 24), „erkennen lassen" (Ri 16, 17 f.), „Vernunft annehmen" (Spr 8, 5); (ethisch): „zur Umkehr bringen" (Ps 105, 25 u. ö.), „auf den rechten/falschen Weg bringen" (Spr 23, 19), „verhärten" (vgl. w. u. V. 6. c und *šāman hiph*, wörtl. „mit Fett überziehen"), „beschneiden" (Deut 30, 6), „erheben, überheblich machen und demütigen" (Ps 69, 21), „täuschen" (Gen 31, 20; dazu vgl. Kopf, VT 9, 1959, 250 f.) und die sing. Formulierung *jaḥeḏ leḇāḇî* „wende mein Herz dem Einen zu!" (Kraus, BK XV/2, [5]1978, 760, ein Ausdruck zur Bezeichnung der „Konzentration auf Gehorsam und Gottesfurcht" [763]). Darüber hinaus begegnen noch folgende Redewendungen: (existentiell-anthropologisch): *hešîḇ 'æl leḇ* „sich zu Herzen nehmen" (Kl 3, 21 u. ö.), „im Herzen sprechen" (Gen 27, 41), „auf die Tafel des H. schreiben" (Spr 3, 3; 7, 3), „ins Herz legen" (Esr 7, 27); (emotional): „an das Herz greifen" (1 Sam 10, 26), „sich an das Herz schlagen" (Nah 2, 8), „auf das Herz binden" (Spr 22, 15), „sich im H. freuen" (Ex 4, 14), „sich im H. grämen" (Gen 6, 6), „im H. hassen" (Lev 19, 17), „im H. verachten" (2 Sam 6, 16), „zu H. reden" (Gen 34, 3), „von ganzem H. etwas tun" (Verb + *beleḇ šālem*) (1 Chr 28, 9 u. ö.); (noetisch): „in den Sinn kommen" (*'ālāh 'al leḇ*) (Jes 65, 17), „im H. erkennen" (*jāḏa' 'im leḇāḇ*) (Deut 8, 5); (ethisch): „sich von H. bekehren" (Jer 24, 7), Gott „im H. versuchen" (Ps 78, 18), „eigensinnig handeln" (*hālak bedæræk libbô*) (Pred 11, 9), „doppelzüngig reden" (*dibbær beleḇ weleḇ*) (Ps 12, 3; Gegensatz: *belo'-leḇ-wāleḇ* „ungeteilt", 1 Chr 12, 33).

3. *leḇ/leḇāḇ* werden in LXX vornehmlich durch καρδία (718) wiedergegeben; es folgen διάνοια (51; bes. in Gen; vgl. A. Schmitt, ZAW 86, 1974, 153 f.), ψυχή (27), νοῦς (12), φρήν (7), στῆθος (3), φρόνησις (2mal). Singulär sind ἔνδεια (*ḥasar leḇ*), ἐπιθυμία, εὐφροσύνη (*ṭôḇ leḇ*) und ὁμόνοια. Adj. Wiedergaben sind ἀκάρδιος (*'ên leḇ*), θρασυκάρδιος (*sûḡ/reḥaḇ leḇ*), σκληροκάρδιος (*'iqqeš/qešeh-leḇ*). ἄφρων (*ḥasar leḇ*, sonst für *'ewîl*), ἑκουσίως, ἡδέως, νωθροκάρδιος, προθύμως, στερεοκάρδιος, ὑψηλοκάρδιος und φρόνιμος (1mal). Für *'ŏrlaṯ-leḇāḇ* hat sie σκληροκαρδία. Verbale Übersetzungen sind βούλεσθαι (*nāśā'/śîm leḇ*), διανοεῖσθαι (*'āzaḇ 'æl leḇ*), ἐπαίρειν (*gîl leḇ*), ἐπέρχεσθαι, ἐσθίειν (*sā'aḏ leḇ*), εὐφραίνειν, γίγνεσθαι (*ṭôḇ leḇ*), κατανοεῖν, προσέχειν (*śîm 'al leḇ*), ποντοπορεῖν und τολμᾶν (*māle' leḇ*).

4. In Sir begegnet *leḇ* 58, *leḇāḇ* 10mal in ähnlicher Verwendung wie bei Aḥ und in Spr (griech. καρδία [46], ψυχή [11], vereinzelt συνετός und ἀνήρ [Sir 14, 3a]; *ḥasar leḇ* ἀκάρδιος [6, 20], *leḇ nāḇal* σπλάγχνα [36, 5], *bal 'al leḇ* ἀνυπονόητος [11, 5] und *zeḏôn leḇ* σκληροκαρδία [16, 11]).

IV. Daß *leḇ* urspr. das Körperorgan „Herz" bedeutet, wird zwar allgemein angenommen (z. B. Scharbert 94; E. Schmitt 36; Stolz 861), läßt sich jedoch nicht absichern. Gerade die medizin. Fixierung des *leḇ* war im gesamten semit. Bereich recht vage.

1. Das AT versteht *leḇ* kaum als Körperorgan „Herz". In 2 Sam 18, 14; 2 Kön 9, 24; Ps 37, 15; 45, 6 ist *leḇ* konkret die Stelle, die z. B. von Pfeilen durchbohrt wird (C. Conroy, AnBibl 81, 1978, 44. 154 „chest"), ohne daß dies notwendig den Tod des Betroffenen bewirkt (vgl. bes. 2 Sam 18, 14). Mehrmals ersetzt *leḇ* das im Hebr. fehlende Wort für „Brust" (vgl. *šaḏ*); *seḡôr leḇ* „Verschluß des Herzens" (Hos 13, 8) meint den Brustkorb. Ex 28, 29 f. trägt Aaron das Brustschild (*ḥošæn*) „auf seinem *leḇ*", v. 30 wortspielerisch interpretiert als „sein Hauptaugenmerk auf etwas legen" (vgl. HL 8, 6). Zu den Trauerriten zählt das „Schlagen (*tpp po*) an den *leḇ*" (Nah 2, 8), nach E. Kutsch (ThSt 78, 1965, 26. 34) Ausdruck einer erfahrenen Minderung, nach anderen Selbstdemütigung zur Beeinflussung der Gottheit (Frankenberg, PJ 2, 1906, 73; Dihle, RAC III, 1957, 747); vielleicht verbirgt sich dahinter auch ein rückweisender Zeigeritus, der auch in Äg. als Gestus des Jubels (*hnw*) und als Ausdruck der Klage bekannt ist (E. Brunner-Traut, LexÄg II 580). Erst recht unsicher ist, ob die Diagnose des „Herzschlages" (1 Sam 25, 37, so Stolz; die Stelle spricht aber unbestimmt vom *mûṯ* „Sterben" des *leḇ* und vom Eintreffen des Todes zehn Tage später!) oder die des „Herzklopfens" (Ps 38, 11, Ausdruck für emotionale Erregung) als Hinweis auf eine irgendwie geartete anatomische Identifikation gewertet werden kann. Auch die prophetischen Belege von Herzanfällen (Jer 4, 19 „Toben des *leḇ*"; nach Wolff 71 Herzkrämpfe; Jer 23, 9 u. ö.) oder der Mattigkeit des Herzens (Jes 1, 5; 57, 15) sind mehr Ausdruck für Erregung oder Krankheit als physiologisch kompetente Beschreibungen. So kann man kaum *leḇ* wörtlich als „Herz" (Joüon 49 ff.) oder „Kehle" (Ginsberg, VTS 16, 1967, 80) verstehen. Aus dem Unvermögen, *leḇ* anatomisch zu fixieren, darf man jetzt auf der Suche nach der Grundbedeutung aber nicht unsemitisch abstrahieren und *leḇ* als „the fixed point, the central point ... the nucleus of something, in the sense of the most important constituent in which something is completely represented" (Meyenfeldt 221) deuten, obwohl ein solcher metonymischer Sprachgebrauch bereits in frühen ostsemit. Belegen vorliegt: das Innere (des Leibes, eines Gegenstandes etc.), das zwar dem Blick verborgen, dennoch in vielfältiger Weise nach außen wirksam und hier konstatierbar ist.

2. In Analogie zum „Vegetationskegel der Palme" (AHw I 550) spricht 2 Sam 18, 14 vom *leḇ* der Eiche, an dem Absalom sich mit seinen Haaren verfangen hatte (vgl. par. v. 9: *bā'elāh*). Gemeint ist ohne Zweifel das Astwerk der Baumkrone, das unbestimmte „Innere" des äußeren Erscheinungsbildes.
3. Die Vorstellung vom *leḇ* eines Tieres ist im AT weitgehend unbekannt. Nach Hi 41, 16 ist der *leḇ* des Leviathan hart wie Stein. Gemeint ist seine Wampe, der Speere, Schwert und Pfeile nichts anhaben können (v. 18). Der *leḇ* des Löwen ist Metapher für den Mut (2 Sam 17, 10). Die Belege im aram. Dan sind ebenfalls ohne jeden anatomischen Bezug: Nebukadnezar erhält zur Strafe einen *l^{e}ḇaḇ ḥêwā'* „ein tierisches Wesen" (Dan 4, 13; vgl. 5, 21), während umgekehrt der apokalyptische Löwe einen *l^{e}ḇaḇ '^{æ}nāš*, ein menschliches Wesen, erhält (Dan 7, 4).
4. Das Ungenügen einer semantischen Fixierung von *leḇ* zeigt sich erst recht dort, wo es ganz unbestimmt „Mitte" bedeutet: a) *leḇ* des Meeres als das über den erkennbaren Horizont hinausreichende Unbekannte der hohen See (Ex 15, 8; Jon 2, 4; Ps 46, 3; Spr 23, 34; 30, 19; vgl. 4 Q 158, 14 I 7). Nach Ez liegt die Stadt Tyrus auf einer Landzunge *b^{e}leḇ jammîm* (Ez 27, 4. 25ff.; 28, 2. 8; zur mythol. Vorstellung vom Götterthron in der Mitte des Meeres → כסא *kisse'* und O. Loretz, UF 8, 1976, 456ff.). b) Entsprechend unbestimmt und Relikt naiver Anschauung ist die Vorstellung, daß die vulkanischen Eruptionen als Begleiterscheinungen der Horeb-Theophanie bis zum *leḇ* des Himmels reichen (Deut 4, 11). c) Schließlich ist vom *leḇ* des Volkes die Rede (Jer 30, 21 u.ö.), aus dem z. B. der Herrscher hervorgehen soll.

V. 1. *leḇ* fungiert in sämtlichen Dimensionen menschlicher Existenz und findet sich als Bezeichnung für sämtliche Schichten der Person: der vegetativen, emotionalen, rational-noetischen und voluntativen Schicht. Tatsächlich kennt das vorwissenschaftliche Menschenbild des AT eine Schichtung der Personstruktur (vgl. L. Köhler, ThAT ^{4}1966, 121–135; W. Eichrodt, Das Menschenverständnis des AT, AThANT 4, ^{2}1947; G. Pidoux), wenn auch keine einheitliche. Doch ist diese niemals Primärgegenstand des Interesses, da die at.lichen Texte Menschen nicht anders als vor dem Angesicht Gottes erkennen wollen (vgl. Ps 8, 5; 144, 3; Hi 7, 17; vgl. Köhler 114–117. 149–154). Schon der jahwistische Schöpfungsbericht läßt das Wissen um die Mehrschichtigkeit durchscheinen, wenn J im Menschen *'āpār* und *nišmaṯ ḥajjim* vorfindet (Gen 2, 7), während P vom *'āḏām* spricht, der *b^{e}ṣælæm '^{æ}lohîm* geschaffen ist (Gen 1, 27). Primäraussage beider Texte ist die Gottbezogenheit des Geschöpfes Mensch, weniger seine Personstruktur. Überraschend jedoch ist, daß *leḇ* keine solch bestimmende Wesenskomponente des Menschen ist, daß er etwa im Schöpfungsbericht mit genannt werden müßte. Das Bewußtsein um eine Mehrschichtigkeit der Personstruktur zeigt sich im AT in vielen Reihenbildungen, in denen *leḇ* dominiert: *š^e'er* und *leḇāḇ* (Ps 73, 26), *bāśār* und *leḇ* (Spr 14, 30; Pred 2, 3; vgl. 11 Qtg Job 36, 9), *leḇ* und *'^{a}ṣāmôṯ* (Jes 66, 14; vgl. Spr 15, 30), *bāśār* und *rûaḥ* (Gen 6, 17; 7, 15), *leḇ*, *'ênajim* und *næpæš* (Deut 28, 65), *leḇ*, *rûaḥ*, *n^{e}šāmāh* und *bāśār* (Hi 34, 15), *leḇ*, *kāḇôḏ* und *bāśār* (Ps 16, 9; vgl. F. Nötscher, VT 2, 1952, 358–362); vgl. auch *næpæš* und *bāśār* (Ps 63, 2) und *'āpār* und *rûaḥ* (Ps 104, 29; 146, 4).

Von diesen Merismen zu unterscheiden sind Reihenbildungen, die bestimmte Aspekte der Person anzeigen: „Herz und Nieren" (Jer 11, 20; 12, 3; 17, 10; 20, 12; Ps 7, 10; 26, 2; vgl. w.u. VI. 1) stehen für das innerste Wesen des Menschen, zu dem nur Gott Zugang hat und das er prüft. „Herz und Lippen" (Spr 23, 16f.; vgl. 26, 25) stellt Inneres und Äußeres gegenüber, die beim rechten Menschen übereinstimmen sollen (vgl. auch „Herz und Auge" Hi 31, 7). Weil diese Übereinstimmung aber nicht vorausgesetzt werden kann (vgl. Spr 27, 19), ist *leḇ* dem Einblick des Menschen verborgen, gilt als abgründig (*'āmoq*, Ps 64, 7; vgl. Aḥ 163), trügerisch (*'āqoḇ*, Jer 17, 9 txt?) und unerforschlich (*'ên ḥeqær*, Spr 25, 3). Indem *leḇ* das Wesen der Person bezeichnet, an ihrer Stelle genannt werden kann (Ez 13, 22; Ps 22, 15; 27, 3; Spr 18, 2 u.ö.) oder sogar ein Personalpronomen ersetzen kann (Gen 18, 5; Ex 9, 14), ist es weitgehend identisch mit → נפש *næpæš* (vgl. bes. Köhler 129–132; Wolff 25ff.).
2. Schon die alte Spruchweisheit weiß um die zentrale Bedeutung von *leḇ*: „Mehr als alles hüte deinen *leḇ*, denn von ihm geht das Leben aus!" (Spr 4, 23; vgl. 25, 13). In ihm konzentriert sich das lebendige leibliche Wesen des Menschen: will er leben, muß er seinen *leḇ* laben (*sā'aḏ*, 'stützen', Ri 19, 5. 8. 22), üblicherweise mittels Brot. Wein erfreut den *leḇ* (Ps 104, 15). Aber nicht nur Essen und Trinken lassen den Menschen aufleben (Ps 22, 27), auch die Erhörungsgewißheit gibt dem *leḇ* neue Lebenskraft (Ps 69, 33). Dieser vegetativen Schicht der Personstruktur entstammen auch die meisten Bilder und Vorstellungen in der Topologie der Klage. Der Mensch klagt, weil er sich bis in die innersten Bereiche seiner Existenz getroffen fühlt. Sein *leḇ* pocht heftig (Ps 38, 11), ist erbittert und zittert (Jer 4, 19), es sticht in den Nieren (Ps 73, 21). Der *leḇ* verdorrt (Ps 61, 3; 102, 5), so daß der Mensch kein Brot mehr zu sich nehmen kann. Wie Wasser ist er hingeschüttet, seine Gebeine lösen sich, sein *leḇ* wird wachsweich und zerfließt (Ps 22, 15), und wie eine trockene Scherbe ist seine Kehle (v. 16). Sein *leḇ* wankt (1 Sam 28, 5), und mit ihm fällt der ganze Mensch (Ez 21, 20), oder es ist in ihm wie Feuer (Ps 39, 4). Der *leḇ* ist krank (*ra'*, 1 Sam 1, 8; → *ḥālāh*, Spr 13, 12; *dawwāj*, Jes 1, 5; Jer 8, 18; Kl 1, 22; 5, 17; Lachiš-Ostr. 3, 6f. [KAI 193]; vgl. P. Humbert, Maladies et médecine dans l'AT [RHPhR 44, 1964, 1–29]; da als Gründe Abfall, Sünde und Unglück genannt werden, kann die Krankheit im *leḇ* auch bereits eine ethische Wertigkeit haben), erstarrt (Ps 143, 4), bricht (Jer 23, 9) und stirbt ab (1 Sam 25, 37). Schließlich ist *leḇ* nicht

nur Zentrum der vegetativen Vorgänge von Leben und Nahrungsaufnahme, sondern auch des Geschlechtstriebes (bes. Spr 6, 25; Ez 16, 30; nach Hos 4, 11; Hi 31, 9 hat dieser Trieb jedoch eine betörende Rückwirkung auf den *leḇ*; anders Stolz 862). Auch die Aussagen bezüglich der vegetativen Personschicht werden im AT vom Individuum auf Gruppen etc. übertragen: so laben die Besucher Abrahams ihren *leḇ* mit Brot (Gen 18, 5) und der *leḇ* des Volkes zerfloß wie Wasser (Jos 7, 5). Zur korporativen Persönlichkeit vgl. H. W. Robinson, BZAW 66, 1936, 49–62; J. R. Porter, VT 15, 1965, 361–380.

3. Die Vorstellung vom *leḇ* als Sitz menschlicher Emotionalität hat sich erst allmählich von der des vegetativen *leḇ* abgelöst. Dies zeigt bes. die Topologie der Klage, die häufig die emotionalen Empfindungen des Menschen auf der Basis vegetativer Vorgänge beschreibt: Herzklopfen, Herzflattern, Herzverkrampfung etc., als Bilder für Erregung, Angst und Beklemmung (Scharbert 93–97); Herzhüpfen für Freude. Die Bitte des Leidenden „Mache weit die Engen meines *leḇ*!" (Ps 25, 17) zeigt noch die Verbindung. Nach Wolff (74) fallen hier noch „angiöse Beschwerden und Angstzustände zusammen", doch ist die rein vegetative Ebene (wie in Ps 119, 32; vgl. bes. Jes 60, 5) bereits überschritten (Kraus, BK XV/1^5, 354f.). Auch Spr 14, 30 „Ein gelassener *leḇ* ist Leben für den Leib" sieht *leḇ* noch in einer deutlichen vegetativen Funktion. Doch dies schwindet bald ganz aus dem Blickfeld und *leḇ* wird ganz zum Zentrum der Emotionen. Freude und Kummer sind hier beheimatet (Spr 14, 10), die sich erst nach außen hin im Angesicht als Stimmung zeigen (Spr 15, 13; Pred 7, 4; Sir 13, 25). Nach Pred 11, 9 soll der Mensch gerade die freudige Erregung des Herzens ausnutzen, um das Leben zu genießen (vgl. Hi 31, 7).

a) Die „Gefühlsregungen des lebendigen Daseins" (Lersch 230) sind im *leḇ* situiert: Verzagen, Betrübnis und Trauer begegnen mehr als 80mal und überwiegen damit gegenüber der positiv-emotionalen Freude und dem Wohlgefallen (ca. 50mal). Ganz allgemein spricht das AT vom Schlechtsein (*ra*ʿ) des *leḇ*, wenn der Mensch mißmutig gestimmt ist (Deut 15, 10). Die Gründe für Betrübnis und Trauer im *leḇ* sind vielfältig: Kinderlosigkeit (1 Sam 1, 8), schlechte Nachricht (1 Sam 25, 37), Zerstörung der Stadt Jerusalem (Kl 2, 19; Nah 2, 2), die Eitelkeit (*hæḇæl*) des Ganzen (Pred 2, 20), kreatürliche Insuffizienz des Menschen (Pred 2, 23), Krankheit (Ps 38, 9), Bedrohung durch den Feind (Ps 13, 3) und die Sünde (Sir 14, 1b). Die Betrübnis im *leḇ* zeigt sich nach außen in der Verweigerung der Nahrungsaufnahme (1 Sam 1, 8), im Starrwerden (1 Sam 25, 37), Weinen (Kl 2, 19), Unruhigsein (Pred 2, 23) und schlechtem Aussehen (Neh 2, 2). Sie beugt den Mann nieder (Spr 12, 25) und führt schließlich zum Tod (Sir 38, 18). Im Umgang mit Traurigen gilt es, den richtigen „Ton" zu finden (Spr 25, 20), zumal der Mensch nach außen hin oft die Gestimmtheit seines *leḇ* verbirgt (Spr 14, 13). Die späte Weisheit ist sich darin einig, daß die Traurigkeit den Menschen hindert, den eigentlichen Werten die nötige Aufmerksamkeit entgegenzubringen (Pred 11, 10; Sir 38, 20) (→ אבל *'āḇal*). Auch Freude und Wohlgefallen, Vergnügen und Entzücken spielen sich im *leḇ* des Menschen ab. An Gründen werden genannt: Erwartung eines Freundes (Ex 4, 14; Spr 27, 9), Essen und Trinken (Ri 19, 6. 9; 1 Sam 25, 36; 1 Kön 21, 7; Ruth 3, 7), Brot und Wein (2 Sam 13, 28; Pred 9, 7; Ps 4, 8; 104, 15; Esth 1, 10; Sir 34, 28; 40, 20; vgl. Sach 10, 7), Sieg und Untergang des Feindes (Ri 16, 25; Jes 30, 29; Spr 24, 17 [Warnung vor Schadenfreude]), Hochzeit und Krönung des Königs (HL 3, 11) und eine Einladung (Esth 5, 9). Die Weisheitsliteratur nennt als Gründe die Weisheit (Sir 51, 15), die Künste (Sir 40, 20), die Weisheit des Sohnes (Spr 27, 11), Besitz, Arbeit und Erfüllung der Wünsche (Pred 2, 10), die Frische der Jugend (Pred 11, 9), strahlende Augen (Spr 15, 30) und den Schnee als seltene, leuchtende Pracht (Sir 43, 18). Doch schon früh ist die Freude des *leḇ* theologisch motiviert: Bestallung als Priester (Ri 18, 20), JHWHs Hilfe (1 Sam 2, 1), seine Großtaten (1 Kön 8, 66; 2 Chr 7, 10), sein Wort (Jer 15, 16) und sein Gesetz (Ps 19, 9; 119, 111) sowie die Hoffnung auf seine wirkmächtige Präsenz (Ps 16, 9; 33, 21). Zentrales Datum für die freudige Erregung des *leḇ* ist die Heimkehr aus dem Exil (Sach 10, 7), eschatologisch der Anbruch der Heilszeit (Zeph 3, 14), in der das Heilshandeln JHWHs an Israel manifest wird (Jes 60, 5; 66, 14). Die Zerstörung Jerusalems (Kl 5, 15) und der Untergang der Stadt (Jes 24, 7) dagegen bereiten der Herzensfreude ein abruptes Ende. Die Freude des *leḇ* wird als Ursache für ein langes Leben angesehen (Sir 30, 22f.); deshalb ist ein froher *leḇ* die beste Medizin (Spr 17, 22) und das höchste Gut (Sir 30, 16). Er gilt als von Gott gegeben (Ps 4, 8; Pred 5, 9; Sir 50, 23), gibt daher Sicherheit (Ps 16, 9) und stärkt das Gottvertrauen (Ps 33, 21). Nach außen hin zeigt sich ein froher *leḇ* im Leuchten der Augen (Ps 19, 9) und im Strahlen des Angesichtes (Ps 104, 15; Jes 60, 5; Spr 15, 13; Sir 13, 26; 26, 4). Ein kollektiver *leḇ* als Subjekt der Freude liegt vor in 1 Kön 8, 66; 2 Chr 7, 10; Jes 30, 29; 60, 5; 66, 14; Sach 10, 7 (Volk Israel oder Bewohner Jerusalems); Jes 24, 7 (Bewohner der Stadt); Ri 16, 25 (Philister).

b) Zu den „Gefühlsregungen des individuellen Selbstseins" zählen Furcht, Schrecken und Verzagen. Sie haben auf den *leḇ* eine bes. lähmende Wirkung. Am ehesten wird *leḇ* von Furcht befallen, wenn der Mensch sich einem überlegenen Feind gegenüber weiß (Num 32, 7. 9; Deut 1, 28; Jos 7, 5; 1 Sam 17, 32; 28, 5; Jes 7, 2. 4; Jer 4, 19; 49, 22), wenn Krieg und Belagerung drohen (Jer 48, 41; Ps 27, 3; 112, 8) und wenn er zur Waffenfolge aufgerufen wird (Deut 20, 3. 8, vgl. w. u.). Normalerweise reagiert der *leḇ* mit Furcht gegenüber jedem bösen Gerücht (Jer 51, 46), Drohung (1 Sam 21, 13), Anfeindung (Ps 143, 4), feindseliger Umgebung (2 Chr 13, 7), doch auch Verleumdung (Ps 55, 5), ein vermeintliches Vergehen (Gen 42, 28) und der Aufenthalt in der Ferne (Ps 61, 3) vermögen den *leḇ* zu erschrecken. Notlage (Ps 25, 17), Armut (Ps 109, 16. 22), Schmach (Ps 69, 21) und Verzweiflung (Jes 65, 14) lassen den *leḇ* des Menschen verzagen. Doch auch JHWH wird als tremendus empfunden: Gott selbst (Hi 23, 16), seine Drohung (Deut 28, 65), sein Fluch (Lev 26, 36; Deut 28, 67), vor allem aber seine in den geschichtlichen Großtaten dokumentierte Macht (Jos 2, 11; 5, 1; Jes 19, 1; Jer 23, 9; Hi 37, 1) und sein Gericht (Jes 13, 7; 21, 4; Jer 4, 9; Ez 21, 12. 20; Nah 2, 11; Kl 1, 20). Wenn der Mensch sich fürchtet, dann bebt sein *leḇ* (Jes 21, 3f.; Jer 48, 41; 49, 22; Sir 48, 19) wie der einer Frau in Wehen. Er stürmt (2 Kön 6, 11), springt auf (Hi 37, 1), verschmachtet (Ps 61, 3), kehrt sich um (Kl 1, 20), erstarrt (Jer 4, 9; Ps 143, 4) und bricht (Jer 23, 9; Ps 69, 21), schließlich verläßt er den Menschen (Ps 40, 13). Dies zeigt sich auch im Äußeren des Menschen: er wird von Grauen und Zittern befallen (1 Sam 28, 5; Jes 7, 2. 4; Jer 23, 9; Ps 55, 5; Hi 37, 1), unruhig (1 Sam 21, 13), verwirrt (Hi 41, 16), er krümmt sich, denn seine Lenden sind voller Schmerz (Jes 21, 4) und zittern (Nah 2, 11), seine Brust (Kl 1, 20) und sein Angesicht glühen (Nah 2, 11), seine Augen erhalten einen kranken Ausdruck (Deut 28, 65), seine Knie werden weich (Ez 21, 12; Nah 2, 11), seine Hände werden schlaff (Jes 13, 7; Ez 21, 12); er seufzt (Ez 21, 12), die Zeit wird ihm lang (Deut 28, 67), schließlich vergißt er zu atmen (Jos 2, 11; 5, 1) und verfällt in einen todesähnlichen Zustand (1 Sam 25, 37; Ps 55, 5). Auch die *næpæš* des Menschen ist involviert: sie stürmt (Jer 4, 19) und verschmachtet (Deut 28, 65).

Angesichts feindlicher Übermacht vermag der *leḇ* des Volkes zu zerfließen (Jos 7, 5; 14, 8; Jes 7, 2) und die Machttaten JHWHs bewirken, daß der *leḇ* der Ägypter verzagt (Jes 19, 1) und der vieler Völker unruhig wird (Ez 32, 9).

Im Verzagen seines *leḇ* dokumentiert der Mensch seine kreatürliche Niedrigkeit und die Allmacht Gottes. So wird dann für den Psalmisten das Verzagen zum Erhörungsmotiv (Ps 61, 3; vgl. Ps 25, 17; 55, 5). Das Herz wird zum Ausgangspunkt der Klage, es schreit (Jes 15, 5) und klagt (Jer 48, 36) und weint zu JHWH (Kl 2, 18). Gerade im wachsenden Verständnis der Gerechtigkeit Gottes wuchs das Theologumenon heran, daß die Gerechten und JHWH-Treuen nichts zu fürchten haben und daß ihr *leḇ* allen Anfechtungen zum Trotz voller Mut sein kann (Ps 27, 3; 112, 8). Diese Erkenntnis führt sprachlich zu der der *'al-tîrā'*-Formel (→ ירא *jāre'* V.) parallelen Formulierung *'al-jeraḵ leḇāḇ* „Nicht verzage das Herz!", die im Kontext des Heiligen Krieges belegt ist (vgl. Deut 20, 3; 1 Sam 17, 32; Jes 7, 4; Jer 51, 46). Im Umkreis der exilischen Literatur, vor allem im Anschluß an Jes wird die Erhörungsgewißheit derer betont, die verzagten (*nimhᵃrê-leḇ*, Jes 35, 4; vgl. 1 QH 2, 9, *'aḇîrê-leḇ*, Jes 46, 12 [*l.* *'oḇeḏê-leḇ* mit BHS]) und gebrochenen (*nišbᵉrê-leḇ*, Jes 61, 1) Herzens sind. Diese Aussagen bilden den Übergang vom emotionalen zum theologisch-ethischen Verständnis von *leḇ* (vgl. Jes 57, 15).

c) Wut und Zorn werden im semit. Denken vornehmlich mit der Nase (→ אנף *'ānap̄*) und mit der Leber (*kabattu*, vgl. Labat, RLA 367; → כבד *kāḇeḏ*) in Verbindung gebracht, doch an einigen Stellen ist auch der *leḇ* beteiligt: Der *leḇ* des Bluträchers ist „heiß" (*ḥmm*, Deut 19, 6; *ḥam-libbî* Ps 39, 4 dagegen hat mit Wut nichts zu tun, wie Johnson, Vitality 76 meint, sondern steht für die drängende Kraft der innersten Antriebe des Menschen) und der des syr. Königs „stürmt" (*s'r*, 2 Kön 6, 11), weil seine Pläne verraten worden sind. Die Wut kann sich auch gegen Gott richten: So gibt der Mensch, der durch eigene Torheit ins Unglück geraten ist, nicht sich, sondern JHWH die Schuld und zürnt ihm *bᵉleḇ* (Spr 19, 3 → זעף *zā'ap̄*). Entsprechend bezichtigt Eliphas den Hiob indirekt der Torheit, da er sich von seinem *leḇ* hinreißen läßt und Gott angiftet (Hi 15, 12f.).

d) Im ausgedehnten Feld der „transitiven Gefühlsregungen" dominieren im AT im mitmenschlichen Bereich Sympathie und Liebe, Antipathie und Haß. Auch sie spielen sich im *leḇ* ab. Sympathie und Liebe (→ אהב *'āhaḇ*) werden häufig als Tätigkeiten des *leḇ* verstanden ohne jede sexuelle Konnotation (→ *'āhaḇ* III. 1, → ידע *jāda'* III. 1. f). Sie sind Ausdruck von Zuneigung und Vertrauen (Ri 16, 15. 17. 18; Spr 31, 11; HL 5, 2; aber Sir 9, 9), auch zwischen Vater und Sohn (2 Sam 14, 1; Sir 48, 10). Gefolgschaft des Volkes dem Heerführer gegenüber kann auf Zuneigung (*leḇ lᵉ*) basieren, zuerst ausgedrückt im Debora-Lied (Ri 5, 9), dann von Absalom durch List erschlichen (*gānaḇ* 2 Sam 15, 6), ebenso das Verhältnis zwischen Heerführer und Soldaten (1 Chr 12, 18. 39), zwischen Lehrer und Schüler (Spr 23, 26; Sir 37, 12) und zwischen Volk und König (oder Thronfolger) (Ri 9, 3; 2 Sam 15, 13; 19, 15; 1 Kön 12, 27; 1 Chr 12, 39). Diese Zuwendung des *leḇ* bildet die Basis für die spätere Akklamation des Volkes bei der Inthronisation.

Auch die dtr Paränese bedient sich der *leḇ*-Terminologie, verbunden mit *'āhaḇ*, um die – nun allerdings theologisch-ethisch verstandene – Liebe des Volkes JHWH gegenüber auszudrücken (vgl. w.u. V. 6. d). Ein geläufiger Topos des Liebeswerbens ist *dibbær 'al-leḇ* „jem. zu Herzen reden".

Nach Gen 34, 3 (J) hängt (*dbq*) die *næpæš* des Sichem an Dina, er liebt (*'āhaḇ*) sie, deshalb redet er ihr zu (vgl. A. Neher, Le symbolisme conjugal, RHPhR 34, 1954, 30–49, bes. 32), vgl. auch das Werben des Leviten um seine Nebenfrau (Ri 19, 3) und das des Boas um Ruth (Ruth 2, 13). Auch Joseph redet seinen Brüdern zu Herzen, um ihnen ihre Lebensangst zu nehmen (Gen 50, 21, par. *niḥam*).

Über die literarische Zuordnung von Gen 50, 21 besteht keine Einigkeit (vgl. D. B. Redford, VTS 20, 1970; A. Meinhold, ZAW 87, 1975, 306–324; anders H. Donner, SHAW, 1976, 2. Abh.; vgl. jetzt H. C. Schmitt, BZAW 154, 1980, 191; L. Ruppert, StANT 11, 1965; H. Seebass, Geschichtliche Zeit und theonome Tradition in der Joseph-Erzählung, 1978, 79–113). Nach Ruppert (191f.)

schließt v. 21 die jahwistische Josephserzählung ab und der freundliche Ausspruch Josephs gegenüber den verängstigten Brüdern erweist den familiären Charakter der ganzen Geschichte, in der das Element der Versorgung vor dem der heilsgeschichtlich bedeutsamen Rettung rangiere. Nach Seebass (94f.) will dagegen E um die Bewährung des Joseph nach dem Tod des Vaters und die Wahrung des Zusammenhaltes der Brüder als den Stammvätern des zukünftigen Israels (vgl. Schmitt 78. 81) herausstellen. In dieser Hinsicht kommt dann dem tröstenden und ermunternden Zu-Herzen-Reden Josephs grundlegende Bedeutung zu.

Das Zu-Herzen-Reden mit seiner Trost- und Ermunterungsfunktion ist keineswegs nur dem Kreis von Ehepartnern und der Familie vorbehalten. Die starke Suggestivwirkung dieses werbenden Zuspruchs wird auch vom Heerführer David seinen Soldaten gegenüber (2 Sam 19, 8), von Hiskia den Leviten (2 Chr 30, 22) und den Befehlshabern der Stadt Jerusalem (2 Chr 32, 6) gegenüber genutzt. Der locus classicus ist jedoch Hos 2, 16: JHWH will Israel locken, in die Wüste zurückführen und ihm dort „zu Herzen reden".

Innerhalb der kerygmatischen Einheit Hos 2, 4–17 („Verfahren wegen Treulosigkeit" [Wolff]; „pädagogisches Gericht" [D. Kinet, EHS XXIII/87, 1977, 178–190]) kündigt v. 16 als letzte (Straf-)Maßnahme JHWHs die Rückführung in die Wüste an, die Israel jedoch nicht freiwillig über sich ergehen lassen will. Als Mittel will JHWH Verführung (*pāṯāh* impliziert die Möglichkeit der arglistigen Täuschung Ex 22, 15; 2 Sam 3, 25; vgl. Jer 20, 7. 10 und M. Sæbø, THAT II 495–498) und suggestive Überredung (*dibbær ʿal-leḇ* als das Zureden einander sich liebender Menschen) anwenden. Diese erweisen ihn aber, da sie die ungeteilte Gemeinschaft Israels mit JHWH als Ziel haben, als liebenden Gott (N. Peters), zeigen die Unbedingtheit seiner Liebe als die einzige Voraussetzung für die Heilung der Abtrünnigkeit und weisen seine Strafgerichte als Liebesmaßnahmen aus.

Die Trostfunktion des *dibbær ʿal-leḇ* zeigt sich bei DtJes in der Formulierung seines prophetischen Auftrages, wenn er seine Botschaft von der Befreiung aus dem Exil mit dem Ruf: „Tröstet, tröstet mein Volk, sprecht zum Herzen Jerusalems!" (Jes 40, 2) einleitet. Damit will er die Wichtigkeit seiner Trostbotschaft unterstreichen und sich zu ihrer Verkündigung des wirksamsten Mittels bedienen.

Verachtung (→ בזה *bāzāh*) und Haß (→ שׂנא *śāneʾ*) werden nur selten im *leḇ* des Menschen angesiedelt. In 2 Sam 6, 16 (DtrG) par. 1 Chr 15, 29 verachtet Michal den vor der Lade tanzenden David *belibbāh*. Die Bestimmung im Heiligkeitsgesetz Lev 19, 17: „Du sollst deinen Bruder nicht hassen im Herzen, zurechtweisen sollst du deinen Nächsten, daß du seinetwegen keine Sünde auf dich lädst!" ist vielleicht die erweiterte (vgl. A. Cholewiński, AnBibl 66, 1976, 44ff.; 131ff.) Negativform des Gebotes der Nächstenliebe (v. 18b) (→ אהב *ʾāhaḇ* [I 120] und J. Fichtner, Gottes Weisheit, 1965, 88–114, bes. 102f.) und korrespondiert mit dem Verbot der Rachsucht (v. 18a). Dabei könnte *leḇ* als Ortsangabe des Hasses noch auf eine vor-juridische Emotionalität hinweisen. Auch könnte das Verbot des Hasses *beleḇ* wohl bewußt als Gegensatz zur juristischen Klärung der Rechtsfragen vor dem öffentlichen Forum des *qāhāl* zu sehen sein. Reventlow (WMANT 6, 1961, 72) schließlich sieht im Haß *beleḇ* eine Gefährdung des gerechten Richtens.

Der *leḇ* als Sitz der menschlichen Dankbarkeit (→ ידה *jdh*) ist im AT für den zwischenmenschlichen Bereich unbekannt. Es kennt nur den Dank *bekŏl-leḇ* JHWH gegenüber in nachexil. Dankliedern des einzelnen.

5mal begegnet die „Toda-Formel" (F. Crüsemann, WMANT 32, 1969, 267–278; weil sie auch häufig in 1 QH auftaucht – um *bekŏl-leḇ* erweitert und variiert nur 1 QH 14, 26 – nannte Robinson [BZNW 30, 1964, 194. 198] sie „Hodajotformel") in der um *bekŏl-leḇ* (Ps 9, 2; 86, 12; 111, 1; 138, 1) oder *bejošær leḇ* (Ps 119, 7) erweiterten Form.

Der Beter dankt JHWH für die ihm erwiesene Hilfe (Ps 9; 86), für seine Großtaten (Bund, Treue) in der Geschichte (Ps 111), für seine Thora (Ps 119) und die Genesung aus schwerer Krankheit (? Ps 138), sowie für die Gabe der Erkenntnis (1 QH 14, 26). Westermann hat auf den konfessorischen Zeugniswert des einleitenden Voluntativ „ich will dich loben" hingewiesen (Lob und Klage in den Psalmen, ⁵1977, 80), der durch das der dtr Paränese entstammende *bekŏl-leḇ* (vgl. Deut 6, 5; s.w.u. 6.d) bes. Innigkeit und Intensität gewinnt. Auch losgelöst von dieser formalisierten Sprache begegnet *leḇ* als Ort des Jauchzens (*rnn*) dem lebendigen Gott entgegen (Ps 84, 3; Sir 39, 35); das Herz frohlockt (*gîl*) ob Gottes Hilfe (Ps 13, 6), es wallt (*rāḥaš*) von anmutiger Rede (Ps 45, 2), es singt (*šîr*) und spielt (*zāmar*) dem Herrn (Ps 57, 8; 108, 2; Sir 47, 8). Alle diese Termini gehören zum Standardvokabular der individuellen Danklieder und bilden in Verbindung mit *leḇ* den Ausdruck der existenziell erfahrenen Heilsfreude des Frommen (vgl. Ps 105, 3 = 1 Chr 16, 10 und 1 Sam 2, 1; Zeph 3, 14).

4. *leḇ* als rational-noetisches Zentrum des Menschen wird in den at.lichen Schriften in einer Vielzahl von Aktivitäten gesehen. Während die Sinne das „sinnliche Bemerken" übernehmen (die Aussage „dem freigebigen Herzen schmeckt es" [Sir 33, 13] ist singulär), vollziehen sich im *leḇ* das vorstellende Vergegenwärtigen (Erkennen und Erinnern), das Denken und Erfassen sowie die Aufmerksamkeit. Und schließlich denkt man sich im *leḇ* die Weisheit angesiedelt.

a) Wahrnehmen und Erkennen (→ ידע *jāḏaʿ* III. 1. c) im *leḇ* steht zunächst einmal in Beziehung zur sensorischen Wahrnehmung: es korrespondiert einmal mit dem Schauen der Augen und Hören der Ohren vorrangig, indem es initiativ die sensorische Wahrnehmung anregt (Deut 29, 3; Ez 3, 10; Pred 7, 21; ethisch negativ häufig im Zusammenhang der Verstockung, vgl. Ex 7, 22; Jer 5, 21 und w.u. 6.c). Dann bildet es auch die Verlängerung und Internalisierung des sensorisch Wahrgenommenen (Jes 32, 4; Ez 40, 4; 44, 5; Spr 22, 17; Mal 2, 2; Pred 7, 2; Sir 16, 24) zum Zweck des Urteilens und der Entscheidungsfindung. So ist dann das Erkennen im *leḇ* immer ganzheitlich kompakt verstanden, insofern es die gesamte noetische Fähigkeit des Menschen meint (vgl. Deut 8, 5). Seine Negation ist von daher auch nicht Unvermögen der sensorischen Wahrnehmung, sondern meint Unaufmerksamkeit, Mißachtung, Verwirrung bis hin zum ethisch relevanten Trug, Betrug. Entsprechend orientieren sich die Wahrnehmung und das Erkennen im *leḇ*: in der früheren Zeit noch konkret: das Land Kanaan (Jos 14, 7), die Belehrung durch die Eltern (Spr 6, 21), die Worte des Erfahrenen (Spr 4, 21; 7, 3; 22, 17; vgl. auch Hi 22, 22; Sir 16, 24); dann mehr und mehr theologisch vor allem im Umkreis des Deut: die Thora (Deut 6, 6; vgl. w.u. 6.d), die Verheißung (Jos 23, 14), Zeichen und Wunder (Deut 29, 3; Jes 42, 25; vgl. Ps 48, 14; Sir 16, 20); prophetisch: die Visionen (Ez 40, 4; 44, 5) und das Wort Gottes (Jes 9, 8; Ez 3, 10; Mal 2, 2), seine Gnade und sein Erbarmen (Kl 3, 21); in der Weisheitsliteratur: die Weisheit (Spr 15, 14; Pred 7, 25; 8, 16; Sir 6, 32; 14, 21; 50, 28), Liebe und Treue (Spr 3, 3), das im Leben der Menschen ablesbare Schicksal (Pred 7, 2; 9, 1) und die aus dem geschichtlichen Verhalten der Menschen ablesbare übergeschichtliche Entwicklung (Pred 8, 9; vgl. Jes 46, 8).

Nur in wenigen Fällen gewinnt dieses Aufmerken des *leḇ* den Aspekt des Sich-Sorgens (Spr 27, 23 [um Schafe]; 1 Sam 9, 20 [Eselin]; 2 Sam 13, 20 [Vergewaltigung]; 18, 3 [Soldaten]; Sir 38, 26 [Ackerarbeit]). In einigen Fällen signalisiert die Terminologie eine bes. Intensivierung: z. B. in den *leḇ* schreiben (Deut 6, 6; Spr 3, 3; 6, 21; 7, 3), auf den *leḇ* binden (Spr 6, 21), im *leḇ* sein lassen (Jos 14, 7; Jer 51, 50).

Von bes. Problematik ist Pred 3, 11b *gam ʼæṯ-hāʿolām nāṯan belibbām*. Gott hat alles schön gemacht zu seiner Zeit. „Auch die Ewigkeit hat er ihnen (sc. den Menschen) ins Herz gegeben" (Nötscher, EB; Zimmerli, ATD 16, ²1967, 168), eine Aussage, die leicht mißverstanden wird in Richtung der Gottesebenbildlichkeit (Hertzberg, Wildeboer, Eichrodt). Alle Emendationsversuche mit Änderung oder mit Umpunktierung des MT sind abzulehnen, weil sie von einer zu engen Bedeutungsbreite von *leḇ* und → עולם *ʿôlām* ausgehen. In der Fülle der Deutungen zeichnen sich mehrere Hauptrichtungen ab: 1) Man deutet *leḇ* unbestimmt als „Mitte" und bezieht es auf *hakkol* (v. 10) unter Duldung einer inkonsequenten Suffigierung: „er hat die Ewigkeit in alles gelegt" (N. Lohfink, Kohelet, NEB, 1980, 32f.: Ewigkeit „im Sinn immer neuer Wiederkehr"; ähnlich Lauha 61. 68f.; Ellermeier, Qohelet, 321: „Unaufhörlichkeit"; vgl. G. Gerleman, ZAW 91, 1979, 341f.: mitten in der Welt findet sich eine Schranke [*ʿôlām*] für die menschliche Erkenntnis). Dagegen sprechen *beleḇ* „in der Mitte", nicht „in die Mitte hinein", und das Suffix. 2) Man deutet *leḇ* als „Herz" des Menschen, aber sucht eine neue Interpretation für *ʿôlām*: „Weltliebe" (Gordis, Koheleth 220), „Rätsel" (R. B. Y. Scott, AB 18, ²1965, 220), „Dauer" (E. Jenni, ZAW 65, 1953, 26), als Streben „nach einem dauernden Ruhm und Namen" (Loretz, Qohelet 281–284), „endlose Fortdauer und die Gebundenheit an den Zeitlauf" (Lauha 69), „ferne Zeit" (G. v. Rad, Weisheit in Israel, 1970, 297). J. Barr, Biblical Words for Time, SBT I/33, ²1969, 124 interpretiert präterital: „the consciousness of memory, the awareness of past events"; Braun, BZAW 130, 114 denkt an „Lebenszeit – Zeitdauer", die die Erkenntnisfähigkeit des Menschen eingrenzt. 3) Man versteht *leḇ* als rational-noetisches und voluntatives (vgl. w.u. V.5) Zentrum des Menschen und *ʿôlām* (v. 11b. 14) in der tatsächlichen Bedeutung „Ewigkeit". Schon F. Delitzsch, BC IV/4, 1875, 264, sieht in Pred 3, 11 das desiderium aeternitatis des Menschen formuliert. Dem Menschen ist ein „Ewigkeitssinn" (A. Strobel, Das Buch Prediger, 1967, 55f.; ähnlich C. W. Reines, JJS 5, 1954, 80) mitgegeben; er hat Gabe und Drang, „über die Stunde hinaus zu fragen nach Vergangenheit und Zukunft" (Zimmerli 172). Nicht ein Streben des Menschen nach göttlicher Seinsweise, sondern das Streben des Menschen über sich hinaus, kontrastiert mit seiner faktischen Begrenztheit (vgl. bes. auch den Kontrast in Ps 90, 12) ist gemeint. *leḇ* bedeutet hier also in einzigartiger Weise Existenz und Wesen des Menschen. – S. Holm-Nielsen, SEÅ 41–42, 1976–77, 107–119 übersetzt ungefähr: „Er hat den Menschen ihr Dasein (Lebenslauf) auf den Sinn gelegt."

b) „Als Sitz des Erinnerungsvermögens befähigt das Herz den Menschen, partikuläre Erkenntnisinhalte in einen übergeordneten Erfahrungsbereich einzuordnen" (Botterweck, → III 493). Wie → זכר *zāḵar* (II. 1. 2) begegnen auch die Wortverbindungen *śîm ʿal leḇ* etc. in vergleichbaren semantischen Kategorien. Das zeigen schon die synthetischen und synonymen Parallelismen mit *zāḵar* in Jes 46, 8; 47, 7; 57, 11; 65, 17; Jer 3, 16; 17, 1f.; 44, 21; 51, 50, die man als ein intensiviertes, aufmerksames Erinnern und Gedenken zu deuten hat; doch läßt sich dies wegen der Vieldeutigkeit von *leḇ* nicht auf eine einfache Formel reduzieren (W. Schottroff, WMANT 15, ²1967, 116). Die Kategorie „Bedenken eines Tatbestandes zwecks Findung eines Motivs für ein bestimmtes Handeln" (Schottroff 136f.), in der Weisheitsliteratur in der Form des „Weisheitsratschlages" (Schottroff 139) oder der „Erfahrungsregel" (G. v. Rad, ThAT I, ⁶1969, 430ff.) verbreitet, begegnet in mehrfacher Ausprägung: als versäumtes Bedenken der Folgen eines falschen Handelns (Jes 47, 7), als ständige Erinnerung an die Ohnmacht der Götzen (Jes 46, 8; Ziel: neues Gottesverständnis), an den Tod (Pred 7, 2; Ziel: neue Haltung zum Leben); in Hag 1, 5. 7; 2, 15. 18 soll das Bedenken der eigenen Lage die Initiative zum Tempelbau wecken. Wie *zāḵar* die gefühlsbetonte Anteilnahme ausdrücken kann (Jer 17, 1f., Schottroff 144ff.), so soll umgekehrt das Nicht-Vermissen (*loʾ ʿālāh ʿal leḇ*) der Lade die religiöse Gleichgültigkeit dieser alten Institution gegenüber ausdrücken (Jer 3, 16 → ארון *ʾarôn* II 401). Entsprechend meint in der zwischenmenschlichen Relation einen anderen aus seinem Herzen vergessen (Ps 31, 13; vgl. J. J. M. Roberts, VT 25, 1975, 797–800; vgl. 88, 6) nicht lediglich die Trennung einer gedanklichen, sondern bes. einer Lebensverbindung. Gleichgültiges Vergessen-Werden ist gleich Tod. Den Deportierten soll Jerusalem *b^e leb* sein (par. *zākar 'æt-JHWH*, Jer 51, 50), ein Verlangen, das ihnen wehmütig die wahre Lage der besetzten Stadt vor Augen führt (vgl. Ps 137, 1f. 5f.). Sich die Schuld eines anderen nicht zu Herzen zu nehmen (2 Sam 19, 20) heißt, ihn zu rehabilitieren (auch ohne forensische Situation; vgl. Schottroff 115ff. gegen H. J. Boecker, Redeformen 108–115). Die Erinnerung an die Großtaten Gottes und seiner Thora soll als Motiv zum Thoragehorsam wirken (Deut 4, 9), das Bedenken der Heilsgeschichte als Signal zum Aufbruch aus dem Exil (Jer 31, 21). Beim Anbruch der Heilszeit gedenkt man nicht mehr der vergangenen Schrecken (Jes 33, 18; spätnachjes. Protoapokalyptik, Wildberger, BK X, z. St.; vgl. Jes 65, 17).

c) Wie der Weisheitsbegriff (→ חכם *ḥāḵam*) selbst ist auch *leḇ* als Sitz der Weisheit reichhaltig variiert. Mit wenigen Ausnahmen konzentrieren sich die Belege auf die Weisheitsliteratur: die Weisheit – von JHWH gegeben (Spr 2, 6; 1 Kön 10, 24; 2 Chr 9, 23; Sir 45, 26) – kommt in den *leḇ* des Menschen (Spr 2, 10) und verleiht ihm eine ethische Qualifikation: *da'aṯ* wird ihm zur Lust (Spr 2, 10; Sir 51, 20), sein Hauptaugenmerk liegt auf der Thora (Spr 2, 2; 10, 8), sein Ohr ist offen für Erkenntnis (Spr 18, 15; Sir 3, 29) und seine Worte sind wohl abgewogen (Spr 15, 28; 16, 21. 23; Hi 33, 3; Jes 32, 4; vgl. von Rad, Weisheit 116). Das Streben nach einem solchen *leḇ* ist Aufgabe des Menschen (Spr 19, 8; vgl. Dan 10, 12) und bes. des Königs (*leḇ šomea'/ḥāḵām* 1 Kön 3, 9. 12; 5, 9; 10, 24; 2 Chr 1, 11; 9, 23).

S. Herrmann, WZ Leipzig 3, 1953/54, 51–62, sah in der Bitte um das „hörende Herz" einen aus der Mitte israelit. Wesens kommenden Wunsch. Dagegen hat H. Brunner, ThLZ 79, 1954, 697–700, auf die äg. Weisheitslehre des Ptahhotep hingewiesen, die das Herz des Menschen als Organ des Aufmerkens auf den Willen Gottes wertet (ANET³ 414), so daß die Vorstellung vom „hörenden Herzen" wahrscheinlich äg. Herkunft ist (vgl. C. Kayatz, WMANT 22, 1966, 46f.). Das „hörende Herz" erfaßt die „Fülle aller Weltphänomene" (Wolff 79) und wird damit zum *roḥaḇ leḇ* „weites Herz" (1 Kön 5, 9–14), nach E. Power, Bibl 1, 1920, 59–75 „wide intelligence", nach von Rad (Weisheit 376) „ein Gespür für die Wahrheit, die von der Welt herkommend den Menschen anspricht", nach H. Timm (ZThK 74, 1977, 224–237, bes. 228) „eine Erfahrungsdimension von hochgradig exponierter Subtilität".

Für Pred ist dieses Streben jedoch letztlich ein Haschen nach Wind (*ra'jôn rûaḥ*, → הבל *hæḇæl*; Pred 1, 17), obwohl auch er im weisen Herz gewisse Vorteile sieht (Pred 8, 5; 10, 2). Die Weisheit im *leḇ* erhebt den Weisen über den Toren (Spr 11, 29; vgl. 14, 33; Pred 10, 3; Hi 9, 4). Im Hiobbuch ist *leḇ/leḇāḇ* „Weisheit" unterschiedlich interpretiert. Hiob höhnt, daß mit seinen Freunden die Weisheit untergehen werde (Hi 12, 2), möchte seinen *leḇāḇ* (Verstand) dem ihrigen aber gleichwertig wissen (v. 3). Für Elihu ist der Weise (*'îš leḇāḇ*) der, der die Gerechtigkeit und Göttlichkeit Gottes anerkennt (Hi 34, 10. 34; 37, 24). Der hohe weisheitliche Anspruch des Buches Sir wird durch die Unterschrift signalisiert: „Jesus ben Sira, Eleasar, von Jerusalem, der Weisheit aus seinem *leḇ* wie Regen hervorquellen ließ" (Sir 50, 27). P sieht im *ḥ^a ḵam leḇ* die sakralhandwerkliche Fähigkeit derer, die mit der Anfertigung der Priesterkleidung (Ex 28, 3) und den Arbeiten an der Stiftshütte betraut sind (Ex 31, 6; 35, 35, 25. 35; 36, 1. 2. 8) und nach Ex 35, 34 durch göttliche Inspiration auch zur Lehre befähigt sind (→ II 936).

d) Fehlt im *leḇ* die Weisheit, so siedelt sich die „Torheit" an. Sie zeigt sich in Unaufmerksamkeit (Ex 9, 21; Hos 7, 2), Verbohrtheit (Ex 7, 23) und in der fehlenden Einsicht in größere Zusammenhänge (Jer 12, 11; Jes 44, 19; Sir 16, 23). Für den Redaktor des Pred (Lauha 167) gehören Bosheit und Torheit so zum *leḇ* „Wesen" des Menschen, daß sie den Grund für seine Todesverfallenheit bilden (Pred 9, 3; vgl. Spr 10, 21). Torheit = Fehlen von *leḇ* (*'ên leḇ*) wirkt sich aus in Orientierungs- (*pāṯāh*, Hos 7, 11) und Gedankenlosigkeit (Spr 10, 13; 17, 16. 18; 24, 30), Ehebruch (Spr 6, 32) und Verachtung des Nächsten (Spr 11, 12); beim Jugendlichen zeigt sich der „Mangel an Herz" (*ḥ^a sar leḇ*) in der Unverständigkeit (7, 7; vgl. 22, 15), im Eifer für Nichtiges (12, 11) und in der Freude am Törichten (15, 21). Der *leḇ* des Toren (*k^e sîl*) verliert die Kontrolle über die Zunge (10, 20; 12, 23; 15, 7; vgl. 23, 33) und versteigt sich zur Leugnung Gottes (Ps 14, 1; 53, 2). Sir 36, 5a (Barthélemy) vergleicht ihn mit einem Schafskopf.

Wein (Hos 4, 11; vgl. F. Stolz, VT 26, 1976, 170ff.; Spr 23, 29ff.), Weib (Hi 31, 9; vgl. 11 QtgJob 18, 2; Spr 6, 25; 7, 10; 9, 4. 16; Sir 19, 2), irdische Güter (Ps 62, 11), Gewinn (Jer 22, 17; Ez 33, 31), Verlockungen (Hi 31, 7), Götzendienst (31, 27; vgl. 11 QtgJob 19, 1), böse Worte (Ps 141, 4) und Korruption (Pred 7, 7) verwirren den *leḇ*. Doch er kann sich auch selbst verwirren (Jes 44, 20); vorbeugend werden Num 15, 39 die Israeliten aufgefordert, sich durch Kleiderquasten ständig an die Gefahr der Verführung durch den *leḇ* erinnern zu lassen. Eine bes. massive und gefährliche Form der Verirrung des *leḇ* zeigt sich bei den Pseudopropheten, die nach ihrem eigenen *leḇ* und nicht in JHWHs Auftrag verkündigen (Ez 13, 2f.); sie gehen hinter ihrem eigenen *rûaḥ* her (v. 3), weissagen Trug (Jer 14, 14; 23, 26; zum Text vgl. I. Meyer, OBO 13, 1977, 134f.) und Vision ihres eigenen *leḇ* (23, 16) und führen so das Volk in die Irre. Wenn Moses (Num 16, 28) und Bileam (Num 24, 13) für sich dieses Handeln *millibbî* „aus eigenem Herzen heraus" ablehnen, so zeigt sich, daß diese Redewendung offensichtlich bes. geeignet ist, auf die eigentliche göttliche Sendung und auf den prophetischen Auftrag hinzuweisen (W. Groß, StANT 38, 1974, 316). Mehrfach wird (wie die Verstockung) auch die Verwirrung des *leḇ* auf JHWHs Initiative zurückgeführt (Deut 28, 28; Hi 12, 24; 17, 4).

5. Der Übergang von der Verstandesfunktion des *leb̲* zu den Tätigkeiten des Willens ist fließend, ein Relikt der sachlichen Unmöglichkeit einer Trennung von Theorie und Praxis (Wolff 84). Der *leb̲* zeigt sich als die treibende Kraft der voluntativen Bestrebungen des Menschen, als Subjekt des Sinnens und Planens in reichhaltiger Performation, sowie als Sitz von Mut und Tatendrang.

a) Jeremia spürt in seinem Inneren die treibende Kraft des *leb̲*, in dem es wie Feuer wird, als er die Verkündigung des unbequemen JHWH-Wortes zurückhalten wollte (Jer 20, 9; vgl. 23, 29). Auch der kranke Beter fühlt seinen *leb̲* brennen als Antrieb zum Beten (Ps 39, 4). Bileam muß sich (*leb̲*) völlig am Willen JHWHs orientieren (Num 24, 13, s.o.). Die weiteren Belege stammen fast alle aus der Spätzeit des AT: die Verbindung von *leb̲* mit *ndb* „bereitwillig sein" dient dazu, den *leb̲* des Menschen als movens für bereitwillige Steuerabgaben, Spenden (Ex 25, 2; 35, 5. 21. 22. 29 [P]; 1 Chr 29, 9; vgl. 2 Kön 12, 5 [*ʿālāh ʿal leb̲*]) und Opfer (2 Chr 29, 31; vgl. 2 Chr 11, 16 [*nātan ʾæt leb̲*]) zu charakterisieren. Ähnlich fungiert *nāśāʾ leb̲* (Ex 35, 26; 36, 2), das die bereitwillige Mitarbeit am Bau der Stiftshütte anzeigt (vgl. Neh 3, 38; 4, 6).

b) Das voluntative Agieren des *leb̲* erfaßt den Bereich menschlichen Verhaltens vom Sinnen, Ersinnen bis hin zur Umsetzung in die Tat, aber ohne Tat selbst, wobei graduell differenzierte Aspekte beobachtbar sind.

Der nachexilische (Kraus, BK XV/1[5], 299) Beter weiht JHWH die *ʾimrê-pæh* „Worte des Mundes" und das *hæḡjôn leb̲* „Sinnen des Herzens", ein Sammelausdruck für seine Pläne und Vorhaben, die er gläubig dem Willen JHWHs in der Thora unterstellt (Ps 19, 15). Im Gegensatz dazu ist für Pred *kŏl-ʿamālô û()raʿjôn libbô* „all sein Mühen und Streben seines Herzens" nutzlos und bringt den Menschen nichts ein (Pred 2, 22). Diese Gegenüberstellung zeigt die weite Bandbreite dieser Vorstellung.

Der erste Schritt des voluntativen Vorgehens ist das „bei-sich-selbst-Denken" (Nominalsatzstruktur): Ein bestimmter Gedanke kristallisiert sich zur Absicht *beleb̲* (1 Sam 14, 7; 2 Sam 7, 3; 1 Chr 17, 2; in allen Fällen absichtlich unbestimmt), *ʿim lebāb̲* (2 Chr 29, 10, beabsichtigte *berît̲*). Der Plan zum Tempelbau hat im *leb̲* konkrete Gestalt (Verbalsatzstruktur) angenommen (*hājāh ʿim lebāb̲*, 1 Kön 8, 17. 18; 1 Chr 22, 7; 28, 2 [txt?, vgl. LXX]; 2 Chr 6, 7. 8; 24, 4; vgl. 7, 11 [mit *bôʾ*]); auch die Königin von Saba hatte einen bestimmten Katalog von Fragen an Salomo in ihrem *leb̲* (1 Kön 10, 2; 2 Chr 9, 1).

Andere verbale Formulierungen begegnen im voluntativen Bereich nur sporadisch: *bāḏāʾ beleb̲* (1 Kön 12, 33; Jerobeam plant ein eigenes Fest in Bethel; vgl. Neh 6, 8), *tûr beleb̲* (Pred 2, 3; der Pred plant eine sinnvolle hedonistische Lebensgestaltung), *śîm ʿal leb̲* (Dan 1, 8; Daniels Taktik gegenüber Nebukadnezar) und das hap. leg. *mālak̲* (vgl. akk. *malāku*, AHw 593f.; → יעץ *jāʿaṣ* [III 719]); *leb̲ ʿal* (Neh 5, 7; politisches Konzept gegen die Armut). Politische Pläne sind wohl auch mit den *ḥiqrê leb̲* (Ri 5, 16. cj. 15) gemeint.

Absichten werden zum Wunsch, wenn der Mensch selbst sie nicht realisieren kann; vgl. Ps 20, 5; 21, 3; Hi 17, 11; der Psalmist preist JHWH, der diese Herzenswünsche erfüllt (Ps 37, 4). Ein Plan hat bereits deutliche Konturen, wenn vom „Sprechen im Herzen" (*ʾāmar beleb̲*, seltener *dibbær beleb̲*) die Rede ist. Doch auch die Bedeutungsbreite dieser Wendung ist weit gestreut vom Bewegen der Lippen beim Gebet (1 Sam 1, 13) über das sinnende Formulieren (Gen 17, 17; 24, 45; Pred 1, 16; 2, 15; 3, 17. 18) und analysierende Fragen (Deut 18, 21; Jer 13, 22; Esth 6, 6, hier politisch) zum Planen (eines Mordes Gen 27, 41; einer Flucht 1 Sam 27, 1; der Thronfolge 1 Kön 12, 26; der hedonistischen Lebenshaltung Pred 2, 1) und festen Wünschen (Sach 12, 5). Dieses voluntative Agieren des *leb̲* richtet sich auf verschiedene Zielhandlungen: Streit und Vernichtung (Ps 55, 22; 74, 8; 140, 3), Frevel und Schandtat (Gen 6, 5; 8, 21; Ps 58, 3; Spr 24, 2; Pred 8, 11), politische Intrigen (Ez 38, 10; Dan 8, 25; 11, 27), Ränke (Spr 6, 18; 12, 20), Verschwörung (Ez 7, 6; Ps 83, 6), Hinterlist (Spr 6, 14), asoziales Verhalten (Sach 7, 10; 8, 17) und Gottlosigkeit (2 Chr 12, 14). Bes. verachtet ist die Differenz zwischen *leb̲* und Zunge (Sir 12, 16; 37, 17) und so wird gewarnt vor den Feinden, die ihre wahren Pläne verbergen (Jes 10, 7; 2 Chr 32, 31; Ps 55, 22). Für den Psalmisten gehört dieses Gespaltensein zwischen boshaften Herzen und heuchlerischer Zunge geradezu zur Definition des *ræšaʿ* (Ps 28, 3; 41, 7). Das Deut legt Wert auf die Forderung, im Umgang mit seinem Bruder Aufrichtigkeit im *lebāb̲* zu hegen (Deut 15, 9) und entsprechend zu handeln.

leb̲ bezeichnet – wie *rûaḥ* – auch den „Mut" des Menschen zu militärischen Kraftakten (1 Sam 10, 26; 2 Sam 17, 10; 1 Chr 12, 34; Dan 11, 25), zum Widerstand gegen den König (Esth 7, 5) sowie zur religiösen Reform (2 Chr 17, 6). Angesichts der Großtaten JHWHs hat jedoch dieser Mut keinen Bestand (Ez 22, 14; Am 2, 16; Ps 76, 6).

6. Im religiös-ethischen Bereich des Verhältnisses zwischen Mensch und Gott wird *leb̲* häufig verwendet.

a) Hier gilt zunächst und grundsätzlich das Axiom: „Er, der allen gebildet das Herz, er weiß um all ihre Werke" (Ps 33, 15). Der Schöpfer des *leb̲* ist damit zugleich universaler Herr und Richter. Mögen die Menschen noch so viel ersinnen und planen, nach Meinung der alten Spruchweisheit ist es letztlich JHWH, der den *leb̲* lenkt (vgl. Spr 16, 1. 9; 19, 21; 20, 5; 21, 1). Er kennt den *leb̲* aller Menschen (*jādaʿ*, 1 Kön 8, 39 [2mal]; 2 Chr 6, 30 [2mal]; Ps 44, 22; 139, 23); deshalb erwartet man von ihm gerechte Vergeltung (Jer 20, 12; Spr 24, 12). Er durchschaut den äußeren Schein (1 Sam 16, 7), denn der *leb̲* liegt offen vor ihm (Spr 15, 11). Schon im sehr frühen Ps 7, 10 begegnet als Epitheton JHWHs die „hymnisch getönte" (Kraus) Formel *boḥen libbôt̲ ûk̲elājôt̲* „der

Herz und Nieren prüft", die in einzigartiger Weise das göttliche Wissen um den Menschen zum Ausdruck bringt (vgl. Ps 17, 3; 26, 2; Jer 11, 20; 12, 3; 17, 10; vgl. noch Spr 17, 3; 21, 2; 1 Chr 29, 17; Sir 42, 18). JHWH vermag das Herz des Menschen zu beugen (*kānaʿ*, Ps 107, 12; vgl. Sir 10, 13) wie auch zu stärken (*kûn hiph* als Ausdruck der existentiell erfahrenen Erhörung, Ps 10, 17). JHWH vermag den *leḇ* des Menschen zu wandeln, sei es zum Negativen (Ps 105, 25; zur Verstockung) oder zum Positiven (Jer 32, 39; zur Gottesfurcht). Er nimmt das Herz aus Stein (*leḇ ʼæḇæn* ist nach 1 Sam 25, 37 eigentlich ein toter *leḇ*) weg und gibt ein „neues Herz" (zum umgekehrten Vorgang in der Totenliturgie des Pharao vgl. Hermann 105), eine neue echte Lebendigkeit des Menschen gegenüber JHWH (Ez 11, 19; MT liest *leḇ ʼæḥāḏ* [vgl. Jer 32, 39], doch LXX setzt *leḇ ʼaḥer* voraus. Vielleicht ist nach Ez 18, 31; 36, 26, 1 Sam 10, 9 in *leḇ ḥāḏāš* zu emendieren). Diese Neuschöpfung löst den versteinerten Zustand des Menschen ab, erfüllt den Menschen mit einer neuen *rûaḥ* und setzt damit die vertane Bundeswirklichkeit erneut in Kraft (Zimmerli), in der Absage an die Sünde (Ez 18, 31) und in der Befolgung des göttlichen Willens (Ez 36, 26). In späten Texten des AT wird der Einfluß JHWHs auf den *leḇ* des Menschen als ein *nātan beleḇ* „ins Herz geben" verstanden: die Absicht zum Tempelbau in Jerusalem (Esr 7, 27), Nehemias Besichtigung der Stadtmauer (Neh 2, 12), sein Zensus (7, 5) und JHWHs Gabe von *ʿôlām* (Pred 3, 11, s. o. V. 4. a). Der *leḇ* des Menschen ist als Zentrum der Person damit in einzigartiger Weise der Punkt, an dem JHWH des Menschen Existenz betrifft.

b) Das AT hat kein eigenes Wort für „Gewissen" (C. Maurer, ThWNT VII 906). Trotzdem wurde das „sittlich urteilende Selbstbewußtsein" (E. Schick, LThK ²IV 860) schon früh als eine urteilende Instanz im Innern des Menschen empfunden. Schon im Äg. sollten Norm (Maat) und Herz des Menschen (Gewissen) übereinstimmen (S. Morenz, Ägyptische Religion, RdM 8, 1960, 138). Grundlage ist die Erkenntnis (→ ידע *jādaʿ*, II. 1) der Maat. In Israel (vgl. J. Schreiner, BiLe 6, 1965, 110f.) hatte sich der Israelit beständig an der Thora zu orientieren und im Gehorsam gegen Gottes Wort seinen *leḇ* zu prägen (Deut 30, 14. 19; Jer 31, 32; Ez 36, 26f.). *leḇ* als Organ der Erkenntnis (vgl. oben V. 4. a) registrierte die Abweichungen des Menschen von Gottes Willen. Das AT macht dies transparent, indem es (fast ausschließlich im DtrGW) das Wort Gottes und die auf ein Fehlverhalten reagierenden „Schläge" des *leḇ* gegenüberstellt (1 Sam 24, 6; vgl. v. 13; 1 Sam 25, 31; 2 Sam 24, 10; vgl. v. 3). Auch reagiert *leḇ* auf einen Eidbruch (1 Kön 2, 44). Im dtr Tempelweihgebet 1 Kön 8, 23–53, das die Bedeutung des Tempels für das Volk aufzeigt, sieht v. 37 vor, daß der Tempel bevorzugtes Gebetshaus für die Israeliten sein soll, wenn sie von allerlei Plagen (*næḡaʿ*) heimgesucht werden. Ein späterer Redaktor hat dann in Stichwortassoziation in v. 38 b zusätzlich den *næḡaʿ leḇāḇ* „Gewissensbiß" als Anlaß zum Gebet im Tempel hier eingefügt.

Obwohl das Gewissen kein Thema in der Weisheitsliteratur ist, wird die Orientierung daran in der Reaktion Hiobs auf die Anschuldigungen seiner Freunde sichtbar. Sein *leḇ* hat ihn nie gescholten (Hi 27, 6), Beweis seiner *ṣeḏāqāh*. Sir 37, 13 mahnt zum unbedingten Hinhören auf sein Gewissen, da das Gewissen besser Auskunft geben könnte als sieben Wächter, die auf Wache sind (v. 14). Er preist den Menschen glücklich, der keine Gewissensbisse haben muß (Sir 14, 1f.). Weish 17, 10 warnt vor dem bösen Gewissen, weil es den Verstand verwirrt.

c) In *leḇ* sieht man auch den Sitz massiver negativer Verhaltenseigenschaften des Menschen: Die Bosheit des *leḇ*, oft verdeckt durch heuchlerische Zunge, ist Wesensmerkmal des *ræšaʿ* (Ps 28, 3; 41, 7). Die Spruchweisheit vergleicht eine solche Person mit einer versilberten, aber im Kern wertlosen Scherbe (Spr 26, 23). Diese Bosheit im *leḇ* stört das Verhältnis des Menschen zu Gott und zu seinen Mitmenschen (Jes 32, 6); deshalb soll um seines gerechten Richteramtes willen der König ihr abschwören (Ps 101, 4). Für Jeremia begründet sie das Gericht JHWHs (Jer 4, 14. 18); deshalb ermahnt er Jerusalem eindringlich, seinen *leḇ* zu waschen (v. 14). Pred sieht in ihr den eigentlichen Grund für die Todesverfallenheit des Menschen (Pred 9, 3).

Schon die vorexil. Prophetie sieht im *leḇ* die Hybris (→ גאה *gāʼāh*; → גבה *gāḇah*) situiert (Hos 13, 6). Sie ist Resultat der Übersättigung Israels und einer maßlosen Selbstüberschätzung (Jes 9, 8). Jes terminiert diesen Hochmut mit *goḏæl leḇāḇ* (dieser Ausdruck wird von einem Glossator Jes 10, 12 aufgegriffen und auf Assur angewandt), was dem weisheitlichen Vorstellungsbereich entstammen könnte (vgl. *geḇah-leḇ*, Spr 16, 5 zum Wortfeld → *gāḇah* [I 894]; *reḥaḇ-leḇ*, Spr 21, 4; Ps 101, 5; vgl. Deut 17, 20). Es bedarf jedoch nicht dieser speziellen Terminologie: Häufig wird der Sachverhalt der Hybris durch eine direkte Rede (*ʼāmar beleḇ*) transparent (Jes 14, 13; 47, 8. 10; Jer 49, 16; Ob 3; Zeph 1, 12; 2, 15; Ps 10, 6. 11; 35, 25); zur Terminologie vgl. G. Bertram, WO 3, 1964/66, 32–43; ders., ὕβρις, ThWNT VIII 295–307. Der Hochmut des *leḇ*, von der alten Spruchweisheit bereits als *toʿeḇaṯ JHWH* ethisch abqualifiziert (Spr 16, 5), ist häufiges Thema prophetischer Anklage. Sie gründet wahrscheinlich in der deut/dtr Paränese, die im Zusammenhang mit der Landgabe vor Selbstüberschätzung (Deut 8, 14. 17; 9, 4; sek. als Mißachtung der Gebote und JHWH-Vergessen [v. 11 b] interpretiert; vgl. G. Seitz, BWANT 93, 1971, 79) warnt.

Die Mahnung gegen den Hochmut richtet sich primär gegen die Fremdvölker: gegen Edom (Jer 49, 16; Ob 3), Moab (Jer 48, 29), Tyrus (Ez 28, 2. 5. 6. 17; vgl. O. Loretz, UF 8, 1976, 457f.), Ägypten (Ez 31, 10), Assur (Zeph 2, 15), Babylon (Jes 47, 8. 10), gegen Nebukadnezar (Dan 5, 20), den „König des Südens" (Dan 11, 12) und den apokalyptischen Weltenherrscher (Jes 14, 13), jedoch auch gegen die Bewohner von Jerusalem (Zeph 1, 12). Zum Hochmut einiger judäischer Könige vgl. 2 Kön 14, 10; 2 Chr 25, 19 (Amazja), 2 Chr 26, 16 (Ussia); 2 Chr 25, 26 (Hiskia). Im Klagelied des einzelnen zählt der Hochmut zur Charakteristik des Frevlers (Ps 10, 2–4. 6. 11; 35, 25).

In bes. Weise wird die Verstockung des Menschen mit seinem *leḇ* in Verbindung gebracht; die Terminologie ist anschaulich: → כבד *kāḇeḏ* 'schwer sein' (vornehmlich bei J), → חזק *ḥāzaq* (II 856f.) 'hart sein' (von E und P bevorzugt), → קשה *qāšāh hiph* 'verhärten' (Ex 7, 3 [P]; Deut 2, 30; Ps 95, 8; Spr 28, 14); *qāšaḥ hiph* 'verhärten' (Jes 63, 17; vgl. Sir 30, 12), → אמץ *'āmaṣ (pi)* (I 351f.) 'stark machen', *šāman hiph* 'mit Fett überziehen' (Jes 6, 10; vgl. Ps 119, 70) sowie *šerirûṯ leḇ* 'Verstocktheit des Herzens' (nach Deut 29, 18 vornehmlich in der jer. Tradition) und *meḡinnaṯ leḇ* 'Bedeckung des Herzens' (Kl 3, 65); zur Terminologie vgl. J. L. Ska, Bibl 60, 1979, 191–215, bes. 198–205. Nach Hesse (BZAW 74, 1955, 4) betrifft die Verstockung, die als Verhärtung des Nackens (*'oræp*, Deut 10, 16 u. ö.), des Angesichts (Jer 5, 3) und der Stirn (Ez 3, 7), als Unbeschnittenheit von Lippen (Ex 6, 12. 30) und Ohr (Jer 6, 10) sowie als Verhärtung oder Verfettung des *leḇ* geschildert wird, die religiöse und sittliche Haltung des Menschen. Das Motiv der Verstockung des *leḇ* wird von allen Pentateuchquellen im Bereich der Exodus- und Landnahmetradition dargestellt: Die Quellen konzentrieren im Verhalten Pharaos gegen die Israeliten den innenpolitischen Vorgang eines Abwanderungsversuches einer Fremdarbeitergruppe und die Reaktion des Staatsapparates (Hermann 94). J wertet „Verstockung" aktivisch als „Schwermachen" des *leḇ* (*kāḇeḏ hiph*), sei es durch Pharao selbst (Ex 8, 11. 28; 9, 7. 34; zum äg. weisheitlichen Postulat des festen Herzens [*dnś ỉb* = *leḇ kāḇeḏ*] vgl. Hermann 103f.) oder durch JHWH (Ex 10, 1). Nur einmal interpretiert er unter Verwendung des Verbaladj. *kāḇeḏ* die Verstockung als Zustand (Ex 7, 14). Ein J- oder JE-Nachtrag (Ex 4, 21; vgl. M. Noth, ATD 5, 61978, 22) spricht vom Verhärten (*ḥāzaq pi*) des *leḇ*, und greift damit Terminologie von P auf, die alle Aktivität auf JHWH beschränkt: JHWH verhärtet den *leḇ* Pharaos (Ex 9, 12; 10, 20. 27; 14, 4. 8. 17; vgl. 7, 3 *qšh hiph*), während noch im vorhergehenden Ablauf der Plagenerzählung (vgl. E. Otto, VT 26, 1976, 3–27) vom passivischen Hart-werden (*ḥāzaq qal*) die Rede war (Ex 7, 13. 22; 8, 15; 9, 35). Die Erzählabläufe von J und P zeichnen also eine Steigerung vom verstockten Habitus Pharaos zum verstokkenden Eingreifen JHWHs. In der Auslegung wird deshalb der Vorwurf von JHWHs Ungerechtigkeit laut (Belege bei Hermann 25f.), zumal nach Ex 14, 4 die Erkenntnisformel den theologischen Sinn der Verstockung angibt: Die Ägypter sollen erkennen (→ *jāḏa'* III 503f.), „daß ich JHWH bin" (vgl. Sir 16, 15). 1 Sam 6, 6 wird die Verstockung Pharaos als „übles Spiel" (*hiṯ'allel*) bezeichnet. Die Verstockung äußert sich darin, daß trotz heftigster Beeindruckung Pharao den Sinn der Plagen nicht zu erkennen und entsprechend zu handeln vermag. Diese eindeutige Zielrichtung der Verstockung läßt es fraglich erscheinen, die Aussage der Herzensverhärtung auf einen militärischen Ursprung (Vorbereitung zum Kampf) zurückzuführen (vgl. P. Weimar 209–212). Eher ist mit Ska (202f.: Vergleich von P^G mit Ez [2, 4; 3, 7]) der Kontext „du jugement, selon la tradition prophétique" bestimmend.

Die Verstockung wird gelöst durch Einsicht (Ex 9, 21), Bekenntnis und Vergebungsbitte (Ex 10, 16f.) angesichts der überwältigenden Manifestation der Geschichtsmächtigkeit JHWHs. Dies wird nicht nur durch literar. Zusätze extensiv ausgestaltet (vgl. Ex 9, 29 u. ö.; E. Otto 25), sondern auch vom DtrGW in die Periode der Landnahme übertragen auf Sihon (Deut 2, 30) und die kanaan. Könige (Jos 11, 20).

Während die Verstockung der Feinde JHWHs letztlich dem Erweis seiner Geschichtsmächtigkeit dient, wird die Verstockung Israels unter Rückgriff auf die Massa-Meriba-Tradition (Ps 95, 8; vgl. Ex 17, 1ff.; vgl. H. F. Fuhs, BN 9, 1979, 54–70; vgl. auch Jer 11, 8) als Abfall von JHWH gewertet (Ps 81, 13). In der prophetischen Tradition wird nun diese Verstokkung selbst als Gericht JHWHs interpretiert (vgl. J. L. Ska 205). Die Polarität von JHWHs Urheberschaft der Verstockung und der Verhärtung des *leḇ* Israels wird deutlich in Jes 6, 10, wo an Jes ein „Verstockungsbefehl" (Wildberger, BK X/1, 21980, 255) ergeht (z. St. vgl. J. Gnilka, Die Verstockung Israels, StANT 3, 1961; Chung Hsin Chi, The Concept of 'Hardening the Heart', Diss. Singapore 1974), der für M. M. Kaplan, JBL 45, 1926, 251–259 und O. H. Steck, BZ NF 16, 1972, 188–206 (vgl. EvTh 33, 1973, 77–90) Haupthindernis ist, in Jes 6 eine Berufungsvision sehen zu können. Bereits LXX umging das theol. Problem, da sie das Herz des Volkes selbst verstocken läßt. In seiner Verstockungsansage hat der Prophet das faktische Verhalten Israels im Blick, das sich unter JHWHs Gerichten immer stärker gegen Gott verschloß (Wildberger 256) und verschließt (vgl. Jes 57, 17). Gegen die „Rückprojizierungsthese" von Hesse vgl. R. Kilian, BBB 50, 1977, 209–225. Verstockung als Opposition zum Umkehrruf (vgl. Jer 5, 23; 18, 12; Ez 2, 4; 3, 7) korrespondiert mit götzendienerischer Selbstverblendung (Jer 9, 13; 13, 10). Auch TrJes führt die Verstockung Israels auf JHWH zurück, verbindet sie aber mit seiner Allursächlichkeit (Jes 63, 17). Zur proph. Klage über die Verstockung vgl. Jer 16, 12; 23, 17; Jes 44, 18; zur Verstockung als asoziales Verhalten vgl. Deut 15, 7; Ps 73, 7; Sach 7, 12. Die Spruchweisheit verbindet die Verstockung mit Unglück und Leid (Spr 28, 14; Sir 3, 26f.).

Nach Hos 10, 2 neigt der *leḇ* des Menschen zu Abfall und Götzendienst. Dies wird von Jeremia (7, 24; 17, 5) aufgegriffen und 17, 1 in die kultisch provozierende Parallele „auf der Tafel ihres Herzens und auf den Hörnern ihrer Altäre" gebracht. Deut warnt immer wieder vor dem Drang nach Götzendienst im *leḇāḇ* (Deut 11, 16; 29, 17. 18; 30, 17; vgl. 1 Kön 15, 3; 2 Chr 20, 33; 25, 2) und weist im Königsgesetz dem König Vorbildfunktion zu (Deut 17, 17; vgl. 1 Kön 11, 2. 4. 9). Ez spricht vom „ehebrecherischen Herzen" (*leḇ hazzonæh*, Ez 6, 9), vom „Einschließen der Götter in das Herz" (Ez 14, 3. 4. 7), „Entfremdung" (*zûr*) von JHWH, der er selbst durch „Greifen an das Herz" begegnet (Ez 14, 5). Die Wüstenzeit des Volkes ist geprägt durch das Nachlaufen des *leḇ* hinter den Göttern her, sichtbar in der Mißachtung der Thora und des Sabbats (Ez 20, 16). Beim Psalmisten klingt die Theodizeefrage an, wenn er das Wohlergehen des Frevlers bemerkt, obwohl sein *leḇ* auf Abfall sinnt (Ps 10, 13; 36, 2). Nach dem Motiv von der Verstockung des Volkes charakterisiert er den Abfall als *nsh (pi) bilḇaḇ* „Versuchen im Herzen" (Ps 78, 18; vgl. 78, 37). Auch die Spruchweisheit warnt vor Abtrünnigkeit im Herzen (Spr 7, 25; 14, 14; Sir 10, 12; 46, 11).

d) Umgekehrt wird *leḇ* auch als Sitz des ethisch positiven Habitus des Menschen verstanden. – In ihm ist die aufrichtige Gesinnung des Menschen angesiedelt (in Spr 23, 19 mit der Weisheit verbunden). Der Ausdruck *jišrê leḇ* (→ ישר *jāšar*) „die aufrichtigen Herzens sind" findet sich vornehmlich in den Psalmen in Selbstbezeichnungen des Beters als Erhörungsmotiv (Ps 7, 11; 11, 2; 36, 11; vgl. 66, 18; 125, 4). Mit ihrer Nennung verbindet er Zuversicht (Ps 94, 15; 97, 11) und Jubel (Ps 32, 11; 64, 11). Zur praktischen Verwirklichung dieser Aufrichtigkeit im Herzen vgl. Ps 15, 2; 2 Kön 10, 15; 2 Chr 19, 9; 29, 34; 31, 21; zur Warnung vor Falschheit vgl. Spr 11, 20; 17, 20; Ps 12, 3.

Die Spruchweisheit fordert dazu auf, den *leḇ* für die Zucht (*mûsār*) zu öffnen (Spr 23, 12; vgl. 5, 12; 15, 32). Und schließlich weist Sir 7, 35 auf den sozialen Aspekt der positiven Zuwendung des *leḇ*: nämlich Krankenbesuch respektive Krankenpflege.

Zum Wortfeld „reines Herz" gehört *tom-leḇāḇ*, wobei *tom* die „Vollständigkeit einer Handlung" oder die „Arglosigkeit" beschreibt (K. Koch, תמם *tmm*, THAT II 1047): Vgl. hier bes. die Unschuldsbeteuerungen des Abimelech (Gen 20, 5. 6 E) und die Parallele mit *jošær* „Aufrichtigkeit" und Thoraobservanz Salomos (1 Kön 9, 4; vgl. noch Ps 78, 42; 101, 2; Deut 9, 5). Der rituellen Reinigung und Waschung entstammt die bildliche Redeweise vom Waschen (*kibbæs*) des Herzens (Jer 4, 14), doch ist diese Redeweise primär ethisch gemeint; dies zeigt sich bes. bei → זכה *zāḵāh pi* (II 570) „das Herz rein erhalten" (Ps 73, 13; Spr 20, 9; vgl. Sir 38, 10) und seinen Parallelwendungen (vgl. den Versuch von L. R. Fisher, JSS 3, 1958, 115, *zāḵāh* im rechtlichen Sinne als „not guilty" zu verstehen). Rein metaphorisch ist auch *bar-leḇāḇ* „lautere Gesinnung" (Ps 73, 1; → ברר *bārar*, I 844) parallel zu *n^eqî kappajim* „reine Hände" (Ps 24, 4) zu werten. Dieses Begriffspaar dient in der „Torliturgie" als Umschreibung für die kultischen Einlaßbedingungen der inneren (Gesinnung) und der äußeren (Tun) Lauterkeit. Doch auch die Verwendung des levitischen Reinheitsbegriffes *ṭāhôr* bei *leḇ* (Ps 51, 12; Spr 22, 11) läßt keinen rituellen Hintergrund mehr erkennen; kein Ritus vermag das Herz zu reinigen, vielmehr sind ein „reines Herz" und ein „fester Geist" alleiniges Geschenk JHWHs.

Die Demut (*ʿanāwāh*) als das Gegenteil vom *gāḇah leḇ* (Spr 18, 12; Ps 131, 1) wird ebenfalls im Herzen situiert und anthropologisch als ein „Zerbrochensein" (→ שבר *šāḇar*) des *leḇ* bezeichnet (vgl. O. Garcia de la Fuente, Sacra Pagina 1, 1959, 559–579, bes. 572–575). Dies zeigt bereits, daß neben einer labilen physischen Kondition (vgl. Jer 23, 9) auch der Zusammenbruch des Selbstvertrauens gemeint ist, der den Menschen nun alle Erwartungen auf Gott werfen läßt. Doch gerade ihm gilt die Verheißung der Gottesnähe (Ps 34, 19; 147, 3) und der Prophet weiß sich bes. zu solchen Menschen gesandt (Jes 61, 1). Dieses Wissen um die Nähe Gottes zum Demütigen (vgl. 2 Kön 22, 19; 2 Chr 34, 27) ermutigt den Beter, sich selbst als *raḵ-leḇāḇ* JHWH als Opfer anzubieten.

Schon Hosea beklagt in einem Drohwort die geringe Innerlichkeit der Religiosität. Aus vielerlei Gründen persolviert man religiöse Riten, aber ein Rufen zu JHWH *b^eleḇ* findet sich nicht (Hos 7, 14). Auch Jer 29, 13 betont die Notwendigkeit der JHWH-Suche *b^eḵŏl-leḇāḇ*. Wie Deut 4, 29 zeigt, liegt in dieser prophetischen Forderung der Wurzelboden für das deut Gebot der Gottesliebe und des Gottesdienstes *b^eḵŏl leḇāḇ ûḇ^eḵŏl næpæš* (Deut 6, 5; 10, 12; 11, 13; 13, 4; vgl. 28, 47), eine Umschreibung der umfassenden und völligen Inanspruchnahme, während Halbheit und Lauheit Ressentiments gegen JHWH signalisieren. Das DtrGW und später das ChrGW greifen dieses Hauptgebot immer wieder auf und stellen seine Realisation dar, paradigmatisch (1 Kön 15, 14; 2 Kön 10, 31; 23, 3; Jes 38, 3; 2 Chr 15, 12. 15. 17; 19, 3; 22, 9; 34, 31; vgl. Sir 49, 3), als aktualisierte Mahnung (Jos 22, 5; 1 Sam 7, 3 [Verbindung mit Götzenpolemik]; 12, 20. 24; 1 Kön 14, 8; 1 Chr 22, 19; 28, 9; 2 Chr 16, 9), als Reminiszenz an alte Verheißungen (1 Kön 2, 4; 8, 23; 2 Kön 20, 3; 2 Chr 6, 14), im Dank für erwiesenen Beistand (1 Kön 3, 6) oder als Bitte an Gott (1 Chr 29, 18f.; 2 Chr 30, 19).

Der Psalmist und die Spruchweisheit stimmen darin überein, daß konsequentes Ausharren (Ps 27, 14; 31, 25), Vertrauen auf JHWH (Ps 28, 7; 62, 9; 112, 7; Spr 3, 5) und Nachfolge *b^eleḇāḇ* (Ps 84, 6) Erhörung und JHWHs Beistand im Gefolge haben (vgl. auch Hi 11, 13f.).

Der Thora-Gehorsam (→ שמע *šāmaʿ*) wird von Deut unmittelbar mit dem Gebot der Gottesliebe verbunden (Deut 6, 5f.) und als seine Verwirklichung gewertet (10, 12f.; vgl. 11, 13; 13, 4f.). Nach Jer 17, 1; 31, 32 ist die Thora in die Herzen der Menschen hineingeschrieben und damit unmittelbar dem Entscheidungszentrum im Menschen vorgelegt (vgl. Deut 30, 14; Ps 37, 31; Jes 51, 7; vgl. dazu A. Schenker, aaO.). Im Thora-Gehorsam konzentriert sich das ganze Leben des Menschen. Dies betont der paränetische Abschluß des deut. Gesetzeswerkes Deut 26, 16. 17–19. Diese Grundforderung der deut/dtr Paränese (vgl. Deut 11, 18; 30, 1; 32, 46 [zum Erziehungsauftrag ausgeweitet]) wird in mehr oder weniger veränderter Form häufig vom DtrN (R. Smend, Entstehung 115) aufgegriffen. So findet sie sich auch an homiletisch hervorragender Stelle im paränetisch geprägten Segensgebet über das Volk am Ende des Tempelweihgebetes (1 Kön 8). JHWH wendet (*hṭh*) den *leḇāḇ* des Volkes sich zu und befähigt ihn so zum Gehorsam (1 Kön 8, 58). Mit dieser Bitte korrespondiert in v. 61 die Aufforderung, auch von seiten des Menschen seinen *leḇāḇ* „vollständig" (*šālem*) bei JHWH und seinen Geboten zu halten. Die gleiche Terminologie dient 2 Kön 23, 3 zur Bezeichnung der aufrichtigen Treue dem *bᵉrîṯ* gegenüber (zur Vertragsterminologie vgl. Weinfeld, II 789).

So hält Jeremia dann auch die Realisierung der Thora-Observanz in der Gegenwart für unmöglich und erhofft sie für die Zukunft (Jer 31, 31 ff.; 32, 38 ff.). Dort – im neuen → ברית *bᵉrîṯ* (I 807) – ist die höchstmögliche Verinnerlichung erreicht, da nun die Stufe der sensorischen Willenserfahrung übersprungen und *bᵉrîṯ* und Thora-Gehorsam im *leḇ* selbst eingeschrieben und verankert sind (vgl. von Rad, ThAT II, ^{5}1960, 220 ff.). Doch auch hier (wie 1 Kön 8, 58) liegt die Betonung auf der Initiative JHWHs (vgl. Ez 2, 4; 3, 7; 2 Chr 30, 12).

Sowohl im DtrGW wie auch im ChrGW wird das postulierte Verhalten der Gottesliebe, des Gesetzesgehorsams und der Treue zum *bᵉrîṯ* als *bᵉleḇ/bᵉleḇāḇ šālem* (Zusammenstellung der Terminologie bei M. Weinfeld, Deuteronomy and the Deuteronomic School, Oxford 1972, 334 f.) charakterisiert. Bei der Gegenüberstellung der dtr und chr Belege sowie bei der Analyse des formelhaften *hājāh leḇāḇ šālem ʿim JHWH* (1 Kön 11, 4; 15, 3. 12. 14) hat W. Eisenbeis (BZAW 113, 1969, 338–348) eine unterschiedliche Nuancierung vorgeschlagen: beim *leḇ(āḇ) šālem* in DtrGW sei der unbedingte Gehorsam mit der Ganzheit des Seins und Wollens als Korrespondenz zu einem absoluten Anspruch Gottes gemeint; der Chr sieht den Gehorsam primär einzelnen konkreten Forderungen gegenüber, denen der Mensch mit „gutem Willen" und „außerordentlicher Anstrengung" begegnen kann. Dagegen akzeptiert F. L. Schults (שלם and תמם in Biblical Hebrew: An Analysis of the Semantic Field of Wholeness. Diss. University of Texas at Austin 1974, 84–94) Baumgärtels (607) Deutung und unterscheidet „conformity to the terms of the covenant" (DtrGW), „existence of right relationship between God and man" und „balance between man's *capacity* to will and the *extent* of his willingness" (ChrGW). G. Gerleman (שלם *šlm* genug haben, THAT II 919–935, bes. 927) möchte schließlich mehr die von ihm angenommene Grundbedeutung betont wissen und sieht in *leḇ(āḇ) šālem* ein „bezahlendes", d. h. unterwürfiges, bereitwilliges Herz.

Die Intensität der Hingabe *bᵉkŏl-leḇ* an die Thora – weniger immanente Fähigkeit des Frommen, als vielmehr JHWH-Gabe – ist das Hauptthema des Ps 119.

Auch die Gotteserkenntnis als „ein praktisches religiös-sittliches Verhältnis" (→ ידע *jāḏaʿ* [III 499]) zwischen den Menschen und JHWH gründet im *leḇ*. Sie richtet sich einmal auf JHWH als den Retter- und Bundesgott, dann aber auch gegen die Fremdgötter. Diese Polarität zeigt sich auch in den wenigen Belegen, in denen die Verbindung mit *leḇ* eine Intensivierung der Gotteserkenntnis anzeigen will (vgl. bes. Deut 4, 39; 8, 5). Jer 24, 7 stellt heraus, daß dieser *leḇ* als Subj. der Gotteserkenntnis – und damit diese selbst – Geschenk JHWHs ist.

leḇ wird auch als Sitz der Gottesfurcht verstanden. Die terminologische Verbindung mit *rkk* 'weich sein' als Ausdruck der Mutlosigkeit (J. Becker, AnBibl 25, 1965, 17) und *mss niph* 'zerfließen' (Becker 18) drückt zwar das emotionale Erschrecken aus, doch ist damit die ethische Komponente der Gottesfurcht noch nicht tangiert (vgl. *jāreʾ* in Jer 5, 24). Das ist jedoch deutlich der Fall in Deut 5, 29, wo JHWH wünscht, der *leḇāḇ* der Menschen möge allezeit so beschaffen sein, daß er ihn fürchtet (→ ירא *jāreʾ*, VI. 1, d. h. 'verehrt' im Sinne der Treue zum Bundesgott in einer vollkommenen und entschiedenen Willenshaltung [Becker 97; Weinfeld 274 denkt mehr an „a meaning of general morality"]). Nach Jer 32, 39 wird JHWH den Israeliten einen *leḇ ʾæḥāḏ* als Voraussetzung für die Gottesfurcht geben, was nach Becker (166) die Ungeteiltheit der Verehrung JHWHs begründen soll (vgl. auch Ps 86, 11); zur Trias *ʾæḥāḏ – leḇ – dæræḵ* vgl. Becker 168. Auch die Spruchweisheit ermahnt den *leḇ*, in der JHWH-Furcht zu eifern (Spr 23, 17; Sir 7, 29; 40, 26; 45, 23).

Schließlich wird auch (jedoch nicht in vorexil. Texten) die Umkehr (→ שוב *šûḇ*) im *leḇ* angesiedelt; um das Postulat ihrer Radikalität zu betonen, bedienen sich die at.lichen Schreiber der Metapher von der Beschneidung des *leḇ*. Während DtJes angesichts der geschichtlichen Ereignisse (Jes 46, 8; 49, 21) und der Hybris Babylons (47, 7) vom „Erkennen" (wörtl. „sich zu Herzen nehmen" mit dem Ziel der Umkehr) spricht (vgl. auch Jes 57, 1. 11), benützen Jer und Dtr in solchen Zusammenhängen den terminus *šûḇ*. Dabei betont das frühexil. (vgl. K. F. Pohlmann, FRLANT 118, 1978, 20 f. 22 f.) Jer 24, 7 den engen Zusammenhang zwischen Gotteserkenntnis, Bund und Umkehr zu JHWH, letztere verstärkt durch das dtr *bᵉkŏl-leḇ*. JHWH bewirkt (*nāṯan leḇ*) Erkenntnis und Umkehr (vgl. Ez 11, 19; Deut 29, 3; zu JHWH als Initiator menschlicher Umkehr vgl. 1 Kön 18, 37). Jeremia fordert diese Umkehr als gänzliche Umstellung auf JHWH, weil eine Scheinumkehr nur eine Intensivierung der Straffälligkeit bewirkt (Jer 3, 10; vgl. 23, 26). In Deut 30, 2. 10 zeigt sich dann die „kerygmatische Spitze" des DtrGW (G. von Rad, ATD 8, ^{3}1978, 131; H. W. Wolff, ZAW 73, 1961, 180 ff. denkt an eine 2. Hand; DtrN?) in der Verbindung der Umkehr *bᵉkŏl-leḇāḇ* mit der Thora-Observanz (vgl. auch 1 Kön 8, 47 f.; König Josia als Paradigma 2 Kön 23, 25); DtrN (Veijola) exemplifiziert in 1 Sam 7, 3 dieses Postulat als Verbindung

Umkehr – Entfernung der Götzen – JHWH-Dienst. Dabei versteht auch Dtr im Gefolge von Am 4, 6ff. und Hos 3, 5 u.ö. die Umkehr von ganzem Herzen als Heilswirkung der Strafgerichte und als Verheißungsgut. Joel wendet sich gegen jeden entleerten Ritualismus, wenn er die Überwindung der Trauer- und Bußriten zugunsten einer radikalen inneren Umkehr fordert; dazu greift er den bekannten Ritus des „Zerreißens der Kleider" auf und deutet die Umkehr als *qāraʿ lebāb* par. *šûb ʾæl JHWH* (Jo 2, 12f.), als „Zerreißen des Herzens".

Die Deutung der Wendung *mûl ʾæt ʿŏrlat lebāb* „die Vorhaut des Herzens beschneiden" steht in einem engen Konnex zur Deutung der Beschneidung (→ *mûl*, *ʿŏrlāh*) selbst als Reinheitsritus (v. Orelli, Steuernagel; LXX zu Deut 30, 6), als Opfer resp. Auslöseopfer (R. Meyer, W. Eichrodt; vgl. Lev 19, 23f.), als Weiheakt (H. J. Hermisson, WMANT 19, 1965) oder als Bundeszeichen (→ *ʾôt*, Gen 17, 11 P). – Zum ersten Mal ergeht wohl Deut 10, 16 (Seitz, BWANT 93, 1971, 81 hält dagegen v. 14–22 für spät und von Jer abhängig) an das Volk die Aufforderung, die Vorhaut (*ʿŏrlāh*) des Herzens zu beschneiden, par. die Halsstarrigkeit (*ʿoræp*, Alliteration!) abzulegen.

Ist mit Seitz und H. J. Hermisson (72) ein unmittelbarer Zusammenhang von v. 16 zu den vorhergehenden Versen gegeben (gegen Steuernagel), dann überrascht in der Verbindung Erwählung Israels – Beschneidung des Herzens die Parallelität zur priesterschriftlichen Verbindung von *berîṯ* und Beschneidung (Gen 17). Wie Beschneidung Bundeszeichen, so ist Beschneidung des Herzens Erwählungszeichen. R. le Déaut, Le thème de la circoncision du coeur (Dt 30, 6; Jer 4, 4) dans les versions anciennes (LXX et Targum) et à Qumran, VTS 32, 1982, sieht einen unmittelbaren Konnex zum Gebot der JHWH-Furcht und -Liebe *bekŏl-lebāb* in v. 12.

In Jer 4, 4 enthält die Antwort JHWHs auf das Bußlied des Volkes (3, 22–25) ein Kompendium radikaler Umkehr. Es zeigt die Klimax: Gebot des Abtuns der Götzen, des Schwörens bei JHWH, der Beschneidung *beJHWH* und des Beschneidens der Vorhaut des Herzens (vgl. auch Ez 44, 7. 9). Nach Deut 30, 6 (spätexil.) ist es JHWH selbst, der beim Volk diese Beschneidung des Herzens vornimmt. Der Zusammenhang mit der Gabe des neuen Herzens in Jer 31, 31ff. (Hermisson, le Déaut) ist unverkennbar (vgl. J. H. Tigay, BASOR 231, 1978, 57–67, bes. 57). Wie also die Beschneidung in Korrelation zum göttlichen Angebot der *berîṯ* als Zeichen der Hingabe des Menschen zu werten ist (vgl. Hermisson 76), so meint nun die Beschneidung des Herzens diese Hingabe selbst (le Déaut). Äußere Beschneidung setzt Beschneidung des Herzens voraus (nicht umgekehrt), sonst macht sie den Menschen schuldig (Jer 9, 25). Auch im Heiligkeitsgesetz und später gilt die Beugung des unbeschnittenen Herzens des Volkes als conditio sine qua non für den Bestand des Bundes (Lev 26, 41).

VI. Wenn den Götzen im AT nirgends ein *leb* zugesprochen wird, so wertet man diese als machtlos und tot (vgl. Preuß, BWANT 92, 1971, 111f.).

Der MT in Ez 11, 21 (von LXX, Aq, Sym, Th bestätigt) sieht zwar vor, daß die Aufmerksamkeit der in Jerusalem Zurückgebliebenen auf den *leb* der Scheusale gerichtet ist, doch bereits die V hielt diese Lesung für falsch. Ihr entsprechend wurde die Textkorrektur von Cornill *weʾellæh ʾaḥarê šiqqûṣêhæm* ... (BHK, BHS; Bertholet, HAT I/13, 1936, 40; Eichrodt, ATD 22, 41978, 50; Reventlow, BZAW 82, 1962, 54; Zimmerli, BK XIII/1, 21979, 201) allgemein übernommen im Hinblick auf par. Ez 20, 16. Letztlich handelt es sich aber um eine dogmatische Korrektur.

Wenn Hi 1, 8; 2, 3 JHWH Satan fragt, ob er seinen *leb* auf Hiob gerichtet habe, so läßt sich dieser erstarrten Terminologie keine Wesensaussage über Satan entnehmen.

VII. Die Rede vom *leb* JHWHs (26mal; bei Jer 8mal, im DtrGW 5mal und bei Hi 4mal) hat ihren Ursprung wohl in der Vorliebe des Jahwisten für Anthropomorphismen. In der Einleitung des Sintflutberichtes heißt es, daß JHWH sich wegen der Bosheit der Menschen in seinem *leb* grämt (Gen 6, 6). Umgekehrt wird am Schluß des Berichtes JHWHs Entschluß, die Erde nicht noch einmal zu verfluchen, auf eine Entscheidung in seinem *leb* zurückgeführt (Gen 8, 21). Wie beim Menschen bildet auch bei JHWH *leb* das Entscheidungszentrum. Hier regt sich sein Mitleid über Israel (Hos 11, 8) und seine Kraft dem Gerechten gegenüber (Hi 36, 5); sein *leb* ist der Ursprungsort seines Offenbarungswillens (1 Sam 7, 21; 1 Chr 17, 19). Die Rede vom *leb* Gottes bringt die „Vehemenz seiner Menschenfreundlichkeit" (Wolff 92) zur Sprache. So kann auch Gottes Gerichtsplan letztlich nicht typisch sein für seinen *leb*, wie es der exil. Text Kl 3, 33 unter Wiederaufnahme der Selbstentlastungsaussage (vgl. Num 16, 28) formuliert; *leb* wird also zur Wesensbezeichnung Gottes, dem Grausamkeit widerspricht.

Der *leb* JHWHs als Sitz seines Willens fungiert als Norm für die Beurteilung der Menschen: ein treuer Priester handelt nach dem *leb* JHWHs (1 Sam 2, 35); der König entspricht dem *leb* JHWHs, wenn er seine Gebote hält (1 Sam 13, 14). In der Entsprechung zum *leb* JHWHs gründet der Bestand des Königtums (2 Kön 10, 30; vgl. 1 QH 4, 21), aber auch die Führungsqualitäten der Hirten: Einsicht (*jdʿ*) und Klugheit (*śkl*, Jer 3, 15). Dem *leb* JHWHs widerspricht alles, was mit dem Götzendienst zusammenhängt (Jer 7, 31; 19, 5; 32, 35). Im *leb* JHWHs konzentriert sich die feste Absicht Gottes (Ps 33, 11; vgl. 1 QH 4, 13. 21; Hi 10, 13). Während Hiob den Plan im *leb* JHWHs als blinde schicksalhafte Entschlossenheit zu werten bereit ist, steht nach Jeremia das „Sinnen seines Herzens" im Korrespondenzverhältnis zum Treiben der Gottlosen (Jer 23, 20; 30, 24). Auch das künftige Handeln ist im *leb* JHWHs bereits festgelegt: für die einen bringt es einen „Tag der Rache"

(Jes 63, 4), für die anderen die neue Landnahme (Jer 32, 41). Die in der deut/dtr Paränese beheimatete Wendung *bekŏl-leb ûbekŏl-næpæš* fungiert in der Gottesrede als Bekräftigungsformel, um die unbedingte Verläßlichkeit der Verheißung zu betonen. Trotz der Allwissenheit Gottes hat der *leb* JHWHs auch eine noetisch-rationale Funktion; sie wird geltend gemacht im Zusammenhang der Götzenpolemik. In Jer 44, 21 ist die Verehrung der Himmelskönigin JHWH „ans Herz gegangen" (*'ālāh 'al-leb*). JHWH gedenkt des Götzendienstes, aber der Vorwurf mangelnder Fürsorge trifft ihn im *leb*. Im Rahmen der Götzenpolemik des DtJes fordert JHWH die Götzen zum Rechtsstreit, in dem sie ihre Göttlichkeit (geschichtsgestaltende Kraft) so unter Beweis stellen sollen, daß JHWH ihre Existenz beherzigen (*śîm leb*) kann (Jes 41, 22). Dies dient zur Begründung des Kernsatzes deuterojesajanischer Götzenpolemik „Nichtse seid ihr und euer Tun ist auch nichts!" (Jes 41, 24; vgl. Preuß 197f. 203–206).

Auch die Aufmerksamkeit Gottes geht von seinem *leb* aus. Verwundert greift Hiob die Frage des Psalmisten auf „Was ist der Mensch, daß du seiner gedenkst?" (Ps 8, 5; 144, 3), doch er versteht Gottes Aufmerksamkeit weit intensiver, wenn er die Frage erweitert: „daß du deinen *leb* auf ihn richtest" (Hi 7, 17). Wenn Hiob diese Aufmerksamkeit Gottes dem Menschen gegenüber für sich selbst auch als überaus lästig und verantwortlich für seine mißliche Lage wertet, so weiß der Hioberzähler durchaus auch um die schöpferische und fürsorgende Kraft, die dann wirksam wird, wenn Gott seinen *leb* auf Mensch und Welt richtet (Hi 34, 14; vgl. Ps 104, 29f.; Pred 12, 7 → רוח *rûaḥ*).

Singulär ist schließlich die Aussage vom Weilen (*hājāh*) der Augen und des *leb* JHWHs im Tempel von Jerusalem (1 Kön 9, 3; 2 Chr 7, 16). Eine spät-dtr Interpretation hat die Vorstellung vom Wohnen des Namens (→ שם *šem*; vgl. bes. A. S. van der Woude, THAT II 954f.) JHWHs im Tempel erweitert um die Präsenz der Anrufbarkeit (*šem*) und Aufmerksamkeit (*'ênajim*) Gottes (vgl. 1 Kön 8, 29) und der innersten Zuneigung in „Anteilnahme" und „Wohlwollen" (vgl. Ps 78, 72; Wolff 94; M. Noth, BK IX/1, 197). Schließlich aber bedeutet die Aussage vom Wohnen-Lassen des *leb* im Tempel JHWHs eine unüberbietbare Form der Erwählungsaussage.

VIII. In Qumran begegnen *leb*/*lebāb* ca. 140mal, am häufigsten im stark anthropologisch geprägten Text 1 QH (56mal); es folgen 1 QS (24mal), CD (16mal), 1 QM (13mal), Tempelrolle (10mal), 4 QDibHam (5mal) sowie das aram. 4 QGenApkr (5mal). Dabei verwundert es nicht, daß in keinem einzigen Fall das Organ im anatomischen Sinne gemeint ist. Emotionale Regungen des *leb* (1 QH 5, 31; 6, 2; 10, 30. 33; 14, 26; CD 20, 33; 4 Q 185, 1–2 II 12; 11 QPsa 21, 12) werden genannt, doch es überwiegt das anthropologische Interesse. Im *leb* konzentriert sich menschliche Kreatürlichkeit und Niedrigkeit, sein Zustand charakterisiert die Lage des Qumranesseners in seiner Anfechtung:

Er sieht sich als verderbt im *leb* (1 QS 11, 9; 1 QH 7, 27; 17, 19), verstockt (1 QH 18, 26f.), verwirrt (1 QHf 4, 13), entsetzt (1 QH 7, 3), zerbrochen (1 QH 2, 9; 11 QPsa 24, 16); der *leb* ist wie Wachs zerflossen (1 QH 2, 6. 28; 4, 33; 8, 32; 1 QHf 4, 14; 4 QpJesa 3, 4) und wird weich vor Angst (1 QM 1, 14; 8, 10; 10, 6; TR 62, 3f.), er erbebt (1 QH 7, 5) und droht zu verzagen (1 QM 10, 3; 11, 9; 14, 6; 15, 8).

Doch Gott erprobt den Menschen (1 QM 16, 15) und stärkt ihn (1 QH 7, 13; 1 QM 16, 14). Wenn 1 QH 18, 24 der *leb* des Menschen als ein *leb 'āpār* bezeichnet wird, dann zeigt sich darin in voller Deutlichkeit das kreatürliche Niedrigkeitsbewußtsein des Qumranesseners, der sich ganz Gott verdankt (vgl. H. W. Kuhn, SUNT 4, 1966, 106).

Für die qumranessenische Denkart charakteristisch ist die häufige Betonung, daß im *leb* die von Gott gewährte Einsicht als Zeichen der Erwählung (Nötscher 85) situiert ist (1 QS 2, 3; 4, 23; 10, 24; 11, 16; 1 QH 1, 37; 2, 18; 5, 9. 33; 10, 31; 12, 34; 14, 8; 1 QHf 4, 12; 11 QPsa 18, 5; 26, 12; TR 61, 2). *leb* ist der Ort der internalisierten Thora (1 QS 2, 13; 1 QH 4, 10; 6 QD 5, 5), doch es entspringt langer Selbsterfahrung angesichts des Thora-Postulats, wenn statt dessen Hochmut (1 QpHab 8, 10; 1 QS 4, 9; 1 Q 22, 2, 4; 4 Q 184, 1, 2) und Verstockung (1 QS 1, 6; 2, 14. 26; 3, 3; 5, 4; 7, 19. 24; 9, 10; 1 QH 4, 15; CD 2, 18; 3, 5. 12; 8, 8. 19; 19, 20. 33; 4 QMa 5; 11 QtgJob 27, 7; die ethische Komponente dieser semantischen Kategorie wird schon durch die Häufung in der Regel-Literatur angezeigt) bes. häufig im *leb* gesehen werden.

šerirûṯ leb (8mal in 1 QS; 6mal in CD) als Äußerung des Personzentrums betont den personellen Charakter der Sünde (vgl. J. Becker, SUNT 3, 1964, 184; H. Bardtke, Acedia in Qumrān, in: ders., Qumrān-Probleme [Deutsche Akademie der Wissenschaften zu Berlin, Schriften der Sektion für Altertumswissenschaft 42, 1963] 37f.). Einen ganz neuen Bedeutungsumfang erhält *leb*, wenn er als Ort der Götzen verstanden wird (1 QS 2, 11; CD 20, 9f.; „widergöttliche Kräfte [werden] ins Herz introjiziert" [Stolz 865; vgl. aber schon die ähnlich formulierte Götterpolemik Ez 14, 3. 4. 7]). Als Ausgangspunkt allen Übels wird der *leb* Belials (1 QH 6, 21, Text? → יעץ *jā'aṣ*, III 750) genannt. Der Widerstreit der Geister des Frevels und der Wahrheit (1 QS 4, 15ff.) wird von einer späteren Interpretation in den *lebāb* des Menschen verlagert (4, 23; vgl. die rabbin. Weiterentwicklung *jeṣær*, St.-B. IV 466f.). In der Abrenuntiation beteuert der Umkehrwillige, daß er Belial aus seinem *lebāb* vertreiben (1 QS 10, 2) und das Böse verbannen will (1 QS 10, 21). Wie im AT die Pseudopropheten, handeln in Qumran die Frevler nach ihren eigenen Herzen zum Verderben (1 QH 5, 26), sie täuschen Frömmigkeit vor und suchen JHWH, aber nur *beleb wāleb* (1 QH 4, 14). Der *leb* JHWHs als Maßstab, bestimmend für den Frommen, begegnet 1 QH 4, 13. 18. 21. 24; 6, 7; nach CD 1, 11 bestand die Aufgabe des Lehrers der Gerechtigkeit in der

„sittlich-religiösen Rechtleitung" (Nötscher 75), d. h. diesen *leḇ* zu lehren. Als seine Realisation zeigen sich Gottsuche (CD 1, 10), Gottesliebe (1 QH 15, 10), Gottesdienst (1 QH 16, 7; TR 54, 13), die Umkehr zu Gott (1 QH 16, 17; TR 59, 10) und die für Qumran charakteristisch betonte Umkehr zur Thora des Mose (CD 15, 9. 12; vgl. 16, 1. 4; 1 QS 5, 8) *beḵōl-leḇ* als Selbstvollzug der qumranessenischen neuen Gemeindeform (vgl. H. J. Fabry, BBB 46, 1975, 28–32).

Eine charakteristische Ausgestaltung findet auch das Motiv von der Beschneidung der Vorhaut des Herzens (1 QpHab 11, 13; unerklärt ist die Schreibung *'wr lt* [= *'orlaṯ*] in zwei Worten; vgl. W. H. Brownlee, SBL Monograph Series 24, 1979, 191 f. Der Verf. von 1 QpHab nützt die Unsicherheit des MT in Hab 2, 16 [*he'ārel* oder mit LXX *herā'el*]. Er zitiert den Text, der auch der LXX vorlag, legt jedoch die MT-Variante seinem Pesher zugrunde, den er mit Hilfe von Deut 10, 16 ausgestaltet). Ihre Verweigerung ist Zeichen der Verworfenheit des Frevelpriesters. In 1 QS 5, 5 (Stadium III; ca. 110 v. Chr.) wird *leḇ* ersetzt durch *jeṣær*: „sie (sc. die *'anšê hajjaḥaḏ*) sollen beschneiden in der Gemeinschaft die Vorhaut des 'Triebes'". *jeṣær* (→ יצר, III 838 f.) wird also als Aktivitätsform des *leḇ* verstanden (vgl. R. E. Murphy, Bibl 39, 1958, 343), jedoch mit pejorativer Ausrichtung (vgl. par.: „Halsstarrigkeit").

In der „Unbeschnittenheit des Herzens" konzentriert sich die qumranfeindliche Haltung schlechthin (vgl. 4 Q 184), die „Beschnittenheit des Herzens" jedoch ist der *jaḥaḏ*-konforme Habitus des Frommen, der echte Gottesdienst am Ende der Tage (4 Q 177). Vgl. weiter D. Simeone, Il „cuore" negli scritti di Qumran, Tesi Univ. di Roma 1979.

Zur weiteren Ausgestaltung in der rabbin. Lit. vgl. Str.-B. III 126; IV 467; Rö 2, 29 u. Komm.; R. le Déaut passim.

Fabry

לבן *lbn*

לְבֵנָה *leḇenāh*, לָבָן *lāḇān*, לְבָנָה *leḇānāh*

I. Wurzeln, Etymologie – II. Gebrauch im AT – 1. Ziegel und Ziegelstreichen – 2. Weiß – 3. *leḇānāh*, Mond – III. LXX.

Lit.: *D. Conrad*, Zu Jes 65, 3 b (ZAW 80, 1968, 232–234). – *K. Galling*, Ziegel (BRL² 364). – *R. Gradwohl*, Die Farben im AT (BZAW 83, 1963). – *A. Salonen*, Die Ziegeleien im alten Mesopotamien (AASF B/171, 1972).

I. Es gibt zwei verschiedene Wurzeln *lbn* im Hebr. (anders Gradwohl 34 ff. und G. Rinaldi, BibOr 10, 1968, 38). Die eine, *lbn* I 'weiß sein' hat Entsprechungen in ugar. *lbn* (WUS Nr. 1438), phön. *lbn* (DISO 134), jüd.-aram. *leḇān* 'weiß' und arab. *laban* 'Milch'. Die zweite liegt in *leḇenāh* 'Ziegel' und dem davon denominierten Verb *lāḇan* 'Ziegel streichen' vor. Hebr. *leḇenāh* entspricht akk. *libittu* (< *libintu*; AHw 551, von *labānu* 'streichen', AHw 522. 1570), ugar. *lbnt*, die kanaan. Glosse in EA *labinat*, äg.-aram. *lbnh*, jüd.-aram. *leḇentā'*, syr. *leḇentā'* / *leḇettā'*, mand. *ljbn'*, *lbjt'*, asarab. *lbn* (Conti Rossini 172) und *lbt* (ZAW 75, 1963, 311), äth. *lĕbn* (Leslau, Contributions 31) und arab. *labinah* (Verb *lbn* II 'Ziegel streichen').

Das Ziegelstreichen wird vor allem im Zusammenhang mit dem Turmbau in Babel (Gen 11, 3) und mit der Sklavenarbeit der Israeliten in Ägypten (Ex 1, 14; 5, 7 f. 14. 16. 18 f.) erwähnt. Es handelt sich hier um ungebrannte, luftgetrocknete Ziegel, die nach Ex 5, 7. 19 unter Zugabe von Stroh und Rohr verfertigt wurden (s. Galling; Meissner, BuA I 257 f.) im Gegensatz zu gebrannten Ziegeln, akk. *agurru* (AHw 17; vgl. Galling). Jes 9, 9 stellt den gefallenen Ziegelmauern neue aus gehauenem Stein entgegen, um den Stolz der Einwohner Samarias zu veranschaulichen. Ez 4, 1 ist von einer Ziegeltafel die Rede, auf der der Prophet eine Zeichnung von Jerusalem ritzen soll. In Ex 24, 10 wird die Grundlage des göttlichen Thrones eine *leḇenāh*, d. h. wohl eine Platte oder Fliese aus Sapphir beschrieben (zu dieser Stelle zuletzt E. Ruprecht, Festschr. C. Westermann, 1980, 138–173). Jes 65, 3 spricht von Ziegeln, auf denen Räucheropfer dargebracht werden. Ob es sich dabei um Altäre aus Ziegeln, um Pflaster des Opferplatzes oder um tönerne Gefäße (Conrad 232 f.) handelt, ist umstritten. Die Annahme einer Verschreibung von *leḇônāh* 'Weihrauch' liegt nahe. Dahood (CBQ 22, 1960, 406–408) verteidigt aber unter Hinweis auf KTU 1.4, IV, 61 f. die Übersetzung 'Ziegel' und findet einen Zusammenhang mit der Göttin Aschera als Ziegelstreicherin. Es würde sich demnach um eine Reminiszenz an den Ascherakult handeln; jedenfalls ist der hier beschriebene Kult verwerflich. In Qumran hat 1 QJesᵃ eine völlig abweichende Lesart: *wjnqw jdjm 'l 'bnjm*, wobei sich *jāḏ* wahrscheinlich auf den Penis und *'ŏḇnajim* auf die weiblichen Genitalien bezieht, was auf eine Art von Sexualkult hindeutet.

2. Das Adj. *lāḇān* 'weiß' steht im buchstäblichen Sinn 20mal in Lev 13 mit Bezug auf die weißen Flecken, die als Symptom des Aussatzes betrachtet werden. Ähnlich nennt Gen 30, 35. 37 die weiße Farbe der Ziegen bzw. der abgeschälten Flecken auf den Stäben, die Jakob vor die sich paarenden Tiere legt, um zu veranlassen, daß die Zicklein bunt werden (→ לח *laḥ*). Weiß ist auch das Manna Ex 16, 31 (→ מן *mān*). Weiße Pferde sieht Sacharja 1, 8 zusammen mit roten und braunen als Hintergrund zum roten Pferd, dessen Reiter Stille auf der Erde berichtet; Sach 6, 3. 6 ist es vor einem der vier Wagen gespannt, die die vier Winde des Himmels darstellen. Daß die Farben aus besonderen Gründen mit je einer Himmelsrichtung verbunden werden (vgl. die von Gese, ZThK 70, 1973, 33 f., vorausgesetzte „Wind-

lehre") ist mit Rudolph (KAT XIII/4, 124) abzulehnen. Im Jakobssegen über Juda heißt es Gen 49, 12, daß seine Augen dunkel von Wein und seine Zähne weiß von Milch sind, was offenbar die Fülle seines Reichtums andeuten soll (die Übersetzung „weißer als Milch" ist wegen des Parallelismus weniger wahrscheinlich).

Pred 9, 8 stehen weiße Kleider als Kennzeichen der Freude (par. Öl auf dem Haupt). Es ist zu bemerken, daß weiße Kleider in Israel erst spät bezeugt sind (Esth 8, 15 – wo aber nicht *lāḇān* steht; Judith 10, 3), während es dagegen alte äg. Sitte ist (P. Humbert, Recherches sur les sources égyptiennes de la littérature sapientiale d'Israël, Neuchâtel 1929, 98). Außerdem ist auf eine Stelle im Gilg. aufmerksam zu machen, wo es heißt: „Fülle deinen Leib, Tag und Nacht freue dich ... Rein seien deine Kleider, dein Haupt sei gewaschen, in Wasser sei gebadet" (AOT 194; vgl. Zimmerli, ATD 16², 226f.).

Viel interessanter sind die Belege des Verbums (4mal *hiph*, 1mal *hitp*), die mit einer Ausnahme übertragenen Sinn haben und sich auf Sündenvergebung und Reinigung beziehen. Hier zeigt sich dieselbe Verbindung zwischen weißer Farbe und Reinheit, die man auch bei → טהר *ṭhr* und → זכה *zāḵāh* beobachten kann. Der Dichter von Ps 51 bittet (v. 9), daß Gott ihn wasche (*kbs pi*) und weißer als Schnee mache; parallel steht „entsündigen" (*ḥṭ' pi*) und „rein werden" (*ṭhr*). Die äußere Handlung des Waschens, die eigentlich rituelle Reinheit bewirken soll, ist also hier auf die Wegschaffung der Sünde übertragen. Dabei sind „weiß" und „rein" mehr oder weniger gleichbedeutend. Dasselbe Bild liegt Jes 1, 18 vor. Als Gegensatz zur weißen Farbe stehen hier zwei Bezeichnungen für „rot" (*šānî* und *tôlā'*, s. Gradwohl 73ff.) und als weiteres Bild für das Weiße *ṣæmær* '(weiße) Wolle'. Die Frage ist, ob der Satz als ein Versprechen der (von Buße bedingten) Sündenvergebung oder als eine in Frageform dargestellte Leugnung ihrer Möglichkeit zu verstehen ist. Eine unbedingte Zusage paßt nicht in den Kontext; der Satz kann aber nicht als Zusatz gestrichen werden, da v. 18a eine Fortsetzung fordert. Da die Deutung als zu verneinende Frage ohne Fragepartikel eine fast bewußte Unklarheit beim Verfasser voraussetzt, ist vielleicht die Auffassung als bedingte Zusage (so O. Kaiser, ATD 17, 14) vorzuziehen.

Ein ähnlicher, bildlicher Gebrauch liegt ein paarmal im Danielbuch vor. Nach 11, 35 werden die Prüfungen unter Antiochus Epiphanes die Verständigen läutern (*ṣrp*), reinigen (*brr*) und „weiß machen" (nach MT *hiph* ohne *h* geschrieben, aber wahrscheinlich als *pi lelabben* zu lesen). Dieselbe Zusammenstellung von Verben findet sich in 12, 10, jedoch hier *hitp* von *brr* und *lbn* sowie *niph* von *ṣrp*.

Dagegen wird die *hiph*-Form in Jo 1, 7 wörtlich gebraucht mit Bezug auf die von den Heuschrecken kahlgefressenen Weinstöcke, von denen nur das nackte Weiß der Stämme übrigbleibt.

3. Von *lāḇān* abgeleitet ist *leḇānāh*, 'die Weiße' als Bezeichnung des Mondes. Das Wort kommt 3mal in poetischen Texten vor (jedenfalls 2 nachexilisch), immer zusammen mit *ḥammāh* 'die Heiße' als Bezeichnung der Sonne. Jes 24, 23 heißt es: „und es schämt sich (*ḥpr*) der Mond, und zuschanden wird (*bôš*) die Sonne, denn JHWH ist König geworden auf dem Berg Zion". Der *kāḇôḏ* des göttlichen Königs strahlt so hell, daß das Licht der Sonne und des Mondes als blaß erscheint und sie sich schämen, daß sie nicht mehr als Lichtspender dienen können. Jes 30, 26 spricht von einem Tag in der Zukunft, an dem JHWH die Wunden seines Volkes heilt und Sonne und Mond an Strahlenkraft zunehmen: „das Licht des Mondes (*leḇānāh*) wird wie das Sonnenlicht, und das Sonnenlicht wird siebenfach (stärker)". Diese Vorstellung widerspricht 24, 23, beide Vorstellungen sind aber in der apokalyptischen Tradition verankert (vgl. O. Kaiser, ATD 18, 241). Schließlich wird HL 6, 10 die Schönheit der Geliebten mit dem Mond und ihre Reinheit mit der Sonne verglichen.

Ob hinter dem Personennamen Laban (*lāḇān*; 52mal in Gen) ebenso ein altes Mondepitheton steckt, ist umstritten. Nach J. Lewy (HUCA 18, 1944, 434 Anm. 39) findet sich eine Gottesbezeichnung *La-ba-an* in altassyr. und amorit. Personennamen; Huffmon, APN, verzeichnet aber keinen solchen Namen. J. Lewy (RHR 110, 1934, 44f.) sieht in *māt Laban* (KAH I 2, IV 14) eine Bezeichnung des Libanon und sieht in Laban eine westsemit. Gottheit, die im Lande Libanon verehrt wurde. Das alles bleibt hypothetisch. B. Mazar (BA 25, 1962, 99) betrachtet Laban als den Heros eponymos der Aramäer. Die Möglichkeit, daß Laban aber einfach „der Weiße" bedeutet, läßt sich nicht leugnen.

In 1 QGenApokr 20, 4 wird *lbnh'* gebraucht, um die Schönheit der Ahnfrau Sarai, d. h. die „weiße Farbe" ihrer Haut, herauszustellen.

III. In der LXX werden meistens für *lbn* Formen von λευκός bzw. λευκαίνειν gebraucht. Für *leḇenāh* stehen πλίνθος, πλινθεία und πλινθουργία (dazu vgl. bes. J. P. Brown, JSS 13, 1968, 182ff.). Für *leḇānāh* steht σελήνη, λευκότης oder die Umschreibung Λαβανᾶ.

Ringgren

לְבֹנָה *leḇonāh*

I. 1. Etymologie und Umwelt – 2. Belege – II. Weihrauch beim Opfer im AT – 1. Als Bestandteil des Räucherwerks – 2. Beim Speiseopfer – III. Qumran – IV. Weihrauch als Droge – V. *leḇonāh* in Ortsnamen – VI. Metaphorischer Gebrauch.

Lit.: *E. G. C. F. Atchley*, A History of the Use of Incense in Divine Worship, London 1909. – *G. W. van Beek*, Frankincense and Myrrh in Ancient South Arabia

(JAOS 78, 1958, 141–151). – *Ders.*, Frankincense and Myrrh (BA 23, 1960, 70–95). – *H. Bonnet*, Die Bedeutung der Räucherungen im ägyptischen Kult (ZÄS 67, 1931, 20–28). – *H. von Fritze*, Die Rauchopfer bei den Griechen, 1894. – *K. Galling*, Incense Altar (IDB 2, 699f.). – *M. Haran*, The Use of Incense in the Ancient Israelite Ritual (VT 10, 1960, 113–129). – *F. N. Hepper*, Arabian and African Frankincense Trees (JEA 55, 1969, 66–72). – *M. Löhr*, Das Räucheropfer im AT. Eine archäologische Untersuchung (Halle 1927, 155–191). – *W. Michaelis*, λίβανος, λιβανωτός (ThWNT IV 268f.). – *W. W. Müller*, Alt-Südarabien als Weihrauchland (ThQ 149, 1969, 350–368). – *Ders.*, Zur Herkunft von λίβανος und λιβανωτός (Glotta 52, 1974, 53–59). – *Ders.*, Weihrauch (PW Suppl. XV, 1978, 700–777). – *E. Neufeld*, Hygiene Conditions in Ancient Israel (Iron Age) (BA 34, 1971, 42–66, bes. 57–62). – *E. Pax*, Weihrauch (LThK² X 990–992). – *A. Vincent*, La Religion des Judéo-Araméens d'Éléphantine, Paris 1937, 212–223.

I. 1. Die hebr. Bezeichnung *l*e*bonāh* für Weihrauch, das Harz des Weihrauchbaumes Boswellia Carterii Birdwood (Galling, BRL² 138), ist Lehnwort, das auf ein asarab. **libān* 'Weihrauch' zurückgeht. W. W. Müller (Glotta 55f.) konnte feststellen, „daß in den in der südarabischen regio turifera heute gesprochenen Idiomen ein Wort der Form *libān* ... zur Bezeichnung des Weihrauchs verwendet wird", und die verschiedenen Formen in den südsemit. und kuschit. Sprachen (Belege bei Müller) legen es nahe, auch für das Asarab. „ein als **libān* zu vokalisierendes Nomen" in der Bedeutung 'Weihrauch' vorauszusetzen. Ein asarab. *lbnt* 'Weihrauch' ist entgegen KBL³ 493a nicht belegt. Die angeführte Form *lbnt* stammt aus RES 3945, 11 und ist Ortsname und, da die im Text gemeinte Gegend fern der Weihrauchpflanzgebiete liegt, wohl von der Farbe einer auffallenden Bodenformation genommen (vgl. W. W. Müller, Glotta 56f.; das CIH 338, 8 belegte *lbnhn* bedeutet wohl 'zwei Weihrauchbehälter', ebd. und ThQ 149, 1969, 357f.). Das Nomen **libān* ist von der gemeinsemit. Wurzel *lbn* 'weiß, weiß sein' gebildet und wird eher vom Aussehen der Weihrauchkörner genommen sein und 'milchfarbenes Weihrauchharz' bedeuten als auf Aussehen und Farbe des beim Räuchern aufsteigenden Rauches Bezug nehmen wollen. Wie das hebr. *l*e*bonāh*, so sind auch die übrigen Belege in den semit. Sprachen direkt oder indirekt auf asarab. **libān* zurückzuführen.

Trotz der wichtigen Rolle, die Räuchern in kultischen Äußerungen des Zweistromlandes spielte (s. Meissner, BuA 2, 75ff. 87ff. u.ö., *qatāru* AHw 907f., *qutāru*, *qutrēnu* AHw 930f.; zum Weihrauch in Babylonien vgl. auch Herodot I 183, wo mitgeteilt wird, daß in Babylon jährlich für 1000 Talente Weihrauch geopfert wird und, um das Erstaunen des Lesers noch zu vergrößern, hinzugefügt wird, daß der ganze Weihrauch an einem einzigen Fest verbrannt wurde), findet sich das Wort für Weihrauch erst im Spät- und Jungbabyl. in vereinzelten und nicht einmal völlig gesicherten Belegen als *labanātu*, *lub(b)unītu* (AHw 522 und Or 17, 1948, 137) sowie *lubbunū* (AHw 560).

Im Ugar. läßt sich ein Äquivalent bisher nicht nachweisen; denn *lbnt* KTU 1.4, IV, 62; V, 11; VI, 35 sind Ziegel (vgl. jedoch *qṭr*).

Der pun. Beleg stammt aus der verlorengegangenen Inschrift aus Karthago KAI 76, einer Anordnung zur Darbringung von Opfergaben. Kolumne B, Z. 6 steht in einer Folge *wqṭrt lbnt dqt*. Dabei läßt sich *qṭrt* als Räucherwerk verstehen, das aus einer Mischung verschiedener Ingredienzien bestand und zu dem noch 'feingestoßener Weihrauch' (vgl. Ex 30, 36 *šāḥaqtā ... hāḏeq*) gesondert hinzukam.

Die reichsaram. Belege (vgl. A. Vincent) stammen aus Elephantinepapyri (AP 30, 21. 25; 31, 21; 32, 9; 33, 11). Es handelt sich jeweils im Kontext um den Opferkult im Tempel der jüd. Militärkolonie zu Elephantine. Da *lbwnh*/*lbwnt*' an allen Stellen mit *mnḥh*/*mnḥt*' eng verknüpft ist, ist kaum an ein selbständiges Weihrauchopfer zu denken, sondern *mnḥh* wird im spezifischen Sinne als 'Speisopfer' (nach Lev 2) zu verstehen sein, und Weihrauch ist dann der Lev 2 geforderte, zur *'azkārāh* gehörige Anteil, der verbrannt wird. Im Syr. lautet das aus dem Hebr. entlehnte Wort für Weihrauch *lḇottā*' (geschrieben *lbwnt*', LexSyr 357a). Im Arab. findet sich die Form *luban* (WKAS II 172f.) mit regressiver Labialisation des ersten Vokals (Müller, Glotta). Auf die arab. Form geht Tigrē *luban* (nur im stark vom Arab. beeinflußten Dialekt von Massaua belegt, WB Tigrē 40a) und mand. *lubānā* (MdD 232b) zurück. Zur inschriftlich belegten Form *lbnt* wohl = 'Räucheraltar' auf dem auf Tell ed-Duwēr gefundenen Altar vgl. R. Degen, Neue Ephemeris für Semitische Epigraphik 1, 1972, 39–48 und A. Lemaire, RB 81, 1974, 63–72 sowie W. F. Albright, Festschr. J. M. Myers, Gettysburg Theol. Studies 4, 1974, 25–32.

Eine wohl noch bedeutendere Rolle als im Zweistromland spielten Räucherungen im äg. Kult. Das zeigt schon das Wort für Weihrauch *śnṯr*, das aus *śṯj-nṯr* 'Gottesduft' entstanden sein könnte (RÄR 625) oder mit kausativem Präformativ gebildet 'das für den Verkehr mit der Gottheit Qualifizierende' (Löhr 190) meint. Als Mittel der Reinigung und des Schmuckes spielte Weihrauch im Kult und im täglichen Leben eine wichtige Rolle. Daneben herrscht die Vorstellung vom Weihrauch als „Gottesschweiß, der auf die Erde fiel" (RÄR 625) und deshalb belebende Kräfte vermittelt. Der Tote „dauert durch den Weihrauch"; denn durch die Räucherungen werden Ewigkeitskräfte vermittelt und der Weg zu den Göttern gebahnt (vgl. H. Bonnet 20–28 und RÄR 624–626). So ist es verständlich, daß nicht nur Hatschepsut, über deren Punt-Expedition wir in Wort und Bild (Dēr el-Baḥari) gut informiert sind (wonach 31 grünende Weihrauchbäume in Kübeln importiert wurden), sondern auch Ramses III. versuchten, Weihrauchbäume in Ägypten heimisch zu machen, offensichtlich jedoch mit geringem Erfolg (vgl. auch D. M. Dixon, The Transplantation of Punt Incense Trees in Egypt, JEA 55, 1969, 55–65).

Die bisherigen Versuche, die semit. Lehnwörter λίβανος 'Weihrauch, Weihrauchbaum' und λιβανωτός 'Weihrauchharz', im NT 'Räucherpfanne', aus der hebr. Form *lebonāh* oder einer ähnlich lautenden phön.-pun. herzuleiten, kranken daran, daß die Wiedergabe des Vokalismus sich in keine der bekannten Lautgesetze einordnen läßt und daher mit sekundären Einflüssen gerechnet werden muß, die wiederum kaum Beweiskraft besitzen. Erst W. W. Müller (Glotta) ist es gelungen, das Rätsel zu lösen durch den Nachweis, daß λίβανος durch direkte Vermittlung aus dem asarab. **libān* 'Weihrauch' entlehnt wurde.

2. *lebonāh* findet sich insgesamt 21mal im AT, davon 9mal bei P (Ex 30, 34, 7mal in Lev und Num 5, 15), je 3mal im Buch Jes (1mal DtJes, 2mal TrJes), Jer und HL, dazu Neh 13, 5. 9 und 1 Chr 9, 29, auch Sir 24, 15; 39, 14 und 50, 9. Das geringe Vorkommen kann nicht über die Bedeutung des Weihrauchs nicht nur in der ganzen alten Welt, sondern auch in Palästina hinwegtäuschen. Da reiner, echter Weihrauch als Importartikel (aus Saba Jer 6, 20; Jes 60, 6) kostbar und teuer (vgl. Jes 43, 23) war, ist allerdings damit zu rechnen, daß die archäologisch durch die Vielzahl der aufgefundenen Räucheraltäre in verschiedenen Formen (vgl. N. Glueck, Festschr. H. G. May, 1970, 325–341 und J. B. Pritchard, Festschr. F. V. Winnett, 1972, 3–17; L. De Vries, Incense Altars from the Period of the Judges and their Significance [Diss. South. Baptist Theol. Sem. 1975]) belegte Sitte des Räucherns, sei es zu kultischen, sei es zu profanen (kosmetischen, desodorierenden) Zwecken, nicht mit reinem Weihrauch, sondern entweder mit einer Räucherwerksmischung → קטרת *qetoræt*, die auch Weihrauch enthielt, oder mit verschiedenen Surrogaten vorgenommen wurde. Die Sitte zu räuchern wird Israel wohl aus Ägypten (s. o.) mitgebracht haben.

II. 1. Weihrauch ist Bestandteil des Räuchergemisches *qeṭoræt*, das zum täglichen Räucheropfer benötigt wird. Das Rezept wird Ex 30, 34–38 mitgeteilt. Danach soll zu gleichen Teilen *nāṭāp* (nach LXX und V) 'Stakte', die geronnenen Harztropfen der Pistacia lentiscus (vgl. aber J. Feliks, BHHW 1851), *šeḥelæt* 'Räucherklaue', aus dem zerriebenen Deckel von Strombusschnecken gewonnen, *ḥælbenāh* 'Galbanum', der zu einem gummiartigen Harz eingedickte Milchsaft eines Doldengewächses (Ferula galbaniflua) und reiner Weihrauch *lebonāh zakkāh* (so noch Lev 24, 7) pulverisiert und mit Salz vermischt werden. Jeden Morgen und Abend (Ex 30, 7f.) soll davon auf dem Räucheraltar vom diensttuenden Priester dargebracht werden, indem das Räucherwerk auf glühende Holzkohlen gestreut wird. Private Räucherungen (vgl. HL 3, 6 Weihrauch beim Festzug) waren nicht nur nach Ausweis der archäologischen Funde üblich, sondern sie sind auch Ex 30, 34ff. vorausgesetzt, wenn das mitgeteilte Rezept (vgl. Sir 24, 15) ausdrücklich vor Profanierung geschützt wird durch das Verbot, v. 38: „Jeder, der (eine Räuchermischung) wie diese herstellt, um sich an ihrem Geruch zu erfreuen, der wird ausgemerzt aus seiner Verwandtschaft." In späterer Zeit kommen bis zu 12 weitere Ingredienzien zu den Ex 30, 34 geforderten 4 Spezereien hinzu, vgl. bKerithoth 6a und b. Nach bJoma 38a war das Mischen dieses wesentlich aufwendigeren Räucherwerks Berufsgeheimnis der Priesterfamilie Abṭînas.

2. Als Zutat wird Weihrauch beim Speisopfer in Rohform (Lev 2, vgl. K. Elliger, HAT I/4, 38ff.) verlangt. Auf den mit Öl übergossenen Weizengrieß muß Weihrauch dazugegeben werden (Lev 2, 1). Ebenso ist beim Erstlingsspeisopfer zu den gerösteten Körnern Öl und Weihrauch analog zum normalen Speisopfer als Beigabe erforderlich (Lev 2, 15). Die notwendige Menge wird nicht näher bezeichnet. Vermutlich stand es im Belieben des Opfernden, wieviel er dazugeben wollte. Da Neh 13, 5. 9 Tempelmagazine erwähnt werden, in denen Weihrauch aufbewahrt wurde, der nach 1 Chr 9, 29 unter der Obhut der Leviten war, darf man schließen, daß die erforderliche Weihrauchzutat am Tempel erworben werden konnte, wenn die zum Opfer Pilgernden nicht selbst Weihrauch mitbrachten, wie es ausdrücklich Jer 41, 5 und CD 11, 19 belegt ist. Wenn bJoma 47b gefordert wird, daß nur fette Priester die zu verbrennende Menge vom Speisopfer abheben dürfen (*qmṣj šmjnj*) und diese Bestimmung so zu deuten ist, daß sich beim Priester, der die Handvoll abhebt, die Finger aneinander schmiegen müssen, damit nicht etwa einzelne Weihrauchkörner zwischen den Fingern durchfallen, dann zeigt das, daß man auch in römischer Zeit nicht verschwenderisch mit Weihrauch umging. Beim Speisopfer gehört der Weihrauch zur *'azkārāh* (vgl. Eising, → II 589ff.) und wird als *rêaḥ hannîḥoaḥ* auf dem Altar verbrannt (Lev 2, 2. 16; 6, 8). Zur schwierigen Stelle Jes 66, 3, wo 'Weihrauch als *'azkārāh* darbringen' in Parallele gesetzt ist mit 'einen Götzen segnen', vgl. die Diskussion bei Botterweck, → II 844f. Wenn *lebonāh* neben *minḥāh* genannt wird, dann läßt sich folgern, daß *minḥāh* in der speziellen Bedeutung '(vegetabilisches) Speisopfer in Rohform' gemeint ist, wie Jer 17, 26; Jes 43, 23 im Gegenüber zu *'ôlāh* und *zæbaḥ*, auch Jes 1, 13, wo allerdings statt *lebonāh* der generelle Ausdruck *qeṭoræt* 'Räucherwerk' steht, und schließlich Jer 41, 5 und Neh 13, 5. 9, wo keine Tieropfer erwähnt werden (vgl. R. Rendtorff, WMANT 24, 1967, 191). Beim vegetabilischen Sündopfer des armen Mannes Lev 5, 11ff., d. h. in dem Falle, daß ihm zwei Tauben zu teuer sind, wird ein Zehntel Epha Grieß verlangt, ohne die Öl- und Weihrauchzutat, die nach Lev 2 beim Speisopfer gefordert ist. Man wird darin ein Entgegenkommen sehen dürfen, das die Bedürftigkeitsregelung nicht durch die Weihrauchforderung in ihr Gegenteil verkehren will. Auch Num 5, 15 im Eifersuchtsordal (vgl. D. Kellermann, BZAW 120, 1970, 70ff.) wird die Weihrauchzugabe beim Opfer der Frau abgelehnt. Das zeigt einmal, daß es sich bei

diesem Opfer der verdächtigen Frau nicht um ein normales Speisopfer handelt, was sich auch schon daraus entnehmen läßt, daß nicht Weizengrieß, sondern Gerstenmehl verlangt wird, und es zeigt weiter, daß beim Ordal, da die Schuld erst festgestellt werden soll, keine kathartischen Mittel wie Weihrauch zur Anwendung kommen. Wie beim Speisopfer Lev 2 muß auch auf die beiden obersten der in zwei Stapel zu je 6 Broten geschichteten zwölf Schaubrote reiner Weihrauch gestreut werden (Lev 24, 7). Die Menge wird wieder nicht angegeben und war wohl auch abhängig von der jeweiligen wirtschaftlichen Prosperität. Später wurde der Weihrauch in zwei goldenen Schalen (bMenaḥot 96a) aufbewahrt, bis er am Sabbat beim Auswechseln der Brote als *'azkārāh* (nach LXX unter Beifügung von Salz) für JHWH verbrannt wurde (vgl. K. Elliger, HAT I/4, 328f.). Zur Verbindung von Brot und Weihrauch kann als Parallele auf die allerdings verschieden interpretierte Wendung *lḥm qṭrt* in der Opferanweisung aus Karthago KAI 76 B 3 hingewiesen werden. Vgl. weiter auch M. Haran, Temples and Temple-Service in Ancient Israel, Oxford 1978, 230–245.

Wenn Bar 1, 10 berichtet wird, daß die Juden in Babel Geld sammeln für den Tempelkult in Jerusalem, damit Brandopfer, Sündopfer und Weihrauch gekauft werden können, und in einem Nachsatz noch Speisopfer (text. emend.) hinzugefügt werden, so dürfte die Erwähnung der Speisopfer durch den Weihrauch veranlaßt sein, weil nach Lev 2 Weihrauch zum Speisopfer dazugehört. Die Aufzählung der Opferarten spiegelt einerseits die Rangordnung der Spätzeit, wie sie bei P greifbar wird und in der Mischna vorherrscht, andererseits wird mit der Einbeziehung des Weihrauchs der Kostspieligkeit gerade dieser Opfermaterie Rechnung getragen.

III. In der Damaskusschrift findet sich *lbwnh* zweimal (11, 4 und 19) in unterschiedlichem Kontext. 11, 19 wird vorgeschrieben, daß niemand durch einen Unreinen Brandopfer, Speisopfer, Weihrauch oder Holz zum Altar schicken darf. Die Abfolge Speisopfer – Weihrauch läßt erkennen, daß Weihrauch notwendiger Bestandteil des Speisopfers ist, Lev 2 also im Hintergrund steht. Will man nicht annehmen, daß es in Qumran zu irgendeiner Zeit einen eigenen Altar gegeben hat, so bleibt nur der Schluß, daß 11, 19 eine ältere Bestimmung tradiert wird, deren praktische Anwendung nicht zur Debatte stand, oder die aus einer Zeit stammt, zu der die Gemeindeglieder von Qumran noch am Opferkult in Jerusalem teilnahmen oder wenigstens noch Opfergaben zum Tempel schickten. 11, 4 wird unter den Vorschriften für den Sabbat aufgeführt, daß schmutzige oder in einer Kammer aufbewahrte Kleider nur getragen werden dürfen, wenn sie vorher mit Wasser gewaschen oder mit Weihrauch abgerieben (*šwpjm*) worden sind. Der Reinigungsritus mit Weihrauch hat wohl magisch-apotropäischen Charakter (vgl. O. Keel, VT 25, 1975, 413–469, bes. 424–436), wenn mit einem Stück Weihrauchharz über das Kleidungsstück gestrichen werden soll, falls nicht ein Mißverständnis vorliegt und ursprünglich gemeint war, daß das Kleid in Rauch gehängt werden sollte. Die Tempelrolle weicht von der rabb. Auffassung ab, wenn sie TR 8, 10. 12 den Ritus erwähnt, *l^eḇonāh* auf die Schaubrote zu streuen (vgl. Lev 24, 7; vgl. auch 2 QJN fragm 4, 8. 14). TR 20, 10 nennt das Speisopfer am Wein-Erstlingsfest; entsprechend der at.-lichen Erstlingsopfer (vgl. Lev 2, 15) war auch hier die Zugabe von Weihrauch gefordert. TR 38, 8 ist unsicher.

IV. Der offizielle Gebrauch des Weihrauchs, wie er in zahlreichen von Hippokrates, Galen, Celsus, Dioskurides u.a. mitgeteilten Rezepten überliefert ist (W. W. Müller, Deutsche Apotheker-Zeitung 117, 1977, 74), ist b.Sanhedrin 43a belegt: Wein mit Weihrauch vermischt wird als Betäubungsmittel für den zur Hinrichtung Geführten verwendet. Eine besonders berauschende Wirkung von mit Weihrauch vermischtem Wein auf die Elefanten, die in der Rennbahn zu Alexandrien Juden zu Tode trampeln sollen, wird auch 3 Makk 5, 2. 10. 45 vorausgesetzt.

V. Das Wort für Weihrauch ist auch in dem Ortsnamen *l^eḇônāh* Ri 21, 19 belegt (G. Kampffmeyer, ZDPV 16, 1893, 47f., anders H. Bauer, ZAW 48, 1930, 74). Die im MT Num 33, 20f. *liḇnāh* vokalisierte Wüstenstation, die Deut 1, 1 in der Form *lāḇān* wiederkehrt (s. S. Mittmann, BZAW 139, 1975, 8ff. 17), dürfte nach Samar und LXX^A wie das Libona (Notitia dignitatum 80, 27), das vielleicht mit dem syrischen ʿWeihrauchkloster' Dēr da-Lbotta (vgl. W. W. Müller, Glotta 58) gleichzusetzen ist, in der Namensform einen Hinweis darauf enthalten, daß es sich um die Benennung einer Station an der Weihrauch-Handelsstraße oder um einen charakteristischen Umschlagsplatz dieser kostbaren Droge gehandelt hat.

VI. In HL 4, 6 sind Myrrhenberg und Weihrauchhügel *giḇʿaṯ l^eḇonāh* vielleicht Bilder für die beiden Brüste der Braut, wenn nicht geographische Gegebenheiten (so G. Gerleman, BK XVIII 150) oder sogar der Tempelberg (E. Pax) gemeint sein sollten. Nach Mt 2, 11 sind Gold, Weihrauch und Myrrhe die Huldigungsgaben der Weisen (vgl. G. Ryckmans, RB 58, 1951, 372–376, der Gold nach asarab. *ḏhb* – eine bestimmte Räucherspezies – interpretiert und somit drei Aromata als Gaben findet).

Sir 24, 15 wird die Weisheit mit verschiedenen Aromata verglichen und schließlich mit dem „Duft des Weihrauchs im Zelte", d. h. die Weisheit hat teil am Kult. Der Vergleich der Gebete der Frommen mit dem Räucherwerk, dessen Duft zu Gott aufsteigt (Ps 141, 2; Apk 5, 8; 8, 3) findet sich auch Sir 39, 14, wo die Aufforderung „Preiset JHWH" wohl in Parallele steht zu „wie Weihrauch verströmt Duft" (*wklbwnh ttnw rjḥ*), und läßt sich bis zu Paul Gerhardts „dankbare Lieder sind Weihrauch und Widder" verfolgen.

D. Kellermann

לְבָנוֹן *lᵉḇānôn*

1. Lage, außerbiblische Belege und Etymologie – 2. Bedeutung des Gebirges im AT – a) Grammatisch-syntaktisch – b) Geographisch-politisch – c) Wirtschaftlich – d) Literarisch-theologisch – 3. Der Libanon in der späten jüdischen Tradition.

Lit.: *F.-M. Abel*, Géographie de la Palestine I, Paris 1933, 340–344. – *Y. Aharoni*, לבנון (EMiqr. 4, 425–430). – *Th. Bauer*, Ein viertes altbabylonisches Fragment des Gilgameš-Epos (JNES 16, 1957, 254–262). – *J. P. Brown*, The Lebanon and Phoenicia I (The Physical Setting and the Forest), Beirut 1969. – *H. Donner*, Einführung in die biblische Landes- und Altertumskunde, 1976. – *W. B. Fisher*, The Middle East. A Physical, Social and Regional Geography, London ⁶1971, 381–384. 403–406. – *R. Gireon*, Libanon (LexÄg III 1013f.) – *A. Gustavs*, Die syrischen Berge Šá-ri-ja-na und Bi-i-šá-i-šá in den Boghazköi-Texten (ZAW 42, 1924, 154f.). – *H. Guthe*, Libanon (RE XI 433–438). – *W. Helck*, Die Beziehungen Ägyptens zu Vorderasien im 3. und 2. Jahrtausend v. Chr. (ÄgAbh 5, 1962), Sp. 277. – *P. K. Hitti*, History of Syria including Lebanon and Palestine, London 1951. – *E. Honigmann*, ὁ Λίβανος (PW XIII/1, 25. Halbb., 1–11). – *H. Klengel*, Der Libanon und seine Zedern in der Geschichte des Alten Vorderen Orients (Das Altertum 13, 1967, 67–76). – *E. Lipiński*, „Garden of abundance, image of Lebanon" (ZAW 85, 1973, 385f.). – *F. Stolz*, Die Bäume des Gottesgartens auf dem Libanon (ZAW 84, 1972, 141–156). – *H. Treidler*, Libanon (Kl Pauly 3, 615f.). – *G. Vermès*, The Symbolical Interpretation of *Lebanon* in the Targums: the Origin and Development of an Exegetical Tradition (JThSt 9, 1958, 1–12). – *Ders.*, Scripture and Tradition in Judaism (Studia Post-Biblica 4, 1961, bes. 26–39). – *Ders.*, „Car le Liban, c'est le conseil de la communauté". Note sur Pésher d'Habacuc, 12, 3–4 (Mélanges Bibliques, Festschr. A. Robert, Paris 1957) 316–325.

1. Der etwa 160 km lange über 3000 m aufragende westliche Gebirgszug in der heutigen Republik gleichen Namens im Nahen Osten (zur weiteren Beschreibung u.a. Aharoni 425f.; Fisher 381–384; Hitti 32–37; vgl. Treidler 615f.) war schon im Altertum allgemein unter dem Namen *Libanon* bekannt (vgl. Eusebius, Onom. 122, 27: Λίβανος, ὄρος Φοινίκης ἐπιφανές), obgleich es nicht immer deutlich ist, ob man den östlich gelegenen Antilibanon mit der sich zwischen beiden Gebirgen befindenden Senke *el-biqaʿ* und außerdem noch den Hermon in dem Namen *Libanon* mit einbegriffen hat. Noch in römischer Zeit herrschten bei bestimmten Geographen unrichtige Vorstellungen über Lage und Streichrichtung des Libanongebirges vor, wie aus einer Mitteilung von Strabo (XVI. 2. 16ff.) hervorgeht: der Libanon und der Antilibanon seien parallele Berge, von denen der Libanon bei Theouprosopon unweit von Tripoli, der Antilibanon bei Sidon beginne (vgl. Honigmann 7; Brown 28–32). Andererseits zeigen schriftlich fixierte Belege aus Israel und seiner Umwelt, daß man den Libanon öfters deutlich von den Gebirgszügen Antilibanon und Hermon zu unterscheiden wußte. Wie später in Ps 29, 6 werden z. B. in den ugar. Texten *lbnn* und *šrjn* nebeneinander genannt (KTU 1.4, VI, 18ff.). Obgleich man verschiedener Meinung ist, ob man unter *šrjn* den Antilibanon (gegebenenfalls mit dem Hermon, s.u. 2.b) oder nur den Hermon zu verstehen hat, ist *lbnn* wohl als jener Teil des mittelsyr. Gebirges zu betrachten, das wir heute noch unter diesem Namen kennen (auch in KTU 1.17, VI, 21; 1.22, I, 20. 25 und 4.65, 4 findet sich *lbnn* noch in der ugar. Literatur). Eine Bestätigung dieser Anschauung liefert ein in Boghazköi aufgefundener Keilschrifttext, in dem in einem Vertrag *ḪUR.SAG La-ab-la-ni*, *ḪUR.SAG Ša-ri-ja-na* und *ḪUR.SAG Bi-i-šá-i-šá* als Zeugen erwähnt werden (Gustavs 154). Ein derartiger Abschnitt kommt auch in einer heth. Übersetzung eines anderen Vertrags vor (Gustavs z. St.). Ohne Zweifel handelt es sich hier um die Berge Libanon und Sirjon. Ein von Bauer veröffentlichtes altbabyl. Fragment des Gilgameš-Epos enthält die Namen *Saria* und *Labnana* nebeneinander (Bauer 256, vgl. 260).

Neben heth. *Niblani*/*Lablani*/*a* (vgl. auch Honigmann 1; A. Jirku, OLZ 26, 1923, 4f.; Eißfeldt, KlSchr II 48f.), babyl.-assyr. *Labnānu*/*i*/*a* (vor allem in den Königsinschriften [s. D. D. Luckenbill, Ancient Records of Assyria and Babylonia, I und II, 1926/27 *passim* s. Register; ANET, Register; S. Parpola, AOAT 6, 1970, 221f.]), ugar. *lbnn* (vgl. syr. *lbnn* und altpers. *La-b-na-a-na*: F. W. König, MVÄG 35, 1, 1930, 32), griech. Λίβανος ὄρος (Honigmann, ZDPV 47, 1924, 11), findet sich im Ägypt. *rmnn* (vgl. WbÄS II 421; R. O. Faulkner, A Concise Dictionary of Middle Egyptian, Oxford 1962, 149; Gardiner, Ancient Egyptian Onomastica I, Oxford 1947, 172*f.), im Wenamon-Bericht einmal *r-bꜣ-n-ꜣ* geschrieben) zur Bezeichnung des Libanon. Aus den Texten aus dem 3. und 2. Jt. v. Chr. wie aus den späteren der Assyrer und Babylonier, ergibt sich, daß der Libanon vor allem Holzproduzent für Tempel, Schiffe usw. gewesen ist (vgl. Honigmann 2; Klengel). Bereits in den vorgeschichtlichen äg. Gräbern hat man Koniferenholz gefunden, das möglicherweise vom Libanon gekommen ist. Manchmal ist in den äg. Texten die Rede von *mrw*- und vor allem *ʿš*-Holz, obwohl die genaue Identifizierung dieser Holzarten den Gelehrten noch viele Schwierigkeiten bereiten (vgl. u.a. H. A. Ducros, AnSAE 14, 1914, 1–12; V. Loret, AnSAE 16, 1916, 33–51; Helck 28ff.; B. Couroyer, RB 78, 1971, 69f.; Or 42, 1973, 339–356). Im allgemeinen ist man der Meinung, daß *rmnn* (aus der Zeit der 18.–20. Dyn.) ein semit. Lehnwort für *lᵉḇānôn* ist, dem *rbrn* oder *la-bí-ra-na* aus dem Wenamon-Bericht zur Seite gestellt werden kann (vgl. Jirku, OLZ 26, 1923, 5; WbÄS II 414; Gardiner, AEO I 172*f. u.a. G. Daressy, AnSAE 17, 1917, 25–28 meint, daß *rmnn* mit Hermil, dem nördlichen Teil des Libanon im Orontestal, zu identifizieren ist).

Nach der am meisten verbreiteten Ansicht hinsichtlich der Etymologie des Wortes *lᵉḇānôn* hängt das Wort mit der Radix *lbn* ʿweißʾ zusammen (vgl. die Wbb; Honigmann 4; Abel 340; Brown 88 usw.), an die *-ānu* > *-ôn* als Suffix angehangen ist (s. u. a. Gardiner z. St.; F. W. Borée, Die alten Ortsnamen Palästinas, [2]1968, 59). Lewy hingegen ist der Ansicht, daß man in diesem Wort eine Bezeichnung der Mondgottheit Laban wiederzufinden hat, wobei *Labnânu* aus einer Synkope von *Laban + ân(um)* entstanden ist (J. Lewy, HUCA 18, 1944, 455f.; vgl. ders., ZA 38, 1929, 266f.). Eine euhemeristische Sage leitet den Namen des Berges von einem Riesen ab (vgl. Philo Bybl. bei Eusebius, Praep. Ev. I. 10. 9 [ed. K. Mras 45]; Honigmann 8). Allerdings hat die erstgenannte Etymologie mehr für sich als die zweite, weil man an den „weißen Schnee" (vgl. Jer 18, 14; Tacitus, Hist. V. 7) als Namengeber denken kann (vgl. „Mont Blanc" oder „White Mountains"; Brown, xxxv). Das Gestein des Gebirges kann jedoch nicht „weiß" genannt werden (so noch Stephan Schulz [bei Gesenius, Thes. s. v. לבנון]).

Eine weitere Möglichkeit zur etymologischen Herleitung ist vielleicht noch für den heth.-hurrit. Sprachbereich sichtbar. Das heth. $^{\text{ḪUR.SAG}}$*lablana* „Libanon-Gebirge" ist identisch mit hurrit. *lablaḫḫi* (KBo XX 126 Vs. II, 2–3) und *laḫlaḫḫi* (KBo XX 129 Vs. II, 24). Aus ihrer Parallelisierung mit dem Namen für „Zypresse" und „Wacholder" ist anzunehmen, daß sie primär ebenfalls Bezeichnung einer Pflanze sind (vgl. V. Haas – H. J. Thiel, UF 11, 1979, 343f.). Es kommt dann nur die Zeder in Frage.

2. a) *l*^{e}*ḇānôn* findet sich 71mal im AT (Deut 1, 7; 3, 25; 11, 24; Jos 1, 4; 9, 1; 11, 17; 12, 7; 13, 5f.; Ri 3, 3; 9, 15; 1 Kön 5, 13. 20. 23. 28 [2mal]; 7, 2; 9, 19; 10, 17. 21; 2 Kön 14, 9 [3mal]; 19, 23; Jes 2, 13; 10, 34; 14, 8; 29, 17; 33, 9; 35, 2; 37, 24; 40, 16; 60, 13; Jer 18, 14; 22, 6. 20. 23; Ez 17, 3; 27, 5; 31, 3. 15f.; Hos 14, 6–8; Nah 1, 4; Hab 2, 17; Sach 10, 10; 11, 1; Ps 29, 5f.; 72, 16; 92, 13; 104, 16; HL 3, 9; 4, 8 [2mal]. 11. 15; 5, 15; 7, 5; Esr 3, 7; 2 Chr 2, 7 [2mal]. 15; 8, 6; 9, 16. 20; 25, 18 [3mal]), dazu zweimal im hebr. Sir (50, 8. 12). Nur einmal wird es defektiv geschrieben (Deut 3, 25; vgl. jedoch textkr. Appar. in BHK und BHS z. St.; überdies Zorell, Wb s. v. לבנון zu Jes 2, 13). In den historischen Teilen des AT bekommt das Wort fast immer (Ausnahme: 2 Chr 2, 7), in den dichterischen und prophetischen hin und wieder den Artikel (vgl. z. B. Jes 14, 8 mit Ps 29, 5). Nur einmal findet sich *l*^{e}*ḇānônāh* (1 Kön 5, 28). Oft ist der Name des Gebirges *nomen rectum* in einem st. cstr. oder ist von einer Präposition abhängig. Selten ist das Wort Subjekt eines Satzes (z. B. Jes 29, 17) oder steht im Vokativ (Sach 11, 1).

b) Die geographisch-politische Bedeutung des Libanongebirges für Israel geht vor allem aus den historischen Büchern des AT hervor. Bisweilen wird der Libanon zum Gebiet Israels oder wenigstens zu seiner nördlichen Grenze gerechnet, und zwar in den idealisierenden Teilen dieser Bücher (Deut 1, 7; 3, 25; 11, 24; Jos 1, 4; 11, 17 usw.). 1 Kön 9, 19 (par. 2 Chr 8, 6; vgl. auch HL 7, 5) suggeriert sogar, König Salomo hätte auf dem Libanon gebaut. Diesem Bericht kann die in LXX 3 Kön 2, 46c erhaltene Nachricht zur Seite gestellt werden, nach der Salomo ἤρξατο διανοίγειν τὰ δυναστεύματα τοῦ Λιβάνου (vgl. u. a. Guthe 436; Aharoni 429). Möglicherweise bezieht sich τὰ δυναστεύματα auf Bergwerke (s. jedoch Brown 87). Immerhin wird in diesen Berichten deutlich hervorgehoben, daß Salomo zur Fertigstellung seiner Bauwerke enge Beziehungen mit dem tyrischen König Hiram gehabt hat (vgl. 1 Kön 5, 20. 23. 28 par. 2 Chr 2, 7. 15), wie schon sein Vater vor ihm (2 Sam 5, 11). Noch in der nachexil. Zeit wurde Holz für den Tempelbau vom Libanon auf tyrischen Flößen an der Küste entlang nach dem Süden gebracht (Esr 3, 7), wie dies in der Zeit Salomos schon üblich war (Klengel 75f.) und auch andere Herrscher im Alten Orient es gemacht haben (Honigmann 3f.). Es heißt, daß Salomo in Jerusalem das „Libanonwaldhaus", ein möglicherweise ganz aus Zedernholz konstruiertes Haus (1 Kön 7, 2f.; 10, 17. 21 par. 2 Chr 9, 16. 20; vgl. noch Jes 22, 8; Jer 22, 23 und Neh 3, 19), gebaut hat, das anfangs wohl als königliche Empfangshalle fungierte, nachher als Zeughaus in Gebrauch gewesen ist (vgl. hierzu Mulder, ZAW 88, 1976, 99–105).

Die wirtschaftliche (s. u. 2. c) Bedeutung des überaus fruchtbaren und wasserreichen Libanongebirges als Holz- und Mineralgebiet (für Kupfer und Eisen: Honigmann 4 und vor allem Brown 87–104) hat nicht nur die Großmächte des alten Nahen Ostens angezogen und vor allem den phön. Küstenstreifen gleichsam zum Schlachtfeld der Nationen gemacht, sondern auch das Israel der Königszeit zu Expansion und Expeditionen nach Norden hin veranlaßt. Daher bekommt man aus 1 Kön 9, 19 par. 2 Chr 8, 6 den Eindruck, Salomo habe schon de facto die Macht im Libanon ausgeübt, und aus den dtr Berichten, Israel habe dereinst jedenfalls de iure Anspruch auf das Gebirge erhoben. Unterdessen ist jedoch nicht deutlich, wie die bibl. Schriftsteller den Libanon gefaßt haben. Aus Deut 1, 7 wäre zu schließen, der Libanon gleiche ungefähr dem heutigen Staat Libanon, vielleicht ohne die phön. Küstenebene (Simons, GTTOT § 275). In diesem Vers und in Deut 3, 25; 11, 24; Jos 1, 4; 9, 11 liest LXX „Antilibanos" (in Judith 1, 7 vom Libanon unterschieden). Im Josuabuch werden neben der *biqʿaṯ hall*^{e}*ḇānôn* (vgl. Deut 8, 7; Brown 40 Anm. 2: weiter Guthe 437), mit der nach Simons nur der südliche Teil der Beqaʿ, der *merǧ ʿajūn*, gemeint sein kann (Simons, GTTOT § 509), auch andere Namen genannt: *hāhār hæḥālāq* (Jos 11, 17; 12, 7) im Süden (*ǧebel ḥalāq* „das kahle Gebirge", Simons) und Baʿal Gad (vgl. 13, 5) „am Fuß des Berges Hermon" (11, 17; 13, 5; nach Simons *tell ḥauš*). Das in Ri 3, 3 genannte *har baʿal ḥærmôn* wird hin und wieder mit Baʿal Gad identifiziert (hierzu Mulder, Baʿal in het Oude Testament, 's-Gravenhage 1962, 149). In demselben Vers wird das Libanongebirge als Wohnort der Hewiter bezeichnet (vgl. aber Moore, ICC Judges, 79. 81 und dazu Jos 11, 3). Vermutlich bezeichnet *kŏl-hall*^{e}*ḇānôn* „im Osten" (oder: „gegen Sonnenaufgang", Jos 13, 5) nicht nur exklusiv den

Antilibanon, sondern vor allem inklusiv das ganze Libanongebirge samt Hermon und Antilibanon (vgl. v. 6). Hier und an einigen anderen Stellen im AT (vgl. auch LXX Sir 24, 13) ist „Libanon" also eine allgemeine Bezeichnung für das gesamte Gebirge, das wir jetzt meistens in einzelne Gebirgsnamen zu zerlegen gewohnt sind. Mithin wird man jeweils, wenn im AT der Libanon angeführt wird, zu bestimmen haben, ob es sich um den Berg im engeren Sinn, oder um das ganze mittelsyr. Gebirge handelt. In einem dichterischen Vers wie HL 4, 8, wo vom reizvollen Herabkommen der Braut vom Libanon gesprochen wird, findet sich Libanon zweimal neben Hermon, Amana und Senir. Handelt es sich hier bei „Libanon" um eine allgemeine Bezeichnung des gesamten Gebirges, von dem Amana, Senir und Hermon einzelne Bergzüge sind? *'amānāh* könnte der Südabhang des Taurusgebirges (Loretz, AOAT 14/1, 1971, 29 Anm. 7), oder der *ğebel zebedāni* im Antilibanon (Simons, GTTOT § 9; Abel 347; vgl. Brown 22 Anm. 3) sein, auf dem einer der auch im AT genannten Flüsse von Damaskus seinen Ursprung hat (2 Kön 5, 12). *śenîr* (Deut 3, 9; Ez 27, 5; 1 Chr 5, 23) wird hier und in 1 Chr 5, 23 vom Hermon unterschieden und ist vielleicht mit dem Antilibanon (Simons, GTTOT § 228: *ğebel eš-šerqi*; vgl. Abel 344ff.) gleichzusetzen, wurde jedoch nach Deut 3, 9 durch die Amoriter mit dem Hermon identifiziert (vgl. noch Bauer, OLZ 38, 1935, 477). In Ez 27, 5 ist dieser Name deutlich von dem des Libanon unterschieden und wird, wie in akk. Inschriften, für den nördlichen Teil des Antilibanon gebraucht (Guthe 438). *ḥærmôn* schließlich (Deut 3, 8f.; 4, 48; Jos 11, 3. 17; 12, 1. 5; 13, 5. 11; Ps 42, 7 [Pl.]; 89, 13; 133, 3; 1 Chr 5, 23) wird nach Deut 3, 9 durch die Phönizier auch *śirjon* (ugar.: *šrjn*; heth.: *ša-ri-ia-na*) genannt (vgl. Ps 29, 6). Es handelt sich hier möglicherweise um einen anderen Namen für den südlichen Teil des Antilibanon (vgl. z. B. Abel 345 Anm. 5), der nicht ohne weiteres mit dem Hermon identifiziert werden darf (Simons, GTTOT § 108: *ğebel eṭ-ṭelğ* oder *ğebel eš-šeiḫ*). Aus Ez 27, 5; Ps 29, 6; HL 4, 8 usw. ergibt sich deutlich, daß *lebānôn* in der at.lichen Literatur hin und wieder auch in seiner engeren Bedeutung zu fassen ist.

c) Die Macht der phön. Städte war das Holz des Libanon (vgl. Ez 27, 5). Vor allem das Bauholz für Tempel, Paläste usw. hat dem Libanon seine wirtschaftliche Bedeutung verliehen (s. Klengel; H. Mayer, BZ NF 11, 1967, 53–66). Das Holz jedoch, das durch Ägypter, Assyrer (s. hierzu A. Salonen, RLA IV 453f.), Israeliten usw. vom Libanon transportiert wurde, war nicht nur – und sogar nicht an erster Stelle – Zedernholz, sondern auch Tanne, Kiefer usw. Obgleich das Wort *'æræz* im AT manchmal im Zusammenhang mit dem Libanon genannt, allgemein durch „Zeder" übersetzt wird, ist es eher eine generelle Bezeichnung der Nadelhölzer der an sich schon reichen Libanonflora als die spezielle der eigentümlichen Libanonzeder (s. Wbb s.v.; EMiqr. 1, 553ff.: *cedrus libani*). Andere Baumarten des Libanon finden sich z. B. in Ez 31. Neben der „Zeder" (*'æræz*) als einem der Bäume des „Gottesgartens" werden zudem „Wacholder" (*berôšîm*, s. O. Loretz, AOAT 14/1, 1971, 11 Anm. 7) und „Platanen" (*'armonîm*) verzeichnet (Ez 31, 8; vgl. 3. 15f.), obgleich nur die Zeder als „Zedernbaum auf dem Libanon" dargestellt wird (vgl. Stolz; Lipiński) und sogar kosmische Dimensionen annimmt (s. u. d). Aber der auch öfters im AT erwähnte Wacholder, der auf dem Libanon vorkommt (2 Kön 19, 23 par. Jes 37, 24; Jes 14, 8; 60, 13; Sach 11, 2; vgl. 1 Kön 5, 24; Hos 14, 9; Ps 104, 17 [? *berôšîm*] usw.) und fast immer zusammen mit *'arāzîm* genannt wird (Elliger, BK XI/3, 167), wird zu Bauzwecken verwendet (1 Kön 5, 22. 24; 6, 15. 34 usw.). Und eben nicht die *'arāzîm* werden in Jes 60, 13 als *keḇôḏ hallebānôn* (vgl. Jes 35, 2) hervorgehoben, sondern *berôš*, *tiḏhār* (nur noch Jes 41, 19) und *te'aššûr* (nur noch Jes 41, 19; cj. Ez 27, 6; 31, 3). Nicht ganz deutlich ist, um welche Bäume es sich hier genau handelt. *tiḏhār* ist möglicherweise ein Nadelholz oder eine Fichten- oder Pinienart, *te'aššûr* ein „Buchsbaum" oder eine „Zypresse" (vgl. Zimmerli, BK XIII/2, 628. 755f.). In einem als Erweiterung von 1 Kön 5, 20 zu betrachtenden Bericht in 2 Chr 2, 7 bittet Salomo den tyrischen König, ihm *'aṣê 'arāzîm* vom Libanon zu schicken, welche sodann als *berôšîm* und *'algûmmîm* spezifiziert werden. Letztgenanntes Wort, auch *'almuggîm* geschrieben (1 Kön 10, 11f.; weiter HL 3, 10cj.; 2 Chr 9, 10f.), deutet eine Holzart an, welche aus Ophir importiert wurde (s. aber Noth, BK IX/1, 227). Bisweilen denkt man hier an „Sandelholz", das jedoch auf dem Libanon nicht vorkam (KBL³ 56; vgl. J. Feliks, BHHW III 1667f.). 1 Kön 5, 20 hat anstatt *'aṣê 'arāzîm* usw. nur *'arāzîm*, von LXX als ξύλα übersetzt (nach J. W. Wevers, OTS 8, 1950, 302 eine „Rationalisation" von LXX). Wie intensiv die wirtschaftliche Bedeutung des Libanon in salomonischer Zeit für die israelitischen Bauaktivitäten gewesen ist, zeigt u. a. 1 Kön 5, 29: Salomo soll neben vielen Tausenden Lastträgern und Aufsehern auch 80 000 (!) Holzfäller ins Libanongebirge geschickt haben. Wie später beim Bau des nachexilischen Tempels in Jerusalem (Esr 3, 7; vgl. LXX 1 Esr 4, 48; 5, 53) wurden die Phönizier reichlich für entstandene Kosten entschädigt. Vermutlich wurde der reiche Nadelholzbestand des Libanon hin und wieder in dem einen Wort *'arāzîm* zusammengefaßt. Eine noch allgemeinere Bezeichnung der Libanonvegetation stellt das Wort *'aṣê hallebānôn* (HL 3, 9) dar, in dem vielleicht auch dorniges Gestrüpp wie *ḥôaḥ* (2 Kön 14, 9) mitgemeint ist.

Neben dem Libanon als Produzent von Holz usw. war das Gebirge, auch in Israel, wegen seines Weines bekannt (Hos 14, 8; vgl. für Weinlibationen auf dem Libanon J. C. de Moor, AOAT 16, 79; weiter Fisher 405).

d) In der prophetischen und poetischen Literatur, in der sich der Name „Libanon" findet, ist bisweilen ein kanaanäisch-phönizisches Substrat unleugbar (so

z. B. Ps 29). Der Libanon wird vor allem im Zusammenhang mit der Natur, den Bäumen, Tieren und Pflanzen des Gebirges, zumal in Metaphern und Gleichnissen, genannt. Dies deutet darauf hin, daß entweder der Libanon den antiken Israeliten tief beeindruckt hat, oder ihn zur Entlehnung der ihm geläufigen kanaanäischen Redeweisen für seine Metaphern veranlaßte. Die „Zedern" des Libanon waren an erster Stelle in Fabeln und Gleichnissen beliebt wie Ri 9, 15 (vgl. Jos. Ant. V vii 2 §§ 236ff.); 2 Kön 14, 9 (par. 2 Chr 25, 18; s. zu dieser Fabel auch E. Jenni, Festschr. Th. C. Vriezen, 1966, 165–175) und Ez 17, 3 zeigen. In einem Gleichnis in Jer 18, 14 wird der Schnee des Libanon genannt; in 22, 6 wird der König mit dem Gipfel dieses Berges verglichen. Im letztgenannten Kapitel ist der Libanon sowieso schon eine deutliche Metapher für des Königs Zedernhaus (v. 23; s.o. 2.b). Nach einer Tradition soll Salomo u.a. auch über die Bäume des Libanon gesungen haben (1 Kön 5, 13) und aus den eben erwähnten Fabeln geht hin und wieder hervor, daß diese Bäume als personifizierte Lebewesen selbst auch haben sprechen können. Die Meinung, daß sprechende Bäume aus dem antiken Glauben an beseelte Pflanzen ihren Ursprung haben (s. W. Robertson Smith, The Religion of the Semites², 133; Brown 164), ist zur Erklärung genannter Stellen abwegig, weil es sich hier um einen literarischen Topos handelt. Anders verhält es sich mit der Zeder des Libanon, die als „Weltbaum" unter den „Bäumen von Eden" (Ez 31, 9. 16. 18), wohl in der kanaanäischen Mythologie wurzelt und als Symbol für die (gestürzte) Macht des äg. Königs benutzt werden kann (s. Stolz; Brown 167–172).

Aber nicht nur die Zedern des Libanon, sondern auch das Gebirge selbst ist als Typus der Schöpfung im kanaanäischen Bereich zu betrachten. In Ps 104, 16 kommt der Libanon als einziger geographischer Name vor. Dies weist auf Phönizien als Entstehungsort oder doch wohl als Verbindungsort zwischen Ägypten und Israel hin (Robertson Smith 103; Brown 23–27). In genanntem Vers übersetzt LXX *ʿaṣê JHWH* durch τὰ ξύλα τοῦ πεδίου, dem vielleicht der ursprüngliche Gottesname *šaddaj* zugrunde liegt (Brown 27 Anm. 6). In diesem Psalm gesellen sich Gedanken der phön. Mythologie zu denen des Sonnenhymnus Amenophis' IV. Ebenfalls gelten die Worte des prahlerischen assyr. Königs Sanherib: „Mit der Menge meiner Wagen ersteige ich die Höhe des Berges, die Enden des Libanon; ich schlage seine hohen Zedern und seine auserlesenen Wacholder" (2 Kön 19, 23 par. Jes 37, 24; → יער *jaʿar* IV) als einen Verstoß gegen Gottes Schöpfungsgewalt über den Libanon, den Typus seiner Schöpfung.

Die Vorstellung der Libanonzeder als „Weltbaum" oder „Paradiesbaum", die dem „Weltkönig" gleichgestellt wird, kommt nicht nur in bezug auf den Pharao (Ez 31, vgl. auch H. Greßmann, Der Messias, FRLANT 43, 1929, 266f.), sondern auch auf andere Fürsten vor. In Jes 10, 28–34 beschreibt der Prophet die Vernichtung der Assyrer mit Worten, die das Fällen der ungeheuren Baumriesen des Libanon bezeichnen: *wᵉhallᵉḇānôn bᵉʾaddîr jippôl*, wobei hier die Identität des rätselhaften *ʾaddîr* dahingestellt bleiben muß (s. auch u. 3). In leicht abgeänderter Form zielt Sach 11, 1–3 auch auf die Zerstörung der Weltmächte hin. Hier wird der Libanon zum Auftun seiner Türen, d. h. seiner Bergpässe (Brown 165 Anm. 1) aufgefordert, damit Feuer seine Zedern verzehre, während „Assurs Hochmut" gestürzt wird und „Ägyptens Zepter" weichen muß (10, 11). Wahrscheinlich haben die Propheten selbst bei solchen Beschreibungen des Fällens der Libanonzedern bewußt kaum noch an den „Weltbaum" gedacht. Ihre Sprache ist jedoch mythisch beeinflußt.

Die Bäume des Libanon sind oft Bild von allem Hoffärtigen und Erhabenen, gegen das Gott einschreiten wird, damit es erniedrigt werde (Jes 2, 13; 10, 34). Dies gilt bes. den israelit. Königen, die sich Häuser von Libanonzedern gebaut haben und darin wie in Nestern wohnen (Jer 22, 6. 20. 23). Andererseits können solche Bäume in einigen Metaphern fröhlich jubeln, z. B. weil der assyr. Weltherrscher gestürzt ist und alle Welt Ruhe und Friede bekommen hat (Jes 14, 8). Dies erinnert an das altbabyl. Fragment des Gilgameš-Epos, in dem die Tötung des Betreuers der Zedernwälder des Libanon durch Enkidu und Gilgameš erzählt wird, wodurch der Libanon und der Antilibanon Ruhe bekamen (s. Bauer; vgl. auch H. P. Müller, ZA 68, 1978, 245f.). Das lebhafte Interesse der Assyrer für den Libanon und seine Bäume bringt das schon erwähnte 2 Kön 19, 23 (par. Jes 37, 24) deutlich zum Ausdruck. Überdies weist Hab 2, 17 darauf hin, daß auch die Babylonier unter Nebukadnezar auf dem Libanon Zedern gefällt und möglicherweise auch Tiere ausgerottet haben (anders Rudolph, KAT XIII/3, 228).

Auf welche verheerende Weise Verwüster, sei es der Mensch oder eine Naturkraft, die Schönheit des Libanongebirges heimsuchen können, zeigen Jes 33, 9 und Nah 1, 4f. Im letztgenannten Text ist vielleicht an eine Zerstörung durch ein Erdbeben zu denken (vgl. für Erdbeben in diesem Gebiet: Brown 113–139). Das Erdbeben gehört öfters mit anderen Naturerscheinungen zur Theophanie Gottes (s. auch D. L. Christensen, ZAW 87, 1975, 21ff.). Dies ergibt sich ebenfalls aus Ps 29, in dem sich nur syr.-phön. geographische Namen finden (s. neben den Kommentaren z.St. u.a. N. H. Ridderbos, GThT 60, 1960, 64–69; P. C. Craigie, VT 22, 1972, 143–151; A. Fitzgerald, BASOR 215, 1974, 61ff.; zur strukturalen Analyse: D. N. Freedland – C. F. Hyland, HThR 66, 1973, 237–256; weiter: Brown 115ff.; vgl. C. Macholz, Festschr. C. Westermann, 1980, 325–333 und K. Seybold, ThZ 36, 1980, 208–219). Gott manifestiert sich hier in voller Herrlichkeit, so daß „die Stimme JHWHs die Zedern des Libanon zerbricht und er den Libanon hüpfen läßt wie ein Kalb und den Sirjon wie einen jungen Wildstier" (Ps 29, 5f.). Eine andere Manifestation Gottes wird in Ez

31, 15 dargestellt, wenn Gott beim Hinunterfahren Pharaos zum Totenreich die Ströme anhielt, so daß der Libanon trauerte und alle Pflanzen verdorrten. JHWH – und nicht etwa ein Ba'al des Libanon – herrscht über die auf dem Libanon waltenden Naturkräfte. Sogar die Zedern sind eine eigene Pflanzung JHWHs (Ps 104, 16; vgl. 80, 11). Wenn hingegen der Berg Zion trauert, sieht auch der Libanon jämmerlich aus (*'umlal*, Jes 33, 9; Nah 1, 4 → כרמל *karmæl* II. 4). Zions zukünftige Herrlichkeit, welche als *k^{e}ḇôḏ hall^{e}ḇānôn* geschildert wird, zeigt, daß auch weiterhin der Zion und der Libanon in den prophetischen Aussagen eng verbunden sind (Jes 60, 13; vgl. 35, 2 und Lipiński).
Nicht nur in der Beschreibung von Königen und Großmächten kommen der Libanon und vor allem die Zedern des Libanon – als Wahrzeichen dieser Macht und Größe – vor, sondern auch in der des einzelnen. In Ps 92, 13 heißt es, daß der Gerechte wachsen wird „wie eine Zeder auf dem Libanon" und in Ps 37, 35, daß der Gottlose sich breit macht und „grünt wie eine Zeder" („auf dem Libanon", nach LXX, versehentlich nicht in Hatch-Redpath' Konkordanz verzeichnet unter Λίβανος). In Sir 50, 8 (ebenfalls nicht in genannter Konkordanz verzeichnet) wird der Hohepriester Simon mit „den Blumen des Libanon in den Tagen des Sommers" verglichen (vgl. hierzu Nah 1, 4), indem „ein Kranz von Söhnen ihn umgab wie junge Zedern auf dem Libanon" (Sir 50, 12; hebr. *š^{e}ṯîlê hall^{e}ḇānôn* [vgl. Ps 128, 3]; griech. βλάστημα κέδρων). Sir 24, 13 preist sich die personifizierte Weisheit in einer begeisterten Schilderung folgendermaßen an: „wie eine Zeder auf dem Libanon wuchs ich empor und wie eine Zypresse auf dem Gebirge Hermon".
Im HL spielt der Libanon im Liebesspiel von Braut und Bräutigam eine ganz besondere Rolle. Nicht nur wird gesagt, daß Salomo sich einen Tragsessel aus Libanonholz machen ließ (3, 9), sondern des Gebirges Wonne wird auch auf andere Weise zum Ausdruck gebracht: die Gestalt des Geliebten ist dem Libanon (5, 15), die Nase der Braut dem Libanonturm gleich (7, 5). Im 4. Kapitel, in dem vielleicht „eine Reihe von Gedichten, die wegen des Stichwortes *l^{e}ḇānôn* aneinandergereiht worden sind", vorkommt (Gerleman, BK XVIII 151), wird die Braut gebeten, den Libanon zu verlassen und sich zu ihrem Freund zu gesellen (HL 4, 8. 15; in LXX zudem 4, 6. 14). Der Duft der Kleider der Frau wird mit dem Duft des Libanon verglichen (HL 4, 11; vgl. auch Hos 14, 6 w.u.) und die Schönheit des Mädchens wird als ein Brunnen mit lebendigem, vom Libanon fließendem Wasser geschildert. Das Verhältnis der Braut zu ihrem Mann im HL, in der jüdischen Tradition als eine Allegorie des Liebesverhältnisses zwischen JHWH und seinem Volk gefaßt (vgl. auch Mulder, De Targum op het Hooglied, Amsterdam 1975), findet sich auch in dieser Form am Ende des Hoseabuches in der Verheißung des kommenden Heils (Hos 14, 5–9). Die Verse 6–8 erinnern an die Worte des HL, wo gesagt wird, daß JHWH für Israel sein wird wie Tau, so daß es blühen wie eine Lilie und Wurzeln schlagen soll wie der Libanon (oft wird hier aber *liḇnæh* 'Pappel' gelesen, s. KBL³; vgl. jedoch Wolff, BK XIV/1, 301; Rudolph, KAT XIII/1, 248. 252). Auch wird der Duft Israels wie der Duft des Libanon sein und man soll Israel rühmen wie den Wein vom Libanon (Hos 14, 7f.).
Auch sonst wird dieser für viele Israeliten geheimnisvolle Berg im Norden, an der Grenze des „gelobten Landes", in der End- und Heilszeit eine wichtige Rolle spielen. Wenn Gott sein Volk einmal zum letzten Kampf rüsten und heimführen wird, heißt es: „Ich will es aus Ägypten zurückbringen und es aus Assyrien sammeln und es ins Land Gilead und zum Libanon bringen" (Sach 10, 10). Und wenn der Friedefürst kommt, wird es im Lande einen Überfluß (vgl. für dieses Wort G. R. Driver, VT 1, 1951, 249) an Korn geben, auf den Bergen wird es rauschen, ja, die Frucht wird sein wie der Libanon (Ps 72, 16; vgl. 104, 16). Auch in den eschatologischen Worten der Propheten hat der Libanon seinen Platz (Jes 35, 2 → יער *ja'ar* IV; 60, 13), weil das Gebirge mit anderen hervorragenden Bergen, mit denen es auch sonst öfters erwähnt wird, gleichsam einen Abglanz der Herrlichkeit Gottes bildet. Jedoch auch nicht mehr als das, denn „der Libanon reicht nicht zum Brennholz, und sein Wild reicht nicht zum Opfer", um JHWHs Erhabenheit gegenüber der Nichtigkeit der Götzen zum Ausdruck zu bringen (Jes 40, 16).
3. Im AT gibt es weder eine deutliche kultische Tradition eines Heiligtums auf dem Libanon, noch kommt der Name Ba'al Libanon, anderswo belegt (s. u.a. KAI 31, 1f.; M. J. Lagrange, Études sur les Religions sémitiques, Paris ²1905, 91. 190; Eißfeldt, KlSchr II 48f.; RAC I 1077; für den „Höhenkult" auf dem Libanon: Honigmann 8), als Gottesname vor. Nur in einigen poetischen und prophetischen Äußerungen kann man Hinweise auf ein phön.-kanaanäisches Substrat eines Kults oder eines Heiligtums am Libanon sehen (s.o. 2.d).
In der späteren jüd. Tradition jedoch hat der Libanon eine spezielle symbolische Interpretation bekommen, die man schon in den aram. Übersetzungen des AT wiederfinden kann und die vermutlich schon im AT selbst wurzelt. Es handelt sich um die Identifizierung von *l^{e}ḇānôn* mit dem Tempel und anderen Größen (s. Vermès). Vor allem in den Targumim findet sich die Wiedergabe von „Libanon" durch „Tempel" oder „Heiligtum" (T^O: Deut 3, 25; T^J und T^{Neof}: Deut 1, 7; 3, 25; 11, 24; weiter: 2 Kön 19, 23 (par. Jes 37, 24); Jer 22, 6. 20. 23; Hos 14, 8; Hab 2, 17; Sach 10, 10; HL 4, 8. 15 [vgl. HL 3, 9; 5, 15]), weiter: „König" (aus Davids Haus: 1 Kön 5, 13); „reiche Leute" (Jes 14, 8; Ez 31, 16); „Völker" (Jes 2, 13; 10, 34 [welche Israel bekriegen]; Sach 11, 1) und „Zion" (HL 7, 15). Das „Libanonwaldhaus" wird als „kühler königlicher Sommersitz" bezeichnet (1 Kön 7, 2; 10, 17 usw.).

Schon in den Texten aus den Höhlen am Toten Meer finden sich mitunter derartige symbolische Interpretationen dieses Wortes. In 1 QpHab 12, 3f. (zu Hab 2, 17) bezieht sich „Libanon“ auf den „Gemeinschaftsrat“ (*ʿaṣaṯ hajjaḥaḏ*, vgl. Vermès, Mélanges Bibliques 316–325); in 4 Q 169, 1–2, 7f. (zu Nah 1, 4, s. J. M. Allegro, DJD V 37) auf „die Leute des Rates“ ([*ʾanšê ʿaṣā*] *ṯām* → III 751). In 4 Q 161, 8–10, 8f. (zu Jes 10, 34, s. Allegro 13f.) werden „die Kittîm“ genannt, die „in die Macht eines Großen“ gegeben werden. „Libanon“ wird hier mithin im Sinne der „Völker“ erklärt. Diese Deutung findet sich auch in dem Targum zu diesem Vers. In der späteren tannait. und anderen jüd. Literatur wird der symbolische Gebrauch des „Libanon“ in der Bedeutung „Tempel“ sehr geläufig (Vermès, Scripture 33ff.). Jedoch im AT selbst gibt es Texte, welche zu dieser symbolischen Auffassung Anlaß geben: in Jer 22, 23 z. B. (vgl. auch vv. 6. 20) steht „Libanon“ für den königlichen Palast. Weiter ist anzunehmen, daß der Bau der beiden Tempel aus Zedernholz des Libanongebirges zu dieser Symbolik das Nötige beigesteuert hat. Hin und wieder finden sich „Libanon“ und „Tempel“ im AT eng zusammen (z. B. Jes 40, 13; Ps 92, 13f.). Auch auf diese Weise hat also das holzreiche und durch seine Höhe und seinen ewigen Schnee Furcht und Achtung einflößende Gebirge tiefe Spuren in Israels Literatur, Theologie und Symbolik hinterlassen.

Mulder

לָבֵשׁ *lāḇeš*

I. Umwelt – 1. Archäologisch-ikonographisch – 2. Sprachliche Verbreitung – II. Vorkommen im AT – 1. Morphologie und Syntax – 2. Wortfeld – a) Verben und Substantive im Verbund mit Bildungen von *lbš* – b) Das Spezifische von *lbš* – c) Verbreitung – 3. Erweiterte und übertragene Bedeutungen – a) Lebensnotwendigkeit – b) Ausdruck und Festigung im sozialen Gefüge – c) Ausdruck persönlicher Verbundenheit – III. Das theologische Feld – 1. Die Würde des Menschen – a) Anfänge der Menschheit und des Volkes – b) Würde und Elend des Menschen – c) Ohnmacht vor Gottes Werken – d) Unausweichliche Vergeltung – e) Vergänglichkeit – 2. Gott – 3. Heilsmittler – a) Menschen und Mächte – b) *rûaḥ* als Kleid – c) Propheten – 4. Kult – a) Ungeschriebenes Gesetz – b) Amtskleidung nach P – c) Reinheitsvorschriften – 5. Eschatologisch-apokalyptische Gestalten – 6. Einzelne Zeugen lebendiger Sprache – IV. Zusammenfassung – V. Qumran.

Lit.: *J. P. Brown*, The Sacrificial Cult and its Critique in Greek and Hebrew (JSSt 24, 1979, 159–173; 25, 1980, 1–21. – *G. Brunet*, Y eut-il un manteau de prophète? Étude sur l'Addèrèt (RSO 43, 1968, 145–162). – *M. Dahood*, „To Pawn one's Cloak“ (Bibl 42, 1961, 359–366). – *E. Dhorme*, L'emploi métaphorique des noms de parties du corps en Hébreu et en Akkadien, Paris 1923 (Neudr. Paris 1963). – *R. Eisler*, Weltenmantel und Himmelszelt I, 1910. – *I. Eitan*, A Contribution to Isaiah Exegesis (HUCA 12/13, 1938, 55–88). – *K. Galling*, Das vierte Nachtgesicht des Propheten Sacharja (Zeitschr. f. Missionskunde und Religionswissenschaft 46, 1931, 193–208). – *M. Görg*, Zum sogenannten priesterlichen Obergewand (BZ 20, 1976, 242–246). – *H. Grapow*, Vergleiche und andere bildliche Ausdrücke im Ägyptischen (AO 20, 1/2, 1920). – *M. Haran*, *malbûšê ḵehunnāh* (EMiqr 4, 1045–1049). – *E. Haulotte*, Symbolique du vêtement selon la Bible (Théologie 65, 1966). – *H. W. Hönig*, Die Bekleidung des Hebräers. Eine biblisch-archäologische Untersuchung (Diss. Zürich 1957). – *E. Jenni*, לבש *lbš* sich bekleiden (THAT I 867–870). – *A. Jirku*, Zur magischen Bedeutung der Kleidung in Israel (ZAW 37, 1917/18, 109–125). – *P. Joüon*, Notes de lexicographie Hébraïque (MUSJ 4, 1913, 160–183). – *Ders.*, Le costume d'Élie et celui de Jean Baptiste (Bibl 16, 1935, 74–81). – *C. le Comte de Landberg*, Glossaire Daṯînois I, Leiden 1920. – *Ders.*, Études sur les dialectes de l'Arabie Méridionale II, Leiden 1909. – *J. W. McKay*, My Glory – a Mantle of Praise (ScotJTh 31, 1978, 167–172). – *W. Magaß*, Texte und Textilien (Linguistica Biblica 34, 1975, 23–36). – *R. North*, Flesh Covering, a Response, Ex: XXI 10 (VT 5, 1955, 204–206). – *J. L. Palache*, Semantic Notes on the Hebrew Lexicon, Leiden 1959. – *E. Peterson*, Theologie des Kleides (Benediktinische Monatsschrift 16, 1934, 347–356 = Marginalien zur Theologie, 1956, 41–55). – *H. Petschow*, Gewand(saum) im Recht (RLA III 318–322). – *J. Reider*, Miscellanea hebraica (JJSt 3, 1952, 78–86). – *J. Ruppert*, Le costume juif depuis les temps patriarchaux jusqu'à la dispersion (Le costume historique des peuples de l'antiquité I Paris 1938). – *S. Schreiner*, Mischehen – Ehebruch – Ehescheidung. Betrachtungen zu Mal 2, 10–16 (ZAW 91, 1979, 207–228). – *A. Tosato*, Il ripudio: delitto e pena (Mal 2, 10–16) (Bibl 59, 1978, 548–553). – *R. von Ungern-Sternberg*, Redeweisen der Bibel. Untersuchungen zu einzelnen Redewendungen des Alten Testaments (BSt 54, 1968). – *E. Vogt*, Lexicon Linguae Aramaicae Veteris-Testamenti documentis antiquis illustratum, Rom 1971. – *Z. Weisman*, Elijah's Mantle and Consecration of Elisha (ShnatM 2, 1977, 93–99). – *G. Widengren*, Psalm 110 und das sakrale Königtum in Israel, aus dem Schwedischen (Psalm 110 och det sakrala kungadömet i Israel [UUÅ 7/1, 1941, 3–26]), übers. v. O. Holzappel, in: P. H. A. Neumann [Hrsg.], Zur neueren Psalmenforschung (WdF 192, 1976, 185–216). – *S. Yeivin*, *ʿmalbûšîmʾ* (EMiqr 4, 1034–1045).

I. 1. Nach Ausweis sowohl der Literatur wie der Ikonographie (vgl. ANEP passim) kennen die altorientalischen Kulturen Menschen (und Gottheiten) im Normalzustand nicht ohne eine zumindest elementare Kleidung. Nur in Ausnahmesituationen sind Menschen (Feinde, Gefangene, Gepfählte und Gefallene, Arbeiter, Kinder, Tänzerinnen, diese vielfach mit Schmuck) und manche Götter unbekleidet (z. B. Gilg. Taf. I Kol. II, 38; ANET 74). Es ist nicht immer klar, ob und wieweit Darstellungen, dem Anschein nach selbst in Genreszenen (z. B. ANEP 195. 208), realistisch oder symbolisch, wie etwa bei (vor allem weiblichen) Gottheiten (vgl. ANEP öfters 465 bis 479. 542. 543), oder beides in einem sind, wie bei (männlichen) Kultpersonen (ANEP 299. 502. 597. 600) ohne Kleider und Schmuck (vgl. BHHW 1277; RGG[3] 3, 1646–1648; 4, 1294). Als Quelle zahlreicher Einzelnachweise ist zu verweisen auf H. Waetzoldt, Kleidung. A. Philologisch (RLA VI 1980, 18–31) und E. Strommenger, Kleidung. B. Archäologisch (RLA VI 1980, 31–38).

2. Die Basis *lbš* findet sich in der Grundbedeutung „Kleid“ im ganzen semit. Raum bis ins Äth. und Tigrē (KBL[3] 493), mit Ausnahme des Phön.-Pun. (vgl. THAT I 867). Im Akk. ist die primäre Bedeutung um den Menschen nachweislich vielfach ausgeweitet und übertragen (vgl. AHw I 523f. und die Verweise auf die Ableitungen) auf Götter (Kleider für sie oder ihre Bilder: AHw I 561; CAD L 235, 4), den Kult, den Kosmos (Himmelsmantel, Wolkenkleid: AHw II 724; vgl. Widengren 205. 209), aufs Ethisch-Religiöse, positiv wie negativ (CAD L 18, 3' u.ö.), Verkleidung (AHw III 1310). Im Unterschied zu solchen sind Anwendungen eher technischer Natur im AT nicht belegt: z. B. Täfelung (CAD L 21f. u.ö.), Deckblatt des jungen Halms, ungeschorene Schafe (AHw I 560. 561). Im Hinblick auf das AT ist im Ugar. bemerkenswert: *lpš* mit *ksj* für das Hüftkleid der Trauer (KTU 1.5, VI, 16f.) und zweimaliges *lbš* für den Aufzug einer weiblichen Gestalt: Männerkleider darunter, Frauenkleider darüber, dazwischen (?) eine Rüstung (KTU 1.19, IV, 46ff.; vgl. CML[2] 73. 121; WUS Nr. 1476. 1444). In Elephantine sind Nomen und Verb in Alltag, Kult und Literatur häufig (vgl. Vogt 94). Einzig dürfte „mein Leichengewand“ in Nerab sein (*lbšj*: KAI 226, 7; vgl. DISO 135; CAD L 236, 1c).

Auffallend ist die morphologisch markierte semantische Gabelung: arab. *labisa* 'kleiden', *labasa* 'verheimlichen, betrügen'. Parallel verlaufen arab. *baǧada* 'überlisten', *biǧād* 'gestreiftes Kleid'; hebr. *bgd*, verbal nur 'treulos handeln', *bæḡæḏ* meist generisch 'Kleid', aber auch 'Treulosigkeit, Betrug' (KBL[3] 104. 493). Wahrscheinlich beruht die Aufspaltung auf der möglichen Intention, etwas oder jemand zu verbergen oder einen Irrtum bezüglich einer Person herbeizuführen (Landberg, Études II 364–367; ders., Glossaire I 135; Joüon, Notes 171; Palache 10–12).

II. Im AT begegnen grundsätzlich gleiche Möglichkeiten.

1. Überwiegend ist *lbš* hebr. im *qal* (finite Formen und passives Ptz.) und *hiph*, nur 4mal im *pu* Ptz. und nur Sir 50, 11b im *hitp* belegt; darüber hinaus nominal häufiger *l^e^bûš*, selten *malbûš*, nur Jes 59, 17 *tilbošæṯ* (vgl. AHw III 1310: *talbuštu*) (zur Statistik s. THAT I 868). Es verhält sich wie die Verben des Anlegens (vgl. THAT I 867–870; Joüon, Grammaire 125d) mit geringen Variationen. Das *qal* steht je einmal mit *b^e* (Esth 6, 8), absolut (Hag 1, 6) und mit dem Adverb *ken* (2 Sam 13, 18); das *hiph* 2mal mit *'al* vor der Person und mit dem Akk. der Sache (Gen 27, 16; Lev 6, 3). Im aram. AT verhält sich das *qal* wie im Hebr. (Dan 5, 7. 16); das einzige *haph* dagegen hat *l^e* (Dan 5, 29; ähnlich in Elephantine und Hermopolis: vgl. Vogt 94). Die LXX übersetzt *lāḇeš* überwiegend durch ἐνδύειν/ἐνδύνειν (ca. 90mal; vgl. dazu A. Oepke – G. Bertram, δύω, ThWNT II 318–321 und H. Paulsen, ἐνδύω anziehen, EWNT I 1980, 1103–1105), dann auch durch περιβάλλειν (13mal) und στολίζειν (8mal).

2. Zum Wortfeld: a) Die primäre Bedeutung liegt zutage in den verschiedenen physischen, funktionalen Kleidern, die sachliches Objekt des Verbs sein können. An solchen Formen oder Einzelstücken (vgl. Haulotte 343) kommen in absteigender Häufigkeit vor: 23mal *bæḡæḏ*, 6mal *kuttônæṯ*/*k^e^tônæṯ*, 5mal *śaq*, 2- bzw. 3mal *maḏ* (Lev 6, 3; 1 Sam 17, 38; vgl. Ps 109, 18), *širjôn* (1 Sam 17, 5. 38; vgl. Jes 59, 17); je 2mal *śimlāh* (Deut 22, 5; Jes 4, 1), *m^e^'îl* (Ex 29, 5; Lev 8, 7); je einmal: *sirjôn* (Jer 46, 4), *'addæræṯ* (Sach 13, 4), *maḥ^a^lāzôṯ* (Sach 3, 4), *miḵnās* Pl. st. cstr. (Lev 6, 3), *malbûš* (Zeph 1, 8); an Materialien bzw. Gewebearten: *baddîm* (19mal im st. abs., ausschließlich bei Ez und Dan), *šānî* (st. abs. nur: 2 Sam 1, 24; Jer 4, 30; Spr 31, 21), *ša'aṭnez* (Deut 22, 11), *ṣæmær* (Ez 34, 3), *šeš* (Spr 31, 22; Ez 16, 13 Q, mit *mæšî*). Auch *malbûš* und *l^e^ḇûš* bedeuten physische Kleider. Auf halbem Weg zu einer Übertragung liegt der Vergleich *kall^e^ḇûš* (Ps 102, 27; 104, 6; vgl. das häufigere gleichwertige *kabbæḡæḏ*). Parallel zu verbalem *lbš* oder mit den gleichen Objekten kommen u. a. folgende Verben vor: *ksh*, *'ṭh*, *'ṭp*, *ḥbš*, *ntn 'al*, *hjh 'al*, *'lh 'al*, *'dh*, *'nd*, bloß in Metaphern auch *'ṭr*, *'zr*, *ḥgr*.

b) Subjekt sind „Träger“, Personen oder Personifikationen, nie Sachen als solche. Darin unterscheidet sich *lbš* von vielerlei anderem „bedecken“. Es bezieht sich auf das allein dem Menschen eigene Bedürfnis nach einer gewissen Verhüllung, die sich nicht in bloß physischem Schutz erschöpft, sondern den Träger erst „gesellschaftsfähig“ macht und verschiedensten Sonderabsichten, bis zu voller Verfremdung dienstbar gemacht werden kann, wenn etwa Rebekka Jakob Hände und Nacken mit Fellen „bekleidet“, weil sie den anderen Sohn vortäuschen will (Gen 27, 16: in der auffallenden Konstruktion *lbš hiph 'al* schwingt wohl ein anderes Verb mit, vielleicht *ksh*; vgl. Lev 6, 3 mit Ex 28, 42). Bei berechnender Verkleidung bietet sich *lbš* naturgemäß an (1 Sam 28, 8; 2 Sam 14, 2; 1 Kön 22, 30 = 2 Chr 18, 29), dagegen andere Vokabeln, wo eine Verkleidung nicht mehr in Frage kommt (1 Sam 19, 13; 2 Sam 20, 12). Vielleicht ist es nicht Zufall, daß für zwar kritisierte, aber kultivierte ausländische Mode *lbš* gebraucht wird (Zeph 1, 8), nicht aber für lächerlichen Firlefanz (Jes 3, 17–24). In der abwertenden Verwendung: den Liederlichen „kleidet Faulheit in Lumpen“ (Spr 23, 21) ist auf den sozialen Abstieg der Person abgehoben (vgl. Hi 7, 5; 9, 31; Sach 3, 3–5).

c) *lbš* ist ungleichmäßig über das AT verteilt. In älteren Schriften ist, auch in theologischem Kontext, nur der eigentliche Sinn vertreten: beim J in der Geschichte vom Garten (Gen 3, 21), von Jakob (27, 15f.; 28, 20), Tamar (38, 19), Joseph (41, 42), in altem Material des Deut (22, 5. 11) und des dtr Geschichtswerkes (Ri 6, 34; 1 Sam 17, 5. 38; 28, 8; 2 Sam 1, 24; 13, 18; 14, 2; 20, 8; 1 Kön 10, 5; 22, 10. 30; 2 Kön 10, 22), in prophetischen Texten bei Jes (4, 1; 22, 21) und Zeph (1, 8). Dieses Interesse taucht später wieder auf (Hag 1, 6; Sach 3, 3–5; 13, 4) und erlebt in Esth, P (und Ez 42, 14; 44, 17. 19), Spr (31, 21–22. 25; vgl. 23, 21) eine Renaissance. Späte Autoren bedienen sich in ihren Bildern des eigentlichen oder übertragenen Sinnes (vgl. schon Gen 49, 11; dazu Jes 63, 1–6), je nach Bedarf und Lust. Da die wichtigsten Stellen unten zu behandeln sind, seien hier lediglich die Schriften angedeutet: Jer, Ez, DtJes, TrJes, Ps, Hi. Wenn nicht alles trügt, stehen Ableitungen von *lbš* für Kleidung meist an irgendwie markanten Stellen.

3. Noch im Vorfeld der Theologie zeichnen sich drei anscheinend bedeutsame Linien ab. a) Ohne Kleidung wäre der einzelne Mensch hilflos. „Nackt" sind Neugeborene, Sterbende (z. B. Hi 1, 21; Pred 5, 14), Besiegte und Gefangene (vgl. 2 Chr 28, 15), ganz und gar Hilflose (Hi 1, 21; 24, 7. 10; 31, 19; Deut 28, 48; Am 2, 16). Das häufige Zerreißen der Kleider (meist *qrʿ* + *beg̅āḏîm*) kann symbolisieren, daß im Menschen etwas Unverzichtbares zerbricht (vgl. 2 Sam 13, 18–19). Schwache ausnützen heißt „Nackten ihre Kleider ausziehen" (Hi 22, 6: *biḡdê ʿarûmmîm*). Die Kleider stehen daher unter besonderem Schutz vor Pfändung (Ex 22, 25f.; vgl. KAI 200), denn die Kleidung gehört zum elementaren Lebensunterhalt (Gen 28, 20; Deut 10, 18) und zu den milden Gaben an Notleidende (Ez 18, 7. 16; Hi 31, 19. 20). Kleider sind zusammen mit Schmuck als Geschenke (Gen 24, 53; 45, 22; Ri 14, 12; 2 Sam 1, 24; 2 Kön 5, 5. 22. 23. 26) und Beute (Jos 22, 8; Ri 5, 30; 14, 19) begehrt. So ist denn meist von Nacktheit in anderer denn in sexueller Hinsicht die Rede (vgl. A.-M. Dubarle, Le péché originel dans l'Écriture, Lectio Divina 20, Paris 1967, 64).

b) In der Kleidung wird das soziale Gefüge sichtbar und wirksam, da jeder an seinen Platz verwiesen ist: Mann und Frau (vgl. Deut 22, 5), Propheten (1 Kön 11, 29–30; 19, 19; 2 Kön 1, 7–8; 2, 8. 12–14; Sach 13, 4; vgl. Brunet), Könige, Würdenträger, Krieger (1 Kön 22, 10. 30; Esth 5, 1; 6, 8; 8, 15; vgl. Dan 10, 5; Hi 38, 3; 40, 7; Jes 22, 21; Sach 3, 3–5; Gen 41, 42), Prinzessinnen (2 Sam 13, 18), aber auch Sklaven (Deut 21, 13), Trauernde (z. B. 2 Sam 14, 2; 1 Kön 20, 31–32; Jes 58, 5; vgl. Judith 4, 12; 9, 1), Hochzeitsleute (z. B. Ps 45, 14), Witwen (Gen 38, 19, vgl. 14), Priester (vgl. vor allem P). Es bedarf keines besonderen Nachweises, daß Kleider ein wichtiges, gängiges Kriterium für Anerkennung und Ansehen des einzelnen Trägers und ganzer Gruppen sind, sogar hinsichtlich der Frömmigkeit (Zeph 1, 8; vgl. Jes 3, 16–24). Ausbrechen wollen hieße normalerweise die Identität aufs Spiel setzen.

c) Kleider können dem Ausdruck besonderer persönlicher Verbundenheit dienen, z. B. zwischen Jakob und Joseph (Gen 37, 3; vgl. 31–34), David und Jonathan (1 Sam 18, 1. 3. 4; vgl. Ps 35, 13f.; 1 Sam 17, 38–39). Israels Nähe zu Gott ist im Bild des Gürtels dargestellt (Jer 13, 11; vgl. Ring an der Hand: Jer 22, 24; Hag 2, 23; HL 8, 6). Elterliche Unterweisung soll (schriftlich?) an der Brust getragen werden (Spr 6, 21). Hiob möchte den entlastenden Schriftsatz sich „auf die Schultern legen und als Diadem umbinden" (Hi 31, 36). Schmuck wird besonders gerne symbolisch genommen, vor allem im Kult: die Urim und Tummim im *ḥošæn* auf Aarons Brust (Ex 28, 29f.), der *ṣîṣ* auf seiner Stirn (Ex 28, 36), die Quasten (Num 15, 38–41; vgl. Deut 22, 12), die *ṭôṭāpôṯ* (Ex 13, 16; Deut 6, 8; 11, 18) als „ständige" (Ex 28, 29. 30. 38) „Erinnerung" (Ex 28, 29; vgl. Sach 6, 9–15), „Zeichen" (Ex 13, 9. 16; Deut 6, 8; 11, 18) „zum Wohlgefallen" (Ex 28, 38). Vielfach dürften es sekundäre Deutungen überkommener, nicht mehr spontan verstandener Bräuche sein (vgl. die apotropäische Deutung der Glöckchen: Ex 28, 35).

III. Solche an sich untheologischen Anschauungen werden, anscheinend je später desto häufiger, zu theologischen Aussagen gebraucht.

1. Neben anderen Elementen benützt der Israelit bildhaft das Kleid, wo er über die Größe der Werke Gottes staunt, rätselt, verwirrt ist.

a) Die „Nacktheit" „des Menschen und seiner Frau" (Gen 2, 25) hat im Sinn der jahwistischen Urgeschichte nichts mit einem Ur- im Sinn von Naturzustand zu tun (vgl. dagegen Enkidu: Gilg, Taf. II, Kol. II–III, bes. III 26f.: ANET[3] 77; AOT 188). Der Jahwist hebt symbolhaft mehrbödig differenzierend auf die Wirklichkeit Gott-Mensch ohne Schuld und unter der Schuld ab. Vor Gott bleiben die Menschen trotz der selbstgenähten *ḥaḡoroṯ* (3, 7) „nackt" (3, 8–11). Mit den von ihm selbst angefertigten und „angezogenen" (3, 21: *wajjalbîšem*) „Röcken aus Fell" macht Gott das Leben trotz der Schuld (vgl. 3, 20) lebenswert (vgl. „Kleidung aus Binsen" als Fluch in einem Vertrag Aššur-niraris V.: ANET[3] 533). Für den Jahwisten wären in der tatsächlich einzig erfahrenen Situation ohne Kleid Integrität und Würde des Menschen nicht gewahrt. Diese verletzt wohl Ham (Gen 9, 21–24; vgl. Ez 16, 22. 39; 23, 26. 29; Hab 2, 15–16; Kl 4, 21–22; 1 Sam 19–24; 2 Sam 10, 4–5). Für diese sorgen die siegreichen Israeliten, da sie sich entschließen, die gefangenen judäischen Brüder human zu behandeln: ... *wekŏl-maʿarummêhæm hilbîšû* (2 Chr 28, 15). Nach einer Inszenierung urgeschichtlicher Vorstellungen durch Ezechiel war der König von Tyrus ursprünglich im „Göttergarten, in Eden", geschaffen in einem Kleid aus Gold und Edelsteinen (Ez 28, 13–15). Jerusalems Anfänge sind die eines nackten Findlingsmädchens; Gott stattet es herrlich aus (Ez 16, 4–14, bes. 10. 13). Der treulosen Erwachsenen droht Gott, er werde sie „nackt ausziehen und sie hinstellen wie am Tag ihrer Geburt" (Hos 2, 5; vgl. Am 2, 16). Nacktheit und Bekleidung sind komplementäre Bildelemente für extreme Situationen: Anfang und Ende, Tiefe und Höhe, Heil und Unheil.

b) Hiob bringt sich Gott in Erinnerung: er habe ihn bei seinem Werden u.a. bekleidet mit Haut und Fleisch: *ʿôr ûḇāśār talbîšenî* (Hi 10, 11a; vgl. 10, 9–10; Ps 139, 13–16; Ez 37, 6. 8), was unbegreiflich bleibt (vgl. Pred 11, 5; 2 Makk 7, 22; Dhorme 4–5; Schweizer, ThWNT VII 1048, Z. 9–16). Gott sucht seinerseits Hiob durch die unmögliche Aufforderung aufzurütteln: er möge sich selbst in „Hoheit und Glanz kleiden": *wehôḏ wehāḏār tilbāš* (Hi 40, 10b; vgl. Spr 31, 25). Der Psalmist staunt über die „Krone" des Menschen: *wekāḇôḏ wehāḏār teaṭṭerehû* (Ps 8, 6; zu *ʿṭr* vgl. Ps 21, 4; 103, 4).

c) Der Mensch kann ebensowenig die äußere Schicht (*penê lebûšô*) des Krokodilpanzers „aufdecken" (Hi 41, 5; vgl. LXX) wie den Hals des Pferdes mit einer Mähne bekleiden (Hi 39, 19: *lbš hiph*) oder eine Landschaft mit Herden (Ps 65, 14: *lbš qal*; vgl. CAD L 22, 5c 2' – Jes 46, 8; 60, 6). In solchen Vergleichen und Bildern überbietet Gottes Tun alle Spitzenleistungen viel bewunderten handwerklichen Könnens. Die späte Weisheit kombiniert zur Empfehlung ihrer selbst derartige Metaphern noch freier (z. B. Sir hebr. 6, 30; 27, 8).

d) Andererseits klagt Hiob: *lāḇaš beśārî rimmāh weḡîš ʿāpār* (Hi 7, 5; vgl. BHS). Bösewichter werden „anziehen" (*lbš qal*: Ps 35, 26; 109, 29; Hi 8, 22), „bedeckt" werden mit (→ *ksh pi* bzw. *pu*: Jer 3, 25; 51, 51; Ps 44, 16; 69, 8; Ob 10; Mi 7, 10) *bošæṯ* (Ps 35, 26; 44, 16; Hi 8, 22; vgl. 1 Makk 1, 28), *bûšāh* (Ob 10; Mi 7, 10), *kelimmāh* (Jer 3, 25; 51, 51; Ps 35, 26; 69, 8; 109, 29), *qelālāh* (Ps 109, 18a). Gott droht den Feinden Davids: *ʾalbîš bôšæṯ*; auf diesem aber soll „sein Diadem blühen" (Ps 132, 18). Talionsvorstellungen sind mehr oder weniger deutlich: der Feind *jæʾæhaḇ qelālāh*, darum: *jilbaš qelālāh kemaddô* (Ps 109, 17a. 18a). *lbš* mit Parallelen gibt zu verstehen, daß das (Vergeltungs-)Übel restlos den ganzen Menschen erfaßt und unausweichlich ist.

e) Kleider sind auch Bild der Vergänglichkeit (vgl. Jos 9, 13; Hi 13, 28). Es gilt als Zeichen der besonderen Vorsehung Gottes, daß auf dem langen Wüstenzug den Leuten die Kleider (*śalmôṯ*) nicht vom Leib gefallen sind (Deut 8, 4; 29, 4; Neh 9, 21). Gott allein „steht", die Geschöpfe *kabbæḡæḏ jiḇlû*; *kallebûš taḥalîpem wejaḥalopû* (Ps 102, 27; vgl. Jes 50, 9; 51, 6).

2. Obwohl sie zu den notwendig anthropomorphen Vorstellungen gehören, sind Gottes Kleider sehr selten erwähnt. In Jesajas Berufungsvision, dem wohl ältesten einschlägigen Zeugnis, füllen allein seine „Säume" oder „Schleppen" den Tempel (Jes 6, 1). Die hymnische Anrede des im Kosmos erscheinenden Gottes (Ps 104) verwendet Prachtkleidung (*hôḏ wehāḏār lāḇaštā*, v. 1c, eher adverbiell zu verstehen; vgl. Ps 93, 1) und verwandte Elemente und Tätigkeiten (Lichthülle als Mantel, Himmel als Zelt, v. 2) neben überwiegend technisch-handwerklichen Andeutungen von Schöpfungswerken (ab v. 3). Nicht das Kleid an sich interessiert dabei, sondern ein vorstellungsmäßiger Gegensatz: was dem Menschen seine letzte Privatheit schützt, aber auch seine Beschränkung markiert, ist bei Gott über den ganzen Kosmos ausgedehnt, überdeckt und beseitigt alle Grenzen (vgl. bes. v. 6: *tehôm kallebûš*, beachte die textkritische Unsicherheit des Suffixes, Symptom „ungenauer" Vorstellungen? Vgl. O. Keel, Die Welt der altorientalischen Bildsymbolik und das Alte Testament, Einsiedeln ³1980, 34f.). Überdies „trägt" Gott selbstverständlich und mühelos die Schöpfungswunder, vor denen der Mensch nur staunen kann. Rückschau auf JHWHs Schöpfung und Geschichte, Ausschau auf die von ihm gewirkte Zeitgeschichte verschaffen sich Ausdruck in einer dichterischen Anrede an den „Arm JHWHs": *ʿûrî ʿûri liḇšî ʿoz zerôaʿ JHWH* (Jes 51, 9a), und es folgen vier mythische Bezeichnungen des vorgeschöpflichen Chaos, das JHWH überwunden hat (9c–10). – Jes 59, 17 wird die Vorstellung JHWHs, des Kriegers (vgl. Ex 15, 3; Jes 42, 13; 52, 10), in einer Rüstung aus Abstrakta entfaltet: *wajjilbaš ṣeḏāqāh kašširjān wekôḇaʿ ješûʿāh berōʾšô wajjilbaš biḡḏê nāqām tilbošæṯ wajjaʿaṭ kammeʿîl qinʾāh* (vgl. Weish 5, 17–23; Eph 6, 14–17; 1 Thess 5, 8; CAD L 18, 1c 3'). Gelegentlich bilden Abstrakta den Gürtel (*ʾezôr*) JHWHs : *ṣæḏæq* und *ʾæmûnāh* (Jes 11, 5), *geḇûrāh* (Ps 65, 7b). Die Bildelemente sind Heilsbegriffe. Sie besagen Gottes Bereitschaft (vgl. Ex 12, 11) und fassen Willen, Macht, Ausführung und Erfolg in eins (vgl. vor allem Jes 59, 18–20).

3. Auch für Mittler und Widersacher des Heils werden dichterisch ähnliche Bilder und Übertragungen gebraucht.

a) Für den Zion kündigt JHWH an: *wekohanæhā ʾalbîš jæšaʿ* (Ps 132, 16a); dessen Priester *jilbešû-ṣæḏæq* (9a), zur Freude der Frommen (9b. 16b). DtJes fordert das erlöste Jerusalem in kühner Personifikation auf, sich in entsprechendem Staat darzustellen: *liḇšî ʿuzzeḵ ... liḇšî biḡḏê tipʾarteḵ* (Jes 52, 1). Zion, das schwört Gott, wird die Heimkehrenden „alle wie Schmuck (! – vgl. BHS) anziehen" (Jes 49, 18: *kullām kaʿaḏî ṯilbāšî*; vgl. Jes 14, 19), während nach Jer 4, 30 der Dirne Jerusalem aller Aufwand an Kleidern und Kosmetik nichts nützt. Ähnliche Heilsvorstellungen: Ez 16, 13 (vgl. Hi 28, 14; Bar 5, 1–3). Der Namenlose in TrJes stellt sich vor von Gott „bekleidet mit Heilsgewändern", mit einem „Gerechtigkeitsmantel umhüllt" (61, 10) zur Freude wie bei Hochzeiten und in üppigen Gärten (61, 10–11). Er weiß sich gesandt, zu bringen den „Trauernden Zions" u.a. „Pracht[kleid] statt Asche[nkleid], Freudenöl [Festkleid?] statt Trauer [-kleid?], Umhang von Loblied statt niedergeschlagene Stimmung" (Jes 61, 3a–b; vgl. BHS und McKay). Anderswo werden Typen gottloser Mächte angetan mit den Folgen ihres restlosen Scheiterns. Der „Fürst" von Jerusalem: *jilbaš šemāmāh* statt des Prachtgewandes (Ez 7, 27; vgl. 7, 18; Ps 55, 6; Hi 21, 6). Die Fürsten von Tyrus steigen vom Thron, entledigen sich ihres Ornates, *ḥarāḏôṯ jilbāšû* und vollziehen übliche Trauerriten (Ez 26, 16; vgl. Jes 32, 11). Im Gegensatz zu den übrigen ehrenvoll bestatteten Königen bleibt der von Babel „hingeworfen“ und *l^e^bûš h^a^rugîm* (Jes 14, 18–19; vgl. Jes 49, 18), d.h. unter einem Haufen in der Schlacht Gefallener (vgl. Ez 31, 17–18; 32, 20–32; CAD L 181). Die Stilfigur des verkehrten, abwartenden Gebrauchs von *lbš* verstärkt den Eindruck der Erniedrigung.

b) Die umstrittene Wendung: *w^e^rûaḥ JHWH lāḇ^e^šāh 'æṯ-giḏ'ôn* ... (Ri 6, 34; ähnlich 1 Chr 12, 19; 2 Chr 24, 20) dürfte trotz der ungewohnten Konstruktion Ähnliches in positiver Richtung bedeuten: die Kraft Gottes hüllt Gideon ein, „bekleidet“ ihn mit dieser Kraft selbst. Vielleicht ist die ungewohnte Konstruktion durch den Einfluß verwandter Verben wie *ml'*, *ksh* zu erklären. Auf die besondere Nähe oder Verbindung des Geistes zum Begabten ist abgehoben (vgl. Reider 79), nicht auf die Innerlichkeit (wie Ez 36, 27; vgl. Ri 3, 10; 11, 29; 13, 25; 14, 6. 19; 15, 14; Jes 61, 1; Num 11, 17. 25f.).

c) Physische Kleidung spielt in Symbolhandlungen eine gewisse theologische Rolle sowohl bei vorklassischen (1 Kön 11, 29–39; 19, 13. 19; 2 Kön 2, 8. 13. 14) wie klassischen Propheten (Jes 20, 1–6; Jer 13, 1–11; Ez 24, 15–24). Bedeutung und Deutung liegen vor allem im Vorgang. Das Kleid betont wohl den persönlichen Einsatz (vgl. auch Jes 8, 18; Jer 27–28), was immer kultur- und religionsgeschichtlich vorausliegen mag (vgl. G. Fohrer, AThANT 54, z.d.St.). In einer späten Polemik gegen götzendienerische Propheten heißt es: *w^e^lo' jilb^e^šû 'addæræṯ śe'ār l^e^ma'an kaḥeš* (Sach 13, 4). Das sonst nie mit *'addæræṯ* stehende *lbš* fängt vielleicht die verführerische Feierlichkeit des betrügerischen Gehabes ein (vgl. Joüon, Bibl 16, 1935, 76–78; Brunet 159–162).

4. Im Kult ist die Situation selbst „theologisch“, was nicht heißt, daß alle Elemente immer bewußt theologisch gedeutet sind.

a) In besonderer Nähe Gottes, wie immer sie zustande kommt oder wahrgenommen wird, gilt ein vom Alltag sichtbar sich abhebendes Verhalten als selbstverständlich. Dies kann für die Kleidung im weitesten Sinn nicht gleichgültig sein. Vor der Erscheinung an „heiligem Ort“ werden die Schuhe ausgezogen (Ex 3, 5; Jos 5, 15; vgl. PsSal 2, 2). Dem Zorn Gottes beugt sich der Betroffene u.a. in demonstrativer Vernachlässigung der gewohnten Pflege von Körper und Kleidern, wie sie zusammengefaßt wird in der psalmischen Wendung *hlk qoḏer* (Ps 38, 7; 42, 10; 43, 2; vgl. 2 Sam 12, 20; 15, 30; 19, 25; Jer 4, 28; 8, 21; 14, 2; Mal 3, 14; Hi 30, 27; 1 QH 5, 32 *qdrwt lbštj*), im häufigen *śaq* (z.B. Jes 20, 2), in „Staub und Asche“ (z.B. Jes 58, 5), ob sie nun realistisch, symbolisch oder bloß phraseologisch gemeint sind. Das Ausziehen der Schuhe (Ruth 4, 7–8; vgl. Deut 25, 7–10; Jirku 119. 125) und das Bedecken mit dem Zipfel des Kleides (Ruth 3, 9; Ez 16, 8) sind in anderem Zusammenhang auch familienrechtliche Formalitäten. Anlaß zum Nachfragen finden die biblischen Autoren auch dort nicht, wo sie sich gewisser Veränderungen bewußt zeigen (Ruth 4, 7). Die Probleme sind weniger theologisch als kulturgeschichtlich oder kulturpsychologisch (vgl. z.B. Gen 41, 14; Esth 4, 2. 4; 1 Sam 15, 27; 24, 5–6; Jirku 115–119. 125). Eine Kodifikation deutet sich wenigstens an, wenn vor einer Begegnung mit Gott die ganze Gruppe die Kleider waschen (Ex 19, 10. 14) oder wechseln (Gen 35, 2) soll. Das *qdš pi* in Ex 19, 10. 14 (J) bezieht den Ritus so sehr auf die Menschen, daß anderswo in verkürzter Redeweise *kbs pi* den Menschen als direktes Objekt erhält im Sinne der Befreiung von Bösem, von Schuld: Ps 51, 4. 9; Jer 2, 22; 4, 14 (vgl. Gen 35, 2 und die „Spiritualisierung“: z.B. Jo 2, 12–13; Mal 3, 2).

b) P kennt in den detaillierten, auf Vollständigkeit um jeden Preis bedachten (vgl. de Vaux 2, 201) Vorschriften zur Kleidung des beamteten Kultpersonals (vgl. BRL^2 256f.) nur für die Beinkleider (*miḵnās*) einen pragmatischen Zweck: die Verhinderung von Entblößungen (Lev 6, 3: *lbš qal* mit *'al*; ähnliche Regelung: Ex 28, 42; Lev 16, 4; Ez 44, 18; andere: Ex 20, 26). Nicht weniger als an der Gestalt ist P interessiert an rituellen Vollzügen mit den Kleidern. Zur Amtseinführung Aarons und seiner Söhne gehört die Bekleidung mit dem Ornat (vielfach beherrscht durch *lbš hiph* und *b^e^ḡāḏîm*: Ex 29, 5–6. 8–9; 40, 12–14; Lev 8, 13), zu der seines Nachfolgers die Übertragung der materiell identischen Tracht: sie wird dem Vater-Vorgänger ausgezogen und dem Sohn-Nachfolger angelegt (Ex 29, 29–30; Num 20, 26. 28; vgl. Jes 22, 20–23). Der Kleiderwechsel ist extrem ritualisiert und stilisiert (vgl. Gen 35, 2; 41, 14; 2 Sam 12, 20; 2 Kön 10, 22; Haulotte 76–79). – In (späten) P-Schichten in Lev 6 und 16 (vgl. K. Elliger, HAT I/4 z.St.) werden das (ständige) Brandopfer und bestimmte Sühneriten am großen Versöhnungstag u.a. durch eine besondere Kleidung und einen besonderen Umgang mit ihr hervorgehoben. Bei diesen Funktionen trägt Aaron im heiligsten Bezirk nur Leinen (allein in Lev 16, 4. 23 fünfmal: *bāḏ*; vgl. dagegen z.B. Lev 8, 7–9). Er läßt dieses altertümliche, einfache Sonderkleid innerhalb des heiligsten Bezirkes, vertauscht es vor Verlassen gegen „andere“ (Lev 6, 4) oder „seine Kleider“ (Lev 16, 24) für Riten in äußeren Bereichen. Am großen Versöhnungstag ist zugleich ein Bad (nicht eine Kleiderwaschung) vorgesehen (Lev 16, 4. 24). Lev 6 und 16 kennen nur für die genannten Gelegenheiten diese Unterscheidung von Bereichen verschiedener Heiligkeitsgrade, ohne Begründung. Bei Ezechiel ist sie eine ständige Einrichtung und wird damit erklärt, daß das Volk nicht „geheiligt“, angesteckt werden soll (Ez 44, 19; vgl. 42, 14; 46, 20. 24; Ex 29, 37; 30, 29; anders Hag 2, 11–13). – Außerdem kennt P zwei weitere Riten unmittelbar um die Kleidung: Besprengung Aarons und seiner Söhne und ihrer aller Kleidung (*b^e^ḡāḏîm*) mit einem Gemisch aus Opferblut und Salböl (Ex 29, 21; Lev 8, 30; vgl. Ez 36, 25: Besprengung mit reinem Wasser zur Reinigung [*ṭhr*]), sowie Waschen (*kbs pi* mit *b^e^ḡāḏîm*: Num 8, 7. 21, zur Aussonderung der Leviten, zusammen mit anderen Riten).

c) Die schließlich auf alle ausgedehnten Reinheitsvorschriften (vgl. de Vaux 2, 353–358) verlangen zur Wiederherstellung der Reinheit, d. h. Kultfähigkeit, u.a. in einer Standardformel das Waschen der Kleider: *w^ekibbæs b^egādājw (w^eṭāher)*: z. B. Lev 13, 6; s. Lev 11 passim; 13–14; 15; 17). Formel und Ritus sind so sehr verfestigt und verselbständigt, daß sie auch für die durch Essen zugezogene Verunreinigung vorgesehen sind, bei der eine Berührung über oder durch das Kleid als Ursache kaum in Frage kommt (Lev 11, 40; 17, 15. 16). Mag die Vorstellung manchmal massiv dinglich sein (beim sog. Aussatz der Kleider wird zweimalige rituelle Waschung verlangt: Lev 13, 58), in der Sprache bleiben doch andere Grundlinien sichtbar: nicht die Kleider werden heilig oder rein, sondern der Mensch soll wieder *ṭhr* sein (vgl. Ringgren, → III 306–315). In wahrscheinlich sekundärem P-Kontext werden zweimal die Kleider selbst durch Besprengung „geheiligt": (*qdš*: Ex 29, 21 *qal*; Lev 8, 30 *pi*). Aber der Ex 28–40 und Lev 16 ungefähr zwei Dutzend Mal belegte st.cstr. *bigdê (haq-)qodæš* besagt doch wohl die exklusive Bestimmung für das „Heilige", den Kult (vgl. den doppelt so oft belegten st.cstr. *šæqæl haq-qodæš*). – Kleidung spielt somit in der Festschreibung und möglichen teilweisen Neugestaltung im Gottesdienst und in der Sorge um Reinheit in P nur insofern eine größere Rolle, als sie (wie Wasser) immer vorhanden sein muß – Nacktheit kommt nicht in Frage – und in etwa gestaltbar bleibt. Die Verankerung im Sinaigeschehen betrifft die Kleidung nicht in spezifischer Weise, sondern im Verband des ganzen Kultgesetzes. Außer den schon erwähnten Hinweisen (Ex 28, 30. 35. 38) deutet ein einziger, wahrscheinlich sekundärer Text (vgl. Noth, ATD 5, 177. 179) ansatzweise den ganzen Ornat: „Würde und Herrlichkeit" Aarons (Ex 28, 2; vgl. Sir 50, 11), die Heiligkeit des priesterlichen Dienstes als solchen: *l^eqadd^ešô l^ekah^anô-lî* (Ex 28, 3; vgl. 28, 4; 40, 13). Doch ist dies eine Standarddeutung, die nicht allein dem Kleid gilt (z. B. Ex 29, 1; 40, 13). Das Verb *lbš* steht im *qal* wie im *hiph* überwiegend allein oder am Anfang von Reihen und hat entweder den ganzen Ornat (*b^egādîm*) zum sachlichen Objekt (Ex 28, 41; 29, 5. 30; 40, 13; Lev 21, 10; Num 20, 26. 28; vgl. Ez 42, 14; 44, 17. 19) oder ein wichtiges Stück: die *kuttonæt* (Ex 29, 5. 8; 40, 14; Lev 8, 13; 16, 4) oder den *m^eʿîl* (Lev 8, 7). In den Reinheitsgesetzen kommt *lbš* überhaupt nicht vor. Außer Lev 6; 16 und Ez steht es somit nur in Initiationsriten, vielleicht dem naturgemäßen und ursprünglichen Kontext. Dies dürfte ein bestätigendes Indiz dafür sein, daß P jeweils den ganzen kultischen Ornat ins Auge faßt und auch *lbš* durch sich selbst die Ganzheit konnotiert.

5. Akteure in eschatologisch-apokalyptischen Visionen sind in Leinen gekleidet. *lābuš baddîm* (Ez 9, 2. 3. 11; 10, 2. 6. 7; Dan 10, 5; 12, 6. 7) ist wie ein Titel und eine Berufsbezeichnung. Es sind priesterliche Gestalten (vgl. Zimmerli, BK XIII/1, ²1979, 266), schon durch den äußeren Rahmen der Erscheinung hinausgehoben über die innerweltliche Wirklichkeit, durch die Kleidung zugeordnet dem einmaligen (vgl. Lev 6, 4; 16, 23–24) Ende oder Ziel (vgl. die Priester 1 QM 7, 9).

6. Einige nicht einzuordnende Texte dürften Zeugen einer literarisch wenig belegten, lebendigen, nicht standardisierten Sprache sein. Hi 30, 18: „Mit aller Kraft packt er [JHWH] mein Kleid, wie der Kragen meines Leibrocks umfaßt er mich" (Fohrer, KAT XVI z. St., nach LXX), trotzt allen Konjekturen (vgl. KTU 1.6, II, 9–11; Aḥ 171: AP S. 218). Der Wendung „mein Kleid" (*l^ebûšî*) gehen voraus: *rûaḥ n^edibātî, napšî, ʿaṣāmaj* (15–17), im Zusammenhang wohl alles anthropologische Termini, ebenso wie die gleich anschließenden: *ḥomær, ʿāpār, ʾepær* (19). Ersetzt also *l^ebûšî* das Pronomen „mich" (vgl. Jes 22, 17–19)? Hi 9, 31 stellt der Sprecher – in allen versuchten syntaktischen Auffassungen – das in diesem Buch einzige *śalmôtaj* dichterisch als Person sich selbst gegenüber. – Sach 3, 3–5 baut in visionärer, der dichterischen verwandter Freiheit sowohl den natürlichen, spontanen Symbolwert wie die gewohnte kultische und forensische Stilisierung in die Szene ein. Nach 3, 4b geht es um des Hohenpriesters Josua Entsündigung, nach 3, 6–7 auch um dessen Rehabilitierung in Amt oder Auftrag (vgl. Galling). Sowohl die schmutzigen (3, 3: *lābûš b^egādîm ṣoʾîm*; vgl. v. 4) wie die festlichen (v. 4: *maḥ^alāṣôt*) und reinen (v. 5: *ṭāhôr*) Kleider bedeuten und bewirken etwas (vgl. Gilg. VI, 3 und XII, 13. 33: ANET³ 83. 97. 98). Allzu glatte Scheidung von Symbol und Wirklichkeit würde kaum dem visionären Zusammenhang gerecht. – Kl 4, 14 herrscht Entsetzen darüber, daß sogar die Kleider (*l^ebušêhæm*) von Blut triefen (vgl. Jes 9, 4; Jer 2, 34), wo es nicht einmal auf der Erde zu sehen sein darf (Gen 4, 10; Hos 4, 2; Ez 24, 7–9; Hi 16, 18; Lev 6, 20; vgl. die Redensart 1 Kön 2, 5 und Blut wie ein Kleid [*lbš, lpš*] und Mantel KTU 1.12, II, 46ff.). – Die Rüge der leichtfertigen Scheidungspraktiken (Mal 2, 13–16) schließt – möglicherweise in entfernter Anspielung an die Eheschließung durch Bedecken mit dem Gewandzipfel (vgl. Ruth 3, 9; Ez 16, 8) – mit der Andeutung eines Bildes: Gewalttat, das Recht des Stärkeren, ist wie ein Überkleid, eine „zweite Natur" nach außen, so abweisend, daß dem Schwächeren keine Chance bleibt (vgl. Rudolph, KAT XIII/4 z. St.; Ps 73, 6; 50, 17–20).

IV. Die „Theologie" des Kleides ist weniger ausgesagt als in vielen theologischen Aussagen vorausgesetzt. *lbš* kommt dabei wegen seiner umfassenden und ursprünglichen anthropologischen Konnotation eine besondere, wenn auch nicht exklusive Bedeutung zu. Die at.lichen Gegebenheiten können versuchsweise folgendermaßen zusammengefaßt werden. a) Das Bedürfnis nach Kleidung gilt als dem Menschen angeboren, die Verwendung, das Tragen als selbstverständlich und an sich unverzichtbar. Alle Personen, Gott, Götter, Zwischenwesen (göttliche Boten und apokalyptische Gestalten) werden als bekleidet gedacht. Wenn eine mythische Gestalt ohne Kleider auftritt, hat sie ein natürliches Haarkleid; von ihrem „öffentlichen" Zustand wird wie von einer Kleidung gesprochen: „gekleidet wie der Gott Sumuqan" (d. h. nackt und behaart: Gilg. I, ii, 38: ANET³ 74). b) Die Unterscheidung zwischen dem „nackten Wesen" und der „konkreten Gestalt" des Menschen ist dem AT nicht geläufig, aber auch nicht einfach fremd (vgl. Gen 2, 18). Jedenfalls zu letzterer gehört die Kleidung. Sie ermöglicht und stellt funktional die zwischenmenschliche Grundkommunikation her. Intentional kann sie wegen der im Rahmen der anonymen sozialen Vorgegebenheiten und Zwänge durchaus vorhandenen Gestaltbarkeit zu vielerlei Kontakten verwendet werden, die sich nicht adäquat in Begriffssprache fassen lassen. Was der Mensch im zwischenmenschlichen Verband ist, wird durch Kleid, wenn nicht gerade konstituiert, so doch unübersehbar und unverzichtbar signalisiert. c) Daher kommt das bunte sprachliche Leben in Übertragungen, Bildern und Allegorien in manchen, meist späteren Bereichen des AT. d) Am physischen Kleid kann die eigentliche funktionale Bestimmung fast ganz aus dem Blick schwinden unter dem Interesse an der letztlich wohl symbolischen Bedeutung, vor allem im Kult (P), obwohl sie im einzelnen kaum dargestellt ist.

*V. In der Qumranliteratur begegnet *lbš* nicht häufig. In 1 QH 5, 31 wird es metaphorisch gebraucht. Der schwer bedrängte Beter sieht sich „mit Dunkelheit bekleidet" (*qdrwt lbštj*). Sonst sprechen die Qumranschriften nur von *lbš* im kultisch-rituellen Rahmen. 1 QM 7, 10 beschreibt die Kleidung der Söhne Aarons und die Tempelrolle betont mehrfach die Notwendigkeit ritualgerechter Bekleidung beim kultischen Vollzug (vgl. TR 35, 6; vgl. 32, 10ff.; 33, 1–7) und umgekehrt das Verbot, mit Priesterkleidern in die profanen äußeren Vorhöfe hinauszutreten (TR 40, 1); zur bibl. Begründung vgl. Lev 6, 2ff. TR 15, 16 spielt auf die Investitur des Hohenpriesters an.

Zum Gebrauch in Targum, Talmud und Midrasch vgl. J. Levy, WTM 2, 471ff. und L. Prijs, ZDMG 120, 1970, 6–29, bes. 18. (*Fa.*)

Gamberoni

לַהַב *lahab̲*

לֶהָבָה *læhāb̲āh*, שַׁלְהֶבֶת *šalhæb̲æt̲*

I. Belege, LXX, Umwelt – II. Verwendung – 1. Profaner Gebrauch – 2. Theologischer Gebrauch.

Lit.: *T. Fahd* (Hrsg.), Le feu dans le Proche-Orient antique (Travaux du Centre de Recherche sur la Proche Orient et la Grèce antique 1, Leiden 1973). – *J. Jeremias*, Theophanie (WMANT 10, ²1977). – *O. Keel*, Die Welt der altorientalischen Bildsymbolik und das Alte Testament, Einsiedeln ³1980. – *Ders.*, Wer zerstörte Sodom? ThZ 35, 1979, 11–17. – *J. C. H. Laughlin*, A Study of the Motif of Holy Fire in the Old Testament (Diss. Southern Baptist Theol. Seminary 1975). – *E. Lipiński*, La royauté de Yahwé dans la poésie et le culte de l'ancien Israël, Brüssel 1965, 220–226. – *A. Ohler*, Mythologische Elemente im Alten Testament, 1969. – → אשׁ *'eš*.

Das hebr. Subst. *lahab̲* wie auch seine Variante *læhāb̲āh* (nach D. Michel, Grundlegung einer hebräischen Syntax, 1977, 66f. die Opposition collectivum – nomen unitatis) findet sich in zwei Verwendungen: zum einen im Sinn von 'Flamme', meist im Zusammenhang mit der Rede vom *'eš* (25mal: Ex 3, 2; Num 21, 28; Ri 13, 20 [2mal]; Hi 41, 13; Ps 29, 7; 83, 15; 105, 32; 106, 18; Jes 4, 5; 5, 24; 10, 17; 13, 8; 29, 6; 30, 30; 43, 2; 47, 14; 66, 15; Jer 48, 45; Kl 2, 3; Hos 7, 6; Jo 1, 19; 2, 3. 5; Ob 18), zum andern im Kontext von Waffen im Sinn von 'Klinge, Lanze' (5mal: Ri 3, 22 [2mal]; 1 Sam 17, 7; Hi 39, 23; dazu noch Nah 3, 3 als Bild). Die aram. Form (s. M. Wagner, BZAW 96, 1966, Nr. 305) wird nur in der Bedeutung 'Flamme' verwendet (3mal: Hi 15, 30; HL 8, 6; Ez 21, 33). Zur Verbindung der beiden Aspekte s. u. Auch die Qumrantexte benutzen das Subst. in beiden Verwendungen: als *l^ehôb̲* (Flamme) 1 QH 2, 26, hier bildlich zu verstehen für das Aufblitzen der Lanzenspitze (vgl. Nah 3, 3), sowie 1 QH 3, 30; als *lahab̲* 1 QM 5, 10 (Waffe) und CD 2, 5 (Flamme); als *lôhab̲* 1 QM 5, 7. 10; 1 QM 6, 2 (jeweils Waffe). Sir nimmt den Begriff auf in 16, 6 (7) (vgl. z. St. Th. Middendorp, Die Stellung Jesu Ben Siras zwischen Judentum und Hellenismus, 1973, 41) sowie in 43, 21 (nur in Mskr. B); im griech. Text auch bzw. nur in Sir 45, 19 – jeweils im Sinn von 'Flamme'.

Die LXX gibt das Subst. in der Verwendung als 'Flamme' meistens mit φλόξ wieder, *læhāb̲āh* wird auch mit näher bestimmten πῦρ übertragen (Ps 105, 32 + καταφλέγειν; Hos 7, 6 + φέγγος; Ex 3, 2; Jes 10, 17 + καίειν). Als Äquivalent für die durch *lahab̲* bezeichnete 'Waffe' finden wir ὀξυσθενὴς (μάχαιρα) (Hi 39, 23), φλέξ oder φλέψ (Ri 3, 22), στιλβούσης (ῥομφαίας) (Nah 3, 3) sowie λόγχη (1 Sam 17, 7).

Genaue etymologische Äquivalente zum hebr. *lahab̲* fehlen in den altorientalischen Sprachen (akk. *la'bu* 'Fieber', AHw 526b). Die Flamme dient – neben der Lampe (WbMyth I 116f.) – als Symbol für den (sum.-)akk. Feuergott Nusku, so auf dem Symbolsockel des assyr. Königs Tukulti-Ninurta I. (Unger, RLA III 82; vgl. zur Verbindung von Nusku und Flamme auch J. Bottéro in Fahd 11). Die Verwendung der Flamme als Erkennungszeichen des Feuergottes zeigt, daß auch im Akk. die Rede von der Flamme eingebettet ist in den Kontext des Feuers mit seiner sowohl vernichtenden als auch reinigenden Wirkung (Ebeling, RLA III 55f.).

In Ägypten wird besonders der schützende Aspekt der Flamme betont (zu den zahlreichen Äquivalenten vgl. WbÄS VI 53). So werden die helfenden Götter Bes und Thoëris bei Geburten mit einer Schlange auf dem Kopf dargestellt (RÄR 190), die ähnlich wie die aufleuchtende Flamme als Horusauge versucht, Dämonen zu bannen (LexÄg II 206; M. Lurker, Götter und Symbole der alten Ägypter, [2]1974, 63). Neben der Geburt wird in einer weiteren Extremsituation menschlichen Lebens die schützende Wirkung der Flamme erwartet: im Totenbuch Kap. 137 wird das Anzünden der Flamme zum Schutz für Tote ritualisiert. Der Übergang zum vernichtenden Aspekt ist gerade hier fließend. Schutz erweist die Flamme dadurch, daß sie das Böse aus dem Weg schafft, als Waffe wirkt (RÄR 191; Lurker 64). Die vernichtende Wirkung wird dann vor allem in der Uräusschlange mit ihrer einer auffahrenden Flamme ähnelnden Gestalt verkörpert. Die Flammeninsel im Totenglauben ist eig. der Ort der Morgenröte als Stätte der Rechtfertigung und des Triumphes über feindliche Mächte (RÄR 194).

Im Pun. ist *lhbh* möglicherweise einmal belegt als *lhb't* (Cherchell II 7; nach KBL[3] eine Parallelbildung zum hebr. st. cstr.), aufgrund des unsicheren Kontextes aber nicht eindeutig bestimmbar (DISO 135; KAI 161, 7).

Im Ugar. ist kein direktes Äquivalent zu finden, lediglich für das weitere Wortfeld *'kl/b'r* ist der Text KTU 2.61, 8–9 zu nennen, der vielleicht eine neue Stichometrie für Kl 2, 3 nahelegt, wonach *lahab̲* und *'eš* syntaktisch gleichzuordnen wären (RSP I 107, Nr. 24).

Zur Verbindung der beiden Aspekte von *lahab̲* ist in diesem Zusammenhang sowohl auf die kriegerische Gottheit Rešep (dazu Gese, Die Religionen Altsyriens, in: R(d)M X/2, 1970, 141–145; Keel 198–201) hinzuweisen wie auch auf das ikonographische Material des AO: der Blitz wird ikonographisch als Lanze dargestellt (Keel 193f.; zur Verbindung von Blitz, Flamme, Lanze, Dolch s.a. RLA II 55–57). Somit hat *lahab̲* im Hebr. nicht zwei Bedeutungen, sondern tritt in zwei Verwendungen auf, die jeweils unterschiedliche Aspekte (Lanze – Flamme) eines an sich als *eine* Wirklichkeit gesehenen Phänomens ansprechen (Blitz als Flamme, der als Lanze dargestellt wird).

II. 1. In den Qumrantexten ist die Verwendung als Waffenbezeichnung ebenso häufig zu finden wie die im Sinn von Flamme. Das AT hingegen benutzt das Subst. nur 5mal, um die Waffe damit zu bezeichnen. Während in Ri 3, 22 und 1 Sam 17, 7 jeweils an die Waffe als Mittel zur Vernichtung des Gegners gedacht ist, steht in Hi 39, 32 (vgl. auch die ähnliche Verwendung in 1 Sam 17, 7) eher die Tapferkeit und das Angefeuertwerden des Pferdes angesichts der Waffe im Vordergrund, ohne daß jedoch der vernichtende Charakter der Waffe vergessen wird. Nach Dan 11, 11 werden die Weisen, also die Frommen, in den Tagen der Endzeit von den Folgen des Krieges betroffen. *lahab̲* ist hier ebenso wie das gleichfalls genannte *ḥæræb̲* als Waffe zu verstehen. Die Konstruktion einer solchen Waffe (H. Weippert, BRL[2] 57–62. 201f.; zur eisernen Lanzenspitze in 1 Sam 17, 7 vgl. A. Alt nach S. Herrmann, Geschichte Israels, 1973, 180 Anm. 29!) stellt ebenso wie das ikonographische Material (s.o.) eine Beziehung her zwischen den beiden Verwendungen Flamme und Lanze: Das Aufblitzen einer metallenen Lanzen- oder Schwertspitze regt an zum Vergleich mit dem Aufleuchten eines Blitzes bzw. einer Flamme (vgl. Nah 3, 3).

4mal findet sich ein profaner Gebrauch im Sinn von Flamme. In Hi 41, 13 – unter Verwendung mythologischer Züge (Ohler 52ff.) – und Hos 7, 6 – als Bild (*k^{e}*) für den plötzlich aufbrechenden Zorn von Verschwörern – wird dabei jeweils auf die vernichtende Wirkung abgehoben. Eine weitere bildliche Verwendung findet sich in dem umstrittenen Text HL 8, 6. Unabhängig davon, ob man *šlhbtjh* als Flamme JHWHs (= Blitz; so Rudolph, KAT XVII/2, 180; Budde, KHC XVII 45) oder als Intensivform (Gerleman, BK XVIII 217) auffaßt, wird der Ausdruck hier benutzt, um die große Intensität der Liebe zur Sprache zu bringen. Jes 13, 8 beschreibt mit *l^{e}hāb̲îm* den Gesichtsausdruck der Einwohner von Babel, die JHWHs Gericht erleben (vgl. Jo 2, 6; Nah 2, 11 als Folge des Tages JHWHs).

2. Es fällt auf, daß *lahab̲* nur selten für sich steht (Ri 13, 20; Hi 15, 30), sondern meist im Zusammenhang mit der Rede vom Feuer (→ אשׁ *'eš*) sowie zugeordneten Verben (*b'r*, *lhṭ*, *'kl*) zu finden ist. Dabei kommen sowohl der positive, schützende als auch der negative, vernichtende Aspekt zum Ausdruck. *lahab̲* erscheint hierbei als Teil von *'eš* (Ex 3, 2; Ps 29, 7 u.ö.) wie auch vor allem (im par. membr.) *'eš* syntaktisch gleichgeordnet (Hi 15, 30; Kl 2, 3 u.ö.). Gehäuft zeigt sich der theologische Gebrauch in den prophetischen Schriften bzw. ihren Zusätzen aus exilisch-nachexilischer Zeit sowie in den späten Psalmtexten, mit Ausnahme des alten Belegs Ps 29, 7, der am stärksten von altorientalischen mythologischen Vorstellungen geprägt ist.

a) Auf dem Hintergrund der geballten Verwendung in der Zeit des Exils und der Neukonstituierung läßt sich der Gebrauch in Gerichtsaussagen – gehäuft gegen die Fremdvölker, seltener gegen Israel – als Versuch einer Geschichtsdeutung verstehen. Ez 21, 3 kündigt die totale Vernichtung von Israel/Juda nach wiederholtem Abfall an, gesteigert noch durch die Doppelung *lahæb̲æṯ šalhæb̲æṯ*. Kl 2, 3 verarbeitet bereits die Erfahrung des Zornes Gottes gegen das eigene Volk, der sich ähnlich zerstörend ausgewirkt hat wie die um sich fressende Flamme des Feuers. Die drei Joel-Worte sind ebenfalls gegen Israel gerichtet. Dabei ist Jo 1, 19 Teil eines Klagegebetes, das aus dem Erleben des JHWH-Tages erwachsen soll. 2, 3. 5 sind dagegen Schilderung und Androhung der Ereignisse des JHWH-Tages, zu verstehen aus den Theophanietraditionen (ähnlich Ps 97, 3) mit Ansätzen apokalyptischen Gedankenguts (bes. 2, 5; hierher gehört auch die Wendung *lahaḇ 'eš 'ôḵelāh*, vgl. Jes 29, 6; 30, 30). Diese beiden Jes-Worte wenden sich gegen die Feinde Jerusalems. Elemente der (Gewitter-)Theophanieschilderung, die zahlreiche Parallelen zur Umwelt aufweisen (dazu Jeremias 90), werden benutzt, um das Eingreifen JHWHs zur Vernichtung der Feinde zu beschreiben (Jeremias 71 f.; zur Frage der Datierung vgl. die Kommentare). Im nachexilischen Ps 105, 32 sind die Flammen Mittel zur Strafe der Ägypter sowie Ermöglichung für den Auszug der Israeliten (vgl. Ex 9, 23). Jes 47, 14 ist im Blick auf die weisen Ratgeber Babels gesagt, die dem göttlichen Gericht verfallen. Einander zugeordnet sind die Texte Num 21, 28 und Jer 48, 45, die nahezu gleichlautend beide gegen Moab gerichtet sind. Num 21, 28 ist Teil eines Spottliedes (der Amoriter) – und damit sind zunächst *'eš* und *lahaḇ* nicht eindeutig als Gerichtswerkzeuge JHWHs qualifiziert; Jer 45, 48 ist Teil eines Gerichtswortes JHWHs, das *'eš* und *lahaḇ* dann klar in den Dienst JHWHs stellt. Der gegen Assur gerichtete Text Jes 10, 17 fällt aus dem bisherigen Befund heraus. Nicht mehr benutzt JHWH Feuer und Flamme, sondern er wird selbst zu beidem als Licht Israels (vgl. Ps 27, 1; 36, 10) und als sein Heiliger. Allerdings geht es hier nicht um JHWH als personifizierte Naturgewalt, sondern um sein durch „Feuer" und „Flamme" gekennzeichnetes Wesen und die Art seines Handelns. *lahaḇ* wird dann noch verwendet im Blick auf das Gerichtshandeln JHWHs an Gottlosen und Frevlern. Ps 106, 18 spricht von der Strafe für die Rotte Abirams bzw. Korahs. Jes 5, 24 droht denen, die JHWH mit ihrem Tun mißachten, das göttliche Gericht an; Hi 15, 30 schildert das Gericht JHWHs über den Gottlosen als totale Vernichtung der Frucht seines Daseins. In Jes 43, 2 ist zwar auch der zerstörend-gerichtliche Aspekt im Blick, doch es wird hier gegenteilig verheißen, daß die Flamme dem Volk nichts anhaben wird. Die Macht der Naturgewalten wird durch die jetzt heilvolle Gegenwart JHWHs gebrochen.

b) Bereits an den Gerichtsaussagen gegen Israel bzw. seine oder JHWHs Feinde wird deutlich, daß die Rede vom Feuer wie von der Flamme ambivalent ist. Vernichtung der Feinde (negativer Aspekt) bedeutet zugleich Hilfe für Israel (positiver Aspekt), ganz deutlich in Ps 105, 32; Jes 29, 6. In Ob 18 wird Israel selbst zum Werkzeug in JHWHs Hand als Feuer und Flamme, um Edom zu vernichten. Geradezu verbalisiert wird der Aspekt des Schutzes in Jes 4, 5: Ex 13, 21 aufnehmend, wird hier die führende, schützende Gegenwart JHWHs ausgesagt.

c) Häufige Verwendung findet *lahaḇ* in Texten mit Elementen von Theophanieschilderungen bzw. in der Theophanieschilderung selbst. Von einer Gewittertheophanie reden hierbei Jes 29, 6; 30, 30 (mit Nähe zu JHWH-Kriegsschilderungen); Jes 66, 15; Ps 29, 7, wobei nach Jeremias (71 f.) nur der letzte Beleg als eigentliche Theophanieschilderung betrachtet werden kann. Elemente der altorientalischen Verehrung des Gewittergottes werden auf JHWH übertragen; *lah^{a}ḇôṯ 'eš* läßt wieder an Blitze denken. Die Kombination *ḥṣb* + *lah^{a}ḇôṯ 'eš* in Ps 29, 7 ist jedoch nicht ursprünglich, sondern deutet auf eine nicht mehr vorhandene Parallelzeile hin (Jeremias 30 Anm. 6). Die Theophanieschilderung dient in diesem Text dem Lobpreis der Herrlichkeit JHWHs, während Ps 83, 15; Jes 29, 6; 30, 30 Theophanieelemente benutzen, um das richterliche Eingreifen JHWHs gegen die Feinde bzw. in Jes 66, 15 das gegen die Frevler der israelit. Gemeinde zu beschreiben (v. 17; dazu Jeremias 160. 178). Ex 3, 2 und Ri 13, 20 sprechen von der Flamme im Zusammenhang mit dem *mal'aḵ-JHWH*. Die Kombination beider Größen bringt ebenfalls das mysterium tremendum et fascinosum in der Gegenwart JHWHs zum Ausdruck.

Flamme wie Feuer werden also als Mittel bzw. Erkennungszeichen des richtenden und schützenden Handelns und der Gegenwart JHWHs, nicht aber als seine Verkörperung verstanden.

Hausmann

לָהַט *lāhaṭ*

לַהַט *lahaṭ*

Lit.: *E. Lipiński*, La royauté de Yahwé dans la poésie et le culte de l'ancien Israël, Brüssel 1965, 220–226. – *N. J. Tromp*, Primitive Conceptions of Death and the Nether World in the Old Testament (BietOr 21, 1969). → להב *lahaḇ*.

Die Wurzel *lhṭ* tritt im AT als Verb im *qal* (Ps 57, 5; 104, 4) und im *pi* (Deut 32, 22; Hi 41, 13; Jes 42, 25; Ps 83, 15; 97, 3; 106, 18; Jo 1, 19; 2, 3; Mal 3, 19) auf sowie als Subst. (Gen 3, 24). Weitere Belege finden sich 1 QH 8, 12 (Subst.) und Sir 3, 30 (*qal*); 9, 9 (*pi*). Die LXX verwendet für *lhṭ* die entsprechenden Verben der für *lhb(h)* gebrauchten Subst. Äquivalente aus der Umwelt liegen nicht vor. Lediglich zu Ps 57, 5 läßt sich ein arab. *lahaṭa* bzw. ein akk. *la'ātu* 'hinunterschlucken' heranziehen, wenn mit KBL^3 495 für diesen Text ein *lhṭ* postuliert wird. *lhṭ* wird allein in diesem Text vom bedrängenden Tun des Menschen ausgesagt, so daß ein *lhṭ* II im Sinn von 'gierig handeln' begründbar ist.

Die übrigen Belege (außer Hi 41, 13; Ps 104, 4) rechnen *lhṭ* dem göttlichen Handeln zu. Das Verbum dient – z.T. im Rahmen einer Theophanieschilderung – der Beschreibung eines strafenden Tuns Gottes im Zusammenhang der Rede vom Tag JHWHs (Jo 1, 19; 2, 3; Mal 3, 19), bei der Bestrafung der Feinde (Ps 83, 15; 97, 3) bzw. der abtrünnigen Israeliten (Deut 32, 22; Ps 106, 18; Jes 42, 25). Dieses Strafhandeln ist als ein vernichtendes gedacht, denn *lhṭ* tritt weitgehend im Kontext von → אשׁ *'eš* auf, das im Gericht zerstörende Wirkung hat. Ps 83, 15; 106, 18; Jo 1, 19; 2, 3 haben *lhṭ* als Prädikat zu *læhāḇāh* → להב, so daß beim Blick auf die Semantik auf *læhāḇāh* verwiesen werden kann. *lhṭ* ist zu verstehen als die der Flamme bzw. dem Feuer insgesamt zuzuordnende Handlungsweise, parallel zu → בער *b'r* (Ps 83, 15; 106, 18) bzw. → אכל *'kl* (Jo 1, 19; 2, 3) also als 'verzehren, verbrennen'. Hier mit Lipiński ein (mit dem oben erwähnten aus KBL³ nicht identisches) *lhṭ* II anzunehmen, ist nicht ausreichend begründbar.

Die Art des Verbrennens zeigt Ps 97, 3. Das *sāḇîḇ* läßt an 'umzüngeln, umgeben von Flammen' denken. Lipiński unterstützt diese Sicht durch seine Ableitung der Wurzel *lhṭ* von *lûṭ* mit Hilfe eines eingefügten *h* (224). Der Aspekt des Umgebens findet sich auch Jes 42, 25, wo wiederum *sāḇîḇ* auftritt. Hier allerdings wird *lhṭ* übertragen auf den Zorn JHWHs und auf Krieg gebraucht.

Hi 41, 13 beschreibt den furchterregenden Leviathan und übernimmt dabei das Bedrohung enthaltende *lhṭ*.

In einem ganz anderen Kontext steht das Verb Ps 104, 4. Hier ist es dem Preis der Schöpfung eingeordnet. In der Verbindung mit *'eš* wird es zusammen mit dem Wind als Bote Gottes bezeichnet. Kraus (BK XV/2⁵, 879) schlägt vor, die grammatisch falsche attributive Verbindung *'eš lahaṭ* in *'eš wᵉlahaṭ* aufzulösen und *lahaṭ* wie *'eš* als depotenzierte Gottheiten anzusehen. Diese Personifizierung ist jedoch sonst im AT nicht mehr belegt, auch gibt es im Alten Orient keine entsprechende Gottheit. Die wenn auch falsche attributive Verbindung ist also beizubehalten.

Die Cstr.-Verbindung *lahaṭ haḥæræḇ* bezeichnet als selbständige Vorstellung neben den Keruben in Gen 3, 24 die Wächter, die den Weg zum Baum des Lebens bewachen. Ähnlich wie *lhb* ist *lhṭ* hier möglicherweise vom Phänomen des blitzenden Schwertes her zu verstehen (ausführlicher z. St. vgl. Westermann, BK I/1, 374). Auf Gen 3, 24 geht vermutlich 1 QH 8, 32 zurück, wo ebenfalls *lhṭ* die Funktion des Bewahrens übernimmt, und zwar in Verbindung mit *'eš* als Schutz der Quelle des Lebens.

Sir 3, 30 vergleicht die Tilgung der Sünde durch ein Almosen mit dem Löschen des brennenden Feuers durch Wasser. Sir 9, 8 bezeichnet *lhṭ* das nicht gutgeheißene Begehren einer Frau.

Neben bildlichem Gebrauch wird *lhṭ* also verwendet, um a) Gottes Schutz einer Sache und meistens b) ein strafendes Handeln Gottes zum Ausdruck zu bringen, wodurch nochmals die Analogie zu Gebrauch und Bedeutung von *lhb* deutlich wird.

Hausmann

לָוָה I *lāwāh* I

I. 1. Etymologie – 2. Vorkommen – II. At.licher Befund – 1. *qal* – 2. *niph.*

I. 1. Für das Bibl.-Hebr. sind wohl insgesamt drei in ihrer Bedeutung unterscheidbare Wurzeln *lwh* anzusetzen: *lāwāh* I 'begleiten', *lāwāh* II 'leihen' und *lāwāh* III 'winden, wenden'. Möglicherweise lassen sich die drei hebr. Verben auf eine einzige Wurzel *lwj* zurückführen, die frühzeitig in den semit. Sprachen verschiedene Ausprägungen mit Spezifizierungen in den Bedeutungen, die sich von einer Grundbedeutung 'winden, wenden' herleiten lassen, erfuhr. Die Bedeutung 'winden, wenden' begegnet im Arab. *lawā(j)*, Äth. *lawaja* (Dillmann, LexLingÄth 54), Tigriña *läwäjä* 'biegen, flechten' und Tigrē *läwja* 'krumm', wozu arab. *liwā'* 'Windung, Krümmung' sowie asarab. *lw'm* wohl 'Talwindung' als Name eines Palmgartens (vgl. M. Höfner, WZKM 40, 1933, 23) zu stellen ist. Im Hebr. liegt diese Bedeutung nur in den beiden Nomina *liwjāh* 'Kranz' (Spr 1, 9; 4, 9 und cj. 14, 24 sowie vielleicht 1 Kön 7, 29) und → לויתן *liwjāṯān*, sowie wahrscheinlich auch in *lulā'ôṯ* 'Schlingen, Schleifen' (Ex 26, 4f. 10f.; 36, 11f. 17) und vielleicht in dem architektonischen Fachausdruck *lûlîm* (1 Kön 6, 8) vor.

Die Bedeutung 'begleiten, anhangen' ist neben dem Hebr. auch für das Mhebr. (J. Levy, WTM II 483f.), Äg.-Aram. (DISO 136), Jüd.-Aram., Syr. (Brockelmann, Lex Syr 360b) und Mand. (MdD 232a) belegt. Um den Weg von der Grundbedeutung 'winden, wenden' aufzuzeigen, braucht man nur auf akk. *lawū/lamū* (AHw 541) 'umgeben, belagern' zu verweisen. Auch die Personennamen im Liḥjanischen *lwjn* und Thamudischen *lwj* (vgl. G. Lankester Harding, An Index and Concordance of Pre-Islamic Arabian Names and Inscriptions, Toronto – Buffalo 1971, 522), sowie im Asarab. (ḥaḍramautisch) *tlwj* (RES 4068 Nr. 58, vgl. W. W. Müller, Die Wurzeln Mediae und Tertiae Y/W im Altsüdarabischen, Diss. 1962, 100), und (altsabäisch) *lwjhj* (Gl 1699, 1, vgl. A. G. Lundin, Die Eponymenliste von Saba [aus dem Stamme Ḫalīl], SAWW 248, 1, 1965, 40) dürften von einem Verbum *lwj* im Sinne von 'begleiten' herzuleiten sein. Außerdem kann arab. *walija* 'nahe, unmittelbar benachbart sein, sich unmittelbar anschließen' verglichen werden (L. Kopf, VT 8, 1958, 181f.), wenn man zur Erklärung der Form *walija* im Vergleich zur Wurzel *lwj* Metathese annimmt (vgl. Brockelmann, VG I 275). Der ugar. Beleg für ein *lỉ'* < *lwj* im Sinne von 'begleiten' (so noch G. R. Driver, CML 28f. 158) läßt sich leichter von *l'j* 'ermüden' herleiten (vgl. WUS Nr. 1429; vgl. jedoch nun J. C. L. Gibson, CML² 83. 149, der die Form von *l'j* 'was strong, victorious, prevailed' ableitet), wenn auch zuzugeben ist, daß der Beleg KTU 1.14, I, 33 *nhmmt šnt tlỉnn* nicht einfach zu interpretieren ist.

2. Das *qal* von *lāwāh* I im Sinne von 'anhangen, begleiten' begegnet im AT nur Pred 8, 15 sowie Sir

41, 12. Das *niph* läßt sich insgesamt 11mal belegen (Gen 29, 34; Num 18, 2. 4; Ps 83, 9; Jes 14, 1; 56, 3. 6; Jer 50, 5; Sach 2, 15; Dan 11, 34 sowie Esth 9, 27). Die Bedeutung reicht von 'sich anschließen' im Sinne von 'sich verbünden, sich vereinigen' bis zu der speziellen Bedeutung 'sich (als Proselyt Israel) anschließen'.

II. 1. *lāwāh* I im *qal* findet sich Pred 8, 15, wo Qohelet davon spricht, daß die Freude den Menschen bei seiner Mühsal durch seine Lebenstage begleiten möge. In ähnlicher Bedeutung wird das Verbum Sir 41, 12 gebraucht, wo es heißt, daß der Mensch Sorge tragen soll für seinen Namen, weil ihn dieser besser als tausend kostbare Schätze begleitet.
2. Die 11 *niph*-Stellen lassen sich auf drei Bedeutungsfelder verteilen.
a) Bei der Schilderung der Geburt des 3. Lea-Sohnes Levi deutet der Erzähler den Namen in einem Wortspiel mit der Wurzel *lwh*, dessen etymologischer Wert wie bei allen ähnlichen Namensdeutungen im AT, die nur von einem vagen Anklang ausgehen, nicht sehr groß ist. Wenn Lea (Gen 29, 34) bei der Geburt ihres 3. Sohnes sagt: „Dieses Mal nun wird mein Mann sich mir anschließen" *'attāh happa'am jillāwæh 'îšî 'elaj*, d. h. doch wohl „wird er mir zugetan sein" (anders G. R. Driver, Problems of the Hebrew Verbal System, Old Testament Studies II, Edinburgh 1936, 143, der übersetzt: „jetzt wieder hatte sich mein Mann mit mir vereinigt"), so will der Erzähler damit wohl nur den Gedanken der „ungeliebten" Frau berücksichtigen, ohne spezielles Interesse, durch die Namensdeutung einen Hinweis auf Stellung oder Funktion Levis bzw. der Leviten zu geben. Anders ist das Num 18, 2. 4, wo gleichfalls in einem Wortspiel davon gesprochen wird, daß die Leviten sich Aaron anschließen sollen, wodurch darauf hingewiesen wird, daß sie in einem besonderen Dienstverhältnis (*wîšārᵉṯûḵā*) zu ihm, d. h. zu den Priestern stehen.
b) Im negativen Sinne steht das Verbum Ps 83, 9, wo es dazu dient, die feindliche Allianz zu beschreiben, daß auch Assur sich mit den Feinden Israels verbündet hat, sich ihnen angeschlossen hat, und ähnlich Dan 11, 34 von Leuten, die sich heuchlerisch dort anschließen, wo Unterstützung und Hilfe zu sein scheint.
c) Ganz anders verhält es sich mit den restlichen Stellen. Hier dient *lāwāh* im *niph* entweder dazu, das Sichanschließen der Fremden als Proselyten (Jes 56, 3. 6) an JHWH, das Herzukommen vieler Völker zur JHWH-Gemeinde (Sach 2, 15) auszudrücken, oder das Sichanschließen der Fremden an Israel, d. h. an die Gemeinde (Jes 14, 1), indem sie ihren Glauben annehmen. Deshalb sind auch die Proselyten Esth 9, 27, *kōl-hannilwîm 'ᵃlêhæm* 'alle, die sich ihnen (= den Juden) anschließen', verpflichtet, das Purimfest zu feiern. In Jer 50, 5 schließlich kann man *lāwāh niph* mit *'æl-JHWH* als Umschreibung für 'glauben' verstehen, wenn es dort von den aus der Verbannung heimkehrenden Israeliten heißt, daß sie zueinander sagen werden: „Kommt, 'laßt uns' JHWH 'anhangen' (mit Syr liest man *wᵉnillāwæh* statt *wᵉnilwû*), eine ewige *bᵉrîṯ*, die nicht vergessen werden wird." Die Selbstaufforderung, JHWH anzuhangen, d. h. vom Glauben an JHWH nicht abzufallen, wird hier als *bᵉrîṯ 'ôlām* bezeichnet, als „die immerdar zu erfüllende und deshalb unvergeßbare Verpflichtung – allein auf seiten der Israeliten" (E. Kutsch, BZAW 131, 1973, 18).

D. Kellermann

לָוָה II *lāwāh* II

I. Etymologie und Belege – II. At.licher Textbefund.

Lit.: *R. K. Sikkema*, De Lening in het Oude Testament, Diss. Leiden ('s-Gravenhage 1957) und dazu *J. W. Wevers*, BiOr 18, 1961, 96f. – *H. Gamoran*, The Biblical Law against Loans on Interest (JNES 30, 1971, 127–134).

I. 1. Das Verbum wird wie im bibl. Hebr. auch im Mhebr. im *qal* im Sinne von 'leihen von jem.' und im *hiph* im Sinne von 'leihen an jem.' verwendet. Während nun das *qal* „den Empfang eines Darlehens gegen das Versprechen des Schuldners auf Rückgewähr" beschreibt, bezeichnet *nš'* (→ נשא) die Rechte des Gläubigers gegen den Schuldner (vgl. F. Horst, ThB 12, 1961, 84f.). Der sich schon bei J. Barth (Etymologische Studien zum Semitischen insbesondere zum Hebräischen Lexicon, Leipzig 1893, 12) findende Hinweis auf arab. *lawā(j)* mit der Bedeutung 'den Gläubiger hinhalten, mit der Bezahlung zögern, eine Schuld nicht bezahlen', läßt die Vermutung aufkommen, daß als Ausgangspunkt für die Bedeutung des arab. *lawā(j)* durchaus die Grundbedeutung der Wurzel *lwj* 'winden, wenden' angesehen werden kann und daß demnach auch hebr. *lāwāh* II nur eine Spezifizierung dieser Wurzel *lwj* sein wird. Zu dem gleichen Ergebnis kommt man auch, wenn man mit J. Levy (WTM II 483a) *lāwāh* 'von jem. leihen' in dem Sinne „gleichsam an oder bei ihm hängen, nexum esse" versteht. Die konkrete Bedeutung 'leihen' ist auch durch das ausschließlich nordminäisch belegte *lw'n* 'Person als Tempelpfand' (RES 3351, 2; 3603, 3; fem. *lw'tn* RES 3357, 2; 3697, 3 m. suff. *lw'ths* RES 3357, 1) und vielleicht in dem unter *lāwāh* I bereits erwähnten sabäischen Palmgartennamen *lw'm* (RES 4194, 4) belegt (→ לוי *lewî*).
2. Die Belege des Verbums *lāwāh* II *qal* 'leihen von jem., für sich entleihen', insgesamt 5mal (Deut 28, 12; Jes 24, 2; Ps 37, 21; Spr 22, 7; Neh 5, 4) und *hiph* 'ausleihen an jem.', insgesamt 9mal (Ex 22, 24; Deut 28, 12. 44 [2mal]; Jes 24, 2; Ps 37, 26; 112, 5; Spr 19, 17; 22, 7, dazu Sir 8, 12 [2mal] und in Ms B zu Sir 32, 12 am Rande als Interpolation aus Spr 19, 17) lassen keine charakteristische Streuung erkennen.

II. Das im Bundesbuch Ex 22, 24 überlieferte Verbot, innerhalb Israels (vgl. mit anderer Terminologie Lev 25, 35–38 und Deut 23, 20–21) mit Zins (*næšæk̲*) auszuleihen, setzt ein wirtschaftlich kaum entwickeltes Gemeinwesen voraus, in dem es für Arme und Hungrige Darlehen gab. Wenn nur Darlehen unter Israeliten („dem Armen aus meinem Volke, der neben dir wohnt" Ex 22, 24, näher ausgeführt Deut 23, 20) vorgesehen sind, so läßt sich das auf die Gerechtigkeitsforderung Gottes zurückführen, die die Israeliten füreinander verantwortlich machte. Wenn ein Israelit arm war und sich deshalb etwas borgen mußte, dann fand er Unterstützung und Beistand in seiner Sippe oder bei seinem Stamm. Sich des Bedürftigen zu erbarmen und ihm zu leihen, ist daher Kennzeichen des *ṣaddîq* (Ps 37, 26; 112, 5). Zwei Gefahren werden im Zusammenhang mit dem Geben und Nehmen von Darlehen im AT gesehen. Einerseits kann der Reiche durch die Gewährung von Darlehen zum Herrn über den Armen werden (Spr 22, 7). Soziale Unruhen, wie sie Neh 5, 1 ff. sichtbar werden, werden darauf zurückgeführt, daß Felder und Weinberge beliehen werden mußten, damit die Abgaben an den König aufgebracht werden konnten, so daß sich die Klage erhebt: „Unsere Felder und Weinberge gehören anderen!" Andererseits gab auch schlechte Schuldnermoral Anlaß zur Klage Ps 37, 21: etwas auszuleihen und es nicht zurückzugeben, ist Kennzeichen des *rāšā'*. Viel borgen zu können, ohne selber etwas ausleihen zu müssen, Deut 28, 12, gehört zu den Segnungen JHWHs. Wenn man sich dagegen von einem Fremdling etwas ausleihen muß, ohne in der Lage zu sein, auch ihm leihen zu können (Deut 28, 44 *hû' jalwekā we'attāh lo' talwænnû*), dann besteht die Gefahr, daß der Gläubiger zum Herrn über den Schuldner wird. Ähnlich warnt Sir 8, 12: Leihe keinem, der mächtiger ist als du; hast du ihm aber geliehen, so betrachte dich als Verlierer. Jes 24, 2 wird der Gläubiger (*malwæh*) und der Schuldner (*lowæh*) als Gegensatzpaar angeführt, bei dem Hinweis, daß das kommende Gericht alle treffen wird und daß dann auch alle sozialen Gegensätze aufgehoben sein werden. Nach Weish 15, 16 hat der Mensch sein Leben als Leihgabe von Gott (τὸ πνεῦμα δεδανεισμένος – „einer, der einen geliehenen Odem hat"). – Andererseits spricht Spr 19, 17 und als Randnotiz in Handschrift B zu Sir 32, 12 davon, daß „wer dem Armen gibt, an Gott ausleiht". 4 Makk 2, 8 wird sogar betont, daß ein Mensch, der nach dem Gesetz wandelt, dem Bedürftigen ohne Zinsen borgen wird, obwohl er genau weiß, daß er, wenn ein Sabbatjahr kommt (vgl. Deut 15, 1 ff.), sogar des verliehenen Kapitals verlustig geht. LXX übersetzt an allen Stellen (außer Ps 112, 5, wo κιχράω gebraucht ist), mit Formen von δανείζω. Im NT wird ausdrücklich das Leihen ohne Zins aufzulegen Mt 5, 42; Lk 6, 34; 11, 5 als Ausdruck der Nächstenliebe verstanden.

D. Kellermann

לוז *lûz*

לָזוּת *lāzûṯ*

1. Etymologie – 2. Belege; LXX – 3. Verwendung.

Lit.: *M. G. Glenn*, The Word לוז in Gen 28, 19 in the LXX and in the Midrash (JQR 59, 1968/69, 73–76).

1. Die Wurzel *lwz* ist außer im Mhebr. (*niph* 'verkehrt sein', *hiph* 'verkehrt machen', 'Übles reden') nur im arab. *lāḏa* 'sich abwenden' belegt (anders von Soden, WZ Halle 17, 181). Ein anderes Wort ist *lûz* 'Mandelbaum' (Gen 30, 37).

2. Im AT sind vom Verbum *qal* und *hiph* je 1mal belegt mit der Bedeutung 'aus den Augen kommen oder gehen' und *niph* 4mal im Sinne von 'verkehrt sein'. Daneben findet sich das Abstraktum *lāzûṯ* mit einem Beleg. Alle Belege finden sich in weisheitlichen (Spr) oder weisheitlich beeinflußten (Jes 30, 12) Texten.

LXX übersetzt die *qal*-Form Spr 3, 21 mit παραρρέω, *hiph* Spr 4, 21 mit ἐκλείπω. Die *niph*-Form wird jedesmal verschieden übersetzt. Jes 30, 12 wird *be'ošæq wenālôz* mit ἐπὶ ψεύδει καὶ ὅτι ἐγόγγυσας wiedergegeben, das Ptz. mit κάμπυλος ('krumm', Spr 2, 5), ἄνομος (3, 32) und σκολιάζω (14, 2).

3. *qal* kommt nur Spr 3, 21 vor: „Nicht mögen sie weichen (*'al-jālûzû*) aus deinen Augen / bewahre Umsicht (*tušijjāh*) und Klugheit (*mezimmāh*)." Der Vers steht in einer Rede über den Wert der Weisheit. Das Verbum *lûz* hat aber kein Subjekt. Man erwartet etwa „die Worte der Weisheit oder des Weisheitslehrers". Es ist möglich, daß vv. 21–26 ursprünglich in einem anderen Zusammenhang gestanden haben und daß ein Subjekt in diesem Kontext gestanden hat (vgl. u.). Jedenfalls besagt der Vers, daß man die Weisheit in ihren verschiedenen Manifestationen nie unbeachtet lassen darf, sondern sie eifrig erstreben und genau bewahren soll, da sie Leben und Glück spendet. Die *hiph*-Form steht Spr 4, 21 in einer langen Empfehlung der Weisheit. Der Vers ist 3, 21 sehr ähnlich: „Mögen sie (meine Worte) nicht weichen aus deinen Augen / bewahre sie im Innersten deines Herzens." Hier geht aus v. 20 hervor, daß sich das Verbum auf „meine Worte" und „meine Reden" bezieht, was wahrscheinlich auch für 3, 21 zutrifft.

Die *niph*-Form steht Spr 14, 2 in der Verbindung *nelôz derākîm*, „wer auf Irrwegen geht" als Gegensatz zu *holek̲ bejōšrô*: „In seiner Geradheit wandelt, wer JHWH fürchtet / aber Irrwege geht, wer ihn verachtet." Der Spruch ist deutlich religiös ausgerichtet. Gottesfurcht und rechtes Handeln bedingen einander gegenseitig: man könnte ebensogut sagen „wer gerade wandelt, fürchtet Gott" wie „wer Gott fürchtet, wandelt gerade". Ebenso gehören Verachtung Gottes und krumme Wege zusammen. Um Wege handelt es sich auch in Spr 2, 15, wo *nālôz* in Kombination mit *ma'gālāh* 'Bahn' und parallel mit *'iqqeš* 'krumm' steht: „Deren Pfade krumm sind und die abwegig

sind in ihren Bahnen." Vor Leuten, die auf Irrwegen gehen, soll die Weisheit den Schüler schützen.
Auch Spr 3, 32 steht *nālôz* im Gegensatz zu *jāšār*: „Ein Greuel für JHWH ist der Verkehrte, aber mit den Redlichen pflegt er Gemeinschaft (*sôḏ*)." Es handelt sich also um verkehrten Wandel, der von der Gemeinschaft mit Gott ausschließt.
In Jes 30, 12 handelt es sich um die Folgen des Verwerfens der prophetischen Botschaft: „Weil ihr dieses Wort verachtet und auf Bedrückung (*ʿošæq*) und Verkehrtheit vertraut ...", soll die Strafe kommen. Es ist verlockend, statt *ʿošæq* ein Wort wie *ʿiqqeš* 'Krummes' zu lesen (so BHK[3]), da *lûz* sonst oft mit *ʿqš* verbunden wird. Der Mangel an Vertrauen auf JHWH wird als religiöse Verkehrtheit beurteilt und muß in einer Katastrophe enden.
Etwas anders liegen die Dinge in Sir 31/34, 8: „Glücklich der Mann (LXX, Syr. der Reiche), der schuldlos befunden wird / und der nicht abweicht hinter Geld (*māmôn*) her." Hier heißt also *nālôz ʾaḥar* „vom geraden Weg abweichen, um (Reichtum) nachzujagen".
Für *lāzûṯ* gibt es nur einen Beleg, nämlich Spr 4, 24, wo vor Falschheit (*ʿiqqᵉšûṯ* – also wieder Krummheit) des Mundes und Verkehrtheit der Lippen gewarnt wird.

Ringgren

לוּחַ *lûaḥ*

I. 1. Etymologie, Umwelt – 2. Bedeutung, Belege – 3. Archäologisches – II. Ursprüngliche Verwendung: Tafel, Planke, Brett – III. Schreibtafel – IV. Übertragene Verwendung – V. Gesetzestafeln.

Lit.: *K. Galling*, Tafel, Buch und Blatt (Near Eastern Studies in Honor of W. F. Albright, Baltimore – London 1971, 207–233). → דלת *dælæṯ* I. 2.

I. 1. Das Nomen *lûaḥ* ist ein Primärnomen, das in fast allen semit. Sprachen begegnet: akk. *lēʾu* (auch *lēju* AHw 546f.), ugar. *lḥ* (WUS Nr. 1449; vgl. auch C. Virolleaud, Notes de lexicographie ougaritique [GLECS 8, 1957/60, 90ff.], A. van Selms, A Forgotten God: *Laḥ* [Festschr. T. C. Vriezen, Wageningen 1966, 318–326]), neupun. *lḥ* (KAI 145, 8), jüd.-aram., syr. *lûḥā*, äg.-aram. *lwḥ* (DISO 136), arab. *lauḥ*, äth. *lawḥ*. Auch amh. *lûk* 'Blatt Papier' ist davon abzuleiten (W. Leslau, Hebrew Cognates in Amharic, 96). Das n. pr. *lûḥîṯ* (Jes 15, 5; Jer 48, 5, vgl. W. Schottroff, ZDPV 82, 1966, 163–208) könnte nach einer topographischen Besonderheit gebildet sein. – *lûaḥ* ist in den meisten Sprachen mask., in ugar., äg.-aram., syr. auch fem.
2. In allen Sprachen ist *lûaḥ* terminus technicus für Tafeln (Bretter, Planken, Platten) aus verschiedenem Material (Holz, Metall oder Stein), insbesondere für Schreibtafeln.
Im AT begegnet *lûaḥ* 43mal (wenn 1 Kön 8, 9 || 2 Chr 5, 10 nach LXX ergänzt werden: 45mal; allerdings ist Spr 3, 3 vermutlich ein Zusatz aus Spr 7, 3). Es fällt auf, daß sich die Belege in bestimmten Büchern häufen: Ex 17mal, Deut 16mal für „Gesetzestafeln" (s.u. V.); 1 Kön 8, 9 || 2 Chr 5, 10 gehören in den gleichen Zusammenhang, mit 4 weiteren Belegen. Die übrigen 8 Belege verteilen sich auf die Prophetenbücher (Jes 30, 8; Jer 17, 1; Ez 27, 5; Hab 2, 2); auf Spr (3, 3; 7, 3), Kön (1 Kön 7, 36) und HL (8, 9). Das macht deutlich, wie sehr im AT die Bedeutung „Gesetzestafeln" im Vordergrund steht, was vermutlich nicht dem allgemeinen Sprachgebrauch entsprach. – In Ez 27, 5 steht *lûaḥ* im Dual, falls nicht (s. Galling 208) *lûḥôṯājiḵ* zu lesen ist.
LXX übersetzt *lûaḥ* im Sinne von „Gesetzestafel" (außer in Ex 24, 12, wo πυξίον steht) konsequent mit πλάξ; πυξίον steht auch Hab 2, 2; Jes 30, 8. In Spr ist πλάτος verwendet, σανίς in HL 8, 9; Ez 27, 5, σανιδωτός (hap. leg.) in Ex 27, 8.
3. Als Schreibmaterial begegnet Stein seit alter Zeit (Inschriften auf Fels, Statuen, Stelen). Davon zu unterscheiden sind transportable Schreibtafeln, z. T. ausdrücklich für Schreibübungen oder für beamtete Schreiber gedacht. Das bekannteste Beispiel in Israel ist der Bauernkalender von Gezer aus dem 10. Jh. v. Chr. (vgl. KAI 182), von dem wahrscheinlich nur die obere Hälfte erhalten ist (Abmessungen: 6,7–11,1 cm lang, 7,2 cm breit). Die Schrift ist in den weichen Kalkstein eingeritzt. (Interessanterweise begegnet schon hier eine Schreibtafel in sachlichem Zusammenhang mit einem Kalender, wo doch *lûaḥ* im nachbibl. Hebr. 'Kalender' als geläufige Bedeutungsvariante hat.)
Platten aus Metall (Edelmetall oder Blei) waren im Vorderen Orient als Schreibmaterial verbreitet, nicht aber in Syrien/Palästina. Das gleiche gilt für Tontafeln, das bevorzugte Schreibmaterial für Keilschrift.
Dagegen waren Holztafeln sowohl für Keilschrift (wenn sie mit einer Wachsschicht überzogen waren) als auch für Kursivschriften wie das Hebr. (dafür wurden sie oft mit Kalk bzw. Gips geweißt) geeignet. In der Form des Diptychons, der aufklappbaren Doppeltafel, waren sie das bevorzugte Notizbuch der Schreiber. Auf vielen bildlichen Darstellungen seit dem 8. Jh. sind zwei Schreiber hintereinander zu sehen, die Listen – etwa von Kriegsbeute – anlegen, wobei der erste mit einer Tontafel bzw. gewachster Holztafel für Keilschrift, der zweite mit Leder oder Papyrus (oder Holztafel) für kursives Aramäisch ausgerüstet ist (s. Galling 210ff.; H. P. Rüger, BRL[2] 290f.). Ein solches Handwerkszeug für Schreiber mußte handlich sein; mehrere Schreibtafeln konnten aneinandergefügt werden (vgl. das in Nimrud gefundene Faltbuch aus 23 Tafeln aus Elfenbein und Holz in den Abmessungen 33,8 × 15,6 cm, Galling 207 Anm. 3). Die durch Scharniere verbundenen beiden

Tafeln eines Diptychons wirkten wie Türflügel (vgl. Jer 36, 23, wo die „Kolumnen" einer Papyrusrolle als Türflügel [→ דלת *dælæṯ*] bezeichnet werden; vgl. KAI 194; TGI 45, 4).

II. Ursprünglich wird jede Art von Tafel ohne Rücksicht auf ihren Verwendungszweck *lûaḥ* geheißen haben. So finden wir Bretter und Planken aus Holz (Holzarten: Zeder HL 8, 9; Akazie Ex 27, 1. 8; Wacholder Ez 27, 4), die zur Verriegelung einer Tür dienen (HL 8, 9; → דלת *dælæṯ* IV), zum Altarbau (Ex 27, 8; 38, 7), zum Schiffsbau (Ez 27, 5; die Dualform kann sich auf die beiden Seiten des Schiffes oder auf eine besondere Konstruktion – Doppelplanken zur Abdichtung – beziehen, wenn sie nicht zu emendieren ist, s. o. I. 1). Größe und Form der verwendeten Bretter scheinen unterschiedlich gewesen zu sein; hingegen scheint rechteckige Form konstitutiv zu sein.
Tafeln aus Stein ohne Beschriftung sind im AT nicht erwähnt, doch vgl. das n. pr. *lûḥîṯ*. Metallplatten begegnen in 1 Kön 7, 36; daß sie mit Gravierungen versehen waren, bringt sie in die Nähe von Schreibtafeln.

III. Auch aus dem AT ist einiges über die Verwendung von Schreibtafeln zu entnehmen: Tafeln aus Ton werden nirgends erwähnt. Wenn *lûaḥ* ohne Beifügung steht, ist wohl an Holztafeln, insbesondere an Diptycha (s. o. I. 3) zu denken. So könnte in Jes 30, 8 ein Diptychon gemeint sein, dessen Schreibfläche mit Wachs überzogen war, weshalb die Schrift eingeritzt werden kann. Auch Hab 2, 2 ist wohl eine Doppeltafel vorzustellen. (LXX hat in HL 8, 9 an eine Schreibtafel gedacht, wie die Übersetzung ausweist.) – Tafeln aus Stein müssen als solche besonders bezeichnet werden (Ex 24, 12; 31, 18; 34, 1 u. ö.). Vermutlich waren solche Tafeln in späterer Zeit ungewöhnlich. Die häufig betonte Zweizahl der Gesetzestafeln (Ex 31, 18; 34, 1; Deut 4, 13; 9, 11; 10, 1; 1 Kön 8, 9 u. ö.) mag damit zusammenhängen, daß man sich diese nach Analogie der (rechteckigen!) hölzernen Diptycha vorgestellt hat. (Die in der christlichen und jüdischen Ikonographie gebräuchliche Darstellung der Gesetzestafeln mit oben gerundeter Form dürfte in Analogie zu [Grab-?]Stelen gebildet sein.) In Ex 34, 1. 4 ist vorausgesetzt, daß die Tafeln aus größeren Blöcken zurechtgehauen wurden, so daß eine möglichst glatte Schreibfläche entstand. Eine Beschriftung auf beiden Seiten (Ex 32, 15) findet sich auch sonst im Alten Orient; sie ermöglicht es, die Abmessungen so klein wie möglich zu halten. Auch der Dekalog wird nicht allzuviel Platz beansprucht haben (U. Cassuto zu Ex 32, 15 rechnet daher mit einer Länge von 30 cm; vgl. I. 3). Steintafeln solcher Größe konnte Mose ohne weiteres vom Gottesberg heruntertragen. Die nach Jes 30, 8 bzw. Hab 2, 2 aufzuschreibenden Texte sind noch kürzer (Jes 30, 9–14; Hab 2, 3f.).
Als Schreibgeräte werden eiserner Griffel und diamantene Spitzen erwähnt (Jer 17, 1; vgl. Hi 19, 24). Das Schreiben (mit Tinte) wird als *ktb* bezeichnet (außer in Ex/Deut auch Hab 2, 2; Spr 3, 3; 7, 3), seltener mit *ḥqq* (Jes 30, 8; vgl. Hi 19, 24), *ḥrš* (Jer 17, 1). Übrigens ist die Beschriftung der Gesetzestafeln nur in Ex 32, 16 als 'einritzen' *ḥrt* bezeichnet, sonst durchweg als 'beschreiben' *ktb*, was vielleicht ein vorheriges Weißen des Steins mit Kalk voraussetzt (vgl. Deut 27, 8).
Der Zweck des Schreibens ist durchgehend, ein gesprochenes Wort festzuhalten für spätere Zeit (Jes 30, 8; vgl. Hi 19, 23f.), so daß es jederzeit wieder gelesen werden kann (Hab 2, 2).

IV. Damit ist man nicht weit entfernt von der übertragenen Verwendung von *lûaḥ* als „Schreibtafel des Herzens" (Jer 17, 1; Spr 3, 3; 7, 3; → לב *leḇ*). Damit wird es zum Bild für das unauslöschliche „Einprägen" sowohl von Verfehlungen wie auch von Weisheitslehre. In diesem Sinn wird *lûaḥ* zu einem bildhaften Ausdruck für „Gedächtnis".

V. Seine besondere Bedeutung hat *lûaḥ* im AT als Bezeichnung der Tafeln, die Mose vom Gottesberg herunterbrachte. Während *lûaḥ* durchweg zur Kennzeichnung dieser besonderen, beschrifteten Steintafeln dient, wird deren Bedeutung durch verschiedene erläuternde Beifügungen näher bestimmt. Ursprünglich wird wohl einfach von den „zwei Tafeln" gesprochen (Ex 31, 18; 34, 1. 4. 29; Deut 4, 13; 5, 22; 9, 11. 15. 17; 10, 1. 3; 1 Kön 8, 9 || 2 Chr 5, 10) bzw. von den (zwei) „steinernen Tafeln" (Ex 24, 12; 31, 18; 34, 1. 4; Deut 4, 13; 5, 22; 9, 9. 10. 11; 10, 1; 1 Kön 8, 9) oder „den Tafeln" (Ex 32, 19; 34, 1. 28; Deut 10, 2. 4). Dabei wird Wert gelegt darauf, daß diese Tafeln Mose von Gott übergeben sind (Ex 24, 12), dann aber auch, daß ihre Beschriftung auf Gottes Wirken zurückgeht (Ex 32, 16) bzw. direkt von Gott geschrieben ist (Deut 10, 2. 4), sogar mit dem Finger Gottes (Ex 31, 18; Deut 9, 10). In diesem Zusammenhang wird auch der Inhalt des auf die Tafeln Geschriebenen präzisiert: Es sind nicht nur Worte Gottes überhaupt, sondern ganz bestimmte, die Zehn Worte, der Dekalog (Ex 34, 28; Deut 4, 13; 10, 4).
Hingewiesen werden muß noch auf zwei Traditionen, die die Gesetzestafeln ganz eng mit der Lade (→ ארון *'ārôn*) verbinden: In der dtr/dtn Überlieferung werden die Tafeln als „Tafeln des Bundes" (→ ברית *b^erîṯ*) bezeichnet (Deut 9, 9. 11; vgl. Ex 34, 28; Deut 4, 13; 1 Kön 8, 9 cj. || 2 Chr 5, 10 cj.). Die Lade erscheint dabei als Behälter der Tafeln (Deut 10, 1. 3. 5; 1 Kön 8, 9 || 2 Chr 5, 10). In der priesterschriftlichen Überlieferung werden sie „Tafeln des Zeugnisses" (*'eḏûṯ* → עוד) genannt (Ex 31, 18; 32, 15; 34, 29), womit auch ihre Beziehung zur Lade, dem Dekalog und der daraus erwachsenden Verpflichtung zum Ausdruck gebracht werden soll.
Wichtig ist, daß die Tradition von den Tafeln von deren Zerbrechen und Wiederherstellung zu berich-

ten weiß. Dabei geht es nicht nur um einen gewissermaßen technischen Vorgang. Vielmehr ist die erneute Herstellung der Tafeln (und ihre Aufbewahrung in der Lade) ein sichtbares Zeugnis des Willens Gottes, an seinem Bund festzuhalten. Offenbar wohnte dem Geschriebenen in alter Zeit eine besondere Symbolträchtigkeit inne, als Sinnbild des Gültigen und Beständigen. Das zeigt sich schon in Hi 19, 23f.; Jes 30, 8; Hab 2, 2. Daß Gott sich in seinem Willen selbst durch menschliche Versuche der Beseitigung des Geschriebenen nicht beirren läßt, macht Jer 36, 27ff. deutlich: die verbrannte Rolle, die das drohende Gericht ankündigte, wird erneut geschrieben. Die zwei Tafeln des Bundes sind jedoch über die Zeiten hinweg eindrücklichstes Symbol der unveränderten Forderung Gottes an sein Volk wie auch der unveränderten Zuwendung Gottes zu seinem Volk geblieben.

Baumann

לֵוִי *lewî*

לְוִיִּם *l^ewîjim*

I. 1. Vorkommen, Statistik – 2. Etymologie – II. Zur Frage des weltlichen Stammes Levi – 1. Gen 49, 5–7 und Gen 34 – 2. Levi im Zwölfstämmesystem – III. Levi als Priesterstamm: Ex 32, 25–29 und Deut 33, 8–11 – IV. Zum Problem der Levitenstädte – V. Levi in der Sicht der einzelnen Quellen – 1. Deuteronomium – 2. Ezechiel – 3. Priesterschrift – 4. Chronistisches Geschichtswerk – VI. Einzelne Themen: 1. Dienstalter – 2. Einkünfte und Lebensunterhalt – 3. Ersatz für Erstgeburt – 4. Levitenweihe – 5. Levi-*b^erîṯ* – VII. Levi in Qumran und im nachbiblischen Schrifttum.

Lit.: *R. Abba*, Priests and Levites (IDB III 876–889). – *Ders.*, Priests and Levites in Deuteronomy (VT 27, 1977, 257–267). – *Ders.*, Priests and Levites in Ezekiel (VT 28, 1978, 1–9). – *M. W. T. Allan*, The Priesthood in Ancient Israel with Special Reference to the Status and Function of the Levites (Diss. Glasgow 1971). – *N. Allan*, Some Levitical Traditions Considered with Reference to the Status of Levites in Pre-exilic Israel (Heythrop Journal 21, 1980, 1–13). – *W. W. Graf Baudissin*, Priests and Levites (DB [Hasting] 4, 1902, 67–97). – *I. Ben-Zvi*, The Levites among Arabian Tribes (Festschr. A. Hillel-Silver, New York 1963, 129–135; vgl. Molad, 20, 1962, 166f. 241–244). – *G. R. Berry*, Priests and Levites (JBL 42, 1923, 227–238). – *A. Caquot*, „Siméon et Lévi sont frères ...“ (Genèse 49, 5) (Mélanges H. Cazelles, Paris 1981, 113–119). – *A. Cody*, Priesthood in the Old Testament (Studia Missionalia 22, 1973, 309–329). – *S. A. Cook*, Simeon and Levi: The Problem of the Old Testament (AJTh 13, 1909, 370–388). – *S. I. Curtiss*, The Levitical Priests, Edinburgh 1877. – *A. Eberharter*, Der israelitische Levitismus in der vorexilischen Zeit (ZKTh 52, 1928, 492–518). – *J.-M. Fenasse*, Lévi. Lévites (Catholicisme 7, 1975, 506–507. 516–521). – *G. Fohrer*, Levi und Leviten (RGG³ IV 336f.). – *Th. H. Gaster*, The Name לֵוִי (JThSt 38, 1937, 250f.). – *M. Gertner*, The Masorah and the Levites (VT 10, 1960, 241–272). – *C. H. J. de Geus*, The Tribes of Israel (Assen 1976, 97–108). – *J. Goettsberger*, Das alttestamentliche Priestertum und Ezechiel (Festgabe Faulhaber, 1949, 1–19). – *H. Graetz*, Eine Strafmaßregel gegen die Leviten (MGWJ 35, 1886, 97–108). – *K. H. Graf*, Zur Geschichte des Stammes Levi (AWEAT 1, 1867–1869, 68–106. 208–236). – *M. Greenberg*, A New Approach to the History of the Israelite Priesthood (JAOS 70, 1950, 41–47). – *P. Grelot*, Spiritualité lévitique et spiritualité cléricale (CHR 9, 1962, 291–305). – *H. Grimme*, Der südarabische Levitismus und sein Verhältnis zum Levitismus in Israel (Mus 37, 1924, 169–199). – *B. Halpern*, Levitic Participation in the Reform Cult of Jeroboam I (JBL 96, 1976, 31–42). – *M. Haran*, Temples and Temple Service in Ancient Israel, Oxford 1978, 58–131. – *Ch. Hauret*, Aux origines du sacerdoce danite; à propos de Jud. 18, 30–31 (Mélanges Robert, Paris 1957, 105–113). – *G. Hölscher*, Levi (PW 12, 1925, 2155–2208). – *A. van Hoonacker*, Les prêtres et les lévites dans le livre d'Ezéchiel (RB 8, 1899, 177–205). – *Ders.*, La sacerdoce lévitique dans la loi et dans l'histoire des Hébreux (London/Louvain 1899). – *Ders.*, Ezekiel's Priests and Levites (ET 12, 1900–1901, 383. 494–498). – *A. Jepsen*, Mose und die Leviten (VT 31, 1981, 318–323). – *D. R. Jones*, Priests and Levites (DB 1963, 793–797). – *M. de Jonge*, Levi, the sons of Levi and the Law, in Testament Levi X, XIV–XV and XVI (Mélanges H. Cazelles, Paris 1981, 513–523). – *E. Kautzsch*, Rezension zu: W. W. Graf Baudissin, Die Geschichte ... (ThStKr 1, 1890, 767–786). – *J. Kelly*, The Function of the Priests in the Old Testament (Diss. Jerusalem 1973). – *J. Köberle*, Die Tempelsänger im Alten Testament, Erlangen 1899. – *E. König*, The Priests and the Levites in Ezekiel xliv, 7–15 (ET 12, 1900–1901, 300–303). – *C. Lattey*, The Tribe of Levi (CBQ 12, 1950, 277–291). – *A. Lefèvre*, Notes d'exégèse sur les généalogies des Qehatites (RScR 37, 1950, 287–292). – *Ders.*, Lévitique (organisation) (DBS 5, 1957, 389–397). – *A. Legendre*, Lévi (tribu de), (DB 4, 1908, 199–213). – *S. Lehmig*, Zur Überlieferungsgeschichte von Gen 34 (ZAW 70, 1958, 228–250). – *J. S. Licht*, לֵוִי, לְוִיִּם (EMiqr 4, 1962, 460–478). – *J. Liver*, Korah, Dathan and Abiram (ScrHier 8, 1961, 189–217). – *Ders.*, Chapters in the History of the Priests and Levites (hebr., Jerusalem 1968). – *S. E. Loewenstamm*, The Investiture of Levi (EI 10, 1971, 169–172 [hebr.] und XIVf.). – *O. Loretz*, Aharon der Levit (Ex 4, 14) (UF 8, 1976, 454). – *J. Maier*, Zur Geschichte des Bundesgedankens und zur Rolle der Leviten in der politischen und religiösen Geschichte des alten Israel (Jud 25, 1969, 222–257). – *J. A. Maynard*, The Rights and Revenues of the Tribe of Levi (JSOR 14, 1930, 11–17). – *Th. J. Meek*, Aaronites and Zadokites (AJSL 45, 1928/1929, 149–166). – *Ders.*, Moses and the Levites (AJSL 56, 1939, 113–120). – *A. Menes*, Die vorexilischen Gesetze Israels im Zusammenhang seiner kulturgeschichtlichen Entwicklung (BZAW 50, 1928, 1–19). – *E. Meyer*, Die Mosesagen und die Leviten (SAW Berlin 1905, 640–652 = Kl. Schriften I, Halle 1910, 333–350). – *Ders.*, Die Israeliten und ihre Nachbarstämme (Halle 1906, 78–89. 118–120). – *R. Meyer*, Levitische Emanzipationsbestrebungen in nach exilischer Zeit (OLZ 41, 1938, 721–728). – *Ders.*, Λευ(ε)ίτης (ThWNT IV 245–247). – *J. Milgrom*, The Levitical ʿABOḎĀ (JQR 61, 1970/71, 132–154). – *K. Möhlenbrink*, Die levitischen Überlieferungen des Alten

Testaments (ZAW 52, 1934, 184–231). – *S. Mowinckel*, Levi und Leviten (RGG²III 1601–1603). – *E. Nielsen*, Shechem. A Traditio-Historical Investigation, Kopenhagen ²1959, 264–286. – *Ders.*, The Levites in Ancient Israel (ASTI 3, 1964, 16–27). – *F. S. North*, Aaron's Rise in Prestige (ZAW 66, 1954, 191–199). – *B. Pîpal*, Sčítání bojovníků a lévijců (Theologická Příloha 34, 1967, 49–52). – *G. von Rad*, Das Geschichtsbild des chronistischen Werkes (BWANT 54, 1930). – *Ders.*, Die levitische Predigt in den Büchern der Chronik (Festschr. O. Procksch, 1934, 113–124). – *M. D. Rehm*, Studies in the History of the Pre-Exilic Levites (Diss. Harvard 1967). – *R. B. Robinson*, The Levites in the Pre-monarchic Period (Studia Biblica et Theologica 8, 1978, 3–24). – *J. P. Ross*, The 'Cities of the Levites' in Joshua XXI and 1 Chronicles VI, Diss. Edinburgh 1973. – *H. H. Rowley*, Early Levite History and the Question of the Exodus (JNES 3, 1944, 73–78). – *W. H. Schmidt*, Mose als Levit (Exkurs: BK II, 1974, 65–67). – *W. Schottroff*, Der altisraelitische Fluchspruch (WMANT 30, 1969, 134–142). – *J. Schreiner*, Levi (LThK VI, ²1961, 993–995). – *E. Seydl*, Der Simeon-Levi-Spruch (Gen. 49, 5–7). Untersucht und beleuchtet (Der Katholik 80, 1900 [I], 548–556). – *G. H. Skipwith*, The Name of Levi (JQR 11, 1899, 264f.). – *W. R. Smith*, The Deuteronomic Code and the Levitical Law (in: The Old Testament in the Jewish Church, Edinburgh ²1892, 346–387). – *Ders.* und *A. Bertholet*, Levites (EncBibl III 1902, 2770–2776). – *F. Spadafora*, Il sacerdozio in Israele – Sacerdoti e Leviti (Palestra del Clero 54, 1975, 711–724). – *J. J. Stähelin*, Versuch einer Geschichte der Verhältnisse des Stammes Levi (ZDMG 9, 1855, 704–730). – *L. Steinberger*, Der Bedeutungswechsel des Wortes Levit. Entwicklung aus einer Milizformation zu einer Priesterkaste, 1936. – *H. Strathmann*, Λευ(ε)ί, Λευ(ε)ίς (ThWNT IV 241–245). – *H. Strauß*, Untersuchungen zu den Überlieferungen der vorexilischen Leviten (Diss. Bonn 1959). – *R. de Vaux*, „Lévites" minéens et lévites Israélites (Festschr. H. Junker, Trier 1961, 265–273). – *H. Vogelstein*, Der Kampf zwischen Priestern und Leviten seit den Tagen Ezechiels. Eine historisch-kritische Untersuchung, 1899. – *H. C. M. Vogt*, Studie zur nachexilischen Gemeinde in Esra-Nehemia, 1966, 123–135. – *L. Waterman*, Some Determining Factors in the Northward Progress of Levi (JAOS 57, 1937, 375–380). – *Ders.*, Moses the Pseudo-Levite (JBL 59, 1940, 397–404). – *Ders.*, Some Repercussions from Late Levitical Genealogical Accretions in P and the Chronicler (AJSL 58, 1941, 49–56). – *M. Weber*, Das antike Judentum (Gesammelte Aufsätze zur Religionssoziologie III, ²1923, 181–199). – *A. C. Welch*, The Code of Deuteronomy, London 1924. – *Ders.*, The Work of the Chronicler. Its Purpose and its Date, London 1939, 55–80. – *J. Wellhausen*, Prolegomena zur Geschichte Israels, ⁶1927, 134–162. – *G. Westphal*, Aaron und die Aaroniden (ZAW 26, 1906, 201–230). – *G. E. Wright*, The Levites in Deuteronomy (VT IV 1954, 325–330). – *S. Yeivin*, לֵוִי (EMiqr 4, 1962, 450–460). – *W. Zimmerli*, Erstgeborene und Leviten. Ein Beitrag zur exilisch-nachexilischen Theologie (Festschr. W. F. Albright, London 1971, 459–469 = ThB 51, 1974, 235–246). – *H. J. Zobel*, Stammesspruch und Geschichte (BZAW 95, 1965, 67–72). → כהן *kohen*.

Lit. zu IV.: *Y. Aharoni*, The Land of the Bible (London ²1979, 301–305). – *W. F. Albright*, The List of Levitic Cities (L. Ginzberg Jubilee Volume, 1945, 49–73). – *A. Alt*, Bemerkungen zu einigen judäischen Ortslisten des Alten Testaments (BBLAK 68, 1951, 193–210 = KlSchr II 289–305). – *Ders.*, Festungen und Levitenorte im Lande Juda (1952, KlSchr II, 1959, 306–325). – *A. G. Auld*, The 'Levitical Cities' – Texts and History (ZAW 91, 1979, 194–206). – *A. Cody*, Levitical Cities and the Israelite Settlement (Homenaje a Juan Prado, Madrid 1975, 179–189). – *G. H. Davies*, Levitical Cities (IDB 3, 1962, 116f.). – *M. Greenberg*, Idealism and Practicality in Numbers 35:4–5 and Ezekiel 48 (JAOS 88, 1968, 59–66). – *Ders.*, Levitical Cities (EJ 11, 1971, 136–138). – *M. Haran*, The Levitical Cities: Utopia and Historical Reality (Tarbiz 27, 1957/58, 421–439). – *Ders.*, Studies in the Account of the Levitical Cities (JBL 80, 1961, 45–54. 156–165). – *Z. Kallai*, The System of Levitic Cities – A Historical-Geographical Study in Biblical Historiography (Zion 45, 1980, 13–34, hebr.). – *Y. Kaufmann*, The Biblical Account of the Conquest of Palestine (Jerusalem 1953, bes. 40ff., hebr.). – *Ders.*, Sefer Yehoshu'a (1959, 270–282). – *S. Klein*, Cities of the Priests and Levites and Cities of Refuge (Qobeṣ JPES 1935, 81–107, hebr.). – *A. Legendre*, Lévitique (villes), (DB 4, 1908, 216–221). – *B. Mazar*, The Cities of the Priests and Levites (VTS 7, 1960, 193–205). – *Ders.*, ערי הלויים והכהנים (EMiqr IV 1962, 478–485). – *Y. Tsafrir*, The Levitical City of Beth-Shemesh in Judah or in Naphtali, in: Nelson Glueck Memorial Volume (EI 12, 1975, 44f. 119). – *J. Wellhausen*, Prolegomena zur Geschichte Israels (⁶1927, 153–158).

I. 1. Die Formen *lewî* bzw. *halᵉwîjim* kommen im AT nach Ausweis der Konkordanzen (Mandelkern und Lisowsky in Übereinstimmung) insgesamt 354mal vor. Nach den biblischen Büchern aufgegliedert stellt sich die Verteilung des Vorkommens so dar: Gen 6mal; Ex 11mal; Lev 4mal; Num 75mal; Deut 26mal; Jos 17mal; Ri 10mal; 1 Sam 1mal; 2 Sam 1mal; 1 Kön 2mal; Jes 1mal; Jer 3mal; Ez 10mal; Sach 1mal; Mal 3mal; Ps 1mal; Esr 24mal; Neh 45mal; 1 Chr 48mal; 2 Chr 65mal. Nicht genannt wird Levi bei den Kleinen Propheten mit Ausnahme von Sach und Mal sowie in Hi, Spr, Megillot und Dan. Auffällig ist, daß gerade das Buch, das im wissenschaftlichen Sprachgebrauch nach LXX im Titel „Leviticus" zwar zu erkennen gibt, daß sein Inhalt sich mit Dingen befaßt, die Priester und Leviten besonders betreffen, von den Leviten expressis verbis nur in 2 Versen (Lev 25, 32 [2mal]. 33 [2mal]) spricht. *lewî* findet sich im Sg. 99mal, davon 38mal mit dem Art., die restlichen 250 Stellen entfallen auf den Pl. *halᵉwîjim* (oder mit einer Präposition, aber immer mit Art.) bzw. 4mal die aram. Form *lewāje'* (Esr 6, 16. 18; 7, 13. 24). Nur einmal, Neh 10, 1, findet sich eine suffigierte Form *lᵉwîjenû*, ganz im Gegensatz etwa zu dem Wort für Priester, *kohen*, von dem zahlreiche Suffixformen belegt sind. Außerdem findet sich *lwj* Sir 45, 6. An zwei weiteren Stellen Deut 33, 8 und 2 Chr 23, 18 rechnet man damit, daß *lewî* bzw. *halᵉwîjim* aufgrund textkritischer Zeugen zu restituieren sein könnte. Neben den 26 Belegen in Deut lassen sich zwei Hauptblöcke erkennen, in denen Levi eine besondere Rolle spielt: einmal die Priesterschrift mit insgesamt 66 und das chron. Geschichtswerk mit insgesamt 182 Vorkommen.

2. Die zahlreichen Versuche, die Etymologie des Wortes *lewî* zu bestimmen, zeigen einerseits die herrschende Unsicherheit, andererseits werden sie oft bestimmt von einer Theorie des jeweiligen Gelehrten über die Entstehung des levitischen Priestertums und über die altisraelitische Religion.

Wenn man davon ausgehen dürfte, daß *lewî* ursprünglich ein Appellativum war, dann könnte die Kenntnis der Etymologie wichtige Aufschlüsse geben über ursprüngliche Aufgaben und Funktion der Leviten. Im folgenden werden ohne Anspruch auf Vollständigkeit vorgeschlagene Ableitungen des hebr. Wortes *lewî* genannt, die sich meist auf die 3 durch ihre Bedeutung im Hebr. unterscheidbaren Wurzeln *lāwāh* verteilen lassen: In der Erzählung von der Geburt des 3. Lea-Sohnes Levi wird Gen 29, 34 als Begründung für die Namensgebung der Satz der Lea: *ʿattāh happaʿam jillāwæh ʾîšî ʾelaj* – ʿdieses Mal nun wird mein Mann sich mir anschließenʾ angeführt (→ לוה *lāwāh* I), ohne daß diesem freien Wortspiel etwas hinsichtlich der Deutung des Namens entnommen werden kann. Dasselbe Wortspiel findet sich Num 18, 2. 4, wo es heißt, daß die Leviten sich Aaron anschließen sollen. Hier wird gleichzeitig betont, daß sie in einem besonderen Dienstverhältnis zu den Priestern stehen, eine Aussage, die ganz auf der Linie von P liegt. Man muß aber wohl zugeben, daß die genannten Stellen höchstens zeigen können, wie man in späterer Zeit den Namen *lewî* gedeutet hat, ohne daß man dadurch der ursprünglichen Bedeutung näher kommt.

Auch aus Ex 32, 26 schloß man, daß die Leviten, im Gegensatz zu den übrigen Israeliten, die sich zu Mose Haltenden, also die Anhänger des Mose im speziellen Sinne waren, obwohl hier nicht *lāwāh*, sondern *ʾsp niph* verwendet ist. So kommt z. B. K. Budde (Altisraelitische Religion, [2]1912, 46) zu dieser Deutung, indem er den Satz Ex 32, 26b ʿda versammelten sich zu ihm alle Söhne Levisʾ *wajjeʾās^{e}pû ʾelājw kŏl-b^{e}nê lewî* so versteht, als habe man sagen wollen ʿalle, die jetzt Leviten heißenʾ.

P. de Lagarde (Orientalia II, 1880, 20) meinte, „die Leviten seien diejenigen Aegypter gewesen, welche sich den aus dem Nilgebiete nach Asien zurückwandernden Semiten angeschlossen haben". Mit dem *ʿeræḇ raḇ* Ex 12, 38, der mit den Israeliten aus Ägypten auszog, ähnlich Num 11, 4 *hāʾsapsup*, könnten speziell die Leviten gemeint gewesen sein, und der Name in der Deutung „die sich Anschließenden" könnte auf diesen Nachrichten beruhen.

W. W. Graf Baudissin (72) möchte ein Substantiv *lew* mit abstrakter oder kollektiver Bedeutung im Sinne von „Begleitung, Folge, Gefolgschaft" annehmen, von dem *lewî* zunächst als Adjektiv und dann erst als Name abgeleitet wurde. So kann er vermuten, daß ursprünglich Aufgabe der Leviten war, die heilige Lade auf dem Wanderzug kriegerisch zu schützen. „Die Leviten bildeten gewissermaßen die Leibwache des in der heiligen Lade gegenwärtigen göttlichen Kriegsherrn Israels, des Gottes der Heerscharen" (73).

Interessant ist, daß nach Jub 31, 16 Jakob selbst den Namen seines Sohnes mit dem Hinweis auf die Namengebung durch seine Mutter, allerdings anders als Gen 29, 34, im Sinne von „Gott anhangend" deutet (Übers. nach A. Dillmann: „Dich hat deine Mutter Levi mit (deinem) Namen genannt, und in Wahrheit hat sie deinen Namen (so) genannt: Gott anhangend wirst du sein und ein Genosse aller Söhne Jakobs").

Die gegenteilige Meinung, die davon ausgeht, daß Gott es ist, der erwählt und sich dann mit jemandem verbünden kann, findet sich im Midraš (ExR I 5), wo der Name *lewî* durch den Hinweis gedeutet wird, daß Gott sich mit den Leviten verbunden hat (*šæniṯhabber lāhæm*).

G. H. Skipwith war es, der den Namen *lewî* mit *liwjāṯān* in Verbindung brachte und zu der Annahme kam, daß der Stamm Levi seinen Namen von einem Schlangengott herleitete. Der Hinweis auf 2 Kön 18, 4, wo berichtet wird, daß Hiskia auch die eherne Schlange, den → *n^{e}ḥuštān*, zerschlagen ließ, und auf Num 21, 8 sowie vor allem auf den Namen des *nāśîʾ* des Stammes Juda in der Liste Num 1, 7 *naḥšôn bæn-ʿammînāḏāḇ* sollen die Vermutung bestärken. Da dieser *naḥšôn bæn-ʿammînāḏāḇ* nach 1 Chr 2, 10 und Ruth 4, 20 zu den Vorfahren Davids zählt und andererseits der gleiche Mann nach Ex 6, 23 als Schwager des Aaron gesehen wird, muß mindestens in der Theorie eine Verbindung zwischen Levi und dem Stamm Juda gesehen worden sein. An dieser Stelle könnte man darauf aufmerksam machen, daß auch der Levit Ri 17, 7 aus Juda stammend gedacht ist.

Auch B. Luther und E. Meyer (Nachbarstämme 426f.) leiten den Namen *lewî* von der gleichen Wurzel her, von der auch *liwjāṯān* kommt, und folgern, „Jahwekult und Schlangenkult gehören bei den Leviten ursprünglich untrennbar zusammen". Auch der Name *leʾāh* findet seine Deutung als „göttliche Schlange" mit dem Fazit: „Die Urmutter aller Menschen Ewa ist im letzten Grunde identisch mit der Mutter von Simeon und Lewi Lea" (427 Anm. 1).

Vor allem T. J. Meek (Hebrew Origins, 1936, 122ff.) versucht, diese Theorie auszubauen, indem er auf weitere Schlangennamen von Leviten wie *šuppîm* 1 Chr 26, 16 und auf die archäologischen Zeugnisse, die für Palästina einen Schlangenkult bezeugen, hinweist. Daß die Spuren nicht sehr deutlich sind, könnte damit zusammenhängen, daß sie im Interesse einer Orthodoxie weitgehend ausgemerzt wurden (vgl. J. P. Ross 8).

S. Mowinckel (Norsk Geografisk Tidsskrift 9, 1942, 23) denkt an die gleiche Wurzel *lāwāh* ʿdrehen, windenʾ und meint, daß der ekstatische rituelle Tanz der Leviten den Ausschlag für die Benennung gegeben hätte. Die These E. Dhormes (La religion des hébreux nomades, Paris 1937, 226f.) verdient insofern Beachtung, als sie von der Bezeichnung der Leviten als *b^{e}nê lewî* (25mal, dazu 6mal *ben lewî* und 1mal *baṯ lewî*) ausgeht und darin in Analogie zu *b^{e}nê hann^{e}ḇîʾîm* (1 Kön 20, 35 u. ö.) oder palmyrenisch *bnj kmr*ʾ eine Bezeichnung für die Zugehörigkeit zu einer Standes- oder Berufsgruppe sieht, mit der möglichen ursprünglichen Bedeutung „attaché ou associé au culte".

M. Jastrow (JBL 11, 1892, 120f.) möchte *lewî* mit hebr. *lāḇîʾ* ʿLöweʾ zusammenbringen, so daß dann *b^{e}nê lewî* die Leute des ʿLöwen-Clansʾ bedeutet ähnlich den *banū ʾasad* der Araber. Die weiteren Andeutungen bei M. Jastrow hinsichtlich des bekannten Labaja von Sichem in den EA-Texten darf man kaum weiterverfolgen, ohne in Versuchung zu geraten, in ihm den Ahnvater der Leviten sehen zu wollen.

T. K. Cheyne schließlich leitet (EncBibl III, 1902, 2769) *lewî* aufgrund möglicher ethnischer Verwandtschaftsverhältnisse nicht von Lea ab, sondern stellt als Erklärung des Namens *lewî* die abenteuerliche Gleichung auf

lwjn = *lbjn* = *lmjn* = *rm'l* = *jrḥm'l*, womit dann wieder südpalästinische Levi-Traditionen ermöglicht sind.
Seit J. Wellhausen (Prolegomena, [6]1927, 138) wird der Name *lewî* gerne als Gentilicium vom Namen seiner Stammutter *le'āh* aufgefaßt. Allerdings hat schon M. Jastrow die Schwierigkeit ins Blickfeld gerückt, daß das Gentilicium von *le'āh* nicht *lewî*, sondern eher *le'ejî – le'î* heißen müßte.
Den vielfach wiederholten Hinweis auf die wohl allzu kühne und gänzlich hypothetische Kombination von P. Haupt, der arab. *'alwā* (*lwj* IV) mit hebr. *hôrāh* und folglich *lewî* (aus *lāwî*) mit *môræh* vergleicht, mit dem Ergebnis: „Die Leviten waren edomitische Priester" (OLZ 12, 1909, 163 und ähnlich ZDMG 63, 1909, 522) sollte man endgültig beiseite lassen (vgl. auch A. Cody 30 Anm. 99, der auf die Erweiterung dieser Theorie durch Mowinckels Zusatz den Finger legt, daß mit der sprachlichen Parallele der Orakelpriester beschrieben werde); denn die Bedeutung von arab. *'alwā* 'in latus inflexit, motitavit' (nach G. W. Freytag) hat keinerlei Affinität zu hebr. *hôrāh*, so daß es sich bei diesem Einfall nur darum handeln kann, daß P. Haupt an einen möglichen Wechsel von *l* und *r* dachte, wobei allerdings in diesem speziellen Falle alle Anhaltspunkte oder Belege für dessen Vorkommen fehlen.
Das spät- bzw. nbabyl. *lamūtānu/lawūtānu* 'Höriger, Diener' und *lātānu* 'Dienerinnen' (AHw I 534. 540; CAD L 1973, 77f.) ist aus dem Aram. entlehnt und kann somit nichts beitragen zur Erhellung der Etymologie von *lewî*.
Im Jahre 1884 fand und kopierte J. Euting Inschriften in minäischer Schrift und Sprache in el-'Ula, dem biblischen Dedan (vgl. W. F. Albright, Festschr. A. Alt, 1953, 1–12), ca. 230 km sö. von Elath oder ca. 375 km von Qadeš Barnea' entfernt.
In drei fragmentarisch erhaltenen Inschriften RES 3351, 2; 3356, 3 und 3357, 1. 2 findet sich das Wort *lw'* mit suff. *lw'n* und *lw'nhn* bzw. das fem. dazu *lw't* mit suff. *lw'thn*. Schon vom Herausgeber der Inschriften, D. H. Müller (DAWW, PH 37, 1889) wurde *lw'* und *lw't* mit „Priester" und „Priesterin" übersetzt, und als F. Hommel (Aufsätze und Abhandlungen, 1892, 31) daraufhin die Gleichung mit dem hebr. *lewî* vollzog, sah er „neue und ungeahnte Perspektiven der Religionsgeschichte" sich eröffnen. In den Jahren 1908/09 und 1910 konnten A. Jaussen und R. Savignac (Mission archéologique en Arabie II, Paris 1914) drei weitere Inschriften mit Belegen für das Wort *lw'* hinzufügen RES 3697, 3. 9 *lw'tn* und 3698, 2 *lw'nhn* sowie 3603, 3 *lw'n* aus Medāin-Sāliḥ.
1924 hat H. Grimme in seiner kritischen Analyse der Inschriften festgestellt, daß es sich bei den *lw'*/*lw't* genannten Personen in diesen Weihinschriften wohl um Pfandpersonen handelt, die für Geld- oder Warenschulden in Abhängigkeit zu einem Heiligtum traten. Nun läßt sich nicht bestreiten, daß es in Südarabien im Altertum die Institution der Personendedikation als Pfandperson gab, „die durch Arbeitsleistung irgendwelcher Art im Tempeldienst eine Schuld zu tilgen hatte, welche durch Nichterfüllung einer vorgeschriebenen Leistung einer Sippe erwachsen war" (vgl. M. Höfner, in: H. Gese, M. Höfner, K. Rudolph, Die Religionen Altsyriens, Altarabiens und der Mandäer, RdM 10/2, 1970, 333f.). Allerdings ist die Terminologie unterschiedlich; die inschriftlichen Belege für das Wort *lw'* jedoch sind ausschließlich nordminäisch. R. de Vaux konnte zeigen (Festschr. H. Junker), daß die erwähnten Inschriften in keiner Weise, wie auch immer sie im einzelnen zu interpretieren sein mögen, die Herkunft der israelitischen Leviten von Dedan beweisen können. Da bekannt ist, daß spätestens seit dem 1. Jh. n. Chr. in el-'Ula jüdische Bevölkerung ansässig wurde, die wahrscheinlich bereits seit Nabonid im 6. Jh. v. Chr. dort siedelte, läßt sich vermuten, daß eher ein Einfluß des hebr. Wortes *lewî* auf das minäische *lw'* vorliegt, als umgekehrt.

Die von E. Nielsen (ASTI 3, 1964, 26 Anm. 25) im Anschluß an J. Pedersen und W. F. Albright vorgeschlagene Übersetzung von *lewî* 'devotee of the Lord = one, who is given away, or has given himself away, for the service of the Lord' versucht wohl, die aus den minäischen Inschriften gewonnenen Erkenntnisse aufzunehmen und trifft den anzunehmenden Sinn des Wortes *lewî* am ehesten; denn die wahrscheinlichste Deutung ist die, daß der Name *lewî* als hypokoristischer Personenname mit der Bedeutung „Anhänger, Klient, Verehrer des Gottes X" aufzufassen ist (vgl. M. Weippert, Die Landnahme der israelitischen Stämme, FRLANT 92, 1967, 48f. Anm. 8). Darauf führen in erster Linie die amorit. Personennamen *lawi-(la)-GN*, die schon M. Noth (Remarks on the Sixth Volume of Mari Texts, JSS 1, 1956, 327 = ABLAK 2, 1971, 238f.) als Parallelen erkannte (vgl. H. B. Huffmon, APNM 50. 225f.).

Eine andere Deutung vertritt A. Goetze (Remarks on Some Names Occurring in the Execration Texts, BASOR 151, 1958, 31f.; vgl. W. L. Moran, Or 26, 1957, 342f.), der *lawi* aus einer Verbform *la-yawi* erklärt, deren Bedeutung er allerdings nicht bestimmen kann. Bei dieser Erklärung wäre der *e*-Laut im Hebr. den Lautgesetzen entsprechend aus dem Diphthong *aj* entstanden (vgl. auch A. Cody, AnBibl 35, 1969, 32f. Anm. 111).

Auch der äg. überlieferte Ortsname *ra-wi-'i-ri* = **lawi'ili* „Klient des Gottes El" Nr. 111 der Städteliste Ramses III., der nach W. Helck (Die Beziehungen Ägyptens zu Vorderasien im 3. und 2. Jahrtausend v. Chr., [2]1971, 238) aus einer vielleicht Thutmosis I. zuzuschreibenden, verlorenen Liste stammt (vgl. auch W. F. Albright, The Vocalization of the Egyptian Syllabic Orthography, AOS 5, 1934, 8), ist hier einzuordnen. Möglicherweise begegnet auch in der Šošenq-Liste als Nr. 74 ein Ortsname, der als *ngb r(l)wj* zu lesen ist (vgl. S. Yeivin, The Exodus, Tarbiz 30, 1960/61, 1–7) und der dann den Namen Levi im Süden Palästinas bezeugen würde (vgl. jedoch J. Simons, Handbook for the Study of Egyptian Topographical Lists Relating to Western Asia, Leiden 1937, 180. 184).

II. Die seit J. Wellhausen unternommenen Versuche, die im AT enthaltenen Nachrichten über Levi unter Berücksichtigung der literarischen Abhängigkeiten in ein historisches Bild über Entstehung und Entwicklung eines weltlichen oder geistlichen Stammes einzufügen, führten zu jeweils sehr unterschiedlichen Ergebnissen. So ist die Frage, ob es je einen weltlichen Stamm Levi gegeben hat und wenn ja, wie dieser mit der levitischen Priesterschaft in Zusammenhang gesehen werden muß, verschieden beantwortet worden. Entweder rechnet man mit der Existenz eines weltlichen Stammes Levi, der dann durch eine Katastrophe, die man hinter dem Bericht von Gen 34 vermutet, unterging und gewissermaßen durch eine Metamorphose zu einer Gruppe besonderer JHWH-Verehrer wurde, die zur Kultausübung besonders geeignet war, oder man nimmt an, daß es sich von Anfang an um eine Gruppe von Menschen oder Familien handelte, die sich in besonderer Weise und ausschließlich der Verbreitung und Ausübung des JHWH-Kultes widmete. Ob zwischen den beiden Größen, einem weltlichen Stamm und einem Priesterstamm, eine Verbindung bestand, so daß die Reste des einen in den anderen aufgingen, oder ob nur eine zufällig vorhandene Namensgleichheit oder -ähnlichkeit die spätere Gleichsetzung bewirkte, ist dann immer noch eine zu lösende Frage. Die Argumente, die außer allgemeinen Erwägungen für die Existenz eines weltlichen Stammes in die Waagschale geworfen werden, beruhen einmal auf den aus Gen 49, 5–7 im Zusammenhang mit Gen 34 gezogenen Schlüssen und andererseits auf dem Vorkommen von Levi in Aufzählungen der 12 Stämme.

1. H.-J. Zobel (Stammesspruch 60) sieht in Gen 49, 5–7 ein prophetisches Fluchorakel. Er kommt zu folgender Zusammenfassung: „Simeon und Lewi zogen nach vorübergehendem Aufenthalt und einer heftigen Auseinandersetzung in Mittelpalästina nach Süden, wurden unterwegs aber von einem sie beide sehr stark in Mitleidenschaft ziehenden Verhängnis ereilt, demzufolge die Reste Simeons in Juda aufgingen, während die Überlebenden Leviten bis nach Kades weiterzogen und dort um die Mitte des 14. Jh. v. Chr. Priester wurden. Wenigstens ein beträchtlicher Teil von ihnen, wenn nicht sogar alle, schloß sich den aus Nahrungssorgen nach Ägypten übertretenden israelitischen Gruppen an, erlebte zu Ende des 13. Jh. Exodus und Landnahme mit diesen und trat schließlich gegen Ende der Richterzeit als eine durch ihren zunehmenden Einfluß begehrte Priesterschaft des Landes, die Mose als ihren prominentesten Ahn verehrte und sich dann auch von ihm herleitete, in Erscheinung." In dieser Synthese tritt nochmals die seit J. Wellhausen mit Modifikationen weithin vertretene Sicht der Dinge zutage.

Die jeweiligen Unstimmigkeiten zwischen beiden Texten (z. B. wird Gen 34 nichts davon gesagt, daß „Stiere gelähmt" wurden wie Gen 49, 5) führten S. Lehming (ZAW 70, 1958, 228–250) dazu, anzunehmen, daß sich Gen 49, 5–7 auf ein unbekanntes Geschehen bezieht und daß die Erwähnung der Jakobsöhne Simeon und Levi in Gen 34, 25. 30 den Simeon-Levi-Spruch in Gen 49 bereits voraussetzt und ihm durch Gen 34 einen anschaulichen historischen Hintergrund vermitteln will.

Wenn man festhält, daß es keinerlei Nachrichten über Wohnsitze eines weltlichen Stammes Levi (zu den Levitenstädten s. u. IV.) im Gegensatz etwa zu Simeon und keine Angaben über irgendwelche weltlichen Unternehmungen Levis (Levi wird z. B. im Deboralied Ri 5 nicht genannt) gibt, dann erhebt sich die Frage, ob in Gen 49, 5–7 zwei eigentlich nicht vergleichbare Größen, ein Stamm Simeon und ein Stamm Levi, zusammengeworfen wurden. Das führte z. B. bei E. Nielsen (Shechem 279–283) dazu, in Gen 34 ursprünglich nur eine Simeon erwähnende Tradition zu sehen, die erst später durch die Erwähnung von Levi aufgefüllt wurde, während andererseits Gunneweg (45–51) in Gen 49, 5–7 einen ursprünglich nur auf Levi gemünzten Spruch sieht, der als Reflex der Auseinandersetzungen der Leviten mit ihren Gegnern zu verstehen ist.

Man muß wohl zugeben, daß Gen 34 und 49, 5–7 allein nicht ausreichen, um die Existenz eines weltlichen Stammes Levi zu behaupten.

2. Levi wird auch in den Listen der Stammeseponymen mitgezählt, und zwar in folgenden Reihungen: Gen 29, 31 – 30, 24; 35, 16–18; 35, 23–26; 46, 8–25; 49, 3–27; Ex 1, 2–4; Deut 27, 12f.; 33, 6–25; Ez 48, 31–35; 1 Chr 2, 1f. Seit M. Noths Arbeit über das System der zwölf Stämme Israels (BWANT 52, 1930) trennt man zwischen den genannten Verzeichnissen mit Levi und einem anderen System, in dem Levi nicht vorkommt, sondern an seiner Stelle der Stamm Joseph in Ephraim und Manasse geteilt wird, damit die Zwölfzahl erreicht wird: Num 1, 5–15. 20–43; 2, 3–31; 7, 12–83; 10, 14–28; 13, 4–15; 26, 5–51; Jos 13–19; 21, 4–7. 9–39. Danach scheint es einen weltlichen Stamm Levi gegeben zu haben, der bereits zu einem früheren Sechserverband aus Ruben, Simeon, Levi, Juda, Sebulon und Issachar gehörte. Nach dem Untergang dieses weltlichen Stammes Levi konnte der Priesterstamm Levi aufgrund einer zufälligen Gleichheit des Namens mit jenem identifiziert werden und dann in der Priesterschrift theologischen Erwägungen zuliebe ausgesondert und in eine besondere Stellung gebracht werden (vgl. D. Kellermann, BZAW 120, 1970, 10f.). Man muß wohl mit Gunneweg (63) anerkennen: „Zwischen dem System mit Levi und demjenigen ohne ihn liegt nicht der Untergang des Volksstammes Levi, sondern dazwischen liegt der Unterschied zwischen einer rein amphiktyonischen Gliederung und einem dieser Gliederung mehr oder weniger mühsam angepaßten Stämmeverzeichnis, das auf der Basis geographischer, geschichtlicher und genealogischer Gegebenheiten aufgebaut ist." Zu wohl noch weiterreichenden Folgerungen kommen die Untersuchungen der Stämmesysteme durch K. Namiki (Reconsideration of the Twelve-Tribe System of Israel, AJBI 2, 1976, 29–59), der zeigen kann, daß es sich bei beiden Systemen doch um sehr stark künstliche Gebilde handelt, aus denen nur mit großer Vorsicht historische Schlüsse gezogen werden können (vgl. auch H. Weippert, Das geographische System der Stämme Israels, VT 23, 1973, 76–89; de Geus 97–108, der ebenfalls zu dem Ergebnis kommt, daß es nie einen weltlichen Stamm Levi gegeben hat).

III. Ex 32, 25–29 und Deut 33, 8–11 können hier zusammen behandelt werden, weil in Ex 32 vom besonderen JHWH-Eifer der Leviten die Rede ist und weil Deut 33 ganz eindeutig von den Leviten in priesterlichen Funktionen handelt. Man hat beide Texte gerne aufeinander bezogen (vgl. R. Kittel, Die Religion des Volkes Israel, 1921, 39. 44; K. Budde, Die altisraelitische Religion, 1912, 46; E. König, Geschichte der Alttestamentlichen Religion, 1924, 269f.) und sah die aufopfernde Tat der religiösen Treue von Ex 32, 25–29 sich auch im Mosesegen Deut 33 widerspiegeln. Doch sollte man festhalten, daß mit Gunneweg (29–37) für Ex 32, 25–29 als Kristallisationspunkt eine „Levitenregel" ermittelt werden kann, Ex 32, 29 *'îš biḇnô ûḇe'āḥîw*, die besagt, „daß der Levit Levit ist nur auf Kosten einer Preisgabe der engsten verwandtschaftlichen Bindungen" (32). Diese Levitenregel wird in Ex 32 als eine Äußerung besonderen JHWH-Eifers ausgelegt. Da es sich primär um Selbstwertungen der Leviten handelt, kann hinzugefügt werden, daß sich ein Anspruch auf das wahre JHWH-Priestertum in Opposition gegen eine aaronidische Priesterschaft erkennen läßt.

Wenn man der Interpretation des Levi-Spruches im Mose-Segen Deut 33, 8–11 durch H.-J. Zobel (29ff.) folgen darf, dann blicken vv. 8–9 in die Vergangenheit zurück, während v. 10 Verhältnisse anvisiert, wie sie zur Entstehungszeit des Spruches in Geltung waren, und v. 11 trägt „die die Zukunft betreffenden Wünsche der Lewiten" vor. Die Schwierigkeit des Spruches liegt in der ersten Zeile. Mit LXX δότε Λευι und neuerdings mit 4 Q 175 (Testimonia) Zeile 14 *hbw lwj* ergänzt man gerne *ten lelewî* 'gib Levi' (so C. Steuernagel, HAT I/3, ²1923, 176) oder *nāṯattā lelewî* 'du hast Levi gegeben' (so z. B. noch Zobel), obwohl auf diesen hebr. Text weder LXX noch 4 Q 175, die beide pl. haben, führen. Auch *le'îš ḥasîḏækā* wird rasch verändert in *ḥasdækā* (z. B. noch Zobel 26), obwohl hier 4 Q 175 eindeutig MT bestätigt. Festhalten und davon ausgehen sollte man, daß der vorliegende MT eindeutig und übersetzbar ist: 'deine Tummim und deine Urim sollen der Mannschaft deines Getreuen gehören!' Diese Bezeichnung des Stammes Levi als *'îš ḥasîḏekā* hat man sehr verschieden gedeutet. Das Suffix der 2. m. sg. muß sich, wie v. 9f. zeigt, auf JHWH beziehen, was auch durch den vorhergehenden v. 7, in dem JHWH angesprochen ist, im jetzigen Zusammenhang gerechtfertigt ist. Der Versuch von B. Stade (Geschichte des Volkes Israel I, 1887, 156) 'den Mann deines Getreuen' im Sinne von 'dem Manne deines Gottes' zu verstehen, *ḥāsîḏ* also als Epitheton für JHWH aufzufassen, ist verfehlt. Einig ist man sich weitgehend, daß *'îš* kollektiv zu verstehen ist; wer aber der *ḥāsîḏ* ist, bleibt deshalb immer noch offen. Man könnte daran denken, daß Levi, der Stammvater, als Einzelperson gemeint ist (vgl. K. Marti, in Kautzsch-Bertholet, HSAT, ⁴1922, 324, der Levi, Mose oder Aaron zur Wahl stellt), aber es fehlen alle Anhaltspunkte für eine solche Deutung, so daß – da Aaron mindestens nach Ex 32, 4ff. als Träger dieses ehrenvollen Titels ausscheidet – *ḥasîḏækā* = *ḥasîḏ* JHWHs wohl Mose meint (vgl. Gunneweg 41–43, der zu dem Ergebnis kommt: „Mose und Levi werden zusammengeschaut, und zwar so eng, daß sich schwer entscheiden läßt, von wem rein sprachlich eigentlich die Rede ist"). Man darf darauf hinweisen, daß die Bezeichnung des Mose als *ḥāsîḏ* in der von jeher als auffällig vermerkten Charakterisierung des Mose Num 12, 3 als *'ānāw me'oḏ* vor allen Menschen, die auf der Erde sind, ein Gegenstück hat.

Große Schwierigkeiten bereitet die Erklärung von 8b, weil aus den bekannten und erhaltenen Traditionen der Stamm Levi weder bei Massa (Ex 17, 2. 7), noch bei Meriba (Ex 17, 7; Num 20, 13) besonders hervorgetreten ist. Auch wenn man *nissîṯô* nicht mit 'du erprobtest, versuchtest ihn' übersetzt, sondern mit O. Eißfeldt (VT 5, 1955, 235–238 = KlSchr III 356–358) 'du ertüchtigtest ihn' und *terîḇehû* nicht, wie sonst üblich, mit 'du kämpftest, strittest für ihn' (und sicher nicht, was sprachlich möglich wäre, 'du bekämpfest ihn'), sondern wieder mit O. Eißfeldt 'du lehrtest ihn kämpfen' übersetzt, wird die Situation, die hinter dieser Verszeile steckt, keineswegs eindeutig. Man kann mit Zobel (30) vermuten, daß es sich dabei um „eine in oder zumindest in der Nähe von Kades lokalisierte militärische Ausbildung der Angehörigen der jungen Priesterzunft" handelt, ohne daß man deshalb schon mit L. Steinberger im Stamme Levi eine ursprüngliche „Milizformation", aus der später eine Priesterkaste wurde, sehen müßte, obwohl nicht zu leugnen ist, daß noch bei P bei der Beschreibung der Levitenaufgaben eine Terminologie zu beobachten ist, die aus der Militärsprache stammt (vgl. *šmr*, *mišmæræṯ*, *ṣāḇā'*, *śar*).

Der Levi-Spruch Deut 33, 8–11 wird sehr unterschiedlich datiert. Während Zobel (70) mit der Ansetzung der in dieser Überlieferung vorausgesetzten Ereignisse „weit in die Zeit vor der Landnahme der mittelpalästinischen Stämme hinaufgehen" möchte, ist E. Nielsen (ASTI 3, 1964, 4–15) wesentlich vorsichtiger, wenn er die Äußerungen von Deut 33, 8–11 aus der Zeit vor dem Untergang Samarias oder vielleicht sogar aus vorköniglicher Zeit herleitet.

Vier Erkenntnisse bezüglich der Leviten lassen sich gewinnen: Die Leviten müssen Priester an Heiligtümern gewesen sein, sie müssen das göttliche Recht verwaltet und in kultisch-rechtlichen Fragen *tôrāh* erteilt haben, sie müssen Opferrecht gehabt haben, und sie hatten Feinde oder Konkurrenten (vgl. Zobel 67f.).

IV. Eine viel diskutierte und nach wie vor rätselhafte Anordnung ist die der Levitenstädte. In Jos 21, 1–42 werden den Leviten 48 Städte samt ihrer unmittelbaren Umgebung, ihrem Weichbild, *miḡrāš*, zugeteilt. Diese Liste findet sich mit einigen Abweichungen, vor allem im Namensmaterial, auch 1 Chr 6, 39–66. Die Zuweisung der Levitenstädte steht ganz im Widerspruch zu der sog. „Levitenregel" der Landbesitzlosigkeit. So scheint die Vorstellung von der Einrichtung von Levitenstädten ein in späterer Zeit entstandenes ideales Schema mit idealer Forderung, also reine Utopie (so J. Wellhausen und Y. Kaufmann), zu sein. Man kann sich kaum vorstellen, daß 48 Städte, theoretisch je 4 pro Stamm, ausschließlich von Leviten bewohnt gewesen sein sollen. Schon die Bestimmung des zu den Städten gehörenden Gebietes (Num 35, 5) von 2000 Ellen = ca. 1 km in jede Himmelsrichtung von der Stadt aus gemessen, zeigt in ihrer schematischen Bestimmung, die offenbar von der Stadt und ihrer Mauer nur als Punkt denkt, daß diese Maßbestimmung auf kein Weidetriftgesetz, das natürliche Gegebenheiten der Landschaft nicht außer acht ließe, zurückgehen kann. Die Liste der Levitenstädte schließt auch 6 Asylstädte (Num 35, 6), nämlich Hebron, Sichem, Golan, Kedesch, Bezer, Ramot-Gilead, mit ein. Zwar unterliegt es keinem Zweifel, daß die Einrichtung der Asylstädte in ihrem Kern alt ist, aber die Beziehung zwischen Asyl- und Levitenstädten ist sekundär.

Als weiteres Gliederungsschema erscheinen drei levitische Untergruppen: die Kehatiten, Gersoniten und Merariten, wobei die Kehatiten noch die Untergruppe der Aaroniden zusätzlich aufweist. Während z. B. A. Alt auch diese Einteilung für sekundär hält, möchte Cody (160) hier den Schlüssel zum Verständnis der Liste finden. Er meint, hier zeige sich „a certain solidarity which had gradually grown up among the Levites once they had progressed from the stage of wandering *gērîm* to that of settled *gērîm* scattered throughout the Land".

Feststellen muß man auch, daß mehrere Städte nach dem Zeugnis des AT in älterer Zeit nicht israelitisch waren, wie Gibeon, Sichem, Geser, Ajjalon, Taanach und Nahalal. Diese Beobachtung führte zu der These, daß es sich bei der Liste der Levitenstädte um eine Einrichtung aus der Zeit am Ende der Regierung Davids oder unter Salomo handeln könnte (Albright). Wenn man alle 48 Städte auf einer Landkarte einzeichnet (vgl. zuletzt Haran 86), dann bleiben zwei von Leviten unbewohnte Gebiete ausgespart, nämlich das Zentrum des Königreichs Juda südlich von Jerusalem und das Zentrum des Königreichs Israel mit Ausnahme von Sichem. Als Erklärung hierfür verweist man (z. B. Alt) auf die Reform des Josia, der alle Priester der Städte Judas nach Jerusalem versammelte (2 Kön 23, 8) und alle Priester der Höhenheiligtümer in den Städten Samarias umbringen ließ (2 Kön 23, 19f.). Aber die letztgenannte These würde nur eine Zeitbestimmung und eine Deutung der Lükken in der geographischen Verteilung ermöglichen, nicht jedoch die Liste der Levitenstädte insgesamt erklären, während die erste Hypothese keine Erklärung für die ausgesparten Gegenden bieten kann.

Daß der historische Kern dieses Verzeichnisses nur darin liegen sollte, daß die genannten Orte Kultorte mit bekannten Heiligtümern waren, die von Leviten betreut worden wären, ist wenig überzeugend. Ross stellt die interessante These auf, daß es sich bei der Liste der Levitenstädte gar nicht um Städte der oder für Leviten im gebräuchlichen technischen Sinne handelt, sondern um Städte, die nicht durch Eroberung, sondern durch Bundesschlüsse zu Israel kamen, so daß dann das Wort *lewî* hier in einem ursprünglichen Sinne 'Bündnis', 'Vereinigung' bezeichnet. Der ursprüngliche Sinn der Überschrift wäre dann gewesen: „Cities of the Levite allies", woraus dann „cities of the Levite priests" (275) wurde.

Weiter stellt Ross (280) die Frage, ob es sich bei der Bezeichnung *ʿārê halewîjim* nicht um ein Textverderbnis handeln könnte. Es hat den Anschein, daß sich das Gebiet, das von den sog. Levitenstädten abgedeckt wird, mit einem von Hevitern bzw. Hurritern besetzten Gebiet weitgehend deckt. Es könnte sich nach Ross deshalb um eine Liste von Städten handeln, die im 2. Jt. v. Chr. durch Bündnispolitik, nicht durch Eroberungspolitik zu Israel gekommen sind und die ursprünglich *ʿrm lḥwj* überschrieben war, woraus *ʿrj hlwj* wurde. R. de Vaux meint, daß es sich um Städte handelt, die von Leviten bewohnt waren, die keine sicheren Einkünfte hatten, daß also „die Liste ursprünglich die verstreute Bevölkerung der Leviten darstellte nach der Gründung des Tempels, der das Kultpersonal aus der Umgebung Jerusalems an sich zog (was die Lücke in Juda erklären würde), und kurz nach der Organisation des offiziellen Kultes in Bethel (was aus dem gleichen Grunde die Lücke in Israel erklären würde" (de Vaux, LO II 203). Wenn sich auch das Rätsel der Liste vorerst nicht vollständig lösen läßt, so scheint doch Utopie und Realität anteilig erkennbar und bestimmbar.

V. Im folgenden soll dargestellt werden, wie die Leviten im Deut, bei Ez, in P und im chr. Geschichtswerk gesehen werden.

1. Mit Gunneweg (126ff.) lassen sich für die Sicht der Leviten im Deut vier verschiedene Stufen unterscheiden:

a) „Der Levit in deinen Toren" (*hallewî ʾašær bišʿārækā*) o.ä. Deut 12, 12. 18; 14, 27. 29; 16, 11. 14; 26, 11. 12. 13 wird als Fremdling besonderer Art gesehen, wie in den klassischen Beispielen des Richterbuches Ri 17f. und 19f., dessen besonderes Kennzeichen die Landbesitzlosigkeit ist. Daher wird er neben Witwe, Waise und Fremdling (*ger*) dem Schutz und der helfenden Liebe Israels empfohlen, indem er bei den JHWH-Festen ausdrücklich beteiligt sein (12, 12. 18; 14, 27. 29) und seinen Anteil am Zehnten und Drittjahreszehnten (26, 12f.) pünktlich erhalten soll. Auch beim Wochenfest (16, 11), beim Laubhüttenfest (16, 14) und bei der Feier der Erstlinge (26, 11) ist der Levit wie Schutzbürger (*ger*), Waise und Witwe zum Mitfeiern eingeladen.

b) „Der Levit in deinen Toren" ist gleichberechtigt mit dem Leviten am Zentralheiligtum. Diese Gleichberechtigung gilt umfassend hinsichtlich des kultischen Dienstes (*ʿāmad*, *šeret*), vor JHWH zu stehen, um ihm zu dienen (*laʿamod lipnê JHWH lešāretô*, Deut 10, 8) und in seinem Namen zu segnen (*ûlebārek bišmô*). Deut 18, 6–8 geht es um die Forderung: „alle Leviten, ob schon immer am idealen Zentralheiligtum ansässig oder dorthin pilgernd, sollen gleichermaßen dort zum שׁרת, zum priesterlichen Dienst berechtigt sein" (129).

c) Zwischen Priester und Leviten wird durch die Identitätsformel *hakkohanîm halewîjim* ein Gleichgewicht hergestellt. Beide haben dieselben Funktionen. Diese Sicht einer stufenweisen Entwicklung hin zur Identität zwischen Priester und Leviten löst auch den Streit zwischen Wright, der die Auffassung vertrat, daß sich im Deut ein Unterschied zwischen vollberechtigten Altarpriestern und zweitrangigen Kultdienern feststellen lasse (vgl. auch R. Abba, VT 27, 1977, 257–267), und Emerton, der zeigt, daß erst die Zentralisation des Kultes nach Jerusalem die Klasse der zweitrangigen Leviten geschaffen hat. Ein Schlüssel zum Verständnis der Identitätsformel liegt in Deut 18, 1. Die Formulierung *lakkohanîm halewîjim kŏl-šebæṭ lewî* ist nicht so zu verstehen, daß hier zwischen Leviten, die Priester sind, und anderen Leviten, die keine Priester sind, also zwischen levitischen Priestern und dem ganzen übrigen Stamm Levi unterschieden wird, sondern *kŏl-šebæṭ lewî* ist Apposition, so daß übersetzt werden muß „die Leviten-Priester, d. h. der ganze Stamm Levi". Diese Identitätsformel Priester-Leviten = priesterliche Leviten oder levitische Priester soll nach talmudischen Angaben (bJeb 86f., bḤul 24b, bBek 4a, bTam 27a) im Zusammenhang mit Ez 44, 15 insgesamt 24mal vorkommen. Leider ist aber an keiner Stelle eine Aufzählung der fraglichen Stellen überliefert, und eine konkordantische Überprüfung ergibt ebenso wie masoretische Listen (MM 1188, 1199 und 2451 bei G. E. Weil, Massorah Gedolah I, Rom 1971) eine geringere Zahl, so daß damit zu rechnen ist, daß einige Stellen, die jetzt die Kopula zwischen beiden Wörtern setzen, entweder wie die Identitätsformel interpretiert wurden oder die Kopula noch nicht vorhanden war (vgl. Curtiss, der sich, allerdings ohne eindeutiges Ergebnis, alle Mühe gibt, die fehlenden Stellen mit textkritischen Mitteln zu entdecken). Die Identitätsformel besagt im Deut jedoch nicht, daß von Anfang an alle Leviten Priester und alle Priester Leviten waren, sondern hier wird mit „theoretischer Grundsätzlichkeit der levitische Anspruch auf das Jahwepriestertum am einen Jahweheiligtum proklamiert: Priester sollen und können nur Leviten sein" (Gunneweg 77).

d) Mit der Gleichsetzung von Priester und Levit hängt es zusammen, daß davon die Rede sein kann, daß der ganze Stamm Levi (*kŏl-šebæṭ lewî*) Deut 18, 1, ähnlich *benê lewî* (21, 2; 31, 9), zum kultischen JHWH-Dienst berufen ist.

2. Im Verfassungsentwurf von Ez 40–48 (vgl. zur traditionsgeschichtlichen Analyse H. Gese, BHTh 25, 1957) werden die levitischen Priester, die Söhne Zadoks (44, 15 *hakkohanîm halewîjim benê ṣāḏôq*, vgl. 40, 46 *benê ṣāḏôq* sind auch *benê lewî*, 43, 19 *hakkohanîm halewîjim* sind *mizzæra' ṣāḏôq*), also die Priesterschaft von Jerusalem, den eigentlichen Leviten, die in untergeordneter Position sind, gegenübergestellt. Nach Ez 44, 6–16 (vgl. W. Zimmerli, BK XIII/2, ²1979, 1128–1133) haben die Israeliten gesündigt, indem sie Unbeschnittene zum Tempeldienst zugelassen haben. Diese sollen nun durch Leviten ersetzt werden. Für die Leviten stellt dieser Dienst eine Bestrafung dar dafür, daß sie Israel beim Götzendienst geholfen haben. Zur Strafe dafür werden nun die Leviten von den eigentlichen priesterlichen Funktionen ausgeschlossen und auf die niederen Dienste verwiesen „als Torwächter, Polizisten, Opferschlächter und Handlanger" (G. Hölscher, BZAW 39, 1924, 197). Man meinte, daß es sich dabei um Leviten handelt, die vor der Kultusreform kleinere Heiligtümer betreuten und die nun zu niederen Diensten degradiert werden. Aber wahrscheinlich handelt es sich auch hier in erster Linie um z. T. polemisch gefärbte Forderungen, um das Zadokidenprogramm der autochthonen Jerusalemer Priesterschaft. So sind z. B. die Torhüter (*šo'arîm*) Esr 2, 42 = Neh 7, 45 in einer von den Leviten unterschiedenen Liste aufgeführt, während sie 1 Chr 15, 18 oder 2 Chr 23, 4 eindeutig zu den Leviten gerechnet werden.

Auch die Vorschrift, daß die Leviten die Opfertiere für das Brand- und Schlachtopfer des Volkes schlachten sollten (*jišḥaṭû 'æṯ-hā'olāh we'æṯ-hazzæḇaḥ lā'ām*) Ez 44, 11, hat sich nicht durchsetzen können (vgl. W. Zimmerli 1127). Festhalten sollte man, daß auch die von den Leviten handelnden Texte in Ez mehrschichtig sind und so eine Entwicklung und Geschichte hinsichtlich der theoretischen und/oder praktischen Auseinandersetzung der Jerusalemer Priesterschaft mit den nichtjerusalemer Leviten in einer Zeit der Not und Bedrückung (vgl. Cody 168, der daraus Schlüsse zu ziehen versucht) erkennen lassen.

3. Auch in P findet sich die klare Unterscheidung zwischen Priestern und Leviten. Das eigentliche Priesteramt ist Privileg aller Aaroniden, zu denen die Zadokiden (über Eleasar 1 Chr 5, 34 vgl. in P die hervorgehobene Stellung Eleasars etwa Num 3, 32; 4, 16 oder 17, 2. 4; 19, 3. 4; 20, 25ff. u. ö.) in erster Linie gezählt werden. Die übrigen Tempeldienste obliegen allen nicht-aaronidischen Levi-Nachkommen, d. h. den Leviten im eigentlichen Sinne, die in ihren Untergruppen der Gersoniten, Kehatiten und Merariten wohl ein Abbild der Ämterordnung am nachexilischen Tempel bieten sollen. Gunneweg (185) sieht das Ergebnis so: „Aaroniden und Leviten zusammen bilden den Stamm Levi, die Aaroniden sind die Priester, die Leviten ihnen als Clerus minor unterstellt. Stellung und Aufgabe jeder der beiden Klassen sind genau festgelegt." Der komplexe Charakter des P-Materials läßt erkennen, daß der Kompetenzstreit zwischen aaronidischen (und zadokidischen) Priestern und Leviten einerseits und zwischen den einzelnen levitischen Gruppen andererseits noch im Gange war. So wird z. B. Num 3, 5–10 betont, daß die Leviten den Priestern untergeordnet sind, andererseits

wird aber ihre Bedeutung für die Gemeinde, für die sie stellvertretend Dienst tun, eine Arbeit am Heiligtum ausführen (vgl. D. Kellermann, BZAW 120, 1970, 45f.), hervorgehoben. Zwischen den einzelnen Levitengeschlechtern kam es offensichtlich immer wieder zu Rivalitätskämpfen, wie sich etwa daraus entnehmen läßt, daß die Num 3, 17 u.ö. belegte genealogische Reihenfolge Gerson, Kehat, Merari in Num 4 zugunsten einer Vorrangstellung Kehats durchbrochen wird. Vermutlich steht hinter der Kehatgruppe die gleiche Sippe, die sich hinter dem Namen Korach verbirgt (vgl. Gunneweg 171–188). So läßt Num 16–18 in seinen verschiedenen Schichten Auseinandersetzungen, Neuakzentuierungen und die Versuche, Sonderwünsche bestimmter Gruppen anzumelden oder durchzusetzen, erkennen.

Während sich die Aufgaben des Priesterdienstes in P recht deutlich erkennen und beschreiben lassen, etwa Darbringung der Opfer Lev 1, 7. 9. 12f. beim Brandopfer; 2, 2f. 9f. beim Speisopfer, 3, 5. 8. 11. 16 beim Schlachtopfer u.ö., Blutritus Lev 1, 5. 11. 15 u.ö. oder Dienst am Räucheraltar Ex 30, 7f., am Leuchter Lev 24, 1–4, Num 8, 2 oder am Schaubrottisch Lev 24, 8f., ist die genaue Bestimmung der Aufgaben und Arbeiten der Leviten schwierig. So kann Cody (185) sagen: „On the duties of the Levites, P has not much to tell us that is realistically concrete." Dadurch, daß P die Fiktion des Wüstenheiligtums streng durchhält, ist es schwierig, herauszufinden, welche konkreten Aufgaben am nachexilischen Tempel in Jerusalem sich hinter den geschilderten Dienstobliegenheiten am Wüstenheiligtum verbergen. Vor allem die Vorschriften beim Transport und bezüglich des Auf- und Abbauens des Wüstenheiligtums lassen sich nicht ohne weiteres mit Arbeiten am Tempel in Jerusalem parallelisieren. Milgrom (JQR 61, 132–154) konnte nachweisen, daß *ʿaḇoḏāh* bzw. *ʿāḇaḏ* im Zusammenhang mit den Pflichten der Leviten nie einen priesterlichen Dienst, sondern stets eine körperliche Arbeit bedeutet. In ähnlicher Weise muß der im Zusammenhang mit den Levitendiensten bei P häufig gebrauchte Ausdruck *šāmar mišmæræṯ*, vor allem dann, wenn ein gen.obj. wie *miškan hāʿeḏuṯ* (Num 1, 53) oder *miškan JHWH* (Num 31, 30. 47) oder *haqqoḏæš* (Num 3, 28. 32. 38; 18, 5) folgt, verstanden werden; es wird nicht der kultische Dienst anvisiert, sondern konkret die Aufgabe der Bewachung, das Wächteramt (vgl. Haran 60f.), wie es etwa bildlich dadurch zum Ausdruck kommt, daß die Leviten den inneren Ring im Lager der Wüstenzeit bilden sollen als Wache um das Heiligtum.

4. 1/2 Sam und 1/2 Kön zeigen nur Interesse an der Priesterschaft von Jerusalem. Selbst die Nachricht (1 Kön 12, 31, vgl. 13, 33), daß Jerobeam I. an seinem königlichen Heiligtum in Bethel Priester aus allem Volk einsetzte, die keine Leviten waren, entpuppt sich als judäische Polemik (vgl. etwa 2 Kön 23, 9, wo sicher levitische Priester gemeint sind, und H. W. Wolff, ThLZ 81, 1956, 83–94 = Ges.St.z.AT, ThB 22, 232–250, der die These vertritt, daß Hosea engen Kontakt zu Levitenkreisen des Nordreichs hatte. Vielleicht läßt auch Hos 6, 9 Auseinandersetzungen mit Leviten erkennen, s. BK XIV/1, [3]1976, 156). Sonst werden Leviten nur noch 1 Sam 6, 25; 2 Sam 15, 24 und 1 Kön 8, 4 im Zusammenhang mit der Lade erwähnt, wobei leicht ersichtlich wird, daß es sich um spätere Zusätze handelt, die die Rechte der Leviten zur Geltung bringen. Ganz im Gegensatz dazu wird im chronistischen Geschichtswerk den Leviten eine überraschend große Bedeutung zugesprochen. Die Nachrichten lassen erkennen, daß das nachexilische kultische Leben bewegt und voller Auseinandersetzungen war. Ein Beispiel für die wechselvollen Ansprüche bietet die Bestimmung über die Schaubrote: während nach 2 Chr 13, 11 wie schon nach P Lev 24, 8 nur die Aaroniden, d.h. die Priester für die Schaubrote zu sorgen haben, wird 1 Chr 9, 32 berichtet, daß die Levitengruppe der Kehatiten diese Aufgabe verrichten durfte. Die Identitätsformel begegnet zwar noch (vgl. 1 Chr 9, 2; 2 Chr 5, 5; 23, 18; 30, 27), aber häufiger wird durch die Formulierung „Priester und Leviten" (vgl. 1 Chr 13, 2; 15, 14; 23, 2; 24, 6. 31; 2 Chr 8, 15; 11, 13; 19, 8; 23, 4; 24, 5; 30, 15. 25; 31, 2. 4; 35, 8. 18) deutlich die Grenze markiert zwischen Priestern und clerus minor. Die Leviten sind in Chr überall das Kultpersonal zweiten Ranges. Das Programm der Levitisierung des Kultpersonals ist abgeschlossen, die Sänger *hammešorerîm* und die Torhüter *haššoʿarîm* sind mit Hilfe genealogischer Konstruktionen unter die Leviten aufgenommen (noch nicht dagegen Esr 2, 42. 70; 7, 24; 10, 24; Neh 7, 45; 10, 28; 11, 29), ja sogar diejenigen Bäcker, die im Tempelkult benötigtes Backwerk herstellen wie Pfannengebäck (*haḥaḇittîm*, doch wohl für die *minḥāh* des Hohenpriesters, Lev 6, 14) und Schaubrote (*læḥæm hammaʿaræḵæṯ*, 1 Chr 9, 32). Die Leviten waren am kultischen Dienst (*melæʾḵæṯ hāʿaḇôḏāh*, 1 Chr 9, 19) beteiligt, sie waren mit den kultischen Geräten (*kelê hāʿaḇôḏāh*, 1 Chr 9, 28) befaßt, und sie taten die Arbeit, die zum Dienst des Hauses JHWHs gehörte (*ʿośeh hammelāʾḵāh laʿaḇoḏaṯ bêṯ JHWH*, 1 Chr 23, 24). Die Bezeichnung Levit wird nun „eine Gesamtbezeichnung für sehr heterogene Elemente". „'Levi' ist zum Inbegriff all dessen geworden, was, in welcher Funktion auch immer, vermittelnd zwischen Jahwe und der Laienschaft Israels steht" (Gunneweg 212).

Es läßt sich nicht leugnen, daß das Phänomen des Levitismus schwer greifbar bleibt (vgl. aber A. Neher, L'essence du prophétisme, Paris 1955, 166–175). Eine gewisse Nähe zum Prophetismus läßt 2 Chr 20, 14–17 erkennen, wo die göttliche Antwort auf die Klage des Volkes oder des für das Volk sprechenden Königs durch den Leviten Jahaziel (*jaḥaziʾel*), auf dem der Geist JHWHs war (*hājeṯāh ʿālājw rûaḥ JHWH*), ergeht. Dieser Levit ist hier als Charismatiker gesehen, der die Funktionen und das Erbe der vorexilischen Kultpropheten angetreten hat. 1 Chr 25, 1–3 wird die Tätigkeit der Sänger mit dem Verbum *nbʾ* im *niph* beschrieben, das sonst prophetisches Weis-

sagen oder die prophetische Verkündigung bezeichnet. Man sollte deshalb nicht nur an ein verzücktes Spielen der Instrumente denken.
Auch wenn ein einzelner Levit *sôper* ist (1 Chr 24, 6) oder allgemein levitische *sôp̄erîm* neben *šoṭerîm* (2 Chr 34, 13) genannt werden, dann wird nicht so sehr an eigentliche Schreibertätigkeiten gedacht sein als vielmehr bereits der Schriftgelehrte im späteren Sinne hier erstmals greifbar werden. Darauf deutet auch die Nachricht von der Lehrtätigkeit der Leviten 2 Chr 35, 3 (*halewîjim hammeḇînîm leḵŏl-jiśrāʼel*) oder 2 Chr 17, 7ff., wo der Lehrauftrag als *lelammeḏ beʻārê jehûḏāh* formuliert ist (vgl. noch 1 Chr 25, 8).

VI. 1. Über das Dienstalter der Leviten finden sich unterschiedliche Angaben. Nach P sollen die Leviten vom 30. bis zum 50. Lebensjahr Dienst tun (Num 4, 3. 23. 30. 35. 39. 43. 47; die gleiche Altersangabe für den Aufseher über alle Lager CD 14, 8f.); ähnlich rechnet auch 1 Chr 23, 3 vom 30. Jahr an. Eine jüngere Schicht in P setzt den Beginn des Dienstalters der Leviten auf 25 Jahre herab (Num 8, 23–26). Nach Esr 3, 8 = 3 Esr 5, 56 und ebenso 1 Chr 23, 24. 27; 2 Chr 31, 17 gilt schon das 20. Lebensjahr als Anfangsgrenze. Da sich aus den Heimkehrerlisten entnehmen läßt, daß im Vergleich zu den Priestern (4289 nach Esr 2, 36–39 par. Neh 7, 39–42) sehr wenig Leviten (74 nach Esr 2, 40 par. Neh 7, 45, vgl. auch Esr 8, 15–19) aus dem Exil zurückkamen, könnte die Vorverlegung des Dienstantrittsalters aus einem Mangel an levitischem Kultpersonal erfolgt sein (vgl. BZAW 120, 1970, 121f.). Dagegen könnte allerdings sprechen, daß sich in nachexilischer Zeit im judäischen Kegila (Ḫirbet Qīla) eine Levitenkolonie findet (Neh 3, 17f.). Da zumindest das Geschlecht Henadad (Neh 3, 18 *ḥenāḏāḏ*) nicht unter den Heimkehrern von Esr 2, 40 zu finden ist, darf man folgern, daß manche Leviten während des Exils im Lande geblieben sind, vielleicht weil sie nicht wie die Priester zur aristokratischen Oberschicht des Staates Juda gehörten. Möglicherweise verbirgt sich hinter den differenzierenden Angaben des Dienstalters eine durch Lebensalter und daher Erfahrung besondere Eignung zu jeweils unterschiedlichen Aufgaben, wie die rabbinischen Quellen z. B. eine fünfjährige Vorbereitungszeit annehmen (vgl. F. Hüttenmeister, Der Toseftatraktat Schekalim, 1970, III 26 und 158).
2. Der Lebensunterhalt der Leviten wurde durch den Zehnten (*maʻaśer*) gesichert, wozu in erster Linie der Zehnte von Korn, Wein bzw. Most und Öl (Deut 14, 23; Neh 13, 5, der Ertrag von Tenne und Kelter Num 18, 30, vgl. noch die genaue Aufzählung dessen, was zum Zehnten gehört Neh 10, 36–38) zu rechnen ist. Nach Lev 27, 30–33 wird der Zehnte auch auf das Vieh ausgedehnt; der Viehzehnt blieb jedoch Theorie, denn die Anspielung darauf (2 Chr 36, 6) ist dort Einschub mit Rücksicht auf Lev 27, 30–33. Der Zehnte, den die Israeliten für JHWH als Abgabe erheben *ʼašær jārîmû leJHWH terûmāh* (Num 18, 24), ist von JHWH den Leviten als Erbbesitz (*naḥalāh*) gegeben. Daß diese Regelung der Einkünfte der Leviten nicht problemlos war, lehrt Neh 13, 10ff. Als Nehemia erfährt, daß die Leviten den Tempel verlassen haben, weil ihre einzige feste Einnahme, nämlich der Zehnte ausblieb, setzt er eine Kommission ein, die mit der Verwaltung der Lager (Neh 13, 13) und mit der Austeilung und Verteilung des Zehnten beauftragt wird. Auch für die nachbiblische Zeit gibt es Zeugnisse, die erkennen lassen, daß die Einnahmen der Leviten aus dem Zehnten umkämpft waren (Graetz).
Unter Mißachtung der alten Levitenregel der Landlosigkeit hatten mit der Zeit Leviten Landbesitz erworben, wie die schon erwähnte Levitenkolonie in Kegila sowie die Bemerkung Neh 13, 10, daß jeder Levit zu seinem Landbesitz geflohen war (*ʼîš leśāḏehû*), beweist.

Auch die Sonderbestimmung für Leviten, die in dem Gesetz über Sabbat- und Jobeljahr Lev 25 im Anschluß an die Bestimmungen im Umgang mit Grundbesitz und Schuldner im Jobeljahr Lev 25, 32–34 aufgeführt wird, gibt Einblick in Besitztumsverhältnisse der Leviten. Danach scheint es so gewesen zu sein, daß ein Levit ein nicht befristetes Loskaufsrecht für sein Haus in der Stadt hatte, es also jederzeit auslösen bzw. auslösen lassen konnte und daß das verkaufte Haus im Jobeljahr an ihn zurückfiel, wenn – aus welchem Grunde auch immer – eine Auslösung nicht zustande kam (vgl. K. Elliger, HAT I/4, 1966, 356). Anders rechnet M. Noth (ATD 6, 1962, 167) damit, daß es sich darum handelt, daß ein Levit ein Haus von einem anderen Israeliten gekauft hat. Im Jobeljahr sollte dann „nicht der Rückfall an den ursprünglichen Besitzer, sondern an die Leviten, die zwischenzeitlich durch Kauf in den Besitz gelangt waren", gelten. In jedem Falle handelt es sich um ein Sonderrecht der Leviten, das ihren Stadthausbesitz vom sonst geltenden Stadtrecht (vv. 29f.) ausnimmt. V. 34 spricht dann von der Sonderpflicht, daß die Leviten von dem Weideland (*miḡrāš*), das zu den Levitenstädten gehörte, unter gar keinen Umständen etwas verkaufen dürfen. Ähnlich findet sich ein Landverkaufsverbot für die Leviten in Ez 48, 14 für den Anteil der Leviten an der Landhebe (*terûmāh*) für JHWH. Auch hier zeigt sich, wie sehr die Levitenregel der Landbesitzlosigkeit zu Überlegungen Anlaß gab, durch Sonderrechte die soziale Stellung der Leviten heben zu wollen, wenn nicht sogar der Zusatz im Gesetz (Lev 25) auf einen Leviten selbst zurückgeht, der Ansprüche geltend macht, von denen wir nicht sagen können, wie weit sie je verwirklicht wurden.

3. Nach Ex 13, 11–16 gehört alle Erstgeburt JHWH seit dem Tag, an dem JHWH alle Erstgeburt in Ägypten schlug (Ex 12, 29). Während nun Ex 13, 2 ein ganz Israel durch Mose vermitteltes Gebot JHWHs in imperativischer Formulierung mitgeteilt wird: „weihe mir alle Erstgeburt!" (*qaddæš-lî kŏl-beḵôr*), wird in Num 3, 12 dagegen persönlich formuliert: „Ich aber, siehe ich habe die Leviten mitten aus den Israeliten herausgenommen an Stelle aller Erstgeburt" und 3, 13 „ich habe mir alle Erstgeburt geweiht" (*hiqdaštî lî kŏl-beḵôr bejiśrāʼel*), „mir gehören sie" (*lî jihjû*). Hier wird deutlich der „erwählende

Zugriff Gottes“ (Zimmerli 468) zum Ausdruck gebracht. Dadurch, daß der ganze Stamm Levi für jeden einzelnen Erstgeborenen in Israel ausgesondert gedacht wird, tritt jeweils ein ganzer Mensch als Gabe an Gott ein. Auf diese Weise wird das Gebot auf dem Wege menschlicher Stellvertretung in einzigartiger Weise erfüllt. „Man möchte von einer vollkommenen geistlichen Rehabilitierung der Leviten sprechen“ (Zimmerli 469). Diese Sicht wird allerdings getrübt durch das Rechenexempel 3, 40. 42f. am Ende der Levitenmusterung. Die Auslösung des Überschusses an Leviten (273) gegenüber den Erstgeburten unter den Israeliten durch nur 5 Schekel läßt eine gewisse Geringschätzung des clerus minor erkennen (vgl. BZAW 120, 1970, 42. 44. 48).

4. In Analogie zur Priesterweihe Lev 8 par. Ex 29 wird Num 8, 5–22 von einer Levitenweihe berichtet (vgl. BZAW 120, 1970, 115–124). Nach den Vorbereitungen, die in einem speziellen Reinigungsritus der Leviten und in der Opferbeschaffung bestehen, wird die eigentliche Weihe vor versammelter Gemeinde durch einen Ritus des Handaufstemmens (*s*^{e}*mîḵāh*) und durch einen Weberitus (*t*^{e}*nûpāh*) sowie durch ein Sünd- und Brandopfer vollzogen. Wichtig ist vor allem, daß hier festgestellt wird, daß die Leviten Sühne schaffen für die Israeliten (*l*^{e}*kapper ʿal b*^{e}*nê jiśrāʾel*, Num 8, 19) (vgl. B. Janowski, Sühne als Heilsgeschehen. Studien zur Sühnetheologie der Priesterschrift und zur Wurzel KPR im Alten Orient und im Alten Testament, WMANT 55, 1982, 202, Anm. 91 und 151, Anm. 232).

5. Mit der Hochschätzung und besonderen Hervorhebung der Bedeutung der Leviten und ihres Amtes hängt es zusammen, wenn in verhältnismäßig späten Texten des AT von einer *b*^{e}*rîṯ* JHWHs mit Levi bzw. den levitischen Priestern (Jer 33, 21; Mal 2, 4f. 8 und Neh 13, 29) oder mit den Aaroniden (Num 25, 12f.) gesprochen wird (vgl. E. Kutsch, Verheißung und Gesetz, Untersuchungen zum sogenannten „Bund“ im Alten Testament, BZAW 131, 1973, 118–121). Nach Jer 33 kann die *b*^{e}*rîṯ* JHWHs „mit den Leviten, den Priestern, meinen Dienern“, die in Parallele zur *b*^{e}*rîṯ* mit David steht, nur gebrochen werden, wenn die *b*^{e}*rîṯ* JHWHs in bezug auf Tag und Nacht gebrochen werden könnte, so daß Tag und Nacht nicht mehr zu ihrer Zeit eintreten. Da dies aber nicht der Fall ist, so muß man folgern, deshalb soll es in Analogie dazu auch immer einen levitischen Priester geben, der das Priesteramt am Tempel JHWHs versehen wird, und das heißt den Opferdienst (Brandopfer, Speisopfer und Schlachtopfer werden ausdrücklich genannt) ermöglichen wird.

Der schwierige Text der Drohrede Mal 2, 1ff. läßt einerseits klar die inhaltliche Beschreibung einer JHWH-*b*^{e}*rîṯ* mit Levi erkennen (vgl. G. J. Botterweck, Ideal und Wirklichkeit der Jerusalemer Priester, BiLe 1, 1960, 107–109), andererseits jedoch bereitet v. 4 dem Verständnis Schwierigkeiten, weil es dem Wortlaut des MT zufolge so scheint, daß die Strafe gerade deshalb geschickt ist, damit JHWHs *b*^{e}*rîṯ* mit Levi weiterbestünde. Mit der *b*^{e}*rîṯ* hat JHWH Levi Leben und Heil (v. 5: *ḥajjîm* und *šālôm*) zugewendet. Dadurch, daß JHWH Levi die Furcht vor seinem Namen gab, wurde er begnadet, einerseits vor JHWH in Vollkommenheit und Geradheit zu wandeln (→ II 423), andererseits das Volk durch rechte Weisung (*tôraṯ ʾ*^{æ}*mæṯ* Mal 2, 6) vor Schuld und Schaden zu bewahren (*w*^{e}*rabbîm hešîḇ meʿāwon* „er brachte viele zur Abkehr von Schuld“).

VII. Daß die Qumrangemeinde von Zadokiden bestimmt war, „die durch die ‘spätlevitischen’ hasmonäischen Eiferer um ihre Stellung im Tempel gekommen waren“, ist „eine Ironie der Geschichte“ (J. Maier, Jud 25, 1969, 256). Man rechnet in Qumran mit einer Einteilung der Gemeinde in 3 Klassen: Priester, Leviten und das ganze Volk (1 QS 2, 19ff., auch 1 QM 15, 4). Diese Vorstellung ist allerdings nicht einheitlich durchgehalten; denn 1 QS 6, 8f. werden anstelle der Leviten die Ältesten genannt, und in CD 14, 3ff. ist die Gemeinde in 4 Klassen gegliedert: Priester, Leviten, Israeliten und Proselyten. Daß die Leviten nach 1 QSa 1, 23f. den Familienhäuptern (*rʾšj ʾbwt*) unterstellt seien und auf deren Anweisung zu handeln hätten, wie J. Maier (Die Texte vom Toten Meer II, 1960, 157) meint, ergibt der etwas schwierige Text nicht eindeutig. Als Söhne des Lichts (vgl. auch Test Levi 4, 3: Levi leuchte als Licht der Weisheit) erscheinen die Angehörigen der Stämme Levi, Juda und Benjamin (1 QM 1, 1f.). Aus der Tempelrolle läßt sich entnehmen, daß der Stamm Levi wieder – im Gegensatz zur Vorstellung der Priesterschrift – in das Zwölfstämmeschema eingeordnet ist. Er steht als Priesterstamm vor Juda an erster Stelle bei der Verordnung über die Reihenfolge der Opfer (TR 23/24), aber auch die Benennung des Osttores nach Levi und Juda (TR 39/40, vgl. J. Maier, Die Tempelrolle vom Toten Meer, UTB 829, 1978, 88) zeigt das. Daß die Ämterverteilung an Priester oder Leviten umstritten blieb, zeigt die Hinzufügung von Aaron CD 10, 5, wo es heißt, daß vier von den zehn Männern des Richterkollegiums der Gemeinde aus dem Stamm Levi und Aaron sein sollen. Ob man in der Erklärung, wer unter Priester und Levit zu verstehen sei, CD 4, 1f. „die Priester sind die Umkehrenden Israels, die aus dem Lande Juda ausgezogen sind und ‘die Leviten sind die’ (Ergänzung, vgl. C. Rabin, The Zadokite Documents, Oxford ²1958, 14f.), die sich ihnen angeschlossen haben“, die Vorstellung vom allgemeinen Priestertum finden kann, wird man fragen dürfen (vgl. E. König, Geschichte der Alttestamentlichen Religion, $^{3.4}$1924, 593f.). Die besondere Hochschätzung Levis in Jub und XIIPatr ist nur auf dem Hintergrund der hasmonäisch/makkabäischen Kämpfe zu verstehen, die legitime priesterliche Herkunft und Würde der Hasmonäer/Makkabäer soll begründet werden. Levi soll Priester, Fürst und Prophet zugleich sein (Jub 31, 14f.). Gott hat Levi die Herrschaft übertragen (Test Ruben 6, 5) und ihn vor allen anderen Stämmen ausgezeichnet (Test Naphtali 5, 3f.). Die Einsetzung Levis in das Priestertum findet sich Test Levi 8 (vgl. dazu A. Caquot, La double investiture de Lévi. Brèves remarques sur Testament de Lévi, VIII, in Festschr. G. Widengren, I, 1972, 156–161). Die politische Stellung der Hasmonäer/Makkabäer, die dem Stamm Levi angehörten, hat in XIIPatr zahlreiche Äußerungen hervorgerufen, die alle anderen Stämme von Levi abhängig sein lassen, so daß alle Versuche, sich gegen Levi zu erheben, mißlingen werden (Test Juda 21, 1ff.).

D. Kellermann

לִוְיָתָן *liwjāṯān*

1. Name – 2. Hebräische Tradition – 3. Orientalische Parallelen – 4. Theologische Funktion.

Lit.: *A. Caquot*, Léviathan et Behémoth dans la troisième „parabole" d'Hénoch (Sem 25, 1975, 111–122). – *G. R. Driver*, Leviathan and Behemoth (VT 1, 1951, 314). – *Ders.*, Mythical Monsters in the Old Testament (Studi Orientalistici Levi della Vida I, Rom 1956, 234–249). – *C. H. Gordon*, Leviathan: Symbol of Evil (STLI 3, 1966, 1–9 = A. Altmann [Hg.], Biblical Motifs, Origins and Transformations, Cambridge Mass. 1966, 1–9). – *H. Gunkel*, Schöpfung und Chaos in Urzeit und Endzeit (1895, ²1921, 61ff.). – *J. Guttmann*, Leviathan, Behemoth and Ziz. Jewish Messianic Symbols in Art (HUCA 39, 1968, 219–230). – *A. Heidel*, The Babylonian Genesis (Chicago ²1951, 105–114). – *E. Herthlein*, Rahab (ZAW 38, 1919/20, 113–154, bes. 146ff.). – *P. Humbert*, A propos du serpent du mythe de Môt et Aleïn (AfO 11, 1936, 235–237). – *O. Keel*, Jahwes Entgegnung an Ijob (FRLANT 121, 1978). – *N. K. Kiessling*, Antecedents of the Medieval Dragon in Sacred History (JBL 89, 1970, 167–177). – *J. V. Kinnier Wilson*, A Return to the Problem of Behemoth and Leviathan (VT 25, 1975, 1–14). – *G. R. Levy*, The Oriental Origin of Herakles (JHS 54, 1934, 40–53). – *S. Loewenstamm*, The Ugaritic Myth of the Sea and its Biblical Counterpart (EI 9, 1969, 96–101 [hebr.]. 136 [English summary]). – *S. Norin*, Er spaltete das Meer (CB 9, 1977). – *P. Reissing*, Lewiathan im AT (Diss. Lic. Würzburg 1966). – *J. Schirmann*, The Battle between Behemoth and Leviathan according to an Ancient Hebrew Piyyuṭ (PIASH 4/13, 1970, 327–369). – *A. Schoors*, RSP I (AnOr 49, Rom 1972, 33–36). – *H. Wallace*, Leviathan and the Beast in Revelation (BA 11, 1948, 61–68 = BAR 1, 290–298). → בהמה *b^ehemāh*; → מבול *mabbûl*.

1. Der Name „Leviathan" kommt in der Bibel 6mal vor, nur in poetischen Abschnitten (Jes 27, 1 2mal; Ps 74, 14; 104, 26; Hi 3, 8; 40, 25). Wie *n^eḥuštān* ist *liwjāṯān* ein Substantiv, das nach dem fem. Bildungstyp *qiṭlat-ān* gebildet ist; es wird abgeleitet von der Basis *lwj* (arab. *lawija*) 'sich winden, zusammenrollen' und meint 'der Sich-Windende'; es steht zur Bezeichnung einer Schlangenart. Daß es nicht zu dem lautgesetzlich erwarteten Wandel *-ān* > *-ôn* kam, könnte darauf hinweisen, daß es sich im Hebr. um ein Lehnwort handelt (vgl. M. Wagner, Aramaismen, 127), das hier zusätzlich als mask. Substantiv benutzt wurde. Jedoch findet sich in talmudischer Zeit die Schreibweise ליויתין (Ch. D. Isbell, Corpus of the Aramaic Incantation Bowls, SBL Diss. Ser. 17, 1975, Nr. 7). Das spiegelt den oben erwähnten Wandel wider, während das Buch Henoch einen weiblichen Leviathan kennt: „weibliche Monster mit Namen Leviathan, die dazu bestimmt sind, in den Tiefen des Ozeans über den Quellen der Wasser zu wohnen" (ÄthHen 60, 7). Diese Beschreibung Leviathans könnte vom aram. Buch der Giganten herstammen (J. T. Milik, The Book of Enoch, Oxford 1976, 91), das zum ursprünglichen Henoch-Corpus gehörte, aus dem auch Fragmente in Qumran gefunden worden sind. Jedenfalls erwähnt ein parthisches Fragment der manichäischen Version dieses Werkes den Drachen Leviathan (*lwj'tjn*, eine Schreibweise, die auch im Mand. zu finden ist; vgl. MdD 236), der mit dem Riesen Ohja (*'whj'*) oder mit seinem Bruder Ahja (*'hj'*) kämpfte (vgl. W. B. Henning, BSOAS 11, 1943–1946, 71f.; J. T. Milik, Enoch, 299). Da das Buch der Giganten wahrscheinlich gegen Ende des 2. Jh. v. Chr. entstanden ist (Milik 57f.), kann die Tradition, die in Leviathan ein weibliches Monster sieht, ziemlich alt, wenn nicht sogar ursprünglich sein.

Eine ganz andere Herkunft vermutet Norin (67–70), der *liwjāṯān* als ein Übersetzungslehnwort aus dem äg. *mḥn* 'der Ringelnde' als Beiwort zur Apophisschlange deutet.

2. Die ausführlichste bibl. Erwähnung findet sich Hi 40, 25 – 41, 26. Diese Verse sind Teil der Rede JHWHs, in der er seine Macht betont. Sie enthalten eine Beschreibung des Monsters, von dem man annimmt, daß es im Meer lebt: es stößt Feuer aus und sein bloßer Anblick entsetzt den Menschen. Keine menschliche Waffe kann ihm etwas anhaben, und die See schäumt, wenn es hindurchschwimmt. Obwohl der Autor des Hiobbuches einige Charakteristika des Krokodils (vgl. E. Rupprecht, Das Nilpferd im Hiobbuch, VT 21, 1971, 209–231) in seine Beschreibung des Leviathan einbezogen haben mag, so sind diese Charakteristika sicher doch auf das mythische Wesen bezogen, das er zu zeichnen beabsichtigte.

Ein zweiter Abschnitt über den Leviathan findet sich in Hi 3, 8, wo H. Gunkel zu Recht die Lesung ים *jām* 'See' statt יום *jôm* 'Tag' vorschlug; vgl. G. R. Driver, VTS 3, 1955, 72: diese Lesung findet große Unterstützung in einem Beschwörungstext aus dem aram. Bereich „Ich werde dich entrücken mit dem großen Zauber von Leviathan, dem Seemonster" (Isbell, Nr. 2, 3–4; 6, 8; 7, 6–7). Weiter droht der Zauberer den Dämonen und sagt: „Ich werde auf euch das Schicksal, die Entscheidung und den Bann bringen, der über den Berg Hermon und über Leviathan, das Seeungeheuer, über Sodom und Gomorrha ausgerufen wurde" (Isbell, Nr. 2, 6; 6, 9–10). Ein anderer Beschwörungstext differiert: „Ich werde auf euch die Entscheidung des Himmels und den Bann herabbringen, den ihr selbst auf euch gebracht habt (*'jtjtj*) und auf den Berg Hermon und auf Leviathan, das Seeungeheuer" (Isbell, Nr. 7, 9). Da die Verfluchung des Berges Hermon, auf die diese Texte anspielen, höchstwahrscheinlich aus dem Buch der Giganten stammt (Milik 335–339), könnte auch die Verfluchung Leviathans aus dieser Quelle stammen. Somit scheint die Verbindung zwischen Hi 3, 8 und den jüd.-aram. Beschwörungstexten leichter möglich. Deshalb führt die Lesung *jām* zur Übersetzung: „Verwünschen sollen jene ihn (Hiobs Geburtstag), sie, die das Meer verzaubern, die bereit sind, Leviathan aufzuwecken." Wie häufig in der mythischen Poesie bezeichnet das Meer die widerspenstigen Wasser und steht parallel zum Leviathan. Die zugrundeliegende Konzeption ist nun typologisch älter als der ugar. Mythos, in dem das Meer personifiziert wird als einer der ältesten Söhne Els (KTU 1.2); offensichtlich ist sie aber verwandt mit einer noch älteren Schicht des Mythos, wie er in der kleinen Tafel KTU 1.83 sowie in KTU 1.3, III, 38–42 bezeugt wird. Hier wird das Meer parallel zu *tnn*, dem Seeungeheuer genannt. Mit Recht ist herausgestellt worden, daß die namenlosen, mächtigen Zauberer, die Hiob einlädt, den Tag seiner Geburt zu verfluchen, Feinde Gottes sind (G. Fohrer, Das Buch Hiob, KAT XVI, 1963, 110). Das verweist auf die Riesen Ohja (*'whj'/h*) und Ahja (*'hjh*), die gegen Leviathan gekämpft haben, bevor sie selbst von der Flut vernichtet wurden. Demnach würde Hi 3, 8 auf eine mythologische Tradition anspielen, die später im Buch der Giganten schriftlich fixiert wurde.

Weitere Anspielungen auf Leviathan finden sich Hi 7, 12 und 26, 12f. (vgl. auch 9, 13; 38, 8–11). Hier stellt man sich Leviathan als ein Seeungeheuer vor, das nach langem Kampf gegen JHWH von ihm unterworfen wurde. Diese Vorstellung liegt auch Ps 74, 13f. zugrunde; dort wird auf den vorgeschichtlichen Kampf JHWHs mit dem Ungeheuer angespielt, das zum personifizierten Chaos der Wasser wird. Zugleich geht aus dem Text hervor, daß man sich den Leviathan als vielköpfigen Drachen vorgestellt hat.

Ps 104, 26, dessen Text ohne Grund in Frage gestellt wird, äußert wie Gen 1, 21 die Meinung, daß die Seeungeheuer von JHWH geschaffen worden sind. Nach 4 Esr 6, 49; ApkBar 29, 4; BerR 7, 4; TargPsJ zu Gen 1, 21 schuf Gott am 5.Tag die beiden großen Ungeheuer Leviathan und Behemoth. ÄthHen 60, 7–8 scheint dagegen eine andere Tradition zu kennen, nach der ihre Erschaffung am 3. Tag stattfand (vgl. Gen 1, 9f.). Nach diesen beiden Traditionen sind dem Leviathan die Wasserregionen zugeteilt (ÄthHen 60, 7; 4 Esr 6, 57).

Jes 27, 1 ist die letzte und vielleicht entscheidende Stelle über Leviathan im AT. Hier personifiziert Leviathan die bösen Mächte, die am Tag JHWHs vernichtet werden: „An jenem Tag wird JHWH mit seinem harten, großen und starken Schwert Leviathan, die flinke Schlange, bestrafen und Leviathan, die krumme Schlange, und er wird schlagen das Ungeheuer der See." Der Verf. dieses Verses, der wohl in der persischen Zeit lebte, adaptierte einen alten mythologischen Text, um die Vorstellung auszudrükken, daß JHWH schließlich über alle triumphieren wird.

3. In der Tat ist die Ähnlichkeit zwischen Jes 27, 1 und dem ugar. Baʿal-Epos auffallend. In seiner Botschaft erinnert Môt den Baʿal an seinen siegreichen Kampf gegen Leviathan, dessen Name *ltn* geschrieben wird. Diese Form ist wahrscheinlich abgeleitet von dem Namen **liwjatānu* > **lījatānu* > **lītānu*, obwohl die gebräuchliche Vokalisierung „Lotan" allgemein akzeptiert ist. Môt sagt dem Baʿal: „Wenn du Leviathan (*ltn*), die flinke (*brḥ*) Schlange, schlägst und die sich windende (*ʿqltn*) Schlange tötest, den Tyrannen mit den sieben Köpfen ..." (KTU 1.5, I, 1–3. 27–30). Zwei Qualifikationen Leviathans stimmen in Jes 27, 1 und in diesem ugar. Text überein: *brḥ* 'flink' und *ʿqltn* 'krumm, sich windend'.

So ist zweifellos der biblische Leviathan der kanaan. Mythologie entlehnt, in der die siebenköpfige Schlange vom jungen Heldengott Baʿal oder seiner Begleiterin Anat besiegt wurde, die sich in KTU 1.3, III, 41 f. (vgl. KTU 1.83) diesen Sieg selbst zuschreibt: „Ich habe geschlagen die sich windende Schlange, den Tyrannen mit sieben Köpfen." Die Unsicherheit, ob Baʿal oder Anat den Leviathan schlug, zeigt an, daß die in Ras Shamra gefundenen Epen Anspielungen auf älteres Material enthalten, das offensichtlich niemals konsequent in den Hauptstrom der mytholog. Tradition integriert wurde. Die hebr. Bezüge sind sicher unabhängig von der ugar. Literatur, wie dies schon die Form des Namens dieses Seeungeheuers zeigt (vgl. auch Loewenstamm). Jedoch ist das hebr. Leviathanmotiv höchstwahrscheinlich aus der südkanaan. Tradition entlehnt, deren Heldengott logischerweise durch JHWH ersetzt wurde. Auf die hebr. Tradition, die ihre literarische Form als Teil der Geschichte des JHWH-Kampfes gegen Rahab und andere Seeungeheuer angenommen haben mag, wird auch sonst noch in einigen bibl. und nach-bibl. Texten Bezug genommen (vgl. E. Lipiński, La royauté de Jahwé, Brüssel 1965, 126ff.; vgl. Loewenstamm).

Das mögliche Alter des Leviathan-Motivs regt einen Vergleich mit einem identischen mesopot. Motiv an: auch hier wird die siebenköpfige Schlange erwähnt in Literatur und bildlicher Darstellung bereits in der frühdynastischen Periode III und in der altakkad. Periode. Die „sieben-züngige" Schlange, die in der lexikalischen Liste *ḪAR-ra* = *ḫubullu* XIV, 17 (MSL VIII/2, 8) und in der Omen-Serie *Šumma ālu* (CT 40, Tl. 23, K. 3674, 34 || Tl. 24, K. 6294, 5) erwähnt ist, könnte ein anderer Name für die „sieben-köpfige" Schlange sein (vgl. CT 40, Tl. 23, K. 3674, 33 || Tl. 24, K. 6294, 4). Dieses Wesen begegnet in der mythopoetischen Tradition der Sumerer, die es *muš-sag-imin* „siebenköpfige Schlange" nannten. Auf seine Tötung durch den Heldengott Ninurta wird im sum. Lugal-Epos angespielt (vgl. E. Chiera, SEM, Nr. 44, obv. 13 = Nr. 45, obv. 11) und in der *An-gim* genannten Komposition (hsg. J. S. Cooper, An Or 52, 62ff.). Ninurta wurde in einer sum. Litanei mit akk. Übersetzung für den Nabû-Kult im Tempel von Ezida in Borsippa durch Nabû ersetzt. Diese Litanei, die vermutlich eine Kompilation aus dem frühen 1. Jt. ist, hat teilweise ältere Ninurta-Litaneien verwertet (vgl. W. G. Lambert, The Converse Tablet: A Litany with Musical Instructions, Festschr. W. F. Albright, Baltimore 1971, 335–353, bes. 340 und 345, Z. 16), die die Tötung der siebenköpfigen Schlange durch den Heldengott erwähnte. Obwohl keine Erzählung über die Episode erhalten ist, gibt doch eine bildliche Darstellung eines Gottes, der ein siebenköpfiges Monster tötet, eine Vorstellung von dieser Szene. Die älteste bekannte Darstellung eines Kampfes gegen eine siebenköpfige Schlange erscheint als Teil eines alten Tonabdruckes vom Abu-Tempel in Ešnunna (Tell Asmar). Der Abdruck datiert in die frühdynastische Zeit III (H. Frankfort, OIP 72, Nr. 497). Es zeigt den Sieger kniend und in der Hand zwei Köpfe der Schlange haltend, während die anderen fünf Köpfe unversehrt sind. Ein weiterer Hinweis auf eine siebenköpfige Schlange findet sich in der Dekoration eines sum. Szepterknaufes (vgl. H. Frankfort, AnOr 12, 1935, 108). Der Kampf eines Gottes mit einem siebenköpfigen Drachen ist dagegen die einzige Szene, die auf einer Muschel-Platte aus der altakk. Periode dargestellt ist (ANEP 671). Der Gott kniet vor einem Drachen, von dessen Köpfen bereits einer tot ist, während die sechs verbleibenden noch leben. Eine ähnliche Szene ist auf einem altakk. Siegel vom Abu-Tempel IV in Ešnunna dargestellt (vgl. H. Frankfort, OIP 72, Nr. 478 = ANEP 691). Das Siegel zeigt zwei Götter, die ein siebenköpfiges Ungeheuer mit dem Speer töten. Vier Köpfe hängen schon tot herunter, während drei noch leben und ihre gespaltenen Zungen heraushängen. Auf beiden Darstellungen sind Flammen zu sehen, die aus den Rücken der Ungeheuer emporsteigen. Die Körper sind schlangenartig und ruhen auf vier Beinen mit Klauen. Diese Darstellung könnte die Vorstellung einer vierfüßigen Schlange implizieren, bevor sie dazu verdammt wurde, auf dem Bauch zu kriechen (Gen 3, 14).

Jüngere Szenen eines Kampfes des Heldengottes mit einem Schlangenwesen zeigen kein sicheres Beispiel eines mehrköpfigen Drachens, obwohl viele Darstellungen eines solchen Kampfes für die Zeit von 1500–1600 v. Chr. aus Nordsyrien, Anatolien und Nordmesopotamien bekannt sind (vgl. RlA IV 537). Das neo-hethit. Relief von Malatija (vgl. L. Delaporte, Malatya, 34–35 und Tl. XXII, 2 = ANEP 670) aus dem frühen 1. Jt. mag eine Ausnahme darstellen, aber der entscheidende Teil des Reliefs ist verloren und nur der unterste tote Kopf der großen Schlange ist erhalten. Das Relief zeigt zwei bewaffnete Götter, von denen einer im Kampf mit der Schlange verwickelt ist, während himmlische Wesen Feuerbälle oder Steine auf das Ungeheuer werfen (vgl. Jos 10, 11). Diese Szene ist häufig ohne konkreten Grund mit dem hethit. Mythos von Illujanka in Verbindung gebracht worden (ANET 125f.).

Das Fehlen einer sicheren Darstellung eines mehrköpfigen Drachens nach der altakk. Zeit mag anzeigen, daß die siebenköpfige Schlange, die in den Ugarittexten erwähnt wird und auf die Ps 74 (vv. 13–14) anspielt, ins 3. Jt. v. Chr. gehören. Selbst die vielköpfige griech. Hydra und die Geschichte ihrer Vernichtung durch Herakles mit Hilfe des Iolaos entstammt offensichtlich einem alten orientalischen Prototyp (vgl. Levy). Bes. auffällig sind die Ähnlichkeiten zwischen der griech. Fassung der Heldentat des Herakles und der Szene, wie sie auf dem altakk. Siegel dargestellt ist.

Hier hilft ein Gott der Hauptfigur genau wie Iolaos dem Herakles beisteht; und die Flammen, die aus dem Rücken des siebenköpfigen Drachen aufsteigen, erinnern daran, daß Herakles am Ende über Feuer zu schreiten hatte. Dennoch würde die Verbindung mit dem Relief von Malatija enger erscheinen, wenn die große Schlange dort wirklich als vielköpfiges Wesen wie die griech. Hydra dargestellt wäre.

Die Mannigfaltigkeit der Darstellungen zeigt, daß unterschiedliche Traditionen dieser Art im Nahen Osten existierten oder daß den verschiedenen Drachenvorstellungen letztlich eine Evolution zugrundelag. Während man aber glaubte, daß der Leviathan im Meer, die Hydra aber in den Marschen von Ledra nahe Argos existierten, hat man das altakkadische vierbeinige Monster offensichtlich nicht mit Wasser in Verbindung gebracht. Daneben ist der Leviathan von Ps 74, 13f. mehrköpfig, während der von Hi 40, 25 – 41, 26 sicher nur einen Kopf hatte, da der Dichter von seinem Kopf nur im Sing. spricht (Hi 40, 31). Trotzdem heißen beide Leviathan wie das Ungeheuer, das von Ohja und/oder Ahja im Buch der Giganten angegriffen wurde.

Die direkten Kontakte zwischen Mesopotamien und den Westsemiten – nun reichlich dokumentiert durch die Entdeckungen in Tell Mardiḫ-Ebla für den Zeitraum, der dem ersten Erscheinen der siebenköpfigen Drachen in Mesopotamien voraufgeht – könnten annehmen lassen, daß derselbe Basismythos sich in beiden Bereichen ausbreitete. Daraus aber läßt sich kein sicherer Beweis weder für eine kanaanäische noch für eine sumerische Entlehnung ableiten.

4. Zusammenfassend ist Leviathan als Teil eines mythopoetischen Motivs anzusehen, dessen ursprüngliches Ziel die Verherrlichung des Heldengottes war. Während eine Verbindung zwischen der sumerischen siebenköpfigen Schlange und dem kanaanäischen Leviathan nicht sicher ist, ist die enge Verwandtschaft des biblischen Leviathan mit dem kanaanäischen der Ugarittexte unzweifelhaft bezeugt. Beide haben verwandte Wurzeln, trotzdem kann der ugar. *ltn* nicht als der Prototyp des hebr. Leviathan angesehen werden. Nach dem Bekanntwerden der Überlieferungen von Leviathan und anderen Seeungeheuern in Israel wurden wichtige Neuerungen in den Überlieferungen selbst vorgenommen: nicht nur die polytheistischen Elemente der ursprünglichen Mythen wurden ausgesondert (Ps 74, 13f.; Hi 3, 8; 7, 12; 9, 13; 26, 12f.; 38, 8–11; 40, 25 – 41, 26), sondern nun wurden auch neue Gedanken mit eingebracht, dies vor allem später in der nachbiblischen Entwicklung. Eine der Neuerungen bestand darin, daß Leviathan und andere Seeungeheuer nicht mehr

als mythische Wesen in der Opposition zu JHWH angesehen wurden, sondern als bloße Geschöpfe, die zur rechten Zeit am rechten Ort vom Schöpfer geformt wurden (Ps 104, 26; vgl. Gen 1, 21; ÄthHen 60, 7; 4 Esr 6, 49; ApkBar 29, 4; BerR 7, 4; Targ PsJ zu Gen 1, 21). Die zweite größere Neuerung bestand in der Tatsache, daß bei den Israeliten diese Ungeheuer zu Symbolen böser Mächte schlechthin wurden, während Gottes Sieg über sie seinen letzten Triumph am Ende der Tage vorausahnen läßt (vgl. bes. Jes 27, 1, aber auch Apk 11, 7; 13, 1–10; 17, 3. 7–17). Tatsächlich stammt das „Ungeheuer, das sich aus dem Abyss erhebt" (Apk 11, 7) oder das „Ungeheuer, das aus dem Meer entsteht mit zehn Hörnern und sieben Köpfen" (Apk 13, 1) z.T. aus dem alten Leviathan-Motiv her. Auch ist das „Seeungeheuer mit den sieben Köpfen" (bQid 29b und Od Sal 22, 5) ein Symbol der Verworfenheit. Eine spätere Ausformung dieser auf Ps 74, 14 basierenden Leviathan-Überlieferung begegnet in der Vorstellung vom eschatologischen Fest, an dem das Fleisch des Leviathan von den Gerechten und Auserwählten verzehrt werden wird (bBabBat 74b–75a; jMeg I 7b; III 74a; jSan X 29c; Targ PsJ zu Gen 1, 21; TanB 34b; MTeh 23, 7; ApkBar 29, 4; 4 Esr 6, 52; vgl. WaR 13; 22).

Lipiński

לון *lûn*

תְּלֻנּוֹת *telunnôṯ*

I. 1. Etymologie, Belege – 2. Bedeutung – II. Der at.liche Textbestand – 1. Die Beziehung auf Menschen – 2. Die Beziehung auf Gott – III. Die theologische Aussage – 1. Der historische Ausgangspunkt – 2. Die neue Interpretation.

Lit.: *G. W. Coats*, Rebellion in the Wilderness, Nashville/New York 1968. – *S. Herrmann*, Bemerkungen zur Inschrift des Königs Kilamuwa von Senǧirli (OLZ 48, 1953, 295–297). – *P. Joüon*, Études de morphologie hébraïque (Bibl 1, 1920, 353–371) bes. 6. Le verbe לון (לנן) murmurer (361–362). – *R. Knierim*, לון *lūn* rebellieren (THAT I 870–872). – *F. de Luna*, Estudios para una teología bíblica de la murmuracion (Liz. Arbeit Fribourg 1971). – *T. Nöldeke*, Beiträge zur semitischen Sprachwissenschaft, 1904, 42. – *K. H. Rengstorf*, γογγύζω (ThWNT I 727–737).

I. 1. Die Wurzel *lûn* ist über das Hebr. hinaus bisher nur in einer phön. Inschrift, der Kilamuwa-Inschrift von Zincirli (KAI 24, 10; vgl. Herrmann 295–297), belegt. Eine Verbindung mit arab. *lwn* 'wankelmütig sein' (KBL[3] 498b) oder arab. *lwm* 'tadeln' (GesB 382b; KBL[2] 477b) ist unwahrscheinlich. Innerhalb des AT tritt die Wurzel als Verbum (15mal) und als Nomen (8mal) auf; das Verbum begegnet dabei nur im *niph* und *hiph* (nach den *Qere*-Formen 5mal bzw. 10mal). Die *hiph*-Formen neigen in der tiberiensischen Punktation zur Verdoppelung des ersten Radikals; damit im Zusammenhang steht an mehreren Stellen (Ex 16, 2. 7; Num 14, 36; 16, 11) ein Schwanken in der Schreibung und Punktation zwischen *niph* und *hiph*. Eine mehrfach auftretende defektive Schreibung des Verbums (Ex 15, 24; Num 14, 2; 17, 6; Jos 9, 18; Kilamuwa-Inschrift, Z. 10), vor allem aber die Schreibung des Nomens, das ein fem. Abstraktum mit t-Präformativ ist, mit Gemination des *Nūn* gaben dazu Anlaß, auch eine Ableitung von einer Wurzel *lnn* zu erwägen (Nöldeke 42; Joüon 361 f.). Auffällig ist, daß die Wurzel – von zwei Belegen (Jos 9, 18; Ps 59, 16 em.) abgesehen – nur in Erzählungen von Ereignissen aus der Zeit der Wüstenwanderung Verwendung findet, d. h. nur innerhalb Ex 15–17 und Num 14–17 begegnet.

Außerhalb des AT ist das Verbum auch in den Qumran-Texten (1 QS 7, 17; 1 QH 5, 25) belegt. Die Kilamuwa-Inschrift von Zincirli bezeugt dazu wahrscheinlich noch eine *hitpolel*-Form in defektiver Schreibung (Herrmann 295 f.; KAI II 33).

2. Aus den Belegstellen des AT ergibt sich, daß als Grundbedeutung der Wurzel 'murren' anzunehmen ist. Diese allgemeine Bedeutung gewinnt dann aber je nach dem Zusammenhang teilweise die noch stärkere Bedeutung 'rebellieren' (Jos 9, 18; vgl. Knierim 870) oder, im bildhaften Vergleich mit Hunden gebraucht, die spezielle Bedeutung 'knurren' (Ps 59, 16 em.; vgl. dazu H. Gunkel, GHK II/2[5], 252 sowie Herrmann 296). Sowohl die Qumran-Texte, bei denen es um ein opponierendes Verhalten geht, als auch die Kilamuwa-Inschrift, die das Bild von den knurrenden Hunden aufnimmt, ordnen sich in diese beiden Bedeutungslinien ein. Inhaltlich steht die Wurzel somit den Wurzeln → מרד *mrd* 'sich auflehnen', 'sich empören' und → מרה *mrh* 'widerspenstig sein' sehr nahe.

LXX übersetzt die Wurzel regelmäßig mit γογγύζειν bzw. διαγογγύζειν, das dementsprechend dann auch 1 Kor 10, 10 steht.

II. In allen Überlieferungen, die die Wurzel *lûn* heranziehen, wird die Verhaltensweise des Murrens bzw. Knurrens ausschließlich von Geschöpfen JHWHs ausgesagt. Nach Num 16, 11 sind es die Korahiten, die gegen Aaron rebellieren; in allen übrigen Belegstellen innerhalb Ex 15–17 und Num 14–17 sowie in Jos 9, 18 sind die Israeliten bzw. die Gemeinde der Israeliten bzw. das Volk Subjekt des Murrens. In analoger Weise gelten in Ps 59, 16 em. (und ebenso in der Kilamuwa-Inschrift) Hunde als Verursacher eines tierischen Murrens = Knurrens.

1. Der Kreis der Personen, gegen die sich ein Murren von Menschen richtet, ist im AT eng umgrenzt. Die Mehrzahl der Textstellen spricht von einem Murren gegen Mose und Aaron gemeinsam (Ex 16, 2. 7;

Num 14, 2; 17, 6. 20); alle diese Stellen gehören zur Quellenschicht P. Demgegenüber erscheint Mose allein nur dreimal als Objekt des Murrens des Volkes (Ex 15, 24; 17, 3) bzw. der Gemeinde (Num 14, 36), wobei die Stellen Ex 15, 24; 17, 3 zugleich die einzigen Belege der Wurzel innerhalb der Komplexe Ex 15–17 und Num 14–17 sind, die nicht aus der Quellenschicht P stammen. Aaron allein wird überhaupt nur einmal als Objekt des Murrens genannt (Num 16, 11). Darüber hinaus gilt das Murren der Gemeinde einmal auch noch den nicht näher genannten Obersten bzw. Sprechern der Gemeinde (Jos 9, 18). Neben diesen eindeutigen Bezugnahmen steht schließlich noch der bildhafte Vergleich, in dem menschliche Feinde (Ps 59, 15f.) oder eine unterworfene Bevölkerungsschicht (Kilamuwa-Inschrift, Z. 10) mit knurrenden Hunden verglichen werden.

Als Anlaß und Grund für das Murren von Menschen gegen andere Menschen begegnen vor allem Nahrungs- und Wassermangel während der Wüstenwanderung (Ex 15, 24; 16, 2. 7; 17, 3) sowie die Furcht vor den Bewohnern des Landes Kanaan (Num 14, 2. 36), aber auch die Führerstellung des Mose und des Aaron (Num 16, 11) sowie ein voreiliger und unnötiger Vertrag mit kanaanäischen Bevölkerungsteilen (Jos 9, 18).

2. Neben das Murren von Menschen gegenüber anderen Menschen tritt im AT das menschliche Murren gegen JHWH. Diese Aussage ist ganz auf Erzählungen von Ereignissen während der Wüstenwanderung beschränkt und an die Quellenschicht P gebunden. Inhaltlich ist zwischen der bloßen Feststellung einer murrenden Verhaltensweise der Gemeinde gegenüber JHWH (Ex 16, 7. 8; Num 14, 27. 29; auch Num 17, 25) und einem bewußten Hören JHWHs auf dieses Murren gegen ihn (Ex 16, 8. 9. 12) zu unterscheiden.

Das Murren gegen JHWH nimmt die Hauptgründe für das Murren des Volkes während der Zeit der Wüstenwanderung, nämlich Nahrungs- und Wassermangel sowie Furcht vor den Bewohnern Kanaans, auf (vgl. Ex 16, 7–9. 12 sowie Num 14, 27. 29); es stellt dabei aber zugleich den Gipfelpunkt in der murrenden Verhaltensweise der Israeliten dar.

III. 1. Alle Aussagen im Hexateuch, die von einem Murren des Volkes bzw. der Gemeinde der Israeliten gegen ihre Führer oder JHWH reden, sind theologisch geprägt und reflektiert. Dabei dürfte der Ausgangspunkt für die Anwendung des Begriffs wie für die Ausprägung der einzelnen Murr-Erzählungen in der historisch durchaus glaubwürdigen Überlieferung von der Auflehnung der Korahiten gegen die Führerstellung des Mose und des Aaron sowie das Priesteramtsprivileg Aarons in der Zeit der Wüstenwanderung (Num 16, 2–11) zu erblicken sein (Knierim 871). Von dieser wohl aus zwei Versionen (16, 2–7a und 16, 7b–11) zusammengesetzten und später von P aufgenommenen Überlieferung (vgl. M. Noth, ATD 7, 108) ausgehend, wurde, der Ausweitung der Auszugs-, Wüstenwanderungs- und Landnahmetradition auf ganz Israel entsprechend, die Auffassung vom Rebellieren einer Gruppe aus der Mose-Schar auf das ganze Volk bzw. die ganze Gemeinde der Israeliten ausgeweitet und die Zielrichtung der Rebellion über Mose und Aaron hinaus auf den Auszugs-, Wüstenwanderungs- und Landnahmevorgang als solchen verlagert (vgl. Ex 17, 3; Ex 16, 2–12; Num 14, 2–38). Dieser Vorgang, in den sich auch die Überlieferung von Jos 9, 18 einfügt, spiegelt sich in allen Quellenschichten des Hexateuchs wider und dürfte somit bereits in vorexilischer Zeit vollzogen worden sein.

2. Innerhalb der Überlieferungskomplexe von Ex 15–17 und Num 14–17 (mit Ausnahme von Num 16, 11) liegt der Rebellion des Volkes gegen Mose und Aaron sowie gegen JHWH der Vorwurf zugrunde, es aus Ägypten in die Wüste geführt zu haben, um es dort sterben zu lassen (vgl. Ex 16, 2–3; 17, 3; Num 14, 3). Deshalb wird die Rückkehr nach Ägypten gefordert (vgl. Num 14, 3–4), statt in das Land Kanaan weiterzuziehen (vgl. Num 14, 2. 36). Die Rebellion des Volkes beruht somit auf einem völligen Mißverstehen der Befreiungsgeschichte als Verderbensgeschichte und zielt auf deren Rückgängigmachung ab (Knierim 871). Daraus ergibt sich, daß Mose und Aaron sowie JHWH selbst nicht als Retter des Volkes, sondern als Bringer von Not und Verderben angesehen werden, wobei JHWH als der Gott der Gemeinde der Israeliten als der eigentliche Verursacher dieser Situation gilt und deshalb auch als der letzte Zielpunkt der Rebellion (vgl. II. 2) erscheint.

Indem das Volk Israel als Ganzes die Ereignisse während der Wüstenwanderung als der Zwischenzeit zwischen dem Auszug (= der Befreiung) aus Ägypten und der Landnahme (= der Vollendung der Befreiung) in Kanaan nicht richtig versteht und an JHWH, seinem Gott, zweifelt, verwirft es die von JHWH angelegte Befreiungsgeschichte und damit seine eigene heilvolle Zukunft. Die Rebellion des Volkes ist somit, theologisch gesehen, eine Erscheinungsform der Sünde. Damit aber muß sie entsprechende Reaktionen JHWHs auslösen und eine zukünftige heilvolle Existenz des ganzen Volkes Israel beeinträchtigen. Für die eigentlichen Rebellen aber bewirkt diese Rebellion den Tod (vgl. Num 14, 27ff.).

In dieses theologische Verständnis, das die Überlieferungskomplexe Ex 15–17 und Num 14–17 zeigen, ordnet sich in den Grundlinien auch Jos 9, 18 ein: Wiederum rebelliert die ganze Gemeinde der Israeliten, nunmehr gegen ihre Führer während der Zeit der Landnahme im Land Kanaan. Und wieder muß diese Rebellion, obwohl sie zu Recht eine Verletzung der sakralen Tradition des Banngebots angreift, als Sünde bezeichnet werden, da sie sich gegen einen bei JHWH beschworenen Vertrag richtet (vgl. Jos 9, 15–20).

Schunck

לַח *laḥ*

לֵחַ *leaḥ*

I. Etymologie und außerbibl. Belege – a) Ugarit – b) Akk. – c) Aram., Mhebr. – II. AT – 1. Vorkommen – a) Konstruktionszusammenhänge – b) LXX – c) Konjekturen – 2. Verwendung – a) Konkret – b) Metaphorisch – III. Qumran.

Lit.: *A. van Selms*, A Forgotten God: *Laḥ* (Festschr. Th. C. Vriezen, Wageningen 1966, 318–326.

I. Die Basis *lḥ*, im Hebr. nach *qall* formuliert, hat von Hause aus eine Doppelkonsonanz am Wortende (BL 453y). Die verbale Wurzel *lḥḥ* (KBL³ 499, van Selms 320f.) ist in reiner Form nur im äthiop. Verb *'alḥaḥa* 'befeuchten' (Dillmann, LexLingAeth. 30) belegt. Der Gesamtbestand der Belege konzentriert sich auf den west- und südsemit. Bereich.

a) Der Nachweis der Wurzel im Ugar. ist sehr problematisch. Von den 4 Lexemen *lḥ* (I. Schrifttafel [*lwḥ*], II. beleidigen [*lḥw*], III. Wangen [*lḥj*], IV. schimmern [*lwḥ*]) (WUS Nr. 1449–1452) scheint keines mit unserer Wurzel zusammenzuhängen. Die von Whitaker, Concordance 397 genannten Belege CTA 134, 2. 3. 4. 6. 9 (von Herdner zu *lḥm* gestellt) werden von KTU 4.34 nicht bestätigt. In der Forschung werden verschiedene Formative auf *lḥ(ḥ)* zurückgeführt:

KTU 1.17, I, 28f. *ṯbq.lḥt.nʾṣh* deutet W. F. Albright, BASOR 94, 1944, 35 als „who smothers the life-force of his detractors" (so auch Driver, van Selms; anders UT; Gray, Legacy [> *lwḥ* „plates"]; WUS; L. Delekat, UF 4, 1972, 23; M. Dijkstra – J. C. de Moor, UF 7, 1975, 176 [> *lḥj* „abuse"]). Hier wünscht der Sohn dem Vater, Macht zu gewinnen über die Lebenskraft seiner Verleumder (→ דבה *dibbāh*).

In KTU 1.17, VI, 28 deutet Albright das *'šlḥk* als Kausativ von *lḥḥ* „be moist, fresh, vigorous" und übersetzt: „I will give thee life-force!", d. h. „sexual power". Wahrscheinlich liegt aber eine Form von *šlḥ* „senden, verleihen" vor (H. L. Ginsberg, BASOR 98, 1945, 17ff.; W. J. Horwitz, UF 5, 1973, 172; Y. Avishur, UF 8, 1976, 4; D. W. Young, UF 9, 1977, 298; WUS Nr. 2610; UT Nr. 2419). Davon zu trennen ist *šlḥ* „verflüssigen, schmelzen" (M. Dietrich – O. Loretz, UF 10, 1978, 59; schon T. H. Gaster, JRAS 1935, 10f. weist auf hebr. *šlḥ* „Wasserleitung" [GesB 833] hin).

In KTU 1.3, I, 6–8 *b ḥrb mlḥt* wird *mlḥt* häufig zu *mljḥ* „gut" (UT Nr. 1482; Gray, Legacy 38; J. Blau – S. E. Loewenstamm, UF 2, 1970, 21 Anm. 9) „mit gutem Schwert" gestellt, anders M. Dahood (Studi e Testi 231, 1964, 92f.): „a succulent sword" (von *lḥḥ*); doch Ableitungen von arab. *lāḥa* „glänzen" (WUS; E. Lipiński, UF 2, 1970, 79) und bes. von *mlḥ* „Salz" (E. Ullendorff, JSS 7, 1962, 344f.; M. Dietrich – O. Loretz – J. Sanmartín, UF 6, 1974, 40) sind wahrscheinlicher.

In KTU 1.6, I, 20 deutet van Selms (325f.) den Gottesnamen *jdʿ jlḥn* als Hinweis auf seine „vital vigour", J. C. de Moor als Epitheton des ʿAṯtaru als Regenspender (AOAT 16, 1971, 202f.). Eher ist mit Driver und F. M. Cross (BASOR 193, 1969, 18 Anm. 12) hier die Wurzel *lḥn* „intelligent sein" anzunehmen.

In KTU 1.85, 3 *jmsš.hm.b.mskt.dlḥt* ist nach J. C. de Moor von einer „mixture of saps" (?) die Rede.

Die Argumente für die Existenz eines Gottes der Lebenskraft *Laḥ* sind also sehr dürftig. Die angeführten theophoren Elemente in den PN van Selms lassen sich besser vom GN *šlḥ*, der Gottheit des Unterweltflusses, herleiten (vgl. M. Tsevat, VT 4, 1954, 41–49; O. Loretz, UF 7, 1975, 584f.).

b) Im Akk. begegnet *lāḫu* nur als westsemit. Lehnwort, syn. zu *perḫu*, 'Sproß' (CAD L 45; AHw I 528). Unsicher ist, ob unsere Wurzel in der Bedeutung 'feucht, naß' in dem hurritischen Gebirgsnamen *laḫlaḫḫi* (KBo XX 129 Vs. II 24) (= *lablanḫi* 'Libanon-Gebirge') vorliegt (F. Haas – H. J. Thiel, UF 11, 1979, 343f.).

c) Die zeitweilige Längung der Wurzel in der 1. Silbe berechtigt nicht, eine Wurzelverwandtschaft mit *lwḥ* (van Selms 320f.) anzunehmen; das im vulgärsyr. Dialekt des Arab. belegte *lawwaḥa* 'zu reifen beginnen' (von Trauben) mit *talāwīḥ* 'Früchte, die zu reifen beginnen' (J. B. Belot bei van Selms 311) könnte zu unserer Wurzel gehören. Vgl. aram. *laḥlaḥ* 'feucht machen, fließen machen' (Dalman 216) und Christl.-Palästin. *lêḥa'* 'Feuchtigkeit" (F. Schulthess, Grammatik, § 24, 3b), talmudisch *laḥ* 'feucht, frisch' u.a. (Levy, WTM II 491f. 494), häufig metaphorisch im Anschluß an Deut 34, 7. Lebenssaft kat'exochen ist der männliche Samen; seine Verwesung zeigt die totale Verdorbenheit des Menschen (*leḥāh seruḥāh*, HL rabba 7, 9).

II. 1. Das Adj. *laḥ* begegnet im AT 6mal (Gen 30, 37; Num 6, 3; Ri 16, 7. 8; Ez 17, 24; 21, 3), das Nomen *leaḥ* nur Deut 34, 7; Jer 11, 19 cj. (vgl. M. Dahood, Bibl 74, 1966, 409, BHS u.a.).

a) Das Adj. *laḥ* und Pl. *laḥîm* (je 3mal) begegnet im botanischen Bereich mit *maqqel* 'Zweig', *ʿanābîm* 'Trauben', *ʿeṣ* 'Baum'; vgl. die Oppositionen *jābeš* und *ḥārab*, vgl. auch Ez 17, 9 *ṭārāp* 'frisch' (zu v. 24). Der Suffixbezug des Subst. *leaḥ* (Deut 34, 7) ist mehrdeutig. MT liest *leḥoh* (*ketib*: *leḥāh* mit Bezug auf *ʿênô* 'Feuchtigkeit seiner Augen' [GesB 382], *qere* 'sein [Lebens-] Saft' [KBL³ 499]), vgl. aber mehrere LXX-Traditionen; V las *šinnajw* 'seine Zähne'. Sir 34(31), 13 ist offensichtlich Deut 34, 7 nachformuliert.

b) Die LXX übersetzt *laḥ* durch χλωρός (3mal), ὑγρός (2mal) und πρόσφατος (1mal), *leaḥ* durch τὰ χελύνια und umschreibt Sir 31, 13 richtig durch δακρύειν.

c) Neben Jer 11, 19 cj. (statt *belaḥmô* ist gegen LXX *beleḥô* zu lesen; vgl. Rudolph, BHS; anders van Selms; vgl. II. 1) werden auch für Hi 5, 26 (*bekælaḥ*) und 30, 2 (*kālaḥ*) Konjekturen vorgeschlagen. Die unbekannte Etymologie (Horst, BK XVI/1, 89) von *klḥ* (arab. *kalaḥa* 'streng blicken' [KBL³ 455, Driver-Gray, ICC 33f.] hilft nicht weiter) hat schon Hieronymus zur Konjektur geführt: omnis vita = *kl – ḥjjm*. Budde konjizierte in Hi 30, 2 im Anschluß an Deut 34, 7 ein *kōl-leaḥ* (vgl. auch M. H. Pope, AB 15, ³1973, 219), ähnlich A. Merx und T. K. Cheyne *beleaḥ* in Hi 5, 26. M. Dahood (Festschr. Gruenthaner, New York 1962, 56f.; Bibl 54, 1973, 358; vgl. A. C. M. Blommerde, BietOr 22, 1969, 12. 46. 112) sieht in *klḥ* eine „congeneric assimilation" (*koaḥ* 'Kraft' + *leaḥ* 'Frische') mit der Bedeutung 'Reife' (KBL³ 455); das paßt aber nicht in den Kontext von Hi 5, 26 (vgl. Fohrer, KAT XVI, 129. 156). Mit den Rabbinen ist wahrscheinlich eine Form von *klh* 'vollenden' zu lesen.

2. a) Die ältesten Belege im AT liegen vor in Gen 30, 37 (J) und Ri 16, 7. 8. Schon die vorjahwistische Jakobsüberlieferung berichtete von der List Jakobs, einfarbige Herdentiere sich vor geschälten, frischen (*laḥ*) Holzstäben begatten zu lassen, um so eine gesprenkelte Farbe des Wurfs zu erzielen. Zur Erklärung dieser List verweisen H. Gunkel (GHAT I/1, ^{9}1977, 339), G. v. Rad (ATD 2/4, ^{10}1976, 244) und C. Westermann (BK I, 1981, 589) auf das bekannte „Versehen" der weiblichen Tiere (vgl. bereits das Hierozoicon von S. Borchardt I, 619f.), wohl eine volkstümliche Umschreibung für Einflüsse der Umwelt auf die Embryonalentwicklung. Vielleicht aber geht das Aufstellen der Zweige vor den sich begattenden Tieren auf alte mythologische Vorstellungen zurück (→ כבש *kæḇæś*, IV. 1). Anhand der Darstellungen mesopotam. Rollsiegel bei I. Seibert, Hirt – Herde – König (DAW Berlin, Schriften der Sektion für Alterstumswissenschaft 53, Berlin-Ost 1969, 58f.) ist auch eine Anspielung auf das Lebensbaum-Motiv im Zusammenhang einer Fruchtbarkeits-Magie möglich. Die Fesselung des Simson mit sieben „frischen", noch feuchten Seilen (Ri 16, 7. 8) wird auch als magischer Akt angesehen, da diese noch als „des geheimnisvollen Lebens voll" gelten (H. W. Hertzberg, ATD 9, ^{4}1969, 234). Die parallelen Fesselungsversuche mit „neuen" Seilen (*ʿ^{a}ḇoṯîm ḥ^{a}ḏāšîm*, v. 11, vgl. 15, 12f.) und die siebenfachen Verknüpfungen der Haare mit der *massækæṯ*, den Kettenfäden des liegenden Webstuhls (AuS 5, 101; BRL^{2} 360) machen den magischen Hintergrund wahrscheinlich. Zur Erklärung weist R. G. Boling (AB 6a, 1975, 249) auf das Fluchritual des heth. Soldateneides (ANET^{3} 553f.) hin: Zerreißen der Seele = Tod des eidbrüchigen Soldaten. A. G. van Daalen, Simson (Studia Semitica Neerlandica 8, 1966, 107–114) sieht hinter dieser Geschichte einen Sonnengottmythos, der das vergebliche Binden der Sonne durch Menschen berichtet.

Nach Num 6, 3 ist es dem Nasiräer nicht erlaubt, Wein, Rauschtrank und Traubenextrakt zu trinken, ebenso ist ihm der Genuß von trockenen (*jāḇeš*) und frischen (*laḥ*) Trauben untersagt. Nach E. Zuckschwerdt (ZAW 88, 1976, 196) hat ein späterer Bearbeiter das Weinverbot hier weiter spezifiziert und differenziert (vgl. auch D. Kellermann, BZAW 120, 1970, 87).

b) Nach Deut 34, 7 starb Mose im Alter von 120 Jahren. Trotz seines hohen Alters waren seine Augen noch nicht ermattet und sein *leaḥ* 'Lebenssaft' (syn. *ʿ^{a}lûmîm*, Hi 20, 11 u. ö.) war nicht von ihm gewichen. Diese textkritisch (s. o.) unsichere Stelle wird in der rabbinischen Legende (Sifre zu Deut 34, 7) umgedeutet: vom Leichnam des Mose verströmte Flüssigkeit in alle Richtungen (vgl. das nichtkanonische Schriftzitat in Joh 7, 37f.; zur Metapher der „Quelle lebendigen Wassers" vgl. R. Schnackenburg, HThK IV/2, 1971, 215ff.).

Den Baum in seinem Saft verwendet Jer 11, 19 als recht sinnfällige Metapher, um sich selbst als in voller Lebenskraft stehend zu bezeichnen, der den Nachstellungen seiner Feinde ahnungslos ausgesetzt ist. Vor allem aufgrund der Parallelmetapher vom Lamm, das zur Schlachtbank geführt wird, hat dieser Vers eine reiche christologische Ausdeutung erfahren (vgl. O. Michel, σφαγή, ThWNT VII, 1964, 935–938 und A. Feuillet, NRTh 99, 1977, 189–201).

Ez 17, 24 verwendet den frischgrünen und den verdorrten Baum als Merismus für die gesamte Natur, in der JHWH sein Wirken offenbart.

In einem Gerichtswort gegen das „Südland" kündet Ez 21, 3 das Brennen aller grünen und dürren Bäume an, auch hier wieder ein Merismus, der JHWHs Souveränität in allen Bereichen offenbart (vgl. die Verbindung mit dem Erweiswort v. 4. 10).

In der rabbin. Lit. bildet der Schluß vom Brennen des frischen Holzes auf die viel leichtere Brennbarkeit des dürren Holzes eine beliebte Metapher für die Unentrinnbarkeit vor dem göttlichen Gericht (vgl. St.-B. II 263; Lk 23, 31; vgl. J. Schneider, ξύλον, ThWNT V 37).

III. In Qumran ist *laḥ* bisher 3mal nachgewiesen. 1 QH 3, 29 knüpft an Ez an. Das hymnische Bekenntnislied schildert in apokalyptischen Farben die Ausbreitung Belials wie ein verzehrendes Feuer, das *kŏl ʿeṣ laḥ w^{e}jāḇeš* vernichtet. 1 QH 8, 19 (Text?) bildet einen Gegenpol zu 3, 29: die „Erwählten" (Dupont-Sommer 248f.), „die im Geheimnis verborgen waren" (*m^{e}ḥûbbāʾîm basseṯær*), werden für grüne und dürre, d. h. für alle Bäume zum Wasserquell (?). In dieser Metapher konzentriert sich bes. das Erwählungs- und Sendungsbewußtsein der Qumranessener.

Die Tempelrolle schreibt in 49, 12 die Reinigung des Sterbehauses vor (vgl. Y. Yadin, M^{e}gillat hammiqdaš, Jerusalem 1977, I 251–257; II 151), wobei die Bestimmungen Num 19, 11–22 aufgegriffen und präzisiert werden. Das „Reinigungswasser" (*mê niddāh*, vgl. J. Bowman, RQu 1, 1958, 73–84; J. M. Baumgarten, Studies in Qumran Law, StJLA 24, 1977, 95) von Num 19, 13 (→ *ṭāmeʾ*, → III 356f. 364ff.; vgl. J. Neusner, The Idea of Purity in Ancient Judaism, StJLA 1, 1973, 23) wird nun spezifiziert als Öl (*šmn*), Wein (*jjn*) und Wasserfeuchtigkeit (*lḥt mjm*), mit denen das Sterbehaus am 1. und 3. Tag zu reinigen ist.

Fabry

לְחִי *l^{e}ḥî*

1. Etymologie – 2. Belege, LXX – 3. Gebrauch im AT.

Lit.: *A. van Selms*, A Forgotten God: *LAḤ* (Festschr. Th. C. Vriezen, Wageningen 1966, 318–326).

1. Hebr. *l^{e}ḥî* 'Kinnbacke, Wange' entspricht jüd.-aram. *liḥjāʾ* und *l^{e}ḥājṯāʾ*, arab. *laḥj* 'Kinnbacke', vgl. *liḥjah* 'Bart' (so auch soq. *laḥjeh*, Leslau, Contributions 28), und tigrē *lěḥē* 'Wange' (vgl. P. Fronzaroli,

AANLR 19, 1964, 270). Im Ugar. gibt es eine Form *lḥm* (WUS Nr. 1451), die KTU 1.6, I, 3 und 1.5, VI, 19 mit *dqn* 'Bart' zusammen steht und als Dual von einem **lḥj* aufgefaßt werden könnte: 'die beiden Kinnbacken'. Gordon, UT Nr. 1366 weist auf die Möglichkeit hin, es wie arab. *liḥjah* als 'Bart' zu fassen. Das Akk. kennt ein *laḫû*, 'Kinnbacke' (AHw 528f.), das vielleicht mit *l^e^ḥî* zusammengehört (trotz *ḫ* statt *ḥ*), daneben aber auch ein *lêtu* 'Backe, Wange' (AHw 546), das von Soden mit der aram. Nebenform *lô'āḥ/lû'āh* zusammenstellt. Da *l^e^ḥî*, wie das Ugar. und das Arab. zeigen, ein *ḥ* (nicht *ḫ*) hat, wäre auch die Zusammenstellung von *lêtu* mit *l^e^ḥî* möglich (vgl. van Selms 321).

2. Das Wort ist 21mal im AT belegt, davon 4mal in Ri 15, 15–19. LXX übersetzt meistens mit σιαγών, vereinzelt σιαγόνιον und χεῖλος.

3. *l^e^ḥî* wird zunächst wörtlich gebraucht, so in den 4 Belegen in Ri 15, wo es um Simsons Großtat geht, 1000 Mann mit dem Kinnbacken eines Esels zu töten (→ III. 1). Die Erzählung mündet in die Notiz vom Benennen des Orts Ramat-Leḥi („Kinnbackenhöhe"); hinzugefügt ist ein Bericht über das Aufspringen einer Quelle, die „Rufer-Quelle" genannt wurde und die „in Leḥi" zu finden ist. Hier spielt also der Ortsname Leḥi bzw. Ramat-Leḥi als Ausgangspunkt für eine Namensdeutung mit. Van Selms hält diese Volksetymologie für unzutreffend und deutet den Ortsnamen als Hinweis auf die Existenz einer Verehrung eines kanaanäischen Gottes der Lebenskraft Laḥ (323ff.; → לח *laḥ*).

Deut 18, 3 verordnet, daß die beiden Kinnbacken und der Labmagen eines geopferten Rindes dem levitischen Priester zufallen sollen.

Hi 40, 26 wird die Unüberwindlichkeit des Krokodils folgendermaßen beschrieben: (v. 25 „Kannst du ihn mit Angelhaken emporziehen ...?) Kannst du ihm eine Binse durch die Nase tun und mit einem Dornhaken seine Kinnlade durchbohren?" Die Antwort ist natürlich „Nein".

Aus diesem buchstäblichen Gebrauch entwickelt sich die metaphorische Verwendung in der prophetischen Sprache. So spricht Ezechiel zu Pharao, indem er ihn als großen Drachen anredet: „Ich lege Haken an deine Kinnbacken ... und ziehe dich aus deinen Nilen" (29, 4). So wie nach Herodot Krokodile mit Haken gefangen wurden, so wird Pharao von JHWH gefangen und aus seinem wahren Element herausgezogen werden. Dasselbe Bild wird dann auch auf Gog verwendet (38, 4): „Ich locke dich herbei und lege Haken an deine Kinnbacken."

Jes 30, 28 ist von einer strafenden Theophanie die Rede. JHWH erscheint und „schwingt die Nationen am Zaum des Unheils und legt ein irreführendes Seil an die Backen der Völker". So wie man störrische Pferde, Esel und Maultiere mit Zaum und Halfter zwingt, so wird Gott die Völker „trügerisch in ihr sicheres Verderben" lenken (Kaiser, ATD 18, 245).

Ganz anders ist die Ausrichtung in der schwierigen Stelle Hos 11, 4. JHWH beschreibt, wie er für sein aus Ägypten befreites Volk gesorgt hat: er hat es mit Seilen der Liebe gezogen, nach MT hat er das Joch von seinen Kinnbacken aufgehoben und hat ihm zu essen gegeben. Normalerweise liegt aber das Joch nicht auf den Kinnbacken. Außerdem stört der Wechsel des Bildes: sonst ist von Israel als Sohn und Kind die Rede. Es liegt deshalb nahe, statt *'ol* 'Joch' *'ûl* 'Säugling' zu lesen; dann bleibt der ganze Abschnitt in demselben Bild: JHWH ist wie ein Vater, der sein Kind an seine Wangen aufhebt.

Zwei Beschreibungslieder im HL beschäftigen sich u.a. mit den Wangen: die Wangen der Braut sind schön mit ihren Gehängen (1, 10; das nächste Moment ist der Hals), die Wangen des Bräutigams sind wie Balsambeete (5, 13; das nächste Moment sind die Lippen). Kl 1, 2 spricht von Tränen auf den Wangen des als trauernde Frau beschriebenen Jerusalems.

Jemand auf die Wange schlagen gilt als schimpfliche Behandlung. Der Hofprophet Zedekia schlägt Micha ben Jimla auf die Wange, als dieser ihn als Lügenpropheten bezeichnet hat (1 Kön 22, 24 || 2 Chr 18, 23). Hiob erzählt in 16, 10, daß seine ehemaligen Freunde den Mund gegen ihn aufgerissen und ihn unter Beschimpfung (*ḥærpāh*) auf die Wangen geschlagen haben. Mi 4, 14 (wahrscheinlich aus der Zeit um 587, vgl. Wolff, BK XIV/4, 108ff.) spricht vom Untergang Jerusalems und sagt, daß man „den Richter (*šopeṭ*) Israels mit dem Stock (*šebæṭ*) auf die Wange schlägt", ein Ausdruck der schimpflichen Verhöhnung des Königs, des Gesalbten JHWHs (vgl. dazu Z. Ilan, גדוד ולחי בספר מיכה, „Gedud" and „Leḥi" in the Book of Micah [BethM 20, 2, 1975, 209–218. 311]).

Kl 3, 30 empfiehlt den Israeliten, die gegenwärtige Schmach zu tragen und u.a. den Schlägern die Wange zu bieten, da Gott nicht für immer verstößt und sich erbarmen will.

Schließlich heißt es im dritten Ebed-JHWH-Lied, daß der Knecht seinen Rücken den Schlagenden bot und seine Backen den Raufenden (Jes 50, 6); die folgenden Worte reden von Schmach und Hohn. Eine ähnliche Behandlung wird im babyl. *akītu*-Fest dem König zuteil: der Priester gibt ihm einen Backenstreich und zupft ihn am Bart. Da auch andere königliche Züge in den Ebed-Liedern vorkommen (O. Kaiser, Der königliche Knecht, FRLANT, N.F. 52, 1959), könnte man auch hier Abhängigkeit vom Königskult vermuten. Es ist aber ebenso wahrscheinlich, daß es sich auf beiden Seiten um einen Ausdruck für schimpfliche Behandlung im allgemeinen handelt (zur Diskussion s. Ringgren, ZAW 64, 1952, 141; Kaiser a.a.O. 72).

Der Dichter von Ps 3 spricht in einem fluchartigen Gebet den Wunsch aus, daß Gott seinen Feinden die Backen zerschlagen möge (v. 8; par. „die Zähne zerbrechen"). Auch hier handelt es sich gewissermaßen um eine schimpfliche Behandlung, zugleich ist die Vernichtung der Feinde hier handgreiflicher.

Ringgren

לָחַךְ *lāḥak̠*

1. Etymologie – 2. Belege, LXX – 3. Gebrauch im AT.

1. Die Wurzel *lḥk* ist allgemein semit. (außer äth.) bezeugt: akk. *lêku* (AHw I 542), ugar. *lḥk* (WUS Nr. 1453), verschiedene aram. Dialekte, einschl. syr. *leḥak̠*, arab. *laḥika*, alle mit der Bedeutung 'lecken'. Der einzige ugar. Beleg KTU 1.83, 5 spricht von einem weiblichen Wesen, das „mit der Zunge den Himmel leckt, mit dem Schweif das Meer versengt und dem Tannin einen Knebel in den Mund legt", was offenbar die Tätigkeit einer siegreichen Gottheit im Auge hat.

2. Im AT ist *lāḥak̠* 7mal belegt, einmal im *qal* und 6mal im *pi*.

Die LXX übersetzt mit λείχειν oder ἐκλείχειν.

3. Der einzige Beleg für die *qal*-Form steht Num 22, 4, wo es heißt, daß das Rind das Grün (*jæræq*) des Feldes aufleckt oder frißt, als Bild der Verwüstung, die die Israeliten nach der Befürchtung Balaks in Moab anstellen werden. Am Anfang des Verses steht *pi* mit derselben Bedeutung: „die Menge wird alles rings um uns her auflecken". „Das Vergleichsbild zeigt das Vieh beim Abfressen in Aktion, während es bei der Befürchtung der Moabiter auf das Ergebnis ankommt" (E. Jenni, Das hebr. Piʿel, Zürich 1968, 146). Ähnliche Bedeutung hat das *pi* 1 Kön 18, 38: das Feuer JHWHs, das vom Himmel fällt, verzehrt das Brandopfer, das Holz, die Steine und die Erde und leckt das Wasser im Graben auf, so daß nichts übrigbleibt (Elia auf dem Karmel).

Sonst handelt es sich um das Lecken des Staubs als Zeichen der Unterwerfung oder Demütigung. Daß die feindlichen Völker „Staub lecken wie die Schlangen, wie Würmer auf dem Boden", ist Mi 7, 17 ein Bild der Niederlage und der Demütigung. Nach Jes 49, 23 werden Könige und Fürsten sich vor Israel zu Boden werfen (*hištaḥawāh*) und den Staub seiner Füße lecken. Die Feinde sind wie Untertanen, die die Füße ihres Herrn lecken; Israel triumphiert, denn die Könige werden einsehen, „daß ich JHWH bin".

Ps 72, 9 heißt es, die Wüstensöhne fallen vor dem König nieder (*kāraʿ*), seine Feinde lecken den Staub. Ob es sich hier um ein Küssen der Füße als Huldigung oder wieder um Erniedrigung der Feinde handelt, wird nicht ganz deutlich; vielleicht geht es um beides. Der Fußkuß als Huldigung des Herrschers ist in Mesopotamien reichlich bezeugt, sprachlich gestaltet entweder als *šēpē našāqu*, 'die Füße küssen' oder als *qaqqara našāqu*, 'den Boden küssen' (Belege CAD N/2, 58f.; vgl. AHw 759). Im AT ist die Huldigungssitte in Ps 2, 12 bezeugt, besonders wenn man die übliche Textverbesserung *naššeqû beraḡlājw* akzeptiert.

Ringgren

לחם *lḥm* → מלחמה *milḥāmāh*

לֶחֶם *læḥæm*

I. Etymologie und LXX – II. Brot im profanen Bereich – 1. Herstellung – 2. Brot und Mahlzeit – 3. Brot = Speise, Nahrung – 4. Wortverbindungen – 5. Redewendungen – 6. Manna – III. Brot im Kult – 1. Die sogenannten Schaubrote – 2. Das „Brot" der Opfer und Feste – IV. Qumran.

Lit.: *C. W. Atkinson*, The Ordinances of Passover-Unleavened Bread (AThR 44, 1962, 70–85). – *J. Behm*, ἄρτος (ThWNT I 475f.). – *M. Bič*, La folie de David. Quelques remarques en marge de 1 Sam 21 (RHPhR 37, 1957, 156–162). – *F. Blome*, Die Opfermaterie in Babylonien und Israel 1, Rom 1934. – *P. A. H. de Boer*, An Aspect of Sacrifice. I. Divine Bread (VTS 23, 1972, 27–47). – *M. Haran*, The Complex of Ritual Acts Performed Inside the Tabernacle (ScrHier 8, 1961, 272–302). – *W. Herrmann*, Götterspeise und Göttertrank in Ugarit und Israel (ZAW 72, 1960, 205–216). – *F. Hrozny*, Das Getreide im alten Babylonien, Wien 1913. – *L. Koehler*, Loch- und Ringbrot (ThZ 4, 1948, 154f.). – *G. Krotkoff*, *Laḥm* „Fleisch" und *leḥem* „Brot" (WZKM 62, 1969, 76–82). – *F. Nötscher*, Sakrale Mahlzeiten vor Qumran (Festschr. H. Junker, 1961, 145–174 = BBB 17, 1962, 83–111). – *A. Pelletier*, Une particularité du rituel des „pains d'oblation" conservée par la Septante (VT 17, 1967, 364–367). – *R. Rendtorff*, Studien zur Geschichte des Opfers im alten Israel (WMANT 24, 1967). – *L. Rost*, Zu den Festopfervorschriften von Num 28 und 29 (ThLZ 83, 1958, 329–334). – *Ders.*, Studien zum Opfer im Alten Israel (BWANT 113, 1981). – *J. Schoneveld*, Het breken van de staf des broods (NedThT 27, 1973, 132–145). – *H. Schult*, Marginale zum „Stab des Brotes" (ZDPV 87, 1971, 206–208). – *Å. V. Ström*, Abendmahl I (TRE I 43–47). – *E. Ullendorff*, The Contribution of South Semitics to Hebrew Lexicography (VT 6, 1956, 190–198). – *R. de Vaux*, Les sacrifices de l'Ancien Testament, Paris 1964. – *M. Währen*, Brot und Gebäck im Leben und Glauben des alten Orient. Vorderasien 6.–1. Jahrhundert v. Chr., Bern 1967.

I. *læḥæm* kommt im AT ca. 300mal als 'Brot', 'Nahrung' und 'Brotkorn' vor. Die gleiche Bedeutung findet sich im Ugar., Phön., Aram.-Syr. und Mand. Ursprünglich scheint es die „feste Speise" zu meinen. Arab. *laḥm* ist 'Fleisch', *leḥem* im südarab. Dialekt der Insel Soqotra 'Fisch'. Nach Ullendorff (192) bezeichnet die semit. Wurzel lediglich die „Hauptnahrung" und kann somit von Gegend zu Gegend variieren. Für die Verbalwurzel ist vor allem in der hebr. und ugar. Poesie die Bedeutung 'essen' nachweisbar. Unter Berücksichtigung anderer Derivate der Wurzel *lḥm* wie hebr. *nilḥam* (→ מלחמה *milḥāmāh*) und moabit. *ltḥm* 'kämpfen', syr. *laḥḥem* 'verbinden' und arab. *laḥḥama* 'löten, schweißen' bzw. *luḥma* 'Schußfaden (des Gewebes)', 'Verwandtschaft' wird die Grundidee der „Verbindung" deutlich (Verbindung im Nahkampf, Kontaktaufnahme mit der Speise oder Zusammenkunft zum Mahlzeithalten). Fleisch/Brot haben als gemeinsames Charakteristikum das einer weichen, klebrigen Masse. Fleisch haftet den Knochen an und verbindet sie, bei *læḥæm* handelt es sich zunächst um Brot, das in brennstoffarmer

Gegend roh oder nur unvollkommen gebacken gegessen wird (vgl. Krotkoff 79 ff.).
Die LXX übersetzt überwiegend mit ἄρτος (ca. 250mal), dann auch mit σῖτος, δωρόν, τροφή und τράπεζα.

II. 1. Brot ist neben dem Wasser das Hauptnahrungsmittel des Orientalen (Sir 29, 21). Wichtigstes at.liches Brotgetreide ist der Weizen, aber auch Gerste, Spelt und Hirse werden erwähnt. Die Herstellung des Mehles und des Brotes gehört zur täglichen Arbeit der Hausfrau (Spr 31, 15; Jer 7, 18). Freilich gibt es seit der Königszeit auch schon den Beruf des Bäckers (Hos 7, 4; Jer 37, 21: Bäckergasse). Das Getreide wird in Mörsern oder zwischen Reibesteinen zerkleinert. In späterer Zeit benutzt man auch Handmühlen. Größere Mengen werden in Basaltmühlen gemahlen, die aus zwei aufeinandergesetzten Rundsteinen bestehen und von Tieren gedreht werden. Der Teig wird aus Mehl und Wasser zubereitet und mit etwas Salz und Hefe (Sauerteig) vermengt; der aufgegangene Teig wird zu runden Fladen oder Brotscheiben (*kikkar læḥæm* Ri 8, 5; 1 Sam 2, 36) geformt, deren Dicke 2 mm bis 1 cm bei einem Durchmesser von 20–50 cm beträgt. Seltener stellt man runde Brotlaibe mit einem Loch in der Mitte her (*ḥallaṯ læḥæm* 2 Sam 6, 19). Da Gerstenteig sich nicht so gut dehnen läßt, bildet man aus ihm längliche Brotlaibe. Wenn man einen Gast schnell bedienen will, knetet man den Teig ohne Hefe. Die Fladen werden gewöhnlich auf einer runden Metallplatte gebacken, die einen Durchmesser von 35–50 cm hat. Sie liegt auf Steinen, die ein Feuer umschließen. Eine noch einfachere Art des Backens ist folgende: Man gräbt einen kleinen Graben, füllt ihn mit Steinen und zündet über ihnen ein Feuer an. Wenn sie heiß sind, wird das Feuer weggeräumt, der Teig auf die heißen Steine gelegt und mit glühender Asche bedeckt. Nach 1 Kön 19, 6 findet Elia einen solchen „auf Glühsteinen gebackenen Fladen" vor (*ʿugaṯ reṣāpîm*). Man bedeckt die Steine auch mit einem Backtopf aus dickem Ton, den man von außen mit heißer Asche erhitzt. Als eigentlichen Backofen benutzt man den Tannur (vgl. BRL² 29): einen tönernen, sich nach oben verjüngenden etwa 60 cm hohen und 80 cm breiten Tonzylinder mit 2 Etagen; unten brennt das Feuer, und oben werden die Fladen oder Brotlaibe gebacken. Als Brennmaterial dienen trockenes Holz, Dornen und mit Stoppeln oder dürrem Gras gemischter Tiermist. Das warme Brot (*læḥæm ḥām* Jos 9, 12) legt man in Brotkörbe; zur besseren Aufbewahrung ringförmiger Brote kennt man den „Stab des Brotes" (*maṭṭeh-læḥæm* Lev 26, 26; Ez 4, 16 u.ö.) (→ מטה *maṭṭæh*). Ein Stück oder einen Brocken Brot bezeichnet man mit *paṯ* oder *peṯôṯ læḥæm* (1 Kön 17, 11; Ez 13, 19).
2. Bei Gefangenen und ärmeren Volksschichten sind Brot und Wasser die Hauptmahlzeit (2 Kön 6, 22; Hi 22, 7; Ez 23, 25; Ez 12, 18 f.). Bei den Wohlhabenderen ist Brot das Beigericht zum Festessen. Die Kriegsleute, die David zum König erheben, lassen auf Tragtieren Brot nach Hebron herbeiholen, um zusammen mit Mehlspeisen, Feigen- und Rosinenkuchen, Wein und Öl, Rindern und Schafen ein drei Tage lang dauerndes Festmahl zu halten (1 Chr 12, 41). Als Beikost zum Brot gelten auch Kuchen und Honig. Mit diesen Speisen ausgerüstet begibt sich die Frau Jerobeams I. zum Propheten Ahia (1 Kön 14, 3). Unentbehrliche Zukost sind auch Zwiebeln, Lauch und Knoblauch (Num 11, 5) sowie die verschiedenen Baumfrüchte, die frisch oder getrocknet zum Brot gegessen werden (2 Sam 16, 1 f.). Brot ist das Kernstück jeden Gastmahles, und *læḥæm* kann sogar die Bedeutung 'Festmahl' annehmen (Pred 10, 19). Zur Eröffnung des Mahles gehört im Judentum der Lobspruch über das Brot: „Gepriesen sei JHWH, unser Gott, der Brot aus der Erde hervorgehen läßt" (Ber 6, 1). Nach dem „Amen" der Gäste bricht der Gastgeber das Brot und reicht davon jedem der Geladenen. Dieser Lobpreis befreit alles, was während des Mahles als Zukost zum Brot gegessen wird (Fleisch, Fisch oder Eier) von einem weiteren Lobspruch. Solange Brotstücke auf der Tafel liegen, weiß man, daß noch ein weiteres Gericht folgt. Sobald man aber jene Brotstücke entfernt und ein ganzes Brot mit Hülsenfrüchten auftischt, geht das Mahl mit dieser Nachspeise seinem Ende entgegen.
3. *læḥæm* kann neben 'Brotgetreide' (oft in Gen 41–47; Jes 28, 28) auch die Bedeutungen von 'Nahrung' und 'Lebensunterhalt' annehmen. Nach Deut 8, 3 lebt der Mensch nicht vom Brot allein, d. h. von irdischer Nahrung, sondern von allem, was aus dem Munde JHWHs hervorgeht (vgl. Am 8, 11). Selbst den Tieren spendet JHWH ihr „Brot" (Ps 147, 9); die Ameise sichert sich im Sommer ihr „Futter" für den Winter (Spr 6, 8; 30, 25), der Frevler ist zum „Fraß" des Geiers bestimmt (Hi 15, 23) und Staub ist die „Nahrung" der Schlange (Jes 65, 25). Ein kluger Viehbesitzer sorgt dafür, daß er immer genügend Ziegenmilch zu seiner „Nahrung" hat (Spr 27, 27) und die tüchtige Hausfrau holt von weit her ihre „Nahrung" (Spr 31, 14). Die Kinder des Gerechten werden niemals um „Essen" betteln (Ps 37, 25) und rechtes Fasten besteht u.a. darin, daß man dem Hungrigen zu essen gibt, „sein Brot bricht" (Jes 58, 7). Salomos täglicher „Nahrungsbedarf" wird in 1 Kön 5, 2f. aufgezählt. Sehr häufig steht *læḥæm* zusammen mit → אכל *'āḵal*. So erweist David dem Merib-Baʿal die besondere Gunst, am königlichen Hof leben zu dürfen: „Du sollst stets das Brot an meinem Tisch essen" (2 Sam 9, 7). Das gleiche Recht erfährt Jojachin nach seiner Begnadigung am babylonischen Hof, er darf beständig „vor dem König Brot essen" (Jer 52, 33). Der uneigennützige Nehemia hat die Statthalterdiäten, das „Brot des *pæḥāh*", nicht in Anspruch genommen (Neh 5, 14). Der Prophet Amos wird vom Priester Amasja aufgefordert, nach Juda zu fliehen und dort sein Brot zu essen, d. h. seinen Lebensunterhalt zu bestreiten (Am 7, 12). Ganz allgemein steht „Brot essen" für „Mahlzeit

halten“ (Gen 31, 54; 37, 25; 43, 32; Ex 2, 20; 1 Sam 20, 24; Jer 41, 1) und „kein Brot essen“ bedeutet soviel wie „nichts essen“ (1 Sam 20, 34; 28, 20; 1 Kön 13, 8f.). „Nahrung zu sich nehmen“ heißt auch *bārāh* oder *ṭā'am læḥæm* (2 Sam 12, 17; 3, 35); *nāṯan læḥæm* (1 Kön 5, 23; 11, 18) bedeutet „den Lebensunterhalt zuweisen“. Man kann „Überfluß an Nahrung haben“ (*śāḇa' læḥæm* Spr 30, 22), es kann aber auch „an Speise mangeln“ (*ḥāser læḥæm* Am 4, 6). Daniel hat während einer Trauerzeit keine „feinen Speisen“ (*l. ḥamuḏôṯ*) zu sich genommen (Dan 10, 3).

4. Die Bedeutung des Brotes kommt auch in den bibl. Wortverbindungen zum Ausdruck. Die Kombination „*Brot und Wein*“ (Gen 14, 18; Neh 5, 15 u. ö.) meint nicht nur „Essen und Trinken“, sie ist vielmehr ein Hinweis auf ein reichliches Freudenmahl, das z. B. die gastfreundliche Weisheit bereitet (Spr 9, 5), auf den Segen, der vom Wort Gottes ausgeht (Jes 55, 1f.). Auch die Fruchtbarkeit des Landes wird u.a. mit „Brot und Weinbergen“ umschrieben (2 Kön 18, 32; Jes 36, 17). „Brot und Wasser“ deuten dagegen die gerade noch auskömmliche Nahrung an (1 Kön 18, 4. 13; 2 Kön 6, 22; Jes 21, 14; Ez 4, 17). Mit „Drangsalsbrot und Drangsalswasser“, d. h. mit wenig Brot und Wasser – etwa wie bei einer Belagerung – befiehlt Ahab den gefangenen Propheten Micha zu nähren (1 Kön 22, 27; vgl. Jes 30, 20). „Kein Brot essen und kein Wasser trinken“ heißt überhaupt nichts zu sich nehmen (1 Sam 30, 12; Deut 9, 9. 18; Esr 10, 6). Den Flüchtigen bietet man wenigstens Brot und Wasser an (Deut 23, 5; Jes 31, 14). Abraham gibt der Hagar als Reiseproviant „Brot und einen Schlauch Wasser“ mit (Gen 21, 14), Esau verkauft Jakob für „Brot und Linsengericht“ sein Erstgeburtsrecht (Gen 25, 34), und Joseph versorgt seine Brüder mit „Getreide, Brot und Zehrung“ (Gen 45, 23). Mit „Brot und Fleisch“ nährt Gott sein Volk in der Wüste wie ehedem in Ägypten (Ps 78, 20; Ex 16, 3), und Raben versorgen – auf Gottes Geheiß – den Propheten Elia mit „Brot am Morgen und Fleisch am Abend“ (1 Kön 17, 6). „Brot und Kleidung“ werden als zum Leben unbedingt notwendig öfter zusammen genannt, man braucht sie selbst und reicht sie dem Bedürftigen (Gen 28, 20; Jes 4, 1; Ez 18, 16).

5. Zahlreiche Lebenssituationen – angenehme und weniger erfreuliche – werden durch „Brot“ gekennzeichnet. Regelmäßig das „Brot mit jemandem essen“, heißt sein Freund, sein Vertrauter sein (Ps 41, 10). „Männer deines Brotes“ werden in Ob 7 die Freunde genannt, die Edom Fallstricke legen, und in Sir 9, 16 die rechten Tischgenossen. Die Gastfreundschaft wird als eine heilige Verpflichtung betrachtet, sie macht aus dem Brot des einzelnen das Brot des Fremdlings (Gen 18, 5). Schönster Ausdruck der brüderlichen Liebe ist es, sein Brot dem Hungrigen zu geben (Ez 18, 7; Spr 22, 9). Den Bösen freilich soll man nicht unterstützen, ihm soll man sein Brot verweigern (Sir 12, 5). Josua und Kaleb mahnen die Israeliten, keine Furcht vor den Kanaanäern zu haben, „denn sie sind unser Brot“, d. h. wir können sie leicht überwinden (Num 14, 9). Nach Ps 14, 4 wird JHWHs Volk von Übeltätern verschlungen mit einer Gefühllosigkeit, als äßen sie Brot. Überfluß oder Mangel an Brot haben den Wert eines Zeichens: Der Überfluß bedeutet Segen Gottes (Ps 132, 15; Spr 12, 11), Reichtum, Wohlergehen und Sicherheit (Gen 49, 20; Jer 44, 17; Lev 26, 5), der Mangel dagegen Strafe Gottes für die Sünde (Jer 5, 17; Ez 4, 16) und bittere Armut (2 Kön 25, 3; Kl 1, 11). Äußerst bedürftig werden die Satten sein, die sich um Brot verdingen müssen (1 Sam 2, 5), ebenso arm sind aber auch die nach dem Jahre 586 in Palästina Zurückgebliebenen, die ihr Leben nur fristen können, indem sie die Feinde um Brot anbetteln (Kl 5, 6).

Verschieden gedeutet wird Pred 11, 1: „Wirf dein Brot ins Wasser, dennoch kannst du's nach vielen Tagen wiederfinden.“ Das ist weder ein Mahnspruch zu uneigennütziger Wohltätigkeit noch zu frischem Wagemut, sondern die Feststellung, daß selbst ein unkluges Tun gut ausgehen kann, daß man also nie weiß, wie irgendein Ereignis ausschlägt. Nach menschlicher Berechnung zieht das Ins-Wasser-Werfen den Verlust des Brotes nach sich. Es kann aber sein, daß ein leichtes und trockenes Brotstück, in das nur wenig Wasser einzieht, sich auf der Wasseroberfläche hält und von den Wellen ans Ufer gespült wird (H. W. Hertzberg, KAT XVII/4–5, 200f.). In Spr 9, 5 fordert die Weisheit in einer figura etymologica den Unverständigen auf, von ihrem Brot zu essen. Das, was sie als Nahrung für das geistige Leben bietet, ist „Brot der Klugheit“ und „Wasser der Einsicht“ (Sir 15, 3). In Auslegung von Spr 9, 5 bezeichnet die jüdische Bildersprache auch die Thora als „Brot“ oder redet von dem „Brot der Welt der Seelen“ und meint damit die ewige Seligkeit (St.-B. 2, 482ff.). Endlich ist das gute und kräftige Brot die erhabenste Gabe der eschatologischen Zeit (Jes 30, 23).

Das Brot der Tränen (*l. dim'āh* Ps 80, 6) läßt an ein lange Zeit dauerndes Unheil des Gottesvolkes denken (vgl. Ps 42, 4). Hi 3, 24 wandelt dieses Bild ab: Hiobs „Stöhnen“ geht der „Speise“ vor, ist wichtiger als sie. Die Bösen nähren sich vom „Brot des Frevels“ (*l. ræša'* Spr 4, 17) und das „Brot der Lüge“ schmeckt ihnen anfangs gut (*l. šæqær*; *l. kezāḇîm* Spr 20, 17; 23, 3). Die Sünde der Unzucht, zu deren Genuß Frau Torheit lockt, heißt „gestohlenes Wasser“ und „heimliches Brot“ (*l. seṯārîm* Spr 9, 17). Die fleißige Hausfrau ißt nicht das „Brot der Faulheit“ (*l. 'aṣlûṯ* Spr 31, 27). Nach dem „Brot des Neidischen“ soll einem nicht gelüsten (*l. ra' 'ajin* Spr 23, 6), und man soll sich mit dem von Gott „zugemessenen Brot“ zufrieden geben (*l. ḥuqqî* Spr 30, 8). Weil JHWH der Spender alles Guten ist, steht das sorgenvolle und quälende Schaffen, das „Brot der Mühsal“, unter dem Vorzeichen der Nichtigkeit (*l. hā'aṣāḇîm* Ps 127, 2). Ausdruck tiefsten Leids ist es, am Brot Ekel zu verspüren (Hi 33, 20; vgl. Ps 102, 10) oder überhaupt das Brotessen zu vergessen (Ps 102, 5). Gemäß Ez 24, 17. 22 gehört das Essen von „Menschenbrot" (*l. ᵓanāšîm* oder besser *l. ᵓônîm* = „Trauerbrot") zu den Elementen des üblichen Trauerritus, denen sich der Prophet nicht unterwerfen soll (vgl. Hos 9, 4).

6. Die Speise, von der sich die Israeliten während der Wüstenwanderung ernähren, nennt das AT *mān*. Auf das Murren des Volkes hin verspricht JHWH, Brot vom Himmel regnen zu lassen, Brot zum Sattwerden (Ex 16, 4. 8). Im späteren Lobpreis Israels wird das Manna daher „Himmelsbrot" (*l. šāmajim* Ps 105, 40) oder „Brot vom Himmel" (*l. miššāmajim* Neh 9, 15) genannt. Im Geschichtspsalm 78, 25 ist von dem „Brot der Starken" die Rede, mit diesen *ᵓabbîrîm* sind wohl die himmlischen Wesen gemeint; es ist demnach eine Speise, die vom Wohnsitz der Engel stammt. Das der Wüstenwanderung überdrüssige Volk ist angewidert von diesem „minderwertigen Brot" (*l. haqqeloqel* Num 21, 5).

III. 1. Die von Luther mißverständlich mit „Schaubrote" übersetzten hebr. Wörter sind folgende: Als der ursprüngliche Ausdruck gilt das Kollektivum *læḥæm pānîm* = Angesichtsbrote; er findet sich in Ex 25, 30, wo JHWH dem Mose kurz die Bestimmung dieser Brote angibt: „Du sollst Angesichtsbrote auf den Tisch legen, ständig vor mein Angesicht." Num 4, 7 spricht deshalb von dem *læḥæm hattāmîḏ* im Sinne einer permanenten Gabe. Häufiger findet sich die Variante mit Artikel *læḥæm happānîm* (Ex 35, 13; 39, 36; 1 Sam 21, 7; 1 Kön 7, 48; 2 Chr 4, 19). In 1 Sam 21, 5ff. ist sie gleichgesetzt mit *læḥæm qoḏæš* = heiliges Brot im Unterschied zu *l. ḥol* = gewöhnliches Brot. In Ex 40, 23 begegnet *ᶜeræḵ læḥæm* = Brotschichtung, während in Ex 40, 4 einfach vom Auflegen des *ᶜeræḵ* die Rede ist. Von der Wurzel *ᶜrk* (aufschichten) sind auch die Ausdrücke *maᶜaræḵæṯ læḥæm* (2 Chr 13, 11) bzw. *læḥæm hammaᶜaræḵæṯ* (Neh 10, 34; 1 Chr 9, 32; 23, 29) = Brotschichtung / Brote der Schichtung oder einfach *maᶜaræḵæṯ* (1 Chr 28, 16; 2 Chr 29, 18) abgeleitet. Dem *l. hattāmîḏ* (Num 4, 7) entspricht in 2 Chr 2, 3 *maᶜaræḵæṯ tāmîḏ*. Die LXX bevorzugt ἄρτοι τῆς προθέσεως, die Vulgata panes propositionis.

Im zweiten Tempel oblag die Zubereitung der Schaubrote den kehatitischen Leviten (1 Chr 9, 32 → לוי *lewî*), insbesondere haben sie über die richtige Abmessung der Menge zu wachen (1 Chr 23, 29). Die näheren Bestimmungen finden sich in Lev 24, 5–8. Es sollen immer zwölf Brote hergestellt und für jedes Brot das beste Backgetreide, 2 Issaron (ca. 4 oder 8 Liter) Weizengrieß (*solæṯ*) verwendet werden. Der Ausdruck *ḥallôṯ* läßt auf dickere, runde Brotlaibe schließen mit einem Loch in der Mitte (Loch-, Ringbrot) oder auf Brotlaibe, in die man vor dem Backen mit den Fingern Löcher hineingedrückt hat (vgl. Dalman, AuS IV 119. 114). Die Brote sollen im Heiligtum auf dem in Ex 25, 23–30 beschriebenen vergoldeten Tisch aufgeschichtet werden, so daß zwei Stapel mit je sechs Broten entstehen. Auf jeden Stapel soll man Weihrauch geben, nach LXX-Lev 24, 7 auch noch Salz. Woche für Woche sollen die Brote am Sabbat ausgewechselt werden, wobei man den Weihrauch und das Salz als „Gedenkteil" JHWHs verbrennt. Die alten Brote fallen als Hochheiliges den Priestern zu und dürfen nur von ihnen gegessen werden. Flavius Josephus bemerkt noch, daß man die Brote ohne Sauerteig zubereitete (Ant. 3, 6, 6).

Nach der Mischna (Menachot XI) werden die Brote einzeln zu Laiben von 10 Spannen (= Handbreiten) Länge und 5 Spannen Breite geknetet. Um allen Broten die gleiche Größe zu geben, bedient man sich bestimmter Backformen. Die vier Ecken werden in Spitzen ausgezogen, die eine Länge von 7 Fingerbreiten haben. Diese Ecken („Hörner") sollen verhindern, daß die Brote dicht aufeinanderliegen. Dadurch daß jedes Brot nur die „Hörner" des darüberliegenden berührt, kann Luft zwischen ihnen durchstreifen. Um den Druck der Brote aufeinander abzuschwächen, legt man zwischen die Brotschichten Röhren, die zudem verhindern sollen, daß die Brote abbrechen; diese ragen nämlich in ihrer Länge je 2 Spannen nach vorn und hinten über die Breite des Tisches hinaus. Diese Röhren wiederum – insgesamt 28 Stück – stützt man durch vier Gestelle oder Säulen, die vor und hinter jedem Brotstapel angebracht sind. Auf jeden Brotstapel werden zwei goldene Schalen mit Weihrauch gestellt. Die Brote selbst werden am frühen Sabbatmorgen in einem feierlichen Ritus ausgewechselt. Zunächst nehmen zwei Priester den alten Weihrauch von den beiden Brotstapeln weg, um ihn später beim Morgentamidopfer zu verbrennen. Zwei weitere Priester entfernen die alten Brotstapel, während von der anderen Seite des Tisches die neuen Brote nachgeschoben werden. Auf diese Weise wird die Bestimmung des *tāmîḏ* (= immerwährend) erfüllt. Zum Schluß werden die beiden Schalen mit dem neuen Weihrauch deponiert. Die abgeräumten Brote werden an die Priesterschaft verteilt, und zwar erhält die an dem betreffenden Sabbat abtretende und neu antretende Wochenabteilung je sechs Brote, die Unterverteilung auf die einzelnen Priester nehmen die Wochenabteilungen selbst vor. Man ißt die Brote im inneren Vorhof.

1 Sam 21, 2–7 ist das älteste biblische Zeugnis für die Schaubrote. Ahimelech, der Priester am Heiligtum zu Nob, reicht David und seinen Leuten, die sich auf der Flucht befinden, sich aber von Frauen enthalten haben und darum kultisch rein sind, fünf von diesen heiligen Broten, die gerade durch frische ausgewechselt wurden und normalerweise nur von den Priestern und ihren Familienangehörigen gegessen werden durften. Saul läßt die Priester von Nob töten, weil sie David auf diese Weise unterstützt haben. Der Priester Ebjathar, ein Sohn Ahimelechs, entkommt dem Blutbad, und es ist anzunehmen, daß mit ihm, der von David als Priester in Jerusalem angestellt wird, auch die Sitte der Schaubrote nach Jerusalem gelangt. Die Tradition, die in 1 Kön 7, 48 die Anfertigung eines Schaubrottisches Salomo zuschreibt, dürfte also recht haben. Für den nachexilischen Tempel sind die Schaubrote bezeugt in Neh 10, 34; 1 Makk 1, 22; 2 Makk 1, 8. Daß ein Schaubrottisch auch noch zum Inventar des herodianischen Tempels gehörte, zeigt die Darstellung auf dem Titusbogen (AOB 509).

Die Sitte, der Gottheit Brote „als Speise“ vorzusetzen, gehört zur Kulturlandreligion. Die Ägypter kennen den Brauch, beräuchertes und mit Wein besprengtes Brot auf Matten und Platten vor der Gottheit auszulegen als Bürgschaft für die ewige Dauer des Opferdienstes (RÄR 557ff.). In babyl. Ritualtexten wird das Auflegen von Broten auf Opfertische erwähnt, wobei auch die 12-Zahl eine Rolle spielt. Die Brote werden aber nach der Opferhandlung zusammen mit anderen dargebrachten Gaben wieder abgeräumt; es fehlt das permanente Liegenbleiben vor der Gottheit (Blome 247–250). Auch Dan 14, 3. 8. 11. 14 (LXX) kennt den Brauch, dem babyl. Bel auf einem Tisch im Tempel Speisen niederzusetzen.
Die Schaubrote erscheinen als Speiseopfer in seiner ursprünglichen Form: als Speise Gottes. Sie sind Überbleibsel eines der Gottheit angebotenen Mahles, bestehend aus Brot und Wein. Auf den Wein weisen die Schalen und Becher, die in Ex 25, 29; 37, 16; Num 4, 7 erwähnt sind. Durch das Hinstellen von Speise und Trank möchte der Mensch der Gottheit Nahrung zuführen und sie dadurch günstig stimmen. Der Brauch, Brote vor dem „Angesicht“ Gottes niederzulegen, ist im AT einfach traditionell beibehalten worden, der Sinngehalt hat sich freilich geändert. Israel bietet vom Lebensnotwendigen, vom Brot seines Tisches, JHWH eine Gabe, und JHWH läßt ganz Israel (Zwölfzahl), repräsentiert durch die Priester, an seinem Tisch teilnehmen. Durch diese immerwährende Gabe wird JHWH anerkannt als Spender von Nahrung und Leben, man dankt ihm als dem Geber alles Guten, und die Tischgemeinschaft Gottes mit seinem Volk wird dementsprechend eine dauernde sein. Deut 26, 10 mit der Darbringung der Erstlingsfrüchte darf hierzu als Parallele gesehen werden. Um den Opfercharakter stärker zu betonen, hat erst die spätere Übung die Schaubrote zu „Feueropfern“ gemacht, indem wenigstens der beigegebene Weihrauch verbrannt wird (K. Elliger, HAT I/4, 328).
2. Öfter bezeichnet P in grob anthropomorpher Weise das Opfer als „Speise Gottes“ (*læḥæm 'ælohîm*). So darf z. B. ein Priester mit einem körperlichen Fehler nicht hinzutreten, um die „Speise seines Gottes“ darzubringen, er darf nur von ihr essen (Lev 21, 17. 22). Israel darf keine verstümmelten Tiere als „Speise Gottes“ opfern (Lev 22, 25), es soll seine Priester ehren, weil sie die „Speise seines Gottes“ herrichten (Lev 21, 8). In Lev 21, 6. 21 wird *læḥæm 'ælohîm* synonym zu Feueropfer JHWHs (*'iššê JHWH*) gebraucht. An anderen Stellen sind die beiden Begriffe *læḥæm* und *'iššæh* eng miteinander verbunden (vgl. dagegen J. Hoftijzer, Festschr. W. Baumgartner, VTS 16, 1967, 114–134, der *'iššæh* als Gabe an die Gottheit versteht). So soll der Priester das Fett beim Schelamimopfer auf dem Altar verbrennen als eine „Feueropferspeise“ für JHWH (Lev 3, 11. 16). Nach Num 28, 2. 24 sind sowohl die Brand- als auch die Speisopfer „Feueropferspeisen“ für JHWH. Auch im Verfassungsentwurf Ezechiels (44, 7) erscheint das geopferte Fett und Blut als „Speise“ JHWHs, und Maleachi (1, 7) klagt die Priester an, weil sie unreine „Speise“, d. h. minderwertige Opfer zum Altar bringen.
Bei der Einsetzung der Priester (Ex 29; Lev 8) wird u. a. auch ein Brotritus erwähnt. Nach Ex 29, 2 sollen für die Feier neben einem jungen Stier und zwei fehlerlosen Widdern drei Arten von Mehlprodukten zur Verfügung stehen: ungesäuerte „Brote“, ungesäuerte Kuchen mit Öl gemengt und ungesäuerte Fladen mit Öl bestrichen. Bei dem eigentlichen Einsetzungsopfer, der Füllung der Hände, werden je ein *kikkar læḥæm* (Laib Brot), ein *ḥallaṯ læḥæm* (Brotkuchen) mit Öl und ein Fladen den Priestern übergeben, vor JHWH gewoben und anschließend auf dem Altar über dem Brandopfer in Rauch aufgehen gelassen (Ex 29, 23ff.). In Lev 8, 26 steht statt des *kikkar læḥæm* von Ex 29, 23 das weniger passende *ḥallaṯ maṣṣāh*. Später sollen die Priester das „Brot“ zusammen mit dem Fleisch des Widders verzehren. Wenn etwas übrigbleibt, muß es als Heiliges verbrannt werden. Sinn dieses Ritus ist die Amtsübertragung: Die Priester werden in Zukunft die Fettstücke und Zerealien in Empfang nehmen, um sie zu verbrennen. Zugleich wird aber auch die wirtschaftliche Bedeutung dargestellt: Ein Teil der Opfergaben dient dem Unterhalt der Priester.
Bei dem eigentlichen Speiseopfer, der → מנחה *minḥāh*, das nach P aus ungesäuertem Backwerk und Mehlspeisen besteht, ist nie von *læḥæm* die Rede. Nur beim Schelamim-Dankopfer in Lev 7, 13 wird die ältere Praxis – wohl als Kannvorschrift – miterwähnt, Brot aus Sauerteig (*ḥallôṯ læḥæm ḥāmeṣ*) darzubringen. Dabei mag der Gedanke mitgespielt haben, daß man beim Opfermahl, das ja praktisch die relativ seltene Fleischmahlzeit der Israeliten war, sich nicht mit Mazzen zufrieden geben mochte. Auch Am 4, 5 bezeugt für das Dankopfer den Gebrauch von Sauerteigbrot. (→ II 1064).
læḥæm werden auch die heiligen Abgaben genannt, die Israel JHWH weiht und die anschließend den Priestern zufallen. Für den Umgang mit ihnen gelten besondere Vorschriften: Der unreine Priester darf sie nicht genießen, ebenso nicht sein Tagelöhner und Beisasse. Auch eine Priestertochter, die sich mit einem Nichtpriester verheiratet hat, darf nicht davon essen (Lev 22, 7. 11. 13). – Der Ausdruck *'æḵōl-læḥæm* „Brot essen“ vor Gott (Ex 18, 12) weist in die Richtung „Opfermahl halten“.
Zu den Opfern des Wochenfestes gehört auch das Opfer der zwei Erstlingsbrote (*læḥæm habbikkûrîm*), die aus zwei Epha Mehl mit Sauerteig gebacken sein sollen. Jede israelitische Familie soll damit Gott danken für die Gabe des Brotes und durch das Opfer des ersten Brotes aus der neuen Ernte gleichsam das übrige Getreide für den profanen Gebrauch erhalten. Die Brote fallen nach dem Weben vor JHWH dem Priester zu (Lev 23, 17–20; Num 15, 19; vgl. 2 Kön 4, 42). Der Beginn der Gerstenernte wird dadurch gefeiert, daß man sieben Tage lang ungesäuerte Brote (*maṣṣôṯ*) ißt. Man backt diese Brote nur aus dem

neuen Korn und ohne Sauerteig, weil dieser nämlich aus der alten Ernte stammen müßte. Heilsgeschichtlich wird das Fest mit dem eiligen Aufbruch aus der ägyptischen Sklaverei verbunden, bei dem man nur ungesäuerten Brotteig mitnehmen konnte. Die Mazzen heißen darum auch *læḥæm ʿonî* = „Elendsbrot" (Deut 16, 3) (vgl. dazu B. N. Wambacq, Bibl 61, 1980, 31–53).

*IV. In Qumran begegnet *læḥæm* in vielen Beziehungen: 1 QS 6, 5f. spricht vom Segen des Priesters über Brot und Most (vgl. 1 QSa 2, 19ff.). Im Zusammenhang qumranessenischer Disziplinarmaßnahmen wird 1 QS 6, 25 der Entzug eines Viertels der Essensration (*læḥæm*) genannt. In den Klagegebeten von 1 QH beklagt der Beter, daß selbst seine engsten Freunde, das sind die, „die mein Brot aßen", sich gegen ihn gewandt haben (5, 23); er ißt selbst vom *læḥæm ʾanāḥāh* „Brot des Seufzens" (5, 33) und er beklagt, daß sich sein Brot in Streit verwandelt (5, 35). Die Tempelrolle spricht vom *læḥæm* nur in kultischen Zusammenhängen: von den Schaubroten (TR 8, 10–13), von den *tenûpāh*-Broten am Priesterweihfest (?) (TR 15, 3. 10. 12) und von den Broten aus dem Erstlingsgetreide am Mazzenfest (TR 18, 14; 19, 6. 7. 12). Der fragmentarische aram. Text 2 Q 24 (= 2 QNew Jerusalem; vgl. DJD III 84–89) spricht im 4. Fragment ebenfalls von den Schaubroten, von ihrer Darstellung auf dem „Tisch vor JHWH" (vgl. Ez 41, 22) und von einem sonst unbekannten kosmologisch motivierten Brotteilungsritus (vgl. auch 11 QNew Jerusalem 5). Das *lḥm* von 4 QpJes[a] 5–6, 11 und 4 QpJes[e] 5, 6 ist wohl in beiden Fällen zu *lḥm* I ʿkämpfen' zu ziehen. (*Fa*)

Dommershausen

לָחַץ *lāḥaṣ*

לַחַץ *laḥaṣ*

I. Außerbiblische Belege für לחץ und verwandte Wurzeln – II. Vorkommen im AT – 1. Das Verb – 2. Das Nomen – 3. Wiedergabe durch die alten Übersetzungen – 4. Konjekturen – III. Bedeutung – 1. Wörtlich – 2. Übertragen – IV. Theologische Aspekte.

I. Die Wurzel *lḥṣ* ist außer im Hebr. nur im Arab. und in den westaram. Dialekten nachweisbar. Zwar fehlt ein Beleg im Bibl.-Aram., doch verwenden das Samarit., das Jüd.-Aram. und das Christl.-Paläst. *lḥṣ* in den gleichen Bedeutungen wie das Hebr. In den übrigen semit. Sprachen mit Ausnahme des Äth. fehlt die Wurzel. Das von ihr abgedeckte Bedeutungsfeld wird in den ostaram. Sprachen von der Wurzel *ʾlṣ* vertreten, die im Hebr. nur Ri 16, 16 verwendet wird. Dort hat das *pi* nach dem Kontext die Bedeutung ʿmit Worten zusetzen, bedrängen'. Die für *ʾlṣ* im Syr. von Brockelmann, Lex Syr 22b, 23a aufgeführten Bedeutungen decken sich weitgehend (coangustavit, se presserunt, oppressit) mit denen des hebr. *lḥṣ*. *ʾlṣ* ist auch im Mand. belegt (MdD 21a); es tritt dort neben *hlṣ* auf (MdD 149a), das demnach wohl eher als Variante von *ʾlṣ* zu betrachten und nicht zu *lḥṣ* zu stellen ist (gegen KBL[3] 501a). Bei dem in den ostsyr. Dialekten vorkommenden *ḥlṣ* ist genauer zu differenzieren: Die von Maclean (Dictionary of the Dialects of Vernacular Syriac, 100b) angeführten Bedeutungen lassen sich teils auf *ʾlṣ* zurückführen (nn. 1–5), teils entsprechen sie der gemeinsemit. Wurzel → חלץ *ḥlṣ* (nn. 6–8); anscheinend sind in den Dialekten der Volkssprache die beiden ursprünglich verschiedenen Wurzeln *ʾlṣ* und *ḥlṣ* phonetisch angeglichen und miteinander vermengt worden.

II. 1. Im bibl. Hebr. wird von der Wurzel *lḥṣ* beim Verb fast ausschließlich der akt. Grundstamm verwendet (18 Belege); lediglich Num 22, 25 wird das *niph* angewendet und zwar in reflexiver Bedeutung. Eine passive Verwendung ist nicht belegt. Das *qal* bezeichnet immer ein aktives, objektgerichtetes Tun; auch Jes 19, 20, wo mit dem Ptz. *loḥaṣîm* kein Objekt verbunden ist, wird das Verb nicht absolut gebraucht, vielmehr sind diejenigen gemeint, die Ägypten in Bedrängnis bringen. Als Objekt von *lḥṣ* kann in der nur selten gebrauchten wörtlichen Bedeutung ein beliebiger Gegenstand oder eine Person genannt werden (Num 22, 25; 2 Kön 6, 32). In der weitaus häufigeren übertragenen Bedeutung ist mit Ausnahme von Ps 56, 2 (der Psalmbeter selbst) immer eine Gruppe von Personen bzw. ein ganzes Volk (meistens Israel, Jes 19, 20 Ägypten) Objekt; Ex 22, 20; 23, 9 ist mit dem Sing. *ger* der Repräsentant einer sozialen Gruppe, nicht das einzelne Individuum gemeint (vgl. M. Schwantes, Das Recht der Armen, BET 4, 1977, 44 Anm. 6). Subjekt der mit *lḥṣ* bezeichneten Aktivität ist ausnahmslos eine Gruppe oder ein Volk (Ägypten, die Amoriter, ungenannte Völker, die Feinde des Psalmbeters) bzw. im Sing. deren Repräsentant (Ri 4, 3 Sisera; 2 Kön 13, 4. 22 Hasael; Ex 22, 20; 23, 9 der im Bundesbuch angesprochene Israelit). *lḥṣ* dient demnach im vorherrschenden übertragenen Gebrauch zur Darstellung eines Tuns oder einer Verhaltensweise in der Beziehung zwischen politischen oder sozialen Gruppierungen.

2. Beim 12mal belegten Nomen *laḥaṣ* liegen die Dinge etwas anders. Als Segolatbildung von der Basis *laḥṣ* (GKa § 84aa) ist das Nomen eine Abstraktbildung zur abgeleiteten Bedeutung und bezeichnet das Ergebnis der durch den Grundstamm ausgedrückten Tätigkeit. Das wird Ex 3, 9; 2 Kön 13, 4 dadurch unterstrichen, daß das Nomen *laḥaṣ* hier neben dem Verb *lāḥaṣ* steht (Ex 3, 9 sogar als inneres Objekt in einem Relativsatz). An den eben genannten Stellen sowie Deut 26, 7; Ps 44, 25; 106, 42 wird *laḥaṣ* (wie beim Verb) durch äußere Feinde bewirkt

und betrifft das Volk als Ganzes. Anders als das Verb kann das Nomen aber auch absolut verwendet werden (Hi 36, 15); dies trifft auch für die Fälle zu, wo *laḥaṣ* als Apposition zu *majim* (Jer 30, 20; 1 Kön 22, 27 par. 2 Chr 18, 26) bzw. *læḥæm* (1 Kön 22, 27 par. 2 Chr 18, 26) tritt. Die Apposition hebt hier das charakteristische Merkmal hervor (Brockelmann, Synt 62g; GKa § 131c); die Vermutung, es handele sich hier um einen von *nāṯan* bzw. *'kl hiph* abhängigen doppelten Akkusativ, ist demnach zurückzuweisen. Die Bedeutung ist vielmehr „Wasser (bzw. Brot), wie es der (Zeit der) Not entspricht = verkürzte Ration" (vgl. S zu 1 Kön 22, 27). Wie schon beim Verb macht auch beim Nomen die Sprache der individuellen Klagelieder insofern eine Ausnahme, als Ps 42, 10; 43, 2 *laḥaṣ 'ôjeḇ* die Situation des Psalmbeters in seiner individuellen Notlage beschreibt.

3. Von den alten Übersetzungen ist LXX am konsequentesten: sie gibt mit einer Ausnahme *lāḥaṣ* bzw. *laḥaṣ* stets mit Ableitungen der Wurzel θλιβ- wieder (θλίβειν, ἐκ-, ἀπο-, παρα-, προσθλίβειν; θλιμμός, θλίψις); nur Ri 2, 18 verwendet sie πολιορκεῖν (Hi 36, 15 setzt κρίμα δὲ πραέων ἐκθύσει offenbar einen anderen Text voraus). S bevorzugt zwar *'lṣ* bzw. Ableitungen davon, verwendet aber 12mal andere Verben (z. B. *'wq 'aph* Ex 22, 20; 23, 9, *'bd šaph* Ri 4, 3, *dḥq* Am 6, 14). V übersetzt ohne erkennbares Prinzip, benutzt aber öfter das sehr allgemeine *affligo*.

4. BHS schlägt an zwei Stellen eine Emendation in *lāḥaṣ* vor. So soll Num 24, 8b statt *weḥissājw* gelesen werden *welohaṣājw jimḥaṣ*; abgesehen davon, daß der fragliche Versteil möglicherweise nicht zum ursprünglichen Bestand gehört, würde die Korrektur die bildhafte Sprache des v. 8bα.β verlassen (zur Übersetzung des überlieferten Textes vgl. de Vaulx, Les Nombres, Paris 1972, 286). Auch Ps 7, 5b bedarf keiner Korrektur, wenn man die Breite des Bedeutungsfelds von *ḥlṣ* berücksichtigt. Zu Unrecht beruft man sich auf LXX für die Änderung in *we'ælḥaṣāh*; sie gibt *lāḥaṣ* niemals mit ἀποπίπτειν wieder, sondern fast ausnahmslos mit (ἐκ)θλίβειν. Trotz der Stützung durch S und T ist auch der Vorschlag von J. Leveen (VT 16, 1966, 440) abzulehnen, da er eine unbegründete Korrektur des folgenden Wortes voraussetzt.

III. 1. Das Verb *lāḥaṣ* wird nur an wenigen Stellen, das Nomen *laḥaṣ* niemals in wörtlicher Bedeutung gebraucht. Dennoch geht auch aus den wenigen Belegen die Grundbedeutung 'drücken', 'einen Druck ausüben' deutlich hervor. Nuancierungen in der Bedeutung ergeben sich aus der unterschiedlichen Reaktion des Objektes auf den darauf ausgeübten Druck. Kann das Objekt dem Druck nicht ausweichen, so wird es gepreßt, eingeklemmt oder in die Enge getrieben. Diese Bedeutungsnuance tritt Num 22, 25 in Erscheinung: Hier wird innerhalb der Bileamserzählungen in der Episode von der Eselin, die sich als klüger erweist als der „blinde" Seher, zweimal *lāḥaṣ* verwendet. Bei der zweiten Begegnung mit dem *mal'āḵ* kann die Eselin zwar nicht, wie beim ersten Mal vom Weg abweichen, sieht sich aber auch noch nicht in eine ausweglose Situation gebracht: sie kann sich am Gottesboten vorbei „drücken", indem sie sich eng an die Mauer preßt (*lḥṣ niph*); dabei klemmt sie allerdings das Bein des Reiters ein (*lḥṣ qal*). Eine ähnliche Bedeutung zeigt das arab. *laḥaṣa* (II) 'in die Enge treiben'; die von KBL³ erwähnte Nominalform *laḥaṣ* 'enges Tal' im südarab. Dialekt von Soqotra ist wohl von der gleichen Bedeutungsvariante abzuleiten. (Zum Asarab. *ḥlṣ* 'bedrücken' vgl. A. Jamme, CByrsa 8, 1958f., 159.) Dort, wo das Objekt dem Druck ausweichen kann, ergibt sich allerdings eine andere Bedeutungsnuance. Sie zeigt sich 2 Kön 6, 32: Elisa, mit den Ältesten im Haus versammelt, will verhindern, daß der vom König ausgesandte Bote das Haus betritt; er ordnet deshalb an: „Schließt die Tür *ûleḥaṣtæm 'oṯô baddālæṯ*"; der Situation entsprechend kann nur gemeint sein: drängt ihn mit Hilfe der Türe zurück, stemmt euch gegen die Tür und haltet ihn so zurück. Die gleiche Bedeutung hat *lāḥaṣ* auch Ri 1, 34 (die Stelle wurde KBL³ übersehen). Die Amoriter verhindern die Landnahme des Stammes Dan in der Ebene, indem sie „die Daniter ins Gebirge zurückdrängten" (*wajjilḥaṣû ... hæhārāh*).

2. Die übertragene Bedeutung von *lāḥaṣ* geht von der zuerst genannten Situation aus; jmd. bzw. eine Gruppe von Menschen „drücken" heißt, „ihn in die Klemme bringen, den Bewegungsraum nehmen, ihn unterdrücken". Die Untersuchung der Subjekts- und Objektsbeziehungen von *lāḥaṣ* deutete bereits darauf hin, daß mit dem Verb ein, wie sich jetzt eindeutig zeigt, repressives Verhalten einer sozialen Gruppe oder politischen Größe gegenüber einer anderen gemeint ist. Es sind zwei Erscheinungsformen von Be- bzw. Unterdrückung, die mit *lāḥaṣ* erfaßt werden. Nur im Bundesbuch ist mit dem Verb die „Bedrükkung" eines sozial Schwächeren, des *ger* angesprochen (Ex 22, 20; 23, 9). An der erstgenannten Stelle konsoziieren die Begriffe *jnh hiph* und *'nh pi* (dazu M. Schwantes 43f.); Ex 23, 9 steht das Verbot, den *ger* zu bedrücken im (vielleicht nicht ursprünglichen) Kontext von Verhaltensregeln für die Rechtsprechung. Das könnte darauf hindeuten, daß auch mit *lāḥaṣ* eine unsoziale Ausnutzung des geminderten Rechtsstatus des *ger* angepeilt wird.

Weitaus häufiger meint *lāḥaṣ* aber Unterjochung eines Volkes oder einer nationalen Gruppe unter eine andere. Ri 1, 34 kann hierfür noch nicht in Anspruch genommen werden (s.o.); davon abgesehen wird *lāḥaṣ* aber nicht weniger als 14mal in diesem Sinn verwendet; von diesen Stellen ist 13mal Israel Objekt der Unterdrückung. Ex 3, 9 und Deut 26, 7 beziehen sich auf die Vorgänge in Ägypten, ~~Ri 2~~, 18; 4, 3; 6, 9; 10, 12; 1 Sam 10, 18 und Ps 106, 42 auf die Richterzeit; 2 Kön 13, 4. 22 hat die Situation z. Z. des Hasael im Blick; Am 6, 14 droht dem Nordreich die „Bedrückung" durch ein Fremdvolk an; Ps 44, 25 bezieht sich auf eine unbekannte Situation; Jer 30, 20

meint wohl nicht nur die Assyrer, die „Jakob" darnieder halten, sondern auch künftige potentielle Feinde. Die konkrete Situation, die dabei anvisiert wird, kann sehr unterschiedlich sein: militärische Überlegenheit eines Kriegsgegners, das Exil des Nordreiches, die spezifische Konfliktsituation zwischen den landsuchenden Stämmen und den Kanaanäern oder auch die „Versklavung" in Ägypten.
Gegenüber diesem umfangreichen Komplex treten die Stellen zurück, an denen *lāḥaṣ* von der individuellen Not des Psalmbeters gebraucht wird (Ps 42, 10; 43, 2; 56, 2). Die Sprache der Klagelieder hat hier eine Anleihe beim sonst üblichen Sprachgebrauch gemacht und einen von Israel gebräuchlichen Begriff „individualisiert".

IV. *lāḥaṣ* ist kein Begriff der religiösen Sprache; er ist aber keineswegs theologisch neutral. JHWH steht negativ zur „Bedrückung", auch wenn diese als Gerichtsmittel eingesetzt wird (Am 6, 14). Im Bundesbuch verbietet er ausdrücklich die Bedrückung des *ger*. Wo Israel unter Bedrückung sein Klagegeschrei erhebt, greift Gott rettend ein. Der Psalmbeter erwartet von ihm die Beseitigung der Bedrängnis und der Bedränger.
Eine besondere theologische Qualifikation erhält *lāḥaṣ* als einer der Schlüsselbegriffe für Israels Schicksal in Ägypten (Deut 26, 7). In der E-Version der Berufung des Mose ist *laḥaṣ* sogar das entscheidende Stichwort (Ex 3, 9).
Man könnte vermuten, daß *lāḥaṣ* hierher gefunden hat aus Ex 22, 20; 23, 9. Dort wird das Verbot, den *ger* zu bedrücken, damit begründet, daß Israel selbst *ger* war in Ägypten. Aber abgesehen von der Frage nach dem Alter der Gebotsbegründungen (s. H. Rücker, Die Begründung der Weisungen Jahwes im Pentateuch, Erfurter ThSt 30, 1973) fällt gerade in ihnen nicht das Stichwort *laḥaṣ* und andererseits dient in vor-dtr Überlieferung *ger* nicht als Deutekategorie für Israels Aufenthalt in Ägypten. Deutlich ist dagegen dtr Einfluß zu konstatieren. *lāḥaṣ* gehört ins Wortfeld des dtr Retterschemas (zusammen mit *ṣʿq, jšʿ hiph, nṣl hiph, jṣʾ hiph* und der komplementären Wendung „in der Hand / aus der Hand des NN"). Es taucht häufig in dtr oder von dtr Theologie beeinflußten Texten auf (Deut 26, 7; Ri 2, 18; 4, 3; 6, 9; 10, 12; 1 Sam 10, 18; 2 Kön 13, 4; Ps 106, 42; Jer 30, 20).
Mit der Erwähnung von *laḥaṣ* kommt der befreiende Aspekt der Gottestat in den Blick: das rettende Handeln an den durch fremde Gewalt Bedrückten. Das Stichwort verweist dabei nicht nur auf die Vergangenheit. Jer 30, 20 kündigt die Heimsuchung an den *loḥ*ª*ṣîm* als bevorstehende Tat an. Der dtr beeinflußte dritte Zusatz zum jesajanischen Ägyptenorakel (Jes 19, 19–22) stellt den Bezug zum eschatologischen Heil her: Wenn Ägypten in den Dienst JHWHs treten wird, dann kann es die gleiche Erfahrung der rettenden Macht Gottes machen wie einst das von ihm bedrückte Israel: „Wenn sie zu JHWH schreien angesichts der Bedränger, wird er ihnen einen Helfer (*môšîaʿ*) senden". In einer Wiederholung und Umkehr der Geschichte wird auch dem einstigen Unterdrückervolk JHWHs Heil zuteil.

Reindl

לַיְלָה / לַיִל *lajil / lajlāh*

I. Etymologie – Statistik – syntaktische Verbindungen – II. Allgemeine Verwendung – 1. Finsternis – 2. Herrschaftsraum – 3. Zeitgröße – 4. Durative Zeitangabe – 5. Zeit für bestimmte Vorgänge und Zuständlichkeiten – III. Im theologischen Kontext – 1. Schöpfungsgröße – 2. Zeit der Fürsorge und Gegenwart Gottes – 3. Zeit der Rettung – 4. Passahnacht – 5. Zeit des Gerichtes – 6. Zeit der Offenbarung – 7. Zeit der intensiven Antwort Israels in Klage und Lob – IV. Qumran.

Lit.: *G. Dalman*, AuS I 630–642. – *P. Joüon*, Études de sémantique hébraïque (Bibl 2, 1921, 336–342). – *S. Krauß*, Der richtige Sinn von „Schrecken der Nacht" Hl III, 8 (Occident and Orient, Festschr. M. Gaster, London 1936, 323–330). – *H.-M. Lutz*, Jahwe, Jerusalem und die Völker (WMANT 27, 1968). – *H.-P. Müller*, Ursprünge und Strukturen alttestamentlicher Eschatologie (BZAW 109, 1969). – *E. Otto*, Erwägungen zum überlieferungsgeschichtlichen Ursprung und „Sitz im Leben" des jahwistischen Plagenzyklus (VT 26, 1976, 3–27). – *W. Rordorf*, „Nacht und Tag" (BHHW II 1275f.). – *G. Sauer*, שׁמר *šmr* hüten, THAT II 982–987. – *O. H. Steck*, Der Schöpfungsbericht der Priesterschrift (FRLANT 115, ²1981). – *Ders.*, Welt und Umwelt, 1978. – *R. de Vaux*, LO I, 1960, 290–294. → יום *jôm*; → חשך *ḥāšak*.

I. 1. Das hebr. Subst. *lajil* bzw. *lajlāh*, das einer im Semit. allgemein verbreiteten Wurzel entspricht (vgl. KBL³ 502), ist wahrscheinlich ein Primärnomen. KBL³ bestimmt **lailai* als Grundform des hebr. *lajlāh*. Eventuell hat sich die Kurzform *lêl* über übereinstimmende Formen mit Endungen verkürzt aus *lẹ̄lẹ̄* (vgl. K. Beyer, Althebräische Grammatik, 1969, 43 Anm. 1); dabei ist *ẹ̄* aus *aj* kontrahiert und *ẹ̄* eine Steigerung des betonten auslautenden *î*. Die Langform *lajlāh* ist nach GKa § 90f. auf eine reduplizierte Form *ljlj* (vgl. westaram. *lêljā*ʾ und syr. *lîljā*) zurückzuführen; dagegen sieht R. Mayer (Hebräische Grammatik § 45, 3c) *lajlāh* als eine durch das Deuteelement *-hā* verstärkte adverbielle Akkusativbildung an (*lajlāh* < **lajlā* < **lêlā* < **lêlah* < **lêlahā*), die meist substantivisch mit „Nacht" oder auch öfters adverbiell mit „nachts" übersetzt wird (vgl. dazu BLe § 65s und P. P. Joüon, Grammaire de l'hébreu biblique § 93).
2. Die Wortsippe, zu der das Substantiv *lîlîṯ*, vielleicht auch das Verbum → לין *ljn* gehört (vgl. GesB s.v.), ist im hebr. AT 7mal durch die Kurzform *lajil* bzw. *lêl* vertreten und 225mal durch die Langform

lajlāh, wenn Jes 38, 13 als Dittographie nicht beachtet wird; dazu kommen die 5 Belege des aram. *lêljā'* und 44 Belege des griech. νύξ in den deuterokanonischen Schriften. Die Streuung der 215 Sing.-Formen des hebr. *lajlāh* ist recht unterschiedlich:
Pss 25 + 3 Pl.; Gen 25; 1/2 Sam 21 + 1 Pl.; Ex 18; Jes 16 + 1 Pl.; Hi 15 + 2 Pl.; Ri 12; Jer 12; 1/2 Kön 11; Num 9; Deut 9; Neh 9; Jos 7; 1/2 Chr 7; Ruth 4; Spr 3; Kl 3; Jon 2 + 1 Pl.; HL 1 + 2 Pl.; Lev 2; Esth 2; Pred 2; Hos 2; Sach 2; Am 1; Ob 1; Mi 1.
Wie die Aufstellung zeigt, tritt der Terminus gehäuft auf in den Psalmen, in der erzählenden Literatur des AT und in den Büchern Jes, Hi und Jer.
3. Syntaktisch gesehen ist *lajlāh* 12mal Satzsubjekt und 4mal Satzobjekt (vgl. Lisowsky). 26mal wird das Wort mit dem adverbiell gebrauchten *jômām* verbunden, wodurch *lajlāh* selber adverbielle Bedeutung erhält im Sinne von „nachts, bei Nacht". Das Wort verbindet sich sowohl in seiner Normalform als auch in der Kurzform 61mal mit Präpositionen, wobei *b^e* mit 53 Vorkommen die weitaus häufigste ist; ferner erscheint 3mal die Verbindung mit *k^e*, je 2mal mit *'aḏ* und *min*, je 1mal mit *l^e* und *bên* (vgl. Mandelkern; KBL[3]). Das Wort findet sich nur Jes 15, 1 und Ex 12, 42 im st. cstr., was für die semantische Bestimmung von *lajil/lajlāh* bedeutsam ist. Zu beachten ist die Verbindung mit *kol* (20mal), die den Aspekt der Dauer betont, ferner die Verbindung *ballajlāh hahû'* (19mal), *kol hallajlāh hahû'* (2 Sam 2, 29), *hallajlāh hahû'* (Hi 3, 6. 7), in der die Zeitangabe speziell eingebunden wird in den jeweiligen Zusammenhang. Zu erwähnen bleibt die auf die Passahnacht bezogene Verbindung *ballajlāh hazzæh* (Ex 12, 8. 12) und *hû' hallajlāh hazzæh* (Ex 12, 42). In der Bedeutung von „Mitternacht" erscheinen die Verbindungen *ḥ^{a}ṣoṯ hallajlāh* (Ex 11, 4; Ps 119, 62; Hi 34, 20) und *ḥ^{a}ṣî hallajlāh* (Ex 12, 29; Ri 16, 3; Ruth 3, 8).

II. 1. Die konkrete Erfahrungsbasis des Begriffes *lajlāh* ist der konstante Wechsel von Licht (→ אור *'ôr*) und Finsternis (→ חשך *ḥošæḵ*) als eine Grundgegebenheit der Schöpfungswelt, wie P in Gen 1, 3–5 es ausdrücklich darstellt; *lajlāh* erscheint darin als die im Raum der Schöpfung „ausgegrenzte" Finsternis. Von daher versteht sich die Verwendung von *lajlāh*, die vor allem auf das semantische Merkmal „Finsternis" zielt; so ist in Ex 14, 20aβ *lajlāh* die Finsternis, die der ausdrücklichen Erhellung bedarf (vgl. Jer 31, 35). So wie Gott die Nacht erleuchtet (Ps 105, 39), kann er aber auch den Tag zur Nacht verfinstern (Am 5, 8); daher ist die Finsternis der Nacht kein Versteck vor Gott (Ps 139, 11f.). Auch der schwierige Text Sach 14, 7 dürfte *lajlāh* unter dem Aspekt der Finsternis verwenden, insofern es am „Tag JHWHs" (→ יום *jôm*) keinen Wechsel von Licht und Finsternis im Tag- und Nachtrhythmus mehr geben wird (vgl. Rudolph, KAT XIII/4, z. St.). Den Aspekt der Finsternis betonen auch Weish 7, 30; 17, 20.
Auf dem Bedeutungsmerkmal „Finsternis" beruht die metaphorische Verwendung von *lajlāh*, so wenn Hiob klagt (Hi 17, 12) – je nach dem Verständnis des Textes –, daß ihm die Nacht zum Tag bestimmt sei und sein Licht von der Finsternis komme (vgl. Horst, BK XVI/1, z. St.) oder die Freunde ihm die Nacht als Tag hinstellen (vgl. Junker, Job, EB z. St.; Fohrer, KAT XVI, z. St.): *lajlāh* besagt hier „Unglück", „Leid", „Unheil". Metaphorisch auf der semantischen Basis „Finsternis" verwendet auch Mi 3, 6 das Morphem *lajlāh*, insofern die den Propheten angekündigte Nacht ohne Schauung und die Dunkelheit ohne Wahrsagung den Verlust der prophetischen Erleuchtung besagt, weil die Offenbarung von Gott her ausbleibt (vgl. Rudolph, KAT XIII/3, z. St.).
2. *lajlāh* als der in der Schöpfungswelt abgegrenzte Bereich der Finsternis ist in Gen 1, 16. 18; Ps 136, 9 als Herrschaftsraum des ihm zugeordneten Lichtwesens, des Mondes verstanden. Freilich ist diese Herrschaft nicht unbeschränkt, wenn Ps 121, 6 den Schutz JHWHs dahingehend verbalisiert, daß der Mond dem Frommen in der Nacht nicht schadet (*nkh hiph*).
3. Als in der Schöpfungswelt begrenzte Finsternis ist *lajlāh* wesentlich eine „Zeitgröße", die durch die Gestirne als solche fixiert wird (Gen 1, 14), und durch den kontinuierlichen Wechsel mit dem Tag die Dauer der Zeit bewirkt (Gen 8, 22). Als solche kann sie personifiziert auftreten und wie der Tag das Lob des Schöpfers ihrer „Gefährtin", der nächsten Nacht, weitersagen (Ps 19, 3). Am häufigsten tritt das Morphem *lajlāh* auf in Zeitangaben, wobei es zunächst einmal als integratives Element des israelitischen Tages, für den der Sonnentag die Grundlage ist, zu sehen ist. In Israel rechnete man den Tag lange Zeit von Morgen zu Morgen wie in Ägypten, was vor allem in der meristischen Formel *jômām wālajlāh* (vgl. Num 9, 21; 1 Kön 8, 59; Ps 1, 2 u. a.) beobachtet werden kann (vgl. de Vaux, LO I 291). In der nachexilischen Literatur des AT erscheinen die Glieder dieser Formel jedoch sehr häufig in umgekehrter Reihenfolge (vgl. 1 Kön 8, 29; Jes 27, 3; 34, 10; Ps 55, 18; Esth 4, 16; Dan 8, 14; Judith 11, 17; Sir 38, 27 u. a.), was eventuell darauf schließen läßt, daß in exilisch-nachexilischer Zeit eine Zählung sich einbürgerte, die den Tag von Abend zu Abend rechnete, zumal diese Zählung vor allem im mesopotamischen Raum üblich war. Nach de Vaux 293 wäre der Wechsel der Zählweise zwischen dem Ende der Monarchie und der Epoche des Nehemia erfolgt. Diese Zählung scheint auch hinter manchen Kultvorschriften zu stehen (vgl. Lev 11, 24; 15, 5; 23, 32; Ex 12, 18; BHHW II 1275); da sich jedoch für den kultischen Bereich auch die gegenteilige Zählungsart nachweisen läßt (Lev 7, 15; 22, 30; 23, 5f.; 33, 3; de Vaux 292f.), können sichere Aussagen kaum gemacht werden.
Die Nacht war in „Nachtwachen" (*'ašmûrāh/'ašmoræṯ*) unterteilt: Kl 2, 19 erwähnt eine erste Nachtwache (*l^{e}ro'š 'ašmurôṯ*), Ri 7, 19 eine mittlere (*hā'ašmoræṯ hattîḵônāh*) und Ex 14, 24; 1 Sam 11, 11 eine Morgenwache (*'ašmoræṯ habboqær*) (vgl. THAT

II 984); diese Dreiteilung der Nacht war auch in Mesopotamien üblich.

4. An 52 Stellen ist *lajlāh* integratives Element einer „durativen Zeitangabe" im Merismus „Tag und Nacht", wobei der Aspekt der Dauer entweder durch Zahlen vor den Merismuselementen (vgl. „40 Tage und 40 Nächte": Gen 7, 4. 12; Ex 24, 18; 34, 28; Deut 9, 9. 11. 18. 25; 10, 10; 1 Kön 19, 8; „3 Tage und 3 Nächte": 1 Sam 30, 12; Jon 2, 1; „7 Tage und 7 Nächte": Hi 2, 13) oder durch deren Verbindung mit *kol* (Ex 10, 13; Num 11, 32; 1 Sam 19, 24; 28, 20; Jes 62, 6; vgl. dazu auch Jes 21, 8, wo statt *kŏl-hajjôm* die Verbindung *tāmîḏ jômām* verwendet wird) besonders unterstrichen und durch die Zahlen in seiner symbolischen Bedeutung markiert wird. (Zum Merismus vgl. J. Krašovec, BietOr 33, 1977, 116). Doch kommt die Polarität „Tag und Nacht" in ihrem Daueraspekt nicht nur in der meristischen Formel zum Tragen, sondern ebenso in parallelistischen Aussagen wie Ps 77, 3: „Am Tage meiner Not (*bejôm ṣārāṯî*) suche ich den Herrn, meine Hand ist ausgestreckt in der Nacht (*lajlāh*)..." (vgl. Ps 88, 2; 2 Sam 21, 10). Doch kann *lajlāh* auch für sich allein Zeitangabe unter dem Aspekt der Dauer sein, wenn betont wird, daß irgendein Zustand, eine Handlung oder ein Geschehen den Zeitraum einer Nacht ausfüllt, was oft durch die Verbindung mit *kol* noch besonders unterstrichen wird (vgl. Ex 14, 20. 21; Lev 6, 2; Num 22, 19; Ri 16, 2; 19, 25; 20, 5; 1 Sam 14, 36; 2 Sam 2, 29. 32; 4, 7; 17, 16; 19, 8; Hos 7, 6; Ps 78, 14; 90, 4). Zum Zweck der Zielangabe dauernder Zeit ist *lajlāh* in Verbindung mit der Präposition *ʿad* verwendet in 2 Chr 35, 14 in der Bedeutung „bis in die Nacht hinein" (vgl. 2 Sam 19, 8).

5. Der Großteil der Zeitangaben mit *lajlāh* wird in dem Sinn gemacht, daß ein bestimmtes Geschehen als „in der Nacht" sich ereignend dargestellt wird. Dadurch vollzieht sich eine bestimmte semantische Füllung des Morphems *lajlāh* insbesondere, wenn ein bestimmtes Geschehen seiner inneren Tendenz nach mit der Nachtzeit verbunden erscheint. Von diesem Gesichtspunkt her wird im folgenden versucht, einige Verwendungsmodi von *lajlāh* zu klassifizieren.

a) *lajlāh* erscheint zunächst in einfachen Zeitangaben, wo betont werden soll, daß ein Geschehen sich in einer bestimmten (*hûʾ*) Nacht vollzieht, ohne daß dieses Geschehen in irgendeinem Zusammenhang mit einem Bedeutungsmerkmal von *lajlāh* steht (vgl. Gen 32, 23; Ri 16, 3; 1 Sam 28, 25; 2 Sam 2, 29; Ruth 3, 8; Esth 6, 1 f.; Tob 6, 13; 7, 11; Judith 11, 5; 1 Makk 4, 5; 13, 22).

b) In einer Reihe von Zeitangaben erscheint *lajlāh* als die Zeit der Ruhe, des Sich-Ausruhens von der Arbeit (Ruth 3, 13), des Schlafes (1 Kön 3, 19; Esth 6, 1; Tob 2, 9; 6, 1; Sir 40, 5), der Ruhe für Israel beim Einzug ins Land (Jos 4, 3) und während der kriegerischen Auseinandersetzungen (Jos 8, 9. 13). Arbeitet jemand dann doch in der Nacht, ist das Zeichen besonderen Fleißes (vgl. Spr 31, 15. 18). Kommt der Mensch durch die Sorge z. B. um seinen Besitz auch in der Nacht nicht zur Ruhe, so ist das ein alarmierendes Symptom (Pred 2, 23). Müssen vor allem im militärischen Bereich (Jos 10, 9; 2 Kön 7, 12; 1 Makk 5, 29; 1 Sam 14, 34; 31, 12) aber auch im privaten Bereich (1 Sam 19, 11) bestimmte Aktionen in der Nacht vollzogen werden, so ist das ein Zeichen besonderer Dringlichkeit.

Als Zeit der Ruhe und des Schlafes steht *lajlāh* in einem besonderen Zusammenhang mit dem Sexualleben des Menschen (vgl. Gen 19, 33–35; Gen 30, 15 f.; Ruth 1, 12; Deut 23, 11). Sie ist nach Tob 6, 14. 16; 8, 9 die Zeit, in der die Neuvermählten zusammengeführt werden; in der Nacht regt sich die Sehnsucht nach dem Geliebten (HL 3, 1). Aber gerade als die Zeit, wo Leben gezeugt wird, verflucht sie der klagende Hiob (Hi 3, 3. 6 f.).

Als Zeit der Ruhe und des Schlafes ist *lajlāh* die Zeit des „Traumes", der als Vorgang des Innewerdens von sonst dem Menschen verborgenen Dingen die Nacht in besonderer Weise qualifiziert (Gen 40, 5; 41, 11) (s. u. III. 6; → חלם *ḥālam*).

c) Dort, wo der Mensch den Schlaf entbehren muß, verwandelt sich die Nacht in eine Zeit der Qual, so etwa, wenn schwere Krankheit den Menschen in ihrem Banne hält (vgl. Hi 30, 17). In diesem Sinne klagt Hiob, daß Nächte voller Mühsal (*ʿāmāl*) sein Teil sind, deren Vorübergehen er kaum erwarten kann. Krankheit und Anfechtung von außen her lassen die Nacht zur Zeit werden, wo das Lager mit Tränen benetzt wird (Ps 6, 7). Unter dem Aspekt der Nacht als einer Zeit des Leidens und der Qual dürfte *lajlāh* wohl auch im Rätselspruch Jes 21, 11 f. (vgl. Wildberger, BK X/2, z. St.; Kaiser, ATD 18, z. St.) zu verstehen sein und metaphorisch die Zeit der Fremdherrschaft andeuten.

d) Eine Reihe von Zeitangaben von *lajlāh* ist durch den Bedeutungsaspekt „Zeit der Finsternis" bestimmt, so wenn JHWH bei Nacht in der Feuersäule vor den Israeliten herzieht (vgl. Ex 13, 21 a. 22; Num 14, 14; Deut 1, 33; Ps 78, 14; Neh 9, 12. 19; Weish 10, 17) oder über dem Zeltheiligtum der Wüste des Nachts im Feuer präsent ist (vgl. Ex 40, 38; Num 9, 16). Unter diesem Gesichtspunkt ist auch die Zeitangabe mit *lajlāh* im Vergleich von Hi 5, 14 zu sehen. Als Zeit der Finsternis ist die Nacht die Zeit besonderer Gefahren, was die Notwendigkeit von Wachen zur Folge hat (vgl. Neh 4, 16; Judith 7, 5) und die Einteilung der Nacht in Nachtwachen begründet. Den „Schrecken der Nacht" (*paḥaḏ lajlāh*) hat der unter dem Schutz Gottes Stehende nicht zu fürchten (Ps 91, 5). Dabei dürfte *paḥaḏ* nicht nur allgemein „Gefahr" bedeuten (vgl. Joüon 338), sondern die Gefahr besagen, die von besonders in der Nacht zuschlagenden Unwesen und Dämonen herrührt (vgl. Ex 12, 12. 29). Darauf scheint auch HL 3, 8 anzuspielen mit der Erwähnung der 60 Helden, die bewaffnet gegen die „Schrecken der Nacht" die Sänfte der Braut begleiten und sie schützen gegen die Unheilswesen, die nach verbreiteter Meinung gerade die Hochzeitsnacht bedrohen (vgl. AuS I 638 f.; Krauß).

Tob schildert in märchenhafter Form die Bedrohung des Brautpaares in der Brautnacht durch den Dämon Asmodaios, der die Braut liebt und daher jeden Rivalen tötet, bis er selbst durch göttliche Hilfe besiegt wird (Tob 3, 8; 6, 15ff.; 8, 2f.).

Unter dem Aspekt der Finsternis ist *lajlāh* die günstige Zeit für militärische Unternehmungen, die einen Überraschungseffekt auf den Gegner haben sollen: für Überfälle und Angriffe auf das Lager und das Heer der Feinde (Gen 14, 15; 2 Sam 17, 1; 2 Kön 8, 21; 2 Chr 21, 9; Jer 6, 5; 1 Makk 4, 1; 12, 26; 2 Makk 8, 7; 12, 9), für das Legen eines Hinterhaltes (Jos 8, 3; Ri 9, 32. 34), für das heimliche Umstellen einer Stadt (2 Kön 6, 14), für unbemerktes Einschleichen (Jos 2, 2; 1 Sam 26, 7) und für heimliche Flucht (2 Kön 25, 4; Jer 39, 4; 52, 7; Judith 8, 33).

Allgemein ist die Nacht die Zeit für Aktionen, die man im Licht des Tages nicht zu vollziehen wagt: so zerstört Gideon nachts den Baʿalsaltar seines Vaters und haut den Kultpfahl um (Ri 6, 27), weil er seine Familie und die Leute der Stadt fürchtet; nach 1 Sam 28, 8 geht Saul in der Nacht zur Totenbeschwörerin von Endor, einmal weil solche Vorgänge meist in der Nacht stattfanden (vgl. Jes 65, 4; → אוב *'ôḇ*), zum anderen weil er seine Identität verbergen wollte vor der Frau und vor den Philistern; Saul hatte nach 1 Sam 28, 3 ja selbst diese magischen Praktiken unterbinden wollen und handelt nun – was durch *lajlāh* unterstrichen wird – gegen sein eigenes Wissen und Gewissen. Damit ist bereits ein weiterer Aspekt der Zeitangabe mit *lajlāh* berührt: als die Zeit der Dunkelheit ist sie auch die Zeit der Schandtaten und des Wirkens lichtscheuer Gestalten jeder Art (Hi 24, 13–15): Diebe (Jer 49, 9b; Ob 5), Schänder (Ri 19, 25; vgl. dazu Gen 19, 4–11); Mordabsichten beginnen wirksam zu werden (Ri 20, 5; 1 Sam 19, 10f.); Betrüger tun ihr Werk (1 Kön 3, 20); die fremde Frau betört den jungen Mann ohne Verstand, so daß er in sein Verderben läuft (Spr 7, 6–23).

e) Als Zeichen der Finsternis ist *lajlāh* die Zeit der Kälte (*qæraḥ*), die jemand zu erleiden hat, der ungeschützt diese Zeit verbringen muß (Gen 31, 40) oder der ein Toter ausgesetzt ist, weil er unbegraben verwesen muß (Jer 36, 30), wobei letzteres freilich grausiges Zeichen des sich erfüllenden prophetischen JHWH-Wortes sein kann (Bar 2, 25).

Als Zeit der Kühle ist die Nacht auch die Zeit des Taufalls, die in Num 11, 9 verbunden ist mit dem Fallen des Manna (vgl. Ex 16, 13–26). Die „Tropfen der Nacht" (*reṣîsê lājlāh*) in HL 5, 2 sind wohl nicht so sehr ein Hinweis auf die Unbilden der Nacht (vgl. Würthwein, HAT I/18, z.St.) als vielmehr ein Zeichen der Fruchtbarkeit, des Segens und des sich regenerierenden Lebens (vgl. Gerleman, BK XVIII z.St.).

III. 1. Für die Beschreibung der mit dem Morphem *lajlāh* verbundenen theologischen Aspekte ist davon auszugehen, daß es die im Raum der Schöpfung „ausgegrenzte Finsternis" bezeichnet, was P am ausführlichsten darstellt (Gen 1, 3–5); nach diesem Zeugnis ist die Nacht Ergebnis eines mehrfachen schöpferischen Tuns Gottes: angesichts der Urgegebenheit „Finsternis" entsteht auf Gottes schöpferisches Wort hin Licht (Gen 1, 3a), das Gottes Billigung erfährt (Gen 1, 4a). Daraufhin trennt Gott das Licht von der Finsternis (Gen 1, 4b) und benennt die Schöpfungsgrößen, die Licht und Finsternis im Raum der Schöpfung in Erscheinung treten lassen als *jôm* und *lajlāh* (Gen 1, 5a). *lajlāh* ist darum die als Schöpfungswirklichkeit durch Gottes hoheitsvolles Tun (→ בדל *bdl* und → קרא *qr'*) gezeichnete und von ihm beherrschte Urgegebenheit „Finsternis", wobei in P die sachliche Abwertung „gemäß der besonderen Anlage dieses Werkes mit ihrer einseitigen Hervorhebung des Lichtes ... gegeben ist" (Steck, Schöpfungsbericht 167 Anm. 710). Im Rahmen der Weltinterpretation von Ps 104 erscheint *lajlāh* als ein Moment der in allen Erscheinungsweisen von der Welt sich manifestierenden Zuwendung Gottes (vgl. Ps 104, 20), insofern gerade die Nacht der vom Schöpfer den Tieren des Waldes und den jungen Löwen zugedachte Zeitraum ist, in dem sie ihre Aktivität entfalten und ihren Lebensunterhalt vom Schöpfer in Empfang nehmen (Ps 104, 20f.; vgl. Steck, Welt und Umwelt, 63–69). Weil die Nacht Ausdruck der schöpferischen Zuwendung Gottes zu seiner Schöpfung ist, kann der mit unabänderlicher Regelmäßigkeit einsetzende Wechsel von Tag und Nacht als *berîṯ* Gottes bezeichnet werden im Sinne, daß Gott für diesen Wechsel eine unwiderrufliche Ordnung festgesetzt hat (Jer 33, 25), die Zeichen der Unwiderruflichkeit von Gottes Zuwendung ist (Gen 8, 21f.). Als Empfänger von Ordnungen und Satzungen Gottes (Jer 33, 20a. 25) sind Tag und Nacht als Herrschaftsbereiche Gottes ausgewiesen, was Gen 1, 14–18 und Ps 74, 16 ausgesagt ist, wenn Gott dem Raum der Finsternis die entsprechende Leuchte (*mā'ôr*) setzt. Indem die Nacht eine von Gott in Dienst genommene Größe ist, wird auch sie zur Dienerin des Lobes Gottes im sprachlosen Bereich der Schöpfung (Ps 19, 3b).

2. Die Nacht ist aber auch in geschichtstheologischer Hinsicht mit dem Wirken Gottes verbunden, insofern sie zeitlicher Rahmen ist für sein Kommen in Heil und Gericht. In der Nacht verwirklicht sich Gottes Fürsorge für sein wanderndes Volk in der Spendung des Manna (Num 11, 9). Auf seiner Wanderung durch die Wüste führt JHWH das Volk durch seine Präsenz in der Feuersäule, so daß der Raum, der für die Wanderung völlig ungeeignet ist, durch JHWHs Gegenwart zum Raum des Lebens und Handelns wird (Ex 13, 21a. 22; Num 14, 14; Deut 1, 33; Neh 9, 12. 19; Ps 78, 14; Weish 10, 17). Die Präsenz Gottes im Feuer (*'eš*) (Ex 40, 38; Num 9, 16) über dem Zeltheiligtum der Wüstenzeit während der Nacht läßt auch diese zur Zeit seiner huldvollen Nähe werden. Nach Jes 4, 5 sind die Vorstellungen der Präsenz JHWHs tagsüber in der Wolke (*ʿānān*) und während der Nacht in Rauch und im Glanz lo-

dernden Feuers (*ʿāšān wᵉnoḡah ʾeš læhāḇāh*) mit dem Zion verbunden, insofern die durch den *rûaḥ* in „Gericht" und „Säuberung" als „heiliger Rest" konstituierte Gemeinde des Zion die schöpferische (*brʾ*) Präsenz JHWHs Tag und Nacht auf dem Zion erfährt, womit das Werk der göttlichen Gnade an den Entronnenen Israels zum Ziele gelangt (vgl. Wildberger, BK X/1, z.St.); damit sind die Zeichen der Präsenz JHWHs zum Ausdruck des absoluten Schutzes, der den ganzen Lebensraum der Zionsgemeinde umfaßt, geworden.

3. *lajlāh* ist die Zeit der Rettung des bedrängten Jerusalem (2 Kön 19, 35; Jes 37, 36) durch die mächtige Hand JHWHs. Eng damit verbunden ist wohl die vorpriesterliche Notiz, die die Rettung Israels am Meer in der Zeit der Morgenwache (*bᵉʾašmorœṯ habboqœr*) ansetzt (Ex 14, 24a). Es ist sehr fraglich, ob diese Angabe mit der „Hilfe am Morgen" (Ps 30, 6; 90, 14; 143, 8: Kl 3, 22f.) gleichgesetzt werden kann (vgl. Lutz 50 Anm. 1; Wildberger, BK X/2, 675; dagegen → בקר *boqœr*), abgesehen davon, daß wegen des uneinheitlichen Sprachgebrauchs von einem einheitlichen Motiv der „Hilfe am Morgen" schwerlich gesprochen werden kann. Enger mit Ex 14, 24a verbunden ist Ps 46, 6, wonach JHWHs Einsatz zur Rettung des Zion *lip̄nôṯ boqœr* erfolgt, d. h. „vor dem Morgen", also vor der Möglichkeit des Einsatzes militärischer Macht. JHWHs Einsatz zur Rettung des Zion erfolgt dann in der „Nacht" (vgl. Jes 17, 14; Judith 13, 14) als Ausdruck seines unbedingten und souveränen Engagements für seinen „heiligen Berg" (Ps 2, 6). Ohne ausführlich die Verbindung des Motivs „Hilfe JHWHs in der Nacht" mit der Zionsvorstellung zu diskutieren, kann gesagt werden, daß im Zusammenhang der Rede von der Rettung des Zion durch JHWH auch das Motiv der „Rettung durch JHWH in der Nacht" aufscheint. Es muß dahingestellt bleiben, ob man in Jerusalem tatsächlich an einem bestimmten Tag des Jahres „vor Morgengrauen", d. h. noch in der Nacht, diesen Rettungseinsatz JHWHs zugunsten seines Volkes kultisch dargestellt hat (vgl. Müller 43f.), so etwa in der Passahnacht (Müller 93f.). Daß diese Vorstellung „Hilfe JHWHs in der Nacht für den Zion" nicht erst im Zusammenhang der Rettung Jerusalems bei der Belagerung der Stadt durch Sanherib (701 v. Chr.) entstanden ist, geht schon daraus hervor, „daß dieses durchaus nicht wunderbare Geschehen einer vorgegebenen Tradition bedurfte, um als Rettungswunder interpretiert werden zu können" (Müller 45 Anm. 78). Wohl aber dürfte die theologische Interpretation dieses Geschehens durch die Vorstellung „Hilfe JHWHs in der Nacht für den Zion", die in ihren Elementen mit großer Wahrscheinlichkeit auf die vorisraelitische Zeit Jerusalems zurückgeht, zu einer Neuerzählung der Rettung Israels am Meer geführt haben, in der das rettende Wirken JHWHs in der Nacht (Ex 14, 21. 24a) die entscheidende Aussage geworden ist.

4. Ausdrückliche Kenntnis gibt es für das at.liche Israel nur bezüglich einer Nacht, die theologisch und liturgisch von höchster Bedeutung ist: die „Nacht der Befreiung aus Ägypten", die überlieferungsgeschichtlich im Kontext zweier Festtraditionen verankert ist: als „Nacht der letzten Plage der Tötung der Erstgeburt Ägyptens" (Ex 11, 4f.; 12, 29) gehört sie in den Kontext des Mazzotfestes (Otto 3–27); als „Nacht, in der der *mašḥîṯ* durch Ägypten geht, um mit Unheil zu schlagen" hat sie ihre überlieferungsgeschichtliche Wurzel in der Passahfeier. Durch die wohl im Rahmen der dtr Bewegung sich vollziehende Verbindung des Passahritus mit dem Mazzotfest ist die Passahfeier zur Nacht der Tötung der Erstgeburt geworden (vgl. nachhinkendes *lajlāh* in Deut 16, 1 und die in Deut 16, 1–8 störende Einfügung der Passahnotizen in 1a β und 5–7). Ihre eigentliche Verwendung hat die Zeitangabe „Nacht" im Rahmen des Passahritus, der von Anfang an – sei es im Rahmen der nomadischen Hirtengruppe, sei es später im Rahmen der israelitischen Familie – ein nächtliches Geschehen meinte. Vom Ursprung her ist *lajlāh* in diesem Zusammenhang die Zeit des verderblichen Wirkens des *mašḥîṯ* (also eine Konkretisierung des allgemeinen Bewußtseins von der Nacht als der Zeit der Unheilsmächte), der durch den Blutritus abgehalten werden soll. Durch die Jahwisierung des Passahritus wird diese Nacht zum Raum, in dem JHWH sein rettendes Handeln an Israel offenbar macht (Ex 12, 13. 23. 27). Die Verbindung des Passahritus mit dem Mazzotfest verdeutlicht dieses rettende Handeln JHWHs mit der Tötung der äg. Erstgeburt (Ex 12, 12. 29; 13, 15; Weish 18, 6. 14–16). So interpretiert die spätere Tradition Israels diese Nacht als *lêl šimmurîm* für JHWH (Ex 12, 42), eine Nacht der sich im Wachen über die Integrität seiner Getreuen manifestierenden Fürsorge für sein Volk. Diese Bezeichnung bezieht sich wohl auf das in der Passahnacht geübte Wachen der Israeliten (Ex 12, 42b) zum Gedenken an die in dieser Nacht sich offenbarende Sorge JHWHs um sein Volk (vgl. Noth, ATD 5, z.St.).

5. Die Zeitangabe mit *lajlāh* erscheint auch im Zusammenhang des göttlichen Gerichtes, so etwa andeutungsweise in Jes 15, 1. Als Geschehen nächtlichen Ereignissen vergleichbar wird das Gericht in Hi 27, 19f. geschildert, wobei die Zeitangabe *lajlāh* das Plötzliche, Unberechenbare des göttlichen Gerichtes, dem der Mensch trotz seiner vielfältigen Möglichkeiten ohnmächtig gegenübersteht (vgl. Hi 34, 20. 25), anzeigen will. In der Spätzeit des AT wurde *lajlāh* metaphorisch als Ausdruck für das Gericht gebraucht, so etwa vom Verfasser der Elihureden, wenn er das Gericht über die Völker als *hallājlāh laʿᵃlôṯ ʿammîm taḥtām* (Hi 36, 20) bezeichnet (vgl. Weish 17, 2. 5. 13. 20). Wie gerade Jon 4, 10 unterstreicht, ist die Zeitangabe „Nacht" im Zusammenhang des Wirkens Gottes jenes Element, das die unbedingte Souveränität seines Tuns markiert und die Unbeeinflußbarkeit vom Menschen her zum Bewußtsein bringen möchte.

6. *lajlāh* ist dann vor allem die Zeit, in der Gott sich dem Menschen offenbart und zwar im Medium des Traumes (→ חלם *ḥālam*): JHWH erscheint (*r'h niph*) in der Nacht *baḥ^{a}lôm* 1 Kön 3, 5; JHWH kommt und spricht *baḥ^{a}lôm hallajlāh* Gen 20, 3; 31, 24; semantisch in dieselbe Richtung weisen: *b^{e}mar'oṯ hallajlāh* (Gen 46, 2); *ḥæzjôn lajlāh* (Hi 4, 13; 20, 8; 33, 15 [parallel zu *ḥ^{a}lôm*]); *ḥ^{a}zôn lajlāh* (Jes 29, 7 [parallel zu *ḥ^{a}lôm*]; vgl. dazu aram. *ḥæzwê (dî) lêljā'* [Dan 2, 19; 7, 7. 13]); *r'h hallajlāh* mit dem Propheten als Subjekt (Sach 1, 8); ein nächtliches Gesicht bzw. eine nächtliche Schauung ist ein Traumgesicht. Im Zusammenhang von Offenbarung in Verbindung mit der Zeitangabe *lajlāh* ist Gott als Subjekt mit folgenden prädikativen Aussagen verbunden: *r'h niph* Gen 26, 24; 2 Chr 1, 7; 7, 12; *bw'* Num 22, 20; *'mr* Gen 26, 24; Num 22, 19f.; Ri 6, 25; 7, 9; 1 Sam 15, 16; in 2 Sam 7, 4 und 1 Chr 17, 3 ist die Zeitangabe *lajlāh* mit der Wortereignis-Formel verbunden. Daß gerade die Nacht zur Zeit der Offenbarung wird, steht wohl im Zusammenhang mit dem Faktum, daß sie die Zeit des Traumes ist, der ganz aus der Bewußtlosigkeit des Menschen heraufsteigt und so entsprechend dem allgemeinen Bewußtsein Wirklichkeiten offenbar macht, die jenseits aller menschlichen Manipulation liegen und daher eine besondere Affinität zum Göttlichen aufweisen. Damit verbunden ist die Praxis der Inkubation, wie sie in Gen 46, 1aβ–5a; 1 Kön 3, 4–15 vorzuliegen scheint. Der nächtliche Schlaf am Heiligtum brachte den Menschen in eine besondere Nähe zur Gottheit. Mit der in Israel wohl immer stärker werdenden Kritik gegen die Praxis, Offenbarung Gottes durch Opfer und Schlaf im Heiligtum erzwingen zu können, und damit gegen die Traumoffenbarung selbst (vgl. Jer 23, 25ff.; Deut 13, 2ff.) tritt die Aussage, daß Gott im Traum sich offenbart, immer mehr zurück zugunsten der Aussage: Gott erscheint, spricht, kommt in der Nacht. So macht die Zeitangabe mit *lajlāh* gerade im Zusammenhang der Rede vom sich offenbarenden Gott bewußt, daß alles Sprechen, Sich-Zeigen, Auf-den-Menschen-Zukommen Gottes ausschließlich in seiner Initiative liegt (vgl. Ri 6, 40).

7. Das Morphem *lajlāh* spielt auch eine Rolle in Zusammenhängen, in denen es um das Verhältnis der Glaubenden Israels zu ihrem Gott geht. So ist die Nacht für das Volk (Num 14, 1; Kl 1, 2) und für den einzelnen Frommen die Zeit besonders eindringlicher Klage (1 Sam 15, 11) oder des klagenden Nachsinnens (Ps 77, 7) über das so unverständlich gewordene Handeln JHWHs. Die Nacht ist ferner auch die Zeit, die flehentliches Bitten in seiner Intensität und Ernsthaftigkeit unterstreicht (Judith 6, 21; 11, 17). Doch wie die Nacht Zeit der bangen Sehnsucht nach Gott sein kann (Jes 26, 9), so kann sie sich aufgrund der erfahrenen Hilfe Gottes in eine Zeit des dankbaren und frohen Gedenkens Gottes wandeln (Ps 119, 55); ja sie wird zur Zeit des Lobliedes, wenn Gott dem Menschen seine Huld zuwendet (Ps 42, 9 M; Ps 119, 62), so daß Elihu Gott als den *noṯen z^{e}mirôṯ ballājlāh* bezeichnet (Hi 35, 10). Doch auch für die gesamte Glaubensgemeinde soll die Nacht zur Zeit des Lobpreises werden (Ps 134, 1; Jes 30, 29), was mit größter Wahrscheinlichkeit auch liturgische Wirklichkeit war, da sich Spuren von Liedern dieser nächtlichen Feiern etwa in Ps 8, 4ff. vermuten lassen. Direkt bezeugt ist im AT eine nächtliche Feier nur für das Passahfest, während die Notiz über die „Nacht der Festweihe" (Jes 30, 29) nicht eindeutig zu verifizieren ist.

IV. Keine neuen Verwendungsaspekte weisen die Vorkommen des Wortes *lajlāh* in den Qumrantexten auf. 1 QH 12, 6f. erscheint die Nacht als der Herrschaftsraum der Finsternis; 1 QS 6, 6; 1 QH 8, 29; 10, 15; TR 57, 10 ist *lajlāh* integratives Element der durativen Zeitangabe „Tag und Nacht"; 1 QM 19, 9 ist Nacht die Zeit der Ruhe; 1 QS 6, 7; 10, 10; 1 QM 14, 13 ist Nacht die Zeit des besonderen Lobpreises Gottes und des Studiums seiner Weisung.

*In den übrigen Texten ist die Nacht vorwiegend verstanden als Zeitraum für Träume und Visionen (1 QGenApokr 19, 14; 21, 8; 4 QEnGiants^{b} 2, 16; 11 QtgJob 22, 9), um seiner vielen Verpflichtungen nachzugehen (11 QtgJob 26, 6), aber auch zum besonders innigen Gebet (1 QGenApokr 20, 12). Die Tempelrolle verwendet *lajlāh* in der Wiederaufnahme at.licher kultischer Bestimmungen (TR 17, 8 Verzehren des Passahmahles während der Nacht; vgl. Ex 12, 8; TR 45, 7 kultische Unreinheit durch nächtliche Pollution; vgl. Deut 23, 10ff.) und 4 Q 184, 1, 4. 6 – ein Fragment über die „Ränke des bösen Weibes" – sieht im 'Anbruch der Nacht' (*b'jšnj ljlh*, vgl. J. Strugnell, RQu 7, 1969ff., 265) die bevorzugte Zeit für das Ränkespinnen des bösen Weibes. (*Fa*)

Stiglmair

לִין *lîn*

מָלוֹן *mālôn*, מְלוּנָה *m^{e}lûnāh*

I. 1. Etymologie – 2. Belege und Wortstatistik – 3. LXX – II. Syntaktische Wortverbindungen – III. Semantische Wortverbindungen – IV. Bedeutung und Gebrauch im AT – 1. Bedeutungselemente – 2. Haupt- und Nebenbedeutungen.

I. 1. Die Wurzel *ljn* mit der Nebenform *lwn* (in Ableitungen), 'übernachten, die Nacht verbringen', ist außer im Hebr. (einschl. Mhebr.) nur im Ugar. sicher nachweisbar (WUS Nr. 1470). Nach Brockelmann (VG I 228) ist sie durch Dissimilation aus *ljl* 'Nacht' entstanden, was in Anbetracht ihres Vorkommens auch im Ugar. fraglich erscheint. Die phön. *hitp*-Form *jtlnn* (KAI 24, 10), die oft als 'die Nacht verbringen' gedeutet wurde, ist eher zu *lwn* 'knurren, murren' zu stellen (DISO 136).

2. Die Wurzel ist im AT 80mal belegt (13mal Ri, 11mal Gen, 8mal Hi, 7mal Jes, sonst ziemlich eben gestreut), davon 70mal als Verb (68mal im *qal*, 2mal *hitp*). Ableitungen sind *mālôn* 'Nachtlager, Nachtquartier' (8mal) und *m^elûnāh* 'Nachthütte' für Wächter (2mal).

3. Die LXX übersetzt meist mit αὐλίζειν, κοιμᾶν und καταλύειν. Vereinzelt kommen Übersetzungen wie καταπαύειν, μένειν, ὑπάρχειν und ὑπνοῦν vor.

II. Als Subjekt hat *lîn* a) Gemeinschaften: „alle Israeliten" (Jos 3, 1); „die Kaufleute und die Verkäufer" (Neh 13, 20; vgl. v. 21); b) Personen: „Josua (Jos 8, 9); „ich und mein Kebsweib" (Ri 20, 4); „ein Kriegsmann" (2 Sam 17, 8); „der Fremde" (Hi 31, 32; vgl. ferner Gen 32, 22; 2 Sam 19, 8; Ps 91, 1); c) tote Körper: „der Leichnam darf nicht über Nacht am Baum (hängen) bleiben" (Deut 21, 23); d) Lebewesen, Tiere: „Rohrdommeln (?) und Eulen" (Zeph 2, 14); e) Körperteile, Sachen: „ein Ohr, das hört, wird im Kreise der Weisen weilen" (Spr 15, 31; gehört inhaltlich zu b), denn gemeint ist „derjenige, der hört"); „der Tau nächtigt" (Hi 29, 19); „das Fett von meinen Festopfern soll nicht bis zum Morgen liegen bleiben" (Ex 23, 18; vgl. Ex 34, 25 vom Opfer des Passahfestes und Deut 16, 4 vom Passahlamm); „der Lohn des Tagelöhners soll nicht bis zum (anderen) Morgen bei dir bleiben" (Lev 19, 13); f) Zustände, Eigenschaften: „meine Verirrung weilt bei mir" (Hi 19, 4), d. h. ich habe mich geirrt, habe gesündigt; „am Abend kehrt Weinen ein" (Ps 30, 6); „Gerechtigkeit weilte in ihr (Jerusalem)" (Jes 1, 21); „Stärke" (Hi 41, 14); „seine Seele" (Ps 25, 13).

Als Zeitadverbien werden mit *lîn* verbunden: a) *boqær* 'Morgen' mit *l^e* oder *'ad* 'bis zum' (z. B. Ex 34, 25; Deut 16, 4; Ex 23, 18); b) *lajlāh* 'Nacht' (Gen 32, 14. 22; Num 22, 8; Jos 4, 3; 8, 5. 13; Ruth 3, 13; 2 Sam 17, 16; 19, 8); c) *'æræb̲* 'Abend' (Ps 80, 6; Jes 31, 13).

Als Ort des Übernachtens bzw. Verweilens wird entweder ein Haus o. ä. genannt: „im Haus" (Ri 19, 5, vgl. Sach 5, 4), „im Hause Michas" (Ri 18, 2), „in der Zelle" (Esr 10, 6), „bei Bileam" (Num 22, 8), „im Lager" (Gen 32, 22; Jos 6, 11), „bei dir" (Lev 19, 13, vgl. 2 Sam 19, 8), „bei mir" (Hi 19, 4), „an deiner Krippe" (Hi 39, 9), „in einer Höhle" (1 Kön 19, 9), *bann^eṣurîm* (= in Höhlen?) oder aber offene Räume: „bei den Furten in der Wüste" (2 Sam 17, 16, vgl. „in der Wüste" Ps 55, 8), „auf dem Berg" (Gen 31, 54), „in (*b^etôk̲*) Jerusalem" (Neh 4, 16; vgl. Jer 4, 14 *b^eqirbek̲*, Spr 15, 31 „unter [*b^eqæræb̲*] den Weisen"), „in der Umgebung des Gotteshauses" (1 Chr 9, 27), „auf dem Gurkenfeld" (Jes 1, 8), „außerhalb Jerusalems" (Neh 13, 20; vgl. „draußen" Hi 31, 32), „auf der Erde" (2 Sam 12, 16), „auf dem Markt" (im Freien) (Gen 19, 2; Ri 19, 20), „in den Dörfern" (HL 7, 12), „in der Steppe" (Jes 21, 13), „in Zion" (Jes 1, 21), „vor der Mauer" (Neh 13, 21).

Andere, z. T. metaphorische Ortsbestimmungen liegen in folgenden Fällen vor: „zwischen den Brüsten" (HL 1, 13), „im Guten" (Ps 25, 13), „im Schatten" (Ps 91, 1), „in den Zweigen" (Hi 29, 19, s. Weiser, ATD 13, 202), „auf seinem Nacken" (Hi 41, 14), „am Baum" (Deut 21, 23), „auf Zacken der Felsen und steilen Klippen" (Hi 39, 28), „dort" (Gen 28, 11; 31, 54; Jos 3, 1; Ri 18, 2; 19, 6; 1 Kön 19, 9; Esr 10, 6), „hier" (Num 22, 8; Ri 19, 9).

Der Ort wird auch bestimmt als Übernachtungsstätte (*mālôn*, Gen 42, 27; 43, 21; Ex 4, 24; Jos 4, 3. 8; 2 Sam 19, 23), in Gibea (Ri 20, 4), in Geba (Jes 10, 29; Text problematisch), Platz (*māqôm*, Gen 24, 23. 25) oder mit dem unbestimmten Ausdruck „wo immer" (Ruth 1, 16).

III. Die Wurzel *lîn* wird gelegentlich mit anderen Worten semantisch verbunden, was eine inhaltliche Abgrenzung ermöglicht. Es gibt vier solche semantischen Verbindungen im AT: 1) *lîn* und *rāb̲aṣ*. In Zeph 2, 14 („Herden werden sich darin [in Ninive] lagern [*rāb̲aṣ*], Rohrdommeln und Eulen werden in ihren Säulenknäufen übernachten") werden *rāb̲aṣ* und *lîn* parallel gebraucht, um das Verweilen Tag (*rāb̲aṣ*) und Nacht (*lîn*) auszudrücken. 2) *lîn* und *jāraš*. In Ps 25, 13 („seine Seele [= er selbst] wird im Guten weilen [*lîn*], und seine Nachkommen werden das Land erben [*jāraš*]") liegt ein progressiver Parallelismus vor: der Mann, der JHWH fürchtet, wird glücklich leben, und seine Nachkommen werden das Glück des verheißenen Landes genießen. Das gegenwärtige und das zukünftige Glück werden durch die beiden Verben *lîn* und *jāraš* zum Ausdruck gebracht. 3) *lîn* und *jāšab̲*. In Ps 91, 1 („Wer im Schutz des Höchsten wohnt, und im Schatten des Schaddai weilt [*jitlônān*]") werden die Verben *jāšab̲* und *lîn* fast synonym gebraucht, um das Leben unter dem Schutz Gottes zu beschreiben. 4) *lîn* und *šāk̲ab̲*. In Gen 19, 2. 4 wird *šāk̲ab̲* als die letzte Phase des *lîn* dargestellt: v. 2 „Kehrt doch ein ins Haus ... zum Übernachten ..."; v. 4: „Noch hatten sie sich nicht schlafen gelegt (*šāk̲ab̲*)". Die verschiedenen Momente, die *lîn* als Oberbegriff enthält (Waschen der Füße, Essen und Trinken), gehen dem Hauptmoment voraus: Liegen, um zu schlafen. Bevor sie sich zu Bett gelegt hatten, kamen die Männer der Stadt Sodom, d. h. das *lîn* wurde nicht vollendet.

IV. 1. Im konkreten Sinn fängt das *lîn* abends an und hört morgens auf (Gen 19, 1; 24, 54; 32, 1; Ri 19, 6 f. 11; Jer 14, 8; Ps 30, 6; Ruth 3, 13). *lîn* setzt einen Reisenden voraus, der entweder aus Müdigkeit oder weil er sein Ziel erreicht hat, die Reise abbricht. Das ist z. B. der Fall bei den zwei Engeln, die abends nach Sodom kommen (Gen 19, 2) oder bei dem ältesten Knecht Abrahams in der Stadt Nahors (Gen 24, 23–25). Der Prophet Jeremia drückt die Situation klar aus, obwohl er sie auf Gott bezieht: „Warum bist du wie ein Fremder (*ger*) im Land und wie ein Wanderer (*'oreaḥ*), der nur über Nacht bleibt?" (Jer

14, 8; vgl. Ri 19, 15; Hi 31, 32). Die Frage *'ānāh telek̲ ûme'ajin tābô'* „Wo willst du hin, und wo kommst du her?" (Ri 19, 17) zeigt den vorläufigen Charakter der durch *lîn* ausgedrückten Tätigkeit. Die Verbindung von *lîn* mit einer Reisesituation unterscheidet die Wurzel von *jāšen* 'schlafen' und *šāk̲ab̲* 'liegen'. *lîn* setzt eine Situation des Wanderns voraus, während *jāšen* und *šāk̲ab̲* die Verhältnisse des Wohnens voraussetzen. Dazu paßt die in Esr 10, 6 beschriebene Situation, da Esra und seine Mitbürger heimkehrende „Wanderer" sind.

Die Verwirklichung des *lîn* ist von einem Ort abhängig; dies kann ein offener Platz, ein Feld oder ein Haus sein. Die zwei Engel übernachten (*lîn*) im Hause Lots (Gen 19, 5), der Knecht Abrahams im Hause Bethuels (Gen 24, 23 – 25, 54), die fünf Daniten im Hause Michas (Ri 18, 4f.), der Levit im Hause seines Schwiegervaters in Bethlehem (Ri 19, 4f.) und in Gibea (Ri 20, 4). Es gibt Orte, die für das *lîn* qualifiziert sind und andere, die es nicht sind: jedenfalls soll man nicht auf der Straße (draußen) übernachten (Hi 31, 22). Trotzdem war Übernachten im Freien gewöhnlich: Elia übernachtet in einer Höhle (*me'ārāh*, 1 Kön 19, 9), Jakob auf dem Berg (Gen 31, 54; vgl. 32, 14) und in einem Lager (*maḥanæh*, Gen 32, 21f.) oder an einer (heiligen) Stätte (*māqôm*, Gen 28, 11), Josua und die Israeliten am Ostufer des Jordans (Jos 3, 1) und in einem Lager in Gilgal (Jos 6, 11), die 5000 streitbaren Männer lagerten zwischen Bethel und Ai (Jos 8, 9; vgl. v. 12f.), David darf mit seiner Streitmacht nicht bei den Furten der Steppe (l. *be'ab̲rôt̲ hammid̲bār* statt MT *be'arb̲ôt̲*, 2 Sam 17, 16) übernachten (vgl. 2 Sam 10, 29; 21, 13; Ps 55, 8; Jer 9, 1). Die Nuance des Zeitweiligen, d. h. Übernachtung nur für eine bzw. einige Nächte, wird auch in Kriegssituationen beibehalten (Jos 8, 9. 13; 2 Sam 17, 8). In HL 7, 12 ist von Übernachtung in den Dörfern (*kep̄ārîm*, Änderung in *kerāmîm* 'Weinberge' ist nicht nötig, s. Gerleman, BK XVIII 207) die Rede. Die vier obersten Torwächter verbrachten die Nacht in der Umgebung des Gotteshauses (1 Chr 9, 26f.), Esra übernachtete in der Zelle Johanans (Esr 10, 6), Nehemia befahl dem Volk, inmitten von Jerusalem zu übernachten (Neh 4, 16), und verbot den Kaufleuten und den Verkäufern, vor der Mauer Jerusalems zu übernachten (Neh 13, 20f.). Jes 65, 4 erwähnt als Übernachtungsstätte die *neṣurîm* (abgeschlossene Orte?, Höhlen?). David übernachtete in seinem Haus (2 Sam 12, 16) und die Ältesten der Moabiter und der Midianiter bei Bileam, wahrscheinlich nur für eine Nacht (Num 22, 8. 13).

Der Ort, wo man die Nacht verbringt, ist ein Nachtquartier oder eine Herberge (*mālôn*). Eine Definition des *mālôn* findet sich in Jos 4, 3 „in der Herberge, in der ihr die Nacht verbringt" (*bammālôn 'ašær-tālînû bô hallājlāh*, vgl. v. 8). *mālôn* kann auch einfach ein Rastplatz im üppigen Wald sein (2 Kön 19, 23). Mose erlebte an einer Übernachtungsstätte eine lebensgefährliche Theophanie (Ex 4, 24). Der *mālôn* war praktisch der Ort, wo die Reisenden ausruhen, die Füße waschen, essen und trinken konnten (Gen 19, 2; 31, 54; vgl. Ri 19, 4. 6; Esr 10, 6 und „nächtigt satt" Spr 19, 23) und wo die Reise- und Lasttiere gefüttert werden konnten (Gen 24, 23. 25; 42, 27; 43, 21).

Die Stelle im Freien, wo man als Wache die Nacht verbringen konnte, wird *melûnāh* genannt. Es handelt sich um ein Gestell aus starken Baumzweigen (Dalman, AuS II 61, Abb. 12. 13; LXX: ὀπωροφυλάκιον), das hoch über dem Feld gestellt war und den freien Blick sicherte (Jes 1, 8; 24, 20).

Einen geeigneten Ort für die Übernachtung zu haben, setzt Gastfreundschaft voraus. So wird öfters im AT eine Einladung zum Übernachten erteilt. Die Form einer solchen Einladung sehen wir Gen 19, 2: „Ach, meine Herren, kehrt doch ein ins Haus eures Knechtes zum Übernachten." Einladung erteilte Bileam an die Ältesten Moabs und Midians (Num 22, 8), ebenso der Schwiegervater des Leviten aus Ephraim (Ri 19, 9). Falls es aber keine Einladung gab, mußte man im Freien übernachten (Ri 19, 15). Hiob unterstreicht seine Gastfreundschaft, indem er sagt: „Kein Fremder mußte draußen übernachten" (Hi 31, 32), d. h. er lud alle ein, bei ihm zu übernachten. Eine erotische Einladung zum Übernachten wird HL 7, 12 erteilt. In Ruth 3, 7. 13 findet sich eine „erzwungene" Einladung. Eine indirekte Bitte um Übernachtung wird vom ältesten Knecht Abrahams ausgesprochen (Gen 24, 23–25).

2. Statistisch gesehen gehören von insgesamt 80 Belegen 50 zur semantischen Gruppe 'übernachten, die Nacht verbringen'. Diese Bedeutung liegt 37mal in den historischen Büchern vor (Gen 19, 2; 24, 23. 25. 54; 28, 11; 31, 54; 32, 14. 22; Num 22, 8; Jos 3, 1; 4, 3; 6, 11; 8, 9; 13; Ri 18, 2; 19, 4–15 [9mal]. 20; 20, 4; 2 Sam 12, 16; 17, 8. 16; 19, 8; 1 Kön 19, 9; Ruth 1, 16; 3, 13; Esr 10, 6; Neh 4, 16; 13, 20; 1 Chr 9, 27), während in den übrigen 13 Belegen eine Übernachtung mit speziellem Inhalt oder Ziel gemeint ist oder *lîn* metaphorisch gebraucht wird:

a) *lîn* ist Zeichen der ehelichen Abhängigkeit einer Frau von ihrem Mann (Ruth 1, 16) und der Treue im allgemeinen Sinn (2 Sam 19, 8). Abhängigkeit und Gehorsam eines Tieres werden bildlich als dessen Übernachtung an der Krippe des Besitzers dargestellt (Hi 39, 9).

b) Da das Übernachten einer Frau mit einem Mann die Nuance des geschlechtlichen Verkehrs hat, wird mit *lîn* auch die (heilige) Hochzeit umschrieben (HL 1, 13; 7, 12).

c) Obwohl *lîn* eine zeitliche Komponente enthält, wird es auch ohne solche Zeitbezogenheit gebraucht, um den permanenten Charakter einer Eigenschaft zu unterstreichen. So „nächtigt" die Stärke auf Leviathans Nacken (Hi 41, 14), d. h. sie ist „wie daheim" (Fohrer, KAT XVI 530). Ähnlich wird Jes 1, 21 die Eigenschaft der Gerechtigkeit, die Zion hatte, als darin „nächtigend" oder weilend beschrieben. In beiden Fällen liegt die Nuance des „Sich-Festsetzens" vor, wie Elliger, ATD 25, 106 zu Sach 5, 4 sagt.

d) Nach Westermann (ATD 19, 318) u.a. sind mit *lîn* in Jes 65,4, wo vom Übernachten der Abtrünnigen in Höhlen die Rede ist, Inkubationsriten gemeint, was auch durch den erklärenden Zusatz der LXX διὰ ἐνύπνια „wegen des Traumorakels" nahegelegt wird.

Oikonomou

ליץ **ljṣ*

לִיץ *lîṣ*, לֵץ *leṣ*, לָצוֹן *lāṣôn*, מֵלִיץ *melîṣ*

I. 1. Wurzel – 2. Etymologie – 3. Vorkommen im AT, Sir und Qumran – II. 1. *lîṣ/lûṣ* – 2. *leṣ, lāṣôn* – III. *melîṣ*.

Lit.: *J. Behm*, παράκλητος B (ThWNT V 805–811). – *G. Bertram*, ὕβρις (ThWNT VIII 299–305). – *F. Buhl*, Die Bedeutung des Stammes לוץ oder ליץ im Hebräischen (Festschr. J. Wellhausen 1914, 81–86). – *P. A. H. de Boer*, De voorbede in het O.T. (OTS 3, 1943, 165f.). – *S. A. Mandry*, There is no God! A Study of the Fool in the OT (Diss. Rom 1972). – *H. N. Richardson*, Some Notes on ליץ and its Derivatives (VT 5, 1955, 163–179). – *Ders.*, Two addenda etc. (VT 5, 1955, 434–436). – *C. Schedel*, Tešûbāh und melîṣ etc. (Bibl 43, 1962, 168–170).

I. 1. Zu einer gemeinsamen Wurzel *ljṣ* gehören das Verbum *lîṣ* bzw. *lûṣ*, das Verbaladjektiv/Nomen *leṣ* (Ptz. *qal*?) und das Nomen *lāṣôn*, nur selten auch *melîṣ* (Ptz. *hiph*). In der Regel steht *melîṣ* etymologisch für sich; will man es auch dann als Ptz. *hiph* erklären, so muß dafür (mit GesB 386 und Zorell 394f.) eine selbständige Wurzel *ljṣ* II angenommen werden. *m^elîṣāh* ist am besten (mit Richardson, VT 5, 178) der Wurzel *mlṣ* zuzuordnen. Bei *ljṣ* I scheint es sich um eine dem Hebr. eigentümliche Wurzel zu handeln. Denn ein Zusammenhang mit akk. *lâṣu* 'höhnen' (?), das nach AHw 1162a anders zu lesen ist, ist äußerst fraglich; dazu hat sich bisher keine überzeugende arab. Entsprechung gefunden (*ljṣ* 'abbiegen': Gaster, KBL²; *lwṣ* 'durch Türspalt schauen': KBL³). Dem bibl. Hebr. entstammen sowohl mhebr. *lîṣ/lûṣ* wie mhebr./jüd.-aram. *lîṣān*, *lîṣānûṯ* und *leṣûṯ* (WTM 504. 521).

2. Seit F. Buhl (1914) ist zurecht immer wieder versucht worden, die traditionelle Übersetzung (z.B. BDB) mit 'spotten', 'Spötter', 'Spott' zu korrigieren und – soweit möglich unter Einbeziehung von *melîṣ* und *m^elîṣāh* – zur „Grundbedeutung" der Wurzel vorzustoßen. Als solche wurden vorgeschlagen: 'übermütig, vermessen sein' (Buhl, GesB, Zorell); 'töricht sein' (Joüon); '(verändert) wiederholen' (de Boer); 'das große Wort führen, schwatzen' (Canney, AJSL 40, 1924, 135ff.; weitergeführt von Richardson, vgl. KBL³). In der Kombination so weit auseinanderlaufender Bedeutungen wie 'frech/töricht sein', 'groß reden', 'spotten' und 'dolmetschen' unter einem einzigen Lemma (KBL³) spiegelt sich die Verlegenheit der hebr. Lexikographie.

3. Das Verb *lîṣ* (oder *lûṣ*) begegnet in der hebr. Bibel 7mal (Jes 28,22; Hos 7,3; Ps 119,51; Spr 3,34; 9,12; 14,9; 19,28). Das Nomen *leṣ* wird besonders oft im Buch Spr gebraucht (14mal), sonst nur Jes 29,20 und Ps 1,1. Das Wort *melîṣ* ist 5mal belegt (Gen 42,25; Jes 43,27; Hi 16,20; 33,23; 2 Chr 32,31), *m^elîṣāh* nur 2mal (Hab 2,6; Spr 1,6).

Für die Wortgruppe *lîṣ/leṣ/lāṣôn* ergibt die Übersicht eine deutliche Verwurzelung in der Weisheitsliteratur. Die beiden Belege bei Jes (28,14. 22) bestätigen die Beziehungen des Propheten zu Sprache und Gedankenwelt der Weisen (vgl. J. Fichtner, Jesaja unter den Weisen, ThLZ 74, 1949, 75–80). Sir (*leṣ* 8mal) und die Qumranschriften (*leṣ* 1mal, *lāṣôn* 4mal) haben diesen Sprachgebrauch fortgesetzt.

II. 1. Die Deutung der überlieferten Verbalformen zu *ljṣ* I (*w^elaṣtā* Spr 9,12, die einzige sichere *qal*-Form; *hælîṣunî* Ps 119,51 *hiph*; *jālîṣ* Spr 3,34; 14,9; 19,28 *qal* oder *hiph*; *loṣ^eṣîm* Hos 7,5 wohl *pol*; *tiṯlôṣāṣû* Jes 28,22 *hitpol*) bereitet Schwierigkeiten. Nach der älteren Auffassung bedeutet das Verb in allen Stammformen soviel wie 'spotten'. Aber die LXX bieten für jeden Beleg eine andere Übersetzung, in keinem Fall 'spotten' o.ä.; sie verbinden mit diesen Formen überhaupt nicht die Vorstellung irgendeines Redens, vielmehr überwiegend die einer negativ gewerteten Haltung oder Handlungsweise (böse/schlecht/gesetzwidrig sein [Spr 9,12; Hos 7,5; Ps 119,51]; hochmütig/frech sein [Spr 19,28]; falsche Übersetzung in Jes 28,22; andere Textgrundlage wohl in Spr 14,9). Vereinzelt in S (Jes 28,22), mehrfach in Targ. (Ps 119,51; Spr 9,12; 19,28) taucht dann die Bedeutung 'spotten' auf. Sie findet sich auch in den jüngeren griech. Übersetzungen (vgl. α', σ', ϑ' zu Spr 14,9), setzt sich in der V allgemein durch (*inludere, deludere, deridere*; nur Ps 119,51 iuxta LXX: *inique agere*) und beherrscht seitdem das Verständnis der Formen.

Der Parallelismus mit *ḥāḵamtā* macht für die *qal*-Form *w^elaṣtā* in Spr 9,12 wahrscheinlich, daß eine törichte und gottlose Verhaltensweise, also nicht eine bestimmte Art des Redens (anders Richardson 164) gemeint ist (→ II 929). – Die Unsicherheit der textlichen Überlieferung erschwert die genaue Deutung von *jālîṣ* in allen 3 Belegen. Da sich in Spr 3,34 die Bedeutung „to babble" nicht eignet (Subjekt ist nach v. 33 JHWH!), vermutet Richardson (166) Textverderbnis, doch ist MT bei anderer Deutung sinnvoll. Der Gegensatz von *'^anijjîm* (Q: *'^anāwîm*) 'Demütige' und *leṣîm* in v. 34 legt für die letzteren eine Bedeutung wie 'Hochmütige' nahe, für das *hiph jālîṣ* dementsprechend 'hochmütig handeln'. Ps 18,26f. erlaubt die Übersetzung „God meets the arrogant with arrogance" (NEB). – Die textlich sicher verderbte Stelle Spr 14,9 widerstand bislang allen Deutungsversuchen. – In Spr 19,28 hat *jālîṣ* den „nichtswürdigen Zeugen" zum Subjekt, *mišpāṭ* zum Objekt; „spottet" er des Rechts (metaphorisch, s. KBL³ 503a), oder „schwatzt" er von Recht (Richardson 166)? Liest man im parallelen Stichos v. 28b mit MT *j^e^ḇallaʿ-ʾāwæn* („verbreitet Unheil", von *blʿ* II, s. KBL³ 129b), so wäre auch eine Übertragung im Sinne von M. Buber („... überdreistet das Recht") möglich. – Bezüglich ihrer genauen Bedeutung unklar ist auch die Klage Ps 119, 51a. Für *zedîm h^æ^lîṣunî* bieten die LXX ὑπερήφανοι παρηνόμουν, ohne das Personalsuffix zu übertragen. Will man nicht die zum *hiph* passende, transitive Bedeutung 'hochmütig/frech behandeln' annehmen, so bleibt die Möglichkeit, aufgrund von S *ʾill^e^ṣunî* „(Freche) bedrängen mich" zu lesen. – Bei den *loṣ^e^ṣîm* in Hos 7, 5 kommt man über Vermutungen nicht hinaus (vgl. die Komm.). – Für die Mahnung *ʾal-titlôṣāṣû* Jes 28, 22 hat Richardson (167. 177f.) aufgrund der Thematik von 28, 7–13. 14 die Übersetzung „do not babble" vorgeschlagen, doch bleibt dabei die Nuance des *hitpol* („sich als etwas gebärden", vgl. Duhm z. St.) unberücksichtigt, auch geht 28, 14–22 viel eher gegen die hochmütig/selbstsichere Haltung als gerade gegen das „Schwatzen" der Machthaber in Jerusalem.

2. Für das Nomen *leṣ* geben die Versionen viele, z. T. stark abweichende Übersetzungen. Alle verstehen das Wort als Bezeichnung eines verwerflichen Menschen, doch schwankt die Auffassung von der konkreten Sünde des *leṣ*. Die LXX bestimmen sie als Hochmut (ὑπερήφανος 2mal, Gefährlichkeit oder Schlechtigkeit (λοιμός 5mal, κακός 3mal), Zügellosigkeit (ἀκόλαστος 3mal) oder Torheit (ἄφρων 1mal), also in keinem Fall als Wortsünde. Im griech. Sir wird *leṣ* weitgehend im Sinne von „Hochmut" übersetzt (ὑπερήφανος 5mal, ὑβριστής 1mal). S denkt gewöhnlich an Schlechtigkeit (*bîšāʾ* 9mal), doch gibt er anderswo bereits die Bedeutung „Spötter" (4mal), die dann von Targ. zur Regel gemacht und über die jüngeren griech. Übersetzungen und V (*inlusor*, *derisor*) zur fast allgemein akzeptierten Auffassung des Wortes wurde. Eine parallele Entwicklung ergibt sich für das Nomen *lāṣôn*; es wird in Spr 1, 22 zunächst im Sinne von „Hochmut" (LXX), dann im Sinne von „Spott" (S, Targ.) verstanden.
Bei der Erhebung des Wortsinnes aus dem Kontext der einzelnen Belege muß stärker als bisher in Betracht gezogen werden, daß sich die Bedeutungen von *leṣ* und *lāṣôn* vermutlich schon in bibl. Zeit verschoben haben. Von den 14 Belegen für *leṣ* in Spr stehen 10 in den vorexil. Sammlungen Spr 10, 1 – 22, 16; 22, 17 – 24, 22; 28–29, 4 weitere in der jüngeren, einleitenden Sammlung Spr 1–9, die allerdings auch älteres Gut enthält.

a) Zur Topik der älteren Weisheit gehört die Gegenüberstellung von *leṣ* und *ḥāḵām* (→ חכם) (vgl. Spr 9, 8. 12; 13, 1; 15, 12; 20, 1; 21, 11); synonym zu *ḥāḵām* wird dabei gern *nāḇôn* 'verständig' gebraucht (14, 6; 19, 25). An Parallelworten zu *leṣ* sind *k^e^sîl* 'töricht' (1, 22; 3, 35; 14, 7f.; 19, 29), *ʾ^æ^wîl* 'töricht' (24, 9 cj.; 29, 9), *pæṯî* 'einfältig' (1, 22), *zeḏ* 'übermütig', *jāhîr* 'vermessen' (21, 24) u. a. m. belegt. Zum Wesen des *leṣ* gehört – ebenso wie zu dem des *zeḏ* (→ II 552f.) – daß er weder durch Mahnung noch durch Zurechtweisung oder Strafe eines Besseren belehrt werden kann (9, 7f.; 13, 1; 14, 6; 15, 12; 19, 25). In kritischer Situation nennt Jesaia die Machthaber in Jerusalem *ʾanšê lāṣôn* (Jes 28, 14), obwohl und gerade weil sie sich selber für *ḥ^a^ḵāmîm* und *n^e^ḇônîm* halten (Jes 29, 14). Ein Unterschied zwischen *zeḏ* und *zāḏôn* einerseits, *leṣ* und *lāṣôn* andererseits ist vielleicht insofern erkennbar, als im ersten Fall mehr die freche Anmaßung gegenüber andern, im zweiten mehr die törichte Selbstüberschätzung im Vordergrund steht. Eine typische Erscheinungsform des „Nicht-Weisen", ist der *leṣ* in seinem Planen, Tun und Reden „überheblich", „arrogant" und „eingebildet".

b) In der nachexil. Weisheit und in den von ihr beeinflußten Gattungen scheint *leṣ* eine stärker theologisch geprägte Bedeutung angenommen zu haben. Die Lehrreden und Gedichte auf „Frau Weisheit" in Spr 1–9 betonen nach wie vor den Gegensatz zwischen Weisheit und Torheit, aber zwischen beiden steht nun ausdrücklich JHWH und sein Gebot als Kriterium. Weisheit wird mehr und mehr als „Gottesfurcht", Torheit dementsprechend als „Gottlosigkeit" verstanden. Bewegt sich der Gebrauch von *leṣ*, *lāṣôn* und *lîṣ* in Spr 1, 22; 9, 7f. scheinbar noch ganz in den alten Bahnen, so machen doch theologische Akzente im Kontext (vgl. 1, 28; 9, 10) das neue Verständnis deutlich, und 3, 34 gibt diesem durch die Gegenüberstellung von *leṣîm* und *ʿ^a^nijjim* bzw. *ʿ^a^nāwîm* (→ עני *ʿānî*) prägnanten Ausdruck. Dasselbe gilt für Ps 1, 1f., wo die *leṣîm* (in Parallele zu *r^e^šāʿîm*, *ḥaṭṭāʾîm*) im Gegenüber zum Mann, der an der Thora seine Lust hat, nur als arrogante Thoraverächter verstanden werden können.

c) Ein noch späteres Stadium des Gebrauchs von *leṣ* vertritt Jes 29, 20: „Weg ist der *ʿārîṣ*, dahin der *leṣ* / vernichtet sind alle, die auf Unheil lauern." Der Vers steht im Kontext des Heilswortes 29, 17–24, das wohl erst im 2. Jh. v. Chr. (vgl. O. Kaiser, ATD z. St.) in die Sammlung Jes 28–32 aufgenommen worden ist; der *leṣ* wird hier wiederum als Feind der Frommen (*ʿ^a^nāwîm*, *ʾ^æ^ḇjônîm* v. 19, *ṣaddîq* v. 21) erkennbar. Da sein Tun (v. 21) vor allem in Rechtsverkürzung und Verleumdung besteht, scheint der *leṣ* – neben *ʿārîṣ* auch 1 QH 2, 10f. belegt – hier bereits als ein speziell durch sein Reden wirksamer Feind der Frommen verstanden zu sein. Auch in Qumran werden *leṣ* und *lāṣôn* mit einer verbalen Anfeindung der Frommen in Verbindung gebracht. Dabei geht es nicht so sehr um „Spotten" als vielmehr um die Verbreitung von „Lügen" (→ כזב *kzb*); bei den *ʾanšê lāṣôn* 4 QpJes^b^ 2, 6. 10; CD 1, 14; 20, 11 und dem *ʾîš kāzāḇ* 1 QpHab 2, 2; 5, 11; CD 20, 15 muß es sich um dieselbe Gruppe von Feinden handeln. Der Weg zu mhebr. *lîṣān*, jüd.-aram. *lîṣānûṯāʾ*, wo die Bedeutung des Lästerns und des Verspottens von Heiligem vorherrscht (Buhl 81f.), ist nicht mehr weit.

III. 1. Die Erklärung des bibl. und nachbibl. Nomens *melîṣ* (Ptz. *hiph*?) hat durch die nordwestsemit. Epigraphik manche neue Anregung erfahren, ist allerdings bis heute nicht eindeutig entschieden. Das phön. und pun. Nomen *mlṣ* bedeutet in einigen Fällen 'Dolmetscher'; anderswo sind Bedeutungen wie 'Prahler', 'Rebell', 'Ratgeber', 'Würdenträger' und 'Halbgott/Ahnengeist' (vgl. DISO 138) vorgeschlagen worden.

Den *mlṣ hkrsjm* der Inschriften CIS I 44 und 88 aus Zypern verstand G. A. Cooke (Textbook of North-Semitic Inscriptions, 1903, 60. 73) unter Berufung auf Gen 42, 23 als „Dolmetscher der Throne". – Unter den Graffiti von phön. und aram. Reisenden im Osiristempel von Abydos findet sich ein Name, dem als Berufsbezeichnung *hmlṣ* folgt (KAI 49, 17); man darf sie wohl mit Donner-Röllig im Sinn von 'der Dolmetscher' verstehen. Zu *mlṣ* in dieser Bedeutung ist sicher hebr. *melîṣ* 'Dolmetscher' zu stellen. – Die Bedeutung von *mlṣ* in einer Bauinschrift des Königs Azitawadda aus Karatepe (KAI 26 A I 8, um 720 v. Chr.) ist umstritten. Nach dem, was über die Ausrottung (?) „all des Bösen, das im Lande war" unmittelbar folgt, muß *wšbrt mlṣm* mit „und ich zerbrach die Rebellen" übersetzt werden. Zu dieser Deutung von *mlṣ* kommen Donner-Röllig unter Hinweis auf hebr. *lîṣ* 'großsprecherisch sein, das große Wort führen'; sie wird überzeugender, wenn man als Grundbedeutung von *lîṣ* (GesB, Zorell: *lîṣ* I) 'hochmütig/frech sein' annimmt.

2. Bei den bibl. Belegen für *melîṣ* liegt in einem Fall deutlich die Berufsbezeichnung 'Dolmetscher' vor (Gen 42, 23). In drei weiteren Fällen scheint es sich um die Bezeichnung verwandter Berufe zu handeln ('Unterhändler' [2 Chr 32, 31]; 'Fürsprecher' [Hi 16, 20; 33, 23]). Nur in Jes 43, 27 liegt es näher, das Wort in Entsprechung zu dem phön. *mlṣ* als 'Rebell' zu verstehen.

a) Daß in Gen 42, 23 der amtliche Dolmetscher (LXX ἑρμηνευτής, V *interpres*) gemeint ist, wird durch den Gebrauch von *šm'* (v. 23a) im Sinne von „(eine Sprache) verstehen" sichergestellt. – In amtlicher Mission kommen nach 2 Chr 32, 31 sicher auch die *melîṣê śar* (mit BHS) *baḇæl* zu Hiskia; nur handelt es sich in diesem Fall nicht um Dolmetscher, sondern um 'Mittelsmänner' oder 'Unterhändler' (LXX πρεσβευτεῖς, V *legatio*).
b) Mit Hi 16, 20 („Meine *melîṣîm* [sind] meine Freunde / zu Gott hin [blickt] mein Auge rastlos", txt crrpt?) waren schon die Versionen in Verlegenheit: in LXX ist der ganze Stichos frei neugestaltet, Targ. bietet *peraqlîṭaj* „meine Fürsprecher" (vgl. J. Behm), dagegen V *verbosi*, was als spätes Argument für die sogenannte Grundbedeutung 'großsprecherisch reden' der Wurzel *ljṣ* gewertet werden könnte. F. Horst (BK XIV/1, 240–242. 252–255) verlangt zurecht eine Lösung, die dem Vers eine sinnvolle Funktion zwischen v. 19 und v. 21 gibt, und findet eine solche im Anschluß an Targ *melîṣ* im Sinne von „Fürsprecher": „Wird der mein Partner, der mein Fürsprecher ist / bleibt hin zu Gott mein Auge schlaflos offen." Diese Bedeutung von *melîṣ* wird von Horst aus 'großsprecherisch' > 'Wortführer' > 'Fürsprecher' hergeleitet, doch empfiehlt es sich eher, von dem etymologisch selbständigen *melîṣ* 'Dolmetscher' > 'Mittler' > 'Fürsprecher' auszugehen. – Nah verwandt ist der Gebrauch von *melîṣ* im Zusammenhang der ersten Rede des Elihu, Hi 33, 23 („Ist dann ein Engel für ihn da / aus den Tausend ein einziger *melîṣ* ..."). Der Satz ist in LXX mißdeutet, aber Targ bietet „ein Fürsprecher aus tausend Anklägern" und V interpretiert frei *si fuerit pro eo angelus loquens unum de milibus*. Die Rolle eines Fürsprechers wird hier erstmalig einem Engel zugeschrieben (vgl. J. Behm 807 f.).
c) Besonderen Schwierigkeiten begegnet das Verständnis von *melîṣækā* in Jes 43, 27 (dazu ausführlich K. Elliger, BK XI/1, 361 f. 381–386; Lit.). Der Satz „Dein erster Vater hat sich verfehlt / und/aber deine *melîṣîm* sind von mir abgefallen" steht im Zusammenhang der Gerichtsrede Jes 43, 22–28 und begründet hier, warum über Jakob/Israel – nach einer langen, von JHWH mühsam ertragenen Geschichte – schließlich doch der Bann (v. 28) verhängt werden mußte. In Entsprechung zum „ersten Vater" (Jakob) können die *melîṣîm* nur wichtige Repräsentanten des Volkes bezeichnen, z. B. Könige, Priester und/oder Propheten, oder die Führenden insgesamt. LXX und S (ἄρχοντες bzw. *šelîṭāne'*) denken primär an Richter und Könige, aber zu dieser isolierten Wiedergabe ist es wohl unter dem Einfluß von *śārê* v. 28 gekommen. α', σ' (ἑρμηνευταί) und V (*interpretes*) folgen dem Wortgebrauch von Gen 42, 23; in ihrem Sinn sind die *melîṣîm* in der exegetischen Tradition seit Hieronymus als Propheten verstanden worden. Elliger (382 f.) und viele Neuere möchten demgegenüber aus der Grundbedeutung von *ljṣ* (nach Canney/Richardson), die Bedeutung 'Wortführer' oder 'Sprecher' ableiten („your spokesmen" NEB). Zu prüfen wäre eher die Möglichkeit, im Blick auf das phön. *mlṣm* (KAI 26 A I 8) ein Ptz. *hiph* zu *ljṣ* I 'hochmütig sein' anzunehmen und mit „deine Hochmütigen" oder „deine Rebellen" zu übersetzen (für ähnliche Bezeichnungen der für die Katastrophe verantwortlichen Führer vgl. Hos 9, 15; Jes 1, 23; Jer 2, 8; 6, 28, aber auch Jes 48, 8).

3. Im deuterokanonischen und im sonstigen Schrifttum des späten Israel begegnet *melîṣ* selten; nur die Qumranschriften machen hiervon eine Ausnahme.
Sir 10, 2: „Wie der Fürst (*šôpeṭ*) des Volkes, so seine *melîṣîm* / und wie das Haupt der Stadt, so ihre Bewohner." Aufgrund des Parallelismus der beiden Stichen muß es sich bei den *melîṣîm* um Beamte des Königs handeln. Die LXX und S übertragen frei mit „Diener", worin sich vielleicht der Einfluß der inhaltlich verwandten Sentenz Spr 29, 12 geltend macht. Da das weisheitlich-kritische Element der Bedeutung 'Hochmütige' hier nicht vorliegt, ist eine erweiterte Bedeutung von *melîṣ* 'Dolmetscher' > 'Mittelsmann' > 'Beamter' anzunehmen.
In Test Napht (hebr.) 9, 2 wird Gott selber (anders J. Behm: der Erzengel Michael) als *melîṣeḵæm bammārôm*, „euer *melîṣ* in der Höhe" bezeichnet. Der Text gehört in den Umkreis der Gemeinde von Qumran. Als Bedeutung kommt hier – wie in Hi 16, 20 und 33, 23 – noch am ehesten 'Fürsprecher' in Frage.
Aus der Literatur von Qumran sind bis jetzt 8 sichere Belege für *mljṣ* bekannt geworden (alle in Hodajot). Die beste Wiedergabe ist in den meisten Fällen 'Dolmetscher', allerdings im nicht-technischen Sinn eines 'Interpreten'. Als *mljṣ* wird bezeichnet, wer eine Botschaft oder Lehre weitergibt. Der *mljṣ d't brzj pl'* in 1 QH 2, 13 (vgl. 8, 11) läßt an den „Lehrer der Gerechtigkeit" denken, vgl. aber den Plur. in 1 QHf 2, 6. Entsprechend heißen die gegnerischen Irrlehrer *mljṣj t'wt* (1 QH 2, 14), *mljṣj kzb* (2, 31; 4, 9 f.) oder *mljṣj rmjh* (4, 7). Nur in 6, 13 ist die Bedeutung des Wortes unklar, da der lesbare Text unmittelbar nach *w'jn mljṣ bnjm* abbricht. Die Textergänzung von J. Maier (*lq[dwšjkh]*) ergäbe als Sinn „keinen Mittlerdolmetscher gibt es für deine Heiligen", doch ist der Glaube an Offenbarung ohne Mittler gerade den Hodajot fremd. Die Möglichkeit besteht, *mljṣ* im andern Sinn zu fassen: „kein Hochmütiger/Rebell ist dazwischen".

Barth

לָכַד *lāḵaḏ*

לֶכֶד *læḵæḏ*, מַלְכֹּדֶת *malkoḏæt*

I. Die Wurzel *lkd* – 1. Statistik – 2. LXX – 3. Qumran – II. Gebrauch im AT – 1. Ursprünglicher Gebrauch – 2. Metaphorische Verwendung – 3. Bedeutung: erobern – 4. Das Los werfen – 5. Vorkommen in Hiob.

I. Das Verbum *lkd* mit der Grundbedeutung 'fangen' wird im AT von Tieren und für Menschen gebraucht. Im Akk. bedeutet die gleiche Wurzel *lakādu(m)* 'laufen', während das akk. *kašādu(m)* dem hebr. *lkd* entspricht (AHw I 459b–461b. 529a). Das aram. *lᵉḵaḏ* der Targume (Esth 1,8; Pred 7,27) verlagert die ursprüngliche Bedeutung zu 'ergreifen, anfassen'. Ähnlich wird der Stamm im Phön. (DISO 138) gebraucht. Das arab. *lakida* bedeutet 'sich heften an, festkleben'.

1. Die Wurzel *lkd* kommt im AT insgesamt 117mal vor, davon 83mal *qal*, 32mal *niph* und 2mal *hitp*. Bei weitem in der Überzahl wird *lkd* in den Geschichtswerken, vor allem im DtrGW und davon wohl beeinflußt in Jer verwendet. Insgesamt verteilt sich das Verbum folgendermaßen: Pent. 7mal; DtrGW 55mal; Chr 10mal; Neh 1mal; Pss 3mal; Hi 4mal; Spr 5mal; Pred, Kl je 1mal; Jes 4mal; Jer 21mal; Dan 2mal; Am 2mal; Hab 1mal. Dazu kommen noch Spr 3,26 das vom Verbum abgeleitete Nomen *læḵæḏ* 'Schlinge' und Hi 18,10 das Nomen *malkoḏæt* 'Falle' vor. Im hebr. Sir findet sich 9,3d, in der HS D auch 37,11b das Verbum *lkd*.

2. Die LXX verwendet zur Wiedergabe der Wurzel *lkd* in der Hauptsache λαμβάνειν mit seinen Komposita καταλαμβάνειν, προκαταλαμβάνειν und συλλαμβάνειν, ohne daß sich ein ersichtlicher Grund für den Unterschied im Gebrauch des Simplex oder der Komposita von λαμβάνειν angeben läßt.

3. In den Texten von Qumran begegnet *lkd* 3mal: 1 QpHab 4,4 wird damit die Einnahme einer Befestigung, 1 QH 2,29; 8,34 das Sich-Verfangen des Fußes in einer Fessel (bzw. in einem Netz) ausgesagt.

II. 1. Ursprünglich dürfte mit *lkd* das Fangen wilder Tiere ausgedrückt worden sein: nach Ri 15,4 fing Samson 300 Füchse. Nicht nur Menschen, sondern auch Raubtiere begegnen gelegentlich als Subjekt des Fangens, z. B. Am 3,4 der Löwe. Nach Am 3,5 werden Vögel mit Hilfe von Klappfallen gefangen. – Es ist leicht verständlich, daß die ursprüngliche Bedeutung von *lkd* schon früh auf die Gefangennahme von Menschen im Krieg übertragen wird, wobei das Gemeinsame in der Gewaltanwendung und im Freiheitsentzug zu sehen ist, vgl. Jos 11,17; Ri 7,25; 8,12.14; 2 Sam 8,4; 2 Chr 22,9; 33,11; Hi 36,8; Jer 6,11; Kl 4,20.

2. Vor allem in der prophetischen und in der Weisheitsliteratur wird der Gebrauch von *lkd* in den religiösen, besonders in den ethischen Bereich transponiert. – Metaphorisch wird *lkd* Spr 6,2 gebraucht,

wo es auf die Verpflichtung hinweist, die durch Übernahme von Versprechen und Bürgschaften entsteht.

Sowohl Gott als auch die Sünde in vielfältiger Spielart erscheinen als Subjekt des Verbums, das vornehmlich in den Dienst des göttlichen Gerichts gestellt wird. Nach Jer 5,26 besteht die Schuld der Bewohner Jerusalems darin, daß sie Menschen fangen wollen; das Schicksal, gefangen zu werden, droht nach Jer 18,22 dem Propheten. Gefangenschaft als Teil des Strafgerichts Gottes wird Jer 6,11; 8,9 den Bewohnern von Jerusalem, 48,44 Moab und 51,56 den Bewohnern von Babel angedroht. Nach Jes 8,15 wird Gott selbst zu einer Schlinge für die Bewohner Jerusalems, in der sie sich verfangen; nach Hi 5,13 fängt Gott die Weisen in ihrer eigenen List. Er setzt mit *lkd* also den Tat-Ergehens-Zusammenhang in Gang (vgl. von Rad, ThAT I 278f. 397ff.). So kommt es von Gott, daß der Böse sich im eigenen Netz fängt (Ps 9,16; 35,8). Spr 5,22 meint dasselbe, wenn der Frevler sich in der eigenen Schuld fängt (vgl. Jer 18,22). Daher kann der Psalmist auch wünschen, daß sich seine Gegner in ihrem Hochmut fangen (Ps 59,13). Auf der gleichen Aussageebene liegt es, wenn nach Spr 11,6 ihre eigene Gier die Treulosen in Fesseln schlägt. Von daher versteht sich auch die Beobachtung, wonach der Mensch, der durch die List der Frau eingefangen wird, sein Leben verfehlt (Pred 7,26); ähnlich warnt Sir 9,3 vor den Netzen der fremden Frau.

3. In weitaus den meisten Fällen wird *lkd* für das Einnehmen und Erobern von Städten und Ländern (insgesamt 71mal) verwendet. Erstmals im Pent. stoßen wir Num 21,32; 32,39.41f. auf das Verbum in der Bedeutung von 'erobern'. (Nach Noth, ATD 7, 145 dürfte Num 21,32a wegen der „unpassenden Formulierung und seiner unvollständigen Aussage Zusatz" sein.) Num 32,39–42 wird die Inbesitznahme des Ostjordanlandes, vor allem des Landes Gilead mit *lkd* ausgesagt. Diese Perikope gehört wohl zu den ältesten Pent.-Überlieferungen.

Das Verbum begegnet 3mal in der Rekapitulation der Ereignisse vom Aufbruch Israels vom Horeb bis zur Ankunft im Ostjordanland (Deut 2,34f.; 3,4). An den beiden ersten Stellen steht es im Kontext mit → חרם *ḥrm*, es dient als Voraussetzung für die Vernichtungsweihe an der gesamten männlichen Bevölkerung. Daher erklärt es sich, daß *lkd* (meist mit *ḥrm* oder *nkh*) nach Häufigkeit und Bedeutung geradezu terminus technicus für die Landnahme in Jos wird. Beim ersten Vorkommen Jos 6,20f., der Eroberung von Jericho ist diese Verbindung mit *ḥrm* bereits festzustellen; auch die Einnahme von Ai Jos 8,19.21 wird durch die Vernichtungsweihe (8,24) fortgeführt. Dieses Zeugma wird 10,28.32.35 zu einer stehenden Redeweise. Jos 10,37 berichtet das gleiche Geschick von Hebron; nach 10,39 ist Debir mit allen seinen Städten das gleiche Los beschieden, bis schließlich 10,42 zusammenfassend mit *lkd* die Er-

oberung des gesamten Südlandes (= Südpalästina) durch Josua ausgesagt wird.
Jos 11, 10–12 wird weiter berichtet, daß Israel in gleicher Weise mit Hazor und seinen Königsstädten im Norden verfährt (= Nordpalästina). Jos 15, 16f. (vgl. Ri 1, 12f.) wird mit *lkd* die Einnahme von Kirjat-Sepher berichtet; mit der Eroberung von Leschem und der Vernichtung seiner Bewohner (Jos 19, 47) findet die Landnahme ihren Abschluß. Ri 1, 18 wird die Eroberung von 3 Philisterstädten durch Juda nachgetragen. Der Usurpator Abimelech nimmt nach 9, 45 Sichem ein, bis ihm die Belagerung und Eroberung von Tebez zum Verhängnis wird (9, 50–57). – Die Eroberung der Burg Zion wird 2 Sam 5, 7 (vgl. 1 Chr 11, 5) durch David mit *lkd*, 12, 26–29 werden Belagerung und Einnahme von Rabba Ammon durch ihn beschrieben. Neben 1 Kön 9, 16; 16, 18; 2 Kön 12, 18 verdient besonders die Eroberung Samarias 2 Kön 17, 6 (vgl. 18, 10) und der Untergang des Nordreiches erwähnt zu werden. Ähnlich begegnet *lkd* 2 Chr 12, 4; 13, 19; 15, 8; 17, 2; 28, 18; 32, 18; Jes 20, 1. In Anlehnung an DtrGW und im Rückblick auf das Schicksal Samarias droht Jeremia mit der gleichen Vokabel die Eroberung Jerusalems durch Nebukadnezzar (Jer 32, 3. 24. 28; 34, 22; 37, 8; 38, 3) als unumstößlichen Gerichtsbeschluß JHWHs an. Das gleiche Los ereilt zu seiner Zeit Babel dann selbst (Jer 50, 2. 9. 24; 51, 31. 41). – Zu den vorbereitenden Maßnahmen der Eroberung gehört es, die lebenswichtigen Wasserquellen zu besetzen und sie dem Feind abzuschneiden; auch dafür wird Ri 3, 28; 7, 24; 12, 5 *lkd* gebraucht.

4. Eine eingeengte, spezielle Bedeutung von *lkd* ist zudem noch in Jos und 1 Sam zu registrieren: 'das Los werfen, durch das Los ermitteln'. In der Perikope Jos 7, 14–18 kommt *lkd* 8mal in dieser spezifischen Bedeutung, je 4mal *qal* und *niph* vor. Hier deutet die besondere Verwendung von *lkd* darauf hin, daß die Eroberung von Ai von der vollständigen Vernichtungsweihe des eroberten Gutes abhängig ist. So muß nach den Gesetzen des heiligen Krieges zunächst eine eigentümliche Art von 'Eroberung' und 'Gefangennahme' den schuldigen Achan treffen, der dann mit seinem ganzen Hab und Gut in der radikalen Ausmerzung durch Verbranntwerden die schwerste Strafe erfährt. Nach dem Text liegt nämlich das Vergehen des Bundesbruchs vor. Die Übersetzung 'Los werfen, Los fallen' ist nur sinngemäß, im hebr. Text fehlt das Äquivalent für Los, der ganze Vorgang wird ausschließlich mit *lkd* ausgedrückt. Daher lassen sich Art und Weise des Ermittlungsverfahrens nicht im einzelnen bestimmen.

1 Sam 10, 20f. wird *lkd niph* ähnlich 3mal für die offizielle Bestellung Sauls zum König über Israel durch Samuel verwendet. Vergleichbar Jos 7, 14–18 wird auch bei dieser Losbestimmung von der größeren Einheit des gesamten Volkes bis zum einzelnen Erwählten fortgeschritten. Auch hier fehlt jede Angabe über den genauen Vorgang des Losorakels. Das Verbum *lkd* deutet darauf hin, daß hinter der Königsbestellung des Saul die Macht Gottes steht, die fast durch physischen Zugriff entscheidet. Die gleiche Wurzel wird 1 Sam 14, 47 verwendet, um die Übernahme des Königtums durch Saul auszusagen (vgl. den gleichen Tatbestand Dan 6, 1; 7, 18, wo dafür das aram. *qabbel* gebraucht wird). Schließlich dient 1 Sam 14, 41f. das Werfen des Loses als letztes Verfahren, um den zu ermitteln, der sich gegen den Eid Sauls (14, 24), bis zum Abend etwas zu essen, vergangen hat. Nachdem das Befragen Gottes (v. 37) ohne Antwort geblieben ist, bringt das Los als letzte Instanz den Entscheid; es fällt auf das Königshaus, während das Volk frei ausgeht. Die weitere Anwendung des Loses trifft endlich Jonatan, der ohne Zögern bereit ist, den Tod auf sich zu nehmen. Nur dank der Intervention des Volkes zu seinen Gunsten bleibt er am Leben.

5. Mit dem allgemeinen Vorkommen von *lkd* verbindet die beiden Formen *lkd hitp*, daß in ihnen die gleiche Festigkeit ausgesagt wird, die sonst Ergebnis des packenden Zugreifens ist. So kann Hi 38, 30 von der Wasseroberfläche sagen, daß sie durch den Frost fest wie ein Stein wird. Hi 41, 9 heißt es von den undurchdringlichen Schilden des Krokodils, daß sie fest verklammert sind und sich nicht lösen.
Damit wird bestätigt, daß bei der breiten und differenzierten Verwendung von *lkd* allenthalben die Anwendung von Gewalt und die durch sie erzielte Festigkeit im Hintergrund der Aussage steht.

H. Groß

לָמַד *lāmaḏ*

לִמּוּד *limmûḏ*, מַלְמָד *malmāḏ*, תַּלְמִיד *talmîḏ*

I. In der Umwelt – II. Gebrauch im AT und in Qumran – 1. *qal* – 2. *pi* – 3. Späte Belege – 4. Qumran – 5. Ableitungen – III. Zusammenfassende Übersicht – IV. LXX.

Lit.: *W. Barclay*, Educational Ideas in the Ancient World, 1959. – *H. Brunner*, Altägyptische Erziehung, 1957. – *L. Dürr*, Das Erziehungswesen im AT, 1932. – *H.-J. Fabry*, Gott im Gespräch zwischen den Generationen (Katechetische Blätter 107, 1982, 754–760). – *H. Gese*, Lehre und Wirklichkeit in der alten Weisheit, 1958. – *J. C. Greenfield*, Ugaritic *mdl* and its Cognates (Bibl 45, 1964, 527–534). – *E. Jenni*, *lmd* lernen (THAT I 872–875). – *A. Klostermann*, Schulwesen im alten Israel, 1908. – *A. Lemaire*, Les écoles et la formation de la Bible dans l'ancien Israël (OBO 39, 1981). – *E. Lohse*, Die Ordination im Spätjudentum, 1950/51. – *H. Torczyner (Tur Sinai)*, Die Bundeslade und die Anfänge der Religion Israels, ²1930. – *Ḥ. Yalon*, לשונות ידע למד (Tarbiz 36, 4, 1966f., 396–400).

I. Das Verbum *lmd* wird in ugar. Texten in der Bedeutung 'lernen, einstudieren' bzw. 'unterweisen' verwendet (KTU 1.6, VI, 55; 1.18, I, 29; 1.6, VI 54; 1.18, VI 29). Das davon abgeleitete Ptz. pass. *lmd* 'Lehrling' kommt mehrmals vor (WUS Nr. 1469). Es ist deutlich, daß Lehrlinge eine verbreitete Kategorie im alten Ugarit war. Im Akk. hatte das Verbum *lamādu* etwa dieselbe Bedeutung wie *jd*ʿ im Hebr.: 'erfahren, erlernen, lernen, verstehen, begreifen, erkennen (ein Weib)', D 'unterrichten' (AHw 531f.; CAD L 53ff.). Ein *lāmid pirišti* war ein „Kenner des Geheimnisses", ein Wahrsagepriester, vielleicht Ekstatiker (AHw 531b; CAD L 55). Eigenartig ist, daß *talmīdu* nicht nur 'Lehrling', sondern auch '(eingefahrener) Pflug' heißt (AHw 1311).

Das Wort wird in den semit. Sprachen in leicht variierender Bedeutung benutzt. Arab. *lamada* heißt 'sich unterwerfen' (vgl. A. Guillaume, AbrNahrain 3, 1963, 4) und äth. *lamada* 'lernen, sich gewöhnen'. Diese Bedeutungen sind eine Andeutung, daß in der alten semit. Welt das Lernen und das Lehren nicht ganz ohne Züchtigung vor sich gingen (vgl. die von KBL³ angenommene Grundbedeutung 'stechen, anstacheln'). Eine andere Bedeutungsentwicklung liegt im Asarab. und im Syr. vor. In Asarab. bedeutet das Wort 'überziehen, überkleben' (Conti-Rossini 171), während es im Syr. 'anhaften' (Brockelmann, LexSyr 367) bedeutet.

II. 1. Das hebr. Verbum *lmd* bedeutet im *qal* 'lernen', im *pi* 'lehren'. Die unterliegende Bedeutung scheint 'Erfahrungen machen' zu sein, vielleicht auch (wie Koehler) 'sich an etwas gewöhnen, sich vertraut machen'. Daß diese Vertrautmachung oft mit Hilfe der Peitsche geschah, ist leicht ersichtlich (bes. in Spr) (vgl. auch M. H. Goshen-Gottstein, Bibl 41, 1960, 64ff.).

Erwartungsgemäß kommt das Verbum am häufigsten in den Prophetenbüchern, den Psalmen und in Deut vor. Daß die historischen Bücher so wenig vom Lernen sprechen, hängt damit zusammen, daß das alte Israel kein organisiertes Schulwesen hatte, wie man es im alten Sumer und in Babylonien finden konnte. So etwas wie das „Tafelhaus" der mesopotamischen Welt hatte man in Israel nicht. Der Unterricht wurde meistens vom Hausvater erteilt (Deut 6, 20ff.). (Zur Problematik vgl. jetzt Fabry). Daß das Lernen umgekehrt in den poetischen Büchern und in Deut so oft erwähnt wird, hat seinen Grund darin, daß es hier religiös verstanden wird. Hier meint es gewöhnlich nicht Aneignung von Allgemeinwissen oder von Wissen, das das tägliche Leben fördern könnte, sondern das Erwerben von spezieller Einsicht.

Wenn „Schüler" genannt werden, handelt es sich nicht um Jünger in der Schule, sondern meistens um Prophetenschüler (2 Kön 2, 3ff.; Jes 8, 50; 50, 4).

Der semantische Inhalt 'lernen' zeigt sich besonders im *qal*. In einer alten Ermahnung in Jes 1, 17 wird das Volk aufgefordert: „Lerne das Gute zu tun!" Ähnliche Ausdrücke begegnen auch in späteren Abschnitten des Buches: Durch die Gerichte Gottes wird das Volk „Gerechtigkeit lernen", während der Gottlose keine Gerechtigkeit lernt (Jes 26, 9f.). Leute, die irre gehen, werden zur Einsicht kommen, „Lehre (*læqaḥ*) lernen" und Israels Gott fürchten (Jes 29, 24). In der Zukunft Gottes wird man nie mehr Schwerter schwingen und nicht mehr Krieg führen lernen (Jes 2, 4 par. Mi 4, 3). Auch im Jeremia-Buche ist das Lernen religiöser Art: „So spricht JHWH: Lernet nicht den Weg der Völker, und fürchtet nicht Zeichen am Himmel" (Jer 10, 2; vgl. M. Dahood, Bibl 47, 1966, 410). Den fremden Völkern ist die Möglichkeit gegeben, „wirklich den Weg meines Volkes zu lernen"; erst dann werden sie dem heiligen Volk eingebaut werden (Jer 12, 16). Im Gesang von der Löwin spricht Ezechiel vom jungen Löwen, der Raub zu reißen lernte (Ez 19, 3. 6), ein Bild vom jungen Israel.

Das Deut betont die Wichtigkeit des Lernens. Das Lernen soll besonders dem Gesetz und den Verordnungen Gottes gelten, deren Bedeutung immer wieder unterstrichen wird. „Höre, Israel, die Satzungen und Rechte, die ich euch heute verkünde, lernt sie und achtet darauf, sie zu befolgen!" (Deut 5, 1). Lernen dieser Art wird in Deut als lebensnotwendig betrachtet: „Versammle mir das Volk, damit ich ihnen meine Worte verkünde, damit sie lernen, mich zu fürchten alle Zeit, die sie im Lande leben, und sie ihre Kinder lehren" (Deut 4, 10). So ist es auch Deut 14, 23; 17, 19 und 31, 13, während in 18, 9 das Gewicht der Ermahnung anders gelagert ist: „Wenn du in das Land kommst, das dir JHWH, dein Gott, geben wird, so sollst du nicht lernen, es den Greueln jener Völker nachzutun."

In der Weisheitsliteratur gilt das Lernen vorzugsweise der rechten Einsicht: „Ich habe Weisheit nicht gelernt, daß ich Wissen von dem Heiligen haben könnte" (Spr 30, 3). Im Ps 119 ist dies auch deutlich: „Dich bekenne ich aufrechten Herzens, wenn ich lerne die Ordnungen deines Heils" (v. 7), „Gut ist es mir, gedemütigt zu werden, daß ich deine Satzungen lerne" (v. 71), und „Deine Hände haben mich gemacht und bereitet; gib mir Einsicht, deine Gebote zu lernen!" (v. 73).

2. Öfter wird das Verbum im *pi* in der Bedeutung 'jemanden etwas lehren' benutzt, und auch in dieser Form ist die religiöse Bedeutung vorherrschend. Wie beim *qal* haben auch hier die Pss und Deut die meisten Beispiele. Von den Propheten benutzt nur Jeremia das Verbum häufig, sonst begegnet es kaum in den Prophetenbüchern, vielleicht weil man meinte, das Lehren sei unnütz und bedeutungslos.

Durchaus charakteristisch wird das Wort in Deut 4, 1 eingeführt: „Und nun Israel, höre auf die Satzungen und Rechte, die ich euch heute lehre, sie zu befolgen, daß ihr am Leben bleibt und hineinkommt und das Land in Besitz nehmt, das euch JHWH, der Gott eurer Väter, geben wird." So geht es dann weiter in Deut 4, 5. 10. 14; 5, 31; 6, 1 mit fast denselben Worten und mit demselben Sinn. Die negative Form der Ermahnung bringt Deut 20, 17f.: „Denn an ihnen mußt du den Bann unbedingt vollstrecken, an den Hethitern, Amoritern, Kanaanitern, Perissitern, Chiwwitern und Jebusitern, wie dir JHWH, dein Gott, geboten hat, damit sie euch nicht lehren, es all ihren Greueln nachzutun, die sie ihren Göttern gegenüber verübten, und ihr euch so gegen JHWH, euren Gott, versündigt."

Um die Belehrung der Kinder geht es in Deut 11, 19, wo von den Worten Gottes gesprochen wird: „Und lehrt sie eure Kinder, davon redend, wenn du in deinem Hause weilst und wenn du unterwegs bist, wenn du dich niederlegst und wenn du aufstehst." Vom sogenannten Abschiedslied Moses verordnet JHWH, daß man es die Israeliten lehren sollte: „Und nun schreibet euch dieses Lied auf und lehre es die Israeliten und lege es in ihren Mund, damit dieses Lied mir als Zeuge gegen die Israeliten diene" (Deut 31, 19). Danach heißt es: „Daraufhin schrieb Moses dieses Lied an jenem Tage auf und lehrte es die Israeliten" (v. 22). Auch 2 Sam 1, 18 geht es um das Lehren eines Liedes, in diesem Falle eines von David gedichteten Klageliedes: „Er bot, daß das Volk Judas dieses Lied lernen sollte." O. Eißfeldt (VT 5, 1955, 232–235) denkt aber an eine „Ausbildung im Kriegshandwerk". In einem anderen David-Lied heißt es: „Er lehrt meine Hände das Streiten, meine Arme den Bronzebogen zu spannen" (2 Sam 22, 35 par. Ps 18, 35). Daß JHWH die Israeliten Krieg zu führen lehrte, wird auch in Ri 3, 2 ausdrücklich gesagt.

Von einer anderen Lehrtätigkeit ist in Ps 25 die Rede: „Herr, zeige (*jd' hiph*) mir deine Wege, lehre (*lmd pi*) mich deine Pfade! Laß mich wandeln in deiner Treue und lehre mich, bist du doch der Gott meines Heils" (vv. 4. 5), „Der Herr ist gütig und aufrecht, darum weist er den Sünder auf den Weg, führt Demütige auf den Weg des Rechts und lehrt die Demütigen seinen Weg" (vv. 8–9). Auf derselben Linie der weisheitlichen Tradition liegt Ps 34, 12: „Kommt, Kinder, und höret mir zu! Die Furcht des Herrn will ich euch lehren." Eine Belehrung von Sündern ist in Ps 51, 15 erwähnt: „Ich will die Sünder deine Wege lehren, daß Missetäter zu dir sich bekehren." Dunkler sind die Worte „Zum Lehren" in der Überschrift des Klage- und Bittlieds Ps 60, 1 b. Vielleicht geht es hier um ein Lehren von Gottes Taten und seinen großen Wundern wie in Ps 71, 17: „Du, Gott, hast es mich von Jugend gelehrt, und jetzt noch verkündige ich deine Wunder und bis ins Greisenalter hinein."

Um Belehrung durch Gott handelt es sich auch im Ps 94: „Der die Völker züchtigt, er sollte nicht strafen, er, der die Menschen Erkenntnis lehrt?" (v. 10); „Heil dem Mann, den du, Herr, in Zucht nimmst, ihn durch deine Weisung (*tôrāh*) belehrst" (v. 12). In beiden Fällen steht *lmd* mit → יסר *jsr* zusammen; in v. 12 ist zu beachten, daß JHWHs → תורה *tôrāh* als Mittel der Belehrung dient.

Im eigenartigen Ps 132, einem sog. Wallfahrtslied (*šîr hamma'alôṯ*), das vielleicht als Festliturgie verwendet wurde, findet man den Gedanken, daß der König und seine Söhne von JHWH belehrt werden: „JHWH hat dem David geschworen ...: Einen aus deinen Nachkommen setze ich auf deinen Thron. Wenn deine Söhne meinen Bund bewahren und mein Zeugnis, das ich sie lehre, sollen auch ihre Söhne für immer auf deinem Thron sitzen!" (Ps 132, 11–12). Auch Ps 144, 1 gilt das Lehren dem König und der Lehrer ist auch hier Gott, der den König zu streiten lehrt: „Gepriesen sei JHWH, mein Fels, der meine Hände den Kampf lehrt, meine Fäuste den Krieg!" Hier leuchten alte Gedanken durch, die – wie wir oben sahen – auch Ps 18, 35 zum Vorschein kommen.

Wie zu erwarten, erstreckt sich die Belehrung Gottes im Weisheitspsalm 119 auf die Gesetze und Satzungen, die unter den Weisen das Hauptobjekt aller Belehrung waren. „Gepriesen seist du, JHWH, lehre mich deine Gesetze!" (v. 12; vgl. vv. 26. 64. 66. 108. 124. 135. 171). Ein anderer Gedanke findet sich in v. 99: „Ich bin klüger geworden als alle meine Lehrer, da deine Zeugnisse mein Sinnen sind." Offenbar ist Gott hier doch nicht als der Lehrer gedacht, was in diesem Psalm ungewöhnlich ist.

Bei den Propheten wird das Verbum in Hos 10, 11 benutzt, um Ephraim zu charakterisieren: Er war wie eine „gelehrte (d. h. gezähmte) Kuh". Dasselbe Bild wird in Jer 31, 18 benutzt, aber dort wird Ephraim mit einer ungezähmten Kuh verglichen. Angelernte (*lmd pu*) Menschengebote werden in Jes 29, 13 abgelehnt.

Im Jeremiabuche ist das Lehren sehr vielseitig, gilt aber gewöhnlich den religiösen Seiten des Lebens. Das Volk hatte seinen Gott vergessen und seinen Wandel an Verbrechen gewöhnt (*lmd pi*, Jer 2, 33). Die Nachbarn hatten das Volk gelehrt, beim Ba'al zu schwören (Jer 12, 16). Ja, sogar hatten ihre Väter das ausgewählte Volk gelehrt, den Ba'alen zu folgen (Jer 9, 13). Zu lügen hatten sie ihre Zunge gelehrt (Jer 9, 4). Darum kam das Wort JHWHs zu den Klageweibern: „Lehrt eure Töchter die Totenklage, und die eine die andere das Leichenlied!" (Jer 9, 19). Es mußte mit Unglück enden: „Was willst du sagen, wenn sie dich heimsuchen, sie, die du selbst gewöhnt (*lmd pi*) an dich als vertraute Freunde?" (Jer 13, 21). Das Volk wurde immer wieder belehrt, hörte aber nicht darauf (Jer 32, 33). Die Strafe mußte kommen, aber eines Tages würde ein neuer Bund geschlossen werden: „Und nicht mehr braucht einer den anderen und niemand seinen Bruder zu belehren mit der Mahnung: 'Erkennet JHWH!', sondern sie alle werden mich erkennen" (Jer 31, 34). Das äußerliche Lehren (*lmd*) wird durch innerliches Erkennen (*jd'*) ersetzt.

3. In der späteren poetischen Literatur und auch in den späten historischen Schriften hat das Lernen und das Lehren etwas von der besonderen Bedeutung verloren, die das Verbum in *qal* und *pi* in der älteren Literatur hatte. Das Wort wird mehr generell benutzt, obwohl der Bezug auf Lernen und Lehren des Gesetzes oft durchschimmert. In Spr gilt die Beleh-

rung dem Meiden von fremden Frauen (Spr 5, 13). Der Unterricht, der in HL 8, 2 erwähnt ist (MT gegen LXX und S): „Ich würde dich führen und bringen ins Haus meiner Mutter, die mich unterrichtete“ (*t^e lamm^e ḏenî*), ist augenscheinlich nur auf das tägliche Leben des Jungen ausgerichtet. HL 3, 8 spricht von den Schwertträgern, die im Kampf geübt (*m^e lumm^e ḏê milḥāmāh*) waren. Kohelet wird ein Weiser genannt, „der die Leute Erkenntnis lehrte“ (Pred 12, 9).

Von Esra wird erzählt, daß er sich dafür entschieden hatte, das Volk in Israel Gesetz und Recht zu lehren (Esr 7, 10). Auch König Josaphat sandte Leute zu den Städten Judas, um das Volk das Gesetz zu lehren (2 Chr 17, 7. 9). In der Zeit Davids wurden Leute, Söhne von Asaph, Jedutun und Heman, geschult, für JHWH zu singen (1 Chr 25, 7). In Dan 1, 4 zielt die Belehrung der jungen Israeliten auf die chaldäische Schrift und Sprache ab. In Hi 21, 22 fragt Hiob, wer Gott belehren will, ihn, der über alle Schöpfungen herrscht.

4. In den Qumran-Schriften wird das Verbum mehrmals verwendet. In der Kriegsrolle wird hervorgehoben, daß Gott die Feinde vertreiben wolle; er hatte ja seit alters her die Geschlechter zu kämpfen gelehrt (1 QM 10, 2). Auch die schlaffen Hände wird er zu kämpfen lehren (1 QM 14, 6). Auch die Rosse mußten zum Krieg vorbereitet (1 QM 6, 12) und die Reiter im Reiten gut geübt sein (1 QM 6, 13). Das Volk war ein Volk der Heiligen des Bundes, im Gesetz belehrt (1 QM 10, 10).

Die Psalmen von Qumran sprechen von einem Lernen der Weisheit, das von Gott beigebracht wird, eine Weisheit, die ins Herz gelegt wird (1 QH 2, 17). In 1 QS 3, 13 wird hervorgehoben, daß der *maśkîl* alle Söhne des Lichts belehren (*bjn hiph*) und unterweisen (*lmd pi*) soll. Alle, die in den Bund eintraten, sollten versprechen, daß sie die Gegner belehren wollten (1 QS 10, 26 – 11, 1). Die Gemeinschaftsregel bestimmt, daß jeder in Israel in den Bestimmungen des Bundes unterrichtet werden soll von Jugend auf im Buche *hgw* (1 QSa 1, 6–7).

5. *limmûḏ* bezeichnet einen Schüler, der belehrt wird, mit etwas vertraut gemacht wird. Jes 8, 16 sind es die Prophetenschüler, in denen der Prophet die Thora versiegeln soll (vgl. W. G. E. Watson, Bibl 56, 1975, 275). In DtJes wird jemand genannt, der von Gott belehrt worden ist und der selbst andere belehren kann (Jes 50, 4). Dieser Schüler wird mit dem Knecht JHWHs identifiziert. Aber im selben Buch ist auch von anderen Schülern die Rede, *limmûḏê JHWH*, deren *šālôm* groß sein wird (Jes 54, 13).

Die alten Propheten wußten jedoch, daß man auch „Schüler der Schlechtigkeit“ sein konnte (Jer 13, 23). Das Wort in Jer 2, 24 ist nach KBL[1.3] eine Fehlschreibung.

In den Qumran-Schriften wird von „Schülern Gottes“ gesprochen (1 QH 2, 39). In einem anderen Psalm wird an Jes 50, 4 angeknüpft. Der Beter vergleicht seine Zunge mit den *limmûḏîm* Gottes, die das Herz belehren sollen (1 QH 7, 10. 13–14). In der Damaskus-Schrift werden die *limmûḏê ʾel*, „die von Gott Belehrten“, erwähnt (20, 4), eine Selbstbezeichnung der Gemeinde.

malmāḏ ist nur Ri 3, 31 belegt. Es bezeichnet das Mittel, womit Ehud 600 Philister tötete: ein Treibstecken, wie ihn die Ochsentreiber benutzten, d. h. womit sie die Ochsen zu ziehen lehrten (vgl. Grundbedeutung!).

talmîḏ kommt nur 1 Chr 25, 8 vor. Da wird von Tempelmusikern gesprochen, die gelehrt wurden, für JHWH zu singen. Ein *talmîḏ* war ein solcher Geübter.

III. Das Verbum *lmd* stand für Lernen und Belehrung aller Art. Es scheint von alters her das gewöhnliche Wort für solche Tätigkeit und Erlebnisse zu sein. Ein junger Mann konnte von seinem Vater oder seiner Mutter lernen, entweder was im Leben nützlich oder notwendig war, oder besondere Fertigkeiten, z. B. Krieg zu führen. Auch Tiere konnten lernen, z. B. ein junger Löwe von einem älteren, eine junge Kuh von den Menschen. Dieser alltägliche Gebrauch des Wortes hat jedoch nicht die Sprache des AT geprägt.

Der vorherrschende Gedanke ist, daß Gott der wirkliche Lehrer ist. In alter Zeit wird er als Lehrer aller besonderen Fertigkeiten betrachtet. Mit der Zeit wurde dies dahin verschoben, daß Gott der Lehrer der Thora und aller Regeln für das ethische und kultische Leben war. Von ihm kam alle Belehrung in diesen lebensnotwendigen Fragen. Das bedeutete auch, daß er der Lehrer aller Weisheit war, der einzige, der diese Einsicht in die himmlischen Geheimnisse vermitteln konnte. Wer ein *limmûḏ JHWH* war, der war von dem Höchsten belehrt und konnte dann auch andere belehren.

IV. Die LXX ist bei der Wiedergabe von *lāmaḏ* und seiner Derivate bemerkenswert konstant: διδάσκειν und μανθάνειν dominieren, in wenigen Belegen begegnen δεικνύειν und παιδεία. *malmāḏ* wird fachtechnisch spezifiziert wiedergegeben durch ἀποτρόπους und ἄροτρον.

Kapelrud

לָעַג *lāʿaḡ*

לַעַג *laʿaḡ*, *לָעֵג *lāʿeḡ*

I. 1. Etymologie – 2. Belege – 3. Wortfeld – 4. Versionen – II. 1. Verspottung durch Feinde – 2. JHWH als Subjekt – 3. Verspottung durch die Frommen.

Lit.: *O. Michel*, Verspottung (BHHW III 2098f.). – *H. D. Preuss*, Die Verspottung fremder Religionen im Alten

Testament (BWANT 92, 1971, 141–153). – *L. Ruppert*, Der leidende Gerechte und seine Feinde, 1973, 111–148. – *W. Vischer*, „Der im Himmel Thronende lacht" (Festschr. A. de Quervain, BEvTh 44, 1966, 129–135).

I. 1. Die Wurzel *l'g* 'spotten' ist außerhalb des Bibl.-Hebr. mit Sicherheit nur im Jüd.-Aram., im Syr. und im Mhebr. belegt. Vielleicht darf arab. *la'ağa* 'brennen, wehtun' dazugestellt und darin die Grundbedeutung gesucht werden. Im späten Bibl.-Hebr. scheint *l'g* vom aram. *l'b* 'verspotten' verdrängt worden zu sein (KBL³ 505f. aufgrund von M. Wagner, BZAW 96, 1966, Nr. 147; vgl. W. Rudolph, HAT I 21, 1955, 336 zu 2 Chr 36, 16). Nach verbreiteter Auffassung bedeutet *l'g* ursprünglich 'stottern', 'stammeln' (vgl. Zorell; Guillaume, Abr Nahrain 1, 1959/60, 27). Diese Bedeutung ist in Jes 28, 11 und 33, 19 (wohl auch Hos 7, 16) belegt und wird durch syr. *l'g* 'stottern', syr. und mhebr. *laḡleḡ* 'stottern', mand. *l'g* 'Barbar', arab. *laġlaġ* 'stottern', äth.-tigr. *lā'la'a* 'stottern, stammeln' nahegelegt; sie findet auch in Nebenformen und Modifikationen der Wurzel (*l''* I 'irre, unbedacht reden', *l'z* 'unverständlich reden', *'lg* 'stammeln', nach KBL² Metathesis zu *l'g*) eine gewisse Bestätigung. Aber die semasiologische Ableitung 'stottern' > 'spotten' überzeugt nicht. Die Bedeutung 'stottern' o. ä. gehört zu einer selbständigen Wurzel, die man im Blick auf ihre zahlreichen Nebenformen in nordwest- und südsemit. Idiomen als lautmalerisch bezeichnen kann.

2. Von insgesamt 27 Belegen für den Gebrauch der Wurzel entfallen auf Verbalformen 18, auf das Nomen *la'aḡ* 7. Dem unsicheren Wort **lā'eḡ* werden 2 weitere Belege (Jes 28, 11; Ps 35, 16) zugewiesen, doch vgl. KBL³.

Das Verbum *lā'aḡ* kommt überwiegend (12mal) im *qal* vor (2 Kön 19, 21; Jes 37, 22; Jer 20, 7; Hi 9, 23; 11, 3; 22, 19; Ps 2, 4; 59, 9; 80, 7; Spr 1, 26; 17, 5; 30, 17). Weitere *qal*-Formen ergeben sich, wenn in Ps 25, 2 mit LXX ילעגו statt יעלצו, und in Ps 35, 16 mit LXX לעגו לעוג statt לעגי מעוג gelesen werden darf. Das *hiph* ist 5mal belegt (Hi 21, 3; Ps 22, 8; Neh 2, 19; 3, 33; 2 Chr 30, 10; vgl. auch 2 Chr 36, 16; zu *l'b* s. oben I. 1). Nur 1mal (Jes 33, 19) findet sich das *niph*, und nur an dieser Stelle ist für das Verbum die Bedeutung 'stammeln' o. ä. nachweisbar. Das nach der Form *qaṭl* gebildete Nomen *la'aḡ* begegnet fast durchgehend im Sing. (Ez 23, 32; 36, 4; Hi 34, 7; Ps 44, 14; 79, 4; 123, 4; mit Suffix Hos 7, 16). Nur in Jes 28, 11 (*la'ᵃḡê* st. cstr. Pl. von *la'aḡ*, vgl. B. Duhm z. St.) und in Hos 7, 16 (vgl. W. Rudolph z. St.) liegt die Bedeutung 'Gestammel' vor.

Bei weitem die meisten Belege stehen demnach in poetischen Büchern oder Gattungen des AT. Weisheitliche und kultische Dichtung (je 8mal), von beiden beeinflußt auch verschiedene prophetische Gattungen (5mal), sind stark vertreten. Erst spät und auffallend selten (Neh 2, 19; 3, 33; 2 Chr 30, 10 mit 36, 16; immer *hiph*) kommt *l'g* auch in der erzählenden Prosa zum Zuge.

Der spätere Gebrauch (Sir 4, 1; 34, 22; 1 QpHab 4, 2. 6; 1 QM 12, 7; ergänzter Text 1 QH 4, 16) zeigt gegenüber dem at.lichen keine Veränderung.

3. Die Bedeutung von *l'g* 'spotten' wird durch zahlreiche Synonyme und Parallelworte im Kontext beleuchtet. Neben *l'g* stehen Verba oder Nomina von → שׂחק *śḥq* 'lachen' (Ps 2, 4; 59, 9; Jer 20, 7; Spr 1, 26; 2 Chr 30, 7; 1 QpHab 4, 1f. 6f.; *ṣḥq* Ez 23, 32), → שׂמח *śmḥ* 'sich freuen' (Ps 35, 19. 24; Spr 17, 5; Hi 22, 19; 1 QpHab 4, 1f.), → בזה *bāzāh* 'verachten' (Ps 22, 7; 123, 3; Spr 30, 17; 2 Kön 19, 21 // Jes 37, 22; Ez 36, 4 [l. *lāḇôz*]; Neh 2, 19; 2 Chr 36, 16; 1 QpHab 4, 1f.; 1 QM 12, 7f.); → חרף *ḥrp* 'schmähen' (Ps 22, 7f.; 44, 14. 17; 79, 4; Spr 17, 5; Jer 20, 8; 2 Kön 19, 21f. // Jes 37, 22f.), → קלס *qls* 'verhöhnen' (Ps 44, 14; 79, 4; Jer 20, 8; 1 QpHab 4, 1f.; 1 QM 12, 7f.), → גדף *gdp* 'schmähen' (Ps 44, 17 [neben 14]; 2 Kön 19, 21f. // Jes 37, 22f.) und → כלם *klm* 'beschimpfen' (Ps 44, 16; Ez 36, 6 [neben 4]), vgl. weiter *t''* 'sich lustig machen' (2 Chr 36, 16; 1 QpHab 4, 2) und *htl* 'verhöhnen' (1 Kön 18, 27; Hi 17, 2).

Zum Wortfeld gehören auch die typischen Gebärden des Spottens: *henîa' ro'š* „den Kopf schütteln" (Ps 22, 8; 2 Kön 19, 21 / Jes 37, 22; vgl. Ps 44, 15; 80, 7, außerdem Ps 109, 25; Jer 18, 16; Kl 2, 15; Hi 16, 4; Sir 13, 7; 12, 18; Mk 15, 29), *ḥāraq šinnajim* „mit den Zähnen knirschen" (Ps 35, 16; vgl. 37, 12; 112, 10; Kl 2, 16; Hi 16, 9; 1 QH 2, 11), *qāraṣ 'ajin* „mit den Augen zwinkern" (Ps 35, 19; vgl. Spr 6, 13; 10, 10) und *hipṭîr baśśāpāh* „die Lippen verziehen" (Ps 22, 8).

In Verbindung mit dem Nomen *la'aḡ* findet sich gern die Redeweise, daß ein Einzelner oder ein Kollektiv Gegenstand des Spottes „wird" oder dazu „gemacht wird". *hājāh la'aḡ* (Ps 79, 4), *hājāh lᵉla'aḡ* (Ez 23, 32; 36, 4) und *śîm la'aḡ* (Ps 44, 14f.) haben in Wendungen mit *ḥærpāh*, *bûz*, *qælæs*, *māšāl* u. a. (besonders häufig in Jer, Ez, Kl, Neh, Pss) ihre Entsprechung.

Subjekt und Objekt des mit *l'g* bezeichneten „Spottens" variieren je nach Zusammenhang. In der Regel sind es menschliche „Feinde" (→ איב *'ājaḇ*) oder feindliche Völker und Nachbarn, die Israel/Juda/Jerusalem, einen Psalmisten oder Propheten „verspotten". Weniger häufig ist von einer Verspottung der Feinde durch Gott oder durch die Seinen die Rede.

4. Die LXX hat für das Verbum *lā'aḡ* 6mal μυκτηρίζειν, 2mal ἐκμυκτηρίζειν, ohne daß zwischen *qal* und *hiph* unterschieden würde; für das Nomen *la'aḡ* entsprechend 3mal μυκτηρισμός (zu μυκτηρίζειν, eigtl. 'die Nase rümpfen' vgl. G. Bertram, ThWNT V 803–807). Für das Verbum steht daneben 4mal καταγελᾶν 'verlachen', 2mal ἐκγελᾶν 'laut auflachen', je 1mal καταχαίρειν 'Schadenfreude/übermäßige Freude äußern', ἐξουθενοῦν und καταμωκᾶσθαι 'verspotten'. Im Targum wird für *l'g* dieselbe Wurzel, überwiegend jedoch das synonyme *l'b* gebraucht. V und Hieronymus übersetzen fast konkordant (19mal) mit *subsannare/subsannatio* (von *sanna* 'Spottmaske', 'Grimasse'); abweichende Wieder-

gaben (*despicere, de-/inridere* u.a.) entsprechen meistens einem καταγελᾶν der LXX.

II. 1. Subjekt des Spottens sind in der großen Mehrzahl der Belege menschliche Feinde: entweder solche von einzelnen (Psalmisten, Propheten) oder solche von ganz Israel/Juda/Jerusalem. Ps 22, 8 („alle, die mich sehen, spotten über mich, verziehen die Lippe, schütteln den Kopf") und 35, 16 („wie Gottlose [nach Gunkel] spotten sie und spotten [nach LXX], fletschen die Zähne gegen mich") vertreten ein bekanntes Klagemotiv im Klagelied des einzelnen, vgl. H. Gunkel – J. Begrich, Einleitung in die Psalmen, § 6, 8 (besonders 198ff.). Jer 20, 8 („Ich bin zum Gelächter geworden den ganzen Tag, alle spotten über mich") gehört in den Rahmen derselben Gattung. Auch im Klagelied des Volkes hat die Rede vom Spott der Feinde einen festen Platz, vgl. H. Gunkel – J. Begrich § 4, 7 (bes. 126). Neben Texten, die über dauernde Verspottung klagen („Wir sind des Spottes übersatt" Ps 123, 4; „wir sind ein Spott und Hohn geworden denen, die um uns wohnen" Ps 79, 4, aufgenommen im prophetischen Heilswort Ez 36, 4, als Zusatz auch im Drohwort Ez 23, 32) stehen solche, in denen der Spott der Feinde als von Gott selbst verfügte Strafe beklagt wird („du machtest uns ... zum Spott und Hohn derer, die um uns wohnen" Ps 44, 14; 80, 7). Bei aller Verschiedenheit stehen die Vorstellungen vom „verspotteten Gerechten" und vom „verspotteten Israel" in einem engen Zusammenhang.

Die Belege aus der Denkschrift Nehemias (Neh 2, 19; 3, 33) reden vom Spott feindlicher Nachbarn über die Wiederaufbaupläne der Juden.

2 Chr 20, 10 (die Botenläufer Hiskias, die ganz Israel zur Umkehr rufen, werden verspottet) und 2 Chr 36, 16 („sie verspotteten [*lʿb*] die Boten Gottes und verachteten [*bzh*] seine Worte und verhöhnten [*tʿʿ*] seine Propheten") belegen die Vorstellung vom leidenden Propheten, wie sie vor Chr im DtrGW (vgl. 2 Kön 17, 13–15) klassisch formuliert ist.

Eine eigene Gruppe bilden die weisheitlichen Aussagen. In Aufnahme von Gedanken aus der Lehre des Amen-em-Opet (ANET^3 424) warnt Spr 17, 5 vor der Verspottung des Armen, ähnlich Sir 4, 1. Die drastische Warnung vor der Verspottung der greisen Eltern in Spr 30, 17 steht im Zusammenhang mit dem Elterngebot Ex 20, 12 u. Par. (→ כבד *kāḇeḏ*); vgl. Sir 34, 22/31, 22 gegen die Verspottung des Weisen.

2. Nicht nur von Menschen, auch von Gott wird ein „Spotten" ausgesagt. Ältestes Beispiel ist Ps 2, 4: „Der im Himmel wohnt, lacht / JHWH spottet ihrer". Gelächter und Spott sind Ausdruck frageloser Überlegenheit gegenüber dem Treiben der Erdenkönige, vgl. die Komm. und W. Vischer, der auf die Ugarittexte KTU 1.6, III, 16; 1.4, IV, 27–30; 1.4, V, 20–27; 1.12, I, 12f.; 1.17, VI, 41; 1.3, II, 24–27 hinweist. Im Klagelied eines von tätlichen und verbalen Angriffen bedrängten einzelnen heißt es Ps 59, 9: „Aber du, JHWH, lachst ihrer / du spottest aller Heiden". Die weitgehende Ähnlichkeit der hier als Vertrauensmotiv dienenden Aussage macht eine Übernahme aus Ps 2 wahrscheinlich, vgl. H. J. Kraus z. St. Auch in einem weisheitlichen Gedicht (Ps 37, 13) findet sich der Gedanke, daß JHWH über den Frevler „lacht", also dessen Spotten (v. 12) durch seinen „Gegenspott" (Preuss 144) entkräftet. Wie Gott selber droht auch die personifizierte Weisheit: „Weil ich rief und ihr euch weigertet ... so will auch ich lachen bei eurem Unglück / will spotten, wenn euer Schrecken kommt" (Spr 1, 24. 26). Ganz anders geartet ist der tyrannische Spott, den Hiob dem Gott der Freunde vorwirft: „Wenn Geißel jäh den Tod bereitet / verhöhnt er das Verzagen der Schuldfreien" (Hi 9, 23 nach F. Horst, vgl. 12, 21).

3. Auffallend selten bezeichnet *lʿg* eine Verspottung durch „Fromme" oder „Gerechte". Hi 22, 19 weiß vom begründeten Spott der Gerechten über das unfehlbar eintreffende Schicksal der Frevler, doch ist es nicht umsonst Eliphas, der solche Weisheit vertritt. In welchem Sinn Hiob in den Reden Zophars (Hi 11, 3) und Elihus (Hi 34, 7) mit „Spotten" oder „Spott" in Verbindung gebracht wird, ist wegen Textverderbnis unklar; dasselbe gilt von einem Beleg in Hiobs eigener Rede (Hi 21, 3). Im Klagelied des einzelnen erwartet der Fromme die Zeit, wo er der evident gewordenen Ohnmacht seiner Feinde spotten wird (Ps 52, 8; 58, 11; 35, 26f.; 64, 11 u. ö.), aber im Danklied gibt es keine entsprechenden Äußerungen. Nur das in die beiden Erzählungen von der Rettung Jerusalems aus der Assyrernot (2 Kön 18, 13 – 19, 37 / Jes 36–37) sekundär eingefügte Orakel an Sanherib (2 Kön 19, 21–28 // Jes 37, 22–29) bietet den Wortlaut einer eigentlichen Verspottung mit Zion/Jerusalem als Subjekt. „Es verachtet, es spottet deiner / die Jungfrau, die Tochter Zion! Hinter dir her schüttelt das Haupt / die Tochter Jerusalem!" (2 Kön 19, 21 // Jes 37, 22). Menschlicher Spott lebt davon, daß er die Ohnmacht des Verspotteten „sieht" (vgl. *rāʾāh* in Ps 22, 8; 31, 12; 35, 21; 52, 8; 69, 33; Kl 1, 7f.). Die Tochter Zion kann in ihrer eigenen Ohnmacht nur darum glaubwürdig spotten, weil sie dem vertraut, der durch seine Macht auch Grund hat, des Assyrers zu spotten. In diesem Geist spottet auch die Gemeinde von Qumran (1 QM 12, 7f.).

Barth

לַעֲנָה *laʿanāh*

I. Herkunft – II. Bedeutung – III. Verwendung.

Lit.: *G. Dalman*, AuS II 318. – *H. Frehen*, „Wermut" (BL 1887f.). – *R. H. Harrison*, Healing Herbs of the Bible (Janus 50, 1961, repr. Leiden 1966). – *I. Löw*, Die Flora der Juden I, Wien – Leipzig 1926, 379–390. – *W. McKane*, Poison, Trial by Ordeal and the Cup of Wrath

(VT 30, 1980, 478–487). – *H. N. – A. L. Moldenke*, Plants of the Bible, New York 1952, 48–50. – *C. H. Peisker*, „Wermut", (BHHW III 2167). – *E. G. Post – J. E. Dinsmore*, Flora of Syria, Palestine and Sinai, Beirut ²1932/33, 66. 534. – *M. Zohary*, Plant Life of Palestine: Israel and Jordan (Chronica Botanica. New Series of Plant Science Books 33, New York 1962, 134).

I. Die Etymologie des im AT 8mal (zusätzlich Kl 3, 5 cj., nicht Sir 31, 29 corr.) vorkommenden Wortes *laʿanāh* ist undurchsichtig. Möglicherweise ist es aus dem Phonem *lʿ* (+*n*) entstanden, das in Anfangsstellung bei fast allen Belegen Abneigung, Abscheu und abstoßenden Ekel guttural zum Ausdruck bringt. Dem Wort haftet so etwas Übles, Widerwärtiges, Negatives an. Vorstellbar ist demnach eine Beziehung zu nab. *lʿn*, *lʿnh* und arab. *laʿana*, *laʿn* 'verfluchen, Fluch' (DISO; Wehr).

II. Die traditionelle Bedeutung 'Wermut' ist ganz unsicher. Die LXX konnte keine konkrete Bedeutung angeben und umschrieb dem Kontext nach 3mal mit πικρία 'Bitterkeit', 2mal mit χολή 'Galle', je 1mal mit ὀδύνη 'Kummer' und ἀνάγκαι 'Nöte' (Am 5, 7 ist nicht übersetzt). Das Targum bietet als Äquivalent *gîḏ* (z.T. Pl.; nicht Deut 29, 17; entsprechend auch S und die Rabbinen), üblicherweise mit 'Absinth' übersetzt. Aquila gibt das Wort 3mal (Spr 5, 4; Jer 9, 15 [= 14]; 23, 15) mit τὸ ἀψίνθιον wieder, entsprechend V an allen Stellen ausgenommen Deut 29, 17 (vgl. Targ.) mit absinthium. Ob damit 'Wermut', speziell die Pflanze Artemisia absinthium bzw., da diese in Palästina kaum vorkommt, Artemisia herba alba, die ihrerseits seit alters als Heilpflanze gilt, gemeint ist, bleibt wie die Gleichsetzung mit *laʿanāh* sehr fraglich. G. Piovano (Contributo alla flora sinaitica [Giorn. Bot. Ital. 69, 1962, 239–241]) denkt an Artemisia judaica. Die at.lichen Belege lassen für *laʿanāh* drei Bestimmungen erkennen: 1. Es ist eine (wohl volkstümliche) Bezeichnung einer Pflanze oder eines pflanzlichen Stoffes (Deut 29, 17; Parallele zu *roʾš*, vgl. Hos 10, 4); 2. Es impliziert die Vorstellung eines wirklich oder wegen seiner Bitterkeit vermeintlich (noxium vulgo creditum est, Ges Thes) giftigen, jedenfalls gefährlichen Stoffes: 6 bis 7mal steht *laʿanāh* mit *roʾš* 'Gift' zusammen (Kl 3, 5 cj.); an einigen Stellen wird tödliche bzw. lebensgefährliche Wirkung erwartet (Jer 23, 15; Spr 5, 4f. par. Schwert (→ חרב *ḥæræḇ*; Kl 3, 5 Todestopoi); Targ. Jon. übersetzt Deut 28, 17: „bitter wie das tödliche Absinth (?)" (*kʾgdnʾ dmwtʾ*); vgl. auch Hebr 12, 15; 3. Es wird vorausgesetzt, daß *laʿanāh* gegessen wird, vielleicht (auch) in flüssiger Form (Spr 5, 4 par. Sirup, vgl. Jer 23, 15; 9, 14 *ʾkl*; dagegen wird *roʾš* getrunken), was – denkt man an seine Bitterkeit und Gefährlichkeit – vor allem aus Versehen oder aus Unwissenheit vorgekommen zu sein scheint (vgl. 2 Kön 4, 38ff.). Demnach sprechen die Belege eher für eine Giftpflanze oder einen Giftstoff als für eine Artemisia-Art und für „Wermut" (W. McKane 483ff.). Welche Pflanze oder welches pflanzliche Gift gemeint ist, ist bisher nicht geklärt (vgl. M. Zohary, Geobotanical Foundations of the Middle East II, 1973, 391ff.).

III. Die Parallelsetzung mit *roʾš* in 6 von 8 Fällen läßt sprichwörtliche Verwendung des Wortpaares vermuten (vgl. „Gift und Galle"). Dazu paßt das weisheitliche Milieu einiger Stellen wie auch der Gebrauch des Wortes selbst als Bild, Metapher, Inbegriff. Das Tertium ist in diesen Fällen die verborgene Gefahr und verderbliche Wirkung, die ganz harmlos und heilsam erscheinenden Dingen innewohnt. Das süße Wort der Verführerin gleicht Honigseim und erscheint glatt wie Öl, ist aber gefährlich wie *laʿanāh* und ein zweischneidiges Schwert (Spr 5, 4). Der Realbezug ist noch erkennbar Deut 29, 17, wo die vom JHWH-Glauben Abgefallenen generell als Wurzeln gekennzeichnet sind, die Gift und *laʿanāh* hervorbringen (*prh*). Aber auch an den Stellen, wo vom gottgewirkten Essen und Trinken der schädlichen Giftstoffe die Rede ist, scheint eine konkrete Vorstellung hindurch. So in dem Unheilswort Jeremias an die falschen Propheten: Sie, die „Propheten Jerusalems", werden „falsche", im Sinne von „vergiftete", Speisen zu ihrem Verderben zu sich nehmen müssen, da – so will es das Gesetz der Talio – von ihnen „Falschheit" (*ḥanuppāh* → חנף *ḥnp*) in das ganze Land ausgegangen ist (Jer 23, 15, davon abhängig 9, 14, vgl. dazu 8, 14). Ist an die Vollstreckung eines Todesurteils durch Gift gedacht? Ähnliche Vorstellungen begegnen in den Klagen von Kl 3 (vv. 5. 15. 19). Die beiden Amos-Stellen (vgl. dazu auch Hos 10, 4) müssen wohl so verstanden werden, daß der Prophet in der bildhaft metaphorischen Form seiner Anklage (6, 12) und seines Weherufs (5, 7) den generellen Sachverhalt ausdrücken will, daß die an sich gute und heilvolle Wirkung des tradierten Rechtswesens (*mišpāṭ*) und der Effekt der hergebrachten Sozialordnung (*ṣᵉdāqāh*) in ihr Gegenteil verkehrt worden sind (→ הפך *hāpaḵ*), wohl dadurch, daß sie unnatürlicher- und unvernünftigerweise den Zwängen einer neuen gesellschaftlichen Situation unterworfen werden (6, 12a). Das Recht wird so zur Rechtsfindung unbrauchbar und in seinem Wesen pervertiert; die Gemeinschaftstreue wird mit Füßen getreten; ihre guten Früchte, die sie für alle trug, wirken jetzt verderblich wie Gift.

Seybold

לָקַח *lāqaḥ*

לֶקַח *læqaḥ*

I. 1. Wurzel – 2. Bedeutung – 3. Vorkommen im AT – II. Verwendung im AT – 1. Initiative für einen weiteren

Akt – 2. Nehmen als Verfügungsberechtigter – 3. Frau nehmen – 4. Fort- oder Wegnehmen – 5. Gottes Nehmen – 6. Poetisches, Sonderliches – III. *læqaḥ*.

Lit.: *A. Cody*, Exodus 18, 12: Jethro Accepts a Covenant with the Israelites (Bibl 49, 1968, 153–166), bes. II. Jethro „Accepts" the Sacrifice (and the Covenant) (159–161). – *G. Delling*, λαμβάνω (ThWNT IV 5–16). – *J. C. Greenfield*, *našû*, *nadānū* and Its Congeners (Memoirs of the Connecticut Academy of Arts and Sciences 19, Hamden 1977, 87–91). – *S. Kogut*, כפל הוראה בשורש "לקח" במקרא Double Meaning of the Biblical Root לקח (Lešonénu 34, 1969f., 320). – *L. Kopf*, Arab. Etymologien (VT 8, 1958, 161–215, bes. 182). – *A. Kretzer*, λαμβάνω (EWNT II 829–833).

I. 1. *lqḥ* ist eine im alttestamentlichen Hebräisch besonders beliebte Wurzel. Sie ist gemeinsemitisch (ugar. *lqḥ*, akk. *leqû* [AHw 544], phön., moab. *lqḥ* [DISO 139], aram. *leqaḥ*, asarab. *lqḥ* [Conti Rossini 173], arab. *laqiḥa*, äth. *laqḥa* 'leihen' [Leslie, Contributions 29]), ohne daß der Sprachvergleich für das Verständnis benötigt würde (vgl. KBL³ 507). Eine gute lexikalische Bearbeitung besorgte H. H. Schmid, THAT I 875–879. Von ihr wird man ausgehen müssen.

2. Die Grundbedeutung 'nehmen' zeigt eine erhebliche Dehnungsbreite. Im Verhältnis zu anderen, gelegentlich synonym gebrauchten Wurzeln scheint die Grundbedeutung nicht so sehr durch Kraftaufwand wie z. B. *ḥzq hiph* 'ergreifen' im Sinne von 'stützen, stärken, fest Hand anlegen' oder *nāśā'* 'heben', aber auch nicht – trotz weniger, scheinbar entgegengesetzter Belege, durch die Möglichkeit der Gewalt wie → בזז (*bzz*) oder → לכד (*lāḵaḏ*) gekennzeichnet zu sein. Vielmehr deutet der überaus häufige Gebrauch des Verbs in Vorbereitung eines weiteren, den eigentlich intendierten Akt darstellenden (fast wie ein Verbum relativum) auf einen Sinn, der in erster Linie die Verantwortlichkeit des jeweiligen Subjekts für die jeweilige Handlung hervorheben will. Es bezeichnet, wie noch darzustellen sein wird, gern die Initiative bzw. den Aspekt der Initiative an Handlungen.

3. Im *qal* kommt das Verb 939mal vor (Schmid) und steht besonders häufig in erzählender Literatur sowie in Opfervorschriften (zusammen ³/₄ der Belege). Es fehlt mit Signifikanz in HL (sachlich unpassend) und Pred, Dan (in jüngeren Sprachen durch andere Wurzeln ersetzt, so Schmid). Das *niph* (10mal) und das *pu* (als pass. *qal*, 15mal) haben einen deutlich eingeschränkten Sinn: 'weggenommen bzw. geholt, gebracht werden' (KBL³). Das *hitp* (2mal) hat die Spezialbedeutung 'hin- und herzucken (von Flammen)'. Spezialbedeutung haben auch *malqôḥajim* 'Gaumen' (Ps 22, 16), *mælqāḥajim* 'Lichtputzschere' (6mal), *miqqāḥ* 'Entgegennahme (von Bestechung)' (aram. inf., nur 2 Chr 19, 7), *maqqāḥôṯ* 'Waren' (Neh 10, 32; aus **malqāḥôṯ*) und *malqôaḥ* 'das, was dem Sieger im Kriege an Beute zusteht' im Unterschied zu Raub oder Plünderung (Num 31, 11 f. 26 f. 32; Jes 49, 24 f.; *šālāl* wohl die faktische Beute, *baz* der Raub). Als terminus technicus wurde *malqôaḥ* ins Äg. übernommen (*mrqḥ.t*, KBL³ 562; WbÄS II 113). Gesichert, aber in der Deutung unklar ist der PN *liqḥî* (vgl. KBL³). Einer näheren Überlegung bedarf lediglich das Nomen *læqaḥ*, s. u. III.

II. Im *qal* hat *lāqaḥ* die Bedeutungsbreite von 'nehmen, ergreifen, fassen', 'an sich nehmen' mit der Wirkung 'wegnehmen' bis hin zu einem kriegerischen 'an sich nehmen' aber auch 'annehmen, entgegennehmen, empfangen' und schließlich 'holen'. Objekte sind Personen und Sachen, ohne daß deren Dokumentation von besonderem Interesse wäre. Wichtiger scheint es, die Eigentümlichkeiten zu beleuchten, die den Gebrauch des Verbs auszeichnen.

1. Oft bezeichnet *lāqaḥ* die Initiative für einen weiteren Akt. Das Verdienst der Joseba hebt 2 Kön 11, 2 (= 2 Chr 22, 11) hervor: sie nahm den Joas von den Königssöhnen und versteckte ihn. So auch 2 Kön 11, 4. 19 (= 2 Chr 23, 1. 20): Jojada nahm die Hundertschaftsführer Judas zur Vorbereitung des Aufstands gegen Atalja. Nach Ri 6, 27 nahm Gideon 10 Mann, um einen Ba'alsaltar heimlich zu zerstören. Laban nahm seine Brüder für die Verfolgung Jakobs (Gen 31, 23). Jakob nahm einen Stein als Landmarke, Laban und seine Leute nahmen Steine für einen als Landmarke dienenden Steinhaufen (Gen 31, 45 f.). Jakob nahm einen Stein, um ihn als Massebe zu weihen (Gen 28, 18). Samuel nahm den jungen, bis dahin unbekannten Saul zu den für ein Opferfest Geladenen (1 Sam 9, 22). Saul nahm ein Joch Rinder, um sie für die Einberufung zum JHWH-Krieg zu zerstückeln (1 Sam 11, 7). Gideon nahm die Ältesten Sukkots, um sie wegen mangelnder Unterstützung mit Dornen zu prügeln (Ri 8, 26). Joseph nahm 5 Brüder, um sie dem Pharao zu präsentieren (Gen 47, 2). Die Brüder nahmen Joseph und warfen ihn in die leere Zisterne; sie nahmen sein Gewand, um es in Blut zu tauchen und so den Vater zu täuschen (Gen 37, 24. 31). Boas nahm sich 10 Mann im Tor, um Gericht zu halten (Ruth 4, 2. 16). Alles Volk Judas nahm Asarja, um ihn zum König zu machen (2 Kön 14, 21; Joahas 23, 30, vgl. 2 Chr 26, 1; 36, 1).

Die Belege lassen sich leicht vermehren. Fast alle Opfervorschriften müßten hier eingereiht werden. Einige sublime Wendungen verdienen besondere Erwähnung. So nahm Abraham das für ein Brandopfer bestimmte Brennholz und legte es auf Isaak – in Unterstreichung der Auskunft: „Gott wird sich ersehen" (Gen 22, 6 f.). Er nahm ein fürs Essen, nicht für eine Opferschlachtung vorgesehenes Messer (*ma'aḵælæṯ*) in Vorbereitung der gebotenen Tötung Isaaks (22, 10). Noah nahm nach der Sintflut von *allem* reinen Vieh, um ein Opfer darzubringen (Gen 8, 20). In der Anklage gegen Mose vor dem Meerwunder sagt das Volk: „Du nahmst uns, um uns in der Wüste sterben zu lassen" (Ex 14, 11). Der Moabiterkönig Balak hatte Bileam genommen, um Israel zu verfluchen; Bileam aber nahm (bei Gott?) zu segnen (Num 23, 11. 20). Besonders merkwürdig ist Gen

15, 9f.: JHWH gebietet Abraham, für JHWH eine Reihe opferfähiger Tiere zu nehmen. Mit keinem Wort deutet die Anweisung den erforderlichen Ritus an, den Abraham offenbar von selber weiß. Enthält das „nimm mir" zusammen mit der Tierliste, daß nicht ein Opfer, sondern ein spezieller Ritus gemeint ist?

2. Von dem eben genannten Gebrauch ist es nur ein kleiner Schritt zu dem Nehmen als Verfügungsberechtigter. So nahm Terah Abraham und Nahor, Abraham seine Frau und seine Habe, Lot seine Familie, Esau seine Frauen, Joseph seine Söhne (Gen 11, 31; 12, 5; 19, 15; 36, 2. 6; 48, 1. 13), sei es für eine Reise, sei es für den Gang zum Vater. König Abimelech nahm Herden und Dienerschaft, um einen umherirrenden Propheten für sein Land zu gewinnen (Gen 20, 14). Abraham nahm einen Wasserschlauch und Lebensmittel für die verstoßene Hagar als Wegzehrung (Gen 21, 14). Abraham nahm Ismael zur Beschneidung (Gen 17, 23). Abraham und Saul nahmen sich Knechte (Gen 22, 3; 1 Sam 9, 3). Zu Davids Verfolgung nahm Saul sich 3000 Mann (1 Sam 24, 2). 1 Sam 8, 11–17 warnt vor dem drohenden Verfügungsrecht des Königs. Nach 2 Sam 20, 6 übertrug David Joabs Bruder Abisai den Oberbefehl über die königliche Elitetruppe: „Nimm!" Potiphar nahm Joseph, um ihn in die königliche Sicherungsverwahrung zu versetzen (Gen 39, 20). Joseph nahm mit der vorläufigen Anklage der Spionage Simeon als Geisel (Gen 42, 24). Jethro nahm ein Schlachtopfer für Elohim (Ex 18, 12).

Der Sinn ändert sich nicht, wenn Gott Subjekt der Aktion wird. Nach Ps 75, 3 verfügt Gott über den rechten Zeitpunkt (*mô'eḏ*). Ihm entgegen stehen Propheten, die ihre Zunge nehmen, um Sprüche zu machen (Jer 23, 31). JHWH Elohim nimmt Adam und versetzt ihn in einen Garten etc. (Gen 2, 15. 21. 22).

Einige wenige Belege gehören zur Rechtsüberlieferung. So wird die Rechtsgemeinschaft angewiesen, einen Täter, dem Blutschuld nachgewiesen werden kann, vom Altar zu nehmen, obwohl dieser sonst Asyl gewähren würde (Ex 21, 14; Deut 19, 12: die Ältesten der Rechtsgemeinde, in deren Bereich der Täter sich befindet, haben ihn bei Blutschuld für den Bluträcher zu nehmen). Die Ältesten haben einen Mann, der seine Frau wegen Nicht-Jungfräulichkeit verleumdet, zu nehmen und der Prügelsanktion zuzuführen (Deut 22, 28).

3. Offenbar gehört hierhin der terminus technicus für die Eheschließung: sich eine Frau nehmen / zur Frau nehmen (z. B. Gen 4, 19; 11, 29; 20, 2f.; 24, 3f. usw.). Die Initiative muß beim Mann liegen, weil die Frau rechtlich durch Eheschließung Mitglied der Familie ihres Mannes wird. Einen Unterfall beschreibt Gen 16, 3: wenn eine Hauptfrau Mägde in die Ehe mit einbringt, liegt es in ihrer Macht, eine dieser Mägde ihrem Mann zur Frau zu geben (vgl. auch Gen 30, 9). Gen 21, 21 vermerkt, daß die offenbar überragende Hagar (vgl. Gen 16, 7–14) ihrem Sohn eine Frau nahm. Eine Frau nur nehmen, ist freilich schlimm (Gen 34, 2). Eine nachträgliche Eheschließung kann zwar den Fall heilen; aber das ist nicht zwingend. Auch David nahm Batseba, ehe er sie heiraten konnte (2 Sam 11, 4). Von Gewalt ist in beiden Fällen keine Rede. Der Terminus ist freilich so geläufig, daß er, wenn der Sinn im Kontext klar ist, auch durch bloßes Nehmen vertreten sein kann. Bemerkenswert ist hier die Vorschrift im Kriegsgesetz: Wenn ein Mann sich mit einem Mädchen verlobt, sie aber noch nicht „genommen" hat, soll er vom Kriegsdienst freigestellt werden, um erst für die Fortsetzung seines Namens zu sorgen (Deut 20, 7). Verwandt ist der persische Verhältnisse beschreibende Ausdruck „zur Tochter nehmen" (Esth 2, 7. 15; es ist zweifelhaft, ob es in Israel Adoptionen gegeben hat).

4. Bei demjenigen Nehmen, das im Fort- oder Wegnehmen resultiert, scheint nicht der Modus (z. B. Gewalt, Unrechtmäßigkeit o. ä.) und nicht das Privative betont zu sein, sondern das An-sich-Nehmen. Zwar steht das Verb in Jer 20, 5 parallel zu „rauben", und in 1 Sam 2, 16 wird ausdrücklich „mit Gewalt" hinzugefügt. Gen 31, 34; 1 Chr 7, 21 meinen wohl so etwas wie Stehlen, und Gen 27, 35. 36 betonen die Unrechtmäßigkeit des An-sich-Bringens. Aber den Modus muß man im Prinzip aus dem Kontext ergänzen, und so hat gerade in Gen 27 das Unrechtmäßige für Jakob keine Nachteile, weil es sich um den väterlichen Segen handelt, der nur einmal vergeben werden konnte.

Typisch ist z. B. Gen 31, 1: die Söhne Labans meinen, daß Jakob alles, was Laban gehörte, an sich gebracht habe; da geht es um das pure Faktum, eine Unrechtmäßigkeit wird gar nicht unterstellt. Interessant ist auch Leas Wort zu Rahel (Gen 30, 15): „Ist es dir nicht genug, meinen Mann an dich zu nehmen?" Hier kann es nicht um ein Wegnehmen gehen, sondern nur darum, daß Rahel für Jakob anziehender war und Lea es deshalb weit von sich wies, Rahel dann auch noch mit Liebesäpfeln zu beschenken. Ähnlich meint Gen 31, 34, daß Rahel tödliche Gefahr drohte (31, 26), weil sie die Teraphim genommen hatte, also besaß.

Auch das kriegerische Nehmen wird hier einzureihen sein. Daß David nach dem Sieg über die Ammoniter die Krone an sich nahm, kam aus dem Recht des Siegers (2 Sam 12, 30). Entsprechend findet man in 2 Kön 15, 29 eine Aufzählung von Städten, die Tiglat-Pileser III. sich nach seinen siegreichen Feldzügen nahm. Nach Gen 34, 28 nahmen die siegreichen Söhne Jakobs Sichem das Vieh vom Felde, während sie nach v. 29 auch raubten, nämlich Menschen und das, was in deren Häusern war. 1 Kön 20, 34 berichtet davon, daß der König von Aram die israelitischen Städte, die sein Vater hatte an sich bringen können, wieder zurückgeben wollte. Vgl. noch Ri 11, 13. 15; 2 Chr 2, 23.

Höchst instruktiv ist auch Gen 38, 23: Juda bemühte sich, durch einen Freund die wertvollen Pfänder, die er nach Verkehr mit einer (vermeintlichen) Kedesche zur Auslösung hinterlassen hatte, wiederzubekommen, fand die Frau aber nicht und sagte daraufhin: „Möge sie sie nehmen, damit wir nicht zur Geringschätzung werden!" Man macht sich nur lächerlich, wenn man Pfändern nachjagt, die man einer Dirne gab. So spricht auch vieles dafür, daß Gen 48, 22 nicht gewalttätig gemeint ist: Der Vater Israel nahm eine Schulter (Berghang bei Sichem?) von der Hand der Amoriter um Pfeil und Bogen, also als Schutztruppe für den Sichempaß.

Im Gerichtswort kann es heißen (2 Sam 12, 11), daß JHWH es ist, der David seine Frauen nimmt und sie einem Genossen gibt, weil David Uria die Frau genommen hatte. Ganz eigentümlich das Wort Hoseas (13, 11), daß JHWH Israel in seinem Zorn Könige gab und nahm!

5. Am häufigsten ist davon die Rede, daß JHWH sein Volk aus der Zerstreuung holen, nehmen werde (Deut 30, 4; Jer 3, 14; 25, 9; 33, 26; Ez 36, 24; 37, 21). Dem entspricht es, daß JHWH Israel von Ägypten (Ex 6, 7) bzw. vom Sinai an genommen hatte. Dabei handelt es sich gewiß um einen Ausdruck naiven Verständnisses von Erwählung, der etwa auch Gen 24, 7 (Abraham), Jos 24, 3 (euer Vater), 1 Kön 11, 32 (Jerobeam I.), Jer 43, 10 (Nebukadnezar zur Eroberung Ägyptens), Hag 2, 23 (Serubbabel), 2 Sam 7, 8; 2 Chr 17, 7; Ps 78, 70 (David) und Num 3, 12. 41. 45; 8, 16. 18 (Leviten) vorkommt. Wie aber derselbe Ausdruck bei der Berufung des Amos (7, 15) zeigen kann, scheint der Akzent überall weniger auf einem Erwählungsbewußtsein als auf dem Überraschungsmoment zu ruhen, das mit dem Holen Gottes aus ganz anderen Verhältnissen verbunden ist. In der Klage wird JHWH verschiedentlich gebeten, das Leben oder die *næpæš* des Beters zu nehmen, weil ein Mensch sich am Leben nicht vergreifen darf (z. B. 1 Kön 19, 4; Jon 4, 3). Im Gerichtswort kündigt JHWH umgekehrt Ezechiel als Zeichenhandlung an, daß er ihm die Wonne (seine Frau) nähme (Ez 24, 16). Ez 3, 14; 8, 3 meint das Nehmen Gottes eine visionäre Versetzung an einen anderen Ort, und Gen 5, 24; 2 Kön 2, 3 reden von der Entrückung Henochs und Elias unmittelbar zu Gott. Meinen diese Entrückung auch Ps 49, 16; 73, 24 (→ IV 34f.)?

Insgesamt ist Gott verhältnismäßig selten das Subjekt des Verbs (nach Schmid etwas über 50mal). Das Verb dürfte eher zum Menschenbild des AT beitragen, als einen theonomen Terminus bilden.

6. Einige schöne Beispiele sollten nicht ungenannt bleiben. In einer Art Selbstverwünschung heißt es bei Hiob (3, 6): „Jene Nacht (scil. der Geburt) – es ergreife sie Finsternis." Ähnlich ins Düstere wendet sich die weisheitliche Beobachtung (Hi 12, 20): Gott nimmt selbst den Ältesten Urteilskraft (*ṭaʿam*). Die Freunde halten dem Klagenden vor: „Dein Herz nimmt dich hin" (Hi 15, 12). Der Ausdruck „Rache nehmen" kommt nur poetisch vor (Jer 20, 10; von Gott Jes 47, 3). Zur Poesie Jeremias: „Euer Ohr nehme das Wort seines (JHWHs) Mundes!" (9, 19). Schließlich zwei schöne Bilder der Weisheit: Raub nimmt denen, die sich zu seinen Besitzern machen, die *næpæš* (Spr 1, 19; vgl. 11, 30; 22, 25); Übeltäter sind wie Dornen – man nimmt sie nicht mit der Hand (2 Sam 23, 6).

Wegen seiner sachlichen Bedeutung sei hier das Verbot, Zinsen (Lev 25, 36) oder gar Wucher (Ez 18, 8. 13. 17) zu nehmen, erwähnt. Umgekehrt ist beispielhaft Samuels Rede (1 Sam 12, 3f.), er habe im Amt von niemandem irgend etwas genommen.

III. *læqaḥ* dürfte nicht eigentlich Lehre oder gar Überredung (so KBL³; Spr 7, 21) meinen, sondern das, was man sich an Weisheit oder Lehre zu eigen hat machen können und daher weiterzugeben in der Lage ist. Dies scheint mir besonders für Spr 7, 21 zu gelten, das die verführerische Rede der fremden Frau zusammenfaßt. In Worte kleidet das Spr 16, 23: „Das Herz des Weisen macht seinen Mund klug / auf seinen Lippen fügt es Verstandenes hinzu." Ist dann 16, 21 chiastisch zu lesen? „Einen im Herzen Weisen nennt man verständig / und Verstandenes macht die Anmut der Rede (Lippen)." Ganz selbstverständlich ergibt sich jener Sinn für Deut 32, 2; Hi 11, 4; Spr 4, 2; im Sinne des eigenen Dazulernens Spr 1, 5; 9, 9; Sir 8, 8. D. h., *læqaḥ* ist *qabbālāʾ* 'Empfangenes' (vgl. KBL³) im wörtlichsten Sinne.

Seebass

לָקַט *lāqaṭ*

1. Etymologie, Belege – 2. At.licher Gebrauch.

1. Die Wurzel *lqṭ* findet sich in den meisten semit. Sprachen mit der Bedeutung 'einsammeln, pflücken'. Das Verb ist 30mal im AT belegt, davon 13mal *qal*, 15mal *pi* und je 1mal *pu* und *hitp*. Eine klare Scheidung zwischen *qal* und *pi* ist kaum möglich; für das Ährenlesen werden im Buche Ruth sowohl *qal* (2, 8) als auch *pi* (übrige Belege) gebraucht. Nach Jenni, Das hebr. Piʿel 188f., ist *qal* das einfache Auflesen, während *pi* als Resultativ die Nuance des vollständigen Auflesens enthält.

2. Es handelt sich in allen Fällen um ein Sammeln im ganz buchstäblichen Sinn. Man sammelt Steine, um den Steinhaufen Galʿed zu bauen (Gen 31, 46); man pflückt Blumen (HL 6, 2); die Prophetenjünger sammeln Kräuter, um eine Suppe zu bereiten (2 Kön 4, 39); die Kinder sammeln Holz, damit die Eltern Opferfeuer für die Himmelskönigin anzünden (Jer 7, 18); der von den Israeliten besiegte Adoni-Besek blickt auf die Zeit zurück, als 70 Könige die Brotreste unter seinem Tisch sammelten (Ri 1, 7); der Bursche Jonathans holt den Pfeil, den sein Herr abgeschossen hat (1 Sam 20, 38); Joseph sammelt das

Geld, das die Ägypter als Zahlung für Korn gegeben haben und übergibt es dem Pharao (Gen 47, 17).
Besonderes Interesse verdienen zwei Gruppen von Belegen. Erstens wird Lev 19, 9; 23, 22 (nach Elliger, HAT I/4, 247, Zitat aus 19, 9) vorgeschrieben, daß man bei der Ernte nicht Nachlese halten (*lqṭ pi* mit *læqæṭ*), d. h. die auf den Boden gefallenen Ähren einsammeln, sondern diese den Armen und den *gerîm* lassen soll. Entsprechendes gilt nach Lev 19, 10 auch den gefallenen Trauben bei der Weinlese. Es handelt sich wohl um eine ursprünglich kultisch begründete Sitte, die nachträglich als ein Gebot der Armenfürsorge erklärt wurde (Elliger 257).
In Übereinstimmung hiermit pflückt Ruth die Ähren auf dem Acker des Boas (Ruth 2, 2. 3. 7. 8. 15. 19. 23); Boas gibt ihr aber noch dazu gewisse Vorteile (v. 16). Ob Ruth Lev 19, 9 direkt voraussetzt, ist nicht sicher, da Ruth nach v. 2 nur mit Erlaubnis des Feldbesitzers Ähren sammeln will. Jedenfalls dient auf diese Weise eine ganz alltägliche Beschäftigung dazu, das Wohlwollen des Boas zu enthüllen und sie wird ein Teil von Gottes Führung (Gerleman, BK XVIII 10, wo v. 12 zitiert wird).
Das Erntebild kehrt noch Jes 17, 5 wieder: das Schicksal des Nordreichs wird mit einer Ernte verglichen, wobei man u. a. Ähren liest im Tale Rephaim und Oliven abklopft, so daß nur eine ärmliche Nachlese übrigbleibt.
Zweitens wird *lqṭ* im Zusammenhang mit dem Manna gebraucht (Ex 16, 4. 5. 16. 18. 21f. 26f.; Num 11, 8). Man sammelt das Manna ein, aber man darf nur soviel sammeln, wie man braucht; wenn man mehr sammelt, verdirbt es und wird unbrauchbar. Man ist auf die Fürsorge Gottes angewiesen und man muß sich völlig darauf verlassen. Derselbe Gedanke schimmert Ps 104, 28 durch: „Wenn du ihnen (den Menschen) gibst, so sammeln sie ein; tust du deine Hand auf, so werden sie mit Gutem gesättigt." Gott versorgt die Menschen, er gibt ihnen genug, und sie können sich darauf verlassen.
Der einzige Beleg für *pu*, Jes 27, 12, verwendet wieder das Erntebild, hier aber in positivem Sinn: Gott will die zerstreuten Israeliten wie Ähren einsammeln und sie in ihr Land zurückführen. Sonst wird in solchen Zusammenhängen meist → קבץ *qbṣ pi*, einigemal *'āsap* gebraucht.
Hitp begegnet nur Ri 11, 3: allerlei „lose Männer" scharen sich um Jephtha und ziehen mit ihm aus.

Ringgren

לָשׁוֹן *lāšôn*

I. Etymologie. Sprachlicher Befund – II. Wort und Begriff in der Umwelt – III. Physiologie – IV. Übertragung – 1. Metaphern – 2. Metonymie – V. Stellung im Wortfeld – VI. Bewertung.

Lit.: *J. Behm*, γλῶσσα (ThWNT I 719–726). – *W. Brueggemann*, Tongue (IDB IV 670). – *W. Bühlmann*, Vom rechten Reden und Schweigen (OBO 12, 1976). – *R. Campbell Thompson*, Semitic Magic, Neudr. 1971, 172f. – *E. Dhorme*, L'emploi métaphorique des noms de parties du corps en hébreu et en akkadien, Paris 1923, 83–89. – *A. Erman / H. Ranke*, Ägypten und ägyptisches Leben im Altertum, 1923, 406f. – *J. Fichtner*, Die altorientalische Weisheit in ihrer israelitisch-jüdischen Ausprägung (BZAW 62, 1933, 21). – *K. Goldammer*, Die Formenwelt des Religiösen, 1960, 230–237. – *H. Holma*, Die Namen der Körperteile im Assyrisch-Babylonischen, Helsinki 1911, 25ff. 185. – *A. Jeremias*, Handbuch der altorientalischen Geisteskultur, 1929, 92–95. – *A. R. Johnson*, The Vitality of the Individual in the Thought of Ancient Israel, Cardiff ²1964, 45–47. 68. 104. – *H. Kees*, Herz und Zunge als Schöpferorgane in der ägyptischen Götterlehre (Stud Gen 19, 1966, 124–126). – *M. A. Klopfenstein*, Die Lüge nach dem Alten Testament, Zürich 1964, 25. 164. – *H. Lesêtre*, Langue (DB IV 72–74). – *M. Lurker*, Wörterbuch biblischer Bilder und Symbole, ²1978, 374f. – *S. Mowinckel*, The Psalms in Israel's Worship, 1962, I 199f. 227–229; II 3f. – *J. L. Palache*, Sinai en Paran, Leiden 1979, 107. – *P. Volz*, Hiob und Weisheit (SAT III/2, 175f. 181–184). – *H. D. Wendland*, Zunge (BThH, 1959, 733f.). – *H. W. Wolff*, Anthropologie des Alten Testaments, 1973, 120–122.

I. Das Wort mit der Bedeutung 'Zunge' ist, bei unterschiedlicher Prägung in den einzelnen Sprachen, gemeinsemitisch, und noch darüber hinaus bekannt: Ebla *li-sa-nu*, akk. *lišānu* (AHw 556), ugar. *lšn* (WUS Nr. 1484), phön. (in griech. Umschrift) λασουν (DISO 140), arab. *lisān*, altaram. *lšn* (DISO 140), bibl.-aram. *liššān*, jüd.-aram. *l*ᵉ*šānā'*, syr. *leššānā'* u.a.m. (KBL³ 509f.; LexSyr 371; P. Fronzaroli, AANLR 19, 1964, 252. 270).

Das äg. *nś*, kopt. *las*, berber. *ils* (vgl. J. H. Greenberg, The Languages of Africa, Haag 1963, 63) machen es wahrscheinlich, daß es sich um ein ursprünglich im Protosemitischen zweikonsonantiges Wort handelt, welches im Ursemitischen durch das Suffix *-ān* (hebr. > *-ôn*) erweitert wurde (BLe 469). Ob für die Erstform **lš* eine Verbalwurzel *lš*, *lšš*, *lšh/j* oder *lwš* mit der Bedeutung 'lecken' anzunehmen ist (W. Gesenius, Thesaurus, 763: arab. *lassa* 'lecken'; vgl. auch E. König, Lehrgebäude II/1, 1895, 123), muß dahingestellt bleiben, doch scheint der Anfangskonsonant *l*, der sich auch in den eine Zungentätigkeit beschreibenden Verben *lqq*, *lḥk*, *lḥš*, *l'z* findet, letzthin auf Onomatopöie zu beruhen und aus gleichem Grund die Kombination mit *š* eingegangen zu sein (vgl. W. Eilers, Zur Funktion von Nominalformen, WO 3, 1964, 81). Für ein genaueres Verständnis der mit *lāšôn* verbundenen Vorstellungen wirft demnach ihre Nominalform *qaṭāl* (> *qāṭôl*; BLe a.a.O.) oder *qiṭāl* (Brockelmann, VG I 350) nichts ab. Das zu **lš* tretende Suffix *-ān/-ôn* wiederum ist vieldeutig (BLe 498–500). Im vorliegenden Fall ist vielleicht durch dies die onomatopoetische Bezeichnung für das Organ unter die Nomina instrumenti (vgl. *pa'*ᵃ*môn*, *gillājôn*), also die Zunge als Redewerkzeug, eingestuft worden. (Ähnlich läge dann der Fall bei *gārôn* 'Kehle', dessen Erweiterung aus ursprünglichem *gr durch die reduplizierte Bildung *gargæræṯ* 'Hals' erwiesen wird.) Diese Erwägungen werden hinfällig, wenn man *lāšôn* als ein Primärnomen betrachtet, das nicht aus einem Verbalstamm abgeleitet ist.

Das Wort kommt im AT 117mal vor, davon nur 5mal in der immer defektiv geschriebenen Pluralform *lešonôṯ*. Es ist doppelgeschlechtig, ohne daß sich ein sachlicher Unterschied zwischen maskuliner (Kl 4, 4; Ps 35, 28) und femininer Konstruktion (Ps 137, 6; Hi 27, 4) ergäbe. Letztere überwiegt jedoch.

Bei dem übertragenen Gebrauch 'Meereszunge' (s.u.) wird nur maskulin konstruiert. – Die These, das maskuline Genus sei ursprünglich, während die feminine Behandlung erst infolge der Bedeutung des Wortes als Redewerkzeug aufgekommen wäre (K. Albrecht, Das Geschlecht der hebr. Hauptwörter, ZAW 16, 1896, 78f.), läßt sich kaum vertreten (Sprachvergleich, statistischer Befund u.a.). Eher ist ein ursprüngliches Femininum anzunehmen (vgl. E. König, Lehrgebäude II/2, 162ff. 175; D. Michel, Grundlegung einer hebr. Syntax 1, 1977, 71–81), zu dem vereinzelt maskuliner Gebrauch trat (etwa durch Kontamination: aus *lešônî tæhgæh* [Ps 71, 24] und *pî ... jæhgæh* [Ps 37, 30] ergab sich *lešônî jæhgæh* [Hi 27, 4]).

In Konstruktverbindungen bezeichnet das hinzutretende Nomen rectum entweder als Genetivus subjectivus die Besitzer der *lāšôn* (*lešôn kaśdîm* 'Sprache der Chaldäer', *lešôn 'illem* 'Zunge des Stummen'), oder aber, viel häufiger, als Genetivus qualitatis die Eigenschaft der *lāšôn* (z.B. *lešôn šæqær* 'lügnerische Rede'). Die Unterscheidung läßt sich jedoch nicht strikt aufrecht erhalten: *lešôn limmûḏîm* (Jes 50, 4), eigentlich 'Zunge der (belehrten) Jünger', bedeutet 'geübte Zunge'.

Die Vokalisation ist mitunter anfechtbar. *lāšôn nŏḵrijjāh* (Spr 6, 24) dürfte im Hinblick auf Parallelismus und ähnliche Stellen in Spr in *lešôn n.* zu ändern sein (also nicht 'fremde Rede', sondern 'Rede einer Fremden'); vgl. V *lingua extraneae*; S *dlšnh dnwkrjt'*. – Auch *lāšôn remijjāh* (Ps 120, 2f.) ist aufgrund der Parallele *śepaṯ šæqær* und Hi 27, 4 in *lešôn r.* 'Zunge des Betruges' zu ändern. Die Punktatoren haben statt des Substantivs *remijjāh* (als Nomen rectum) das gleichlautende Adjektiv ('schlaff', wie in *qæšæṯ remijjāh* 'der schlaffe Bogen') vorzufinden gemeint. Vgl. KBL² 894, BDB 941.

Zwei denominative Verbalformen mit der Wurzel *lšn* (Spr 30, 10 *hiph;* Ps 101, 5 *po*, BLe 281) haben die Bedeutung 'die Zunge (böswillig) gebrauchen', d.h. jem. anklagen oder verleumden.

LXX übersetzt größtenteils mit γλῶσσα, V mit *lingua*. Beide Wörter haben zu der eigentlichen Bedeutung 'Zunge' metonymische Erweiterungen erfahren, wie 'Rede, Sprachidiom' u.dgl. Somit eigneten sie sich für eine ziemlich konstante Wiedergabe des hebr. Wortes. Einige Male finden sich bei LXX andere Äquivalente für *lāšôn* im Sinne von 'Sprache': διάλεκτος (Dan 1, 4), λέξις (Esth 1, 22), φωνή (Jes 54, 17; „wenn sich eine Stimme wider dich erhebt" statt der krassen Personifikation des Hebr.: „wenn sich eine Zunge usw."). Bei der metaphorischen 'Feuerzunge' (Jes 5, 24) setzt LXX ἄνθρακος 'Kohle'; bei 'Landzunge' (Jos 15, 2) λοφιά 'Gebirgskamm'. V gibt die 'Goldzunge' (Jos 7, 21) mit *regula aurea* 'goldene Stange' wieder. Weitere Abweichungen s.u.

II. In vielen Kulturen symbolisiert die Zunge die Redefähigkeit des Menschen, seine Sprache und deren Macht. Verehrt und gefürchtet wird sie zum Objekt von magischen Vorstellungen und Riten (J. G. Frazer, The Golden Bough 1925, Index s.v. tongue; J. Campbell, The Masks of God: Primitive Mythology, 1959, 211).

Das akk. Wort *lišānu* (CAD L 209–215) bezeichnet den Körperteil bei Mensch und Tier. Die menschliche Zunge als Organ des Essens und Sprechens wird in medizinischen Texten, die des Tieres in Opferanweisungen erwähnt. Der Zunge wird große Macht zugeschrieben: Der Drache besitzt sieben Zungen, die Schlange eine zweispitzige Zunge (vgl. die ugar. Dualform *lšnm*; WUS Nr. 1484). Des Menschen Mund und Zunge sprechen im Gebet für ihn; er erfleht für sie den Schutz Ištars. Mund und Zunge der Göttin sind gut und genießen religiöse Verehrung.

Als Bezeichnung des wichtigen Sprechorgans erhält *lišānu* auch die Bedeutung 'Rede, Gespräch'. Die Götter hatten eine *lišānu*, d.h. hielten ein Gespräch ab (EnEl III 133; ANET 66). Der König baut ein Straßennetz, damit *lišānu*, Gespräch und Verbindung zwischen den Völkern möglich würde (R. Borger, Die Inschriften Asarhaddons, AfO Beih. 9, 1956, 26 VII 41). *lišānu* ist auch die konkrete Aussage, dann auch der schriftliche Text: wessen *lišānu* bei einem Rechtsfall mit den Tatsachen übereinstimmt, dem wird das Recht zugesprochen; die *lišānu* einer Inschrift darf nicht abgeändert werden (CAD 212). Die böse Zunge richtet im Privat- und Rechtsleben Unheil an; so erhält das Wort auch die Bedeutung von 'übler Nachrede, Verleumdung'. Der Beter fleht, er möge vor der Gottheit gut dastehen trotz böser Münder und Zungen (CAD 211).

An der Zunge, dem Instrument der Bosheit, wird die Strafe vollzogen, tatsächlich oder im magischen Fluch. Dem widerspenstigen Sohn, dem Vertragsbrüchigen, dem Aufständigen soll die Zunge abgeschnitten werden. Die grausame Praxis ist aus bildlichen Darstellungen ersichtlich, wo Assyrer ihre Kriegsgefangenen derart behandeln (DB I 989–990).

Wo Rede unverständlich bleibt, sei sie rätselhaftschwierig oder fremdsprachlich, richtet sich die Aufmerksamkeit erneut auf die Redewerkzeuge. So nimmt *lišānu* die Bedeutung 'Sprache', vor allem aber 'Fremdsprache, Fachsprache' an. Hieraus ergibt sich die Bedeutungserweiterung von *lišānu* für 'Sprachgruppe, Volk'. *bēl lišāni* 'Meister der Zunge' ist, wer eine fremde Sprache verstehen kann (oder Holma: der Beschwörer). *ša lišāni* ist, wer von etwas Geheimgehaltenem weiß. So kann schließlich *lišānu* die Person selbst bezeichnen, von der die Information zu erwarten ist.

Das Akk. kennt die Metaphern von der Zunge einer Flamme, der Zunge einer Waffe (Klinge), der Zunge eines Pflugschars, der Zunge Gold (Barren).
Das äg. Wort *nś* (WbÄS II 320) bezeichnet die Zunge bei Mensch und Tier. Als Organ des Sprechens wird sie häufig zugleich mit dem Herz erwähnt, also das Aussprechen neben dem Erdenken. Beiden Organen wird höchste Macht zugeschrieben: In der memphitischen Theologie gilt Ptah als Oberhaupt der Götterneunheit, da er ihr Herz und Zunge sei, welche alle anderen Glieder beherrschten und als Schöpfungsorgane dienten. Das Herz denkt und die Zunge befiehlt, was immer sie wollen. Thot wird als Zunge des Re oder des Atum betrachtet. Das Abschneiden der Zunge verursacht größte Schwächung (G. Posener, Festschr. S. Schott, 1968, 110f.).
Die treffliche, die geschickte Zunge oder aber die lügnerische, verleumderische Zunge werden als Beiwort von Personen gebraucht (Totenbuch 172. 178, übers. Hornung 178. 353). Ein Gott kann als Zunge, d. h. Sprachrohr eines anderen Gottes bezeichnet werden (Grapow, Bildliche Ausdrücke 119).
Zunge soll Zunge der Wahrheit sein. Mit der Zunge müsse man ebenso vorsichtig steuern, wie man gewichtig im Herzen bedenkt. Aber auch der Weisheitslehrer erkennt: „Die Zunge des Menschen ist das Steuer des Schiffes, aber der Herr des Alls ist sein Pilot" (Amenemope Kap. 18, AOT 44; ANET 424). „Die Zunge ist ein Schwert, das Reden kräftiger als jedes Kämpfen" (Merikare 33, ANET 415). „Der Mensch stürzt zusammen wegen seiner Zunge" (Anii VII 9, ANET 420).
Unter den Achikar-Sprüchen finden sich einige über die Zunge im übertragenen Sinn: Gott kehrt den Mund des Verkehrers um und reißt seine Zunge aus; sanft ist die Zunge des Königs, doch sie bricht die Rippen eines Drachen (AOT 461. 459). Auf aram. Inschriften werden *ḥrb* und *lšn*, Schwert und Zunge (gegen das Königshaus gerichtet?), zusammen erwähnt (KAI 214, 9) und die Mahnung ausgesprochen, keine *lšn* zwischen die Menschen und ins Haus zu schicken, d. h. keine Zwietracht zu säen (KAI 224, 17/18. 21) (vgl. auch R. A. Brauner, A Comparative Lexicon of Old Aramaic, Philadelphia 1974, 323ff.).

III. Die eigentliche Bedeutung des Wortes *lāšôn*, nämlich die der Bezeichnung des physischen Organs bei Mensch und Tier, geht aus einigen Bibelversen klar hervor, wobei diese allerdings im Vergleich zu jenen Stellen, wo das Wort im übertragenen Sinn angewendet wird, recht vereinzelt dastehen. Die Zunge befindet sich hinter der Mundöffnung (*pæh*) in der Mundhöhlung (*ḥek̠*) (Hi 33, 2); bei geöffnetem Mund kann sie ausgestreckt werden (Jes 57, 4). Man kann etwas auf ihr oder unter ihr halten (Spr 31, 26; HL 4, 11). Mit der Zunge kann man Wasser auflecken, wie es die Hunde tun (Ri 7, 5). Bei großem Durst klebt die Zunge am Gaumen (Kl 4, 4); bei Wassernot trocknet sie aus (Jes 41, 17) und verfault im Munde, wie die Augen in ihren Höhlen (Sach 14, 12).
Die Tiere haben eine *lāšôn*: die Viper tötet mit der ihrigen (Hi 20, 16); an die des Krokodils möchte man vergeblich einen Strick binden (Hi 40, 25). Der Hund wetzt seine Zunge in feindlicher Absicht (Ex 11, 7).

Die mit dieser Redewendung verbundene Vorstellung ist nicht recht klar. *ḥāraṣ lešônô*, eigentlich 'spitzt seine Zunge', könnte sich auf das Heraushängen der Zunge oder aber auf das Knurren oder Bellen des Hundes beziehen. V *muttire* 'mucksen' (KBL³ 342; BDB 358). Jos 10, 21 bietet keine Hilfe, da der Text unsicher ist; s. BHS.

Bei dem Menschen aber ist die Zunge noch vorzüglichstes Sprachorgan. Die *lāšôn* spricht vor sich hin (*hgh*, Ps 59, 3), redet (*dbr*, Ps 12, 4), verkündet mit Jubel (*rnn*, Ps 51, 16; Jes 35, 6). Schon bei der physiologischen Beschreibung ergibt sich, daß die *lāšôn* im Gesamtorganismus schärfer als die übrigen Körperteile und insbesondere als die anderen Teile der Mund- und Kehlpartie (z. B. *gārôn* 'Kehle' [Ps 5, 10] und 'Hals' [Jes 3, 16]) abgegrenzt ist. Die Rolle der *lāšôn* beim Sprechen wird aktiver gesehen als die der anderen Organe: „Ich öffnete meinen Mund, im Gaumen sprach meine Zunge" (Hi 33, 2). Der Mund ist voll des Lachens, die Zunge voll des Jubels (Ps 126, 2). Daher, wenn die Zunge unbeweglich wird, verstummt der Mensch (Ez 3, 26), aber auch umgekehrt, wer vor Ehrfurcht schweigt, hält seine Zunge unbewegt (Hi 29, 10).
Für dieses Schweigen lautet der Ausdruck *dāb̠aq lešônô leḥikkô* 'die Zunge hängt am Gaumen' wie oben bei der Durstnot. Es handelt sich um ihre zwei Hauptfunktionen, die Speiseaufnahme und das Sprechen, welche die Zunge nicht mehr erfüllt. Die Selbstverwünschung im Ps 137, 6 („es klebe meine Zunge am Gaumen, wenn ich [Jerusalems] nicht gedächte") wird besser auf ein Verstummen als auf das Verdursten bezogen: Eher will ich völlig schweigen, als daß ich Jerusalem nicht erwähnte.

IV. 1. Die auffallende Form der Zunge bringt die metaphorische Anwendung von *lāšôn* für einigermaßen ähnlich geformte Gebilde hervor. Die Landzunge, die sich in das Tote Meer erstreckt und so als Grenzzeichen dienen kann, wird *lāšon* (hier Defektivschreibung) genannt (Jos 15, 2). Sie kann auch *lešôn hajjām* (Jos 15, 5) heißen, da sie die zum Toten Meer gehörige Zunge ist: *lešôn jām hammælaḥ* (Jos 18, 19). Die topographisch entgegengesetzte Erscheinung hat Jes 11, 15 im Auge, wo JHWHs Drohung einer Vernichtung (oder des Vertrocknens; s. BHK) über *lešôn jām miṣrajim* ausgesprochen wird. Hier ist eine mit Wasser gefüllte Einbuchtung in Ägypten, nämlich der Golf von Suez, gemeint.
lešôn zāhāb̠ (Jos 7, 21) bezeichnet den etwa zungenförmigen Barren Goldes (BRL² 89. 221; AOB 126). Bei *lešôn 'eš* (Jes 5, 24) war wohl ursprünglich weniger an eine äußerliche Ähnlichkeit gedacht, etwa an das Züngeln der Flamme, als an deren verheerende

Tätigkeit: das personifizierte Feuer verzehrt (*’kl*), was es ergreift; somit wird ihm eine fressende Zunge zugeschrieben.

2. Wesentlicher sind die metonymischen Bedeutungserweiterungen, die das Wort *lāšôn* erfahren hat. Sie sind im semantischen Gesamtgefüge viel tiefer verankert als die Metaphern und machen damit die Bestimmung der Bedeutungsnuancen zur wichtigen, im Einzelfall oft schwierigen Aufgabe des Interpreten.

Als Bezeichnung des wichtigsten Sprechorgans kann *lāšôn* auch für das von ihr Hervorgebrachte (*producens pro producto*) stehen, also die in einem bestimmten Zusammenhang geäußerten Worte bezeichnen. Man soll sich hüten vor der glatten Zunge der Fremden (Spr 6, 24), d. h. vor den einschmeichelnden Worten der Verführerin. Eine weiche Zunge (Spr 25, 15), d. h. sanftes Zureden, zerbricht härtesten Widerstand. *ma‘*^{a}*neh lāšôn* (Spr 16, 1) ist der getätigte Ausspruch im Gegensatz zu dem lang Erdachten. Der *maḥ*^{a}*lîq lāšôn* (Spr 28, 23) bringt eine Schmeichelei vor. *l*^{e}*šôn ‘*^{a}*rûmîm* (Hi 15, 5) bezeichnet die Erwiderungen des Hiob, die von den Freunden als Rabulistik abgetan werden.

Die ständige Art und Weise des Redens eines Menschen sind Ausdruck seiner Charaktereigenschaften oder werden in antiker Sicht geradezu mit ihnen identifiziert. Hier wirkt das „synthetische Denken“ (J. Pedersen, Israel I–II, Kopenhagen 1959, 170–176) nach, bei dem „zwischen dem Organ und seiner Funktion ... und der Seins- und Verhaltensweise ... nicht scharf unterschieden wird“ (W. Schmidt, EvTh 24, 1964, 387). So wird *lāšôn* mit entsprechenden Qualifikationen zusammengestellt und bezeichnet dann die durch eine Redeweise bestimmte Lebenshaltung. Es steht *l*^{e}*šôn šæqær* (Spr 21, 6) für Lügenhaftigkeit und Betrug, mit denen Reichtum erworben wurde; *l*^{e}*šôn mirmāh* (Ps 52, 6) für die tückische Verleumdungssucht des mächtigen Feindes; *lāšôn m*^{e}*ḏabbæræṯ g*^{e}*ḏolôṯ* (Ps 12, 4) für prahlerische Selbstherrlichkeit. Auf der positiven Seite ist mit *l*^{e}*šôn ṣaddîq* (Ps 10, 20) die Besonnenheit des Frommen gemeint, und mit *l*^{e}*šônô t*^{e}*ḏabber mišpāṭ* (Ps 37, 30) sein Eintreten für die gerechte Sache. Bei diesen und ähnlichen Versen geht aus dem Textzusammenhang deutlich hervor, daß *lāšôn* nicht einen einmaligen Aussageakt darstellt, sondern eine, allerdings sich in der Rede realisierende, Wesensart.

Ein und dieselbe Redewendung mag also, je nach Zusammenhang, verschiedene Bedeutung haben. „Sie sprachen zu mir mit lügnerischer *lāšôn*“ (Ps 109, 2) heißt „sie belogen und täuschten mich“; „es haßt JHWH ... hoffärtige Augen und lügnerische *lāšôn*“ (Spr 6, 16f.) bedeutet aber „JHWH haßt Hochmut und Verlogenheit“. *lāšôn* kann auch allgemein für die spezifische Fähigkeit der Zunge stehen, nämlich für die menschliche Redefähigkeit schlechthin, oder die besondere des Sprachgeschulten. „Denn mir wird sich jedes Knie beugen und jede *lāšôn* schwören“ (Jes 45, 23) besagt, daß jede Kulthandlung sich an JHWH wenden und jeder mit Sprechfähigkeit Ausgestattete, d. h. jeder Mensch, ihm Treue geloben wird. Wer schwer an Mund und Zunge (Ex 4, 10) oder stammelnder Zunge (Jes 32, 4) ist, dessen Redefähigkeit ist mangelhaft; er ist kein *’îš d*^{e}*ḇārîm*. „Sie nehmen ihre *lāšôn*“ (Jer 23, 31) beschreibt, wie die Berufspropheten ihre einstudierte Zungenfertigkeit benutzen. Jeremias Feinde wollen ihn mit *lāšôn* schlagen (Jer 18, 18; Textänderung, s. BHS, erübrigt sich), d. h. ihn mit geschickt vorgebrachten Beschuldigungen erledigen.

Schließlich bezeichnet *lāšôn* auch ein Sprachidiom, d. h. jedes der Symbolsysteme, in denen sich menschliche Rede realisiert. Die Völker haben sich voneinander nach ihren *l*^{e}*šonôṯ* getrennt (Gen 10, 5. 31); jedes Volk hat seine *lāšôn* (Neh 13, 24). Männer werden kommen von allen *l*^{e}*šonôṯ haggôjim* (Sach 8, 23), d. h. von allen Sprachstämmen der Völker. Und hier wird dann *lāšôn* gleichbedeutend mit Volk: „... um zu sammeln alle die *gôjim* und die *l*^{e}*šonôṯ*“ (Jes 66, 18), d. h. alle Völker und Nationen.

Die eigene *lāšôn* ist einem vertraut (Esth 1, 22), die Fremdsprache ist eine „andere *lāšôn*“ (Jes 28, 11). Fremde Völker scheinen von schwerer Zunge zu sein (Ez 3, 6); die Unverständlichkeit ihrer Sprache läßt jene besonders bedrohlich erscheinen (Deut 28, 49).

Der fremdsprachige Feind ist *nil‘aḡ lāšôn* (Jes 33, 19), er kommt mit *la‘*^{a}*ḡê śāpāh*, par. *lāšôn* (Jes 28, 11). Im allgemeinen erklärt man hier die Bedeutung von *l‘g* als ‘stammeln’ unter Berufung auf das Syr. und das *hap. leg.* *‘lg* (Jes 32, 4): der Fremdsprachige erschiene den Einheimischen als Stammelnder. Es ist jedoch nicht notwendig, für diese zwei Stellen eine abweichende Bedeutung vom reichlich bezeugten *l‘g* ‘spotten, höhnen’ anzusetzen. Die unverständlichen Laute einer fremden Sprache reizen uns zu Spott, wie sie andererseits auch uns zu verhöhnen scheinen. Hierbei muß auch an den engen Zusammenhang zwischen Hohnlied und Magie und zwischen letzterem und einer Fremdsprache (Erman-Ranke) gedacht werden. Der Feind kommt also mit einem barbarischen Gerede, das wie ein Hohn auf eine rechte *lāšôn* klingt.

Eine fremde Sprache muß erlernt werden. So unterrichtet man Daniel und seine Gefährten in den Schriften und der Sprache der Chaldäer (Dan 1, 4). Die auffällige Reihenfolge *sep̄ær* und dann *lāšôn* ist kaum zufällig: auch Esth 1, 22 erst *k*^{e}*ṯāḇ*, dann *lāšôn*. Das Erlernen fremdartiger Schriftzeichen und -werke geht mitunter (bei Dan etwa des Sumerischen) dem Beherrschen der Sprache voran. – Wer das fachsprachliche Idiom magischer Sprüche beherrscht, ist ein *ba‘al hallāšôn* (Pred 10, 11): er kann Schlangen beschwören oder die von ihnen verursachten Wunden besprechen (LXX τῷ ἐπᾴδοντι ‘dem Beschwörer’. Vgl. Sir 12, 13 LXX; ANET 326).

Weniger wahrscheinlich bezieht sich *lāšôn* auf die Zunge der Schlange (Hertzberg, KAT 185), wobei der Magier als Herr über die Schlangenzunge bezeichnet wäre. – V versteht es als ‘geheimer Verleumder’.

V. Es bleibt übrig, die Stellung des Wortes *lāšôn* im Verhältnis zu den anderen Wörtern im Wortfeld aufzuzeigen. Im übertragenen Gebrauch ist unser Wort partiell synonym mit *pæh* (→ פה), *śāpāh* (→ שפה) und den seltener gebrauchten *ḥek* und *gārôn*. Wo *lāšôn* im Parallelismus membrorum mit einem der Synonyme erscheint, tritt es überwiegend erst in der nachfolgenden Vershälfte auf. Damit erweist es sich als weniger stereotyp und somit ausdrucksvoller. (Über sogenannte parallele Paarwörter [„parallel pairs"] s. M. Dahood, RSP I 73–78; *pæh–lāšôn* 309f. [Nr. 455]; *śāpāh–lāšôn* 368 [Nr. 579]).

pæh verblaßt oft zu einem Abstraktum; vgl. Redewendungen wie *'al pî* u.dgl. Es ist bezeichnend, daß *pî JHWH* zum häufig gebrauchten Ausdruck für die göttliche Anweisung werden konnte, während von JHWHs *lāšôn* nur einmal (Jes 30, 27), und dort in einer grellfarbigen Schilderung der Theophanie, gesprochen wird (etwa analog das Verhältnis von JHWHs *jād*, d. h. 'Macht' gegenüber JHWHs *raglajim* [Ps 18, 10]) – *lāšôn* steht nicht für den Geschmackssinn (*pæh*, *ḥek*) und nicht für das laute Ausschreien und das Verschlingen (*gārôn*). Als Symbol der Rede ist *lāšôn* mit mehr Bewegung und Tätigkeit verbunden als die Synonyme: aus Mund und von Lippen strömt das Sprechen (Deut 23, 24; 8, 3), die Zunge erhebt sich (Jes 54, 17). Mund und Lippe zeugen wider Willens gegen den Redner, die Zunge aber hat er selbst erwählt (Hi 15, 5f.). Bei Redebehinderung sind die Lippen umhüllt, die Zunge schwerfällig (Ex 6, 12; 4, 10, → כבד *kāḇed*). Die Lippen sind bei dem Mann, mit der Zunge wird er mächtig (Ps 12, 5).

Der Schwätzer ist ein Mann der Lippen (Hi 11, 2); der böswillige Hetzer ist ein Mann der Zunge (Ps 140, 12). – Das Sprachidiom kann auch *śāpāh* heißen, eben da, wo es als einheitlich gesehen wird (Gen 11, 1. 6; Zeph 3, 9). Für mehrere Sprachen steht diesem Wort keine Pluralform zur Verfügung. Die Aufsplitterung in verschiedene Sprachen wird durch *lāšôn* bzw. *l^ešonôṯ* bezeichnet (Esth 3, 12; Gen 10, 20). So auch der Qumrantext (1 QM 10, 14): *blt lšwn wmprd 'mjm* 'Verwirrung der Sprache und Völkertrennung'.

VI. Die religiös-ethische Bewertung der *lāšôn* betrifft das sprachliche Verhalten des Menschen und stimmt dem Sinn nach mit den Aussagen überein, die jenes Verhalten unter anderem Sigel (s. o. V.) behandeln. Doch kommt es in den Aussprüchen über *lāšôn* zu einer stärkeren Akzentsetzung bei negativer und positiver Bewertung. So heißt es in kaum zu überbietender Prägnanz: „Tod und Leben sind in der Macht der *lāšôn*" (Spr 18, 21; vgl. Sir 37, 18).
Bei der Vorstellung von der ungeheuren Macht der Zunge vereinen sich dynamistisch-magischer Glaube (Mowinckel) mit empirischer Weltweisheit. Bei dem eben zitierten Spruch läßt sich gleichermaßen an die von der *lāšôn* beschworenen Flüche und Segenssprüche denken wie an in einer praktischen Lebenssphäre verursachten Unheil oder Rettung. Jedenfalls ist nach at.licher Vorstellung die *lāšôn* mit Denken (Ps 52, 4) und Tun (Jes 33, 8) untrennbar verknüpft. Die Zunge ist mächtig wie eine Waffe (Jes 54, 17, parallel zu *k^elî* 'Kriegsgerät'); man kann mit ihr jemand erschlagen (Jer 18, 18); sie gleicht einem geschliffenen Messer (Ps 52, 4), einer Geißel (Hi 5, 21; Sir 28, 17), einem scharfen Schwert (Ps 57, 5; Sir 28, 18). Man kann sie wie einen Bogen spannen; sie wird zum geschärften Pfeil (Jer 9, 2. 7). Andererseits kann die Zunge wie Balsam wirken und ein Baum des Lebens sein (Spr 12, 18; 15, 4).

Nicht überbewerten sollte man die sprachliche Erscheinung, daß *lāšôn* öfter als Subjekt des Verbalsatzes auftritt: Sie plant die Missetat (Ps 52, 4); sie spricht ungerecht (Jes 59, 3); sie erhebt sich zum Rechtsstreit (Jes 54, 17); sie redet große Worte (Ps 12, 4). Sie spricht auch den Lobpreis aus (Ps 35, 28; 119, 172). Von einer quasi selbständigen Aktivität der *lāšôn* (Behm, Wendland) kann nicht die Rede sein. „Meine *lāšôn* spricht" (Hi 33, 2) ist Umschreibung für „Ich spreche mit meiner *lāšôn*" (Ps 39, 4).

Vor unkluger und falscher *lāšôn* warnen vor allem die Weisheitsbücher; über die böswillige *lāšôn* der Frevler klagen Psalmen und Propheten. Vereinzelt finden sich jene bedeutungsvollen Sätze, die über die eigene Zungensünde aussagen. Unbeliebt macht sich der glattzüngige Schmeichler (Spr 28, 23) und die Verleumderzunge (Spr 25, 23). Wer einem Herrn über dessen Knecht etwas einflüstert (*lšn hiph*), wird des Knechtes Fluch über sich bringen (Spr 30, 10). Eine Lügenzunge hat kurzen Bestand (Spr 12, 19) und wer sich windet mit seiner Zunge, wird ein böses Ende finden (Spr 17, 20; 10, 31). Die mit lügnerischer Zunge gehäuften Reichtümer stellen sich als verwehter Hauch, ja als tödliche Falle heraus (Spr 21, 6). Das Böse schmeckt dem Frevler süß. Er will es unter seiner Zunge bewahren, doch es wird sich in bitteres Schlangengift verwandeln; so soll er von der Viperngzunge getötet werden (Hi 20, 12–16). Bei den Frevlern ist die Zunge Ausdruck ihrer verruchten Gesinnung und Taten. Sie fühlen sich übermächtig (*gbr*) mit ihrer *lāšôn*: „Wer wäre Herr über uns?"; ihre *lāšôn* spricht hochmütig (Ps 12, 4f.). Sie strecken ihren Mund bis zum Himmel, ihre *lāšôn* geht durchs Land (Ps 73, 8). Die Bösewichter machen ihre Zunge glatt, so daß ihr Rachen zum offenen Grab wird (Ps 5, 10). Sie verbergen Unrecht und Gewalt unter ihrer Zunge, um den Armen und Unschuldigen hinterhältig umbringen zu können (Ps 10, 7–9). Die Hinneigung des machtvollen Frevlers zur betrügerischen Zunge erklärt sich damit, daß er eben das Böse liebt und nicht das Gute (Ps 52, 4–6). Die strenge Verurteilung dieser Art *lāšôn* geht daraus hervor, daß sie mit Diebstahl, Ehebruch (Ps 50, 18f.) und Bluttat (Spr 6, 16; Jes 59, 3) in einem Atem genannt wird. So ist auch *'îš lāšôn* (Ps 140, 12; parallel mit *'îš ḥāmās* [*rā'*]) als Anstifter zu Rechtsbruch und Gewalttat zu verstehen. (Die Übersetzung 'Maulheld' [Kraus, BK, ähnliche Interpretation schon Sir 9, 18, LXX, V] verharmlost die Funktion der *lāšôn*).
Die Propheten verurteilen ihr Volk wegen eben dieser Sündhaftigkeit: Alle hätten ihre *lāšôn* an die Lüge gewöhnt (Jer 9, 4); wie Bogen und Pfeil setzten sie

ihre *lāšôn* einer gegen den andern ein (Jer 9, 2. 7). Ihre *lāšôn* in ihrem Munde sei Betrug (Mi 6, 12). Damit richten sich ihre *lāšôn* und ihre Taten gegen JHWH (Jes 3, 8). So lehrt auch der Geschichtspsalm: Die vergangenen Generationen waren Gott und seinem Bund nicht treu ergeben, doch sie täuschten ihn mit ihrer *lāšôn* (Ps 78, 36). Des Propheten Wort gaben sie vor, nicht zu verstehen, als seien sie ein fremdes Volk mit schwerer, fremdartiger *lāšôn* (Jes 28, 11). Angesichts dieses Kampfes der Zungen (*rîḇ lᵉšonôṯ*, Ps 31, 21) ist Gott die einzige Zuflucht: Der Fromme bittet, Gott möge ihn davor in einer Hütte verbergen, vor den trügerischen Zungen retten (Ps 120, 2; so zu erklären, vgl. Delitzsch, BC, Psalmen 736). Er möge jene Zungen spalten (*plg*, wie Gen 10, 25, wo die [sprachliche?] Zersplitterung der Völker gemeint ist) und die Frevler über deren eigene Zunge zu Fall bringen (Ps 55, 10; 64, 9, s. BHK). Gott werde, so ein Qumranpsalm (1 QH 5, 15), die Zungenklinge in die Schwertscheide zurückführen, bevor sie jemand erschlagen könne. Denn ein Greuel ist JHWH die Lügenzunge (Spr 6, 16).

Daraus ergibt sich, daß der Aufrichtige sich prüft, ob seine *lāšôn* Betrug geübt habe (Hi 27, 4). Der Gerechte weiß, daß er seine Zunge behüten muß, nicht nur um sich Nöte zu ersparen (Spr 21, 23), sondern um ihr die Bosheit fernzuhalten (Ps 34, 14). Nur wer niemandem mit seiner *lāšôn* nachgestellt hat (*rgl* Ps 15, 3, vgl. Sir 5, 14; *lšn* Ps 101, 5), darf in Gottes Zelt wohnen.

So kann die *lāšôn* werden, was sie sein soll: Das Kommunikationsmittel zwischen Mensch und Mensch und Mensch und Gott. Die weise Zunge vermehrt die Einsicht (Spr 15, 2), die sanfte Zunge überzeugt (Spr 25, 15). Die *lāšôn* des Frommen ist kostbares Silber (Spr 10, 20), denn sie redet gerecht (Ps 37, 30). In der Stunde der wunderbaren Erlösung wird die *lāšôn* der Stammler klar sprechen (Jes 32, 4) und die des Stummen jubeln (Jes 35, 6). Im Danklied verkündet die *lāšôn* JHWHs Treue und Gerechtigkeit (Ps 35, 28; 51, 16; 71, 24; 126, 2). JHWH, der alles Tun des Menschen kennt, weiß von jedem Wort auf dessen *lāšôn* (Ps 139, 4; ähnlich Qumrantexte: „Du hast den Geist in der Zunge geschaffen und kennst ihr Reden“ [1 QH 1, 28f.]; „Gott hat die *lāšôn* gemacht und kennt ihr Wort“ [4 Q 185]). Er verlieh dem Propheten die Zunge (Jes 50, 4; interpretiert 1 QH 7, 10 ʿeine Zunge nach Gottes Gebotenʾ); die rechte Antwort der Zunge kommt von Gott (Spr 16, 1). Dabei wird keinem Determinismus Raum gelassen: Man kann seine *lāšôn* eigenmächtig ergreifen und Falsches verkünden (Jer 23, 31), aber der von JHWHs Geist Ergriffene spürt, daß JHWHs Wort auf seiner *lāšôn* liegt (2 Sam 23, 2).

Kedar-Kopfstein

לִשְׁכָּה *liškāh*

I. 1. Zur Etymologie – 2. Vorkommen im AT – II. 1. Opferhalle – 2. Am Jerusalemer Tempel in vorexilischer Zeit – 3. Funktion und Nutzung – 4. Differenzierung durch PN – 5. Priestersakristeien – III. Qumran – IV. LXX.

Lit.: *Th. A. Busink*, Der Tempel von Jerusalem von Salomo bis Herodes. Eine archäologisch-historische Studie unter Berücksichtigung des westsemitischen Tempelbaus. 2. Band: Von Ezechiel bis Middot, Leiden 1980, bes. 721–726. 729f. 739–748. – *K. Elliger*, Die großen Tempelsakristeien im Verfassungsentwurf des Ezechiel (42, 1 ff.) (Geschichte und Altes Testament, Festschr. A. Alt, BHTh 16, 1953, 79–103). – *K. Galling*, Die Halle des Schreibers. Ein Beitrag zur Topographie der Akropolis von Jerusalem (PJB 27, 1931, 51–57). – *J. Maier*, Die Hofanlagen im Tempel-Entwurf des Ezechiel im Licht der „Tempelrolle“ von Qumran (Prophecy, Essays presented to Georg Fohrer, BZAW 150, 1980, 55–67).

I. 1. Ein ugar. *lṯk* (UT 1151, 8) in der Wendung *blṯk bt* könnte mit hebr. *liškāh* in Verbindung gebracht werden (vgl. PRU II 182 und M. Dahood, Or 45, 1976, 345), auch weil die Reste der schlecht erhaltenen Tafel noch von Toren (*ptḥ*), Fenstern (*ḥlnm*) und Zimmern (*ḥdr*) reden; aber man würde eher eine fem. Form erwarten. Da außerdem vom Buchstaben *ṯ* nur spärliche Reste zu finden sind und zwischen *blṯk* und *bt* ein auffällig großer Wortzwischenraum vorhanden ist, läßt sich nicht mit Sicherheit sagen, wovon genau die Rede ist (KTU 4. 195, 8 hat die Lesung nicht übernommen). Ein pun. Beleg *ljškt* in einer fragmentarischen Inschrift aus Maktar (BAr 1950, 111f.) ist gleichfalls nicht über alle Zweifel erhaben (vgl. DISO 138). Die mhebr. (mischnisch) und jüd.-aram. (z. B. Targum) Belege sind abhängig vom bibl. Vorkommen des Wortes *liškāh*. Zu erörtern bleibt noch die Frage nach dem Zusammenhang von hebr. *liškāh* und griech. λεσχη. Da λέσχη kaum semit. Fremdwort im Griech. ist (vgl. H. Lewy, Die semit. Fremdwörter im Griechischen, 1895, 94f.) und da für die hebr. und griech. Form auch kaum als gemeinsame Wurzel ein kleinasiatisches Wort angenommen werden muß (wie E. Meyer, Geschichte des Altertums I/2, 1913, §476, Anm. auf S. 705), weil eine innergriechische Etymologie greifbar ist (vgl. H. Frisk, Griechisches Etymologisches WB II, 1970, 107f.), besteht die Möglichkeit, daß das Wort durch Fremdvölker aus dem Griechischen vermittelt wurde (vgl. C. H. Gordon, HUCA 26, 1955, 60f. und Antiquity 30, 1956, 23f., der *liškāh*/λέσχη als Zeichen für „Minoan heritage in architecture“ durch die Philister vermittelt ansieht; über einen evtl. semantischen Konnex und über die Deutung von λέσχη als „drink-hall“ vgl. J. P. Brown, VT 19, 1969, 151ff.). Der Wechsel *l*→*n* im Anlaut *liškāh*/*niškāh* (so Neh 3, 30; 12, 44; 13, 7 und TR) darf allerdings nicht als Hinweis auf die Unsicherheit bei der Wiedergabe eines Fremdwortes gesehen werden, sondern er gehört zu der im Ostaram. (bes. Talmudisch) bekannten Erscheinung des Übergangs von *l* nach *n* und umgekehrt (vgl. R. Macuch, Handbook of Classical and Modern Mandaic, Oxford 1965, 50f., § 27).

2. *liškāh* als Bezeichnung eines Gebäudeteils im Sinne von Gemach, Zelle, Raum, Halle, Kammer, Kapelle o.ä. findet sich im AT insgesamt 47mal, davon 8mal bei Jer (nur Kap. 35 und 36), sowie 23mal bei Ez (im Verfassungsentwurf Kap. 40ff.), dazu 14mal im chronistischen Geschichtswerk (dort auch die Nebenform *niškāh* 3mal) und außerdem 2 Kön 23, 11 und 1 Sam 9, 22. In Ez 45, 5 sind die *ʿæśrîm lešāḵôṯ* trotz der Bezeugung durch Syr Targ V mit LXX in *ʿārîm lāšāḇæṯ* zu verbessern. Außerdem führt LXX in 1 Sam 1, 18 auf einen gegenüber MT volleren, wenn auch nicht unbedingt besseren Text, wonach Hanna nach ihrem Gebet und Gespräch mit Eli wieder zur „Halle" εἰς τὸ κατάλυμα (αὐτῆς) = *halliškāṯāh* kommt. In dieser hebr. Rezension dürfte auch schon 1 Sam 1, 9 von der *liškāh* (*blškh* statt *bšlh*), in der das Opfermahl analog 1 Sam 9, 22 abgehalten wurde, die Rede gewesen sein (vgl. nach A. Klostermann vor allem K. Budde und neuerdings R. de Vaux z. St.).

Daß die *lešāḵôṯ* bei P keine Erwähnung finden, darf nicht verwundern, weil P die Fiktion des Wüstenheiligtums, für das keine Nebengebäude notwendig sind, beibehält (anders M. Haran, Temples and Temple Service in Ancient Israel, Oxford 1978, 24. 193).

II. 1. Eine *liškāh* kann einen Raum bei einem Heiligtum bezeichnen, in dem man das Opfermahl feiert (1 Sam 1, 9 [LXX]; 9, 22; vgl. auch Jer 35, 2 und Ez 42, 13). Aus 1 Sam 9, 22 läßt sich entnehmen, daß Platz für ca. 30 Teilnehmer vorhanden war. Vermutlich trifft für einen solchen Raum die von KBL² und KBL³ mit Hinweis auf arab. *līwān* (vgl. Lexikon der arab. Welt, Zürich 1972, 665) gebotene Definition zu, daß sich an 3 Wänden Sitzbänke für die Opfernden befinden, während die 4. Seite auf einen Hof hin offen ist (vgl. V 1 Sam 9, 22 *triclinium* und die Übersetzung von *liškāh* in LXX durch ἐξέδρα [18mal] und in V *exedra* [6mal]). Solche Räume für Opfermahlzeiten sind archäologisch für viele Tempel im Orient belegt (vgl. J. Starcky, Salles de banquets rituels dans les sanctuaires orientaux, Syr 26, 1949, 62–67).

2. a) Die Nachrichten über *liškāh* genannte Nebenräume am Jerusalemer Tempel aus vorexilischer Zeit sind spärlich. 2 Kön 23, 11 wird im Bericht über die anläßlich der Kultusreform des Josia vorgenommenen Reformmaßnahmen berichtet, daß sich die Pferde für den (so LXX) oder die (so MT) Sonnenwagen, die Josia beseitigte, in der *liškāh* des *śārîs* Netanmelek befanden. Wenn es sich um lebende Pferde und nicht um Nachbildungen (aus Metall?) handelt, dann diente die *liškāh* des Netanmelek, die sich beim Eingang des Tempels, also am östlichen Rande der Plattform im *parwārîm*, befand, als Pferdestall.

b) Jer 35, 2. 4 wird berichtet, daß Jeremia die abstinenten Rekabiter in die *liškāh* der „Söhne Chanans" (so MT), des Sohnes Jigdaljas, des Gottesmannes, führt, um sie mit Wein zu bewirten. Es sieht so aus, als handele es sich bei dieser *liškāh* um einen größeren Raum, der einer Prophetenschule, den Chananjüngern, als Versammlungsort diente. Die genauen weiteren Angaben, daß dieser Raum neben der *liškāh* der *śārîm* (oder sollten hier wie Ez 40, 44 nach MT *šārîm*, also Sängergilden wie 1 Chr 9, 33, gemeint sein?) und über der *liškāh* des Schwellenhüters Maʿaseja des Sohnes Sallums lag, helfen nicht weiter zur Erfassung der Örtlichkeit.

c) Jer 36, 10. 12 und 20 f. handelt es sich nach Galling um ein einziges Gebäude, und zwar um ein offizielles Staatsgebäude, das dadurch ausgezeichnet war, daß es einen Zugang sowohl zum Tempelvorhof als auch zum Palasthof hatte. Behält man aber MT bei, dann ist von einer *liškāh* des Gemarjahu, des Sohnes des Schreibers Saphan (Jer 36, 10), im oberen Vorhof am Eingang des neuen Tempeltores einerseits und von der *liškāh* des Schreibers (Jer 36, 12) Elischama (v. 20f.) im Königspalast, der ein offizieller Charakter nicht abgesprochen werden kann, andererseits die Rede.

d) Wenn nach 1 Chr 28, 12 die *lešāḵôṯ* ringsum in den Vorhöfen bereits auf die Anordnung Davids zurückzuführen sind und nach 2 Chr 31, 11 Hiskia solche Gemächer einrichten ließ, dann darf man so viel rückschließen, daß es beim vorexilischen Tempel Nebenräume gab, die insonderheit als Schatzhäuser und Lagerhallen dienten.

3. Die Entstehung der Kammeranlagen entlang der Umfassungsmauer des Tempelbezirks könnte auf babylonischen Einfluß zurückzuführen sein, wenn nicht die Kammern einfach aus der Bauweise in Kasematten bei der Stadtmauer zu erklären sind (vgl. Busink 725f.). Der Pl. Neh 13, 9 darf dagegen nicht so interpretiert werden, daß der Priester Eljasib dem Ammoniter und Nehemiafeind Tobia eine „Suite" von kleineren Kammern, eine in mehrere Gemächer aufgegliederte *liškāh* (vgl. 13, 5 *liškāh geḏôlāh*) zugeteilt hat, sondern „das Gemach des Tobia hatte die benachbarten mit seiner Unreinheit angesteckt, so daß diese mit gereinigt werden mußten" (W. Rudolph, HAT I/20, 204). Ein Teil der *lešāḵôṯ* (Maier, 58f., errechnet für den Komplex des äußeren Vorhofs 210, nach der Tempelrolle sogar 856 Raumeinheiten) wurde als Schatzkammern gebraucht (Esr 8, 29; 1 Chr 28, 12) oder als Lagerräume zum Speichern der Opfergaben (Ez 42, 12), der Abgaben an Baumfrüchten, Getreide, Wein und Öl (Neh 10, 39f., ähnlich 12, 33; 13, 9), der Steuerabgaben und des Zehnten (2 Chr 31, 11) oder des Weihrauchs (Neh 13, 9) und vor allem zur Aufbewahrung der heiligen beim Kult benötigten Geräte (Neh 13, 9 und nach dem jetzigen Text auch 1 Chr 28, 13, wo in einem Zusatz vv. 14–18 die Geräte im einzelnen aufgezählt werden; vgl. Mischna Middot II 7a Zellen zur Aufbewahrung der Musikinstrumente). Bei den nach Norden ausgerich-

teten heiligen Priestergemächern gab es nach Ez 46, 19f. einen Raum, der als Opferküche zum Kochen des Schuld- und Sündopfers und zum Backen des Speisopfers diente (vgl. auch 1 Chr 28, 12f., wo mit *melæ'kæt ʿabôdat bêt JHWH* auch auf das Kochen und Backen des Opfers angespielt sein wird, wie auch die Mischna Middot I 4 von einer *liškāh* der Gilde der Opferfladenbäcker *lškt bjt ʿwśh ḥbtjn* zu berichten weiß), und nach Ez 40, 38 gab es eine *liškāh*, die sich zur Vorhalle des inneren Nordtores hin öffnete und die als Waschraum zum Abspülen der Eingeweide und der Unterschenkel des Brandopfers reserviert war (vgl. Mischna Middot V 3 *lškt hmdjḥjn*; im Mischnatraktat Middot finden sich weitere sehr genaue Angaben über die Nutzung einzelner Zellen, z. B. gab es eine, in der die durch einen Leibesfehler dienstunfähigen Priester das Holz für das Altarfeuer nach Würmern absuchten, II 5, weil ein Wurm im Holz das Opfer verunreinigt hätte).

Aus 1 Chr 9, 33 geht immerhin soviel hervor, daß die *lešākôt* zum Aufenthalt von Tempelpersonal bestimmt waren, sei es, daß man *ballešākôt peṭûrîm* so versteht, daß die Sänger, wenn sie dienstfrei waren, in den Zellen weilten, oder so, daß sie, da sie von anderem Dienst befreit waren, in den Zellen wohnten, um Tag und Nacht dienstbereit zu sein (J. W. Rothstein, J. Hänel, KAT XVIII 179), sei es, daß man mit W. Rudolph (HAT I/21, 90f.) ein *lô'* einfügt und dann davon ausgehen kann, daß hier zum besonderen Ruhme der Sänger betont wird, daß es für sie keine Ausspannung in den Zellen gibt, im Gegensatz zu den anderen Leviten, die sich zwischen ihren Dienstzeiten in den Tempelsakristeien erholen können.

4. Auffällig ist, daß mehrere dieser Räume am Jerusalemer Tempel durch PN näher differenziert werden, daß sie also nach ihrem Erbauer und/oder ihrem derzeitigen Besitzer (oder Pächter) benannt werden (vgl. 2 Kön 23, 11; Jer 35, 4; 36, 10. 20f.; Esr 10, 6; anders Neh 3, 30 s.u.).

Die *liškāh* des Johanan ben Eljasib, die Esr 10, 6 erwähnt wird, gelangte in der Forschung zu besonderer Berühmtheit, weil sie vor allem für A. van Hoonacker (Néhémie et Esdras. Nouvelle hypothèse sur la chronologie de l'époque de la restauration, Muséon 9, 1890, 151–184. 317–351. 389–401) und den ihm zustimmenden Gelehrten (z. B. Cazelles) ein wichtiges Argument ist für die Umkehrung der chronologischen Abfolge Esra–Nehemia in Nehemia–Esra. Denn nach Esr 10, 6 begibt sich Esra am Ende des Tages in die *liškāh* des Johanan ben Eljasib, um dort die Nacht in Trauern und Fasten zu verbringen. Da nach Neh 12, 10f. 22 ein Enkel des Hohenpriesters Eljasib den Namen Johanan trägt und dieser Johanan Neh 12, 33 genauso wie Esr 10, 6 ben Eljasib genannt wird, läßt sich die Vermutung nicht von der Hand weisen, daß an beiden Stellen vom gleichen Mann die Rede ist. Wenn nun aber Eljasib nicht nur am Beginn der Tätigkeit des Nehemia (Neh 3, 1), sondern auch nach dessen Rückkehr aus Babel (Neh 13, 4) Hoherpriester war, dann sollte man annehmen dürfen, daß die Zeit, in der sein Enkel eine *liškāh* am Tempel besaß, nach dem 12. Jahr des Nehemia anzusetzen ist, daß also das Esr 9, 10 Berichtete nicht der Zeit nach dem Mauerbau vorausgegangen sein kann. Aber W. Rudolph (HAT I/20, 67f.) wendet mit Recht dagegen ein, daß keineswegs feststeht, daß der titellose Eljasib (Esr 10, 6 und nach Neh 12, 33 der titellose Johanan) wirklich der Hohepriester (bzw. sein Enkel) waren. Beide Namen Eljasib und Johanan sind in der nachexilischen Zeit häufig und für verschiedene Personen belegt, so daß „nicht der geringste Anlaß besteht, in Esr 10, 6 an die hohepriesterliche Familie zu denken, zumal da, wenigstens im vorexilischen Tempel, auch Privatpersonen Tempelzellen besaßen", wie aus den schon angeführten Stellen 2 Kön 23, 11; Jer 35, 4 und 36, 10 ersichtlich.

Wenn Neh 3, 30 unter der *liškāh* des Mesullam ben Berechja ein Profanbau, nämlich die Priesterwohnung außerhalb des Tempelbezirks, zu verstehen ist, dann bleibt dunkel, welche architektonischen Besonderheiten die Bezeichnung des Gebäudes als *liškāh* veranlaßten. Die Beschreibung des Mauerbaus läßt sich zwar vv. 28–31 längs des Tempelbezirks verfolgen, aber daß in v. 33 eine Tempelzelle gemeint sei, hat wenig Wahrscheinlichkeit für sich; es wird sich vielmehr wie in v. 20f. beim Haus des Hohenpriesters Eljasib um eine Priesterwohnung handeln, die nicht (vgl. v. 28) in der Nähe des Tempels lag.

5. Der große Komplex der Tempelsakristeien im Verfassungsentwurf des Ezechiel, für dessen Verständnis die Interpretation durch K. Elliger vorausgesetzt wird, steht ganz unter dem Vorzeichen einer weiterentwickelten Heiligkeitstheologie. Das dreistöckige Gebäude (42, 5f.) gewährleistet nicht nur eine optimale Raumnutzung für die vielfältigen Bedürfnisse, die im Zusammenhang mit einem Tempelkult entstehen (vgl. II. 2), sondern es dient vor allem zur Abgrenzung des Heiligkeitsbereiches. „Schon die Anlage der Bauten, die in ihrem terrassenartigen Anstieg vom Laien- zum Priesterbereich ihre Brückenfunktion verraten" (W. Zimmerli, BK XIII/2, 1065), läßt im architektonischen Plan die verschärften Heiligkeitsvorstellungen, wie sie vor allem in den Erweiterungsschichten in Ez 40ff. zum Ausdruck kommen, erkennen. Hier müssen die Priester die Kleider wechseln, bevor sie das Innere des Tempelbereichs verlassen und zu den Laien hinaustreten (42, 13; 44, 19); deshalb auch die kultische Kennzeichnung der Gebäude als *liškôt haqqodæš* Ez 42, 13; 44, 19; 46, 19. „Aus dieser Qualifikation der Sakristeien als eines heiligen Ortes ergeben sich die folgenden Bestimmungen über das Verhalten in diesem Bereich, der im Abschluß von 13 nochmals ausdrücklich als מקום קדש bezeichnet wird" (W. Zimmerli 1063). Über „die Gefahr, die in dieser verschärften Bewachung und Absperrung des Heiligen aufzukommen droht" (Zimmerli 1065).

III. In den Schriften von Qumran findet sich das Wort in der Form *nškh* bzw. *nškwt* 12mal, und zwar nur in der Tempelrolle (vgl. Y. Yadin, Megillat ham-Miqdaš. The Temple Scroll, Jerusalem 1977, Vol. I–III A, und J. Maier, Die Tempelrolle vom Toten Meer, UTB 829, 1978) in dem Abschnitt über den äußeren Vorhof 40, 5 – 45, 6 (vgl. J. Maier, Hofanlagen 58).

IV. Die Wiedergabe in LXX schwankt zwischen ἐξέδρα (18mal bei Ez), γαζοφυλάκιον (11mal, vor allem Esr/Neh) und παστοφόριον (8mal, vor allem 1/2 Chr). Daneben findet sich 6mal οἶκος als Äquivalent. Einmalige Gleichungen wie κατάλυμα (1 Sam 9, 22), αὐλή (Jer 35, 2) oder σκηνή (Esr 8, 29) lassen nur die Unsicherheit bei der Suche nach der genauen Bedeutung erkennen. Hieronymus zieht das entlehnte *gazofilacium* (insgesamt 37mal) neben 6maligem *exedra* vor. Nur einmal gebrauchte Übersetzungen *triclinium* (1 Sam 9, 22), *cubiculum* (Esr 10, 6) oder *horreum* (2 Chr 31, 11) interpretieren von der geschilderten Situation ausgehend. Im NT ist unter γαζοφυλακεῖον Joh 8, 20 an eine als Schatzkammer besonders hervorgehobene *liškāh* gedacht, während Mk 12, 41. 43; Lk 21, 1 wohl eher ein Opferkasten (vgl. St.-B. II 37–41) gemeint ist.

D. Kellermann

מְאֹד *meʾoḏ*

I. Etymologie – II. Belege – III. 1. Verhältnis der Funktionen zueinander – 2. Adverbielle Funktion – IV. Substantiv – 1. Zweifelsfälle – 2. *beḵōl meʾoḏæḵā*.

Lit.: *E. Ben Jehuda*, Thesaurus VI (hebr.), 1948, 2745–2750. – *M. Lambert*, Traité de grammaire hébraïque, Paris–Hildesheim ²1972, 388–391. – *J. Pedersen*, Israel I–II, London–Kopenhagen 1953, 146f. – *G. von Rad*, ThAT I, 1957, 205f. 224f.

I. Eine Wurzel *mʾd* mit Wortbildungen, deren Bedeutung sich mit der des hebr. *meʾoḏ* vergleichen läßt, findet sich in einigen semit. Sprachen. Damit sind die Versuche der älteren Lexikographen, *meʾoḏ* als Zusammensetzung aus Präfix *m* und der Wurzel *ʾûd* (nach dem Arab. etwa ʿauf etwas lasten; Lastʾ) zu verstehen, hinfällig geworden (W. Gesenius, Thesaurus, 1935, 35–37; P. de Lagarde, Übersicht über die im Aramäischen, Arabischen und Hebräischen übliche Bildung der Nomina, 1889, 128). Dem Vorschlag von M. Dahood (Bibl 47, 1966, 413), in *mʾd* eine Dialektvariante zu *mʾz* „of old" zu sehen, kann nicht zugestimmt werden.

Im Akk. (AHw II 573f.; CAD M/1, 4f. 19–27; M/2, 163) finden sich ein Verb *mâdu* (*maʾādu*) ʿviel, zahlreich sein bzw. werdenʾ, ein Adjektiv *mādu* (*maʾdu*) ʿviel, zahlreichʾ, ein Substantiv *ʾmaʾdû* (*mādû*) ʿFülleʾ und ein Adv. *mādiš* ʿsehrʾ. Das Ugar. (WUS Nr. 1498; UT Nr. 1406; RSP I Nr. 342a. 415) weist die Form *mʾd* auf, welche ʿvielʾ [*mʾd ksp* ʿviel Silberʾ] und ʿsehrʾ [*ʿz mʾd* ʿsehr starkʾ] bedeutet, sowie das substantivische *mʾd* ʿMengeʾ. Ob in der Form *mʾdj* ein suffigiertes Hauptwort vorliegt (ʿmeine Fülleʾ), ist zweifelhaft.

M. Dahood hat versucht, aufgrund des ugar. *mʾd* in *māʾed* umzupunktieren und mit „Grand One" oder „God Almighty" zu übersetzen (so in Ps 21, 2; 46, 2; 92, 6; 96, 4; 97, 9; 105, 24; 109, 30; 119, 8. 69. 138. 140. 170; 142, 7; 145, 3) (Bibl 50, 1969, 79; AB 17A, 473; vorsichtiger Or 45, 1976, 346). Dies wurde aufgegriffen von D. N. Freedman, Bibl 54, 1973, 268 (zu Ps 78, 59) und L. Vigano, Bibl 55, 1974, 77f. (zu Gen 13, 13). Dagegen ist aber mit O. Loretz (BZ NF 16, 1972, 245–248; UF 6, 1975, 481–484) einzuwenden, daß schon aus stichometrischen Gründen einerseits an den genannten Stellen eine Umpunktierung schwierig ist. D. Markus (Bibl 55, 1974, 404–407) hat andererseits darauf hingewiesen, daß ugar. *mʾd* „many, much", nie jedoch „great" bedeutet. Ein göttliches Epitheton in obiger Bedeutung kann also nicht aus dem Ugar. abgeleitet werden.

Arab. hat das Verb *maʾada* ʿanfangen zu wachsenʾ.

II. Im AT kommt das Wort *meʾoḏ* 253mal in dieser Form vor, dazu noch 6mal in superlativischer Verdopplung *meʾoḏ meʾoḏ*, 24mal mit präpositionellem Zusatz *bimeʾoḏ meʾoḏ* (6mal), *ʿaḏ meʾoḏ* (17), *ʿaḏ limeʾoḏ* (1) und 2mal als suffigiertes Substantiv (s. IV. 2). LXX übersetzt meist mit σφόδρα ʿheftig, sehrʾ (auch die Verdopplung imitierend σφόδρα σφόδρα), seltener mit λίαν ʿgar sehr, zu sehrʾ. V gibt das Wort sehr oft mit *valde* ʿin starkem Maße, sehrʾ, aber auch mit *nimis* ʿüber die Maßen, allzu sehrʾ wieder. Einige Male findet sich auch eine semantisch akkurate Übersetzung: *vehemens* (Ri 12, 2), *festinus* (1 Sam 20, 19) u. dgl.

III. Die Wörterbücher (BDB 547; GesB 392; KBL³ 511; E. König, WB 203) gehen von einer angenommenen subst. Bedeutung des Wortes *meʾoḏ* aus und leiten davon die Bedeutung der adverbiellen Funktion ab. Dies ist in diachronischer Sicht gerechtfertigt, da das Wort ursprünglich wohl ein Nomen war (Nominalbildung *quṭl*, vgl. BLe 460), wie aus dem Sprachvergleich und aus den zu ihm tretenden Präpositionen (*be*, *ʿaḏ*) hervorgeht. Jedoch in dem vorliegenden Sprachgebrauch hat *meʾoḏ* fast ausnahmslos eine adverbielle Funktion übernommen und somit muß synchronische Beschreibung von dieser ausgehen und erst dann die Bedeutung bei substantivischer Verwendung zu ermitteln versuchen.

2. Das im Akkusativ als Adverb verwendete Wort (in den Qumrantexten oft, auch gegen den MT: *meʾôḏāh*; vgl. E. Y. Kutscher, The Language and Linguistic Background of the Isaiah Scroll, Leiden 1974, 413f. 498–500) dient zur Bekräftigung einer Aussage. Das Werk des einzelnen Schöpfungstages wird als *ṭôḇ* bezeichnet, das Gesamtwerk aber als *ṭôḇ meʾoḏ* (Gen 1, 31). Da das Wort selbst inhaltlich neutral ist, kann es gleichermaßen bei dem Setzen von positiven wie negativen Akzenten benutzt werden (Jer 24, 4). Es können mit *meʾoḏ* bekräftigt werden Adjektive (Ri 3, 17), finite Verbalformen (Ri 6, 6), Imperative

(Jer 2, 10), Infinitive (2 Sam 14, 25), Adverbia (Sach 14, 14) und ganze Sätze (Ri 12, 2; Jer 18, 13). Es steht auch nach Verben der Bewegung (1 Sam 20, 19; Jer 49, 30), wo es in der Bedeutung von 'schnellstens' verstanden werden muß, und nach Negationen (Ps 64, 8; Deut 17, 17), wo es soviel wie 'gänzlich', 'übermäßig' bedeutet.
Das Wort besitzt große Stellungsflexibilität innerhalb des Satzbaus (vgl. die Fernstellung Jos 9, 13; Ri 12, 2; 1 Kön 11, 9 u.a.), steht aber im allgemeinen nach dem zu betonenden Wort bzw. nach dem wesentlichen Teil der Aussage (etwa nach dem Tätigkeitswort und dessen Subjekt) (vgl. Ez 37, 10; 1 Kön 2, 12; 1 Chr 21, 13). Die äußerst seltene Voranstellung von *m*^{e}*'oḏ* (Ps 47, 10; 92, 6; 97, 9) ist demnach wirkungsvollste Steigerung der Bekräftigung im dichterischen Stil.

IV. 1. An einigen Stellen scheint das Wort nominalen Charakter aufzuweisen: So könnte es Ps 119, 138 als virtuelles Adjektiv zu *'*^{æ}*mûnāh* aufgefaßt werden und Ps 31, 12 als Parallelwort zu *ḥærpāh* und *paḥaḏ* (vgl. auch Jes 47, 9; Ps 46, 2). Es bleibt jedoch bei all diesen Versen einfacher, wenn man keine Textänderung vornehmen will, Fernstellung anzunehmen und *m*^{e}*'oḏ* auf ein vorangehendes Verb zu beziehen, als eine außergewöhnliche Bedeutung für diese Fälle anzunehmen, die auch den Hörern bekannt gewesen wäre.
2. Der einzige und bedeutungsvolle Fall einer klaren Substantivierung findet sich Deut 6, 5 (und dem von ihm abhängigen Text 2 Kön 23, 25). Es handelt sich aber hier offensichtlich nicht um ein Rückgreifen auf eine in der lebendigen Sprache verlorengegangene Bedeutung des ursprünglichen Wortes, sondern um eine sprachlich kühne Erweiterung in der Anwendung der bekannten Bekräftigungspartikel: durch das Anhängen des Personalsuffixes und die Gleichsetzung mit *lebāb* und *næpæš* wird es substantiviert. Die Übersetzungstradition, die das Wort mit 'Kraft, Macht' erklärt (LXX δύναμις; ἰσχύς, V *fortitudo*; *virtus*; bei den Rabbinen aber mit *māmôn* 'Geldbesitz', den man gleichfalls einzusetzen bereit sein müsse, Berakot 61b), trifft ungefähr das Rechte. Doch müssen wir beim Deut mit einer „Intensität der Verinnerlichung" aber auch „einer gewissen Intellektualisierung" (von Rad) rechnen. Der Wunsch, den Einsatz der Gesamtpersönlichkeit mit allem Positiven, das zu leisten sie eben 'in großem Maße' befähigt ist, zu bezeichnen, brachte den Neologismus hervor: „Du sollst JHWH lieben mit ganzem Herzen, mit ganzer Seele und *b*^{e}*ḵōl m*^{e}*'oḏækā*, mit deiner äußersten Anstrengung" (Deut 6, 5).

Kedar-Kopfstein

מֹאזְנַיִם *mo'z*^{e}*najim*

I. Umwelt – 1. Ägypten – 2. Mesopotamien – 3. Westsemiten – II. Gebrauch im AT – 1. Konkrete Bedeutung in prophetischen Zeichenhandlungen – 2. In Maximen über Redlichkeit im Handel – 3. *pælæs*, *qānæh*, ζυγός – 4. Als Symbol von Gottes Weltregierung – 5. Wert des Menschen in Hi.

Lit.: *G. Bertram*, ζυγός in LXX (ThWNT II 898–900). – *B. Kisch*, Scales and Weights: a Historical Outline, New Haven 1965, 26–78. – *Chr. Seeber*, Untersuchungen zur Darstellung des Totengerichts im Alten Ägypten (MÄS 35, 1976), bes. 67–83. – *H. Weippert*, Waage (BRL^{2} 355).

I. 1. Äg. *wdn*, das vielleicht mit *wzn* verwandt ist, bedeutet 'schwer' (WbÄS I 390); 'Waage' heißt *mḫ3.t*, gemeint ist vorwiegend 'Standwaage' (WbÄS II 130) oder *ỉwśw*, wohl die 'Handwaage' (WbÄS I 57). Abbildungen von Standwaagen z. B. ANEP 111. 122. 133 (für Gold), von Handwaage EMiqr 4, 539. Besonders bekannt ist die beim Totengericht vorkommende Standwaage. Vor dem thronenden Osiris und den 42 Mitrichtern wird das Herz des Toten gegen das Symbol der Maat gewogen. Dabei fungiert Thot als Schreiber und Anubis bedient die Waage (ANEP 639, zum Verfahren s. Seeber). Die strenge Gerechtigkeit des Wägemeisters wird betont. So heißt es in der Klage des Bauern: „Irrt denn die Handwaage (*ỉwśw*)? Wiegt denn die große Waage (*mḫ3.t*) falsch? Ist denn Thot milde?" (Zl. 148ff.; ANET 409). Im Totengericht „vertritt die Maat die von Gott gesetzte allgemeingültige ethische Norm, an welcher der Mensch mit seinem persönlichen Lebensweg gemessen wird" (Seeber 75).
2. Akk. *zibānītu* 'Waage' (syr. *z*^{e}*ḇan* 'kaufen'? *wzn*?) bezeichnet auch das Sternbild Libra (AHw 1523); ein anderes Wort ist *gišrinnu* (sum. *giš-erín*) (AHw 293). Nach CAD Z 100 handelt es sich um zwei verschiedene Typen von Waagen, wobei *zibānītu* mit einem besonderen Teil oder Mechanismus **zibānu* versehen war. Abbildung einer Standwaage ANEP 350; die ebd. 117 abgebildete Handwaage ist tatsächlich hethitisch (M. Riemschneider, Welt der Hethiter, 1954, 9, Taf. 76).
3. Ugar. *mznm* ist von *wzn* abgeleitet (vgl. arab. *wazana* 'wägen'); die hebr. Schreibung mit ' beruht auf einer Zusammenstellung mit *'ozæn* 'Ohr' (so Gordon, UT Nr. 801) oder mit *'āzen* 'Gerät' (Deut 23, 14; KBL^{3} 27). Der Dual bezeichnet eigentlich die beiden Waagschalen, wird aber pars pro toto für 'Waage' gebraucht. *mznm* findet sich in dem Nikkal-Kotharot-Text (KTU 1.24, 34. 35. 37) in einem Kontext, wo vom Darwägen des Brautpreises die Rede ist, also im Familienzusammenhang wie Jer 7, 18. In KTU 4.385, 5 wird die Waage (*mznm*) als Teil des Hausrates genannt. Abbildung einer Waage aus Ras Schamra IDB 1, 342.
Das pun. *m'zn* (KAI 81, 3) ist umstritten: 'Gerät' oder 'Waage'? (DISO 141). Im Äg.-Aram. findet sich

mwzn (DISO 144), im Bibl.-Aram. *mo'zenajjā'*, im Jüd.-Aram. *môḏenā'* und *môzanjā'* 'Waage' (auch christl.-pal. und mand.). Die Schreibung *m(w)znjm* in 1 QJes 40, 12 ist nach E. Y. Kutscher, The Language and Linguistic Background of the Isaiah Scroll, Leiden 1974, 187, ein Aramaismus. Die *pi*-Form *'izzen* (Pred 12, 9) ist denominiert.
Archäologisch sind Waagen aus Lachisch (Lachish III, Taf. 62) und Beth Zur (Beth Zur II, Taf. 44) bekannt. Sonst sind nur Waagschalen (s. BRL² 355) und Gewichte (mit einem Fehlmarginal von bis 6%, Diringer, PEQ, 1941, 86) gefunden.

II. 1. Auch die ganz konkreten Belege von *mo'zenajim* stehen in theologisch bedeutsamen Kontexten: in Jer 32, 10 wägt Jeremia beim Ackerkauf Silber ab, in Ez 5, 1 teilt der Prophet im Laufe einer Zeichenhandlung mit Hilfe einer Waage die Haare in drei Teile, um das künftige Schicksal des Volkes darzustellen.
2. Wenn der Gebrauch von „richtiger Waage" (*mo'zenê ṣæḏæq*) und „richtigen Gewichten" (*'aḇnê ṣæḏæq*) eingeschärft wird (Lev 19, 36; Ez 45, 10), ist tatsächlich Ehrlichkeit gegen Mitmenschen im allgemeinen mit eingeschlossen. Häufiger ist von falscher oder trügerischer Waage (*mo'zenê mirmāh*: Hos 12, 8; Am 8, 5; Spr 11, 1; 20, 23) die Rede, in Spr 20, 23 parallel mit *'æḇæn wā'æḇæn* 'falsches Gewicht', in Spr 11, 1 im Gegensatz zu *'æḇæn šelemāh* 'volles Gewicht'. Mi 6, 11 rügt die Frevler für ihren unredlichen Handel: unrechte Waage (*mo'zenê ræša'*) und falsche Gewichte (*'aḇnê mirmāh*); so etwas kann JHWH nicht für rein oder schuldlos erklären (l. *pi* → זכה *zāḵāh*).
3. Spr 16, 11 „JHWH hat *pælæs* und *mo'zenê mišpāṭ*"; dabei steht *pælæs*, das wohl einen Teil der Waage (Arm? Zeiger?) bezeichnet, metonymisch für die ganze Waage (wie auch Jes 40, 12) (nach BRL² 355 könnte *mo'zenajim* Handwaage und *pælæs* Standwaage sein). Der hebr. Text stellt die Forderung von richtiger Waage als göttliche Forderung dar; da der Vers aber in einer Reihe von Königssprüchen steht, könnte der König als der vor Gott für redlichen Handel im Lande Verantwortliche gemeint sein. Jes 46, 6 steht *qānæh* 'Waagebalken' auf ähnliche Weise für die Waage als Ganzes. Sir 42, 4 empfiehlt Ehrlichkeit in ζυγός und στάθμια (= *mo'zenajim* und *pælæs*, Y. Yadin, The Ben Sira Scroll from Masada, Jerusalem 1965, 22).
4. Bei DtJes ist die Waage Symbol für die Weltregierung Gottes: Wer (wenn nicht Gott) hat die Berge mit *pælæs* und die Hügel mit *mo'zenajim* gewogen? (Jes 40, 12). Nach Jes 40, 15 sind die Völker nicht mehr als Staub auf der Waage (nach D. W. Thomas, BZAW 103, 1968, 217, nicht 'Wolken', wie H. Torczyner, StTh 1, 1948, 190, meinte); der Vers wird zitiert Weish 11, 22; 2 Makk 9, 8. Hier geht es schon um Wägen von Menschen, aber es geht um ihre Macht, nicht um ihre Verdienste. Dan 5, 27 wird das Wort an Belsassar als König von Babylon gerichtet: „Du bist auf der Waage gewogen und zu leicht befunden worden."
5. Nach Hi 6, 2 wird das Unglück des Menschen auf eine Waage gelegt und gewogen (*nāśā'* 'auf die Waagschale heben', vgl. THAT II 110): es ist schwerer als der Sand der Meere (v. 3). Hi 37, 6 ist das einzige einigermaßen klare Beispiel für das Abwägen der inneren Verdienste eines Menschen: wenn Gott Hiob auf einer gerechten Waage wiegt, wird er seine Unschuld (*tummāh* → תמם *tmm*) erkennen. Es handelt sich um „das Schicksal und den Wert des Menschen" (Bertram 899 mit Hinweis auf Ps Sal 5, 4). Umgekehrt sind die Menschen nach Ps 62, 10 zu leicht auf der Waage und können sich nicht behaupten. Dieser Gebrauch führt den Gedanken vom äg. Totenbuch weiter und leitet natürlich zu Sir 21, 25; 28, 25 über, wo Worte auf ζυγός und στάθμος gewogen werden. Schließlich wird die Seele auf die Waage gelegt (1 Hen 41, 1; 61, 8; 2 Hen 49, 2; 4 Esr 4, 34; Apk Elias 13, 4 und Talmud jPeah 1, 16b; 37). Das at.liche *mo'zenajim* als Symbol der allgemeinen Gerechtigkeit des Menschen gegenüber dem Mitmenschen wird so weiter mit ihm selbst und mit Gott in Relation gesetzt.

North

מאן *m'n*

I. 1. Etymologie – 2. Vorkommen – 3. Bedeutung – 4. LXX – II. Verwendung im AT – 1. Alltäglich – 2. Theologisch.

I. 1. Die Wurzel *m'n* ist außer im Hebr. nur im Syr. (*me'n* 'einem verleiden') und im Asarab. (*m'n*, s. W. Müller, ZAW 75, 1963, 311) belegt. Äth. und tigrē *manana* 'ablehnen' liegt bedeutungsmäßig nahe, aber ist etymologisch zweifelhaft. A. Guillaume, Abr-Nahrain 1, 1959/60, 10. 27, verweist unter Annahme einer Metathese auf arab. *mana'a* 'aufhalten, verhindern' (vgl. jedoch → מנע *māna'*).
2. Im AT kommt nur die *pi*-Form vor, und zwar in 45 Belegen, von denen 6 sich auf Pharaos Weigern, die Israeliten loszulassen, beziehen und 12 im Jer-Buch stehen. Sonst ist die Streuung uninteressant.
3. Zur Bedeutungsbestimmung trägt vor allem Jes 1, 19f. bei. Dort stehen → אבה *'āḇāh* 'wollen, willig sein' und *me'en* antithetisch, und letzteres wird durch → מרה *mārāh* 'widerspenstig sein' erklärt (vgl. ähnlich auch 4 QpPs 37, 2, 3). Meistens wird das Verb durch 'sich weigern' oder 'nicht wollen' übersetzt, wobei nicht immer klar wird, ob das einfache Nichtwollen oder das tatsächliche Weigern gemeint ist. In 6 Belegen steht das Verb absolut, sonst wird es durch einen Inf. mit oder ohne *le* ergänzt.

4. Die LXX übersetzt meist mit negierten Formen von (ἐ)θέλειν (18mal), βούλεσθαι (9mal) oder εἰσακούειν (4mal). Vereinzelt kommen andere Übersetzungen vor.

II. 1. Die meisten Belege in der erzählenden Literatur sind theologisch neutral. Joseph weigert sich, auf das Angebot der Frau Potiphars einzugehen (Gen 39, 8). Jakob will nicht Ephraim segnen, obwohl er der Erstgeborene ist (Gen 48, 19). Edom verweigert den Israeliten den Durchzug (Num 20, 21). JHWH will Bileam nicht zu Balak gehen lassen (Num 22, 13) und Bileam weigert sich, mitzugehen (v. 14). Das Volk will nicht auf Samuel hören und wünscht einen König (1 Sam 8, 19). Asahel, der Abner verfolgt, weigert sich, ihn in Ruhe zu lassen und wird von Abner getötet (2 Sam 2, 23). Ein Prophetenjünger weigert sich, den anderen zu schlagen (1 Kön 20, 35). Nabot weigert sich, dem König seinen Weinberg zu geben (1 Kön 21, 15). Elisa weigert sich, die von Naaman angebotene Belohnung anzunehmen (2 Kön 5, 16). Königin Vasthi weigert sich, vor den Gästen des Königs zu erscheinen (Esth 1, 12).
Dreimal wird festgestellt, daß jemand nicht essen will: 1 Sam 28, 23 (Saul will nicht essen, was die Geisterbeschwörerin ihm anbietet); 2 Sam 13, 9 (Amnon) und mehr poetisch ausgedrückt Hi 6, 7 („Meine *næpæš* will das Essen nicht anrühren"). In einem Weisheitsspruch heißt es, daß der Faule nicht arbeiten will (Spr 21, 25).
Mit *nḥm niph* wird *m'n* mehrmals verbunden. Jakob will sich nicht trösten lassen über den vermeintlichen Tod Josephs (Gen 37, 35). In einem Klagelied heißt es: „Meine Seele will sich nicht trösten lassen" (Ps 77, 3). Rahel, die ihre Söhne, d. h. das verlorengegangene Nordreich, beweint, will sich nicht trösten lassen (Jer 31, 15).
Ein paarmal wird das Verb im Zusammenhang des Eherechts verwendet: für die Weigerung, jemandem seine Tochter als Frau zu geben ... (Ex 22, 16) oder die Leviratsehe zu vollziehen ... (Deut 25, 7).
2. Im Zusammenhang des Exodus ist mehrmals von Pharaos Weigerung, die Israeliten gehen zu lassen, die Rede (Ex 4, 23; 7, 14. 27; 9, 2; 10, 3. 4). Es handelt sich hier um einen Widerstand gegen Gottes Willen, der erfolglos bleiben und der Verherrlichung JHWHs dienen muß. Ein ähnlicher Ausdruck findet sich Jer 50, 33 mit Bezug auf die Feinde, die Israel in Gefangenschaft halten.
Einen besonderen theologischen Klang gewinnt das Wort, wenn es um Unbußfertigkeit oder um die Weigerung geht, auf Gott zu hören. Besonders zahlreich sind die Belege bei Jer. Das unzüchtige Israel weigerte sich, sich zu schämen; obwohl Gott es durch Dürre warnte, fuhr es in seinem Buhlen fort (Jer 3, 3). Gott hat das Volk geschlagen, aber es hat nicht Zucht (*mûsār*) annehmen wollen; sie machten ihre Stirn wie Stein und wollten nicht umkehren (*šûḇ*, Jer 5, 3). *šûḇ* steht mit *m'n* auch 8, 5 zusammen: sie wenden sich ab (*šûḇ pol* + *m^ešuḇāh*), halten an ihrem Trug (*tarmîṯ*) fest und weigern sich umzukehren. Sie leben in Trug und wollen nicht Gott kennen (→ ידע *jāḏa'*, Jer 9, 5). Im Kontext von Götzendienst und Verstockung heißt es, daß die Väter bzw. das Volk nicht die Worte Gottes hören wollten (11, 10; 13, 10).
In der großen Vision vom Zornesbecher JHWHs (Jer 25 → כוס *kôs*) heißt es, daß die Völker sich zwar weigern, den Becher zu empfangen, ihn jedoch trinken müssen (v. 28). Gegen den Zorn JHWHs vermag die Weigerung von Menschen nichts. Anders ausgerichtet ist Jer 15, 18, wo der Prophet klagt: „Meine Wunde will sich nicht heilen lassen", noch anders 38, 21: wenn Zedekia sich weigert, sich zu ergeben, soll er die von Jeremia verkündeten Folgen bedenken.
Die Verweigerung der Umkehr begegnet auch Hos 11, 6: das Volk will nicht umkehren und muß deshalb wieder in den Sklavendienst. Die Weigerung des Hörens findet sich Sach 7, 11 innerhalb einer Häufung der Ausdrücke für Widerspenstigkeit: sie wollten nicht aufmerken (*qšb hiph*), sie machten ihren Nacken widerspenstig (zur Halsstarrigkeit vgl. B. Couroyer, RB 88, 1981, 216–225) und ihre Ohren taub. Vgl. auch Neh 9, 17 im Sündenbekenntnis: die Väter wollten nicht hören, gedachten (*zāḵar*) nicht der Wunder Gottes und machten ihren Nacken hart. In den Geschichtsbetrachtungen des 78. Psalms ist von Widerspenstigkeit und Ungehorsam die Rede, wobei es zusammenfassend heißt: „Sie hielten nicht den Bund Gottes und wollten nicht nach seinem Gesetz wandeln." Gesetz und Bund sind hier fast synonym als Ausdruck der religiösen Pflichten.
Jes 1, 19f. stellt der Prophet das Volk vor die Wahl zwischen Wollen und Nichtwollen, zwischen Hören und Widerspenstigkeit, und von dieser Wahl ist das Ergehen des Volks abhängig.
In der prophetisch ausgerichteten (vgl. H. Ringgren, ATD 16/17, ³1981, 17) Rede der Weisheit in Spr 1, 20–33 heißt es in v. 24: „Ich rief und ihr weigertet euch, ich streckte meine Hand aus und niemand gab acht (*qšb hiph*), ihr ließet meinen Rat unbeachtet, wolltet (*'āḇāh*) meine Zurechtweisung nicht." Die Häufung der Ausdrücke für Unwilligkeit entspricht der der oben zitierten prophetischen Texte. – Schließlich sagt Spr 21, 7, daß der Frevler nicht *mišpāṭ* tun will.

Ringgren

מָאַס *mā'as*

I. Zu Wurzel, Vorkommen, Gebrauch und Bedeutung – II. Der Gebrauch im profanen Bereich – III. Der theologische Gebrauch – 1. Der Mensch als Subjekt – 2. Gott als Subjekt – IV. Anhang – V. Qumran.

Lit.: *H. Groß*, „Verwerfung", BL 1845f. – *J. J. Jensen*, The Age of Immanuel (CBQ 41, 1979, 220–239). – *L. J. Kuyper*, The Repentance of Job (VT 9, 1959, 91–94). – *N. Lohfink*, Zu Text und Form von Os 4, 4–6 (Bibl 42, 1961, 303–332, bes. 320–323). – *J. Reich*, Studien zum theologischen Problem der Menschenverachtung im Alten Testament (Diss. Leipzig 1968) (vgl. ThLZ 96, 1971, 234–236). – *H. Wildberger*, מאס *m's* verwerfen (THAT I 879–892). – *Ders.*, Die Neuinterpretation des Erwählungsglaubens Israels in der Krise der Exilszeit. Überlegungen zum Gebrauch von *bāḥar* (Festschr. W. Eichrodt, AThANT 59, 1970, 307–324).

I. Die Wurzel *m's* scheint in den älteren Textkomplexen der semit. Sprachen nicht zu Hause zu sein. Sie begegnet im Mhebr., Jüd.-Aram., und es darf erwogen werden, daß arab. *ma'asa* 'verwerfen' etwas mit dem hebr. *m's* zu tun hat. Herleitungsversuche vom akk. *mašû* 'vergessen' (AHw 631) oder *mêšu* 'mißachten' (AHw 649) sind etymologisch schwierig, obwohl von der Bedeutung her gesehen ein Zusammenhang angenommen werden könnte. Diesem Sachverhalt entsprechen die biblischen Befunde, nach welchen *m's* in der überwiegenden Mehrzahl der Belege in Texten aus der exil. und nachexil. Zeit aufzufinden sind. Die wenigen älteren Fundstellen müssen sich danach befragen lassen, ob sie wirklich aus vorexil. Zeit stammen oder in die Geschichte von Interpretation und Adaption vorexil. Textaussagen gehören. Auffällig ist, daß *m's* nicht in den älteren pentateuchischen Schichten auftaucht (3mal in Lev 26 und 2mal in Num), auch nicht im Deut, dagegen in bestimmten Passagen des DtrGW (Ri 1mal; 1 Sam 9mal; 2 Kön 3mal). Eine gewisse Konzentration der Belege ist im Überlieferungsbestand von Jer (11mal) und bei Ez (6mal) zu beobachten. Nicht übersehen werden sollte die vermehrte Anzahl der Stellen in der weisheitlichen Literatur (Hi 11mal, Spr 2mal), in welcher die Wurzel bei der Aufforderung zur Zustimmung für das eine und zur Ablehnung des anderen Verwendung findet. Entscheidungssituationen sind auch in den Zeugnissen der Frömmigkeit vorausgesetzt. Das gilt für die Belege aus den Ps (7mal) und den prophetischen Traditionen (außer Jer und Ez, s.o., Protojes 8mal; DtJes 1mal; Hos 3mal; Am 2mal). *m's* spielt in der Klage eine wichtige Rolle (Kl 3mal, vgl. die Stellen in den Hiob-Reden).

Es ist nicht ganz einfach, die Grundbedeutung von *m's* zu ermitteln, da der jeweilige Kontext die Auswahl aus einer größeren Breite von Übersetzungsmöglichkeiten erfordert. Die griech. Übersetzung (LXX) scheint dieser Schwierigkeit durch die Verwendung einer überraschend großen Anzahl von Äquivalenten begegnet zu sein (s. H. Wildberger, THAT I 880f.). Hinzu tritt, daß *m's* in theologischen Funktionszusammenhängen vorkommt. *m's* umschreibt Tätigkeiten, die entweder von Gott im Blick auf den Menschen vorgenommen werden oder umgekehrt vom Menschen im Blick auf Gott. Daß *m's* auch für Handlungsvorgänge des Alltags gebraucht wird, ist zwar durch einige wenige Stellen belegt, aber es ist nicht zu erweisen, daß sich im profanen Gebrauch von *m's* die urspr. Bedeutung niedergeschlagen hat. Berücksichtigt man ältere Belege und versucht, eine alle Verständnisnuancen übergreifende Bedeutung zu extrahieren, so könnte man auf das deutsche Äquivalent 'gering achten' zukommen. Aus dieser „Grundbedeutung" lassen sich mühelos alle anderen Varianten ableiten, wie etwa 'verwerfen', 'verachten', 'ablehnen', 'verabscheuen' u.a.m. Kuyper (94) sieht in den Hiob-Belegen die ganze semantische Breite vorgezeichnet: von „reject" über „regard of little value" zu „disregard, disrespect" und „despise, abhor". Mit *m's* wird demnach eine subjektive Verhaltensweise zu einer Person oder Sache beschrieben, die aufgrund einer Entscheidung gewonnen worden ist. Für die Entscheidung gibt es bestimmte Normen und Kriterien, die in den meisten Fällen genannt oder zumindest deutlich und einsichtig vorausgesetzt werden. Der subjektive Charakter der Entscheidung ist aber nicht aufgehoben. *m's* funktioniert in personalen Beziehungsverhältnissen.

Die Wurzel kommt im AT nur in verbalen Formen vor, nominale Bildungen sind nicht vorhanden. Bezeugt sind nur *qal* und *niph* (für letzteres überhaupt nur 3 Belege). – An zwei Stellen wird im AT das *niph* von einer Wurzel *m's* verwendet, die man aber als Nebenform von *mss* in der Bedeutung von 'vergehen', 'sich auflösen' verstehen möchte (Ps 58, 8; Hi 7, 5; s.u. IV.).

II. Für die Erfassung des profanen Gebrauchs kann von einem Sprichwort ausgegangen werden, das in Ps 118, 22 theologisch genutzt worden ist. Bauleute wählen Bausteine für ihren Bau aus. Gesichtspunkt ist sicherlich der der Zweckmäßigkeit, Nützlichkeit u.ä. Dem Vorgang des Auswählens (→ בחר *bḥr* 'wählen', 'erwählen') korrespondiert der Vorgang des 'Verwerfens', des 'Gering-achtens', der 'Ablehnung'. Es werden Steine als untauglich verworfen, abgelehnt, liegengelassen, während andere akzeptiert werden. Dieser Alternativvorgang wird mit *bḥr* und *m's* umschrieben. Im Sprichwort funktioniert die überraschend unerwartete Wertschätzung, die der verworfene Stein gegen die Ablehnung durch die Fachleute und gegen die bereits vollzogene Entscheidung der Verwerfung erfährt (Ps 118, 23: „von JHWH ist solches geschehen!"). Nichttheologisch ist zunächst auch die Vorstellung von dem 'verworfenen Silber', das nach dem Schmelzverfahren nicht die Reinheitsprüfung bestanden hat (Jer 6, 30). Die Entscheidung über Annahme und Verwerfung kann auch einen Menschen betreffen. Gottes Barmherzigkeit gegenüber seinem Volk wird bei DtJes mit der Bildwirklichkeit der (Wieder-)Aufnahme einer 'verstoßenen' (*m's niph*) Frau beschrieben (Jes 54, 6, vgl. v. 4). Freilich ist *m's* kein typischer Terminus des Ehe- oder Scheidungsrechts (vgl. Deut 24, 1ff.), vielmehr eignet ihm eine starke Emotionalität. In einem späten Text des Jes-Buches (33, 8) wird *m's* im Zusammenhang eines Vertragsbruches erwähnt (Abweisung von Zeugen [*m's*, das unverständliche *ʿārîm* ist vermutlich mit LXX als *ʿeḏîm* zu lesen, s. BHS] neben Vertragsbruch [*prr hiph* mit *berîṯ*] und Mißachtung der Leute durch den in v. 1 schon genannten *šôḏeḏ* und *bôḡeḏ*), der dem Kontext zufolge die Notsituation kennzeichnet, aus der JHWH mächtig helfend erretten wird (v. 10). Aber auch dieser eine Beleg macht *m's* nicht zu einem typischen Rechtsterminus.

Gegenstand der Entscheidung sind schließlich auch Abstrakta wie Gutes und Böses. In der Immanuel-Perikope heißt es, daß, noch bevor der von der jungen Frau geborene Immanuel vernünftig zu unterscheiden und dann auch zu entscheiden verstehen wird (*leḏaʿtô* bzw. *jeḏaʿ*), Gutes zu wählen und Böses zu verwerfen, Gottes angesagtes Handeln schon vollzogen sein wird (Jes 7, 15. 16; Opposition: *bḥr*). Wichtig ist die Redefigur mit → ידע *jdʿ*, von welcher die bemerkenswerte Inf.-abs.-Konstruktion mit *m's* und *bḥr* abhängt. Die Redefigur wirkt wie die Beschreibung des Erziehungsideals weisheitlicher Didaktik (vgl. weiter Jensen). Daß *m's* in weisheitlichen Zusammenhängen gebraucht wird, bezeugen Spr 3, 11 und 15, 32 sowie mehrere Stellen aus dem Hiobbuch. Profan abstrakt ist die Lebensweisheit von Spr 15, 32, die davon spricht, daß die Annahme von Zurechtweisung gut und lebensnotwendig ist, Verachtung aber Selbstschädigung bedeutet (*mô'es napšô*). Parallelbegriff zu *m's* ist *prʿ* ʿunbeachtet lassen', wodurch die „Grundbedeutung" von *m's* = ʿgering achten' gestützt wird. Die zeitliche Ansetzung ist schwierig, aber ältere Materialien sind wohl enthalten. Spr 3, 11 gehört in den wahrscheinlich jüngsten Teil des Spruchbuches (Kap. 1–9). Diese Stelle theologisiert die gleiche Sentenz. Klug ist es, die Zurechtweisung JHWHs nicht gering zu achten (*'al-tim'as* „verachte nicht, verwirf nicht!", par. *qûṣ* ʿEkel empfinden'). Die Position dazu begegnet in v. 12: JHWH ʿzüchtigt' nur, wen er liebt. Eliphas kann in seiner Weisheitssentenz denjenigen glückselig preisen (*'ašrê*), der sich von Gott zurechtweisen läßt. Er fordert wie Spr 3, 11 dazu auf, den *mûsār* des Allmächtigen nicht zu gering zu achten (Hi 5, 17), und er weiß, daß Gott sich dem behütend, segnend und fördernd zuwendet, der seine „erziehende und bessernde Bestrafung" (→ III 696) annimmt (5, 18–27).

Die Verachtung des Menschen durch andere Menschen oder -gruppen (die Frau durch den Mann; vgl. Jes 54, 6) wird gelegentlich mit *m's* ausgedrückt. Zu Hiobs Elend und Leid gehören Verachtungsbekundungen, die ihm von seiten Gesellschaftsunfähiger entgegengebracht werden (Hi 19, 18; 30, 1). In Hi 30, 1 ff. werden seine Spötter näher beschrieben. Sie verachten (*śḥq ʿal*) den Leidgeprüften und machen ihn zur *neḡînāh*, zum Spottlied. Ihre soziale Unbedeutsamkeit (v. 8) zeigt sich darin, daß Hiob früher selbst deren Väter nicht geachtet hätte (*mā'astî*, v. 1). Sie gehörten einer Schicht an, die nach allgemeiner Auffassung im Gemeinwesen nicht gesellschaftsfähig war. Umgekehrt hat Hiob nach Aussagen des Reinigungseides das Recht (*mišpāṭ*) der sozial von ihm abhängigen Knechte und Mägde wohl beachtet (*'im – 'æm'as*; Schwursatzstil), selbst wenn es zu seinem Nachteil gesprochen hatte (31, 13).

Noch allgemeiner kann Geringschätzung zwischen zwei verschiedenen Bevölkerungsteilen bestehen. In Ri 9, 38 wird von dem durch Gaal repräsentierten kanaanäischen Bevölkerungsteil in und um Sichem Abimelech und dessen ʿVolk' (bzw. A. mit seinen Leuten) ʿverachtet' (vgl. 9, 22ff., bes. 27f.). Achtung bzw. Mißachtung dokumentieren sich hier in Unterwerfung oder Auflehnung. *m's* kann in diesem Zusammenhang einen starken politisch-geschichtlichen Inhalt gewinnen. Möglicherweise ist dieser Beleg einer der ältesten für die Wurzel im AT.

Der theologische Bedeutungsbereich der Wurzel nimmt Tätigkeitsbeschreibungen aus dem profanen Bedeutungsfeld auf. In der Erzählung von der Salbung Davids durch Samuel (1 Sam 16, 7) defilieren zeitlich vor David erst dessen Brüder an Samuel vorüber, wobei Samuel dessen inne wird, daß JHWH sie nicht erwählt habe (*lô' bāḥar*, v. 8ff.). In diesem Zusammenhang erscheint einmal die Wendung, daß JHWH Eliab ʿverworfen' habe (*kî me'astîhû*, v. 7). Hier hat wohl ein einfacher Auswahlakt stattgefunden, bei welchem der Auswählende eine Auswahl zu treffen hat, d. h. er wählt oder verwirft. Daß *bḥr* und *m's* für den Ausdruck hochbedeutsamer theologischer Sachverhalte Verwendung finden können, leuchtet hinter dieser Erzählung deutlich auf.

Die Verachtung des eigenen Lebens wird in den großen bewegenden Hiob-Klagen bezeugt (Hi 7, 16; 9, 21). Dabei ist vermutlich beides aus dem Kontext für ihre Motivation zu entnehmen: Resignation, Entmutigung und Enttäuschung darüber, daß Klage vergeblich und unerhört bleibt, daß Leid in seinen Zusammenhängen und von Gott her nicht erklärbar wird, wie auch der Trotz, der unabhängig von den Folgen für Leben und Existenz in Klage und Anklage für sich Gerechtigkeit fordert. Da dies im Zusammenhang mit Gott gesehen wird, der letztlich als Ursache für Enttäuschung und als Adressat für Anklage benannt wird, gehören diese Belege eigentlich in den Bereich der theologischen Nutzung von *m's*. Gleichwohl begegnet hier die bewußte Mißachtung des eigenen Lebens (*m's* im Zusammenhang mit einer Form von *ḥjh*), die freilich nicht im Sinne des Suizid-Gedankens begriffen sein will, sondern vielmehr im Sinne des Aufgebens von Lebenssicherungen verstanden werden muß. Diese Art von Lebensverachtung erlaubt eine Verhaltensweise, die gleichermaßen durch Resignation wie durch trotzig-frevles Wort für das eigene Leben in der Zukunft ohne Rücksichtnahme alles offenläßt.

III. 1. Der theologische Gebrauch von *m's* dominiert im AT, wobei an vielen Stellen ein enger Zusammenhang zwischen der Mißachtung des Menschen und der Verwerfung Gottes hervortritt. Die Konvergenz der beiden Aspekte veranschaulicht besonders demonstrativ die geschichtstheologische Bilanz, die das DtrGW bei Gelegenheit der Darstellung des Untergangs von Israel in 2 Kön 17 gezogen hat. Der Verachtung und Verwerfung aller Gebote und Bundesvereinbarungen Gottes von seiten der Israeliten (v. 15) entspricht die Verwerfung des Volkes durch Gott (v. 20; vgl. schon Hos 4, 6, ferner 1 Sam 15, 23. 26; 16, 1). *m's* gehört also dem Wortfeld der Bundestradition an (Wildberger, BK X/1, 196) und es wird durch eine Fülle von Parallelbegriffen definiert, die für beide Aspekte, den menschlichen wie den göttlichen, der bekannten dtr Nomenklatur entnommen sind. Der Vorwurf, daß das alte Gottesvolk den geoffenbarten Willen Gottes verachtet, gehört aber vermutlich schon seit alters zur Gerichtsbotschaft der Propheten und wird dort als Begründung für das anzusagende Unheil genutzt (vgl. Lohfink 323). Ähnlich summarisch wie in den Abrechnungen des DtrGW ist in der Segensverheißung und Fluchandrohung, die das Heiligkeitsgesetz abschließen, dieser Zusammenhang von menschlicher Verwerfung (neben *m's* stehen *g'l*, *prr* u.a.) der göttlichen Willenskundgaben (*ḥoq*, *mišpāṭ*, *miṣwāh*, *b^erît* u.a.) und göttlicher verwerfender Reaktion darauf gewahrt (Lev 26, 15. 43. 44). Eine ganze Liste von Fehlverhaltensweisen kennzeichnet den Tatbestand von *m's* (v. 14ff.). Neu ist nur im theologischen Bereich die hier gemachte enorme Zusage, daß Gott die Gerichteten und Bestraften, sofern sie ihren *'āwon* auf sich genommen haben werden (*rṣh* II nach KBL[3]), letztlich nicht 'verachtet' (*m's*) und verabscheut (*g'l*), d. h. nicht dem vernichtenden Gericht überläßt (v. 44). Leider ist eine zeitliche Ansetzung dieser Stellen nicht möglich, so daß auch über das Alter dieser theologischen Voten nichts gesagt werden kann. Indes ist (s. o.) die Klage Gottes darüber, daß Israel und Juda Gottes Willen verachtet haben, sicherlich schon begründender Inhalt der prophetischen Gerichtsrede und Umkehrforderung gewesen, wie einzelne prophetische Belege bezeugen. Der Juda-Spruch in der Völkerspruchreihe des Amos wird zwar immer wieder für sekundär gehalten (2, 4), aber es gibt Überlegungen, die einen älteren Kern von dtr Zusätzen abzuheben für möglich halten (W. Rudolph, KAT XIII/2, 120f.; S. Wagner, ThLZ 96, 1971, 653–670, bes. 663–668, anders H. W. Wolff, BK XIV/2, z. St.). Juda hat die *tôraṯ JHWH* verachtet und erhält dafür durch Amos Unheil angekündigt. Das Vergessen der Gottes-Thora ist auch für Hosea Grund zur Gerichtsansage (Hos 4, 6). In Parallele dazu steht die Verachtung der *da'aṯ*, die in diesem Kontext in dem umfassenden und besetzten Sinne als 'Wissen um Gott' verstanden werden muß. Gottesreaktion auf dieses Mangelverhalten ist seinerseits Vergessen und Verachten. Die Geringschätzung der *tôraṯ JHWH* durch das Gottesvolk wird auch von Protojes thematisiert (in Parallele dazu steht *'imrāh* mit dem Verbum *ni'eṣ* [Jes 5, 24, Echtheit umstritten; nach H. Wildberger, BK X/1, 197 jedoch echt]). Nicht umstritten ist Jes 30, 8ff. Dort wird erneut der Ungehorsam des Volkes gegenüber der *tôraṯ JHWH* aufgezeigt, und v. 12 nimmt den Schuldaufweis noch einmal mit der Redewendung von der Verachtung des Wortes (*dāḇār*) auf. Dieser Sachverhalt wird neben anderen als *'āwon* disqualifiziert (v. 13), welcher Unheil nach sich zieht. Im jeremianischen Spruch-Corpus ist zweimal von der menschlichen Verwerfung des göttlichen Wortes die Rede. Dabei macht 6, 19 den Eindruck eines späteren dtr Interpretaments der Unheilsankündigung (die in v. 21 folgt) im Sinne einer präziseren Unheilsbegründung: die Thora JHWHs ist geringgeachtet worden und auf den *dāḇār* Gottes ist nicht aufgemerkt worden (6, 19). Daß v. 19 eingeschoben worden ist, läßt sich gut nachempfinden, aber ob die Redefigur von der Verwerfung 'meiner Thora' bzw. 'meines Wortes' dtr sein muß, ist nicht sicher (vgl. auch W. Thiel, WMANT 41, 97ff.). Der andere Beleg ist vermutlich sicherer jeremianisch (8, 9). Er bedroht *sop^erîm*, *ḥ^akāmîm*, *nāḇî'* und *kohen* (vgl. den Kontext). Sie verachten den *d^eḇar JHWH*, indem sie *šæqær* tun (vv. 8. 10) und *šālôm* verkündigen, wo kein *šālôm* ist (v. 11). Da die formelhaften Wendungen von dem *b^emišpāṭaj mā'āsû* und dem Nichtwandeln in den Satzungen Gottes auch bei Ez auftreten (5, 6b), hat man dort an Zusätze „in schulgerechterer Sprache" gedacht (W. Zimmerli, BK XIII/1, 134), wobei der Fortgang in der Unheilsbegründung in v. 7 noch stärker herkömmlicher Formulierweise entspricht. Auch hier könnte man an dtr Redaktion denken. Doch wird man im Blick auf Ez 20, 13. 16. 24 vorsichtig sein müssen. Bis auf geringe Umstellungen verbleibt alles im gleichen Bedeutungsfeld von *m's* und *lô' hālak b^e* ... und *mišpāṭ* und *ḥoq*, hinzu tritt die für den Priester Ezechiel wichtige Sabbateinhaltung oder -entheiligung (*ḥll pi*). Dieses ezechielische Geschichtssummarium, das insgesamt dem Schuldaufweis des auserwählten Volkes dient und darin die gegenwärtige bedrückte Lage der (ersten) babyl. Exulantenschaft begründet, besitzt trotz aller formelhaften Wendungen einen eigenen Stil, der priesterlichem Denken stark verpflichtet ist. Insofern wäre eine Berührung mit P noch eher anzunehmen als mit dem Dtr (vgl. W. Zimmerli, BK XIII/1, z. St.; anders G. Fohrer, HAT I/13, z. St.). Nach Ez reicht die Verwerfung der *mišpāṭîm* Gottes bis in die Wüstenzeit zurück.

Um den mißachteten *d^eḇar JHWH* geht es auch in der bemerkenswerten Erzählung von Sauls Verwerfung (1 Sam 15, 23. 26), die überlieferungsgeschichtlich schwer einzuordnen ist. Ihre redaktionelle Funktion, den Übergang des Königtums von Saul auf David vorzubereiten, läßt Vorsicht geboten sein gegenüber der Annahme einer Ursprünglichkeit einzelner Passagen und Formulierungen. Daß Saul als Verfehlung die unkorrekte Einhaltung einer kultischen Anordnung angelastet wird und diese zur causa für die Verwerfung erklärt wird, scheint doch der späteren (dtr) Interpretation sonst dunkel bleibender Spannungen zwischen Samuel und Saul (oder zwischen den von diesen repräsentierten Stämmen) zu verdanken zu sein, die mit geschichtlichen Beispielen kerygmatisch der Forderung Nachdruck verleiht, auf Gottes Wort zu achten (anders H. J. Stoebe, KAT VIII/1, 294f.). *dāḇār* 'Sache, Angelegenheit' kann umfassend einen ganzen Geschehenszusammenhang meinen, hier aber gewinnt dieser Begriff den Klang von 'Gebot, Gesetz, Weisung Gottes'. Der menschlichen Geringschätzung und Verwerfung entspricht die göttliche Verwerfung, wie an beiden Stellen ausgeführt wird (und dazu noch 1 Sam 16, 1 im gleichen thematischen Kontext). So gehört *m's* mit seinen Redefiguren neben anderen Verben in die prophetische Gerichts- und Umkehrpredigt hinein, in welcher der Schuldnachweis angesagtes Unheil begründet, wie eben auch in die dtr Verkündigung, die bilanziert, darin vermahnt und verwarnt und als Ausweg zu bisher vermißter Treue zu Gott und seiner Willenskundgabe aufruft.

Nicht nur durch die Verachtung des Wortes Gottes wird nach dem AT Gott abgelehnt, sondern auch durch die Geringschätzung anderer Gaben und Zuwendungen Gottes. Vermutlich meint das Bild von den „sanft einherfließenden Wassern Siloahs", die das Volk im syrisch-ephraimitischen Krieg geringachtete (Jes 8, 6ff.), etwas Ähnliches, nämlich die Verschmähung der durch Jesaja ergangenen Zusagen JHWHs in der politisch brisanten Situation, denen Achas, die Jerusalemer und die Judäer nicht Glauben zu schenken vermochten (vgl. H. Wildberger, BK X/1, 321ff.). Dieser Jes-Spruch unterstreicht noch einmal den Gebrauch von *m's* schon in der frühen prophetischen Verkündigung. Verachtung Gottes prägt sich ferner aus in der Zurückweisung seiner guten Gabe, etwa der des Landes (Num 14, 31 [P], im Murren der Wüstengeneration aufgrund ungünstiger Landerkundungsberichte, vgl. M. Noth, ATD 7 z. St.), oder im Murren gegen die Führung Gottes in der Wüste, bei deren Durchwanderung Mangelerlebnisse die Grundsatzfrage nach Sinn des Auszuges und möglicher Rückkehr nach Ägypten aufwarfen (Num 11, 20 *ja'an kî-meʾastæm ʾæṯ JHWH*; M. Noth, a.a.O., möchte v. 20 zu der von J aufgenommenen Grunderzählung rechnen, doch macht v. 20b den Eindruck einer späten theologischen Wertung). Die 'Landverachtung' aus Num 14, 31 nimmt ein nachexil. Geschichtspsalm erneut auf (Ps 106, 24) und parallelisiert sie mit dem Unglauben in bezug auf das Wort Gottes (*m's* und *lo' hæʾæmîn*, Objekt ist *dāḇār*). In die gleiche Richtung der theologischen Disqualifizierung gerät nach der dtr Wertung das Königsbegehren der Israeliten zur Samuelzeit (1 Sam 8, 7; 10, 19), das demnach nicht nur Mißtrauen gegen Samuel bedeutete, sondern vielmehr eine Ablehnung JHWHs (8, 7 sagt es in einer direkten Gottesrede an Samuel: „nicht dich haben sie abgelehnt, sondern mich haben sie als König über sich verworfen"; 10, 19 in einer Sentenz Samuels an die Israeliten bei der Königswahl Sauls mit Hilfe des Losorakels zu Mizpa gerichtet: „ihr, ja ihr habt heute euren Gott verschmäht [verworfen]").

Als besondere Form der Ablehnung Gottes ist die Anfertigung und Verehrung von Götterbildern oder -statue(tte)n gegeißelt worden, am deutlichsten bei DtJes 44, 9ff. (vgl. Ps 115, 4–8), und es gehört zur Wiederherstellung von Ehre und Würde JHWHs, daß solche Gegenstände weggeworfen werden, sei es im Zuge des Gerichts (Jes 2, 20 *šlk hiph*), sei es im Anbruch des durch JHWHs Sieg (über Assur) erfochtenen Heils für den Zion als Ausdruck der Buße (Jes 31, 7 *m's* gleiche Objekte wie 2, 20). Während der zuerst genannte Jes-Beleg echt ist, wird die Authentizität von 31, 7 zu Recht bestritten. Vv. 6–7 stellen die kerygmatische Adhortation eines (nicht näher zu bestimmenden) späteren Predigers oder Propheten dar, der entweder dieses Zentralthema der dtr Theologie in die Jes-Botschaft einträgt (auch von DtJes her ist die Gedankenwelt nicht fremd) oder in Aktualisierung des Jes-Spruches die gegenwärtige Gemeinde verwarnen und vermahnen will. Man kann freilich auch an die Jes-Schule denken, die hier Jes 2, 20 aufgenommen wissen wollte. In Jes 31, 6 ist gelegentlich die Umkehrforderung zu einer Ankündigung geändert worden (vgl. O. Kaiser, ATD 18 z. St.).

Es gibt Anweisungen darüber, wie man Gott in seinem heiligen Bezirk oder in der künftigen Gemeinschaft seines Heils begegnen darf. Ps 15 (vgl. 24, 3–6) stellt bekanntlich eine „Einzugsthora" dar, in der einzelne *tôrôṯ* zur Verhaltensweise erteilt werden, u. a. diese, daß der *niḇzæh* (Verachtungswürdige, Gottlose) in den Augen des Einzugswilligen geringgeschätzt werden müßte (Ps 15, 4 *m's niph*), während der Gottesfürchtige geehrt werden sollte (*kbd niph*). Eine solche *tôrāh* entlehnt Jes 33, 14–16, wobei neben allgemeineren Erwartungen, wie z. B. in Gerechtigkeit zu wandeln, Geradliniges, Aufrichtiges zu sagen, auch konkreter die soziale Dimension angesprochen ist, erpresserischen Gewinn zu verabscheuen (v. 15: *mo'es beḇæṣa' ma'ašaqqôṯ*; der Text ist vermutlich spät, vgl. O. Kaiser, ATD 18 z. St.). Insgesamt ist das Böse abzulehnen. Daß der Gottlose dies nicht tut, spricht gegen ihn (Ps 36, 5: *ra' lo' jim'as*). Ps 36 ist ein nachexil. individuelles Klagelied, in welchem der Klage über die Bosheit des Frevlers die Güte Gottes gegenübergestellt ist, die dem Frommen zugute kommt.

In der überwiegenden Mehrzahl der Stellen, in denen ein *m's*-Handeln des Menschen zum Ausdruck gebracht wird, ist die Ablehnung Gottes durch den Menschen nachgewiesen, oft genug in Gestalt der Abweisung von Wort, Gesetz, Gebot Gottes, der Verschmähung seiner Führung durch das Leben wie seiner guten Gaben. Auch wenn ein großer Teil der Belege erst spät ist (exilisch, dtr, nachexil.), gibt es einzelne Voten aus der vorexil. Zeit, namentlich in der Begründung von Unheilsankündigungen, die Propheten auszurufen haben. Gleichwohl wird *m's* in der theologischen Geschichtsbilanzierung verwendet, in welcher die Verachtung Gottes durch sein Volk als

Grund für die vorfindliche bedrückende Situation in der nachgeschichtlichen Existenz des Gottesvolkes in Palästina und in der Diaspora benannt wird. Theologisch positiv gewertetes *m's*-Tun des Menschen vollzieht sich dort, wo das Böse verabscheut, das Unrecht verworfen und den selbstgefertigten goldenen und silbernen Göttern der Abschied gegeben wird.

Für Gott und gegen sich selbst die Wahl zu treffen, ist das Ideal der literarischen Letztgestalt des Hiobbuches (42, 6). Der von Gott überwundene Hiob bekennt sich schuldig und bereut in Staub und Asche, verneint seine bisherige aufsässige, anklagende und verurteilende Haltung gegen Gott, 'verwirft sich selber' (*'al-ken 'æm'as*). *m's* ist hier (ganz singulär) Terminus des positiv zu bewertenden Bußgeschehens. In der weisheitlichen Diskussion um die Gerechtigkeit des Menschen und die Ungerechtigkeit Gottes (Hiob-Thema) wird an einer Stelle als (eigentlich absurder) Lösungsversuch die Umkehrung der Machtverhältnisse erwogen (s. Hi 40, 6–14): sollte der Mensch eine bessere Weltherrschaft als Gott ausüben können, dann wollte Gott sich ihm fügen. Elihu weist scharf ein solches Ansinnen zurück, stellt aber fest, daß Hiobs tatsächliches Reden und Verhalten eine solche Absurdität anstrebt und daß Hiob darin gegen sich selber sprechen muß (Hi 34, 31–37). In diesem Zusammenhang wird unter den Verhaltensweisen theoretisch ein Verwerfungsakt Hiobs vorgestellt, dem Gott sich entsprechend fügen müßte (34, 33). *m's* ist dabei nur *ein* Ausdrucksmittel unter anderen für das vorgestellte theoretisch-absurde herrscherliche Tun, dem Gott sich zu unterwerfen hätte. Nur dadurch, daß Hiob Gott für ungerecht erklärt und die erwähnte Umkehrung darin praktisch vollzieht, gewinnt im Urteil Elihus auch dieses *m's*-Tun Hiobs eine negative Qualität.

2. Gott als Subjekt einer Verbform von *m's* ist schon in den strafrichterlichen Reaktionen Gottes auf die menschliche Verwerfung (*m's*) Gottes mit erwähnt worden (s.o. III.1). Das zeigte sich sehr klar in der dtr Geschichtstheologie. Verwarf nach 2 Kön 17, 15. 20 das Volk Israel JHWHs Gebote, so verwarf JHWH das Volk, indem er es bedrückte und den Plünderern überließ. Gemäß 1 Sam 15, 23. 26; 16, 1 verachtete Saul durch seinen 'Ungehorsam' JHWHs Wort, so verhinderte (*m's*) JHWH, daß Saul weiterhin König sei. In 2 Kön 23, 27 (vgl. v. 26) wird die Verwerfung des erwählten Jerusalem und seines Tempels als (späte) Folge des Zorns dargestellt, den die Regierungszeit Manasses schon in JHWH geweckt hatte. Die Stelle wirkt deswegen deplaziert, weil sie in den Zusammenhang des sonst positiv beurteilten Königtums von Josia hineingeschoben ist (v. 25; v. 26 fährt mit dem bemerkenswerten *'ak̲* fort). Vermutlich nimmt sie die redaktionelle Funktion wahr, den unglücklichen Ausgang des Königtums Josias und seiner Nachfolger in der Darstellung begründend vorzubereiten. Das Modell ist dasselbe: Ungehorsam und Abfall führen zur Verwerfung durch JHWH und zur zwangsweisen Entfernung von Gottes Angesicht. Aber auch schon in der prophetischen Botschaft des Hosea (4, 6) entspricht der Gottesvergessenheit des Volkes, dort durch den nicht näher bekannten Priester repräsentiert, die Menschenverachtung und -vergessenheit Gottes (beide Male wird *m's* und *škḥ* gebraucht). So bezeichnet *m's* das reaktive Gerichtshandeln Gottes, das in der prophetischen Gerichtsrede angekündigt oder im Rückblick auf die vollzogene Geschichtskatastrophe gerechtfertigt wird.

Die frühe klassische Prophetie weiß auch von starken emotionalen Komponenten zu reden, die *m's* innewohnen können. Das auffälligste Beispiel stellt Am 5, 21 bereit, wo aufgrund des Kontextes (großartige Feiertage und Gottesdienste auf der Folie fortwährender Verletzung der sozialen Gerechtsame) von starken Affektionen JHWHs gesprochen wird, mit denen die Ablehnung des Kultbetriebes zum Ausdruck gebracht wird (neben *m's* stehen *śāne'*, *lo' herîaḥ*, *lo' šāma'* usw.). Unwilligkeit und Abscheu, Ekel und Aggressionsgefühle werden von JHWH ausgesagt. Nicht ganz so stark ist Hos 9, 17, das freilich nach den harten Unheilsankündigungen, die im Abfall von Gott begründet liegen (kultische Verfehlungen: Ba'al Peor und Gilgal [Verwerfung Sauls], 9, 10–17), die prophetische Subsummierung der gesamten Gerichtsbotschaft in Wunschform zusammenfaßt: „möge sie mein Gott verwerfen (Reminiszenz an 1 Sam 15, 23), denn nicht haben sie auf ihn gehört, daß sie unstet Flüchtige unter den Völkern sein sollen". Hosea verleiht damit gleichsam von seiner Seite aus in Übereinstimmung mit seinem Gott der Unheilsbotschaft einen unaufhaltsamen Drall.

Nach Hosea ist es besonders Jeremia, der an einigen Stellen in differenzierter Form *m's* verwendet. Die konkreteste und in der Bildmaterie anschaulichste Stelle findet sich in Jer 4, 30, wo in einer langen schwer zu untergliedernden Perikope über den unaufhaltsamen Kriegszug des Feindes aus dem Norden (4, 5–31) auch noch diese Groteske gezeichnet wird, daß Jerusalem (und Juda?, vgl. 4, 5 u.ö.) als herausgeputzte Dirne den Eroberer als Buhlen meint gewinnen zu können, in diesem Bestreben aber scheitern muß, weil die „Buhlen" die Dirne nicht achten, sondern vielmehr ihr nach dem Leben trachten werden. Zwar ist *m's* hier Prädikat zu den Bedrängern der „Tochter Zion" (v. 31), aber sie sind nur der verlängerte Arm JHWHs, der das eigentliche Subjekt dieses Unheilshandelns ist. Jer 6, 30 ist in einem Stück enthalten (vv. 27–30), das in den Kontext von Berufung gehören könnte. Jeremia wird von JHWH als 'Prüfer' eingesetzt (*bḥn*, vgl. Chr. Baldauf, Läutern und Prüfen im AT, Diss. Greifswald 1970, 36ff. 130ff.), der beim Schmelzvorgang gutes Metall von der Schlacke scheiden soll. Das Urteil JHWHs über sein Volk steht schon fest. Das Unreine (*rā'îm*) hat sich beim Schmelzen nicht abgeschieden, so daß das Volk als 'verworfenes Silber' bezeichnet werden muß (*kæsæp nim'ās*), denn JHWH hat es selber verworfen. Die durch den Propheten ausgerichtete Gerichtsrede ist der von JHWH verantwortete *m's*-Vorgang. Schließlich ist in der Sammlung jeremian. Unheilsankündigungen (Kap. 2–6) eine Stelle überliefert, in welcher der Prophet die Bündnis- und Koalitionspolitik der judäischen Könige der ausgehenden Königszeit geißelt. JHWH hat die substantiellen Objekte des Vertrauens (*mibṭāḥajik*) verworfen (Jer 2, 37). Die Anknüpfung von politischen Bündnissen und Abhängigkeiten ist in dieser Zeit de facto Mißtrauen gegen JHWH.

JHWHs Gericht über sein Volk, das mit *m's* umschrieben wird, begegnet schließlich noch einmal in der Spiegelung durch die Klage. Es ist die kollektive Klage, die den Tatbestand des vollzogenen Gerichts in einer direkten Anrede mit den Worten aufnimmt: „du hast uns verworfen" (o. ä.). Am deutlichsten ist dies in Kl zu sehen, wo z. B. 3, 45 die in der Katastrophe Übriggebliebenen feststellen läßt, daß JHWH sie zu „Kehricht und Auswurf inmitten der Völker" gemacht habe (*s^eḥî ûmā'ôs*). *m's* steht im Konnex zu einer Fülle von Negativbegriffen, die das Zerbrechen des Volkes beschreiben. Die Klage enthält Bitten um Wende der Not, das Bekenntnis der eigenen Schuld und Elemente der Zuversicht, daß JHWH doch nicht für immer zürnen werde. So kann in 5, 22 in einer an die Bitte (v. 21) angefügten rhetorischen alternativen Frage die Fassungslosigkeit darüber zum Ausdruck gebracht werden, daß JHWH sein Volk wirklich verworfen haben könnte: „Führe uns, JHWH, zu dir zurück ... (v. 21), oder hast du uns tatsächlich verworfen!?" (*kî 'im-mā'ôs m^e'astānû*; par. *qṣp* 'zornig sein'). Ist in diese eigentümliche Redefigur zwar Hoffnung eingewoben worden, so stellt diese rhetorische Alternativfrage im Zuge der Klage de facto die gegenwärtige Situation fest, die sich für die Beter nicht anders darstellt denn als Verworfensein von seiten JHWHs. Diese Katastrophe kann auch am Detail veranschaulicht werden, wie etwa in der Klage über das zugrundegegangene davidische Königtum (Ps 89, 39: *w^e'attāh zānaḥtā wattim'as*).

m's in der Klage scheint auch von Jeremia benutzt worden zu sein (7, 29), selbst wenn der Vers als Fragment eines urspr. authentischen Jer-Spruches jetzt in einer dtr Predigt gegen die Opfer steht (vv. 21–29; vgl. W. Thiel, WMANT 41, 121 ff., in der Abgrenzung anders W. Rudolph, HAT I/12 z. St.). Angeredet ist Jerusalem oder Juda, die zur Buß- und Trauerzeremonie aufgefordert werden, weil JHWH das Geschlecht seines Grimms aufgegeben (*ntš*) und verworfen (*m's*) habe. Die Unheilsankündigung ist homiletisch sehr wirksam in die Aufforderung zu Buße und Klage gekleidet. Nicht unumstritten ist die Echtheit von Jer 14, 19, ebenfalls einer (Volks-)Klage entnommen (vv. 19–22), die in einer umfänglichen Periode verschieden gearteter Redegänge steht, welche alle um das Unheilshandeln JHWHs in Gestalt einer großen Dürre zu kreisen scheinen (14, 1 – 15, 4; S. Mowinckel: prophetische Liturgie; nach W. Rudolph, HAT I/12 z. St. bis auf kleinere redaktionelle dtr Verse aus der Frühzeit Jer's stammend – Urrolle –; W. Thiel, a. a. O., 178 ff. dtr Komposition, doch unsicher; vgl. 193 f.). In der Tat sind die vv. 19–21 pauschal und unkonkret, erst v. 22 nimmt auf die Dürre Bezug. V. 19 stellt wieder die innerhalb der Klage bedrängende Frage, ob JHWH wirklich Juda verworfen habe (*h^amā'ôs mā'astā*) und ob seine Seele Zions überdrüssig geworden sei (*gā'al*). Die Volksklage enthält dann auch die beiden anderen Elemente des Sündenbekenntnisses und der Bitte um Rettung (vgl. Kl 5, 22). Beides schwingt in dieser Formulierung mit, einmal die Feststellung der gegenwärtigen Notsituation, die keine andere Beschreibung als die des Verworfenseins erlaubt, und die Zuversicht, daß dies doch nicht endgültig so gemeint sein könnte, als eine Art stillschweigenden Appells an JHWHs Gemeinschaftstreue zu seinem Volk. Wollte man diesen Beleg für jeremianisch halten, müßte man annehmen, daß Jer sich diesen Passus aus einem Volksklagelied zu eigen gemacht hätte.

Auch in der lehrweisheitlichen Geschichtsbetrachtung spielt *m's* eine bestimmte, die Geschichtstatsachen beschreibende, legitimierende und deutende Funktion. Der Untergang des Tempels von Silo (Ps 78, 60–62: *wajjiṭṭoš miškan šilô*) wird als zornige Verwerfung Israels durch JHWH deklariert (Ps 78, 59, *'br hitp* neben *m's*) und gut dtr mit dem Höhen- und Götzendienst begründet (v. 58). Gut chronistisch ist die Konfrontierung der Erwählung des Stammes Juda sowie des Zion und des Davidhauses mit der 'Verwerfung' des Hauses Joseph und – eigens genannt – des Stammes Ephraim (Ps 78, 67 ff.). Dieser Sachverhalt erhält in diesem Zusammenhang (Ps 78, 65–72) keine nähere Motivierung. Durch die beiden in Opposition zueinander stehenden Begriffe *m's* und *bḥr* erfahren hier historische Ereignisse ihre theologische (dtr und chron.) Interpretation. Im Blick auf die theologische Färbung des umfangreichen Lehrstükkes über Geschichte wird der Psalm in die nachexil. Zeit zu verweisen sein (gegen G. Fohrer, Einl.). Ob mit seiner Bezeichnung als *maśkîl* der Psalm als Beispiel für den theologisch-weisheitlich-didaktischen Umgang mit der Geschichte gelten soll, kann vermutet werden (→ שׂכל *śkl*).

Daß JHWH als Subjekt einer *m's*-Tätigkeit vorgestellt wird, gehört eigentlich zu seinen opera aliena, sein opus proprium besteht im *lo' mā'as*. Es zählt zu den Grundüberzeugungen theologisch-weisheitlichen Denkens, daß Gott den Frommen (*tām*) nicht verwirft (Hi 8, 20), während er sich von den Übeltätern abwendet und ihnen das Handwerk legt (ebd.). Diese dogmatische Überzeugung teilt mit Bildad auch Elihu, dessen Sentenz nach dem MT noch allgemeineren Charakter tragen kann: „Siehe, Gott ist gewaltig, nicht verwirft er, mächtig in der Kraft des Herzens" (Hi 36, 5).

Der Kontext spricht allerdings wieder wie gewöhnlich von der Zuwendung Gottes zum Unschuldigen und der Abwendung vom Frevler, z. B. v. 6, so daß schon LXX entsprechend änderte; auch die Kommentare schlagen Umformulierungen in dieser Richtung vor, mitunter möchte man dittographische Fehlüberlieferung annehmen; der Sinn bleibt in seiner Tendenz klar, auch wenn es noch nicht gelungen ist, eine allgemein überzeugende Rekonstruktion vorzunehmen.

Eine solche allgemeinere Vorstellung davon, daß Gott von sich aus nicht 'verwirft', liegt in der Logik der Schöpfungstheologie. Wie sollte Gott daran Gefallen haben, *das* abzulehnen, was er selber geschaffen hat? Die Solidarität Gottes, des Schöpfers, mit dem „mühevollen Ertrag seiner Hände" ist schöpfungstheologisch begründet (Hi 10, 3). Dies ermöglicht ein Vertrauenselement in der individuellen Klage, die in die Bitte um die Wende der Not einmündet. Gottes heilsame Zuwendung verkehrt sich im Blick auf die Übeltäter. Er verschmäht sie, wenn sie die Redlichen bedrängen. Insbesondere wird diese positive Parteinahme für das von ihm erwählte Volk betont, wenn es von *po'alê 'āwæn* „gefressen zu werden" droht (Ps 53, 5). In diesem Falle unterliegen die Bedrücker der Verachtung und Verwerfung Gottes (*m's* und *pzr pi*, Ps 53, 6). In diesem nachexil. Volksklageliedfragment (Ps 53; vgl. Ps 14) soll es dem bedrängten Volk möglich sein, diejenigen zu beschämen, die es bedrücken (eigentlich 'belagern', *ḥnh*), weil Gott sie 'verworfen' hat. Das *m's*-Handeln Gottes definiert sich also sowohl aus göttlichen als auch aus menschlichen Aktionen.

Die Erwählungstatsache macht sich DtJes in seiner unbedingten Heilsansage zueigen, indem er das opus proprium JHWHs unterstreicht, daß er, Gott, sein Volk erwählt (*'abdî-'attāh beḥartîkā*) und nicht verworfen hat (*welo' me'astîkā*, Jes 41, 9; vgl. vv. 8+10ff.). Ist das Unheil für die Feinde Israels auch nicht verbal mit einem *JHWH mā'as* (oder *jim'as*) umschrieben, so doch deutlich der Sache nach (und mit anderen Verben, vv. 10–12). Demgegenüber liegt das Heil für Israel in dem *lo' mā'as JHWH*. Es ist nicht überzeugend nachzuweisen, ob dieses *lo'-mā'as*-Handeln JHWHs gegenüber seinem Volk auch schon in der vorexil. prophetischen Heilsankündigung zu Hause ist. Im Blick auf Jer 31, 37 und 33, 24. 26 könnte dies angenommen werden, indes ist die Echtheit der Stellen stark angefochten. Jer 33, 24. 26 setzt die Katastrophe von 587 v. Chr. voraus (vgl. W. Thiel, WMANT 52, 37: post-dtr Nachtrag zu Kap. 32), als es nunmehr danach so aussah, daß JHWH die beiden „Geschlechter" Israel und Juda (endgültig) verworfen habe (wobei die Schmähung von außen [*n'ṣ*], daß sie kein verfaßtes Volk mehr sein dürfen, *m's* interpretiert, v. 24). Demgegenüber verkündet ein Unbekannter die unbedingte Wende des Geschickes und JHWHs Erbarmen (v. 26b), indem er die Unverbrüchlichkeit des Heils in der durch denselben Gott garantierten Unverbrüchlichkeit der Schöpfungsordnung gegründet sieht. Die Formulierung ist elliptischem Denken verpflichtet, das im Schwursatz seine stärkste Artikulation erfährt (vv. 25–26). Als direkte Gottesrede formuliert tritt die Wendung entgegen: „Wenn ich nicht Tag und Nacht erschaffen und die Ordnungen von Himmel und Erde festgesetzt haben sollte, dann will ich auch den Samen Jakobs und Davids, meines Knechtes, verworfen haben" (v. 26a). Da Jer 31, 37 der gleichen Denk- und Formulierweise folgt (der Vers gehört zu der kleinen Sprucheinheit v. 35–37), wird auch dieser Beleg der exil. oder gar nachexil. prophetischen Heilsankündigung zugehören (W. Thiel, a.a.O., 28: post-dtr Herkunft). Der Irrealis *'æm'as* in der zitierten direkten Gottesrede, für den auch hier JHWHs Schöpfermacht zum Prüfstein gemacht ist, wird zum Ausdrucksmittel für das durch die Katastrophe hindurch fortbestehende Erwähltsein des „Samens Israels". Wenn JHWH nicht verworfen hat, dann hält er de facto an der Erwählung fest (vgl. Jer 33, 24, wo sich *bḥr* und *m's* gegenüberstehen). Hier wie andernorts fällt die Verwendung von Schöpfungstheologie im deduktiv-argumentativen Sinne auf. Die Naturmächtigkeit JHWHs bürgt für seine Heilsmächtigkeit, das *'æm'as* findet nicht statt.

IV. Anhangsweise sei auf die beiden schwer zu verstehenden Belegstellen für *m's* (*mo'æsæṯ*) aus Ez 21, 15. 18 hingewiesen, für die es trotz vieler Versuche bisher keine allgemein überzeugende Verständnismöglichkeit gibt (vgl. W. Zimmerli, BK XIII/1, 470f.). Erwähnt werden sollen die beiden Stellen, die *m's niph* im Sinne von *mss niph* verwenden. Sie entstammen beide der nachexil. Zeit und müssen wie *mss* mit 'zerfließen', 'zergehen', 'sich auflösen' (vgl. A. Guillaume, AbrNahrain 2, 1960/61, 21) übersetzt werden. Ps 58, 8 gehört wahrscheinlich einem Klagelied an, in welchem Fromme (v. 11f., *ṣaddîq*) sich durch Gottlose (v. 4, *rāšā'*) bedroht und bedrängt empfunden zu haben scheinen. Ihnen gegenüber wird die aktive Hilfe von Gott erbeten (v. 11 Rache, *nāqām*), so daß die Gottlosen wie Wasser zerfließen müssen (*jimmā'asû kemô-majim*, v. 8). Auch die andere Stelle entstammt einer (diesmal individuellen) Klage, in welcher Hiob sein furchtbares Krankheitsleiden beklagt (7, 5). In dessen Verlauf löst sich seine Haut (vom Leibe) auf (*m's niph* neben *rg'* 'verkrusten'; G. R. Driver, VTS 3, 1955, 76 verweist auf arab. *ma'asa* 'klaffende Wunden').

*V. In den Qumranschriften begegnet *m's* 22mal (in CD 8mal), davon nur 2mal mit Gott als Subjekt. Die Thora 'verachtet' der Außenstehende (1 QpHab 1, 11; 4 QJes[b] 7; 4 QJes[c] 14) oder der Apostat (1 QpHab 5, 11). Ihn trifft die Strafe der Exkommunikation (1 QS 3, 5; CD 3, 17; 7, 9; 8, 19; 19, 5f. 32; 20, 8), denn seine Verachtung der Thora impliziert das Sich-Sperren gegenüber der Unterweisung und die Verwerfung der *berîṯ* (Selbstbezeichnung der Gemeinde! 1 QS 2, 25; 1 QH 15, 18; CD 20, 11). *m's* begegnet als Terminus der rechten Abgrenzung der Qumrangemeinde und als Bestandteil qumranessenischer Esoterik, wenn den Gemeindemitgliedern das Gebot auferlegt wird, in der Liebe (*'hb*), dem Haß (*śn'*) und der Verwerfung (*m's*) den Maßstab Gottes

(1 QH 17, 24; CD 2, 15) und des Moses anzulegen (1 QS 1, 4). Über Thora und Bund hinaus werden alle von Gott geschickten „Prüfungen" (*nswjjm*) und „Schläge" (*ngj'jm*) als Weisungen Gottes beachtet (4 QDibHam 6, 6; vgl. Lev 26, 40–44). Aus der Tatsache, selbst sie nicht 'verachtet' zu haben, schöpft der Qumranessener Erhörungsgewißheit.
Gott haßt den Abfall, deshalb verwirft er die Apostaten, während er sich sein Bundesvolk erwählt (1 Q 34, 3, 2, 4; vgl. Ps 5, 5). Ob der Satz, daß Gott den Samen Judas nicht verwirft (*m's*) und Israel trotz Bundesbruch und Gericht nicht verstößt (*g'l*, 4 Q DibHam 5, 6), eine heilsgeschichtliche Reminiszenz darstellt oder ein auf Qumran zentriertes neues Heilsbewußtsein ausdrückt, ist nicht klar auszumachen. (*Fa.*)

In der LXX wird *mā'as* sehr verschiedentlich wiedergegeben. Am zahlreichsten vertreten sind die Übersetzungen ἀποδοκιμάζειν (7mal) und ἐξουθενοῦν (10mal).

Wagner

מַבּוּל *mabbûl*

I. 1. Etymologie – 2. Vorkommen und Belege – II. Religionsgeschichtlich – III. 1. *mabbûl* – a) innerhalb der Sintfluterzählung – b) außerhalb der Sintfluterzählung – c) in Ps 29, 10 – d) als Zeitangabe – 2. Bedeutungsentwicklung.

Lit.: *J. Begrich*, Mabbūl. Eine exegetisch-lexikalische Studie (ZS 6, 1928, 135–153 = ThB 21, 1964, 39–54). – *Th. Gaster*, Myth, Legend and Custom in the OT, New York 1969. – *G. Houtman*, De Hemel in het Oude Testament, Franeker 1974. – *A. Jeremias*, Handbuch der altorientalischen Geisteskultur, [2]1929. – *O. Kaiser*, Die mythische Bedeutung des Meeres in Ägypten, Ugarit und Israel (BZAW 78, [2]1962). – *O. Keel*, Die Welt der altorientalischen Bildsymbolik und das AT, [2]1977. – *M. Metzger*, Himmlische und irdische Wohnstatt Jahwes (UF 2, 1970, 139–158). – *G. Pettinato*, Die Bestrafung des Menschengeschlechts durch die Sintflut (Or 37, 1968, 165–200). – *P. Reymond*, L'eau, sa vie, et sa signification dans l'Ancien Testament (VTS 6, 1958). – *L. I. J. Stadelmann*, The Hebrew Conception of the World (AnBibl 39, 1970). – *A. J. Wensink*, The Ocean in the Literature of the Western Semites, 1968 (= Amsterdam 1918). – *C. Westermann*, Genesis (BK I/1, [5]1978 mit ausführlicher Lit.). → יבל *jbl*.

I. 1. Die Etymologie von *mabbûl* ist unsicher, da bisher weder ost- noch westsemit. Äquivalente bekannt sind. Seit Begrich sind die älteren Versuche, hebr. *mabbûl* von akk. *abūbu* 'Sintflut, Wasserflut' (Haupt; Holzinger; Procksch; vgl. AHw 8), *bubbūlu*, *biblu*, *bibbulu* 'Hochflut' (Zimmern; AHw 135) oder *nabālu I* (Delitzsch; König; siehe *napālu I* 'zu Fall bringen, abbrechen, zerstören', AHw 733) oder auch von gemeinsemit. *bll* (Vollers), vgl. akk. *balālu* 'besprengen, vermischen, legieren', abzuleiten, aus phonologischen, philologischen und sachlichen Gründen abzulehnen. Die mögliche Rückführung auf hebr. *neḇæl* 'Krug' o.ä. (Begrich 53) ist von KBL[3] 514 gegenüber KBL[2] 491 aufgegeben worden. Wahrscheinlicher ist die Annahme (KBL[3] 514; Begrich 53f.), *mabbûl* als *maqṭûl*-Form (vgl. Brockelmann, VG I. § 203; GKa § 61 gη) von *jbl II* 'stark regnen' (vgl. arab. *wābil* 'Platzregen' [vgl. Lane, Suppl. 3048; Wehr 929], vgl. auch U. Cassuto, A Commentary of the Book of Genesis II, Jerusalem 1964, 66f.) anzusehen. Der westsemit. Wurzel *jbl* entspricht *(w) bl* in den übrigen semit. Sprachen (→ III 390f.); vgl. auch äg. *wbn* 'Quelle, überquellen' (WbÄS I 294, vgl. auch O. Rößler, Das Ägyptische als semitische Sprache, in: F. Altheim – R. Stiehl, Christentum am Roten Meer I 263–326, §§ 2. 32. 34).

2. *mabbûl* ist im AT 13mal und einmal Sir 44, 17 belegt. Bis auf Ps 29, 10 finden sich alle Belege innerhalb von Gen in einer annähernd gleichen Verteilung auf Stellen innerhalb (6, 17; 7, 6. 7. 10. 17) und außerhalb der eigentlichen Flutgeschichte (9, 11 [2mal]. 15. 28; 10, 1. 32; 11, 10). Die verschiedenen Verbindungen sind zu beurteilen auf dem Hintergrund von Quellenzugehörigkeit, Ort und Bedeutungsentwicklung von *mabbûl*. J verwendet 2mal *mabbûl*, beide Male in der Verbindung *mê hammabbûl* (7, 7. 10). Bei P ist *mabbûl* nur durch Artikel determiniert (6, 17; 7, 5. 17). Daneben findet sich 4mal die feste Verbindung *'aḥar hammabbûl*. LXX übersetzt alle Stellen mit κατακλυσμός.

II. Verschiedentlich wurden Versuche unternommen, die Sintflut als historisches Ereignis zu erweisen (vgl. z. B. A. Parrot, Sintflut und Arche Noahs, Bibel und Archäologie I, Zürich 1955; M. E. L. Mallowan, Noah's Flood Reconsidered, Iraq 26, 1964, 62–82; R. L. Raikes, The Physical Evidence for Noah's Flood, Iraq 28, 1966, 52–63). So sei z. B. eine Überschwemmung von einer solchen Verwüstung begleitet gewesen, daß sie sich als Thema in der Literatur niedergeschlagen habe (Parrot 41). Ein Blick auf den religionsgeschichtlichen Hintergrund der Fluterzählungen, die sich in großer Vielzahl und über die ganze Erde verbreitet finden (eine Aufzählung bei Th. Gaster 82–128), macht es jedoch wahrscheinlich, daß es sich bei der Fluterzählung – unabhängig von einzelnen archäologischen Funden, die auf eine örtlich begrenzte Überschwemmung hinweisen mögen – nicht um den Bericht eines historischen Ereignisses einer die ganze Erde bedeckenden Flut handelt. Die Schwierigkeit, Herkunft und eventuelle Abhängigkeit der bibl. Flutgeschichte – die den at.lichen Text mit den meisten außerbibl. Parallelen darstellt – zu bestimmen, liegt darin, daß alle gefundenen Fluterzählungen in der Grundkonzeption und den Motiven eine große Ähnlichkeit aufweisen und im wesentlichen übereinstimmen. Sie gehören zu den „funda-

mentalen Kulturgütern der Menschheit" (Westermann 531) und sind unabhängig von Entstehungsort und Kulturkreis eine Erzählung des Urgeschehens.
Innerhalb der Fluterzählungen zeigen sich verschiedene Reflexionsstufen. Während in den primitiven Erzählungen der Schwerpunkt in dem Ereignis selbst liegt, verlagert er sich in den Hochkulturen auf das Verhältnis zwischen Gott (Göttern) – der als Urheber der Katastrophe angesehen wird – und Menschheit, so daß von einer Theologisierung gesprochen werden kann (vgl. z. B. Westermann 541–546).
Als ursprüngliches Motiv erscheint der Vernichtungsbeschluß Gottes, im nachhinein oft mit der Verderbtheit der Menschheit begründet (vgl. C. Westermann, Genesis 1–11, EdF 7, 1972, 84).
In der älteren Forschung auf den Zusammenhang zwischen der ethischen Verfehlung des Menschen und der Flut als Strafe festgelegt – bestätigt durch den Vergleich mit Gilgamesch- und Atraḫasis-Epos – sieht die neuere Forschung den Sinn der Fluterzählung darin, daß der Schöpfer die Möglichkeit hat, die von ihm geschaffenen Menschen zu vernichten.

III. 1. a) Die alten und – trotz zahlreicher kritischer Anmerkungen – auch die neueren Kommentare und Wörterbücher übersetzen *mabbûl* fast unterschiedslos mit „Sintflut" oder „Flut", wohl aufgrund des vorwiegenden Gebrauchs des Terminus innerhalb der Sintflutgeschichte. Jedoch schon Begrich hat einen differenzierteren Gebrauch und einen Bedeutungswandel des Terminus *mabbûl* aufgezeigt und nachgewiesen, daß *mabbûl* nicht ursprünglich Terminus für die Überschwemmung, sondern eine alte Bezeichnung für den Himmelsozean ist. Innerhalb der eigentlichen Sintflutgeschichte deutet die Rede vom *mabbûl*, der auf die Erde kommt (bei J und bei P) darauf hin, daß *mabbûl* nicht die Katastrophe selbst meint. Die Ersterwähnung (6, 17 P; 7, 10 J) setzt *mabbûl* als bekannt voraus, was bei der Annahme von der „Katastrophe" schwer vorstellbar ist, die außerdem regelmäßig durch *majim* wiedergegeben wird: „Und mächtig wurden die Wasser (*majim*) und wuchsen gewaltig über die Erde" (7, 18 P); „Und immer noch mächtiger wurden die Wasser (*majim*) über der Erde" (7, 19 P; vgl. 7, 20. 24; 8, 1. 3b. 5. 13a P); „Die Wasser (*majim*) schwollen an und hoben die Arche empor" (7, 17 J); „Und die Wasser (*majim*) verliefen sich allmählich von der Erde" (8, 3a J; vgl. 8, 7. 8. 9. 11 J).
Im Gegensatz zur Erwähnung außerhalb der Flutgeschichte findet sich *mabbûl* nur dann, wenn der Eintritt der Katastrophe, das Kommen der Wasser auf die Erde beschrieben wird: „Denn ich lasse den *mabbûl* [Wasser] auf die Erde kommen, um alles Fleisch, in dem Lebensodem ist, unter dem Himmel zu vertilgen" (6, 17 P); „Noah war 600 Jahre alt, als der *mabbûl* [Wasser] auf die Erde kam" (7, 6 P); „Und es ergoß sich der *mabbûl* 40 Tage auf die Erde" (7, 17 P); „Nach sieben Tagen kamen die Wasser des *mabbûl* auf die Erde" (7, 10 J); „Und Noah ging vor den Wassern des *mabbûl* in die Arche" (7, 7 J).
Neben dieser Gemeinsamkeit von J und P lassen sich Unterschiede in der Terminologie aufweisen, die auf „verschiedene Grade der Intensität des Eintritts der Katastrophe" hindeuten (Begrich 50). Bei J erscheint *mabbûl* in beiden Belegen in der Cstr.-Verbindung *mê hammabbûl*. Im Vergleich zu anderen mit *majim* gebildeten Cstr.-Verbindungen (vgl. z. B. *mê hannāhār* „die Wasser aus dem Fluß" Jes 8, 7; *mê bôrô* „die Wasser aus seinem Brunnen" Jes 36, 16; *mê šiḥôr* „die Wasser aus dem Nil" Jer 2, 18 u. ö.) liegt es nahe, *mê hammabbûl* „die Wasser aus dem *mabbûl*" zu verstehen. Bei J – mit seinem engen geographischen Weltbild – tritt die Katastrophe nur durch ein Ereignis ein: ein vierzigtägiger Regen (*gæšæm*) strömt auf die Erde (7, 12). Dieser Regen ist nach J das Wasser aus dem *mabbûl*, dem Himmelsozean.
Das weitere Weltbild des P tritt in terminologischen Unterschieden gegenüber dem J-Bericht zutage. Dem vierzigtägigen Regen (*mê hammabbûl* J) steht bei P der gesamte *mabbûl*, der auf die Erde kommt, gegenüber. So lassen sich auch die Schwierigkeiten von 6, 17 erklären, wo Sievers II 252 in *hammabbûl* eine Glosse sieht, gegenüber Cassuto 67, der *majim ʿal hāʾāræṣ* aufgrund des Erzählzusammenhanges fordert („since the term ... *mabbûl* described something that had not yet come into existence"), und Gunkel 142, der *majim ʿal hāʾāræṣ* als Definition des von P als Fremdwort verstandenen Wortes *mabbûl* ansieht. Die Konstruktion *hammabbûl ʿal hāʾāræṣ* (7, 10 J; 7, 17 P) legt nahe, daß allein *majim* Glosse zu *hammabbûl* ist, *ʿal hāʾāræṣ* aber zum Verb zu ziehen ist. Eine Erklärung dieser im P-Text allerdings nur schlecht erkennbaren Vorstellung mag mit Begrich 51 darin zu finden sein, daß nicht allein die Wasser des Himmelsozeans die Katastrophe auslösen, sondern außerdem die Wasser der *t*[e]*hôm* (vgl. THAT II 1026); die oberen und die unteren Wasser strömen wieder zusammen (vgl. die Schöpfungsgeschichte).

Vorstellungen vom Himmelsozean finden sich ebenso im außerbibl. Bereich (vgl. z. B. O. Kaiser 26. 117 u. ö.) und gehen einerseits wohl darauf zurück, daß Himmel und Wasser die gleiche Farbe haben, andererseits darauf, daß vom Himmel Wasser fällt (vgl. Keel 29ff.). Außerbibl. Kosmogonien haben zwar anders nuancierte Vorstellungen vom Himmelsozean (z. B. Entstehung), seine Existenz jedoch ist unbestritten und ebenso das Wissen um die Gefahr, die von seinen Wassern ausgehen kann, deren Hereinbrechen eine Flut auslösen würde (vgl. z. B. A. Jeremias 152).

b) Außerhalb der eigentlichen Flutgeschichte hat *mabbûl* unzweifelhaft die Bedeutung, die gewöhnlich mit dem Terminus in Verbindung gebracht wird: Sintflut. In diesen Zusammenhängen findet sich *mabbûl* nicht mehr in der Bedeutung des Himmelsozeans (s. o.), hier wird mit dem Terminus die einmalige Katastrophe umschrieben (Gen 9, 11. 15; vgl. Sir 44, 17).

c) In Ps 29 (einem der ältesten Pss, vgl. H. J. Kraus, BK 15/1 [⁵1978], 279f.) finden sich verschiedene altorientalische Bilder und Vorstellungen. Er ist (neben Sir) der einzige Beleg, wo *mabbûl* (v. 10) außerhalb von Gen erscheint. Die Schwierigkeiten dieses Verses, der die unterschiedlichsten Deutungen erfahren hat, liegen darin, daß der Terminus *mabbûl* von der Flutgeschichte her verstanden wird: JHWH thront über der Sintflut (*JHWH lammabbûl jāšāḇ*). Sachliche und sprachliche Unebenheiten, die bei dieser Vorstellung zutage treten, lassen sich jedoch vermeiden, wenn *mabbûl* auch hier als Himmelsozean (vgl. v. 3) verstanden wird. Zur Vorstellung vom Thronen JHWHs im himmlischen Bereich vgl. Ps 2, 4; 104, 2f.; 123, 1.

(R. Hillmann, Wasser und Berg, Diss. Halle 1965, 132f., versteht *mabbûl* hier als Sturmflut, auf welcher der Wettergott reitet. Diese Interpretation läßt sich jedoch weder mit den übrigen Belegen noch mit der at.lichen Vorstellungswelt in Einklang bringen.) Außerbibl. Parallelen unterstützen die Vorstellung vom Thronen über dem Himmelsozean, so ein Tonrelief aus dem neuassyr. Bereich – dessen Vorlage bis in die 2. Hälfte des 11. Jh. zurückreicht. Auf diesem Relief ist der über dem Himmelsozean in seinem himmlischen Heiligtum thronende Sonnengott dargestellt (vgl. Metzger 139–158; vgl. auch Keel 153). Ähnlich auch M. K. Wakeman, God's Battle with the Monster, Leiden 1973, 101, die Ps 29, 10 mit KTU 1.4, IV 20–23 vergleicht: El thront dort, wo er die Wasser kontrollieren kann (vgl. auch L. R. Fisher / F. B. Knutson, JNES 28, 1969, 157–167. Zum Thronen JHWHs vgl. auch W. Schmidt, BZAW 80, 1961, 48, sowie E. Otto, VT 30, 1980, 316–329; → ישב *jāšaḇ*).
Gegen den Vorschlag Begrichs wendet sich neuerdings Houtman 185, der *mabbûl* wieder als eine allgemeine und mythische Größe, als chaotische Wassermacht, verstehen möchte. (Dagegen A. Lawhead, A Study of the Theological Significance of *yāšab* in the Masoretic Text, with Attention to its Translation in the Septuagint, Boston 1975, 201–204.)

d) 4mal findet sich im AT *mabbûl* zur Angabe eines Zeitpunktes. Die feste Verbindung *'aḥar hammabbûl* (Gen 9, 28; 10, 1. 32; 11, 10) hat ihre Entsprechung in der mesopotam. Literatur (vgl. H. Schmökel, Geschichte des alten Vorderasiens, HO II/3, 1957, 4–9); dort findet sich *abūbu* ebenfalls in Verbindungen wie *ša lam abūbi* oder *ša arki abūbi* als Zeitmarke (vgl. CAD II/1, 78; AHw I 8). Sowohl in den sum.-babyl. Königslisten als auch im AT dient diese „Zeitangabe" dazu, die legendäre Ur- respektive Vorgeschichte mit der historisch erfaßten Zeit zu verbinden (vgl. auch D. O. Edzard, Königslisten und Chroniken. Sumerisch, RLA 6, 1980, 77–86).

2. Aus diesen Beobachtungen läßt sich schließen, daß *mabbûl* weder ein Terminus ist, der speziell zur Flutgeschichte gehört (anders z. B. Gunkel 67), noch, daß sich mit *mabbûl* ursprünglich die Vorstellung einer die ganze Erde bedeckenden Überschwemmung verband. Vielmehr hat wohl im Laufe der Tradition eine semantische Verschiebung stattgefunden von der ursprünglichen Vorstellung vom *mabbûl* als Himmelsozean zu einer Überschwemmung hin. Bei J wird die Flut ausgelöst durch die Wasser des Himmelsozeans (*mê hammabbûl* s.o.). Im P-Bericht der Flut, wo der Himmelsozean selbst auf die Erde kommt, laufen im Anschluß an Gen 1 die dort getrennten Wasser mit den Wassern der *tᵉhôm* wieder zusammen und bilden die Flut. Der Verlust der ursprünglichen Bedeutung von *mabbûl* zeigt sich in der Glosse *majim* (6, 17; 7, 6). Der Zusammenhang, der bei J noch besteht – in 7, 4 kündigt JHWH den Regen an, in 7, 10 kommen die Wasser des *mabbûl* auf die Erde – wird nicht mehr gesehen. Die Öffnung der Himmelsschleusen (7, 11b P) wird nicht mehr mit *mabbûl* in Verbindung gebracht in dem Sinne, daß hier das Herabkommen der Wasser des *mabbûl* beschrieben wird. Durch die Loslösung des Terminus vom eigentlichen Zusammenhang war die Bedeutungsverschiebung gegeben. *mabbûl* hat seinen ursprünglichen Sinn verloren, wird aber – da mit dem Stoff der Flutgeschichte einmal verbunden – jetzt als Terminus für die Überschwemmung verstanden (vgl. Begrich 51f.). Diese Bedeutung wird dann außerhalb der eigentlichen Flutgeschichte zur einzig möglichen.

Stenmans

מִבְצָר *miḇṣār*

I. Bedeutung, Vorkommen im AT, LXX – II. *'îr miḇṣār* – 1. Profaner Kontext – 2. Theologischer Kontext – III. *miḇṣār* – 1. Profaner Kontext – 2. Theologischer Kontext – IV. Qumran.

I. Wie ugar. *bṣr* 'schweben, hoch fliegen, sich erheben' (KTU 1.19, I 33; 1.18, IV 20. 31, par. *rḥp*) bestätigt, ist die Grundbedeutung der Wurzel *bṣr* offenbar 'hoch' und deshalb 'unzugänglich sein', im weiteren 'unmöglich sein' (Gen 11, 6; Hi 42, 2). *'îr bᵉṣûrāh* ist die stark befestigte, uneinnehmbare Stadt (s.u.). Von daher die Ortsnamen *bæṣær* (Deut 4, 43; Jos 20, 8; 21, 36; 1Chr 6, 63) und *bŏṣrāh* (in Edom: Gen 36, 33; 1 Chr 1, 44; Jes 34, 6; Jer 49, 13. 22; Am 1, 12; vgl. Gen 36, 42; 1 Chr 1, 53 den edomit. Stamm Mibzar; in Moab: Jer 48, 24): die durch ihre erhöhte Lage und/oder ihre Befestigung unzugängliche Stadt. Ps 108, 11 ist mit *'îr miḇṣār* Bozra in Edom gemeint. – Weiteres zur Etymologie UF 12, 1980, 279–282; 13, 1981, 157f.
Das Nomen *miḇṣār* findet sich, wenn die zweifelhafte Stelle Jer 6, 27 ausgeschieden wird, 36mal in der hebr. Bibel, mit wenigen Ausnahmen im DtrGW und bei den Propheten; hinzu kommt Sir 36, 29 (hebr.). Die Stellen verteilen sich gleichmäßig auf die absolute Form *miḇṣār* und die volle Form *'îr miḇṣār*. Während *'îr miḇṣār*, gleichbedeutend mit *'îr bᵉṣûrāh* (s. KBL³ s.v. *bāṣûr*) immer die befestigte Siedlung im

Gegensatz zur offenen bezeichnet, hat die einfache Form *miḇṣār* öfters den engeren Sinn von Befestigung, Bollwerk, Fluchtburg.
Die LXX gibt *miḇṣār* durch ὀχυρός und ὀχύρωμα, vereinzelt durch ἰσχυρός und περιοχή wieder.

II. 1. Als die befestigte Stadt *par excellence* galt den Israeliten die Stadt Tyrus (zu ihrer Anlage s. BRL² 349f.; BL² 1788–1790, mit Karte). Sie wird Jos 19, 29 als Stadt des Stammes Aser erwähnt, in offenkundiger Abhängigkeit von 2 Sam 24, 7 (*miḇṣār* abs.). Vor allem aber ist Tyrus bei Ez (26, 4–12) das Paradigma einer befestigten Stadt, mit Mauern (*ḥômôṯ*), Türmen (*miḡdālîm*), Toren (*šeʿārîm*), Straßen (*ḥûṣôṯ*) und mächtigen Häusern (*bāṯê ḥæmdāh*). Ähnlich sind Deut 3, 5 die befestigten Städte durch hohe Mauern, Tore und Riegel gekennzeichnet. Die festen Städte bieten den in der Schlacht von Gibeon geschlagenen Kanaanäern Zuflucht (Jos 10, 20), während in der Grenzbeschreibung die alleinige Erwähnung von festen Städten bei Naphtali aus dem Rahmen fällt (vgl. M. Noth, Josua, HAT I/7³, 1971, z.St.). Indes finden sich feste Städte nicht nur bei den Kanaanitern, sondern auch bei den Philistern (1 Sam 6, 18; 2 Kön 18, 8) und bei den Moabitern (2 Kön 3, 19). Aber auch die Israeliten haben ihre festen Städte, zunächst die Stämme Gad und Ruben im Ostjordanland (Num 32, 17. 36), sodann Samaria (2 Kön 10, 2, vgl. 17, 9). Von den befestigten Städten Judas – Josaphat legt Streitkräfte in sie (2 Chr 17, 2. 19) – werden namentlich Lachisch und Aseka erwähnt (Jer 34, 7; zu Lachisch s. BRL² 196–198). Befestigte Städte sind gelegentlich dasselbe wie Städte schlechthin (vgl. Num 32, 16f.; Jer 34, 7); 2 Kön 3, 19 steht *ʿîr miḇṣār* parallel zu *ʿîr miḇḥôr* ʿauserlesene Stadtʾ; Gegensatz zu *ʿîr miḇṣār* ist Deut 3, 5; 1 Sam 6, 18 *ʿîr happerāzî* ʿdie offene Stadtʾ; Num 32, 16f. 36 *giḏrôṯ ṣoʾn* ʿSchafhürdenʾ, 2 Kön 17, 9; 18, 8 der einfache Wacht- bzw. Befestigungsturm, der in dünner besiedelten Gebieten die befestigte Stadt als Fluchtburg ersetzt (BRL² 81). In Ps 108, 11 artikuliert sich die Hoffnung auf eine neue Zukunft in der Bitte, in die ʿfeste Stadtʾ und nach Edom geführt zu werden (Anspielung auf Bozra in Edom, s.o.; an der Parallelstelle Ps 60, 11 *ʿîr māṣôr*, gleicher Sinn).
2. Damit befinden wir uns im Übergang zum theologischen Gebrauch von *ʿîr miḇṣār*. Jer 1, 18 macht JHWH den Propheten zur ʿfesten Stadtʾ, an der alle Angriffe abprallen (neben ʿeiserne Säuleʾ und ʿeherne Mauerʾ). Jer 4, 5 wird das Volk Judas aufgerufen, vor der herannahenden Katastrophe in die festen Städte zu fliehen. Schließlich aber bietet selbst das Vertrauen auf sie (Jer 5, 17) keinen Schutz mehr vor dem unausweichlichen Strafgericht (Jer 8, 14).

III. 1. *miḇṣār* kann auch ohne *ʿîr* eine befestigte Stadt bedeuten (H. Wildberger, BK X 643). So steht 2 Sam 24, 7 *miḇṣār* für die Stadt Tyrus; Hasael wird sicher die ʿfesten Städteʾ in Israel verbrennen (2 Kön 8, 12), und Jes 17, 3 ist das Bollwerk von Ephraim, dem JHWH ein Ende bereitet, die Stadt Samaria. In der Regel aber bezeichnet *miḇṣār* weniger die befestigte Stadt als das schützende Bollwerk oder die Fluchtburg, vgl. Mi 5, 10 die Gegenüberstellung von *ʿārîm* und *miḇṣārîm* und Jes 25, 12 die Kombination von *miḇṣār* und *miśgāḇ* ʿZufluchtʾ. Als Gegensatz zu *miḇṣār* steht Num 13, 19 *maḥanæh* ʿder offene (Zeltlager-)Platzʾ, Kl 2, 2 *nāwæh* ʿWeideplatzʾ, als Parallele Ps 89, 41 *gederāh* ʿSteinwallʾ, Jes 34, 13 und Kl 2, 5 *ʾarmenôṯ* ʿdie behäbigen Bürgerhäuserʾ (vgl. H. Haag, ZDPV 93, 1977, 91f.).
Eigenartige Bildungen finden wir bei Dan: neben den einfachen *miḇṣārîm*, den (ägyptischen) Festungen, gegen die Antiochus IV. Pläne schmiedet (11, 24), steht 11, 15 die ʿStadt der Bollwerkeʾ (*ʿîr miḇṣārôṯ*), d. h. die stark befestigte Stadt (Sidon? Gaza?), und 11, 39 ist von *miḇṣerê māʿuzzîm* ʿstarken Festungenʾ die Rede.
2. Entsprechend der stärkeren Betonung menschlicher Kraft und Selbstsicherheit, die in dem einfachen *miḇṣār* liegt, herrscht hier der theologische Sprachgebrauch vor. Der Sinn der schwierigen Stelle Am 5, 9 scheint jedenfalls der Lobpreis auf JHWHs Walten in der Natur (v. 8) wie in der Geschichte (ʿVerwüstung über die Festungʾ) zu sein. (Zum Vorschlag, hier das Ptz. *pi meḇaṣṣer* in der Bedeutung ʿWinzerʾ oder Sternbild Arkturus [„vindemiator"] zu lesen, vgl. W. Gundel, Sterne und Sternbilder, 1922, 66, und G. R. Driver, JThS 4, 1953, 208ff.) Immer wieder ist die Festung Inbegriff menschlicher Selbstsicherheit und wahnwitzigen Selbstvertrauens. Das Paradebeispiel der Überheblichkeit ist Tyrus (Ez 26, 2–28, 19). Seinem Herrscher wird angelastet, sich Gott zu nennen (28, 2. 9). Solche Hybris fordert das souveräne, keinen Widerstand duldende Gerichts- und Heilswalten JHWHs heraus. Die gleiche Aussage finden wir an mehreren Stellen, an denen statt *miḇṣār* die vor allem für das DtrGW charakteristische Wendung *ʿārîm (hab) beṣûrôṯ* steht (Deut 3, 5; 9, 1; 2 Kön 18, 13; 19, 25 par.; Hos 8, 14; Zeph 1, 16). JHWH entbietet die Assyrer gegen die Festungen Samarias (Hos 10, 14; Jes 17, 3) und die Babylonier gegen die Festungen Judas (Mi 5, 10; Hab 1, 10; Kl 2, 2. 5), er hat die Bollwerke Jerusalems in Trümmer gelegt (Ps 89, 41). Aber auch die Zerstörung der Festungen Moabs (Jer 48, 18; Jes 25, 12) und Edoms (Jes 34, 13) ist sein Werk.
JHWHs Macht offenbart sich aber nicht nur darin, daß er uneinnehmbare Festungen stürmt. Er vermag umgekehrt auch schwache Menschen zu Bollwerken zu machen: vorab den Propheten (Jer 1, 18, s.o.), aber auch die Frau: sie ist die Hilfe (*ʿezær*), die Stützsäule (*ʿammûḏ mišʿān*) und die Fluchtburg (*miḇṣār*) des Mannes (Sir 36, 29 hebr.). Der Kontext läßt erkennen, daß dabei nicht nur an die Erhaltung des Besitzes, sondern noch mehr an die Geborgenheit des Mannes gedacht ist.

IV. In Qumran wird Hab 1, 10 in 1 QpHab 4, 3–8 kommentiert. Der Pescher hat gegenüber dem MT die (bessere) Lesung *whw' lkwl mbṣr jśḥq wjṣbwr ʿpr wjlkdhw* und erklärt: „Seine Deutung geht auf die Herrscher der Kittäer, die die Befestigungen der Völker verachten und höhnisch über sie lachen. Und mit viel Volk umzingeln sie sie, um sie einzunehmen. Unter Furcht und Schrecken werden sie in ihre Hand gegeben", wobei nach K. Elliger (Studien zum Habakuk-Kommentar vom Toten Meer, 1951, 272f.) vorwiegend, wenn auch nicht ausschließlich, auf die Belagerung und Erstürmung Jerusalems durch Pompejus Bezug genommen wird. In 1 QH 3, 6f. vergleicht der Beter (die Gemeinde?) sein seelisches Leiden mit einem Schiff in Seenot und einer belagerten Stadt (*kʿjr mbṣr*). In 1 QH 6, 35 ist die Rede von einem Geißelschwinger (*mʿbjr šwṭ šwṭp*), der nicht in die Festung eindringen wird, wobei *mbṣr* offenbar Selbstbezeichnung der Gemeinde ist, die sich von ihrem Gott beschützt weiß (vgl. M. Delcor, Les hymnes de Qumran, Paris 1962, z. St.).

H. Haag

מִגְדָּל *miḡdāl*

I. 1. Etymologie – 2. Vorkommen – II. 1. *miḡdāl* in vorexilischen Texten – 2. In exilisch-nachexilischen Texten – 3. Der Turm zu Babel – 4. Als Bestandteil in Ortsnamen – 5. Turm in der Bildersprache – III. LXX und Qumran.

Lit.: *K. Galling*, Migdal (BRL 1937, 381f.). – *B. Mazar*, מִגְדָּל (EMiqr IV 633–635). – *W. Michaelis*, πύργος (ThWNT VI 953–956). – *G. Morawe*, Turm (BHHW III 2032–2034).

I. 1. Das im at.lichen Hebr. bezeugte Nomen *miḡdāl* ist auch im Ugar. (WUS Nr. 632; UT Nr. 562) in der Bedeutung 'Turm' (RSP I, AnOr 49, 1972, II 343) und als Ortsname (vgl. RSP II, AnOr 50, 1975, VIII 58. 162 und UF 6, 1974, 31) sowie Moab. (Mešaʿ-Inschr. KAI 181, 22) belegt, nicht jedoch im Phön. (wie KBL³ 516a suggeriert). Für das Aram. lassen sich Belege im Jüd.-Aram. (Targum) und Christl.-Paläst. sowie im Syr. (Brockelmann, LexSyr 105a) anführen. Die beiden singulären Belege aus al-ʿUlā (in einer minäischen Inschrift, RES 3340, 5 [*mgdlnhn* – Dual] und in einer liḥjānischen Inschrift, vgl. W. Caskel, Lihyan und Lihyanisch, 1954, Nr. 26, 1, 88f. [*mg'dl* – Pl.]; D. H. Müller, Epigraphische Denkmäler aus Arabien, DAWW 37, 1889, las *mmdl*; das Photo des Abklatsches läßt kaum an ein ' zwischen dem 2. und 3. Buchstaben denken) sind vermutlich Fremd- bzw. Lehnwörter, die in beiden Fällen bewohnte Gebäude bezeichnen. Im Arab. ist *miǧdal* Lehnwort aus dem Aram. (vgl. S. Fraenkel, Die aram. Fremdwörter im Arabischen, Leiden 1886 = 1962, 236f.; sicher nicht aus dem Asarab. entlehnt, wie KBL³ 516a möchte), wobei auffällt, daß es von den klass.-arab. Lexikographen als 'Burg, Palast' gedeutet wird. In der modernen topographischen Onomastik lassen sich *miǧdal*-Namen in einem gut begrenzten Raum in Palästina-Phönizien mit geringer Streuung außerhalb dieses Bereiches feststellen (vgl. B. S. J. Isserlin, Place Name Provinces in the Semitic-speaking Ancient Near East, Leeds 1956, 83–85). Ob der Name der marokkanischen Hafenstadt eṣ-Ṣawīr/Mogador (mit H. Stumme, ZA 27, 1912, 123f.) als berber. Beleg für das Wort *miḡdāl* hier einzureihen ist, bleibt (trotz der Wiederholung der These in THAT I 402) fragwürdig; denn das nicht weit von Mogador entfernte Agadir läßt vermuten, daß beide Namen auf die gleiche Wurzel *gdr* zurückgehen. – Im Äg. findet sich seit der 18. Dynastie *mktr* als Lehnwort aus dem Semit. im Zusammenhang mit Ortsnamen (vgl. A. H. Gardiner, JEA 6, 1920, 107ff.); als Ortsname läßt es sich in Ägypten bis in griech.-röm. Zeit als Μάγδωλος (vgl. PRE 14/1, 1928, 299f.) und im Kopt. als *meǧtōl* (vgl. W. E. Crum, A Coptic Dictionary, Oxford 1929, 214f.; J. Černý, Coptic Etymological Dictionary, Cambridge 1976, 102 – sieben weitere verschiedene Schreibungen sind notiert bei W. Westendorf, Koptisches Handwörterbuch, 114) verfolgen. Wenn Herodot II 159 Megiddo als Μάγδωλος erscheint, so bezeugt das die relative Geläufigkeit des Wortes in Ortsnamen. Die naheliegende Zurückführung des Wortes *miḡdāl* als *miqṭāl*-Bildung von einer Wurzel *gdl* (so z. B. KBL³ 516a und THAT I 402) ist deshalb schwierig, weil nur im Kanaan. für die Wurzel *gdl* die Bedeutung 'groß, hoch sein' (vgl. dagegen arab. *ǧadala* 'festdrehen, festziehen, flechten') belegt ist und weil vom Kontext einiger Belege im AT (z. B. Jes 5, 2 und die Illustration durch G. Dalman, AuS IV, Abb. 93. 94) nicht auf etwas Großes und Hohes zu schließen ist. Deshalb spricht einige Wahrscheinlichkeit dafür, daß die wohl zuerst von W. F. Albright geäußerte Vermutung zutrifft, daß das Wort *miḡdāl* durch Metathese auf *midgāl* (vgl. akk. *madgaltu* 'Aussichtsturm, Grenzwache', AHw II 572b, CAD M/1, 16) entstanden ist (so L. A. Sinclair, AASOR 34–35, 1954–1956 [1960], 7, und A. F. Rainey, BASOR 231, 1978, 5).

2. *miḡdāl* kommt insgesamt 49mal im AT vor. Die Stellen sind: Gen 11, 4. 5; Ri 8, 9. 17; 9, 46. 47. 49. 51 (bis). 52 (bis); 2 Kön 9, 17; 17, 9; 18, 8; Jes 2, 15; 5, 2; 30, 25; 33, 18; Jer 31, 38; Ez 26, 4. 9; 27, 11; Mi 4, 8; Sach 14, 10; Ps 48, 13; 61, 4; Spr 18, 10; HL 4, 4; 5, 13; 7, 5 (bis); 8, 10; Neh 3, 1 (bis). 11. 25. 26. 27; 8, 4; 12, 38. 39; 1 Chr 27, 25; 2 Chr 14, 6; 26, 9. 10. 15; 27, 4; 32, 5; vgl. noch das Qere zu 2 Sam 22, 51. Dabei läßt sich lediglich im ChrGW eine gewisse Häufung mit 16 Belegen erkennen. Der mask. Pl. *miḡdālîm* ist 9mal (Jes 30, 25; 33, 18; Ez 26, 4; Ps 48, 13; 2 Chr 14, 6; 26, 9. 10. 15; 27, 4), der fem. Pl. *miḡdālôṯ* 5mal (Ez 26, 9; 27, 11; HL 8, 10; 1 Chr 27, 25 und 2 Chr 32, 5) belegt. Untersucht man den Gebrauch der unterschiedlichen Pl.-Bildungen, dann

bestätigt sich die These von D. Michel (Grundlegung einer hebräischen Syntax 1, 1977, 53f.), daß der Pl. auf *-îm* als „Haufen- oder Gruppenplural", der auf *-ôṯ* dagegen „als aus einzelnen zusammengesetzt gedachte Mehrzahl" zu verstehen ist. In vorexilischen Texten bezeichnet *miḡdāl* in der Regel die Zitadelle oder Burg einer Stadt, in exilisch-nachexilischen Texten dagegen den mit einem Tor oder mit der Stadtmauer in Beziehung stehenden Turm.

II. 1. In den älteren Texten bezeichnet *miḡdāl* ein Befestigungswerk im Innern der Stadt, das letzte Zuflucht bieten konnte. So wird Ri 9, 50–58 in der Geschichte von der Belagerung von Tebez durch Abimelek berichtet, daß die Stadt bereits erobert ist, die Bewohner sich aber in den *miḡdāl* flüchten konnten. Als dann Abimelek das „Burgtor" *pæṯaḥ hammiḡdāl* in Brand stecken will, ereilt ihn sein Schicksal. Auch der schwierige Bericht von der Zerstörung Sichems läßt erkennen, daß der *miḡdal šeḵæm* (Ri 9, 46) keine von Sichem verschiedene Ortschaft meint (anders J. A. Soggin, ZDPV 83, 1967, 195–197), sondern daß damit die Zitadelle von Sichem, die mit einem Turm befestigt gewesen sein mag, bezeichnet wird. Von dort flüchten die Bewohner dann in die Krypta des Tempels des Baʿal-Berit, wo sie verbrannten. Derartige Burgen innerhalb einer Stadt waren vermutlich die Regel, sie sind jedenfalls literarisch für Penuel (Ri 8, 9. 17 im Zusammenhang mit Gideons Feldzug im Ostjordanland) und für Jesreel (2 Kön 9, 17), archäologisch z. B. für Tell el-Fūl oder Chirbet eṭ-Ṭubēqa belegt. Daneben wird auch eine kleine selbständige Festung *miḡdāl* genannt. So sind die *miḡdālîm*, die nach 2 Chr 26, 10 Ussia und nach 2 Chr 27, 4 auch Jotam im Negeb bzw. auf dem Gebirge Juda errichten ließ, solche inzwischen auch archäologisch nachgewiesene (vgl. Y. Aharoni, IEJ 17, 1967, 1–17) Forts, also einzeln gelegene Wachtürme, die der Überwachung des Straßen- und Grenzverkehrs und gleichzeitig als Fluchtburgen für die offenen Siedlungen dienten. Einblick in die siedlungsgeographische Gliederung gibt z. B. 1 Chr 27, 25, wo *ʿārîm*, *kepārîm* und *miḡdālôṯ* aufgezählt werden, ähnlich auch 2 Kön 17, 9; 18, 8 (vom Wachturm bis zur befestigten Stadt – *mimmiḡdal nôṣerîm ʿaḏ ʿîr mibṣār*; vgl. dazu P. Welten, WMANT 42, 1973, 25f. und 63f.).

2. In späteren Texten bezeichnet *miḡdāl* einen mit einem Tor oder mit einer Mauer in Verbindung stehenden Turm. Die Aufforderung in Ps 48, 13, die Türme des Zion zu zählen (vgl. dazu H. Haag, ZDPV 93, 1977, 92f. = Das Buch des Bundes, 1980, 255f.; das Bild vom Türme zählen findet sich auch Jes 33, 18b in einer Glosse, die ihrerseits wohl auf Jes 22, 10, wo vom Zählen der Häuser Jerusalems die Rede ist, zurückblickt) läßt erkennen, daß es sich um eine beträchtliche Anzahl von Türmen gehandelt haben muß. Das läßt sich auch Neh 3, dem Mauerbaubericht, entnehmen. Für Jerusalem sind einige, vermutlich wegen ihrer Größe oder Funktion besonders herausragende, Türme mit Namen bekannt (*miḡdal ḥananʾel* Jer 31, 38; Sach 14, 10; Neh 3, 1; 12, 39; *miḡdal hattannûrîm* Neh 3, 11; 12, 38; *miḡdal hammeʾāh* Neh 3, 1; 12, 39; *miḡdal ʿeḏær* Mi 4, 8 und *miḡdal dāwîḏ* HL 4, 4), deren Lage allerdings archäologisch kaum mehr nachweisbar ist. Da im Mauerbaubericht deutlich zwischen Toren und Türmen unterschieden wird, kann es sich kaum um Tortürme handeln, sondern um Türme, die an bestimmten fortifikatorisch wichtigen Punkten die Mauer verstärken und schützen. Daß dabei schon an „auf" der Mauer sitzende Türme gedacht ist, wie es Targ. und V für 2 Chr 32, 5 vorschlagen (zum MT vgl. P. Welten, WMANT 42, 1973, 68ff.), ist wenig wahrscheinlich; auch 1 QSb 5, 23 spricht von einem starken Turm an oder in (nicht „auf" wie meist übersetzt wird) der Mauer (*bḥwmh*).

In der Verheißung von der Wiederkehr der davidischen Herrschaft in Mi 4, 8 (vgl. W. Rudolph, KAT XIII/3, 1975, 84f., und H. W. Wolff, BK XIV/4, 96) wird man wohl für die nachexilische Zeit bei dem Herdenturm *miḡdal ʿeḏær* an einen Turm denken dürfen, der im Ruinenfeld des Palast- und Ophelbereiches nunmehr dazu diente, eine schützende und überwachende Funktion für die Herden (vgl. 2 Chr 26, 10) wahrzunehmen. Vermutlich ist der gleiche oder wenigstens die Reste des gleichen Turmes gemeint, der Neh 3, 27 als großer vorspringender Turm (*hammiḡdāl haggāḏôl hajjôṣeʾ*) bei der Ophelmauer erwähnt wird und der vielleicht auch Jes 32, 14 gemeint ist, wenn vom Ophel und vom Wachturm (nur hier *baḥan*) die Rede ist.

Zum Schutz der Weinberge errichtete man kleine Wachtürme Jes 5, 2; Mt 21, 33, die offensichtlich nur tagsüber als Beobachtungsposten dienten, während der Wächter nachts in der *sukkāh* (Jes 1, 8) übernachten konnte. Wenn Lk 13, 4 berichtet wird, daß der Turm am Siloah 18 Menschen bei seinem Einsturz erschlug, so vermittelt das einen Eindruck von der Größe des Bauwerks.

3. In der Erzählung vom Turmbau zu Babel Gen 11, 1–9 (vgl. C. Westermann, BK I/1, 1974, 707–740 und die Darstellung der Forschungsgeschichte in C. Westermann, Genesis 1–11, Erträge der Forschung 7, 1972, 95–104) wird zweimal v. 4 und 5 von Stadt und Turm, einmal v. 8 nur von der Stadt gesprochen. V. 8 fügen LXX und Samaritanus den Turm hinzu, vermutlich jedoch sekundär harmonisierend. Wenn man mit H. Gunkel (Genesis, [6]1964, 92f.) zwei ursprünglich zu unterscheidende Erzählungen, eine Stadt- und eine Turmrezension annimmt (vgl. auch G. Wallis, ZAW 78, 1966, 141f.), dann entfallen die Versuche, auf philologischem Wege das Problem lösen zu wollen, indem man entweder mit E. König (Die Genesis, [3]1925, 435) „die Stadt und besonders den Turm" übersetzt und ein Waw augmentativum ('und speziell') annimmt, oder in dem man mit E. A. Speiser (Or 25, 1956, 322 Anm. 26 = Oriental and Biblical Studies, 1967, 59 Anm. 26) die Phrase als Hendiadys i. S. v. „die vom Turm gekrönte Stadt" versteht. Mit dem Turm ist der zur sumerisch-baby-

lonischen Stadtkultur gehörende Tempelturm, die Ziqqurrat, ein stufenförmig sich verjüngendes und scheinbar ins Endlose aufsteigende Bauwerk, vermutlich sogar die Ziqqurrat von Babylon selbst, 'Etemenanki', gemeint, über die Marduk hinabstieg, um in seinem Heiligtum 'Esagila' die Huldigungen und Opfer der Menschen entgegenzunehmen. Der Erzähler der Turmbaugeschichte konnte aus seiner Sicht die fromme Absicht des Turmbaues nicht würdigen. „Ihm war dieses große Bauwerk nur Ausbund von Übermut und Titanenstolz" (G. Wallis, ZAW 78, 1966, 142). – Vgl. auch W. von Soden, UF 3, 1971, 253–263.

4. *miḡdāl* ist auch Bestandteil vieler Ortsnamenverbindungen, von denen im AT *miḡdal-'el* (Jos 19, 38 in Naphtali), *miḡdal-gāḏ* (Jos 15, 37 in Juda = Chirbet el-Meḡdele) und *miḡdal-'eḏær* (Gen 35, 21 nahe Bethlehem; nach Targum^J der Ort, von wo der Messias am Ende der Tage offenbar werden wird) bezeugt sind. Weitere (insgesamt 11) Beispiele PW 15/2 (1932), 1549f., für das NT vgl. Μαγδαληνή (Mt 27, 56; Mk 15, 40 u.ö.), „die aus Magdala Stammende". Durch den Vokalismus differenziert, bezeichnet *miḡdol* einen oder mehrere Orte in Ägypten (Ex 14, 2; Num 33, 7 Lagerort der Israeliten beim Auszug = Tell el-Ḥēr; Jer 44, 1; 46, 14 jüdische Kolonie in Ägypten; Ez 29, 10; 30, 6 Punkt der äg. Grenze).

5. Wenn es Spr 18, 10 heißt „Ein starker Turm ist der Name JHWHs; in ihn flüchtet der Gerechte und ist gesichert", so liegt hier das gleiche Bild vor wie Ps 61, 4, wo der Beter Gott bekennt: „Meine Zuflucht bist du, ein starker Turm vor dem Feind", indem der Sicherheit gewährende Befestigungsturm mit der Geborgenheit bei Gott verglichen wird (vgl. auch 1 QH 7, 8; 1 QSb 5, 23). An dieses Bild denkt auch das Qere zu 2 Sam 22, 51, wenn es *maḡdôl* statt *maḡdîl* zu lesen vorschlägt, so daß JHWH als „Turm des Heils seines Königs" apostrophiert wird. Andererseits weiß man auch, daß die Ungerechtigkeit und Gottlosigkeit wie ein starker Turm schwer überwindbar in die Gegenwart hineinragt (vgl. Test Levi 2, 3 und 4 QTest 26); erst in der Endzeit wird JHWH sich wider alles Stolze und Hohe erheben, „über jeden hohen Turm und jede feste Mauer" (Jes 2, 15), so daß die Türme fallen werden (Jes 30, 25b). Als Symbol der Schönheit dient der Vergleich mit einem Turm HL 4, 4; 8, 10 (vgl. H. Ringgren, ATD 16/2, ^{3}1981, 271. 288f.), während nach Sir 26, 22 eine verheiratete Frau für ihre Liebhaber als πύργος θανάτου, als „Turm des Todes" gilt. Auch wenn möglicherweise im nicht erhaltenen hebr. Text von einem todbringenden Netz *m^{e}ṣûḏaṯ māwæṯ* (so P. W. Skehan, CBQ 16, 1954, 154) die Rede war, so ist das dem griechischen Leser zugemutete Bild von der Frau als Turm, dessen Belagerer mit dem Leben zahlt, durchaus verständlich (vgl. R. Smend, Sirach 1906, 239 und 2 Makk 13, 5ff.).

III. LXX übersetzt fast durchweg mit πύργος (vgl. dazu ThWNT VI 953–956).

In 1 QM 9, 10. 11. 12 (bis). 13 (bis). 14 (bis) findet sich *miḡdāl* in einem sehr spezifischen Sinne bei der Beschreibung militärtaktischer Figuren und Bewegungen. 'Turm' bedeutet in diesem Zusammenhang sicher nicht einen Belagerungsturm, wie er etwa seit hellenist. Zeit auch für Palästina belegt ist (vgl. 1 Makk 13, 43f.), sondern gemeint ist ein Truppenkarree, das auch im römischen Heer als 'turris' bezeichnet werden konnte. 1 QH 7, 8 beschreibt der Beter mit dem Satz: „Du stellst mich hin wie einen starken Turm, wie eine hochragende Mauer" seine von Gott ihm in der Gegenwart zugewiesene Stellung, während im Segen für den Fürsten der Gemeinde 1 QSb 5, 23 die gleichen Bilder Turm und Mauer Ausdruck der eschatologischen Funktion des Fürsten sind, er wird dann „ein starker Turm und eine hohe Mauer" sein und die Völker mit der Kraft seines Mundes schlagen (vgl. dazu O. Betz, Felsenmann und Felsengemeinde, ZNW 48, 1957, 52. 69).

D. Kellermann

מָגֵן *māḡen*

גָּנַן *gānan*, צִנָּה *ṣinnāh*, שֶׁלֶט *šælæṭ*

I. Allgemeines – II. 1. Etymologie – 2. *gnn* – 3. Homographen – III. 1. Altorientalische Waffensysteme – 2. Schild als Verteidigungswaffe – IV. Verwendung – 1. als Kriegswaffe – 2. als Bestandteil der Rüstung – 3. als Dekoration – 4. in der testudo-Formation – 5. „Schildträger" als Waffengattung – 6. in der Metapher der Opposition des Menschen gegen Gott – 7. als Waffe Gottes – 8. als Metapher für menschliche Bosheit – 9. testudo in der Metapher – V. Qumran – VI. Synonyme – 1. *ṣinnāh* – 2. *šælæṭ* – VII. *māḡen* oder *moḡen*? – 1. als Gottesepitheton – 2. als Bezeichnung für Menschen – VIII. LXX.

Lit.: *M. Dahood*, Review Semitica 12 (Bibl 45, 1964, 129f.). – *Ders.*, Ugaritic Lexicography (Mélanges E. Tisserant I, Vatikanstadt 1964) 81–104, bes. 94. – *Ders.*, Hebrew-Ugaritic Lexicography IV (Bibl 47, 1966, 403–419). – *F. E. Deist*, Aantekeninge by Gen 15:1, 6 (Ned Geref TTs 12, 1971, 100–102). – *M. Dietrich / O. Loretz / J. Sanmartin*, Zur ugaritischen Lexikographie XI (UF 6, 1974, 19–38). – *M. Kessler*, The „Shield" of Abraham? (VT 14, 1964, 494–497). – *O. Loretz*, Psalmenstudien III (UF 6, 1974, 175–210, bes. 177–183). – *Ders.*, Stichometrische und textologische Probleme in den Thronbesteigungs-Psalmen (UF 6, 1974, 211–240). – *Ders.*, *'jš mgn* in Proverbia 6, 11 und 23, 34 (UF 6, 1974, 476f.). – *Ders.*, *mgn* – „Geschenk" in Gen 15, 1 (UF 6, 1974, 492). – *A. R. Millard*, Saul's Shield Not Anointed with Oil (BASOR 230, 1978, 70). – *A. M. Snodgrass*, Early Greek Armour and Weapons from the End of the Bronze Age to 600 B.C., Edinburgh 1964. – *Ders.*, Arms and Armour of the Greeks, 1967. – *W. von Soden*, Vedisch *magham* „Geschenk" – neuarabisch *maǧǧānīja* „Gebührenfreiheit". Der Weg einer Wortsippe (JEOL 18, 1964, 339–344). – *Y. Yadin*, The Art of Warfare in Biblical Lands in the Light of Archaeological Discovery, London 1963.

I. Das Wort *māḡen* 'Schild' begegnet 58mal im AT in wörtlicher, metonymischer und metaphorischer Verwendung zur Beschreibung einer Verteidigungswaffe. In den Übersetzungen dominiert der einfache Terminus „Schild", wobei tatsächlich der Rundschild – oft mit Bossenbeschlag – gemeint ist. Daneben wird der große, den Körper abdeckende Schild (*ṣinnāh*) genannt (vgl. VI.1). Diese Unterscheidung ist im gesamten Mittelmeerraum bekannt: *māḡen* = ἀσπίς = clipeus; *ṣinnāh* = θυρεός = scutum. Man unterschied jedoch auch nach Funktion und Gewicht. Eine nicht näher zu erhebende Sprachentwicklung hat dazu geführt, daß mehrere Homographen von *mgn* etymologisch und lexikalisch zusammenfallen.

II. 1. Das Nomen *māḡen* ist abzuleiten von der geminierten Wurzel *gnn* 'bedecken, umgeben, verteidigen, schützen'. Dies geht aus den anderen semit. Sprachen hervor.

2. *gānan* begegnet nur in den späteren Teilen des ProtoJes (entspr. in 2 Kön) und bei DtSach, der vielleicht von Jes abhängt. Bei Jes ist es JHWH, der Jerusalem „schützt" (mit *'al*). Nach Jes 31, 5 tut er dies *keṣippôrîm 'āpôṯ* „wie fliegende (besser: schwebende, vgl. Deut 32, 11) Vögel"; mit *gānan* korrespondieren *nṣl hiph* 'retten', *psḥ* 'erretten' (vgl. H. Wildberger, BK X, 1978, 1236f.) und *mlṭ hiph* 'befreien' (MT ist trotz 1 QJes^a *hpljṭ* vorzuziehen). Nach Jes 37, 35 verteidigt JHWH Jerusalem, *lehôšî'āh* „um es zu retten" um seiner selbst und um seines Knechtes David willen (vgl. 2 Kön 19, 34). Nach Jes 38, 6 (= 2 Kön 20, 6) verheißt JHWH, die Stadt zu retten (*hiṣṣîl*) und zu verteidigen. Auch hier zeigt sich die gleiche Abfolge: retten (*hiṣṣîl*), verteidigen (*gānan*) und befreien (*hôšîa'*). Für die Zeit der messianischen Restauration verkündet DtSach, daß JHWH die Kinder Zions verteidigen wird (Sach 9, 15, mit *'al*); nur hier findet sich *gānan* in einem explizit kriegerischen Kontext, in dem noch Schlingen und Pfeile genannt werden. Des weiteren spricht DtSach davon, daß JHWH die Einwohner Jerusalems verteidigen wird (mit *be'aḏ*).
Die Massoreten haben 5 Belege als *qal*, 3 als *hiph* gedeutet. Es ist jedoch möglich, daß man in allen Belegen *qal* lesen muß. Die Verwendung von *gānan* ist zudem offensichtlich mit einer klar auszumachenden Jerusalemer Tradition verbunden. Eine solche Verbindung mit Jerusalem könnte auch der Form *hăḡînāh* (Ez 42, 12) zugrunde liegen.
Die Wurzel *gnn* begegnet in einer neopun.-latein. Bilingue aus Leptis-Magna (KAI 124), in der vom Dedikanten gesagt wird, *t'mdm wt hm'q'm* (hebr. *hammaqôm*) *jgn* „er ließ die Säulen und den Oberbau bedecken". Was die Erklärung des Verbs angeht, hilft der latein. Text nicht weiter. Im Opfertarif von Marseille (KAI 69, 11) meint *ṣpr 'gnn* vielleicht einen „eingeschlossenen, d. h. domestizierten Vogel". Schließlich ist die Wurzel bezeugt in zwei pun. PN: *'srgn* „Osiris schützt" (CIS I 821, 4) und *gnn* (PNPPI 297), vielleicht „Schützer". Die Wurzel ist nicht bezeugt in ugar. Texten, obwohl viel darauf hindeutet, daß sie in dieser Sprache existierte. Schließlich begegnet sie in der Bedeutung 'bedecken, verteidigen' in den verschiedenen aram. Dialekten, im Kausativ zusätzlich auch noch im Phön., Asarab. und Arab. Im Akk. begegnet die Wurzel nur in bezug auf das „Einsperren" von Personen.

3. Die phön. und ugar. Entsprechungen von *māḡen* sind je nur 1mal bezeugt. Ugar. *mgn* begegnet in einem aussagearmen Kontext einer Materialliste (KTU 4.127, 3). Auf der phön. Orthostaten-Inschrift von Karatepe rühmt sich Azitawada *wp'l 'nk ss 'l ss wmgn 'l mgn* „und ich fügte Pferd zu Pferd und Schild zu Schild" (KAI 26 A I, 6f.; vgl. Jer 46, 3f. und Y. Avishur, UF 7, 1975, 23). Die Wurzelverwandten sind auch bezeugt im westl. und östl. Spätaram. sowie im Arab. Wenn die vergleichbare akk. Form, das sbabyl. **maginnu* (AHw 576) mit *māḡen* zusammengestellt werden kann, dann nur als Lehnwort. Sie begegnet in achämenidischen Inschriften und bezeichnet den *petasos*, eine breitrandige Kopfbedeckung aus Filz, die von den Joniern in der Persepolis getragen wurde (vgl. die Reliefs von Nakš-i-Rustam, Or 35, 19, 16).

III. 1. In bezug auf das Material stimmen die Angaben des Alten Vorderen Orients mit der übrigen Antike überein (vgl. A. Oepke, ὅπλον κτλ., ThWNT V 292–297). Neben den Kampfwagen, Kriegspferden, Sturmböcken u.a. lassen sich die Waffen in zwei Gruppen einteilen: Zu den Offensivwaffen zählen Schwert und Dolch (*ḥæræḇ*), Speer (*ḥănîṯ*, *romaḥ*, *kîḏôn*), Bogen, Pfeil und Köcher (*qæšæṯ*, *ḥeṣ*, *'ašpāh*), Keule und Axt (*garzæn*), Schleuder und Steine (*qæla'* und *'aḇnê qæla'*). Die Verteidigungswaffen sind der Form nach dem Körper angepaßt: Helm (*k/qôḇa'*), Panzer (*s/širjôn*), Beinschienen (*miṣḥôṯ*) und Stiefel (*se'ôn*). Diese Waffen werden vervollständigt durch den großen (*ṣinnāh*) und kleinen Schild (*māḡen*). Diese Schilde werden in Rüstungslisten häufig mit aufgezählt: So gehören zur Ausrüstung des Goliath Helm, Rüstung, Beinschienen, leichter (*kîḏôn*) und schwerer Speer (*ḥănîṯ*); ihm lief ein Mann voraus mit dem Körperschild (*ṣinnāh*, 1 Sam 17, 5ff.; vgl. 17, 38f.). Zur weiteren Waffenterminologie → נשק (*næšæq*), → מלחמה (*milḥāmāh*), → כלי (*kelî*).

2. Die Körperschilde waren länglich und deckten normalerweise den ganzen Körper ab (ANEP 368. 373 nassyr.) oder nur vom Hals bis zu den Füßen (3. Jt., ANEP 300). Für den griech. Bereich hat Snodgrass die verschiedenen Typen zusammengestellt: achteckig, rechteckig usw. Für Äg. sind im frühen 2. Jt. kleinere Schilde (ANEP 180) bezeugt; für die Spätbronzezeit vgl. ANEP 344. Die großen Schilde hatten oft eine abgerundete (ANEP 344f.; Spätbronze Äg.) oder eckige Oberkante (ANEP 180), damit der Schildträger freie Sicht hatte. Die Unterkante war zur Erhöhung der Standfestigkeit abgeflacht (ANEP 300. 368. 373), oft aber auch spitz zulaufend, damit man den Schild aufpflanzen konnte. Manche Schilde hatten eine konkav-konvexe Form, um so den Körper des Trägers zu umschließen.
Die Schilde bestanden in der Regel aus Holz, das mit Leder bespannt war und oft Beschläge aus Metall

erhielt (ANEP 180, MR Äg.), oder aus Rohr- oder Korbgeflecht mit Leder und Metall (ANEP 368. 373 nassyr.). Den großen Schild trug man entweder an der linken Seite (ANEP 180. 300. 345. 368. 373) oder auf dem Rücken (ANEP 344).
Die kleinen Schilde bestanden generell aus Holz oder Flechtwerk, das mit Leder bespannt war (ANEP 59. 332 Spätbronzezeit; ANEP 164. 184. 369 u.ö. 1. Jt.; weitere Beispiele Snodgrass). Ebenfalls bezeugt sind Hantelschilde (ANEP 36) und quadratische Schilde (ANEP 60. 496). Die griech. πέλτη war halbmondförmig. Die kleinen Schilde trug man ebenfalls in der linken Hand (ANEP 36. 59. 164 u.ö.) oder auf dem Rücken gebunden (ANEP 37). Aus ANEP 164 sind deutlich die besonders gewirkten Schildbossen und -kanten zu erkennen. Viele kleine Schilde sind flach, oft aber auch scharf nach außen gewölbt (ANEP 370). Oft wurde die Schildwölbung durch Metallbossen bewirkt, die z.T. einfach gearbeitet, z.T. spitz zulaufend, z.T. in der Form eines Tierkopfes gearbeitet waren. Aus solchen metallischen Bossen wurden dann die Ganzmetallschilde entwickelt. Sie gewannen in der Antike jedoch keine dominierende Bedeutung. Die Verbindung in der militärtechnischen Entwicklung zwischen Westasien und Griechenland bilden Urartu und Kreta.
Der große und der kleine Schild war als Verteidigungswaffe ursprünglich für den Lanzen- und Speerwerfer gedacht, wurde später dann jedoch auch von Bogenschützen und Schleuderern verwendet. Während nämlich die ersteren sich selbst verteidigen, wurden den Bogenschützen und Schleuderern zur Verteidigung eigene Schildträger beigegeben. In der Spätbronzezeit wurde durch die Verwendung des zusammengesetzten Bogens und der Streitaxt die Bewaffnung ausgetüftelter. Der kleine Schild gewann an Bedeutung und der große wurde nur noch bei Schanzarbeiten verwendet. Soldaten mit Axt und Sichelschwert trugen Schilde von halber Körpergröße (ANEP 344), Soldaten mit Streitaxt und Kriegskeule waren mit dem kleinen Schild ausgerüstet (ANEP 60. 164).
Schilde wurden nicht nur zur persönlichen Verteidigung, sondern auch zu Schanzarbeiten gebraucht. So wurden Befestigungsanlagen der eisenzeitlichen Städte in Kriegszeiten mit Holzrahmen versehen, an denen große Schilde befestigt werden konnten, um die Verteidiger der Stadt zu schützen. Ein solches Balkenwerk ist in einem nassyr. Relief von der Schlacht bei Lachisch dargestellt (ANEP 373). Solche Schutzschirme waren oft auch beweglich, um bei Bedarf eine bewegliche Formation nach oben und allen Seiten abschirmen zu können.
Eine unmilitärische Verwendung von Schilden ist ziemlich unbekannt. Einige Jagdgehilfen eines nassyr. Monarchen tragen kleine Schilde und Bogen (ANEP 184). Kleine Schilde, z.T. mit Tierkopfbossen bilden den Hauptanteil des urartäischen Tempelschatzes von Muṣaṣir, der von den Truppen Sargons II. erbeutet wurde (ANEP 370; vgl. IV.3).

IV. 1. Zweimal begegnet *māḡen* im ChrGW zur Bezeichnung der Bewaffnung, die für eine kriegerische Auseinandersetzung vorbereitet wird. In 2 Chr 23,9 werden die Leviten in der Armee Jehojadas ausgerüstet mit Speeren, 'kleinen Schilden' (*hammāḡinnôṯ*) und *haššᵉlāṭîm*, die David gehörten und im Tempel aufbewahrt wurden. Ob und wieweit der Chronist diese beiden Waffenarten unterschieden wissen wollte, ist jedoch unklar (vgl. VI.2). In diesem Fall werden die Schilde nicht in einer kriegerischen Auseinandersetzung gebraucht, da die Inthronisation des Joas weitgehend ohne Blutvergießen vor sich ging. – Die Männer, die unter Nehemia die Jerusalemer Stadtmauer erneuerten, wurden in zwei Gruppen aufgeteilt. Die Lastträger und Bauarbeiter waren nur leicht bewaffnet (mit *šælaḥ* 'Wurfspieß' [?] und Schwert), während die Wachen mit Speeren, Bogen, Kettenpanzern und Schilden ausgestattet waren (Neh 4, 10f.).
2. In vielen Aufzählungen von Waffen wird der gewölbte Schild genannt als Teil der Bewaffnung oder auch metonymisch für sie. Von 16 solcher Waffenlisten enthalten 3 eine vollständige Ausrüstung: 2 Chr 26, 14 und Jer 46, 3 enthalten je 6 Termini, Ez 38, 9 sogar 7; die übrigen Stellen bieten 2 oder 3 Termini und sind von daher nur als Kurzformen von Waffenlisten anzusehen. In diesen Listen begegnen häufig auch *māḡen* und *ṣinnāh*; zwei andere Verteidigungswaffen werden genannt: *q/kôḇaʿ*, *s/širjôn*; daneben begegnen 8 Offensivwaffen: *ḥeṣ*, *qæšæṯ*, *'ašpāh*, *'aḇnê qælaʿ*, *maqqel jāḏ*, *ḥæræḇ*, *romaḥ* und vielleicht noch *šælaḥ*. Daneben begegnen zwei generelle Waffentermini: *milḥāmāh* und *nešæq* und zwei Termini für sonstige militärische Ausrüstung: *solᵉlāh* 'Erdwall' und *mærkāḇāh* 'Streitwagen'.
Nur eine der 3 ausführlichen Waffenlisten ist in sich ausgeglichen. Die chronistische Beschreibung der Bewaffnung der Soldaten Ussias (2 Chr 26, 14) ist aufschlußreich, weil hier die Ausstattung vom König bereitgestellt und nicht von den Soldaten beschafft wurde. Sie bestand aus 3 Defensiv- (*māḡen*, *kôḇaʿ*, *širjôn*) und 3 Offensivwaffen (*romaḥ*, *qæšæṯ*, *'aḇnê qælaʿ*). Sechs Reihen enthalten nur zwei Termini und sind deshalb nur als Metonym für die ganze Bewaffnung zu werten. In Ri 5, 8 wird die fehlende Waffenausrüstung Israels bei der Schlacht von Taanach beschrieben als das Fehlen von *māḡen* und *romaḥ*. Nicht nur dieses Paar steht metonymisch für die ganze Rüstung, aber seine bevorzugte Nennung hängt damit zusammen, daß es die Ausrüstung der meisten Soldaten darstellt. Diese am meisten verbreitete Bewaffnung fehlte Israel schon deshalb, weil es keine Berufssoldaten hatte. Zudem wußte sich Israel JHWH, dem größten Feldherrn verbunden, der das Schlachtfeld mit seinen Waffen, den himmlischen Heerscharen betritt. Auch diese kriegerischen Engel sind nach der Vision über Jerusalem während der 2. Invasion Ägyptens durch Antiochus IV. (ca. 170 v.Chr.) mit Lanze und Schild (ἀσπίς) ausgerüstet (2 Makk 5, 3). Nach 2 Makk 15, 11 bedurfte es nicht

dieses Waffenpaares, die ermutigenden Worte des Judas Makkabäus reichten aus. Diese beiden Ausrüstungsgegenstände werden auch Sir 29, 13 genannt, jedoch fordert hier der Siracide, daß ἐλεημοσύνη „öffentliches Erbarmen, Almosengeben" besser ist bei der Abwehr eines Feindes „als ein starker Schild und ein lenkbarer (oder: schwerer) Speer" (ὑπὲρ ἀσπίδα κράτους καὶ ὑπὲρ δόρυ ὁλκῆς).

Die Bewaffnung Hiskias im Zusammenhang seiner Maßnahmen gegen Sanherib enthält den defensiven *māḡen* und das offensive Gegenstück *šælaḥ* (2 Chr 32, 5); vgl. dazu auch Bogen (*qæšæṯ*) und *māḡen* (2 Sam 22, 36 = Ps 18, 36; vgl. w. u.). In Deut 33, 29 heißt es: „Deine Segnungen, Israel, ... wer ist wie du, ein Volk, gerettet von JHWH – Schild zu deiner Hilfe und (streiche *'ašær*) Schwert deiner Glorie." Schwert und Schild scheinen hier Attribute zu sein, verbunden mit der Beihilfe in der Schlacht und der daraus folgenden Glorie (vgl. IV. 1).

Nach prophetischem Denken haben nur die Feinde Israels eine ausgewogene Bewaffnung. Deshalb gibt Jeremia höhnische Order an die Teilnehmer der Schlacht von Karkemisch: „Sitzt auf, Krieger, Kusch und Put, die die Schilde (*māḡen*) tragen, Männer von Lud, die mutig den Bogen (*qæšæṯ*) tragen" (Jer 46, 9).

Eine dreigliedrige Waffenreihung liegt vor im Zusammenhang mit der Armee des Gog, einem großen Heerhaufen, der *māḡen* und *ṣinnāh* sowie das Schwert (*ḥæræḇ*) trägt (Ez 38, 4). Die Waffen werden auch hier in der Reihenfolge defensiv–offensiv aufgezählt.

Oft enthalten solche Waffenreihungen auch militärische Anlagen. In 2 Kön 19, 32 (= Jes 37, 33) verheißt JHWH über den König von Assyrien: „Er wird sich nicht gegen diese Stadt erheben, keinen Pfeil (*ḥeṣ*) in sie hineinschießen, mit keinem Schild (*māḡen*) davorkommen und er wird keinen Wall gegen sie aufschütten." Diese Aufzählung schreitet voran vom kleinen Pfeil über die größeren Schilde bis hin zum großen Belagerungswall (*sol^elāh*). In ähnlicher Weise erwartet das Orakel Jes 22, 6 eine verlorene Schlacht um Jerusalem; der Text ist schwierig, aber die Erwähnung von Köcher (*'ašpāh*), Streitwagen (*ræḵæḇ*) und Schilde (*māḡen*) ist unbestritten (vgl. Ez 38, 4).

Nur eine Waffenaufzählung mit *māḡen* enthält mehr Offensiv- als Defensivwaffen. Ez 39, 9 zählt die Waffen auf, die die Israeliten nach dem Sieg über Gog vernichten werden. Die Liste beginnt mit dem allgemeinen Terminus *nešæq* und schreitet dann spezifizierend fort zu *māḡen* und *ṣinnāh*; die vier Offensivwaffen *qæšæṯ*, *ḥiṣṣîm*, *maqqel jāḏ* und *romaḥ* schließen die Liste ab. Die Waffen sollen verbrannt werden, was nicht heißt, daß auch alle Waffen brennbar sind. Fast ausschließlich Offensivwaffen enthält die Liste assyr. Waffen Ri 9, 7. Die sonstigen Waffenlisten enthalten weitgehend defensive Waffen. Jer 46, 3f. enthält 2mal 3 Termini. Die erste Triade enthält neben *māḡen* und *ṣinnāh* noch die allgemeine Bezeichnung *milḥāmāh*, während in der zweiten Triade die Defensivwaffen *kôḇa'* und *širjôn* den *romaḥ* umgeben. Auch Ez 23, 24 nennt nur Verteidigungswaffen: *māḡen*, *ṣinnāh*, *qôḇa'* (vgl. auch Ez 38, 5).

Manche dieser Waffenlisten begegnen im gleichen Zusammenhang, und ihre Differenzen lassen Ahnungen über den je vorliegenden Kampfverlauf zu. In Jeremias Beschreibung der Schlacht von Karkemisch (Jer 46) zeigt sich die äg. Armee zuerst in voller Bewaffnung und später bei drohender Niederlage nur noch im Besitz von leichten Waffen. Im Krieg gegen Gog zeigt sich die umgekehrte Reihenfolge (vgl. Ez 38). Schließlich wird ein recht merkwürdiger Waffenkatalog in Ez 23, 24 aufgelistet. Oholibas Liebhaber, die vorher ihre Liebesgunst entlöhnten, richten nun ihre Waffen gegen sie, aber es sind ausschließlich Verteidigungswaffen (*māḡen* gehört dazu; vgl. Jer 46, 3; Ez 38, 4. 5).

3. Salomo verstand es, kostbare Metalle zu Dekorationszwecken zu verwenden, um sie aber zugleich auch in Reserve zu haben. Aus diesem Grunde ließ er das Libanonwaldhaus mit goldenen Schilden decken. Der Text spricht von 300 *māḡinnîm* aus gehämmertem Gold, nach 1 Kön 10, 17 je aus 3 Minen Gold (ca. 150 Schekel, ca. 1,7 kg). Der Chronist erliegt einer frommen Übertreibung und nennt die Goldmenge pro kleinem Schild mit 300 Schekel (ca. 3,4 kg) (2 Chr 9, 16). Salomo baute diesen Schatz noch weiter aus durch 200 große Schilde, jeder aus 600 Schekel gehämmerten Goldes (1 Kön 10, 16 MT; LXX nennt 300 große Schilde, jeder mit je 300 Schekel; 2 Chr 9, 15 folgt MT). Dieser große Schild (*ṣinnāh*) war wahrscheinlich 4mal so groß wie ein *māḡen* und enthielt dementsprechend viel Gold. Salomo verwandte das Gold auch zu anderen Dekorationszwecken in seinem Palast (1 Kön 10, 18–21 → כסא *kisse'*) in einem solchen Maße, daß der Historiker 1 Kön 10, 21 benommen feststellt, daß in Salomos Zeit Silber als „etwas Altes" (*m^e'ummāh*) betrachtet wurde. Ganz eindeutig beherrscht die Sammlung der Schilde mit 1860 kg Gold die Szene. Der biblische Text ist an dieser Stelle nicht eindeutig, aber es scheint so, daß aus dem Gold nicht wirkliche Schilde gebildet waren, sondern Schindeln, die diesen ähnlich waren (vgl. Snodgrass 1964, 23–25).

Bei der Invasion 918 erbeutete Pharao Sheshonq I. diese Goldschilde (1 Kön 14, 26 = 2 Chr 12, 9); obwohl nur die *māḡinnîm* genannt werden, erbeutete er sicherlich auch die großen Schilde. Rehabeam ersetzte dann diesen Verlust durch *māḡinnê n^eḥošæṯ* 'Schilde aus Bronze' (1 Kön 14, 27 = 2 Chr 12, 10). Diese nun sind tatsächlich auch für den militärischen Gebrauch vorgesehen, denn die Palastwachen, die am Palasttor Wache hielten, brauchten sie. Jedesmal, wenn sich der König zum Tempel begab, trug die Wache diese Schilde. Danach wurden sie wieder im Depot (*tā'*, seine Lage im Bezug auf den Palast oder das Libanonwaldhaus ist nicht geklärt) abgestellt (1 Kön 14, 28 = 2 Chr 12, 11). Diese große Waffensammlung könnte der Chronist im Gedächtnis ge-

habt haben bei seiner Erzählung über Athaljas Umsturz (vgl. IV. 1), aber der Hinweis auf David wird kaum zutreffen; dahinter steht wohl der alte Bericht 1 Sam 17, 54.
Der Chronist belegt für die Zeit des 10. Jh. zum ersten Mal die Tradition einer Schildverwendung im Bereich der Dekoration. 100 Jahre später begegnet dies wieder in der verwirrenden Darstellung der Thronfolge des Joas. Wiederum ein Jh. später spielt der Chronist auf Hiskias Ansammlung von Reichtümern an, der „sich Reichtümer aufhäufte, Silber, Gold, Edelsteine, Gewürze, Schilde (MT gegen BHS) und sonst noch wunderbare Dinge" (2 Chr 32, 27). Das DtrGW ist an den Parallelstellen nicht an diesen Schätzen interessiert.
Schilde begegnen auch in Tributzahlungen: ein goldener ἀσπίς von 1000 Minen (= 571 kg) Gewicht besiegelte den Bund des Simon Makkabäus mit Rom (1 Makk 14, 24; 15, 18. 20; vgl. J. Goldstein, AB 41, 1976, 46).
4. Auf den Türmen und Zinnen der Städte wurden während Belagerungen Schilde aufgestellt, um einen flexiblen Schutzschirm für die Verteidiger der Stadt zu erreichen (vgl. II. 2). Die Römer nannten einen solchen Schutzschirm testudo. In seinem Klagelied über das große Schiff Tyros vergleicht Ezechiel diese Stadt mit einer testudo. Bei der Ausgestaltung der Schiffsmetapher schildert der Prophet auch die Dekoration der Stadt, die weitgehend militärischer Natur ist. Persische Söldner hängten (*tillû*) ihren Schild (*māḡen*) und ihre Helme in der Stadt auf. Die Arwaditer besetzten die Stadtmauern, Gamaditer die Türme: „Sie hängten ihre Schilde (*šælæṭ*) ringsum an deine Mauern und haben deine Schönheit so vollendet" (Ez 27, 11). Bei der weiteren Beschreibung des tyrischen Reichtums wird den Schilden die meiste Aufmerksamkeit geschenkt. Während die Schilde jedoch in Salomos Palast Symbol und wirtschaftliche Sicherung eines nationalen Friedens war, waren die Schilde in Tyrus in einer testudo-Funktion für den Krieg bereit.
5. Schilde werden mit bestimmten Kriegern verbunden. Obwohl sich oft die spezifischen Funktionen einzelner Truppenabteilungen nicht exakt bestimmen lassen, geht doch gelegentlich aus der Benennung bereits eine spezifische Funktion hervor: Im Heerbann der Stämme Ruben, Gad und Manasse (transjordanisch) des 11. Jh. gab es a) *b^e^nê ḥajil* 'Soldaten', b) *'^a^nāšîm noś^e^'ê māḡen w^e^ḥæræḇ* 'Männer mit Schild und Schwert', c) *dor^e^ḵê qæšæṯ* 'Bogenschützen' und d) *l^e^mûḏê milḥāmāh* 'Waffenkundige (oder: Kriegskundige)' (1 Chr 5, 18). Gruppe c bildete sicher eine eigene Abteilung, Gruppe b scheint gemischt zu sein, da Schwertkämpfer gewöhnlich nicht Schilde trugen. Gruppe a umfaßt wegen der generellen Benennung wohl alle Soldaten, Gruppe d nur solche mit spezifischen Kenntnissen.
Am Ende des 10. Jh. bestand das Heer des Königs Asa aus a) judäischen *ḥajil nośe' ṣinnāh wāromaḥ* 'Truppen von Schild- und Speerträgern', b) benjaminitischen *noś^e^'ê māḡen* 'Schildträgern' und c) *dor^e^ḵê qæšæṯ* 'Bogenschützen' (2 Chr 14, 7). Eine solche Aufzählung in drei Gruppen entspricht auch dem archäologischen Befund. Die Gruppen b und c werden vornehmlich zusammen eingesetzt. Die stämmemäßige Spezialisierung der Truppen könnte alte Traditionen widerspiegeln. Dazu vgl. 2 Chr 17, 17f., wonach im Heer des Josaphat benjaminitische *noš^e^qê-qæšæṯ ûmāḡen* 'Träger von Bogen und Schild' und judäische *ḥ^a^lûṣê ṣāḇā'* 'zum Kampf gerüstete Männer' eingesetzt waren. Gerade die zweite Gruppe ist kaum näher zu spezifizieren (vgl. Jer 46, 9; Ez 38, 4. 5).
Ein metaphorischer Gebrauch dieser Terminologie ist im AT unüblich. Nur Sir 37, 5 bezeichnet den als wahren Freund, der den Schild (ἀσπίδα) gegen den trägt, der Sirachs Weisheit nicht annimmt.
6. Auch die Gegnerschaft des Menschen gegen Gott wird oft mit militärischer Terminologie beschrieben. In Ps 76 zerschmettert Gott, der in Salem-Zion wohnt, „Bogen, Schild, Schwert und andere Kriegswaffen (*milḥāmāh*)", die einem nicht näher bezeichneten Eindringling auf den Heiligen Berg gehören (v. 4). In seiner zweiten Rede (Hi 15) legt Eliphas einen traditionellen Weisheitssatz dar: Der böse Unterdrücker lebt in Qual, weil „er seine Hand gegen El gerichtet, seine Kraft gegen Schaddaj gewendet hat. Er läuft gegen ihn mit dem steifen Nakken (*b^e^ṣawwā'r*) und mit den festen Buckeln seiner Schilde (*gabbê māḡinnājw*)" (vv. 20ff.). Auch hier endet der Widerstand gegen Gott erfolglos.
7. Wer Gott mit menschlichen Waffen beikommen möchte, der verliert. Dagegen kann Gott sich dieser Waffen mit Erfolg bedienen. Ps 35, 1–3 lautet: „Kämpfe, JHWH, gegen meine Widersacher, bekämpfe meine Gegner. Ergreife Schild (*māḡen*) und Schutzschild (*ṣinnāh*) und mache dich auf, mir zu helfen. Zücke Speer (*ḥ^a^nîṯ*) und Streitaxt (*s^e^ḡor*; vgl. 1 QM 5, 7) gegen meine Verfolger!" JHWH wird hier beschrieben wie ein Speerkrieger des 1. Jt., der in der Linken den Schild, in der Rechten den Speer trägt. Diese Verbindung zweier an sich heterogener Waffen sperrt sich jeder weiteren Ausdeutung. Dem Psalmendichter selbst mag die Schilderung des waffenstrotzenden JHWH wohl recht befremdlich vorgekommen sein, denn er wechselt in v. 4 ins Passiv und sieht schließlich sogar den Boten Gottes (vv. 5–6) am Werk (vgl. Deut 32, 29). Auch die Weisheit Salomos spricht von den Waffen JHWHs (Weish 5, 17–22; vgl. Eph 6, 10–18): die Gottheit ergreift zuerst die Verteidigungswaffen, dann erst Schwert, Bogen und Schleuder. Die letztgenannte Defensivwaffe ist der ἀσπίς 'kleiner Schild'. Er wird als „unbesiegbar" (ἀκαταμάχητον) beschrieben, denn er ist Gottes „Güte" (ὁσιότητα) (Weish 5, 19).
8. In der Klimax des 4. Kap. bezeichnet Hosea Ephraim als *ḥ^a^ḇûr '^a^ṣabbîm* 'Verbündeter der Götzen', der sich konsequent der sexuellen Promiskuität hingibt. Das wichtigste Gegenargument gegen dieses götzendienerische Verhalten ist nicht seine Un-

erlaubtheit, sondern seine Stumpfsinnigkeit. In den schwierigen Abschlußversen weist der Prophet auf, daß JHWH stärker ist als die Götzen Ephraims. „Er (JHWH) fesselt die Schlechtigkeit mit ihren Schilden, den Geist der Lust (l. *'iwwāṯāh*) mitsamt seinen Flügeln" (vgl. AB 25 z.St.; ganz anders dagegen Wolff, BK und Rudolph, KAT z.St.). Die hier beschriebene kultische Figur wird als *qālôn* 'Schlechtigkeit' bezeichnet, dann näher erklärt als „Geist der Lust". Auffällig ist ihre Ausrüstung mit Schilden und Flügeln, vielleicht eine Beschreibung wehender Gewänder.

9. Auch die testudo wird zweimal metaphorisch verwendet: einmal für Macht, einmal für große Schönheit. Die Beschreibung des Leviathan (→ לויתן) Hi 40, 25 – 41, 26 enthält eine detaillierte Benennung des Körpers dieser Kreatur, wobei besondere Aufmerksamkeit auf seinen Rücken gelegt wird. Nach 41, 7 trägt sein Rücken (l. *ge(')wô* mit Pope, AB 15, [3]1965, 339) eine Reihe von Schilden (*māḡinnîm*), eine Formation, die mit des Kiesels Siegel verschlossen ist. Kein Zwischenraum (l. *ræwaḥ*) besteht zwischen ihnen und sie sind so aneinandergefügt, daß man sie nicht trennen kann (v. 8). Hinter diesem Bild steht eindeutig die testudo, sei sie stationär, sei sie mobil. Der Hiobdichter hat hier die Vorstellung von unüberwindlicher militärischer Kraft ins Unvorstellbare gesteigert, um die Kraft dieses Tieres adäquat zu beschreiben.

Im HL überrascht das Bild der testudo. Im Kap. 4 werden die weiblichen Liebreize aufgezählt, beginnend bei den Augen wie Taubenaugen, das Haar wie Bergziegen über Zähne wie eine Schafherde zu Lippen, Mund und Wangen. Die Beschreibung des Halses erinnert an eine testudo: „Dein Hals ist wie der Turm Davids, mit Brustwehren gebaut. 1000 Schilde (*māḡen*) sind an ihm aufgehängt, lauter Schilde (*šilṭê*) von Helden." Pope vermutet, daß „the erect and bold carriage of the lady's bespangled neck is likened to a commanding tower adorned with trophies of war, . . . with multiple layers remarkably resembling courses of masonry" (Pope, AB 7 C, 466. 468). Das trifft nur z.T. zu, denn Schilde wurden nicht als Trophäen an den Türmen aufgehängt, sondern nur an auf den Türmen zur Abwehr zeitweise angebrachten Holzrahmen, um so eine testudo für die Schlacht bereit zu haben.

V. Die reichhaltigste Kriegsliteratur der althebr. Sprache findet sich in 1 QM. Diese Rolle beschäftigt sich mehrmals und detailliert mit den Schilden und ihrer Verwendung im eschatologischen Kampf. Der erste genannte Schild (5, 1) ist der des Führers (*nāśi'*) der Kommunität und trägt als Aufschrift den Namen des Fürsten, Israels, Levi, Aaron und die Namen der 12 Stämme. Die Lesung des Textes ist an entscheidender Stelle gestört. In der Lücke kann statt *mgn* auch *'wt* gestanden haben. Nach 1 QM 5, 4 tragen die Fußsoldaten *mgnj nḥwšt mrwqh km'šh mr't pnjm* „eherne Schilde, poliert wie Spiegel" (vgl. 1 Makk 6, 39) mit gedrehter Randverzierung und geflochtenem Schmuck. Eine solche Umrandung bestand wohl aus einem kunstvollen Gefüge aus Gold, Silber und Bronze, mit Edelsteinen besetzt. Die Länge der Schilde betrug 2 1/2 Ellen, die Breite 1 1/2 Ellen. Es ist die erste Waffe, die in Qumran beschrieben wird.

Nach der Schilderung der Schlacht greift die Infanterie von einer fest bestimmten Position aus an. Sie benutzt Wurfpfeile (*šelāṭîm*, vgl. VI.2), um die Kampfkraft der Feinde zu reduzieren. Danach rükken zwei Abteilungen vor, um die Feinde endgültig aufzureiben. Eine dieser Abteilungen ist bewaffnet mit *ḥanîṯ ûmāḡen* 'Speer und Schild', die andere mit *māḡen wekîḏôn* 'Schild und Schwert' (1 QM 6, 5). Es läßt sich nicht mehr ausmachen, ob zwischen *ḥanîṯ* und *kîḏôn* ein Unterschied bestand. Die Reitertruppen trugen nicht den rechteckigen Schild der Infanterie, sondern *māḡinnê 'æḡlāh* 'Rundschilde' (1 QM 6, 15).

Nach 1 QM 9 scheint auch die testudo in Qumran bekannt gewesen zu sein. Die Qumranessener nannten sie „Türme", die die Flanken der Schlachtreihe sichern sollten. Diese Türme wurden aus Schilden, ähnlich denen der Fußtruppen, geformt. Jede testudo bestand aus 300 Schilden, je 100 auf jeder Seite. Der Text beschreibt 4 solcher Formationen, d.h. 1200 Schilde wurden zusammen bewegt. Jeder Schild in der 1. testudo (Südseite) trägt die Aufschrift „Michael", an der Ostseite „Gabriel", an der Nordseite „Sariel" und im Westen „Raphael" (1 QM 9, 12–14).

Es ist ganz klar, daß hinter dieser Schilderung römische Militärtechnik zu sehen ist, dagegen ist eine Identifizierung mit römischen Waffen schwierig. Yadin versuchte die Identifizierung mit dem römischen scutum, dem Schild der Fußtruppen (vgl. J. van der Ploeg, StDJ 2, 1959, 90–94), während die Reitertruppen den leichteren clipeus oder die parma trugen.

In den Hodajot zeichnet sich eine besondere Verwendung von *māḡen* ab: Der Beter vergleicht sich selbst in seinem Verhältnis zu Gott mit jemandem, der eine befestigte Stadt betritt, in die kein Fremder (*zār*) eindringen kann. Denn die Stadttore sind *dalṯê māḡen* 'Tore der Kraft' (wörtl. 'der Schilde'), „und niemand kommt durch sie hindurch. Ihre Riegel sind fest und unzerbrechlich" (1 QH 6, 27). Der Übergang von der konkreten zur mehr abstrakten Bedeutung ist an sich üblich, doch für *māḡen* ist er nur hier belegt.

VI. 1. *ṣinnāh* hat eine dunkle Etymologie. Im AT begegnet dieser Langschild 20mal, davon 10mal zusammen mit *māḡen* (vgl. Jer 46, 3; Ez 23, 24; 38, 4. 9, vgl. IV.2; 1 Kön 10, 16 [2mal]; 2 Chr 9, 15 [2mal], vgl. IV.3; 2 Chr 14, 7, vgl. IV.5; Ps 35, 2, vgl. IV.7). Die übrigen 10 Belege stimmen mit dem Bisherigen mehr oder weniger überein: 2 Chr 11, 2 und 25, 5 wären zu IV.2 zu stellen. Ez 26, 8 ist ein verwandter Text, der im Zusammenhang mit einer Offensiv- (*ḥæræb*) und einer Defensivwaffe (*ṣinnāh*) noch anderes Kriegsmaterial erwähnt: *solᵉlāh*, *dājeq* 'Bollwerk', *mᵉḥî* 'Rammbock' und *sûsîm* 'Pferde'. 1 Chr 12, 9 ist zu IV. 5 zu ziehen (BHS/BHK lesen mit der Ed. Bombergiana gegen den MT *ʿrkj ṣnh wrmḥ*, doch viele Editionen ziehen MT vor *ʿorkê ṣinnāh ûmāḡen*; vgl. auch 1 Chr 12, 25); 1 Chr 12, 35 nennt *ṣinnāh* und *ḥᵃnîṯ* nebeneinander; 1 Sam 17, 7 nennt einen Träger der *ṣinnāh*; Ps 5, 13 (JHWHs *rāṣôn* 'Wohlgefallen' umgibt den Gerechten wie ein Schild) und 91, 4 (JHWH verbirgt den Glaubenden in seinen Flügeln und seine Treue ist *ṣinnāh wᵉsoḥerāh*; das letzte Wort ist ein hap. leg. und meint wohl ebenfalls 'Körperschild'; vgl. A. A. Macintosh, Ps XCI 4 and the Root סחר, VT 23, 1973, 56–62) sind zu IV. 7 zu ziehen. Zum Schild des Glaubens vgl. auch Eph 6, 16.

2. *šælæṭ* ist ein unsicheres Wort, da eine etymologische Herleitung von akk. *šalāṭu* und arab. *salaṭa* 'kräftig sein' kaum möglich ist. Das Wort begegnet 7mal im AT, 3mal zusammen mit *māḡen*: 2 Chr 23, 9 (IV. 1); Ez 27, 11 (IV. 4); HL 4, 4 (IV. 9).

Der Text von 2 Chr 23, 9 enthält eine Dublette zu 2 Kön 11, 10, wobei jedoch in der letzteren Stelle *māḡen* nicht gebraucht wird. Die Beibehaltung von *šælæṭ* in beiden Texten dagegen läßt vermuten, daß es *māḡen* in nachexilischen Texten verdrängt hat (vgl. jedoch dagegen Qumran). Jer 51, 11 ist zu IV. 2 zu ziehen: *šælæṭ* steht neben *ḥiṣṣîm* 'Pfeile' und zusammen mit dem Verb *māle'* 'füllen'. Daraus hat man für *šælæṭ* die Bedeutung 'Köcher' erschlossen (vgl. R. Borger, VT 22, 1972, 385ff.: 'Bogenfutteral'). *šælæṭ* gehört auch zu den Schätzen (vgl. oben IV. 3), denn nach 2 Sam 8, 7 = 1 Chr 18, 7 erbeutet David *šilṭê hazzāhāḇ* 'Schilde (?) aus Gold' vom Aramäerkönig Hadad-Eser aus Zobah. Zwei weitere Gründe lassen die Bedeutung von *šælæṭ* im Unklaren: In 1 QM wird es in einer ganz anderen Bedeutung als im AT gebraucht (vgl. oben V.). Auch die LXX wußte mit diesem Wort nichts anzufangen, da sie für 7 Stellen 5 verschiedene Übersetzungen vorlegt (vgl. Pope, AB 7C, 469).

VII. 1.* In Gen 15, 1, 12mal in den Pss (ein weiterer Beleg, Ps 84, 10, ist zweideutig) und 2mal in Spr wird Gott als *māḡen* bezeichnet. Die damit verbundenen Assoziationen gehen aus dem Kontext hervor. Ps 3, 4 wird JHWH als ein *māḡen* des Psalmisten, als seine Ehre (*kāḇôḏ*) und als der Erheber seines Hauptes angeredet. Ps 7, 11 ist Gott der Höchste (s. BHS, Viganó 41), der *māḡen* des Psalmisten und sein Retter (*môšîaʿ*). In Ps 28, 7 ist JHWH als Stärke und *māḡen* Gegenstand des Vertrauens. Ps 18, 3 bietet eine Reihe von Epitheta: Fels (*sælaʿ*), Feste (*mᵉṣûḏāh*), Retter (*mᵉpalleṭ*), Fels (*ṣûr*), *māḡen*, Horn des Heils, Zuflucht (*miśgāḇ*); 2 Sam 22 fügt Zufluchtstätte (*mānôs*) und Retter (*môšîaʿ*) hinzu. Eine ähnliche Reihe (*ṣûr*, *mᵉlammeḏ*, *ḥæsæd*, *mᵉṣûḏāh*, *miśgāḇ*, *mᵉpalleṭ*, *māḡen*, „bei dem ich Zuflucht suche") findet sich Ps 144, 1f. Ps 18, 31 ist JHWH ein *māḡen* für die, die bei ihm Zuflucht suchen (*ḥosîm*; v. 32f.: Fels und Geber der Stärke). Ps 119, 114 bietet Versteck (*seṯær*) und *māḡen*. Ps 59, 12 bittet „unseren *māḡen*" um Vernichtung der Feinde – dabei ist zu beachten, daß der Schild keine Angriffswaffe ist. In Ps 33, 20 findet sich nach einem Stück, wo die Unzulänglichkeit menschlicher Kraft und kriegerischer Stärke hervorgehoben wird, die Feststellung, daß JHWH Hilfe (*ʿezær*) und *māḡen* ist; ähnlich Ps 115, 9f.

Die beiden Belege aus den Sprüchen besagen nur, daß JHWH ein *māḡen* ist für die, die lauter wandeln (Spr 2, 7) bzw. bei ihm Zuflucht nehmen (*ḥosîm*) (30, 5). Gen 15, 1 nennt sich JHWH den *māḡen* Abrahams und verspricht ihm „großen Lohn".

Es fällt auf, daß *māḡen* sowohl mit passiven Begriffen wie „Schutz", „Zuflucht" als auch mit aktiven wie „retten" und „schenken" in Verbindung gebracht wird. Ps 84, 12 wird JHWH außerdem als *māḡen* und Sonne bezeichnet (vgl. M. Dahood, Bibl 54, 1973, 361), was daran erinnern könnte, daß der äg. Pharao und der heth. Großkönig ihren Kleinfürsten als Sonne galten. Mit Recht verweist Westermann, BK I/2, 258, mit O. Kaiser (ZAW 70, 1958, 113) auf ein Orakel der Ištar von Arbela: „Assarhaddon, in Arbela bin ich dein gnädiger Schild"; vgl. auch M. Rose, BZ 20, 1976, 199. (*Ri.*)

Eine andere Deutung dieses Gottesepithets ist von mehreren Forschern, zuletzt Kessler und Dahood, erwogen worden. Man geht davon aus, daß es in mehreren semit. Sprachen eine Wurzel *mgn* 'geben, schenken' gibt, z. B. phön. *mgn* 'schenken' (KAI 29, 1; DISO 142, viell. auch pun. *bʿl mgnm*, „Herr der Gaben" KAI 178, 3), palmyr. *mgn* 'gratis' (DISO 142), jüd.-aram. und syr. *maggānā'* 'gratis, umsonst' (vgl. F. Rundgren, Or Suec 14–15, 1965, 81–83), akk. *magannu* 'Geschenk' (nach AHw 574f. Lehnwort, vgl. CAD M 1, 31f.), ugar. *mgn* 'beschenken' (WUS Nr. 1513), hebr. *miggen* 'geben, preisgeben' (Gen 14, 20; Hos 11, 8; Spr 4, 9; vgl. auch 1 QM 18, 13; vgl. F. Asensio, EstBibl 9, 1950, 441–460).

In Gen 15, 1 könnte man demnach lesen *'ānoḵî moḡen lᵉḵā śᵉḵārᵉḵā harbeh mᵉ'oḏ*, „ich werde dir deinen sehr großen Lohn schenken" (so Kessler), was zu Abrahams Frage v. 2 „Was willst du mir geben?" gut paßt. Dahood (AB 16, 16f.; vgl. auch Deist 100ff.) weist auf pun. *magon* als Generalstitel (lat. *imperator*, *dux*; die Belege sind aber fraglich) hin und setzt ein hebr. *māḡān* 'suzerain' voraus, das z. B. Ps 84, 10 mit *māšîaḥ*, Ps 89, 19 mit *mælæḵ* und Ps 84, 12 mit *šæmæš* verbunden wird. Er nennt außerdem Ps 7, 11; 18, 31; 47, 10; 59, 12; Gen 15, 1; Spr 2, 7; 30, 5 als Belege für diese Bedeutung.

Es würde dem hebr. Sprachgebrauch mehr entsprechen, ein Gottesepitheton *moḡen* 'Geber, Schenker' anzunehmen. Partizipien kommen ja oft als Gottesepitheta vor, z. B. im Lied der Hanna 1 Sam 2 *memîṯ*, *mᵉḥajjæh*, *môriḏ*, *môrîš*, *maʿᵃšîr*, *mašpîl*, *mᵉrômem*. Diese Bedeutung ist in den oben genannten Psalmstellen möglich und würde in den Fällen besonders gut passen, wo Gott als aktiv handelnd erscheint.

2. In einigen Fällen wird nun dieser Titel auch von Menschen gebraucht. Wenn man Ps 84, 10 übersetzt: „Siehe unseren Geber (*moḡen*, MT *māḡen*), o Gott, schau auf das Antlitz unseres Gesalbten" steht *mgn* parallel mit *māšiaḥ* und weist auf den König hin. Ebenso Ps 89, 19: „Denn JHWH gehört unser 'Geber', dem Heiligen Israels unser König." Ps 47, 10 spricht von den Fürsten der Erde (*mgnj 'æræṣ*) als Gott gehörig; parallel steht *n^ediḇê 'ammîm*.

Drei weitere Texte sind unsicher. 2 Sam 1, 21 b „Dort wurde entehrt der *mgn* der Helden, der *mgn* Saul(s), mit Öl gesalbt" könnte man „der Geber der Helden" bzw. „der Geber Saul" übersetzen (Text unsicher, s. Freedman, SNumen 21, 1972, 122). Vom Schild Sauls ist sonst nicht die Rede, und das Salben der Schilde ist unsicher. Das Wort *mgn* muß sich auf eine Person beziehen. In Jes 21, 5 wird in einem Trinkgelage der Aufruf „Zu den Waffen!" erhoben: „Auf, ihr Fürsten, salbet einen *mgn*." Da die Salbung der Schilde sonst nicht bezeugt ist (s. o.), könnte es um die Weihe eines Anführers gehen. Nah 2, 4 ist außerordentlich dunkel. Es ist von Rotfärben des *mgn* von Ninives Helden bzw. dessen Krieger die Rede. Bezieht sich das auf rote Kleider (Dahood, Bibl 55, 78) und rote Schilde (K. Cathcart, BietOr 26, 1973, 86f.) oder auf Rotfärbung der Haut wie KTU 1.14, IV 203–208?

Wenn es Spr 6, 11; 24, 34 heißt, die Armut wird den Faulen wie ein *'îš māḡen* überfallen, ist es auffallend, daß eine Abwehrwaffe in Zusammenhang mit einem Angriff hervorgehoben wird. Nach der alten Erklärung charakterisiert der Ausdruck „Schildbewehrter" den Angreifer als „einen Straßenräuber, der unversehens kommt" (Wildeboer, KHC 15, 1897, 18). Neuerdings liest man oft im Anschluß an das Ugar. *moḡen* oder *maggān* 'Bettler' (W. F. Albright, VTS 3, 1955, 9f.; so auch KBL[3]).

VIII. Die Übersetzer der LXX hatten offenbar keine konkrete Vorstellung von den Schilden. Für die 20 Belege von *ṣinnāh* werden 10 verschiedene Wörter gebraucht, z. B. θυρεός (11mal), δόρυ, κόντος (beide 'Speer'), 1 Kön 10, 16; Ez 39, 9. Die Wiedergabe von *mgn* ist einheitlicher: θυρεὸς 9mal, ἀσπίς und πέλτη je 5mal. 3mal wird eine abstrakte Übersetzung vorgezogen: 2 Sam 26 (= Ps 18), 36 ὑπερασπισμός; Deut 33, 29 eine Form von ὑπερασπίζειν. Als Gottesepithet steht ὑπερασπίστης 2 Sam (= Ps 18), 3. 31; Ps 28, 7; 33, 20; 59, 12; 115, 9–11; 144, 2; Formen von ὑπερασπίζειν Gen 15, 1; Spr 2, 7; 30, 5; ἀντιλήμπτωρ Ps 3, 4; 119, 114; βοήθεια Ps 7, 11. In 1 Sam 1, 21; Jes 21, 5 steht θυρεὸς, Nah 2, 4 ὅπλον, dagegen Ps 84, 10 ὑπερασπίστης, Ps 89, 19 ἀντίληψις, Ps 47, 10 κραταιός.

Freedman – O'Connor

מִדְבָּר *miḏbār*

עֲרָבָה *'arāḇāh*

I. Etymologie – II. Bedeutung – III. Textbestand – 1. *miḏbār* – 2. *'arāḇāh* – 3. Andere Synonyme – 4. Antonyme – 5. Teile der *miḏbār* – IV. Verwendungsbereich – 1. Raumdimension – a) Geographie Palästinas und des Nahen Ostens – b) als Grenzbezeichnung – c) zur topographischen Umschreibung bestimmter Gebiete – d) zur Lokalisierung von Orten – 2. *miḏbār* als ökologischer Begriff – a) Wüste und Einöde – b) Lebensraum von Wüstenvölkern – c) Weideland – 3. Zufluchtsstätte – V. Historisch-räumliche Dimension – Ort der Geschichtserfahrung zwischen Exodus und Landnahme – VI. Theologische Konnotation – 1. Allgemein – 2. Forschungsgeschichte – a) 'Wüstenideal' – b) Überreste einer nomadischen Kultur – VII. Der Stellenwert von *miḏbār* im AT – 1. Die Zeit-Raum-Konnotation von *miḏbār* – a) untergeordnete Bedeutung der Wüstenwanderungsperiode – b) Provisorium – 2. Zwei Phasen der Wüstenwanderung – a) die positive – b) der 'Berg des Bundes' – c) die negative – 3. Motiv- und Stoffmischung – a) *miḏbār* = Unterwelt – b) die 'Trift'-Konnotation – α) Gott als 'der Hirt Israels' – β) Liebe-in-der-*miḏbār* – c) Liebe in der post-Exodus *miḏbār* bei vorexilischen Propheten – d) *miḏbār* in nachexilischen Prophetenschriften – VIII. *miḏbār* in der Qumranliteratur und Theologie.

Lit.: *S. Abramsky*, The House of Rechab (Eretz-Israel 8, 1967, 255–264). – *Y. Aharoni*, דרכי המדבר בתקופת המקרא (ספר טור־סיני, החברה לחקר המקרא ירושלים (43–46, תש"ב. – *Ders.*, Forerunners of the Limes: Iron Age Fortresses in the Negev (IEJ 17, 1967, 1–17). – *Ders.*, כתובות ערד, Jerusalem 1975. – *W. F. Albright*, Primitivism in Ancient Western Asia (in: A Documentary History of Primitivism and Related Ideas, Vol. I, Baltimore 1935). – *J. M. Allegro*, Commentary on Psalms, 4Q171 (DJD V, 1968, 42–49). – *Ders.*, Florilegium 4Q174 (DJD V, 1968, 53–57). – *W. M. Alston Jr.*, The Concept of the Wilderness in the Intertestamental Period (Dissertation Abstracts 9, 1974/75, 11). – *B. W. Anderson*, Exodus Typology in Second Isaiah (Festschr. J. Muilenburg, New York 1962, 177–195). – *Ders.*, The Book of Hosea (Int 8, 1954, 290–303). – *R. T. Anderson*, The Role of the Desert in Israelite Thought (JBR 27, 1959, 41–44). – *R. Bach*, Die Erwählung Israels in der Wüste (Diss. Bonn 1952). – *B. Baentsch*, Die Wüste in den alttestamentlichen Schriften, 1883. – *D. Baly*, The Geography of the Bible, London [2]1974. – *Chr. Barth*, Zur Bedeutung der Wüstentradition (VTS 15, 1966, 14–23). – *M. Y. Ben-Gavriêl*, Das nomadische Ideal in der Bibel (Stimmen der Zeit 88/171, 1962–63, 253–263). – *P. L. Berger*, The Sociological Study of Sectarianism (Social Research 21, 1954, 467). – *K. H. Bernhardt*, Nomadentum und Ackerbaukultur in der frühstaatlichen Zeit Altisraels: Das Verhältnis von Bodenbauern und Viehzüchtern in historischer Sicht (Institut f. Orientforschung, Veröff. Nr. 69, 1969, 31–40). – *W. Beyerlin*, Herkunft und Geschichte der ältesten Sinaitraditionen, Tübingen 1961. – *A. Biram*, 25–16, הושע ב (ספר אורבך פרסומי החברה לחקר המקראי, Jerusalem 1955, 116–139). – *P. Bonnard*, La significance du désert selon le Nouveau Testament (Festschr. K. Barth, Hors série 2, 1946, 9–18). – *W. H. Brownlee*, John the Baptist in the

New Light of Ancient Scrolls (in: The Scrolls and the New Testament, ed. K. Stendahl, New York 1957, 33–53). – *K. Budde*, The Nomadic Ideal in the Old Testament (New World 4, 1895, 726–745 = Das nomadische Ideal im Alten Testament, Preußische Jahrbücher 1896). – *Ders.*, Die Religion des Volkes Israel, 1899, 12ff. – *H. Bückers*, Zur Verwertung der Sinaitraditionen in den Psalmen (Bibl 32, 1951, 401–422). – *R. P. Carroll*, Rebellion and Dissent in Ancient Israelite Society (ZAW 89, 1977, 176–204). – *U. Cassuto*, הנביא הושע וספרי התורה (Chajes Festschrift, Wien 1930, 202ff.). – *A. Causse*, Du groupe ethnique à la communauté religieuse, Paris 1937, 15–31. – *D. J. Chitty*, The Desert a City: An Introduction to the History of Egyptian and Palestinian Monasticism under the Christian Empire, Oxford 1966. – *G. W. Coats*, Rebellion of Israel in the Wilderness, Nashville 1968. – *Ders.*, The Wilderness Itinerary (CBQ 34, 1972, 135–152). – *Ders.*, An Exposition for the Wilderness Traditions (VT 22, 1972, 288–295). – *Ders.*, Conquest Traditions in the Wilderness Theme (JBL 95, 1976, 177–190). – *R. Cohen*, The Excavations at Kadesh-Barnea 1976–78 (BA 44, 2, 1981, 93–107). – *R. Cohen – W. G. Dever*, Preliminary Report of the Pilot Season of the "Central Negev Highlands Project" (BASOR 232, 1978, 30–45); Preliminary Report of the Second Season usw. (BASOR 236, 1979, 41–60); Preliminary Report of the Third and Final Season usw. (BASOR 243, 1981, 57–78). – *J. C. Craviotti*, El Sinai Biblico (RBiCalz 30, 1968, 77–82. 135–142; 31, 1969, 1–9). – *F. M. Cross Jr.*, The Ancient Library of Qumran and Modern Biblical Studies, New York 1958. – *M. Dahood*, Psalms I–III (AB 16. 17. 17A, 1966–1970). – *J. Daniélou*, Les manuscrits de la Mer Morte et les origines du Christianisme, Paris 1957, 16ff. – *M. Deloor*, Quelques cas de survivances du vocabulaire nomade en hébreu biblique (VT 25, 1975, 307–322). – *F. Delitzsch*, Die Lese- und Schreibfehler im Alten Testament, 1920. – *M. Dothan*, The Fortress of Kadesh Barnea (IEJ 15, 1965, 134–151). – *G. R. Driver*, Ugaritic Myth, Edinburgh 1956. – *A. Dupont-Sommer*, The Essene Writings from Qumran, Oslo 1961. – *D. O. Edzard*, Altbabylonisches *nawūm* (ZA N.F. 19, 1959, 168–173). – *O. Eißfeldt*, Das Gesetz ist zwischeneingekommen – Ein Beitrag zur Analyse der Sinai-Erzählung, Ex 19–34 (ThLZ 91, 1966, 1–6 = KlSchr IV 209–214). – *Ders.*, Die Komposition der Sinai-Erzählung Ex. 19–34 (KlSchr IV 231–237). – *M. Eliade*, Das Mysterium der Wiedergeburt, 1961. – *I. Ephal*, The Ancient Arabs – Nomads on the Borders of the Fertile Crescent 9th–5th Centuries B.C., Jerusalem – Leiden 1982. – *J. W. Flight*, The Nomadic Idea and Ideal in the Old Testament (JBL 42, 1923, 158–226). – *M. V. Fox*, Jeremiah 2, 2 and the Desert Ideal (CBQ 35, 1973, 441–450). – *F. S. Frick*, The Rechabites Reconsidered (JBL 90, 1971, 279–287). – *Ders.*, The City in Ancient Israel (SBL Diss Ser 36, Missoula 1977, 209ff.). – *V. Fritz*, Israel in der Wüste (Marburger Theol. Studien 7, 1970). – *R. W. Funk*, The Wilderness (JBL 78, 1959, 205–214). – *Th. Gaster*, Thespis, New York 1950. – *L. Gautier*, A propos des Récabites: un chapitre de l'histoire religieuse d'Israel avant l'exile, Lausanne 1927. – *H. Gese*, Bemerkungen zur Sinaitradition (ZAW 79, 1967, 137–154; ThLZ 92, 1967, 245–246). – *N. Glueck*, Explorations in Eastern Palestine, IV (AASOR 25–28, 1945–49; 1951). – *N. K. Gottwald*, Domain Assumptions and Societal Models in the Study of Pre-Monarchic Israel (VTS 28, 1974, 89–100). – *Ders.*, The Tribes of Yahweh – A Sociology of the Religion of Liberated Israel 1250–1050 B.C., New York 1979. – *J. Gray*, The Desert God *ʿAṯtar* in the Literature and Religion of Canaʿan (JNES 8, 1949, 78–83). – *Ders.*, The Desert Sojourn of the Hebrews and the Sinai-Horeb Tradition (VT 4, 1954, 148–154). – *K. Gross*, Die literarische Verwandtschaft Jeremias mit Hosea (Diss. Berlin 1930). – *A. Haldar*, The Notion of the Desert in Sumero-Accadian and West-Semitic Religions (UUÅ 1950:3). – *N. Hareuveni*, אור חדש על ספר ירמיהו, Jerusalem 1953. – *P. Humbert*, Osée, le prophète bédouin (RHPhR 1, 1921, 97–118). – *Ders.*, La logique de la perspective nomade chez Osée et l'unité de Osée II 4–22 (Festschr. K. Marti, BZAW 41, 1925, 158–166). – *E. Jacob*, L'héritage cananéen dans le livre du prophète Osée (RHPhR 43, 1963, 250–259). – *Y. Kaufmann*, תולדות האמונה הישראלית (Vol. I, Bd. 2, 1937). – *G. Kittel*, ἔρημος κτλ. (ThWNT II 654–657). – *R. Kittel*, Gestalten und Gedanken in Israel, 1946. – *J. R. Kupper*, Les nomades en Mésopotamie en temps des rois de Mari, Paris 1957. – *G. Lanczkowsky*, Altägyptischer Prophetismus (ÄgAbh 4, 1960). – *V. Maag*, Malkût Jahweh (VTS 7, 1959, 129–153). – *A. Malamat*, Mari and the Bible: Some Patterns of Tribal Organization and Institutions (JAOS 82, 1962, 143–150). – *Ders.*, Aspects of Tribal Societies in Mari and Israel (Rencontre Assyriologique Internationale, Liège 1966, 129–138). – *H. H. Mallau*, Die theologische Bedeutung der Wüste im Alten Testament (Diss. Kiel 1963). – *U. W. Mauser*, Christ in the Wilderness (SBT 39, London 1963, 15–52). – *C. C. McCown*, The Scene of John's Ministry (JBL 59, 1940, 113–131). – *S. McKenzie*, Exodus Typology in Hosea (Restoration Quarterly 22, 1979, 100–108). – *B. Meissner*, Die babylonisch-assyrische Literatur, 1927. – *G. E. Mendenhall*, The Tenth Generation – The Origins of the Biblical Tradition, Baltimore – London 1973. – *Z. Meshel – C. Myers*, The Name of God in the Wilderness of Zin (BA 39, 1976, 6–10). – *E. Meyer*, Die Israeliten und ihre Nachbarstämme, 1906, 129–141. – *J. A. Montgomery*, Arabia and the Bible, Philadelphia 1934. – *S. Moscati*, Die altsemitischen Kulturen, 1958. – *Ders.*, The Semites in Ancient History – An Inquiry into the Settlement of the Beduin and their Political Establishment, Cardiff 1959, 91ff. – *E. W. Nicholson*, Exodus and Sinai in History and Tradition, Oxford 1973. – *M. Noth*, Überlieferungsgeschichtliche Studien I, 1943, 69ff. – *Ders.*, Die Ursprünge des alten Israel im Lichte neuer Quellen, 1961. – *S. Nyström*, Beduinentum und Jahwismus, Lund 1946. – *E. O. Oren*, Ziklag, A Biblical City on the Edge of the Negev (BA 45, 1982, 155–166). – *J. Pedersen*, Israel, London – Kopenhagen 1946–47 (Vol. I–II 454ff.; III–IV 728ff.). – *J. N. Porter*, Genesis XIX 30–38 and the Ugaritic Text of ŠHR and ŠLM (Proceedings of the Seventh World Congress of Jewish Studies, Studies in the Bible and the Ancient Near East, Jerusalem 1981, 1–7). – *G. v. Rad*, Die Wüstenwanderung (ThAT I 279ff.). – *P. A. Riemann*, Desert and Return to the Desert in the Pre-exilic Prophets (Diss. Harvard 1963/64). – *B. Rothenberg*, צפונות נגב, Ramat-Gan 1967. – *M. Sæbo*, Grenzbeschreibung und Landideal im Alten Testament mit besonderer Berücksichtigung der min-ʿad Formel (ZDPV 90, 1974, 14–37). – *J. Schildenberger*, Psalm 78(77) und die Pentateuchquellen (Festschr. H. Junker, 1961, 231–256). – *J. M. Schmidt*, Erwägungen zum Verhältnis von Auszugs- und Sinaitradition (ZAW 82, 1970, 1–31). – *A. Schwarzenbach*, Die geographische Terminologie im Hebräischen des AT, Leiden 1954, 93–112. – *W. Schmauch*, Ort der Offenbarung und der

Offenbarungsort im NT, 1956, 27–47. – *M. S. Seale*, The Desert Bible, London 1974. – *P. Seidensticker*, Prophetensöhne – Rechabiter – Nasiräer (FrancLA 10, 1959, 65–119). – *E. Sellin*, Das Zwölfprophetenbuch, 1922. – *M. Smith*, On the Differences between the Culture of Israel and the Major Cultures of the Ancient Near East (Festschr. Th. Gaster, JANES 5, 1973, 389–395). – *M. Soloveitchik*, "המדבר" בתולדותיו והשקפת עולמו של עם ישראל (דביר II, 1927, 16–45). – *A. P. Stanley*, Sinai and Palestine in Connection With Their History, London 1889. – *A. Stock*, The Way in the Wilderness: Exodus, Wilderness and Moses Themes in the OT and New, 1969. – *S. Talmon*, "חמה הקינים הבאים מחמת אבי בית־רכב" I Chronicles II, 55 (IEJ 10, 1960, 174–180). – *Ders.*, The Town Lists of Simeon (IEJ 15, 1965, 235–241). – *Ders.*, The "Desert Motif" in the Bible and in Qumran Literature (in: Biblical Motifs – Origins and Transformations, ed. A. Altmann, Cambridge/Mass. 1966, 31–63). – *Ders.*, Qumran und das Alte Testament (in: Frankfurter Universitätsreden, 42, 1971, 71–83). – *Ders.*, The New Covenanters of Qumran (Scientific American 225, 1971, 73–81). – *Ders.*, Did There Exist a Biblical National Epic? (Proceedings of the Seventh World Congress of Jewish Studies – Studies in the Bible and the Ancient Near East, Jerusalem 1981, 41–61). – *Ders.*, Exil und Rückkehr in der Ideenwelt des Alten Testaments (R. Mosis, Hg., Exil-Diaspora-Rückkehr, Düsseldorf 1978, 31–56). – *Ders.*, Typen der Messiaserwartung um die Zeitenwende (Festschr. G. v. Rad, 1971, 571–588). – *Ders.*, The Biblical Concept of Jerusalem (Journal of Ecumenical Studies 8, 1971, 9–11). – *Ders.*, The Ancient Hebrew Alphabet and Biblical Text Criticism (Mélanges D. Barthélemy, OBO 38, 1981, 497–530). – *E. Testa*, Il deserto come ideale (FrancLA 7, 1956f., 5–52). – *A. C. Tunyogi*, The Rebellions of Israel, Richmond, Virginia 1969. – *R. de Vaux*, Histoire ancienne d'Israël. Des origines à l'installation en Canaan, Paris 1971. – *Ders.*, LO I–II, 1960. – *S. de Vries*, The Origin of the Murmuring Tradition (JBL 87, 1968, 51–58). – *K. H. Walkenhorst*, Der Sinai im liturgischen Verständnis der deuteronomistischen und priesterlichen Tradition (BBB 33, 1969). – *W. G. F. Watson*, Fixed Pairs in Ugaritic and Isaiah (VT 22, 1972, 460–468). – *M. Weber*, Das antike Judentum, Gesammelte Aufsätze zur Religionssoziologie III, 1921. – *M. Weinfeld*, Jeremiah and the Spiritual Metamorphoses of Israel (ZAW 88, 1976, 17–56). – *M. Weippert*, Die Landnahme der israelitischen Stämme in der neueren wissenschaftlichen Diskussion (FRLANT 92, 1967). – *J. Wellhausen*, Reste arabischen Heidentums, 1897. – *W. Wiebe*, Die Wüstenzeit als Typus der messianischen Heilszeit (Diss. Göttingen 1939). – *G. H. Williams*, Wilderness and Paradise in Christian Thought, New York 1962. – *D. J. Wiseman*, They Lived in Tents (Festschr. W. S. La Sor, Grand Rapids, Mich. 1978, 195–200). – *Ders.*, Chronicles of Chaldaean Kings (British Museum, 1956, 1961). – *H. W. Wolff*, Das Thema 'Umkehr' in der alttestamentlichen Theologie (ZThK 48, 1951, 129–148). – *A. S. van der Woude*, Die messianischen Vorstellungen der Gemeinde von Qumran, 1958.

I. *miḏbār* läßt sich etymologisch nicht eindeutig ableiten. Eine Verbindung mit → דבר *dāḇār* 'Wort', 'Sache' ist kaum vertretbar. Die Ableitung von der Wurzel *dbr* 'hinten sein'; arab. *dabara, dubr* 'Rükken'; akk. *dab/pāru* 'sich entfernen' (AHw 177; KBL[3] 518f.) ist umstritten. Dagegen ist ein Zusammenhang mit *doḇær* (Jes 5, 17; Mi 2, 12) 'Trift', 'Weideland', mit *dibber* (2 Chr 22, 10) – *hiḏbîr* (Ps 18, 48; 47, 4) 'unterwerfen', 'in die Knie zwingen' (KBL[3] 201b) und auch mit *rbd* (Spr 7, 16) / *rbṣ* 'liegen', 'kauern', vor allem in bezug auf wilde Tiere (Gen 49, 9; Jes 11, 6; 13, 21; Ez 19, 2) und Weidevieh (Gen 29, 2; Jes 13, 20; 27, 10; Jer 33, 12; Ez 34, 14; Zeph 2, 14) anzunehmen. Die Vokabel ist in anderen semit. Sprachen belegt: ugar. *ʾrṣ dbr* (KTU 1.6, II, 19–20; 1.5, V, 18 u.a.O. vgl. Deut 32, 10; Spr 21, 19) in der Bedeutung 'Weideland' (evtl. auch KTU 1.23, 4; 1.92, 3) oder als nom. loc. *mdbr qdš* (KTU 1.23, 65), *mlbr ʒlšʒj* (KTU 1.12, I, 21 f., lies mit CTA *mdbr*); *pʾt mdbr* 'Wüste'? (KTU 1.23, 68; 1.14, III, 1); reichsaram. und syr. *daḇrāʾ*, *mdbrʾ* (LexSyr 140); mand. *dibra* 'Feld'; safait. *mdbr*; westsemit. LW im Akk. *madbaru, mud(a)baru* (CAD M/1, 11–12; AHw 572a) in Verbindung mit Wüstenstämmen – *arbaja rūqūti āšibūt mad-ba-ri* „die fernen Araber, die in der Steppe wohnen" (Lie Sarg. 121; 124; 189; AKA 356, III, 37; Wiseman Chron. 70 r. 10; TCL 3, 193 u.a.O.); im Gegensatz zum Kulturland (Iraq 17, 160, no. 23:12, 15; 13, 110; 436:5, 9); als nom. loc. *madbar kalāma* (Sargon, II Cyl. 13), *māt madbar*? (Iraq 16, 192, 48 vgl. ugar. *ʾrṣ dbr*). Gewöhnlich gibt das Akk. 'Wüste' durch *ṣēru* wieder. – Äth. *dabra* 'Berg' → הר *har* I.

II. *miḏbār* deckt im bibl. und z.T. auch im nachbibl. Hebr. und in anderen semit. Sprachen ein umfangreiches und mehrschichtiges Wortfeld ab. Die diversen Aspekte der Vokabel und ihrer Synonyme lassen sich trotz ihrer Unterschiedlichkeit auf folgende Grundbedeutungen zurückführen: *miḏbār* bezeichnet trockene oder halbtrockene Gebiete, die wegen ihrer Wasserarmut für Landwirtschaft und bäuerliche Ansiedlungen ungeeignet sind. Diese Einöde befindet sich im Zustand des Urchaos (Deut 32, 10) oder wurde als göttliche Strafe für menschliches Vergehen wieder zum Chaos reduziert (Jes 64, 9; Jer 22, 6; Hos 2, 5; Zeph 2, 13; Mal 1, 3). Sie erweckt Furcht und Abscheu.

Zum Teil ist *miḏbār*-Terrain als Weidegelände für Kleinvieh – Ziegen und Schafe – nutzbar. So erklärt sich die Verwendung der Vokabel als term. techn. für „Weideland", das eine permanente oder semi-permanente Hirtensiedlung *nāwæh* (= *nawûm* in Maritexten) umgibt oder an dörfische und städtische Siedlungen angrenzt. Damit verbindet sich eine positive Einstellung zu *miḏbār*. In den abgelegenen Weidegründen (Jer 9, 1; Ps 55, 8) blühen Hirtenromantik und Schäferliebe (HL 3, 6; 8, 5).

Die Vielfältigkeit des Wortfeldes bezeugt eine intensive, existenziell-ökologische und geschichtliche *miḏbār*-Erfahrung des bibl. Israel, die auch in der Qumranliteratur, im rabbinischen und frühchristlichen Schrifttum (NT und Patristik) mit Modifikationen, die den unterschiedlichen Umständen entsprechen, ihren Niederschlag findet. Zu gleicher Zeit gewährt die reichhaltige Verwendung von *miḏbār*-Terminologie auf diversen konzeptuellen Ebenen einen Einblick in die sozial-historische und religiöse Ideenwelt des biblischen Israel.

III. 1. *miḏbār* kommt im AT (nur im Sing.) 271mal vor; im Buche Num, wie zu erwarten, mit einer über zweifachen Frequenz (48mal) im Vergleich zu anderen Büchern: Ex 26mal; Sam 24mal; Jer 21mal; Ps 20mal; Jes 19mal. Je 10–20 Erwähnungen finden sich in Deut (19mal); Jos (15mal); Ez (14mal); Chr (11mal); weniger als 10 in Ri (8mal); Gen (7mal); Kön, Hos, Jo (je 5mal); Lev (4mal); Hi, Kl (je 3mal); HL, Neh (je 2mal); Zeph, Mal, Spr (je 1mal); niemals in den restlichen Büchern. *miḏbār* wird 23mal im st. abs. gebraucht (z. B. in Deut 32, 10; Jes 16, 8; 32, 15; 35, 1; Jer 22, 6; Hi 38, 26); 34mal mit dem best. Art. (Ex 14, 3; 15, 10; Num 14, 25; Deut 1, 19; 2, 7; 11, 24; Jos 16, 1; Ri 11, 22); 7mal mit einer Präp. *l^{e}miḏbār* (Ps 107, 33), *mimmiḏbar* (*hārîm* Ps 75, 7?); 126mal mit Präp. und best. Art. *bammiḏbār* (Gen 16, 7; 21, 8; Ex 3, 18; 5, 3; Jes 40, 3; Hi 24, 5), *kammiḏbār* (Hos 2, 5; Ps 106, 9), *lammiḏbār* (2 Chr 20, 24), *mimmiḏbār* (Ex 23, 31; Num 21, 18; Jes 21, 1; Ez 23, 42; Hos 13, 15), *mehammiḏbār* (Jos 1, 4; 1 Sam 25, 14); mit *hē* loc. *miḏbārāh* (Jes 16, 1; 1 Chr 5, 9; 12, 8 [9]), und best. Art. 11mal *hammiḏbārāh* (Ex 4, 27; Lev 16, 21; Ri 20, 45/47); 21mal im st. cstr. als nom. reg. *'æræṣ miḏbār* (Deut 32, 10; Spr 21, 19), *q^{e}ṣēh hammiḏbār* (Ex 13, 20; Num 33, 6), *ʿaḇrôṯ*, q. *ʿarḇôṯ hammiḏbār* (1 Sam 15, 28; 2 Sam 17, 16), *n^{e}'ôṯ miḏbār* (Jer 9, 6; 23, 10; Jo 1, 19/20; 2, 22; Ps 65, 13, vermutlich auch Mal 1, 3 *lin'ôṯ* anstelle von MT *l^{e}ṯannôṯ miḏbār* [Talmon, Mélanges, 577]), *dæræḵ miḏbār* (Ex 13, 18; Jos 8, 15; Ri 20, 42), *qôṣê miḏbār* (Ri 8, 7. 16), *rûaḥ miḏbār* (Jer 13, 24), *ḥæræḇ* (*ḥoræḇ*?) *miḏbār* (Kl 5, 9); 24mal als nom. rect., vorwiegend verbunden mit einem geographischen Namen *miḏbar šûr* (Ex 15, 22), *sîn* (16, 1), *sînaj* (19, 1), oder *ṣîn* (Num 20, 21), *pā'rān* (1 Sam 25, 1), *qāḏeš* (Ps 29, 8); mit einer staatspolitischen Bezeichnung *miḏbar mô'āḇ* (Deut 2, 8), *'^{æ}ḏôm* (2 Kön 3, 8), *j^{e}hûḏāh* (Ri 1, 16); einem nom. loc. *miḏbar zîp̄* (1 Sam 26, 2), *giḇ^{e}ʿôn* (2 Sam 2, 24); mit Präp. *b^{e}miḏbār* 25mal, *l^{e}miḏbār* 3mal, *mimmiḏbar* 10mal; mit *hē* loc. *miḏbarāh bêṯ 'āwæn* (Jos 18, 12), *miḏbarāh dammāśæq* (1 Kön 19, 15; GKa § 26h; 67o; 85h; 90i); nur ein Beleg mit einem poss. Suff. *miḏbārāh* (Jes 51, 3). Textlich unsicher sind Jos 1, 4 *mehammiḏbār w^{e}hall^{e}ḇānôn* – l. *ʿad hall^{e}ḇānôn* (vgl. Ex 23, 31); Jos 8, 24 *baśśāḏæh bammiḏbār* evtl. *(û)ḇammôrāḏ* (Delitzsch 150c); 2 Sam 15, 23 *ʿal p^{e}nê dæræḵ 'æṯ-hammiḏbār*; Jes 21, 1 *miḏbar-jām* (LXX om. *jām*); Jer 4, 26 *hakkarmæl hammiḏbār* – l. *kammiḏbār* (vgl. Jes 14, 17; Hos 2, 5; Zeph 2, 13 u. Jes 51, 3; 32, 15) oder *miḏbār* (vgl. Jes 64, 9).

LXX (so auch NT) geben *miḏbār* 244mal durch ἔρημος wieder, so daß eine vollkommene Äquivalenz dieser beiden Worte postuliert werden kann. Der griech. terminus deckt auch Synonyme von *miḏbār*: 31mal *ḥāreḇ*, 26mal *šāmem* und einige von diesen Wurzeln abgeleitete Begriffe ab; meistens werden diese durch andere griech. Vokabeln übersetzt (Funk, JBL 78, 206 ff.). Nur in vereinzelten, z. T. textlich unsicheren Fällen, geben LXX *miḏbār* durch ἐρημικός (Ps 102, 7), ἐρήμοῦν (Jer 2, 3), ἀγρός (Hi 24, 5), ἄνυδρος (Jes 41, 19), αὐχμώδης (1 Kön 23, 14. 15?), πεδίον (Jo 2, 3; 4, 19) u. a. wieder. Einigemal transkribieren sie μαδβαρ(ε)ῖτις (Hi 5, 15; 18, 12; Funk ebd.). V hat *desertum* (z. B. Ex 13, 18; 1 Sam 25, 4; Jes 64, 9; Ez 34, 25; Ps 78 [77], 52) oder *solitudo* (z. B. Gen 14, 6).

2. Das am häufigsten gebrauchte Synonym von *miḏbār* ist *ʿ^{a}rāḇāh*, 59mal (oder 60mal, wenn *naḥal hāʿ^{a}rāḇîm* Jes 15, 7 mit *naḥal hāʿ^{a}rāḇāh* Am 6, 14 gleichgesetzt wird). Die etymologische Ableitung ist unsicher. KBL^{3} 733 zieht eine Verbindung mit asarab. *ʿrb* 'sich (in eine abgelegene Gegend) entfernen' der von Baentsch (Die Wüste, 1883, 17) vorgeschlagenen Verknüpfung mit äth. *ʿrb* 'austrocknen' vor. *ʿ^{a}rāḇāh* bezeichnet allgemein eine wasser- und pflanzenarme Gegend (Jes 33, 9; 35, 6; 41, 19; Jer 17, 6) mit salzhaltigem Boden – *m^{e}leḥāh* (Hi 39, 6), in der wilde Tiere den Menschen gefährden (Jer 5, 6; vgl. Hab 1, 8; Zeph 3, 3; Hi 24, 5 ist textlich unsicher).

a) *ʿ^{a}rāḇāh* findet sich 7mal im parall. membr. mit *miḏbār*: davon 6mal im zweiten Satzglied, wie Jes 41, 19 *'ætten bammiḏbār 'æræz ... 'āśîm bāʿ^{a}rāḇāh b^{e}rôš* (vgl. Jes 35, 1. 6; 40, 3; 51, 3; Jer 2, 6; Hi 24, 5), und nur einmal in der umgekehrten Folge: Jer 17, 6 *w^{e}hājāh k^{e}ʿarʿār bāʿ^{a}rāḇāh ... w^{e}šāḵan ḥ^{a}rerîm bammiḏbār* (LXX auch in Sach 14, 10 + καὶ τὴν ἔρημον); als Apposition zu *miḏbār* (Deut 1, 1; 1 Sam 23, 24); in einer Trias mit *ṣijjāh* (Jer 50, 12; vgl. Jes 35, 1, LXX + τὰ ἔρημα τοῦ Ιορδάνου; im st. cstr. 2 Sam 17, 16 und ebd. 15, 28 q. *b^{e}ʿarḇôṯ* (k. *b^{e}ʿaḇrôṯ*) *hammiḏbār*; 1mal im st. cstr. mit *'æræṣ* (+ *w^{e}šûḥāh*, Jer 2, 6). Wie *miḏbār* bezieht sich *(hā)ʿ^{a}rāḇāh* vorwiegend auf die dürre Region im Südosten Palästinas (Deut 1, 7; 4, 49; Jos 8, 14–15; 18, 18), vom See Genezareth (Jos 11, 2; 12, 3) bis zu dem *jam hāʿ^{a}rāḇāh* 'Totes Meer' (Deut 3, 17 = Jos 12, 3; Deut 4, 49; Jos 3, 16; 2 Kön 14, 25; vgl. Ez 47, 8), darüber hinaus bis Etzion-Geber und Elath (Deut 2, 8) und auf Teilgebiete dieser Zone wie *ʿarḇôṯ mô'āḇ*, *miḏbar māʿôn baʿ^{a}rāḇāh 'æl j^{e}mîn hajj^{e}šîmôn* (1 Sam 23, 24; vgl. 2 Sam 2, 29; 4, 7; 2 Kön 25, 4. 5 u. a.), *ʿarḇôṯ j^{e}rîḥô* (2 Kön 25, 4. 5; Jer 39, 4. 5; 52, 7. 8). *naḥal hāʿ^{a}rāḇāh* (Am 6, 14) ist vermutlich mit dem (Unterlauf des) Wadi Qelt zu identifizieren.

b) Der Verwendungsbereich von *ʿ^{a}rāḇāh* deckt sich mit dem von *miḏbār* nur in bezug auf die (negative) Wildnis-Dimension und im Hinblick auf geologisch-geographische Aspekte. Die (positive) Bedeutung 'Weideland-Trift' kann für *ʿ^{a}rāḇāh* nicht belegt werden. Als geographischer terminus findet sich die Vokabel in Deut 1, 7 *bāʿ^{a}rāḇāh bāhār ûbašš^{e}pelāh ûbannæḡæḇ ûḇ^{e}ḥôp̄ hajjām* (vgl. Deut 11, 30; Jos 11, 2. 16; 12, 8; 15, 61–62; Jes 33, 9; Sach 14, 10;

2 Chr 26, 10), als Grenzbezeichnung (Deut 3, 17; 4, 49; Jos 12, l. 3; 18, 18; 2 Kön 14, 25; Am 6, 14) und als nom. loc. *ʿarḇôṯ j^{e}rî/êḥô* (Jos 4, 13; 5, 10; 2 Kön 25, 5; Jer 39, 5; 52, 8); neben *ʿarḇôṯ môʾāḇ* (Num 22, 1; 26, 3. 63; 31, 12; 33, 48. 49. 50; 35, 1; 36, 13; Deut 34, 1. 8; Jos 13, 12) wird 1mal *midbar môʾāḇ* (Deut 2, 8) gebraucht. Wie *miḏbār* kann sich *ʿ^{a}rāḇāh* auf die historisch-geographische Erfahrung der Wüstenwanderung beziehen (Num).

LXX transkribieren ʼΑραβα – ʼΑραβώϑ mit Ausnahme von Jes 35, 1; 51, 3; Jer 17, 6; 50, 12 (= LXX 27, 12); Hi 39, 6, wo es (neben *m^{e}leḥāh*) durch ἔρημος übersetzt wird. Jos 8, 14 *lammôʿeḏ lipnê hāʿ^{a}rāḇāh* ist textlich unsicher und in der hauptsächlichen LXX-Tradition nicht wiedergegeben. V hat *solitudo* (z. B. Jos 12, 1. 8), *terra inhabitabilis* (z. B. Jer 2, 6); T, S *mēšrāʾ*.

3. Alle anderen neben *miḏbār* gebrauchten Synonyme decken fast ausschließlich nur den ökologischen und geographischen Bedeutungsbereich 'Wüste – Einöde' (Schwarzenbach 99–112) ab. Vokabelhäufungen bezeugen, daß die biblischen Autoren dem Leser den furcht- und abscheuerregenden Charakter der öden Landschaft besonders plastisch vor Augen stellen wollten: *ʾæræṣ miḏbār* || *tohû* || *j^{e}šîmôn* (Deut 32, 10); *miḏbār* || *ṣijjāh* || *ʿ^{a}rāḇāh* (Jes 35, 1; 41, 18–19); *miḏbār* || *ʿ^{a}rāḇāh* || *šûḥāh* || *ṣijjāh* || *ṣalmāwæṯ* (Jer 2, 6–7); *miḏbār* || *ʾæræṣ ṣijjāh* || *ṣāmāʾ* (Ez 19, 13; vgl. Hos 2, 5); *miḏbār* || *š^{e}māmāh* || *ḥŏrbāh* (Jes 64, 9–10); *š^{e}māmāh* || *ṣijjāh* || *miḏbār* || *šammāh* (Zeph 2, 13–15) und insbesondere Ps 107, 33ff. In vielen Fällen finden sich diese Vokabeln in Darstellungen der Wanderung durch die südöstlich von Palästina liegende große Wüste, nach dem Auszug aus Ägypten (Deut 32, 10; Ps 78, 17–19. 40; 106, 14) oder in Visionen, die sich auf die nachexil. Rückkehr aus Babylonien beziehen (Jes 35, 2; 41, 18–19; 43, 19–20).

a) *j^{e}šîmôn* wird insgesamt 13mal in Verbindung mit *miḏbār* (und *ʿ^{a}rāḇāh*) gebraucht, vorzugsweise im Rahmen der Wüstenwanderungserzählung: in bezug auf spezifische Regionen (Num 21, 20; 23, 28; vgl. 1 Sam 23, 19. 24; 26, 1. 3), in rückblickenden Wiederaufnahmen der Wüstentradition (Deut 32, 10; Ps 68, 8; 78, 40; 106, 14; 107, 4) und im Ausblick auf die zukünftige Transformation der Einöde in eine von Wasserströmen durchzogene Landschaft (Jes 43, 19–20). Im parall. membr. (Deut 32, 10; Jes 43, 19–20; Ps 78, 40; 106, 14) und in Apposition (Ps 107, 4) ist *miḏbār* immer vor *j^{e}šîmôn* gestellt.

b) *ṣijjāh* erscheint 15mal als Synonym von *miḏbār*, dazu noch 1mal im Pl. *baṣṣijjôṯ* (Ps 105, 41) und 2mal im Buche Jesaja in der Form *ṣājôn* (25, 5; 32, 2). Es wird auch neben anderen Wüstenbezeichnungen gebraucht: *ʿ^{a}rāḇāh* (Jer 51, 43), *šammāh* (ebd.; Jo 2, 20), *ṣāmāʾ* (Ez 19, 13; Hos 2, 5), *ṣimmāʾôn* (Ps 107, 33), *ḥom* (Hi 24, 19), *ʿājep/ʿ^{a}jepāh* (Jes 32, 2; Ps 63, 2; 143, 6). Wie *miḏbār* und *ʿ^{a}rāḇāh* wird es im st. cstr. mit *ʾæræṣ* verbunden (Jes 41, 18; Jer 2, 6; Ez 19, 13; Hos 2, 5; Ps 63, 2; 107, 35). Im parall. membr. (Jes 41, 18; Jer 2, 6; Ez 19, 13; Hos 2, 5; Ps 107, 35) und in Appositionen (Jes 35, 1; Jer 50, 12) geht *miḏbār ṣijjāh* (wie *ʿ^{a}rāḇāh* und *j^{e}šîmôn*) voran. Nur in Ps 78, 17–19 und Zeph 2, 13 findet sich das umgekehrte Verhältnis. – Dieser Tatbestand weist *miḏbār* als die Hauptbezeichnung für „Wüste – Einöde“ im bibl. Vokabular aus.

c) *š^{e}māmāh* (57mal belegt; davon 4mal im Pl., immer im st. cstr. mit *ʿôlām* Jer 25, 12; 51, 26. 62; Ez 35, 9) umschreibt *miḏbār* im adjekt. st. cstr. (Jer 12, 10; Jo 2, 3; 4, 19). *š^{e}māmāh* (und *ṣijjāh* Jo 2, 20) dient neben *miḏbār* im parall. membr. als erstes – *š^{e}māmāh* || *miḏbār* (Mal 1, 3; Jo 4, 18–19; Zeph 2, 13–15, vgl. Ez 6, 14) – und als zweites Glied – *miḏbār* || *š^{e}māmāh* (Jes 64, 9; Jer 9, 9–11). Eine stilistische Eigentümlichkeit des Buches Ez ist der Pleonasmus von *š^{e}māmāh* mit *šammāh* (Ez 23, 33), *m^{e}šammāh* (6, 14; 23, 33; 33, 28. 29; 35, 3), *n^{e}šammāh* (32, 15) und *šimm^{e}māh* (35, 7).

š^{e}māmāh deckt nur den negativen Aspekt von *miḏbār* in bezug auf eine durch göttliche Strafe verursachte Verwüstung von Siedlungen (Jos 8, 28; Jes 1, 7; 64, 9; Jer 6, 8; 9, 10; 34, 22; 49, 2; 50, 13; 51, 26. 62; Ez 29, 12; Zeph 2, 4. 9. 13), Ländern oder Landesteilen (Ex 23, 29; Lev 26, 33; Jes 1, 7; 6, 11; 17, 9; 62, 4; Jer 4, 27; 12, 10–11; 32, 43; 44, 6; 49, 33; Ez 6, 14; 12, 20; 14, 15. 16; 15, 8; 29, 9. 10. 12; 32, 15; 23, 28. 29; 35, 3. 4. 7. 9. 12?. 14. 15; 36, 34; Jo 2, 3. 20; 4, 19; Mi 7, 3; Mal 1, 3) ab. Bemerkenswert ist, daß einzig im Buche Jer *š^{e}māmāh* in parall. membr. mit *m^{e}ʿôn tannîm* 'Schakalenhöhle' verwendet wird (9, 10; 10, 22; 49, 33; 51, 37). Mit Ausnahme der voraussichtlich in *ʾ^{a}šimmem* (Ez 20, 26) enthaltenen Anspielung decken sich *š^{e}māmāh* (und andere von *šmm* abgeleiteten Vokabeln) weder mit der historisch-räumlichen Bedeutung von *miḏbār* noch mit den positiven Aspekten 'Weideland', 'Zufluchtsort', Ort der Theophanie und des Gottes-Bundes.

d) Von den insgesamt 42 Belegen von *ḥoræḇ* – *ḥŏrbāh* 'Ruinen-, Trümmerfeld' werden drei durch die stilistische Verbindung mit *miḏbār* oder einem der schon erwähnten Synonyme in das Wortfeld „Trockenheit – Wüste – Einöde“ einbezogen: *miḏbār* || *š^{e}māmāh* || *ḥŏrbāh* (Jes 64, 9–10; Ps 102, 7), *ḥŏrbāh* || *miḏbār* + *ʿ^{a}rāḇāh* (Jes 51, 3); mit *ṣājôn* (Jes 25, 5) und *šammāh* (Jer 25, 9; vgl. noch Jes 50, 2; Ps 106, 9).

e) Der Wassermangel, an dem Israel in der Zeit der Wüstenwanderung litt, und die Wasserarmut von *miḏbār* allgemein wird durch zusätzliche Synonyme hervorgehoben: das hap. leg. *ḥ^{a}rerîm* (Jer 17, 6), *jabbāšāh* (Jes 44, 3), *næḡæḇ* (Jes 21, 1), *šārāḇ* (Jes 35, 7; 49, 10), *ṣaḥ* (Jes 13, 5; Jer 4, 11) – *ṣ^{e}ḥîḥāh* (Ps 68, 7) – *ṣaḥṣāḥôṯ* (Jes 58, 11), *ṣāmāʾ* (Ez 19, 12–13; vgl. Jes 5, 13; 40, 3) – *ṣimmāʾôn* (= akk. *ṣumāmu*) *ʾ^{a}šær ʾên majim* (Deut 8, 15; Ps 107, 33) und *ʾæræṣ m^{e}leḥāh* 'Salzboden' (Jer 17, 6; Ps 107, 34; Hi 39, 6). Mit denselben Begriffen wird das fernabliegende Land Bāzu/Bazzu (*bāṣu/baṣṣu* 'Sand'; Heidel, Prisma III, 11ff.) als ein „trockenes, versalzenes und wasserloses Gebiet“ beschrieben (Ephal 132f.).

f) Der Chaos-Charakter von *miḏbār* wird durch die

Parallelität mit mythisch geprägten Vokabeln wie *tohû* (Deut 32, 10), *wāḇohû* (Jer 4, 23–26), *šô'āh ûm^e^šo'āh* (Hi 38, 27; vgl. Jes 6, 11), *šûḥāh* (Jer 2, 6), und die hap. leg. *'æræṣ tal'uḇôṯ* (Hos 13, 5), *'æræṣ ma'peljāh* (Jer 2, 31), *'æræṣ g^e^zerāh* (Lev 16, 22) betont.

g) In *baśśāḏæh bammiḏbār* (Jos 8, 24) ist *śāḏæh* als Synonym von *miḏbār* zu verstehen, wenn es sich hier um eine conflatio von Textvarianten handelt (vgl. Jer 12, 9; Ez 29, 5). Nach Baly 106 gilt dies auch für *ja'ar* in Ez 34, 25 *bammiḏbār* || *bajj^e^'ārîm* (aber → III. 4. d).

4. Entsprechend dem mehrschichtigen Bedeutungsfeld von *miḏbār* und seiner Synonyme decken auch seine Antonyme mehrere Aspekte in der geographisch-räumlich-ökologischen und religiös-kultischen Sphäre sowie im Motiv-Bereich und als literarische Bilder ab.

a) Den negativen Eigenschaften von *miḏbār* – Trokkenheit, Dürre und Pflanzenarmut – stehen Wasserquellen und Pflanzenüppigkeit als Kontraste gegenüber. Je nach dem Verhalten der Menschen oder Israels macht Gott Fruchtland zur Einöde (Ps 107, 33–34; Jes 50, 2; vgl. Ps 106, 9) oder läßt in der Wildnis Wasser fließen (Jes 43, 20; vgl. v. 19; 41, 18, vgl. Ps 107, 35; Ps 78, 15; zu *miḏbār* || *t^e^hôm* vgl. Jes 63, 13; Dahood, Psalms II 240; Watson, VT 22, 466 und die Anspielungen in Ps 77, 17–21; 78, 13–14 u. a. O.).

b) Im Gegensatz zur Wüste, die den Süden Palästinas bezeichnet, ist der Norden mit „Bergland" identisch – *kî lo' mimmôṣā' ûmimma'^a^rāḇ* (Osten und Westen) *w^e^lo' mimmiḏbār [ûme]hārîm* (Ps 75, 7); *ro'š hārîm* und *sæla'* kontrastieren mit *miḏbār* (Jes 42, 11; vgl. Jes 16, 1; Kl 4, 19) und sind von verschiedenen Bevölkerungsgruppen bewohnt (Gen 14, 6).

c) Besonders hervorstechend ist der Kontrast von *har* und seinen Synonymen (→ הר) zu *miḏbār* und verwandten Vokabeln als räumliche Begriffe in dem historisch-geographischen Kontext der Landnahme. Die „furchterregende große Wüste" (*hammiḏbār haggāḏôl w^e^hannôrā' hahû'*, Deut 1, 19) steht diametral „diesem guten Berg" (*hāhār haṭṭôḇ hazzæh*) gegenüber, der mit dem „guten Land" (*hā'āræṣ haṭṭôḇāh*, Deut 3, 25) identisch ist. Das „fruchtbare Bergland" *'æræṣ hakkarmæl* ist die positive Folie zu *miḏbār*, *'æræṣ '^a^rāḇāh w^e^šûḥāh*, *'æræṣ ṣijjāh w^e^ṣalmāwæṯ* (Jer 2, 6–7). Göttliche Strafe für menschliches Vergehen besteht in der Reduzierung der fruchttragenden Berge zur Einöde: *rā'îṯî w^e^hinneh hakkarmæl hammiḏbār* (lies: *kam-*) ... *mipp^e^nê ḥ^a^rôn 'appô* (Jer 4, 26); Gilead und der Libanon werden zu einer von Menschen verlassenen *miḏbār* (Jer 22, 6). Dies bewegt den Propheten, ihren Untergang durch eine *qînāh* zu beklagen (Jer 9, 9–11). Im Gegensatz dazu finden göttliche Gnade und göttliches Wohlwollen ihren Ausdruck in der Gleichstellung der öden Wüste mit den fruchtbaren Bergen (Jes 41, 18; 32, 15. 16; vgl. Ez 20, 35–36. 40).

d) Bergrücken und Höhen, durch *har* und dessen Synonyme bezeichnet, gewähren ein Maß an Sicherheit in der ansonst gefahrvollen und beängstigenden Wüste (2 Chr 20, 24). Fallen auch diese Feinden (2 Sam 13, 18 *g^e^ḇûl* = 'Berg' → הר *har* I; III. 3) oder Freibeutern in die Hände – *'al-kŏl-š^e^pājim* (→ הר) *bammiḏbār bā'û šoḏ^e^ḏîm* –, ist das Land dem Untergang geweiht (Jer 12, 12, vgl. 4, 9ff.). In diesem Sinn wird *śāḏæh* (→ הר) als Antithese zu *miḏbār* gebraucht (Jer 12, 9; Ez 29, 5; Jos 8, 24?), in einigen Fällen auch *ja'ar* (→ הר IV. 4), d. h. „bewaldete Höhen" (Jos 17, 15. 18; Jes 37, 24), die an das Flachland *miḏbār* (Ez 34, 25) angrenzen – *ja'ar haśśāḏæh nægæḇ* (Ez 21, 2. 3), *ś^e^ḏeh ja'ar* (Ps 132, 6; vgl. 1 Sam 6, 21; 7, 1. 2 und Jos 15, 9. 60; 18, 14. 15).

e) Die anerkennende Einschätzung von *har* im Gegensatz zu *miḏbār* gipfelt in der Gleichsetzung des verheißenen Landes mit *hārîm*: „Ich will aus Jakob Nachkommen hervorbringen und aus Juda Erben meiner Berge, und meine Erwählten werden sie erben und meine Knechte dort wohnen" (Jes 65, 9; vgl. Jer 2, 7). „Die *hārîm* des Landes werden von Most triefen und die *g^e^ḇā'ôṯ* von Milch überfließen", während Ägypten *lišmāmāh* sein wird und Edom *l^e^miḏbar š^e^māmāh* (Jo 4, 18–19; vgl. Am 9, 13; Ps 65, 13). Ungleich den immer gefährdeten Weideplätzen in der *miḏbār* bieten die Berge sichere Triften für Schafe und Kleinvieh (Ez 38, 12–13; Ps 65, 14?) und im metaphorischen Sinn Frieden und Wohlergehen für Israel (Ez 34, 6–15). Die Opposition *miḏbār* – *har* als Orte von Unheil einerseits und Heil andererseits kulminiert in der Konzeption des Zionsbergs (Ez 34, 26; 20, 40) als Gegenpol der „Völkerwüste" *miḏbar hā'ammîm* (Ez 20, 35–36; vgl. 1 QM 1, 3; 4 QpJes^a^ A 1 und unten VIII.), ein Bild, in dem sich der Gegensatz *miḏbar sînaj* – *har sînaj* der Wüstenwanderungszeit spiegelt (Ex 3–10).

5. *miḏbār* und seine Synonyme werden ausschließlich als Totalbegriffe zur Umschreibung einer Landschaft oder eines umfassenden Gebietes verwendet. Im Unterschied zu *har* (→ הר III. 4) werden Teile von „Wüste", „Einöde" oder „Steppe" nicht erwähnt. Eine Ausnahme ist *q^e^ṣeh hammiḏbār* (vgl. ugar. *p't mdbr* KTU 1.14, III, 1; IV, 30f.; 1.23, 68; *p't mlbr* KTU 1.12, I, 21f.), dessen zwei Erwähnungen an den nom. loc. *'eṯām* gebunden sind (Ex 13, 20; Num 33, 6). Es steht offen, ob *miḏbār 'eṯām* als Bezeichnung eines größeren Wüstengebietes oder als des an die Ortschaft *'eṯām* angrenzenden Weidelandes aufzufassen ist (s. u. IV. 2. d). Ebenso unsicher ist, ob *'aḇrôṯ-'arḇôṯ hammiḏbār* (2 Sam 15, 28; 17, 6; vgl. *hā'^a^ḇārim* Num 21, 11) als *miḏbār*-Randbereiche oder als an die *miḏbār* angrenzende Gebiete (*'^a^rāḇāh*) anzusehen sind (vgl. *p^e^nê hammiḏbār* 2 Chr 20, 16; *'al hammiḏbār* Gen 14, 6). Neben Bergen in der *miḏbār* werden anliegende Höhen erwähnt, die die *miḏbār* teilweise überblicken: *maṣṣāḏ* (1 Chr 12, 8), *miṣpæh* (2 Chr 20, 24), *g^e^ḇûl* → הר *har* III. 3 (1 Sam 13, 18).

IV. 1. a) Die große Anzahl von Belegen von *miḏbār*, *'^a^rāḇāh* und ihrer Synonyme und die vielfältigen Erwähnungen der *miḏbār*-Szenerie, die der geographisch-geologischen Realität der arabisch-palästinischen Landschaft entwachsen ist (Baly 101–111), beziehen sich vor allem auf das wasserarme bis vollkommen dürre, tiefliegende Flachland zwischen den großen Gebirgsketten, die Palästina von Süden nach Norden durchziehen. Dieses Gebiet erstreckt sich vom Roten Meer durch die Jordansenke bis in den Libanon, verbindet sich im Süden mit der arabischen Wüste und mündet im Norden in die *Buqēʿa*.

Es umfaßt vier der sechs Regionen, in die die at.lichen geographischen Darstellungen „das Land" aufteilen (Jos 12, 8; vgl. 10, 40; 11, 16; Deut 1, 7): *ʾašedôṯ* – die steilen, in die Jordansenke fallenden Bergabhänge; *ʿarāḇāh* – die Jordansenke vom See Genezareth bis Elath; *midbār* – hauptsächlich die Wüste Juda zwischen den judäischen Bergen und dem Toten Meer; *nægæb* – südlich von Beerseba, bis zu dem großen Komplex der arabischen Wüste, die wahre Einöde (Num 21, 20; 23, 28; 1 Sam 23, 19. 24; 26, 1. 3; Deut 32, 10; Ps 78, 40; 106, 14; 107, 4). Das weitausgedehnte, unterschiedlich gestaltete Wüsten-Terrain war den Israeliten nach der Landnahme nur zum Teil aus eigener Erfahrung bekannt. Die „große und furchterregende (Sand-)Wüste", die Sahara und die Wildnis Arabiens (*erg*, Baly 102), spiegeln sich in Traditionen, die über die Wüstenwanderung nach dem Auszug aus Ägypten berichten (Deut 1, 19; 2, 7; 8, 15–16) und in deren literarischen Reflektionen, vor allem in den Schriften der Propheten und den Psalmen wider (Jes 21, 1. 11–15; Ps 78; 105; 106; 107).

Weder die Ausmaße des durch *midbār* und seine Synonyme bezeichneten geographischen Gesamtkomplexes noch die der Teilregionen liegen eindeutig fest. Schwankungen im jährlichen Regenfall, zeitweilige Ausbreitung der landwirtschaftlichen Kultivation in Randgebiete der Wüste oder – vice versa – Vorstöße von Nomaden in die Peripherie des Ackerlandes, bewirken ökologische Fluktuationen. Dieser Umstand findet seinen Ausdruck in der biblischen Bildsprache, die häufig die Verödung von Ortschaften und Ackerböden (Jes 27, 10; 50, 2; 64, 9; Jer 4, 26; 12, 7ff.; 22, 6; Mal 1, 3; Ps 107, 33) als Fluchmotiv (Jes 14, 17; Jer 22, 6; Jo 2, 3) oder umgekehrt – vor allem in DtJes – die Verwandlung von *midbār* in blühendes Fruchtland als Segensmotiv verwendet (Jes 32, 15; 35, 1. 6; 41, 18. 19; 43, 20; 51, 53; Ps 107, 35).

b) Wüstengebiete sind wegen ihrer Fluktuationen weniger zur Demarkation von politischen Grenzen geeignet als Meere, Flüsse und Gebirgsketten (→ הר *har* IV. 3). Trotzdem dient *midbār* (und auch *ʿarāḇāh*) im AT als Bezeichnung der Südgrenze des „verheißenen Landes" – neben *nehar/naḥal/gebûl miṣrajim* (Gen 15, 18; Ex 23, 31; Num 13, 21; 34, 3; Jos 15, 1; 2 Kön 24, 7; 1 Kön 5, 1; 2 Chr 9, 26) – in territorialen Darstellungen seiner Ausmaße: *min hammidbār* (= Süden) *we[ʿad] hallebānôn* (= Norden) *min hannāhār nehar perāṯ* (= Osten) *weʿad hajjām hāʾaḥarôn* (Deut 11, 24) oder *hajjām haggādôl mebôʾ haššæmæš* (Jos 1, 4) „Mittelmeer" (= Westen; dazu Sæbø, ZDPV 90, 1974, 14–37), und in literarischer Übertragung (Ps 75, 7): *kî loʾ mimmôṣāʾ* (= Osten) *ûmimmaʿarāḇ* (= Westen) *weloʾ (mim)midbār* (= Süden) [*ûme*]*hārîm* (= Norden; vgl. Sach 8, 7; Num 13, 21. 22; 34, 3). Anstelle von *har* (*hallebānôn*) kann *hannāhār* 'Euphrat' als Nordgrenze mit *midbār* als Südgrenze kontrastiert werden (Ex 23, 31; vgl. 1 Chr 5, 8–9; 2 Kön 14, 25; Am 6, 14). Die Gegenüberstellung von *har* und *midbār* (vgl. Gen 14, 6) findet sich auch im Akk., allerdings ohne eine direkte territorial-politische Implikation – *šadû u mad-ba-ru irrapudū* „(die mächtigen Mandäer, die) Berg und Flachland(?) durchstreifen" (Lie Sarg. 189; CAD M/1, 11–12).

c) Traditionsgeprägte Auflistungen, z. B. in den Orakeln gegen Fremdvölker zeigen eine allgemeine Kenntnis der Aufteilung des großen Wüstengebietes in Regionen, die verschiedenen ethnisch-politischen Einheiten zugeschrieben werden: *dedān*, *têmāʾ*, *qedār*, *ʿarāḇ* (Jer 3, 2; 25, 23–24; 49, 28–30 vgl. Jes 42, 11; Ez 23, 42 vgl. Hi 1, 15).

Ausgehend von der Grenze Ägyptens und entsprechend den Wanderungsberichten teilt sich die Wüste im Süden in folgende Hauptgebiete auf: *midbar-šûr* (Ex 15, 22; vgl. Gen 16, 7; 20, 1; 25, 18; 1 Sam 15, 7; 27, 8); *midbar-sîn* (Ex 16, 1; 17, 1; Num 33, 11–12; vgl. Ez 30, 15. 16); *midbar-pāʾrān* (Num 12, 16; 13, 3. 26; Deut 1, 1; 33, 2; vgl. Gen 14, 6; 21, 21; 1 Sam 25, 1; 1 Kön 11, 18 und Hab 3, 3 *har-pāʾrān*); *midbar-ṣîn* (Num 13, 21; 20, 1; 27, 14; 33, 36; 34, 3. 4; Deut 32, 51; vgl. Jos 15, 1), die auch nach ihrer bedeutendsten Oase als *qādeš* identifiziert wird (Num 33, 36; Ps 29, 8; *mdbr qdš* taucht als geographische Bezeichnung im Ugar. auf; s.o. I.). In der Exoduserzählung werden alle diese Teilgebiete auf den insgesamt 23mal erwähnten Generalnenner *midbar sînaj* gebracht (z. B. Ex 19, 1; Lev 7, 38; Num 1, 1. 19). Damit konzentriert die Tradition den Blick auf den in dieser Wüste liegenden *har sînaj*, den Berg der Theophanie und Gesetzgebung (s. u. VII. 2. a. α).

Genauere Information bieten die at.lichen Traditionen über *midbār*-Gebiete im syrisch-palästinischen Raum. Neben der schon erwähnten Aufteilung des Westjordanlandes in sechs Regionen (Jos 12, 8; vgl. 1 Chr 26, 10; Ps 75, 7), von denen eine *midbār* und zwei weitere *ʿarāḇāh* und *nægæb* benannt sind, wird im Ostjordanland, die je zu Edom (2 Kön 3, 2; Jes 16, 1), Moab und Ammon (Num 21, 11. 13. 23; Deut 2, 8; Ri 11, 18; Jes 16, 8) gehörende *midbār* genannt. Dabei werden auch gewisse geographische Unterteilungen erwähnt (*midbar qedēmôṯ*, Deut 2, 26). Besonders hervorzuheben ist die Wüste Juda (Ri 1, 16; 1 Sam 13, 18; 1 Kön 19, 4; Ps 63, 1; 2 Chr 24, 9), deren Teile oder angrenzende Gebiete *ʿarāḇāh* (2 Sam 2, 29; 4, 7. 8; 2 Kön 25, 4. 5 = Jer 39, 4. 5.; 52, 7. 8) oder *ješîmôn* genannt werden (1 Sam 26, 3; 2 Sam 15, 23; vgl. 1 Sam 23, 24. 25). Diese Begriffe beziehen sich auf das nur in einem beschränkten Ausmaß kultivierbare Gelände zwischen Hebron–Bethlehem–Jerusalem und dem Toten Meer (Jos 16, 1). Das politische Schwergewicht dieser Städte und ihre Verbindung mit David, dessen frühe Lebensgeschichte sich größtenteils in diesem Gebiet und dem angrenzenden Negev abspielte, bewirkten, daß die biblischen Quellen besonders detaillierte Auskünfte über diese Landschaftspartien bieten, so z. B. in dem Bericht über den Rückzug Abners, der aus Mahanajim in Ostjordanien nach Gibeon in Westjordanland vorgestoßen war (2 Sam 2, 12). Nach der verlorenen Schlacht gegen Joabs Truppen (vv. 17–23) floh er mit seiner Schar durch die *miḏbar giḇeʿôn* (v. 24) in die *ʿarāḇāh* und überquerte den Jordan, um durch den *biṯrôn* (die ostjordan. Steppe) Mahanajim wieder zu erreichen (v. 29). Ähnlich verlief Davids Flucht vor Absalom. Er floh durch das Kidrontal aus Jerusalem (2 Sam 15, 14–18) in die *miḏbār* (*jerušālajim*?, v. 23) und von dort nach *ʿarḇôṯ hammiḏbār* (v. 28; vgl. 17, 16) – vermutlich der Landstreifen zwischen *miḏbār* und *ʿarāḇāh* – um dann über den Jordan nach Mahanajim zu entkommen (2 Sam 17, 22–24).

Man kennt im Negev von Juda (1 Sam 27, 10) oder Jerusalem (Sach 14, 10) ethnisch-separate Zonen: *nægæḇ hajjeraḥmeʾelî* (1 Sam 27, 10); *haqqênî* (1 Sam 27, 10); *hakkereṯî* und *nægæḇ kāleḇ* (1 Sam 30, 14). Hier lebten Kleinviehzüchter und eine halb-seßhafte Bevölkerung, die – wie Israel – unter den periodischen Überfällen der Wüstennomaden litt: Amalek (1 Sam 30, 1–2. 14. 16; vgl. Num 13, 29; 14, 45; Ri 3, 13; 10, 12), Midian (Gen 36, 35; Ri 6, 1; 7, 12), Ismael und Hagrim (Ps 83, 2. 3). – Eine crux interpretum ist *nægæḇ kinarôṯ* (Jos 11, 2).

In einer Reihe von Belegstellen bezeichnet *miḏbār* dünn besiedelte Flächen in der Peripherie von festen Ortschaften (*ʿîr*) verschiedener Größenordnung und auch von semi-permanenten Hirtensiedlungen (*nāwæh*, vgl. akk. *nawûm*) oder von temporären, offenen (Hirten-)Lagern (*maḥanæh*, Num 13, 19; Ex 16, 10–13?). Das *miḏbār*-Gelände wird als zu der betreffenden Ansiedlung gehörend betrachtet, ist aber ökologisch und administrativ nicht in sie integriert. Die soziologische Unterscheidung zwischen den stetig in der *miḏbār* hausenden Menschen und den Bewohnern von verschiedenartigen Siedlungstypen findet einen klaren Ausdruck in den biblischen Traditionen und im Wortschatz.

Wie in dem schon erwähnten Fall von *ʾeṯām* (Ex 13, 20; Num 33, 6–8) kann eine *miḏbār*-Gegend ihren Namen von dem Lager (oder der Siedlung) beziehen, an das sie angrenzt. Vergleichbar sind *māʿôn*, *zîp* und *karmæl*, die als nom.loc. (Jos 15, 55; 16, 24; 1 Sam 25, 2. 4. 5. 14. 21. 40; 2 Chr 11, 8; vgl. 1 Chr 2, 42; 1 Sam 15, 12) und als Namen der entsprechenden *miḏbār* dienen (1 Sam 23, 24. 25; 25, 1; s. LXX). Noch zu erwähnen wären *miḏbar ʿên gæḏî* (1 Sam 24, 2), *miḏbar teqoaʿ* (2 Chr 20, 20) und *miḏbar jerûʾel* (2 Chr 20, 16; vgl. Gen 15, 13. 14; 25, 11 in Hinsicht auf 16, 12; 21, 20).

In der Schlacht um Ai vollzogen die angreifenden Israeliten unter Josua einen Scheinrückzug in das offene Gelände – *miḏbār*, *ʿarāḇāh* (Jos 8, 15. 20), um die Einwohner aus der Stadt zu locken, und brachten ihnen dann eine entscheidende Niederlage *baśśāḏæh bammiḏbār* bei (v. 24). Obwohl der terminus *miḏbar hāʿaj* nicht ausdrücklich belegt ist, darf er implizit vorausgesetzt werden. Dies kann durch den Umstand unterbaut werden, daß für die nicht weit von Ai liegende Stadt Bethel (v. 12) eine angrenzende *miḏbar bêṯ ʾāwæn* (Jos 7, 2; vgl. 1 Sam 13, 5 und Hos 4, 5; 5, 8; 10, 5) ausdrücklich erwähnt wird (Jos 18, 12). Die Bezeichnung des offenen Geländes um eine Stadt als *miḏbār* findet sich in bezug auf Beerseba (Gen 21, 14), Gibeon (2 Sam 2, 24) und Damaskus (1 Kön 19, 15). Eine *miḏbar giḇeʿaṯ binjāmîn* ist in Ri 20, 42. 45. 47 angedeutet, und in 1 Kön 2, 34 (vgl. 2 Sam 15, 23. 28; 17, 16; Jes 32, 14–18) eine *miḏbar jerušālajim* (vgl. Ez 34, 23–25 in bezug auf 1 Sam 17, 28) die in der Qumran-Literatur ausdrücklich genannt wird (1 QM 1, 3). Diese Bedeutung von *miḏbār* läßt sich auch in der rabbinischen Literatur nachweisen. Der Midrasch Koheleth (ed. Ketav IV–V, S. 64) berichtet, daß R. Ḥijjah ben Dossa einst *lemiḏbārāh šæl ʿîrô* hinausging und dort einen Stein fand, den er schliff und polierte und dann als [Opfer-]Gabe nach Jerusalem brachte.

d) In einigen Regionen des großen, in unterschiedlichem Ausmaß verödeten Flachlandes unterhielten die Israeliten vorwiegend von der lokalen Bevölkerung übernommene oder in manchen Fällen neugegründete dörfische oder kleinstädtische Siedlungen. In der Jordansenke werden *bêṯ hāʿarāḇāh*, *middîn*, *sekāḵāh*, *hannibšān*, *ʿên gæḏî* und *ʿîr hammælaḥ* (Sodom? Jos 15, 61. 62; vgl. Cross-Wright, JBL 75, 1956, 213) erwähnt. Zahlreicher waren sie in den ursprünglich dem Stamm Simeon zugeteilten aber von Judah annektierten Gebieten im Negev (Jos 19, 1–9; 15, 20–32; Neh 11, 25–30; 1 Chr 4, 28–33; 1 Sam 26, 5ff.; Talmon, IEJ 15). Weitere *miḏbār*-Niederlassungen bestanden im Raum der transjordanischen Stämme (Jos 13, 15–32). Zumeist dienten diese Ortschaften als Bezirkszentren und militärische Stützpunkte, wie die von Salomo (wieder-)erbauten Städte *baʿalāṯ* (?) und k. *tāmār* q. *taḏmor bammiḏbār* (1 Kön 9, 18; 2 Chr 8, 4). *bæṣær bammiḏbār beʾæræṣ hammîšôr* im Territorium des Stammes Ruben (Deut 4, 43; Jos 13, 15–23) an der Grenze des Ackerlandes (Baly 103), war eine Zufluchtsstadt (Jos 20, 8; 1 Chr 6, 63), erfüllte also auch eine religiös-juridische Funktion.

Die archäologische Erforschung der Wüste Juda, des Negev und der Sinai-Halbinsel änderte das Bild, das sich aus den biblischen Berichten ergibt, nicht wesentlich. In diesen Gebieten entstanden Ortschaften von beschränktem Umfang, vor allem in Zeitabschnitten, in denen ein verhältnismäßig stabiles Regime im Kulturland Stützpunkte gegen Nomadenangriffe und zur Überwachung von Wüstenstraßen unterhalten konnte (Glueck, AASOR XXV–XXVIII, 356). Ein typisches Beispiel ist Arad. Anhand der Ausgrabungen läßt sich die Entwicklung des Ortes von einem Wüstenflecken am Ende des 2. Jt. v. Chr. zu einem militärischen Knotenpunkt im Reiche Juda vom 8. Jh. bis in die persische Epoche nachweisen. Von hier aus patrouillierten Soldateneinheiten den östlichen Zweig der von Juda nach Ägypten führenden Straße (Aharoni, Arad). Im Unterschied zu Arad lassen sich in Kuntillāt el-Ajrūd im nördlichen Sinai archäologische Funde nur für die zweite(?) Hälfte des 9. Jh. nachweisen (Meshel, Kuntillāt). Die Geschichte dieser kleinen Ansiedlung ist noch nicht geklärt. Der ausgesprochen sakrale Charakter der dort gefundenen Bautenüberreste, Gefäße und Inschriften läßt vermuten, daß es sich vielleicht um eine Pilgerstation (auf dem Wege zum Berge Horeb?) handelt, die aus unbekannten Gründen um ca. 800 v. Chr. verlassen wurde. – Auch assyrische Quellen erwähnen vereinzelte Siedlungen in der Wüste (Nimrud Letter 70, Z. 13, Iraq 25, 1963, 79; vgl. Fales, Censimenti, no. 9).

2. a) Der ökologische Charakter des *miḏbār*/'Einöde'-Terrains wird durch den geringen Regenfall bestimmt (im Durchschnitt 20–40 mm [Baly 42–43]), der in manchen Jahren ganz ausfällt. Darüber hinaus trocknet der glühende Ostwind (*rûaḥ qāḏîm*), der in der Wüste bläst, die dürftige Feuchtigkeit völlig aus (Hos 13, 15; vgl. 12, 2), so daß alles Gewächs in ihr verdorrt (Gen 41, 6. 23. 27; Ez 17, 10; 19, 12). Er braust oft mit verheerender Stärke *kᵉsûpôṯ* (Jes 21, 1; 27, 8; anders in Jon 4, 8) und treibt Pflanzen, Tiere und Menschen wie Spreu vor sich her (Jer 13, 24; 18, 17; vgl. Ex 10, 13; 14, 21; 27, 8; Ps 78, 26; Ez 27, 26; Ps 48, 8; Hi 1, 19; 27, 21). Nur ärmliches fruchtloses Gestrüpp (*ʿarʿār*) kann in dieser Salzöde Wurzeln schlagen (Jer 17, 6; 48, 6?; vgl. Ps 102, 18) sowie Dornen und Disteln (*qôṣîm barqānîm*; Ri 8, 7. 16), die keinen Nutzen bringen. Kulturpflanzen, die sich – wie Menschen (Gen 21, 14) – in die Einöde 'verirren' (*tāʿû*, Jes 16, 8) oder in sie versetzt werden (Ez 19, 10–13), verlieren ihre Fruchtbarkeit (Ez 19, 12; vgl. 17, 5–10). Wie die Flora ist auch die Fauna armselig. Nur Ungeziefer – Schlangen und Skorpione (Num 21, 6; Deut 8, 15) – und wenige Lebewesen, die als unrein gelten (Lev 11, 15–18; Deut 14, 14–17): Vögel – *qāʾāṯ*, *kôs* (Ps 102, 7), *qippoḏ* (Zeph 2, 14), *janšûp*, *ʿoreḇ* (Jes 34, 11; vgl. 1 Kön 17, 4. 6; Ps 147, 9; Hi 38, 4), *qoreʾ* (Jer 17, 11; vgl. 1 Sam 26, 20), *jāʿen-(baṯ)jaʿᵃnāh* (Jes 13, 21; 34, 13; 43, 20; Jer 50, 39; Hi 30, 29; Kl 4, 3) und Tiere – Kamele (Ri 6, 5; 7, 12; 8, 21. 26; 1 Sam 30, 17; 1 Chr 5, 21; 27, 30 u.a.), Wildesel (*pæræʾ*, Jer 2, 24; Hi 24, 5; 39, 5) und Schakale (*tannîm*) können in dieser Wildnis existieren und in ihr Zuflucht (*māʿôn*) finden (Jer 9, 10; 10, 22; 49, 33; 51, 37; Kl 4, 3; vgl. *nᵉweh gᵉmallîm* Ez 25, 5). Der biblische Mensch, an dörfisches und städtisches Leben gewöhnt, sieht die Wüste als gähnende Leere: kein Kultur-Mensch wohnt in ihr (*ʾæræṣ loʾ ʾîš miḏbār loʾ ʾāḏām bô* [Hi 38, 26; vgl. Jes 6, 11]), ja durchzieht sie nicht einmal (Jer 2, 6; 9, 9–11; 17, 6; 22, 6; 50, 40; 57, 43). *hammiḏbār haggāḏôl wᵉhannôrāʾ* erweckt Abscheu und beklemmende Furcht (Deut 1, 19; 8, 15; Jes 21, 1; Ez 6, 14; Kl 5, 9 [*l. ḥoreḇ* statt *ḥæræḇ*?]). Hunger und Durst (Num 20, 2–5; 21, 5; 33, 14; 2 Sam 17, 14. 29; 16, 2; Ps 107, 4ff.) schwächen (*ʿājep̱*, Gen 25, 29. 30) den Menschen (Ps 107, 5; vgl. Ri 8, 4. 5; 1 Sam 14, 28. 31; Jes 29, 8; Jer 31, 25; Spr 25, 25), der in die Einöde (*ʾæræṣ ʿᵃjep̄āh*, Jes 32, 2; Ps 143, 6; vgl. 63, 2) verstoßen wird (Ex 14, 3; 1 Sam 30, 11ff.; 1 Kön 19, 3ff.), auf der Suche nach Wasser in ihr herumirrt (Gen 21, 14; Num 14, 33 [MT *roʿîm*, l. *toʿîm*]; vgl. Ps 119, 176; Num 21, 5; 1 Kön 3, 8–9; Ps 107, 40), vor Hitze und Durst verschmachtend (*hiṯʿattep̱*, Ps 107, 5; vgl. 142, 4; Kl 2, 9. 11. 12 und *hiṯʿallep̱*, Am 8, 13; Jon 2, 3; 4, 8; Jes 51, 20) schließlich dort umkommen muß (Ex 14, 11. 12; 16, 3; Num 14 pass.; 16, 13; 20, 4. 5; 26, 65; Deut 9, 28; Hos 2, 5). Nur göttliche Intervention kann eine Rettung vom Tod bewirken (Ex 15, 23–25; 16 passim; Num 20, 7–11; 21, 16–18; Deut 32, 10; 2 Kön 3, 15–20; Ps 107, 9). Wenn nicht Gott den in der *miḏbār* Irrenden auf den richtigen Weg leitet (Ex 13, 17–18; Deut 1, 31; 8, 15; Jes 35, 8; 43, 19; Jer 2, 6; Am 2, 10; Ps 78, 52; 136, 16; Neh 9, 19), oder ein Wüstenbewohner, der sich in der Einöde auskennt, ihm zu Wasser und Brot verhilft (Jes 21, 13–15) und als Wegweiser in dem Labyrinth dient, wie Jethro, der Midianiter, einst den Israeliten (*wᵉhājîṯā lānû lᵉʿênajim* Num 10, 31), so steht dem „Kulturmenschen" ein unvermeidliches bitteres Ende bevor (Hi 6, 18; vgl. 12, 24; Ps 107, 40). Ähnliche Vorstellungen finden sich auch in Nachbarkulturen (Haldar 13. 31ff. 68ff.; Frank, JBL 78, 205; Ephal 133).

b) Nur Nomadenstämme durchstreifen die große *miḏbār* (Jes 40, 6–7; Jer 25, 23–24), insgesamt *bᵉnê qæḏæm* (Ri 6, 3; 8, 10–11; Jer 49, 28; Ez 25, 4–5; Hi 1, 3) oder *ʿᵃrāḇîm* (Jer 3, 2; 25, 24; 2 Chr 17, 11; 26, 7; 22, 1?) benannt. Sie leben im Freien (Jer 3, 2) oder zelten (Jes 13, 20; Hab 3, 7; Ps 83, 7; 120, 5; HL 1, 5) in offenen Niederlassungen (*ḥāṣer*/*ḥᵃṣerîm*), wie die (*bᵉnê*) *qedār* (Jes 42, 11; Jer 9, 25; 25, 23; 49, 28?). Ferner werden erwähnt *sāḇāʾîm* (Ez 23, 42; zur Textrekonstruktion vgl. Zimmerli z. St.) – Sabäer (Jes 60, 6; Ps 72, 10; Hi 1, 15), Edomiter (Hi 1, 3; 42, 12; vgl. *bûz(î)* Jer 25, 23; Hi 32, 2), *hagrîʾîm* (Ps 83, 7; 1 Chr 5, 10. 19. 20; 27, 31) und *jišmᵉʿelîm*, die Nachkommen Hagars und ihres Sohnes Ismael (Gen 21, 14; 25 passim = 1 Chr 1, 29–31; Gen 28, 9; 36, 3; 37, 25. 27; Ri 8, 24; 37, 25. 27). Sie gleichen den Midianitern (Ri 6–8 passim; vgl. Jes 9, 3; 10, 26; Ps 83, 10) und den Amalekitern (Ex 17, 8–16; 1 Sam 15 passim; 26, 3; 1 Chr 4, 42–43; vgl. vv. 39–40) so sehr, daß diese verschiedenen Bezeichnungen synonym gebraucht werden können (vgl. Gen 37, 25–27; 39, 1 mit 37, 28. 36; Ri 6, 1–6; 8, 10–12; Ps 83, 7–8). Wüstenbewohner sind an ihren geschorenen Schläfen (*qᵉṣûṣê peʾāh*, Jer 9, 25; 25, 23; 49, 32) und, bis auf den heutigen Tag, an Schmuckstücken (Ez 23, 42; vgl. Gen 24, 22. 30; Ex 32, 2f.; Hi 42, 11) erkennbar, mit denen auch ihre Kamele ausgestattet sind (Ri 8, 24–26).

Die Angst der seßhaften Israeliten vor den unsteten Nomaden zeigt sich in ihrer Darstellung als Freibeuter (Gen 16, 12; 21, 20; vgl. Jes 21, 13–17) und Räuber (*šôḏ^{e}ḏîm*, Jes 21, 2; Jer 12, 12; 48, 32; vgl. 4, 20; 10, 20; Sach 11, 2f.; Hi 12, 6; Spr 24, 15). Ihre Überfälle waren eine stete Gefahr für die Ackerbauern und Herdenbesitzer (Ri 6, 2–6; 7, 12; 1 Sam 30 passim; Jes 16, 4; Jer 25, 36; 48, 15–20; Ob 5; Hi 1, 15), deren Reittiere den Kamelen der Nomaden an Geschwindigkeit nicht gewachsen waren (1 Sam 30, 17). Die Kamele verhalfen den Wüstenstämmen das Monopol des Karawanenhandels auf den nur ihnen zugänglichen Pfaden, die die großen Wüsten durchquerten, zu erlangen (Gen 37, 25–28; 39, 1; 1 Kön 10, 2; Jes 21, 13; 30, 6; 60, 6; Jer 6, 20; Ez 27, 21–23; 38, 13; 2 Chr 9, 1).

Temporäre Siedlungen, vor allem von Kleinviehhirten, können sich in diesem Raum nur an Orten entwickeln, an denen sich in der Regenzeit durch Ablauf von den Berghängen Wasser sammelt (Gen 37, 22–24). Feste Siedlungen entstehen in einzelnen Oasen, deren Wasserquellen eine semi-nomadische, auf Kleinviehzucht und beschränkten periodischen Anbau von Getreide, Gemüse und Dattelpalmen basierende Wirtschaft ermöglichen, wie *'êlîm*, wo die Israeliten auf ihrer Wanderung 12 Wasserquellen und 70 Palmen (schematische Zahlen) vorfanden (Num 33, 9).

c) Im Unterschied zu *j^{e}šîmôn* und *m^{e}leḥāh*, die gar nicht nutzbar sind, können brachliegende *miḏbār*-Flächen, die an Ortschaften angrenzen, im Übergangsgelände zwischen Saatland und Wildnis (bildlich: Ps 65, 13) als Weidegründe par excellence dienen, vor allem für Schaf- und Ziegenherden von semi-nomadischen Kleinviehhirten, aber auch für den Viehbestand (→ בקר *bāqār*) von seßhaften Bauern. Diese Bedeutung von *miḏbār*, die sich am treffendsten durch „Trift" wiedergeben läßt, ist auch in der rabbinischen Literatur belegt. Die Mischna (Baba Qam. 7, 7) verbietet das Züchten von Schafen und Ziegen (*b^{e}hemāh daqqāh*) im „Land", weil sie Feldfrüchte und Baumbestand durch Abgrasen gefährden. Eine Ausnahme bilden *miḏbārijjôṯ šæbb^{e}-'æræṣ jiśrā'el*, in denen man Kleinvieh halten darf (vgl. noch Babyl. Talm. Beṣah 40a–b; Jerus. Talm. Beṣah V, 3 (63d); Tos. Beṣah Jom Ṭoḇ IV, 11).

In diesem Sinnbereich ist der Gebrauch von *nāwæh* als Bezeichnung von Hirtensiedlungen reichlich belegt, allerdings nur einmal in engem Zusammenhang mit *miḏbār*. Der Autor von Jes 27, 10f. vergleicht die belagerte (l. *n^{e}ṣûrāh* statt *b^{e}ṣûrāh*) Stadt (Jerusalem) einem verfallenen und verlassenen *nāwæh* (vgl. Jes 34, 13; 35, 7; Jer 49, 20; 50, 45; Ez 25, 5), in dessen *miḏbār* Vieh weidet (vgl. Jer 12, 10. 11) und Ziegen den dürren Baumbestand abgrasen (vgl. Jes 17, 1–2; 33, 8; Zeph 2, 13–15). Die positive Folie zu diesem negativen Bild (vgl. Hi 18, 14–15) findet sich in Jes 33, 20. Dort wird Jerusalem als *nāwæh ša'^{a}nān* (vgl. Jes 32, 18; 49, 19; 50, 24; Hos 9, 13) dargestellt, ein festes Zelt, das nicht mehr einem Nomadenschicksal (*bal jiṣ'ān*) unterworfen ist. In dem Vergleich der Stadt Jerusalem mit einem stabilen und sicheren *nāwæh* als Gegenstück zur unsteten *miḏbār* klingt die Bezugnahme auf den Tempel an, der wiederholt mit dem Epitheton *nāwæh* umschrieben wird (2 Sam 15, 26; Jer 10, 25 = Ps 79, 7; Jer 25, 30; 31, 23), der feste Ruheplatz (im Gegensatz zu 2 Sam 7, 6), zu dem Gott sein Volk führt (Ex 15, 13; Jer 23, 3; 33, 12; 50, 7. 19; Ez 34, 14). Diese Wortbilder und Motive (vgl. noch Hi 18, 15; Spr 3, 33; 21, 20; 24; Hi 5, 3 textlich unsicher) spiegeln eine sozio-ökonomische Realität wider, mit der Jeremia aus Anatot in der *miḏbār*-Region von Jerusalem besonders vertraut war (Hareuveni).

In der *'^{a}rāḇāh*, im Negev und in der „großen (Sinai-) Wüste" waren Weidemöglichkeiten auf die *miḏbār*-Flächen beschränkt, in denen oder in deren Nähe Brunnen oder Zisternen (*ma'^{a}jānôṯ/b^{e}'erôṯ/bôrôṯ*) den Hirten zur Verfügung standen. In den Vätertraditionen, die durch eine pastorale Prägung gekennzeichnet sind, spielen Wasserquellen eine zentrale Rolle (Gen 14, 10; 16, 14; Kap. 21; 24; 26; 37 passim und 36, 2, wo vielleicht *majim* für MT *jemîm* zu lesen ist, vgl. S). Dasselbe gilt für die Daviderzählungen, die im Negev lokalisiert sind. Von dem judäischen König Uzzia wird berichtet, daß er für seine zahlreichen Herden Wachtürme in der *miḏbār* baute und viele *bôrôṯ* anlegte (2 Chr 26, 10; vgl. 1 Sam 13, 6). In der Wildnis lagen die Weidegründe in der Nähe von Oasen *n^{e}'ôṯ miḏbār* (Num 21, 17–18), die daher auch als *n^{e}'ôṯ dæšæ'* (Ps 23, 1–2; vgl. Jo 1, 22) oder *n^{e}'ôṯ ro'îm* (Am 1, 2; vgl. Ps 65, 13–14) bezeichnet werden (vgl. Jer 25, 37 *n^{e}'ôṯ šālôm* in einem offensichtlich pastoralen Kontext), deren Eroberung durch Feinde (Kl 2, 2), meistens durch Nomaden (Ps 83, 12–13), dem friedlichen Hirtenleben ein Ende setzt (Jer 9, 9–11; 23, 10; 25, 34–38; Jo 1, 19. 20; Mal 1, 3 und Ps 74, 20 textlich unsicher). Dieses *miḏbār*-Milieu spiegelt sich in den Moseerzählungen, die in Midian lokalisiert sind (Ex 2, 15–22; 3, 1 ff.) und mit den Berg-Sinai-Traditionen sehr eng zusammenhängen (Ex 4, 27; 10, 9; 18, 5; 19, 2–3 u. a. O.). Sie finden ihren Niederschlag in der biblischen (Ps 77, 16; 78, 51; vgl. Jes 49, 10) und der nachbiblischen Bildsprache (Hen 89, 28–40).

3. Die geographische Absonderung hat zur Folge, daß die in der Wüste lebenden Menschen nur in beschränktem Maße von den Institutionen des Kulturlandes erfaßt und den in ihm anerkannten Gesetzen unterworfen werden können. Dies bewirkt, daß die *miḏbār* zum Unterschlupf für Aufrührer und Übeltäter wird, zum Asyl für Ausgestoßene und Flüchtlinge, realiter und als literarischer topos. Der Prototyp des unsteten Nomaden ist der Brudermörder Kain, den Gott zur Strafe vom (Acker-)Boden *me'al p^{e}nê hā'^{a}ḏāmāh* verstieß (Gen 4, 11–14). Hagar flüchtete mit ihrem Kleinkind in die Wüste, vertrieben von ihrer Rivalin Sara (Gen 16, 6–14). Mose entkam in die Wüste Midian vor den Häschern des Pharao (Ex 2, 15 ff.; 3, 1). David flüchtete vor Saul in die *miḏbar j^{e}hûḏāh* (Ps 63, 1) und wurde der Anführer von 400 Mann, „die in bedrängter Lage waren ... in

Schulden steckten“ 1 Sam 22, 1–2), *wajješæb̲ … bammid̲bār bammeṣād̲ôt̲ … bāhār bemid̲bar zîp̄ … baḥôrešāh* (1 Sam 23, 14–15; vgl. 1 Chr 12, 9). Von dort entkam er in die *mid̲bar mā'ôn bā'arāb̲āh* (1 Sam 23, 24. 25; vgl. 25, 1: MT *pā'rān*, LXX Μααν). Die regionale Bedeutung von *mid̲bar mā'ôn* wird durch das nom. propr. *mā'ôn/me'ûnîm* (1 Chr 4, 41; vgl. 2 Chr 20, 1 MT *mehā'ammônîm*, LXX Μιναίων) herausgestrichen, ein Wüstenstamm, der neben Amalek (Ri 10, 12) und den *'arāb̲îm* (2 Chr 26, 7) erwähnt wird. In der Wüste suchte David Rettung vor Absalom (2 Sam 15, 23ff.). Elia rettete sich in die *mid̲bar be'er šæb̲a'* (1 Kön 19, 3–4) und fand schließlich Zuflucht am Gottesberg Horeb (vv. 8ff.) in der „großen Wüste“ wie seinerzeit Mose. Die Benjaminiten flohen nach der verlorenen Schlacht gegen die übrigen Stämme in die *mid̲bār* bei ihrer Stadt (*gib̲e'āh*, Ri 20, 42) wie einst die Israeliten nach der Schlacht um Ai (Jos 8, 15ff.), und entfernten sich dann tiefer in die judäische Wüste (Jos 8, 45ff.). Der Prophet Jeremia fordert die Moabiter auf, vor ihren anrückenden Feinden in die Wüste zu fliehen, um so vielleicht das nackte Leben zu retten (Jer 48, 6). In der *mid̲bār* will der verzweifelte Prophet Obdach (*mālôn*) suchen (Jer 9, 1), ein Wunsch, der in den Worten des Psalmisten „in die Ferne will ich wandern, in der Wüste Obdach finden“ (*'ālîn bammid̲bār*, Ps 55, 6ff.) ein Echo findet. Aber die *mid̲bār* gewährt nicht immer Schutz, denn auch in ihr lauern die Verfolger (Kl 4, 19).

V. In über der Hälfte seiner Erwähnungen im AT hat der terminus *mid̲bār* nicht nur eine räumliche, sondern auch eine zeitliche Konnotation. In all diesen Fällen bezieht sich der Begriff auf die „vierzig Jahre“ der Wüstenwanderung zwischen dem Auszug aus Ägypten und der Landnahme in Kanaan. Die Darstellung der Begebenheiten, die in diesen Zeitabschnitt fallen, und ihres Stellenwertes in der geschichtlich-gesellschaftlichen Erfahrung Israels und des biblischen Glaubens ist das Hauptanliegen des Pentateuchs (mit Ausnahme der Genesis) vom Beginn des Buches Ex bis zum Ende des Deut. Im Vergleich mit den drei anderen Büchern bietet Lev nur dürftige faktische Informationen über den Ablauf jenes Zeitgeschehens. In dieser Komponente des Pentateuchs ist das Interesse ausschließlich auf die den Kult betreffende Gesetzgebung ausgerichtet, die nur durch gelegentliche Hinweise in die Jahre nach dem Exodus (Lev 18, 3; 19, 34. 36; 23, 43; 25, 28) und vor der Landnahme (Lev 14, 34; 18, 3; 19, 23. 33; 20, 22–24 u.a.) „datiert“ und am Gottesberg in der Wüste Sinai lokalisiert wird (Lev 7, 38; 26, 46; 27, 34).

Detaillierte Darstellungen des Itinerars der Israeliten durch die verschiedenen Teilgebiete der „großen Wüste“ und genaue Erwähnungen der Raststationen finden sich vor allem in den Büchern Num und Deut (de Vaux, Histoire 331–342). Die Berichte unterscheiden sich voneinander in vielen Einzelheiten, die die Marschroute, das Onomastikon und auch die Beschreibung von „historischen“ Begebenheiten betreffen. In der at.lichen Wissenschaft werden diese Differenzen auf unterschiedliche Quellen und/oder auf einstmals selbständige Traditionsstränge („Sinaitradition“ und „Landnahmetradition“), die dem Kompilator des Pentateuchs vorlagen und von ihm bei der Komposition seines Werkes benutzt wurden, zurückgeführt (von Rad, Hexateuch). Man glaubt vor allem im Deut noch Spuren von sonst nicht mehr erhaltenen Überlieferungen erkennen zu können (Noth, Studien 69ff.).

Die Vielschichtigkeit des Wüstenwanderungsberichtes im Pentateuch zeigt sich zum Teil auch in seinen Niederschlägen in den at.lichen Schriften allgemein. Ausschlaggebend für die biblische Auffassung ist, daß sie der an sich einmaligen Erfahrung einer Wüstenperiode in der Geschichte Israels eine prototypische Bedeutsamkeit zuschreibt. Jene *mid̲bār*-Zeitspanne nimmt den Charakter eines markanten Symbols und Motivs an. Diese Entwicklung prägte dem gesamten Sinnbereich von *mid̲bār* in der außerpentateuchischen-biblischen, und in einem beträchtlichen Ausmaß auch in der nachbiblischen Literatur ihren Stempel auf.

VI. 1. Aus der Verwendung des *mid̲bār*-Vokabulars in den Wüstenwanderungstraditionen erwächst essentiell seine theologische Dimension. Jene Epoche in der Geschichte Israels ist durch zwei augenscheinlich entgegengesetzte und doch komplementäre Phänomene gekennzeichnet, in denen sich ihr Stellenwert im at.lichen Glauben kundgibt. Ein Schwerpunkt liegt in der emphatischen Betonung des unermeßlichen Wohlwollens (Deut 2, 7; 32; Ps 78; 105; 106), der väterlichen Gnade und der Liebe, die Gott seinem Volk in der furcht- und abscheuerregenden Einöde erwies. Eingeschlossen in den Rahmen der Wüstenwanderungszeit sind die Wunder, die er Israel und an Israel bekundete, die Erneuerung seines Bundes mit den Vätern als Bund mit dem gesamten Volk und die Gesetzgebung am Berge Sinai. Polar gegenüber liegt der zweite Schwerpunkt: Israels Zweifel an der Macht Gottes, die Zusicherung der Landverheißung wahrmachen zu können. Die Abtrünnigkeit und das aufrührerische Verhalten des Volkes durchzieht in einer Episodenkette wie ein roter Faden den Großteil der Berichte über die Wüstenwanderung (Carroll 197).

Diesen kontrastierenden Aspekten entwachsen die extrem unterschiedlichen Einschätzungen jener Periode und ihrer Bedeutung für die Entwicklung des israelitischen Glaubens, die sich in den at.lichen Schriften aufweisen lassen. In der weitaus überwiegenden Mehrheit von Reminiszenzen, Anspielungen und literarischen Bildern dient die Wüstenwanderungszeit als Topos für Israels Sündhaftigkeit. Es war die Ära der „Meuterei“ par excellence (Ex 16, 2; Num 14 passim; 16 passim; 20, 1–13; 21, 4ff.; 27, 14; Deut 9, 7; 32, 51; Ez 20, 13ff.; Ps 78, 17–19. 40; 95, 8; 106, 14; Coats; Tunyogi), die nicht als nur ein sekundäres Motiv dargestellt werden kann

(Coats, Rebellion 249–250; Carroll) – die Zeit einer frevelhaften Generation, derengleichen sich in der biblischen Geschichtsschreibung nicht ein zweites Mal aufweisen läßt. Im Unterschied dazu bekundet eine Minderheit von Belegstellen eine anscheinend bejahende Einstellung zur Wüstenwanderungsperiode: in der *midbār* machte Gott sich sein Volk zu eigen (Deut 32, 10; Jer 31, 12; Hos 9, 10), führte es auf sicheren Wegen durch die Wildnis (Deut 8, 15; 29, 4; Am 2, 10; Neh 9, 19–21; Ps 136, 16 u. a. O.), behütete es wie ein Adler seine Brut (Deut 32, 10–11), trug es auf seinen Armen wie ein Vater sein Kind (Deut 1, 31). Es war die „Brautzeit" Israels, in der das Volk sich Gott anvertraute und ihm mit „Jugendliebe" ohne Zögern in die dürre, pflanzenlose Einöde folgte (Jer 2, 2–3).

2. In der at.lichen Forschung wurden verschiedene Thesen zur Erklärung dieser antithetischen Überlieferungen vorgelegt. Einige wollen sie auf ältere Darstellungen und Überlieferungsstränge zurückführen, die parallel zueinander registriert und nicht miteinander verschmolzen wurden. Andere sehen in ihnen Anzeichen einer diachronischen innerbiblischen Entwicklung in der Einschätzung der Wüstenwanderung: Die ursprünglich positive Beurteilung erklärt sich aus dem Umstand, daß in der Frühzeit das Interesse der biblischen Denker und Autoren ausschließlich auf Gottes „Heilstaten" konzentriert war, und sie der Handlungsweise Israels wenig Aufmerksamkeit schenken (v. Rad; Bach 15f.). Die Situation änderte sich entscheidend nach der Landnahme. Im Kampf gegen den heidnischen Kult und seine Riten, die von Anbeginn des Kontaktes mit der kanaanäischen Bevölkerung (Num 25) in den biblischen Monotheismus eindrangen, entwickelte sich eine Verbrämung der post-Exodus-Erfahrung, die retrospektiv im Kontrast zu dem im „Lande" vorherrschenden israelitisch-kanaanäischen Synkretismus, als der Ort der idealen Gemeinschaft Gottes mit seinem Volk erkannt und anerkannt wurde (Barth 15).

Die Idealisierung der Wüstenperiode wird insbesondere den vorexilischen Propheten zugeschrieben, die nach Sellin (Zwölfprophetenbuch 236) die Wüstenwanderungsperiode als „die Normalzeit" in der Geschichte Israels einschätzen (Moscati, Kulturen 130). In der Entwicklung dieser These spielte die heute weitgehend überholte oder zumindest entscheidend revidierte Annahme von einer prophetischen Opposition zu Ritual und Opferkult eine beträchtliche Rolle. Man präsentierte die Wüstenwanderungsperiode als eine Zeit, in der das Verhältnis Israels zu seinem Gott auf einem von kultischen Verrichtungen unbeschwerten „reinem Glauben" fundierte. Als ein typischer Vertreter dieser Auffassung galt Amos, der älteste Schriftprophet, dem man die Ablehnung allen Opfergottesdienstes, der in der „idealen" Etappe der Wüstenwanderung nicht praktiziert wurde, zuschrieb. Dies setzt stillschweigend die kaum verfechtbare Hypothese voraus, daß Amos (wie Hosea und Jeremia) die Pentateuchtraditionen, die „opfern" und „Opfer" oft erwähnen, entweder nicht kannte oder ablehnte. Darüber hinaus beruht diese Ansicht auf der sehr schmalen Basis von Am 5, 21ff. Eine kontextliche Interpretation dieser Belegstelle legt nahe, daß hier nicht der „veräußerlichte Opferkult" (Bible de Jerusalem) völlig verworfen wird, sondern der Mischkult, der in Israel nach der Landnahme vor allem im Nordreich um sich griff. Der ausschlaggebende Vers 5, 25 sollte in Konjunktion mit v. 26 etwa folgendermaßen übersetzt werden: „Habt ihr mir denn Schlachtopfer und Speiseopfer während der vierzig Jahre in der Wüste dargebracht (vgl. Jer 7, 22 ohne Erwähnung von *midbār*; Wolff, BK XIV/2, z. St.) und (zugleich die Statue von) Sakkut eurem (Götzen) König und . . . Idole (und) Stern(bilder), die ihr euch angefertigt habt, (in Prozessionen herum)getragen?" Mit dieser rhetorischen Frage verurteilt der Prophet in der Tat den mit kanaanäischem und mesopotamischem Götzendienst durchschossenen Synkretismus der Israeliten (vgl. Hos 2, 4–9. 19), der zu seiner Zeit in schroffem Gegensatz zu dem reinen JHWH-Gottesdienst der (ersten) Exodus-Berg-Sinai-Phase der Wüstenwanderung steht und das Exil als Strafe nach sich ziehen wird (Am 5, 27).

Ferner wird vorgelegt, daß sich am Ende der ersten Tempelperiode erneut eine pessimistisch-negative Einstellung zu *midbār* und dem Leben in der Wüste ausbreitete, die in den Pentateuchberichten über die Wüstenwanderung ans Licht tritt und ihre Spuren z. B. im Buche Ez (Kap. 20) und in einigen historiographischen Psalmen (78; 105; 106) hinterlassen hat.

Diese schematischen Modelle sind kaum verfechtbar. Während eine entschieden ablehnende Einstellung zu der Periode der Wüstenwanderung und dem Phänomen „Wüste" in der Tat ausreichend durch biblische Texte belegt ist, fußt die postulierte bejahende – ob als der negativen parallel laufend dargestellte oder einer „mittleren Periode" in einem diachronischen Entwicklungsschema zugeschriebene – Einschätzung auf einer prekären Auslegung von vereinzelten biblischen Aussagen (Barth 19; Fox 448), die die „mittlere Periode" repräsentieren.

a) Trotz des rein statistisch nachweisbaren Tatsachenbefundes (s. o. III), der die Annahme einer eindeutig positiven at.lichen Wüstentradition als eine unhaltbare These hinstellt (Bach 20–23), grassiert seit Ende des neunzehnten Jahrhunderts eine Tendenz in der at.lichen Wissenschaft, „Wüste" und „Nomadenleben" als schwerwiegende Komponenten im at.lichen Glauben und der israelitischen Zivilisation darzustellen. Es wird vorgelegt, daß eine Rückkehr zu den religiösen und gesellschaftlichen Bedingungen der *midbār*-Periode das angestrebte eschatologische Ideal, vor allem der Propheten, war. Den Anstoß zu dieser Entwicklung gab Karl Buddes recht vorsichtige und ausgewogene Präsentierung der „Wüste" als einen bestimmenden Faktor in einer Konzeption, die er als das „nomadische Ideal im

Alten Testament" bezeichnete. Als Ausgangspunkt für seine Überlegungen diente Budde die Hypothese, daß die in Jer 35 erwähnten *b^enê bêṯ rekāḇ* Verfechter einer Auffassung waren, die den Gott Israels als einen typischen Wüstengott konzipierte. Budde interpretierte die Abstinenz der Rechabiten von Seßhaftigkeit, Ackerbau und Vinokultur, und ihre Insistenz auf Leben in Zelten und nicht in festen Häusern (Jer 35, 6–7) als Anzeichen dafür, daß sie in ihrer Lebensweise die „ursprüngliche" israelitische Erfahrung Gottes in der Wüste zu reaktivieren beabsichtigten. Unter Heranziehung der genealogischen Notiz in 1 Chr 2, 55, die die Rechabiten mit den Kenitern in Verbindung setzt (Talmon, IEJ 10) und mit dem Hinweis auf die Hypothese einer Abstammung der israelitischen Religion von einem kenitischen (oder midianitischen) Jahwismus, entwickelte Budde die Ansicht, daß die *b^enê bêṯ rekāḇ* noch zur Zeit Jeremias als Missionare jener Wüstenreligion tätig waren. Dies führte dazu, daß man Jehu, mit dem der Eponym der Rechabiten Jonadab ben Rechab verbündet war (2 Kön 10, 16–17), zum „Wüstenkönig" designierte und Jeremia als einen „later sympathiser" der Rechabiten und ihrer Weltanschauung darstellte (Williams 17; vgl. Meyer, Israeliten 136).

Nach Budde lehnten die Propheten diese primitive Auffassung von JHWH als Wüstengott ab. Trotzdem ist er der Meinung, daß die Vorstellung von einer ursprünglichen idealen Wüstenzeit in der Geschichte erkennbare Spuren in Israels Gedankenwelt hinterließ. Humbert führte Buddes Ansatz weiter und konstatierte: „Le désert est la patrie classique du yahvisme" (Humbert, RHPhR 106) und „retour aux conditions de la vie de l'époque mosaïque, tel est ... le programme d'avenir d'Osée" (Humbert, BZAW 41, 162, vgl. Meyer, Israeliten 129–141; Soloweitschik, Debir 2; Mauser 45ff.). Die Theorie erreichte ihren Höhepunkt in einem Aufsatz von W. F. Flight (JBL 42, 158–226), der die postulierte prophetische „Wüstenidee" zu einem „nomadischen Ideal" erhob, das sich gläubige Christen auch in der Gegenwart als Ziel ihrer religiös-sozialen Bestrebungen setzen sollten.

Die Entdeckung der Qumranliteratur hat dieser Hypothese einen neuen Auftrieb gegeben. Es wird vorgelegt, daß die *jaḥaḏ*-Kommune, aus der diese Literatur in den zwei letzten vorchristlichen Jahrhunderten hervorging, den Beweis liefert, daß das „Wüstenideal" nicht nur das angestrebte Endziel der prophetischen Zukunftshoffnungen, sondern auch ein in historischer Realität praktizierbares und zum Ausgang der at.lichen Epoche in der Tat praktiziertes Konzept war (de Vaux, LO I 39).

b) Die Hypothese einer at.lichen Wüstenideologie beruht auf zweifelhaften sozio-historischen Annahmen. Man postuliert eine Entwicklungsstufe, in der Israel eine wahre Nomadengesellschaft war, die sich in vermutlichen Überresten einer Nomadenkultur oder eines Nomadenvokabulars (Delcor) in den at.lichen Schriften niedergeschlagen hat und in der prophetischen Eschatologie einen Widerhall findet. Diese Vermutungen können kaum aufrecht erhalten werden. Mit der Ausnahme von Metoiken-Gruppen, die sich Israel im Verlauf seiner Frühgeschichte anschlossen und die eine besondere Betrachtung erfordern, bietet das AT keinen Hinweis, daß die Hebräer, im engeren Sinn dieses Begriffes, jemals ein Stadium von wirklichem Nomadenleben durchmachten (Mendenhall 150; gegen Moscati, Semites 91). Schon in der Ära der Patriarchen trägt die israelitische Gesellschaft Züge von Seßhaftigkeit, in denen sich nur gelegentlich Reflektionen einer Nomadenkultur erkennen lassen (Moscati, Kulturen 149f.). Die Tradition schreibt ihnen eine, den post-Exodus-Generationen ähnliche, „landwirtschaftliche Ausrichtung" zu (Gottwald, Tribes 435–473).

Auch in den Wüstenwanderungsberichten präsentiert sich Israel nicht als typische Nomadengesellschaft. Die Hauptkennzeichen einer Nomadenkultur, die von den vorislamischen Araberstämmen eruiert werden, spielen in den Pentateucherzählungen über die *miḏbār*-Periode eine vernachlässigbare Rolle. Soweit die at.liche Literatur „Stammessolidarität, (Nomaden-)Gastfreundschaft und Blutrache" (Causse 15–31; Nyström; Moscati, Semites 94) erwähnt, finden sich solche Anspielungen häufiger in Berichten über die Epoche der Seßhaftigkeit in Kanaan (z. B. die Einrichtung von „Asylstädten", Num 35, 9–19; Deut 19, 1–3; Jos 20–21; 1 Chr 6, 42ff.) als über die Zeit der Patriarchen oder des Wüstenzugs. Die at.lichen Quellen registrieren nur einen Fall von ausgeführter Blutrache in der Königszeit vor einem eindeutig politischen Hintergrund – die Ermordung Abners durch Joab (2 Sam 3, 27). Die Erzählungen von Kain und Lamech (Gen 4, 13–16. 23–24) liegen in der sagenhaften Vorzeit und können nicht als Aussagen über das geschichtliche Israel betrachtet werden. Die Hilfe, die die Leviten Mose in der Episode vom Goldenen Kalb leisteten (Ex 32, 26; vgl. Deut 33, 8–9) und der Aufstand der Korachiten (Num 16, 1–35) bezeugen eher Standes- als Stammes-Solidarität.

Auch die Rechabiten können nicht als Verfechter einer prophetischen Wüstenideologie herangezogen werden. Ihre Lebensweise erwuchs aus einem Anti-Urbanismus (Frick, JBL; City 210ff.; Carroll 179), der eine sozio-ökonomische Realität bezeugt, nicht eine religiöse Idee (Seidensticker 119), einen Beruf, nicht eine Berufung. Es wird ihnen keine missionarische Tätigkeit zugeschrieben. Weder ist Jehu ein „Wüstenkönig" noch Jeremia ein „Wüstenprophet", der sich mit den Rechabiten verbunden hat. In einem Gleichnis stellt der Prophet sie dem Volk als Vorbild von Standhaftigkeit hin. Das tertium comparationis liegt nicht in Ideen, die sie vertreten, sondern in der Treue, mit der sie die Anweisungen ihres menschlichen Vorvaters befolgen, während Israel Gottes Gebote aufsässig übertritt. Jeremia respektiert diese Treue, aber er identifiziert sich keineswegs mit der primitiven Lebensweise der Rechabiten, noch gewinnt er aus ihrem Verhalten Richtlinien für seine

Glaubensauffassung (Eichrodt, Theologie 245; Talmon, Desert 37; Fox 450). In der Formulierung der Wüstenideal-Hypothese wurde nicht beachtet, daß die biblischen Texte durchaus keine Begeisterung für ein Nomadenleben bezeugen (Causse 74), und daß – ganz im Gegenteil – „the ideal of the Hebrew writers for themselves was agricultural" (H. P. Smith, Religion 12). Gottes Werk und Tätigkeit wird parabolisch dem Arbeitsrhythmus eines Bauern gleichgestellt (Jes 28, 23–29). Wie Frick zu Recht betont (City 209ff.), ist es verfehlt, die prophetische Kritik an dem luxuriösen, antisozialen städtischen Leben, das in der Königszeit um sich griff, als Plädoyer für eine Rückkehr zu einem nomadischen Wüstenleben zu interpretieren, welches Israel mutmaßlich aus dem „goldenen Zeitalter" seiner Frühgeschichte kannte und schätzte (deVaux, LO I 39).

Die Vertreter einer wahren Nomadenkultur in der at.lichen Literatur sind Nicht-Israeliten: Kain, Ismael, Esau – sicher keine Idealtypen –, Hagriter (Ps 83,7; 1 Chr 5, 9–10), Maoniter, Amalekiter (1 Chr 4, 41–43), Midianiter (Ri 6–8) und Keniter (Ri 4, 17–21; 5, 24. 27).

Der grundlegenden Frage, ob in der Phase der Landnahme in Kanaan die israelitischen Stämme als eine im Übergang von Nomadentum zur Seßhaftigkeit befindliche Gesellschaft zu definieren sind, oder ob dieser Prozeß einem „Bauernaufstand" entwuchs, kann hier nicht nachgegangen werden, ebensowenig wie Zwischenlösungen, die auf einer Kombination von Wanderhirtentum und rudimentärem Ackerbau (transhumant pastoralism) beruhen (zum Stand der Diskussion vgl. Mendenhall, Weippert, Gottwald).

VII. Bei der Interpretation des semantischen Bereichs von *miḏbār* und seines Wortfeldes müssen einige Gesichtspunkte in Betracht genommen werden, denen in der at.lichen Wissenschaft zumeist nicht genügend Rechnung getragen wird.

1. Die Erinnerung an eine Wüstenwanderungsperiode bewirkt, daß der Raumbegriff *miḏbār* auch eine temporale Prägung erhält. Diese Fusion von Raum-Dimension und Zeit-Aspekt läßt sich in der Verwendung von gleichwertigen Begriffen nicht nachweisen. Weder im hebr. Wortschatz noch in der biblischen Gedankenwelt haftet Raum-Vokabeln wie z. B. *har*, *mîšôr*, *ʿemæq*, *nāhār*, *jām* eine temporale Dimension an. Nur in zwei weiteren antithetischen Begriffen läßt sich eine korrespondierende Verschmelzung einer räumlichen mit einer temporalen Dimension erkennen. Es sind dies *ʾæræṣ kenaʿan/jiśrāʾel* als Bezeichnung der (Ära der) Seßhaftigkeit im Land, und *gôlāh/gālûṯ* als Umschreibung einer in einem fremden Land verbrachten Exilszeit (Talmon, Exil 32ff.). Die sprachlich-konzeptuelle Eigentümlichkeit dieser drei Begriffe unterstreicht die Bewertung der ursprünglichen *miḏbār*-Erfahrung als ein situationsbedingtes Übergangsstadium zwischen der Versklavung in Ägypten – das exemplarische Exil – und der Selbständigkeit im eigenen Land.

Die Eigenheit der Wüstenwanderungszeit als Übergangsstadium findet ihren literarischen Ausdruck in einer Ringkomposition, in die sie eingeklammert ist. Sie liegt zwischen dem Passah-Fest, das den Exodus symbolisiert (Ex 12) und der Passah-Feier in Gilgal, die als erstes Anzeichen der Landseßhaftigkeit verstanden sein will (Jos 5, 10–12). Vergleichbar ist die Einklammerung zwischen der Beschneidung von Moses (Sohn?) als Vorspiel der Exoduserzählung (Ex 4, 24–26), und der Ausführung des Beschneidungsgebotes „am ganzen Volk" in Gilgal (Jos 5, 2–8), in beiden Fällen vor dem Begehen des Passah-Festes. Während der Wüstenwanderung – ein Hiatus in der Geschichte – erfüllten die Israeliten nur einmal die eine (Num 9, 1–5) und niemals die andere dieser Vorschriften, was der Autor von Josua besonders hervorhebt (Jos 5, 5–7).

a) Die untergeordnete Stellung, die das biblische Geschichtsverständnis der Wüstenwanderungsperiode einräumt, drückt sich in der ihr zugemessenen verhältnismäßig kurzen Zeitspanne von *nur* „vierzig Jahren" (Ex 16, 35; Num 14, 33. 34; 32, 13; Deut 1, 3; 2, 7; 8, 2; Jos 5, 6; 14, 10; Am 2, 10; 5, 25 u.a.) aus, die (schematische) Lebenserwartung einer Generation (Num 32, 13 = Deut 2, 14; vgl. Deut 1, 35; Ps 78, 8; 95, 10; vgl. Ri 3, 11; 5, 31; 8, 28; 13, 1; 1 Sam 14, 18 u.a.). Der Vergleich mit der „Versklavung in Ägypten", der (wiederum schematisch) „vier Generationen" unterworfen sein sollten (Gen 15, 16) und die in einer Version mit 400 (Gen 15, 13) oder einer anderen zufolge mit 430 Jahren (Ex 12, 41) angesetzt wird, verdeutlicht das verhältnismäßig geringe Gewicht, das der Wüstenwanderungsepoche in der at.-lichen Geschichtsbetrachtung zusteht. Zu einem ähnlichen Resultat führt der Vergleich mit dem auf 70 Jahre vorausbestimmten babyl. Exil (Jer 25, 11. 12; 29, 10; Sach 1, 12; 7, 5; Dan 9, 2; 2 Chr 36, 21).

Noch eindrucksvoller ist die Gegenüberstellung mit der Epoche der Seßhaftigkeit. Die biblische Tradition berechnet die Zeitspanne vom Auszug aus Ägypten bis zum Bau des salomonischen Tempels auf 480 Jahre (1 Kön 6, 1; Noth, Studien 67ff.), d. h. auf 12 Generationen von je 40 Jahren, von denen nur eine auf die Wüstenzeit entfällt.

Die sehr unterschiedliche Größenordnung dieser schematischen Zahlenangaben vermittelt einen konkreten Eindruck von dem beschränkten Stellenwert der Wüstenepoche im biblischen Geschichtsmodell.

b) Durch diese Charakteristika ist die frühgeschichtliche *miḏbār*-Erfahrung als ein Provisorium gekennzeichnet. Die Kennzeichnung überträgt sich in der Folge als Motiv auf alle vergleichbaren Situationen: 'Wüste' symbolisiert die Passage von einem negativen Pol – Knechtschaft, Exil – zu dem positiven – verheißenes Land. Als Provisorium besitzt die Wüste keine permanente Geschichtssubstanz; als Übergangsstadium hat sie nur einen derivativen Eigenwert. Vor diesem Hintergrund betrachtet, ist es höchst unwahrscheinlich, daß in der at.lichen Gedankenwelt einer neuen Wüstenphase der Stellenwert eines angestrebten Zukunftszieles zugeschrieben werden konnte, geschweige denn, daß sie als das eschatologische Endstadium der Geschichte Israels propagiert wurde.

2. Es darf nicht übersehen werden, daß ein Teil der biblischen Wüstenwanderungstraditionen in der Tat Anhaltspunkte für die Entstehung einer positiven Einstellung zu jener Epoche bieten. Bei der Erklärung dieses Umstandes muß folgendes in Betracht gezogen werden: in allen Schichten der pentateuchischen Grundüberlieferung wird die vierzigjährige Zeitspanne der Wüstenwanderung in zwei, ihrer Dauer und Bedeutung nach höchst unterschiedliche Phasen aufgeteilt:

a) Die erste Phase, die die Tradition auf etwas über ein Jahr berechnet (Num 10, 11–12), umschließt die Erlebnisse Israels von dem Zeitpunkt der Überquerung des Schilfmeeres bis zu der Ankunft am Gottesberg (Ex 3, 12; 4, 27; 18, 5; 19, 2). Das Finale und der Höhepunkt dieses Zeitabschnittes sind Gottes Bundesschluß mit Israel „im dritten Monat (stereotype Zeitangabe) nach dem Auszug aus Ägypten" (Ex 19, 1ff.), die Sinaitheophanie und der Empfang des Gesetzes (Ex 20, 1ff.; 34, 37ff.; Deut 5). Für die erste Etappe der Marschroute – vom Schilfmeer bis zum Gottesberg – registriert die Tradition keine Aufsässigkeit oder Meuterei Israels. Dieses Jahr kann daher zu Recht als die „Brautzeit" Israels bezeichnet werden, in dem es Gott in Glauben und Treue in die „Einöde (*miḏbār*), das saatenlose Land folgte" (Jer 2, 2).

b) Es muß betont werden, daß der Ort des Bundesschlusses nicht die Wüste, sondern „der Berg Gottes" war, Sinai (Ex 19, 3ff.; 34, 1ff.; Deut 4, 23; 5, 2ff. u.a.) oder Horeb (Deut 28, 69), der allerdings in der Wüste lag. Alle Erwähnungen der Bundestafeln (Deut 9, 9. 11. 15) und des Dekalogs (Ex 34, 28; Deut 4, 13) und Hinweise auf sie spiegeln die Gottesoffenbarung „auf dem Berg" wider, der konzeptuell unweit von der Grenze Ägyptens in der Wüste lokalisiert wird (Ex 3, 18; 5, 3; 8, 24; Jer 31, 31ff.; Ps 78, 10–11 u.a.). Daher ist es eine Verzerrung des Bildes, das die at.lichen Schriften bieten, wenn man die Wüste als die „geeignete Offenbarungsstätte des wahren Gottes" (R. Kittel, Gestalten 42) oder „Beduinentum und Jahwismus" als nicht nur historisch aufeinander bezogene, sondern auch existenziell verwandte Phänomene (Nyström) darstellt. Aufgrund des bibl. Befundes läßt sich auch Max Webers auf „empirischer Grundlage" fußende Schlußfolgerung nicht aufrecht erhalten, daß eine Herkunft aus dem Grenzgebiet des Kulturlandes im Übergang zur Wüste charakteristisch für die bibl. Propheten sei (Talmon, Desert 48f.). Wenn eine geographische Umschreibung des Gottes Israels überhaupt zulässig wäre, so müßte er als Berggott verstanden werden (→ הר *har* VI), nicht als Gott der Wüste. Eine solche Auffassung läßt sich noch in der Königszeit nachweisen, zumindest bei Nachbarvölkern Israels. Einem unreflektierten und daher besonders vertrauenswürdigen Bericht zufolge erklärten die Höflinge des Aramäerkönigs Ben Hadad den Verlust einer Schlacht um die Stadt Samaria dadurch, daß Israels Gott ein *ʿælohê hārîm* sei, und raten ihm an, die Samarier im *mîšôr* zu bekämpfen, wo sie sicher zu besiegen wären (1 Kön 20, 23. 25). In diesem Zusammenhang kann *mîšôr* nicht als Bezeichnung der moabitischen Ebene in Transjordanien (Deut 3, 10; Jos 13, 9. 16. 17. 21; Jer 48, 8. 21), sondern muß – ähnlich wie *miḏbār* – als 'Flachland' verstanden werden. Die gelegentliche Gleichsetzung dieser zwei Begriffe zeigt sich in der Erwähnung von *mîšôr* neben *šᵉpelāh* und *miḏbār* als typisches Weideland (2 Chr 26, 10), und vor allem in der Lokalisierung der Zufluchtsstadt Bezer *bammiḏbār bᵉʾæræṣ hammîšôr* (Deut 4, 43; Jos 20, 8).

c) Die zweite Phase, die sich auf rund 38 Jahre erstreckte (Deut 2, 14), beginnt mit dem Bericht vom Übergang aus der *miḏbar sînaj* in die *miḏbar pāʾrān*, am 20. des zweiten Monats im zweiten Jahr (nach dem Auszug aus Ägypten, Num 10, 11), und endet mit dem Krieg gegen die Midianiter (Num 31). Diese letzte Schlacht, die Israel gegen ein Wüstenvolk vor der Eroberung Kanaans führte (vgl. Ri 6–8 u.a.), signalisiert das Finale der Wüstenperiode. Der biblischen Darstellung zufolge betrat Israel direkt nach jener Episode das Gebiet der transjordanischen Staaten, in dem die Stämme Ruben, Gad und Manasse Fuß faßten (Num 32).

Entsprechend einem historiographischen Modell, dem wir in der at.lichen Literatur wiederholt begegnen (vgl. Jos 23–24; 1 Sam 12; Neh 9, 6ff. u.a.), liefert der Autor des Buches Num an diesem „Krisenpunkt" in der Geschichte Israels eine rückblickende Zusammenfassung der abgelaufenen Periode, nämlich der „Marschrouten (und Stationen) Israels (*masʿê ḇᵉnê jiśrāʾel*), seit sie aus dem Land Ägypten auszogen", deren Verfassung er Mose zuschreibt (Num 33, 1ff.; Deut 1, 1ff.). Jene zweite Etappe von 38 Jahren war die Zeit der eigentlichen Wüstenwanderung, die vielen Jahre (*jāmîm rabbîm*, Jos 24, 7) des „Herumirrens" in der Einöde. In dem ursprünglichen göttlichen Plan vom Auszug aus Ägypten, auf den die den Vätern verheißene Landnahme unverzüglich folgen sollte (Ex 6, 2–9), war ein langer Aufenthalt in der Wüste nicht vorgesehen. Der Zug in die Wüste hatte nur ein Ziel: das Volk sollte auf dem kürzesten Weg, nach „drei Tagen" (Ex 3, 18), den Gottesberg, der in der Wüste lag, erreichen, um dort Gott zu opfern und ihm zu dienen (Ex 5, 1; 7, 16. 26; 8, 16. 23. 24; 9, 13; 10, 3. 9 u.a.).

Die Verzögerung der angestrebten Landnahme resultierte aus der Sündhaftigkeit Israels. Alle Traditionen und literar-historischen Schichten des Pentateuchs, und ihre Reflektionen in den außerpentateuchischen Schriften, bezeugen eine Auffassung dieser Phase der Wanderungen in der Einöde als eine Zeit des Unheils, das Gott über sein Volk als Strafe für dessen Vergehen brachte *lᵉmaʿan ʿannoṯᵉḵā* (Deut

8, 2. 16). Diese Etappe wird genau umschrieben: „Die Zeit, in der wir von Kades-Barnea aus herumzogen, bis wir den Nachal Sered (die natürliche Grenze zwischen Edom und Moab) überschritten, währte achtunddreißig Jahre, bis die gesamte Generation der wehrfähigen Männer ausgestorben war", die ihres Unglaubens wegen an der Landnahme nicht teilhaben sollten (Deut 2, 14–16; Jos 5, 4–6; Hos 9, 10; Ps 106, 20). Ezechiel sieht in dieser Zeitspanne den Prototyp des göttlichen Gerichtes, das einem zukünftigen Bundesschluß mit Israel vorausgehen muß: „Ich werde euch in die *midbar hāʿammîm* (vgl. 1 QM 1, 3) bringen und mich dort mit euch von Angesicht zu Angesicht ins Gericht stellen, wie ich mich mit euren Vätern in der Wüste des Landes Ägypten ins Gericht gestellt habe ... und werde die Empörer, und die mir abtrünnig wurden, von euch ausscheiden. Aus dem Lande der Fremde (Exil) führe ich sie heraus, aber ins Land Israels sollen sie nicht hineinkommen" (Ez 20, 35–38; vgl. 39ff.).

Über jene, alles andere als „ideale" Periode bietet Num 11, 1 – 31, 5 einen detaillierten Bericht, den man das „Buch von Israels Verfehlungen" betiteln könnte. Dieser literarische Komplex – der keine in sich geschlossene Einheit ist (vgl. z. B. 26, 1 – 30, 17) – setzt sich kompositionell eindeutig von den ihn umgebenden Textpartien ab. Der ihm vorangehende Teil von Num schließt mit dem 'Ladelied' (Num 10, 35–36; vgl. Ps 68, 2), das schon die rabbinische Tradition als ein selbständiges Stück betrachtete (Babyl. Talm. Šabbat 115b–116a; Abot d'R. Nathan Version A c. 30; Sifre, ed. Friedmann, 22a; Soferim 6, 1). Das „Buch der Verfehlungen" schließt mit einem Epilog (Num 33, 1–49); die darauf folgenden Stücke (Num 35, 50 – 36, 13) stehen in keinem sachgemäßen Zusammenhang mit ihm.

Es ist erwähnenswert, daß in den zwölf Kapiteln, die das Kernstück dieses Textkomplexes ausmachen (11–17; 20; 21; 25; 31; 33), der Terminus *miḏbār* 24mal – und in den übrigen Kapiteln von Num nur 19mal erwähnt wird, wobei einige dieser letzteren Erwähnungen sich direkt auf Episoden beziehen, von denen das „Buch der Verfehlungen" berichtet. Darum kann es nicht verwundern, daß die in diesem Komplex vorherrschende Atmosphäre das Bild der Wüstenzeit in der außer-pentateuchischen biblischen Literatur entscheidend prägte und somit die Auffassung des biblischen Menschen von der „Wüste" und seine Einstellung zu ihr, direkt oder indirekt, bestimmte.

Man darf vermuten, daß diese Meinungsprägung nicht nur durch vereinzelte literarische Zitate und Anspielungen ausgelöst wurde, sondern auch – und vielleicht noch entscheidender – durch die Rezitation von Geschichtstraditionen, hauptsächlich in einem kultischen Rahmen. Dies kann mit Sicherheit in bezug auf die „historischen" oder besser „historiographischen" Psalmen (z. B. 78; 105; 106) angenommen (s. Talmon, Epic) und zumindest für Num 11–21; 33 mit ziemlicher Wahrscheinlichkeit postuliert werden. Eine solche sekundäre Verwendung der Wüstentradition setzt voraus, daß sie ihren Sitz im Leben im Kultus einer Gemeinschaft hatte, die sozio-historisch völlig anders gestaltet war als jenes „Israel in der Wüste". Es war dies eine seßhafte, landwirtschaftliche und städtische Gesellschaft, die in den Wüstenreminiszenzen vorwiegend negative „Archetypen" (Coats, Tunyogi), aber nicht ein Spiegelbild ihres eigenen Lebens in der Geschichte finden konnte. Daher ist es verständlich, daß in den geschichtsbeschreibenden Passagen des Pentateuchs das Wüstenvokabular keine übertragene-literarische Verwendung findet (Motive, Stoff, Bildsprache) – wie es in der rückblickenden außer-pentateuchischen at.lichen Literatur der Fall ist. Im Pentateuch bezieht sich das semantische Feld 'Wüste' immer auf die Sache selbst, auf eine „Realität", nicht auf ein Abbild. Einige wenige Beispiele von „realen" *miḏbār*-Aspekten weist das Buch Hiob auf (1, 19; 24, 5; 38, 26), das eine Gesellschaft reflektiert, die Israel in seiner Entwicklungsphase vor der Landnahme ähnelte. Im Unterschied dazu wird *miḏbār* in Spr 21, 19 als eine rein schriftstellerische Figur verwendet.

3. Die kontrastierenden Einstellungen zur Wüstenwanderungsperiode in den „geschichtlichen Berichten", aber vor allem in den nicht-historiographischen Partien des Pentateuchs (Deut 32) und in außerpentateuchischen Schriften, resultieren zumindest zum Teil aus der Einmündung von Materialien und Stoffen, die aus anderen Erfahrungsgebieten entnommen sind, in den Motivbereich *miḏbār*. Besonders zu erwähnen sind Konzeptionen, die in der mythisch-kultischen Sphäre der altorientalischen Umwelt wurzeln, und der Verwendungsbereich von *miḏbār* als 'Weideland' – 'Trift'.

a) Die grundsätzlich negative Einstellung zu *miḏbār* in der Konnotation 'Einöde – Wildnis' spiegelt Vorstellungen wider, die sich auch in anderen altorientalischen Literaturen aufweisen lassen: Im äg. Totenbuch (175, 2) klagt Osiris über die Wüste, in der es weder Wasser noch Luft gibt, die grenzenlos und völlig dunkel ist, und in der man keine Liebesfreuden finden kann. Die babyl.-assyr. Mythologie bindet die „Herrin der Wüste" (die Schwester des Tammuz) an die Unterwelt, „wo sie das Amt einer 'Tafelschreiberin der Hölle' versah" (Meissner 33). Das ugar. Epos stellt die Wüste oder die Unterwelt als den natürlichen Aufenthaltsort von Mot, dem Antagonisten des Schöpfergottes Baʿal, dar (KTU 1.4, VII, 55–57). Hieraus erklärt sich, daß *mdbr* und *thmt* als Synonyme in parallelismus membrorum gebraucht werden können (KTU 1.92, 3–5). Dieselbe Paarung findet sich in Jes 63, 13 und Ps 78, 15 (Dahood II 240; III 452; RSP I 256; Watson 466). Zu vergleichen wären noch Ps 77, der neben der ausdrücklichen Erwähnung von *t^{e}hômôṯ* (v. 17) eine unübersehbare Anspielung auf die Wüstenwanderung bringt: „Du führtest dein Volk wie eine Herde durch die Hand von Mose und Aaron" (v. 21), und Ps 29, wo der Erwähnung von *miḏbār* und *miḏbar qāḏeš* (v. 8) die vom *majim*

rabbîm (Hinweis auf *t^e^hôm*) vorangeht (v. 3; vgl. noch Hab 3, 3–10).
Die Wüste ist voll von Spukgestalten (Gaster, Thespis 132; Porter 33; Wellhausen, Reste 198ff.). Derartige mythische Wesen bevölkern sie auch in der at.-lichen Auffassung: *jemîm* (Gen 36, 24), die der Midrasch als Dämonen identifiziert; *'ijjîm, ṣijjîm* (Jes 13, 21. 22; 34, 14; 50, 39) und *lîlîṯ*, die 'Nachthexe' (Jes 34, 14). Dort „tanzen *śe'îrîm* 'Satyre'" (Jes 13, 21). An diesen Wesen ist der Chaos-Charakter der Wüste, die noch in dem Urzustand von *tohû wāḇohû* verharrt (Deut 32, 10; Jes 34, 11; Jer 4, 23–26; Ps 107, 10; Hi 6, 18–19), erkennbar, ähnlich der Salzöde, zu der Gott die frevelhaften Städte Sodom und Gomorrah reduziert hatte (Deut 29, 22; Jes 13, 19–22; Jer 49, 17–18; 50, 39–40; Zeph 2, 9; vgl. Jo 2, 3). In dieses von Gott nicht betraute Land (Mauser 44) *'æræṣ gezerāh* (Lev 16, 22; vgl. Ps 31, 23; 2 Chr 26, 21), die Antithese zum „Land des Lebens" (Jes 53, 8; Ez 37, 11; Ps 78, 6; Kl 3, 53–54; vgl. Jo 2, 5; ferner Gen 4, 14 und Jes 57, 20), schmettert er den König Ägyptens (*neṭaštīḵā hammiḏbārāh*), damit er dort verkomme (Ez 29, 5). Eine Reflexion dieser Konnotation von Wüste im at.lichen Glauben ist das einmal jährlich am Versöhnungstag ausgeführte Entsühnungsritual, in dem ein Ziegenbock (*śā'îr*) die Sünden des gesamten Volkes in die *'æræṣ gezerāh* ... *la'azā'zæl hammiḏbārāh* trägt (Lev 16, 10. 21. 22) und dadurch der Gemeinschaft symbolisch neues Leben für das kommende Jahr zusichert.
b) In dem Sinnbereich *miḏbār* = 'Weideland' liegen den vorherrschenden Motivmischungen anscheinend zwei Hauptthemen zugrunde: α) In der späten prophetischen Literatur und in einigen Psalmen wird die Vorstellung von Gott als Vater (Deut 32, 6. 18. 19), Schutzherr und Behüter seines Volkes (Ex 19, 4; Deut 32, 10–11; 32, 4. 15. 18. 30. 31), die in der Wüstenwanderungszeit ankert, mit den Darstellungen Gottes als „Israels Hirt" fusioniert, die aus dem semantischen Feld 'Trift' bezogen und in den pentateuchischen Wüstenzugsberichten nicht belegt ist: „Er führte sein Volk wie Schafe (aus Ägypten heraus) und leitete sie in der *miḏbār* wie eine Herde" (Ps 78, 52; vgl. 77, 21; Jes 40, 11; 63, 11–14 u.a.).
β) Im HL, das ein Hirtenmilieu widerspiegelt, findet sich das Motiv „Liebe-in-der-*miḏbār*". Die Geliebte „kommt aus der *miḏbār* herauf wie eine nach Myrrhe duftende Weihrauchsäule (Anspielung auf die Wolkensäule der Wüstentradition?) ... sich an ihren (Hirten-)Geliebten anschmiegend" (HL 3, 6; 8, 5).
Eine weitere Beziehungsmöglichkeit bietet das ugar. Epos. Der 'Anat-Zyklus bringt eine recht derbe Schilderung von Ba'als „Liebe-in-*dbr*" zu einem Jungrind (KTU 1.5, V, 18–22). Den Umständen entsprechend kann *dbr* in diesem Kontext nicht die ansonsten belegte Konnotation 'Unterwelt' haben (gegen Driver 107).
c) Die Verknüpfung des Motivs „Liebe-in-der-*miḏbār*" mit der Wüstenwanderungstradition, die sich im Buche Hos und, vermutlich von ihm abhängig, bei Jer findet, spielte eine entscheidende Rolle in der Formulierung der Hypothese von einem at.lichen „Wüstenideal". In Hos 1–3, und in dieser präzisen Form nur in diesen Kapiteln (Kaufmann 93–95), wird das Verhältnis Israels zu seinem Gott dem von Frau und Mann gleichgesetzt. Das abtrünnige Volk (Frau) muß erneut der Wüstenerfahrung ausgesetzt werden, damit es dort seine Sünden bereut und in Treue zu Gott (Mann) zurückkehrt (Hos 2, 16–21). Aber der (Rück-)Zug in die Wüste wird nicht als Selbstzweck aufgefaßt (gegen Mauser 44ff.; Wolff, Umkehr), sondern wiederum als ein notwendiges Übergangsstadium, auf das eine erneute Landnahme folgt: „Von dort (der Wüste) her werde ich ihr ihre Weinberge (zurück-)geben, das Tal Achor (Anspielung auf die Achan-Episode, Jos 7, bes. v. 25) als Hoffnungspforte" (Hos 2, 17). Die Verwendung der Motiv-Kombination Liebe-*miḏbār* – ein sekundäres Thema im Buche Hos – kann nicht als Ausdruck eines vermutlichen prophetischen „Wüstenideals" ausgelegt werden. Sie bezeugt einen literarischen Prozeß, nicht eine theologisch-existenzielle Idee.
Es muß jedoch gefragt werden, ob eine solche Konzeption bei Jer nachweisbar ist. Dieser Prophet pflanzte das Gott-Volk-Liebe-Motiv augenscheinlich in die Tradition von der historischen Wüstenwanderung ein mit der Betonung des 'Einöde'- und nicht des 'Trift'-Sinngehaltes von *miḏbār*. Im Unterschied zu Hos, der die Zuneigung des Mannes (Gott) zu seiner Gattin (Israel) in den Vordergrund rückt (Hos 2, 16; 13, 5; vgl. 9, 10; Deut 32, 10), hebt Jer die Anhänglichkeit des jungen Volkes an seinen Gott hervor. Etwas frei übersetzt, unter Verzicht auf die Wiedergabe des parallelismus membrorum, lautet der Text: „Ich gedenke ... der Liebe deiner Brautzeit (*ḥæsæḏ, 'ahaḇāh*), als du mir in die saatenlose *'æræṣ miḏbār* folgtest" (Jer 2, 2). Es ist zu vermuten, daß Jer hier auf die erste (positive) Phase der Wüstenwanderung Bezug nimmt, die Etappe zwischen dem Exodus und der Sinaitheophanie. Auch für ihn ist die Einöde weder ein Ziel noch ein Ideal, sondern der Übergang von der Knechtschaft zur Freiheit, eine Situation, die Israel auch in der Zukunft wieder erfahren wird (Jer 31, 2–6): „So spricht Gott: Die vom Schwert Entronnenen finden (wieder) Gunst in der *miḏbār*, wenn (Gott) das Volk Israel (in seinem Land) zur Ruhe kommen läßt ... mit ewiger Liebe liebte ich dich (*'ahaḇaṯ 'ôlām 'ahaḇtîḵ*) deshalb zog ich dich in Treue (*ḥæsæḏ*) zu mir (vgl. 2, 2) ..., denn es kommt ein (der) Tag, an dem Wachleute auf den Bergen Ephraims (aus)rufen: Laßt uns nach Zion hinaufziehen zu unserem Gott" (vgl. Jes 2, 5). Daraus folgt, daß auch das Buch Jer die in den at.lichen Schriften vorherrschende Auffassung von einem Aufenthalt in der *miḏbār* als Übergangsstadium und Auftakt zur Landnahme vertritt, und daß es keineswegs ein „Wüstenideal" propagiert.
d) Genau diese Aufgabe erfüllt das Wortfeld *miḏbār* in der Bildsprache Deuterojesajas, in der es ausgiebig verwendet wird. Der Prophet konzipiert das nach-

exilische Zeitgeschehen als ein Spiegelbild der geschichtlichen Grunderfahrung Israels: Exodus – Wüste – Landnahme (B. W. Anderson, Exodus), mit einer aus den unterschiedlichen Umständen erwachsenen Verlagerung des Akzentes. Da Israel schon durch die Zerstörung des Tempels und das babyl. Exil einer Katharsis unterworfen war (Jes 40, 1–2 u.a.; vgl. 4 Q 176; Jer 31, 1 ff.), kann die neue (typologische) Wüstenwanderung von dem negativen Aspekt der „Meuterei" und der darum notwendigen Läuterung befreit und mit Bildern der Verheißung und Hoffnung ausgestattet werden. Die blühende, pflanzenreiche Einöde der Restitutionsvisionen des Jesajabuches (Jes 35, 1–2. 6–10; 41, 18–19; 43, 19–20; 48, 21; 51, 3; vgl. Ps 107, 33–38) kontrastiert die *'æræṣ (miḏbār) lo' zerûʿāh* (Jer 2, 2) der Frühzeit (Deut 32, 10 u. a.). Die Gnade Gottes bezeugt sich in der Umformung der chaotischen Natur und in der Wiederherstellung Israels in seinem Land unter einem Herrscher aus dem Hause Davids (Jes 55, 3; vgl. Jes 32; Jer 17, 25; 22, 4; 23, 5; 33, 14–17; Am 9, 11; Hos 3, 5; Talmon, Exil). Eine Idealisierung der Wüste und der Wüstenwanderungszeit läßt sich weder hier noch bei irgendeinem anderen nachexilischen Propheten (Ez, Hag, Sach, Mal) aufweisen.

VIII. Die Einbeziehung der Qumran-Literatur und -Theologie in eine Untersuchung des Sinnbereiches und Wesensinhaltes von *miḏbār* im AT ist aufgrund folgender Überlegungen gerechtfertigt: a) Die *jaḥaḏ*-Kommune hat eine besonders akzentuierte at.liche Ausrichtung, die darin gipfelt, daß sie sich als das wiederhergestellte nachexilische Israel versteht (Talmon, Qumran). b) Der Rückzug der Gründungsväter dieser Gruppe in die judäische Wüste, in der sie ihr Gemeinschaftszentrum errichteten, bewirkte, daß sie in der Forschung, ohne stichhaltige Argumentation, mit den Rechabiten in Zusammenhang gebracht wurden. c) Der messianisch-millenarische Charakter des *jaḥaḏ* von Qumran legte es nahe, das Leben dieser Gruppe in der Wüste als eine Realisierung des vermutlichen at.lichen eschatologischen Wüstenideals in der Geschichte zu interpretieren (s. o. VI. 1. a).
Vor diesem Hintergrund ist es auffallend, daß *miḏbār* in der spezifischen Qumranliteratur nur selten vorkommt. Kuhn (Konkordanz) registriert das Wort 12mal, davon einigemal in kleinen unverständlichen Bruchstücken. Nur eine Erwähnung von *miḏbār* bezieht sich auf die Wüstenwanderung Israels, bezeichnenderweise auf die Vernichtung der störrischen Wüstengeneration, unter direkter Erwähnung von Deut 9, 23 und Ps 106, 25: „... sie hörten nicht auf die Stimme ihres Schöpfers ... und murrten in ihren Zelten ... und der Zorn Gottes entbrannte gegen ihre Gemeinde" (CD 3, 5–9). Der autoritative Charakter von CD gibt Anlaß zu der Annahme, daß dieses vereinzelte Zitat der Übereinstimmung der Qumraner mit der in der at.lichen Literatur vorherrschenden abschätzigen Einstellung zu der Wüstenwanderungsperiode in konzentrierter Form Ausdruck gibt. Diese Übereinstimmung zeigt sich auch in ihrem Verständnis des eigenen Rückzugs in die Wüste als ein Übergangs- und Vorbereitungsstadium in der nacherlebten Abfolge von (selbstauferlegtem) Exil und einer erneuten zukünftigen Landnahme, fundierend auf dem „Neuen Bund", den Gott mit der „Gemeinde der Heiligen" – *jaḥaḏ bene 'el* – etablierte (CD 6, 19; 8, 21; 1 QpHab 2, 3). Der Wiederherstellung des „Neuen Jerusalem" (Tempelrolle) wird eine Läuterungsphase vorangehen, die der at.lichen Darstellung der Wüstenwanderung nachgezeichnet ist: „Am Ende (dieser Interimsetappe) von vierzig Jahren wird es keine (Gottlosen) geben (*hammamrîm jittammû*) und kein Bösewicht wird mehr auf Erden sein" (4 QpPs 37). Die Identifizierung der Feinde des *jaḥaḏ* mit der sündigen Wüstengeneration ist schon allein durch die Losung „vierzig Jahre" sichergestellt (vgl. CD 20, 14 ff.) und wird weiterhin durch die aus den Pentateuchtraditionen entlehnten Kennwörter *mamrîm* (Num 20, 10. 24; 27, 14; Deut 1, 26. 43; 9, 7. 23. 24; 31, 27; vgl. Ps 78, 17. 56; 106, 7. 33. 43; 107, 11 u. a.) und *jittammû* (Num 14, 34–45; Deut 2, 14–16) unterbaut. In diesen Bereich spielen noch Anlehnungen an das *miḏbār*-Motiv des DtJes hinein. Die Qumraner bezogen den Ruf des Propheten, in der Wüste Gottes Weg zu bahnen (Jes 40, 3), um dort als „reuige Rückkehrer in die Wüste" (*šāḇê hammiḏbār*, 4 QpPs 37, 3, 1; vgl. H. J. Fabry, BBB 46, 1975, 64–68) – nach den Gesetzen zu leben, die ihnen offenbart wurden (1 QS 9, 19–20), auf sich. Als „Rückkehrer zur Thora" (*šāḇîm lattôrāh*, 4 QpPs 37, 2, 1–2; vgl. Fabry, a. a. O. 28–32) bereiten sie sich auf die kommende Heilszeit vor: „They go into the desert for a season, to be born again as the New Israel" (Cross, Library 56). Die Qumrangemeinde entwickelte keine Nomadenwirtschaft, die ausschließlich auf Kleinviehherden basierte, obwohl sie natürlich Schafe und Ziegen in beschränktem Umfang gezüchtet haben mögen. Der archäologische Befund – Wasserreservoire und Bewässerungsanlagen – legt Zeugnis von einer landwirtschaftlichen Ökonomie ab, die den ökologischen Bedingungen der judäischen Wüste angepaßt war, und die in den Qumransatzungen in Betracht genommen wird (CD 10–11). Vgl. des weiteren F. F. Bruce, Preparation in the Wilderness at Qumran and in the New Testament (Int 16, 1962, 255–279).
Zusammenfassend kann man sagen, daß in der Qumranliteratur, entsprechend dem at.lichen Befund, verschiedene Aspekte von *miḏbār* fusioniert werden. Zuerst einmal diente die Wüste den *jaḥaḏ*-Gläubigen als Zuflucht vor ihren Verfolgern. Sie wurde zum Ort der Läuterung und der Vorbereitung auf die erneute Landnahme. Auch die Qumraner betrachteten den Aufenthalt in der Wüste als ein Provisorium, nicht als Ziel, sondern als einen unvermeidlichen Hiatus auf dem Weg zum Ziel – einen rite de passage (Talmon, Desert 62 f.). Johannes der Täufer vertrat vermutlich eine ähnliche Auffassung, die sich auch

in frühchristlichen Quellen widerspiegelt. Erst mit der Entstehung der Eremitenbewegung kristallisierte sich eine theologische Konzeption im Christentum, die der Wüste einen Eigenwert zuschreibt, heraus.

Talmon

מָדַד *māḏaḏ*

מִדָּה *middāh,* מַד *maḏ,* מֵמַד *mēmaḏ*

I. Etymologie und Verbreitung – 1. im Akkadischen – 2. in Ugarit – 3. in den übrigen semit. Sprachen – 4. Verteilung im AT – 5. Strukturangaben – 6. Synonyme – 7. LXX – II. 1. Die profane Verwendung – 2. in sakralen Bauvorhaben etc. – 3. Landvermessung – 4. in rechtlichen Zusammenhängen – 5. in anthropologischen Zusammenhängen – 6. Theologische Verwendungsweisen – a) Schöpfung – b) Mehrung – c) Landvermessung Sach 2, 5f. – d) Vergeltung – 7. *maḏ* – III. 1. Qumran – 2. Rabb. Judentum.

Lit.: *J. Reider*, מָדָד in Job 7, 4 (JBL 39, 1920, 60–65). – *W. Thiel*, Zur gesellschaftlichen Stellung des *MUDU* in Ugarit (UF 12, 1980, 349–356). – *J. Trinquet*, Métrologie Biblique (DBS V, 1957, 1212–1250). – *P. Vargyas*, Le *MUDU* à Ugarit. Ami du roi? (UF 13, 1981, 165–179). – *O. Wahl*, Göttliches und menschliches Messen. Zur Botschaft von Sacharja 2, 5–9 (in: Künder des Wortes, Festschr. J. Schreiner, 1982, 255–272).

I. Die Basis *mdd*, im Hebr. den Formativen *māḏaḏ*, *middāh*, *maḏ* und *mēmaḏ* zugrundeliegend, ist in fast allen semit. Sprachen bezeugt. Dabei ist in vielen Fällen die Distinktion von Homographen (bes. im Akk. [*madādu* II/III, *nadānu*; vgl. M. Ellenbogen, Foreign Words 98]; im Ugar. [*mūdûm*] und im Hebr. [*middāh*]) schwierig. In der Spätphase des Hebr. hat sich aus der Wurzel sekundär durch Anlagerung eines א-protheticum eine Verbalwurzel *'md* herausgebildet (vgl. Levy, WTM I 94).

1. Die Wurzel *mdd* begegnet bereits in mehreren Formativen in altakk. Belegen. Das Verb *madādu I* (eine Beziehung zu *madādu II* 'lieben' und *madādu III* 'entrinnen' ist nicht gegeben) bedeutet 'messen' im weiten Sinne des Wortes (AHw 571; CAD M/1, 5–9), wobei sich ein Großteil der Belege im agrarisch-merkantilischen Bereich bewegt: Getreide abmessen (vgl. VAB 5, 535), Bier zumessen (VS 6, 104, 14), Holz abmessen (vgl. ZA 36, 202, 50), auch ein Feld abmessen (ARM 1, 7, 44), eine Grenze ausmessen (ABL 621, 10). Dabei bedeutet es also nicht nur, Gegenstände mit vorgegebenen Maßen (Meßrohr, VAB 4, 62, 27) und Gewichten zu vergleichen, sondern auch partitiv aus vorgegebenen Mengen Teilbeträge abzumessen und auszuhändigen. *madādu* umfaßt offensichtlich den gesamten Vorgang (CAD). Das Ausmessen ist eine wichtige Tätigkeit im Zusammenhang mit dem Hausbau (ARM 13, 7, 15). In jüngeren Texten ist auch von einem magischen Abmessen eines Menschen die Rede (CT 17, 15, 21). Von Marduk wird gesagt, daß er die Wasser des Meeres mißt (RAcc 134:241, 138:309, vgl. Jes 40, 12; Hi 38, 5). Einige nicht klare Belege verwenden das Verb in der Bedeutung 'abmessen', vielleicht i.S.v. 'beenden': nach CT 32, 4 XII 25 soll Enki einen Kanal mit Schlamm 'abmessen' (= unterbrechen) (vgl. BWL 36, 100). Diese semantische Valenz findet sich ähnlich im Menetekel (Dan 5, 25). Neben dem Verb bildet das Akk. mehrere Nominalformative: im Ababyl. bereits *middatum*/*mindatum* 'Maß' sowohl im Sinne einer Maßeinheit und eines Meßwerkzeuges als auch einer Gesamtabmessung (z. B. vom Himmel) (AHw 650). Schon früh begegnen ebenfalls *namaddum*/*namandum* 'Meßgefäß' (AHw 725) und *namdattum* 'Gemessenes' (AHw 727). Erst ab dem Mbabyl. ist der *mādidu*/*mandidu* 'Meß-Beamter (für Korn usw.)' (AHw 572) belegt, der im unmittelbaren Umkreis des Tempels tätig ist. Sein Amt *māditūtu*/*mandidūtu* wurde als Pfründe oder Lohn verliehen (Belege AHw).

Amoritische Namenbildungen mit dieser Verbwurzel, deren Bedeutung nach Huffmon auch in die Richtung 'helfen' tendiert, werden APNM 229 aufgelistet.

2. In Ugarit ist *mdd* selbst nicht belegt. Die Wurzel könnte allerdings dem Pl.-Formativ *mdm* (UT Nr. 1427) sowie dem Nomen *md* 'Gewand' (UT Nr. 1423; WUS Nr. 1516) zugrundeliegen.

In administrativen Texten Ugarits, bes. in Listen königlicher Dienstleute begegnet öfters *md*/*mudu*, vielleicht eine Berufsgruppe (UT Nr. 1427 „surveyors" Gordon; J. Gray, ZAW 64, 1952, 50f.: „measurers" oder kultische Wächter über Maße und Gewichte, da diese unter göttlichem Schutz standen [vgl. VTS 5, ²1965, 214]; allgemeiner „Höfling" [P. Xella, UF 12, 1980, 452]). Doch wird die Bezeichnung häufig auch von akk. *edû* 'wissen' (P. Jensen, ZA 35, 1924, 124–132; T. N. D. Mettinger, CB OT 5, 1971, 63–69) oder *jdd* 'lieben' (M. L. Heltzer, Semitskie jazyki II/1, Moskau 1965, 335–358; J. Nougayrol, PRU VI 151) abgeleitet. Dagegen spricht jedoch, daß sie in den einzelnen Listen (z. B. KTU 4.38; 4.47; 4.99) den Handwerkern, bes. Baumeistern und unteren Militärchargen gleich-, dagegen den Priestern und Kaufleuten nachrangig eingestuft werden, also offensichtlich nicht höchste „Berater" und engste „Freunde" („Geheimrat", E. A. Speiser, JAOS 75, 1955, 163) des Königs gemeint sind. (Vgl. P. Vargyas, UF 13, 1981, 165–179: „Une corporation parmi les autres.")

Die Deutung 'Flüchtling' von *madādu III* 'entrinnen'; vgl. A. Goetze, AASOR 31, 1951, 111) paßt in den meisten Belegen nicht in den Kontext. In KTU 4.69 und 4.103 sind sie jedoch allen anderen Gruppen vorrangig, was aber eher mit den Eigentümlichkeiten dieser Listen zusammenhängt. W. Thiel (UF 12, 1980, 349–355) sieht in *mdm* eine bestimmte Berufsgruppe (?), die aus ihrem bisherigen Status zu einer privilegierten Stellung emporgehoben wurde. Dies ist aber weder näher zu begründen noch sonderlich einleuchtend. P. Vargyas (UF 13, 1981, 165–179) sieht in *mdm* eine soziale Gruppe, zur Dienerschaft gehörend, häufig belegt, mittelmäßig im Rang

(169), aufgrund von Belehnungen zu Abgaben verpflichtet. Etymologisch weist Vargyas auf den Nuzi-Term *muddu* 'Abgabenmenge, Ablieferungssoll' (M. Müller, WdO 9, 1977, 30), dem die Wurzel *madādu* 'messen' zugrundeliegt. Die geminierte Form erschwert jedoch einen vorschnellen Vergleich mit *mdm*.
In Ugarit sind auch PN mit *mdd* 'messen, zumessen, helfen' belegt, z. B. *jmd* und *ʾlmd*, letzteres vielleicht auch nach akk. *ili-ma-addu* „Mein Gott fürwahr ist Addu" (PNU 40.156).

3. In den übrigen semit. Sprachen ist die Wurzel weit verbreitet. Während syr. *md* 'nachfolgen, entfliehen' (LexSyr 374) gegen KBL³ 519 wohl kaum zu unserer Wurzel zu ziehen ist (vgl. *madādu* III), hat das Südsemit. interessante semantische Aspekte erhalten: asarab. *mdd* 'messen', 'Maß, Zeitraum' (Conti-Rossini 175), arab. *madda* 'ausdehnen, ausstrecken', IV 'helfen, Frist gewähren', V+VIII 'sich erstrecken, sich ausdehnen', *madd* 'Ausdehnung', *mudd* 'Hohlmaß', *mudda* 'Zeitraum', *madad* 'Hilfe, Beistand', *madīd* 'ausgedehnt' u.a. und tigrē *mᵃdda* 'ausspannen, ausbreiten, ausstrecken' bis hin zu 'angreifen, losschlagen' (WbTigrē 141; Leslau, Contributions 30).
In diesem südsemit. Sprachbereich hat sich im 'sich erstrecken, ausdehnen' eine semantische Spezifikation erhalten, die zwar angesichts des ostsemit. Befundes kaum die Grundbedeutung (gegen Palache 43) sein kann, unbestreitbar (vgl. das *hitp* im Hebr.) aber in ihrer unmittelbaren Nähe anzusiedeln ist. Diese semant. Komponente berechtigt, auch *maḏ* 'Gewand' (KBL³ 518; DISO 142) etymologisch mit *mdd* (= *madādu I*) zusammenzustellen.
4. Im hebr. AT begegnet das Verb *māḏaḏ* 52mal (Lisowsky), im *qal* 43mal, 3mal *niph*, 4mal *pi*, je 1mal *hiph* und *hitp*. Even-Shoshan zählt 53 Belege, da er Hab 3, 6 zu *mdd* rechnet. Das Verb zählt ausgesprochen zum spät-at.lichen Vokabular, wie seine Verteilung eindeutig ausweist: Ez 36mal (hauptsächlich Ez 40–42); DtJes, TrJes, Sach, Ruth, Hi je 1mal; die wenigen Pentateuchstellen sind P zuzurechnen. Deut 21, 2; Jer 31, 37; 33, 22 sowie die Belege im DtrGW 2 Sam 8, 2 (2mal) und 1 Kön 17, 21 gehören ebenfalls jüngeren Redaktionen an. Es bleiben Hos 2, 1 (von Procksch, Budde, Robinson u. a. für exilisch erklärt; Wolff und Rudolph sehen in Hos 2, 1 f. echte Hoseaworte von einem späteren Kompilator verwendet), Ps 60, 8 und Ps 108, 8 (nach 587, Kraus; makkabäisch, Wellhausen, Staerk u. a.). Damit liegt in Hos 2, 1 der wahrscheinlich früheste und vielleicht der einzig vorexil. Beleg vor.
middāh begegnet ebenfalls 53mal und ist dem späten Vokabular zuzurechnen (Ez 25mal; P 6mal; DtrGW 5mal; ChrGW 11mal); *maḏ* begegnet 12mal (DtrGW 7mal, bei P, Hi); in Ps 109, 18 und 133, 2 liegen die vielleicht ältesten Belege vor. Jer 13, 25 ist textlich schwierig. In 2 Sam 21, 20 und 23, 21 ist aufgrund der chr Parallelen wohl ebenfalls *middāh* zu lesen (vgl. KBL³ 519).
memaḏ (vgl. akk. *namaddu* 'Meßgefäß', AHw 725) schließlich begegnet nur Hi 38, 5, ist damit ebenfalls als nachexil. Vokabel ausgewiesen.
5. Das Verb *māḏaḏ* begegnet in mehr als zwei Dritteln seiner Belege in faktivischen, vorwiegend konsekutiven Formen, also im Rahmen narrativer Texte und Beschreibungen. Als Subjekte begegnen in den meisten Fällen Menschen: die Israeliten (Ex 16, 18; Num 35, 5; Ez 43, 10 u. ö.), Boaz (Ruth 3, 15), David (2 Sam 8, 2), die Richter und Ältesten (Deut 21, 2); *māḏaḏ* expliziert also einen realen Vorgang aus der Alltagswelt der Menschen. Dem entspricht, daß nur 3mal Gott als Subjekt begegnet: Jes 65, 7 (JHWH); Ps 60, 8; 108, 8 (*ʾᵆlohîm*). Der *ʾîš* in der Tempelvision des Ez und in der 3. Sacharja-Vision beansprucht mit 30 + 1 Stellen mehr als die Hälfte der Belege für sich. Von dieser letzteren Verwendung her könnte man in *māḏaḏ* einen Gerichtsterminus vermuten (vgl. w. u.). Die Objekte werden meistens ohne Partikel, gelegentlich mit *ʾæl* (Deut 21, 2) oder *ʾæṯ* (Sach 2, 6; Ez 40) angeschlossen. Vorgänge der Abmessungen werden durch *min* (Ez 40, 23), der Messung durch Vergleich mit vorgegebenen Meßwerten durch die Partikel *bᵉ* (Ex 16, 18) oder *kᵉ* (Ez 40, 35), der Zumessung mit *ʿal* (Jes 65, 7) angezeigt.
Das Nomen *middāh* wird mit der Kardinalzahl *ʾaḥaṯ* „ein Maß" (= „das gleiche Maß"; Ex 26, 2. 8; 36, 9 u. ö.) und mit der Ordinalzahl *šenîṯ* „das zweite Maß" (Neh 3) verbunden. Ein entsprechendes *hammiddāh hāriʾšônāh* „das erste (= frühere) Maß" (2 Chr 3, 3) konnotiert rein historisch. Weitere Cstr.-Verbindungen sind *ʾîš middāh* 'hochgewachsener Mann' (Jes 45, 14) und *ʾanšê middôṯ* (Num 13, 32); vgl. auch *bêṯ middôṯ* 'geräumiges Haus' (Jer 22, 14). Diese letzteren Beispiele zeigen, daß *middāh* eine adjektivische Qualifikation annehmen kann. Als weitere Cstr.-Verbindungen liegen die Bezeichnungen der diversen Meßwerkzeuge vor: *ḥæbæl middāh* (Sach 2, 5) und *qaw hammiddāh* („Meßschnur") (Jer 31, 39), sowie *qᵉneh hammiddāh* „Meßrohr" (Ez 40; 42). Als nomen rectum begegnet *middāh* zu *jāmîm* „Maß der Tage" (= „Lebenszeit") (Ps 39, 5), zu verschiedenen Baugegenständen: *šaʿar* 'Tor' (Ez 40, 21 f.), *bajiṯ* 'Tempel' (Ez 42, 15), *mizbeaḥ* 'Altar' (Ez 43, 13) und *gāzîṯ* 'Quader' (1 Kön 7, 9. 11). Neh 5, 4 nennt schließlich *middaṯ hammælæḵ* „Königsmaß" (= „Steuer"; vgl. auch *ʾæḇæn hammælæḵ* „königliches Normalgewicht" 2 Sam 14, 26; → I 52). Aus diesem Beleg ein etymologisch selbständiges *middāh* II (vgl. GesB 399; KBL³ 519; F. Altheim / R. Stiehl, Jahrbuch für Wirtschaftsgeschichte 1967, 311 f.) zu erschließen, scheint nach oben (I. 1) nicht geraten.
In gleicher Bedeutung begegnet auch aram. *middāh* oder *mindāh* (Esr 4, 13. 20; 6, 8; 7, 24).
6. Als Synonyme begegnen für das Verb *zrh* II 'messen' (= „überprüfen"), *kûl* im Zusammenhang mit Hohlmaßen 'messen' (= „fassen") und *tikken* 'das Maß für etwas bestimmen', wobei hier deutlich die Konnotation 'prüfen' mitzuhören ist. Rein deskriptiv wirkt *nāṭāh* 'ausstrecken' mit *qaw* (Jes 44, 13; Hi

38, 5 u. ö.) „die Meßschnur anlegen" (als Gerichtsterminus bes. Jes 34, 11).
Das Substantiv *middāh* hat offensichtlich kein echtes Synonym. *qaw*, *qānæh*, *pāṯîl*, *ḥæḇæl* und *ḥûṭ* sind Meßwerkzeuge, wobei letzteres ('Faden') nur im Zusammenhang mit den Tempelsäulen in dieser Bedeutung verwendet wird (1 Kön 7, 15; Jer 52, 21). In Frage kommt eigentlich nur *maṯkonæṯ* 'Abmessung', das aber deutlich eine kultisch relevante Abmessung (Ex 30 Salböl; Ez 45, 11 rechte Maße im Zusammenhang mit dem Opfer) anzeigt.
maḏ schließlich ist ein genereller Terminus für 'Bekleidung' und wird solchen Termini wie → בגד *bæḡæḏ*, → לבש *lbš* und *kᵉsûṯ* an die Seite zu stellen sein.
7. Die LXX verwendet zur Wiedergabe von *māḏaḏ* überwiegend μετρεῖν (4mal) und seine Komposita διαμετρεῖν (36mal!) und ἐκμετρεῖν (3mal). Umgekehrt findet *middāh* sich wieder in μέτρον (36mal) und διαμέτρησις (4mal), singulär sind ἄριθμος, γεωμετρικός, συμμετρός u.a.; *maḏ* wird als Kleidungsstück verstanden aber unterschiedlich spezifiziert: μανδύας (5mal), ἱμάτιον (2mal), λαμπήνη und χίτων (je 1mal); *memaḏ* wird durch μέτρον wiedergegeben.

II. 1. Wie oben schon vermutet, begegnete *māḏaḏ* und *middāh* im größten Teil der Belege in den ganz konkreten Bedeutungen von 'messen' und 'Maß', häufig verdeutlicht durch die bekannten Maßangaben: Elle, Bath, Kor etc. (vgl. BRL² 204ff.). Eine rein profane Verwendung der Begriffe ist nun kaum auszumachen. Am ehesten kommen die Belege in Frage, in denen ein quasi-adjektivischer Gebrauch von *middāh* in einer Cstr.-Verbindung in der Bedeutung eines Gen. qualitatis (vgl. GKa § 128 s.t.) vorliegt: bereits im Rahmen des jahwistischen Kundschafterberichtes werden von einem priesterlichen Überarbeiter die Ureinwohner Kanaans „über die Maßen" groß genannt (Num 13, 32). Auf die Riesenhaftigkeit dieser Leute spricht auch 1 Chr 20, 6 an; paralleles *māḏôn* 'streitsüchtig' (2 Sam 21, 20) ist nach 1 Chr zu korrigieren. Jes 45, 14 nennt die Sabäer Südarabiens „hochgewachsen" und 1 Chr 11, 23 spricht von einem riesenhaften Ägypter, den Benaja, einer der Helden Davids, erschlug. Auch hier ist paralleles *mar'æh* „(gut) von Gestalt" (2 Sam 23, 21) entsprechend zu korrigieren. In allen diesen Fällen schwingt im Hintergrund die Absicht des Erzählers mit, JHWHs Heilshandeln als noch je größer und mächtiger zu charakterisieren. Ein Mensch jedoch, der etwas „über die Maßen" Großes bewerkstelligen will, wie z. B. Jojakim ein *bêṯ middôṯ*, muß der Kritik des Propheten gewärtig sein (Jer 22, 14).
2. Besonders häufig finden sich die Termini in Zusammenhängen sakraler Bauvorhaben und -beschreibungen.
a) Im priesterschriftlichen Baubericht über die Herstellung des Heiligen Zeltes (→ אהל *'ohæl*), der Lade (→ ארון *'ᵃrôn*) und des Zeltinventares (Ex 25, 10–40) begegnen *māḏaḏ* und *middāh* nicht trotz zahlreicher detaillierter Maßangaben. In diesen Fällen werden die Maße selbst unmittelbar numerisch angegeben. Nur an 4 Stellen ist von Planen und Teppichen die Rede, die nach „gleichem Maß" (*middāh 'aḥaṯ*) gefertigt sein sollen (Ex 26, 2. 8; 36, 9. 15). Sie dienen der komplizierten Abspannung über dem *miškān*, entstammen also Pˢ, die die priesterliche Beschreibung des Heiligen Zeltes im Sinne des nachexilischen 2. Tempels ergänzte. „Entgegen der Intention des priesterschriftlichen Entwurfs wird mit den Erweiterungen das Zeltheiligtum an die Ausstattung des nachexilischen Tempels angepaßt ... Diese Anpassung des priesterschriftlichen Entwurfs an die Gegebenheiten des Tempels zeigt, daß das Zeltheiligtum vom Sinai in nachexilischer Zeit als Urbild und Abbild des Jerusalemer Tempels verstanden worden ist" (vgl. V. Fritz, Tempel und Zelt, WMANT 47, 1977, 122. 165f.). Damit ist allerdings der hölzerne *miškān* im Bezug auf sein intendiertes Gegenstück im nachexil. Tempel noch immer bautechnisch unklar (*ṣᵉlā'ôṯ?*); zur Technik der Abspannung der Planen vgl. B. Pelzl, UF 7, 1975, 279–287.
b) Die typisch priesterliche Konstanz der Maße wird auch im Bereich des salomonischen Tempels herausgestellt: so waren die beiden Keruben im *dᵉḇîr* „vom gleichen Maß" und „von gleicher Gestalt" (*qæṣæḇ 'æḥāḏ*, 1 Kön 6, 25), ebenso die 10 Gestelle (*mᵉḵonôṯ*, 7, 37 txt?). „Gleichmäßig quaderförmig" behauen waren auch die Steine für den Palast Salomos (1 Kön 7, 9. 11; 6, 36 und 7, 12 sprechen nur von *gāzîṯ* für die Steine der Umfassungsmauern), wahrscheinlich auch die Steine für den Tempel, die nach Auskunft des schwierigen und vielleicht sekundären Verses 1 Kön 6, 7 bereits im Steinbruch vollendet waren. Vielleicht bezeichnet das *'æḇæn-šᵉlemāh massā'* aber auch die Steine als „unbehauen" (KBL³ 574; M. Noth, BK IX/1, 116) zur Charakterisierung ihrer numinosen Integrität und der Kunstfertigkeit der Baumeister. Salomonisches Mauerwerk ist bes. in Megiddo erhalten (vgl. Y. Yadin, BA 23, 1960, 62–86; EI 12, 1975, 57–62; D. Ussishkin, IEJ 16, 1966, 174–186). → I 50ff.; → II 806–811; → III 136. Wahrscheinlich wurde im Bereich des salomonischen Tempels noch mit einem archaischen Maß (*middāh hāri'šônāh*, 2 Chr 3, 3) gemessen.
c) Die größte und dichteste Häufung der Belege von *māḏaḏ* und *middāh* liegt im „Verfassungsentwurf" des Ezechiel (Ez 40–48) vor. In seiner großen Schau des neuen Tempels und des neuen Landes wird der Prophet von einem *'îš* durch den Heiligtumsbereich geführt, wobei ihm in einer Fülle von schweigend vollzogenen Meßvorgängen – nur durch knappe Bemerkungen erläutert – die Anlage vorgeführt wird. Dabei wird es dem Propheten primär darum gehen, diese neue Kultanlage als den idealen, reinen und kultfähigen Kultort dem vorexilischen Tempelbereich entgegenzuhalten.

Die Kap. 40–48 sind literarkritisch nicht einheitlich. H. Gese, Der Verfassungsentwurf des Ezechiel (Kap. 40–48) traditionsgeschichtlich untersucht (BHTh 25, 1957) und nach ihm W. Zimmerli (BK XIII/2, 1240–1249) haben die literarische Vorgeschichte erhellt und sichtbar gemacht, daß die vielen Nachträge im Text den ersten Entwurf der Vision „laufend nach den historischen Bauten des zweiten Tempels korrigiert" haben (Gese 108).

(1) Im einzelnen wird man im Text mit einer Grundschicht der „Führungsvision" (40, 1–37. 47–49; 41, 1–4) (26 Belege unserer Wurzel) zu rechnen haben, die mindestens fünffach überarbeitet und erweitert worden ist. E. Vogt, AnBibl 95, 1981, rechnet dagegen mit einem geringen Grundbestand (40, 1–2; 43, 4–7a und 47, 1*–12*), der 3 Erweiterungen erfahren hat: 40–42 (ausführliche Tempelbeschreibung), 44–46 (große Gesetzessammlung) und 47–48 (Anhang über das heilige Land und die heilige Stadt). Doch Vogts Ansatz ist schwierig, weil bereits der von ihm signalisierte literarkritische Bruch in 40, 2. 3 nicht nachvollziehbar ist. 40, 3 schließt durch eine Wiederaufnahme (vgl. Kuhl, ZAW 64, 1952) glatt an 40, 1 an. Allerdings scheint (gegen Gese, Zimmerli und Vogt) in 40, 2 ein späterer Einschub vorzuliegen.

(2) Eine 1. Ergänzung bringt in die Führungsvision eine Beschreibung ein (41, 5–15a; 42, 15–20; 47, 1–12) (13 Belege), die den in der Vision vorgeführten Grundriß-Plan komplettiert. Hier wie dort fehlen alle Höhenmaße!

(3) Innerhalb der späteren Erweiterungen (nach Zimmerli) sind eine *nāśî'*-Schicht (44, 1–3; 45, 21–25; 46, 1–12) und eine Zadoqiden-Schicht (44, 6–16. 28–30a; 45, 13–15) mit Ergänzungen (44, 17–27. 30b. 31; 45, 1–9) auszumachen, die ursprünglich wohl völlig getrennt vom vorliegenden Traditionszusammenhang entstanden sind. Beide Schichten enthalten nicht nur keine Belege unserer Wurzel, sie zeigen auch keinerlei Reminiszenz an die vielen Meßvorgänge. Eventuell gleichzeitig eingebrachte Ergänzungen (43, 1–11; 48, 1–29) enthalten 2 Belege.

(4) Eine weitere Redaktion gegen Exilsende arbeitet angesichts der wachsenden Kompetenzstreitigkeiten zwischen Zadoqiden und Leviten zusätzliche Texte ein, vor allem solche, die innerhalb des Heiligtums die Heiligkeitsbereiche schärfer voneinander scheiden (42, 1–14; 43, 12–17; 45, 1–9; 46, 16–24; 48, 30–35) (6 Belege).

(5) Eine 4. Überarbeitung forciert den Sühnegedanken im nachexil. Kult (keine Belege).

(6) Der Abschnitt 41, 15b–26 (1 Beleg) bietet eine Schilderung des Tempel-Innenraumes und bildet einen Fremdkörper im Verlauf der Erzählung. Trotz Maßangabe (v. 22) fehlen *māḏaḏ* und *middāh* völlig (vgl. aber v. 17 s. u.).

Schon H. Gese (Verfassungsentwurf 29ff.) hat bemerkt, daß der Wechsel stativischer und faktivischer Verbformen literarkritische Valenz zu haben scheint. Dies ist noch weit evidenter, als Gese vermutete. Die Grundschicht verwendet so konstant den Narrativ *wajjāmŏḏ*, daß Zimmerli in diesem Zusammenhang von einer „Meßformel" spricht (vgl. 40, 5. 6. 8. 9. 10. 13). Das Objekt wird in den meisten Fällen durch die nota accusativi *'æṯ* angeschlossen, die jedoch fehlen kann, obwohl das Objekt determiniert ist (z. B. 40, 20; vgl. Gese 15). Nur 2mal verwendet die Grundschicht den Stativ mit *waw* (40, 24. 35), wo übereinstimmend die nota accusativi *'æṯ* fehlt. Diese Ausnahmen sind offensichtlich weder durch die unmittelbar voraufgehende Führungsformel verursacht (vgl. auch 40, 28. 32; 41, 1) noch sind sie sekundär. Daneben verwendet die 1. Überarbeitung (2) *māḏaḏ* lückenlos im Stativ (41, 13. 15; 42, 16–20), nicht jedoch in Ez 41, 5 und im Abschnitt 47, 1–12, wo fakt. consec. auftreten (47, 3–5). Während man die singulären stativischen Ausnahmen auf das Konto späthebr. Sprachaufweichung setzen kann, ist aus dem Befund in 47, 1–12 zu schließen, daß dieser Abschnitt entweder noch zur Grundschicht zu rechnen ist, oder aber – wenn zur 1. Überarbeitungsschicht gehörig – auf eine andere Redaktorenhand zurückgeht. (Zum Problem der Verdrängung narrativer Verbformen durch Stative + *waw* vgl. E. Meyer, Grammatik III 46f.; zur literarkritischen Valenz vgl. W. Groß, BN 18, 1982, 68f. mit Anm. 167; als Parallelbeispiel vgl. 2 Kön 23, 4–20). Die beiden Belege im Gefolge der *nāśî'*-Schicht (3) (43, 10 und 48, 16) und die 6 Belege der Schicht (4) heben sich auffällig vom bisherigen Befund ab: das Verb wird nur 2mal verwendet: 43, 10 sollen Israel, 45, 3 Ezechiel messen; alle anderen Belege enthalten das Substantiv. Dabei fällt der Abschnitt 48, 30–35 (4) noch dadurch aus dem Rahmen, daß er *middāh* absolut als „Maß"-Angabe verwendet. Literarkritisch signifikant ist schließlich auch die Verwendung von *middôṯ* in der Schicht (6) in 41, 17, da hier, wenn man die textkritischen Schwierigkeiten nicht beachtet, eine andere Bedeutung vorliegen muß.

Das am Versende isoliert stehende *middôṯ* (Ez 41, 17) ist wohl ein nachträglicher Texteintrag, da er durch die LXX-Tradition noch nicht bezeugt ist. Zu den verschiedenen Lösungsvorschlägen vgl. G. W. Driver (Bibl 19, 1938, 184f.; 35, 1954, 306) und W. Zimmerli (BK 1045). W. Zimmerli vermutet in *middôṯ* „abgemessene Felder", eine „geometrische Aufteilung des mit Ornamenten versehenen Raumes in bestimmte Felder" (BK 1049). Aber nicht nur gibt diese semantische Besonderheit von *middāh* als „flächige Größe" zu denken, da es sonst nur im Sinne einer „Länge" verstanden wird (als „Flächenmaß" begegnet es erst in rabbin. Zeit, vgl. WTM III 25), sondern auch die „unmögliche" Einfügung in den Kontext zwingt zu einer Ausscheidung (mit Ziegler, EB und Gese 176 gegen Zimmerli; es erübrigt sich dann auch, den ganzen Vers auszuscheiden; vgl. W. Eichrodt, ATD 22, ⁴1978, 379). Schließlich scheitert auch der Versuch, *middôṯ* zu v. 18 zu ziehen „gigantic figures" (Cooke, ICC 450), weil er weitere Änderungen des MT nach sich zieht (a. a. O. 455).

Ob der differierende formale Gebrauch in den einzelnen Schichten auch semantische Verschiebungen mit sich bringt, ist dringend zu vermuten, im einzelnen jedoch schwierig aufzuweisen.

māḏaḏ in der Führungsvision – vor allem in der Form *wajjāmŏḏ* zur „Meßformel" neben der „Führungsformel" (*waj^{e}ḇî'enî* 40, 17. 28. 32. 35. 48; seltener *wajjāḇe'* Ez 40, 1. 3; *wajjôliḵenî* 40, 24) verfestigt – dient offensichtlich als Strukturelement des

Visionsberichtes. Anders Vogt (137): „Das Führen und Messen sind einfach Stilmittel, die dazu dienen, die Schilderung des ausgedachten Tempelgrundrisses anschaulich und lebendig zu gestalten. Der Tempelgrundriß war nicht visionär erschaut, sondern ist das Ergebnis von vielen Reflexionen und genauen Berechnungen." Der Prophet wird als Zeuge zur verkündenden Bezeugung in die Reihe der Meßvorgänge durch den *'îš* hineingenommen, wodurch das „Messen" eine gemeinschaftliche Tätigkeit des *'îš* und des Propheten wird. Die Meßvorgänge erstrekken sich von den äußeren über die inneren Tore zu den Vorhöfen und zielen auf die Vermessung des Tempelhauses. „In drei Weg- und Vermessungsgängen wird dessen Vorhalle (40, 48f.), Haupthalle (41, 1f.) und Allerheiligstes (41, 3f.) beschrieben. Bei diesem letzten Bauteil ist erstmals auf dem ganzen Weg durch den Tempel ein knappes Wort der Deutung aus dem Mund des Mannes zu hören, der bisher ... den ganzen Führungs- und Meßvorgang schweigend vollzogen hatte. Sie bildet auch formal den Zielpunkt der ganzen Führung des Propheten von der Peripherie bis zur Schwelle des Innersten und Herzstückes der Tempelanlage" (Zimmerli 991). Der Meßvorgang wird mit einem *pāṯîl* und einer *q^eneh hammiddāh* (40, 3. 5; Schicht 2 spricht von einem *qaw*, 47, 3; Sach 2, 5 spricht von einer *ḥæbæl middāh*) vorgenommen, Meßgeräte, die für längere und kurze Distanzen geeignet sind (zu außerbibl. Belegen dieser Meßgeräte vgl. E. D. van Buren, ArOr 17, 1949, 434–450). In der Folge wird als Maßeinheit zuerst die „Rute" (*qānæh* 40, 4–8), dann durchgehend die „Elle" (*'ammāh*) genannt (vgl. R. B. Y. Scott, BA 22, 1959, 22–40, und Zimmerli 1000). Versucht man, den relativ anschaulichen Meßvorgängen (Ausnahme: Ez 40, 5) eine theologische Bedeutung abzugewinnen, so sind Start- und Zielort, sowie die beigegebene Deutung des *'îš* (41, 4: *zæh qoḏæš haqq^oḏāšîm* „Das ist das Allerheiligste!") besonders wichtig; auch die gemessenen Maße sind von Belang, zumal sie neben individuellen Valenzen (Zahl 25 und Vielfache; Schöpfungsrhythmus u.a.; anders Vogt) eine „geheime Symmetrie und sein Ebenmaß" (Zimmerli 993) der Tempelanlage auszudrücken scheinen. Und schließlich muß bedacht sein, daß der äußere Vorhof und die *l^ešāḵôṯ* an der äußeren Mauer nur beschrieben, nicht jedoch „gemessen" werden (40, 17f.). Daraus lassen sich für die Deutung von *māḏaḏ* folgende Schlüsse ziehen:

(1) In Nähe und Distanz zur Tradition offenbart das Messen neue Proportionen und reine Maße. *māḏaḏ* wird ein indirekter *Offenbarungs*terminus.

(2) Mit Recht weist Zimmerli (1018) darauf hin, daß der *'îš* kein Menschen-, sondern Gotteswerk zu vermessen hat. Insofern hat diese Tätigkeit den Charakter einer *Verheißung*.

(3) Ps 48, 13–15 zeigt, daß das genaue Betrachten des Tempels die Verkündigung der Größe JHWHs zum Ziel hat. So ist das Messen auch hier auf *Verkündigung* ausgerichtet (vgl. 40, 4 *haggeḏ*).

(4) Der Meßvorgang zergliedert den übergeordneten Vorgang der Führung vom Außentor zum Allerheiligsten. In abgemessenen Etappen nähert sich der Mensch dem Ziel, um so seine Bedeutung für sich zu „er-messen". „Die Orientierung auf das Heilige hin ist darin unüberhörbar als *Weisung* für den Menschen ausgesagt" (Zimmerli 1019).

(5) Der Vorgang des Messens impliziert den Vorgang einer *Inbesitznahme* der Anlage durch JHWH, der von Osten her in sein Heiligtum einzieht. Da die profanen Bereiche nicht zum ausgesonderten Bereich zählen, werden sie auch nicht vermessen.

(6) „Messen" könnte schließlich zum Nachgestalten des *Schöpfungsrhythmus* werden.

Die 1. Überarbeitung fungiert als Ergänzungsschicht, indem sie bisher fehlende Maßangaben nachliefert (41, 5. 13. 15 über den Tempel selbst und 42, 16–20 über den Tempelbereich). Hier gewinnt *māḏaḏ* die weitere Konnotation der Separation des Heiligen vom Profanen. Die gleiche (?) Überarbeitung stellt in 47, 3–5 durch steigernde Maßangaben das aus winzigen Anfängen schnelle Anwachsen der Tempelquelle dar, eine deutliche Disparität in der Verwendung von *māḏaḏ*.

Die im Zusammenhang mit der *nāśî'*-Schicht durchgeführten Ergänzungen in 43, 1–11 blicken auf die abgeschlossenen Messungen zurück, knüpfen daran an und berichten jetzt explizit vom besitzergreifenden Einzug des *kāḇôḏ* JHWHs. Angesichts dieser Theophanie wird die Folgerung aus dem ursprünglichen Verkündigungsauftrag (40, 4) an den Propheten gezogen. Die „Messung" (= Verkündigung) des Heiligtums und der damit begonnenen Heilsveranstaltung JHWHs und die Nachmessung durch das Volk soll ein „Sich-schämen" bewirken (43, 10f.; → כלם *klm* IV 205), ein Neubesinnen auf den rechten Umgang mit dem Heiligen. In 48, 16 schließlich wird – völlig losgelöst von der Intention der ursprünglichen Führungsvision und ihrer ersten Ergänzung – von den Maßen (*middôṯ*) der Stadt gesprochen. Im Rahmen einer Landverteilungsliste soll nun das System der Bereiche abgestufter Heiligkeit über den Tempelbereich hinaus ausgedehnt werden. Auch die 4. Ergänzung versucht, sich stilistisch den vorliegenden Traditionsstücken anzupassen: 43, 13 ist von den *middôṯ* des Brandopferaltares die Rede; in einem – am falschen Ort stehenden – propriesterlichen Nachtrag zur Landverteilungsliste wird 45, 3 aus dem Priesteranteil das Land für das Heiligtum „ausgemessen". Damit wird das Priesterland zum hochheiligen Bereich qualifiziert (vgl. 48, 12).

Zur Sonderbedeutung von *middôṯ* in der 6. Ergänzungsschicht s.o. zu Ez 41, 17.

d) Für die nachexil. Zeit ist im Zusammenhang von Bauvorhaben *middāh* in Neh 3 belegt. Der Terminus steht hier offensichtlich für nicht näher terminierte, in der Erstreckung jedoch wohl bekannte „Abschnitte" der Stadtmauer, die verschiedenen Stadtfamilien zur Ausbesserung zugeteilt sind. Die Arbeit an der Stadtmauer ist auf viele aufgeteilt, deren Arbeitsabschnitte jeweils „neben dem anderen" (*'al-jāḏô/jāḏām*, 3, 2. 4. 5 u.ö.) liegen. In die Liste der Mauerbauer wird eine 2. Liste derer eingeschoben, die – in stereotyper Formulierung – eine *middāh šenîṯ* ausbessern (3, 11. 19. 20. 21. 24. 27. 30). Damit ist offensichtlich die Reparatur eines „zweiten Abschnittes" gemeint, nachdem der entsprechende Baumeister sein Plansoll bereits erfüllt hatte (vgl. Neh 3, 21 mit v. 4; 3, 24 mit v. 18; 3, 27 mit v. 5; 3, 30 mit v. 8). Diese 2. Liste der Übereifrigen geht wohl auf eine separate Aufzeichnung zurück, die unsystematisch eingeschoben wurde: zu 3, 19. 20 wird der vorgängige „1. Abschnitt" nicht, zu 3, 11 nachgestellt in vv. 23 und 31 genannt. Schließlich werden von Mešullam in vv. 3 und 30 zwei Reparaturabschnitte berichtet, ohne daß einer davon als *middāh šenîṯ* bezeichnet wird. Dies macht für *middāh šenîṯ* eine zusätzliche semantische Konnotation unwahrscheinlich.

3. Es muß erstaunen, daß *māḏaḏ* und *middāh* fast völlig fehlen in das Land Israel betreffende Maß- und Katasterangaben. Dies mag seinen Grund darin haben, daß diese Katasterlisten bereits lange vor dem Heimischwerden unserer Wurzel im hebr. Sprachgebrauch feststanden, dann aber auch, weil *māḏaḏ* sich offensichtlich nicht für eine profane Verwendung eignet. Dem entspricht, daß nur im Zusammenhang des Ausmessens der Levitenstädte *māḏaḏ* begegnet (→ IV 510ff. und A. G. Auld, The 'Levitical Cities': Text and History, ZAW 91, 1979, 194–206) und hier näherhin im Ausmessen des Umfeldes (*miḡrāš*, Num 35, 5). In den parallelen Listen der Leviten- und Asylstädte (Jos 21 und 1 Chr 6) wird nicht „abgemessen", sondern unspezifiziert „gegeben" (*nāṯan min*, Jos 21, 3 par. Num 35, 2 par. 1 Chr 6, 40 u.ö.). Es hat auch hier den Anschein, als solle durch dieses abmessende Umschreiten im Gegensatz zum neutralen „Grenze ziehen" (*t'h*, Num 34, 7. 8. 10) die funktional abgezweckte Aussonderung dieser Städte betont werden.

Auch in der Landverteilungsliste Ez 47, 13–48, 29 begegnet *māḏaḏ* (47, 18), ist aber ganz offensichtlich eine Verschreibung; es wäre zwar als Anspielung auf das Vermessen des Tempelgeländes verständlich, steht im Text aber zusammenhanglos (Zimmerli, BK 1205; Ziegler, EB 144; Eichrodt, ATD 22, 417 u.a.).

4. In einigen wenigen rechtlichen Zusammenhängen des AT begegnen *māḏaḏ* und *middāh*. Im Heiligkeitsgesetz begegnet *middāh* in einem Verbot des Unrechttuns beim Rechtsentscheid, *middāh*, Gewicht (*mišqāl*) und Hohlmaß (*m^e^sûrāh*) (Lev 19, 35). Obwohl *middāh* in diesem Zusammenhang unschwer als 'Längenmaß' zu bestimmen ist, überrascht seine Aufnahme in diese Rechtsreihe, zumal im folgenden erläuternden v. 36 wie auch in der Parallelbestimmung Deut 25, 13ff. nur von Gewichten und Hohlmaßen die Rede ist (vgl. auch Ez 45, 10ff.; anders dagegen im kultischen Bereich 1 Chr 23, 29).

Im Deut 21, 2 findet sich *māḏaḏ* in einem offensichtlich sehr alten Rechtsmaterial: „Wenn in dem Land, das dir JHWH, dein Gott, zum Besitz geben wird, ein Erschlagener auf einem Feld liegend gefunden wird, ohne daß man weiß, wer ihn erschlagen hat, dann sollen deine Ältesten und deine Richter hinausgehen und *abmessen* nach den Städten hin, die in der Umgebung des Erschlagenen liegen." So soll festgestellt werden, welches Gemeinwesen zur Sühnung der Blutschuld verpflichtet ist. Allein schon der Vorgang des Abmessens zeigt, daß diese „magische Prozedur" (v. Rad, ATD 8, 97) in sehr frühe Zeiten zurückreicht, in denen die Feldflächen katasterrechtlich noch nicht fixiert waren.

In den Bereich des Kriegsrechtes verweisen die beiden Belege 2 Sam 8, 2 (DtrH). In einer Strafsanktion gegen die Moabiter läßt David die Gefangenen „abmessen", um jeweils 2 Drittel hinrichten, ein Drittel verschonen zu lassen. In dem Faktum, daß David ein „volles" (*m^e^lo'*) Drittel zur Verschonung bestimmt, einen Akt der Gnade zu sehen (Hertzberg, ATD 10, 238), grenzt an Sarkasmus. Wahrscheinlich lag der Drittelung der Gefangenenzahl eine uns nicht mehr näher bekannte Kriegsrechtbestimmung zugrunde. Daß David diese Bestimmung durch Messen und nicht durch Abzählen durchführte, läßt erst Spielraum für eine humanitäre Milderung.

Aus dem Wissen um die Heiligkeit der Bundeslade resultiert die Bestimmung Josuas, daß sich niemand ihr in einem „Abstand" (*middāh*) von 2000 Ellen (Sabbatweg) nähern darf (Jos 3, 4). Die Folgen einer Nichtbeachtung dieser Bestimmung zeigen sich 2 Sam 6, 7.

In die Sozialbestimmungen des alten Israel verweisen uns Stellen wie Ex 16, 18 und Ruth 3, 15, in denen vom „Zumessen" der Nahrungsmittel die Rede ist.

5. *māḏaḏ* ist in anthropologischen Zusammenhängen kaum vertreten. Der Text Hi 7, 4 ist textkritisch sehr schwierig, und die meisten Übersetzungen geben der LXX den Vorrang: „Lege ich mich nieder, denke ich: ‚Wann wird es Tag, daß ich aufstehe?' und stehe ich auf: ‚Wann wird es Abend?'" (vgl. A. Weiser, ATD z.St.). Die LXX hat sich jedoch erheblich vom MT entfernt, so daß eine andere Lösung für das schwierige *ûmiddaḏ*–*'ārœḇ* gefunden werden muß. Fohrer (KAT 163) möchte es durch *ûmiddê* „und sooft es Abend ist, bin ich gesättigt an Unrast" ersetzen (vgl. KBL^3 210. 519). Doch mir scheint der Vorschlag von R. Gordis (HUCA 1949, 182), den MT beizubehalten, immer noch erwägenswert. Allerdings wäre statt *pi* ein *qal* (vgl. F. Horst, BK XVI/1, 97 „und dehnt der Abend sich") oder ein sonst nicht (? vgl. die crux Hab 3, 6 und G. R. Driver, ZAW 52, 1934, 51–56, bes. 54f. und J. Barr, CPT 252) belegtes *po* **ûmoḏaḏ* zu punktieren und reflexiv zu übersetzen: „Wenn ich mich niederlege, dann denke ich ‚Wann werde ich aufstehen?' und wenn der Abend 'sich hinstreckt', dann bin ich satt an Unruh bis zur Morgendämmerung." In diesem Zusammenhang würde *mdd po* an der Qual Hiobs die Dimension der unabsehbaren Dauer verdeutlichen (vgl. vv. 13ff.). (Auch Reider behält MT bei, deutet *middaḏ* allerdings als Krasis von *min* + *dad*, arab. „front" = „and from early eve ...". Dieser Versuch ist suspekt, da *dad* im Hebr. eindeutig mit anderer Bedeutung belegt ist [KBL^3 205]). Das *po*

wäre in etwa bedeutungsgleich mit *hitp* (vgl. 1 Kön 17, 21, hier allerdings konkret vom Propheten Elia gesagt, der sich über den toten Knaben 'hinstreckt' [vielleicht ein antiker sympathetischer Ritus der Kraftübertragung?]).

Nach Ps 39, 5 schließlich bittet der Beter, JHWH möge ihm das „Maß" seiner Tage kundtun; durch Parallelisierung mit *qeṣ* 'Ende' und *ḥāḏel* 'vergänglich' ist die Bedeutung von *middāh* trotz übertragenem Gebrauch unmittelbar einsichtig.

6. a) An einigen Stellen im AT wird im Zusammenhang des Schöpfungshandelns Gottes auch von einem „Abmessen" der Wasser (Hi 28, 25; par. „Wägen" der Winde), der Erde (Hi 38, 5 *memaḏ*) und der Himmel (Jer 31, 37) gesprochen. Wahl (262) weist darauf hin, daß dieses Messen eine Tätigkeit ist, die Dinge „in den Griff zu bekommen, sich darüber klar zu werden, wie die Dinge wirklich liegen". Der Mensch bekennt, daß dies nur Gott möglich ist. Hier treffen sich Hi 38 und DtJes: „Wer mißt das Meer mit der hohlen Hand? Wer kann mit der ausgespannten Hand den Himmel bestimmen, faßt in ein Maß die Erde, wiegt mit der Balkenwaage die Berge und mit den Waagschalen die Hügel?" (Jes 40, 12; vgl. 4 Q 511, 30, 4). Trotz altorientalischer Parallelen (Marduk als *mâdidi mê tāmtim* „Abmesser der Wasser des Meeres") hat Elliger mit Nachdruck darauf hingewiesen, hier keine Beschreibung der Schöpfertätigkeit Gottes, als vielmehr eine Umschreibung der gewaltigen Differenz Gott – Mensch zu sehen: „kein Mensch kann sich anmaßen, die Schöpfung nachzumessen" (vgl. Sir 1, 1–3; K. Elliger, BK XI/1, 49f.), d.h. sie begreifen. Er kann nur staunen und verehren. Genausowenig wie die Himmel ausmeßbar, die Erdgründe auslotbar sind, so wenig kommt ob der Heilszuwendungen JHWHs eine erneute Verwerfung Israels in Frage (Jer 31, 37).

b) In einer von den Mehrungsverheißungen an die Patriarchen (vgl. Gen 15, 5; 22, 17; 32, 13) unterschiedlichen Form greift Hosea die „Unmeßbarkeit" des Sandes am Meer auf, um die eschatologische Volksvermehrung nach Aufhebung des Gerichtes anzukündigen. In gleicher Weise wird in einem „jeremianischen" Flugblatt (Jer 33, 14–26), das in reicher Motivsammlung JHWHs Verläßlichkeit herausstellen will, eine Nachkommenschaft Davids und (!) der levitischen Priester „unermeßlich" wie der Sand am Meer in Aussicht gestellt. „Die hyperbolische Ausdrucksweise ist unverkennbar" (W. Rudolph, HAT I/12, 200).

c) Wie im Verfassungsentwurf des Ezechiel begegnet auch in Sach 2, 5f. ein *'îš*, der nun aber mit einer „Meßschnur" Jerusalem „ausmißt".

Zu den Entsprechungen mit Ez 40 vgl. Chr. Jeremias, FRLANT 117, 1977, 164. Die Verse setzen der Deutung enorme Schwierigkeiten entgegen. Umstritten ist, wer dieser *'îš* ist. Vermutet man eine Abhängigkeit von Ez 40ff. (Jeremias), dann ist an ein Engelwesen zu denken (Horst); wie aber ist dann die in v. 8f. erfolgende „Korrektur" zu verstehen? Deshalb halten andere den *'îš* für einen Menschen, der einen Meßvorgang zur Bauvorbereitung durchführt (Bič, Rudolph). Die in v. 8f. erfolgende „Korrektur" hat „überbietende" (Jeremias) Funktion, die die wahre Relation menschlicher und göttlicher Maße verdeutlichen soll (Wahl). Umstritten ist ferner, was „vermessen" wird. Der Text sagt: *'æt-j^erûšālajim* mit der spezifizierenden Angabe *lir'ôṯ kammāh-rŏḥbāh w^eḵammāh 'ŏrkāh*. Das Vermessen Jerusalems soll Aufschluß über *roḥaḇ* 'Weite', spezifiziert vielleicht 'Breite', und *'oræḵ* 'Länge' geben. „Länge und Breite" lassen eher an eine Flächenmessung denken (Rudolph, Jeremias) als an eine Längenvermessung der Stadtmauer (Rothstein).

Die Deutungsgegensätze verlieren ihre Relevanz, wenn man in dieser 3. Vision des Propheten die visionäre Ausgestaltung eines Rollenspieles vermutet, das den unmittelbar bevorstehenden Anbruch der Endzeit und die Funktion Jerusalems in diesem neuen Äon verdeutlichen soll. Einerseits will das „Messen" wie bei der Bauvorbereitung den Beginn des Bauens signalisieren (vgl. Sach 1, 16), andererseits will es in Korrespondenz zur „überbietenden Korrektur" (vv. 8f.) durch das „Messen" des Diesseitigen die „unermeßliche" Dimension der Endzeit ankündigen. Damit hat diese Vision weder mit dem Mauerbau noch mit dem Wiederaufbau Jerusalems zu tun (vgl. dagegen anders Jer 31, 39, wo „Meßschnur" und *bānāh* parallel genannt sind). Wie in Ez 40ff. kann man auch hier bei *māḏaḏ* die Konnotation des Besitzergreifens beobachten.

Dem entspricht auch der Gebrauch von *māḏaḏ pi* in dem Heilsorakel Ps 60, 8 par. 108, 8: JHWH verteilt (*ḥālaq*) als Kriegsbeute die Stadt Sichem und „vermißt" das Tal von Sukkot. Inbesitznahme (vgl. v. 10 und den Ritus des „Schuhwerfens") und – durch par. *ḥālaq* angezeigt – Übereignung an Israel machen hier die Bedeutung von *māḏaḏ* aus.

d) Nur 1mal begegnet *māḏaḏ* im Zusammenhang des Drohwortes Jes 65, 7 im Kontext der Vergeltung (→ פקד *pāqaḏ*, → שׁלם *šlm*, → שׁוב *šûḇ hiph*). JHWH will den Abtrünnigen heimzahlen und ihre Taten (*p^e'ullôṯ*) „messen" (vgl. dazu BMAP 5, 7 und auch das textkritisch schwierige Jer 13, 25). Dies erinnert an das *m^ene'* des danielischen Menetekel (Dan 5, 25).

7. *maḏ* ist theologisch weitgehend irrelevant. Es bezeichnet den „Waffenrock" (1 Sam 17, 38f. Davids; 1 Sam 18, 4 Jonathans; 2 Sam 20, 8 Joabs), zu dessen Komplettierung noch das Schwert (*ḥæræḇ*), der Helm (*qôḇa'*) und der Panzer (*širjôn*) gehörten. Ohne diese militärischen Accessoires bezeichnete *maḏ* wohl ein unverdächtiges Kleidungsstück (Ri 3, 16; 1 Sam 4, 12; zum textlich schwierigen *middîn* Ri 5, 10 für „Kleider" oder „Decken, auf denen man sitzt" vgl. KBL³ 518). Nach Lev 6, 3 stellen *maḏ* und *miqnes* 'Beinkleider' die Kleidung (*b^eḡāḏîm* v. 4) der Priester dar, die die Opferasche wegzuräumen haben. Noch allgemeiner steht *maḏ* Ps 133, 2 für die Priesterkleidung. Eine metaphorische Verwendung liegt Ps 109, 18 vor. Der Beter zitiert (Kraus, BK) die gegen ihn gerichteten Flüche seiner Feinde, die ihm wie

„Gewänder" (*mad*), „Kleidung" (*bæḡæd*) und „Gürtel" (*mezaḥ* v. 19) umgeben. Vielleicht ist hier auch auf eine durch Selbstverfluchung aufgerichtete schützende Fluchsphäre angespielt (Kraus 923).

III. 1. In Qumran begegnet *mdd* recht selten. In den großen Rollen ist das Verb gar nicht bezeugt, nur 3mal in 4 Q. In 4 Q 185, 1–2 II 10 ist vom „Maß der Güte" (*mddt ṭb*), nach dem gemessen wird, die Rede. In 4 Q 511, 30, 4 liegt ein Zitat von Jes 40, 12 in charakteristischer qumran-essenischer Umformung (statt *majim* nun *mê rabbāh* u.a.) vor. Das Nominalformativ *mdh* begegnet in Qumran in den Bedeutungen 'Tribut' (1 Q Gen Apkr 21, 26f.), 'Gewand' (1 QS 4, 8, das prachtvolle Gewand als Lohn für die Getreuen) und 'Maß'. Nach 1 QS 8, 4 gehört der „Wandel im Maß der Wahrheit" bereits zu den Grundforderungen der Qumrangründer. Gottes Schöpfermacht zeigt sich darin, daß er Worte mit der Meßschnur (*qaw*) und nach Maß (*middāh*) setzt (1 QH 1, 29). Ohne Maß sind sein *kāḇôḏ* (1 QH 5, 21) und seine Weisheit (9, 17). Schließlich begegnet *middāh* – wie erwartet – in der Tempelrolle (13mal); das Verb begegnet nicht, da der Charakter der ezechielischen Führungsvision in TR nicht mehr gegeben ist (zu den Gemeinsamkeiten mit dem ez. Entwurf vgl. J. Maier, Die Hofanlagen im Tempel-Entwurf des Ezechiel im Licht der „Tempelrolle" von Qumran, in: Prophecy [Festschr. G. Fohrer, BZAW 150, 1980] 55–67).

2. Im rabbin. Judentum hat vor allem das Nominalformativ *middāh/middôṯ* eine reiche semantische Extension erfahren. Es steht jetzt neben den alten Bedeutungen (vgl. WTM III 24–28) zusätzlich für die Regeln der exegetischen Schriftauslegung (vgl. H. L. Strack, Einleitung in den Talmud, 1908, 119–131), aber auch für die Verhaltensweisen und Eigenschaften Gottes (vgl. Maier-Schäfer 210) „Gerechtigkeit" (*dîn*) und „Erbarmen" (*raḥ*^{a}*mîm*), auf denen die Welt gegründet ist (BerR 12, 15). Der Mischna-Traktat Middot behandelt die Maße und Einrichtungen des Tempels.

Fabry

מהה *mhh*

אחר *'ḥr*

I. Belege und Verbreitung – II. LXX – III. 1. Zögern des Menschen – 2. Zögern Gottes – IV. *'ḥr*.

I. Die Wurzel *mhh* ist außer im Hebr. nur im Arab. belegt; das von GesB 402 und KBL³ 523 angegebene arab. *mahah* 'langsamer Gang' hat aber eher die Nuance 'sanft', 'zart' (s. *Lisān el-ʿArab* s.v.). Es ist im hebr. AT 8mal belegt, und zwar nur im Hitpalpel (BLe 283 v). Fast alle Belege sind vorexilisch. In Jes 29, 9aα ist MT *hiṯmahm*^{e}*hû* zwar von *mhh* abzuleiten, aber übereinstimmend wird aus LXX ἐκλύθητε und V obstupescite und wegen des Parallelismus zu v. aβ eine Verschreibung aus *hittamm*^{e}*hû* (→ תמה *tāmāh* 'entsetzen'; vgl. Duhm, Delitzsch, BHK, BHS; H. W. Hoffmann, BZAW 136, 1974, 51f.; Wildberger, BK) angenommen. Hinzu kommen noch die Belege in Sir 12, 16; 14, 12 und 32, 22 (= 35, 18) sowie zwei Belege in Qumran; in 1 QM 11, 18 und 11 Q XIX 6 (Plea for Deliverance) begegnet das Formativ מהמה, das Carmignac von *mhh* herleiten möchte, während Yadin auf das noch unerklärte *mhmhm* in Ez 7, 11 verweist. Der erste Text gewinnt Sinn, wenn man eine Defektivschreibung von *m*^{e}*hûmāh* 'Bestürzung, Panik' annimmt, der zweite Beleg dürfte als *mehemmāh* „von ihnen her" zu deuten sein.

II. Die LXX vermochte nicht, für dieses Wort ein echtes griech. Äquivalent aufzubieten. βραδύνειν, ἐπιμένειν, ὑπομένειν, ὑστερεῖν und χρονίζειν gehören alle dem Wortfeld „zögern, zaudern, auf sich warten lassen" an. Zweimal liest die LXX eine Form von *mḥh* στρατεύειν, ebenfalls zweimal leitet sie die Form von *hwm* ταράσσειν ab. Auch in Sir 12, 16 zeigt sich eine Differenz zwischen dem hebr. Text *bśptjw jtmhmh ṣr* „mit seinen Lippen zögert der Feind" und dem γλυκανεῖ der LXX „auf seinen Lippen ist der Feind süß", was eine Form wie *jamtîq* oder *jiśmaḥ* voraussetzen könnte. Der Parallelismus im Vers läßt jedoch alle drei Möglichkeiten zu.

III. 1. Mit wenigen Ausnahmen ist ein Mensch Subjekt des *hiṯmahmah*. Dabei lassen in einigen Fällen die Situationen eine Doppelvalenz zu. So kann das Zögern einmal ein neutrales Warten darstellen, dann aber auch ein Zaudern, das eine Entscheidungsfrist zu verlängern und eine unangenehme Entscheidung hinauszuschieben sucht.

a) Auf ihrer Flucht vor den Ägyptern konnten die Israeliten die Durchsäuerung des Brotteiges nicht abwarten (Ex 12, 34. 39 Je), so daß sie sich von ungesäuerten Broten ernähren mußten. Durch das *lo' jāḵ*^{e}*lû l*^{e}*hiṯmahmeah* geschieht eine Umschreibung für die Situation der eiligen Flucht, andererseits ist darin zugleich das historisierende Element des jehowistischen Redaktors gegeben, der den historisch ungebundenen Mazzotritus (vgl. Ex 12, 15–20) heilsgeschichtlich fixiert (vgl. zu den literarkritischen und überlieferungsgeschichtlichen Problemen im einzelnen J. Schreiner, Ex 12, 21–23 und das israelitische Pascha, in: Festschr. W. Kornfeld, 1977, 69–90; B. N. Wambacq, Bibl 57, 1976, 206–224. 301–326; ders., Les Maṣṣôt, Bibl 61, 1980, 31–54).

In der vor-dtn selbständigen Ehud-Tradition Ri 3, 15b–26 wird berichtet, daß die Diener des moabit. Königs Eglon im Vorzimmer „warten" (*jāḥîlû* v. 25),

aber während „ihres Wartens" (*hiṯmahmᵉhām* v. 26) hat Ehud sich bereits auf Umwegen davongemacht. Auch der Levit (Ri 19, 8) „wartet" bei seinem Schwiegervater, ohne daß ersichtlich ist, worauf er wartet. Er verzögert seine Heimkehr um mehrere Tage, obwohl er das Ziel seiner Reise bereits erreicht hat.
Doch ist das *hiṯmahmah* auch als ein zielgerichtetes „Abwarten, Zuwarten" belegt: in der Josephsgeschichte sagen die Brüder „Hätten wir nicht gezögert, so wären wir schon zweimal zurückgekehrt!" (Gen 43, 10). Ihr Zögern ist nach Verlauf der Josephsgeschichte mehrfach motiviert: Angst vor der Festnahme wegen faktisch nicht geleisteter Bezahlung; Druck aufgrund der Forderung Josephs, den Benjamin nach Ägypten zu bringen; Hinauszögern der Weitergabe dieser Forderung an Jakob. Daß das Zögern letztlich der Entscheidungsfindung dient, zeigt sich darin, daß erst Judas Bereitschaft völliger Haftung diese Phase beendet und einen zweiten Zug nach Ägypten in Gang setzt.
b) Nach Aussage der vor-dtn. Thronnachfolge-Erzählung Davids wartete David nach seiner Flucht vor Absalom an den „Furten der Wüste" auf einen Bescheid der Priester (2 Sam 15, 28). Dies ist zuerst einmal sicher ein raffinierter Schachzug, um aus sicherer Entfernung Aufschluß über die politische Lage in Jerusalem zu erhalten. Zugleich aber gewinnt *hiṯmahmah* eine religiöse Komponente, insofern David einen Gottesentscheid abwarten möchte; die Vokabel rückt in die Nähe der Verba des Wartens (→ יחל *jāḥal*) und Hoffens (→ שׂבר *śibber*); „es ist dem König durchaus ernst mit seinem Glauben" (H. W. Hertzberg, ATD 9, ⁴1968, 282). Ein reziprokes Verhältnis von „zögern" und „glauben" zeigt sich im alten Beleg Gen 19, 16 (J) und im jungen Beleg Ps 119, 60 (Kraus: nachexil.). Es ist nicht nur Neugierde Lots, die ihn zögern läßt, die bedrohte Stadt Sodom zu verlassen (vgl. Gen 19, 26); seine Einwände (vv. 18ff.) und die seiner Schwiegersöhne (v. 14) zeigen, daß er weitere Gründe für die gravierende Entscheidung, Hab und Gut zu verlassen, braucht. Schließlich ist sein Zögern unmittelbare Folge fehlenden Glaubens: Gen 19 läßt nicht klar werden, ob und wann Lot die beiden *mal'āḵîm* als solche erkennt, um ihre Forderung als den Rettungswillen JHWHs zu akzeptieren und ihm zu gehorchen. Aber JHWH läßt sein Rettungswerk ohnehin nicht durch menschliches Zaudern blockieren, wie Gen 19 klar ausweist. Nach Ps 119, 60 ist „nicht zögern" und „eilen" (*ḥûš*) synonym. Der nachexilische Beter betont die Spontaneität seiner Thora-Observanz, die ihm im Zusammenhang seiner „reflektierenden Selbstbeobachtung" (v. 59) angesichts der Ränke seiner Feinde überprüfbares Kriterium seines rechten Glaubens ist.
2. Gott ist explizit nur Sir 32, 22 (= 35, 18) Subjekt des *hiṯmahmah* 'zögern'. Der terminus classicus für das „Zögern Gottes" ist *'ḥr*, hier bes. Ps 40, 18 (vgl. w.u. IV.). Sir betont, daß Gott nicht zögern wird, den Unbarmherzigen zu zerschmettern. Nach Sir 14, 12 ist es der Tod, der nicht zögert, sondern unausweichlich auf den Menschen zukommt.
Metaphorisch wird vom *ḥāzôn* des Propheten Habakuk gesagt, daß er nur auf eine bestimmte Zeit gerichtet ist (Hab 2, 3). Der gesamte Vers umgreift durch einen synthetischen Parallelismus der Verben *pûaḥ* 'eilen' (unsicher), *lo' kāzaḇ* „(die Erwartungen) nicht enttäuschen", *ḥāḵāh* 'warten, harren', *'ḥr* 'ausbleiben, sich verzögern' genau den semantischen Bereich, wie er von *mhh* abgedeckt wird. Diese Wortfeldverdichtung geht zusammen mit dem Auftrag an den Propheten, den folgenden Tafeltext (zur Abgrenzung vgl. P. Jöcken, BBB 48, 1977, 520) „Siehe, es vergeht, wer keine Redlichkeit in sich hat, der Gerechte aber wird leben durch seine Treue" (vgl. A. S. van der Woude, Festschr. Th. C. Vriezen, Wageningen 1966, 367–375; W. Th. in der Smitten, BBB 50, 1977, 291–300) schriftlich festzuhalten. Der Befehl zum Aufschreiben verbürgt die Sicherheit des Eintreffens dieser Offenbarung (Rudolph). Das Eintreffen dieser Verheißung ist damit so sicher, daß eine etwaige Verzögerung eben als solche zu erkennen ist, nicht aber den Glauben an die Erfüllung trüben darf.

IV. Das Verb *'ḥr*, im Akk., Arab. und im unmittelbaren Umkreis des Hebr. gut bezeugt, ist wohl als Denominativ von *'aḥar* aufzufassen und bedeutet 'verweilen' (*qal*), 'säumen, zögern' (*pi*), 'sich verspäten' (*hiph*) (KBL³ 33f.). Es begegnet 16mal im AT und ist nicht auf einen bestimmten Zeitraum zu fixieren. Auch in Qumran ist der Terminus nachgewiesen. Zuerst einmal bezeichnet das Verb das „Verweilen" des Menschen während einer üblichen oder abgemachten Zeitdauer (vgl. Gen 32, 5, par. *gûr*), dann ein Verweilen über die übliche Zeitdauer hinaus (2 Sam 20, 5; Jes 5, 11; Spr 23, 30). Dann kann es auch ein „Zögern" im Zusammenhang einer Entscheidungsfindung bedeuten (Gen 24, 56; 34, 19), ein Zögern im Sinne eines Ausbleibens, das mit der Erwartung eines anderen kollidieren kann (Ri 5, 28, par. *bwš pil.*).
Im kultischen Kontext begegnet mehrmals der Prohibitiv *lo' tᵉ'aḥer* 'zögere nicht!' im Zusammenhang mit der Erfüllung von Opferverpflichtungen (Ex 22, 28) und Gelübden (Deut 23, 22; Pred 5, 3).
Gott kennt kein Zögern, deshalb sind alle Belege, die Gott implizit oder explizit als Subjekt insinuieren, negiert. Man kann JHWH daran erkennen, daß er den Gotteshasser „ohne Zögern" vernichtet (Deut 7, 10).
Nur im Zusammenhang mit dem Hilfeschrei in äußerster Not findet sich *'ḥr* in der Gebetssprache. In solcher Situation wendet sich der Bedrängte an Gott und fordert ihn zur unverzüglichen Hilfe auf: „eile mir!" (*ḥûšāh*, txt.emend., Ps 40, 18; vgl. Ps 70, 6); „höre! (*šᵉmā'āh*), verzeihe! (*sᵉlāḥāh*), merke auf! (*haqᵃšîḇāh*), handle!" (*'ᵃśeh*, Dan 9, 19). Die äußerste Dringlichkeit dieser Bitten wird jetzt noch dadurch intensiviert, daß ihnen ein abschließender wei-

terer Prohibitiv *'al-te'aḥar* „säume nicht!" zugefügt wird. Umgekehrt ist dann auch Gottes Heilsverheißung in die äußerste Todesnot des Volkes hineingesprochen, wenn es heißt: „Meinen Sieg lasse ich nahen, er ist nicht mehr fern, und mein Heil säumet nicht!" (Jes 46, 13).

Fabry

מָהַר *mhr*

מְהֵרָה *meherāh*, מָהִיר *māhîr*

I. Etymologie, Belege – II. Gebrauch als „Hilfsverb" und als selbständiges Verb – III. Theologisch interessante Beispiele – 1. Schnell bereit zum Bösen – 2. Schneller Untergang – 3. Gottes bald bevorstehendes Handeln – 4. Andere Aspekte – 5. Jes 8, 1–3 – IV. *niph* – V. *māhîr* – VI. LXX.

Lit.: *P. Humbert*, Mahēr Šalāl Ḥāš Baz (ZAW 50, 1932, 90–92). – *A. Jirku*, Zu „Eilebeute" in Jes 8, 1. 3 (ThLZ 75, 1950, 118). – *S. Morag*, On Some Semantic Relationships (EI 14, 1978, 137–147). – *S. Morenz*, „Eilebeute" (ThLZ 74, 1949, 697–699). – *L. G. Rignell*, Das Orakel „Maher-šalal-ḥaš-bas", Is 8 (StTh 10, 1957, 40–52). – *E. Vogt*, Einige hebräische Wortbedeutungen II (Bibl 48, 1967, 57–74, bes. 63–69 – nicht 47, 7ff. wie KBL³ 524).

I. Das Hebr. kennt zwei Wurzeln *mhr*. Die eine liegt in → מהר *mohar*, 'Brautgeld', vor (vielleicht auch als Verb Ps 16, 4), die andere heißt 'eilen', eine Bedeutung, die nur im Hebr. vorliegt. In anderen semit. Sprachen heißt *mhr* 'geschickt sein': syr. *mehîr* 'geschickt', Verb *pa* 'lehren', arab. *mahara* 'geschickt sein', äth. *mahara* 'lehren' (vgl. hebr. *māhîr*, s.u. V. und E. Ullendorff, VT 6, 1956, 195). Das Verb ist im AT 78mal im *pi* belegt, 4mal im *niph*. Das Nomen *meherāh* kommt 20mal vor, *māhîr* 4mal.

II. *mhr pi* steht oft mit einem anderen Verbum finitum zusammen und funktioniert dann als Hilfsverb = 'eilends', z. B. Gen 24, 18 *watte maher wattoræd kaddāh . . . wattašqehû*, „sie setzte eilends ihren Krug herab ... und ließ ihn trinken" (vgl. vv. 20. 46), ebenso Gen 44, 11; 45, 13; Ex 34, 8; Jos 4, 10; 8, 14. 19 usw. (KBL³ 524 führt hier irrtümlich Gen 45, 9; Ps 102, 3 auf, die zur nächsten Gruppe mit Imp. gehören). Ähnlich im Imp., z. B. Gen 19, 22 *maher himmāleṭ*, „rette dich eilends"; 45, 9 *maharû wa'alû 'æl-'āḇî*, „zieht eilends zu meinem Vater hinauf"; Ri 9, 48 *mahaarû 'a'śû kāmônî*, „tut eilends wie ich". Auch der Inf. *maher* wird oft adverbiell im Sinne von 'eilends' gebraucht, z. B. Ex 32, 8 *sārû maher*, „sie sind schnell von dem Wege abgewichen" (vgl. Deut 9, 12. 16); Deut 4, 26 *'āḇôḏ to'ḇeḏûn maher*, „ihr werdet schnell zugrunde gehen (vgl. Deut 9, 3; 28, 20); Jos 2, 5 *ridpû maher 'aḥarêhæm*, „verfolgt sie eilends".

mhr kann auch mit Inf., mit oder ohne *le*, stehen, z. B. Ex 2, 18 *maddûa' mihartæn bô'*, „warum kommt ihr so schnell"; Gen 27, 20 *mah-zzæh mihartā limṣo'*, „warum hast du so schnell gefunden"; Gen 18, 7 *wajemaher la'aśôṯ 'ôṯô*, „er bereitete es schnell zu" oder „er beeilte sich, es zuzubereiten"; Gen 41, 32; Ex 10, 16; Jer 51, 14; 59, 7 usw.

In anderen Fällen steht *mhr* selbständig mit der Bedeutung 'wohin eilen', 'eilends kommen', 'eilends holen' u. dgl. Nach Vogt (65f.) liegt hier oft eine Ellipse vor, indem das Hauptverb ausgelassen worden ist, z. B. Esth 5, 5 *mahaarû [qir'û] 'æṯ-Hāmān*, „ruft sofort den Haman"; Jer 48, 16 *rā'āṯô mihaarāh me'oḏ [lāḇô']*, „sein Unheil kommt schnell"; Nah 2, 6 *jemahaarû [jeleḵû] ḥômāṯāh*, „sie werden eilends auf seine Mauer gehen"; vgl. Gen 18, 6; 1 Kön 22, 9.

III. 1. Der Mensch ist schnell bereit zum Bösen. Deut 9, 12 sagt JHWH zu Mose auf dem Sinai: Das Volk „hat schlimm gehandelt . . . Sie sind schnell von dem Wege gewichen, den ich ihnen geboten habe" (vgl. Ex 32, 8), und als Mose vom Berge herabsteigt, findet er das goldene Kalb und sagt: „Ihr waret schnell von dem Wege abgewichen, den JHWH euch geboten hatte" (v. 16). So leicht hatte sich das Volk zur Abtrünnigkeit und zum Götzendienst verleiten lassen. Derselbe Ausdruck kehrt in der thematischen Einleitung des Richterbuches, Ri 2, 17, wieder: sie „hurten nach anderen Göttern" und beteten sie an. „Sie sind schnell von dem Wege abgewichen, den ihre Väter gegangen waren." Die Bereitschaft des Volkes zum Götzendienst wird also als „Schnelligkeit" bezeichnet. Ein ähnlicher Gedanke begegnet in dem wohl dtr. beeinflußten Ps 106, 13: „Sie vergaßen schnell seine Taten, harrten nicht seines Ratschlusses." Der Auszug (vv. 9–11) erweckte im Volk Glauben an Gott, aber alsbald in der Wüste vergaßen sie alles, was er getan hatte, und widmete sich dem Götzendienst in der Form des goldenen Kalbes. Auch sonst wird die Bereitschaft zum Bösen durch *mhr* qualifiziert. Jes 59, 7 heißt es in einem Kontext, wo von der Sünde des Volkes als Ursache des Unheils die Rede ist: „Ihre Füße laufen zum Bösen und eilen, unschuldiges Blut zu vergießen", und Spr 6, 18 spricht von „Füßen, die eilends dem Bösen nachlaufen" (derselbe Ausdruck, etwas ausführlicher Spr 1, 16).

2. Die Folge des Abfalls ist schneller Untergang. Wie JHWH einmal versprochen hatte, die Völker des Landes vor Israel niederzuwerfen, so daß Israel sie rasch vernichten werde (*weha'aḇadtæm maher* Deut 9, 3), so wird er auch Israel vernichten, wenn es fremden Göttern dient (Deut 4, 26 *'āḇôḏ to'ḇeḏûn maher*); es wird aus dem Land vertrieben werden (vgl. 11, 17 *wa'aḇadtæm meherāh*; 7, 4 *wehišmîdeḵā maher*). In den Flüchen Deut 28 sind die beiden Verben *'bd* und *šmd* verbunden: *'ad hiššāmædḵā we'ad 'aḇōdḵā maher* (v. 20: „bis du gar schnell vernichtet und vertilgt

bist"). Der Zorn Gottes entbrennt gegen jeden Götzendienst. Das Strafurteil Gottes kennt keinen Aufschub.

3. Gottes Handeln ist bald bevorstehend. Der Tag JHWHs „ist nahe und eilt gar schnell" (*qārôḇ ûmaher me'oḏ*, Zeph 1, 14). Der Zorn JHWHs wird nicht zögern, bald wird er eingreifen. Ebenso heißt es in Joels Aussage über das Weltgericht (angeredet sind Tyrus, Sidon und die Philister): „Eilends, alsbald (*qal meherāh*) lasse ich euer Tun auf euer Haupt zurückfallen" (Jo 4, 4). Über Moab heißt es Jer 48, 16: „Bald kommt (*qārôḇ lāḇô'*) Moabs Verderben, schnell schreitet sein Unheil heran (*mihₐrāh me'oḏ*)", also wieder die Verbindung *qārôḇ – maher*. In Jes 5, 26, wo JHWH die Völker der Welt gegen Israel „herbeilockt", findet sich dagegen die Zusammenstellung *qal meherāh*.

Das schnelle Eingreifen kann aber auch eine positive Wendung herbeiführen. Zwar rügt Jeremia die Lügenpropheten, die eine schnelle Befreiung aus Babel verkünden (Jer 27, 16). Aber bei DtJes heißt es: „Bald (eilends) wird der Gefesselte befreit werden" (Jes 51, 14). Hier klingen Motive aus der Klage durch (Westermann, ATD 19, 197), vor allem die Bitte um schnelle Erhörung (s. u.). Das Heilsorakel besagt, daß JHWH, der Schöpfer, der das Meer „erregte", auch den Bedränger bezwingen kann. Vgl. auch Jes 58, 8 „Dann wird deine Heilung eilends sprossen"; obwohl die Ausdrücke auf einen allmählichen Prozeß hinweisen (Westermann, ATD 19, 269), wird das baldige Eintreten des Heilungsprozesses betont.

Ganz allgemein sagt Ps 147, 15, daß das Wort JHWHs „in Eile läuft" (*'aḏ meherāh jārûṣ*), d. h. es wird schnell verwirklicht. Der Kontext spricht von der Wirkmächtigkeit Gottes in der Natur. Wenn also die Ungläubigen höhnisch sagen: „Er beeile sich doch, beschleunige (*jemaher jāḥîšāh*) sein Werk, daß wir es sehen" (Jes 5, 19; der Kontext enthält ferner die Verben *qrb* und *bô'*), ist das eine ungeheure Anmaßung.

Wenn es um Gottes schnelles Eingreifen geht, kommt mehrmals auch das Wort *piṯ'om* vor (z. B. Jes 30, 13 „plötzlich erfolgt ihr Einsturz"; Jer 6, 26 „Plötzlich kommt über uns der Verwüster"; Mal 3, 1 „Plötzlich kommt er in seinen Tempel"). Dadurch wird das Unerwartete der Handlung betont.

Bitte um schnelles Eingreifen findet sich in mehreren Klagepsalmen, meist in der Zusammenstellung *maher 'anenî*, „Antworte mir (erhöre mich) eilends" (Ps 69, 18; 102, 3; 143, 7), aber auch andere Wendungen kommen vor: „schnell (*maher*) möge uns dein Erbarmen begegnen" (Ps 79, 8); „rette mich schnell" (*meherāh haṣṣîlenî*, Ps 31, 3). Dabei ist zu bemerken, daß das synonyme → חוש *ḥûš*, das auch mehrmals in Klagepsalmen vorkommt und sonst mit *mhr* verbunden wird (Jes 5, 19; 8, 1), hier nicht gebraucht wird.

4. Andere Aspekte der Schnelligkeit kommen in den folgenden Beispielen zum Vorschein. Jes 32, 4: die Zunge der Stammler eilt, d. h. redet geläufig; Spr 7, 23: der Vogel eilt zur Schlinge – so geht der Tor schnell ins Verderben; Ps 37, 2: wie das Gras schnell welkt, schwinden die Sünder hin; Mal 3, 5: Gott ist ein behender Zeuge (*'eḏ memaher*: nach Vogt 65 ist *la'anôṯ* zu ergänzen: „der sofort anklagt") gegen die Zauberer und Ehebrecher: „er ist auf einmal Zeuge und Richter und sorgt für die rasche Abwicklung des Prozesses" (Weiser, ATD 25, 207); Spr 25, 8 „Was deine Augen gesehen haben, laß nicht übereilt zu einem Rechtsfall werden" – man soll sich beherrschen und nicht übereilt handeln. Hier kommt das Ideal der Selbstbeherrschung der Weisheitsliteratur zutage, ebenso wie Pred 5, 1: „Übereile dich nicht mit deinem Munde, und dein Herz eile nicht, etwas vor Gott zu reden" – voreiliges Reden richtet nur Unheil an.

5. Der symbolische Name von Jesajas Sohn *Maher-šālāl Ḥāš-baz* (Jes 8, 1. 3) bietet mehrere Probleme. *mhr* und *ḥwš* sind mehr oder weniger synonym (s. o.), ebenso wie *šālāl* und *baz*. *Ḥāš* scheint Ptz. zu sein, *maher* sieht wie ein Imp. aus. Die beiden Verben sind also nicht gleichwertig, wenn man nicht *maher* als ein gekürztes Ptz. = *memaher* betrachtet. Für die Auffassung als Imp. spricht eine äg. Parallele, die in den Urkunden der 18. Dynastie vorkommt, wo die beiden Imperative *is ḥ3k*, „eile, erbeute" auch substantiviert für eine leichte Beute gebraucht werden können (Morenz). Demgegenüber verweist Jirku auf ugar. *mhr* 'Diener, Soldat', was zur Übersetzung „Krieger der Beute, eilend an Raub" führen würde. Vogt (66f.) faßt *maher* adverbiell und übersetzt „Bald wird man Beute, in kurzem Raub wegtragen". KBL³ 525 erinnert an akk. *Ḫumuṭ-tabal*, „nimm eilends weg" als Name des Fährmanns der Unterwelt (RLA II 111), wo die Imperative von *ḫamāṭu* 'eilen' (AHw 316) und *tabālu* 'wegnehmen' (AHw 1297) als Eigenname fungieren.

An und für sich kann *Maher-šālāl Ḥāš-baz* eine jesajanische Bildung ad hoc sein. Was das dem Namen vorhergehende *le* betrifft, kann es entweder den Besitzer bezeichnen (*le possessoris*) wie Ez 37, 16 (Kaiser, ATD 17, 88 denkt an einen Kaufbrief wie Jer 32, 16, wo aber kein *le* steht) oder nur als Kolon zur Einführung der Inskription (zum *le inscriptionis* vgl. S. Moscati, L'epigrafia Ebraica Antica, Rom 1951, 85–89; H. Wildberger, BK X/1, ²1980, 315) stehen. Auf alle Fälle ist der Sinn des Namens klar: Assyrien wird „den Reichtum von Damaskus und die Beute von Samarien" bald wegtragen (v. 4).

IV. *Niph* ist nur 4mal belegt, und zwar in Stellen, die einander recht unterschiedlich sind. Hi 5, 13 sagt Eliphas, daß Gott alle menschliche Hybris zu Schanden macht und „die Klugen in ihrer List fängt, so daß der Ratschlag des Verschlagenen sich übereilt", also schnell vereitelt wird. Jes 32, 4 sieht eine Zeit voraus, wenn die 'Unbesonnenen', „die sich einst überhasteten und dadurch zu falschen Schlüssen und Taten kamen" (Kaiser, ATD 18, 257), Einsicht gewinnen werden. Hab 1, 6 werden die Chaldäer als ein *gôj mar wenimhār* bezeichnet, ungefähr „grimmig und ungestüm". Jes 35, 4 dagegen sind die *nimharê leḇ* die Bestürzten und Verzagten.

V. *māhîr* bedeutet 'geschickt, erfahren' und berührt sich damit eng mit der Bedeutung der Wurzel in den anderen semit. Sprachen (s.o. I.). So ist Spr 22, 29 von einem Mann, der in seiner Arbeit (→ מלאכה *melā'ḵāh*) geschickt ist, die Rede, Ps 45, 2 von einem geschickten Schreiber; vgl. auch Esr 7, 6, wonach Esra im Gesetz des Mose *māhîr* ist. Jes 16, 15 hat den Ausdruck *mehîr ṣæḏæq* mit Bezug auf einen Richter, „der das Recht sucht (*doreš mišpāṭ*) und sich der Gerechtigkeit befleißigt".

VI. LXX gebraucht meist Wörter wie σπεύδειν, τάχος, ταχύς, ταχέως, für *māhîr* ὀξύγραφος, ὀξύς, σπεύδειν und ταχύς.

Ringgren

מֹהַר *mohar*

I. 1. Bedeutung – 2. Verwendung – 3. Juristische Fragen – II. Die Umwelt des AT – 1. Ugarit – 2. Alalaḫ – 3. Mari und Mesopotamien – 4. Elephantine – 5. Hethiter.

Lit.: *S. Bialoblocki*, Materialien zum islamischen und jüdischen Eherecht, 1928. – *M. Burrows*, The Complaint of Laban's Daughters (JAOS 57, 1937, 259–276). – *Ders.*, The Basis of Israelite Marriage (AOS 15, New Haven 1938). – *G. Cardascia*, Les lois assyriennes, Paris 1969, bes. 69–71. 165–170. 192–196. – *P. Cruveilhier*, Le droit de la femme dans la Genèse et dans le Recueil de Lois assyriennes (RB 36, 1927, 350–376). – *M. David*, Vorm en wezen van de huwelijkssluiting naar de oudoostersche rechtsopvatting, Leiden 1934. – *G. R. Driver / J. C. Miles*, The Assyrian Laws, Oxford 1935, 126–271. – *Dies.*, The Babylonian Laws I, Oxford 21956, 245–324. – *R. Dussaud*, Le „mohar" israélite (CRAI 1935, 142–151). – *A. Eberharter*, Was bedeutet Mohar? (ThQ 95, 1913, 492ff.). – *Ders.*, Das Ehe- und Familienrecht der Hebräer mit Rücksicht auf die ethnologische Forschung dargestellt, 1914. – *Th. Engert*, Ehe- und Familienrecht der Hebräer, 1905. – *L. M. Epstein*, Marriage Laws in the Bible and in the Talmud, Cambridge, Mass. 21942. – *A. Falkenstein*, Die neusumerischen Gerichtsurkunden I, 1956, 78–81. – *A. Goetze*, The Laws of Eshnunna (AASOR 31, 1956, 75–89). – *C. H. Gordon*, The Status of Women as Reflected in the Nuzi Tablets (ZA 43, 1936, 146–169, bes. 157f.). – *Ders.*, The Story of Jacob and Laban in the Light of the Nuzi Tablets (BASOR 66, 1937, 25–27). – *H. Holzinger*, Ehe und Frau im vordeuteronomischen Israel (Festschr. J. Wellhausen, BZAW 27, 1914, 229–241). – *K. Kahana*, The Theory of Marriage in Jewish Law, Leiden 1966. – *W. Kornfeld*, Mariage I. Dans l'Ancien Testament (DBS V, 1957, 905–926). – *V. Korošec*, Ehe (RLA II, 1938, 281–299). – *P. Koschaker*, Eheschließung und Kauf nach alten Rechten, mit besonderer Berücksichtigung der älteren Keilschriftrechte (ArOr 18/3, 1950, 210–296). – *E. Lüddeckens*, Ägyptische Eheverträge (ÄgAbh 1, 1960). – *B. Landsberger*, Jungfräulichkeit: ein Beitrag zum Thema „Beilager und Eheschließung" (Symbolae Iuridicae et Historicae Martino David Dedicatae II. Iura Orientis Antiqui, Leiden 1968, 41–105). – *D. R. Mace*, Hebrew Marriage, London 1953. – *P. E. van der Meer*, Tirḫātu (RA 31, 1934, 121–123). – *I. Mendelsohn*, On Marriage in Alalakh (Festschr. S. W. Baron, New York 1959, 351–357). – *J. Morgenstern*, Rites of Birth, Marriage, Death and Kindred Occasions among the Semites, Cincinnati 1966. – *Y. Muffs*, Studies in the Aramaic Legal Papyri from Elephantine, New York 21973, 51–56. 84ff. 163f. – *J. Neubauer*, Beiträge zur Geschichte des biblisch-talmudischen Eheschließungsrechts (MVÄG 24–25, 1919/20). – *E. Neufeld*, Ancient Hebrew Marriage Laws, London – New York 1944, 94–110. – *P. W. Pestman*, Marriage and Matrimonial Property in Ancient Egypt, Leiden 1961, 13–20. 52. – *W. Plautz*, Die Form der Eheschließung im Alten Testament (ZAW 76, 1964, 298–318). – *A. van Praag*, Droit matrimonial assyro-babylonien, Amsterdam 1945, 128–160. 202f. – *J. J. Rabinowitz*, Marriage Contracts in Ancient Egypt in the Light of Jewish Sources (HThR 46, 1953, 91–97). – *Ders.*, The Puzzle of 'Tirḫātum Bound in the Bride's Girdle' (BiOr 16, 1959, 188–190). – *H. F. Richter*, Geschlechtlichkeit, Ehe und Familie im Alten Testament und seiner Umwelt (BET 10, 1978). – *A. van Selms*, Marriage and Family Life in Ugaritic Literature, London 1954. – *E. A. Speiser*, New Kirkuk Documents Relating to Family Laws (AASOR 10, 1928/29, 1–74, bes. 23f.). – *E. Szlechter*, L'affranchissement en droit suméro-accadien (AHDORIDA 1, 1952, 125–197, bes. 136–144). – *R. de Vaux*, LO I 48–51. – *J. Wellhausen*, Die Ehe bei den Arabern (NGGW 1893, 431–480). – *E. A. Westermarck*, The History of Human Marriage II, London 1921, Kap. 23. – *B. Wilanowski*, Une nouvelle interprétation du § 31 du Recueil de Lois assyriennes (JJP 4, 1950, 267–273). – *R. Yaron*, Aramaic Marriage Contracts from Elephantine (JSS 3, 1958, 1–39). – *Ders.*, Introduction to the Law of the Aramaic Papyri, Oxford 1961, 45–50. – *C. Zaccagnini*, Lo scambio dei doni nel Vicino Oriente durante i secoli XV–XIII (OrAnt 11, 1973, 12–32).

I. 1. Das Wort *mohar* kommt nur dreimal im AT vor, und zwar in älteren Texten (Gen 34, 12; Ex 22, 16; 1 Sam 18, 25; LXX: δόμα und φερνή). Daneben begegnet es in den Texten von Ugarit (KTU 1.10, I, 11; 1.24, 19; 1.100, 74–75), in den äg.-aram. Verträgen der jüdischen Gemeinde von Elephantine (AP 15; BMAP 7), im Targum und in den rabbinischen Schriften. Daneben ist der *mohar* gut bekannt bei den Arabern in Syrien, Palästina und Transjordanien, die die Vokabel *mahr*, *maher* oder *mahar* haben. Der Terminus bezeichnet immer die Summe, die der Bräutigam oder sein Vater dem Vater oder Vormund des Mädchens zukommen lassen muß, bevor dieser sie „herausgibt" (→ מכר *māḵar*, Gen 31, 15) an ihren „Herrn" (→ בעל *ba'al*). Nie begegnet der *mohar* im Sinne eines echten Verkaufspreises. Der *mohar*, dessen Höhe in Relation stand zu den Bedürfnissen des Vaters (Gen 34, 12) und zu der sozialen Situation der Familie (1 Sam 18, 23), wurde in Naturalien oder Geld entrichtet (Ex 22, 16). Es hat nicht den Anschein, als ob von der Auszahlung des *mohar* die Gültigkeit der Ehe abhängig gewesen wäre, wie etwa die Entrichtung des Kaufpreises conditio sine qua non für das Zustandekommen eines gültigen Kaufvertrages ist. Tatsächlich konnte die Aushändigung des *mohar* ersetzt werden durch eine Dienstleistung, z. B. Davids vor seiner Heirat mit der Tochter Sauls (1 Sam 18, 17–27) oder Othniels vor seiner Heirat mit der Tochter Kalebs (Jos 15, 16f.; Ri 1, 12f.). Das Mädchen wurde dann als Belohnung gegeben. An die Stelle des *mohar* konnte auch eine längere Arbeitszeit treten, wie es vor den beiden Hochzeiten Jakobs der Fall war (Gen 29, 15–30). Auf den *mohar* konnte verzichtet werden, wenn die heiratsfähigen Mädchen einfach ausgetauscht wurden (vgl. den Vorschlag der Söhne Jakobs den Sichemiten gegenüber Gen 34, 16). Die Araber nennen diesen Vorgang *badal* 'Austausch' (H. Wehr, Arab. Wb. für die Schriftsprache der Gegenwart, ⁴1968, 40f.).

Diese verschiedenen Vereinbarungen zeigen, daß der *mohar* als eine Entschädigung angesehen wurde, die der Familie für den Verlust des Mädchens als eines ökonomischen Potentials, als Handwerkerin oder als Mittel für vorteilhafte Verbindungen gewährt wurde. Man darf keinesfalls übersehen, daß das Mädchen im Hause ihres Vaters eine ökonomisch wichtige Funktion ausübte, z. B. die Herden hütete (Gen 29, 6. 9), zur Quelle ging und Wasser schöpfte (Gen 24, 11–16; 1 Sam 9, 11), als Ährenleserin hinter den Erntearbeitern wirkte (Ruth 2, 2). Zudem vermochte eine gute Heirat der Familie des Mädchens gehöriges Ansehen zu verschaffen, Ehre und materielle Vorteile. Es versteht sich von selbst, daß der *mohar* – so verstanden – nur Sinn hatte in einer Gesellschaft, die die männliche Erbfolge kannte, und wo der Wohnort des Mannes ausschlaggebend war, so daß die junge Frau ihr Elternhaus verließ, um bei ihrem Mann zu wohnen.

Die Vorstellung einer ökonomischen Entschädigung bestimmt aber auch die Etymologie des Terminus *mohar*. Sicher ist der Vorschlag von H. Zimmern (Akkadische Fremdwörter, ²1917, 18), *mohar* von akk. *maḫīru* 'Gegenwert, gängiger Preis' (→ מחיר *m^eḥîr*) abzuleiten, unzutreffend. Die Wurzel *mhr I* ist wohl eine Variante von *mwr* (GesB 171) oder *mjr*, das im Aram. 'sich Lebensmittel verschaffen' bedeutet; dagegen bedeutet das hebr. *hiph* allgemeiner 'geben im Austausch von' (*hemîr b^e*). Der Sinn des *qal* von *mhr I* müßte also sein 'sich gegen Entgelt verschaffen'. Und genau diese Deutung paßt in Ex 22, 15 *māhor jimhārænnāh llô le'iššāh* „Er wird sie für sich selbst zur Frau verschaffen". Dabei impliziert das Verb *māhar* durchaus einen Kostenaufwand. Dieselbe Bedeutung hat *māhar* in Ps 16, 4 auch ohne den Kontext der Heirat: *jirbû 'aṣṣ^eḇôṯām 'aḥer māhārû* „obwohl sich ihre Abgötter vermehren, haben sie sich einen anderen verschafft". Dies ergibt trotz der oft vermuteten Verderbtheit des MT (vgl. H. J. Kraus, BK XV/1⁵, 261) einen guten Sinn: Unbefriedigt von der spontanen Vermehrung der Götter entsprechend der theogonischen Mythen, lassen sich die Zeitgenossen des Psalmisten auf eigene Kosten ein anderes Götzenbild herstellen. So impliziert *māhar* eine Anschaffung, die Kosten verursacht, ohne daß man von „Preis" oder „Kauf" im eigentlichen Sinne sprechen könnte. So konnte auch der *mohar* im eigentlichen Sinne eine „Kompensierung" bezeichnen, die man in dem Augenblick verlangen konnte, wenn ein Mädchen das elterliche Haus zwecks Heirat verließ.

Man könnte dem entgegenhalten, daß der Ausdruck *mohar habb^eṯûlôṯ* (Ex 22, 16) doch das *pretium virginitatis* bezeichnete (vgl. Neubauer und Eberharter). Demnach wäre der *mohar* eine Entschädigung an das Mädchen für den Verlust der Jungfräulichkeit. Diese Erklärung ist jedoch falsch, da sie von der Voraussetzung ausgeht, *b^eṯûlāh* bedeute 'Jungfrau'. Dies mag zweifellos an vielen Belegen zutreffen, vgl. jedoch Jo 1, 8, wo *b^eṯûlāh* eine verheiratete Frau meint, die in den Besitz ihres Mannes (*ba'al*) eingegangen war. *b^eṯûlāh* bezeichnet somit ein heiratsfähiges Mädchen, das es physisch verkraften konnte, daß ein Mann es in Besitz nahm. Dabei sagt der Terminus *b^eṯûlāh* nichts über ihre Jungfräulichkeit aus (→ בתולה *b^eṯûlāh*, I 874–877). Ex 22, 16 *kæsæp jišqol k^emohar habb^eṯûlôṯ* ist also zu übersetzen: „Geld wird er wiegen soviel, wie es für heiratsfähige Mädchen gefordert ist."

In diesem Zusammenhang sollte darauf hingewiesen werden, daß nach alter hebr. Sitte Heiratsfähigkeit und Pubertät nicht in Zusammenhang gebracht waren. Im Gegensatz zum heiratsfähigen Mädchen (*b^eṯûlāh*) bezeichnet die → עלמה (*'almāh*) ein Mädchen in der Pubertät, das fähig ist, zu empfangen. Mädchen konnten nun in der Tat bereits zur Heirat gegeben werden lange vor ihrer körperlichen Reife, vielleicht sogar schon im Alter von fünf Jahren (vgl. Lev 27, 5), und es konnte vorkommen, daß Ehen bereits mit Mädchen vor ihrer Pubertät vollzogen wurden. So können sich die Paragraphen der alten Rechtskodizes bezüglich unfruchtbarer Frauen gerade auch auf Mädchen vor der Pubertät beziehen, die zum ehelichen Vollzug gezwungen werden (vgl. CH § 147 und 163).

2. Die Bestimmung von Ex 22, 15f. geht von der Voraussetzung aus, daß ein bestimmter Preis existierte, der von Dorf zu Dorf und von Sippe zu Sippe wechseln konnte. Für den Fall einer durch „Vergewaltigung eines heiratsfähigen Mädchens, das noch nicht verheiratet ist", erzwungenen Heirat schreibt Deut 22, 29 vor, daß 50 Schekel Silber zu bezahlen sind; das dürfte dem Höchstpreis des *mohar* entsprechen, höher jedenfalls als allgemein üblich (vgl. Ex 22, 16). Die Summe ist auch wesentlich höher als die Kaufsumme für einen Sklaven. Die Tötung einer Sklavin wurde mit 30 Schekel geahndet (Ex 21, 32). Die Auslösesumme einer Frau betrug nach Lev 27, 4 ebenfalls 30 Schekel. Hier wird ein Mädchen zwischen 5 und 20 Jahren sogar nur auf 10 Schekel veranschlagt (v. 5). Diese unterschiedlichen Zahlenangaben weisen aus, daß *mohar* letztlich keine Kaufsumme sein wollte. Dies wird um so deutlicher,

wenn man ihn vergleicht mit echten Kaufverträgen, z. B. Ex 21, 7–11: ein Mädchen konnte „geliefert" (→ מכר *māḵar*) werden von seinem Vater an einen anderen Mann, der sie zu seiner oder zur Konkubine seines Sohnes bestimmen konnte. In diesem Falle wurde sie *'āmāh* 'Dienerin', de facto aber war sie – der assyr. *esertu* vergleichbar (vgl. Assyr. Gesetze § 41) – eine Ehefrau zweiten Ranges (vgl. N. Avigad, Bullae and Seals from a Post-Exilic Judaean Archive, Qedem 4, 1976, 11–13. 31 f.). Diese rechtliche Situation eines Mädchens, das als „Dienerin" mit der Verpflichtung zum „ehelichen" Verkehr gekauft wurde, ist auch sonst im Orient gut bekannt (vgl. Jaussen, Coutumes 60 f.; Naplouse 129 f.). Die *'āmāh* konnte auch weiterverkauft werden, nicht jedoch an Fremde (Ex 21, 8). Ein solches Beispiel liegt vielleicht Hos 3, 2 vor: Der Prophet kauft die Frau für 15 Schekel Silber und 1,5 Scheffel Gerste, was wiederum etwa 15 Schekel Silber entspricht. Damit hat also Hosea den üblichen Preis für eine Sklavin bezahlt (vgl. Ex 21, 32).

Die biblischen Belege lassen nicht den Schluß zu, der Vater des Mädchens behalte den *mohar* für sich (s. o. II.). Vielmehr scheint das Gegenteil der Fall zu sein, wenn Rachel und Lea sich gegen ihren eigenen Vater wenden, der sie „ausgeliefert" hat, nachdem er „ihr Geld verbraucht hat" (Gen 31, 15). Der *mohar* scheint also tatsächlich eine finanzielle Gabe an die Frau geworden zu sein, um sie für den Fall abzusichern, daß sie verstoßen werden würde oder ihren Mann verlieren würde. Diese Deutung ergibt sich auch aus den Urkunden des 5. Jh. v. Chr. aus Elephantine (AP 15; BMAP 7), in denen der *mohar* zur Mitgift gehört, obwohl er dem Vater oder Vormund des Mädchens ausgehändigt wird. Umgekehrt wird der *mohar* nicht weniger unterschieden von den Gaben, die der Vater oder der Bräutigam dem Mädchen zur Hochzeit aushändigt. Zur Unterscheidung vgl. etwa Gen 34, 12: *mohar* und *mattān* 'Geschenk'. Diese Geschenke an das Mädchen oder an seine Verwandten kompensieren in etwa die Annahme des Heiratswunsches. Nach der Heirat Rebekkas händigt der Diener Abrahams ihr und ihren Verwandten (Bruder und Mutter) reiche Geschenke aus (Gen 24, 53), wiederum ein Hinweis darauf, daß mit *mohar* keineswegs eine Kaufsumme insinuiert war.

3. Die vollständige Bezahlung des *mohar* besiegelte die Heirat, die von diesem Augenblick an als matrimonium ratum galt. Das ergibt sich aus 2 Sam 3, 14, wo David fordert, ihm seine Frau Michal zu gewähren, die er sich als Ehefrau erworben habe (*'ašær 'erastî lî b^e*) gegen 100 Vorhäute der Philister. Damit spielt er ohne Zweifel auf einen durch Saul geforderten *mohar* an (1 Sam 18, 25 ff.). Die Schlußfolgerung des matrimonium ratum ist gefordert durch das *pi 'eraś*, das meistens zu Unrecht mit „sich verloben" übersetzt wird. Die legal verheiratete Frau wird – selbst wenn sie von ihrem Mann noch nicht in Besitz genommen wurde – vom Augenblick der Heirat an *m^e'orāśāh* (Ptz. *pu*) genannt. Ihre Vergewaltigung wird wie Ehebruch bestraft (Deut 22, 23–27) und daraus wird ersichtlich, daß auch der Gesetzgeber sie bereits der Ehefrau gleichsetzt (Deut 22, 24; vgl. 2 Sam 3, 14). Der Übergang vom matrimonium ratum zum matrimonium consummatum wurde eingeleitet durch die feierliche Übergabe der Ehefrau in das Haus ihres Mannes (*lāqaḥ*, Deut 20, 7; 24, 1; vgl. Gen 20, 3), der *traditio puellae* vergleichbar. Der eigentliche eheliche Akt wird durch *bā'al* 'besitzen' umschrieben (Deut 21, 13; 24, 1; Mal 2, 11 → ידע *jāda'*). Von da an wird die Ehefrau *b^e'ulaṯ-ba'al* (Gen 20, 3; Deut 22, 22) oder *b^e'ûlāh* (Jes 54, 1; 62, 4; Sir 9, 9) genannt. Die Bezahlung des *mohar* verwirklicht also das Einverständnis aller Parteien und erscheint damit als konstitutives Element des matrimonium ratum. Daraus ergibt sich die juristische Situation, die durch die verschiedenen Formen von *'rś* gekennzeichnet wird. Die rechtliche Situation war ganz eindeutig, wenn der geforderte *mohar* in die Hände des Vaters des Mädchens mit einem Male abgegeben wurde. Die Heirat galt dann als unmittelbar geschlossen. Es kam dennoch vor, daß der *mohar* in mehreren Raten gezahlt werden konnte. Aber die außerbiblischen Belege weisen aus, daß der Brautvater nach Annahme eines Teiles des *mohar* – welcher Art auch immer – nicht mehr ohne Zahlung einer Strafe von den Verhandlungen zurücktreten konnte. Tat er dies jedoch, galt der Vertrag offensichtlich als gekündigt.

II. 1. Ähnliche Gebräuche sind im übrigen Alten Orient, insbesondere bei den Westsemiten, bekannt. Der älteste Beleg für den Terminus *mohar* findet sich im ugar. Gedicht über die Hochzeit des Mondgottes (KTU 1.24). Hier bittet der Mondgott Jariḫ um die Hand der Göttin Nikkal: „Ich will ihrem Vater ihre *mhr* geben: 1000 Schekel Silber und 10 000 Gold" (Zl. 19–21). Außerdem verspricht er der Braut reichliche Hochzeitsgaben (Zl. 21–23, vgl. *mattān* Gen 34, 12). Der Mittelsmann Ḫirḫib schlägt andere Mädchen vor, die er ihm „verheiraten" will. Der Ausdruck ist *trḫ lk* (Zl. 28 f., vgl. 18. 26. 33; KTU 1.14, I 14; 1.23, 64), was genau hebr. *'erastî lî* (2 Sam 3, 14) entspricht. Der Ehemann wird demzufolge *trḫ* genannt (KTU 1.14, II 47; IV 26) und die Ehefrau *mtrḫt* (KTU 1.14, I 24; 1.24, 10), was hebr. *m^e'orāśāh* entspricht. In der zweiten Szene erscheint die Familie zum Empfang des *mohar*. Die Beschreibung stellt gewiß eine Wirklichkeit des Alltagslebens dar.

Das Wort *mhr* begegnet auch KTU 1.10, I 11, aber in fragmentarischem Kontext. Dagegen enthält der magische Mythus der Tafel KTU 1.100 einen interessanten Hinweis auf *mhr*. Der Gott Ḥoron hat die Tochter der Sonnengöttin zur Gattin genommen. Dieser fordert von ihm Schlangen als *mohar*, wozu Ḥoron einwilligt (Zl. 73–76). Der *mohar* wird vom Mädchen ausgewählt und wird ihr gegeben. Dieser mythische Fall kann aber nur mit Vorbehalt für die Verhältnisse in der ugar. Aristokratie verwertet werden.

Das dem *mhr* entsprechende Wort im Akk. ist *te/ir-ḫatu* (AHw 1341), das von derselben Wurzel wie ugar. *trḫ* abgeleitet ist und die „Eheschenkung" bezeichnet. Das Wort kommt in drei akk. Texten juristischen Inhalts aus Ugarit (14. Jh. v. Chr.) vor. In RŠ 16.158 (PRU III 62) erhält eine Frau „als ihre *terḫatu*" das Haus ihres Vaters aus der Hand einer nicht näher bestimmten Person. In RŠ 15.92 (PRU III 54–56) heißt es, daß eine Frau 80 Schekel mitgebracht hat und daß sie, wenn sie diese nach dem Tode ihres Mannes zurücknimmt, die Rechnung der *terḫatu* geregelt hat. Schließlich erklärt RŠ 16.141 (PRU III 60), daß eine Frau, wenn sie in eine Familie „als Schwiegertochter" (*ana kallūti*) eingetreten ist und nicht gebührend behandelt wird, weggehen und ihre *terḫatu* mitnehmen wird. *kallūtu* ist von *kallatu* abgeleitet, das dem ugar. *mtrḫt* und hebr. *me'orāśāh* entspricht. *terḫatu* bezeichnet also in den juristischen Dokumenten Güter, die die Frau aus der Habe ihres Vaters mitbringt, die sie aber, wenn die Ehe aufgelöst wird, zurücknimmt. Der Vater der Braut behält also nicht die *terḫatu*, sondern gibt sie an die Tochter weiter, die sie bei ihrem Mann hinterlegt. Die Frau hat aber das Recht, sie zurückzunehmen bei Auflösung der Ehe. Dieselbe Situation findet sich in den Elephantineurkunden wieder; ein Echo davon findet sich in Gen 31, 15.

2. Eine ähnliche Praxis ist in den Alalaḫ-Dokumenten (15. Jh. v. Chr.) bezeugt. Zwei von fünf Eheurkunden nennen ausdrücklich die *terḫatu* (AlT 92. 93); in zwei anderen (AlT 17, 4–6; 91, 4) ist sie vielleicht impliziert. Es muß aber bemerkt werden, daß CH § 189 Ehen ohne *terḫatu* anerkannte. Aus AlT 92 geht hervor, daß der Vater die *terḫatu* an die Tochter weitergab; im Fall einer Scheidung fiel die *terḫatu* entweder dem Mann oder der Frau zu, je nachdem der eine oder andere Schuld an der Scheidung hatte. In AlT 93 wird das Geben der *terḫatu* nach der traditio puellae genannt, was entweder bedeutet, daß die *terḫatu* direkt an die Frau bezahlt wurde oder daß sie erst nach der traditio an den Schwiegervater bezahlt wurde.

3. Ein solcher Fall scheint in Mari bezeugt zu sein. ARM X 75, 5 nennt die *terḫatu*, die man Zimri-Lim gebracht hatte, als sich seine Tochter schon im Palast ihres Mannes Ibal-Addu befand (ARM X 74). Dasselbe gilt wahrscheinlich auch für die Ehe zwischen dem Sohn des Šamši-Adad und der Tochter des Königs von Qatna (ARM I 24, 46, 77); hier erhöht Šamši-Adad die geforderte *terḫatu*, weil er sie unzureichend für eine Frau aus der königlichen Familie findet. ARM II 40 erwähnt die *terḫatu* im Zusammenhang mit der Besiegelung eines Friedensvertrags durch eine Eheschließung.

Auch in den Amarnabriefen wird die *terḫatu* erwähnt, einmal in Briefen vom Mitannikönig Tušratta an Amenophis III. und IV. (EA 19, 48. 58; 27, 14. 64; 29, 23f.), ein anderes Mal in einem Brief von Amenophis III. an König Tarḫundaradu von Arzawa (EA 31, 22). Hier liegen aber bei dem Austausch von Geschenken auch politische Rücksichten vor.

Es ist zu bemerken, daß CH § 136. 163. 164 die Praxis von Alalaḫ und Ugarit bestätigen (Driver-Miles 253ff.): der Vater der Frau gab die *terḫatu* an seine Tochter weiter. Diese Praxis war vielleicht amoritischen Ursprungs; da sie aber auch in einem Ehevertrag aus Nuzi (15.–14. Jh.) bezeugt ist, ist ḫurritischer Ursprung nicht auszuschließen. Die assyr. Gesetze (Taf. A § 38) setzen auch voraus, daß die Frau die *terḫatu* zum Teil oder ganz erhielt und verbieten dem Mann, auf sie Anspruch zu erheben. Es scheint übrigens, daß die *terḫatu* in Assyrien erst in der letzten Phase der Eheunterhandlungen bezahlt wurde, nachdem andere Geschenke übergeben worden waren (vgl. Gen 24, 53–58).

Zu den Verhältnissen in Nuzi s. K. Grosz, Dowry and Bride Price at Nuzi (Studies on the Civilization and Culture of Nuzi and the Hurrians in Honor of E. R. Lacheman, Winona Lake 1981, 169–182).

4. Es ist bemerkenswert, daß die aus Alalaḫ und Ugarit bezeugte Sitte 900 Jahre später in den Elephantineurkunden wieder auftaucht. Obwohl ein gewisser Einfluß von den äg. Eheverträgen zu erwarten wäre, wo die Frau ein *šp-n-śḥm.t* („Geschenk für eine Frau") oder *šp-rnwt-śḥm.t* („Geschenk für ein junges Mädchen") empfängt, ist hier der Vater oder Vormund der jungen Frau der Empfänger des *mohar*. Es handelt sich zwar um eine juristische Fiktion, aber es bedeutet trotzdem, daß die jüd. Kolonisten an der alten westsemit. Tradition festhielten. Auffallend ist auch der niedrige Betrag: 5 (AP 15) bzw. 10 Schekel (BMAP 7); letzteres entspricht der Vorschrift von Lev 27, 5.

5. In den heth. Gesetzen (Tafel I § 29. 30. 34–36) findet sich der Begriff *kušata-*, der *mohar* und *terḫatu* entspricht. Es scheint, daß die Bezahlung der *kušata-* für die Heiratung einer freien Frau gefordert wurde und daß sie das matrimonium ratum konstituierte, wodurch die Frau an ihren Mann „gebunden" (*ḫamank-*) wurde (§ 29). Auch konnte die Tochter des Königs Tarḫundarada von Arzawa nicht nach Ägypten geführt werden (traditio puellae), bevor Amenophis III. die *kušata-* bezahlt hatte (EA 31, 22, vgl. oben II. 3).

Lipiński

מוג *mûg*

I. 1. Etymologie, Umwelt – 2. Bedeutung, Belege – II. Konkrete Verwendung – 1. Wogen, seine Festigkeit verlieren, zerfließen – 2. Schwanken, erschüttert werden – III. Übertragene Verwendung: vor Angst vergehen, in Panik geraten.

Lit.: *P. Joüon*, Notes de lexicographie hébraïque (verbe מוג) (Bibl 7, 1926, 165–168).

I. 1. Die Wurzel *mwg* ist nur in jüngeren westsemit. Sprachen belegt, vor allem arab. *mwǧ* 'wogen', *mauǧ* 'Woge', jüd.-aram. *mwg* 'zerfließen'. Dies und die semantische Entwicklung der Wurzel im Mittel- und Neuhebr. deuten auf einen gemeinsamen Vorstellungshintergrund: Die Vorstellung des auf- und abwogenden Meeres bzw. des durch Feuchtigkeitseinwirkung seine Festigkeit verlierenden Bodens.

2. Diese Grundbedeutung ist auch im AT deutlich zu erkennen. Daneben hat aber auch die Vorstellung eines Erdbebens sich mit *mwg* verbunden. Dabei dürfte sich der Einfluß von → מוט (*mwṭ*) ausgewirkt haben, das in Ps 46, 7 (vielleicht auch Ps 46, 3) in Parallele zu *mwg* steht und das andere Verben aus dem Vorstellungsbereich des Erdbebens, wie *rāʿaš* (→ רעש) (Nah 1, 5; vgl. aus dem Umkreis von Belegen für *mwg* noch Jer 49, 21; Ps 46, 4 und Jes 14, 16), im weiteren Sinne auch *hāmāh* (→ המה) (Ps 46, 7; vgl. 1 Sam 14, 16) angezogen hat.

Die Wurzel *mwg* findet sich 17mal im hebr. AT (davon entfällt wahrscheinlich Jes 64, 11, während es in Ps 46, 3 vermutlich zu konjizieren ist, vgl. die Komm.), davon 4mal im *qal*, 6mal im *niph*, 2mal im *pil* und 3mal im *hitpol*. Die 4 Belege in den Qumran-Texten verteilen sich auf 2mal *niph* (1 QM 14, 6; 4 QM[a] 4) und 2mal *hitpol* (1 QH 3, 34. 35). Die Wurzel begegnet fast durchweg in poetisch gestalteten Texten, daher außer Ex 15, 15; Jos 2, 9. 24; 1 Sam 14, 16 nur in prophetischen Büchern und in Ps und Hi; ähnliches kann von den Belegen in den Qumran-Texten gesagt werden.

In LXX wird offenbar weithin nach dem Zusammenhang übersetzt. Lediglich τήκω und σαλεύω finden sich je 3mal, ταράσσω 2mal.

II. 1. Die Beziehung von *mwg* zur Vorstellung vom Wogen des Meeres ist an einer Reihe von Stellen nur gerade noch zu ahnen: In Ex 15, 15 – aber auch in Jos 2, 9 (vgl. v. 10!). 24 – steht das Schilfmeerwunder im Hintergrund; in 1 Sam 14, 16 wird das Hin- und Herwogen einer Menschenmenge beschrieben; in Nah 2, 7 läßt die Lage des Palastes „am Strom" an das Wogen von Wassermassen denken; in Ps 46, 3cj droht die Gefahr, daß die Berge im Meer versinken (vgl. v. 4).

In Ps 107, 26 (bzw. v. 23–32 insgesamt) geht es jedoch eindeutig um die Situation von Seereisenden auf hohem Meer, die im Sturm in Seenot geraten. Gerade in v. 26 ist das Auf- und Abwogen des Meeres dramatisch zugespitzt beschrieben: Die Seefahrer werden bis in den Himmel hinaufgehoben und wieder in den Abgrund hinuntergezogen. (Ein Nachklang dieser Vorstellung ist in der Beschreibung des Erdbebens in Am 9, 5 zu finden, wo das Beben mit dem An- und Abschwellen des Nils verglichen wird.) Auch in Hi 30, 22 ist wohl die Situation eines im Sturm in Seenot Geratenen als Hintergrund zu sehen, wenn dort vom Hinaufgehobenwerden und Dahinfahren im Wind gesprochen wird.

Aber *mwg* bezieht sich nicht nur auf Meereswogen, sondern auch auf den sachte herunterkommenden Regen (oder gar Tau), der den Boden aufweicht und zum Überfließen bringt. In diesem Sinn steht *mwg* in Am 9, 13 mit *nṭp* zusammen und wird zum Ausdruck überfließender Fruchtbarkeit in der Heilszeit. (In der ganz ähnlich formulierten Aussage Jo 4, 18 fehlt *mwg*.) Hier führt die Vorstellung einer großen Wasserzufuhr für den Boden gleich weiter zu der Konsequenz daraus, der überfließenden Fülle der Ernte, ohne daß deutlich unterschieden wird zwischen beidem. Das „Wogen" des Getreides und der Weinranken auf den Feldern mag zu dieser Ausdrucksweise beigetragen haben. – In Ps 65, 11 ist die gleiche Vorstellung zu finden, in den Versen 10–14 ausführlich ausgemalt (mit *rʿp* und *rwh* zusammen): Die Menge des im Regen herabströmenden Wassers läßt die Felder überfließen von üppig wuchernder Vegetation und wird zum Sinnbild göttlichen Segens.

2. An Ps 46, 3–7 ist zu sehen, daß es einen fließenden Übergang von der Vorstellung des wogenden Meeres zu der des Erdbebens gibt. Wenn die Erschütterung kosmische Ausmaße annimmt, dann wogen nicht nur die Wassermassen, sondern selbst die so unerschütterlich erscheinenden Berge drohen im Meer zu versinken, und das heißt: im Chaos. Auch in 1 Sam 14, 15f. ist zu sehen, daß Erdbeben und Meereswogen aus biblischer Sicht zwei Seiten derselben Sache sind – der Erschütterung und Auflösung der seit Anbeginn der Welt gesetzten Ordnung.

Das macht es verständlich, wieso *mwg* an manchen Stellen geradewegs das Erdbeben bezeichnen kann und sich damit der Bedeutung von *mwṭ* annähert, wobei der Gedanke an die Verankerung der Erde im Meer sich jeweils im Kontext findet: Am 9, 5f.; Nah 1, 4f.; in Ps 75, 4 werden ausdrücklich die Säulen genannt, auf denen die Erde aufruht, inmitten des Meeres (vgl. 1 QH 3, 34f.). – In diesem Zusammenhang wird dann auch gesagt, was der Gegensatz zu *mwg* ist: fester Standort, vgl. *tkn* Ps 75, 4, vgl. 1 QM 14, 6.

II. Wenn das Meereswogen und Erdbeben die ganze Erde betrifft und so zur kosmischen Erschütterung wird, werden oft auch die „Bewohner der Erde" ausdrücklich als Betroffene genannt (Jos 2, 9. 24; Am 9, 5; Ps 75, 4; 1 QH 3, 34), oder aber die Bewohner eines bestimmten Landes (Philisterland Jes 14, 31; Kanaan Ex 15, 15) oder Gebäudes (Palast Nah 2, 7). Die Gefährdung ihrer Standfestigkeit von außen her wird sich zwangsläufig auch auf ihr Inneres auswirken; mit der äußeren Erschütterung geht die innere einher, die sich in Angst und Panik äußert. So dient *mwg* immer wieder auch zur Beschreibung solcher – meist durch ein Eingreifen Gottes bewirkter – Zustände von Angst und Panik.

An manchen Stellen ist gar nicht ohne weiteres zu entscheiden, ob mehr die äußere oder mehr die innere Erschütterung der Standfestigkeit gemeint ist. In Nah 2, 7 könnte genausogut das Durcheinander ge-

schildert sein, das infolge der Öffnung der Tore entsteht, wie die Angst, die dadurch ausgelöst wird. Aber wahrscheinlich besteht hier keine Alternative, sondern *mwg* umgreift beide Aspekte. Unser Wort „Panik“ ist eine Parallele dazu. Auch in 1 Sam 14, 15f. wird das Ineinander von innerer und äußerer Panik sehr plastisch geschildert. Auch die in Seenot geratenen Seereisenden vergehen vor Angst in ihrem zum Spielball der Wellen gewordenen Schiff (Ps 107, 26; vgl. Hi 30, 22).
So begegnet *mwg* auch in Schilderungen von Angstzuständen, die aufgrund des machtvollen Eingreifens JHWHs auftreten, ohne daß die Situation im einzelnen deutlich wird. In Ex 15, 15 wird eine Fülle von Worten aufgeboten, die den Angstzustand der Völker ausmalen (vgl. v. 14–16), ähnlich wie in 1 Sam 14, 15f. Auch in Jos 2, 9. 24 geht es um allgemeine Schilderung der Angst, die sich in der Formulierung an Ex 15, 15 anlehnt.
Zur Beschreibung der von JHWHs machtvollem Eingreifen in der Geschichte ausgehenden Panik dient *mwg* auch in Jes 14, 31; Jer 49, 23; Ez 21, 20; 1 QH 3, 34f.; vielleicht auch Jes 64, 6. Doch ist hier die Bedeutung ziemlich abgeblaßt, ohne deutliche Konturen.
Dafür finden sich zunehmend Ausdrücke, die die Auswirkung der Angst auf den einzelnen beschreiben. In Ps 107, 26 heißt es, daß die *næpæš* der Seereisenden von Panik ergriffen sei. In Ez 21, 20 und – nach einer fast allgemein anerkannten Textemendation – auch in Jer 49, 23 wird dasselbe auch vom *leḇ* der betroffenen Menschen ausgesagt. Damit ist nicht nur ein Teil des Menschen gemeint, sondern im Gegenteil soll betont werden, daß der ganze Mensch von Angst und Panik ergriffen ist. Etwas anderes ist es aber, wenn in 1 QM 14, 6; 4 QM[a] 4 von Menschen gesprochen wird, deren Knie weich geworden sind; hier wird deutlich ein bestimmter Körperteil angesprochen. Doch dürfte auch damit noch eine Beschreibung des ganzen Menschen beabsichtigt sein, dessen Panikzustand sich daran zeigt, daß seine Knie nicht mehr standfest sind und vor Angst schlottern.
In alledem erweist sich *mwg* als eine Wurzel, die durch ihre Einbeziehung in den Umkreis des Völker- und Chaoskampfes JHWHs viel von ihrer ursprünglichen Eigenart eingebüßt hat. Die weitere semantische Entwicklung im Hebr. beweist allerdings, daß diese Einbeziehung sich nur teilweise und eine Zeitlang auswirkte, während in der Umgangssprache die alte Grundbedeutung „wogen, schwanken, weich werden“ lebendig blieb.

Baumann

מוט *mwṭ*

מוֹט *môṭ*, מוֹטָה *môṭāh*

I. 1. Etymologie, Umwelt – 2. Bedeutung, Belege – II. Profane Verwendung – 1. Wanken, seine Standfestigkeit verlieren – 2. Nicht bestehen können – III. Religiöse Verwendung – 1. Im Bereich der Schöpfungstheologie – 2. In der Götzenpolemik – 3. In der Auseinandersetzung zwischen Frommen und Gottlosen – 4. In Vertrauensaussagen und Unschuldsbeteuerungen.

Lit.: *G. Bertram*, σαλεύω, σάλος (ThWNT VII 65–71). – *H. A. Brongers*, Darum, wer fest zu stehen meint, sehe zu, daß er nicht falle. 1 Kor X 12 (Festschr. F. M. T. de Liagre Böhl, Leiden 1973, 56–70).

I. 1. Die Wurzel *mwṭ* ist nur im westsemit. Sprachbereich belegt; jüd.-aram., syr., aram., palm. heißt *mwṭ* ʽwanken, schwanken’, zum Teil auch ʽwägen’, ʽsinken’; arab. *mjṭ* hat die Bedeutung ʽabweichen, entfernen’, äth. *mēṭa* ʽwenden, biegen’. Der gemeinsame Hintergrund scheint das Abweichen vom gewohnten Standort zu sein, das etwa auch beim Balken einer Waage zu beobachten ist oder beim Biegen einer Stange.
Von daher könnte sich eine Gedankenverbindung zu den nomina *môṭ* und *môṭāh* ergeben, die allgemein als Derivate von *mwṭ* angesehen werden und die beide die Bedeutung ʽTragstange, Joch’ haben. Die Vorstellung einer auf- und abwippenden, sich biegenden Tragstange könnte der Anlaß für diese Ableitung gewesen sein. Auffällig ist jedoch, daß *mwṭ* und *môṭ*/*môṭāh* nirgends im gleichen Kontext begegnen; die Verwandtschaft scheint demnach nicht bewußt gewesen zu sein. Viel eher war man sich wohl einer Beziehung zu → מַטֶּה (*maṭṭæh*) ʽStab’, „Stamm“ bewußt, das von der Wurzel *nṭh* abgeleitet wird, deren Bedeutungsspielraum (ʽausspannen, ausstrecken, vom Weg abbiegen, abwenden, abweichen’) eine gewisse Nähe zu dem von *mwṭ* aufweist. Vielleicht ist die Bedeutungsentwicklung von *môṭ*/*môṭāh* und von *maṭṭæh* auch auf den Einfluß von äg. *mdw* ʽStab’, ugar. *mṭ* ʽStab’ zurückzuführen.
2. Als Grundbedeutung für *mwṭ* ist ʽwanken, schwanken’ anzunehmen, wobei durchweg an etwas Festes gedacht wird, den menschlichen Körper oder Körperteile, oder an den Erdboden bzw. seine Grundfesten. Da der Gedanke an das Wogen des Meeres völlig fernliegt und auch das Erschlaffen und Weichwerden nicht in den Bedeutungsspielraum hineingehört, eignet sich die Wurzel auch nicht zum Beschreiben von Angstzuständen in ihrem äußeren und inneren Erscheinungsbild. Vielmehr läßt *mwṭ* in erster Linie an die – bedrohte oder gesicherte – Standfestigkeit bzw. Tragfähigkeit einer festen Masse denken.
Im hebr. AT findet sich *mwṭ* 40mal, davon 14mal im *qal*, 22mal im *niph*, 2mal im *hiph*, 1mal im *hitpol*. Vielleicht ist ein weiterer Beleg in Ps 99, 1 zu finden; dafür sind wahrscheinlich die Belege in Ps 140, 11

und in Ps 55, 4; Spr 24, 11 (letztere zugunsten von *nāṭāh*!) zu streichen. Die Qumran-Texte liefern 4 weitere Belege (3 im *niph*, 1 im *hitpol*). Allein 26 dieser Belege stammen aus dem Psalter, von den restlichen ist nur Lev 25, 35 aus einem wirklichen Prosatext, während eine gewisse Häufigkeit noch in Jes (6 Belege, davon 4 aus DtJes) und in Spr (4 Belege) begegnet.

Ein völlig anderes Bild bieten die Belege für *môṭ* und *môṭāh*. *môṭ* kommt insgesamt 4mal vor, davon 3mal in Num (4, 10. 12; 13, 23) als 'Tragstange', 1mal in Nah 1, 13 als 'Joch' (falls diese letztere Stelle nicht als Form von *môṭāh* zu lesen ist). Auch *môṭāh* kann 'Tragstange' heißen (1 Chr 15, 15), doch überwiegt bei weitem die Bedeutung 'Joch, Jochstange': Bei insgesamt 12 Belegen entfallen allein 11 auf diese Bedeutung, wobei das Wort entweder konkreten (Jes 58, 6a. 6b. 9; Jer 27, 2; 28, 10. 12. 13a. 13b) oder übertragenen Sinn (Lev 26, 13; Ez 34, 27) haben kann; in Ez 30, 18 ist wahrscheinlich statt *môṭāh* besser *maṭṭæh* zu lesen, dafür paßt *môṭāh* umgekehrt besser in Jes 9, 3. Es fällt auf, daß *môṭ* und *môṭāh* in den Psalmen überhaupt nicht vorkommen, und auch die anderen Belege finden sich in ganz anderen biblischen Büchern oder literarischen Zusammenhängen als *mwṭ*. Damit bestätigt sich die oben getroffene Feststellung, daß ein Bewußtsein der Verwandtschaft zwischen der Wurzel und den mutmaßlichen Derivaten nicht feststellbar ist.

In LXX wird *mwṭ* verschiedentlich aus dem Zusammenhang heraus übersetzt. Mit besonderer Vorliebe wird aber σαλεύω bzw. σάλος verwendet (zusammen 23 Belege); σαλεύω, das im Griech. die natürliche Bewegung, insbesondere des Meeres, bezeichnet und zur Wiedergabe von 23 hebr. Wurzeln gebraucht wird, ist zu einem Drittel als Übersetzung von *mwṭ* verwendet, was nicht ohne Bedeutung für die Bedeutung von σαλεύω in LXX geblieben ist.

Als Synonyma kommen – nächst *nwṭ*, dessen einziger Beleg in Ps 99, 1 wahrscheinlich in eine Form von *mwṭ* zu emendieren ist – vor allem → מוג (*mûḡ*) (das wohl unter dem Einfluß von *mwṭ* um die Bedeutung 'Schwanken bei Erdbeben' angereichert worden ist), *nûḏ* und *nûaʿ* in Betracht, aber auch *mwš/mjš* (vgl. Jes 54, 10) und *mʿd*. Antonyma sind abhängig von dem jeweiligen Verwendungsbereich und werden daher in → III. erwähnt.

II. 1. Die Standfestigkeit eines Menschen ist vor allem dann bedroht, wenn seine Füße ausgleiten oder auf andere Weise ins Wanken geraten. Daher ist es nicht verwunderlich, daß der Fuß (→ רגל *rægæl*) des Menschen oft in Verbindung mit *mwṭ* genannt wird (Deut 32, 35; Ps 38, 17; 66, 9; 94, 18; 121, 3) oder 'Gang' bzw. 'Schritte' (Ps 17, 5). In die gleiche Richtung weist es, wenn in der Götzenpolemik (vgl. Jes 40, 20; 41, 7, s. III. 2) so großer Wert auf die Standfestigkeit gelegt wird. Wo ohne nähere Kennzeichnung von einem Menschen – oder einem Götzenbild – gesagt wird, daß er nicht wankt, wird in der Regel die Standfestigkeit der Füße und Beine mitgedacht sein. Hierin kommt die Grundbedeutung von *mwṭ* am deutlichsten zum Ausdruck.

2. In einem übertragenen Sinne ist *mwṭ* in Lev 25, 35 verwendet. Es wird kein Zufall sein, daß es auch hier mit einem Nomen zusammensteht, das einen Körperteil bezeichnet, der Festigkeit verleihen kann, mit → יָד (*jāḏ*) 'Hand'; allerdings ist auch dieses Wort hier in übertragenem Sinn zu verstehen: Statt um das 'Schwanken der Hand' geht es darum, daß sein „Vermögen" sich nicht halten, 'nicht bestehen' kann. Es geht um die Erhaltung eines Minimums an wirtschaftlicher Selbständigkeit, wenn jemand innerhalb der Bundesgemeinschaft in Armut gerät.

III. Der größte Teil der Belege für *mwṭ* findet sich im Zusammenhang religiöser Aussagen. Dabei heben sich einige Verwendungsbereiche besonders heraus: Der Bereich der Schöpfungstheologie, insbesondere der Gefährdung der Schöpfung durch Chaos und den Ansturm der Völker; der Bereich der Verspottung fremder Religionen, insbesondere die Polemik gegen Götzenbilder; der Bereich der Auseinandersetzung zwischen Frommen und Gottlosen; schließlich der Bereich der Vertrauensaussagen und Unschuldsbeteuerungen. Obwohl es manche Themenüberschneidungen zwischen diesen Bereichen gibt, legt es sich doch nahe, das Material in dieser Abgrenzung und Reihenfolge abzuhandeln.

1. Zu den Grundaussagen der Schöpfungstheologie im AT gehört es, daß JHWH den Erdkreis (→ תבל *teḇel*) 'gegründet' (→ כון *kwn*) hat; diese Aussage ist in Ps 93, 1; 96, 10; 1 Chr 16, 30 verknüpft mit der Aussage, die Erde werde 'nicht wanken'. Verneinung der Möglichkeit, sie könnte ihre Standfestigkeit verlieren, wird zur starken Betonung der Standfestigkeit der Erde. (Die Formel *lo' jimmôṭ/bal timmôṭ* strahlt von da aus in andere Bereiche und wird zu einer der geläufigsten Bezeichnungen von Standfestigkeit überhaupt, s.u. 4.) Ähnliches kann von *leʿôlām* gesagt werden, das auch häufig zur Unterstreichung der Festigkeit verwendet wird (s.u.).

Gerade die starke Betonung der Standfestigkeit der Erde macht aber darauf aufmerksam, daß sie durchaus nicht selbstverständlich ist. Vielmehr steht die Schöpfung ständig in der Gefahr, wieder in das Urchaos zurückzufallen, das die Schöpfung ständig umlauert. In den Kulttraditionen Jerusalems standen für diese Gedanken seit altersher Ausdrucksmöglichkeiten zur Verfügung, deren Hauptthemen – der „Chaosgötterkampf" und der „Fremdvölkerkampf" – an vielen Stellen des AT durchscheinen (vgl. z. B. F. Stolz, Strukturen und Figuren im Kult von Jerusalem, BZAW 118, 1970). Das ist auch im Umfeld von *mwṭ* festzustellen. Offenbar spielte dabei eine besondere Rolle, daß *mwṭ* auch die Gefährdung der Festigkeit des Erdbodens bezeichnen konnte, wie sie in Erdbeben im syrisch-palästinensischen Raum immer wieder auftrat. Das Erdbeben wurde wohl als elementare Bedrohung erlebt, durch die die Auflösung

aller Ordnung in das urzeitliche Chaos in nächste Nähe gerückt wurde.
Erdbeben werden ausdrücklich erwähnt in Jes 24, 19, wo das Zerstörerische des Bebens in gehäuften Ausdrücken beschrieben und in vv. 18–20 noch weiter ausgemalt wird, wobei auch Erinnerungen an die Sintflut mitschwingen. Die Erinnerung an die Sintflut steht auch hinter Jes 54, 9f., wo ausdrücklich gesagt wird, daß die Wasser Noahs die Erde nicht mehr überfluten sollten; dadurch wird das Erdbeben v. 10 in seine richtigen Proportionen gebracht: Zwar werden Berge und Hügel wanken und weichen (*mwš*), aber die Gefahr eines völligen Rückfalls in das Urzeitchaos besteht doch nicht wirklich, weil JHWHs *ḥæsæḏ* nicht von seinem Volk wanken und weichen (*mwš*) wird, so wie ja auch nach Jes 24, 18–20 das Erdbeben von JHWH ausging und daher auch von ihm beendet werden kann. Erdbeben werden auch erwähnt in Ps 60, 4; 82, 5; 46, 3. In Ps 104, 5 steht die besonders betonte Aussage der Standfestigkeit der Erde im Zusammenhang eines Rückblicks auf die Sintflut und die Grenze, die den Chaosmächten, die hier besonders mit dem Meer identifiziert werden, seither gesetzt ist.
In Ps 46 ist das Chaoskampfmotiv eng verbunden mit dem Völkerkampfmotiv, die noch knapper in Ps 99, 1 parallelisiert sind. In Ps 46, 3f. ist von Erdbeben und von der drohenden Gefahr des Versinkens der Berge im Meer die Rede, in 46, 7 ist es (mit *hāmāh* und *mwg* als Synonyma) der Ansturm der Völker gegen den Zionsberg, in 46, 6 wird gesagt, daß die Gottesstadt standfest bleiben wird. In allen drei Versen begegnet *mwṭ*, das zusammen mit *mwg* das Leitmotiv des ganzen hergibt: Mag alles wanken, Gott selbst und seine Stadt wanken nicht!
In den Rahmen des Chaoskampfes gehört es auch, wenn in Hi 41, 15 vom urzeitlichen Meeresungeheuer, dem Leviathan, gesagt wird, daß die 'Wampen seines Fleisches' an ihm festkleben wie angegossen, daß er 'nicht wankt'. Hier wird die Standfestigkeit und Unüberwindlichkeit dieser Chaosmacht kurz charakterisiert, wie sie in den Versen 16ff. breit ausgemalt wird. Allerdings wird auch hierbei deutlich gemacht, daß das Ungeheuer nichts gegen Gott vermag: es ist sein Geschöpf (v. 25)!
Bei aller Dramatik, die die Motive des Chaos- und Götterkampfes lieferten und die in den Erfahrungen von Erdbeben und Krieg bestätigt wurden, bleiben die Aussagen doch konsequent dabei, daß JHWH, der die Erde gegründet hat, sie auch davor bewahren wird, wieder ins Chaos zurückzusinken. Dafür liefert *mwṭ* ein wichtiges Stichwort, insofern es den Kontrast zwischen der mangelnden Standfestigkeit der Chaosmächte und selbst der so unerschütterlich erscheinenden Berge einerseits und der wirklich unerschütterlichen Standfestigkeit JHWHs andererseits benennt.
2. In Hi 41, 15 deutet sich schon an, daß JHWHs Gegner nicht so sehr die Naturgewalten oder die Völker und ihre Anführer sind, als vielmehr andere Mächte, die den Anspruch erheben, selbst Gott zu sein. In Ps 82 wird der Gegensatz zwischen Gott und den Göttern deutlicher angesprochen; hier wird die Unordnung der Welt auf ihr Unverständnis und ihre Uneinsichtigkeit zurückgeführt, die sie im Dunkeln tappen läßt, und als deren Folge die Grundfesten der Erde wanken (v. 5). In Deut 32, 35 steht die Ankündigung eines drohenden Ausgleitens im Zusammenhang des Vorwurfs des Abfalls zu anderen Göttern.
An den eben genannten Stellen steht *mwṭ* im weiteren Sinne im Zusammenhang der Auseinandersetzung mit anderen Göttern. Eine besondere Bedeutung hat *mwṭ* jedoch an zwei – auch literarisch eng zusammengehörenden – Stellen in Jes 40, 20; 41, 7. Hier begegnet *mwṭ* im Rahmen der Götzenpolemik (vgl. H. D. Preuss, Verspottung fremder Religionen im Alten Testament, BWANT 92, 1970, 193ff. 201ff.), die die Unmöglichkeit der fremden Religion an der genüßlichen Schilderung der Fabrikation von Götzenbildern erweisen will. Dabei hat *mwṭ* eine wichtige Funktion: Es macht auf die entscheidende Schwäche des Gottesbildes aufmerksam, die darin besteht, daß es nicht selbst für seine Standfestigkeit sorgen kann. Es braucht daher die Hilfe eines erfahrenen Handwerkers, damit das Bild nicht 'wackelt' (40, 20); aber auch wenn mehrere Meister darum bemüht sind, eine besonders gute Haftung des Bildes zu erreichen, so muß immer noch mit Nägeln nachgeholfen werden, um das Bild so zu befestigen, daß es – nach menschlichem Ermessen! – nicht 'wackelt'. Zweimal steht dabei die Aussage *lo' jimmôṭ* pointiert am Schluß. Daß ein Götzenbild umfallen kann, ist für das AT eine wohlbekannte Erfahrung (vgl. 1 Sam 5, 1ff.): Götzenbilder sind eine wackelige Sache, wie soll man von ihnen Festigkeit (*kwn*) und Stärke (*ḥzq*) erwarten, wo sie selbst der Befestigung bedürfen? JHWH aber bedarf solcher Hilfestellungen nicht, er thront über dem Erdkreis (Jes 40, 22) und kann daher allem Festigkeit geben.
3. In wieder einem anderen Verwendungsbereich führen die zahlreichen Stellen aus den Psalmen, die den Gegensatz des Frommen, des *ṣaddîq* und des Gottlosen, des *rāšā'*, zum Thema haben und dabei das Wort *mwṭ* verwenden. Hier klingt die Götzenpolemik insofern nach, als auch die Gottlosen von sich denken, sie würden niemals wanken und blieben von jedem Unglück verschont (Ps 10, 6), wie umgekehrt sich die Frommen vor dem Jubel der Feinde fürchten, wenn sie wanken (Ps 13, 5; 38, 17). Und auch Spr 25, 26 wird es als großes Unglück angesehen, wenn ein *ṣaddîq* wankt vor einem Gottlosen. Die Auseinandersetzung zwischen Gott und den Göttern findet ihre Fortsetzung in der Auseinandersetzung zwischen Frommen und Gottlosen.
Darum weiß der Fromme aber auch, daß es falsche Selbstsicherheit war, wenn er selbst einmal früher von sich sagte: Ich werde in Ewigkeit nicht wanken (Ps 30, 7). Standfestigkeit gewinnt der Mensch niemals aus sich selbst heraus, sondern immer nur von

JHWH. Darum erfährt der Fromme gerade dann, wenn er seine Standfestigkeit zu verlieren meinte und zu wanken drohte, die stützende *ḥæsæḏ* JHWHs (Ps 94, 18). Darum kann der Fromme auch seine Sorgen getrost JHWH überlassen, in der Gewißheit, daß er den *ṣaddîq* niemals dem Wanken überlassen werde (Ps 55, 23), oder er kann die Überzeugung aussprechen, daß er ein ewiges Gedenken haben und niemals wanken wird (Ps 112, 6), ein Gedanke, der sich ganz ähnlich in Spr 10, 30; 12, 3 findet, wo das Schicksal des *ṣaddîq* dem des *rāšā'* gegenübergestellt wird; der Fromme hat die Gewißheit, auf ewig nicht zu wanken, der Gottlose aber wird keinen Bestand (*kwn*) haben und das Land nicht bewohnen.
In den gleichen Gedankenkreis führen die Belege aus den Qumran-Texten. In 1 QS 11, 12 wird der Fall des Ausgleitens (mit *kāšal* als Synonym) bedacht, wobei ganz ähnlich wie in Ps 94, 18 die Hilfe von den *ḥasḏê* bzw. der *ṣiḏqaṯ 'el* erwartet wird. Auch in 1 QH 6, 21. 27; 7, 7 wird vom Wanken der Frevler und von der Unerschütterlichkeit der Frommen gesprochen, die mit dem Bild einer festgefügten und tief gegründeten Mauer breit ausgemalt wird.
In diesem Verwendungsbereich ist *mwṭ* aus dem weiten Raum der Erschütterungen kosmischen Ausmaßes herausgenommen, wie sie sich in Chaoskampf und Völkerkampf, in Erdbeben und Krieg darstellten. Hier geht es um das persönliche Schicksal des einzelnen. Aber auch wenn dabei ganz wörtlich an das Ausgleiten des Fußes gedacht werden kann – die Unerschütterlichkeit des Frommen könnte wohl doch nicht so stark mit Hilfe der Wurzel *mwṭ* ausgesagt werden, wenn dahinter nicht die Ausdrucksweise der Schöpfungstheologie stünde, die so großen Wert auf das Festgegründetsein der Welt durch JHWHs Wirken legt. Es handelt sich aller Wahrscheinlichkeit nach um eine spätere Individualisierung von Aussagen, die ursprünglich einen viel weiteren Bereich umfaßten. So schwingt in jeder Betonung der Standfestigkeit und Unerschütterlichkeit des Frommen etwas von der Festigkeit mit, die JHWH der Erde einst gegeben hat und die er gegen alle zerstörerischen Chaosmächte immer wieder durchsetzt.
4. Auf welchem Wege die Individualisierung erfolgt ist, läßt sich wahrscheinlich aus Ps 21, 8 ablesen. Hier spricht der König sein Vertrauen (→ בטח *bāṭaḥ*) zu JHWH aus und die Zuversicht, daß er durch die *ḥæsæḏ* des Höchsten nicht wanken wird. Dies ist zwar vor dem Hintergrund gesagt, daß es auch zur Aufgabe des Königs gehört, sich gegen die Feinde zur Wehr zu setzen, die in v. 9ff. konsequent als Feinde JHWHs bezeichnet werden; aber die Vertrauensaussage steht im Vordergrund des Interesses, sie ist nicht in einer polemischen Konfrontation gesagt wie in den Belegen des vorigen Abschnitts. Vor allem aber ist hier ein einzelner angesprochen, wenn er auch als König für das ganze Volk steht.
Von dieser königlichen Vertrauensaussage führt der Weg zu den Vertrauensäußerungen einzelner Frommer der späteren Zeit. In Ps 16, 8f. bekundet der Beter seine Zuversicht, daß er nicht wanken wird, wenn ihm JHWH zur Seite steht, den er sich ständig in Erinnerung ruft. In Ps 62, 3. 7 ist die Zuversicht, daß der Beter nicht wanken wird, refrainartig wiederholt und zusammengestellt mit der Aussage, daß JHWH Fels und Hilfe und Burg ist (vgl. Ps 46, 8. 12). Die Erwähnung des Felsens läßt an den Berg Zion denken, der in Ps 125, 1 als Ort des Vertrauens genannt wird, der ewige Standfestigkeit verleiht. Die Vertrauensäußerung kann auch zurückblicken auf Erfahrungen, in denen Gott die Beter vor dem Ausgleiten bewahrt hat (Ps 66, 9), wobei hier wie an den anderen Stellen offenbleiben muß, ob die Beter als einzelne angesprochen sind oder als Gemeinschaft.
In Ps 15, 5 erscheint *mwṭ* am Schluß einer Einzugsliturgie, in der die Voraussetzungen aufgezählt werden, unter denen die Beter den Berg Zion betreten dürfen. In Ps 121, 3 steht *mwṭ* im Rahmen einer Entlassungszeremonie. Dies und die große Häufigkeit der Aussage *lo'* bzw. *bal jimmôṭ*, „er wird nicht wanken" (Jes 40, 20; 41, 7; Ps 10, 6; 13, 5; 15, 5; 16, 8; 21, 8; 30, 7; 46, 6; 62, 3. 7; 93, 1; 96, 10; 104, 5; 112, 6; 125, 1; Hi 41, 15; Spr 10, 30; 12, 3; 1 Chr 16, 30 – zum Teil auch in der 1. Pers. formuliert), läßt darauf schließen, daß es sich hier um eine geprägte Formel handelt, die – oft mit Aussagen über die ewige Dauer (*leḏor wāḏor* Ps 10, 6; *le'ôlām* z. B. Ps 15, 5; 112, 6; 125, 1; Spr 10, 30; *le'ôlām we'āḏ* Ps 104, 5) verbunden – in einen gottesdienstlichen Rahmen (vielleicht von Einzugs- oder Entlassungszeremonien) gehörte und in der die Standfestigkeit und Unerschütterlichkeit, die das Vertrauen auf JHWH vermittelt, unmittelbar zugesprochen wurde.

Baumann

מוּל *mûl*

מוּלָה *mûlāh*

I. Sprachliches, LXX – II. Umwelt – III. Gebrauch – 1. Der Ritus – 2. Die Deutung – IV. Qumran.

Lit.: *A. Allwohn*, Die Interpretation der religiösen Symbole, erläutert an der Beschneidung (ZRGG 8, 1956, 32–40). – *Y. Blau*, Ḥatan Damim (Tarbiz 26, 1956/57, 1–3). – *W. Bunte*, Beschneidung (BHHW I 223–225). – *A. Caquot*, Pour une étude de l'initiation dans l'ancien Israel (Initiation, hrsg. C. J. Bleeker, SNumen 10, Leiden 1965) 131–133. – *R. B. Culbreth*, A Historical Study of Circumcision (Diss. Southern Baptist Seminary, Louisville 1952). – *W. Dumbrell*, Exodus 4:24–26. A Textual Re-Examination (HThR 65, 1972, 285–290). – *D. Flusser / S. Safrai*, „Der den Geliebten geheiligt von Mutterleib an". Betrachtungen zum Ursprung der Beschneidung (Freiburger Rundbrief 31, 1979, 171–175 = Studies in Bible and the Ancient Near East, Jerusalem 1978, 329–336). – *G. Fohrer*, Überlieferung und Geschichte des Exodus (BZAW 91, 1964), 45–48. – *H. O. Forshey*, Circumcision: An Initiatory Rite in Ancient Israel? (Restoration Quarterly 16, 1973, 150–158). – *W. H. Gispen*, De Besnijdenis (GTT 54, 1954, 148–157; 55, 1955, 9–16). – *P. Gordon*, L' Initiation sexuelle et l'évolution religieuse (Paris 1946, 63–68). – *R. Gradwohl*, Der „Hügel der Vorhäute" (Josua V 3) (VT 26, 1976, 235–240). – *L. H. Gray / L. Spencer / G. Foucart / D. S. Margaliouth / G. A. Barton*, Circumcision (ERE 3, 1910, 659–680). – *J. de Groot*, The Story of the Bloody Husband (Exodus IV 24–26) (OTS 2, 1943, 10–17). – *M. Haran*, The Religion of the Patriarchs (ASTI 4, 1965, 30–55). – *J. Hehn*, Der „Blutsbräutigam" Ex 4, 24–26 (ZAW 50, 1932, 1–8). – *H.-J. Hermisson*, Sprache und Ritus im altisraelitischen Kult (WMANT 19, 1965, 64–76). – *S. B. Hoenig*, Circumcision: The Covenant of Abraham (JQR 53, 1962/63, 322–334). – *E. Isaac*, Circumcision as a Covenant Rite (Anthropos 59, 1964, 444–456). – *E. Junes*, Etude sur la circoncision rituelle en Israël (Rev. Hist. Méd. Isr. 16, 1953, 37–57; 17, 1954, 91–104; 18, 1955, 159–168). – *H. Junker*, Der Blutbräutigam (Alttestamentliche Studien, Festschr. F. Nötscher, BBB 1, 1950, 120–128). – *H. Kosmala*, The „Bloody Husband" (VT 12, 1962, 14–28). – *E. Kutsch*, Der sogenannte „Blutbräutigam" (ZDMG Suppl. 4, 1980, 122f.). – *R. le Déaut*, Le thème de la circoncision du cœur (Dt. XXX 6; Jer IV 4) dans les versions anciennes (LXX et Targum) et à Qumran (VTS 32, 1982, 178–205). – *F. R. Lehmann*, Bemerkungen zu einer neuen Begründung der Beschneidung (Sociologus NF 7, 1957, 57–74). – *J. S. Licht*, mîlāh (EMiqr 4, 1962, 894–901). – *A. Lods*, „La mort des incirconcis" (CRAI 1943, 271–283). – *E. Meyer*, Zur Beschneidung der Phöniker (ZAW 29, 1909, 152). – *R. Meyer*, περιτέμνω κτλ. (ThWNT VI 72–83). – *P. Middlekoop*, The Significance of the Story of the „Bloody Husband" (Ex 4:24–26) (SEA Journal of Theology 8/4, 1966/67, 34–38). – *J. Morgenstern*, The „Bloody Husband" (?) (Exod. 4:24–26) Once Again (HUCA 34, 1963, 35–70). – *M. Ohana*, Agneau pascal et circoncision: Le problème de la halakha prémishnaïque dans le Targum palestinien (VT 23, 1973, 385–399). – *J. Preuss*, Biblisch-talmudische Medizin (1911). – *G. Richter*, Zwei alttestamentliche Studien. I. Der Blutbräutigam (ZAW 39, 1921, 123–128). – *L. F. Rivera*, El „esposo sangriento" (Ex 4, 24–26) (RevBibl [Buenos Aires] 25, 1963, 129–136). – *J. M. Sasson*, Circumcision in the Ancient Near East (JBL 85, 1966, 473–476). – *H. Schmid*, Mose, der Blutbräutigam (Jud 22, 1966, 113–118). – *J. Schmid*, Beschneidung. I. Biblisch (LThK II 289–291). – *I. Schur*, Wesen und Motive der Beschneidung im Lichte der alttestamentlichen Quellen, Helsingfors 1937. – *M. H. Segal*, The Religion of Israel Before Sinai. IV. The Origin of Circumcision in Israel (JQR 52, 1961, 53–56). – *F. Sierksma*, Quelques remarques sur la circoncision en Israël (OTS 9, 1951, 136–169). – *E. M. Smallwood*, The Legislation of Hadrian and Antoninus Pius Against Circumcision (Latomus 18, 1959, 334–347). – *L. V. Snowman*, Circumcision (Enc Jud V 567–576). – *B. Stade*, Miszellen. 14. Der „Hügel der Vorhäute" Jos 5 (ZAW 6, 1886, 132–143). – *St.-B.* IV, ^{5}1969, 23–40. – *F. Stummer*, Beschneidung (RAC 2, 1954, 159–169). – *S. Talmon*, The „Bloody Husband" (Eretz-Israel 3, Jerusalem 1954, 93–96). – *R. de Vaux*, LO I (^{2}1964). – *Ders.*, Histoire ancienne d'Israël, Paris 1971. – *G. Vermès*, Scripture and Tradition in Judaism (SPB IV, 1961, 178–192). – *C. Weiss*, A Worldwide Survey of the Current Practice of MILAH (Jewish Social Studies 24, 1962, 30–48). – *H. Wißmann / O. Betz / F. Dexinger*, Beschneidung (TRE 5, 1980, 714–724). – *C. Westermann*, BK I/2 (1981, 317–321). → חתן *ḥtn*, → ערל *ʿrl*, → לב *leḇ*.

I. Das nur im Hebr. belegte Verbum *mûl* 'beschneiden' kommt in der Bibel 32mal vor, davon 13mal im *qal*, während 19 Formen auf das *niph* entfallen. Die Annahme einer Nebenform *mll* zur Erklärung von *mol* (Jos 5, 2) und *n^{e}maltæm* (Gen 17, 11) ist nicht zwingend (vgl. BLe § 56u''; 58t; Bergsträßer 2 § 28i; KBL^{3} führen Gen 17, 11 sowohl unter מול als auch unter מלל auf). Beschnitten wird entweder die Person selbst (so Gen 17, 10. 12. 13. 26. 27; 21, 4; 34, 15. 22. 24; Ex 12, 44. 48; Jos 5, 2. 3. 4. 5. 7) oder ihr *b^{e}śar ʿŏrlāh* (Gen 17, 11. 14. 23. 24. 25; Lev 12, 3) bzw. ihre *ʿŏrlāh* (Jer 9, 24), also die Vorhaut. In übertragener Bedeutung verbindet sich *mûl* mit *ʿŏrlaṯ l^{e}ḇaḇkæm* (Deut 10, 16; Jer 4, 4) oder *leḇāḇ* (Deut 30, 6) als Objekt. In den Qumrantexten ist zweimal das *qal* (1 QS 5, 5; 1 QpHab 11, 13), einmal das *niph* (CD 16, 6) belegt. 1 QS 5, 5 bietet den nicht in der Bibel überlieferten inf. cstr. Das Nomen *mûlāh* findet sich nur Ex 4, 26.

Als Synonyme begegnen *krt* (Ex 4, 25) und *sûr hiph* (Jer 4, 4).

Bis auf Deut 30, 6 (περικαθαρίζω) und Jos 5, 4 (περικαθαίρω) ist das Äquivalent der LXX περιτέμνω (auch Ex 4, 25; Jer 4, 4).

II. Jer 9, 25 zählt neben Juda die Ägypter, Edomiter, Ammoniter, Moabiter und Araber als Völker auf, die die Beschneidung üben. Während bisher keine Anhaltspunkte für den Brauch der Beschneidung in Mesopotamien vorliegen (vgl. E. Ebeling, RLA II 18), ist die Beschneidung der Ägypter reichlich dokumentiert (vgl. RÄR 109–111). Freilich scheint sie nicht zu allen Zeiten allgemeiner Brauch gewesen zu sein. Diesen bezeugen Jer 9, 25, gestützt durch Ez 32, 19. 28. 32, vielleicht auch Jos 5, 9, sowie Herodot, Hist. II 36f. und Philon, Spec. leg. 1, 2. 5; Quaest. in Gen 3, 47. Die die Beschneidung betreffenden griechischen Urkunden aus der 2. Hälfte des 2. Jh.s n. Chr. kennen jedoch nur die Beschneidung der Priester (Mitteis-Wilcken I/2 Nr. 74–77), was mit den Angaben der Kirchenväter übereinstimmt (F. Zimmermann, Die äg. Religion nach der Darstellung der Kirchenschriftsteller und die äg. Denkmäler, 1912, 158–162). Die ältesten Zeugnisse sind in dieser Hinsicht nicht eindeutig zu interpretieren. Auf einer Stele von Naga ed-Der in Mittelägypten (23. Jh. v. Chr.) bekundet der Stifter, er habe seinen Erfolg dieser rituellen Operation zu verdanken, die an ihm zusammen mit 120 anderen vorgenommen worden sei (ANET^{3} 326). Eine Grabszene aus Saqqara (6. Dyn.) zeigt, wie Priester einen Knaben mit einem Feuersteinmesser beschneiden (ANEP 206; vgl. auch ANET^{3} 673). Sicher ist, daß das Beschneidungsalter stets um die Pubertät (Mannbarkeitsritus?) herum lag (K. Sudhoff, Ärztliches aus griechischen Papyrus-Urkunden, 1909, 179: 12–14 Jahre; Philon, Quaest. in Gen 3, 47: 14 Jahre), ausnahmsweise früher (Mitteis-Wilcken I/2 Nr. 74: 7 und 11 Jahre). In der Spätzeit wurde die Beschneidung für Priester obligatorisch (vgl. W. Westendorf, LexÄg I 727ff.). Daß im Gegensatz zu Jer 9, 25 Ammoniter und Edomiter – letztere sind auch nach Ez 32, 29 beschnitten – in der Hasmonäerzeit die Beschneidung nicht kennen (Judith 14, 10 bzw. Josephus, Ant. XIII 9, 1), muß keinen Widerspruch bedeuten, sondern dürfte sich daraus erklären, daß die Bewohner der Landschaften Idumäa und Ammanitis die Beschneidung inzwischen aufgegeben hatten. Während die Beschneidung der Moabiter sonst nicht erwähnt wird, ist sie bei den Arabern gesicherte Tradition (Gen 17, 25f.; Josephus, Ant. I 12, 2; J. Wellhausen, Reste arab. Heidentums, [2]1897, 174f.). Als ältester Beleg darf wohl die Perikope Ex 4, 24–26 gelten, für die neuere Ausleger midianitische Herkunft annehmen (so Kosmala, H. Schmid, Kutsch, Forshey, → חתן *ḥtn*, → III 295f.). In der rabbin. Literatur wird Ex 4, 24ff. als locus classicus dafür gedeutet, daß Gott für die Beschneidung keinen Aufschub duldet (bNed 31b). Darüber hinaus ergibt sich aus dem Drohwort gegen den Fürsten von Tyrus in Ez 28, daß man auch in Juda von der Beschneidung der Phönizier wußte (v. 10), die wir aus Sanchunjaton (bei Eusebius, Praep. ev. I 10, 33), Herodot (Hist. II 104) und Aristophanes (Aves 504ff.) kennen. Wenn die Phönizier nicht in der Aufzählung Jeremias erscheinen, dann legt sich eine unter politischen Aspekten getroffene Auswahl nahe. Rudolph denkt an eine antibabyl. Koalition unter äg. Führung, deren propagandistischer Ausschlachtung der gemeinsamen Beschneidung der Prophet die Spitze abbricht (HAT I/12, [3]1968, 64f.).

III. 1. Gesetzlich geregelt wird die Beschneidung erst in exilisch-nachexilischer Zeit. Danach ist alles Männliche zu beschneiden (Gen 17, 10b. 11a), wird der Termin der Beschneidung auf den 8. Lebenstag fixiert (Gen 17, 12a) und der Kreis der Betroffenen auf die Sklaven ausgedehnt (Gen 17, 12b. 13a), um die Kultfähigkeit der Großfamilie, der sie angehören, zu gewährleisten. Die Bestimmung schließt in Gen 17, 14a mit einer Strafandrohung ab (Westermann 318). Einzelne Elemente kehren in anderen Zusammenhängen wieder. Ex 12, 43–50 spricht in vv. 44. 48 die Zulassung der Sklaven und der im Land ansässigen Fremden zum Passahmahl aus, sofern sie beschnitten sind. Das Beschneidungsdatum des 8. Tages hat in Lev 12, 1–8, ein Kompendium bei der Geburt einzuhaltender Bestimmungen, Aufnahme gefunden (v. 3).
Die Beschneidung selbst läßt sich über die vorstaatliche Zeit (Jos 5, 2–9) bis in die Zeit der Landnahme, wahrscheinlich sogar bis zum Ende der Väterzeit (Gen 34; Westermann, BK I/2, 653f.) zurückverfolgen. Die Darstellung von P in Gen 17; 21, 4, wo die Beschneidung auf Abraham zurückgeführt wird, fügt sich in den historischen Rahmen der geschilderten Zeit (de Vaux, Histoire ancienne 273). Auf ein hohes Alter deuten auch die Feuersteinmesser von Ex 4, 25; Jos 5, 3. Mit der Festlegung auf den 8. Tag wird die offenbar in älterer Zeit übliche kollektive Beschneidung bei besonderen Anlässen (Jos 5, 2–9; vgl. auch ANET[3] 326) unmöglich. Weitere Einzelheiten lassen sich nur annähernd durch Vergleich mit späteren Verhältnissen erschließen. Die moderne Praxis stand zur Zeit der Mischna in ihren Grundzügen fest. Bei der Operation unterscheidet man drei Phasen: 1. Abtragung (*mîlāh*) der Vorhaut (*ḥiṭṭûḵ*), 2. Entblößung der Eichel bis zur Krone (*p^erîʿāh*), 3. Ab- bzw. Ansaugen der blutenden Gefäße (*m^eṣîṣāh*). Die *p^erîʿāh* kann in biblischer Zeit kaum zur Beschneidung gehört haben, da sie Operationen zur Wiederherstellung der Vorhaut verhindert, wie sie in hellenistisch-römischer Zeit üblich waren (1 Makk 1, 15; AssMos 8, 3; Josephus, Ant. XII 5, 1; 1 Kor 7, 18; Abot 3, 11). Für ihre spätere Einführung spricht auch, daß die Tradition ausdrücklich versucht, sie Abraham zuzuschreiben (bJoma 28b). Im allgemeinen dürfte der Vater den Sohn beschnitten haben, in Notfällen irgend jemand, wenn er oder sie nur Jude war. Auch der moderne Mohel kann durch jeden Juden vertreten werden.
2. Bis gegen Ende der Königszeit war die Beschneidung ein selbstverständliches ethnisches Zeichen (Gen 34; → ערל *ʿrl*). Das Bedürfnis nach einer religiösen Sinngebung machte sich etwa zur selben Zeit geltend wie das Erfordernis einer gesetzlichen Regelung, zeigte sich doch, daß Beschneidung und Haltung der Menschen durchaus auseinanderfallen konnten. Deut (10, 16; 30, 6), Jeremia (4, 4; 9, 25) und Ezechiel (44, 7. 9) sehen die Heilung in einer „Beschneidung der Herzen", welche die Beschneidung des Fleisches vollendet. „Beschneidung ist Beschneidung des Herzens" (Hermisson 76). P interpretiert dann die Beschneidung als Bundeszeichen (Gen 17, 11), in dem einerseits die Treue Gottes, andererseits Israels Verpflichtung sinnenfällig wird, was der Talmud damit ausdrückt, daß sie alle 613 Gebote und Verbote aufwiege (bNedarim 32a). Eine dritte Deutung läßt sich aus der LXX zu Deut 30, 6; Jos 5, 4 (s. I.) entnehmen. Die Beschneidung ist eine Bedingung kultischer Reinheit. Hier liegen offenbar ägyptische Vorstellungen zugrunde (Herodot, Hist. II 37; Philon, Spec. leg. 1, 5).

IV. Die Qumrantexte nehmen die Deutungen von Deut/Jer/Ez und P auf. Der autonome Mensch unterläßt die Beschneidung der Vorhaut des Herzens (1 QpHab 11, 13) bzw. der Vorhaut seines Triebs und seiner Halsstarrigkeit (1 QS 5, 5). CD 16, 6 versteht den Tag der Beschneidung Abrahams als den Tag des Bundesschlusses (→ לב *leḇ*).

Mayer

מוֹלֶדֶת *môlæḏæṯ*

I. 1. Grammatikalische Form – 2. Vorkommen – 3. Bedeutung – II. Die Stellen im Kontext – 1. Geburtsort, Heimat, Vaterland – a) *'æræṣ môlæḏæṯ* – b) *môlæḏæṯ* – 2. a) Geburt – b) Abstammung, Herkunft – 3. a) Stamm – b) Nachkommen – c) Verwandte.

I. 1. *môlæḏæṯ* ist, nach *tôlāḏāh*, mit dem es sich eng berührt, das wichtigste von der Wurzel → ילד *jld* gebildete Abstraktnomen mit gelegentlich konkreter Bedeutung. Zur Bildung mit dem Präformativ *ma-* (*maqṭal-t*) s. GKa 85e–g, Joüon 88 l.e; zur Segolatendung GKa 94g, Joüon 89g. Die nicht segolierte Form *môlāḏāh* existiert nur als Ortsname (Jos 15, 26; 19, 2; 1 Chr 4, 28; Neh 11, 26).

2. *môlæḏæṯ* kommt in der hebr. Bibel in ungleicher Verteilung (es entfällt vor allem das ganze DtrGW wie auch die großen Ketubim) 22mal vor. Neun Vorkommen finden sich in Gen (davon acht bei den älteren Erzählern), vier weitere im übrigen Tetrateuch, die restlichen entfallen auf Jer (2), Ez (3), Ruth (1) und Esth (3). Die zeitliche Streuung läuft somit vom Jahwisten bis in die hellenistische Zeit.

3. Von den drei in den Grammatiken für die mit *ma*-gebildeten Substantive übereinstimmend genannten semantischen Kategorien Ort, Instrument, Verbalabstrakt (vgl. bes. H. S. Nyberg, Hebreisk Grammatik, Uppsala 1952, 205–208) entfällt bei *môlæḏæṯ* die instrumentale. Dementsprechend ergeben sich zwei Grundbedeutungen: 1) Geburtsort, Heimat, Vaterland; 2) Geburt, und von daher Abstammung, Herkunft, oder 3) als concretum pro abstracto: a) Stamm, b) Nachkommen, c) Personen gleicher Abstammung = Verwandte, Familie.

In allen Abwandlungen ist indes die Grundbedeutung von *jld* immer gegenwärtig. *môlæḏæṯ* ist, im Unterschied zu den oft durch künstliche Genealogien gestützten nomadischen Stammes- und Sippenstrukturen, die auf Zeugung und Geburt beruhende Verwurzelung und Bindung, die weiter besteht, auch nachdem sich die Stammes- und Sippenstrukturen aufgelöst haben (s.u. II. 1. a).

Zur LXX-Wiedergabe von *môlæḏæṯ* siehe die einzelnen Abschnitte.

II. 1. a) Die Bedeutung 'Geburtsort, Heimat' liegt vor allem an den Stellen vor, an denen von *'æræṣ môlæḏæṯ* 'Heimatland' gesprochen wird. Es dürfte nicht angehen, hier *môlæḏæṯ* im bereits abgeleiteten Sinn 'Verwandtschaft' zu verstehen, womit *'æræṣ môlæḏæṯ* das „Land der Verwandtschaft" wäre (de Vaux, RB 55, 1948, 322: „lieu où demeure la parenté"; Westermann, BK I/2, 1981, 157: Land seiner Verwandtschaft, Land, in dem seine Verwandten leben). *'æræṣ môlæḏæṯ* ist vielmehr das Land, in dem einer seine physischen, aber auch seine geistigen Wurzeln hat. Von den sieben *'æræṣ môlæḏæṯ*-Stellen gehören zwei dem Abraham- und eine dem Jakob-Zyklus an. Eine feste biblische Überlieferung sucht die Heimat Abrahams in Mesopotamien. Hier ist seine (*'æræṣ*) *môlæḏæṯ*, die er unter JHWHs führender Hand preisgibt. Bekanntlich geht P dabei eigene Wege, wenn er die Wanderung Terachs, des Vaters Abrahams, in Ur Kasdim beginnen läßt (Gen 11, 31), ohne dieses allerdings dessen Heimat zu nennen (*'æræṣ môlæḏæṯ* ist der P-Quelle fremd). Vielmehr ist es der Jahwist, der Aram Naharaim und näherhin Haran als die *'æræṣ môlæḏæṯ* Abrahams ansieht. An dieses denkt er zweifellos Gen 11, 28, wo Ur Kasdim „nur harmonisierende Funktion hat" (Westermann, ebd. 154). Und 24, 7 (vgl. v. 10) nennt er formell Aram Naharaim und die Stadt Nahors als *'æræṣ môlæḏæṯ* Abrahams, das heißt (nach 27, 43; 28, 10; 29, 4) eben Haran. So zäh aber auch die älteren Erzähler nicht nur Isaak (Gen 24), sondern auch Jakob (Gen 29–33) mit Haran als Abrahams *'æræṣ môlæḏæṯ* verbinden, so ist doch nicht dieses, sondern Kanaan die *'æræṣ môlæḏæṯ* Jakobs (vgl. H. Seebass, Der Erzvater Israel, Berlin 1966, 33). Wenn Jakob Gen 31, 13 (E) vom Engel Elohims angewiesen wird, in die *'æræṣ* seiner *môlæḏæṯ* zurückzukehren, so ist damit Kanaan gemeint. Die „Söhne Jakobs" sind ja in Mittelpalästina beheimatet (vgl. A. Lemaire, Les benê Jacob, RB 85, 1978, 321–337), und die Jakobüberlieferungen haben bereits am Heiligtum von Bethel ihren festen Haftpunkt (vgl. A. de Pury, Promesse divine et légende cultuelle dans le cycle de Jacob, Paris 1975, bes. 559–585; E. Otto, Jakob in Bethel, ZAW 88, 1976, 165–190). Der Richtungswechsel gegenüber dem Abraham-Zyklus macht aber auch den Wandel deutlich, der sich bei der Kombinierung und Systematisierung der Patriarchenüberlieferungen durch die israelitischen Erzähler und Theologen von Abraham zu Jakob vollzogen hat. Während Abraham seine *'æræṣ môlæḏæṯ* in Aram Naharaim hat und Isaak ebenso in Kanaan als Fremdling weilt (Gen 26, 3: *gûr*; vgl. bei P die *'æræṣ m^egûrîm*: Gen 17, 8 u.a.; Abraham ist im Land *ger* und *tôšāḇ*: Gen 23, 4), fühlen sich die Frauen Jakobs bereits als *nŏḵrijjôṯ* in Aram Naharaim (Gen 31, 15); seine *'æræṣ môlæḏæṯ* ist Kanaan: die Verheißung nimmt Gestalt an.

Daß die *'æræṣ môlæḏæṯ* nicht der Güter höchstes ist und daß JHWH von einem Erwählten seine Preisgabe fordern kann, macht nicht nur die Abraham-, sondern auch die Ruth-Erzählung deutlich. Mit Vater und Mutter verläßt Ruth auch ihre *'æræṣ môlæḏæṯ*, um sich dem JHWH-Volk anzuschließen, das sie früher nicht kannte (immerhin gehörte ihr Ehemann ihm an!) und in dem sie als *nŏḵrijjāh* gilt, um sich zu bergen unter den Flügeln des Gottes Israels (Ruth 2, 11 f.). Trotz der in den Kommentaren einmütig vermerkten Parallele zur Abrahamüberlieferung ist indes der theologische Wandel nicht zu übersehen. JHWH ist nicht mehr, wie bei den älteren Pentateucherzählern, der mit den Vätern wandernde Gott (vgl. bes. Gen 28, 20 f.), er ist an ein Land und an ein Volk gebunden, und der Fremde, der seines Schutzes teilhaft werden will, muß seine *'æræṣ môlæḏæṯ* verlassen.

Zweimal gebraucht Jeremia die Wendung *'æræṣ môlæḏæṯ* im Sinn von Geburtsland, Heimat. Dem vom Pharao Necho nach Ribla zitierten und von dort nach Ägypten deportierten König Joahas, dem Nachfolger des im Kampf gegen Necho gefallenen Josia, muß der Prophet ankündigen, er werde sein Heimatland nicht wiedersehen (Jer 22, 10); vielmehr werde er – so die Erläuterung – „an dem Ort, wohin man ihn weggeführt, sterben und dieses Land nicht mehr sehen" (v. 12). Ist das Wort auch 622 gesprochen, so spiegelt sich im dtr. Kommentar die Heimatlosigkeit des Exils, der „fremden Erde" (*'aḏmaṯ neḵār* Ps 137, 4), wider (vgl. H.-J. Hermisson, Festschr. C. Westermann 1980, 267–270). Nach der Invasion Ägyptens durch Nebukadnezzar verlassen die fremden Söldner im ägyptischen Heer (oder die ausländischen Händler? Rudolph, HAT I/12, [3]1968, 272) das sinkende Schiff, indem sie sich gegenseitig auffordern: „Kommt, wir kehren heim zu unserem Volk und in unser Heimatland!" (Jer 46, 16). Erstmals finden wir hier – wie später in Esth (s.u.) – (*'æræṣ*) *môlæḏæṯ* nicht mehr in Parallele zu Sippe und Vaterhaus, sondern zu *'am*. Die Sippen sind in Völkern aufgegangen, und diese haben ihre Heimatländer. Diesen Sachverhalt finden wir auch bei Ezechiel. Er wirft Juda vor, es habe sich durch bloße Darstellungen von Offizieren, die aussahen wie Babylonier und deren Heimatland Chaldäa war, betören lassen (Ez 23, 15). Auch hier werden Nation und Land in einem Blick gesehen.

Als Land der Geburt bzw. Herkunft, Abstammung (nicht der Verwandtschaft) ist *'æræṣ môlæḏæṯ* an allen diesen Stellen von der LXX verstanden worden. Sie übersetzt ἐν τῇ γῇ ᾗ ἐγεννήθη (Gen 11, 28, analog 24, 7), τὴν γῆν (τῆς) γενέσεώς σου (Gen 31, 13; Ruth 2, 11), πατρίς (Jer 22, 10; 46, 16; Ez 23, 15).

b) Die Bedeutung 'Geburtsort, Heimat' dürfte aber auch das bloße *môlæḏæṯ* an den fünf Stellen (alle J bzw. J-Vorlage) haben, an denen es mit den Präpositionen *min*, *'æl* und *l^e* konstruiert ist, zumal es dabei stets in unübersehbarer Nähe zu *'æræṣ* steht. Wenn auch die Lexika (GesB, KBL[2], KBL[3]), Übersetzungen und Kommentare hier überwiegend für „Verwandtschaft" plädieren, dürfte es schwerfallen, *'æræṣ* + *môlæḏæṯ* anders zu verstehen als *'æræṣ môlæḏæṯ*. Der Ruf, mit dem JHWH Gen 12, 1 der Geschichte der Menschheit einen neuen Anfang setzt, fordert von Abraham das Verlassen seines Landes (*'æræṣ*), seiner *môlæḏæṯ* und seines Vaterhauses (*bêṯ 'āḇ*). Man wird hier kaum, wie es verschiedene Kommentare tun, eine Steigerung sehen dürfen, als solle Abraham nicht nur sein Land verlassen, sondern auch seine Verwandtschaft, ja sogar seine engste Familie (von der er übrigens v. 5 einen ansehnlichen Teil mitnimmt!). „Dein Land und deine *môlæḏæṯ*" steht hier für „deine *'æræṣ môlæḏæṯ*" (vgl. GesB und KBL[3] s.v. *w^e* mit Beispiel Gen 3, 16 „deine Beschwerden und deine Schwangerschaften" = „die Beschwerden deiner Schwangerschaften"), und die *'æræṣ môlæḏæṯ* wiederum ist für den Nomaden ganz selbstverständlich identisch mit dem Land seines *bêṯ 'āḇ* (vgl. Gen 24, 7, wo *bêṯ 'āḇî* und *'æræṣ môlaḏtî* synonym stehen). Durch den Pleonasmus soll lediglich der radikale Bruch mit der Vergangenheit und der absolute Neubeginn hervorgehoben werden.

Dasselbe gilt von Gen 24, 4 (J), wo Abraham seinem Knecht gebietet: „Geh in mein Land und zu meiner *môlæḏæṯ*". Auch hier kann mit Land *und môlæḏæṯ*, wie v. 7 zeigt, nichts anderes gemeint sein als die *'æræṣ môlæḏæṯ* (wie überhaupt im ganzen Abschnitt v. 1–9 nur das „Land" betont wird; erst *nach* der Begegnung mit der Labanfamilie werden *bêṯ 'āḇ* und *mišpāḥāh* genannt!). Ebenso macht für Gen 31, 3 (J) der Vergleich mit 31, 13 (E, s.o. sub a) – trotz verschiedener Quellenzugehörigkeit der beiden Stellen – deutlich, daß „in das Land deiner Väter und zu deiner *môlæḏæṯ*" das gleiche bedeutet wie „in das Land deiner *môlæḏæṯ*". Allerdings soll für Jakob weniger das Heimatrecht, das er in Kanaan besitzt, Grund zur Zuversicht sein als der Beistand JHWHs: „Ich bin mit dir" – Warnung des Jahwisten vor falschem Vertrauen auf die davidisch-salomonischen Großmachtansprüche (vgl. W. H. Schmidt, BZ 25, 1981, 101 f.). In Gen 32, 10 beruft sich Jakob in seinem Gebet am Jabbok auf die Weisung JHWHs *šûḇ l^e'arṣ^eḵā ûl^emôlaḏt^eḵā*, Echo sowohl auf Gen 12, 1 *leḵ-l^eḵā me'arṣ^eḵā ûmimmôlaḏt^eḵā* wie auf 31, 13 *šûḇ 'æl 'æræṣ môlaḏt^eḵā*. Der Sinn ist der gleiche wie Gen 12, 1. Schließlich erklärt Hobab Num 10, 30 (J) auf die Bitte des Mose, sein Volk durch die Wüste zu führen: „Ich möchte nicht mitziehen, sondern in mein Land und zu meiner *môlæḏæṯ* gehen", kurz wiederum: in das Land meiner Herkunft, in meine Heimat.

Die LXX ist an diesen fünf Stellen uneinheitlich. Im oben vertretenen Sinn übersetzt sie Gen 32, 10 εἰς τὴν γῆν τῆς γενέσεώς σου, Gen 31, 3 und Num 10, 30 verwendet sie das zweideutige γενεά; συγγένεια Gen 12, 1 und φυλή 24, 4 setzen für *môlæḏæṯ* die Bedeutung „Verwandtschaft" voraus.

2. a) Die Bedeutung 'Geburt' hat *môlæḏæṯ* zunächst im Gesetz über die verbotenen Verwandtschaftsgrade Lev 18, 9 (2mal). 11. In v. 9 wird der Umgang mit der Halbschwester väterlicher- und mütterlicherseits verboten, sei diese nun eine „Hausgeburt" (*môlæḏæṯ bajiṯ*) oder eine „Außengeburt" (*môlæḏæṯ ḥûṣ*), das heißt daheim oder auswärts, ehelich oder unehelich geboren (LXX: ἐνδογενοῦς ἢ γεννημένης ἔξω). In v. 11 wird das Verbot auch auf die Tochter einer Frau des Vaters ausgedehnt, die aus einer anderen Verbindung stammt. Auch von ihr wird gesagt „sie ist Geburt deines Vaters (*môlæḏæṯ 'āḇîḵā*), deine Schwester (LXX: ὁμοπατρία ἀδελφή)", das heißt: sie wird „durch eine besondere – vielleicht sogar nachträglich hinzugesetzte – Formel zur 'Nachkommenschaft des Vaters' und damit zur 'Schwester' erklärt" (M. Noth, ATD 6, 1962, 116).

Auch in der großen Anklagerede gegen Jerusalem Ez 16 ist – hier im übertragenen Sinn – von Geburt die Rede: „Deine Herkunft und deine Geburt (*m^eḵorotajiḵ ûmol^edoṯajiḵ*; Pl. des Prozesses: König, Wb.)

sind aus dem Land der Kanaaniter" (v. 3). Die Wiederholung in v. 4 ûmôlᵉḏôtajiḵ (,,und was die Umstände deiner Geburt angeht") ist (mit Fohrer, HAT I/13, 1955; Eichrodt, ATD 22, ⁴1978; Zorell, Lex.; gegen Zimmerli, BK XIII/1, 1969) zweifellos als sinnstörende Dittographie anzusehen. Mit ,,am Tag, da du geboren wurdest" schließt v. 4 sinnvoll und nahtlos an v. 3 an und bestimmt zugleich den Sinn von môlæḏæṯ als 'Geburt' (LXX: γένεσις). Vor dem Hintergrund ihrer amoritisch-hethitischen ,,Geburt" und der – theologisch gesehen – hoffnungslosen Zukunft der Stadt erscheinen Erwählung und Untreue Jerusalems in ihrer ganzen Unbegreiflichkeit. ,,Denn eine heidnische Stadt und ein darauf gegründeter Staat können keine Ansprüche haben, die mit der physischen Abstammung von Abraham gegeben wären. Jerusalem und Juda sind aus sich heraus nichts Besonderes und haben aus sich heraus keinen Vorzug und Anspruch. Was sie waren und sind, beruht lediglich auf Jahwes zuvorkommender Liebe" (Fohrer, ebd. 86).

b) Den erweiterten Sinn von 'Abstammung, völkischer Zugehörigkeit, Stamm' hat môlæḏæṯ in Esth 2, 10. 20, wie schon der Parallelismus mit 'am zeigt: Esther ist von Mordekai angewiesen worden zu verschweigen, ,,welches Volkes und welches Stammes" sie sei. Wir befinden uns am Übergang vom Abstraktum zum Konkretum.

3. a) Ganz vollzogen ist dieser Übergang in Esth 8, 6, wo kein Bedeutungsunterschied zwischen 'am und môlæḏæṯ ersichtlich ist. Esther klagt: ,,Wie könnte ich mitansehen das Unheil, das mein Volk trifft ... den Untergang meines Stammes?" Zum Wandel der sozialen Strukturen, der sich in der Parallele 'am/ môlæḏæṯ spiegelt, s. o. II.1.a. Die aus gemeinsamer Abstammung resultierende Größe ist endgültig das Volk. Wir befinden uns in einer Zeit, in der nationaler Geist Siege feiert und der Erhaltung und Reinheit der Rasse aller Eifer der Frommen gilt.

Die LXX gibt môlæḏæṯ an allen drei Stellen untreffend mit πατρίς ,,Vaterland, Vaterstadt" wieder.

b) An einer Stelle, Gen 48, 6 (P), hat môlæḏæṯ die Bedeutung von 'Nachkommen, Nachkommenschaft'. Der sterbende Jakob stellt bei der Adoption der Josephsöhne fest, daß sie auf Ephraim und Manasse beschränkt bleiben und sich nicht auf weitere Söhne Josephs erstrecken soll: ,,Ephraim und Manasse seien mein wie Ruben und Simeon. Aber deine Nachkommen (môlaḏᵗᵉḵā; LXX: τὰ ἔκγονα), die du nach ihnen gezeugt hast, dein seien sie." Stärker als bei den älteren Erzählern wird damit die auf göttliche Offenbarung zurückgehende Adoption von Ephraim und Manasse und ihr Einbezug in die Verheißung gegen die auf natürlicher Abstammung beruhenden Ansprüche abgehoben.

c) Die von den Lexikographen und Kommentatoren auch für die unter II.1.b genannten Stellen angenommene Bedeutung 'Verwandtschaft' = 'die Verwandten' scheint in Wirklichkeit nur in Gen 43, 7 (J) vorzuliegen. Die Söhne Jakobs machen gegenüber

ihrem Vater geltend, der ägyptische Mann habe genau ,,nach uns und nach unserer môlæḏæṯ gefragt". Die Verwandtschaft (LXX: γενεά), nach der sich Joseph erkundigt, beschränkt sich allerdings auf die engste Familie: ,,Lebt euer Vater noch? Habt ihr noch einen Bruder?" Besser als mit ,,Verwandtschaft" würde man deshalb hier môlæḏæṯ mit ,,Familie" wiedergeben.

Es hat sich bestätigt, daß das semantische Spektrum von môlæḏæṯ um den Grundbegriff Geburt (Wurzel jld) kreist und mehrfache durch Geburt geschaffene Beziehungen ausdrückt: Geburtsort, Heimat, Vaterland – Abstammung, Herkunft – Stamm, Nachkommen, Familie.

H. Haag

מוֹעֵד *môʿeḏ*

I. Vorkommen und semantische Verflechtung – II. Anwendung auf zwischenmenschliche Interaktion – III. *môʿeḏ* im Natur- und Kultjahr – IV. Künftiges (und) eschatologisches Gotteshandeln zum *môʿeḏ*-Zeitpunkt – V. *ʾohæl môʿeḏ*.

Lit.: *J. Dus*, Zur bewegten Geschichte der israelitischen Lade (AION 41, 1981, 351–385). – *M. Görg*, Das Zelt der Begegnung (BBB 27, 1967, 168–170). – *J. Macdonald*, An Assembly at Ugarit? (UF 11, 1979, 515–526). – *E. T. Mullen*, The Assembly of the Gods. The Divine Council in Canaanite and Hebrew Literature (HSM 24, 1980). – *L. Rost*, Die Vorstufen von Kirche und Synagoge im Alten Testament (BWANT IV/24, 1938, 35–38. 129–152). – *G. Sauer*, יעד *jʿd* bestimmen (THAT I 742– 746). – *J. A. Thompson*, עד: Expansions of the עד Root (JSS 10, 1964, 222–240). – *J. A. Wilson*, The Assembly of a Phoenician City (JNES 4, 1945, 245). – *N. Zelnik*, מקראי קדש (Shanah be Shanah 1972, 266–272). – Weiteres → I 128f. (אהל), III 698 (יעד); vgl. EncJud VI 1237–1246.

I. 1. Obwohl von den ältesten geschichtlichen Texten (Gen 18, 14; 1 Sam 9, 24) bis zu den jüngsten apokalyptischen Aussagen (Dan 12, 7) in verschiedenen Buchgattungen vertreten, zeichnen sich beim Gebrauch von *môʿeḏ* Schwerpunkte ab. Von 223 Belegen im AT entfallen 149 auf Ex 25 bis Num 31, also das P-Schrifttum, hier zusätzlich in Gen 1, 14; 17, 21; 21, 2 (Jos 18, 1; 19, 51). Häufiger findet sich der Ausdruck außerdem in der Chronik (12mal) und in Kl (6mal), später vor allem im Qumranschrifttum (zu den 61 Belegen nach Kuhn treten noch 57 Belege aus 4 Q [vgl. DJD V und VII] und 10 Belege aus der Tempelrolle). 146mal steht *môʿeḏ* mit *ʾohæl* in einer Cstr.-Verbindung und bezieht sich auf das israelitische Zeltheiligtum der Wüstenzeit, die ,,Stiftshütte" (Luther), davon gehören wiederum 133 Stellen zu Ex 25 bis Num 31; diese besondere Verwendung erfordert eine eigene Behandlung (s. u. V.).

Mehrfach auftauchende sprachliche Verschränkungen und also vermutlich semantisch naheliegende Assoziationen weisen auf die Vorstellung eines festgelegten Zeitpunktes. In Aufreihung werden „Tage" oder „Jahr" parallel gesetzt (Gen 1, 14; Kl 2, 22 u.ö.), „Feste" (Hos 9, 4f.; Ez 46, 11) oder „Zeit" überhaupt (Ps 102, 14). In kultischen Zusammenhängen tauchen häufig daneben „Sabbat und Neumond" auf (s.u.). Dem „Zeit" betonenden Gebrauch entspricht die Cstr.-Verbindung mit *jôm* (Kl 2, 22; Hos 9, 5; 12, 10), mit *ḥoḏæš* (Ex 23, 15; 34, 18) oder *šānāh* (Deut 31, 10). – Als verbales Kompliment wird vor allen *qr'* ('feierlich zusammenrufen') verwendet; *môʿeḏ* wird über jemanden ausgerufen (Kl 1, 15), viel häufiger noch werden Kultgenossen zum *môʿeḏ* zusammengerufen, der deshalb *miqrā' qoḏæš* heißt (Lev 23, 2ff. u.ö.). – Auf Gott als den Bestimmenden weisen gern Gottesbezeichnungen als nomen regens (Lev 23, 2ff.; Ps 74, 8; 2 Chr 2, 3) und vor allem entsprechende Suffixe (Lev 23, 2; Ps 74, 4; Kl 2, 6 u.ö.).

2. Das Nomen hängt mit dem Verb → יעד *jʿd* zusammen, mit dem es auch Ex 30, 36; 2 Sam 20, 5 ausdrücklich verbunden wird. Dieses bedeutet entweder ein Verabreden zwischen zwei gleichstehenden Partnern oder ein Festsetzen durch einen überlegenen Partner gegenüber einem niedriger stehenden, beides bezieht sich in der Regel auf eine Zusammenkunft zu einem bestimmten Zeitpunkt, bisweilen zusätzlich an einem bestimmten Ort (→ III 698–706).

3. In allen westsemit. Sprachen ist ein Nomen *mʿd* belegt. Arab. *mawʿid* heißt 'Ort/Zeit einer Verabredung' (Wehr 960f.), aram. *moʿaḏā'* 'festgesetzte Zeit, Fest' (DISO 145; Jastrow II 745), zum ugar. *mʿd* s.u. III. 3.

II. KBL[3] 528 notiert als erste Bedeutung des Stichwortes: 'Treffpunkt, Versammlungsplatz' und als zweite: 'Zusammenkunft, Versammlung'. Doch die für 1) angegebenen 4 Stellen (Jos 8, 14; Hi 30, 23; Kl 2, 6; Ps 74, 4) lassen sich auch anders deuten (s.u.) oder schließen die Konnotation 'verabredeter Zeitpunkt, Termin' – bei KBL[3] erst unter 3. geführt – zumindest betont ein.

Das läßt sich schon für die vergleichsweise seltenen Stellen zeigen, wo *môʿeḏ* sich auf eine nichtreligiöse zwischenmenschliche Interaktion bezieht. Jos 8, 14 findet sich die Kriegsmannschaft von Ai vermutlich nicht „an einem bestimmten Ort" (Luther) zur *ʿarāḇāh* hin ein, sondern dort zu einem für den vereinten Angriff geeigneten Termin. – Die israelitische Kriegsmannschaft trifft mit dem von ihr aus strategischen Gründen getrennten „Hinterhalt" nicht nur eine „Verabredung" (Jerusalemer Bibel), sondern vereinbart den entscheidenden Zeitpunkt zur gemeinsamen Aktion Ri 20, 38. Jonathan begibt sich 1 Sam 20, 35 auf das Feld „gemäß dem *môʿeḏ* Davids", was den von diesem festgesetzten Termin der Zusammenkunft meint, und einen dafür notwendigen Ort einschließt, aber keineswegs allein betrifft. – David wird unruhig, als Amasa über die „festgesetzte Zeit der Zusammenkunft" hinaus fernbleibt (2 Sam 20, 5). – Damit sind die Belege fast erschöpft, die einen nichtreligiösen Gebrauch des Lexems anzeigen; er beschränkt sich also auf vorexilische Schriften und bezeichnet hier einen zwischen zwei Partnern abgemachten Zeitpunkt einer Zusammenkunft zu gemeinsamem Handeln, der u.U. auch örtlich festgelegt wird. Dabei wird i.d.R. *môʿeḏ* vom überlegenen Partner für den schwächeren verbindlich festgelegt. Dieses Gefälle innerhalb der partnerschaftlichen Beziehung tritt beim späterhin allein zu beobachtenden Gebrauch in religiös bestimmter Sprache noch deutlicher hervor.

Als einziger jüngerer Beleg wird weithin Hi 30, 23 „räumlich" verstanden und das da genannte *bêṯ môʿeḏ*, zu dem die Toten in der Unterwelt hinabsinken, als „Versammlungsplatz" übersetzt. Wenn man nicht *mûʿāḏ* punktieren will: „Das (für alle Lebenden) bestimmte Haus" (vgl. Fohrer, KAT XVI 414, Anm. 23, nach J. Reider, HUCA 24, 1952/53, 102f.) empfiehlt es sich eher, an einen Einfluß babylonischer Unterweltsmythologie zu denken. Dort gilt die Unterwelt häufig als „finsteres, staubiges usw. Haus" (Meißner, BuA II, 1925, 144f.), zu dem die Menschen an den Tagen des ihnen bestimmten Geschicks (*ûmē šîmti*) wandern (AHw 1239).

III. 1. Schon in dem vielleicht ältesten Beleg (Gen 18, 14 J) wird *môʿeḏ* mit dem Zeitpunkt gleichgesetzt, an dem das Jahr sich rundet (*kāʿeṯ hazzæh*). Deutlicher äußert sich die P-Parallele 17, 21: „um diesen Termin (*lammôʿeḏ hazzæh*) im andern Jahr", ähnlich 2 Kön 4, 16f. Auch die Wiederkehr von Tieren gemäß dem Jahreslauf geschieht am „Termin", den der Storch z. B. instinktiv kennt (Jer 8, 7). Ebenso folgt das Reifen der Feldfrüchte einer entsprechenden Gesetzmäßigkeit (Hos 2, 11. 13).

2. Daneben gibt es seit alters eine Verwendung des Ausdrucks für den Zeitpunkt und den Ort herausragender kultischer Begehungen, also gottesdienstlicher Feste. So ist wohl schon das Wort des Kochs an der Kultstätte zum erstaunten Saul, als diesem ein Opferstück vorgelegt wird, zu verstehen (1 Sam 9, 24); „Iß, denn zum Fest wurde es dir aufbewahrt" (Görg 169; so auch 1 Sam 13, 8. 11?). Im Pentateuch tritt auffällig das Passah-Mazzot-Fest als entscheidender *môʿeḏ* im Jahr hervor, der darin dem Tag der Herausführung aus Ägypten entspricht, während die anderen Festzeiten bisweilen daneben angeführt werden und ohne solche Kennzeichnung bleiben: Ex 13, 10; 23, 15 E; 34, 18 J; Num 9, 2f. 7. 13; Deut 16, 6; vgl. Hos 12, 10; 2 Chr 30, 22. Doch an der Mehrzahl der at.lichen Stellen (von der Verbindung *'ohæl môʿeḏ* einmal abgesehen) bezeichnet es den Zeitpunkt für die (drei) großen Jahresfeste (Lev 23, 2ff.; Num 10, 10; 15, 3; 28, 2; 29, 39; Jes 1, 14; Ez 36, 38; 44, 24; 45, 17; 46, 9. 11; Hos 9, 5; Zeph 3, 18; Sach 8, 19; Ps 75, 3; Kl 1, 4; 2, 7. 22; 2 Chr 8, 13; vgl. Deut 31, 10). Im Zusammenhang damit kann es auch den Festplatz, die heilige Stätte auf dem Zion betreffen (Ps 74, 4. 8; Kl 2, 6; Jes 33, 20;

2 Chr 30, 22), mehrfach bleibt unklar, ob die zeitliche oder örtliche Referenz stärker betont ist. Bei der Aussage über die Kultfeste als *môʿaḏîm* steht das Lexem überraschend oft mit „Sabbat und Neumond" in einer Aufreihung (Jes 1, 14; Ez 36, 38; 46, 9. 11; Hos 2, 13; 9, 5; Lev 23, 2ff.; Num 10, 10; Kl 2, 6; 1 Chr 23, 31; 2 Chr 2, 3; 31, 3), so daß Sabbat und Neumond offenbar keinen *môʿeḏ*, wohl aber eine eng verwandte Größe bedeuten.

Die letzte Verbindung führt zu der Vermutung, daß zwischen dem Gebrauch von *môʿeḏ* für wiederkehrende hervorragende Zeitabschnitte im Naturjahr und dem für herausragenden Jahresfeste einen inneren Zusammenhang andeutet. Die Zuordnung zu Sabbat und Neumond erweist, wie sehr schon in vorexilischer Zeit die Hebräer sich bewußt sind, daß Passah-Mazzot-(Wochen-) und Herbstfest zu einem durch den Lauf der Gestirne von JHWH vorgezeichneten Zeitpunkt stattzufinden haben. Die feste Zeit im Jahreslauf ist zugleich die Festzeit.

Insbesondere der Mond spielt eine ausschlaggebende Rolle, aber auch die Sonne:

„Er hat den Mond geschaffen für die *môʿaḏîm* / die Sonne kennt ihre(n) Aufgang(szeit)" (Ps 104, 19).

Gleiches spricht aus der berühmten Stelle Gen 1, 14, wonach die Gestirne entstanden sind „um für Zeichen, für (regelmäßige) Festzeiten, Tage und Jahre" da zu sein (vgl. Sir 43, 7). Der Zusammenhang zwischen Natur- und Kultjahr im Blick auf *môʿeḏ* wird 1 QS 9, 26 – 10, 8 eingehend thematisiert.

Als jahreszeitlich herausragende Zeitabschnitte sind die Festtermine also durch den Gestirnslauf unverbrüchlich festgelegt. Da dies in früherer Zeit vor allem für das Passah-Mazzot-Fest betont wird, muß dieses schon seit alters am Lauf der Himmelskörper ausgerichtet gewesen sein, und zwar nicht nur am Mond (Vollmond), sondern auch an der Sonne durch die Tag- und Nachtgleiche. Das widerlegt wohl die These von einem rein lunaren Kalender im alten Israel, zumindest im Kultus war man lunisolar orientiert.

Die *môʿeḏ*-Zeiten ragen aber nicht nur aus dem Naturlauf heraus, sie sind zugleich Tage, an denen Gott sich Israel als Schöpfer naht und sich mit seiner Kultgemeinde trifft. Deshalb sind solche Zeiten von Heiligkeit erfüllt (*qdš* Ps 74, 3f.; Lev 23, 2ff. u. ö.), zu solchen Anlässen wird feierlich zusammengerufen (*qrʾ* Lev 23, 2ff.; Num 16, 2; Kl 1, 4. 15; 2, 22 u. ö.). An ihm sind Opfer für die Gemeinde obligatorisch, während sie an anderen Tagen freiwillig und als „Kasualhandlungen" geschehen können (Num 10, 10; 15, 3; 28, 2; Ez 45, 17; 2 Chr 2, 3; 8, 13; 31, 3 u. ö.). Hier sind auch die 10 Belege der Tempelrolle aus Qumran zu nennen, in denen *môʿeḏ* stets ʿFesttermin' bedeutet, der explizit vom „Werktag" als „Tag der Arbeitsplage" (Maier 114) zu unterscheiden ist (TR 43, 15).

3. Nach Jes 14, 13 kommen auf einem *har môʿeḏ* die Götter zusammen; dort hat einst der babylonische König geweilt. Die Stelle wird zum mythischen Prototyp für den eschatologischen Har Magedon Apk 16, 16 (ThWNT I 467f.; J. Gray, The Legacy of Canaan, VTS 5, ²1965, 24, Anm. 1). Als Sinn der Wendung setzen die Exegeten einhellig „Versammlungsberg (der Götter)" an und berufen sich auf die ugaritischen Parallelen im Baʿal-Jam-Mythos, wonach der Meeresgott einst seine Boten entsandt hatte „zum *pḫr mʿd* zur Mitte des Berges " (KTU 1.2, I 14–18. 31). *pḫr* meint den geschlossenen Verband der Götter, *mʿd* wird auch hier als „Versammlung" ausgegeben (WUS Nr. 1619; UT Nr. 1512; CML² 151). Sowohl der ugaritische wie der at.liche Kontext legen aber näher, an eine „für die (Götter-)Versammlung festliegende Zeit" zu denken; beide Male handelt es sich nicht um ad-hoc-Zusammenkünfte, sondern um regelmäßig wiederkehrende Erscheinungen, die vermutlich auf Erden als Fest mitzufeiern sind. Das gilt auch, wenn Macdonald 524 mit seinem Punktationsvorschlag als passives Partizip „appointed" recht hat (ähnlich Mullen 129).

Um eine außerordentliche, kurzfristig einberufene Zusammenkunft unter Menschen handelt es sich in dem Reisebericht des Ägypters Wenamun (ANET 29a), der über einen Fürsten von Byblos berichtet, daß er eines Tages seine *mwʿd(wt)* zusammenruft (ein syrisches Fremdwort im Ägyptischen), um sich in dessen Mitte zu stellen und Entscheidungen zu fällen. Bezug genommen wird anscheinend auf eine Art Ministerrat oder Kreis von Repräsentanten des Volkes, deren Vorschlag dann aber vom Herrscher abgewiesen wird. Darf man aus dieser Stelle auf die reguläre Institution einer Volksversammlung unter dem Namen *môʿeḏ* in Syrien-Phönikien (Wilson, Macdonald, anders Mullen 282) schließen?

Doppeldeutig bleibt die aramäische Inschrift von Dēr ʿAllā (J. Hoftijzer / G. van der Kooij, Aramaic Texts from Deir ʿAlla, DMOA 21, 1976), wo ein Seher Bileam von einer Vision zu berichten scheint und von *šdjn*, Šaddaj-Göttern (oder Kultdienern?) erzählt I 6: *wnṣbw . . . mwʿd* „sie stellten sich geordnet auf (*jṣb* wie Ex 33, 8; Num 11, 16; Deut 31, 14) zum festgelegten Zeitpunkt der Zusammenkunft". Hier kann es sich sowohl um eine eigens zusammengerufene wie eine regelmäßig durchgeführte Versammlungszeit von Gottheiten handeln (z. St. zuletzt H. u. M. Weippert, ZDPV 98, 1982, 88. 103 und H.-P. Müller, ZAW 94, 1982, 217f. 224).

IV. Gott hat nicht nur durch seine Schöpfung der Zeit feste *môʿaḏîm* eingestiftet, die von seinem Volk zu achten und zur Gottesbegegnung zu nutzen sind. Vielmehr setzt er durch sein wirkungskräftiges Wort immer wieder aufs neue einen *môʿeḏ* zum Heil oder Unheil für die Menschen in der Geschichte fest. Dazu gehört der Endpunkt der Pest für Israel in den Tagen Davids (2 Sam 24, 15) ebenso wie der Eintritt der 5. ägyptischen Plage (Ex 9, 5). Insbesondere das Büchlein der Klagelieder versteht den Untergang Judas 587/86 als einen von JHWH ausgerufenen *môʿeḏ* und setzt dabei den die Gottlosen erschreckenden

Aspekt kultischer Feiertage – die nach der Psalmensprache neben Segen für die Rechtschaffenen auch Verderben für den Frevler erwirken – mit dem eingetretenen Untergang des Volkes als einem Gottesfeind gleich; die Entwicklung von eschatologischen aus kultischen Vorstellungen wird exemplarisch erkennbar (Kl 1, 4. 15; 2, 6f. 22). – Ps 102, 14 hingegen fleht um einen *môʿeḏ* als eine Zeit, an der JHWH sich wieder Zions erbarmt. Auf dem Weg zum Gebrauch von *môʿeḏ* als eschatologischen Terminus befindet sich Hab 2, 3, wo der Prophet zur Niederschrift dessen, was er geschaut hat, aufgefordert wird mit der Begründung: *kî ʿôḏ ḥāzôn lammôʿeḏ*, was wohl heißen soll, daß die Schauung „erst auf die festbestimmte Zeit" sich erstreckt (Rudolph, KAT z.St.), die für die Kehre der Geschichte Israels vorgesehen ist, also nicht sofort eintritt.

Auch für die Geschichte anderer Völker setzt JHWH Termine. Dem ägyptischen Pharao war eine Zeit für sein Toben eingeräumt gewesen, doch er hat sie ungenutzt verstreichen lassen (Jer 46, 17). Das Danielbuch schreibt den hellenistischen Diadochenkönigen bei ihren Kriegszügen je einen (gottbestimmten) *môʿeḏ* zu, der zu einer gewissen Frist zu Ende ist, dann werden jene machtlos (11, 27. 29. 35). *môʿeḏ* ist an diesen Stellen kaum eschatologisch zu verstehen (zur Diskussion B. Hasslberger, Hoffnung in der Bedrängnis, ATS 4, 1977, 259. 261. 272). Das gilt aber dann für 8, 19, wo der Engel zu Daniel sagt:

„Ich tue dir kund, was sein wird in der Endzeit des Zorns *kî lᵉmôʿeḏ qeṣ*."

Gleichgültig, ob man die beiden letzten Worte als Cstr.-Verbindung auffaßt „(fürwahr) zur festgesetzten Zeit des Endes" (KBL³) oder als Nominalsatz, „(so daß) der bestimmten Zeit ein Ende bevorsteht" (zur Diskussion Hasslberger 61), in jedem Fall weist die vorangehende Parallele *ʾaḥᵃrîṯ hazzaʿam* auf einen Endzeitbegriff. Eine Zwischenstellung nimmt vielleicht 12, 7 ein, wo auf die bange Frage „wie lange?" ein Engel beim Leben des *ʿôlām* schwört: *lᵉmôʿeḏ môʿᵃḏîm wāḥeṣî*, was gewöhnlich übersetzt wird „eine Zeit, (zwei) Zeiten und eine halbe". Die Wiedergabe bleibt allerdings fragwürdig, da *môʿeḏ* sonst nie die Zeitdauer, sondern eine herausgehobene Phase innerhalb eines Zeitkontinuums meint.

Die Qumranschriften bezeichnen die geheimnisvolle eschatologische Schlußphase der Geschichte gern als *môʿeḏ* der Heimsuchung (1 QS 1, 18; 4, 18) oder des Gerichts (*mišpāṭ* 1 QS 4, 20) oder einfach als den *môʿeḏ* Gottes (*ʿel* 1 QM 1, 7) u.ä. Auch an diesen Stellen wird oft ein enger Zusammenhang zwischen kultischen und eschatologischen Motiven erkennbar (vgl. J. Carmignac, VT 5, 1955, 354; F. Nötscher, BBB 10, 1956, 167–169; zu *mwʿd htʿnjt* in 4 QpPs 37, „time of affliction", vgl. R. B. Coote, RQu 8, 1972, 81–85).

V. Über das „Zelt des *môʿeḏ*" im Pentateuch bei (E? [vgl. M. Haran, Temples and Temple Service in Ancient Israel, Oxford 1978, Kap. XIV: The Non-Priestly Image of the Tent of *môʿeḏ*] und) P wird I 134–141 gehandelt; dort wird auf Wilsons Vorschlag verwiesen, „Zelt der Versammlung zum Fest" zu übersetzen, statt der üblichen, durch eine moderne personalistische Theologie gestützten, Wiedergabe „Zelt der Begegnung (Gottes mit den Menschen)". Zwar schließt die Bezeichnung durchaus ein, daß an den *môʿᵃḏîm* Gott seinem Volke näher ist als in der üblichen „Normalzeit", im Zelt und sonst nirgends anders vermag Mose mit seinem Gott „von Angesicht zu Angesicht zu reden" Ex 33, 11 (vgl. auch das Verb *jʿd* Ex 29, 42–45 für die Zusammenkunft Gottes mit dem Volk). Überdies heißt das Zelt Ex 25ff. zugleich *miškān* ʿWohnung', nämlich für Gott; seine Herrlichkeit senkt sich zeitweise auf das Heiligtum herab (Ex 40, 34f.; Num 14, 10; 16, 19; 17, 7; 20, 6), ja, sofern sie überhaupt auf Erden erscheint, lagert sie nach P stets in einer Wolke über dem *môʿeḏ*-Zelt. Doch zumindest in der Priesterschrift folgt gewiß mit Absicht auf die Aufrichtung des heiligen Zeltes Ex 40 die ausführliche Opferordnung Lev 1–16, die sich vor allem auf die Festtage bezieht. (Gegen die seit Wellhausen übliche literarkritische Ausscheidung von Lev 1ff. aus dem P-Grundbestand s. K. Koch, Die Priesterschrift ..., FRLANT NF 53, 1959). Wenn auch das Interesse der Pentateucherzähler begreiflicherweise weniger an wiederkehrenden Festzeiten haftet, als an einmaligen herausgehobenen geschichtlichen Zeitpunkten, so schließt das nicht aus, daß in der Verbindung mit „Zelt" *môʿeḏ* denselben Sinn hat wie sonst in P (s.o.), und das ist derjenige einer Zusammenkunft zum Fest.

Koch

מוֹפֵת *môp̄eṯ*

I. Herleitung, Deutung, Vorkommen und Gebrauch – II. Der theologische Gebrauch von *môp̄eṯ* im AT – 1. *môp̄eṯ* in den Exodus-Traditionen – 2. *môp̄eṯ* in der ʿprophetischen Literatur' – 3. *môp̄eṯ* in unterschiedlichen Zusammenhängen und Bedeutungen – IV. Qumran.

Lit.: *B. S. Childs*, Deuteronomic Formulae of the Exodus Traditions (Festschr. W. Baumgartner, 1967, 30–39). – *J. Haspecker*, Wunder im Alten Testament (Theologische Akademie II, 1965, 29–56). – *C. A. Keller*, Das Wort OTH als ʿOffenbarungszeichen Gottes', 1946. – *S. V. McCasland*, Signs and Wonders (JBL 76, 1957, 149–152). – *G. Quell*, Das Phänomen des Wunders im Alten Testament (Festschr. W. Rudolph, 1961, 253–300). – *K. H. Rengstorf*, σημεῖον (ThWNT VII 199–268). – *Ders.*, τέρας (ThWNT VIII 113–127). – *G. Rinaldi*, Môfet (BietOr 22, 1980, 159). – *L. Sabourin*, Old Testament Miracles (BiblTheolBul 1, 1971, 227–261). – *F. Stolz*, אות *ʾôt* Zeichen (THAT I 91–95). → אות *ʾôṯ*.

I. Im AT begegnen 36 Belege des nur in seiner nominalen Ausprägung vorkommenden Wortes *môp̄eṯ*, dessen etymologische Herleitung immer noch völlig ungewiß ist. Auch seine Verwendung im MHebr., Sam., Jüd.-Aram. und Phön. bietet keinen Hinweis auf Herkunft und Grundbedeutung. Der bisher einzige phön. Beleg (vgl. DISO 164; KAI Nr. 30) ist unsicher. Die Buchstaben *mpt* lassen sich an dieser Stelle grundsätzlich auch anders deuten. So ist im AT mit seinen Belegen z.Z. noch das früheste Vorkommen des Wortes aufzufinden. Die Bedeutung kann mit dem deutschen Äquivalent 'Sinnzeichen' am besten wiedergegeben werden (KBL[3] 'Wahrzeichen'). Der jeweilige Textzusammenhang verschafft dem Begriff seine nähere Präzisierung ('Wunder-', 'Erinnerungs-', 'Warn-', 'Vor-', 'Testzeichen'). *môpet̲* steht sehr häufig in Parallele zu → אות *'ôt̲*, mitunter auch zusätzlich zu *massāh* (→ נסה *nsh*), gelegentlich zu *niplā'āh* (→ פלא *pl'*) und *mišpāṭîm*. Die LXX übersetzen es bei der überwiegenden Mehrzahl der Belege mit τέρας, an einigen Stellen mit σημεῖον.

Bei den wenigen Fundstellen im AT fällt eine Konzentration der Belege im Deut (9mal), in Ex (5mal), bei Ez (4mal) und in den Ps (5mal) auf. Inhaltlich-thematisch scheinen die Traditionen um den wundersamen Exodus aus Ägypten den Gebrauch von *môpet̲* an sich gezogen zu haben. Die deut-dtr Sicht der Ereignisse verwendet neben anderen Begriffen (wie z. B. das schon genannte *'ôt̲*) *môpet̲*. Ein anderer Verwendungsbereich ist in der prophetischen Literatur erkennbar, wo *môpet̲* vergewisserndes Zeichen der prophetischen Botschaft oder gar als deren verbum visibile deren Inhalt selber sein kann. Die meisten Stellen entstammen der Spätzeit des ATs (deut-dtr-chr), vielleicht sind die beiden Zeugnisse aus Proto-Jes überhaupt die ältesten. Ein profaner Gebrauch von *môpet̲* kann nicht festgestellt werden, der hebr. Begriff funktioniert ausschließlich in theologischen Sachzusammenhängen.

II. 1. Wenigstens die Hälfte der at.lichen Stellen, die *môpet̲* verwenden (19 von 36), stehen unmittelbar oder in einigen wenigen Fällen mittelbar im Zusammenhang mit dem Exodusereignis. Die außergewöhnlichen Zeichen, die Mose und Aaron (oder einer von beiden) vor Pharao tun sollen, damit die Bitte um Freigabe des Volkes wirksam unterstrichen wird, erfahren ihre Benennung durch *môpet̲* (zusammen mit anderen Begriffen im näheren oder weiteren Kontext). Die Fundstellen im Ex gehören im wesentlichen P an (7, 3. 9; 11, 9. 10), nur in bezug auf 4, 21 besteht Unsicherheit in der Zuweisung (J oder E [G. Fohrer] oder Zusätze von J [M. Noth] oder noch später). Schwierig ist bei 4, 21 der Zusammenhang (vv. 21–23), der inhaltlich eigentlich schon das gesamte Ensemble der Plagen überschaut und umgreift und dessen (theologisch konzipierte) letzte Ausrichtung auf die Schlagung der ägyptischen Erstgeburt als Folge davon bezeichnet, daß der Pharao sich weigert, JHWHs erstgeborenen Sohn, nämlich Israel, zu entlassen. Eine solche theologische Deutung der Ereignisse, die den Plagenkomplex und die Passah-Tradition zusammensieht, gehört vermutlich doch erst in eine spätere Reflexionsstufe und nicht in die Zeit von J oder E hinein. Außerdem sind die theologischen topoi beisammen, welche *môpe̲tîm* ganz pauschal ohne irgend eine Konkretion als Wunderzeichen denken und die mit ihnen einhergehende göttliche Verstockung des pharaonischen Herzens dazu nutzen, JHWHs letztes Ziel über die Serie der Plagen hinweg aufzuzeigen und nachzuweisen: den wunderbaren Aufbruch und Auszug der Israeliten aus Ägypten. – Im Zuge der von P formulierten Berufungsgeschichte des Mose verfolgt dessen Entsendung zu Pharao den Zweck, das Volk freizufordern (Ex 6, 11). Im Zusammenhang mit den dabei auftretenden Schwierigkeiten wird von der Verhärtung des Pharao-Herzens gesprochen (agierendes Subjekt ist JHWH, *'anî 'aqšæh*), indem JHWH seine Wunder- und Wahrzeichen vermehren wird (Ex 7, 3; *'æt̲ 'otot̲aj we'æt̲ môpe̲t̲aj*). Aus der Allgemeinheit der Angaben führen auch die nachfolgenden Verse nicht hinaus, die davon sprechen, daß JHWH seine Hand an bzw. auf Ägypten legen wird (*nātan 'æt̲-jād̲ be...*; *nāṭāh 'æt̲-jād̲ 'al...*; vv. 4–5). Die Herausführung der Israeliten erfolgt *bišpāṭîm ged̲olîm* („mit großen Gerichtstaten"), die *môpet̲* und *'ôt̲* noch einmal interpretieren. Alle subjektive Aktivität liegt bei JHWH; sie zielt auf (An-)Erkenntnis der Ägypter ab, daß er, JHWH, selber zugunsten der Israeliten gegen Ägypten auftritt (v. 5). – In dem großen überlieferungsgeschichtlich sehr differenzierten Bericht über die Plagen (7, 8 – 10, 29) weisen sich Mose und Aaron durch ein 'Wunderzeichen' als die von ihrem Gott legitimierten Boten aus, indem ein hingeworfener Stab zur Schlange wird (Ex 7, 9). *môpet̲* ist zwar ein Mirakel, fungiert aber eigentlich als eine Art 'Beglaubigungsschreiben', das als solches dann zwar nicht angenommen wird. Dieser Tatbestand ist bereits Ausdruck der Selbstverhärtung Pharaos (v. 13, *ḥzq leb̲*). Auch der Abschluß der Plagenerzählung nimmt noch einmal die Kennzeichnung der Situation bei der Berufung und Entsendung des Mose (und des Aaron, 7, 3) auf: der Pharao hört nicht auf die beiden JHWH-Boten, JHWHs *môpe̲tîm* werden (daraufhin) zahlreich sein im Lande Ägypten (*lema'an reb̲ôt̲ ...*, Ex 11, 9), JHWH verhärtet das Herz des Pharao (*ḥzq pi*), so daß die Israeliten nicht freikommen (v. 10). Bemerkenswert ist in v. 9 der *lema'an*-Satz: Fast muß man die Redefigur so verstehen, daß die Weigerung des Pharao, seine „Verstockung" eigens dazu bewirkt wird, damit *môpe̲tîm* viel sein können! Ex 11, 10 berichtet rückblickend von der Durchführung all der *môpe̲tîm*, die Mose und Aaron zu tun aufgetragen bekommen hatten, wobei nach Stellung und Sinn der Aussage nur die erwähnten Plagen gemeint sein können. Alles drängt auf den letzten Akt zu, auf Passah, Aufbruch und Auszug (Ex 12, 1ff.; zu den Ex-Belegen s. M. Noth, ATD 5; G. Fohrer, BZAW 91; F. Hesse, BZAW 74).

In unterschiedlichen Schichten des Deut erfolgt der Rekurs auf die Ereignisse beim Auszug aus Ägypten, so etwa in credo-artigen Zusammenfassungen, wie z. B. im sog. kleinen geschichtlichen Credo von Deut 26 (v. 8). Hier wird das gesamte Exodus-Geschehen auf eine Kurzformel gebracht. Dabei finden die *mop^{e}ṯîm* neben den *'ôṯôṯ*, der starken Hand und dem ausgereckten Arm JHWHs sowie den furchtbaren Taten JHWHs Erwähnung. Subjekt der Heilstat zwischen der harten Bedrückung Israels von seiten der Ägypter und der schließlichen Landgabe JHWHs an Israel (v. 6f. und 9) ist allein JHWH (*wajjôṣî'enû JHWH mimmiṣrajim*, v. 8). Auch Deut 29, 2 scheint dem Zusammenhang nach eine gottesdienstliche Situation vorauszusetzen, jenen bemerkenswerten Bundesschluß im Lande Moab (Deut 28, 69), der Ermahnungen, die Bundesvereinbarungen zu halten (29, 8), mit dem Rekurs auf die großen Heilstaten JHWHs von Ägypten her begründet (29, 1). Hier werden ausdrücklich Ägypten, der Pharao, seine Beamten und sein ganzes Land erwähnt. Die in den Bund Eintretenden werden an die Augenzeugenschaft erinnert, die sie den großen Zeichen und Wundern gegenüber besaßen (Deut 29, 2; *'ôṯôṯ* und *môp^{e}ṯîm*). Zu beachten ist, daß diese auch als *hammassôṯ hagg^{e}ḏolot* bezeichnet werden, wobei aus der Bemerkung nicht ganz deutlich hervorgeht, ob diese brisanten Ereignisse für die Israeliten Prüfungen und Versuchungen dargestellt haben, oder ob sich diese Bezeichnung auf die Ägypter bezieht. Von v. 2 her gesehen könnte man an Letzteres denken, von v. 3 her gesehen aber auch an Ersteres, Prüfungen und Versuchungen für die Israeliten insofern, als ihnen nunmehr (bei diesem Bundesschluß) zuteil wird, was ihnen während der Ereignisse abging, das letzte Verständnis für die Großtaten JHWHs. Auch in Predigt und Unterweisung spielt der Rückbezug auf die Ägyptengeschehnisse eine die Aufmunterung und Ermahnung begründende Rolle (Deut 6, 22; 7, 19). Der Predigthörer wird dazu aufgefordert, sich nicht zu fürchten, sondern der großen Machterweise JHWHs eingedenk zu sein (7, 19; *zkr* v. 18; vv. 18. 19a erinnern bis in die Formulierungen hinein ganz stark an 29, 1. 2, es tauchen auch die *massôṯ* wieder auf). Auf die mögliche Frage des Sohnes (6, 20), wie es sich mit den Rechten und Geboten JHWHs verhalte, ist die (katechetische) Antwort eine Art paraphrasierender Durchnahme des Credo (6, 22 die *môp^{e}ṯîm* werden nicht nur als groß, sondern auch als böse bezeichnet, *rā'îm*). Die beiden genannten Stücke, Predigt und Katechese, weisen mitunter stark dtr geprägte Gedankengänge auf, so daß ihre Entstehung oder zumindest ihre literarische Letztgestalt spät anzusetzen ist. Dtr Predigt(en) enthält Deut 4, wo Heilsgeschichtstatsachen homiletischer Deutung unterworfen werden, so auch die Ägyptenereignisse (Deut 4, 34 mit *môpeṯ* und allen bekannten Parallelbegriffen). Sie gelten als ausdrücklich für (*l^e*, „zugunsten von") Israel vollzogen. Es fällt auf, daß geprägte Formulierungen gebraucht werden (z. B. *l^e'ênæḵā*, doch ist der Wechsel von der ihr- zur du-Anrede bis jetzt immer noch nicht recht zu erklären). JHWHs Aktivitäten zielten – so heißt es diesmal – auf Erkenntnisgewinn Israels ab, darauf, daß er, JHWH, allein und ausschließlich Gott sei (Deut 4, 35: „du, ja du bist sehend gemacht worden [*r'h hoph*], damit du erkennst ... [*lāḏa'aṯ kî ...*]"). Diese Passage erinnert sehr an DtJes; sie wirbt um Zutrauen zu Gott, der zwar im Gericht geschlagen hat, für den aber die heilsgeschichtlichen Taten sprechen. Diese Deut-Stelle verbleibt aber nicht bei der bedingungslosen Heilszusage DtJes's, sondern fordert dazu auf, JHWHs Gebote zu halten, damit es Israel wohlgehen könne (v. 39f.). – Ebenfalls dtr redigiert ist der Schluß des Deut (Kap. 34). Mose wird als unvergleichlicher Prophet gekennzeichnet, wozu auch all die Wundertaten und Machterweise an Ägypten vor den Augen Israels zählen, zu denen JHWH Mose eigens bevollmächtigt hat (34, 11; es werden die üblichen Termini gebraucht, vgl. v. 12; für alle Stellen aus dem Deut s. die einschlägigen Arbeiten von G. v. Rad und seine Kommentierung im ATD 8; zum kleinen geschichtlichen Credo s. außerdem L. Rost, Das kleine geschichtliche Credo, in: Das kleine Credo und andere Studien zum AT, 1965, 11–25; G. Wallis, ThLZ 101, 1976, 801–816; G. Braulik, Sage, was du glaubst. Das älteste Credo der Bibel, 1979).

Die deut-dtr Sicht der Wunderzeichen von Ägypten hat auch Eingang gefunden in Jer 32, 20f., in das Gebet des Jeremia nach Abwicklung des Ackerkaufs zu Anatot (Jer 32, 17–25). In den Formulierungen lassen sich deutliche Anklänge an das kleine geschichtliche Credo (Deut 26, 8f.) feststellen (vgl. W. Thiel, WMANT 52, 29ff.). Nicht anders steht es bei den Geschichtssummarien in den Psalmen, z. B. Ps 78, 43. Hier sind unter den *môp^{e}ṯîm* und *'ôṯôṯ* auch einzelne Plagen aus den Ex-Überlieferungen erwähnt (v. 44ff.) bis hin zur Schlagung der Erstgeburt der Ägypter und der wunderbaren Errettung der Israeliten am Schilfmeer (vv. 51–53; vgl. J. Kühlewein, Geschichte in den Psalmen [Calwer Theol. Monograph. A2; 1973], 146–151). Mit dieser Stelle unmittelbar zu vergleichen sind Ps 105, 27 (vv. 26–36) und Neh 9, 10, wobei festgeprägte Formulierungen Verwendung finden, bei Neh besonders deutlich. In Neh 9, 10 ist so klar wie sonst nicht in diesem Zusammenhang davon gesprochen, daß JHWH sich durch diese Wundertaten einen Namen gemacht hat, wie er noch zur Zeit der Abfassung dieses Passus besteht. Das Verstockungsmotiv erfährt eine Erklärung: Pharao wird verstockt (oder verstockt sich), damit der Name JHWHs erhöht wird. Geschichtssummarien spielen offensichtlich im Gottesdienst oder in der (weisheitlichen Diskussion und) Unterweisung eine Rolle (Ps 78, 1; vgl. Kühlewein 85–92), im Lobpreis JHWHs (Ps 135, 9), innerhalb dessen auch grundsätzlich dazu aufgerufen werden kann, daß die versammelte Gemeinde der Zeichen, Wunder und Großtaten Gottes eingedenk sein solle (Ps 105, 5: *zikrû nipl^e'ôṯājw '^{a}šær 'āśāh môp^{e}ṯājw ûmišp^{e}ṭê-pîhû* = 1 Chr 16, 12; vgl. W. Schottroff, WMANT 15, 127ff.). Die Prägekraft der dtr Theologie ist auch in den zuletzt genannten Stellen nicht zu verkennen. Es wird sich bei den genannten kultischen Begängnissen und den weisheitlichen Reflexionen um Lebensäußerungen der nachexilischen Gemeinde handeln. Es gilt, Lob, Bekenntnis, Vertrauen diesem Gott zuzuwenden, welche sich im Tun seines Willens artikulieren. So erfüllt sich der Sinn der angefügten Paränesen.

2. Die ältesten Belege für *môpet̲* finden sich bei ProtoJes (8, 18; 20, 3). Jes 8, 18 ist nach allgemeiner Anerkennung authentisch und gehört in die Phase einer gewissen Zurückgezogenheit des Propheten hinein, nachdem seine Botschaft während des syrisch-ephraimitischen Krieges in Jerusalem und Juda offiziell nicht akzeptiert worden war. Sie wird nunmehr seinem Schülerkreis anvertraut und übergeben (v. 16). Ansonsten gelten die von JHWH in „Israel" aufgerichteten und noch vorhandenen Wahrzeichen und Merkmale, die Kinder (vermutlich doch die leiblichen) als „Verkündigungselement", deren Symbolnamen (*š*e*'ār jāšûb̲*, 7, 1; *maher šālāl ḥāš baz*, 8, 1–3, und vielleicht der *'immānû'el*, wenn die *'almāh* mit der Frau des Propheten gleichgesetzt werden darf, 7, 14, wobei dieser ausdrücklich als *'ôt̲* bezeichnet wird) Verkündigungsinhalte darstellen. Nicht ganz einfach zu fassen ist die Vorstellung, daß auch der Prophet selber *môpet̲* oder *'ôt̲* ist, was sich dann nur auf den Tatbestand seiner Existenz, freilich seiner Existenz als Prophet beziehen kann (8, 18). Daß prophetische Symbolhandlungen als *'ôt̲* und *môpet̲* benannt worden sind, bezeugt der Fremdbericht in Jes 20, 3, nach welchem der Prophet drei Jahre „nackt" und barfuß einhergegangen sei zum Zeichen für das durch Assur heraufkommende bevorstehende Unheil der Deportierung ganzer Völkerschaften. *môpet̲* gewinnt die Bedeutung von 'Vorzeichen', 'Mahnzeichen'. Die symbolische Handlung wird zum nonverbalen verbum visibile, schlimmer noch: sie antezipiert das Unheil (vgl. G. Fohrer, Die symbolischen Handlungen der Propheten, 1953).Dieser Beleg ist sicher nachjesajanisch (vgl. H. Wildberger, BK X z. St.). Auch Ezechiel soll durch bestimmte Zeichenhandlungen die Deportation Jerusalems durch die Neubabylonier symbolisieren (12, 6. 11). Dabei wird überdeutlich und bis in Einzelheiten hinein die Situation vorausdargestellt, so wie sie sich dann am Tage des Gerichtes vollziehen wird, Exulantengepäck auf der Schulter, abendlicher Aufbruch, Verhüllung des Gesichts usw. (Ez 12, 1–6). Die symbolische Handlung vollzieht sich öffentlich vor aller Augen, zunächst jedoch ohne Worte. JHWH gibt Ezechiel in seinem ganzen Sein und Tun zum *môpet̲* für das Haus Israel (v. 6). Hintergrund sind vermutlich trügerische Hoffnungen der Exulanten von 597 v. Chr. auf den (eben auch für sie günstigen) Weiterbestand von Jerusalem noch vor 587 v. Chr. In den Augen JHWHs ist aber auch die erste Golah, nicht nur der in Palästina ansässige Bevölkerungsteil ein ungehorsames und widerspenstiges Geschlecht. Auf die Nachfrage der Leute hin soll Ezechiel dann verbal zum Ausdruck bringen, daß er für sie ein *môpet̲* sei, daß *gôlāh* und *š*e*b̲î* unvermeidlich seien (v. 11; in v. 10 wird eigens erwähnt, daß dies Jerusalem und seiner Bewohnerschaft gelte, aber es muß auch diejenigen treffen, vor denen es gehandelt und gesprochen worden ist, vgl. W. Zimmerli, BK XIII z. St.). Die Zeichenhaftigkeit des prophetischen Lebens (vgl. Jes 8, 18) erstreckt sich im göttlichen Dienst bis in die private Sphäre hinein. Der Tod der Frau des Ezechiel und die daraufhin von JHWH gebotene Verhaltensweise, nämlich nicht den üblichen Trauergebräuchen zu entsprechen, bildet den Untergang Jerusalems ab. Ezechiel wird in seinem Geschick selber zum *môpet̲* (*lāk̲æm* „für euch", Ez 24, 24. 27). In Ansage und Vollzug erschließt sich JHWHs Seins-Wirklichkeit. *môpet̲* ist (auch) in diesen Stellen 'Vorzeichen', 'Mahnzeichen', 'Wahrzeichen', mehr noch proleptischer Vollzug angesagter und sich (nach-)vollziehender Fakten (vgl. auch W. Zimmerli, BK XIII/1, 103–105; 568 ff.).

In den Prophetenlegenden des ATs wirken Propheten im Auftrage JHWHs Wunderzeichen, so wie dies u. a. auch in dem überlieferungsgeschichtlich komplizierten Kap. 1 Kön 13 geschildert wird. In der ersten der beiden Prophetenlegenden bedroht ein unbekannter Prophet aus Juda in Bethel ursprünglich wohl den (gerade kultisch agierenden) König mit einer Unheilsbotschaft. In der jetzt vorliegenden jüngeren Wiederaufnahme der Erzählung richtet sich das Unheil gegen den Altar, den – so heißt es – der spätere davidische König Josia verunreinigen und damit zerstören werde (vgl. 2 Kön 23, 16 f.). Zur Bekräftigung wird ein *môpet̲* gegeben (*nāt̲an*), ein Zeichen, welches in einem besonderen Gotteswort besteht (*zæh hammôpet̲ 'a**šær dibbær JHWH*). Dieses Wort sagt an, daß der Altar zerbrochen und die daraufliegende Fettasche (E. Würthwein, ATD 11, 1 z. St.) verschüttet werden wird (1 Kön 13, 3). Als der König sich gegen den Propheten wehren will und nach ihm greift, ist die ausgestreckte Hand gelähmt (v. 4, der bisher unbekannte König ist jetzt Jerobeam, gewiß sekundär, s. BHS), während der Altar zerbirst und die Fettasche tatsächlich verschüttet wird. Es wird nun expressis verbis vermerkt, daß dies gemäß dem Wahrzeichen (*môpet̲*) geschieht, das der Gottesmann gegeben hat *b̲id̲bar JHWH* („im Worte JHWHs, vermittelst des Wortes JHWHs"; 1 Kön 13, 5). *môpet̲* ist hier auf kurzem Raum Zweierlei: einmal das der Drohung beigefügte Gotteswort, welches die Zerstörung des Altars zeichenhaft noch anders vorsieht, als die angekündigte Josia-Tat es vorgestellt hat, und zum anderen der tatsächliche Vollzug des beigefügten Wortes, das Geschehen des *môpet̲* nach seinem substantiellen Inhalt. *môpet̲* legitimiert, bekräftigt und vollzieht angesagtes Gotteswort. Die Passagen, in denen *môpet̲* gebraucht ist, gehören einer späten dtr Bearbeitung des Stoffes an (vgl. E. Würthwein, ATD 11, 1, z. St.; A. Jepsen, Festschr. G. v. Rad, 171–182).

Deut 13, 1–6 sieht den Fall vor, daß ein Prophet oder ein Träumer seine Gabe, Wunderzeichen einzusetzen, dazu nutzt, seiner Aufforderung, fremden Göttern zu dienen, die wirksame Unterstützung und Beglaubigung zuteil werden zu lassen (v. 2: *wenāṯan 'elǣḵā 'ôṯ 'ô môpeṯ*; vgl. TR 54, 9). Es kann nach Meinung des Deuteronomikers sogar geschehen, daß diese Wunderzeichen tatsächlich eintreffen (v. 3: *ûḇā' hā'ôṯ wehammôpeṯ*). Damit ist die beschwerliche Situation gegeben, daß auch ein nicht von JHWH gesandter Prophet oder Träumer solche Machterweise seiner Botschaft beifügen kann. Das strikte Verbot lautet, nicht auf einen solchen „Gottesmann" zu hören (v. 4), ja vielmehr ihn zu töten und so das Böse aus Israels Mitte zu tilgen (v. 6). Für das Auftreten einer solchen bedrückenden Situation hält v. 4 die überraschende Begründung bereit, daß ein solcher „falscher Prophet" von Gottes Seite her Israel prüfen soll (*nsh pi*), ob es mit ungeteiltem Herzen JHWH liebe. Auch diese *môpeṯîm* und *'ôṯôṯ* haben einen von Gott letztlich zugunsten seines Volkes gesetzten Sinn, sie sind keinesfalls autonom oder wirksam widergöttlich. Das Deut enthält im letzten Teil neben Segens- auch Fluchsentenzen (vgl. G. v. Rad, ATD 8), die denjenigen treffen, der JHWHs Gebote und Satzungen nicht bewahrt und auf die Stimme JHWHs nicht hört (Deut 28, 45ff.). Diese Flüche realisieren sich in einer furchtbaren geschichtlichen Katastrophe (vv. 47–57) und sind darin für den mit dem Fluch Belegten sowie für dessen Nachkommenschaft (*zæra'*) auf unabsehbare Zeit *môpeṯ* und *'ôṯ*, d. h. Denk- und Warnzeichen, Versichtbarung des Fluches (Deut 28, 46).

3. In einem nachexil. individuellen Klagelied bezeichnet der Beter seine beklagenswerte Situation als ein „Schreckenszeichen" für viele (Ps 71, 7, *môpeṯ* so von H.-J. Kraus, BK XV/1 übersetzt), das Feinde als Signal für die Gottverlassenheit und somit für die Berechtigung zur Verfolgung des Klagenden verstanden haben (v. 10f.). Der Beter wendet sich aber voll Vertrauen und Zuversicht an Gott (v. 12 u. ö.). *môpeṯ* ist an dieser Stelle begriffen als Sinnzeichen der Not, die dem Außenstehenden anzeigen kann, daß auch Gott den von Not Betroffenen aufgegeben hat. – Die chr Fassung der Hiskia-Geschichte kennt ebenfalls wie die dtr das Gebet des Königs um Heilung von seiner schweren Erkrankung. Die Antwort darauf ist nicht überliefert, aber JHWH gewährt ihm ein Wunderzeichen (*nāṯan môpeṯ*, 2 Chr 32, 24). Leider ist *môpeṯ* nicht näher definiert, aber man darf gewiß voraussetzen, daß mit diesem 'Zeichen' die wunderbare Genesung Hiskias gemeint sein wird. Indessen ist im Parallelbericht von 2 Kön 20, 1–10 und Jes 38, 1–8. 21–22 tatsächlich von einem Vergewisserungszeichen für die durch Jesaja angesagte Heilung die Rede, das Hiskia erbittet und das ihm von JHWH gewährt wird. An dieser Stelle ist allerdings *'ôṯ* gebraucht. Leider sind die Parallelberichte in sich nicht ganz einlinig. Mit der Krankheitsgeschichte konvergiert die Belagerungsgeschichte des Sanherib vor Jerusalem, so daß sich das Zeichen auch auf den bevorstehenden Entsatz Jerusalems beziehen könnte. Wie dem auch sei, es handelt sich bei dem erwähnten *'ôṯ* um ein außergewöhnliches, natürliche Verhältnisse umkehrendes Zeichen (der statt voranschreitende rückwärtsgehende Schatten), der bevorstehende(s) Heil(ung) vergewissert. Nicht ganz deutlich ist *môpeṯ* in dem chr Schluß der Hiskia-Geschichte zu fassen (2 Chr 32, 31), in welchem noch einmal von einer (oder von der?) babylonischen Gesandtschaft nach Jerusalem berichtet wird, die zum Zwecke der Erkundung des 'Wunderzeichens' angereist war, das im Lande geschehen war (*liḏroš hammôpeṯ*; der dtr Schluß erzählt davon nichts, 2 Kön 20, 20f.). *môpeṯ* kann sich dabei sowohl auf die wunderbare Genesung des Hiskia als auch auf die überraschende Errettung Jerusalems aus der assyrischen Umzingelung rückbeziehen. Die Kommentatoren verstehen den Passus unterschiedlich (vgl. W. Rudolph, HAT I/21 z. St. und K. Galling, ATD 12, z. St.; die Jerusalem-Bibel meint, 2 Chr 32, 31 sei eine neue „Deutung" von 2 Kön 20, 12–19).

Nach Jo 3, 3 werden im Zusammenhang mit der allgemeinen Geistausgießung besondere Zeichen am Himmel und auf Erden erscheinen: Blut und Feuer und Rauch, apokalyptische Zeichen. Dies ist aber eine ganz singuläre Verwendung von *môpeṯ*, zwar nicht in der apokalyptischen Literatur als solcher, falls man mit H. Gese bestimmte Stücke des Proto-Sach zur (Früh-)Apokalyptik zählen will (3, 8), wohl aber in dieser Bedeutung. Das Verständnis von Sach 3, 8 bereitet dem Exegeten nicht unerhebliche Schwierigkeiten, vor allem hinsichtlich der Frage danach, wer mit den *'anšê môpeṯ* gemeint ist. Der Formulierung zufolge müßten es die *re'ǣḵā* sein, die 'vor' dem angesprochenen Hohenpriester Josua 'sitzen'. Doch ist wegen der Kompliziertheit des nachfolgenden Textes (sind v. 8b und 10 sekundär?, aber was meint v. 9 und der dort erwähnte Stein?) nicht deutlich, worauf die „Männer des Sinnzeichens" bezogen sein wollen. Wenn sie die Priesterkollegen des Hohenpriesters sind, dann wäre denkbar, daß mit der Wiedereinrichtung des geordneten Tempelkults und der Wiedereinsetzung legitimer und geheiligter Priester (515 v. Chr.) ein Unterpfand für die bevorstehende Heilszeit gegeben sein würde. Die *'anšê môpeṯ* wären dann dieses Unterpfand (vgl. W. Rudolph, KAT XIII/4 z. St.; Th. H. Robinson / F. Horst, HAT I/14 z. St.; K. Elliger, ATD 25 z. St.).

IV. Zu Sach 3, 8 findet sich in 1 QH 7, 21 eine überraschende Parallele. Dort gilt der Lehrer der Gerechtigkeit offenbar als „Vater für die Söhne der Gnade" (Z. 20) und als „Pfleger für die Männer des Sinnzeichens" eingesetzt. Die „Söhne der Gnade" und die „Männer des Sinnzeichens" sind vermutlich Bezeichnungen für die Qumrangemeinde, zumindest für die Anhängerschaft des Lehrers der Gerechtigkeit (E. Lohse, Die Texte aus Qumran, [2]1971). In 1 QH sind noch zwei andere Belege zu registrieren, 13, 16 und

15, 20. In beiden Fällen ist vorgestellt, daß der frevelnde Mensch von dem Zorn Gottes getroffen wird und für folgende Geschlechter zum (Warn-)Zeichen werden wird, an dem letztlich auch die Größe und Stärke Gottes erkennbar werden (15, 20). In 4 Q 511, 26, 4 und 4 Q 511, 48–51, II, 5 entspricht die Verwendung von *môpet̲* dem at.lichen Befund.
Schließlich wird *môpet̲* im Lobpreis der Väter bei Sir 48, 12 verwendet, und zwar in bezug auf die Wunder, die Elisa tat. *môpet̲* kann in diesem Zusammenhang nur Wunder- und Kraftakt des Propheten in den Elisa-Legenden sein. Weiterhin wird in einem Volksbittgebet Gott um die Erneuerung von Zeichen und Wunder gebeten, damit die Völker erkennen, daß er, der Gott Israels, allein Gott sei (36, 6). Die Parallelausdrücke innerhalb des v. 6 (starker Arm, mächtige Hand, Rechte, Verherrlichung der Potenzen Gottes) erinnern daran, daß auf das exemplarische Ägyptengeschehen angespielt ist (*môpet̲* im Sing.!). Sir 36, 1–14 ist Muster für liturgische Stücke, besonders für das Neujahrsfest in späterer Zeit gewesen (nach G. Sauer, Jüd. Schriften in jüd.-hellenist. Zeit III, 5 Jesus Sirach, 1981, 591f.; vgl. 627).

Wagner

מור *mwr*

1. Etymologie – 2. Belege – 3. At.licher Gebrauch – 4. *t^e^mûrāh* – 5. LXX – 6. Qumran.

1. Die Wurzel *mwr* I findet sich in jüd.-aram. *'aph* mit der Bedeutung ʿvertauschen', vielleicht aus dem Hebr. entlehnt; samarit. *mwr* bedeutet dagegen ʿzerbrechen' und syr. *mwr* ʿGetreide einführen'. Akk. (nbabyl.) *māru* ʿkaufen' gehört wohl mit ʿAustausch' zusammen und dürfte westsemit. Lehnwort sein (AHw 616); verwandt ist wohl auch arab. *māra(i)* ʿverproviantieren, sorgen für'. Ugar. *mr* heißt ʿweichen' und gehört nach Aistleitner (WUS Nr. 1658) eher mit arab. *marra* ʿweggehen' zusammen. A. Guillaume, Abr Nahrain 2, 1960/61, 21 verweist auf arab. *ma'ara* „raged, was in commotion". (→ מהר *mohar.*)

2. Belegt sind im AT *niph* (1mal) ʿsich ändern', *hiph* ʿvertauschen, ändern' (12mal) sowie das Nomen *t^e^mûrāh* ʿEintausch'.

3. Der einzige Beleg für *niph* ist Jer 48, 11, wo von Moab gesagt wird, daß es lange ungestörten Frieden genossen hat und deshalb unverändert geblieben ist. In einem dem Weinbau entlehnten Bild sagt der Prophet: es behielt seinen Geschmack (*ʿāmad̲ ṭaʿmô bô*), und seine Blume änderte sich nicht (*rêḥô lo' nāmār*). Moab gleicht „einem guten alten Wein, der nicht durch Umschütten seinen Geschmack und seine Blume verloren hat" (Rudolph, HAT I/12, ³1968, 258). Jetzt ist es aber damit aus: JHWH wird den edlen Wein ausschütten und die Krüge zerschlagen: Moab wird völlig vernichtet werden.
Die *hiph*-Form ʿvertauschen' begegnet zunächst Lev 27, 10. 33. An der ersten Stelle wird verboten, ein als Weihgabe gelobtes Tier gegen ein anderes auszutauschen, da das gelobte Tier heilig geworden ist; tauscht man es aus, wird auch das Ersatztier heilig und verfällt dem Heiligtum. Ob ein Unterschied vorliegt zwischen den beiden hier gebrauchten Verben (*ḥlp hiph*, *mwr*), ist schwer festzustellen. „Vielleicht geht חלף auf gleichwertigen, מור auf unterschiedlichen Tausch" (Elliger, HAT I/4, 387); die unten besprochenen Belege könnten einen solchen Schluß nahelegen. Vers 33 schreibt ähnliches für den Zehnten vor; hier wird außerdem die Auslösung (*g'l*) verboten. Ein ähnlicher Gedanke findet sich dann Ez 48, 14. Das Land der den Priestern und Leviten zugeteilten *t^e^rûmāh* ist JHWH heilig und darf nicht verkauft (*mkr*) oder vertauscht werden; man soll es nicht in andere Hände übergehen lassen.
An drei anderen Stellen handelt es sich um das Vertauschen von Gott gegen nichtsnutzige Götzen. Hos 4, 7 rügt die Priester, daß sie gesündigt haben, indem sie „ihre Ehre (*kāb̲ôd̲*) gegen Schande vertauscht haben" (MT „ich will vertauschen" ist ein tiqqun sopherim). Ihre Ehre ist entweder JHWH selbst (vgl. Ps 3, 4), den sie gegen Baʿal und andere Götzen vertauscht haben, oder aber, wie Wolff (BK XIV/1, 99f.) meint, die Pflege der *daʿat̲ 'ælohîm*, in der sie hätten leben sollen; stattdessen leben sie „von der Sünde des Volkes" (v. 8) und treiben Unzucht (mit Baʿal, v. 10). Die erstere Deutung wird durch Ps 106, 20 gestützt, wo es heißt, daß die Israeliten in der Wüste „ihre Ehre (*kāb̲ôd̲*) gegen das Bild eines Stiers" getauscht haben. Hier handelt es sich, wie v. 19 zeigt, um das goldene Kalb. Das Bild eines Stiers, „der Gras frißt", ist ein untauglicher Götze. Es ist deshalb möglich, daß Hosea die Stierbilder in Bethel und Dan im Auge hat. Am eindrücklichsten kommt derselbe Gedanke zum Ausdruck in Jer 2, 11: kein Heidenvolk hat ihre Götter vertauscht, obwohl diese keine Götter sind (*lo' 'ælohîm*, → אלהים) – aber Israel hat seine Ehre (*kāb̲ôd̲*) gegen das, was nichts nützt (*lo' jôʿîl*) vertauscht. Vers 13 macht völlig klar, worum es geht: Israel hat seinen Gott JHWH gegen nichtsnutzige Götzen vertauscht, was ebenso töricht ist, wie wenn man sich auf rissige Zisternen statt Quellen mit „lebendigem" Wasser verläßt. Israel hat die unerhörte Torheit begangen.
Ps 15, 4 ist textlich schwierig. Soviel ist aber deutlich, daß die ʿÄnderung' von dem, was man mit einem Eid bekräftigt hat, beabsichtigt ist (s. die Komm.). Mi 2, 4 ist der Text kaum in Ordnung. In einer als *māšāl* bezeichneten Wehklage ist vom ʿVertauschen' des Ackerloses und Verteilen (*ḥlq*) des Feldes durch die Feinde die Rede. LXX liest statt *jāmîr* offenbar *jimmad̲*, „wird vermessen", was als Parallele zu ʿverteilen' besser paßt. Die verheerenden Feinde bieten ja keine Gegenleistung.

Zum textlich unsicheren Beleg Spr 3, 35 (statt *merîm* lies vielleicht das Ptz. *hiph m^{e}mîrîm*) vgl. V. Reider, VT 2, 1952, 123f.

4. Das Nomen *t^{e}mûrāh* kommt zunächst in den oben besprochenen Stellen Lev 27, 10. 33 vor. In Hi 15, 31 bezieht es sich auf das, was man erhält, wenn man sich auf Eitles (*šāw'*) verläßt, in Hi 20, 18 auf den trügerischen Gewinn des Reichtums. Hi 28, 17 sagt, daß Weisheit nicht im Eintausch gegen Gold erworben werden kann. Schließlich weist Ruth 4, 7 auf den alten Gebrauch hin, beim Lösen (*g^{e}'ullāh*) oder Tauschen (*t^{e}mûrāh*) den Schuh auszuziehen, um die Sache zu bekräftigen.

5. LXX gebraucht für das Verb meist ἀλλάσσειν; daneben finden sich Übersetzungen wie ἀθετεῖν, καταμετρεῖν, ταράσσειν und τιθέναι. Für *t^{e}mûrāh* steht 3mal ἄλλαγμα, Ruth 4, 7 ἀντάλλαγμα. Hi 15, 31 gebraucht eine Form von ἀποβαίνειν, Hi 20, 18 hat ἀμάσητος 'ungekaut' (?).

6. Die 4 Belege aus Qumran, alle in Hodajot, scheinen mehr oder weniger von Jer 2, 11 abhängig zu sein. Die Gegner des Lehrers der Gerechtigkeit haben seine Lehre gegen unbeschnittene Lippen und eine fremde Zunge eingetauscht (1 QH 2, 18); er dagegen hat sich nicht verleiten lassen, die feste Gesinnung (*jeṣær sāmûḵ*) gegen Torheit einzutauschen (2, 36). Die Lügendeuter haben Gottes Gesetz gegen Schmeicheleien eingetauscht (4, 10). Schließlich sagt der Dichter von 14, 20, er tausche nicht Gottes Wahrheit gegen Reichtum (*hôn*) oder sein Recht gegen Bestechung ein.

Ringgren

מִישׁ / מוּשׁ *mûš* / *mîš*

1. Etymologie, Belege – 2. Gesetzesgehorsam, neuer Bund – 3. Transitiv und *hiph* – 4. LXX – 5. Qumran.

1. Es gibt zwei verschiedene Wurzeln *mwš*. Die eine ist eine Nebenform zu *mšš* 'betasten', die andere, die die Nebenform *mjš* aufweist, bedeutet 'von der Stelle weichen'. Verwandte gibt es nur im Mhebr. *pilpel* und im Jüd.-Aram. *palpel* mit der gleichen Bedeutung.

Belegt ist die letztere Wurzel nach MT 18mal im *qal* und 2mal im *hiph*.

2. Die meisten Belege beziehen sich auf rein tatsächliche Verhältnisse und haben keine besondere theologische Bedeutung. Josua 'verläßt' nicht das Begegnungszelt (Ex 33, 11), die Lade und Mose 'verlassen' nicht das Lager (Num 14, 4); die Wolkensäule 'weicht' nicht von ihrem Platz an der Spitze des Volkes (Ex 13, 22); Gideon sagt zum Engel JHWHs: „'Geh' nicht 'weg' von hier“ (Ri 6, 18), der Pflock 'gibt nach' und fällt herunter (Jes 22, 25, Sebna-Orakel), das Götzenbild 'rührt sich' nicht von seiner Stelle, es bleibt stehen, wo man es hingestellt hat (Jes 46, 7: Beweis der Ohnmacht der Bilder); der Raub des Feindes 'hört' nicht 'auf' (Nah 3, 1); der Ölberg wird sich spalten und die beiden Hälften werden nach Norden und nach Süden 'ausweichen' (Sach 14, 4); der am Wasser gepflanzte Baum 'hört' nicht 'auf', Frucht zu tragen (Jer 17, 8); aus dem Haus dessen, der Gutes mit Bösem vergilt, 'weicht' das Unheil nicht (Spr 17, 13); Bedrückung (*toḵ*) und Trug (*mirmāh*) 'weichen' nicht aus der bösen Stadt (Ps 55, 12).

3. In der einleitenden Paränese des Jos wird Josua ermahnt, das Buch des Gesetzes nie aus seinem Mund 'weichen' zu lassen, sondern ständig darüber nachzusinnen (*hāḡāh*) (Jos 1, 8). Es handelt sich also um Gesetzesgehorsam im Sinne von Ps 1. In demselben Sinn beteuert Hiob, daß er nicht von den Geboten Gottes 'gewichen' sei, sondern seine Worte im Busen (1. *ḥeq*) bewahrt (*ṣāpan*) habe (Hi 23, 12). Wenn es um Gehorsam geht, hat Gott also keinen Anlaß, ihn zu bestrafen.

Jes 59, 21 ist eine Verheißung: Gott will einen ewig bestehenden Bund mit seinem Volk schließen: der Geist und die Worte JHWHs werden nie von ihm und seinen Nachkommen 'weichen'. Der Geistbesitz erinnert an Jes 42, 1; das Volk wird also Knecht JHWHs sein. Die „Worte“ sind vielleicht die Worte des Gesetzes; hier spiegelt sich also die Verpflichtung zum Gesetz wie in den soeben besprochenen Stellen wider. Zugleich könnte auf Jes 54, 10 angespielt werden, wo auch von einem ewigen Bund die Rede ist: wenn auch die Berge von ihrer Stelle 'weichen', wird JHWHs *ḥæsæḏ* nicht von seinem Volk 'weichen' und sein Friedensbund nicht wanken. Ähnlich heißt es Jer 31, 36 im Zusammenhang mit dem neuen Bund: erst wenn die Gesetze (*ḥuqqîm*) der Natur „weichen“, d. h. aufgehoben werden, wird Israel aufhören (*šāḇaṯ*), ein Volk (d. h. ein Volk Gottes) zu sein.

3. In Sach 3, 9 wird *mûš* transitiv gebraucht, und zwar vom Entfernen der Schuld des Landes. Diese Bedeutung kommt sonst dem *hiph* zu: Mi 2, 3: „dieses Geschlecht kann nicht seinen Hals aus dem Unheil 'herausziehen'; es trifft unausweichlich. Mi 2, 4 ist schwierig; vielleicht könnte man mit Wolff, BK XIV/4, 38 *'êḵ jāmîš lî* übersetzen: „Wie entzieht man mir (den Boden)?“

4. Die LXX bietet keine einheitliche Übersetzung: für *qal* ἀφιστάναι, ἐκλείπειν (2mal), κινεῖν (5mal), κλίνειν, μεθιστάναι, παύειν, χωρίζειν; für *hiph* κωλύειν (?), ποιεῖν.

5. Von den Qumranbelegen beziehen sich 3 auf das Fehlen oder Ausbleiben einer Person: bei den Mahlzeiten darf ein Priester nicht fehlen (1 QS 6, 3), und wo zehn Mitglieder zusammen sind, darf ein Gesetzeskundiger nicht fehlen (1 QS 6, 6; vgl. CD 13, 2, wo es heißt, daß er im Buche *hgw* unterrichtet sein soll). 1 QH 8, 17 sagt, daß die Lehre wie Wasser sei, das nicht weicht oder aufhört, sondern zu einem reißenden Strom wird. Das kleine Fragment 1 Q 55 scheint ein Zitat aus Nah 3, 1 zu enthalten.

Ringgren

מוּת *mûṯ*

מָוֶת *māwæṯ*, תְּמוּתָה *t^{e}mûṯāh*, מְמוֹתִים *m^{e}môṯîm*

I. Umwelt – 1. Ägypten – 2. Mesopotamien – 3. Westsemiten – II. 1. Etymologie – 2. Belege – III. Erfahrung des Todes – 1. Vor dem Tode – 2. Todeswunsch – 3. Nach dem Tode – IV. Tod und Begräbnis – 1. Das Tod-Begräbnis-Schema – 2. Totenklage – 3. Besondere Todesorte – V. Tod als Bezeichnung für Zeit – 1. Vor, bei und nach dem Tode – 2. Sukzession – 3. Genealogie und Alter – VI. Gründe des Todes – 1. Warum sterben? – 2. Aufgrund der Sünde – 3. Art und Weise des Todes – VII. Tod als Folge – 1. *qal*-Formen – 2. *hiph*-Formen – 3. *hoph*-Formen – 4. Übrige Ausdrücke – VIII. 1. Die Toten – 2. Die Unterwelt – IX. Tod und Leben – X. Qumran.

Lit.: *B. Alfrink*, L'expression שָׁכַב עִם אֲבוֹתָיו (OTS 2, 1943, 106–118). – *Ders.*, L'expression נֶאֱסַף אֶל־עַמָּיו (OTS 5, 1948, 118–131). – *F. A. Ali*, Death and Underworld in Cuneiform and the OT (Bayn al-Nahrayn 7/27, 1979, 231–245). – *P. Armes*, The Concept of Dying in the OT (Phil. Diss. Southwestern Baptist Theol. Seminary 1981). – *L. R. Bailey*, Biblical Perspectives on Death (OvBT, Philadelphia 1979). – *Chr. Barth*, Die Errettung vom Tode in den individuellen Klage- und Dankliedern des Alten Testaments, Zollikon 1947. – *A. Bertholet*, Die israelitischen Vorstellungen vom Zustand nach dem Tode, ^{2}1914. – *L. Bronner*, From Death to Life in the Bible in the Light of the Ugaritic Texts (Beth Mikra 25, 1980, 202–221). – *J. B. Burns*, The Mythology of Death in the OT (ScotJTh 26, 1973, 327–340). – *H. Christ*, Blutvergießen im Alten Testament. Der gewaltsame Tod des Menschen untersucht am hebräischen Wort *dām*, Diss. Basel 1977. – *G. R. Driver*, Plurima Mortis Imago (Studies and Essays in Honour of Abraham A. Neumann, Philadelphia 1962, 128–143). – *Ders.*, The Resurrection of Marine and Terrestrial Creatures (JSS 7, 1962, 12–22). – *G. Fohrer*, Das Geschick des Menschen nach dem Tode im AT (KuD 14, 1968, 249–262). – *G. Gerleman*, מות *mût*, sterben (THAT I 893–897). – *G. F. Hasel*, Resurrection in the Theology of OT Apocalyptic (ZAW 92, 1980, 267–284). – *K.-J. Illman*, Old Testament Formulas About Death, Åbo 1979. – *K. Jaroš*, Die Vorstellung Altisraels über Tod und Fortleben nach dem Tod (BiLi 51, 1978, 219–231). – *O. Kaiser / E. Lohse*, Tod und Leben, 1977. – *U. Kellermann*, Überwindung des Todesgeschicks in der alttestamentlichen Frömmigkeit vor und neben dem Auferstehungsglauben (ZThK 73, 1976, 259–282). – *Ders.*, Auferstanden in den Himmel. 2 Makkabäer 7 und die Auferstehung der Märtyrer (SBS 95, 1979). – *A. F. Key*, The Concept of Death in Early Israelite Religion (JBR 32, 1964, 239–247). – *R. Knierim*, Die Hauptbegriffe für Sünde im Alten Testament, 1965. – *B. Lorenz*, Bemerkungen zum Todeskult im Alten Testament (VT 32, 1982, 229–234). – *O. Loretz*, Vom kanaanäischen Totenkult zur jüdischen Patriarchen- und Elternverehrung (JARG 3, 1978, 149–204). – *Ders.*, Tod und Leben nach altorientalischer und kanaanäisch-biblischer Anschauung in Hos 6, 1–3 (BN 17, 1982, 37–42). – *V. Maag*, Tod und Jenseits nach dem AT (Kultur, Kulturkontakt und Religion, 1980, 181–202). – *R. Martin-Achard*, De la mort à la résurrection d'après l'Ancien Testament, Neuchâtel - Paris 1956. – *Ders.*, Trois remarques sur la résurrection des morts dans l'Ancien Testament (Festschr. H. Cazelles, AOAT 212, 1981, 301–317). – *E. M. Meyers*, Secondary Burials in Palestine (BA 33, 1970, 2–29). – *L. M. Muntingh*, Life, Death and Resurrection in the Book of Job (OTWerkSuidA 17f., 1974f., ed. 1977, 32–44). – *G. E. W. Nickelsburg, Jr.*, Resurrection, Immortality and Eternal Life in Intertestamental Judaism (HThSt 26, 1972). – *M. Ogushi*, Der Tod im AT. Eine formgeschichtliche Untersuchung (EHS XXIII/115, 1978). – *O. Plöger*, Tod und Jenseits im AT (H. J. Klimkeit [Hg.], Tod und Jenseits im Glauben der Völker, 1978, 77–85). – *H. D. Preuß*, Psalm 88 als Beispiel alttestamentlichen Redens vom Tod (A. Strobel, Der Tod – ungelöstes Rätsel oder überwundener Feind?, 1974, 63–79). – *G. Quell*, Die Auffassung des Todes in Israel, 1925. – *J. W. Ribar*, Death Cult Practices in Ancient Palestine (Diss. Michigan 1973). – *J. F. A. Sawyer*, Hebrew Words for the Resurrection of the Dead (VT 23, 1973, 218–234). – *H. Schulz*, Das Todesrecht im Alten Testament. Studien zur Rechtsform der Mot-Jumat-Sätze (BZAW 114, 1969). – *H. Schüngel-Straumann*, Tod und Leben in der Gesetzesliteratur des Pentateuch unter besonderer Berücksichtigung der Terminologie von „töten" (Diss. Bonn 1969). – *J. A. Soggin*, Tod und Auferstehung des leidenden Gottesknechtes Jesaja 53, 8–10 (ZAW 87, 1975, 346–355). – *G. Stemberger*, Der Leib der Auferstehung (AnBibl 56, 1972). – *Ders.*, Auferstehung der Toten, AT (TRE IV, 1979, 443–450). – *G. Steiner*, Das Bedeutungsfeld „Tod" in den Sprachen des Alten Orients (Or 51, 1982, 239–248). – *R. Stola*, Zu den Jenseitsvorstellungen im alten Mesopotamien (Kairos 14, 1972, 258–272). – *N. J. Tromp*, Primitive Conceptions of Death and the Nether World in the Old Testament (BiOr 21, 1969). – *L. Wächter*, Der Tod im Alten Testament, 1967. – *H. Wahle*, Die Lehren des rabbinischen Judentums über das Leben nach dem Tod (Kairos 14, 1972, 291–309). – *P. L. Watson*, The Death of 'Death' in the Ugaritic Texts (JAOS 92, 1972, 60–64). – *P. Welten*, Die Vernichtung des Todes und die Königsherrschaft Gottes (ThZ 38, 1982, 129–146). – *J. Wijngaards*, Death and Resurrection in Covenantal Context (Hos VI, 2) (VT 17, 1967, 226–239). – *J. Zandee*, Death as an Enemy (SNumen 5, 1960). – *W. Zimmerli*, „Leben" und „Tod" im Buche des Propheten Ezechiel (ThB 19, 1963, 178–191). – Weitere Lit.: ThWNT X/2, 1979, 1100–1103; EWNT II, 1981, 319.

Zu I.: *B. Alster* (Hg.), Death in Mesopotamia: Papers Read at the XXVIe Rencontre Assyriologique Internationale, Kopenhagen 1980. – *H. Bonnet*, Jenseitsgericht (RÄR 333–341). – *Ders.*, Jenseitsglaube (RÄR 341–355). – *E. Ebeling*, Tod und Leben nach den Vorstellungen der Babylonier, 1, 1931. – *A. Gardiner*, The Attitude of the Ancient Egyptians to Death and the Dead, Cambridge 1935. – *H. Kees*, Totenglauben und Jenseitsvorstellungen der alten Ägypter, 1926. – *C. E. Sander-Hansen*, Der Begriff des Todes bei den Ägyptern, Kopenhagen 1942. – *J. Spiegel*, Die Idee vom Totengericht in der ägyptischen Religion (LÄS 2, 1935). – *J. A. Wilson*, Egypt (The Intellectual Adventure of Ancient Man, hrsg. H. Frankfort, Chicago 1946, 31–121). – *J. Zandee*, Death as an Enemy According to Ancient Egyptian Conceptions (SNumen 5, 1960).

I. 1. Die Wurzel *mt* (*mwt*) liegt im Äg. in drei Realisierungen vor: das Verb *mt* 'tot sein, sterben', das Adj. *mt* 'tot' und das Subst. *mt* 'Tod'. Das Wortfeld ergibt sich natürlich aus den Tatsachen. Der Gegensatz zu „leben" (*ʿnḫ*) tritt oft zutage; Zusammenstellungen wie „als Toter oder als Lebender" („tot oder lebend"), „nicht sterben, sondern leben", „das Leben lieben und den Tod hassen" sind häufig (WbÄS II 165ff. mit Belegst.). Das Wort kann sowohl von Menschen als auch von Tieren gebraucht werden. Es steht auch vom untergehenden Schiff (Schiffbr. 171 = Erman, Literatur 58), von einem kranken Glied (P. Ebers 103, 18) oder vom wirkungslos gewordenen Gift (Metternich 69: zu einem von einem giftigen Tier verletzten Kind wird gesagt: „Lebe, Kind, stirb, Gift" (Grapow, Bildl. Ausdrücke 138). Bildlich sagt man: „Die Erde liegt im Dunkel, als wäre sie tot" (Amarnahymnus 15 = Erman, Literatur 358), „die Menschen schlafen als wären sie tot" (Amarna VI 28, Grapow a.a.O. 138). Oft vermeidet man die Nennung des Todes: Osiris ist „müde" (i.S.v. tot), die Toten sind „die Müden", sie werden auch „die Schlafenden" genannt (Grapow 139). Das Totenreich wird „Lebensland" genannt. „Er ging zur Ruhe" bedeutet „er starb" (Grapow 19. 138). Zu beachten ist auch der Ausdruck *mt m whm*, „abermals sterben", d. h. noch einmal im Jenseits sterben.

Der Tod wird als „ein Stück der Weltordnung" (S. Morenz, RdM 8, 195) gewertet und gilt als unentrinnbar: „Der Tod kommt, er raubt das Kind, das noch auf dem Schoß seiner Mutter ist, ebenso wie den Mann, wenn er ein Greis geworden ist" (Anii V 2–4). „Es gibt keinen Boten des Todes, der Geschenke empfängt" (Petosiris II 90, Morenz 201). Der Tod des einzelnen wird von der Gottheit gesetzt: „Amun verlängert die Lebenszeit, und er verkürzt sie" (P. Leiden I 350, III 17; Morenz 74. 195).

In der Haltung dem Tod gegenüber wechseln Pessimismus und Optimismus. Es wird betont, daß die Generationen vergehen, daß die, die einmal Bauten errichteten, jetzt nicht mehr sind, und daß niemand aus dem Jenseits zurückkehrt (P Harris 500 VI 2–9; Wilson 104). „Niedrig ist uns der Tod, hoch steht uns das Leben" (Hardjedef, Morenz 196). Eine seit dem M.R. als Appell an die Lebenden gebräuchliche Formel beginnt: „O ihr, die ihr zu leben liebt und zu sterben haßt, sprecht (für den Toten das Totengebet)" (Morenz 196). Dem Lebensmüden erscheint der Tod als der einzige Ausweg. Der Tod ist ein Zustand, in dem man alles entbehrt: Wasser, Speise, Bewußtsein, menschliche Gemeinschaft (Morenz 197). „Der Westen (d.h. das Totenreich) ist das Land des Schlummers, eine lastende Dunkelheit, der Wohnort derer, die dort sind (Euphemismus für „Tote"), Schlafen ist ihre Beschäftigung. Sie erwachen nicht, um ihre Brüder zu sehen ..." (Stele BM 157, Morenz 197f.).

Andererseits aber kreist der Glaube der Ägypter um die Hoffnung eines Lebens im Jenseits. Der Ba („Seele"), der im Todesaugenblick den Körper verläßt, weilt in der Nähe des Toten im Grabe und erhält die Verbindung mit den Lebenden aufrecht, vermittelt die Totenopfer usw. Der Ka (Doppelgänger, Lebenskraft) lebt weiter, wird im Grabe abgebildet und sichert das Fortleben im Jenseits. Durch die Begräbnisriten wird der Verstorbene ein Ach („Verklärter") und lebt weiter mit den Göttern. Hier kreuzen sich Vorstellungen verschiedenen Ursprungs. Im A.R. meinte man, der König vereinigte sich mit seinem Vater Re und nahm an seinem ewigen Kreislauf am Himmel teil. Früh ist auch die Vorstellung, daß der Tote ein Osiris wird und wie er auf immer lebt. Hier liegt vielleicht der Gedanke an die ständige Erneuerung der Natur (des Korns usw.) zugrunde.

Es gab auch eine Vorstellung von einem Gericht im Jenseits: der Tote sollte vor dem Gericht des Osiris seine Unschuld beteuern und freigesprochen werden. „So wird nun Recht gegeben dem, der tut, was geliebt wird, und Unrecht gegeben dem, der tut, was gehaßt wird. So wird nun Leben gegeben dem Friedfertigen und Tod gegeben dem Frevler" (Schabaka-Inschr. 57, Morenz 123). Diesen Lohngedanken versuchte man aber durch magische Mittel zu umgehen: wenn man nur die richtige Formel kennt, wird man freigesprochen und entgeht allen Gefahren der Unterwelt.

2. Das akk. Verb *mātu* (AHw 634f.) wird sowohl von Menschen als auch von Tieren und Pflanzen gebraucht (Belege CAD M/1, 421ff.), daneben auch von Tafeln, deren Inhalt ungültig wird. Das Adj. *mītu* (AHw 663) 'tot', das oft als Gegensatz zusammen mit *balṭu* 'lebendig' erscheint, wird ebenso auch von Tieren und Pflanzen gebraucht; außerdem kann es den Totengeist, ung. = *eṭemmu* (s.u.) bezeichnen. Das Subst. *mūtu* 'Tod' (AHw 691) steht oft im Gegensatz zu *napištu* oder *balāṭu* 'Leben' und kann auch personifiziert werden: „Der Tod, der Herr der Menschen, hat seinen Sohn genommen" (CAD M/2, 317; vgl. Steiner, Or 51, 1982, 247).

Zu beachten ist auch das Götterepitheton *muballiṭ mītē*, „der die Toten lebendig macht", das in Zusammenhängen vorkommt, wo es sich offenbar um die Heilung von (tödlich) Kranken handelt.

Der Tod ist dem Menschen von den Göttern auferlegt (Gilg X, iii 3–5: „Als die Götter die Menschheit schufen, bestimmten sie der Menschheit den Tod, das Leben behielten sie in ihrer Hand." Vgl. auch Gilg X, vi 13–16: „Niemand kann den Tod sehen. Niemand kann das Gesicht des Todes sehen. Niemand kann die Stimme des Todes hören. Aber der grausame Tod reißt die Menschen fort" (Lambert in: Alster 54f.). Das Atraḫasis-Epos deutet an, daß der Grund für die Bestimmung des Todes der Wunsch der Götter war, die Mehrung der Menschheit zu beschränken, da die Flut nicht effektiv gewesen war (Lambert 57f.).

Die Todesstunde hängt vom Schicksal (*šīmtu*) ab; ein vorzeitiger Tod ist ein Tod am Tag, der nicht des Schicksals ist (Steiner 243).

Der Tod kann durch Verben wie „einschlafen" (*ṣalālu*), „ruhen" (*nâlu*, *pašāḫu*) beschrieben werden (Bottéro in Alster 28; weitere Synonyme und Euphemismen bei Steiner 242). Der Körper (*zumru*, *pagru*) wird ein Kadaver (*šalamtu*), das Fleisch schwindet

(Bottéro 27). Was übrigbleibt, ist ein Hauch (*zaqīqu, šâru*), ein Schatten (*ṣillu*) oder, wie es gewöhnlich heißt, ein *eṭemmu*, der als böser Geist den Nachlebenden schaden kann (Bottéro 28f.; Steiner 245).

Die Toten existieren im Totenreich, oft *KI/erṣetu*, „Erde" genannt, auch *ki.gal* „die große Unterwelt" oder mit Eigennamen Arallu. Es ist *kur.nu.gi.a* = *erṣet lā târi*, „das Land ohne Wiederkehr" (Bottéro 29f.; vgl. F. Delitzsch, Das Land ohne Heimkehr, 1911).

Die Unterweltgötter werden manchmal als „Richter" (*dajjānu*) bezeichnet, aber „richten" heißt soviel wie „entscheiden": sie bestimmen, daß der Verstorbene in der Unterwelt bleibt und dessen Gesetzen untertan ist. Es liegt also keine Vorstellung von einem ethisch bestimmten Gericht vor (Bottéro 34).

Ein besonderes Problem bieten die sterbenden Götter. Einerseits wird ein Gott getötet, um das Leben des aus Lehm geschaffenen Menschen zu sichern, andererseits werden alte Götter getötet, um von jüngeren Nachfolgern ersetzt zu werden (Bottéro 45, Anm. 17). Schließlich ist DUMU.ZI/Tammuz als Gott des jungen Lebens und der Vegetation ein sterbender Gott (RAO 74ff.).

3. Die ugar. Texte enthalten einige Beispiele für das Sterben von Menschen im allgemeinen. Einmal wird festgestellt, daß „der Held Aqhat gestorben ist (*mt*)" (KTU 1.19, II 42), ein anderes Mal, daß die Kinder Kerets sterben (KTU 1.14, I 16). Die Haltung gegenüber dem Tod tritt in einigen Zeilen des Aqhat-Epos zutage. ʿAnat hat Aqhat ewiges Leben angeboten als Austausch für seinen Bogen, Aqhat aber weist sie zurück und sagt: „Was erhält der Mensch als Letztes? Was erhält der Mensch als Schicksal? ... Ich werde wie alle sterben, ja, ich selbst werde sicher sterben" (KTU 1.17, VI 34–37). Der Tod ist das unentrinnbare Los des Menschen, nur Götter haben unvergängliches Leben. Deshalb entsteht das Problem im Keret-Epos, als Keret erkrankt und man fürchtet, er werde sterben. Da er als König göttlicher Herkunft ist, fragt man: „Mußt du sterben wie (andere) Menschen?" (KTU 1.16, I 3f. 18) und: „Können Götter sterben? Lutpans Nachkomme wird leben" (ebd. 22). Die ugar. Mythologie kennt bekanntlich einen sterbenden (und wiederauflebenden) Gott, nämlich Alijan Baʿal, dessen Tod an der Hand des Gottes Mot (dessen Name wohl selbst 'Tod' bedeutet und der das Absterben der Vegetation während der dürren Jahreszeit repräsentiert) folgendermaßen ausgerufen wird: „Gestorben ist Alijan Baʿal, vernichtet (*ḫlq*) der Fürst Herr der Erde" (KTU 1.5, VI 9). Dazu kontrastiert der Ausruf bei seinem Wiederaufleben: „Siehe, Alijan Baʿal lebt, siehe, der Fürst Herr der Erde ist (wieder) da" (KTU 1.6, III 2f.).

Nach dem Sieg Baʿals wird der Tod des Jamm verkündet: „Jamm ist gestorben, Baʿal wird König sein" (KTU 1.2, IV 31–34).

Ringgren

II. 1. Die Wurzel *mwt* ist gemeinsemitisch und findet sich außerdem im Äg. vor: ugar. *mt* (UT Nr. 1443, WUS Nr. 1703), kanaan. (EA 1468), pun., altaram., jaud., äg.-aram., nabat., palmyr. (DISO 145), bibl.-aram., jüd.-aram., samarit. (Ben Hayyim 2, 503b), syr., mand. (MdD 263b), asarab. (Conti-Rossini 176a), arab. *mwt*, äth. tigr., akk. *mē/ūt* (AHw II 634b), äg. *mt* (WbÄS II 165ff.).

2. Belegt ist im Hebr. das Verb im *qal* (630mal nach THAT) mit der Bedeutung 'sterben', ferner im *polel* (9mal), 'vollends töten, den Todesstoß geben, umbringen', als Ptz. *polal*: *m*ᵉ*môṯāṯîm*, „die getötet werden sollten" (KBL³), im *hiph* (138mal), 'töten, hinrichten lassen', im *hoph* (68mal), 'getötet werden, den Tod erleiden'. Das Subst. *māwæṯ* (150mal nach THAT) bedeutet 'Tod, Sterben', könnte aber personifiziert mit „Todesgott" (? Jer 9, 20; Hos 13, 14; Hab 2, 5; Ps 18, 5; 49, 15; 116, 3; Pred 13, 14, vgl. KBL³) oder „Totenreich" als Parallele zu *š*ᵉ*'ôl* (→ שאול) HL 8, 6 und *šaḥaṯ* (→ שחת) übersetzt werden (z. B. Jes 28, 15; 38, 18; Ps 9, 14; 107, 18; Hi 38, 17). Abgeleitet von *mwt* sind ferner *t*ᵉ*mûṯāh* 'Sterben' (Ps 79, 11; 102, 21) und *m*ᵉ*môṯîm* 'Tod, Todesart' (Jer 16, 4; Ez 28, 8). Insgesamt hätten wir 1000 Belege dieser Wurzel (THAT).

Die überwiegende Mehrzahl der Belege bezieht sich auf Menschen, daneben kommen auch Tiere (Gen 33, 13; Ex 7, 18. 21; 8, 9; 9, 6f.; Lev 11, 31f. 39; Jes 66, 24) und Pflanzen (Hi 14, 8) als Subj. vor.

Die Streuung der Belege ist interessant. Die überwiegende Mehrzahl findet sich in den erzählenden Schriften und bezieht sich auf die einfache Tatsache des Sterbens oder des Todes. Nur 4 Belege für das Verbum stehen in Ps (neben 18 für *māwæṯ*), was wahrscheinlich mit der Umschreibung des Todes durch typisierte Bilder zusammenhängt. Hi hat 13 Belege für das Verbum im *qal*, Jes 12, Jer 27, Ez 37, das Zwölfprophetenbuch 9, Spr 6, Pred 7 Belege.

Als Synonyma erscheinen → גוע *gāwaʿ*, → הלך *hālak* 'fortgehen', *jṣ'* mit *næpæš*, *næ'*ᵃ*sap 'æl ʿammājw* bzw. *'*ᵃ*boṯājw* (→ I 10), → שכב *šākab*, als Gegenbegriff → חיה *ḥājāh* 'leben'. Für das *hiph* kommen auch → הרג *hārag* und → רצח *rāṣaḥ* in Betracht. Vereinzelt wird der Tod als ein Schlaf bezeichnet (Hi 3, 13; 14, 12; Ps 13, 4; Jer 51, 39. 57; vgl. Jes 26, 19; Dan 12, 2 → ישן *jāšen*).

III. 1. Durch die soeben genannten Synonyma wird der Tod als das „Hinausgehen der *næpæš*, d. h. des Lebens", ein Sich-Hinlegen (zum Schlaf, *šākab*) oder ein Fortgehen (*hlk*) charakterisiert. Einige Stellen deuten indirekt eine Definition an, z. B. Hi 14, 10: „Der Mann (*gæbær*) stirbt und ist dahin (*ḥlš*), der Mensch verscheidet (*gāwaʿ*), und wo ist er?" Noch deutlicher ist Ps 39, 14: „Ich gehe (fort) und bin nicht mehr (*'ênænnî*); vgl. Ps 103, 16 „sie sind nicht mehr, und ihre Stätte kennt sie nicht mehr". Eine andere Aussage legt das Hauptgewicht auf die Tatsache, daß der Gestorbene nicht ins Leben zurückkehrt: „ehe ich gehe (*'elek*), um nicht wiederzukehren (*w*ᵉ*lo'* *'āšûḇ)*" (Hi 10, 21; vgl. akk. *erṣet lā tāri*, „das Land ohne Wiederkehr", s. o. I. 2).

2. Der tatsächlich bevorstehende Tod kann durch verschiedene Formeln ausgedrückt werden: *wešāḵaḇtî 'im-'aḇôṯaj*, „wenn ich mich zu meinen Vätern lege", oder *'anî næ'æsap 'æl-'ammî*, „wenn ich versammelt werde zu meinem Volk" (Gen 47, 30 bzw. 49, 29; vgl. unten IV. 1). Diese Aussagen finden sich in Zusammenhängen der Vorbereitung auf den Tod bei den Patriarchen, besonders im Vorfeld testamentarischer Verfügungen. In diesen Zusammenhängen wird aber auch die Wurzel *mwt* direkt verwendet, z. B. Ptz. *qal*: *hinneh 'ānoḵî meṯ*, „sieh, ich sterbe" (Gen 48, 26; 50, 5), *kî 'ānoḵî meṯ*, „denn ich sterbe" (Deut 4, 22), mit *qal* Ipf.: *beṭæræm 'āmûṯ*, „bevor ich sterbe" (Gen 27, 4; 45, 28; Spr 30, 7) mit dem Subst. *māwæṯ*: *lipnê môṯô/môṯî*, „vor seinem/meinem Tod" (Gen 27, 7. 10; 50, 16; Deut 33, 1; 1 Chr 22, 5). Außer den testamentarischen Verfügungen werden hier die letzten Wünsche des Sterbenden oder die letzten Maßnahmen vor dem Tode erwähnt.

In diesen Zusammenhang gehören einige Ausdrücke, die auf den Inf. *lāmûṯ* hinzielen. *wajjiqreḇû jemê jiśrā'el lāmûṯ*, „als nun die Tage nahten, daß Israel sterben sollte" (Gen 47, 29; vgl. 1 Kön 2, 1 über David und Deut 31, 14 als Anrede an Mose) und *'ānoḵî holeḵ lāmûṯ*, „ich gehe dem Tod entgegen" (Gen 25, 32). Hier ist auch das Segnen (→ ברך *bāraḵ*) zu nennen, das für die Patriarchenerzählungen charakteristisch ist.

Von einer Krankheit zum Tode ist in 2 Kön 20, 1 (= Jes 38, 1) und 2 Chr 32, 24 die Rede, obwohl der kranke König Hiskia wieder gesund wird, und in 2 Kön 13, 14, wo König Joas das Sterbebett des Propheten Elisa besucht. Hier wird das Verb *ḥālāh* mit *mûṯ* verbunden.

3. Der Todeswunsch ist im AT verhältnismäßig selten. Zweimal kommt der Ausdruck *wajjiš'al 'æṯ napšô lāmûṯ*, „er wünschte sich den Tod", vor (1 Kön 19, 4 von Elia und Jon 4, 8 von Jona). Die zweite Stelle ist deutlich von der ersten abhängig, obwohl die Situationen ganz verschieden sind. Zweimal wird der Wunsch durch die irreale Wunschphrase *mî jitten* mit suffigiertem Inf. *mûṯenû* (Ex 16, 3) bzw. *mûṯî* (2 Sam 19, 1) ausgedrückt. Hier klagt David „wäre ich nur an deiner Stelle (d. h. Absaloms) gestorben", dort die Israeliten: „wären wir doch durch die Hand JHWHs in Ägypten gestorben". Ein dritter Ausdruck, *tāmoṯ napšî*, „möge ich doch sterben" drückt nicht den Todeswunsch aus, sondern den Wunsch nach einer rechten Weise des Sterbens: Bileam schließt seinen ersten Spruch über Israel mit den Worten „Es sterbe meine Seele den Tod der Gerechten!" (Num 23, 10), und Simson wünscht, die Philister mit sich in den Tod zu nehmen (Ri 16, 30).

4. Die Feststellung, daß der Tod eingetreten ist, wird gewöhnlich durch das Perf. *meṯ* oder das Ptz. *meṯ* in verschiedenen Phrasen ausgedrückt. Die kürzeste lautet *wehinneh meṯ*, „und (sieh) er ist tot" (z. B. 2 Sam 4, 10; 1 Kön 3, 21; 2 Kön 4, 32), wobei der Name des Toten genannt oder als bekannt vorausgesetzt wird. Wenn ein Erschlagener aufgefunden wird, heißt es *wehinneh nopel meṯ*, „und (sieh) er liegt tot" (Ri 3, 25 über Ehud und 4, 22 über Sisera). Statt des Perf. drücken hier zwei Partizipien ein erzählerisches Überraschungsmoment aus. Viel häufiger wird ein kognitives Verb mit *mûṯ*, beide oft im Perf., verbunden. Beispiele sind vor allem *šāma' ... kî meṯ*, „er hörte ... daß (er) gestorben war" (1 Sam 25, 39; 2 Sam 4, 1; 11, 26; 1 Kön 11, 21; 21, 16) und *rā'āh ... kî meṯ*, „er sah ... daß (er) gestorben war" (Gen 50, 15; Ri 9, 55; 1 Sam 17, 51; 31, 5; 2 Kön 11, 1 usw.). Die Verben *ngd* (*hiph*), *bîn* und *jāḏa'* werden jeweils nur 1mal mit *mûṯ* verbunden (2 Sam 12, 18; 12, 19; 1, 5). Wir haben es hier mit Idiomen zu tun, die in einfacher, natürlicher Weise von der Erfahrung eines Todesfalls sprechen. Solche Feststellungen leiten oft direkt zu weiteren Handlungen über, die dann eigentlicher Hauptgegenstand der Erzählung sind. In direkter Rede kann die Information über den Tod einer Person nur dazu dienen, etwas anderes zu betonen, so z. B. wird Josephs Tod als Motiv dafür angeführt, Benjamins Leben zu sichern (Gen 42, 38; 44, 20).

IV. 1. Tod und Begräbnis werden oft in ein Schema eingefaßt, dessen Hauptelemente die Konsekutivformen *wajjāmŏṯ ... wajjiqqāḇer*, „er starb ... und wurde begraben", sind. Das Schema enthält außerdem gewöhnlich das Subjekt und Angaben über den Heimatort bzw. Ort des Grabes. Weitere Zusätze sind nicht selten, besonders wenn es sich um hervorragende Personen handelt. In seiner einfachsten Form findet sich das Tod-Begräbnis-Schema in den Listen über die sog. kleinen Richter (Ri 10, 1–5; 12, 7–15). Weitere Belege sind 2 Sam 17, 23 (Ahitophel), Ri 8, 32 (Gideon) und mit fem. Subjekt: Gen 35, 8 (Debora), Gen 35, 19 (Rachel) und Num 20, 1 (Mirjam). Mit kleinen Variationen im zweiten Hauptelement sind noch zu erwähnen: 1 Sam 25, 1 (Samuel); 2 Kön 13, 20 (Elisa); 2 Chr 24, 15–16 (Jojada) und Jos 24, 29–30 (Josua). Einmalig ist Deut 34, 5–6, wo JHWH seinen Knecht Mose begräbt. Zu diesem Schema müssen schließlich zwei ausführlichere Angaben über Abraham (Gen 25, 8–9) und Isaak (Gen 35, 28–29) sowie über Eleasar (Jos 24, 33) und über Samuel (1 Sam 28, 3) gerechnet werden. Hier steht jedoch statt der Konsekutivform eine Perf.-Form *meṯ*. Eine weitere Variation des Schemas liegt in Gen 48, 7 vor, wo Jakob auf Rachels Tod hinweist. Vgl. → קבר (*qāḇar*).

Innerhalb dieses Schemas oder auch isoliert kommen noch andere formelhafte Elemente vor. So wird in Gen 25, 8 und 35, 29 *wajjiḡwa'*, „er verschied, atmete aus", dem Ausdruck *wajjāmŏṯ* vorangestellt. Dies ist auch in Gen 25, 17 der Fall, wo allerdings das Begräbniselement fehlt. Die Formel *wajje'āsæp 'æl-'ammājw*, „und (er) wurde zu seinen Stammesgenossen versammelt" (Gen 25, 8. 17; 35, 29) ist der P-Schicht eigen und kann auch das *wajjāmŏṯ* ersetzen (so Gen 49, 33; Num 20, 24; Deut 32, 50) und mit wechselndem Subjekt auftreten (Gen 49, 29; Num 27, 13; 31, 2). Ähnlich wie *gwʿ* (→ גוע) kann auch *næʾæsap* ... einfach 'sterben' bedeuten (Ps 26, 9; Jes 57, 1). Die ursprüngliche Bedeutung der Formel meint nach Alfrink, Driver und Tromp die Vereinigung des Verstorbenen mit den Vätern in der Scheol (→ שאול). Sie sei von einer anderen Formel zu unterscheiden, *šāka̱b ʿim ʾaḇôṯājw*, „mit seinen Vätern schlafen", die fast ausschließlich von Königen verwendet wird, die einen normalen Tod starben (1 Kön 1, 21; 2, 10; 11, 21 [David]; 2 Kön 8, 24 [Joram] usw.). Allerdings werden beide Formeln von Jakobs Tod verwendet (vgl. Gen 47, 30; 49, 29. 33), was darauf hinweist, daß beide dieselbe Bedeutung haben, oder daß sie schon im Pentateuch festgeprägte Redewendungen geworden sind. So können sie mitunter gemischt werden, wenn *ʿammājw* durch *ʾaḇôṯājw* ersetzt wird (Ri 2, 10; 2 Kön 22, 20). Nach einer verbreiteten Auffassung bedeutet diese zweite Formel „im Familiengrab bestattet werden" und Wächter (im Anschluß an Quell und Dürr) meint, dies sei auch die ursprüngliche Bedeutung für *wajjeʾāsæp ʾæl ʿammājw* gewesen. Meyers aber meint beide Bedeutungen kombinieren zu können: archäologische Ausgrabungen weisen auf die Praxis einer Mehrfachbestattung hin, wobei die Gebeine in ein gemeinsames Ossuar verlegt wurden (vgl. A. Kuschke, Grab, BRL² 122–129; M. Weippert, Sarkophag, Urne, Ossuar, a.a.O. 269–276). Die Formeln könnten somit bedeuten „sterben und in die Scheol niedersteigen, wo ganz Israel versammelt ist", und dabei wörtlich diese Mehrfachbestattung zum Ausdruck bringen. C. Westermann (BK I/2, 1980, 486) vertritt eine davon abweichende Meinung: „Es ist dabei nicht an einen status des Verstorbenen gedacht, den man sich vorstellen könnte, sondern gemeint ist, was sie jetzt für die Lebenden bedeuten: sie gehören zu den vorangegangenen Vätern, deren Gedächtnis bewahrt wird."

Zwei weitere mit *mûṯ* verbundene Formeln sind zu nennen: *zāqen ûśeḇaʿ jāmîm*, „alt und satt an Tagen", kommt in Gen 25, 8 (Abraham); Gen 35, 29 (Isaak); Hi 42, 17 (Hiob); 1 Chr 23, 1 (David) vor (vgl. dazu 1 Chr 29, 28; 2 Chr 24, 15). Hierzu finden sich Parallelen in akk. und äg. Texten (Dürr 13). Nach Wächter (65f.) ist nicht nur 'hohes Alter' gemeint, sondern die Formel drücke einen Tugenderweis aus, der durch viele Nachkommen und Bestattung im Familiengrab hervorgehoben werden kann. Die Formel *beśeḇāh ṭôḇāh*, „im guten Greisenalter" wird von Abraham (Gen 15, 15; 25, 8), Gideon (Ri 8, 32) und David (1 Chr 29, 28) verwendet. Auch sie drückt hohes Alter und einen Zustand der Erfüllung aus.

G. von Rad dürfte darin recht haben, daß besonders die erste Formel erkennen läßt, „daß man im alten Israel das Leben nicht mit dem faustischen Unendlichkeitsanspruch, sondern von vornherein in Ergebung als etwas Begrenztes nahm, als etwas dem Menschen Zugewiesenes, in dem dann auch der Zustand der Sättigung zu erreichen war ..." (ATD 2–4⁹, 209). Allerdings ist es nicht erlaubt, daraus weitgehende Folgerungen für die Bewertung des Lebens und die Einstellung zum Tode überhaupt zu ziehen. Auffällig ist das Fehlen von Aussagen über Gottes Eingreifen oder Wirken bei diesen Todesfällen. Dies sollte aber bei solchen formelhaften Wendungen keineswegs verwundern, denn nur ausnahmsweise weicht der Erzähler vom Schema kräftiger ab. Dies geschieht einerseits, wenn es sich um eine ungewöhnliche Weise des Todes bzw. Begräbnisses handelt, wie bei Mose und Aaron, oder andererseits, wenn es sich um außerordentliche Gestalten wie Abraham, Jakob und David handelt. Im ersten Fall veranstaltet JHWH selbst den Tod und das Begräbnis, im zweiten wird das Tod-Begräbnis-Schema durch die genannten Formeln ausgefüllt, erweitert oder ersetzt.

2. Aussagen über die rituelle Totenklage finden sich sowohl in Verbindung mit dem Tod-Begräbnis-Schema als auch außerhalb desselben. In 1 Sam 25, 1 heißt es, daß „ganz Israel sich versammelte, um ihn (d. h. Samuel) zu beweinen"; vgl. die etwas kürzere Fassung in 1 Sam 28, 3. Auch über Jerobeams Sohn Abia wird gesagt, daß „ganz Israel" ihn beweinte (1 Kön 14, 13. 18). In beiden Fällen findet sich diese Bemerkung im Rahmen des Schemas. In Verbindung mit *mûṯ* wird die Totenklage auch in Gen 23, 2 (Abraham–Sara); 2 Sam 11, 26 (Bathseba–Uria) erwähnt. Zur rituellen Klage gehört auch die Tröstung: in unmittelbarer Nähe von der Erwähnung des Todesfalls ist davon die Rede in Gen 38, 12 und 2 Sam 13, 39. Das Perf. von *nḥm* bezeichnet den Abschluß der Trauerzeit (→ בכה *bāḵāh*, → ספד *sāpaḏ*, → נחם *nḥm*; vgl. auch P. Heinisch, Die Totenklage im AT [BZfr 13, 1931]).

Einen indirekten Beweis für die Bedeutung der Trauerriten liefern Stellen, an denen sie verboten werden oder ihr Ausbleiben vorhergesagt wird. In Deut 14, 1 heißt es: „Ihr dürft euch für einen Toten keine Einschnitte machen, noch eine Glatze vorn am Kopf scheren." Dies wurde offensichtlich als heidnische Praxis aufgefaßt. In Jer 22, 10 mahnt der Prophet das Volk, den toten König Josia nicht zu beweinen, vielmehr seinen Nachfolger Joahas, der ins Exil gehen muß. In Jer 16, 4–7 haben wir eine ausführliche Beschreibung des bösen Todes, der die Einwohner Jerusalems überkommen wird. Dies wird vor allem durch das Ausbleiben der Bestattung und der Totenklage deutlich. Der Prophet verbietet den Überlebenden, die Trauerhäuser zu betreten, weil JHWH dem Volk sein Heil entzogen habe. Ezechiel wiederum soll die Größe der kommenden Katastrophe dadurch illustrieren, daß er die Totenklage über seine eigene Frau unterläßt (Ez 24, 16). (Zu den Trauerriten vgl. E. Kutsch, „Trauerbräuche" und „Selbstminderungsriten" [ThSt 78, 1965, 25–42] und P. Welten, Bestattung II [TRE 5, 1980, 734–738].)

3. Innerhalb des Tod-Begräbnis-Schemas ist der Todesort in der Regel die Heimat. Ausnahmen sind Fälle, wo der Tod auf Reisen eintrifft (Gen 35, 8. 19; Num 20, 1) oder der Todesort sonst ungewöhnlich ist. Dabei kann ein emphatisches *šām* 'dort' auf einen

vorhergenannten Ort verweisen: Num 20, 1 (Kades); Num 20, 26. 28; 33, 38 (Hor); Deut 10, 6 (Mosera); Deut 34, 5 (Nebo). Der Tod im Exil kann auch mit einem *šām* angedroht werden (Jes 22, 18; Jer 20, 6. 12; 42, 16; Ez 12, 13). Hier wird unterstrichen, daß das Exil keineswegs einen Schutz bietet – nein, eben „dort" werden sie dem Tod begegnen.

An einigen Stellen wird der Tod in der Wüste als geschehenes Faktum erwähnt (Num 3, 4; 27, 3; Jos 5, 4), aber nur an der letzten Stelle spielt der Gegensatz Wüste – Gelobtes Land eine Rolle. Erst im Zusammenhang des Motivs „Murren in der Wüste" (→ לון *lûn*) wird „der Tod in der Wüste" als besonderes Klagemotiv hervorgehoben. In Num 14, 2 wird freilich der Tod in Ägypten oder auch in der Wüste der Begegnung mit den vermeintlichen Riesen im Gelobten Land vorgezogen. Sonst klagen die Israeliten Mose und Aaron an, sie aus Ägypten in die Wüste hinaufgeführt zu haben, um sie dort sterben zu lassen (Ex 14, 11. 12; Num 16, 13; 21, 5; Deut 9, 28).

Aus alledem kann gefolgert werden, daß der Tod im hohen Alter, in Sättigung und Erfüllung durch Nachkommenschaft, mit Begräbnis im Familiengrab in der Heimat als das Ideal angesehen wurde. Der Gegensatz dazu ist der Tod im Exil, in der Wüste, im Krieg (vgl. unten VI. 3), da hier die angemessene Bestattung und Totenklage ausbleiben mußten.

V. Die Erwähnung vom Tode einer Person kann als eine Zeitangabe verwendet werden. Es kann sich dabei um die Abfolge einzelner Ereignisse handeln, aber auch um Zeitwenden, Epochen, zusammenhängende Chronologien usw.

1. Der Ausdruck *ʿaḏ-môṯ hakkohen haggāḏôl*, „bis zum Tode des Hohenpriesters", bestimmt die Länge des Asyls, das für einen unfreiwilligen Totschlag gewährt wird (Num 32, 25. 28 [vgl. v. 32]; Jos 20, 6). Eine Asylsituation anderer Art liegt vor, wenn Jerobeam seine Zuflucht nach Ägypten nimmt „bis zum Tode Salomos" (1 Kön 11, 40). Die Formel *ʿaḏ-jôm môṯô*, „bis zum Tage seines Todes", besagt die noch ausstehende Lebenszeit eines Menschen (Ri 13, 7; 1 Sam 15, 35; 2 Sam 6, 23; 2 Kön 15, 5 || 2 Chr 26, 21; Jer 52, 11. 34). Der Ausdruck *jôm-hammāwæṯ* (Pred 7, 1; 8, 8) bezieht sich auf das Lebensende im allgemeinen und hat keine chronologische Funktion.

Der Ausdruck *b^emôṯ* . . ., „beim Tode . . .", drückt entweder Gleichzeitigkeit (Gen 21, 26; Num 26, 10; Spr 11, 7) oder unmittelbare Nachzeitigkeit (Ri 2, 19; Esth 2, 7) aus. Der Ausdruck *b^emôṯô*, „bei seinem Tode", wird in der Regel durch Angaben über das Alter des Gestorbenen im Tod-Begräbnis-Schema präzisiert: Num 33, 39 (Aaron); Deut 34, 7 (Mose); 2 Chr 24, 15 (Jojada). Derselbe Ausdruck wird verwendet, um auszudrücken, daß König Hiskia „bei seinem Tode vom Volk in Jerusalem geehrt wurde" (2 Chr 32, 33) und daß Simson „bei seinem Tode" mehr Menschen umbrachte als während seines Lebens (Ri 16, 30). *b^emôṯô* wird auch weisheitlich allgemein verwendet: der Mensch nimmt nichts von seinem Reichtum mit „bei seinem Tod" (Ps 49, 18).

Ein Zeitpunkt „nach dem Tode . . ." wird entweder durch *ʾaḥ^arê môṯ* . . . oder *kaʾ^ašær meṯ* angegeben. Der erste Ausdruck wird in Schemata angewendet, die den Übergang von einer Epoche zu einer anderen markieren: Abraham–Isaak (Gen 25, 11), Mose–Josua (Jos 1, 1), Josua–Richter (Ri 1, 1) und Saul–David (2 Sam 1, 1). Mit chronologischen Angaben haben wir es auch in Num 35, 28; 1 Chr 2, 24; 2 Chr 24, 17 usw. zu tun. Neben seiner zeitlichen Valenz (Ri 8, 23; 2 Sam 12, 21) kann *kaʾ^ašær meṯ* auch einen Vergleich ausdrücken (z. B. Deut 32, 50: „so wie dein Bruder Aaron starb").

2. Die monarchische Sukzession wird durch zwei Schemata, eines für friedliche und eines für gewaltsame Thronnachfolge, angezeigt:

1) *wajjāmŏṯ-* . . . *wajjimloḵ taḥtājw*, „als er starb, wurde . . . König an seiner Statt" (Gen 36, 33–39; 1 Chr 1, 44–50; 2 Sam 10, 1 || 1 Chr 19, 1; 2 Kön 1, 17; 8, 15; 13, 24; 1 Chr 29, 28).

2) *waj^emîṯehû* . . . *wajjimloḵ taḥtājw*, „er tötete ihn . . . und wurde König an seiner Statt". Dieses Konspirationsschema enthält eine Reihe von festen Elementen, die auf den Mord und die Usurpation des Throns hinleiten (1 Kön 15, 27 f.; 16, 10; 2 Kön 15, 10. 14. 25. 30).

Beide Schemata haben offensichtlich eine chronologische Funktion. Das erste wird sowohl bei israelitischen und judäischen als auch bei ausländischen Königen verwendet. Eine Zwischengruppe bilden einige Fälle, wo dem Konsekutiv *wajjāmŏṯ* Ausdrücke vorangestellt werden, die Tötung ausdrücken (2 Kön 12, 21 f. || 2 Chr 24, 25. 27; vgl. auch 1 Kön 15, 27). Das zweite Schema wird nur im DtrGW verwendet, und zwar im Zusammenhang von sechs nordisraelitischen Konspirationen.

3. Der Ausdruck *wajjāmŏṯ* ist auch fester Bestandteil genealogischer Schemata. Diese gehören wiederum zum chronologischen Rahmen des P (vgl. S. Tengström, Die Toledotformel, CB OT 17, 1982). So begegnet in Gen 5 7mal das Schema „A war *x* Jahre, als er B zeugte. Nach B.s Geburt lebte A *y* Jahre und zeugte Söhne und Töchter. So wurde A *z* Jahre alt und danach starb er." Auffällig ist hier das Interesse, die Genealogie so weit wie möglich zurückzuverfolgen (E. A. Speiser, AB 1, 41). Dazu kommen die jeweils sehr hohen Angaben der Lebensjahre (zur Funktion der hohen Lebensalterangaben als Darstellung der Zeiterstreckung in der Vorzeit vgl. C. Westermann, BK I/1, 479). Ein anderes Schema entsteht, wenn das oben erwähnte Tod-Begräbnis-Schema mit Angaben über das Lebensalter ergänzt wird: „Dies war die Lebensdauer Abrahams, die er lebte: 175 Jahre. Dann verschied Abraham und starb . . ." (Gen 25, 7–8). Weitere Beispiele sind Gen 11, 32 (Terah); 23, 1–2 (Sara); 25, 17 (Ismael); 35, 28–29 (Isaak); 47, 28–29 (Jakob/Israel); 50, 22. 24. 26 (Joseph); Hi 42, 28–29 (Hiob).

Bemerkenswert sind auch einige Fälle, an denen *wajjāmŏṯ* durch die Angabe ergänzt wird, daß der Verstorbene „ohne Sohn/Söhne" verschieden sei (2 Kön 1,17; 1 Chr 2,30. 32. 34; 23,22). Wenn es in 1 Chr 2,34; 23,22 heißt, daß „er nicht Söhne, nur Töchter hatte" wird deutlich, daß es sich um einen genealogischen Bruch handelt, der nur notdürftig durch Töchter wettgemacht werden konnte. Als ein noch größeres Unglück galt die Kinderlosigkeit: von Michal heißt es ausdrücklich, daß sie „kein Kind hatte bis zu ihrem Todestag" (2 Sam 6,23), der Erzähler will dies als eine Strafe verstanden wissen dafür, daß sie ihren Gemahl König David kritisiert hatte.

VI. 1. Die nicht seltene Frage, warum jemand sterben sollte, ist in den meisten Fällen rhetorisch. Wenn Qohelet fragt, „warum möchtest du vorzeitig sterben?" (Pred 7,18), setzt er voraus, daß Frevel und Torheit das Leben vorzeitig beenden können und daß eine feste Zeit für jedes Leben gesetzt ist (vgl. Hi 22,16). Daß man nicht grundlos töten darf, geht aus 1 Sam 20,23 hervor, wo Jonathan gegen Sauls Absicht, David zu töten, fragt: „warum soll er getötet werden, was hat er getan?"
Der rhetorische Charakter solcher Fragen geht aus einigen Beispielen deutlich hervor. Die Ägypter fragen Joseph, warum sie vor seinen Augen sterben sollen, wenn es doch in seiner Macht steht, ihnen Brot zu geben (Gen 47,15. 19). Die Israeliten fordern Mose auf, als Mittler für sie am Horeb einzutreten, damit das Feuer sie nicht verzehre (Deut 5,25). Der Prophet fragt, warum der König und sein Volk sterben sollten, statt den Widerstand gegen die Babylonier aufzugeben (Jer 27,12f.). In Ez 18,31 und 33,11 handelt es sich um entweder individuelle oder – eher – kollektive Schuld, die zum Tod führen würde, falls nicht Buße getan wird. In allen diesen Fällen hat die Frage die Funktion, auf die Gefahr des drohenden Todes zu weisen, damit der richtige Schluß gezogen wird.
2. Als Grund des Todes wird manchmal die Sünde und die daraus folgende Schuld angegeben. Dies wird besonders bei Ez in formelhaften Wendungen ausgedrückt, die nach Knierim (217) auf deklaratorischen Formeln der Rechtssprache (z. B. Deut 24,16) zurückgehen, aber vom Propheten selbst neu formuliert worden sind. Beispiele sind u.a. *hû' rāšāʿ baʿawonô jāmûṯ*, „so wird er, der Gottlose, wegen seiner Sünde sterben" (Ez 3,18; 33,8) und *weʿāśāh ʿāwæl ûmeṯ ʿalêhæm beʿawlô 'ašær ʿāśāh jāmûṯ*, „und tut Unrecht und stirbt, dann stirbt er um seines Unrechtes willen, das er getan hat" (Ez 18,26; 33,18; vgl. weiter Ez 3,19; 7,16; 18,17. 18; 33,9. 13; Jer 31,30). Das Vorhandensein von Schuld kann jeweils in Frage gestellt werden, nicht aber die tödliche Folge, wenn solche qualifizierte Schuld festgestellt worden ist (so z. B. 1 Sam 20,8; 2 Sam 14,32).
Während *ʿāwon* und besonders *ʿāwæl* speziell von Ez gebraucht werden, scheinen *ḥeṭ'* und *ḥaṭṭā'ṯ* als Grund des Todes weiter verbreitet zu sein: Num 27,3; Deut 24,16; 2 Kön 14,6 || 2 Chr 25,4; Ez 3,20; 18,4. 10; Am 9,10. Das Prinzip, daß jeder um seiner eigenen Sünde willen stirbt, wird hier in verschiedenen Variationen eingeschärft. In Ez ist dabei zu bemerken, daß Leben und Tod sehr unbestimmte Begriffe sind. „Leben" schillert zwischen „am Leben bleiben, überleben" und „volles Leben genießen mit Gott in einem funktionierenden Bundesverhältnis". „Sterben" bzw. „Tod" ist das Gegenteil, ausgedrückt mit den Formeln des Todesurteils (Zimmerli, BK XIII/1, 410, → חיה *ḥājāh* II 888f.).
Als Ursache des Todes findet sich ferner die Berührung heiliger Gegenstände (Ex 19,12; Num 4,15. 20; 2 Sam 6,7; vgl. 1 Sam 6,19 *nkh hiph*). In noch höherem Grad gilt das Sehen Gottes als lebensgefährlich. „Niemand kann Gott sehen und am Leben bleiben" (Ex 33,20). Deshalb sagt Manoah, nachdem sich der Engel JHWHs geoffenbart hat: „Jetzt müssen wir sterben, denn wir haben Gott gesehen" (Ri 13,22).
Termini technici für Todesschuld sind *mišpaṭ-māwæṯ* (Deut 19,6; Jer 26,11. 16), *ḥeṭ' māwæṯ* (Deut 22,26) und *ḥeṭ' mišpaṭ-māwæṯ* (Deut 21,22). Die entsprechenden Verbrechen sind Totschlag (Deut 19), sexueller Übergriff (Deut 22) und falsche Prophetie (Jer 26) – in allen Fällen wird die Schuld zur Debatte gestellt oder auch negiert. Sakrale Verbrechen „laden Todesschuld" auf den Täter, so z. B. Ex 28,43; Num 18,22. Nach Knierim (49) ist der ursprüngliche Sitz im Leben solcher Sätze in der bürgerlichen Rechtsgemeinde zu suchen, was noch in Deut 21,22; 22,16 erkennbar sei. In Num 18,22; 27,3 ließe sich aber ein Hinübergleiten in den sakralrechtlichen Bereich erkennen. Bei einigen Belegen handelt es sich zwar um rechtliche Formulierungen, „aber nicht mehr im Bereich des Rechtsvollzuges, sondern der Verkündigung" (so nach Knierim: Am 9,10; Deut 24,16 und die davon abhängigen 2 Kön 14,6; 2 Chr 25,4; vgl. Ez 18,4. 20; 3,20).
3. Der Tod trifft auch den Menschen im Kriege, durch Schwert, Pest und Hunger. Weil der Krieger besonders der Todesgefahr ausgesetzt ist, kann er unter bestimmten Umständen vom Militärdienst befreit werden, „damit er nicht im Krieg sterbe" (Deut 20,5–7). In der Poesie wird der Tod im Krieg durch mehrere parallele Ausdrücke beschrieben: *ḥālāl* || *meṯ*, *ḥæræḇ* || *milḥāmāh* (Jes 22,2), *rāʿāḇ* || *milḥāmāh*, *māwæṯ* || *ḥæræḇ* (Hi 5,20) usw. Der „Tote" ist „durchbohrt", das „Schwert" ist des Krieges Werkzeug, und als Folgen des Krieges treten Pest und Hunger auf (→ דבר *dæḇær*).
Amos droht sowohl Jerobeam als auch „allen Sündern meines Volkes" (Am 7,11; 9,10) mit dem Tod durchs Schwert, während Jeremia umgekehrt dem König Zidkia nicht den Tod durchs Schwert, sondern den Tod „im Frieden" zuspricht (Jer 34,4f.), vorausgesetzt freilich, daß er die Worte JHWHs hört. Wie die *qal*-Form bilden die *hiph*- und *hoph*-Formen von *mûṯ* feste Wortverbindungen mit *ḥæræḇ*. Töten mit dem Schwert bedeutet soviel wie „hinrich-

ten" (2 Kön 11, 15. 20 || 2 Chr 23, 14. 20; vgl. 2 Kön 1, 51; 2, 8). Das Schwert gilt als Werkzeug des Tötens (z. B. Ri 9, 54; Jer 41, 2); dagegen wird bei der Tötung Goliaths durch David ausdrücklich hervorgehoben, daß er nicht das Schwert in seiner Hand hielt (1 Sam 17, 50), sondern es erst nachher zog (v. 51). Die Unentrinnbarkeit des Strafgerichts betont 1 Kön 19, 17, wo das Entkommen „vom Schwert" des einen Feindes nur zur Tötung durch einen anderen führt.

Hunger, Durst und Pest können ebenso als Mittel des Tötens allein oder kombiniert stehen. Tötung durch Hunger habe Mose für das Volk geplant (Ex 16, 3), wird den Philistern angedroht (Jes 14, 30), oder ist für Jeremia wegen seiner Gefangenschaft zu befürchten (Jer 38, 9). Tötung durch Durst ist nach der Klage des Volkes die Folge der Herausführung in die Wüste (Ex 17, 3). Auch Simson befürchtet den Tod durch Durst (Ri 15, 18). Sanherib will die belagerten Jerusalemer durch Hunger *und* Durst sterben lassen (2 Chr 32, 11). Die Pest droht Jeremia den Jerusalemern an (Jer 21, 6), während Ps 78, 51 „Tod" und „Pest" parallel in der Beschreibung der ägyptischen Plagen anwendet.

Die Reihung mehrerer Todesarten ist ein besonderes Drohmittel bei Jer und – seltener – bei Ez: „Schwert" und „Pest" finden wir mit *mûṯ* syntaktisch kombiniert Jer 11, 22; 44, 12; ohne *mûṯ* Jer 14, 15. 16. 18; 16, 4; 42, 16; 44, 27; Kl 4, 19. Auch Ez 33, 27 erwähnt „Schwert" und „Pest", aber zwischen beiden steht „Speise für die wilden Tiere", was als eine Adaption des Trippelschemas betrachtet werden könnte, das „Hunger" als mittleres Glied hat (vgl. u.). Vgl. auch 1 Kön 14, 11 (wiederholt in 16, 4 und 21, 24), wo die Toten innerhalb der Stadtmauern als Fraß der Hunde, die Toten auf dem freien Feld als Fraß der Vögel beschrieben werden. Auch hier haben wir eine Art Doppelschema für Todesarten im Gefolge des Krieges.

Das Trippelschema *baḥæræḇ – bārāʿāḇ – baddæḇær*, „durch Schwert – Hunger – Pest", findet sich nicht weniger als 15mal in Jer, davon 5mal mit *mûṯ* (Jer 21, 9; 27, 13; 38, 2; 42, 17. 22). Diese Reihenfolge bleibt meistens gleich. Bei Ez wird dieses Schema stärker variiert und ausgefüllt. In Ez 5, 12; 6, 12; 7, 15 haben wir die Verbindung mit *mûṯ*, wozu noch 2 Stellen ohne dieses Verb vorkommen. Vielleicht hat Ez das Schema von Jer übernommen und es dabei modifiziert (so Wächter 138f.). Es dürfte jedenfalls ein Ausdruck der vollständigen Vernichtung sein: für Krieg steht „Schwert" und dann kommen „Hunger" und „Pest" als Gefolge, um die Ernte des Todes vollständig zu machen.

VII. 1. Zur Bezeichnung des Todes als Folge dient das *qal* Perf. cons. *wāmeṯ* kann die Folge einer Feststellung von Schuld (Gen 44, 9), einer bösen Gesinnung (1 Kön 1, 52) oder eines Totschlags (oft in Kombination mit *nkh hiph*) angeben (Ex 21, 12. 20. 28. 35; 22, 1; Deut 19, 11–12; 2 Sam 11, 15). Auch eine denkbare, aber zu vermeidende Folge kann durch *wāmeṯ* ausgedrückt werden (Gen 19, 19; 33, 13; 44, 22. 31). In einigen Fällen erwächst die Gefahr aus der Berührung sakraler Objekte (Num 4, 15. 20; vgl. o. VI. 2) oder auch durch unangemessene Kleidung (Ex 28, 43). Schließlich drückt *wāmeṯ* die Folge einer Todesstrafe aus, spezifiziert als Steinigung (Deut 13, 11; 17, 5; 21, 21; 22, 21. 24) oder unspezifiziert (Deut 17, 12; 18, 20; 22, 25; 24, 7). Der Unterschied liegt hier darin, daß *wāmeṯ* im ersten Fall die Urteilsformel abschließt, während im zweiten Fall die Formel durch *ûmeṯ* eingeleitet wird.

qal Imperf-Formen können ebenso die Folge eines tödlichen Verbrechens ausdrücken. In zwei Fällen wird der Schuldige „herausgeführt", um zu sterben (*weǰāmoṯ* Ri 6, 30; 1 Kön 21, 10). Der paronomastische Ausdruck *môṯ tāmûṯ* kann sowohl für Drohungen als auch für Proklamationen eines Todesurteils verwendet werden. Wenn wir die Angabe von Gründen als Kriterien für Urteile betrachten, sind z. B. 1 Sam 14, 44; 22, 16; 2 Kön 1, 4. 6. 16; Jer 26, 8; Ez 3, 18; 33, 8. 14 solche in gesetzlicher Sprache formulierte Urteile, während z. B. Gen 2, 17 (s. u. VI. 2.); 20, 7; 1 Kön 2, 37. 42 als Drohungen aufzufassen sind. Die entsprechenden Formulierungen in der 3. P. *môṯ jāmûṯ(û)* finden sich meistens außerhalb der Gesetzeskorpora (Num 26, 65; 1 Sam 14, 39; 2 Sam 12, 14; 2 Kön 8, 10) und können ähnlich wie *môṯ tāmûṯ* als Urteile oder Drohungen aufgefaßt werden. Ganz anders drückt *môṯ nāmûṯ* die Unentrinnbarkeit des Todes aus: in Ri 13, 22 spricht Manoah zu seiner Frau über die tödlichen Folgen davon, daß sie Gott gesehen haben (s. o. VI. 2), in 2 Sam 14, 14 wird das gemeinsame Los der Menschen so ausgedrückt.

Negierte *qal*-Imperf-Formen drücken häufig das Vermeiden des Todes aus. Dabei steht die Negation *lo'* dort, wo der Tod tatsächlich verhindert wird (Ri 6, 23; 1 Sam 20, 2; 2 Sam 12, 13; 19, 24), während *welo'* gewöhnlicherweise in Aussagen steht, in denen das Vermeiden durch bestimmte Voraussetzungen bedingt ist (z. B. Jer 11, 21; 38, 24; Ex 9, 4; 21, 18; 28, 35; Lev 16, 2. 13). Die Negation *pæn* folgt ebenso auf Bedingungen (Gen 3, 3; Lev 10, 6), während *weʾal* einmal bedingt (1 Sam 12, 19) und einmal unbedingt (Deut 33, 6) auftritt. Diese Regeln haben Ausnahmen: Ex 9, 4; 21, 18; Jes 51, 14 und in den synthetischen Ausdrücken als Pendant zu *ḥjh* (s. u. IX.).

2. *hiph*-Perf-cons-Formen kommen teils in direkten Drohungen (Jes 14, 30; 65, 15; Hos 2, 5; 9, 16), teils in konditionalen Befehlen (Ex 1, 16; 2 Sam 13, 28) oder in anderen Konsekutivsätzen (Ex 21, 29; Num 14, 15; 2 Sam 14, 32) vor. Dasselbe gilt von den *hiph*-Imperf-Formen: direkte Drohungen durch Propheten (Jes 11, 4; 1 Kön 19, 17), in kasuistischen Gesetzen stipulierte Todesurteile (Num 35, 19. 21), selbstauferlegte Drohungen (Gen 42, 27), Auslieferungsbefehle (Ri 20, 13; 1 Sam 11, 12) usw. Eine interessante Gruppe bilden die eidlich bekräftigten Zu-

sicherungen des Lebens (vgl. G. Giesen, BBB 56, 1981, 90–105): dem Schwurpartner wird zugesagt, daß er nicht (*'im*) getötet werden soll (z. B. 1 Sam 30, 15; 1 Kön 1, 51; 2, 8; Jer 38, 16). Außerhalb des Eidformulars gibt es auch noch Versicherungen des Nicht-Tötens, sei es bedingt (1 Sam 5, 11; Jer 38, 25) oder unbedingt (Ri 15, 13; 1 Kön 2, 26).

3. Sehr viel häufiger sind die *hoph*-Imperf-Formen sowohl in Drohungen als auch in gesetzlichen Stipulationen der Todesstrafe (das *hoph* Perf. dagegen kommt nur zweimal vor: Deut 21, 22; 2 Sam 21, 9). Die Imperf-Formen tauchen in apodiktischen (?) und in kasuistischen Gesetzen als Tatfolgebestimmung am Satzende auf (Ex 21, 29; 35, 2; Lev 24, 16. 21; Num 1, 51; 3, 10. 38; 18, 7). In Deut und in erzählerischen Texten dagegen wird die syntaktische Stellung der Tatfolgebestimmung *jûmaṯ* variiert (Deut 13, 6; 17, 6; 24, 16; Ri 6, 31; 1 Sam 20, 32; 2 Sam 19, 23; 1 Kön 2, 24; Jer 38, 4; 2 Chr 23, 14). Nur drei Fälle mit negiertem *hoph* Imperf kommen vor (Lev 19, 20; Deut 24, 16; 2 Kön 14, 6).

Die paronomastische Tatfolgebestimmung *môṯ jûmāṯ/jûmeṯû* findet sich hauptsächlich in drei verschiedenen Kontexten:

1) In den partizipialen Gesetzen im Bundesbuch, z. B. *makkeh 'îš wāmeṯ môṯ jûmāṯ*, „wer einen Mann schlägt, so daß er stirbt, soll unbedingt getötet werden" (Ex 21, 12; vgl. 21, 15. 16. 17; 22, 18). Man hat solche Rechtssätze als apodiktisch bezeichnet (vgl. H. J. Boecker, Recht und Gesetz im AT und im AO, 1976, 168–172); auch Ex 22, 18 ist ähnlich gebaut, obwohl in einem Kontext von kasuistischen Gesetzen. Möglicherweise hat auch dieses Gesetz seinen ursprünglichen Platz in jener Reihe gehabt und ist später davon abgetrennt worden (Boecker 170).

*Die Diskussion um die Zugehörigkeit der *môṯ-jûmāṯ*-Rechtssätze zur Kasuistik oder Apodiktik hat Boecker an ein rechtes Ende geführt. Die im Gefolge von A. Alt immer wieder postulierte Einordnung in die Kasuistik (Gese, Kilian, Gerstenberger) scheitert schon daran, daß hier die komplizierte Konditionalsatzformulierung durch eine konzentrierte Partizipialsatzkonstruktion ersetzt ist. Stereotype Formulierung und Reihenbildung sprechen weiter gegen kasuistische Qualifikation. „Das alles zusammengenommen läßt kaum einen anderen Schluß zu, als daß hier doch ein anderes Rechtsverständnis vorliegt ... Während der kasuistische Rechtssatz ursprünglich auf einen geschehenen Rechtsfall zurückgeht, diesen rechtlich einordnet und beurteilt, ergehen die Sätze dieser Rechtsreihe völlig unabhängig vom Geschehen eines konkreten Rechtsfalls. Hier wird ein Rechtsfall allgemein und grundsätzlich beschrieben ... Diese Rechtssätze markieren eine Grenze, die man nicht überschreiten darf" (Boecker 170). *(Fa.)*

2) Lev 20 mit einer Reihe ähnlich formulierter Gesetzen, z. B. *'îš 'îš 'ašær jeqallel 'æṯ-'āḇîw we'æṯ-'immô môṯ jûmāṯ*, „jedermann, der seinem Vater oder seiner Mutter flucht, soll unbedingt getötet werden" (Lev 20, 9; vgl. v. 2. 10. 11. 12. 13. 15. 16. 27). Dieses Schema schließt in der Regel mit der Blutschuldformel *dāmājw-bô*, „sein Blut über ihn", bzw. *demêhæm bām*, „ihr Blut über sie". Während Lev 20, 9 ähnlich wie Ex 21, 17 das Fluchen der Eltern verbietet, richten sich Lev 20, 2. 27 gegen fremde kultische Praktiken und 20, 10–16 gegen sexuelle Verbrechen verschiedener Art. Diese Gesetze dürften eine im Verhältnis zu Ex 21 spätere Entwicklungsphase widerspiegeln.

3) Num 35, 16. 17. 18. 21. 31 enthalten eine weitere Reihe ähnlich formulierter Gesetze, aber ohne den straffen Aufbau der obenerwähnten Formulierungen. Sie sind „kasuistisch aufgelöst" und die Tatfolgebestimmung *môṯ jûmāṯ* hat nicht mehr die Rechtsgemeinde, sondern den Bluträcher als Subjekt (vgl. v. 19. 21). Das Verbrechen ist – mit Ausnahme von v. 31 – beabsichtigter Totschlag. Die Variationen betreffen die verwendeten Mordwaffen.

Die *môṯ jûmāṯ*-Formel findet sich noch in einer Reihe anderer Gesetze (Ex 31, 14. 15; Lev 24, 16. 17; 27, 29; Num 15, 35) und Drohungen (Gen 26, 11; Ri 21, 5; Ez 18, 13). Auffällig ist die partizipiale Form am Anfang und die Tatfolgebestimmung am Ende auch in einem erzählerischen Text wie Gen 26, 11, ein Beispiel dafür, daß rechtliche Formulierungen einen Einfluß weit über den rechtlichen Kontext hinaus gehabt haben. Eine Mittelstellung nimmt Ex 19, 12 ein: jeder, der den heiligen Berg berührt, soll sterben (vgl. o. VI. 2).

*Der Frage nach der Herkunft der *môṯ-jûmāṯ*-Rechtssatzreihe sind Wagner, Liedke, Schulz und Schottroff nachgegangen, wobei recht deutlich die nomadische Herkunft dieses Rechts sichtbar gemacht wurde (Wagner 29). Ob die *môṯ jûmāṯ*-Formel ursprünglich als Formulierung der Todesstrafe diente (Boecker) oder wegen der fehlenden Konkretion dieser Strafe eher in den Bereich der Deklaration der Todeswürdigkeit (Cazelles, Schulz, Reventlow) zu rücken ist, wird wohl im letzteren Sinne zu entscheiden sein. Das würde aber bedeuten, daß die Todesstrafe in Israel letztlich ohne *mûṯ* terminiert wurde. Dies ist für die Semantik dieser Wurzel nicht unerheblich. *(Fa.)*

4. Das Substantiv *māwæṯ* wird in zwei Kombinationen als Ausdruck einer Drohung verwendet. Eine eidliche Formulierung beginnend mit *ḥaj-JHWH*, „so wahr JHWH lebt" und die Drohungsformel *bæn/benê-māwæṯ*, „dem Tode gehörig", mit Subjekt findet sich in 1 Sam 26, 16 und 2 Sam 12, 5 (vgl. auch 1 Sam 20, 31). Eine andere Drohungsformel lautet *'îš/'anšê-māwæṯ* und hat dieselbe Bedeutung (2 Sam 19, 29; 1 Kön 2, 26).

Wortverbindungen verschiedener Art zwischen *mûṯ* und anderen Verben sind häufig. Oben (III. 3) wurde schon auf die Wahrnehmung *wehinneh nopel meṯ* verwiesen. Als parallele und bedeutungsmäßig äquivalente Wortpaare treten *mûṯ* und *npl* in Jer 44, 12; Ez 5, 12; 6, 12; 33, 7 auf, und zwar im Rahmen des Tripelschemas über den Tod im Krieg. Im synthetischen Parallelismus *nāpal/wajjippol ... wajjāmōṯ*, „er fiel/stürzte ... und starb" (2 Sam 1, 4; 2, 23), stehen beide Verben für dasselbe Geschehen. In 1 Sam 31, 5 bezeichnet *npl* offensichtlich eine vorausgehende

Handlung: Saul stürzt sich in sein Schwert, wonach er stirbt.

Jemand „zu töten suchen“ wird durch Variationen von *biqqeš lehāmîṯ* (Ex 4, 24; 1 Sam 19, 2; 2 Sam 20, 19; 1 Kön 11, 40; Jer 26, 21; Ps 37, 32) ausgedrückt. Es handelt sich um ein Idiom (vgl. auch Gen 37, 18 mit einem anderen Verb für den Versuch, *nkl hitp*, 'sich arglistig benehmen') zum Ausdruck der Bosheit. Ein anderes Idiom besteht aus Kombinationen von *ḥāpeṣ* 'wünschen, trachten' und *mûṯ*: *ḥāpeṣ leḥāmîṯ* (Ri 13, 23; 1 Sam 2, 25) und *ḥāpeṣ bemôṯ* (Ez 18, 23. 32; 33, 11), beide mit JHWH als Subjekt. Aber während im ersten Fall noch damit gerechnet wird, daß JHWH danach trachtet, jemand zu töten, schließt Ez diese Möglichkeit völlig aus: Gott will nicht den Tod des Sünders, sondern daß er sich bekehrt und am Leben bleibt.

Die Kombination von *nkh hiph* und *mûṯ hiph* oder *qal* findet sich teils in gesetzlichen, in überwiegender Mehrzahl aber in erzählenden Texten. Im ersten Fall haben wir Ausdrücke für Totschlag und dessen Folge: *wāmeṯ(û)* (Ex 21, 12. 20; 22, 1; Deut 19, 11) und die Sequenz *hikkāhû wajjāmŏṯ*, „... er ihn geschlagen hat, so daß er starb“ (Num 35, 16. 17. 18. 21) mit der kasuistischen Angabe über das Gerät des Totschlages. Im zweiten Fall haben wir einerseits die *qal*-Form *wajjāmŏṯ* als Folge oder Komplement zu *hikkāh* (2 Sam 1, 15; 10, 18; 11, 21; 20, 10; 2 Kön 12, 21 f.; 25, 25) und andererseits die Kombination zweier Synonyme: *wajjaḵ ... wajjāmæṯ* (Jos 10, 26; 11, 17; 1 Sam 17, 35. 50; 2 Sam 4, 7; 14, 6; 18, 15; 21, 17; 1 Kön 16, 10; 2 Kön 15, 25; Jer 41, 2; 52, 37). Dazu kommen noch die oben erwähnten (V. 2) Konspirationsschemata. Im Gegensatz zu jenen Schemata sind die hier erwähnten Kombinationen von *hikkāh* und *mûṯ/hemîṯ* nicht an sich formelhaft, sondern eher synthetische Parallelen für Totschlag, was auch durch ihre sehr verschiedenartige Anwendung hervorgeht. → נכה (*nkh*).

Eine andere Kombination zweier Synonyme ist die von → הרג *hrg* und *mûṯ*. In 2 Chr 24, 25 nimmt *hrg* die Stellung von *hikkāh* im Konspirationsschema ein. In Jer 18, 21 haben wir zwei parallele Konstruktionen *harugê māwæṯ*, „hingewürgt im Tod“, und *mukkê-ḥæræḇ*, „vom Schwert erschlagen“. In Spr 24, 11 stehen *māwæṯ* und *hæræḡ* parallel. In Lev 20, 16 steht *wehāraḡtā*, „du sollst töten“, proleptisch zur Tatfolgebestimmung *mûṯ jûmāṯû*, und in Deut 13, 10 geht der Ausdruck *hāroḡ taharḡænnû*, „umbringen sollst du ihn ...“, dem Infinitiv *lahamîṯô*, „ihn zu töten“, voran. Dies zeigt nur soviel, daß *hrg* wie *hikkāh* – obwohl seltener – entweder im synthetischen oder synonymen Parallelismus mit *mûṯ/hemîṯ* oder parallel und synonym damit verwendet wird.

Die gesetzlichen Bestimmungen über die Steinigung als Todesstrafe (vgl. oben VII. 1) haben offensichtlich auch einige Erzählungen über den tatsächlichen Vollzug dieser Strafe beeinflußt: 1 Kön 21 (Steinigung Naboths) hat die Wortverbindung *sql bā'aḇānîm* 'steinigen' und *mûṯ* mehrmals wiederholt (v. 10. 13. 14. 15) und 1 Kön 12, 18 (|| 2 Chr 10, 18), *rgm bā'aḇānîm* und *mûṯ* zweimal. Eindeutig ist hier sichtbar, daß der Vollzug der Todesstrafe ohne *mûṯ hiph* beschrieben wurde. *mûṯ* besagt hier nur das tatsächliche Eintreffen des Todes als Folge der Steinigung. Schüngel-Straumann (140) weist darauf hin, daß Steinigung in solchen Fällen vorkommt, wo Blutrache ausgeschlossen ist. Beidemal entsteht durch das Töten keine Blutschuld, weshalb Steinigung als Todesstrafe auch dem Töten mit Schwert vorgezogen worden sei.

Nicht durch das Gesetz sanktioniert ist das Niedertreten (*rms*) des königlichen Beamten (*šālîš*) im Tor zu Samaria, aber sein Tod war vom Propheten Elisa vorausgesagt (2 Kön 7, 17–20). Der Überfall Benajas auf Salomos Feinde (1 Kön 2, 25. 34. 46) wird durch *pg' be* plus *wajjāmŏṯ* ausgedrückt, wobei das erste Verb offensichtlich mit „niederstoßen“ zu übersetzen ist (vgl. v. 29). In Num 35, 19 dagegen, wo das Recht des Bluträchers festgestellt wird, bedeutet *bepiḡ'ô-ḇô* eher „wo er ihn trifft“, „wenn er ihn trifft“.

Zusammenfassend kann gesagt werden, daß trotz deutlicher Unterscheidung der gesetzlichen Bestimmungen einerseits und der wirklichen Drohungen andererseits ein Einfluß der gesetzlichen Formulierungen auf die erzählerischen Texte festzustellen ist. Die Strafankündigung lautet in diesen Texten vorwiegend *môṯ tāmûṯ* oder *môṯ jāmûṯ(û)*, während die Gesetze gewöhnlicherweise *môṯ jûmāṯ(û)* an dieser Stelle haben. Das einfache *jûmaṯ/jumeṯû* wird in beiden Texttypen angewendet, was eben auf einen derartigen Einfluß deuten könnte, besonders wenn die Strafankündigung bzw. Tatfolgebestimmung am Ende des Urteils steht.

VIII. 1. Wenn der Tote (*meṯ*, Ptz.) für den im Krieg Erschlagenen steht (Num 19, 16. 18; Jes 22, 2; Ez 28, 8; Ps 88, 6), begegnet gelegentlich der Parallelausdruck *ḥālāl* 'durchbohrt' u. ä. Im Totenreich werden die *meṯîm* auch *repā'îm* 'Totengeister, Schatten' genannt (so z. B. Jes 26, 14. 19; Ps 88, 11; zur Problematik dieses Terminus vgl. jetzt W. J. Horwitz, JNWSL 7, 1979, 37–49; J. F. Healy, UF 10, 1979, 89–91 und C. E. L'Heureux, Harvard Semitic Monographs 21, 1979). Der Ausdruck *kemeṯê 'ôlām*, „gleich den seit lange Gestorbenen“ (Ps 143, 3; Kl 3, 6) steht ebenso für das Schattendasein im Totenreich.

Berührung eines toten Körpers bewirkt Unreinheit, gegen die gesetzliche Bestimmungen formuliert worden sind. Wieder begegnen zwei Schemata: *ng'* 'berühren' – *meṯ* – *ṭm'* 'unrein sein' (z. B. Lev 11, 31; Num 19, 11. 13. 16) und *lo' jāḇô'* („nicht besuchen“) – *meṯ* – *ṭm'* (z. B. Lev 21, 11; Num 6, 6 f.; Ez 44, 25). Während das erste Schema die Unreinheit als Ergebnis der Berührung feststellt, gilt das zweite dem Hohenpriester (Lev 21, 11), „den levitischen Priestern“ (Ez 44, 25) und den Naziräern (Num 6, 6 ff.) als besonders zur Vorsicht verpflichteten Gruppen.

Der Ausdruck *kælæḇ meṯ*, „ein toter Hund" (1 Sam 24,15; 2 Sam 9, 8; 16, 9) wird im Vergleich zwischen dem König und seinem (angenommenen) Gegner verwendet, und ist ein massiv pejorativer Ausdruck für einen Menschen (→ כלב *kælæḇ*).

2. Der Tod (*māwæṯ*) steht als Bezeichnung für die Totenwelt oder „die Sphäre des Todes" als Äquivalent zu *šeʾôl*. In diesem Sinn wird von *šaʿarê māwæṯ*, „Tore des Todes" (Ps 9, 14; 107, 18; Hi 38, 17; vgl. *šaʿarê šeʾôl*, Jes 38, 10), *mišberê-māwæṯ*, „Brandungen des Todes", *ḥæḇlê-māwæṯ*, „Stricke des Todes", *môqešê-māwæṯ*, „Schlingen des Todes" (2 Sam 22, 5–6 || Ps 18, 5–6; Ps 116, 3; Spr 13, 14; 14, 27) gesprochen. Varianten sind noch *naḥalê belijjaʿal*, „Flüsse Belials", und *ḥæḇlê šeʾôl*, „Stricke der Scheol" (2 Sam 22, 5–6). Weitere Metaphern für die Unterwelt sind *kelê māwæṯ*, „Todeswaffen" (Ps 7, 14), *ḥaḏrê-māwæṯ*, „Hallen des Todes" (Spr 7, 27) usw. Sie zeigen, daß man sich das Totenreich einerseits räumlich („Tore", „Hallen") und andererseits als einen chaotischen, schreckenerregenden Zustand („Brandungen", „Flüsse", „Stricke", „Schlingen", „Waffen") vorgestellt hat. Dies dürfte zu der gemeinsamen Mythologie der Mittelmeerwelt gehören.

Die Parallelität von *māwæṯ* und *šeʾôl* geht auch sonst aus mehreren Belegen hervor. In Jes 28, 15. 18 wird von einem „Bunde mit dem Tod" (*berîṯ ʾæṯ-māwæṯ*) und parallel dazu vom „Pakt mit der Scheol" (*ḥāzûṯ ʾæṯ-šeʾôl*) gesprochen. Anstatt hier an z. B. den Totengott Osiris zu denken, wird man eher mit Wildberger (BK X/3, 1073) annehmen dürfen, daß Jesaja diese Ausdrücke bildlich verwenden konnte, „weil man in Jerusalem damals Riten kannte, durch welche man sich gegen Mächte des Todes glaubte schützen zu können". Weitere Zusammenstellungen von *māwæṯ* und *šeʾôl* illustrieren „den Abstieg in die Unterwelt" (Ps 55, 16; Spr 5, 5; 7, 27), „das Schicksal der Reichen" (Ps 49, 15), „die Vergänglichkeit des Lebens" (Ps 89, 49), „kein Lob Gottes im Scheol" (Jes 38, 18) und „die Mächtigkeit der Liebe" (HL 8, 6).

Seltener sind andere Parallelen zu *māwæṯ*: *qæḇær*, „das Grab" (Jes 53, 9), *ʾaḇaddôn*, „der (Ort des) Untergang(s)" (Hi 28, 22; vgl. 26, 6). Wir haben es hier wieder mit Ausdrücken für die Sphäre des Todes zu tun.

Die Vergänglichkeit des Lebens kommt in Ps 89, 48–49 zum Ausdruck: „Gedenke, o Herr, was ist doch das Leben, wie nichtig hast du geschaffen alle Menschenkinder! Wer ist der Mann, der lebt und den Tod (*māwæṯ*) nicht schaut, sein Leben aus der Gewalt der Unterwelt (*mijjaḏ-šeʾôl*) errettet?" In solchen pessimistischen Betrachtungen fehlt oft das Wort *mûṯ*. Nach Ps 90, 3 ff. ist die Vergänglichkeit des Menschen Gottes Werk: „Du läßt die Menschen zum Staub zurückkehren, sprichst zu ihnen: Kehret zurück, ihr Menschenkinder" (v. 3). „Du säest sie aus ... sie sind wie das sprossende Gras; am Morgen erblüht es und sproßt, am Abend welkt es und verdorrt" (vv. 5 f.). Als Grund wird hier der Zorn Gottes angegeben (vv. 7. 11). „Der Mensch in seiner Pracht ist ohne Bestand, wird gleich dem Vieh, das abgetan wird" (Ps 49, 13, vgl. v. 21).

Pred 12, 7 lehnt sich in diesem Zusammenhang an Gen 3, 19 an: „Staub (*ʿāpār*) bist du, und zum Staube sollst du zurückkehren (d. h. wieder Staub werden)." Diese Aussage ist offenbar als allgemeine Verordnung der Sterblichkeit aufgefaßt worden, denn v. 22 verweigert dem Menschen den Zugang zum Baum des Lebens, der „ewiges" Leben verleihen könnte. So wird auch die Formel *môṯ tāmûṯ* (vgl. o. VII. 3), zu einer generellen Aussage über die Sterblichkeit des Menschen. Dabei wird der Ungehorsam des Menschen als Grund der Sterblichkeit dargestellt.

Die Vergänglichkeit des Lebens soll man bedenken: „Lehre uns unsere Tage zählen, daß wir ein weises Herz gewinnen" (Ps 90, 12). Die von Jesaja zitierte Aussage „Laßt uns essen und trinken, denn morgen sollen wir sterben" (Jes 22, 13) wird als Leichtsinn beurteilt. Auf der anderen Seite mahnt DtJes seine Hörer, sich nicht vor „Menschen, die sterben (d. h. sterblich sind)" zu fürchten (Jes 51, 12); nur JHWH, der Schöpfer soll gefürchtet werden.

Bisweilen werden das allgemeine Todeslos aller Menschen und ein ungewöhnlicher Tod bestimmter Menschen nebeneinander gestellt. So sagt Mose (Num 16, 29) von Korah, Datan und Abiram: „Wenn diese wie alle Menschen sterben und aller Menschen Verhängnis über sie verhängt wird, so hat JHWH mich nicht gesandt." Die Antwort JHWHs folgt in v. 33: „So fuhren sie mit allem, was ihnen gehörte, lebendig zur Unterwelt." Gemeint ist offenbar ein plötzlicher Tod. Dasselbe wünscht der Beter (Ps 55, 16) seinen Feinden, d. h. ein Gottesgericht, das als Zeichen für ihre Ungerechtigkeit zeugen wird. Während es zum allgemeinen Los des Menschen gehört, daß in seinem Tod auch sein Name vergeht (Ps 41, 6), scheint Spr 11, 7 f. einen Unterschied zwischen dem Gerechten und dem Frevler hinsichtlich ihrer Hoffnung über den Tod hinaus (?) vorauszusetzen. Was aber damit gemeint ist, bleibt unklar. Pred 3, 29 dagegen behauptet sogar, daß es keinen Unterschied zwischen Mensch und Vieh gibt: „wie diese sterben, so sterben auch jene" (*kemôṯ zæh ken môṯ zæh*).

IX. Neben einer Reihe verschiedenartiger Zusammenstellungen von *mûṯ/māwæṯ* und seinem Gegensatz *ḥjh/ḥajjîm* (→ חיה) begegnet nur selten die Zusammenstellung von „Tod" und „Geburt"; die Beispiele „Zeit fürs Gebären und Zeit fürs Sterben" (*ʿeṯ lālæḏæṯ weʿeṯ lāmûṯ*) in Pred 3, 2 und „Besser ein guter Name als gutes Öl und der Tag des Todes als der Tag der Geburt" (Pred 7, 1) sind bekannt. Zu erwähnen ist noch Hos 9, 16, wo der Prophet die Drohung von Kinderlosigkeit in eine Voraussage gipfeln läßt, daß die eventuell geborenen Kinder doch durch JHWH getötet werden.

ḥjh und *mûṯ* werden in inklusiven Sätzen „leben und nicht sterben" kombiniert. Solche Sätze dienen dazu, das Gesagte zu unterstreichen, etwa als eine Zusage des Lebens oder als Wunsch, das Leben retten zu können (z. B. Gen 42, 2; 43, 8; 47, 9; Num 4, 19; Deut 33, 6; 2 Kön 18, 32; Ez 18, 21. 28; 33, 15; Ps 118, 17; zur letzten Stelle vgl. inhaltlich Ps 116, 8f.). Die umgekehrte Kombination „sterben und nicht leben" ist seltener (2 Kön 20, 1 = Jes 38, 1; Ps 89, 49; Hi 14, 14).

Andere Kombinationen lassen Tod und Leben als Alternative im Gefolge einer richtigen Entscheidung erscheinen (Gen 19, 19f.; 20, 7; 42, 18. 20; Deut 5, 24–26; Jer 27, 12–13; Ez 18, 23. 32; 33, 11 usw.). Nach der dtr Theologie hat der Bundesgott dem Menschen die Wahl zwischen Leben und Tod (*ntn lipnê ... ḥajjîm/māwæṯ*), Gut und Böse, Segen und Fluch den Menschen vorgelegt (Deut 30, 15. 19) in der Hoffnung, daß der Mensch das Leben wählt. Dies kann auch so ausgedrückt werden, daß es um die richtige Wegwahl in einer konkreten Situation (Jer 21, 8) oder in der weisheitlichen Reflexion (Spr 5, 5; 8, 35f.; 11, 19; 12, 28; 13, 14; 14, 27; 16, 14f.; 18, 21) geht. Der Unterschied liegt darin, daß in der dtr Theologie das Volk oder die Kultgemeinde, in der weisheitlichen Zweiwegelehre der einzelne angesprochen wird.

Eine häufige Gegenüberstellung ist die der „Lebenden" und der „Toten", ausgedrückt durch die Partizipien *ḥaj* bzw. *meṯ*. Hier handelt es sich gewöhnlicherweise um konkrete Fälle ohne prinzipielle Bedeutung (z. B. Ex 21, 35; Num 17, 13; 2 Sam 12, 18. 21; 19, 7; 1 Kön 3, 22. 23). In Jes 8, 19 geht es aber um die Befragung der Toten (d. h. der Totengeister – *'ôḇôṯ* oder *jiddeʿônîm*) durch die Lebenden, die durch die Todesstrafe geahndet wurde (Lev 19, 31; 20, 6. 27; Deut 18, 10f.), aber gleichwohl in kritischen Situationen (z. B. 1 Sam 28) praktiziert wurde.

Zwischen Pred 4, 2 und 9, 5 scheint ein Widerspruch vorzuliegen: dort preist Qohelet die Toten glücklicher als die Lebenden, hier sagt er, daß die Lebenden deshalb glücklicher sind, weil sie wissen, daß sie sterben müssen, während die Toten gar nichts wissen. Das führt zu dem Sprichwort „Besser ist ein lebendiger Hund als ein toter Löwe" (9, 4), das ironisch gemeint die Fragwürdigkeit des Lebens aufdecken will (Lauha, BK XIX z. St.).

Hi 14, 14 stellt die rhetorische Frage: „Wenn ein Mensch stirbt, lebt er dann wieder?" Die selbstverständlich negative Antwort wird z. B. in Jes 26, 14 gegeben. Das universale Gesetz, daß Tote nicht lebendig werden, wird hier allerdings auf die Feinde eingeschränkt, woraus sich für Israel eine Option ergibt. So folgt in v. 19 die Zusage Gottes, daß die Toten Israels (vgl. v. 7. 19. 20) gleichwohl lebendig werden sollen (*jiḥjû meṯækā*; vgl. dazu F. J. Helfmeyer, „Deine Toten – meine Leichen". Heilszusage und Annahme in Jes 26, 19, BBB 50, 1977, 245–258). Als Heilsorakel auf die vorangehende Volksklage (v. 7–18) aufgefaßt, handelt es sich hier nicht um die Auferstehung einzelner, sondern metaphorisch um die Wiederaufrichtung Israels (so Wildberger, BK X z. St.). Ähnliches gilt von der Aussage über die toten Gebeine in Ez 37, die wieder lebendig werden, obwohl hier nicht *meṯ*, sondern *jāḇeš* 'dürr' gebraucht wird (vgl. E. Haag, TrThZ 82, 1973, 78–92). Vgl. auch Hos 6, 2; Am 5, 2 und → חיה *ḥājāh*.

JHWH ist ein Gott, der „tötet und lebendig macht" (Deut 32, 39; 1 Sam 2, 6; vgl. 2 Kön 5, 7). Ob dies als Zeichen einer Duplizität in seinem Wesen aufzufassen sei, oder vielmehr als ein polarer Ausdruck dafür, daß er alles verursacht (vgl. Jes 45, 6–7), ist schwer zu entscheiden. Wie schon irdische Könige (Ex 1, 16; 2 Sam 8, 2; Esth 4, 11) ist er durchaus Herr über Leben und Tod. Dies äußert sich auch darin, daß er aus dem Tod retten (*hiṣṣîl*) kann (Ps 33, 19; 56, 14; 86, 13; 116, 8. 9). Hier ist nicht eine Auferweckung der Toten, sondern wahrscheinlich die Heilung bestimmter Krankheiten gemeint, die an sich schon zum Bereich des Todes gehören (vgl. akk. *muballiṭ mîtê*, oben I. 2). Er kann auch den Menschen in die Scheol hinabstürzen (Hi 30, 23). Ein Motiv im Gebet, Gott um Rettung vor der Scheol anzugehen, besteht darin, daß in der Scheol kein Lobpreis Gottes mehr möglich, die Gottesbeziehung abgebrochen ist (vgl. Jes 38, 18. 19). Was konkret damit gemeint sein mag, daß Gott seinen Frommen dem Tod nicht endgültig preisgeben wird (z. B. Ps 49, 16; 73, 23–26) ist immer noch rätselhaft. Es wird festgestellt, *daß* er rettet; *wie* es geschieht, wird nicht gesagt.

Nur in apokalyptischen Texten wird gesagt, daß Gott den Tod endgültig vernichten (*blʿ pi*) wird (Jes 25, 8; vielleicht handelt es sich aber hier nach dem Kontext eher um die Beseitigung alles Weinens und aller Trauer) und einzelne zum Gericht und ewigem Leben auferwecken (Dan 12, 2). In der weisheitlichen Literatur außerhalb der protokanonischen Schriften bahnt sich dann die Vorstellung von der Unsterblichkeit der Seele den Weg. Dazu aber vgl. die reiche Literatur zur Auferstehungsproblematik und U. Kellermann, Überwindung des Todesgeschicks in der at.lichen Frömmigkeit vor und neben dem Auferstehungsglauben (ZThK 73, 1976, 259ff.).

Illman

X. In Qumran ist die Wurzel *mwt* außerordentlich häufig belegt, wobei in der Tempelrolle eine signifikante Dichte zu beobachten ist. Das Verb begegnet 56mal (TR 34mal), das Nomen 14mal (TR 2mal). Dabei überrascht, daß außer 1 QH (anthropologische Kontexte) und CD die fundamentalen Texte der Qumrangemeinde diese Wurzel nicht verwenden.

Selbstverständlich glaubte man in Qumran an ein Jenseits (vgl. R. B. Laurin, The Question of Immortality in the Qumran „Hodayot", JSS 3, 1958, 344–355; J. van der Ploeg, The Belief in Immortality in the Writings of Qumran, BiOr 18, 1961, 118–124), und auch hatte man die bes. in der zwischentestamentlichen Zeit rasant gewachsene Auferstehungshoffnung aufgegriffen (vgl. K. Schubert, Das Problem der Auferstehungshoffnung in den Qumrantexten und in der frührabbinischen Literatur, WZKM 56, 1960, 154–168), das völlige Fehlen der Rede vom

Tod und vom Sterben in den bedeutenden Texten der Gemeinde muß aber auffallen (vgl. H. Lichtenberger, Studien zum Menschenbild in Texten der Qumrangemeinde, SUNT 15, 1980, 219ff.). Der essenische Beter bezeichnet sich als „Wurm der Toten" (1 QH 6, 34; 11, 12), der von den „Wellen des Todes" (1 QH 3, 8. 9; 9, 4) bedrängt, von Belial und seinen „Stricken des Todes" (→ חבל) (3, 28) umfangen ist und vor den „Toren des Todes" (6, 24) steht. CD und TR verwenden *mwt* fast ausnahmslos in rechtlichen Kontexten. Dabei zeigen sich folgende Schwerpunkte: Todesstrafe bei todeswürdigen Verbrechen (*d*e*bar māwæṯ*, CD 9, 6. 17), die merkwürdigerweise durch Heiden vollstreckt werden soll (CD 9, 1), oder bei Kapitalverbrechen (*ḥṭ*[ʾ] *mšpṭ mwt* TR 64, 9) durch Steinigung (TR 64, 6; 66, 2. 5) oder durch „ans Holz hängen" (*tlh ʿlʿṣ*; TR 64, 8. 9. 11; ob damit die Strafe der Kreuzigung gemeint ist, ist von J. M. Baumgarten, JBL 91, 472–481; ders., Studies in Qumran Law, Leiden 1977, 172–182, bezweifelt worden; vgl. auch J. M. Ford, ExpT 87, 1976, 275–278; L. D. Merino, Estudios Eclesiasticos 51, 1976, 5–27; ders., SBF LA 26, 1976, 48–69, und J. Finegan, BAR 5/6, 1979, 41–49); breiten Raum nehmen die Bestimmungen gegen die Verunreinigung durch Berührung von Toten ein (CD 12, 18; TR 49; 50). In Qumran existierte ein Sondergesetz zur Einrichtung von Friedhöfen (TR 48).

Auch im Umkreis der eidlichen Selbstverpflichtung zur Zugehörigkeit zur Gemeinde begegnet *mwt*. Der Sodale soll diesen Eid selbst um den „Preis des Todes" (*ʿaḏ m*e*ḥîr māwæṯ*) nicht lösen (CD 16, 8).

Die auch at.lich bekannte Gewalt des Wortes (vgl. Jer 23, 29; 51, 20) wird 1 QSb 5, 25 auf den Unterweiser (*maśkîl*) angewandt: Mit der Kraft seines Mundes wird er die Heiden schlagen und mit dem Hauch seiner Lippen die Gottlosen töten (vgl. Jes 11, 4).

Fabry

מִזְבֵּחַ *mizbeaḥ*

I. 1. Etymologie – 2. Vorkommen und Verteilung – 3. LXX – 4. Hypostasierung – II. 1. Religionsgeschichtlich – 2. Umwelt – a) Ägypten – b) Mesopotamien – c) Kleinasien – d) Altsyrien – e) Altarabien – III. AT – 1. Wesen des Altares – 2. Der Altar – a) in der Patriarchenzeit – b) in mosaischer Zeit – c) vor dem Tempelbau – d) im Salomonischen Tempel – e) bis zum Exil – f) im ez. Tempelentwurf – 3. a) Blutritus – b) Hörner des Altares – c) Asylie – d) Altardienst – e) Götzendienst – IV. Qumran.

Lit.: *Y. Aharoni*, The Horned Altar of Beer-sheba (BA 37, 1974, 2–6). – *W. F. Albright*, The Babylonian Temple Tower and the Altar of Burnt-Offering (JBL 39, 1920, 137–142). – *A. Biran*, An Israelite Horned Altar at Dan (BA 37, 1974, 106f.). – *Ders.* (Hrsg.), Temples and High Places in Biblical Times (Proceedings of the Colloquium in Honor of the Centennial of Hebrew Union College-Jewish Institute of Religion, Jerusalem 1981). – *J. P. Brown*, The Sacrificial Cult and its Critique in Greek and Hebrew. II The Altar and „High Place" (JSS 25, 1980, 1–21). – *E. D. van Buren*, Akkadian Stepped Altars (Numen 1, 1954, 228–234). – *Dies.*, Places of Sacrifice ('Opferstätten') (Iraq 14, 1952, 76–92). – *Th. A. Busink*, Der Tempel von Jerusalem, Leiden I 1970, II 1980. – *M. Cogan*, מזבח אחז : לבעיית הפולחן האשורי בממלכת יהודה (Proceedings of the Sixth World Congress of Jewish Studies, Vol. 1, Jerusalem 1977, 119–124). – *D. Conrad*, Studien zum Altargesetz Ex 20:24–26, Diss. Marburg 1968. – *Ders.*, Einige (archäologische) Miszellen zur Kultgeschichte Judas in der Königszeit (Festschr. E. Würthwein 1979, 28–32). – *Ders.*, Der neugefundene Altar von Beerscheba (ZDMG Suppl. IV, 1980, 116). – *B. Diebner / H. Schult*, Die Stellung der Jerusalemer Orthodoxie zu den Yhwh-Altären der Diaspora (Dielheimer Blätter 7, 1974, 33–37). – *M. Forte*, Sull' origine di alcuni tipi di altarini sud-arabici (Istituto Orientale di Napoli Annali N.S. 17, 1967, 97–120). – *V. Fritz*, Tempel und Zelt (WMANT 47, 1977). – *N. H. Gadegaard*, On the So-called Burnt Offering Altar in the Old Testament (PEQ 110, 1978, 35–45). – *K. Galling*, Der Altar in den Kulturen des Alten Orients, 1925. – *N. Glueck*, מזבחות־קטורת Incense Altars (Eretz-Israel 10, 1971, 120–125). – *M. Görg*, Der Altar – Theologische Dimensionen im Alten Testament (Festschr. J. G. Plöger 1983, 291–306). – *J. de Groot*, Die Altäre des Salomonischen Tempelhofes (BWAT 6, 1924). – *M. Haran*, Temples and Temple-Service in Ancient Israel, Oxford 1978. – *J. Henninger*, Das Opfer bei den Arabern, Diss. Habil. ungedruckt, Fribourg 1944. – *H. W. Hertzberg*, Der heilige Fels und das AT (Beiträge zur Traditionsgeschichte und Theologie des AT, 1962, 45–53). – *P. Kübel*, Epiphanie und Altarbau (ZAW 83, 1971, 225–230). – *E. Kutsch*, Gideons Berufung und Altarbau Jdc 6, 11–24 (ThLZ 81, 1956, 75–84). – *R. de Langhe*, L'Autel d'Or du Temple de Jérusalem (Bibl 40, 1959, 476–494). – *J. Morgenstern*, The Fire upon the Altar, Leiden 1963. – *E. W. Nicholson*, Blood-Spattered Altars? (VT 27, 1977, 113–116). – *H. Th. Obbink*, The Horns of the Altar in the Semitic World, Especially in Jahwism (JBL 56, 1937, 43–49). – *A. Parrot*, Autels de terre à Mari (Festschr. K. Galling 1970, 219–224). – *M. Popko*, Kultobjekte in der Hethitischen Religion, Diss. Warschau 1978. – *G. Rinaldi*, *Mizbaḥ ʾădāmâ* (BibOr 16, 1974, 192). – *E. Robertson*, The Altar of Earth (Ex 20:24–26) (JJSt 1, 1948, 12–21). – *J. Ryckmans*, Sud-Arabe MḎBḤT = Hébreu MZBḤ et Termes Apparentés (Festschr. W. Caskel, Leiden 1968, 253–260). – *N. H. Snaith*, The Altar at Gilgal: Joshua XXII 23–29 (VT 28, 1978, 330–335). – *J. J. Stamm*, Zum Altargesetz im Bundesbuch (ThZ 1, 1945, 304ff.). – *F. J. Stendebach*, Altarformen im kanaanäisch-israelitischen Raum (BZ 20, 1976, 180–196). – *E. Stern*, Note on Decorated Limestone Altar from Lachisch (ʿAtiqot [Engl. Ser] 11, 1976, 107ff.). – *P. H. Vaughan*, The Meaning of 'Bāmâ' in the Old Testament, Cambridge 1974. – *L. H. Vincent*, L'autel de Holocaustes et le Caractère du Temple d'Ezéchiel (Analecta Bollandiana 67, 1949, 7–20). – *L. de Vries*, Incense Altars from the Period of the Judges and their Significance, Diss. South. Bap. Theol. Sem. 1975. – *H. W. Wiener*, The Altars of the Old Testament (Beigabe zur OLZ 1927). → זבח (*zāḇaḥ*); → במה (*bāmāh*).

I. 1. Die Nominalform *mizbeaḥ* (nach babyl. Punktation *mäzbeḥ*, P. Kahle) geht auf die gemeinsemit. Wurzel *zbḥ* zurück (BLe § 61 rζ) und entsprechend der Verbreitung dieser Wurzel (→ II 512f.) finden sich auch Äquivalente von *mizbeaḥ* im semit. Sprachraum (vgl. KBL[3] 534). Gemäß der Bedeutungsbreite des hebr. *zāḇaḥ* 'schlachten – durchführen eines *zæḇaḥ*-Rituals – opfern' (→ II 513) kann *mizbeaḥ* die Schlachtstätte, die Stelle des *zæḇaḥ* und die Opferstätte schlechthin bezeichnen. Davon läßt sich keine Grundbedeutung eruieren, vielmehr steht das allen genannten Bedeutungen gemeinsame Element im Vordergrund; die allgemeine Übersetzung 'Altar' ist also berechtigt, zumal *mizbeaḥ* durch semantische Transformation im Hebr. dann auch Räucheraltäre u.ä. bezeichnen kann.

2. Das Nomen *mizbeaḥ* ist im AT 401mal belegt (Even-Shoshan, A New Concordance of the Bible: 400, mehrere [!] Fehler); in Gen 33, 20 ist mit BHS *maṣṣeḇāh*' statt *mizbeaḥ* zu lesen (zur Umgestaltung einer alten Itinerarnotiz vom Aufrichten eines Malsteins vgl. C. Westermann, BK I/2, 1981, 644f.) und in 2 Chr 28, 2 *mizbeaḥ* anstelle von *massekāh* (→ מסכה [*massekāh*] III. 1); hinzu kommen noch 4 Belege aus Sir (47, 9; 50, 11. 14. 19) und die aram. Form *maḏbaḥ* Esr 7, 17. Die Mehrzahl der Belege entfällt auf P-Texte: Ex 59mal, Lev 87mal, Num 29mal und auf die Geschichtswerke: 1 Kön 35mal, 2 Kön 28mal, 1 Chr 10mal, 2 Chr 39mal; weitere Häufungen finden sich in Gen 13mal, Deut 10mal, Jos 15mal, Ri 12mal und Ez 18mal.

3. Die LXX gibt *mizbeaḥ* vorwiegend mit θυσιαστήριον wieder, nur für illegitime, heidnische Altäre benutzt sie 23mal βωμός zur Übersetzung von *mizbeaḥ* (vgl. S. Daniel, Recherches sur le vocabulaire du culte dans la Septante, Paris 1966, 15–53).

4. Unter den bes. im 1. Jt. in der Götterwelt Altsyriens nachzuweisenden kultischen Hypostasen (vgl. H. Gese, RdM 10/2, 169f.) ist auch eine Gottheit *mdbḥ* zu finden. In dem Eigennamen *'šm-mdbḥ* sieht J. T. Milik (Bibl 48, 1967, 577f.) einen Beweis für den Kult dieser Gottheit 'Altar'. Die Verehrung eines Altars als Ζεὺς Μάδβαχος (*mdbḥ*) ist aus der Umgebung von Aleppo belegt. Nicht ein „Ζεὺς Βώμιος oder Be'el Madbachâ, ein im Stein hausendes Numen ist der Gott, sondern der Altarstein selbst ist für die hier ansässige Gemeinde die sinnlich greifbare Erscheinung des höchsten Gottes" (E. Meyer, ZAW 49, 1931, 13). Ähnliche Deutungen finden sich auch bei Baitylen des phön.-pun. Raumes (vgl. O. Eißfeldt, Der Gott Bethel, KlSchr I 206–233).

II. 1. Religionsgeschichtlich liegen die Wurzeln des Altares in der Aussonderung eines Ortes zur Darbringung von Opfern, womit die beiden Charakteristika des Altares, die besondere Stätte und das Opfer, bereits umfaßt sind (vgl. C. H. Ratschow, RGG[3] I 251ff.). Der Altar ist somit einerseits vom Malstein, der eine ausgezeichnete Stätte kennzeichnet, und andererseits vom Kultsockel, der Göttersymbole u.ä. trägt, zu unterscheiden, auch wenn beide gelegentlich kultische Verwendung finden können, indem Opfer vor oder auf ihnen dargebracht werden. Seiner Funktion nach ist der Altar Opferplatz. Der an sich hervorragende Charakter der Stätte (z. B. hl. Felsen, Grab, Theophanieort, Tempel etc.) weist darauf hin, daß der Altar in dieser Funktion letztlich nicht völlig aufgeht (vgl. auch die „vier Grundbeziehungsformen" Tisch, Herd, Grab und Thron bei Ratschow 252f.). Die Bestimmung von Wesen und Bedeutung der jeweiligen Altäre fordert die Berücksichtigung der damit verbundenen Opfervorstellungen und -gebräuche.

2. a) Da das Opfer in Ägypten vornehmlich den Charakter der Göttermahlzeit hatte (vgl. RÄR 547–550; → II 515–518), ist auch der Altar als Entlehnung aus dem profanen Eßgerät wie Speisematte, Tisch, Schale etc. zu verstehen. Die Urform des Altares in Ägypten ist die an der Kultstätte niedergelegte Speiseplatte. Die Opfermatte *ḥtp* (WbÄS III 183) findet sich in der Darstellung mit einem Brot auch als Hieroglyphe für das Opfer (RÄR 557ff.). Die weiteren Ausformungen des Altares (vgl. Galling 1–16) sind von den jeweiligen Opferarten abhängig.
Dies zeigen auch die unterschiedlichen Altarbezeichnungen (*ȝw.t*; *'bȝ*; *rȝ-nṯrw*; *ḫȝj.t*; *hȝ(w).t*; *smȝ*; *śm*; *ḳdf*). Da der Altar in Ägypten ausschließlich Träger der Opfergaben ist (vgl. R. Stadelmann, LexÄg I 145–148), beherbergten die äg. Tempel auch eine Vielzahl von transportablen Altären, die der Größe der jeweiligen Opfer gemäß an der Opferstelle aufgestellt wurden.

Die geringe Bedeutung von Brandopfern (vgl. A. Eggebrecht, LexÄg I 848–850) läßt auch entsprechend feste Altäre selten vorkommen, demgegenüber das Räuchern im Kult mittels der verschiedensten Räuchergeräte einen großen Raum in Ägypten einnimmt (vgl. O. Keel, VT 25, 1975, 424–436).

b) Obwohl eine Reihe von Opferarten und Kultgeräten aus dem mesopotam. Raum bekannt sind, fehlen bis heute Kenntnisse über die Durchführung und Vorstellung der einzelnen Opfer (→ II 518f.). Im Vordergrund steht, wie in Ägypten, die Vorstellung von der Götterspeisung, so daß sich auch der Altar dieser Funktion entsprechend in das Mobilar der Götterwohnung eingepaßt und somit auch dem profanen Eßtisch in Terminologie (Bedeutungsentwicklung: Gefäß > Tisch) und Form weitgehend entspricht (vgl. akk. *paššūru*, sum. *banšur*, AHw 845f.; A. Salonen, Die Möbel des Alten Mesopotamien, Helsinki 1963, 174–203). Neben der Opfertischbezeichnung *paššūru* finden sich weitere Altartermini wie das sum. Lehnwort *gudut̄tû* (CAD G 120), *garakku* (AHw 281f.), *guḫšû* (AHw 296), *kapru* II (CAD K 190f.) und zahlreiche Kultgeräte, die der Darbringung der verschiedenen Opfer dienten, wie zum Räuchern: *niĝnakk/qqu* (AHw 787), *maqtārum* (AHw 608), *kinūnu* (AHw 481f.), oder für Libationen: *adagur(r)u* (AHw 9), *maqqītu* (AHw 607) u.a.

Ob die verschiedenen Kultsockel *kigallu*, *manzāza* oder *nēmedu* als Altar zu bezeichnen sind (vgl. D. Opitz, AfO 7, 1931, 83–90), ist fraglich (s.o. II.1). Neben diesen zahlreichen Tempelaltären (zu Typen und Formen vgl. bes. P. Lohmann bei Galling 17–53; E. Unger, RLA I 73ff.; E. D. van Buren, Numen 1, 1954, 228–234) finden sich jedoch auch außerhalb der Tempel sogenannte „Opferstätten", für die van Buren annimmt, daß dort immer wieder an gleicher Stelle die Reste von Opfergaben verbrannt wurden (Iraq 14, 1952, 76–92); direkte Hinweise auf die Bedeutung von Brandopfern gibt es aus Mesopotamien bisher nicht.

c) Wie in Ägypten und Mesopotamien stellt der heth. Tempel eine Götterwohnung mit einem dem Palast adäquaten Inventar aus Thron, Herd, Tisch etc. dar. Im Kult nimmt die Herdstelle *ḫašša-* (vgl. Popko 48–59) eine bes. Stellung ein, die sich nicht nur in den Opfern zeigt, die ihr zukommen, sondern vor allem an der Schreibung mit Gottesdeterminativ. Bei dem Begriff *ištanana-* (vgl. Popko 66–71) ist wohl eher an einen Kultsockel (nicht mit hebr. *'ašerāh* [Goetze] zu verbinden, vgl. O. R. Gurney, Some Aspects of Hettite Religion, 37) für das Götterbild (KUB XXV 22 II 9) als an einen Altar zu denken, auch wenn gelegentlich Opfergaben neben, vor oder auch auf ihm abgelegt wurden (KUB XX, III 2ff.). Vor diesem *ištanana-* stand gewöhnlich der eigentliche hölzerne (immer mit Determinativ *GIŠ*) Opfertisch *papu-*, der die Opfermahlzeit trug; oft wird er auch als 'Tisch der Gottheit' (*GIŠBANŠUR DINGIRLIM*, Popko 78) bezeichnet. Für bestimmte Opferzwecke konnte er auch – dem äg. Opfertisch vergleichbar – an anderen Kultplätzen aufgestellt werden (zu den archäol. Funden und Typen heth. Altäre vgl. Galling 90–101). Das Opfer selbst war vornehmlich Götterspeisung, das gelegentlich erwähnte Opferblut besaß keine große Bedeutung im Kult (vgl. Gurney 28f.).

d) Große Übereinstimmung bei den Opfern weisen die Kulturen Altsyriens mit dem AT auf (→ II 520f.; H. Gese, RdM 10/2, 173–181), jedoch dürfen weitgehende terminologische Übereinstimmungen nicht über vorhandene Unterschiede hinwegtäuschen (vgl. H. Ringgren, RdM 26, ²1982, 160f.). Sowohl Götterspeisung, sakrale Mahlzeit als auch Räucherung und Libation finden sich im altsyr. Kult, jedoch spielt das Blut im Opferkult keine erkennbare Rolle (→ II 253); hinzu kommt das vollständige bzw. teilweise Verbrennen der Opfertiere. Ursprung und Verbreitung dieser Opferarten sind jedoch unsicher (→ II 520f.); in den Texten von Ebla finden sich aber neben den Begriffen für die bekannten Opferarten (vgl. die Opfertermini bei G. Pettinato, OrAnt 18, 1979, 120–127) in den Opferbezeichnungen *é-lum* (Pettinato 125) und *sà-ra-pa-tum* (Pettinato 126) vielleicht Parallelen zur hebr. *'olāh*.

Unsicher bleibt der jeweilige Bezug dieser Opferarten zu den altsyr. Opferplätzen (→ במה [*bāmāh*]), Altären (vgl. Galling 54–79; Stendebach) und Kultgeräten (vgl. H. G. May, Material Remains of the Megiddo Cult, Chicago 1935, 12–26).

e) Neben den großen Unterschieden, die zwischen Altnord- und Altsüdarabien in den Opfergebräuchen zu finden sind (vgl. J. Henninger, Anthropos 37–40, 1942–1945, 805–810), zeigt sich bei den Opfern der arab. Halb- und Vollbeduinen eine gewisse Kontinuität bis in die Jetztzeit.

Gegenüber den Vollbeduinen, deren Heiligtümer notwendig beweglich sind, kennen die Halbbeduinen bevorzugte Opferstätten (vgl. S. J. Curtiss, Ursemitische Religion, 1903, 261–275), wie Ahnengräber, hl. Steine und Bäume etc.

Der wesentliche Teil ihres Opfers ist das Vergießen des Blutes, so daß auch das Schlachten am Opferplatz selbst zu geschehen hat. Am Fuß des Steines (*nuṣub*, *nuṣb*), vor dem geschlachtet wurde, befand sich eine Grube zur Aufnahme des ausfließenden Opferblutes, in die gelegentlich auch Votivgaben gegeben wurden (vgl. Henninger 66). Das Blut wurde an den Stein appliziert (*anṣāb* 'blutbeschmierte Steine') und auch in Richtung auf Empfänger und Darbringer des Opfers gespritzt (Henninger 177–184). Für den Sinn des Opfers steht das anschließende Mahl gegenüber diesem Blutritus im Hintergrund. Regelrechte Altäre finden sich somit nicht; die Beduinen der Sinaihalbinsel verwandten zusammengetragene Steinhaufen anstelle der sonst üblichen Felsblöcke (Henninger 66).

In den asarab. Hochkulturen sind die gleichen Opferarten zu finden, die auch das AT kennt: Schlachtopfer, Opfermahl, Libation, Weihrauchopfer und vielleicht auch Brandopfer (vgl. Henninger, Anthropos 779–810). Nach Ryckmans bleiben die Altartermini wie *mḏbḥ(t)*, *mqṭr*, *mṣrb* und *mslm* nicht allein auf die in der jeweiligen Wurzelbedeutung genannten Opferart beschränkt, sondern sie variieren sowohl entsprechend des Kontextes der jeweiligen Inschrift, in der sie erscheinen, als auch entsprechend der Eigenart der durch diese Namen bezeichneten Monumente (259). Von den genannten Altären ist jedoch die auch kultisch bedeutsame Stele *qjf* zu unterscheiden (vgl. M. Höfner, RdM 10/2, 328ff.; Ryckmans 259).

III. 1. Der großen Bedeutungsbreite des hebr. *mizbeaḥ* (Schlachtstätte, Opferplatz, Brandopferaltar, Räucheraltar, Tempeltisch etc.) entspricht die Vielfalt der in Palästina archäologisch nachgewiesenen Altararten und -formen (vgl. A. Reichert, BRL², 5–10; Stendebach), so daß die Verbindung von archäologischem Material mit textlich bezeugten Zusammenhängen nur mit Vorsicht zu betreiben ist. Daraus wird auch deutlich, daß es *den* Altar Israels nicht gibt; jedoch kann der Altar als engster Verbindungspunkt zum Opfer, also als Kultzentrum, auch den Kultort schlechthin bezeichnen, zumal Altäre ohne Tempel möglich sind, Tempel ohne Altäre aber nicht. Die Vorstellungen, die mit dem Altar verbunden sind, sind in Verbindung zu dem durch Vermischung und Abgrenzung immer weiter entwickelten israelitischen Opferkult zu sehen.

2. a) Die Nomadenreligion der Patriarchen (vgl. C. Westermann, Erträge der Forschung 48, bes. 111–114) weist zahlreiche Parallelen zum Kult der vorislamischen Araber (s. o. II. 2. e) auf, in dessen Mittelpunkt heilige Steine und Bäume anstelle von handgemachten Heiligtümern standen. Trotzdem finden sich in den Gen-Berichten zahlreiche Altarbauberichte der Patriarchen, meist durch die feste Formel *wajjiḇæn šām NN mizbeaḥ (le-JHWH)* (→ I 699) ausgedrückt. Daß außer dieser Formel nie weitere Einzelheiten – wie dort vollzogene Opfer o. ä. – erwähnt werden, macht deutlich, daß hier keine Kulthandlungen beschrieben werden, sondern diese Hinweise ihren Sinn nur für die spätere Zeit haben, der sie entstammen. Inhaltlich lassen sie sich zwei Gruppen zuordnen, ein Teil stellt Altarätiologien dar, der andere Teil will mit der genannten Formel übernommene kanaan. Heiligtümer auf einen der Patriarchen zurückführen; dabei steht die Formel meist in Itinerarien oder selbständigen Einheiten (Gen 12, 7. 8; 13, 4. 18) und wird gefolgt von *wajjiqrā' bešem JHWH* als Zeichen der Gottesverehrung und des Beginns des Kultes an diesem Ort. Bei beiden Gruppen können noch die Elemente der Theophanie und Verheißung (vgl. W. Richter, BBB 18, 134–137) hinzukommen. Diese Berichte sind somit alle der Zeit der Seßhaftwerdung und der Übernahme der Heiligtümer des Kulturlandes zuzuweisen; dazu passen auch die teilweise bearbeiteten Altarätiologien (Ri 6, 11–24; 13; vgl. Kübel; 1 Sam 7, 17; 14, 35; 2 Sam 24, 18–25; 1 Chr 21, 18–28; vgl. Fritz, bes. 15–20).

b) In die Gesamtproblematik um die Abhängigkeit der Traditionen vom Zeltheiligtum und Tempel (→ אהל [*'ohæl*]; Fritz 112–166) in P passen sich auch die Berichte um den Brandopferaltar Ex 27, 1–8, den Schaubrottisch Ex 25, 23–30 und auch den Räucheraltar Ex 30, 1–10 ein. Aufgrund der Notwendigkeit, den Brandopferaltar tragen zu können, wird dieser als hölzerner Hörneraltar mit metallener Brennplatte, Tragestange und unklarem *nikbār* (vgl. Fritz 147) beschrieben. Seine Maße 5 × 5 × 3 Ellen finden sich auch bei dem 2 Chr 6, 13 erwähnten *kijjôr* wieder (vgl. Fritz 146). An die Beschreibung des Brandopferaltares ist die des Räucheraltares im Nachtrag Ex 30, 1–10 angelehnt, die Erwähnung des Tisches (Ex 25, 23– 30, vgl. Fritz 139–143) könnte jedoch die Aufstellung von Räuchergeräten bereits implizieren (s. u. III. 2. d). Abgesehen von den Erwähnungen um das heilige Zelt wird 2mal von Altären berichtet, die Mose selbst errichtete (Ex 17, 15; 24, 4).

Die Benennung des Altares, den Mose in Rephidim nach dem Sieg über die Amalekiter errichtete, hat zahlreiche Textkorrekturen veranlaßt (vgl. B. Couroyer, RB 88, 1981, 333–339; A. R. Müller, BN 12, 1980, 20–23), da der Name *JHWH nissî* (Ex 17, 15) nicht mit der Begründung v. 16 *kî-jāḏ 'al kes jāh* (MT) übereinzustimmen scheint (vgl. M. Noth, ATD 5, 115). Eher als an einen Thron für den Kriegsherrn JHWH (→ IV 267 f.) – die Vorstellung von Thronaltären ist im AT nirgends belegt –, ist hier daran zu denken, daß der Altar für Israel die sonst seit dem 2. Jt. – von Ägypten kommenden – im ganzen Alten Orient verbreiteten, kultisch verehrten Feldzeichen (vgl. H. Schaefer, Klio 1906, 393 ff.) vertritt. Zu erwägen bliebe dann, ob in dem die Namensgebung begründenden Nachsatz v. 16 *jāḏ* absolut für die Macht JHWHs steht (→ יד [*jāḏ*]), deren Herrschaft über Israel sich in dem *'al kisse'* (mit Sam, S) ausdrückt; dazu paßt v. 16 b, denn der Kampf gegen die Amalekiter ist immer ein Kampf für (*le*) JHWH. B. Couroyer versucht eine Übereinstimmung beider Satzteile zu erreichen, indem er *nissî* (→ נס *nes*) von äg. *nś.t* 'Thron' herleitet und an dieser Stelle an einen Schwurgestus denkt.

Der Altar, den Mose in Ex 24, 4 als Antwort auf die Theophanie (vgl. E. Zenger, Israel am Sinai, 1982, 161) zusammen mit 12 Malsteinen errichtet, repräsentiert nicht allein den göttlichen Partner beim Bundesschluß (Noth, ATD 5, 160 f.), sondern vielmehr dient er den in v. 5 genannten Opferhandlungen, so daß der am Altar vollzogene Blutritus (s. u. III. 3. a) v. 6 keine Besonderheit darstellt; der Bundesschluß vollzieht sich aber erst durch das auf das Volk gesprengte Bundesblut (→ דם [*dām*] IV. 4; vgl. E. W. Nicholson, The Covenant Ritual in Exodus xxiv 3–8 [VT 32, 1982, 74–86]).

c) Der Übergang vom Halbnomadentum zur Seßhaftigkeit (Landnahme) brachte das Kennenlernen neuer Kulteinrichtungen und -bräuche mit sich. In dieser Frühzeit des Volkes Israel werden zahlreiche Kultstätten der Kulturlandbewohner mitbenutzt bzw. auch von ihnen übernommen. In diese Zeit der Religionsvermischung mit den zahlreichen legitimen Heiligtümern (Bethel, Mamre, Sichem etc.) gehören auch die Altarbau- und Opferberichte großer Persönlichkeiten (s. o.; vgl. G. Fohrer, Geschichte der israelitischen Religion, bes. 50 ff.). Einige Erzählungen bewahren noch Anklänge an ältere, der nomadischen Lebensweise eigene Opferhandlungen ohne Altar, die darauf hinweisen, daß der religiöse Integrationsprozeß langsam voranging. So wird 1 Sam 6, 13 ff. von dem Opfer berichtet, das die Bewohner von Beth-Schemesch bei der Ankunft der Lade darbrachten; dabei fehlt jeder Altar, nur ein großer Stein (*'æḇæn geḏolāh*) wird erwähnt, auf den die Lade gestellt wird und der wohl zur Blutapplikation dient. Ebenso wird von Saul berichtet, daß er – nachdem er vom rituellen Vergehen des Volkes erfahren hatte –, einen großen Stein (*'æḇæn geḏolāh*) zum Schlachten herbringen läßt; dabei geht es nicht um das Opfer, sondern um den Blutritus an diesem Stein. Von späterer Hand stammt v. 35, der diesen Stein, der noch lange zu sehen war (vgl. 1 Sam 6, 18), als Altar Sauls bezeichnet. In beiden Berichten hat der große Stein keine Altarfunktion, sondern steht der Massebe näher. Demgegenüber wird in Ri 6, 11–24 ein Felsen als Altar erwähnt; Gideon legt sein Opfer – als Götterspeisung gedacht – auf den Felsen nieder (vgl. Ri 13, 19 f.), später scheint dieser Felsen Grundlage eines gebauten Altares zu sein (v. 24, vgl. Kutsch, Kübel). Somit stellt diese Art des Felsaltares (zum archäologischen Material vgl. A. Reichert, BRL²

6ff.; Stendebach; Galling, bes. 59–64) neben dem Erdaltar die einfachste Altarart im AT dar. Diese enge Verbindung von Felsen und Altar ist bis hin zum Jerusalemer Tempel (vgl. Hertzberg) charakteristisch für viele Altäre (vgl. auch G. Bruns, Umbaute Götterfelsen als kultische Zentren in Kulträumen und Altären, JbDAI 75, 1960, 100–111).

Als Übernahme von Kulteinrichtungen der seßhaften Völker ist die → במה (*bāmāh*) zu werten. J. M. Grintz (VT 27, 1977, 111–113) hat ihren moabit. Ursprung wahrscheinlich gemacht (vgl. auch Vaughan 36); neuere Arbeiten (Vaughan, Haran) haben die enge Verbindung bzw. sogar die häufige Identität von *bāmāh* und Altar aufgewiesen. Daß sich hinter der Bileam-Erzählung (Num 23) weder moabit. noch babyl. Opferpraktiken verbergen, hat L. Rost (Festschr. W. Zimmerli, 1977, 377–387) gezeigt. Für Israel ist das Vorhandensein von *bāmôṯ* sowohl im Sinne eines Heiligtums als auch einer Opferstelle (Altar) sicher (vgl. 1 Kön 3, 2. 4); ob jedoch der Ursprung des Brandopfers (*ʿolāh*) mit der *bāmāh* in Verbindung zu bringen ist, bleibt unklar; ebenso wie die Frage nach der kultischen Verwendung der Tenne (*goræn*) im kanaan. Raum, wie es der ἱερὸς λόγος des Jerusalemer Tempelplatzes (2 Sam 24) nahelegt (→ II 69f.).

Am deutlichsten tritt das Zusammentreffen der Kultformen von Nomaden und Seßhaften im Altargesetz Ex 20, 24–26 (Deut 27, 4–7, vgl. E. König, ZAW 1, 1924, 337–346; K.-H. Walkenhorst, BBB 33, 147–160) zutage. Conrad (1968) hat die Vorstellungen und Kultpraktiken, gegen die sich das Altargesetz wendet, untersucht und seinen Sinn exakt nachgewiesen. Fraglich erscheint aber seine Annahme bezüglich des *mizbaḥ ʾadāmāh*, da das von ihm beigebrachte archäologische Vergleichsmaterial von Ziegelaltären anderer Art (Tempel-, Haus- und Straßenaltäre) und mit entsprechend anderen Opfervorstellungen verbunden ist als die at.lichen Belege. Da die vom nomadischen Opfer herkommende Bedeutung des Opferblutes im israelit. Kult immer zentral blieb, ist hier im zeitlichen Kontext des Bundesbuches bei *mizbaḥ ʾadāmāh* eher an eine einfache irdene Opfer-(Schlacht-)Stätte zu denken, die die kultisch wichtige Vernichtung des Opferblutes zu garantieren vermochte, um es falschen Blutmanipulationen zu entziehen; es erscheint unwahrscheinlich, daß – bei der besonderen Bedeutung des Opferblutes im Kult und dort vor allem am Altar (Lev 17, 11) – das Altargesetz dies völlig unberücksichtigt gelassen hätte. Somit beinhaltet das 1. Gebot ein für jede israelit. Kulthandlung konstitutives Element gegenüber den beiden folgenden Geboten, die sich absetzen wollen.

d) Trotz der zentralen Stellung der Altäre in jedem Tempel wird im sogenannten Tempelbaubericht (1 Kön 6; vgl. K. Rupprecht, ZDPV 88, 1972, 38–52) nur der Räucheraltar (1 Kön 6, 20f.) vor (?) dem *debîr*, nicht aber der Brandopferaltar des Vorhofs erwähnt. Daraus läßt sich nicht schließen, daß der Jerusalemer Tempel von seiner Anlage her stärker als Wohnstätte JHWHs denn als Opferstätte aufgefaßt wurde (Fritz 23), da die Einrichtung des Tempels zu wenig Parallelen zu den wirklichen Wohntempeln des Alten Orient aufweist. Es besteht jedoch die Möglichkeit, daß ein Altar bzw. eine Opferstätte schon vor dem Tempelbau an diesem Platz vorhanden war, so daß im Tempelbaubericht zu Recht darüber nichts gesagt wird. Zahlreiche Fragen bewegen sich auch um Form und Standort (für den Standort über dem Hl. Fels, vgl. auch Hertzberg; H. Schmid, Festschr. K. Galling, 1970, 241–250, spricht nicht nur die Entwicklungsgeschichte des Altares [s.o. III. 2. c]) des Brandopferaltares (vgl. Busink I 321–326). N. H. Gadegaards Untersuchung läßt Brandopfer auf den im AT beschriebenen und einigen in Palästina gefundenen Altären unwahrscheinlich werden. Auch stehen Umfang und Abfolge der in den Opfergesetzen beschriebenen Opfer in keinem Verhältnis zum genannten Altar, eine Schwierigkeit, die auch nicht durch den von de Groot zu Unrecht angenommenen zweiten Altar beseitigt wird. Nicht nur eine philologische Lösung der Frage nach dem Ort des Verbrennens der Brandopfer bietet der Hinweis auf die *bāmāh* als Form des Altares (vgl. Haran 23ff.), da *bāmāh* teilweise synonym für *mizbeaḥ* steht (vgl. Vaughan 33), sondern auch eine sachliche eröffnet der von Vaughan als Typ II bezeichnete *bāmāh*-Typ (46–51). Diese Art der *bāmāh* gehört immer zu einem Tempel und dient sowohl selbst als Altar, als auch als Basis für einen regulären Altar.

Vielleicht gab es vor dem Tempelbau in Jerusalem eine *bāmāh* vom Typ I (Vaughan 40–45), die im Zuge des Tempelbaus ausgebaut und mit einem *mizbeaḥ neḥošæṯ* versehen wurde. Daß auf diesem *mizbeaḥ neḥošæṯ* kein Brandopfer möglich war, scheint gesichert (vgl. Gadegaard 36ff.), so daß die Funktion dieses Altares im Kult wohl entweder im Blutritus (s. u. III. 3. a) bestand, was gut zu der herausragenden Stellung des Blutes im israelit. Kult passen würde, oder er ist mit Kultobjekten, wie sie in phön./pun. Inschriften mit gleicher Bezeichnung (vgl. *mzbḥ nḥšt* in KAI 10, 4; 66, 1, → נחשת *neḥošæṯ*) begegnen, in Verbindung zu bringen. Ob beide, *bāmāh* und der daraufstehende Altar, undifferenziert in den at.lichen Texten als *mizbeaḥ* bezeichnet werden, was sprachlich durchaus möglich ist, oder ob beide zusammen so bezeichnet werden, was wohl bei dem nur in späten Texten belegten *mizbaḥ hāʿolāh* (Ex 30, 28; 31, 9; 35, 16; 38, 1; 40, 6. 10. 29; Lev 4, 10; 1 Chr 6, 34; 16, 40; 21, 26; 2 Chr 29, 18) gemeint ist (s. u. III. 2. f), ist nicht mehr auszumachen.

Auffällig ist aber, daß bei sehr vielen Handlungen, die in Verbindung mit dem Altar stehen, die Präp. *ʿal* steht (vgl. das Besteigen des Altares: 1 Sam 2, 18; 1 Kön 12, 32. 33 [vgl. auch H. W. Wolff, BK XIV/2, 389]; das Blutsprengen: s. u. III. 3. a); neben *ʾæl* und *lipnê* beim Herantreten und Darbringen), ohne daß dabei deutlich wird, ob hier an ein räumliches 'auf, über' zu denken ist, oder ob *ʿal* in allen diesen Fällen nur den Bezug zum Altar angibt (vgl. C. Dohmen, BN 16, 1981, 7–10). Daneben stehen die Belege vom Verbrennen des Opfers in der Konstruktion *qṭr hammizbeḥāh*; davon weicht nur 2 Chr 29, 22 (3mal). 24 ab, wo *hammizbeḥāh* beim Blutritus steht. Gemäß dem ursprünglichen Sinn der Akkusativendung *-āh* (vgl. auch E. A. Speiser, IEJ 4, 1954, 108–115; J. Hoftijzer, A Search for Method, Leiden

1981) zur Kennzeichnung der Richtung (GKa § 90) könnte dieser sprachlichen Konstruktion eine sachliche Trennung von *mizbeaḥ* (*bāmāh*) zum Verbrennen und *mizbeaḥ* zum Blutritus zugrundeliegen, wobei der eigentliche Altar immer im Vordergrund des Interesses stand.

An eine Altarbasis könnte man auch bei dem unklaren *kijjôr* (vgl. KBL³ 450) von 2 Chr 6, 13 denken, jedoch sind die dortigen Angaben in bezug auf Ausmaß und Material abhängig von anderen Traditionen (vgl. Fritz 25), so daß sich Ursprüngliches nicht mehr eruieren läßt.

Der Nordseite des Altars kommt im Tempel eine besondere Bedeutung zu (vgl. K. Elliger, HAT I/4, 37). Nach Lev 1, 11 ist das Brandopfertier *ʿal jæræḵ hammizbeaḥ ṣāponāh* zu schlachten (vgl. Lev 4, 24. 28. 33 für Sünd- und Schuldopfer), und 2 Kön 16, 14 taucht die gleiche Formulierung zur Angabe des Ortes auf, an den Ahaz den alten ehernen Altar verschieben läßt. In Ez 40, 38–43 wird nun berichtet, daß im Nordtor des Tempels die Schlachttische standen (vgl. W. Zimmerli, BK XIII/2, z. St.), so daß es naheliegt, die genannte Nordseite des Altares mit dem Nordtor, in dem geschlachtet wurde, zu identifizieren. Ahaz ließ also den ehernen Altar zu diesen Schlachttischen im Nordtor stellen. Auch 2 Kön 12, 10 wird ein Altar im Nordtor (vgl. W. McKane, ZAW 71, 1959, 260–265) erwähnt, der jedoch keinen Anlaß für die Hypothese des zweiten Altares im Tempel bietet, sondern entsprechend dem Bedeutungsfeld von *mizbeaḥ* kann hier an die genannten Schlachttische des Nordtores gedacht werden. Eine Assoziation an diese Bedeutung liegt vielleicht der fälschlichen (?) Bezeichnung eines Nordtores als 'Altartor' (*šaʿar hammizbeaḥ*) Ez 8, 5 zugrunde, so daß sich die zahlreichen Konjekturversuche (vgl. W. Zimmerli, BK XIII/1, z. St.) erübrigen.

Im Tempelbaubericht wird in 1 Kön 7, 48 der Schaubrottisch und ein goldener Altar genannt (vgl. Busink I 288–293). Nicht nur die unterschiedlich beurteilte Frage nach Herkunft, Alter und Art des Räucheropfers im israelit. Kult (→ קטר [*qṭr*]; Haran 230–245), sondern auch sachliche Gründe haben Noth (BK IX/1, 122. 166) veranlaßt, an der Existenz eines eigenen Räucheraltars (*mizbaḥ haqqeṭoræt*, Ex 30, 27; 31, 8; 35, 15; 1 Chr 6, 34 u. ö.) zu zweifeln. Er vermutet, daß Schaubrottisch und goldener Altar identisch sind (anders Fritz 24) und eventuell ein Räuchergefäß auf dem Tisch stand; dazu paßt auch, daß in Ez 41, 22 der „Tisch, der vor JHWH steht", als *kemar'eh hammizbeaḥ* bezeichnet wird (vgl. W. Zimmerli, BK XIII/2, z. St.). Daß im Inneren des Tempels geräuchert wurde, scheint sicher (Jes 6, 6; vgl. H. Wildberger, BK X/1, 42. 253). De Langhe hat unter Hinweis auf asarab. *ḏhb* 'Gewürz, Weihrauch' (→ II 542) den *mizbaḥ zāhāḇ* als Räucheraltar zu erklären versucht, was aber aufgrund des Kontextes der Materialangaben unwahrscheinlich ist (zu den verschiedenen Räuchergeräten vgl. N. Glueck; de Vries; → חמם [*ḥmm*] III).

e) Die Zeit vor der Reichsteilung bis zum Exil ist von religiösem Synkretismus gekennzeichnet. Nicht nur im Jerusalemer Tempel selbst, sondern auch außerhalb Jerusalems gab es zahlreiche Kultorte. Die Geschichte vom Ahaz-Altar 1 Kön 16 (vgl. R. Rendtorff, WMANT 24, 46–50), von der M. Cogan gezeigt hat, daß hier nicht ein bestimmtes Altarmodell (assyr.; phön.; aram.) im Vordergrund steht, sondern ein für den Zeitgeist bezeichnendes Interesse an fremden Göttern und Kulten, macht dies deutlich. P. Welten (ZDPV 88, 1972, 19–37) unterscheidet für diese Zeit vier Kategorien von Heiligtümern: Zentralheiligtum, Reichstempel, Tempelhöhe und Höhe. In den dtr und chr Berichten schlägt sich dies in der häufigen Rede von den Altären (s. u. III. 3. e) nieder; dabei geht es aber nicht um Wesen oder Arten von Altären, sondern der Altar als Mittelpunkt jeden Kultes steht pars pro toto für das Heiligtum und seinen Kult. Die Auseinandersetzung um diese Heiligtümer und Kulte (vgl. A. Jepsen, Festschr. G. v. Rad 1971, 171–182) zeichnet sich auch in der Erzählung vom Bethel-Altar 1 Kön 13 (zum Text vgl. E. Würthwein, Festschr. K. Elliger 1973, 181–189; zum Ende des Bethel-Heiligtums 2 Kön 23 vgl. H. W. Wolff, Festschr. K. Galling 1970, 287–298) ab. In gleicher Weise spiegelt die in die Josuazeit zurückprojizierte Geschichte Jos 22 (vgl. H.-J. Hermisson, WMANT 19, 99 ff.) von dem Altar in Gilgal am Westufer des Jordan (→ III 905 f.) die Auseinandersetzung um ein dortiges Heiligtum (vgl. Snaith) wider und stellt nicht eine nachexilische Legitimierung von Diasporaheiligtümern ohne Opferkult seitens der Jerusalemer Orthodoxie dar (Diebner-Schult). Die Übersetzer der LXX haben die zugrundeliegende Auseinandersetzung erkannt und durch die Wiedergabe von *mizbeaḥ* durch das sonst heidnischen Altären vorbehaltene βωμός auch beurteilt.

Ob nach der Zerstörung des Jerusalemer Tempels 587 v. Chr. auf den Trümmern bereits wieder ein Altar zum Opferkult errichtet wurde (Kosters, Kittel, Noth; vgl. Busink II 777 f.), ist mit Busink nicht anzunehmen, erst in Esr 3, 2 f. (vgl. Hag 2, 14) wird vom Bau eines Altares nach dem Exil berichtet. Die schlechte Quellenlage läßt keine näheren Einzelheiten über die Altäre des Zweiten Tempels zu (vgl. insgesamt auch zu weiteren Beschreibungen besonders bei Josephus und in der Mischna: Busink II).

f) Besonders häufig sind in der Forschung fehlende Angaben bezüglich des Brandopferaltares, sowohl im Salomonischen Tempel als auch im Zweiten Tempel, und auch für den Altar, den Ahaz errichten ließ, durch die genaue Beschreibung des Altares im Tempelentwurf Ezechiels (43, 13–27) ergänzt worden. Neben der opinio communis bezüglich der Gesamtanlage des Altares stehen zahlreiche unterschiedliche Erklärungsversuche für einzelne Termini, davon abhängige Vorstellungen und Rekonstruktionen, Parallelen des Altares und seine mögliche Herkunft (vgl. die Darstellungen und Auseinandersetzungen bei Busink II 730–736; Zimmerli, BK XIII/2, 1089–1096). Erwähnenswert sind noch die Bemerkungen Vaughans (51–54), der über die Deutung der Begriffe *ḥêq* und *gaḇ* zur Vorstellung einer auf einer Plattform aufruhenden Altarkonstruktion gelangt. In diesem Sinne stellt der ez. Altar eine Weiterentwicklung der oben genannten Verbindung von *bāmāh* und Altar dar, indem nun ihre Funktionen – Brandopfer und Blutritus – zusammen auf dem Altar stattfinden können, was vielleicht auch mit der Neuorientierung des Altares (Zimmerli 1096) in Verbindung steht. Daß ein solches „einheitliches Modell" auch der P-Konzeption in den Opfertexten (s.o. III.2.d) zugrundeliegt, ist denkbar. Zur Frage des Räucheraltares Ez 41,22 s.o. III.2.d.

3. a) Auf den nomadischen Opferkult geht die große Bedeutung des Blutes zurück (s.o. II.2.e), die es immer im israelit. Kult behalten hat. Das Blut jeglicher Opfer mußte an den Altar gegeben werden (Deut 12,27); je nach Opferart wurde es rundum an den Altar gesprengt oder die Hörner des Altares wurden mit Blut bestrichen und der Rest am Fundament des Altares ausgegossen (→ זרק [*zāraq*]; → יצק [*jāṣaq*]; → שפך [*šāpak*]). Während des Blutritus stand das Blut in Opferschalen (*mizrāq*; → II 688f.) an/auf dem Altar (Ex 24,6ff.; 29,21; Lev 8,30; Sach 9,15). Die Blutapplikation hatte sühnende Wirkung (→ כפר [*kpr*], aber nicht nur am Altar als Ort der Sühne (vgl. Zimmerli, BK XIII/2, 1102), sondern auch an Menschen und Dingen. Zusammen mit dem Öl findet das Blut auch seine Verwendung bei der mehrfach erwähnten Altarweihe (*ḥ*ᵃ*nukkaṯ hammizbeaḥ*; → III 21f.).

In der absoluten Beschränkung des Blutes auf den Altar Lev 17,11 steht der Altar für das Zentrum des Kultes, so daß hier die ausschließlich kultische Verwendung des Blutes gemeint ist (vgl. N. Füglister, Sühne durch Blut – Zur Bedeutung von Leviticus 17,11, Festschr. W. Kornfeld 1977, 143–164). Die auch belegte rituelle Bedeutsamkeit des *j*ᵉ*sôḏ* (→ III 671–681f.) – nicht nur für die ordnungsgemäße Beseitigung des Opferblutes –, weist vielleicht auf die Ursprünge des Altars zurück, der auf oder über einem heiligen Felsen gebaut wurde (s.o. III.2.c).

Daß in Jer 2,28; 11,13; 19,15; Ez 6,6; Hos 11,6; Mi 5,13 *ʿārîm* 'Städte' nicht aufgrund ugar. Parallelen auf eine Wurzel **ʿāreh* 'Blut-bespritzter Altar' zurückgeführt werden kann, hat E. W. Nicholson (VT 27, 1977, 113–117) deutlich gemacht.

b) Die Herkunft der Altarhörner (*q*ᵉ*rānôṯ* Ex 27,2; 29,12; 30,2.3.10; Lev 4,7.18.25; 1 Kön 1,50f.; Jer 17,1; Ez 15,20; Am 3,14 u.ö.) ist nicht sicher zu bestimmen (zur Verbreitung von Hörneraltären vgl. Reichert, BRL² 9; → קרן *qæræn*).

Einige denken an eine Massebe, die aus opfertechnischen Gründen quasi gevierteilt wurde (Galling 67), andere an eine Halterung für die Räucherschale (J.B. Pritchard, ANEP 319). De Groot (76–88) bringt die Altarhörner mit der Hörnerkrone der Götter und Könige zusammen und sieht ihre apotropäische Bedeutung als ursprüngliches Element an. Die vergleichbaren Hörner der babyl. Ziqqurat deutet W. Andrae (Das Gotteshaus und die Urform des Bauens im Alten Orient, 1930, 59) als „Erbfolger der 'Sparren'-Büschel der ältesten Götterhütte auf dem Hügel" (vgl. auch Obbink). Mit Stendebach (190) wird man die Altarhörner jedoch mit dem im gesamten Alten Orient verbreiteten Stierkult in Verbindung bringen können, zumal die Funde von echten Stierhörnern im neolithischen Çatal Hüyük (vgl. J. Mellaart, Çatal Hüyük, Stadt aus der Steinzeit, 1967, 104ff.) diese Deutung bestätigen und eine Verbindung zu dem in der Ägäis begegnenden Hörnerpaar (den sog. „horns of consecration", vgl. W. Burkert, Griechische Religion, RdM 15, 1977, 73ff.) hergestellt werden kann. Den Hörnern des israelit. Altares kommt besondere Heiligkeit zu, was die Praxis von Blutritus und Asylie beweist. Ebenso wird unauslöschliche Schuld in Jes 17,1 als in die Hörner des Altares eingeritzt bezeichnet (→ IV 442f.).

c) Israel kennt wie die meisten Völker ein Asylrecht am Heiligtum (vgl. insgesamt L. Delekat, Asylie und Schutzorakel am Zionsheiligtum, Leiden 1967). Dabei bekommt der Asylsuchende durch Kontaktnahme mit heiligen Gegenständen Anteil an deren Heiligkeit (Ex 29,37; vgl. J. Milgrom, Sancta Contagion and Altar / City Asylum [VTS 32, 1980, 278–310]). Der Altar, bzw. dessen Hörner als Mittelpunkt des Heiligtums, stellt im AT diese hochheilige Stätte dar, die nicht nur als Asylstätte (1 Kön 1,50.51.53; 2,28f.) fungierte, sondern – aufgrund seiner Heiligkeit – wird vor dem Altar im Falle eines unbewiesenen Verbrechens auch eine Entscheidung durch eine Selbstverfluchung erwartet (1 Kön 8,31 = 2 Chr 6,22). Der Ausschluß des Mörders vom Asylrecht (Ex 21,14) wird in der Gerichtsandrohung des Propheten Amos dahin ausgedehnt, daß durch die Vernichtung der Asylstätten (Am 3,14) jegliche Rettung ausgeschlossen wird (vgl. Wolff, BK XIV/2, 239).

d) Als Mittelpunkt des Kultes ist der Altar auch in die Priesterbezeichnung eingegangen, ihre Aufgabe ist der *mišmæræṯ hammizbeaḥ*, womit der gesamte Kultdienst gemeint ist (Num 18,5; 1 Sam 2,28; Ez 40,46 u.ö.), den der Priester auszuführen hatte (vgl. Wolff, BK XIV/2, 36). Als schwerer Kultfrevel galt es, wenn der König sich der priesterlichen Funktionen (→ כהן [*kohen*]) bemächtigte (2 Chr 26,16; 1 Kön 12,32), die über die ihm zustehenden (vgl. 1 Kön 8,22 = 2 Chr 6,12; 1 Kön 8,54; 9,25 u.ö.; vgl. Noth, BK IX/1, 220) hinausgingen.

e) Die Gefahr des religiösen Synkretismus prägt in der späteren Geschichtsschreibung die Zeit der Seßhaftwerdung und vor allem die spätere Königszeit. (Zur systematischen Darstellung der israelitischen Kultgeschichte im DtrGW vgl. H.-D. Hoffmann, Reform und Reformen [AThANT 66, Zürich 1980] passim.) Die zu vernichtenden Heiligtümer (Ex 34,13; Deut 7,8; Ri 2,2) der Nachbarvölker sind dabei oft näher beschrieben durch *bāmāh* (→ במה); *'*ᵃ*šerāh* (→ אשרה); *maṣṣeḇāh* (→ מצבה) und *ḥammānîm* (→ חמם; vgl. K. Galling, Baʿal Ḥammon und die Ḥammanîm, Festschr. K. Elliger 1973, 65–70; V. Fritz, BN 15, 1981, 9–20); niemals fehlt in diesen Aufzählungen der Altar, dessen götzendienerische Funktion Jes 17,8 treffend durch die der Götterbildpolemik entnommene Charakterisierung als Machwerk der Hände aufzeigt.

In Jes 19, 19 sieht der Apokalyptiker ganz Ägypten als „Kultstätte" – mit Altar in der Mitte (*b^e^tôk*) und Massebe an der Grenze (*'eṣæl-g^e^bûlāh*) – und nicht nur einzelne Orte in Ägypten, wie er es zu seiner Zeit vorfand. Diese Konzeption wird in den vv. 23–25 weiter ausgedehnt.

Im Zentrum der vor allem prophetischen Kritik steht die sinnlose Vermehrung der Opferstätten (Jer 2, 28; 11, 13; Hos 8, 11; 10, 1; vgl. Wolff, BK XIV/1, 100. 185. 225), was sich auch darin widerspiegelt, daß in den Texten aus diesem Bereich die Mehrzahl der Pl-Formen von *mizbeaḥ* zu finden ist. Die Reduzierung der Kultstätten auf einen einzigen Altar im Jerusalemer Tempel durch Hiskia mußte den Heiden als verminderter Gottesdienst erscheinen (Jer 36, 7; 2 Kön 18, 22).
Die Zerstörung der Altäre und die Verunreinigung der Kultstätten (2 Kön 11, 18; 23, 20; 6, 4. 5. 13) zeigen das zu erwartende Ende des Götzendienstes an.

IV. Abgesehen von den recht fragmentarischen Beschreibungen des Altars in der TR (vgl. Y. Yadin, מגילת המקדש, Jerusalem 1977 [hebr.], I 186; II 37; vgl. auch Busink II 1420–1426) findet sich *mizbeaḥ* nur 8mal in den Handschriften (11 QPs^a 18, 9; 27, 5; CD 6, 12. 13; 11, 17. 19. 20; 16, 13). Dem Fehlen des blutigen Opferkultes in Qumran gemäß (vgl. G. Klinzing, Die Umdeutung des Kultes in der Qumrangemeinde und im NT, SUNT 7, 1971, bes. 22–41) findet sich *mizbeaḥ* einerseits in übertragenem Sinne, andererseits scheint CD 11, 17. 19. 20 eine bedingte Teilnahme am Tempelkult vor Augen zu haben. Dem steht CD 6, 12. 13 gegenüber, wo die Forderung von Mal 1, 10, den Tempeldienst besser einzustellen als unrein auszuüben, den Gemeindemitgliedern als Begründung für ihre Absonderung vom offiziellen Tempelkult dient. Sie selbst sollen sogar die sein, die diesen Tempeldienst beenden (vgl. Mal 1, 10 – CD 6, 12).

Dohmen

מְזוּזָה *m^e^zûzāh*

1. Etymologie, Bedeutung – 2. Umwelt – 3. At.licher Befund – 4. LXX.

Lit.: *I. M. Casanowicz*, Jewish Encyclopedia VIII, 1904, 530f. – *J. Milgrom*, Israel's Sanctuary: The Priestly „Picture of Dorian Gray" (RB 83, 1976, 390–399). – *E. Reiner*, Plague Amulets and House Blessings (JNES 19, 1960, 148ff.). – *E. A. Speiser*, *Pālil* and Congeners: A Sampling of Apotropaic Symbols (Festschr. B. Landsberger, Chicago 1965, 389–393). – *J. Trachtenberg*, Jewish Magic and Superstition, 1939, bes. 146ff. – *S. Yeivin*, EncBibl IV, 1962, 780ff.

1. Die Etymologie des Wortes ist noch ungeklärt. Ein nach-at.liches Verb *zwz* 'bewegen, zur Seite schieben' kommt kaum in Frage. Akk. *manzāzu*/*mazzaztu*, Nominalformative von *izuzzu* 'stehen' (AHw 408–411. 638) kommen etymologisch ebenfalls nicht in Frage, da sie semantisch keinerlei Affinität anzeigen und weil die Verdoppelung des *z* im Hebr. keine Spuren (etwa **mazzûzah*) hinterlassen hat. M. Ellenbogen, Foreign Words in the Old Testament, London 1962, 99, verweist auf akk. *muzzāzu* (Ptz. vom N-Stamm von *zāzu*) in der Bedeutung 'Türpfosten' (vgl. AHw II 692?).
m^e^zûzāh bedeutet entweder 'Türpfosten' (Ex 21, 6; Jes 57, 8; Ez 43, 8; Spr 8, 3), 'Torpfosten' (aus Stein, Ri 16, 3; Ez 46, 2) oder vielleicht 'Türrahmen' (1 Kön 6, 31. 33; Ez 42, 42).
2. Die Bedeutung der *m^e^zûzāh* läßt sich zurückverfolgen bis in die historische Frühzeit, als man noch Symbole für Identifikation und zur Kennzeichnung der Eigentumsverhältnisse an oder über dem Hauseingang anbrachte. So zeigen z. B. chalkolithische Ossuarien in Hausform Werkzeuge über den Eingängen abgebildet als Hinweis auf den Beruf des Eigentümers (?); ähnlich plazieren mesopot. Siegel die Symbole der Gottheit über den Eingang zum Tempel. Tatsächlich wurden auch die Namen der Eigentümer von Gräbern im alten Ägypten in Inschriften auf den Oberschwellen oder an den Eingangspfosten angezeigt. In ähnlicher Weise waren phön. Inschriften am Grabeingang angebracht, um den im Grab Liegenden zu identifizieren (z. B. Jeḥimilk und Šipiṭba'al von Byblos).
Obwohl Yeivin meint, daß die magisch-kultische Funktion dieser Portalinschriften eine spätere Entwicklung darstellt, läßt sich kaum ernsthaft bezweifeln, daß eine apotropäisch-exorzistische Funktion von Anfang an intendiert war. Im alten Vorderen Orient spielten die Tür-/Torpfosten eine bedeutende Rolle im Zusammenhang ritueller und magischer Reinigungen. An der Tür sah man am ehesten eine Gefährdung für die Sphäre des Hauses gegeben, denn die Tür galt als der bevorzugte Ort des Eindringens der Dämonen. „Keine Tür vermag sie auszuschließen / kein Riegel kann sie vertreiben / sie gleiten durch die Tür wie eine Schlange / durch die Türangel blasen sie wie ein Wind" (Utukki lemnūti v. 25–35). Von daher war es notwendig, ein Bild des Schutzgottes (*šēdu* und *lamassu*) am Hauseingang aufzurichten: „Ich habe sie am Tor aufgerichtet zur Rechten und zur Linken, um sie (die Dämonen) zu vertreiben vom Haus des PN."
3. Genau das ist die Absicht von Ez 45, 19, wo das Streichen des Blutes der *ḥaṭṭā't*, des Reinigungsopfers, an die Türpfosten des Tempels und an die Tore des Inneren Hofes verlangt wird zusätzlich zur Bestreichung der Hörner des Altares. Diese Prozedur ähnelt der Verwendung des *ḥaṭṭā't*-Blutes am Versöhnungstag. Es wurde im Allerheiligsten ausgesprengt und an die Hörner des Altares gestrichen (Milgrom). Damit sollte das Heiligtum entsühnt

(→ כפר *kippær*) werden von einer Unreinheit nicht primär dämonischen, sondern eher menschlichen Ursprungs.
Das an Türpfosten gestrichene Blut hat apotropäische und reinigende Funktion. In der Exoduserzählung dient es zur Abwehr des Verderbers *mašḥîṯ* (Ex 12, 23; vgl. 7, 22). Ein Rudiment dieser apotropäischen Bedeutung wird noch hinter der spezifischen Levitenfunktion der *šôʿarîm*, der Tempelostiarier sichtbar, die hier nun primär ausgerichtet ist auf die Abwehr unbefugter Eindringlinge (1 Chr 9, 18; 24, 26; 2 Chr 23, 19). Der junge Samuel scheint im Heiligtum von Silo diese Funktion ausgeübt zu haben (1 Sam 1, 9). Die Bedeutsamkeit dieser Funktion wird noch dadurch unterstrichen, daß die Priester, die als Tempelwächter (*šômerê hassap*, wörtl. „Wächter der Schwelle") fungierten, rangmäßig unmittelbar hinter dem Hohenpriester und dem Zweitpriester standen, wie es die Deportiertenliste 2 Kön 25, 18 ausweist.
Die apotropäische Funktion der Türpfosten wird weiter bezeugt durch Amulette (vgl. Reiner). Diese Sitte bildet ohne Zweifel den Hintergrund für die dtr Vorschrift, Verse „auf die Türpfosten eurer Häuser und Tore" zu schreiben (Deut 6, 9; 11, 20). Solches Schreiben wird in der biblischen Weisheit weitgehend metaphorisch verstanden (z. B. „schreiben auf die Tafel des Herzens", Spr 7, 3). Ungeachtet dessen ist die dtr Vorschrift wörtlich zu verstehen. Wie Deut das Tragen von Phylakterien an Unterarm und Stirn sowie von Quasten am Obergewand vorschreibt (Deut 22, 12), so muß dies verstanden werden als Gebot, Schlüsselverse der Thora an Türen und Torpfosten zu befestigen. Aus dem Text geht jedoch nicht hervor, welche Verse gemeint sind. Die älteste bekannte Mezuzah-Inschrift stammt aus Höhle 8 in Qumran (vgl. DJD III). Es handelt sich um ein Pergament (6, 5 × 16 cm), das Deut 10, 12–11, 21 enthält. Der von den Rabbinen vorgeschriebene Text ist jedoch kürzer und differiert ein wenig (Deut 6, 4–9; 11, 13–21).
Die weite Verbreitung dieses Brauches ist eindeutig bezeugt von Flavius Josephus (Ant VIII 213). Der Terminus *mezûzāh* wechselte über zur Bezeichnung einer solchen Türpfosten-Inschrift. Es ist jedoch entscheidend, die Entwicklung im Auge zu behalten. Das biblische Israel transformierte – beginnend mit Deut – das ursprüngliche Türpfosten-Amulett zu einer ständigen Mahnung an die Hausbewohner, ihr Leben in Übereinstimmung mit der Thora zu leben. Trotzdem waren die apotropäischen Kräfte der *mezûzāh* nicht vergessen. So erklärte der Proselyt Onkelos den römischen Soldaten, die ihn arrestierten: „Im Falle des Heiligen, seine Diener wohnen innen, während er auf Wache steht für sie nach außen" (Aboda zarah 11a; vgl. Men 33b; TgHL 8, 3). Und auf die talmudische Bemerkung hin, daß die unsachgemäße Anbringung einer *mezûzāh* eine Quelle des Unglücks sein kann, erklärt der mittelalterliche Kommentator Raschi, daß ein solches Haus nicht gegen Dämonen geschützt sei (Men 32b).
Zu weiteren *mezûzôṯ* aus Qumran vgl. auch DJD VI 80–85.
4. Die LXX deutet *mezûzāh* als σταθμός (7mal), στοά oder πρόθυρον (je 1mal). Sinngemäß zutreffend ist auch das ἀναπτύσσειν Ez 41, 16, obwohl gerade hier die LXX einen umschreibenden Zusatz eingefügt hat (vgl. W. Zimmerli, BK XIII/2, 1045).

Milgrom

מָחָה *māḥāh*

I. Etymologie – II. At.licher Gebrauch – 1. Eigentliche Bedeutung – 2. Übertragene-theologische Bedeutung – 3. Gesamtschau – 4. Besondere Fälle – III. LXX.

Lit.: *R. Oberforcher*, Die Flutprologe als Kompositionsschlüssel der biblischen Urgeschichte, Innsbruck 1981, 150–154.

I. Hebr. *māḥāh* entspricht ugar. *mḥj* ʿverwischenʾ (WUS Nr. 1540; Labuschagne, VT 5, 1955, 312f.), phön. *mḥh* ʿauslöschen, abwischenʾ (KAI 26 A III 13. 18; C IV 15; 1, 2; DISO 147), vielleicht akk. *maʾû* ʿniederwerfen, vernichtenʾ (AHw 637; CAD M/2 321; das Wortfeld wird durch andere Verben abgedeckt: „abwischen" = *kapāru*, *mašāšu*; „auslöschen, tilgen" von Geschriebenem = *pašāṭu*, von Sünden = *pasāsu*), arab. *maḥā* (3. *w*) ʿverwischenʾ; zum Äth. s. Leslau, Contributions 30.

II. 1. Da der theologische Gebrauch eine Übertragung des eigentlichen Sinns des Wortes darstellt, empfiehlt es sich, zunächst die Fälle zu betrachten, wo *māḥāh* seinen physischen Aspekt von Handlung oder Prozeß aufzeigt. Es sind diese:
2 Kön 21, 13: eine Schüssel „wird abgewischt" innen und außen, d. h. mit Hilfe von Wasser und vielleicht einem anderen Element (Gegenstand oder Stoff) wird ein Fleck oder eine Verunreinigung von einer Sache oder einem Gerät entfernt. Der Text erwähnt Sache und Verbum (Schüssel und abwischen); impliziert sind die anderen Faktoren, Fleck und Wasser. Der parallele Ausdruck „die Meßschnur spannen" ist nicht synonym, sondern ein anderes Bild für Zerstörung. Der Fleck erscheint in allgemeiner Form in v. 13, während v. 16 von vergossenem Blut spricht. Dieser Text kann mit dem wahrscheinlich späteren Jes 4, 4 verglichen werden, wo von unreinem Blut und „Waschen" (*rāḥaṣ*) die Rede ist. Eine weitere bedeutsame Parallele mit einem verwandten Bild liefert Ez 24, 11. Es handelt sich hier um „Schmelzen des Schmutzes und Verzehren des Rostes" an dem durch vergossenes Blut unreinen Kessel.

Num 5, 23 steht im Gesetz über Eifersucht. Nachdem der Priester einen Fluch ausgesprochen hat, schreibt er ihn auf, vielleicht auf Pergament; das Dokument wäscht er mit Wasser ab (*māḥāh 'æl mê*), so daß das Wasser die Worte tilgt; die angeklagte Frau trinkt das Wasser und nimmt so den Fluch in ihren Körper auf. Der Text nennt also das beschriebene Material, die Schrift und das Wasser, das die Schrift wegwäscht. Der Übergang vom formlosen Fleck zur Schrift ist bedeutsam. Der Sinn der Schrift beeinflußt zwar nicht den physischen Prozeß, jedoch total den Sinn der Aussage. Zum Ganzen vgl. G. Giesen, Die Wurzel שבע „schwören". Eine semasiologische Studie zum Eid im AT (BBB 56, 1981), 124ff. – M. Haran, JJS 33, 1982, 169 meint, der Gebrauch von *māḥāh* hier und in ähnlichen Zusammenhängen weise auf die Verwendung von Papyrus hin; das Tilgen einer Schrift von Pergament heißt *grd*.

Spr 30, 20 „Die Ehebrecherin ißt und wischt (*māḥ^a^ṯāh*) sich den Mund ab". Das Verb wird in seiner eigentlichen Bedeutung gebraucht in einer Verbindung, die als Ganzes metaphorische oder übertragene Bedeutung hat.

Jes 25, 8 „Gott wird die Tränen abwischen". Die physische Handlung liegt hinter der symbolischen Bedeutung. In diesem und im vorhergehenden Fall finden wir: eine Person, einen Körper statt eines Gegenstandes, etwas, was befleckt oder stört, und die Handlung des Abwischens (*māḥāh*). Die beiden letzteren sind theologische Symbole: ein tadelnswertes ethisches Benehmen, eine endgültige Heilshandlung.

2. Die theologische Bedeutung des Verbs *māḥāh* erscheint lediglich in Verbindungen, die verschiedene einzelne oder kombinierte Züge enthalten: der Gegenstand oder die Person, die befleckt oder beschrieben sind, das Bild des Flecks / der Schrift, die getilgt werden sollen, weniger beeinflußt der Faktor, der auswischt. Diese Analyse erlaubt eine genügende Klassifikation: Ausgewischt werden:

a) ein Name aus einem Register;
b) Sünde/Schuld: wie ein Fleck von der Person, wie aufgeschriebene Schuld, Tugend/Verdienst: wie aufgeschriebenes Guthaben;
c) Lebewesen von der Fläche der Erde, Objekte des Götzendienstes aus dem Land.

a) Fälle eines Registers, ausdrücklich oder implizit (der Schrift kann das Aussprechen des Namens gleichwertig sein): Ex 17, 14; 32, 32f.; Deut 9, 14; 25, 6. 19; 29, 19; 2 Kön 14, 27; Ps 9, 6; Ri 21, 17; Ps 69, 29; Sir 44, 13. Ein Unterschied zwischen *qal*, *niph* und *hiph* liegt nicht vor. Synonyma im weiteren Sinne sind: *hišmîḏ*, *šāḵaḥ*, *sālaḥ*, *'ibbeḏ*, *hiḵrîṯ*, Antonyma: *kāṯaḇ*, *hôšîa'*, *zāḵar*, *pālaṭ*, *'āmaḏ*, *qûm 'al šem*.

b) Fälle von Schuld (Sünde) oder Verdienst: Jes 43, 25; 44, 22; Ps 51, 3. 11; 109, 14; Spr 6, 33; Neh 3, 37; Jer 18, 23 (cj.); Sach 3, 9 (cj.); Neh 13, 40; Sir 3, 14; 1 QS 11, 3. Kein Unterschied zwischen *qal*, *niph* und *hiph* ist zu bemerken. Synonyma: *nāšāh*, *kibbæs*, *ṭihar*, *kissāh*, *kippær*, Antonyma: *zāḵar*, *nimṣā'*.

c) Fälle von Lebewesen oder kultischen Gegenständen: Gen 6, 7 (vgl. Oberforcher); 7, 4. 23; Spr 31, 3; Ri 21, 17; Sir 31, 1; Ez 6, 6. Dieselbe Bedeutung im *qal* und *niph*. Synonyma: *himṭîr*, *ḥrb*, *šmm*, *šbr*, *hišbîṯ*, *hesîr*, Antonyma: *niš'ar*.

3. Als Folge der Klassifikation können wir eine kurze Gesamtschau bieten. Wir sind von zwei Beispielen ausgegangen, ohne sie chronologisch einzuordnen, nämlich vom Beispiel des Flecks, der abgewaschen oder abgewischt wird, und von der Schrift, die getilgt wird. Es ist immer etwas Äußeres, das einem Körper anhaftet. Die Schrift führt uns in die Welt des Wortes, das benennt, registriert, wirkt. Obwohl das Verb *kāṯaḇ* und das Nomen *sepær* nicht häufig im gleichen Zusammenhang genannt sind, werden sie in vielen Fällen vorausgesetzt. Von der Schrift geht man nun leicht zu ihrem mündlichen Äquivalent über: vom geschriebenen zum ausgesprochenen Namen, vom Dokument zum Register des Gedächtnisses. In beiden Fällen kann das Wort auffordernd oder rein konstatierend sein: einen Namen, eine Schuld tilgen hat juridischen Wert, eine Sünde zu vergessen ist vergeben. Die Folgen der Handlung können aber auch dauernde Wirkung haben, z. B. das Auswischen des Namens, der Erinnerung (*šem*, *zeḵær*): Ex 17, 14; Deut 9, 14; 25, 6. 19; 29, 19; 2 Kön 14, 27; Ps 9, 6; 109, 13. In diesem Sinne bittet der Mensch, daß sein Verdienst nicht getilgt und seine Schuld verwischt werde.

Die semantische Breite von *mḥh* wird beleuchtet durch die Texte, die von einer unauswischbaren Schrift reden, z. B. Jer 17, 1 „Die Sünde Judas ist aufgeschrieben mit eisernem Griffel, eingegraben mit diamantener Spitze auf der Tafel ihres Herzens" (vgl. auch Hi 19, 23f.). Der Vorstellungsbereich vom Austilgen von Flecken ist umfangreich: klar sind die anfangs zitierten Stellen 2 Kön 21, 13; Jes 25, 8; Spr 30, 20. Vielleicht gehören hierzu Jes 44, 21 (die Wolken sind wie Flecken am Himmel, vgl. *ṭāhôr* als Epitheton des Himmels, → טהר) und Ps 51, 3 mit den Parallelen *kbs* und *ṭhr*; zweifelhafter Spr 6, 33 (unaustilgbare Schmach). In welche Kategorie fallen die Lebewesen und die menschlichen Bauten? Man könnte meinen: in die erste, die ausgeht vom Begriff der Tilgung einer Schrift oder Vernichtung einer Realität. Man könnte auch meinen, daß die Menschen oder die Gegenstände als Flecken auf der Erde betrachtet werden, die getilgt werden sollen. Jedoch sollte man auf jede Klassifikation verzichten. Die Flut entfernt mit ihrem Wasser alles Lebende von der Erde (Gen 6, 7; 7, 4. 23), die systematische Zerstörung tilgt alle Anlagen der Götzenkulte (Ez 6, 6).

Drei Texte zeigen die vage semantische Fixierung von *māḥāh* in Verbindung mit Verbrechen und Personen: Ex 32, 32: so wie eine Sünde nicht vergeben wird (*nāśā'*), wird eine Person oder ein Name aus dem Register getilgt; Ps 109, 13: so wie die Schuld nicht getilgt wird, werden die Nachkommen vernichtet; Deut 29, 19: die aufgeschriebenen Flüche werden

sich auf den Schuldigen niederlassen und seinen Namen austilgen.
Im theologischen Bedeutungsbereich erscheint *māḥāh* in verschiedenen Verbindungen. Sie können folgendermaßen systematisiert werden:

tilgen	etwas	von etwas
	Schrift	von einem Dokument
	Fleck	von einem Körper
	Wesen/ Gegenstände	von ihrem Ort

Einige Texte sollen die Gültigkeit des Schemas zeigen:

Gen 6–7	Lebewesen	von der Fläche der Erde
Ex 17, 14	Namen/ Erinnerung	von unter dem Himmel
Ex 32, 32	Mensch/Name	aus dem Registerbuch
Ri 21, 17	ein Stamm	aus Israel
Jes 25, 8	Tränen	vom Antlitz
Deut 25, 6	sein Name	aus Israel

Dieses Schema stimmt nicht, wenn ein Glied der zweiten Spalte die Stelle des direkten Objekts einnimmt, das normalerweise der ersten Spalte entspricht, z. B. Jerusalem tilgen/abwaschen (2 Kön 21, 12), den Mund abwischen (Spr 30, 28).
4. Das Gesagte zeigt den theologischen Gebrauch von *māḥāh*, sein Grundschema und die semantischen Variationen. Aber es kann nützlich sein, einige schwierige oder besonders interessante Fälle gesondert zu betrachten:
Ex 32, 32f. und Ps 69, 29: die Wirkung des Tilgens des Namens hängt von der Art des Buches ab, in dem er verzeichnet ist: die Eintragung im Buch der Erwählten verzeichnet und sichert den Besitz der Zugehörigkeit zur Gemeinde, im Buch der Lebenden das Leben.
Deut 25, 6: wenn jemand ohne Nachkommen stirbt, „wird sein Name getilgt“; dadurch, daß ein Erstgeborener geboren wird, der seinen Namen nimmt (*jāqûm ʿal šem*), wird die Tilgung vermieden. Ähnlich muß Sir 44, 13 verstanden werden, wo aber *kāḇôḏ* statt *šem* gebraucht wird.
Ez 6, 6: die Einrichtungen des Götzendienstes, *bāmôṯ*, Altäre, Götzenbilder, *ḥammānîm*, profanieren das Land und müssen gewaltsam zerstört werden, damit solche Werke (nicht „Taten“ wie KBL³) der Götzendiener „weggetilgt“ werden.
Ri 21, 17: durch Mangel an Frauen bleibt man ohne Erben (*jeruššāh*), und ein Stamm „wird vertilgt“. Es handelt sich um eine Abbildung von Wirklichkeit und nicht um eine literarische Registernotiz; die Stelle ist verwandt mit Deut 25, 6.
Sir 31, 1: der Ausdruck *jmḥh š'rw*, wörtlich „sein Fleisch tilgen“ meint die Gesundheit vergeuden oder schwächen, den Leib abmagern lassen.
Spr 31, 3: die Lesart *lamḥôṯ* ist zweifelhaft. Ähnlich wie in Sir 31, 1 ist von Frauen die Rede, die die Gesundheit der Könige zerstören oder schwächen. Verglichen mit Deut 25, 6 und Ri 21, 17 würde das bedeuten, daß sexuelle Abirrungen eine Dynastie „vertilgen“ und ihr Ende bereiten können; es wäre ein scharfsinniger, dennoch unsicherer Kontrast: durch Mangel an Frauen erlischt ein Stamm, durch Überfluß an Frauen wird eine Dynastie vertilgt.

III. Die LXX bietet keine einheitliche Übersetzung; am häufigsten steht ἐξαλείφειν, ἀπαλείφειν, daneben ἀπονίπτειν, ἀφαίρειν, ἐκτήκειν, ἐπιλανθάνειν.

Alonso Schökel

מְחִיר *meḥîr*

1. Etymologie – 2. Verwendung – 3. LXX.

Lit.: *B. Landsberger*, Akkadisch-Hebräische Wortgleichungen (VTS 16, 1967, 176–204, bes. 184f. Anm. 2). – *J. J. Rabinowitz*, Neo-Babylonian Legal Documents and Jewish Law (JJP 13, 1961, 131–175, bes. 140f.).

1. Das Wort *meḥîr* leitet sich von der Wurzel *mḫr* her, die den semit. Sprachen gemeinsam ist. Im Altsüdarab. bedeutet *mḫr* 'sich gegenüber aufstellen' (vgl. Leslau, Contributions 30). Im klassischen und literarischen Arab. hat sich die Semantik des Verbs *maḫara* verschoben von 'entgegentreten' oder 'übertreten' zu 'spalten, überqueren, durchdringen' (vgl. H. Wehr, Arab. Wb. für die Schriftsprache der Gegenwart, ⁴1968, 798). Die Grundbedeutung des akk. Verbs *maḫāru* ist 'jem. entgegengehen'. Daraus wurden verschiedene Substantive abgeleitet, z. B. *maḫīru* 'Gegenwert, gängiger Preis, Kaufpreis, Handel, Markt' (vgl. CAD M/1, 92–99). Das Verb *mḫr* > *mḥr* ist selbst nicht in den nordwestsemit. Sprachen belegt, aber man findet hier die abgeleiteten Nomina *mḫr/mḥ(j)r* 'Gegenwert, Entsprechung', *mḫr* 'Vorderseite' wie akk. *maḫru* (KTU 4.625, 2), → מחר (*māḥār*) 'morgen' und der PN *meḥîr*/Μαχιρ (1 Chr 4, 11), der wahrscheinlich ein Ersatzname ist und 'Entsprechung' bedeutet. Es gibt also keinen Grund, *meḥîr* als Entlehnung aus dem Akk. zu werten, um so weniger, als das semantische Feld beider Vokabeln nicht übereinstimmt. Im Hebr. wird *meḥîr* immer in der Bedeutung 'Gegenwert' verwendet, ein Begriff, der seinen Ursprung in der Tauschpraxis hat. Die Übersetzung 'Preis' ergäbe selten den genauen Sinn der Texte, dagegen würde 'Lohn' oder 'Zahlung' dem Kontext zuweilen gerecht.
2. Die ältesten westsemit. Belege entstammen dem königlichen Archiv aus Ugarit. Ein Geschäftsbrief (KTU 2.32, 8) erwähnt *kl mḫrk* „deinen ganzen Gegenwert“ und bezieht sich auf die Zahlung, die für eine Kupferlieferung zu leisten war. Am Ende einer Buchführungsurkunde liest man den Ausdruck *ksp mḫrhn* „Geld ihres Gegenwertes“ (KTU 4.338, 18);

gemeint sind die Schiffe, die der ugar. König gekauft hat und die im Corpus des Textes erwähnt werden. Derselbe Ausdruck *kæsæp meḥîr* findet sich auch 1 Kön 21, 2 und Hi 28, 15. Dabei liegt es auf der Hand, daß man in diesen Fällen an eine Bezahlung mit abgewogenem Geld dachte. Aus dem Kontext geht hervor, daß es in 2 Sam 24, 24 genauso ist. Dort findet sich die Wendung *qānāh bimḥîr* „um einen Gegenwert erwerben" oder „gegen Bezahlung erwerben". In 1 Kön 10, 28; 2 Chr 1, 16 begegnet die Wendung *lāqaḥ bimḥîr* „mitnehmen für einen Gegenwert" oder „mitnehmen gegen Bezahlung" auf eine Weise, die genau festhält, daß es sich nicht um ein Geschenk handelt, sondern um eine geschäftliche Transaktion. Die Ausdrücke *bimḥîr* „für einen Gegenwert" (Mi 3, 11; Kl 5, 4; Sir 31, 5; Dan 11, 39) oder *lo' bimḥîr* (Jes 45, 13; Jer 15, 13; 1 QS 5, 17) und *belô' meḥîr* (Jes 55, 1; 1 Q 27, 1, II 6), mit der gleichen Bedeutung „ohne Gegenwert", werden verwendet, ohne daß man mit Sicherheit bestimmen könnte, welche Zahlungsart der jeweilige Autor gemeint hat. Die Wendung *belo' kæsæp ûbelo' meḥîr* aus Jes 55, 1 scheint demnach anzuzeigen, daß *meḥîr* zumindest hier nicht auf Geld Bezug nimmt. Auch der Parallelismus *kæsæp* || *meḥîr* in Kl 5, 4 könnte synthetisch und komplementär eher als synonym sein. Andere Parallelismen wie *meḥîr* || *šoḥaḏ* 'Gegenwert' || 'Geschenk' (Jes 45, 13), *šoḥaḏ* || *meḥîr* || *kæsæp* (Mi 3, 11) und *hôn* || *meḥîr* (Ps 44, 13; 4 Q 160, 7, 3) lassen desto weniger aufleuchten, daß unser Begriff sich auf gewogenes Geld bezieht.

Nach Ps 44, 12f. hat Gott sein Volk verkauft und ausgeliefert wie Schlachtvieh ohne jeden Gewinn für sich und ohne sich mit seinem Gegenwert zu bereichern. Es ist unbeweisbar, daß der Psalmist hier an einen Verkauf von Kleinvieh gegen Geld denkt. Selbst in der Aufzählung *rkwš whwn wmhjr* „Eigentum, Reichtum, Gegenwert" (4 Q 160, 7, 3) entzieht sich uns die wahre Natur des *meḥîr*. Das gleiche gilt für das Ostrakon Nr. 2 aus Arad aus dem 7. Jh. v. Chr., das als einziges bisher bekanntes Schriftstück hebr. Provenienz *mḥr* ohne mater lectionis schreibt. Der Briefabsender fordert einen Gegenwert für die Lieferung von 2 Bat Wein und von 300 Broten an griech. Händler oder Söldner: *whsbt mḥr* „und du sollst einen Gegenwert bringen" (Z. 5f.). In Spr 27, 26 besteht jedenfalls der 'Gegenwert' für ein Feld in Ziegenböcken. Wenn es sich um eine Transaktion handelte, die für Geld getätigt wurde, enthält die Terminologie regelmäßig die Wendung *bekæsæp* (Deut 2, 6. 28; 14, 25; 21, 14; 2 Sam 24, 24; 1 Kön 10, 29; 16, 24; 21, 6. 15; 2 Kön 6, 25; Jes 7, 23; 43, 24; Jer 32, 25. 44; Ez 27, 12; Hos 3, 2; Am 2, 6; 8, 6; Mi 3, 11; Kl 5, 4; 1 Chr 21, 22. 24; 2 Chr 1, 17; 25, 6). Entsprechend signalisieren die Wendungen *lo' bekæsæp* (Jes 48, 10; 52, 3; 55, 1) oder *belî-kæsæp* (Hi 31, 39) eine bargeldlose Transaktion. Der Anspruch auf einen „Gegenwert" war aber nicht nur gerechtfertigt im Austausch gegen bewegliche oder unbewegliche Güter, sondern auch für geleistete Dienste. So kann von einem *meḥîr* der Priester (Mi 3, 11), der männl. Qedeschen (*meḥîr kælæḇ*, Deut 23, 19; zum „Hundelohn"; vgl. G. J. Botterweck, → כלב *kælæḇ*, → IV 165) und der Prostituierten (*meḥîr zônāh*, bSoṭa 26b u. ö.) gesprochen werden. In diesen drei Fällen enthält *meḥîr* einen deutlichen pejorativen Beigeschmack. Inhaltlich wird der *meḥîr* hier nicht präzisiert, jedoch läßt sich aus anderen Belegen eine Vorstellung gewinnen: Nach Gen 38, 17. 20. 23 bietet Juda der vermeintlichen Prostituierten oder Hierodule Thamar ein Ziegenböckchen (→ גדי *geḏî*) als Liebeslohn. Das Entgelt der Priester besteht in einem gesetzlichen Opferanteil (Lev 2, 3. 10; 6, 9f. 19. 22; 7, 6. 10. 14f.; 10, 12–15).

Eine Präzisierung des *meḥîr* ist erst recht nicht in den Texten zu erwarten, die vom *meḥîr* im metaphorischen Sinne sprechen: Spr 17, 16 fragt der Weise, welchen Nutzen der *meḥîr* in der Hand des Toren habe, da er sich dafür doch keine Weisheit kaufen könne. Eine ähnliche Vorstellung begegnet im Mysterienbuch der Qumranessener 1 Q 27, 1, II 8 *wk[wl mh]jr lw' jšwh b*[...] „und es gibt keinen Gegenwert, der entspricht ...". In Sir 6, 15 ist *'ên meḥîr* das Pendant zu *'ên mišqāl*, das an abgewogenes Geld erinnern könnte. Aber *'ên meḥîr* meint hier, daß es keinen Gegenwert gibt für den, der die Treue liebt. CD 16, 8f. ermahnt die Qumranessener, den Eid zu halten *'aḏ meḥîr māwæṯ* „selbst um den Gegenwert des Todes". Wichtig ist auch 1 QH 10, 10 *lgbwrtkh 'jn mḥjr* „deiner Macht gibt es nichts Gleiches". Eine solche Redewendung markiert einen Wertvergleich und zeigt an, daß *meḥîr* diese Bedeutung bis in die nachbiblische Zeit behalten hat.

Die wenigen konkreten Beispiele, wo *meḥîr* mit Sicherheit eine Zahlung in Bargeld impliziert, beziehen sich auf kommerzielle Transaktionen, bei denen jeweils mindestens ein Partner ein regierender Souverän war: die Könige von Ugarit und Byblos (KTU 4.338, 18), David (2 Sam 24, 24), Salomo (1 Kön 10, 28f.; 1 Chr 1, 16f.), Ahab (1 Kön 21, 2). Das ist wahrscheinlich nicht zufällig so. Die Geschäftstätigkeit wurde in Israel erst sehr spät üblich, und auch dann bildete der Großhandel primär ein königliches Unternehmen, während sich die Privatleute in Israel und Juda hauptsächlich mit dem lokal gebundenen Tauschhandel begnügten. Auf dem Dorfplatz oder am Stadttor, wo sich der Markt befand, verkauften die Handwerker ihre Arbeiten und die Bauern ihre landwirtschaftlichen Erzeugnisse (1 Kön 7, 1). Dieser Kleinhandel fand direkt vom Erzeuger zum Verbraucher ohne Zwischenhändler statt. Natürlich wurde auch schon abgewogenes Geld als Währung benutzt (Gen 23, 15f.; 1 Kön 6, 25; 7, 1. 16; Jer 32, 9 u. ö.), aber der Tauschhandel war noch üblich. Jakob kaufte eine Parzelle im Austausch für 100 *qeśîṭôṯ* (Gen 33, 19; Jos 24, 32), der Pächter begleicht seine Pacht mit Ziegenböcken (Spr 27, 26). Juda bezahlt der Thamar ein Böckchen (Gen 38, 17), und die Freunde Hiobs zahlen ihm jeder eine *qeśîṭāh* und einen goldenen Ring (Hi 42, 11). Die Bedeutung von *qeśîṭāh* steht fest, wie die alten Übersetzungen 'Lamm' (11 Qtg Job *'immerāh*, TgOnq *ḥûrpā'*, LXX ἀμνός, ἀμνάς) und die Etymologie **qśṭ* 'scheren' (vgl. arab. *qašaṭa* 'abschaben', akk. *kašāṭu* 'abschneiden') es zeigen. Infolge einer Verwechslung der Wurzeln *qśṭ* und *qšṭ* 'zurecht sein' (> arab. *qsṭ*) neigen die Komm. doch dazu, hierin eine bestimmte Gewichtsmenge (vgl. arab. *qiṣṭ* 'Maß') von Gold oder Silber zu sehen (vgl. A. de Wilde, OTS 22, 1981, 406). Der Terminus *meḥîr* bezieht sich jedenfalls auf eine Bezahlung in Geld oder Naturalien oder in späterer Zeit auch in Dienstleistungen (Dan 11, 39). Die Aufteilung der Ländereien durch Antiochus Epiphanes *bimḥîr* geschieht offensichtlich nicht gegen eine Zahlung von Geld oder Naturalien. Hier steht ein Militärdienst im Hintergrund, der von den Nutznießern des aufgeteilten Landes (γῆ κληρουχική) abzuleisten war als Entgelt. Dieses System war bei den Seleukiden und Ptolemäern weit verbreitet.

3. Der LXX bereitete die Übersetzung von *meḥîr* offensichtlich Schwierigkeiten. Neben ἄλλαγμα (5mal) und ἀντάλλαγμα (3mal) begegnen ἀνάλλαγμα, δῶρον, λύτρον, μισθός, τιμή und χρῆμα je 1mal. In 2 Chr 1, 16 übersetzt sie *lāqaḥ bimḥîr* durch ἀγοράζειν.

Lipiński

מָחַץ *māḥaṣ*

I. Etymologie – II. At.licher Gebrauch – 1. Belege, eigentliche Bedeutung – 2. Theologischer Gebrauch – 3. Einzelheiten – III. LXX.

Lit.: *H. Schäfer*, Das Niederschlagen der Feinde. Zum Geschick eines ägyptischen Sinnbildes (WZKM 54, 1957, 168–174).

I. Die Wurzel ist in den meisten semit. Sprachen vertreten: ugar. *mḫṣ* 'zerschmettern, erschlagen' (WUS Nr. 1547, Nebenform *mḫš* WUS Nr. 1550), akk. *maḫāṣu* 'schlagen, weben' (AHw 580), äth., tigrē *maḥasa* 'schlagen', arab. *maḥaḍa* 'schütteln', aram. *meḥā'* / *meḥāh* (< *meḥa'*) 'schlagen' (DISO 147).

II. 1. Das Verb *māḥaṣ* und das Subst. *maḥaṣ* kommen nur in poetischen Texten vor (das Verb steht in Ri 5, nicht jedoch in der Parallele Ri 4), besonders in Hymnen und ähnlichen Gattungen. Wenn man von Ps 68, 24 absieht (Schreibfehler *timḥaṣ* für *tirḥaṣ*?) und das Duplikat von Ps 18 und 2 Sam 22 nicht zählt, bleiben 12 Belege dem Verb und einer dem Nomen, d. h. es ist ein ziemlich seltenes Verb.

Im Hinblick auf die Knappheit des Materials ist es bemerkenswert, wie relativ häufig *ro'š* (4mal) und *pe'āh* (1mal) als Objekt vorkommen, entweder im eigentlichen Sinn oder übertragen als 'Dach', 'Befehlshaber'. Wenn man das Obj. *mǒṯnajim* (1mal) hinzunimmt, wird eine Grundbedeutung 'schlagen, zerschlagen' wahrscheinlich, von der man auf 'besiegen' kommt.

Die physische Qualität kommt vielleicht am besten zum Vorschein in Ri 5, 26, in einer beschreibenden Reihe von Verben (s. u.). Man könnte an einen zerschmetternden Schlag denken, aber die Erwähnung der Pfeile als Instrument in Num 24, 8 spricht für eine weniger differenzierte Bedeutung.

Das Obj. pflegt persönlich oder personifiziert zu sein; wenn es kollektiv ist, ein Volk oder ein Heer, bedeutet das Verb 'besiegen'. Die vorherrschenden Bedeutungen sind also 'schlagen' und 'besiegen'.

2. Das Subj. bestimmt den theologischen Gebrauch des Verbs. Es kommt nie in profaner oder neutraler Bedeutung vor, das Subj. ist immer Gott oder sein Volk. Diese Tatsache wird uns helfen, das knappe Material zu klassifizieren.

a) Mit Gott als Subj. kommt *māḥaṣ* antithetisch mit *rāpā'* vor: Deut 32, 39; Hi 5, 18; Jes 30, 26 (Subst.). Es bringt die unbeschränkte Souveränität Gottes zum Ausdruck, und die drei Aussagen werden als Argumente für Hoffnung gebraucht. Deut 32, 39 steht das Paar *māḥaṣ – rāpā'* parallel zu töten (*mwt hiph*) – Leben schenken (*ḥjh pi*). Die genannten drei Texte sind verwandt mit Jes 19, 22 (*ng' – rp'*), Jer 30, 17 (*nkh hiph – rp'*) und Hos 6, 1 (*trp – rp'*) und sollen in Verbindung mit der Vorstellung vom heilenden Gott (→ רפא *rāpā'*) untersucht werden. Hier dienen sie auch dazu, *mḥṣ* ins Wortfeld von *nkh* und *ng'* zu stellen.

b) Mit Gott als Subj. in kriegerischer Aktion: Gott kämpft gegen seine Feinde oder die seines Volkes (Deut 31, 11; Hab 3, 13; Ps 68, 22; 110, 5f.) oder gegen einen mythischen Feind (Hi 26, 12).

In Hab 3, 13 könnte man meinen, *ro'š mibbêṯ* wäre „das Haupt der Familie", aber das parallele Wort *jesôḏ* zeigt, daß es sich um ein Haus, dessen Dach und Grund, handelt. Der zweite Ausdruck, *'ārôṯ jesôḏ*, erinnert an Ps 137, 7 (*'ārāh*) und Ez 13, 14; Mi 1, 6 (*gālāh*). Das Material ist zu knapp, um den Schluß zu erlauben, *māḥaṣ ro'š* wäre eine feste Formel geworden. *jesôḏ* könnte geschickt auf *sôḏ* anspielen, um ein Wortspiel zu schaffen: Dach und Grund, Führer und Ratgeber.

Ps 110, 5f. bietet eine Reihe von kreuzweisen Entsprechungen, die man beobachten muß, um den Text zu erklären; wir stellen sie schematisch auf, um einige Relationen hervortreten zu lassen:

mḥṣ melāḵîm	*melāḵîm* / *gôjim*, *melāḵîm* / *ro'š*
jāḏîn baggôjim	*māḥaṣ ro'š* / *jārîm ro'š*, *mḥṣ* / *djn*
mḥṣ ro'š 'al 'æræṣ rabbāh	
jārîm ro'š minnaḥal baddæræḵ	

Wenn wir das Gemeinsame für *mḥṣ* und *djn* unterstreichen, ist der Sinn ein Sieg mit dem Charakter eines Gerichts, der die Könige und ihre Völker verwirrt. Wenn wir die Aufmerksamkeit auf die Objekte von *mḥṣ* richten, könnte das erste *ro'š* ein besiegter Führer auf einer weiten Ebene sein, wenn wir dagegen die beiden Verben im Zusammenhang mit *ro'š* unterstreichen, springt die physische Bedeutung in die Augen: ein zerschmetterter Kopf (kollektiv) und ein Kopf, der sich sieghaft erhöht. Der Dichter kann beide Werte vereinigen, um eine signifikative Zweideutigkeit oder Ambivalenz zu erreichen.

Ps 68, 22: *ro'š* kann auch auf den Führer anspielen, obwohl das parallele *qŏdqod* physische Bedeutung mit deskriptivem Wert nahelegt.

Die Texte dieser Gruppe gehören mit der Vorstellung von Gott als Krieger zusammen.

c) Mit Israel oder seinem König als Subj. steht *mḥṣ* Num 24, 8. 17; Ri 5, 26; Ps 18, 39 = 2 Sam 22, 39. In diesen Fällen ist das Eingreifen Gottes und sogar seine Heldenrolle deutlich; in Num 24, 17 kann man dies aus dem Parallelismus und den vorhergehenden Orakeln schließen (vgl. 1 QM 11, 6; 12, 11). Dadurch lassen sich diese Fälle praktisch zur vorhergehenden Gruppe führen.

3. Außerhalb des Kontextes des Heiligen Krieges können wir einige Reihen oder Parallelen bemerken: Num 24, 8: *jo'kal ṣārājw – j^eḡārem ʿaṣmoṯêhæm – ḥiṣṣājw jimḥaṣ*. Wegen der mangelnden Entsprechung zwischen *ḥeṣ* und *ʿæṣæm* wollen einige den Text berichtigen, um eine Parallele zu *ṣar* und *ʿæṣæm* zu erzielen; im MT führt jedoch der dritte Ausdruck einen Funktionswechsel ein und unterstreicht diesen durch die Alliteration *mḥṣ*/*ḥṣ*.

Ri 5, 26: *hālam – māḥaq ro'š – māḥaṣ – ḥālap̄ raqqāṯô*. Durch die Zusammenstellung der Ausdrücke wird *māḥaṣ* parallel mit *hālam*, durch den Klang verbinden sich *hālam*/*ḥālap̄* und *māḥaq*/*māḥaṣ*.

Ps 18, 39: *rdp, hišmîḏ* (so 2 Sam 22 gegen Ps 18 *nśg hiph*), *klh, mḥṣ; lo' qûm, npl* ist eine Reihe, die eher eine Häufung als eine Differenzierung anstrebt; sie beschreibt emphatisch das Endgültige des Sieges.

III. Die LXX hat keine einheitliche Übersetzung. Die einzigen Wiedergaben, die mehr als einmal vorkommen, sind πατάσσειν (3mal) und συνθλᾶν (4mal); im übrigen finden sich βάλλειν, βάπτειν, ἐκθλίβειν, θλᾶν, θραύειν, καταγνύναι, κατατοξεύειν, παίειν, στρωννύειν, συντρίβειν, τρίβειν.

Alonso Schökel

מָחָר *māḥār*

מָחֳרָת *mŏḥ^orāṯ*

I. 1. Etymologie – 2. Bedeutung, nahestehende Wörter, Streuung – II. Verwendung im AT – 1. Aufbruch – 2. Mahlzeit und Kult – 3. Heil und Unheil – 4. Trinklied und Sprüche – 5. Kinderfrage – III. LXX.

Lit.: *J. Barr*, Biblical Words for Time (SBT 33, ²1969). – *S. J. de Vries*, Temporal Terms as Structural Elements in the Holy-War Tradition (VT 25, 1975, 80–105). – *Ders.*, The Time Word *māḥār* as a Key to Tradition Development (ZAW 87, 1975, 65–79). – *Ders.*, Yesterday, Today and Tomorrow. Time and History in the Old Testament, London 1975. – *J. Finegan*, Handbook of Biblical Chronology, Princeton–London 1964. – *G. Gerleman*, „Heute", „Gestern" und „Morgen" im Hebr. (TAik 72, 1967, 84–89). – *B. Halpern*, The Ritual Background of Zechariah's Temple Song (CBQ 40, 1978, 167–190).

I. 1. Die Etymologie ist strittig: Brockelmann (VG 1, 241) nimmt eine Urform **ma'ḥar* (Wurzel *'ḥr*) an (so auch GesB), aber diese Herleitung ist weniger wahrscheinlich, da sich nirgends eine Spur des ' findet. Driver (JRAS 1932, 178f.) stellt *māḥār* zu akk. *maḫāru* 'gegenübertreten' (vgl. *ina maḫri*, 'vor'), was sicher vorzuziehen ist. Sonst sind Verwandte im Kanaan. (EA *ūmi ma-ḫa-ri*, AHw 580a) und in mehreren aram. Dialekten (äg.-aram. [DISO 148], targ. *m^eḥar, maḥrā'*, syr. *m^eḥār*) belegt. Dieser Tatbestand bekräftigt die Herleitung aus *mḥr*.

2. *mŏḥ^orāṯ* bedeutet eindeutig 'der folgende Tag'. *mŏḥ^orāṯ* folgt nach *bajjôm hahû'* wie *māḥār* nach *hajjôm* (2 Sam 11, 12). *kŏl jôm hammŏḥ^orāṯ* folgt nach *kŏl-hajjôm hahû' w^ekŏl-hallajlāh* (Num 11, 32). *mŏḥ^orāṯ* ist der Tag zwischen einem bestimmten Tag (*jôm zibḇ^akæm*) und *jôm hašš^elîšî* (Lev 19, 6). *mŏḥ^orāṯ* ist der Tag, der im Kontext als *māḥār* bezeichnet wird (Ex 9, 5f.; 32, 5f.; 1 Sam 11, 9–11) und auf eine Nacht (Gen 19, 34; Ri 6, 38; 1 Sam 30, 17; Jon 4, 7; vgl. v. 10) folgt. *mŏḥ^orāṯ* begegnet in den Konstruktionen *l^emŏḥ^orat hajjôm hahû'* (1 Chr 29, 21), *mimmŏḥ^orat haḥodæš* (1 Sam 20, 27), *mimmŏḥ^orat happæsaḥ* (Num 33, 3; Jos 5, 11), *mimmŏḥ^orat haššabbāṯ* (Lev 23, 11. 15f.).

māḥār bedeutet 'morgen, morgiger Tag'. Es meint gewöhnlich 'morgen' = 'am folgenden Tag', ist aber manchmal mit 'künftig' zu übersetzen (Gen 30, 33; Ex 13, 14; Deut 6, 20; Jos 4, 6. 21; 22, 24. 27. 28). Die Verbindung mit *boqær* und *škm hiph* zeigt, daß *māḥār* oft 'morgen früh' heißt (Ex 9, 13–18, vgl. 8, 16–19; 10, 4–13; 16, 23, vgl. v. 24; Num 14, 25, vgl. v. 40; 16, 5–7; Jos 7, 13–16; Ri 19, 9; 1 Sam 9, 16–19; 11, 9–11; 19, 11; 2 Sam 11, 12–14; 2 Kön 10, 6–9; 2 Chr 20, 16–20). *māḥār* erscheint in den Kombinationen *kāʿeṯ māḥār* 'morgen um diese Zeit' (1 Sam 9, 16; 1 Kön 19, 2; 20, 6; 2 Kön 7, 1. 18; 10, 6) und *māḥār kāʿeṯ hazzo'ṯ* (Jos 11, 6).

Der Gebrauch von *māḥār* und *mŏḥ^orāṯ* ist über die biblischen Bücher ungleich verteilt: Pentateuch 31mal, Jos 11mal, Ri 5mal, Sam–Kön 24mal, Propheten 4mal, Spr 2mal, Esth 3mal, Chr 4mal.

II. 1. Man kann jemand (einen Leviten Ri 19, 9; Uria 2 Sam 11, 12, vgl. v. 14) bitten, über Nacht zu bleiben und seine Abreise auf „morgen früh" zu verschieben. Die Israeliten zogen von Ramses „am Morgen nach" dem Passah aus (Num 33, 3; vgl. Jos 5, 11f.); später wurden sie aufgefordert, „morgen" (früh) einen anderen Weg einzuschlagen (Num 14, 25, vgl. v. 40).

2. Esther bereitete ein Mahl für den König „heute“ und „morgen“ (Esth 5, 8. 12, vgl. v. 4). Die Absicht Sauls gegen David soll dadurch entlarvt werden, daß David von der Neumondsfeier „morgen und übermorgen“ wegbleibt (1 Sam 20, 5. 12. 18. 27). Eine große Hungersnot veranlaßte eine Frau zu sagen: „Gib deinen Sohn her, daß wir ihn heute essen; morgen wollen wir meinen Sohn essen“ (2 Kön 6, 28).
Ein Dankopfer (*zæbaḥ tôḏat š^elāmîm*) muß am selben Tage gegessen werden und darf nicht bis zum Morgen (*boqær*) gelassen werden (Lev 7, 15); ein Gelübdeopfer oder ein freiwilliges Opfer soll am Tag des Opferns oder am nächsten Tage gegessen werden (Lev 7, 16; 19, 6). Von der Speise, die am sechsten Tag aus dem Manna und den Wachteln zubereitet wurde, wurde ein Teil für den folgenden Sabbattag beiseite gelegt (Ex 16, 23). Die erste Garbe der Ernte soll als Webopfer am Tage nach dem Sabbat geopfert werden (Lev 23, 11. 15. 16). Nach einer Klage vor Gott in Bethel erhob sich das Volk früh am nächsten Morgen, baute einen Altar und opferte (Ri 21, 4). Als Aaron einen Altar vor dem goldenen Kalb gebaut hatte, kündete er an: „Morgen (*māḥār*) ist ein *ḥaḡ* für JHWH“, und früh am Morgen des folgenden Tages (*škm hiph*; *mimmŏḥ*°*rāṯ*) fand die Feier statt mit Opfern, Essen, Trinken und Spielen (Ex 32, 5f.). Am folgenden Tag bat Mose JHWH, dies dem Volk zu verzeihen (32, 30); zur Feier *māḥār* vgl. Ex 16, 23; 32, 5; 1 Sam 20, 5. 18. Am Tage, nachdem Mose seinem Schwiegervater die Errettung durch Gott erzählt hatte, setzte er Richter ein (Ex 18, 13ff.). Salomo wurde bei einem Opferfest zum Mitregenten gemacht am Tage nach dem Dankgebet Davids für die reichen Spenden zum Tempelbau (1 Chr 29, 21). Gott kündigt Samuel die Ankunft Sauls an: „Morgen um diese Zeit will ich einen Mann zu dir senden ... den sollst du zum Fürsten salben“ (1 Sam 9, 16).
Einige Texte sprechen von Vorbereitungen auf eine Gottesentscheidung und/oder Theophanie, die *māḥār* „morgen“ stattfinden soll (Num 16, 7. 16; 17, 6. 23).
Vier Texte sprechen von Heiligung am Tage vor einer Verkündigung der Taten Gottes: vor dem Bundesschluß (die Tat wird bis zum *jôm hašš*°*lîšî* verschoben Ex 19, 10), dem Wachtelwunder (Num 11, 18), dem Stehenbleiben des Wassers des Jordans (Jos 3, 5; vgl. 4, 6. 21) und dem Loswerfen zur Feststellung der Schuld (Jos 7, 13).
„Morgen“ ist ein wichtiger Begriff in den Plageberichten Ex 7, 8 – 11, 10. Er hat aber unterschiedliche Funktion in den verschiedenen Berichten und kommt auch nicht in allen vor. JHWH sagt deklaratorisch, „*l*°*māḥār* soll das Zeichen (Stechfliegen) geschehen“ (8, 19), JHWH bestimmte eine Zeit und sprach, „*māḥār* wird JHWH solches (Viehpest) an dem Lande tun“ (9, 5). Im Ausführungsbericht (s. S. Ö. Steingrimsson, Vom Zeichen zur Geschichte [CB 14, 1979] 227f.) wird *mimmŏḥ*°*rāṯ* gebraucht (9, 6). Zweimal spricht JHWH in Bedingungssätzen: „Widersetzt du dich / weigerst du dich ... lasse ich *māḥār* einen sehr großen Hagel fallen / Heuschrecken kommen“ (9, 17f.; 10, 4). Mose verspricht, Gott um die Rücknahme der Stechfliegen *māḥār* zu bitten (8, 25), und der Pharao darf selbst die Zeit des Weichens der Frösche bestimmen. Er sagt „*l*°*māḥār*“ (8, 6). Diese genaue Terminvereinbarung soll jeden Zufall ausschließen.
Andere Texte verwenden *kā*ʿ*eṯ māḥār* in Drohungen und Verheißungen (1 Sam 9, 16; 1 Kön 19, 2; 20, 6; 2 Kön 7, 1. 18; 10, 6; *māḥār kā*ʿ*eṯ hazzo*ʾ*ṯ* Jos 11, 6). Es kann aufgrund dieser Belege von *māḥār* vermutet werden, daß die Theophanie, die Entscheidung und das Eingreifen JHWHs tags zuvor proklamiert wurden.
3. Es wird oft gesagt, daß die Niederlage der Feinde und der Sieg Israels „morgen“ stattfinden wird oder am folgenden Tage/Morgen geschah. Im Krieg ist Gott *māḥār* (Ex 17, 9; Jos 11, 6; Ri 20, 28; 1 Sam 11, 9f.; 2 Kön 7, 1. 18; Esth 9, 13; 2 Chr 20, 16f.), *mŏḥ*°*rāṯ* (1 Sam 5, 3f.; 11, 11; 30, 17) anwesend mitten unter seinem siegenden Volke (Jos 11, 6; 1 Sam 11, 11, vgl. vv. 6. 13.; 2 Kön 7, 1. 18, vgl. 6, 33; 7, 6) mit seinem Stab (Ex 17, 9), mit der Lade des Bundes (Ri 20, 27f.; 1 Sam 5, 1–4), mit dem Ephod (1 Sam 30, 17, vgl. v. 7f.), durch Lobliedersänger vor den Kriegsleuten (2 Chr 20, 14–26). Auch das Errettungszeichen des Taus auf einem Wollvlies geschah *mŏḥ*°*rāṯ* (Ri 6, 38).
Es kommt auch vor, daß Unheil oder Niederlagen für „den folgenden Tag“ vorhergesagt werden (Jos 22, 18; 1 Sam 28, 19; 1 Kön 20, 6). Die Niederlage ist wegen der Sünde von JHWH bestimmt (Jos 22, 18; 1 Sam 28, 19). Am Tag nach dem Tod Sauls entehrten die Philister seine Leiche (1 Sam 31, 8; 1 Chr 10, 8, vgl. 2 Kön 10, 6). Isebel bedroht Elia, ihn „morgen“ zu töten (1 Kön 19, 2). Saul versucht David zu töten (1 Sam 19, 11). Um König zu werden, tötete Hasael Benhadad am Tage, nach dem er „du wirst genesen“ gesagt hatte (2 Kön 8, 15). Die Staude, unter dem Jona saß, verdorrte am Tage nach ihrem Aufwachsen (Jon 4, 7).
4. Die hedonistischen Aussprüche in Jes 22, 13 und 56, 12 haben bei offensichtlich gleichem formalem Hintergrund eine unterschiedliche Zukunftsperspektive. „Lasset uns essen und trinken; wir sterben doch morgen!“ (22, 13; vgl. 1 Kor 15, 32) ist die resignierte Reaktion des Volkes auf das Unheil. Statt eine Klagefeier zu halten, feiern sie mit Überfluß an Wein und Fleisch. „Kommt her, ich will Wein holen, wir wollen uns vollsaufen, und es soll morgen sein wie heute und noch viel herrlicher“ (56, 12, vgl. Am 4, 1) wird von den eigennützigen Hirten des Volkes, die das drohende Ende gar nicht wahrnehmen wollen, gesagt. Der gemeinsame Hintergrund liegt in der Form des Trinkliedes (vgl. Jes 28, 7–10). Einige sog. Harfnerlieder aus äg. Gräbern enthalten ähnliche Aussagen, z. B. „Feiere einen fröhlichen Tag, du Edler! Vergiß alles Böse und denke an Freude, bis der Tag kommt, an dem du landest im Land, das Schweigen liebt“ (vgl. S. Schott, Altägyptische Liebeslieder, Zürich 1950, 134).

Spr 3, 28 mahnt zur schnellen Hilfsbereitschaft: „Sage nicht ... morgen will ich dir geben" (vgl. Deut 24, 14f.) und 27, 1 zur Besinnung auf die Ungewißheit des morgigen Tages (vgl. Ps 39, 5f.; Sir 18, 26; Jak 4, 13–16). Auf einer Statue aus der 22. Dyn. ist eine ähnliche Maxime zu lesen: „Stelle den morgigen Tag klar vor uns! Was in ihm ist, ist nicht bekannt" (Kairo WB Nr. 49 (58) = WbÄS, Belegst. V, 423 [1]; vgl. J. G. Griffiths, Wisdom About Tomorrow, HThR 53, 1960, 219–221); vgl. auch Klagen des Bauern B 1, 183: „Rüste nicht den morgigen Tag, ehe er kommt; man weiß nicht, was an ihm Böses kommt" (Erman, Literatur 167).

5. Die Kinderfrage kommt in drei Variationen vor: *kî jiš'ālᵉkā binkā māḥār le'mor mah-* (Ex 13, 14; Deut 6, 20 Passahfest), *kî jiš'ālûn bᵉnêkæm māḥār le'mor mah-* (Jos 4, 6. 21 Steine), *māḥār jo'mᵉrû bᵉnêkæm lᵉbānênû le'mor mah-* (Jos 22, 24. 27. 28 Altar in Gilead). Im ersten Fall wird der Sohn künftig beim Erstgeborenenopfer (M. Noth, ATD 5, 79f.) nach dessen Bedeutung fragen. Sein Vater soll dann Gottes Tötung der ägyptischen Erstgeborenen in Erinnerung bringen. In Jos 4 ist die Frage „was bedeuten euch diese Steine?" mit zwei Versionen vom Durchgang des Jordans verbunden (J. A. Soggin, Joshua [OTL], London 1972, 43–67, vgl. auch E. Otto, Das Mazzotfest in Gilgal [BWANT 107, 1975]). Die Antwort von v. 6 erklärt die zwölf Steine inmitten des Jordans, während die in v. 21 der Kultstätte in Gilgal gilt. Die Erklärung soll beidemal an das Wasserwunder (Jos 3) erinnern. Der Kontext in Jos 22 ist verschieden. Die Frage in v. 24, „was geht euch JHWH, der Gott Israels, an?" ist als eine anklagende Behauptung an die östlichen Stämme zu verstehen, was vv. 27f. zeigen: „Ihr habt kein Teil an JHWH." Um diese Anklage künftig zu bestreiten, wurde der Altar (der wahre Grund der Anklage) als ein Zeuge des gemeinsamen JHWH-Glaubens errichtet. Zur „Kinderfrage" vgl. jetzt H. J. Fabry, Gott im Gespräch zwischen den Generationen (Katechetische Blätter 107, 1982, 754–760).

III. LXX übersetzt meistens *māḥār* mit αὔριον und *mŏḥᵒrāṯ* mit ἐπαύριον. *mŏḥᵒrāṯ* wird auch mit αὔριον (Lev 7, 16; 19, 6), μετὰ τὴν αὔριον (Ex 32, 30; 1 Sam 11, 11), ἡ ἐχομένη (sic 1 Chr 10, 8), τὸ πρωί (1 Sam 5, 4) wiedergegeben. In Ex 13, 14 wird *māḥār* 'künftig' mit μετὰ ταῦτα übersetzt. Die Parallelstelle in Deut 6, 20 hat αὔριον. Für *māḥār* in Jos 4, 21; 1 Sam 20, 12 und *mŏḥᵒrāṯ* in Jos 5, 11. 12; Jer 20, 3 geben LXX keine Äquivalente.

André

מַטֶּה *maṭṭæh*

I. 1. Vorkommen im AT – 2. Etymologie – 3. LXX – II. 1. Eigentliche Bedeutung – 2. Eigentliche Bedeutung mit Übertönen – a) Zweig – b) Stab – III. Übertragene Bedeutung – 1. Stamm – 2. Instrument der Macht: Jes – 3. Gewalt: Ez – IV. Diskutable Stellen – V. 1. Qumran – 2. Nach-at.liche Zeit.

Lit.: *S. Cavalletti*, La terminologia ebraica per „bastone" (Antonianum 28, 1953, 411–424). – *W. Dietrich*, Jesaja und die Politik, 1976, 115–122. 125–128. – *A. H. J. Gunneweg*, Leviten und Priester. Hauptlinien der Traditionsbildung und Geschichte des israelitisch-jüdischen Kultpersonals (FRLANT 89, 1965, 95–98. 171–188). – *P. Humbert*, „Étendre la main" (VT 12, 1962, 383–395). – *G. Sauer*, Mandelzweig und Kessel in Jer 1, 11ff. (ZAW 78, 1966, 56–61). – *H. Valentin*, Aaron. Eine Studie zur vor-priesterlichen Aaron-Überlieferung (OBO 18, 1978, 72–81. 158–182). – *R. de Vaux*, LO I, 1958, 17–23. – *P. Weimar / E. Zenger*, Exodus, Geschichte und Geschichten der Befreiung Israels (SBS 75, 1975). – *G. J. Wenham*, Aaron's Rod (Numbers 17, 16–18) (ZAW 93, 1981, 280f.).

I. 1. *maṭṭæh* (Plur. *maṭṭôṯ*) findet sich 252mal im AT (nach A. Even Shoshan, A New Concordance of the Bible 251mal), in der Mehrzahl der Belege mit der soziologischen Bedeutung 'Stamm'. Von diesen entfallen 111 Belege auf Num, 59 auf Jos, 27 auf Ex und 23 auf 1 Chr. Zu diesen Stellen sollen die 6 Belege in Sir und die Konjekturen in Ps 89, 45 und Esr 9, 3 (s. u. IV.) hinzugefügt werden. Die häufigsten Verbindungen, in denen *maṭṭæh* vorkommt, sind *maṭṭeh læḥæm, maṭṭeh 'oz, maṭṭæh* im Parallelismus mit *šebæṭ*, in Verbindung mit den Namen der Stämme Israels und im Ausdruck *maṭṭeh bᵉnê* ..., ferner der Ausdruck *rā'šê hammaṭṭôṯ*. Außer *maṭṭæh* und *šebæṭ* finden sich im AT mit der Bedeutung 'Stock, Stab' *mᵉḥoqeq* (Num 21, 18; Gen 49, 10), das in die Bedeutung 'der Gebietende, Autorität' übergeht (Ri 5, 14; Deut 33, 21) und durch die Assoziation mit JHWH (Ps 60, 9 = 108, 9) ein JHWH-Titel wird, sowie 'Richter' oder 'König' (THAT I 628. 630), und *maqqel* 'Rute, Zweig, Stab'. Über den Stab und das Zepter als Symbole der Autorität vgl. BHHW III 1845, IDB IV 234ff. mit Lit. → שבט *šebæṭ*, → מקל *maqqel*.

2. *maṭṭæh* ist wahrscheinlich von *nṭj* abgeleitet (BLe 491n; KBL³ 542). Janssen betrachtet es als Lehnwort aus äg. *mdw* (L'Ancien Testament et l'Orient, Louvain 1957, 40; vgl. auch W. B. Kristensen, Mededel. Kon. Nederl. Akad. v. Wetenschap 16, 14, 1954, 591–610). Im Akk. gibt es die Wurzel *naṭû* 'schlagen' (AHw 768), aber weder die Bedeutung 'ausstrecken' noch ein Subst. **maṭṭû* ist bezeugt. Unter den Subst., die den Stab oder das Zepter bezeichnen, ist *ḫaṭṭu* das häufigste; *šabbiṭu* (hebr. *šebæṭ*) kommt nur in drei Texten vor (AHw 1119). *maṭṭæh* kommt dagegen im Ugar. vor (WUS Nr. 1551; Whitaker, Concordance 417; vgl. M. Held, JAOS 79, 1959, 169f.) und ist jetzt auch in den Ebla-Texten bezeugt (TM 75. G. 2005 obv III, 13–17 *ᵍⁱˢgu-RUᵘʳᵘᵈᵘ = ma-ṭi-um*; TM 75. G. 1426 obv III 8–13 *ᵍⁱˢgu-RU-kakᵘʳᵘᵈᵘ = ma-ṭi-um*;

Mitteilung von G. Pettinato). In KTU 1.3, III 15f. steht *mṭm* parallel mit *qšth*, wie in Hab 3, 9 (vgl. RSP I, AnOr 49, 1972, II 349).

3. Die LXX gebraucht στήριγμα für 'Stab des Brotes' (Ps 105, 16; Ez 4, 16; 5, 16; 7, 11), σκῆπτρον in Hab 3, 9; 1 Sam 14, 27. 43, ζυγός in Jes 14, 5, πληγή in Jes 10, 24 und θυμός in Jes 10, 26. Jer 31, 17 steht βακτήρια; ῥάβδος wird gebraucht in Gen 38, 18. 25 und in den Erzählungen, wo der Stab eine quasimagische Kraft hat (Ex 7–10; 14, 16; 17, 5. 9) oder als Zeichen der Macht JHWHs begegnet (Ex 4). In allen Texten, wo *maṭṭæh* 'Stamm' bedeutet, wird es mit φύλη übersetzt, so auch Mi 6, 9, wo die Bedeutung schwer bestimmbar ist (s. u. IV.).

II. 1. *maṭṭæh* kommt in eigentlicher Bedeutung ohne weitere Konnotationen in Gen 38, 18. 25 vor als eines der Pfänder, die Juda der Tamar übergibt; es ist ferner das Werkzeug Jonathans, der den Auftrag Sauls nicht kennt, (1 Sam 14, 27. 43) und der Leviten, die die Lade transportieren (1 Chr 15, 15). Zu dieser Gruppe gehört auch der Ausdruck *maṭṭeh læḥæm* (Lev 26, 26; Ps 105, 16; Ez 4, 16; 5, 16; 14, 13; vgl. Sir 48, 2), sei es, daß er sich auf den Stock oder Stab bezieht, an dem die ringförmigen *ḥallāh*-Brote aufgehängt wurden, um sie vor Mäusen usw. zu schützen (KBL[3] 543) oder daß er die Ähre bezeichnet; *lḥm* in der Bedeutung 'Korn' wäre durch KTU 1.16, III 14 und Ps 104, 15 bezeugt (Dahood, AB 17A, 40). Überall ist *maṭṭeh læḥæm* mit dem Verb *šbr* und mit der ausdrücklichen Erwähnung des Hungers in einer Stadt verbunden. Es ist deshalb wahrscheinlich, daß der Ausdruck die Speisevorräte einer Stadt bezeichnet. Der Ausdruck ist immer kollektiv mit Ausnahme von Ps 105, 16 „jeder *maṭṭeh læḥæm*". (Vgl. weiter H. Schult, Marginalie zum „Stab des Brotes" [ZDPV 87, 1971, 206ff.]; J. Schoneveld, Het breken van de staf des broods [NedThT 27, 1973, 132–145]; → לחם *læḥæm* und die in nachbibl. Zeit entstandene metaphorische Parallelbildung „Stab des lebendigen Wassers" bei den Mandäern; vgl. K. Rudolph, Die Mandäer II [FRLANT 75, 1961] 33–37.)

2. a) *maṭṭeh*/*maṭṭôṯ* *'oz*/*'uzzāh* (3mal) findet sich in dem allegorischen Klagelied Ez 19, 10–14 (ein Stück aus ez Schule, das Ez 19, 1–9 abrundet und abschließt) mit der eigentlichen Bedeutung 'Zweig'; es bezeichnet aber zugleich das Zepter der Macht und die Nachkommen und baut so die Allegorie auf. Unter dem Bild des Weinstocks wird der endgültige Fall Israels besungen. Die *maṭṭôṯ 'oz* konnten sich in *šiḇṭê mošᵉlîm* verwandeln (v. 11), aber nach der Strafe, allgemein ausgedrückt durch die Bilder von Ostwind und Feuer, gibt es keinen starken Zweig (Nachkommen, Stamm) mehr, der sich in ein Herrscherzepter verwandeln könnte (v. 14). Es ist nicht unmöglich, daß das Bild durch den alten Königspsalm 110, 2 *maṭṭeh 'uzzᵉḵā* beeinflußt ist, wo *maṭṭæh* klarer als in irgendeinem anderen Text des AT das Symbol der königlichen Dynastie ist, die JHWH erwählt hat und schützt. In Ez 19, 10–14 ist *maṭṭæh* zugleich Bild der Nachkommen (*maṭṭôṯ* im Pl. v. 11) Israels im allgemeinen und der Königsdynastie im besonderen. In Jer 48, 17 steht der elegische Ausruf „Wie ist der *maṭṭeh 'oz* (par. *maqqel*) von Moab zerstört worden!" Jes 14, 4b am nächsten. Das Bild ist völlig lexikalisiert und weist nicht auf Zweig oder Nachkommen hin, sondern nur auf die in der Figur „Stab der Macht" vorhandene Autorität.

b) 'Stab' als konkreter Gegenstand, der aber eine besondere JHWH zuzuschreibende Macht konnotiert, findet sich vor allem in Ex und Num 17; 20. Ex 4, 2f. (J) ist die älteste Stelle, wo diese Vorstellung begegnet; darauf beziehen sich dann Ex 7, 15 („der Stab, der sich in eine Schlange verwandelte") und Ex 17, 5 („der Stab, mit dem du den Nil geschlagen hast"; vgl. 7, 17). In Ex 4, 2f. ist der in eine Schlange verwandelte Stab Zeichen der mächtigen Hilfe JHWHs, während er in Ex 4, 17 das Werkzeug der Manifestation solcher Macht vor Pharao ist. Der demonstrative Ausdruck „dieser Stab" scheint ein unbekanntes Element in die Erzählung einzuführen: es ist möglich, daß man dadurch den Gegenstand vom Besitz Moses distanzieren will, da er zum Instrument des göttlichen Handelns geworden ist. In diesem Sinn muß man auch den E-Schluß der Erzählung (Ex 4, 20) verstehen. In der Plagengeschichte wird *maṭṭæh* 14mal erwähnt mit Bezug auf den Stab des Mose oder des Aaron; alle Belege sind P mit Ausnahme von Ex 7, 15. 17. Noth (ATD 5, 55) betrachtet diese beiden Stellen als J; aber offenbar wirkt die neue Einleitung „so spricht JHWH" in v. 17 nach vv. 14. 16 gezwungen, und es bleibt unklar, wer die Handlung ausführt, Mose oder JHWH. In v. 17 begegnet also vielleicht die vorjahwistische Vorlage der Plagengeschichte, in der JHWH selbst Ägypten und die Erstgeborenen schlägt (7, 17; 12, 29). Sobald die Handlung in die Hand Moses (als Werkzeug JHWHs?) übergeht, wird der Stab eingeführt. An den anderen Stellen der Plagengeschichte ist die Unbestimmtheit auffallend; es ist vom Stab des Mose (Ex 9, 23) oder des Aaron (7, 9f.) die Rede. Der Handlungsablauf ist verworren; es fehlt ein Zusammenhang zwischen Befehl und Ausführung, was die Ausdrücke „den Stab nehmen/ausstrecken"; „die Hand ausstrecken"; „mit dem Stab schlagen" betrifft. Vgl. Ex 7, 19 mit 7, 20; 8, 1 mit 8, 2; 8, 12 mit 8, 13 und 9, 22; 10, 12 mit 9, 23 und 10, 13. Die Erwähnung Aarons in der Plagengeschichte wird einstimmig als späterer Zusatz betrachtet, wahrscheinlich von P. Aber die mangelnde Konsequenz im Gebrauch des Ausdrucks erlaubt es nicht, alle Texte der Plagengeschichte, wo vom *maṭṭæh* die Rede ist, P zuzuschreiben (Noth, ATD 5, 50–65). Man könnte eher eine Bearbeitung JE annehmen, die den von E vorgezogenen Ausdruck „die Hand ausstrecken" mit dem Motiv des machtvollen Stabs von J verbunden hat. In der Geschichte des Meerübergangs wird zweimal der Befehl „Strecke die Hand aus" erteilt (14, 16. 26), und die Ausführung wird 14, 21. 27 erzählt. In diesem Zusammenhang scheint die Erwähnung vom Erheben des Stabs deplaziert und ein redaktioneller Versuch (von P?) zu sein, den Meeresübergang mit dem E-Bericht der Plagen zu verbinden. „Der Stab Gottes wird in meiner Hand sein" in Ex 17, 9 repräsentiert eine Spannung innerhalb der Erzählung vom Sieg über die Amalekiter, wo aber der Stab letzten Endes keine Funktion hat. Die Handlung Moses ist im Hochhalten beider Hände (Arme) zentriert, wofür er die physische Hilfe von Aaron und Hur braucht. Die Einführung des Stabes in diese Erzählung könnte die Absicht haben, eine Handlung (Hochhalten der Hände), die in der ursprünglichen Version der Erzählung ohne ausdrücklichen Auftrag von JHWH wie eine magische Handlung aussah, theologisch als von JHWH befohlen („Stab Gottes") zu rechtfertigen. In Num 20, 1–13 (P) (das Wasser aus dem Felsen in der Wüste von Zin) wird *maṭṭæh* 3mal erwähnt (vv. 8. 9. 11) in der Mitte der Erzählung. Im Gegensatz zur klaren und logischen Entwicklung in der anderen Version des Ereignisses Ex 17, 1–7 zeigt Num 20 eine Spannung zwischen der auf den Gebrauch des *maṭṭæh* zentrierten Handlung und der Angabe in v. 8: durch die Macht des Wortes Moses und Aarons wird der Fels dem versammelten Volk Wasser geben. Auch hier hat P versucht, die überlieferten Elemente der Erzählung von Ex 17 durch eine theologische Bemerkung zu korrigieren: die Handlung Moses und Aarons erhält ihre Kraft nicht durch magische Kräfte, sondern durch JHWHs Willen. V. 9 *millipnê JHWH* weist auf den Stab Aarons in Num 17, 25 hin. In Num 17, 17–26 (P) kommt *maṭṭæh* 16mal vor. Der einheitliche Bericht vom blühenden Stab Aarons kann nicht in den Kontext von Num 16–17 als positives Gegenstück inkorporiert worden sein, um etwa zu zeigen, daß die Aaroniden die einzigen legitimen Priester sind (Noth, ATD 7, 115), auch nicht, um durch die Erwähnung Aarons als „Fürsten" des Stammes Levi einen Vorzug der Leviten im Verhältnis zu den Laien herzustellen, sondern eher, um Aaron in den Stamm Levi zu integrieren, wie die Genealogien tun, und so die alten theoretischen und praktischen Probleme des Verhältnisses zwischen Levi und Aaron zu lösen. Daß es eine Stabreliquie im Tempel gegeben hat, wie noch Gunneweg für möglich hält (FRLANT 89, 184), ist schwerlich vorstellbar.

III. 1. Der Übergang von der eigentlichen Bedeutung 'Zweig, Stab' zur soziologischen Bedeutung 'Stamm' spiegelt sich vielleicht in Num 18, 2 wider. *maṭṭeh lewî* ‖ *šeḇæṭ 'āḇîḵā* könnte übersetzt werden „Stamm des Levi ‖ Zweig deines Vaters". Eine einfache Wiederholung des Begriffes 'Stamm' hat keinen ausreichenden Grund. *maṭṭæh* = 'Stamm' wurde bevorzugt nicht nur wegen der Vorstellung vom „Stab der Macht", unter dem alle zu einer Gruppe Gehörenden zusammengefaßt werden, sondern auch wegen des Bildes von verschiedenen Zweigen, die zu demselben Baumstamm gehören. Eine dritte Komponente wäre die sexuelle Konnotation von *maṭṭæh*,

die wahrscheinlich in einigen ugar. Texten zutage tritt (vgl. KTU 1.23, 37. 40. 44. 47; andere mögliche Belege Whitaker, Concordance 417) und vielleicht in Ps 89, 45 vorliegt, wenn man *maṭṭeh hārô* „Zweig der Zeugung" liest; diese Lesart würde durch den Parallelismus mit vv. 30. 37 eine Stütze erhalten (Kraus, BK XV/2, ⁵1978, 78f., liest *maṭṭeh hōḏô* „sein machtvolles Zepter").

Es scheint keinen Unterschied zu geben zwischen *maṭṭæh* und *šeḇæṭ* in der Bedeutung 'Stamm'. *maṭṭæh* kommt vorzugsweise mit den Namen der traditionellen Stämme vor.

a) P gebraucht *maṭṭæh* systematisch in seinen Listen, was aber nicht impliziert, daß es ein ausschließlicher P-Gebrauch wäre oder daß P die Verwendung von *maṭṭæh* = 'Stamm' initiiert hätte. Eher handelt es sich um einen gemeinsamen exilischen und nachexilischen Sprachgebrauch (Noth, ÜSt 184).

P-Listen, in denen *maṭṭæh* 'Stamm' erscheint, sind: Num 1, 20–46 (die Volkszählung), 2, 3–31 (Verteilung der Stämme im Lager), 10, 14–27 (Marschordnung aus der Sinaiwüste), 13, 4–15 (Liste der Kundschafter als Repräsentanten der Stämme), 34, 18–28 (Liste der mit der Verteilung des Landes an die neunundeinhalb Stämme Beauftragten).

Num 1, 20–46 repräsentiert wahrscheinlich ein altes Dokument, auf das sich 2, 3–31 und 10, 14–27 stützen (zu den hohen Zahlen vgl. G. E. Mendenhall, JBL 77, 1958, 52–66). Die Liste von Kundschaftern scheint eine Konstruktion ad hoc von P zu sein und basiert auf dem Modell von 1, 5–15, dessen Ordnung der Stämme im Grunde aufgenommen wird. Num 34, 18–28 nimmt seinerseits die zwei vorhergehenden Listen als Vorbild. Das Vorkommen alter Namen sowohl in Num 13 als auch in Num 34 zeigt nur, daß der Verfasser solche Namen zur Verfügung hatte, spricht aber nicht für das Alter dieser Listen. Num 1, 5–15 und 26, 5–51 scheinen wegen ihres Aufbaus und der hohen Gesamtzahlen die ältesten Dokumente zu sein aus der Zeit der Organisation der Stämme. Diese haben als Modell für die Listen von P gedient, erstere für die Listen der *neśî'îm*, letztere für die Stammeslisten. Keiner der beiden Listen gebraucht *maṭṭæh*. Aus diesem Grund wäre zu fragen, ob nicht das wirklich alte Element von Num 1, 20–46 nur in der einfachen Erwähnung des Stammes, *liḇnê* + Zahl, besteht. Die zwei späteren Listen 10, 14–27 und 34, 18–28 gebrauchen *maṭṭæh* + *benê* + Name des Stammes.

b) In Jos 13, 15. 29 und 15, 1–19, 48 (mit Ausnahme von 17, 1) steht *maṭṭæh* + *benê* + Name des Stammes. Der Ausdruck wird konsequent gebraucht in der Erzählung von der Verteilung des Landes, sowohl in Transjordanien als auch in Kanaan, in der ältesten Schicht des Josuabuches. Der homogenste Text ist in Jos 18, 11 – 19, 48 bewahrt, wo die Beschreibung des Besitzes jedes Stammes mit der Formel „Und es kam heraus das Los des Stammes . . ." beginnt und durch die Formel „Das ist der Erbteil der Söhne des . . . gemäß ihren Geschlechtern" abgeschlossen wird. Trotz der Regelmäßigkeit der Formulierung fehlt *maṭṭæh* in 19, 10. 16; 19, 17 (Issachar – die Söhne des Issachar) und in 19, 32, wo „die Söhne des Naphtali" vor und nach „Und das sechste Los fiel" wiederholt wird. Mit Ausnahme von 19, 10. 16 entsteht jedesmal, wenn *maṭṭæh* in der Anfangs- oder Schlußformel fehlt, eine Unsicherheit, die die Annahme einer Textverderbnis nahelegt. Die Formel „Stamm der Söhne des ..." scheint die gewöhnliche zu sein, die der Bearbeiter in seiner Vorlage gefunden hat. Dies wird bestätigt durch den Gebrauch von 13, 15. 29b (Verteilung durch Mose in Transjordanien) und durch 15, 1. 20 (Anfangs- und Schlußformel bei der Verteilung von Land an Juda), in negativer Weise auch durch 13, 24, wo das Fehlen der gewöhnlichen Formel zur Wiederholung „Stamm des Gad – Söhne des Gad" geführt hat. Jos 17, 1 bildet die einzige Ausnahme im Gebrauch von „Stamm" innerhalb der Erzählung von der Verteilung des Landes, was durch die komplexe Beziehung zwischen Joseph, Ephraim und Manasse erklärt werden könnte. Von Joseph wird nie als „Stamm" gesprochen, sondern als „Haus" (17, 17) oder „Söhne von" (16, 1; 17, 14. 16, vgl. aber Num 36, 5). Auf dieselbe Weise wird von „Söhnen Ephraims" (16, 5. 9) und „Söhnen Manasses" (16, 9) gesprochen, aber von beiden wird auch „Stamm" gebraucht. *maṭṭæh* wird also gewöhnlich gebraucht, wenn vom Besitz eines Stammes die Rede ist. In Jos 7, 1. 18; 13, 24; 17, 1; 20, 8 (3mal) und in 21, 4 – 22, 1 (25mal) mit Ausnahme von 21, 9 wird *maṭṭæh* + Stammesname gebraucht. Die drei Belege in 20, 8 sind Zusätze zum Kern des Textes über die Asylstädte (Jos 20, 7–9abα); die Liste der levitischen Städte in Jos 21 gehört sicher der nach-dtr Periode an, als Samaria aus der Sicht Jerusalems so ferngerückt war, daß kein Ort im samarischen Gebiet erwähnt wird. Jos 7, 1. 18 gehören dagegen zur alten Schicht der ätiologischen Erzählung von Achan aus dem Stamm Juda, und 13, 24 ist durch eine mögliche Textverderbnis nach der Zerstörung der Formel „Stamm der Söhne des ..." entstanden. Der Vergleich zwischen dem Gebrauch von *maṭṭæh* + Name der Stämme in Num und in Jos führt zur Schlußfolgerung, daß der älteste Gebrauch in den Listen das Wort *maṭṭæh* nicht enthält; ein späterer Gebrauch ist *maṭṭæh* + Stammesname wie Num 1, 21–43; auf einer dritten Stufe wird *maṭṭæh* + *b^enê* + Stammesname gebraucht, aber die nachexilischen Texte kehren zu *maṭṭæh* + Name zurück (Jos 21, 4–38; 1 Chr 6, 45–65). In 1 Chr ist *maṭṭæh* + *b^enê* + Stammesname (3mal) auf 1 Chr 6, 50 beschränkt.

„Die Familienhäupter der Stämme Israels" (*rā'šê 'aḇôṯ hammaṭṭôṯ liḇnê jiśrā'el*, Num 32, 28; Jos 14, 1; 19, 51; 21, 1) ist eine geprägte Wendung (P) mit Bezug auf Eleasar und Josua, Sohn des Nun. Der P-Charakter des Ausdrucks ist klar seit der Einführung von Eleasar in Ex 6, 25. 1 Kön 8, 1 || 2 Chr 5, 2 vereinigen in einer undifferenzierten Aufzählung „die Ältesten Israels, die Stammeshäupter und die Fürsten der Geschlechter Israels". Eine ähnliche Aufzählung findet sich in dem späten Zusatz zu P Num 7, 2, wo die Fürsten Israels, die Familienhäupter und die Fürsten der Stämme erwähnt werden.

2. Jes 10, 5. 15, der wichtigste Text für das Verständnis von *maṭṭæh* bei Jes, ist ein gewöhnlich als echt betrachtetes Orakel gegen Assyrien. *šeḇæṭ* || *maṭṭæh* (als inclusio) besagen, daß Assyrien das Werkzeug einer nicht endgültigen Bestrafung durch JHWH ist. Das Werkzeug hat aber selbständig sein wollen und hat die Grenzen überschritten, die JHWH seinem Auftrag gesetzt hatte. Durch seine eigene Zerstörung soll Assyrien verstehen, daß JHWH der einzige Lenker der Geschichte ist und daß die Völker eine beschränkte Rolle in diesem Schauspiel haben. Die Bestrafung Assyriens in Jes 10, 24–27a, einem Trostorakel an Israel, ergänzt Jes 10, 5–15. *šeḇæṭ* || *maṭṭæh* (v. 26 *maṭṭæh-šôṭ*) erfährt eine Bedeutungsverschiebung. Assyrien ist nicht mehr das Werkzeug, sondern der Feind, der vernichtet werden soll. *šeḇæṭ* und *maṭṭæh*, jetzt ohne *za'mî* und *'appî* (wie in v. 5), sind jetzt Symbole der Aggression Assyriens (v. 24) und der Strafe JHWHs (v. 26). Das Motiv des *maṭṭæh* hat die Anspielung auf Midian in v. 26 an sich gezogen durch die Assoziation von Midian-Amalek (Ri 7, 12) mit der Geschichte von Mose und den Amalekitern (Ex 17, 9 Stab Gottes). *b^edæræḵ miṣrajim* in Jes 10, 24. 26 hängt von Ex 14, 16 ab, da das Erheben des Stabes auch hier Zeichen der Rettung für Israel ist. *maṭṭæh* || *šeḇæṭ* begegnet noch in Jes 9, 3, wo es in einem dreigliedrigen Parallelismus mit Bezug auf die Bedrückung in das Bild vom Joch (vgl. Jes 10, 27) integriert ist. Auch hier ist das Bild des *maṭṭæh* (durch literarische Abhängigkeit von Jes 10, 24–27a?) mit dem Tag Midians verbunden (→ יום *jôm*). Es scheint nicht berechtigt zu sein, Jes 14, 5 „JHWH hat zerbrochen den Stab der Gottlosen, das Zepter der Tyrannen" für die Erklärung des „gebrochenen Rohrs" in Jes 42, 3 (gebrochener Stab oder gebrochenes Rohr als Symbol der zum Tode Verurteilten = *r^ešā'îm*, vgl. Begrich, ThB 20, 164) heranzuziehen. Der Parallelismus mit *šeḇæṭ moš^elîm* einerseits und die Einfügung des Bildes in einen gegen den König von Babylon gerichteten Text andererseits zeigt klar, daß das Bild die Macht des Herrschers bezeichnet. vv. 5. 20b. 21 beziehen sich auf einen einzigen Adressaten im Gegensatz zum Pl. in vv. 4b + 6–20. Die Komposition von 14, 4b–20(21) ist aber einheitlich. Der Ausgangspunkt ist ein mythologisches Motiv (vv. 12–15), das mit Hilfe verschiedener Vorstellungen an die jerusalemische Theologie assimiliert worden ist. Das Ganze zeigt den Einfluß der Theologie Jesajas, was sich in dem beliebten Motiv *maṭṭæh–šeḇæṭ* deutlich manifestiert, das stark von der antiassyrischen Polemik geprägt ist. Dies bedeutet jedoch nicht, daß der Text direkt auf Assyrien zielt. Jes 14 ist nicht so sehr gegen eine bestimmte Person oder Macht gerichtet, sondern gegen jede Person oder Macht, welche die Macht JHWHs usurpieren will. Zwei Paradigmata werden dargestellt: v. 5 spielt auf

die Hybris des alten Feindes Assyrien an, während v. 12 ein mythisches Motiv, Hêlel, Sohn der Morgenröte, bietet. Den Thron auf dem Zaphon aufstellen zu wollen heißt, auf Zion thronen zu wollen (vgl. Ps 48); ob Assyrien oder Hêlel die Macht ist, die sich in Jerusalem einrichten will, sie wird bestraft werden. In Jes 30, 31f. (gewöhnlich als nachjesajanisch anerkannt) kehrt das Motiv *šebæṭ–maṭṭæh* noch einmal wieder, offenbar im Kontext der antiassyrischen Polemik. Der Ausdruck hat aber hier seine theologische Bedeutung verloren, und er zeichnet ein gewaltsames Bild in einer apokalyptischen Beschreibung des Kommens JHWHs, um die Völker zu strafen. *maṭṭæh–šebæṭ* in Jes 28, 27 könnten rein wörtlich gebraucht sein als Werkzeuge für bestimmte bäuerliche Arbeiten. Die Einheit 28, 23–29 enthält jedoch andere Ausdrücke (JHWH Zebaoth, *'eṣāh*), die Jesaja in technischer Bedeutung gebraucht, um die politischen Entscheidungen JHWHs zu beschreiben. Möglicherweise – und deshalb ist das Stück ins Buch Jes eingefügt worden – liegt unter diesem weisheitlichen Gleichnis aus dem Landleben ein echt jesajanischer Gedanke. Assyrien hatte einen Auftrag, den es mit Stock und Stab vollbringen sollte, hat ihn aber mit den Rädern seiner Streitwagen vollbracht. Die implizite Schlußfolgerung ist dieselbe wie in Jes 10, 5–15; 10, 24–27a; 14, 5: JHWH übernimmt wieder die Kontrolle über die Situation und straft den, der es nicht verstanden hat, sein Werkzeug zu sein. Hinter dem Gleichnis zeigt sich die Ratlosigkeit der Jerusalemer, die sehen, daß Jesaja von einem bestimmten Moment an (713?) eine Heilsbotschaft oder wenigstens die Vernichtung des Feindes verkündet.

3. Ez 7, 10 fordert keine Modifikation. *maṭṭæh* kann als Gewalt (concretum pro abstracto) verstanden werden in direktem Parallelismus mit *hazzāḏôn*. Die Bedeutung 'Macht', die *maṭṭæh* gewöhnlich hat, wechselt über zu 'Gewalttat', wenn es sich um die Macht der Ungerechten handelt. Das besagt auch Ez 7, 11: die Gewalt erhebt sich und wird zum Zepter des Frevels. Vgl. auch Jes 14, 5.

IV. Hab 3, 9aα: MT *š^{e}ḇu'ôṯ maṭṭôṯ 'omær* gibt keinen Sinn. *maṭṭôṯ* sollte im Parallelismus mit v. 9a mit 'Pfeile' übersetzt werden (vgl. o. I. 2). *'mr* ist ein Nomen mit ' protheticum von *mrr*: 'Stärke, Kraft' (Dahood, AB 17A, 21). Hinter *š^{e}ḇu'ôṯ* verbirgt sich eine Form von *śb'* mit Akk.: das, womit man sich sättigt; es steht im bildlichen Sinn. Der ganze Vers könnte übersetzt werden: „Völlig nackt ist dein Bogen, mit Macht gesättigt sind deine Pfeile." JHWH ist bereit, seine kriegerische Handlung zu beginnen. Die Bedeutung 'Pfeile' kann auch in Hab 3, 14a angenommen werden; der allgemeine Sinn ist klar.

In Esr 9, 13 ergibt sich eine grammatisch adäquate Lösung ohne Änderung des Konsonantentextes, wenn man *l^{e}maṭṭæh* statt *l^{e}maṭṭāh* liest: „du hast einige unserer Missetaten vor der Rute geschont", wobei *m* partitiv ist und *l^e* separativ statt *min*, das gewöhnlich bei *ḥśk* gebraucht wird. Das Wortpaar *ḥśk-maṭṭæh* erscheint auch Spr 24, 11b (vgl. in Spr 13, 24 *ḥśk šebæṭ*): „erspare den Stöcken das Hinrichten". *'im* ist prekativ wie in Ps 95, 7: „o daß ..."

In Mi 6, 9 wird *maṭṭæh* unterschiedlich übersetzt: „Stamm" (Bible de la Pléiade) oder „Zuchtrute" (Rudolph, KAT XIII/3, 114). Wenn man die Worte anders teilt und vokalisiert als MT, könnte man übersetzen: „Wenn sie den hören, der sie lenkt (beugt), wer könnte ihn anklagen?" *mṭh* wäre Ptz. *hiph* von *nṭj*, 'beugen, lenken', das bildlich z. B. von den Herzen der Gegner (2 Sam 19, 15) gebraucht wird. Diese Übersetzung paßt gut in den forensischen Kontext hinein (vgl. F. Frezza, Ascendenze filologico-letterarie semitico-nordoccidentali, Diss. masch. Rom 1977, 120–122).

Simian-Yofre

V. 1. Im Gegensatz zu den Mandäern (vgl. K. Rudolph, FRLANT 75, 1961, 33ff.) kennen die Qumranessener keine besondere Verwendung eines Stabes oder eines Zepters. *maṭṭæh* begegnet mehr als 15mal und bedeutet durchgängig 'Stamm', es sei denn, mit Carmignac wäre in 1 QM 5, 1 vom Zepter des Fürsten Israels die Rede, doch liest man allgemein in der Lakune *mgn* 'Schild'. Dies ist einleuchtender, weil nur ein Schild die nötige Fläche hat, um auf ihr die 12 Namen der Stämme (*šiḇṭê*) Israels zu schreiben. Der Gebrauch von *šebæṭ* (in 1 QM noch 14mal) tritt in TR (3mal) eindeutig hinter *maṭṭæh* zurück. *maṭṭæh* begegnet hier vor allem in den Opferbestimmungen TR 18–24, im synonymen Parallelismus zu *šebæṭ* (TR 18, 16 [?] und 21, 2), zu den „Tausendschaften Israels" (19, 14f.), den „Söhnen Israels" (22, 12) und „Söhnen Jakobs" (23, 7).

2. In nach-at.licher Zeit entwickelte sich ein reicher Assoziationskomplex vor allem um den Mosesstab, was wesentlich auf die Wundertätigkeit dieses Stabes (vgl. Ex 4; 7; Num 20, 11f.; vgl. auch Gen 30, 37ff.; 2 Kön 4, 19; 6, 6) zurückzuführen ist. Die Apokryphen sehen im Mosesstab einen Zweig von den Paradiesbäumen oder vom Lebensbaum (vgl. G. Widengren, UUÅ 1951/4, 38f.; 55f.). In der rabbin. Messiaserwartung ist der Mosesstab identisch mit dem Stab des Erlösers (vgl. B. Murmelstein, WZKM 36, 1929, 55), und im Christentum wird der Mosesstab schließlich mit dem Kreuz Christi identifiziert (vgl. Tertullian, De Bapt. 9; R. Reitzenstein, Die Vorgeschichte der christlichen Taufe, 1929, 381; K. Rudolph 36; C. Schneider, ῥάβδος κτλ.: ThWNT VI 966–972, bes. 970).

Fabry

מָטָר *māṭār*

גֶּשֶׁם *gæšæm*, זֶרֶם *zæræm*

I. Die verschiedenen Wörter für Regen – 1. Ihre Häufigkeit – 2. Ihre Bedeutung – II. Regen als Naturerscheinung – III. JHWH und der Regen – IV. JHWH/Baʿal und der Regen – V. Regen in Bildern und Vergleichen – 1. Profan – 2. Religiös für Heil und Gericht – 3. Apokalyptische Verwendung.

Lit.: *G. Dalman*, AuS I, 1928. – *H. W. Hertzberg*, Regen (BHHW III 1568–1571). – *R. Hillmann*, Wasser und Berg. Kosmische Verbindungslinien zwischen dem kanaanäischen Wettergott und Jahwe, Halle 1965. – *L. Köhler*, Hebräische Vokabeln II (ZAW 55, 1937, 161–174). – *M. Noth*, WdAT, [4]1962. – *J. van der Ploeg*, Prov XXV 23 (VT 3, 1953, 189–192). – *P. Reymond*, L'eau, sa vie, et sa signification dans l'Ancien Testament (VTS 6, 1958). – *R. B. Y. Scott*, Meteorological Phenomena and Terminology in the Old Testament (ZAW 64, 1952, 11–25). – *E. F. Sutcliffe*, The Clouds as Water-Carriers in Hebrew Thought (VT 3, 1953, 99–103). – *H.-J. Zobel*, Der bildliche Gebrauch von *šmn* im Ugaritischen und Hebräischen (ZAW 82, 1970, 209–216).

I. 1. Das at.liche Hebr. verfügt über eine Reihe von Wörtern, die den Regen oder gewisse Aspekte davon meinen. Nach der Häufigkeit der Belege sind es folgende Nomina und Verben: *māṭār* (38mal), *gæšæm* (35mal), *zæræm* (9mal), *malqôš* (8mal), *šæṭæp* (6mal), *r[e]ḇîḇîm* (6mal), *ḥāzîz* (3mal), *môræh* (3mal) und *jôræh* (2mal) sowie je 1mal *gošæm*, *ṣaḡrîr*, *zarzîp̄*, *sāp̄îaḥ*, *ś[e]ʿîrîm*, *ʿ[a]rîp̄îm*. An spezifischen Verben sind aufzuführen *šṭp* (31mal), *mṭr* (16mal), *jrh* (3mal), *zrm* (2mal) und *gšm* (1mal). Dazu kann noch → טל *ṭal* 'Sprühregen, Tau' oder → מים *majim* 'Wasser' (Reymond 23) sowie *šæmæn* als bildlicher Ausdruck für Regen (Zobel) gezählt werden.

Die meisten dieser Wörter sind allgemein semit. bezeugt: *māṭār* gibt es im Syr., Arab., Aram. und Ugar. Hier ist es das bei weitem bevorzugte Nomen und Verb. Im Ugar. ist noch ein paarmal das Nomen *rbb* 'Sprühregen' und das Nomen *jr* 'Regentropfen, Regen' und je 1mal das Nomen *gšm* 'Wolkenbruch', das Verb *zrm* 'regnen' bezeugt. Weiter hat hebr. *gšm* Verwandte in syr. *šeḡma'* und arab. *ḡasama*, zu hebr. *zrm* vergleicht man akk. *zunnu* (das gewöhnliche Wort für 'Regen'), arab. *zarama* IV, 'donnern' und äth. *zĕnām*, 'Regen', dem hebr. *šṭp* entspricht arab. *saṭafa*, dem hebr. *ḥzz* auch arab. Nomina, dem hebr. *spḥ* arab., dem hebr. *zrp* syr., arab. und äth. Wörter und dem hebr. *jrh*/*mrh* können ebenfalls arab. Wörter an die Seite gestellt werden. Im großen und ganzen ist jedes Wort zumindest noch einmal in einer semit. Sprache belegt. Da von unseren insgesamt 15 verschiedenen Bezeichnungen im Ugar. immerhin 5 belegt sind, wird man vermuten können, daß unsere Wörter typisch westsemit. Bildungen sind.

2. Was die Bedeutungsnuancen der aufgezählten Wörter angeht, so ist das am meisten bezeugte *māṭār* (in der LXX durchgängig ὑετός) auch der allgemeinste Begriff für Regen (vgl. Scott 23; Reymond 22). Dieser kann nach Deut 11, 14 näher unterteilt werden in *jôræh* 'Frühregen' und *malqôš* 'Spätregen' (auch Hi 29, 23). In Jes 30, 23 ist der Regen für das Wachsen der Saat notwendig und bezieht sich auf den Winterregen. Die Wortverbindung *māṭār soḥep̱* (Spr 28, 3) meint so etwas wie einen verheerenden 'Platzregen'. Auch wird *māṭār* gebraucht in Verbindung mit *majim* 'Wasser' (Hi 5, 10), *'æḡlê ṭal* 'Tautropfen' (Hi 38, 28) oder einfachem *ṭal* 'Tau' (Deut 32, 2) als Umschreibung für alle Sorten von Feuchtigkeit, die vom Himmel kommt (2 Sam 1, 21; 1 Kön 17, 1). Nebeneinander werden aber auch 'Donner' (*qolôṯ*; 1 Sam 12, 17–18) oder 'donnernde Gewitterwolke' (*ḥ[a]zîz qolôṯ*; Hi 28, 26; 38, 25) und *māṭār* gebraucht. In Jer 10, 13 = 51, 16; Ps 135, 7 wird der Regen mit dem Blitz und in Jes 4, 6 mit dem 'Unwetter' (*zæræm*) verbunden. Die Zusammenstellung von Regen, Hagel und Donner findet sich in Ex 9, 33–34 und von Regen, Regenschauer (*r[e]ḇîḇîm*) und durchdringendem Regen (*zarzîp̄*) in Ps 72, 6.

Einen davon leicht abzuhebenden Bedeutungsgehalt zeigt das nächsthäufig belegte Nomen *gæšæm* (vgl. Scott 23; Reymond 22). Zwar kann es auch den 'Früh-' und 'Spätregen' (*jôræh* und *malqôš* Jo 2, 23 [BHS], dieselbe Reihe Jer 5, 24; beide Wörter sind „spezifizierende Apposition" zu *gæšæm* [Wolff, BK XIV/2, 66]; vgl. Deut 11, 14) umfassen, zusammen mit *malqôš* (Hos 6, 3) gebraucht werden bzw. wegen der Terminangabe „drei Monate vor der Ernte" den Spätregen meinen (Am 4, 7), aber es bezeichnet ebenfalls den Winterregen (HL 2, 11; vgl. Jes 55, 10: parallel mit *šælæḡ* 'Schnee') oder steht ganz allgemein für Regen (Jes 44, 14; Jer 14, 4; 1 Kön 17, 7. 14). So ist wohl der Pl. Lev 26, 4 auf die verschiedenen jahreszeitlichen Regen zu beziehen (Scott 23). Auffälliger ist schon die Verbindung von Wolken (*nāśî'* bzw. *ʿāḇ*), Sturm (*rûaḥ*) und Regen (1 Kön 18, 45; Spr 25, 14) oder Sturm und Regen (2 Kön 3, 17; vgl. Ez 13, 11. 13) bzw. Wolken und Regen (Pred 11, 3), weil das auf den Gewitterguß als eigentlicher Bedeutung von *gæšæm* hinweist (vgl. auch Ez 1, 28: der Regenbogen am Regentag). Von daher ist die Pl.-Bildung (Ez 34, 26; Esr 10, 9. 13 u. ö.) 'Regengüsse' verständlich, wie denn die Genitiv-Verbindungen *m[e]ṭar gæšæm* (Sach 10, 1), *gæšæm māṭār* und *gæšæm miṭrôṯ* (Hi 37, 6) ähnliches ausdrücken wollen (Scott 23: Herabstürzen des Regens). Schließlich sei auf die Wendung *gæšæm šôṭep* 'flutender Regen' (Ez 13, 11. 13; 38, 22) und auf den Sintflutregen (Gen 7, 12; 8, 2) verwiesen.

Was *zæræm* anlangt, so haben wir schon vorgegriffen und es mit 'Wolkenbruch', 'Unwetter' wiedergegeben. Die Verbindung *zæræm majim* (Jes 28, 2; Hab 3, 10; hierzu vgl. BHS) umschreibt den starken Wasserguß eines plötzlichen Wolkenbruchs, *zæræm bārāḏ* das vernichtende 'Hagelwetter' (Jes 28, 2) und *zæræm qîr* den ihre Stabilität gefährdenden 'Mauerguß' (Jes 25, 4), wie denn das Verb vom Ausgießen des Wassers durch die Wolken (Hab 3, 10 cj.; Ps 77, 18) und vom Wegspülen (Ps 90, 5) gebraucht wird. In Jes 30, 30 ist *zæræm* mit vorangestelltem *næpæṣ* 'Zerschlagen' verbunden (Reymond 23: Hendiadys) und mit 'Hagelsteinen' zusammengenannt. Schließlich sprechen Jes 4, 6; 25, 4; 32, 2; Hi 24, 8 von einem Obdach vor solchem Unwetter. Schon so viel ergibt diese Übersicht, daß bei *zæræm* durchweg das Negative einer verheerenden, gefährdenden oder schadenden Wirkung mitklingt.

malqôš (vgl. Scott 23 auch zur Etymologie) bezeichnet durchweg den 'Spätregen' im Frühjahr. Es steht nach *māṭār* (Deut 11, 14; Sach 10, 1; Hi 29, 23), nach *gæšæm* (Hos 6, 3; Jo 2, 23; auch Jer 5, 24) und nach *r^eḇiḇîm* (Jer 3, 3). Die Zusammenstellung von 'Früh- und Spätregen' begegnet Deut 11, 14; Jer 5, 24; Jo 2, 23. In Spr 16, 15 findet sich noch *ʿāḇ malqôš* 'Spätregenwolke'.

Das Gegenstück zum Spätregen ist der im Herbst erwartete 'Frühregen'. In Jo 2, 23 (2mal) und Ps 84, 7 steht dafür *môræh*; in Sach 10, 1 ergänzt LXX „zur Zeit des Frühregens" (vgl. die Komm.). Dagegen erscheint in Deut 11, 14 und Jer 5, 24 Q die Form *jôræh*. Beide Wörter sind Ableitungen von einer Wurzel → ירה (*jrh*), die Hos 6, 3; 10, 12; Spr 11, 25 'regnen, benetzen, erquicken', in anderen Zusammenhängen aber 'werfen' und 'lehren' (KBL³) bedeutet. Rudolph (KAT XIII/1, 132) stellt das zuerst genannte *jrh* sinngleich neben *rwh* 'sich satt trinken' (so auch KBL³), von dem dann auch *jôræh* und *môræh* abgeleitet seien. In Jo 2, 23a indes wird *môræh* von Targ. und V (wohl auch Qumran: Lehrer der Gerechtigkeit) als 'Lehrer' interpretiert und somit von der anderen Wurzel *jrh* hergeleitet. Dalman (122) verweist auf die jüdische Tradition, die den Frühregen u.a. auch als 'Lehrer' deutet, „weil er die Menschen lehrt (*mōre*), ihre Früchte (ins Haus) einzuführen und ihre Dächer zu verstreichen (zur Verdichtung)". Daß diese Deutung allerdings nur den Wert eines volksetymologischen geistreichen Gedankenspiels haben kann, zeigt der Fortgang des Zitats damit, daß der Frühregen auch „als Sättiger, der die Erde sättigt (*marwe*) und bis zur Tiefe tränkt, aber auch als ... Schützen, der auf die Erde zielt, aber nicht im Zorn schießt (*jōre*)", gedeutet wird. Dalman selbst meint, daß „die zuletzt genannte Deutung ... das Richtige" treffe, weil der Frühregen „der Regen des 'Schützen'" sei, also zu der Zeit eintreffe, „wenn die Sonnenbahn durch das Tierkreiszeichen des 'Schützen'" gehe. Doch dieser Hinweis auf das Tierkreiszeichen zeigt, daß die etymologisierende Erklärung erst im Nachhinein erfolgte. So ist es doch das Wahrscheinlichste, beide Wörter von *jrh* als einer Nebenform von *rwh* herzuleiten (vgl. Scott 23).

Das Nomen *šæṭæp* bezieht sich in Hi 38, 25 auf die 'Regenflut' (Fohrer, KAT XVI 488); denn es steht hier in Parallele zu *ḥ^azîz qolôṯ*, das Hi 28, 26 im Parallelismus mit *māṭār* gebraucht wird. Von der 'Flut vieler Wasser' (*šeṭæp majim rabbîm*) ist in Ps 32, 6 und von 'überströmender Flut' (*šæṭæp ʿoḇer*) in Nah 1, 8 die Rede. Spr 27, 4 wird unser Nomen mit 'Zorn' (*'ap*) verbunden. Zu Dan 9, 26 „und sein Ende in der Flut" und Dan 11, 22 „Reiche der Flut werden überflutet werden" vgl. die Komm.

Die im Vergleich zum Nomen viel häufiger belegte Wurzel *šṭp* heißt 'überfluten' (Jes 8, 8; 10, 22; Jer 47, 2; Ps 69, 3. 16; 124, 4; HL 8, 7; Dan 11, 10. 22. 26. 40), auch 'wegschwemmen, abwaschen, reinigen' (Lev 6, 21; 15, 11. 12; 1 Kön 22, 38; Jes 43, 2; Ez 16, 9; Hi 14, 19) und wird vom Strömen der Bäche gebraucht (Ps 78, 20; 2 Chr 32, 4). Gern wird das Part. *šôṭeṗ* einem Nomen zugeordnet: *gæšæm šôṭeṗ* 'flutender Regen' (Ez 13, 11. 13; 38, 22), *naḥal šôṭeṗ* 'reißender Bach' (Jes 30, 28; 66, 12; Jer 47, 2), *zæræm majim kabbîrîm šoṭ^eṗîm* 'Guß von starken flutenden Wassern' (Jes 28, 2) und übertragen *sûs šôṭep* 'stürmendes Roß' (Jer 8, 6) und *šôṭ šôṭep* 'flutende Geißel' (Jes 28, 15. 18).

Das hebr. Pluraletantum *r^eḇî(i)ḇîm* bezeichnet wohl die 'Regenschauer', 'Regenhusche' (vgl. Scott 23 auch zur Etymologie; Reymond 22 „bruine"). In Ps 65, 11 beziehen sich diese Schauer auf den Frühregen, weil sie das ausgetrocknete Erdreich 'weich machen' (*mwg pol.*). Ähnliches könnte Jer 3, 3 meinen, wenn unser Wort nicht als Parallele (so Scott 23), sondern als Sachentsprechung zu Spätregen gedeutet würde. Solche Regenschauer fallen aber auch auf das 'Kraut' (*ʿeśæḇ*; Deut 32, 2; Mi 5, 6) und lassen es gedeihen. Parallel zu *māṭār* findet es sich Ps 72, 6, zur Wurzel *gšm* Jer 14, 22 und in Verbindung mit *ṭal* Mi 5, 6. Auch das hap.leg. *ś^eʿîrîm* wird, da es Deut 32, 2 synonym zu unserem Wort steht, dasselbe meinen (Scott 23 Anm. 1; Reymond 22 „pluie douce"), also 'Regenschauer für das Grün' (*dæšæ'*).

In Am 7, 4 wird *lirḇiḇ 'eš* 'Feuerregen' zu lesen sein (so mit Recht zuletzt Wolff, BK XIV/2, 338).

Bevor wir die anderen, jeweils nur einmal belegten Wörter kurz vorführen, ist noch auf *ḥ^azîz* einzugehen. KBL³ gibt den Pl. Sach 10, 1 (Sir 35 [32], 26) mit „Windsbraut" und die Wendung *ḥ^azîz qolôṯ* (Hi 28, 26; 38, 25; Sir 40, 13) mit „Donnerschlag" wieder (so schon Köhler 173). Bereits Dalman (215) hatte festgestellt: „Das hebräische *ḥāzīz* würde man gern für den Donnerschlag in Anspruch nehmen, es bedeutet aber doch wohl eher die Wetterwolke." Unter Hinweis darauf schlägt Fohrer (KAT XVI 392) die Bedeutung „'Gewitterwolke', die auch mit 'Donner' verbunden sein kann", vor. Daß unser Wort solche Wolken meint, die den ersehnten Spätregen bringen, geht aus Sach 10, 1 eindeutig hervor, wird aber auch in beiden Hiob-Stellen nahegelegt. Zutreffend gibt Sauer unser Wort in Sir 35 (32), 26 mit „Regen" und in Sir 40, 13 mit „Gewitterregen" wieder (JSHRZ III 5).

Schließlich wird Spr 27, 15 vom 'beständigen Tropfen am Tag des Regens' (*jôm sagrîr*) gesprochen. Das nur Ps 72, 6 belegte *zarzîp* wird fast durchweg nicht als Nomen (so nur GesB: „starker, durchdringender Regenguß"), sondern als Verbalform interpretiert (*zirz^epû* oder *jarzîpû*: Schmidt, HAT I/15, 136;

BHK³; Kraus, BK XV/1: „Schauer, die die Erde feuchten"; ähnlich KBL³; BHS). Bleibt noch das nur Hi 14, 19 bezeugte, dort im Pl. mit Suff. 3. f. sg. stehende *sāpîaḥ*, das GesB mit „Regenguß" und KBL³ mit „Gußregen" übersetzt. Allerdings empfehlen Hölscher (HAT I/17, 37), BHK³ und Fohrer (KAT XVI 239), *seḥîpāh* zu lesen, was nach KBL³ „Gußregen" heißt (vgl. aber auch BHS). Vielleicht ist noch *ʿarîpîm* Jes 5, 30 anzuführen, das KBL³ mit „Geträufel" übersetzt.

II. Über die verschiedenen Arten des Regens, ihre Intensität und jahreszeitliche Zuordnung sowie ihre Bedeutung ist bereits einiges gesagt worden oder doch angeklungen. Hier soll zusammengestellt werden, was das AT darüber enthält (vgl. die meteorologischen Daten bei Noth 26–28. 30; Scott 12–16. 19; Hertzberg 1569f. sowie die dort genannte Lit.).

In der begeisterten Schilderung des Wohnlandes Israels in Deut 11 wird durch den Vergleich mit Ägypten die charakteristische Andersartigkeit des Verheißungslandes hervorgehoben. Während in Ägypten der Acker nach der Aussaat vom Menschen „mit dem Fuß bewässert" werden muß (v. 10), ist Palästina „ein Land mit Bergen und Tälern, und der Regen des Himmels tränkt sie" (v. 11). Nicht die Arbeit des Menschen, sondern der dem Menschen unverfügbare Regen ist für den Ertrag des Landes ausschlaggebend.

Diese hohe Wertigkeit des Regens kommt auch darin zum Ausdruck, daß eine Jahreszeit nach dem Regen benannt ist und verschiedene Bezeichnungen für die den bestimmten Monaten zugeordneten Regen gebraucht werden. „Die Zeit der Regen" (Esr 10, 13) ist der Winter (vgl. Scott 16; Reymond 19–24; Hertzberg 1568. 1571). „Winter" und „Regen" gehören zusammen (HL 2, 11). Dann zittert, auch wegen des Regens, alles Volk auf dem Platz vor dem Tempel (Esr 10, 9). Das war am 20. Tag des 9. Monats, was unserem Dezember entspricht (Dalman 190). Nach Dalman reicht die winterliche Regenzeit von Dezember bis März (172; dort 173–177 Angaben über Regenmengen).

Innerhalb des AT allerdings fällt auf, daß im Vergleich zum Winterregen der Früh- (vgl. Reymond 18–19; Hertzberg 1571) und Spätregen viel stärker betont wird. Das führt Dalman (177) auf deren hohe wirtschaftliche Bedeutung zurück sowie auch darauf, daß der Winterregen im großen und ganzen jedes Jahr fällt.

Vom Frühregen heißt es, daß er die Erde „tränkt" (*rwh hiph*: Jes 55, 10), sie „weich macht" (Ps 65, 11) und sie „fruchtbar" werden läßt (Jes 55, 10). Er fällt Mitte Oktober bis Mitte November (Dalman 119; dort 128–130 statistische Angaben), wie denn nach jüdischer Berechnung der Beginn der Sintflut nach Gen 7, 11 mit dem 17. November in die Zeit des Frühregens fällt (Dalman 123). Man gewinnt aus Sach 14, 17 den Eindruck, daß die Teilnahme am Laubhüttenfest im Oktober eine Regenzusage beinhaltet, die sich zumindest auf den Frühregen bezieht (vgl. auch Lev 26, 3–5 und Elliger, HAT I/4, 365: „höchstwahrscheinlich ... ein Stück aus der Agende des Herbstfestes"). Sättigung der Erde (vgl. Hi 38, 27) bedeutet eine Durchfeuchtung bis in eine Tiefe von 40 cm (Dalman 127). Nach dem Frühregen tritt eine Regenpause ein. Nun trocknet die Erde etwas ab, so daß der Bauer mit der Bestellung des Feldes beginnen kann (Dalman 157–160).

Noch wichtiger als der Frühregen ist für den Ertrag des Landes der Spätregen (vgl. Reymond 24; Hertzberg 1571). Allein um ihn geht es in der Regenbitte von Sach 10, 1. Er „erquickt, labt die Erde" (Hos 6, 3 cj.; vgl. Jes 55, 10), und er „benetzt" sie (Ps 72, 6). Man erwartet den Spätregen drei Monate vor der Ernte (Am 4, 7), also ab März/April. Auch das Ende der Sintflut (Gen 8, 4. 14) wird nach jüdischer Berechnung auf das Regenende und die Zeit der Trocknung, also den Beginn des Sommers, datiert (Dalman 295f.). Der Spätregen gehört hauptsächlich in den April hinein, kann aber auch noch im Mai fallen. Über die Regenmengen informiert Dalman (291–294). Er macht zugleich darauf aufmerksam, daß der Spätregen für den guten Ertrag des Getreides unentbehrlich ist (291), wie es das arab. Sprichwort ausdrückt: „Er ist das Leben der Menschen" (Dalman 299).

Wichtig ist ferner, wie der Regen fällt. Darüber lassen die verschiedenen Nomina selbst etwas erkennen. Mit *māṭār* ist weithin die Vorstellung eines intensiven, durchdringenden Regens, wie ihn der Winter bietet, verbunden (vgl. Jes 30, 23; Ps 72, 6). Allerdings könnte dem das im Vergleich von Deut 32, 2 gebrauchte Verb *ʿrp* widersprechen, weil es 'rieseln, träufeln' bedeutet. Doch wenn der Vergleichspunkt die andauernde Gleichmäßigkeit ist, dann wird mit *ʿrp* das Wichtigste über den Winterregen gesagt: ein mitunter länger anhaltender, gleichmäßiger Regen. Darauf führt auch die Esr 10, 9. 13 für den Winterregen gebrauchte Pl.-Form von *gæšæm*. Andere Bezeichnungen und Zusammenstellungen weisen darauf hin, daß vor allem Früh- und Spätregen, aber auch die winterlichen Regen als kurze Gußregen oder Schauer fallen. So wird etwa in Spr 16, 15 das Bild der „Spätregenwolke" gebraucht, und in Ez 1, 28 ist vom Regenbogen nach dem Regenguß die Rede.

Dem Regen schlechthin verdankt der Mensch alles. Der Frühling läßt die Blumen wieder blühen; es ist „die Zeit des Singens" (HL 2, 12). „Alles Grün" wächst (Gen 2, 5; Deut 32, 2; 2 Sam 23, 4 cj.), und „das Land wird seinen Ertrag geben" (Lev 26, 4); denn der Regen gilt „der Saat" (Jes 30, 23), „dem Acker", „der Erde", „der Aue" (Deut 11, 14. 17; 1 Kön 18, 1; Jer 14, 4; Ps 72, 6; 147, 8) oder „deinem Land" (Deut 28, 12. 24; 1 Kön 8, 36). Als die Gaben des vom Regen befruchteten Ackers werden aufgezählt „Korn, Wein und Öl" (Deut 11, 14; Jo 2, 24; vgl. Ez 34, 27), dazu Deut 11, 14 noch „das Gras für das Vieh", Lev 26, 4 und Ez 34, 27 die Fruchtbäume des Feldes und Jes 44, 14 die Esche oder Fichte. Der Regen sorgt dafür, daß die Menschen sich an Brot sattessen können (Lev 26, 5; Jes 55, 10) und daß der Sämann wieder Samen zum Säen hat (Jes 55, 10). Nach Dalman besagt das alles (186–188), daß für das Saatgut ein schwacher, aber für die Bäume und Zisternen ein heftiger Regen fallen muß, daß also jede Art des Regens ihr Gutes für Mensch und Tier haben kann.

Die wesentlichen Inhalte der soeben gemachten Aussagen über den Regen werden auch in Wendungen und Formeln geprägt zusammengefaßt. So kann von „Regen in Fülle" (Ps 68, 10) und wiederholt vom Regen „zu seiner Zeit" (Deut 11, 14; 28, 12; Jer 5, 24; Ez 34, 26; vgl. Sach 10, 1) bzw. von verschiedenen Regen „zu ihrer Zeit" (Lev 26, 4) gesprochen werden. Die richtige Zeit und die ausreichende Menge sind wesentliche Voraussetzungen dafür, daß man von „Regengüssen des Segens" (Ez 34, 26), also „segenspendenden Regengüssen" (Eichrodt, ATD 22, 330; Zimmerli, BK XIII/2 übersetzt: „gesegnete Regen"), sprechen kann. Ähnlich heißt es Ps 84, 7 vom Frühregen, er bedecke das Bakatal mit Segnungen.

Kommt der Regen jedoch zur Unzeit, birgt er Gefahren für Acker und Tier (vgl. Dalman 116–118). Der Regen „zur Erntezeit" (1 Sam 12, 17. 18; Spr 26, 1) ist ein solches Unglück. Das gilt noch viel mehr vom ausbleibenden Regen (Jer 3, 3; Am 4, 7) oder gar von der Regenlosigkeit (Deut 11, 17; 1 Kön 8, 35; 17, 7; Jer 14, 4; Ez 22, 24; 2 Chr 6, 26; 7, 13; vgl. Dalman 195–197. 297: „magere Regenwinter"). Folgen davon sind Dürre (1 Kön 17, 7; Jer 14, 4; Ez 22, 24; vgl. u.a. auch Gen 12, 10; 45, 6) und Ertraglosigkeit des Ackers (Deut 11, 17; Am 4, 7ff.) mit ihren verheerenden Auswirkungen für alles Leben schlechthin. Solche Dürrezeit, in der der Wind Staubwolken bildet, ist Deut 28, 24 mit dem Bild vom „Sand- und Staubregen" gemeint (Dalman 133–134). Daß der Israelit sehnlich auf Regen wartet und nach dem Spätregen den Mund aufsperrt (Hi 29, 23), ist verständlich.

Aber auch das Gegenteil kann eintreten, daß zu viel oder zu heftiger Regen niedergeht, der zerstört und vernichtet. 40 Tage und Nächte dauerte der Sintflutregen (Gen 7, 12). „Flutender Regen" oder „Platzregen" (Jes 28, 2; Nah 1, 8; Hab 3, 10) kann eine Mauer zum Einsturz bringen, weil ihr Fundament bloßgelegt wurde (Ez 13, 11. 13; 38, 22). Ein solcher Regen kann auch „Mauerguß" (Jes 25, 4; Dalman 188. 208) genannt werden. Wesentlich ist noch, daß er „kein Brot bringt" (Spr 28, 3) und daß jeder bei einem solchen Guß nach einem schützenden Obdach ausschaut (Jes 4, 6; 25, 4; 32, 2; vgl. Hi 24, 8). Infolge derartig heftiger, starker Unwetter schwellen die Bäche auch in weiterer Entfernung plötzlich mächtig an und werden für Mensch und Tier zur Gefahr (Jes 30, 28; Jer 47, 2; Ps 69, 3. 16; 78, 20; 124, 4–5; vgl. 2 Kön 3, 16–20 und Hi 14, 19 sowie Dalman 201f. 207). Schließlich ist noch zu erwähnen, daß es ebenfalls großes Unglück bedeutet, wenn der Regen nur strichweise fällt (Dalman 131–132): Eine Stadt und ein Acker erhalten Regen, die andere und der andere aber nicht (Am 4, 7–8). Im Totenklagelied auf Saul und Jonathan bittet David, Tau und Regen sollen nicht auf die Berge Gilboa fallen (2 Sam 1, 21). Auch über den Weinberg sollen die Wolken nicht regnen lassen (Jes 5, 6).

Die letzte Frage ist die, was das AT über die Entstehung des Regens sagt (vgl. die gründliche Arbeit von Sutcliffe). Eine nicht allzu häufige Ausdrucksweise geht auf die Vorstellung zurück, daß der Regen „vom Himmel herabkommt" (Deut 28, 24; Jer 14, 22). Dazu wird „der Himmel aufgetan" (Deut 28, 12). Etwas komplizierter geht es in Hi 36, 27f. zu: Aus dem himmlischen Vorrat werden die Wassertropfen herausgenommen, sickern durch das Firmament, sammeln sich zu Wolken, und diese lassen schließlich den Regen fallen (nach Fohrer, KAT XVI 481). Der Regen wird am häufigsten mit Wolken verbunden (Jes 5, 6; Ps 77, 18; 147, 8; Hi 26, 8; Spr 16, 15; Pred 12, 2). Elia sieht eine kleine Wolke aus dem Meer aufsteigen und weiß, daß Regen kommt (1 Kön 18, 44). Und der Prediger stellt fest: „Wenn die Wolken voll sind, gießen sie den Regen aus" (11, 3). Genauso eng aber gehören auch Wind und Regen zusammen. Obwohl es weder Wind noch Regen gibt, ist doch das Tal voll Wasser (2 Kön 3, 17). Mit der Wunderhaftigkeit dieses Geschehens wird gerade darauf aufmerksam gemacht, daß der Wind der Bote des Regens ist (Dalman 103–104. 154). Daß aber der Nordwind den Regen bringt (Spr 25, 23), paßt nicht nach Palästina, sondern eher nach Ägypten (Gemser, HAT I/16, 92; Ringgren, ATD 16/1³, 101; anders van der Ploeg 189f.: *ṣāpôn* ʿunbekannter Ort'). Das vollständige Bild vereint die Elemente Wolken und Wind mit dem Regen (1 Kön 18, 45; Spr 25, 14) und fügt auch noch Blitze zum Regen hinzu (Jer 10, 13 = 51, 16; Ps 135, 7; Dalman 304–305).

Mit dieser Vorstellung steht die Aussage, daß der Regen aus dem oberen Himmelsozean stamme (Gen 1, 6–8; Ps 104, 2–3; 148, 4) und durch Luken auf die Erde falle (Gen 7, 11; 8, 2; Jes 24, 18), in keinem ernsten Widerspruch.

Zwei andere Konzeptionen aber lägen, wie Sutcliffe (103) meint, in Hi 38, 25 und in Jer 10, 13c = 51, 16c; Ps 135, 7b vor. Hinter der zuerst genannten Konzeption stehe die Vorstellung, daß Gott dem Regen eine Rinne oder einen Kanal gegraben habe, der ihn zur Erde und die einzelnen Tropfen an den ihnen bestimmten Ort leite, während nach der anderen Konzeption auf JHWHs Geheiß wohl auch die Wolken wie der Wind aus den himmlischen Vorratskammern kommen. Ob man darin andere Konzeptionen sehen sollte, bleibt allerdings fraglich.

III. Die Tatsache, daß der Regen in seiner Entstehung und in seinen verschiedenen Erscheinungsformen einer „Gesetzmäßigkeit" (*ḥoq*) und einem vorgezeichneten „Weg" (*dæræḵ*) folgt, äußert Hi 28, 26.

Urheber von „Gesetz" und „Weg" ist kein anderer als JHWH. Eine ähnliche Vorstellung begegnet in Hi 38, 25: JHWH „furchte der Regenflut einen Wassergraben". JHWH ist durchweg Subjekt des Regengeschehens. Er ist der „Regenspender" schlechthin (Jer 14, 22); der Himmel kann nicht von selbst Regen geben. Der Regen hat keinen Vater (Hi 38, 28). Die Ordnung, die der Mensch erkennt, ist also eine gottgefügte Ordnung, ist „Ordnung JHWHs" (Jer 8, 7). „Der Jahweglaube kennt keine Naturgesetze" (Rudolph, HAT I/12, 102).

Daß JHWH es ist, der durch seinen Regen in Fülle und zur rechten Zeit seinem erwählten Volk ein gutes Leben im Verheißungsland ermöglicht, geht aus den oben gemachten Aussagen hervor (vgl. bes. Deut 11). Das betont in einzigartiger Weise Ps 68, 10: Gott schüttet Regen in Fülle aus und richtet dadurch sein erschöpftes Erbland wieder auf. Solcher Regen ist ein „Geschenk göttlicher Freigebigkeit" (Dalman 304). Denn der Regen wird „zu 'Barmherzigkeit' und 'Gnade' nie in unmittelbare Beziehung gestellt" (Dalman 304), auch wenn JHWH das Wasser zur Bewässerung des Ackerlandes aus dem „Gottesquell" (*pælæḡ 'ælohîm*) fließen läßt (Ps 65, 10f.).

Eine andere Vorstellung spricht sich darin aus, wenn JHWH oder dessen „Herrlichkeit" u.a. ein „Obdach vor Unwetter und Regen ist" (Jes 4, 6; 25, 4; vgl. Jes 32, 2). Trotz der Direktheit der Aussage, die an die Schutzfunktion des Jerusalemer Heiligtums denken läßt (Wildberger, BK X/1, 153f.), scheint hier eher eine bildliche Redeweise vorzuliegen (vgl. auch Nah 1, 8; Ps 32, 6; 69, 3. 16; 124, 4, wo JHWH vor schwemmender Flut rettet).

Die Grenze zwischen Sache und Bild ist auch bei den Stellen fließend, die Regen und Wettererscheinungen als „Stärke" JHWHs (Hi 37, 6), als seine Waffen gegen die Feinde Israels, gegen die Frevler in Israel oder gegen das ungehorsame Volk selbst erwähnen. Schon Ex 9, 18. 23 (J) kennt als siebente Plage „einen sehr schweren Hagelregen" über Ägypten. Darauf spielt Ps 105, 32 an. Ps 77, 18 beschreibt JHWHs Wundertaten beim Exodus u.a. auch damit, daß „die Wolken Wasser gossen". Von dort her versteht es sich, daß Jes 30, 30 die erhoffte Hilfe JHWHs für Israel in Form von „Sturmguß und Hagelstein" über dessen Feinde ausmalt. Über die Gottlosen läßt JHWH „feurige 'Kohlen' und Schwefel" regnen (Ps 11, 6), womit an Gen 19, 24 (J) erinnert wird (vgl. auch Hi 20, 23). Ähnliches wird auch den „Tünchestreichern" (Ez 13, 11. 13) angedroht.

Daß hierbei alte Redeweisen, die in den Kontext des JHWH-Krieges gehören, anklingen, empfand Zimmerli (BK XIII/1, 294) zu recht. Denn in der Schlacht bei Gibeon ließ JHWH „große Steine vom Himmel fallen" (Jos 10, 11). Und im Debora-Lied wird der eigentliche Kampf mit dem Streiten der Sterne vom Himmel (vgl. KTU 1.3, II 41. IV 34) und dem überströmenden Kison beschrieben (Ri 5, 20–21).

Diese Redeweise wird in Jes 28, 2. 17; Ez 38, 22 mit dem schwemmenden Platzregen, in Jes 29, 6 mit Donner und Dröhnen und lautem Krachen, mit Regenguß, Wetter und Feuerflammen und in Ez 13, 11. 13 mit Platzregen, Sturmwind und Hagelstein (vgl. Jer 23, 19) wieder aufgegriffen, nunmehr aber gegen Israel selbst gekehrt. So „vernichtet Jahwe das Werk seiner Hände" (Zimmerli).

Ein anderer Vorstellungskreis liegt mit der Einbettung von Regenerscheinungen in die Theophanieschilderung vor (vgl. Dalman 216–218; Reymond 20–21). Zum Erscheinen JHWHs im Debora-Lied gehört das Triefen der Himmel und der Wolken von Wasser (Ri 5, 4). Ähnlich lautet Ps 68, 9, wo das Triefen der Himmel ebenfalls erwähnt wird. Auch Hab 3, 10 verbindet mit dem Erscheinen JHWHs den Wolkenbruch und das Grollen der *t^ehôm*. In umgekehrter Weise wird in Am 1, 2 das Verdorren der Gipfel des Karmel als Begleiterscheinung der Theophanie JHWHs ausgesagt. Der „Aufruhr der Natur" (J. Jeremias, Theophanie, ²1977, 15 u.ö.) äußert sich in Gußregen oder Regenlosigkeit. Wie Jeremias überzeugend an Ri 5 gezeigt hat, gehört diese Theophanieschilderung ursprünglich in die Thematik des JHWH-Krieges (142. 144) und ist aus ihr herausgewachsen (145–150). Daraus folgt, daß wir zwischen der Motivik Regen im JHWH-Krieg und in der Theophanieschilderung nicht prinzipiell unterscheiden dürfen.

Das ganze Volk Israel ist ebenfalls betroffen, wenn JHWH ihm wegen seines Ungehorsams den Regen verweigert (Deut 11, 16–17; 1 Kön 8, 35; Jer 3, 3; 5, 24; Ez 22, 24; 2 Chr 6, 26). Daraus folgt, daß Regenlosigkeit für Israel auch Anlaß zur Umkehr sein kann (Jer 5, 24; Am 4, 7) oder daß jedesmal, wenn Israel vor JHWH seine Schuld bekannte, ihm wieder Regen zuteil wurde (1 Kön 8, 35–36; 2 Chr 6, 26; 7, 13; ähnlich Ex 9, 33–34). Das schließt ein, daß man JHWH um Regen bitten kann oder bitten soll. Das taten Samuel (1 Sam 12, 17–18) und Elia (1 Kön 18, 42) mit Erfolg, und dazu fordert Sach 10, 1 (vgl. das Gegenteil Sach 14, 17) auf. Daß daraus eine falsche Sicherheit für Israel erwachsen kann, zeigt Hosea. Er polemisiert gegen ein offenbar altes Bußlied der Priester (6, 1–3). Dieses setzt voraus, daß JHWH zu finden ist, sobald man ihn sucht, und daß er zu Israel komme, so gewiß wie der Regen eintritt. Der Tatbestand, daß das Tempelweihgebet Salomos (1 Kön 8; 2 Chr 6), der Text von Sach 14 und Hos 6 in den Tempelkult gehören und daß die Gebete Samuels und Elias kultische oder doch kultähnliche Handlungen sind, macht auf die Kultverankerung dieser Regenmotivik aufmerksam.

von Rad betont zu recht (ATD 8, 61), daß in Deut 11 „kultische Fluchformeln" anklingen, „in denen herkömmlicherweise die Verweigerung des Regens eine große Rolle spielt (Dt. 28, 12. 24; 3. Mose 26, 4)". In diesem Zusammenhang darf noch einmal auf Ez 34, 26; Ps 84, 7 verwiesen werden (s.o.), wo die Regengabe ausdrücklich mit dem Stichwort Segen verbunden wird. Daraus folgt, daß der Regen auch in

das Bezugsfeld von Segen und Fluch hineingehört. Schließlich fällt auf, daß mehrfach von JHWHs Grimm oder Zorn gesprochen wird (Deut 11, 17; Ez 13, 13; 22, 24; Hi 20, 23). Wie Regengabe und Liebe JHWHs zusammengehören, so auch Regenversagen und göttlicher Zorn. Von der Liebe JHWHs zu seinem Volk sind auch die Stellen geprägt, die vom Brot- (Ex 16, 4), Manna- (Ps 78, 24) und Fleischregen (Ps 78, 27) z.Z. der Wüstenwanderung sprechen.
Weiter ist von Bedeutung, daß eine ganze Reihe von Aussagen über JHWH als den Herrn des Regens hymnisch geformt ist oder gar in Hymnen steht. Für den hymnischen Stil ist die Partizipialform der JHWH prädizierenden Sätze typisch: „der du den Regen gibst ... und Wasser spendest" (Hi 5, 10), „der den 'Frühregen' gibt ..." (Jer 5, 24). Derartige Aussagen innerhalb von Hymnen des Psalters sind: Ps 68, 10 „Regen in Fülle schüttest du aus", Ps 77, 18 „Es gossen Wasser die Wolken", Ps 84, 7 „mit Segen bedeckt es der Frühregen", Ps 135, 7 „der heraufführt Wolken ..., der macht Blitze zum Regen", Ps 147, 8 „der den Himmel mit Wolken bedeckt, der der Erde den Regen schafft", Jo 2, 23 „Freut euch über JHWH ..., denn er ... läßt Regen fallen". Solche Aussagen stehen auch im Danklied Ps 65, 11 oder im Geschichtspsalm 105, 32. Man könnte diese hymnischen Aussagen gleichsam mit Jer 14, 22 zusammenfassen: „Du hast dies alles geschaffen, JHWH." Die Verfügung über den Regen ist Zeichen von JHWHs Schöpfermacht und die Regengabe Ausdruck seiner Schöpferherrlichkeit.

IV. Die Beobachtung, daß die Thematik „JHWH und der Regen" in unterschiedlichen Zusammenhängen – JHWH-Krieg/Theophanie, Kultus, Schöpfungslob – begegnet, verlangt nach einer Erläuterung. Mancherlei Hinweise finden sich im AT, daß für Israel die Aussage, JHWH spende den Regen, nicht immer eindeutig galt, daß vielmehr andere Götter diese Funktion besaßen. Daß in der Rückschau des Exils Israel niemals Regen und JHWH-Furcht verbunden hat (Jer 5, 24; Rudolph, HAT I/12, 41), läßt zweierlei Deutungen zu. Entweder hat es den Regen als Naturerscheinung verstanden, was, wie wir sahen, nicht der Fall ist, oder er wurde von den „Nichtsen der Völker" hergeleitet (Jer 14, 22). Auf die zuletzt genannte Möglichkeit verweist Jer 3, 3 mit dem Begriff der „Buhlerei". Auch der nachexilische Text Sach 10, 1–2 spricht von Teraphim und Wahrsagern, die Israel Lüge und Trug lehrten. Deutlicher ist die hinter Hos 6, 1–3 stehende Wirklichkeit erkennbar. Wenn in v. 3 vom Suchen und Finden JHWHs, das ein Herbeikommen Gottes wie der Regen für Israel bedeutet, die Rede ist, dann scheinen „Motive des Mythos" vom Suchen „des abwesenden oder schlafenden Gottes" anzuklingen (Wolff, BK XIV/1, 151), die offenbar mit dem Regen in Verbindung stehen. Diese Aussagen aber finden sich eindeutig in 1 Kön 18, 27, wo Elia vom Baʿal in spöttischer Weise sagt, er sei in Gedanken, abseits gegangen, unterwegs, oder er schlafe gar und müsse erst erwachen. Daß es im jetzigen Zusammenhang um die Frage Regenlosigkeit oder Regengabe, JHWH oder Baʿal geht, sei noch angemerkt.
Wird von hier aus wahrscheinlich, daß auch hinter den anderen Stellen die Alternative JHWH oder Baʿal steht, so kann das durch Hos 2 noch erhärtet werden. Israel ist der Überzeugung, es müsse „seinen Buhlen" nachlaufen, um von ihnen Brot und Wasser, Wolle und Flachs, Öl und Getränk (v. 7) zu erhalten; denn es hat nicht erkannt, daß JHWH es ist, der ihm Korn, Wein und Öl gibt (v. 10). Daß sich hinter den „Buhlen" von v. 7 kein anderer als Baʿal verbirgt, geht aus v. 10 hervor, wo das von JHWH geschenkte Silber und Gold vom Volk noch zur Herstellung eines Baʿalsbildes verwendet wird. Und weil die hier aufgezählten Gaben typisch für den Regen sind (s.o.), heißt also die Frage: Wer spendet Regen, JHWH oder Baʿal?
Diese Interpretation wird von den Ugarit-Texten her vollauf bestätigt und ergänzt. Der Regen wird eindeutig mit dem Gott Baʿal in Verbindung gebracht. „Für die Erde (ist) der Regen Baʿals und für das Feld der Regen des Erhabenen" (*l'rṣ mṭr bʿl wlšd mṭr ʿlj*; KTU 1.16, III 5–6), wiederholt in Z. 7–8: „Eine Wonne für die Erde ist der Regen Baʿals und für das Feld der Regen des Erhabenen." Regen ist die wonnevollste Baʿalsgabe; denn sie schenkt den Menschen Brot, Wein und Öl: „Es heben das Haupt die Pflügenden, in die Höhe die Getreidebauern: Aufgebraucht ist das Brot ..., der Wein ..., das Öl" (Z. 12–16). Daß Baʿal in der Tat der Regenherr ist, geht aus KTU 1.4, V 6–9 hervor: El ist alt geworden; seine Gemahlin bestimmt deshalb: „Von nun an möge Baʿal die Zeit seines Regens festsetzen (*wn'p ʿdn mṭrh bʿl jʿdn*), die Zeit des Erstarrens zu Eis (?), des Ertönens seiner Stimme aus den Wolken, des Schleuderns der Blitze zur Erde." Baʿal bestimmt die Termine der Regenzeiten, des Winters, der Donner und Gewitter. Daß ein regenloser Sommer auf die winterliche Regenzeit folgt, wird darauf zurückgeführt, Baʿal sei in die Totenwelt eingegangen und habe mitgenommen seine Wolken, seine Winde, sein Gespann, seine Regengüsse (KTU 1.5, V 7–8: *ʿrptk rḥk mdlk mṭrk*). Darauf bezieht sich der Schreckensruf zu Beginn der Trockenzeit: „Tot ist Alijan Baʿal! Dahingegangen ist der Fürst, der Herr der Erde!" (KTU 1.5, VI 9f.). El selbst stimmt die Totenklage an: „Baʿal ist tot! Wehe dem Volk! Der Sohn Dagons, wehe den Leuten! Mit Baʿal möchte ich hinuntersteigen in die Erde!" (Z. 23–25). „Maßgebliche Ursache dieser Niedergeschlagenheit ist ... die Furcht vor einer Hungerkatastrophe" (Hillmann 3).
Mit dieser Szene korrespondiert die andere, in der die Freude über den ersten Herbstregen beredten Ausdruck findet. ʿAnat erzählt El einen Traum, der ihr zu erkennen gegeben habe, daß „Alijan Baʿal lebt, vorhanden ist der Fürst, der Herr der Erde" (KTU 1.6, III 2–3); denn „der Himmel regnete Fett

(*šmm šmn tmṭrn*; dazu vgl. Zobel 210–212), die Bäche sprudelten Honig" (Z. 6–7. 12–13). El selbst greift diese frohe Kunde auf und läßt sie weiter verbreiten: „Es rieseln die Quellen der Gefilde; ... ein Gott ließ sie ergießen: der Herr der Quellen des Ackerlandes" (Z. 25–27. 36–38).

Wie die Regengabe, so ist auch das Regenversagen das Werk Baʿals. In dem Klagelied Dan'ils heißt es: „Sieben Jahre versagte Baʿal, acht Jahre der auf den Wolken Fahrende; keinen Tau (*ṭl*) gab es, keinen Regen (*rbb*), kein Schwellen der Ozeane, keinen Wohlklang der Stimme Baʿals!" (KTU 1.19, I 42–46). Daß dabei Dan'il die Wolken anspricht: „O Wolken! Bringt Regen ...! O Wolken! Laßt ... Regen fallen" (*jr ʿrpt tmṭr*; Z. 39–41), versteht sich offenbar aus dem engen Bezug zwischen Baʿal und den Wolken, die sein Gefährt sind.

Daß der Regen die Gabe Baʿals ist, wird noch in einer anderen Szene ausgesprochen. Nachdem die Göttin ʿAnat sich bei einem Blutbad besudelt hatte, wusch sie sich „mit dem Tau (*ṭl*) des Himmels, mit dem Fett der Erde (*šmn ʾrṣ*), mit dem Regen (*rbb*) des Wolkenfahrers; mit dem Tau, den der Himmel ausschüttet, mit dem Regen (*rbb*), den ausschütten die Sterne" (KTU 1.3, II 39–41; ähnlich KTU 1.3, IV 33f.; vgl. hierzu Ri 5, 20). Alles, was der Himmel an Feuchtigkeit spendet, ist Baʿals Geschenk: der Tau, der Regen und der Sprühregen. Sie machen die Erde fruchtbar und lassen die Bäche sprudeln. Wenn man den Donner, das Rauschen des Regens und das Sprudeln von Quellen und Bächen vernimmt, kommt die große Erleichterung über Götter und Menschen Ugarits. Mit Freude und Zuversicht kann man in die nächste Zukunft schauen. Baʿal will wieder Korn, Wein und Öl schenken. Dabei steht ihm zur Seite *Rb*, die „Sprühregengöttin", Mutter der *Ṭlj*, der „Taugöttin", die eine von Baʿals Töchtern ist (KTU 1.4, I 17; IV 56 u.ö.).

Was die oben gestellte Frage angeht, so kann nunmehr eindeutig festgehalten werden, daß die Verbindung JHWHs mit dem die Fruchtbarkeit schenkenden Regen im Nachhinein geschah. JHWH wuchs der Bereich Baʿals zu; er übernahm seine Funktion und war fortan für Israel „der Regengeber" schlechthin. Da aber auch die Schöpfergottvorstellung erst im Lauf der Geschichte Israel bekannt und mithin JHWH übereignet wurde, ist auch hierin nichts Genuines zu sehen. Indes scheint der Regen von Anfang an in den Bereich von Theophanie und JHWH-Krieg gehört zu haben. Hier ist er Ausdruck für die Herrschergewalt und Stärke JHWHs, wie sie sein Volk an ihm vom Anfang seiner Geschichte an mit ihm erlebte. Gerade deshalb, weil JHWH sich im Auszugsgeschehen und im rettenden Eintreten für sein Volk bei und nach der Landnahme immer wieder als der mächtigere, der stärkere, der allen anderen überlegene Gott erwies, war die Herleitung des segenspendenden Regens vom nunmehr auch als Schöpfergott verehrten JHWH eine selbstverständliche, notwendige Konsequenz.

V. So vielfältig die Aussagen über den Regen sind, so vielgestaltig sind auch die mit dem Regen gezogenen Vergleiche und aus ihm gewonnenen Bilder.

1. Von Hiob und vom König liegen ausgeführte, mit *kᵉ* konstruierte Vergleiche vor. Hiob beschreibt das Ansehen, das er in seiner Gemeinschaft genoß, und die hohen Erwartungen, die man an ihn herantrug, mit dem sehnlichen Erwarten des Regens: „Sie harrten auf mich wie auf den Regen, wie nach dem Spätregen sperrten sie den Mund auf" (Hi 29, 23). Und vom König heißt es in Davids letzten Worten (2 Sam 23, 4): Er strahlt „wie die Morgensonne ohne Wolken, die nach dem Regen Grün sprossen läßt" (vgl. BHS). Das Wohlwollen und die freundliche Zuneigung des Königs bedeuten lebenschaffende Gunst. Ähnliches sagt der Vergleich in Ps 72, 6 aus: Der König ist „wie der Regen, der herabströmt auf die Aue, wie Regenschauer, die die Erde benetzen" (vgl. BHS). Das das Wohl in seinem Reich befördernde Wirken des Königs wird mit dem fruchtbringenden Regen verglichen (vgl. Hos 6, 3 von JHWH). Den Schutz eines gerechten Regiments von König und Fürsten für ihre Untertanen drückt der Vergleich von Jes 32, 2 „wie eine Zuflucht vor Sturm und Gußregen" aus.

Bei der außerordentlich großen Bedeutung des Regens für das Leben der Menschen nimmt es nicht wunder, daß wir eine erhebliche Zahl von diesbezüglichen Vergleichen und bildhaften Wendungen innerhalb der Weisheitsliteratur finden. Zunächst sei kurz notiert, daß in Pred 11, 3; Spr 25, 23 so etwas wie volkstümliche Wetterregeln, gegründet auf langjährige Erfahrung, vorliegen. Jetzt indes soll es um das weisheitliche Bildmaterial gehen. Das Wohlgefallen des Königs wird mit einer wohltuenden Spätregenwolke verglichen (Spr 16, 15). In dem „Lehreröffnungsruf" des Mose-Liedes (Deut 32, 2; von Rad, ATD 8, 140) wird in typisch weisheitlicher Sprache der Vorgang und die positive Wirkung von „Lehre" und „Rede" mit dem Träufeln des Regens, dem Rinnen des Taus sowie der Erquickung des Grüns auf der Flur durch Regenschauer verglichen. Gleichmäßige, fortlaufende, ununterbrochene Belehrung wirkt sich hilfreich für das Leben des Hörers und Schülers aus. Die bildhafte Verwendung von *jrh* und *rwh* in Spr 11, 25 ist die letzte positiv gemeinte Formulierung: Wer segnet, erfährt Segen, und wer erquickt, erfährt Erquickung; Gutes wird vergolten.

Weitere Belege haben als Vergleichspunkt Ursache und Wirkung: Spr 25, 23 „Der Nordwind bringt Regen, heimliches Gerede verärgerte Gesichter"; oder Spr 25, 14 „Wolken und Wind, aber kein Regen; so ist der Mann, der mit Gaben praßt und doch nie gibt".

Die restlichen Vergleiche und Bilder knüpfen an die für den Menschen unangenehmen Seiten des Regens an. Mit dem undichten Dach, das am Regentage trieft (Dalman 189), vergleicht Spr 27, 15 ein zänkisches Weib. Einem Platzregen, der kein Brot bringt, weil er zu rasch abläuft, wird ein armer Mann, der die Geringen bedrückt, verglichen (Spr 28, 3). Das wilde Ungestüm menschlicher Leidenschaft ist der Vergleichspunkt in Jer 8, 6. So wenig wie Regen und Erntezeit, paßt zum Toren die Ehre (Spr 26, 1). Daß die Liebe stärker ist als große Wasser und überströmende Flüsse, stellt HL 8, 7 fest. Und die Beschreibung des armseligen Loses der Steppenbewohner, die vom Guß der Berge triefen, weil sie kein Obdach finden (Hi 24, 8), entstammt wohl auch der Bildungsweisheit (vgl. Fohrer, KAT XVI 370).

2. Dieses Bild indes begegnet häufiger in theologischen Zusammenhängen. Daß JHWH bzw. sein → כבוד *kāḇôḏ* Zuflucht vor Regenguß und Obdach vor Unwetter gewährt (Jes 4, 6; 25, 4), will den Schutz ausdrücken, den seine angefochtene Gemeinde der nachexilischen Zeit vor gefährlichen, sie in ihrer Existenz bedrohenden Mächten bei Gott findet (vgl. Wildberger, BK X/1, 161). Das andere, mehrfach im Psalter und auch in der exilisch-nachexilischen Prophetie belegte Bild ist das des Schutzes des einzelnen oder der Gemeinde vor der tödlichen Gefahr, überflutet zu werden und in Wasserfluten umzukommen. Eine Bitte an JHWH um Hilfe bei solchem Unheil steht in Ps 32, 6; 69, 3. 16, Dank für Errettung aus solcher Gefahr äußert Ps 124, 4–5 (vgl. Ps 40, 3; 88, 7f.; Kl 3, 53; Jon 2, 6). Bekenntnishaft ist Nah 1, 8 formuliert: JHWH rettet sie bei überströmender Flut; Jes 43, 2 will trösten: „Wenn du durch Ströme gehst … sie schwemmen dich nicht fort." Die Bilder von Regenflut und schwellendem Wasser sind in ihrer Ausdruckskraft so stark (vgl. Dalman 210f.) und in ihrer Symbolik so weit, daß jede Gefahr und Bedrohung der Gemeinde und des einzelnen, sei es durch äußere Drangsal oder sei es durch innere Anfechtung, aufgefangen und ausgesagt werden kann.

Nur wenige Stellen benutzen die das Gedeihen entscheidend bestimmende positive Wirkung des Regens als Bildwort oder Vergleich für das Heilshandeln oder die heilvolle Gegenwart JHWHs. Jes 55, 10f. vergleicht die Wirkungsmächtigkeit des Wortes JHWHs mit dem die Erde befruchtenden Regen. Heilstaten JHWHs in der Geschichte Israels werden im Bild des in Fülle von JHWH ausgeschütteten Regens gebündelt (Ps 68, 10). Er leitet seiner Gemeinde Heil zu wie ein flutender Bach (Jes 66, 12), in überströmender Fülle. War die Selbsttäuschung Israels die, man brauche nur zu JHWH zu kommen, dann werde auch er kommen wie ein das Land befruchtender Regen (Hos 6, 3), so wird Hos 10, 12 den Israeliten zugesagt, daß JHWH nur dann kommen werde und Heil regnen lasse, wenn sie selbst Gerechtigkeit übten.

Am stärksten ist die Bildwelt Regen-Unwetter mit der Gerichtsthematik verbunden. Das mag sich daraus erklären, daß dieser Bildgehalt von Hause aus in Theophanieschilderungen und in der Motivik des JHWH-Krieges eingebunden und daß das befruchtende Wirken des Regens eben eine urtümliche Baʿals-Aussage war. Im einzelnen lassen sich verschiedene Bildinhalte abheben: Auf Sodom (und Gomorrha) ließ JHWH Feuer und Schwefel regnen (Gen 19, 24 J). Die Vernichtung war perfekt. Diese Bildsprache begegnet im Feuerregen von Am 7, 4 (Wolff, BK XIV/2, 338) und auch in Ps 11, 6; Hi 20, 23 wieder, wo den Gottlosen ein verderbenbringender Regen trifft.

Eine andere Bildrede benutzt Elemente einer übersteigerten Gewitter- oder Unwetterschilderung, um die unbegrenzte Macht und unwiderstehliche Gewalt JHWHs oder seines Beauftragten und das von ihm ausgehende Gerichtshandeln auszudrücken. Der Weheruf an Ephraim wird eröffnet mit dem Hinweis darauf, daß „ein Starker und Gewaltiger JHWHs kommen wird". In zwei Vergleichen wird es ausgemalt: „wie Hagelwetter, zerschmetternder Sturm, wie Regenguß von mächtigen, flutenden Wassern". Die Folge davon ist: „Der wirft es mit Macht zu Boden" (Jes 28, 2). Noch einmal begegnet das dreigliedrige Bild in der Gerichtsansage gegen die Tünchestreicher, die falschen Propheten: Über sie werden kommen „flutender Regen", „Hagelsteine" und „Sturmwind" (Ez 13, 11. 13).

Eine dritte Bildrede verselbständigt, vielleicht im Anschluß an die Sintflut, das Element „flutender Regen" und gestaltet es weiter aus zur „Überschwemmung" und „Überflutung" des ganzen Landes durch die Wasser des Euphrat (Jes 8, 8; vgl. das unechte Wort Jes 10, 22) oder durch Wasser aus dem Norden (Jer 47, 2). Die Jerusalemer werden zermalmt werden von der „flutenden Geißel" (Jes 28, 15. 17–18). Aber JHWHs Hauch wird den Feinden Israels „wie ein reißender Strom bis an den Hals" reichen (Jes 30, 28). In die Gerichtsbildsprache gehört zuletzt auch die Thematik Regenlosigkeit hinein (vgl. Jes 5, 6; Ez 22, 24). „Regen ist Segen …, und unberegnet ist ungesegnet" (Herrmann bei Zimmerli, BK XIII/1, 523).

Deshalb wird dem nachexilischen Israel verheißen, es werde „inmitten vieler Völker wie der Tau von JHWH, wie Regenschauer auf das Grün" sein, ein Geschenk JHWHs, das den Völkern den Segen bringt (Mi 5, 6).

3. Mit dem Bild des Wegschwemmens wird Ps 90, 5 das Ende des Menschenlebens gekennzeichnet; und Hi 14, 19 illustriert die Anfechtung, daß JHWH die Hoffnung des Menschen zunichte macht, mit dem Wolkenbruch, der den Staub der Erde wegschwemmt. Dieses Bild von der wegschwemmenden Flut scheint in der Apokalyptik besonders beliebt gewesen zu sein; denn es spricht eindrücklich das plötzliche, absolute Ende des Bedrückers aus (Dan 9, 26; 11, 10. 22. 26. 40).

Daß die verschiedenen Bildelemente miteinander verbunden oder sogar kumuliert werden können, zeigen Ps 105, 32: „Hagelregen" und „flammendes Feuer", und Ez 38, 22: „Pest und Blut", „flutender Regen und Hagelsteine", „Feuer und Schwefel". Auch darin scheint ein „der Apokalyptik nahestehender Stil" vorzuliegen (Zimmerli, BK XIII/2, 958).

Zobel

מַיִם *majim*

I. 1. Bedeutung – 2. Etymologie – 3. Wortfeld – 4. Ortsnamen – 5. LXX – 6. Altoriental. Umwelt – II. Profaner Gebrauch – 1. Natürliches Element – 2. Eigenschaften – 3. Israelit. Kosmologie – 4. Lebenserhalt – 5. Reinigung – 6. Bei der Speisezubereitung – 7. Metaphorischer Gebrauch – III. Religiöse Verwendung – 1. Mythologische Chaosmacht – 2. Heiligkeit des Wassers – 3. Rituelle Verwendung – 4. Wasser im Gesetz – 5. Religiöse Symbolik – IV. 1. Qumran – 2. Mandäer.

Lit.: *T. Canaan*, Haunted Springs and Water Demons in Palestine (JPOS 1, 1920, 153–170). – *Ders.*, Water and „the Water of Life" in Palestinian Superstition (JPOS 9, 1929, 57–69). – *U. Cassuto*, Baal and Mot in the Ugaritic Texts (IEJ 12, 1962, 77–86). – *A. Causse*, Le jardin d'Elohim et la source de vie (RHR 81, 1920, 289–315). – *B. S. Childs*, Myth and Reality in the O.T. (SBT 27, 1960). – *F. M. Cross Jr.*, Canaanite Myth and Hebrew Epic, Cambridge 1973. – *F. M. Cross Jr. / D. N. Freedman*, A Royal Song of Thanksgiving – II Samuel 22 = Psalm 18a (JBL 72, 1953, 15–34). – *N. A. Dahl*, The Origin of Baptism (Festschr. Mowinckel, Oslo 1955, 36–51). – *M. Douglas*, Purity and Danger, New York 1966. – *O. Eissfeldt*, Baal Zaphon, Zeus Kasios und der Durchzug der Israeliten durchs Meer, 1932. – *Ders.*, Gott und das Meer in der Bibel (KlSchr III, 1966, 256–264). – *I. Engnell*, Planted by Streams of Water (Festschr. J. Pedersen, 1953, 85–96). – *L. R. Fisher*, Creation at Ugarit and in the O.T. (VT 15, 1965, 313–324). – *H. Frankfort*, Kingship and the Gods, Chicago 1948. – *H. u. H. A. Frankfort*, Before Philosophy, Harmondsworth 1949. – *B. Gemser*, Beʿēber Hajjardēn: In Jordan's Borderland (VT 2, 1952, 348–355). – *J. C. L. Gibson*, Canaanite Myths and Legends, Edinburgh 1978. – *N. Glueck*, The River Jordan, London 1946. – *L. Goppelt*, ὕδωρ (ThWNT VIII 313–333). – *C. H. Gordon*, Leviathan: Symbol of Evil (in: A. Altmann, Biblical Motifs, Cambridge 1966, 1–9). – *H. Gunkel*, Schöpfung und Chaos in Urzeit und Endzeit, 1895. – *J. Gray*, The Legacy of Canaan (VTS 5, ²1965). – *R. Hillmann*, Wasser und Berg. Kosmische Verbindungslinien zwischen dem kanaanäischen Wettergott und Jahwe, Halle/Saale 1965. – *J. J. Jackson*, The Deep (IDB I 813f.). – *O. Kaiser*, Die mythische Bedeutung des Meeres in Ägypten, Ugarit und Israel (BZAW 78, ²1962). – *A. S. Kapelrud*, King and Fertility. A Discussion of 2 Sam. 21:1–14 (Festschr. Mowinckel, Oslo 1955, 113–122). – *R. Kratz*, Rettungswunder. Motiv-, traditions- und formkritische Aufarbeitung einer biblischen Gattung (EHS XXIII/123, 1979). – *W. G. Lambert*, A New Look at the Babylonian Background of Genesis (JThS New Series 16, 1965, 154–179). – *R. Luyster*, Wind and Water: Cosmogonic Symbolism in the Old Testament (ZAW 93, 1981, 1–10). – *H. G. May*, Some Cosmic Connotations of Mayim Rabbîm, „Many Waters" (JBL 74, 1955, 9–21). – *M. Ninck*, Die Bedeutung der Wasser in Kult und Leben der Alten, 1921. – *S. I. L. Norin*, Er spaltete das Meer (Coniectanea Biblica O.T. 9, Lund 1977). – *M. H. Pope*, El in the Ugaritic Texts (VTS 2, 1955). – *R. Press*, Das Ordal im alten Israel (ZAW 51, 1933, 121–140. 227–255). – *P. Reymond*, L'eau, sa vie et sa signification dans l'Ancien Testament (VTS 6, 1958). – *Ders.*, Un tesson par „ramasser" de l'eau à la mare (VT 7, 1957, 203–207). – *J. M. Sasson*, Nu 5 and the "Waters of Judgement" (BZ 16, 1972, 249–251). – *W. Schmidt*, Königtum Gottes in Ugarit und Israel (BZAW 80, 1961). – *R. B. Y. Scott*, Meteorological Phenomena and Terminology in the O.T. (ZAW 64, 1952, 11–25). – *E. A. Speiser*, 'ED in the Story of Creation (BASOR 140, 1955, 9–11). – *E. F. Sutcliffe*, The Clouds as Water-carriers in Hebrew Thought (VT 3, 1953, 99–103). – *H. Torczyner*, The Firmament and the Clouds (StTh 1, 1948, 188–196). – *B. Vawter*, A Note on „The Waters Beneath the Earth" (CBQ 22, 1960, 71f.). – *M. K. Wakeman*, God's Battle with the Monster, Leiden 1973. – *A. J. Wensinck*, The Ocean in the Literature of the Western Semites, Amsterdam 1918. – *R. A. Wild*, Water in the Cultic Worship of Isis and Sarapis, 1981. – *H. Zimmern*, Lebensbrot und Lebenswasser im Babylonischen und in der Bibel (ARW 2, 1899, 165–177). – *E. Zolli*, ʿEyn 'adām (Zach. ix, 1) (VT 5, 1955, 90–92). → מבול *mabbûl*.

*I. 1. Das hebr. Substantiv *majim* wird von einer zweikonsonantischen Basis ל״י (Joüon, Grammaire § 98e) oder ל״ו (Brockelmann VG I § 85) hergeleitet. Das im hamito-semitischen Sprachraum weit verbreitete Wort (vgl. Fronzaroli, AANLR XX 140. 146. 150; Bergsträsser 185; KBL² 546) ist in seiner hebr. Form *majim* nicht als (scheinbarer) Dual (BLe § 78q; GK § 88d), sondern mit Joüon § 90f. 91f. als plurale tantum zu verstehen. Es findet sich mehr als 500mal im AT und beschreibt ʿWasser' in einem weiten Rahmen kosmischer, ritueller und profaner Bezüge. Die Streuung der Belege ist unauffällig. Am häufigsten begegnet *majim* im Pentateuch (über 200mal, bes. dicht in Gen 7–9 [Flut]; Ex 14f. [Errettung am Schilfmeer]; Lev 11 [Vorschriften über reine und unreine Tiere]; Num 19 [Ritual des Reinigungswassers] und Num 20f. [Wüstenzug von Meriba ins Ostjordanland]); im DtrGW liegen ca. 100 Belege vor, mit bes. Dichte in Ri 7 (Gideons Wasserprobe in *ʿên ḥᵃroḏ*) und in 1 Kön 13 und 18; dann folgen die Pss (53mal), Ez (46mal, davon 13 Belege in Ez 47 [Tempelquelle]), Protojesaja (33mal, DtJes 18mal, TrJes 5mal), Jer (29mal) und Hi (25mal).

*2. Die Basis findet sich im Aram. und Syr. als *majjāʾ*, *majjin* (LexSyr 383; ʿaqua, semen virile'), ugar. *mj*, pl. *mjm* (WUS Nr. 1559; UT Nr. 1469). Hier ist sie nach R. E. Whitaker (Concordance 417) 21mal belegt. Im Akk. begegnen *mû* (AHw 664; CAD M/II 149–156; GAG § 61h), daneben m/jbabyl. dichterisch *mām/wū* (AHw 601a; CAD M/I 202b). In den kanaanäischen Glossen der EA-Korrespondenz begegnet *me/ima* ʿWasser' (J. A. Knudtzon, VAB II/2, 1547 und EA 148, 12. 31; 155, 10). Altaram. begegnet der Pl. cstr. *mj* in Sfire (KAI 222 B 33. 34) in Verbindung mit *bîr* ʿBrunnenwasser'. Die Siloah-Inschrift (um 700 v. Chr.) erwähnt das Fließen des Wassers (*hmjm*), das den gelungenen Durchbruch beim Tunnelbau anzeigt (KAI 189, 5). Die Basis begegnet schließlich auch im Reichsaram., Äg.-Aram., Nabat. und in Palmyra. Der st. emph. *mjʾ* findet sich auch in dem von A. Dupont-Sommer publizierten gnostisch-aram. Brief „WAW" (DISO 149). Das Mand. liest *mai* und *mia* (MdD 242. 265). Auch im Südsemit. ist die Basis reich belegt: asarab. *mū* (min. *mh*; Conti-Rossini 175), arab. *māʾ* ʿWasser, Flüssigkeit, Saft' (Wehr 830), äth., tigr. *māj* (WbTigrē 138). Im Äg. begegnet die Basis ebenfalls nur als plurale tantum *mw* (*mjw*) 'Wasser' (WbÄS II 50ff.), *mwj* 'Urin, Samen', metaphorisch für 'Sohn', *mwj.t* 'Feuchtigkeit' (WbÄS II 53). (*Fa.*)

3. Das Element Wasser ist im natürlichen Bereich überall anzutreffen: im Meer (→ ים *jām*), in Flüssen (→ נהר *nāhār*), in Wadis (→ נחל *naḥal*), Quellen (→ עין *'ajin*) und Brunnen (→ באר *be'er*). Alle diese Wasser haben im kosmischen Aspekt ihre Quellen im Urozean (→ תהום *tehôm*, akk. *ti'āmtum* [*tāmtu*], ugar. *thm*).

Ganz allgemein bezieht sich *majim* auf die farblose und normalerweise geschmacklose Flüssigkeit, die als natürliche Substanz in allen diesen Bereichen vorkommt. Dabei meint es 'Flüssigkeit' ganz allgemein und kann euphemistisch für 'Urin' stehen (vgl. Ez 7, 17; 21, 12 und *mêmê regālîm* 2 Kön 18, 27 = Jes 36, 12 Q); in Jes 48, 1 meint es wie im Syr. und Äg. das *semen virile* (vgl. dazu P. Wernberg-Møller, VT 3, 1953, 201 und die dort angeführten weiteren Belege aus den rabbinischen Schriften und aus dem Koran), doch mit 1 QJes^a ist wahrscheinlich *ûmimme'ê* 'Lenden' statt *ûmimmê* zu lesen (vgl. BHS).

Das Wasser wird in Israel als Grundlage des Lebens gewertet; von hier aus gewann es bald eine wichtige Rolle für die israelitische Kosmologie. Als Bestandteil des Urozeans (*tehôm*) bekam es einen mythologischen Aspekt, der ihm die Bedeutung einer Urkraft gab und es mit den Attributen Willen und Intelligenz ausstattete (vgl. H. Gunkel 103f.; O. Eißfeldt, KlSchr III 256ff.).

4. Die Lage eines Ortes am Wasser spiegelte sich oft in der Namengebung wieder: Orte um einen Brunnen, z. B. *be'er šæba'*; Orte an einem Fluß, z. B. *'aram naharajim*; Orte an Quellen, z. B. *'ên ḥarôd*, *'ên rogel*, *'ên do'r*, *'ên šæmæš*; am Wasser allgemein, z. B. *mê dîmôn* (Jes 15, 9), *mê jerîḥô* (Jos 16, 1), *mê megiddô* (Ri 5, 19), *mê merîbāh* (Num 20, 13), *mê nimrîn* (Jes 15, 6), *mê næptôaḥ* (Jos 15, 9), *mê zāhāb* (Gen 36, 39; KBL³ 545) und *mê hajjarqôn* (Jos 19, 46). Die „Wasserstadt" (*'îr hammajim*, 2 Sam 12, 26f.) meint die Unterstadt der Stadt Rabbat-Ammon.

5. Die LXX übersetzt *majim* fast durchgehend mit ὕδωρ (vgl. L. Goppelt, ThWNT VIII 313ff.); die hebr. Wortverbindungen werden durch ὑδροφόρος, ὑδραγωγός, ὑγρασία, ὑδροποτεῖν und ἄνυδρος wiedergegeben. Bisweilen übersetzt die LXX auch nach dem Zusammenhang: πότος 'Getränk', πηγή 'Quelle', ὑετός 'Regen' und οὖρον 'Urin'. In Num 24, 7 liest sie *gojim* (ἔθνος) und in Ps 73, 10 *jôm* (ἡμέρα).

Clements

6. a) In Mesopotamien kommt dem Wasser eine kaum noch zu überschauende Bedeutung zu im täglichen Leben im Zusammenhang mit Reinigung und Speisezubereitung (vgl. Meissner, BuA I 412ff.), in Mantik und Beschwörung (BuA II 207ff.) und in der Medizin (BuA II 309). Von jeher sah man im Wasser eine Macht, was die Deifizierung erleichterte. En-ki ist der Gott der Wasser der Tiefe, das in Quellen zutage tritt und die Erde fruchtbar macht. Auch Wasserungeheuer (→ לויתן *liwjāṯān*) existierten in den Vorstellungen der Mesopotamier, vor allem verbunden mit dem Namen Tiamat. Auch in der Kosmogonie kam dem Wasser eine große Bedeutung zu. In Mesopotamien dachte man sich die Götter entstanden aus einer Vermischung der Urwasser Apsû und Tiamat (Süß- bzw. Salzwasser; EnEl I 1–10). Diese Vorstellung vom zweigeschlechtigen Urwasser stammt wahrscheinlich aus Eridu im Süden, wo man die Vermischung von Süß- und Salzwasser im Delta kannte. Dieser entgegen steht eine andere, aus Nippur stammende Auffassung, die mit nur einer Urgöttin, Nammu, rechnet, die Mutter von Enki und Engur (Apsu) war (vgl. W. G. Lambert, Kosmogonie, RLA VI 220f.).

b) In Ägypten wird der Waschung mit Wasser und Natron im Rahmen der Reinigungsriten Vorrang eingeräumt. Opferpriester, Geräte und Opfergaben wurden zusätzlich durch Übergießen mit Wasser gereinigt. Dabei wird das Wasser als Träger göttlicher Kräfte verstanden (RÄR 634), graphisch ausgedrückt durch die Aneinanderreihung der Hieroglyphen *'anḫ* 'Leben' und *ḏd* 'Dauer' zu Wasserstrahlen (vgl. die Reinigung des Amenophis III. durch Horus und Seth, RÄR 397). Das Bad des Königs hat mythologische Relevanz und symbolisiert die morgendliche Reinigung des Sonnengottes am Himmelsozean. Im Zusammenhang mit Totenwaschungen und Libationen sprach man dem Wasser belebende Wirkung zu, weil man das Wasser mit den lebenserhaltenden Körpersäften identifizierte. Zur reinigenden und belebenden Wirkung der Taufe in den Isis-Mysterien vgl. RÄR 636.

Nach der äg. Kosmogonie trug das Urwasser den Namen Nuu oder Nun, aus dem der Schöpfergott hervorgeht. In der hermopolitanischen Kosmogonie sind Nun und Naunet (mask. und fem.) zwei der acht Urgötter, die die Sonne hervorbringen. Auch hier also gilt das Wasser als das Urelement, das als ewiger Urstoff der eigentlichen Weltschöpfung vorausreicht (vgl. P. Derchain, Kosmogonie, LexÄg III, 1980, 747–756, bes. 749), zugleich aber ist es auch das Element, in dem am Weltende die Welt wie eine Nilinsel versinkt.

c) In den Texten von Ugarit begegnet *mj* 21mal (UT Nr. 1469; WUS Nr. 1559). Kosmische und theomachische Bezüge sind im Zusammenhang mit dem „Meer" (→ ים *jām*) abgehandelt. Als profanes Element wird das Wasser kaum erwähnt: Frauen schöpfen Wasser an Quellen und Brunnen (KTU 1.14, III, 9f.); Danels Tochter Pughat trägt den Beinamen „die Wasser auf den Schultern trägt" (1.19, II, 1. 6; IV, 28. 37). Der Wasserreichtum einer Stadt konnte epithetisch zur Bezeichnung werden, vgl. Qor-Majim „Wasserborn" (1.19, IV, 45f.). Das Wasser wird in enger Verbindung zur Fruchtbarkeit gesehen (1.1, IV, 9; 1.19, II, 1. 6); kosmologisch bildet es die Grenzen der Welt (1.5, VI, 24; 1.6, I, 6f. txt?). Durch Suffix wird das Wasser mit der Göttin ʿAnat in Verbindung gebracht (1.3, II, 38; IV, 42. 86). Kontrovers ist schließlich die Deutung von KTU 1.16, I, 34, wo das „Ausgießen ihrer Wasser" (Tränen?) mit dem „Verströmen ihrer *næpæš*" parallelisiert wird. Gordon nimmt an, daß „Wasser" hier wie das Blut als eine vitale Substanz verstanden wird.

Fabry

II. 1. Das Nomen *majim* begegnet in vielen Texten zur Beschreibung des natürlichen Elements in Meeren, Flüssen, Quellen und Brunnen. Dabei kennt das AT keine klare Unterscheidung zwischen dem Salzwasser des Meeres und dem Süßwasser im Landesinnern. Das steht in merkwürdigem Gegensatz zu der deutlichen Unterscheidung der beiden in der mesopotamischen Mythologie (vgl. W. F. Albright, AJSL 35, 1918/19, 190ff.). Gerade das Meer mit seinen gewaltigen Wassermassen wurde unterschiedlich gewertet: Die Sammlung des Wassers im Meer galt als Wesensmerkmal der Schöpfungsordnung (Gen 1, 10; Hab 3, 15), wodurch dem Wasser ein überweltlicher Aspekt beigemessen wurde. Als *majim rabbîm* (vgl. u. II. 3 und III. 1) besaß es die Kraft, Leben zu verleihen. Dann aber wurde es auch als bedrohliche Chaosmacht gedeutet, die den Tod bringen kann. Ja, man empfand das Wasser sogar als Bedrohung der von Gott der Welt eingegebenen Schöpfungsordnung (vgl. Ps 104, 5–9). Man sprach den Wassern des Urozeans Stimme und Willen zu, die die von Gott gegebene Zwecksetzung und Ordnung in der Welt herausfordern konnten (vgl. Ps 92, 3f.). Von hier aus bis zur Wertung dieser Grundelemente der Naturordnung als kosmische Kräfte mythologischen Charakters war es nicht weit.

In den Überlieferungen von den Anfängen Israels kommt dem Durchzug durch das Schilfmeer (→ ים *jām*, → סוף *sûp*) zentrale Bedeutung zu. Der Durchzug der fliehenden Hebräer unter Mose durch das Meer gilt als *die* göttliche Rettungstat. Sie demonstriert einzigartig JHWHs Macht selbst über die Naturordnung, um sein Volk vor der Bedrohung durch seine äg. Verfolger zu beschützen (Ex 14, 28; 15, 1). Es waren gerade die mythologischen Aspekte der Urwasser, die hier zum Tragen kamen. Einerseits wird das Wasser zum Schutzschild für die Hebräer, andererseits zum zerstörenden und tötenden Element für die Ägypter (vgl. auch Jes 51, 9f.). Die Lokalisierung des israelitischen Durchzugs durch das *jam sûp* kann nicht mehr mit Sicherheit geleistet werden, aber die Versuche, den Ort östlich von Suez an der Mittelmeerküste, bes. im Bereich des Sirbonischen Sees wiederzufinden, haben einen hohen Grad an Wahrscheinlichkeit (vgl. M. Noth, ABLAK I 102–110; O. Eißfeldt, Baal Zaphon, *passim*).

Die spätere israelitische Überlieferung ging daran, dieses Ereignis als Demonstration der einzigartigen Macht JHWHs und seiner bes. Beziehung zu Israel zu verherrlichen (Ex 15, 10. 19; Deut 11, 4; Jos 2, 11; Ps 78, 13; 106, 11; Jes 63, 12). Sonst werden die Wasser des Meeres in theologisch neutralen Kontexten verwendet. In Am 5, 8; 9, 6 wird die Gewalt des Platzregens beschrieben als ein Ausgießen des Wassers der Meere auf die Erdoberfläche (vgl. auch Jes 28, 2 und H. Gese, Festschr. Galling, 1970, 127–134). Doch auch mit weit weniger Emotionen kann das Meerwasser dargestellt werden: Sie bilden das Element, das von den Schiffen durchquert wird (Ps 107, 23; vgl. Ez 27, 26; 34; Ps 18, 16). Die unaufhörliche Bewegung des Wassers im Meer ist Gegenstand der Beschreibung in Jes 57, 20; zugleich wird durch die Bewegung der Wellen Schlamm und Schlick aufgeworfen.

Auch die Wasser der Flüsse werden genannt. Die Bürger von Babylon wohnen an den „vielen Wassern" (*majim rabbîm*), gleichbedeutend mit *nāhār* (Jes 51, 13 Q). Die wasserreichen Täler des Euphrat und seiner Nebenflüsse, die durch die mesopotam. Tiefebene flossen, waren für das Leben der Babylonier von großem Gewicht, im Unterschied zu den engen und steilen Tälern der wenigen Wasserläufe Israels. Für die Bewohner Ninives waren die Wasser des Tigris lebenswichtig und sie wurden zu einem Charakteristikum assyr. Macht (Jes 8, 7). Für Israel hatte nur der Jordan bedeutsame Ausmaße, und auch er blieb an vielen Stellen das ganze Jahr über durchwatbar (vgl. N. Glueck, The River Jordan, New York 1968). Bei Gilgal befand sich eine wichtige Furt (Jos 3, 1–4. 24; vgl. J. Muilenburg, BASOR 140, 1955, 11–27; IDB II 398f.), die nahe bei Jericho (Chirbet Mefjir?) lag.

Wegen seiner Lage bildete der Jordan (→ ירדן) eine natürliche politische Grenze im größten Teil der Geschichte Israels (Jos 4, 11–14). Er war leicht als Kontrollpunkt zu benutzen, wie es Gideon tat, um die Fluchtroute der plündernden Midianiter zu blockieren (Ri 7, 24). Der Jordan – nach Jos 16, 1 „die Wasser von Jericho" – wird zur Szene eines besonderen Machterweises JHWHs durch Elia in 2 Kön 2, 6ff. Der Prophet teilte mit Hilfe seines Mantels die Wasser des Flusses, so daß Elia und Elisa trockenen Fußes hinübergelangen konnten.

Der imposanteste aller Flüsse war für die Israeliten der Nil (→ יאר *jeʾor*). Das AT kennt die große Bedeutung, die ihm für Leben, Kultur und Wirtschaft Ägyptens zukam (vgl. Neh 3, 8; Jer 46, 7f.). Von besonderer Bedeutung für die Fruchtbarkeit des Landes waren die regelmäßigen Überschwemmungen des Niltales. Blieben sie aus, so war mit einer Hungersnot zu rechnen. So konnte das Ausbleiben der Nilwasser von einem judäischen Propheten als das Wirken eines schrecklichen Fluches auf dem äg. Volk gedeutet werden (vgl. Jes 19, 5). Zwei sehr bekannte Zeichenhandlungen im Zusammenhang der „Zeichen und Wunder" im Umkreis der Errettung aus Ägypten werden von der israelitischen Tradition Mose zugesprochen: die erste bestand darin, daß er Nilwasser auf den trockenen Boden schüttete und es zu Blut wurde (Ex 4, 9). Die zweite bestand in der Verwandlung des gesamten Nilwassers zu Blut (Ex 7, 14–24). Zusammen mit den komplizierten und komplexen Plagenerzählungen (vgl. J. L. Ska, Bibl 60, 1979, 23–35. 191–215) haben diese Berichte eine lange theologische Entwicklung durchlaufen (vgl. S. Steingrimsson, Vom Zeichen zur Geschichte, 50ff.). Dennoch liegt dahinter das Wissen um das merkwürdige Phänomen, daß die Wasser des Nils zur Zeit der Überschwemmung eine rötlich-braune Farbe bekamen aufgrund der reichlich mitgeführten Sinkstoffe aus dem Oberen Nil (vgl. G. Hort, ZAW 69, 1957, 89–103; 70, 1958, 48–59).

Die syr. Flüsse Abana und Parpar werden 2 Kön 5, 12 genannt. Im Lande Moab sind es die Wasser von Nimrim (Jes 15, 6; Jer 48, 34) und die Wasser von Dibon (Jes 15, 9), aus denen Trinkwasser geschöpft wurde.

In Jerusalem wird die kleine Gichonquelle (→ גִּיחוֹן) genannt (1 Kön 1, 38; 2 Chr 32, 30). Gerade die Wasserversorgung der Stadt Jerusalem war schon in ältester Zeit von bes. Bedeutung für die Stadt. Dies wurde noch dadurch betont, daß man um die Spärlichkeit der Siloah-Wasser wußte, besonders im Vergleich mit Wassermengen des Tigris (Jes 8, 6). 2 Chr 32, 3f. berichtet die Bemühungen Hiskias, die Wasserläufe der Quellen außerhalb Jerusalems abzudekken, um ihre Nutzung durch die Assyrer zu verhindern. Jes 22, 9 nennt die Wasser des „unteren Teiches" am unteren Ende des Kidrontales. Das „Wassertor" (*šaʿar hammajim*) wird Neh 3, 26; 8, 1. 3. 16; 12, 37 genannt.

Dan 12, 6f. bezieht sich auf Wasser in einem visionären Fluß, und Ströme ohne Namen sind Ps 42, 2; Hi 12, 15 genannt. Jer 18, 14 stellt dem permanenten Wasserfluß der Bergflüsse die saisonbedingten und begrenzten Rinnsale der Wadis (*naḥal*) gegenüber, die nur in der Regenzeit Wasser führen. Doch auch diese Wadis konnten in der Regenzeit überraschend zu reißenden Wildbächen werden (Ri 5, 4; 2 Sam 21, 10; 2 Kön 3, 20; Jo 4, 18). Solche wassergefüllten Flußbette wurden wichtig für die militärische Taktik (Ri 5, 19; 2 Sam 17, 20), wenn ihre Überquerung schwierig oder unmöglich wurde. Das Wasser erschien dann als bedrohliches Element nicht nur in den Meeren, wo Stürme es gefährlich machen konnten, sondern auch in viel kleineren Seen und Bächen (vgl. Hab 3, 10; Ps 66, 12; Jes 43, 2)

Die Existenz von Wasserquellen (→ עין *ʿajin*) in dürren Regionen (vgl. Gen 24, 13; Jes 49, 10) hat zur Ausbildung besonderer religiöser Traditionen beigetragen, die mit solchen Quellen verbunden waren (vgl. die Wasser von Merom Num 33, 9; Jos 11, 5. 7; *ʿên šæmæš* Jos 15, 7; die Wasser von Nepthoaḥ Jos 15, 9; 18, 15 und *mê hajjarqôn* Jos 19, 46). Nach Jos 15, 19 verlangte die Tochter Kalebs einen Landanteil mit Wasserquellen (*gulloṯ*). 2 Sam 12, 27 verweist auf die Ammoniterstadt Rabbah, die als „Wasserstadt" bezeichnet wird. Schließlich dienten Wasserquellen als geographische Landmarkierungen (Ri 1, 15; 1 Kön 18, 5; 2 Kön 3, 19f. 22. 25; Ps 107, 33. 35).

Zwei Oasen in der Wüste Sinai haben eine herausragende Rolle in der israelitischen Tradition gespielt: Meribah (= Meribat-Qadesch Ez 47, 19) und Marah. Der Name der ersteren (*m^erîḇāh* ʿGerichtsverfahren, Auseinandersetzungʾ) deutet darauf hin, daß diese Oase als Ort der Rechtsprechung fungiert hat. Die israelitische Tradition hat diese Benennung weiterentwickelt durch verschiedene ätiologische Darlegungen hindurch bis zu einer Reihe von Traditionen über Israels Murren gegen die Führung des Mose und damit letztlich gegen die Autorität JHWHs (vgb C. Barth, VTS 15, 1966, 14–23; G. W. Coats, Rebellion in the Wilderness, Nashville 1968, 47ff.; Num 20, 8. 10. 13. 24; 24, 6; 27, 14; Deut 32, 5; 33, 8. 11; Ps 81, 8; 106, 32). Ps 106, 32 verbindet die Namen dieser beiden Oasen, so daß der Name „Marah" nun als Bestimmung „bitter" auf den Geschmack des Wassers anspielt. Dieser war bestimmt vom mineralischen Gehalt des Wassers und war so ausgeprägt, daß man sich fürchtete, das Wasser zu trinken. Im Zusammenhang damit entstand die Tradition vom Eintauchen des Mosesstabes in diese Quelle, um das Wasser trinkbar zu machen (Ex 15, 23ff. J). Diese Tradition wurde dann erweitert durch eine göttliche Verheißung der Befreiung Israels von den „Krankheiten" Ägyptens (Ex 15, 26; vgl. H. F. Fuhs, Qādes – Materialien zu den Wüstentraditionen Israels, BN 9, 1979, 54–70, bes. 60). Zur Trinkbarmachung vergifteten Wassers vgl. 2 Kön 2, 19ff. In Ri 15, 19 findet sich eine Tradition, in der ein volkstümliches Motiv um Simson mit der Quelle von *ʿên haqqôreʾ* verbunden wird.

Neben Quellwasser war das Wasser in Brunnen (→ באר *b^eʾer*) von großer Bedeutung (vgl. Gen 21, 19. 25; 24, 11. 13; 1 Sam 9, 11). Alle diese Stellen beziehen sich auf den verbreiteten Brauch, junge Frauen zum Wasserholen an den Brunnen zu schikken. Brunnen in trockenen Gebieten waren besonders für Reisende wichtig. Hier entwickelten sich bald soziale und religiöse Zentren zum Wohnen und Begegnen (vgl. Gen 26, 18–22 und die Benennung der Brunnen mit *ʿesæq* ʿZankʾ, *śiṭnāh* ʿStreitʾ und *r^eḥoḇôṯ* ʿweiter Raumʾ; *b^eʾer-šæḇaʿ* Gen 26, 32 und das Brunnenlied Num 21, 16f.). 2 Sam 23, 15ff. bezeugt die Existenz eines Brunnens in Bethlehem, als Davids Soldaten in das Lager der Philister eindrangen, um Wasser für David zu besorgen. Das ungewöhnliche Hervorquellen des Wassers aus einem ausgedörrten Felsen wurde als Zeichen göttlicher Fürsorge gewertet (vgl. Ps 78, 16; Neh 9, 15 und Jes 48, 21). Quellwasser wurde in Teichen oder Zisternen gesammelt. Ein großer Wasserteich befand sich in Gibeon (Jer 41, 12), andere Teiche werden Jes 14, 23 und Pred 2, 6 genannt.

Wasser begegnet natürlich als Regen (→ מטר *māṭār*). Dies wurde zum Ansatz religiös-mythologischer Reflexion. Die Kosmologien des alten Orients sahen die Quellen für den Regen in großen Vorratsräumen oberhalb der Erde (vgl. w.u. II.3). Die Urgestalt der formlosen Erde, aus der das Geschaffene hervorging, wurde als Masse angesehen, in der es noch keinen Regen gab (Gen 2,5). Spr 8,24 stellt fest, daß es keine Wasserquellen gab, bevor Gott die Erde erschuf. Daneben war aber auch ganz unmythisch die Verbindung des Regens mit der regenspendenden Wolke im Bewußtsein der damaligen Menschen verankert (Ps 77,18; Hi 26,8). Die Abhängigkeit des Landes vom Regen wird Deut 11,11 als Zeichen dafür interpretiert, daß Gott diesem Land seine besondere Aufmerksamkeit schenkt. In Hi 5,10 hält Gott die Regenwasser zurück. Dies ist ein Zeichen seiner Macht, die niemand nachahmen kann (vgl. Hi 38,34). In Israel pflegt der Regen in heftigen Schauern niederzugehen, die aus schweren Sturmwolken, „Sammlungen von Wasser" (2 Sam 22,12; vgl. Jes 28,2) niederströmen. Da sie häufig mit Sturm und Gewitter einhergehen, gehören sie mit zur Topologie der Gewittertheophanie (vgl. Ps 18,10ff.; 29,3; 77,16–19 Q).

Diese schweren Platzregen bewirkten eine dramatische Veränderung im Aussehen der Landschaft, bes. dann, wenn die Hügel zu schmelzen schienen und die Berge von Wasser strömten (vgl. Ps 104,13). Die Gewalt des Platzregens bildet die Basis für das prophetische Bild des Anstürmens feindlicher Mächte (Jes 28,17). Nach dem Regen steigt ein feiner Nebel hoch (Hi 36,27; vgl. Gen 2,6; zu *'eḏ* vgl. C. Westermann, BK I/1, 273ff.; E. Speiser, BASOR 140, 1955, 9–11).

Neben Regen und Nebel begegnet das Wasser auch in der Form des Taus (→ טל *ṭal*). Die Tradition von Gideons Berufung zum Befreier Israels von den Midianitern wußte von sonderbaren Erscheinungsformen des Taus und wertete sie als Zeichen für JHWHs Macht und der Echtheit der Berufung Gideons (Ri 6,36–40).

Schließlich begegnet das Wasser auch als Schnee (→ שלג *šælæḡ*, Ps 147,16; Hi 9,30 Q u.ö.).

Die Verwendungsbreite von *majim* im AT wird vervollständigt, wenn man bedenkt, daß auch die Tränen der Menschen aus Wasser bestehen und „das Überfließen der Augen von Wasser" (Kl 1,16; vgl. 3,48) dient als sinnenfälliger Ausdruck für eine große Trauer.

2. Die Notwendigkeit des Wassers für fast alle Lebensbereiche wird im AT allenthalben anerkannt. Diese große Bedeutung des Wassers hat dann auch die weite Verwendung des Wassers in kultischen Angelegenheiten nach sich gezogen (s.u. III.2 und 3). Die Fruchtbarkeit der Bäume und das gesamte pflanzliche Leben wird unmittelbar mit dem Wasser in Verbindung gebracht (Ps 1,3; Ez 17,5.8; 19,10 [2mal]; 31,5.7.14.16). Wo kein Wasser ist, kann kein Rohr wachsen (Hi 8,11) und die Erde dürstet beständig nach Wasser (Spr 30,10). Schon der Geruch des Wassers läßt einen Baum ausschlagen, selbst dann, wenn er bereits abgehauen ist (Hi 14,9).

Wasser konnte als Schnee auf die Erde fallen (s.o.), aber unter den Strahlen der Sonne schmolz dieser schnell dahin und wurde wieder zu Wasser, das verdunstete und damit leicht den Aspekt schneller Vergänglichkeit an sich ziehen konnte (vgl. Hi 24,19). Wasser konnte aber auch gefrieren und es wurde dann hart wie Stein (Hi 38,30). Auch das Gefrieren des Wassers wurde auf Gott zurückgeführt, wenn Hi 37,10 den Odem Gottes dafür verantwortlich macht.

Wasser konnte schließlich auch kochen (Jes 64,1), wodurch es für die Zubereitung von Speisen brauchbar wurde. Die Nahrung wurde durch Kochen genießbar und verträglich; zugleich verband man mit dem Kochen auch eine reinigende Funktion (s.w.u.).

Eine Reihe didaktischer Sentenzen befaßt sich mit dem Fahren der Schiffe auf dem Wasser der Meere und fragt sich bewundernd, wie sie den richtigen Weg finden (Spr 30,19). Auch der Mensch kann schwimmen lernen, trotzdem wird er, wenn er die Strömung nicht beachtet, davongetragen und er ertrinkt (Hi 22,11; 24,18; Ps 42,7).

Es ist die natürliche Bestimmung von Flüssen und Meer, daß sie voll sind von Fischen und allerlei Getier, da Gott diese geschaffen hat, damit sie darin gedeihen (Gen 1,20ff.; Lev 11,9ff.; Deut 4,18; 5,8; 14,9f.).

3. Die Bedeutung des Wassers für das Leben der Menschen und der ganzen übrigen Schöpfung, verbunden mit der Phänomenologie von Gewitter, Platzregen und der Gewalt der Wogen gaben dem Wasser eine reich ausgeprägte kosmische Bedeutung. Ein Großteil dieser Bedeutung spiegelt sich wieder in einer großen Bandbreite mythologischer Themen, Bilder und Titel (vgl. w.u. III.1). Trotzdem ist es schwierig, genau zwischen mythologischer und kosmologischer Verwendungsweise des Wassers zu unterscheiden. Es gibt Anzeichen dafür, daß einige der offensichtlich mythologischen Aspekte des Wassers als kosmischer Macht, als Monster oder Drache (→ לויתן *liwjāṯān*) personifiziert, modifiziert worden sind, um sie weitgehend von der mythologisch-religiösen Assoziation zu befreien (vgl. Ps 104,26; B.S. Childs, Myth and Reality in the OT, SBT 27, 1960, 36ff.).

In der jahwistischen Schöpfungsgeschichte (Gen 2,4b – 3,24) wird die Erschaffung des Wassers nicht als eigener Schöpfungsakt genannt. Für den Autor steht es fest, daß in der ursprünglich formlosen Welt die Welt nicht durch die Erschaffung des Regens, sondern durch das Vorhandensein einer Nebelwolke (*'eḏ*) fruchtbar wurde (Gen 2,6). Die priesterliche Schöpfungsgeschichte teilt dem Wasser eine weit fundamentalere Rolle zu, denn es begegnet nun als eine der Ursubstanzen. Es ist im Urozean (*t^ehôm*) gesammelt, wobei es keineswegs die mythologischen Spuren als Chaosmacht verloren hat. Es ist jedoch nicht mehr wie die babyl. Tiamat mit Personalität und Intelligenz versehen (vgl. A. Heidel, The Babylonian Genesis, Chicago 1951, 100ff.). Die hebr. *t^ehôm* zeigt zwar durchaus noch Züge einer kosmischen

Macht, die wohl noch in der Lage ist, der göttlich gegebenen Schöpfungsordnung gefährlich zu werden (vgl. Ps 104, 7–9), obwohl die Wasser selbst Gott nicht überwältigen können. Gott dokumentierte seine Macht über die Wasser bei der Schöpfung, in der er die oberen von den unteren Wassern trennte (Gen 1, 6ff.). In ähnlicher Weise zeigt das Setzen von Grenzen und festen Regionen für die Wasser ihre ständige Entmachtung an (vgl. Ps 104, 9; Spr 8, 29). Die Teilung der Wasser ist sogar als Grundbestand der israelitischen Kosmologie anzusehen (vgl. Gen 1, 6; Ex 20, 4; Deut 5, 8; Ps 104, 3; 136, 6; 148, 4; vgl. dazu O. Kaiser, 48ff.). Die kosmische Wertung des Meeres war in der Entwicklung der israelitischen religiös-mythologischen Tradition zeitweise eng verbunden mit der Vorstellung von einem Urzeitdrachen Leviathan (vgl. Ps 104, 26; Jes 27, 1). Die Wasser unter der Erde reichten bis zur Scheol (Ez 31, 15; Jon 2, 5f.) und gehörten zu den die Erde umgebenden Ozeanen, die *majim rabbîm* (Ez 26, 19). Im Zusammenhang damit wurde der Tod selbst gesehen als eine Reise durch die *majim rabbîm* zur Scheol (Kl 3, 54). So entstand eine enge Assoziation zwischen der drohenden Macht der Wasser in ihrer Ausprägung als *majim rabbîm* und dem Faktum des Todes (vgl. Ps 124, 5; 144, 7; auch Jes 43, 2; Ps 18, 17; 69, 3. 15f.).

Ps 33, 7 reflektiert die Macht JHWHs, den Wassern Grenzen zu setzen und sie zusammenzupferchen wie „in einem Schlauch". Nach Jes 40, 12; Hi 28, 25 vermag JHWH die Wasser zu messen. Die kosmische Grenze des Urwassers ist zugleich die Grenze zwischen den Bereichen von Licht und Finsternis (Hi 26, 10).

Die kosmische Macht und drohende Gewalt des Wassers zeigt sich am deutlichsten in der Geschichte von der Flut (Gen 6, 5 – 8, 22; vgl. O. Kaiser 120ff.). Eine Reihe von Einzelzügen weist auf eine traditionsgeschichtliche Verbindung der Fluterzählung zu den Flutberichten des babyl. Gilgameš-Epos (vgl. A. Heidel, The Gilgamesh Epic and OT Parallels, Chicago [4]1963, 224ff.; E. Fisher, Gilgamesh and Genesis: The Flood Story in Context, CBQ 32, 1970, 392–402; vgl. zum Ganzen jetzt auch R. Oberforcher, Die Flutprologe als Kompositionsschlüssel der biblischen Urgeschichte, Innsbruck 1981) und zum babyl. Epos des Atram-Ḫasis (vgl. W. G. Lambert / A. R. Millard, Atra-Ḫasis, The Babylonian Story of the Flood, Oxford 1969; L. Matouš, Die Urgeschichte der Menschheit im Atraḫasis-Epos und in der Genesis, ArOr 37, 1969, 1–7). Das Einbrechen der Flut (→ מבול *mabbûl*) wird in der israelitischen Tradition als das Hervorbrechen der Wasser aus der Tiefe (Gen 7, 11) und als heftiger Platzregen (*gæšæm*, v. 12) geschildert. Die mythologischen Züge der Geschichte werden an mehreren Stellen deutlich, obwohl die Geschichte in eine historische Form transponiert worden ist und viele kulturhistorische Assoziationen aufgenommen hat. Die Wasser über der Erde (Gen 7, 10. 17ff. 24) vernichteten alle lebenden Kreaturen (Gen 7, 18ff.) außer Noah und denen, die mit ihm in der Arche waren. Nachdem die Erde dann von einem Wind wieder abgetrocknet war (Gen 8, 1), verpflichtete Gott sich durch einen Eid, niemals mehr eine solche Katastrophe über die Menschheit kommen zu lassen (Gen 9, 15). Zur Tradition der „Wasser des Noah" vgl. Jes 54, 9.

4. Die wichtigste Bedeutung des Wassers für den Menschen besteht in seiner Verwendung als lebenspendendes Trinkwasser. Demzufolge reflektieren die biblischen Überlieferungen die Gefahren der Dürre, des Durstes und der Schwäche, hervorgerufen durch Wassermangel. Gerade die klimatischen und geographischen Bedingungen Israels, das zum größten Teil aus Halbwüsten besteht, vermochten dies zu forcieren. So entwickelte sich auch eine israelitische Tradition um die Sinai-Oasen Massah und Meribah, verbunden mit der Quelle von Kades (vgl. Neh 9, 15. 20; vgl. dazu V. Fritz, Kades Barnea – Topographie und Siedlungsgeschichte im Bereich der Quellen von Kadesch und die Kultstätten des Negeb während der Königszeit, BN 9, 1979, 45–50). Die Existenz von Quellen und Wasseransammlungen gerade in den trockensten Gebieten machte solche Plätze wichtig für Beduinen, Reisende und Händler. Viele der charakteristischen Eigenarten des Lebens in solchen Regionen mit der scharfen Trennung von Trocken- und Regenzeit gehen zurück auf die Suche nach Wasser. Als Israel mehr und mehr von bäuerlichen Bevölkerungen besiedelt wurde, waren die Möglichkeiten der Wasserversorgung, -speicherung und -leitung von ausschlaggebender Bedeutung.

Das AT enthält eine riesige Fülle an Hinweisen auf die Notwendigkeit der Wasserversorgung: vgl. Ri 4, 19; 5, 25 (Sisera); 7, 4f. (Gideon); 1 Sam 30, 11; 2 Sam 23, 19f. (David); 1 Chr 11, 17; 1 Kön 17, 10 (Elia); 18, 4 (Obadja); 18, 13; Neh 13, 2; Hos 2, 7; Ez 12, 18f.; Dan 1, 12. Diese Notwendigkeit des Wassers zum Lebenserhalt spiegelt sich wider in einer Verheißung Gottes an sein Volk: „Ich werde dein Brot und dein Wasser segnen!" (Ex 23, 25). Der wesentliche Grundzug wahrer Gastfreundschaft lag darin, dem Gast Wasser zu reichen (2 Kön 6, 22; Jes 21, 14; Ps 23, 5). „Brot essen und Wasser trinken" im Hause eines anderen wurden als Annahme der Gastfreundschaft gewertet. Dadurch gewann man Anteil an Segen (*berākāh*) oder Fluch (*'ālāh*, *qelālāh*), der auf dem jeweiligen Haus lag (1 Kön 13, 8f. 16ff. 22). Die Weigerung, dem Erschöpften Nahrung und Wasser zu gewähren, galt als verwerflicher Akt der vorsätzlichen Abweisung (Nabal gegen David, 1 Sam 25, 11). So erinnerte man sich in Israel der Feindschaft der Edomiter, die den Israeliten auch dann kein Wasser gewährten, als diese eine Bezahlung dafür anboten (Num 20, 17. 19; Deut 2, 6. 28). Einen ähnlichen Wunsch äußerte Israel dem Amoriterkönig Sihon gegenüber; auch er wurde zurückgewiesen (Num 21, 23; vgl. Deut 23, 5). Es wird als tiefste Notlage angesehen, wenn man sich Wasser für Geld kaufen muß (Kl 5, 4).

Die Erfahrung physischer Schwäche und Ohnmacht, verursacht durch Wassermangel, zeigt sich in vielen at.lichen Traditionen (vgl. z. B. 1 Sam 30, 12; Ps 107, 4f.). Selbst die traditionell als besonders stark geltenden Schmiede konnten durch Wassermangel schwach werden (Jes 44, 12).

Aufgrund der jahreszeitlich bedingten Regenfälle herrschte in Israel durchwegs 6 Monate im Jahr Trockenheit. Wenn die Winterregen ausblieben, wurde die Lage für Menschen, Tiere und Pflanzen gefährlich. So begegneten periodisch Jahre der Dürre, in denen bebaute Ländereien versteppten und beständige Wasserquellen versiegten. Solche extremen Dürrejahre werden Am 4, 8; Jer 14, 1–6; 38, 6 erwähnt. Aus diesen Gründen wurde eine Speicherung des Wassers notwendig (vgl. Jer 14, 3 Q; 15, 18). Wassermangel infolge einer militärischen Belagerung, die den Zugang zu Brunnen und Quellen außerhalb der Stadt blockierte, konnte eine Zeitlang durch sorgfältige Wasserrationierung überbrückt werden (Ez 4, 11–16f.). Wahrscheinlich bezieht sich das „Wasser der Trübsal" (*majim ṣār*, Text?; Jes 30, 20) auf eine solche Situation. Die Vorsorge für eine ausreichende Wasserversorgung für solche Notzeiten wurde deshalb ein wichtiger Aspekt für die Verteidigung von Städten, z. B. von Jerusalem (Jes 22, 11; 2 Chr 32, 3f.; vgl. auch Jes 3, 1; 2 Kön 20, 20). Die Gefangenschaft war u. a. durch das Fehlen der Wasserrationen gekennzeichnet (1 Kön 22, 27; 2 Chr 18, 26). Auch konnte man zum Zwecke des Fastens sich des Wassers enthalten (Ex 34, 28; Deut 9, 9. 18; Esr 10, 6; Jon 3, 7), doch dies war nicht üblich.

Es galt als Zeichen des Wohlbefindens und der Sicherheit, wenn man eine ständige und ausreichende Wasserversorgung sicherstellen konnte (Num 24, 6f.; Jes 33, 16). Wasserdiebstahl war verpönt, und nur Frau Torheit kann den süßen Geschmack des gestohlenen Wassers rühmen (Spr 9, 17).

Diese überaus große Bedeutung der Wasserversorgung machte es auch notwendig, daß das Wasser gesund und unverseucht blieb. Es wurde deshalb als unmenschlich angesehen, wenn jemand nach dem Genuß des reinen Wassers das restliche wie ein Tier ohne Verstand verunreinigte (Ez 34, 18; vgl. 26, 12). Hier werden plündernde Soldaten beschrieben, die die Zisternen der eroberten Stadt verunreinigen. Doch schließlich konnte das Wasser auch durch natürliche Ursachen verseucht oder vergiftet sein, was als ein Zeichen des göttlichen Gerichts angesehen werden konnte (Jer 8, 14; 9, 14; 23, 15). Doch auch verunreinigte Wasserstellen konnte man mittels geeigneter Maßnahmen wieder brauchbar machen. Nach 2 Kön 2, 19–22 „heilte" (*rippe'*) Elisa die Wasserversorgung von Jericho. Diese prophetische Macht über das Wasser zeigte sich bei Mose, der die Wasser des Nils in Blut verwandelte und sie damit ungenießbar machte (Ex 7, 14–24).

Man benutzte verschiedene Wasserbehälter: Krüge (*kaḏ*; Gen 24, 15. 17. 43; 1 Sam 26, 11f. 16; 1 Kön 19, 6), für die Schaftränke Tröge (*šæqæṯ*, *rahaṭ*; Gen 30, 38), für die Reise Schläuche (*ḥemæṯ*) aus Tierhaut (Gen 21, 14f. 19) und zum Trinken Becher (*kôs*). Wenn solche Gefäße nicht vorhanden waren, benutzte man Tonscherben (Jes 30, 14) oder die hohlen Hände, oder man kniete nieder, um das Wasser wie ein Hund zu schlecken (Ri 7, 5ff.). Um das Wasser vom Brunnen zu holen, benutzte man den Eimer (*d*e*lî*; Num 24, 7) oder Vorratskrüge (Gen 24, 14–17). Zum Vorgang des Wasserschöpfens vgl. Deut 29, 10; Jos 9, 21. 23. 27.

Aus hygienischen Gründen mußten alle Orte und Geräte, die mit dem Trinkwasser in Verbindung kamen, sauber sein (Lev 11, 34. 36. 38). Wenn diese Grundregel der Reinhaltung nicht eingehalten wurde, dann mußte das Wasser als unrein bezeichnet werden (Lev 11, 38). Das Wasser konnte schließlich zum Zweck der Verbesserung von Geschmack und Verträglichkeit mit Wein vermischt werden (zur metaphorischen Ausdeutung vgl. Jes 1, 22 u. w. u. 7).

Wie Wasser zum Mittel des Mörders werden kann, dokumentiert 2 Kön 8, 15. Danach breitete Hasael eine mit Wasser getränkte und damit luftundurchlässig gemachte Decke über das Gesicht des kranken Königs Ben-Hadad, um ihn zu ersticken.

5. Bei der Verwendung des Wassers zum Waschen sind die profanen und kultischen Gebräuche sehr eng miteinander verbunden, denn die Vorstellungen von Heiligkeit und Reinheit waren weitgehend deckungsgleich. Deshalb läßt sich häufig das Rituelle vom Profanen im Zusammenhang mit einer Waschung kaum voneinander unterscheiden (vgl. M. Douglas 7ff.). Die Waschung Aarons und seiner Söhne für die Priesterweihe enthielt beide Aspekte (Ex 29, 4; 30, 20; vgl. w. u. III. 3). Hygiene und rituelle Waschung wurden nicht unterschieden bei Pollution, Geschlechtsverkehr, Blutfluß der Frau und Hautausschlag sowie bei Berührung von Aussätzigen und Toten. Auch die Waschung eines Kindes enthielt neben der Entfernung von Schmutz ein solches rituelles Element der Beseitigung von Unreinheit. Es gab aber auch unmittelbare und nur profane Anlässe, Schmutz abzuwaschen, z. B. die Reinigung der Füße nach einer Reise (Gen 18, 4; 24, 32; 43, 24). Das Verhältnis des Dieners zu seinem Herrn konnte umschrieben werden als „Wasser gießen in seine Hände" (vgl. das Verhältnis des Elisa zu Elia 2 Kön 3, 11). Auch neue Kleidungsstücke wurden vor dem ersten Gebrauch üblicherweise gewaschen; dies steht hinter der Zeichenhandlung vom linnenen Gürtel Jer 13, 1–11 und erklärt das Verbot an Jeremia, den Gürtel vor dem Gebrauch zu waschen.

Beim Zubereiten und Verzehren von Speisen wurden die Haushaltsgeräte ohne Zweifel gewaschen. Man kann nur vermuten, daß den täglichen Waschungen (z. B. 2 Sam 11, 2) keine rituelle Bedeutsamkeit zugesprochen wurde.

6. Im Bereich der Küche wurde das Wasser zum Kochen verwendet, in gewissen Fällen auch im Bereich der Opferpraxis. Die Teile des Opferfleisches,

die zum Essen bestimmt waren, wurden normalerweise gebraten (*ṣālāh*; 1 Sam 2, 15; Jes 44, 16. 19; *ḥārak* Spr 12, 27). Das Fleisch konnte aber auch gekocht werden (*bāšal*, Lev 8, 31; 1 Kön 19, 21; 2 Kön 6, 29; Ez 46, 20. 24), um es bekömmlich zu machen und es vor dem Verderben zu bewahren. Auch das Passahopfer, in der Regel gebraten (Ex 12, 8f.), konnte gekocht werden (Deut 16, 7; vgl. 2 Chr 35, 13). Durch längeres „Siedenlassen" (*rāṯaḥ*, Ez 24, 5; Hi 30, 27; 41, 23) konnte man verschiedene Gemüse und Kräuter zusammenkochen (vgl. auch Ez 24, 5 und Hi 41, 31).

7. *majim* wird auch reich verwendet in Metaphern und als Bestandteil symbolischer Gesten.

a) So steht das Wasser als Flüssigkeit in vielen Belegen als Bild für Schwäche. Nach der Niederlage und dem Verlust von 36 Mann vor Ai sank den Israeliten der Mut, d. h. „der *leḇ* der Leute schmolz und wurde wie Wasser" (Jos 7, 1–5). Auch die *næpæš* wird wie Wasser ausgegossen, ein Bild für Schwachheit und Krankheit bis hin zur Todesangst (Ps 22, 15). Die Wendung „die Knie flossen von Wasser" (Ez 7, 17; 21, 12) hat wohl einen drastisch-realistischen Hintergrund; vgl. W. Zimmerli (BK XIII/1, 177): „Der Mensch ist nicht mehr fähig, die elementaren Regeln der Beherrschung einzuhalten, gleich dem Säugling und Sterbenden läßt er sein Wasser unter sich fahren." Auf die zum Tode führende Schwachheit des Menschen spielt die weise Frau von Tekoa an, wenn sie zu David sagt: „Wir alle müssen sterben, wir sind wie Wasser, das auf den Boden geschüttet wird" (2 Sam 14, 14).

b) Die Formlosigkeit und leichte Vergänglichkeit des Wassers regen ebenfalls zur metaphorischen Verwendung an: der Psalmist betet, seine Feinde „mögen vergehen wie das Wasser, das verrinnt" (Ps 58, 8). Hi 14, 11 vergleicht den Menschen mit dem Wasser eines Sees, der austrocknet und damit verschwindet. Zophar verwendet Hi 11, 16 dieses Bild dahin, daß er sich die Sünden des mit Gott rekonziliierten Menschen verschwunden denkt „wie Wasser, das verrann" (*k^{e}majim ʿāḇ^{e}rû*). Nach Nah 2, 9 gleicht das zerstörte Ninive einem Teich, „dessen Wasser (l. *mêmǽhā* mit BHS) verronnen sind". Durch Negation kann das gegenteilige Bild der Beständigkeit erreicht werden: die Gerechten Israels werden sein „wie ein bewässerter Garten, wie eine Quelle, deren Wasser nicht austrocknen" (Jes 58, 11; vgl. Jes 1, 30).

c) Die Vorstellung von der beständigen Bewegung des Wassers benutzt der Weisheitsdichter, um Gottes Macht über den König zu beschreiben: „Des Königs Herz ist in der Hand JHWHs wie Wasserbäche: er lenkt es, wohin er will" (Spr 21, 1).

d) Auch weiß man um die Kraft und unbezähmbare Gewalt des Wassers sowie um die Schwierigkeit, es zu kontrollieren oder an einem bestimmten Ort festzuhalten. Daran denkt wohl Amos, wenn er fordert, die soziale Gerechtigkeit solle wie ein stürzender Wasserbach sein (Am 5, 24). Mi 1, 4 beschreibt die Theophanie Gottes zum Gericht mit Hilfe des Gewitters; seine Anwesenheit läßt Berge zerfließen, „und sie gießen sich wie Wasser den Abhang hinab". Das Bild der alles zerstörenden Flutwelle steht auch hinter Hi 27, 20 (Furcht und Schrecken überfluten den Frevler), 1 Chr 14, 11 (JHWH überflutet die Feinde), Jes 8, 7; 17, 12f. und Jer 47, 2. Wie schließlich der stete Tropfen den Stein aushöhlt, so vermag Gott die Hoffnungen der Menschen allmählich zu zerstören (Hi 14, 19).

e) Flüssigkeit und Formlosigkeit des Wassers beim Ausgießen dienen auch als Metapher für Übermaß und unbeschränkte Freizügigkeit. Die Feinde Jerusalems haben das Blut seiner Bewohner wie Wasser ausgegossen (Ps 79, 3; vgl. auch Deut 12, 24; 15, 23); nach Hos 5, 10 will JHWH seinen Zorn wie Wasser über den Prinzen von Juda ausgießen. Auch der bedrängte Hiob hat sein Schreien und Klagen wie Wasser ausgegossen (Hi 3, 24), wobei die Metapher das Klagen als über die Maßen groß charakterisieren will (vgl. auch Kl 2, 19).

f) Auch in der Beschreibung der Trauer fand das Wasser Verwendung, wobei an das Wasser der Tränen gedacht war. Die Augen dessen, der sich vor der Thora verfehlt hat, strömen über vom Wasser (Ps 119, 136; vgl. Jer 8, 21; 9, 17).

g) Die Tiefe der Zisternen und ihre Speisung durch unterirdische Quellen fand metaphorische Anwendung: Der Weisheitslehrer verlangt, daß die Worte des Menschen wie tiefe Wasser sind (Spr 18, 4); das Sinnen im Herzen ist wie tiefe Wasser (Spr 20, 5). Die Tiefe der Wasser verbirgt Gegenstände. So wie man Steine darin versenken kann, wurden die Ägypter im Schilfmeer versenkt (Ex 15, 1. 5; Neh 9, 11).

h) Ps 109, 18 enthält ein sehr sinnenfälliges Bild für den Tun-Ergehen-Zusammenhang: wie das Wasser von einem Gegenstand aufgesogen werden kann, so wird derjenige, der den Fluch liebt, von den Folgen seiner Taten so heimgesucht, als würde der Fluch von seinem Leib aufgesogen.

i) Das Wasser, das jemand umgibt, wird als Bedrohung verstanden (Ps 88, 18). Gottes Zorn trifft den Menschen so, als würde er von Wassern ringsum eingeschlossen (Ps 69, 2; vgl. mit anderer Terminologie v. 3 *šibbolæṯ*), bis sie ihm bis zum Hals reichen. In solchen Metaphern, die die Gewalt des Wassers aufgreifen, lassen sich unschwer noch Rudimente mythologischer Züge erkennen: das Wasser als Chaosmacht, die den Bereich der Schöpfung bedroht. Doch ist diese Bedrohung durch JHWHs Macht grundsätzlich überwunden (vgl. Jes 43, 2).

j) Die spiegelnde Oberfläche des Wassers wird Spr 27, 19 der Sentenz nutzbar gemacht: „Wie sich im Wasser das Gesicht spiegelt, so spiegelt sich das Herz im Menschen." Große Deutungsschwierigkeiten wirft Pred 11, 1 auf: „Wirf dein Brot auf den Wasserspiegel, und du findest es nach vielen Tagen wieder!"

*Lange Zeit wurde vermutet, hinter dieser Sentenz verberge sich ein sexuelles Motiv aus dem Adoniskult (vgl. O. S. Rankin, Ecclesiastes, IB 5, New York 1956, 81).

Dagegen schlug bereits W. Staerk (ZAW 59, 1942, 216f.) vor, hier eine Aufforderung zum unreflektierten Tun des Guten zu sehen, das zur rechten Zeit seinen Lohn finden werde. Die eigenartige Formulierung *šallaḥ laḥmᵉḵā* jedoch ließ immer wieder an eine Ermunterung zur Seefahrt denken (vgl. R. Gordis, Koheleth, New York ²1955, 320) und dies – uneinheitlich verstanden – als Aufforderung zum Wagnis, auch in das ganz Ungesicherte hineinzugehen (vgl. W. Zimmerli, ATD 16, ²1967, 240). Mit W. Hertzberg (KAT XVI/4, 174) und O. Loretz, Qohelet und der Alte Orient, 1964, 88 bezieht sich deshalb der Spruch wohl auf eine Handlung, die wider aller Erwartung doch zu einem guten Ende gelangt (anders A. Lauha, BK z.St.). *(Fa)*

k) Das Wasser als Trinkwasser und als notwendiges Grundelement von Leben und Kraft wurde ebenfalls zu reichhaltiger Metaphorik ausgestaltet. So steht das Bild vom Wassertrinken (*šāṯāh*) häufig für das Annehmen bestimmter Verhaltensweisen. Der Bösewicht „trinkt Bosheit wie Wasser" (Hi 15, 16). Hiobs feste Überzeugung angesichts der Rügen und Mahnungen seiner Freunde weist ihn aus als jemand, „der Spott trinkt wie Wasser" (Hi 34, 7). Das Wassertrinken aus der Zisterne bot die Grundlage für die didaktische Metapher „Trinke Wasser aus deiner eigenen Zisterne!" (Spr 5, 15), eine unmißverständliche Mahnung zur Treue der eigenen Ehefrau gegenüber. Mit dem gleichen Unterton nennt HL 4, 15 den Geliebten „eine Quelle lebendigen Wassers" (= Quelle im Garten) und einen „fließenden Strom vom Libanon". Wiederum mit mythologischem Zungenschlag weist HL 8, 7 auf die Beständigkeit echter Liebe hin, die selbst „gewaltige Wasser (*majim rabbîm*; Anspielung auf das Chaoswasser? vgl. u. III. 1 und H. Ringgren, ATD 16 z.St.) nicht auslöschen können". Spr 25, 21 spielt auf die Gastfreundschaft mit ihrer Sitte, dem Gast Wasser zu reichen, an und fordert, dem Feind Wasser und Brot zu reichen, damit er sich seiner Feindschaft schämt. Schließlich kann das Warten auf Nachrichten mit dem Dürsten nach Wasser verglichen werden (Spr 25,25).

l) Wasser ist wichtig für Fruchtbarkeit und Ertragsreichtum: Das Wohlbefinden eines Gerechten gleicht dem eines Baumes, der an Wasserbächen gepflanzt ist (vgl. Ps 1, 3; Hi 29, 19); der äg. Pharao ist vergleichbar einer wassergetränkten Zeder (Ez 31, 4) und nach Jes 12, 3 wird das zukünftige Israel nach seiner erneuten Landnahme „mit Frohlocken Wasser schöpfen aus der Quelle des Heils". Und schließlich wird das Ausgießen des Gottesgeistes (→ רוח *rûaḥ*) auf die Nachkommen Israels verglichen mit dem Ausgießen des Wassers auf einen ausgedörrten Boden (Jes 44, 3; vgl. 32, 2; 44, 4; 55, 1; 58, 11; Jer 17, 8; Ez 17, 5. 8; 19, 10; 31, 5. 7).

Auf das Wasserversorgungssystem spielt wahrscheinlich Ps 73, 10 an: das Tun der Frevler wird als das „Schlürfen überreicher Wasser" beschrieben. Verschiedene Kommentatoren haben Textemendationen vorgeschlagen, um die Nennung von *majim* zu vermeiden (BHS, vgl. Kraus, BK XV/2, ⁵1978, 664), obwohl MT durchaus einen Sinn gibt. Danach will die Stelle einen Vergleich anstellen zwischen dem zerstörerischen Wirken des Frevlers und dem unnützen Verschwenden einer reichen Wasserversorgung (vgl. jedoch die ähnliche Aussage über die dämonischen „Götter" KTU 1.23, 62f.; s. H. Ringgren, VT 3, 1953, 269).

Gott gilt als die Quelle lebendigen Wassers, eine sinnenfällige Metapher für die lebenspendende Kraft JHWHs, sowohl als Geber von Fruchtbarkeit als auch von Heil und Gerechtigkeit (Jer 17, 13). JHWH ist die Quelle des Lebens und des Segens für sein Volk. Wenn daher die Israeliten zum Baʿal abfallen, so kann dies beschrieben werden als ein „Verlassen des Quells lebendigen Wassers und Graben von rissigen Zisternen, die das Wasser nicht halten können" (Jer 2, 13).

Eine noch vielschichtigere Metaphorik findet sich in der Vision Ezechiels vom wiederhergestellten Tempel und seiner Tempelquelle (Ez 47, 1 ff.). Hier werden mythologische und traditionell-metaphorische Vorstellungen vom Wasser zu einem Bild für den Segen, der für Israel aus dem wiederhergestellten Kult erwachsen wird. Die Vorstellungen von Fruchtbarkeit, Heil, Reichtum und kultischen Segen wurden zu einem Bildwerk zusammengestellt, das die Realisierung des Unvorstellbaren beinhaltet: Die Wasser des Toten Meeres werden wieder gesund (v. 8f.). Zur segenspendenden Tempelquelle vgl. auch Sach 14, 8. → גיחון *gîḥôn*.

In der apokalyptischen Bildersprache begegnet das Wasser Sach 9, 11: die Erlösten Israels werden aus der Grube freigelassen, in der – so eine Textaddition – sich kein Wasser befindet.

m) Wegen der unermeßlichen Weite des Meeres wird das Wasser zu einer beliebten Metapher für Unendlichkeit und Vollkommenheit. Im kommenden Äon wird die Erde angefüllt sein mit der Erkenntnis JHWHs, „wie die Wasser das Meer anfüllen" (Jes 11, 9 = Hab 2, 14). In Hos 10, 7 wird die Unendlichkeit der Wasseroberfläche der Winzigkeit eines auf ihr schwimmenden Zweigleins gegenübergestellt. Der Vers will beschreiben, wie sich das göttliche Gericht am König von Samaria auswirkt. Der Text ist jedoch unsicher (vgl. H. W. Wolff, BK XIV/1, ²1965, 221 f.); F. I. Anderson / D. N. Freedman, AB 24, 548. 538 verstehen *qæṣæp* als (göttlicher) „Zorn".

n) Schließlich begegnet *majim* in verschiedenen Bildworten. Jer 6, 7 wird Jerusalem angeklagt, weil es seine Bosheit frisch erhält, wie „ein Brunnen sein Wasser frisch hält". Jeremia benutzt das Bild vom Wassertrinken, um das Suchen nach militärischen und politischen Bündnissen mit Ägypten und Assyrien öffentlich zu rügen (Jer 2, 18). Ezechiel schildert das göttliche Gericht über Ägypten mittels einer seltsamen Reinigungsmetapher: JHWH wird die Wasser des Nil klären und seine Flüsse wie Öl fließen lassen (Ez 32, 14). Der Vergleich des Stammes Ruben mit dem „überschäumenden Wasser" (Gen 49, 4) soll seine Ruhelosigkeit und Labilität (oder Übermut?) charakterisieren.

III. 1. Im gesamten Alten Orient wurde das Wasser als ein Urelement der Schöpfung und der Lebensentstehung verstanden. Sein Fehlen brachte Tod und Vernichtung, sein Vorhandensein Leben und Fruchtbarkeit. Seine Verbindung mit Stürmen und Gewittern führte bald dazu, daß man dem Wasser göttliches Wesen und Macht zusprach. So wurde es nicht nur als in der Schöpfung vorhandenes Element, sondern als kosmische Macht angesehen. Neben den positiven Kräften für Leben und Fruchtbarkeit besaß es aber auch negative Kräfte zur Zerstörung der Ordnung und zur Anfechtung der Herrschaft JHWHs. Diese Charakteristik stimmt überein mit der des mesopot. Drachen Tiamat (vgl. Wakeman 16ff.; Norin 42ff.). Das Vorhandensein des Wassers im Meer, sein fruchtbringendes Durchnässen der Erde, seine reinigende und lebenspendende Funktion wiesen ihm im alten Israel eine einzigartige Rolle als kosmische Kraft zu, die sogar neben Gott gestellt werden konnte (vgl. Kaiser 1ff.; W. H. Schmidt, Alttestamentlicher Glaube und seine Umwelt, 152ff.). Im syrisch-kanaanäischen Bereich begegnet diese Rolle des Wassers in verschiedenen Ausprägungen (vgl. Kaiser 40ff.; H. Gese, Die Religionen Altsyriens, 59ff. 134ff.). Die ugar. Mythologie kennt einen Konflikt zwischen Baʿal und der kosmischen Meeresmacht (→ ים *jām*) in der Personifikation des *tpṭ nhr zbl jm* „Richter Strom, seine Hoheit Meer" (KTU 1.2 passim; vgl. oben I.6.c und J. Gray, The Legacy of Canaan, VTS 5, ²1965, 23ff.; Schmidt, Königtum, 10ff.; → III 648f.). Dem AT war dieser Mythos durchaus vertraut (vgl. Ps 74, 13; Jes 51, 9f.; Ps 89). Die Personifikation der Urgewalt Wasser erhielt hier verschiedene Namen: Rahab (Jes 30, 7), Leviathan (Jes 27, 1) u.a. Ps 104, 26 spricht von einem depotenzierten Leviathan, der nur noch in den Wassern der Meere spielt, von dem jedoch keine Bedrohung mehr ausgehen kann. Diese Rudimente zeigen die große Bedeutung, die dieser Mythos im alten Israel gehabt hat. Es handelt sich aber nur um Fragmente verschiedener mythologischer Motive. Die große Ähnlichkeit dieser Mythosspuren mit den Mythen aus dem mesopot.-syr. Gebiet schließt aus, daß es in Israel eine eigene Version dieses Mythos gegeben hat. Die verschiedenen Fragmente zeigen, daß die Israeliten aus dieser weitverbreiteten Mythologie Verschiedenes adaptiert und variiert haben.

Widerklänge des Mythos vom Konflikt zwischen Gott und Meer (Wasser) begegnen in Israel mehrmals, z. B. in der sehr scharfen Zurückweisung des Wassers bei der Schöpfung und der Begrenzung seines Bereiches (vgl. Ps 104, 5–9; vgl. auch Ps 46, 4; 65, 10, wo die Chaoswasser den Herrschaftsbereich JHWHs bedrohen). Eine späte literarische Performation dieses Mythos liegt schließlich Ez 32, 2 vor.

Auch die Vorstellung vom Urozean als „mächtige Wasser" (*majim rabbîm*) ist im AT weit verbreitet. Einige Belege haben noch deutlich die Reminiszenz an eine kosmische Chaosmacht mit zerstörerischem Charakter bewahrt (vgl. Ps 93, 4; May 9–21). Um die alte Schöpfungsmythologie mit der Exodustradition zu verbinden, werden in Ex 15, 10 die Wasser des *jam sûp̱*, die die Ägypter verschlingen, *majim rabbîm* genannt (vgl. Jes 43, 16 und Norin 77ff.). Weniger klar zu bestimmen sind die Stellen über die Herausforderung der *majim rabbîm* gegenüber JHWHs Herrschaft (2 Sam 22, 17; Jes 17, 12f.; Ps 29, 3; 32, 6; Jer 51, 55). Die letztere Stelle vergleicht Israels Bedrohung durch Babylon mit der Bedrohung, die die *majim rabbîm* JHWH entgegensetzen (vgl. auch Jer 10, 13; 51, 16; Ez 1, 24). In Jes 17, 12f. und Ez 43, 2 wird das Tosen der feindlichen Völker mit dem Tosen der Urwasser verglichen. Sonst begegnet *majim rabbîm* nur in poetischen Beschreibungen des Meeres (Jes 23, 3; Ps 18, 6; selbst hier ist die kosmisch-mythologische Dimension noch nicht völlig sublimiert). In terminologischer Variation nennt Ps 124, 4 die unbestimmten feindlichen Mächte *hammajim* und *naḥlāh* 'Bach'.

2. Aus der Vorstellung einer göttlichen Kraft im Wasser, die Leben spendet und Fruchtbarkeit bringt, resultiert die Achtung der Wasserquellen als heilige Orte. Aus diesem Grunde finden sich an Quellen und Brunnen häufig Tempel, aber auch die Quellen selbst galten als heilig. Die Quelle von Beerseba war sowohl als Ort des Bundesschlusses als auch als Quellort von bes. heiliger Dignität (vgl. Gen 21, 30f.; 26, 23ff.). Die Heiligkeit der Brunnen war Gegenstand des Brunnenliedes (vgl. Num 21, 17f.). Der Glaube an die Heiligkeit des Flußwassers steht hinter der Erzählung von der Heilung des Naaman vom Aussatz durch Elisa (2 Kön 5, 1–14). In diesem Falle ist es das Wasser des Jordan (→ ירדן *jarden*), das die Reinigung vom Aussatz bewirkt (2 Kön 5, 10. 12. 14). Das siebenmalige Eintauchen erinnert an den Ritus der Reinigung im fließenden Wasser (vgl. w.u. 3). Dabei wurde dem Wasser selbst keine reinigende und lebenserneuernde Kraft zugedacht, wohl aber sah man im Wasser das Medium göttlicher Wirksamkeit.

3. Mit der antiken Vorstellung von Reinheit (→ טהר *ṭāhar*) waren Heiligkeit (→ קדש *qdš*) und Vollkommenheit (→ תמם *tmm*) eng verbunden (vgl. Douglas 73ff.). Die einzelnen Bedeutungsfelder überlagerten einander und glichen sich an: „Our rituals create a lot of little sub-worlds, unrelated. Their rituals create one single, symbolically consistent universe" (a.a.O. 69). Es ist daher unmöglich, die rituelle Verwendung des Wassers bei Waschung und Reinigung adäquat zu verstehen ohne Rücksicht auf die unscharfe Unterscheidung zwischen heiliger und profaner, ritueller und alltäglicher Waschung. Das Entfernen von Schmutz, von schädlichen Einflüssen und Krankheiten, wie auch von ritueller Unreinheit war so eng miteinander verbunden, daß man keinen dieser Aspekte separat deuten kann.

Unter den Kultgeräten, bestimmt zu rituellen Waschungen, ragte das „Eherne Meer" (*jam mûṣāq* 1 Kön 7, 23ff.) hervor. Es handelte sich um einen überdimensionalen Wasserbehälter, von dem wir nicht sicher wissen, zu welchen Riten und ob überhaupt zu rituellem Anlaß er gebraucht wurde. Hier ist allein die Zuordnung zum Jerusalemer Tempelinventar ausschlaggebend. Seine Bezeichnung „Meer" läßt einen kosmischen und mythologischen Symbolismus vermuten (vgl. W. F. Albright, Die Religion Israels im Lichte der archäologischen Ausgrabungen, 1959, 166ff.). Daneben gehörten zum Jerusalemer Tempel auch zehn Becken (*kijjorôṯ*, 1 Kön 7, 38f. 43), die vielleicht auch Wasser enthielten (vgl. Ex 30, 18; 40, 7. 30).

Für kultische Belange war unbedingt fließendes Wasser vorzuziehen (Lev 14, 5f. 50ff.; Num 19, 17ff.). Das Ritual der Reinigung eines Aussätzigen verlangte die Schlachtung eines Vogels über einem Kessel mit frischem Wasser (Lev 14, 5f. 50ff.). Auch bei anderen Opferarten mußten Opferteile (Beine und Eingeweide) in Wasser gewaschen werden (Lev 1, 9. 13; 8, 21). Auch das Kultpersonal selbst mußte sich Waschungen unterziehen, bevor es mit den rituellen Handlungen begann. Auch sollten sich die aaronidischen Weihekandidaten vor ihrer Priesterweihe einer Waschung unterziehen (Lev 8, 6). Abweichend davon verlangt Num 8, 7 eine Reinigung der Leviten im Zusammenhang ihrer Weihe zum Levitendienst durch den Akt einer Besprengung mit „Entsündigungswasser" (*mê ḥaṭṭā'ṯ*) (vgl. auch Num 19, 21; Ez 36, 25). Das läßt den Schluß zu, daß solche Waschungen symbolische Handlungen und zugleich Ersatz für Ganzwaschungen darstellten. Ein solches Bad jedoch hatte der Priester, bevor er am Versöhnungstag das Allerheiligste betreten durfte, nach Lev 16, 4. 24 zu nehmen, desgleichen nach Persolvierung der Riten. Zu Waschungen nach dem Ritus der Schlachtung der roten Kuh und nach der Verteilung der Kriegsbeute vgl. Num 19, 9 und 31, 24.

Im Zusammenhang mit der Reinigung von Aussätzigen waren allenthalben Waschungen vorgeschrieben. Wenn ein ehemaliger Aussätziger für rein befunden wurde, hatte er sich vollständig zu waschen, sein Haar zu scheren und seine Kleider zu waschen (Lev 14, 8ff.). Ähnliches galt für Personen, die an Ausfluß litten (Lev 15, 5f. 8ff. 18. 21f. 27). Hier war die Waschungsvorschrift auch auf das Bettzeug ausgedehnt. Ohne Zweifel wollten diese levitischen Bestimmungen einen höheren Hygienestandart erreichen und weitere Infektionen verhindern, aber diese Absicht läßt sich nicht loslösen von den Vorstellungen ritueller Rein- und Unreinheit. So hatte auch das Waschen selbst einen semi-rituellen Charakter. Nach der Berührung von Aas hatte der Kontaminant sich und seine Sachen (d. h. bes. seine Kleidung) mit Wasser zu waschen (Lev 11, 32. 36). Der Kontakt mit einem Leichnam zog eine sorgfältige Reinigung mit Wasser nach sich, die auch die Kleider und vor allem das Zelt umfassen sollte, in dem die Person verstorben war (Num 19, 13ff.). Kriegsbeute, die nicht verbrannt werden konnte, mußte wegen ihrer superstitiösen Sphäre mit Wasser gewaschen werden (Num 31, 23).

Im Zusammenhang der Auseinandersetzung des Elia mit den Ba'alspropheten auf dem Karmel (1 Kön 18, 20ff.) gießt Elia vier Eimer Wasser um den Altar (vv. 33ff. 38). Doch ist damit keineswegs eine rituelle Verwendung des Wassers angezeigt, vielmehr dient es nur dem Nachweis, daß das das Opfer verzehrende Feuer unmittelbar von JHWH kommt.

*Nur 1mal begegnet Wasser in einem juristisch relevanten Zusammenhang (Num 5, 11–31). Es handelt sich um ein Ordal für den Fall, daß eine Ehefrau von ihrem Mann der ehelichen Untreue verdächtigt wurde. Obwohl viele Ordalformen bereits aus Mesopotamien bekannt sind (vgl. R. Press, ZAW 51, 1933, 121–140. 227–255; P. J. Budd, VT 23, 1973,1–14), ist bisher doch noch keine rechte Parallele zu Num 5, 11ff. gefunden worden. Zum Vergleich von Num 5, 11 mit CH § 131f. vgl. M. Fishbane, Accusations of Adultery: A Study of Law and Scribal Practice in Numbers 5:11–31 (HUCA 45, 1975, 25–45, bes. 36–39) und G. Giesen, Die Wurzel *šb'* „schwören". Eine semasiologische Untersuchung zum Eid im AT (BBB 56, 1981, 124ff.). Das wichtigste Merkmal einer solchen legalen Prüfung ist die Herstellung einer solchen Situation, die das abschließende Urteil als Gottesurteil zu interpretieren zwingt (vgl. E. Kutsch, RGG³ II 1808). Num 5 setzt voraus, daß das Wasser in zweifacher Weise ein solches Gottesurteil herbeiführen kann: zuerst, weil es „heiliges Wasser" (*majim qᵉdošîm*, v. 17) ist, eine Wendung, die nur hier begegnet, dann, weil es die Kraft hat, Medium eines Fluches zu sein. Der Ehemann, der seine Gattin der ehelichen Untreue verdächtigte, brachte seine Frau zum Tempel, wo das Ordal durchgeführt wurde. Der Ehemann mußte ein „Eifersuchtsopfer" (v. 15) darbringen. Der Frau oblag es, das „heilige Wasser" zu trinken, dem Staubpartikel vom Fußboden des Heiligtums beigemischt waren. Dadurch wurde das Wasser zum „bitteren, fluchbringenden Wasser" (*mê hammārîm hamᵉ'ārᵃrîm*, v. 19).

J. M. Sasson, Nu 5 and the „Waters of Judgement" (BZ NF 16, 1972, 249–251) stellt *mārîm* zu *mrr III* 'segnen' (vgl. später M. Dietrich / O. Loretz / J. Sanmartín, UF 5, 1973, 119–122) und sieht in der Bezeichnung des Wassers einen Merismus „consisting of 'waters that bless' and 'waters that curse', hence 'waters of judgement'". Das Ziel des Ordals sei damit grundsätzlich offen auf einen *Unschulds*erweis der Frau. Dagegen verweist Giesen 127 Anm. 270 auf die Synonymität von *'rr* und *mr* (vv. 22f.) und sieht als Ziel des Ordals gegen Sasson den *Schuld*erweis der Frau. Dafür spricht der betont negative Fluchcharakter des Verfahrens. G. R. Driver (Syr 33, 1956, 73–77) brachte *mārîm* mit *mrh* 'widerspenstig sein' in Verbindung und deutete *mê hammārîm* als „waters of contention, dispute"; H. C. Brichto (HUCA 46, 1975,61) leitet von *jrh III* 'lehren' ab und deutet als „Orakelwasser".

Die Übermittlung des Fluches durch das Wasser wird verstärkt durch die Auferlegung eines feierlichen Fluchschwures, den die Frau durch zweimaliges „Amen" als für sie verbindlich übernahm (vv. 19–22). Falls die Frau schuldig ist, trifft der Fluch sie nach dem Trinken mit seiner ganzen Macht und bewirkt körperliche Schäden (→ בטן *bæṭæn*, → I 620 „Beschädigung der weiblichen Geschlechtsorgane bzw. Verlust der Leibesfrucht") (vv. 21f.). Die Wirksamkeit des Fluchwassers wird auch dadurch gefördert, daß der Priester die Fluchworte aufschreibt und das Papier anschließend im Wasser abwäscht. Der komplexe magische Hintergrund wird auch weiterhin darin sichtbar, daß der Priester das Haupthaar der Frau löst (vv. 17f.; vgl. R. de Vaux, LO I 254). (*Fa.*)

Auch in Ex 32 im Zusammenhang mit dem goldenen Kalb zeigt sich ein fragmentarischer Anklang an eine Verwendung des Wassers in einem Ordal (v. 20). Über eine wahrscheinlich große Verbreitung dieser Ordalpraxis im alten Israel sind jedoch keine weiteren Belege vorhanden.

5. Die Verheißung Ez 36, 25, nach der JHWH über das neue Israel „reines Wasser" sprengen wird, um seine Unreinheit zu beseitigen, reflektiert eine komplexe Mischung kultisch-ritueller, mythologischer, aber auch metaphorischer Aspekte. Gerade in einer solchen symbolischen Sprache und in solchen Riten wurzeln die Vorstellungen, die später zur christlichen Taufe führten. Von den Anfängen der at.lichen Zeit an wurde dem Wasser eine extensive religiöse Symbolik beigemessen, wobei im Laufe der Zeit bes. der kosmisch-mythologische Aspekt allmählich abgebaut wurde. Eine vielschichtige Symbolik findet sich schließlich noch in dem Bild von dem Fluß, der an der Tempelschwelle entspringt (Ez 47, 1ff.). Dieses prophetische Bild symbolisiert den Segen und das Wohlergehen des neuen Israel.

So sind also verschiedene Grundzüge aus dem mythologischen und rituellen Erbe miteinander verschmolzen, um einen fundamental neuen Typ religiöser Symbolik zu bilden. Diese Symbolik, im AT begonnen, wurde intensiv weiterentwickelt im Spätjudentum (v. a. in Qumran, vgl. IV.) und im Christentum (vgl. Joh 7, 37ff.).

Clements

IV. Es überrascht nicht, daß in Qumran entsprechend des archäologischen Befundes auch das Wort *majim* sehr häufig begegnet (über 110mal, davon allein in 1 QH 27mal, CD 11mal, 1 QS 7mal und in der TR 13mal). Es fehlt in 1 QM. Dabei ist ganz eindeutig der Gebrauch des Wassers im Zusammenhang der rituellen Waschungen dominierend. Dies zeigen die Belege in 1 QS (alle Belege in der jüngsten Redaktionsschicht!): Wasser der Reinigung (*niddāh*; 3, 4. 9; 4, 21; vgl. CD 10, 10–13; 11, 4 und Ez 36, 25) ist für die Sodalen selbst wie der Geist der Wahrheit; Außenstehende und Umkehrunwillige jedoch dürfen dieses Wasser nicht betreten (*bô'*; vgl. 3, 4. 5; 5, 13). Dieser Terminus zeigt, daß es sich wohl um ein rituelles Aufnahmebad handelt (vgl. O. Betz, RQu 1, 1958/59, 216–220; J. Gnilka, RQu 3, 1961, 185–207; J. Pryke, RQu 5, 1964/65, 543–552; H. Thyen, Studien zur Sündenvergebung im NT und seine alttestamentlichen und jüdischen Voraussetzungen, FRLANT 96, 1970, und A. T. Abraham, The Baptismal Initiation of the Qumran Community, Princeton 1973). Wasserreinigung allein ist aber unzureichend, sie muß ergänzt werden durch die Umkehr (vgl. H. J. Fabry, BBB 46, 1975, 297ff.); dies gilt auch umgekehrt (vgl. H. Braun, BHTh 24, 1957, 29). Das Wasser der Reinigung wird wie der Brunnen mit dem reichen Wasser als Metapher für die Thora (CD 3, 16; 19, 34) schon früh Bestandteil essenisch-esoterischer Gemeindemystik (1 QH 8, 13–19). Während die Tempelrolle vom Wasser fast ausschließlich im Zusammenhang der Reinheitsgesetze (TR 45, 16; 49, 12–18; 50, 2. 14; 51, 3ff.) und der Opferbestimmungen (20, 1; 32, 14; 52, 12; 53, 5) spricht, verbindet 1 QH *majim* mit anthropologischen Zusammenhängen: der Mensch als Gebilde von Lehm und Wasser (1, 21; 3, 24; 13, 15); die Feinde sind vergleichbar den anstürmenden *majim rabbîm* (2, 16. 27); Wasser als Bild der Gefahr (3, 13–16. 26; 6, 24; CD 19, 16); wie Wasser zerfließt das Herz (→ לב *leḇ*) des Gerechten (2, 28; 8, 32). Das Bild vom Gerechten als Baum gepflanzt an „Wasserbächen" (Ps 1, 3) wird rezipiert 1 QH 8, 4–9 und 10, 25. Bemerkenswert ist schließlich die rigoristische Auslegung des Sabbatgebotes, wenn CD 11, 16 bestimmt wird, daß man einen lebenden Menschen, der in ein „Wasserloch" gefallen ist, am Sabbat nicht herausziehen darf. Vgl. weiter J. Neusner, The Idea of Purity in Ancient Judaism (Studies in Judaism in Late Antiquity I, Leiden 1973) und J. M. Baumgarten, Studies in Qumran Law (Studies in Judaism in Late Antiquity 24, Leiden 1977), 46–51. 88–97.

2. Die Mandäer pflegten einen eigenen Wasserkult, dessen Hauptbestandteile die Taufe und die Waschungen waren. Notwendig ist dazu „lebendiges Wasser" (im Gegensatz zum „trüben" oder „schwarzen" Wasser), d. h. fließendes und mit der Lichtwelt in Verbindung stehendes Wasser. Das Wasser kann personifiziert gedacht werden und erhält als „Jordan" (→ ירדן *jarden*) messianische Funktion. Wie das Wasser selbst als kosmische Größe mit der Lichtwelt in Verbindung steht, so wird die irdische Taufe „Abbild der himmlischen Taufe und zugleich Symbol der Zugehörigkeit der Seele zur Lichtwelt. Die Taufe gewährleistet und gibt die reale Verbindung der gefallenen göttlichen Seele mit dem ebenfalls aus dem Jenseits stammenden Wasser" (vgl. K. Rudolph, Die Mandäer II, FRLANT 75, 1961, 61ff. 93).

Fabry

מִין *mîn*

I. 1. Etymologie – 2. Semantik – 3. LXX – II. Schöpfungsgeschichte – III. Sir – IV. Qumran.

Lit.: *J. Barr*, Bibelexegese und moderne Semantik, 1965, 81 f. 108. – *P. Beauchamp*, Création et Separation, Paris 1969, 240–247. – *H. Cazelles*, „*MYN* – espèce, race ou ressemblance" (Mémorial du Cinquantenaire [1914–1964], École des Langues Orientales Anciennes de l'Institut Catholique de Paris [Coll. Trav. de l'Inst. Cath. de Paris 10], Paris 1969) 105–108. – *W. H. Schmidt*, Die Schöpfungsgeschichte der Priesterschrift (WMANT 17, ²1967). – *O. H. Steck*, Der Schöpfungsbericht der Priesterschrift, ²1981. – *Cl. Westermann*, Genesis 1–11 (BK I/1, ²1975, 174 f.).

I. 1. Die Etymologie von *mîn* ist noch nicht geklärt. Neben Versuche, die Wurzel von einem arab. Etymon *mjn* im Sinne von 'erschaffen, Fruchtbarkeit, Hervorbringung der Lebewesen derselben Art' (Cazelles, mit Hinweis auch auf christl.-paläst.; sonst heißt arab. *māna(i)* 'lügen', aber auch 'spalten, pflügen' [s. die Wbb. und vgl. A. M. Honeyman, VT 5, 1955, 220], vgl. äth. *mēna* 'lügen' [Dillmann, Lex LingAeth 213; vgl. auch Barr]) hat man auch auf akk. *mīnu* 'Portion, Zahl' und *minûtu* 'Zählung, Rechnung' (AHw II 656 f.; CAD M/II 96 f. „number, amount, accounting, shape, figure"; wohl von *manû* 'zählen') hingewiesen. Die Zitation Albrights in KBL³ 547 ist unrichtig. Die Bedeutung von ugar. *mnm* (KTU 1.4, I, 39) ist ebenfalls unsicher (vgl. A. Caquot / M. Sznycer / A. Herdner, Textes Ougaritiques I, Paris 1974, 196; vgl. auch die Kontroverse M. Dahood, Sacra Pagina 1, 1959, 270 f. und C. Rabin, Script Hieros 8, 1961, 392 f.). Unbestritten ist eigentlich nur die etymologische Verwandtschaft zu *tᵉmûnāh* (vgl. M. Dietrich / O. Loretz, UF 10, 1978, 62: „Gestalt, Art").

2. *mîn* 'Gattung' oder 'Art' ist ein Klassifikationsterminus, der allgemein im Bereich der Pflanzen oder der Tiere angewandt wird. Dabei ist der Mensch durchaus mitgemeint (vgl. Sir 13, 16b; anders 1 QS 3, 14 *lkl mjnj rwḥwtm* mit *twldwt* im Kontext). CD 4, 16 hat *mjn* die abstrakte Bedeutung 'Kategorie'. Mit *lᵉ* ist es distributiv 'Art für Art' oder „nach der Verschiedenheit der Arten", oder im Sing. „nach seinen Arten" (Elliger; Lev 11, 14. 19); vgl. CD 4, 16 *bmjnjhm* „von welcher Art sie auch sind" und Sir 43, 25b, griech. ποικιλία.

II. Die Verschiedenheit der Arten gründet im Plan der Schöpfung. Wie die unvergänglichen Werke dem Prinzip der Separation (*hibdîl*) unterworfen sind, so die vergänglichen Werke dem Prinzip der Differenzierung (*mîn*; 10 Belege in Gen 1, 11 f. 21. 24 f.).

Separation und Differenzierung wiederum stehen in enger Beziehung zum Gesetz: das göttliche Gesetz, das das Chaos beendet, das mosaische Gesetz, das die Vermischung der Arten (*kil'ajim*) verhindern soll (Lev 19, 19; Deut 22, 9–11). Dennoch umfaßt *kil'ajim* nicht den Terminus *mîn*, anders in der Liste der reinen und unreinen Tiere (Lev 11, 14–16. 19. 22. 29; Deut 14, 13–15. 18). So ist es also nicht sicher, ob die Belege von *mîn* im Schöpfungsbericht von P direkte Hinweise auf Vorschriften der Thora enthalten (anders W. H. Schmidt).

Das Vorkommen von *mîn* ist eher ein Indiz für die weisheitlichen Voraussetzungen von Gen 1, 1 – 2, 4a: „Man kann bei der sorgfältigen Unterscheidung der Arten bei Pflanzen und Tieren durch P von einem wissenschaftlichen Interesse sprechen, muß aber dabei zugleich auf einen Unterschied zu unserem Begriff 'Wissenschaft' hinweisen" (Westermann 175).

Wie schon die alten Sprüche Salomos mit ihrer Differenzierung: Pflanzliches – Tierisches (1 Kön 5, 13) zeigen, hatte das weisheitliche Denken je schon Interesse an der Klassifikation, an der „Taxonomie" gehabt. Was die Tiere betrifft, so kann man auf der Basis der Voraussetzungen der Texte einen wichtigen Hinweis für die Interpretation erschließen.

Die Vielfalt der Arten ist ein dominierender Zug der tierischen Realität. Im System des „Sieben-Tage-Schemas" steht das Tier in Opposition zum Menschen: tierische Vielfalt wird der „Einheit" des Menschen entgegengesetzt. Diese Opposition wird auch angezeigt durch das konstante Fehlen von *mîn*, wenn vom Menschen die Rede ist. Wenn also *mîn* etwas mit der Fähigkeit eines Lebewesens zu tun hätte, sich selbst in einer fortlaufenden Generationenfolge ähnlich zu reproduzieren (Cazelles), dann wäre dieser Terminus durchaus auf den Menschen anwendbar. Dies ist aber nicht der Fall, so daß dem Hintergrund des Textes größere Aufmerksamkeit zu widmen ist: hier zeigt sich die Opposition von Menschenwelt und Tierwelt mit ihren moralischen und religiösen Konsequenzen. Aber auch der Inhalt dieser Unterscheidung ist bedeutsam: weder der Mensch für sich ist eine Art, noch ist die Vielfalt der Menschen, Rassen und Nationen eine Vielfalt von Arten. Dennoch ist die Menschheit dazu aufgerufen, sich zu mehren an einem Ort, der bereits von der Tierwelt gefüllt ist (Gen 1, 26–28). Menschliche „Einheit" soll also die tierische Vielartigkeit beherrschen. Auch die Sintfluttradition (7 Belege von *mîn* in Gen 6, 20; 7, 14) und mehrere prophetische Texte (Jes 11, 1–9) bestätigen, daß der Mensch wesentlich eine politische Mission gegenüber der Tierwelt hat. Wegen der Beziehung *tᵉmûnah* / *mîn* (Cazelles) kann man diese Mission des Menschen noch näher spezifizieren als basierend auf der Ähnlichkeit von menschlicher und göttlicher „Einheit" und entsprechend auf der Verschiedenheit von Mensch und Tier.

Die Sintfluttradition kennt eine Verkehrung dieses Verhältnisses, denn nun verschlingt der Mensch den Menschen, wie das Tier das Tier verschlingt, und stellt sich damit bewußt gegen seine ureigene Bestimmung (Gen 1, 29 f.). Dies wird jedenfalls durch das Noachitische Gesetz (Gen 9, 1–7 Pᵍ) vorausgesetzt. Hierdurch wird es möglich, auch den vorherigen Erkenntnisstand zu erheben, wodurch die Anspielungen von Gen 1, 1 – 2, 4a verständlich und bestätigt werden durch die Sintfluttradition wie auch später durch Sir.

3. Die LXX gibt *mîn* durch ὅμοιος (20mal), γένος (11mal), ὁμοιότης und ποικιλία (je 1mal) wieder.

III. Sir 13, 15f. (hebr.) kommentiert Gen 1, 1 – 2, 4a, vielleicht auch Lev 19, 19f. (vgl. Sir 25, 8): wie in der Tierwelt verschlingen sich die Menschen gegenseitig, oder sie gruppieren sich nach ihrem *mîn* (Sir wendet diesen Terminus hier auf den Menschen an und spielt damit auf seinen Status *nach* der Sintflut an). Die Abfolge der zwei Gebote in Lev 19, 18f. wird vielleicht in Sir 13, 15f. aufgegriffen: die Seinen lieben, sich aber nicht mit anderen vermischen. So wäre also der Gebrauch von *mîn* in Gen 1, 1 – 2, 4a durch Sir dem von *kil'ajim* im Gesetz angenähert worden.

*IV. In Qumran begegnet *mîn* nur 3mal in Texten aus einem relativ frühen Stadium der Sekte. Während CD 12, 14 in deutlicher Wiederaufnahme der Bedeutung von *mîn* in Gen 1, 1 – 2, 4a nun seine Speisegesetze formuliert (es werden die *ḥᵃgāḇîm bᵉmînêhæm* 'Heuschrecken entsprechend ihrer Arten' als ungenießbar bezeichnet), appliziert CD 4, 16 *mîn* auf den Rechtsbereich: als *mînê haṣṣædæq* 'Arten von Recht' werden hier Unzucht, Reichtum und Verunreinigung des Heiligtums durch Belial fälschlich dargestellt. Als Pesher zu Jes 24, 17 wird klar gemacht, daß man sich diesem vermeintlichen „Recht" letztlich nicht entziehen kann, also unausweichlich schuldig wird. Im wohl alten *maśkîl*-Gesetz (1 QS 3, 13ff.; vgl. J. L. Duhaime, RB 84, 1977, 566–594) wird *mîn* auf den Menschen angewandt in Übereinstimmung mit der spät-at.lichen Entwicklung. Es ist Aufgabe des *maśkîl* (vgl. H. J. Fabry, in: Der Diakon, Festschr. A. Frotz, ²1981, 15–26, bes. 16f.), die einzelnen Sektenmitglieder zu beurteilen und zu belehren angepaßt an *mînê rûḥôṯām* 'Arten ihrer Geister' (1 QS 3, 14). Die ältesten *maśkîl*-Bestimmungen sprechen nur von *kᵉrûḥô* 'nach seinem Geist' (1 QS 9, 14). (*Fa.*)

Beauchamp

מכר *mkr*

1. Das Verb *mkr* – 2. Nomina *môḵer* und *makkār* – 3. Nomina *mæḵær*, *mimkar*, *mimkæræṯ* – 4. Schlußfolgerungen – 5. LXX.

Lit.: *Z. W. Falk*, Hebrew Legal Terms II (JSS 12, 1967, 241–244). – *B. Landsberger*, Akkadisch-Hebräische Wortgleichungen (Hebräische Wortforschung, Festschr. W. Baumgartner, VTS 16, 1967, 176–204, bes. 176ff. 187f. 204). – *E. Lipiński*, Le mariage de Ruth (VT 26, 1976, 124–127). – *Ders.*, Sale, Transfer, and Delivery in Ancient Semitic Terminology (Gesellschaft und Kultur im Alten Vorderasien = Schriften zur Geschichte und Kultur des Alten Orients 15, 1982, 173–185). – *A. L. Oppenheim*, Old Assyrian *magāru* or *makāru*? (Anatolian Studies Presented to H. G. Güterbock, Istanbul – Leiden 1974, 229–237). – *W. Plautz*, Die Form der Eheschließung im Alten Testament (ZAW 76, 1964, 298–318, bes. 312ff.).

1. Das Verb *mkr* begegnet im AT im *qal* 56mal mit eindeutigem Schwergewicht im Pentateuch (Josephsgeschichte Gen 37–50 [7mal]; Sklavengesetz im Bundesbuch Ex 21 [5mal]; Jobeljahrbestimmungen Lev 25 [7mal]) und in Jo 4 (5mal); die weitere Verteilung ist unauffällig; das *hiph* begegnet 19mal (7 Belege allein in Lev 25), das *hitp* 4mal. Die übliche Wiedergabe des hebr. Verbs *mkr* ist 'verkaufen'. Diese Bedeutung kann man zurückverfolgen bis ins 5. Jh. v. Chr. (Neh 10, 32; 13, 15f. 20; Spr 31, 24) und ist später bezeugt in den Verträgen von Wadi Murabba'at, die auf 134 und 135 n. Chr. zu datieren sind (Mur 29, 1. 10; 30, 1. 4. 10. 20). Eine Überprüfung der älteren Belege von *mkr* zeigt jedoch, daß dieses Verb sich nicht spezifisch in das Wortfeld „kaufen/verkaufen" einordnen läßt. Es bezeichnet vielmehr die Übergabe von Gütern, gewöhnlich in Austausch für Wertsachen, auch unabhängig von einem Eigentümerwechsel. Noch in der talmudischen Zeit wird *mkr* gebraucht zur Bezeichnung eines Transfers von Rechten und Ansprüchen für einen bestimmten Zeitraum ohne eigentlichen Eigentümerwechsel. So diskutiert bBaba Meṣi'a 79a–b den Fall eines Mannes, der „*mwkr* sein Feld für 60 Jahre", nach deren Verlauf das Land an seinen Eigentümer zurückfällt. Es handelt sich also nicht um ein Verkaufsgeschäft, sondern um die Übertragung eines Nießbrauchrechtes. So meint *mkr* also einen Besitzwechsel, der aus einem Verkauf entspringen kann, aber nicht muß.

Dies wird deutlich in den Belegen in der 1. Hälfte des 1. Jt. v. Chr. Obwohl wir in vielen Fällen (z. B. Lev 27, 28; Deut 14, 21; 24, 7; 32, 30; Spr 23, 23) die Bedeutung nicht exakt erheben können, findet sich doch eine Reihe charakteristischer Beispiele in anderen bibl. Texten. In ernsten finanziellen Schwierigkeiten 'liefert jem. sich selbst aus' oder 'jem. wird ausgeliefert' (*jimmāḵer*) an seinen Gläubiger für 6 Jahre (Deut 15, 12; Jer 34, 14) oder bis zum nächsten Jobeljahr (Lev 25, 39–42. 47–54). Eine Landparzelle, die zum Erbgut gehört, kann zwar 'übergeben werden' (*timmāḵer*) an den Hypothekengläubiger oder an einen Nutznießer bis zum nächsten Jobeljahr (Lev 25, 23–28; 27, 20f. 24), von Verkauf kann aber keine Rede sein.

JHWH übergibt (*jimkᵉrem*) die Israeliten ihren Feinden für eine Periode von 8 (Ri 3, 8), 20 (Ri 4, 2f.) oder 18 Jahren (Ri 10, 7f.). An keiner dieser Belege paßt die Übersetzung mit „verkaufen", denn „verkaufen" beinhaltet eine absolute Übereignung, keineswegs nur eine zeitlich begrenzte Übergabe zur Nutzung.

Dies geht auch deutlich aus Lev 25, 13–16 hervor, wo

es sich nicht, wie gewöhnlich übersetzt wird, um Kauf und Verkauf von Ackerland handelt, sondern vielmehr um Erwerb von Nutzungs- und Nießbrauchrechten über das Eigentum eines anderen bis zum nächsten Jobeljahr (vgl. bes. v. 16). *mkr* (2mal in v. 14f.) meint klar eine Übertragung des Nutzungsrechtes, das zu einem bestimmten Preis für eine bestimmte Zeit ausgesprochen wird. Das gleiche gilt Lev 25, 29ff. für das Nutzungsrecht eines Hauses mit der Ausnahme, daß ein Haus in einer befestigten Stadt nach einem Jahr (Einlösungsfrist) kraft der Ersetzung in das Eigentum des Nutzers übergeht und im Jobeljahr nicht zurückgegeben werden muß. So kann auch in einem Text wie Ez 7, 12f. der *môḵer* nicht ein „Verkäufer" sein, da aus v. 13 hervorgeht, daß das Gericht unmittelbar bevorsteht und er – der *môḵer* – nicht mehr in der Lage sein wird, zum Eigentum zurückzukehren, das er weggegeben hat. Dies besagt doch wohl, daß er so in normalen Zeiten handeln würde, also nicht sein Eigentum „verkaufen" würde, sondern es zum Nießbrauch oder als Hypothekenpfand übergibt. Dies wird auch bestätigt Ruth 4, 3ff. Danach soll Noëmi beabsichtigt haben, die Landparzelle aus dem Eigentum ihres verstorbenen Gatten Elimelek zu ʿübertragenʾ. Die Verwendung von *mkr* besagt nur, daß sie die Nutzung dieser Länderei zu „übergeben" gedachte für eine Zeitdauer, die durch Gesetz auf die Dauer ihrer Witwenschaft beschränkt war. Sie konnte dieses Land nicht verkaufen, denn es würde dem nächsten Verwandten (vgl. Num 27, 8–11) oder einem dem Elimelek postum geborenen Kind, das Ruth ihm nach dem Leviratsgesetz geboren haben würde, zufallen (Ruth 4, 5). Und genau das war der Grund, aus dem der nächste Verwandte auf sein Recht, sie zu heiraten, verzichtete: würde er einen männlichen Nachkommen für den Verstorbenen zeugen, ging er selbst gleichzeitig des Erbes an Elimeleks Eigentum verlustig. In talmudischer Zeit war tatsächlich die Durchführung des Levirates mit dem Recht auf Erbe verbunden (bJebamot 40a; bKetubbot 81b. 82a); dies war aber in früheren Zeiten durchaus nicht so, wenn man davon ausgehen kann, daß die Erzählung von Ruth eine alte Rechtslage widerspiegelt. So kann man *mkr* in Ruth 4, 3 jedenfalls nicht mit „verkaufen" übersetzen.

Biblische Texte, die sich auf Menschen als Pfand und auf die Versklavung von Schuldnern beziehen (dazu vgl. jetzt I. Cardellini, Die biblischen „Sklaven"-Gesetze im Lichte des keilschriftlichen Sklavenrechts, BBB 55, 1981, bes. 339), zeigen ebenfalls, daß *mkr* tatsächlich so etwas wie „übertragen" bedeutet. Ex 22, 2 spricht vom Dieb, der die gestohlenen Güter zurückerstatten muß, und verlangt – nach den geläufigen Übersetzungen – „Wenn er nichts hat, soll er für seinen Diebstahl verkauft werden!". Flavius Josephus (Ant IV, 8, 27, § 272) dagegen kennt noch eine Tradition, nach der der Dieb der klagenden Partei „übergeben" wurde, wenn er die Gegenleistung für ein gestohlenes Stück Vieh nicht erbringen konnte. Dies geht auch aus der Terminologie hervor: *g^e^neḇāh* ʿgestohlene Güterʾ (statt „Diebstahl") und *mkr b^e^* ʿübergeben in Austausch fürʾ (vgl. auch Gen 37, 28; Lev 27, 27; Deut 21, 14; Jes 50, 1; Jo 4, 3; Am 2, 6; Nah 3, 4; 1 Q 27, 1, II, 6; TR 43, 14). Deshalb ist die in Frage kommende Redewendung zu übersetzen mit: „Wenn er nichts hat, soll er anstelle der gestohlenen Güter übergeben werden." Die gleiche Bedeutung findet sich Jes 50, 1a und 52, 3ff., wo man daher die Übersetzung „Du wirst unentgeltlich verkauft" (vgl. 1 Q 27, 1, II, 6) ablehnen muß. Ungerechtfertigte Versklavung infolge unsauberer Forderungen und Bestechung findet sich Am 2, 6, wo *mkr* eindeutig ʿübertragenʾ bedeutet. Zu vergleichen ist die Wendung *māḵar b^e^jaḏ* (Ri 2, 14; 3, 8; 4, 2. 9; 10, 7; 1 Sam 12, 9; Ez 30, 12; Jo 4, 8), die niemals im Zusammenhang mit der Bestimmung eines Preises vorkommt. Die geläufige Wiedergabe mit „verkaufen" ist daher einfach falsch. Die Zusammenstellung von *mkr* mit einer Ortsangabe, wohin jemand ʿübergebenʾ wird (Gen 45, 4f.; Jo 4, 7; vgl. auch im Ugar. KTU 3.8, 16; 2.48, 5), oder mit *ʾæl* und Ortsname (Gen 37, 36) zeigt an, daß dieses Verb ursprünglich nichts mit Kauf/Verkauf zu tun hatte, obwohl diese Bedeutung nicht selten konnotiert werden muß.

mkr steht auch für das Weggeben der Tochter als Braut (Gen 31, 15) oder Konkubine (Ex 21, 7f.), des Bruders als Sklave (Gen 37, 27f.; Deut 28, 68; Ps 105, 17). Gerade im ersten Fall hat *mkr* nichts mit „verkaufen" zu tun, denn die sogenannte „Kaufehe" ist bei den Westsemiten in beiden vorchristlichen Jahrtausenden nicht belegt (→ מהר *mohar*). Sogar die ʿÜbergabeʾ in die Sklaverei bedeutete nicht unbedingt „Verkauf", denn ein Schuldner konnte ein Mitglied seiner Familie dem Gläubiger als Pfand übergeben; er konnte sich auch selbst verpfänden (vgl. Deut 28, 68). Nur Personen oder Güter, die *b^e^ḵæsæp* (Gen 37, 28; Deut 21, 14; Am 2, 6; TR 43, 14) oder *b^eʿ^eræḵ* (Lev 27, 27) übergeben werden, werden sicher verkauft. In diesem Zusammenhang erst hat *mkr* die echte Konnotation des Verkaufens, wobei das Verb als solches aber nach wie vor ʿübergeben, aushändigenʾ bedeutet. Es gibt auch Texte (Jo 4, 3; Nah 3, 4), wo *māḵar b^e^* sich auf eine Art Tauschhandel bezieht. Aus dieser großen semantischen Breite von *māḵar* erklärt sich, daß es in Esth 7, 4 im Sinne von „ausliefern" zur Verrichtung, Tötung und Ausrottung verwendet werden kann.

Auch in Ex 21, 37, wo ein Dieb einen Ochsen oder ein Schaf raubt, es schlachtet oder veräußert, ist die Übersetzung von *māḵar* mit „verkaufen" nicht geraten angesichts der weiten Interpretation in der Tosephta Baba Qamma VII, 14 „Ob er es gestohlen und getauscht hat, ob er es gestohlen und geopfert hat, oder er es gestohlen und verschenkt hat, ob er es gestohlen und zur Abgleichung einer Schuld eingelöst hat, ob er es gestohlen und dann als Verlobungsgeschenk in das Haus des Schwiegervaters geschickt hat, er muß es vierfach oder fünffach bezahlen."

Ein zusätzliches Argument ergibt sich aus dem idiomatischen Gebrauch des reflexiven *hitp* von *māḵar* in

1 Kön 21, 20. 25 und 2 Kön 17, 17, wo man *hiṯmakkærkā la'ᵃśôṯ hāra'* mit „du hast dich 'verleiten' lassen, Unrecht zu tun" (vgl. auch Sir 47, 24) übersetzen muß. Eine Konnotation „verkaufen" ist völlig abwegig (vgl. D. W. Thomas, JThS 37, 1936, 288f., und JThS NF 3, 1952, 214).

Abschließend ist noch auf akk. *makāru* zu verweisen, das hauptsächlich in aassyr. Texten begegnet. Hier bedeutet es nie „verkaufen" (vgl. CAD M/1, 126ff. „to do business, to use [silver etc.] in business transactions"), vielmehr bezieht es sich in den meisten Fällen auf einen Silber- oder Goldbetrag, der zu zahlen (oder auch nicht) ist, um Güter zu erwerben, die man mit Profit weiterverkaufen kann.

2. Das hebr. Ptz. *môḵer* wird nicht nur als Verbalform verwendet (Lev 25, 16; Nah 3, 4; Neh 13, 16), sondern auch als Nominalformativ gewertet (Jes 24, 2; Ez 7, 12f.; Sach 11, 5; Neh 13, 20). Seine übliche Übersetzung ist „Händler", „Verkäufer". Dieses Nominalformativ begegnet nur in relativ jungen Texten, zuerst Ez 7, 12f. Auch hier gibt die übliche Übersetzung keinen rechten Sinn, denn vom Verkäufer nimmt man nicht an, daß er zum verkauften Eigentum zurückkehrt. *môḵer* meint also einen 'Überlasser', der für eine bestimmte Zeit sein Eigentum übergibt. Die Bedeutung „Verkäufer" deckt also nur einen Teilsektor der semantischen Breite von *môḵer* ab.

Das Nomen *makkār* begegnet 2 Kön 12, 6. 8. Es wurde in den Übersetzungen überwiegend als „Bekannter, Freund" gewertet, wobei es trotz des griech. Äquivalentes πρᾶσις 'Verkauf' von *nkr* abgeleitet wurde. Die LXX aber hat sicher recht, wenn sie den Terminus von *mkr* ableitet (vgl. KBL³ 551). Die Form *makkār* (gebildet nach *qaṭṭāl*) ist eine Berufsbezeichnung. Nach dem Kontext von 2 Kön 12 begegnen die *makkārîm* als Geschäftsleute in Tempelbelangen. In späteren talmudischen Texten begegnen *makkārîm* in wahrscheinlich gleicher Bedeutung (jGiṭṭin III 45a; bGiṭṭin 30a; bḤullin 133a). Wenn sich auch über die Funktion der *makkārîm* Näheres nicht mehr ermitteln läßt, so scheint doch eindeutig das semantische Feld von *mkr* (und nicht von *nkr*) berührt zu sein.

Das Nomen *makkir* begegnet Mur 30, 3. 16 und ist das Ptz. *hiph* von *nkr*; dieses Formativ findet sich auch in Talmud und Midrasch. Hier bezeichnet es den Erwerber, dem Eigentum transferiert wird, und nicht den „Verkäufer" *môḵer*, wie es die Übersetzungen von Mur 30 nahelegen wollen. Der Sippenname *māḵîr* sollte dagegen die Bezeichnung einer Landschaft gewesen sein, gebildet aus dem *m-locale* und der Wurzel *kjr/kwr*, vielleicht etwa „Landkreis" (vgl. arab. *kūra*).

* Zum PN *māḵîr* „Machir" vgl. die anderslautende Erklärung von E. Täubler, Biblische Studien: Die Epoche der Richter, 1958, 190ff., und KBL³ 549, die beide von *mkr* ableiten. Da die Gemination des *k* in Mur 30 nicht gesichert ist, könnte ein Zusammenhang zwischen beiden Formativen bestehen. (*Fa.*)

Wir wissen nicht, ob das häufig belegte ugar. Nomen *mkr* und das pun. Nomen *mkr* mit dem Ptz. *mākiru* oder der Berufsbezeichnung *makkāru* zusammengesehen werden muß, da die Vokalisation völlig unbekannt ist (vgl. auch L. de Meyer, L'étymologie de *macellum* „marché" [AC 31, 1962, 148–152]).

Das Gleiche gilt für das kan. Lehnwort *mkr* im Äg. (vgl. W. Helck, Die Beziehungen Ägyptens zu Vorderasien, 1962, 563 Nr. 128): die Schreibweise erlaubt uns keine Entscheidung über eine Aussprache *mākiru* oder *makkāru*. Auch der Name Μάκηρις (vgl. Pausanias, Graeciae descriptio X 17) läßt beide Erklärungsmöglichkeiten offen, wenn man voraussetzt, daß Μακερίς nicht eine Deformation der Götterbezeichnung Melqart ist, wie es von dem Komm. allgemein angenommen wird aufgrund seiner Gleichsetzung mit Herakles, sondern ein Epitheton „Kaufmann", ähnlich dem *Hercules ponderum* (CIL VI 336); tatsächlich war der Melqart-Kult bes. bei Kaufleuten verbreitet. Eine Antwort auf unsere Frage wäre möglich, wenn Makar, der legendäre erste Siedler von Lesbos (Etym. Magna s.v. βρισαῖος), ein phön. „Kaufmann" war, nicht jedoch ein griech. Μάκαρ „Gesegneter".

In jedem Fall haben die ugar. und pun. *mkrm* etwas mit Handel zu tun, und *mkr* ist hier ohne Zweifel eine Berufsbezeichnung. Einige der ugar. *mkrm* waren einflußreiche Leute und erfreuten sich großer Selbständigkeit in ihren geschäftlichen Aktivitäten, wohingegen der offizielle Status anderer *mkrm* klar dadurch gekennzeichnet ist, daß sie Rationen und Lohn vom Königspalast erhalten (KTU 4.38, 3; 4.263, 1; PRU III, S. 200, A II 12–46). Sie waren dem König untertan in ihrer Eigenschaft als 'Lieferer' und konnten auch als Boten fungieren oder Botschafter begleiten, die Geschenke und Gaben anderen Höfen zu überbringen hatten (vgl. A. F. Rainey, IEJ 13, 1963, 315). In dieser Funktion waren sie dem mesopot. *tamkāru* vergleichbar, der ebenfalls ein Handelsvertreter war (vgl. AHw 1314f.: „Kaufmann, Händler, Finanzier"). Allerdings darf man die Differenz von Ort und Zeit nicht übersehen.

Das Nomen *mkr* ist auch im asarab. bezeugt (RES 3951, 2), wo es eine Person zu bezeichnen scheint, die in kaufmännischen Aktivitäten involviert ist. Urteilt man von der späteren arab. Wurzel *mkr* her, so war die allgemeine Regel *caveat emptor* im alten Arabien besonders zutreffend. Tatsächlich bedeutet *makara* im klass. Arab. 'betrügen'; *makr*, das dem hebr. *mæḵær* entspricht, wird in der Bedeutung 'Täuschung, Betrügerei' verwendet und ein *makkār* oder *mākir* ist ein 'Schwindler' (vgl. H. Wehr, Arabisches Wb. für die Schriftsprache der Gegenwart, ⁴1968, 817). Um einen Kaufmann zu bezeichnen, gebraucht das Arab. stattdessen das Lehnwort *tāğir* (< aram. *taggārā'*, < akk. *tamkāru*).

3. Das Nomen *mæḵær* Num 20, 19 und Spr 31, 10 bedeutet 'Wert, Preis', aber bezeichnet Handelswaren in Neh 13, 16 und 'verpfändetes' oder 'verkauftes Land' in Mur 22, 1–9, 12; 30, 4. 7. 16. 17. 22. 24. 28, ebenso in der Mischna (Ketubbot XI 4) und im Talmud (bQiddušin 6b und 47a), wo die traditionelle Übersetzung „Landverkauf" korrigiert werden müß-

te entsprechend den Urkunden aus Murabba'at. Diese drei Bedeutungen von *mækær* lassen sich kaum voneinander ableiten; deshalb müssen sie unabhängig voneinander zu verschiedenen Zeiten oder an verschiedenen Orten entstanden sein. Die Konnotation von *mækær* im Sinne von „verkauftes Land" hat offensichtlich das ältere *mimkār* ersetzt, dessen Bedeutung sich im Laufe der Zeit gewandelt hatte.

mimkār bedeutete zuerst 'Landeigentum, das zum Nießbrauch übergeben wird' oder 'verpfändet' (Lev 25, 14. 25. 27. 28. 29. 33. 50; Deut 18, 8; Ez 7, 13; TR 60, 15) und ausnahmsweise „verkauft" wird (Neh 13, 20; Sir 37, 11). Tatsächlich bezeichnet die hebr. Nominalbildung nach dem Typ *miqṭal/miqṭāl* Dinge, die zur Durchführung einer Handlung gebraucht werden, hier zum „Aushändigen" und „Weggeben" (*mkr*). Das Nomen *mimkār*, das später in CD 13, 15 und in der talmudischen Literatur in der Bedeutung „Verkauf" begegnet (bBaba Meṣi'a 79b; bBaba Batra 155b), ist dagegen ein Verbalnomen, das dem aramaisierenden Inf. *miqṭāl* nachgebildet ist. Das Gleiche gilt für das Nomen *mimkæræṯ* in Lev 25, 42 und 4 Q 159, 2–4, 3, das „Verkauf" oder allgemeiner „Besitzübertragung" bedeutet.

In der talmudischen Literatur begegnet schließlich noch das Nomen *mᵉ̱kîrāh* 'Verkauf', gebildet nach dem im nachbibl. Hebr. häufigen Typ *qᵉṭîlāh*.

4. Die Wurzel *mkr* wurde neben *ntn* am häufigsten benutzt, um Transaktionen zu bezeichnen, die Übergabe oder Übereignung beweglicher und unbeweglicher Güter implizieren. Ihr Bedeutungsfeld umfaßt 'abgeben, übergeben, transferieren, ausliefern'. Das Ergebnis einer solchen Transaktion war normalerweise rechtmäßiger Besitz oder Eigentum laut des Wortlauts und der Rechtsform des Vertrages. In frühen hebr. Quellen bezieht sich *mkr* jedoch meistens auf die einfache Besitzübertragung, wohingegen *ntn* in Klauseln Verwendung findet, die betonen wollen, daß eine Landübergabe eine Übereignung für immer bedeutet (Gen 13, 15; 17, 8; 48, 4; vgl. S. E. Loewenstamm, IEJ 6, 1956, 222; R. Yaron, ILR 3, 1968, 481). Andererseits schließt der parallele Gebrauch beider Verben (z. B. Gen 25, 33f. [vgl. v. 31]; Deut 14, 21; Ri 2, 14; Ez 30, 12; Jo 4, 3; Ps 44, 12f.; Spr 31, 24) eine endgültige Beurteilung ihrer differierenden Bedeutung und Verwendung aus. *mkr* meint also Besitzübertragung oder Übereignung mit einem allmählichen Bedeutungsübergang zum letzteren. *mkr* charakterisiert also die Form der Transaktion, spezifiziert aber nicht ihre Substanz.

5. Die LXX bevorzugt für die Wiedergabe des Verbs im *qal* ἀποδιδόναι (39mal) und πωλεῖν (8mal), im *niph* und *hitp* πιπράσκειν (zusammen 19mal). Die Nomina werden fast durchgängig durch πρᾶσις wiedergegeben.

Lipiński

מָלֵא *māle'*

מְלֹא *mᵉlo'*, מִלְאָה *millu'āh*, מִלֻּאִים *millu'îm*, מִלּוֹא *millô'*

I. Vorkommen – 1. in der Umwelt Israels – 2. im AT – II. Bedeutung – III. Verschiedene Redensarten – 1. *māle' kᵉḇôḏ JHWH* – 2. *māle' hajjāmîm* – 3. *mille' 'aḥᵃrê JHWH* – 4. *mille' 'æṯ-haddᵉḇārîm* – 5. *mille' 'æṯ-jāḏ* – IV. Ableitungen – 1. *mᵉlo'* – 2. *millu'îm* – 3. *millô'* – V. Qumran.

Lit.: *R. Borger*, Die Waffenträger des Königs Darius (VT 22, 1972, 385–398). – *M. Delcor*, מלא *ml'* voll sein, füllen (THAT II 897–900). – *C. F. D. Moule*, Fulfillment-words in the N.T., Use and Abuse (NTS 14, 1967, 293–320). – *M. Noth*, Amt und Berufung im AT (ThB 6, 1966, 309–333). – *K. Rupprecht*, Quisquilien zu der Wendung 'jemandem die Hand füllen' und zum Terminus *millu'im* (Festschr. R. Rendtorff, 1975, 73–93). – *D. Winton Thomas*, *ml'w* in Jeremiah 4, 5: a Military Term (JJSt 3, 1952, 47–52).

I. 1. Die Wurzel *ml'* ist gemeinsemitisch. Das Akk. kennt das Verbum *malû* 'voll sein oder werden' (AHw 597ff.), das Subst. *mīlu* 'Hochflut' (AHw 652f.) und *tamlû* 'Aufschüttung, Terrasse' (AHw 1316). In der nord- und südarab. Sprache (Conti Rossini 177), auch im Äth. begegnet *ml'* 'voll sein' bzw. 'füllen' (LexLingAeth 148f.; Wb Tigrē 108). Auch das Phön. und Aram. bieten Parallelen (DISO 151). Das bibl. Aram. hat ein *pᵉ'al* von *māle'* (Dan 2, 35) und ein *hitp* 'erfüllt werden' (Dan 3, 19).

2. Das Verbum *ml'* kommt im AT insgesamt 246mal vor, davon 100mal *qal*, 108mal *pi*, 36mal *niph*, 1mal *pu* (HL 5, 14) und 1mal *hitp* (Hi 16, 10).

Das Subst. *mᵉlo'* oder *mᵉlô'* wird einmal ohne ' geschrieben (Ez 41, 8), das Verbum zweimal: *mālû* (Ez 28, 16), *māleṯî* (Hi 32, 18). Zweimal schreibt man *h* statt ' (Hi 8, 21; Ez 16, 30; vgl. auch 3 Q 15, II, 1; III, 8. 11). Der Name *Jimlāh* (1 Kön 22, 8): 'er wird füllen oder voll sein' wird 2 Chr 18, 7 *jimlā'* geschrieben. Jes 23, 2 wäre mit 1 QJesᵃ *mal'āḵæḵā* „deine Boten" zu lesen statt: *mil'ûḵ* „sie haben dich erfüllt"(?).

An zwei Stellen finden wir das Adj. *māle'* in unklarem Zusammenhang. Es ist unsicher, ob es sich hier um Formen des Verbums oder um das Adj. *māle'* handelt. Wenn keine Textverbesserungen vorgeschlagen werden, deutet man dieses Wort adverbial: es wird 'laut' gerufen (aus voller Kehle, Jer 12, 6), sie werden 'völlig' verzehrt (Nah 1, 10). Es ist aber fraglich, in Ermangelung der Parallelen, ob man diese Lösung wählen kann. Jer 12, 6 wird oft mit Jer 4, 5 verglichen, was aber kaum möglich ist (zu Jer 4, 5 s. u.). Vielleicht muß man hier *mᵉlo'* statt *māle'* vokalisieren: 'Fülle, Ganzheit, Menge' (Gen 48, 19; Jes 31, 4). Die Übersetzung lautet dann folgendermaßen: „Auch sie rufen hinter dir eine Menge zusammen" (zur Verfolgung); vgl. Jes 31, 4: „die ganze Menge der Hirten hat man gegen ihn zusammengerufen".

II. *māle' qal* hat transitive oder intransitive Bedeutung: 'füllen' bzw. 'voll sein'. Wir lesen z. B.: „sie füllte ihren Krug" (Gen 24, 16) und: „die Häuser sind voll Ungeziefer" (Ex 8, 17). Nicht immer wird gesagt, womit etwas gefüllt wird. Der Kontext bietet dann meistens Aushilfe: „den Krug (mit Wasser)" (Gen 24, 16) oder: „füllt das Wasser in den Meeren" (sc. mit euch selbst, d. h. Tiere) (Gen 1, 22), „seine Säume füllten das ganze Heiligtum" (mit sich selbst) (Jes 6, 1); vgl. auch Jes 2, 6: „Sie sind voll (mit Leuten, Sachen) aus dem Osten."

Die Substanz, womit ein Gegenstand gefüllt wird, begegnet grammatisch als zweiter Akkusativ, als Akk. materiae, bisweilen mit *'æṯ* (GKa § 117z), *watt^{e}malle' 'æṯ haḥemæṯ majim* „sie füllte den Schlauch mit Wasser" (Gen 21, 19) und: *ûl^{e}mal'ām 'æṯ piḡrê hā'āḏām* „um sie (die Häuser) mit Leichen anzufüllen" (Jer 33, 5).

Gewöhnlich wird etwas, was leer ist, gefüllt: ein Sack mit Korn (Gen 42, 25), ein Horn mit Öl (1 Sam 16, 1), ein Haus mit Rauch (Jes 6, 4), die Zisterne oder das Tal mit Gefallenen (Jer 41, 9; Ez 32, 5f.; Ps 110, 6? l. *ge'ājôṯ*, vgl. Kraus, BK XV 927). Der Gegensatz von 'voll sein' ist die Öde, die Wüste, das Land ohne Menschen (Ez 26, 2 „voll werde ich, die Öde"; auch wenn mit Zimmerli [BK XIII 614] übersetzt wird: „die [einst] Volle ist [jetzt] verwüstet", ist der Kontrast derselbe); „so sollen die jetzt verödeten Städte voll von Menschenherden sein" (Ez 36, 38). Noëmi klagt: „Voll (d. h. mit einer ganzen Familie) bin ich weggegangen, leer (*rêqām*) hat mich der Herr zurückkehren lassen" (Ruth 1, 21).

Man benützt das Wort aber auch im Sinne von 'anfüllen, ergänzen': „Mache die Woche dieser (Braut) voll" (Gen 29, 27). In Babel naht die Stunde, daß der Frondienst Israels erfüllt ist, d. h. das Maß des Leidens ist vollständig (Jes 40, 2). Der Jordan war angefüllt bis über seine Ufer, „er war bis zum Rand voll" (Jos 3, 15; vgl. 1 Chr 12, 16). David lieferte die geforderten Vorhäute ab, er „füllte sie außerdem an", er machte die Zahl voll (1 Sam 18, 27). 2 Kön 9, 24: „Jehu füllte seine Hand (= seine Kraft) durch den Bogen" (s. u.).

Man füllt nicht nur mit konkreten Sachen, sondern ebensowohl mit dem Immateriellen. In übertragenem Sinne wird jemand mit Weisheit (Deut 34, 9; 1 Kön 7, 14; dazu vgl. V. Sasson, BASOR 232, 1978, 57–63), Lob (Hab 3, 3) oder Zorn (Jer 15, 17) erfüllt. Zion wird mit Gerechtigkeit gefüllt (Jes 33, 5), der Mund mit Lachen (Hi 8, 21; Ps 126, 2) und die Hüften mit Krampf (Jes 21, 3).

Die Begierde gleicht einem Loch; sie zu sättigen heißt das Loch füllen (Hi 38, 39; Ps 107, 9). Leute können mit Trunkenheit (*šikkārôn*) gefüllt werden wie 'Krüge' mit Wein (Jer 13, 12f.).

Die Bedeutung 'gefüllt werden', 'voll sein' wird in bestimmten Kontexten verstärkt durch das synonyme Verbum *śāḇa'* 'sich sättigen' (Deut 33, 23; Ez 7, 19; Ps 17, 14; 107, 9). Denselben Gedanken finden wir in der Redensart *zāqen ûm^{e}le' jāmîm* und *zāqen uś^{e}ḇa' jāmîm* „alt und voll bzw. satt von Tagen" (Jer 6, 11; Gen 35, 29; vgl. Gen 25, 8; Hi 42, 17). Das Erfüllen einer Zeit, das Beenden einer Frist, wird nicht nur durch *māle'*, sondern auch durch das Verbum *tāmam* 'vollständig, zu Ende sein' angedeutet (Lev 25, 29f.). Im Ausdruck „das Wort ging in Erfüllung" kann *māle'* durch *kālāh* (2 Chr 36, 21f.) und *heḵîn* (Jer 33, 2) ersetzt werden. *kālāh* begegnet ebenso, wenn gesagt wird, daß eine bestimmte Zeit erfüllt oder zu Ende ist (Ez 4, 8; 5, 2). Dasselbe kann mit dem Zeitwort *šālem* 'fertig, vollendet werden' (Jes 60, 20) ausgedrückt werden. Das Adj. *māle'* 'voll' (= Ptz. *qal*, fem. *m^{e}le'āh*) findet sich im AT 60mal. Speicher sind voll (Ps 144, 10), so auch Schüsseln und Schalen (Num 7, passim) usw. Das, womit etwas voll ist, folgt meistens nach dem betreffenden Subjekt, seltener umgekehrt: *t^{e}šu'ôṯ m^{e}le'āh 'îr*, „von Lärm ist die Stadt voll" (Jes 22, 2). Zur Wendung *b^{e}ḵæsæp māle'* im Sinne von „den vollen Gegenwert bezahlen" (Gen 23, 9) vgl. G. M. Tucker, The Legal Background of Gen 23 (JBL 85, 1966, 77–84).

III. Das Verbum *māle'* (und seine Derivate) ist fest eingebunden in einer Anzahl theologisch bedeutsamer Redensarten.

1. Bei dem Ausdruck *māle' hajjāmîm* 'die Tage erfüllen' handelt es sich um eine bestimmte Frist, einen Zeitraum, der gewissermaßen leer ist. Man zählt die Tage, bis der Zeitraum gefüllt ist, die Tage komplett sind, z. B. der Schwangerschaft (Gen 25, 24), eines Dienstverhältnisses (Gen 29, 21. 27. 28), des Balsamierens (Gen 50, 3), der Dauer des Weihegelübdes (Num 6, 5), der Periode der Einweihung eines Priesters (Lev 8, 33) oder der Schönheitsbehandlung im Harem (Esth 2, 12). Man spricht auch von einer Dauer der Knechtschaft: 70 Jahre (Jer 25, 12; 2 Chr 36, 21), die 'voll' werden (vgl. Jer 29, 10; Dan 9, 2). Der Mensch lebt eine bestimmte Zeit. Für jedermann kommt der Augenblick, wo „seine Tage voll sind" (2 Sam 7, 12; 1 Chr 17, 11; Ex 23, 26). Wenn unsere Tage 'voll' oder 'erfüllt' sind, dann ist das Ende „nahe" oder „gekommen" (Kl 4, 18). Seine Tage vollmachen heißt sterben. Es ist dagegen ein Fluch, wenn jemand vor „seinem Tag" (*b^{e}lo' jômô*) stirbt (Hi 15, 32), oder wenn der Greis seine Tage nicht erfüllt (Jes 65, 20); vgl. die Redewendung: „alt und voll von Tagen" (Jer 6, 11); öfters: „satt von Tagen" (Gen 25, 8; 35, 29; Hi 42, 17; s. o.).

2. Es heißt oft, daß der *k^{e}ḇôḏ JHWH* das Haus oder das Land erfüllt (→ כבוד *kāḇôḏ*). Während der Tempelweihe erfüllt eine Wolke das Heiligtum in Jerusalem (1 Kön 8, 11; 2 Chr 7, 1. 2). Diese Wolke zeigt die Anwesenheit Gottes. Sie bedeckt das Offenbarungszelt, und der *k^{e}ḇôḏ JHWH* erfüllt den *miškān*, die Wohnung (nämlich mit sich selbst, Ex 40, 34f.). 2 Chr 5, 13f. variiert: das Haus ist von einer Wolke und vom *k^{e}ḇôḏ JHWH* erfüllt. Gleichlautende Aussagen gibt es in Ez 43, 5; 44, 4; Hag 2, 7. In Ez 10 wird erzählt, wie JHWH den Tempel verläßt. Die Wolke kommt aus dem Innern des Heiligtums heraus und 'füllt' den Vorhof, dann erhebt sich der *k^{e}ḇôḏ JHWH*. Der Tempel war von der

Wolke 'erfüllt' (*niph*) und der Vorhof 'war voll' (*qal*) vom Lichtglanz der Herrlichkeit JHWHs (v. 4).
In der Vision Jesajas ist nicht von einer Tempelweihe (oder -entweihung) die Rede. Der Prophet erlebt jedoch die Gegenwart Gottes ähnlich wie bei einer solchen Gelegenheit: er „sah JHWH auf einem hohen Throne sitzen und seine Säume füllten den Tempel" (Jes 6, 1). Ps 104, 2 läßt an eine Lichterscheinung denken: Licht ist das Gewand des Herrn. Ist es vielleicht der Glanz von Gold und Silber, der an diese leuchtende Anwesenheit des Herrn erinnert, wenn es heißt, daß die Schätze der Völker das heilige Haus wie mit 'Herrlichkeit' füllen (Hag 2, 7)?
Es gibt auch Texte, die auf die Gegenwart Gottes im Lande, in der Welt, außerhalb des Tempels hinweisen. Davon spricht man aber meistens anders als von der Anwesenheit Gottes im Heiligtum. In Hab 2, 14 heißt es, daß die Erkenntnis (*da'at*) des *kāḇôḏ* die Erde füllen wird. Und Hab 3, 3 sagt, daß das Lob (*tehillāh*) des Namens JHWHs die Erde füllen wird; das Kommen des Herrn wird diese Anbetung hervorrufen. Auch kann die Erde 'voll sein' von dem *ḥæsæḏ* JHWHs (Ps 33, 5; 119, 64), den göttlichen Güte-Erweisungen in Israels Geschichte und in gewaltigen Naturerscheinungen (→ III 61; Ps 136). Die einzige Stelle, die direkt bezeugt, daß Gott selbst in der Welt allgegenwärtig ist, ist Jer 23, 24: „Bin ich's nicht, der Himmel und Erde erfüllt?" Der Mensch kann sich nicht vor Gott verstecken, denn er ist nicht nur ein Gott in der Nähe, sondern auch ein Gott in der Ferne. Anders liegen die Dinge in Jes 6, 3, wo gegen die alten Übersetzungen, die die Lesart *māle'āh* voraussetzen, MT zu behalten ist: „Fülle der ganzen Erde ist sein *kāḇôḏ*." Wenn *melo'* (s.u.) Subj. ist, besagt das, daß alles, was die Erde füllt, Menschen und Geschöpfe, zur Ehre Gottes gereicht und seine Ehre verkündet (wie Ps 19, 1; vgl. Wildberger, BK z.St.). Gewiß gilt auch weiterhin, daß die Erde voll ist von Gewalttat (Gen 6, 11), Götzen (Jes 2, 8) und Blutschuld (Ez 7, 23). Dies trübt aber nicht den Blick des Frommen dafür, daß die Welt voll ist mit den „Großtaten Gottes".

Zweifelhaft sind Ps 72, 19 und Num 14, 21, wo MT eine *niph*-Form bietet, die gewöhnlich in eine aktive Form geändert wird. Wenn man MT behält, muß man folgendermaßen deuten: Der *kāḇôḏ* Gottes wird erfüllt werden (voll sein, total werden) mit der ganzen Erde. Die Essenz der Glorie JHWHs besteht nicht nur in seinem Wohnen im Heiligtum, sondern in seinen Werken auf der ganzen Erde, mit denen JHWH seinen *kāḇôḏ* 'füllt'.

3. Der Ausdruck *mille' 'aḥarê JHWH* wird meistens mit „vollständigen Gehorsam leisten, mit ganzem Herzen nachfolgen" o. dgl. übersetzt. Diese Deutung stimmt mit der Wiedergabe der Redensart in LXX (ἐπακολουθεῖν) überein und paßt gut zum Kontext. Es bleibt aber die Frage, wie man den gekürzten Ausdruck ergänzen muß. *lālæḵæṯ* 'um zu gehen' oder *lihjôṯ* 'zu sein' ist nicht ganz befriedigend. Da an verschiedenen Stellen im Kontext von *leḇ* 'Herz, Mut' die Rede ist, bietet dieser Begriff eine dritte Möglichkeit. In Jos 14 z. B. wird Kaleb für seine Treue gepriesen. Seine Brüder haben das Herz (Mut) des Volkes ins Wanken gebracht, während Kaleb „(sein Herz) gefüllt hat hinter dem Herrn" (v. 8). Zu verweisen ist auch auf 1 Kön 11, 4. 6 (= 2 Chr 12, 39), wo es heißt, daß das Herz Salomos nicht *šālem*, „ganz", mit JHWH war. Er tat, was dem Herrn mißfiel, er „füllte (das Herz) nicht an hinter JHWH", weil er auch Aštoret und Milkom verehrte. Das Herz des Menschen kann auch 'voll sein', Böses zu tun (Pred 8, 11), kann „voll sein von Beute" (Ex 15, 9) oder erfüllt sein mit dem Geiste der Weisheit (Deut 34, 9). So wird die knappe Redensart „erfüllen hinter JHWH" begreiflich. Im Herzen ist nichts gegen JHWH, es ist vollständig, vollkommen für oder hinter dem Herrn. Wie schon angedeutet, wird der Ausdruck mehrmals von Kaleb gebraucht (Num 14, 24; 32, 11 f.; Deut 1, 36; Jos 14, 8. 14).

4. Besondere Berücksichtigung fordern auch die Texte, die vom 'Vollmachen der Worte' (*mille' 'æṯ hadde̱ḇārîm*) sprechen. Man sagt oft, daß mit der Hand erfüllt wird, was mit dem Munde gesprochen worden ist (1 Kön 8, 15. 24; Jer 44, 25; 2 Chr 6, 4. 15; 36, 1). Das Wort (Prophetie, Gelübde, Zeugnis) wird bekräftigt und verwirklicht durch ein Geschehen (das auch wieder aus Worten bestehen kann). 'Hand' (→ יד *jāḏ*) ist Macht oder Kraft und dadurch werden die Worte mit Kraft gefüllt. In dieser Redewendung ist *māle'* ersetzbar durch *heqîm* 'aufrichten' und *šlm* 'vervollständigen, vollenden': „Der das Wort seines Knechtes aufrichtet (verwirklicht) (*meqîm*) und den von seinem Boten verkündeten Ratschluß vollführt" (*mašlîm*, Jes 44, 26; vgl. Num 23, 19; 1 Sam 3, 12). In der Erfüllung geschieht nichts Neues, sondern ein Wort wird voll gemacht, bekräftigt. Es hat dann unentrinnbare Gültigkeit und wird geschehen. So versteht auch Noth die Wendung nicht im Sinne von „inhaltlich ergänzen" oder „vervollständigen", sondern von „voll in Kraft setzen" (BK IX/1, 20).
Wie nahe Vorhersagen und Geschehen einander stehen, wird klar in Dan 4, 30: „In demselben Augenblick, (als) die Stimme vom Himmel ertönte, erfüllte sich das Wort an Nebukadnezar." Das Wort ist in Kraft getreten. Es ist nicht „leer", sondern richtet aus, was JHWH gewollt hat und bringt zustande das, wozu er es sandte (Jes 55, 11). Für die unmittelbare Beziehung zwischen Aussage und Erfüllung vgl. auch 1 Kön 2, 27.
Schließlich sagt Nathan 1 Kön 1, 14, daß er nach Bathseba zum König hereinkommen will, und während sie noch mit dem König spricht, wird er (Nathan) „ihre Aussagen erfüllen". Er hat keine andere Botschaft als Bathseba, seine Erzählung ist dieselbe. Gerade deshalb gibt er ihren Worten Kraft und Gültigkeit, denn zwei oder drei Zeugen geben einem Wort oder einer Sache „Bestand" (*jāqûm dāḇār*, Deut 19, 15). Es ist also kaum richtig, wenn Moule die Bedeutung „Bestätigung" leugnet und übersetzt „ich werde die ganze Geschichte erzählen", als ob

noch Lücken einzufüllen wären (C. F. D. Moule, Fulfillment-Words in the NT, NTS 14, 1967, 308). LXX übersetzt den Ausdruck meistens mit πληρόω τὸν λόγον und einmal mit συντελείω 'vollkommen machen', 'fertig machen' (Dan 4, 30).

5. a) Der Ausdruck *mille' jaḏ hakkohen*, „die Hand des Priesters füllen" (→ יד *jāḏ* III 437 → כהן IV 73f.) findet sich 16mal mit Bezug auf die Priesterweihe: Ex 28, 41; 29, 9. 29. 33. 35; 32, 29; Lev 4, 5 (LXX); 8, 33 (2mal); 16, 32; 21, 10; Num 3, 3; Ri 17, 5. 12; 1 Kön 13, 33; 2 Chr 13, 9; 29, 31. LXX lenkt unsere Aufmerksamkeit in eine bestimmte Richtung, wenn sie *mille'* hier nicht mit πίμπλημι (76mal) oder πληρόω (71mal), sondern mit τελειόω 'vervollkommnen, vollenden' übersetzt. Das Obj. steht in der Mehrzahl: τὰς χεῖρας. Einmal wird der Ausdruck in LXX um die Erwähnung der Hände gekürzt (Lev 21, 10). Diese Stelle regt uns an, an ein Ritual zu denken, wodurch der Priester tauglich gemacht wird, sein Amt auszuüben. Delling, ThWNT VIII 83f., versteht den Terminus als 'untadelig, makellos machen'. Aus Lev 21, 10 wird klar, daß mit 'Hände' pars pro toto vom Priester als solchem gesprochen wird. Es handelt sich um die kultische Reinheit der ganzen Person. V übersetzt mit *consecrare*, 'weihen'. Für die Interpretation der Redewendung erinnert man gewöhnlich an akk. *mullû qātā*, 'jemand mit etwas beauftragen, einen zum Priestertum bevollmächtigen' (AHw 598 *ana qāt X mullû*; Dillmann, HAT ad Lev 7, 37; vgl. A. Malamat, Biblical Essays, Pretoria 1966, 48, der auf *ana mil qātišunu* als „a certain ritual nuance, referring to the appropriation of such objects" hinweist). De Vaux (LO II 178f.) und Noth (Amt und Berufung 313) ziehen einen Mari-Text (ARM II 13) heran. Es handelt sich dort um die Füllung der Hand von Offizieren, nämlich mit einem Teil der Beute. Mutatis mutandis könnte man also im AT an die Einkünfte der Priester denken. Die älteste Stelle, wo die Redensart *mille' 'æṯ jāḏô* begegnet (Ri 17, 5. 12), nennt das Gehalt des Leviten, der Priester im Hause Michas geworden ist: jährlich zehn Silberstücke, Kleidung und Lebensunterhalt (v. 10). Und in der späteren umständlichen Beschreibung der Priesterweihe, Ex 29 und Lev 8, wird auf den Anteil des Priesters am Opfer hingewiesen (Ex 29, 28). Es ist also möglich, daß das Einhändigen von Opferteilen hinter dem Ausdruck liegt. Noth hat dies in Verbindung mit den Belegen in den Mari-Texten gesetzt und die Meinung verteidigt, daß die Handfüllung die Zuweisung eines Anteils an den im Heiligtum dargebrachten Opfergaben bedeutet (so auch F. Michaeli, CAT II 257). K. Rupprecht hat diese These mit gutem Erfolg bestritten. Obwohl in den betreffenden Stellen von den dem Priester zufallenden Opferteilen gesprochen wird und diese Sache für ihn zweifellos sehr wichtig war, gibt es nirgends einen Hinweis, daß die Zusage von Einkünften oder eine symbolische Aushändigung von Fleisch o. dgl. ein feierliches Moment im Weiheritual gewesen ist. Der Terminus ist meistens eine allgemeine Bezeichnung der Priesterweihe und, wo diese in Einzelheiten beschrieben wird (Ex 29; Lev 8), mit anderen Riten verbunden: Man soll sich nicht verführen lassen, bei der 'Füllung der Hand' an das buchstäbliche 'in die Hand geben' zu denken. Verschiedene Exegeten suchen den Ursprung der Redewendung in dieser Richtung (U. Cassuto, J. H. Hertz, de Vaux, Dillmann). Sie verweisen darauf, daß die Weihe sich vollzog, wenn der Priester zum ersten Mal den Dienst am Altar verrichtete und zu diesem Zweck Opferteile empfing. Dagegen spricht, daß zwischen Weihe (Lev 8) und Amtsantritt (Lev 9) ein ausdrücklicher Unterschied gemacht wird. Ferner ist zu beachten, daß das Wort *jāḏ* singularisch benutzt wird und daß das Hebr. in der Phrase „in die Hand legen" nicht *jāḏ*, sondern *kap̱* oder *ḥop̱æn* verwendet. Gerade wenn der Priester bei seinem Amtsantritt seine Hand in buchstäblichem Sinne füllt, heißt es: *wajᵉmalle' kappô*, Lev 9, 17 (vgl. Ex 29, 24; Ps 129, 7; Ez 10, 2 usw.). Delling (ThWNT XIV 83f.) hat mit Recht auf den Unterschied in LXX zwischen πίμπλημι τὰς χεῖρας (Lev 9, 17; 16, 12) und τελειόω τὰς χεῖρας (Ex 29, 9. 29. 33. 35; Lev 8, 33) hingewiesen: das zweite hat mit dem ersten gar nichts zu tun. Der Übersetzer hat bewußt verschieden übertragen.

In den Vorschriften für die Priesterweihe in Ex 29 und Lev 8 fällt auf, daß im ersten Teil von Ex 29 die 'Handfüllung' verschiedene Handlungen zusammenfaßt: die Waschung mit Wasser, das Anlegen der heiligen Kleider, das Befestigen des Diadems, das Salben mit Öl (vv. 4. 9). Auch in v. 35 wird die ganze Weihe (die sieben Tage dauert) mit diesem Ausdruck benannt. Dieselbe zusammenfassende Bedeutung finden wir auch in Ex 32, 29; Num 3, 3; 1 Kön 13, 33; 2 Chr 13, 9; 29, 31. An anderen Stellen erscheinen jedoch die Salbung und Handfüllung als zwei unterschiedliche Bezeichnungen der Priesterweihe nebeneinander: Ex 29, 29; 28, 41; Lev 16, 32 erwähnen „den gesalbten und handgefüllten Priester" (vgl. Lev 21, 10 und Lev 4, 5 nach LXX). Sir 45, 15 liest man in umgekehrter Rangordnung: handgefüllt und gesalbt. Diese Unterscheidung zwischen Salbung und *mille' 'æṯ jāḏô* führt zu der Folgerung, daß es sich um zwei wichtige Momente in der Priesterweihe handelt, von denen jedes für sich als Bezeichnung der Weihe stehen kann, in der Zeremonie selbst aber unterschieden wurde (Ex 29, 9b nennt dagegen nur 'die Handfüllung', wobei Salbung mit einbegriffen ist).

Für die Deutung des Begriffes 'Handfüllung' ist wichtig, was über dem sogenannten *millu'îm*-Widder mitgeteilt wird (Ex 29, 19–35). Der Plural *millu'îm*, 'Füllung, Einweihung', faßt verschiedene Teile der Handlung zusammen (GKa § 124f.). Das Wort kommt selten allein vor, sondern meistens in Verbindung mit *'ajil*, 'Widder' (Ex 29, 22. 26. 27. 31; Lev 8, 22. 29), *bāśār*, 'Fleisch' (Ex 29, 34), *'ôlāh*, 'Opfer' (Lev 8, 28), *sal*, 'Korb' (Lev 8, 31) und *jāmîm*, 'Tage der Handfüllung' (Lev 8, 31. 33). Selbständig steht es einmal in einer Reihe von Opferarten (Lev 7, 37). Es ist nicht sofort klar, welches von den im Vorhergehenden erwähnten Opfern gemeint ist (vgl. Elliger, HAT I/4, 103.119). Den Vorzug hat Lev 6, 12. 23, wo im Zusammenhang mit dem Speiseopfer 1/10 Epha Feinmehl als Speiseopfer des Priesters „an dem Tage, an dem einer von ihnen gesalbt wird", erwähnt wird. Nun ist sowohl in Ex 29 als auch in Lev 8, den Kapiteln der Priesterweihe, die Rede von Feinmehl, woraus Kuchen gemacht werden (Ex 29, 2. 23; Lev 8, 3. 26). Diese Kuchen wurden mit dem zweiten Widder – dem *millu'îm*-Widder – als ein *millu'îm*-Opfer verbrannt (Lev 8, 28). Die Kuchen wurden in einen Korb gelegt und an den Altar gebracht. Dieser Korb wird an einer Stelle „Korb der Handfüllung" genannt (Lev 8, 31). Der Ausdruck *millu'îm* ist also an den oben erwähnten Stellen immer mit dem Einweihungsritual der Priester, besonders mit dem Opfer des zweiten Widders verbunden.

In bezug auf die Handfüllung des Priesters kommt also besonders das Opfer des zweiten Widders in Frage. Es wird von der Salbung, von der Zeremonie des Stieropfers und vom Widder des Brandopfers unterschieden (vv. 10–18). Das Blut dieses zweiten Widders wird, nachdem Aaron und seine Söhne ihre Hände auf den Kopf des Tieres gestemmt haben (→ סמך *sāmak̠*), auf Ohr, Daumen und große Zehe des Kandidaten gestrichen (v. 20). Blut, mit Öl gemischt, wird auf die Priester und ihre Kleider gesprengt (v. 21). Teile dieses Opfers werden mit Brot in die Hände gelegt, hin und her bewegt und auf dem Altar verbrannt (vv. 22ff.). Brust und Keule werden ihnen zugeschoben und sie essen diese wie ein Friedensopfer (vv. 26ff.). Diese Opferteile sind den Priestern von seiten der Israeliten eine ewige Gebühr (Lev 7, 34). In Ex 29, 33 finden wir die erklärende Bemerkung, daß dieses Essen ihnen „die Hand füllt". Sie werden in dieser Hinsicht klar unterschieden von anderen Leuten, die nicht davon essen dürfen (v. 33). Zum Schluß erfahren wir, daß die Zeremonie der Handfüllung auf diese Weise sieben Tage dauert (v. 35). In diesem letzten Satz wird nicht geklärt, ob das ganze Ritual über eine Woche ausgedehnt wird oder alles sieben Mal, jeden Tag aufs Neue, ausgeführt wird. Lev 8 beschreibt die Priesterweihe auf die gleiche Weise.

Unsere Schlußfolgerung muß sein, daß *mille' 'æt̠ jād̠* entweder eine allgemeine Bezeichnung der Priesterweihe ist oder ein wichtiger Teil davon, nämlich Blutapplikation, Zuteilen von Opferfleisch und Mahlzeit. Der Handfüllungsritus ist pars pro toto die Priesterweihe. So ist auch die Salbung des Priesters ein Teil der Zeremonie (z. B. unterschieden von der Handfüllung Lev 16, 32 und Num 3, 3) und öfters Bezeichnung der Weihe oder des Geweihtseins überhaupt (Ex 40, 15; Lev 4, 3; 6, 22; Num 35, 25). Im Ritus der Handfüllung handelt es sich um Verstärkung der Priesterkraft, Be-voll-mächtigung, Anfüllung der „Seele", die den Dienst am Altar ermöglicht. Das Wort *jād̠* ist also in der Bedeutung von 'Kraft, Macht' zu verstehen (vgl. A. S. van der Woude, THAT I 667ff. sub c; z. B. Lev 25, 35; Deut 32, 27; Ri 7, 11; 9, 24; 1 Chr 29, 24). G. te Stroete, Exodus, BvOT, 207 übersetzt Ex 29, 9 richtig „du sollst sie salben" (d. h. mit Kraft ausrüsten, um das Amt auszufüllen), „Macht geben und weihen". Von der 'Kraft' (*ḥajil*) des Priesters ist in Deut 33, 11 die Rede.

Man wundert sich nicht, wenn gesagt wird, daß 'die Hand' des Altars gefüllt wird (Ez 43, 26). Auch das Heiligtum, besonders der Altar, hat eine „Seele", die erlöschen kann und deshalb aufs Neue 'geladen' werden muß. Sie wird bekräftigt durch Blutsprengung und andere Sühneriten. (LXX versteht das nicht recht und läßt nicht „die Hand des Altars", sondern „die Hände des Priesters" vervollkommnet werden.)

So versteht man auch, daß in Ex 32, 29 die Leviten, wenn sie sich durch einen Toten verunreinigt haben, aufgerufen werden, sich aufs Neue zu be-voll-mächtigen, die Hand zu füllen, um Segen und Kraft für das Amt zu empfangen.

b) Der Ausdruck *mille' 'æt̠ jād̠ô* wird auch noch in einem anderen Kontext benutzt. In 1 Chr 29, 5 lädt David die Leute ein, Gold und Silber zu bringen, um das Haus Gottes zu bauen. Er fragt: „Wer ist nun willig, seine Hand zu füllen für JHWH?" David selbst hat gemäß seiner Kraft (*koaḥ*) gehandelt (v. 2), er hat viele Kostbarkeiten gespendet und außerdem ein zweites Opfer dargebracht: tausende Talente von Gold und Silber. Wer will jetzt auch seine 'Kraft' vermehren, damit er fähig ist für den Dienst JHWHs? Wer will sein Herz „ganz machen" (*šālem*) für Gott (v. 9)? So verstanden ist in 1 Chr 29, 5 ebenso von einer Art „Weihung" die Rede.

Ein ähnlicher Gedankengang kann uns helfen, den Ausdruck *mille' jād̠* in bezug auf Kriegsdienst aufzuklären. Kämpfer sind auf eine spezielle Weise dem Herrn geweiht und „heilig". In 2 Kön 9, 24 wird erzählt, nicht daß Jehu „seinen Bogen zur Hand nahm", sondern seine Hand „füllte mit dem Bogen" und Joram traf. Das besagt wohl, daß Jehu seine *jād̠*, d. h. seine Kraft, anfüllte, ergänzte durch eine Waffe. Jetzt ist er dem gewöhnlichen Leben entzogen und einem übermenschlichen Auftrag 'geweiht' (vgl. 2 Sam 23, 7: die Nichtswürdigen sind wie Dornen, die man mit der Hand nicht anfaßt, sondern man 'fülle' [zu ergänzen: *jād̠*, seine Hand] mit Eisen). Die Waffe gibt ihm Kraft und Vermögen, er ist dadurch voll mit Macht. So wäre auch Jer 4, 5 zu verstehen: *qir'û mil'û* heißt „ruft zusammen, füllt euch (mit Kraft)". Man muß sich entscheiden. Das Volk soll Land und Haus verlassen und sich in den ummauerten Städten sammeln, um dem Feind Widerstand zu leisten. Dieser Entschluß fordert Kraft. Obwohl diese Interpretation den Vorzug hat, wäre es auch möglich, ein Subst. *qôl* zu ergänzen: 'Stimme, Laut'. So wird gewöhnlich übersetzt: „ruft (zusammen), füllt (die Stimme)", d. h. ruft aus vollem Halse, mit vollem Laut.

Meistens wird auch Jer 12, 6 auf diese Weise verstanden. Auch hier findet man die Verbindung von 'rufen' und 'füllen'. Der Satz hat aber eine andere Struktur, weil das Subjekt wechselt (Pl. und Sing.) und der Ausdruck *qārᵉ'û māle'* durch die Präposition *'aḥ^a rǣkā* aufgetrennt wird. Die Übersetzung „mit voller Kehle rufen" befriedigt deshalb nicht. Ich möchte hier folgenderweise lesen: „denn sogar deine Verwandten und das Haus deines Vaters, auch die sind treulos gegen dich, sie rufen hinter dir 'fülle dich' (mit Kraft, *malle' pi* imp., d. h. sei stark), aber traue ihnen nicht, wenn sie auch freundlich mit dir reden." Die Brüder benehmen sich also wie Genossen des Propheten, sie ermutigen ihn, den Kampf weiterzuführen. Es ist aber ihre Absicht, ihn zu Fall zu bringen. D. Winton Thomas, JJSt 3, 1952, 47ff., findet eine andere Bedeutung von *māle'*, nämlich 'sich sammeln', 'mobil machen'. In Jer 12, 6 punktiert er *mᵉlo'* 'Menge, Masse' (vgl. Gen 48, 19; Jes 31, 4) oder *malle'* (*pi* inf. abs.) 'aufhäufen, versammeln'. Er übersetzt: „sie rufen hinter dir, so daß ein Auflauf entsteht". Ähnlich möchte auch G. R. Driver, JJSt 5, 1954, 177f. „help, everyone!" deuten, wenn er in der Wurzel *ml'* das Element „all together" verwirklicht sieht. In Jer 4, 5 wählt er u.a. aufgrund der LXX-Übersetzung συνήχθησαν die Deutung: 'sich sammeln, mobil werden': „the phrase *qir'ū mal'ū* means literally proclaim, assemble a *mᵉlō'* i.e. assemble an assembly, a phrase which is equivalent to 'proclaim mobilisation'" (ebd. 50f.). Es kommt aber merkwürdig vor, daß zweimal hintereinander von 'versammeln' die Rede wäre (vgl. *he'āsᵉpû*). Außerdem denkt Winton Thomas ein *mᵉlo'* hinzu (wie andere *qôl* ergänzen). Man kann ebensogut bei der gewöhnlichen Bedeutung von *māle'* 'füllen, voll sein' auch in Jer 4, 5 bleiben und, wie an vielen Stellen, ein *jāḏ* 'Kraft' ergänzen (vgl. die *mille' 'æt jāḏ*-Texte und Ez 43, 26; 1 Chr 29, 5; 2 Sam 23, 7; 2 Kön 9, 24).

Die Frage, wie der Ausruf „füllt die Schilde!" (Jer 51, 11) zu deuten ist, hat Borger gelöst (Die Waffenträger des Königs Darius, VT 22, 1972, 385–398). Er hat darauf hingewiesen, daß das Wort *šᵉlāṭîm*, das fast immer mit 'Schilde' übertragen wird, in LXX richtig mit φαρέτρα 'Köcher' übersetzt wird. An allen Bibelstellen bedeutet *šælæṭ* 'Köcher', wobei nur unklar bleibt, ob damit ausschließlich kombinierte Köcher für Pfeile und Bogen oder auch einfach Pfeilköcher gemeint sind (ebd. 397f.). *mil'û* hat also hier die normale, konkrete Bedeutung: etwas, was leer ist, wird gefüllt. Pfeile werden also einen Köcher anfüllen.

IV. 1. Das Subst. *mᵉlo'* 'Fülle' bedeutet das, was etwas füllt oder voll macht, z. B. *mᵉlo' kap* 'eine Handvoll' (1 Kön 17, 12; Pred 4, 6). Besonders häufig ist der Ausdruck *hā'āræṣ ûmᵉlo'āh*, „die Erde und was sie füllt" (Deut 33, 16; Jes 34, 1; Jer 8, 16; 47, 2; Ez 19, 7; 30, 12; Ps 24, 1; 50, 12; vgl. Ps 89, 12). Es kann auch „das Land und seine Fülle" bedeuten (Jer 8, 16; Ez 12, 19; 19, 7). Aus Deut 33, 16; Jes 34, 1; Mi 1, 2 ist abzuleiten, daß hier auf das, was auf der Erde wächst und lebt, angespielt wird (Dillmann, KEH 13, 426), insbesondere die Menschen und Völker (vgl. Jer 8, 16; 47, 2). Am 6, 8 spricht von der Stadt und ihrer Fülle, d. h. die Einwohner. Der Kontrast zum Land und seiner Fülle ist die Öde, das Verödetsein der Erde (Ez 12, 19; 30, 12; 32, 15; 36, 38). In Ps 24 finden wir im ersten Vers eine Parallele zwischen der Fülle der Erde und den Bewohnern der Welt (vgl. Ps 50, 12; 89, 12; 98, 7). Es ist der Auftrag Gottes an die Menschen, sich zu vermehren und die Erde zu füllen (Gen 1, 28; 9, 7). Gott wird gepriesen, weil er das Land gefüllt hat mit dem Weinstock, d. h. mit dem Volk Israel (Ps 80, 10). Ez 36, 38: „so sollen die jetzt verödeten Städte voll von Menschenherden sein" (*mᵉle'ôṯ ṣo'n 'āḏām*; vgl. Jes 26, 15). Der Psalmist denkt aber nicht nur an Menschen, sondern an alles, was lebt: „Du hast sie alle mit Weisheit geschaffen, die Erde ist deiner Geschöpfe voll" (Ps 104, 24). Ähnlich ist die Formel *hajjām ûmᵉlo'ô*. Das Meer beherbergt die Fische, es wimmelt dort von lebenden Wesen: „Gott hat das Meer geschaffen und alles, was darin ist" (Ex 20, 11; Jes 42, 10; Ps 96, 11). Dieser Deutung nahe kommt Gen 48, 19. Es handelt sich dort um eine Zusage, daß Ephraim „eine Fülle von Völkern" sein wird, d. h. eine Vielheit von Stämmen, die das Land bewohnen. (In Röm 11, 12 liest man mit LXX πλῆθος, nicht πλήρωμα). Vergleichbar ist Jes 31, 4 'Fülle der Hirten', die ganze Menge, die Totalität der Hirten. Und wenn wir sagen „seine volle Länge" oder „die volle Breite", hat das Hebr.: „Fülle seiner Länge" und „Fülle der Breite" (z. B. des Landes, 1 Sam 28, 20; Jes 8, 8). Vgl. auch L. Prijs, ZDMG 120, 1970, 19.

2. Zu *millu'îm* s.o. III.5. *millu'îm* wird auch, wie *millu'āh*, von der Füllung (mit Edelsteinen) von dem Orakel-Brustschild des Hohenpriesters gebraucht (Ex 25, 7; 35, 9. 27; 1 Chr 29, 2 und Ex 28, 17. 20; 39, 13). Man kann sich fragen, ob mit dem 'Besatz' des Schildes nur eine technische Handlung oder nicht außerdem eine geistliche Verstärkung und 'Weihe' gemeint ist, eine Art Konsekration.

3. Unter *millô'* 'Anfüllung, Aufschüttung, Terrasse' (akk. *tamlû*), versteht man in Ri 9, 6. 20; 2 Sam 5, 9; 1 Kön 9, 15. 24; 11, 27; 1 Chr 11, 8; 2 Chr 32, 5 ein Gebäude oder Gelände in Sichem oder Jerusalem. Das Wort sollte am besten nicht übersetzt werden und mit 'Millo' wiedergegeben werden. Es ist die Akropolis der alten Davidsstadt, in der Zeit Salomos der Tempel- und Palastbezirk (BRL 300f.). Es ist empfehlenswert, hier die Bedeutung des Wortes mitsprechen zu lassen und an Erhöhung und Anfüllung des Grundstückes zu denken. Die natürliche Erhebung wird in der Regel bevorzugt, aber diese muß öfters durch künstliche Aufschüttung brauchbarer gestaltet werden (Galling, BRL 7 s.v. Akropolis). Über die exakte Lokalisierung des Millo in Jerusalem herrscht Unsicherheit. K. Kenyon neigt zur Auffassung, daß Millo eine terrassenartige Aufschüttung am östlichen Abhang des Ophel-Hügels war (vgl. die Übersicht von K. R. Veenhof in Phoenix 11, 1965, 214–221). M. Görg (GöttMiszÄg 20, 1976, 29f.) denkt an eine „parkähnliche Anlage ... im Süden des Salomonischen Tempelbereichs" und verweist zur Begründung auf die „Gärten des Aton" in Amarna.

Snijders

V. In den Schriften von Qumran ist *ml'* sehr häufig vertreten. Das Verb *male'* begegnet ca. 40mal, das Adj. *māle'* 6mal (in TR fast durchgängig mit *h* geschrieben), das Substantiv *m*^e^*lô'* 5mal (unsichere Lesung in 4 Q 493, 1, 5). *millû'îm* findet sich nur in TR 15 (4mal), wo von einem Weih-Fest berichtet wird, das in rabbin. Quellen nur noch rudimentär erkennbar ist (vgl. Y. Yadin, I 75ff. 110ff.) und sich rituell auf Lev 8, 14ff. und Ex 29, 1ff. stützt. Auch in Qumran geschieht die „Handfüllung" im Rahmen der Priesterweihe (1 QSb 5, 17) und gilt als notwendige Voraussetzung für den Priesterdienst (TR 35, 6). Sonst findet sich *ml'* neben den ganz konkreten Bedeutungen „angefüllt" (Zisterne 3 Q 15, II, 1; Topf 3 Q 15, IV, 8), „vollzählig" (Heer 1 QM 5, 3), übertragen „trächtig" (Vieh TR 52, 5), „vollatmig" (Pferde 1 QM 6, 12) im Bedeutungsbereich „Vollendung eines bestimmten Zeitraumes, Alters etc." (1 QS 7, 20. 22; 1 QSa 1, 10. 12; 1 QM 17, 9; CD 10, 1) sowie im Kontext schöpfungstheologischer Aussagen (1 QH 16, 3; 1 QS 3, 16; 1 QM 12, 12; 19, 4; CD 2, 11; 4 QEn^e^ 5).

Fabry

מַלְאָךְ *mal'āḵ*

I. Verbreitung – II. Etymologie – III. Umwelt – 1. Ugarit – 2. Aramäer – 3. Mesopotamien – 4. Phönizien – IV. Menschen als Boten – 1. Persönliche Boten – 2. Politische Gesandte – a) *ml'k* (Sing.) – b) *ml'k* (Pl.) – V. Boten Gottes – 1. Allgemein – 2. Propheten – 3. Priester – 4. *mal'aḵ JHWH* / *mal'aḵ 'ᵉlohîm* – VI. Metaphorischer Gebrauch – VII. Qumran.

Lit.: *W. Baumgartner*, Zum Alten Testament und seiner Umwelt, Leiden 1959, 240–246. – *V. Calvianu*, Sesul expresiei „trimisul lui Dumnezeu" (Malak-Jahve) in VT (STBuc 27, 1975, 226–231). – *J. L. Cunchillos*, Cuando los angeles eran dioses (Bibliotheca Salmanticensis XIV, Estudios 12, Salamanca 1976). – *Ders.*, Étude philologique de *mal'āk*. Perspectives sur le *mal'āk* de la divinité dans la bible hébraïque (VTS 32, 1981, 30–52). – *R. Ficker*, מלאך *mal'ak* Bote (THAT I 900–908). – *B. Graham*, Angelo: God's Secret Agents, London 1976. – *S. M. Grill*, Synonyme Engelnamen im AT (ThZ 18, 1962, 241–246). – *H. Gross*, Der Engel im Alten Testament (Archiv für Liturgiewissenschaft VI, 1959, 28–42). – *F. Guggisberg*, Die Gestalt des Mal'ak Jahwe im AT, Diss. Neuenburg 1979. – *G. Heidt*, Angelology of the Old Testament, Washington 1949. – *V. Hirt*, Gottes Boten im AT. Die at.liche Mal'ak-Vorstellung unter besonderer Berücksichtigung des Mal'ak-Jahwe-Problems, Diss. Leipzig 1971. – *D. M. Irwin*, The Comparison of Tales from the OT and the Ancient Near East, Diss. Tübingen 1977. – *A. Kniazef – V. Moustakis*, "Αγγελος (Thresk Eth Enk 1, Athen 1962, 172–196). – *J. S. Licht*, מלאך (EMiqr 4, 1962, 975–990). – *J. Michl*, Engel II (RAC V 60–97). – *R. North*, Separated Spiritual Substances in the OT (CBQ 29, 1967, 419–449). – *M. Paulas*, Ursprung und Geschichte der kirchlichen Engelverehrung (Diss. Wien 1971). – *H. Röttger*, Mal'ak Jahwe – Bote von Gott. Die Vorstellung von Gottes Boten im hebräischen AT (RgStTh 13, 1978). – *A. Rofe*, Israelite Belief in Angels in the Pre-Exilic Period as Evidenced by Biblical Traditions (Diss. Jerusalem 1969). – *H. Seebaß*, Engel (TRE IX 583–586). – *J. Urquiza*, Jahweh und sein Mal'akh, Diss. Wien 1972. – *M. Vallogia*, Recherche sur les „messagers" (*wpwtyw*) dans les sources égyptiennes profanes (Centre de Recherches d'Histoire et de Philologie de la IVe Section de l'Ecole Pratique des Hautes Etudes 2, 6, Genf – Paris 1976). – *A. S. van der Woude*, "מלאך" De Mal'ak Jahweh: een Godsbode (NedThT 18, 1963, 1–13).

I. Das Wort *mal'āḵ* kommt im AT 213mal vor und bezieht sich sowohl auf menschliche wie auch auf göttliche „Boten". Die Bedeutung „Bote" wird bestätigt durch die Verben, mit denen *mal'āḵ* begegnet: *šlḥ* 'senden' (56mal), *bw'* 'kommen' (16mal), *'mr* 'sprechen' (29mal), *dbr* 'reden' (11mal), *hlk* 'gehen' (9mal), *šwb* 'zurückkehren' (6mal) sowie *qr'* 'rufen', *jṣ'* 'hinausgehen', *jrd* 'hinuntergehen' und *ngd hiph* 'Nachricht bringen'. Dabei bezieht sich *mal'āḵ* auf einen einzelnen, der zu jemandem geschickt ist, um eine Botschaft zu überbringen oder einen Auftrag auszuführen. Er spricht, erhält Antwort und kehrt schließlich zu dem zurück, der ihn gesandt hat.

Solche Boten begegnen im menschlichen und göttlichen Bereich, wobei der Unterschied eher räumlich als metaphysisch zu verstehen ist; d. h. göttliche Boten sind die, die von Gott aus seiner himmlischen Wohnstätte geschickt sind, während menschliche Boten von irdischen Führern entsandt werden. Der *mal'āḵ* verkündet nicht seine eigene Botschaft, seine Funktion und Botschaft sind vielmehr abhängig von dem Willen seines Senders, nicht aufgrund dessen, wer er ist, sondern aufgrund dessen, der ihn sendet.

Die räumliche Distinktion wird bes. beim Propheten deutlich: ein Mensch als Bote Gottes. Der Prophet ist Zeuge dessen, was im himmlischen Rat (→ סוד *sôḏ*) vor sich geht. Er hat Gottes Botschaft zu bringen, aber er bleibt auf der Erde.

Die LXX übersetzt *mal'āḵ* unterschiedslos durch ἄγγελος in Übereinstimmung mit dem klassischen griech. Sprachgebrauch, während die V unterscheidet zwischen *nuntius* (Bote des Menschen) und *angelus* (Bote Gottes).

II. Das Substantiv *mal'āḵ* ist wie das Abstraktnomen *mal'āḵûṯ* (Hag 1, 13) und → מלאכה *m*^e^*lā'ḵāh* vom Verbalstamm *l'k* 'abordnen, senden' (KBL^3^ 554) hergeleitet, der weder im Hebr., noch im Akk., wohl aber im Ugar. und in den südsemit. Sprachen belegt ist (KBL^3^ 488). Etymologisch verwandt ist wohl *hlk*. Zur Etymologie vgl. weiter E. L. Greenstein, UF 11, 1979, 329ff.

III. 1. Die ugar. Belege (WUS Nr. 1432; UT Nr. 1344) sind aus drei Gründen bedeutsam: 1) Sie enthalten die einzigen Belege für das Verb *l'k*; 2) *ml'k* wird im Dual gebraucht; man sendet also jedesmal zwei Boten; und 3) *ml'k* wird sowohl von politischen als von göttlichen Boten gebraucht. Das Verb wird für das Senden von Boten (KTU 1.14, III 19f.; 1.4, V 42; 1.2, I 22; 1.24, 16; in Briefen z. B. 2.10, 10; 2.30, 17; hierher gehört wohl auch KTU 1.4, VII 45, wo *dll* wohl nicht 'Tribut', sondern 'Makler' o. dgl. bedeutet, s. J. Sanmartin, UF 12, 1980, 347) oder für das Bringen einer Botschaft (*spr d lȝkt*, KTU 2.14, 7) gebraucht. Demnach würde *l'k* dem hebr. *šālaḥ* zu vergleichen sein.

Das Subst. *ml'k* findet sich im Keret-Epos, wo der Verkehr zwischen Keret und König Pabil von Udum immer mit Hilfe von Boten vor sich geht (KTU 1.14, III 19f.; IV 32f.; VI 35); aus dem Kontext geht hervor, daß die Endung *-m* als Dualendung zu fassen ist. Die Boten sind hier politische Gesandte, die Botschaften übermitteln. Im Baʿal-ʿAnat-Zyklus kommt ein *ml'k* als Gefolgsmann eines Gottes, bes. des Jamm, vor (KTU 1.2, I 22. 26. 28. 30. 44).

* Nach Cunchillos bedeutet *l'k* nicht einfach 'senden', sondern eher 'einen Boten / eine Botschaft senden'. Der *ml'k* funktioniert als Verbindungsglied zwischen zwei Personen oder Gruppen; er bringt die beiden voneinander entfernten Parteien einander nahe. Seine spezifischen Funktionen sind vielfältig, von denen des Sendboten bis hin zu denen des vollmachtshabenden Botschafters. Er identifiziert sich weiter nicht mit dem, der ihn schickt, außer in dem Moment selbst, in dem er seine Mission erfüllt. In dieser Situation spricht er „im Namen von", ohne allerdings in einem metaphysischen Sinn der zu sein, der ihn sendet. Die Identifikation ist eine funktionale, und nur in diesem Sinn vergegenwärtigt der *ml'k* den, der ihn beauftragt hat.
Es ist interessant zu bemerken, daß akk. *mār šipri* (eigentl. 'Sohn der Botschaft', d. h. Bote) sich zu *šipru* mit der doppelten Bedeutung 'Botschaft' und 'Arbeit' genau so verhält, wie *mal'āḵ* zu *m^elā'ḵāh*, 'Arbeit', aber gelegentlich 'Auftrag, Botschaft' (→ מלאכה). (*Ri.*)

2. In der aram. Literatur begegnet der Terminus *ml'k* 5mal, 2mal in den altaram. Inschriften aus Sfire aus dem 8. Jh. v. Chr. (KAI 224, 8), 2mal im aram. Teil des Danielbuches und 1mal in einer jüd.-aram. Inschrift (DISO 151). Beide Belege in Sfire (*ml'kj* „mein Gesandter" und *ml'kh* „sein Gesandter") verbinden das Substantiv mit dem Verb *šlḥ* 'senden' und handeln von einem Boten von König zu König, der gesandt ist, Friedensverhandlungen zu führen oder wichtige Regierungsentscheidungen zu überbringen. Es handelt sich um einen Beamten des Königshofes, dessen Verantwortung darin bestand, Informationen vom und zum König zu überbringen.

Bibl.-Aram. begegnet *mal'aḵ* Dan 3, 28 und 6, 23 und bezeichnet einen Engel, der den Unschuldigen vor den Nachstellungen des Frevlers befreit. Auch hier wieder begegnet *šlḥ*: Gott schickte seinen Engel aus, um Sadrach, Mesach und Abed-Nego aus dem Feuer (3, 28) und Daniel aus der Löwengrube (6, 23) zu befreien. Im Jüd.-Aram. begegnet der Pl. cstr. *ml'kj* in der gleichen Bedeutung (JKF I 203, 4).

3. Im Akk. ist der Nachweis der Basis ganz unsicher. Im ababyl. Text CT 29, 21:19 begegnet ein *mālaku*. Der Text *PN mālakī aṭṭardakku šipātim mala tīšû* . . . *ṭurdam* ist vielleicht zu übersetzen: „Ich sende dich PN, meinen Boten; schicke mir alle Wolle, die du hast!" Wenn *mālaku* hier 'Bote' bedeutet, dann meint es einen persönlichen Boten.

4. *ml'k* begegnet schließlich in einer phön. Inschrift aus Maʿṣūb aus dem Jahre 222 v. Chr. (KAI 19). Der Text nennt Z. 2 den *ml'k mlkʿštrt* „Abgesandter des Milk-ʿAštart" (einer Gottheit des phön. Pantheon). Vom Kontext her bezieht sich *ml'k* auf einen Priester oder prominenten Bürger, der die Beziehung der Gemeinde zur Gottheit repräsentiert.

IV. 1. Im AT begegnen nur vier Belege für einen persönlichen Boten (2 Sing., 2 Pl.), von denen zwei in der Weisheitsliteratur vorkommen. Spr 13, 17 liest *mal'āḵ rāšāʿ jippol b^erāʿ w^eṣîr 'æmûnîm marpe'*. Aus Gründen der Parallelität ist wohl *jappîl* zu lesen und zu übersetzen: „Ein schlechter Bote bringt Feindschaft, ein treuer Gesandter bringt Heilung." Diese Stelle sagt primär nichts aus über den Inhalt der Botschaft, wohl aber über den Charakter des Boten. Wahrscheinlich denkt der Autor an die furchtbaren Folgen einer falschen Übermittlung oder an das Versagen eines Boten, seine Bestimmung auszuführen. Da die Autorität des Absenders dem Legaten eingebunden ist, läßt dieser Abschnitt die Frage offen, wie etwa eine ungünstige Botschaft – durch einen treuen Boten überbracht – Heilung bringen kann. Die Termini *ṣîr* und *mal'āḵ* stehen in synonymem Parallelismus (vgl. Jes 18, 2, Plur.). *ṣîr* 'Bote, Gesandter' wird in dieser Bedeutung jedoch selten gebraucht.

Der Beleg Hi 1, 14 porträtiert einen Boten in einer realistischen Szene und zeichnet die grundsätzliche Standardrolle des Boten, eine Botschaft vom Absender zum Empfänger zu bringen.

Persönliche Gesandte (Pl.) begegnen Gen 32, 4. 7, wo Jakob *mal'āḵîm* zu Esau schickt, um seine Heimkehr anzukündigen und Esau davon in Kenntnis zu setzen, daß Jakobs Absichten friedlich und versöhnlich sind. Dies war nach der Erschleichung des Erstgeburtssegens und der daraus resultierenden Spannung zwischen beiden geboten (vgl. hierzu D. Thompson, The Genesis Messenger Stories and Their Theological Significance, Diss. Tübingen 1972).

Die geringe Anzahl der Beispiele für einen persönlichen Boten im AT ist offensichtlich das Ergebnis des Versuchs der Hagiographen, Israel als eine politische und soziale Einheit vom Exodus an zu beschreiben, in der der *mal'āḵ* als Gesandter der örtlichen oder nationalen Regierung auftritt. Da die gewöhnlichen und alltäglichen Ereignisse des Durchschnittsbürgers kaum interessieren, bleibt für den persönlichen Boten auch keine Verwendung.

2. *mal'āḵ* steht im Sing. 16mal, im Pl. 72mal für den Boten der Regierung, dessen Hauptfunktion darin bestand, Botschaften im Land oder zwischen den Ländern weiterzugeben. Das Übergewicht der Pl.-Formen zeigt die sicherheitspolitische Praxis, meh-

rere Boten gleichzeitig zu entsenden, um die Nachricht sicher zum Empfänger zu bringen, selbst wenn das Kontingent der Botschafter dezimiert werden sollte, um größere Genauigkeit in der Wiedergabe der Botschaft zu erreichen und um den eigenen Status zu unterstreichen.

a) Obwohl es also üblich war, mehrere Boten zu entsenden, die möglicherweise noch von Dolmetschern und Gefolge begleitet waren, gab es Umstände, in denen nur ein Bote allein ratsam war. Ein Bote kam zu Saul und berichtete, daß die Philister das Land überfallen hatten (1 Sam 23, 27). Vielleicht war er als einziger dem Überfall der Philister entronnen oder er reiste allein, um so die Gefahr der Entdeckung zu vermeiden (vgl. EA 112, 40–50). Darüber hinaus war Schnelligkeit notwendig (vgl. EA 7, 51–60; Hi 1, 14).

Ebenfalls nur ein Bote wurde geschickt, wenn der Absender Mitwissen um eine Sache verhindern wollte. Joab schickte eine mündliche Botschaft an David mittels eines einzelnen Boten (2 Sam 11, 19. 22. 23. 25), da er nur einen einzelnen mit dieser brisanten Botschaft von Urias Tod betrauen konnte. Königliche Boten konnten also hohe Vertrauensstellungen und Regierungspositionen innehaben (vgl. EA 24). Im selben Abschnitt ging voran, daß David in einer schriftlichen Botschaft an Joab genaue Einzelheiten über den Tötungsplan mitteilt. Die Dramatik des Abschnittes wird erhöht durch die Ironie, daß als Bote der zur Schlachtreihe zurückkehrende Uria selbst fungiert, der damit sein eigenes Todesurteil mit sich trägt. Gelegenheitsboten waren jedoch nicht ungewöhnlich (vgl. EA 112, 40–50). Eine solche Botschaft konnte also schriftlich (v. 14f.) oder mündlich (v. 19) sein (vgl. EA 26, 10–18; 32, 1–6. 10–15; Jes 37, 14 = 2 Kön 19, 14; Jer 27, 3).

Als Jehu noch während der Regentschaft Jorams zum König über Israel gesalbt wurde, schickte letzterer eine Botschaft an ihn, um seine wahren Absichten in Erfahrung zu bringen (2 Kön 9, 18). Der Abschnitt zeigt, daß ein Bote mehrmals geschickt werden konnte, da der Absender eine Bestätigung seiner Botschaft erwartete (zum *mal'āḵ* auf dem Pferd vgl. auch EA 7, 51–60). Jehu ließ Joram und alle Nachkommen Ahabs umbringen, deren Tod ihm wiederum von einem Boten gemeldet wurde (2 Kön 10, 8).

Neben der Übermittlung von Botschaften hatte der *mal'āḵ* gelegentlich zusätzliche Aufgaben, z. B. Ergreifung und Überstellung von Gefangenen. Spr 17, 11 schildert einen Boten, der autorisiert ist, einen Geächteten zu ergreifen und in Gewahrsam zu bringen oder sogar die Strafe zu verhängen, die er im Namen einer höheren Autorität ausspricht. Dieser Vers ist geradezu ein Kommentar zur Erzählung 1 Sam 19, 14: Saul sandte Boten, um den aufrührerischen David zu verhaften (vgl. 2 Kön 6, 32, wo der *mal'āḵ* autorisiert ist, einen Gegner zu ergreifen und ihn dem König zuzuführen). Die gleiche Funktion hatte der *mār šipri* in EA 54 und 162.

Die Singularität des Boten kann auch im Status des Empfängers begründet sein: Ahab bestellte Micha, um über einen möglichen Krieg mit Syrien zu prophezeien (1 Kön 22, 13; 2 Chr 18, 12); Joram schickte einen Boten zum Propheten Elisa (2 Kön 6, 32 [2mal]. 33); Isebel entsandte einen Boten zu Elia (1 Kön 19, 2); Elisa sendet einen Boten zu Naaman (2 Kön 5, 10). Naaman ist zuerst beleidigt, weil Elisa die Botschaft nicht selbst überbrachte. Er nahm an, daß ein Mann in seiner Position das Recht hat, eine persönliche Audienz beim Propheten zu erhalten. Dies zeigt, daß man zwar einen Boten einer niedriger gestellten Person schicken kann, um sein Erscheinen zu erbitten oder um bestimmte Taten zu verlangen (2 Kön 18 und 19 entsendet der assyr. König den Rabsake, um die Kapitulation Jerusalems zu verlangen), aber umgekehrt kann eine höher gestellte Person eher das persönliche Erscheinen eines Untergebenen erwarten als die Übersendung eines Boten.

Nach Ez 23, 40 schließlich war die Entsendung von Botschaftern in andere Länder üblich, um die Würdenträger einzuladen und um Bündnisse zu schließen (vgl. Jes 14, 32; 18, 2; 30, 4; 33, 7; Ez 17, 15; 23, 16).

b) Der Pl. *mal'āḵîm* kommt 89mal im AT vor, wobei 72mal politische Botschafter gemeint sind. Diese Missionen geschahen sowohl innerstaatlich (Jos 7, 22; 1 Sam 6, 21), als auch international (Ri 11, 17; 2 Sam 5, 11; 1 Kön 20, 2; 2 Kön 16, 7; 17, 4; 19, 9). Gesandte fungierten zwischen Bürgern (1 Sam 6, 21), Königen (2 Sam 5, 11), Generälen (2 Sam 3, 26) und anderem administrativem und militärischem Personal. Obwohl tatsächlich jeder, der mit einer Botschaft entsandt wurde, ein *mal'āḵ* sein konnte, führt der häufige Gebrauch des Terminus in politischen Texten (von der Zeit des Stämmebundes an) zu dem Schluß, daß der Terminus *mal'āḵ* auch einen Regierungsbeamten, einen „Legaten" bezeichnen konnte.

Neben dem Übermitteln von Botschaften hatten *mal'āḵîm* gelegentlich auch die Aufgabe, etwas in Erfahrung zu bringen und Kriminelle festzunehmen. So werden die Kundschafter (*'anāšîm meraggelîm*) vor Jericho auch *mal'āḵîm* genannt (Jos 6, 17. 25). Beide Termini spiegeln die Funktionen dieser Männer wider: das Land „zu Fuß zu durchqueren" und mit einem Bericht zurückzukehren (vgl. EA 162). Nach Jos 7, 22 werden von Josua *mal'āḵîm* ausgeschickt, um das in Jericho gestohlene Beutegut ausfindig zu machen und die Schuldigen zu ergreifen (vgl. oben Spr 17, 11 und EA 54; 2 Kön 6, 32; 1 Sam 9, 14).

Wie Jos 6 und 7 zeigen, hing die Zahl der *mal'āḵîm* von der jeweiligen Aufgabe und der damit verbundenen Verantwortung ab.

Im Pentateuch werden nur 5mal (davon 4mal in Num) politische Gesandte genannt: Mose schickt *mal'āḵîm* zum König von Ekron und zu Sihon, dem König der Amoriter, um für das Volk freien Durchzug durch ihr Land zu erreichen (Num 20, 14; 21, 21; Deut 2, 26). Balak verlangt durch Boten (Num 24, 12) von Bileam die Verfluchung Israels (Num

22, 5). Alle fünf Belege weisen die *mal'āḵîm* als typische politische Legaten aus.
In der prophetischen Literatur begegnen *mal'āḵîm* als Regierungsbeamte, die entsandt wurden, um politische Bündnisse in Gang zu bringen. Jesaja (14, 28–32) orakelte im Todesjahr des Königs Ahas (715 v.Chr.) gegen eine voreilige Feier der Philister, die gegen die Assyrer mit Blick auf das unter dem äth. Pharao Piankhi wiedererstarkte Ägypten rebellieren wollten (die Revolte fand tatsächlich im folgenden Jahr statt, angeführt von Asdod, wurde aber von Sargon zerschlagen). Jesajas Botschaft ist klar: Assyrien wird die Rebellion niederwerfen. Deshalb beschloß er sein Orakel mit dem Satz: *ûmah-jaʿanæh mal'aḵê-gôj kî JHWH jissaḏ ṣijjôn ûḇāh jæḥæsû ʿanîjê ʿammô* „Was soll man den Boten dieser Nation antworten? JHWH hat Zion errichtet, und in ihm werden die Bedrängten seines Volkes Zuflucht finden" oder „Was können die Boten der Nation antworten, denn JHWH hat den Zion errichtet, und in ihm werden die Bedrängten seines Volkes Zuflucht finden". Nach der ersten (traditionellen) Übersetzung folgert Jesaja, daß die Boten der Philister, die Juda zur Rebellion gegen die Assyrer bedrängen, die Antwort erhalten würden: JHWH selbst ist die Sicherheit für Jerusalem und seine Einwohner. V. 32b ist die Antwort in Form einer indirekten Rede (*kî*) auf die Frage v. 32a. Das vorangehende Orakel selbst liefert den Beweis für die Argumentation. Nach dieser Analyse wird *mal'aḵê* als direktes Objekt von *jaʿanæh* verstanden, das selbst wiederum kein definites Subjekt hat (vgl. H. Wildberger, BK X/1, 1978, 573ff.). In der zweiten Übersetzung steht *mal'aḵê gôj* als Kollektivform für die Boten der Philister. Der Ausdruck steht nun als Subjekt zu *jaʿanæh* und *kî* führt nun einen abhängigen Kausalsatz ein. Das Ergebnis dieser Analyse ist, daß die Boten der Philister nun keine Antwort zur Wiederlegung des Orakels vorzubringen vermögen.
Derselbe historische Kontext bildet den Hintergrund zu Jes 18, 1–7: kuschitische Gesandte (*ṣîrîm*) wollen Juda zur Teilnahme an der Rebellion ermuntern. Jesaja ermahnt diese „schnellen Boten" (*mal'āḵîm qallîm*), nach Ägypten aufzubrechen und ihnen dort mitzuteilen, daß Israel auf JHWH zu warten bereit ist. *ṣîrîm* und *mal'āḵîm* sind hier funktional identisch (vgl. Spr 13, 17). Ez 17, 15; 23, 16; Jer 27, 3 zeigen ebenfalls solche international agierenden politischen *mal'āḵîm*.

Nah 2, 11–14 wirft Probleme auf. Der Prophet beschreibt die Verbrechen Ninives, die seine Zerstörung herbeiführten. Er spricht in Metaphern und bezeichnet Ninive als „Höhle" (*meʿārāh*, MT hat *mirʿæh* 'Weide'), von wo aus der Löwe (assyr. Armee) auf Beute für seine Löwin und seine Jungen geht. Das Bild des Löwen für eine angriffslustige Nation oder einen räuberischen Herrscher ist nicht ungewöhnlich (vgl. Spr 28, 15; Jer 50, 17), trotzdem scheint v. 14 deplaziert zu sein. Der Text lautet:
hinenî 'elajiḵ ne'um JHWH ṣeḇā'ôṯ
wehiḇ'artî bæ'āšān riḵbāh ûḵepîrajiḵ to'ḵal ḥāræḇ
wehiḵrattî me'æræṣ ṭarpeḵ welo' jiššāmaʿ ʿôḏ qôl mal'āḵeḵeh
„Siehe, ich will an dich", Spruch von JHWH Zebaot, „Ich will in Feuer deine (MT: ihre) Wagen verbrennen, und das Schwert soll deine jungen Löwen fressen, und ich will sie abschneiden vom Land deiner Beute, und die Stimme deiner Boten wird man nicht mehr hören."
Drei Punkte in der Analyse können den Abschnitt und die Interpretation von *qôl mal'āḵeḵeh* klären. Das sonderbare Suffix erklärt sich nach GKa § 91l als Verschreibung aus *mal'āḵajiḵ* mit Dittographie des folgenden *h* (3, 1). Eine Textänderung nach LXX (so KBL³, Elliger ATD u.a.) ist nach 4 QpNah 2, 1 nicht mehr angezeigt. Zunächst ist die traditionelle Übersetzung von *hiḵrattî* … „Und ich will deine Beute von der Erde abschneiden" nicht zutreffend. Der Ausdruck steht parallel zu *ûḵepîrajiḵ to'ḵal ḥāræḇ*. Genau dann, wenn die jungen Löwen ihre Beute verzehren wollen, wendet sich das Geschehen, denn nun wird das Schwert JHWHs die Löwen verschlingen und sie von ihrer Beute trennen. JHWH wird nicht die Beute zerstören, sondern die Löwen (i.e. die assyr. Armee). Das Schwert JHWHs verschlingt und schlägt. Objekt dieser Handlungen ist in beiden Fällen dasselbe: die jungen Löwen. Somit ist *kepîrajiḵ* das Objekt von *to'ḵal* und *wehiḵrattî*. JHWH „schneidet ab" mit seinem Schwert, das „verschlingt". *me'æræṣ ṭarpeḵ* ist eine Cstr.-Verbindung.
Zweitens ist Nah 2, 14 thematisch bezogen auf 3, 5, wo es heißt: *šām to'ḵeleḵ 'eš taḵrîṯeḵ ḥæræḇ to'ḵeleḵ kajjālæq* „Dort wird Feuer dich verschlingen, das Schwert wird dich abschneiden, dich verschlingen wie die Heuschrecke". Auch hier ist „dich" Objekt zu den Verben, also nicht die Beute, sondern die assyr. Armee.
Drittens zeigt der Vers einen thematischen Chiasmus: die Metapher in der Einleitung des Orakels wird in den Ausdrücken *ûḵepîrajiḵ* … *ḥāræḇ* und *wehiḵrattî* … *ṭarpeḵ* wiederaufgenommen. Dieses chiastische Paar wird umgeben von *wehiḇ'artî* … *riḵbāh* und *welô'* … *mal'āḵeḵeh*. Durch die Ausdrücke *riḵbāh* 'Streitwagen' und *mal'āḵeḵeh* 'Herolde' wird die Metapher mit der Realität verbunden. Es geht in der Metapher also nicht um die Zerstörung Assyriens allgemein, als vielmehr um die Vernichtung der militärischen Einheiten. *mal'āḵeḵeh* sind deshalb militärische Herolde, die durch ihre Signale zur Schlacht blasen und die verschiedenen taktischen Manöver einleiten.

Der Einsatz politischer Boten und ihre gleichbleibende Funktion ist auch für die pers. Zeit bezeugt zwischen Nehemia und Sanballat (Neh 6, 3–9). Unter den Botschaften Sanballats war die letzte ein „offener Brief" (*'iggæræṯ peṯûḥāh*, v. 5) übermittelt durch seinen „Diener" (*naʿar*). Während *naʿar* sich offenkundig auf den Status des Genannten bezieht, signalisiert *mal'āḵ* die Funktion.
Von den 48 Belegen des unbestimmten Pl. beziehen sich 46 auf politische Gesandte, auf „Legaten". Da 45mal das Verb *šlḥ* begegnet, kann man in der Wendung *šlḥ mal'āḵ* das Standardidiom sehen. Die *mal'āḵîm* sind also Beamte der Regierung, die bes. ausgebildet sind und zwischen Staatsoberhäuptern über Krieg, politische Bündnisse und andere wichtige Dinge der Staatsverwaltungen kommunizieren.

V. 1. Bote Gottes ist jemand, dessen Botschaft von Gott kommt und der von Gott gesandt ist. Diese Kategorie schließt sowohl Propheten als auch Priester ein. In den 120 Belegen von *mal'āk̲* für den Boten Gottes dominiert eindeutig die Sing.-Form (nur 15 Pl.-Formen). Gott schickt (im Gegensatz zum Menschen, s.o. IV. 1) seine himmlischen und irdischen Gesandten einzeln, denn eine Mehrzahl von Boten ist deshalb nicht nötig, weil Gott selbst seinen Boten und seine Botschaft schützt (vgl. Jer 1, 7f.).

2. *mal'āk̲* steht parallel zu *nāb̲î'* 'Prophet' (1mal Sing., 4mal Pl.). Haggai wird „Prophet" (1, 3) und *mal'ak̲ JHWH* (1, 13) genannt. Der Abschnitt zeigt zwei Grundvorstellungen über den Propheten: Propheten sind in erster Linie Boten, die von JHWH geschickt werden. Sie sind entsandt, um die Botschaft ihres Absenders (JHWH), nicht jedoch ihre eigene Botschaft zu verkünden. Dies zeigt Jeremias Berufungsbericht (Jer 1, 4–10): „Denn zu allen, zu denen ich dich senden werde, wirst du gehen, und was immer ich dir auftrage, wirst du reden" (v. 7). Gottes Worte werden in den Mund des Propheten gelegt (v. 9). Prophet und Bote haben damit die gleiche Funktion: Sie sind von einem Höheren geschickt, um *seine* Worte zu verkünden.

Der Pl. *mal'āk̲îm* steht für Propheten in 2 Chr 36, 15f.; Ez 30, 9; Jes 44, 26. In 2 Chr 36, 15f. resümiert der Chronist die Gründe für Judas Untergang: JHWH schickte dauernd sein Wort dem Volk mittels „seiner Boten" (*mal'āk̲ājw*, v. 15), aber das Volk lachte die „Boten Gottes" (*mal'ak̲ê hā'ᵆlôhîm*, v. 16) aus, verachtete seine Worte, verspottete „seine Propheten" (*nᵉb̲î'ājw*, v. 16). Der *mal'āk̲* spricht also als *nab̲î'* Gottes Wort und nicht sein eigenes, und *nab̲î'* ist Titel für den, der als *mal'āk̲* fungiert, indem er Gottes Wort verkündet.

In Jes 44, 24–28 verkündet der Prophet Gottes Entscheidung zum Wiederaufbau Jerusalems durch Kyros. V. 26a in einem Abschnitt über den (→ כבוד) *kāb̲ôd̲* JHWHs offenbart sich JHWH als *meqîm dᵉb̲ar ʿab̲ādājw* (MT: *ʿab̲dô*) *waʿᵃṣat̲ mal'āk̲ājw jašlîm* „der das Wort seiner Diener (nach LXX) bekräftigt und den Rat seiner Boten vollführt". Im Kontrast zu *'ôt̲ôt̲ baddîm* „Zeichen der Wahrsager", *qôsᵉmîm* „Weissager" und *ḥᵃk̲āmîm* „weise Männer" (v. 25) stehen *ʿab̲ādājw* und *mal'āk̲ājw* für die Propheten. JHWH bestätigt die Botschaft der Propheten, weil der Prophet das spricht, was JHWH ihm aufgetragen hat. Wenn nun *mal'āk̲îm* sagen, daß JHWH Jerusalem und den Tempel wiederaufbauen wird, dann wird es sich ereignen, weil die Botschaft von JHWH kommt. *ʿab̲ādājw* und *mal'āk̲ājw* sind austauschbare Begriffe, ersterer bezieht sich auf den Status, letzterer auf die Funktion.

Propheten als politische *mal'āk̲îm* begegnen Ez 30, 9 (zur Situation vgl. oben Jes 18). Sie werden ausgesandt, um über Ägypten und seine Sympathisanten Unheil anzusagen.

Der Terminus *mal'āk̲î* Mal 1, 1 kann ein Eigenname sein, bestehend aus *mal'āk̲* + Suff. 1. Sing. „mein Bote" = „mein Prophet" (vgl. Mal 3, 1) oder eine Kurzform vom *mal'ak̲ JHWH* „Bote JHWHs" (vgl. Hag 1, 13) oder in Übereinstimmung mit den LXX-Rezensionen 'Aq, Symm, Th Μαλαχιας ein Satzname *mal'ᵃk̲îjāh* „Mein Bote ist JHWH" (vgl. G. J. Botterweck, BiLe 1, 1960, 28), besser „Mein Engel (Schutz-) ist JHWH" (H. Junker, HSAT) oder „von JHWH gesandt" (W. Rudolph, KAT). Die Debatte um die richtige Deutung ist noch nicht entschieden.

Wenn es sich um ein gewöhnliches Nomen handelt, das sich auf einen Propheten bezieht, wäre das Suff. 3. m. Sing. zu erwarten: „Ausspruch des Wortes JHWHs an Israel durch seinen Boten". Es handelt sich um eine Überschrift, um eine redaktionelle Bemerkung des Herausgebers, in der man grammatikalische Eindeutigkeit erwarten müßte. *mal'āk̲î* als Kurzform ist wegen des Fehlens von Parallelbelegen suspekt. So kommt also nur die Deutung als Satzname oder als Eigenname „Mein Bote", der aus dem Appellativ heraus erwachsen ist, in Frage.

3. Zweimal steht *mal'āk̲* für Priester. Mal 2, 6f. steht: „Wahre Thora war in seinem Mund, und Falschheit fand man nicht auf seinen Lippen. In Frieden und Gerechtigkeit wandelte er mit mir, und viele kehrte er ab von der Sünde. Denn die Lippen des Priesters (*kohen*) achten auf Erkenntnis, und die Thora suchen sie aus seinem Munde. Denn er ist ein Bote (*mal'ak̲*) von JHWH Zebaot."

Dieser Abschnitt zeigt nicht nur den Gebrauch von *mal'āk̲* für *kohen*, sondern er beschreibt detailliert die Rolle des Priesters als Bote JHWHs. Er lehrt die Thora (beachte den Chiasmus: *bᵉpîhû* ... *biśp̄āt̲ājw* ... *śipt̲ê* ... *mippîhû*, Betonung der mündlichen Weitergabe der Thora), seine Lehre ist weniger prophetisches Wort als die traditionelle Erkenntnis, die *daʿat̲* (→ ידע *jād̲aʿ*), aus der die Menschen leben. Als Priester ist er Gott sehr nahe (v. 6b), seine Unterweisung führt viele zur Umkehr. Neben diesem priesterlichen Aspekt wird seine Tätigkeit als das Tun eines *mal'āk̲* bezeichnet, d. h. als Überbringen von Botschaften eines Höheren, nicht seiner eigenen Botschaft. Als *mal'āk̲* überbringt er sie, als *kohen* behütet und vermittelt er sie.

Der Autor von Pred ermahnt seine Zuhörer wegen der gedankenlosen Teilnahme an kultischen Verrichtungen, vor allem wegen des unüberlegten Gelübdemachens beim Betreten des Gotteshauses (Pred 4, 17 – 5, 6). In diesem Kontext mahnt er: „Laß deinen Mund dich nicht zur Sünde verführen und sag (dann) nicht dem Boten: Es war ein Versehen!" Der Autor will die Verpflichtung betonen, das Gelübde zu halten und bezeichnet es als eine Sünde, der eingegangenen Verpflichtung nicht nachzukommen, sich sogar noch billig zu entschuldigen. Der *mal'āk̲* ist ein Priester oder ein Tempelbeauftragter, dem die Aufgabe obliegt, die gelobten Güter einzusammeln.

4. *mal'ak̲ JHWH* / *mal'ak̲ 'ᵆlohîm* sind Cstr.-Verbindungen, die 56 bzw. 10mal vorkommen. Daneben begegnen *mal'ᵃk̲ê 'ᵆlohîm* noch 3mal, je 1mal sind *mal'ak̲ habbᵉrît̲* (Mal 3, 1) und *mal'ak̲ pānājw* (Jes 63, 9) belegt. Obwohl *mal'āk̲* mit Bezug auf Engel nicht immer in Cstr.-Verbindung mit dem Gottes-

namen steht, legt sich vom Kontext her diese Bedeutung nahe. Daneben ist diese Verbindung zumindest gedanklich vollzogen an 11 weiteren Stellen; durch Suffix wird *mal'āḵ* noch 13mal mit Gott verbunden und durch Determination wird *mal'āḵ* schließlich noch 24mal als „*der* Engel (Gottes)" ausgewiesen (Belege Röttger 8f.). Es lassen sich einige Verteilungsschwerpunkte ausmachen: Gen 16; 22; Num 22; Ri 6; 13; 2 Sam 24 (|| 1 Chr 21); 1 Kön 19; 2 Kön 1; 19 (|| Jes 37 || 2 Chr 32); Sach 1–6; 12; Mal 2; 3. Häufige Nennung findet sich auch in den Traditionen von Herausführung und Landnahme (z. B. Ex 23; 32; 33; Ri 2); weitere Einzelheiten bei Röttger 6f.

Die Verwendung von *mal'āḵ* in Sach 1, 9 – 6, 5 weist als wichtigste Aufgabe des Engels Gottes aus, die Botschaft Gottes zu überbringen, vor allem den Propheten, die ihrerseits wieder Boten für die Menschen sind (vgl. 1 Kön 13, 18). Der Engel begegnet wiederholt als Gesprächspartner Sacharjas (1, 11. 12; 3, 1. 6; vgl. Gen 16, 7. 9. 11).

Dennoch ist die Funktion des Engels JHWHs nicht auf die Vermittlung der Botschaft Gottes beschränkt. Er ist nicht nur Bote, der Gottes Wort überbringt, er ist auch Diener, Legat, autorisiert, es durchzuführen. Er ist von Gott entsandt, um dem Diener Abrahams voranzugehen (Gen 24, 7. 40), um vor Israel herzuziehen (Ex 23, 21. 23; 32, 2. 34), um es zu befreien (Num 20, 16) und es in das Land Kanaan zu führen (Ex 23, 20; vgl. Mal 3, 1, wo Gottes Engel den Weg vor ihm ebnet dadurch, daß er die Sünder bestraft, eine ethisierende Neuaufnahme des Exodusmotivs). Der Engel beschützt die Israeliten am Schilfmeer (Ex 14, 9), widersetzt sich dem Bileam (Num 22, 22), hilft Elia (1 Kön 19, 7) und schlägt die Feinde Israels (2 Kön 19, 35 = Jes 37, 36). Diese Beispiele zeigen, daß im religiösen Denken Israels der Engel JHWHs als Agent seines Beistandes für Israel verstanden wurde. Während die Vorstellung von Engel sonst durchaus mit Furcht verbunden war, wurde der Engel JHWHs nicht als Feind Israels, sondern als sein Wohltäter, zur Rettung Israels entsandt, verstanden. Ihr Erscheinen wird begrüßt (1 Sam 29, 9), ihre Weisheit gerühmt (2 Sam 14, 14. 20; 19, 28). Aus 2 Sam 14 ist ersichtlich, daß es vom König als höchstes Kompliment verstanden wurde, wenn man ihn mit dem Engel JHWHs verglich. Nach Sach 12, 8 wird das Haus Davids bei der Restauration Israels mit dem Engel JHWHs verglichen. Diese grundsätzlich positive Wertung des Engels JHWHs wurde auch dadurch nicht beeinträchtigt, daß dieser Engel durchaus auch die Rolle des *mašḥîṯ* 'Verderbers' übernehmen konnte (vgl. w.u.).

Eine andere Vorstellung vom Engel JHWHs zeigt sich im Josephssegen (Gen 48, 15f.): „Der Gott, vor dem meine Väter Abraham und Isaak wandelten, der Gott, der mich weidete mein Leben lang bis zum heutigen Tag, der Engel, der mich erlöst hat von allem Übel." Der *mal'āḵ* ist der *go'el* (→ גאל *gā'al*), er befreit die Erwählten von allem Übel (Jes 63, 9), er rächt das Blut der Verfolgten (Ps 35, 4ff.). Diese Vorstellung prägt auch das Bild vom *mal'āḵ* in der Exoduserzählung.

In der Erzählung von der Belagerung Jerusalems durch Sanherib (2 Kön 19, 35 = 2 Chr 32, 21 = Jes 37, 36) wird JHWHs Handlungsbevollmächtigter, der die assyr. Armee vernichtet, *mal'aḵ JHWH* genannt, der „hinausgeht" (*jṣ'*) und „schlägt" (*nkh hiph*), den JHWH „entsendet" (*šlḥ*) und der „zerstört" (*kḥd*). Der Engel JHWHs ist sein Instrument, seine Gnadenerweise gegenüber Israel zu verwirklichen, indem er erlöst, beschützt und verteidigt. Wenn der Chronist besonders die Entsendung (*šlḥ*) betont, mag er einer Identifizierung des Engels mit JHWH vorgebeugt haben.

Das einzige Beispiel des Engels JHWHs, der sich gegen Israel wendet, liegt in 2 Sam 24 = 1 Chr 21 vor. Hier führt der Engel Gottes Strafe an David wegen der Volkszählung aus. JHWH schickte eine Pest (*dæbær*) über Israel (2 Sam 24, 15 = 1 Chr 21, 14); als aber der Engel seine Hand ausstreckte, um Jerusalem zu zerstören, gebot JHWH dem „zerstörenden Engel" (*mal'aḵ hammašḥîṯ*; *mal'aḵ hammakkæh*) Einhalt.

Die Parallele 1 Chr 21 ist noch aus einem anderen Grunde wichtig: sie zeigt eine ältere Vorstellung vom Engel JHWHs als eines Wesens von übermenschlicher Größe und Stärke. Nach v. 16 konnte David den zerstörenden Engel sehen „stehend zwischen Erde und Himmel und in seiner Hand das Schwert ausgestreckt über Jerusalem".

In früheren Abschnitten sprechen Engel zum Menschen vom Himmel (Gen 21, 17; 22, 11. 15), aus dem Feuer (Ex 3, 2) oder in Träumen (Gen 28, 12; 31, 11). Sie erscheinen Tieren wie Menschen (Num 22), verschwinden oft dem Blick (Ri 6, 21; 13, 21) und werden oft nicht als Engel erkannt von denen, zu denen sie gesandt sind (Ri 13). Sie steigen zum Himmel auf in Feuer (Ri 13, 20), steigen auf und ab auf einer Leiter (Gen 28, 12). Diese Belege zeigen, daß der Engel JHWHs häufig mit übermenschlichen Fähigkeiten ausgestattet war.

In einigen Belegen ist es nicht mehr möglich, Gott oder seinen *mal'āḵ* in der Aktion gegenüber dem Menschen zu unterscheiden. G. von Rad hat in diesem scheinbar wahllosen Wechsel ein System aufgewiesen: „Wird von Gott abgesehen vom Menschen ausgesagt, so steht Jahwe, sowie aber Gott in die Apperzeption des Menschen tritt, stellt sich der מ(לאך) י(הוה) ein" (ThWNT I 76). Einige Beispiele mögen das verdeutlichen: In Gen 16, 7–14 (J) hört JHWH den Schrei Hagars, er schickt den *mal'aḵ JHWH*, der direkt mit ihr sprechen soll. Nachdem der Engel mit ihr gesprochen hat, ruft sie den Namen JHWHs an: „Du bist der Gott, der mich sieht!" Dann ruft sie: „Ich habe wirklich Gott gesehen" (gegen MT *h*ª*lom* ist *'*ª*lohîm* zu lesen). Der tatsächliche Gesprächspartner Hagars war jedoch der Engel JHWHs, nicht JHWH selbst. Hagars Kommentar, daß sie einen *'*ª*lohîm* gesehen hat, mag darauf hinweisen, daß sie sich selbst darüber klar ist, nicht JHWH, sondern ein „göttliches Wesen" gesehen zu haben. In der elohistischen Parallele liegt der Geschehensablauf ganz ähnlich. Nach Gen 21, 15–21 hört Gott den Schrei Ismaels, der Engel Gottes ruft der Hagar vom Himmel her zu, und Gott selbst öffnet ihr die Augen.

Gott prüfte den Abraham und gab ihm den Auftrag, Isaak zu opfern (Gen 22, 1–19). Es war dann aber der Engel JHWHs, der vom Himmel her zu Abraham sprach (vv. 11. 15); nach v. 1 ist der ursprüngliche Befehl jedoch von *'ælohîm* ausgegangen. Da in Gen 22, 1–19 nicht mit Sicherheit die E-Quelle ausgemacht werden kann (vgl. C. Westermann, BK I/2, 1979, 435), kann *'ælohîm* hier durchaus ein allgemeiner Begriff für „ein göttliches Wesen" sein. Wie dem auch sei, der Autor hat nicht unterschieden zwischen dem prüfenden Gott und dem befehlenden Engel. Dies besagt umgekehrt jedoch nicht eine Identifizierung. Dem Problem scheint man in Gen 22 zumindest nicht durch eine Quellenscheidung beikommen zu können (vgl. Kilian, Röttger und dagegen Westermann).

Nach Gen 31, 1–16 befahl JHWH dem Jakob, Laban zu verlassen und in seine Heimat zurückzukehren (v. 1). Nach Jakobs Meinung aber erging der Befehl an ihn vom *mal'ak̠ 'ælohîm* (v. 13).

Nach Ri 2, 1. 4 spricht der *mal'ak̠ JHWH* zum Volk wegen der Nichtbeachtung der Bundessatzung. Der gleiche erschien der Frau des Manoach (Ri 13, 2–25), die jedoch nach der Erscheinung behauptet, einen „Gottesmann" (*'îš 'ælohîm*), vergleichbar einem Engel Gottes, gesehen zu haben (v. 6). Manoach flehte zu JHWH, den *'îš 'ælohîm* noch einmal zu senden (v. 8); Gott erhörte ihn und der *mal'ak̠ 'ælohîm* erschien ein weiteres Mal (v. 9). Nach wiederholten Erscheinungen und Gesprächen mit Manoach und seiner Frau stieg der *mal'ak̠ JHWH* in der Altarflamme auf (v. 20) und erschien nicht mehr (v. 20). Manoachs Resümee war: „Wir müssen sterben, denn wir haben *'ælohîm* gesehen!" Entweder irrte Manoach (da sie nicht starben, hatten sie Gott nicht gesehen) oder er hatte „nur" ein göttliches Wesen (*'ælohîm*) gesehen. Ri 13 zeigt in aller wünschenswerten Deutlichkeit die verschwimmende Terminologie. Weitere Belege liegen vor in Gen 32, 22–32; Hos 12, 5; 2 Sam 24, 17; Sach 1, 9 – 6, 5. Die Frage nach dem Verhältnis zwischen JHWH und seinem Engel ist nicht vollständig gestellt ohne Diskussion von Ex 3. Der *mal'ak̠ JHWH* erschien dem Mose in einer Feuerflamme aus dem Dornbusch (v. 2; vgl. Ri 13, 20). Aber während des folgenden Dialogs ist die Stimme aus dem Busch JHWHs (vv. 4. 7) oder des *'ælohîm* (vv. 11. 13. 15). Mose verbirgt sein Antlitz vor *'ælohîm* (v. 6). *mal'āk̠* kommt also nur am Anfang der Geschichte vor.

Drei Möglichkeiten bieten sich an, den wechselnden Gebrauch der Termini zu erklären:

1) JHWH hat seine Botschaft an Mose durch seinen *mal'āk̠* überbracht, der Autor aber benutzte die Termini *JHWH* und *'ælohîm*, da seiner Meinung nach diese Botschaft unmittelbar von Gott stammte. Die Nennung von *mal'āk̠* am Beginn der Erzählung qualifiziert den folgenden Gebrauch von *JHWH* und *'ælohîm*.

2) Die Bedeutung der Berufung des Moses, die Initiation von Gottes persönlicher Beziehung zu Israel und die Enthüllung des Gottesnamens ließ es nicht zu, daß in der Erzählung ein *mal'āk̠* dominiert. Die direkte Intervention Gottes war von der Bedeutung der Erzählung her gefordert.

3) JHWH selbst hat zu Mose gesprochen; da er ihm aber nicht erlaubte, ihn zu sehen, war die Interpolation des *mal'āk̠* notwendig.

* In der Forschung der Gegenwart wird Ex 3 jedoch von den meisten als literarisch uneinheitlich angesehen (vgl. ganz dezidiert W. H. Schmidt, BK II 106–110). Eine Quellenscheidung müßte also die Konfusion in Ex 3 wesentlich entschärfen können. Schmidt führt vor, daß ohne Gottesnamen-Argument die Quellenscheidung bündig abklärt, daß die JHWH-Nennungen tatsächlich J, die *'ælohîm*-Nennungen tatsächlich E zuzuteilen sind. Die Problematik konzentriert sich damit auf v. 2a, den Schmidt J zuteilt. Röttger aber sieht im *mal'ak̠ JHWH* eine sekundäre Hinzufügung, die ganz der Intention des Elohisten entsprungen sei. „Der elohistische Bearbeiter schafft dadurch ein Element der Kontinuität zwischen der Zeit der Erzväter und der Zeit des Volkes Israel. Gleichzeitig bereitet er die Rolle des mal'ak im Auszugsgeschehen vor" (Röttger 89). Diese Längsschnittargumentation ist literarkritisch jedoch nicht zwingend, so daß das Nebeneinander von *mal'ak̠ JHWH* und *'ælohîm* ungeklärt bleibt. P. Weimar, Die Berufung des Mose (OBO 32, 1981) hat die von Schmidt vorgelegte Literarkritik verfeinert und vorgeschlagen, in v. 2a den Jehowisten am Werk zu sehen, der hier schon deutend auf den zweiten Teil der Dornbusch-Szene als JHWH-Erscheinung hinweist (Weimar 233). W. Fuss (BZAW 126, 1972, 26) schied literarkritisch gleichartig, sah aber in der Erwähnung des Boten eine stärkere Betonung der Transzendenz JHWHs durch den Redaktor. Dies wird in die richtige Richtung weisen, widerspricht auch nicht der klaren Feststellung Westermanns (BK I/2, Exkurs: Der Bote Gottes, 289 ff.), daß der Wechsel von *JHWH* und *mal'ak̠ JHWH* nicht einer theologischen Reflexion entsprungen sei, sondern „erzählende Wiedergabe wirklicher, vielfältiger Erfahrung, Erfahrung einer Begegnung in höchster Not" darstelle. *(Fa.)*

Ex 23 und 33 werfen ein zusätzliches Licht auf die göttliche Manifestation in Ex 3. In Ex 23, 20–22a heißt es: „Ich sende einen Engel dir voran, dich zu schützen ... gehorche seiner Stimme ... denn mein Name ist in ihm, aber wenn du ihm vollständig gehorchst und alles tust, was ich sage ..." Für die Interpretation von Ex 3 ist dieser Abschnitt doppelt wichtig. Der *mal'ak̠ JHWH* ist mit JHWH so eng verbunden, daß sein Name in ihm ist. Wenn Mose mit Gott spricht, gehorcht er der Stimme des *mal'āk̠*. Der *mal'ak̠ JHWH* ist somit der Mittler zwischen Gott und Mensch. Wenn Gott spricht, spricht er durch den Engel, der seinen Namen trägt. Wenn der Mensch Gottes Gebote über diesen Mittler erfährt, muß er sie vollständig ausführen, denn die Botschaft des *mal'āk* ist JHWHs Botschaft. Der *mal'āk* ist „keine Gestalt, kein Repräsentant, keine Erscheinungsweise Gottes ... er ist nur der Begegnende" (Schmidt 290 mit Zimmerli). Er ist der Begegnende mit JHWHs Autorität, Vollmacht und in seinem Namen.

Schließlich ist noch kurz Ex 33 zu berücksichtigen. Obwohl die Erzählung feststellt, daß JHWH zu Mose „von Angesicht zu Angesicht" sprach (v. 11), zeigt der Kontext doch deutlich, daß die Manifestation göttlicher Präsenz hier Aufgabe der „Wolkensäule" war (vv. 9. 10). Die ganze Erzählung legt größten Wert auf die Feststellung, daß unmittelbare Erfahrung Gottes für den Menschen, selbst für Mose, tödlich ist, daß vielmehr diese Erfahrung vermittelt werden muß durch Brechung der Unmittelbarkeit. Als solche Mittel nennt Ex 33 Feuer, Wolken und den *mal'āk*.

Aus diesen Texten geht hervor, daß der *mal'ak JHWH* offensichtlich verbunden ist mit JHWHs Namen, mit seiner Autorität und Botschaft, daß er JHWH vertritt im Bereich des Menschen, während JHWHs Unmittelbarkeit selbst sich in Räumen außerhalb des menschlichen Wahrnehmungsbereiches realisiert.

* Im Wechsel von *JHWH* und *mal'ak JHWH* liegt also zuerst einmal nicht die Substitution einer anthropomorphen Gottesbeschreibung durch theologische Spekulation vor, wie es die Interpolationstheorie (J. M. Lagrange) vorschlug, sondern die lebendige Beschreibung einer Gottesbegegnung, die wegen der Gefahren einer unmittelbaren Theophanie immer schon als vermittelt verstanden wurde. Die Identifikation von Auftraggeber und Boten ist dabei für den *mal'āk* wie im profanen Bereich üblich (vgl. Ficker 907). Dies ist im wesentlichen die Revelationshypothese, wie sie bereits von H. Junker, EB I, 1955, 76f. vorgelegt wurde, die besagt, daß „der ‚Engel Jahwes' als Begleiter und Träger der Herrlichkeit Jahwes dem Menschen durch sein Sichtbarwerden die Gegenwart JHWHs offenbart, der selbst geheimnisvoll unsichtbar bleibt" (vgl. auch H. Groß 35). Sehr nahe kommt dieser Deutung auch die Repräsentationstheorie, die bereits von Hieronymus und Augustinus entwickelt wurde (vgl. J. Rybinski, Der Mal'akh Jahwe, 193), nach der der Engel als Geschöpf JHWHs kraft besonderen Auftrags und mit göttlicher Autorität ausgestattet, als Repräsentant JHWHs auftritt. Diese Theorie wurde von F. Stier, ATA 12, 2, 1934, zur Wesirtheorie modifiziert. Diese von der Funktion ausgehenden Deutungen werden dem bibl. Befund sicher gerechter als solche Theorien, die über das Wesen spekulieren. Zu nennen sind die Identitätstheorie (der *mal'āk* und JHWH sind identisch; vgl. B. Stein, Bibl 19, 1938, 286–307), die Hypostasentheorie, die im *mal'āk* eine Hypostase JHWHs sieht (vgl. G. van der Leeuw, A. Lods, Festschr. Wellhausen 1914, 263–278), modifiziert als Logostheorie (bereits von den Kirchenvätern vertreten). Alle diese Theorien müssen sich messen lassen daran, wie sehr sie der Funktion des Boten gerecht werden, denn „gegenwärtig ist Gott nicht in dem Boten, sondern in der Botschaft" (Westermann, BK I/2, 291). *(Fa.)*

Der Terminus *mal'ak JHWH*/*'ælohîm* bezeichnet in mythisch gefärbten Kontexten das Gefolge Gottes. Es handelt sich um himmlische Wesen, die ihn begleiten, ihn loben und seinen Hofstaat bilden. Sie sind seine Heerscharen (→ צבאת *ṣebā'ot*; Ps 103, 20; 148, 2), seine Diener (*'æbæd* → עבד *'ābad*; Hi 4, 18 – der Ausdruck bezeichnet den Status, weniger die Funktion), die die Gerechten beschützen (Ps 34, 8; 91, 11) und die Bösen bestrafen (Ps 78, 49; Spr 16, 14). Zu diesem Hofstaat gehören neben den *mal'ākîm* auch die Keruben (→ כרוב), Seraphen (→ שׂרף); wesentlich schwieriger ist die Frage nach den *benê 'ælohîm* (*'elîm*); dazu vgl. F. Dexinger, Sturz der Göttersöhne oder Engel vor der Sintflut (WBTh 13, 1966). Die Funktionen dieses himmlischen Hofstaates werden aus verschiedenen Psalmen deutlich: Ps 103, 20f. „Lobet JHWH, ihr, seine Boten, ihr starken Helden, die ihr sein Wort vollstreckt. Lobet JHWH, ihr, alle seine Heere, seine Diener, die seinen Willen tun!". Eine weitere Perspektive ergibt sich aus Ps 104, 4 „Der die Winde zu seinen Boten (*mal'ākājw*) bestellt und zu seinen Dienern (*mešāretājw*) das lodernde Feuer". Diese traditionelle Deutung (vgl. H. J. Kraus, BK) wertet Boten und Diener als Metaphern für Wind und Feuer, die als Gott gehorsam charakterisiert werden. Diese Übersetzung ist aber unverständlich angesichts der Einbettung unseres Verses in eine Reminiszenz an einen Mythos von der Himmelsdurchquerung (vgl. v. 3). Es ist also zu übersetzen: „Der mit seinem Gefolge die Winde feurig auflockern läßt." Die Boten und Diener setzen also zusammen mit Gott die Aktivitäten des Windes in Gang; sie als Begleiter des Sonnengottes, der als Sonne mit seinem Wagen das Firmament durchquert, zünden die Winde an. Auch in v. 2 kann man sich die Boten Gottes beim Ausspannen des Himmels vorstellen, analog zu Jes 42, 5 „der den Himmel gemacht hat und die, die ihn ausspannen" (vgl. dagegen jedoch K. Elliger, BK XI/1, 1978, 222. 231f.). Für die hier vorgelegte Interpretation von v. 4 ist zu verweisen auf die auffällige Häufung der Partizipien in den vv. 2–4 (*'ôṭæh-'ôr*, *nôṭæh šāmajim*, *'osæh ... rûḥôt*). Dem entspricht strukturell und grammatikalisch *'eš loheṭ* (v. 4b). Damit ist JHWH Subjekt zu *loheṭ*, d. h. *loheṭ* steht nicht prädikativ zu *'eš* (es müßte dann ein Ptz. fem. sein). Die Winde werden also in Brand gesetzt mit dem Feuer von JHWHs Wagen, wenn er – begleitet von seinen Engeln – den Himmel durchquert.

* Die hier vorgelegte Neuinterpretation setzt hinter dem Text des Ps 104 ein umfangreiches Spektrum mythologischer Motive voraus. Das braucht aber nicht der eindeutigen schöpfungstheologischen Ausrichtung des Psalms zu widersprechen. Die Deutung erklärt aber syntaktisch nicht die Inversion bei *'eš loheṭ* und übersieht, daß für die Bedeutung „anzünden" eigentlich ein Ptz. *pi* erwartet werden müßte (vgl. Hi 41, 13). Möglicherweise liegt eine Textverderbnis vor, wie es schon LXX und Qumran (1 QH 1, 11) nahelegen. *(Fa.)*

Zwei weitere Belege sind noch wichtig für die Deutung von Rolle und Funktion des *mal'ak JHWH*, weil sie aus dem gesamten Hofstaat JHWHs einen einzelnen Engel herausgreifen. In der ersten Rede des Elihu heißt es Hi 33, 22ff.: „Da naht seine Seele sich der Grube und sein Leben den Todesboten, es sei denn, es ist für ihn ein Engel da, ein Verteidiger („Fürsprecher", → ליץ *ljṣ* III), einer von den Tausend, die dem Menschen seine Pflicht (seine Rechte) kundtun sollen. Und er ist zu ihm gnädig und spricht: Laß ihn frei, daß er nicht zur Grube hinabsteigt. Ich fand ein Lösegeld für ihn. Laß sein Fleisch voller Jugend sein, laß ihn zurückkehren zu den Tagen seines Jugendalters!" Der *mal'āḵ* repräsentiert hier den himmlischen Verteidiger am Hof JHWHs. Er nimmt sich des beklagten Menschen an und plädiert für einen Freispruch, indem er die Rechte des Menschen aufzählt im Hinblick auf die Gerechtigkeit allgemein und auf die faire Behandlung im Besonderen, und er befreit ihn durch ein Lösegeld. JHWH entspricht seinem Plädoyer. *melîṣ* als Charakterisierung des *mal'āḵ* ist nicht ganz eindeutig. In Gen 42, 23 bedeutet es „Dolmetscher", so daß Hi 33, 22f. den aus der apokalyptischen und rabbinischen Literatur bekannten „Deuteengel" (angelus interpres) im Blick haben könnte (vgl. schon Sach 1–6; vgl. C. Westermann, Gottes Engel brauchen keine Flügel, [2]1980, 115–124, und P. Schäfer, Rivalität zwischen Engeln und Menschen, Studia Judaica VII, 1975, 10–18). Hier bezeichnet *melîṣ* den himmlischen Verteidiger, den Anwalt, der JHWH einen Fall vorträgt (gegen Satan).

In gegenteiliger Funktion begegnet der *mal'āḵ* in Mal 3, 1–5: JHWH wird seinen Boten, den „Boten des Bundes" (*mal'aḵ habberîṯ*) senden, der die Söhne Levis reinigen und läutern soll, der Zeugnis ablegen soll gegen Zauberer, Ehebrecher, Eidbrüchige und solche, die die Armen übervorteilen. Hier fungiert der *mal'āḵ* (wie Satan) als Ankläger, der für einen Schuldspruch für die plädiert, die den Bund brechen.

Spr 16, 14 zeigt uns eine Außenseiterfunktion des *mal'āḵ*: „Der Grimm des Königs ist wie ein Todesengel, aber ein weiser Mann besänftigt ihn." Die Vorstellung vom *mal'aḵ māwæṯ* leitet sich her von der im Mythos bekannten Vorladung des Menschen zur Verkündigung des Geschicks. Auch Mot, der Gott der Unterwelt, sendet Boten, daß man ihm Opfer bringe. Die Verbindung mit dem Zorn des Königs ist offensichtlich, denn der Zorn des Königs wird mit dem Todesurteil gleichgesetzt (vgl. Spr 19, 12; 20, 2). Wie der Todesengel, so sind auch die „Unheilsboten" (*mal'aḵê rā'îm*) Vollstrecker des Zornes und Unwillens JHWHs (vgl. Ps 78, 49).

VI. Der „Knecht" in DtJes steht eher für Israel als für einen Propheten oder für ein sonstiges Individuum. In Jes 42, 19 sind *'aḇdî*, *mal'āḵî* und *m^ešullām* Parallelbegriffe und bezeichnen den blinden Knecht Israel. „Knecht" und „Bote" sind austauschbar, ersteres steht für den Status, letzteres für die Funktion. Die Rolle Israels als *mal'āḵ* ist weiter zu fassen als nur eine Botenfunktion. Israel ist das Werkzeug JHWHs, ein Volk, das sein Wort vollstreckte und seine göttliche Liebe und Bindung an die Menschen repräsentierte.

Freedman-Willoughby

VII. In den Qumrantexten wird der *mal'āḵ* ca. 50mal erwähnt. Daneben tritt aber eine Fülle synonymer Termini, die als echte Austauschbegriffe auftreten können (*'elîm*, *b^enê šāmajim*, *m^elāḵîm*, *q^eḏôšîm*, *rûḥôṯ*, *gibbôrîm*, *k^erûḇîm*, *ṣîrîm*, *n^eśî'îm*, *rā'šîm*, *koh^anîm* und *m^ešār^eṯîm*), sowie die namentliche Nennung mancher Engel; vgl. J. Strugnell, VTS 7, 1960, 318–345, bes. 331ff.). Diese Vielfalt der Begriffe weist hin auf eine ausgeprägte qumranessenische Angelologie (vgl. dazu F. Nötscher, Geist und Geister in den Texten von Qumran, BBB 17, 1962, 175–187; J. A. Fitzmyer, NTSt 4, 1957/58, 45–58; M. Delcor, DBS IX 970ff.). Dies wird auch noch durch die Existenz einer sog. „Engelliturgie" (4 QS šîrôt 'olat haššabbat) unterstrichen. Die Engellehre ist wesentlicher Bestandteil qumranessenischer Ekklesiologie, insofern sich die Gemeinde in mehrfacher Hinsicht als Gemeinschaft mit diesen Engeln verstand (vgl. P. Schäfer, Rivalität zwischen Engeln und Menschen, 33–40). Dies betraf zuerst einmal das Selbstverständnis der Gemeinde als eschatologischer Kampfverband: nicht nur das Heerlager wird durch die Anwesenheit der Engel geheiligt (1 QM 7, 1–17; gegenüber Deut 23, 15 ist die Präsenz Gottes im Lager durch die Präsenz der Engel ersetzt), auch betrachtet man die Engel als Kampfgefährten (1 QM 12, 4. 8; vgl. 4 Q 491–495 u.ö.). Daneben wußte sich die Gemeinde in liturgischer Gemeinschaft mit den Engeln (1 QSa 2, 8; 1 QSb 4, 22–26, hier interessante Gleichsetzung des Priesters der Gemeinde mit dem „Engel des Angesichtes"; 1 QH 6, 13; 4 Q 511, 35, 4) in der gemeinsamen Anbetung Gottes in der Gemeinde als neuer Tempel.

Im Einklang mit dem Dualismus qumranessenischer Weltsicht sah man auch die Engelwelt zweigeteilt in den Bereich Belials als „Engel der Feindschaft" (*mal'aḵ maśṭemāh*, 1 QM 13, 11), vor dem der Mensch sich nur durch Thoragehorsam wirksam schützen kann (CD 16, 5), mit seinem Gefolge, den „Engeln des Verderbens" (*m. ḥæḇæl*, 1 QM 1, 15; 13, 12; CD 2, 6; 4 Q 510, 1, 5 par. Lilith) und den „Engeln der Finsternis" (*m. ḥôšæḵ*, 1 QS 3, 20) und in den Bereich Gottes mit den „Engeln der Heiligkeit" (*m. qôḏæš*, 1 QSa 2, 8; 1 QSb 3, 6; 1 QM 7, 6), den „Engeln seiner Wahrheit" (*m. '^amittô*, 1 QS 3, 24) und den „Engeln des Lichtes seiner Glorie" (*m. m'wrwt kbwdw*, 4 Q 511, 2, I, 8; 20, I, 2). Sie fungieren als Helfer und Retter (1 QM 13, 14; 17, 6). Man wertet sie als präexistente Wesen, wenn man sie als bereits bei der Schöpfung anwesend betrachtet (11 Q tg Hi 30, 5). Sie haben teil an den Plänen Gottes (1 QM 10, 11) und preisen seinen Namen (1 QM 12, 1; 4 QDibHam 7, 6).

Fabry

מְלָאכָה $m^e l\bar{a}'\underline{k}\bar{a}h$

I. Wurzel und verwandte Begriffe – II. Definition von $m^e l\bar{a}'\underline{k}\bar{a}h$ – 1. Geschicklichkeitsarbeit – 2. Plan – 3. Handwerk – 4. Auftrag oder Geschäft – III. Zusammenfassung – IV. Qumran.

Lit.: *W. F. Albright*, Specimens of Late Ugaritic Prose (BASOR 150, 1958, 36–38). – *Z. Ben-Ḥayyim*, Word Studies II (H. Yalon Memorial Volume, ed. E. Y. Kutscher u.a., Jerusalem 1974, 46). – *E. L. Greenstein*, Trans-Semitic Idiomatic Equivalency and the Derivation of Hebrew *ml'kh* (UF 11, 1979, 329–336). – *J. Milgrom*, Studies in Levitical Terminology, I: The Encroacher and the Levite. The Term ʿAbodah (Los Angeles 1970). – *A. Silitonga*, The Comprehension of Work (Mela'kah) in the OT (Diss. South East Asia Graduate School of Theology, Singapur 1974).

I. Die Wurzel von *m^elāʾk̲āh* ist *l'k*, die, im Hebr. als Verb nicht nachgewiesen, in anderen semit. Sprachen vorkommt, z. B. ugar. *lʔk* ʿsendenʾ (KTU 1.4, V, 41. 42; VII, 45; 1.5, IV, 23. 24; 1.13, 27; 1.14, III, 19. 20; 1.24, 16; 2.10, 10; 2.14, 7; 2.26, 4; 2.31, 43; 2.42, 12; 2.63, 7. 10. 13), arab. *la'aka* und *'alaka* ʿsendenʾ und äth. *la'aka* ʿ(eine Botschaft) sendenʾ. Nominalformative in diesen Sprachen zeigen die Bedeutungsbreite von ʿsendenʾ; ugar. *ml'k* ʿBoteʾ (z. B. KTU 1.14, III, 20. 33; VI, 35), *ml'kt* ʿAuftrag, Botschaftʾ (KTU 2.17, 7; 2.23, 3; 2.31, 49; 2.33, 35), arab. *mal'ak* ʿEngel, Bote, Gesandterʾ und äth. *mal'ak* ʿEngel, Boteʾ. Hebr. Ableitungen sind außer *m^elāʾk̲āh* auch → *malʾāk̲* ʿBote, Engelʾ und *malʾāk̲ûṯ* ʿAuftrag, Befehl, Botschaftʾ (Hag 1, 13). Zusätzlich findet man im Phön./Pun. *ml'kt* und *mlkt* ʿArbeitʾ (DISO 151).

Das Wort *m^elāʾk̲āh* kommt im AT 166mal in verschiedenen Formen vor. Schon die Verteilung im AT zeigt, daß das Wort eng mit Arbeiten am Heiligtum bzw. heiligen Gerät (Pentateuch 62 Belege, davon 33 in Ex 31 ff.; 13 in Lev 23 und 7 in Num 8) verbunden ist. Das DtrGW verwendet es 19mal (vornehmlich im Tempelbaubericht 1 Kön 6f.), das ChrGW 63mal (vornehmlich im Zusammenhang von Tempelbau und -renovierung 1 Chr 22ff.; 2 Chr 24; 34). In der prophetischen und Weisheitsliteratur begegnet der Begriff nur sporadisch.

Seine Bedeutungen können in vier Bereiche aufgeteilt werden: 1. qualifizierte Arbeit, handwerkliches Können; 2. gewöhnliche Arbeit (einschließlich körperliche Arbeit); 3. Ergebnis der Arbeit, Herstellung, bewegliches Eigentum; 4. Sendung, Auftrag, Botengang oder Geschäft.

Die Verbindung zwischen dem Verb ʿsendenʾ und dem Nomen ʿArbeitʾ ist möglich durch ein postuliertes **ml'kt jd*, in Analogie zu *mišlaḥ jāḏ* (z. B. Deut 12, 7. 18) ʿHandwerkʾ, wörtl. „Aussenden der Hand" (Ben-Ḥayyim), semantisch äquivalent zu akk. *šipir idim / qāti(m)* ʿHandwerkʾ (z. B. CH § 188; OIP 2, S. 133; 79–80) (Greenstein).

Jes Sir verwendet *m^elāʾk̲āh* 6mal, allgemein in der Bedeutung ʿArbeit, Werkʾ (Sir 3, 17; 4, 29f.), ʿGeschäftʾ (37, 11) oder mit der expliziten Konnotation ʿArbeit und Müheʾ, par. Ackerbau (7, 15). Die LXX übersetzt ziemlich durchgehend mit ἔργον (127mal) o.ä., doch interpretiert sie gelegentlich durch λατρευτός oder λειτουργία, ἐφημερία oder κατασκευή (je 1mal).

II. 1. Im AT wird meistens durch *melāʾk̲āh* „Arbeit, die Geschicklichkeit fordert" im Gegensatz zur körperlichen Arbeit (*ʿaḇôḏāh*) ausgedrückt (vgl. Milgrom, Studies, 60–87).

a) Zur Geschicklichkeitsarbeit (*m^elāʾk̲āh*) gehören: Arbeiten mit kostbaren Metallen (Ex 38, 24), mit Edelsteinen (Ez 28, 13), landwirtschaftliche Fertigkeit (Spr 24, 27; 1 Chr 27, 26), Töpferarbeit (Jer 18, 3), Navigation (Ps 107, 23), Arbeiten mit Stricken (Ri 16, 11), Arbeiten in einem königlichen Amt (Gen 39, 11; Esth 3, 9; 9, 3; Dan 8, 27), Kultdienst (Jer 48, 10), Tragen der heiligen Gegenstände (Num 4, 3), Richter- und Beamtentätigkeit (1 Chr 26, 29), Ausführung einer Arbeit, die Gott geeignet ist (1 Chr 29, 1), ein Geschäft (Jon 1, 8; vgl. u. 4), Planung und Ausführung (Esr 10, 13; 1 Chr 28, 19) und Tapferkeit (1 Kön 11, 28).

Gottes Werke sind qualifizierte Werke: Schöpfung (Planung und Ausführung, Gen 2, 2–3; Ps 72, 38) und Bestrafung der Völker (Jer 50, 25).

b) Im Zusammenhang des Baues des Wüstenheiligtums und des Tempels sowie bei Instandsetzungsarbeiten am Tempel werden am deutlichsten die semantischen Konnotationen von *m^elāʾk̲āh* sichtbar: Bezaleel war voller „Weisheit, Verstand, Wissen und handwerklichem Können" bzw. „Geschicklichkeit" (Ex 31, 3; 35, 21. 31). Hiram hatte die Fähigkeit, qualifizierte Arbeiten in Erz auszuführen (1 Kön 7, 14). Die beim Aufbau des Zeltes beteiligten Männer werden Männer „mit Wissen" genannt (Ex 36, 4. 8). Andere Fertigkeiten in diesem Zusammenhang waren: Geschicklichkeit im Umgang mit Stein, Holz und Metall (Ex 31, 4. 5; 35, 33; 38, 24; 1 Kön 7, 14. 22; 1 Chr 22, 15. 16; 29, 5), Webarbeiten (Ex 35, 35) und das Herstellen von Tempelgefäßen (1 Kön 7, 40). Auch das Ausbessern von Gebäuden schließt Geschicklichkeit ein (2 Kön 12, 12. 15. 16; 22, 5. 9; Hag 1, 14; Esr 3, 8. 9; 2 Chr 24, 13; 34, 10. 12. 13. 17). Bautätigkeit im allgemeinen wird als qualifizierte Arbeit angesehen (Ex 39, 43; 1 Kön 7, 51; Neh 2, 16; 2 Chr 4, 11; 5, 1; 8, 16).

c) Ein Aspekt von *m^elāʾk̲āh* als qualifizierte Arbeit sind die kultischen Aufgaben, die bes. im ChrGW gut belegt sind (Neh 10, 34; 11, 12. 16. 22; 13, 10. 30; 1 Chr 9, 13. 19. 33; 23, 4. 24; 26, 30; 2 Chr 13, 10). *m^elāʾk̲āh* als kultische Aufgabe findet sich in 2 Chr 39, 34: es waren zu wenig Priester vorhanden, um die Opfertiere abzuhäuten; deshalb halfen die Leviten ihnen, bis *hamm^elāʾk̲āh* ʿdie kultische Aufgabeʾ beendet war. Zu solchen kultischen Verrichtungen gehörten auch das Musizieren und Singen (Neh 13, 10; 1 Chr 9, 33; 25, 1), das Bewachen der Tempeltore (1 Chr 9, 19) und der Dienst im Allerheiligsten (1 Chr 6, 34).

Die Redewendung *m^{e}læʼḵæṯ ʿ^{a}ḇôḏāh* 1 Chr 9, 13. 19 bedeutet ‘kultischer Dienst’. Das entspricht der Übertragung des Chronisten von der Bedeutung von *ʿ^{a}ḇôḏāh* ‘körperliche Arbeit’ hin zum ‘kultischen Dienst, Gottesdienst’. Von daher bedeutet *m^{e}læʼḵæṯ ʿ^{a}ḇôḏāh* wörtlich „die kundige Verrichtung des kultischen Dienstes“ (vgl. Milgrom, Studies § 72). Nur die Chronikbücher verwenden die Redewendung in dieser Bedeutung in Abhebung zur ursprünglichen Bedeutung ‘Bauprojekt’ (vgl. II. 2. a) oder ‘Berufsarbeit’ (vgl. II. 2. b).

2. *m^{e}lāʼḵāh* im allgemeinen Sinn umfaßt das ganze Spektrum des Begriffs „Arbeit“, von den geistigen Aktivitäten der Planung bis hin zur Ausführung durch Geschicklichkeit und körperliche Arbeit.

a) Die Berichte von der Anfertigung des Heiligtums und seiner Ausbesserung bieten Beispiele für den Gebrauch von *m^{e}lāʼḵāh* in diesem Sinne. Auch hier wird die Bedeutung erläutert durch die Verbindung von *m^{e}lāʼḵāh* mit *ʿ^{a}ḇôḏāh* ‘körperliche Arbeit’ oder ‘Ausführung’. Die Wendung *ʿ^{a}ḇoḏaṯ m^{e}lāʼḵāh* bezeichnet nun die ‘Ausführung der Arbeit’ (Ex 35, 21. 24; 36, 1. 3; 1 Chr 28, 13. 20; 2 Chr 24, 12). Die Anfertigung des Heiligtums ist gedacht als die Ausführung eines Planes (Ex 35, 2. 5. 7; 40, 33), wie die Errichtung des salomonischen Tempels (1 Kön 5, 30; 9, 23; 1 Chr 28, 19. 21; 29, 1; 2 Chr 8, 16), der Wiederaufbau z. Z. Esras (Esr 2, 69; vgl. Neh 7, 70 f.; Esr 3, 8 f.; 6, 22), Nehemias Wiederaufbau der Mauer (Neh 2, 16; 4, 5. 9. 10. 11. 13. 15. 16; 5, 16; 6, 3. 9. 16) und die Ausbesserungsarbeiten am Tempel (2 Chr 24, 12 f.; 34, 10. 12. 13. 17).

Die Bedeutung ‘Plan’ liegt auch in 2 Chr 16, 5 vor, wo Baësa den Plan des Aufbaues von Rama aufgibt. Spr 24, 27 vermittelt ebenfalls die Vorstellung von Planung und Ausführung, weist also auf ein allgemeines Arbeitsprojekt. 1 Sam 8, 16 steht *m^{e}lāʼḵāh* für „die Pläne des Königs“ oder „amtliche Tätigkeiten“ (vgl. 1 Kön 9, 23, obwohl hier [sonst nur noch 1 Kön 5, 20] der „Plan des Königs [Salomo]“ sich auf *mas* ‘Frondienst’, vgl. das akk. Äquivalent *šipar šarri* [MAL §§ 18. 19. 14] [Greenstein], beziehen könnte). Schöpferische Arbeit kann auch als „Projekt“ definiert werden (Gen 2, 2. 3).

In den frühesten Quellen steht *m^{e}lāʼḵāh* also allgemein für Tätigkeit oder Projekt unter Einbeziehung der Aspekte der qualifizierten Arbeit, der Planung und der körperlichen Arbeit incl. der Ausführung, während *ʿ^{a}ḇôḏāh* nur körperliche Arbeit bezeichnet. In nachexil. Texten nimmt *ʿ^{a}ḇôḏāh* die Bedeutung „kultischer Dienst“, „Gottesdienst“ an (z. B. 1 Chr 6, 17; 23, 28–32; 2 Chr 8, 14). Folglich entstand eine semantische Lücke: es gab nun kein Wort mehr für körperliche Arbeit. Wie diese Lücke gefüllt wurde, zeigt die frühe rabbinische Literatur: *m^{e}lāʼḵāh* nimmt zusätzlich zu anderen Bedeutungen die der körperlichen Arbeit an (z. B. MŠabbat 7, 1, 2; Tosephta Šabbat 7, 8; 9, 5; Para 2, 6). In den späten Schriften des AT hat *m^{e}lāʼḵāh* jedoch noch nicht diese spezifische Bedeutung angenommen. Die Belege, die man auf den ersten Blick als „körperliche Arbeit“ erklären möchte, neigen eher der Bedeutung ‘Plan’ zu. 2 Chr 8, 9 berichtet, daß Salomo die Israeliten nicht zu Sklaven *limlaʼḵtô* „für sein(e) Projekt(e)“ machte. Dieser Gebrauch ist dem Chronisten eigen, da par. 1 Kön 9, 22 *m^{e}lāʼḵāh* fehlt. Ebenfalls verwendet 2 Chr 16, 5 *m^{e}laʼḵtô* für Baësas Projekte (*m^{e}lāʼḵāh* fehlt aber in par. 1 Kön 15, 21). (Eine frühere verwandte Stelle aus der Monarchiekritik des DtrN [1 Sam 8, 16] sagt vom König, daß er aus dem Volk Sklaven *limlaʼḵtô* „für seine Pläne“ ausheben wird). In diesen Beispielen vertreten die Suffixe bei *m^{e}lāʼḵāh* einen subjektiven Genetiv „Werk des Königs“, nicht einen objektiven Genetiv „Arbeit für den König“ (vgl. Gen 2, 2 f.; Ex 20, 9; 1 Chr 29, 6; 2 Chr 8, 16). Bei den *ʿośê m^{e}lāʼḵāh* (vgl. BHS) (2 Chr 34, 13) handelt es sich um Arbeiter, die für jede Art von Arbeit (*laʿ^{a}ḇoḏāh waʿ^{a}ḇoḏāh*) Verantwortung tragen können. In Chr bezeichnet *m^{e}lāʼḵāh* also nicht ‘körperliche Arbeit’, sondern allgemein ‘Plan, Werk’.

b) *m^{e}lāʼḵāh*, in der umfassenden Bedeutung von körperlicher und geistiger Arbeit findet sich in den Verboten jeder Art von *m^{e}lāʼḵāh* am Sabbat und an Festtagen (Ex 12, 16; 20, 9 f.; 31, 14 f.; 35, 2; Lev 16, 29; 23, 3. 7 f. 21. 25. 28. 30 f. 35 f.; Num 28, 18. 25 f.; 29, 1. 7. 12. 35; Deut 5, 13 f.; 16, 8; Jer 17, 22. 24). Zwölf dieser Belege der *m^{e}lāʼḵāh* an Festtagen verwenden die Konstruktion *kŏl-m^{e}læʼḵæṯ ʿ^{a}ḇoḏāh* (Lev 23, 7. 8. 21. 25. 35. 36; Num 28, 18. 25. 26; 29, 1. 12. 35), während die auf den Sabbat und den Versöhnungstag bezogenen Verbote *kŏl-m^{e}lāʼḵāh* verwenden (Lev 23, 3. 28; Num 29, 7; vgl. Ex 31, 14 f.). Der gleiche Unterschied zwischen Feiertagen zeigt sich im Gebrauch vom Wort *šabbaṯ šabbāṯôn* „unbedingte Ruhe“ (par. *kŏl-m^{e}lāʼḵāh*), das nur auf Sabbat und Versöhnungstag bezogen wird (Lev 23, 3. 32; Ex 16, 23; 31, 15; 35, 2; für Festtage vgl. Lev 23, 24. 29). *kŏl-m^{e}lāʼḵāh* erweist sich also als umfassender als *kŏl-m^{e}læʼḵæṯ ʿ^{a}ḇoḏāh*. *m^{e}lāʼḵāh* ist also das alles einschließende Wort für Arbeit. Das Verbot gegen *kŏl-m^{e}lāʼḵāh* vermittelt die Vorstellung, daß am Sabbat und am Versöhnungstag „absolute Ruhe“ zu herrschen hat, daß „jede denkbare Art von Mühe, qualifiziert oder unqualifiziert, schwer oder leicht (körperlich oder geistig) verboten ist“ (vgl. Milgrom, Studies, § 69 und Anm. 297). *ʿ^{a}ḇoḏāh* in der Wendung *m^{e}læʼḵæṯ ʿ^{a}ḇoḏāh* modifiziert die allgemeine Bedeutung von *m^{e}lāʼḵāh* in derselben Weise, wie *zajiṯ* das allgemeine *ʿeṣ* ‘Baum’ zu ‘Olivenbaum’ näher bestimmt. Also ist nicht jede Art von *m^{e}lāʼḵāh* verboten, sondern nur die körperliche (d. h. berufsmäßig ausgeübte) Arbeit. Daraus folgt dann, daß ein weniger strenges Arbeitsverbot an Festtagen (mit Ausnahme von Sabbat und Versöhnungstag) galt und daß leichte körperliche Tätigkeiten, wie z. B. das Sauberhalten des Hauses oder konzentriertes Studieren erlaubt waren.

Im Zusammenhang mit dem Passahfest gibt P eine Definition davon, was *m^{e}læʼḵæṯ ʿ^{a}ḇoḏāh* (Lev

23, 7; Num 28, 25) bedeutet: „Keine Tätigkeit (*kōl-mᵉlā'ḵāh lo'*) soll an ihnen verrichtet werden: nur (*'aḵ*) was jeder zu essen braucht, das allein darf für euch zubereitet werden" (Ex 12, 16). Das bedeutet, daß als einziger Unterschied zwischen dem Verbot von *mᵉlæ'ḵæṯ ʿᵃḇoḏāh* und dem von *kōl-mᵉlā'ḵāh* die Zubereitung von Nahrung zu erkennen ist. Dies jedoch läßt fragen, ob die literarischen Quellen (Ex 12 gegenüber Lev 23; Num 28) dieselbe Ideologie vertreten, d. h., daß jede körperliche Arbeit verboten ist, oder ob das Passahfest tatsächlich strenger gehandhabt wird als andere Feste, indem alle Arbeit außer der Nahrungszubereitung verboten ist, um Verunreinigungen durch ungesäuertes Brot zu verhindern.

3. *mᵉlā'ḵāh* bedeutet nicht nur qualifizierte Facharbeit, sondern es bezeichnet auch das „fertige Produkt, das, was qualifizierte, geschickte Arbeit hervorgebracht hat" (vgl. Milgrom, Studies, § 67).

a) Die Bedeutung 'Fabrikat' zeigt sich in Lev 13, 48, wo davon die Rede ist, daß der Aussatz an etwas „aus Leder Gefertigtem" sichtbar ist. Nach Ex 36, 6 sollte das Volk nichts 'Gefertigtes' mehr für das Heiligtum abliefern. Nach Ex 39, 43 betrachtet Mose alle *mᵉlā'ḵāh* des Heiligen Zeltes, d. h. das fertige Produkt. Im Gleichnis vom Weinstock (Ez 15, 3–5) wird die Frage aufgeworfen, ob Rebenholz überhaupt zur Herstellung irgendeines 'Produktes' verwendet werden kann (vgl. Lev 7, 24; 11, 32; 13, 51). Eine semantische Erweiterung zeigt *mᵉlā'ḵāh* 2 Chr 17, 13, wenn es die großen 'Vorräte' oder 'Versorgungsmittel' Josaphats in den Städten Judas bezeichnet. Bereits Ex 36, 7 zeigte *mᵉlā'ḵāh* in ähnlicher Weise als Bezeichnung für das angehäufte Material, das zur Herstellung des Heiligen Zeltes verwendet wurde.

b) Eine spezifierte Bedeutung von *mᵉlā'ḵāh* liegt in bezug auf 'bewegliches Eigentum' vor. Ex 22, 7. 10 benutzen *mᵉlā'ḵāh* in diesem Sinn, wenn die Rede ist vom Schwur, sich nicht am Eigentum (oder den Waren) des anderen zu vergreifen. In zwei Fällen bedeutet *mᵉlā'ḵāh* sogar 'Herde, Vieh'. Saul verschonte die guten Tiere als Opfer für Gott und tötete *kōl-hammᵉlā'ḵāh nᵉmiḇzāh wᵉnāmes* „alles wertlose und unbrauchbare Vieh" (1 Sam 15, 9. 15). Esau folgt langsam der *mᵉlā'ḵāh* 'Herde' (Gen 33, 14). Die Bedeutung 'Vieh, Herde' für *mᵉlā'ḵāh* entspricht der Vorstellung, die die Herde als das Ergebnis einer gelungenen Arbeit von Zucht und Fütterung ansieht.

4. Viele Belege weisen noch einen semantischen Konnex zur ursprünglichen Bedeutung des Verbs *l'k* 'senden' auf. Aus der Grundbedeutung 'Sendung' ergibt sich als einfache Erweiterung 'Auftrag, Botengang', schließlich 'Geschäft, Geschäftsangelegenheit(en)'.

a) Die Vorstellung vom Botengang oder Auftrag ist in Gen 39, 11 zu finden, wo Joseph kommt, um Potiphars „Auftrag/Geschäft" zu erledigen. Jona wurde von den Seeleuten gefragt, welchen „Auftrag" oder welches „Geschäft" er betreiben würde (Jon 1, 8). In Spr 18, 9 wird derjenige, der seinem „Geschäft" oder seinen „Pflichten" nachlässig nachkommt, ein Bruder des Zerstörers genannt. Nach Spr 22, 29 kann jemand in seinem „Geschäft" geschickt (*māhîr*) sein, und Ps 107, 23 spricht von jenen, die „Handel" trieben auf den Meeren (d. h. vielleicht „Außenhandelsaufträge erledigten", vgl. Albright, BASOR 150, 1958, 38).

Ähnliche Bedeutungen liegen Esth 3, 9 und 9, 3 vor. Hier sind die *ʿośê hammᵉlā'ḵāh* jene, die den Auftrag des Königs ausführen, d. h. Diener oder niedrigere königliche Beamte (vgl. Gen 39, 11). Ähnlich mag man Dan 8, 27 interpretieren.

mᵉlā'ḵāh in Verbindung mit einem König kann also 'Projekt, Plan' vor allem im Zusammenhang mit Bauvorhaben bedeuten (s. o.). *mᵉlā'ḵāh* in Verbindung mit dem König ist aber auch als 'Dienst' oder 'Auftrag' zu verstehen. So sagt 1 Chr 4, 23, daß die Töpfer und Einwohner von Netaim und Gedera dort mit dem König *bimᵉla'ḵtô* 'in seinem Dienst/Auftrag' wohnten; vgl. auch 1 Chr 29, 6; Dan 8, 27; Esth 3, 9; 9, 3 und die ähnliche Beamtenliste in 1 Chr 27, 1. 25. *mᵉlā'ḵāh* könnte hier einen verantwortlichen staatlichen Dienst ausdrücken.

III. *mᵉlā'ḵāh* umgreift also einen ganzen semantischen Fächer von allgemein 'Arbeit' bis hin zu verschiedenen Spezifikationen: 'handwerkliches Können, hergestellte Gegenstände, Geschäft, Auftrag' etc. Auffallend ist jedoch, daß der Begriff im AT nie speziell für körperliche Arbeit verwendet wird, dagegen umgekehrt immer eine Tätigkeit beschreibt, die durch Qualifizierung oder Geschicklichkeit ausgezeichnet ist. *mᵉlā'ḵāh* 'Arbeit' schließt zwar die Vorstellung von körperlicher Arbeit ein, aber läßt sich erst in rabbinischer Zeit auf diese Bedeutung festlegen. Diese semantische Entwicklung folgt naturgemäß aus der Etymologie von *mᵉlā'ḵāh*, da die Wurzel *l'k* 'senden' und ihre nominalen Formative dahin tendieren, eine nicht-körperliche Arbeit auszudrücken. Von hierher leiten sich einfache semantische Erweiterungen 'Auftrag' oder 'Geschäft' ab, die abstrahierend zu 'Auftragsarbeit, Geschicklichkeitsarbeit, Projekt, Plan' führten. Diese Entwicklung vom Einfachen zum Abstrakten zeigt aber nicht das Alter der jeweiligen Passagen an. Die einzelnen semantischen Aspekte von *mᵉlā'ḵāh* mögen bereits früh existiert haben. Der Text des AT zeigt keine wahrnehmbare diachronische Entwicklung der Semantik von *mᵉlā'ḵāh*.

*IV. In den Qumranschriften bedeutet *mᵉlā'ḵāh* zuerst einmal ganz allgemein 'Arbeit' (TR 47, 9), im Zusammenhang mit den Bestimmungen über das Gemeinschaftseigentum bedeutet es 'Arbeitskraft' (par. *māmôn*, 1 QS 6, 3; par. *hôn*, 1 QS 6, 19). Dabei scheint seine Bedeutung auch in Richtung 'Einkünfte für geleistete Arbeit' zu tendieren (vgl. 1 QS 6, 20). Die Tempelrolle verwendet den Terminus dann durchgehend in Arbeitsverboten. Hier ist dann (vgl.

oben II. 2. b) auf eine terminologische Differenzierung zu achten: verboten ist *m^elǣ'ḵæṯ ^{ca}ḇôḏāh* am Monatsanfang (TR 14, 10), am Maṣṣotfest ganz (17, 11), am 7. Tag des Maṣṣotfestes besonders (17, 16), am Wochenfest (19, 8), am 1. Tag des 7. Monats (25, 9) und am Laubhüttenfest (29, 10). Am Sabbat (CD 10, 15) und am Versöhnungstag (TR 27, 6. 7. 10) ist dagegen *kŏl-m^elā'ḵāh* untersagt. Nach CD 10, 19 darf man am Sabbat nicht einmal über „die Arbeit betreffende Dinge" (*diḇrê hamm^{e}lā'ḵāh*) sprechen. TR 27, 7 droht dem Zuwiderhandelnden die „Ausrottung aus der Gemeinde" an. (*Fa.*)

Milgrom / Wright

מֶלַח *mælaḥ*

I. Vorkommen – II. Gewürz – III. Symbol des Unheils – IV. 1. Heilendes Salz – 2. Salz im Kult – 3. Salzbund.

Lit.: BHHW III 1653f. – DB V 1568–1572. – KBL³ 556f. – PW 2, II 2075–2099. – RGG V 1347f. – St.-B I 232–236. – ThWNT I 229. – *G. Dalman*, AuS IV 49–58. – *E. P. Deatrick*, Salt, Soil, Savior (BA 25, 1962, 41–48). – *F. C. Fensham*, Salt as Curse in the OT and the Ancient Near East (BA 25, 1962, 48–50). – *V. Hehn*, Das Salz, ²1901. – *A. M. Honeyman*, The Salting of Shechem (VT 3, 1953, 192–195). – *A. Jirku*, Materialien zur Volksregion Israels, 1914. – *B. Meissner*, BuA I 415. 425; II 87. 240. 228f. 309.

I. Der Gebrauch von Salz gehört zur ältesten Kultur der Menschheit. Seine Bezeichnung durch *mlḥ* ist allen semitischen Sprachen mit Israel gemeinsam (KBL³ 556f.). Das Nomen *mælaḥ* kommt im AT 22mal vor, darunter 7mal in geographischen Namen. 3mal findet sich aram. *m^elaḥ* und 4mal das Verb *mālaḥ*. Zu beachten sind auch 7 Stellen des Salzvorkommens in LXX, ferner viermaliges *m^eleḥāh* 'salziges Land'.

II. Als Gewürz wird Salz hoch geschätzt. Sir 39, 26 rechnet es zum „Nötigsten im Leben des Menschen". Ohne Salz schmecken die Speisen nicht (Hi 6, 6). Gleiche Anschauung ist im Umkreis Israels und sonst in der Antike vielfach belegt (vgl. Hehn 6f.; Meissner, BuA I 415). Weiß und körnig dient Salz Sir 43, 19 als Vergleich für Reif. Nach Sir 22, 15 ist es schwer zu tragen, wurde also wohl in Säcken oder Blöcken transportiert. Weil es so unentbehrlich und kostbar war, nutzte der Staat den Salzhandel als Steuerquelle (1 Makk 10, 29; 11, 35; vgl. auch PW 2, II 2096ff.).

III. Angesichts solch hoher Schätzung des Salzes ist auffallend, daß es mit Unglück und Zerstörung zusammengebracht wird, was Jirku für die ursprüngliche Auffassung hält (13. 15). Das „Sinnbild des Toten, Abgestorbenen" sei allmählich „zu einem Gegenstande, vor dem man begann, eine heilige Scheu zu empfinden" geworden (19f.). Bei Übergewicht der positiven Bewertung des Salzes dürften aber eher die wüste, unfruchtbare Gegend am Toten Meer und die Erzählung über deren Entstehung (Gen 19) maßgebend für die Unglücksbedeutung gewesen sein. Die Zerstörung von Sodom und Gomorra wird Deut 29, 22 und Zeph 2, 9 ausdrücklich als Strafe Gottes erwähnt. Die Salzgegend am Toten Meer und die Salzsäule dort (Gen 19, 26) sind nach Weish 10, 7 Zeugnis für die menschliche Schlechtigkeit und ihre Bestrafung. Dort leben nur Wildesel (Hi 39, 6), dort findet man als Speise höchstens Salzmelde (Hi 30, 4). Jer 17, 6–8 werden bezeichnend gegenübergestellt der Gesegnete, der dem grünen Baum am Wasser gleicht, und der Verfluchte auf dürrem Wüstenboden, „im unwirtlichen Salzland". Gott macht auch sonst „Ströme zur Wüste, fruchtbares Land zu salziger Steppe" (Ps 107, 33f.; vgl. auch Sir 39, 23). Somit könnte gleiches sich ereignen, wenn Abimelech in symbolischer Handlung Salz über das zerstörte Sichem streut, damit es einer Salzwüste gleich unfruchtbar und unbewohnbar sei (Ri 9, 45). Allerdings spricht die weitere Geschichte der Stadt gegen solche Bannung, so daß Honeyman (194) daran denkt, das Salz sei hier ein apotropäisches Mittel, um sich vor den Rachegeistern der erschlagenen Sichemiten zu sichern. – Zum negativen Symbol des Salzes paßt jedenfalls der Name „Salzmeer" für das Tote Meer (Gen 14, 3; Jos 3, 16; 12, 3; 18, 19), ferner daß dort eine Stadt „Salzstadt" heißt (Jos 15, 62) und ein Tal „Salztal" (2 Sam 8, 13; 1 Chr 18, 12; 2 Chr 25, 11; Am 8, 13; Ps 60, 2). Wie sehr man die trostlose Wüste Juda als Unheil empfand, zeigt Ez 47 die Vision von der gesundmachenden (*rp'*) Wirkung der Tempelquelle, die die Wüste zu paradiesischer Fruchtbarkeit wandelt.

IV. 1. Und doch werden die Sümpfe und Tümpel davon ausgenommen (Ez 47, 11)! Woher bekäme man sonst das heilsame Salz, das in Händen des Elisa sogar dazu dient, die Quelle von Jericho „gesund" (*rp'*) zu machen (2 Kön 2, 20f.). Als Mittel zur Gesundheit dient auch wohl der Brauch, das neugeborene Kind mit Salz einzureiben (Ez 16, 4). Dem entspricht, daß in der Antike Salz als Medizin geschätzt war (PW 2, II 2090) und im religiösen Heilungsritus verwandt wurde (Meissner, BuA II 228f. 240. 309). Das Salz wird sogar im Gebet angerufen, es möge den Beter von Verhexung befreien. Nach Erhörung will dieser es als seinen Schöpfergott verehren (Meissner 228f.). Vgl. dazu Homer, Il. IX, 214, wo das Salz „göttlich" heißt. Ex 30, 35 wird das Räucherwerk, dem Salz beigemischt ist, als „rein und heilig" bezeichnet.

2. Somit gehört Salz auch in den kultischen Bereich, wobei man in Assur sogar die Götter in seinen Genuß einbezieht mit der Anrede: „Du bist das Salz, das am reinen Ort erzeugt ist. Zum Essen der großen

Götter hat dich Ellil bestimmt. Ohne dich wird keine Mahlzeit im Tempel veranstaltet. Ohne dich riechen König, Herr und Fürst keinen Opferduft" (Meissner, BuA II 228f.). Im AT wird 9mal Salz beim Opfer erwähnt. Lev 2, 13 schreibt es für das Speiseopfer vor, wo 2, 13b Salz für „alle Opfergaben" wohl nicht darüber hinausweist. Bei den anderen Opferarten nach Lev 3–7 wird ja Salz nicht erwähnt. Nach Ez 43, 24 soll allerdings das Tier für das Brandopfer mit Salz bestreut werden. Das ist wohl spätere Ausweitung des Gebrauchs, bezeugt bei Josephus, Ant III, 9, 1 und Jub 21, 11. Auch Test Levi 9 steht: „Jedes Opfer sollst du salzen." Während nach Ex 24, 7 zwischen den Schaubroten wohl Weihrauch gestreut wird, aber kein Salz, fügen LXX dieses hinzu. (Vgl. auch Salz neben Weihrauch Sir 49, 1.) Auch hier ist eine spätere Ausweitung wahrscheinlich. Jedenfalls muß der Salzgebrauch im Tempel groß gewesen sein, denn Esr 6, 9; 7, 22 wird von Anordnungen über Salzlieferung berichtet, 7, 22 mit dem Zusatz „Salz dagegen unbeschränkt". Außerhalb Israels ist weder im äg. noch im assyr. Bereich Salz als Opferbeigabe bezeugt, wohl aber für spätere Zeit in Griechenland und Rom (DB V 1569; PW 2, II 2093f.; das Opfertier wird mit mola salsa bestreut).

3. Bei der Anordnung über die Verwendung von Salz beim Speiseopfer Lev 2, 13 wird dieses sehr betont „Salz des Bundes deines Gottes" genannt. Wenn erwähnt werden mußte, daß außerhalb Israels Salz sogar als Speise der Götter angesehen wird, dann kann man dieses Salz des Bundes kaum mit Jirku (18f.) so verstehen, daß darin eine Selbstverwünschung liege für den Fall des Bundesbruches. Da zu jeder Mahlzeit unter Menschen Salz gehört und da es primär beim Speiseopfer verwandt wird, sind vielmehr Opfer und Opfermahlzeit konstituierend für solchen Sprachgebrauch. Grundlegend ist, daß „der gemeinschaftliche Genuß von Salz ein Zeichen der Freundschaft und Symbol der Verbundenheit ist" (Rudolph, HAT I/20, 43). Gleiches gilt für Griechen und Römer (PW 2, II 1570), vgl. auch συναλίζομαι Apg 1, 4.

Aus der Gastfreundschaft der Mahlgemeinschaft ergeben sich bindende Verpflichtungen. So betonen die Briefschreiber an Artaxerxes, daß sie gehalten sind, dessen Interessen zu wahren, weil sie „das Salz des Palastes essen" (Esr 4, 14). Wie Ex 24, 11 der Bundesschluß durch Essen und Trinken vor Gott und mit Gott erfolgt, so hat Gott durch „ewigen Salzbund" den Priestern ihre Opferanteile zugewiesen (Num 18, 19). 2 Chr 13, 5 macht Abia gegen Jerobeam geltend, daß JHWH dem David und seinen Söhnen das Königtum in Israel in einem „Salzbund" für ewige Zeiten verliehen habe.

„Salzbund" wendet die Vorstellung von der zu Treue und Fürsorge verpflichtenden Gastfreundschaft des gemeinsamen Mahles auf den Gottesbund an, daß Israel die Bundesverpflichtung einzuhalten hat, daß aber auch Gott für die Erwählung und die Rechte der Bundesorgane eintritt.

Eising (†)

מִלְחָמָה *milḥāmāh*

לָחַם *lāḥam*

I. Nomen – 1. Wurzel, Bedeutung, Streuung, Wortfeld – 2. Umwelt des AT – 3. Historische und theologische Schwerpunkte – 4. JHWH und der Krieg – 5. Überwindung des Krieges; Krieg und Frieden – II. Verbum.

Lit.: *R. Bach*, Die Aufforderungen zur Flucht und zum Kampf im alttestamentlichen Prophetenspruch (WMANT 9, 1962). – *Ders.*, „..., der Bogen zerbricht, Spieße zerschlägt und Wagen mit Feuer verbrennt" (Festschr. G. von Rad, 1971, 13–26). – *R. Bartelmus*, Heroentum in Israel und seiner Umwelt (AThANT 65, 1979). – *O. Bauernfeind*, πόλεμος (ThWNT VI, 1959, 507–512). – *Ders.*, στρατεύομαι (ThWNT VII, 1964, 705–707). – *M. J. Benedict*, The God of the Old Testament in Relation to War, New York 1927 (Repr. 1972). – *A. Bertholet*, Religion und Krieg, 1915. – *C. M. Carmichael*, A Time for War and a Time for Peace: The Influence of the Distinction upon some Legal and Literary Material (JJS 25, 1974, 50–64). – *W. Caspari*, Was stand im Buch der Kriege Jahwes? (ZWTh 54, 1912, 110–158). – *D. L. Christensen*, Transformations of the War Oracle in OT Prophecy, Missoula/Mont. 1975. – *J. J. Collins*, The Mythology of Holy War in Daniel and the Qumran War Scroll (VT 25, 1975, 596–612). – *P. C. Craigie*, Yahweh is a Man of War (SJTh 22, 1969, 183–188). – *Ders.*, The Problem of War in the Old Testament, Grand Rapids/Mich. 1978. – *F. M. Cross*, The Divine Warrior in Israel's Early Cult, in: A. Altmann (ed.), Biblical Motifs, Cambridge/Mass. 1966, 11–30. – *Ph. R. Davies*, Dualism and Eschatology in the Qumran War Scroll (VT 28, 1978, 28–36; dazu auch VT 30, 1980, 93–97). – *J. Ebach*, Das Erbe der Gewalt, 1980. – *O. Eißfeldt*, Krieg und Bibel, 1915. – ETR 56, 1981, Nr. 1 (dort S. 5–71 versch. Beitr. zum Thema „Hl. Krieg im AT" mit Bibliographie und auch unter Heranziehung der Umwelt des AT). – *G. Fohrer*, Glaube und Welt im Alten Testament, 1948, 230–258. – *H. Fredriksson*, Jahwe als Krieger, Lund 1945. – *R. Gale*, Biblische Schlachten, 1973. – *N. K. Gottwald*, „Holy War" in Deuteronomy: Analysis and Critique (RExp 61, 1964, 296–310). – *H. Gunkel*, Israelitisches Heldentum und Kriegsfrömmigkeit im AT, 1916. – *K.-J. Illman*, Old Testament Formulas about Death, Åbo 1979, 88ff. – *W. Janzen*, War in the OT (MennQR 46, 1972, 155–166). – *Ders.*, God as Warrior and Lord (BASOR 220, 1975, 73–75). – *G. H. Jones*, „Holy War" or „Yahweh War"? (VT 25, 1975, 642–658). – *O. Keel*, Die Welt der altorientalischen Bildsymbolik und das AT, 1972, 198–204. – *J. Kegler*, Politisches Geschehen und theologisches Verstehen, 1977, 113ff. 253ff. – *R. Kittel*, Das AT und unser Krieg, 1916. – *H.-J. Kraus*, Vom Kampf des Glaubens. Eine biblisch-theologische Studie (Festschr. W. Zimmerli, 1977, 239–256). – *W. Lienemann*, Gewalt und Gewaltlosigkeit, 1982, 36–48. – *M. C. Lind*, Yahweh is a Warrior, Scottdale/Penn. + Kitchener/Ont. 1980. – *N. Lohfink*, Die Schichten des Pentateuch und der Krieg, in: Gewalt und Gewaltlosigkeit im AT (Quaest. Disp. 96), 1983, 51–110. – *A. Malamat*, Early Israelite Warfare and the Conquest of Canaan, Oxford 1978. – *Ders.*, Israelite Conduct of War in the Conquest of Canaan According to the Biblical Tradition, in: Symposia (ed. F. H. Cross), Cambridge/Mass. 1979, 35–55. – *P. D. Miller, Jr.*, „God the Warrior" (Int 19, 1965, 39–46). – *Ders.*,

El the Warrior (HThR 60, 1967, 411–431). – *Ders.*, The Divine Council and the Prophetic Call to War (VT 18, 1968, 100–107). – *Ders.*, The Divine Warrior in Early Israel (Harvard Sem. Monographs 5, 1973). – *L. Perlitt*, Israel und die Völker, in: Studien zur Friedensforschung 9, 1972, 17–64. – *H. D. Preuß*, Alttestamentliche Aspekte zu Macht und Gewalt, in: Macht und Gewalt (ed. H. Greifenstein), 1978, 113–134. – *G. von Rad*, Der heilige Krieg im alten Israel, 1951 (u.ö.). – *W. Richter*, Traditionsgeschichtliche Untersuchungen zum Richterbuch (BBB 18, ^{2}1966, 177–186 + 338). – *M. Rose*, „Entmilitarisierung des Kriegs?" (BZ NF 20, 1976, 197–211). – *Ders.*, Deuteronomist und Jahwist (AThANT 67, 1981). – *L. Ruppert*, Der leidende Gerechte und seine Feinde, 1973, 22f. 104f. 156f. 159ff. 177. 221. – *F. Schwally*, Semitische Kriegsaltertümer, 1. Heft: Der heilige Krieg im alten Israel, 1901. – *M. S. Seale*, The Desert Bible, London 1974, 24–52. – *R. Smend*, Jahwekrieg und Stämmebund (FRLANT 84, ^{2}1966). – *J. A. Soggin*, Der prophetische Gedanke über den heiligen Krieg als Gericht gegen Israel (VT 10, 1960, 79–83 [= ders., OT and Oriental Studies, Rom 1975, 67ff. engl.]). – *F. Stolz*, Jahwes und Israels Kriege (AThANT 60, 1972). – *M. E. Tale*, War and Peacemaking in the O. T. (RExp 79, 1982, 587–596). – *R. de Vaux*, LO 2, 1962, 13–32. 48–81. – *S. J. de Vries*, Temporal Terms as Structural Elements in the Holy-War Tradition (VT 25, 1975, 80–105). – *Warfare in the Ancient Near East* (Iraq XXV/2, 1963). – *P. Weimar*, Die Jahwekriegserzählungen in Exodus 14, Josua 10, Richter 4 und 1 Samuel 7 (Bibl 57, 1976, 38–73). – *P. Weimar – E. Zenger*, Exodus. Geschichten und Geschichte der Befreiung Israels (SBS 75, 1975). – *M. Weippert*, „Heiliger Krieg" in Israel und Assyrien (ZAW 84, 1972, 460–493; dort 463f. weitere Lit.). – *P. Welten*, Geschichte und Geschichtsdarstellung in den Chronikbüchern (WMANT 42, 1973, 79ff. 115ff. 201ff.). – *A. S. van der Woude*, צבא *ṣāḇā'* Heer (THAT II 498–507; dort 502f.). – *Y. Yadin*, The Art of Warfare in Biblical Lands, Jerusalem/London 1963. – *W. Zimmerli*, Die Weltlichkeit des Alten Testaments, 1971, 58–71 (vgl. ders., Grundriß der atl. Theol., ^{3}1978, 49–53).

I. 1. Das Nomen *milḥāmāh* (als Segolat *milḥæmæṯ* nur 1 Sam 13, 22) ist eine aus der Wurzel *lḥm I* gebildete sog. *miqṭal(at)*-Form. Diese bezeichnen oft den Ort, das Mittel oder das Ergebnis der von der entsprechenden Verbwurzel (zu ihr s. u. II.) bezeichneten Handlung (vgl. E. Jenni, Lehrbuch der hebr. Sprache des AT, 1978, 182). Die Wurzel wie das Nomen sind auch in anderen semit. Sprachen belegt (vgl. KBL^{3} 500. 557; DISO 137. 152; KAI I 181 Meša'-Inschrift; KAI I 24, 6 Zincirli; dann J. J. Glück, OTWSA 19, 1976, 41–43), nämlich im Arab., Christl.-Pal., Syr., Mand., Äth. (Tigrē), Ugar. (vgl. dort *mlḥmt* UT Nr. 1367), und für das Mhebr. auch die zahlreichen Vorkommen in den Qumrantexten.

Die Bedeutungsbreite der Wurzel und ihres Derivats reicht von Gedränge, Handgemenge über Streit und Gegnerschaft (Ps 120, 7; 144, 3; Mi 3, 5) bis zu Gefecht (2 Sam 10, 9), Kampf und Krieg. In Ps 76, 4 und Hos 2, 20 (weniger auch in Hos 1, 7; Jes 30, 32 b) scheint mit *milḥāmāh* außerdem möglicherweise noch eine bestimmte Waffe (Lanze oder Keule? vgl. KBL^{3} 557f.) bezeichnet zu werden.

Zur (relativ breit aufgefächerten) Wiedergabe in der LXX und zum Gebrauch in den Apokryphen vgl. Hatch-Redp. II 1172f., dann Bauernfeind und dazu ThWNT II 811; IV 533; VI 511f.; VII 705ff.

Textlich unsichere Belege sind Ps 27, 3 (vgl. M. Dahood, Bibl 47, 1966, 419 „Truppen"); Jes 27, 4; 30, 32 (Verbum?); 2 Chr 35, 21 und wohl auch 1 Sam 13, 22; 2 Sam 1, 27.

Die insgesamt rund 320 Belege des Nomens finden sich in alten wie in jungen Texten des AT. Ihre Streuung (vgl. THAT II 502) zeigt deutliche Schwerpunkte (1+2 Sam; 1+2 Chr; 1+2 Kön; Jer; Ri; Deut; Jos; Jes; Num), d. h. dort, wo von Kriegen erzählt wird bzw. Krieg als Mittel göttlicher Geschichtsgestaltung (s. unter I. 3) besonders thematisiert wird. Das Fehlen in der Gen (dort nur Gen 14, 2. 8) ist (vgl. Lind 35ff. gegen Rose, BZ NF 20, 1976, 197ff.) wohl doch eher soziologisch-sozialgeschichtlich als redaktionell zu erklären. Außerdem fehlen Belege (typischerweise) in Lev, TrJes, Jon, Nah, Hab, Zeph, Hag, Mal, Ruth, Kl, Esth, Esr, Neh – aber wirklich „unkriegerisch" sind innerhalb des AT eigentlich nur Ruth und HL.

Daß kriegerisches Denken (mit welcher inhaltlichen Füllung und in welcher Beurteilung auch immer) innerhalb des AT eine wichtige Rolle spielt, wird (nicht nur durch die Streuung der Belege, sondern) auch durch das große Wortfeld deutlich, dem *lḥm* und *milḥāmāh* eingefügt sind. Hierher gehören neben den Verben → בוא *bô'* und → יצא *jṣ'* (oft mit *lḥm* oder *milḥāmāh* verbunden, z. B. Ri 9, 38f.; 1 Sam 8, 20; 28, 1; 2 Sam 11, 17; 2 Kön 19, 9; Jes 37, 9; Jer 32, 9; Sach 14, 3; Neh 4, 4; Dan 11, 11; 2 Chr 26, 6) folgende Wurzeln oder Begriffe: *'sp*, *'ôjeḇ*, *'arôn*, *gibbôr*, *grh*, *dbq* (1 Sam 14, 22), *hlk* (Ri 8, 1), *hmm*, *ḥajil*, *ḥlṣ*, *ḥrb*, *ḥrm*, *jr'*, *jrd*, *jš'*, *koaḥ*, *maḥanæh*, *mûṯ* (im Krieg sterben, z. B. Deut 20, 5–7), *ngš*, *nkh*, *nûs*, *ntn* (*bejaḏ* bzw. *lipnê*), *'br*, *'zr*, *'am*, *'lh*, *'rk*, *'śh*, *pḥd*, *pûṣ*, *ṣāḇā'*, *qbṣ*, *qûm* (Jer 49, 14; Ob 1; Ps 27, 3), *qrb*, *šālôm* und *terû'āh*. Aus dem Vorliegen dieses breiten Wortfelds ergibt sich z. B. auch, daß man nicht aufgrund einer Untersuchung von *lḥm* und *milḥāmāh* allein „das" at.liche Zeugnis über den Krieg erheben kann, was folglich hier auch nicht beabsichtigt ist. Die Literatur zu diesem Thema ist außerdem nicht selten durch (apologetische oder auch „vaterländische") Nebenabsichten geprägt und daher zuweilen problematisch (so etwa Gunkel, R. Kittel; dann apologetisch: Benedict, etwas auch Craigie; methodisch problematisch: Gale). Zu den (semantischen) Oppositionen vgl. unter I. 5.

2. Das AT ist mit seinem Reden von Kampf und Krieg, bei dem die Verwendung von *lḥm* und *milḥāmāh* zwar nicht eine ausschließliche, wohl aber eine wesentliche Rolle spielt, einer gemeinaltorientalischen, ja gemeinantiken Kriegspraxis und Kriegsideologie (Weippert 485; vgl. 491) verbunden und verpflichtet. Das haben innerhalb der älteren Lit. zur Sache schon Bertholet und (etwas undifferenzierter) Schwally (besonders im Blick auf die mit Kriegs-

handlungen verbundenen Gebräuche und Riten) herausgestellt (vgl. auch BL2; RGG3; BHHW s.v. „Krieg"). Aus der neueren Lit. sind zu nennen: Craigie, Problem ..., 115ff. mit weiterer Lit.; Keel; Stolz und Weippert; dann S. Curto, LexÄg III 765–786 zu Ägypten und H. Klengel, RLA VI 241–243 für Mesopotamien. Ferner sind die Beiträge in ETR 56, 1981, Nr. 1 heranzuziehen. Zur Kriegspraxis und Kriegswertung der Assyrer sei schließlich verwiesen auf: H. Spieckermann, Juda unter Assur in der Sargonidenzeit (FRLANT 129, 1982, 344ff.). Die genannten Untersuchungen machen deutlich, daß und wie das alte Israel sich in seiner Wertung des Krieges und besonders in seiner Zusammenschau von kriegerischem Handeln und göttlichem Wirken mit seiner Umwelt verbunden, von ihr aber auch abgehoben wußte. (Zur Sache vgl. auch noch: L. Schmidt, Menschlicher Erfolg und Jahwes Initiative, WMANT 38, 1970; J. Kegler, Politisches Geschehen und theologisches Verstehen, 1977.)

3. a) Nach der kurzen Notiz Ex 13, 17 (zu Gen 14 s.o. unter I. 1), nach der Gott das Volk nicht durch das Philisterland führt, damit es keine Kämpfe sehe (E?), ist der erste größere Schwerpunkt des at.lichen Redens von Kampf und Krieg in den Erzählungen von (der Führung durch die Wüste und vor allem der dann anschließenden) Landnahme gegeben (Num 31, 14. 21. 27. 28. 49; 32, 6. 20; vgl. 32, 27. 29; man beachte bereits hier das jeweils mitgesetzte Wortfeld; s.o. unter I. 1; zur Sache besonders: Lind 65ff.; Lohfink; Malamat; Seale; Stolz 69ff.; Yadin). Das in Num 31f. Begonnene wird in Jos weitergeführt (Jos 4, 13; 6, 3; 8, 1. 3. 11. 14; 10, 7. 24; 11, 19f.), in Einzelangaben wie in zusammenfassenden Notizen (etwa Jos 11, 18. 23; 14, 15; dann 14, 11; 17, 1; dazu J. S. Ascaso, Las guerras de Josué, Valencia 1982). Nach Sir 46, 3 führte Josua hierbei die „Kriege JHWHs" (vgl. Sir 46, 6). Für diese Frühzeit Israels mit der (wohl nicht ausschließlich friedlich verlaufenen) Landnahme war somit die Erfahrung der Kriegstüchtigkeit JHWHs wichtig (vgl. unter 4), und dies nicht nur und nicht erst für die dt/dtr Theologie (vgl. Deut 2, 9; 3, 1; 29, 6; auch 2, 24; siehe auch → ירש *jrš* und zur Sache v. Rad 68ff.; Lind 145ff.; Perlitt 50ff.; Rose, Deuteronomist; Stolz 17ff.; zur genaueren Differenzierung innerhalb des Pentateuch und der Landnahmeerzählungen vgl. Lohfink). Von Kämpfen bei der Landsicherung erzählen dann Ri 3, 10; 8, 13, und Ri 20 (dazu de Vries 89ff.; vgl. Ri 21, 22) ist mit seinen 12 Belegen ein besonderer Schwerpunkt, hier allerdings einen Krieg/Kampf „Israels" gegen Benjamin betreffend. Als im Zusammenhang mit *milḥāmāh* anzutreffende Verben begegnen → בוא *bô'*, → נגש *ngš*, → הלך *hlk*, → ערך *'rk*, → עשה *'śh*, → עלה *'lh*, → יצא *jṣ'*. Vom „Heiligen" eines Krieges wird nur gesprochen in Jer 6, 4; 51, 27f.; Jo 4, 9; Mi 3, 5, → קדש *qdš* (und dazu Bach, Aufforderungen).

b) Seit der Entstehung des israelitisch-judäischen Königtums wird häufiger von Kriegen und Kämpfen dieser Könige bzw. ihrer Gegner erzählt. Israel und Juda kämpfen gegeneinander bzw. gegen ihre Nachbarn bzw. sonstige Angreifer (getrennt oder auch zuweilen vereint). Nach dem Wunsch des Volkes soll der König „unsere" Kriege führen (1 Sam 8, 20), und diese Kriege sind zuerst solche gegen die Philister (oft mit dem Zusatz „schwer", → כבד *kbd*, → חזק *ḥzq*): 1 Sam 4, 2; 13, 22 (Text unklar); 14, 20. 22. 23. 52; 17, 1. 2. 20. 28. 33; 2 Sam 21, 15. 18. 20; 23, 9 (vgl. 1 Chr 10, 3; 11, 13; 20, 4–6), dann auch gegen die Amalekiter (2 Sam 1, 4). Die Anhänger Sauls führen Krieg gegen die des David (2 Sam 3, 6. 30; vgl. 20, 9f. und dazu 1 Kön 2, 5!). Von weiteren Kriegen Davids sprechen 2 Sam 8, 10 (1 Chr 18, 10); 10, 8; 11, 15. 18f. (vgl. 1 Chr 19, 7. 9. 10. 14) als Kämpfen gegen die Aramäer (vgl. 1 Chr 19, 17; vgl. auch Sir 47, 5f. und 1 QM 11, 2–4 zur Wertung des kriegerischen David; zur Art der Texte in 1+2 Sam vgl. Kegler 113ff., ferner Stolz 139ff.). Zum Tugendkatalog (v. Rad: Kalokagathie) Davids in 1 Sam 16, 18 und zu 1 Sam 17 vgl. auch Bartelmus und Ebach 15ff. Die theologisch interessante Wertungsnotiz in 1 Kön 5, 17, nach der David wegen des Krieges, der um ihn her war (→ סבב *sbb*; kausal oder temporal zu verstehen?), den Tempel nicht bauen konnte, steht an sich im Widerspruch zur sonstigen positiven Sicht der Kriege JHWHs in 1+2 Sam. Da sie in 1 Chr 22, 8 (vgl. 28, 3) noch verstärkt wird (JHWH-Rede und Zusatz von → דם *dām*), scheint sie eher (wenn kausal zu verstehen) eine spätere Wertung darzustellen.

In der (folgenden) Königszeit kämpfen dann Israel und Juda gegeneinander bzw. es finden Kämpfe innerhalb Israels statt (2 Sam 2, 17; 3, 1; 18, 6. 8; 1 Kön 14, 30; 15, 6. 7. 16. 32; 2 Chr 12, 15; 13, 2). Josaphat und Ahab führen Krieg gegen die Aramäer (1 Kön 20, 4. 6. 15. 30; vgl. 2 Chr 18), Benhadad gegen Israel (1 Kön 20, 26; vgl. v. 39), Israel gegen die Aramäer (1 Kön 20, 29; 22, 1. 35; 2 Chr 18, 34) oder gegen die Moabiter bzw. ihren König Meša' (2 Kön 3, 7. 26).

c) So gibt es in der Tat Zeit für → שלום *šālôm* und Zeit für *milḥāmāh* in Israel wie in der Welt (Pred 3, 8), und Krieg soll man mit Vernunft und Überlegung führen (Spr 20, 18; vgl. 24, 6). Mit einem Gefangenen über Krieg zu reden, ist natürlich unpassend (Sir 37, 11). Daß man als Mensch den → לויתן *liwjāṯān* nicht im Kampfe besiegen kann (Hi 40, 32), ist eine zwar singuläre, aber folgerichtige Aussage. Daß im Kriege nicht nur geraubt (Mi 2, 8), sondern vor allem viel gestorben wird, ist Realität (2 Sam 1, 25; 3, 30; 11, 25; Deut 20, 5–7; vgl. auch 2 Sam 11, 15; 19, 11; 21, 17; Jes 22, 2; 1 Chr 22, 8; 28,3 und zur Sache Illman 88ff.; → מות *mûṯ*). Von Kriegen erzählt wird ferner in 2 Kön 8, 28; 13, 25; 14, 7; 16, 5; vgl. Jes 7, 1.

d) Die Häufung der Belege sowie ihr Gehalt lassen dann für 1+2 Chr eine eigene Kriegsideologie erkennen. Da werden die Kriegskundigen besonders erwähnt und gezählt, und der Krieg ist „von Gott", so daß viele Gegner fallen. Zu Gott wird im Kampf geschrien (→ זעק *zʿq*), und Gott selbst zieht aus zum Kampf, und die Leviten sind über die Kriegsbeute als bestimmend gesetzt (1 Chr 5, 18–20. 22; 7, 4. 11. 40; 12, 1. 9. 20. 34. 36–39; 14, 15; 26, 27; vgl. 2 Chr 13, 14f.). Daß die Chr entsprechende Notizen der Kön-Bücher aufnimmt, ist folglich selbstverständlich (2 Chr 6, 34f.; 8, 9; 11, 1; 18, 3. 5. 14. 29; 22, 5). Wichtiger jedoch sind die gegenüber den Kön-Büchern zusätzlichen Aussagen und Wertungen, welche die Kriege bestimmter Könige betreffen (2 Chr 13, 3; 14, 9; 17, 13; 20, 1; vgl. überhaupt 2 Chr 20 mit seinen Kriegsbestimmungen; dann 25, 8. 13; 26, 11. 13; 27, 7; 32, 2. 6. 8; 35, 21 und auch 14, 5; 15, 19; 16, 9). Diesen Texten hat Welten gründliche Untersuchungen gewidmet und die Nachrichten über die Heeresverfassung und die Kriegsberichte (vor allem bei wichtigen und positiv beurteilten Königen) sowie die Kriegsansprachen (zu ihnen auch Weimar-Zenger 57ff.; vgl. Ex 14, 13f.; Deut 20, 1–20; 1 QM 10–13; dort 10, 8bff. auch ein langes Gebet) nach Anliegen und Hintergrund historisch wie theologisch zu orten versucht (Anlehnung an griech. Söldnerheere der Zeit des Chr; Abgrenzungsprobleme und Ausweitungshoffnungen dieser Zeit).

e) Zur Sicht des Krieges (Tag JHWHs als Krieg und als endzeitlicher Krieg?) in Dan (9, 26; 11, 20. 25) sind die (Glaubens-)Kämpfe der Makkabäer zu vergleichen, besonders die Kämpfe des Judas nach 1 Makk (dazu Kraus 246ff.; Collins, und ferner E. Janssen, Das Gottesvolk und seine Geschichte, 1971, 36ff.).

f) Über 100 Belege (davon 14 Verbformen) zeigen die Beliebtheit und Wichtigkeit des kriegerischen Denkens der Qumrangemeinde an (dazu wie auch zu Dan: Collins; Davies; Kraus 247f.). Da ist die Qumrangemeinde als kriegerisches Aufgebot auch kriegerisch gegliedert und verzeichnet genau ihre Waffen. Da gab es Kämpfe innerhalb der Gruppe und solche nach außen (mit stark dualistischem Zug) gegen die Gegner der Gruppe wie gegen die Völker überhaupt und insgesamt, und diese Kriege sind geschichtliche wie eschatologische, und sie geschehen mit Hilfe himmlischer Mächte, die dabei auch untereinander streiten sowie das Kämpfen lehren. Der Krieg der Söhne des Lichts gegen die Söhne der Finsternis ist nach Idee wie Vollzug ein „Kampf Gottes" oder „sein Krieg" (vgl. weiter unter 4).

g) Sehr zahlreich sind schließlich die mit *milḥāmāh* zusammengesetzten Cstr.-Verbindungen, durch die sich das Wortfeld (s. I.1) noch erheblich ausweitet. Da gibt es das Schlachtroß (Jer 8, 6; Hi 39, 25) und das Kriegsgeschrei (Ex 32, 17; Jer 50, 22) bzw. den Kriegslärm (Jer 4, 19; 49, 2). Der Kriegsbogen wird genannt (Sach 9, 10) wie die Kriegswaffen insgesamt (vgl. → IV 182; Deut 1, 41; Ri 18, 11. 16f.; 1 Sam 8, 12; 2 Sam 1, 27 [Text in Ordnung?]; Jer 21, 4; 51, 20; Ez 32, 27; 1 Chr 12, 34. 38). Der Kriegsmann bzw. die Kriegsleute sind häufig erwähnt, womit nicht nur besondere Kämpfer, sondern auch die Soldaten allgemein gemeint sind (z. B. Num 31, 28. 49; Deut 2, 14. 16; Jos 5, 4. 6; 6, 3; 17, 1; Ri 20, 17; 1 Sam 16, 18; 17, 33; 2 Sam 17, 8; Jes 41, 12; Jer 6, 23; 38, 4; 39, 4; 41, 3; 48, 14; 48, 14; 49, 26; 50, 30. 42; 51, 32; 52, 7. 25; Ez 27, 10. 27; Jo 2, 7; vgl. auch 1 Chr 5, 18; 2 Chr 13, 3: offensichtlich in dtr beeinflußter Lit. besonders beliebt). Zusammen mit → עם *ʿam* wird gern vom „Kriegsvolk" geredet (Num 21, 33; Deut 2, 32; Jos 8, 1. 3. 11; 10, 7. 24; 1 Sam 23, 8; hierbei kann *ʿam* das Kriegsvolk bezeichnen, ohne daß zusätzlich ein *milḥāmāh* dabeisteht: z. B. Deut 3, 1; Jos 6, 5; 8, 14; Ri 4, 13; 2 Sam 1, 4; 10, 13; 19, 4; auch 1 Kön 8, 44 noch so?). Die Kriegsleute sind dabei öfter noch durch „Kraft, Macht" (→ חיל *ḥajil*) oder „Held" (*gibbôr* → גבר) näherbestimmt (z. B. 1 Sam 16, 18; Jes 3, 2; Jer 41, 16; 48, 14; Jo 2, 7; 4, 9; 2 Chr 17, 13; zur Reihenfolge dieser Attribute vgl. Elliger, BK XI/1, 249f.; zum Plural vgl. 2 Sam 8, 10; 1 Chr 18, 10; 28, 3; zur Kombination auch Welten 119 Anm. 20). Es gibt „Kriegsblut" (1 Kön 2, 5 *dām*) und Kriegsdienstleistende (1 Chr 12, 1 *ʿzr*) als Vasallen (vgl. RSP II 74f. 105), und selbst im Festzug (der Hochzeit?) erscheinen „Kampfgeübte" (HL 3, 8 → למד *lmd*). All dies gehört zu dem, was sich so bei einem Kampf begibt (2 Sam 11, 18f. → דבר *dāḇār*), aber bloße Worte sind noch keine Kraft zum Kampf (2 Kön 18, 20; Jes 36, 5).

4. Bereits in allem bisher Erörterten war und wurde deutlich, daß sowohl Kampf und Krieg allgemein als auch *milḥāmāh* (und *lḥm*) im besonderen mit JHWH, seiner Art und seinem Handeln etwas zu tun haben. Hier sind nun aber noch die Aussagen zusammenzustellen, die JHWH und *milḥāmāh* betont zusammenordnen.

a) Es gibt zunächst „Kriege JHWHs" (1 Sam 18, 17; 25, 28; David soll sie führen: so in der alten Aufstiegsgeschichte Davids; vgl. Sir 46, 3; 1 Chr 5, 22; 2 Chr 20, 15), und es gab ein „Buch der Kriege JHWHs" (Num 21, 14). „JHWHs ist der Krieg" heißt es in 1 Sam 17, 47 und (im „Bannerlied"?) Ex 17, 16. JHWH ist ein „Kriegsmann" (Ex 15, 3; vgl. Jes 42, 13), ein Held im Streit (Ps 24, 8; vgl. Jes 42, 13; Ri 5, 23). Daß er allein kämpft, nicht aber das Volk, wird an herausragenden Stellen betont (s. unter II.), denn er kämpft als Gott Israels für Israel (Jos 10, 42). Daß das Volk am Krieg JHWHs aktiv beteiligt ist, ist die üblicherweise vertretene Meinung. Vor dem Kampf wird ein Gottesorakel eingeholt (→ שאל *šʾl*: Ri 1, 1; 20, 18. 23. 28; 1 Kön 22, 6. 15; vgl. 1 Kön 20, 14), bei dem gefragt wird, ob man bzw. wer heraufziehen solle zum Kampf. Man rüstet sich zum Krieg (→ חלץ *ḥlṣ*) vor JHWH (Num 32, 20. 27. 29), und JHWH rüstet sein Volk zum Kampf (Sach 10, 3–5: bewußte Akzentverschiebung, vgl. Chr?). Er verleiht den Sieg (Spr 21, 31) den Rossen, die für den Tag der Schlacht gerüstet werden (vgl. Ps 20, 8; 2 Chr 25, 8). JHWH lehrt den Krieg und gibt Kraft für ihn (2 Sam 22, 35. 40 = Ps 18, 35. 40; dann Jes 28, 6; Ps 144, 1) und ließ (nach Ri 3, 1f.) Kanaanäer im Lande, damit die Israeliten, die nichts wußten von den Kriegen um Kanaan, auch später noch diese erführen. JHWH hilft im Krieg (1 Sam 14, 23; vgl. aber Pred 9, 11) und bewahrt vor dessen negativen Folgen (Ps 27, 3). JHWH als Heerführer und JHWH als Einzelkämpfer gehören zusammen (dazu: Fredriksson), da (nach dtr Theologie, die Ex 14/15 ausführt) JHWH sein Volk durch Krieg ergriffen hat (Deut 4, 34; *lqḥ*) und ihm im Kampf und durch denselben Recht (→ משפט *mišpaṭ*) verschaffen soll (1 Kön 8, 44f. als dtr Gebet; vgl. 2 Chr 6, 34). JHWH führt „unsere Kriege" (2 Chr 32, 8) und ist so „mit uns" (→ את *'et*), und viele fallen, denn der Krieg war von Gott (1 Chr 5, 22), und Gott zieht auch mit in den Kampf (1 Chr 14, 15).

Die Glaubensüberzeugung vom JHWH-Krieg ist folglich alt und entstammt mindestens der Davidzeit. JHWH legitimiert diese Kriege, hilft in ihnen, kämpft letztlich selbst darin (vgl. Sir 4, 28 Verbum). Es ist dann das dtr Schrifttum, das eine mehr oder minder ausgeführte „Theorie" des JHWH-Krieges entwickelt (zu dieser: Jones; Miller 155ff.; Perlitt; v. Rad; Smend; Stolz; Weippert; auch Zimmerli), und diese Theorie findet im ChrGW ihre Aufgipfelung. Sie insgesamt jedoch als jung anzusehen, geht schon wegen der (auch) alten Texte und der (alten) Parallelen aus Israels Umwelt (vgl. oben unter I. 2 und die dort genannte Lit.) nicht an. JHWH wurde als aktiv, als lebendig und geschichtsmächtig geglaubt, und dazu gehörte bzw. daraus folgte auch die Zuordnung von JHWH und Krieg (nach Smend: vom Exoduserleben her Glaubenselement der Rahelstämme). Daß diese Zuordnung auch anders als durch eine direkte Kombination von JHWH und *lḥm/milḥāmāh* erfolgen konnte, erweist noch die Tatsache, daß es JHWH-Kriegserzählungen geben kann, in denen diese Begriffe keine entscheidende Rolle spielen.

b) Der JHWH, der für sein Volk kämpft, kann sich nun aber auch kriegerisch *gegen* dieses Volk wenden. Er läßt den König im Kampf nicht mehr bestehen (Ps 89, 44; zur historischen und theologischen Einordnung vgl. T. Veijola, Verheißung in der Krise, Helsinki 1982), und die Aufforderung zur Flucht ergeht nicht mehr an Israels Gegner, sondern an Israel selbst, so wie gegenteilig die Feinde jetzt zum Kampf aufgefordert werden, nicht aber Israel (dazu: Bach), obwohl diese Aufforderungen zum Kampf auch nicht immer das Stichwort *milḥāmāh* enthalten (müssen). Es ist das Gericht JHWHs an seinem Volk, das (nach der Botschaft der Propheten) jetzt kriegerisch sich vollzieht (Jes 3, 25; 13, 4; 21, 15; 22, 2; 30, 32; 42, 25; Jer 4, 19; 6, 4. 23; 18, 21; 21, 4f.; 28, 8 (!); 46, 3; 49, 2. 14; Ez 27, 27; 39, 20; Hos 10, 9. 14: dazu BK XIV/1, 243f.; Ob 1; Jo 2, 5; Am 1, 14; Sach 14, 2; vgl. Hi 38, 22f.; Ps 144, 3; oft zusammen mit → אש *'eš*, → להב *lahab*, → להט *lahaṭ*; zu Jer 21, 4f. vgl. W. Thiel, Die dtr Redaktion von Jeremia 1–25, WMANT 41, 1973, 233f. mit Lit.). Dieses kriegerische Gericht JHWHs geschieht an Israel wie an hybriden Fremdvölkern, aber es geschieht eben auch durch diese und ihr kriegerisches Handeln (vgl. zur Sache noch Christensen und Soggin). Der Tag JHWHs (→ יום *jôm*) wird ein Krieg gegen Israel sein bzw. er war es bereits (Ez 7, 14; 13, 5; 17, 17; vgl. Deut 28, 25f. u. ö.). Auch die Kriegsleute (vgl. oben I. 3. g) wird JHWH wegnehmen (Jes 3, 2), und es bleibt angesichts dieses Geschehens nur eine Flucht (Jer 42, 14) vor diesem Krieg; aber auch sie hat keine Verheißung (trotz Mi 3, 5). Israel sah sich genötigt aber auch in der Lage, auch JHWHs Gerichtshandeln an seinem eigenen Volk mit dem Glauben an den Kriegsmann JHWH zusammenzubringen. Krieg ist auch Gericht, nicht nur positive Erfahrung des Gottesvolkes.

Es war vielleicht die Erfahrung der Kriegsmächtigkeit JHWHs, welche die Stämme Israels zusammenführte und zusammenschloß. Krieg war keineswegs besonders „heilig", aber er ist für das AT selbstverständlich auch eine Sache der Religion. Man preist nicht den Krieg, wohl aber erlebt man JHWH auch und wohl sogar primär als einen kriegerisch-helfenden Gott (vgl. das berühmte Zitat von J. Wellhausen, Israelitische und jüdische Geschichte, [9]1958, 23f.: „Jahve war das Feldgeschrei dieser kriegerischen Eidgenossenschaft ... Das Kriegslager, die Wiege der Nation, war auch das älteste Heiligtum. Da war Israel und da war Jahve.") Damit ist nicht gesagt, daß der Krieg ein kultisches Handeln war oder daß es eine kultische Vergegenwärtigung der Kämpfe JHWHs gegeben habe. Die Texte zeigen nichts davon, und das Bild, das die Chr zeichnet, ist Wunschtheorie. Daß manche Aussagen (etwa von JHWH als *gibbôr*: vgl. Jes 9, 6; 10, 21 oder *mælæk*) auch für El belegt sind (→ אל *'el*), sagt noch nichts darüber aus, daß auch JHWHs Kämpfe (in Jes 13; Jo 4; Ps 18; Ex 15 und anderswo: so Miller) ursprünglich kosmische Kämpfe gewesen seien. Israel war JHWHs Volk und JHWHs Gemeinde – dies war die Voraussetzung der politisch-kriegerischen Theologie des AT. Krieg wird damit aber noch lange nicht ethisch hochgeschätzt, sondern auch (David; Königtum) als Instrument menschlicher Machtpolitik entlarvt. Er wird nicht glorifiziert, aber auch nicht verharmlost. In ihm wurde JHWHs Hilfe erfahren, so daß nicht selten betont werden konnte, daß es letztlich der Krieg JHWHs, nicht aber der der Menschen sei (vgl. nur Deut 1, 41f.). Dies nur als theologische Ideologie abzustempeln geht angesichts des Gesamtzeugnisses des AT nicht an – zumal wenn man auch an den Krieg als Gericht über Israel denkt.

Auch daß von JHWH besondere Kriegsgesetze hergeleitet werden, sagt Wichtiges über die Sicht und Wertung der Kriegspraxis aus (Num 10, 9; Deut 20, 1–7. 20 mit den Stichworten *lḥm/milḥāmāh*; 21, 10; vgl. 7, 20–29; 2 Chr 20; 1 Makk 3, 56; dann 1 QM 7, 1–7; 10, 2–4; zu diesen Texten besonders Stolz 25ff.; problematisch: Carmichael).

5. Es war dem alten Israeliten nicht gleichgültig, ob Krieg war oder Frieden. Vom Krieg als einem Ort

der Entwicklung männlicher Tugenden schweigt das AT. Im Krieg geschieht auch Gewalttat (vgl. nur Deut 20), und diese Gewalt wird nicht nur erst von P (Gen 6, 12f. → חמס *ḥāmās*) negativ gesehen. So ist der beste Gegensatz zum Krieg der Friede, und *milḥāmāh* hat folglich in *šālôm* seine gefüllteste semantische Opposition (Ps 120, 7; 1 Kön 20, 18; Mi 3, 5; Sach 9, 10; Pred 3, 8; vgl. auch Jos 11, 19; Deut 20, 12; Jes 27, 4f.; 2 Sam 8, 10; 11, 7; 1 Kön 2, 5: z. St. vgl. Noth, BK IX/1; 1 Chr 18, 10; vgl. auch RSP I 262 für das Ugaritische). Daß *šālôm* aber keineswegs immer „Nicht-Krieg" sein muß, beweisen 2 Sam 11, 7 und auch Ri 8, 9; 1 Kön 2, 5. → שלום *šālôm*.

Es sind dann vor allem nachexilische Texte (bzw. Zusätze aus dieser Zeit), die davon reden und darauf hoffen (oft als eschatologische Verheißungen), daß JHWH die Waffen vernichtet (Hos 1, 5; 2, 20; Sach 9, 10; Jer 49, 35; Mi 5, 9f.; dazu Bach, Festschr. v. Rad). Ursprünglich war damit wohl (nur) gemeint, daß er dies tut, weil und indem er für Israel streitet. Diese Aussage des JHWH-Krieges (!) hat sich aber zur positiven Allgemeinhoffnung modifiziert und erweitert und wohl aus Ps 46, 10 heraus entwickelt (vgl. Ps 76, 4). Nach Jes 41, 12 sollen die (babylonischen) Kriegsleute ein Ende haben, und die Verheißung Jes 28, 5f. (sek.) bezog sich wohl auch zuerst nur auf einen ganz bestimmten Feind, bevor sie ausgeweitet interpretiert wurde. JHWH will nach Hos 1, 7 (Zusatz) nicht mehr helfen durch Krieg, aber neben Sach 4, 6 stehen später Sach 10, 3ff. oder Sach 14 (zu DtSach vgl. ETR 56, 1981, 55ff.), und auch die schöne Hoffnungsaussage in Jes 2, 4 (Mi 4, 3) hat nicht nur in Ps 18, 35. 40 par. ihren vorgegebenen Kontrast, sondern auch in Jo 4, 10 ihr negatives Gegenstück, wenn auch nach dem dortigen Kontext diejenigen, welche so reden, zuschanden werden sollen. Die Vorstellung von einem Völkerfrieden ist weder etwas primär oder gar nur Israelitisches, noch hat sich diese Hoffnung innerhalb des AT als beherrschende allein durchsetzen können, wie das Danielbuch und andere Texte der frühjüdischen Apokalyptik zeigen (vgl. Preuß 132ff. zur Frage der eschatologischen Gewalt JHWHs). Hier sollte man weder zu schnell harmonisieren, noch das AT in seinem Zeugnis von Krieg und Frieden zu einlinig lesen. Hi 5, 20 steht als Vertrauensaussage gewichtig in seinem Kontext, hat aber in Pred 8, 8 ebenfalls seine direkte Korrektur und Bestreitung.

II. Schon bei der Behandlung des Nomens mußte öfter auf das Verbum verwiesen werden. Daß der Einsatz beim Nomen erfolgte, hat seinen Grund in der größeren und umfassenderen Verwendungsbreite desselben, der sich die des Verbums einordnet (nur 4 Belege im *qal*, 164 im *niph*; hinzuzunehmen ist wohl Deut 32, 24, kaum aber Ri 5, 8). Zur Streuung der Belege vgl. THAT II 502: hauptsächlich in Ex, Num bis 2 Kön, Neh, Chr und Jer; nicht z. B. in Gen, Lev, DtJes, Ez; innerhalb des Dodekaprophetons nur in DtSach; nicht in der Weisheitsliteratur. Das Verbum hat die Bedeutung 'kämpfen, bekämpfen', selten auch 'belagern' (einer Stadt: Jer 32, 24. 29; 34, 1. 22), und es steht oft zusammen mit den Präpositionen *'eṯ*/*'im*, *'æl* oder *'al*, wenn ein „gegen" gemeint ist, zusammen mit *l^e* in der Bedeutung „für". Verbum und Nomen stehen oft innerhalb des gleichen Kontextes zusammen, was erneut ihre Zusammenordnung unterstreicht (1 Sam 8, 20; 2 Sam 11, 17. 19; 1 Kön 12, 21; 2 Kön 16, 5; Sach 10, 5; 2 Chr 11, 1; 32, 8). Subjekte beim Verbum sind einzelne Menschen als kriegerische Kämpfer (etwa David gegen Goliath), dann Könige, die natürlich dabei zugleich für ihr Volk stehen (Saul, dann analog auch Gideon oder Jephta), ferner das Volk Israel, ein fremdes Volk, andere Völker (dann meist als Feinde Israels). Eine besondere Textgruppe bilden die Aussagen von den kämpfenden Feinden des Psalmbeters (Ps 35, 1; 56, 2f.; 109, 3; dazu Ruppert); auch hier wird letztlich JHWH als Kriegsmann angerufen (Ps 35, 3).

Ohne besonderes Gewicht wird vom Kämpfen als einem Tun der Menschen (vor allem der Könige) erzählt (1 Sam 4, 10; 13, 5; 2 Sam 8, 10; 2 Kön 3, 21; 6, 8; 8, 29; 9, 15; 16, 5 [vgl. Jes 7, 1]; Jes 20, 1; Jer 33, 5. 7; 41, 12; 2 Chr 26, 6; 27, 5; vgl. außerdem die Summarien betr. der Könige Israels/Judas in 1 Kön 14, 19; 22, 46; 2 Kön 13, 12; 14, 15. 28; solche auch mit Nomen, z. B. 2 Chr 27, 7).

Eine kleine Gruppe bilden dann Texte, die von der Wüstenwanderung erzählen. Hier kämpfen Feinde mit Israel auf dessen Weg ins Land. Damit sind diese Erzählungen keineswegs nur an dem Thema der kreatürlichen Bewahrung, sondern auch an dem der (kriegerischen) Rettung interessiert (Ex 17, 8; Num 21, 1. 23; 22, 11).

Analog zum Gebrauch des Nomens wird das Verbum dann auch verwendet in Erzählungen von der Landnahme Israels bzw. von seiner Landsicherung gegen umliegende feindliche Nachbarn (Jos 9, 2; 10, 2. 29. 31. 34. 36; 11, 5; 24, 8. 9. 11; Ri 1, 1. 3. 5. 8. 9; 5, 19f.; Jos 19, 42 betr. Dan und dessen Siedlungsgebiet. Hierbei kämpfen insbesondere die Ammoniter gegen Israel (und umgekehrt): Ri 10, 9. 18; 11, 4f. 6. 8. 9; 11, 20. 25. 27. 32; vgl. 11, 12; 12, 1. 3. 4: d. h. insgesamt 15 Belege im Bericht über den Ammoniterkampf Jephtas bzw. im Rückblick darauf als dichtgedrängtes Leitwort (vgl. dazu J. A. Soggin, Jugdes, OTL, London 1981, 201–222; W. Richter, Bibl 47, 1966, 485–556; Stolz 123ff.; R. Polzin, Moses and the Deuteronomist, New York 1980, 176–181).

Das Verbum wird ferner auch (wie das Nomen) verwendet, um von den Kämpfen Sauls und Davids gegen Philister (1 Sam 4, 9f.; 13, 5; 31, 1; 1 Chr 10, 1) und Aramäer (2 Sam 10, 17; 1 Chr 19, 17) zu berichten. Israel will, daß ein König mit ihm und für es in den Kampf zieht (1 Sam 8, 20). Saul soll auch gegen die Amalekiter kämpfen und an ihnen den Bann (→ חרם *ḥrm*) vollstrecken (1 Sam 15, 18 als zitierte

Gottesrede). Das Verb taucht dann naturgemäß auch in der Erzählung vom Kampf zwischen David und Goliath auf (1 Sam 17, 9f. 32f., d.h. viermal, vgl. v. 47 das Substantiv).
Jeremia erhält die Heilszusage mit Beistandsformel, daß, wenn „sie gegen dich kämpfen, werden sie dich doch nicht bezwingen" (Jer 1, 19; 15, 20; zur Diskussion der Beziehungen dieser beiden Texte vgl. N. Ittmann, Die Konfessionen Jeremias, WMANT 54, 1981, 182ff.). Zu 21, 4 (vgl. 34, 7; 37, 8 u.ö.) vgl. oben I.4.b, und neben W. Thiel – s.o. – zur Schichtzuweisung und Sprache auch H. Weippert, Die Prosareden des Jeremiabuches, BZAW 132, 1977, 67–86. In Jer 21, 5 erscheint sogar der dt/dtr Sprachgebrauch „mit starker Hand und ausgestrecktem Arm" (s. dazu H. D. Preuß, Deuteronomium, EdF 164, 1982, 187).
Die schon beim Nomen (s. I.3.d) festgestellte besondere Kriegsideologie der Chr-Bücher zeigt sich auch bei der dortigen Verwendung des Verbums. Hier finden sich insgesamt 9 Belege als Plus der Chr gegenüber den Vorlagen und Parallelen in Sam und Kön. Erzählend geben sich 2 Chr 26, 6; 28, 5; mit stärkerer Betonung schon in 2 Chr 35, 20. 22; dann in Kriegsansprachen 2 Chr 13, 12; 20, 17; 32, 8. Immer streitet JHWH letztlich mit und für Juda, und durch diese Erkenntnis fällt sogar der „Schrecken JHWHs" (→ פחד *pḥd*) auf die Feinde (2 Chr 17, 10; 20, 29). Zu den in Chr erwähnten und dort besonders wichtig gemachten Bruderkämpfen zwischen Israel und Juda vgl. auch noch 1 Kön 12, 24; 2 Chr 11, 4; Sach 14, 14 mit dem Verbum. Zur Kriegsideologie der Chr s. Welten; zum „Schrecken JHWHs" dort S. 97.
Dann kämpft aber nun auch JHWH selbst (14 Belege; meist Heilszusagen: Ex 14, 14. 25 J; Deut 1, 30; 3, 22; 20, 4; Jos 10, 14. 42; 23, 2, vgl. v. 10; Jer 21, 5: in Nebukadnezar gegen Israel!; Sach 14, 3; Neh 4, 8. 14; vgl. aber auch 2 Chr 13, 12). Und nach Ri 5, 20 kämpfen Sterne für Israel vom Himmel her (alle Belege meist *niph*, zu dem das *qal* aber keinen Bedeutungsunterschied zeigt, vgl. Ex 14, 14 + 14, 25). Die Bitte in Ps 35, 1 ist ferner hinzuzurechnen, und Hinweise auf Jes 7, 1–9; 30, 15f.; 31, 1. 3 liegen ebenfalls nahe (vgl. auch noch Jes 60, 10; 30, 32). Wie in Deut 20, 4 sind Aussagen vom Kämpfen JHWHs öfter mit der Zusage seines Geleites oder tätigen Mitseins verbunden (→ את *'eṯ*; Jer 1, 19; 15, 20; Sach 10, 5), und JHWH muß „in der Mitte Israels" sein, wenn dieses kämpfen und siegen will (Deut 1, 41f.; vgl. 20, 4 „geht mit euch"). Das Kämpfen JHWHs ist aber auch oft mit dem Kämpfen Israels eng verbunden und verwoben, so wie nach Chr (2 Chr 12, 12; 20, 17; 32, 8) dann JHWH Judas Kriege führt (so schon 1 Sam 18, 17; 25, 28; dann Sach 10, 5; vgl. auch Jos 10, 25. 29 in Verbindung mit v. 42; Deut 20, 4. 10. 19; 1 Sam 17, 47 neben vv. 9f. 32f.). Dieses Denken ist an sich für das Deut und das DtrGW besonders typisch (vgl. Preuß, Deuteronomium, 188f.), aber gerade dort wird das Verbum *lḥm* nur selten verwendet. Es ist daher neu zu fragen, ob das Reden vom Kämpfen JHWHs wirklich stets dt/dtr bestimmt sein muß (vgl. dazu Rose, Deuteronomist). Daß nach 1 Sam 12, 9 (dtr) JHWH Israel in die Hand seiner Gegner gegeben hat, so daß diese es bekämpfen, ist eine andere (klar dtr) Deutekategorie, denn ähnlich lauten auch prophetische Texte (Jer 21, 2. 5; 32, 4. 9; vgl. 34, 22; 37, 8. 10: hier auch oft dtr Bearbeitung; dann Jes 63, 10), und das Kämpfen JHWHs ist öfter Inhalt von Gerichtsandrohungen der Propheten gegen Israel/Juda (Jes 19, 2; 30, 32: Text ändern?; Jer 21, 1–7; 34, 22; 37, 8. 10; 51, 30: meist mit perf. bzw. perf. cons.). Auch das Verbum wie das Nomen zeugen in ihrem Gebrauch folglich davon, daß man JHWH wohl als streitenden Gott kannte und immer wieder erhoffte, daß aber Ereignisse wie Worte gezeigt hatten, daß sich dieses Kämpfen JHWHs auch gegen sein eigenes Volk richten konnte.

Preuß

מלט *mlṭ* → פלט *plṭ*

מֶלֶךְ *mælæḵ*
מָלַךְ *mālaḵ*
מְלוּכָה *m^e lûḵāh*, מַלְכוּת *malḵûṯ*,
מַמְלָכָה *mamlāḵāh*, מַמְלָכוּת *mamlāḵûṯ*

I. Königsbezeichnungen und -vorstellungen in der Umwelt – 1. Ägypten – 2. Mesopotamien – 3. Westsemiten – II. Die Wortgruppe *mlk* – 1. Herkunft und Verbreitung – 2. Ableitungen – 3. Übersetzungen der LXX – III. Allgemeine Verwendungsweisen der Wortgruppe *mlk* – 1. Vorkommen und Streuung im AT – 2. Wortfeldbeziehungen – 3. Gebrauch des Verbums – 4. Feste Verbindungen – 5. Abstraktbildungen – 6. At.liche Königsvorstellungen – 7. Die *mlk*-Gruppe in der prophetischen Königskritik – 8. Zur Problematik der sog. Königsideologie im AT – IV. Theologischer Sprachgebrauch: JHWH als König – JHWH *mlk* – 1. Belege – 2. Herkunft der JHWH-König-Prädikation – 3. Verwendung in theophoren Eigennamen – 4. Im Rahmen der vorexilischen Ziontradition – 5. Andere Königsgötter im AT – 6. *mlk*-Aussagen in der Prophetie – 7. Die Wendung *JHWH mālaḵ* – 8. Das sog. Thronbesteigungsfest JHWHs – 9. Die JHWH-Königs-Hymnen – 10. Reflexe in den Psalmen – 11. Spätprophetische und apokalyptische Belege – V. Qumran.

Lit.: *G. W. Ahlström*, Psalm 89. Eine Liturgie aus dem Ritual des leidenden Königs, Uppsala 1959. – *A. Alt*, Das Königtum in den Reichen Israel und Juda (VT 1, 1951, 2–22 = KlSchr II, ³1964, 116–134). – *A. Alt – H. Donner*, Königtum in Israel (RGG³ III, 1959, 1709–1712). – *S. Amsler*, David, Roi et Messie (CTh 49, Neuchâtel 1963). – *A. Bentzen*, Det sakrale Kongedømme, Kopenhagen 1945. – *Ders.*, King and Messiah, London

1955. – *K.-H. Bernhardt*, Das Problem der altorientalischen Königsideologie im Alten Testament (VTS 8, 1961). – *H. J. Boecker*, Die Beurteilung der Anfänge des Königtums in den deuteronomistischen Abschnitten des 1. Samuelbuches (WMANT 31, 1969). – *P. A. H. de Boer*, „Vive le roi!“ (VT 5, 1955, 225–231). – *G. Buccellati*, Cities and Nations of Ancient Syria. An Essay on Political Institutions with Special Reference to the Israelite Kingdoms (SS 26, 1967). – *H. Cazelles*, La titulature du roi David (Mélanges Bibliques A. Robert, Paris 1957, 131–136). – *Ders.*, De l'idéologie royale (JANES 5 = Gaster-Festschrift, 1973, 59–73). – *G. Cooke*, The Israelite King as Son of God (ZAW 73, 1961, 202–225). – *J. Coppens*, Le messianisme royal (Lectio Divina 54, 1968). – *F. M. Cross*, Kings and Prophets (in: Canaanite Myth and Hebrew Epic, Cambridge/Mass. 1973, 217–289). – *F. Crüsemann*, Der Widerstand gegen das Königtum. Die antiköniglichen Texte des Alten Testamentes und der Kampf um den frühen israelitischen Staat (WMANT 49, 1978). – *I. Engnell*, Studies in Divine Kingship in the Ancient Near East (Uppsala 1943). – *J. de Fraine*, L'aspect religieux de la royauté israélite (AnBibl 3, 1954). – *H. Frankfort*, Kingship and the Gods, Chicago ^{3}1958. – *E. Galbiati*, Il carattere sacro della regalità nell'antico Israele (BibOr 19, 1977, 89–100). – *A. Gelston*, Kingship in the Book of Hosea (OTS 19, 1974, 71–85). – *E. R. Goodenough*, Kingship in Early Israel (JBL 48, 1929, 169–205). – *M. Görg*, Gott-König-Reden in Israel und Ägypten (BWANT 105, 1975). – *H. Greßmann*, Der Messias (FRLANT 43, 1929). – *J. H. Grønbæk*, Kongens kultiske funktion i det forexilske Israel (DTT 20, 1957, 1–16). – *S. Herrmann*, Die Königsnovelle in Ägypten und Israel (WZ Leipzig 3 1953/54, 32–44. 87–91). – *H. R. Hölzel*, Die Rolle des Stammes *'mlk'* und seiner Ableitungen für die Herrschaftsvorstellungen der vorexilischen Zeit. Diss. Hamburg 1971. – *S. H. Hooke* (Hg.), The Labyrinth, London 1935. – *W. Huß*, Der „König der Könige“ und der „Herr der Könige“ (ZDPV 93, 1977, 131–140). – *T. Ishida*, נָגִיד: A Term for Legitimation of the Kingship (AJBI 3, 1977, 35–51). – *Ders.*, The Royal Dynasties in Ancient Israel. A Study on the Formation and Development of Royal-Dynastic Ideology (BZAW 142, 1977). – *A. R. Johnson*, Sacral Kingship in Ancient Israel, London ^{2}1967. – *E. Kutsch*, Salbung als Rechtsakt im Alten Testament und im alten Orient (BZAW 87, 1963). – *M. Liverani*, La royauté syrienne de l'âge du bronze récent (P. Garelli [Hg.], Le palais et la royauté, XIXe Rencontre Ass. Int. 1971, 1974, 329–356). – *N. Lohfink*, *melek*, *šallîṭ* und *môšel* bei Kohelet (Bibl 62, 1981, 535–543). – *D. Lys*, De l'onction à l'intronisation royale (ETR 29, 1954/3, 1–54). – *Chr. Macholz*, Die Stellung des Königs in der israelitischen Gerichtsverfassung (ZAW 84, 1972, 157–182). – *Ders.*, Nagid – der Statthalter, „praefectus“ (K. Rupprecht [Hg.], Sefer Rendtorff, Dielheimer Blätter, Beih. 1, 1975, 59–72). – *R. Martin-Achard*, L'institution de la royauté en Israel. Quelques remarqes sur 1 Sam 8 (BCPE 29, 1977, 45–50). – *A. D. H. Mayes*, The Rise of the Israelite Monarchy (ZAW 90, 1978, 1–19). – *T. N. D. Mettinger*, King and Messiah. The Civil and Sacral Legitimation of the Israelite Kings (CB 8, 1976). – *D. Michel*, Studien zu den sogenannten Thronbesteigungspsalmen (VT 6, 1956, 40–68). – *S. Morenz*, Ägyptische und davidische Königstitulatur (ZÄS 79, 1954, 73–74). – *S. Mowinckel*, He That Cometh (^{2}1959). – *L. M. Muntingh*, Some Aspects of West-Semitic Kingship in the Period of the Hebrew Patriarchs (Biblical Essays, Potchefstroom 1966, 106–115). – *C. R. North*, The Religious Aspects of the Hebrew Kingship (ZAW 50, 1932, 8–38). – *M. Noth*, Gott, König, Volk im Alten Testament (ZThK 47, 1950, 157–191 = ThB 6, ^{2}1960, 188–229). – *N. Poulssen*, König und Tempel im Glaubenszeugnis des Alten Testaments (SBM 3, 1967). – *G. von Rad*, βασιλεύς κτλ. (ThWNT I 563–569, Lit. Nachträge X/2, 1008–1014). – *Ders.*, Das judäische Königsritual (ThLZ 72, 1947, 211–216 = ThB 8, ^{4}1971, 205–213). – *H. Ringgren*, König und Messias (ZAW 64, 1952, 120–147). – *Ders.*, The Messiah in the Old Testament (SBT 18, 1956). – *E. I. J. Rosenthal*, Some Aspects of Hebrew Monarchy (JJS 9, 1958, 1–18). – *L. Schmidt*, Menschlicher Erfolg und Jahwes Initiative (WMANT 38, 1970). – *W. H. Schmidt*, Kritik am Königtum (H. W. Wolff [Hg.], Probleme biblischer Theologie, Festschr. G. von Rad 1971, 440–461). – *K. Seybold*, Das davidische Königtum im Zeugnis der Propheten (FRLANT 107, 1972). – *J. A. Soggin*, Zur Entwicklung des alttestamentlichen Königtums (ThZ 15, 1959, 401–418). – *Ders.*, Das Königtum in Israel (BZAW 104, 1967). – *Ders.*, מלך *mælæk* (THAT I 908–920). – *T. C. G. Thornton*, Charismatic Kingship in Israel and Judah (JThS 14, 1963, 1–11). – *R. de Vaux*, Le roi d'Israël, vassal de Yahvé (Festschr. E. Tisserant I, Studi e Testi 231, 1964, 119–133 = Bible et Orient, 1967, 287–301). – *T. Veijola*, Die ewige Dynastie. David und die Entstehung seiner Dynastie nach der deuteronomistischen Darstellung (AASF 193, Helsinki 1975). – *Ders.*, Das Königtum in der Beurteilung der deuteronomistischen Historiographie (AASF 198, Helsinki 1977). – *A. Weiser*, Die Legitimation des Königs David. Zur Eigenart und Entstehung der sog. Geschichte von Davids Aufstieg (VT 16, 1966, 325–354). – *G. Widengren*, Sakrales Königtum im Alten Testament und im Judentum, 1955. – *Ders.*, King and Covenant (JSS 2, 1957, 1–32). – *H. Wildberger*, Die Thronnamen des Messias, Jes. 9, 5b (ThZ 16, 1960, 314–332).

Zu I.: *W. Barta*, Untersuchungen zur Göttlichkeit des regierenden Königs (MÄSt 32, 1975). – *H. Frankfort*, Kingship and the Gods, Chicago 1948. – *E. Labat*, Le caractère religieux de la royauté assyro-babylonienne, Paris 1939. – *A. Lemaire*, Note sur le titre *bn hmlk* dans l'ancien Israel (Sem 29, 1979, 59–65). – *A. Moret*, Du caractère religieux de la royauté pharaonique, Paris 1902. – *E. Posener*, De la divinité du Pharaon, Paris 1960. – *H. Ringgren*, Die Religionen des Alten Orients (Sonderbd. ATD), 1979, 46–50. 100–105. 160–168. 240–243. – *W. O. P. Römer*, Sumerische Königshymnen der Isinzeit, Leiden 1965. – *B. Schmitz*, Untersuchungen zum Titel *s 3 – njswt* „Königssohn“ (Habelts Diss. Ägyptologie 2, Bonn 1976). – *M. J. Seux*, Epithètes royales sumériennes et accadiennes, Paris 1967.

Zu IV: *A. Alt*, Gedanken über das Königtum Jahwes (1945 = KlSchr I, ^{2}1963, 345–357). – *J. Bonsirven*, Le règne de Dieu suivant l'Ancien Testament (Mélanges Bibliques A. Robert, 1957, 295–302). – *M. Buber*, Königtum Gottes (^{3}1956). – *F. M. Cross*, Canaanite Myth and Hebrew Epic. Essays in the History of the Religion of Israel, Cambridge/Mass. 1973. – *W. Dietrich*, Gott als König. Zur Frage nach der theologischen und politischen Legitimität religiöser Begriffsbildung (ZThK 77, 1980, 251–268). – *O. Eißfeldt*, Jahwe als König (ZAW 46, 1928, 81–105 = KlSchr I, 1962, 172–193). – *Ders.*, Jahwes Königsprädizierung als Verklärung nationalpolitischer Ansprüche Israels (Festschrift für J. Ziegler, 1972, 51–55 = KlSchr V, 1973, 216–221). – *I. Engnell*,

The Call of Isaiah, Uppsala 1949. – *J. de Fraine*, La royauté de Yahvé dans les textes concernant l'Arche (VTS 15, 1966, 134–149). – *J. Gray*, The Hebrew Conception of the Kingship of God: Its Origin and Development (VT 6, 1956, 268–285). – *Ders.*, The Kingship of God in the Prophets and Psalms (VT 11, 1961, 1–29). – *Ders.*, The Biblical Doctrine of the Reign of God (1979). – *H. Groß*, Weltherrschaft als religiöse Idee im Alten Testament (BBB 6, 1953, 113–129). – *J. Hempel*, Königtum Gottes im AT (RGG III, ³1959, 1706–1709). – *H.-J. Kraus*, Die Königsherrschaft Gottes im Alten Testament (BHTh 13, 1951). – *A. A. Koolhaas*, Theocratie en monarchie in Israel (Diss. Utrecht 1957). – *W. Küppers*, Gottesherrschaft und Königtum in Israel (IKZ 25, 1935, 148–160). – *J. Lindblom*, The Idea of the Kingdom of God (ExpT 51, 1939/40, 91–96). – *V. Maag*, Malkût JHWH (VTS 7, 1960, 129–153 = Kultur, Kulturkontakt und Religion. Gesammelte Studien, 1980, 145–169). – *H.-P. Müller*, Die himmlische Ratsversammlung. Motivgeschichtliches zu Apc 5, 1–5 (ZNW 54, 1963, 254–267). – *L. Rost*, Königsherrschaft Jahwes in vorköniglicher Zeit? (ThLZ 85, 1960, 721–724). – *H. Schmid*, Jahwe und die Kulttraditionen von Jerusalem (ZAW 67, 1955, 168–197). – *W. H. Schmidt*, Königtum Gottes in Ugarit und Israel (BZAW 80, 1961, ²1966). – *J. Schreiner*, Sion-Jerusalem, Jahwes Königssitz (StANT 7, 1963). – *F. Stolz*, Strukturen und Figuren im Kult von Jerusalem (BZAW 118, 1970). – *P. Welten*, Die Vernichtung des Todes und die Königsherrschaft Gottes (ThZ 38, 1982, 129–146). – *H. W. Wolff*, Herrschaft Jahwes und Messiasgestalt im Alten Testament (ZAW 54, 1936, 168–202).

Zu IV. 7–10: *A. Bentzen*, King Ideology – „Urmensch" – „Thronbestijgingsfeest" (STTh 3, 1949, 143–157). – *F. M. Th. de Liagre Böhl*, Nieuwjaarsfeest en Koningsdag in Babylon en in Israël (1927 = Opera Minora, 1953, 263–281). – *A. Caquot*, Le Psaume 47 et la royauté de Yahwé (RHPhR 39, 1959, 311–337). – *H. Cazelles*, Le Nouvel An en Israël (DBS 6, 1960, 620–645). – *J. Coppens*, Les Psaumes de l'intronisation de Yahvé (EThL 42, 1966, 225–231). – *Ders.*, La date des Psaumes de l'intronisation de Yahvé (EThL 43, 1967, 192–197). – *A. Feuillet*, Les Psaumes eschatologiques du règne de Jahweh (NRTh 73, 1951, 244–260. 352–363). – *A. Gelston*, A Note on יהוה מלך (VT 16, 1966, 507–512). – *H. Groß*, Läßt sich in den Psalmen ein „Thronbesteigungsfest Gottes" nachweisen? (TThZ 65, 1956, 24–40). – *A. S. Kapelrud*, Jahves tronstigningsfest og funnene i Ras Sjamra (NoTT 41, 1940, 38–58). – *Ders.*, Nochmals Jahwä mālāk (VT 13, 1963, 229–231). – *L. Köhler*, Jahwäh mālāk (VT 3, 1953, 188f.). – *E. Lipiński*, Yāhweh mâlāk (Bibl 44, 1963, 405–460). – *Ders.*, Les Psaumes du Règne. L'intronisation royale de Dieu (Assemblées du Seigneur 9, 1964, 7–22). – *Ders.*, Les Psaumes de la royauté de Yahvé dans l'exégèse moderne (R. de Langhe, Le Psautier, 1962, 133–272). – *Ders.*, La royauté de Yahvé dans la poésie et le culte de l'ancien Israël (Brüssel ²1968). – *W. S. McCullough*, The „Enthronement of Yahweh" Psalms (Irwin-Festschrift, 1956, 53–61). – *D. Michel*, Studien zu den sogenannten Thronbesteigungspsalmen (VT 6, 1956, 40–68). – *J. Morgenstern*, The Cultic Setting of the „Enthronement Psalms" (HUCA 35, 1964, 1–42). – *S. Mowinckel*, Tronstigningssalmerne og Jahves tronstigningsfest (NoTT 1917, 13–79). – *Ders.*, Psalmenstudien II. Das Thronbesteigungsfest Jahwäs und der Ursprung der Eschatologie (1922; ²1966). – *J. Muilenburg*, Psalm 47 (JBL 63, 1944, 235–256). – *L. J. Pap*, Das israelitische Neujahrsfest, 1933. – *E. Peterson*, Εἷς Θεός (1926, 141ff.). – *J. Ridderbos*, Jahwäh malak (VT 4, 1954, 87–89). – *R. A. Rosenberg*, Yahweh Becomes King (JBL 85, 1966, 297–307). – *H. Schmidt*, Die Thronfahrt Jahves am Fest der Jahreswende im alten Israel (1927). – *N. H. Snaith*, The Jewish New Year Festival (1947). – *J. H. Ulrichsen*, JHWH *mālāḵ*: einige sprachliche Beobachtungen (VT 27, 1977, 361–374). – *P. Volz*, Das Neujahrsfest Jahwes (1912). – *J. D. W. Watts*, Yahweh Mālak Psalms (ThZ 21, 1965, 341–348). – *P. Welten*, Königsherrschaft und Thronbesteigung (VT 32, 1982, 297–302).

I. 1. Das gewöhnliche äg. Wort für „König" ist *nśw*, vollständig *nśw bjtj*, 'König von Ober- und Unterägypten'; andere Wörter sind *ỉtj* 'Herrscher', *nb* 'Herr' und *nb tꜣ.wj* 'Herr der beiden Länder'. Eine häufige Bezeichnung ist *ḥm.f* 'seine Majestät'. Das at.liche *parʿoh*, „Pharao", entspricht *pr ʿꜣ*, „großes Haus", das im A.R. den Palast bezeichnet, von der XII. Dyn. ab in gewissen Formeln den König meint und seit der XIX. Dyn. als Königstitel verwendet wird.

Bei der Thronbesteigung erhält der König das sog. Königsprotokoll (*nḫb.t*) mit den fünf königlichen Namen, die ihn als Horus, als Schützling der beiden Krongöttinnen (*nb.tj*), als „goldener Horus", als König von Ober- und Unterägypten (*nśw bjtj*) und als Sohn des Re bezeichnen. Als Horus ist er der rechtmäßige Thronerbe, der seinem verstorbenen, zu Osiris gewordenen Vater nachfolgt. Als König von Ober- und Unterägypten verkörpert er in seiner Person die Einheit der beiden Reichshälften. Als Sohn des Re vertritt er den Sonnen- und Schöpfergott, der die Ordnung der Welt geschaffen hat und weiterhin aufrechterhält. Letzteres tritt auch in der Verwendung des Verbs *ḫʿj* 'erscheinen' zutage: so wie der Urgott am Anfang erschienen ist und die Welt erschaffen hat und so wie Re jeden Morgen erscheint, so erscheint der König auf seinem Thron und schafft Ordnung im Lande. Die kosmische und soziale Ordnung heißt *mꜣʿ.t* (oft mit „Wahrheit" übersetzt), und Maʿat ist einerseits die Tochter des Sonnengottes, andererseits das Opfer, das der König dem Gott bringt. Durch das kultische Handeln des Königs wird also die *mꜣʿ.t* aufrechterhalten.

Von der göttlichen Zeugung und Geburt des Königs gibt es Bilddarstellungen mit begleitenden Texten (in Deir el-Bahri für Hatschepsut, in Luxor für Amenhotep III.). Amon nimmt die Gestalt des regierenden Königs an und zeugt mit der Königin das königliche Kind. Der Name des Kindes wird genannt, und die Zukunft des neuen Herrschers wird verkündet (vgl. Jes 7, 14–16). Der König ist also zum Herrscher vorherbestimmt; es heißt sogar, daß er „schon im Ei herrscht".

Der König ist somit Gott und Sohn eines Gottes. Er ist das aber nur im Amt. Sonst ist er Mensch mit menschlichen Eigenschaften.

Die Aufgabe des Königs ist, „das Land gedeihen zu lassen wie in der Urzeit durch die Pläne der Maʿat".

In dieser Hinsicht verkörpert er den Schöpfergott. So wie dieser durch Hu (Ausspruch, Befehl) und Sia (Erkennen, Weisheit) die Welt und die darin herrschende *ma'at* geschaffen hat, so heißt es vom König: „Hu ist in deinem Mund, Sia ist in deinem Herz, dein Reden ist der Schrein der Ma'at." Wie der Schöpfer am Anfang allein war, so besiegt der König seine Feinde allein (z. B. Ramses II. in der Schlacht von Kadesch).

Der König ist der Hirt seines Volkes. Er soll für es sorgen wie der Hirt für seine Herde. Die gute Regierung des Königs fördert auch die Fruchtbarkeit der Natur: die Überschwemmung des Nils, das Wachsen des Getreides usw. So werden neue Könige als Bringer einer Heilszeit mit reichlichen Ernten, Glück und Freude im Lande begrüßt (Lied auf Merneptah, Erman, Literatur 346f., auf Ramses IV. ebd. 347; vgl. die Königstexte RTAT 53–56).

Eine besondere Stellung als Offenbarer des einzigen Gottes beansprucht Echnaton: „Es gibt keinen anderen, der dich kennte, außer deinem Sohn [Echnaton]" (RTAT 46).

Als Herrscher ist der König für die Gründung und Erhaltung von Tempeln verantwortlich. Der Vorgang der Tempelgründung auf göttlichen Befehl wird gelegentlich in einer sog. Königsnovelle erzählt (vgl. u. III. 6).

2. a) Der sum. König heißt *lù.gal*, „großer Mensch". Das Königtum ist „vom Himmel herabgekommen", ist also eine göttliche Institution. Auch der einzelne König hat seine Würde von den Göttern. Er gilt auch als Sohn eines Gottes und/oder einer Göttin. Šulgi wurde „im heiligen Schoß der Göttin Ninsuna getragen". Gudea bezeichnet die Göttin Gatumdug als Mutter und Vater und sagt: „Meines Vaters Samen nahmst du in deinen Mutterleib auf. Du gebarst mich im Heiligtum." Manche Ausdrücke scheinen auf physische Zeugung hinzudeuten, andere Indizien sprechen dafür, daß die Krönung als eine symbolische Neugeburt angesehen wurde (Å. Sjöberg, Or 35, 1966, 288f.; RoB 20, 1961, 20. 25). Gelegentlich wird der König als „Gott des Landes" o. ä. bezeichnet, und sein Name wird in gewissen Perioden mit dem Götterdeterminativ geschrieben. Es ist vermutet worden, daß die Göttlichkeit des Königs mit seiner Rolle in der Feier der Heiligen Hochzeit zusammenhängt (Römer 57). – Vgl. noch Seux, RLA VI, 140–170.

Der König gilt als außerordentlich weise, er „liebt das Recht und verachtet das Böse", er erhält Gesetz und Ordnung aufrecht, schützt Witwen und Waisen, er ist der Hirt seines Volkes, „wie Vater und Mutter für sein Volk". Er ist für die Erhaltung des Kultes verantwortlich und trifft oft als Tempelgründer hervor; Gudea z. B. baut einen Tempel nach himmlischem Vorbild (vgl. den Text SAHG 137ff.).

b) Das akk. Wort für König ist *šarru*, das etymologisch mit hebr. → שַׂר *śar* zusammenhängt. Daneben kommt auch *malku* vor.

Mit Hammurabi ändert sich die Königsideologie insofern, daß der Name des Königs nicht mehr mit dem Götterdeterminativ geschrieben wird. Dagegen bestehen die sakralen Pflichten und Funktionen des Königs. Das Königtum ist nach wie vor „vom Himmel herabgekommen", der König ist schon vor der Geburt von den Göttern für sein Amt erwählt, sie haben sein Schicksal bestimmt, er ist von ihnen „gesandt". Er wird als Sohn eines Gottes oder einer Göttin bezeichnet, was sich wohl hier vor allem auf den göttlichen Schutz bezieht – jeder Mensch ist ja (bildlich) Sohn (Tochter) seines Gottes. Der König kann als Schatten oder Abbild (*tamšīlu*) des Gottes bezeichnet werden. Besonders von assyrischen Königen wird oft erzählt, daß sie von göttlichem Glanz (*melammu*) umstrahlt werden, der den Feinden Schrecken einjagt. Die göttliche Art des Königtums geht u. a. daraus hervor, daß mehrere Epitheta für Könige und Götter gemeinsam sind (Engnell 178ff.). Das schließt aber nicht aus, daß der König vor den Göttern als Mensch dasteht.

In seiner Titulatur beansprucht der König Weltherrschaft: *šar kiššati*, „König der Gesamtheit", *šar kibrāt(im) arba'i(m) / erbetti*, „König der vier Himmelsrichtungen" (Seux 305f. 308ff.). Er herrscht „vom oberen bis zum unteren Meer" (bzw. Mittelmeer und Persischer Meerbusen). Sonst ist er *šarru dannu*, „mächtiger König", *šarru rabû*, „großer König" usw. (Seux 292ff.).

Vor seinen Untertanen repräsentiert der König die göttliche Welt. Er ist der *iššakku*, ung. 'Statthalter' des Gottes. In der Kraft des Gottes bekämpft er die Feinde. Er ist der Hirt des Volkes, er soll im Lande Recht und Gerechtigkeit (*mêšaru*, *kettu*) herrschen lassen, das Leben des Landes aufrechterhalten. Wachstum, Fruchtbarkeit und Wohlstand im Lande fördern, was gelegentlich in „messianischen" Aussagen zum Ausdruck kommt.

Andererseits ist er vor den Göttern verantwortlich. Im babyl. Neujahrsfest muß der König Buße tun, um seine Königswürde zu erneuern. Wenn durch die Schuld des Königs ein Unglück droht, kann der König einen Ersatzkönig (*šar pūḫi*) einsetzen, der die Strafe der Götter auf sich nimmt.

c) „König" war aber auch ein Gottesepitheton, das den betreffenden Gott als Herr oder Besitzer von etwas bezeichnete (K. Tallqvist, Akk. Götterepitheta, Helsinki 1938, 232ff.). Enlil ist „König der Länder", Ea „König der Wassertiefe" (*šar apsī*), Anu, Enlil, Assur, Marduk u. a. sind „König der Götter" (*šar ilāni*). „König des Himmels und der Erde" (*šar šamê u erṣeti*) ist vor allem Šamaš.

Im babyl. Schöpfungsepos wird Marduk vor seinem Kampf mit Tiamat von den Göttern als König ausgerufen mit den Worten *Marduk šar*; eine ähnliche Formel wird im sog. assyrischen Königsritual (das vielleicht eine Erneuerung des Königtums darstellt) auf Aššur angewandt.

3. Im ugar. Pantheon ist El grundsätzlich der König (*mlk*), „er gilt als König schlechthin, ja, er kann als 'König der Ewigkeit' (*mlk 'lm*) bezeichnet werden

(Gese, RdM 10, 2, 97). Außerdem aber erwirbt auch Baʿal durch seinen Sieg über Jamm den Königstitel: „Unser König ist Baʿal, unser Herrscher, niemand ist über ihm" (KTU 1.3, V 32). Als König erhält er dann auch ein Haus, d. h. Palast oder Tempel.

Die Keret- und Aqhat-Texte widerspiegeln, obwohl sie mythologisch gefärbt sind, wahrscheinlich Gedanken, die sich an das irdische Königtum knüpfen. Keret gilt als Els Sohn, und sein Sohn wird von der Göttin Athirat gesäugt. Er ist Vermittler göttlicher Kraft und göttlichen Segens für die Gesellschaft, und wenn er erkrankt, leidet das ganze Land: kein Regen fällt und die Fruchtbarkeit bleibt aus.

Der Dan'il des Aqhattextes wird zwar nicht ausdrücklich König genannt, er ist aber ein gerechter Richter und übt auch im übrigen königliche Funktionen aus. U.a. schützt er – wie Keret – das Recht der Armen, Witwen und Waisen. Wenn sein Sohn Aqhat stirbt, bleibt die Fruchtbarkeit aus.

Belege in westsemit. Inschriften bestätigen das allgemeine Bild eines sakralen Königtums. Der König wird von Göttern in sein Amt eingesetzt (KAI 10, 2; 202 A, 3; 214, 2f.), er ist für den Bau von Tempeln verantwortlich (KAI 14, 15ff.), er soll gerecht sein (KAI 4, 6f.; 10, 8f.). Kilamuwa war für sein Volk wie Vater und Mutter und sorgte für sie alle (KAI 24, 10–13).

Ringgren

II. 1. Hebr. *mælæḵ* – *mālaḵ* gehört zu einer nordwestsemit. Wortgruppe der Wurzel *mlk* mit der allgemeinen Bedeutung 'König', 'König sein'. Diese Wortwurzel ist bereits im 3. Jt. im nordsyrischen Ebla bezeugt, und zwar in verschiedenen theophoren Namenbildungen wie z. B. *A-bù-ma-lik*, *Eb-du-ma-lik*, *Gibil-ma-lik* u.ä. (G. Pettinato, Catalogo dei Testi Cuneiformi di Tell Mardikh – Ebla, Neapel 1979, s. Index; H.-P. Müller, ZDPV 96, 1980, 11ff.), in dem Abstraktum *ma-li-ku-um* 'Königtum' (vgl. G. Garbini, La Lingua di Ebla, in: La parola del passato 33, 1978, 254) und in der Femininform *ma-lik-tum* 'Königin', die häufig einem sum. EN gegenübersteht (G. Pettinato, Culto Ufficiale ad Ebla durante il regno di Ibbi-sipiš, Rom 1979, passim, s. Index), während die maskuline Form *ma-lik* bisher selbständig nicht belegt zu sein scheint. Die Etymologie ist unbekannt. Ableitungen von (1) *mā lāḵa* (Ausruf: Was [gehört] dir?) (W. Eilers, WO 3, 1949, 142f.) oder (2) *hlk* (Ptz. *mōlîḵ*) sind nicht begründbar. Nomen wie Verbum gelten als Lehnworte im Akk. Sie bezeichnen dort vor allem ausländische Herrscher und stehen in Konkurrenz zu der homonymen Wortgruppe *malāku* 'raten', *māliku* 'Ratgeber', *malku* 'Rat' (AHw 593ff.; CAD M/1 154ff.), beide wohl unter der Dominanz von *šarru* und seinen Derivaten. Als Rückwirkung scheint das Auftauchen eben dieser Sonderbedeutung im Nordwestsemitischen beurteilt werden zu müssen (vgl. KBL³ 559f.: *mlk* II): hebr. Neh 5, 7 *mlk niph* 'mit sich zu Rate gehen' (cj. Hos 8, 4; Hi 12, 17), aram. *meḷaḵ** 'Rat' (Dan 4, 24, unmittelbar neben *malkā*'!); *mlk* 'to ask for advice', *mlkh* 'advice' (J. Hoftijzer – G. van der Kooij, Aramaic Texts from Deir ʿAlla, Leiden 1976, II 9). Nomen und Verbum sind auch im Südsemitischen bezeugt, auch hier – soweit erkennbar mit Bedeutungsunterschieden: asarab., arab. 'König'; arab., äth. 'Besitz', 'besitzen' u.ä. (vgl. L. Kopf, VT 9, 1959, 261f.; Wehr, Wb s.v.). Anzunehmen ist, daß eine altwestsemit., vielleicht ursemit. Wortwurzel *mlk* (P. Fronzaroli, AANLR 8/20, 1965, 246–269) in den drei semit. Sprachzweigen eine je eigene semantische Entwicklung durchlaufen hat, im Akk. bedingt durch semantische Konkurrenz (Abdrängung und Bedeutungseinschränkung durch *šarru*), im Arab. durch politisch-kulturelle Besonderheiten (Bedeutungsmodifikation), jeweils sekundär beeinflußt durch die Geschichte der Wortgruppe im Westsemit. (Lehnworteffekt).

Für das Nomen sind folg. phonetische Formen bezeugt: **ma-lik* ebl.; *milk* amor.; *malk* ugar. (Literatursprache, vgl. J. Nougayrol, Ug V, 234f., 244); *milk* ugar. (Umgangssprache), südkanaan. (EA); *malk(u)*, *mālik(u)* akk.; *malch-*, *melch* (μελ[ε]χ, μελεκ) griech. (LXX Umschrift bei Namen); *malek* mand. (Macuch 384); *mælæḵ*, cstr. *malk-* hebr. (MT); *malachei/chem* (für Suff.- bzw. Pl.-Form, Epiphanius vgl. ZAW 71, 1959, 115ff.).

2. Das intransitive Verb *mālaḵ* scheint von dem Primärnomen *mlk* abgeleitet zu sein und bleibt semantisch im gleichen Umkreis. Zu hebr. *mælæḵ* gibt es die Fem.-Form *malkāh* 'Königin' mit dem speziellen Derivat *meḷæḵæṯ (haššāmajim)* 'Königin (des Himmels)', die im Westsemit. verwurzelten Götternamen oder -epitheta → *Molæḵ* (MT), *Milkôm*. Abstraktbildungen, z. T. unter aram. Einfluß, sind die Fem.-Formen *meluḵāh* 'Königtum', *malḵûṯ* 'Königreich' (Bibl.-aram. *malḵû*) und die Verbalnomina *mamlāḵāh* und *mamlāḵûṯ* 'Königsherrschaft, Königreich'. Ebenfalls im Westsemit. verwurzelt sind die seit der Mari-Zeit häufig begegnenden, dann auch hebr. belegten, mit *mlk* gebildeten Personennamen: *Mælæḵ*, *Molæḵæṯ*, *Milkāh*, *Malkām*, *Jamleḵ*, *Malkî'el*, *Malkîjāh(û)*, *Malkîṣædæq*, *Malkîrām*, *Malkîšûaʿ*, *'Aḇîmælæḵ*, *'Aḥîmælæḵ*, *'Ælimælæḵ*, *Mallûḵ*, *ʿAnammælæḵ*, *'Aḏrammælæḵ*, *ʿÆḇædmælæḵ*, *Neṯanmælæḵ* (alle AT) u.ä. (vgl. *'Allamælæḵ* 'Königsterebinthe').

3. Die LXX übersetzen *mlk*-Formen in der Regel mit βασιλ-Äquivalenten. Die Ausnahmen sind meist kontextbedingt, jedenfalls erklärbar, und bestätigen so die Regel. 13mal ist *mælæḵ* mit ἄρχων wiedergegeben. Bei den Pentateuch-Stellen (Gen 49, 20; Num 23, 21; Deut 17, 14. 15 [2mal]; 28, 36) erklärt sich das aus der offensichtlichen Annahme (vgl. Deut 17; 28), daß Israel in der „mosaischen" Zeit noch keinen König hatte (s.u. ἀρχή, vgl. aber etwa Gen 14; 36 LXX). Ähnliches gilt auch für die Wiedergabe von MT *molæḵ* Lev 18, 21; 20, 2. 3. 4. 5 (anders an den andern, nichtpentateuchischen Stellen 1 Kön 11, 7;

2 Kön 23, 10; Jer 32, 35) durch ἄρχων. Die Existenz sowohl des Königs wie des Μολοχ in Israel sehen die LXX-Übersetzer zu Recht für ein nachmosaisches Phänomen an. Die Jes-Stellen sind kontextabhängig (häufigere ἄρχων-Verwendung 1, 10ff.), ebenso Ez 28, 12 (ἄρχων von Tyros, nach *nāḡîḏ* 28, 2) und Ez 37, 22. 24 (angeglichen an *nāśî'* 34, 24; 37, 25, das gewöhnlich mit ἄρχων übersetzt wird). Dan 10, 13 ist ein Sonderfall (vgl. LXX: στρατηγός, Th: ἄρχων βασιλείας Περσῶν). – 3mal erscheint an der Königsgräberstelle Ez 43, 7. 9 die singuläre Übersetzung ἡγούμενοι – wohl im Sinne einer Aktualisierung in königloser Zeit. – Je 2mal steht στρατηγός, 1mal βουλή für *mælæḵ*. Ersteres ist Hi 15, 24 ganz im Sinne der Adaption des Gleichnisses: Nicht der König, der Feldherr zieht in die Schlacht. Zu Dan 10, 13 s.o. βουλή ist Dan 4, 24 (Th) Äquivalent für aram. *m^e^laḵ* 'Rat', das LXX auch Pred 2, 12 gelesen haben mag (MT: *mælæḵ*).

Bei den Derivaten ergibt sich ein ähnliches Bild. Das Verbum wird naturgemäß in den verschiedenen Stammformen variabel wiedergegeben. Trotzdem gibt es nur wenige Abweichungen von βασιλευ-Formen, etwa Esth 1, 1 κρατεῖν und natürlich Neh 5, 7 (*mlk niph* βουλεύειν). Bei den Abstraktbildungen gibt es ebenfalls kaum nennenswerte Ausnahmen (vgl. Esth 1, 2; Dan 4, 23. 34: Umschreibungen mit θρόνος). Interessant ist die Wiedergabe von *mamlāḵāh* mit ἀρχή Deut 17, 18. 20; Jes 10, 10; Ez 29, 14 (auf Ägypten bezogen, s.o. zu ἄρχων) bzw. mit νομός 'Bezirk, Gau' Jes 19, 2 (Anpassung an die Binnenstruktur des äg. Staatswesens: „Städte" und „Gaue", nicht [mehr] „Reiche").

III. 1. Genaue statistische Angaben finden sich THAT I 910. Die Wortgruppe der Wurzel *mlk* ist im AT über 3000mal belegt. *mælæḵ* ist nach JHWH, *'ælohîm* und *ben* das vierthäufigste Nomen im AT, häufiger als *jiśrā'el* (ca. 2500mal), was die historische und religiöse Bedeutung für die biblische Thematik signalisiert. Die Verteilung auf literarische Werke, Sammlungen und Bücher entspricht den jeweils thematisierten Gegenständen. Im Pentateuch (nur ca. 120mal) bezieht sich die Wortgruppe bis auf wenige Ausnahmen (JHWH: Gen 48, 16 [Sam.]; Ex 15, 18; Num 23, 21; Deut 33, 5; dazu Gen 17, 6. 16; 35, 11; Num 24, 7; Deut 17, 14f.; 28, 36) auf nichtisraelitische Könige. Das DtrGW bietet die meisten Belege (über 1400), etwas weniger als die Hälfte der Gesamtzahl, was statistisch das besondere Interesse dieses Werks bekundet. Auffällig ist die hohe Zahl bei Esth (über 250 in 10 Kap.). Häufungen in Listen, Aufzählungen finden sich etwa in Gen 14; 36; Jos 10; 12.

2. Die vielfältige Verwendung von *mælæḵ* für monarchische Herrschaftsformen jeder Art vom spätbronzezeitlichen Stadtkönigtum über Volkskönigtümer bis zum Großreich, und zwar innerhalb und außerhalb des israelitischen Bereichs, läßt auf einen sehr allgemeinen und weitgefaßten Bedeutungshorizont schließen, auf einen Rahmenbegriff, der erst durch Kontextangaben eine konkrete Füllung erhält. Der semantische Kern wird mit Ri 9, 2 etwa so zu umschreiben sein: *mælæḵ* bezeichnet den „einen Mann" (*'îš 'æḥāḏ*), der allein über eine bestimmte (Groß-)Gruppe wie etwa die Bürger einer „Stadt" (*ba'^a^lê 'îr*) herrscht (*mšl b^e^*), wobei eine Unterordnung (*'al*) der vielen unter den einen entsteht, ein System, das die Jothamfabel Ri 9, 7ff. anschaulich schildert (vgl. auch Gen 37, 7ff.: in Josephs Traum bilden die sich vor der einen aufgerichteten Garbe verneigenden Garben ein *mlk*-Modell). Diese allgemeine Bedeutung wird durch nähere Bestimmungen, meist Genitivverbindungen, die den Herrschaftsbereich umgrenzen (vgl. die Liste Jos 12, oder Gen 14, 1ff.), mit bestimmten politisch-geschichtlichen Gegebenheiten verbunden, ohne daß allein dadurch schon etwas Konkretes über die Art der Herrschaft gesagt wäre. Die Weite und Offenheit des Begriffs läßt Raum für Vorstellungen, die sich aus der Welt des Textes und seiner Sprecher ergeben. Die sehr häufige, auf allen Sprachebenen geläufige Verwendung gibt zu erkennen, daß *mælæḵ* sowohl als konkret aufgefüllte Bezeichnung einer Herrscherfigur wie als allgemeiner Begriff für eine Herrschaftsform zu einem elementaren Hauptwort geworden ist, das eine enorme Rolle im Leben des at.lichen Menschen gespielt hat.

Im Unterschied zu *mælæḵ* ist *ro'š* seinem Bedeutungsgehalt nach ein funktionaler Begriff, der die Spitzenstellung und Führungsposition als solche anzeigt, die ein einzelner kraft Eignung und Bewährung erhält oder innehat, und zwar vor allem auf der Ebene der Stämme- und Sippenordnung, als Anführer militärischer Formationen und Vorsitzender rechtsprechender Gremien. Die Sinnkomponenten 'Kopf und Spitze' (figurativ), 'Amt und Eignung' (funktional), 'Leitung und Vorsitz' in einer homogenen sozialen Gruppierung (terminologisch) sind dem Begriff und Titel (vgl. J. R. Bartlett, The Use of the Word ראש as a Title in the OT, VT 19, 1969, 1–10) erhalten geblieben (H.-P. Müller, THAT II 701–715). Aufschlußreich sind die direkten Berührungen zwischen *ro'š* und *mælæḵ*, wobei die Betonung der Funktionalität von *ro'š* zu einer bewußten Reduktion der *mælæḵ*-Aussage führt. Ri 10, 18; 11, 8ff. berichten, daß Jephta zum *ro'š* (und *qāṣîn*) „aller Bewohner Gileads" gemacht wird. Dem steht die Jothamfabel Ri 9, 7ff. gegenüber, welche Abimelechs Stadtkönigtum beleuchten soll (vgl. 9, 2: die funktionale Definition ist verbunden mit der Wendung *mšl b*). Die kanaanäische Institution eines Königtums in der Beschreibung von 1 Sam 8, 11ff. ist dabei, die alte Stammesführer-Tradition auf die unteren Ebenen abzudrängen. Noch 1 Sam 15, 17 (dtr?) klingt der Konflikt nach, indem Saul zugleich als „Haupt der Stämme Israels" und als „gesalbter König über Israel" kritisiert wird. Dieser Konflikt ist dann insbesondere von den Propheten aufgenommen worden. Hos 2, 2 kündet die Wiedervereinigung der beiden Reiche Juda und Israel unter *einem* Haupt (*ro'š 'æḥāḏ*) an unter Vermeidung des Königstitels und in offensichtlicher Kritik an der bestehenden politischen Verfassung. Ähnlich reduziert Jes 7, 8. 9 die bestehenden politischen Systeme (implizit auch das judäische, neben dem aramäischen und ephraimitischen) auf ihr Strukturgerüst eines pyramidenförmigen Weltordnungssystems und kritisiert die vermeintliche Absolutheit der Monarchien (dazu Seybold 66ff. u. unten III. 7). Auch in Ps 18, 44 liegt in den Worten des Lobpreises des Königs, zum „Oberhaupt der Völker" gesetzt zu sein, die Mahnung an die damit verbundene Verpflichtung (18, 45). In solchem Sinne können – wie Hi 29, 25 – im Vergleich beide „Leitungsfunktionen" nebeneinander vorkommen: der Vorsitzende eines öffentlichen, städtischen Gremiums und der König auf dem Thronsessel inmitten seiner Krieger, wobei auch die unterschiedlichen Größenordnungen nochmals deutlich werden. Zum Gebrauch beim Chronisten vgl. Müller.

Auch → *śar* hat eine eigene Bedeutungsgeschichte und seinen eigenen Bedeutungsumfang, der sich im großen und ganzen durchweg auf kleinere Verhältnisse und auf Organisationsformen untergeordneter Art beschränkt (J. A. Soggin, THAT I 932). Auf einer älteren Stufe bezeichnet *śar* (meist pluralisch) in absoluter Verwendung einen führenden Stand in der Sippen- und Stammesverfassung (oft nicht ganz adäquat mit „Fürsten" übersetzt), so im Brunnenlied Num 21, 18 („Brunnen, den Edle gruben", par. zu *neḏîḇê hā'ām*, vgl. den *meḥoqeq*-Stab) für die „Israeliten", was aber ebenso für die Moabiter (Num 22, 8ff.) und Midianiter (Ri 7, 25) gilt (andere Stellen: Ri 5, 15. 29; Ps 68, 28; Ri 8, 6. 14 neben den „Ältesten"). Dann wird *śar* vor allem im Rahmen städtischer Verfassung und militärischer Organisation zur Bezeichnung eines Mannes mit Befehlsgewalt und Weisungsbefugnis, die ihm von höherer Instanz verliehen sind. Das Nomen rectum zeigt jeweils den Umfang der Machtbefugnisse an: Häuptling einer Bande, Anführer des Streitwagenkorps, Hauptmann über 50/100, Oberster des Heeres, Truppenführer, Fronvogt, Vorsteher, Obmann u. ä. „Wer hat dich zum *'îš śar* und Richter gesetzt", wird Mose gefragt (Ex 2, 14). Welche Kompetenz ein *śar* dieser Art (etwa „Chef") haben konnte, zeigt exemplarisch das in Jabne-Jam (*mīnet rūbīn*) gefundene Ostrakon (KAI 200) mit einem Bittgesuch an den *śar* (vielleicht „Gouverneur") wie etwa auch der Jos 5, 14 vorkommende Titel *śar ṣeḇā'* für den Oberbefehlshaber des Heeres. Schließlich wird *śar* Bezeichnung des königlichen Beamten und Funktionärs (Gen 12, 15; 1 Kön 4, 2; 5, 30 u.a.). Wo immer darum die beiden Begriffe *mælæḵ* und *śar* zusammen vorkommen, ergibt sich die Bedeutungsvorstellung eines höfischen Systems und königlichen Machtapparats, wobei die Unterordnung von *śar* vorausgesetzt ist (Ri 4, 2; Hos 3, 4; Jer 1, 18; 4, 9; Lachis IV 4). Die Zusammenordnung festigt die für *mælæḵ* konstitutive Bedeutung des Autokraten, des Machthabers aus eigenem Recht, des Potentaten in voller Unabhängigkeit, der sich einer untergeordneten Beamtenschaft zur Machtausübung bedient. Um so auffälliger ist es, wenn einem 'König' der *mælæḵ*-Titel verweigert und eine mit *śar* gebildete Prädikation beigelegt wird: Jes 9, 5 *śar šālôm*, vom zukünftigen davidischen Herrscher gesagt (vgl. dazu Jes 10, 8; 23, 8).

Der Titel → נגיד *nāgîḏ*, der nach neuerer Erkenntnis (E. Lipiński, VT 24, 1974, 497ff.; Mettinger 151ff.) den designierten Nachfolger des Königs, also den Kronprinzen bezeichnet (nach 1 Kön 1, 35 vgl. v. 20), und wohl doch keine stammesgeschichtlichen Wurzeln hat (so W. Richter, Die nāgīd-Formel, BZ 9, 1965, 71ff.; L. Schmidt 141ff.), trägt zur Bedeutungsbestimmung von *mælæḵ* wenig bei. Beide Begriffe tangieren sich kaum. Erst im Zusammenhang königstheologischer Konzepte verleiht der übertragene Gebrauch von *nāgîḏ* – Designation des Königs zum Herrscher über JHWHs Volk, in nordisraelitischer wie judäischer Ausprägung – dem Träger sakrale Dignität, die sich aber nicht erkennbar auf den Gebrauch von *mælæḵ* auswirkt (vgl. J. Flanagan, Chiefs in Israel, JSOT 20, 1981, 47–73).

Entsprechendes gilt für den Titel *māšîaḥ* → משח 'Gesalbter', der im Unterschied zu *mælæḵ* bis auf zwei späte Ausnahmen (Dan 9, 25. 26) nie in absoluter Verwendung, vielmehr nur in syntagmatischer Verbindung mit JHWH vorkommt und dadurch seine theologische Funktion beweist.

šopeṭ (→ שפט; vgl. G. Liedke, THAT II 1003f.) bezeichnet wohl ein bestimmtes Amt der vorköniglichen Zeit (z. B. Ri 4, 4). Als Amtstitel „Richter" tritt es erst in der mittleren Königszeit auf neben anderen Funktionsträgern, z. B. *śārîm*, *jo'aṣîm* u. a. Gelegentlich kommt es in Berührung mit *melāḵîm* (nur im Pl.), wobei vielleicht auf die jurisdiktionelle Seite des Königsamtes abgehoben wird (möglicherweise auch nur als Parallelbegriff gemeint: „Regenten" neben „Königen") (Hos 7, 7; Ps 2, 10). Singulär ist die Übertragung des *šopeṭ*-Titels wohl auf den regierenden judäischen König in Mi 4, 14: *šopeṭ* Israel – ein prophetisches Theologumenon (vgl. K. D. Schunck, VTS 15, 1965, 252–262; M. Weinfeld, Judge and Officer in Ancient Israel and in the Ancient Near East [IOS 7, 1977, 65–88]; J. A. Soggin, VT 30, 1980, 245–248).

Entsprechendes gilt von dem Verhältnis von *mælæḵ* und *nāśî'*. Der wohl altisraelitische Amtstitel aus der Stammesverfassung (M. Noth) findet in der ausgehenden Königszeit zunehmend Verwendung sowohl für die davidischen, wie die ausländischen Könige vor allem bei Ezechiel und parallel dazu in der Priesterschrift zur Bezeichnung des „Stammesfürsten". Bei beiden kommt eine *mælæḵ*-kritische Einstellung zum Zuge, die theologisch bedingt ist und die Zurückdrängung des *mælæḵ*-Begriffs zur Folge hat (vgl. O. Calderini, BibOr 20, 1978, 123–133; 21, 1979, 273–281).

Zur Unterscheidung von *mælæḵ*, *šallîṭ* und *mošel* in hellenistischer Zeit vgl. N. Lohfink, *melek*, *šallîṭ* und *môšel* bei Kohelet (Bibl 62, 1981, 535–543).

3. Das Verbum *mlk*, als dessen Bedeutung 'König werden, König sein, als König herrschen, regieren, als König wirken' angegeben wird, kommt vor allem im *qal* und *hiph* vor, dazu 1mal im *hoph* (Dan 9, 1) und 1mal im *niph* (Neh 5, 7). Dabei wird die Ableitung des Verbums vom Nomen durch vorwiegend nominale Verwendung bestätigt. Es dominieren die Nominalformen sowie die Formen mit der 3. Person Sing. als Subjekt. Häufig anzutreffen sind Kombinationen mit *mælæḵ*/*malkûṯ* (z. B. *mlk mælæḵ* 'als König herrschen'), welche die unselbständige Verbalbedeutung unterstreichen. Subjekt der *qal*-Stellen ist mit ganz wenigen Ausnahmen die dritte „Person", als deren Inbegriff *mælæḵ* galt. Von den etwa 300 Belegen haben nur 7 eine 2. Person zum Subjekt (Gen 37, 8; 1 Sam 23, 17; 24, 21; 2 Sam 3, 21; 16, 8; 1 Kön 11, 37; Jer 22, 15), 2 eine 1. Person (1 Kön 1, 5: Adonia; Ez 20, 33: JHWH) und 4 eine 3. Person Pl. (Gen 36, 31; 1 Kön 11, 24; Spr 8, 15; 1 Chr 1, 43). Diese Stellen sind ohnehin besonders signifikant. Bei den *hiph*-Stellen (mit Über- und Untersubjekt) sind die König-einsetzenden Instanzen von besonderem Interesse: JHWH – 6mal (von Saul gesagt 1 Sam 15, 11. 35 und Salomo 1 Kön 3, 7; 2 Chr 1, 8ff.), Samuel, David, das 'Volk des Landes', der König von Babel usw., in Sonderheit wieder die pluralischen (z. B. Ri 9, 6; 1 Sam 11, 15; 1 Kön 12, 20; 16, 16; Hos 8, 4 u. a.). Die formelhafte Verwendung des Verbs sowohl mit den Präpositionen *'al*, *b^e*, *l^e*, *taḥaṯ* als auch in den stereotypen Formulierungen 3. Person und Inf. (*b^emŏlḵô* u. ä.) verweist auf offiziellen Kanzleistil. Das entspricht der Tatsache, daß weitaus die meisten Belege aus den Samuel- und Königsbüchern dem Bereich der Annalistik entstammen. Zum theologischen Gebrauch des Verbums s. u. IV. 7.

4. Als menschliches Subjekt κατ' ἐξοχὴν im AT kommt *mælæḵ* natürlich in allen denkbaren syntaktischen Verbindungen vor, wovon einige besonders bedeutsame herausgehoben seien:

(a) Verbindungen mit dem Verbum *mlk qal* legen einen besonderen Akzent auf die Nominalbedeutung (Jer 23, 5: „als [richtiger] König herrschen"; 1 Sam 8, 9. 11: „der König, der über sie [angeblich, wie ihr es wollt,] als König herrschen soll"). Im *hiph*, der Ausdrucksform der Königseinsetzung (Ri 9, 6; Jes 7, 6; 1 Sam 15, 11 u. a.), entspricht die Verbindung Formulierungen mit *śîm*, *qûm*, *kûn*, *mšḥ*.

(b) Nähere Bestimmungen des Königseins werden mit Genitiv (König der Philister, von Babel, Edoms) oder präpositional (über Israel, in Jerusalem) angeschlossen. Umgekehrt qualifiziert *mælæḵ* in der Position des Rectums Personen und Sachen als königlich: *bæn mælæḵ* 'Königsohn', *mišteh mælæḵ* 'Königsmahl', *miqdaš mælæḵ* 'königliches Heiligtum' (Am 7, 13), *'æḇæn hammælæḵ* 'königliches (offizielles) Gewicht' (2 Sam 14, 26), *dæræḵ hammælæḵ* 'Königsweg' (Num 20, 17; 21, 22). Hierzu gehört auch der Stempelaufdruck auf Gefäßen, Siegel u. ä. *lmlk*, wobei die beiden grundlegenden mit *mælæḵ* verbundenen Vorstellungen zum Tragen kommen: der personengebundene, subjektive und der institutionsbezogene, offizielle.

(c) *mælæḵ* begegnet außer in bestimmten Verbindungen und offiziellen Bezeichnungen zudem in festen Anredeformen, Titulaturen und Prädikationen. Dazu gehört die „höfliche" Anrede *'^adonî hammælæḵ* „mein Herr König" (2 Sam 3, 21; 15, 21; vgl. Gen 40, 1 – zu *'āḏôn* als Königstitel vgl. Ps 110, 1; Jer 22, 18; 34, 5). Das ganze Arsenal höflicher Anreden findet sich versammelt etwa in 2 Sam 14, 1ff. und 1 Kön 1, 11ff. In diesen Zusammenhang gehört die akklamatorische Grußformel: *j^eḥî hammælæḵ* „es lebe der König" (1 Sam 10, 24; 2 Sam 16, 16; 1 Kön 1, 34 → חיה *ḥājāh* III. 6); „der König lebe ewiglich" (1 Kön 1, 31; Neh 2, 3; Dan 2, 30; 4, 14. 31; 6, 21. 27 aram.). Übernahmen sind der assyrische Königstitel: „der Großkönig" (Jes 36, 4. 13 par. 2 Kön 18, 19. 28 *šarru rabû* – vgl. Ps 47, 3; Mal 1, 14 – und der entsprechende babyl. Titel „König der Könige" (Ez 26, 7; Dan 2, 4; 2, 37; Esr 7, 12 u. ö. *šar šarrāni*).

(d) Für die Bedeutung von *mælæḵ* aufschlußreich ist die metaphorische Verwendung: König der Bäume (Ri 9, 18ff.), über alle Großtiere (= der Leviathan, Hi 41, 26), der Heuschrecken (Spr 30, 27, vgl. die Tiervergleiche vv. 29ff. txt. corr.), der Schrecken (= der Tod, Hi 18, 14).

(e) Die Fem.-Form *malkāh* kommt im Sing. at.lich nur als Bezeichnung ausländischer Königinnen vor: der Königin von Saba (1 Kön 10 || 2 Chr 9) und der Königin Esther (Esth 25mal), im Pl. poetisch von den 60 Frauen des Königs (HL 6, 8f.). Die Form war offensichtlich nicht gebräuchlich (vgl. dagegen *g^eḇîrāh*). Selbst Athalja wird diese Bezeichnung vorenthalten. Allerdings bezieht sich die einzige Fem.-Form des Verbums *mlk qal* auf ihre Regierung (Ptz. 2 Kön 11, 3; 2 Chr 22, 12).

5. Die Bestimmung der vier Abstraktbildungen zu *mlk* kann sich auf Merkmale der Wortbildung und auf charakteristische Verwendungsweisen stützen. Dabei zeigen sich einige Abgrenzungen, die der Annahme eines promiscue-Gebrauchs entgegenstehen.

(a) *m^elûḵāh*, eine deverbale adjektivische *qāṭûl*-Form (fem.), bleibt in allen Verwendungsweisen der Verbalform insofern zugeordnet, als es sich auf die Funktion von *mlk*, und d. h. auf das Königsamt, die Königswürde, die „Stellung als König" (KBL³ 556), das Königsein, das königliche Handeln, das Regieren im allgemeinen bezieht (meist mit Artikel; die Ausnahmen sind kontextbedingt, 1 Kön 21, 7; Ez 16, 13; Jes 34, 12; 62, 3). Saul übernimmt (*lkd*) das Königsamt (1 Sam 14, 47, vgl. 10, 16; 11, 14; 18, 8). Für dieses Amt gibt es nach 1 Sam 10, 25 ein bestimmtes Recht (*mišpāṭ*). Das Amt geht auf David über (2 Sam 16, 8; 1 Kön 2, 15. 22), auch auf Jerobeam (1 Kön 11, 35; 12, 21). Eine neue Regierung wird ausgerufen (Jes 34, 12). Isebel wirft Ahab vor, das Königsamt nicht auszuüben (*ʿśh* 1 Kön 21, 7, wörtlich: „tue Königliches!"). Jerusalem erlangte nach Ez 16, 13 (die) Königswürde; dazu gehört der Thron (1 Kön 1, 46), eine Hofresidenz (2 Sam 12, 26), auch verschiedene Insignien (vgl. Jes 62, 3). Die Königswürde kann in theologischer Metaphorik auch JHWH zuerkannt werden (Ob 21; Ps 22, 29). Das adjektivische Bedeutungsmoment kommt in der gelegentlich bezeugten Wendung „aus königlichem Geschlecht" (*mizzæraʿ hammᵉlûḵāh*) zum Vorschein (z. B. 2 Kön 25, 25; Ez 17, 13; Dan 1, 3). Die begrenzte Verwendung des Begriffs, der wohl in der Hofsprache der frühen Königszeit verwurzelt ist, deutet an, daß er zu festen Konturen offenbar nicht gekommen ist, daß ihm vielmehr – wie der obligate Artikel zeigt – eine gewisse Unbestimmtheit, ja Vagheit anhaftet (Königliches, das Königliche), daß er aber insofern sich für allgemeine Sachverhalte besonders eignet („die Sache mit dem Königtum Sauls", 1 Sam 10, 16 u.ä., vgl. Isebels Tadel 1 Kön 21, 7).

(b) *mamlāḵāh*, eine *m*-Präformativform von *mlk*, die eine Handlung und deren Ergebnis, Ort, Art und Weise des Vorgangs, schließlich das Werkzeug des Handelns ausdrücken kann, ist von daher prädisponiert, das funktionale System ʿKönigtumʾ nach den genannten Aspekten als Herrschaft, Residenz und Regierung, Machtapparat, kurz: als Institution zum Ausdruck zu bringen. Tatsächlich ist der Begriff (zusammen mit *malḵûṯ*) der gängigste Ausdruck für die monarchische Staatsform („Königreich"). Beispiele für diesen Gebrauch des vor allem vorexilisch verbreiteten Begriffs erübrigen sich nahezu (vgl. KBL³). Bedeutsam sind die vergleichsweise offiziellen Verwendungsweisen: *bêṯ mamlāḵāh* ʿStaatstempelʾ (Am 7, 13); *bêṯᵉḵā ûmamlaḵtᵉḵā* ʿdein Haus und dein Reichʾ (2 Sam 7, 16, vgl. 12, 13; Jes 9, 6); ʿdie beiden Reicheʾ (Ez 37, 22; vgl. das gehäufte Vorkommen in 1 Kön 11); die Zusammenstellung mit *gôj* ʿStaatsvolkʾ (1 Kön 18, 10; Jes 60, 12; Ps 46, 7). Singulär ist der theologisch geprägte Ausdruck *mamlæḵæṯ kôhᵃnîm* ʿReich von Priesternʾ (Ex 19, 6), der parallel zu *gôj qāḏôš* ʿein heiliges Volkʾ (→ I 970) die Sonderstellung Israels im Kreise der Reiche und Völker im Blick auf seinen Priesterstatus als sakrale Theokratie kennzeichnen will. Obwohl der Begriff auch in späteren Schriften wie Chr und Ps vorkommt, scheint er doch (spät-)nachexilisch von *malḵûṯ* verdrängt worden zu sein.

(c) *malḵûṯ*, eine unter aram. Einfluß (analog zum Akk.) entstandene und mittelhebr. verbreitete Denominativbildung von *mælæḵ* hat in den späteren at.lichen Schriften *mamlāḵāh* fast gänzlich ersetzt. Offenbar war der aram. Terminus mit seiner schärfer akzentuierenden Phonetik als Bezeichnung für eine weitgehend vom Ausland dominierte Institution besser geeignet. Vor allem aber scheint er dem reichsaram. Sprachgebrauch zu entsprechen (vgl. Esr 4, 5f.; 4, 24; 6, 15 u.a.). Ältere Belege fehlen nicht ganz (Num 24, 7; Ps 45, 7; 1 Sam 20, 31; 1 Kön 2, 12; Jer 10, 7; 49, 34; 52, 31). Sie sind entweder als frühe aram. Beeinflussung (Num 24, 7 Bileam), als regionale Dialekteigenart (Ps 45, 7?) oder als masoretische Nachbesserung zu erklären. Die Bedeutung ist von der von *mamlāḵāh* nicht zu unterscheiden: ʿKönigreichʾ (als Rahmenbegriff).

(d) *mamlāḵûṯ** (9mal, davon 5mal in Jos 13 bezeugt, nur im cstr. sing.) scheint eine Mischform der beiden zuvor genannten Nominalformen zu sein, die wohl auf die Masoreten zurückzuführen ist, wobei die Verlesung einer *Kᵉtîb*-Pleneform oder eine Verschreibung nicht auszuschließen ist. Eine Sinndifferenzierung ist nicht erkennbar (vgl. Jer 26, 1 mit Jer 49, 34; 1 Sam 15, 28 mit 1 Kön 11, 11).

6. Das durch Gebrauch und Erfahrung gesättigte Vorstellungsrepertoire der Wortgruppe um *mælæḵ* konnte sich in bestimmten Kontexten zu fest geprägten Königsvorstellungen, Herrschaftsideen, monarchischen Selbstdarstellungen, politischen Wertsystemen, d. h. zu Formen einer Königsideologie bzw. Staatsidee verdichten, die dann ihrerseits bewußtseins-, stil- und traditionsbildend wirkte. Die diachrone Verwendung der *mælæḵ*-Gruppe durch die hebr. Geschichte Israels hindurch zeigt, daß die einfache Grundidee der Machtausübung eines einzelnen über andere auch in Israel Fuß fassen und sich verbreiten konnte, trotz aller Komplikationen, die ein solches Sozialsystem für den althergebrachten Glauben mit sich bringen mußte. Das *mælæḵ*-Herrschaftssystem, dessen Wirkung man am Modell der spätbronzezeitlichen Stadtverfassung erleben konnte, dessen Wurzeln bis in die Frühbronzezeit zurückgehen, war einfach und effektiv zugleich, dadurch, daß es viele Kräfte unter einen Willen stellte und zentral lenkte und so geordnete Machtverhältnisse geschaffen wurden. Einige at.liche Äußerungen sind für die Auseinandersetzung mit dem *mælæḵ*-System in Israel charakteristisch. Sie entstammen dem weisheitlichen Bereich:

Spr 30, 27: „Die Heuschrecken haben keinen *mælæḵ* und ziehen doch alle geordnet (LXX: εὐτάκτως) daher." Der König garantiert die geordnete Führung der Menge, der durch andere Sozialsysteme (etwa Familien-, Sippen-, Heeresordnung) nicht mehr zu ordnenden und zu regierenden Großgruppe, und ersetzt die den „geringen Tieren" eingepflanzte „Weisheit" ihrer Gemeinschaftsinstinkte. Nach der Formel Ri 17, 6. 18; 18, 1; 19, 1; 21, 25: „damals gab es noch keinen *mælæḵ* in Israel" beendete die Königszeit eine Epoche der Anarchie.

Gen 37, 8: Die Reaktion der Brüder auf den Traum Josephs von der einen aufrecht stehenden Garbe und der sich ringsum vor ihr verneigenden Garben ist bezeichnend: „Du willst wohl König über uns werden (*mlk ʿal*) oder uns sogar beherrschen (*mšl bᵉ*)?" In der Doppelfrage kommt eine Steigerung zum Ausdruck. Pervers ist schon die Übertragung des *mælæḵ*-Prinzips auf den Kreis der Familie und Sippe, aber als vollends unzumutbar erscheint die mit *mšl* ausgesprochene Unterdrückung. Auswirkungen und Grenzen des *mælæḵ*-Prinzips klingen hier an.

Ri 9, 8ff.: Die sog. Jothamfabel läßt eingehende Beschäftigung mit dem Problem erkennen. Eine Regierung (*mlk ʿal*), die offenbar für die Bäume insgesamt unumgänglich ist (und durch Salbung [→ משח *mšḥ*] eingesetzt wird), bedeutet nach Meinung der wertvollen und nutzbringenden Bäume ein (unnahbares) „Schweben und Schwanken" (*nûaʿ* „über den Bäumen"), ein Aufgeben aller sinnvollen Tätigkeit. Nur der Dornstrauch, zu dem die Bäume zu gehen genötigt sind, das dürre, bei Bränden selbst für Zedern gefährliche (Zusatz v. 15b) Gestrüpp gibt sich zur Königsrolle her, führt in grotesker Selbstüberschätzung das große Wort (v. 15, vgl. Kl 4, 20; Ez 17, 32). Nicht auf die Institution des Königtums als solche, vielmehr auf die negative Bewertung und die daraus folgende Verweigerung der Fähigen zielt die Fabel ursprünglich.

1 Sam 8, 11–17, nach dem Kontext das bei der Gründung von Sauls Königtum durch Samuel proklamierte Königsrecht (*mišpaṭ hammælæḵ* „die Gerechtsame des Königs"), hat offenbar ebenfalls ursprünglich keinen prinzipiell negativen Akzent (v. 17 dtr). Daß Abmachungen wie diese auf Interessen- und Lastenausgleich bedacht sind, versteht sich von selbst. Daß Rechte an die zentrale Regierungsgewalt abzutreten sind, Dienstleistungen anfallen, Steuern zu zahlen sind (der Zehnte), das alles steht gegen die Vorteile, die die neue Institution mit sich bringen kann. Darum ist mehr von sozialen Veränderungen die Rede: Aufbau eines Machtapparats (v. 11), Hofhaltung (v. 13), stehendes Heer (v. 12a), Domänenwirtschaft und Waffenfabrikation (v. 12b), Lehens- und Abgabewesen (vv. 14f.) und Dienstpflicht bei Staatsaufgaben (v. 16), weniger von abschreckenden Auswirkungen (wie vv. 17ff. dtr), wobei die Betroffenen jeweils auch ihre Chancen als Offiziere, Hofbeamte, Lehensleute haben. Ob das hier niedergelegte Königsrecht seine reale Grundlage im feudalen Stadtkönigtum des spätbronzezeitlichen Kanaan hat (I. Mendelsohn, Samuel's Denunciation of Kingship in the Light of the Akkadian Documents from Ugarit, BASOR 143, 1956, 17–22) oder auf Erfahrungen mit dem Imperium Salomos beruht (R. E. Clements, The Deuteronomistic Interpretation of the Founding of the Monarchy in I Sam. VIII, VT 24, 1974, 398–410) oder auf reale Abmachungen im Zusammenhang mit der Entstehung von Sauls Königtum zurückgeht, ist umstritten.

Die at.lich verbreitetste und theologisch wirksamste Königskonzeption bildet die judäisch-jerusalemische Königsideologie, wie sie sich vor allem in den sog. Königspsalmen (etwa Ps 2; 18; 20; 21; 45?; 72; 89; 101; 132; 144?) und verwandten Texten (z. B. 2 Sam 23; 7; den sog. messianischen Weissagungen) niedergeschlagen hat. Diese theologisch fundierte und kultisch verankerte Konzeption, auf die sich offensichtlich die maßgeblichen Instanzen im Laufe der Zeit einigen konnten, wurde am Jerusalemer Zionheiligtum ausgebildet und gepflegt und stellte wohl die offizielle Staatsdoktrin der judäischen Königszeit dar. Sie diente der Legitimation und Repräsentation des monarchisch-dynastischen Systems, das die Davididen über vier Jahrhunderte in Jerusalem – wohl auch dank dieses Konzepts – aufrecht erhalten konnten.

Eine Komponente dieses Königskonzepts bildet wohl die vordavidische, aus der alten Jebusiterstadt stammende Tradition eines sakralen Stadtkönigtums „nach der Weise Melchisedeks" (Ps 110, 4; Gen 14), das die Davididen offenbar als Erbe übernommen haben (2 Sam 5, 6ff.). Damit übernahmen sie zumindest Teilaspekte einer kanaanäisch geprägten Herrschaftsidee (Priesterkönigtum, Stadtheiligtum u. a.) mit entsprechenden sakralen Implikationen, was dann notwendig zum Konflikt mit den Traditionen des JHWH-Glaubens führen mußte (2 Sam 7). Schon zur Zeit Davids, aber mehr noch in der salomonischen Ära kamen äg. Einflüsse dazu. Das junge Großreich scheint sich an äg. Vorbildern orientiert zu haben. Erst in der mittleren und späteren Königszeit machen sich auch assyr.-babyl. Einflüsse in Jerusalem bemerkbar.

Eine *zweite* Komponente, welche für die judäische Königsidee bestimmend geworden ist, ist die Prägung durch die beiden Gründer des Reiches, David und Salomo. David stand Modell für das offizielle Königsbild, das sich zunehmend zum Idealbild verfestigte. Salomo schuf die Voraussetzungen für die Pflege und Propaganda des Königsideals (Tempel- und Palastbauten, Hofstaateinrichtungen). Aus seiner Zeit stammt wohl auch jenes „Königsnovelle" (S. Herrmann) genannte, offizielle Dokument, das zur Legitimation der dynastischen Herrschaftsidee unter prophetischer Mitwirkung (Nathan) als ideelle Basis des Reiches entwickelt wurde und seinen Niederschlag in 2 Sam 7 gefunden hat, wobei Elemente der sog. Nathanweissagung (vv. 11. 16) noch Eingang gefunden haben. In dieser Königsnovelle scheint die Reichsidee begründet zu sein, die das davidische Königtum begleitet und getragen hat.

In dieser Reichsidee macht sich auch schon jene *dritte* Komponente bemerkbar, die von den vorköniglichen Traditionen Israels ausgeht (M. Noth). Theologische Vorstellungen des traditionellen JHWH-Glaubens nahmen Einfluß auf das Staatskonzept und schufen ein Gegengewicht gegen die „Reichsmagie" (V. Maag) und die Versuchungen, das Königtum sakralideologisch zu stilisieren. Der prophetische Widerstand gegen Könige Judas und Israels richtet sich gegen dieselben Tendenzen einer eigengesetzlichen Entwicklung des monarchischen Systems.

Eine *vierte* Komponente, die für die Fortexistenz und Verbreitung der judäisch-jerusalemischen Königsideologie von konstitutiver Bedeutung war, ist das sog. „judäische Königsritual" (G. von Rad). Wenngleich nicht alle Teile des Inthronisationszeremoniells rekonstruierbar sind, wird doch aus dem vorhandenen Material deutlich, daß es für das davidische Königtum von grundlegender Bedeutung war.

Zu den wichtigsten Elementen gehören: die Salbung (*mšḥ*) mit der damit verbundenen, wohl ägyptisch geprägten Amtsauffassung (hoher Beamter, Vasall der höchstköniglichen Instanz); die Adoption zum Gottessohn im Sinne von Ps 2; die Verleihung von Ehrennamen und Titulaturen (den pharaonischen Königstiteln entsprechend, vgl. 2 Sam 23; Jes 9, 6); die Übergabe des sog. Königsprotokolls mit der Festschreibung der Königsrechte (Ps 2, 7; 2 Kön 11, 12); die Inthronisation als Herrscher „von göttlichen Gnaden" und Einsetzung in der Residenz des „Herrn der Welt" (Ps 110, 1; 18, 44; 2, 8; 132); die Verleihung der Königsinsignien (zum ganzen vgl. G. von Rad, Das judäische Königsritual).

Es ist anzunehmen, daß auch das Nordreich Israel eine Staatsidee ausgebildet hat (vgl. 1 Kön 12). Doch ist sie als ganze nicht mehr greifbar (zum Problem Alt, Mettinger).

7. Die prophetische Kritik am Königtum und Königsideal in Israel, welche die nie ganz zum Schweigen gebrachte Opposition gegen das monarchische System auf eigene Weise fortsetzt, ist hier nur insofern darzustellen, als sie sich auf die Wortgruppe *mlk* bezieht oder sich ihrer terminologisch bedient (zum Problem im ganzen vgl. W. H. Schmidt, Kritik am Königtum). Bemerkenswert ist nun nicht, daß die Propheten die verbreitete Terminologie und deren festen Bedeutungsgehalt übernehmen (z. B. in Datumsangaben: „im Todesjahr des Königs ..." [Jes 6, 1] oder in Aussagen wie in Jes 23, 15: „siebzig Jahre, solange eines Königs Leben währt", oder in Ausdrücken wie „Festtag unseres Königs" [Hos 7, 5]), sondern daß sie den *mlk*-Worten im Rahmen ihrer kritischen Verkündigung und Zukunftsweissagung einen eigenen Sinngehalt abgewinnen oder eingeben. Dafür seien einige Beispiele pars pro toto angeführt:

(a) Die prophetische Erzähltradition läßt erkennen, daß Propheten, insbesondere der Kreis um Elia/Elisa auf die Königseinsetzung vor allem im Nordreich Einfluß nahmen, indem sie durch rituelle Salbung eine Designation vornahmen (vgl. 1 Kön 19, 15f.). Auf diese Tradition bezieht sich der wohl schärfste Kritiker des Nordreichkönigtums (neben Amos vgl. 7, 10ff.; 9, 11f.?), Hosea, mit seinem Urteil: „Sie haben Könige eingesetzt (*mlk hiph*), doch ohne meinen (scil. JHWHs) Willen" (8, 4). Es sind folglich Herrscher ohne Legitimation, die JHWH nur wegen der negativen Folgen auf dem Thron beläßt: „Ich gebe dir einen König im Zorn und nehme ihn wieder im Grimm" (13, 11). Das Königtum in Samaria wird mit geradezu despotischer Willkür behandelt – gewiß die Talio-Reaktion auf die Despotie der betreffenden Regenten – bis „der König von Israel" endgültig dahingerafft wird „beim Morgenrot" (10, 15?) und dahinfährt „wie ein Span auf dem Wasser" (10, 7 unsicherer Text). Für Hosea gehört das Königtum ohnehin zu den Institutionen, die für Israel zu schädlich wurden und darum beseitigt werden müssen: zusammen mit Verwaltungsapparat (*śar*), Opferkult, Sakralwesen. Nur eine Entziehungskur kann Hilfe schaffen (Hos 3, 3f., vgl. 10, 1–8).

(b) Jesajas Königskritik ist dokumentiert in den sog. messianischen Weissagungen (sofern jesajanisch) 7; 9 und 11. Betonte *mlk*-Worte fallen aber nur an zwei Stellen 7, 6 und 9, 11: 7, 6 im Zitat der Koalitionäre im syrisch-ephraimitischen Krieg, die beabsichtigen, in Juda „einen König (zum König) einzusetzen (den Ben Tabe'el)" – in Mißachtung der nach Jesajas Überzeugung durch JHWH sanktionierten politischen Weltordnung, die einen Davididen als „Haupt" von Jerusalem vorsieht und nicht irgendeinen *mælæḵ*. Jes 9, 6 spricht von der zukünftigen Errichtung eines Königreiches, das wieder im ursprünglichen Sinn davidisch sein wird.

(c) Jeremias kritische Haltung äußert sich in der Frage an den zeitgenössischen König Jojakim, ob *mælæḵ*-sein, d. i. der Erste sein, sich im Wetteifer um Wohlleben und Wohlstand erschöpfen kann (22, 15, vgl. 21, 11ff.). Der zukünftige König, den er erwartet, wird im Gegensatz zu Zedekia ein „legitimer Sproß" sein. Auch wird er sein, was man sich von einem *mælæḵ* verspricht: *mālaḵ mælæḵ*, weise regieren, Recht und Ordnung schaffen im Lande (23, 5f.).

(d) Ezechiels grundsätzliche Kritik am davidischen Königtum, in großen Gleichnissen 17 und 19 ausgeführt (vgl. auch 34; 37; 43, 7–9), ist dadurch gekennzeichnet, daß er den altehrwürdigen Titel → נשיא *nāśî'* dem Begriff *mælæḵ* entgegenstellt und damit seinen Vorstellungen von einer theokratischen Staatsform Ausdruck verleiht.

(e) DtJes löst die alte judäisch-davidische Staatskonzeption vollends auf. In seinem Weltbild hat die Jerusalemer Monarchie keinen Platz mehr.

(f) Die nachexilische Prophetie entwirft wieder ein messianisch-königliches Zukunftsbild. Doch sehr oft wird für den kommenden Herrscher das Wort *mælæḵ* nicht gebraucht (vgl. immerhin Jes 32, 1; Sach 9, 9) – Zeichen dafür, daß der JHWH-Glaube immer noch Schwierigkeiten mit dem Begriff und der ihm inhärenten Herrschaftsidee hat.

8. Die Frage nach der Eigenart der religiösen Komponente der Königsideologie hat in den vergangenen Jahrzehnten eine lebhafte Diskussion ausgelöst. Diese ist verschiedentlich beschrieben und dokumentiert worden (C. M. Edsman in: La Regalità Sacra, Leiden 1959, 3ff.; K.-H. Bernhardt, Das Problem der altorientalischen Königsideologie im AT, VTS 8, 1961; H.-J. Kraus, Geschichte der historisch-kritischen Erforschung des ATs, [2]1969, 460ff.). Ausgelöst wurde die Debatte vor allem durch die Thesen angelsächsischer Forscher unter der Ägide von S. H. Hooke des Inhalts, daß die Königsideologie im ganzen alten Orient im Prinzip von ein- und demselben Grundmuster geprägt war, dessen Struktur auf die Verwurzelung in Mythus und Kultus zurückzuführen ist. Die nach festem und gleichbleibendem Schema (myth and ritual pattern) strukturierte Königskonzeption sah den König im Zentrum eines mythisch-kultischen Dramas, das die Stabilität der Weltordnung garantieren sollte. Dem König kamen so Sakralität, ja

Divinität zu (sacral, divine kingship). Die Diskussion wurde auf sehr verschiedenen Ebenen geführt. Der Ertrag für die hier anstehende semantisch-theologische Sinnbestimmung der *mlk*-Wortgruppe liegt vorwiegend auf methodischem Gebiet. Er besteht m. E. in der Forderung nach kontextueller Differenzierung. Zu differenzieren ist (a) nach Kulturkreisen und Geschichtsepochen, in denen sich die in Frage stehende Königsideologie ausgebildet hat (z. B. syrisch-kanaanäische Stadtkultur der Amarnazeit, persische Zeit); (b) nach historisch-politischen Entwicklungen, welche lokale Ausprägungen von Herrschaftssystemen hervorbringen (z. B. das Königtum in Jerusalem, im Nordreich, im Südreich); (c) nach den verschiedenen Trägern und Vertretern der jeweiligen Königsauffassung (z. B. als imperiale Selbstdarstellung, mythisch-religiöse Legitimation, Staatsidee); (d) nach der Sprachebene als Sitz im Leben für königsideologische Vorstellungen (Stichwort: Hofstil [H. Greßmann], Reichsmagie [V. Maag], Mythopoetik); (e) nach den Aspekten der „zivilen" und „sakralen" Legitimation (vgl. Mettinger); (f) nach Erfahrungshorizont und geistiger Heimat (z. B. Königshymnik, prophetische Kritik). Die Frage nach der der *mlk*-Gruppe immanenten religiösen Konnotationen kann – wenn überhaupt – nur aus dem situativen, literarischen, sozio-kulturellen Kontext beantwortet werden.

IV. 1. 13mal ist JHWH Subjekt von *mlk* (Ex 15, 18; 1 Sam 8, 7; Jes 24, 23; 52, 7; Ez 20, 33; Mi 4, 7; Ps 47, 9; 93, 1; 96, 10 [= 1 Chr 16, 31]; 97, 1; 99, 1; 146, 10). Auffallend ist, daß nur eine Stelle prosaisch ist (1 Sam 8, 7), daß die hymnischen Gattungen überwiegen (8mal mit Jes 52, 7 und 1 Chr 16, 31, 7mal in den sog. JHWH-Königs-Hymnen), daß die Verbindung *JHWH mlk* oft an exponierter Stelle erscheint (Psalmanfang 3mal, Psalmschluß 2mal), schließlich, daß eine Affinität zum JHWH-Zion-Thema besteht (explizit Ex 15, 18; Jes 24, 23; 52, 7; Mi 4, 7; Ps 146, 10, implizit an fast allen Stellen). 41mal wird JHWH mit dem Epitheton *mælæḵ* versehen (Num 23, 21; Deut 33, 5; 1 Sam 12, 12; Jes 6, 5; 33, 22; 41, 21; 43, 15; 44, 6; Jer 8, 19; 10, 7. 10; 46, 18; 48, 15; 51, 57; Mi 2, 13; Zeph 3, 15 (vgl. LXX); Sach 14, 9. 16. 17; Mal 1, 14; Ps 5, 3; 10, 16; 24, 7. 8. 9. 10; 29, 10; 44, 5; 47, 3. 7. 8; 48, 3; 68, 25; 74, 12; 84, 4; 95, 3; 98, 6; 99, 4; 145, 1; 149, 2; Dan 4, 34). Wiederum ist nur eine echte Prosastelle (1 Sam 12, 12) zu vermerken; auch fällt der starke Psalmenanteil auf (20mal) wie auch die eher beiläufigen Erwähnungen in der prophetischen Überlieferung (außer Jes 6, 5; Jer 8, 19 und etwa Mal 1, 14; Sach 14, 9) in festen, titularähnlichen Formulierungen; der Zionbezug tritt stark hervor, und wieder bilden die JHWH-Königs-Hymnen einen inneren Kreis (Ps 29; 47; 95; 98; 99). 9mal kommen die von *mlk* abgeleiteten Abstrakta mit Bezug auf JHWH vor (Ob 21; Ps 22, 29; 103, 19; 145, 11. 12. 13; 1 Chr 29, 11; Dan 3, 33; 4, 31), also vorwiegend an späteren Stellen. Sucht man die Belege, zu denen ja noch Thronvorstellungen u. ä. hinzuzunehmen sind (Jes 6, 1; 66, 1; Jer 3, 17; 17, 12; Ez 1, 26; Ps 9, 5. 8; 47, 9; 89, 15; 93, 2; 103, 19 u. a. → כסא *kisse'*), chronologisch zu ordnen, ergibt sich nach vereinzelten unsicheren vorkönigszeitlichen Belegen (Num 23, 21; Deut 33, 5; Ps 24) eine größere Zahl aus der Königszeit (Jes 6, 5; Jer 8, 19; Mi?; Zeph?, dazu einige datierbare Psalmen 29; 48; 68; 89; Ex 15) und aus der Exilszeit (DtJes); aber der Hauptteil der Belege stammt aus nachexilischer Zeit, so daß mit relativ spätem Beginn und ständigem Anwachsen bis in die at.liche Spätzeit (JesApk; Sach II; Dan) zu rechnen ist. Im statistischen Befund spiegelt sich die Geschichte dieses Theologumenons.

2. Die Annahme ist begründet, daß die JHWH-König-Vorstellung nicht erst in der Königszeit (so Eißfeldt, von Rad u. a.), vielmehr bereits vorher aufgenommen ist (Alt, Maag, W. H. Schmidt u. a.). Dafür sprechen nicht nur einzelne Belege wie Deut 33, 5 und Num 23, 21, die – obgleich nicht ganz unbestritten – wohl nicht auf das politische Königtum zu beziehen sind, sondern die Vorstellung vom Königtum JHWHs „in Ješurun, als die Spitzen des Volkes sich versammelten, die Stämme Israels zusammen" (Deut 33, 5), in Jakob-Israel voraussetzen: „JHWH, sein Gott, ist mit ihm, und Königsjubel in ihm" (Num 23, 21). „König" wäre JHWH demnach zumindest auch über „das Volk, die Stämme Israels, Jakob", die ihm zujubeln, und zwar JHWH vom Sinai, von Seir (Deut 33, 2), „der El Ješuruns" (Deut 33, 26 MT). Offenbar hat die Berührung mit Gott-König-Vorstellungen der sedentären kanaanäischen Religion (Maag), speziell mit der Vorstellung vom Königtum des Hochgottes El (W. H. Schmidt) zu dieser Ergänzung des bisher nicht so definierten JHWH-Glaubens geführt. Spuren dieser Übertragung finden sich dann vor allem in den (früh-)königszeitlichen Psalmtexten 24, 7–10; 29, 10; 68, 25; 82, aber auch in den oft noch durchschimmernden Resten einer Hofstaatvorstellung im Erzählstoff der älteren Pentateuchschichten (Gen 3, 22; 6, 1 ff.; 11, 7; 18, 1 ff.). Inwiefern die Lade als Thronsymbol (→ ארון *'arôn*) auf die Ausbildung des JHWH-Königs-Glaubens eingewirkt hat, ist schwer abzuschätzen. Das Aufkommen der Vorstellung im Tempelheiligtum von Silo (nach Ps 24, 7 ff.) anzunehmen, muß Vermutung bleiben. Es scheint, daß sie – nach den spärlichen Belegen zu schließen – im vorstaatlichen Israel keine dominierende Rolle gespielt hat (anders Buber, der Ri 6, 22 f. doch wohl überinterpretiert; 1 Sam 8, 7 und 12, 12 gehören in die spätere theologische Auseinandersetzung um die monarchische Verfassung). Das ändert sich erst, als Israel selbst zur Staatenbildung kam und ein politisch anderes Bewußtsein gewann, als es sich auf die Religionsformen der kanaanäischen Welt einließ und in Konfrontation und Konflikt zur Weiterbildung und Neuinterpretation seiner traditionellen Glaubensvorstellungen gezwungen war.

3. Dieser Befund wird durch die mit *mlk* gebildeten at.lichen Eigennamen bestätigt. Denn, obgleich das AT mit *'bjmlk*, *'ḥjmlk*, *'ljmlk* (*milkāh* scheint nicht theophor zu sein) verschiedene Namenbildungen bezeugt, die eine König-Gott-Vorstellung belegen – wie

immer das Element *mlk* hier gedeutet wird: als Subjekt (Gottesname, z.B. Eißfeldt) oder als Prädikat ('Vater-[Gott-]ist-König' o.ä., z.B. Noth) –, so scheint doch diese Namenprägung ursprünglich vor- und außerisraelitisch zu sein (vgl. die Belege aus EA): *'bjmlk* – König von Gerar (Gen 20, 2–26, 26; *'ḥjmlk* – Priester von Nob (1 Sam 21, 2–23, 6); *'ljmlk* aus Bethlehem in Juda (Ruth 1, 2ff.). Sie läßt die Herkunft der Vorstellung (parallel zu *'āḇ*, *'āḥ*, *'el*) im Raum der kanaanäischen El-Religion vermuten. Auch der Name des Priesterkönigs von Salem *Malkîṣædæq* (Gen 14, 18; Ps 110, 4; 1 Q GenAp 22, 14) weist in diese Richtung: 'König(sgott)-ist-*Ṣdq*'. Erst der Name des Saul-Sohnes *Malkîšûaʿ* ('Mein-König-ist-Hilfe' oder vice versa, 1 Sam 14, 49; 31, 2) gibt dann die Möglichkeit, einen theophoren *mlk*-Namen in Israel zeitlich zu fixieren, wiewohl natürlich Einzelnamenvorkommen vieles offenlassen, vgl. *Malkî'el* (Gen 46, 17 P; Num 26, 45; 1 Chr 7, 31). Größere Verbreitung finden solche Eigennamen analog zu den übrigen Belegstellen erst gegen Ende der Königszeit. Aus dem 7./6. Jh. stammen die JHWH-haltigen *mlk*-Namen: *Malkîjjāh(û)* (Jer 21, 1; Siegel aus Arad, EI 9, 1969, 11), *Jhwmlk* (Siegel ca. 7. Jh., PEQ 77, 1945, 5; Bibl 50, 1969, 367ff. Nr. 162), *Malkîrām* (Sohn des Königs Jechonja, 1 Chr 3, 18). Schwer einzuordnen sind die Kurzformen *Mælæḵ* (Nachfahre Sauls 1 Chr 8, 35; 9, 41), *Malkām* (1 Chr 8, 9), *Jamleḵ* (1 Chr 4, 34), *Mallûḵ* (Esr, Neh, 1 Chr).

4. Eine Gruppe offensichtlich älterer vorexilischer Belege präsentiert die JHWH-*mlk*-Aussage im Zusammenhang der Ziontradition (Ps 24; 29; Jes 6; Ex 15), wo sie offenbar ihren Ort hatte. Haft- und Ausgangspunkt scheint – nach Ps 24; Jes 6 – kultsymbolisch Lade und Kerubenthron im Jerusalemer Tempel gewesen zu sein. Von dort führen möglicherweise Spuren zurück zum Siloheiligtum (Ps 24) und zum Jebusiterheiligtum im vordavidischen Jerusalem (Ps 29). Für die Verwendung des Theologumenons in diesem traditionsgeschichtlichen Kontext ist charakteristisch: (a) Die noch erkennbare Adaption der *mælæḵ*-Prädikation, wie sie z.B. in der Frageform von Ps 24 zum Ausdruck kommt: „Wer ist dieser (über-)mächtige König" (*mî zæh mælæḵ hakkāḇôḏ* vv. 8. 10). Der Titel *mælæḵ hakkāḇôḏ* allein enthält offenbar noch keine definite Antwort. Erst durch die Identifikation mit JHWH *ṣ^e^ḇā'ôṯ* wird Eindeutigkeit erreicht. Andere Identifikationen waren anscheinend auch möglich. Die Adaption ist erkennbar an der anzunehmenden kanaanäischen Vorlage zu Ps 29 und dem dortigen Baʿal-Hadad-Vorbild, etwa v. 10a: „JHWH hat sich auf der Urflut niedergelassen", kommentiert durch v. 10b: „JHWH ließ sich nieder als König für immer". Die vorgegebene Struktur der Vorstellung ist durch ugar. Texte erwiesen.

(b) Die mit *mlk* gesetzte semantische Relation der Superiorität: der Allererste, Mächtigste, Höchste. Sie tritt in Erscheinung im Bekenntnis zur Einzigartigkeit JHWHs. Was Ps 24, 8. 10 und Ex 15, 11 als Frage formuliert ist (Wer ...?) und in Ps 29, 10 als Kampf und Konflikt erscheint (JHWH unter den „Gottessöhnen" *b^e^nê 'elîm* v. 1), ist in den hymnischen Prädikationen von Jes 6, 3 und gerade Ex 15, 11. 18 thetisches Bekenntnis: JHWH ist *der* Heilige; seine Macht erstreckt sich auf die *ganze* Erde; er ist *der* Herr und *der* König schlechthin (*hammælæḵ JHWH* Jes 6, 5, vgl. 6, 1. 8; 'der Großkönig' Ps 48, 3, vgl. 47, 3). Die *mlk*-Vorstellung steht unter polemisch-apologetischem Vorzeichen.

(c) Die Vorstellung gewinnt – von ihrem kultsymbolischen Substrat her motiviert und von dem ihr eigenen Assoziationsgefälle her ermöglicht – Anziehungskraft für verwandte und benachbarte Theologumena. So bildet sich ein weiterungsfähiges Vorstellungsgefüge, das in einer stereotypen Terminologie seinen Niederschlag gefunden hat (vgl. Ps 24; 29; Jes 6 sowie die JHWH-König-Hymnen (s.u. III. 7–9). In Ps 29 etwa ist die *mlk*-Vorstellung geprägt von dem Baʿal-Hadad-Topos 'Gewittertheophanie und Drachenkampf', in Jes 6 von den typisch jesajanischen Judäo-Ägyptizismen (Seraphim), in Ps 89, 15f. 19 von der Vorstellung vom pharaonischen Königsthron und seiner Basis (*maʿat*), womit sich jeweils theologische Implikationen und Extensionen verbinden, die dem betreffenden Text seinen besonderen Sinn geben. Zugleich aber brachte diese Offenheit die Gefahr mit sich, daß sich JHWH-ähnliche oder auch JHWH-fremde Königsgöttervorstellungen assimilieren konnten (III. 5). Die genannten drei Sachverhalte gelten in gleicher Weise auch von den JHWH-Königs-Hymnen, zumindest für deren ältere Teile (IV. 7–9).

5. Mit *mlk* gebildete Götternamen, analog etwa zu dem phön. *Melkart* (<*Milk-qart* „König der Stadt"), dem tyrischen Baʿal (vgl. H. Gese 194f.; 193 A. 109; G. Wallis, BHHW II 1186f.), kommen im AT vor:

(a) *Milkom* (<*mlk-m*, Mimationsform mit Determination, auch außer-at.lich belegt, im AT auch *Malkām* punktiert: 2 Sam 12, 30; Zeph 1, 5; Jer 49, 1. 3, 'der König[sgott]'), der Haupt- und Volksgott der Ammoniter, war, nachdem Salomo seiner Verehrung Eingang verschafft hatte (1 Kön 11, 5. 7. 33), erst Ende der Königszeit offenbar eine religiöse Versuchung synkretistischer Art (parallel: 'JHWH verehren' und 'bei Milkom schwören' Zeph 1, 5 cj.; 2 Kön 23, 13).

(b) *Moloch* → מֹלֶךְ (<*mlk*, MT *Molæḵ* kakophonisch punktiert, LXX Μολοχ, ursprünglich wohl *Mælæḵ*, meist mit Artikel z.B. Lev 20, 5; 1 Kön 11, 7 wie *Milkom*, möglicherweise noch appellativisch als Titel gebraucht: 'der König[sgott]'), der etwa zu derselben (spätvorexilischen) Zeit auftaucht, ist nicht ganz eindeutig identifizierbar (vgl. K. H. Bernhardt, BHHW II 1232; W. Kornfeld, BL 1163f. Lit.). Nach Lev 18, 21; 20, 2–5 scheint es sich doch wohl um eine Gottheit, nicht um ein Opfer (so Eißfeldt) zu handeln, die mit dem Tophet im Hinnomtal bei Jerusalem in Zusammenhang steht, der man in Israel wahrscheinlich Kinder weihte, nicht verbrannte, wie man aus der Formel 'durchs Feuer gehen lassen' geschlossen hat (2 Kön 23, 10; Jer 32, 35; zu diesem Kultritus vgl. D. Plataroti, Zum Gebrauch des Wortes MLK im AT, VT 28, 1978, 286–300).

(c) *Adrammelek* und *Anammelek* (wahrscheinlich < 'Adad-König', 'Anat-König', vgl. Gese 110) sind nach 2 Kön 17, 31 von den nach Samaria zwangsdeportierten Aramäern aus Sepharwaim (neben JHWH) verehrte Gottheiten.

(d) 'Die Himmelskönigin' (*m^e lækæṯ* [< *malkat*], *haššāmajim* vgl. Gese 191 A. 90), die nach Jer 7, 18; 44, 17–19. 25 schon vorexilisch in Israel, wohl unter assyr.-babyl. Einfluß, verehrt wurde (vgl. M. Weinfeld, The Worship of Molech and the Queen of Heaven and its Background, UF 4, 1972, 139; M. Delcor, Le culte de la „Reine du Ciel" selon Jer 7, 18; 44, 17–19. 25 et ses survivances [Festschr. J. P. M. van der Ploeg, AOAT 211, 1982] 101–122).

6. Die Propheten verwenden das König-Theologumenon nicht sehr häufig, was – wie Jes 6 zeigt – nicht Ablehnung bedeuten muß. Sie beziehen sich vielmehr auf die Gegebenheiten der Ziontradition; sie entwikkeln ihre Berufungsschemata mit Hilfe des Hofstaat-Modells (1 Kön 22; Jes 6; Ez 1–3; Jes 40, 1–8), aber begriffliche Verwendung begegnet nur an wenigen, doch markanten Stellen. Die Vision vom pharaoähnlichen König *JHWH ṣ^e ḇā'ôṯ* Jes 6, 1 ff. findet eine Parallele in Hesekiels Thronwagenvision Ez 1, 25 ff. Beide sind traditionsgesättigt. Bemerkenswert, aber nicht ganz deutlich ist der Jer 8, 19 (8, 18–22) überlieferte „Hilfeschrei" des Volkes, der das Zion-Bekenntnis in Frage stellt: „Ist denn JHWH nicht auf Zion? Ist Zions König (?) nicht mehr dort?" Eine bedeutsame Rolle spielt das Theologumenon in Jes 40–55. Jes 40, 1 ff. setzt mit der Hofstaatvorstellung die Königsvorstellung voraus wie auch die Königsprädikation in Jes 42, 1 ff. Ganz traditionell wird das *mælæḵ*-Theologumenon in der religiösen Polemik DtJes verwendet, wie das Vorkommen in den sog. Gerichtsszenen zeigt: „König Jakobs" (41, 21); „Schöpfer Israels, euer König" (43, 15); „König Israels" (44, 6). Die antithetische Verwendung im Zusammenhang der Ziontradition kann darum nicht überraschen: *mālaḵ 'ælohājiḵ* – „als König regiert dein Gott" (52, 7). Doch bekommt das traditionelle Königsprädikat bei DtJes eine neue Aktualität. Der „König" des himmlischen Hofes verfügt über Weltreichangelegenheiten (Königsstraße in der Wüste, 40, 3; „alles Fleisch" – die Menschen sind seine Untertanen, 40, 5. 6–8; Welttheophanie, 40, 5).Er steht den Völkern und ihren Göttern explizit als *mælæḵ* Israels gegenüber und erweist sich im Götterprozeß als der überlegene, einzige und einzigartige Gott. Die Titulatur hat offensichtlich auch die Funktion, politische Vorstellungen aus dem Erbe der Königszeit und -geschichte Israels der JHWH-Zionkönig-Vorstellung zu subsummieren. In dieser Absicht trifft sich DtJes mit der dtr Geschichtsschreibung (1 Sam 8 und 12) und der theokratischen Ideologie des Chronisten (vgl. die Vorstellung vom „Thron Gottes" der Davididen 1 Chr 28, 5; 29, 23, dazu W. Dietrich 265 f. → IV 260). Die Theophanie des Weltkönigs dient dazu, die alte Residenz Zion wiederherzustellen. Darum soll die Botschaft verkündigt werden, daß auf Zion wieder sein Gott und kein anderer als König regieren wird (52, 7 perfektiver Aspekt in visionärer Perspektive). DtJes akzentuiert (1) den universalen und zugleich partikularen, (2) den superlativischen und (3) den eschatologischen Aspekt des König-Theologumenons, indem er schon angelegte Linien metaphorisch weiter auszieht. In diesem Sinn hat er „den Königsnamen für Jahve durch seinen Gebrauch (rehabilitiert)" (W. Eichrodt, ThAT I 124).

Verschiedene anonyme und wohl erst nachexilische Prophetenworte suchen die JHWH-König-Vorstellung durch Wiederaufnahme der Ziontradition zu erneuern. Sie sind ganz auf Zukunft gerichtet: Mi 2, 13; 4, 7; Ob 21; Zeph 3, 15; Jer 3, 17; 10, 7. 10; 17, 12; 51, 57 (46, 18; 48, 15); Mal 1, 14.

7. Die vieldiskutierte formelhafte Wendung *JHWH mālaḵ* scheint einer gewissen Klärung zugeführt worden zu sein. Folgende Faktoren sind für das Verständnis wichtig:

(1) Die *x-qāṭal*-Formulierung (invertierter Verbalsatz oder zusammengesetzter Nominalsatz) legt den Akzent auf *x*, d. i. JHWH, was – zudem am Psalmanfang – eine starke Hervorhebung bewirkt: JHWH ist es, der ... JHWH – er ...

(2) Das *x-qāṭal* ist von allen *qāṭal-x*-Analogien abzusetzen. Es hat eine genaue syntaktisch-formale Analogie in der Prosa nur in 1 Kön 1, 18: „und nun sieh: Adonia-*mālaḵ*!", was (1) bestätigt. Insofern impliziert die Aussage eine Negation: *x* und nicht *y*. Dieses Moment wird in verschiedenen Kontexten expliziert (1 Kön 1, 18; Ps 93; 96; 97; 99).

(3) Die Bedeutung des Verbums (III. 3) ist auch im Perfekt mit JHWH als Subjekt keine andere als die gewöhnliche, und diese ist umfassend mit 'König sein, König werden, als König herrschen, regieren' zu umschreiben, ohne daß ein Teilaspekt (z. B. 'werden') erkennbar Priorität hätte oder in bestimmten Zusammenhängen erhalten würde. Ein Zeitbezug ist abgesehen von dem perfektiven Aspekt des Handlungsverbs *mlk* mit durativer semantischer Komponente nicht gegeben und müßte dem Kontext entnommen werden (anders die Imperfektformen mit und ohne *waw* cons., z. B. 1 Kön 1, 18, und die Aussagen mit Zeitangaben, z. B. Ex 15, 18).

(4) Formkritisch ist die Wendung nicht als „Inthronisationsruf" (Mowinckel) o. dgl., vielmehr wie die vielzitierten Parallelen aus dem Marduk- bzw. Horus-Ritual als „Akklamations- oder Proklamationsruf" (Michel) zu charakterisieren. Einen Analogieschluß auf ein Thronbesteigungsritual und ein Thronbesteigungsfest läßt diese Formel nicht ohne weiteres zu.

(5) Aus dem Formelcharakter wie aus der exponierten Position in den Psalmtexten ist zu schließen, daß die jeweiligen Kontexte „Explizierungen des Satzes

JHWH mālak̠“ (Michel) sind, die hymnisch und theologisch die Inhalte der offenbar zum Dogma gewordenen Kurzformel entfalten.

8. Bei der Bestimmung des kultischen Sitzes im Leben der *JHWH mālak̠*-Formel fand Mowinckel schon 1917 und dann in seinem klassisch gewordenen Werk: Das Thronbesteigungsfest Jahwäs und der Ursprung der Eschatologie, 1922, aus verschiedenen Ansätzen zu einer Synthese in der Rekonstruktion eines altisraelitischen Festes der Thronbesteigung JHWHs, das – vorexilisch mit Herbst- und Neujahrsfest vereint – als kultisches Drama mit liturgischer Symbolik JHWHs Inthronisation nach irdischem Vorbild dargestellt, jährlich wiederholt und schöpferisch aktualisiert hat. Die *JHWH mālak̠*-Wendung hat in diesem kultischen Rahmen ihre eigentliche Funktion. Bezogen auf die kultische Gegenwart bedeutet die Wendung nicht: „Jahwä ist König, sondern Jahwä ist (jetzt) König geworden“. Mit ihr wird dem König JHWH während der Inthronisation gehuldigt (z. B. 6). Im Gesamtablauf der „Festspiele“, während deren alle Einzelelemente und Themen des Jerusalemer Kulthymnus zur Aufführung gelangen: Schöpfung und Drachenkampf, Götterstreit, Exodus, Völkerkampf, Gericht und Erneuerung, Rettungsepiphanie u. ä., haben auch die sog. Thronbesteigungspsalmen im engeren Sinn (nach Mowinckel Ps 47; 93; 95–100) und im weiteren Sinn (insgesamt über 40 Psalmen) ihren Ort und ihren Sinn als Reflexe der kultischen Vorgänge. Zur zeitgeschichtlichen wie eschatologischen Deutung dieser Psalmen bildet die kultfunktionale die eigentliche Alternative.
Diese Hypothese, die unabhängig von Mowinckel schon P. Volz, Das Neujahrsfest Jahwes, 1912, skizziert hatte, fand großen Anklang sowohl in unmittelbarer Rezeption (vgl. H. Schmidt, Die Thronfahrt Jahves) als auch in kreativer Weiterbildung zum ʿcultic patternʾ (Engnell u. a.), aber auch in kritischer Modifikation durch andere Festtheorien (H. J. Kraus: königliches Zionsfest; A. Weiser: Bundesfestkult). Die Diskussion darüber ist ohne Abschluß geblieben. Im allgemeinen erkennt man für die Gruppe der engeren Thronbesteigungspsalmen Kultbezug an, ohne jedoch die Existenz eines zentralen Festes jener Art für bewiesen zu halten.

9. Die sog. Thronbesteigungspsalmen, oder besser: die JHWH-Königs-Hymnen (nach der *mlk*-Prädikation als Kernelement so bezeichnet) Ps 47; 93; 95–99 sind literarisch komplexe Gebilde. Nach verbreiteter Annahme sind sie nachexilisch. Charakteristisch für sie ist die *JHWH mlk*-Aussage an dominierender Stelle innerhalb eines stark anthologischen Textgefüges. Die collageartig gereihten, z. T. vorgeprägten und zitathaften Einzelelemente (vgl. besonders Ps 96) werden durch die JHWH-König-Vorstellung zusammengehalten. Die Rahmenfunktion kommt der *JHWH-mlk*-Wendung offenbar zu als einem theologischen Kernsatz, der die Jerusalemer Ziontradition auf den Begriff zu bringen versucht. Die Psalmaussagen entfalten und begründen dann diesen Bekenntnissatz, dessen Anerkennung offensichtlich erst wieder gefestigt werden muß.
Ps 93 stellt das Bekenntnis thetisch an den Anfang („JHWH herrscht als König“) und unterbaut es (1) durch ein dreigliedriges hymnisches Textstück, das vom Sieg JHWHs über die Chaoswasser handelt (v. 1aβ–δ. 3. 4, wahrscheinlich vorexilisch), (2) durch einen Hinweis auf die Schöpfung im Gebetsstil (der Erdkreis als fester Thronsitz JHWHs, v. 1b. 2 [v. 1b Versatzstück vgl. Ps 96, 10]) und (3) durch einen Lobpreis seiner Herrschaftsweise durch sein Wort (*ʿed̠ôt̠*) und seine Präsenz (heiliger Tempel) (v. 5). Verschiedene Aspekte des Regierens (Schöpfung, Weltordnung, Offenbarung) sind auf diese Weise umgriffen und als Konkretionen dem Bekenntnissatz beigegeben, wobei der polemische Grundcharakter der Formel zum Tragen kommt. – Grundsätzlich gleich ist *Ps 97* aufzufassen. Die JHWH-König-Formel in Spitzenstellung wird durch differente Psalmelemente, darunter verschiedene Psalmzitate (v. 2b = 89, 15; v. 4a = 77, 19b; v. 6a = 50, 6a; v. 8 = 48, 12; v. 9a = 83, 19; v. 12b = 30, 5b), expliziert, die folgende Aspekte der Königsherrschaft JHWHs aufführen: Theophanie des Herrn der ganzen Welt, die Weltelemente reagieren, und alle Götter unterwerfen sich, denn JHWH erweist sich als „der Höchste über der ganzen Welt, erhaben über alle Götter“ (v. 1. 2a. 3–6. 7b. 9); Recht und Gerechtigkeit sind die Zeichen seines Pharaonenthrons (v. 2b); die vermeintlichen Götter sind ihm gegenüber nur „Göttlein“ (*ʾælîlîm*, v. 7a); Zion und die Töchter Judas können sich seiner Entscheide (*mišpāṭæk̠ā*) freuen (v. 8), denn unter seiner Herrschaft „strahlt (Vers.) Licht auf dem Gerechten“ (vv. 10ff.). – *Ps 99* proklamiert die Königsherrschaft JHWHs unter dem besonderen Aspekt seiner heiligen Präsenz auf Zion. Dem „Kerubenthroner“ (v. 1) kommt das Prädikat des „Großen“, „erhaben über alle Götter (MT: Völker)“ (v. 2) und des „Heiligen“ zu (v. 3. 5. 9), dem man sich nur in Unterwerfung nähern kann, der aber – wie die klassischen Beispiele Mose, Aaron, Samuel lehren (v. 6ff.) – immer in kultischer Audienz zugänglich blieb. Das *ʿoz mælæk̠* v. 4 ist eine crux; in jedem Fall betont der Vers die Rechtstreue und Ordnungsliebe dieses Königs in Israel.
Ps 96; 95; 98 und 47 haben nicht das proklamierende *JHWH mālak̠* in Spitzenstellung; doch auch sie leben aus dem Königstheologumenon, das die Einzelteile mosaikartig zusammenhält. *Ps 96* fordert zum „neuen Lied“ für die Völker auf (v. 1ff.), dessen Inhalt JHWHs Herrlichkeit und seine Heilstaten sein sollen, und gibt selbst ein Beispiel solchen Singens in vv. 4ff. (aus Zitaten, z. T. aus Ps 29; 93; 98 erstellt). vv. 10ff. faßt zusammen, was den Völkern zu sagen sei: JHWH ist der König der Welt und der Richter der Völker. – In *Ps 95* begegnet die Aussage in der traditionellen Funktion: „der (ein) große(r) Gott (*ʾel*) ist JHWH und der (ein) große(r) König über alle Götter (*ʾælohîm*)“ (v. 3). Ihn als „Fels unseres Heils“ (v. 1) zu rühmen, fordert der Psalm von denen, die sich „das Volk seiner Weide“ nennen dürfen (v. 7). – Auch *Ps 98* ruft auf, einzustimmen in den weltweiten Festjubel „vor dem Angesicht des Königs JHWH“ (v. 6). ʿKönigʾ ist hier nunmehr der Titel, der eine Fülle von Glaubensvorstellungen repräsentiert. –

Ps 47 endlich baut im Stil des imperativischen Hymnus seine Aussage aus Elementen der traditionellen JHWH-König-Vorstellung auf, wobei der Terminus *mælæḵ* 2mal im Hymnusteil (vv. 3. 9) und 2mal in den Bekenntnispartien (vv. 7f.) vorkommt. Der unmittelbare Kontext zeigt, welche Aspekte der Psalm ihm abgewinnen will: (1) Die Prädikation *mælæḵ gāḏôl* evoziert im Anklang an die Königstitulaturen universalen Horizont und Weltmachtkategorien („alle Völker", „über die ganze Welt"). (2) Die mehrfach variierte „vertikale" Präposition *ʿal* (3mal, *ʿālāh* 2mal, *ʿæljôn* neben *taḥat* 2mal) fügt den superlativischen Aspekt hinzu: JHWH ist der Höchste schlechthin (vgl. Ps 95, 3; 96, 4 u. a.). (3) Die Verbindung von Thron und Königsjubel (*t^erûʿāh*) weist auf die bekannten Zionsvorstellungen hin. Vielleicht ist sogar an eine kultische Prozession gedacht (v. 6). (4) Die Form „unser König" (v. 7) kann im Zusammenhang mit dem dringlichen Ton der viermaligen Aufforderung zum Singen besonders starke Gefühlswerte freigeben, wenn die Aufgeforderten sich der begeisternden Stimmung des Psalms überlassen und die Königsproklamation von vv. 3. 6. 9 sich selbst im Bekenntnis (vv. 8a) aneignen.

10. Der Gebrauch des *mælæḵ*-Theologumenons in den übrigen Psalmen läßt Beziehungen zu den Vorstellungen der JHWH-Königs-Hymnen erkennen. Es spiegelt sich charakteristisch: (1) in einigen persönlichen Vertrauensaussagen (Suffix 1. P. sg.): „mein König und mein Gott" (Ps 5, 3; wohl als Zusatz in Ps 84, 4); „mein Gott, der König" (Ps 145, 1; vgl. vv. 11ff.); auffallenderweise auch in Kollektivpsalmen: „du bist mein König, Gott (JHWH)" (Ps 44, 5) und parallel: „und Gott ist mein König seit alters" (Ps 74, 12 MT). Wahrscheinlich schwingt dabei eine persönliche *ʿæḇæḏ*-Beziehung mit (vgl. auch Ps 149, 2: „die Kinder Zions sollen/werden jubeln über ihren König"; Jes 33, 22: „JHWH, unser König"; zur Namengebung IV. 3); (2) in den Bekenntnisaussagen, die JHWHs Königsherrschaft – „König der Götter" nach der archaischen Prädikation (Ps 95, 3 und die Erweiterung zu Ps 135, 6 nach 11 QPs^a: *mlk ʾlwhjm*) – zeitlich (mit *ʿôlām* Ps 29, 10b; Ex 15, 18; Ps 9, 5; 146, 10; 145, 13 Pl.; Jer 10, 10; mit *qæḏæm* Ps 74, 12) wie räumlich (z. B. Ps 9, 8; 10, 16; Jer 10, 7) entschränken; (3) in hymnischen Prädikationen mit den Abstrakta *malḵûṯ/m^elûḵāh*, die sich ebenfalls mit dieser Entschränkung ins Universale beschäftigen: Ps 22, 29 (vgl. vv. 28. 30ff.), Ps 103, 19 (*bakkol*) und Ps 145, 11ff. In den Umkreis dieser hymnischen Aussagen gehören auch die Doxologien in 1 Chr 29, 11 („dein ist das Reich") und Ob 21 am Buchschluß („dir gehört die Königsherrschaft").

11. Reflexe gibt es auch in den späten Teilen einiger Prophetenbücher und in der apokalyptischen Literatur. Sach 14, 16f. sagt an, daß zum Sukkotfest auf Zion auch „der Rest der Völker" hinaufzieht, um „dem König *JHWH ṣ^eḇāʾôṯ* zu huldigen" und (nach v. 17) um den Regen zu erbitten. Nach Jes 24, 21ff. wird *JHWH ṣ^eḇāʾôṯ* in Zukunft („an jenem Tage") himmlische Heere und irdische Könige zusammen der Kerkergrube zuführen und verurteilen und selbst die Herrschaft auf Zion übernehmen (*mālaḵ JHWH*), so daß selbst Mond und Sonne verblassen (vgl. Welten). Die Vorstellungen weisen auf Dan 2 und 7. Dan 3, 33; 4, 31. 34 schließlich lassen Nebukadnezar die Doxologie zu „dem König des Himmels" sprechen, die nach Ob 21; Ps 145, 13; 1 Chr 29, 11 offenbar dem liturgischen Repertoire entnommen ist: „Sein Reich ist ein ewiges Reich und seine Herrschaft währt von Geschlecht zu Geschlecht" (3, 33, vgl. 4, 31).

Zur nach-at.lichen Literatur vgl. H. Kleinknecht, G. von Rad, K. G. Kuhn, K. L. Schmidt, Art. βασιλεύς κτλ., ThWNT I 562–595 (Lit. Nachträge X/2, 1008–1014); J. Gray, The Biblical Doctrine of the Reign of God (1979); J. Coppens – J. Carmignac, Règne de Dieu (DBS 54, 1–252).

Seybold

V. Die Wurzel *mlk* ist in den Schriften von Qumran mehr als 50mal belegt. Dabei überrascht die schwache Bezeugung in den großen Rollen: 1 QS 0mal (dagegen CD 8mal), 1 QH 2mal; QM 9mal (plus 4 Belege aus parallelen 4 QM-Fragmenten); in den Texten von 3 Q, 5 Q, 6 Q finden sich je 1 Beleg, denen aber aufgrund des lückenhaften Textes kaum etwas zu entnehmen ist. 4 QpNah hat 5 und die Tempelrolle 7 Belege.

Bei der Auswertung der Belege ist zuerst festzustellen, daß die Institution der Monarchie für die Gemeinde von Qumran zwar in der Geschichte (vgl. 1 QM 11, 3), keineswegs jedoch aktuell eine Rolle spielt. In der eschatologisch hochgespannten Erwartung (vgl. CD 1, 6) hatte ein irdischer König keinen Platz mehr (CD 20, 16; vgl. Hos 3, 4; 1 QM 12, 7). Nicht unerwartet zeigt dagegen die Tempelrolle einen abweichenden Befund (s. u.). Gott ist „König der Herrlichkeit" (4 Q 510, 1, 1; 511, 52–59, III, 4; 4 QFlor 1, 3), der „mit" seiner Gemeinde ist (1 QM 12, 3. 8; 19, 1); er ist Herrscher über jedes Geschöpf (1 QH 10, 8) und trägt die Titel „Großkönig" (5 Q 10, 1, 3) und „König der Könige" (4 QM^a I, 13 = 1 QM 14, 16). Ihm sollen dienen die „Könige der Völker" (1 QM 12, 14; 19, 6). CD 8, 10; 19, 23f. bezeichnet die „Könige der Völker" sogar als Drachen, die Gift verspritzen. Ihr Haupt ist der König von Jawan (Jonien) (CD 8, 11; vgl. 4 QpNah 1, 2f.). Der irdische Gegner der Qumrangemeinde in der eschatologischen Entscheidungsschlacht sind der König der Kittäer (1 QM 15, 2) und die Könige des Nordens (1 QM 1, 4 = 4 Q 496, 3, 3). Einige Belege enthalten verschwommene historische Anspielungen (4 QpNah 2, 9; 4, 2), CD 3, 9 sogar einen offensichtlichen Anachronismus, wenn wegen des Murrens bei der Wüstenwanderung die „Könige" der Israeliten vertilgt werden. Die unklaren Textzusammenhänge im „Lied des Michael" scheinen anzudeuten, daß Michael zum Kreis der Götter zu rechnen ist, zu dem selbst die mächtigen „Könige des Ostens" keinen Zutritt haben (4 QM[a] 11 I, 12. 18). Eine ekklesiologische Überraschung bietet CD 7, 16f.: Die in Am 9, 11 wiederaufzubauende Hütte Davids wird nun im Rahmen der realisierten Eschatologie auf die Bücher der Thora gedeutet, wobei die Gemeinde selbst sich als dieser König versteht (*hammælæḵ hû' haqqāhāl* „Der König ist die Gemeinde!"). Da in 4 QFlor 12f. Am 9, 11 messianisch ausgelegt wird, wird man in der Gleichsetzung *mælæḵ* = *qāhāl* eine messianische Adnotation nicht ausschließen wollen.

Den Königsbestimmungen der Tempelrolle (TR 56–59) ist das Königsgesetz (Deut 17, 14–20) zugrunde gelegt, das jedoch nun in erheblicher Weise erweitert worden ist, wobei die Erweiterungen vielleicht aus anti-hasmonäischem Geist heraus erklärbar sind. Die Funktion des Königs erscheint vielfach der des Hohenpriesters parallel gestellt. Im Falle eines Angriffskrieges ist der König der hohepriesterlichen Orakelweisung unterstellt.

Fabry

מֹלֶךְ *molæḵ*

I. *mlk* im Phön.-Pun. – 1. *mlk/molch-/mlkt* ʻDarbringungʼ – 2. Das Wortfeld von *mlk* – a) *molchomor* u.ä. und *mlk 'mr* – b) *mlk 'dm* – c) *mlk bʻl* – d) *nṣb mlk(t) (bʻl)* – e) *mlk bšr* u.ä. – f) *'zrm (h)'š/'št* – 3. Funktion des *mlk*-Opfers – a) als Dankzeremonie – b) als Klage- und Bittzeremonie – II. Verwandte Bildungen in der Umwelt Israels außerhalb des phön.-pun. Bereichs? – III. *molæḵ* im Hebr. – 1. Sprachliches – a) Form und Bedeutung – b) Das Wortfeld von *molæḵ* – 2. Vorkommen und Datierung – 3. Die Funktion und der Empfänger des *molæḵ*-Opfers.

Lit.: *A. Alt*, Zur Talionsformel (ZAW 52, 1934, 303–305). – *A. Bea*, Kinderopfer für Moloch oder für Jahwe? (Bibl 18, 1937, 95–107). – *H. Cazelles*, Molok (DBS 5, 1957, 1337–1346). – *K. Dronkert*, De Molochdienst in het Oude Testament, Leiden 1953. – *J. Ebach / U. Rüterswörden*, ADRMLK, „Moloch" und BAʻAL ADR (UF 11, 1979, 219–226). – *O. Eißfeldt*, Molk als Opferbegriff im Punischen und Hebräischen und das Ende des Gottes Moloch (Beitr. zur Religionsgesch. d. Altertums, Heft 3, 1935). – *J.-G. Février*, Les rites sacrificiels chez les Hébreux et à Carthage (REJ 123, 1964, 7–18). – *W. Kornfeld*, Der Moloch. Eine Untersuchung zur Theorie O. Eißfeldts (WZKM 51, 1948/52, 287–313). – *M. J. Mulder*, Kanaänitische Goden in het Oude Testament, Den Haag 1965, 57–64. – *W. Röllig*, Moloch (WbMyth I, 1965, 299f.). – *M. Weinfeld*, The Worship of Molech and of the Queen of Heaven and Its Background (UF 4, 1972, 133–154).

Zu I: *J. et P. Alquier*, Stèles votives à Saturne découvertes près de N'gaous [Algérie] (CRAI 1931, 21–26), mit einer Ergänzung von J.-B. Chabot, 26f. – *J. Carcopino*, Survivances par substitution des sacrifices d'enfants dans l'Afrique romaine (RHR 106, 1932, 592–599). – *J.-B. Chabot*, Punica XI: Les inscriptions néopuniques de Guelma (JAs XI/8, 1916, 483–520). – *Ders.*, Punica XVIII: Stèles puniques de Constantine (JAs XI/10, 1917, 38–79). – *G. Charles-Picard*, Les religions de l'Afrique antique, Paris 1954, 42–52. – *R. Charlier*, La nouvelle série de stèles puniques de Constantine et la question des sacrifices dits „molchomor", en relation avec l'expression „bsrm btm" (Karthago 4, 1953, 3–49). – *P. Cintas*, Le sanctuaire punique de Sousse (Revue Africaine 91, 1947, 1–80). – *B. Delavault / A. Lemaire*, Une stèle „molk" de Palestine dédiée à Eshmoun? RES 367 reconsidéré (RB 83, 1976, 569–583). – *R. Dussaud*, Précisions épigraphiques touchants les sacrifices puniques d'enfants (CRAI 1946, 371–387). – *J.-G. Février*, Molchomor (RHR 143, 1953, 8–18). – *Ders.*, Le vocabulaire sacrificiel punique (JAs 243, 1955, 49–63). – *Ders.*, Essai de reconstruction du sacrifice molek (JA 248, 1960, 167–187). – *Ders.*, Le rite de substitution dans les textes de N'gaous (JAs 250, 1962, 1–10). – *G. Garbini*, L'iscrizione cartaginese CIS I 5510 e il sacrificio ‚molk' (RSO 42, 1967, 8–13). – *Ders.*, מלך בעל e מלך אמר. A proposito di CIS I 123B (RSO 43, 1968, 5–11). – *Ders.*, Il sacrificio dei bambini nel mondo punico (Atti della Settimana di Studio „Sangue e Anthropologia Biblica" Roma, 10–15 marzo 1980, I, Rom 1981, 127–134). – *St. Gsell*, Histoire ancienne de l'Afrique du nord, vol. 4, Nachdruck 1972, 404–410. – *J. Guey*, ‚Moloch' et ‚Molchomor'. A propos des stèles votives (Mélanges d'archéologie et d'histoire de l'école française de Rome 54, 1934, 83–102). – *J. Hoftijzer*, Eine Notiz zum pun. Kinderopfer (VT 8, 1958, 288–292). – *C. Picard*, Le monument de Nebi Yunis (RB 83, 1976, 584–589).

Zu III: *E. Dhorme*, L'évolution religieuse d'Israël, tome 1: La religion des Hébreux nomades, Paris 1937, 201–219. – *Ders.*, Le dieu Baal el le dieu Moloch dans la tradition biblique (Anatolian Studies 6, 1956, 57–61). – *A. Jirku*, Gab es im AT einen Gott Molok (Melek)? (ARW 35, 1938, 178f.). – *O. Kaiser*, Den Erstgeborenen deiner Söhne sollst du mir geben. Erwägungen zum Kinderopfer im AT (Denkender Glaube. Festschr. C. H. Ratschow, 1976, 24–48). – *D. Plataroti*, Zum Gebrauch des Wortes *mlk* im AT (VT 28, 1978, 286–300). – *R. de Vaux*, Les sacrifices de l'AT (CRB 1, 1964, 67–81).

Zusätzliche Abkürzung: Costa = Inschriften der Sammlung Costa; vgl. *J.-B. Chabot* (JA XI/10, 50–72).

I. 1. Phön. ist *mlk* nur in RES 367 bezeugt, einer Votivinschrift des 3./2. Jh.s v. Chr. aus *nebi jūnis*, die, von LidzEph I 285–287 noch für unecht gehalten, nach der Neubearbeitung durch Delavault und Lemaire aber wohl doch Authentizität beanspruchen kann; damit wird eine Opferplatte des aus dem pun. Raum häufig bezeugten Typs zum einzigen Male durch ihre Inschrift ausdrücklich mit dem *mlk*-Opfer in Verbindung gebracht (Picard).

Pun. ist *mlk* seit dem Anfang des 6. Jh. v. Chr. bis in die Zeit nach der römischen Eroberung Karthagos auf Votivstelen reichlich belegt (DISO s.v. *mlk* V; R. S. Tomback, A Comparative Lexicon of the Phoenician and Punic Languages [SBL Diss Ser 32, 1978] s.v. *mlk* IV); darüber hinaus sind durch vier Stelen aus dem algerischen Ngaus (Nicivibus) die lat. Umschriften *morch-*, *moch-*, *molch-* und *morc-*, von denen *molch-* der zeitgenössischen Aussprache wohl am nächsten kommt, noch für das 2./3. Jh. n. Chr. bezeugt (Texte bei Alquier). – Statt *mlk* wird CIS I 198, 4; 5684, 1 das Fem. (pl.?) *mlkt* verwendet.

Wahrscheinlich ist phön.-pun. *mlk(t)/molch-* als kausative Nominalform *maqṭil(at)* von *jlk* (<*wlk*) zu erklären, wobei an eine Aussprache *môlēk* (<*mawlik*) zu denken ist. Die Defektivschreibung der Präformativsilbe findet sich bei Ableitungen von Nomina mit Präformativ /m-/ aus Wurzeln primae w/j häufig; vgl. etwa *mṣ*ʾ 'Ausgang' oder *mtnt* 'Gabe' (J. Friedrich / W. Röllig, Phön.-pun. Grammatik, 1970, § 202b). Die Defektivschreibung des Stammvokals aber, der das 0-Phonem zwischen /l/ bzw. /r/ und /c/ bzw. /ch/ in den lat. Umschriften entspricht, geht offenbar auf kurzes /i/ in der Stammsilbe des phön.-pun. Kausativs zurück. Der Vokal ist zudem durch die Schreibung *mlʾk* bei A. Berthier / R. Charlier, Le sanctuaire punique d'el-Hofra à Constantine, Paris 1955, 54, 2 bezeugt, worin /ʾ/ für /ē/ steht. Zur Vokalfolge /ô/ – /ē/ bei der Wurzel *hlk* ist *thuulek* 'Gast' (Poenulus 934) zu vergleichen. Das Fehlen des Vokals in den lat. Umschriften mag auf später Sprachverwahrlosung beruhen, wie sie sich auch in der Variation der Schreibweisen ausdrückt.

Da der Kausativ (*jiphʿil*) von *jlk* 'darbringen' bedeutet (vgl. phön. *wjlk zbḥ* „und sie werden ein Schlachtopfer darbringen" KAI 26 II 19), bezeichnet das Nomen *maqṭil* das Ergebnis der betr. Handlung ('das Dargebrachte') oder die Handlung selbst ('Darbringung, das Opfern'); auf die letztere, eher abstrakte Verwendung weist die Fem.-Bildung *mlkt*.

Für eine Funktion von *mlk(t)* als Opferbegriff (Eißfeldt, Dussaud, Février, Hoftijzer u.a.) sprechen auch die Kontextbeziehungen. *mlk* wird häufig als Obj. von *ndr* 'geloben' verwendet (RES 367 I 2; CIS I 307, 3f.; Berthier-Charlier 42, 1–3; 54, 2f.; 55, 1f.; KAI 105, 2f.); schon dadurch ist die von Eißfeldt vorgeschlagene Bedeutung 'Gelübde, Versprechen' für *mlk* ausgeschlossen. Vor allem aber wird *mlk* 'Darbringung' und das präpositionale Obj. *bmlk ʾzrm (h)ʾš/ʾšt* „als Darbringung ..." zu Verben wie *jtn* 'geben' (RES 367 I 2; CIS I 5685, 2), *zbḥ* u.ä. 'opfern' (Neupun. Inschriften [vgl. die Liste KAI III 74–77] 15, 1; 18, 1; 19, 1; 20, 1/2; 74, 1; 75, 1/2; 77, 2; 85, 1, ferner JAs XI/8, 509) und *nš*ʾ 'darbringen' (Neupun. Inschrift 21 [= KAI 167], 1.3) gebraucht; zu *zbḥ b* 'opfern als' vgl. Friedrich-Röllig § 283, 10. Schließlich erscheint *mlk bʿl* KAI 99, 2 als Prädikativ von *mtnt*ʾ 'seine (der Gottheit geweihte) Gabe'. – Entsprechend identifizieren die Inschriften von Ngaus die mit *molch-* u.ä. gebildeten Begriffe als *sacrum magnum nocturnum* (1, 4/5; 3, 1/2) bzw. *sacrum* (2, 5/6; 4, 4/5).

Opferbegriffe werden auch in anderen semit. Sprachen als Kausative von Verben der Bewegung gebildet: hebr. *ʿlh hiph* Gen 8, 20; 22, 2 u.ö. (vgl. pun. *hʿl*ʾ KAI 159, 8), hebr. *ʿbr hiph* und aram. *nsq/slq aph* (jeweils: 'darbringen'), wobei von letzterem die Nomina (spätbabyl.) *massaqtu* 'Brandopfer' und (mand.) *masiqtā* für das sakramentale Mahl abgeleitet werden (vgl. W. von Soden, WZ Halle 17, 1968 G, H. 2/3, 175–184).

Die zuletzt von Charlier (15–19) vorgeschlagene Identifikation von pun. *mlk* V (DISO) mit *mlk* II 'König', etwa als Epithet des in der Inschrift genannten göttlichen Opferempfängers, verbietet sich schon deshalb, weil vor *mlk* CIS I 307, 4; Berthier-Charlier 36, 2; 42, 3; Neupun. Inschr. 30, 2 ein Gottesname fehlt, auf den sich das Epithet beziehen könnte; auch in dem Ausdruck *mtnt*ʾ *mlk bʿl* KAI 99, 2 ergäbe das als Prädikativ gebrauchte *mlk bʿl*, wenn es Gottesbezeichnung wäre, keinen syntaktischen Zusammenhang. In den meisten Fällen würde ein Epithet *mlk* aber in Konkurrenz zu anderen Epitheta treten, die dem Namen des durch das Opfer geehrten Gottes beigegeben werden. Die Fem.-Bildung *mlkt* CIS I 5684, 1 stände zudem in Genusdisgruenz zu *bʿl ḥmn* Z. 3/4; umgekehrt würde sich mask. *mlk* (Berthier-Charlier 37, 2) auf den fem. Gottesnamen *tnt* beziehen. Schließlich müßte unter Voraussetzung einer Epithet-Funktion von *mlk* das *molch-* der lat. Transkription von phön.-pun. *mlk* getrennt werden (so konsequenterweise Weinfeld), zumal einer Interpretation von *molch-* als ‚König' noch entgegenstände, daß phön.-pun. *mlk* 'König' den Stammvokal /i/ oder /a/ aufweist (Friedrich-Röllig § 193b). – Die Häufigkeit semit. Kausativbildungen von Verben der Bewegung für Opferbegriffe widerrät es auch, *mlk* im Sinne von 'königliches Opfer' (W. F. Albright, Yahweh and the Gods of Canaan, London 1968, 210, mit anderer Bedeutungsbestimmung ders., Die Religion Israels im Lichte der archäologischen Ausgrabungen, 1956, 180) oder von 'puissance (contraignante)' (Dussaud, Syr 34, 1957, 394; vgl. schon CRAI 1946, 372) mit einer Wurzel *mlk* 'König' in Verbindung zu bringen.

2. Da *mlk* nur RES 367 I 1; Berthier-Charlier 42, 4; 43, 4; Neupun. Inschr. 30, 2; KAI 159 (= Neupun. Inschr. 124), 9 ohne attributive Näherbestimmungen steht, ist ein genaueres Urteil über seine Bedeutung erst nach einer Analyse des zugehörigen Wortfeldes möglich.

a) Die Bildung *molchomor* in den Ngaus-Inschriften entspricht nach Chabot (CRAI 1931, 26f.) u.v.a. der schon in den ältesten Votivstelen von Karthago und Constantine bezeugten Wendung *mlk ʾmr* KAI 61 B 1/2; CIS I 307, 4/5, JAs XI/10, 49f., Berthier-Charlier 54, 2/3; 55 (= KAI 109), 1/2. Für eine Deutung von pun. *ʾmr* entsprechend hebr. *ʾimmer* 'Lamm' (DISO 18, weitere Parallelen bei Tomback 24) sprechen – trotz des /o/ der lat. Umschrift, weswegen E. Lipiński (RTAT 252) an Ptz. *qal* akt. *ʾmr* 'eines Versprechenden' denkt – die Wendung *agnum pro vikario* Ngaus 3, 6; 4, 4 und die auf den Ngaus-Stelen angebrachten Darstellungen eines bärtigen Saturn mit dem Opfermesser, vor dem ein Schaf liegt; in die gleiche Richtung weisen archäologische Befunde, die auf den Tophets punischer Heiligtümer neben Gebeinen von Kindern zunehmend solche von Kälbern, Schafen, Lämmern, jungen Ziegen sowie von Vögeln enthalten (Lit. bei Kaiser 29/30[15]). – *mlk ʾmr* steht offenbar immer ohne attributive Näherbestimmungen. *mlk ʾr̊* Berthier-Charlier 56 (= KAI 110), 1 ist ganz isoliert und stellt offenbar einen Schreibfehler dar, ebenso *mlk ʾš̊r* CIS I 123 B, 1/2.

b) Die in Constantine und Altiburos belegte Wendung *mlk 'dm* (Stellen DISO s.v. *mlk* V 1) mit der häufigen Ergänzung *bšrm* ... (vgl. e) ist philologisch am ehesten als 'Menschenopfer' zu erklären (Eißfeldt 16, Hoftijzer 289, Röllig, KAI II 114 u.a.). *'dm* als gen. auct. im Sinne von 'Laie' (erwogen von Eißfeldt, ähnlich Lipiński, RTAT 252) kommt schon darum nicht in Frage, weil sich der Spender eines *mlk 'dm bšʿrm btm* (Berthier-Charlier 29, 3) als 'Priester' bezeichnet (Février, RHR 143, 10f.); aber auch die Ableitung aus *dm* 'Blut' + Aleph prostheticum (so Février noch JAs 243, 54) ist lautgesetzlich nicht angezeigt; zu *edom* bei Augustin vgl. Hoftijzer, 289[2], dazu wieder Février, JAs 148, 186[17]). Auch wo *mlk 'dm* wie in Berthier-Charlier 39, 1; 40, 3; 41, 3; KAI 103, 1/2; Altiburos 2 (LidzEph I 42[1]) ohne attributive Näherbestimmung steht, kann der Ausdruck freilich metonymisch ein Ersatzopfer bezeichnen: die kultische Terminologie wäre dann dem tatsächlichen Brauchtum nicht mehr gefolgt; allerdings findet sich *mlk 'dm* nie in Kombination mit *'mr* 'Lamm' oder *bʿl* 'statt eines Säuglings', welche Ausdrücke mit großer Sicherheit auf Substitution hinweisen.

c) Daß *mlk bʿl* tatsächlich „Darbringung statt eines Säuglings" bedeutet (Février, RHR 143, 16; JAs 243, 53; 248, 177; Röllig, KAI II 76f.), zeigt zu KAI 61 A 1/2 die Parallelformulierung *mlk 'mr* „Darbringung eines Lammes" KAI 61 B 1/2 (weitere Belege zu *mlk bʿl* DISO s.v. *mlk* V 4, dazu *mlkt bʿl* CIS I 5684, 1 sowie *bʿl* allein Berthier-Charlier 114, 4). Die Parallelität von *mlk bʿl* und *mlk 'mr* in KAI 61 A und B verbietet es auch, *bʿl* als gen. auct. (etwa 'Bürger' [Cazelles 1342] oder 'Spender' [Lipiński]) oder als den Gottesnamen *bʿl* (Weinfeld 139) zu erklären, wobei gegen letzteres auch das Fehlen einer Präposition *l* bei *bʿl*, die konkurrenzielle Bezeichnung des Opferempfängers durch *lbʿl ḥmn* KAI 61 A 4/5 u.ö. und die Genusdisgruenz in *mlkt bʿl* CIS I 5684, 1 stehen. Die Substitution des Kindes durch ein Lamm bezeugt außer *agnum pro vikario* Ngaus 3, 6; 4, 4 noch die offenbar zum Formelbestand gehörige Sequenz *anima pro anima, sanguis pro sanguine, vita pro vita* (2, 3/4; 3, 3/4 und in anderer Reihenfolge 4, 2/3).

d) Die Kombinationen *nṣb mlk* RES 367 I 1, *nṣb mlk bʿl* [*'zrm*] (Belege DISO s.v. *mlk* V 4, dazu KAI 98, 2; CIS I 2613, 1; 5685, 1), *nṣb mlkt bʿl* CIS I 5684, 1, *nṣb mlk 'š/m̊r* CIS 123B, 1/2 und *nṣb mlkt bmṣrm* CIS I 198, 4/5 zeigen, daß die Stätte des *mlk*-Opfers durch eine Stele (*nṣb*) bezeichnet wurde. Oft finden sich die Überreste von Opfern unter derartigen Stelen; gelegentlich – nicht immer (gegen Weinfeld 135) – scheint das Aufrichten einer Stele selbst als das Substitut *bšrj* „statt eines Fleisches" (vgl. e) angesehen worden zu sein (KAI 79, 5/6, vgl. 163, 2 und die spärlichen Inschriften auf den Stelen aus Nora; dazu S. Moscati, Le stele puniche di Nora nel Museo Nazionale di Cagliari, Rom 1970).

e) *mlk bšr* ist von karthaginischem *'š ndr knmj* ... *bšrj* „was gelobte KNMJ ... statt seines Fleisches" KAI 79, 3–6 (vgl. CIS I 296, 2; 3822, 2–5; 5688, 2–5; N. Slouszch, *'Oṣar hakkᵉtûḇôṯ happᵉnîqijjôṯ*, Tel Aviv 1942, 471, 3–6) her zu interpretieren; zu *mlk bšr* als Obj. von *ndr* 'geloben' vgl. CIS I 306, 5. – *bšrj, bšrj'* und *bšrm* setzen sich dabei aus *b* 'statt' + *šr* 'Fleisch' (DISO 288, Tomback 311) + Suff. 3.m./f.sing. zusammen (Février, RHR 143, 12ff. u.ö.). An ein Lexem *šr* zu denken, legen auch die bei Charlier (32) und Hoftijzer (290[1]) zusammengestellten Schreibungen nahe; das häufige Vorkommen eines Vokalbuchstabens zwischen /*š*/ und /*r*/ läßt erkennen, daß ein Äquivalent zu hebr. *šᵉ'er* 'Fleisch' anzunehmen ist (anders Cazelles 1342). Die an sich mögliche Kombination *bšr* + Suff. (Hoftijzer 292, DISO 45) oder Pluralendung (Dussaud 380) empfiehlt sich weniger, da *b-š'r̊m* „statt seines Fleisches" KAI 162, 2 parallel nach *b̊-ṣmḥ* 'statt eines Nachkommens' erscheint; vgl. Z. 4 und *bknj* „statt seines Nachkommens(?)" CIS I 5688, 4/5. Durch die Parallele *bṣmḥ*||*bš'r̊m* KAI 162, 2 ist zudem der euphemistische Gebrauch von *šr* für 'Kind' gesichert; entsprechend scheint *b̊ṣmḥ š'rm* KAI 163, 3 „statt eines Sprosses ihres (?) Fleisches" zu bedeuten (vgl. den Gebrauch von hebr. *šᵉ'er* 'Fleisch' Lev 18, 3; 20, 19 und pun. *š'r* [Tomback 310] für den 'Verwandten').

bšrm begegnet noch in den Kombinationen *bšrm btm* JAs XI/10, 76, 3; KAI 104, 2–6; Slouszch 228, 2, *bšrm bntm* CIS I 3746, 6/7 (ähnlich 4929, 3; 5741, 8); Berthier-Charlier 38, 3/4; 45, 3/4, *mlk 'dm bš(ʿ)rm btm* KAI 105, 3; 106 (= Berthier-Charlier 28), 1; Berthier-Charlier 29, 1/2; 30, 1/2; 32, 2; 34, 3/4; 36, 3, *mlk 'dm bšrm bnʿ tm* KAI 107 (= Berthier-Charlier 35), 4 und *mlk 'dm 'zrm 'š* ... *bšrn̊ btn̊* Berthier-Charlier 37, 2/3.

Problematisch ist dabei das Verhältnis von *bntm* zu *btm* (> *btn*). Eißfeldt (20) löst *btm* in Präp. *b* + Substantiv *tm* auf ('in Vollkommenheit'), wobei zu *tm* wie bei hebr. Adj. *tāmîm* Ex 12, 5; Lev 1, 3. 10; 3, 1 an rituelle Makellosigkeit als Voraussetzung der Opferungsfähigkeit zu denken wäre (Hoftijzer 291[1]). In Bauinschriften (KAI 72 B 4 u.ö.) freilich bedeutet *btm* entsprechend lat. *de pecunia sua* (KAI 124; 125; 126) 'auf eigene Kosten', was auf *mlk* als Ersatzopfer übertragbar ist und von Février (JAs 248, 172) auch für *bntm* als *b* + *tmm niph* in Anspruch genommen wird; dafür ließe sich geltend machen, daß RES 367 aus einer Aufzählung der Personen besteht, die zu einem *mlk*-Opfer einen finanziellen Beitrag (*'rkt*) geleistet haben. Naheliegender aber scheint es, *bšrm bntm* und *bšrm btm* von *bšrm bnʿ tm* „statt seines Fleisches, seines makellosen Sohnes" KAI 107, 4 her zu verstehen, wobei nicht ins Gewicht fällt, daß das Suff. 3.m.sing. in zwei aufeinander folgenden Worten durch die Allomorpheme /*-m*/ und /*-ʿ*/ verwirklicht ist; vgl. das entsprechende Nebeneinander von /*-ʿ*/ und /*-'*/ in Berthier-Charlier 4, 4; 104, 2/3 (zu Röllig KAI II 115). *btm* ist dann durch Assimilation von /*n*/ an /*t*/ aus *bntm* entstanden; *bntm* und *btm* treten nie nebeneinander auf.

f) Vor besondere Schwierigkeiten stellen *'zrm (h)'š* u.ä. und *'zrm 'št* u.ä. Die Ausdrücke erscheinen CIS I 3781, 2; 3783, 2; 5550, 2; 5702, 2/3; 5741, 6/7; Berthier-Charlier 162, 1/2; Neupun. Inschr. 11, 2 allein; meist aber treten sie in Verbindungen auf: so als Gen. zu *mlk* (Belege DISO s.v. *mlk* V 3), zu *mlk 'dm* (daselbst) und zu [*nṣ*]*b mlk bʿl* KAI 98, 2; speziell die Wendung *bmlk 'zrm (h)'š/'št* scheint für Guelma (Calama) charakteristisch zu sein (Neupun. Inschr. 15, 2; 18, 2/3; 21

[= KAI 167], 2/3). Daß *'zrm* eine Opferbezeichnung darstellt, ergibt sich aus den Verben, zu denen es Obj. ist: *nš'* 'darbringen' (CIS I 3781; 3783; 5550) *pg'* 'einlösen' (Neupun. Inschr. 11) und wohl auch *ndr* 'geloben' (CIS 5702; 5741); vgl. jetzt *[lnš]'.'zr* Deir 'Allā I 14 (12).
Da dem *'zrm 'š/'št* in Berthier-Charlier 37, 2 und CIS I 5741, 6–8 offenbar ein *bšrnl/m* funktionsgleich vorangeht, könnte es sich bei dem Afformativ /-*m*/ um das Suffix 3.m.sing. handeln; freilich findet sich zu *'zrm* m.W. nirgends eine suffixlose mask. Form. Gegen die Auffassung von /-m/ als Pluralendung spricht der sing. Charakter seiner mutmaßlichen Apposition *'š*, gegen die als Adverbialendung das Fehlen eines solchen Morphems im bislang bekannten phön.-pun. Material. Im Maß seiner morphologischen Unsicherheit sind Erklärungen des Semantems von ugar. *ẓzr* (eine Opferart; R. de Vaux, RB 46, 1937, 442) oder pun. *'zrt* 'Familie, Nachkommenschaft' (J.-G. Février, JAs 239, 1951, 9f., vgl. Bulletin archéologique 1946/9, 1953, 168) immer noch zweifelhaft. Sollte dagegen /-*m*/ nicht Afformativ sein, so verbietet sich doch eine Verbindung mit phön. *'zrm* KAI 14, 3. 13 schon deshalb, weil hier eine Verbform vorliegt (1.sing. PK *zrm niph* 'ich wurde dahingerafft' entsprechend *ngzlt* 1.sing. AK *gzl niph* mit gleicher Bedeutung Z. 2. 12; gegen Février, JAs 243, 57–63), die für die pun. Belege nicht paßt.
Das (appositionelle?) *'š* u.ä. und *'št* u.ä. ist wie *'îš* w^{e}*'ištô* Gen 7, 2 die Opposition 'männlich': 'weiblich', offenbar im Blick auf die Opfermaterie (zur appositionellen Benennung von Material Friedrich-Röllig § 309): die Sequenz *'zrm 'š w'zrm 'št* CIS I 5702, 2/3 bezeichnet das Nebeneinander eines männlichen und eines weiblichen Opfers, wohingegen eine pronominale Deutung von *'š/'št* (so zuletzt Tomback 9) an dieser Stelle keinen Sinn gäbe; Subj. des Gelobens und Opferns sind gerade hier wohl nicht zufällig Vater und Tochter (Z. 3–5).

3. Dürfte damit der Charakter des *mlk* als eines ursprünglichen Kinderopfers bzw. dessen späterer Ersatz durch ein Lamm o.ä. für den phön.-pun. Bereich wahrscheinlich sein (vgl. auch K. Jaroš, OBO 4, 1974, 296ff.), so muß nun nach der Funktion dieses Opfers gefragt werden.
a) Was die Angaben über seinen *Grund* anbetrifft, so unterscheiden sich die *mlk*-Stelen freilich nicht von den übrigen beschriebenen Votivsteinen: sie nennen eine geschehene Gebetserhörung (etwa: *kšm' ql'* „denn er hörte seine Stimme" KAI 110, 4) und verweisen auf empfangenen Segen (*brk'* „er segnete ihn" ebd.). Insofern stellt das *mlk*-Opfer wie die meisten Votivopfer eine Dankzeremonie dar. Der *Zweck* des *mlk*-Opfers liegt entsprechend in der Hoffnung auf zukünftigen Segen (*tbrk'* „sie [die Göttin] segne ihn" KAI 79, 6). Die meisten Inschriften lassen darüber hinaus erkennen, daß das Opfer und die Errichtung der Stele als Erfüllung eines in der Not abgelegten Gelübdes erfolgen, wobei zu den obengenannten Belegen von *ndr* 'geloben' die Wendung *ex voto* Ngaus 1, 5 u.ä. zu vergleichen ist.
Der freilich sehr fragmentarische Text KAI 162 berechtigt zu der Annahme, daß die Erhörung im Geschenk einer Schwangerschaft besteht. Zumal die Opfernden ihrem Namen nur selten einen Titel hinzusetzen (so Berthier-Charlier 29, 3; 41, 2; 42, 2), ist anzunehmen, daß das *mlk*-Opfer dem familialen Bereich zugehört, was vielleicht seinem atavistischen Charakter entspricht. Im Ersatzopfer wird dann das vorher erbetene Kind der Gottheit als symbolisches Geschenk zurückgegeben. – Nicht substituierte Opfer werden allenfalls dann dargebracht worden sein, wenn der Gott – wie im Falle von Ri 11, 30–40 – aus einer anderweitigen Not und Gefahr errettet hat.
Der zukünftige Segen soll wohl allermeist dem Opfernden selbst zugute kommen. Daneben mag an das Kind gedacht sein, das durch das Substitut ausgelöst wird: vielleicht weisen darauf die Wendungen *pro salute Concess[e]* Ngaus 2, 4/5, *pro Con[ces]se salute<m>* 3, 4 und *pro salut[e] Donati* 4, 3, wenn Concessa und Donatus die Namen der betreffenden Kinder sind (Carcopino).
b) Dagegen stellt/stellen die *mlkt bmṣrm* von CIS I 198, 4/5 offenbar eine Klage- und Bittzeremonie dar, wenn nämlich *bmṣrm* mit Eißfeldt (28–30; vgl. Lit. in DISO s.v. *mlk* V 5) als Präp. *b* + Nomen *mṣrm* 'in Nöten' nach hebr. m^{e}*ṣārîm* Kl 1, 3 und *minhammeṣār* Ps 118, 5 zu erklären ist. Im Fall von CIS I 198 handelt es sich dabei um die Not einer von dem Opfernden unterschiedenen Person, für die das/die *mlkt*-Opfer *bmṣrm* dargebracht wird/werden. Nur das/die *mlkt*-Opfer *bmṣrm* 'in Nöten' ist/sind mit den von Philo Byblios (bei Euseb praep.ev. I 10, 44; vgl. Porphyrius ebd. IV 16, 6) und anderen antiken Schriftstellern bezeugten phön. und pun. Kinderopfern in Katastrophenfällen zu vergleichen – wobei diese freilich wie der Vorgang von 2 Kön 3, 27 nicht der privaten, sondern der öffentlich-politischen Sphäre angehören.
Mag es sich um eine Dank- oder eine Bittzeremonie handeln, in jedem Fall ist das pun. *mlk*-Opfer anlaßgebunden; eine regelmäßig gehandhabte Institution ist es nie gewesen.

II. Außerhalb des phön.-pun. Bereichs scheint es für hebr. *molæḵ* keine Entsprechungen zu geben.

Neuäg. *mrk* 'Geschenk' u.ä. (für einen König) Wen Amun II 12, Chester-Beatty I Rs B 31 (WbÄS II 113.3) ist, obwohl offenbar kanaan. Fremdwort (M. Burchardt, Die altkanaan. Fremdworte und Eigennamen im Äg., 1909f., Nr. 481), mit dem so viel später belegten phön.-pun. bzw. hebr. *mlk* schon wegen seines nicht-religiösen Gebrauchs in keinen Zusammenhang zu bringen; vielleicht kann *mrk*, wenn nicht hier an eine Ableitung von *mlk* 'König' zu denken ist (W. F. Albright, JAOS 71, 1951, 261), aus einer im Akk. (*mulūgu/mulīgu* AHw 671b; CAD M/II 193f.), Ugar. (*mlg* UT Nr. 1480) und Rabbinischen (m^{e}*lûḡ*) bezeugten Wurzel mit der Bedeutung 'Mitgift' erklärt werden (zu Cazelles 1343).
Die von C.H. Gordon noch in UM Nr. 1119 einem ugar. *mlk* II („a kind of sacrifice") zugewiesenen Nomina *mlk* und *mlkt* werden UT Nr. 1483 zu *mlk* I 'König' gerechnet. Auch in *[šlm.mlk.šlm]mlkt* KTU 1.23,7 handelt es sich, da auch die folgenden Genitivattribute zu *šlm* Standesbezeichnungen darstellen, um die Opposition 'König': 'Königin' (gegen Cazelles 1345).

Das *dbḥ.mlk* || *dbḥ.ṣpn* KTU 1.91, 2/3 stellt ein Opfer für Il dar, der hier wie KTU 1.47, 1 mit dem Saphon in Verbindung gebracht wird (vgl. KTU 1.148:1); *mlk* ist dabei ein verselbständigtes Epitheton – wie akk. *māliku(m)* 'Ratgeber' bzw. *mal(i)ku(m)* 'König', das für eine ganze Reihe von mesopotamischen Göttern als Epithet verwendet wird (gegen O. Eißfeldt, Neue keilalphabetische Texte aus Ras Schamra-Ugarit, 1965, 14, u.v.a., vgl. K. L. Tallqvist, Akk. Götterepitheta, Helsinki 1938, 128f.). Entsprechend mag man dMA.LIK.MEŠ = *mlkm* Ugaritica V 45, 35 mit den *malikū* bzw. *mālikū* von Mari (Belege CAD M/I 168) vergleichen (vgl. J. F. Healy, UF 10, 1979, 89–91 und M. Dietrich – O. Loretz, UF 13, 1981, 69–74).

Der in Mesopotamien schon für die präsargonische Zeit belegte *Malik* (J. J. M. Roberts, The Earliest Semitic Pantheon, Baltimore – London 1972, 42f. u.ö.) bzw. *Malku(m)* (Belege CAD M/I 168f. [Lit.!]) ist auch durch Personennamen aus Ugarit (Ugaritica V 60; PNU 79. 157f.) und neuerdings aus Ebla (G. Pettinato, Or 44, 1975, 370f.; BA 39, 1976, 50; RSO 50, 1976, 1–14 u.ö.) belegt; mit dem phön.-pun. bzw. hebr. *mlk* haben sowohl er als auch die *malikū*/*mālikū* aus Mari wegen ihrer Beziehung zur Unterwelt nichts zu tun (zu W. F. Albright, Die Religion Israels im Lichte der archäologischen Ausgrabungen, 1956, 180. 247, Cazelles 1344f., de Vaux 80 u.v.a.). Bei dem Gottesnamen *Muluk*, der in dem Ortsnamen *Ilum-Muluk* (Belege ARM XVI/1, 1979, 17), in dem nordsemit. Personennamen *I-tar-mu-luk* CT 33, 29, 15 und in ugar. Personennamen (PRU IV 215, 27; RS 17.242) vorkommt, handelt es sich wohl nur um eine Lautvariante zu *Malik*, die in den weiteren Zusammenhang der „kanaan." Vokalverschiebung /ā/ > /ō/ gehört; der Ortsname *Ilum-Muluk* kommt nämlich auch in der Form *I-lu-ma-li-ka-wi*ki vor (G. Dossin, RA 35, 1938, 178[1]). *Malik*/*Malku(m)*/*Muluk* und die *malikū*/*mālikū* von Mari werden dagegen letztlich mit dem *mælæḵ* von Jes 57, 9 identisch sein.

III. 1. Daß hebr. *lemolæḵ* (vgl. zu *le*- Eißfeldt 36) mit phön.-pun. *mlk*/*molch*- im Zusammenhang steht (so nach Eißfeldt vor allem Dussaud, Guey, Carcopino, Charles-Picard, Cazelles), legt sich m. E. um so näher, als das „missing link" zwischen dem Hebr. und dem Pun. nun in den Inschriftenabklatschen zu RES 367 von *nebi jūnis* offenbar vorliegt, obwohl auch diese phön. Inschrift jünger ist als die at.lichen Belege.

a) In hebr. *lemolæḵ* 'als Darbringung' ist die Präp. *le* nicht Dativpartikel (etwa: „für *Moläk*"), sondern hat die gleiche Funktion wie das pun. *b*- essentiae in *bmlk 'zrm (h)'š*/*'št* (vgl. I.1.2f.); mit *lemolæḵ* hat bereits Eißfeldt (38f.) *le'ôlāh* „als Brandopfer" Gen 22, 2 und *le'āšām* „als Schuldopfer" Lev 5, 18 verglichen. In Ez 23, 37 tritt neben das *le*-essentiae in *le'oḵlāh* „als Speise" noch das Dativ-*le* zur Bezeichnung der göttlichen Opferempfänger (*lāhæm*), so daß sich beide Funktionen von *le* klar unterscheiden lassen. Um ein Mißverständnis des Opferterminus als Gottesbezeichnung dürfte es sich erst in *zānāh 'aḥarê hammolæḵ* 'hinter Moläk herhuren' (Lev 20, 5) handeln, wie die parallele Verwendung von *zānāh* in v. 6 zeigt. Das Mißverständnis von *lemolæḵ* als Gottesbezeichnung wirkt sich dann in der masoret. Vokalisation nach *habbošæṯ*, in der Übersetzung ὁ Μόλοχ (βασιλεύς 1 Kön 11, 7 oder ἄρχων Lev 18, 21; 20, 2–5) an den jüngeren LXX-Stellen (2 Kön 23, 10; Jer 32, 35; Am 5, 26), bei Aq, Sym und Th, sowie in der Bildung *Moloch* der V aus.

In *molæḵ* mit Bea, Kornfeld, Dronkert, Weinfeld, Plataroti u.v.a. eine bereits ursprüngliche Gottesbezeichnung sehen zu wollen, empfiehlt sich schon deshalb nicht, weil *molæḵ* außerhalb von Opfererwähnungen im AT nicht vorkommt. – Die richtige Aussprache von hebr. *mlk* dürfte ähnlich dem für das Phön.-Pun. erschlossenen *môlēk* zu denken sein, zumal von dort leicht der Übergang zu masoret. *molæḵ* vorzustellen ist.

b) Eine morphologisch-semantische Entsprechung zu dem phön.-pun. *jlk jiph* 'darbringen' (KAI 26 II 19) ist hebr. *'br hiph* 'darbringen', wobei *leha'aḇîr* Lev 18, 21; Jer 32, 35 tautologisch mit *lemolæḵ* verbunden ist. Die Kombination *'br hiph* mit *leJHWH* Ex 13, 12 macht plausibel, daß auch *lemolæḵ* als Dativ eines Gottesnamens mißverstanden werden konnte. Die Wendung *nāṯan lemolæḵ* Lev 20, 2–4 (vgl. *nāṯan* + Obj. *beḵôr* Ex 22, 28f.; Mi 6, 7) ist offenbar ein alter Bestandteil der kanaan. Opfersprache (gegen Kaiser 42); vgl. *jtn* mit Obj. Opfergaben u.ä. (KAI 43, 9; 68, 18; 137, 6; 163, 1), *jtn* mit Obj. *mlk* (*b'l*) in RES 367 I 1/2; CIS I 5685, 2 und die Verwendung des Nomens *mtnt* 'Gabe' mit dem Prädikativ *mlk b'l* in KAI 99, 2 (s. I. 1). Dann aber ist auch *bā'eš* (*lemolæḵ*) „mit Feuer (als *mlk*-Opfer)" in Verbindung mit *'br hiph* (Deut 18, 10; 2 Kön 16, 3; 17, 17; 21, 6; 23, 10; Ez 20, 31; 2 Chr 33, 6) sicher ebenso wörtlich zu nehmen wie in Kombination mit *śrp* 'brennen' (Deut 12, 31; Jer 7, 31; 19, 5; 2 Kön 17, 31 [mit Kaiser 33f. gegen Weinfeld 141 und Plataroti 292f.]). Ein wirkliches Verbrennen des *mlk*-Opfers ist auch mit *wajjaḇ'er bā'eš* (2 Chr 28, 3) gemeint. Darüber hinaus ist der Gedanke an eine Substitution des Opfers für hebr. *molæḵ* durch die Erwähnung des 'Samens' (Lev 18, 21; 20, 2–4) sowie vor allem von Söhnen und Töchtern (2 Kön 23, 10; Jer 32, 35, vgl. Deut 12, 31; Jer 7, 31; 19, 5; 2 Kön 17, 31) anders als für den phön.-pun. Befund ausgeschlossen.

2. Mit Sicherheit ist *lemolæḵ* Lev 18, 21; 20, 2. 3. 4; 2 Kön 23, 10; Jer 32, 35 belegt; dazu kommt *hammolæḵ* Lev 20, 5. Auch bei dem *lammælæḵ* der Glosse in Jes 30, 33 ist wahrscheinlich an das *mlk*-Opfer zu denken, während 1 Kön 11, 7 statt *lemolæḵ* besser *lemilkôm* zu lesen ist. Alle Belege gehören somit entweder in den Zusammenhang des Heiligkeitsgesetzes oder in den der dtr. Literatur.

Obwohl die Formulierungen Lev 20, 2–4 alte Sprachelemente enthalten, zeigen sie in der vorliegenden Form Zeichen einer literarisierten Rhetorik späten Stils; v. 5bβ mit *zānāh 'aḥarê hammolæḵ* vollends mag auf einen Glossator zurückgehen (vgl. M. Noth, ATD 6, 1962, 128f., jedoch auch W. Thiel, ZAW 81, 1969, 53ff.). Aber die Doppelung der Verben *nāṯan* und *le* + *'br hiph* + *lemolæḵ* in Lev 18, 21, wo dazu die Voranstellung des Obj. als literarische Nachahmung von vv. 7ff. zu erklären ist, macht gegenüber Lev 20, 2ff. durchaus nicht den Eindruck höherer Originalität, zumal Lev 18, 21 im Kontext isoliert steht (vgl. Kaiser 43). So tragen Lev 18, 4; 20, 2–5 zur Datierung des *mlk*-Opfers in Israel nur insofern bei, als die hier vorliegende Sekundärschicht des Heiligkeitsgesetzes ihre Literarisierung frühestens in exilischer, eher in nachexilischer Zeit erfuhr.

Die plerophorische Wendung *hæ'æbîr (bā'eš) lemolæk̲* (2 Kön 23, 10; Jer 32, 35) hat Kaiser (34. 39. 43) als literarisch sekundäre Steigerung von *śārap̲ bā'eš* (Jer 7, 31) gedeutet. Zumal die (nach-dtr?) Notiz von der Desakralisierung des Tophet durch Josia 2 Kön 23, 10 mag sich dem dtr Idealbild dieses Königs eher als der Geschichte verdanken (Kaiser 33f.; E. Würthwein, ZThK 73, 1976, 395–423, bes. 415; H. Hollenstein, VT 27, 1977, 334). Die Terminologie gehört in den Bereich der dtn-dtr Kultkritik, wobei das Kinderopfer aufgrund einer (sekundären?) Kombination in Deut 18, 10 auch 2 Kön 17, 17; 21, 6; Lev 20, 5f.; 2 Chr 33, 6 zusammen mit Zauberei und Totenbeschwörung erscheint. Das Angebot einer Opferung des Erstgeborenen als Sühneritus Mi 6, 7 muß dann ebenso in die Exilszeit gehören wie die Abwertung (Ez 20, 25f.) oder Bestreitung (Jer 7, 31 > 19, 5; 32, 35 dtr) eines entsprechenden JHWH-Gebotes (zur Datierung von Mi 6, 7 G. Fohrer, Einleitung in das AT, 1965, 490; O. Kaiser, Einleitung in das AT, 41978, 210). In die nachexilische Zeit dagegen weisen die Belege für Kinderopfer in den sekundären Ez-Stellen 16, 20f.; 20, 31; 23, 37. 39 sowie Jes 57, 5 und Ps 106, 37.

Das relativ späte, episodenhafte Aufkommen der *mlk*-Opfer hatte in Israel nicht nur an einer krisenbedingten religiösen Überhitzung, sondern zugleich an der auch sonst zu beobachtenden phönizischen Unterwanderung Judas während der exilischen und nachexilischen Periode (dazu H.-P. Müller, WO 6, 1971, 189–204) seine Ursache. Ein kontemporärer Einfluß des phönizischen Mutterlandes könnte auch der Anstoß zu den zahlreichen punischen *mlk*-Opfern gewesen sein, die dort wegen RES 367 und der hebr. Belege nicht als autochthon anzusehen sind. Wo vergleichbare Opfer in früherer Zeit vorkommen (Gen 22; Ri 11, 30–40; 2 Kön 3, 27), sind sie selten und ohne terminologisch ausgewiesene Spezifizität.

3. Über die Funktion des israelitischen *mlk*-Opfers macht allenfalls Mi 6, 7 eine Andeutung: danach hätte es wie der Vorgang 2 Kön 3, 27, anders aber als die meisten punischen *mlk*-Opfer den Charakter einer aufs äußerste gesteigerten Klage- und Bittzeremonie, einer Sühnehandlung gehabt; so auch erklärt sich der Verzicht auf eine Substitution. Daß es sich um eine regelmäßige Institution gehandelt hätte, geht aus seiner Verbindung mit dem Tophet nicht hervor (gegen Weinfeld 133f.): einerseits waren Kinderopfer nach Jes 57, 5 nicht an das Tophet gebunden; andererseits diente das Tophet nach Jes 30, 33 offenbar auch Gefangenenopfern, die hier in einer Glosse wohl zu Unrecht als *mlk* bezeichnet werden. Insofern ist das *mlk*-Opfer also von der regulären Erstgeburtsweihe (Ex 34, 19a u.ö.) zu trennen; gleichwohl kann es, wenn es etwa wie im Fall von Mi 6, 7 die Tötung des Erstgeborenen meint, als exzeptionelle Steigerung der Erstgeburtsweihe verstanden worden sein.

Daß das *mlk*-Opfer JHWH galt, geht wohl aus den exilischen Erwägungen über ein entsprechendes JHWH-Gebot (Mi 6, 7; Ez 20, 25; Jer 7, 31 dtr) hervor. Daß JHWH nicht geboten habe, Ba'al entsprechende Opfer zu bringen, brauchte vernünftigerweise nicht mit den späteren redaktionellen Texten Jer 19, 5; 32, 35 in Abrede gestellt zu werden. Geht das *mlk*-Opfer aber auf phönizischen Einfluß der Exils- und Nachexilszeit zurück, so bringt es die Glosse zu Ps 106, 38 nicht zu Unrecht mit dem „Götzen Kanaans" in Verbindung; als Götzenopfer fassen auch Deut 12, 31 dtr; Ez 16, 21; 20, 31; 23, 37 (sek.) und 2 Kön 17, 31 den Ritus auf.

Ob dem Verbot des *mlk*-Opfers Lev 18, 4; 20, 2–5 oder seiner Verurteilung 2 Kön 23, 10; Jer 32, 35 die zeitliche Priorität zukommt, mag hier offenbleiben. Verbot und Verurteilung zeigen, daß das *mlk*-Opfer als dem Wesen JHWHs ungemäß erkannt wurde, was seinem episodenhaften Auftreten aufgrund phönizischen Einflusses entspricht. Ob JHWHs Gericht, da es sich durch das *mlk*-Opfer nicht abwenden ließ, im besonderen auf es zurückgeführt wurde (so im Blick auf die dtr Schule Kaiser 40), soll ebenfalls dahingestellt bleiben.

Der historische Wert der Notiz über die für *'ad̲rammælæk̲* und *'anammælæk̲* von den Sepharwitern dargebrachten Opfer 2 Kön 17, 31 wird von Kaiser (35f.) mit Recht bestritten. – Während zu *'ad̲rammælæk̲* an den assyr. Gott Adadmilki gedacht werden kann (O. Eißfeldt, KlSchr 3, 1966, 335–339, u.a.), setzt sich die Gottesbezeichnung *'anammælæk̲* aus fem. *'anat̲* + mask. *mælæk̲* entsprechend phön.-pun. *mlk'štrt* (KAI 19, 2/3; 71, 2; 119, 1; weitere Belege bei Röllig, KAI II 28) zusammen, was das Vorbild einer phönizischen Gottheit wahrscheinlich macht (zu *'nt* im phön. Raum vgl. KAI 42, 1 und die Belege bei Röllig a.a.O. 59). Daß der (nach-?)dtr Verfasser von 2 Kön 17, 31 auch an einen Zusammenhang mit *hammôlek̲* gedacht habe, läßt sich wegen der differenten Vokalisation des Elements *-mlk* eher bezweifeln.

H.-P. Müller

מָן *mān*

I. Vorkommen – II. Etymologie – III. Tamariskenmanna – IV. Literarkritisches und Theologisches.

Lit.: *W. Baumgartner / M. Eglin*, Ein Gegenstück zum biblischen Manna (ThZ 4, 1948, 235–237). – *F. S. Bodenheimer*, The Manna of Sinai (BA 10, 1947, 2–6). – *F. S. Bodenheimer / O. Theodor* (Hg.), Ergebnisse der Sinai-Expedition 1927 der Hebräischen Universität Jerusalem,

Leipzig 1929. – *J. Buxtorf d.J.*, Historia Mannae, in: Exercitationes Ad Historiam ... Basileae 1659, 336–390 = nachgedr. bei B. Ugolinus, Thesaurus Antiquitatum Sacrarum VIII, Venetiis 1747, 587–640. – *J. Coppens*, Les traditions relatives à la Manne dans Exode, XVI (Festschr. A. Fernández, Madrid 1961, 169–185). – *A. de Guglielmo*, What was the Manna? (CBQ 2, 1940, 112–129). – *P. Haupt*, The Etymology of Manna (AJP 43, 1922, 247–249). – *Ders.*, Manna, Nectar, and Ambrosia (PAPS 61, 1922, 227–236). – *A. Kaiser*, Der heutige Stand der Mannafrage, Arbon 1924. – *Ders.*, Neue wissenschaftliche Forschungen auf der Sinai-Halbinsel (besonders zur Mannafrage) (ZDPV 53, 1930, 63–75). – *R. B. Kenney*, Ante-Nicene Greek and Latin Patristic Uses of the Biblical Manna Motif (Diss. Yale), 1968. – *L. Köhler*, Plinius weiß, was Manna bedeutet (Neue Zürcher Zeitung und schweizerisches Handelsblatt, 1943, Nr. 822). – *P. Maiberger*, Das Manna. Eine literarische, etymologische und naturkundliche Untersuchung (Ägypten und AT 6), Wiesbaden 1983. – *B. J. Malina*, The Palestinian Manna Tradition. The Manna Tradition in the Palestinian Targums and its Relationship to the New Testament Writings (AGSU 7, Leiden 1968). – *R. Meyer*, Μάννα (ThWNT IV 466–470). – *N. Peters*, Zu Man hu, Ex 16, 15 (ZKTh 23, 1899, 371). – *E. Rupprecht*, Stellung und Bedeutung der Erzählung vom Mannawunder (Ex 16) im Aufbau der Priesterschrift (ZAW 86, 1974, 269–307). – *H. Schult*, Mān hū' und mah-hū' in Exodus 16, 15 (DBAT 1, 1972, 1–9). – *A. Tschirch*, Handbuch der Pharmakognosie, Bd. II/1, Leipzig 1912 (103–114. 131–136. 147 u. 151f.: verschiedene Mannaarten). – *M. Walther*, Tractatus plenus & planus de Mannâ ..., Lugduni Batavorum 1633 (zuerst Rostock 1631). – *J.K. Zenner*, מן הוא Man hu. Ex 16, 15 (ZKTh 23, 1899, 164–166).

I. *mān* 'Manna' kommt im AT 13mal vor: 5mal ohne Artikel in Ex 16, 31. 33; Deut 8, 16; Jos 5, 12aβ; Ps 78, 24 (nach einigen auch in Ex 16, 15), 7mal mit Artikel in Ex 16, 35a.b; Num 11, 6. 7. 9; Deut 8, 3; Jos 5, 12aα sowie 1mal mit Suff. als *man*^{e}*ḵā* Neh 9, 20. Die LXX transkribiert es nur in Ex 16 nach dem Hebr. mit μαν, sonst nach dem Aram. (vgl. den Stat. emph. מנא der Targume) mit μαννα (in Bar 1, 10 Verschreibung für μαναα = *minḥāh* Opfergabe). Die Form μάννα gebraucht auch das NT (Joh 6, 31. 49; Hebr 9, 4; Apk 2, 17). V schreibt in Ex 16, wie die LXX, *man* (auch in Num 11), sonst *manna*. Sowohl im Griech. (wo es außer Ex 16, 31; Jos 5, 12b u. Ps 77, 24 immer den Artikel trägt) als auch im Lat. ist das Wort ein indeklinables Neutrum (vgl. Ex 16, 35 τὸ μαν; Neh 9, 20 *manna tuum* = LXX 2 Esdr 19, 20 τὸ μαννα σοῦ u. Apk 2, 17). Das griech. Wort wurde nie, das lat. nur von einigen Vätern dekliniert.

II. Die Etymologie von *mān* ist umstritten, da der zur Ermittlung der Grundbedeutung heranzuziehende dritte Radikal wegen des schmalen Wortfeldes nicht sicher feststeht. Theoretisch kommen die Wurzeln *mnh*, *mnn*, *mwn* und *mjn* in Frage. Die Juden (Amoräer) leiten zumindest seit dem 5. Jh. das Wort von *mnh* 'zählen, zuteilen' ab. Demnach sehen sie in *mān* eine aus *mānæh* verkürzte Form mit der Bedeutung 'Geschenk', 'Zuteilung', 'zubereitete Speise'. So heißt es im babyl. Talmud in der Gemara zum Traktat Sukkah 39b (Goldschmidt III 108): „Woher wissen wir, daß מן Speise bedeutet? Aus der Stelle (Dan 1, 5): ‚Der König ließ ihnen zuteilen'."

Möglicherweise reicht diese Ableitung schon bis ins 1. Jh. v.Chr. zurück, wie die Umschreibung des Mannas als „ἕτοιμον" ἄρτον in Weish 16, 20 vermuten läßt, und sie könnte auch im 1. Jh. n.Chr. Philo, Leg. Alleg. III 166 zur figura etymologica: καὶ ἐπὶ τοῦ μάννα οὖν καὶ ἐπὶ πάσης „δωρεᾶς", ἣν ὁ θεὸς „δωρεῖται" inspiriert haben. Diese Worterklärung wurde im MA auch von Raschi, Ibn Esra, Kimchi, Bachja und 'Arama vertreten (vgl. Buxtorf 1659, 338f. = 1747, 590) und gelangte über Nikolaus von Lyra (Postille zu Ex 16, 15) an Luther, der in einer Marginalglosse seiner Übers. des AT (1523) zu Ex 16, 15 (wo er *mān hû'* als Nominalsatz mit „Das ist Man" wiedergibt) sagt: „Man heyst auff Ebreisch eyn gabe odder teyl." Diese Ableitung wurde von da an von fast allen christl. Theologen vertreten und blieb bis ins vergangene Jh. vorherrschend. Dagegen leitete F. R. Fay, The Book of Joshua, Edinburgh 1871, 66 *mān* von der im Hebr. nicht gebräuchlichen Wurzel *mnn* ab (vgl. die Schreibung *mann*^{e}*ḵā*), deren Bedeutung er mit „to divide, to part, to measure" angibt, und vergleicht damit das seiner Meinung nach mit *mān* gleichbedeutende Derivat *men* „Teil", das nur einmal mit Suff. *minnehû* (Ps 68, 24) belegt ist. J. G. Murphy, A Critical and Exegetical Commentary on the Book of Exodus, Edinburgh 1866, 156 stellte das Wort zur Wurzel *mjn* 'spalten' und verstand unter *mān* „secretion", nämlich das von der Tamariske, wie er meinte, sekretierte Manna. Zum selben Ergebnis gelangte P. Haupt (AJP 43, 1922, 248; PAPS 61, 1922, 235) über die Präp. *min*, urspr. ein Subst. mit der Bedeutung 'Trennung', zu der er *mîn* 'Art', d.h. worin sich etwas unter-„scheidet", und *mîn* 'Häretiker, Sektierer' stellt. Gegen diese Etymologie spricht jedoch, daß erst die neuzeitliche Naturwissenschaft das Manna als pflanzliche bzw. tierische Sekretion erkannte.

Es gab auch Versuche, das Wort aus anderen semit. oder nichtsemit. Sprachen zu erklären. So hatte bereits J. H. Hottinger, Etymologicum Orientale, Francofurti 1661, 248 das arab. Nomen *mann* 'gnädige Gewährung, Gunst, Wohltat' herangezogen und *mān* als „quasi beneficium, donum, munus Dei" gedeutet. Eine Verwandtschaft beider Wörter hielten auch W. Gesenius seit der 2. Aufl. seines hebr. Wörterbuchs (1823) 427 (vgl. Thesaurus II, 1840, 799) und F. E. König in seinem Wörterbuch (1936) 228 für möglich. Mohammed scheint im Koran 2, 57 (54); 7, 160 (160) u. 20, 80f. (82) mit „Eßt von den guten Dingen, die wir euch beschert haben" das aram. Lehnwort (vgl. Horovitz, HUCA 2, 1925, 222 u. 210f.) *al-mannu* 'Manna' volksetymologisch mit dem arab. Verbum *manna* 'Gnade, Gunst, Wohltaten erweisen; gewähren, schenken, gnädig verleihen', das er vornehmlich von Allah gebraucht (vgl. Sure 3, 164 [158]; 4, 94 [96]; 6, 53; 12, 90 u.ö.), in Verbindung gebracht zu haben. So findet man im *Muḫtār aṣ-ṣiḥāḥ* von *Muḥ. ar-Rāzī*, Kairo ^{3}1911, 662 die (bereits ältere) Definition: „*al-mannu* ist jede Wohltat, die durch Allah, erhaben ist er, gewährt wird, für die man sich nicht geplagt und angestrengt hat."

G. Ebers, Durch Gosen zum Sinai, Leipzig ^{2}1881, 226f. war für eine Ableitung aus dem Altäg. eingetreten. Unter den für den Horustempel in Edfu (3. Jh. v.Chr.) bestimmten Opfergaben wird nämlich eine den Anta-

körnern ähnliche Substanz unter den Konsonanten *mnn* erwähnt, die er *mannu* vokalisieren und für Manna halten wollte. V. Loret (RTPE 16, 1894, 159f. liest dagegen „*Mennen*" und erklärt es für Bitumen, Asphalt oder Erdpech. Außerdem betrachtet GesB dieses erst im Spätäg. vorkommende Wort *mn(n?)w*, sofern überhaupt mit Manna gleichbedeutend, als Entlehnung aus dem Semitischen.
Noch weniger überzeugt die von J. Fürst, Concordantiae Hebraicae, Lipsiae 1840, 648 aus Sanskrit *maṇi* 'Perle; Edelstein, Juwel' ermittelte Bedeutung von *mān* als „gutta, resina", womit (wegen des Vergleichs mit dem Bdellium in Num 11, 7) auf die harzähnlichen Tropfen des (Tamarisken-)Mannas angespielt werde.
L. Köhler (1943; vgl. KBL² 534 und W. Baumgartner, ThZ 4, 1948, 235) sieht die urspr. Bedeutung von *mān* durch Plinius überliefert, der in seiner Naturkunde (Nat. hist. XII 32) vom Weihrauch sagt: „Micas concussu elisas mannam vocamus". Köhler übersetzt: „Die Krümchen, die durch das Schütteln abgesprungen sind, nennen wir Manna" und erschließt daraus für *mān* die Grundbedeutung „Feines, Körniges, Krümchen", was gut zu Ex 16, 14 passe, wo es seiner Meinung nach heißen muß: „Da lag auf dem Boden der Wüste etwas Feines, Körniges." Der kleinen Körner wegen sei dieser semit. Name sowohl dem Weihrauch als auch dem Tamariskenmanna gegeben worden. Diese Erklärung ist indessen schon sehr alt, denn sie findet sich bereits bei Claudius Salmasius 1664. Jedoch ist der von vielen Wörterbüchern (auch ThWNT IV 466) angegebene Begriff des „Körnigen" in lat. manna nicht enthalten. Das aus dem Griech. kommende Wort, das zum erstenmal Hippokrates gebraucht, findet sich in der klass. Literatur hauptsächlich in medizinischen Werken und bezeichnet immer den fein zerstoßenen Weihrauch oder das „Weihrauchpulver", das in der antiken Medizin als Adstringens diente.

Nun heißt aber das Tamariskenmanna der Sinaihalbinsel bei den Einheimischen *mann*, ein Name, der zweifellos mit hebr. *mān* zusammenhängt. Da er jedoch seiner Verwendung nach ein original-arab. Wort sein muß und keine Entlehnung aus dem Hebr. darstellt, kann er den biblischen Namen, falls in Ex 16 dieses Naturprodukt gemeint ist, noch am ehesten erhellen. Die Araber haben aber nicht nur das Tamariskenmanna so genannt. Bereits der Polyhistoriker an-Nuwairī (1279–1332) zählt dreizehn verschiedene Arten von Manna auf. Danach bezeichnen die Araber mit *mann* u.a. den Honig, den Stocklack, das Ladanumharz, die pulverförmigen Blattbeläge Wars und Qinbīl, die Flachsseide, die Wachsschicht auf Palmblättern, das pers. Tarangubin oder Alhagimanna, zu dem er auch das auf die Tamariske fallende Manna stellt, sowie den Honigtau auf Eichen, Pfirsich- und Aprikosenbäumen. Es handelt sich dabei zwar um ganz verschiedenartige Substanzen, aber immer sind es dünne, feine Pflanzenbeläge, von denen man, in Unkenntnis ihres pflanzlichen oder tierischen Ursprungs, annahm, sie seien vom Himmel gefallen. Daher ergibt sich als Grundbedeutung von arab. *mann* 'dünne Schicht, feiner Belag; etwas Dünnes, Feines', wobei die Vorstellung des „Vom-Himmel-Fallens" wesentlich hinzugehört. Demnach dürfte klass. μάννα/*manna*, der Weihrauchstaub, ein semit. Lehnwort sein, das als term. techn. mit dem Weihrauch zu den Griechen und Römern kam. Es hat zwar mit dem gleichlautenden griech.-lat. biblischen Wort nichts zu tun – was auch sein Genus als deklinables Fem. zeigt –, ist aber etymologisch mit ihm verwandt.

Im Hebr. ist die Wurzel *mnn* 'dünn, fein sein' nur belegt in *minnîm* (Ps 105, 4) und *minnî* (Ps 45, 9) 'Saiteninstrumente' (Lehnwort?); vgl. syr. *mennā*, *menntā*', 'Haar; Pelz, Saite' (beim Musikinstrument).

Entsprechend der Grundbedeutung von arab. *mann* wird denn auch in der Bibel vom Manna gesprochen: Es fällt mit dem Tau vom Himmel, wie man zweifellos mit Num 11, 9 aus dem Bedecktsein vom Tau in Ex 16, 13 schließen muß, und überzieht in einer dünnen Schicht, „fein wie Reif" (Ex 16, 14) den Boden. Dieser „dünne Belag" wird hebr. *daq* genannt, ein Wort, das überraschenderweise in genau demselben Sinn wie das arab. *mann* verwendet wird. Es besitzt ebenfalls die Grundbedeutung 'dünn sein, fein sein' und bezeichnet den fein zerstoßenen Weihrauch (Lev 16, 12), den Staub (Jes 29, 5; 40, 15); das dünne Haar (Lev 13, 30), den dürren Mann (Lev 21, 20; von Kühen: Gen 41, 3. 4; von Ähren: vv. 6. 7. 23f.) sowie einen schwachen Laut (1 Kön 19, 12).

III. Mit *daq* wird also *mān* etymologisch exakt erklärt. Daraus geht hervor, daß der Autor von Ex 16, 14 sehr wohl gewußt hat, welche Vorstellungen hinter diesem Namen stehen. Wenn er zudem das Manna mit dem Tau „vom Himmel fallen" läßt, so macht dies deutlich, daß er das Naturprodukt im Auge hat. Zweifellos denkt er dabei an das sinaitische Tamariskenmanna, da in den die Wüstenwanderung Israels betreffenden Gebieten – wie immer man sich die Route vorstellen mag – nur dieses im südlichen Sinai vorkommt, womit der Urheber der Mannaerzählung indirekt darauf hinweisen könnte, daß er im dortigen Hochgebirge den Sinai gesucht hat. Für das Tamariskenmanna spricht aber auch die genaue Beschreibung in Ex 16, 31, wonach das Manna aus weißen und honigsüßen Körnern von der Größe des Koriandersamens besteht. Da diese Fruchtkügelchen gelblichbraun sind, wird hier nur die Form und nicht die Farbe verglichen, was auch aus Num 11, 7 hervorgeht.
Die arab. Gelehrten hielten das Manna für „eine Art Tau". So fällt auch nach Num 11, 7 das honigartige Manna mit dem Tau vom Himmel. Das Tamariskenmanna der Sinaihalbinsel ist in der Tat nichts anderes als ein Honigtau, der auch bei uns auf bestimmten Laubbäumen (z. B. Eiche, Linde, Weide, Ahorn, Kirsch- und Pflaumenbäumen) und Nadelhölzern (Tanne, Fichte, Kiefer, Lärche) sowie anderen Pflanzen hauptsächlich von Blattläusen und Schildläusen im Hochsommer erzeugt wird. Da diese Pflanzensäfte nährstoffarm sind, benötigen die Insekten zur Deckung ihres Nahrungsbedarfs sehr große Mengen,

die sie zu wertvollen Aufbaustoffen umwandeln und als sog. Honigtau wieder ausscheiden, der wie Regentröpfchen oder Tauperlen zu Tausenden auf den Zweigen sitzt oder zu Boden fällt. In der kühlen Nacht und am frühen Morgen sind sie noch formfest, in der Sonnenwärme aber zerfließen sie infolge ihrer leichten Schmelzbarkeit sehr bald (vgl. Ex 16, 21) und überziehen dann die Blätter und Zweige mit einer dünnen, firnisartigen Schicht. Auf sie bezieht sich die Grundbedeutung des Namens *mān*/*mann*. Weil sich dieses am Baum festklebende Manna schlecht abernten läßt, sammelt man in der Morgenfrühe die noch starren Mannakügelchen. Bei niedrigen Temperaturen kristallisieren sie im Verlauf weniger Tage aus und nehmen im reinen Zustand eine milchigweiße Farbe an. Wenn in Ex 16 einerseits (v. 14) von einer „schuppendünnen Schicht" und andererseits (v. 31) von „Körnern" gesprochen wird, so ist dies also kein Widerspruch. In v. 14 wird, etymologisch erklärend, das Wesensmerkmal des Namens *mān*, in v. 31 dagegen, botanisch erklärend, das Charakteristikum einer bestimmten Art, nämlich des Tamariskenmanna, beschrieben.

Das Tamariskenmanna wurde auf der Sinaihalbinsel nur in einigen Tälern des südlichen Hochgebirges und an der Südwestküste (bei *aṭ-Ṭūr*) festgestellt. Dieses eigenartige Phänomen hängt mit klimatologischen Faktoren zusammen. Nur im Zentralmassiv fallen nämlich genügend Niederschläge (bis zu 200 mm im Jahr), die als perennierende Grundwasserströme den Tamarisken, auch an trockneren Gebieten (Suezgolfküste), die nötige Feuchtigkeit zuführen. Wird dieses Quantum in regenarmen Wintern nicht erreicht, dann kann die Mannaproduktion Jahre hindurch ausbleiben, weshalb sie auch an Orten, die ständig unter diesem Limit liegen (z. B. Kadesch) nicht möglich ist (gegen H. Greßmann, Mose und seine Zeit, FRLANT 18, NF 1, 1913, 137; A. de Guglielmo, CBQ 2, 1940, 122 und E. Auerbach, Moses, Amsterdam 1953, 94–96).
Die Identifizierung des biblischen Manna mit dem natürlichen (Tamarisken-)Manna geht bis auf Flavius Josephus zurück (Ant. III 1, 6).

IV. Die Mannaerzählung Ex 16 gehört zu den literarkritisch umstrittensten und schwierigsten Kapiteln des AT. Einig ist man sich nur über ihre Uneinheitlichkeit.

Die verwirrende Vielfalt der Meinungen läßt sich jedoch größtenteils auf drei Grundpositionen – mit mehr oder weniger starken Abweichungen – reduzieren: 1. Die vorherrschende Theorie schreibt den Hauptbestandteil von Ex 16 P zu und sieht (bes. in den vv. 4+5. 13–15. 27–31. 35) Fragmente einer aus J stammenden Überlieferung (so im Anschluß an Wellhausen, G. von Rad, G. W. Coats, Rebellion in the Wilderness, New York 1968, 83–87; M. Noth, ATD 5, [6]1978, 103–109; N. Negretti, Il settimo giorno, AnBibl 55, Rom 1973, 173–224; B. S. Childs, The Book of Exodus, OTL, 1974, 271–304). – 2. Weniger vertreten wird die gegenteilige Meinung, die Grunderzählung stamme von J und sei durch redaktionelle, namentlich priesterschriftliche Zusätze (vor allem in den vv. 1+2. 6–13a. 32–36) erweitert (R. Smend, Die Erzählung des Hexateuch, 1912, 148–151. 158; O. Eißfeldt, Hexateuch-Synopse, Leipzig 1922, 37–39; W. Rudolph, Der Elohist von Exodus bis Josua, BZAW 68, 1938, 34–37. 275). – 3. Nach einigen Literarkritikern scheidet dagegen J ganz aus und es kommt nur eine mehr oder weniger stark (z. T. dtr) überarbeitete Erzählung von P in Frage (E. Ruprecht, 1974). Eine andere Schichtung hinwieder konstatieren J. Coppens (1960) und B. J. Malina (1968).

Neuere literarkritische Untersuchungen (Maiberger, 1983) führen zum Ergebnis, daß der Grundbestand von Ex 16 nur auf einen priesterschriftlichen Verfasser zurückgeht und daß von seinem mehrfach erweiterten Bericht alle anderen Schriftstellen über das Manna abhängig sind. Die von P stammende Grunderzählung (Ex 16, 1–3. 6+7. 9–14abα. 15. 21. 31. 35a) gehört zur Gattung der „Murrgeschichten" (vgl. Num 14, 1–38; 16, 1–36; 17, 6–28; 20, 1–13) und will aufzeigen, daß Gott sein rebellisches und vertrauensloses Volk in der unfruchtbaren und lebensfeindlichen Wüste wider alles Verdienst und Erwarten mit Nahrung versorgt hat. Der große zeitliche Abstand von P zu den Ereignissen sowie das Fehlen älterer Traditionen sprechen gegen eine historische und naturalistische Interpretation der auf theologischer Reflexion beruhenden Mannaspende. Zwar knüpft der Verfasser mit dem Manna (ebenso wie mit den Wachteln in v. 13) an eine für die Sinaihalbinsel charakteristische Erscheinung an, aber er erhebt sie ins Wunderbare, insofern er das Volk 40 Jahre hindurch jeden Tag mit Manna versorgt werden läßt.

Da die Israeliten später (v. 31) dem ihnen unbekannten Nahrungsmittel den Namen *mān* geben, wäre es eine Spannung, wenn sie sich bereits zuvor bei der ersten Begegnung mit ihrem Ausruf *mān hû'* (v. 15) dieses Namens bedient und „Das ist Mān(na)" gesagt hätten. Daher ist zwar grammatikalisch, aber nicht sachlich diese jüngst von Schult (1972) wieder vorgeschlagene Übersetzung möglich. Sie wurde allerdings schon vor Jahrhunderten recht häufig vertreten. Die heute (der LXX und V folgende) allgemein übliche Übersetzung „Was ist das?" wird eher der Sache als der Grammatik gerecht, weil ein impers. Interrog.-pron. *mān* weder im Hebr. noch in einer anderen semit. Sprache existiert. Es ist daher anzunehmen, daß der Verf. die Fragepartikel *māh* 'was?' zu einem (durch das nachfolgende *mah-hû'* erklärten) Fragewort *mān* umgeformt hat (wobei das gleichlautende pers. Int.-pr. des Aram. Pate gestanden haben könnte), um auf die spätere Namengebung anzuspielen.

An die Grunderzählung (Einheit A) schloß sich, mit „Und es geschah am 6. Tag" an das „Morgen für Morgen" in v. 21 anknüpfend, die erweiterte Einheit B (16, 22aα.b. 23–24aα. 25–26) an, die mit der Mannaspende die Einführung des Sabbats verbindet. Zu diesem Zweck wird das Manna noch weiter ins Wunderbare gesteigert, da es am 6. Tag in doppelter Menge, am Sabbat aber nicht fiel und, obwohl es an der Sonne schmolz, nach Belieben gekocht und gebacken werden konnte und somit sämtliche Lebensmittel ersetzte.
Die erweiterte Einheit C (16, 16–20. 32–34) knüpft an den Honiggeschmack des Mannas (v. 31) an und ent-

deckt im Manna ein Symbol des die Seele nährenden „honigsüßen" Gotteswortes (vgl. Ps 19, 11; 119, 103; Ez 2, 8; 3, 1–3; Spr 24, 13f.; Sir 24, 20), das jedem gleicher„maßen" zur Verfügung steht (v. 18). Um auf das Gotteswort hinzuweisen, wird daher ein *ʿomær* Manna vor der Bundesurkunde(!) aufbewahrt (v. 34). Vermutlich ist das nur in dieser Einheit und sonst nirgends inner- oder außerhalb des AT belegte Hohlmaß *ʿomær*, das Zehntel eines *ʾêpāh* (v. 36), ein symbolträchtiger Name, den der Verf. nach dem Vorbild des ähnlich klingenden *ḥomær*, dem Zehnfachen eines *ʾêpāh*, ad hoc erfunden hat, um auf *ʾomær* 'Gotteswort' (Ps 68, 12; 77, 9; vgl. auch Ps 19, 3f.) anzuspielen.

Die erweiterte Einheit D (16, 4+5. 27–30) stellt die von B mit dem Sabbatgebot verbundene Mannaspende unter das Thema „Versuchung", indem sie die abstrakten Begriffe „Versuchung" und „Gesetzgebung" der ihr vorliegenden Nachricht Ex 15, 25b–26 am Beispiel der Sabbatvorschrift konkretisiert. Das in der Grunderzählung „Brot" (v. 15) genannte Manna entstammt als „Brot vom Himmel" (v. 4) bereits dem Überirdischen.

Num 11, 6–9 ist ein von der Grunderzählung und der erweiterten Einheit B (Kochen und Backen) abhängiger glossierender Einschub, wogegen Deut 8, 2–4. 16, wo das Manna das durch Hunger erprobte Volk an die Lebensnotwendigkeit des Gotteswortes erinnern soll, auf den erweiterten Einheiten C und D basiert. Jos 5, 12 blickt auf Ex 16, 35 zurück. Auf D wiederum beruht in Neh 9, 15 und Ps 105, 40 der Ausdruck „Brot vom Himmel", wogegen in Neh 9, 20 der Kontext auf Deut 8, 3+4 verweist. Ebenso hat Ps 78, 23–25 die ins Transzendente weisende Vorstellung der Einheit D aufgegriffen und das Manna zum „Himmelsgetreide" und „Brot der Starken oder Engel" idealisiert.

„Engelsspeise" wird das Manna auch im Buch der Weisheit (16, 20) genannt. Zum Inbegriff des Wohlgeschmacks gesteigert, symbolisiert es die Süßigkeit (γλυκύτητα v. 21) Gottes zu seinen Kindern. Auch hier wird, wie in der erweiterten Einheit C und Deut 8, 3, das Manna zur Seelenspeise spiritualisiert, indem es als „allesernährende" und „jedem Geschmack sich anpassende" (v. 25) Nahrung an das lebenspendende Gotteswort erinnern soll (v. 26). Die von daher zu verstehende Aussage, daß sich von ihm „die Gerechten nähren" (v. 23) und das Adjektiv „ambrosisch" (19, 21), das nochmals die himmlische Köstlichkeit hervorhebt, haben wohl zur spätjüdischen Idee vom Manna als Nahrung der künftigen Welt (*ʿôlām habbā*) beigetragen (vgl. Apk 2, 17).

Maiberger

מָנָה *mānāh*

מְנָת *m^e^nāt*, מְנִי *m^e^nî*

I. 1. Etymologie, Vorkommen – 2. Wiedergabe in LXX – II. Das Verb *mnh* – 1. *qal* und *niph* (*p^e^ʿîl*) – 2. *pi* (*paʿel*) und *pu* – III. *mānāh, m^e^nāt, m^e^nî.*

Lit.: *W. Borée*, Die alten Ortsnamen Palästinas, ²1968. – *O. Eißfeldt*, Eine Einschmelzstelle am Tempel zu Jerusalem (KlSchr II, 1963, 107–109). – *Ders.*, Die Menetekel-Inschrift und ihre Deutung (KlSchr III, 1966, 210–217). – *J. A. Fitzmyer / D. J. Harrington*, A Manual of Palestinian Aramaic Texts (BietOr 34, 1978). – *H. Gese / M. Höfner / K. Rudolph*, Die Religionen Altsyriens, Altarabiens und der Mandäer (RdM 10, 2, 1970). – *E. Jenni*, Das hebräische Piʿel, Zürich 1968. – *K. Rupprecht*, Der Tempel von Jerusalem (BZAW 144, 1977). – *T. Veijola*, Die ewige Dynastie (AnAcScFen Ser. B, 193, 1975). – *M. Wagner*, Die lexikalischen und grammatikalischen Aramaismen (BZAW 96, 1966). – *H. W. Wolff*, Studien zum Jonabuch, ²1975.

I. 1. Die Wurzel *mnw/j* mit der Grundbedeutung 'zählen' ist gemeinsemitisch (s. KBL³ 567; P. Fronzaroli, AANLR 20, 1965, 260. 266. 269; sie fehlt im Äth.). Zahlreiche Belege finden sich im Akk. (*manû* 'zählen, rechnen', auch '[Beschwörung] rezitieren' [CAD M/I, 221–227; AHw 603f.], außerdem mehrere Derivate, darunter *mīnu* 'Zahl'). Innerhalb des Nordwestsemit. ist die Wortgruppe vor allem im Aram. vertreten (*mnj* 'zählen' [vgl. nur DISO 159, LexSyr² 394, WTM III 156f., MdD 274a, zu den aram. Texten aus Qumran und der Wüste Juda s. Fitzmyer/Harrington 328], die wichtigsten Derivate sind *mnh/mnt* 'Teil, Anteil' und *mnjn* 'Zahl'). Auch im Bibl.-Aram. ist sie vergleichsweise gut bezeugt (6mal das Verb *mnh*, davon je einmal *qal* und *p^e^ʿîl* [Dan 5, 25, → II. 1], 4mal *paʿel*; einmal *minjān*). In den übrigen Bereichen des Nordwestsemit. tritt sie dagegen stärker zurück. Im Ugar. findet sich nur vereinzelt das Nomen *mnt* 'Zählung, Teil' (WUS Nr. 1600, UT Nr. 1502). Auch im Hebr. des AT gibt es nur eine begrenzte Zahl von Belegen (vgl. dagegen *spr*, → II. 1). Das Verb ist 28mal bezeugt (12mal *qal*, 6mal *niph*, 8mal *pi* [ohne Ps 61, 8: *mn* ist Textfehler bzw. nicht von *mnh* abzuleiten, vgl. BHS, KBL³ 565, 567], einmal *pu*). Derivate sind *mānāh* (12mal) und *m^e^nāt* (9mal, dazu cj. Neh 13, 5 [statt *mṣwt*, vgl. BHS, HAT I/20, 204]) sowie der Gottesname *m^e^nî* (hap. leg., außerdem ist 2mal **monæh* im Sinne von 'mal' bezeugt). Da diese Belege überwiegend aus nachexilischer Zeit stammen, muß auch mit aram. Einfluß gerechnet werden (*m^e^nāt* dürfte überhaupt ein aram. Lehnwort sein [Wagner 78f.], auch das ausschließlich spät bezeugte *pi* von *mnh* könnte dem aram. *paʿel* nachgebildet sein [Wagner ebd.]). Nur vereinzelt ist die Wortgruppe in den hebr. erhaltenen Teilen des Sirachbuches und in den hebr. Qumranschriften bezeugt (*mnh qal* Sir 40, 29, *niph*? 1 QSb 4, 2 [vgl. DJD I 125f.], *mnh* [*mānāh*] Sir 26, 3 [s. u. III.]; 41, 21, *mnt* [*m^e^nāt*] 1 QS 10, 8; TR 22, 10; zum späteren hebr. Schrifttum vgl. WTM III 149f., 154–156, 157f., 161f.).

Wahrscheinlich ist auch der Ortsname *timnāh* (Gen 38, 12; Jos 15, 10 u.ö., auch in Zusammensetzungen [Jos 19, 50; 24, 30; Ri 2, 9], vgl. *timnî* [Ri 15, 6]) von *mnh* abzuleiten (Borée 41, 74). Ob dies auch für den PN *jimnāh* gilt (Gen 46, 17; Num 26, 44 [an zweiter Stelle wohl *jimnî* zu lesen, s. BHK, BHS]; 1 Chr 7, 30; 2 Chr 31, 14), ist unsicher. Nach KBL³ 397 handelt es sich um einen theophoren Namen (er [Gott] teile [teilte] zu [*mnh pi*]), nach Noth (IPN 224) um eine Ableitung von *jmn* ('Glück[s-kind]', → ימין *jāmîn*).

2. *mnh qal* (auch aram.) und *niph* wird in LXX überwiegend mit ἀριθμέω wiedergegeben (andere Verben in 1 Kön 20, 25; Jes 53, 12 [λογίζω, vgl. λογισμός Sir 40, 29]; 65, 12; Dan 5, 26 Th, das *peʿîl* in Dan 5, 25 hat in LXX keine Entsprechung [s. u. II. 1]). Für das *pi* (*paʿel*) und *pu* tritt καθίστημι oder ein Kompositum von τάσσω (διατάσσω, ἐκτάσσω, προστάσσω) ein (andere Verben in Hi 7, 3; Dan 1, 5 LXX; 1, 11 LXX). Für die Nomina *mānāh* und *menāṯ* tritt stets μερίς ein. Der Gottesname *menî* wird mit τύχη wiedergegeben.

II. 1. Für alle Formen im *qal* und *niph* (auch im *qal* und *peʿîl* des Bibl.-Aram.) ist die Grundbedeutung 'zählen' vorauszusetzen. Es handelt sich jedoch nicht um ein neutrales Abzählen, sondern um ein zielgerichtetes Zählen im Sinne von 'abrechnen, verfügen'. So wird eingegangenes Silber gezählt, um als Lohn für Handwerker wieder ausgezahlt zu werden (2 Kön 12, 11f., zum Vorgang des Zählens s. Eißfeldt, KlSchr II 107–109). Der Hirte zählt die Herdentiere, um den Bestand der Herde zu kontrollieren (Jer 33, 13). Der Aramäerkönig soll ein neues Heer „auszählen“, um im Kampf gegen Israel wieder über ein schlagkräftiges Machtinstrument verfügen zu können (1 Kön 20, 25). David führt eine Volkszählung durch, um genau zu erfahren, welche Zahl an kriegsfähigen Männern ihm zur Verfügung steht (2 Sam 24, 1; 1 Chr 21, 1, vgl. 2 Sam 24, 9, weiteres s. u.). Der Gottesknecht wurde den *pošeʿîm* (→ פשע *pšʿ*) „zugezählt“ und damit dem Tode preisgegeben (Jes 53, 12). Umgekehrt bedeutet Nichtzählbarkeit, daß jede Abrechnung oder Verfügungsgewalt ausgeschlossen ist. Wo nichts vorhanden ist, kann nicht gezählt, also auch über nichts verfügt werden (Pred 1, 15). Das gleiche gilt für unvorstellbar hohe Zahlen. So kann Israel als ein unermeßlich großes Volk gekennzeichnet werden, um deutlich zu machen, daß es von außen her unangreifbar (Num 23, 10) und für einen unerfahrenen König nicht zu regieren ist (1 Kön 3, 8). Gelegentlich wird bei der Verheißung von Nachkommenschaft an die Erzväter die Unzählbarkeit der Nachkommen betont, wobei in Gen 13, 16 zweimal das Verb *mnh* erscheint (*qal* und *niph*). Auch hier soll zum Ausdruck gebracht werden, daß die künftigen Nachkommen, d. h. die Israeliten, eine nicht abzusehende Bedeutung gewinnen werden und daß keine Macht der Welt sie in Frage stellen kann. Wenn schließlich im Zusammenhang mit der Tempelweihe die Opferung zahlloser Tiere erwähnt wird (1 Kön 8, 5; 2 Chr 5, 6; vgl. 1 Kön 8, 62–64), dann soll damit veranschaulicht werden, daß es sich um ein Ereignis handelt, dessen Ausmaße normaler menschlicher Vorstellungskraft und Kontrolle entzogen sind.

Derartige Einschränkungen gelten nicht für JHWH. Tritt er bei Formen von *mnh* als Subjekt auf, dann wird seine unbegrenzte Souveränität zum Ausdruck gebracht. Er entscheidet über die Zahl der Sterne und benennt sie (Ps 147, 4), d. h. er übt die Verfügungsgewalt über sie aus (→ קרא *qārā'*, שם *šem*). Er „zählt“ die Abtrünnigen für das Schwert „aus“ und gibt sie damit der Vernichtung preis (Jes 65, 12, → חרב *ḥæræḇ*). Er hat die Herrschaft Belsazars „gezählt“ (Dan 5, 26), d. h., er hat sie abgerechnet wie eine Geldsumme und zieht nun den Schlußstrich. Auch Dan 5, 25b ist wohl als eine Abrechnung zu verstehen. Das erste *mene'* (in LXX [Th] sekundär ausgefallen, vgl. auch die Zusammenfassung vor 5, 1 LXX) dürfte ein Ptz. *peʿîl* sein und ist den drei folgenden Gewichts- bzw. Geldwerten „als eine Art Prüfungs- oder Beglaubigungsvermerk im Sinne von ‚Gezählt'“ vorangestellt (Eißfeldt, KlSchr III 213f.; das logische Subjekt des Partizips ist wiederum JHWH; es ist allerdings fraglich, ob sich v. 25b auf Belsazar allein bezieht, es handelt sich wohl ursprünglich um eine Aussage über den sinkenden Wert nbabyl. Könige, die im jetzigen Kontext, vor allem durch vv. 26–28, eine neue Deutung erfuhr, vgl. Eißfeldt, ebd. 210–217 und die Komm.). Auch die bereits behandelten Aussagen über die unermeßliche Größe Israels (Gen 13, 16; Num 23, 10; 1 Kön 3, 8) dienen letztlich dem Erweis der unbegrenzten Souveränität JHWHs. Denn sie alle setzen voraus, daß dieses Volk sein Werk ist und daß er die Kontrolle darüber nicht verliert. D. h., seine Verfügungsgewalt übersteigt die Möglichkeiten menschlicher Berechnung und Entscheidung.

Es gibt freilich auch eine schuldhafte Aneignung göttlicher Verfügungsgewalt von menschlicher Seite. Die von David eigenmächtig vorgenommene Volkszählung (2 Sam 24; 1 Chr 21, zu dieser s. o.) gilt als schwere Versündigung, die eine entsprechende Strafe zur Folge hat (2 Sam 24, 1; 1 Chr 21, 1. 17; 27, 24, vgl. 2 Sam 24, 10; 1 Chr 21, 3, → דבר *dæbær*). Die Versündigung dürfte eben darin bestehen, daß durch das Zählen des Volkes das göttliche Wirken an Israel einer unerlaubten menschlichen Kontrolle unterworfen wird (zu dieser auch außerhalb Israels verbreiteten Vorstellung → פקד *pqd*, vgl. auch THAT II 472f.; G. André, Determining the Destiny [CB OTS 16, 1980]. Das Kapitel 2 Sam 24, von dem 1 Chr 21 abhängig ist, ist allerdings nicht einheitlich. V. 1 dürfte zu einer späteren Bearbeitung gehören, durch die der ursprüngliche Text der Volkszählung [vv. 2. 4b–9] theologisch interpretiert wird [Veijola 108–117, Rupprecht 6]. Wenn aber gerade hier *mnh* erscheint [im ursprünglichen Text dagegen *pqd*], dann wird besonders deutlich, daß mit diesem Verb die Vorstellung des Abrechnens und Verfügens fest verbunden ist. Möglicherweise gehört v. 10, in dem *spr* gebraucht wird, einer weiteren Bearbeitung an [Veijola, ebd., zu *spr* s.u.]). Andererseits aber kann JHWH zu einer Selbstprüfung anleiten, die menschliches Eigenvermögen übersteigt. Dem (nachexil.) Ps 90 zufolge kann er die, die sich ihm anvertrauen, lehren, ihre Tage zu „zählen" (v. 12a), d.h. das eigene Leben mit seiner Nichtigkeit und Vergänglichkeit (vv. 9–11) schonungslos abzurechnen, um wahrhaft weise zu werden (v. 12b). Hier werden weisheitliche Vorstellungen aufgegriffen und verarbeitet (→ חכם *ḥākam* V.). Das schonungslose Abrechnen ist die Voraussetzung für eine gottgemäße Weisheit, die ihrerseits in das Vertrauen auf JHWHs Barmherzigkeit und Hilfe einmündet (vv. 1. 13–17).

Im Hebr. sind *qal* und *niph* von *mnh* weitgehend gleichbedeutend mit den entsprechenden Stämmen von *spr* (→ ספר). Beide Verben können daher auch unmittelbar nebeneinander als Synonyma auftreten (1 Kön 3, 8; 8, 5, vgl. auch 2 Sam 24, 1. 10 [dazu s.o.]). Allerdings ist das letztere im *qal* ungleich häufiger bezeugt. Von ihm wird auch das im Hebr. ausschließlich gebräuchliche Nomen für 'Zahl' abgeleitet (*mispār*, vgl. dagegen aram. *minjān*). Hier liegt wohl kanaan. Einfluß vor (vgl. ugar. *spr* [WUS Nr. 1947; UT Nr. 1793], phön.-pun. *mspr* [DISO 161]). – In Sir 40, 29 hat *mnh qal* eine dem Verb *ḥšb* vergleichbare Bedeutung ('rechnen als', → חשב *ḥāšab*).

2. Das *pi* bzw. *pa'el* von *mnh* hat die Bedeutung 'zuteilen, beauftragen, in ein Amt einsetzen' (Resultativ, vgl. Jenni 213). Dementsprechend hat das Ptz. *pu* (1 Chr 9, 29) die Bedeutung 'beauftragt, eingesetzt'. Für sämtliche Belege im *pi* bzw. *pa'el* ist charakteristisch, daß sie jeweils die Verfügungsgewalt einer höchsten Autorität zum Ausdruck bringen. In den bibl.-aram. Texten sowie in Dan 1 geht es um die Verfügungsgewalt des babyl. bzw. pers. Großkönigs als der höchsten menschlichen Autorität (Dan 1, 5. 10; 2, 24. 49; 3, 12) oder um eine davon abgeleitete Befugnis oder Vollmacht (Dan 1, 11 [anders LXX]; Esr 7, 25). Die übrigen Belege beziehen sich auf die Verfügungsgewalt JHWHs, die alle menschlichen Möglichkeiten und Vorstellungen übersteigt. Dem Jonabuch zufolge kann er Naturkräfte wie Bedienstete beauftragen (Jon 2, 1; 4, 6–8). Seine Souveränität wird durch das viermalige Vorkommen der Form *waj^{e}man* wirkungsvoll unterstrichen (vgl. Wolff 38). Auch in Hi 7, 3 ist er, wie die Fortführung des Kapitels zeigt, das logische Subjekt (vgl. vv. 12ff.). D.h., für Hiob ist er es, der dem Menschen sein Geschick zuteilt und der ihn dabei in unbegreiflicher Weise in Not und Elend führt. Möglicherweise ist auch der PN *jimnāh* in ähnlichem Sinne zu deuten (s.o. I. 1). Zu Ps 61, 8 s.o. I. 1.

III. Die Nomina *mānāh* und *m^{e}nāṯ* kennzeichnen jeweils einen bestimmten Anteil, der einer Person oder Personengruppe (in Ps 63, 11 auch Tieren) zugewiesen wird bzw. zusteht. Im nichtübertragenen Sinne handelt es sich stets um Naturalien, wobei beide Nomina hauptsächlich auf den kultischen Bereich bezogen sind. In priesterschriftlichen Texten bezeichnet *mānāh* den Anteil der Priester am (Schlacht-)Opfer (Ex 29, 26; Lev 7, 33 [zur Abgrenzung des Terminus gegenüber *ḥoq* und *t^{e}rûmāh* in Lev 7, 33 vgl. R. Hentschke, Satzung und Setzender, BWANT 83, 1963, 34f.]; 8, 29; TR 22, 10), in chronistischen Texten *m^{e}nāṯ* den Anteil von Priestern und Leviten an den Abgaben für den Tempel (Neh 12, 44. 47; 13, 10; 2 Chr 31, 4, cj. Neh 13, 5 [s. I. 1], auch *mānāh* 2 Chr 31, 19). In zwei älteren Texten ist *mānāh* der Anteil der Teilnehmer am Opfermahl (1 Sam 1, 4f.; 9, 23). Auch die Übersendung von Speiseanteilen bei einem großen Fest, die vornehmlich unter karitativem Gesichtspunkt erfolgt, ist wohl aus der Vorstellung der Teilhabe an einem Opfermahl erwachsen (*mānāh* Neh 8, 10. 12; Esth 9, 19. 22 [Purimfest], vielleicht gehört auch Sir 41, 21b in diesen Zusammenhang). Rein profaner Gebrauch liegt nur in Esth 2, 9 (*mānāh*) und Ps 63, 11 (*m^{e}nāṯ*) vor. Im übertragenen Sinne kennzeichnet *m^{e}nāṯ* den Anteil am Leben, d.h. das dem einzelnen oder einer kollektiven Größe durch JHWH zugeteilte Geschick. Nach Ps 16, 5f. ist JHWH selbst der Besitzanteil, d.h. der Lebensgrund des einzelnen (→ חלק *ḥālaq* II). Hier werden vor allem Vorstellungen vom Landbesitz aufgenommen und auf das Schicksal des einzelnen übertragen (→ גורל *gôrāl*, חבל *ḥbl* I, נחלה *naḥ^{a}lāh*, daneben auch die Vorstellung vom Becher, → כוס *kôs*). Umgekehrt ist Vernichtung das Geschick, das den Frevlern zuerteilt wird (Becheranteil, *kôs*, Ps 11, 6), während das unzüchtige Jerusalem das Schicksal schmachvoller Schändung zu erleiden hat (Jer 13, 25; *m^{e}nāṯ middajiḵ* ist wohl mit „der Anteil deiner Maße" = „der dir zugemessene Anteil" zu übersetzen [die Lesart der LXX dürfte sekundär sein, zu dieser vgl. BHK, BHS], in Parallele steht hier *gôrāl*). Die gleiche übertragene Bedeutung liegt auch dem in Jes 65, 11 bezeugten Gottesnamen *m^{e}nî* zugrunde. Es handelt sich um einen Schicksals- bzw. Glücksgott (dementsprechend in LXX mit τύχη wiedergegeben), offenbar ein Gegenstück zu dem hier ebenfalls genannten Gott Gad (zu diesem und zu Schicksalsgöttern überhaupt → גד *gāḏ* III. 1). Wahrscheinlich ist er mit der im arabischen Bereich in vorislamischer Zeit weitverbreiteten Schicksalsgottheit *manāt*, die auch für die Nabatäer bezeugt ist (*mnwtw*), in Verbindung zu setzen (s. KBL^{3} 569, vgl. auch Gese/Höfner/Rudolph 205. 361f. 370. 377).

In Sir 26, 3 erscheint auch *mnh* (*mānāh*) in übertragener Bedeutung (die talmudisch bezeugte Lesart *mtnh* [vgl. R. Smend, Die Weisheit des Jesus Sirach, hebr. und deutsch, 1906, 44] dürfte sekundär sein, s. Tarbiz 29, 1960, 133, vgl. auch μερίς in LXX [→ I. 2]). – In 2 Chr 31, 3 bezeichnet *m^{e}nāṯ* nicht den empfangenen, sondern den gegebenen Anteil (Beitrag des Königs zu den öffentlichen Opfern). Dieser Gebrauch ist im AT singulär. Er findet sich jedoch auch in 1 QS 10, 8 („Beitrag meiner Lippen", als Opfergabe verstanden, vgl. *trwmt śptjm* 10, 6) sowie im späteren jüdischen Schrifttum (vgl. WTM III 161 [aram. 162]). Eine Textänderung ist daher nicht erforderlich.

Conrad

מְנוֹרָה *menôrāh*

I. Bedeutung, Vorkommen – II. Kultische Verwendungen: 1. Heiligtum – a) Aufbau – b) Symbolik – 2. Der Tempel Salomos – 3. Der zweite Tempel – 4. LXX, Qumran.

Lit.: *P. R. Ackroyd*, The Temple Vessels a Continuity Theme (VTS 23, 1972, 166–181). – *R. J. Clifford*, The Cosmic Mountain in Canaan and the OT (Harvard Semitic Monographs 4, Cambridge 1972). – *F. M. Cross*, The Priestly Tabernacle (BA 10, 1947, 45–68). – *M. Görg*, Zur Dekoration des Leuchters (BN 15, 1981, 21–29). – *E. R. Goodenough*, Jewish Symbols in the Greco-Roman Period (13 Bde, New York 1953–68). – *M. Haran*, The Complex of Ritual Acts Performed Inside the Tabernacle (Scripta Hierosolymitana 8, 1961, 272–302). – *Ders.*, The Divine Presence in the Israelite Cult and the Cultic Institutions (Bibl 50, 1969, 251–267). – *Ders.*, The Nature of the „'OHEL MO'EDH" in Pentateuchal Sources (JSS 5, 1960, 50–65). – *Z. Ilan*, Jewish Menorot from the Golan (Qadmoniot 13, 1980, 117–119). – *C. Meyers*, The Tabernacle Menorah, Missoula, Montana 1975. – *Ders.*, Was there a Seven-Branched Lampstand in Solomon's Temple? (BAR 5/5, 1979, 46–57). – *A. de Nicola*, La lucerna cultuale in Israele (BietOr 14, 1972, 79–91). – *J. Nougayrol*, Cylindres-sceaux et empreintes de cylindres trouvés en Palestine (Paris 1939). – *R. North*, Zechariah's Seven-Spout Lampstand (Bibl 51, 1970, 183–206). – *N. Perrot*, Les représentations de l'arbre sacré sur les monuments de Mésopotamie et d'Élam (Babyloniaca 17, Paris 1937). – *L. Y. Rahmani*, Depictions of Menorot on Ossuaries (Qadmoniot 13, 1980, 114–117). – *R. H. Smith*, The Household Lamps of Palestine in Old Testament Times (BA 27, 1964, 1–31). – *V. Sussmann*, Astragal Menorah on Clay Lamps (Qadmoniot 13, 1980, 119–121). – *L. E. Toombs*, "Lampstand" (IDB 3, 1962, 64–66). – *L. H. Vincent*, La peinture céramique Palestinienne (Syr 5, 1924, 81–107). – *L. Yarden*, The Tree of Light. A Study of the Menorah, Uppsala 1972.

I. Das Wort *menôrāh* wird in den meisten Fällen mit 'Leuchter' wiedergegeben. *menôrāh* ist eine Nominalform der verbreiteten Wurzel *njr* (*nwr*), von der ebenfalls *ner* 'Lampe' abgeleitet ist. Die hebr. Wurzel bedeutet ursprünglich wahrscheinlich 'leuchten', vgl. ugar. *njr* 'leuchten' (WUS Nr. 1850) und akk. *nūru* 'Licht' (AHw 805); mit beiden werden himmlische oder lichtspendende Assoziationen verbunden. Verwandte Begriffe im Arab. und Aram. haben ähnliche Bedeutungen. Da mit dem *mem*-Präformativ Substantive gebildet werden, die auf den Ort oder das Instrument der verbalen Handlung hinweisen, ist *menôrāh* ein Gattungsbegriff für den Ständer oder Halter einer Lampe, einer Sache, die „leuchtet". Synonym ist nur *næḇraštā'* (Dan 5, 5). Dieses entspricht dem Mischn. *niḇræšæṯ*, dessen Herkunft nicht bekannt ist; vielleicht stammt es von einer pers. Wurzel ab mit der Bedeutung 'scheinen, leuchten' (F. Rosenthal, A Grammar of Bibl. Aramaic, 1968, § 190). *menôrāh* begegnet in der hebr. Bibel 41mal, vornehmlich in P (26mal). Gemeint ist dort der einzelne goldene Leuchter des Zeltheiligtums (→ משכן *miškān*), das unter der Führung des Mose während der Wüstenwanderung angefertigt worden ist. Einzelheiten über die Anfertigung der *menôrāh* finden sich in den anleitenden (Ex 25, 31–40) und beschreibenden (Ex 37, 17–24) Abschnitten der Zelt-Texte. Außerdem finden sich verstreute Hinweise zu diesem Leuchter in anderen P-Abschnitten (Ex 30, 27; 31, 8; 35, 14; 39, 37; 40, 4. 24; Lev 24, 4; Num 3, 31; 4, 9; 8, 2. 3. 4). Der Leuchter des Salomonischen Tempels wird 12mal erwähnt: in der kurzen Beschreibung von 1 Kön 7, 49; dann 1 Chr 23, 15; 2 Chr 4, 7. 20; 13, 11 und in der jeremianischen Beschreibung der babylonischen Plünderung des Jerusalemer Tempels (Jer 52, 19). In einer Vision des Sacharja ist von einem Leuchter die Rede; hier wird vielleicht die Erinnerung an die Kunstgegenstände des ersten Tempels bewahrt, da ja diese Vision (Sach 4) vor dem nachexil. Aufbau des Tempels zu datieren ist. Nur einmal begegnet ein Leuchter in einem nicht kultischen Zusammenhang; in dem Schlafraum, der für Elisa in Sunem hergerichtet wurde, befand sich ein Leuchter (2 Kön 4, 10). Archäologische Funde von Leuchtern in Privathäusern sind selten (vgl. Smith 23); aber die Tatsache, daß Elisas Wirtin eine „reiche Frau" ist, kann den Grund angeben für diesen speziellen Einrichtungsgegenstand. Dieser Leuchter ist der einzige, von dem nicht explizit gesagt wird, daß er aus Metall (Gold oder Silber) gemacht ist. Er könnte von daher aus Keramik gefertigt gewesen sein, wofür es einige archäologische Hinweise gibt, oder aus Holz.

II. 1. Die sehr genaue Beschreibung von der Anfertigung der *menôrāh* in den Exodustexten wurde lange – mehr oder weniger – als eine Rückprojektion der kultischen Zustände zur Zeit des 2. Tempels in die Frühzeit Israels betrachtet. Die Forschung der Nachkriegszeit (z. B. Cross) hat aber jetzt das hohe Alter vieler priesterlicher Traditionen, die mit dem Heiligtum zusammenhängen, nachgewiesen, wobei jedoch zugegeben wird, daß die letzte schriftliche Fixierung kaum vor dem Exil durchgeführt wurde. Eine eingehende philologische, archäologische und kunsthistorische Analyse der detaillierten Darstellung des Zelt-Leuchters ermöglicht eine Datierung am Ende der späten Bronzezeit oder kurz danach, d. i. im Bereich des mosaischen Zeitalters (vgl. Meyers, Tabernacle Menorah, 182ff. und passim). Die technischen und künstlerischen Aspekte der Anfertigung finden sich auch in der äg.-ägäisch-kanaanäischen Sphäre von SB II. Dies ist wichtig für eine Einschätzung des Symbolgehaltes des Heiligtum-Leuchters.

a) Das Wort *menôrāh* bezieht sich in einigen P-Texten (wie Ex 26, 35; 40, 4. 24; Num 8, 2–3) vornehmlich auf den ganzen verzweigten Gegenstand – drei Röhren gehen von jeder Seite des zentralen Schaftes aus – während an anderen Stellen (Ex 25, 31–35; 37, 17–21) nur dessen zentraler Teil gemeint ist. Dieser letztere bildet die Fußstütze für die Lampe(n). Die sieben Lampen ihrerseits sind nicht

Bestandteil des Leuchters; es ist auch nicht ausdrücklich bestimmt, an welcher Stelle des Ständers sie sich befinden. Es wird *nicht* gesagt, daß sie sich am Ende einer jeden Röhre befinden; diese Ansicht jedoch findet sich bereits in frühen außerbiblisch-jüdischen Quellen, nicht aber im AT. Es ist sehr wahrscheinlich, daß sie sich alle auf dem zentralen Ständer befanden. Vielleicht könnte Lev 24, 4 den Platz der Lampen „auf" (*ʿal*) der *m^{e}nôrāh*, d. h. dem zentralen Ständer, bestätigen. Eine ähnliche Absicht läßt sich aus der Formulierung *'æl-mûl p^{e}nê hamm^{e}nôrāh* (Num 8, 2. 3) ersehen, die darauf hinweist, wohin das Licht der Lampen fallen soll. Durch den Gebrauch von *mûl* 'vor' oder 'gegenüber' zusammen mit *p^{e}nê* gewinnt letzteres die Valenz einer architektonischen Spezifizierung eines Teils des gesamten Leuchters, d. i. sein „Gesicht" oder der zentrale lichttragende Teil seines Schaftes, nicht, wie oft, 'Vorderseite'.

In zwei Fällen (Ex 27, 20; Lev 24, 2f., vielleicht noch Ex 25, 37) beschreibt der Text das Leuchten einer einzelnen Lampe. Beide Stellen stehen im Zusammenhang mit dem *'ohæl môʿeḏ*, stellen also eine Verschmelzung der Zelttradition mit der Heiligtums-Tradition der Priesterschrift dar (vgl. Haran).

Der zentrale Schaft bzw. der eigentliche Lampenständer besteht aus *jāreḵ w^{e}qānæh*. Dieses Paar ist ein Hendiadyoin und verweist auf einen sockelartigen Stiel, der unten erweitert ist und stabil ohne Stütze steht. Solche kultischen Ständer sind durch archäologische Funde im alten Orient bekannt (vgl. Meyers, Tabernacle Menorah, Kap. III und Tafel 1–19). Sie bestehen aus zylinderförmigen Schäften, die am Fuß einen größeren Durchmesser haben als an der Spitze und aus Metall, Stein oder Ton hergestellt sind.

Die Bezeichnungen der Leuchterarme sowie der Verzierungen stammen aus altem architektonischem Vokabular, sicher schon archaisch für die Zeit der LXX und der anderen alten Versionen, die die technischen Nuancen nicht mehr verstanden und in der Wiedergabe sich von einem etwas unterschiedlichen Leuchter des Zweiten Tempels beeinflussen ließen. Vielleicht ist die bemerkenswerteste Besonderheit dieser Terminologie (*qānæh, pæraḥ, kaptôr, m^{e}šuqqāḏîm* darin zu sehen, daß sie den Übergang pflanzlicher Motive in die Architektur anzeigen (vgl. die ägyptische Kunst).

Auch *kaptôr ûpæraḥ* bilden ein Hendiadyoin, das ein „Blumenkapitell" bezeichnet, das dreifach an den Röhren und vierfach an dem zentralen Ständer angebracht war. Die Wiederholung als künstlerisches Motiv vermittelt die Vorstellung von Kontinuität und Dauer; sie findet ihren spezifischen und reichen Ausdruck in der Kunst der 18. Dyn. in Ägypten. Hier zeigt sich eine Entwicklung der Spätbronzezeit, die man auch bei Ständern, dargestellt auf Wandgemälden oder Siegeln, beobachten kann, sowie bei den archäologisch bezeugten zylindrischen Ständern aus Palästina am Ende der späten Bronzezeit. Das botanische *qānæh* weist ebenfalls nach Ägypten. Es ist ein Gattungsbegriff für „Schilfrohr" und meint gewöhnlich das „Persische Schilfrohr" (*arundo donax*), das am Nil und im Nildelta besonders verbreitet war. Entsprechend findet sich *qānæh* im AT fast immer in Kontexten, die nach Ägypten weisen oder es steht symbolisch für Ägypten (vgl. Jes 36, 6 = 2 Kön 18, 21).

Die „Schalen" (*g^{e}ḇiʿîm*) des Leuchters sind wesentlich schwieriger zu bestimmen. Im Zusammenhang der *m^{e}nôrāh* bezeichnet dieser Terminus vielleicht eine ziemlich seltene doppelschalige Kultlampe, die aus einer Keramikschale besteht, die eine kleinere Schale umfaßt (vgl. Smith 14–17; BRL2). Diese palästinische Schalenlampe aus spätbronze- oder früheisenzeitlichen Funden hatte Vorläufer in Ägypten und im ägäischen Raum. Sie stammt vielleicht aus der Zelttradition, die nur eine Lampe voraussetzt; diese hat sich mit einer späteren Tradition mit sieben getrennten Lampen verquickt. Alternativ dazu könnte es sich um eine große Schale handeln, auf der die getrennten Lampen angebracht waren, ein Äquivalent zur *gullāh* des Sacharja. Das hebr. Wort *gullāh* ist verwandt mit akk. *gullatu*, während *geḇiʿāh* ein äg. Lehnwort zu sein scheint.

Material und Anfertigung des Heiligtum-Leuchters (vgl. die Ausdrücke „reines Gold" Ex 25, 31. 36; 37, 17. 22 und „getriebene Arbeit aus einem Stück" Ex 25, 36; 37, 22) weisen auf alte metallurgische Traditionen. Der erstere Ausdruck, *zāhāḇ ṭāhôr*, der sich von den anderen Wörtern für „Gold" in der Bibel unterscheidet, spiegelt eine Goldschmiedetradition wider, die mit äg. Praktiken verbunden ist. *kullāh . . . 'aḥaṯ* „aus einem Stück" scheint sich auf die Verwendung von Goldblech oder Goldfolie zu beziehen und zu implizieren, daß ein Holzmodell für die Anfertigung des Leuchters verwendet wurde. *miqšāh* ist unklar. Die Wurzel deutet ein Reiben an oder ein Hin- und Zurück-Bewegen, was sich vereinbaren ließe mit dem Vorgang des Anreibens von Blattgold an einen hölzernen Kern.

b) Der funktionale Zweck der *m^{e}nôrāh* wurde durch seinen zentralen Ständer erfüllt. Von daher haben die zusätzlichen sechs Arme und die kunstvollen, durch die Botanik beeinflußten Blumenkapitäle keine eigene Funktion. Die Form des ganzen Leuchters mit seinen drei Arm-Paaren und einem zentralen Ständer ist von der Form her gleichzusetzen mit einem in vorderorientalischer Ikonographie häufig belegten Typus. Dieser Typus ist einem stilisierten Baum nachgestaltet und steht damit für Fruchtbarkeit der Natur und/oder Erhaltung des Lebens. Die vorderorientalische Version dieses Typus, die die nächste Parallele des armförmigen Leuchters vom Exodus bietet, ist spätbronzezeitlich in den östlichen Mittelmeerländern belegt. Speziell in Palästina tauchen genau zu dieser Zeit Abbildungen des stilisierten Baumes in der Glyptik und auf bemalter Tonware auf, die einerseits keine Vorläufer in der ortsansässigen Kultur hatten, die sich andererseits kaum über den Beginn der folgenden Eisenzeit hinaus fortsetzten.

Der größte Anteil aller palästinischen Siegel ist vom Mitanni-Typ und begegnet in SB II: das häufigste Motiv ist der „siebenarmige Leuchter" (sechs Arme plus Achse), der oftmals auf einem stilisierten Berg steht (vgl. Nougayrol) oder auf einem Ständer. Ebenso begegnet in SB II Tonware mit primitiven Bildern des stilisierten Baumes (vgl. Vincent).

Dieser „siebenarmige Leuchter" (6 Arme + Achse) war ein wirkmächtiges Symbol der fruchtbringenden und lebenspendenden Kraft verschiedener Gottheiten (vgl. Parrot, passim, und Meyers, Tabernacle Menorah, Kap. IV). Dieser Typus mit seinen botanischen Einzelheiten benutzt also ein eindrucksvolles Symbol, um die Vorstellung von Gottes Präsenz innerhalb des bildlosen Bereiches des JHWH-Tempels zu signalisieren. Während die graphische Darstellung der *m^e nôrāh* eindeutig auf dieses Baumsymbol (Fruchtbarkeit und Leben) bezogen werden kann, kann man für das alte Israel diese symbolische Bedeutung nicht erwarten, da die Wanderung eines Symbols von einer Kultur zur anderen nur selten von den dazu gehörenden Erklärungen oder Mythologien begleitet ist (zu einer allgemeinen Diskussion über Symbole vgl. Goodenough IV, 25–62 und XII 64–77). Eine Überprüfung der Baummotive im alten Israel (vgl. Meyers, Tabernacle Menorah, 133–156) zeigt, daß die Themen Fruchtbarkeit und Unsterblichkeit nun weitgehend durch andere Vorstellungen ersetzt sind. Der entmythologisierte Baum bezeichnet einen *hieros topos*, vergleichbar dem heiligen Zentrum als Ort der Begegnung von Gott und Mensch. Gerade im Rahmen eines tragbaren Heiligtums, dessen ständige Situierung auf einem Berg ausgeschlossen ist (vgl. Clifford), verdeutlicht er das kosmische Zentrum als Ort der Begegnung zwischen Gott und Mensch. Während der Fruchtbarkeitsaspekt des Baumtypus verschwand, behielt der Leuchter den Wert eines Symbols der konstanten Zugänglichkeit göttlicher Anwesenheit und Macht im Rahmen eines beweglichen Heiligtums (vgl. Haran, Divine Presence). Nach P war die *m^e nôrāh* Gegenstand der täglichen Aufwartung durch die Priester, ein Ritualkomplex, der die nahöstliche Vorstellung vom Tempeldienst als Sorge für eine Gottheit einbezieht (vgl. Haran, Complex ...).

2. Die zehn Leuchter im Tempel Salomos, von denen fünf auf der nördlichen und fünf auf der südlichen Seite vor dem Allerheiligsten aufgestellt waren, werden kurz in 1 Kön 7, 49 || 2 Chr 4, 7 beschrieben. Die Leuchterarme werden nicht erwähnt; nur von einer „Blume" wird berichtet. Das würde auf der Basis archäologischer Zeugnisse der frühen Eisen-II-Zeit bedeuten, daß zylindrische Ständer (von derselben Art wie der zentrale Teil der Heiligtumsleuchter) mit einem (oder mehreren) Blumenkapitell in Gebrauch waren. Die Lampen, die diese zehn Ständer trugen, hatten wahrscheinlich je sieben Tüllen, wie man sie in kultischen Bereichen des eisenzeitlichen Palästina vorgefunden hat (vgl. North, 183–206; Meyers, BAR 5). Wenn man Sacharjas Vision als Zeugnis für den ersten Tempel nehmen kann, dann bezeugt sie das Vorhandensein dieser Art von Ständern mit vieldochtigen Lampen. Jedoch dürften die Leuchter, die unter Salomo von tyrischen Arbeitern unter Verwendung von *zāhāḇ sāḡûr* angefertigt wurden, die babylonische Eroberung (587 v. Chr.) nicht überdauert haben. Auf jeden Fall wurde der Symbolwert der *einen* baumförmig verzweigten *m^e nôrāh* der Stiftshütte durch den funktionalen Wert (d. h. als lichtspendend) der unverzweigten salomonischen Ständer überschattet. Vielleicht ist auch eine Konkurrenz zwischen der *m^e nôrāh*-Symbolik und der der Tempelsäulen Jachin und Boaz zu vermuten, wenn diese tatsächlich die Funktion von Leuchtern hatten (W. F. Albright; vgl. jedoch 1 Kön 7, 41 ff. und M. Noth, BK IX/1, 154). Das Jerusalemer Heiligtum hatte seine eigene kosmische Symbolik innerhalb Israels sowie seine eigene Baumsymbolik in den botanischen Schnitzwerken aus Zedernholz (1 Kön 6, 15. 18. 29) und den Türflügeln aus Zypressenholz (1 Kön 6, 34. 35), vielleicht auch in einem Hain (vgl. Ps 52, 10), zusätzlich zum verzweigten Leuchter.

3. Das AT gibt keinerlei Hinweise auf die Existenz eines Leuchters im nachexil. Tempel. Als mögliche Ausnahme käme die Vision des Sacharja in Betracht, die jedoch zeitlich vor der Tempelrestauration liegt. Doch diese Vision von einem einzigen Leuchter könnte die nachexilische Aufmerksamkeit auf priesterliche Angelegenheiten repräsentieren, u. a. die Bestrebung, den Tempel in Übereinstimmung mit dem P-Entwurf zu restaurieren und die heiligen Geräte zu ersetzen. Das Bestreben nach Kontinuität der göttlichen Präsenz beinhaltete eine Rückkehr zu den alten Traditionen (vgl. Ackroyd 66–81) und demgemäß die Anfertigung einer *m^e nôrāh*, entsprechend der Technik des 6./5. Jahrhunderts in Übereinstimmung mit den Pentateuchangaben aus der mosaischen Zeit. Hier jedoch scheint die Baumsymbolik des Leuchters in den Hintergrund getreten zu sein nach Jahrhunderten, in denen der lichtspendende Aspekt des Salomonischen Leuchters dominierte. Im nachexil. Tempel symbolisierte das Lichtmotiv die Präsenz Gottes. Schließlich hat trotz der Verschleppung der Tempel-*m^e nôrāh* die Idee der *m^e nôrāh* die Zerstörung des Jerusalemer Tempels 70 n. Chr. überdauert. So wurde sie zum Symbol des nachbiblischen Judentums in Synagogen und Gräbern, auf Öllampen und Glasgefäßen, Siegeln und Münzen (vgl. Goodenough IV 77–92; XII 79–83). Diese späten Darstellungen der *m^e nôrāh* beweisen eine direkte Verbindung zu den ältesten Heiligtumstraditionen, wobei ihnen jetzt noch neue Formen und Bedeutungen angetragen werden.

*4. Die LXX übersetzt *m^e nôrāh* durch λυχνία (31 mal). Bei der Wiedergabe des P-Anfertigungsberichtes des Leuchters im Wüstenheiligtum variiert sie λυχνία (Ex 37, 17 [= 38, 13]) und λαμπάδιον (Ex 37, 19 [= 38, 16]). Nach v. 16 (LXX) kann λαμπάδια auch als Teil des Leuchters fungieren, wenn die einzelnen Lampen so bezeichnet werden.

In Qumran begegnet m^e*nôrāh* recht selten. Der Beleg TR 3, 13 ist sehr schlecht erhalten und steht im Zusammenhang der Anweisungen bzgl. der Materialien für Tempelbau und Ausstattung. In der Leuchterbeschreibung TR 9 ist der Terminus selbst nicht mehr erhalten. *(Fa.)*

Meyers

מִנְחָה *minḥāh*

I. 1. Etymologie – 2. Außerbiblische Belege – II. 1. Wortfeld – 2. Syntaktische Verbindungen – 3. LXX – III. Verteilung und Sprachmuster – 1. im Pentateuch – 2. im DtrGW und im ChrGW – 3. bei den Propheten – IV. Profane Verwendung – 1. *minḥāh* als Geschenk – 2. als Tribut – V. Theologie – 1. *minḥāh* als Opfer – 2. als Zeitangabe – VI. Qumran.

Lit.: *P. A. H. de Boer*, An Aspect of Sacrifice (VTS 23, 1972, 27–47). – *J. R. Brown*, Temple and Sacrifice in Rabbinic Judaism (The Winslow Lectures), Evanston Ill. 1963). – *A. Charbel*, Offerta di prodotti vegetali nei sacrifice selamim (Euntes Docete 26, 1973, 398–403). – *G. B. Gray*, Sacrifice in the OT. Its Theory an Practice, New York 1981. – *D. R. Hecht*, Sacrifice. Comparative Study and Interpretation (Diss. Los Angeles 1976). – *W. Herrmann*, Götterspeise und Göttertrank in Ugarit und Israel (ZAW 72, 1960, 205–216). – *J. Hoftijzer*, Das sogenannte Feueropfer (VTS 16, 1967, 114–134). – *B. A. Levine*, In the Presence of the Lord. A Study of Cult and Some Cultic Terms in Ancient Israel (StJLA 6, 1974). – *Ders.-W. W. Hallo*, Offerings to the Temple Gates at Ur (HUCA 38, 1967, 17–58). – *A. F. Rainey*, The Order of Sacrifice in Old Testament Ritual Texts (Bibl 51, 1970, 485–498). – *M. Rehm*, Das Opfer der Völker nach Mal 1, 11 (Festschr. H. Junker, 1961, 193–208). – *R. Rendtorff*, Studien zur Geschichte des Opfers im AT (WMANT 24, 1967). – *H. Ringgren*, Israelitische Religion, [2]1982, 151ff. – *L. Rost*, Studien zum Opfer im Alten Israel (BWANT 113, 1981). – *H. H. Rowley*, The Meaning of Sacrifice in the OT (BJRL 1950/51, 74–110 = From Moses to Qumran, 67–107). – *R. J. Thompson*, Penitence and Sacrifice in Early Israel Outside the Levitical Law. An Examination of the Fellowship Theory of Early Israelite Sacrifice, Leiden 1963. – *R. de Vaux*, Studies in Old Testament Sacrifice (Cardiff 1964; vgl. CahRB 1, 1964). –
→ זבח *zāḇaḥ*, → לבנה l^e*ḇonāh*, → עוֹלָה *ʿôlāh*, → קטר *qiṭṭer*.

I. 1. Die Frage der Etymologie von *minḥāh* wird in der Forschung konträr beantwortet. Handelt es sich um ein Primärnomen oder um eine deverbale Nominalbildung? KBL³ hält *minḥāh* für ein Primärnomen, stellt jedoch beim Lexem *mnḥ* einen möglichen Bezug zu *minḥāh* zur Diskussion (568). Im Hebr. ist aber ein Verb *mnḥ* nicht belegt. Die bisher bekannten Belege dieser Wurzel sind erheblich später anzusetzen (arab. *manaḥa* ʿgeben, leihenʾ; vgl. auch tigr. und geʿez ʿeine Kuh leihweise überlassenʾ; vgl. Leslau, Or 37, 1968, 358 und Contributions 31), so daß man bisher wohl mit Recht *mnḥ* als denominiert ansah.

Jedoch liegt in dem ugar. Text RŠ 1957. 701 (veröffentlicht von M. Dahood, in: Claremont Ras-Shamra Texts, AnOr 48, 1971) ein wichtiger Beleg vor, der bereits für die ugar. Literatur die Existenz eines Verbs *mnḥ* signalisieren könnte. Z. 5. *ʾlp.ṯmn mt kḇd d.mnḥt*, von Dahood mit „1800 heavy (jars) of cereals" übersetzt, setzt entweder ein Substantiv fem. Sing. oder fem. Pl. voraus. M. Heltzer (IEJ 22, 1972, 254) möchte in *mnḥt* einen Opferterminus ʿgift, offeringʾ wiederfinden, obwohl der Text eine merkantilische Urkunde darstellt. O. Loretz u.a., gestützt auf M. Liverani (OrAnt 11, 1972, 193–199) weist mit guten Gründen darauf hin, daß die Form *mnḥt* als Ptz.pass. von *mnḥ* ʿaushändigenʾ gedeutet werden kann. Sollte sich diese Deutung als richtig erweisen, dann ist eine deverbale Herkunft von *minḥāh* nicht auszuschließen. Ist aber *minḥāh* von *mnḥ* hergeleitet (vgl. GesB 437; WTM III 153; J. C. de Moor, AOAT 16, 1971, 132), dann ist das Nomen eine *qaṭl*- oder *qiṭl*-Form (für ersteres sprechen die in KBL³ 568 angegebenen frühen Lesungen *mānā* [Sam], μαναα [LXX, Hier.]). Es ist in diesem Zusammenhang darauf hinzuweisen, daß die mittelhebr. Pl.-Form m^e*nāḥôṯ* (Mischn. Z^ebaḥîm 9,5) auf ein *mnḥ* weist, da ein präfigiertes *m* zu **minḥôṯ* führen müßte (vgl. J. Blau – S. E. Loewenstamm, UF 2, 1970, 28 Anm. 57). Ein solcher Pl. ist allerdings im Bibelhebr. 3mal belegt.
Das führt dazu, eine andere Verbalwurzel als Grundlage für die Nominalbildung anzunehmen. Vorgeschlagen wird *nḥj/w* → נחה I (*nāḥāh*) ʿführen, leitenʾ (vgl. schon Perles, Hommel, Lidzbarski; dann wieder M. Dahood, Bibl 49, 1968, 35; H. L. Ginsberg, ANET 120), das im AT gut belegt ist, während seine außerbiblischen Bezeugungen eindeutig in den südsemit. Raum weisen (vgl. E. Jenni, THAT II 53ff.). Eine Deverbalisierung von *nḥj/w* ist insofern nicht schwierig, da nun völlig regelmäßig *minḥāh* als *maqṭal/miqṭal*-Form mit Femininendung entstanden ist. Dann ergibt sich aber aus der semantischen Vorgabe des Verbs ein kaum zu überwindendes Problem.

Aus diesen Erwägungen legt sich nahe, *minḥāh* für ein Primärnomen zu halten, aus dem sich ein Verb *mnḥ* abgeleitet hat. Mit einiger Wahrscheinlichkeit hat sich diese Denomination bereits in der 2. Hälfte des 2. Jt. v.Chr. abgespielt.
2. *minḥāh* ist außerhalb der Bibel nicht häufig bezeugt. Die bisher ältesten Belege weisen nach Ugarit, wo *mnḥ* in der allgemeinen Bedeutung ʿGeschenk, Tributʾ begegnet (WUS Nr. 1579), während die von Gordon (UT Nr. 1500) genannte Bedeutung ʿOpferʾ den wenigen Belegen nicht zu entnehmen ist.

In KTU 1.2, I, 38 steht das suffigierte *mnḥjk* (mask. Pl.) in Parallele zu *ʾrgmnk* „dein Tribut" und bedeutet „deine Geschenke", wobei erwogen werden muß, ob die Suffixe nicht dativisch aufgefaßt werden sollten (vgl. J. Blau – S. E. Loewenstamm, UF 2, 1970, 28 Anm. 58). Im Zusammenhang des Götterstreites zwischen Baʿal und dem Meergott Jam soll Baʿal durch Tributleistung an Jam seine Unterlegenheit anerkennen. Die Parallele *ʾrgmn* ʿTributʾ macht eine Opferkonnotation für *mnḥ* nicht wahrscheinlich. Das begleitende Verb *jbl* begegnet auch innerbiblisch im Zusammenhang mit *minḥāh* (Hos 10, 6; Zeph 3, 10; vgl. dazu L. Sabottka, BietOr 25, 1972, 121f.). Die von RSP I, II 210 notierten Parallelen von *jbl* und *nḥh* (Ps 60, 11; 108, 11) führen wohl in die Irre, der Hinweis auf Hi 29, 25 ist unzutreffend.

In KTU 4.91, 1 meint *mnḥ.bd.jbnn* „Tribut aus der Hand des PN" und enthält keinerlei religiöse Komponente (vgl. J. M. Tarragon, Le Culte de Ugarit, CahRB 1980, 71). Das gleiche gilt dann auch für Z. 4, wenn dort mit Sukenik der vorliegende Textbestand *šmn nḥ* („Öl in Schläuchen", vgl. O. Loretz u.a., UF 5, 1973, 113) in *šmn mnḥ* „Opferöl" zu vervollständigen wäre (Tarbiz 18, 1946/47, 126). Zur möglichen Bezeugung einer Verbalwurzel *mnḥ* in Ugarit im Text RŠ 1957.701 vgl. oben. Schließlich liegt die Wurzel wahrscheinlich auch vor im akk. Text PRU 293, 2 und 5 aus Ugarit, wo das Wort *manaḫati* von J. Nougayrol als Pl. von akk. *mānaḫtu* 'Arbeit' (vgl. AHw 602) gedeutet wurde. W. F. Albright wollte in diesem Wort hebr. *minḥāh* wiederfinden. Im Akk. ist jedoch diese Wurzel nicht bezeugt (vgl. weiter J. L. Boyd III, Or 46, 1977, 229).

Im Spätäg. ist *mnḥt* als 'Huldigungsgeschenk' belegt, wobei es sich jedoch um ein Lehnwort aus dem Hebr. handeln dürfte (vgl. WbÄS II 84).

Im Bereich der hebr., aram. und phön.-pun. Epigraphik begegnen *mnḥh* I–III. *mnḥh* I scheidet als äg. Lehnwort aus (DISO 158). Auch *mnḥh* III 'Grab' (IEJ 7, 1957, 239) gehört nicht zu unserem Etymon (→ נוח *nwḥ*). *mnḥh* II (DISO 159) 'Opfer' in Form einer Stele, eines Tempels oder einer vegetabilischen Gabe begegnet reichlich in den aram. Papyri des 5. Jh. v. Chr. in Elephantine (vgl. AP 30, 21. 25; 31, 21; 32, 9; 33, 11; vgl. auch E. Vogt 107), sowie in phön.-pun. und neupun. Inschriften. Eine phön. Votivinschrift an Melqart (Lapethos) nennt *mnḥh* in einem ganz allgemeinen Sinn (KAI 43, 13). Im pun. Opfertarif von Marseille (KAI 69; vgl. das karthagische „Duplikat" KAI 74) wird eindeutig at.liche Opferterminologie aufgegriffen, wenn *minḥāh* – verbunden mit *bll* wie häufig bei P – neben *zæbaḥ* begegnet (Z. 14). Die Bedeutung „Speiseopfer" scheint aber zu ungenau, da ein *zbḥ ṣd* (Z. 12) diese bereits abdeckt. Der Inhalt der *minḥāh* ist ebenfalls nicht festgelegt: Gebäck, Milch, Fett und *kl zbḥ* können dazugehören.

Auch außerhalb des AT ist also die Bedeutung von *minḥāh* ziemlich weit; vgl. auch die neupun. Inschrift von Mactar (KAI 145, 13), wo *minḥāh* als summarischer Terminus für die Weihegaben einer Kultvereinigung (→ מרזח *marzeaḥ*) steht. In einem Nachtrag zur neupun. Inschrift von Altiburus (KAI 159, 8) meinen *minḥāh* und par. *'olāh* die Opfergaben an den Ba'al Ḥammon (zur weiteren pun. Opferterminologie vgl. J. G. Février, JA 243, 1955, 49–63).

Die Wurzel ist schließlich noch belegt im arab. *manaḥa* 'geben, leihen' und *minḥat* 'Geschenk' sowie in weiteren südsemit. Dialekten (s.o.).

In der rabb. Literatur begegnet nur das Nomen *minḥāh*, im Targum *minḥāṯā'*, in den Bedeutungen 'Geschenk, Opfergabe, bes. Speiseopfer', übertragen 'die Zeit des Nachmittagsopfers' (vgl. 1 Kön 18, 29. 36; 2 Kön 3, 20; 16, 13. 15; Jes 43, 23; Mal 1, 10. 11; Esr 9, 4f.) sowie das 'Gebet beim Nachmittagsopfer' (vgl. WTM III 153).

II. 1. Das Wortfeld von *minḥāh* wird sichtbar in den vielen Parallelen und Reihungen von Opfertermini: Ex 30, 9; Lev 7, 37; 9, 4; 23, 13. 18. 37; Num 4, 16; 6, 15; 7, 87; 15, 24; 29, 39.

Die Zuordnung der einzelnen Opfertermini zueinander ist schwierig und hat wahrscheinlich zu verschiedenen Zeiten variiert. In frühen Texten steht *minḥāh* gleichwertig neben *'olāh*, *ḥaṭṭā'ṯ*, *'āšām* und *zæbaḥ*, während sie wie *næsæḵ* in P^s und R^P durch Suffixe zu einem Zusatzopfer zu diesen großen Opfern degradiert wird. *minḥāh* zeigt sich nie als Gattungsbegriff wie *qŏrbān*, *kālîl* und *'iššæh*. Da sie häufig inhaltlich erklärt wird, scheint ihre inhaltliche Konkretisierung innerhalb eines bestimmten Rahmens variabel gewesen zu sein.

2. *minḥāh* ist syntaktisch schwerfällig. In der Hälfte seiner Belege begegnet es undekliniert im st. abs. Sing. mit (40) oder ohne (73) Artikel. Dabei regiert es folgende Cstr.-Verbindungen: *qŏrban minḥāh* (Lev 2, 1), *tôraṯ hamminḥāh* (Lev 6, 7), *solæṯ hamminḥāh* (Lev 6, 8) und *nôśe'ê minḥāh* (Ri 3, 18). Im st. cstr. Sing. begegnet es 23mal, im Pentateuch: *m. habboqær* (Ex 29, 41); *m. marḥæšæṯ* (Lev 2, 7), *m. bikkûrîm* (Lev 2, 14), *m. pittîm* (Lev 6, 14), *m. kohen* (Lev 6, 16) *m. hattāmîḏ* (Num 4, 16), *m. q^{e}nā'oṯ* (Num 5, 15) und *m. zikkārôn* (ibd.); außerhalb des Pentateuch noch zusätzlich: *m. hā'āræḇ* (2 Kön 16, 15; Ps 141, 2), *m. šāw'* (Jes 1, 13), *m. j^{e}hûḏāh* (Mal 3, 4), *m. jiśrā'el* (1 Sam 2, 29) und nur 1mal *m. JHWH* (1 Sam 2, 17). Letzteres entspricht wohl der üblichen Formulierung *minḥāh l^{e}JHWH* (Num 28, 26; Jes 66, 20; Jo 2, 14; Mal 2, 12; 3, 3), die das Zielobjekt per Dativpartikel anschließt (vgl. auch Großkönig Hos 10, 6; Jehosaphat 2 Chr 17, 5; Uzziah 2 Chr 26, 8).

minḥāh wird selten mit Adjektiven verbunden. Belegt sind *minḥāh ḥ^{a}ḏāšāh* (Num 4, 16), *minḥāh ḥ^{a}reḇāh* (Lev 7, 10) und *minḥāh ṭ^{e}hôrāh* (Mal 1, 11).

3. *minḥāh* wird in der LXX 142mal durch θυσία wiedergegeben, 2mal durch θυσίασμα und je 1mal durch ὁλοκαύτωμα und προσφορά. Im Bereich der Opfersprache differenziert sie damit nicht zwischen *minḥāh* und *zæbaḥ*, da sie beide Begriffe durch θυσία wiedergibt; auch *'iššæh* wird nicht deutlich abgehoben, für das neben κάρπωμα noch 8mal θυσία eintritt. Offensichtlich werden auch die semantischen Verschiebungen zwischen *minḥāh* und *qŏrbān* innerhalb der priesterlichen Traditionen von der LXX notiert, da *qŏrbān* – wiedergegeben durch den Allgemeinbegriff δῶρον – von der Spezifizierung *minḥāh* = θυσία abgehoben wird. Die große Nähe beider Begriffe schlägt sich jedoch auch darin nieder, daß auch *minḥāh* 30mal durch δῶρον wiedergegeben werden kann, jedoch vornehmlich außerhalb der Opfertexte. Deutliche Abgrenzungen macht die LXX gegenüber *'olāh* (ὁλοκαύτωμα, ὁλοκαύτωσις, nur 6mal θυσία), *ḥaṭṭā'ṯ* (ἁμαρτία), *'āšām* (πλημμέλεια), *q^{e}ṭoræṯ* (θυμίαμα) und *næsæḵ* (σπονδή).

Auffällig ist die häufige Wiedergabe durch μανά 1mal (Dan 2, 46), μαναά 16mal, μαναχ 1mal (2 Kön 17, 3), μάννα 12mal (μάννα steht sonst 10mal für → מן *mān*) und μανναείμ 1mal (Neh 13, 9). Diese verschiedenen Formative beinhalten weniger inhaltliche Differenzen, vielmehr stellen sie sprachliche Varianten in den LXX-Versionen und Rezensionen dar. Unausweichlich aber ergibt sich die Frage, wieso μάννα für *minḥāh* eintreten kann. Es zeigt sich, daß diese Wiedergabe nur für außerpentateuchische Belege eintritt, bes. Jer, Neh, Dan und vor allem konstant Ez 45ff. (im Codex Alexandrinus). Es könnte sich einerseits durchgängig um eine Verschreibung für μαναά handeln, wie Maiberger zu Bar

1, 10 notiert (vgl. R. Meyer, ThWNT IV 466), was durch die Varianten zwischen den Codices A und B gestützt wird. Allerdings ist die Häufung auffällig. Es liegt daher wohl doch keine Verschreibung vor, vielmehr hat solcherart Übersetzung ihre Gründe in der LXX-Textgeschichte: 1) die Bedeutung von *mān* = μάννα ist lange Zeit undefiniert geblieben, da *mān* unbestimmt als „Gabe, Geschenk" aufgefaßt wurde (vgl. Maiberger); 2) griech. μάννα „Weihrauch, Weihrauchpulver, körnige Opfermaterie" (vgl. Liddell-Scott 1079) bietet sich als – wenn auch einseitige – Übersetzung an, da die *minḥāh* häufig mit Weihrauch verbunden ist; 3) es muß angenommen werden, daß das Morphem *minḥāh* nicht den genuinen phonetischen Wert wiedergibt, da die erste Silbe wahrscheinlich ursprünglich einen a-Laut enthielt (vgl. o.); 4) rabbin. Belege deuten darauf hin, daß eine Identifizierung von *minḥāh* und Manna denkbar war; wie anders soll man erklären, daß der Geschmack des Manna als der von „Feinmehl und Öl" (und Honig) erachtet wurde (Belege St.-B. II 481; vgl. dazu weiter B. J. Malina, The Palestinian Manna Tradition, Leiden 1968, 66, und R. Le Déaut, Bibl 51, 1970, 80–83).

III. Das Nomen *minḥāh* begegnet im hebr. AT 211mal, in den aram. Teilen 2mal (Esr 7, 17; Dan 2, 46) ebenfalls 2mal in Sir (45, 14; 50, 9).
113 Belegen im Pentateuch stehen 44 bei den Propheten, 33 im DtrGW, 16 im ChrGW und nur 6 in den Psalmen gegenüber. Diese Verteilung geht nicht unwesentlich zurück auf die beiden semantischen Haupt-Spezifikationen „Opfer" und „Geschenk". Wegen der weiten zeitlichen Streuung reicht besonders bei den Pentateuch-Belegen eine summarische Nennung nicht aus.
1. *minḥāh* ist in allen zeitlichen Bereichen der Pentateuchgenese zu beobachten, wobei den einzelnen Bereichen zugleich charakteristische Sprachmuster im Zusammenhang der Verwendung von *minḥāh* zugewiesen werden können.
a) Nur wenige Belege weisen in den Bereich der vorjahwistisch/jahwistischen Literaturphase. Auf eine kenitische Vorlage gehen Gen 4, 3. 4. 5 zurück: die *minḥāh* des Kain wie die des Abel werden durch Suffixe mit dem Opferer in Bezug gesetzt. Ebenfalls findet sich suffigiertes *minḥāh* in der (vor-)jahwistischen Dathan-Abiram-Episode (Num 16, 15). Charakteristisch für diese Phase ist die geringe semantische Spezifikation des Terminus. *minḥāh* steht für 'Opfergabe' im ganz allgemeinen Sinne, wobei noch nicht einmal eine Fixierung als Opferterminus stringent nachweisbar ist. Es handelt sich wohl eher um eine 'Gabe an einen Höhergestellten', wie es zur gleichen Zeit die Belege aus der Josephsgeschichte (Gen 43, 11. 15. 25. 26) anzudeuten scheinen. *minḥāh* ist in dieser frühen Phase durchgängig nur als Objekt in das Satzgefüge einbindbar, d. h. bei Nennung des Begriffes ist zugleich immer die Verfügungsgewalt eines Subjektes mitgedacht.
b) Davon hebt sich deutlich ab der Sprachmodus des Elohisten, der in der Jakob-Esau-Kontroverse *minḥāh* als Sinnsubjekt von Ptz.-Konstruktionen sieht (Gen 32, 21 f.). Zugleich signalisiert diese Sprachregelung einen inhaltlichen Aspekt, insofern *minḥāh* hier Vieh, Herden und sonstiges bewegliches Eigentum umfaßt (vgl. Gen 32, 13). E formuliert in *minḥāh hû'* (Gen 32, 19) bereits eine Formel, die später in den Zusätzen der Priesterschrift als Opferdeklaration verwendet werden wird (vgl. Lev 2, 6. 15). Eine Suffigierung von *minḥāh* scheint E nicht zu kennen.
Weder J noch E stellen zu *minḥāh* bestimmte Verben, *bô' hiph* und *lāqaḥ* sind zwar auch später allgemein üblich, doch *kûn hiph* (vgl. Ps 141, 2) und *jāraḏ hiph* sind singulär. Der Sprachgebrauch ist noch nicht gefestigt.
c) Allein auf die Priesterschrift und auf die von ihr getragenen Redaktionsvorgänge im Pentateuch entfallen über 100 Belege von *minḥāh*. Dabei scheint P^G mit diesem Wort noch behutsam umgegangen zu sein, denn nur 10 Belege sind dieser Grundschicht zuzuschreiben (Ex 29, 41; 30, 9; Lev 2, 1. 4. 8. 9. 11; 5, 13?; 7, 37; 9, 4. 17). Durchgängig findet sich *minḥāh* ohne Suffix, denn sie wird nun völlig aus der profanen Sprache herausgenommen und für die Opferterminologie reserviert, in der sie als Opfer ebenfalls vom individuellen zum ekklesiologischen Bereich der Gemeinde Israel überführt wird. Dabei wird von P^G zugleich eine Spezifizierung vorgenommen, denn nun wird *qŏrbān* (→ קרבן) zur Bezeichnung für die unspezifizierte 'Opfergabe', während *minḥāh* diesem als nähere Spezifikation neben- oder untergeordnet oder als Teilopfer eingeordnet wird. Quellenspezifischer Sprachgebrauch zeigt sich bes. in der Opfergesetzgebung Lev 2. Hier spricht P^G von einem *qŏrban minḥāh leJHWH* (vv. 1. 4), während spätere Zusätze nur von *minḥāh* (vv. 3. 7. 9. 10) oder von *nôṯæræṯ min-hamminḥāh* (vv. 3. 10) sprechen. Als Opferungsverb verwendet P^G fast durchgängig *qāraḇ hiph*. P^G macht auch Angaben über den Umfang der *minḥāh*-Materie. Grundsätzlich besteht sie aus Feinmehl (*solæṯ*), das mit Öl (*šæmæn*) vermengt (*bll*) ist (Lev 2, 1; 9, 4); sie kann zusätzlich Weihrauch (2, 1) und ungesäuertes Brot enthalten (2, 4f.). Die Ingredienzien sind so fixiert, daß P^G meistens von der *minḥāh* ohne näheren Angaben sprechen kann (z. B. 9, 4), während spätere Zusätze wieder nähere Angaben für nötig halten (vgl. Lev 7, 9. 10 mit 9, 4).
d) Die P^S-Zusätze mit dem Schwerpunkt „Opferanteile der Priester" (Lev 2, 3. 10; 6, 7. 8; 7, 9. 10; 10, 12) sehen keinen Zusammenhang zwischen *qŏrbān* und *minḥāh* mehr; sie ordnen *minḥāh* nun dem Feueropfer (*'iššæh*) unter (2, 3. 10; 10, 12). Der Darbringungsterminus ist *qāraḇ hiph*. Nach dieser Tradition kann die *minḥāh* auch ohne Öl, also „trocken" (*ḥarebāh*) zubereitet werden (7, 10; vgl. 6, 13).
Andere P^S-Zusätze scheinen *minḥāh* und *qŏrbān* wieder zu vermischen (2, 5. 7). Eine in Lev 2, 13–16 vorliegende Sondertradition „Erstlingskorn" spricht vom *qŏrban minḥāṯekā* (2, 13), das mit Salz zubereitet werden soll. Im gleichen Vers kann diese Tradition *minḥāh* sogar durch *qŏrbān* ersetzen. Die Sondertradition „Tamidopfer" (Lev 6, 12–16) ordnet *minḥāh* den Gattungsbegriffen *qŏrbān* (v. 13) und *kālîl* (v. 16) unter. Dies ist auch in den späteren P^S-Zusätzen zu

beobachten (vgl. z. B. Num 5, 15). Hier fungiert *qŏrbān* ganz allgemein als Bezeichnung für jede Art von Darbringung, z. B. auch für Sachmaterialien, die dem Tempelschatz zugeführt werden sollen, während *minḥāh* auf ein Opfer im Rahmen eines kultischen Vorganges beschränkt bleibt. Diese späteren Traditionen bezeugen auch, daß sich die Ingredienzien (um Röstkorn und Grütze, Lev 2, 14. 15) und die Zubereitungsarten (um Pfanne v. 5 und Kochtopf v. 7) erweitert haben. Darbringungsterminus ist wieder *qāraḇ hiph*.

Weitere PS-Einzeltraditionen liegen vor in den Opfergesetzen bei Aussatz (Lev 14), beim Eifersuchtsopfer (Num 5) und beim Naziräat (Num 6); sehr späte Einzeltraditionen liegen auch vor in den Bestimmungen über die Weihegaben der Stammesfürsten (Num 7) und über die Levitenweihe (Num 15). Der Sprachgebrauch ist unauffällig: *minḥāh* ist terminus technicus für das Speiseopfer, dessen Ingredienzien nur dann eigens genannt werden, wenn sie aus bestimmten Anlässen variieren sollen (vgl. Lev 14, 10. 21; Num 15, 4. 6. 9). Eine Sonderrolle spielt das Eifersuchtsopfer, das offensichtlich eine singuläre Tradition widerspiegelt. *minḥāh* begegnet hier nur im Cstr.: *minḥat qⁿ'ā'ōṯ* (Num 5, 15. 25), *minḥat zikkārôn mazkæræṯ 'āwôn* (vv. 15. 18) (*minḥāh* im st. cstr. sonst nur noch Ex 29, 41; Lev 2, 14; 6, 7. 16; Num 4, 16, alle PS). Die Singularität zeigt sich weiter darin, daß in Num 5, 15 eine Eifersuchts-*minḥāh* zu bereiten ist, die im Gegensatz zu allen anderen nicht aus *solæṯ*, sondern aus *qæmaḥ śᵉ'orîm* ohne Öl und ohne Weihrauch gemischt werden soll. Die *minḥāh* wird in diesen späten Traditionen nur gelegentlich mit einem Trankopfer (*næsæk*) verbunden (Num 6, 15. 17; 15, 24). Auffällig ist auch, daß *minḥāh* nun wieder suffigiert werden kann, wobei die Suffixe das Opfer meist mit dem Opferer verbinden (z. B. Num 6, 17); zugleich ist aber eine beginnende Sprachaufweichung zu beobachten, insofern die Suffixe nun auch dazu dienen, *minḥāh* (und *næsæk*) auf ein übergeordnetes Opfer zu beziehen und es zum Begleitopfer zu degradieren (vgl. Num 8, 8). Als Darbringungsterminus tritt zu *qāraḇ hiph* vermehrt *lāqaḥ*.

e) Die 4 Belege des Heiligkeitsgesetzes (Lev 23, 13. 16. 18. 37) sind sprachlich hier einzuordnen. H sieht die *minḥāh* ständig in Verbindung mit anderen Opferarten: *'olāh*, *zæḇaḥ* und vor allem *næsæk*. Diese sind Teilopfer der *'iššæh lᵉJHWH*. H achtet auf die Fixierung der *minḥāh*-Materie (v. 13) und führt für das Erntefest eine *minḥāh ḥᵃdāšāh* (v. 16; vgl. Num 28, 26) ein. Neben *qāraḇ hiph* tritt nun *'āśāh*.

f) Die letzte Phase liegt wohl vor im Opferkalender Num 28, 1 – 30, 1 mit 32 Belegen, bei dem es sich um „eines der jüngsten Stücke im Pentateuch" handelt (M. Noth, ATD z. St.). Was in den bisherigen Opfergesetzen gefordert wurde (Lev 1–7; 23; Num 15) wird nun als geltende Ordnung vorausgesetzt. Die Zuordnung der *minḥāh* zur *'olāh* ist völlig variabel (vgl. Num 28, 12. 31; 29, 6). Die nähere inhaltliche Charakterisierung der *minḥāh* wird nicht mehr nach

einheitlichem Muster durchgeführt (vgl. PS in Num 15, 6. 9: *minḥāh solæṯ* [Maß] *bālûl baššæmæn* [Maß] und die Formulierungsvielfalt bei RP in Num 28, 5. 9. 12a. b. 13. 16 und 28, 20. 28; 29, 3. 9. 14 u.ö.). Durchgängig wird *minḥāh* durch Suffixe einem Hauptopfer angebunden. Es ist beständig mit *næsæk* verbunden. Darbringungsterminus ist nun vermehrt *'āśāh*. In der Abschlußformulierung Num 29, 39 begegnet in *minḥoṯêkæm* die einzige Pl.-Bildung im Pentateuch.

2. *minḥāh* begegnet 32mal im DtrGW und 16mal in ChrGW. Der Anteil der Belege in der Bedeutung 'Gabe, Geschenk, Tribut' ist mit 14 bzw. 6 signifikant höher als im Pentateuch. Die Anzahl der Parallelreihungen von Opfertermini nimmt naturgemäß rapide ab (vgl. Jos 22, 23. 29; 1 Kön 8, 64; 2 Kön 16, 15; 2 Chr 7, 7). Mit wenigen Ausnahmen begegnet *minḥāh* im st. abs., suffigierte Formen sind selten (1 Sam 2, 19; 1 Kön 10, 25; 2 Kön 16, 13. 15; 2 Chr 9, 24). So läßt sich auch außerhalb des Pentateuch ein etwaiges Gefälle im Sprachgebrauch nicht eindeutig konstatieren. Inhaltliche Aussagen werden kaum gemacht, da die *minḥāh* als eines der klassischen Opfer rituell fixiert und bekannt ist (Ausnahmen: Ri 6, 18f. [Böckchen und Mazzen]; 1 Chr 21, 23 [Weizen]; 1 Chr 23, 29 [Feinmehl]; auch in der Bedeutung 'Tribut' werden kaum nähere Konkretionen genannt (Ausnahmen: 1 Kön 10, 25 || 2 Chr 9, 24 [silberne und goldene Gefäße, Stoffe, Waffen, Balsam, Pferde und Maultiere]; 2 Kön 8, 9 [Kostbarkeiten], so daß man auch hier bereits eine fortgeschrittene Technisierung des Begriffes zu konstatieren hat.

minḥāh begegnet im DtrGW fast ausschließlich als Objekt zu den Verben *'ālāh hiph*, *qāraḇ hiph*, *šālaḥ*, vereinzelt begegnen *bô' hiph*, *nāśā'*, *br'* II *hiph*, *b'ṭ*, *qṭr hiph* u. a. Im ChrGW liegt ein deutlich veränderter Sprachgebrauch vor, da hier *nātan* und *bô' hiph* verwendet werden, nur 3mal *nāśā'*, 1mal *šûḇ hiph*.

3. Bei Jes begegnet *minḥāh* 8mal (ProtoJes 3mal, DtJes 1mal; TrJes 4mal), bei Jer 4mal (frühestens in seiner 2. Verkündigungsperiode), bei Ez 15mal (ausschließlich im Verfassungsentwurf), bei Am 2mal (5, 22 urspr.; 5, 25 sek.); Hos 1mal; Jo 3mal; Zeph 1mal und Mal 7mal. In den Psalmen ist 6mal und bei Dan 2mal *minḥāh* genannt. Trotz des mächtigen zeitgeschichtlichen Bereiches, der von diesen Schriften abgedeckt ist, fällt auf, daß die *minḥāh* hier fast nie als 'Tribut', 'Geschenk' verstanden ist (Ausnahmen: Hos 10, 6 [Geschenk an den Großkönig]; Jes 39, 1 [an Hiskia]). In allen anderen Fällen ist JHWH explizit oder implizit Ziel der *minḥāh*. Die Propheten verwenden das Wort nicht nur selten (die Ez-Belege gehören nicht der Grundschicht des Verfassungsentwurfes, sondern der spätexil. *nāśî'*- und Zadokidenschicht an; vgl. Zimmerli, BK z. St.); sie verwenden es auch mit wenigen Ausnahmen in Parallelkonstruktionen mit anderen Opfertermini. D. h. sie betrachten die *minḥāh* grundsätzlich nur im Kontext der anderen Opfer. D. h. aber auch, daß weder die

minḥāh noch ein anderes Opfer ihre besondere Aufmerksamkeit beansprucht, daß vielmehr der gesamte Opferkult Zielrichtung ihrer prophetischen Aussage ist. Wieder wird *minḥāh* im st.abs. gebraucht (Ausnahmen: *minḥaṯ ʿæræḇ* Ps 141, 2; Dan 9, 21; *minḥaṯ jᵉhûḏāh* Mal 3, 4), eine Suffigierung ist ungebräuchlich (Ausnahmen Ps 20, 4; Am 5, 22; Zeph 3, 10). Die verwandten Verben lassen kaum etwaige verfestigte Sprachstrukturen erkennen: TrJes benutzt *ʿālāh hiph* und *bôʾ hiph*, im ez. Verfassungsentwurf dominiert *ʿāśāh*, während schließlich Mal *nāḡaš hiph* hinzunimmt, das bisher nur 2mal bei *minḥāh* als Darbringungsterminus bezeugt ist (Am 5, 25 [sek.]; Lev 2, 8 P[G]; bei *minḥāh* als ʿAbgabeʾ 1 Kön 5, 1; bei anderen Opfertermini vgl. Ex 32, 6; Lev 8, 14). Bei Jo ist schließlich die grundsätzliche Verbindung von *minḥāh* und *næsæḵ* auffällig.

IV. Im profanen Bereich begegnet *minḥāh* als „Geschenk" oder als „Tribut". Dabei ist an einigen Stellen bereits eine semantische Progression in Richtung „Opfer" zu beobachten.

1. *minḥāh* „Geschenk" findet sich in einer Vielzahl von Bezügen; entsprechend variabel ist die inhaltliche Füllung einer solchen *minḥāh*. Eine *minḥāh* als Geschenk wird nie ganz ohne Absicht überreicht. In allen Fällen wird mehr oder weniger offenkundig mit der Geschenkübergabe ein bestimmtes Ziel zu erreichen gesucht. So soll zuerst die *minḥāh* den Beschenkten dem Geber gewogen machen (2 Kön 8, 8f.). Die Jakobsöhne suchen die Gunst des Joseph für sich zu gewinnen und etwaige Ansprüche Josephs auf den jüngsten Sohn Benjamin abzuwehren, indem sie ihm – unabhängig vom *kæsæp* für das Getreide – eine reiche *minḥāh* aus Balsam, Honig, Tragakanth, Ladanum, Pistazien und Mandeln überbringen (Gen 43, 11. 15. 25. 26 J). Eine solche *minḥāh* an das Landesoberhaupt ist üblich, um sich seine Gunst zu sichern (vgl. 2 Kön 20, 12 = Jes 39, 1; Ps 45, 13); dabei ist nicht in jedem Fall klar ersichtlich, ob eine solche *minḥāh* nicht bereits den Charakter einer Tributzahlung haben kann (vgl. Ps 72, 10 *minḥāh* par. *ʾæškār* „Tribut"). Auch dem neugewählten König wird die *minḥāh* als Huldigungsgabe überreicht (vgl. 2 Chr 17, 15; 32, 23 *miḡdānôṯ*). Sie zu verweigern kommt einer Illoyalität gleich (1 Sam 10, 27). Jakob schickt seinem Treffen mit Esau eine riesige *minḥāh* aus Viehherden voraus, um diesem als Landessouverän zu huldigen und möglichen Feindseligkeiten vorzubeugen (Gen 32, 14. 19. 21. 22 E). Nach J hat diese *minḥāh* und ihre Annahme durch Esau Stellvertreterfunktion, indem sie „Wohlwollen" (*ḥen*) und „wohlgefällige Annahme" (*rāṣāh*) zwischen den beiden verfeindeten Brüdern signalisiert. Gezielt zieht J die Bedeutung dieser *minḥāh* für den zwischenmenschlichen Bereich aus, wenn er den Begriff wie einen Opferterminus verwendet: „Wenn ich dein Wohlgefallen gefunden habe, dann nimm das Geschenk aus meiner Hand! Denn dafür habe ich dein Gesicht gesehen, wie man das Angesicht Gottes sieht" (Gen 33, 10). Selbst bei der profanen *minḥāh* kann also die kultisch-sakrale Konnotation des Begriffes geschickt mit ins Spiel gebracht werden; das setzt voraus, daß man dem *minḥāh*-Opfer einen sehr hohen Wirkungskreis zur Besänftigung der Gottheit (s. w. u.) zumaß und eine solche Wirkung für den Profanbereich ebenfalls annahm.

Zumindest in der Sprache des Chronisten scheint es möglich zu sein, eine *minḥāh* an JHWH primär unter dem Aspekt des Geschenkes und weniger als Opfer zu sehen; vgl. die Parallele *minḥāh lᵉJHWH* und *miḡdānôṯ lîḥizqîjāhû* (2 Chr 32, 23; vgl. noch 1 Chr 16, 29; Ps 96, 8). Besonders interessant ist Zeph 3, 10 und seine jüdische Interpretation: „Von jenseits der Ströme von Kusch werden meine Anbeter mir die *minḥāh* bringen" (W. Rudolph, KAT XIII/3, 1975, 291). In diese universalistische Aussage wurde von einem „jüdischen Partikularisten" ein *baṯ pûṣaj* „Tochter meiner Zerstreuungen" eingesetzt. Trotz der Textschwierigkeiten scheint diese Einfügung eine Angabe über die Materie der *minḥāh* zu machen. Die *minḥāh* ist „die Gemeinde meiner Verstreuten" (EÜ), die Diaspora selbst.

2. Eine *minḥāh* als „Geschenk" wird – was ihren Umfang als auch ihren Adressaten betrifft – sua sponte übergeben. Es muß überraschen, wird in der Literatur jedoch nie hinterfragt (vgl. R. de Vaux, LO II 65ff.), daß dieser Terminus nun auch den „Tribut" bezeichnet, eine Abgabe, die kaum etwas mit einem Geschenk gemeinsam hat. Beim Tribut handelt es sich um eine durch militärische Übermacht erzwungene Abgabe des Unterlegenen an den Mächtigeren. Da jede Unregelmäßigkeit in der Tributzahlung (vgl. die Einstellung der *minḥāh* Hoseas an Salmanassar 2 Kön 17, 3f. und ihre Folgen) den status quo gefährdete und eine Kriegserklärung nach sich zog, die mit einer Vernichtung des Unterlegenen endet, muß man darin eine signifikante Komponente für die Semantik des Begriffes *minḥāh* sehen. Das at.liche Hebräisch kennt sonst keinen Begriff für „Tribut". Das genannte *ʾæškār* begegnet nur Ez 27, 15 und Ps 72, 10 und ist an beiden Stellen in dieser Bedeutung nicht exakt festzumachen. Auch das von GesB vorgeschlagene *middāh II* bezeichnet eher eine innenpolitisch verursachte Steuerlast (Neh 5, 4). *minḥāh* ist als Bezeichnung für „Tribut" entweder ein Euphemismus, oder aber in den semantischen Perspektiven „Geschenk", „Tribut" und „Speiseopfer" liegt eine gemeinsame Grundanscauung vor. Dies aber scheint nicht abwegig, da bes. im theologischen Bereich (s. w. u.), – aber nicht nur dort – allenthalben die beruhigende Wirkung der *minḥāh* deutlich wird. Sollte etwa ein etymologischer Zusammenhang zur Wurzel → נוח *nwḥ* „sich niederlassen, ruhen" bestehen? Ausländische Tributleistungen spiegeln die Größe des eigenen Königtums, so daß hinter den Phantasiezahlen der Tributleistungen des Königs Mescha an Ahab (2 Kön 3, 4) und der Philister an Josaphat (2 Chr 17, 11) eine tendenziöse Darstellung des Hofberichterstatters vermutet werden muß. David

machte die Aramäer (1 Chr 18, 6) und die Moabiter (2 Sam 8, 2. 6; 1 Chr 18, 2) tributpflichtig, während Salomo sogar vom Euphrat bis zu den Philistern und zur äg. Grenze alles unter Kontrolle gebracht hatte (1 Kön 5, 1). Die ihm gezahlten Abgaben sind Tribut, da sie *šānāh bešānāh* „jährlich" entrichtet wurden (1 Kön 10, 25; 2 Chr 9, 24). Usiah schließlich machte auch die Ammoniter tributpflichtig (2 Chr 26, 8).
Im Gegensatz dazu sind die Angaben eigener Tributzahlungen unter Verwendung von *minḥāh* spärlich: Ri 3, 15. 17. 18 spricht vom Tribut an die Moabiter, 2 Kön 17, 3f. vom Tribut des Nordreiches an die Assyrer und Hos 10, 6 „Das Kalb selbst wird nach Assur geschafft als *minḥāh* für den Großkönig" zeigt den Mißerfolg der Politik von 2 Kön 17, 3f..

Fabry

V. 1. Der Terminus *minḥāh* 'Gabe, Geschenk' erhält schon in alter Zeit die spezielle Bedeutung eines Opfers, das der Gottheit zum „lieblichen Wohlgeruch" (*rêaḥ nîḥôaḥ*) gereicht und ihre Sinne beruhigt. So sagt David zu Saul: „Wenn es JHWH ist, der dich gegen mich aufgebracht hat, dann gib ihm eine *minḥāh* zu riechen (*rwḥ hiph*)" (1 Sam 26, 19). Das wohlgefällige Riechen des Opferduftes ist auch dann impliziert, wenn der Terminus *minḥāh* nicht explizit genannt ist. So geschieht es auch, als Noah nach der Flut ein Opfer darbringt und JHWH den lieblichen Opferduft riecht (*wajjāraḥ JHWH 'æṯ-rêaḥ hannîḥoaḥ*), da verspricht er, die Erde nicht ein zweites Mal zu verfluchen (Gen 8, 21); vgl. negativ Lev 26, 31 „Ich will nicht mehr den Duft eurer Opfer riechen!"; Am 5, 21 „Ich mag eure Versammlungen nicht riechen!"
minḥāh formiert in der Tat den Teil des Rituales, der den Geruch besorgt: Korn, Mehl, gebackenes Brot oder Kuchen vermischt mit Öl und Weihrauch und dargebracht vor JHWH (Lev 2, 14f.). Die *minḥāh* bildet den Höhepunkt des Opferrituals, denn die *minḥāh* sorgte dafür, daß Gott den Wohlgeruch des Opfers riechen konnte.
Der Terminus *minḥāh* begegnet häufig in Verbindung mit oder in Parallele zu *zæḇaḥ*, *'ôlāh* (vgl. oben), bildet aber gewöhnlich ein festes Ritual zusammen mit der *qeṭoræṯ* und dem Weihrauchopfer (*leḇônāh*), vgl. Jes 1, 13 „Mir *minḥāh* bringen ist vergeblich, Rauchopfer (*qeṭoræṯ*) ist mir ein Greuel". Jes 43, 23 „Ich habe dich nicht belastet mit *minḥāh* und mit Weihrauch (*leḇônāh*) nicht beansprucht" (vgl. auch 66, 3; Jer 17, 26; 41, 5; Neh 13, 5–9). Das Paar *minḥāh* und *leḇônāh* begegnet auch in den Elephantine-Papyri und zwar ausschließlich in dieser Zusammenstellung (vgl. AP 30, 21. 25; 31, 21; 32, 9; 33, 10f.).
Signifikant für die Verbindung von *minḥāh* (bes. der Abend-*minḥāh*) mit dem Weihrauchopfer ist Ps 141, 2 „Wie Weihrauch steige mein Gebet zu dir empor, meiner Hände Erheben sei wie die Abend-*minḥāh*" (vgl. w. u.).

Die *minḥāh*, vermischt mit Öl und Weihrauch, wurde aus Mehl oder Gries angemengt und konnte von jedem dargebracht werden, unabhängig vom Tieropfer (vgl. Lev 2). Tatsächlich werden die *minḥāh* und das Weihrauchopfer (*qeṭoræṯ*, *leḇônāh*) zu einer Art universalen Rituals, vgl. z. B. Mal 1, 11: „Denn vom Osten bis zum Westen ist mein Name groß unter den Völkern, und an jedem Ort werden meinem Namen ein Rauchopfer (*muqṭār*) und eine reine *minḥāh* dargebracht".
Hinzuweisen ist auch auf die 80 Männer, die nach Jerusalem ziehen und *minḥāh* und *leḇônāh* mit sich bringen (Jer 41, 5).
Opfergaben vom *minḥāh*-Typ sind im gesamten alten Vorderen Orient bezeugt. So lesen wir auf einer kassitischen Votivinschrift: „Für Adad ... opferte er vom Getreide ... Saaten, er ließ Rauchopfer aufsteigen (*ina ŠE.NUMUN u ḫirṣati qutrinam ušaqtir*)" (BM 92699; E. Sollberger, JAOS 88, 1968, 21–24). Auch in Mesopotamien finden wir wohlriechende Opfergaben, deren Duft für die Gottheit bestimmt war: „Ohne dich (Šamaš) vermögen die großen Götter des Himmels und der Erde nicht die Räucheropfer zu riechen (*ul iṣṣinu qutrinna*)" (RA 65, 1971, 162, 3).
Im offiziellen Kult jedoch wurde die *minḥāh* gewöhnlich mit Tieropfern verbunden. Dies wird bereits von den altisraelitischen Quellen bezeugt. Gideon nimmt für sein Opfer ein Böckchen und ungesäuertes Brot, gebacken aus einem Epha Mehl (Ri 6, 19); Manoah, der Vater des Simson, nimmt ein Böckchen und eine *minḥāh* (Ri 13, 19; vgl. v. 23); Hanna, die Mutter des Samuel bereitet als Dankopfer 3 Stiere (LXX und 4QSam: „ein dreijähriger Stier"), ein Epha Mehl und einen Krug Wein (1 Sam 1, 24). In der Priesterschrift werden für solche Opfer exakte Angaben über die Mengen an Getreide oder Mehl gemacht. Die *minḥāh* besteht aus einem Zehntel Epha Gries (*solæṯ*) für ein Lammopfer, zwei Zehntel für ein Widderopfer und drei Zehntel für ein Stieropfer (vgl. Num 15, 1–15; 28; 29).
Es ist darauf hinzuweisen, daß diese *solæṯ* im Gegensatz zur gängigen Deutung nicht „Feinmehl" meint, sondern „Gries", d. h. gemahlenes, zerstoßenes Getreide (vgl. akk. *siltu* und Bab T Sabbath 74b: *slt sltj* „in Stücke schneiden, zurechtschneiden"; vgl. akk. *salātu*), das – so nahm man an – noch feiner als Mehl gesiebt war und keinerlei Hülsen mehr enthielt.
Ezechiel nennt in seiner Tempelvision andere Maße für die *minḥāh*: „ein Epha für einen Widder, ein Epha für einen Stier und für ein Lamm soviel, wie man gerade zur Hand hat" (Ez 46, 4; vgl. 45, 24). Die Festlegung der Rezepte zur Bereitung ritueller Opfer ist auch in Mesopotamien geregelt: „drei Schafe ... drei *ṣimid*-Maße (= *se'îm*) Getreide" (T. G. Pinches, The Babylonian Tablets of the Berens Collection, London 1915, 110, 8). Das Verhältnis von Korn/Mehl pro Tieropfer wurzelt in den üblichen Gebräuchen am Hof oder im Volk bei der Bereitung der Mahlzeiten und Festmählern. Entsprechend bereitete

Abraham als Gastmahl für seine Gäste ein Kalb und drei Maß (*se'îm*) Gries (*solæṯ*) (Gen 18, 6f.). Ähnlich finden wir in Ugarit eine Liste über Lieferungen an Soldaten: „ein Lamm und ein *lṯḥ* Mehl" (KTU 4.751). Ein *lṯḥ* (vgl. hebr. *leṯæḵ*, Hos 3, 2) entspricht ungefähr einem Zehntel Epha (2,2 l; vgl. M. Heltzer), das in Israel einem Lammopfer beigegeben war.

2. Da die *minḥāh* zusammen mit dem Weihrauch den Gipfelpunkt des Opferrituals, die Darbietung des „wohlriechenden Duftes" (*rêaḥ nîḥôaḥ*) darstellt, wurde die Zeit dieses Opfers als die günstigste Tageszeit angesehen. So richtet Elia sein Gebet an Gott zur Zeit des *minḥāh*-Opfers (*baʿalôṯ hamminḥāh*, 1 Kön 18, 36), und sein Gebet wurde erhört (vv. 38f.). Die Stunde der *minḥāh* und des Weihrauchopfers als günstige Tageszeit ist auch Ps 141,2 bezeugt: „Wie ein Rauchopfer steige mein Gebet vor dir auf, meine erhobenen Hände wie die Abend-*minḥāh*". Die Bezeichnung „günstige Zeit" ist tatsächlich in den Psalmen bekannt: „Ich aber bete zu dir, JHWH, zur Zeit der Gnade (*ʿeṯ rāṣôn*). Gott, erhöre mich in deiner großen Huld, in deiner treuen Hilfe!" (Ps 69, 14). In der Synagoge wird dieser Vers beim *minḥāh*-Gebet am Sabbat rezitiert (vgl. I. Elbogen, Der jüdische Gottesdienst, Leipzig 1913, 118), eine Tradition, die alte Wurzeln zu haben scheint. Der Beter benutzt auch hier die Formel *ʿanenî* „antworte mir!", die zurückgeht auf Elia's Abendgebet. Wichtig ist ferner, daß das Gebet der Fasttage „*ʿanenî*" nur im Rahmen des *minḥāh*-Gebetes rezitiert wird (Elbogen 55). Das Abbrennen von Rauchopfern im Rahmen der Liturgie spiegelt sich auch in der Inauguralvision des Jesaja (Jes 6). Das Trishagion der Engel wird begleitet dadurch, daß sich der Tempel mit Rauch anfüllt; das erinnert unmittelbar an den vom Rauchopferaltar aufsteigenden Rauch (v. 6). Man wird wahrscheinlich auch Salomos Weihegebet in 1 Kön 8, 12ff. vor diesem Hintergrund zu deuten haben (vgl. die Beschreibung der Wolke im Tempel vv. 10f.), als Gebet verbunden mit einem Rauchopfer (vgl. Lev 16, 2. 13).

Die Zeit der *minḥāh* als für das Gebet geeignete Zeit ist reichlich bezeugt in der Literatur aus der Zeit des 2. Tempels wie auch bei den Rabbinen. Von Esra wird gesagt, daß er sein Bußgebet (in Verbindung mit der Mischehenproblematik) zur Zeit der Abend-*minḥāh* vorträgt (Esr 9, 5); ebenso offenbart sich zu dieser Zeit der Engel Gabriel dem Daniel (Dan 9, 21) oder dem Priester Zacharias (Lk 1, 9f.). Das Volk pflegte „außerhalb des Gotteshauses" zu beten, während die Priester das Rauchopfer darbrachten. Dies wird in einer Bestimmung der Mischna (Tamid 6, 3; Kelim 1, 9) aufgegriffen, wonach der Raum zwischen Vorhalle und Altar (*bjn h'wlm wlmzbḥ*) nicht vom Volk betreten werden durfte, während der Priester das Rauchopfer darbringt. Das Volk versammelte sich im Vorhof (*ʿazārāh*) zum Gebet. Judith schließlich betet zur Zeit der Abend-*minḥāh* im Gotteshaus (Jud 9, 1).

Vom hasmonäischen Hohenpriester Johannes Hyrkan wird berichtet, daß er seine Offenbarung beim Rauchopfer empfing (Ant XIII 282f.).

Die verschiedenen Hinweise auf Weihrauch und Opferduft in HL 4, 11 – 16 wurden vom Targum verstanden, als ob sie sich auf das Rauchopfer im Tempel beziehen, wobei Priester und Volk beten: „Möge Gott, mein Geliebter, in den Tempel treten und bereitwillig die Opfer seines Volkes annehmen!" (Targ zu vv. 11. 16). In ähnlicher Weise wird auch der Isaak-Segen in Gen 27, 27f. „Ja, mein Sohn duftet wie das Feld, das der Herr gesegnet hat" in Richtung des Rauchopfers im Tempel gedeutet (vgl. weiter das apokryphe Leben Adams und Evas 29; Test Levi 3,5f. → לבונה *leḇônāh*).

Die Fülle dieser Belege erhellt die rabbin. Bezeichnung „*minḥāh*-Gebet" (*tepillaṯ minḥāh*) für das Nachmittagsgebet. Obwohl die *minḥāh* als Speiseopfer auch morgens dargebracht wurde, wurde doch die Gebetszeit mit dem Abendopfer verbunden, bei dem das Volk versammelt war. Dieser *minḥāh*-Gottesdienst fand zur 9. Stunde (15 Uhr) statt, wenn das Abendopfer, das Speiseopfer und das Rauchopfer dargebracht wurden (vgl. Mischna Pesaḥim 5, 1; Apg 3, 1; 10, 3. 30).

Esras Bußgebet (Esr 9, 5) hat gezeigt, daß die Zeit der *minḥāh* zugleich auch der geeignete Zeitpunkt für das Bekenntnis war, ein Brauch, der in der Folgezeit weitergeführt wurde. Am Versöhnungstag sprach man das Sündenbekenntnis am Abend kurz vor Einbruch der Dunkelheit (*ʿm ḥškh;* Tos Kippurim 4, 14). Ein ähnliches Bekenntnis über die Abgabe des Zehnten wurde beim *minḥāh*-Opfer des Passahfestes gesprochen (Mischna Maʿaśer Sheni 5, 10; vgl. Lev 2). Der Talmud sieht ebenfalls in *minḥāh* den rechten Zeitpunkt zum Gebet (*bʿj rḥmj*) angegeben (vgl. bTaʿanit 12 b u. ö.). Der Midrasch Tehillim sieht sogar im Sündenbekenntnis und *minḥāh*-Gebet die Fortsetzung der Darbringung des Brandopfers in der tempel-und priesterlosen Zeit (vgl. A. Jellinek, Bet ha-Midrasch IV, 104ff.).

Weinfeld

VI. In Qumran begegnet *minḥāh* recht häufig. Während in der Regelliteratur der Begriff nur 4mal (1 QS und CD je 2mal) begegnet und einige Fragmente aus 4 Q ihn in eindeutiger Anlehnung an at.licher Opferterminologie aufgreifen (vgl. 4 QDibHam 4, 10; 4 QOrd 12, 2; 4 QPrFêtes[b] 9, 1; vgl. auch 11 QPs[a] 18, 8), notiert die Tempelrolle den Begriff gleich über 40mal. Das aram. 1 QGenApokr enthält 2 Belege (21, 2. 20) zur Bezeichnung der Opfer Abrahams. Die Regelbelege sind für qumranessenisches Opferverständnis typisch. 1 QS 9, 5 spricht von Hebopfer der Lippen (= Gebet), das als *niḏbaṯ minḥaṯ rāṣôn* „wohlgefälliges freiwilliges Opfer" gedeutet wird. Die darin angezeigte Spiritualisierung des Kultes (vgl. G. Klinzing, SUNT 7, 1971, 64ff.) wird ebenfalls belegt CD 11, 21: Das Schlachtopfer der Gottlosen ist ein Greuel, aber das Gebet der Gerechten ist eine wohlgefällige *minḥāh*. In der TR treffen wir fast unveränderten P-Sprachgebrauch an: *minḥāh* wird selbstverständlich und regelmäßig durch Suffixe auf übergeordnete Opfer gezogen. Qumran kennt „Morgen"- (TR 13, 15) und „Abend"-*minḥāh* (17, 7). Auffällig ist die ständige Kombination der *minḥāh* mit dem Trankopfer (vgl. TR 15, 9; 16, 18; 17, 14; 20, 8f.; 22, 3. 7; 23, 5. 17; 24, 5. 8; 25, 6. 14; 28, 11). Inhaltliche Konkretisierungen entsprechen ebenfalls P (TR 11, 11; 34, 12 Weizenmehl; 20, 10 mit Weihrauch vermengt).

Fabry

מָנַע *mānaʿ*

I. Etymologie und Verbreitung – II. 1. Verteilung im AT – 2. Bedeutung, Synonyma, Antonyma – 3. Jes Sir – 4. LXX – 5. Qumran – III. Verwendung im AT – 1. im profanen Bereich – 2. im religiösen Bereich – 3. in theologischen Zusammenhängen.

I. Die Verbreitung der Wurzel weist eindeutig in den west- (DISO 159) und südsemit. Raum. Sie begegnet 1mal in einer jaʿudischen Fluchformel, KAI 214, 24: Gott Hadad soll den Schlaf von dem Feind ʿfernhaltenʾ (*lmnʿ*; die Prekativ-Partikel *l* als Kanaanismus). Der einzige reichsaram. Beleg Aḥ 136 „Weise dein Los nicht zurück, noch begehre Großes, das man dir vorenthält" (*zj jmnʿ mnk*) (vgl. Ps 131, 1) verwendet *mnʿ* im *peʿal* faktiv, zu übersetzen als internes Passiv, nach J. M. Lindenberger, The Aramaic Proverbs of Ahiqar (Diss. John Hopkins University, Baltimore 1974, 300) ein Vorläufer des „passivum divinum" im späten Hebr.

Wahrscheinlich ist die Wurzel schon im Kanaan. belegt: vgl. G. Wilhelm, Ein Brief der Amarna-Zeit aus Kāmid el-Lōz, ZA 63, 1973, 75. In diesem Brief heißt es auf dem oberen Rand *a-na minim [t]a-me-na ú-nu-tu* „Warum hältst du unsere Geräte zurück?" Die Bedeutung der Wurzel *mnʿ* ist durch Opposition zu *tu-ud-da-nu-n[a]* „sie mögen übergeben werden" (Z. 21) gesichert.

In gleicher Bedeutung begegnen mand. *mna II* „to keep away, withhold" (MdD 274b) und talmud. *mnʿ* „verhindern, abhalten, hemmen" (WTM 3, 159), während sich syr. *mᵉnaʿ* „pervenire, devenire" (Lex Syr 395) semantisch entfernt hat.

Die südsemit. Sprachen haben dagegen die Grundbedeutung bewahrt, so im Asarab. das sabäische *mnʿ* „(militärisch) defendere, prohibere" (Conti-Rossini 179a; par. zu *ḏʿ* „erniedrigen", *ṯbr* „zerbrechen" und *ʾḫrn* „beseitigen" [CIH 573, 5 = Ja 853 A/5. B/5. C/5. D/4. E/5. F/5; vgl. A. Jamme, Sabaean Inscriptions from Maḥram Bilqîs (Mârib), Baltimore 1962, 269ff.]; vgl. aber das semantisch progressive Adj. *manīʿ* „potens, nobilis, excelsus"). In sab., saf. und liḥj. PN begegnet die Wurzel offensichtlich in der Bedeutung ʿschützenʾ (RNP 1, 128f.). Im Arab. begegnet *manaʿa* ʿaufhalten, hindern, verweigernʾ (Wehr, ArabWb 825; Lane 3024f.) auch in vielen Nominalformen: *manʿa* ʿWiderstandʾ, *manāʿa* ʿUnzugänglichkeitʾ, *mumānaʿa* ʿOppositionʾ u.a.

Im äth. Bereich findet sich die Wurzel nur noch im Tigrē *manᵉʿa* ʿvorenthalten, verweigernʾ und *manᵉʿājᵉt* ʿdas Verweigerteʾ (Wb Tigrē 129). Bei den Rabbinen rückt *mānaʿ* in die Nähe der Termini der Enthaltung, bes. im Zusammenhang mit den Enthaltungsgelübden des Nasiräers (Belege WTM 3, 159).

II. 1. *mnʿ* begegnet im AT 29mal (25mal *qal*, 4mal *niph*). Die ältesten Belege entstammen der frühen Königszeit (Num 22, 16; 24, 11 J [Groß: I]; Spr 11, 26; Gen 30, 2 E); unbestimmt vorexil. (Am 1mal; Jer 6mal; Spr 4mal; Ps 2mal), sowie exil.-nachexil. (DtrG, Hi 4mal; Ez, Jo, Pred, Neh 1mal). 13mal ist Gott Subj. (incl. passivum divinum Jer 3, 3; Jo 1, 13; Hi 38, 15), 2mal der König, 13mal ein Mensch, 1mal die Sünden des Menschen (Jer 5, 25).

Das Konstruktionsgefüge ist unauffällig: Das Obj. wird asyndetisch oder mit *ʾæṯ* angeschlossen, der dat. incommodi wird entweder durch Suff. oder überwiegend durch *min* oder *lᵉ* (Ps 48, 12; vgl. KBL³ 483) gekennzeichnet.

2. Die Bedeutungspalette des Verbs reicht von ʿzurückhaltenʾ über ʿjem. etwas vorenthalten, verweigernʾ bis hin zu ʿjem. abhalten, fernhalten vonʾ (KBL³ 570). Als Grundbedeutung könnte ein ʿVorenthaltenʾ im Sinne einer Besitzverweigerung gemeint sein.

Am weitesten entspricht ihm *kālāʾ*, dann auch *ʿāṣar*, → *ḥāśaḵ* und *ʾāṣal*; Teilbereiche werden abgedeckt durch *ṣāpan* ʿverbergenʾ mit dem Unterton ʿlauernʾ, *ʿāḇar hiph*, *sûr min hiph* und *rāḥaq hiph* ʿfernhalten, entfernenʾ (in primär räumlichen Sinne), *nwʾ hiph* ʿverhindernʾ, *šûḇ hiph* u.a. ʿzurückhaltenʾ (→ שוב, *šûḇ*) und *nzr niph*, jedoch nur im semantischen Teilsektor ʿsich enthaltenʾ (vgl. den rabbinischen Sprachgebrauch von *mānaʿ*). Die Antonyme zu *mānaʿ* entstammen einmal dem Wortfeld ʿnahebringenʾ (*qāraḇ hiph*, *bôʾ hiph*), dann ʿgebenʾ (*nāṯan*, *šāʾal hiph*, *pwq hiph*), ʿverleihenʾ (*śîm hiph*, *šāpaṭ*), ʿspendenʾ (*nāsaḵ hiph*, *rûm hiph*), ʿverleitenʾ (*ṭʿh hiph*, *swt hiph*, *ndh hiph*, *nśʾ*, *pth pi*, *šûḇ pil*) und *dibbær* ʿbereitwillig sprechenʾ, *ʿānāh* ʿantwortenʾ als Antonym zu ʿein Wort vorenthaltenʾ (Jer 42, 4).

3. In Jes Sir ist *mnʿ* 9mal ausschließlich im *qal* belegt. Subj. ist in allen Fällen der Mensch. Die griech. Wiedergabe variiert sehr stark.

4. Die LXX verwendet zur Wiedergabe 23 verschiedene Verben: es dominieren ἀποκωλύειν (5mal), ἀπ/ἀν/ἐπέχειν (5mal), ἀφ/ἐξαίρειν (3mal) und ἀφυστερεῖν (2mal) sowie κρύπτειν, ὄκνειν u.a.

5. In Qumran ist *mnʿ* bisher nur 2mal belegt. 11 QtgJob 18, 9 (Text?) zitiert Hi 31, 16; in 11 QPsᵃ 24 (hebr. Fassung eines im Syr. schon länger bekannten apokryphen Psalms; vgl. M. Noth, ZAW 48, 1930, 1–23) – ein individuelles Klagelied – bittet der Psalmist „Neige deine Ohren und gewähre mir das Erbetene

und das, wonach ich ersuche, mögest du mir nicht vorenthalten!" (v. 5 *wbqštj 'l tmnʿ mmnj*; vgl. J. A. Sanders, DJD IV 70f.). Der syr. Text ersetzt *mnʿ* durch das Synonym *kl'* (vgl. Ps 84, 12 und Hi 31, 16).

III. 1. Im profanen Bereich bedeutet *mānaʿ* zuerst einmal 'jem. von einer Sache fernhalten' oder 'jem. eine Sache vorenthalten', wobei durchaus der semantische Aspekt des Etymons nachklingt. Dabei ist das Vorenthalten überwiegend als ein Nicht-Gewähren von Sachen verstanden, auf die der Adressat sowieso keine erkennbaren rechtlichen Ansprüche hat. Der König kann seine Tochter einem Bewerber gewähren oder aber versagen (2 Sam 13, 13). Der Vasall kann größeres Unheil von sich und seinem Land abwenden, wenn er dem Mächtigen den Tribut nicht verweigert (1 Kön 20, 7). Die alte Spruchweisheit formuliert bereits das Phänomen des Undankes dem politisch und ökonomisch Weitsichtigen gegenüber: „Wer Getreide zurückhält (*mnʿ*), den verfluchen die Leute; doch wer es verkauft, Segen auf sein Haupt!" (Spr 11, 26; vgl. anders Ringgren, ATD 16, z. St., der hier die Tugenden der Freigiebigkeit und Barmherzigkeit angesprochen sieht; dagegen spricht jedoch das rein merkantilische *šāḇar* in v. 26b). Für den Bereich der Erziehung wird der Grundsatz erhoben, die Zucht (*mûsār* → יסר *jāsar*) vom Knaben nicht fernzuhalten (Spr 23, 13), ein deutlicher Hinweis auf körperliche Züchtigung, wie v. 13b dies unmißverständlich ausführt (zum Problem der körperlichen und verbalen Züchtigung vgl. L. Dürr, Das Erziehungswesen im AT und im Alten Orient, MVÄG 36/2, 1932, bes. 114ff.; M. Sæbø, THAT I 738–742; R. D. Branson → III 694f.).

Eine ähnliche Aufforderung könnte in Sir 4, 23 (Mskr. A) vorliegen, wenn T. Penar (Northwest Semitic Philology and the Hebrew Fragments of Ben Sira, BietOr 28, 1975, 16f.) im Text *'l tmnʿ dbr bʿwlm* mit Recht zu *beʿʿûlîm* punktiert: „Do not withhold your maxim from *children* and do not hide your wisdom." Doch scheint nach Mskr. C die Intention des Textes in eine andere Richtung zu weisen: sein *bʿjtw* „zu seiner Zeit" (vgl. H. P. Rüger, BZAW 112, 1970, 34) läßt für Mskr. A ein *beʿôlām* vermuten, so daß dem Text eine generelle Aufforderung zur Hilfsbereitschaft zu entnehmen ist: „Halte nicht dein Wort zurück in der Zeit (, wenn es retten kann [La Sainte Bible; J. G. Snaith, CBC])."

Sonst bedeutet „ein Wort zurückhalten/vorenthalten" Einschränkung der vollen Botschaft und Verletzung der Pflicht zur Wahrheit, die Umkehrung „kein Wort vorenthalten" aber meint nun nicht einfach nur den rechten Zustand der Botschaft und der Pflicht zur Wahrheit, sondern kann – gerade im Mund des Propheten – eine radikale Steigerung ausmachen: schonungslose Offenheit. So wird Jeremia kein Wort zurückhalten in der Situation unmittelbar vor der Eroberung Jerusalems (Jer 42, 4). Damit wird er nicht nur seine Pflicht dem Wort Gottes gegenüber gerecht – sie bedarf keiner besonderen Explikation –, sondern er wird darüber hinaus keinen Versuch machen, die Botschaft durch geschickte Formulierung erträglicher zu machen. Die Antwort der Zuhörer (vv. 5f.) zeigt, daß diese auf alles gefaßt sind.

Ansonsten meint *mānaʿ* „sich (oder jem.) von einer bestimmten Tat abhalten": eine Reise unternehmen (Num 22, 16), barfüßig laufen (Jer 2, 25) und weinen (Jer 31, 16). Gerade als Ausdruck der Selbstbeschränkung (und ihrer Ablehnung) begegnet *mānaʿ* gern in hedonistisch gefärbten Sprüchen: „Was immer meine Augen begehrten, nichts davon versagte ich ihnen (*'āṣal*); ich hielt mein Herz von keinerlei Freude ab (*lo' mānaʿtî*)" (Pred 2, 10). In kritischer Distanz zu den herkömmlichen Lösungen der Weisheit sieht Qohelet in der Freude den besten Anteil des Menschen am Leben (vgl. O. Loretz, Qohelet und der Alte Orient, 1964, 244f.). So sieht er keinen Sinn in der asketischen Selbstbeschränkung ihr gegenüber, obwohl er weiß, daß auch sie letztlich nur ein Windhauch (→ הבל *hæḇæl*) ist (Pred 2, 1f. 11). In Sir 14, 14 klingt die klassische Formulierung des hedonistischen Imperativ des Aristipp durch: „Versage dir nicht das Glück von heute und an deinem Anteil von Lust gehe nicht vorüber!"

T. Penar (44) sieht hier zu Unrecht die Zahlungsmoral angesprochen („Halte keinen Teil des Lohnes zurück!"), da man *ṭôḇāh* nicht auf die Bedeutung „Lohn" pressen darf. Alles Schaffen und Entsagen kommt letztlich anderen zugute (Sir 14, 4. 15; vgl. Sir 11, 18f.; Spr 11, 24; vgl. auch Homer, Odyssee 1, 248. 375 u.ö.). Ob Sir 35, 3 (Mskr. B) „Rede Alter, denn es steht dir zu, in abgemessener Einsicht, aber hindere den Gesang nicht (*'l tmnʿ šjr*)!" ebenfalls in den hedonistischen Kontext gehört, ist unklar.

2. Im religiösen Kontext begegnet *mānaʿ* häufig im Zusammenhang sozialer Thematik. Eine Ursache für Hiobs Unglück sieht Eliphas in der vermeintlich asozialen Haltung Hiobs. Er habe den Durstigen kein Wasser gereicht und den Hungrigen das Brot „verweigert" (*mānaʿ*, Hi 22, 7). In einem umfangreichen Reinigungseid (zur analogen „negativen Beichte" des äg. Totenbuches vgl. R. Kilian, BZ NF 7, 1963, 185–202) weist Hiob diesen Vorwurf zurück: er hat niemals den Armen (→ דל *dal*) einen Wunsch abgeschlagen (Hi 31, 16), wobei das Gewünschte (→ חפץ *ḥāpeṣ*) über das tatsächlich Notwendige (→ שאל *šā'al*; vgl. Sir 4, 3; 41, 19) hinausgeht, Hiob also der sozialen Verpflichtung über Gebühr nachkam. Diese soziale Verpflichtung wird schon von der Spruchweisheit generalisiert: Nicht nur den Armen, sondern jeden, der einer Sache bedarf, soll man bereitwillig unterstützen (Spr 3, 27). Auch der Siracide reflektiert über diesen Grundsatz und bietet ihn in mannigfacher Variation, z. B.: „Schenke deine Gabe jedem Lebenden, selbst den Toten versage die *ḥæsæḏ* nicht!" (Sir 7, 33; vgl. aber 12, 1–6) oder: „Gib dem Guten, aber versage dem Bösen!" (Sir 12, 4. 7).

Einen komplexen rechtlichen Hintergrund hat Sir 7, 21: „Verweigere ihm (sc. dem Sklaven) die Freilassung (*ḥwpš*) nicht!" Einmal bezieht sich diese Aufforderung auf die gesetzlich vorgeschriebene Sklavenfreilassung im Sabbat- und Jobeljahr (vgl. North → II 285f.; Ex 21, 2 [→ חפשי *ḥŏpšî*]; Deut 15, 12), zugleich liegt eine Ausdehnung auf nicht-hebr. Sklaven vor (vgl. J. G. Snaith 45), andererseits vermag die erste Vershälfte „Liebe den verständigen Sklaven wie dich selbst!" die Freilassung des Sklaven unabhängig von jeder rechtlichen Regelung zum grundsätzlichen Humanitätsgebot zu generalisieren.

Nur 2mal begegnet *mānaʿ* in ethischen Zusammenhängen. Spr 1, 15 mahnt, den Fuß vom Weg der Sünder zurückzuhalten, par. ihren Weg nicht mitzugehen (v. 15a) und ihren Lockungen nicht zu erliegen (v. 10). Sehr sinnenfällig charakterisiert Zophar (Hi 20, 12–14) den Frevler (*rāšāʿ*) und Perversen (*ḥānep*), der das Böse wie eine Süßigkeit in seinem Gaumen zurückhält, d. h. sie lustvoll auf der Zunge zergehen läßt. Doch während des Kostens verwandelt sie sich in Gift.

3. Auch von JHWH sagen die at.lichen Texte, daß er verschiedentlich den Menschen Dinge vorenthält. Der älteste Beleg liegt in Gen 30, 2 vor. Dieser Vers im Zusammenhang der hauptsächlich jahwistischen Erzählung von der Geburt und Benennung der Söhne Jakobs wird wegen des Gottesnamens („Bin ich denn an Elohims Statt, der dir die Leibesfrucht versagt?") häufig zu E gestellt (z. B. Gunkel, Eißfeldt u. a.), doch Westermann (BK I/2, 1981, 576) sieht auch hier mit guten Gründen J am Werk. Nun, da JHWH die Leibesfrucht „versagt", sieht Rachel in der Adoption („auf den Knien gebären") die einzige Möglichkeit, zu „eigenen" Kindern zu kommen.

Das Vorenthalten bes. der Gaben der Natur durch JHWH ist Bestandteil der prophetischen Gerichtspredigt. JHWH versagt den Regen (Am 4, 7; Jer 3, 3), um sein Volk zu züchtigen. Er hält die Ströme zurück, so daß der Kosmos trauert (Ez 31, 15). Er versagt auch (pass. divin.) seinem Tempel Speise- und Trankopfer, um das Volk zur echten Umkehr zu führen (Jo 1, 13). Nach Hi 38, 15 verweigert er den Frevlern das Licht am Morgen, womit nach G. Fohrer (KAT XVI 504) ein positiver Ausgang der Gerichtsverhandlung gemeint ist. Schließlich kann JHWH mittelbar den Segen zurückhalten, wenn der Mensch durch seine Sünden zwischen sich und Gott eine trennende Barriere errichtet hat (Jer 5, 25).

Doch allenthalben vertraut der Fromme auf JHWHs Zuwendung. Schon die vorexil. (Kraus, BK XV/2, ⁵1978, 748) Tempelpfortenliturgie (H. Schmid) weiß, daß Gott denen kein Gut versagen wird, die in Unschuld wandeln (Ps 84, 12; vgl. 11 QPsᵃ 24). Auch der König hatte vor Gott eine bes. Erhörungsgewißheit, so daß JHWH „ihm nicht verweigerte, was seine Lippen erbaten" (Ps 21, 3). Schließlich bekennt das Volk im nachexil. Sühnegottesdienst, daß JHWH trotz des Ungehorsams des Volkes beim Exodus das Manna nicht verweigert, ihm vielmehr Speise im Überfluß gegeben hat (Neh 9, 20). Der fromme Agur verstärkt seine Bitte um Ehrlichkeit und Genügsamkeit im Leben durch die Aufforderung an JHWH: *'al-timnaʿ mimmænnî beṭæræm 'āmûṯ* (Spr 30, 7) „Versage sie mir nicht, bevor ich sterbe!"

Gott leitet in Souveränität das Planen und Handeln der Menschen. Dies geschieht nicht nur in positiver Wegleitung, sondern auch – wie es die David-Nabal-Geschichte zeigt – dadurch, daß Gott den Menschen geschickt vom Bösen fernhält (*mānaʿ*, 1 Sam 25, 26. 34) und von Schuld verschont (→ *ḥāśak*, v. 39; vgl. Clements, → III 243). Um dies paradigmatisch aufzuzeigen, erweitert DtrH in 1 Sam 25 seine Vorlage: Während die Grundschicht Herkunft und Charakter der Königin Abigail herausstellen will (vgl. J. H. Grønbæk, Die Geschichte von Davids Aufstieg, Acta Theol. Danica 10, 1971, 170–175), gestaltet DtrH die Geschichte um zum Paradigma, wie Gott sich der Abigail als Werkzeug bedient, den Gesalbten vor Blutschuld (→ דם *dām*) zu bewahren (vgl. H. U. Nübel, Davids Aufstieg in der frühen israelitischen Geschichtsschreibung, Diss. Bonn 1959, 51ff.). Auch wenn man mit Stoebe (KAT VIII/1, 454) gegen Nübels (und auch Veijolas) literarkritische Differenzierung überlieferungsgeschichtlich argumentieren will, so berührt dies nicht die eigentliche Absicht der Geschichte: Bekenntnis zur Sorge JHWHs für seinen Gesalbten und die Idealisierung Davids (dazu vgl. weiter K. H. Bernhardt, Das Problem der altorientalischen Königsideologie im Alten Testament, VTS 8, 1961, 120).

Fabry

מַס *mas*

סֵבֶל *sebæl*

I. Etymologie; verwandte Ausdrücke in der Umwelt – II. 1. Sklavendienst in Ägypten – 2. *mas ʿobed* – III. Vorkommen und Beurteilung von *mas* im AT – IV. Nachexilisch und nachbiblisch – V. Zusammenfassung.

Lit.: *P. Artzi*, סבל (EMiqr 5, 995f.). – *Ders.*, סבל-*sablum* (Yediot 18, 1954, 66–70). – *A. Bakir*, Slavery in Pharaonic Egypt (ASAE, Suppl. 18, Cairo 1952, 14–40). – *A. Biram*, מס עובד Corvée (Tarbiz 23, 1952, 137–142). – *G. Evans*, The Incidence of Labour-Service in the Old-Babylonian Period (JAOS 83, 1963, 20–26). – *Z. Falk*, Hebrew Law in Biblical Times, Jerusalem 1964, 117–122. – *M. Haran*, The Gibeonites, the Nethinim and the Sons of Solomon's Servants (VT 11, 1961, 159–161). – *M. Held*, The Root *zbl/sbl* in Akkadian, Ugaritic, and Biblical Hebrew (JAOS 88, 1968, 90–96). – *D. Künstlinger*, למס עבד עדי אבד (OLZ 34, 1931, 609–612). – *B. Levine*, The Netînîm (JBL 82, 1963, 207–212). – *I. Mendelsohn*, State Slavery in Ancient Palestine (BASOR 85, 1942, 14–17). – *Ders.*, On Corvée Labor in Ancient Canaan and Israel (BASOR 167, 1962, 31–35). – *T. Mettinger*, Solomonic State Officials, Lund 1971, 128–139. – *A. Rainey*, מס עבד (EMiqr 5, 55f.). – *Ders.*, Compulsory Labour Gangs in Ancient Israel (IEJ 20, 1970, 191–202). – *G. Sauer*, Fronarbeit (BHHW I 502). – *M. Weber*, Ancient Judaism, New York 1952, 55. 59. 256.

I. 1. Das Wort *mas* ist unbekannter Herkunft. Nach M. Noth (BK IX/1, 212) ist es „vielleicht" von äg. *ms* 'bringen' abzuleiten; J. Montgomery (JQR 25, 1935, 267) stellt es zu asarab. *mnš'* 'Geschenk' (Conti-Rossini 191, vgl. äth. *mĕnšā'* 'Abgabe'). Frondienst kam in Ägypten allgemein vor, kann aber nicht mit einem besonderen Wort verknüpft werden (Bakir).
Akk. *massu* 'Dienstverpflichteter' (AHw 619) findet sich vor allem als Lehnwort in Alalach um 1700 v. Chr. (Mettinger 130). Ein späterer Beleg aus Alalach (um 1500) nennt zwei *LÚ mas āli* unter den *ḫabiru*. Außerdem findet sich das Wort einmal in Amarna (EA Nr. 365, F. Thureau-Dangin, RA 19, 1922, 97f.; A. Rainey, AOAT 8, 21978, 81) mit Bezug auf Arbeiter, die ihr „Gehalt" (oder eher „Rationen", aber nur 4 Monate pro Jahr) wie andere Angestellte erhalten; vgl. zu diesem Brief auch A. Alt, KlSchr III 169–174. Altbabylonisch ist *massu* mit *muškēnum* zu vergleichen (Evans 23, der die Altersklassifikation *guruš* unterscheidet). „Zwangsarbeit" bei der Bewässerung war die einzige Weise, um Landwirtschaft zu ermöglichen.
Im Ugar. kommt *ms* nicht vor; als Synonym zu nbabyl. *pilku* 'Lehensverpflichtung' (AHw 863) und ababyl. *ilku* 'Pflichtleistung für Landeszuteilung' (AHw 371f.) wird *ỉnṯ* (WUS Nr. 325; churrit. Lehnwort? = akk. *unuššu*, AHw 1422) gebraucht (vgl. J. Nougayrol, PRU I 226, anders I. Diakonoff, Festschr. B. Landsberger, Chicago 1965, 345). R. Yaron, VT 10, 1960, 88, stellt dagegen *ỉnṯ* mit *'ᵃḥuzzāh* Jos 22, 4 zusammen.

II. 1. *mas* ist 'Frondienst', eine Art Arbeit, zu der man 'gezwungen' wird, ohne daß es sich um förmliche „Sklaverei" handelt. Das einzige hebr. Wort für Sklavendienst wird aber auch für normale, freie Arbeit gebraucht (Sauer); nur die Kombination *bêṯ ʿᵃḇāḏîm* bedeutet unverkennbar Sklaverei (Ex 20, 2 = Deut 5, 6 und 11 weitere Stellen) und bezeichnet den Frondienst der Israeliten in Ägypten, der gewöhnlich *siḇlôṯ* genannt wird (Ex 1, 11; 2, 11; 5, 4f.; 6, 6f.). Nur einmal und indirekt ist von *missîm*-Aufsehern die Rede (Ex 1, 11).
2. 3mal kommt die Zusammenstellung *mas ʿoḇeḏ* vor, die trotz Versuchen, sie als einen Ausdruck für besonders harte Fronarbeit für Nichtisraeliten zu deuten (Haran 163, Mettinger 129), nur ein Synonym für *mas* ist (nach Rainey kanaan. Terminus mit hebr. Glosse; vgl. Biram 138), denn Ri 1, 30 (wie sachlich Jos 16, 10) mit *ʿoḇeḏ* ist mit Jos 17, 13 = Ri 1, 28 (.33. 35) ohne *ʿoḇeḏ* identisch und bezieht sich auf das ziemlich theoretische Schicksal der Stämme, deren Gebiete erobert wurden, die aber nicht ausgerottet wurden (→ חרם *ḥeræm*). Es handelt sich also um kanaanäische Bevölkerungsgruppen, die nach der Eroberung ihrer Gebiete fronpflichtig gemacht wurden; nach Mettinger 133 waren die Voraussetzungen dafür erst in der Zeit Davids vorhanden. Nach dem deut Kriegsgesetz Deut 20, 11 (vgl. TR 62, 8) soll so verfahren werden an Orten, die ohne Kampf kapitulieren, anders dagegen bei „fernen Städten", wobei der Ausdruck „fern" in v. 15 wohl nicht auf expansionistische Eroberungen außerhalb Kanaans hinweist, sondern auf die Liste der Gibeoniten Jos 9, 6 anspielt (vgl. A. Rofé, The Laws of War in Deuteronomy, Zion 39, 1974, 143–156).
Da in 1 Kön 9,21 *mas ʿoḇeḏ* vom Präp.-Ausdruck „bis auf den heutigen Tag" gefolgt wird, könnte es eine längere Dauer des Frondienstes implizieren, kaum aber, wie Künstlinger mit Hinweis auf Num 24, 20. 24 meint, eine Variante von *'bd* = arab. *'abadan* 'auf immer' darstellen. Die Parallele 2 Chr 8, 8 hat einfaches *mas*, ebenso die vergleichbare Stelle 1 Kön 9, 15. *ʿæḇæḏ* ist wiederum das Schlüsselwort im nachexilischen Fortleben der Institution, s.u. IV. 1.

III. 1. Die Israeliten verabscheuten ihren *mas* in Ägypten und betrachteten die Befreiung daraus als JHWHs größte Tat in der Geschichte. Die Tatsache, daß Israel einst ein Sklave (*ʿæḇæḏ*) gewesen ist, dient in Deut als Begründung für die humane Behandlung des *ger* (→ גור) (Deut 15, 15; 16, 12; 24, 18. 22). Diese Einstellung steht der Billigung des Frondienstes in Jos-Ri entgegen. Keine solche Billigung liegt für den tatsächlichen Frondienst unter David (2 Sam 20, 24; 1 Chr 22, 2) und Salomo (1 Kön 9, 20f. || 2 Chr 8, 8, wobei merkwürdigerweise „Kanaanäer" unter den dienstpflichtigen Völkern nicht genannt werden) vor. Dieser *mas* wird aber als notwendig für die Verwirklichung des Tempelbaus dargestellt.
Die von Salomo durchgeführte *mas*-Organisation wird in 1 Sam 8, 11 vorausgreifend gerügt (trotz des Versuchs von Mendelsohn [BASOR 85, 15], hier einen Feudalismus der Samuelzeit zu finden – der Hinweis auf ugar. *msm* beruht auf eine Fehllesung [*msm* für *mdm*]). Die negative Bewertung Salomos beruht zweifellos zum großen Teil darauf, daß er die Arbeiter ohne Lohn arbeiten ließ, um sich einen Palast zu bauen (Jer 22, 13 spielt darauf an). Kein biblischer Verfasser verwirft aber *mas* für gute und notwendige Zwecke. Aus diesem Grund glaubt J. A. Wainwright, Zoser's Pyramid and Solomon's Temple (ExpT 91, 1979/80, 137–140), *mas* den „Zwangsarbeits"-Charakter absprechen zu müssen. Er denkt an ethisch neutral zu bewertende Arbeit des ungelernten Arbeiters.
Wahrscheinlich aber steht Salomos *mas* dem göttlichen Willen entgegen, insofern er auch – oder sogar hauptsächlich – Israeliten betraf (1 Kön 5, 13 = LXX 5, 27 mit φόρος, s.u. IV. 2). Dagegen spricht nicht die Notiz, daß Salomo nie Israeliten als Sklaven (*ʿæḇæḏ*) benutzte (1 Kön 9, 22), wenn man nicht hier mit BHK3 – nicht BHS – *mas* einsetzt, auch nicht 2 Chr 8, 9, wenn man nicht mit BHK3 und BHS *'ᵃšær* streicht. Wahrscheinlich waren Israeliten nur im dtr. Wunschdenken vom *mas* befreit (de Vaux, LO I 135ff.).
Eine Mißbilligung des salomonischen Fronsystems ist auch in der Steinigung des *mas*-Aufsehers Ado-

(ni)ram (2 Sam 20, 24; 1 Kön 12, 18; zum Namen s. Mettinger 133) zu sehen. Dabei muß man aber erkennen, daß die strenge Verurteilung der „Sünde Jerobeams“ (1 Kön 15, 30 etc.; 20mal) die Tatsache unbeachtet läßt, daß er ein Kämpfer gegen jeden Mißbrauch des *mas* war (1 Kön 11, 28, wo aber der Terminus *sebæl* gebraucht wird, nach Mettinger ein nordisraelit. Synonym für *mas*, vgl. Mari *sablum*, s. Artzi). Das letzte Beispiel für Frondienst wird unter Asa berichtet (1 Kön 15, 22; auch hier *sebæl*).

2. Einige weitere Belege für *mas* sollen noch erwähnt werden. Der israelitische Stamm Issachar ist nach Gen 49, 15 in Kanaan fronpflichtig geworden, was als erniedrigende Folge seiner Bequemlichkeit beurteilt wird (von Rad, ATD 2–4 z. St.). *mas* wird verallgemeinert als Folge von Niederlage im Krieg dargestellt (Jes 31, 8; Kl 1, 1). Nach Spr 12, 24 muß der Faule Frondienst machen, um seinen Lebensunterhalt zu verdienen.

IV. 1. Die „Söhne der Sklaven (*ʿbd*) Salomos“ in Neh 11, 3, vgl. 7, 57. 60 = Esr 2, 55. 58, werden zusammen mit den *neṯînîm* genannt. Der Ausdruck „*mas ʿobed* bis auf den heutigen Tag“ 1 Kön 9, 21 dient als ätiologische Begründung ihres Vorhandenseins (J. Liver, JSS 8, 1963, 233). Die *neṯînîm* repräsentieren im Talmud den Tempel-*mas*, während „Gibeoniten“ für Staats-*mas* stehen.

2. *mas* wird in der LXX durchgehend mit φόρος wiedergegeben, das hier nicht wie im NT 'Steuer' (K. Weiß, ThWNT IX 78) bedeutet. Diese Bedeutung nimmt aber auch *mas* im Talmud und im Neuhebr. an, was angeblich durch Esth 10, 1 begründet ist (D. Daube, JQR 37, 1947, 40; Rainey, EMiqr), aber dort handelt es sich wahrscheinlich um ein Mißverständnis eines Erlasses über Fronarbeit (H. Bardtke, KAT XVII/5, 402; vgl. anders G. Gerleman, BK XXI 143f.).

3. Es ergibt sich also eine allgemeine biblische Anschauung, daß die Arbeit als notwendig und an sich gut ist, auch wo sie „durch Macht mobilisiert“ wird für würdige, nicht privat realisierbare Zwecke: hier jedoch besteht die Gefahr des Mißbrauchs, die bekämpft werden muß.

R. North

מַסֵּכָה *massekāh*

I. Götterbildterminologie: Abgrenzung, Etymologie und Bedeutung – 1. *massekāh* – 2. *næsæk* – 3. *ʿaṣabbîm* – 4. *pæsæl* – 5. *ṣælæm* – 6. *sæmæl* – II. Herstellungsarten – III. AT – 1. Vorkommen und Verteilung – 2. Verbindungen – 3. Theol. Bedeutung – 4. LXX.

Lit.: *K.-H. Bernhardt*, Gott und Bild. Ein Beitrag zur Begründung und Deutung des Bilderverbotes im AT (Theol. Arbeiten 2, Berlin 1956). – *J. Boese / U. Rüß*, Goldschmiedetechniken (RLA III, 1957–71, 519–531). – *O. Eißfeldt*, Gott und Götzen im AT (ThStKr 103, 1931, 151–160 = KlSchr I, 1962, 266–273). – *E. Feucht*, Goldschmiedearbeiten (LexÄg II, 1977, 751–754). – *K. Galling*, Götterbild, weibliches (BRL² 111–119). – *W. Helck*, Kultstatue (LexÄg III, 1980, 859–863). – *H.-D. Hoffmann*, Reform und Reformen (AThANT 66, Zürich 1980). – *C. R. North*, The Essence of Idolatry, (Festschr. O. Eißfeldt, BZAW 77, ²1961, 151–160). – *H. D. Preuß*, Verspottung fremder Religionen im AT (BWANT 92, Stuttgart 1971). – *J. Renger / U. Seidl*, Kultbild (RLA VI, 1981, 307–319). – *M. Weippert*, Gott und Stier (ZDPV 77, 1961, 93–117). – *P. Welten*, Götterbild, männliches (BRL², 99–111). – *Ders.*, Göttergruppe (BRL², 119–122). – *W. Zimmerli*, Das Bilderverbot in der Geschichte des alten Israel. Goldenes Kalb, Eherne Schlange, Mazzeben und Lade (Festschr. Jepsen 1971, 86–96 = ThB 51, 1974, 247–260). – → נסך *nsk*; פסל *psl*; צלם *ṣælæm*.

I. 1. Das Nomen *massekāh* wird gewöhnlich als *maqṭil*-Form des Verbs *nsk* 'gießen' (BLe 492 t) (bzw. in Jes 25, 7; 28, 20 *massekāh* II 'Decke' von *nsk* II 'flechten' [KBL³ 573]) mit der Bedeutung 'gegossenes (Gottes-)Bild' (GesB 440) oder 'Gußbild' (KBL³ 572f.) aufgefaßt. Diese Ableitung impliziert für das zugrundeliegende Verb *nsk* die Bedeutung 'Metall gießen', die jedoch im AT nicht sicher belegt ist; bei den in Frage kommenden Belegen Jes 40, 19; 44, 10 kann die allgemeine Wendung *nsk pæsæl* auch eine andere Metallverarbeitungstechnik umschreiben. Außerdem bietet die Übersetzung des vorwiegend in festen Verbindungen (s. III. 2) vorliegenden Begriffs *massekāh* durch die genannten Bedeutungen häufig große Schwierigkeiten, die auch durch das von KBL³ zusätzlich gebotene 'Metallguß' nicht völlig behoben werden. Daß *massekāh* dem Bereich der Metallverarbeitung zuzurechnen ist, darauf weisen die die Herstellungsmaterialien und -arten beschreibenden Kontexte (vgl. z. B. Ex 32, 2; Jes 30, 22; 40, 19; 44, 9–17; Hos 13, 2) und Parallelformulierungen wie *ʾælohê massekāh* (Ex 34, 17) – *ʾælohê zāhāb* (Ex 32, 31) hin, so daß die Hypothesen J. Faurs (JQR 69, 1978, 1–15), der *massekāh* mit *næsæk* 'Libation' oder auch mit *swk* II 'salben' in Verbindung bringen möchte und von daher an ein konsekriertes Bild denkt, keinerlei Beweiskraft besitzen. Der in zahlreichen semit. Sprachen zu findenden Wurzel *nsk* ist kein einheitliches Bedeutungsfeld zuzuordnen. Es treten jedoch zwei Bedeutungsaspekte besonders hervor, zum einen das Opfern (Libationen), zum anderen die Bearbeitung von Metall. Zurückführen läßt sich westsemit. *nsk* auf akk. *nasāku* 'flach hinwerfen' (AHw 752f.; CAD N/2, 15–20). Die westsemit. Belege von *nsk* zeigen, daß für die hier zu behandelnde Metallverarbeitungstechnik wohl der Aspekt des 'In-eine-Fläche-Bringens' im Vordergrund steht, vgl. im einzelnen → נסך *nsk*. Da im Zusammenhang mit *massekāh* ausschließlich Gold und Silber als Materialien genannt sind, ist hier wohl eher an ihre Verarbeitungstechnik des Treibens oder Plattierens (vgl. RLA III 519–531) zu denken, zumal das Hebr. für das eigentliche Metallgießen die Wurzel → יצק *jṣq* besitzt (vgl. auch die ugar. Belege KTU 1.4 I 23–43; dazu Dietrich/Loretz, UF 10, 1978, 57–63 und Heyer, UF 10, 1978, 93–109). Somit kann *massekāh* eine – in Silber oder Gold – getriebene Arbeit oder Edelmetallplattierung bezeichnen, wobei aber an letzteres eher bei *ṣph* II zu denken ist, und *rq' pi* meint dann vielleicht ursprünglich das Herstellen der für diese Techniken benötigten Edelmetallbleche (s. II.). Bei *massekāh* stehen dann wohl diese, auf hölzernem oder metallenem Kern angebrachten Edelmetallarbeiten im Vordergrund, von denen in Jes 40, 19; Jer 10, 3f. u. ö. berichtet wird. Das völlige Fehlen des Begriffs im profanen Bereich erklärt sich aus der Verwendung in Texten mit Götterbildpolemik, auf die auch die anderen Begriffe wie *pæsæl* und *'aṣabbîm*, die auch alle von handwerklichen Tätigkeiten hergeleitet sind, begrenzt sind. Damit hängt auch zusammen, daß *massekāh* in vom Hebr. unabhängigen Sprachen mit dieser Bedeutung nicht belegt ist (Lesung und Interpretation der beiden einzigen Belege KAI 26 A III 1.C IV 3 sind unsicher, vgl. DISO 160 s. v.).

2. Das von der gleichen Wurzel wie *massekāh* abgeleitete *næsæk*, das im AT gewöhnlich in der Bedeutung 'Libation' verwendet wird, findet sich an vier exilisch-nachexilischen Stellen synonym zu *massekāh* gebraucht (Jes 41, 29; 48, 5; Jer 10, 14 = 51, 17 [vgl. A. Weiser, ATD 20, 71976, 87]); demgegenüber fehlt *massekāh* in diesen Texten (DtJes-Jer [zu Jes 42, 17 vgl. K. Elliger, BK XI/1, z. St.]). Die in dem Wortspiel Jes 30, 1 (s. u. III. 1) vorliegende Kennzeichnung und Bewertung als Fremdgötterei kommt in diesen Texten, die *næsæk* anstelle von *massekāh* verwenden, verstärkt zum Ausdruck. Für diese Parallelisierung sprechen auch die den bekannten Verbindungen mit *massekāh* exakt entsprechenden Verbindungen von *næsæk*, wie *pislî weniskî* Jes 48, 5 (vgl. *pæsæl ûmassekāh*) oder die aufgespaltene und gegenübergestellte Wortverbindung in Jer 10, 14 = 51, 17. In Dan 11, 8 ist von der Wurzel *nsk* abgeleitetes *nāsîk* im Sinne von *massekāh* gebraucht, vielleicht um an dieser Stelle in der Wendung *'ælohêhæm 'im-nesikêhæm* eine zusätzliche Assoziation zu *nāsîk* 'Fürst' herzustellen.

3. Gegenüber den anderen Götterbildtermini, die sich nicht auf eine bestimmte Gruppe von Bildern beziehen, fungiert das Pluraletantum *'aṣabbîm* (→ עצב) als Sammelbegriff für die Götterbilder der nichtisraelit. Religionen, was an 9 (1 Sam 31, 9; 2 Sam 5, 21; Jes 46, 1; 50, 2; Ps 106, 36. 38; 115, 4; 135, 15; 1 Chr 10, 9) von 17 Stellen explizit gesagt ist. Der besondere Charakter des Nomen *'aṣabbîm* kommt durch die homonymen Wurzeln *'ṣb* I 'bilden, schaffen, gestalten' und *'ṣb* II 'kränken, betrüben' zustande. Seine ältesten Belege gehen auf Hos zurück.

1 Sam 31, 9 erweist sich aufgrund inhaltlicher Spannungen zu v. 10 in 31, 8–13 als sekundär. Es ist hier als ein, die Aufstiegsgeschichte Davids gliedernder, im Anschluß an 1 Sam 17, 51. 54 gebildeter redaktioneller Einschub zu erkennen. Ebenso ist mit T. Veijola (Die ewige Dynastie, Helsinki 1975, 97ff.) 2 Sam 5, 21 als sekundär zu bewerten, wobei v. 21 in Verbindung zum Verlust der Lade von 1 Sam 4, 1–11 steht.

Innerhalb der verschiedenen Vergehen, gegen die sich Hos wendet, begegnet – allerdings nur auf Ephraim bezogen – als durchgängiges Motiv die Verbindung mit Fremdvölkern und damit auch mit deren Götzen und Kulten (4, 17; 5, 8. 11. 13; 7, 8. 11; 8, 11; 12, 2). Da sich auch die 4 *'aṣabbîm*-Belege (4, 17; 8, 4; 13, 2; 14, 9) auf Ephraim beziehen, ist hier wohl auch ausschließlich an Fremdgötterbilder zu denken (vgl. auch J. P. Floss, Jahwe dienen – Göttern dienen, BBB 45, 1975, 161f.), worauf auch der einzige Beleg von *massekāh* bei Hos (13, 2) hindeutet; hier wird *massekāh* durch den sonst für Hos üblichen Götterbildterminus *'aṣabbîm* in der Form erläutert, daß es dort heißt: *massekāh* nach dem Modell der Fremdgötter (*ketabnît 'aṣabbîm*, cj. BHS) hergestellt. Vielleicht hängt dieser Sprachgebrauch und die erklärende Gleichung zwischen *massekāh* und *'aṣabbîm* mit dem judäischen Wirkungsbereich des Propheten zusammen (vgl. H. W. Wolff, BK XIV/1, 31976, 283f. 291; anders H. Motzki [VT 25, 1975, 470–485], der eine dtr Glosse vermutet).

H. W. Wolff (BK XIV/1, 31976, 292) denkt bei *massekāh* an ein Metallgußbild, wie *massekāh* auch in Ex 32, 4. 8 für das Jungstierbild verwendet wird, in 13, 2 jedoch nach dem „Muster kleiner Bronzestatuetten, die mit Silber überzogen wurden (vgl. 8, 4b [2, 10bβ] o. S. 178f.)“.

In späteren Texten ist die Bedeutungsnuance des Begriffs teilweise verblaßt (Sach 13, 2; 2 Chr 24, 18) und in Texten mit gesteigerter Polemik durch Anhäufung von Begriffen des Wortfeldes (Jes 10, 10f.; 48, 5; Mi 1, 7) völlig verloren gegangen. An zwei textkritisch schwierigen Stellen (Jes 48, 5; Ps 139, 24, vgl. E. Würthwein, VT 7, 1957, 173f.) ist die bedeutungsmäßig nicht unterschiedene Sonderform *'oṣæb* belegt.

4. Die masoretisch auf zwei Lexeme (*pæsæl* + **pāsîl*) getrennten Nominalbildungen von *psl* (zum Zusammenhang vgl. C. Dohmen, BN 16, 1981, 11f.) bilden zusammen den häufigsten (54mal) Götterbildterminus im AT. Undifferenziert meint der Begriff jede Art von Kultbild, sowohl die Götterbilder fremder Religionen (2 Kön 21, 7; Jer 51, 47 u. ö.), als auch die durch das Bilderverbot (Ex 20, 4; Deut 5, 8) für Israel verbotenen. *pæsæl* bleibt auch nicht auf die der Wurzel inhärente Bedeutung 'behauen, zurechthauen' beschränkt, sondern umfaßt auch anders hergestellte Götterbilder (Jes 44, 10; → עשה *'āśah*; → יצר *jāṣar*; → נסך *nāsak*). Näher charakterisiert findet es sich in zahlreichen Verbindungen, wie *pæsæl ûmassekāh* (Deut 27, 15; Ri 17, 3. 4 u. ö.); *pesîlê 'ælohîm* (Deut 12, 3); *pæsæl hā'ašerāh* (2 Kön 21, 7). Zum Ganzen → פסל *psl*.

5. Die eigentliche Bedeutung von *ṣælæm* im AT ist 'plastische Darstellung', dann auch 'Abbildung' u. ä. Die Bedeutung 'Götterbild' entsteht bei *ṣælæm* erst durch Verbindungen wie *ṣalmê massekotām* (Num

33, 52), *ṣalmê toʿᵃḇoṯām* (Ez 7, 20) oder durch inhaltliche Bezüge wie in 2 Kön 11, 18 = 2 Chr 23, 17. Zur Etymologie und Verbreitung → צלם *ṣælæm* sowie H. Wildberger, THAT II 556–563.

6. Im Bereich der Bilderterminologie stellt der nur im Phön./Pun. und 5mal im AT (Deut 4, 16; Ez 8, 3. 5; 2 Chr 33, 7. 15) begegnende Terminus *sæmæl* einen funktionalen Begriff dar, der ein zu einem anderen gehöriges Objekt von jenem her definiert (zu Etymologie und Bedeutung vgl. C. Dohmen, ZAW 96, 1984).

II. Im gesamten AO sind die verschiedensten Arten von Götterdarstellungen zu finden (Rundplastik, Relief, Malerei und Glyptik, vgl. RLV IV 412–416). Bei den Edelmetallarbeiten beschränkt sich der Vollguß aus technischen Gründen (BRL² 222f.) und wegen des Materialwertes auf kleinere Figuren.

Größere Bedeutung erhielten aber schon früh die verschiedenen Goldschmiedetechniken (vgl. J. Boese / U. Röß, RLA III 519–531; E. Feucht, LexÄg II 751–754), bei denen dünne Edelmetallschichten auf Teile aus Holz, Bronze oder auch Silber (zum Wertverhältnis Gold – Silber im AO → II 539f. sowie RLA III 512f.) gearbeitet wurden (vgl. EA 14 I 68; 14 II 11ff.). Ein plastisch ausgearbeiteter Kern konnte durch aufgehämmertes und mit Nägeln und Nieten befestigtes Edelmetallblech „überzogen" werden (Plattieren, vgl. RLA III 522); bes. für Hohlkörper und reliefartige Gegenstände wurde das Edelmetallblech über einem elastischen Kern (Bitumen, Ton, Weichholz) in die entsprechende Form gehämmert (Treiben, vgl. RLA III 523). Da die getriebene Arbeit aus Gründen der Festigkeit oftmals gefüllt oder auf einem Kern befestigt wurde, ist es nicht immer leicht, die angewendete Technik exakt zu bestimmen. Neben den so hergestellten Götterbildern finden sich in Syrien und Palästina bearbeitete Edelmetallplaketten, die als Anhänger dienten (vgl. BRL² 116; zu den entsprechenden archäologischen Funden insgesamt vgl. neben den zitierten Lexika auch K. Elliger, BK XI/1, bes. 76f.).

III. 1. Das Nomen *massekāh* ist im MT des AT 28mal belegt, zur Götterbildterminologie sind davon jedoch nur 25 Belege zu rechnen, da in Jes 25, 7; 28, 20 eine Ableitung von *nsk* II ʿweben' vorliegt, und in 2 Chr 28, 2 liest S *mdbḥ'* = *mizbᵉḥôṯ* anstelle von *massekôṯ*; das anschließende *labbᵉʿālîm* gegenüber dem bei Götterbildern ausschließlich belegten *lᵉ* + Suffix der handelnden Person und der inhaltliche Kontext der vv. 1–4 sprechen für diese Lesart. In Jes 30, 1, wo *massekāh* häufig mit ʿBündnis' u. ä. wiedergegeben wird, liegt in der sehr unterschiedlich erklärten figura etymologica *nsk massekāh* (vgl. H. Wildberger, BK X/3, 1147f.) eine Allusion an zwei vorexilisch belegte, die Verbindung zu Fremdgöttern kennzeichnende Handlungen vor. Die sprachliche Form *nsk massekāh* erinnert an *nsk næsæḵ* ʿein Trankopfer darbringen' als Zeichen der Fremdgötterverehrung (vgl. Jer 7, 18; 19, 13; 32, 29; 44, 17 u. ö.); indem *næsæḵ* durch das von der gleichen Wurzel abgeleitete *massekāh* ersetzt worden ist, stellt der Verfasser des Textes zusätzlich eine Assoziation zur Anfertigung eines Götterbildes her; daß auch der vorausgehende Versteil ein solches Wortspiel enthält, zeigt die Zusammenschau der unterschiedlichen Deutungen von *ʿśh ʿṣh* von M. Dahood (Bibl 50, 1969, 57f.) und H. Wildberger (BK X/3, 1151f.).

Eine besondere Verteilung der *massekāh*-Belege läßt sich nicht erkennen, da kleine Anhäufungen wie Ri 17. 18 auf Erzählstücken beruhen. Beachtet man aber, daß *massekāh* mehrmals am jetzigen Ort in sekundären Textteilen zu finden ist (z. B. Num 33, 52; Jes 30, 22 u. ö.), dann läßt sich ein Schwerpunkt der Verwendung in deut/dtr Teilen feststellen. Bedeutsamer ist die Beobachtung, daß das Nomen vorwiegend in der unveränderten Form *massekāh* – der Plural ist nur 4mal (*massekôṯ*: Num 33, 52; 1 Kön 14, 9; 2 Chr 34, 3. 4) und die Cstr.-Form nur 1mal (*massekaṯ*: Jes 30, 22) belegt – und in festen Verbindungen vorkommt.

2. Außer in dem mehrfach belegten Wortpaar *pæsæl ûmassekāh* begegnet *massekāh* als Nomen rectum in Cstr.-Verbindungen: *ʿegæl massekāh* (Ex 32, 4. 8; Deut 9, 12 [?, vgl. BHS]. 16; Neh 9, 18); *ʾælohê massekāh* (Ex 34, 17; Lev 19, 4); *ṣalmê massekôṯām* (Num 33, 52). Die nur einmal belegte Verbindung *ʾælohîm ʾᵃḥerîm ûmassekôṯ* (1 Kön 14, 9) scheint formal *pæsæl ûmassekāh* zu entsprechen. Beide Verbindungstypen, die Cstr.-Verbindung und die mit *w*, können in gleicher Weise getrennt und ihre Bestandteile in einem Parallelismus einander gegenübergestellt werden (Jes 30, 22; 42, 17; Hab 2, 18 [?]; Ps 106, 19). Allein steht *massekāh* nur in 2 Kön 17, 16 und Hos 13, 2. An beiden Stellen wird *massekāh* jedoch näher erklärt, in 2 Kön 17, 16 durch *šᵉnê(m) ʿᵃgālîm*; zu Hos 13, 2 s. o. I. 3. Zu den oben genannten Verbindungen finden sich auch einige Parallelformulierungen, die deutlich machen, daß es sich bei *massekāh* um Goldschmiedearbeit handelt. Anstelle von *ʿegæl massekāh* findet sich in Ex 32, 31 die Formulierung *ʾælohê zāhāḇ* und in 1 Kön 12, 28; 2 Kön 10, 29; 2 Chr 13, 8 werden die Stierbilder Jerobeams als *ʿæḡlê (haz)zāhāḇ* bezeichnet.

3. Der Terminus *massekāh* bezeichnet ursprünglich wie die meisten Begriffe aus dem Bereich der at.-lichen Götterbildterminologie das Produkt einer handwerklichen Tätigkeit. In Zusammenschau von Etymologie und at.licher Verwendung ergibt sich, daß *massekāh* die Goldschmiedearbeit an einem Götterbild bezeichnet und primär nicht das Bild selbst. Daß dieser Teil des Bildes eigens betont bzw. gegen ihn polemisiert wird, ist aufgrund der mit dem Gold verbundenen magischen und mythischen Vorstellungen (→ II 534–544; Art. ʿGold' in LexÄg, RLA; E. Hornung, Der Eine und die Vielen, ²1971, 122ff.), die im Alten Orient ganz besonders in Verbindung mit den Götterbildern verbreitet waren, gut verständlich. Dies zeigt auch Hos 10, 5, wo diese Gold-

pracht des Jungstierbildes, als sein *kāḇôḏ* bezeichnet, Gegenstand des priesterlichen Kultjauchzens ist (vgl. H. W. Wolff, BK XIV/1, 228).

Wenn sie auch verständlicherweise archäologisch nur in geringer Zahl nachweisbar sind (BRL[2] 110, vgl. aber auch hethitische Belege bei M. Weippert, ZDPV 77, 1961, 100), so sind Anzahl und Bedeutung der kostbaren Edelmetallarbeiten an den Götterbildern im gesamten AO jedoch nicht zu unterschätzen. Ein bes. schönes Beispiel für die Auseinandersetzung mit diesen Vorstellungen ist Jes 30, 22 (vgl. L. Laberge, Is 30, 19–26: A Deuteronomic Text? Eglise et Théologie 2, Ottawa 1971, 35–54). In dem Parallelismus von v. 22a steht der Gedanke im Vordergrund, *ṣippûj* und *'epôḏ* des Götterbildes als kultisch unbrauchbar zu verwerfen (*ṭm'*), wobei die Frage offenbleibt, ob hier ein synonymer („silberbeschlagene Götzenbilder – goldüberzogene Gußbilder“) oder ein synthetischer („der Überzug der silbernen Götzenbilder – das *'epôḏ* des goldenen Überzuges“) Parallelismus vorliegt.

Im ersten Fall wäre der Terminus *pæsæl ûmassekāh* (vergleichbar Ps 109, 19) aufgelöst, und auch die übrigen Glieder des Parallelismus entsprächen sich dann (so in etwa auch H. Wildberger, BK X/3, z. St.); im anderen Fall müßte man an einen silbernen mit Gold überzogenen Kern denken, der ein kostbares Gewand (*'epôḏ*) trug (vgl. E. Unger, RLV IV 414f.).

Ungeachtet dieser Schwierigkeiten tritt die Absicht dieses Verses klar hervor, der deutlich die mit den Edelmetallen verbundenen Vorstellungen kritisiert, indem er ihre Anhäufung in den Vordergrund stellt. Es bleibt zu beachten, daß bei diesen Götterbildern der *massekāh*-Beleg nicht nur an offizielle Kultbilder wie die Stiersymbole Jerobeams zu denken ist, sondern auch an kleine amulettartige Darstellungen für den privaten Gebrauch, worauf z. B. auch der Kontext der *'ārûr*-Reihe in Deut 27 und die Erzählung Ri 17. 18 und Nah 1, 14 hinweisen.

Obwohl sich die beiden Belege Ex 34, 17; Lev 19, 4 (vgl. J. Halbe, Das Privilegrecht Jahwes Ex 34, FRLANT 114, 216ff.) mit dem Verbot von *'ælohê massekāh* (nur hier) nicht so ausdrücklich wie die dtr Theologie gegen die Vorstellung, die mit den kostbaren Götterbildern verbunden sind, wenden, so weisen sie doch in die gleiche Richtung.

4. Als Übersetzung für *massekāh* bietet die LXX χωνευτός (17mal), χώνευμα (2mal) und γλυπτός (2mal). Die je häufigste Übertragung der übrigen Götterbildtermini macht ihre Bedeutungsunterschiede deutlich, so gibt die LXX *pæsæl*, **pāsîl* vorwiegend mit γλυπτός, *'aṣaḇ* mit εἴδωλον und *ṣælæm*, *sæmæl* mit εἰκών wieder.

Dohmen

מסס *mss*

מסה *msh*

1. Etymologie – 2. Belege, LXX – 3. Gebrauch im AT – 4. Ableitungen, Nebenformen – 5. Qumran.

Lit.: *G. Gerleman*, Der Sinnbereich „fest – los(e)“ im Hebräischen (ZAW 92, 1980, 405f.). – *D. J. McCarthy*, Some Holy War Vocabulary in Jos 2 (CBQ 33, 1971, 228–230). – *R. Lauha*, Psychophysischer Sprachgebrauch im Alten Testament (AnAcScFen, Diss. Hum. Litt. 35, Helsinki 1983).

1. Die Wurzel *mss* ist nur im Hebr. und Jüd.-Aram. (*etp.* ʿversagenʾ, *palpel* ʿzerfließen machenʾ) belegt; arab. *mašša* ʿin Wasser auflösenʾ bietet nicht vollständige lautliche Korrespondenz. Für die 4mal belegte Nebenform *msh* gibt es arab., jüd.-aram., syr. und mand. Parallelen (vgl. A. Guillaume, Abr Nahrain 2, 1960/61, 22); außerdem gibt es ein paar Formen, die im MT *m's* haben, die bedeutungsmäßig mit *mss* zusammenzuhängen scheinen (s. u.).

2. Im MT ist *mss* 1mal im *qal* (3mal, wenn man die beiden Formen *m*ᵉ*śôś* mitzählt, s. u.), 18mal im *niph* und 1mal im *hiph* belegt. Die Ableitung *massāh* findet sich 1mal, *tæmæs* ebenso 1mal. Das Wortfeld ist bei Gerleman dargestellt.

LXX übersetzt in der Mehrzahl der Fälle mit τήκω; daneben kommen Übersetzungen wie βρέχω (Jer 34, 3; Ps 6, 7), πτοέω (Jos 7, 5), διαλύω (Ri 15, 11), ἐξίστημι (Jos 2, 11; Ps 39, 12), θραύω, θραυσμός (Ez 21, 12; Nah 2, 11), δειλιαίνω (Deut 20, 8) und Umschreibungen vor.

3. a) *mss* bedeutet zunächst ʿfließenʾ, ʿzerfließenʾ, ʿschmelzenʾ: Wachs schmilzt im Feuer (Ps 68, 3; 97, 5; Mi 1, 4; vgl. Ps 22, 15), das Manna schmilzt in der Sonne (Ex 16, 21), vgl. auch „wurde wie Wasser“ (Jos 7, 5) und die Assoziationen mit Wasser Ez 21, 12 (vgl. jedoch Zimmerli, BK XIII z. St.); Ps 22, 15. Die Berge fließen von Blut (Jes 34, 3). In Ri 15, 14 liegt eine übertragene Bedeutung vor: Die Seile um Simsons Arme werden schwach, lösen sich auf.

Das schmelzende Wachs dient als Bild der Vernichtung der Feinde Gottes in der Theophanie (Ps 68, 3) oder der Auflösung der Berge bei seiner Erscheinung (Mi 1, 4; Ps 97, 5).

b) Eine Gruppe von 8 Belegen verbindet *mss niph* mit dem verzagten Herzen des Menschen. Der einfache Ausdruck wird 3mal in Jos gebraucht, 2mal mit Bezug auf die Feinde Israels (die Kanaanäer) und mit der Ergänzung, daß sie keinen Mut (*rûaḥ*) mehr hatten (2, 11; 5, 1) und einmal mit Bezug auf die Israeliten nach der Niederlage bei Ai mit dem Kommentar, daß ihr Herz „wie Wasser“ wurde (7, 5). Das Bild vom Wasser begegnet auch Ez 21, 12, wo die erwartete Reaktion des Volkes auf die kommende Katastrophe beschrieben wird: die Herzen verzagen (*mss*), die Hände werden schlaff (*rāpāh*), die „Geister“ werden mutlos und die Knie „triefen von Wasser“. Die Häufung der Ausdrücke gibt ein anschauliches Bild der „fassungslosen Verzagtheit" (Zimmerli, BK XIII z. St.) der Menschen. Die schlaffen Hände begegnen wieder Jes 13, 7: die Hände erschlaffen und die Herzen verzagen, wenn JHWHs Tag kommt; v. 8 bringt weitere Synonyme: 'bestürzt werden' (*bhl niph*), Krämpfe und Wehen (*ṣîrîm, ḥᵃḇālîm*), „sich winden (*ḥîl*) wie eine Gebärende". Nah 2, 11 enthält weitere Synonyme: verzagte Herzen, schlotternde Knie, zitternde Lenden, vgl. auch Jes 19, 1: die Götzen Ägyptens wanken (*nûaʿ*), das Herz Ägyptens verzagt (schmilzt). Schließlich steht in Ps 22, 15 das wie Wachs zerfließende Herz für das Leiden des Psalmisten (vgl. zum Ganzen Lauha 149f.). Auch ohne *leḇ* steht *mss niph* mit Bezug auf den sinkenden Mut eines Menschen. Nach der Niederlage Absaloms wird selbst der Tapferste den Mut verlieren (verzagen, *mss niph*; 2 Sam 17, 10). Der Krieger kann durch seine weniger tapferen Brüder zum Verzagen gebracht werden (Deut 20, 8; viell. *hiph* zu lesen); vgl. auch Deut 1, 28 „Unsere Brüder (die Kundschafter) haben uns das Herz verzagt gemacht" (*hiph*). Ps 112, 10 ist dagegen von einem Dahinschmachten im allgemeinen die Rede: „Der Frevler sieht (das Glück der Gerechten) und ärgert sich, knirscht mit den Zähnen und 'vergeht'". Ähnlich Jes 10, 18: „wie ein Kranker dahinschmachtet".

4. a) Nur einmal findet sich das Nomen *massāh*, nämlich Hi 9, 23, wo es um den Spott des Frevlers über das Verzagen der Schuldlosen geht (vgl. E. Dhorme, A Commentary on the Book of Job, London – Leiden 1967, z. St.). Auch nur einmal wird die Ableitung *tæmæs* gebraucht, nämlich im Fluchlied Ps 58 vom Schleim der Schnecke, der die Vernichtung der Verfluchten illustriert.

b) Wenn Bildad in seiner ersten Rede vom Schicksal des Gottlosen spricht, sagt er u. a.: Gott vernichtet ihn (Hi 8, 18) und fährt fort: „Siehe, das ist *meśôś darkô*", was nach der Schreibung mit *ś* bedeuten könnte: „Das ist die Wonne (ironisch) seines Lebensweges." Meist leitet man aber den Inf. von *mss* ab: „Das ist das Dahinschwinden seines Lebensweges", was einen guten Sinn ergibt. Dann erhebt sich die Frage, ob auch ein anderes *meśôś* so zu deuten ist, nämlich in Jes 8, 6. Die Einwohner Judas verachten die Wasser Siloahs *ûmeśôś 'æṯ reṣîn ûḇæn-remaljāhû*. Entweder deutet man hier *meśôś* als 'Freude' und meint, die Jerusalemiter seien bereit, die feindlichen Fürsten mit Königsjubel zu begrüßen (daß es eine Partei gab, die dazu bereit war, ist aber sonst nicht bekannt) oder man leitet *meśôś* von *mss* ab und übersetzt: „soll es gewiß (Inf. abs.) mit Rezin und dem Remaljasohn verschmachten" (vgl. die Komm.).

c) Es gibt ein paar Belege, die die Vermutung nahelegen, daß es eine Nebenform *m's* zu *mss* gibt. Hi 7, 5 heißt es: „Meine Haut schrumpft (*rāḡaʿ*) und *jimmā'es*"; man erwartet „zerfließt" oder dgl. Entweder ist eine Form von *mss* zu lesen oder *m's* stellt eine Nebenform dar. Dhorme, Job (s. o.) 107f. vermutet dasselbe Verb in v. 16 *ma'astî lo' leʿôlām 'æhjæh* „ich verschmachte, ich werde/will nicht ewig leben".

d) Bei *māsāh* überwiegt die konkrete Bedeutung. Gottes Wort schmilzt das Eis (Ps 147, 18), der Beter eines Klagepsalms benetzt (macht fließen) sein Bett mit seinen Tränen (Ps 6, 7), Gott macht zerfließen die Pracht (*ḥāmûḏ*) des Menschen wie die Motte (Ps 39, 12). Nur Jos 14, 8 wird es mit *leḇ* verbunden: die Brüder (Kundschafter) brachten den Mut des Volkes ins Wanken (vgl. Deut 1, 28 und BHS).

5. In Qumran ist *mss* bisher 18mal nachgewiesen mit einer deutlichen Kumulierung in 1 QM. Dabei wird der at.liche Sprachgebrauch recht stereotyp übernommen. Fast ausnahmslos ist von *leḇ nāmes*, vom schmelzenden Herz der Feinde der Qumranessener (1 QM 1, 14; 8, 10; 9, 11; 4 QpJes^a 8 – 10, 4) oder des wankelmütigen Gläubigen selbst (1 QM 10, 6 [vgl. TR 62, 4]; 11, 9) die Rede (hierzu vgl. bes. H. Bardtke, Acedia in Qumran, in: Qumranprobleme, O-Berlin 1963, 29–51). Das Aufgebot zur Endentscheidung soll Mut geben (1 QM 14, 6; 4 Q 491, 11, II, 15). Die 1 QH-Belege könnten dem at.lichen Psalmenbuch entnommen sein (vgl. 1 QH 2, 28; 4, 33; 8, 32; fragm 4, 14 mit Ps 22, 15).

Ringgren

מָעַד *māʿaḏ*

1. Etymologie, Belege – 2. Verwendung – 3. LXX.

Lit.: *H. A. Brongers*, Darum, wer fest zu stehen meint, der sehe zu, daß er nicht falle (1 Kor X 12) (Festschr. F. M. T. de Liagre Böhl, Leiden 1973, 56–70, bes. 61).

1. Hebr. *māʿaḏ* 'wanken' entspricht syr. *meʿaḏ* mit derselben Bedeutung, vielleicht auch arab. *maʿada* 'Land durcheilen, Schwert zücken', pass. 'schwach, magenkrank sein'. – Im MT des ATs ist es 7mal belegt (5mal *qal*, je einmal *pu* und *hiph*). In Qumran ist es nicht belegt.

2. Das Verb hat mit wankendem Gehen und Stehen zu tun und bezeichnet einen Mangel an Festigkeit.

Ps 18, 35ff. (mit Par. 2 Sam 22) schildert eine Kriegssituation, in der der Psalmist durch göttlichen Beistand den Sieg erringt. Dabei heißt es v. 37: „Du schufest Raum meinem Schritt, wo ich ging, daß meine Knöchel nicht wankten", d. h. Gott schafft ihm Bewegungsfreiheit (vgl. v. 20), so daß er nicht umzingelt und zu Fall gebracht wird; seine Füße und Schritte werden fest.

Ps 26 ist das Gebet eines Unschuldigen, das mit der Versicherung eingeleitet wird, der Beter habe einen lauteren Wandel geführt und auf JHWH vertraut, ohne zu wanken (v. 1). Es handelt sich also um die Festigkeit einer Lebenshaltung.

In Ps 37, einem Lied weisheitlicher Prägung, wird v. 31 gesagt, der Gerechte habe das Gesetz Gottes im Herzen, was zur Folge hat, daß seine Schritte nicht wanken. Das Wanken kann hier entweder soviel wie Unglück (vgl. 38, 17 mit *mwṭ*) oder Fehltritt bedeuten: der Kontext spricht vielleicht für die erstere Bedeutung.

Hi 12, 5 sagt Hiob in seiner Antwort auf Sophars erste Rede: *lappîḏ bûz le'aštuṯ ša'anān nāḵôn lemô'adê rāgæl*. Der Vers ist schwierig und wurde von den alten Übersetzungen nicht verstanden; die meisten Kommentare ändern den Text. E. Dhorme, A Commentary on the Book of Job, übers. H. H. Rowley, London 1967, 169f., versucht eine ziemlich wortgetreue Übersetzung des MT: „Dem Unglück (*pîḏ*) Verachtung! – so denkt der Sorglose – ein Schlag (*nāḵôn* von *nkh*) denen, deren Füße wanken." Die Sorglosen sprechen höhnisch von denen, die nicht feststehen können und somit in Unglück geraten.

Spr 25, 19 ist *mô'āḏæṯ* statt *mû'āḏæṯ* (*pu*) zu lesen und zu übersetzen: „Ein schlechter Zahn und wankender Fuß ist das Vertrauen auf den Treulosen am Tage der Not." Man kann nicht mit einem schlechten Zahn beißen, noch mit einem wankenden Fuß sicher gehen, beide sind unzuverlässig; ebensowenig kann man sich auf einen trügerischen Mann in der Not verlassen (Ringgren, ATD 16², 101).

Auch Sir 16, 18 ist wohl eine Ptz.-Form von *m'd* zu lesen: die Himmel, das Weltmeer und die Erde wanken, wenn Gott sie heimsucht.

Ps 69, 24 steht in einem Fluchgebet über die Feinde die *hiph*-Form mit dem Wunsch, Gott möge ihre Augen „dunkel machen" und ihre Lenden zum Wanken bringen – hier ist also wiederum vom festen Gang i.S. eines glücklichen, sicheren Lebens die Rede. Auch Ez 29, 7 steht *m'd* (so zu lesen statt *'md*) mit *moṯnajim* zusammen: die sich auf Ägypten stützen, werden zum Wanken gebracht.

KBL³ schlägt auch für Hab 3, 6 die Lesung *m'd hiph* für *wajemodæd* vor: JHWHs Erscheinen in der Theophanie bringt die Erde zum Wanken (vgl. o. Sir 16, 18).

3. Die LXX übersetzt 2mal ἀσθενέω, 1mal ὑποσκελίζομαι, 1mal σαλεύομαι; Hi 12, 5 und Spr 25, 19 werden anders aufgefaßt.

Ringgren

מָעוֹז *mā'ôz*

I. Etymologie – II. 1. Belege – 2. Bedeutung – 3. Entsprechungen in der LXX – III. Profaner Sprachgebrauch – IV. Religiöser Sprachgebrauch – 1. JHWH als Burg und mächtiger Helfer – 2. JHWH als Zufluchtsstätte und schützender Hort – 3. Kumulierung beider Aussagen – 4. Das Heiligtum JHWHs – 5. „Der Gott der Burgen" – 6. Zusammenfassung – V. Qumran.

Lit.: *D. Eichhorn*, Gott als Fels, Burg und Zuflucht. Eine Untersuchung zum Gebet des Mittlers in den Psalmen (EHS XXIII/4, 1972, 114–120).

I. Das Nomen *mā'ôz* ist im Hebr. und als *ma'āḏ* auch im Arab. bezeugt. Vielleicht darf ihm noch das ugar. *'d* IV 'Schutz' (WUS Nr. 2000; anders Gordon, UT Nr. 1814; vgl. auch diese Differenz bei der Deutung der Personennamen in WUS und PNU 106f.) an die Seite gestellt werden. KTU 1.65, eine Liturgie (Eißfeldt, KlSchr II 346), enthält in Z. 9–10 die Bitte an El, er möge sich beeilen und schnell herbeikommen „zum Schutz des Zaphon, zum Schutz Ugarits" (*b'd ṣpn b'd ʾugrt*). Der zweite Beleg in KTU 4.17, 16 *b'd b'lkm* „zum Schutz Ba'als(?)" läßt leider wegen des fehlenden Kontexts keine eindeutige Erläuterung zu.

Daß das erste Bildungselement unseres Nomens ein *m*-Präfix ist, steht außer Frage. Schwieriger jedoch ist die Herleitung des zweiten Elements. Wie das ugar. *'d* von der Wurzel *'wd* und das arab. *ma'āḏ* von der Wurzel *'wḏ* hergeleitet wird, so läge auch bei *mā'ôz* eine Ableitung von *'wz* insofern nahe, als ähnliche Nomina Derivate biliteraler Wurzeln sind. Allerdings widerspricht dem die masoretische Punktation, derzufolge das *ā* als erster Vokal unverändert erhalten (BLe § 26t'; Grether § 57i; Jenni § 11.3.4; vgl. auch Brockelmann, VG I 375f.) und der zweite Radikal geminiert wird. Demzufolge wäre *mā'ôz* von der Wurzel *'zz* herzuleiten (BLe § 61 d η), wie das vergleichbare Nomen *māgen* von *gnn*.

Übereinstimmend äußern sich die neueren Lexika und Grammatiken dahingehend, daß *mā'ôz* sowohl auf die Wurzel *'zz* als auch auf die Wurzel *'wz* zurückgeht, die „formal zusammengefallen und semantisch schwer zu trennen" sind (KBL³; auch GesB und GKa § 85k).

Ob *mā'ôzæn* Jes 23, 11 eine um ein afform. *n* verlängerte Nebenform unseres Nomens (KBL³) oder ein Schreibfehler ist (GesB; vgl. 1 QJes^a), läßt sich schwer entscheiden.

II. 1. *mā'ôz* ist 36mal im AT bezeugt. Dazu kommt noch ein Beleg in Sir. In der Qumran-Literatur ist es 6- oder 7mal belegt. Weitere drei Belege ergeben sich aus der wahrscheinlichen Konjektur von → מעון *mā'ôn* zu *mā'ôz* in Ps 71, 3; 90, 1; 91, 9 (anders Eißfeldt, KlSchr III 445; V 46, der die Konjektur in Ps 91, 9 verwirft).

Die Übersicht über die Streuung zeigt folgendes Bild: Proto-Jes 10mal (3mal in Kap. 24–27); Ps 9mal; Dan 7mal; Ez und Nah je 2mal; Ri, Sam, Jer, Jo, Spr und Neh je 1mal. Sechs Qumran-Belege finden sich in den Hodajot. Nehmen wir noch die drei durch Konjektur gewonnenen Stellen hinzu, so erhöht sich die Zahl im Psalter auf 12. Daraus erhellt eine deutliche Häufung einerseits im geistlichen Liedgut Israels und andererseits in der apokalyptischen Literatur.

2. Das erklärt sich aus dem Bedeutungsgehalt von *mā'ôz*. Eine Herleitung von der Wurzel *'zz* 'stark sein' würde die Bedeutung 'Stärke', 'Bollwerk' ergeben (GKa § 85k), die Ableitung von *'wz* 'Zuflucht suchen' aber könnte 'Zufluchtsstätte', 'Hilfe' ergeben.

Das läßt die Nähe beider Bedeutungsbereiche erkennen und erklärt ihr Ineinanderfließen. Denn GesB gibt „1) Bergfeste od. Berggipfel ...; Bollwerk, Festung ... 2) Schutz“ an, und bei KBL^3 heißt es: „1. Bergfeste, Zufluchtsstätte ... 2. Gott als 'מָ'“.

3. Dieser groben Bedeutungszweiteilung entsprechen auch die griechischen Ausdrücke in der LXX. Sie lassen sich folgendermaßen eingruppieren: 'Stärke', 'Bollwerk' einerseits und 'Schutz', 'Beistand', 'Hilfe' andererseits. Zur ersten Gruppe gehören: ἰσχύς (8mal) samt ἐνισχύω (1mal) bzw. κατισχύω (1mal), ὀχύρωμα (3mal), κραταίωσις (1mal) und κραταιόω (1mal) sowie ὑποστήριγμα (1mal). Zur zweiten Gruppe lassen sich folgende Wörter ordnen: ὑπερασπιστής (6mal), βοηθός (4mal) samt βοηθέω (3mal) und βοήθεια (1mal), καταφυγή (3mal), σκέπη (2mal) samt σκεπαστής (1mal), ἀντίλημψις (1mal) und vielleicht noch ὑπομένω (1mal), στάσις (1mal) und αἱ ἐγκαταλελειμμέναι (1mal). Mit LXX ist 2 Sam 22, 33 nach Ps 18, 33 in *m^{e}'azz^{e}renî* zu verbessern.

III. Im profanen Sprachgebrauch des AT bezeichnet *mā'ôz* eine „Burg“, eine „Festung“, ein militärisches „Bollwerk“. Der Feind dringt in „die Festung des Königs des Nordens“ ein (Dan 11, 7), rückt bis zur Festung des Gegners vor (Dan 11, 10), wendet sich gegen „die Festungen seines Landes“ (Dan 11, 19) oder gegen die „befestigten Burgen“ (*mibṣ^{e}rê mā'uzzîm* Dan 11, 39). Das Orakel gegen Tyrus enthält JHWHs Befehl zum Schleifen der Festungen Kanaans (Jes 23, 11), womit die Zerstörung der phönizischen Seefestungen unter Einschluß von Sidon und Tyrus durch die Perser gemeint ist (→ כנען *k^{e}na'an* 233), wie denn die Glosse Jes 23, 4 Sidon direkt „die Festung des Meeres“ (*mā'ôz hajjām*) nennt. Auch Jes 23, 14 bezieht sich auf die Zerstörung Sidons, des Bollwerks der Tarsis-Schiffe, in v. 1 durch *bajit* 'Haus' ausgedrückt. Ähnlich kann in Ez 30, 15 die Stadt Sin (V nennt dafür die Hafenstadt Pelusium) „die Festung Ägyptens“ genannt und in vv. 13–19 der Untergang Ägyptens paradigmatisch in der Zerstörung seiner berühmtesten Festungen dargestellt werden.

Daß das Wort 'Festung' immer auch gleichbedeutend mit 'befestigte Stadt' ist, wird durch den Ausdruck *'ārê mā'uzzô* „seine befestigten Städte“ (Jes 17, 9) erhärtet. Zugleich schwingt in dieser Wortverbindung das Moment des Schutzes mit, den solche Städte dem Zuflucht Suchenden zu bieten vermögen. So wird Ninive angedroht, es werde sich eine *mā'ôz* vor dem Feinde suchen müssen (Nah 3, 11), wie denn Sidon als Bollwerk der Tarsis-Schiffe auch deren Schutz bedeutet und gleichsam ihr Zufluchtshafen war (Jes 23, 14).

Nicht eindeutig ist, was Ri 6, 26 voraussetzt. Gideon wird aufgefordert, einen Altar für JHWH gemäß der Ordnung zu bauen „auf dem Gipfel dieser Feste“ (*'al ro'š hammā'ôz hazzæh*). Manche MSS erleichtern den Text und lesen *mā'ôn* (vgl. BHS); LXX^{A} faßt das Wort als Eigennamen auf Μαωζ (LXX^{B}: Μαουεκ). Bertheau (KeHAT VI 139) übersetzt „auf dem Gipfel dieser Festung da“, Eißfeldt (Die Quellen des Richterbuches, 1925, 41) sagt „auf dem Gipfel dieser Anhöhe“, Hertzberg (ATD 9, 183) „hoch oben auf der Bergfeste“ und Nötscher (EB 12, 29) „auf der befestigten Höhe“. Schon Keil (BCAT II/2, 271) erläuterte diese Wendung „vermutlich auf der Spitze des Berges, auf welchem die zu Ophra gehörige Burg stand“. Jüngst hat Soggin (Judges, London 1981, 123f.) den Gedanken noch etwas weiter verfolgt, indem er *mā'ôz* mit dem Heiligtum verbindet und das gesamte Bauwerk als „a version of the fortified Canaanite temple“ interpretiert. So ansprechend das auch ist, bereitet es doch Schwierigkeiten, sich einen Altar auf dem Gipfel einer solchen *mā'ôz* vorzustellen. Vom Gebrauch von *ro'š* in geographischen Beschreibungen her möchte man eher an einen Berggipfel denken, der schwer erreichbar ist, oder an eine Felsregion, die wie eine Festung gleichsam uneinnehmbar ist. Das könnte vielleicht durch den parallelismus membrorum von *mā'ôz* und *ṣûr*/*sæla'* 'Felsen' im religiösen Liedgut Israels gestützt werden.

IV. Weitaus häufiger wird *mā'ôz* in religiösen Zusammenhängen benutzt. An erster Stelle stehen dabei die Aussagen, die sich auf JHWH beziehen.

1. Bei einer Reihe von einschlägigen Belegen begegnet entweder in Parallele zu *mā'ôz* oder in seinem näheren Kontext ein fest umgrenzter Wortschatz. Im individuellen Klagelied Ps 31, 3 findet sich in paralleler Entsprechung zur Bitte an JHWH: „Sei mir ein Fels des Bollwerks“ (*l^{e}ṣûr mā'ôz*) die Wendung „eine Bergfeste“ (*l^{e}bêṯ m^{e}ṣûḏôṯ*), und im individuellen Klagelied Ps 71, 3 mündet die gleiche Bitte: „Sei mir ein Fels des 'Bollwerks'“ in die vertrauensvolle Bekenntnisaussage: „Ja, mein Fels (*sal'î*) und meine Bergfeste (*m^{e}ṣûḏāṯî*) bist du mir.“ In Ps 31, 5 lautet das Bekenntnis des Beters kurz: „Ja, du bist meine Burg.“ Durch Zuordnung von *m^{e}ṣûḏāh* (→ מצודה) also wird unser Nomen eindeutig als 'Burg', 'Bollwerk' definiert. Es drückt unbesiegbare Stärke und, durch die Verbindung mit *ṣûr* bzw. *sæla'* noch unterstrichen, unwandelbare Festigkeit aus. Das macht es verständlich, daß unser Nomen in bildhafter Redeweise auf JHWH bezogen wurde. Es ist kennzeichnend für das felsenhafte Vertrauen des Frommen in die Allmacht Gottes.

Zugleich aber begründet dieses Wissen um Gottes überragende Macht und Stärke die Bitte des Frommen um Hilfe und um seine Rettung durch JHWH. So begegnet im Umfeld der beiden Psalmenzitate die Wurzel *jš' hiph* 'erretten' (Ps 31, 3; 71, 3); in Ps 31, 3 findet sich noch *nṣl hiph* 'helfen'. Das führt auf weitere Stellen, in denen ebenfalls die Thematik „göttliche Hilfe“ mit dem Bildwort von der „Burg“ gegeben ist. Jes 17, 10 macht dem Nordreich Israel den Vorwurf, es habe nicht an Gott gedacht, nicht in Treue an ihm festgehalten, sondern sich einem anderen Gott zugewendet, der ihm nicht beistehen kann (vgl. Schottroff, „Gedenken“ im alten Orient und im AT, 1964, 171). In diesem Zusammenhang stehen die Wendungen „der Gott deiner Hilfe“ (*'^{æ}lohê jiš'eḵ*) und „der Fels deines Bollwerks“ (*ṣûr mā'uzzeḵ*) einander parallel und weisen auf die Zuverlässigkeit der Hilfe JHWHs hin. In bekenntnishafter Formulierung sagt das individuelle Klagelied Ps 28, 8 aus: JHWH ist ihnen Stärke (*ʿôz*) und seinem Gesalbten ein „helfendes Bollwerk" (*māʿôz jᵉšûʿôṯ*). Hierher ist auch die Wendung JHWH „die Burg meines Lebens" (*māʿôz ḥajjaj*) aus Ps 27, 1 (und Sir 51, 2) zu stellen, weil sie ebenfalls in eine Bekenntnisaussage eingebettet ist und als Parallele den Satz: JHWH ist „mein Licht (*ʾôrî*) und mein Heil (*jišʿî*)" enthält.

Zum Vergleich wird in KBL³ auf die griech.-phön. Bilingue aus Larnax Lapethos verwiesen, in der die Göttin ʿAnat *mʿz ḥjm* bzw. ihre griech. Entsprechung Athena Σωτείρᾳ Νίκῃ (KAI 42, 1) genannt wird. Baudissin (Adonis und Esmun, 1912, 18. 457) gibt diese Wendung wieder mit „Kraft des Lebens" oder eher „Kraft der Lebendigen", womit ausgesagt wird, daß die Kraft ʿAnats für die Lebenden eintritt, daß sie ihnen beisteht und vollmächtig hilft (anders Donner, KAI II 59: „Zuflucht der Lebenden").

Schließlich können noch zwei weitere Belege hier eingeordnet werden, weil sie *māʿôz* ebenfalls mit Beistand, Hilfe und Sicherheit für den Frommen verbinden. In Dan 11, 1 äußert Gabriel gegenüber Daniel, daß ihm Michael „als Helfer" (*lᵉmaḥᵃzîq*) und „als Hort" (*lᵉmāʿôz*) beisteht. Und Spr 10, 29 formuliert die Erfahrung, daß derjenige, der auf JHWHs Weg lauter wandelt, *māʿôz* besitzt, was v. 9 damit umschreibt, daß er „sicher" (*bæṭaḥ*) leben kann.
Bei Ps 60, 9 = 108, 9 wird *māʿôz* ebenfalls im Sinne von Macht, die JHWH den Seinen zugute kommen läßt, zu verstehen sein. Im Stil eines Heilsorakels heißt es: „Mir gehört Gilead, mir Manasse, und Ephraim ist die *māʿôz* meines Hauptes, Juda mein Szepter." JHWH wird als kriegerischer Herrscher vorgestellt, mit dem Herrscherstab in der Hand und dem Helm auf dem Kopf. So könnte der Helm bildlich durchaus „die Burg des Hauptes" genannt und damit die unverbrüchliche Zugehörigkeit Ephraims zu JHWH ausgesagt werden, aus der für das Nordreich Hoffnung und Trost auf den Beistand JHWHs erwächst.
Diesen Sinn hat auch der männliche Personenname *Maʿazjāhû* (1 Chr 24, 18), *Maʿazjāh* (Neh 10, 9) bzw. *mʿwzjh*, *mʿwzj* und *mʿzjh* (AP 22, 70. 109). Er ist zusammengesetzt aus dem Nomen *māʿôz* und dem theophoren Namenselement JHWH und hat die Bedeutung „JHWH ist meine Burg, mein Beistand, meine Zuflucht" (vgl. Noth, IPN 157).
2. Bei einer weiteren Gruppe von Belegen taucht *maḥᵃsæh* 'Zufluchtsort', 'Zuflucht' (→ חסה *ḥāsāh*) als Parallele für unser Nomen auf. Das weist darauf hin, daß *māʿôz* in diesen Texten Gott als die Zuflucht des angefochtenen Frommen, als Schutz und Bergung für ihn meint. So stehen die beiden Wendungen „eine Zuflucht für sein Volk" und „ein Schutz für die Israeliten" als parallele Apposition zu JHWH (Jo 4, 16). Im „prophetischen Danklied" (Kaiser, ATD 18, 159) werden die beiden Aussagen, daß JHWH in der Notzeit „dem Geringen eine Zuflucht" und „dem Armen eine Zuflucht" war, mit den Bildern von der „Bergung vor dem Regenguß" (*maḥsæh mizzæræm*) und von dem „Schatten vor der Hitze" (*ṣel meḥoræḇ*) ausgeschmückt (Jes 25, 4), und somit wird auf den existentiellen Schutz JHWHs als der wahren Zuflucht für den Frommen in der Not hingewiesen.

Der MT von Ps 91, 9 „Denn du hast mit deinem 'JHWH meine Zuflucht' dir 'Eljon zu deiner Wohnung (Burg *mᵉʿônæḵā*) gewählt" (nach Eißfeldt, KlSchr V 47) wird fast durchweg zu „Denn du – Jahwe ist 'deine' Zuflucht, du machtest 'Eljon zu deinem 'Bollwerk' (*māʿûzzæḵā*)" verändert (vgl. z. B. Kraus, BK XV/2⁵, 802). Abgesehen davon, daß 11 QPsᵇ *mḥmdk* 'deine Wonne' für *mʿwnk* 'deine Wohnung' liest, ist das Verständnis des Psalms als ganzem nicht einhellig. Während man gewöhnlich an ein Lehrgedicht, an eine Unterweisung und Anleitung oder auch an ein Vertrauenslied denkt, schlägt Eißfeldt (KlSchr III 441–447) vor, Ps 91 als Bekehrungspsalm zu verstehen. Ein Frommer, der bislang von 'Eljon/Schaddaj Schutz erfuhr, bekennt nun von JHWH, er werde seine Zuflucht und Burg sein (vv. 1–2). Ein Dritter ermutigt den Frommen in diesem Entschluß und betont dabei unter ausdrücklicher Wiederaufnahme des „meine Zuflucht" von v. 2 in v. 9, „daß erst das Bekenntnis zu Jahwe die Teilhabe an 'Eljons ganzer Machtfülle ermögliche, daß also erst Jahwe die vollkommene Offenbarung 'Eljons darstelle" (445).

In Aufnahme bekannter Wendungen aus der Psalmensprache kritisiert Jesaja das widernatürliche Verhalten seines Volkes. Weil es nach Ägypten hinabzieht, „um sich in die Zuflucht des Pharao zu flüchten (*lāʿôz bᵉmāʿôz parʿoh*) und sich im Schatten Ägyptens zu bergen (*laḥsôṯ bᵉṣel miṣrājim*)", wird ihnen Zuflucht zur Schande und Bergung zum Schimpf werden (Jes 30, 2).
Wie Duhm (Jesaja, ⁵1968, 215) mit Recht feststellt, ist der in Jes 30, 2 mit *māʿôz* verbundene Inf. cstr. nicht von der Wurzel *ʿzz*, sondern von *ʿwz* herzuleiten. Diese Wurzel findet sich noch in Ps 52, 9, womit in diesem Vers *māʿôz* als Zuflucht, die Gott für den Frommen ist, verstanden, hier aber insofern das Gegenteil ausgesagt wird, als für den Gottlosen charakteristisch ist, daß er seine Zuflucht nicht bei Gott, sondern bei seinem eigenen Reichtum nimmt.
In Jer 16, 19 wird noch *mānôs* (→ נוס) 'Zuflucht' zur Erläuterung von *māʿôz* gebraucht. Wieder ist der Satz bekenntnishaft formuliert: „JHWH ist meine Stärke (*ʿuzzî*) und mein Schutz (*māʿuzzî*) und meine Zuflucht am Tage der Not." Ähnlich heißt es im akrostichischen Hymnus Nah 1, 7: „Gütig ist JHWH, eine Zuflucht am Tage der Not." Und Ps 90, 1 bekennt dankbar: „JHWH, eine 'Zuflucht' warst du 'mir' für und für."
3. So deutlich die beiden Verwendungsmöglichkeiten von *māʿôz* an vielen Stellen zu unterscheiden sind, so gibt es doch auch Hinweise dafür, daß eine Vermengung in Form einer Kumulierung aller mit dem Ausdruck *māʿôz* gegebenen Inhaltsassoziationen erfolgte. Am klarsten ist das in Ps 37, 39 der Fall: Der Gerechte erfährt Hilfe (*tᵉšûʿāh*) von

JHWH, er ist seine Zuflucht (*mā'ôz*) zur Zeit der Not. Entspricht die Erwartung und Zusage der Hilfe von seiten JHWHs dem zuerst entfalteten Bedeutungsgehalt von *mā'ôz* als Bollwerk und Stärke, so steht der zweite Satz auch mit dem Hinweis auf die Notzeit exakt im soeben ausgeführten Umfeld von *mā'ôz* als Zuflucht. Diese Verbindung beider Bedeutungsmöglichkeiten wird im folgenden v. 40 noch evidenter, weil nacheinander die Verben *'zr hiph*, *plṭ pi* (2mal), *jš' hiph* und abschließend begründend *ḥsh* gebraucht werden. Gott ist Helfer, Retter und Befreier, deshalb vertraut der Beter auf den Schutz seiner Zuflucht. Ähnlich ist auch Ps 43, 2 zu interpretieren, denn das Bekenntnis: „Du bist der Gott meiner Zuflucht" ist der Grund für die zuversichtliche Bitte in v. 1: „Schaffe mir Recht (*špṭ*), führe meinen Rechtsstreit (*rîḇ*), errette mich (*plṭ pi*)."

Bei Neh 8, 10 ist eine klare Entscheidung nicht möglich. Die Aufforderung an die Gemeinde, unbekümmert und fröhlich zu sein, wird damit begründet: „denn die Freude an JHWH ist eure *mā'ôz*". Das kann heißen: „ist eure Stärke" (Galling, ATD 12, 232). Das kann aber auch so verstanden werden, daß die Freude die beste Hilfe gegen die Angst vor Gottes Zorn ist (Rudolph, HAT I/20, 149).

4. An wenigen Stellen ist mit *mā'ôz* das Heiligtum JHWHs, der Jerusalemer Tempel, gemeint. Ez 24, 25 kündigt die Zerstörung Jerusalems und des Tempels an. Dabei wird „mit dreifacher Prädizierung ... Gottes Tempel in seiner Bedeutung für Israel beschrieben" (Zimmerli, BK XIII/1, 575): Er ist ihr Bollwerk, womit v. 25 die Aussage von v. 21 variiert: „mein Heiligtum, euer stolzer Hort" (*miqdāšî ge'ôn 'uzzekæm*) und *mā'ôz* als uneinnehmbare Burg versteht; er ist ihre prächtige Freude, und er ist „das Trachten ihrer Augen und die Sehnsucht ihrer Seele". Auch Dan 11, 31, das die Entweihung des jüdischen Tempels durch Antiochus Epiphanes ansagt, fügt *hammā'ôz* als Apposition zu *hammiqdāš* bei, was nicht das Heiligtum und die Zitadelle meint (Porteous, ATD 23³, 122), sondern das Heiligtum als Bollwerk und Zufluchtsstätte für die verfolgten Juden.

Vom Tempel als Zufluchtsstätte handelt auch Jes 27, 5. Hier ist davon die Rede, daß man sich an JHWHs Zuflucht „klammern" (*ḥzq pi*) und Frieden mit ihm schließen kann. Wie die neueren Kommentare durchweg ausführen, setzt das die Asylfunktion des Jerusalemer Heiligtums voraus (vgl. L. Delekat, Asylie und Schutzorakel am Zionheiligtum, Leiden 1967). Adonia „klammert sich" (*ḥzq pi*) an die Hörner des Altars (1 Kön 1, 50), wie es auch von Joab (1 Kön 2, 28) erzählt wird.

5. Im weiteren abgöttischen Verhalten des Antiochus heißt es, daß er statt der Götter seiner Väter dem „Gott der Burgen" (*'ᵆloah mā'uzzîm*) Ehre erweist (Dan 11, 38). LXX und V sehen darin einen Eigennamen. Es ist wahrscheinlich, daß der Ζεύς 'Ολύμπιος, der Jupiter Capitolinus (Bentzen, HAT I/19², 83) gemeint ist.

6. Die Mehrzahl der auf JHWH bezogenen *mā'ôz*-Aussagen steht in Klageliedern des Psalters. Sie sind bekenntnishaft oder auch bittend formuliert und stellen Vertrauensäußerungen der Beter dar. In ihnen spricht sich die Glaubensüberzeugung Israels von JHWHs unbezwingbarer Stärke und seiner einzigartigen Machtfülle aus, die sein Volk und jeder einzelne als Hilfe, Errettung und göttlichen Beistand erfahren hat und immer wieder neu zu erleben hofft. Obwohl keinerlei Hinweise oder Andeutungen gegeben werden, kann man doch als Hintergrund für diese Glaubensaussagen die Israels JHWH-Glauben zugrunde liegenden Heilstaten seines Gottes wie das Exodus-Geschehen, die Landverleihung oder auch die Wiederbelebung nach dem Exil annehmen, muß dann allerdings noch in Anschlag bringen, daß ein Umsetzungs- oder Umformungsprozeß dieser das Volk betreffenden Äußerungen in die individuell-persönliche Frömmigkeit stattgefunden hat.

Daß JHWH die Zuflucht für den in Not befindlichen Frommen ist, ihm Bergung und Schutz zu gewähren vermag, ist gewiß Ausdruck für Gottes überreiche Güte, und zugleich weist es auf die sich mit der Identifizierung von Gott und Heiligtum vollziehende Verdinglichung hin, so daß der Tempel mit seiner Asylfunktion wohl hinter einer ganzen Reihe von Psalmenaussagen steht, die JHWH als ihre Zuflucht bekennen. Doch auch diese Vorstellung ist letztlich wieder vergeistigt worden, indem die heilige Zufluchtsstätte zum Bildwort für den bergenden Schutz des himmlischen Herren wurde.

Mit Eichhorn (120) läßt sich zusammenfassend sagen: „Der Horizont für die Bezeichnung Jahwes als מעוז ist die machtvolle Theophanie Jahwes in ihrem doppelten Aspekt, dem Heil für die, ‚die auf ihn hoffen' und der Vernichtung derer, ‚die wider ihn aufstehen'. Die Beter, die Jahwe als מעוזי bezeichnen oder bitten, Jahwe möge sich ihnen als מעוז erweisen, sind Personen, deren Existenz mit der Vermittlung des מעוז-seins Jahwes für die Gemeinschaft in seiner aktuellen Offenbarung auf dem Zion steht und fällt." Das ist zuerst einmal der Prophet (Ps 28), dann auch der levitische Tempelsänger und Prediger (Ps 31) sowie der JHWH-treue Weisheitslehrer (Ps 37). Eine weitere „Demokratisierung" ist nicht erkennbar.

V. Die wenigen Qumran-Belege liegen in etwa auf der Linie der biblischen Aussagen. Auch hier heißt *mā'ôz* 'Kraft'. Der Beter klagt, daß die Kraft aus seinem Leib geschwunden und die Kraft seiner Hüften dahingegangen ist (1 QH 8, 32. 33). Und in 1 QH 8, 23–24 ist wohl von einem Baum oder dgl. die Rede, der auch in der heißen Jahreszeit seine Kraft behält.

Genauso oft meint *m'wz* 'Zuflucht'. Der Beter klagt, er sei verlassen und habe keine Zuflucht mehr (1 QH 8, 27). Oder er stellt dankbar bekennend fest, daß ihm Gott „ein fleischliches Gebilde" nicht zur Zuflucht gemacht habe (1 QH 10, 23) und daß seine Stütze „in der Zuflucht der Höhe" (*bm'wz mrwm*),

parallelisiert durch die Wendung „Ewigkeitsquelle“, stehe (1 QH 10, 32).
Das Fragment 1 Q 35, 1, 1 enthält lediglich das nicht sicher gelesene *lm'wz*, das eine Deutung nicht ermöglicht.

Zobel

מָעוֹן *mā'ôn*

מְעֹנָה *me'onāh*

I. Belege, Bedeutung, Wortfeld – II. Gebrauch – 1. Aufenthaltsort für Tiere – 2. Wohnung Gottes – 3. Gott als Zuflucht – 4. Ortsname.

Lit.: *R. E. Clements*, God and Temple, Oxford 1965. – *L. Delekat*, Asylie und Schutzorakel am Zionheiligtum, Leiden 1967. – *D. Eichhorn*, Gott als Fels, Burg und Zuflucht (EHS XXIII/4, 1972). – *S. D. Goitein*, „Mā'ōn“ – A Reminder of Sin (JSS 10, 1965, 52f.). – *P. Hugger*, Jahwe meine Zuflucht. Gestalt und Theologie des 91. Psalms (Münsterschwarzacher Studien 13, 1971, 152–155). – *O. Keel*, Die Welt der altorientalischen Bildsymbolik und das Alte Testament, 1972, 100–177. – *O. Keel / M. Küchler*, Orte und Landschaften der Bibel, Bd. 2, 1982. – *M. Metzger*, Himmlische und irdische Wohnstatt Jahwes (UF 2, 1970, 139–158). – *F. Stolz*, Strukturen und Figuren im Kult von Jerusalem (BZAW 118, 1970, 213). – *G. Westphal*, Jahwes Wohnstätten nach den Anschauungen der alten Hebräer (BZAW 15, 1908).

I. Das Nomen *mā'ôn* ist eine sog. *maqṭal*-Bildung (m-Präformativ) aus der (nur erschlossenen, nicht aber belegten!) Wurzel *'ûn/'în* (vgl. auch W. Borée, Die alten Ortsnamen Palästinas, 1930, ²1968, 72; siehe auch Aharoni, Land, 98; vgl. L. Kopf, VT 8, 1958, 187f.: arab. *'wn* = 'helfen'). Zu dieser Wurzel stellt W. von Soden, UF 13, 1981, 159f., auch *'ōnāh* 'Wohnung' (nicht: Beiwohnen!) Ex 20, 10. Neben dem arab. Verbum *ġjn* (vgl. KBL³ 577) ist das akk. *mā'unnu* 'Wohnung' (EA 116, 11; vgl. aber AHw II 637) und möglicherweise noch ein punisches Äquivalent innerhalb des sprachlichen Umfelds belegbar (DISO 161: Textgrundlage unsicher; weniger vorsichtig: R. S. Tomback, A Comparative Semitic Lexicon of the Phoenician and Punic Language, Missoula/Mont. 1978, 190). Fünf at.liche Belege verwenden *mā'ôn* in der Bedeutung „Aufenthaltsort oder Wohnstatt/Wohnung für (wilde) Tiere“ (Jer 9, 10; 10, 22; 49, 33; 51, 37; Nah 2, 12; zur letzten Stelle vgl. 1 QH 5, 13). An den übrigen Stellen steht *mā'ôn* für den Tempel als die irdische bzw. für den Himmel als die himmlische Wohnstatt Gottes (zur Differenzierung und zum Zusammenhang s. II. 2): Deut 26, 15; Jer 25, 30; Sach 2, 17; Ps 26, 8; 68, 6; 2 Chr 30, 27; 36, 15. Als umstrittene Stellen seien zuerst genannt: 1 Sam 2, 29. 32 (vgl. A. Guillaume, Abr-Nahrain 2, 1960f., 9); Ri 6, 26; Zeph 3, 7 (vgl. LXX). Hugger (154) will *mā'ôn* auch noch in Ps 84, 7 und 87, 7 konjizieren. Dann wird über die Psalmbelege Ps 71, 3; 90, 1; 91, 9 gestritten, so daß sich bei der Zählung der Belege (vgl. auch THAT II 243. 547. 639. 909) sehr unterschiedliche Ergebnisse einstellen (15 – oder nur 12/13 – bis 18/19).
Auch das Nomen *me'onāh* zeigt eine ähnliche Bedeutungsbreite (Wohnstatt wilder Tiere: Am 3, 4; Ps 104, 22; Hi 37, 8; 38, 40; HL 4, 8; Nah 2, 13; Wohnung Gottes: Ps 76, 3; Zufluchtsort: Deut 33, 27). Daß der Tempel und damit letztlich Gott selbst „Zuflucht“ sein kann, macht es zumindest nicht unmöglich, für Ps 71, 3; 90, 1 (dazu besonders noch: Goitein, Kopf) und 91, 9 auch betr. *mā'ôn* auf eine Konjektur zu verzichten (vgl. zu II. 3).
Da *mā'ôn / me'onāh* für den Tempel wie den Himmel als Wohnstatt bzw. Aufenthaltsort JHWHs stehen können (vgl. II. 2), ist ihr Wortfeld entsprechend breit (→ ישב *jšb*; → מקום *māqôm*; *miqdāš*; *miškān*; *mākôn*; → קדש *qodæš*; → שכן *škn*; vgl. auch → כסא *kisse'* und → הכל *hêkāl* sowie → ציון *ṣijjôn* bzw. → ירושלם *jerûšālem*.

Die LXX interpretiert und differenziert folglich stärker. So findet sich in ihr ἁγίασμα (2 Chr 36, 15) neben καταφυγή (Ps 90, 1; 91, 9), dann διατριβή (Jer 49, 33 = 30, 33) neben κοίτη (Jer 10, 22); ferner εὐπρέπεια (Ps 26, 8 = 25, 8), τόπος (Ps 68, 8; 71, 3), οἶκος (Deut 26, 15), κατοικητήριον (2 Chr 30, 27; Nah 2, 12; Jer 9, 10) und μουών (1 Sam 2, 32 [?]).

In den Qumrantexten findet sich 11mal *mā'ôn*, und zwar als Wohnung für Löwen (1 QH 5, 13; vgl. Nah 2, 12), als Himmel (für Wohnung Gottes: 1 QS 10, 3; 1 QM 12, 2; 1 QSb 4, 25; auch 1 QH 12, 2 oder hier Tempel?), Himmel als Ort des Lichts (und der Finsternis: so mit *me'onāh*: 1 QH 12, 5+7) 1 QS 10, 1; 1 QH 12, 5; in 1 QH 12, 2 ist der Text unsicher; vgl. auch 1 Q 36; 12, 2. Mit der Anwendung auf die Gemeinde (!) als Gottes Tempel/Wohnung (1 QS 8, 8) geht die Qumrangemeinschaft über die at.liche Verwendung hinaus (vgl. B. Gärtner, The Temple and the Community in Qumran and in the New Testament, Cambridge 1965).

II. 1. Wenn *mā'ôn* die Wohnung bzw. den Aufenthaltsort wilder Tiere bezeichnet, geschieht dies niemals nur als einfache Schilderung, sondern der Kontext ist stets ein Gerichtswort, d. h. es wird einem Ort (Jerusalem, den Städten Judas, Hazor, Ninive oder Babylon) angesagt, daß wilde Tiere in ihr bzw. in ihnen ihre Wohnstatt suchen und finden werden. Das ist zuerst der Fall in der ironischen Klage (so mit Elliger, ATD 25, z. St.) Nahums (Nah 2, 12; vgl. die Aufnahme in 1 QS 5, 13) über die angesagte und eingetroffene Zerstörung Ninives, das zur Wohnstätte von Löwen (*'arî*; → I 416) wird. Der Zusammenhang von Gerichtsankündigung und (diesmal allerdings echter) Klage findet sich auch Jer 9, 10, wonach Jerusalem zur Wohnung der Schakale (*tan*) wird. Dies wird sogar in der Form einer Gottesklage (nach Prophetenrede? vgl. aber LXX zu v. 9) ausgesagt. Zum

Zusammenhang von Gerichtsankündigung und Klage vgl. F. Ahuis, Der klagende Gerichtsprophet, 1982. Die ähnlichen Ankündigungen in Jer 10, 22; 49, 33 und 51, 37 (über die Städte Judas, über Hazor und Babel) sind sämtlich sekundäre und jüngere Texte, die analog zu Jer 9, 10 gebildet sind.

2. Nach Ps 26, 8 ist der Tempel die Wohnstätte JHWHs, die der Beter liebt. Nach 2 Chr 36, 15 hatte Gott selbst Mitleid mit seinem Tempel als seiner Wohnstatt (vgl. TRE 5, 222f.). In diesen Zusammenhang gehören dann wohl auch noch Sir 50, 1 (2) und Ri 6, 26. *māʿôn* sagt in diesen Zusammenhängen jedoch kaum etwas über die Frage aus, ob der Tempel JHWHs primär als Wohn- oder als Begegnungstempel verstanden wurde. Um diese Frage beantworten zu können, wäre das gesamte Wortfeld (s. unter I.) zu untersuchen.

Trotz aller theologischen Herausstellung des (Jerusalemer?) Tempels durch das Deut ist doch auch gerade hier eindeutig, daß JHWHs Wohnstatt im bzw. der Himmel ist (Deut 26, 15; zur Sache: H. D. Preuß, Deuteronomium, EdF 164, 1982, 49; vgl. Deut 4, 36; 1 Kön 8, 30–39 dtr). Nach Jer 25, 30 erhebt JHWH von seiner himmlischen Wohnung her seine Stimme, was in Am 1, 2 vom Zion her geschieht. Die himmlische Wohnstatt JHWHs ist nach 2 Chr 30, 27 das Ziel der Gebete. Sowohl die himmlische als auch die irdische Wohnstatt JHWHs können in dem liturgischen Zusatz Sach 2, 17 (vgl. v. 14) und auch in Ps 68, 6 gemeint sein (vgl. den Kontext und die Beziehungen zu Ri 5, 4f.). Ist so von der Wohnstatt JHWHs im Himmel oder im Tempel die Rede, wird meist (nicht in Ps 26, 8; 2 Chr 36, 15) eine Näherbestimmung durch *qdš* hinzugefügt.

Daß über die Frage gestritten werden kann, ob jeweils die himmlische oder die irdische Wohnstatt JHWHs (Tempel) gemeint ist, hat seinen tieferen Grund darin, daß zwischen beidem auch theologisch nicht sauber geschieden werden kann und soll (zu den Zusammenhängen: Clements; Keel; Metzger, wobei letzterer auf *māʿôn* eigentümlicherweise nicht eingeht). Im Bereich des Heiligtums sind nämlich die Grenzen von Himmlisch und Irdisch aufgehoben (Metzger), und im Tempel ragt der himmlische Bereich in den irdischen hinein bzw. umgekehrt (vgl. Keel). So kennt Israels Umwelt die Gottesanrede „Haus, Wohnung" (betr. Nergal: Hugger 154 Anm. 107), und der alte vordere Orient konnte über den Wohnsitz der Götter ähnlich im Blick auf Tempel und Himmel sprechen wie das AT (vgl. zur Sache: Keel; Metzger; dann auch WbMyth I s. Reg. s.v. „Wohnsitz der Götter").

3. Daraus ergibt sich schließlich, daß im Tempel nicht nur JHWHs Gegenwart erfahren wurde, sondern daß hier letztlich JHWH selbst Wohnstatt und d. h. Zuflucht für den Beter war. Daher ist wohl sorgfältiger, als es oft geschieht, in den umstrittenen Psalmbelegen (Ps 71, 3; 90, 1; 91, 9) die Notwendigkeit einer Textänderung (meist in → מעוז *māʿôz*) zu überlegen. Hier kann nicht nur der Name der Wohnstätte zum Epitheton geworden sein (Stolz 213 Anm. 178), sondern *māʿôn* ist als Schutzmetapher JHWHs, als substituierende Gottesbezeichnung verstehbar (Hugger 155); vgl. Ps 76, 3; Deut 33, 27. Ob man dann an einen kultischen Mittler als ursprünglichen Sprecher wird denken müssen (Eichhorn 121ff.), ist angesichts der bereits klar vorliegenden Demokratisierung dieser Vertrauensaussage unwesentlich. Sowohl der Tempel als auch JHWH selbst sind der „Ort", zu dem der Beter flieht und an dem er Zuflucht und Schutz erfährt.

4. In Jos 15, 55; 1 Sam 25, 2 (vgl. 1 Sam 23, 24f. und cj. in 1 Sam 25, 1 sowie vielleicht in Ri 10, 12) ist die 13 km sw von Hebron und in der Nähe der Ortschaft Karmel gelegene Ortschaft *Māʿôn* genannt. Zu ihr ist jetzt (neben den Angaben in KBL^3 577 s.v. *māʿôn* IV) die ausführliche Behandlung von Name, Lage, Geschichte, Bedeutung und Erforschung bei Keel/Küchler (756f. und Reg.) heranzuziehen (vgl. auch GTTOT 15. 22. 149. 320f.; Aharoni, Land, 27. 98. 183. 257. 300 und Hugger 153; heute: *chirbet māʿin*). Das sw Hebron gelegene *Māʿôn* ist jetzt auch auf einem Ostracon aus Arad erwähnt (25:4; vgl. Y. Aharoni, Arad Inscriptions, Jerusalem 1981, 50f.). Außerdem gab es noch die Ortschaft *(bêṯ) baʿal māʿôn* im Ostjordanland, die neben Jer 48, 23 (und Num 32, 3?) auch in der Mešaʿ-Inschrift erwähnt wird (KAI 181, 9. 30).

Preuß

מָעַט *māʿaṭ*

מְעַט *meʿaṭ*

I. 1. Belege – 2. Bedeutung – II. Profaner Sprachgebrauch – 1. Redewendungen – 2. In der Weisheitssprache – III. Wenigkeitsaussagen im religiösen Kontext – 1. Temporaler Aspekt – 2. Quantitativer Aspekt – 3. Viel oder wenig als Begriff für ausreichend – 4. In Gebeten – 5. In anklagenden Reden – 6. Ps 8, 6 – 7. Ez 11, 16.

I. 1. Das Nomen *meʿaṭ* ist im AT 101mal, das davon abgeleitete Verb (*qal*, *pi*, *hiph*) noch 22mal (oder mit Sir 3, 18 23mal) belegt. Bildungen dieser Wurzel sind bezeugt im Arab. (*maʿiṭa* 'weniger werden', *maʿaṭa* 'wegnehmen'), Akk. (*maṭû* 'gering werden, gering sein') sowie im Äth. und Tigrē. Was die Streuung des Nomens im AT betrifft, so findet es sich in der Gen 11mal; Ps und Spr je 10mal; Num und Proto-Jes je 7mal; Deut 6mal; Ez und Hi je 5mal; Pred und 1 Sam je 4mal; Ex, 2 Sam und Hag je 3mal; Jos, 1 Kön, Jer, Hos, Esr, Neh, Dan und 2 Chr je 2mal; Lev, Ri, 2 Kön, Sach, HL, Ruth und 1 Chr je 1mal.

2. Die Grundbedeutung von *meʿaṭ* wird durch die Sinnparallele 1 Kön 17, 12: *kap̱-qæmaḥ* und *meʿaṭ šæmæn* „eine Handvoll Mehl / etwas Öl" und durch den Gegensatz deutlich. Dieser wird mehrfach mit Bildungen der Wurzel *rbb* markiert: *rbb* Ex 16, 17f.; 30, 15; Lev 25, 16; Num 26, 54; 33, 54; 35, 8; Jer

29, 6; 30, 19; Ps 107, 38; Spr 13, 11; *raḇ* Num 13, 18; 26, 54. 56; 33, 54; 35, 8; Deut 26, 5; 28, 38; 1 Sam 14, 6; Spr 15, 16; *roḇ* Lev 25, 16; Deut 7, 7; 28, 62; Spr 16, 8; *harbeh* 2 Kön 10, 18; Jer 42, 2; Hag 1, 6. 9; Pred 5, 11. In Ps 37, 16 steht das Nomen *hāmôn* 'Überfluß' parallel. Mithin wird als Grundbedeutung von *mʿṭ* 'wenig' im Gegensatz zu 'viel' eindeutig greifbar, wie es die offenbar geprägte Redefigur im Munde Jonathans aussagt: „JHWH ist es ein Leichtes zu helfen, durch viel oder durch wenig" (1 Sam 14, 6; vgl. auch Pred 5, 11).

Das Nomen kann absolut gebraucht werden wie Deut 28, 38: „Du wirst Weniges einsammeln" oder in Anlehnung an ein anderes Nomen wie 1 Sam 14, 29. 43: „ein wenig Honig". Eine Steigerung drückt die typisch jes. Wortverbindung *meʿaṭ mizʿār* „etwas ganz Weniges", d. h. eine ganz kurze Zeit (Jes 10, 25; 16, 14; 29, 17) aus.

Das Nomen wird 1 Sam 14, 6 mit *be* 'durch' und Hag 1, 9; 2 Chr 29, 34 mit *le* 'zu', in der Mehrzahl der Belege aber mit *ke* 'wie' verbunden. Hierbei begegnen abermals die verschiedenen Bedeutungsnuancen von *meʿaṭ*; denn diese Verbindung kann zeitlich „rasch, beinahe, fast, bald" (Ez 16, 47; Ps 2, 12; 73, 2 [hier parallel zu *keʾajin*]; 81, 15; 94, 17; 119, 87; Hi 32, 22; Spr 5, 14; HL 3, 4; 2 Chr 12, 7), pleophorisch *kimʿaṭ rægaʿ* „ein kurzer Augenblick" (Jes 26, 20; Esr 9, 8), quantitativ „wenig" (Jes 1, 9; vielleicht auch Gen 26, 10; 2 Sam 19, 37; Ps 105, 12 = 1 Chr 16, 19) oder auch qualitativ „wenig wert" (Spr 10, 20) bedeuten.

Das Verb hat die Grundbedeutung 'wenig, klein sein'.

II. 1. Im Hebr. gab es offenbar mehrere Redewendungen mit *meʿaṭ*. Sie sind durchweg in die direkte Rede eingebettet. Viermal ist die vom Gast nach seiner Ankunft geäußerte Bitte belegt: „Gib mir etwas Wasser zu trinken" (Gen 24, 17. 43; Ri 4, 19; 1 Kön 17, 10). Auch die Worte Abrahams, man solle etwas Wasser zur Fußwaschung seiner Gäste bringen (Gen 18, 4), gehören wohl zum Formular der Begrüßung.

Eine andere, ebenfalls geprägte Wendung scheint die von der Kürze des Lebens zu sein. So stellt Jakob vor dem Pharao fest: „Wenig und böse waren die Tage der Jahre meines Lebens" (Gen 47, 9), und Hiob fragt: „Sind nicht wenig meine Tage?" (Hi 10, 20), wie denn auch dem Frevler gewünscht wird, „seine Tage seien wenig" (Ps 109, 8).

Schließlich sei noch auf die offenbar bevorzugte Redefigur *hameʿaṭ min* + Suff./Nomen „Ist es zu wenig für dich (euch, deine Buhlerei)" (Num 16, 9; Jes 7, 13; Ez 16, 20; 34, 18; Hi 15, 11; ohne *min* Gen 30, 15; Num 16, 13; mit *le* + Suff. Jos 22, 17) aufmerksam gemacht.

2. Von daher liegt auch der Gebrauch von *meʿaṭ* in der Weisheitssprache nahe. In Spr 15, 16; 16, 8 begegnet die Stilform des Vergleichs *ṭôḇ min* „besser ... als" in Verbindung mit *meʿaṭ* und entsprechenden gegensätzlichen Ausdrücken: „Wenig mit JHWH-Furcht ist besser als ein großer Schatz mit Unruhe" (15, 16), „Wenig mit Gerechtigkeit ist besser als großes Einkommen ohne Recht" (16, 8). In Ps 37, 16 ist ein solcher Vergleich in den Gegensatz „Gerechter – Gottloser" eingebunden. Vom Ende des Gottlosen sprechen noch Ps 37, 10: „Nur noch wenig (Zeit), und der Gottlose ist nicht mehr" und Hi 24, 24: „Sie erheben sich wenig, und sie sind nicht mehr." Im Gegensatz zum Wert der Zunge des Gerechten gilt das Herz des Gottlosen wenig (Spr 10, 20).

Spr 6, 10; 24, 33 charakterisiert den faulen Menschen, der spricht: „Ein wenig schlafen, ein wenig schlummern, ein wenig die Arme kreuzen im Bett" (so Ringgren, ATD 16/1). Spr 13, 11 stellt fest, daß schnell erworbenes Gut „zerrinnt", ausdauernde Arbeit aber den Besitz „vermehrt". Im Gegensatz zum Reichen, den sein Überfluß nicht schlafen läßt, findet der Arbeiter süße Ruhe, ob er wenig oder viel hat (Pred 5, 11). Pred 5, 1 mahnt in Anlehnung an Spr 10, 19, im Gebet zu Gott nur wenig Worte zu machen; Pred 10, 1 bietet den für LXX „anstößigen Spruch": „Schwerer als Weisheit, als Ehre ist ein wenig Torheit" (so Zimmerli, ATD 16/1, 225). Zu den Beschwernissen des Alters gehört nach Pred 12, 3, daß „die Müllerinnen (die Zähne) wenig geworden sind". Und in Pred 9, 14 beginnt eine weisheitliche Schulgeschichte mit den Worten: „Da ist eine kleine Stadt, und in ihr wohnen nur wenig Menschen."

III. Auch die religiöse Sprache Israels weist die verschiedenen Bedeutungsnuancen von *meʿaṭ* in vielfältigen Sachbezügen auf.

1. *meʿaṭ* mit temporalem Aspekt drückt eine kurze Zeitspanne aus. Diese kann sich auf das Heils- oder auf das Gerichtshandeln JHWHs beziehen. Dabei ist weiter zu unterscheiden, ob dieses Handeln als ein in der Vergangenheit geschehenes konstatiert oder als ein zukünftiges angesagt wird.

Daß ein geretteter Rest wieder an heiliger Stätte in Jerusalem leben kann, wird in Esr 9, 8 als Zeichen dafür angesehen, daß „uns für einen kurzen Augenblick Erbarmen widerfahren ist". In ähnlicher Weise kann vom babylonischen Exil oder der assyrischen Bedrängnis als einer kurzen Zeit des Zornes JHWHs gesprochen werden (Sach 1, 15; Jes 10, 25).

Um die Ansage zukünftigen Eingreifens JHWHs geht es in den folgenden Stellen. Dabei fällt die dominierend vorangestellte Wortverbindung *ʿôḏ meʿaṭ* in Jer 51, 33; Hos 1, 4; Hag 2, 6 auf. Sie „befristet ... das Eintreffen des Gerichts" (Wolff, BK XIV/1, 18): Noch ein wenig, dann kommt für Babel die Zeit der Ernte, suche ich die Blutschuld Jesreels heim, erschüttere ich die ganze Welt. In gleicher Weise kann aber auch das Eintreffen des Heils terminiert werden: „Ist es nicht nur noch ein kleines Weilchen, dann wird der Libanon zum Fruchtgefilde?" (Jes 29, 17). Einfaches *meʿaṭ* oder *kimʿaṭ* drücken dasselbe aus. In Anspielung auf die nur „kurzfristige Besetzung Jerusalems" (Rudolph, HAT I/21, 233) wird die baldige

Rettung der Stadt angesagt (2 Chr 12, 7). Wenn Israel seinem Gott gehorchte, würde er bald seine Feinde demütigen (Ps 81, 15). Zur Bewahrung des Volkes vor seinem Grimm mahnt JHWH es, sich einen kleinen Augenblick zu verbergen (Jes 26, 20). Und im Blick auf die bevorstehende Landnahme verheißt JHWH, daß er die Völker Kanaans „nach und nach" (*m*^{e}*ʿaṭ m*^{e}*ʿaṭ*) vertreiben will (Ex 23, 30; Deut 7, 22).

Hos 8, 10 wird temporal zu verstehen und auf das bald hereinbrechende Gericht zu beziehen sein (so Wolff, BK XIV/1, 185). – Bei Ps 105, 12 = 1 Chr 16, 19 ist nicht eindeutig zu entscheiden, ob *kimʿaṭ* temporal (so Zürcher-Bibel) oder quantitativ (so Kraus, BK XV/2, 716; Rudolph, HAT I/21, 122) zu interpretieren ist; denn vom Israel der Erzväterzeit heißt es, JHWH habe die Israeliten nicht bedrücken lassen, weil sie „gering an Zahl, *kimʿaṭ* (‚erst kurze Zeit im Lande' oder ‚nur wenige, eine Minderheit') und Fremdlinge in ihm" seien. Im Vergleich zu ähnlichen Aussagen, die ebenfalls das Erbarmen und den Schutz JHWHs mit der Kleinheit begründen (vgl. II. 2), ist das Letztere wahrscheinlicher.

Schließlich ist noch kurz auf Ps 2, 12; Hi 32, 22 einzugehen, wo die Glaubensüberzeugung, daß Gottes Zorn rasch oder leicht entbrennt bzw. der Schöpfergott den Elihu rasch hinwegraffen könnte, das rechte Handeln bestimmt.

2. *m*^{e}*ʿaṭ* mit quantitativem Aspekt begegnet in der Schlußpassage des Deut. Eine der Folgen des Fluchs bei Übertretung der Gebote besteht darin, daß Israel viel Samen aussät, aber wenig einsammelt (Deut 28, 38). Dasselbe konstatiert Hag 1, 6 und stimuliert damit den Tempelbau. Und Hag 1, 9 zeigt die Diskrepanz zwischen großer Erwartung des Volkes und dem geringen Ergebnis auf. Wie die Wenigkeit hier allgemein als Folge des Fluchs verstanden wird, so Mehrung und Vielheit als eine solche des Segens (Ps 107, 38f.).

Diese Thematik Mehrung oder Minderung eines Volkes als Wirkung des göttlichen Segens oder Fluchs begegnet relativ häufig. Das Erbarmen JHWHs den Exulanten gegenüber äußert sich darin, daß er sie nicht verringert (Jer 30, 19; vgl. 29, 6). Zwar nicht expressis verbis von JHWH ausgesagt, aber doch eindeutig auf ihn bezogen ist der Satz des kleinen geschichtlichen Credos, daß der in Ägypten als Fremdling mit wenig Männern weilende Erzvater zum großen Volk wurde (Deut 26, 5). Umgekehrt besteht Gottes Strafe darin, daß nur wenige Männer von Israel übrig bleiben werden, obwohl es zahlreich war wie die Sterne am Himmel (Deut 28, 62; ähnlich Lev 26, 22). Auch gegenüber einem Fremdvolk wie Ägypten bedeutet das Gottesgericht die Minderung der Zahl (Ez 29, 15). Bei allen Aussagen aber besteht ein direkter Zusammenhang zwischen der Quantität und der Qualität. Ein großes Volk ist „stark" (*ʿāṣûm* Deut 26, 5), ein kleines Volk aber so schwach, daß es nicht mehr über andere Völker zu herrschen vermag (Ez 29, 15; auch Num 13, 18). Das Unerhörte, daß jemand mit wenig Volk mächtig wird, sagt Dan 11, 23 aus.

Im Blick auf Israels Größe im Kontext zu JHWHs Haltung ihm gegenüber sind noch zwei Überlegungen wichtig. Auch wenn nicht durch unsere Wurzel ausgedrückt, ist doch die Sache etwa in Ri 7, 1–8 vorhanden: Gideon soll die Zahl seiner Kämpfer drastisch verringern, damit sich Israel nicht wider JHWH rühmen könne, es habe sich selbst geholfen. Diese Vorstellung wird dann theologisch exakt in Deut 7, 7f. formuliert: Nicht deshalb, weil Israel das größte Volk wäre, hat JHWH es erwählt – in der Tat ist es ja das kleinste (*hamm*^{e}*ʿaṭ*) aller Völker –, sondern weil er es liebte. Die erbarmende Erwählung durch JHWH kann also keinerlei Begründung in Israel selbst finden. Hier ist ein Gedanke bis zum Äußersten geführt, der etwa in der Bitte des Amos um Verschonung Israels mit den Worten: „Jakob ist doch so klein" (Am 7, 2. 5) angelegt war. Denn die Kleinheit des Volkes weckt wie die Hilflosigkeit eines Säuglings die Milde, Nachsicht und fürsorgliche Liebe seines Gottes. Dergleichen Entscheidungen sprechen sich auch in der Bitte der nach der Ermordung Gedaljas verstörten Schar an den Propheten Jeremia aus, er möge wegen dieses Restes zu JHWH beten, denn wir sind übrig geblieben, „wenige von Vielen" (Jer 42, 2). Mit diesem Nebensatz wird wieder an das Mitleid appelliert, sei es das des Propheten (Weiser, ATD 20/21, 368) oder das JHWHs.

Die Wenigkeitsaussage ist schließlich auch mit Restvorstellungen verbunden. Darin kann sich das Gottesgericht widerspiegeln. Wenn Jes 16, 14 vom Rest Moabs sagt, daß er „ein klein wenig sein wird", dann bedeutet das zugleich die völlige Schwäche und die Preisgabe zur Verächtlichkeit. Auch die Ankündigung, daß es mit der Herrlichkeit Kedars aus ist, wird erläutert durch den Satz, daß „der Rest der Zahl der Bogenschützen klein sein wird" (Jes 21, 16f.). Die Vorstellung vom kleinen Rest Israels kann aber trotz aller auch darin enthaltenen Gerichtswirklichkeit doch etwas von Verschonung und Bewahrung, von JHWHs durchhaltender Treue seinem Volke gegenüber, dem er eine weitere Geschichte eröffnen will, ausdrücken. Weil JHWH seinem Volk wenige Entronnene übriggelassen hat, geht es ihm weit besser als Sodom und Gomorrha (Jes 1, 9). Die dem Ezechiel aufgetragene symbolische Handlung, bei der er vom dritten Drittel seines abgeschorenen Haupt- und Barthaares nur wenige Haare nehmen und sie in den Gewandzipfel einbinden soll (Ez 5, 3), weist auf die Bewahrung eines kleinen Restes des Volkes, der am Leben bleibt, hin. Und Jeremia betet, JHWH möge ihn zwar züchtigen, aber nicht im Zorn, sondern in seiner göttlichen Milde, damit er ihn nicht „verringere" (Jer 10, 24), d. h. JHWH möchte ihn bewahren und am Leben erhalten. Das bringt Esr 9, 8 in den Begriff *miḥjāh m*^{e}*ʿaṭ* „ein wenig Lebenserhaltung", deren Grund ebenfalls das Erbarmen JHWHs ist.

3. Wenn der eine viel, der andere wenig Nahrung sammelt, der eine aber keinen Überfluß und der andere keinen Mangel hat (Ex 16, 17f.), dann wirkt

sich darin JHWHs Gnade und Erbarmen für das wandernde Wüstenvolk aus. „Wenig oder viel" ist mithin Ausdruck dafür, daß jeder von JHWH genug erhält. Er bekommt, was er braucht. Dieselbe Vorstellung steht hinter 1 Sam 14, 6: Jonathan ist davon überzeugt, daß es JHWH ein Leichtes ist zu helfen, „durch viel oder durch wenig". Daß JHWH auch den David freigiebig beschenkt, drückt 2 Sam 12, 8 aus: Wäre das, was du bisher empfingst, zu wenig, würde JHWH noch dies oder jenes hinzutun.

4. Die Wenigkeitsaussage ist auch in die Gebete, in Klage und Anklage eingebettet. So schreit Mose zu JHWH: „fast (*kimʿaṭ*) hätten sie mich gesteinigt" (Ex 17, 4). Ähnliche Formulierungen stehen in Ps 73, 2; 119, 87; Spr 5, 14: Fast wären meine Füße gestrauchelt, hätten sie mir den Garaus gemacht, wäre ich ins Unglück geraten. Stets spricht sich im „beinahe" oder „fast" die Glaubensüberzeugung aus, daß Gott dem Beter noch zur rechten Zeit zu Hilfe kam (Ps 94, 17). Und im großen Bußgebet bittet die Gemeinde, Gott möge alle ihre Mühsal nicht gering achten (Neh 9, 32). Hiob schließlich wünscht sich im Wissen um die Kürze seines Lebens, daß es wenigstens etwas heiter sein möge (Hi 10, 20).

5. Eine typische, Anklage und Empörung ausdrükkende Formulierung stellt das fragende *hamʿaṭ* dar. Es drückt das Murren Israels in der Wüste aus (Num 16, 13), ist anklagend gegen die Rotte Korah (Num 16, 9), die Altarbauer am Jordan (Jos 22, 17) oder gegen Hiob gerichtet (Hi 15, 11). Diese Redefigur ist auch von Jesaja (7, 13) und Ezechiel (16, 20; 34, 18) aufgegriffen worden, um das Haus Davids der Auflehnung gegen Gott, die „untreue Frau" der Buhlerei und der Kinderopfer sowie die Tiere der Herde ihrer Rücksichtslosigkeit gegeneinander zu bezichtigen. Dabei wird mit der Zweifelsfrage: „Ist es nicht genug" die ungeheuerliche Steigerung des sündigen Tuns drastisch vorgestellt: nicht nur Auflehnung gegen die Menschen, sondern sogar gegen Gott; nicht nur Buhlerei, sondern sogar Menschenopfer; nicht nur Weidegras fressen, sondern noch das Restliche zertreten. Mithin ist die Anklage so schwerwiegend, daß über das Urteil kein Zweifel bestehen kann. Durch die Formulierung als Fragesatz ist das jeweils angesprochene Gegenüber zur Antwort herausgefordert, und diese kann die Anklage nur bestätigen und erhärten.

6. Eine besondere Aussage bietet Ps 8, 6. Die Würde des Menschen als vorzüglichen Geschöpfs Gottes wird in den Gebetssatz eingebunden: „Du hast ihn wenig mangeln lassen an Gott" (*ḥsr* [*pi*] *meʿaṭ min*). Ob damit ausgesagt werden soll, daß der Mensch „unmittelbar unter himmlischen Wesen seinen Platz" hat (Kraus, BK XV/1, 70), oder doch wohl mit Wolff (Anthropologie des AT, ²1974, 328) interpretiert werden muß: „Du ließest ihn wenig an Göttlichem fehlen", ist in diesem Zusammenhang nicht so entscheidend, weil *meʿaṭ* auch hier wieder etwas Geringes, Weniges, verschwindend Kleines aussagt (→ חסר *ḥaser* → III 98). LXX faßt den Ausdruck zeitlich: βραχύ τι (vgl. Hebr 2, 7. 9).

7. Der Vollständigkeit halber sei zum Schluß auf Ez 11, 16 verwiesen. JHWH spricht: „Ich habe sie in die Ferne unter die Völker gebracht und bin ihnen in den Ländern, in die sie gekommen sind, ein wenig zum Heiligtum (*lemiqdaš meʿaṭ*) geworden." Hier trägt *meʿaṭ* wieder Hoffnung begründenden Charakter. Zwar mußte Israel in die Ferne des Exils; aber sie ist nicht „der Raum der reinen Gottverlassenheit" (Zimmerli, BK XIII/1, 250), weil JHWH ihnen auch dort zum Heiligtum wurde, ihnen also seine Nähe auch weiterhin gewährte. Das Wenige des Heiligtums wird wohl darin zu sehen sein, daß der in der Fremde geübte Gottesdienst nur eine Abschattung des am Jerusalemer Heiligtum gepflegten Dienstes war. So spricht sich in dieser Wendung der Heilswille JHWHs mitten im Gericht über sein Volk aus und verbürgt seine Zukunft bestimmende Treue.

Zobel

מֵעִים *meʿîm*

1. Etymologie, Belege – 2. Verwendung – 3. LXX.

Lit.: *H. Holma*, Die Namen der Körperteile im Assyrisch-Babylonischen, Helsinki 1911. – *H. W. Wolff*, Anthropologie des Alten Testaments, 1973, 102–106.

1. Hebr. **meʿîm* 'Eingeweide' (keine Absolutform im AT belegt, im Nhebr. findet sich auch Dual. *meʿajim*) entspricht etymologisch aram. *meʿāʾ*, *meʿajjāʾ* (syr. *maʿjāʾ*), arab. *maʿj*, *miʿā*, äth. *ʾamāʿūt* mit derselben Bedeutung; etwas unsicher ist akk. *amūtu* 'Schafsleber, Leberomen' (AHw 46; vgl. Holma 88 und zum ganzen Rundgren, OrSuec 11, 1961, 121–127).

Das Wort ist nach MT 30mal im AT belegt, außerdem 1mal Sir. Die Streuung der Belege ist nicht signifikant.

2. In einigen Fällen steht das Wort konkret für 'Eingeweide': Joab stieß das Schwert in den Unterleib Amasas, so daß die Eingeweide auf den Boden fließen (2 Sam 20, 10); Joram wird von einer Krankheit betroffen, infolge deren seine Eingeweide herausfallen (2 Chr 21, 15. 18f.). In einem Beschreibungslied HL 5, 14 ist sogar das Äußere des Leibes gemeint.

In einem etwas weiteren Sinn steht *meʿîm* für das, was mit dem Essen gefüllt wird, also 'Magen': Ezechiel füllt seinen Magen mit der Buchrolle, d. h. ißt sie (Ez 3, 3); am Zornestag JHWHs kann das Volk seinen Hunger nicht stillen noch seinen Magen füllen (Ez 7, 19); vom Gottlosen sagt Zophar, daß sich seine Speise in seinen *meʿîm* in Gift verwandelt (Hi 20, 14; par. *qæræḇ*); vergleichbar ist auch Jon 2, 1f.: Jona ist in den *meʿîm* des Fisches. Nach Num 5, 22 wirkt das Fluchwasser in den *meʿîm* der Frau (→ I

620; vgl. G. Giesen, BBB 56, 1981, 124–132). Ps 22, 15 bezeichnet *me'îm* das Innere des Körpers im allgemeinen: „mein Herz zerfließt in meinem Inneren".

Ferner bezeichnet *me'îm* den Leib oder das Innere des Leibes als Ort der Entstehung des Menschen, „die inneren Geschlechtsorgane" (Wolff 102). In diesem Sinn steht es oft parallel mit *bæṭæn*, z. B. Gen 25, 23: „Zwei Völker sind in deinem (Rebekkas) Leibe (*bæṭæn*), und zwei Stämme werden sich aus deinem Schoße (*me'îm*) scheiden"; Jes 49, 1: „Vom *bæṭæn* an hat mich JHWH berufen, meinen Namen genannt vom Mutterschoß (*me'îm*) an" (der Knecht JHWHs ist vor seiner Geburt für seine Aufgabe bestimmt, vgl. Jer 1, 5; L. Schmidt, Theologia Viatorum 13, 1975/77, 189–209, bes. 205f., vermutet hinter dieser Formulierung judäische Königsideologie, vgl. schon O. Kaiser, Der königliche Knecht, FRLANT 70, 1959, 57); Ps 71, 6 „Auf dich habe ich mich verlassen vom *bæṭæn* an, vom Mutterschoß (*me'ê 'immî*) an bist du mein Schutz" (vgl. Ps 22, 10f. mit anderen Worten). Öfters ist von einem Sohn oder Erben die Rede, der von den *me'îm* seines Vaters herausgeht (Gen 15, 4; 2 Sam 7, 12; 16, 11; vielleicht auch 2 Kön 20, 18; Jes 39, 7 [cj. KBL³]; Jes 39, 7, wo 1 QJes^a *mimme'ê* statt *mimmê* liest). 2 Chr 32, 21 wird hervorgehoben, wie Hiskia von „seinem eigenen leiblichen Söhnen" (*jeṣî'ê me'ājw*) getötet wird. Jes 48, 19 stehen *zæra'* 'Nachkommen' und *ṣæ'æṣā'ê me'ækā* parallel. Hierher gehört schließlich Ruth 1, 11: „Habe ich noch Kinder in meinen *me'îm*?"

Übertragen bezeichnet *me'îm* das Innere des Menschen als Sitz der Emotionen. In diesem Fall steht es in 5 von 8 Fällen mit *hāmāh* 'wogen, brausen, sich erregen' (bzw. *hāmôn*) zusammen. Es kann sich um Liebe handeln wie HL 5, 4: das Innere der Braut wird von Liebe zum Bräutigam erregt, und Sir 51, 21, wo das Verhältnis zur Weisheit mit Liebesterminologie beschrieben wird (s. H. Ringgren, Word and Wisdom, Lund 1947, 113; der hebr. Text hat „*jæhæmû me'aj* wie ein Ofen", was auf die von S vertretene Lesart *jæḥæmû* führt, LXX setzt den hebr. Text, aber ohne „Ofen" voraus). In anderen Fällen geht es um göttliches Erbarmen. So wird Gott Jes 63, 15 gebeten, vom Himmel herabzublicken, mit der Frage: „Wo ist die Regung deines Inneren und dein Erbarmen (*raḥamîm*)?" Jer 31, 20 bezeichnet Gott Ephraim als sein Lieblingskind und sagt: „Mein Inneres ist erregt, ich muß mich erbarmen (*rḥm*)." Jes 16, 11 heißt es: „Darum klagt (oder braust, *hāmāh*) mein Inneres über Moab, mein *qæræb* über Kir Heres." Einmal wird *hāmāh* nicht mit *me'îm*, sondern mit einem parallelen *leḇ* verbunden, nämlich in dem temperamentvollen Ausruf Jer 4, 19: „Mein Inneres! Mein Inneres! Ich muß mich winden. Die Wände meines Herzens! Mein Herz (oder „Seele", s. BHS) ist in Aufruhr (*hāmāh*), ich kann nicht schweigen." Der Vers bringt die tiefe Erschütterung Jeremias über das herannahende Unglück zum Ausdruck.

In zwei Belegen in Kl ist das Verb dagegen *ḥomarmar* (→ חמר *ḥmr*), und die Verse enthalten mehrere Synonyme: „Mir ist bange (*ṣar lî*), mein Inneres glüht, mein Herz (*leḇ*) kehrt sich in mir (*beqirbî*) um" (Kl 1, 20); und: „Meine Augen vergehen (*kālû*) in Tränen, mein Inneres glüht, meine Leber (*kāḇeḏ*) ist zu Boden geschüttet über den Sturz der Tochter meines Volkes" (Kl 2, 11). In beiden Fällen handelt es sich um Trauer über die große Katastrophe im Jahre 586. Noch ein anderes Bild wird Hi 30, 27 gebraucht: das Innere siedet (*rtḥ*) und hat keine Ruhe. – Es stellt sich also heraus, daß *me'îm* mit den verschiedensten Emotionen verbunden werden kann: Liebe, Erbarmen, Bestürzung, Trauer. – Hierher gehört schließlich auch Ps 40, 9, wo der Psalmist sagt: „Dein Gesetz ist in meinen *me'îm*" (vgl. Ps 37, 31 mit *leḇ*).

3. In der LXX wird *me'îm* meist mit κοιλία übersetzt; vereinzelt finden sich ἔλεος (Jes 63, 15) und γαστήρ (Hi 20, 14). In Gen 15, 4 hat LXX nur ἐκ σοῦ; Jer 31, 20 hat eine Umschreibung.

Ringgren

מָעַל *mā'al*

מַעַל *ma'al*

I. Etymologie – II. Belege – III. LXX – IV. Verwendung im AT – 1. Treulosigkeit gegen Menschen – 2. Treulosigkeit gegen Gott – 3. Sonderfälle – V. Qumran.

I. Hebr. *mā'al* wird von KBL³ nach J. Barth, Etymologische Studien, 1893, 62f. mit arab. *maġila* 'lasterhaft sein' und *maġālat* 'Verrat, Betrug' zusammengestellt. Das arab. Verb bedeutet aber eher 'verdorben sein' und wird nur vom Auge gebraucht. Es gibt jedoch auch ein *maġala* 'anschwärzen, verleumden', wovon *maġālat* 'Verleumdung' abgeleitet wird. Außerdem kann *maġālat* von *ġāla(i)* VIII 'betrügen' abgeleitet werden. Die Bedeutung paßt also nicht besonders gut zu hebr. 'pflichtwidrig handeln, untreu sein'. Wenn man bedenkt, daß das hebr. Verb oft die Konnotation 'jdm. etwas ihm Zukommendes entziehen' hat, wäre auch an arab. *ma'ala* 'entreißen, beschädigen, verleumden' zu denken. Sonst ist das Verb im Mhebr. und Jüd.-Aram. belegt mit der Bedeutung 'veruntreuen, Heiliges zweckwidrig verwenden', offenbar unter biblischem Einfluß.

J. L. Palache, Semantic Notes on the Hebrew Lexicon, Leiden 1959, 45 weist darauf hin, daß sich *mā'al* zu *me'îl* 'Obergewand' ähnlich verhält wie *bāgaḏ* 'betrügen' zu *bæḡæḏ* 'Kleid': ein Kleid 'bedeckt' den Körper; 'den Sachverhalt bedecken' heißt 'betrügen'. Dies setzt aber eine völlig andere Grundbedeutung der Wurzel voraus als die durch die Etymologie nahegelegte.

II. *māʿal* kommt auffallend oft in der paronomastischen Kombination *māʿal maʿal* vor (20mal), das Verb allein steht 15mal, das Nomen allein 9mal. Die Belege sind alle spät: Ez, DtrGW, H, P, ChrGW, Dan (Spr 16, 10 und Hi 21, 34 sind schwer zu datieren).

Mit *māʿal* zusammen stehen Wörter wie *ḥṭ'*, *ʿāwon*, *'āšam*, *māraḏ*, *mārāh* und *ršʿ*.

III. Die LXX hat keine einheitliche Übersetzung von *māʿal*; man übersetzt nach dem Zusammenhang. Für *māʿal maʿal* finden sich also folgende paronomastische Zusammenstellungen: λανθάνω – λήθη (Lev 5, 15; Num 5, 27), πλημμελέω – πλημμέλεια (Jos 7, 1; 22, 16. 20. 21; Dan 9, 7), παραπίπτω – παράπτωμα (Ez 14, 13; 15, 8; 18, 24; 20, 27), ἀδικέω – ἀδικία (Ez 39, 26), ἀνομέω – ἀνομία (1 Chr 10, 13), ἀφίστημι – ἀπόστασις (2 Chr 28, 19), ἀθετέω – ἀθέτημα (2 Chr 36, 14), παροράω mit Ptz. (Lev 5, 21; Num 5, 6; Num 5, 12 steht sogar ἐὰν παρίδῃ αὐτὸν ὑπεριδοῦσα). Ἀδικέω, ἀνομέω, ἀφίστημι und ἀθετέω werden auch für alleinstehendes *māʿal* gebraucht, außerdem ἀπειθέω, ἀσυνθετέω und ἁμαρτάνω (Esr 10, 2; 2 Chr 12, 2). Für das Nomen steht mehrmals ἀνομία, vereinzelt ἀποστασία und ἀπόστασις, daneben Umschreibungen wie Num 31, 16 und Jos 22, 22.

IV. Die *māʿal*-Handlung kann sich entweder gegen Menschen oder gegen Gott richten.

1. Im Gesetz vom sog. Eifersuchtsopfer Num 5, 11–31 wird der vorausgesetzte Fall folgendermaßen beschrieben: Wenn eine Frau ihren Mann verläßt (*śāṭāh*) und damit einen *maʿal* begeht und mit einem anderen Mann Geschlechtsverkehr hat ... (v. 12). Derselbe Fall wird v. 27 als *niṭmāʾ* 'sich verunreinigen' und *māʿal maʿal* beschrieben. Es handelt sich also um eheliche Untreue; von einem anderen Gesichtspunkt aus könnte das Verb mit „jemandem etwas entziehen, worauf er ein Recht hat" umschrieben werden.

In den Opfergesetzen Lev 5 wird ein *'āšām*-Opfer vorgesehen für den Fall, daß sich jemand versündigt (*ḥāṭāʾ*) und einen *maʿal* begeht, indem er etwas ihm Anvertrautes ableugnet (v. 21). Einerseits entzieht er jemandem etwas, was ihm gehört, andererseits zeigt er dabei Treulosigkeit. Ein ähnlicher Fall scheint Num 5, 6 beabsichtigt zu sein: Wenn jemand eine Sünde (*ḥaṭṭaʾṯ*), einen *maʿal* gegen JHWH begeht und sich verschuldigt (*'āšam*), soll er den Gegenstand seiner Verschuldung zurückerstatten. Streng genommen richtet sich die Untreue gegen einen Menschen, aber die Tat wird zugleich als Untreue gegen Gott beurteilt. Dagegen gilt der *maʿal* ausdrücklich Gott in Lev 5, 15, wo ein *'āšām*-Opfer gefordert wird, wenn jemand sich aus Versehen (*bišḡāḡāh*) an den JHWH geweihten Gaben (*qŏḏšê JHWH*) versündigt (*ḥāṭāʾ*); auch wenn es aus Versehen geschehen ist, ist JHWH etwas entzogen worden, was ihm zukommt.

2. Damit ist der Übergang gegeben zur Treulosigkeit gegen Gott. Ein konkretes Beispiel liefert Jos 7, 1: Achan vergreift sich an dem *ḥeræm*: dadurch entzieht er Gott, was ihm gehört. Auf dieses Ereignis wird dann Jos 22, 16. 20. 22 (hier + *māraḏ*) Bezug genommen, ebenso 1 Chr 2, 7 (Verb allein).

Ezechiel gebraucht *māʿal* im allgemeinen Sinn von religiöser Untreue gegen Gott. Ez 14, 13–20 ist in kasuistischem, sakralrechtlichem Gesetzesstil abgefaßt. Hier wird in v. 13 der Fall vorgesehen, daß ein Land sündigt (*ḥāṭāʾ*) und *maʿal* begeht, so daß JHWH es strafen muß – dann werden die gerechten Männer Noah, Daniel und Hiob zwar sich selbst retten können, aber nicht das Land. Worin die Sünde bzw. die Untreue besteht, wird nicht näher entwikkelt.

In einem ebenso kasuistischen Kontext wird Ez 18, 24 gesagt, daß ein Gerechter, der sich von seiner Gerechtigkeit abwendet und Unrecht (*ʿāwæl*) tut nach der Art der Gottlosen (*rāšāʿ*), durch seinen *maʿal* und seine Sünde sterben soll. Unrecht, Gottlosigkeit und Sünde werden also dem *maʿal* gleichgesetzt, oder vielmehr, *maʿal* umfaßt das ganze gottlose Wesen, das Gott nicht als Gott anerkennt.

Ez 20, 27 wird *māʿal* mit Schmähung oder Lästerung (*gdp pi*) Gottes zusammengestellt; der folgende Vers erklärt, daß es sich um Höhendienst handelt. Demnach ist *maʿal* JHWH die ihm gebührende Verehrung zu verweigern. Da vv. 27–29 deutlich als Nachexegese des Vorangehenden aufzufassen sind (Zimmerli, BK XIII z. St.), müssen sich *māʿal* und *giddēp* auf v. 24 beziehen, wo die Sünde als Verachtung (*māʾas*) der Gebote und Profanierung (*ḥll pi*) der Sabbate präzisiert wird. *māʿal* ist also ein Sich-Vergreifen an dem Heiligen.

Die übrigen Ez-Stellen sind mehr allgemein gehalten. 15, 8 stellt fest, daß JHWH das Land verwüsten will, weil das Volk *maʿal* begangen hat, 17, 20, daß Zedekia verurteilt werden wird aus demselben Grund, und in 39, 23 heißt es, daß die Israeliten ins Exil geführt worden sind, weil sie *ʿāwon* und *maʿal* geübt haben; v. 24 nennt außerdem Unreinheit (*ṭumʾāh*) und *pæšaʿ*. Nach der Wiederherstellung werden sie aber nach 39, 26 ihre Schmach und ihren *maʿal* vergessen.

Ebenso allgemein ist Lev 26, 40 (H): wenn die Israeliten die Strafe Gottes erfahren, werden sie ihre Schuld (*ʿāwon*) bekennen müssen, die darin bestand, daß sie *maʿal* begangen und JHWH widerstrebt (*hālaḵ baqqærî*) haben. Dann wird sich JHWH nach v. 42 wieder an seinen Bund erinnern.

Deut 32, 51 (P) stellt dagegen eine klare Verbindung mit der gekränkten Heiligkeit her: „ihr habt *maʿal* begangen bei Meriba, indem ihr mich nicht heilig gehalten (*qdš pi*) habt". Die Parallele Num 27, 12–14 verwendet nicht *maʿal*, sondern *mārāh* und „nicht heilig halten".

Die Belege im ChrGW liefern einige Beispiele für den konkreten Inhalt von *māʿal*. Nach 1 Chr 5, 25 übten die Stämme Ruben, Gad und Manasse *maʿal* gegen den Gott ihrer Väter, indem sie den Göttern des Landes nachhurten (*zānāh ʾaḥªrê*), nach 1 Chr 10, 13 beging Saul *maʿal*, als er den Totengeist (statt JHWH!) befragte. Ussia begeht *maʿal*, indem er in den Tempel eintritt, um Rauchopfer zu verrichten – das ist eine Anmaßung (*gāḇah leḇ*), die zugleich eine Verletzung der Heiligkeit des Tempels darstellt (2 Chr 26, 16. 18). Die Angabe 2 Chr 28, 19 über Ahas, daß er zügellos gehandelt (*hipriaʿ*) und *maʿal* gegen JHWH begangen habe, ist ganz unbestimmt, wird aber in v. 22 dadurch erläutert, daß er den Göttern von Damaskus geopfert habe.

In 2 Chr 29, 6 sagt Hiskia: „Unsere Väter haben *maʿal* begangen" und fügt als Erläuterung hinzu: sie taten Böses (*raʿ*) vor JHWH, sie verließen (*ʿāzaḇ*) ihn, sie wandten sich von JHWHs Wohnung (*miškān*) weg und wandten ihm den Rücken (*nāṯan ʿoræp*). Der Vers dient als Begründung für den Befehl an die Leviten, die Unreinheit (*niddāh*) aus dem Haus JHWHs wegzuschaffen und den Tempel wieder zu heiligen (*qdš pi*). Die Heiligkeit des Tempels ist also verletzt worden und muß wiederhergestellt werden. Ähnlich verhält es sich in 2 Chr 30, 7, wo Hiskia ganz allgemein sagt, die Väter haben *maʿal* begangen gegen JHWH und er hat sie der Verwüstung preisgegeben. Der Kontext in v. 8 zeigt: das, was positiv gefordert wird, ist das Kommen zum Heiligtum, das er geheiligt hat (*hiph*), und der Dienst für ihn (*ʿbd*); *maʿal* ist also die Vernachlässigung dieser Forderungen.

2 Chr 29, 19 erwähnt die Wiederherstellung und Heiligung der Tempelgeräte, die Ahas in seinem *maʿal* verworfen hatte. 2 Chr 33, 19 spezifiziert die Sünde und den *maʿal* Manasses als das Bauen von Opferhöhen und das Aufrichten von Ascheren und *pesîlîm*. 2 Chr 36, 14 geht es wieder um die Heiligkeit des Tempels: die Priester begingen *maʿal* entsprechend all den Greueln der Heiden und verunreinigten (*ṭmʾ pi*) das Haus JHWHs, das er geheiligt hatte (*hiph*).

Im Esrabuch werden mehrmals die Ehen mit fremden Frauen als *maʿal* bezeichnet: sie stellen eine Untreue gegen JHWH dar (Esr 9, 2. 4; 10, 2. 6. 10; vgl. Neh 13, 28).

Num 31, 16 erwähnt ganz kurz den Baʿalsdienst als *maʿal* – also wieder Götzendienst als Treubruch. Neh 1, 8 und Dan 9, 7 sind dagegen ganz allgemein.

3. Ein Sonderfall liegt Hi 21, 34 vor. Hiob sagt zu seinen Freunden: „Wie wollt ihr mich also mit Nichtigem (*hæḇæl*) trösten? Eure Antworten bleiben *maʿal*." Hier ist offenbar nicht von Treulosigkeit gegen Gott die Rede, sondern von einer trügerischen Deutung der Tatsachen, die nicht der Wirklichkeit entspricht. In Spr 16, 10 bezeichnet *māʿal* einen Fehler in der Rechtsprechung: der König spricht das richtige Urteil und trügt nicht, da er sein Amt durch göttliche Autorität ausübt (vgl. LXX πλανάω 'sich irren').

V. In Qumran ist *maʿal* einfach zu einem der vielen Ausdrücke für Sünde geworden. Gegenstand des *māʿal* kann die Thora sein (CD 9, 16f.) – oder der Mitmensch (wörtl. „Fleisch" wie Jes 58, 7: CD 7, 1). Gott zu verlassen (*ʿāzaḇ*) ist *maʿal* (CD 1, 3, vgl. Ez 39, 23 und Lev 26, 40). Oft begegnen Zusammenstellungen wie „Sündenschuld und Treubruchsünde" (*ʾašmaṯ pæšaʿ ûmaʿal ḥaṭṭāʾṯ*, 1 QS 9, 4), „Greuel der Unreinheit (*niddāh*) und Schuld der Treulosigkeit" (*ʾašmaṯ maʿal*, 1 QH 11, 11). *maʿal* und *pæšaʿ* stehen zusammen in 1 QS 10, 23, *maʿal* und *ʾašmāh* 1 QH 4, 30. 34. Offensichtlich wird kein wesentlicher Unterschied zwischen den verschiedenen Ausdrücken für Sünde empfunden.

Ringgren

מַעֲלָל *maʿalāl* → עלל *ʿll*

מַעֲשֶׂה *maʿaśæh* → עשה *ʿāśāh*

מֹץ *moṣ*

1. Etymologie, Belege – 2. Verwendung.

1. *moṣ* 'Spreu' ist ein Primärnomen, das seine etymologische Entsprechung in arab. *mauṣ* 'Stroh' hat. Im AT ist es 8mal belegt, immer in poetischen Texten mit bildlicher Verwendung. – LXX übersetzt es meist mit χνοῦς, vereinzelt ἄνθος und κονιορτός (Staub).

2. Das Bild rührt vom Verfahren beim Dreschen her. Nach dem Dreschen mit dem Dreschschlitten (→ דוש *dûš*) wurde das Getreide auf der Tenne geworfelt, wobei der Wind die Spreu wegführte und das Korn zu Boden fiel (vgl. AuS III 126–139).

Die ausführlichste Verwendung des Bildes findet sich bei DtJes, Jes 41, 15f.: „Siehe, ich mache dich zum Dreschschlitten ... Berge sollst du dreschen und zermahlen und Hügel zur Spreu machen, sollst sie worfeln, der Wind trägt sie fort, und Sturmwind jagt sie weg." Die Objekte „Berge" und „Hügel" passen eigentlich nicht zum Bild, das sonst zum Vernichten der Feinde gebraucht wird. Wahrscheinlich sind die Berge und Hügel dieselben wie in 40, 4, also die Hindernisse, die der Heimkehr der Exulanten im Wege stehen. Diese sollen also wie Spreu im Wind verschwinden.

Von der Vernichtung der Feinde reden dagegen Jes 17, 13 und 29, 5. An der ersteren Stelle wird der Völkersturm gegen Zion geschildert; wenn aber Gott eingreift, bricht er zusammen: „Er schilt darein, da flieht es fernhin, wie Spreu der Berge vom Winde gejagt, wie Distelräder vom Sturm." Auch an der letzteren Stelle ist vom Feindesangriff auf Zion und dessen Abwehr die Rede: „Dann wird der Schwarm der Fremden wie feiner Staub, der Schwarm der Tyrannen wie fliegende Spreu." Jeder Angriff auf Zion wird scheitern, die Feinde werden dahinfliegen wie Spreu auf der Tenne, wenn JHWH zum Schutz seiner heiligen Stadt eingreift.

Hos 13, 3 mischt das Bild von der Spreu mit anderen Bildern, um das Gericht über Israel zu schildern: „Darum sollen sie werden wie eine Morgenwolke und wie der Tau, der früh vergeht, wie Spreu von der Tenne verweht, wie Rauch aus dem Fenster." Alle Bilder veranschaulichen das schnelle Verschwinden (wenn nicht „Morgenwolke" und „Tau" Glosse aus 6, 4 sind, vgl. Weiser, ATD 24 z. St.).

In Zeph 2, 2 ist der Text vielleicht nicht in Ordnung. Der Vergleichspunkt ist jedenfalls die Schnelligkeit, mit der die Spreu dahinfährt. G. Gerleman, Zephanja, Lund 1942, 26, übersetzt den MT: „kommt ein Tag wie Spreu gefahren" – sonst ändert man den Text, wie z. B. Elliger, ATD 25 z. St.: „bevor ihr dahintreibt wie fahrende Spreu", was natürlich besser zum gewöhnlichen Gebrauch des Bildes paßt.

Ps 1, 4 ist eindeutig: die Gottlosen sind wie Spreu, die der Wind wegführt (vgl. AuS III 126–139) – sie haben keinen Bestand, sondern vergehen schnell. Ähnlich wünscht Ps 35, 5 den Feinden des Beters: „Mögen sie wie Spreu vor dem Wind sein, der Engel JHWHs stoße sie" (vgl. v. 6 „Möge ihr Weg finster und schlüpfrig sein, der Engel JHWHs jage sie") – sie sollen ihre rechtmäßige Strafe erhalten.

Derselbe Grundsatz liegt auch hinter Hi 21, 18, wo in Frage gestellt wird, ob er tatsächlich zutrifft: „(Wie oft) werden sie (die Gottlosen) wie Staub vor dem Winde, wie Spreu vom Sturmwind fortgeweht?" Die erwartete Antwort ist: es geschieht selten.

Ringgren

מָצָא *māṣā'*

I. Zu Herleitung, Bedeutung und Vorkommen – II. Finden als Ergebnis des Suchens – III. 'Gnade finden in den Augen einer Person' – IV. Finden im Sinne von 'jemandem begegnen', 'jemanden treffen' – V. *mṣ'* (*niph*) 'angetroffen, ertappt, ergriffen werden' – VI. *mṣ'* (*qal* und *niph*) 'anwesend, vorhanden sein', 'sich befinden' – VII. *mṣ'* 'befinden', 'beurteilen' – VIII. Finden als 'Treffen' im nichtpersonalen Sinne – IX. Gott suchen und finden – X. Die Erwählung Israels als 'Fundvorgang' Gottes – XI. JHWH als Subjekt von *mṣ'* – XII. *mṣ'* *hiph* – XIII. *mṣ'* in unterschiedlichen Redewendungen – XIV. Verschiedenes – XV. Anhang – 1. Biblisch-aramäisches *mṭ'* bei Daniel – 2. *mṣ'* in den Qumrantexten.

Lit.: *A. R. Ceresko*, The Function of *Antanaclesis* (*mṣ'* "to find" || *mṣ'* "to reach, overtake, grasp") in Hebrew Poetry, Especially in the Book of Qoheleth (CBQ 44, 1982, 551–568). – *J. Eaton*, Some Misunderstood Hebrew Words for God's Self-Revelation (The Bible Translator 1974, 331–338). – *G. Gerleman*, מצא *mṣ'* finden (THAT I 922–925). – *M. Z. Kaddari*, Syntactic Presentation of a Biblical Hebrew Verb (*mṣ'*) (in: G. Sarfatti, Studies in Hebrew and Semitic Languages, Ramat-Gan 1980, 18–25 und LVI). – *R. Kümpel*, Die Berufung Israels. Ein Beitrag zur Theologie Hoseas. (Diss. masch. Bonn 1973), bes. 18–32. – *H. Preisker*, εὑρίσκω (ThWNT II 767 f.).

Die at.liche Begrifflichkeit, die sich in Formen von *mṣ'* artikuliert, bedient sich darin einer allgemein semit. Wurzel, die so oder ähnlich in fast allen älteren und jüngeren semit. Sprachen vorkommt. Im Ugarit. *mġj*, *mṣ'*, *mz'* (WUS[3] Nr. 1627. 1634. 1649; UT Nr. 1520, 1524; vgl. M. Dahood, Festschr. Gruenthaner, New York 1962, 57, bes. zu Hi 11, 7ab) 'kommen, zu jdm. kommen oder an etwas hingelangen, an etwas reichen', Altsüdarab. *mṭ'*, *mz'* 'ankommen', Arab. *mṣj* 'weggehen', Aram., Bibl.-Aram. *mṭ'*, *mṭj* 'kommen, treffen, hingelangen, reichen bis an' funktioniert ein Bewegungselement, das auch dem hebr. *mṣ'* innewohnt. Dasselbe gilt für das MHebr., Jüd.-Aram., Ägypt.-Aram. (DISO 164; vgl. J. Blau, Isr OrSt 2, 1972, 67–72), Palmyren., Mand., Äthiop., Tigre und Amhar. Akk. *maṣû* 'genügen, ausreichen' (AHw 621b) gehört wohl als Zustandsverbum nicht mit dem trans. hebr. *māṣā'* zusammen. Eine mit Ausnahme des Akk. überall anzutreffende Bedeutung ist 'finden' (vgl. KBL[3] 585).

Dieses deutsche Äquivalent 'finden' stellt die Hauptbedeutung des bibl.-hebr. *mṣ'* dar, aus der sich leicht die Vielzahl der im AT anzutreffenden Bedeutungserweiterungen ableiten lassen. Das erwähnte Bewegungselement geht dem Tatbestand des Findens voraus und ist insofern immer implizit mitgemeint. Daß es gelegentlich eine stärkere Akzentuierung erhält, ist ein sekundärer Vorgang, von dem man häufig genug auf die ursprüngliche Bedeutung zurückkommen kann. Finden ist sowohl Ergebnis eines bewußten Sich-Bemühens oder absichtlichen Bestrebens, in sehr vielen Fällen eines Suchens, als auch Widerfahrnis einer absichtslosen Begegnung, eines zufälligen Auffindens oder Antreffens. 'Suchen', wofür im Kontext von *mṣ'* in der Mehrzahl der Belege → בקש *bqš pi* und weniger oft → דרש *drš* verwendet werden (zuweilen auch ein Verb des Hoffens oder Erwartens → קוה *qwh pi*), sollte nicht als Oppositionsbegriff, sondern vielmehr als Entsprechungsbegriff oder Komplementärbegriff bezeichnet werden. Opposition ist eigentlich 'verlieren', 'verloren gegangen sein', 'verbergen' und 'verborgen sein'. Auch das an zweiter Stelle genannte Bedeutungsfeld von 'finden' im Sinne der Absichtslosigkeit setzt ein Aktions- bzw. Bewegungselement voraus.

Im AT begegnen 449 Belege von *mṣ’* (gezählt nach Lisowsky, Konkordanz, 462 nach KBL[3], 454 nach THAT I, 455 nach Even-Shoshan). Das AT kennt nur Verbformen in den Stammesmodifikationen *qal* (302), *niph* (140) und *hiph* (7). Die Streuung des Vorkommens im AT ist breit, Belege finden sich in fast jedem at.lichen Buch (ausgenommen sind Jo, Ob, Nah, Hag). Selbst im hebr. Teil von Dan ist *mṣ’* bezeugt (4mal), während sich das bibl.-aram. *mṭ’* bei Dan 8mal findet. Eine gewisse Konzentration der Fundstellen läßt sich in den erzählenden Texten beobachten (z. B. Gen 56mal; 1+2 Sam 38mal; 1+2 Kön 41mal; 1+2 Chr 38mal) sowie in der Weisheitsliteratur (Spr 25mal; Pred 17mal; Hi 19mal; HL 9mal). Erstaunlich wenig Belege sind in den prophetischen Texten vorhanden (noch am häufigsten bei Jer 26mal, allerdings gibt es dort weite erzählerische Passagen). *mṣ’* ist ein allgemein gebrauchter Terminus, der sowohl in theologischen als auch in profanen Zusammenhängen angewendet wird. Ein Spezifikum seines Gebrauches ist nicht erkennbar. Aufgrund des jeweiligen Sinnzusammenhangs ist eine breite Skala von Bedeutungen erschließbar, deren Rückbeziehung auf das Äquivalent ‘finden’ meistens ohne Schwierigkeiten vorzunehmen ist. Dem entspricht die Beobachtung, daß die LXX die überwiegende Mehrzahl der *mṣ’*-Stellen mit εὑρίσκειν übersetzt. Freilich begegnet man darüber hinaus noch zahlreichen weiteren Äquivalenten (vgl. Preisker). Auch in den Qumran-Texten ist *mṣ’* vorhanden, bis jetzt an ca. 35 Stellen (*qal* und *niph*).

II. Den Sachzusammenhang von Verlorengehen bzw. Verlorengegangensein, dem Aufbruch zum Suchen und dem Finden (bzw. Nichtfinden) zeichnet sehr anschaulich die Geschichte von Sauls Königswerdung in 1 Sam 9, 1 – 10, 16 nach. Dem Vater Sauls, Kisch, gehen Eselinnen verloren (9, 3 *watto’badnāh*). Er fordert daraufhin den Sohn dazu auf, mit Hilfe eines Knechtes suchen zu gehen (*w*^{e}*qûm lek baqqeš*, v. 3), woraufhin die beiden weite Landstriche durchstreifen, aber das Gesuchte nicht finden (*w*^{e}*lo’ māṣā’û*, v. 4). Das dem Finden voraufgehende Bewegungselement ist verbal ausgewiesen. Diese Geschichte veranschaulicht, wie Saul mit dem ‘Königmacher’ Samuel ‘zusammentrifft’ (wiederum mit *mṣ’* umschrieben, s. u. IV.). Daß sich die Eselinnen dann doch gefunden haben, wird im Verlauf der Erzählung wiederholt festgestellt (1 Sam 9, 20 *kî nimṣā’û*, vgl. 10, 2. 16), ein Motiv, das wie ein roter Faden im Erzählgewebe durchgehalten wird. Nach einer anderen Berichtsversion über die Königserhebung Sauls wird der zu Erhebende in Mizpa durch das Losorakel ermittelt, gesucht, aber nicht gefunden (1 Sam 10, 21, *mṣ’ niph*). Auch sonst werden im AT des öfteren Personen durch andere gesucht und gefunden oder nicht gefunden, wie z. B. die Kundschafter durch ihre Verfolger in Jos 2, 22, die Söhne der beiden Davidpriester durch die Häscher Absaloms (2 Sam 17, 20), ein junges Mädchen für David, die Abisag von Sunem (1 Kön 1, 3, wie hier so auch vorher immer mit *bqš pi* und *mṣ’ qal*), der Elia (im Auftrag des Ahab) durch Obadja (1 Kön 18, 10. 12), der entrückte Elia durch die Angehörigen der Prophetenzunft (2 Kön 2, 17), der Geliebte durch die Liebende (HL 3, 1. 2. 4; 5, 6, wobei das Suchen durch Rufen [*qr’*] und das Finden durch Antworten [*‘nh*] mit umschrieben werden kann). Selbstverständlich können neben Personen auch Sachen Gegenstand des Suchens und Findens sein, z. B. in der Josephsgeschichte der im ‘Gepäck’ der Brüder verborgene Becher (Gen 44, 12, für ‘suchen’ *ḥpś pi*, vgl. den Kontext) und im Sagenkranz der Jakobsgeschichten die von Rahel dem Laban weggenommenen und versteckten *t*^{e}*rāpîm* (Gen 31, 32–35, in v. 35 wieder *ḥpś pi* für ‘suchen’). Die Hure sucht und findet ihren Buhlen und auch den Weg zu ihm, wenn JHWH nicht beides verhindert, wie im Falle des ehebrecherischen Israel (Hos 2, 8 f.). In all den genannten Beispielen (für viele andere Belege) ist *mṣ’* ein Allerweltswort, das auf viele Objekte bezogen sein kann.

Die Bildfigur des Suchens und Nichtfindens kann zu einer sprichwörtlichen Rede dafür werden, daß eine vorhandene drohende Gefahr nicht mehr besteht bzw. durch Gott beseitigt ist. Das ist die Heilsvorstellung von DtJes (Jes 41, 12), nach welcher Gegner und Bestreiter des erwählten Gottesvolkes zuschanden (*bôš*) und wie nichts (*k*^{e}*’ajin*) werden, *t*^{e}*baqq*^{e}*šem w*^{e}*lo’ timṣā’em* (vgl. den Kontext), „du wirst sie aufsuchen und nicht (mehr) finden (können)“. In der Weisheitsliteratur gilt der *rāšā‘* trotz alles wahrnehmbaren Wohlergehens letztlich als nicht beständig, vielmehr als dem Untergang geweiht – „man wird ihn nicht finden können“ (Hi 20, 8; vgl. Ps 1, 5).

Gesuchtes und dann zu Findendes kann eine Fülle sehr verschiedener Abstracta sein, so etwa die *m*^{e}*nûḥāh*, die die beiden verwitweten Schwiegertöchter der Noomi im Hause der Männer, die sie heiraten werden, suchen und finden sollen (Ruth 1, 9; im Blick auf 3, 1 ist die Schwiegermutter bei der Suche behilflich). Möglicherweise meint HL 8, 10 das gleiche, wenn dort die endliche Vereinigung der Liebenden als das „Finden von *šālôm*“ durch die Braut beschrieben wird. „Ruhe finden“ im theologisch gefüllten Sinne werden nach Jer 6, 16 solche, die nach den bewährten Wegen zum Guten hin fragen (*lintibôt ‘ôlām ’ê-zæh dæræk haṭṭôb*) und darauf wandeln. Im Fragen, Nachschauen nach dem guten Weg, im Betreten desselben finden die von Jer Angesprochenen *margôa‘ l*^{e}*napš*^{e}*kæm* (*miṣ’û* als letzter Imperativ in einer Kette von Imperativen, eigentlich: „und findet Ruhe für euch!“, Jer 6, 16). In dem Trostwort für Baruch wird dessen Klage darüber aufgenommen, daß er, Baruch, in der bedrückenden Gegenwart keine Ruhe (*m*^{e}*nûḥāh*) zu finden vermag (Jer 45, 3). Was für Baruch als einzelnen beklagt worden ist, beklagen die Klagelieder für das deportierte Juda (Kl 1, 3). ‘Ruhe’ wird manchmal dinglich als ‘Ruheplatz’ verstanden, der gefunden oder nicht gefunden wird. Die

außerhalb der Arche herumflatternde Taube findet für sich keinen *mānôaḥ* (Gen 8, 9 J). Dagegen wird in dem Strafgericht über Edom in den zerstörten Burgen und Palästen der weibliche nächtliche Dämon Lilit einen *mānôaḥ* finden (dürfen) (Jes 34, 14; vgl. O. Kaiser, ATD 18 z.St.).
In der Weisheitsliteratur wird das Lob der erstrebten und gefundenen Weisheit (*ḥŏkmāh*) und Einsicht (*t^e^bûnāh*) in verschiedenen Redefiguren gesungen (Spr 3, 13 *'ašrê 'ādām māṣā' ḥŏkmāh*). Ihren, der Weisheit Reden sich zuzuneigen und auf ihre Worte zu hören, bedeutet Leben für alle, die sie finden (4, 22; vgl. v. 21). Gerechtigkeit und Wahrheit werden den Findern von Weisheit verheißen (8, 9, vgl. den Kontext; 8, 35 spricht die Weisheit: *kî moṣe'î māṣā' ḥajjîm* [nach Q, s. BHS], s. auch v. 12+17). Weisheit eröffnet Zukunft (*'aḥ^a^rîṯ*) und Wohlergehen, aber man muß sich um sie mühen (8, 17, *šḥr pi*) und sie 'finden' (24, 14). Hiobs Freunde haben sie nach Ansicht Elihus Hiob gegenüber offenbar nicht gefunden (Hi 32, 13).
Zu den Abstracta, die als Objekte zu *mṣ'* im AT weiterhin anzutreffen sind, gehört die Lösung eines Rätsels (Ri 14, 12. 18, *ḥîdāh*), die Antwort auf eine wie auch immer gestellte Frage (Hi 32, 3, *ma'anæh*, s. auch v. 13, wo 'Antwort' mit *ḥŏkmāh* gleichgesetzt ist; vgl. Neh 5, 8, *māṣā' dāḇār* 'antworten'). Noch allgemeiner ist das Objekt *ṭôḇ*, das gefunden oder versäumt werden kann; nur der Verständige, der auf Einsicht Bedachte (*šômer t^e^bûnāh*, Spr 19, 8) findet es, der *'iqqeš-leḇ* findet es nicht, er fällt vielmehr dem Bösen anheim (Spr 17, 20). Konkreter sind die Fundobjekte dessen, der der Gerechtigkeit und Barmherzigkeit nachjagt (*rdp*), er findet seinerseits Leben (*ḥajjîm*), Gerechtigkeit und Ehre (*ṣ^e^dāqāh w^e^kāḇôḏ*, 21, 21). Der schwergewichtige Terminus *'ezær k^e^nægdô* (Gen 2, 18. 20 J) als Umschreibung für die Partnerin des Menschen, die Frau, ist Aussuch- bzw. Auswahlobjekt männlicher Begutachtung vorgefundener Verhältnisse. Unter den Tieren hat der Mensch keine „ihm entsprechende Hilfe" gefunden. Die Möglichkeit, einen solchen *'ezær* zu finden, schafft erst der eigene Schöpfungsakt JHWHs (Gen 2, 20 [+21 ff.] J). Die Untersuchung einer Verschwörung (*bqš pu*) bringt den Sachverhalt (*dāḇār*) ans Licht (Esth 2, 23, *mṣ' niph*). Die Erreichung eines Ergebnisses bei Untersuchung, Erforschung und Begutachtung wird gern mit *mṣ'* gesagt (s.u.). Das Anklageverfahren kennt offenbar die Redewendung „eine Sache (*dāḇār*) gegen jem. (*b^e^*) finden" (Hi 19, 28). Bei der starken Bildhaftigkeit im at.lichen Denken und Reden werden abstrakte Sachverhalte durch die Beschreibung konkreter Tätigkeiten zum Ausdruck gebracht. So stellt der Tatbestand des Nichtfindens von Weg und Wohnstatt den Sachverhalt des Umherirrens dar (Ps 107, 4). Ein Widder, der keine Weide findet und trotzdem weitergetrieben wird, ist Bildwirklichkeit für Mattigkeit und Elend (Kl 1, 6). Das Elend (altdeutsch = Ausland) der babylonischen Katastrophe besteht für Jerusalem in der Deportation des Königs und seiner Beamten dorthin, wo das Gesetz nicht eingehalten werden kann und Propheten zu keinem *ḥāzôn* finden (Kl 2, 9).

III. Die Redewendung „Gnade oder Gunst finden (*māṣā' ḥen*) in den Augen einer Person (*b^e^'ênê* NN)" begegnet im AT 43mal. Sie ist besonders stark in erzählerischen Zusammenhängen vertreten, bis auf Jer 31, 2 nicht in den Traditionen der Prophetenbücher, u.a. auch nicht in den Psalmen, im Hiobbuch, kaum in der Weisheitsliteratur. Wie die Belege aus dem Estherbuch (5, 8; 7, 3; 8, 5; vgl. die Parallelformulierung mit *nś' ḥen b^e^'ênê* in 5, 2), aus der Josephsgeschichte (Gen 39, 4; 50, 4), in der Aufstiegssowie der Thronfolgegeschichte Davids (s. das Verhältnis Davids zu Saul und Jonathan, 1 Sam 16, 22; 20, 3. 29; zu dem Philisterkönig Achis von Gath, 27, 5; Joabs Verhältnis zu David, 2 Sam 14, 22, vgl. 2 Sam 16, 4) u.a. zeigen, entstammt diese Redewendung offenbar dem höfischen Stil. Sie ist auch übertragen auf das Verhältnis zwischen Mann und Frau, wobei gemäß den soziologischen Bedingtheiten der vorderorientalischen Antike die Frau „in den Augen des Mannes Gnade bzw. Gunst zu finden" hat (Ruth 2, 2. 10. 13, in der Leviratsehe; Deut 24, 1, im Ehescheidungsverfahren, wo der Scheidebrief geschrieben und ausgehändigt werden darf, wenn u.a. die Frau *lo' timṣā' ḥen b^e^'ênājw*). Es ist deutlich, daß diese Redefigur bei der Begegnung zweier ungleicher Partner Verwendung findet. Der sozial-soziologisch Tieferstehende muß die Gunst in den Augen des Höherstehenden, des Übergeordneten 'finden'. Ein solches Ungleich-Verhältnis kann auch zeitweilig eintreten oder durch Selbstminderung bzw. Unterwerfung zustandekommen. Als Beispiel dafür sei verwiesen auf das Verhältnis zwischen Jakob und Esau, bei deren Begegnung sich Jakob (aus den bekannten erzählten Gründen) dem Esau unterwirft (Gen 32, 6; 33, 8. 10. 15). Darüber hinaus ist es zur Höflichkeitsformel „verblaßt", vor allem dann, wenn ein Bittsteller demjenigen gegenübersteht, von dem er etwas erbittet (Laban vor Jakob, Gen 30, 27; Sichem vor Jakob und dessen Söhnen, den Brüdern der von ihm begehrten Dinah, Gen 34, 11; Jakob vor Joseph, Gen 47, 29; die Gefolgsleute Davids vor Nabal, 1 Sam 25, 8). Das scheint überhaupt ein zu der durch die Redewendung vermeinten Sache dazugehöriges Element zu sein, daß dem 'Gnade-finden' vor den Augen eines tatsächlichen oder z. Z. Höhergestellten eine Bitte an den Übergeordneten gerichtet wird – höhergestellt im Sinne der potentiellen Fähigkeit, einem Begehren entsprechen zu können. Es gibt allerdings auch einzelne Fälle, wo die Gunstbezeigung eines „Höhergestellten" einfach durch die Feststellung begründet wird, daß der Begünstigte in den Augen des Begünstigenden „Gnade gefunden" habe, ohne daß ersterer an letzteren eine Bitte gerichtet hätte (1 Sam 16, 22, David wird an den Hof Sauls geholt; vgl. 1 Kön 11, 19). Dieser Vorstellungsbereich findet auch Anwendung im Verhältnis des

Menschen vor Gott, wobei dieses Verhältnis ein unumkehrbares ist. Der Mensch erlangt, erstrebt oder erhält Gunst in den Augen Gottes. Das letztere wird für Noah bei JHWHs Sintflutbeschluß mitgeteilt (Gen 6, 8 J). Die Gewährung der Bitte, an ihm, Abraham, nicht vorüberzugehen, ist Gnadefinden in den Augen JHWHs (Gen 18, 3 J). Auch für Lot steht dieses Idiom im Zusammenhang mit einer Bitte (Gen 19, 19 J). Besonders häufig begegnet die Formel bei der Fürbitte Moses für sein (sündiges) Volk am Sinai (Ex 33, 12. 13. 16. 17 J), wobei auch einmal das Volk (als korporative Person), nicht nur der einzelne, als das Gegenüber zu Gott vorgestellt ist, das diese Vergünstigung erhalten soll (v. 16). Hier begegnet auch eine Reflexion darüber, wie erkannt werden kann (*bammæh jiwwāḏa'*), daß Mose wie Volk Gnade gefunden haben. Die in der rhetorischen Frage mitgegebene Antwort lautet: „wenn du, Gott, mit uns gehst, so daß wir vor allen Völkern der Erde (dadurch) ausgezeichnet sind" (Ex 34, 9). Die für Mose beschwerliche Last des in der Wüste murrenden Volkes ist für ihn Ausweis dafür, daß er in JHWHs Augen nicht 'Gnade gefunden' habe (Num 11, 11. 15 J). *māṣā' ḥen* bei Gott ist nicht eine abstrakte Gunsterfahrung, sondern erhält eine konkrete inhaltliche Füllung durch das heilvolle Handeln Gottes an dem betreffenden Menschen oder der Menschengruppe (s. Davids Hoffnung, daß er nach Absaloms Aufstand durch JHWH wieder nach Jerusalem zurückgebracht werden und die Lade Gottes sehen wird, 2 Sam 15, 25). Das dem Schwert in die Wüste entronnene Volk findet nach der Heilsvorstellung von Jer 31, 2 den *ḥen* der Ruhe. Auch der theologische Gebrauch der Formel läßt sich leicht auf den höfischen Hintergrund der Redewendung zurückführen. Es fällt auf, daß *māṣā' ḥen* in der jahwistischen Schicht des Pentateuchs häufig vertreten ist. Ganz abgeblaßt und allgemein wird die Wortgruppe in den wenigen Beispielen der Weisheitsliteratur verwendet. Bestimmtes, von der Weisheit empfohlenes Wohlverhalten fördert die Gunstgewinnung bei Gott und Menschen (Spr 3, 4; 28, 23) → חנן *ḥnn*.

IV. Selbstverständlich ist diese Bedeutungsnuance sehr gut von dem eigentlichen Äquivalent 'finden' her zu verstehen. Umstände und Sinnzusammenhang, wie sie in den Belegstellen gezeichnet werden, lassen allerdings geraten sein, gelegentlich eine treffendere Übersetzung von *mṣ'* zu finden. Absichtsvolles Finden eines anderen Menschen kann auch mit 'Aufsuchen' wiedergegeben werden, so vielleicht die Begegnung des Engels mit Hagar in der Wüste am Brunnen (Gen 16, 7 E). Das gleiche mag für die bewußte und herbeigeführte Begegnung Elias mit Elisa gelten (1 Kön 19, 19), wobei auch das deutsche 'antreffen' passen würde. Elia wird von Gott zu Ahab gesandt und 'sucht' diesen in Naboths Weinberg 'auf' (1 Kön 21, 20). Bewußtes Treffen eines anderen Menschen geschieht durchaus auch im feindlichen Sinne. Der von seiner Ackerscholle vertriebene Kain klagt darüber, daß seine Existenz nunmehr von jedwedem, der auf ihn trifft (der ihm begegnet), gefährdet sei (Gen 4, 14. 15 J, *kŏl-moṣ^e'î jahar̄genî*). Das bezieht sich zunächst auf den zu erwartenden Bluträcher aus der Familie des Erschlagenen, ist hier aber bewußt geöffnet auf Kennzeichnung der totalen Schutzlosigkeit des Ausgestoßenen, der jedem potentiellen Feind gegenüber wehrlos ist. Die gleiche Wortwendung ist noch einmal rückblickend auf das z. Z. Nebukadnezars geschlagene Gottesvolk verwendet worden: „alle, die ihnen (feindlich) begegneten, fraßen sie" (Jer 50, 7, *kŏl-môṣ^e'êhæm '^{a}ḵālûm*). Bei der Landnahme des Stammesverbandes Juda stoßen die „Judäer" auf Adoni-Beseq (*wajjimṣ^e'û*) und bekriegen ihn (Ri 1, 5). Der chr. Bericht über eine Schlacht des Königs Josaphat gegen die Ammoniter und Moabiter verwendet *mṣ'* im feindlichen Sinne (2 Chr 20, 16); das gleiche gilt von Jehus Kampf gegen judäische Kollaborateure des Ahab (2 Chr 22, 8; die dtr Version, 2 Kön 10, 13, spricht nur von einem zufälligen Treffen Jehus auf die Judäer). Saul ist darüber erstaunt, daß David seinen Feind, nämlich ihn, trifft und trotzdem schont (1 Sam 24, 20, *w^{e}ḵî jimṣā' 'îš 'æṯ-'oj^{e}ḇô w^{e}šill^{e}ḥô b^{e}dæræḵ ṭôḇāh*). Sicherlich kann auch das unabsichtliche Treffen auf eine personale Größe letztlich mit 'Finden' übersetzt werden, es legt sich aber die deutsche Vokabel 'treffen' nahe, so z. B. für den Troß des Jakob, der für den Fall, daß er auf Esau trifft, von Jakob darüber instruiert wird, wie er sich Esau gegenüber verhalten soll (Gen 32, 20), oder für den am Sabbattage in der Einöde Holz sammelnden Mann, den die Israeliten antreffen und aufgreifen (Num 15, 32. 33), wie schließlich auch für den von den Söldnern Davids im Negev aufgefundenen und ergriffenen ägyptischen Knecht eines Amalekiters nach dem amalekitischen Überfall auf Ziklag (1 Sam 30, 11). Ob das Zusammentreffen Jehus mit Jonadab ben Rekab zufällig geschehen ist, ist schwer zu sagen. Die Formulierung in 2 Kön 10, 15 läßt diese Version zumindest zu. Dieselbe Unsicherheit besteht in dem Bericht über die Designation des Jerobeam durch Ahia von Silo, der den Jerobeam außerhalb der Stadt auf dem Wege (zufällig?) trifft und an ihm die symbolische Handlung vornimmt (1 Kön 11, 29). Man kann aber auch annehmen, daß Ahia dem Jerobeam aufgelauert und ihn abgepaßt hat (*wajjimṣā' 'oṯô ... baddæræḵ*). Dieses Beispiel leitet über zu einer Gruppe von Belegen, in welchen *mṣ'* im Sinne einer absichtsvollen positiven oder neutralen Begegnung mit einem anderen Menschen gebraucht wird. Als Saul und sein Knecht auf der Suche nach dem Hellseher Samuel, der den Verbleib der verlorengegangenen Eselinnen ansagen soll, zufällig auf die Mädchen stoßen, die die Stadt zum Wasserschöpfen gerade verlassen, raten diese den Nachfragenden dazu, in die Stadt hinaufzusteigen, um den *ro'æh* zu treffen (1 Sam 9, 11. 13). Unter den die Designation Sauls durch Samuel vergewissernden Zeichen sind auch Zusammentreffen genannt. Einmal wird Saul selber auf zwei Männer beim Grabe Rahels treffen, zum anderen werden ihm bei der Tabor-Eiche drei Männer begegnen, die gerade mit Opfergaben nach Bethel ziehen (1 Sam 10, 2. 3). Joram von Israel und Ahasja von Juda gehen Jehu entgegen, um ihn zu treffen und um dabei Aufschluß darüber zu erhalten, was sein Kommen bedeute (2 Kön 9, 21).

V. Im kasuistischen Recht findet *mṣʾ niph* im Sinne des Ergriffen- oder Ertapptwerdens Verwendung. Im Bundesbuch wird das *niph* zur Beschreibung des Ertappens, Feststellens und Ergreifens eines Diebes genutzt (Ex 22, 1. 6. 7; nach der deut. Version des Menschenraubdelikts wird *mṣʾ niph* für die Ergreifung des Diebes gebraucht, in der Rezension des Bundesbuches für die Auffindung des Gestohlenen beim Dieb, Deut 24, 7; Ex 21, 16). Jeremia verweist in einer seiner Unheilsandrohungen auf die Schande des ergriffenen und entlarvten Diebes (2, 26; vgl. 48, 27). Nach Spr 6, 31 ist Ehebruch schlimmer als Diebstahl. Der ertappte Dieb kann immer noch wiedergutmachen (siebenfältige Rückerstattung), der Ehebrecher nicht. Sehr detaillierte Regelungen sieht das Deut im Eherecht vor. Auch hier wird von dem 'ergriffenen' (überführten, festgestellten, mit *mṣʾ niph* umschrieben) Ehebrecher ausgegangen (Deut 22, 22). Der Mann, dessen Beischlaf mit einer Unverlobten 'bekannt' geworden (gefunden worden) ist (v. 28, selbst das Sich-einlassen mit dem Mädchen wird mit *mṣʾ qal* beschrieben), hat den üblichen Brautpreis zu zahlen und das Mädchen zu heiraten. Er darf sie lebenslang nicht entlassen. Die Redewendung 'entdeckt werden', 'angetroffen werden' findet sich auch außerhalb von Rechtsvorschriften, etwa in der Erzählung von den fünf kanaanäischen Königen, die sich in der Höhle Makkeda vor dem siegreichen Josua und seinem israelitischen Heer versteckt hatten und die entdeckt worden waren (Jos 10, 17, *nimṣ^{e}ʾû*). So entdeckt auch JHWH nach einer jeremianischen Unheilsbegründung in seinem Volke *r^{e}šāʿîm* (5, 26), nach einem anderen Spruch als Ausdruck verbrecherischen Handelns der Volksangehörigen selber das Blut unschuldiger armer Menschen (an den Händen, 2, 34, vielleicht doch mit LXX und Syr. statt *biḵnāpajiḵ b^{e}ḵappajiḵ*, s. BHS). Weiterhin deckt er *qæšær* auf beim judäischen Mann und dem Einwohner von Jerusalem (Jer 11, 9). Dieser Beleg gehört zur dtr Predigt, die allerdings im Anschluß an jeremianische Verkündigung und in Aufnahme prophetischer Redeformen mit den vv. 9 + 10 das nachher angesagte Unheil (v. 11) begründet. In dem großen umfangreichen differenzierten Orakel gegen Babel findet sich ein Satz, in welchem festgestellt wird, daß es auch die einstige Weltmacht 'erwischen' wird, daß auch sie eines Tages 'gegriffen' und zerbrochen werden wird (Jer 50, 24, vgl. v. 23, *nimṣeʾṯ*, Parallelbegriff ist *tpś niph*).

VI. Um das Vorhanden- oder Anwesendsein, das Sich-befinden einer Person, Sache oder Abstraktion an einem bestimmten Ort oder in einer Situation zum Ausdruck zu bringen, wird häufig das Verbum *mṣʾ niph* gebraucht. Für *qal* gibt es nur ganz wenige Beispiele. Man kann darüber im Zweifel sein, ob Jos 2, 23 dazugehört. Die von Josua ausgesandten Kundschafter kehren zurück und berichten über alles, was vorhanden war (*ʾeṯ kŏl-hammoṣ^{e}ʾôṯ ʾôṯām*, *mṣʾ* hat dabei noch eine starke verbale Rektion und *kol* ist Subjekt, eigentlich: „was ihnen begegnet war", „was auf sie traf"). Eindeutiger ist in Ez 3, 1 die Aufforderung JHWHs an Ezechiel: „was du findest, iß!" (*ʾeṯ ʾ^{a}šær timṣāʾ ʾ^{æ}ḵôl*). Die *qal*-Belege vermehren sich, wenn man die Redewendung berücksichtigt, bei welcher *jāḏ^{e}ḵā* (deine Hand) Subjekt einer Form von *mṣʾ* ist. Diese Redefigur drückt die Freigabe eines (frei zu entscheidenden) Tuns aus. Abimelek soll die aufrührerische Stadt Sichem aus dem Hinterhalt heraus überfallen und mit den aus der Stadt heraustretenden Gegnern tun, „wie deine Hand es findet" (Ri 9, 33). Dasselbe wird dem designierten Saul von Samuel gesagt: wenn alle vergewissernden Zeichen eingetroffen sein werden, dann solle er für sich tun, *ʾ^{a}šær timṣāʾ jāḏæḵā* (1 Sam 10, 7). Nach der Weisheit des Pred (9, 10, vgl. v. 9) soll man den Freiraum des Lebens zum tatkräftigen Tun ausnutzen, im Tode sei dies nicht mehr möglich. Freigebigkeit in einem dieser Redewendung angenäherten Sinne verlangt David von Nabal, wobei noch der eigentliche, ursprüngliche Sinn des Idioms durchschimmert (1 Sam 25, 8, sinngemäß: gib freiwillig, so viel du willst, bzw. „was deine Hand findet").

Ungleich häufiger, dann aber entsprechend allgemeiner ist der Gebrauch von *mṣʾ niph* im Sinne von 'sich befinden'. Es befinden sich Personen in einer Stadt oder bei einem Heerführer (bzw. König), d. h. sie sind an diesem Ort oder bei dieser Person anwesend, so z. B. die Frau und die Töchter Lots bei Lot (Gen 19, 15 J, *hannimṣāʾôṯ*), und Saul mustert das (Kriegs-) Volk, das sich bei ihm (*ʿimmô*) befand, und er und Jonathan *w^{e}hāʿām hannimṣāʾ ʿimmām* verblieben im benjaminitischen Gibea (1 Sam 13, 15. 16). Bei dem Aufstand Ismaels gegen Gedalja werden zehn der in Mizpa anwesenden achtzig Pilger aus dem Norden verschont, da sie Lebensmittel verschaffen können (Jer 41, 8). Im Schloß zu Susa befindet sich beim Festmahl des persischen Königs allerlei Volk (Esth 1, 5). Und Mardochai soll alle Juden, die in Susa anwesend sind, zu Gebet und Fasten für Esther versammeln, damit diese beim persischen König zugunsten der Juden ihre Mission erfülle (4, 16). So läßt sich eine größere Anzahl von Stellen benennen, in denen die Anwesenheit oder Mitanwesenheit von Personen bei einer bestimmten konkreten Gelegenheit mit *mṣʾ niph* notiert wird (2 Chr 29, 29; 30, 21, Passah zur Zeit des Hiskia mit den in Jerusalem anwesenden Festteilnehmern, den Israeliten; 34, 32f., der josianische Bund, in den Josia die in Jerusalem und Benjamin Anwesenden treten ließ, *kŏl-hannimṣāʾ*; 35, 7. 17. 18 Anwesenheit beim josianischen Passah; Esr 8, 25). Besonders bei Krieg und Unglück (Ex

9, 19) werden die in dieser Region und Situation sich befindenden Betroffenen erwähnt (Deut 20, 11; Jes 13, 15; 22, 3; 37, 4; 2 Kön 25, 19; 1 Chr 4, 41). Betroffen sind oft genug nicht nur die Menschen selber, sondern auch das in der belagerten Stadt vorhandene Vieh sowie die Sachgüter, so daß summiert werden kann zu *'ad kŏl-nimṣā'* „bis zu allem, was sich (be)fand" (Ri 20, 48, bis hin zu den Städten, die sich in einer ganzen Landschaft befinden, v. 48b). Die Ägypter sollen vor der Plage des Hagelsturms gewarnt werden, damit sie die auf dem Felde befindlichen Menschen und Tiere retten und bergen können (Ex 9, 19). Auch die Rechtssprache bedient sich der Formulierung mit *jimmāṣe' b^e* + Suffix, z. B. bei Rechtsbestimmungen darüber, wie zu verfahren sei, wenn ein Übeltäter in der Rechtsgemeinde angetroffen wird (vorhanden ist, Deut 17, 2), oder bei Anweisungen dazu, darauf zu achten, daß ein bestimmter Übeltäter sich nicht unter den Israeliten befinden solle (Deut 18, 10). Propheten sprechen davon, daß JHWH in seinem Volke *r^ešā'îm* vorhanden weiß, deren verderbliches Tun beschrieben werden kann (Jer 5, 26). Das Bundesbuch bezieht in seine Rechtsvorschriften auch Sachen ein, die als Belastungsmaterial bei einem Menschen vorhanden sind und als Beweisstücke gegen ihn sprechen müssen (Ex 22, 3, der beim Dieb aufgefundene gestohlene Ochse, Esel oder das Schaf; Ex 21, 16: Menschenraub, der beim Dieb sich befindende, offenbar zum Weiterverkauf bestimmte Mensch). Beim Erbrecht wird die Erbmasse, aus welcher der Erstgeborene (auch wenn er nicht der Sohn der Lieblingsfrau ist) doppelten Anteil erhalten soll, als *kol 'ašær jimmāṣe' lô* bezeichnet (Deut 21, 17).

Ebenso häufig, allgemein und differenziert sind die Angaben über das Vorhandensein von Sachen. Das für die Bezahlung des Sehers notwendige Geld 'befindet sich' in der Hand des Knechtes von Saul (1 Sam 9, 8). Joseph nimmt das Geld entgegen, das in Ägypten und Kanaan vorhanden ist, um in der Not das von Joseph eingelagerte Getreide zu kaufen (47, 14). Nach P wurden freiwillige Sachabgaben (*t^erûmaṯ JHWH*) zur Ausstattung der Stiftshütte und ihres Gottesdienstes erhoben. Dabei wird erzählt, daß die Leute brachten, was sich bei ihnen befand (Ex 35, 22. 23; vgl. 1 Chr 29, 8; *mṣ'* mit suffig. *'eṯ*). Der vor Saul fliehende David verlangt vom Priester Achimelech zu Nob als Wegzehrung die heiligen Brote oder „was sonst vorhanden ist" (1 Sam 21, 4 *'ô hannimṣā'*). Hiskia zeigte den Babyloniern in seiner Schatzkammer und in seinem Zeughaus „alles, was dort vorhanden war" (2 Kön 20, 13; vgl. Jes 39, 2). Wegen des Eisenmonopols der Philister waren zur Zeit Sauls in ganz Israel keine Schwerter und Spieße vorhanden sowie auch kein Schmied (1 Sam 13, 19. 22).

Schließlich sind Abstracta Bezugsgegenstände von *mṣ' niph*. JHWH stellt fest, daß sich unter den Judäern und Jerusalemern Auflehnung befindet (Jer 11, 9, *nimṣā' qæšær b^e* ...), was ihn zum Einschreiten nötigt. Die Heilszeit wird dadurch gekennzeichnet sein, daß der Zion von JHWH getröstet sein wird, seine Verwüstungen wie der Garten Eden werden sollen und daß dann dort Jubel, Freude, Lob und Dank vorhanden sein werden (Jes 51, 3). Selbst die wilden, reißenden Tiere werden niemanden behelligen, sie sind dort (*šām*) nicht vorhanden (Jes 35, 9).

VII. Im AT gibt es eine Reihe von Stellen, in welcher *mṣ'* (*qal* = aktiv; *niph* = passiv) zur Kennzeichnung eines Untersuchungs- oder Prüfungsergebnisses gebraucht wird. Hier gewinnt der Terminus deklaratorische Züge. In den meisten Fällen handelt es sich dabei um die Beurteilung von Sachverhalten, Eigenschaften und ethischen Qualitäten bei Menschen; in wenigen Fällen können aber auch Sachen im Blick des Verbgebrauches stehen. So kann die Baufälligkeit (*bædæq*) des Tempels zur Zeit des Königs Joas 'befunden' werden, die dann eine Ausbesserung erforderlich macht (2 Kön 12, 6, *mṣ' niph*). Die Beschaffenheit der ammonitischen Krone, die David nach dem Ammoniterfeldzug des Joab sich auf das Haupt setzte, prüfte er auf das Goldgewicht und den Edelsteinbesatz hin. Das Ergebnis lautete: „und er fand sie an Gewicht ein Talent Gold ..." (1 Chr 20, 2, *mṣ' qal*, nach LXX möglicherweise *niph* mit Bezug auf Gewicht: „ihr Gewicht wurde befunden ..."). Eine ganze Angelegenheit wird untersucht und für sachzutreffend befunden, so die von Mardochai entdeckte und dem persischen König durch Esther bekanntgemachte Verschwörung (Esth 2, 23, *waj^ebuqqaš haddāḇār wajjimmāṣe'*).

Wie schon angedeutet ist die persönliche Verhaltensweise gegenüber anderen Menschen, gegenüber einer Gemeinschaft und schließlich auch gegenüber Gott Gegenstand der Untersuchung und Überprüfung. Der unschuldig Verfolgte weiß darum, daß Gott nichts findet, wenn er ihm Herz und Nieren prüft (Ps 17, 3, bei *bḥn*, *pqd* und *ṣrp* steht *bal timṣā'*). Es gehört zu Ideal und Wunsch eines Frommen, daß an ihm nichts Böses (*rā'āh*) gefunden (1 Sam 25, 28, *mṣ' niph* mit *b^e*), sondern daß sein Herz von Gott als treu erfunden werde, wie das Abrams in der Version von Neh 9, 8 in dem Geschichtssummarium von v. 6 an. Konkreter sind die Vorstellungen, die die Loyalität des einen zu dem anderen oder zu einer ganzen Gruppe zum Objekt des Untersuchens und Feststellens machen. Davids Loyalität gegenüber dem Philisterkönig Achis von Gath wird von letzterem kritischen Verdächtigungen gegenüber einer Heerfolge Davids gegen Saul festgestellt (1 Sam 29, 3. 6, *mṣ'* mit suffig. *b^e* = „finden an ihm", das Objekt ist v. 3 *lô' m^e'ûmāh*, v. 6 *rā'āh*, v. 8 wird das Objekt nur noch durch das Interrogativ-Pronomen *mah* [*-māṣā'ṯā b^e'aḇd^ekā*] repräsentiert, mit welchem die Frage Davids eingeleitet ist, weswegen er von der Heerfolge ausgeschlossen werden soll). Ebenso verlangt Salomo von Adoniah die vereinbarte Loyalität: *w^e'im-rā'āh ṯimmāṣe'-ḇô wāmeṯ*, verhält er sich illoyal, dann muß er sterben (1 Kön 1, 52). Diese Loyalität wird auch von Gottes Seite gegenüber dem menschlichen

(Bundes-)Partner eingehalten, z. B. in der (dtr bestimmten) Frage Gottes an sein Volk (Haus Jakob und Geschlechter des Hauses Israel), was die Väter wohl Unrechtes (*'āwæl*) an ihm (*bô*) gefunden haben mochten, daß sie sich von ihm, JHWH, entfernt hatten, um dem *hæbæl* nachzulaufen (Jer 2, 5, vgl. vv. 4–9, dtr Predigt). Die gesamte Passage dient dem Aufweis der Loyalität JHWHs seinem Volk gegenüber. Im Leichenlied auf den Sturz des Königs von Tyrus wird dieser wie der Urmensch in seiner Pracht und Schönheit im Paradies geschildert, der aus dem Paradies gestoßen wird, als *'awlā(tā)h* (Unrechtes) bei ihm gefunden wurde (Ez 28, 15). Ein Körperteil, z. B. der Mund steht als pars pro toto: Unrechtes wird an (oder in) seinen Lippen nicht festgestellt (Mal 2, 6, wo dem ungetreuen und zu verwerfenden der ideale Priester gegenübergestellt wird, vv. 4–7), oder auf das Volk der Heilszeit bezogen: „in ihrem Munde wird nicht eine Zunge des Trugs gefunden werden" (Zeph 3, 13, zusammen mit anderen positiven Verhaltensweisen). Zur Heilszeit gehört auch die Feststellung der Sündlosigkeit Israels (Jer 50, 20), weil JHWH vergeben haben wird; aber eine solche kann man sich nicht selber attestieren (Hos 12, 9: „Ephraim spricht [fälschlicherweise]: bei allen meinen Unternehmungen wird man bei mir keinen *'āwon* finden", 3. Pl. m. Imperf. *qal*, doch ist der Text unsicher, s. BHS), sie muß von außen (von Gott, z. B. durch einen Propheten, 1 Kön 14, 13, hier für eine Einzelperson, nämlich den sterbenden Sohn Jerobeams durch Ahia von Silo) festgestellt werden (*dābār ṭôb 'æl-JHWH 'ælohê jiśrā'el*; vgl. 2 Chr 19, 3: bei Josaphat (*'immekā*) werden *debārîm ṭôbîm* gefunden, weil er Gott gesucht und Ascherabilder verbrannt hat). Hiob ist von Elihu unterstellt worden, daß er sich selber für sündlos halte (Hi 33, 9) und der Meinung sei, daß Gott ihn (ungerechterweise) beschuldige (v. 10, *hen tenû'ôt 'ālaj jimṣā'*). Das direkte Gegenteil von festzustellender oder attestierter Sündlosigkeit ist der Sündenbefund, der namhaft gemacht wird in der prophetischen Unheilsbegründung (Mi 1, 13; auf Lachis bezogen, da sich in [oder an] dieser Stadt die *piš'ê-jiśrā'el* befanden, *mṣ' niph* mit *be*). – Die eherechtlichen Einzelbestimmungen von Deut 22, 13ff. berücksichtigen bei der Heirat Komplikationen, die darin bestehen könnten, daß das geheiratete Mädchen nicht mehr Jungfrau gewesen ist. Für diesen Fall werden Feststellungsverfahren angeordnet, die je nach Ausgang der Untersuchungen bei dem Mädchen für den Mann wie für die Frau entsprechende Konsequenzen haben (*mṣ'* mit suffig. *le* und als Objekt *betûlîm*, Deut 22, 14. 17. 20; zu *mṣ'* in Deut 22, 13–29 vgl. M. Fishbane, CBQ 42, 1980, 438–449). Hier werden (medizinisch) sachliche Untersuchungsbefunde mit *mṣ'* zum Ausdruck gebracht.

VIII. Nicht nur im personellen Sinne der Begegnung findet *mṣ'* Verwendung, sondern auch im materiellen Sinne. Eine Axt löst sich beim Holzschlagen vom Stiel und trifft (zufällig) einen Menschen, so daß dieser davon stirbt (Deut 19, 5, *mṣ' qal*). Der Unglückliche, der diesen Unfall unabsichtlich veranlaßte, darf in eine der drei Freistädte fliehen, um am Leben bleiben zu können. Die philistäischen Bogenschützen treffen Saul im Kampf mit Hilfe ihrer Waffe (*qæšæt*), so daß er schwer verwundet ist (1 Sam 31, 3). Als „schlagende Waffe", die den Gegner 'findet' (= trifft), ist gelegentlich die Hand erwähnt, z. B. Sauls Hand, die David treffen (schlagen) will (1 Sam 23, 17). Dem König wird (bei der Thronbesteigung) der Wunsch (in einem Heilsorakel) appliziert, daß seine Hand (seine Rechte) alle seine Feinde und Hasser 'finden', d. h. schlagen werde (Ps 21, 9). Die Redefigur ist auch auf JHWH übertragbar. So wie JHWH die Völker (mit seiner Hand) geschlagen hat, so wird er auch Jerusalem wegen des dort betriebenen Götzendienstes treffen (Jes 10, 10, die vv. 10–12 sind dtr Einschub, der den Zusammenhang der vv. 5–9 + 13–15 unterbricht und auch die logische Gedankenfolge umkehrt, s. H. Wildberger, BK X/1 z. St.). Das Bild wechselt in Jes 10, 14, wo für den Schuldaufweis Assurs dessen Völkerpolitik mit der Tätigkeit eines Nesträubers verglichen wird. Zwar trifft die Hand Jungvögel wie Eier und vernichtet sozusagen sie auf diese Weise, aber die Bildmaterie ist eine andere: Der Nesträuber nimmt das Nest aus.

'Hand' ist nicht nur Subjekt zu einem *mṣ'*-Tun Gottes oder eines Menschen, sondern ist auch Objekt. Die Redewendung „seine Hand finden", um freilich mit ihr dann losschlagen zu können, wirkt wie ein Idiom für die Beschreibung von „Kraft oder Mut gewinnen" (Ps 76, 6). Eine ganze Reihe von Negativ-Abstracta (Sing. + Pl.) ist Subjekt zu einer Form von *mṣ'*. Das gilt sowohl für den profanen als auch für den sakralen (theologischen) Bereich. Sünde, Verfehlung, Missetat, Unheil, Unglück, Bedrängnis, Mühsal, Schande, Angst u. a. gehören dazu. Die vier aussätzigen Männer, die sich nach der wundersamen Flucht der Syrer vor den Israeliten an deren Habe vergreifen und bereichern, meinen, daß dieser *'āwon* sie finden werde, wenn sie den Sachverhalt dem israelitischen König nicht vermelden (2 Kön 7, 9). *'āwon* ist nicht nur Verfehlung, sondern auch die Folge der Verfehlung, die den Täter trifft. Ähnlich verhält es sich auch bei der *ḥaṭṭā't* der ostjordanischen Stämme, die diese treffen wird, wenn sie sich nach Einnahme ihrer Landanteile nicht auch (gemeinschaftstreu) an der „Eroberung" der den anderen Stammesverbänden zugedachten Landgebiete beteiligen (Num 32, 23). Die dtr Gottesrede von Deut 31 rechnet mit dem Abfall des das Kulturland betretenden Gottesvolkes. Daraus entstehen *rā'ôt rabbôt* und *ṣārôt*, die das Volk 'finden' werden (treffen, bedrängen, v. 17. 21; vgl. Deut 4, 30, die Gerichtstaten Gottes *kŏl-haddebārîm hā'ellæh*). Das sind dann geschichtliche Bedrückungen und Bedrängnisse, wie sie Gideon dem ihn berufenden Gottesboten vorhält (Ri 6, 13, *welāmmāh meṣā'atnû kŏl-zo't*). Natürlich kann es auch ein Unglück sein, das den einzelnen betrifft, wie etwa den Jakob, dessen Lieblingssohn Benjamin nicht wieder mit den Brüdern aus Ägypten zurückkommt, weil Joseph diesen als Geisel zurückgehalten hat (Gen 44, 34, *rāʿ*). Hiob verweist in seiner Herausforderungsrede darauf, daß er sich nicht darüber gefreut hätte, wenn Unglück (*rāʿ*) seinen Hasser betroffen hatte (31, 29). Esther verwendet sich vor dem persischen König für ihr Volk, das durch den Judenpogrom Hamans von *rāʿāh* betroffen worden ist (Esth 8, 6). Ein summarischer Begriff für die Mühen, Beschwernisse des Exodus und der Wüstenwanderung sowie überhaupt der beschwerlichen Geschichte mit all ihrem Auf und Ab ist *t*^{e}*lāʾāh*, wovon das Volk betroffen worden ist (Ex 18, 8; Num 20, 14; Neh 9, 32, jeweils mit *mṣʾ* als Prädikat und einem Objekt in Gestalt eines Verbalsuffixes). Der aus Angst und Not Gerettete stimmt sein Danklied an, in welchem er seine eigene Katastrophe noch einmal schildert. In Ps 116, 3 ʿfandenʾ ihn „Stricke des Todes" und Bedrängnisse der *š*^{e}*ʾôl*. Demgegenüber wird in Ps 119, 143 gegen die Betroffenheit von *ṣar-ûmāṣôq* das Ergötzen an den Weisungen Gottes aufgeboten. Schließlich wird in Spr 6, 33 vor dem Ehebruch gewarnt, der den Ehebrecher nur an *nægaʿ-w*^{e}*qālôn* ausliefert (Plage und Schande treffen ihn). Trotz der Zusammenfassung in einen abstrakten Negativ-Terminus ist das Unglück dann immer konkret, wie z. B. in 1 Kön 13, 24; 20, 36 in Gestalt eines Löwen, der den Unglücklichen ʿfindetʾ und tötet.

IX. Der einfache Vorgang des Suchens und Findens ist auf das Verhältnis Mensch – Gott übertragbar. Nicht wenige Belege spielen diesen Prozeß aus dem Blickwinkel des Gott suchenden Menschen durch. Charakteristisch ist diese Wendung in der dtr Predigt von Deut 4, die verheißt, daß derjenige JHWH finden wird, der ihn von ganzem Herzen sucht (*bqš pi* und *drš*, v. 29). Im Kontext ist von Abgötterei die Rede, aber JHWH wendet sich dem zu, der umkehrt (v. 30). Der dtr Predigt ist auch die Heilsankündigung in Jer 29 verpflichtet, die dem Brief Jeremias an die Exulantenschaft angefügt ist und die ebenfalls das Finden JHWHs ansagt, wenn er, JHWH, von ganzem Herzen gesucht wird (Jer 29, 13f., zunächst *mṣʾ* im *qal*, dann im *niph* tolerativ verstanden: *w*^{e}*nimṣeʾṯî lākæm* „ich will mich von euch finden lassen", vgl. W. Thiel, WMANT 52, 15–17). Auch die chr. Predigt fordert dazu auf, JHWH ernsthaft zu suchen, und verheißt (bzw. stellt fest), daß JHWH sich dann finden lassen will (1 Chr 28, 9; 2 Chr 15, 2. 4. 15). Sie droht aber demjenigen Verwerfung an (*lāʿaḏ* ʿfür immerʾ), der von JHWH abfällt (1 Chr 28, 9, *ʿāzaḇ*). In der älteren Literatur, namentlich in der prophetischen Verkündigung, besteht das Unheil bei allen Ansagen konkreter Geschichts- und Naturkatastrophen (u.a. verschärfend auch) darin, daß die Israeliten (mit Opfergaben an Heiligtümern) JHWH (auf)suchen werden, ihn aber nicht werden finden können (Am 8, 12; Hos 5, 6). Bei Amos steht stellvertretend für JHWH der *d*^{e}*ḇar JHWH* als Objekt des Suchens und Findens bzw. Nicht-Findens (für ʿsuchenʾ beide Male *bqš pi*; nach Jer 15, 16 sind die Worte JHWHs zu Freude und Trost, ja zur Stärkung und zur Speise [gefunden, *mṣʾ niph*] vorhanden). Noch im dtjes Überlieferungsbestand ist dieses potentiell vergebliche Suchen JHWHs im Blick, wenn dazu aufgefordert wird, ihn, JHWH, zu suchen, solange er noch zu finden ist (Jes 55, 6). Der Parallelstichos präzisiert dies, indem er dazu einlädt, JHWH anzurufen, solange er nahe ist (ebd., *qārôḇ*; *diršû JHWH b*^{e}*himmāṣ*^{e}*ʾô*). TrJes sieht in der Endzeit JHWH ʿgefundenʾ von denen, die ihn nicht gesucht haben, d. h. nicht allein von seinem eigenen Volk, sondern von den Völkern (Jes 65, 1, *nimṣeʾṯî l*^{e}*loʾ ḇiq*^{e}*šunî*). Grundsätzlich gilt JHWH als in Bedrängnis wohl ʿerprobteʾ Hilfe, Zuflucht und Stärke (Ps 46, 2, in einem dem Heiligtumslied vorangestellten Credo-Stück: *ʾ*^{æ}*lohîm lānû* ... *b*^{e}*ṣārôṯ nimṣāʾ m*^{e}*ʾoḏ*).

In der späten Weisheitsliteratur werden Möglichkeit und Unmöglichkeit des Findens Gottes reflektiert. Zophar hält Hiob vor, daß dieser den *ḥeqær* Gottes doch nicht zu finden und bis zu der *taḵlîṯ šaddaj* doch nicht vorzudringen vermag, trotz aller Bemühungen (Hi 11, 7). Bei diesem Gebrauch gewinnt *mṣʾ* die Bedeutung der gedanklichen Bewältigung und Bemächtigung eines Problems. Hiob bestätigt dieses in einer seiner Reden (23, 3). Darin besteht seine existentielle Notlage, daß Gott unerreichbar ist. Schließlich unterstreicht Elihu den gleichen Sachverhalt (im typischen Stil der rhetorischen Fragen, wie ihn auch schon Zophar nutzte, 37, 23). In der Spiegelung der Unmöglichkeit, Gott aus menschlichen Potenzen heraus zu erfassen, gewinnt die weisheitliche Reflexion ein Element hymnischer Prädikation der unvergleichlichen Größe Gottes gegenüber dem Menschen.

Weisheit als göttliche Gabe und Aufgabe des Menschen tritt in den Sprüchen Salomonis syntaktisch an die Stelle Gottes. Weisheit gilt es zu suchen, d. h. sich um sie zu bemühen, nach ihr zu streben, und sie gilt es zu finden. Ihr Verachtetwerden bewirkt, daß sie nicht zu finden sein wird, wenn man nach ihr sucht (*šḥr*, Spr 1, 28). Weisheit hat vielerlei Namen und Funktionsweisen: *ḥŏkmāh*, *t*^{e}*ḇûnāh*, *daʿaṯ*, *jirʾaṯ JHWH*, *tôḵaḥaṯ* u. a. m. Zugleich vermittelt Weisheit wesentliche weltliche und geistliche Güter, wie z. B. das Finden von *daʿaṯ ʾ*^{æ}*lohîm* (2, 5) oder *daʿaṯ-m*^{e}*zimmôṯ* (8, 12), sogar von Leben und Wohlgefallen bei JHWH (8, 35, *kî moṣ*^{e}*ʾî māṣāʾ ḥajjîm*). Selbst „eschatologische" Güter werden mit zu findender Weisheit verbunden, Zukunft und unzerstörbare Hoffnung (Spr 24, 14, der Eingang des Verses ist unsicher, s. BHS und BHK3 sowie H. Ringgren, ATD 16/1 z. St.). Bei Kohelet ist die Unergründbarkeit Gottes durchgespielt am ʿWerk Gottesʾ (*maʿ*^{a}*śeh hāʾ*^{æ}*lohîm*), das nicht (heraus)zu(-)finden ist. „Werk" muß ganz allgemein verstanden werden als Natur-, Welt- und Geschichtshandeln Gottes, das ungefragt und unbeeinträchtigt plan- und sinnvoll geschieht, ohne daß der Mensch, und sei er noch so weise, es ergründen und verstehen (*mṣ'*) kann (Pred 3, 11; 8, 17, wo gleich dreimal *lo' māṣā'* bzw. *lo' jûkal limṣo'* steht).

X. Eine kleine Anzahl von Belegen innerhalb des ATs, deren Aussage aber durchaus markant und nicht zu übersehen ist, spricht von der Erwählung Israels durch JHWH in der Wüste unter Verwendung des Verbums *mṣ'* („Fundtradition", R. Bach, ThLZ 78, 1953, 687; „מצא-Tradition", Kümpel 18ff.). Der älteste greifbare *mṣ'*-Beleg steht bei Hosea (9, 10; anders Kümpel, s.u.). Dort wird JHWHs einstige Entdeckung und freie Auswahl (JHWH pflückte gleichsam die [überraschend] in der Wüste gefundenen Trauben und die am Baum gereiften Frühfeigen, weil sie offenbar „nach seinem Geschmack" waren, H. W. Wolff, BK XIV/1 z.St.) dem nachherigen Verhalten Israels gegenübergestellt und der dabei aufgewiesene Abfall als Begründung für anzusagendes Unheil JHWHs verwendet. Im Moselied ist diese Vorstellung aufgenommen und die Fürsorglichkeit JHWHs nach seinem 'Wüstenfund' besonders unterstrichen (Deut 32, 10, vgl. die vv. 11ff., erst v. 15b fährt fort mit der Nennung der Abwendung Israels von JHWH, vgl. G. v. Rad, ATD 8 z.St.). Auch in Jer 31, 2 wird für die Kennzeichnung des (künftigen) Heils der Topos der in der Wüste erfahrenen gnädigen Zuwendung JHWHs zu seinem Volk bemüht. Die „Fundtradition" ist hier allerdings aus der Spiegelung der Erfahrung des Volkes zu entnehmen. Der Vers verwendet die geprägte Formulierung *māṣā' ḥen bammiḏbār* (W. Rudolph möchte *kammiḏbār* lesen, HAT I/12 z.St.). Insofern ist dieses Beispiel nur ein indirektes Zeugnis für die Verwendung von *mṣ'* in diesem Traditionsstrang. Hinweise auf diese Tradition (allerdings ohne *mṣ'*) sind noch in Hos 13, 5; Jer 2, 2; Ez 1, 16ff. zu finden. Dagegen ist die Erwählung Davids durch JHWH in Ps 89, 21 mit *mṣ'* umschrieben (*māṣā'ṯî dāwiḏ 'aḇdî*) und durch den Parallelstichos mit *mšḥ* (Salbung mit „meinem" heiligen Öl) parallelisiert. In die Nähe dieser Stelle mag inhaltlich auch Hos 12, 5 gerückt werden, wo von der 'Auffindung' Jakobs in Bethel die Rede ist, freilich zum Zwecke des Anredens und Zuredens, das dem weinenden und flehenden Jakob dort zuteil wird (die Stelle ist nicht ganz leicht zu verstehen, weil sie als Vergleichsmaterie Einzelzüge aus den Jakobgeschichten heranzieht, diese aber für die Gegenwart verändert und aktualisiert, s. z. B. das bemerkenswerte *'immānû* [statt *'immô*], vgl. H. W. Wolff, BK XIV/1 z.St.). Der „Fund JHWHs" zu Bethel kann als Topos der heilsamen Zuwendung JHWHs zu seinem Volk, als Bestätigung der Erwählung verstanden werden, wenn sich dort Israel, Ephraim, Jakob zu Buße und Umkehr vom sündhaften Tun rufen lassen (vgl. v. 7).

* R. Kümpel hat in seiner Bonner Diss. 1973 in Hos 9, 10 die Verwendung einer מצא-Tradition vorgefunden, die einer israelitischen Stammes- und Kulttradition aus Beer-Lachai-Roi (älteste Schicht von Gen 16, 7–14) entstammt. „Danach erlebt die Stammesmutter Hagar, auf der Flucht und vom Tode bedroht, eine Gottesbegegnung" (sc. Gott findet sie), „erhält einen Gottesbefehl und erfährt eine Sohnesverheißung, verbunden mit einer Freiheitsbestätigung. Durch die Theophanie wird sie zugleich aus ihrer Todesnot errettet ... Diese ... ismaelitische Tradition ... wurde in Nordisrael bekannt (Hos 9; 12; Jer 31; 1 Kg 19), fand aber auch Eingang in den Vorstellungskreis des Jerusalemer Königsfestes (Ps 89; 1 Kg 11)" (Kümpel 30). Zur Möglichkeit einer Erwählungstradition hinter der Wendung *mṣ' bammiḏbār* vgl. S. Talmon → מדבר *miḏbār* Sp. 681.
Hos übernimmt die inhaltlichen Aspekte dieser Tradition, d. h. für *mṣ'* die „Heilsbedeutung und die Forderung der Gottesbegegnung für sein (sc. des Menschen) Leben" (31). So wird JHWHs Begegnung mit Israel durch die מצא-Formel einerseits als Rettung aus großer Not, andererseits als Verheißung und Forderung gewertet. *(Fa.)*

XI. Auf die Bitte Abrahams um Verschonung der Gerechten (*ṣaddîqîm*) von Sodom und Gomorrha bei dem bevorstehenden Unheil, das diese Stätten ereilen soll, antwortet JHWH jeweils, daß er Stadt und Leute insgesamt verschonen wolle, wenn er die von Abraham erbetene Zahl der Gerechten auch wirklich finden würde (Gen 18, 26. 28. 30, *'im 'æmṣā' šām* oder *bisᵉḏom*). Bei der wiederholten Bitte Abrahams wird die Wendung gebraucht *'ûlaj jimmāṣᵉ'û šām*, und dann folgt die immer geringer werdende Zahl der Gerechten (Gen 18, 29. 30. 31. 32, „vielleicht befinden sich dort"). Die Verschonung würde aufgrund eines Vergebungsaktes JHWHs (*nś'*) um der Gerechten willen (*ba'aḇûrām*) erfolgen. G. v. Rad wird recht haben, wenn er sagt, daß dieses Stück (Gen 18, 20–33) nicht einer alten Erzählung, sondern vielmehr der theologischen Reflexion des J zu verdanken ist (ATD 2–4 z.St.). Ob der göttlichen Anweisung Jer 5, 1, Jerusalem zu durchstreifen und einen *'îš 'ośæh mišpāṭ mᵉḇaqqeš 'æmûnāh* zu finden (*'im timṣᵉ'û*), damit JHWH Jerusalem vergeben könne (*wᵉ'æslaḥ lāh*), eine prophetische Fürbitte vorausgegangen ist, kann nicht gesagt werden. Die Stelle erinnert jedenfalls sehr stark an Gen 18. In den gleichen Vorstellungsbereich scheint auch Ez 22, 30 geordnet werden zu können, obwohl Formulierweise und Ausgangssituation andere sind. JHWH sucht einen „Mittler", der in die Kluft vor ihm für das Land, das von Unrecht und Gewalt bestimmt wird, treten kann, damit JHWH nicht zu verderben braucht. Aber JHWH findet niemanden. Nur einmal ist direkt ausgesprochen, was indirekt in den vorstehenden Stellen gesagt ist, daß JHWH nur Verfehlung (*'āwon*) findet, wo er auf Loyalität hoffte. Doch wirkt der Beleg sprichwörtlich (Gen 44, 16). Er beschreibt Gottes Allwissenheit, vor dem auch verborgene und verheimlichte Verfehlungen offenbar (gefunden) sind. Darüber hinaus eignet nach dem Kontext dieser Fundstelle ein Element des Gottesurteils. Die Brüder Josephs sind der ehrlichen Überzeugung, daß sich in ihrem Troß der vermißte Becher des Joseph nicht befindet. Joseph hatte ihn aber heimlich und ohne Wissen in die Habe des Benjamin verbergen lassen und eine Kontrolle angeordnet. Die so „Überführten" sprechen: Gott hat den *ʿa͂won ʿa͂bādǣkā* gefunden.

XII. Für das Verständnis der wenigen *hiph*-Belege im AT (insgesamt nur 7) kann von der kausativen Bedeutung 'finden lassen' ausgegangen werden. Je nach Verwendung erfährt diese Bedeutung ihre Präzisierung, so z. B. im Bericht über einzelne Handlungen im Opferzeremoniell, das nach Lev 9 Aaron und seine Söhne vollziehen. Zweimal wird davon erzählt, daß nach der Schlachtung des Opfertieres durch Aaron dessen Söhne das Blut, das sie offenbar aufgefangen haben, zu ihm, Aaron, bringen ('verbringen'), damit dieser es daraufhin auf den Altar umher (*sāḇîḇ*) versprenge (Lev 9, 12 bei der *ʿôlāh*, v. 18 beim *zæḇaḥ hašše lāmîm*). Ein zweiter Akt scheint die Überbringung der *ʿôlāh* in zerteilter (präparierter) Form zu sein, die Aaron daraufhin auf den Altar in Rauch aufgehen läßt (v. 13). Parallelterminus ist in diesem Zusammenhang *qrb hiph*.
Eine andere Verwendung findet *mṣʾ hiph*, konstruiert mit *beja̱d* + Person, in dem Bericht über die Auseinandersetzung zwischen Abner und Isboset. Ersterer deutet auf seine Loyalitätserweise gegenüber letzterem hin und vermerkt, daß er Isboset nicht „in die Hand Davids habe fallen lassen" (2 Sam 3, 8). Diese Redewendung wird auch in DtSach (11, 6) in einem in die Hirtenvision eingeschobenen Zusatz benutzt zur Kennzeichnung einer die ganze Erde überziehenden Gerichtshandlung JHWHs, nach welcher JHWH alle, einen jeden in die Hand seines Nächsten (und seines Königs) fallen läßt, woraus es keine Rettung geben wird (vgl. W. Rudolph, KAT XIII/4 z.St.). In den Elihu-Reden ist *mṣʾ hiph* einmal Vergeltungsterminus neben *šlm pi* im Sinne der engen Tun-Ergehen-Konzeption (Hi 34, 11, *ûḵeʾoraḥ ʾîš jamṣîʾænnû*) und ein anderes Mal Vollzugsterminus („er, Gott, trifft es", „vollzieht es", Hi 37, 13) für die Umschreibung der freien Verfügungsgewalt Gottes über Witterungsphänomene, die er zu Gericht oder Gnade auf seiner Erde einsetzt.

XIII. Kohelet gebraucht *mṣʾ* als Begriff des Forschens und des Festschreibens von Erfahrungswissen („ich habe gefunden" u.ä., Pred 7, 14. 26. 29). „Ein Wort finden" bedeutet so viel wie 'antworten' (Neh 5, 8). Zur rechten Zeit zu Gott zu beten, ist die Praxis des Frommen, der nach seinem Schuldbekenntnis von Gott Vergebung erfahren hat (Ps 32, 6, *leʿeṯ meṣoʾ*, allerdings ist die Sentenz schwierig, da auf den Inf. noch das Wort *raq* folgt, s. H.-J. Kraus, BK XV/1 z.St.). Auch die Innewerdung eines Sachverhaltes, sein Bemerktwerden, wird mit *mṣʾ* zum Ausdruck gebracht (2 Kön 17, 4, der Assyrerkönig 'findet', d.h. bemerkt den Abfall des letzten israelitischen Königs Hosea, *mṣʾ be*; Jer 10, 18: JHWH will sein Unheilshandeln fühlbar, merkbar machen). „Sein Herz finden" bedeutet „Mut gewinnen", „sich ein Herz fassen" (2 Sam 7, 27). Die Parallele in 1 Chr 17, 25 verwendet dafür nur *mṣʾ* ohne *leḇ*. Eine ähnliche Redewendung verbindet das Verb mit 'Hand' = 'Mut haben', bei Verneinung = 'Mut sinken lassen' (Ps 76, 6). Als Angabe für ein ausreichendes Maß an Besitz, Schlachtvieh oder Land wird in einer offenbar verkürzten Redeweise *mṣʾ* mit dem suffig. *le* verwendet („es findet sich für den Betreffenden", „es reicht aus", „es ist genug"). Wahrscheinlich ist ursprünglich das als genügend Erachtete konkret miterwähnt worden, wie noch Hos 12, 9: „Ephraim spricht: Ich bin reich geworden, ich finde bei mir *ʾôn*", d.h. „ich habe genügend". In Num 11, 22 und auch in Jos 17, 16 (*niph*) steht nur die erwähnte Kurzform.
Was „die Hand (einer personalen Größe) findet", gilt als das, was die entsprechende Person besitzt bzw. nicht besitzt (dann mit *loʾ*). Diese Redefigur findet sich in Lev 12, 8; 25, 28 (vgl. die vv. 26–28); 1 Sam 25, 8; Hi 31, 25. Beute-finden entspricht dem Beutemachen (Num 31, 50; 1 Sam 14, 30; 2 Chr 20, 25), der an sich fröhliche Schlußakt eines Kriegszuges, so daß in Ps 119, 162 die Freude an Gottes Wort mit der des reiche Beute Findenden verglichen werden kann. In den deut. Anordnungen über sexuelle Gewalt, die einem verlobten Mädchen angetan wird, beschreibt *mṣʾ* den Vorgang, bei welchem der Mann des Mädchens habhaft wird (Deut 22, 23. 25. 27). Das gleiche gilt auch für die Regelungen in bezug auf das unverlobte Mädchen (Deut 22, 28).
Gelegentlich kann *mṣʾ* 'finden' die Bedeutung von 'suchen' annehmen, freilich sind dabei verschiedene zusammengehörige Tätigkeiten, die nacheinander liegen, stillschweigend dazugedacht. Bei dem Signal, das Jonathan dem ihm verbundenen, aber von Saul verfolgten David durch das Abschießen von Pfeilen geben wird, spielt die Richtung des Pfeilsuchens eine vereinbarte Rolle. Der Knecht des Jonathan soll hingehen und die Pfeile suchen, finden und herbeibringen. Gesagt wird aber nur: *leḵ meṣāʾ* (bzw. *ruṣ meṣāʾ nāʾ*, 1 Sam 20, 21. 36; vgl. 1 Chr 10, 3. 8).

XIV. Nicht nur Suchen, sondern auch Hoffen und Erwarten zielen auf Finden ab (Ps 69, 21, *qwh pi*). Der Sämann wartet auf die Ernte. Isaak sät, *wajjimṣāʾ baššānāh hahiʾ meʾāh šeʿārîm* (Gen 26, 12 J). Jakob jagt und fängt (*mṣʾ*) das Wild (Gen 27, 20 JE; vgl. vv. 3. 7), wie es Isaak von Esau erwartet und vorgesetzt erhalten möchte. Das Feuer bricht hervor und verbrennt, was es findet (Ex 22, 5, *mṣʾ* neben *ʾkl*). Beim Aufstand des Šeba sorgt sich David darum, daß der Aufrührer eine der befestigten Städte erreichen (*mṣʾ*) könnte und dem Verfolger entrinnt (2 Sam 20, 6). Die Feinde höhnen die gefallene Stadt Jerusalem und sprechen: „das haben wir erreicht" (Kl 2, 16, neben *mṣʾ qwh pi*, *blʿ pi* und *rʾh*). Der Zielstrebige erreicht sein Ziel, der Zähler sein Ergebnis, die Summe (2 Chr 2, 16, *mṣʾ niph*, „153600 Fremde wurden gezählt").

XV. 1. Für bibl.-aram. *mṭ'* sind acht Belege in Dan nachzuweisen, die verschiedene Bedeutung haben. Bei dem Traum Nebukadnezars vom großen Weltenbaum wird davon berichtet, daß die Höhe des Baums bis an den Himmel reichte (Dan 4, 8. 17, *mṭ'* mit *l*ᵉ). In der Ausdeutung wird dies auf die Herrschaftsmacht des Königs übertragen (4, 19). Im weiteren Verlauf wird der im Traum enthaltene Ratschluß Gottes mitgeteilt, und es heißt, daß der Beschluß des Höchsten an den König ergeht (4, 21, *mṭ'* mit *'al*). Subsummierend folgt die Feststellung, daß das alles über den König Nebukadnezar kam (v. 25 in der gleichen Formulierung wie v. 21). In den übrigen Stellen wird mit *mṭ'* ein äußerliches Bewegungselement zum Ausdruck gebracht: 'angelangen', 'ankommen' (6, 25; 7, 13. 22). Der Ankunftsort ist mit *l*ᵉ auf das Verbum bezogen, die Begegnungsperson mit *'aḏ*. Auch Abstracta, wie z. B. Zeit und Stunde, können Subjekt zu *mṭ'* sein. Zeit und Stunde kommen, sind für ein bestimmtes Geschehen da (7, 22) (vgl. O. Plöger, KAT XVIII zu den Stellen). Die Bedeutungsfelder der bibl.-aram. Wurzel *mṭ'* lassen sich auf zwei reduzieren: einmal auf eine Ausdehnungsangabe, die gemacht werden soll (ein Gegenstand, eine darin abgebildete Herrschaft reicht bis zu einem bezeichneten Ort, 'findet zu' dem Ort), zum anderen auf die Beschreibung einer Bewegung ('kommen'), die auch das Bedeutungsfeld der hebr. Wurzel *mṣ'* kennt.

2. Die ca. 35 Belegstellen von *mṣ'* in den Texten von Qumran bieten für das Verständnis und den Gebrauch der Wurzel keine neuen Aspekte. Auch hier erscheint *mṣ'* nur in verbaler Ausprägung in den dem AT geläufigen Bedeutungen. *mṣ'* ist das Finden oder Gefundenwerden von Personen und Sachen (CD 9, 14–16; 1 QM 15, 11; TR 55, 15; 60, 17; 62, 7), wobei 'Sachen' meistens Abstracta sind, die erforschte und gefundene Angelegenheit (1 QS 8, 11, *dāḇār*), der *śeḵæl*, die Einsicht (1 QS 9, 13), all das, was man im Gesetz Mose zu tun findet (CD 15, 10), oder überhaupt alles, was es zu tun gibt (1 QS 9, 20), Trug, Verfehlung, Täuschung und Abscheuliches auf der Zunge, wo doch der Lobpreis der Gerechtigkeitserweise Gottes auf den Lippen sein sollte (1 QS 10, 22. 23). Aber auch die allgemeine Angabe darüber, daß sich Menschen an einem bestimmten Ort 'befinden', ist als Bedeutung für *mṣ'* bezeugt (1 QS 6, 2). Nicht anders steht es mit der Diktion aus dem Rechtswesen, wo der bei einer falschen Angabe über seinen Besitzstand ertappte (gefundene) Mann bestimmten Strafregelungen ausgesetzt wird (1 QS 6, 24; vgl. die aus Deut 22 übernommene Rechtsregelung des Kasus „Vergewaltigung" in TR 65, 9. 12; 66, 4. 7. 10; vgl. auch TR 60, 17 mit Deut 18, 9–13). Das Gericht Gottes bewirkt, daß 'Männer des Trugs' und 'Seher des Irrtums' nicht mehr vorhanden sein (d. h. nicht mehr gefunden sein) werden (1 QH 4, 20). Dasselbe trifft den Gottlosen (4 QpPs 37, 2. 7, vgl. Ps 37, 10).

Wagner

מַצֵּבָה *maṣṣeḇāh*

I. Terminus und Gegenstand – II. Alter Orient – 1. Verbreitung – 2. *nṣb/jṣb* – 3. Grundbedeutung – III. Altes Testament – 1. Archäologisch – 2. Der literarische Bestand – 3. Verwandte und Ersatzbegriffe – 4. Verben – 5. Topographie und Umfeld – IV. Theologische Hintergründe – 1. Unbefangenheit – 2. Theologische Nachfragen: a) Gen 28, 18. 22 und darauf bezogene Texte – b) Landnahme und Konstituierung Israels – 3. Ablehnung: a) Vernichtung der vorisraelitischen Kultmasseben – b) Verbot – 4. Die Praxis im Lichte der dtr und späteren Literatur – V. Pastoral des ersten Gebotes.

Lit.: *A. Aharoni*, Chronique archéologique: Lakish (RB 76, 1969, 576–578). – *Ders.*, Arad: Its Inscriptions and Temple (BA 31, 1968, 2–32). – *W. F. Albright*, The High Place in Ancient Palestine (VTS 4, 1957, 242–258). – *G. Beer*, Steinverehrung bei den Israeliten (Schriften der Straßburger Wissenschaftlichen Gesellschaft, NF 4, 1921). – *W. Boyd Barrick*, The Funerary Character of "High Places" in Ancient Palestine: A Reassessment (VT 25, 1975, 565–595). – *Ders.*, What Do we Really Know about "High-Places"? (SEÅ 45, 1980, 50–57). – *K. Budde*, Zur Bedeutung der Mazzeben (OLZ 15, 1912, 248–252). – *J. V. Canby*, The Stelenreihen at Assur, Tell Halaf, and Maṣṣēbôt (Iraq 38, 1976, 113–132). – *E. Cothenet*, Onction (DBS 6, 701–732). – *W. G. Dever*, Chronique archéologique: Gezer (RB 76, 1969, 563–567). – *Ders.*, Further Excavations at Gezer, 1967–1971 (BA 34, 1971, 94–132). – *H. Donner*, Zu Gen 28, 22 (ZAW 74, 1962, 68–70). – *K. Elliger*, Chammanim = Masseben? (ZAW 57, 1939, 256–265). – *J. P. Fokkelmann*, Narrative Art in Genesis, Assen 1975. – *V. Fritz*, Tempel und Zelt (WMANT 47, 1977). – *K. Galling*, Erwägungen zum Stelenheiligtum in Hazor (ZDPV 75, 1959, 1–13). – *C. F. Graesser*, Standing Stones in Ancient Palestine (BA 35, 1972, 34–63). – *Ders.*, Studies in Maṣṣēbôt (Diss. Harvard 1969). – *R. J. Griffeth*, Maṣṣēbāh (Diss. Yale 1938, nicht zugänglich). – *J. Halbe*, Das Privilegrecht Jahwes, Ex 34, 10–26 (FRLANT 114, 1975). – *Z. Herzog*, On the Meaning of Bama in the Light of Archaeological Data (BMiqr 73, 1978, 177–183, hebr.; engl. Summarium 254). – *K. Jaroš*, Die Stellung des Elohisten zur kanaanäischen Religion (OBO 4, 1974). – *C. A. Keller*, Über einige alttestamentliche Heiligtumslegenden (ZAW 67, 1955, 141–168; 68, 1956, 85–97). – *K. M. Kenyon*, Jerusalem. Die heilige Stadt von David bis zu den Kreuzzügen. Ausgrabungen 1961–1967, Bergisch Gladbach 1968. – *A. Lemaire*, Les inscriptions de Khirbet el Qom et l'Ashérah de YHWH (RB 84, 1977, 595–608). – *J. L'Hour*, L'alliance de Sichem (RB 69, 1962, 5–36. 161–184. 350–368). – *Ders.*, Les interdits to'eba dans le Deutéronome (RB 71, 1964, 481–503). – *G. Lilliu*, Betilo (Enciclopedia dell'arte antica, classica e orientale 2, 72–76). – *V. Maag*, Zum Hieros Logos von Beth-El (Asiatische Studien 5, 1951, 122–133 = *Ders.*, Kultur, Kulturkontakt und Religion, Göttingen 1980, 29–37). – *Z. Meshel*, Did Yahweh Have a Consort? (Biblical Archaeology Review 5, 1979, 24–35). – *T. Mettinger*, The Veto on Images and the Aniconic God in Ancient Israel (Religious Symbols and their Functions. Scripta Instituti Donneriani Aboensis 10, 1979, 15–29). – *D. Neiman*, PGR: A Canaanite Cult-Object in the Old Testament (JBL 67, 1948, 55–60). – *M. Ottosson*, Temples and Cult Places in Palestine (Acta Universitatis Upsaliensis; Boreas, Uppsala Studies in Ancient Mediterranean and Near Eastern Civilizations 12, Uppsala 1980). – *J. Pirenne*, Sud-Arabe: QYFQF/MQF. De la lexicographie à la spiritualité des 'idolâtres' (Sem 30, 1950, 93–124). – *A. de Pury*, Promesse divine et légende cultuelle dans le cycle de Jacob. Gen 28 et les traditions patriarcales 1 u. 2 (EtBibl 1975). – *A. Reichert*, Massebe (BRL² 206–209). – *M. Rose*, Der Ausschließlichkeitsanspruch Jahwes (BWANT 106, 1975). – *G. Schmitt*, Du sollst keinen Frieden schließen mit den Bewohnern des Landes (BWANT 91, 1970). – *Y. Shiloh*, Iron Age Sanctuaries and Cult Elements in Palestine (F. M. Cross [hrsg.], Symposia Celebrating the Seventy-Fifth Anniversary of the Founding of the American Schools of Oriental Research [1900–1975], 1979, Bd. 2, 147–157). – *E. Stockton*, Sacred Pillars in the Bible (ABR 20, 1972, 16–32). – *Ders.*, Stones at Worship (AJBA 1, 1970, 58–61). – *Ders.*, Phoenician Cult Stones (AJBA 2/3, 1974/75, 1–27). – *S. Swiderski*, Megalithische und kultische Objekte Palästinas (Diss. Wien 1960). – *S. du Toit*, Aspects of the Second Commandment (Die Ou Testamentiese Werkgemeeskap in Suid-Afrika. Department of Semitic Languages 12, 1969 ed. 1971, 101–110). – *P. H. Vaughan*, The Meaning of "bāmâ" in the Old Testament (Society for Old Testament Study. Monograph Series 3, Cambridge 1974). – *R. de Vaux*, Chronique archéologique: Jérusalem (RB 71, 1964, 253–258). – *P. Welten*, Stele (BRL² 321–325). – *Ders.*, Kulthöhe und Jahwetempel (ZDPV 88, 1972, 19–37). – *G. E. Wright*, Samaria (BA 22, 1959, 67–78). – *W. Zimmerli*, Das Bilderverbot in der Geschichte des alten Israel (Schalom, Festschr. A. Jepsen, 1971, 86–96 = ThB 51, 1974, 247–260). – *Ders.*, Das zweite Gebot (Festschr. A. Bertholet, 1950, 550–563 = ThB 19, ²1969, 234–248). – *G. Zuntz*, Βαίτυλος and Bethel (Classica et Mediaevalia. Revue Danoise de philologie et d'histoire 8, 1947, 169–219).

I. *maṣṣeḇāh* bezeichnet im AT einen von Menschenhand nicht als architektonisches Zweckelement aufgerichteten Stein. Da Gestalt und Funktionsweise nicht beschrieben, bestenfalls zu erschließen sind, bleibt das Wort zweckmäßigerweise unübersetzt („Massebe").

Zwar hat LXX für *maṣṣeḇāh* in 32 von 36 Vorkommen στήλη (nur in 4 Fällen steht dies für *bāmāh*); die Forschung möchte aber „Stele" „künstlerisch" bearbeiteten Säulen oder aufgerichteten Platten aus Stein mit Inschrift und/oder Bildern vorbehalten (vgl. Welten, BRL² 322; Reichert).

II. 1. Im AO sind absichtlich aufgerichtete Steine in vielfältiger Form und Rolle in religiösem und kultischem Kontext (vgl. M. Eliade, Traité d'histoire des religions, 1970, 188–207; PRE III A, 2, 2307–2325. 2295–2305) viel weiter verbreitet als das Etymon von *maṣṣeḇāh* (vgl. H. Ringgren, Die Religionen des AO, 1979, 190. 229). – Bei aller Vielfalt ist ihnen gemeinsam die aufrechte, von Menschenhand bewirkte auffallende Stellung. Sie können roh und unbehauen oder mehr oder weniger bearbeitet, in verschiedener Höhe und Form, mit oder ohne Inschrift und Bild sein.

2. Die verbale Basis *nṣb* (im Hebr. auch die Wurzelvariante *jṣb*, vgl. KBL³ 408) ist im westsemit. Bereich (einschließlich EA, als Fremdwort) breit belegt, aber sonst im Akk. in einer hier in Frage kommenden Bedeutung nicht einmal in Ableitungen nachgewiesen (vgl. AHw 755. 756f.; Tomback 219f.). Den Nominalformen (mit oder ohne Präformativ: *nṣb*: asarab., pun. und aram.; *nṣjb*: nabat.; *mṣb*: nabat., palmyr., auch ugar., aber im Sinn von Gestell [vgl. WUS Nr. 1831; KTU 1.65; KBL³ 586]; *mṣbt* und *mnṣbt*: phön. und pun.; *nṣbt*: ugar., arab. [vgl. Tomback 193f. 219f.; DISO 164. 184; Broshi, EMiqr 5, 221–223]) haftet die Bedeutung von (physischer) Aufrichtung oder aufrechter Stellung an. Übertragener Sinn scheint nicht vorzukommen.

3. Für die Funktionsweisen und konkreten Bedeutungen bieten Bilder und Inschriften, also Stelen, an sich besonders aussichtsreiche Ansätze. Aber abgesehen von der häufigen Unsicherheit der Deutung, darf nicht vorausgesetzt werden, daß alle Möglichkeiten formuliert sind, so daß die Fragen an die stummen Steine nicht verstummen. – Im Hinblick auf die bild- und schriftlosen steinernen Masseben des AT ergibt sich aus dem AO etwa ein Dreifaches: a) Die konkrete Bedeutung einer einzelnen Massebe geht auf den Willen des Stifters (Amtsträgers, Privaten, einer Gemeinschaft) zurück. Die ursprüngliche Intention muß aber nicht unverändert verstanden und tradiert sein; mit bewußten und unbewußten Umdeutungen und Umwidmungen ist zu rechnen. b) Die Grundintention, der gemeinsame Nenner aller konkreten Funktionen, dürfte die sichtbare Verewigung – oder Schaffung? – eines vorübergehende Handlungen und Ereignisse überdauernden Aspektes sein, in vielen Dimensionen, nicht zuletzt in der religiösen und kultischen. Insofern kann eine Massebe den Verehrer, nicht immer (nur) die verehrte Gottheit darstellen oder vertreten (de Pury 2, 415). c) Ähnlich wie in Schrift und Sprache sind die vielen Bedeutungsmöglichkeiten konkretisiert in verschiedenartigen Kontexten, die allerdings um so rätselhafter sein können, je komplizierter und archäologisch besser erhalten sie sind: etwa von der MB ab bild- und schriftlose Steine gruppiert mit einem, der ein Bild trägt, mit einer Statue, oder mit beidem (z. B. Hazor: BRL² 208 Abb. 49, 4), mit einer liegenden Steinplatte (Hazor, ebd.) oder mit einem Steinwürfel (z. B. Geser: BRL² 207, Abb. 49, 2); Anhäufung vieler Masseben an einem Ort (z. B. Byblos, Assur; vgl. Stockton, AJBA 1, 1970, 58–81; Graesser, Studies in Maṣṣēbôt; ders., BA 35, 1972, 34–63; Canby. – Zur Schwierigkeit der „kanaanäischen Dogmatik" vgl. Ottosson 40). Mit der äußeren Gestalt der einzelnen Masseben hat sich die Forschung kaum beschäftigt.

III. 1. Archäologisch sind aus dem Bereich des AT fast nur unbeschriftete Masseben bekannt (zum einzigen kleinen Fragment einer beschrifteten Stele, aus Samaria, vgl. BRL² 322; Wright, BA 22, 1959, 77). Sie waren bei der kanaanäischen Vorbevölkerung Palästinas üblich (vgl. BRL² 206–209). Gewisse Masseben strahlten faktisch eine sakrale Aura aus, die den Wandel der Auffassungen und Empfindungen überdauerte. So wurden in Lachis Masseben anscheinend gegen Ende des 8. Jh.s, vielleicht als sie im Zuge einer Reform als illegitim dem kultischen Gebrauch entzogen werden sollten, ehrfurchtsvoll „begraben“ (vgl. Fritz, Tempel und Zelt, 84). In Arad ist im Allerheiligsten des Tempels aus israelitischer Zeit eine Massebe mit Farbresten in situ gefunden worden mit anderen außerhalb ihres ursprünglichen Standortes (BRL² 11f.). Die kultische Interpretation zweier von K. M. Kenyon im NO Jerusalems, am Abhang des Ophel gefundener, nebeneinander stehender Monolithe aus der Königszeit (Kenyon 82f., Taf. 33–35) ist umstritten (vgl. Ottosson 105; Encyclopedia of Archaeological Excavations in the Holy Land II, Jerusalem, 589; Graesser, BA 35, 1972, 54f.; de Vaux, RB 71, 1964, 253f.).

2. Im AT ist das Wort *maṣṣeḇāh* 34mal eindeutig in dieser Form belegt, darüber hinaus einmal die Variante *maṣṣæḇæṯ* als st. abs. (2 Sam 18, 18).

Jes 6, 13 haben *maṣṣæḇæṯ* und *maṣṣaḇtāh* mit Masseben anscheinend ebensowenig zu tun (vgl. Kommentare; dazu G. W. Ahlström, JSS 19, 1974, 169–172; dagegen F. Hvidberg, The Masseba and the Holy Seed, Interpretationes ad VT pertinentes [Festschr. S. Mowinckel], Oslo 1955, 97–99; Iwry, JBL 76, 1957, 225–232) wie einige seltene andere nominale Bildungen derselben Basis (*maṣṣāḇ*, *muṣṣāḇ*, *maṣṣāḇāh*, *miṣṣāḇāh*).

3. Verwandt scheinen *ṣijjûn* 'Grabstein' (2 Kön 23, 17), ein nicht genau bestimmbares Weg- (Jer 31, 21) bzw. Totenzeichen (Ez 39, 15); *jāḏ* 'Denkmal' (2 Sam 18, 18; 1 Sam 15, 12; vgl. 1 Chr 18, 3; Jes 56, 5). – Anscheinend früh, vielleicht schon bei J (vgl. de Pury 2, 557 u.ö.; s. auch Deut 27, 2. 4), führt Zurückhaltung und schließlich volle Ablehnung dazu, daß das Wort „Massebe“ gemieden, gegebenenfalls durch andere ersetzt wird, vor allem durch → אבן *'æḇæn* (Deut 27, 2. 4; Jos 4, 9. 20; 24, 26–27; vgl. Gen 31, 45), → מזבח *mizbeaḥ* (Gen 33, 20; 35, 1), *gal* (Gen 31, 46. 48. 51f.), *miṣpāh* (Gen 31, 49), vielleicht durch Umlesen in das Ptz. *muṣṣāḇ* (Ri 9, 6b; vgl. Gen 28, 12). Für architektonische Säulen (mit Ausnahme vielleicht von Ez 26, 11) und für Naturgebilde werden andere Bildungen gebraucht, z. B. Gen 19, 26: *nṣjb*). – Versuche, *mikṯāḇ*, *pæḡær*, *ḥammānîm* als Masseben zu deuten, seien nur als kaum geglückt erwähnt.

4. Verben der Bedeutung „aufrichten, aufstellen“ deuten die vor jeder physikalischen, naturgegebenen oder künstlichen, gegebenenfalls künstlerischen Gestalt, maßgebliche durch Menschen bewirkte aufrechte Stellung an: vor allem die figura etymologica mit *j(n)ṣb hiph* (Gen 35, 14. 20; 2 Kön 17, 10; vgl. 2 Sam 18, 18), sodann *rwm hiph* (Gen 31, 45), *qwm hiph* (Deut 16, 22; Lev 26, 1; vgl. Jos 4, 9). Weniger charakteristisch: *śjm* (Gen 28, 18. 22), *'śh* (2 Kön 3, 2), *bnh* (Ex 24, 4, wohl nur wegen des [sekundären?] Zeugmas mit *mizbeaḥ*; vgl. 1 Kön 14, 23 mit der geprägten Dreiheit: *bāmôṯ ûmaṣṣeḇôṯ wa'ašerîm*). *ṭwb hiph* weist auf künstlerische Gestaltung (Hos 10, 1; vgl. Mi 5, 12). Negative Verben besagen Zerkleinerung von hartem und sprödem Material: *šbr pi* (Ex 23, 24; 34, 13; Deut 7, 5; 12, 3; 2 Kön 18, 4; 23, 14; 2 Chr 14, 2; 31, 1; Jer 43, 13), *ntṣ* (2 Kön 10, 27), *krt hiph* (Mi 5, 12), *jrd* (Ez 26, 11: umfallen); Verunstaltung: *šdd pol* (Hos 10, 2); oder eher generell Beseitigung: *jṣ' hiph* (2 Kön 10, 26), *swr hiph* (2 Kön 3, 2). (Zu *śrp* 2 Kön 10, 26 vgl. J. Gray, I & II Kings, London ²1970, 558 [³1977]). Als Material dient ein beliebiger Stein *'æḇæn* (Gen 28, 18. 22; 31, 45, vgl. 35, 14; Jer 2, 27; 3, 9).

5. Wenn es nicht ausnahmsweise ein eher profanes Zeichen ist (wie Absaloms persönlicher Gedenkstein im „Königstal“, 2 Sam 18, 18; vgl. 1 Sam 15, 12; Rahels Grab, Gen 35, 20), sind Masseben in Erzählungen und Berichten an einem schon bestehenden Heiligtum lokalisiert, kaum als Grundlage oder Ausdruck dessen basishafter Heiligkeit, eher als Dokumentation einer konkreteren (zusätzlichen) Widmung; so etwa zu Bethel in den Jakobsgeschichten (Gen 28, 18. 22 und Bezugnahmen, vgl. v. 11); im Tempel zu Samaria (2 Kön 10, 26; vgl. 3, 2), in der Umgebung Jerusalems (2 Kön 23, 14). Mitunter stehen Masseben nach den Altären (Hos 10, 1f.; Ex 24, 4; Jes 19, 19; vgl. Deut 16, 22) oder – dtr – in dreigliedrigen Reihen mit den Ascheren zusätzlich am Schluß (Ex 34, 13; Deut 7, 5; 12, 3). Wohl unter der unbequemen Tatsache, daß in Israel Altäre legitim blieben, also nicht in Bausch und Bogen zu verurteilen waren (vgl. 1 Kön 19, 10. 14), wurden sie durch *bāmôṯ* ersetzt zu der nicht ganz logischen Reihe: *bāmôṯ ûmaṣṣeḇôṯ wa'ašerîm* (1 Kön 14, 23; 2 Kön 18, 4; vgl. 23, 13f.; → במה *bāmāh*, I 665). In derartigen geprägten Wendungen bezeichnet also *bāmôṯ* nicht ohne weiteres den Standort der Masseben (vgl. 2 Chr 14, 2; 21, 1 und die andere Wendung „auf [jedem] Berg / [hohen] Hügel und unter [jedem] grünen Baum“: 1 Kön 14, 23; 2 Kön 17, 10; vgl. Deut 12, 2). Der Doppelausdruck *maṣṣeḇôṯ wa'ašerîm* steht nur einmal (2 Kön 17, 10). Die Verwerflichkeit ist besonders in späten Texten durch die Nähe zu immer verpönten Kultsymbolen betont: *pæsæl*/**pāsîl* (Mi 5, 12; Deut 7, 5; 12, 3), *'ælîlîm* und *'æḇæn maśkîṯ* (Lev 26, 1).

IV. Der hierin sichtbar werdende Wandel der Verwendung und der Theologie der Masseben bleibt undeutlich und unsicher. Es ist kaum mit einem säuberlichen Nacheinander zu rechnen; Unterschiedenes und Unvereinbares kann gleichzeitig nebeneinander existieren.

1. Masseben sind in älteren Traditionen unangefochten. Jakob bezeichnet und ehrt das Grab Rahels durch eine Massebe (Gen 35, 20 E; vgl. 2 Sam 18, 18). Die von Jakob errichtete Massebe markiert den durch die folgenreiche und vielbedachte (vgl. Gen 31, 13; 35, 24) Begegnung mit JHWH (Gen 28, 11–22) auf Dauer hervorgehobenen Ort, eine ständige Verkündigung der Beziehung des Ortes zu Gott (vgl. Westermann, BK I/2, 560f.). Selbst ein so glühender Jahwist wie Hosea rechnet Masseben zu den Kultsymbolen, durch deren zeitweiligen Entzug das Volk zur Umkehr bewogen werden soll (Hos 3, 4; zu 10, 1f. s. unten). In später Zeit wird die An-

schauung im Blick auf das Kommende in positivem Sinn gelegentlich wieder lebendig: „An jenem Tag wird sein ein Altar für JHWH mitten im Land Ägypten und eine *maṣṣeḇāh* für JHWH nahe dessen Grenze. Es (wohl generisch, Subjekt nicht klar – wahrscheinlich Massebe und Altar) wird sein zu einem Zeichen (*'ôṯ*) und Zeugnis (*ʿeḏ*) für JHWH ... er wird einen Retter (*môšîaʿ*) senden ..." (Jes 19, 19f.). Man ist erinnert an die Altäre, die die Patriarchen bei Gotteserscheinungen nicht zu Opferzwecken, sondern wohl als bleibendes Zeichen erbauten (vgl. Wildberger, BK X/2, 727–746. Umgekehrt: in der Niederlage der Ägypter werden mit deren Kulteinrichtungen auch die „Masseben", Obelisken von Bet-Schemesch vernichtet: Jer 43, 13; vgl. Rudolph, HAT I/12, 258f.). Vielleicht ist *jṣb hiph* unverändert und unkommentiert stehen geblieben (Gen 35, 20 E; 2 Sam 18, 18; vgl. 1 Sam 15, 12; 2 Sam 18, 17; von vornherein ablehnend 2 Kön 17, 10), wo kein Glaubensproblem sich meldete.

2. Texte an sich gegenüber Masseben unbefangener Traditionen verraten eine gewisse Zurückhaltung und Eigenständigkeit der letzten Gestalter.

a) An der ausführlichsten Stelle der Jakobsüberlieferungen, Gen 28, 18. 22 (E?), wird für die Massebe das unspezifische *śjm qal* verwendet, wie 11 (E) und 18 unkultisch für *m^era'^ašoṯājw*. V. 11 unterstreicht überdies die Zufälligkeit und Absichtslosigkeit: *me'aḇnê hammāqôm* (gewöhnlich *lqḥ 'æḇæn*: Gen 31, 45; Jos 24, 26; vgl. Jos 4, 3. 5; 1 Kön 18, 31; 2 Kön 18, 18). Mögliche sakrale Vorstellungen (Inkubation) sind also eher abgeschwächt, abgewehrt. Dieser Tendenz ist nur scheinbar unmittelbar darauf widersprochen: *wajjiṣoq šæmæn ʿal-ro'šāh* (28, 18b). Das ist zwar die einzige derartige Handlung an einem Gegenstand außerhalb des Zeltbereiches, aber im Unterschied zu P (*mšḥ*: Ex 30, 26–33; Lev 8, 10f.; Num 7, 1; vgl. Dan 9, 24b) nicht als Salbung verstanden (→ III 827f.), was hingegen Gen 31, 13 (sekundär) ohne Umschweife der Fall ist (vgl. Westermann, BK I/2, 599f.). Die wohl nach und nach hinzugewachsenen Deutungen bleiben in verschiedenen Ansätzen stecken. *bêṯ 'ælohîm* ist nach den Stelen von Sfire (KAI 223 C 2/3. 7. 9/10; vgl. Donner, ZAW 74, 1962, 68–70) kaum ein Tempelbau, eher die Massebe selbst, als sozusagen indirektes Symbol der Gottheit, genauer: deren irdische Wohnstatt. Wenn das „Haus Elohims", was durchaus möglich ist, noch zum Vordersatz, zu den „Bedingungen" des Gelübdes gehört, der Nachsatz also erst 22b einsetzt, folgt: die Massebe wird erst im erbetenen und gewährten Heil in ihrer eigentlichen Bedeutung erwiesen, ähnlich wie Jakob 21b erwartet, daß JHWH sich als Elohim erweist (vgl. Gen 17, 7; Fokkelmann 67–70; Keller, ZAW 67, 1955, 166). – Gen 35, 14 klingt das syntaktisch nachklappende *maṣṣæḇæṯ 'æḇæn* wie eine Warnung vor Ascheren und Bildern aus Holz (Ri 6, 26; Jes 45, 20) und ruft die Vorstellung eines Altars aus Steinen wach (Ex 20, 25; Deut 27, 5f.; 1 Kön 18, 31). Darauf verweist auch die zusätzliche Erwähnung der Trankspende: *wajjassek̠ ʿālǣhā næsæk̠*. Zwar ist sie kein eigentlicher Weiheritus; aber Altar und „Bundes"-Schluß sind deren häufigster Ort (vgl. Michel, ThWNT VII 532–534; Wildberger, BK X/3, 1147f. 1152. – Zum Altar anstelle der Massebe vgl. Gen 33, 20; 35, 1. 7; Jos 22, 10–34). Irgendwie wider den Kontext erhält nicht die Massebe einen Namen, sondern nur „der Ort" (Gen 28, 19; 35, 15; vgl. 7). Damit rückt die Endredaktion das Heiligtum als solches ins Zentrum der Aufmerksamkeit, wohl als Korrektiv einer befürchteten Überbewertung der Massebe.

b) Masseben spielen mit Niederschriften und Altar eine Rolle in kultisch gestalteten Vollzügen, in denen Israels besonderes Verhältnis zu Gott dargestellt oder festgehalten ist. – Ausdrücklich nur am Sinai: „Mose schrieb alle Worte JHWHs ... und baute (*wajjiḇæn*) einen Altar ... und zwölf Masseben nach (*l^e*) den zwölf Stämmen Israels." Die Masseben passen nicht zum Verb und sind im weiteren Verlauf nicht mehr erwähnt, also wohl ein gelehrtes Requisit, Zählsteine der für Israels Verfassung heiligen Zahl (Ex 24, 4 [E?]; vgl. 1 Kön 18, 31). In dem viel bearbeiteten Gebilde Jos 3, 7 – 5, 1 ist je ein Satz von zwölf Steinen mitten im Jordan (4, 3. 9) bzw. im Gilgal (4, 20) „aufgerichtet" (4, 9. 20: *qwm hiph*) und auf die zwölf Stämme gedeutet als „Zeichen" *'ôṯ* (4, 6) und „zu einem Gedächtnis" *l^ezikkārôn* (4, 7) des von Gott gegebenen Durch- und Einzugs (vgl. die –rituelle – „Kinderfrage": Jos 4, 6–7. 21–22; sowie Deut 6, 20–25; Ex 12, 26f.; 13, 14–16). Möglicherweise ist eine alte Gruppe von Götzenbildern (*p^esîlîm*) „beim Gilgal" (Ri 3, 19. 26) zur Wahrung der späteren Kultzentralisation umgedeutet. – Im Zusammenhang mit der Landnahme umrahmen Deut 27, 1–8 in unbestimmter Mehrzahl aufzurichtende „Steine" (vv. 2. 4: *qwm hiph*; Dubletten) den Altar (vv. 5–7; vor-dtn; vgl. u.a. Ex 20, 25). Es handelt sich um Stelen. Denn sie sind – auf Kalkverputz (vv. 2. 4) – mit „allen Worten dieser Tora" zu beschriften (vv. 3. 8), wodurch ihr redaktioneller, literarischer Charakter nachgewiesen ist, unabhängig von möglichen materiellen, archäologischen Voraussetzungen. – Jos 8, 30–32, u.a. von Deut 27, 2. 4. 8 abhängig, sind die technischen Gegebenheiten vollends ignoriert. Josua scheint „die Abschrift der Tora des Mose" (vgl. Deut 17, 18) auf die (rohen) Bausteine des Altars zu schreiben (vgl. Soggin, Le livre de Josué, Neuchâtel 1970, 179). So werden Spannungen zwischen älterem Traditionsgut und späteren (dtn und dtr) Gewohnheiten theologisch entschärft und ausgenützt (vgl. L'Hour, RB 69, 1962, 29–36). Im Rahmen der die Landnahme abschließenden *b^erîṯ*-Zeremonie „nahm (Josua) einen großen Stein und richtete ihn dort auf (*qwm hiph*) unter der Terebinthe, die im Heiligtum JHWHs ist" (Jos 24, 26b; vgl. Gen 35, 4; BRL² 207 Abb. 49, 1). Der Stein wird zum „Zeugen" erklärt (vgl. van Leeuwen, THAT II 212. 214–216), nicht als Schriftträger wie oben, sondern „weil er gehört hat alle Worte JHWHs (*'imrê JHWH* nur hier im AT!) ... damit ihr euren Elohim nicht verleugnet" (27; vgl. Klopfenstein, THAT I 825–828). Die positive Erwähnung des Heiligtums ist vordtn, die Deutung des Steines kann es sein. In Sfire soll „kein Wort dieser Inschrift (*spr'*) schweigen" (KAI 222 B 8). Der Stein als „Ohrenzeuge" erfüllt eine analoge Funktion wie die regelmäßige Verlesung der Tora (Deut 31, 9–13; vgl. McCarthy, Treaty and Covenant, AnBibl 21 A, 1978, 98–105, hier 103). Der stumme Ohrenzeuge verkündigt sicher nicht Einzelheiten der „Worte", sondern trägt zur beständigen Gegenwart und Öffentlichkeit des besonderen Verhältnisses des Volkes zu Gott bei. – Gen 31, 44–55 ist die gleiche Auffassung der *maṣṣeḇāh* (v. 51: *jrh qal*) verwirklicht in der erklärten Funktion als Dokument des Vertrages zwischen Jakob und Laban und als Grenzmarkierung. Das beigegebene *gal* (vv. 51. 52, vgl. vv. 46. 47. 48. 49) ist die Vorsorge einer Redaktion, unerwünschten kultischen und theologischen Assoziationen zu begegnen.

3. Masseben werden nicht nur solchermaßen sprachlich-theologisch umfunktioniert, neutralisiert oder angeeignet, es gibt auch (schon vor-dtn) Ablehnung.

a) Die Vernichtung der Masseben der Voreinwohner wird im Hinblick auf die Landnahme in mehreren älteren Texten des Pentateuchs gefordert: Ex 23, 24; 34, 13; Deut 7, 5; 12, 3. – In Ex 34, 13 (vielleicht dtr?) sieht man neuerdings den ältesten Beleg: *kî 'æṯ-mizbeḥoṯām tittoṣûn we'æṯ-maṣṣeḇoṯām tešabberûn we'æṯ-'ašerājw* (!) *tikroṯûn* (vgl. Halbe 116–118; anders z. B. Jaroš 28). Die nackte dreigliedrige Formel ist pragmatisch begründet mit dem allgemeinen Verbot sozialer Kontakte (*berîṯ*), weil sie wegen der Verführung Gefahr für die exklusive JHWH-Verehrung wären (Ex 34, 12. 14–16; vgl. Schmitt 24–30). Die Masseben sind zu vernichten als ein kanaanäisches Kultrequisit wie Altäre und Ascheren. Das Verbot von „Gußgöttern" (Ex 34, 17; vgl. Lev 19, 4) ist selbständig und kaum ein Argument für eine ikonische Deutung der Masseben. Etwas für diese Spezifisches findet sich also Ex 34, 13 nicht. – Dagegen wendet Ex 23, 24a die Worte, mit denen Ex 20, 5a die Verehrung der verbotenen Bilder (20, 4) untersagt, unmittelbar auf „deren (der Vorbewohner) Götter" an (*hištaḥawāh* und *'bd hoph* in der gleichen Reihenfolge), bringt also „andere", fremde Götter und Bilder für die Praxis auf den gleichen Nenner (vgl. Welten, TRE 6, 520f.). Der Vergleich *lo' ṯa'aśæh kema'aśêhæm* (Ex 23, 24aβ) dürfte in beabsichtigter Mehrdeutigkeit mit Kultpraktiken Bilder besonders im Auge haben (vgl. Beer, HAT I/3, 120: „Auch sollst du ihre Götzenbilder nicht nachahmen"), ob übernommen oder selber hergestellt (vgl. Halbe 490. 91 Anm. 20). Diese Perspektive gilt auch für das, was folgt. Das einmalige *kî hāres tehāresem* (dtr?) bezieht sich über *ma'aśêhæm* auf *'ælohêhæm* (vgl. Zimmerli, ThB 19, 1969, 238–246). So umfaßt auch „ihre Masseben" am Versschluß (*wešabber tešabber maṣṣeḇoṯêhæm* [dtr?] vgl. Ex 34, 13) Masseben der Fremden, weil es an sich gar keine anderen gibt, selbst wenn sie von Israeliten verwendet oder hergestellt wären. Als einzige Einzelheit sind sie erwähnt, vermutlich weil sie nicht nur leicht „aufzurichten" waren, sondern man in ihnen eine besondere Affinität zur eigentlichen bildlichen Darstellung der Gottheit empfand. Dieser gegenüber den bisher behandelten Texten deutliche ikonische Aspekt schließt Masseben durch Anspielung auf Ex 20, 3–5 grundsätzlich aus, nicht nur aus sozio-religiöser Inopportunität (vgl. Deut 12, 2. 30). – Deut 7, 5, eine (nach Halbe 112 vor-dtr; vgl. dagegen Jaroš 31) Bearbeitung von Ex 34, 13, ist die sachlich kaum veränderte Trias des Vernichtungsgebotes, Altäre, Masseben, Ascheren, um ein viertes Glied erweitert: „Und ihre Bilder sollt ihr verbrennen im Feuer." Das ist kaum als Handlungsanweisung zu verstehen. Denn obwohl nach dem Vorausgehenden die Kanaanäer durch Gott und die Israeliten ausgerottet werden (vgl. vv. 1–2: Bann, → חרם *ḥāram*), wird jede *berîṯ* mit ihnen (v. 2b) und das Connubium wegen der Gefahr der Verführung (vv. 3f.) verboten. In feststehenden Motiven und Wendungen wird Israel an seine Sonderstellung erinnert (6). Das geht nicht ohne mahnende Hinweise auf den Kult. Masseben sind in der stehenden Reihe verschwunden; virulent ist das Problem der eigentlichen Bilder (vgl. Deut 4, 9–28). Das sachlich gleiche, viergliedrige Vernichtungsgebot ist Deut 12, 3 auf die innerisraelitische Kultzentralisation gerichtet. Nicht bestimmte kanaanäische Symbole, sondern unterschiedslos alle Kultorte außerhalb des einen erwählten (v. 5; vgl. 12, 4 mit 7, 5a) sind betroffen (*min hammāqôm hahû'* 12, 3b; vgl. Halbe 112). Masseben teilen Einschätzung und Geschick deren gesamten Inventars. Die auch in den ältesten Belegen literarisch fiktiv auf die noch bevorstehende Landnahme ausgerichteten Vernichtungsgebote heben in Wirklichkeit auf die kultische Absonderung von den Kanaanäern ab. Soweit die Masseben einigermaßen eigene Aufmerksamkeit finden, scheint dies an der besonderen Nähe zum Bild zu liegen, zumindest im dtn/dtr Bereich. Wegen der einfachen Herstellung war die Versuchung allgegenwärtig (vgl. das vielleicht Spontaneität und Zufall andeutende *lāqaḥ 'æḇæn*: Gen 28, 11. 18; 31, 45. 46; Jos 24, 26; ähnlich Jos 4, 20; 1 Sam 7, 12; 1 Kön 18, 31). Die Kultzentralisation bot neue Argumente gegen alle Masseben. Die Archäologie hat neuestens gezeigt, daß Praxis und Theorie sich nicht deckten.

b) Deut 16, 22: „Du darfst nicht aufstellen dir eine Massebe, die (weil sie) haßt JHWH, dein Gott." Der Prohibitiv steht nach einem solchen gegen die Aschere und vor einem gegen fehlerhafte Opfertiere. Die Gruppe hat keinen ersichtlichen Zusammenhang mit dem gegenwärtigen Kontext, ist – schon mit einem Teil der Erweiterungen – Rest einer größeren vor-dtn Einheit (16, 21 kennt die Einheit des Kultortes ebensowenig wie Ex 20, 24f.; vgl. Halbe 116f.; Graesser, Studies 248–254; Rose 51–59). Wegen des engen Anschlusses an 26, 21 ist auch die Massebe „neben dem

Altar" zu sehen. Der „Haß" JHWHs als Motiv des Verbotes beinhaltet sachlich dasselbe wie die *tôʿaḇaṯ JHWH* (17, 1), die in Deut kanaanäische Kultpraktiken zusammenfaßt (vgl. Deut 12, 31 *kŏl-tôʿaḇaṯ JHWH ʾašær śāne*', die paränetische Amplifikation 12, 29–31; Jer 44, 4 und zum Ganzen: L'Hour, RB 71, 1964, 486–489). Die Massebe gilt hier als aus sich kanaanäisch, mit dem JHWH-Kult unvereinbar. – Lev 26, 1 ist das Verbot mit literarischem Anspruch (Chiasmus) rhetorisch aufgefüllt und interpretiert: Verbot der Herstellung von *ʾælîlîm*, der Aufstellung von *pæsæl ûmaṣṣeḇāh*, der Errichtung einer *ʾæḇæn maśkîṯ* „in eurem Land", ausdrücklich *lᵉhištaḥᵃwoṯ ʿālæhā*. Das geistige Umfeld des 1. und 2. Gebotes wird deutlich aus dem, was unmittelbar vorausgeht (25, 55), und dem abschließenden Motiv: *ʾᵃnî JHWH ʾælohêḵæm*. Das Verbot richtet sich also gegen unerlaubte kultische Gelüste. Nur in diesem rhetorischen Kontext ist die Massebe so eng mit dem Bild (→ פסל *pæsæl*) unter einem Verb vereinigt und zudem durch das letzte Glied (*ʾæḇæn maśkîṯ*, vgl. KBL³ 605f.) noch deutlicher dem Bereich der bildlichen Darstellung zugewiesen. Wie immer die Massebe historisch im Einzelfall zu ihrem schlechten Ruf gekommen ist, hier steht sie mit dem Bilder- und Fremdgötterkult unter einem Verdikt (vgl. Mi 5, 12; Hos 10, 1f.).

4. Zwar kann die Aufnahme des Verbotes ins Deut (16, 22; Lev 26, 1) Symptom einer aktuellen Befürchtung sein; die alte Formel wirkt aber theoretisch. Jedenfalls stehen Masseben trotz der Ablehnung nicht im Mittelpunkt der dtn/dtr und späteren Kritik. Sie sind eher selten erwähnt. Im einzelnen ist dem Ahab die Errichtung der Baʿalmassebe angelastet, aber erst nachträglich bei der Reform durch seinen Sohn Joram (2 Kön 3, 3; vgl. 1 Kön 16, 32f.; 2 Kön 21, 3). Nur von Jehu wird in einer eigenständigen, nicht formelhaften Notiz die Vernichtung der „Masseben des Baʿaltempels" berichtet (2 Kön 10, 26f.). Sonst stehen Masseben in den Summarien, anscheinend unter dem Mechanismus der alten dreigliedrig ausgeweiteten und angepaßten Formel (1 Kön 14, 23; 2 Kön 17, 9f.; 18, 4 und 2 Chr 31, 1; 2 Kön 23, 13f.; vgl. oben III. 5). 1 Kön 15, 12 fehlt die Massebe im Gegensatz zur Parallele 2 Chr 14, 2. Selbst ein Josia ist tolerant, wenn es nicht um den Kult geht (*ṣijjûn* 2 Kön 23, 17f.; vgl. Gen 35, 20; 2 Sam 18, 18). Archäologische Befunde (Arad, Lachisch) lassen es als möglich erscheinen, daß in Wirklichkeit nicht so sehr die Masseben aufs Korn genommen, als vielmehr jeweils die gesamte Kultstätte (*bāmāh*) verunreinigt und für jeden Kult, den kanaanäischen (synkretistischen) wie jahwistischen, unbrauchbar gemacht werden sollte (vgl. Rose 187–192; Vaughan 12; Boyd Barrick, SEÅ 45, 1980, 56).

V. Es fragt sich, warum Masseben schließlich, von Dtr grundsätzlich, spätestens nach dem Exil tatsächlich abgeschafft worden sind, anders als z. B. die mit ihnen eng verbundenen Altäre (doch vgl. Ri 6, 25f.). Wie der Bezug auf JHWH etwa durch Jakob positiv statuiert wird (Gen 28, 11–22) so auch der auf Baʿal (2 Kön 3, 2; 10, 26f.). Die ursprüngliche Offenheit schwand wohl unter der jahwistischen Reaktion auf die Erfahrung der faktischen Verquickung mit dem kanaanäischen Kult. Der Anlaß war also wohl pragmatischer Natur. Eine besondere innere Nähe zu Baʿal, etwa als spezifisch oder betont männliches Symbol, erweisen weder die (formelhafte) Nähe zur Aschere (1 Kön 14, 23; 2 Kön 17, 10; 18, 4; 23, 14; → I 478f.) noch die neuerlich im äußersten Süden aufgetauchte unerhörte Wendung „JHWH und seine Aschere" (vgl. Lemaire, RB 84, 1977, 595–608; Meshel; J. A. Emerton, ZAW 94, 1982, 2–20). Die Kultzentralisation, selbst ein Ergebnis der Reaktion, vertrug sich erst recht nicht mit der weiten Verbreitung der Masseben (vgl. die einschlägige Formel: Hos 4, 13; Jer 2, 20; 3, 6; 17, 2; Deut 12, 2; 1 Kön 14, 23; 2 Kön 16, 4; 17, 10; 2 Chr 28, 4), zumal der schließlich exklusive Tempel von Jerusalem Masseben nie gekannt zu haben scheint; wenigstens ist von solchen nie die Rede, zum Unterschied von Ascheren (2 Kön 21, 3–7; 23, 6 coll. 14–15; vgl. 18, 22). – Mitursächlich, zumindest als (nachträgliche) verstärkende Rechtfertigung mag die Nähe zum Bild der fließende Übergang (vgl. Hos 10, 1; Lev 26, 1) sein; denn da sah man Gefahr für die alleinige Verehrung JHWHs (vgl. 2 Kön 17, 7–18 mit Ex 20, 2–5; sowie Mi 5, 9–13; Jer 2, 27; Hab 2, 19; Ez 20, 32; Deut 4, 16–18. 25. 28). Die schließlich entscheidende dtn Gegnerschaft richtete sich eher indirekt gegen die Masseben. Die einschlägige Dogmatik ist von der pastoralen Sorge um JHWHs Anspruch bestimmt.

Gamberoni

מַצָּה *maṣṣāh*

מַצּוֹת *maṣṣôṯ*

I. 1. Etymologie – 2. Belege – II. 1. *maṣṣāh* in nichtkultischen Texten – 2. In der Opfergesetzgebung – 3. Das Massotfest.

Lit.: *C. W. Atkinson*, The Ordinances of Passover-Unleavened Bread (AThR 44, 1962, 70–85). – *E. Auerbach*, Die Feste im alten Israel (VT 8, 1958, 1–18, bes. 1–10). – *G. Beer*, Pesachim (Die Mischna II, 3, 1912). – *F. Cabrol*, Azymes (DACL I, 2, 1924, 3254–3260). – *B. D. Eerdmans*, 'Das Mazzoth-Fest' (Orientalische Studien Th. Nöldeke zum 70. Geburtstag gewidmet, 1906, II, 671–679). – *I. Engnell*, Pæsaḥ-Maṣṣōt a Hebrew Annual Festival of the Ancient Near East Pattern (Proceedings of the 7th Congress for the History of Religions 1950, ed. C. J. Bleeker, 1951, 111–113). – *Ders.*, Pæsaḥ-Maṣṣōt and the Problem of 'Patternism' (OrS 1, 1952, 39–50). – *G. B. Gray*, Passover and Unleavened Bread: The Laws of J, E, and D (JThSt 37, 1936, 241–253). –

H. Haag, Vom alten zum neuen Pascha. Geschichte und Theologie des Osterfestes (SBS 49, 1971). – *Ders.*, Das Mazzenfest des Hiskia (in: Wort und Geschichte, Festschr. K. Elliger, AOAT 18, 1973, 87–94 = Das Buch des Bundes, 1980, 216–225). – *J. Halbe*, Das Privilegrecht Jahwes: Ex 34, 10–26 (FRLANT 114, 1975). – *Ders.*, Passa-Massot im deuteronomischen Festkalender (ZAW 87, 1975, 147–168). – *Ders.*, Erwägungen zu Ursprung und Wesen des Massotfestes (ZAW 87, 1975, 324–346). – *H.-J. Kraus*, Zur Geschichte des Passah-Massot-Festes im Alten Testament (EvTh 18, 1958, 47–67). – *E. Kutsch*, Erwägungen zur Geschichte der Passafeier und des Massotfestes (ZThK 55, 1958, 1–35). – *P. Laaf*, Die Pascha-Feier Israels (BBB 36, 1970). – *H. G. May*, The Relation of the Passover to the Festival of Unleavened Cakes (JBL 55, 1936, 65–82). – *O. Michel*, Azyma (RAC 1, 1056–1062). – *J. Morgenstern*, The Origin of the Maṣṣoth and the Maṣṣoth-Festival (AJTH 21, 1917, 275–293). – *E. Otto*, Das Mazzotfest in Gilgal (BWANT 107, 1975). – *S. Ros Garmendia*, La Pascua en el Antiguo Testamento (Vitoria 1978, Biblia Victoriensia 3). – *L. Rost*, Massoth (BHHW II, 1964, 1169–1170). – *Ders.*, Studien zum Opfer im Alten Israel (BWANT 113, 1981). – *G. Sauer*, Israels Feste und ihr Verhältnis zum Jahweglauben (Studien zum Pentateuch, Festschr. W. Kornfeld, Wien–Freiburg–Basel 1977, 135–141). – *J. Schreiner*, Exodus 12, 21–23 und das israelitische Pascha (Festschr. W. Kornfeld, Wien–Freiburg–Basel 1977, 69–90). – *J. B. Segal*, The Hebrew Passover from the Earliest Times to A.D. 70 (London Oriental Series 12, 1963). – *C. Steuernagel*, Zum Passa-Maṣṣotfest (ZAW 31, 1911, 310). – *B. N. Wambacq*, Les maṣṣôt (Bibl 61, 1980, 31–54). – *J. Wellhausen*, Prolegomena zur Geschichte Israels, 61927, 82ff. – *H. Windisch*, ζύμη, ζυμόω, ἄζυμος (ThWNT II, 1935, 904–908). – *F. Zeilinger*, Das Passionsbrot Israels. Deutungsgeschichtliche Untersuchung zum Ungesäuerten Brot im Alten Testament (Diss. Graz 1963). – *P. Zerafa*, Passover and Unleavened Bread (Ang 41, 1964, 235–250).

I. 1. Die z. B. noch von E. König (WB) und BDB vertretene Herleitung des Wortes *maṣṣāh* von der Wurzel *mṣṣ* ʿsaugenʾ in dem Sinne, daß *maṣṣāh* etwas bezeichnet, „was gleichsam gesaugt, d.h. besonders gern gegessen wird" (E. König), ist schon wegen des weiten semantischen Umweges kaum zutreffend. Zusammenstellungen mit hebr. *mṣh* ʿauspressen, ausschlürfenʾ, oder arab. *muzz* ʿsäuerlichʾ, *mazza* ʿsaugenʾ oder äth. *maḏaḏa* (vgl. arab. *maḏaḏ* ʿsaure Milchʾ) ʿsaure Milch trinkenʾ sind „nur ein Notbehelf, um dem Wort irgendwie zu einem semitischen Vater zu verhelfen" (G. Beer, 21). Dagegen ist ein Zusammenhang zwischen griech. μᾶζα (hellenist. μάζα, megar. μᾶδδα) ʿGerstenteig, Gerstenbrotʾ und hebr. *maṣṣāh* kaum zu leugnen (vgl. H. Frisk, Griechisches Etymologisches WB II, 1970, 158f.). Freilich handelt es sich bei griech. μᾶζα nicht um ein semit. LW (so E. Assmann, Philologus 67, 1908, 199), sondern eher ist hebr. *maṣṣāh* aus dem Griech. entlehnt (so C. H. Gordon, HUCA 26, 1955, 61 und Antiquity 30, 1956, 24), falls nicht sogar ein kleinasiatisches oder hurritisches Wort als Ausgangspunkt sowohl für das Griech. wie für das Hebr. anzunehmen ist (vgl. L. Rost, Studien, 19, Anm. 8).

2. *maṣṣāh* bzw. *maṣṣôṯ* findet sich insgesamt 54mal im AT. Als Sing. begegnet *maṣṣāh* nur Lev 2,5 im allgemeinen Sinn als Hinweis darauf, daß das Speiseopfer aus Ungesäuertem bestehen muß, und Lev 8, 26 (bis) in der Verbindung *ḥallaṯ maṣṣāh* ʿein ungesäuertes Ringbrotʾ und ebenso Num 6,19 neben *reqîq maṣṣāh* ʿein ungesäuerter dünner Fladenʾ. Die Mehrzahl der Belege (insgesamt 24) gehört zu P. *ḥaḡ hammaṣṣôṯ* zur Bezeichnung des Festes begegnet 9mal. Das Verbum *ʾāḵal* findet sich in Verbindung mit *maṣṣôṯ* insgesamt an 18 Stellen.
In den Qumranschriften läßt sich bisher *maṣṣāh*/*maṣṣôṯ* nur in der Tempelrolle an 3 Stellen nachweisen (15, 9; 17, 11; 20, 12).
LXX übersetzt in der Regel mit ἄζυμα (vgl. dazu bes. Windisch und Michel).

II. 1. Obwohl das Wort *maṣṣāh* „ursprünglich als Fremdwort in kultischer Verwendung den Israeliten bekannt geworden sein dürfte" (L. Rost, Studien 19, Anm. 8), empfiehlt es sich, mit den wenigen Stellen zu beginnen, an denen *maṣṣôṯ* in nichtkultischem Zusammenhang belegt sind. Nachdem Lot in Sodom die beiden Männer nötigte, bei ihm einzukehren, bereitete er für sie ein Gastmahl (*mišteh*) und ließ *maṣṣôṯ* backen (Gen 19,3). Es handelt sich dabei um ungesäuerte Brotfladen, die man bäckt, wenn man keine Zeit hat, die Gärung abzuwarten. Auch bei den *ʿuḡôṯ*, die Sarah Gen 18,6 backen soll und mit denen Abraham die beiden Besucher bewirtet, wird es sich um ungesäuerte Brotfladen gehandelt haben; denn auch sie werden schnell zum sofortigen Verzehr zubereitet. Wenn die „Hexe zu Endor" nach 1 Sam 28,24 zur Bewirtung Sauls nicht nur ein Mastkalb schlachtet, sondern dazu auch *maṣṣôṯ* bäckt, so geht es auch hier darum, dem Gast sofort etwas vorsetzen zu können. Nimmt man die Bewirtung des *malʾāḵ* durch Gideon Ri 6, 11ff. (dazu neuerdings L. Rost, Studien, 17ff.) hinzu, die vermutlich eine verbreitete Sitte der Götterspeisung reflektiert, aber durch das Dazwischentreten des *malʾaḵ JHWH* zu einer *ʿôlāh* umgewandelt wird, so kann man sich des Verdachtes nicht erwehren, daß auch bei Gen 19, 3 (Gen 18,6) im Hintergrund die Vorstellung mitschwingt, daß es sich bei den *maṣṣôṯ* um Gebäck handelt, das zur Götterspeisung diente. Deshalb wird man auch dem Erzähler von 1 Sam 28, 24 nicht ganz (gegen H. J. Stoebe, KAT VIII 1 z. St.) abstreiten wollen, daß er bei dem Mahl an ein Opfermahl zur Herbeirufung eines Totengeistes dachte.

2. In der Opfergesetzgebung von P spielen ungesäuerte Brote unabhängig vom Massotfest und von der Passahfeier eine gewisse Rolle. So besteht nach Lev 2, 4 das Speiseopfer in zubereiteter Form aus ungesäuerten Ringbroten *ḥallôṯ maṣṣôṯ*, bei denen bereits der Teig mit Öl angemengt wird, und aus ungesäuerten dünnen Fladen *reqîqê maṣṣôṯ*, die mit Öl bestrichen werden. Auch die auf der Backplatte zubereiteten Grießkuchen müssen ungesäuert sein, wie Lev 2, 5 ausdrücklich betont. Lev 6, 9 unterstreicht

noch einmal, daß der nicht verbrannte Rest des Speiseopfers von den Priestern an heiliger Stätte gegessen werden muß, und zwar in Form von ungesäuerten Broten.

Beim Heilsmahlopfer Lev 7, 12 besteht die Brotgabe wie beim Speisopfer Lev 2 aus ungesäuerten Ringbroten, die mit Öl angemengt, und aus ungesäuerten Fladen, die mit Öl bestrichen wurden. Allerdings werden 7, 13, vermutlich als Zugeständnis an ältere Praxis, auch Sauerteig-Ringbrote als Opfer zugelassen (vgl. Am 4, 5). Lev 10, 12 wird im Zusammenhang mit Priesterbestimmungen noch einmal darauf hingewiesen, daß es Pflicht der Priester ist, das Speiseopfer zusammen mit Ungesäuertem am heiligen Ort zu verzehren.

Bei der Priesterweihe Ex 29 par. Lev 8 gehören ungesäuerte Brote zu den Opfergaben. Das Einsetzungsopfer besteht aus einem Jungstier und zwei fehlerlosen Widdern, und nach Ex 29, 2 gehören dazu ungesäuerte Brote (*læḥæm maṣṣôṯ*) und ungesäuerte Ringbrote und ungesäuerte Fladen aus Weizengrieß. Der Mazzenkorb (*sal hammaṣṣôṯ* Ex 29, 23; Lev 8, 2. 26; Num 6, 15. 17 neben einfachem *sal* Ex 29, 3 [bis]. 32 und Num 6, 19), der vor JHWH steht, ist als feste Einrichtung des späteren Kultus anzusehen, wenn auch genauere Nachrichten fehlen (vgl. K. Elliger, HAT I/4, 109). Aus diesem Korb nimmt der Priester die Brote und legt sie in die Hände der zu weihenden Priesterkandidaten, um damit die Webe vor JHWH zu vollziehen.

Schließlich wird noch im Nasiräergesetz Num 6 betont, daß zu den zur Ausweihung geforderten Opfern als Speiseopfer ein Korb mit ungesäuerten Ringbroten und ungesäuerten Fladen (Num 6, 15) hinzukommt. Wie bei der Priesterweihe Lev 8 par. Ex 29 wird ausdrücklich wieder der Korb erwähnt, in dem die Brote herzugebracht werden müssen. Die Ringbrote und Fladen werden mit den gleichen Formulierungen wie Lev 2, 4 (auch 7, 12) genau definiert (vgl. D. Kellermann, BZAW 120, 1970, 91).

Der Beleg für *maṣṣôṯ* 2 Kön 23, 9 ist schwierig zu deuten und daher umstritten. Nach 2 Kön 23, 9a sind die ehemaligen Höhenpriester am Jerusalemer Tempel nicht zum Opferdienst zugelassen. Der folgende Satz 9b *kî 'im 'āḵelû maṣṣôṯ beṯôḵ 'aḥêhæm* 'sondern sie aßen ungesäuerte Brote inmitten ihrer Brüder' bereitet in mehrfacher Hinsicht Schwierigkeiten bei der Interpretation. Kaum zutreffend ist die Meinung (vgl. O. Thenius, Kurzgefaßtes exeg. Handbuch 9, ²1873, 441f.), daß die Höhenpriester so, wie sie sich am Opferdienst nicht beteiligen durften, auch bei den Mahlzeiten „unter sich" *beṯôḵ 'aḥêhæm* bleiben mußten. Auch die Deutung des *beṯôḵ 'aḥêhæm* i.S.v. „unter ihren bisherigen Mitbürgern", d.h. „an ihren alten Wohnsitzen" (vgl. W. W. Graf Baudissin, Die Geschichte des alttestamentlichen Priesterthums, 1889, Neudruck 1967, 236f.) scheitert daran, daß '*maṣṣôṯ* essen' nicht gleichbedeutend ist mit 'Brot essen' i.S.v. 'leben', vgl. Am 7, 12. Da *maṣṣôṯ* nicht die Nahrung der Priester, auch nicht ein wesentlicher Teil davon ist, vermutet man, daß es sich in v. 9 um eine Notiz handelt, die ursprünglich zur Schilderung der Passahfeier 2 Kön 23,21ff. gehörte und die besagen soll, daß die Höhenpriester zwar nicht zum Altardienst zugelassen sind, daß aber ihre Teilnahme am Passahfest als Bekenntnis zum JHWH-Glauben angesehen wird (vgl. R. Kittel, HK I/5, 1900, 301f. und A. Šanda, Exeg. Handbuch zum AT 9, 2, 1912, 345) oder daß 9b besagen will, daß die Höhenpriester „die Passahfeier in der Mitte und nach der Art der Laien, mit denen sie gekommen waren", feiern mußten (so H. Schmidt, SAT II/2, 1923, 182). Will man nicht mit Textumstellung rechnen und 9b nicht auf die Passahfeier beziehen, dann liegt es nahe, diesen Satz als Hinweis auf die Regelung des Lebensunterhaltes der arbeitslosen Landpriester zu sehen. Der Vorschlag, deshalb *maṣṣôṯ* als *miṣwôṯ* zu punktieren in Anlehnung an Neh 13, 5, wo die Zehntabgaben für die Leviten als *miṣwaṯ halewîjim* bezeichnet werden, erweckt Bedenken, weil *miṣwôṯ* oder *miṣwāh* nicht in Verbindung mit dem Verbum *'āḵal* gebraucht werden kann (vgl. B. Stade und F. Schwally, SBOT 9, 1904, 294) und weil auch in Neh 13, 5 mit V *(partes Levitarum)* der Text wohl in *menājôṯ* zu verbessern ist. *menājôṯ* auch in 2 Kön 23, 9 statt *maṣṣôṯ* zu lesen, also statt der ungesäuerten Brote ein allgemeines Wort für Anteile zu gewinnen (vgl. A. Kuenen, Historisch-kritische Einleitung in die Bücher des Alten Testaments, 1887, I/1, 281 und noch KBL³ s.v. *maṣṣāh*), wirkt bestechend. Vergegenwärtigt man sich jedoch, daß es nach Lev 6, 9 die besondere Pflicht der Priester ist, die beim Opfer übriggebliebenen Teile des Speisopfers in Form von ungesäuerten Broten an heiliger Stätte zu verzehren, damit der Heiligkeitscharakter dieser Speise gewahrt bleibt, so verwundert es nicht, wenn 2 Kön 23, 9 *maṣṣôṯ* als besonders wichtiger Teil der Priesteranteile am Opfer stellvertretend genannt werden. Auch Raši (Miqra'ot gedolot z. St.) sieht das so, wenn er sagt, daß die Höhenpriester zwar nicht opfern durften, aber von den Opfergaben essen durften, also wie Priester, die einen Fehler an sich haben (*kb'lj mwmjn*) geachtet wurden. 2 Kön 23, 9 zeigt demnach, daß die Deut 18, 6. 7 geforderte Gleichstellung der nach Jerusalem gekommenen Höhenpriester mit den in Jerusalem ansässigen Priestern auf Widerstand stieß und sich nicht durchsetzen ließ. Das Recht auf priesterliche Versorgung konnte man den Landpriestern jedoch kaum absprechen, so daß wenigstens der Lebensunterhalt durch die Teilhabe an den Opferdeputaten, für die stellvertretend die *maṣṣôṯ* genannt sind, gesichert wurde.

3. Die spärlichen Nachrichten über das Massotfest (Luther: Fest der ungesäuerten Brote, im NT: Fest der süßen Brote) bieten wenig konkrete Angaben über die Festbräuche, so daß der Charakter des Festes und seine Geschichte nicht leicht darzustellen ist. Als selbständiges Fest wird das Massotfest Ex 34, 18 und 23, 15 sowie Deut 16, 16; Ex 13, 3–10; 12, 15–20; Lev 23, 6–8; Num 28, 17–25 sowie 2 Chr 8, 13 behandelt. Die Festordnung der vordeuteronomischen Zeit, wie sie Ex 34, 18–24 und 23, 14–17 überliefert ist, stellt das Massotfest mit dem Wochen- und dem Lesefest (*ḥaḡ šāḇu'oṯ* und *ḥaḡ hā'āsîp*) zusammen. Darauf gründet sich die seit J. Wellhausen mit geringen Modifizierungen vertretene These, die weitgehend noch herrschende communis opinio ist, daß das Massotfest ein landwirtschaftliches Fest mit kanaanäischem Ursprung ist. Die Beseitigung des alten Sauerteiges und das Essen der ungesäuerten Brote während der siebentägigen Festwoche wird so

gedeutet, daß durch diese Begehung das neue Erntejahr eingeleitet werden soll. Wie aus Ex 34, 18 und 23, 15 hervorgeht, war das Massotfest ursprünglich nicht an ein genaues Datum gebunden. Der Termin wurde durch den Stand des Getreides und den dadurch bedingten Erntebeginn bestimmt, wie aus Deut 16, 9 *mehāḥel ḥærmeš baqqāmāh* 'vom Anfangen der Sichel im Getreidefeld', also vom Anschnitt der Sichel in die neue Saat der Gerstenernte, hervorgeht. Freilich liegt die Ernte der Gerste als der frühesten Getreideart z. B. in der fruchtbaren Jesreelebene erst im Juni (vgl. G. Dalman, AuS I/2, 1928, 333), so daß die allgemeine Terminangabe schwer mit der späteren genauen Datierung 15. I. (= Nisan = Abib = März/April) in Einklang zu bringen ist.

Die Sieben-Tage-Dauer des Massotfestes ist eng verknüpft mit der Vorstellung von der Woche, die JHWH als Herrn der Arbeit und der Ruhe bezeugt. Wahrscheinlich ist die Festlegung des Beginns der Festwoche auf den 'Tag nach Sabbat' (Lev 23, 11), d.h. auf den ersten Tag der Woche, nicht ursprünglich. Aber seit dieser Fixierung des siebentägigen Massotfestes fiel das Fest genau mit einer Woche zusammen. In der späteren Praxis gab man allerdings die Verbindung des Festes mit der Woche auf und richtete sich nach dem Datum der Passahfeier.

Nachdem beide Feste mindestens seit dem Deuteronomium und der Reform des Josia zu Wallfahrtsfesten geworden waren, lag es nahe, Passahfest und Massotfest zu verbinden. Ausdrücklich als *ḥaḡ* wird das Massotfest Ex 34, 18; 23, 15; Lev 23, 6; Deut 16, 16; 2 Chr 8, 13; 30, 13. 21; 35, 17 und Esr 6, 22 bezeichnet. Nach Deut 16, 7 wird allerdings nur für das Passahfest, nicht dagegen für das Massotfest, die Anwesenheit am Heiligtum gefordert. Die alte Vorschrift, am Passahfest ungesäuerte Brote zu essen (Ex 12, 8), kam der Zusammenlegung beider Feste entgegen.

Nachdem auf diese Weise die sekundäre kalendarische Datierung des Beginns des Massotfestes auf den 15. I. (vgl. E. Kutsch, 14ff. und K. Elliger, HAT I/4, 315) vollzogen war, ergaben sich zwangsläufig Schwierigkeiten, wenn man das Massotfest nach wie vor an die Woche binden wollte (vgl. Ex 23, 15; 34, 18; und Ex 12, 16; Deut 16, 8; Lev 23, 6. 8). Bei der Deutung des Ausdrucks *mimmŏḥŏraṯ haššabbāṯ* Lev 23, 16 halfen sich die Rabbinen, indem sie *šabbāṯ* hier in der Bedeutung 'Feiertag', nämlich den ersten Tag nach der Passahnacht auffaßten, während die Boethusäer (*bjtwsjn*) den Ausdruck wörtlich verstanden und vom ersten regulären Sabbat nach dem Passahfeiertag an rechneten (bMenaḥot 65a). In der Praxis gab man also die Verbindung des Massotfestes mit der Woche auf und richtete sich ganz nach dem vom Vollmond abhängigen Datum des 14. I. (= Nisan) für das Passahfest. Damit war der Zusammenhang des Massotfestes mit dem Erntebeginn getilgt. Daß der ursprüngliche Sinn des Festes als Feier des Erntebeginns aus dem Bewußtsein geschwunden war, zeigt Lev 23, 9–19 (vgl. K. Elliger, HAT I/4, 314f.); denn in diesem Text erscheint die Webe der Erstgarbe (*'omær re'šîṯ* Lev 23, 10; *'omær hattenûpāh* Lev 23, 15) als selbständige Feier des Erntebeginns ohne irgendeinen Bezug zum Massotfest.

Unter Hiskia scheint ein selbständiges Massotfest gefeiert worden zu sein, wie 2 Chr 30 erkennen läßt. Die Erwähnung des Passah in diesem Text geht auf einen Bearbeiter der chronistischen Darstellung zurück, der sich an 2 Chr 35, 1–7 orientiert hat, weil zu seiner Zeit „ein Mazzenfest ohne vorangehendes Pesach undenkbar" war (vgl. H. Haag, AOAT 18, 91).

Der Passah-Papyrus aus Elephantine (AP Nr. 21, S. 60–65, sowie Kommentar und Ergänzungsvorschläge der Textlücken von P. Grelot, Etudes sur le „papyrus paschal" d'Eléphantine, VT 4, 1954, 349–384) läßt erkennen, daß im Jahre 419 v. Chr. in Elephantine ein Passahfest und ein Massotfest bekannt waren. Wenn die Anweisung des Chananjah aus Jerusalem für die Juden in Elephantine nicht etwa die Feier des Massotfestes neu einführen will, dann stellt sie – das läßt der erhaltene Text eindeutig erkennen – die Forderung auf, das Passahfest nicht ohne eine nachfolgende Massotwoche zu feiern und zwar am festgelegten Datum (15.–21. Nisan), also im Sinne der Jerusalemer Priesterschaft (vgl. H. Haag, SBS 49, 95f.).

Als Festopfer für das Passah-Massotfest am Jerusalemer Tempel schreibt P Num 28, 16–23 vor: an jedem der sieben Festtage sind zwei Farren und ein Widder sowie sieben einjährige Lämmer als Brandopfer mit den dazugehörigen Speisopfern darzubringen.

In den uns vorliegenden Texten ist das Massotfest Ex 34, 18; 23, 15; Deut 16, 3 ebenso wie das Passahfest Deut 16, 1. 6 oder das Passah-Massotfest Ex 12, 23–27. 39; Ex 12, 12. 17 mit der Herausführung aus Ägypten verbunden. Wenn die *maṣṣôṯ* Deut 16, 3 als *læḥæm 'onî* 'Elendsbrot' bezeichnet werden, dann wird an die Situation des Volkes Israel in Ägypten (vgl. Ex 3, 17 *'onî miṣrajim* Gen 41, 52 *'æræṣ 'ŏnjî*) und beim Auszug erinnert. Die Verknüpfung mit dem Auszug aus Ägypten wird am ausführlichsten greifbar in Ex 12, wo innerhalb des Berichtes über den Auszug aus Ägypten genauer über beide Feste gehandelt wird. Beide Feste werden 'historisiert'. Sie sollen später dazu dienen, an das entscheidende Ereignis der Heilsgeschichte, die Befreiung aus Ägypten durch das Eingreifen JHWHs, zu erinnern. „Das Fest wird so zu einem 'Gedächtnis' der historisch greifbaren Heilstaten Gottes. Das einmalige und unwiederholbare geschichtliche Geschehen wird in der kultischen Gedächtnisfeier für alle Geschlechter persönliche heilspendende Gegenwart." (H. Haag, SBS 49, 59).

Neuere Deutungsversuche müssen erst ihre Bewährungsprobe bestehen. I. Engnell möchte das Passah als südkanaanäische, das Massotfest dagegen als nordkanaanäische Form des Neujahrsfestes, das im Frühling gefeiert wurde, verstehen, so daß beide Feste nur verschiedene Ausprägungen der gleichen Feier wären. Ähn-

lich hält es O. Procksch für denkbar, daß das Massotfest ursprünglich den Leastämmen eigentümlich war, während das Wochen- und das Laubhüttenfest, „wo Weizen und Obst auf fruchtbare Landstriche deuten, zu den Rahelstämmen gehörte" (ThAT 1950, 549).
Nach J. Halbe (ZAW 87, 1975, 324–356) ist das Massotfest kein Fest, das als ursprünglich kanaanäisches Bauernfest sekundär „jahwesiert" worden wäre, sondern dieses Fest für Bauern sei „entstanden als Antwort der Jahwereligion aufs seßhaft gewordene Leben" (a. a. O. 345). Die Entstehung erklärt sich aus einer Verselbständigung des Massotelementes im alten Passahritus. E. Otto dagegen nimmt an, daß das Massotfest den Israeliten in Gilgal bekannt geworden sei und versucht, das Essen der *maṣṣôṯ* auf die Verhältnisse der Wüstenzeit zurückzuführen. Gegen beide Theorien muß festgehalten werden, daß das Wort *maṣṣāh* keine Etymologie im semit. Sprachraum aufweist, so daß der Verdacht, es könnte von den Israeliten nicht nur das Wort, sondern auch der Brauch, ungesäuerte Brote während des siebentägigen Massotfestes zu essen, übernommen worden sein, nicht von der Hand zu weisen ist. – Zur literarkritischen Einordnung des Massotfestes in Jos 5 vgl. demnächst H. J. Fabry, BEThL 1984.

D. Kellermann

מְצוּדָה *m^eṣûḏāh*

*מָצוֹד *māṣôḏ*, מְצוֹדָה *m^eṣôḏāh*, מְצָד *m^eṣāḏ*

I. 1. Unterscheidung der Wurzeln – 2. Etymologie, Belege in der Umwelt – 3. Vorkommen, Bedeutungen – II. Profaner Gebrauch – 1. der Derivate der Wurzel *ṣwd* – 2. der Derivate der Grundform **mṣd* – III. Verwendung in religiös bestimmten Aussagen und übertragene theologisch-religiöse Bedeutung – 1. der Derivate der Wurzel *ṣwd* – 2. der Derivate der Grundform **mṣd*.

Lit.: *G. Dalman*, AuS VI, 1939, 328.335–340.359–362. – *D. Eichhorn*, Gott als Fels, Burg und Zuflucht (EHS XXIII/4, 1972) 96–99. – *K. Galling*, Fisch und Fischfang (BRL² 83f.). – *G. Gerleman*, Contributions to the Old Testament Terminology of the Chase, Lund 1946. – *O. Keel*, Die Welt der altorientalischen Bildsymbolik und das Alte Testament, ²1977. – *M. Metzger*, Festung (BHHW I, 1962, 475–479). – *K. D. Schunck*, Davids „Schlupfwinkel" in Juda (VT 33, 1983, 110–113). – *J. Simons*, Jerusalem in the Old Testament, Leiden 1952, 60–64. – *H. Weippert*, Festung (BRL² 80–82). – *Y. Yadin*, Masada, New York 1967.

I. 1. Die zur Wortgruppe *m^eṣûḏāh* gehörenden Nomina sind wahrscheinlich von zwei verschiedenen hebr. Wurzeln bzw. Grundformen abzuleiten: Entweder von *ṣwd* = 'jagen', 'nachstellen', 'einfangen' oder von der Wurzel **mṣd* (vgl. arab. *maṣd*, *maṣād* 'Berggipfel', 'Zufluchtsort', s. KBL³ 587). Dabei sind mit der Wurzel *ṣwd* außer **māṣôḏ* (I) noch *m^eṣûḏāh* (I) und *m^eṣôḏāh* zu verbinden, während als Derivate von der Grundform **mṣd* neben *m^eṣāḏ* (*m^eṣaḏ*, so nur 1 Chr 12, 9, ist nach LXX späterer Zusatz und wohl auf ein Versehen eines Abschreibers zurückzuführen; vgl. W. Rudolph, HAT I/21, 104) ebenfalls **māṣôḏ* (II) und *m^eṣûḏāh* (*m^eṣuḏāh*) (II) auftreten.
2. Derivate beider Grundformen sind über das Hebr. hinaus auch in weiteren semit. Sprachen belegt. Geht die Wurzel *ṣwd* bereits auf akk. *ṣādu* sowie ugar. *ṣd* zurück und tritt auch im Mhebr., Jüd.-Aram., Syr. und Arab. auf, so hat auch **māṣôḏ* I in christl. pal. *mṣd'* = 'Netz' und *m^eṣûḏāh* I in mhebr. *m^eṣāḏāh*, jüd.-aram. *m^eṣûḏtā'*, syr. *mṣīḏtā* sowie arab. *miṣjadat* = 'Netz', 'Falle' Parallelwörter. Ebenso wird nicht nur die Grundform **mṣd* in arab. *maṣd* und *maṣād* = 'Berggipfel', 'Zufluchtsort' wieder aufgenommen, sondern auch *m^eṣāḏ* in jüd.-aram. *m^eṣāḏtā'* = 'Festung' und *m^eṣûḏāh* II in mhebr. *m^eṣāḏāh* sowie jüd.-aram. *m^eṣûḏtā'* fortgeführt.
3. a) Die Wortgruppe begegnet im AT samt den außerkanonischen Schriften sowie den Handschriften vom Toten Meer und aus der Wüste Juda 42mal. Davon entfallen unter Berücksichtigung einiger Konjekturen nur 9 Belegstellen auf die Derivate von der Wurzel *ṣwd*, die sich vor allem auf Ez (3mal), Pred (2mal) und Sir (2mal bei Einbeziehung der nur griech. überlieferten Passage Sir 26, 22, wo πύργος irrtümliche Übersetzung von *m^eṣûḏāh* II statt I ist; vgl. P. W. Skehan, CBQ 16, 1954, 154; KBL³ 588) verteilen. Demgegenüber treten die von der Form **mṣd* abgeleiteten Nomina, mehrere Konjekturen eingeschlossen, 32mal, überwiegend in Sam (11mal) und Ps (7mal) auf, wobei *m^eṣāḏ* ursprünglich nur im Pl. begegnete (in 1 Chr 12, 9. 17 ist *m^eṣāḏ* bzw. *m^eṣaḏ* später eingetragen; in 1 Chr 11, 7 liegt eine frühzeitige Verschreibung aus *m^eṣuḏāh* vor, wie 1 Chr 11, 5 und die Parallele 2 Sam 5, 9 ergeben), während *m^eṣûḏāh* (*m^eṣuḏāh*) II mit Ausnahme von Ps 31, 3; 71, 3a cj. nur im Sing. gebraucht wurde.
b) Der Grundbedeutung der Wurzel *ṣwd* = 'jagen', 'einfangen' entsprechend, hat das aus dieser Wurzel entstandene Derivat **māṣôḏ* I die Bedeutung 'Fangnetz' (Hi 19, 6; Pred 7, 26; Ps 116, 3 l. *m^eṣoḏê*). Ebenso zeigt dann auch das weitere Derivat *m^eṣûḏāh* I, das die fem. Form von **māṣôḏ* I darstellt, die vom Jagdgeschehen abgeleiteten Bedeutungen 'Fangnetz' (Ez 12, 13; 17, 20; Sir 9, 3; 26, 22 cj.) und 'Jagdbeute' (Ez 13, 21), während das dritte Derivat dieser Wurzel, *m^eṣôḏāh*, wieder allein die Bedeutung 'Fangnetz' aufweist (Pred 9, 12), die somit allen Derivaten der Wurzel *ṣwd* gemeinsam ist.
Den von der Grundform **mṣd* abgeleiteten Nomina ist demgegenüber die Grundbedeutung 'schwer zugänglicher Ort' gemeinsam. Daraus hat *m^eṣāḏ* die speziellen Bedeutungen 'Schlupfwinkel', 'Versteck' (Ri 6, 2; 1 Sam 23, 14. 19; 24, 1; Ez 33, 27; 1 Chr 12, 9. 17) und 'Zufluchtsort' (Jes 33, 16; Jer 48, 41; 51, 30) entwickelt; die weitere spezielle Bedeutung 'Festung' tritt erst in den Handschriften vom Toten Meer und aus der Wüste Juda auf (vgl. DJD II 164 Nr. 45; III 269, 37; zu *m^eṣāḏ* in 1 Chr 11, 7 s. I. 3. a). In gleicher Weise hat auch das weitere Derivat **māṣôḏ* II die spezielle Bedeutung 'Schlupfwinkel',

'Versteck' ausgeprägt (Spr 12,12). Das am häufigsten begegnende dritte Derivat *m^e^ṣûḏāh* hat ebenfalls neben der Grundbedeutung 'schwer zugänglicher Ort' (Hi 39,28) überwiegend die speziellen Bedeutungen 'Schlupfwinkel', 'Versteck' (1 Sam 22,4.5; 24,23; 2 Sam 5,17; 23,14; 1 Chr 11,16; 12,9.17) und 'Zufluchtsort' (Ps 18,3; 31,3.4; 71,3a l. *m^e^ṣûḏôṯ*. 3b; 91,2; 144,2) angenommen. Die vielfach fälschlich als Hauptbedeutung verstandene weitere spezielle Bedeutung 'Festung' (so GesB 452; KBL³ 588) ist dagegen auf vier Stellen beschränkt (2 Sam 5,7.9; 1 Chr 11,5.7 l. *m^e^ṣuḏāh*), die sich alle auf das von David eroberte vorisraelitische Jerusalem = Zion = die Davidsstadt beziehen und sich durch die defektive Schreibung *m^e^ṣuḏāh* deutlich von den übrigen Belegstellen dieses Derivats abheben. Möglicherweise wurde so dem Nomen *m^e^ṣuḏāh* die Bedeutung 'Festung' erstmals in Verbindung mit der Eroberung der als kaum einnehmbar geltenden Akropolis bzw. Stadtanlage von Jerusalem durch David beigelegt; später dürfte sie dann auch auf das Nomen *m^e^ṣāḏ* sowie weitere Festungen (vgl. dazu auch das n.l. Μασαδα) übertragen worden sein.

II. Die von der Wurzel *ṣwd* abgeleiteten Nomina finden ebenso wie die auf der Grundform **mṣd* basierenden Wortbildungen im AT sowie im außerbiblischen Schrifttum profane Verwendung; diese liegt bei etwa der Hälfte aller Belegstellen der Wortgruppe vor.

1. Die auf die Wurzel *ṣwd* zurückgehenden Nomina **māṣôḏ*, *m^e^ṣûḏāh* und *m^e^ṣôḏāh* waren in Israel ebenso wie das hebr. Wort *ræšæṯ* Bezeichnungen für das bei der Jagd wie auch beim Fischfang verwendete Fangnetz (Pred 9,12), das vom ebenfalls beim Fischfang benutzten Wurfnetz oder Stellnetz *(mikmār)* sowie dem Schleppnetz *(ḥeræm)* zu unterscheiden ist (Dalman 335f. 361f.). Von dieser ganz konkreten Bestimmung ausgehend, dienen **māṣôḏ* und *m^e^ṣûḏāh* in den Weisheitsschriften als Symbolworte für die Frau und ihr Verhalten, insofern dieses zur Aufhebung der physischen und psychischen Selbständigkeit eines anderen Menschen führt. So wird Pred 7,26 die Frau als ein Wesen beschrieben, das aus Fangnetzen besteht, während Sir 9,3 vor den Fangnetzen einer fremden Frau warnt und Sir 26,22 cj die verheiratete Frau als ein Fangnetz des Todes für ihren Liebhaber bezeichnet.

2. Ein profaner Gebrauch der aus der Grundform **mṣd* gebildeten Derivate liegt innerhalb des AT fast ausschließlich in den Geschichtsbüchern vor. Dabei überwiegt eine Verwendung in der Bedeutung 'Schlupfwinkel', 'Versteck', wobei mehrfach eine Verbindung mit *m^e^ʿārāh* 'Höhle' begegnet (Ri 6,2; 2 Sam 23,13f.; 1 Chr 11,15f.; Ez 33,27; vgl. dazu auch 1 Sam 22,1 mit 22,4f. sowie 1 Sam 24,1.23 mit 24,4). So bezeichnet *m^e^ṣāḏ* in Ri 6,2 die von israelitischen Sippen zum Schutz vor den Midianitern zusammen mit Höhlen angelegten Schlupfwinkel, und so stehen *m^e^ṣāḏ* bzw. *m^e^ṣûḏāh* ebenso für die David zu einem Schlupfwinkel vor Saul dienende Höhle Adullam (1 Sam 22,4f.; 2 Sam 23,14; 1 Chr 11,16) wie für in der Steppe von Siph gelegene Schlupfwinkel Davids (1 Sam 23,14.19) oder ein Versteck Davids in den Höhlen von En-Gedi (1 Sam 24,1.23). Wahrscheinlich baute David einen dieser Schlupfwinkel schließlich zu einem festen Standquartier aus, auf das er sich auch später noch stützte (2 Sam 5,17). Es spricht jedoch nichts dafür, mit diesem oder den anderen Schlupfwinkeln Davids die Vorstellung von einer Bergfeste (vgl. KBL³ 588; Komm.) zu verbinden.

In gleicher Weise findet auch das Derivat *m^e^ṣûḏāh* in der Grundbedeutung 'schwer zugänglicher Ort' profane Verwendung; in Hi 39,28 bezeichnet es zusammen mit einer Felszacke eine unzugängliche Stelle als Rastplatz des Falken. Vor allem aber trägt *m^e^ṣuḏāh*, defektive geschrieben, in der Bedeutung 'Festung' profanen Charakter, wenn so in 2 Sam 5,7.9; 1 Chr 11,5.7 cj Zion als die vordavidische Akropolis bzw. Stadtanlage von Jerusalem, die David in Davidsstadt umbenannte, bezeichnet wird. Analog dazu steht in den Schriften vom Toten Meer und aus der Wüste Juda dann auch *m^e^ṣāḏ* als Bezeichnung für eine Festung (DJD II 164 Nr. 45; III 269, 37), so in der Wortverbindung *mṣd ḥsdn* wohl als Bezeichnung für die als Festung ausgebaute Siedlung von Qumran (vgl. R. Meyer, Das Gebet des Nabonid, 1962, 9 Anm. 3).

III. Das AT bringt sowohl die Derivate von der Wurzel *ṣwd* als auch die von der Grundform **mṣd* abgeleiteten Nomina mit religiös bestimmten Aussagen in Zusammenhang oder wendet diese in übertragener theologisch-religiöser Bedeutung an.

1. Die allgemeine Bedeutung 'Fangnetz' wird zunächst in Ez und Hi mit JHWH als Subjekt in Verbindung gebracht, um so die allmächtige, den Menschen beherrschende Funktion JHWHs bildlich auszudrücken. Es ist JHWHs Fangnetz gewesen, in dem König Zedekia gefangen wurde, als er in die Gefangenschaft der Babylonier geriet (Ez 12,13; 17,20), und es ist JHWHs Fangnetz, das Hiob umzingelt hat, wenn JHWH ihn verfolgt und heimsucht (Hi 19,6). Analog dazu kann dann aber auch die Unterwelt, die *še'ôl*, als Subjekt zu der Bedeutung 'Fangnetz' treten, um so als Bild für eine tödliche Bedrohung des Menschen zu dienen (Ps 116,3 cj). Die weitere, aus der Bedeutung 'Fangnetz' gleichsam folgernde Bedeutung 'Jagdbeute' bringt Ez hingegen in der Weise mit JHWH in Zusammenhang, daß er in einem gegen die falschen Prophetinnen gerichteten JHWH-Wort verheißt, daß künftig nicht mehr von diesen durch widergöttliche Praktiken gebundene Menschen zu deren Jagdbeute werden sollen, d.h. nicht mehr in deren Macht geraten sollen (Ez 13,21).

2. In der Verwendung der aus der Grundform **mṣd* abgeleiteten Nomina in religiös bestimmten Aussagen ist die Bedeutung 'Zufluchtsort' vorherrschend. Das wird vor allem an den Psalmen deutlich; durchweg bezeichnet *m^e^ṣûḏāh* in den Klageliedern und Dankliedern zugehörigen Belegstellen (Ps 18,3; 31,3.4; 71,3a cj. 3b; 91,2; 144,2), zu denen auch

2 Sam 22, 2 zu stellen ist, JHWH als einen Zufluchtsort bzw. als ein Haus der Zufluchtsstätten für den Menschen. Dabei ist eine Verbindung mit den analogen Vokabeln *miśgāḇ*, *mānôs*, *mā'ôn*, *maḥsæh* sowie *sæla'* bemerkenswert (vgl. Eichhorn).

Ebenso verbindet aber auch die prophetische Literatur vorwiegend die Bedeutung 'Zufluchtsort' mit dem von ihr bevorzugten Nomen *meṣād*. So wird in Jes 33, 16 im Rahmen einer kleinen Apokalypse den Gerechten verheißen, daß sie bei JHWHs eschatologischem Strafgericht über die Völker auf Höhen wohnen und in felsigen Zufluchtsorten Zuflucht finden werden. Auf ähnliche Weise stellt ein Redaktor des Jer in Weissagungen eine Verbindung zwischen JHWHs Handeln und dem Aufsuchen von Zufluchtsorten her: nach Jer 51, 30 haben Babels Helden den Kampf aufgegeben und hocken in Zufluchtsstätten, nachdem JHWH die Völker zum Kampf gegen Babel herbeigerufen hat, und nach Jer 48, 41 f. verkündet JHWH selbst, daß in Moab die Städte erobert und die Zufluchtsorte eingenommen sind, so daß Moab als Volk vernichtet wurde, weil es sich gegen JHWH großgetan hat. Ezechiel gebraucht demgegenüber *meṣāḏ* trotz Einbindung in ein JHWH-Wort in Ez 33, 27 in der allgemeinen Bedeutung 'Schlupfwinkel', 'Versteck' (vgl. dazu auch die parallele Nennung von 'Höhlen'), was sich wohl aus der konkreten Beziehung von Ez 33, 24–29 auf Zustände unter den nicht deportierten Judäern erklärt.

In der Weisheit dient dann die Form **māṣôḏ* ebenfalls in der Bedeutung 'Schlupfwinkel', 'Versteck' zur bildlichen Umschreibung, etwa des Herzens des Frevlers als Schlupfwinkel der Schlechtigkeiten (Spr 12, 12).

Schunck

מִצְוָה *miṣwāh*

I. *miṣwāh* als Autoritätsausdruck – II. 1. Etymologie, Bedeutung – 2. Wortfeld, synonyme Ausdrücke – III. *miṣwāh* auf menschlicher Ebene – IV. Gottes *miṣwāh* – V. Ausdrücke für Gehorsam und Ungehorsam – VI. Qumran.

Lit.: *G. Braulik*, Gesetz als Evangelium. Rechtfertigung und Begnadigung nach der deuteronomischen Tora (ZThK 79, 1982, 127–160). – *A. Deißler*, Psalm 119(118) und seine Theologie (MüThSt I/11, 1955). – *H. Gese*, Zur biblischen Theologie, ²1983, 55–84. – *A. Marmorstein*, Studies in Jewish Theology, Oxford 1950. – *L. M. Pasinya*, La notion de *nomos* dans le Pentateuque grec (AnBibl 52, 1973). – *M. Steckelmacher*, Etwas über die leichten und schweren Gebote in der Halacha und Agada (Festschr. A. Schwarz, 1917). – *G. Wallis*, Torah und Nomos (ThLZ 105, 1980, 321–332). → חקק *ḥāqaq*.

I. Das Wort *miṣwāh* ist einer der Ausdrücke für Gottes Willen und Autorität und bezeichnet seinen 'Befehl' oder sein 'Gebot'. Es ist deshalb ein Terminus von großer Bedeutung für das Verständnis des Verhältnisses zwischen Gott und Mensch nach at.licher Auffassung. Obwohl die nachbiblischen Traditionen (mit Ausnahme von Qumran) hier nicht behandelt werden sollen, sollte festgestellt werden, daß der Terminus *miṣwāh* für die Ausübung der jüdischen Religion zentral wurde und daß seine Stellung im Judentum bis heute hervorragend ist.

Der Begriff eines göttlichen Befehls stellt eine Übertragung gewisser formaler Relationen auf der menschlichen Ebene ins Theologische dar. Der Gott Israels ist auf einmal Vater, Richter und König in allen deren alten Rollen, und es ist deshalb möglich zu sagen, daß er Befehle erteilt, obwohl nicht alle biblischen Traditionen die göttliche Autorität auf diese Weise auffassen.

II. 1. Die Etymologie von *miṣwāh* ist eindeutig. Es ist vom Verbum → צוה *ṣiwwāh* 'bestellen, befehlen, auftragen' abgeleitet und hat dieselben Konnotationen wie dieses. Es ist eine Nominalbildung des Typus *miqṭāl* und heißt wörtlich 'Befehl', bezeichnet aber, wie andere Nomina dieser Bildung, sowohl die Handlung als auch ihre Folgen. Es heißt also 'das Befohlene, das Gebot' und vom Gesichtspunkt des Angesprochenen 'Pflicht, Verpflichtung' (vgl. Barth, Nominalbildung 243, Nr. 161).

2. *miṣwāh* gehört zu einer Gruppe von Termini, die oft zusammen gebraucht werden und die verschiedene Aspekte der Autorität zum Ausdruck bringen, u. a. *mišpāṭ* 'Gericht, Recht', *ḥoq* (fem. *ḥuqqāh*) 'Satzung' und *tôrāh* 'Lehre', „Gesetz". Primär hat keiner dieser Termini etwas mit der Autorität Gottes zu tun.

Hebr. *mišpāṭ* (→ משפט) spiegelt das rechtliche Verfahren, und da die Aufrechterhaltung des Rechts den Königen oblag, wird das Wort oft auch in bezug auf königliche Funktionen gebraucht. So spricht 1 Sam 8, 11 vom *mišpaṭ hammælæḵ*, „dem Recht des Königs". Zunächst bezeichnet *mišpāṭ* das, was im rechtlichen Verfahren enthalten ist, d. h. die Rechtsnorm oder das Rechtsurteil. Es bezieht sich aber auch auf das erhoffte Ergebnis des Verfahrens, „das Recht". Der *mišpāṭ* soll befolgt werden, weil er den akzeptierten Maßstab des Rechts repräsentiert.

Hebr. *ḥoq* (→ חקק *ḥāqaq*) bezeichnet eigentlich das, was eingeritzt oder geschrieben und somit bekanntgemacht und genehmigt ist. Es richtet die Aufmerksamkeit auf die Vermittlung der Autorität. Der *ḥoq* soll befolgt werden, weil jemand mit Autorität ihn geschrieben oder „gesetzt" hat.

Das Wort *tôrāh* (→ תורה) spiegelt auch die Vermittlung von Autorität wider („Weisung"). Eine *tôrāh* soll befolgt werden, weil sie jemandem dargestellt oder gezeigt worden ist. Oft bezeichnet *tôrāh* ein vom Priester ausgehender kultischer Bescheid; hier liegt ohne Zweifel der Ursprung des Terminus. Er stellt das zu befolgende, richtige Verfahren dar.

Weitere Termini, die weniger fixiert sind, aber auch zur Definition von *miṣwāh* beitragen, sind *'emær* (fem. *'imrāh*) 'Ausspruch, Wort', *dāḇār* 'Wort, Orakel' und *'edûṯ*, ein Wort problematischer Herleitung, das entweder 'Zeugnis' oder 'Bund' bedeutet (das, was eine Gemeinschaft zusammenbindet). Wenigstens zwei, wenn nicht alle drei von diesen Termini richten die Aufmerksamkeit auf das gesprochene Wort als autoritativ. Die Worte sollen befolgt werden, weil derjenige, der sie gesprochen hat, Autorität besitzt.

Die Wechselwirkung der verschiedenen Termini zeigt, wie *miṣwāh* in das System der Autorität hineinpaßt. Das Wort *miṣwāh* ist an sich autoritativ. Eine *miṣwāh* soll befolgt werden, weil sie von jemandem mit Autorität gegeben wurde. Wie der Befehl vermittelt wurde, wird nicht gesagt, nur *daß* es geschah.

III. Es empfiehlt sich, zunächst einige Beispiele für *miṣwāh* auf der menschlichen Ebene zu erörtern. Dabei ist auch das Verb *ṣiwwāh*, das dem Nomen zugrunde liegt, von Bedeutung. Es stellt sich heraus, daß auch das Verb eine gewisse Orientierung zur Autorität hat.

1. *miṣwāh* kann die Übertragungsanordnung in einer rechtlichen Urkunde bezeichnen. In Jer 32, 6–14 ist vom Loskauf eines Ackerfeldes durch einen Verwandten die Rede. In diesem Fall ist Jeremia der *go'el* (→ גאל), der die Veräußerung von Familiengut verhindern will. Der Kauf ist symbolisch, die Terminologie ist aber rechtlich-technisch. V. 11 lautet: „Ich nahm den Kaufbrief, den versiegelten – d. h. die Übertragungsanordnung (*miṣwāh*) und die Klauseln (*ḥuqqîm*) – und den offenen, und übergab sie dem Baruch, dem Sohne Nerias ..." Die Urkunden wurden in einen Tonkrug deponiert, damit der Loskaufakt Jeremias später seine Prophetie bestätigen sollte, nach der „man wieder in diesem Lande Äcker und Weingärten kaufen wird". Der versiegelte Teil der Urkunde enthielt die wesentlichen Bedingungen, während der offene Teil als Index zur Identifizierung des Landstücks, der Hauptpersonen usw. diente.

* W. Rudolph, HAT I/12, 176, findet diese Deutung grammatisch schwierig und versetzt die Worte *hammiṣwāh w^ehaḥuqqîm* mit vorhergehendem *'al* („nach Vorschrift und Ordnung") an den Schluß von v. 10. *(Ri.)*

Diese Stelle legt also einen juristischen Ursprung für den Terminus *miṣwāh* nahe: eine Urkunde zur Übertragung von Besitzrecht wurde *miṣwāh* genannt; das Wort wird zusammen mit *ḥoq* gebraucht.

2. *miṣwāh* bezeichnet das Testament oder die letztwillige Verfügung eines Vaters. In Jer 35 wird wiederholt festgestellt, daß die Söhne Jonadabs ben Rechab die letzte Verfügung ihres Vaters (*miṣwaṯ 'aḇîhæm*) einhielten und sich vom Weintrinken enthielten (v. 14). In Gen 50, 16 wird das Verb *ṣiwwāh* mit Bezug auf die letzte Verfügung Josephs gebraucht.

3. *miṣwāh* kann ein königlicher Erlaß sein. Viele Beispiele bezeugen, daß *miṣwāh* Äußerung königlicher Autorität ist; noch zahlreicher sind die Belege für das Verb *ṣiwwāh* in solchem Zusammenhang. In 2 Kön 18, 36 (|| Jes 36, 21) wird *miṣwaṯ hammælæḵ* am besten mit „der Dauerbefehl des Königs" wiedergegeben. Die Einwohner Jerusalems, die die Rede des assyrischen Befehlshabers anhören mußten, waren von Hiskia instruiert worden, die propagandistische Ansprache nicht zu beantworten. In 1 Kön 2, 41–43 ruft Salomo den Simei und redet ihn schroff an: „Warum hast du deinen Eid bei JHWH und den geltenden Befehl (*miṣwāh*), den ich dir gegeben habe, nicht beachtet?" Salomo hatte Simei auferlegt, Jerusalem nicht zu verlassen, und da der Befehl durch einen Eid bekräftigt worden war, konnte der König ihn nicht ändern. In Esth 3, 3f. findet sich ein ähnlicher Hinweis auf einen königlichen Befehlszustand. Ahasveros hatte den Befehl gegeben, daß sich alle vor Haman verbeugen sollten, und als Mardochai sich wiederholt weigert, sagen die Hofleute zu ihm: „Warum übertrittst du den (geltenden) Befehl des Königs (*miṣwaṯ hammælæḵ*)?"

In zwei späten Stellen bezeichnet *miṣwāh* den königlichen Befehl, eine Handlung auszuführen. Der Priester Jojada wurde auf Geheiß von König Joas ermordet (2 Chr 24, 21), und infolge von Josias Erlaß kamen Leute aus den nördlichen Teilen des Landes nach Jerusalem, um Passah zu feiern (2 Chr 30, 12). In ähnlicher Weise schreibt der Chronist die regelmäßigen Aufgaben der Leviten dem von Salomo ausgeführten Befehl Davids zu (Neh 12, 24f.; 2 Chr 29, 35; 35, 10 usw.).

4. *miṣwāh* kann 'Anteil, Anrecht' bedeuten. In Neh 13, 5 heißt es: „Er (der Priester Eljasub) baute eine große Zelle für sich, wo man das Speiseopfer, den Weihrauch, die Geräte und den Zehnten von Korn, Wein und Öl unterzubringen pflegte, den Anteil der Leviten (*miṣwaṯ hall^ewijjîm*), der Sänger und der Torhüter und die Abgaben der Priester (*t^erûmaṯ hakkoh^anîm*). *miṣwāh* hat hier einen früheren Terminus derselben Bedeutung ersetzt, wahrscheinlich *ḥoq*, das Gen 47, 22 und Ez 45, 14 den Priestern zukommende Gebühren oder Einkünfte bezeichnet.

5. *miṣwāh* heißt 'Pflicht, Gebühr'. In Neh 13, 33 bezeichnet der Pl. *miṣwôṯ* das, was sich das Volk unter der Führung Nehemias als Steuer auferlegte für die Erhaltung des Tempels und dessen Kult: „Wir nehmen die Verpflichtung auf uns, jährlich ein Drittelsekel Silber für den Dienst im Hause unseres Gottes zu geben." Dieser einzige Beleg weist auf die später entwickelte, nachbibl. Bedeutung 'Verpflichtung' hin.

6. In Jes 29, 13 hat *miṣwāh* eine negative Bedeutung und bezeichnet etwas, was ohne die richtige Motivierung ausgeführt wird: „Dieses Volk naht sich mit dem Mund und ehrt mich mit den Lippen ..., so daß ihre Furcht vor mir nur angelernte Menschensatzung ist (*miṣwaṯ 'anāšîm m^elummāḏāh*)" – der Gottesdienst des Volkes ist eine reine Formalität.

7. Im Buch der Sprüche erscheint der Lehrer als der weise und erfahrene Vater, der seinen unerfahrenen Sohn über die Gefahren des Lebens unterrichtet. Der Rat des Vaters muß im Kontext einer patrizischen

Gesellschaft verstanden werden, wo die Söhne für das Hofleben erzogen wurden. Obwohl die Belege für *miṣwāh* das Vater-Sohn-Verhältnis voraussetzen, haben sie Beziehungen zur königlichen Autorität.

Da die Weisheitsliteratur oft dieselben Gedanken in variierter Form wiederholt, begegnen wir oft verschiedenen Termini für Autorität, wie z. B. in den folgenden drei Aussagen:

Spr 1, 8 „Höre, mein Sohn, auf die Zucht (*mûsār*) deines Vaters und verwirf nicht die Weisung (*tôrāh*) deiner Mutter."

Spr 6, 20 „Beachte, mein Sohn, das Gebot (*miṣwāh*) deines Vaters, und verwirf nicht die Weisung (*tôrāh*) deiner Mutter."

Spr 6, 23 „Denn eine Leuchte ist das Gebot (*miṣwāh*)
und die Weisung (*tôrāh*) ein Licht,
und ein Weg zum Leben
zurechtweisende Zucht (*tôkaḥôt mûsār*)."

In 6, 20 wird *mûsār* durch *miṣwāh* ersetzt, in 6, 23 finden sich alle drei Termini zusammen. In anderen Sprüchen steht *miṣwāh* mit *'emær* 'Rede, Äußerung' (Spr 2, 1; 7, 1) und in einem Fall mit *dābār* 'Wort' (13, 13) parallel. Es stellt sich heraus, daß *miṣwāh* in der Weisheitsliteratur sich oft auf das bezieht, was man *nicht* tun soll und was also vermieden werden soll. Der Zweck der vom Vater erteilten *miṣwāh* ist die Vermeidung der Gefahren des Lebens.

In der späteren *midrāš*-Tradition wurden die Gebote und Vorschriften des Vaters regelmäßig auf das Gott-Mensch-Verhältnis umgedeutet, was eine Folge der Gleichsetzung der Weisheit mit dem geoffenbarten Gesetz ist. Gott hat Weisheit geoffenbart, und die Befehle der Weisheit wurden göttliche Gebote (vgl. G. F. Moore, Judaism I 38. 263f.).

IV. Autoritätsverhältnisse, sowohl auf menschlicher als auch auf göttlicher Ebene, durchziehen die at.-liche Literatur. Hier muß bedacht werden, *wie* Autorität ausgedrückt wurde. Dabei ist zu bemerken, daß *miṣwāh* und *ṣiwwāh* nicht gleichmäßig in allen biblischen Schriften vorkommen: sie fehlen ganz oder fast ganz in einigen Überlieferungsschichten. Diese Tatsache sollte es ermöglichen, den Ursprung des *miṣwāh*-Begriffes im Sinne des göttlichen Gebotes aufzuspüren. Obwohl *miṣwāh* und *ṣiwwāh* mit Gesetz und Verwaltung (bes. königliche Verwaltung, die auch militärische und kultische Einrichtungen mit einbezieht) zu tun haben, steht *miṣwāh* verhältnismäßig spät als Terminus für formale menschliche Relationen. In frühen poetischen Texten und in den ältesten Gesetzen kommt *miṣwāh* nicht vor. Es verhält sich auch nicht so, daß die Bildung *miqṭāl* erst spät ist, denn das Verb *ṣiwwāh* weist fast dieselbe Verbreitung auf. Man muß schließen, daß der Begriff 'Befehl' als Ausdruck der Autorität später ist als andere Termini wie 'Wort', '(geschriebene) Satzung', *tôrāh* oder 'Rechtsnorm'.

Dabei ist auch zu beachten, daß die israelitische Auffassung vom Gesetz als direkt von Gott gegeben im Alten Orient fast einzigartig ist. Nach den mesopotamischen Gesetzen gibt Šamaš als Gott der Gerechtigkeit dem König einen Sinn für Gerechtigkeit (akk. *kettu*) ein, der ihn zu einer rechten Gesetzgebung anleitet (J. J. Finkelstein, EMiqr V 609f.).

Nach at.licher Auffassung offenbart Gott Gesetze und Rechtsnormen, er formuliert direkt die Gesetze. Es war deshalb nur zu erwarten, daß *miṣwāh* und *ṣiwwāh* früher oder später den Vorrang unter den Ausdrücken für göttliche Autorität gewinnen sollten und sozusagen den in Termini wie *mišpāṭ*, *tôrāh*, *ḥoq* usw. deutlichen Hintergrund des Gewohnheitsrechts verwischen.

Diese Entwicklung kann durch eine Untersuchung der prophetischen Bücher illustriert werden.

Bei den vorexilischen Propheten kommt *ṣiwwāh* selten, *miṣwāh* überhaupt nicht vor. Erst Jeremia gebraucht *ṣiwwāh*. Wenn es in der früheren prophetischen Literatur überhaupt vorkommt, hat es besondere Konnotationen und bezieht sich nicht auf göttliche Autorität in Gesetz oder Verwaltung. Amos rügt einmal das Volk, weil es den Propheten 'geboten' hat, das Wort Gottes nicht zu verkündigen (2, 12). In zwei anderen Orakeln gebraucht Amos das Verb mit Gott als Subj. in seinem vielleicht ursprünglichen Sinn 'gebieten, beauftragen': Gott will gebieten, daß das Haus Israel in Trümmer geschlagen wird (6, 11), und er wird die Schlange und das Schwert entbieten, um das Volk zu vernichten (9, 3f.) bzw. die Verbannung des Volkes gebieten (9, 19).

Ähnliche Bedeutungen finden wir in Jes 5, 6 und 10, 6: Gott bietet die Naturkräfte bzw. entbietet Assyrien, um das Volk zu strafen. Ein später Nachklang dieses Gedankens findet sich in Nah 1, 14.

Jeremia ist der erste Prophet, der *ṣiwwāh* in vollem Ausmaß gebraucht, und *miṣwāh* kommt bei ihm wenigstens mit menschlicher Beziehung vor (zu 32, 11 und 35, 14 s.o.). Jeremia erwähnt königliche Erlasse als *miṣwāh* (Jer 27, 4; 36, 8; 38, 27; 39, 11; 51, 59). Im Zusammenhang mit göttlicher Strafe gebraucht er das Verb auf dieselbe Weise wie Amos und Jesaja (Jer 34, 22; 47, 7). Er sagt aber auch, daß Gott ihm zu prophezeien 'befohlen' und ihn schon vor seiner Geburt als Propheten 'beauftragt' hat (Jer 1, 10. 13; 26, 2. 8; 50, 21). Besonders interessant ist der Hinweis auf das, was Gott zur Zeit des Exodus dem Volk befohlen bzw. nicht befohlen hat: Er hat nicht befohlen, Opfer zu bringen, wohl aber seinem Willen zu gehorchen in menschlichen Relationen (Jer 7, 22f.; 14, 14; 23, 22; 29, 23). Ezechiel folgt dem Beispiel Jeremias, indem er von Gottes 'Befehlen' spricht (Ez 9, 11; 12, 7; 24, 8; 37, 7. 10).

Die vorjeremianischen Propheten gebrauchen in solchen Zusammenhängen mit Vorliebe *dābār* und *dibbær*, Ausdrücke, die Jeremia häufig neben *ṣiwwāh* gebraucht. Dieser Befund entspricht dem Gebrauch von *miṣwāh* in den Gesetzessammlungen. Im Bundesbuch (Ex 21–23) ist der vorherrschende Terminus *mišpāṭ*, während *miṣwāh* überhaupt nicht vorkommt. Das Verb findet sich einmal, nämlich in 23, 15, wo vom Befehl, das Mazzotfest zu feiern, die Rede ist;

vieles spricht aber dafür, daß die Worte „wie ich euch befohlen habe" eine Glosse sind.
Die Ex-Fassung des Dekalogs hat *miṣwāh* einmal, nämlich in Ex 20, 6: „Ich übe Gnade bis ins tausendste Geschlecht an denen, die mich lieben und meine Gebote halten." Der Satz kann ein dtr Zusatz sein, denn die Sprache ist, wie Deut 7, 9 zeigt, deuteronomistisch. Wahrscheinlich gehört *miṣwāh* nicht zum ursprünglichen Wortschatz des Dekalogs.
In den deut Gesetzen (12–27) kommt *miṣwāh* nur in Überschriften und Nachschriften, die als redaktionelle Zusätze zu beurteilen sind, oder in dtr Interpolationen vor. Sogar in dem poetischen Kap. 33 wird auf den Befehl des Mose, nicht Gottes, Bezug genommen: „Ein Gesetz hat uns Mose befohlen" (v. 4). Im Abschnitt 12–27 ist *miṣwāh* nie ein Hauptterminus.
Ähnlich verhält es sich mit dem DtrGW. Wenn *ṣiwwāh* mit Gott als Subj. vorkommt, handelt es sich in den meisten Fällen um dtr Redaktion. Die einzigen Ausnahmen zeigen die alte Bedeutung 'beauftragen' auf.
Als hauptsächlicher Terminus erscheint *miṣwāh* zum ersten Mal im Deut-Prolog (1–11) und im letzten Teil des Buches. Hier wird *miṣwāh* neben den alten Termini für Autorität *dāḇār*, *ḥoq*, *mišpāṭ*, *'edûṯ* etc. eingeführt.
Das Verb *ṣiwwāh* begegnet zunächst Deut 1, 4, und kommt dann häufig wieder. *miṣwāh* taucht zum ersten Mal in 4, 2 auf (*miṣwôṯ JHWH*, „die Gebote JHWHs"), dann wieder in 6, 25 im Ausdruck *kōl-hammiṣwāh hazzo'ṯ*, „alle diese Gebote". In Kap. 4–6 werden immerfort auch andere Termini gebraucht, aber in Kap. 8–11 ist *miṣwāh* ein fester Bestandteil der Sprache. Deut 1–11 stellt somit die Bearbeitung eines ursprünglichen Textes dar, in dem *miṣwāh* nicht zum ursprünglichen Wortschatz gehörte. In einigen wichtigen Abschnitten fehlt *miṣwāh* überhaupt, was nicht darauf beruht, daß der Inhalt nichts mit dem göttlichen Willen oder mit Gesetz zu tun hatte.
Zusammenfassend läßt sich also sagen, daß die dtr Schule, zu der Jeremia deutliche Beziehungen hatte, als erste den im Gesetz ausgedrückten göttlichen Willen als Befehl oder Gebot verstand. Die Vorstellung mag ältere Wurzeln haben, aber erst die Deuteronomisten haben sie in größerem Umfang ausgenutzt. Diese Orientierung der Autorität war für die Kreise des Königshofes geeignet und beeinflußte die Ausdrucksweise Jeremias, der ständige Kontakte mit diesen hatte. Es ist zu beachten, daß das Verb *ṣiwwāh* in den aus ungefähr derselben Zeit stammenden Arad-Briefen vorkommt (s. D. Pardee u.a., Handbook of Ancient Hebrew Letters, Chico 1982, Nr. 3, 2f. *wṣwk ḥnnjhw 'l b'ršb'* „Hananja hat dich nach Beerseba befohlen"; Nr. 18, 7f. *wldbr 'šr ṣwtnj* „was die Sache betrifft, die du mir befohlen hast"). In der Folgezeit haben priesterliche Autoren, Chronisten und einige Psalmisten und Weisheitsschriftsteller den „Befehls"-Begriff weiter verwendet.

V. Genauso wie *miṣwāh* einer der vielen Termini für Autorität ist, gibt es mehrere Verben, die Gehorsam bzw. Ungehorsam gegenüber der Autorität ausdrükken und die zusammen mit allen Ausdrücken der Autorität gebraucht werden. In einigen Fällen ist es klar, daß nicht *miṣwāh*, sondern z. B. *ḥoq* oder *mišpāṭ* das ursprüngliche Autoritätswort war, mit dem das Verb verbunden wurde.
1. Das häufigste Verb für Befolgung der *miṣwāh* Gottes ist *šāmar* (→ שמר) 'beobachten, halten', das auch bei anderen Autoritätsworten Gehorsam bezeichnet. Häufig wird es mit *'āśāh* (→ עשה) 'tun, ausführen' kombiniert, das auch allein vorkommt. In der verhältnismäßig frühen Stelle Hos 12, 7 sind die Objekte von *šāmar ḥæsæḏ* 'Treue, Liebe' und *mišpāṭ* 'Recht', was aber nicht bedeutet, daß *šāmar* in Verbindung mit einem dieser Worte entstand. (In späteren Quellen wird *šāmar* durch *nāṣar* ersetzt: Ps 78, 7; 119, 115; Spr 3, 1; 6, 20.)
2. Bei *šāma'* 'hören', das in mehreren Konstruktionen mit *miṣwāh* verbunden wird, ist zu erwarten, daß es ursprünglich die Reaktion auf ein gesprochenes Wort (z. B. *dāḇār*) bezeichnete. Die Streuung der Belege bestätigt diesen Schluß. Außerdem findet sich der Ausdruck *šāma' beqôl* 'auf die Stimme jem.s hören' als Bezeichnung für Gehorsam.
3. Mehrere andere Verben für die Ausführung einer *miṣwāh* scheinen von anderen Autoritätstermini übernommen worden zu sein. So leitet sich der Ausdruck *jiqqaḥ miṣwôṯ* „er wird Gebote annehmen" (Spr 10, 8) deutlich von der Redensart *lāqaḥ mûsār* „Zucht annehmen" (Jer 2, 30; 5, 3 usw.) her. Ähnlich ist *jāre' miṣwôṯ* „der die Gebote fürchtet" (Spr 13, 13) von *jāre' deḇar JHWH* (Ex 9, 10) abzuleiten.
Man kann auch der Gebote Gottes 'gedenken' (Num 15, 39f.), was zu ihrer Erfüllung leitet (*'āśāh*!), da ja *zāḵar* normalerweise eine Handlung mit einbezieht (→ זכר). Einige späte Ausdrücke zeigen klar eine Entwicklung aus anderen Autoritätsbegriffen, z. B. wenn es Esr 10, 3 heißt, daß man vor Gottes Geboten zittert (*ḥrd*), vgl. Jes 66, 5 „vor Gottes Wort zittern".
Das alles zeigt, daß die at.lichen Schriftsteller oft verschiedene Termini für Autorität und für Befolgen zusammen gebrauchten, so daß die ursprünglichen Distinktionen verwischt wurden. Vorherrschend ist ein allumfassendes System des Gehorsams, und in diesem System hat *miṣwāh* seinen Platz.
Dasselbe Nebeneinander charakterisiert die Ausdrücke für Ungehorsam. Am einfachsten negiert man nur die Verben des Gehorsams: nicht einhalten, nicht hören usw. Es gibt aber auch andere Möglichkeiten. Man kann von den Geboten 'abweichen' (*sûr*, Deut 17, 20), wobei das Bild vom Abweichen vom rechten Weg (Ex 32, 8; Deut 31, 29; vgl. mit *dāḇār* Deut 28, 14) zugrundeliegt. Man kann die Gebote 'brechen' (*heper*, → פרר; Num 15, 31; Esr 9, 14), ein Ausdruck, der sich ursprünglich auf den Bund bezieht. Man kann auch die Gebote Gottes 'verlassen'

(*ʿāzaḇ* 1 Kön 18, 18; 2 Kön 17, 16; Esr 9, 10; 2 Chr 7, 19), 'übertreten' (*ʿāḇar* 2 Chr 24, 20, vgl. Esth 3, 3 vom Befehl des Königs), 'vergessen' (*šāḵaḥ* Ps 119, 176) oder 'verachten' (nicht mit *miṣwāh*; *bāzāh* mit *dāḇār* Num 15, 31; *mā'aṣ* mit *'imrāh* Jes 5, 24; *mā'as* mit *tôrāh* Jes 5, 24; Jer 6, 12; mit *ḥoq* Lev 26, 15; 2 Kön 17, 15; Ez 20, 24; mit *dāḇār* 1 Sam 15, 23. 26; Jer 8, 9; mit *mišpāṭ* Lev 26, 43; Ez 5, 6; 20, 13. 16). In jedem Fall hat *miṣwāh* den sprachlichen Ausdruck mit anderen Autoritätstermini gemeinsam, und es ist zweifelhaft, ob es überhaupt ein Verb gibt, das spezifisch die Reaktion auf *miṣwāh* bezeichnet.

Diese Wechselbeziehung tritt deutlich in zwei Psalmen zutage, in denen von Gottes Gesetz und Geboten die Rede ist, Ps 19 und 119. Während Ps 19 mehr von den charakteristischen Eigenschaften der Gebote spricht, beschreibt Ps 119 hauptsächlich die Haltung des Frommen gegenüber den Geboten. In Ps 19 ist *miṣwāh* einer von 6 Ausdrücken für Autoritätsäußerung, daneben auch *jir'āh* 'Furcht' (falls der Text richtig ist, vgl. BHS). Sowohl in Ps 19 als auch in Ps 119 wird ein Terminus gebraucht, der jünger als *miṣwāh* ist, nämlich *piqqûḏîm* 'Anweisungen, Befehle', wie *miṣwāh* ein militärisch-administrativer Terminus, der in späten Schriften *miṣwāh* ersetzen kann.

Vom Wert der Gebote sagt Ps 19, 8–10:

„Die Weisung (*tôrāh*) JHWHs ist vollkommen und erneuert das Leben,
das Zeugnis (*ʿeḏûṯ*) JHWHs ist verläßlich und macht die Unerfahrenen weise,
die Befehle (*piqqûḏîm*) JHWHs sind recht und erfreuen das Herz,
das Gebot (*miṣwāh*) JHWHs ist lauter und erleuchtet die Augen,
die Furcht (? *jir'āh*) JHWHs ist rein und bleibt ewig,
die Rechte (*mišpāṭîm*) JHWHs sind Wahrheit, allzumal gerecht."

Ps 119 gebraucht 10 Termini für Autoritätsäußerung, u.a. auch *piqqûḏîm* und *jir'āh*, die mit verschiedenen Ausdrücken für Reaktionen kombiniert werden; einige gehen über den reinen Gehorsam hinaus zu emotionalen Haltungsweisen, wie Liebe, Sich-Freuen, Lust zum Lernen usw. Beiden Psalmen gemeinsam ist die Besorgnis, daß die Gebote aus Versehen übertreten werden könnten. In dieser Hinsicht spiegeln diese Psalmen die priesterliche Gesetzgebung über Unachtsamkeit wider (vgl. vor allem Lev 4–5). Hier ist der wichtigste Terminus *miṣwāh* und die Gesetze spiegeln den Geist des Deut-Prologs.

Im allgemeinen ist das Verb *ṣiwwāh* zentral in den P-Gesetzen des Pentateuchs, was u.a. aus der häufigen Formel *ka'ašær ṣiwwāh JHWH 'æṯ-mošæh* „wie JHWH Mose befohlen hat" hervorgeht. Während die älteren Gesetzsammlungen wenig von *miṣwāh* oder *ṣiwwāh* wissen, gebrauchen die priesterlichen Gesetze neben den alten Termini für göttliche Autoritätsäußerungen immer mehr *miṣwāh*. Diese Imitation des dtr Sprachgebrauchs paßte in die priesterliche Anschauung. Die priesterliche Schule war der Meinung, daß alle Einzelheiten des Kultes direkt von Gott stammten und genauso maßgebend wie die älteren Gesetze waren. Es ist offenbar, daß die Befehls-Struktur nicht nur auf den einzelnen Israeliten zielte, sondern vor allem auf das ganze Volk. Sie ist ein Teil der dtr und priesterlichen Auffassung des allgemeinen Verhältnisses zwischen Gott und Israel geworden und hängt mit der Vorstellung vom Gesetz als von Gott geoffenbart zusammen (vgl. Braulik).

Sowohl in Deut 28 als auch in Lev 26, wo Segen und Fluch als Folgen von Gehorsam oder Ungehorsam dargestellt werden, ist *miṣwāh* der bestimmende Terminus (3mal Lev 36, 4mal Deut 28). Dasselbe gilt von Deut 11, 13–28, wo ebenso die Alternative Segen – Fluch klar herausgestellt wird. Der erste Abschnitt (vv. 13–21) gebraucht nur zwei Autoritätstermini, *miṣwāh* (2mal, am Anfang und am Ende) und *dāḇār* (1mal); es handelt sich um Regen und Fruchtbarkeit als Belohnung für Gottesdienst in Liebe und Gehorsam gegen die Gebote, und Dürre und Armut als Strafe für Ungehorsam durch das Anbeten anderer Götter. Die Worte Gottes sollen jeder neuen Generation eingeprägt, an die Türpfosten geschrieben und als Zeichen am Körper getragen werden (→ מזוזה *m^{e}zûzāh*). Der zweite Abschnitt verspricht Sieg über die Feinde und Besitz des Landes als Folge des Gehorsams gegenüber der *miṣwāh*, und der letzte Abschnitt (vv. 26–28) stellt zusammenfassend Gehorsam und Ungehorsam als Bedingungen der Verheißung dar: „Siehe, Segen und Fluch lege ich euch heute vor: den Segen, wenn ihr hört auf die Gebote JHWHs, eures Gottes, die ich euch heute gebe, den Fluch aber, wenn ihr nicht hört auf die Gebote JHWHs, eures Gottes, und von dem Wege, den ich euch heute gebiete, abweicht, um anderen Göttern nachzugehen, die ihr nicht kennt."

Was ist der Inhalt der „Gebote Gottes"? Vom Deuteronomisten an und in P sind die *miṣwôṯ* die Totalität der Gesetze. Nur in vor-dtr Gesetzen wird die Befehl-Struktur nicht erwähnt. Das trifft zu für das Bundesbuch und für die alten Teile des Passah-Gesetzes Ex 12–13. Die kurze Sammlung Ex 34, die schon dtr Einfluß zeigt, gebraucht das Verb *ṣiwwāh*, aber nicht *miṣwāh*. Mit anderen Worten, das Erscheinen des Terminus *miṣwāh*, der besagt, daß Gott Gesetze 'befiehlt' oder 'gebietet', bezeichnet eine neue Auffassung der göttlichen Autorität in bezug auf Gesetz und Bund: die Gesetze sind Gebote (Befehle) geworden.

VI. Es ist zu erwarten, daß die Qumrantexte eine gewisse Kontinuität mit den at.lichen Gebotsbegriffen bewahren, aber zugleich eine Weiterentwicklung aufzeigen sollten. Das ist auch der Fall. Meistens finden wir hier Reflexe der dtr und priesterlichen Hervorhebung der 'Gebote' als der wichtigste Ausdruck der göttlichen Autorität. So finden wir z. B. Variationen von Deut 7, 9, wo es heißt, daß Gott gnädig handelt gegen die, die „mich lieben und meine Gebote einhalten" (1 QH 16, 13. 17; CD

19, 28). In der Damaskusschrift ist der gewöhnliche Terminus für die Torah und ihre Gesetze *miṣwôt̲ 'el*, die man entweder 'einhält', 'erfüllt' oder 'festhält' oder von denen man 'abweicht', indem man sie verachtet, gegen sie aufrührerisch spricht oder Ratschläge gegen sie trifft (CD 2, 18. 21; 3, 2. 6. 8. 12; 5, 21; 8, 19 usw.). In der Tempelrolle gibt es nur wenige Belege für *miṣwāh* und *ṣiwwāh* (55, 13; 59, 14–16 usw.).

Zwei Belege verdienen besondere Aufmerksamkeit:

1) CD 7, 2 sagt, daß man seinen Bruder „nach dem Gebot" zurechtweisen soll. Dies bezieht sich deutlich auf Lev 19, 17, wo es heißt, daß man den Nächsten zurechtweisen soll, wenn er das Gesetz übertritt. Wichtig ist hier der Gebrauch der bestimmten Form *hammiṣwāh* mit Bezug auf die Torah als Ganzes. In späterem rabbinischem Sprachgebrauch würde es heißen *kakkāt̲ûḇ*, „wie geschrieben ist", d. h. in der Torah.

2) CD 10, 2f. sagt, daß ein Zeuge nicht als zuverlässig betrachtet werden kann, der „etwas (‚ein Wort') vom Gebot übertritt (*'ôḇer dāḇār min hammiṣwāh*)". Ein ähnlicher Ausdruck findet sich 1 QS 8, 17: „der überhaupt von etwas im Gebot abweicht (*'ašær jāsûr mikkol hammiṣwāh dāḇār*)". *hammiṣwāh* ist hier mit *hattôrāh* gleichbedeutend; in rabbinischer Sprache findet sich sogar der Ausdruck *dāḇār min hattôrāh*.

Die Qumranschriften repräsentieren also einen Übergang von der at.lichen zu der späteren jüdischen Auffassung der *miṣwāh* als Gesetz, der durch Dtr. und P vorgebildet ist.

Levine

מְצוּלָה *meṣûlāh*

מְצֹלָה *meṣôlāh*, צוּלָה *ṣûlāh* II, צָלַל *ṣālal* II

I. 1. Verteilung, Etymologie und Belege – 2. LXX – II. Wortfeld – III. *meṣûlāh* in theol. Zusammenhängen – 1. der Kosmologie – 2. des Exodus – 3. der Anthropologie.

I. 1. *meṣûlāh* begegnet im AT 12mal nur in nachexil. Texten (Ausnahme: Ps 68, 23). Die Verteilung (Ps 5mal, Sach 2mal, Ex, Jon, Mi, Hi und Neh je 1mal) zeigt, daß es nicht zur narrativen Literatur gehört, sondern fast ausschließlich in poetisch geformter Literatur begegnet. Es handelt sich wahrscheinlich um ein künstliches Wort, das deverbal gebildet ist. Welche Wurzel liegt zugrunde?

a) *ṣwl, auf diese Wurzel weist Zorell (465) hin. Sie begegnet nur im arab. *ṣāla* 'springen, sich stürzen, angreifen'; II '(mit Wasser) einweichen', (Korn, Gold) 'waschen', 'Tenne sauber machen' (Wehr, ArabWb 482). Hierher gehört wohl auch mhebr. *meṣûlôt̲* (Levy, WTM III 209) 'Abfall von Getreide' (wie arab. *ṣuwālat*) und arab. *miṣwal*, ein in den Boden eingelassenes Bassin zum Reinigen des Getreides (Dalman, AuS III 257f. 278). – Zu aram. *ṣwlh* 'Meerestiefe' s.u. III. 1.

b) *ṣwl, Nebenform von *ṣll* (KBL³ 589. 949), läßt drei Möglichkeiten zu: *ṣll* I (nur spät belegt) bedeutet 'gellen, klingen'; eine Ableitung von dieser Wurzel (vgl. E. König 240) empfiehlt sich nicht. Auch *ṣll* III (denominiert von *ṣel* 'Schatten') 'schattig, ruhig werden' kommt aus semantischen Gründen kaum in Betracht, obwohl eine Verbindung zu dieser Wurzel immer wieder vorgeschlagen wurde (vgl. bereits LXX σκιὰ θανάτου für *meṣôlāh* Ps 88, 7 und τῶν κατασκιῶν für *'ašær bammeṣulāh* Sach 1, 8; vgl. dazu weiter Ewald, Hitzig, Zorell 466). Erst *ṣll* II scheint auf die richtige Spur zu führen. In der Bedeutung 'untersinken' ist es at.lich nur Ex 15, 10 belegt; KBL³ 962 verweist aber mit Recht schon auf älteres akk. *ṣalālu* 'sich hinlegen, liegen, schlafen' (AHw 1075f.; CAD Ṣ 67–70). Dieses Verb ist noch arab. *ḍalla* 'irren', 'verschwinden' (vgl. F. M. Cross – D. N. Freedman, JNES 14, 1955, 248; Vollers, ZA 9, 179), asa. *ḍll* 'Untergang' (Conti Rossini 227) und vielleicht noch äth. 'schwimmen' (LexLingAeth 1256) belegt. Auch nhebr. und jüd.-aram. *ṣll* 'hinuntersinken, sich klaren' könnte hierher gehören (KBL¹, GesB), dann wohl auch die Wurzel *ṣll*, die in syr. *ṣal* und arab. *ṣalla* 'filtrieren, reinigen' (KBL³ 962) vorliegt (vgl. arab. *maṣala* 'gerinnen, filtrieren'; Wehr 812).

c) Die Verknüpfung von *meṣûlāh* mit *nāṣal pi* 'ausrauben' (→ נצל) in der rabbin. Erklärung von Ex 12, 36 (vgl. Ber 9ᵇ) ist eher als Stichwort-Assoziation zu deuten, denn als etymologischer Versuch.

Wenn damit eine Deverbalisierung von צלל II angenommen werden muß, dann kann sie nur über eine Nebenform *ṣwl* erfolgt sein, da sonst ein *meṣullāh* erwartet werden müßte (vgl. BLe 493dη). Es handelt sich also um ein fem. *maqṭul* von einem Verb ע״ו (BLe 493bη; vgl. GKa § 85k), eine Bildeform, die intransitive Abstrakta generiert (vgl. Barth, Nominalbildung, § 166) oder den „Träger eines völlig fertigen Zustandes, dann aber auch das Objekt des Begriffes" (vgl. V. Christian, SBAW 228/2, 1953, 142) bezeichnet. Die Schreibvariation *meṣûlāh*/*meṣôlāh* ist sprachgeschichtlich üblich (BLe § 61iζ) und semantisch irrelevant.

meṣûlāh bezeichnet also etwas, was 'niedergesunken, tief' ist. Das kann einerseits die „Quelle" sein (ugar. *mṣlt*, vgl. CML² 151b; anders WUS Nr. 1641), andererseits im Hebr. die „Tiefe" schlechthin. In dieser Hinsicht kann der Terminus dann leicht kosmologische Züge gewinnen, vor allem in später Zeit (vgl. H. F. Weiß, Untersuchungen zur Kosmologie des hellenistischen und palästinensischen Judentums, TU 97, O-Berlin 1966), was durch das Wechselspiel der LXX belegt wird.

2. Die LXX übersetzt 6mal durch βυθός 'Tiefe, Meerestiefe', 3mal durch βάθος 'Tiefe', ein Begriff, der eine „übergreifende Dimension der Welt und des Lebens", die „Totalität der angesprochenen Dimension", aber auch Unerschöpfbares und Unerforschliches meint (vgl. A. Strobel, EWNT I 454f.). Der Übersetzer überträgt *meṣûlāh* (Hi 41, 22) und *ṣûlāh* (Jes 44, 27) durch ἄβυσσος und deutet damit einerseits einen kosmologisch-mythologischen Aspekt an, wie er sonst *tehôm* (→ תהום) und *rahaḇ* anhängt, andererseits transponiert er das Wort in den Vorstel-

lungskomplex von „Hades, Unterwelt", dem Gefängnis der widergöttlichen Mächte (vgl. O. Böcher, EWNT I 8f.). 2mal deutet die LXX das hebr. Wort als Formativ von *ṣel* 'Schatten' (Ps 88, 6; Sach 1, 8). *ṣālal* II (Ex 15, 10) übersetzt sie mit δύειν 'untertauchen'.
Die Vulgata macht diese Distinktionen nicht. Sie übersetzt durchgehend mit *profundum*. Kosmologisch-mythologisches *abyssus* reserviert sie für *tehôm*. In Ps 88, 7 schließt sie sich der Fehllesung der LXX an: *umbra mortis*.

II. Das Wortfeld von *meṣûlāh* wird abgegrenzt durch das Faktum, daß dieses Wort zur poetischen Sprache gehört und offensichtliche Affinität zum Mythologischen zeigt. Die Parallelbildungen zeigen *meṣûlāh* neben *tehôm* „Urflut", *jām* „Meer", *majim* „Wasser", *majim rabbîm* „große Wasser", *majim 'addîrîm* „gewaltige Wasser", *majim 'azzîm* „mächtige Wasser", *gallîm* „Wogen" und *naharôṯ* „Fluten".
In anthropologischen Kontexten verschiebt sich das Wortfeld: nun begegnen *bôr taḥtijjôṯ* „unterste Grube", *maḥašakkîm* „Finsternis", *mišbār* „Brandung", *ṭîṭ* „Schlamm", *ma'amaqqê-majim* „tiefe Wasser", *šibbolæṯ majim* „Wasserstrom", *be'er* „Brunnen", *ḥamôṯ jammîm, za'ap jammîm* „Tosen der Meere" und *še'ôl*, *'aḇaddôn* „Unterwelt".
Diese Wortfelder weisen klar aus, daß eine exakte semantische Definition des Terminus *meṣûlāh* nicht möglich ist. Erst recht ist es nicht angezeigt, in der Übersetzung „Tiefe" eine irgendwie geartete vertikale Dimension mitzudenken.

III. *meṣûlāh* ist kein Wort der profanen Alltagssprache, denn es begegnet im AT und in 1 QH ausschließlich in theologisch relevanten Kontexten. Dabei lassen sich die Themen „kosmische Macht JHWHs", „Exodus" und „theol. Anthropologie" als Schwerpunkte festmachen.
1. Der älteste und einzige vorexilische Beleg liegt vor in Ps 68, 23. Dieser Psalm ist Zeugnis der urwüchsigen Konfrontation kanaanäischer und israelitischer Religion und zeichnet JHWH als den universalen Weltherrn mit unermeßlicher Reichweite. Er greift seine Feinde vom höchsten Berg (Basan) und aus den *meṣulôṯ jām*. Die Wirkmacht dieses israelitischen Gottes ist also nicht territorial definiert. Man wird – trotz der Deuteschwierigkeiten bei Basan – die Aussage als Merismus für die kosmische Allgewalt zu verstehen haben. (Ähnlich ist der einzige außerbibl. Beleg von *ṣûlāh* in Sfire I zu werten. Dort ruft der Vertragsschließende alle Götter zu Vertragszeugen auf, dazu Himmel, Erde, *ṣûlāh* und die Quellen, Tag und Nacht [KAI 222 A 11 f.]). Der von Weiser (ATD z. St.) vorgeschlagene Bezug auf das Schilfmeerereignis ist nicht gesichert.
Diese umfassende Wirkmacht ist dann Glaubensmotiv des at.lichen Beters. Er führt als Beispiel für bes. wirkmächtige Hilfe Gottes Beistand den Schiffbrüchigen gegenüber an, wobei er auf die Terminologie der Chaoskampfmythen zurückgreift (Ps 107, 24; vgl. 2 Kor 11, 25). Auch Jes 44, 24–28 und Hiob greifen diese Tradition auf. DtJes könnte durchaus mit kosmologischem Vokabular die babyl. Macht meinen (K. Elliger, BK XI/1, 474), „in der die Deportierten zu versinken und ertrinken drohen" (Fohrer). Durch ein Wort kann JHWH ihre Existenz beenden (v. 27). Nach Hi 41, 23 lebt der Leviathan (→ לויתן; vgl. auch R. Kratz, Rettungswunder, EHS XXIII/123, 30ff.) in der *meṣûlāh*, die er wie einen Kessel zum Kochen bringt. Doch auch die *meṣûlāh* ist Wirkort JHWHs, auch hier kann der „König über alle stolzen Tiere" JHWHs Schöpfergröße bezeugen.
2. Während in der Schilfmeer-Erzählung der alten Pentateuchquellen *meṣûlāh* nicht auftaucht, haben traditionsgeschichtlich spätere Weiterführungen das Wort hier eingebracht. Im Zuge dieser Interpretation wurde der kosmologische Chaoskampf konnotiert, JHWH wurde vom „Täter" zum „Krieger" umgedeutet (vgl. W. H. Schmidt, EdF 191, 1983, 65). Wie III. 1 zeigt, brachte auch *meṣûlāh* diese Konnotation mit ein. Das in der Endgestalt nachexilische Mose-Lied (Ex 15, 1–18; vgl. E. Zenger, VTS 32, 1981, 452–483) enthält sicher unterschiedliche Elemente, wie ein Vergleich der vv. 4 und 5 zeigt (zur Literarkritik vgl. Zenger 462 f.): V. 4: „Die Wagen des Pharao und seine Streitmacht warf er ins Meer, die Hervorragenden seiner Krieger versanken im Schilfmeer" enthält eine durchaus realitätsbezogene Deskription, die dem Geschehen recht nahe stehen kann, während v. 5 (vgl. Neh 9, 11) „Die Urfluten (*tehomoṯ*) bedeckten sie und sie fuhren hinab in den *meṣôloṯ* wie ein Stein" eine zusätzliche Deutung darstellt. Nach Zenger hat hier das neutrale *jām* oder *jam sûp* das kosmologische *tehôm* und *meṣôlāh* interpretiert, um das Mose-Lied stärker an die Geschichtsüberlieferungen anzupassen. Ex 15, 10 wird gesagt, daß die Ägypter wie Blei (*'ôpæræṯ*) in den gewaltigen Wassern versinken (*ṣll*).
Sach 10, 11 (text?) malt die Heimkehr der Exulanten mit den Farben des Exodus-Motivs, die eindeutig den realen Sachverhalt im Sinne einer typologischen Interpretation transparent machen wollen. Das nachexil. Israel soll die Heimkehr als „seinen" Exodus verstehen und darin die kosmische Macht seines Gottes JHWH erkennen. Bei Sach ist der Überschritt von der Typologie zur Zyklisierung der Geschichte nicht so ausgeprägt wie bei P (vgl. bes. N. Lohfink, VTS 29, 1978, 188–225, bes. 213ff.) und bei R^P (vgl. H. J. Fabry, BETHL, 1984). Bedeutsam ist auch hier wieder die pointierte Hervorhebung der Allmacht JHWHs, der durch ein bloßes Pfeifsignal (v. 8) Israels Befreiung erwirkt. Wenn Sach schildert, daß auf JHWHs Pfeifen hin die *meṣûlôṯ je'or* „Niltiefen" austrocknen, so könnte der Prophet zugleich damit eine ironische religionspolemische Antwort auf ein prahlerisches Zitat des assyr. Großkönigs Sanherib bereithalten, das 2 Kön 19, 24 tradiert wird.
3. Das Chaotische und Gefährliche der *meṣûlāh* wird in den anthropologisch gefärbten Klagegebeten do-

minierend neben dem Erhörungsmotiv, daß Gott auch über sie Macht hat. Als locus classicus könnte Jon 2, 4 gelten: „Du hast mich [in die] *m^eṣûlāh bilbab̲ jammîm* geworfen, die Flut (*nāhār*) umgibt mich. Alle deine Brecher (*mišbārîm*) und Wogen (*gallîm*) schlugen über mir zusammen." Der ganze Psalm (Jon 2, 3–11) ist wegen seiner gedrängten Seenot-Terminologie wohl literarisch eigenständig auf eine vorliegende Jona-Geschichte geschaffen und später eingefügt worden (vgl. H. W. Wolff, BK XIV/3, 107). Dabei hat der Autor viele gängige Motive aus den individuellen Klagepsalmen assoziativ zusammengestellt (vgl. Ps 69, 3. 16; Ps 88, 7, wo *m^eṣûlāh* auch genannt wird). Textkritisch kann man nicht übersehen, daß *m^eṣûlāh* ohne Präposition syntaktisch schwierig ist. Aber selbst als Nachinterpretation zum eventuell mehrdeutigen *l^eb̲ab̲ jammîm* (→ לב *leb̲*) entspricht sie völlig dem Geist des Textes und korrespondiert mit *t^ehôm* (v. 6). Das subjektive Empfinden des Gefährdeten – im Bild des Seebrüchigen – wird objektiviert zum Empfinden des Menschen angesichts der kosmischen Urgewalten. Insofern jedoch Gott Macht über diese Gewalten hat, wird die aktuelle Not des Beters zur Glaubensnot (v. 5). So sind auch die Belege 1 QH 3, 6. 14; 8, 19 zu verstehen. *m^eṣôlôt̲* werden hier zur Metapher des schlechthin Unsicheren, Gefährlichen, und sie werden zur Sphäre der *š^e'ôl* und *'^abaddôn* gerechnet. Für den Beter in 1 QH bedarf es keines bes. Rettungsaktes Gottes, da er sich durch seine Zugehörigkeit zur Gemeinde grundsätzlich solcher Gefahren enthoben weiß.

Als Syndrom kosmologischer und anthropologischer Vorstellung unter Assoziation des Exodus-Motivs ist Mi 7, 19 aufzufassen: „Er wird sich unser nochmal erbarmen, er wird unsere Vergehen zertreten. Du versenkst in *m^eṣulôt̲ jām* alle unsere [?] Verfehlungen." Wolff (BK XIV/4, 207) wird Recht haben, wenn er in diesem einzigartigen Beleg den Akt der Vergebung gleichgesetzt sieht mit der Befreiung Israels im Exodus.

Fabry

מִצְרַיִם *miṣrajim*

I. Etymologie – II. Ägypten im AT – 1. Völkertafel Gen 10 – 2. Ideologisch – 3. Die ägyptische Religion – III. Geschichtliche Beziehungen zwischen Israel und Ägypten – IV. 1. Die Josephsgeschichte – 2. Der Exodus – a) Die Exoduserzählung – b) Beurteilung des Exodus in Pss, Prophetentexten usw. – c) im Buch der Weisheit – d) bei den Propheten – V. Ägypten in den Fremdvölkerorakeln der Propheten – 1. Jes – 2. Jer – 3. Ez – VI. Qumran.

Lit.: *A. Alt*, Israel und Ägypten (BZAW 6, 1909). – *P. Barguet*, La stèle de la famine à Séhel (Bibliothèque d'Etude 24, 1953). – *A. Barucq*, L'expression de la louange divine et de la prière dans la Bible et en Egypte (Bibliothèque d'Etude 33, 1962). – *J. Bergman*, Atonhymn och skaparpsalm (RoB 39, 1980, 3–23). – *L. Boadt*, Ezekiel's Oracles Against Egypt (BibOr 37, 1980). – *H. Brunner*, Gerechtigkeit als Fundament des Thrones (VT 8, 1958, 426–428). – *G. E. Bryce*, A Legacy of Wisdom. The Egyptian Contribution to the Wisdom of Israel, Lewisburg 1979. – *B. Couroyer*, Amenemopé XXIV, 13–18 (RB 75, 1968, 549–561). – *Ders.*, L'origine égyptienne de la Sagesse d'Amenemopé (RB 70, 1963, 208–224). – *Ders.*, Quelques égyptianismes dans l'Exode (RB 63, 1956, 209–219). – *H. Donner*, Die literarische Gestalt der alttestamentlichen Josephsgeschichte (SHAW 1976:2). – *E. Drioton*, Le Livre des Proverbes et la Sagesse d'Aménémopé (Sacra Pagina I, Paris 1959, 229–241). – *A. Erman*, Eine ägyptische Quelle der „Sprüche Salomos" (SPAW 15, 1924, 86–93). – *G. Gerleman*, Die Bildsprache des Hohenliedes und die altägyptische Kunst (ASTI 1, 1962, 24–30). – *I. Grumach*, Untersuchungen zur Lebenslehre des Amenemope (MÄSt 23, 1972). – *H. W. Helck*, Die Beziehungen Ägyptens zu Vorderasien im 3. und 2. Jt. v. Chr. (ÄgAbh 5, ²1971). – *S. Herrmann*, Israels Aufenthalt in Ägypten (SBS 40, 1970). – *Ders.*, Die Königsnovelle in Ägypten und in Israel (WZLeipzig 3, 1953/54, 51–62). – *P. Humbert*, Recherches sur les sources égyptiennes de la littérature sapientiale d'Israël, Neuchâtel 1929. – *O. Kaiser*, Der geknickte Rohrstab (Festschr. K. Elliger, AOAT 18, 1972, 99–106). – *Ders.*, Zwischen den Fronten (Festschr. J. Ziegler, 1972, II 197–206). – *Chr. Kayatz*, Studien zu Proverbien 1–9 (WMANT 22, 1966). – *O. Keel*, Die Welt der altorientalischen Bildsymbolik und das Alte Testament, ²1977. – *Ders.*, Vögel als Boten. Studien zu Ps 68, 12–14, Gen 8, 6–12, Koh 10, 20 und dem Aussenden von Botenvögeln in Ägypten (OBO 14, 1977). – *Ders.*, Jahwes Entgegnung an Ijob (FRLANT 121, 1978). – *F. K. Kienitz*, Die politische Geschichte Ägyptens vom 7. bis zum 4. Jh. vor der Zeitwende, 1953. – *K. A. Kitchen*, The Third Intermediate Period in Egypt (1100–650 B.C.), Warminster 1972. – *B. Mazar*, The Campaign of Pharaoh Shishak to Palestine (VTS 4, 1957, 57–66). – *T. N. D. Mettinger*, Solomonic State Officials (CB.OT 5, 1971). – *P. Montet*, L'Égypte et la Bible, Neuchâtel 1959 (dt. Übers. Zürich 1960). – *S. Morenz*, Die ägyptische Literatur und die Umwelt (HO I/2, 1952, 194–206). – *Ders.*, Joseph in Ägypten (ThLZ 78, 1953, 187–192). – *Ders.*, Ägyptologische Beiträge zur Erforschung der Weisheitsliteratur Israels (Les sagesses du Proche-Orient ancien, Paris 1963, 63–71). – *G. Nagel*, A propos des rapports du Psaume 104 avec les textes égyptiens (Festschr. A. Bertholet, 1950, 395–403). – *S. I. L. Norin*, Er spaltete das Meer (CB.OT 9, 1977). – *T. E. Peet*, A Comperative Study of the Literatures of Egypt, Palestine and Mesopotamia (Schweich Lectures 1929), London 1931. – *G. von Rad*, Das judäische Königsritual (ThLZ 72, 1947, 211–215 = GesSt, 1958, 205–213). – *D. B. Redford*, A Study of the Biblical Story of Joseph (Genesis 37–50) (VTS 20, 1970). – *E. Ruprecht*, Das Nilpferd im Hiobbuch (VT 21, 1971, 209–231). – *S. Ö. Steingrimsson*, Vom Zeichen zur Geschichte. Eine literar- und formkritische Untersuchung von Ex 6, 28 – 11, 10 (CB.OT 14, 1979). – *J. Vandier*, La famine dans l'Égypte ancienne, Paris 1936. – *J. A. L. M. Vergote*, Joseph en Egypte. Genèse chap. 37–50 à la lumière des études égyptologiques récentes (Orientalia et Biblica Lovaniensia 3, 1959). – *W. A. Ward*, The Egyptian Office of Joseph (JSS 5, 1960, 144–150). – *H. Wildberger*, Die Thronnamen des Messias, Jes 9, 5b (ThZ 16, 1960, 314–332). – *Ders.*, Das Abbild Gottes, Gen 1, 26–30 (ThZ 21, 1965, 245–259. 481–501). – *R. J. Williams*, „A People Come out of Egypt". An Egyptologist Looks at the Old Testament (VTS 28, 1975, 231–252). – *Ders.*, Ägypten und Israel (TRE I 492–505). – *E. Würthwein*, Die Weisheit Ägyptens und das Alte Testament (Schr. d. Philips-Univ. Marburg 6, 1960, 3–17); engl. in: J. L. Crenshaw (ed.), Studies in Ancient Israelite Wisdom, New York 1976, 113–133). – *A. S. Yahuda*, Die Sprache des Pentateuch in ihren Beziehungen zum Ägyptischen I, 1929. – *J. Zandee*, Egyptological Commentary on the Old Testament (Studies presented to M. A. Beek, Leiden 1974, 269–281).

I. Dem hebr. Namen für Ägypten *miṣrajim* entspricht ugar. *mṣrm* (WUS Nr. 1645), phön. *mṣrjm* (KAI 5, 2; 49, 34), äg. aram. *mṣrjn*, syr. *meṣrēm*, akk. *Muṣur/Muṣru/Miṣri*, altpers. *Mudrāja*, arab. *Miṣr*; dagegen ist das Wort nicht im Altäg. belegt. Die Ägypter nannten ihr Land *km.t* 'das schwarze (Land)' (kopt. *kēme, khēmi*), *tꜣ.wj* „die beiden Länder" (d. h. Ober- und Unterägypten), gelegentlich auch *ỉdb.wj* „die beiden Ufern" (des Nils). Griech. Αἴγυπτος ist von äg. *ḥ.t-kꜣ-Ptḥ* „Kapelle des Ptah" (Hauptheiligtum in Memphis in der Amarnazeit, keilschr. *Ḫikuptaḫ* als Name der Stadt) herzuleiten; davon kommt auch die Benennung 'koptisch'. Im Talmud kommt *giptîṯ* für 'ägyptisch' vor (A. Erman, ZÄS 35, 1897, 109). – Wenn *miṣrajim* eine echte Dualform ist und wenn es mit dem akk. *miṣru* 'Grenze, Gebiet' (AHw 659), arab. *miṣr* 'Grenze, Land, Hauptstadt' zusammenhängt, könnte es eine Übersetzung von *tꜣ.wj* sein, was aber sehr unsicher ist. – Die Herleitung von M. Fraenkel (BZ N.F. 5, 1961, 86), der *miṣrajim* mit *māṭār* 'Regen', „Wasser" zusammenstellt, ist abzulehnen.
Im AT kommt auch die Sing.-Form *māṣôr* vor (Mi 7, 12; 2 Kön 19, 24 || Jes 37, 25; Jes 19, 6). Außerdem ist das Gentilizium *miṣrî* reichlich belegt.

II. 1. In der Völkertafel von Gen 10 (J und P) erscheint *miṣrajim* als Sohn von Ham zusammen mit Kusch (Nubien), Put (Libyen) und Kanaan (v. 6 P). Da die Völkertafel eher politisch-geschichtliche Gruppierungen als rassisch-sprachliche Verhältnisse spiegelt, gibt sie ein Bild der politischen Situation in vorisraelitischer Zeit, und die „Brüder" Miṣrajims repräsentieren Gebiete, die von Ägypten abhängig sind. Die Namen der „Söhne" Miṣrajims Gen 10, 13f. (J) sind alle Gentilizia im Pl. und bezeichnen also ethnische Einheiten: *lûḏîm* (Jer 46, 9; Ez 30, 5), *ʿanāmîm*, *leh̄āḇîm*, *naptuḥîm*, *paṯrusîm* und *kasluḥîm*, „von denen die Philister und die *kaptorîm* ausgingen". Von diesen sind, außer den Philistern und Kaphtoritern, nur *naptuḥîm* (Unterägypten) und *paṯrusîm* (Oberägypten) sicher zu identifizieren.
2. Ideologisch ist Ägypten im AT vor allem das Land der Knechtschaft („Sklavenhaus" *bêṯ ʿaḇāḏîm*: Ex 13, 3; 20, 2; Deut 5, 6; 6, 12; 7, 8; 8, 14; 13, 6. 11; Ri 6, 8; Jer 34, 13; Mi 6, 4 – fast ausschließlich dtr), aus dem Israel befreit wurde (s. w. u.). Außerdem galt Ägypten als ein reiches und fruchtbares Land, wo man in Zeiten der Dürre und Hungersnot Zuflucht nehmen konnte (Gen 12, 10; 42, 1ff.; 43, 1f.). In den Erzählungen vom Murren des Volkes in der Wüste erscheint Ägypten als das Land, wo man reichlich zu essen hatte (Ex 16, 3 „wo wir bei Töpfen voll Fleisch saßen und uns satt essen konnten an Brot"; Num 11, 5 „Wir denken an die Fische zurück, die wir in Ägypten umsonst zu essen bekamen, an die Gurken und Wassermelonen, an den Lauch, die Zwiebeln und den Knoblauch"). Nur ausnahmsweise wird auf die harte Arbeit mit Kunstbewässerung in Ägypten hingewiesen im Gegensatz zu Kanaan, das vom Regen bewässert wird (Deut 11, 10).
Die Ägypter sind ein Fremdvolk mit einer unverständlichen Sprache (*ʿam loʿez* Ps 114, 1; zum Gedanken vgl. Jes 28, 11; 33, 19; Jer 5, 15; Deut 28, 49). Die Sitten der Ägypter sind fremdartig und müssen erklärt werden (Gen 43, 33; 46, 34; vgl. Ex 8, 22).
Nach 1 Kön 5, 10 war die Weisheit Salomos „größer als die Weisheit aller Söhne des Ostens und alle Weisheit Ägyptens". Wenn es dann in v. 13 heißt, daß er „über die Bäume ... die Tiere, die Vögel, das Gewürm und die Fische" redete, sieht man darin gern ein Gegenstück zur sog. Listenweisheit der Ägypter (von Rad, VTS 2, 1955, 293ff.). Sonst ist ja die hervorragende Stellung der Weisheit innerhalb der äg. Literatur wohl bekannt (vgl. HO I 2, 90–110; H. Ringgren, Sprüche, [ATD 16] Einleitung). Die Beziehungen zwischen dieser äg. Weisheitsliteratur und der israelitischen sind reich gegliedert. Bei Spr 22, 17 – 23, 14 scheint eine literarische Abhängigkeit von der äg. Lehre des Amenemope vorzuliegen (vgl. ATD 16 z. St.). In Spr 1–9 herrscht weitgehende Übereinstimmung in Struktur und Ideen mit äg. Weisheit (Kayatz).
3. Von der äg. Religion ist im AT merkwürdig wenig die Rede. Nur indirekt könnte man auf einen äg. Einfluß auf Salomo schließen. 1 Kön 3, 1; 7, 8; 9, 16. 24 wird berichtet, daß Salomo – natürlich aus politischen Gründen – eine Tochter des Pharao heiratete und ihr ein eigenes Haus baute. Dies wird noch 11, 1 in einer Glosse erwähnt im Zusammenhang mit der Notiz über die ausländischen Gemahlinnen des Königs. Da 11, 4 besagt, daß „seine Frauen sein Herz zu anderen Göttern hin lenkten", scheint es jedenfalls die Meinung des Redaktors zu sein, daß Salomo auch die Götter Ägyptens verehrt hat. Konkretes wird aber darüber nicht mitgeteilt. Zur Kritik des Jahwisten an der Infiltration äg. Religion z. Z. Salomos vgl. W. von Soden, Verschlüsselte Kritik an Salomo in der Urgeschichte des Jahwisten (WO 7, 1973/74, 228–240) und M. Görg, Die „Sünde" Salomos (BN 16, 1981, 42–59).
Man hat auch in Ez 8, 10 einen Hinweis auf den Kult ägyptischer Götter finden wollen. Unter den Greueln, die der Prophet im jerusalemischen Tempel sieht, befinden sich auch „Bilder von Gewürm und Vieh" an den Wänden eingeritzt. Im Hinblick auf die Tiergestalt der meisten äg. Götter nehmen mehrere

Forscher an, daß äg. Götterbilder gemeint sind (so Bertholet, HAT I/13 z.St., W. F. Albright, Die Religion Israels im Lichte der archäologischen Ausgrabungen, 1956, 183ff.; vgl. Zimmerli, BK XIII z.St.). – Vgl. auch Ez 20, 7f.; 23, 19–21. 27.
Erst Weish 13–15 findet sich eine grundsätzliche Auseinandersetzung mit der Idolatrie im allgemeinen und dem äg. Tierkult im besonderen (vgl. u. V.). Die *ḥarṭummîm* der Ägypter werden in der Josephgeschichte und in den Plageerzählungen als Wahrsager und Zauberer erwähnt (→ חרטם *ḥarṭom*). Das Wort kommt auch im Akk. als Lehnwort vor und taucht dann auch in Dan auf.
Die alten Theorien von der Beeinflussung der israelit. Religion durch den Monotheismus des Echnaton müssen aus historischen Gründen ausscheiden. Es bleibt die Frage, wie die auffällige Übereinstimmung zwischen gewissen Partien von Ps 104 und dem großen Sonnenhymnus aus Amarna zu erklären sei. Da die Sonnenreligion Echnatons bald nach seinem Tode der Vergessenheit anheimfiel, ist es schwer, die Wege der Beeinflussung festzustellen. Eine Möglichkeit wäre eine fortgesetzte Überlieferung der hinter dem Sonnenhymnus liegenden älteren Amonhymnen (Erman, Literatur 351ff.), eine andere die Tatsache, daß sowohl der Sonnenhymnus als auch Ps 104 gewisse Ähnlichkeit mit der Listenweisheit aufweisen (Bergman, RoB 39; dort weitere Lit.). Die Tatsache bleibt jedoch, daß die Übereinstimmungen z.T. fast wörtlich sind (bes. vv. 20–30).
Ein weiteres Beispiel äg. Einflusses hat man in der Titulatur des kommenden Königs in Jes 9, 6 finden wollen. Der äg. König erhielt bei seiner Thronbesteigung eine Urkunde, das sog. Königsprotokoll (*nḫb.t*) mit seinen fünf Thronnamen. Wenn die *ʿedûṯ* von 2 Kön 11, 12 und der *ḥoq* von Ps 2, 7 einen ähnlichen Gebrauch spiegeln, könnten die vier (!) Thronnamen in Jes 9, 6 davon abhängig sein (G. von Rad, ThLZ 72, 1947, 211ff. = GesStudien 205ff.). Der Inhalt der Namen weist dagegen auf Polemik gegen die Titulatur der assyr. Könige hin (R. A. Carlson, VT 24, 1974, 130–135).

III. Zwischen den Nachbarländern Ägypten und Kanaan entwickelten sich natürlicherweise im Laufe der Zeit mannigfaltige Beziehungen. Wie schon (II. 2) nachgewiesen, zählt die Völkertafel von Gen 10 Kanaan unter den Brüdern Miṣrajims, was ein Ausdruck für die politischen Beziehungen in der vorisraelitischen Zeit ist. Von diesen Beziehungen im 14. Jh. v. Chr. zeugen u.a. die Amarnabriefe.
Die Josephsgeschichte und die Erzählung vom Übersiedeln der Familie Jakobs nach Ägypten spiegeln Ereignisse, die zwar nicht historisch verifiziert werden können, die aber doch als einigermaßen typisch betrachtet und deshalb auch nicht als unhistorisch abgefertigt werden können (Herrmann). Von der Befreiung aus Ägypten wird noch unten die Rede sein. Unter Salomo wird von einem Kriegsunternehmen des Pharao (ohne Namen) gegen Geser erzählt (1 Kön 9, 16): die Stadt wurde eingenommen und der Tochter des Pharao, die Salomos Gemahlin wurde, als Mitgift (*šilluḥîm*) geschenkt. Außerdem wird 1 Kön 10, 28f. (vgl. 2 Chr 1, 16f.; 9, 28) über die Einfuhr von Streitwagen und Pferden aus Ägypten und Kilikien berichtet. Der Wortlaut scheint zu implizieren, daß Salomo eine Art Monopolstellung in diesem Handel errungen hatte, was unwahrscheinlich anmutet. Verschiedene Lösungsversuche sind gemacht worden: entweder man identifiziert *miṣrajim* mit einem Gebiet *Muṣru* im Taurusgebirge, wo tatsächlich Pferde aufgezogen wurden, oder man nimmt mit Galling (ATD 12, 81) an, daß „Pferde in Kilikien aufgekauft wurden und daneben aus Ägypten bereits eingefahrene Gespanne samt Wagen angeschafft wurden" (Diskussion bei Würthwein, ATD 11/1 z.St.; vgl. auch H. Cazelles in Festschr. A. Dupont-Sommer, Paris 1971, 17–26, und P. Garelli, ebd. 37–48). Daß man in Judäa Ägypten mit Pferden verband, bezeugen jedenfalls Stellen wie Jes 30, 16; 31, 1; Deut 17, 16 (die letzte Stelle spielt offenbar auf Salomo an). – Schließlich hat Mettinger wahrscheinlich gemacht, daß die Verwaltung Salomos zum großen Teil nach äg. Vorbild organisiert wurde.
Ferner spielt Ägypten als Zufluchtsort für Jerobeam eine Rolle (1 Kön 11, 40); nach dem Tode Salomos kehrt er aus Ägypten zurück und wird König in Nordisrael (1 Kön 12, 2f.). Schon fünf Jahre später hat nach 1 Kön 14, 25 Pharao Sisak (oder Susak, äg. *ššnq*) I. (22. Dyn.) Rehabeam angegriffen und aus Jerusalem reiche Beute genommen. Tatsächlich ist er auch ins Nordreich und ins Ostjordanland eingedrungen.
2 Chr 14, 9–14 erwähnt einen erneuten Angriff unter Asa: ein gewisser „Zerach von Kusch" (ein äg. Feldherr?) griff Juda an, wurde aber von Asa geschlagen. Näheres ist darüber nicht bekannt.
Erst in der Zeit Jesajas kommt Ägypten wieder in das Blickfeld. Der äthiopische Fürst Schabaka hatte um 715 v. Chr. Ägypten unterworfen und die 25. Dynastie begründet. Das so erstarkte Ägypten konnte nun als Gegenspieler der assyrischen Großmacht auftreten, und die Hoffnung der palästinischen Fürsten auf Befreiung vom assyrischen Joch wurde neu belebt. 2 Kön 17, 4 erzählt, daß König Hosea im Nordreich mit Pharao So (*sw*ʾ, entweder = äg. *ṯ3j* ʿWesirʾ oder Kurzform des Namens Osorkons IV. [730–715]; s. TRE I 495; nach D. B. Redford, Journal of the Soc. for the Study of Eg. Antiquities II, 1981, 75f. = *s3w* ʿsaïtischʾ) in Verbindung trat und die Tributzahlungen an Assyrien einstellte. Die Erwähnung von Boten aus Äthiopien (Kusch) in Jes 18, 1ff. wird allgemein auf diese Situation bezogen (s.u.). Aussagen wie Jes 20 und 30, die vor Vertrauen auf Ägypten warnen, stammen unzweideutig aus dieser Situation.
Ein anderer „König von Äthiopien" taucht 2 Kön 19, 9 auf. Sanherib erfährt während seines Feldzuges nach Palästina (701), daß Tirhaka (Taharka) „gegen ihn zum Kampf ausgerückt sei". Ob diese Notiz mit dem unerwarteten Abzug Sanheribs (1 Kön 19, 36)

zusammenhängt, wird nicht klar. Wegen der mit diesem Ereignis verbundenen verwickelten historischen und chronologischen Probleme sei auf die Darstellungen der Geschichte Israels verwiesen.
Der Machtkampf zwischen Ägypten und Assyrien ging weiter, noch verkompliziert durch das Erscheinen der Babylonier als Gegenspieler Assyriens. In 2 Kön 23, 29 finden wir Pharao Necho II. (26. Dyn.) auf einem Feldzug „gegen Assyrien" (eher zur Hilfe Assyriens gegen Babylon), wobei sich Josia ihm in den Weg stellt und bei Megiddo besiegt und getötet wird (609 v. Chr.; 2 Kön 23, 29). Die Expedition Nechos war erfolglos, aber als er unverrichteter Sache zurückkehrte, beanspruchte er die Oberhoheit über Syrien-Palästina und setzte den Sohn Josias Jojakim als äg. Vasallenfürsten in Jerusalem ein (2 Kön 23, 34). Einige Jahre später (605) wurde Necho von Nebuchadrezzar bei Karkemisch geschlagen (Jer 46, 2), und 2 Kön 24, 7 stellt kurz fest, daß „der König von Ägypten nicht mehr aus seinem Lande auszog", da der König von Babel das ganze Gebiet zwischen dem Euphrat und dem Bach Ägyptens in Besitz genommen hatte.
Unter Zedekia scheinen sich Pläne einer antibabylonischen Koalition mit der Hilfe Ägyptens entwickelt zu haben. Jeremia kämpfte dagegen, aber ohne Erfolg. Nach Jer 37, 5. 7 sind tatsächlich äg. Truppen in Juda erschienen und haben die Babylonier zur zeitweiligen Aufhebung der Belagerung von Jerusalem gezwungen (vgl. Jer 34, 21). – Nach dem Fall Jerusalems 587 und der Ermordung des Statthalters Gedalja sind viele Judäer nach Ägypten geflüchtet (Jer 42f.) und haben dabei Jeremia gegen seinen Willen mitgenommen (43, 6).

IV. Zwei große Erzählkomplexe des AT haben Ägypten als Schauplatz, nämlich die Josephsgeschichte (Gen 37–50) und die Exoduserzählung (Ex 1–15). Die Rolle Ägyptens und die überlieferungsgeschichtlichen Probleme sind in den beiden völlig verschieden.
1. Die Josephsgeschichte spielt kompositionstechnisch die Rolle eines Verbindungsglieds zwischen den Patriarcherzählungen und der Exoduserzählung. Sie erklärt, warum und wie die Israeliten nach Ägypten kamen. Literarisch wird sie allgemein als Novelle charakterisiert. Seit Wellhausen findet man hier die beiden Quellen J und E wieder (mit kurzen Einschüben von P). Die Kriterien für eine Quellenscheidung sind aber außerordentlich schwach (s. zuletzt Donner). Deshalb neigen jetzt viele der Auffassung zu, die Josephsgeschichte sei eine einheitliche Komposition. Nur in 41, 50–52; 46, 1–5; 48; 50, 23–25 finden sich nach Donner Stücke, die aus den traditionellen Pentateuchquellen stammen könnten.
Als Ganzes ist die Erzählung von Elementen durchdrungen, die von einer ziemlich guten Kenntnis äg. Verhältnisse zeugen (nach Vergote spiegelt sie die Lage um 1200 v. Chr. wider): Namen wie Potiphar und Potiphera (39, 1 ff. bzw. 41, 45. 50; beide *pꜣ-dj-pꜣ-rꜥ*), *Ṣāpᵉnaṯ-paʿneaḥ* (41, 45; mehrere Deutungsvorschläge s. Vergote 141 ff.; der letzte Teil des Namens enthält jedenfalls das Wort *ʿnḫ* 'Leben'), Asenat ('der Göttin Neith gehörig'), mehrere Einzelheiten des Hoflebens, Notizen über äg. Sitten. Schwierigkeiten macht nur die Becherwahrsagung (44, 5), die bisher nicht sicher in Ägypten bezeugt ist (trotz Vergote 172 ff.); die Traumdeutung ist dagegen gut ägyptisch (→ חלם *ḥlm*). Unägyptisch ist auch der Ostwind (41, 5. 7), denn in Ägypten ist der Südwind als brennender Wind bekannt. Ägypten und äg. Verhältnisse sind also vom Standpunkt eines Ausländers, obwohl meist mit guter Sachkenntnis geschildert.
Besonders interessant sind die äg. Parallelen zur Geschichte von Joseph und der Frau Potiphars (39, 6–20) und den sieben Hungerjahren (41, 53–57). Im ersten Fall handelt es sich um das Märchen von den zwei Brüdern, im zweiten Fall um eine Inschrift aus Sehel, die von einem siebenjährigen Ausbleiben der Nilüberschwemmung in der Zeit Djosers (3. Dyn.) erzählt; die Inschrift stammt zwar aus ptolemäischer Zeit, könnte aber eine alte Überlieferung bewahrt haben. Der Zusammenhang mit dem Märchen von den zwei Brüdern ist klar, wird aber von den meisten Kommentatoren nur erwähnt und nicht ausgenutzt. Westermann (BK) weist z. B. darauf hin, daß die Fortsetzung des Märchens von der Josephserzählung abweicht. Eben diese Fortsetzung könnte aber den Schlüssel zur Lösung des Problems enthalten. Sie weist nämlich auffallende Ähnlichkeit mit dem Mythenkreis um Osiris auf. Es handelt sich um die Unzerstörbarkeit des (osirianischen) Lebens und die wunderbare Erzeugung eines neuen Herrschers. Solche Motive finden sich nun auch in der Josephgeschichte. Als Zweck des Ganzen wird 50, 20 angegeben „viele Menschen am Leben zu erhalten". Osiris ist der Korngott, Joseph wird durch seinen Getreidehandel der Ernährer des Volkes. Josephs Weg zur Erhöhung geht durch Gefahren, die mit dem Wort *bôr* (37, 22. 24 „Brunnen", 40, 15; 41, 14 „Gefängnis") bezeichnet werden; dasselbe Wort wird auch für die Unterwelt gebraucht. Das bedeutet nun nicht, daß Joseph ein verkleideter Fruchtbarkeitsgott wäre (Tammuz, Adonis, vgl. Albright, Reicke), sondern nur daß Fruchtbarkeitsmotive die Geschichte durchziehen und offensichtlich zu ihrer Formung beigetragen haben. Dabei ist zu beachten, daß vor dem äg. Hintergrund kanaanäisch-israelitische Züge hervortreten: *bôr*, „ich will in die Scheol hinabsteigen 37, 35", *qāḏîm* (s.o.). (Die Potipharepisode hat auch eine kanaanäische Parallele im Mythos vom Sturmgott und der Göttin Aschirtu [ANET³ 519, von Westermann nicht ganz richtig wiedergegeben], aber dieser ist anders ausgerichtet.)

Reicke (25 f.) versucht seine Auffassung von Joseph als Fruchtbarkeitsgott zu unterbauen durch die Annahme, daß die Josephgeschichte als Kultlegende des Herbstfestes gedient hat. In der Tat heißt es in Ps 81, der vom *ḥaḡ* des Herbstfestes spricht: „Er (JHWH) setzte es als ein Zeugnis in Joseph (*j^e^hôsep* geschrieben!) *b^e^ṣe'ṯô ʿal 'æræṣ miṣrajim.*" Der letzte Satz wird gewöhnlich übersetzt „als er (JHWH) gegen Ägypten auszog" und auf das Exodusereignis bezogen (oder man liest *me'æræṣ m.* „aus dem Lande Ägypten". Es kann aber eine Anspielung auf Gen 41, 45 vorliegen: *wajjeṣe' jôsep ʿal 'æræṣ miṣrajim*, d. h. um es nach seiner Erhöhung zu inspektieren. Dann würde die Erhöhung Josephs mit dem Herbst-*ḥag̱* in Verbindung gesetzt sein, und im Namen des Festes *ḥag̱ hā'āsîp* könnte man eine Anspielung auf Joseph finden. Da aber eine Verbindung von Joseph mit dem Herbstfest sonst nicht bekannt ist, bleibt die These unsicher.

Die Auffassung von Rads, die Josephsgeschichte sei als eine Exempelerzählung der Weisheitsliteratur zu verstehen, ist mehrfach bestritten worden, vielmehr spürt man andere verbreitete Erzählungsmotive, wie z. B. die Erhöhung des jüngeren Bruders. Unzweideutig geht es aber um die Erhöhung des Gerechten nach vielen Gefahren und Leiden. Vgl. Ps 34, 20 „Der Gerechte muß viel leiden, JHWH aber errettet ihn aus alledem" – ein Psalm, der allerdings auch Weisheitscharakter hat.

2. Die Befreiung Israels aus Ägypten nimmt einen breiten Raum in der at.lichen Überlieferung ein. Außer in der eigentlichen Exoduserzählung wird darauf als die grundlegende Erwählungstat Bezug genommen in der deuteronomischen Paränese, im Credo Deut 26, 5, im DtrGW, in historiographischen Psalmen (s.u.) und in den prophetischen Büchern (Jes 10, 24. 26; 11, 15f.; Jer 2, 6; 7, 22. 25; 11, 4. 7; 16, 14; 23, 7; 31, 32; 32, 20f.; 34, 13; Ez 20, 6. 9f.; Hos 2, 1. 7; 12, 10. 14; Am 2, 10; 3, 1; 4, 10; 9, 7; Mi 6, 4; 7, 15; Hag 2, 5).

a) Dem eigentlichen Exodus geht der Bericht von den „ägyptischen Plagen" voran (Ex 7, 8–10. 29). In seiner Jetztgestalt ist er nach allgemeiner Auffassung aus einer J-Erzählung und einer P-Erzählung zusammengesetzt (s. die Komm.; andersartige Quellenscheidung bei Steingrimsson). Der ganze Verlauf wird als ein Kampf zwischen Mose und Aaron als Führern der Israeliten und dem Pharao und seinen Zauberern (*ḥarṭummîm*) geschildert, oder theologisch gesehen zwischen JHWH und den Göttern Ägyptens. Aus diesem Kampf geht JHWH erst durch die zehnte Plage, die Vernichtung der Erstgeborenen, siegreich hervor. Der Durchzug durch das Schilfmeer ist ein erneuter Triumph JHWHs, der im Meerlied Ex 15 mit kriegerischer Terminologie (JHWH als Kriegsmann, *'îš milḥāmāh*, v. 3) und in halb mythologischen Farben als ein Kampf gegen das Meer (vgl. Baʿal und Jam in Ugarit) geschildert wird (Norin 77ff.). Trotz der mythologischen Färbung nimmt das Lied Bezug auf konkrete Ereignisse (Streitwagen, Sinken ins Meer), was zum Teil auf spätere Redaktion zurückzuführen ist (Norin; E. Zenger, VTS 32, 1981, 462f.; → מצולה *m^e^ṣûlāh*).

b) Ähnliche mythologisierende Züge finden sich in einigen Psalmen. Ps 77, 14–21 enthält Ausdrücke wie „die Wasser sahen dich und bebten, es zitterten sogar die Urfluten (*t^e^homôṯ*)" (v. 17) und „das Gewölk ließ erdröhnen die Stimme, deine Pfeile schwirrten umher" (v. 18 – hier also Theophanie im Gewitter). In Ps 106, 9 schilt (*gāʿar*) JHWH das Schilfmeer, so daß es trocken wird – hier wird das mit dem Chaoskampf verbundene Verb → גער *gāʿar* gebraucht. (Die sonst oft in diesem Zusammenhang genannten Ps 74 und 89 – so Norin 110ff. – beziehen sich, wie der Kontext zeigt, auf die Schöpfung, s. Ringgren, Festschr. H. Cazelles, AOAT 212, 1981, 387–393). Jes 51, 9f. verbindet Motive, die sonst zum Chaoskampf gehören, mit einer Anspielung auf den Auszug: die Tötung von Rahab-*tannîn* bewirkt nach dem Kontext das Austrocknen des Meeres für das erlöste Volk; das Meer wird zudem *t^e^hôm rabbāh* genannt. M. a. W. ist die Befreiung aus Ägypten ein Sieg über die Chaosmächte, vergleichbar mit dem urzeitlichen Sieg JHWHs in der Schöpfung. Schöpfung und Erlösung sind eins (von Rad, BZAW 66, 138ff.). In Jes 51, 10f. werden die Verben *gā'al* und *pāḏāh* für die Befreiung aus Ägypten – und Babel – gebraucht. *gā'al* kommt auch Ex 6, 6; 15, 18; Ps 97, 16; 106, 10; vgl. auch Ps 74, 2, *pāḏāh* Deut 9, 26; 13, 26; Ps 78, 42 vor. Dadurch wird die Befreiung als ein Loskauf aus der Sklaverei charakterisiert (ausdrücklich *pāḏāh mibbêṯ ʿ^a^ḇāḏîm* Deut 13, 26; Mi 6, 4). Andere vergleichbare Ausdrücke sind *hiṣṣîl* Ex 3, 8; 6, 6, *hôšîaʿ* Ps 106, 8. 10. Einfach beschreibende Ausdrücke sind *hôṣî'* (→ יצא *jāṣā'* III 809ff.) und *hæʿ^æ^lāh* (→ עלה *ʿālāh* und III 809).

Andere Ausdrücke deuten die Befreiung als Zeichen der Macht JHWHs: *'ōṯôṯ ûmôp^e^ṯîm* (→ אות, מופת) (Ex 7, 3; Deut 4, 34; 7, 19; Ps 78, 43; 105, 27; 135, 9, nur *'ôṯ* Deut 11, 3, nur *môpeṯ* Ex 4, 21; 7, 9; 11, 9f.). Die Machtentfaltung JHWHs wird mit dem Ausdruckspaar „mit starker Hand und ausgerecktem Arm" (→ יד, → זרוע) (Deut 4, 34; 5, 15; 7, 19; 11, 2; 26, 8; Ps 136, 12; Jer 22, 21, vgl. nur *jāḏ ḥ^a^zāqāh* Deut 9, 26. 29, *jāḏ ḥ^a^zāqāh + š^e^pāṭîm g^e^dolîm* Ex 6, 6 P; nur *z^e^rôaʿ* Ps 77, 16) ausgedrückt. Ex 3, 20; Ps 106, 7 begegnet *niplā'ōṯ*, Ps 78, 12 *pælæ'* (→ פלא *pl'*). Das Ziel dieser Machtentfaltung wird Ex 6, 7 (P) mit der Erkenntnisformel „damit ihr wisset, daß ich JHWH, euer Gott, bin" angegeben (vgl. Ex 7, 5; 9, 29; 12, 12).

c) Bei DtJes wird der Exodus zum Vorbild der bevorstehenden Befreiung aus dem Exil, knapp zusammengefaßt im oben angeführten 51, 9–11 aber mehrmals angedeutet durch die Exodustypologie des Buches.

Ein ganz anderes Bild begegnet Ps 80, 9f., wo Israel als ein Weinstock dargestellt wird, den JHWH aus Ägypten holt, um ihn in Kanaan einzupflanzen (→ גפן *gæpæn* II 65). Wieder ein anderes Bild bietet Hos 11, 1f.; hier ist Israel der Sohn JHWHs, den er aus Ägypten ruft. Eine eigenartige Auslegung erfährt die Exodusgeschichte im letzten Teil der Weisheit Salomos. In Kap. 10 wird entfaltet, wie die Geschichte der Welt nicht direkt von Gott, sondern durch die Weisheit gelenkt wird. Hier heißt es vv. 15ff., daß die Weisheit „das heilige Volk ... vor dem Volk der Bedränger errettet hat", daß sie in die Seele des Mose einging und furchtbaren Königen (d. h. Pharao)

Widerstand leistete unter Wundern und Zeichen. Sie war es, die das Volk durch das Rote Meer führte, während die Ägypter ertranken. Im Folgenden (Kap. 11–19) wird das ganze Exodusgeschehen in Antithesen entwickelt: die Ägypter werden von den Plagen betroffen, die Israeliten entfliehen. Besonders interessant ist hier 11, 15–27, wo zunächst der Tierkult der Ägypter verspottet wird („sie verehrten vernunftloses Kriechgetier und verächtliches Vieh" (11, 15, weiter ausgeführt und begründet 13, 1–9; 15, 14–19) – eben deshalb sind sie durch Tierplagen gestraft worden (11, 23–25).

d) Bei den Propheten wird nur gelegentlich auf den Exodus Bezug genommen, meist als historisches Grundfaktum (s.o.; auch in Vergleichen wie Am 4, 10 „Pest wie in Ägypten", Jes 10, 24. 26 „Stab erheben wie in Ägypten"). Die universale Macht Gottes wird Am 9, 7 dadurch illustriert, daß er Israel aus Ägypten, die Philister aus Kaphtor und die Aramäer aus Kir zu ihren jetzigen Wohnorten geführt hat, Jes 43, 3 dadurch, daß er Ägypten und Kusch als Lösegeld für sein Volk Israel gibt. Hosea rechnet mit einer Rückkehr Israels in Ägypten, um sozusagen wieder vom Anfang an zu beginnen (8, 13; 9, 3. 6 verglichen mit 2, 16). In der Allegorie Ez 23 treiben die beiden Schwestern Ohola und Oholiba Hurerei in Ägypten (v. 3), was nach 20, 7f. zu bedeuten scheint, daß Israel in Ägypten die Götzen des Landes angebetet hatte, eine ganz vereinzelt stehende Behauptung, die höchstens durch Jos 24, 14 untermauert werden kann.

Mi 6, 3f. klagt JHWH Israel der Undankbarkeit an: er hat es aus Ägypten herausgeführt; das Volk aber hat seine Heilstaten vergessen. Auch Jeremia erinnert an die Herausführung aus Ägypten, „dem Schmelzofen", und den daraus erfolgenden Bund (11, 4).

V. In den Fremdvölkerorakeln der Propheten (Jes, Jer, Ez) ist mehrmals von Ägypten die Rede. Hier nehmen die Propheten zu den aus der jeweiligen historischen Situation sich ergebenden Probleme Stellung.

1. Jesaja erlebte die Erstarkung Ägyptens unter Schabaka und die daraus folgende Unruhe im palästinischen Raum. Im Zusammenhang mit dem Aufruhr der Philister 713–711 geht er nackt und barfuß „als Zeichen und Wahrzeichen gegen Ägypten und Kusch", um zu zeigen, wie die Ägypter von den Assyrern gefangen weggeführt werden (20, 1–6). Folglich sollte man keine Hoffnung auf Ägypten setzen. Ein wenig später fallen wahrscheinlich die Aussagen 31, 1–3, wo das Vertrauen auf Rosse und Streitwagen Ägyptens gerügt wird („denn die Ägypter sind Menschen und nicht Gott, und ihre Rosse sind Fleisch und nicht Geist" v. 3), und 30, 1–5, wo denjenigen, die bei Pharao Zuflucht suchen, nur Schande und Schmach in Aussicht gestellt werden. In den folgenden dunklen Versen 6–7 wird Ägypten als Rahab bezeichnet, aber als unnütz und untätig (MT *rahab̲ hem šāb̲æt̲* schwerlich in Ordnung). Rahab wird sich nicht wie einst zum Kampf erheben, sondern bleibt untätig sitzen (Kaiser, ATD 18 z.St.). Derselben Situation entstammt vielleicht auch die Aussage gegen Kusch 18, 1–7 (da ja Schabaka aus Kusch stammte); Ägypten wird hier nicht genannt, und der Mangel an konkreten Zügen erschwert die zeitliche Ansetzung des Orakels (vgl. Kaiser, ATD 18 z.St.).

Schwieriger ist die Aussagenreihe 19, 1–15. Die Echtheit wird aus stilistischen Gründen meist angefochten. Angekündigt wird die Auflösung der staatlichen Ordnung, der Zusammenbruch des Wirtschaftslebens und die Ratlosigkeit der Führenden. „Ein starker König wird über es herrschen" (v. 4 – historische Anspielung oder Zukunftserwartung?). Die bei Jesaja zu erwartende Warnung vor Vertrauen auf äg. Hilfe fehlt. An diese Aussagen schließt sich eine Reihe von mit *bajjôm hahû'* eingeleiteten Stücken, die sicher sekundär sind und in denen u.a. die Bekehrung Ägyptens zum JHWH-Dienst und ein von JHWH gesegneter Bund zwischen Ägypten und Assur vorausgesagt werden (eine ähnliche universalistische Aussage findet sich Mi 7, 12).

2. Jeremia erwähnt Ägypten in verschiedenen Zusammenhängen. In 2, 6 erinnert er an die Befreiung: das Volk hat vergessen, daß JHWH es aus Ägypten herausgeführt hat und ist hinter den Götzen hergelaufen (v. 5). Wegen dieses Abfalls hat Israel unter Fremdherrschaft leben müssen, zunächst unter Assyrien, jetzt (unter Jojakim) unter Ägypten. Das Hilfe-Suchen in Ägypten und Assyrien wird in einer vorwurfsvollen Doppelfrage gerügt (v. 18).

Dann erscheint Ägypten unter den Nationen, denen Jeremia den Zornesbecher JHWHs reichen soll (25, 15–29, → כוס *kos*). Unter den Fremdvölkerorakeln Jer 45–51 findet sich folgerichtig auch ein Kapitel über Ägypten (46). Im ersten Teil des Kapitels (vv. 2–12) wird die Niederlage des Necho am Euphrat verkündigt. Der Pharao will die ganze Welt überschwemmen, genau so wie der Nil in jedem Jahr über die Ufer tritt; er meint, Herrscher der Welt zu sein, aber er hat „mit dem Weltenherrn, dem Herrn Jahwe der Heerscharen, nicht gerechnet" (Rudolph, HAT I/12, 233). Die schwere Niederlage kann sogar die berühmte Ärztekunst Ägyptens nicht heilen (v. 11). Der zweite Teil (vv. 13–26) weissagt das bevorstehende Eindringen Nebuchadrezzars in Ägypten. Ägypten wird beschrieben als eine Jungkuh, die von der Bremse aus dem Norden angegriffen wird, als eine Gebärende, die stöhnt, und als ein Wald, der von den Holzfällern abgehauen wird (vv. 20–23). Dasselbe Thema wird in 48, 8–13 in Verbindung mit einer Zeichenhandlung wieder angeschnitten.

3. Unter den Fremdvölkerorakeln Ezechiels findet sich eine ganze Reihe von Aussagen über Ägypten, von denen die meisten datiert sind (Ausnahme Kap. 30).

Im ersten Spruch 29, 1–10 wird der König von Ägypten als Drache, der in anmaßendem Übermut im Nil

liegt, beschrieben (Vergleich mit Krokodil ist im äg. Lobpreis des Königs belegt, Eichrodt, ATD 22, 275); er wird aber von JHWH gefangen und in die Wüste hinausgeworfen. Hier wird Ägypten auch (wie schon Jes 36, 6) mit einem Rohrstab verglichen, der die sich darauf Stützenden verletzt (vv. 6f.).
Kap. 30 verwendet im ersten, undatierten Teil (vv. 1–19) das alte Motiv vom Tag JHWHs (v. 3) in einigen Aussagen über die Vernichtung Ägyptens und seiner Helfer durch Nebuchadrezzar (v. 10). 30, 20–36 ist im April 587 datiert, ungefähr ein Vierteljahr vor dem Fall Jerusalems: JHWH will den zum Kampf erhobenen Arm des Pharao durch den König von Babel zerbrechen. In Kap. 31 wird Pharao als ein stolzer Baum dargestellt, der mit den Bäumen in Eden wetteifert, den aber Fremde umhauen werden. 32, 1–16, in v. 16 als eine *qînāh* bezeichnet, kehrt zum Bild des Drachens von Kap. 29 zurück und sagt, JHWH werde ihn in seinem Netz fangen und sein Fleisch über die Erde zerstreuen. 32, 17–32 ist wieder ein Klagelied, das beschreibt, wie Ägypten ins Totenreich hinunterfährt, wo schon alle anderen gottfeindlichen Nationen weilen.
Das Stück 29, 17–21 schließlich ist im April 571 datiert und ist somit das späteste der datierten Prophetenworte. Hier verspricht JHWH durch den Propheten, dem Nebuchadrezzar Ägypten als Entgelt für sein nicht völlig geglücktes Kriegsunternehmen gegen Tyrus zu geben. Diese Aussage wurde einige Jahre später durch den Gang der Geschichte bestätigt (Eichrodt, ATD 22, 279f.).

Ringgren

VI. In Qumran sind bisher 15 Belege bekannt. Soweit die Texte noch Sinnzusammenhang erkennen lassen (4 QDibHam 1, 9; 4 Q 158, 14, I, 4. 5. 6; 4 Q 163, 28, 1 und 4 Q 167, 17, 1 scheiden aus), ist auch hier die Herausführung aus Ägypten das wichtigste Thema, in dessen Zusammenhang *miṣrajim* begegnet. Dabei ist erstaunlich, daß die qumranessenische Literatur keine eigenständige *miṣrajim*-Theologie hat. Der Terminus begegnet positiv nur in Zitaten (aus Lev 25, 42 [4 Q 159, 2–4, 3]; Deut 13, 6 [4 Q 158, 14, I, 5; TR 54, 16]; Deut 17, 16 [TR 56, 16]; Deut 20, 1 [TR 61, 14]; Deut 32, 48f. [1 Q 22, 1, 1]) und bleibt damit in at.lichen Bezügen. Das zeigt sich auch in der bemerkenswert blassen Aufforderung, daß man sich an die Wunder in Ägypten erinnern soll (4 Q 185, 1–2, I, 15). Die qumraneigenen Traditionen scheinen den Terminus nur mit negativen Konnotationen zu besetzen, wobei das größte Negativum schon darin besteht, daß *miṣrajim* in den klassischen Qumranrollen nicht vertreten ist. 1 QM 1, 4 zählt die Kittäer Ägyptens zu den eschatologischen Feinden, 1 QM 14, 1 (txt?) erinnert an die Vernichtung, die die *'ᵆlîlê miṣrajim* getroffen hat. Schließlich dehnt CD 3, 5 das Murrmotiv auch auf die Ägyptenzeit aus, wenn es heißt: „Ihre Söhne wandelten in Ägypten in der Verstocktheit ihres Herzens."

Fabry

מַקֶּבֶת *maqqæḇæṯ*

פַּטִּישׁ *paṭṭîš*, מַפֵּץ *mappeṣ*

1. Etymologie – 2. Gebrauch – 3. Synonyme: *paṭṭîš*, *mappeṣ* – 4. Spätere Ableitungen.

Lit.: *A. A. Bevan*, The Origin of the Name Maccabee (JThS 30, 1929, 191–193). – *R. Marcus*, The Name Makkabaios (Jewish Soc. Studies 5, 1953, 205ff.) – *E. Schürer*, Geschichte des jüdischen Volkes I 204.

1. Nomen *maqqæḇæṯ* ist vom Verbum *nqb* abgeleitet. Das Verbum bedeutet 'ein Loch bohren' (2 Kön 12, 10; Hag 1, 6). Das von demselben Verbum abgeleitete *n^eqeḇāh* bezeichnet ein Weib, etwas Weibliches (Deut 4, 16; Jer 31, 22).
In der Siloah-Inschrift wird der Durchbruch im Tunnelbohren mit dem Nomen *hnqbh* angegeben. Im Akk. bedeutet *naqābu* 'aushöhlen', wird aber vorzugsweise in der Bedeutung '(eine Jungfrau) deflorieren' benutzt (AHw 743). Als Lehnwort aus dem Nordwestsemit. begegnet akk. *maqqabu* 'Hammer' (AHw 607; an ein anderes Werkzeug „ledge cutter" denkt J. C. Greenfield, JCS 21, 1967, 92).
Das hebr. Wort *maqqæḇæṯ* bezeichnet demnach einerseits eine Höhlung, andererseits einen Gegenstand, in den ein Loch gebohrt worden ist (oder mit dem man eine Höhlung macht?). Dieser Gegenstand war der Hammer, der in alter Zeit aus Stein gemacht wurde, in den ein Loch gebohrt wurde, um den Stiel einzusetzen.
2. In Jes 51, 1 ist *maqqæḇæṯ* deutlich in der Bedeutung 'Höhlung' benutzt. Hier werden Abraham als „Felsen" und Sarah als „Höhlung der Zisterne" (Wortspiel mit *n^eqeḇāh?*), aus denen das Volk einmal gekommen ist, bezeichnet. Ob hier eine Anspielung auf mythische Vorstellungen von der Geburt des Menschen aus einem Felsen vorliegt (Volz, Westermann), ist unsicher. Jedenfalls ist der Felsen nicht Gott, wie de Boer (OTS 11, 1956, 58ff.) meint.
Sonst bezeichnet das Wort immer den Hammer als Werkzeug, gelegentlich als Waffe. Schon im alten Bericht Ri 4, 21 wird erzählt, wie Jael einen Hammer benutzte, um Sisera totzuschlagen, indem sie einen Zeltpfahl durch seine Schläfe schlug.
1 Kön 6, 7 zeigt, daß der Hammer in der Königszeit aus Eisen gemacht war, denn in Salomos Tempel durfte kein Hammer aus Eisen gebraucht werden. Zur Zeit Salomos galt er, da er von den Philistern übernommen worden war, als etwas Fremdes und darum als gefährlich. (Vielleicht klingt auch ein ähnlicher Gedanke wie in Ex 20, 25 mit: das Eisen entweiht den Stein.)
Der Hammer war das Werkzeug für Schmiede, die Götterbilder machten (Jes 44, 12). In derselben Weise wird der Hammer auch Jer 10, 4 erwähnt (man befestigt das Götzenbild mit Hammer und Nägeln, damit es nicht umstürze). Das scheint zu bestätigen, daß der (eiserne) Hammer noch in der Exilszeit als ein fremdes Werkzeug empfunden wurde.

3. In ähnlichem Zusammenhang kommt in Jes 41, 7 das Wort *paṭṭîš* für den Schmiedehammer der Götzenmacher zur Verwendung: das Bild wird verfestigt, damit es nicht wanke (→ מוט *mwṭ*). Dasselbe Wort weist Jer 23, 29 auf die Kraft des göttlichen Wortes hin: es ist wie Feuer und wie ein Hammer, der Felsen zerschmettert. Jer 50, 23 ist ein Bild von Babel, das einst wie ein Hammer die ganze Erde zerschmettert hat, jetzt aber völlig zerbrochen daliegt.
Für den Kriegshammer wird ferner Jer 51, 20 das Wort *mappeṣ* gebraucht; es steht mit *kelê milḥāmāh* parallel und bezeichnet (wie 50, 23 s.o.) Babel als das Werkzeug, womit JHWH Länder und Völker zerschmettert.
4. Umstritten ist, ob der Name Μακκαβαῖος (1 Makk 2, 4. 66; 3, 1 etc.) von *maqqæḇæṯ* abzuleiten ist. Es ist dagegen eingewendet worden, daß *maqqæḇæṯ* eigentlich ein kleines Handwerkzeug war, das als kriegerisches Symbol nicht geeignet war. Dazu kommt die oben erwähnte Tatsache, daß der Hammer jedenfalls in alter Zeit nicht als israelitisches Werkzeug betrachtet wurde. Letzteres könnte sich jedoch in der Spätzeit geändert haben. Der Name könnte auch mit Jes 62, 2 zusammenhängen, wo es heißt: „Ein neuer Name, den der Mund JHWHs nennen wird (*jiqqobænnû*)". Die Makkabäerbücher geben keine Erklärung des Namens.

Kapelrud

מָקוֹם *māqôm*

I. Verbreitung – 1. Außerhalb des AT – 2. Im AT – 3. LXX – II. Begriffs- und Wortfeld – 1. Örtlich-adverbiell – 2. Verwandte Worte und Begriffe – III. Außerhalb des Kultes – 1. Physisch-räumlich – 2. Ordnungsvorstellungen: a) Kosmisch – b) Geheimnis – c) Soziale Stellung – d) Sinnfrage – 3. Grab – 4. Personifizierung von Lebens- und Umwelt – 5. Das Land: a) Untheologisch – b) Das verheißene Land – IV. Priesterliche Rubriken – 1. Theophanien – 2. Namengebungen – V. Heilige Stätten der Vorzeit – VI. Kultorte der Gegenwart – 1. *māqôm* im Altargesetz – 2. Der *māqôm* der Lade – 3. Der erwählte *māqôm* (dtn) – 4. „Mein *māqôm* in *šîlô*" (Jer 7, 12) – 5. Mehrdeutigkeit (dtr und später) – VII. Übertragungen – 1. Elemente des irdischen Heiligtums – 2. Verselbständigung – 3. Gott selbst? – VIII. Qumran.

Lit.: *F. M. Abel*, L'apparition du Chef de l'Armée de Yahweh à Josué (Jos. 5, 13–15) (Miscellanea Biblica et Orientalia, Festschr. A. Miller, StAns 27–28, Rom 1951, 109–113). – *P. R. Ackroyd*, Two Hebrew Notes (ASTI 5, 1967, 82–86). – *S. Amsler*, *qūm* aufstehen (THAT II 635–641). – *J. Barr*, Comparative Philology and the Text of the Old Testament, Oxford 1968. – *W. W. Graf Baudissin*, El Bet-el (Genesis 31, 13; 35, 7) (Vom Alten Testament, Festschr. K. Marti, 1925, 1–11). – *J. Begrich*, Die priesterliche Tora (BZAW 66, 1936, 63–88 = Ders., Gesammelte Studien zum Alten Testament, ThB 21, 1964, 232–260). – *A. Biran*, „The God who is in Dan" (Temples and High Places in Biblical Times, Jerusalem 1981, 142–151). – *D. Conrad*, Studien zum Altargesetz Ex 20, 24–26 (Diss. Marburg 1968). – *M. J. Dahood*, Northwest Semitic Philology and Job (The Bible in Current Catholic Thought, Gruenthaner Memorial Volume I, 1962, 55–74). – *Ders.*, Qohelet and Northwest Semitic Philology (Bibl 43, 1962, 349–365). – *Ders.*, Rezension zu P. Benoit, J. Milik, R. de Vaux, *Les Grottes de Murabba'at*, DJD II, Oxford 1961 (Bibl 44, 1963, 230–231). – *Ders.*, Hebrew-Ugaritic Lexicography V (Bibl 48, 1967, 421–438). – *J. Day*, The Destruction of the Shiloh Sanctuary and Jeremiah VII 12, 14 (VTS 30, 1979, 87–94). – *H. Donner*, „Hier sind deine Götter, Israel!" (Wort und Geschichte, Festschr. K. Elliger, AOAT 18, 1973, 45–50). – *F. Dumermuth*, Zur deuteronomischen Kulttheologie und ihren Voraussetzungen (ZAW 70, 1958, 59–98). – *D. T. Fenton*, בכל־אות נפשו Phraseological Criteria for the Study of Deuteronomic Cult Restriction (Studies in the Bible and the Hebrew Language, Sefer M. Wallenstein, Jerusalem 1979, 21*–35*). – *J. G. Février*, Paralipomena Punica. VIII Le mot MĀQÔM en phénicien-punique (Cahiers de Byrsa 9, 1960/61, 33–36). – *G. Fohrer*, Zion – Jerusalem im Alten Testament (ThWNT VII 292–318). – *D. N. Freedman*, The Massoretic Text and the Qumran Scrolls: A Study in Orthography (Textus 2, 1962, 87–102). – *V. Fritz*, Tempel und Zelt (WMANT 47, 1977). – *K. Galling*, Die Ausrufung des Namens als Rechtsakt in Israel (ThLZ 81, 1956, 65–70). – *G. Garbini*, „Paleo-siriano" meqūm = „lega, federazione" (AION 36, 1976, 222–225). – *H. Gese*, Der Davidsbund und die Zionserwählung (Vom Sinai zum Zion, BEvTh 64, 1974, 113–129). – *J. Halbe*, Das Privilegrecht Jahwes. Ex 34, 10–26 (FRLANT 114, 1975). – *B. Halpern*, The Centralization Formula in Deuteronomy (VT 31, 1981, 20–38). – *M. Haran*, Temples and Temple-Service in Ancient Israel, Oxford 1978. – *B. Holwerda*, De altaarwet, Ex 20, 24–26 = Oudtest. Voordrachten II = Bijzondere Canoniek, 1972, 233–268). – *M. P. Horgan*, Pesharim: Qumran Interpretations of Biblical Books (CBQ Monograph. Ser. 8, 1979). – *J. Jeremias*, Theophanie (WMANT 10, 21977). – *A. F. Key*, The Giving of Proper Names in the Old Testament (JBL 83, 1964, 55–59). – *K. Koch*, Zur Geschichte der Erwählungsvorstellung in Israel (ZAW 67, 1955, 205–226). – *E. König*, Stimmen Ex 20, 24 und Dtn 12, 13f. zusammen? (ZAW 42, 1924, 337–346). – *H. Köster*, τόπος (ThWNT VIII 187–208). – *E. Lipiński*, La Royauté de Yahwé dans la poésie et le culte de l'ancien Israel (Verhandelingen van de k. vlaamse academie voor wetenschappen, Klasse der Letteren 27, 21968, Nr. 55). – *J. Lust*, Elijah and the Theophany on Mount Horeb (BEThL 41, 1976, 91–100). – *G. C. Macholz*, Israel und sein Land (Habilitationsschrift, Heidelberg 1969). – *T. N. D. Mettinger*, The Dethronement of Sabaoth (Coniectanea Biblica. OT Ser. 18, Lund 1982). – *M. Metzger*, Himmlische und irdische Wohnstatt Jahwes (UF 2, 1970, 139–158). – *E. Otto*, Jakob in Bethel (ZAW 88, 1976, 165–190). – *L. Perlitt*, Sinai und Horeb (Beiträge zur Alttestamentlichen Theologie, Festschr. W. Zimmerli, 1977, 302–322). – *R. Rendtorff*, Jakob in Bethel. Beobachtungen zum Aufbau und zur Quellenfrage in Gen 28, 10–22 (ZAW 94, 1982, 511–523). – *H. Graf Reventlow*, Gebotskern und Entfaltungsstufen in Deuteronomium 12 (Gottes Wort und Gottes Land, Festschr. H. W. Hertzberg, 1965, 174–185). – *E. Robertson*, The Altar of Earth (Ex 20, 24–26) (JJS 1, 1948, 12–21). –

B. E. Shafer, The Root *bḥr* and Pre-Exilic Concepts of Chosenness in the Hebrew Bible (ZAW 89, 1977, 20–42). – *J.-L. Ska*, La place d'Ex 6, 2–8 dans la narration de l'exode (ZAW 94, 1982, 530–548). – *J. J. Stamm*, Zum Altargesetz im Bundesbuch (Ex 20:24) (ThZ 1, 1945, 304–306). – *Y. Tesfai*, This is my Resting Place: An Inquiry into the Role of Time and Space in the Old Testament (S.T.D. diss. Lutheran School of Theology at Chicago, Illinois, 1975; nicht erreichbar, vgl. ZAW 90, 1978, 122). – *N. J. Tromp*, Primitive Conceptions of Death and the Nether World in the Old Testament (BibOr 21, 1969). – *R. de Vaux*, „Le lieu que Yahwé a choisi pour y établir son nom" (BZAW 105, 1967, 219–228). – *P. Weimar*, Die Berufung des Mose (OBO 32, 1980). – *H. Weippert*, „Der Ort, den Jahwe erwählen wird, um dort seinen Namen wohnen zu lassen" (BZ NF 24, 1980, 76–94). – *P. Welten*, Kulthöhe und Jahwetempel (ZDPV 88, 1972, 19–37). – *C. Westermann*, Die Herrlichkeit Gottes in der Priesterschrift (AThANT 59, 1970, 227–249 = Ders., ThB 55, 1974, 115–137). – *G. Westphal*, Jahwes Wohnstätten nach den Anschauungen der alten Hebräer (BZAW 15, 1908). – *W. C. van Wyk*, The Translation of מקום in the Temple Speech of Jeremiah (OTWSA.P 24, 1982, 103–109).

I. 1. *māqôm* ist ein *ma*-Nomen von → קום *qûm*. Außerhalb des AT sind ähnliche deverbale Bildungen (vgl. KBL³ 592f. 1018; Freedman 97–98) belegt in Ugarit (in einer schwierigen Formel zu Gold: KTU 1.14, II 1; III 35; VI 19; dazu vgl. W. Johnstone, Ug VI, 1969, 314f.), aram. in Zincirli (KAI 214, 14) und spät (KAI 253, 1), häufiger phön.-pun. (Tomback 195–197), hebräisch in Inschriften (CIJ 974, 1; 1002, 1), in Qumran biblisch (vgl. Horgan 299) und außerbibl. (vgl. s.u. VIII; 1 QGenApokr XIX 26), asarab. (Conti Rossini 230), nicht aber akk. (vgl. AHw 896b. 82b). Semantisch decken Variationen des Grundtyps ein breites Band: Ort (Standort), heilige Stätte, Kultfunktionär (Tomback 195–197), Grab, Oberfläche (DISO 165), Vorrat (WUS Nr. 2417; vgl. aber Gibson CML 83. 86. 89), Güter u.ä. (Levy, WTM III 223–224).

2. Unter den ungefähr 400 Belegen des AT (vgl. THAT II 636) ist nur je ungefähr ein Zehntel Subjekt bzw. Objekt, vier Fünftel bilden Ergänzungen, Umstandsbestimmungen, Symptom eines wenig ausgeprägten Eigengehaltes und starker semantischer Kontextabhängigkeit. In abnehmender Häufigkeit sind sie verteilt vor allem auf erzählende und kultische Partien des Pentateuch; die Geschichtswerke; Jer, Jes, Ez, Hi, Pred, Ps.

3. LXX übersetzt fast durchgehend mit τόπος (363mal), gelegentlich mit χώρα, πόλις, θεμέλιον, θρόνος, ὅπου.

II. 1. Sehr häufig begegnet die generische, örtlich-adverbielle Bedeutung in formelhaften Wendungen: *māqôm* mit Possessivsuffix überwiegend der 3.P. Sing. zum zumeist singularischen Nomen, oft mit vorgesetzter Partikel (*bᵉ*, *lᵉ*, *min*); in Relativsätzen zur masoretischen Cstr.-Form *mᵉqôm* (GKa 130cd; Brockelmann Synt. § 144. § 162), oft mit rückverweisendem *šām* oder *bô*. Die lokale Bedeutung kann verallgemeinert werden bis zur Lösung des Bezugs zu jedwedem bestimmten Punkt, im Sinn von generischem „wo", „dort", „überall": *kol māqôm* (sofern diese Wendung sich nicht auf einen oder mehrere bestimmte Orte bezieht): z.B. Num 18, 31; Jos 1, 3; Deut 11, 24; Am 8, 3; Spr 15, 3; wahrscheinlich Mal 1, 11; anders Jes 7, 23: jedes Grundstück; Deut 12, 13: jeder heidnische Kultort. Die Wendung *mᵉqôm pᵉlonî 'almonî* läßt die Lokalisierung erzählerisch bewußt offen (1 Sam 21, 3; 2 Kön 6, 8).

2. In poetischen und Gebetstexten finden sich häufig statt oder neben *māqôm* ähnliche Bildungen aus anderen Wurzeln: einerseits *māqôm* mit *qdš* (Ps 24, 3; Esr 9, 8; Jes 60, 13; Jer 17, 12), anderseits *mā'ôn* mit *qdš* (Deut 26, 15; Ps 68, 6; 2 Chr 30, 27; Sach 2, 17; Jer 25, 30), *mākôn* mit *qdš* (Dan 8, 11); neben *māqôm* mit *jšb* (1 Kön 8, 30; 2 Chr 6, 21) *mākôn* mit *jšb* (1 Kön 8, 13. 39. 43. 49 || 2 Chr 6, 2. 30. 33. 39; Ps 33, 14); einerseits *mᵉqôm kis'î* (Ez 43, 7), anderseits *mᵉkôn kis'ækā* (Ps 89, 15), *kis'ô* (Ps 97, 2); aus dem Munde Gottes: *'æl-mᵉqômî* (Hos 5, 15), aber auch *bimkônî* (Jes 18, 4); der Ort des Tempels heißt *māqôm* (Jer 17, 12) und *mākôn* (Esr 2, 68); vgl. Ps 26, 8: *JHWH 'āhabtî mᵉ'ôn bêtækā ûmᵉqôm miškan kᵉbôdækā*. Ein und derselbe Psalm gebraucht bei der Erschaffung (*jsd*) des Kosmos *māqôm* und *mākôn* (Ps 104, 8. 5). Die Abwechslung ist stilistisch bedingt und begegnet besonders lebhaft im Zusammenhang mit dem Heiligtum von Jerusalem (s.u.). Jes 45, 19 besagt der st.cstr. *bimᵉqôm* kaum anderes oder mehr als das nomen rectum *'æræṣ ḥošæk* allein (Hi 10, 21), betont höchstens den Unwert: „Dans un coin ténébreux de la terre" (P.-E. Bonnard, Le second Isaïe, EtBibl, Paris 1972, 166; → III 270).

III. Das nichtkultische Bedeutungsspektrum ist sehr breit.

1. Im physikalischen Bereich kann *māqôm* sein: der räumliche Abstand (1 Sam 26, 13), eine (zu erweiternde) Wohnung (2 Kön 6, 1. 2), Lebensraum (Jes 5, 8; Ez 45, 4), Fehlen an Raum für Gräber (Jer 7, 32; 19, 11), einer sauberen Fläche auf dem Tisch (Jes 28, 8), einer Durchgangsmöglichkeit für ein Reittier (Neh 2, 14), eine Ortschaft oder Stadt (z.B. Gen 19, 12–14: *hammāqôm hazzæh* par. *hā'îr*; „die Männer der Ortschaft" Gen 26, 7; 29, 22; 38, 21. 22; Ri 19, 16; Esr 1, 4; vgl. 1 Sam 7, 16), der (zugewiesene) Aufenthaltsort (1 Sam 27, 5), der Platz an der Tafel (1 Sam 9, 22), in der Schlacht taktisch aufgegebenes Gelände (Ri 20, 36), eine für Weidewirtschaft und menschliche Siedlung geeignete *'æræṣ* (Num 32, 1; Ri 18, 9–10), Heimat (Jes 14, 2; Jer 27, 22). Für diese mit ihren rechtlichen, sozialen und emotionalen Gehalten steht oft *māqôm* mit Possessivsuffix und einem Verbum der Bewegung: z.B. Ri 7, 7; Num 24, 11; Hi 27, 21; Spr 27, 8; 2 Sam 15, 19 (vgl. BHS); Sir 41, 19 u.ö. In ähnlicher Bedeutung stehen meist mit Suffix *'æræṣ* (Gen 30, 25; Ez 21, 35) *'am* (Num 24, 14), *naḥᵃlāh* (Jos 24, 28), *'ohæl* (1 Kön

8, 66 || 2 Chr 7, 10; 1 Kön 12, 16 || 2 Chr 10, 16; 2 Kön 14, 12 || 2 Chr 25, 22; 2 Kön 13, 5; vgl. Jes 13, 14; Jer 12, 15). In später Zeit taucht der Pl. *kōl-m^eqômôt̠* auf in formelhaften Wendungen für Exil und Diaspora (Jer 24, 9; 29, 14; 40, 12; 45, 5; Ez 34, 12; vgl. Neh 4, 6).

2. *māqôm* dient vielfältig Ordnungsvorstellungen.

a) Einmal ist es im Zusammenhang der Brunnentechnik belegt (Gen 29, 3), häufiger im Kontext des Kosmos. Für die Weisheit hat dort alles und jedes seinen „Ort" (Pred 1, 4–7; Bar 3, 24; vgl. Gen 1, 9), so daß *māqôm* und *g^eb̠ûl* parallel sein können (Ps 104, 8–9; vgl. Deut 11, 24). Geschichtlich-geographisch sind die *'allûpîm* der Edomiter aufgelistet (Gen 36, 15–43) u.a. „nach ihren *m^eqômôt̠*" (Gen 36, 40; vgl. 10, 5. 20. 31. 32; KBL³ 52–53). Unterbrechung der Beständigkeit, gewaltsame Entfernung der Dinge von ihrem *māqôm* sind Bilder für (Gerichts-) Katastrophen (Jes 13, 13; Hi 9, 6; 14, 18; 18, 4).

b) Die Ordnung ist in vielem dem Menschen nicht einsehbar. So kann *māqôm* auch dem Ausdruck des Geheimnisses, des dem Menschen Unerreichbaren dienen, im kosmischen (Hi 38, 12. 19; vgl. Jes 45, 19) wie im geistigen Bereich: „Die *ḥŏk̠māh*, woher ist sie zu finden (v. 20: kommt sie) und wo ist (ein/der) *māqôm* von *bînāh*?" (Hi 28, 12. 20; vgl. v. 14). Positiv: „Elohim kennt ihren Weg, und er weiß ihren *māqôm*" (Hi 28, 23).

c) Qohelet meint wahrscheinlich gesellschaftlichen Rang oder berufliche, amtliche Stellung, wenn er 10, 4 warnt: *m^eqôm^ek̠ā 'al-tannaḥ* (vgl. 8, 1–4. 5–9). Deutlicher ist der Sinn von „Amt", vielleicht besser „Amtsstelle" 3, 16 (vgl. N. Lohfink, Kohelet, NEB 1980, z. St.), „Amtsstellung" in 1 Kön 20, 24 (vgl. Gen 40, 13; 41, 13: *ken* mit Possessivsuffix; s. auch Levy, WTM III 223–224).

d) In Qohelets Klage ist *māqôm 'æḥād̠* das für alle gleiche Ende (3, 20) nach der sinnlosen Ordnung des Todes; wohl auch schlicht die Unterwelt, die Scheol (6, 6b; Tob 3, 6; vgl. Ackroyd 84f.).

3. Pred 8, 10 ist *m^eqôm* (*māqôm*?) *qād̠ôš* vielleicht der Begräbnisplatz (vgl. Dahood, Bibl 43, 360–365; Bibl 44, 230–231, und den Hinweis auf phön. Inschriften: KAI 14, 4; 214, 14; DISO 165, 30f.; Sir 49, 10 LXX; vorsichtig: Barr 292; Lohfink, Kohelet 62). Wegen des Zusammenhangs ist Ez 39, 11 (11–16) eine aufwendige Grabanlage (*m^eqôm šem* statt *m^eqôm šām*?, vgl. BHS) nicht weniger wahrscheinlich als andere Versuche. Nach Jer 7, 32; 19, 11 wird man im verabscheuten (Jer 19, 6. 12. 13; 2 Kön 23, 10) Tofet beerdigen, weil der anständige Platz nicht ausreicht (vgl. Ex 14, 11).

4. In negativer Stimmung erscheint des Gottlosen *māqôm* in dichterischer Personifikation fast wie ein Komplize, der sich gegen ihn kehrt (Hi 8, 18; 20, 9; Ps 103, 16). Hiob klagt, daß Ähnliches auch dem Gerechten nicht erspart bleibt (7, 10). „Sein *māqôm*" ist die unmittelbare Umgebung mit ihren Menschen (Hi 6, 17; 27, 23; Nah 1, 8 nach MT; vgl. Deut 33, 9). Von Eljakim heißt es positiv: „Ich werde ihn einschlagen als (Zelt-)Pflock *b^emāqôm næ'^æmān*" (Jes 22, 23).

5. a) Ohne theologischen Anspruch kann *māqôm* für das Land der Geburt (Ez 21, 35), bestimmter Völker (Ex 3, 8; vgl. 3, 17 und W. H. Schmidt, BK II 140–141) stehen.

b) Gen 13, 14–17 ist der *māqôm '^ašær 'attāh šām* (14) nicht nur zufälliger Standort, sondern steht für das verheißene Land (Überblick, Abschreitung als Rechtsakt; vgl. Westermann, BK I/2, 208–210; s. auch: Gen 13, 3. 4. coll. 12, 8). Das Ziel der Führung ist *hammāqôm '^ašær h^ak̠inot̠î* (Ex 23, 20b).

IV. Die Priesterschrift bindet bestimmte Verrichtungen an bestimmte „Orte" innerhalb oder außerhalb des Tempels, des Zeltes, des Lagers, der Stadt: *bimqôm* (immer so!) *qād̠ôš* (achtmal nach Elliger, HAT I/4, 96 A. 22), *m^eqôm haqqod̠æš* (zweimal, a.a.O.), *māqôm* außerhalb des Lagers (Lev 4, 12; 6, 4; Num 19, 9) oder ohne nähere Bestimmung (Lev 10, 14), *māqôm ṭāme'* außerhalb der Stadt (Lev 14, 40. 41. 45), der Ort der Schlachtung des Opfertieres (Relativsatz; Lev 4, 24. 33; 14, 13), der Ort der Aschenablage (Lev 4, 12; 1, 16). Es sind Rubriken aus der Perspektive der Priesterschaft, vom Inneren des Tempels aus. Der „Ort" ist „heilig", weil er zum Tempel gehört. Eine spezifische theologische Qualität darüber hinaus ist ebensowenig gegeben wie durch die Bezeichnung eines kranken Körperteils als *m^eqôm hašš^eḥîn* (Lev 13, 19; vgl. zum Ganzen Haran 184–187).

V. 1. Für manchen *māqôm* interessiert sich die Tradition, weil an ihm eine besondere Begegnung mit Gott (Theophanie) haftet.

a) Jos 5, 15 (*hammāqôm '^ašær 'attāh 'omed̠ 'ālājw qod̠æš hû'*) und Ex 3, 5 (J; mit erweitertem Prädikat: *'ad̠mat̠ qod̠æš hû'*; ähnlich nur noch Sach 2, 16) ist das Modell der bekannten priesterlichen Deklarationsformel (vgl. Begrich, ThB 21, 254 Anm. 157; W. H. Schmidt, BK II 158f.) auf einen Vorstellungsritus angewendet. Während sonst die Gottheit vor allem auf optischem oder/und akustischem Weg gegenwärtig wird und der Mensch entsprechend reagiert (Ri 6, 22; 13, 22; Ex 20, 19; Deut 5, 23–27; Jes 6, 5), benützt die Erscheinung hier den Schauplatz als szenische Entfaltung und Verdichtung zugleich. Ex 3, 5 und Jos 5, 15 stehen im Vorfeld der Herausführung bzw. Hineinführung, also im Horizont des Landes (Ex 3, 8; *śar ṣ^eb̠ā' JHWH*, Jos 5, 14. 15; Jericho als Hintergrund, Jos 5, 13; 6, 1ff.). In dem Stück Erde sind vielleicht typologisch und paränetisch die Heiligkeit Gottes und des Landes vermittelt. Was immer die Vorgeschichte sein mag, ein Nachleben als Kultstätte Israels haben die Tradenten nicht im Auge. Nicht zufällig dürfte im P-Kommentar zu Ex 3, Ex 6, 2–8, von einem für P mißverständlichen *māqôm* nicht die Rede sein (vgl. Ska, ZAW 94, 530–548).

b) Gen 28, 11–22 wird „der *māqôm*" ohne Einführung (v. 11, dreimal; vgl. C. Westermann, BK I/2,

552f.) wie ein bekannter (Kult-)Ort genannt (vgl. R. Rendtorff, ZAW 94, 511–523). Was Jakob im nächtlichen Erlebnis und in der nachfolgenden wachen Erkenntnis innewird, haftet und konzentriert sich nach beiden Überlieferungssträngen an „diesem *māqôm*" (v. 16 J; v. 17 E; → III 881). Jakob drückt in Worten dieselben Empfindungen und dasselbe Bekenntnis aus wie Mose und Josua durch ihr Verhalten (Ex 3, 5. 6b; Jos 5, 15): bedauerndes Eingeständnis der Unwissenheit, Schrecken, Bekenntnis zur Gegenwart JHWHs. Die folgenden Akte tragen Vorgang, Erkenntnis und Bekenntnis dauernd in den *māqôm* ein und widmen ihn (auch) JHWH. Andere dort möglicherweise verehrte Gottheiten sind kein Thema. Schon die Benennung des *māqôm*, nicht der Massebe, als *bêṯ-'el* (v. 19 J; vgl. 35, 15b P?) zeigt das Schwergewicht an.

Die weitere Tradition interessiert sich hauptsächlich um den Ort. Gen 35, 1. 3. 7 (nach K. Jaroš, OBO 4, 25: E, teilweise dtr bearbeitet) wird er in Anlehnung an andere Szenen der Patriarchengeschichte durch den Bau eines Altars ausgestattet. Gen 35, 13 (P?; vgl. BHS) verläßt JHWH, nachdem er gesprochen hat, den *māqôm* (vgl. Gen 17, 22), ist also am *māqôm* zu oder in vorübergehender, punktueller Ansprache anwesend. Mit (ätiologischem) Namen benannter Ort (vgl. auch Gen 32, 3. 31), Patriarch und Gott werden in ihrer gegenseitigen Beziehung unverwechselbar. So stellt sich Gott selbst vor: *'ānoḵî hā'el bêṯ-'el* (Gen 31, 13 E; vgl. „Gott von Jerusalem" 2 Chr 32, 19; J. Naveh, IEJ 13, 1963, 84–85. 90–91; *jhwh šmrn*: Z. Meshel, BAR-W 5, 1979, 30–31; „Der Gott, der in Dan ist": A. Biran 142–151). Gelehrte Nacharbeit in Anlehnung an *ba'al*-haltige Ortsnamen dürfte die Benennung des *māqôm* selbst mit „El von Bet-El" (Gen 35, 7; vgl. BHS) sein, zumal „die Israeliten keine Neugründung nach ihrem Gott benannten" (W. Borée, Die alten Ortsnamen Palästinas, [2]1968, 94), ja überhaupt nicht neue *meqômôṯ* gründeten, sondern bestehende übernahmen (W. H. Schmidt, BK II 113; vgl. *meqôm šeḵæm*, Gen 12, 6; ähnliche Konstruktion: Jer 19, 13a).

c) Das schwierige *hinneh māqôm 'ittî* aus dem Munde Gottes (Ex 33, 21; vgl. A. B. Ehrlich, Randglossen I 407; J. Jeremias, WMANT 10[2], 202; KBL[3] 97–98) erschließt sich vielleicht von den Vorstellungen her, daß Mose auf der Spitze des Berges sich neben JHWH stellt (Ex 34, 2: *nṣb hiph* + *lî* + *šām*; 34, 5: *nṣb hitp* + *'immô* + *šām* und Anrufung JHWHs) und JHWH vorüberzieht (*'br* Ex 33, 19. 22–23; 34, 6–8; 1 Kön 19, 11). Am *māqôm*, einem Stück Boden, von den Tradenten kaum als vorgegebenes Heiligtum betrachtet, setzt Gott sich seinem Beauftragten gegenwärtig. Vielleicht ist damit auch eine mildernde Auslegung des harten Prinzips von Ex 33, 20 intendiert: *lô-jir'anî hā'āḏām wāḥāj* (vgl. die – schützende? – Felsspalte oder Höhle Ex 33, 22; 1 Kön 19, 9. 13).

2. Die (ätiologischen) Namen, die Schauplätze von Theophanien oder ähnlichen markanten Ereignissen in geprägten Formeln erhalten (vgl. Key 55–59), ob in der vorausgehenden Überlieferung schon Kultorte oder nicht, tragen sozusagen die Geschicke Israels ins Land ein; Israel eignet es sich dadurch faktisch und theologisch an (vgl. H. Köster, ThWNT VIII 196). Solche „Orte" sind Denk-Male, wie besonders die (späteren) literarischen Nachahmungen des Verfahrens zeigen (z. B. Gen 22, 14; Ri 18, 12; 2 Sam 6, 8 || 1 Chr 13, 11; 1 Sam 23, 28; 1 Chr 14, 11; 2 Chr 20, 26). *māqôm* dient oft als Ersatz und Stütze; es wird nicht gebraucht, wenn Landmarken bekannt sind: Brunnen (Gen 16, 14), aufgeschichtete Steine (Gen 31, 47. 48), Beerseba (Gen 26, 33; zu 21, 31 vgl. C. Westermann, BK I/2, 427). Eine Namengebung kann aber auch ganz fehlen, z. B. für die Eichen von Mamre. Amos nennt in seiner Polemik die Orte beim wirklichen Namen (5, 4–5; 7, 9; 8, 14) und hat keinen Anlaß, gelehrte Erinnerungen oder *māqôm* zu gebrauchen (anders 2 Chr 3, 1; vgl. R. Mosis, FThSt 92, 1973, 107).

VI. 1. Im „Altargesetz" (Ex 20, 24–26) nähert sich das distributive oder kollektive *beḵŏl-hammāqôm* (vgl. D. Conrad 5–7. 9–11. 212; J. Halbe 369–383. 421–422. 442; → II 584) der Bedeutung „überall", aber mit qualitativen Einschränkungen. Das Wort *māqôm* – mit Artikel – dürfte assoziativ von den Altären (vv. 24a. 25) angeregt sein. Um die legitime Form des Altares geht es, nicht um ein Gebäude, ein vermutlich archaischer Zug (vgl. Jos 8, 30–31; 22; Ri 6, 24–32; 13, 20; 21, 4; 1 Sam 14, 35; 2 Sam 24, 18. 21. 25; 1 Kön 18, 30); auch nicht nur die erstmalige oder einmalige „Offenbarung" (vgl. Halbe 371–376, gegen W. Schottroff, WMANT 15, [2]1967, 248), sondern um die Erinnerung an den „Namen" JHWHs (vgl. Jes 26, 13; Ex 23, 13; Ps 16, 4; KAI 214, 16. 21). Wo also am rechten Altar JHWH verehrt und verkündigt wird, „kommt" JHWH (zum „Kommen" Gottes → I 562–568. 601), ist gegenwärtig (zur ungewohnten 1. P. Sing. JHWHs vgl. Halbe 375–376. 481–482). Nicht an eine Auswahl ist gedacht, vielmehr wird ein Kriterium für die Beurteilung faktischer *meqômôṯ* und des faktisch vollzogenen Gottesdienstes geboten, was natürlich auch eine Forderung und Anweisung ist. Nicht der *māqôm* macht den Kult legitim, sondern der Kult den *māqôm*. „. . . die Frage des wahren Kultorts wird programmatisch jeder administrativ dekretierten Lösung entzogen" (Halbe 379). – Mal 1, 11 geht weiter, zumal man die Stelle auf dem Hintergrund der späten Kultzentralisation lesen muß. *beḵŏl-māqôm* ist adverbiell, aber nicht punktuell additiv, sondern „flächendeckend". Die Qualität der Kultfähigkeit ist entschränkt. Ohne räumliche Begrenzung nach außen und punktuelle Fixierung im Innern werden *muqṭār* und *minḥāh ṭehôrāh* wirklich sein. Die Ausdrücke sind ungewöhnlich; es ist nichts von einer Kulteinrichtung erwähnt. Jeder herkömmliche rubrizistische Sinn ist überboten. Es gibt keinen topographisch ausgegrenzten heiligen Bezirk mehr. In der Konsequenz wäre die ganze Welt *māqôm* (vgl. R. Pautrel, DBS V 743–745). Das liegt aber nicht mehr in den Möglichkeiten des Wortes.

2. Die Philister sehen ein, daß die Lade das eigene Land verlassen und an „ihren *māqôm*“ zurückkehren muß, soll das Unheil ein Ende finden (1 Sam 5, 11; 6, 2; vgl. 5, 3). Für die Zwischenstationen wird *māqôm* nicht gebraucht (1 Sam 6, 19 – 7, 1; 2 Sam 6, 10–11). Erst die endgültige Aufstellung durch David im Zelt (2 Sam 6, 17; dagegen par. 1 Chr 16, 1; jedoch 1 Chr 15, 1. 3, Eigengut) bzw. durch Salomo im Tempel (1 Kön 8, 6. 7 || 2 Chr 5, 7. 8) erfolgt an „ihrem *māqôm*“. – Zwar ist gelegentlich von diesem wie von der Lade selbst die Rede (1 Kön 8, 7 || 2 Chr 5, 8). Doch scheint dies Redeweise zu sein, vielleicht aus dem Interesse genährt, gewisse Traditionen durch Lokalisierung zu erhalten, als es die Lade nicht mehr gab.

3. Das Grundgerüst der deut Erwählungsformel, der stehende Relativsatz: *hammāqôm ʾᵃšær jiḇḥar JHWH* (Deut 12, 5; 15, 20; 16, 15. 16; 17, 10; 31, 11), besagt eine (fiktiv) zukünftige Maßnahme Gottes und ist keine Vorschrift, auch nicht mit den Ergänzungen: *bᵉʾaḥaḏ šᵉḇāṭǣḵā* (12, 14) bzw. *mikkŏl-šiḇṭêḵæm* (12, 5), *lāśûm šᵉmô šām* (12, 5. 21; 14, 24) bzw. *lᵉšakken šᵉmô šām* (12, 11; 14, 23; 16, 2. 6. 11; 26, 2; 12, 5, lectio conflata – vgl. Weippert 93; B. Halpern 23–24). Der erwählte *māqôm* ist der erlaubte und verpflichtende Ort für Opfer, Abgaben, frohe Mähler (12, 6–7. 11b. 14. 18. 27; 26, 2), der Erfüllung der Gelübde (12, 26), der Ablieferung bzw. Verwendung des Zehnten (14, 22–23), der Erstlinge, der Erstgeburt (15, 19–20), der Verwaltung der Einkünfte für Priester und Leviten (18, 6–8), der Hauptfeste (16, 1–17), der Gerichtsbarkeit in schwierigen Fällen (17, 8. 10), schließlich der regelmäßigen Verlesung „dieser Thora“ (31, 11). Von einer Ortsbewegung und Wallfahrt ist erst in als jünger geltenden Teilen die Rede, besonders in dem zusammenfassenden Vers am Anfang: ... *tiḏrᵉšû ûḇāʾṯā šāmmāh* (12, 5; vgl. 12, 26; 14, 25; 16, 16; coll. Ex 23, 14. 17; 34, 23. 26). Die innere Logik gewisser Neuregelungen setzt voraus, daß der erwählte *māqôm* nicht (mehr) am eigenen Wohnort ist: die Freigabe der Hausschlachtung (12, 15–16. 21; 15, 22); Geldwirtschaft für gewisse Fälle (14, 24–26); Sorge für zugewanderte Leviten (18, 6–8; vgl. H. D. Preuss, EdF 164, 1982, 118). Solche Maßnahmen werden damit begründet, daß der erwählte Ort zu „fern“ ist (12, 21; 14, 24), da Gott nach seiner Verheißung durch seinen Segen das Land „weit gemacht“ hat (12, 20; 19, 8). Die Einzigkeit des Kultortes für ganz Israel, die strenge Zentralisationsforderung liegt nicht von Anfang an in der Formel (Fenton), ist ihr aber aus den Umständen zugewachsen (Halpern 36–37). In einer Inkonsequenz von Deut 12, 3 ist der Prozeß noch spürbar: obwohl der Vers von den zu verwüstenden *mᵉqômôṯ* der Heiden spricht – nur hier ist das Wort eindeutig von heidnischen Kultorten gebraucht (Reventlow 177f.) und eine Beschreibung gegeben – endet er mit einem syntaktisch schwierigen Hinweis auf einen bestimmten *māqôm* (*min-hammāqôm hahûʾ*). Da hat sich anscheinend die Vorstellung von dem einzigen *māqôm* mit Gewalt durchgesetzt (vgl. Halbe 112f.). Die letztlich unerklärte Tatsache, daß der *māqôm* im Deut ohne Namen geblieben ist, mag unter anderem an der Grundsätzlichkeit gerade der unvollständigen Formel liegen: auf die Erwählung kommt es vor allem an. Nach einer Serie von Ermahnungen sind die heidnischen Kultorte zu meiden (12, 8. 13. 30. 31; 2 Kön 17, 33), auf der anderen Seite physisch zu vernichten (12, 2f.). 12, 3b wird dies als Vernichtung „ihrer – der abgebildeten Götter – Namen“ (*ʾbd pi* wie am Anfang, v. 2a) interpretiert. Die Idee, daß die „Namen“ der anderen zu beseitigen sind, ist im Umkreis nicht neu (Deut 7, 24; Hos 2, 19; Zeph 1, 4; vgl. Sach 13, 2; Ps 9, 6). 1 Kön 8, 27 stellt die ältere unbefangene Vorstellung, nach der JHWH im Tempel und „auf der Erde“ wohnt (vgl. 1 Kön 8, 12. 13) buchstäblich in Frage. Nach Deut erwählt Gott den Ort, um dort „seinen Namen zelten zu lassen“ (*škn pi*) oder „dort hinzulegen“ (*śwm*), wobei es unentschieden ist, ob man nun von einer eigentlichen deut „Namenstheologie“ sprechen muß (vgl. M. Weinfeld, Deuteronomy, Oxford 1972, 193f.; Halpern, passim) oder nicht darf (vgl. R. de Vaux, BZAW 105, 1967, 219–228). Außerhalb der deut Paränese kommen viele (dtr) Abwandlungen ohne *māqôm* vor (1 Kön 8, 43. 44. 48; 11, 13. 32; 14, 21; 2 Kön 21, 7; 23, 27; 2 Chr 6, 33. 38; 33, 7; Jer 7, 10. 11. 14. 30; 32, 34; 34, 15). Nahe an der deut Gestalt bleibt die einmalige historisierende Wendung: ... *ʾæl hammāqôm ʾᵃšær ʾāmartā jihjæh šᵉmî šām* (1 Kön 8, 29; vgl. Neh 1, 9). Die Parallele 2 Chr 6, 20 ist eher zurückhaltend: ... *ʾæl hammāqôm ʾᵃšær ʾāmartā lāśûm šimḵā šām* ... (analoge Wendungen ohne *māqôm*: 2 Kön 21, 4 || 2 Chr 33, 4; 2 Kön 23, 27; 2 Chr 6, 6; 20, 9). – Nur im Eigengut 2 Chr 7, 12 ist die deut Formel extrem kultisch verfestigt: *ûḇāḥartî bammāqôm hazzæh lî lᵉḇêṯ zāḇaḥ*, während die korrespondierende Stelle, 1 Kön 9, 3, nur vom Gebet *lᵉpānaj* spricht.

4. In der Wendung *mᵉqômî ʾᵃšær bᵉšîlô* ... *bāriʾšônāh* (Jer 7, 12) steht *māqôm* mit seltener Eindeutigkeit für einen abgegrenzten heiligen Bezirk, den Tempel, mit Silo nicht identisch, aber zu Silo gehörig (W. Thiel, WMANT 41, 1973, 112f.). Wenn Silo nicht mit Namen genannt ist, ist von ihm nur als *māqôm* die Rede, vielleicht, weil Ordnung und Einrichtung fehlen. Der ständige Gebrauch von *bajiṯ* für Jerusalem (7, 10. 11. 14; 26, 6), der im Zusammenhang ungewöhnliche Relativsatz zu *māqôm*, das betonte *bāriʾšônāh* heben einen Unterschied zwischen dem (ehemaligen) Silo und dem (gegenwärtigen) Jerusalem hervor, aber so, daß jedes legitime Heiligtum, auch Jerusalem, vernichtet werden kann, wenn das Volk den Anspruch mißachtet (trotz z. B. Jer 7, 7b). So bleibt der *māqôm* von Silo noch in der Vernichtung eine aufrüttelnde Veranschaulichung des Gerichtes Gottes (vgl. Jer 26, 6).

5. Häufig schwebt *māqôm* bei Jer – anscheinend vor allem in dessen dtr Bearbeitung – mehrdeutig zwischen dem Tempel zu Jerusalem, dem Tofet (7, 32; 19, 6–14), der Stadt und dem Land (vgl. van Wyk). Dies ist kaum nur ungewollte Folge des literarischen Werdens. Vielmehr weiten spätere Leser, im Schatten der großen Katastrophe, auf das gesamte Israel aus, was im wahrscheinlich ursprünglichen, authentisch jeremianischen Material allein dem Tempel angedroht gewesen ist (vgl. Thiel, a.a.O. 224; M. Rose, BWANT 106, 1975, 217–220). Die Mehrdeutigkeit des Wortes trifft sich mit vorgegebenen Zusammenhängen, die allerdings kaum artikuliert werden, aber sich an Beispielen verdeutlichen lassen. Allein bei Jer ist die Wendung *hammāqôm hazzæh* mindestens 30mal belegt in allen soeben genannten Bezügen. Im Rahmenwerk des Deut (1, 31; 9, 7; 11, 5; 29, 6) meint sie die entscheidende Station am Ende der Wüstenwanderung unmittelbar vor Betreten des Landes. Nach der Situation spricht Deut 26, 9 vom Heiligtum; die Formulierung deutet auf die Führung dorthin. Im Geschichtsüberblick ist es das Land (1 Sam 12, 8). An anderen dtr Stellen ist es der Tempel (1 Kön 8, 30. 35), in Huldas Wort und dessen Erweiterungen der Tempel mit der Stadt, das Land nicht ausgeschlossen (2 Kön 22, 16. 17. 19. 20). Zeph 1, 4 konzentriert die Wendung wahrscheinlich (als sekundäre Einschränkung?) das Gericht auf den Tempel (vgl. W. Rudolph, KAT XIII/3, 262). Hag 2, 9 kündet Gott den Tempel (und Jerusalem?) als das irdische Zentrum des weltweiten *šālôm* an (vgl. W. Rudolph, KAT XIII/4, 43). Auch in anderen Verbindungen schwebt *māqôm* manchmal zwischen den Bedeutungen Tempel und Land (2 Sam 7, 10 || 1 Chr 17, 9; Ex 23, 20b). – Außerhalb jeden theologischen Zusammenhangs steht *hammāqôm hazzæh* nur 1 Kön 13, 8. 16 (Bet-El) und 2 Kön 6, 9 (Taktik).

VII. Dichterisch und prophetisch wird *māqôm* als Heiligtum vielfach übertragen.

1. *t^e^pillaṯ hammāqôm hazzæh* (2 Chr 7, 15; 6, 40; Eigengut) ist keine Übertragung, sondern wendet die Vorstellung „Haus des Gebetes" an (Jes 56, 7; vgl. Jer 7, 11). Jes 18, 7c *m^e^qôm šem JHWH ṣ^e^ḇā'ôṯ har ṣijjôn*, der mögliche Ursprung der deut Namensformel, ist ein theologisches Bekenntnis zum Zion (vgl. Jes 8, 18; Ps 68, 30. – H. Wildberger, BK X/1, 348). Poetisch sucht David für JHWH einen *māqôm* als oder für dessen *miškānôṯ* (Ps 132, 5; vgl. 78, 60). Er antwortet durch Erwählung des Zion (Ps 132, 13a; 78, 68), aus freien Stücken, nicht zu begründender „Liebe" (Ps 132, 13b. 14b; 78, 68b) zur Wohnung (*jšb* Ps 132, 13b. 14b) und Ruhe (*m^e^nûḥāṯî*: Ps 132, 14a. 8a; vgl. 78, 69). Das ist Entfaltung der Vorstellung vom Zion als dem endgültigen *māqôm* der Lade (2 Sam 6, 1–19; 7, 2. 7; 1 Kön 8, 1–13; vgl. Ps 132, 7–8; Num 10, 35–36). Trotz der engen Verbindung zwischen Tempel, Dynastie und Residenz wird für diese nie *māqôm* gebraucht, obwohl ungefähr alles, was das äußere, publikumswirksame Prestige jenes Zentrums ausmacht, sich des Wortes bedient zur Lokalisierung, wegen der Dramatik oder als syntaktische Hilfe zur Feier der Größe des Tempels und des nahen Gottes in einem. Der *kāḇôḏ* JHWHs hebt sich für Ezechiel *mimm^e^qômô* (Ez 3, 12; vgl. BHS). Würdebegriffe werden kombiniert: *m^e^qôm kis'î* ... *m^e^qôm kappôṯ raḡlaj* (Ez 43, 7; vgl. Jes 6, 1); *kisse' kāḇôḏ* ... *m^e^qôm miqdāšenû* (Jer 17, 12; vgl. 3, 17); deutlicher eschatologisch: die Rückkehr der einstigen Pracht *l^e^pā'er m^e^qôm miqdāšî ûm^e^qôm raḡlaj 'ᵃḵabbeḏ* (Jes 60, 13; vgl. 14). *māqôm* wird so zu einem Kürzel für die Zionstheologie mit ihrer transzendenten Dimension (vgl. Mettinger 24–32).

2. Ohne Bezug auf Tempel und Zion sprengen manche Doxologien und Theophanien die Grenzen. So sind JHWHs Werke aufgefordert, ihn zu preisen *b^e^ḵōl-m^e^qomôṯ mæmšaltô* (Ps 103, 22). Die eher blasse Ortsbestimmung verdankt sich anscheinend dem hymnischen Elan, der keine denkbare Grenze gelten läßt (vgl. Ps 96, 9–13; 98, 4–9). Im Tempelweihgebet Salomos heißt der Himmel nur einmal *m^e^qôm šiḇt^e^ḵā* (1 Kön 8, 30 || 2 Chr 6, 21; vgl. 1 Kön 8, 39. 43. 49 || 2 Chr 6, 30. 33. 39) vielleicht unter dem Eindruck der beiden Vorkommen unmittelbar vorher? Klingt hier dtr Ohren *māqôm* zu irdisch, beschränkt? (vgl. M. Metzger, UF 2, 1970, 139–158). Jes 26, 21 und Mi 1, 3 kommt Gott zum Gericht *joṣe' mimm^e^qômô*. Mi 1, 3 kann kaum anders als vom Himmel verstanden werden, da Gott von außen in die Welt eintritt (vgl. W. Rudolph, KAT XIII/3, 40). Da dies bei Jesaja nicht so deutlich ist, denken manche an den Tempel, den Zion (H. Wildberger, BK X/2, 999), ohne die gegenteilige Meinung widerlegen zu können (Jeremias 19). Man möchte fragen, ob solche Versuche genauer Lokalisierung nicht die gewollte Unbestimmtheit und den dichterisch andeutenden Charakter verkennen.
Hos 5, 15 kündigt Gott an, daß er zur Strafe bis zur Bekehrung sich zurückzieht *'æl-m^e^qômî*. Eine Fixierung auf den Zion oder Tempel wäre vollends unmöglich.

3. Im großen und ganzen steht *māqôm* im theologischen Gebrauch nur selten nicht mit der Tempeltheologie in Verbindung. Als vermittelnder Hilfsbegriff relativiert er allzu irdische und anschauliche Beschränkungen, so daß unter dem Einfluß gewandelter Vorstellungen relectures erleichtert werden. In etwa hat er die Funktion mancher abstrakten oder unbestimmten, aber unentbehrlichen Termini unserer theologischen Sprache und ist auf Überwindung der Grenzen des bloß Anschaulichen gestimmt. Von daher scheint die Interpretation des berühmten *māqôm 'aḥer* von Esth 4, 14 auf Gott wahrscheinlich (vgl. Ackroyd 82—84; vgl. zu diesem Verständnis im Targum: C. A. Moore, AB 7B, 1971, 50; G. Gerleman, BK XXI 19).

Gamberoni

VIII. Qumran bietet kaum etwas Besonderes im Gebrauch von *māqôm*. Es ist von dem Platz, wo zehn

Männer zugegen sind (1 QS 6, 3. 6; CD 13, 12) und von dem Aufstellungsplatz des Heeres (1 QM 19, 9; 1 Q 33, 2, 4; vgl. 1 QM 14, 3) die Rede. Ein paarmal steht *māqôm* par. zu *maʿ^{a}māḏ* für den Rangplatz des einzelnen in der Gemeinde (1 QS 2, 23; vgl. CD 13, 12). In 1 QS 8, 8 ist die Gemeinde eine Pflanzung und ein Tempel, der nicht von seinem Ort weichen (*mûš*) wird. *m^{e}qôm jāḏ* ist 1 QM 7, 7 und TR 46, 13 wie Deut 23, 13 der Abort. Unter den 23 Belegen in TR finden sich einige Hinweise auf den erwählten Platz (42, 9. 16; 53, 9; 56, 5; 60, 13). Ferner ist von Plätzen, die für einen besonderen Zweck abgesondert (*mub̲dāl*) sind, die Rede (15, 12; 35, 13). Daneben wird *māqôm* ganz allgemein gebraucht mit Bezug auf Plätze im Tempel, außerhalb der Stadt, für Begräbnis usw. (*Ri.*)

מָקוֹר *māqôr*

1. Etymologie – 2. Belege, LXX – 3. Gebrauch im AT – 4. Qumran.

1. Die Etymologie von *māqôr* ist nicht völlig klar. Es sieht wie eine *ma*-Bildung von *qwr* aus. Ein Verb *qûr* ist im Hebr. nur 2 Kön 19, 24 || Jes 37, 25 belegt: *qartî w^{e}šāṯîṯî majim* „ich grub und trank Wasser". Wenn *qûr* ʿnach Wasser graben' bedeutet, kann *māqôr* i. S. v. ʿQuelle' oder ʿBrunnen' davon abgeleitet sein. Die außerhebr. Äquivalente von hebr. *qûr* sind unsicher: arab. *qāra* bedeutet nicht nur ʿein rundes Loch machen' (so KBL[3]), sondern eher: ʿein Loch in einen Stoff schneiden' und auch ʿ(eine Melone) in runde Scheiben schneiden', ʿauf den Zehenspitzen gehen' usw., wo man kaum eine Verbindung mit ʿQuelle' herstellen kann; asarab. *wqr* heißt zwar ʿspalten' (KBL[3]) aber auch ʿskulptieren' (Conti-Rossini 140); eine Verbindung mit hebr. *nāqar*, jüd.-aram., syr. *n^{e}qar* ʿausstechen', arab. *naqara* ʿaushöhlen' läßt sich durch die Annahme einer auf verschiedene Weise erweiterten Wurzel *qr* herstellen. Eine sichere Entsprechung bietet nur das Ugar., wo *qr* und *mqr* beide ʿQuelle' o. ä. heißen (WUS Nr. 2443): KTU 1.16, I 27 *qr ʿnk* „die Quelle deines Auges" als Ursprungsort der Tränen; KTU 1.14, V 2 *b.mqr mmlʾt* „(Frauen) die aus der Quelle (dem Brunnen) [ihre Eimer] füllen" (die Parallele III 9 hat *bbqr!*) || *bnpk šʒbt* „die aus der Quelle Schöpfenden", wobei *npk* mit *nbk* und *mbk* (WUS Nr. 1738, hebr. *neb̲æḵ* und *mabbāḵ*) zusammenzustellen ist. Syr. *maqûra* ʿZisterne' ist wohl kanaan. Lehnwort (H. Bauer, OLZ 29, 801). KBL[3] führt außerdem äg. *ḳrr.t* ʿHöhle' an; eher wäre an *ḳr.t* ʿQuelle' (u. a. von den „beiden Quellen" des Nils) zu denken.

2. *māqôr* ist im AT 18mal belegt (Ps 68, 27 unsicher), außerdem 2mal in Sir. Mit Ausnahme von 3 Belegen in Lev mit der Spezialbedeutung ʿBlutfluß' steht das Wort nur in poetischen Texten: Spr 7mal, Ps 2mal, Jer 4mal, Hos, Sach je 1mal.

Die LXX übersetzt fast durchgehend mit πηγή; Hos 13, 15 steht φλέψ ʿAder', einmal auch ῥύσις, und die beiden Sir-Stellen zeigen eine abweichende Textform.

3. *māqôr* steht 2mal parallel mit *maʿjān* ʿQuellort', einerseits Hos 13, 15, wo es von Ephraim-Nordisrael heißt, daß infolge des Ostwinds, der das kommende Strafgericht JHWHs repräsentiert, sein *māqôr* vertrocknen (MT hat eine Form von *bôš*, l. *jbš*) und sein Born (*maʿjān*) versiegen (*ḥrb*) wird, und andererseits Spr 25, 26, wo ein Gerechter, der vor einem Frevler wankt, mit einem getrübten Born (*maʿjān*) und einer verdorbenen Quelle verglichen wird: wenn sich ein Gerechter nicht vor dem Frevler behaupten kann, ist er wie eine Quelle, die untauglich gemacht worden ist, d. h. die zu erwartende richtige Funktion bleibt aus. Rein konkret steht *māqôr* auch Jer 51, 36: JHWH läßt den Strom (*jām* für den Euphrat wie Jes 18, 2; 19, 5 für den Nil) Babels versiegen (*ḥrb*) und seine Quelle vertrocknen (*jbš*). Wie in Hos 13, 15 wird also die Störung der Wasserversorgung mit den beiden Verben *jbš* und *ḥrb* zum Ausdruck gebracht, beidemal als Folge von JHWHs strafendem Gericht dargestellt.

In der Zukunftsvision des DtSach wird für das Haus Davids und die Bewohner Jerusalems eine offene Quelle „für (*l^{e}*)", d. h. zur Tilgung von Sünde und Unreinheit in Aussicht gestellt (Sach 13, 1). Gemeint ist eine reinigende rituelle Waschung im Wasser der Quelle, die JHWH – vielleicht wie Ez 47, 1 ff.; Jo 4, 18 unter dem Tempel – entspringen läßt.

In Sir 43, 20 ist der hebr. Text nicht in Ordnung. Im Kontext eines Lobpreises der Offenbarung Gottes in der Natur heißt es: „Den kalten Nordwind läßt er blasen, und zu Eis (l. mit LXX *qæraḥ* statt *rqb*) gefrieren die Quellen (hebr. *m^{e}qôrô*; LXX hat „Wasser"; l. *m^{e}qôrôṯ*)."

Im übertragenen Sinn steht *māqôr* in Jeremias Klage (Jer 8, 23): „O daß mein Haupt Wasser wäre und mein Auge eine Tränenquelle, daß ich Tag und Nacht beweinte die Erschlagenen meines Volkes." Das tiefe Mitleid des Propheten mit seinem Volk bricht hier aus in dem Wunsch, über das Leid des Volkes gebührend weinen zu können. In Sir 10, 13 begegnet ein anderes Bild: „Denn eine Ansammlung (*miqwæh* wie Gen 1, 10 vom Meer) des Übermuts (*zāḏôn*) ist die Sünde (LXX und S: „Der Anfang der Sünde ist Übermut"), und ihre Quelle läßt Schandtat (*zimmāh*) hervorsprudeln." Die Sünde ist nach v. 12 Abfall von Gott; daraus entsteht ein See von Übermut, der seinerseits wie eine Quelle schändliche Taten hervorsprudeln läßt. Das Wesen der Sünde ist Hybris, und aus ihr fließen alle sündvollen Taten.

Spr 5, 18 steht *māqôr* als symbolischer Ausdruck für „das Weib der Jugend", an dem der Weisheitsschüler sich halten soll, damit nicht Fremde es genießen. In vv. 15 f. steht mit derselben Beziehung *bôr*, *b^{e}ʾer* und *maʿjān*. Die Frage ist, ob diese Mahnung nur eine Mahnung zur ehelichen Treue ist oder vielmehr allegorisch als Warnung vor der Torheit („dem fremden Weib") aufzufassen ist (→ II 562f. und vgl. H. Ringgren, ATD 16³, 30).

Nach Ps 36, 10 ist „die Quelle des Lebens" (*meqôr ḥajjîm*) bei (*ʿim*) JHWH, was im zweiten Halbvers erklärt wird: „In deinem Licht sehen wir Licht" (→ אור *'ôr* I 175), d. h. JHWH gibt das Heil. Der vorhergehende v. 9 deutet an, daß die Erfahrung des Heils im Tempelgottesdienst zustandekommt.

In mehreren Sprüchen wird das Attribut „Quelle des Lebens" auf die Weisheit übertragen. „Die Lehre (*tôrāh*) des Weisen ist eine Quelle des Lebens, um die Fallen des Todes zu meiden" (Spr 13, 14), d. h. wer auf die Mahnworte des Weisen achtet, erzielt Erfolg und glückliches Leben. Dasselbe wird 14, 27 von der Furcht JHWHs gesagt. Es ist möglich, daß diese Aussage eine spätere, „religiöse" Stufe des Weisheitsdenkens repräsentiert, offenbar sind aber für den Spruchsammler Weisheit und Gottesfurcht im Grunde eins. Spr 16, 22 gebraucht für Weisheit *śekæl* 'Einsicht'; der Inhalt ist derselbe: sie ist dem Leben förderlich. Hinter dem Bild liegt natürlich die allgemeine Beobachtung, daß eine Quelle Wasser und damit Leben spendet; es ist aber zu bemerken, daß Weisheit auch sonst in mannigfacher Weise mit Leben in Verbindung gebracht wird: Weg oder Pfad des Lebens (Spr 2, 19; 5, 6; 6, 23; 15, 29), Baum des Lebens (Spr 3, 18; vgl. 15, 4). → חיה *ḥājāh* II 887.

Als Quelle des Lebens kann aber auch der Mund, d. h. das Reden des Gerechten bezeichnet werden (Spr 10, 11); was das heißt, geht aus der Antithese v. b hervor: der Mund des Frevlers birgt Gewalttat, m. a. W. gutes Reden fördert das Leben, böses Reden beschädigt es (vgl. zur Stelle W. Bühlmann, Vom rechten Reden und Schweigen, OBO 12, 1976, 270ff.). Auch Spr 18, 4 ist von den rechten Worten die Rede, die aber hier als „Quelle der Weisheit" bezeichnet werden (LXX liest aber auch hier „Quelle des Lebens"; vgl. Bühlmann 275f.).

Jeremia stellt JHWH selbst als eine Quelle lebendigen (d. h. frischen) Wassers den Götzen, die mit rissigen Zisternen verglichen werden, entgegen (Jer 2, 13). JHWH zu verlassen ist ebenso töricht, wie wenn man seinen Durst mit abgestandenem Wasser aus einer zudem durchlässigen Zisterne löschen will (Rudolph, HAT I/12³, 17). Der Ausdruck kommt noch Jer 17, 13 vor in einem kleinen Stück (vv. 12f.), das schwerlich von Jeremia stammt, obwohl die Ausdrucksweise z. T. jeremianisch ist. Hier wird der im Tempel gegenwärtige JHWH als die Quelle lebendigen Wassers (d. h. des Lebens) bezeichnet, während alle, die ihn verlassen, zuschanden werden.

Ps 68, 27 ist zweifelhaft. Hier wird der Kultgemeinde das Prädikat *mimmeqôr jiśrā'el* beigelegt, was schwerlich richtig ist. Wahrscheinlich ist *miqrā'ê* mit *be* zu lesen: „in den Gemeinden Israels".

Schließlich wird in Lev das Blut der menstruierenden Frau (Lev 20, 18) bzw. der Wöchnerin (12, 9) als *meqôr dāmîm* bezeichnet – in beiden Fällen gilt das Blut als unrein.

4. *māqôr* kommt ziemlich häufig in den Qumranschriften vor. Das dualistische Stück der Sektenregel spricht von „dem Quellort (*maʿjān*) des Lichts und der Quelle der Finsternis", aus denen Wahrheit bzw. Verkehrtheit hervorgehen (1 QS 3, 19). Die Zusammenstellung *māqôr* – *maʿjān* findet sich auch sonst: Gott ist „Quelle der Erkenntnis (*deʿāh*) und Quellort (*maʿjān*) der Heiligkeit" (1 QS 10, 12), in ihm ist „eine Quelle der Gerechtigkeit, ein Born (*miqwæh*, vgl. o. zu Sir 10, 13) und ein Quellort (*maʿjān*) der Herrlichkeit (*kāḇôḏ*)" (1 QS 11, 6f.). „Aus der Quelle seiner Gerechtigkeit geht mein Licht heraus" (1 QS 11, 3, vgl. Ps 36, 10), „aus der Quelle seiner Gerechtigkeit kommt mein Recht (*mišpāṭ*), das Licht in meinem Herzen aus seiner wundervollen Kraft" (1 QS 11, 5). So erscheint also Gott als der Ursprung alles Guten.

Im Danklied 1 QH 8, 4ff. bezeichnet sich der Sänger als „eine Quelle von Rieselfluten im Trockenen (Jes 44, 3) und ein Wasserquell (*mabbûaʿ majim*) im dürren Land (Jes 35, 7; vgl. 41, 18)", d. h. seine Lehre schenkt den Gläubigen Leben. Das Bild wird im folgenden weitergeführt. An der ewigen Quelle (*meqôr ʿôlām*) finden alle Tiere Nahrung (8, 8) und wachsen allerlei Bäume auf, ein neues Eden entsteht (mehrere Anspielungen, u. a. 8, 20: „ewige Quelle zur Wonne [*ʿeḏæn*] der Herrlichkeit"). Abschließend sagt der Sänger: „Durch meine Hand hast du ihre Quelle geöffnet" (8, 21, vgl. zur geöffneten Quelle Sach 13, 1). Auf das Öffnen der Quelle wird mehrmals Bezug genommen, z. B. 1 QH 2, 18 „du hast mich unterrichtet ..., um den Verständigen die Quelle der Erkenntnis zu öffnen", 18, 10 „eine Quelle hast du geöffnet durch den Mund deines Knechtes"; vgl. 11, 19 „eine Quelle wurde mir geöffnet" (negativ), 10, 31 „mein Herz wurde geöffnet für die ewige Quelle"; vgl. auch 18, 12f.).

Es gibt aber auch eine Quelle der Unreinheit, wie z. B. 1 QH 1, 22, wo der Mensch u. a. als *sôḏ ʿærwāh* und *meqôr niddāh* beschrieben wird. Da *niddāh* im AT die Menstruation bezeichnet, liegt es nahe, *māqôr* nach Lev 20, 18 zu deuten und die eigentliche Bedeutung des Ausdrucks als „Menstruationsblut" zu fassen. Es ist dann verlockend, *sôḏ ʿærwāh* als *sôr* ... zu lesen und zu übersetzen „Schmutz (Gischt) der Scham". Wir hätten dann hier zwei Ausdrücke für sexuelle Unreinheit als Bilder für die Sündhaftigkeit des Menschen. Ähnlich ist 1 QH 12, 25 von „der Quelle der Unreinheit und der Scham der Schande (*qālôn*)" in einer Beschreibung des Menschen die Rede. In der Kriegsrolle (1 QM 7, 6) handelt es sich deutlich um sexuelle Unreinheit, wenn es heißt, daß niemand, „der nicht rein von seinem *māqôr* ist", am Krieg teilnehmen darf, da heilige Engel mit in den Kampf ziehen.

Ringgren

מַקֵּל *maqqel*

I. Etymologie – II. Verwendung im AT – 1. Reitgerte – 2. Hirtengerät – 3. Kriegswaffe – 4. Herrschersymbol – 5. Der Mandelzweig, Jer 1, 11 – 6. In der Wahrsagekunst – 7. Gen 30, 37–43 – III. LXX.

Lit.: *H. Bonnet*, Die Waffen der Völker des Alten Orients, 1926. – *E. Power*, The Shepherd's Two Rods in Modern Palestine and in some Passages of the Old Testament (Bibl 9, 1928, 434–442). – *G. Sauer*, Mandelzweig und Kessel in Jer 1, 11 ff. (ZAW 78, 1966, 56–61). – *G. von Welsenburg*, Das Versehen der Frauen in Vergangenheit und Gegenwart, 1899. – *P. S. Wood*, Jeremiah's Figure of the Almond Rod (JBL 61, 1942, 99–103).

I. Die Etymologie von *maqqel* ist unsicher. Ältere Forscher leiten es von *qll* '(den Stab des Losorakels) schütteln' (F. Schwally, ZAW 11, 1891, 170f. – vgl. Ez 21, 26) oder von einem in arab. *qalā* 'treiben' vorhandenen Stamm *qlw* (also: 'Treibholz') ab (L. Kopf, VT 8, 1958, 186). Andere stellen es mit der in vielen semit. Sprachen vorhandenen Wurzel *bql* zusammen (zum Wechsel von *b* und *m* vgl. S. Moscati, Comp. Gramm 8.8): arab. und äth. *baqala* 'sprießen', vgl. arab. *baql* 'Grünzeug, Kraut', akk. *baqlu* 'Sproß' (AHw 105), syr. *buqlā'* 'Sproß', äth. *baqwel* 'Kraut'; akk. *buqlu* heißt dagegen 'Malz' (AHw 139; vgl. ugar. *bql* 'Grütze [?]' WUS Nr. 556).
Da aber *maqqel* in der Form *maqira* als Lehnwort im Äg. vorkommt (Albright, Vocalization 45), ist es wahrscheinlich als westsemit. Primärnomen aufzufassen.
Zum Wortfeld gehören → מטה (*maṭṭæh*), → שׁבט (*šebæṭ*) und *maš'en* (vgl. Sauer 58).

II. *maqqel* bezeichnet einen ziemlich dünnen Baumzweig, aber nur selten einen Zweig im Naturzustand, sondern meistens ein Gerät, oder es wird symbolisch gebraucht.
1. Bileam benutzte einen *maqqel*, um seine Eselin, auf der er ritt, anzutreiben (*nāṭāh*; Num 22). Er schlug sie (*nkh hiph*, vv. 23. 25. 28. 32), als sie ihm nicht gehorchte. Aus dem Zusammenhang scheint hervorzugehen, daß er seinen Stecken auf eine ungewöhnlich harte Weise gebraucht hat.
2. Als der kleine David dem schwer bewaffneten Goliath entgegenging (1 Sam 17), war er mit seinem *maqqel*, einer Hirtentasche (*jalqûṭ*, durch *kelî hāro'îm* erklärt, vgl. Stoebe, VT 6, 1956, 409) mit fünf sorgfältig ausgewählten Steinen und einer Schleuder (*qæla'*) ausgerüstet. Die Worte Goliaths „Bin ich denn ein Hund, daß du mit Stöcken (*maqlôṯ*, v. 43) zu mir kommst?" drücken seine Verachtung für seinen anscheinend schwachen Gegner aus und deuten an, daß er den Stecken in der Hand Davids als einzige Waffe aufgefaßt hat im Gegensatz zu seinen eigenen konventionellen Waffen (vv. 5–7. 45. 47. 51; vgl. 2 Sam 23, 21 *ḥanîṯ – šebæṭ*) und setzen voraus, daß ein *maqqel* normalerweise zum Wegtreiben angreifender Tiere gebraucht wurde. Genau eine solche Situation hat David mit übertreibenden Worten dem Saul erzählt, um zu imponieren (vv. 32–37; vgl. Am 3, 12; Jes 31, 4). David geht in den Kampf mit der Ausstattung eines Hirten (zum Stecken vgl. Sach 11, 7. 10. 14, zur Tasche mit Steinen vgl. den Beutel [*ṣerôr*] 1 Sam 25, 29 und O. Eißfeldt, Der Beutel der Lebendigen, BSAW 105, 6, 1960; zur Schleuder vgl. 1 Sam 25, 29). Im Hinblick auf die vielen Beispiele dafür, daß ein Kampf durch die List eines einzelnen oder einer kleinen Truppe gewonnen worden ist, ist es wahrscheinlich, daß der Erzähler David als listig darstellen wollte (vgl. 2 Sam 21, 19; 1 Chr 20, 5): indem er als Hirt erscheint, lenkt er die Aufmerksamkeit Goliaths von der tatsächlichen Waffe ab, die an unerwarteter Stelle verborgen ist.
In Gen 32, 11 und Ex 12, 11 wird nicht näher gesagt, wozu die Stöcke oder Stäbe benutzt werden (als Verteidigungswaffe?), aber in beiden Fällen handelt es sich um eine Wanderung (Jakob verläßt Kanaan, die Israeliter in Ägypten bereiten sich zum Aufbruch). Jakob nennt seinen *maqqel* als Zeichen seiner früheren Geringheit (*bemaqlî 'āḇartî*) im Gegensatz zu seiner jetzigen Größe (*hājîṯî lišnê maḥanôṯ*).
Als Hirtenstab kommt *maqqel* in übertragener Bedeutung in Sach 11, 7. 10. 14 vor. Der Hirt = der Prophet/JHWH nimmt zwei Stäbe, die er *no'am* und *ḥoḇelîm* nennt, und weidet die Schafe = das Volk (*rā'āh 'æṯ-haṣṣo'n*). Die Namen beziehen sich auf die doppelte Funktion des Hirten, erstens die Tiere gegen äußere Drohung zu schützen (*no'am* 'Huld') und zweitens die Herde zusammenzuhalten (*ḥoḇelîm* 'Verbindung, Eintracht'). Der Beschluß des Propheten/JHWHs, den Bund, der dem Volk Schutz gegen fremde Nationen garantierte, aufzulösen, wird durch das Zerbrechen (*gāḏa'*) des *no'am*-Stabes (v. 10) ausgedrückt. Die Aufhebung der Bruderschaft zwischen Juda und Israel wird durch das Zerbrechen des *ḥoḇelîm*-Stabes symbolisiert (v. 14). Dadurch entsteht eine Situation, die im Gegensatz steht zu Ez 34, 11–16, wo das versprochene *no'am*-Verhältnis des Volkes in Hirtenterminologie geschildert wird, und zu Ez 37, 16–28, wo das *ḥoḇelîm*-Verhältnis durch die Zusammenfügung von zwei Holzstäben (*'eṣ* ... *lîhûḏāh welibnê jiśrā'el ḥaberājw* und *'eṣ* ... *lejósep 'eṣ 'æprajim wekŏl-bêṯ jiśrā'el ḥaberājw*) zu einem einzigen Stab (*le'eṣ 'æḥāḏ wehājû la'aḥāḏîm bejāḏækā*, vv. 16f.) zum Ausdruck gebracht wird.
3. *maqqel* kommt einmal vor in einer Aufzählung der Kriegsbeute, die Israel nach dem Sieg verbrennen soll (Schilde, Bogen, Pfeile, *maqqel jāḏ* und Spieße, Ez 39, 9). Ein Schlagstock zum Nahkampf ist in Vorderasien nicht belegt, kommt dagegen in Ägypten vor; bezeichnenderweise handelt es sich in Ez 39, 9 um die Waffen eines fremden (skythischen?) Volkes (Magog; Bonnet 1f.). Nach anderen ist *maqqel jāḏ* ein zugespitzter, evtl. mit Eisenspitze versehener Stab, vielleicht mit dem *maṭṭæh* von 1 Sam 14, 43 vergleichbar (Zimmerli, BK XIII/2 z.St.).
4. Als Herrschersymbol findet sich *maqqel tip'ārāh* als Parallele zu *maṭṭeh 'oz* in Jer 48, 17. Die Aussage

bezieht sich auf den Untergang Moabs. Die Klage *'êkāh nišbar maṭṭeh ʿoz maqqel tip̱'ārāh* erinnert an den Anfang des Liedes über den Sturz des babylonischen Königs Jes 14,4b.5: *'ēk* ... *šāḇar JHWH maṭṭeh rešāʿîm šebæṭ mošelîm*. Ez 19,10–14 zeigt, daß auch *maṭṭæh* und *šeḇæṭ* als frische Baumzweige verstanden werden konnten (vgl. G. Widengren, The King and the Tree of Life, UUÅ 1951:4, 37).

5. In einer seiner Visionen sieht Jeremia einen Mandelzweig (*maqqel šāqeḏ*, Jer 1,11). Die Deutung der Vision (*šoqeḏ 'anî ʿal deḇārî laʿaśoṯô*, v. 12) zeigt, daß die Assoziation Mandelbaum (*šāqeḏ*) – wachen (über die Ausführung des Wortes) die primäre ist. Wäre das aber die einzige Assoziation des Propheten, müßte man sich fragen, warum sich die Vision auf nur einen Zweig des Baumes beschränkt. Wahrscheinlich haben die Hirten- und Herrscheraspekte des *maqqel* im psychologischen Prozeß beim Propheten mitgewirkt, so daß der Schutz und die Macht JHWHs als Voraussetzung und Garantie der Erfüllung seines Wortes mitklingen. Ähnlich argumentiert Sauer 59, wenn er auf die divinatorische Herkunft des *maqqel* hinweist. Nicht das durch Orakelhölzer eingeholte Wort ist beständig. JHWH wird über sein Wort selbst wachen.

6. Hos 4,12 rügt die Benutzung eines *maqqel* für divinatorische Zwecke. Das genaue Verfahren läßt sich nicht feststellen. Die Parallele *beʿeṣô jišʾāl* ist ebenso unbestimmt wie *maqlô jaggîḏ lô*. Beim erstgenannten Ausdruck könnte es sich um ein Verfahren wie das in Num 17 und Jes 17,10f. erwähnte handeln, wo man vom Blühen oder Nicht-Blühen einer Rute Schlüsse zieht. Es ist auch möglich, daß die Rhabdomantie-Technik gemeint ist (vgl. Ez 21,26f. → קסם *qsm*). Vielleicht sind es zwei Ausdrücke für dieselbe Sache (vgl. S. Küchler, Das priesterliche Orakel in Israel und Juda, BZAW 33, 1918, 292f.). Die Nennung von *maqqel* schließt jedenfalls eine Deutung als Orakelpraxis an heiligen Bäumen und Ascheren (Robinson, HAT I/14 z.St.) aus.

7. Als lobenswertes Beispiel für die Schlauheit eines Patriarchen wird in Gen 30,37–43 erzählt, wie Jakob sich eine große Herde von gesprenkelten und gefleckten Tieren verschaffte. Bei der Paarung der Tiere legte er frische (→ לח *laḥ*) Zweige (*maqlôṯ*), die er durch Abschälen gestreift gemacht hatte, in die Wasserrinnen, aus denen die Herden tranken. Es handelt sich offenbar um die volkstümliche Vorstellung vom „Versehen", d.h. daß die Entwicklung der Leibesfrucht durch das, was die Mutter (Mensch oder Tier) bei der Paarung und während der Schwangerschaft sieht oder sonst erfährt, beeinflußt wird (vgl. B. Kummer, „Schwangerschaft", HWb des dt. Aberglaubens VII 1406–1427, bes. 1422).

III. *maqqel* wird in der LXX meist mit ῥάβδος wiedergegeben, gelegentlich auch mit βακτηρία. In 1 Sam 17,43 hat LXX einen Zusatz: (ἐν ῥάβδῳ) καὶ λίθοις; καὶ εἶπεν Δαυιδ οὐχί, ἀλλ' ἢ χείρω κυνός.

André

מִקְלָט *miqlāṭ*

I. Etymologie, Bedeutung – II. Die rechtlichen Bestimmungen über das Asyl in Israel – 1. Vor P – 2. In P – III. Zusammenfassung – IV. LXX.

Lit.: *M. David*, Die Bestimmungen über die Asylstädte in Josua XX (OTS 9, 1951, 30–48). – *L. Delekat*, Asylie und Schutzorakel am Zionheiligtum, Leiden 1967. – *B. Dinur*, The Religious Character of the Cities of Refuge and the Ceremony of Admission into Them (Eretz – Israel III, Jerusalem 1954, 135–146; hebr.). – *M. Greenberg*, The Biblical Conception of Asylum (JBL 78, 1959, 125–132). – *S. Klein*, Die Priester- und die Levitenstädte und die Asylstädte (Journal of the Jewish Palestine Exploration Society 1934/35, 81–107; hebr.). – *M. Löhr*, Das Asylwesen im AT (Schriften der Königsberger Gelehrten Gesellschaft 7, 3, 1930, 177–217). – *J. Milgrom*, Sancta Contagion and Altar / City Asylum (VTS 32, 1981, 278–310). – *N. M. Nicolsky*, Das Asylrecht in Israel (ZAW 48, 1930, 146–175). – *G. Pidoux*, Quelques allusions au droit d'asile dans les psaumes (Maqqél shâqedh, Festschr. W. Vischer, Montpellier 1960, 191–197). – *J. de Vaulx*, Refuge (DBS 9, 1979, 1480–1510). – *R. de Vaux*, LO I 258–263. – *L. Wenger*, Asylrecht (RAC I 836–844).

I. Dem Wort *miqlāṭ* liegt die Wurzel *qlṭ* zugrunde, die mhebr. in doppelter Bedeutung bezeugt ist: Möglicherweise ausgehend von einer Grundbedeutung ʻscheiden, trennen, abschneiden' eignet dem Zeitwort einerseits in der passivischen Form die Bedeutung ʻabgeschnitten, nicht voll entwickelt sein'. So steht *qālûṭ* einmalig in der Bibel (Lev 22,23). Im Gegensatz zu *śārûaʿ* (der Stamm hat die Grundbedeutung ʻausstrecken') meint *qālûṭ* wohl die Mißbildung, die durch die Verkürzung eines Gliedes entstanden ist (vgl. LXX: κολοβόκερκος ʻmit verstümmeltem Schwanz'). Auf diese Bedeutung weist auch das arab. *qalaṣa* (Wechsel von *ṭ* zu *ṣ*) ʻsich zusammenziehen, zusammenschrumpfen, einziehen'.

Andererseits bezeugt das Substantiv *miqlāṭ* eine Wurzel *qlṭ*, auf die das Jüd.-Aram. hinweist mit der Bedeutung ʻaufnehmen, einschließen'. Das Zeitwort wird im Zusammenhang von Regenwasser, Pfropfzweig, männlichem Samen in diesem Sinn verwendet.

Das von dieser Wurzel abgeleitete Subst. *miqlāṭ* findet sich 20mal in der Bibel. Die Belege beschränken sich auf späte Schichten und auf wenige Kapitel, nämlich Num 35; Jos 20f.; 1 Chr 6. Mit dem Wort werden stets die Städte bezeichnet, in die ein Totschläger, der unvorsätzlich einen Menschen getötet hat, fliehen kann und wo er Aufnahme findet. Mehrheitlich steht daher das Wort in der Wortverbindung *ʿārê (ham)miqlāṭ* „Städte der Aufnahme". *miqlāṭ* bedeutet somit ʻAufnahme(ort)' oder – mit dem Begriff der Rechtssprache ausgedrückt – ʻAsyl(ort)'. Dabei ist zu beachten, daß *miqlāṭ* in der Bibel nicht für jede Form des Asyls gebraucht wird, sondern ausschließlich auf den Tatbestand des Totschlages eingeschränkt Verwendung findet.

II. Dem Asylgedanken liegt die Erfahrung der frühen Rechtsverhältnisse zugrunde. Die in der Sippengemeinschaft eingebundene Familie garantierte Entfaltung und Rechtsschutz des einzelnen Menschen. Wurde diese Sphäre des Heils gestört, hatte der Bluträcher (*go'el haddām* → גאל) seine Verantwortung wahrzunehmen. Entsprechend bedeutete das Verlassen dieser Gemeinschaft zugleich Verlust des Rechtsschutzes (vgl. Gen 4, 14; 12, 1). Der Verlust ließ sich verschmerzen, wenn im fremden Land eine Familie den Ankömmling als Schutzbürger (*ger* → גור) aufnahm und damit den Rechtsschutz für ihn übernahm. Der gleiche Begriff wird auf den göttlichen Bereich übertragen, wo ein Mensch im Heiligtum einer Gottheit Zuflucht findet. Dadurch setzt das Asylrecht, das in Israel und in seiner gesamten Umwelt als Rechtseinrichtung anerkannt war, dem Wirken der Blutrache dort eine Schranke, wo der Bluträcher zu Unrecht eingreifen würde. Dieses Asylrecht wurde im Laufe der Geschichte Israels unterschiedlich umschrieben.

1. Rechtliche Bestimmungen, die das Rechtsinstitut betreffen, ohne den Begriff *miqlāṭ* zu gebrauchen, finden sich in Ex 21, 13f. und Deut 4, 41–43; 19, 1–13.

a) Im Rahmen einer Liste von todeswürdigen Verbrechen (Ex 21, 12–17) verfügt das sog. Bundesbuch in Ex 21, 12–14 die Tötung des Mörders als Grundregel (v. 12). Davon ausgenommen ist der Totschläger, der seinem Mitmenschen nicht nachstellte (*ṣāḏāh*), sondern wegen Gottes (unglücklicher) Fügung den Tod verursachte. Der von Gott bestimmte Asylort wird allgemein umschrieben als „Ort, wo er hinfliehen kann" (v. 13). Aus dem folgenden Vers, der dem Hinterlistigen das Asylrecht abspricht, wird der Ort deutlicher als Altar erkennbar, weshalb es sich bei diesem „Ort" um ein Heiligtum handelt. Wer darüber entscheidet, ob der Tatbestand „Hinterlist" vorliegt, bleibt offen. Bluträcher, Priesterschaft des Heiligtums, Ortsälteste sind in gleichem Maße möglich.

Dem würde in etwa 1 Kön 1, 50–53 entsprechen, wo Adonia zum Altar flüchtet und von Salomo nach Hause entlassen wird. Allerdings handelt es sich nicht um den in Ex 21, 13 vorgesehenen Totschlag. Dagegen liegt bei Joab ungestrafter Mord vor (Abner, Amasa – vgl. 1 Kön 2, 5). Deshalb rettet ihn die Flucht zum Altar nicht. Er wird, da er das Heiligtum nicht verlassen will, am Altar getötet (vgl. 1 Kön 2, 28–34). Es ist das einzige Beispiel im Sinne von Ex 21, 13f.

Der Asylort ist völlig unbestimmt gelassen, was der frühen Lage in Israel entsprechen dürfte, insofern eine Vielzahl von Heiligtümern – wie bei anderen Völkern des Vorderen Orients – dem Flüchtling Schutz bieten konnte.

b) Als „Städte, wohin der Tötende (*roṣeaḥ* = Mörder und Totschläger) fliehen kann" bezeichnen Deut 19, 1–13 und 4, 31–43 die Zufluchtsorte. Gegenüber Ex 21, 13f. ergeben sich folgende Verdeutlichungen:

1) Es handelt sich nicht mehr um Heiligtümer, sondern um Städte.

2) Die Zahl ist begrenzt. Deut 19 rechnet zunächst mit drei Städten, die bei einer Gebietserweiterung ins Westjordanland – nach Milgrom *des* Westjordanlandes – (vv. 8f.) mit weiteren drei ergänzt werden (Namen werden keine genannt).

3) Die der Tat vorausgehende Haltung des Täters wird in Betracht gezogen (Ex 21 erwähnt nur das Vorgehen bei der Tat selbst).

4) Soll der Täter vom Asylort entfernt werden, treten die „Ältesten seiner Stadt" als Entscheidungsbehörde auf. Entsprechend dem Auftrag der Ältesten in der gerichtlichen Ermittlung (vgl. Deut 21, 1–9; 22, 13–21; 25, 5–10) sind es jene der Stadt, aus der der Täter floh.

5) Als Beispiel wird der Unfall beim Baumfällen genannt, wobei die Fügung Gottes nicht mehr erwähnt wird.

6) Die Verteilung der Fluchtorte (Deut 19, 3) muß gewährleisten, daß der Täter innerhalb nützlicher Frist dem Bluträcher entkommen kann, damit nicht unschuldiges Blut vergossen wird.

7) Deut 4, 41–43 (Abschluß der Einleitungsrede) erwähnt namentlich die drei Städte Bezer, Ramot und Golan für das Ostjordanland. Die geographische Verteilung entspricht den Anforderungen und bietet Zuflucht für die Rubeniter, Gaditer und Manassiter.

Die Bestimmungen des Deut zeigen eine Verdeutlichung der Rechtspraxis. Sicher entspricht es der theologischen Voraussetzung des einen Heiligtums in Jerusalem, nicht mehr vom „Ort" (Heiligtum) zu reden, sondern von der Stadt. Damit ist indessen weder vorausgesetzt, daß die Bewegungsfreiheit des Schutzsuchenden zuvor auf das Heiligtum beschränkt war, noch ist auszuschließen, daß der Asylsuchende nach der Beurteilung seiner Tat und damit seiner Unschuldserklärung am Asylort bleiben mußte (vgl. die Unschuldsbezeugungen in den Psalmen). Die zweifellos sekundäre Erweiterung auf sechs Städte läßt die Frage offen, welche drei älteren Datums sind. Da m.E. in Jos 20 die westjordanischen Städte zugefügt wurden, wäre es möglich, daß die ostjordanischen Städte bereits eine längere Vorgeschichte hatten. Dem könnte entsprechen, daß es noch in der Königszeit im westjordanischen Teil des Reiches eine Vielzahl von Heiligtümern gab, während uns für Ostjordanien keine bezeugt sind. Da sich die Zufluchtsorte in Ostjordanien auf die Stammesgebiete verteilen, legt sich die Vermutung nahe, das Deut habe eine Institution der Oststämme auf das Gelobte Land übertragen, als sich im Zuge der Zentralisation eine entsprechende Regelung auch in Westjordanien aufdrängte. Leider fehlen in den biblischen Überlieferungen entsprechende Beispiele aus dem konkreten Leben. In der Sprache ist Deut 4, 41–43 sicher von Deut 19 abhängig und als jünger einzustufen.

2. Die biblischen Texte, die den Begriff *miqlāṭ* ver-

wenden, gehören den priesterschriftlichen Überlieferungen an oder sind von ihnen abhängig.

a) Jos 20f. steht in der Sprache Deut 19 nahe, insofern die fehlende Absicht umschrieben wird mit „ohne Wissen" und „der den anderen nicht früher („gestern und vor drei Tagen") gehaßt hat". Überdies spielen die Ältesten der Stadt die Rolle der entscheidenden Behörde. Dieses zusätzliche Element paßt in die Rechtsbräuche Israels seit der Landgabe und dürfte somit geübtes Recht spiegeln. Der Flüchtling hat am Tor der Stadt seine Rechtssache den Ältesten zu unterbreiten. Diese nehmen ihn in ihren Schutz auf, weisen ihm den Wohnort zu und schützen ihn vor dem Bluträcher (vv. 4f.).

b) Num 35 bietet den ausführlichen Text, auch wenn die Städte nicht namentlich genannt werden. Die mangelnde Vorsätzlichkeit wird durch den Begriff *š^egāgāh* 'Versehen' gekennzeichnet, den P bei unwissentlichen Übertretungen gebraucht (z.B. Lev 4; Num 15). Am stärksten fällt die Bedeutung der Gemeinde (→ עדה *'eḏāh*) auf, vor deren Gericht der Asylsuchende zu stehen hat. Zugleich wird der Aufenthalt des Totschlägers auf die Zeit „bis zum Tod des Hohenpriesters" (vv. 25. 28) festgesetzt, eine Zeit, die auch gegen ein Sühnegeld (*kop̄ær*) nicht verkürzt werden darf. Num 35, 16–18 schließt die Möglichkeit eines Totschlages aus, wo ein im Regelfall todbringendes Werkzeug verwendet wird. Die je drei Asylstädte jenseits des Jordans und im Lande Kanaan (v. 14) werden nicht namentlich genannt. Die Bestimmungen gelten nach Num 35, 15 für Israeliten, Fremde (*ger*) und Ansässige (*tôšāḇ*) in gleicher Weise, während Jos 20, 9 nur die Fremden erwähnt.

c) Die Erwähnungen in 1 Chr 6, 42. 52 bringen keine zusätzlichen Angaben für den Begriff *miqlāṭ*, insofern nur bei der Liste der Levitenstädte Hebron und Sichem als Asylstädte bezeichnet werden.

Was die Bedeutung der „Gemeinde" in der Beurteilung der Asylwürdigkeit betrifft, ist der größere Zusammenhang ihrer Aufgabe bei der Rechtsfindung in Israel zu bedenken. Deut 17, 8–13 sieht die Möglichkeit vor, daß sich das örtliche Gericht an die von Gott erwählte Stätte wenden kann, falls die Rechtslage für die örtlichen Gerichte zu schwierig erscheint (Deut 17, 8). Dort fällen „die levitischen Priester" und „der Richter" das verbindliche Urteil. Da auch hier die genauen Informationen über die Rechtspraxis fehlen, kann man vermuten, der königliche Richter der früheren Zeit sei sekundär durch die levitischen Priester ersetzt worden (vgl. z.B. G. von Rad, ATD 8 z.St.) oder die beiden Möglichkeiten haben gleichzeitig bestanden. Für die zweite Annahme sprechen Hinweise in den Psalmen, die sowohl die königliche Gerichtsbarkeit voraussetzen (vgl. Ps 72, 1; 122, 5 u.ö.) wie auch mit priesterlichen Entscheiden rechnen (vgl. die Unschuldsbeteuerungen und -rituale). Daß von solchem Urteil das Verbleiben in der Kultgemeinde (*'eḏāh*) abhängt, gilt sicher für den sakralen Bereich (vgl. Ps 15; 24), dürfte aber auch für andere Rechtsfälle Geltung gehabt haben (vgl. Ps 1, 5). Jedenfalls versucht Num 35 die Entscheidungsbefugnis der Gemeinde am Zentralheiligtum vorzubehalten. Sie läßt den unschuldigen Täter an den von ihm gesuchten Asylort zurückkehren (v. 25).

Es entspricht der Sicht von P, auch mit versehentlichen Fehlern eine Sühnehandlung zu verbinden. In dieser Weise deutet P offensichtlich die Verpflichtung des Totschlägers, bis zum Tod des Hohenpriesters an seinem Asylort zu bleiben. Eine entsprechende Geldbuße wird deshalb als Sühnegeld bezeichnet, aber als Ersatzleistung abgelehnt (Num 35, 32). Das Erlöschen der Verpflichtung wird nicht begründet. Die weit verbreitete Annahme, mit dem Tod des Hohenpriesters sei in der nachexilischen Zeit eine Amnestie verbunden gewesen – vergleichbar dem Königswechsel –, liegt im Bereich des Möglichen. Da die Umwelt Israels auch die Verpflichtung des Asylflüchtlings zum Dienst im Heiligtum kennt, wäre denkbar, daß P nach dem Urteil der zentralen Gemeinde den Betroffenen in einer Verbindlichkeit gegenüber dem Hohenpriester betrachtete, die mit dessen Tod hinfällig wurde (vgl. H. Cazelles, VT 2, 1952, 380).

Als weiterhin offene Frage muß die Zahl und die faktische Bedeutung der Asylstädte gelten. Bei der heutigen biblischen Quellenlage ist damit zu rechnen, daß die Zahl in der Überlieferung von drei auf sechs angewachsen ist, insofern erst Num 35, 14 die sechs Städte in einer sprachlich einheitlichen Form aufführt. Eine Abhängigkeit der Aufzählung in Deut 4, 43 von Jos 20, 8 ist wenig wahrscheinlich. Die Formulierung von Jos 20, 8 setzt die Vorstellung der Übergabe (*nāṯan*) von Levitenstädten aus den Stammesgebieten voraus, während Deut 4, 43 von der Aussonderung (*hiḇdîl*) von Fluchtorten für bestimmte Stammesangehörige redet. Auf der anderen Seite zeigt Jos 20, 7 für die westjordanischen Städte die ähnliche Vorstellung der Aussonderung (*hiqdîš*) von drei Städten, die nicht nach dem Stammesgebiet, sondern nach der geographischen Lage gewählt sind. Hier findet sich auch für die Zufluchtsorte der einmalige Begriff *'ārê hammû'āḏāh*, „Städte der Festsetzung". Es ist somit mit einer eigenständigen Tradition zu rechnen, die später im Blick auf Num 35 stark überarbeitet wurde. All diesen Gegebenheiten dürfte die Annahme am ehesten entsprechen, daß zwei ursprünglich eigenständige Überlieferungen von Zufluchtsorten und damit auch unterschiedliche Rechtsbräuche später miteinander verbunden und in etwa vereinheitlicht wurden. Gegen die Meinung, es handle sich bloß um theoretische gesetzgeberische Postulate spricht die Tatsache, daß sich die erkennbaren Elemente der Rechtspraxis relativ leicht in das Gerichtswesen einfügen, soweit es von Israel bekannt ist.

III. Der Begriff *miqlāṭ* tritt in der biblischen Überlieferung erst spät auf, d.h. in der nachexilischen Zeit. Er nimmt aber eine alte Rechtsinstitution auf, mit der Israel den Totschläger, der ohne böse Absicht handelte, vor der Blutrache schützen will. Weil damit Mißbräuche verbunden sein konnten, hatten die Ältesten als örtliche Rechtsträger und das priesterliche Gericht des zentralen Heiligtums ihre Verantwortung wahrzunehmen, indem sie ebenso den vorsätzlichen Mörder vom Asyl ausschlossen wie den Bluträcher an der Rache bei unvorsätzlicher Tötung hinderten. Die biblischen Überlieferungen bieten weder entsprechende noch widersprechende Berichte, so daß weniger die konkrete Handhabung der Gesetze als vielmehr das theologische Anliegen erkennbar wird, der Gerechtigkeit zum Durchbruch zu verhelfen, auch wo sie durch menschliche Leidenschaft gefährdet ist.

IV. Die LXX gibt *miqlāṭ* wieder durch φυγαδευτήριον (14mal), vereinzelt durch καταφυγή und φυγάδιον. In Jos 21, 27. 32 übersetzt sie verbal durch ἀφορίζειν.

Schmid

מֹר *mor*

I. 1. Bedeutung – 2. Etymologie und Umwelt – 3. LXX – 4. Belege – II. Gebrauch im AT.

Lit.: *G. W. van Beek*, Frankincense and Myrrh (The Biblical Archaeologist Reader 2, 99–126). – *H. Frehen*, Myrrhe (BL 1189). – *R. K. Harrison*, Healing Herbs of the Bible (Leiden 1966, 45f.). – *G. Krinetzki*, Kommentar zum Hohenlied BETL 16, 1981. – *E. Löw*, Die Flora der Juden (Wien–Leipzig I/1, 1926, 299–311). – *H. N. u. A. L. Moldenke*, Plants of the Bible (Waltham, Mass. 1952, 82–84). – *G. E. Post*, Flora of Syria, Palestine and Sinai (Beirut [2]1932, bearbeitet von J. E. Dinsmore, I, 284). – *G. Ryckmans*, De l'or(?), de l'encens et de la myrrhe (RB 58, 1951, 372–376). – *Steier*, Myrrha (PW XVI/1, 1134–1146). – *A. van der Wal*, Planten uit de Bibel, [2]1982, 51–53 (ausführliche Literaturhinweise). – *M. Zohary*, Pflanzen der Bibel, 1983.

I. 1. Das hebr. Subst. *mor (môr)* steht im AT für Myrrhe, d.h. für das Harz der Terebinthenart Commiphora abyssinica aus Südarabien. Dieses begegnet in fester wie in flüssiger Form (zur näheren Beschreibung vgl. van Beek; Steier). Während die Myrrhe im Vorderen Orient auch als Heilmittel eine große Rolle spielt (u.a. EA 269, 16f; wohl auch Mk 15, 23) bzw. zur Mumifizierung benutzt wird (vgl. Joh 19, 39f.), wird im AT nur die Verwendung als Räuchermittel wie als Duftmittel erwähnt.

2. Der bittere Geschmack der Myrrhe läßt auf eine Ableitung des Nomens vom Verbum *mrr* I schließen (BLe 455f.). Ein analoger Begriff begegnet im Ugar., vgl. RSP I, III 78. In allen drei Textbelegen (KTU 4.14, 2. 8. 15; KTU 4.91, 16 und UT 173:22) steht *mr* in Verbindung mit *šmn*. Nach M. Dahood (UHPh, 65) ist damit eine Nähe zu Esth 2, 12 gegeben. Im Akk. findet sich *murru* I mit der Bedeutung 'Bitterkeit' neben 'Myrrhe' (AHw II 676). Im Syr.-Mand. ist *mûrā'* belegt, im Arab. *murr*, im Asarab. *mrt* (dazu KBL[3] 595). Eine reichsaram. Lesung *mwr'* in CIS II 147 AB[4] (=AP 73, 4) sowie ein neupun. Beleg in Cherchel II 8 sind ungewiß (DISO 145), ein altkanaan. Beleg für *mu-ur-ra* kann nachgewiesen werden (vgl. EA 269, 16f. und EA 25:IV, 51). KAI 161, 8 begegnet *mrdr*, vermutlich in der Bedeutung 'Tropfenmyrrhe' in Äquivalenz zum hebr. *mŏr-d*ᵉ*rôr*. Im Äg. ist Myrrhe u.a. als *ʿntjw* zu finden (vgl. die Menge der äg. Äquivalente bei WbÄS VI 107). Benutzt wird sie bei der Mumifizierung zum Einbalsamieren, in Verbindung mit Weihrauch (→ לבנה *l*ᵉ*ḇonāh*) als Räuchermittel im Kultus sowie als Heilmittel in der Medizin (LexÄg IV 275f.). Zu der eigenartigen Verbindung von totem König und Myrrhe vgl. H. Grapow, Die bildlichen Ausdrücke des Ägyptischen, 1924, Nachdruck 1983, 147. Ferner begegnet die Myrrhe im Äg. im Bereich der Liebeslyrik (S. Schott, Hrsg., Altägyptische Liebeslieder, [2]1950, 50. 88. 90 u.ö.). Die auch sonst angenommene Nähe der äg. Liebeslyrik zum HL findet darin eine Bestätigung (s.u.).

Belege aus Qumran liegen nicht vor.

3. LXX hat für *mor* in Spr 7, 17 κρόνικος bzw. κρόκος, in HL 1, 13 στακτή, in Esth 2, 12 σμύρνικος. In den übrigen Texten steht jeweils σμύρνα, ebenso in Sir 24, 15, wo ein hebr. Äquivalent fehlt. μύρον wird für *mor* nicht verwendet, sondern nur für *šmn*.

4. Im AT ist *mor* 11mal im Sing. belegt: Ex 30, 23; Ps 45, 9; Spr 7, 17; HL 1, 13; 3, 6; 4, 6. 14; 5, 1. 5. 13; Esth 2, 12. Im Targum zu Ex 30, 23 findet sich *mwr'* und *mjr'* (vgl. G.H. Dalman, Aram.-Neuhebr. WB, [3]1938, 228; vgl. dort auch *mwrj*).

II. Auffällig ist die Ballung des Subst. im HL und dort innerhalb der sog. „Beschreibungslieder" (4, 6; 5, 13; wohl auch 1, 13; 4, 14) und im sog. „Erlebnisbericht" (5, 5). Die Rede von der Myrrhe ist deutlich Teil der Liebessprache seitens der Frau (1, 13; 5, 13) wie seitens des Mannes (4, 4. 14; 5, 1). *mor* wird in diesen Texten zum Symbol. HL 4, 12–5, 1 besingt die Geliebte als einen verschlossenen Garten. *mor* wird dabei als ein kostbares Gewächs unter vielen anderen (z. B. Weihrauch und Aloe) genannt. Diese sind nicht als Bilder für einzelne Körperteile zu verstehen, sondern unterstreichen metaphorisch die Betonung der Pracht, denn Gärten der hier beschriebenen Art sind in Palästina nicht bekannt, also etwas ganz Besonderes. Nach HL 5, 1 bleibt der Garten nicht verschlossen, sondern dem Liebenden wird der Zugang ermöglicht. Die Teilhabe am Garten wird von ihm wahrgenommen, indem er Myrrhe und Gewürze pflückt, Honig, Wein und Milch trinkt – Bilder, die für den Liebesgenuß stehen. HL 1, 13 und 4, 6 sind möglicherweise korrespondierende Verse. Analog zu HL 1, 3 beschreibt die Frau 1, 13 ihren Geliebten als wohlriechendes Myrrhensäckchen (*ṣ*ᵉ*rôr hammor*) zwischen ihren Brüsten, damit einen Brauch aufnehmend, sich zwischen den Brüsten u.a. mit Myrrhe zu parfümieren. Zum Geliebten als duftendem Brustschmuck vgl. H. Schmökel, Heilige Hochzeit und Hohes Lied, 1956, 101f., wonach ähnliches in der Tammuzliturgie begegnet; zum möglichen „Reim" *ṣᵉrôr hammor* s. L. Krinetzki, Das Hohe Lied, 1964, 55. Das die Freundin beschreibende Lied in HL 4, 1–7 spricht v. 6 vom Myrrhenberg und vom Weihrauchhügel, zu dem der Freund gehen will. Gegen G. Gerleman, BK XVIII 150, der hier von einem literarischen Topos spricht, werden diese beiden Wendungen aufgrund des vorhergehenden Verses und HL 1, 12 auf die Brüste der Geliebten zu beziehen sein (W. Rudolph, KAT XVII/1–3, 145f.; H. Ringgren, ATD 16³, 271). V. 6 muß kein Zusatz sein, da der Wunsch nach der Nähe der Frau sich sehr wohl aus der vorhergehenden Schilderung ergeben kann. HL 5, 13 vergleicht die Freundin die Lippen (den Lippenbart?) ihres Geliebten mit von Myrrhe triefenden Lilien (zu *môr ʿoḇer* vgl. THAT II 202). Die gleiche Wendung findet sich auch HL 5, 5, wo die Frau ihre Hände als von Myrrhe triefend schildert. Gegen Rudolphs Vermutung, daß der Liebhaber triefende Myrrhe am Türriegel angebracht habe (KAT XVII 1–3, 156) deutet das Verbum *nṭp* daraufhin, daß die Hände bereits mit Myrrhe eingerieben waren (Gerleman, BK XVIII 166f.), vgl. auch die Präposition *ʿal*. Zu fragen bleibt allerdings, ob nicht auch hier *môr (ʿōḇer)* für das Liebesverlangen der Frau steht. HL 3, 6–10 beschreibt in Form eines Chorgesanges einen Hochzeitszug. Neben Weihrauch und Gewürzen wird auch Myrrhe als Räuchermittel genannt (zum Festzug vgl. Gerlemans Hinweis auf Parallelen beim Totenfest von Theben und beim Opferfest von Luxor, BK XVIII 136). Nach Esth 2, 12 dient Myrrhe neben anderen Schönheitsmitteln der Pflege der königlichen Konkubinen vor ihrem Beisammensein mit Ahasveros. Der Text steht folglich in einer gewissen Nähe zu den Belegen aus HL. Ps 45, 9 beschreibt die Kleider des königlichen Bräutigams als Myrrhe, Aloe und Kassia und spielt damit wohl auf deren Duft an. *mor* ist hier also wieder im Bereich von Hochzeits- und Liebessprache gebraucht. Die in den bisherigen Texten durchaus positiv besetzte Liebessprache findet ihre Verkehrung in Spr 7, 17, zeigt aber zugleich erneut den Bezug zur Erotik: eine Ehefrau lockt einen jungen Mann zum Beischlaf mit dem Hinweis auf ihr mit Myrrhe, Aloe und Zimt besprengtes Bett. „Dabei erinnern ihre Worte stark an die Beschreibung des Bettes bei der heiligen Hochzeit sowie an die Einladung der altorientalischen Liebesgöttin zum Feiern der Hochzeit." (H. Ringgren, ATD 16³, 36).

Während *mor* in diesen Texten durchgängig im profanen Gebrauch begegnet – ein theologisch orientierter Kontext wäre höchstens noch Ps 45 denkbar (anders Ringgren zu Spr 7, 17; HL 5, 1; eventuell HL 4, 6, ATD 16³ z. St.) – gehört Ex 30, 23 in den Bereich des Kultus. Wohl einen nachexilischen Brauch widerspiegelnd (M. Noth, ATD 5, 195), werden in Ex 30, 22–33 Anweisungen zur Herstellung des heiligen Salböls gegeben, worin neben Zimt, Kalmus, Kassia und Olivenöl auch Myrrhe (*mor dᵉrôr*) vorgesehen ist.

Im Selbstpreis der Weisheit schließlich wird wiederum der Duft der Myrrhe zum hervorhebenden Vergleichspunkt neben anderen Düften (Sir 24, 20).

Deutlich wird, daß in allen Texten mit dem Begriff *mor* etwas Besonders, etwas Schönes verbunden ist. Myrrhe gehört zu den Kostbarkeiten, die herausgehobenen Größen (Salböl, Weisheit), Ereignissen (Hochzeit) und Menschen (Geliebte, Geliebter) vorbehalten sind und diese durch ihren Duft noch anziehender und kostbarer machen. Eine besondere theologische Qualität kommt *môr* dabei jedoch nicht zu.

Hausmann

Verzeichnis der deutschen Stichwörter

(*Kursiv* gesetzte Zahlen verweisen auf den Gesamtartikel, in dem das Stichwort eingehend behandelt wird)

Stellenregister
(Auswahl)

Leviticus

Numeri

Deuteronomium

Josua

Richter

Ruth

1 Samuel

2 Samuel

1 Könige

2 Könige

1 Chronik

2 Chronik

Esra

Nehemia

Esther

Hiob

Sprüche

Prediger

Hoheslied

Psalmen

Daniel

Hosea

Joel

Amos

8, 4: 54
8, 12: 1057f.
9, 3: 350
9, 3f.: 1090
9, 5: 725f.
9, 6: 848
9, 10: 776
9, 11: 957
9, 11f.: 945
9, 13: 726
9, 19: 1090

Obadja

7: 541
21: 955f.

Jona

2, 1: 979
2, 3–11: 1099
3, 7: 855
4, 6–8: 979
4, 8: 769
4, 10: 560

Micha

1, 3: 1124
1, 4: 857f.
1, 14: 123–125
2, 3f.: 762
2, 4: 760
2, 6–11: 208
3, 6: 554
3, 8: 133
3, 11: 70, 809f.
4, 3: 407–409, 923
4, 8: 644
4, 14: 536, 938
5, 6: 842
5, 9f.: 923
5, 13: 799
6, 3: 411
6, 7: 966–968
6, 9: 826
6, 11: 615
7, 6: 175, 178
7, 14: 344, 351
7, 17: 537
7, 19: 58f., 1099

Nahum

1, 4f.: 468f., 726
1, 8: 833, 835, 841, 1117
1, 14: 1090
2, 4: 659
2, 7: 726f.
2, 8: 424
2, 9: 857
2, 10: 26
2, 11–14: 893f.
2, 12: 1028
3, 3: 484, 486
3, 4: 872f.
3, 15: 18
3, 19: 61f.

Habakuk

1, 10: 640
2, 2: 388, 497–499
2, 3: 118, 712, 749
2, 14: 38, 860
2, 16: 451
3, 3f.: 37
3, 6: 697, 1019
3, 9: 825
3, 10: 836
3, 13: 812
3, 17: 154

Zephanja

1, 3: 371
1, 4: 1123
1, 5: 950
2, 2: 1043
2, 14: 564
3, 10: 996
3, 13: 1055

Haggai

1, 3: 895
1, 9: 1033
1, 13: 895
2, 6: 1032
2, 9: 1123
2, 11ff.: 71
2, 14: 798

Sacharja

1, 8: 1096
2, 5f. 8f.: 707f.
2, 17: 1029
3, 3–5: 482
3, 8: 758
4, 6: 133, 923
5, 4: 566
5, 9: 245
6, 3. 6: 452f.
6, 13: 265
7, 10: 419
7, 11: 405f.
8, 23: 246
9, 10: 923
9, 11–17: 58
9, 15: 647
10, 1: 829f., 832, 836
10, 1f.: 837
10, 3–5: 920, 923
10, 11: 468, 1098
11, 1–3: 468
11, 5: 872
11, 6: 1061
11, 7: 1130
11, 8: 139
11, 9: 140
11, 10. 14: 1130
11, 16: 140
11, 17: 62
13, 1: 1126
13, 4: 479
14: 923
14, 7: 553
14, 17: 831f., 836

Maleachi

1, 1: 895f.
1, 3: 665, 678
1, 6: 26f.
1, 7: 546
1, 10: 801
1, 11: 998, 1120
2, 1ff.: 519f.
2, 6: 1055
2, 6f.: 896
2, 13–16: 482
3, 1: 897
3, 1–5: 903
3, 5: 716

Judith

10, 3: 453
14, 10: 737

1 Makkabäer

1, 15: 738
2, 24: 190

2 Makkabäer

15, 11: 650f.

3 Makkabäer

5, 2. 10. 45: 460

Weisheit

5, 17–22: 654
8, 4: 141
10, 15ff.: 1108f.
16, 20–26: 975

Sirach

1, 1–3: 707
3, 16: 302
3, 27: 11
4, 3. 6: 10
4, 23: 1003
6, 15: 810
7, 17: 42
7, 21: 1004f.
9, 18: 604
10, 13: 1126
12, 16: 710
13, 5: 10
13, 15f.: 869
14, 14: 1004
16, 17: 18, 119
16, 18: 1019
16, 21. 23: 119
22, 15: 911
24, 15: 460
26, 3: 980
26, 22: 645, 1082f.
29, 13: 651
30, 17: 11f.
31, 1: 807
31, 8: 495
33, 13: 432
34, 20. 29: 11
35, 3: 1004
35, 26: 830
36, 6: 759
36, 12. 17: 209
36, 29: 640
38, 7: 11
40, 13: 830
40, 29: 979
41, 1: 96
41, 21: 980
43, 20: 1126
44, 6: 96
44, 13: 807
44, 23: 209
45, 2: 209
45, 8: 194
47, 6: 209
48, 12: 759
50, 1: 1029
51, 21: 1037

Baruch

1, 10: 459

Korrigenda zu Bd. IV

Sp. 259, Z. 18 v.u.: statt 1 Kön lies 1 Kön 2,19

Sp. 269, Z. 1: statt und als lies: , der als

Sp. 270, Z. 2: lies 587

Sp. 288, Z. 25 v.u. einfügen: 32, 6ff.

Sp. 336, Z. 6 v.u. lies: Rechabiten

Sp. 355, Z. 2 lies: כְּר֖תוֹת

Sp. 381, Z. 15: statt 10, 14 lies 18, 14

Sp. 487, Z. 20: statt 28, 17 lies 29, 17

Sp. 654, Z. 3 v.u.: lies vv. 17–19

Sp. 718, Z. 21 v.u.: lies OrAntColl 11

Sp. 800, Z. 13: statt Jes lies Jer

Sp. 851, Z. 12f.: lies läßt Gott die Regenwasser fallen

Sp. 871, Z. 12: lies: Ersitzung (Verjährung)

Zusätzliche Korrigenda zu Bd. II

Sp. 276, Z. 27: statt *ṣælæm* lies *d*^{e}*mûṯ*

Zusätzliche Korrigenda zu Bd. III

Sp. 826, Z. 13 v.u.: statt *ntn* lies *ntk*

Sp. 944, Z. 6: statt 4. lies III.

Sp. 955, Z. 27: statt BZ NF 26, 1982 lies BZ NF 27, 1983, 14–33